# REAL

REAL ORIGINAL

# 수능기출학력평가 3개년 모의고사

## 고3 국어

공통+선택 [화법과 작문·언어와 매체]

Contents


**I [3월] 전국연합학력평가**

01회 2024학년도 3월 전국연합학력평가 001쪽
02회 2023학년도 3월 전국연합학력평가 021쪽
03회 2022학년도 3월 전국연합학력평가 041쪽

**II [5월·4월] 전국연합학력평가**

04회 2024학년도 5월 전국연합학력평가 061쪽
05회 2023학년도 4월 전국연합학력평가 081쪽

**III [6월] 모의평가**

06회 2025학년도 6월 모의평가 101쪽
07회 2024학년도 6월 모의평가 121쪽
08회 2023학년도 6월 모의평가 141쪽

**IV [7월] 전국연합학력평가**

09회 2023학년도 7월 전국연합학력평가 161쪽
10회 2022학년도 7월 전국연합학력평가 181쪽

**V [9월] 모의평가**

11회 2025학년도 9월 모의평가 201쪽
12회 2024학년도 9월 모의평가 221쪽
13회 2023학년도 9월 모의평가 241쪽

**VI [10월] 전국연합학력평가**

14회 2023학년도 10월 전국연합학력평가 261쪽
15회 2022학년도 10월 전국연합학력평가 281쪽

**VII 대학수학능력시험**

16회 2025학년도 대학수학능력시험 301쪽
17회 2024학년도 대학수학능력시험 321쪽

● [정답과 해설] ·별권·


※ 6월·9월 모의평가와 수능은 표기 명칭과 시행 연도가 다릅니다.
예 2025학년도 6월 모의평가는? ➡ 2024년도 6월에 시행!

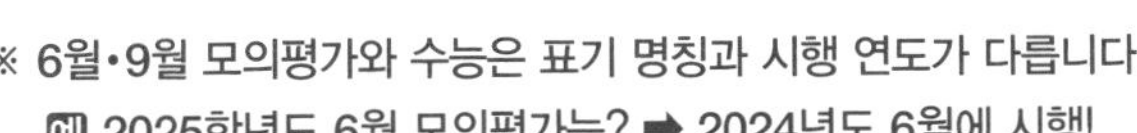

# 교재의 구성과 특징

## 실전은 연습처럼! 연습은 실전처럼! 「리얼 오리지널」

수능 시험장에 가면 낯선 환경과 긴장감 때문에 실력을 제대로 발휘 못하는 경우가 많습니다. 실전 연습은 여러분의 실력이 됩니다.

### 01 실제 시험지와 똑같은 문제지

고3 국어 수능기출 학력평가는 총 17회분의 문제가 수록되어 있으며, 실전과 동일하게 학습할 수 있습니다.

❶ 리얼 오리지널 모의고사는 **실제 시험지의 크기와 느낌을 그대로 살려 실전과 동일한 조건 속에서 문제를 풀어** 볼 수 있습니다.

❷ 문제를 풀기 전에 먼저 **학습 체크표에 학습 날짜와 시간을 기록하고, [80분] 타이머를 작동해 실전처럼 풀어** 보십시오.

### 02 2026 수능 + 학력평가 대비

2026학년도 수능시험과 연 4회 [3월·4월·7월·10월] 시행되는 학력평가를 대비해 학습할 수 있습니다.

❶ 2026 수능을 대비해 **2025 수능을 포함한 최신 3개년 기출 문제는 필수**로 풀어 봐야합니다.

❷ 월별로 시행되는 학력평가를 대비해 **기출 문제를 풀어 보면 실전에서도 실력을 마음껏 발휘**할 수 있습니다.

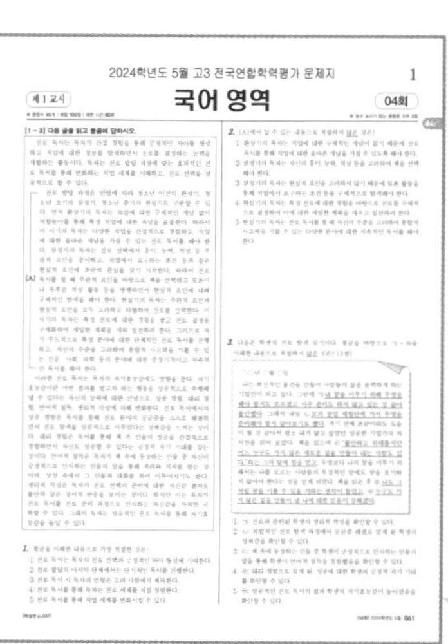

### 03 입체적 해설 & 문제 해결 꿀 팁

혼자서도 학습이 충분하도록 자세한 [입체적 해설]과 함께 고난도 문제는 문제 해결 꿀~팁까지 수록을 했습니다.

❶ 선지에 **왜, 정답인지? 왜, 오답인지? 입체적으로 자세한 해설을 수록**해 답답함이 없는 학습이 가능합니다.

❷ 국어에서 등급을 가르는 **고난도 문제는 많이 틀린 이유와 함께 문제 해결 꿀 팁**까지 명쾌한 해설을 수록했습니다.

★ 해설편 앞 부분에 「SPEED 정답 체크 표」가 있습니다.
오려서 정답을 확인하거나 책갈피로 사용하시면 됩니다.

## 04 국어 영역 [공통+선택과목] ALL 수록

수능 체제와 동일하게 공통 과목과 선택과목을 모두 수록하였으며, 실제 수능시험지 형식과 동일합니다.

❶ 수능 체제에 맞추어 **공통+선택과목 [화법과 작문·언어와 매체] 문제를 실제 수능 시험지 형식으로 수록**했습니다.

❷ 최신 3개년 17회 문제는 **모두 현수능 체제로 출제된 기출문제이며, 학교 내신까지도 대비**할 수 있습니다.

## 05 SPEED 정답 체크 표 & 등급 컷

빠르게 정답을 확인할 수 있는 정답 체크 표와 문제를 푼 후 등급을 확인 할 수 있는 등급 컷을 제공합니다.

❶ 회차별로 문제를 푼 후 빠르게 **정답을 확인할 수 있는 SPEED 정답 체크 표를 제공하며, 오려서 책갈피로도 사용**할 수 있습니다.

❷ 문제를 푼 후 바로 **자신의 실력과 모의고사에서 상대적 위치를 확인할 수 있도록 등급 컷**을 제공합니다.

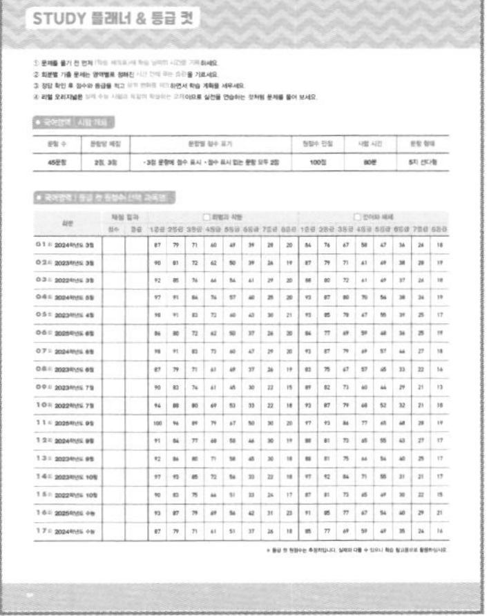

## 06 STUDY 플래너 & 정답률

학습 계획에 따라 날짜와 시간 등을 기록할 수 있는 STUDY 플래너와 전 회분 [문항별] 정답률을 제공합니다.

❶ 문제를 풀기 전 먼저 **STUDY 플래너에 학습 날짜, 시간, 등급을 표기하고 성적 변화를 체크하면서 학습**할 수 있습니다.

❷ 문항별로 정답률을 제공하므로 **문제의 난이도까지 파악할 수 있어 답답함 없는 학습**이 가능합니다.

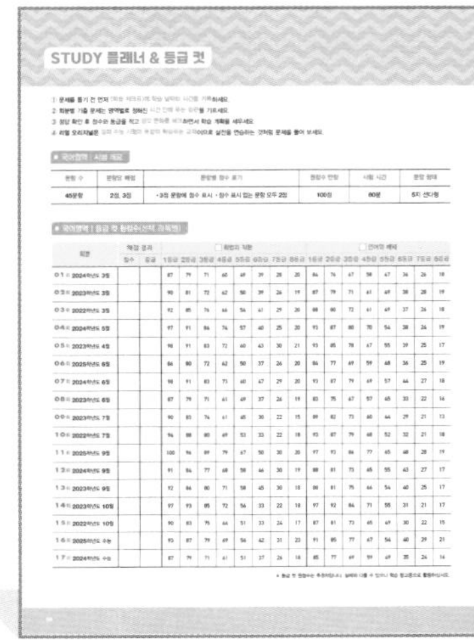

# STUDY 플래너 & 등급 컷

① 문제를 풀기 전 먼저 〈학습 체크표〉에 학습 날짜와 시간을 기록하세요.
② 회분별 기출 문제는 영역별로 정해진 시간 안에 푸는 습관을 기르세요.
③ 정답 확인 후 점수와 등급을 적고 성적 변화를 체크하면서 학습 계획을 세우세요.
④ **리얼 오리지널은** 실제 수능 시험과 똑같이 학습하는 교재이므로 실전을 연습하는 것처럼 문제를 풀어 보세요.

## ● 국어영역 | 시험 개요

| 문항 수 | 문항당 배점 | 문항별 점수 표기 | 원점수 만점 | 시험 시간 | 문항 형태 |
|---|---|---|---|---|---|
| 45문항 | 2점, 3점 | • 3점 문항에 점수 표시 • 점수 표시 없는 문항 모두 2점 | 100점 | 80분 | 5지 선다형 |

## ● 국어영역 | 등급 컷 원점수(선택 과목별)

| 회분 | 채점 결과 | | □ 화법과 작문 | | | | | | | | □ 언어와 매체 | | | | | | | |
|---|---|---|---|---|---|---|---|---|---|---|---|---|---|---|---|---|---|---|
| | 점수 | 등급 | 1등급 | 2등급 | 3등급 | 4등급 | 5등급 | 6등급 | 7등급 | 8등급 | 1등급 | 2등급 | 3등급 | 4등급 | 5등급 | 6등급 | 7등급 | 8등급 |
| 01회 2024학년도 3월 | | | 87 | 79 | 71 | 60 | 49 | 39 | 28 | 20 | 84 | 76 | 67 | 58 | 47 | 36 | 26 | 18 |
| 02회 2023학년도 3월 | | | 90 | 81 | 72 | 62 | 50 | 39 | 26 | 19 | 87 | 79 | 71 | 61 | 49 | 38 | 28 | 19 |
| 03회 2022학년도 3월 | | | 92 | 85 | 76 | 66 | 54 | 41 | 29 | 20 | 88 | 80 | 72 | 61 | 49 | 37 | 26 | 18 |
| 04회 2024학년도 5월 | | | 97 | 91 | 84 | 74 | 57 | 40 | 25 | 20 | 93 | 87 | 80 | 70 | 54 | 38 | 24 | 19 |
| 05회 2023학년도 4월 | | | 98 | 91 | 83 | 72 | 60 | 43 | 30 | 21 | 93 | 85 | 78 | 67 | 55 | 39 | 25 | 17 |
| 06회 2025학년도 6월 | | | 86 | 80 | 72 | 62 | 50 | 37 | 26 | 20 | 84 | 77 | 69 | 59 | 48 | 36 | 25 | 19 |
| 07회 2024학년도 6월 | | | 98 | 91 | 83 | 73 | 60 | 47 | 29 | 20 | 93 | 87 | 79 | 69 | 57 | 44 | 27 | 18 |
| 08회 2023학년도 6월 | | | 87 | 79 | 71 | 61 | 49 | 37 | 26 | 19 | 83 | 75 | 67 | 57 | 45 | 33 | 22 | 16 |
| 09회 2023학년도 7월 | | | 90 | 83 | 74 | 61 | 45 | 30 | 22 | 15 | 89 | 82 | 73 | 60 | 44 | 29 | 21 | 13 |
| 10회 2022학년도 7월 | | | 94 | 88 | 80 | 69 | 53 | 33 | 22 | 18 | 93 | 87 | 79 | 68 | 52 | 32 | 21 | 18 |
| 11회 2025학년도 9월 | | | 100 | 96 | 89 | 79 | 67 | 50 | 30 | 20 | 97 | 93 | 86 | 77 | 65 | 48 | 28 | 19 |
| 12회 2024학년도 9월 | | | 91 | 84 | 77 | 68 | 58 | 46 | 30 | 19 | 88 | 81 | 73 | 65 | 55 | 43 | 27 | 17 |
| 13회 2023학년도 9월 | | | 92 | 86 | 80 | 71 | 58 | 45 | 30 | 18 | 88 | 81 | 75 | 66 | 54 | 40 | 25 | 17 |
| 14회 2023학년도 10월 | | | 97 | 93 | 85 | 72 | 56 | 33 | 22 | 18 | 97 | 92 | 84 | 71 | 55 | 31 | 21 | 17 |
| 15회 2022학년도 10월 | | | 90 | 83 | 75 | 66 | 51 | 33 | 24 | 17 | 87 | 81 | 73 | 65 | 49 | 30 | 22 | 15 |
| 16회 2025학년도 수능 | | | 93 | 87 | 79 | 69 | 56 | 42 | 31 | 23 | 91 | 85 | 77 | 67 | 54 | 40 | 29 | 21 |
| 17회 2024학년도 수능 | | | 87 | 79 | 71 | 61 | 51 | 37 | 26 | 18 | 85 | 77 | 69 | 59 | 49 | 35 | 24 | 16 |

※ 등급 컷 원점수는 추정치입니다. 실제와 다를 수 있으니 학습 참고용으로 활용하십시오.

# 국어 영역

제 1 교시 01회

● 문항수 45개 | 배점 100점 | 제한 시간 80분 ● 점수 표시가 없는 문항은 모두 2점

**[1~3] 다음 글을 읽고 물음에 답하시오.**

글에 대해 판단하고 수용하는 비판적 읽기는 글에 표면적으로 드러난 내용이나 형식·표현을 파악하는 사실적 읽기와, 숨겨진 내용들을 짐작하는 추론적 읽기를 통해 글의 내용과 형식·표현을 어느 정도 이해한 다음 이루어진다. 비판적 읽기를 위해서는 판단의 준거가 필요한데, 그 준거는 내용에 대한 준거와 형식·표현에 대한 준거로 나누어 볼 수 있다.

[A] 내용에 대한 준거로는 타당성, 공정성, 신뢰성이 있다. 타당성은 글에 나타난 내용이 합리적이며 옳은지에 대한 것이다. 공정성은 글의 주제, 필자의 관점과 태도와 관련하여 이것들이 객관적이고 균형 잡힌 시각을 갖추었는지에 대한 것이다. 신뢰성은 글의 내용이나 글에 사용된 자료가 믿을 만한지에 대한 것이다. 독자가 이러한 준거로 내용에 대한 비판적 읽기를 할 때는 먼저 글의 내용을 사전 등을 활용하여 읽으며 표면적으로 드러난 내용, 의미, 주제 등 사실적인 것들을 파악하며 읽어야 한다. 또한 글에는 필자의 의도나 입장 등이 드러나지 않거나 생략된 내용들이 있기 때문에 독자는 이러한 것들을 추론하며 읽어야 한다. 이러한 읽기를 통해 파악하고 추론한 것들을 내용에 대한 준거에 따라 판단하며 읽는 것이 내용에 대한 비판적 읽기이다.

㉠ <u>형식·표현에 대한 비판적 읽기</u>는 내용에 대한 비판적 읽기와 함께 이루어진다. 독자는 글에 드러난 내용을 바탕으로 파악한 글의 구조, 내용 전개, 표현이 적절하고 효과적인지를 판단하는 비판적 읽기를 한다. 예를 들면 독자는 글의 구조가 글의 주제나 글의 목적을 잘 드러내고 있는지 판단할 수 있고, 글에 사용된 비교나 대조가 글에 나타난 관점들의 관계를 효과적으로 드러내고 있는지 판단할 수 있다. 또한 필자가 사용한 비유적 표현 등이 내용을 적절하게 드러내고 있는지 판단할 수 있다.

비판적 읽기 과정에서 독자는 동의할 수 있는 내용이나 적절한 형식·표현을 접할 수도 있지만 그렇지 않을 수도 있다. 이러한 상황을 접한 독자는 단순한 비판이나 수용에 그치지 않고 관련된 주제의 글을 찾아 입장이나 구조를 비교하며 읽거나 토론을 할 수 있다. 이처럼 종합적인 읽기 과정 안에서 비판적 읽기를 함으로써 독자는 주체적인 관점에서 글을 해석하고 평가할 수 있는 능력을 신장할 수 있다.

*1.* 윗글의 내용과 일치하는 것은?

① 독자는 비판적 읽기를 통해 글의 내용을 주체적으로 평가하는 능력을 향상할 수 있다.
② 독자는 비판적 읽기에서 형식·표현적 준거를 내용적 준거보다 우선 사용한다.
③ 독자는 추론적 읽기에서 글에 담긴 필자의 태도가 객관적인지 판단한다.
④ 독자는 글에 드러난 내용의 적절성을 사실적 읽기로 판단한다.
⑤ 독자는 생략된 내용을 파악하기 위해 비판적 읽기를 한다.

*2.* 다음은 학생이 자신의 읽기 과정을 기록한 글이다. [A]를 바탕으로 ⓐ~ⓔ를 분석한 내용으로 적절하지 <u>않은</u> 것은? [3점]

> 내가 독서 시간에 선택해서 읽은 글은 '인공 지능 고도화'에 대한 내용을 다루고 있었다. 글의 첫 부분에 ⓐ <u>인공 지능이라는 말이 쓰인 시기가 나와 있어 인공 지능이란 용어가 언제부터 사용되었는지 알게 되었다.</u> 그리고 ⓑ <u>인공 지능의 발달 과정 부분을 읽을 때 내가 알지 못하는 어휘는 사전을 찾아 가며 뜻을 파악했다.</u> 이 글에서 필자는 인공 지능 고도화에 대한 자신의 입장을 밝히지는 않았다. 하지만 ⓒ <u>인공 지능 고도화에 따른 우리 사회의 긍정적 변화만을 언급하고 있어서 필자가 인공 지능 고도화를 찬성하는 입장에 있다고 생각했다.</u> 글에는 여러 통계 자료가 제시되어 있었는데 ⓓ <u>그 자료 중에는 출처가 없어서 믿기 어려운 것들이 있었다.</u> 또한 ⓔ <u>인공 지능 고도화에 대한 부정적인 내용이 없어서 다른 입장의 글을 찾아 읽어 봐야겠다고 생각했다.</u>

① ⓐ: 사실적 읽기를 통해 표면적 내용을 파악하였군.
② ⓑ: 비판적 읽기를 통해 내용의 타당성을 판단하였군.
③ ⓒ: 추론적 읽기를 통해 드러나지 않은 입장을 추론하였군.
④ ⓓ: 비판적 읽기를 통해 내용의 신뢰성을 판단하였군.
⑤ ⓔ: 비판적 읽기를 통해 내용의 공정성을 판단하였군.

*3.* 윗글을 읽고 ㉠에 대해 보인 반응으로 적절하지 <u>않은</u> 것은?

① 독자는 ㉠의 과정에서 글의 구조가 적절한지를 판단하겠군.
② ㉠을 통해 독자는 자신이 읽은 글의 내용을 그대로 수용해야겠군.
③ ㉠을 통해 글에 나타난 표현이 효과적인지에 대한 판단이 이루어지겠군.
④ 독자는 ㉠의 과정에서 글에 사용된 비교나 대조가 적절한지를 판단하겠군.
⑤ ㉠이 가능하려면 글의 내용과 형식·표현에 대한 사실적 읽기가 필요하겠군.

[해설편 p.002]

**[4 ~ 9] 다음 글을 읽고 물음에 답하시오.**

(가)

㉠ 책상 위에 빨간 사과가 놓여 있는 상황에 대한 사유 과정은 사과의 형태나 색깔이 감각 기관을 통해 들어오고, 이를 사과라고 인식하는 것이다. 우리는 일반적으로 이 사과가 현실에 실재하는 대상이라는 것을 의심하지 않는다. 그러나 근대 철학자들 중에는 감각되지 않은 물리적 대상이 독립적으로 존재한다는 것을 증명할 수 없다는 이유로 이러한 대상의 실재함은 사유에 의존하는 것은 아닌지 의심하는 사람이 있었다. 이러한 의심을 바탕으로 한 여러 철학적 논변이 나타나면서 하나의 공통된 입장이 ⓐ 형성되었다. 그것은 인간의 사유와 독립한 존재가 실재하지 않으며, 사유와 대상이 따로 분리되어서는 어떤 것도 접근이나 이해가 불가능하다는 입장이다.

현대 철학자 메야수는 이러한 입장을 상관주의라고 명명하며, 사유 의존적인 대상뿐만 아니라 인간의 사유와 독립한 존재가 실재한다고 주장한다. 그의 주장은, 상관주의가 유럽 대륙 철학의 주요 입장 중 하나가 되면서 인간의 사유를 대상과 사유의 관계로 ⓑ 제한했다는 문제 의식에서 비롯되었다. 메야수는 인간이라는 종의 출현에 선행하는 존재 전부를 '선조적인 것'이라고 하면서 인간의 사유와 독립한 존재가 실재함을 과학의 발견들이 드러낸다고 주장한다. 가령 방사성 동위 원소의 측정으로 '46억 년 전에 최초의 지구가 존재했다.'라는 것이 ⓒ 입증되었다. 메야수에 따르면, 이는 인간의 사유와 독립한 존재가 실재한다는 증거이다. 그리고 이를 부정하면 선조적인 것을 전제해야만 설명할 수 있는 것들과 충돌을 일으킨다고 보았다.

이렇게 인간의 사유와 독립한 존재가 실재한다고 주장한 메야수는 이러한 존재가 가능성을 가진 우연성이라는 특성을 가지고 있다고 보았다. 예를 들어 ㉡ 공전하는 달은 ㉢ 일식의 가능성을 가지는 것일 뿐, 달의 공전이 일식과의 인과적인 필연성이 있는 것은 아니다. 태양의 변화로 일식이 나타나지 않을 수도 있기 때문이다. 이렇게 우연성을 가진 존재에 대한 그의 주장은 우리 인간이 이러한 존재가 가지는 다양한 가능성들에 대해 사유해야 한다는 것을 내포하고 있다.

메야수는 상관주의에서 부정하는, 인간의 사유와 독립한 존재가 실재하며 이에 대해 사유할 수 있음을 논증했다. 또한 인간의 사유와 독립한 존재가 실재한다고 보는 그의 철학은 인간 중심적인 사유의 세계에서 벗어나 우리의 사유와 세계의 확장을 ⓓ 시도하는 것으로 볼 수 있다.

(나)

지동설이 인정되기 전까지의 태양계는 천동설에 따라 태양이 지구를 중심으로 공전했다고 여겨졌다. 하지만 지금의 태양계는 지동설의 설명과 같이 태양을 중심으로 지구가 공전하고 있다고 본다. 굿맨은 천동설이나 지동설과 같은 것을 [버전]이라고 하였다. 그가 말하는 버전은 대상을 배열하고 범주화하는 언어적 혹은 비언어적인 기호들의 체계이다. 태양을 신처럼 상징하는 그림과 같은 비언어적인 기호나 '지구의 중력 때문에 사과가 떨어진다.'와 같은 언어적 진술 모두 일종의 버전에 따른 것이다.

굿맨은 이러한 버전들이 인간에 의해 만들어지기 때문에 인간이 존재하던 모든 시기에 존재하며, 이 버전들에 의해 세계가 구성된다고 주장하였다. 이러한 그의 주장에 따르면 세계는 인위적으로 구성된 것이며, 실재하는 것이 아니라 실재한다고 ⓔ 간주된 것이다. 따라서 그의 관점에서 세계는 절대적인 것이 아니라 상대적인 것이다. 예를 들면 태양을 태양계의 중심이 되는 항성으로 구성하는 버전이 없던 시기에는 태양은 신이라는 범주로 분류되었을 수 있다. 여기서 태양이 항성으로 존재하게 된 시점은 태양이 태양계의 중심이 되는 항성으로 구성된 버전에 의해 결정된다. 이에 따르면 위의 예는 세계의 존재 시점이 버전에 의해 구성된 시점에 의존하게 됨을 나타낸다. 이는 인간의 사유와 독립한 존재는 실재할 수 없다는 의미로 볼 수 있다.

세계에 대한 굿맨의 입장은 버전의 다양성과 상대성을 허용하고 있다. 그렇다고 해서 그가 모든 버전이 세계를 구성할 수 있다고 본 것은 아니다. 그는 '옳음'이라는 것을 제시하면서 옳은 버전만이 세계를 구성한다고 보았다. 그는 옳음을 '적합함'으로 설명하면서, 적합함으로 버전의 옳음을 판단한다고 주장했다. 적합함은 실용, 범주, 세계에 대한 설명적인 측면에서 버전이 적합해야 한다는 것이다. 예를 들면 16세기 무렵의 서구에서 천동설이 옳은 버전이었던 것을 들 수 있다. 천동설은 사회적, 종교적 관점에서 유용했으며, 별의 운동에 대해 적합하게 범주화되었다. 또한 지구의 움직임을 사람들이 느낄 수 없다는 점에서 별의 운동에 대한 설명으로 적합했다. 하지만 후대에 지동설이 옳은 버전이 되었던 것처럼 옳음에 대한 기준은 절대적이지 않다는 것이 굿맨의 입장이다. 그래서 그는 세계를 구성하는 것은 '어려운 일'이라고 했다.

버전에 대한 굿맨의 주장은 '옳음'으로 인정받은 다양한 버전이 만들어지고 이에 따른 다양한 세계들을 인정하는 것이다. 그는 이렇게 되어야 세계에 대한 인간의 이해가 더욱 향상된다고 생각했기 때문이다.

**4.** (가)와 (나)에 대한 설명으로 가장 적절한 것은?

① (가)와 달리 (나)는 과학 분야에서 파생된 특정한 철학 이론의 확립 과정을 서술하고 있다.
② (나)와 달리 (가)는 특정 철학자의 주장 변화를 통시적으로 소개하고 있다.
③ (가)와 (나)는 모두, 특정 철학자의 주장과 관련된 개념을 구체적 예를 통해 설명하고 있다.
④ (가)와 (나)는 모두, 특정 철학자들의 주장이 가지는 이론적 장점과 시대적 한계를 분석하고 있다.
⑤ (가)와 (나)는 모두, 상반된 입장을 가진 철학자들의 주장에서 보이는 공통점과 차이점을 밝히고 있다.



[해설편 p.003]

*5.* (가)에서 알 수 있는 내용으로 적절하지 않은 것은?

① 상관주의자는 감각의 작용이 있어야 사유가 가능하다고 보았다.
② 메야수는 상관주의의 입장이 인간의 사유 영역을 한정했다고 보았다.
③ 메야수는 사유와 독립하여 실재하는 존재는 하나밖에 없다고 보았다.
④ 메야수의 철학은 사유와 독립하여 실재하는 존재에 대한 사유가 필요함을 보여 준다.
⑤ 근대 철학자 중에는 사유에 의존하지 않는 대상의 실재에 대해 의심하는 사람이 있었다.

*6.* (나)의 [버전]에 대한 이해로 가장 적절한 것은?

① 버전은 적합하다고 판단되었을 때만 세계를 구성할 수 있다.
② 버전은 세계의 실재성이 확증된 이후에만 구성될 수 있다.
③ 인간이 존재하지 않던 시기에도 버전은 존재한다.
④ 버전의 적합함은 버전의 '옳음'을 통해 판단된다.
⑤ 버전은 '옳음'을 지녔기 때문에 고정불변이다.

*7.* ㉠~㉢과 관련지어 '상관주의자'와 '굿맨'에 대해 이해한 내용으로 가장 적절한 것은?

① ㉠의 '빨간 사과'는 상관주의자에게 사유와 분리된 대상이고, 굿맨에게 버전에 의존적인 대상이다.
② 상관주의자와 굿맨 모두, 사과가 실재한다고 말하기 위해서는 ㉠에 관한 사유가 있어야 한다고 본다.
③ 상관주의자와 달리 굿맨은 ㉡은 과학적 사실이기 때문에 판단과 무관하게 당연히 옳음이 있다고 본다.
④ 상관주의자와 달리 굿맨은 '㉢이 달의 공전 때문에 일어난다.'라는 진술이 감각과 관련된 범주로 분류되어야 옳은 버전이 될 수 있다고 본다.
⑤ 굿맨과 달리 상관주의자는 ㉡을 대상, ㉢을 사유로 파악한다.

*8.* (가), (나)를 바탕으로 <보기>에 대해 보인 반응으로 적절하지 않은 것은? [3점]

< 보 기 >

철학자 A는 인식 독립적인 대상을 부정하면서 세계는 감각으로 인식될 때만 존재한다고 보았다. 철학자 B는 모든 것을 의심하여 '감각되는 대상', '감각에 따른 인식' 모두 실재하지 않는다고 보았다. 한편 철학자 C는 인과 관계에서 원인과 결과의 필연성은 발견되지 않는다고 보았다. 그래서 우리가 원인이라고 생각하는 것은 경험의 반복이고, 결과는 경험의 반복에 따른 추측이라고 주장했다.

① '선조적인 것'에 대해서 (가)의 메야수는 실재한다고 보고, 철학자 A는 실재하지 않는다고 보겠군.
② 철학자 B와 달리 (가)의 메야수는 '감각에 따른 인식'은 실재하지만 '감각되는 대상'은 실재하지 않는다고 보겠군.
③ (가)의 메야수와 철학자 C 모두 인과관계에서 필연성은 나타나지 않는다고 보겠군.
④ (나)의 굿맨에 따르면 철학자 B가 실재하지 않는다고 주장한 '감각되는 대상'은 인위적으로 구성된 것으로 보겠군.
⑤ (나)의 굿맨은 세계를 구성할 수 있는 버전이 다양할 수 있다고 보고, 철학자 C는 결과는 경험의 반복에 따른 추측으로 보겠군.

*9.* ⓐ ~ ⓔ의 사전적 의미로 적절하지 않은 것은?

① ⓐ : 도와서 이루게 함.
② ⓑ : 일정한 한도를 정하거나 그 한도를 넘지 못하게 막음.
③ ⓒ : 어떤 증거 따위를 내세워 증명함.
④ ⓓ : 어떤 것을 이루어 보려고 계획하거나 행동함.
⑤ ⓔ : 상태, 모양, 성질 따위가 그와 같다고 보거나 그렇다고 여김.

**[10 ~ 13] 다음 글을 읽고 물음에 답하시오.**

디지털카메라는 피사체에 반사된 빛이 렌즈를 통해 ㉠ <u>이미지 센서에 피사체의 상이 맺히도록 만들고, 이 상을 이미지 데이터로 변환하여 한 장의 사진으로 저장한다</u>. 이미지 센서에서 상이 맺히는 곳은 많은 수의 아주 작은 화소가 격자 모양으로 배열된 '화소 평면'이다. 여기에 피사체의 상이 맺힐 때, 화소 각각의 위치에서 얻어진 빛의 밝기를 나타내는 데이터의 배열이 한 장의 사진이 된다.

화소는 빛에 반응하는 소자로, 노출된 빛의 세기에 비례하는 전압을 출력한다. 화소를 여러 개 묶어서 마치 하나의 화소처럼 쓸 수도 있는데, 동일한 화소를 여러 개 묶어서 사용하면 하나를 사용할 때보다 약한 빛도 검출할 수 있다. 만일 빨강, 초록, 파랑의 서로 다른 파장의 빛에 반응하는 화소를 묶어 한 개의 화소를 구성하면, 색깔을 구별할 수 있다. 이미지 센서의 해상도는 화소 평면의 면적에 대한 화소의 전체 개수의 비율로 나타내는데, 이 값이 클수록 세밀하게 표현된 이미지를 얻을 수 있어 센서의 성능을 가늠하는 척도가 된다.

디지털 이미지를 얻기 위해서는 각 화소에 노출된 빛의 세기를 데이터로 변환해야 하는데, 이를 위해 화소를 '아날로그

디지털 변환기(ADC)'에 연결하여 화소의 출력 전압에 해당하는 크기를 나타내는 데이터로 바꾼다. ADC는 입력 전압의 값을 데이터로 변환하여 출력할 때는 일정한 수의 비트로 표현한다. 이 비트의 개수를 데이터 폭이라고 한다. 분해능은 입력 허용 구간을 몇 개의 구간으로 ⓐ나누어 표현할 수 있는지를 나타내는데, ADC의 성능을 나타내는 한 지표이다. 가령 어느 ADC의 입력 전압의 허용 구간이 0 ~ 1볼트(V)라고 하자. 만일 화소의 출력 전압에 대해 ADC의 데이터 폭이 1비트면, 빛의 세기를 0.5V를 기준으로 0V부터 0.5V보다 작은 구간은 흑으로, 0.5V부터 1V까지의 구간은 백으로 2단계로 명암을 구분한다. 만일 데이터 폭이 2비트면 0 ~ 1V의 구간을 4단계로, 4비트면 16단계로, 8비트면 256단계로 서로 다른 밝기의 명암으로 구분하여 데이터를 출력할 수 있다. 따라서 데이터 폭이 넓은 ADC를 쓰면 세밀한 명암의 표현이 가능한 이미지를 얻을 수 있다. 한편 ADC가 입력된 전압을 데이터로 바꾸는 데는 일정한 시간이 걸리는데 이를 변환 시간이라고 하며, 성능을 나타내는 또 다른 지표로 사용된다.

이미지 센서가 온전한 한 장의 사진을 얻으려면 화소별로 빛의 세기를 나타낸 데이터를 화소와 같은 형태의 배열로 나타내어야 한다. 이미지 센서 내부에 화소의 수만큼 ADC가 있으면 일대일로 연결하여 한 번에 전체 데이터를 얻으면 된다. 하지만 일반적으로 이미지 센서에는 수백만 개의 화소가 있는데, 이만큼의 ADC를 이미지 센서에 만들어 넣기는 어렵다. 그래서 적은 수의 ADC로 전체 화소의 데이터를 얻기 위해 '다중 스위치'를 이용한다.

다중 스위치는 M개의 입력을 N개씩 여러 개의 블록으로 나누고 블록 단위로 N개의 출력으로 연결해 주는 장치이다. 이때 N은 M과 같거나 M보다 작아야 한다. 화소 평면의 전체 화소를 순서에 따라 일정한 개수로 묶은 블록으로 나누고, 이것을 다중 스위치를 통해 순서대로 여러 번 ADC로 보내 블록 단위로 데이터로 바꾼 다음, 이것을 차례로 다시 모으면 한 장의 사진이 완성된다.

가령 10,000개의 화소가 있고 10개의 ADC가 있다고 하자. 이런 경우 순서대로 화소를 10개씩 묶어 블록으로 만들고 각 블록을 10개의 ADC에 순서대로 1,000번으로 나누어 보낸다. 그러면 10개씩 묶인 데이터가 순서대로 1,000개로 변환되므로 이를 합쳐서 한 장의 사진으로 완성한다. 하지만 ADC가 1,000번의 동작을 해야 하므로 사진 한 장의 데이터를 얻는 전체 변환 시간은 ADC의 변환 시간의 1,000배가 된다.

*10.* 윗글을 이해한 내용으로 적절하지 않은 것은?

① 다중 스위치의 입력에 연결되는 개수는 출력에 연결되는 개수보다 작다.
② 데이터 폭으로 표현하는 분해능은 ADC의 성능을 나타내는 척도의 하나이다.
③ 디지털카메라로 찍은 한 장의 사진은 화소와 같은 형태로 나열된 데이터의 배열이다.
④ 빛에 대해 반응이 같은 화소를 여러 개 묶으면 검출할 수 있는 최소 밝기가 낮아진다.
⑤ 색깔을 구별할 수 있는 빨강, 초록, 파랑의 화소는 각각 반응하는 빛의 파장이 서로 다르다.

*11.* ㉠에 대한 이해로 적절하지 않은 것은?

① ADC의 데이터 폭을 늘리면 저장할 데이터양이 늘어난다.
② ADC의 변환 시간을 줄이면 전체 변환 시간이 줄어든다.
③ ADC의 개수를 늘리면 전체 변환 시간이 늘어난다.
④ 전체 화소의 수를 늘리면 저장할 데이터양이 늘어난다.
⑤ 전체 화소의 수를 줄이면 전체 변환 시간이 줄어든다.

*12.* 윗글을 바탕으로 <보기>의 ㉮ ~ ㉰에 들어갈 내용을 적절하게 짝지은 것은? [3점]

< 보 기 >

디지털카메라의 이미지 센서가 피사체의 상을 데이터로 바꾸는 과정을 아래와 같이 나타내었다.

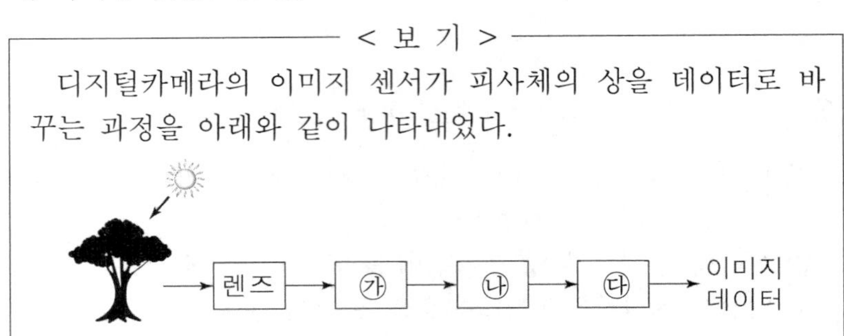


| | ㉮ | ㉯ | ㉰ |
|---|---|---|---|
| ① | ADC | 화소 평면 | 다중 스위치 |
| ② | ADC | 다중 스위치 | 화소 평면 |
| ③ | 화소 평면 | 다중 스위치 | ADC |
| ④ | 화소 평면 | ADC | 다중 스위치 |
| ⑤ | 다중 스위치 | 화소 평면 | ADC |

*13.* ⓐ의 문맥적 의미와 가장 유사한 것은?

① 우리는 서로 인사를 나누었다.
② 그와 이야기를 나누는 일은 즐겁다.
③ 글을 세 문단으로 나누고 내용을 정리하였다.
④ 너와 슬픔과 기쁨을 함께 나누면서 살고 싶다.
⑤ 오랜만에 친구와 차를 한잔 나누며 이야기를 했다.


[해설편 p.004]

[14 ~ 17] 다음 글을 읽고 물음에 답하시오.

법률상 유언은 자기의 사망으로 권리관계의 변동이 일어나게끔 일방적인 의사를 표시하는 법률 행위라 할 수 있다. 유언으로 재산을 넘겨주는 것을 유증이라 하는데, 유증은 상대방의 의사와 상관없이 유언자의 일방적인 의사만으로 유효하게 성립한다. 유증을 받는 수증자는 유증을 거절할 수 있을 뿐이다. 이 점에서 상대방의 승낙이 필요한 증여와는 다르다. 그래서 유증과 증여는 모두 의사 표시를 기반으로 하는 법률 행위이지만, 유증은 단독 행위로, 증여는 계약으로 분류된다.

유언의 의사 표시는 법이 규정한 일정한 방식에 따라 이루어져야 한다. 예를 들면, 자필 증서로 하는 유언의 경우에는 유언자가 직접 쓰고 도장을 찍어야 하며, 컴퓨터를 이용하거나 남이 대필하면 그 효력이 생기지 않는다. 법으로 방식을 정하는 까닭은 당사자의 사망 후에 효력이 생기는 탓에 미리 본인의 진의를 확실히 해 두어야 할 필요가 있기 때문이다. 이와 달리 원칙적으로 계약은 특별한 방식이 정해져 있지 않아 당사자가 말로만 합의해도 유효하게 성립한다.

우리 민법은 유언의 자유를 보장한다. 사람은 언제든지 자유롭게 유언할 수 있고 철회도 할 수 있다. 혹시 유언의 내용을 변경할 때 자녀의 동의가 있어야 한다는 문구가 유언에 들어 있다면 그 부분은 무효가 된다. 유언으로 재산 처분의 내용과 방식을 정할 수 있다. 그러나 법정 상속인 이외의 사람을 상속인으로 지정하거나 법적으로 공동 상속인 사이에 정해진 상속 재산의 비율인 상속분을 법률로 정해진 비율과 달리 정하는 유언은 허용되지 않는다. 다만 ㉠ <u>유증으로써 배우자나 자녀에게 법정 상속분과 다르게 재산을 물려줄 수 있다.</u>

상속은 피상속인이 사망했을 때 그의 재산 관계가 포괄적으로 상속인에게 승계되는 것이다. 포괄적 승계라서 자산뿐 아니라 채무까지도 이전된다. 이러한 법률 효과가 의사 표시가 아니라 사망이라는 사건으로 생긴다는 점에서 법률 행위와는 근본적으로 차이가 있다. 민법에서는 상속인이 될 자격의 순위를 정해 놓아서, 후순위자는 선순위자가 없는 경우에 상속인이 된다. 제1 순위는 피상속인의 자녀 등의 직계 비속이고, 제2 순위는 부모 등의 직계 존속이다. 배우자는 제1 순위자와도 제2 순위자와도 같은 순위이다. 같은 순위 상속인들 사이의 상속분은 균등하며, 다만 배우자의 상속분에는 그 50%를 얹어 준다. 예를 들어 상속인이 배우자와 아들, 딸이 한 명씩 있다면 그 상속분의 비율은 각각 1.5 : 1 : 1이다.

유증은 특정 재산에 대해서 하는 특정 유증이 보통이지만 포괄적으로 할 수도 있다. 포괄 유증은 전체 재산에 대하여 그 전부를 또는 그에 대한 일정 비율을 정하여 상응하는 몫을 물려주는 방식이다. 이런 경우에 수증자는 유언의 효력이 발생하는 동시에 상속인과 동일한 권리와 의무를 갖게 된다. 이에 비해 특정 유증에서는 목적물인 특정 재산에 대한 재산권이 일단 상속인에게 귀속하고, 수증자는 유증의 이행을 청구할 수 있는 채권을 취득한다. 상속인에게는 각자의 상속분에 따라 유증을 이행할 의무도 상속되므로 그 이행이 완료되는 때에 수증자는 재산권을 취득한다.

유증을 받는 수증자는 법정 상속인에 한정되지 않는다. 상속인과 달리 수증자는 사람뿐 아니라 법인이나 단체, 시설 등도 될 수 있다. 즉, 유언자는 상속인이 아닌 사람이나 단체에 재산을 물려줄 수도 있는 것이다. 따라서 상속 재산 전부가 특정한 자녀나 상속인이 아닌 사람에게 유증되는 일도 있다. 다만 민법은 유류분 제도를 두어 상속인이 된 사람에게 자기 상속분의 일정 비율을 최소한의 몫으로 받을 수 있도록 보장한다.

*14.* 윗글의 내용과 일치하는 것은?

① 유언의 철회는 자유롭게 할 수 없다.
② 상속의 대상은 채무를 제외한 피상속인의 재산이 된다.
③ 계약은 원칙적으로 당사자가 말로만 합의해도 유효하게 성립할 수 있다.
④ 특정 유증의 수증자는 유언의 효력이 발생하는 동시에 목적물을 소유한다.
⑤ 자필 증서로 하는 유언은 법으로 정한 방식에 따를 필요 없이 자유롭게 할 수 있다.

*15.* 윗글을 이해한 내용으로 적절하지 <u>않은</u> 것은?

① 유증의 효력은 유언자의 사망으로 발생한다.
② 수증자가 거절하지 않아야 유증이 유효하게 성립한다.
③ 법인에 유증을 할 때 상속인의 동의는 필요하지 않다.
④ 유증과 증여 모두 상속과 달리 법률 행위로 분류된다.
⑤ 증여는 상대방의 승낙이 없으면 효력이 생기지 않는다.

*16.* ㉠의 예로 가장 적절한 것은?

① 유류분의 처분을 정하는 방식으로 유언을 한다.
② 법정 상속인이 아닌 제삼자에게 재산의 일부를 유증한다.
③ 법정 상속인을 배제하고 공익 단체에 모든 재산을 증여한다.
④ 법정 상속인들 사이의 상속분을 서로 다르게 정하는 유언을 한다.
⑤ 제1 순위 법정 상속인들 가운데 한 사람에게 재산의 일부를 유증한다.

*17.* 윗글을 바탕으로 <보기>를 이해한 내용으로 적절하지 <u>않은</u> 것은? [3점]

< 보 기 >

X의 상속인은 배우자, 아들 A, 딸 B가 전부이다. X가 사망하였을 때 그의 재산으로 14억 원의 현금이 확인되었으며, 그 밖의 자산은 없는 것으로 파악되었다. 유효하게 작성된 X의 자필 유언도 발견되었는데, X가 사망하면 전체 재산의 절반을 공익 법인 C에 기부한다는 내용이었다.

① X에게 채무가 있다면, 공익 법인 C는 기부받은 재산으로 X의 채무를 물어 주는 일이 생길 수 있다.
② X에게 채무가 있다면, 공익 법인 C는 X에게 채무가 있다는 이유를 들어 7억 원의 수령을 거절할 수 있다.
③ X에게 채무가 없다면, 아들 A와 딸 B가 법정 상속분에 따라 상속받는 재산의 합은 X의 배우자가 상속받는 재산보다 많다.
④ X에게 채무가 없다면, X의 부모가 있는 경우 아들 A와 딸 B의 법정 상속분은 줄어들지만, X의 배우자는 법정 상속분이 줄어들지 않는다.
⑤ X에게 채무가 없다면, 법정 상속분에 따라 상속이 이루어졌다고 할 때 공동 상속인들 가운데 아들 A와 딸 B는 같은 금액을 상속받는다.

**[18 ~ 23] 다음 글을 읽고 물음에 답하시오.**

(가)
이 몸 생겨남이 금수와 다르므로
**애친경형*과 충군제장*을 내 분수 안의 일로만 여겼**더니
ⓐ 하나도 못 이루고 세월이 늦어지니
평생 우활은 날 따라 길어간다
아침이 부족한들 저녁을 근심하며
㉠ 일간모옥(一間茅屋)이 비 새는 줄 알던가.
누더기 옷이 부끄러움 어이 알며
**어리석고 미친 말이 남의 미움받**을 줄 알던가.
우활도 우활할샤 그토록 우활할샤.
**춘산(春山)에 꽃을 보고 돌아올 줄 어이 알며**
하정(夏亭)에 잠을 들어 꿈 깰 줄 어이 알며
추천(秋天)에 달 맞아 밤 드는 줄 어이 알며
**동설(冬雪)에 시흥(詩興) 겨워 추움을 어이 알리.**
사시가경(四時佳景)을 아모란 줄 모르라
말로(末路)에 버린 몸이 무슨 일을 생각할꼬
**인간 시비(是非) 듣도 보도 못**하거든
일신의 번성과 쇠락 백 년을 근심할까
우활할샤 우활할샤 그토록 우활할샤.
아침에 누워 있고 낮에도 그러하니
하늘이 준 우활을 내 설마 어이하리.
그래도 애달프도다 고쳐 앉아 생각하니
ⓑ 이 몸이 늦게 나서 애달픈 일 많고 많다.
일백 번 다시 죽어 **옛사람 되고 싶**네.
희황천지*에 잠깐이나 놀아 보면
요순(堯舜) 일월을 잠시나 쬘 것을
ⓒ 순박한 풍속이 아득히 멀어졌으니 경박하게 되었도다.
한만(汗漫)한 정회(情懷)를 누구더러 이르려뇨
태산에 올라가 온 세상이나 다 바라보고 싶네.
추로에 두루 걸어 성현이 가르치던 자취 보고 싶네.
(중략)
**만 리에 눈뜨고 태고에 뜻을 두니**
**우활한 심혼(心魂)이 그리로 가고 아니** 오는구나.
**인간에 혼자 깨어** 누구더러 말을 할꼬.

— 정훈, 「우활가」 —

* 애친경형 : 어버이를 사랑하고 형을 공경함.
* 충군제장 : 임금에게 충성하고 어른에게 공손함.
* 희황천지 : 중국 복희씨 때의 세상. 태평성대를 뜻하는 말.

(나)
일곡(一曲) 승계산에 생애를 부쳐 두고
어부와 나무꾼을 내 일로 삼아 백 년을 보내리라
**어즈버 무이구곡*이 여기도 그곳인가 하노라** <제1수>

삼곡(三曲) 낚싯대 하나를 석양에 비껴 들고
맑은 강 굽어보니 백어(白魚)도 많고 많다
**이 맛을 인간 세상에 제 뉘라서 알리오** <제3수>

육곡(六曲) **속세를 버린 듯하니 심신도 한적하구나**
ⓓ 물고기와 새우 벗을 삼고 물과 돌을 ㉡ 집을 삼아
늙기를 다 잊은 후에 놀고 놀자 하노라 <제6수>

— 이중경, 「오대어부가구곡」 —

* 무이구곡 : 중국에 있는 경치가 아름다운 곳.

(다)
나는 천성이 **구름** 보기를 좋아하지만, 그게 왜 즐거운지는 스스로 설명하기 어렵다. 구담의 군옥봉 중에 ㉢ 서루(書樓)를 짓고 '다백운(多白雲)'이라는 편액을 걸고는 혼자 웃으며 이렇게 말했다.

**"구담에 항상 머물 수 있는 것은 아니고, 좋은 구름도 언제나 만날 수 있는 것은 아니니**, 이게 걱정일세."

무릇 단비가 내려 만물이 생장함은 천지의 마음이요, 구름의 묘용(妙用)이다. 그러나 온 세상에 구름이 끼어 비가 잔뜩 내리더라도 풀 하나 나무 하나가 혹 그 은택을 받지 못한다면 ⓔ 군자는 또한 걱정하나니, 걱정은 그칠 날이 없는 것이다. 그래서 나는 유독 **맑은 구름**을 좋아한다. 맑은 구름은 그 흰빛이 신기하게 변화하면서 다양한 형상을 띤다. 바로 이 순간 천지의 마음이 **고요하여 움직임이 없**으며 만물이 때를 기다리는 것을 보게 되나니, 나의 즐거움 또한 **말 없음**에 있거늘 대저 무슨 걱정이 있겠는가? 그러나 구름은 무시로 일어나지만 마음에 딱 드는 때를 만나기란 쉽지 않으며, 접하는 일이 무궁한 까닭에 나의 근심과 즐거움은 상황에 따라 변한다. 그러니 좋은 구름이 없더라도 걱정할 겨를이 있겠는가? 대저 **산**과 바다, 시내와 바위의 경관이 비록 아름답긴 하지만, 만일 종신토록 조용히 앉아 밤낮없이 그것만 바라보게 한다면, 그 신기하게 변하고 유동하는 모습도 도리어 한 덩어리 물건에 불과하게 되어 보는 이를 싫증 나게 할 것이다. 그러나 기장밥을 먹고, 베옷 입고 가죽띠를 두르며, 도와 의리, 경전과 사서(史書)에 대해 **공부하는 일**은 정신을 평안하게 하고 몸을 튼실하게 만들어 주는 까닭에 어떤 곳에서든 편안하며, 오래 해도 싫증이 나지 않는다. 그러니 다백운루(多白雲樓)가 비록 아름답다고는 하나 이 즐거움과는 **바꿀 수 없**다.

(중략)

또한 구담의 뭇 봉우리가 비록 기이하기는 하지만 그 변화무상함이 구름의 그것에는 못 미치고, 또 구름의 기이한 변화도 언제나 오래도록 즐길 수 있는 화창한 날만은 못하다. 그리고 마음에 기쁨을 주기는 하나 **나의 것으로 삼을 수** 없다는 점에서 구름과 산은 매한가지다. 그러니 어찌 종신토록 **외물**(外物)에 얽매여 나의 즐거움을 바꾸겠는가.

아! 삶이 고단하고 집안에 우환이 많아 맑은 날과 좋은 구름을 헛되이 보내던 중 구담 가에 누각을 세워 일 년에 한 번은 다녀올 수 있게 되었다. 그곳에서 구름 같은 뭇 봉우리를 바라보고, 또 장차 밭 갈고 고기 잡아 끼니를 마련하며, 칡을 캐어 옷을 짓고, 유유자적하면서 글을 읽고 이치를 생각한다면 그 즐거움은 바꿀 수 없을 것이다. 그리고 일없이 홀로 앉았다가 어쩌다 맑은 날을 만나, 때때로 피어오르는 아름다운 구름을 접하여 그것이 보여 주는 다양한 모습을 보고 천지의 마음을 징험하리니, 그 즐거움은 또한 말 없음에 있을 터이다. 이렇듯 다백운루에는 진실로 즐거워할 만한 것이 많으니, **좋은 구름을 언제나 만날 수 있는 것이 아님과 구담에 항상 머물 수 있는 것이 아님**에 대해 걱정할 겨를이 있겠는가. 이에 기문(記文)을 짓는다.

— 이인상, 「다백운루기」 —



[해설편 p.005]

*18.* (가)~(다)에 대한 설명으로 가장 적절한 것은?

① (가)와 (나)는 모두, 의문의 형식을 사용하여 현실에 대한 미련을 부각한다.
② (가)는 유사한 구절을 반복하여, (다)는 유사한 구절을 상응시켜 화자의 인식을 부각한다.
③ (가)와 (다)는 모두, 계절의 변화를 제시하여 경관의 다양한 변화를 표현한다.
④ (나)는 장소의 이동을, (다)는 시간의 흐름을 제시하여 그에 따라 생겨나는 삶에 대한 회의감을 드러낸다.
⑤ (가), (나)는 점층적 표현을, (다)는 연쇄적 표현을 사용하여 이상적인 세계에 대한 동경을 드러낸다.

*19.* <보기>를 참고하여 (가)를 감상한 내용으로 적절하지 <u>않은</u> 것은? [3점]

< 보 기 >

(가)에서 '우활'은 세상 물정에 어두운 것을 뜻하는 한편, 세상과의 불화를 감수하면서 윤리적 가치에 충실하려는 태도를 말하기도 한다. 그래서 '우활'한 인간은 현실과의 괴리에서 오는 안타까움과 현실에 대한 부정적 인식에서 비롯된 고독감을 드러내기도 하지만, 자신의 삶을 긍정하며 '우활'함을 지켜 나가는 태도를 보이기도 한다.

① '애친경형과 충군제장을 내 분수 안의 일로만 여겼'다고 한 것에서 윤리적 가치에 충실하고자 했던 화자의 모습이 나타나는군.
② '어리석고 미친 말이 남의 미움받'았다고 한 것에서 세상과 불화하여 소외당했던 화자의 삶이 나타나는군.
③ '인간 시비 듣도 보도 못'한다고 한 것에서 세상 물정에 어두워 현실과의 괴리를 겪는 화자의 안타까움이 드러나는군.
④ '옛사람 되고 싶'다고 한 것과 '만 리에 눈뜨고 태고에 뜻을 두'었다고 한 것에서 현실에 대한 화자의 부정적 인식이 드러나는군.
⑤ '우활한 심혼이 그리로 가고 아니' 온다고 한 것과 '인간에 혼자 깨어' 있다고 한 것에서 자신의 가치관에 충실한 화자의 모습이 나타나는군.

*20.* ⓐ ~ ⓔ에 대한 설명으로 적절하지 <u>않은</u> 것은?

① ⓐ : 추구하는 목표를 이루지 못한 것에 대해 탄식하고 있다.
② ⓑ : 자신의 처지가 애달픈 이유를 시대를 잘못 타고난 데에서 찾고 있다.
③ ⓒ : 과거와 비교하여 현재의 세태를 비판하고 있다.
④ ⓓ : 대상의 변화에 주목하여 그 대상과의 새로운 관계를 모색하고 있다.
⑤ ⓔ : 생명을 지닌 존재에 대한 애정에서 생겨난 정서적 반응이다.

*21.* ㉠ ~ ㉢에 대한 이해로 가장 적절한 것은?

① ㉠은 화자가 가난을 개의치 않는, ㉡은 화자가 주변의 사물에 친근감을 느끼는 공간이다.
② ㉠과 ㉡은 모두, 화자의 비참한 상황을 드러내는 곳이다.
③ ㉡은 현실의 공간을, ㉢은 상상의 공간을 나타낸다.
④ ㉡은 임금에게 감사하는 마음을, ㉢은 삶에 대한 자부심을 불러일으키는 곳이다.
⑤ ㉠, ㉡은 긴장감이 고조되는, ㉢은 긴장감이 해소되는 곳이다.

*22.* <보기>를 바탕으로 (가), (나)를 감상한 내용으로 적절하지 <u>않은</u> 것은?

< 보 기 >

(가)와 (나)는 모두 자연에서 감흥을 느끼는 화자의 모습이 제시되어 있는데 화자가 인식하는 자연의 의미는 장면에 따라 다양하게 나타난다.

① (가)의 '춘산에 꽃을 보고 돌아올 줄 어이 알며'에서 화자는 자연을 완상의 대상으로 인식하고 있군.
② (가)의 '동설에 시흥 겨워 추움을 어이 알리'에서 화자는 자연을 추워도 잊게 할 만큼 시를 짓고 싶은 마음을 불러일으키는 존재로서 인식하고 있군.
③ (나)의 '어즈버 무이구곡이 여기도 그곳인가 하노라'에서 화자는 자신이 머무르고 있는 자연을 무이구곡에 비견될 만큼 만족감을 느끼게 하는 공간으로 인식하고 있군.
④ (나)의 '이 맛을 인간 세상에 제 뉘라서 알리오'에서 화자는 세상 사람들과 함께 누리지 못하는 자연을 결별해야 할 공간으로 인식하고 있군.
⑤ (나)의 '속세를 버린 듯하니 심신도 한적하구나'에서 화자는 자연을 속세로부터 심리적 거리를 둘 수 있는 공간으로 인식하고 있군.

*23.* (다)에 대한 이해로 적절하지 <u>않은</u> 것은?

① '구담에 항상 머물 수 있는 것은 아니고, 좋은 구름도 언제나 만날 수 있는 것은 아니'어서 걱정했던 것은 '나'의 즐거움이 '외물'에 얽매였기 때문이다.
② '맑은 구름'을 즐거움을 주는 자연물 중에서 선호하는 것은 '나'의 즐거움이 '말 없음'에 있어서 '나'가 '고요하여 움직임이 없'는 '맑은 구름'에 싫증이 나지 않기 때문이다.
③ '산'보다 '구름'에서 '나'가 더 즐거움을 느끼는 것은 '구름'이 '산'보다 변화무상하기 때문이고, '구름'과 '산'의 속성이 같다고 생각하는 것은 '구름'과 '산'이 '외물'이기 때문이다.
④ '바꿀 수 없'는 가장 큰 즐거움이 '공부하는 일'에 있다고 '나'가 말한 것은 '공부하는 일'에서 얻는 즐거움은 '나의 것으로 삼을 수' 있기 때문이다.
⑤ '좋은 구름을 언제나 만날 수 있는 것이 아님과 구담에 항상 머물 수 있는 것이 아님'에 대해 '나'가 걱정하지 않는 것은 즐거움이 '외물'에만 있지 않음을 알기 때문이다.

[해설편 p.005]

**[24 ~ 26] 다음 글을 읽고 물음에 답하시오.**

(가)

**태양**아

**다만 한 번이라도** 좋다. 너를 부르기 위하여 나는 ㉠ 두루미의 목통을 비러오마. 나의 마음의 무너진 터를 닦고 나는 그 위에 너를 위한 작은 궁전을 세우련다. 그러면 너는 그 속에 와서 살아라. 나는 너를 나의 어머니 나의 고향 나의 사랑 나의 희망이라고 부르마. 그리고 너의 사나운 풍속을 쫓아서 이 어둠을 깨물어 죽이련다.

태양아

너는 나의 **가슴속** 작은 우주의 호수와 산과 푸른 잔디밭과 흰 방천에서 **불결한** ㉡ 간밤의 서리를 핥아 버려라. 나의 시냇물을 쓰다듬어 주며 **나의 바다의 요람을 흔들**어 주어라. 너는 나의 병실을 어족(魚族)들의 **아침**을 데리고 유쾌한 손님처럼 찾아오너라.

태양보다도 이쁘지 못한 시(詩). 태양일 수가 없는 **서러운 나의 시**를 **어두운 병실**에 켜놓고 태양아 **네가 오기를** 나는 이 **밤**을 새워 가며 **기다**린다.

― 김기림, 「태양의 풍속」 ―

(나)

마음이 또 수수밭을 지난다. 머윗잎 몇장 더 얻어 뒤란으로 간다. **저녁만큼 저문 것**이 여기 또 있다.

개밥바라기별이
내 눈보다 먼저 **땅**을 들여다본다
세상을 내려놓고는 길 한쪽도 볼 수 없다
논둑길 너머 길 끝에는 ㉢ 보리밭이 있고
**보릿고개를 넘은 세월**이 있다
바람은 자꾸 등짝을 때리고, 절골의
그림자는 암처럼 깊다. 나는
몇번 머리를 흔들고 산속의 산,
산 위의 산을 본다. 산은 올려다보아야
한다는 걸 이제야 알았다. 저기 저
**하늘**의 자리는 싱싱하게 푸르다.
푸른 것들이 어깨를 툭 친다. 올라가라고
그래야 한다고. 나를 부추기는 솔바람 속에서
**내 막막함도 올라간다.** 번쩍 제정신이 든다
정신이 들 때마다 우짖는 내 속의 ㉣ 목탁새들
**나를 깨운다.** 이 **세상에 없는 길**을
만들 수가 없다. ㉤ 산 옆구리를 끼고
**절벽을 오르**니, 천불산(千佛山)이
몸속에 들어와 앉는다.
내 맘속 **수수밭이 환해진다.**

― 천양희, 「마음의 수수밭」 ―

*24.* (가)와 (나)에 대한 설명으로 가장 적절한 것은?

① (가)와 달리 (나)는 명령형 종결 방식을 활용하여 시적 의미를 강조하고 있다.
② (가)와 달리 (나)는 시간성을 드러내는 시어를 활용하여 시상을 전개하고 있다.
③ (나)와 달리 (가)는 반어적 표현을 사용하여 대상이 지닌 부정적 가치를 부각하고 있다.
④ (가)와 (나)는 모두, 색채어를 활용하여 시적 이미지를 구체적으로 드러내고 있다.
⑤ (가)와 (나)는 모두, 특정한 대상을 부르는 방식을 사용하여 시적 대상에 주목하게 하고 있다.

*25.* ㉠ ~ ㉤에 대한 이해로 적절하지 않은 것은?

① ㉠ : '다만 한 번이라도'와 연결하여 '태양'을 데려오기 위한 화자의 간절함을 드러내고 있다.
② ㉡ : '불결한'과 연결하여 화자의 '가슴속'에서 없애고자 하는 부정성을 상징하고 있다.
③ ㉢ : '보릿고개를 넘은 세월'과 연결하여 화자가 자신의 힘들었던 과거를 떠올리게 하고 있다.
④ ㉣ : '나를 깨운다'와 연결하여 화자의 내면 의식을 일깨우는 존재를 상징하고 있다.
⑤ ㉤ : '세상에 없는 길'과 연결하여 화자의 좌절감을 드러내고 있다.

*26.* <보기>를 바탕으로 (가)와 (나)를 감상한 내용으로 적절하지 않은 것은? [3점]

< 보 기 >

(가)와 (나)에는 내용 면, 형식 면에서 유사한 특징이 나타난다. 내용 면에서는 고달픈 현실을 새로운 정신으로 극복하기 위한 의지를 드러내거나, 내적 혼란에서 벗어나 심리적 안정을 찾으려는 자세를 드러낸다. 한편 형식 면에서는 부정적 상황을 극복하려는 과정을 대립적 시어를 통해 구현한다.

① (가)의 '나의 바다의 요람을 흔들'라고 한 것은 화자의 내적 혼란이, (나)의 '내 막막함도 올라간다'고 한 것은 현실의 고달픔이 심화되고 있음을 나타낸 것이겠군.
② (가)의 '아침'과 '밤', (나)의 '하늘'과 '땅'은 대립적 시어를 활용하여 시상을 전개한 것이겠군.
③ (가)의 '서러운 나의 시'는 자신의 시가 새로운 정신을 갖추지 못했음을, (나)의 '수수밭이 환해진다'는 화자가 내적 혼란에서 벗어나고 있음을 드러낸 것이겠군.
④ (가)의 '어두운 병실', (나)의 '저녁만큼 저문 것'은 화자가 처해 있는 부정적인 상황을 나타낸 것이겠군.
⑤ (가)의 '네가 오기를' '기다'리는 행위는 새로운 정신을 지향하는 화자의 소망을, (나)의 '절벽을 오르'는 행위는 심리적 안정을 찾기 위한 화자의 노력을 드러낸 것이겠군.



[해설편 p.006]

[27 ~ 30] 다음 글을 읽고 물음에 답하시오.

그는 돌아와서 아무 일도 하지 않았다. 사실은 아무것도 할 수가 없었다. 녀석에게는 학위를 가져오지 못한 한국적인 약점을 보충해 줄 지면*도 없었고, 지면을 만들 만한 주변머리도 없었다. 유학 지망생 몇 명을 모아다가 회화를 가르치는 것으로 하숙비를 충당해 갔다. 녀석이 밤으로 그 노릇을 한다는 것도 훨씬 뒤에야 알려진 일이었다. 시골에는 처음부터 내려가 볼 생각을 하지 않았다. 그사이 '외롭다'는 말의 치사한 뉘앙스를 잊어버린 듯 주머니에 손을 구겨 넣고, 걸핏하면 외로운데 외로운데 소리를 함부로 내뱉으며 거리를 지쳐 쏘다니기도 한댔다.

[A] 그런 생활이 반년쯤 지나자 그에게는 두 가지 망측한 습벽이 붙어 있었다. 그 한 가지가 앞서 말한 ㉠ 도벽이었다. 주위에 그의 도벽 피해자가 아닌 사람이 드물었다. 그러나 아무도 그런 이야기를 맞대 놓고 말할 처지는 못 되었다. 녀석에게 도벽을 정면으로 인정하고 나서기란 그를 위해서보다 자신이 두려워지는 일이었다.

———스스로 말해 올 때가 있겠지.

그러나 녀석의 태도는 시종 나 몰라라였다. 한 번도 자기 행투에 대해 변명 같은 것을 말한 적이 없었다.

녀석의 또 한 가지 나쁜 버릇은 다름 아닌 거짓말이었다. 그는 **아무렇게나 거짓말을 했다**. 언젠가는 친구 한 사람이 교통사고로 병원에 입원을 해 있다고 급한 전화를 두루 걸어 준 일이 있었다. 우리는 병원으로 몰려갔지만 거짓말이었다. 녀석은 물론 근방에도 나타나지 않았고, 그 일에 대해서는 나중에까지도 전혀 미안한 얼굴을 하지 않았다. 그런 일은 여러 번 있었다. 무슨 목적 같은 것을 가지고 한 거짓말이 아니었다. 말하자면 녀석은 아무렇게나 거짓말을 했다. 문제는 녀석이 그렇게 되는대로 거짓말을 하면서 그것이 거짓말이라는 의식을 갖지 않고 있다는 점이었다. 거짓이 스스로 거짓임을 망각해 버릴 때, 그것은 이미 그의 내부 질서뿐 아니라 외부에 대해서도 무서운 파괴력을 지니게 될 것이 분명했다. 나는 그가 웬 ㉡ 거인의 그림자처럼 커다랗게 우리에게로 다가들고 있는 느낌이었다. 그는 '거짓말'이라는 어휘도, 그 어의도 잊어버리고 있는 것 같았다. 거품이 개울을 흘러내리듯 아무렇게나 생활을 흘러내려 가고 있었다.

그러던 녀석이 언제부턴가는 다시 진이를 향해 서서히 눈을 열기 시작함으로써 나를 더욱 당황스럽게 한 것이다. 그러나 나는 결국 그런 진이와의 일을 모른 체해 두기로 마음을 고쳐먹었다. 진이가 나타난 뒤로 우리는 막연하나마 녀석에게 한 가닥 희망을 가져 볼 수 있었기 때문이다. 그런 일에서나마 녀석의 생활에 어떤 변화의 가능성을 얻을 수 있을까 해서였다. 언젠가는 그가 진심으로 진이를 사랑한다 말하게 될 때가 올지도 모른다고. 물론 그때는 진이가 또 그로부터 떠나가고 말 것이지만, 그가 그렇게 말을 하는 순간 그의 의식은 그 지향 없는 흐름을 정지할 것이고, 그는 '거짓말'이라는 어휘를 기억해 낼 수도 있으리라는 희망이었다. 녀석과 진이의 일을 모른 체 곁에서 그냥 지켜보고만 있었다. 그러나 그는 기대와는 상관없이 언제까지나 흐르는 ㉢ 거품일 뿐이었다. 하여 우리는 그럴 리가 없으리라는 애초의 확신(그것을 확신이라고 말한 것은, 만약 그것이 없었더라면 그쯤 된 녀석을 우리는 벌써 정상적인 사람으로 생각할 수 없었노라는 잔인스런 말을 해야 하기 때문이다)에도 불구하고, 그를 도대체 어떻게 여겨야 할지 모르고 있던 참이었다. 녀석에게는 우리의 희망이나 추측과는 전혀 다른 곳에서 또 이상한 일이 생겼다. 진이로서는 그 역시 녀석이 아직 흐르는 거품이라는 훌륭한 증거로 이해되었겠지만, 내게는 이상하게 더 가슴 아픈 일이었다.

그것이 바로 ㉣ 망원경 사건이었다.

**[중략 부분 줄거리]** 그는 돈을 받고 별을 보여 주는 청년에게서 빼앗듯이 망원경을 산 뒤, 혼자만 별을 보다가 어느 날 망원경의 장례식을 치르기로 한다.

그는 물을 내려다보고 있었다. 별들이 노에 차여 비명을 지르며 흩어져 나갔다.

"**영국 간다는 건 거짓말**이야."

그는 계속 물을 내려다보면서 말했다. 나는 문득 팔에서 힘을 뽑고 노를 멈추어 버렸다. ㉤ 신기한 일이었다. 녀석의 영국행이 거짓말이었다는 사실은 아무것도 아니었다. 나는 **녀석의 입에서 거짓말이라는 단어가 소리로 되어 나**오는 것을 처음으로 똑똑히 들은 것이었다. 더욱이 **녀석의 목소리**는 그 말에 대해 무척이나 많은 것을 생각하고 있었던 듯 **낮고 조심스러웠**다.

그렇다면 **그의 내부**에선 아직도 **거짓말이라는 말의 어의가** 부서져 허물어지지 않고 **남아 있었더란 말인가**. 그는 그런 나의 생각이 당연하다는 듯 말을 이었다.

"생각을 해 본 일은 있지만…… 두 번씩이나 쫓겨 가기는 싫었어. 거짓말을 한 것은 그런 식으로 나 자신의 배반을 맛보지 않고는 견뎌 배길 수가 없었던 때문이었지."

그러고는 이제 물결이 가라앉은 강심을 더욱 깊이 내려다보았다. 내가 다시 노를 움직이자 그는 팔을 들어 나를 제지했다.

"가만있어. 여기가 좋겠어."

그는 어둠 속에서 나를 한번 건너다보고는, 그 눈길을 하늘로 큰 호를 그린 다음 다시 강물로 내려뜨렸다.

"이런 물건을 그 녀석들에게 다시 팔 수는 없었지. 어젯밤 무척 많이 생각했어. 하지만 오래 가지고 있으면 난 어느 때고 **이놈을 팔게** 되고 말 것 같았어. 멋있는 장례식을 생각했지. 아까 오후에 여기가 생각났어. 이렇게 잔잔히 별 그림자가 무늬진 강을 덮고 잠이 들면 이놈은 별의 꿈을 꾸겠지."

그는 기다란 것을 마치 어린애를 안듯 깊이 가슴에 품었다가 몸을 구부려 가만히 **강물 아래로 밀어 넣**었다. 그러고는 한동안 그 물 밑을 들여다보고 있었다.

– 이청준, 「별을 보여 드립니다」 –

* 지면 : 만나서 알 만한 얼굴. 또는 그렇게 얼굴이 익은 사이.

*27.* 윗글에 대한 이해로 가장 적절한 것은?

① '그'는 유학 경력으로 인간관계를 만들려 하나 그 뜻을 이루지 못하고 생계를 위해 노력한다.
② '나'는 '그'가 외롭다는 말을 반복하면서 거리를 홀로 쏘다니는 것을 목격하고 안타까움을 느낀다.
③ '나'는 '진이'를 향한 '그'의 관심에 희망을 갖지만 그들의 만남에 직접 개입하지 않는다.
④ '나'는 '그'가 '진이'에게 사랑한다고 말하게 될 때 '진이'가 그 마음을 받아 주리라 예상한다.
⑤ '그'는 우리의 기대와 달리 '진이'와의 관계에서 상처를 입는다.

[해설편 p.007]

28. [A]의 서술상의 특징으로 가장 적절한 것은?

① 서술자가 인물의 행적을 요약하여 인물의 태도를 분석한다.
② 동시적 사건을 병치하여 사건에 대한 상이한 관점을 드러낸다.
③ 공간의 변화를 제시하여 한 인물의 두 행위가 대립되는 원인을 밝힌다.
④ 서술자가 자신이 아닌 다른 인물의 시선을 통하여 사건의 의미를 해석한다.
⑤ 서술자가 관찰한 인물의 내적 독백을 제시하면서 그 인물의 내면 의식을 드러낸다.

29. ㉠~㉤에 대한 설명으로 적절하지 않은 것은?

① ㉠은 '그'가 유학에서 돌아온 후 생겨난 버릇으로 주위 사람들이 의식적으로 외면하는 대상이다.
② ㉡은 거짓임을 망각한 채 거짓말을 하는 '그'에 대한 '나'의 인식이다.
③ ㉢은 주위 사람들의 기대에서 벗어나 있는 '그'의 생활을 '나'가 비유적으로 표현한 말이다.
④ ㉣은 '나'에게 가슴 아픈 일로 받아들여지는 사건이다.
⑤ ㉤은 '그'가 했던 말이 거짓말이라는 사실을 알게 된 '나'의 정서적 반응을 표현한 말이다.

30. <보기>를 바탕으로 윗글을 감상한 내용으로 적절하지 않은 것은? [3점]

< 보 기 >

「별을 보여 드립니다」에서 사회적 관습으로부터 벗어나 있던 '그'는 사회적 관습으로의 회귀를 선택하지만 그것을 무조건적으로 수용하지는 않는다. '그'는 사회적 관습과 개인의 가치관 사이에서 자신이 소중히 여기는 가치를 포기하지 않으면서 사회적 관습에서 벗어나지 않기 위해 깊이 고민한다. 그리하여 과거와는 다른 새로운 삶의 방향을 찾아 나간다.

① '그'가 '아무렇게나 거짓말을 했다'고 '나'가 생각한 것에서 '그'가 '나'에게 사회적 관습으로부터 벗어난 사람으로 인식되었음을 엿볼 수 있겠군.
② '그'가 '영국 간다는 건 거짓말'이라고 말한 후 '이놈을 팔게' 될 것 같다며 '강물 아래로 밀어 넣'은 것에서 자신의 가치관을 지키려는 그의 태도를 엿볼 수 있겠군.
③ '녀석의 입에서 거짓말이라는 단어가 소리로 되어 나'온 것에서 '그'가 사회적 관습으로의 회귀를 선택했음을 알 수 있겠군.
④ '녀석의 목소리'가 '낮고 조심스러웠'던 것에서 '그'가 새로운 삶의 방향에 대한 고민 끝에 '나'에게 말했음을 알 수 있겠군.
⑤ '나'가 '그의 내부'에 '거짓말이라는 말의 어의가' '남아 있었더란 말인가'라고 한 것에서 '그'가 사회적 관습을 수용하지 않을 사람으로 '나'에게 인식될 것임을 알 수 있겠군.



[해설편 p.007]

[31 ~ 34] 다음 글을 읽고 물음에 답하시오.

[A] 모든 신하가 화신의 뜻을 짐작하고 안대후를 추천하거늘 임금 왈,

"안대후는 짐의 수족이니 멀리 보내고자 아니 하노라."

화신이 나아가 왈,

"신이 비록 지인지감 없사오나 안경은 이름난 선비라, 그런 그가 일찍이 아들들을 벼슬에 추천한 바 있으니, 자식을 아는 데 그 아비만 한 사람이 없다 하였으니, 어찌 잘못 천거하였겠사옵니까? 이극은 흉악한 도적이라, 위세와 명망 없는 사람을 보내지 못하리니 안대후 외에 적당한 자 없사옵니다."

임금이 마지못해 명을 내리시니 안대후 명을 받들고, 아우 안대순과 함께 가기를 청하니 임금이 놀라,

"형제가 어찌 위험한 지역에 들어가리오?"

"신의 형제 성은을 입었사옴에 한번 나라를 위하여 죽고자 하옵나니 어찌 위험한 지역을 사양하오며, 또한 안대순 아니면 이 일을 감당치 못할까 하여 사사로운 정을 버리고 아우를 데려가려 하나이다."

임금이 칭찬 왈,

"진실로 충신이로다."

하시고 황금 삼천 냥을 사급하사 즉일 발행하라 하시니, 한림 형제 인하여 하직한 후 집에 돌아와 부친께 편지를 올리고 행장을 차렸다.

**[중략 부분 줄거리]** 안대후 형제는 변방 오랑캐를 물리친다. 형제가 명망을 얻자 화신은 이들에게 누명을 씌우고, 이로 인해 안대순은 죽고 안대후는 귀양을 가게 된다.

이때 애주 태수 만청길은 화신과 한패라. 화신의 부탁을 들어 안 시랑을 박대함이 심하더니 안 시랑이 여화와 혼인했음을 듣고 화신에게 이를 전하니 화신이 회답하되,

"여화를 가두어 둘을 떨어뜨려라."

하였거늘, 만청길이 즉시 여화를 잡아들여 왈,

"안대후는 귀양 온 죄인이라. 어찌 첩을 두고 편히 지내리오? 너는 빨리 다른 지아비를 섬기고 안대후를 거절하라."

여화 왈,

"첩은 안대후 죄상은 모르거니와, 한때만 몸을 허락하고 이제 안대후를 거절하라 하심을 봉승치 못하리로소이다."

만청길 대로하여 형틀에 묶고 때리나, 여화 안색 불변 왈,

"계집이 지아비 섬기는 것은 신하가 임금 섬김과 한가지이거늘, 백성이 지아비를 두 명 섬기지 않는다 하여 이같이 형벌하시니 이웃 나라에 들릴까 두렵습니다. 첩은 금수와 같은 행동을 하지 아니하나이다."

태수 대답할 말이 없음에 목에 칼을 씌워 옥에 가두는지라.

한편 안 시랑 풍토의 병이 든 지 이미 반년이라. 여화 극진히 구호하다가 옥중에 갇힌 후로 안 시랑 병세 날로 심하여 다만 죽기를 기다리더라. 일일은 잠깐 조는데 창안학발의 한 노인이 파란 주머니를 들고 들어와 안 시랑더러 왈,

"일시 액화는 사람의 상사거늘 어찌 심려하여 병이 났는가? 나는 한나라 의원 화타러니, 저세상에서 그대 부친과 친한지라. 부친이 그대 병을 고쳐 달라고 하기에 왔노라."

하고 파란 주머니에서 환약 다섯 개를 내어 주며 왈,

"이 약을 먹으면 병이 쾌차하리라."

하거늘 안 시랑이 일어나 절하고 약을 받아먹은 후 다시 일어나 말을 묻고자 할 즈음에 문득 깨달으니 ㉠ <u>남가일몽</u>이라. 심히 의괴하나 입에 오히려 약내 나며 정신이 상쾌하여 그날부터 몸이 가벼워 쾌차하니라. 차시 만청길이 파면되어 잡혀가고, 왕정윤이 대신 도임한 후 안대후에게 고향 소식을 전하고 여화를 풀어 주니라.

차설. 정몽렬이 화신의 심복으로 벼슬이 이부 상서에 이르렀나니 일일은 화신더러 왈,

"제가 태자의 기색을 본즉 상공을 부족하게 여기고 안대후 등을 그리워하시니 만일 안대후 돌아오면 상공과 우리 무리 죽을 곳을 모를지라. 먼저 안대후 가족을 다 죽이고 왕정윤에게 서울의 벼슬을 주어 불러올린 후 여통민으로 애주 태수를 시켜 안대후를 죽이면 후환을 가히 면하리라."

한데, 화신이 깨달아 계략을 행코자 하더니 그의 딸 화 소저가 흉계를 듣고 급히 경몽필에게 밀통하니, 몽필은 화신 몰래 화 소저와 사랑하는 사이라, 몽필이 화 소저의 서간을 보고 누이동생인 부인 경 씨를 만나 화신의 행위를 일러 주며 왈,

"내 한 계교 있으니 여차여차하면 시댁의 화를 면하리라."

하고 돌아가니라.

부인 경 씨는 안대순의 아내라, 이 계획을 시어머니에게 전한 후 각각 분산할새, 부인 경 씨는 안대후의 부인 엄 씨와 이날 삼경에 길을 떠나 안대후가 귀양 가 있는 애주로 향하는지라. 수삭 만에 한 곳에 다다르니 이곳은 소상 강변이라. 두 부인과 시비가 길가에 앉아 쉬더니 문득 수풀 속에서 오륙 인이 내달아 시비를 결박하고 두 부인을 죽이려 하였다. 이때 소박한 옷차림의 한 노인이 나아와 문 왈,

"두 부인이 애주로 가심을 알거니와 저놈들은 화신 등이 보낸 강도라. 내 사명산에 있더니 운수 선생이 나더러 이 사연을 이르며 가 구하라 하기로 왔노라."

하고, 강도 등을 꾸짖으니 강도 등이 욕을 하며 달려들거늘 노인이 막대로 한 번 치더니 문득 청천백일에 뇌정벽력이 진동하며 한 소년이 구름 속에서 내려와 강도 등을 결박하여 언덕 아래 큰 나무에 매고 간 데 없는지라. 그제야 노인이 시비 등을 풀어 주고 문득 간 데 없더라. 두 부인이 공중을 향하여 무수히 사례하고 길을 행하여 수삭 만에 애주에 이르니 안 시랑이 대경 대희하여 나와 맞이하는지라.

- 작자 미상, 「징세비태록」 -

31. [A]에 대한 이해로 적절하지 <u>않은</u> 것은?

① 신하들은 화신의 의도를 파악하고 임금의 의중과 다른 입장을 내놓음으로써 임금을 곤란하게 한다.
② 임금은 안대후가 심복이라는 이유를 들어 신하들의 입장을 반대하지만 결국 그들의 의견을 받아들인다.
③ 안경이 안대후를 인재로 추천했던 것을 근거로 삼아 화신은 안대후가 도적을 물리쳐야 함을 주장한다.
④ 안대후는 위험한 지역에 혼자 가려고 하는 자신을 걱정하는 임금을 안심시키기 위해 안대순과 함께 갈 것을 청한다.
⑤ 임금이 안대후에게 황금을 내려 주며 즉일 출발할 것을 명령하자 형제는 집으로 가 행장을 차린다.

*32.* ㉠에 대한 설명으로 가장 적절한 것은?

① 혈육과 만나고 싶은 욕망이 ㉠에서 실현된다.
② ㉠의 이후에도 ㉠에서 만난 인물과의 인연을 이어 간다.
③ ㉠의 이전에 발생한 인물 간 갈등이 ㉠을 통해 해소된다.
④ ㉠에서의 발화는 ㉠의 이후 인물이 가야 할 목적지를 제시해 준다.
⑤ ㉠과 현실 간의 경계가 불분명함이 ㉠에서 얻은 물건의 효력으로 나타난다.

*33.* <보기>를 바탕으로 윗글의 인물을 이해한 내용으로 가장 적절한 것은?

< 보 기 >

고전 소설에서 '조력자'는 출신 가문, 능력의 특성, 행위의 성격 등에 따라 다양한 모습으로 나타난다.

① 애주의 태수인 '왕정윤'은 관리의 권한을 이용해 만청길을 파면하고 여화를 풀어 주었다.
② '운수 선생'은 위험을 예견하고 소상 강변으로 가서 부인 경씨를 위기에서 구해 주었다.
③ '화 소저'는 다른 가문의 인물이 꾸민 계략을 자기 가문의 인물에게 알려 줌으로써 안대후를 도왔다.
④ '경몽필'은 자기 가문의 인물에게서 들은 이야기를 전달함으로써 부인 엄 씨가 위험에 빠지지 않게 했다.
⑤ 사명산에서 온 '노인'은 신이한 능력을 발휘해 '두 부인'이 강도에게서 벗어나 애주에 갈 수 있도록 도와주었다.

*34.* <보기>를 참고하여 윗글을 감상한 내용으로 적절하지 <u>않은</u> 것은? [3점]

< 보 기 >

「징세비태록」에서는 악인이 대리자를 통해 정치적 대립 관계에 있는 선인의 가족을 해코지함으로써 간접적으로 선인을 곤경에 빠뜨림은 물론 궁극적으로 선인 가문의 몰락을 주도한다. 대리자와 가족을 정치적 대립 구도에 포함하여 갈등 상황을 입체화하는 것이다.

① 만청길은 귀양지에 있는 선인의 가족을, 정몽렬은 고향에 있는 선인의 가족을 해코지하려는 것에서, 악인의 대리자를 각각에 등장시키는 방식으로 갈등 상황을 입체화하였군.
② 만청길이 '화신과 한패'로 서술되고, 정몽렬이 화신을 '우리 무리'와 함께 언급하는 것에서, 대리자가 악인과 정치적 이해를 같이하는 방식으로 갈등 상황을 입체화하였군.
③ 화신이 만청길에게 계략을 전달하고 정몽렬이 화신에게 계략을 제안하는 것에서, 악인이 대리자와 공모하는 방식으로 갈등 상황을 입체화하였군.
④ 만청길이 선인을 가족에게서 분리하고 정몽렬이 선인을 가족과 재회하지 못하게 하려는 것에서, 가족을 해코지하여 선인을 곤경에 빠뜨리는 방식으로 갈등 상황을 입체화하였군.
⑤ 만청길이 가족을 잡아들이고 정몽렬이 가족의 급습을 도모하는 것에서, 악인의 대리자가 선인 가문의 몰락을 주도하는 방식으로 갈등 상황을 입체화하였군.

*** 확인 사항**

**○ 답안지의 해당란에 필요한 내용을 정확히 기입(표기)했는지 확인하시오.**

**○ 이어서, 「선택과목(화법과 작문)」 문제가 제시되오니, 자신이 선택한 과목인지 확인하시오.**



[해설편 p.008]

제 1 교시

# 국어 영역(화법과 작문)

01회

**[35 ~ 37] 다음은 학생의 발표이다. 물음에 답하시오.**

여러분, 안녕하세요. (자료를 제시하며) 지난번 체험 학습 때 ○○ 전통 가구 박물관에서 이 물건들을 본 적이 있지 않나요? (청중의 대답을 듣고) 맞습니다. 여러분이 보고 있는 것은 소반입니다. 소반은 쟁반과 식탁 기능을 겸한 작은 상으로, 크게 상판과 다리로 구성됩니다. 오늘은 국립 △△ 민속 연구원의 자료를 바탕으로 나주반, 해주반, 통영반에 대해 발표하겠습니다.

(자료를 가리키며) 평평한 상판을 두르고 있는 부분이 보이시나요? 이 부분이 변죽입니다. 변죽은 어떤 기능을 할까요? (청중의 대답을 듣고) 맞습니다. 변죽은 상판 위의 음식이 떨어지지 않도록 하지요. 나주반은 나무 판자 하나를 통으로 깎아 상판과 변죽을 만드는 다른 소반과는 달리, 상판과 두꺼운 변죽을 따로 만든 후 서로 결합합니다. 상판에 부착한 두꺼운 변죽은 상판이 틀어지는 것을 방지합니다.

(자료를 가리키며) 해주반의 다리는 판각이라 불리는 넓은 판으로 되어 있어서 다리에 여러 문양을 조각할 수 있습니다. 어떤 문양이 보이시나요? (청중의 대답을 듣고) 네, 꽃 문양이 맞습니다. 판각에는 이외에도 새와 나비, 박쥐 등의 문양을 새겼습니다. (자료를 가리키며) 해주반과 나주반의 상판 아래 붙어 있는 부분을 봐 주세요. 이 부분은 운각입니다. 운각은 다리와 다리를 연결하는 역할을 합니다. 해주반의 운각은 상판과 다리를 연결하지 않지만, 나주반의 운각은 상판과 다리를 연결하는 역할도 합니다.

(자료를 가리키며) 소반의 다리 밑에는 다리와 다리를 연결하는 족대가 있습니다. 통영반은 족대뿐만 아니라 다리의 중간에 중대도 있습니다. 위아래로 둘러져 있는 두 개의 중대는 다리와 다리 사이를 더 단단하게 연결해 줍니다. (자료를 가리키며) 통영반의 다리 부분을 봐 주세요. 호랑이 다리처럼 곡선의 끝이 바깥쪽으로 약간 휘어 있는 형태로 되어 있는데, 이를 호족이라고 합니다. 나주반의 다리 형태는 원통형인데, 통영반에서도 원통형을 볼 수 있습니다.

지금까지 대표적인 세 가지 소반을 보았습니다. 제가 발표한 소반 외에도 장식이 첨가되거나 다른 지역 소반의 특성이 혼합된 여러 형태의 소반들이 있습니다. 제가 오늘 발표한 내용은 ○○ 전통 가구 박물관 누리집에서 확인할 수 있습니다. 학교 도서관에도 소반에 대한 책들이 있으니 찾아보아도 좋을 것 같습니다. 이상으로 발표를 마치겠습니다.

*35.* 위 발표에 대한 설명으로 가장 적절한 것은?

① 발표 내용에 대한 청중의 관심을 자신의 경험에 비추어 짐작하고 있다.
② 발표 중간중간에 청중에게 질문하고 대답을 들으며 상호 작용하고 있다.
③ 발표 내용과 관련된 정보를 청중의 요청에 따라 추가하여 설명하고 있다.
④ 발표 내용에 대한 청중의 사전 지식을 환기하며 발표 내용을 조정하고 있다.
⑤ 발표 내용과 관련된 전문가의 견해를 직접 인용하여 청중의 이해를 돕고 있다.

*36.* 다음은 발표자가 제시한 자료이다. 발표자의 자료 활용에 대한 설명으로 적절하지 <u>않은</u> 것은? [3점]

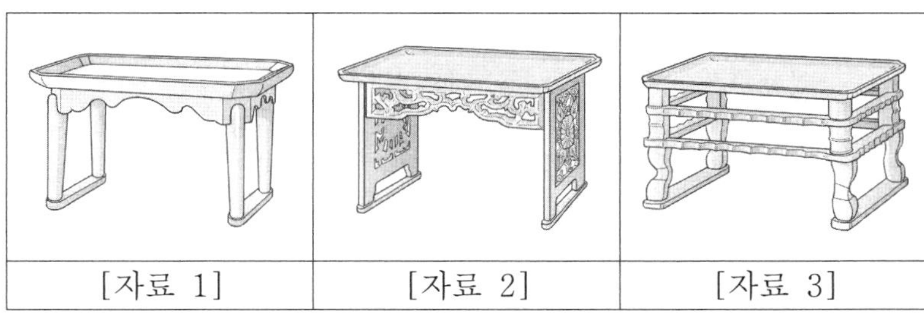

| [자료 1] | [자료 2] | [자료 3] |
|---|---|---|

① [자료 1]을 활용하여, 나주반의 변죽과 상판의 결합 방식에 따른 변죽의 형태와 기능을 설명하고 있다.
② [자료 2]를 활용하여, 해주반의 다리 형태를 통해 그와 관련된 장식적 특징을 설명하고 있다.
③ [자료 3]을 활용하여, 통영반의 중대가 소반의 구조적 안정성과 연관되어 있음을 보여 주고 있다.
④ [자료 1]과 [자료 2]를 활용하여, 해주반과 나주반에서 운각의 역할에 차이가 있음을 제시하고 있다.
⑤ [자료 1]과 [자료 3]을 활용하여, 나주반과 통영반의 다리를 특정 동물의 다리에 비유하여 형태상의 공통점을 드러내고 있다.

*37.* 다음은 위 발표를 들은 학생들의 반응이다. 학생의 반응을 이해한 내용으로 적절하지 <u>않은</u> 것은?

**학생 1** : 소반을 나무로 만든다고 했는데, 소재로 사용하는 나무의 종류는 알려 주지 않아서 궁금해. 학교 도서관에서 소반에 대한 책을 찾아봐야겠어.
**학생 2** : 평소에 전통 가구에 관심이 많았는데 발표를 통해 소반의 특징에 대해서 알 수 있어서 유익했어. 게다가 국립 △△ 민속 연구원의 자료를 바탕으로 설명했다니 더 믿음이 갔어.
**학생 3** : 상판의 모양이 둥근 것도 있다고 알고 있는데 발표에서 제시한 소반은 그렇지 않았어. 상판의 모양에 따라 소반의 구조에 차이가 있을지 알아봐야겠어.

① 학생 1은 발표에서 언급되지 않은 정보에 대한 궁금증을 드러내고 있다.
② 학생 2는 발표의 내용이 믿을 만한지 판단하고 있다.
③ 학생 3은 자신이 알고 있던 사실과 발표 내용을 비교하고 있다.
④ 학생 1과 학생 3은 발표 내용과 관련하여 추가적인 정보를 탐색하려 하고 있다.
⑤ 학생 2와 학생 3은 발표 내용의 효용성을 판단하며 발표를 긍정적으로 평가하고 있다.

**[38 ~ 42] (가)는 '생태 환경 동아리' 학생들의 대화이고, (나)는 이를 바탕으로 작성한 글이다. 물음에 답하시오.**

(가)

학생 1 : 요즘 우리 주변에서 큰 피해를 주는 '침입 외래 생물'에 대해 교지에 글을 쓰기로 한 거 기억하지? 침입 외래 생물의 개념부터 이야기해 볼까?

학생 2 : 조사한 바로는 침입 외래 생물은 자연에 정착한 외래 생물 중에서 생물 다양성 등에 부정적인 영향을 주는 생물을 말해. 이들이 자연 생태계에 큰 피해를 주고 있어.

학생 3 : 맞아. 우리에게도 경제적, 신체적 피해를 준대. 그런데 외래 생물은 어떻게 국내에 들어올 수 있었지? [A]

학생 2 : 국내에 들어올 수 있었던 이유가 궁금하다는 거구나? 경제적 목적, 관상 또는 반려의 목적으로 국내에 도입한 거야. 이후 자연 생태계에 유출된 거지.

학생 3 : 우리가 필요해서 도입한 외래 생물이 왜 자연 생태계로 유출된 거지? 좀 더 자세하게 설명해 줘.

학생 2 : 외래 생물의 경제적 가치가 떨어지자 관리가 소홀해지거나, 흥미가 감소하여 이들을 유기 또는 방사해서 자연 생태계로 유출된 거야.

학생 1 : 맞아. 뉴트리아도 고기랑 모피를 얻기 위해 도입해 농가에서 사육했다가 자연 생태계로 유출됐다고 들었어. 이러한 이유 외에도 또 있을까?

학생 2 : 여행객의 짐이나 교역 물자와 함께 우연히 국내에 유입되었다가 자연 생태계로 유출된 경우도 있어.

학생 1 : 이렇게 유출된 외래 생물 중에 침입 외래 생물이 있는 거구나. 이들에 대한 관리는 어떻게 하고 있지?

학생 2 : 정부 기관에서는 이들의 생태계 위해성을 평가해서 '생태계 교란 생물'로 지정하고 있어.

학생 3 : 생태계 교란 생물로 지정되면 어떻게 되는 거야?

학생 2 : 생태계 교란 생물로 지정되면 수입이나 반입 등이 규제되고 포획, 채취 등의 퇴치 활동도 병행된다고 들었어.

학생 3 : 생태계 교란 생물이 여전히 생태계에 큰 피해를 주고 있다는 것을 보면 이들에 대한 관리가 미흡한 것 같아.

학생 1 : 그럼 이를 보완할 방안에 대해 이야기해 보자.

학생 2 : 정부 차원에서는 생태계 교란 생물을 다양한 분야에서 활용할 수 있는 기술 개발을 지원해야 해.

학생 3 : 같은 생각이야. 생태계 교란 생물을 다양하게 활용하게 된다면 이들의 개체 수를 줄일 수 있을 거야.

학생 2 : 맞아. 개체 수를 줄이는 것이 무엇보다 중요하지.

학생 3 : 하지만 개체 수를 줄이는 것보다 생태계 교란 생물이 유입되지 않게 하는 것에 집중해야 하지 않을까? 유입되면 퇴치도 어렵고, 무엇보다 이들도 소중한 생명이니까. [B]

학생 2 : 듣고 보니 일리가 있네. 그렇다면 정부에서는 검역을 철저히 진행해 이들의 국내 유입을 막는 데 최선을 다해야 해. 또한 민간 차원의 노력도 중요해. 뉴트리아의 경우를 보면 알 수 있잖아.

학생 3 : 붉은귀거북 같은 생태계 교란 생물을 키우다가 버리는 경우도 있다고 들었어. 우리가 책임감을 갖고 이들이 자연 생태계로 유출되지 않도록 노력해야 돼.

학생 2 : 생태계 교란 생물에 대한 위험성을 인식하고 국내에 함부로 반입하지 않도록 해야지. 또한 토종 생물 보호 캠페인을 진행해야 해.

학생 3 : 하지만 그런 캠페인이 생태계 교란 생물의 유입을 막기 위한 방안으로 적절한지 고민해 봐야 할 것 같아.

학생 1 : 그래. 생태계 교란 생물의 유입을 막기 위해 정부 차원에서 철저히 검역하고, 민간 차원에서 이들을 함부로 반입하거나 자연 생태계에 유출하지 말아야 한다는 거지? 오늘 얘기를 참고해서 글을 써 볼게. 검토해 줘.

학생 2, 3 : 맞아. 그리고 글을 써 오면 우리가 검토할게.

(나)

침입 외래 생물은 자연에 정착한 외래 생물 중에서 생물 다양성 등에 부정적인 영향을 주는 생물을 말한다. 이들은 토종 생물의 서식지를 빼앗는 등 자연 생태계를 훼손하고, 많은 양의 농작물을 섭식하고 시설물을 파괴하여 경제적 피해를 주거나 인간에게 질병을 옮기는 신체적 피해를 가져다 준다.

외래 생물이 국내에 유입된 유형은 크게 두 가지로 나눌 수 있다. 우선 경제적 목적, 관상 또는 반려의 목적 때문에 의도적으로 들여온 경우이다. 다음으로 여행객의 짐이나 교역 물자와 함께 비의도적으로 들어온 경우이다. 이렇게 들어온 외래 생물이 관리 소홀 등의 이유로 자연 생태계에 유출되고, 이들 중에 많은 경우가 침입 외래 생물이 되는 것이다.

정부 기관에서는 '생물다양성 보전 및 이용에 관한 법률'에 따라 침입 외래 생물 중에서 생태계 위해성이 큰 경우에는 '생태계 교란 생물'로 지정하여 유입을 규제하고, 퇴치 활동도 병행하고 있다. 하지만 생태계 교란 생물은 빠른 성장과 번식 능력, 새로운 환경에 대한 적응 능력 등을 가지고 있어 이들을 관리하기는 쉽지 않다. 그래서 단풍잎돼지풀을 약품이나 화장품의 소재로 활용하는 기술처럼 생태계 교란 생물을 활용하는 기술을 개발하여 이들의 개체 수를 줄이는 방법을 대안으로 생각해 볼 수 있다.

하지만 개체 수를 줄이는 것보다는 생태계 교란 생물의 유입을 막는 것이 더 중요하다. 정부 차원에서는 검역을 강화해야 한다. 민간 차원에서는 생태계 교란 생물의 위험성을 알고, 이들을 함부로 국내에 들여와서는 안 된다. 관상 또는 반려의 목적으로 들여왔다면 자연 생태계에 유출하는 일은 없어야 할 것이다.

생태계 교란 생물로 인한 피해를 줄이기 위해 가장 중요한 일은 이들이 생태계에 유입되는 상황을 막는 것이다. 이를 위해 정부는 철저한 검역을 통해 이들의 국내 유입을 최대한 차단해야 한다. 그리고 우리는 책임감을 가지고 이들이 자연 생태계에 유출되지 않도록 노력해야 한다. 생태계 교란 생물로부터 생태계를 지키기 위해 모두의 노력이 필요하다.

**38.** (가)의 '학생 1'에 대한 설명으로 가장 적절한 것은?

① 대화 내용에 관해 질문하며 정보의 출처를 요구하고 있다.
② 대화 내용의 문제점을 지적하며 대화 내용을 전환하고 있다.
③ 용어의 개념을 정의하며 앞으로 논의할 사항을 안내하고 있다.
④ 대화 내용을 요약하며 자신이 이해한 내용이 맞는지 확인하고 있다.
⑤ 대화 목적을 밝히며 대화에 적극적인 태도로 참여할 것을 요청하고 있다.



[해설편 p.009]

*39.* [A], [B]에 대한 설명으로 적절하지 않은 것은?

① [A]에서 학생 3은 학생 2가 말한 내용에 의문을 제기하고 상세한 설명을 요청하고 있다.
② [B]에서 학생 2는 학생 3이 말한 내용을 긍정하면서 자신의 의견을 제시하고 있다.
③ [B]에서 학생 3은 학생 2가 말한 내용에 동의를 표하면서 기대되는 효과를 언급하고 있다.
④ [A]와 [B]에서 학생 2는 학생 3이 말한 내용을 재진술하면서 상대가 궁금해하는 내용을 확인하고 있다.
⑤ [A]와 [B]에서 학생 3은 학생 2가 말한 내용에 대해 자신이 알고 있는 정보를 덧붙이고 있다.

*40.* (가)의 대화 내용이 (나)에 반영된 양상으로 적절하지 않은 것은?

① (가)에서 침입 외래 생물이 주는 피해를 언급한 내용에 대해, (나)에서 구체화하여 문제가 심각함을 드러내었다.
② (가)에서 정부 기관의 생태계 교란 생물 지정을 언급한 내용에 대해, (나)에서 관련 내용을 추가하여 그 근거를 제시하였다.
③ (가)에서 외래 생물이 국내에 유입되는 경우를 언급한 내용에 대해, (나)에서 의도 여부를 기준으로 분류하여 유형화하였다.
④ (가)에서 생태계 교란 생물을 활용하는 기술을 언급한 내용에 대해, (나)에서 사례를 제시하여 문제 해결 방안을 윤리적 측면에서 보완하였다.
⑤ (가)에서 생태계 교란 생물에 대한 민간 차원의 해결 방안을 언급한 내용에 대해, (나)에서 일부를 제외하여 문제 해결 방안의 적절성을 확보하였다.

*41.* (나)의 글쓰기 방식에 대한 설명으로 가장 적절한 것은?

① 제재가 지닌 특성을 드러내어 문제 해결의 어려움을 서술하였다.
② 제재에 대한 다양한 견해를 소개하여 각각의 의의를 드러내었다.
③ 자신의 경험과 제재를 결부하여 예상되는 반론에 대해 반박하였다.
④ 전문가의 의견을 인용하여 제재와 관련된 정책의 변화를 제시하였다.
⑤ 제재에 대한 인식을 시기별로 제시하여 인식의 변화 과정을 설명하였다.

*42.* <보기>는 (나)의 마지막 문단의 초고이다. <보기>를 고쳐 쓰는 과정에서 반영된 조언으로 적절하지 않은 것은?

< 보 기 >

생태계 교란 생물로 의한 피해를 줄이기 위해 가장 중요한 일은 이들이 생태계에 유입되는 상황을 막는 것이다. 이를 위해 정부는 빈틈없이 철저한 검역을 통해 이들의 국내 유입을 최대한 차단해야 한다. 그런데 우리는 책임감을 가지고 이들이 자연 생태계에 유출되지 않도록 노력해야 한다. 물론 현실적으로 이들의 퇴치가 우선시되어야 한다. 생태계 교란 생물로부터 지키기 위해 모두의 노력이 필요하다.

① 첫 번째 문장은 부적절하게 사용된 조사를 교체하는 게 어때?
② 두 번째 문장은 의미가 중복된 표현을 수정하는 게 어때?
③ 세 번째 문장은 잘못된 접속어를 수정하는 게 어때?
④ 네 번째 문장은 글의 통일성을 고려하여 삭제하는 게 어때?
⑤ 다섯 번째 문장은 필요한 문장 성분이 빠져 있으므로 추가하는 게 어때?

**[43 ~ 45] 다음은 작문 상황과 이를 바탕으로 학생이 작성한 초고이다. 물음에 답하시오.**

[작문 상황]
학교 신문에 우리 학교 학생의 진로 계획 수립과 관련된 글을 쓰려고 함.

[초고]
진로란 개인이 일생에 걸쳐 일과 관련하여 얻게 되는 모든 경험과 활동이다. 어떤 진로를 선택하느냐에 따라 삶의 많은 부분들이 결정될 뿐만 아니라 삶의 질과 만족도까지 달라질 수 있다. 따라서 진로 계획을 구체적으로 세워 실천하는 것이 중요하다. 그런데 우리 학교의 많은 학생들이 자신의 진로 계획을 세우지 못하고 있는 상황이므로 이 학생들을 도울 방안이 필요하다.

우리 학교는 진로 프로그램이 피상적이라 학생들이 진로 계획을 세우는 데에 큰 도움을 주고 있지 못하다. 학교에서는 적성과 흥미를 파악할 수 있는 진로 검사를 통해 학생이 자신에 대한 이해를 높일 수 있도록 돕고 있다. 하지만 진로 검사 이후에는 학생들에게 진로와 관련된 자료만 안내할 뿐이다. 학생들은 직접적인 체험을 통해 진로와 관련된 정보를 얻고 싶어 한다.

이를 고려할 때 학교는 학생들의 의사를 반영하여 직접적으로 체험할 수 있는 진로 프로그램을 적극 도입해야 한다. 학교에서는 대학과 협력해 학생들이 실습, 견학 등의 직접적인 진로 체험의 기회를 누릴 수 있도록 진로 프로그램을 확대할 필요가 있다. 특정 학과와 관련된 지식과 기술을 경험할 수 있는 진로 프로그램을 통해 학생들이 다양한 전공을 꾸준히 체험하면서 진로 계획을 세워 나갈 수 있도록 지원해야 한다.

진로와 관련한 체험이 가능한 프로그램을 학생들이 충분히 접할 수 있으려면 우리 학교가 속한 지역 사회의 협력도 필요하다. 학교는 인적·물적 자원이 충분하지 않아서 다양한 진로 체험 프로그램을 운영하는 데에 어려움이 있기 때문이다. 지역 사회는 학생들이 진로와 관련된 업무를 직접 수행하고 체험하는 공간을 조성해서 개별 학생의 필요에 따라 다양한 진로 체험을 할 수 있는 여건을 만들어야 한다. 그렇게 하면 학생들이 진로 계획을 수립하고 실천하는 데 큰 도움이 될 것이다.

[A]

43. 다음은 학생이 떠올린 생각이다. 학생의 '초고'에 반영되지 않은 것은?

① 우리 학교 진로 프로그램이 학생들이 진로 계획을 세우는 데 도움이 되지 못하는 원인을 제시해야겠어.
② 진로 계획 실천을 위한 우리 학교의 진로 프로그램을 다른 학교와 비교해야겠어.
③ 학생들이 직접적인 체험을 통해 정보를 얻고 싶어 함을 언급해야겠어.
④ 학교에서 도입해야 할 진로 관련 프로그램의 사례를 제시해야겠어.
⑤ 진로의 의미를 바탕으로 진로 계획의 중요성을 제시해야겠어.

44. <보기>는 '초고'를 보완하기 위해 추가로 수집한 자료이다. 자료의 활용 방안으로 적절하지 않은 것은? [3점]

< 보 기 >

ㄱ. 우리 학교 학생들을 대상으로 한 설문 조사

(조사 대상 : 전교생 425명)

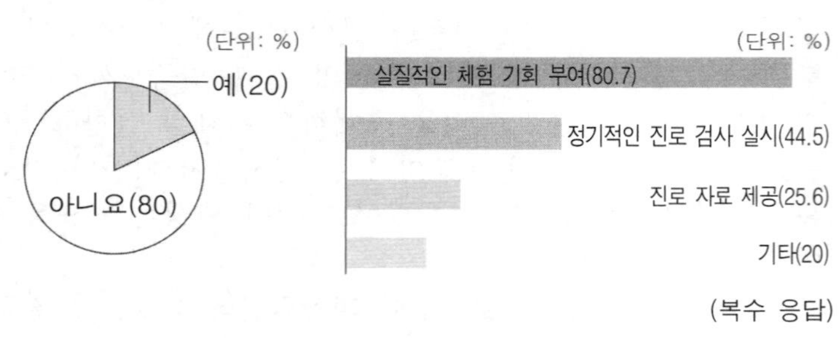


ㄴ. 신문 기사

○○시에서 학생들이 진로와 관련된 업무를 직접 수행하고 체험하는 진로 체험 센터를 개관하였다. 진로 체험 센터는 학생들이 자신의 관심 분야에 대한 경험을 쌓을 수 있도록 공간을 구성하고 관련 종사자와 함께 업무를 체험하도록 하고 있다. 해당 센터를 방문한 학생들은 직업 체험에 대해 높은 만족감을 보였다.

ㄷ. 우리 학교 교사 인터뷰

"우리 학교는 진로 검사를 정기적으로 진행하고 관련 자료를 안내하고 있습니다. 그러나 학생들이 진로 계획을 세우는 데에 실질적으로 도움이 된다고 보기에는 한계가 있습니다. 현재 진로 관련 프로그램의 운영 예산이 충분하지 않고, 교사 수도 부족하여 수업과 함께 진로 지도를 하기 어렵다 보니 학생들을 위한 다양한 진로 프로그램을 충분히 제공하지 못하고 있습니다."

① ㄱ-1을 활용하여, 진로 계획을 수립하지 못한 학생들이 많다는 것을, 학생들의 진로 계획 수립을 도울 방안의 필요성에 대한 근거로 1문단에 제시해야겠어.
② ㄴ을 활용하여, ○○시에서 개관한 진로 체험 센터를, 학생들이 자신의 진로와 관련된 업무를 직접 수행하고 체험하는 공간 조성의 사례로 4문단에 제시해야겠어.
③ ㄷ을 활용하여, 진로 프로그램 운영 예산이 부족하고 교사의 업무 부담이 있다는 내용을, 학교의 인적·물적 자원이 충분하지 않다는 근거로 4문단에 추가해야겠어.
④ ㄱ-1과 ㄴ을 활용하여, 진로 계획을 세운 학생들에게 진로 체험 프로그램이 필요하다는 내용을, 학교의 진로 프로그램이 피상적이라는 사례로 2문단에 추가해야겠어.
⑤ ㄱ-2와 ㄷ을 활용하여, 학생의 진로 계획 수립을 위한 학교의 진로 프로그램이 부족하다는 내용을, 학교와 대학이 협력한 진로 프로그램 확대의 필요성을 뒷받침하는 근거로 3문단에 추가해야겠어.

45. 다음은 학생의 '초고'를 검토한 선생님의 조언이다. 이를 반영해 [A]를 작성한 내용으로 가장 적절한 것은?

선생님 : 청소년 시기에 진로 계획을 수립하는 것의 중요성을 밝히면서, 학생들이 진로와 관련된 직접적인 체험을 할 수 있도록 학교와 지역 사회의 지원을 촉구하는 내용으로 마무리하면 좋겠어.

① 청소년 시기는 진로를 준비해야 하는 중요한 시기이다. 그러므로 학생들은 학교와 지역 사회에서 진로 계획을 세우는 경험을 해야 한다.
② 청소년 시기에 진로 계획을 수립하지 못하면 삶의 만족도가 낮아질 수 있다. 그러므로 학생들은 한시라도 빨리 진로 계획을 수립해야 한다.
③ 청소년 시기에 진로에 대한 계획을 세우는 것은 구체적인 진로의 방향을 설정하는 데에 매우 중요하다. 그러므로 학교와 지역 사회는 학생들이 직접적인 체험을 할 수 있는 다양한 여건을 제공해야 한다.
④ 청소년 시기의 많은 학생들이 진로 계획을 세우는 데에 어려움을 겪고 있다. 그러므로 학교와 지역 사회는 학생들이 겪는 어려움을 해소할 수 있는 적절한 진로 체험 프로그램을 개발하고 운영해야 한다.
⑤ 청소년 시기에 진로에 대한 계획을 세우는 것은 진로 선택을 위한 필수적인 과정이다. 그러므로 지역 사회는 진로 계획을 세우지 못한 학생들이 진로와 관련된 직접적인 체험 활동을 할 수 있도록 도움을 주어야 한다.

* 확인 사항
○ 답안지의 해당란에 필요한 내용을 정확히 기입(표기)했는지 확인하시오.
○ 이어서, 「선택과목(언어와 매체)」 문제가 제시되오니, 자신이 선택한 과목인지 확인하시오.

 [해설편 p.010]

제 1 교시

# 국어 영역(언어와 매체)

01회

[35 ~ 36] 다음 글을 읽고 물음에 답하시오.

단어의 품사를 분류할 때 단어가 가지는 의미로 인해 품사를 혼동할 수 있다. 예컨대, '이것은 보관하고, 나머지는 파기해라.'에서 '나머지'가 '이것'을 제외한 다른 것들을 가리킨다고 생각하여 '이것'과 같은 품사라고 생각할 수 있다. 하지만 '이것'은 대명사로서 말하는 이에게 가까이 있는 어떤 사물이든 대신할 수 있는 반면에, '나머지'는 명사로서 '어떤 한도에 차고 남은 부분'이라는 의미를 일정하게 가지고 있다. 또한 '길게 남기다.'와 '길이 남기다.'에서 '길게'와 '길이'는 '길-'의 의미와 관련되므로, 모두 형용사라고 생각할 수 있다. 하지만 '길게'는 '길-'에 어미 '-게'가 결합한 형용사의 활용형이고, '길이'는 '같이', '깨끗이'처럼 '길-'에 부사 파생 접미사 '-이'가 결합하여 만들어진 부사이다.

한 단어가 두 가지 이상의 품사로 쓰일 수 있다는 점도 품사 분류 시에 유의해야 한다. '박자가 늦다.'에서 '늦다'는 속도가 느림을 나타내는 형용사로 쓰였다. 하지만 '그는 약속 시간에 항상 늦는다.'에서는 어간 '늦-'에 어미 '-는-'이 결합하여 전형적인 동사의 특성이 나타난다. 따라서 '늦다'는 형용사, 동사의 두 가지 품사로 쓰인다. 다른 사례로 '열'은 조사와 결합할 수 있으며, 정확한 수량을 나타내므로 수사로만 분류하기 쉽다. 하지만 '열 명이 왔다.'에서 '열'은 관형사인 '한'이나 '두'와 같이, 뒤에 오는 체언을 꾸며 주고 조사와 결합하지 않는다는 점에서 관형사로 분류하는 것이 일반적이다. 이와 마찬가지로 '그보다는 낫다.'의 '그'는 대명사로 분류하고, '그 책보다는 낫다.'의 '그'는 관형사로 분류한다.

ⓐ 중세 국어와 현대 국어에서 대응하는 단어의 품사가 같은 경우가 많다. 예컨대, '벼개를 노피 벼옛고[베개를 높이 베고 있고]'의 '노피'는 현대 국어의 '높이'처럼 부사로 분류할 수 있다. 하지만 현대 국어에서는 관형사로만 쓰이는 '새'가 중세 국어에서는 '새를[새것을]'처럼 '새것'이라는 의미를 가진 명사로도 쓰였다. 이처럼 ⓑ 중세 국어와 현대 국어에서 대응하는 단어가 쓰일 수 있는 품사가 다른 경우도 있다. 또한 중세 국어에서는 '맡이'의 의미로 쓰이던 명사 '몯'이 현대 국어에서는 접사 '맏-'이 된 것처럼 ⓒ 중세 국어에서는 단어였지만 현대 국어에서는 품사 분류의 대상에서 제외되는 경우도 있다.

*35.* 윗글을 바탕으로 <보기>의 ㉠ ~ ㉥을 탐구한 내용으로 적절한 것은?

< 보 기 >

○ ㉠ 이 장소에서도 잘 ㉡ 크는 식물이 ㉢ 둘이 있다.
○ 크기가 ㉣ 큰 무가 ㉤ 여러 개가 있어서 ㉥ 반씩 나누었다.

① ㉠과 ㉤은 뒤에 오는 체언을 꾸며 주고 조사와 결합하지 않는다는 점에서 같은 품사로 분류할 수 있겠군.
② ㉠과 ㉥은 어떤 사물을 가리킨다는 의미를 가진다는 점에서 같은 품사로 분류할 수 있겠군.
③ ㉡과 ㉣은 어간에 동일한 형태의 어미가 결합하고 있다는 점에서 같은 품사로 분류할 수 있겠군.
④ ㉢과 ㉥은 대상의 수량을 정확하게 나타낸다는 점에서 같은 품사로 분류할 수 있겠군.
⑤ ㉣과 ㉤은 어미가 결합하며 뒤에 오는 성분을 꾸며 준다는 점에서 같은 품사로 분류할 수 있겠군.

*36.* 윗글을 바탕으로 <자료>를 이해한 내용으로 적절한 것은? [3점]

< 자 료 >

(가) 중세 국어 : 어늬(어느 + ㅣ) 解脫이 아니리오
[현대어 풀이 : 어느 것이 해탈이 아니리오]
(나) 중세 국어 : 기피(깊- + -이) 잇는 龍이 소리 업고
[현대어 풀이 : 깊이 있는 용이 소리 없고]
(다) 중세 국어 : 窓으로 여서(엿- + -어)
[현대어 풀이 : 창으로 엿보아]
(라) 중세 국어 : ᄂᆞ를(ᄂᆞᆯ + ᄋᆞᆯ) 사ᄒᆞ라
[현대어 풀이 : 날것을 썰어]
(마) 중세 국어 : 니르고져 홇 배(바 + ㅣ) 이셔도
[현대어 풀이 : 이르고자 할 바가 있어도]

① (가)에서 중세 국어의 '어느'는 ⓐ의 사례로, 현대 국어의 '어느'처럼 관형사로 분류할 수 있다.
② (나)에서 중세 국어의 '기피'는 ⓑ의 사례로, 현대 국어의 부사 '깊이'와 달리 형용사로 분류할 수 있다.
③ (다)에서 중세 국어의 '엿-'은 ⓑ의 사례로, 현대 국어의 접사 '엿-'과 달리 동사로 분류할 수 있다.
④ (라)에서 중세 국어의 'ᄂᆞᆯ'은 ⓒ의 사례로, 현대 국어의 접사 '날-'과 달리 명사로 분류할 수 있다.
⑤ (마)에서 중세 국어의 '바'는 ⓒ의 사례로, 현대 국어의 '바'와 달리 명사로 분류할 수 있다.

*37.* <학습 활동>을 수행한 결과로 적절한 것은?

< 학습 활동 >

아래의 단어들을 발음할 때에는 음절의 끝소리 규칙, 된소리되기, 거센소리되기, 자음군 단순화가 일어난다. ㉠ ~ ㉣에 해당하는 음운 변동이 각각 무엇인지 찾고, ㉠ ~ ㉣ 중 두 가지가 일어나는 예를 생각해 보자.

흙화덕[흐콰덕], 드넓다[드널따]
끊겼다[끈켠따], 겉치레[걷치레]

○ '흙화덕'과 '드넓다'에서 공통적으로 일어나는 음운 변동 : ㉠
○ '흙화덕'과 '끊겼다'에서 공통적으로 일어나는 음운 변동 : ㉡
○ '끊겼다'와 '겉치레'에서 공통적으로 일어나는 음운 변동 : ㉢
○ '끊겼다'와 '드넓다'에서 공통적으로 일어나는 음운 변동 : ㉣

① ㉠, ㉡이 모두 일어난 예 : 밝히다[발키다]
② ㉠, ㉢이 모두 일어난 예 : 닭고기[닥꼬기]
③ ㉠, ㉣이 모두 일어난 예 : 깎고서[깍꼬서]
④ ㉡, ㉢이 모두 일어난 예 : 숱하다[수타다]
⑤ ㉡, ㉣이 모두 일어난 예 : 단팥죽[단팓쭉]

38. <보기>를 읽고 이해한 내용으로 적절하지 않은 것은?

< 보 기 >

합성어 중에는 ㉮ 두 어근이 대등하게 결합하는 것이 있고, ㉯ 한 어근이 다른 어근을 수식하는 것도 있다. 한편 ㉰ 각각의 어근이 원래 지닌 의미와는 다른 새로운 의미를 가지는 것도 있다.

ㄱ. 시냇물 주위로 논밭이 펼쳐진 경치가 아름답다.
ㄴ. 오늘 오랜만에 점심으로 보리밥 한 그릇을 먹었다.
ㄷ. 버스가 돌다리를 건너 우리 마을로 들어서고 있었다.
ㄹ. 지난밤 폭설로 인해 눈이 얼어 길바닥이 미끄러워졌다.
ㅁ. 그는 피땀을 흘려 모은 재산을 장학금으로 기부하였다.

① ㄱ의 '논밭'은 두 어근이 대등하게 결합하고 있으므로 ㉮에 해당한다.
② ㄴ의 '보리밥'은 두 어근이 대등하게 결합하고 있으므로 ㉮에 해당한다.
③ ㄷ의 '돌다리'는 앞의 어근이 뒤의 어근을 수식하고 있으므로 ㉯에 해당한다.
④ ㄹ의 '길바닥'은 앞의 어근이 뒤의 어근을 수식하고 있으므로 ㉯에 해당한다.
⑤ ㅁ의 '피땀'은 두 어근의 의미와 다른 새로운 의미를 가지므로 ㉰에 해당한다.

39. <보기>의 (가)~(다)에 들어갈 내용을 바르게 짝지은 것은?

< 보 기 >

**선생님** : 관형사절은 안은문장에서 관형어로 쓰이는데 이때 관형사절의 문장 성분이 생략되어 나타날 수 있습니다. [자료]를 아래의 그림에 따라 분류해 봅시다.

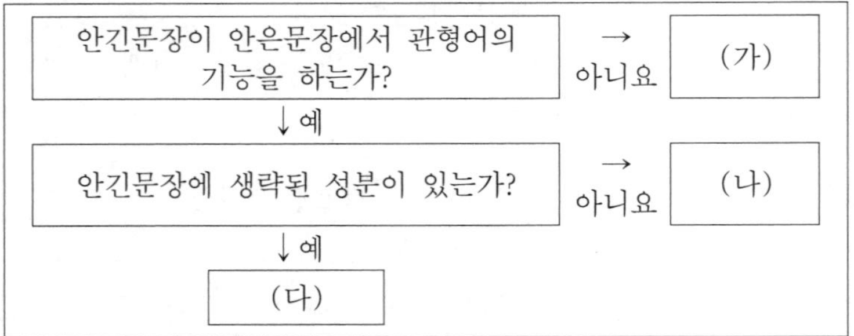


[자료]
ㄱ. 나는 동생이 좋아하는 음식을 준비했다.
ㄴ. 책의 내용을 모두 암기하기는 불가능하다.
ㄷ. 교실에 있던 학생들이 운동장으로 나갔다.
ㄹ. 악어가 물 밖으로 나온다는 사실을 알았다.
ㅁ. 형이 내게 아홉 시까지 집에 오라고 말했다.
ㅂ. 나는 그 사람이 너를 속일 줄은 꿈에도 몰랐다.

| | (가) | (나) | (다) |
|---|---|---|---|
| ① | ㄱ, ㄴ | ㄹ, ㅂ | ㄷ, ㅁ |
| ② | ㄱ, ㄷ | ㄴ, ㅁ | ㄹ, ㅂ |
| ③ | ㄴ, ㅁ | ㄹ, ㅂ | ㄱ, ㄷ |
| ④ | ㄴ, ㅂ | ㄷ, ㄹ | ㄱ, ㅁ |
| ⑤ | ㄹ, ㅁ | ㄴ, ㅂ | ㄱ, ㄷ |

**[40 ~ 43] (가)는 실시간 인터넷 방송의 일부이고, (나)는 방송 후 진행자가 작성한 메모이다. 물음에 답하시오.**

(가)

안녕하세요. '멋대로 맛있게'의 ○○입니다. 많은 분들이 접속하셨네요. 맛난 요리를 정성스레 만들어 볼게요. ⓐ 오늘은 지난주 방송의 시청자 투표 결과대로 카르보나라를 만들 거예요. 우리 방송은 실시간이잖아요? 혹시 제가 진행이 미숙하더라도 너그럽게 봐주기! 그럼 실시간 채팅 보면서 방송할게요.

[A]
사과 : 오늘 요리 과정 다 메모할 거예요! 근데 조리대가 잘 안 보여요.

화면에 제 얼굴만 크게 나오고 있었네요. (카메라의 높이를 조절하며) 사과 님, 이제 조리대 잘 보이죠?

재료 소개 차례입니다. 경성 치즈, 달걀, 후추가 필요하고요, 스파게티 면, 소금, 베이컨도 있어야 해요. 필수 재료는 아니지만 표고버섯과 말린 고추, 다진 마늘도 한번 가져와 봤어요. ⓑ 끓는 물에 스파게티 면을 8분간 삶는 것부터 시작할게요.

[B]
꽃잎 : ○○ 님, 지난번 방송에서도 경성 치즈가 나온 적이 있죠? 경성 치즈가 뭐예요?

꽃잎 님, 경성 치즈는 수분 함량이 적은 단단한 숙성 치즈예요. 경성 치즈는 고소하고 풍미가 있어 카르보나라 재료로 적절해요.

면이 익는 동안 적당한 양의 베이컨을 중간 불로 볶을 건데, 베이컨을 볶다가 필수 재료가 아닌 것들 중에서 몇 가지를 함께 볶으려고 해요. 뭐가 좋을까요?

[C]
들판 : 저는 표고버섯과 다진 마늘이 어우러져 나는 향이 좋아요.

들판 님이 말씀한 표고버섯과 다진 마늘, 당첨!

베이컨이 노릇해지고 있네요. 기름이 많이 나오니 기름을 조금 닦고 나서 표고버섯과 다진 마늘을 넣어 줄게요. ⓒ 쉽게 타니까 주의하면서 중간 불로 바싹 볶을 거예요.

나무 : ○○ 님, 스파게티 면 삶을 때 소금 넣어야 하는 거 맞죠? 아까 안 넣으셨던 것 같아요. 어떡해요?

아이고! 제가 실수를……. (시계를 보며) 면을 삶은 지 4분 됐군요. 여러분은 소금을 빼먹지 않도록 주의하세요. 늦었지만 지금이라도 소금을 넣을게요. 나무 님, 감사합니다.

멍멍 : 그런데 면을 삶을 때 꼭 소금을 넣어야 하나요?

멍멍 님, 면에 소금 간이 배어야 하니까 간간한 소금물로 면을 삶아야 해요.

[D]
냠냠 : 삶는 물이 짜면 면이 더 쫄깃해진다고 들었어요. 왜 그렇게 되더라……. ○○ 님, 혹시 이유를 아시나요?

네! 간간한 소금물로 면을 삶으면 면이 그 물을 점점 머금고 나서 면 속 수분이 일부 소금물로 빠져나가고 면이 쫄깃해져요.

이제 소스를 만들어 볼까요? 먼저 경성 치즈 40그램을 강판



[해설편 p.011]

에 갈 거예요. 몇 분 동안 같은 동작을 반복해야 하는데, 이럴 때면 방송 진행이 더뎌진다고 나가 버리는 시청자들이 더러 있었어요. 그래서 오늘은 미리 경성 치즈를 갈아 왔어요. (갈아 둔 치즈를 꺼내며) 치즈랑 달걀노른자, 간 후추를 한데 넣고 섞어 줄게요. 집게나 젓가락으로 둥글게 휘젓기만 하면 쉽게 녹진한 소스가 만들어집니다.

8분이 지났습니다. 팬의 불을 끈 다음, ⓓ <u>면을 팬에 옮기고서 면 삶은 물을 서너 국자 팬에 넣어요</u>. 그리고 팬에 소스를 넣고 팬을 앞뒤로 흔들면서 집게로는 면을 집어 동그라미를 그리며 소스와 섞어 주세요. ⓔ <u>이때 팬의 온도가 높으면 달걀노른자가 다른 재료와 어우러지기 전에 익어 버리니 주의해야 해요.</u>

[E]
> **푸름** 방금 방송을 놓쳤어요. 집게로 면이랑 소스랑 섞는 거 다시 보고 싶어요.
>
> 푸름 님, 팬은 앞뒤로 흔들면서 집게로는 면을 집어 동그라미를 그리며 섞어 주기! 이렇게 하는 거예요.

(음식을 카메라 가까이 갖다 대며) 카르보나라를 완성했습니다. 고소한 치즈 냄새에 표고버섯과 마늘에서 나는 향이 은은하게 더해져 콧속을 채우는군요! 저만의 카르보나라 요리법을 정리해서 제 누리 소통망 계정에 올릴게요. 시청해 주셔서 감사합니다. 매주 토요일 두 시에 잊지 말고 만나요.

(나)

> 구독자들이 직접 카르보나라를 만들 때 참고할 수 있도록 요리법을 정리해서 누리 소통망에 올려야겠어. ㉠ <u>재료를 안내하는 부분</u>에서는 요리에 처음 도전하는 구독자도 쉽게 따라 할 수 있게 재료별 적정 사용량을 표시해 주고, 요리 과정을 고려하여 재료를 제시해야지. ㉡ <u>요리법을 안내하는 부분</u>에서는 간략한 설명과 함께 그림으로 간추려서 요리 과정을 제시하고, 필요에 따라 방송 녹화본을 볼 수 있도록 해야겠어.

**40.** (가)에 반영된 진행자의 생각으로 적절하지 <u>않은</u> 것은?

① 정보가 시청각으로 전달되니, 필요에 따라 후각 정보를 말로 표현해야겠어.
② 편집 없이 실시간으로 송출되니, 방송 중에 실수할 경우를 대비해 양해를 구해야겠어.
③ 주기적으로 방송을 제작하고 있으니, 시청자에게 다음번 방송도 시청해 달라고 요청해야겠어.
④ 방송 진행이 늘어지면 접속자 수가 줄어들 수 있으니, 시간이 소요되는 작업은 방송 전에 끝내 두어야겠어.
⑤ 혼자서 다수의 접속자를 상대하니, 방송에 접속자들의 의견을 반영하는 데에 한계가 있음을 미리 안내해야겠어.

**41.** [A]~[E]에 나타난 소통 양상으로 가장 적절한 것은?

① [A]: '사과'는 개선이 필요하다고 생각하는 점을 밝히고, 진행자는 자신의 발화 내용에 대한 질문에 대답하고 있다.
② [B]: '꽃잎'은 지난번 방송에 참여했던 경험을 이야기하고, 진행자는 시청자와 정서적인 교류를 지속하고 있음을 드러내고 있다.
③ [C]: '들판'은 방송 내용에 대한 개인적 선호를 드러내고, 진행자는 방송 순서를 변경하여 안내하고 있다.
④ [D]: '남남'은 자신이 궁금해하는 점을 언급하고, 진행자는 이에 대해 필요한 정보를 제공하고 있다.
⑤ [E]: '푸름'은 이미 끝난 동작을 다시 반복하기를 요청하고, 진행자는 자신이 그 동작을 한 이유를 밝히고 있다.

**42.** 다음은 (나)에 따라 작성한 누리 소통망의 게시물이다. 작성 과정에서 고려한 내용으로 적절하지 <u>않은</u> 것은? [3점]

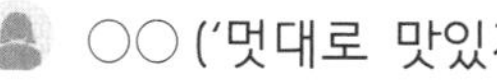
○○('멋대로 맛있게')

• 카르보나라 재료(1인분 기준)

| 스파게티 면 | 소금 | 베이컨 | 표고버섯 | 다진 마늘 | 달걀노른자 | 경성 치즈 | 후추 |
|---|---|---|---|---|---|---|---|
| 80g | 10g (1ℓ당) | 40g | 2개 | 5g | 2개 | 40g | 5g |

• 카르보나라 요리법

| 면 삶기 (소금 빼먹지 않기) | 팬에서 베이컨을 볶다가 노릇해지면 표고버섯, 다진 마늘을 넣기 (중간 불로 볶기) | 불을 끄고 팬에 면, 면 삶은 물, 소스를 넣어 섞기 (팬의 온도가 높지 않게 하기) |
|---|---|---|
|  |  | 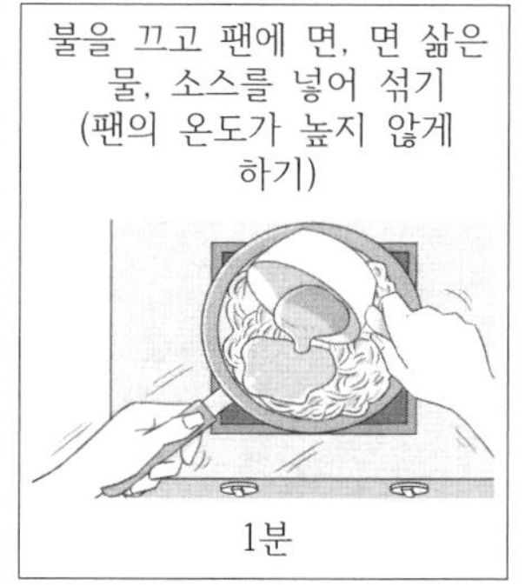 |
| 8분 | 5 ~ 6분 | 1분 |

* 소스 만들기를 보고 싶으면 **클릭**!
(동영상의 해당 부분으로 바로 연결돼요.)

좋아요(206) 댓글(34)

① 재료별 적정 사용량을 표시하기로 한 ㉠에는 재료의 분량을 구체적으로 파악할 수 있도록 수치를 활용하여 나타내자.
② 요리 과정을 고려하여 재료를 제시하기로 한 ㉠에는 재료들이 쓰이는 요리 과정에 따라 재료들을 구분하여 드러내자.
③ 요리법을 간략한 설명으로 안내하기로 한 ㉡에는 요리 과정에서의 주의 사항을 괄호 속에 간단히 제시하자.
④ 요리법을 그림으로 간추려 제시하기로 한 ㉡에는 방송에서 쓰이지 않은 재료를 사용할 때의 소요 시간도 제시하자.
⑤ 방송 녹화본을 볼 수 있게 한 ㉡에는 그림에 표현되지 않은 요리 과정을 다시 시청할 수 있도록 하이퍼링크를 제시하자.

**43.** ⓐ~ⓔ에 대한 설명으로 가장 적절한 것은?

① ⓐ: 조사 '대로'를 사용하여 카르보나라가 시청자 투표 결과에 따라 선정되었음을 나타내고 있다.
② ⓑ: 조사 '부터'를 사용하여 물을 끓이는 것이 면을 삶기 위한 조건임을 나타내고 있다.
③ ⓒ: 어미 '-니까'를 사용하여 재료를 볶는 중에 일어난 일을 나타내고 있다.
④ ⓓ: 어미 '-고서'를 사용하여 면을 팬에 옮기기 전에 해야 할 일을 나타내고 있다.
⑤ ⓔ: 어미 '-으면'을 사용하여 재료들이 어우러지기에 알맞은 상태를 나타내고 있다.

[44 ~ 45] 다음은 온라인 카페 화면의 일부이다. 물음에 답하시오.

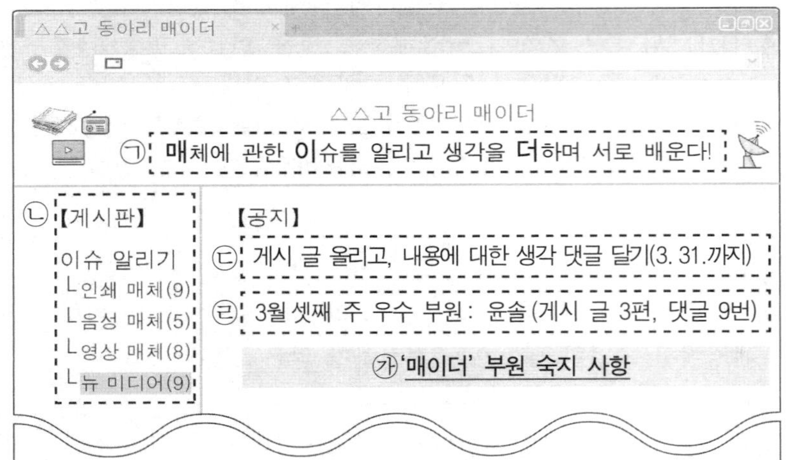


이슈 알리기 - 뉴 미디어

**유료 OTT 업체의 요금제 체제 변화**

작성자 : 윤술

뉴 미디어로 분류할 수 있는 OTT는 인터넷을 통해 동영상 콘텐츠를 제공하는 서비스이다. 유료 OTT의 국내 전체 이용자 수는 지난 몇 년간 매해 증가하고 있으나 최근 유료 OTT 업체들의 성장세는 둔화하고 있다.

이에 일부 유료 OTT 업체가 수익 증대를 위해 요금제 체제에 변화를 주었다. 기존의 대부분 유료 OTT 업체의 요금제 체제는 광고 없이 콘텐츠를 제공하는 대신 일정한 구독료를 받는 방식뿐이었다. 하지만 일부 유료 OTT 업체는 요금제 체제에 광고를 보는 대신 구독료가 저렴하게 책정된 요금제를 신설하였다. 한편으로는 기존과 같이 광고 없이 콘텐츠를 제공하는 요금제의 구독료를 인상하였다.

한 조사에 따르면 전 국민의 55% 정도가 유료 OTT를 이용하고 있다. 이러한 상황에서 유료 OTT 업체의 요금제 체제 변화에 소비자 집단이 실제로 어떠한 반응을 보일지 귀추가 주목된다.

댓글

**정원** 내가 이용 중인 유료 OTT도 요금제 체제를 바꾼다고 해서 이유가 궁금했는데 배경을 알게 되었어. 광고를 보는 대신 저렴한 요금제를 택할지, 구독을 해지할지 고민돼.

**민승** 유료 OTT가 요금제 체제를 바꿨지만 내 주변 친구들은 구독을 해지하지 않았어. 그래서 나는 요금제 체제 변화가 이용자 이탈로 이어질 것 같지 않고, 오히려 수익 증대로 이어져 콘텐츠의 질이 올라가는 계기가 될 것 같아.

**현민** 우리 학교 학생들도 유료 OTT를 많이 이용하는데, 10대들의 유료 OTT 이용률은 얼마나 될지 궁금해. 유료 OTT 이용률을 연령대별로 제시한 자료를 볼 수 있을까?

㉤ 작성자가 삭제한 댓글입니다.
└ **지수** 내가 친구의 휴대 전화 연락처를 메신저에 붙여 넣는다는 걸 여기에 잘못 붙여 넣어 버렸어. 댓글을 지울게. 미안해.

44. <보기>는 ㉮를 클릭한 화면이다. 이를 바탕으로 ㉠ ~ ㉤을 이해한 것으로 적절하지 않은 것은?

< 보 기 >

**'매이더' 부원 숙지 사항**

[동아리 소개]
우리는 우리 주변의 매체에 관한 이슈를 서로 알리고, 알게 된 것에 자신의 생각을 더하며 오늘날 매체 환경의 변화를 주체적으로 이해하는 동아리입니다. 그러기 위해 부원은 공지를 확인하고 제시된 활동을 수행합니다.

[규칙]
- 동아리 부원들은 동아리 활동에 적극적으로 참여합니다.
- 게시판을 구성하는 항목을 확인하고 각 항목의 성격에 부합하는 글만 올립니다.
- 동아리 활동과 무관한 사적 정보를 드러내지 않습니다.

① <보기>의 '동아리 소개'를 보니, ㉠은 활동 목적을 간략하게 제시하면서 동아리명에 포함되는 글자를 부각하고 있군.
② <보기>의 '규칙'을 보니, ㉡은 게시판 항목을 구별하여 매체 유형에 맞는 글을 올리도록 하고 있군.
③ <보기>의 '동아리 소개'를 보니, ㉢은 부원이 수행하는 과제를 제시하면서 카페에서의 구체적인 활동을 안내하고 있군.
④ <보기>의 '규칙'을 보니, ㉣은 특정 부원의 활동 내역을 공개하여 부원들의 활동 참여를 독려하고 있군.
⑤ <보기>의 '규칙'을 보니, ㉤은 관리자가 댓글을 삭제하여 불필요한 사적 정보의 노출을 방지하고 있군.

45. 위 화면을 바탕으로 '유료 OTT 업체의 요금제 체제 변화'에 대한 학생들의 수용 양상을 이해한 내용으로 가장 적절한 것은?

① '윤술'은 유료 OTT 업체의 요금제 체제 변화에 대한 이용자들의 찬반 의견을 토대로 자신의 견해를 제시하였다.
② '현민'과 달리, '민승'은 주변을 관찰한 바를 토대로 유료 OTT 업체의 요금제 체제 변화가 어떤 결과로 이어질지 예측하였다.
③ '정원'과 달리, '현민'은 자신이 새로 알게 된 정보를 토대로 유료 OTT 업체의 요금제 체제 변화의 원인에 대해 의문을 제기하였다.
④ '윤술'과 '현민'은 모두, 통계 자료를 토대로 유료 OTT 업체의 요금제 체제 변화를 몰고 온 배경 상황을 이해하였다.
⑤ '정원'과 '민승'은 모두, '윤술'의 글을 토대로 유료 OTT 업체의 요금제 체제 변화에 의한 기대 효과를 제시하였다.

* 확인 사항
○ **답안지의 해당란에 필요한 내용을 정확히 기입(표기) 했는지 확인하시오.**



[해설편 p.012]

제 1 교시

# 국어 영역

02회



● 문항수 45개 | 배점 100점 | 제한 시간 80분

● 점수 표시가 없는 문항은 모두 2점

**[1 ~ 3] 다음 글을 읽고 물음에 답하시오.**

상위 인지는 어떤 과업의 성취를 보장하는 자기 규제 기제를 이용할 수 있는 능력을 포함한다. 자기 규제 기제를 이용한다는 것은 문제 해결에 대해 스스로 점검한다든지, 자신이 시도한 행위에 대해 스스로 평가하는 것 등을 의미한다. 이러한 자기 규제 기제를 이용하는 지적 행위로 상위 인지 중 하나인 인지 조정이 있다. 독해 과정 조정은 인지 조정의 일종으로 독해 과정 조정을 잘하는 사람은 독서 능력이 우수한 독자이다.

성공적인 독서를 위한 ㉮ <u>독해 과정 조정 작용</u>으로 독서 목적에 따른 독서 행위의 조정, 배경지식의 활성화, 문맥 정보와 논리적 구조의 활용, 이해의 정확성 점검과 이해 실패에 대한 대처 등이 있다. 우수한 독자는 목적에 따라 독서 속도를 적절하게 조절하는 등 독서 목적에 적합한 독서 행동을 취한다. 우수한 독자는 독서 능력이 부족한 독자와 동일한 수준의 배경지식을 가졌다 하더라도 그것을 독서 과정에 활용하는 능력이 다르다. 의미 구성체인 텍스트의 내용을 독자 자신의 배경지식과 결부하지 않으면 정교한 이해를 기대하기는 어렵다. 문맥 정보와 논리적 구조의 활용도 텍스트의 내용 이해에 영향을 미친다. 우수한 독자는 독서 과정에서 문맥 정보를 이용하여 단어나 문장의 의미를 추론하고 텍스트의 논리적 구조를 바탕으로 내용을 심층적으로 이해한다. 우수한 독자는 자신의 내용 이해 정도를 점검할 때도 독서 목적에 따라 점검 기준을 달리 적용한다. 점검 결과 내용 이해에 실패했다고 판단한 경우 우수한 독자는 문제 해결을 위해 다른 적절한 전략을 사용한다.

[A] 독서의 목적이 텍스트 전체에 관한 의미를 구성하는 것이라면 이에 따라 독서가 이루어져야 한다. 그런데 독서 능력이 부족한 독자는 독서를 문자 해독의 과정으로 인식하여 문자 해독에 집중하는 등 독서 목적과 상관없는 독서를 행하며, 그에 따라 독서 과정에서 인지 조정을 제대로 수행하지 못한다. 독서 목적에 맞는 독서 전략을 선택한다는 것은 상위 인지를 활용한 독서 능력이 뛰어나다는 것을 의미한다. 따라서 독서 목적을 고려하여 독해 과정을 조정해 나가는 경험을 많이 쌓는다면 상위 인지를 활용한 독서 능력을 기를 수 있을 것이다.

1. 윗글의 내용과 일치하지 <u>않는</u> 것은?

① 자기 규제 기제를 이용할 수 있는 능력은 상위 인지에 해당한다.
② 자신이 시도한 행위를 스스로 평가하는 것은 자기 규제 기제를 이용한 것이다.
③ 자기 규제 기제를 이용하는 인지 조정은 독해 과정 조정에 포함되는 개념이다.
④ 우수한 독자가 되기 위해서는 내용 이해 정도를 점검할 때 독서 목적에 따라 점검 기준이 달라져야 한다.
⑤ 독서 능력이 우수한 독자와 부족한 독자는 독서 과정에서 동일한 수준의 배경지식을 활용하는 양상이 서로 다를 수 있다.

2. 다음은 학생이 자신의 읽기 과정을 기록한 글이다. 윗글의 ㉮를 참고하여 다음 ⓐ ~ ⓔ에 대해 이해한 내용으로 적절하지 <u>않은</u> 것은? [3점]

> 진로 독서 활동으로 임상 심리사에 대해 설명하는 책을 선정해서 읽기 시작했다. ⓐ <u>임상 심리사 수련 과정에서 '수련'이라는 말의 의미를 몰랐는데, 관련 부분을 읽으면서 그 의미를 유추할 수 있었다.</u> 이 책에서는 임상 심리사가 되기 위해 공부해야 하는 심리학 내용도 소개하고 있는데, ⓑ <u>진로 시간에 배웠던 것이 이 내용을 이해하는 데 많은 도움이 되었다.</u> 대학원에서 공부하는 것들을 설명하는 부분을 읽을 때는 전문 용어가 많아 이해하지 못한 내용들도 있었다. 그래서 ⓒ <u>이에 해당하는 부분들을 표시해 놓고 관련 자료를 찾아 이해했다.</u> ⓓ <u>이 책을 읽은 중요한 목적이 임상 심리사의 실무를 구체적으로 알기 위한 것이었기 때문에 해당 부분을 읽을 때는 다른 부분보다 시간을 많이 들여 꼼꼼히 읽었다.</u> 이 책은 임상 심리사가 되기 위해 알아야 할 것들을 잘 설명하고 있지만 ⓔ <u>임상 심리사의 직업 전망은 다루지 않아 아쉬웠다.</u>

① ⓐ는 문맥 정보를 활용해 단어의 의미를 추론했음을 보여 주는군.
② ⓑ는 책의 내용을 자신의 배경지식과 관련지어 이해했음을 보여 주는군.
③ ⓒ는 내용 이해에 실패한 문제를 해결하기 위한 전략을 사용했음을 보여 주는군.
④ ⓓ는 독서 목적을 고려해 독서 행위를 조정했음을 보여 주는군.
⑤ ⓔ는 글의 논리적 구조를 바탕으로 세부 내용을 심층적으로 이해했음을 보여 주는군.

3. [A]에 근거하여 <보기>를 이해한 내용으로 가장 적절한 것은?

< 보 기 >

> 특정 역사적 사건의 다양한 의미를 다룬 글을 학생 갑, 을에게 제시하고 글의 주제를 파악하라고 하였다. 그리고 갑, 을에게 이 글을 어떻게 읽을 것인지 물어보았다. 갑은 사전을 참고해 낯선 용어의 뜻을 알아가는 데 주목하면서 읽겠다고 답하였고, 을은 관점별로 사건의 의미를 정리하여 비교하면서 읽겠다고 답하였다. 그 후 학생의 실제 독서 결과, 갑은 주제 파악에 실패했지만 을은 주제 파악을 쉽게 했다.

① 갑과 달리, 을은 독서를 문자 해독의 과정으로 인식하는 경향을 보여 준다고 할 수 있겠군.
② 을과 달리, 갑은 텍스트 전체에 관한 의미 구성이라는 독서 목적을 고려하여 독해 과정을 조정하는 능력이 있겠군.
③ 글의 주제에 관한 의미를 구성하는 인지 조정을 갑이 을보다 더 수월하게 수행하는 능력이 있겠군.
④ 글의 주제에 관한 의미 구성과 관련해 상위 인지를 활용한 독서 능력은 을이 갑보다 우수하다고 할 수 있겠군.
⑤ 독서 전략을 비교해 볼 때 갑이 을에 비해 독해 과정을 조정해 나가는 경험을 더 많이 쌓아 왔다고 할 수 있겠군.

[해설편 p.013]

**[4 ~ 9] 다음 글을 읽고 물음에 답하시오.**

(가)

[A] 모방이란 새로운 행동이나 선천적이지 않은 행동을 관찰하여 행동 그 자체를 복제한다는 의미인데, 관찰과 학습을 필수적으로 포함한다. 이러한 모방의 개념은 인간과 고등 지능 동물의 행동 차이를 살펴봄으로써 좀 더 분명히 이해할 수 있다.

어린 침팬지들과 아이들을 대상으로 시범자의 행동을 관찰하여 이를 따라 하게 한 실험이 있다. 동일한 구조의 플라스틱 먹이 상자 2개를 이용하는데, 2개의 상자 차이는 내부가 투명하게 보이느냐 여부뿐이다. 각 상자의 위와 아래는 칸막이로 막혀 있다. 각 상자의 아래 칸에는 먹이와 먹이를 빼낼 수 있는 문이 있고, 위 칸에는 구멍만 뚫려 있다. 어린 침팬지들과 아이들은 상자의 위를 막대로 툭툭 친 뒤 구멍에 막대를 한 번 집어넣는 시범자를 관찰한다. 이어서 아래 칸의 문을 열고 막대기를 ⓐ 이용해서 먹이를 빼내는 시범자의 행동을 관찰한다. 어린 침팬지들은 불투명 상자의 경우 시범을 잘 따라 한 반면 투명 상자의 경우 그렇지 않았다. 먹이를 얻으려면 아래 칸만 필요하다는 것을 아는 듯이 불필요한 행동을 알아서 제거한 뒤 먹이를 ⓑ 획득했다. 그런데 아이들은 상자가 불투명하든 투명하든 시범자의 행동을 따라 했다.

어린 침팬지들과 아이들의 이러한 차이를 신경 과학 차원의 거울 뉴런을 통해 설명할 수 있다. 거울 뉴런은 신경 세포의 일종으로 다른 행위자의 행동을 관찰하기만 해도 자신이 그 행동을 직접 할 때와 동일한 활성화를 보인다. 실험에 따르면 '행동에 대한 관찰', '관찰을 포함하지 않은 행동의 실행' 그리고 '모방'에서 거울 뉴런의 활성화 정도가 ⓒ 상이하다. 거울 뉴런은 '행동에 대한 관찰'보다 '관찰을 포함하지 않은 행동의 실행'에서 더 많은 활성화가 일어났고, '모방'에서 가장 높은 활성화를 보였다. 그리고 상대방의 행동 목표가 분명하다고 판단될 때는 거울 뉴런의 활성화가 영장류 모두에게서 일어난다. 반면 목표 관찰이 어려운 상황에서는 인간을 제외한 영장류의 거울 뉴런은 거의 활성화되지 않는다. 즉 투명 상자의 위 칸과 관련된 행동의 목표를 관찰하지 못하여 해당 행동을 따라 하지 않는다고 설명할 수 있다. 인간의 거울 뉴런은 행동 목표 외에도 행동이 실행되는 방식이나 의도 모두에서 정교하게 활성화될 수 있다.

인간의 거울 뉴런은 뇌의 다른 부분과 함께 작용하여 모방의 수준을 높인다. ㉠ 거울 뉴런이 인간의 모방 과정에 관여한다고 보면, 인간은 있는 그대로를 따라 하는 모방 메커니즘을 통해 비효율적인 것처럼 보이는 행동까지도 정확히 모방할 수 있게 되었다고 생각할 수 있다. 인간과 고등 지능 동물의 이러한 차이는 모방의 진정한 의미를 시사한다.

(나)

도킨스는 인간 개체의 경쟁이나 협동, 희생이 자신의 복사본을 더 많이 퍼뜨리기 위한 유전자의 전략이라고 설명하며 인간은 유전자의 운반체에 ⓓ 불과하다고 주장한다. 나아가 유전자 전달과 마찬가지로 문화도 특정 정보 단위로 복제된다고 하면서 그러한 것을 밈이라고 부를 것을 제안했다.

도킨스에 의하면 밈이란 유전과는 구별되는, 문화와 관련된 복제의 기본 단위이다. 사후 세계와 같은 관념, 패션 등은 한 인간에서 다른 인간에게로 복제되는 밈의 사례이다. 유전자가 정자나 난자를 통해 하나의 신체에서 다른 하나의 신체로 퍼뜨려지는 것과 유사하게, 밈도 모방의 과정을 통해 한 사람의 뇌에서 다른 사람의 뇌로 퍼뜨려진다. 블랙모어는 이것을 기생-숙주 모델로 설명한다. 바이러스가 숙주에 기생해 복제를 ⓔ 반복하여 자기 존재를 확장하고 인근의 숙주들을 전염시키듯이 밈에게는 밈을 더 많이 퍼뜨리는 복제 전략을 위해 숙주인 인간이 필요하다는 것이다. 이렇게 본다면 자기 자신의 복사본을 더 많이 퍼뜨리려는 행동적 측면을 고려할 때 유전자와 밈이 복제자이자 행위자로 기능한다고 할 수 있다. 이는 인간 개체가 행위자가 아니라고 보는 입장이다.

[B] 밈의 전달이 모방을 통해 일어난다고 할 때, 블랙모어는 모방을 '전염', '개인적 학습', '비모방적인 사회적 학습'과 구별한다. 하품하는 사람을 보면 덩달아 하품할 때가 있다. 이러한 전염은 배우지 않더라도 수행할 수 있는 선천적 행동이기 때문에 남을 따라 하긴 하지만 모방이 아니다. 개인적 학습은 개체가 환경과의 상호 작용을 통해 특정 반응이나 행동을 하는 것인데, 관찰이 포함되어 있지 않으므로 모방이 아니다. 비모방적인 사회적 학습은 주어진 자극에 따른 반응이 적절한 보상이 되어 그 자극이 강화되는 것이다. 비모방적인 사회적 학습에서는 다른 개체에 대한 관찰을 통해 특정 행동을 학습하지만 학습의 대상이 행동 자체가 아니다. 자극에 따른 반응이 적절한 보상을 받는 환경에 대해 학습이 이루어진 것이므로 모방이 아니다.

밈은 물리적 실체가 아니므로 구체적 단위를 설정하기 어렵고, 복제 원리가 불명확하다는 점을 지적하면서 ㉡ 밈의 존재나 기능에 대해 회의적인 입장을 보이는 사람도 있다. ㉢ 밈 이론 지지자들은 이를 반박하기 위해 신경 과학 관점에서 밈을 설명하려 한다. 밈은 모방에 의해 뇌에서 뇌로 전달되므로 인간 뇌의 특정 신경 세포 다발이 연결되어 밈을 구성한다는 것이다. 이런 관점에서라면 모방 능력이 밈을 촉발시켰고 그 밈은 다시 모방 능력을 발달시키는 역할을 했다고 할 수 있을 것이다. 밈의 관점에서 문화 전달을 설명하려는 [밈 이론]은 사상과 문화 등이 전파되고 확산되는 방법을 설명하는 유용한 도구라고 할 수 있다.

**4.** (가)와 (나)에 대한 설명으로 가장 적절한 것은?

① (가)는 거울 뉴런에 초점을 맞춰 뉴런의 기원을, (나)는 문화에 초점을 맞춰 밈의 기원을 규명하였다.
② (가)는 모방의 과정을 바탕으로 거울 뉴런의 기능을, (나)는 유전자 전달을 중심으로 유전의 특징을 소개하였다.
③ (가)는 사례의 일반화를 통해 모방의 분류 기준을, (나)는 사례의 유형화를 통해 밈이 확산되는 과정을 제시하였다.
④ (가)는 실험 결과를 바탕으로 인간 모방의 특징을, (나)는 학자들의 견해를 토대로 밈의 특징과 유용성을 서술하였다.
⑤ (가)는 인간과 동물의 차이를 통해 모방의 특성을, (나)는 밈과 유전의 차이를 통해 유전자 복제의 특성을 분석하였다.



[해설편 p.014]

5. (가), (나)에 대한 이해로 적절하지 않은 것은?

① (가) : 실험에서 어린 침팬지가 행동 목표를 관찰하지 못하면 불필요한 행동을 하지 않을 것이다.
② (가) : 아이들의 거울 뉴런은 어린 침팬지들의 거울 뉴런과 달리 행동이 실행되는 방식을 모방할 수 없을 것이다.
③ (가) : 거울 뉴런의 활성화가 모방에서 가장 높은 이유는 행동에 대한 관찰과 행동의 실행이 모두 충족되기 때문이다.
④ (나) : 도킨스는 비유전적 방식으로 전개되는 문화의 전승을 밈으로 설명한다.
⑤ (나) : 블랙모어의 기생 – 숙주 모델에서는 밈이 전달될 때 인간은 밈의 숙주라고 본다.

6. [A]와 [B]를 연결 지어 <보기>에 대해 추론한 내용으로 적절하지 않은 것은? [3점]

< 보 기 >

어느 지역 사육사들이 원숭이들에게 밭에서 캔 고구마를 모래밭에 매일 던져 주었고, 흙과 모래가 묻은 고구마를 원숭이들은 그냥 먹었다. 어느 날 '미미'라 불리는 젊은 원숭이가 그런 고구마를 물가로 가져가 씻어 먹기 시작했다. 흥미로운 점은 이런 행동을 미미의 친척 원숭이들이 따라 하기 시작하더니 두 세대 만에 그 지역 대부분의 원숭이들이 고구마 씻는 행동을 할 수 있게 되었다는 것이다. 미미가 고구마를 물로 씻어 먹는 것을 관찰한 다른 원숭이들이 자신에게도 고구마가 주어졌을 때 물가에 가서 씻어 먹은 것은 비모방적인 사회적 학습의 사례라고 할 수 있다.

① 원숭이가 고구마를 물로 씻는 행동을 선천적으로 할 줄 안다면 새로운 행동을 배운 것은 아니겠군.
② 미미가 혼자서 고구마를 물가에서 씻어 먹는 것을 즐겼다면 주어진 환경에 적응하여 특정 행동을 학습한 것이겠군.
③ 관찰을 통해 적절한 보상을 받는 환경에 대한 학습이 이루어져 미미의 친척 원숭이들이 미미를 따라 행동하게 되었겠군.
④ 물로 씻어 먹기 좋게 된 고구마가 보상으로 작용해 두 세대 만에 그 지역 대부분의 원숭이들이 고구마 씻는 행동을 할 수 있게 되었겠군.
⑤ 미미를 관찰하여 흙과 모래가 묻은 고구마가 있으면 물로 씻어 먹는다는 것을 학습하게 된 원숭이는 미미를 모방하여 고구마를 물로 씻는 행동 자체를 배운 것이겠군.

7. (나)의 밈 이론을 바탕으로 <보기>를 이해한 내용으로 가장 적절한 것은?

< 보 기 >

자손 갖기를 거부하는 독신주의는 현대 사회에서 하나의 밈으로 번지고 있다. 이 밈을 적극적으로 수용하는 사람들은 자손을 통해 유전자를 전달하지 않는다.

① 독신주의 밈을 적극적으로 수용한 사람은 밈의 복제자이자 행위자이다.
② 밈은 자손 갖기를 거부하는 독신주의를 사람들에게 전달하는 매개체이다.
③ 밈은 유전자 전달과 마찬가지로 복제될 수 있으므로 독신주의 밈이 자손에게 유전된다.
④ 자손을 통해 유전자를 전달하려는 유전자의 전략과 자손 갖기를 거부하는 독신주의 밈의 전략은 충돌할 수 있다.
⑤ 현대 사회에서 독신주의 밈이 널리 퍼지는 이유는 밈을 적극적으로 수용할수록 유전자 전달이 유리해지기 때문이다.

8. ㉠에 근거하여 ㉢이 ㉡을 반박할 수 있는 말로 가장 적절한 것은?

① 밈은 거울 뉴런 활성화를 통해 설명될 수 있으므로 물리적 실체가 분명하다고 할 수 있다.
② 거울 뉴런이 인간의 주체적 의지로 활성화되므로 밈은 문화 전달의 기능을 수행할 수 있다.
③ 모방에 의해 전파되는 밈의 복제 원리가 불명확하더라도 밈은 문화 확산을 설명하는 도구라고 할 수 있다.
④ 거울 뉴런의 활성화가 영장류에서 폭넓게 관찰되기 때문에 밈은 인간 외 영장류에서도 그 존재를 확인할 수 있다.
⑤ 거울 뉴런은 관찰 없이 활성화되므로 인간 뇌에서 뇌로 건너 다닐 수 있다는 것을 밈의 복제 원리로 제시할 수 있다.

9. 문맥상 ⓐ ~ ⓔ와 바꾸어 쓰기에 적절하지 않은 것은?

① ⓐ : 써서
② ⓑ : 얻었다
③ ⓒ : 서로 다르다
④ ⓓ : 이르지 못한다고
⑤ ⓔ : 거듭하여

[10 ~ 13] 다음 글을 읽고 물음에 답하시오.

물건에 대해 지배력을 갖는 권리를 물권이라고 하는데, 점유권, 소유권, 전세권, 저당권 등이 그에 해당한다. 물건 중에서도 부동산은 일반적으로 동산보다 값비싼 재산이다. 따라서 그에 대한 거래는 신중할 수밖에 없어 절차를 다소 번거롭게 하고 있다. 예를 들어 ㉠ 아파트 매매를 할 때 보통 매수인은 매매대금의 10% 정도를 계약금으로 매도인에게 지급한다. 관행상 계약금은 위약금의 역할도 한다고 보기 때문에 매수인이라면 계약금을 포기하고서, 매도인이라면 그 두 배를 물어 주고서 계약을 일방적으로 해제할 수 있다. 남은 90%의 대금 중 일부를 추가적으로 지급할 수도 있는데, 이 대금을 중도금이라고 한다. 중도금이 지급되면 계약은 일방적으로 해제하지 못한다. 이후 남은 대금인 잔금까지 건네면 매매대금의 지급은 마무리되며 그와 동시에 매수인은 매도인으로부터 등기필증을 비롯한 관련 서류를 건네받는다. 이로써 매매계약은 완료되었다고 볼 수 있고 이후 [등기]를 해야 하는 절차가 남아 있다.

부동산에 관한 권리관계의 정보는 법률에 따라 등기부에 기재되는데, 당사자의 신청에 따라 등기부에 기재하는 절차 또는 그 기재 자체를 등기라고 한다. 부동산 물권에 관한 사항은 등기로 사회 일반에 공개하여 게시한다. 등기부의 편성은 소유자가 아니라 부동산을 중심으로 하며, 한 물건에 대하여는 한 개의 등기 기록만 두도록 한다. 원칙적으로 한 물건에서 그 일부나 구성 부분에 따로 소유권이 존재할 수 없고, 몇 개의 물건을 포괄하는 하나의 소유권이 성립될 수도 없다. 예로 든 아파트의 경우를 살펴보면, 아파트에 관해서 하나의 등기부만이 존재하며 등기부의 표제부에는 아파트의 주소와 건물 상태와 같은 표시 사항이, 갑구에는 그 아파트에 대한 소유권의 성립이나 변동 상황이 기재된다. 전세권, 저당권과 같이 소유권이 아닌 물권들이 설정되어 있다면 이들은 을구에 기재된다.

이러한 등기상의 공시를 신뢰하여 거래가 안정적으로 ⓐ 이루어지는 것이기 때문에 등기는 진정한 권리관계를 반영할 수 있도록 해야 한다. 매매를 통해 소유권자가 바뀌는 것과 같이 새롭게 발생한 등기 원인에 의한 등기를 기입등기라고 하는데 소유권이전등기, 저당권설정등기 등이 이에 해당한다. 또 완료된 등기가 신청상의 착오로 말미암아 실체적 법률관계와 불일치한다는 것이 확인되었을 때는 그것을 바로잡기 위한 등기를 신청할 수도 있다. 이를 경정등기라고 한다. 경정등기에는 부동산이나 등기명의인의 표시를 경정하는 등기가 있을 수 있고, 저당권설정등기를 전세권설정등기로 경정하는 것처럼 권리 자체를 경정하는 등기가 있을 수 있다.

등기 신청은 원칙적으로 등기권리자와 등기의무자가 공동으로 신청하도록 하고 있는데, 이는 등기의 진정성을 확보하려는 목적도 있다. 등기권리자는 등기부에 새롭게 권리자로 오르게 되는 이를, 등기의무자는 원래 권리자로 기록되었던 이를 가리킨다. 아파트 매매계약에 따른 등기도 매수인과 매도인이 공동으로 신청해야 한다. 흔히 매수인이 등기를 신청한다는 것으로 아는 사람들이 많은데, 실은 매수인이 매도인의 등기 신청을 위임받아 함께 처리하는 것이 일반적이라서 그렇게 보이는 것일 뿐이다.

등기의 효력을 정하는 것과 관련하여 다음의 두 가지 원칙이 거론된다. 공시를 갖추지 않은 경우에는 제3자와의 관계에서는 물론 당사자 사이에도 물권 변동의 효력이 생기지 않는다는 원칙을 성립요건주의라 한다. 반면에 계약이 완료되면 당사자 사이에 물권 변동은 유효하게 성립하고, 다만 공시를 갖추지 않았을 때는 제3자에게 물권 변동의 효력을 주장하지 못한다는 원칙은 대항요건주의라 한다. 우리 법제는 등기부에 명의가 기재되었을 때 그 부동산의 명의자가 소유권을 취득하는 것으로 되어 있다.

10. 윗글을 이해한 내용으로 적절한 것은?

① 소유권과 같은 물권은 물건에 대해 지배력을 갖는 권리이다.
② 부동산에 관한 점유권, 소유권과 같은 사항은 등기부의 을구에 기재된다.
③ 등기부의 편성은 진정한 권리관계를 반영할 수 있도록 권리자를 중심으로 한다.
④ 등기부는 관련된 당사자만 신청하여 확인할 수 있도록 하여 부동산 정보를 보호한다.
⑤ 하나의 물건에 성립한 여러 물권을 표시하기 위하여 그 물건에 대한 복수의 표제부가 붙을 수 있다.

11. ㉠에 대한 이해로 적절하지 않은 것은?

① 매수인은 매도인의 등기 신청을 위임받을 수 있다.
② 매수인은 등기의무자이기 때문에 매도인과 공동으로 등기를 신청하여야 한다.
③ 매수인이 매매를 원인으로 등기명의인 변경을 위해 신청하려는 등기는 기입등기이다.
④ 매수인이 매매대금을 완납하면 매도인은 등기에 필요한 관련 서류를 건네주어야 한다.
⑤ 매수인은 중도금을 지급하기 전에 매도인의 동의를 얻지 않더라도 계약을 해제할 수 있다.

12. [등기]에 대한 설명으로 적절하지 않은 것은? [3점]

① 대항요건주의는 등기가 소유권의 변동을 일으키는 요건이 되지 않는 원칙이다.
② 등기는 물건에 관한 거래의 안전을 확보하기 위해 물권에 관한 사항을 공시한다.
③ 새롭게 발생한 등기 원인에 의해 저당권설정등기를 신청하는 것은 기입등기에 해당한다.
④ 신청상의 착오로 일치하지 않는 등기의 기재가 있으면 경정등기를 신청하여 바로잡을 수 있다.
⑤ 성립요건주의를 채택한 우리 법제에서는 계약의 완료로 소유권을 취득하지만 등기 절차는 필수적이다.

13. ⓐ의 문맥적 의미와 유사하게 쓰인 것은?

① 합의가 원만히 이루어진다면 이전의 관계를 회복할 수 있다.
② 우리 교향악단은 최정상급의 연주자들로 이루어질 것이다.
③ 이곳은 백삼십여 호로 이루어진 마을입니다.
④ 민희는 기호와의 사랑이 이루어져 행복했다.
⑤ 나의 소원이 이루어지니 기분이 좋다.



[해설편 p.015]

[14 ~ 17] 다음 글을 읽고 물음에 답하시오.

용해도는 일정한 온도에서 일정한 양의 용매에 최대로 녹을 수 있는 용질의 양으로, 보통 용매 100g에 녹을 수 있는 용질의 질량이다. 혼합물의 과포화 상태는 용질이 용해도 이상으로 녹아 있는 상태인데, 과포화 상태의 혼합물은 포화 상태로 돌아가려는 경향이 있다. 결정화는 포화 상태의 혼합물이 과포화 상태가 되어 용질이 고체 입자로 석출되는 것으로 결정화 공정을 거치면 입도*가 작은 고체 입자를 얻을 수 있다. 이러한 결정화 공정은 약물의 생체 흡수율을 높여야 하는 제약 분야 등에서 사용된다.

결정화 공정에서는 초임계 유체를 쓰는 경우가 많다. 물질은 임계 온도와 임계 압력 이상에서 초임계 상태로 존재한다. 임계 온도는 어떤 물질이 액체로 존재할 수 있는 최고 온도이고, 임계 압력은 어떤 물질이 기체로 존재할 수 있는 최대 압력이다. 온도와 압력이 임계 온도와 임계 압력 이상일 때 물질은 액체도 아니고 기체도 아닌 초임계 상태로 존재한다. 초임계 상태에서 물질의 분자 간 거리는 그 물질이 기체일 때보다는 가깝지만 액체일 때만큼 가깝지는 않다. 물질이 액체일 때보다는 초임계 상태거나 기체일 때 용질이나 용매가 더 자유롭게 이동할 수 있다. 또한 초임계 유체에 가해지는 압력을 높이면 밀도가 높아져 더 많은 양의 용질을 녹일 수 있어 초임계 유체를 이용한 결정화 공정에서는 고체 입자의 입도를 조절할 수 있다.

GAS 공정에서는 초임계 이산화 탄소를 반용매로 사용하여 ㉠ <u>혼합물</u>에 녹아 있는 용질을 작은 입도의 고체로 석출하는 경우가 많다. 반용매는 용질을 녹이지 않고 용매와는 잘 섞이는 물질로, 반용매를 혼합물에 첨가하면 반용매는 용매와 섞이고 용질은 고체 입자로 석출된다. GAS 공정에서는 결정화하려는 물질을 액체 용매에 녹여서 혼합물을 만들고 용기에 적당량 채운 뒤 용기를 밀폐한다. 이후 용기의 온도와 압력을 이산화 탄소와 액체 용매의 임계 온도와 임계 압력의 사이에 맞추고 초임계 이산화 탄소를 용기에 주입한다. 그러면 혼합물이 과포화 상태가 되고 녹아 있던 용질은 고체 입자로 석출된다. 반용매가 용매와 섞이면서 포화될 수 있는 용질의 양이 줄어드는 것이다. 석출되는 용질의 양은 처음에 채운 혼합물의 양이 같다면 그 농도에 의해 정해진다.

결정화 공정에서 고체 입자를 석출할 때는 우선 일정한 수의 용질 분자가 모여서 집합체를 이루어 결정핵이 생성되어야 한다. 혼합물의 농도가 높을수록 결정핵을 만들 수 있는 용질 분자의 수가 많아 결정핵이 많이 생긴다. 결정핵이 많이 생성되면 하나의 결정핵에 모일 수 있는 용질 분자의 수가 적어져서 고체 입자의 크기는 작아지게 된다.

한편 초임계 이산화 탄소를 용매로 사용하는 결정화 공정도 있다. RESS 공정에서는 결정화하려는 물질과 초임계 이산화 탄소가 섞인 ㉡ <u>혼합물</u>을 고압의 용기에서 대기압을 유지하는 용기로 분사한다. 분사 직후 초임계 이산화 탄소는 빠르게 압력이 내려가고 기체로 변화하는 과정에서 용질이 고체 입자로 석출된다. 이때 혼합물에서 결정핵이 생성되는데, 석출되는 고체 입자의 입도가 정해지는 원리는 GAS 공정과 동일하다.

GAS 공정과 RESS 공정 등의 결정화 공정에서는 이산화 탄소가 주로 쓰인다. 이산화 탄소는 임계 온도가 상온과 큰 차이가 없어 온도를 조금만 올리고 압력을 올리면 쉽게 초임계 상태로 만들 수 있기 때문이다. 초임계 이산화 탄소를 이용하면 압력을 조절하여 석출되는 고체 입자의 입도를 작게 만들 수 있을 뿐 아니라 그 자체로 독성이 없어서 안전성 문제에서도 자유롭다.

* 입도 : 입자 하나하나의 평균 지름.

**14.** 윗글을 통해 알 수 있는 내용으로 적절하지 <u>않은</u> 것은?

① 초임계 이산화 탄소를 용매로 사용하여 용질을 석출할 수 있다.
② 혼합물에 반용매를 첨가하면 원래 있던 용매의 양이 줄어든다.
③ 이산화 탄소는 액체로 존재할 수 있는 최고 온도가 상온과 큰 차이가 없다.
④ 과포화 상태의 혼합물이 포화 상태로 돌아가려는 경향으로 인해 용질이 석출된다.
⑤ 초임계 이산화 탄소는 안전성 측면에서 문제가 없어 결정화 공정에 쓰이기에 적합하다.

**15.** ㉠과 ㉡에 대한 설명으로 가장 적절한 것은?

① ㉠과 달리, ㉡은 초임계 이산화 탄소가 액체가 되는 과정에 사용된다.
② ㉠과 달리, ㉡은 농도에 따라서 석출되는 고체 입자의 수가 정해진다.
③ ㉡과 달리, ㉠에는 용질이 초임계 이산화 탄소가 아닌 용매에 녹아 있다.
④ ㉡과 달리, ㉠에는 임계 온도와 임계 압력 이상의 이산화 탄소가 섞여 있다.
⑤ ㉠과 ㉡은 모두 결정화 공정에서 용매에 분사된다.

**16.** 윗글을 바탕으로 할 때, Ⓐ에 들어갈 내용으로 가장 적절한 것은?

초임계 유체를 용매로 사용하여 포화 상태의 혼합물을 만들려고 한다. 이때 포화 상태의 혼합물을 더 높은 압력에서 만들면 결정화 공정을 통해 석출되는 고체 입자의 입도는 더 작아지는데, 이는 [ Ⓐ ] 때문이다.

① 결정핵이 더 적게 생성되기
② 결정핵이 초임계 상태가 되기
③ 초임계 유체의 임계 온도가 낮아지기
④ 결정핵이 만들어지는 속도가 느려지기
⑤ 일정한 부피당 용질 분자의 수가 많아지기

17. 윗글을 바탕으로 <보기>를 이해한 내용으로 가장 적절한 것은? [3점]

< 보 기 >

용질 A를 용매 B에 녹여 혼합물을 만들고 용기에 담은 후 용기의 압력을 높였다. 이후 용기에 초임계 이산화 탄소를 주입하여 A를 석출하는 실험을 통해 아래의 ㉮ ~ ㉰와 같은 결과를 얻었다. (단, 사용된 혼합물의 양은 같고 혼합물에 녹아 있는 용질은 모두 석출된다고 가정한다.)

| | 혼합물의 농도(g/mL) | 초임계 이산화 탄소를 주입하는 속도(mL/s) | 석출된 A의 입도(㎛) |
|---|---|---|---|
| ㉮ | 0.01 | 20 | 35 |
| ㉯ | 0.03 | 20 | 25 |
| ㉰ | 0.03 | 5 | 70 |

① ㉮와 ㉯에서 석출된 A의 입도가 차이가 나는 것은 초임계 이산화 탄소에 녹는 A의 양이 다르기 때문이겠군.
② ㉮보다 ㉯에서 석출된 A의 입도가 더 작은 것은 하나의 결정핵에 모인 용질 분자의 수가 적기 때문이겠군.
③ ㉯와 ㉰에서 초임계 이산화 탄소와 B가 섞이는 속도는 다르지만 과포화되는 속도는 같겠군.
④ ㉮ ~ ㉰에서 석출된 A의 입도는 차이가 나더라도 각각에서 석출된 A의 양은 모두 같겠군.
⑤ ㉯가 과포화되는 속도는 ㉮와 ㉰보다 느리기 때문에 ㉯에서 석출된 A의 입도가 가장 작겠군.

**[18 ~ 21] 다음 글을 읽고 물음에 답하시오.**

어느 여름날 나는 얼음과자를 사 먹기 위해 아버지의 지갑에서 천 원짜리 한 장을 훔쳤다. 처음에는 아버지가 눈치채지 못할 거라는 생각이 압도적이었다. 천 원짜리가 한 장만 있었다면 몰라도 다섯 장이나 있었다. 다섯 장 가운데 한 장 없어진 걸 어떻게 안단 말인가. 아버지가 그렇게 꼼꼼한 사람은 아니지 않은가. 돈을 빼내고, 얼음과자를 사기 위해 달려가고, 마침내 그 달콤하고 차가운 얼음과자를 입에 넣고 빨 때까지 나의 범죄가 들통나지 않을 거라는 확신으로 충만해 있었다. 그 단단한 확신의 원천은 욕망이었다. 달콤하고 시원한 얼음과자를 입에 넣고 빨아먹고 싶은 너무 큰 욕망이 염려와 불안을 잠재웠다. 그러나 얼음과자의 부피가 줄어들고 숨어 있던 막대가 드러나면서 염려와 불안은 서서히 깨어났다. 그렇게 단단하던 확신은 어느 순간 얼음과자 녹듯 녹아 흘렀다. 아버지가 천 원짜리 한 장 없어진 걸 눈치채지 못할 리가 없다는 쪽으로 생각이 급격히 기울었다. 안도의 구실이 되어 주었던 다섯 장이라는 지폐의 숫자도 다르게 해석되었다. ㉠ <u>천 원짜리가 고작 다섯 장밖에 없었지 않은가.</u> 다섯 장 가운데 한 장 없어진 걸 어떻게 모른단 말인가. 아버지가 그렇게 주의력이 없는 사람은 아니지 않은가. 얼음이 녹아 손등으로 흐르고 얼음 속에 숨어 있던 동그란 막대가 거의 다 드러날 즈음 얼음과자는 내 입 안에서 다만 얼얼할 뿐 더 이상 아무 맛도 내지 않았다. 잊고 있었던 두려움이 서서히 몰려왔다. 막대를 빨고 있는 내 모습을 본 친척 누나가 돈이 어디서 나서 그걸 사 먹느냐고 물었을 때 내 얼굴은 하얗게 질렸다. 누나는 고자질을 할 것이다. 아버지가 지갑의 돈이 없어진 사실을 알게 되는 건 시간문제일 뿐이다. ㉡ <u>손에 들고 있는 얼음과자의 막대가 몽둥이처럼 여겨져서 나는 얼른 길바닥에 버렸다.</u>

그러자 이내 학교 선생님과 같은 반 친구에게 품었던 것과 같은 바람이 자연스럽게 되살아났다. 아버지가 집에 돌아오지 않았으면 좋겠다. 아버지가 사라져 버렸으면 좋겠다. ㉢ <u>그 바람은 거의 무의식적인 것이었다. 나는 내가 무얼 원하는지도 분명하게 알지 못했다.</u> 그저 종아리와 엉덩이에 떨어질 몽둥이의 공포로부터 벗어나고 싶을 뿐이었다.

그런데 믿을 수 없는 일이 일어났다. 한 번도 이루어지지 않았던 마음속의 바람이 하필이면 그때 이루어졌다. 아버지는 돌아오지 않았다. 아니, 돌아오긴 했다. 그러나 아버지는 나를 야단칠 수 없는 몸으로 돌아왔다. 아버지가 타고 있던 이웃 어른의 트럭이 언덕 아래로 굴렀다고 했다. 아버지는 술에 취한 상태였고, 운전을 한 이웃 역시 취한 상태였다. 아버지가 취한 것은 괜찮지만, 운전자가 취한 것은 괜찮지 않았다. 병원에 옮겨진 아버지는, 의식을 잃은 채 일주일을 살았다. 그리고 천원의 행방을 따지지 않고, 따질 수도 없는 곳으로 사라지고 말았다.

**[중략 부분의 줄거리]** 아버지의 죽음으로 충격에 빠진 '나'는 큰댁에서 살게 되고, 큰아버지의 도움으로 대학에 진학했다. 이후 방위병으로 근무하기 위해 고향에 내려온 '나'는 동갑내기 사촌인 규와 함께 지내며 소설에 관심을 가지게 되었다.

내 신경의 어떤 부분을 건드린 것은 소설 속의 소설가, 나아가 그 소설을 쓴 소설가가 그 지루하고 장황한 자기변명을 끈질기게 되풀이함으로써 얻어 내려 하고 있는, 마침내 얻어 냈을 효과였다. 확실하고 또렷하게 그 효과의 이름을 부를 수는 없지만, 그 순간 나는 **소설을 왜 쓰는지 온전히 이해했다**고 느꼈다. 어떤 의식의 반영이었는지 분명치 않은 채로 나는 문득 그 소설을 한 권의 일기장처럼 인식했다. 아마도 소설가는 따로 일기를 쓰지 않겠구나, 적어도 이 소설가는 따로 일기를 쓸 필요가 없겠구나, 하는 생각이, ㉣ <u>여름 한낮 폭우가 쏟아지듯 느닷없이, 그야말로 불쑥 덮쳤다.</u> 폭우는 조금 더 쏟아졌다. 나는 낡은 일기장을 버리고 **새 일기장을 가지고 싶어**졌다. 그것은 매우 당황스러운 충동이었다. 생각해 보지 못한 의외의 열망에 사로잡혀서 나는 무언가를 끼적이기 시작했다. 그것이 소설이 된다는 생각은 하지 않았다. 소설이 아니라 일기, ㉤ <u>새로운 방식의 일기를 쓴다는 의식에 붙들려 있었을 뿐이었다.</u>



[해설편 p.017]

나는 우선 숙제를 하지 않은 날 아침, 담임 선생님이 아파서 학교에 나오지 못하거나 갑작스럽게 전근을 가는 상상을 하는 장면부터 써 나갔다. 학교 앞 가게에서 구슬 몇 개를 훔치는 이야기도 썼다. 우연히 눈이 마주친 같은 반 친구의 눈빛에서 시작된 걷잡을 길 없는 불안과 두려움에 대해서도 썼다.

[A] ……그가 '우리 반 반장은 도둑놈이래요' 하고 떠들고 다니는 장면이 머릿속에서 반복적으로 영사되는 바람에 미칠 것 같았다. 어쩐 일인지 그는 그런 소문을 퍼뜨리지는 않았다. 그런데도 불안은 사라지지 않았다. 오히려 언제 도둑놈 소리를 듣게 될지 모른다고 생각하니까 마음이 더 불안하고 무서웠다. 나는 그 친구가 없어져 버렸으면 좋겠다고 간절하게 바라기 시작했다. 아프든 죽든(세상에! 어떻게 그럴 수 있단 말인가, 하고 탄식하는 목소리가 들리는 듯하다. 그러나 특별히 내 머릿속에만 악마가 살고 있었다고 생각하고 싶지는 않다. 사실 꼭 악마에게 떠넘길 일도 아니다. 나는 어린아이들이 순진하다는 믿음은 어른들이 내놓고 속아 주는 미신이라고 생각한다. 아니, 순진하다고 해도 달라지는 것은 없다. 순진함은 때로, 그것이 악인 줄 모르고, 왜냐하면 순진하니까, 악마를 연기하곤 한다. 악마가 순진함의 외양을 가지고 있든, 순진함이 악마의 내용을 가지고 있든 무슨 차이란 말인가!) 어떻게든 사라져 버리라고 주문을 외기도 했다. 물론 내 바람과 주문은 이루어지지 않았다……

나는 밤에 쓰고 아침에 출근했다. 지난밤에 쓴 글을 다음날 밤에 지우고 **다시 쓰는 일을 반복**했다. 어떤 부분은 **열 번도 더 고쳐 썼다.** 중간에서 지우고 처음부터 다시 시작하기도 했다. 문장은 낮은 포복으로 아주 조금씩 나아갔다. 문장을 쓰는 동안 내 안에서 드러내려는 욕구와 은폐하려는 욕구가 치열하게 싸운다는 걸 나는 알았다. 문장들은 서로 부딪치고 충돌하고 갈등했다. 그 때문에 **모순에 가득 찬 피투성이의 문장들**이 **만들어**졌다. 앞에 쓴 문장을 덮기 위해 새로운 문장을 고르는 식의 글쓰기는 진을 빼내는 작업이었다. 나는 피곤과 수면 부족과 허기 때문에 고통스러웠지만, 이해할 수 없는 **가학적 열망에 붙들려** 끈기 있게 문장들과 싸웠다. **무엇에 씐 것 같은 시절**이었다.

– 이승우, 「오래된 일기」 –

18. 윗글의 '나'에 대한 이해로 가장 적절한 것은?

① 경제적 형편 때문에 소설가의 꿈을 포기했다.
② 어릴 적 친척 누나와 함께 아버지의 돈을 훔치곤 했다.
③ 방위병으로 근무하면서 아버지가 죽게 된 이유를 알게 되었다.
④ 학교 앞 가게에서 구슬을 훔치고 난 뒤 불안감에 사로잡혀 지냈다.
⑤ 가장의 역할을 제대로 하지 못하고 있는 아버지를 오랫동안 원망했다.

19. [A]에 대한 설명으로 가장 적절한 것은?

① 공간 이동에 따라 변화하는 인물의 심리를 추적하고 있다.
② 인물이 주목한 다른 인물들의 과오에 대한 평가를 나열하고 있다.
③ 인물들 간의 외적 갈등이 심화되는 과정을 요약적으로 제시하고 있다.
④ 동시적 사건들의 병치로 사건에 대한 서로 다른 관점을 드러내고 있다.
⑤ 과거의 일에 대한 내적 목소리를 삽입하여 인물 자신의 행위를 조명하고 있다.

20. ㉠~㉤에 대한 이해로 적절하지 않은 것은?

① ㉠: 지갑 속 천 원짜리 다섯 장에 대한 '나'의 인식에 변화가 생겼음을 알 수 있다.
② ㉡: 자신이 저지른 행동을 후회하며 '나'가 두려움을 느꼈음을 알 수 있다.
③ ㉢: 아버지에 대한 '나'의 바람이 오래도록 지녀 왔던 생각임을 알 수 있다.
④ ㉣: '나'가 글쓰기에 대한 열망을 갖게 된 계기가 갑작스러우면서도 강렬한 것이었음을 알 수 있다.
⑤ ㉤: '나'가 소설을 쓰고 있다는 의식 없이 자신을 돌아보는 글을 쓰는 데 몰두하였음을 알 수 있다.

21. <보기>를 바탕으로 윗글을 감상한 내용으로 적절하지 않은 것은? [3점]

<보 기>

인간의 내면에 자리한 죄의식은 서사의 출발점이 되고 서사를 지속하게 하는 힘이 될 수 있다. 자아 성찰을 바탕으로 하는 소설 쓰기는 자아의 치부를 드러내려는 욕망과 은폐하려는 욕망의 힘겨루기를 통해 이루어지는데, 이러한 과정은 자기 변명을 통해 고백의 부담을 덜면서 자기 정화를 경험할 수 있게 해 준다.

① '나'가 '소설을 왜 쓰는지 온전히 이해했다'는 것은, 소설 쓰기가 자기 변명을 통해 자기 정화를 경험하게 할 수 있다는 '나'의 생각이 내포되어 있는 것으로 볼 수 있겠군.
② '나'가 '새 일기장을 가지고 싶어'진 것은, 담임 선생님, 친구, 아버지와 관련하여 '나'가 느끼고 있는 죄의식이 서사의 동력이 되었기 때문이겠군.
③ '나'가 '다시 쓰는 일을 반복'하며 '열 번도 더 고쳐 썼다'는 것은, '나'가 치열한 자아 성찰을 바탕으로 소설 쓰기를 지속하였다는 것으로 볼 수 있겠군.
④ '나'가 '모순에 가득 찬 피투성이의 문장들'을 '만들어' 냈다는 것은, '나'의 소설 쓰기가 드러내려는 욕망과 은폐하려는 욕망의 힘겨루기를 통해 이루어졌음을 말해 주는 것이겠군.
⑤ '나'가 '가학적 열망에 붙들려' '무엇에 씐 것 같은 시절'을 보낸 것은, 소설 쓰기가 수반하는 피곤과 수면 부족 등의 육체적 고통이 '나'의 고백의 부담을 덜어 주었기 때문이겠군.

[22 ~ 27] 다음 글을 읽고 물음에 답하시오.

(가)

몰아라 어서 보자 총석정 어서 보자
총석정 좋단 말을 일찍이 들었거니
바람 불면 못 보려니 몰아라 어서 보자
벽해 위의 높은 집이 저것이 총석정인가
올라 보니 후면이라 전면으로 보오리라
배 대어라 사공들아 풍랑이 일지 않아
층파로 돌아 저어 총석 전면 보게 하라
배 띄워라 굽이마다 따라 저어 볼 양이면
영소전 태을궁*을 지으려고 경영턴가
돌기둥 천백 개를 육모로 깎아 내어
개개이 묶어 세워 몇 만 년이 되었던지
황량한 데 벌였으니 배 없어 못 실린가
(중략)
하우씨 도끼뿔이 용문을 뚫었으나
이 돌*을 만났으면 이같이 깎을세며
영장*이 신묘하여 코끝의 것 찍었으나
이 돌을 다듬는다고 이같이 곧을쏘냐
어떠한 도끼로 용이히 깎았으며
어떠한 승묵*으로 천연히 골랐는고
끈 없이 묶었으되 틈 없이 묶었으며
풀 없이 붙였으되 흔적 없이 붙였으니
공력을 이리 들여 무엇에 쓰려 하고
한 묶음씩 두 묶음씩 세운 듯 누인 듯
기괴히 꾸몄다가 세인의 노리개 되야
시 짓고 노래하여 기리기만 위한 것인가
통천의 총석정과 고성의 삼일포며
간성의 청간정과 양양의 낙산사며
강릉의 경포대와 삼척의 죽서루며
울진의 망양대와 평해의 월송정은
이 이른 관동팔경 자웅을 의논 말라
**천하의 두 총석은 응당 다시 없으려니**
물로는 동해수요 뫼로는 금강산과
폭포로는 구룡이오 돌로는 총석이라
장관을 다한 후의 다시금 혼자 말이
괴외기걸* 하온 사람 이같은 이 있다 하면
**천 리를 멀다 말고 결단코 찾으리라**

– 구강, 「총석곡」 –

* 태을궁 : 옥황상제가 사는 궁궐.
* 이 돌 : 총석정 주변의 기암괴석.
* 영장 : 영험한 장인.
* 승묵 : 먹통에 딸린 실줄.
* 괴외기걸 : 빼어나게 뛰어난 인걸.

(나)

㉠ <u>청산은 에워싸고 녹수는 돌아가고</u>
**석양**이 거들 때에 **신월**(新月)이 솟아난다
안전(眼前)에 일존주* 가지고 **시름 풀자 하노라** <제1수>

내 말도 **남**이 마소 남의 말도 내 않겠네
**고산 불고정*이 좋아 늙는** 몸이로되
어디서 망령 난 손이 **검다 희다 하나니** <제4수>

엊그제 빚은 **술**이 다만 세 병뿐이로다
한 병은 물에 **놓고** 또 한 병 **뫼**에 놀며
이밖에 남은 병 가지고 **달에 논들 어떠리** <제6수>

– 장복겸, 「고산별곡」 –

* 일존주 : 한 통의 술.
* 고산 불고정 : 전북 임실에 있는 정자.

(다)

이렇게 맥고모자를 쓰고 삐루*를 마시고 친구를 생각하기는 그대의 언제나 자랑하는 털게에 청포채를 무친 맛나는 안주 탓인데 나는 정말이지 그대도 잘 아는 함경도 함흥 만세교 다리 밑에 님이 오는 털게 맛에 헤가우손이를 치고 사는 사람입네. 하기야 또 내가 친하기로야 가재미가 빠질겝네. 회국수에 들어 일미이고 식해에 들어 절미지. 하기야 또 버들개통구이가 좀 좋은가. 횟대 생성 된장지짐이는 어떻고. 명태골국, 해삼탕, 도미회, 은어젓이 다 그대 자랑감이지. 그리고 한 가지 그대나 나밖에 모를 것이지만 광메리는 아래 주둥이가 길고 꽁치는 위 주둥이가 길지.

이것은 크게 할 말 아니지만 산툿한 청삿자리 위에서 전복회를 놓고 함소주 잔을 거듭하는 맛은 신선 아니면 모를 일이지.

이렇게 맥고모자를 쓰고 삐루를 마시고 전복에 해삼을 생각하면 또 생각나는 것이 있습네. 칠팔월이면 으레이 오는 노랑 바탕에 꺼먼 등을 단 제주 배 말입네. 제주 배만 오면 그대네 물가엔 말이 많아지지. 제주 배 아즈맹이 몸집이 절구통 같다는 둥, 제주 배 아맹인 조밥에 소금만 먹는다는 둥, 제주 배 아즈맹이 언제 어느 모롱고지 이슥한 바위 뒤에서 혼자 해삼을 따다가 무슨 일이 있었다는 둥…… 참 말이 많지. 제주 배 들면 그대네 마을이 반갑고 제주 배 나면 서운하지. ㉡ <u>아이들은 제주 배를 물가를 돌아 따르고</u> 나귀는 산등성에서 눈을 들어 따르지. 이번 칠월 그대한테로 가선 제주 배에 올라 제주 색시하고 살렵네. 내가 이렇게 맥고모자를 쓰고 삐루를 마시고 제주 색시를 생각해도 미역 내음새에 내 마음이 가는 곳이 있습네. 조개껍질이 나이금*을 먹는 물살에 낱낱이 키가 자라는 **처녀 하나가 나를 무척 생각하는 일**과 그대 가까이 송진 내음새 나는 집에 아내를 잃고 슬피 사는 사람 하나가 있는 것과 그리고 **그 영어를 잘하는 총명한 사년생 금이**가 그대네 홍원군 홍원면 동상리에서 난 것도 생각하는 것입네.

– 백석, 「동해」 –

* 삐루 : 맥주.
* 나이금 : 나이를 나타내는 금.

22. (가) ~ (다)에 대한 설명으로 가장 적절한 것은?

① (가)와 (나)는 대구적 표현을 사용하여 리듬감을 부여하고 있다.
② (가)와 (다)는 직유적 표현을 사용하여 대상에 대해 성찰하고 있다.
③ (나)와 (다)는 명령적 어조를 통해 지향하는 가치를 강조하고 있다.
④ (가) ~ (다)는 모두 다른 사람을 부르는 방식으로 바라는 것을 전달하고 있다.
⑤ (가) ~ (다)는 모두 스스로 묻고 답하는 방식으로 주제 의식을 부각하고 있다.


[해설편 p.018]

23. <보기>를 활용하여 (가)의 화자를 이해한 내용으로 적절하지 않은 것은?

< 보 기 >

① 기상 상황이 좋을 때 ⓒ를 찾아가기 위해 서두르고 있군.
② 배를 타고 ⓑ의 한 곳으로 이동해 다른 방향에서 경치를 구경하고 싶다는 심정을 드러내고 있군.
③ 천상의 인물과 지상의 인물이 협력하여 만든 결과물이 ⓐ라고 인식하고 있군.
④ 뛰어난 풍경으로 인해 세상 사람들이 ⓐ를 소재로 삼아 시를 창작한다고 생각하고 있군.
⑤ 돌 중에서는 ⓐ가, 물 중에서는 ⓑ가 가장 뛰어나다고 평가하고 있군.

24. (나)에 대한 이해로 가장 적절한 것은?

① <제1수>의 '신월'은 오래된 것보다는 새로운 것을 더 중시하는 삶의 자세를 강조하는 것으로 볼 수 있다.
② <제4수>의 '남'은 화자의 삶을 지켜보며 그에 대해 정당한 판단을 내리는 인물로 볼 수 있다.
③ <제6수>의 '술'은 자연과 어울리며 풍류를 즐기는 화자의 생활을 드러내는 것으로 볼 수 있다.
④ <제1수>의 '석양'과 <제6수>의 '뫼'는 모두 학문 수양에 힘쓰도록 깨우침을 주는 존재를 상징하는 것으로 볼 수 있다.
⑤ <제4수>의 '검다 희다 하나니'와 <제6수>의 '놀고'는 모두 미래에 대한 낙관적 전망을 보여 주는 것으로 볼 수 있다.

25. (다)에 대한 설명으로 가장 적절한 것은?

① 상황에 따라 의성어를 다채롭게 구사하여 현장감을 부각하고 있다.
② 연상을 통해 다양한 대상을 열거하며 공간에 대한 애정을 드러내고 있다.
③ 말줄임표를 통해 과거의 연인과의 재회에 대한 회의감을 표현하고 있다.
④ 다른 사람의 말을 직접 인용하여 소외된 사람들에 대한 관심을 드러내고 있다.
⑤ 지역의 독특한 조리법들을 비교하며 그중에서 가장 좋아하는 방법을 제시하고 있다.

26. ㉠, ㉡에 대한 설명으로 가장 적절한 것은?

① ㉠은 화자가 위치한 공간적 배경을 제시하고 있다.
② ㉡은 세상과 거리를 두려는 글쓴이의 태도와 관련이 있다.
③ ㉡은 아이들이 파도를 피해 움직이는 모습을 나타내고 있다.
④ ㉠은 농촌 생활의 즐거움을, ㉡은 어촌 생활의 어려움을 나타내고 있다.
⑤ ㉠과 ㉡은 모두 변화하는 자연의 모습에 주목하도록 하고 있다.

27. <보기>를 참고하여 (가)~(다)를 감상한 내용으로 적절하지 않은 것은? [3점]

< 보 기 >

문학 작품에서는 특정한 장소에 대한 체험을 다룰 때 주로 풍경이나 자연물과 관련한 정서적 반응을 드러내는 경우가 많다. 그리고 특정한 장소에 거주할 때 나타나는 삶의 자세나 자신이 알게 된 사람들에 대해 이야기하는 경우도 있다. (가)는 작가가 총석정 일대를 기행한 감흥을 노래하며 목민관으로서의 역할을 떠올린 것이고, (나)는 임실에 은거하던 작가가 한가롭게 지내는 생활이나 주변 자연물에 대한 친근감을 노래한 것이다. 그리고 (다)는 함흥에 체류하던 작가가 인접한 동해의 매력을 전하며 흥취를 드러낸 것이다.

① (가)에서 화자는 '천하의 두 총석은 응당 다시 없으려니'라며 자신이 기행한 총석정 일대의 경치에 대한 경탄을 드러내고 있군.
② (가)에서 화자는 '천 리를 멀다 말고 결단코 찾으리라'라며 총석정 일대의 장관과 관련지어 벼슬을 하는 사람으로서의 역할을 떠올리고 있군.
③ (나)에서 화자는 '시름 풀자 하노라', '고산 불고정이 좋아 늙는'이라며 불고정에서 주위 사람들과 어울리며 한가롭게 지내는 삶의 자세를 나타내고 있군.
④ (나)에서 화자는 '달에 논들 어떠리'라며 자신이 머무는 곳에서 바라볼 수 있는 자연물에 대한 친근감을 표현하고 있군.
⑤ (다)에서 글쓴이는 '처녀 하나가 나를 무척 생각하는 일', '그 영어를 잘하는 총명한 사년생 금이'라며 자신이 알게 된 사람들에 대해 이야기하고 있군.

[28 ~ 30] 다음 글을 읽고 물음에 답하시오.

(가)

벌목정정(伐木丁丁)* 이랬거니 아름드리 큰 솔이 베어짐직도 하이 골이 울어 **멩아리 소리 쩌르렁** 돌아옴직도 하이 다람쥐도 좇지 않고 멧새도 울지 않아 깊은 산 **고요가 차라리 뼈를 저리우는데 눈과 밤이 종이보담 희고녀!** 달도 보름을 기다려 흰 뜻은 **한밤 이 골을 걸음이란다?** 웃절 중이 여섯 판에 여섯 번 지고 웃고 올라간 뒤 조찰히 늙은 사나이의 남긴 내음새를 줍는다? 시름은 바람도 일지 않는 고요에 심히 흔들리우노니 오오 견디란다 차고 올연히* 슬픔도 꿈도 없이 장수산 속 겨울 한밤내 —

– 정지용, 「장수산1」 –

* 벌목정정: 깊은 산에서 커다란 나무가 베어질 때 쩡쩡하고 나는 큰 소리.
* 올연히: 홀로 우뚝한 모양.

(나)

초록으로 쓸어 놓은 마당을 낳은 고요는
새암가에 뭉실뭉실 수국송이로 부푼다 [A]

날아갈 것 같은 감나무를 누르고 앉은 **동박새가**
**딱 한 번 울어서** 넓히는 고요의 면적,
감잎들은 유정무정을 죄다 토설하고 있다

작년에 담가 둔 송순주 한 잔에 생각나는 건
**이런 정오**, 멸치국수를 말아 소반에 내놓던
**어머니**의 소박한 고요를
윤기 나게 닦은 마루에 꼿꼿이 앉아 들던
**아버지**의 묵묵한 고요,

초록의 군림이 점점 더해지는
마당, 담장의 덩굴장미가 내쏘는 향기는
고요의 심장을 붉은 진동으로 물들인다 [B]

사랑은 갔어도 가락은 남아, 그 몇 절을 안주 삼고
**삼베올만치나 무수한 고요**를 둘러치고 앉은
고금*의 시골집 마루,

아무것도 새어 나게 하지 않을 것 같은 고요가
초록바람에 반짝반짝 누설해 놓은 오월의
날 비린내 나서 **더 은밀한 연주를 듣는다** [C]

– 고재종, 「고요를 시청하다」 –

* 고금: 외롭게 홀로 자는 잠자리.

28. (가)에 대한 이해로 적절하지 <u>않은</u> 것은?

① '아름드리 큰 솔'과 '베어짐직도 하이'를 관련지어 인간에게 아낌없이 내어 주는 자연의 속성을 환기하고 있다.
② '다람쥐도 좇지 않고'와 '멧새도 울지 않아'를 연달아 제시하여 시적 공간의 적막한 분위기를 부각하고 있다.
③ '여섯 판에 여섯 번 지고'도 '웃고 올라간' 행동을 제시하여 세속적인 욕심에서 벗어난 인물의 모습을 암시하고 있다.
④ '바람도 일지 않는'과 '심히 흔들리우노니'를 대비하여 시적 공간에 동화하지 못하는 화자의 내적 고뇌를 강조하고 있다.
⑤ '오오 견디란다'를 '차고 올연히'와 연결하여 화자가 지향하는 삶의 태도를 드러내고 있다.

29. [A]~[C]에 대한 이해로 가장 적절한 것은?

① [A]에서 '새암'은 부푸는 '수국송이'의 모습에 비유되어 풍성한 생명력을 낳는 존재로 인식된다.
② [A]에서 '마당'을 물들인 '초록'은 [B]에서 점점 확산하여 '덩굴장미'의 색채와 어우러지며 계절감을 부각한다.
③ [B]에서 '초록'은 '마당' 위에 군림하는 존재로 묘사되어 마당에 '붉은 진동'을 방해하는 힘으로 인식된다.
④ [B]에서 '마당'에 군림하던 '초록'은 [C]에서 '초록바람'으로 변주되어 다시 계절이 바뀔 것을 암시한다.
⑤ [C]에서 '초록바람'은 '오월'이 누설하는 것들을 감추어 줌으로써 '오월'의 신비로움이 지속되도록 한다.

30. <보기>를 참고하여 (가), (나)를 감상한 내용으로 적절하지 <u>않은</u> 것은? [3점]

< 보 기 >

시에서 조용하고 잠잠한 상태인 '고요'를 형상화하는 방식은 다양하다. 고요한 상태를 직접 드러낼 수도 있지만 오히려 소리를 활용하여 고요를 부각하는 효과를 얻기도 한다. 또한 고요에 어울리는 다양한 소재나 감각적 이미지를 활용하여 고요를 형상화하기도 한다. 이를 통해 고요는 시에서 시적 분위기를 드러낼 뿐만 아니라 화자의 내면세계를 암시하는 역할을 한다.

① (가)의 '눈과 밤이 종이보담 희고녀!'는 색채 이미지를 활용하여 눈 내린 겨울 달밤의 고요한 분위기가 드러나도록 한 것이겠군.
② (나)의 화자가 떠올린 추억 속의 '어머니'와 '아버지'는 시적 상황을 통해 표현하고자 하는 '이런 정오'의 고요에 어울리는 인물로 볼 수 있겠군.
③ (가)의 '멩아리 소리 쩌르렁'과 (나)의 '동박새가 / 딱 한 번 울어서'는 모두 소리를 활용함으로써 오히려 고요한 상황이 부각되도록 한 것이겠군.
④ (가)의 '고요가 차라리 뼈를 저리우는데'는 촉각적 심상을 활용하여, (나)의 '삼베올만치나 무수한 고요'는 시각적 심상을 활용하여 고요를 형상화한 것이겠군.
⑤ (가)의 '한밤 이 골을 걸음이란다?'는 화자 내면의 고요가 외부 세계로 이어지고 있음을, (나)의 '더 은밀한 연주를 듣는다'는 외부 세계의 고요가 화자 내면의 동요를 잠재우게 되었음을 나타낸 것이겠군.



[해설편 p.019]

**[31 ~ 34] 다음 글을 읽고 물음에 답하시오.**

[A] 장 원수가 본진에서 군사를 쉬게 하더니, 이윽고 ㉠ 일색이 저물게 이르러 원수가 장대에서 몽사(夢事)를 생각하고 군사를 지휘하더니, 과연 **세찬 물결**이 진중으로 달려들거늘, 촉날의 흉계인 줄 알고 물을 피하여 동으로 가는 체하다가 가만히 ⓐ 운곡에 들어가 군사를 쉬게 하고 동정을 살피니, 촉날이 과연 기병을 거느려 원수의 뒤를 따라 운곡을 지나거늘, 원수가 재촉하여 촉날의 추격 병을 급습해 죽이고 급히 ⓑ 반운산에 들어가 매복하니라.

이때 촉날이 원수를 따라 동편에 이르니, 굴막대의 복병이 일시에 일어나 고각함성이 진동하며 화살이 비 오듯 하니, 촉날의 군사가 복병인 줄 알고 접전치 아니하고 스스로 요란하여 죽는 자가 태반이요, 촉날도 또한 가슴을 맞고 외쳐 왈,

"굴막대는 나를 모르난다?"

하되, 함성 소리에 듣지 못하고 급습해 죽이니, 촉날의 군사가 십분 위태한지라. 촉날이 견디지 못하여 황망히 남은 군사를 거느려 평구로 달아나다가 석용달의 복병을 만나 남은 군사를 다 죽이고 겨우 십여 명 군사를 데리고 돌아가려 하다가, 운곡에 장 원수의 군사가 매복하였다 하여 협로로 들어 반운산 좌편으로 향하여 가더니, 원수의 복병이 내달아 적장 촉날을 에워싸고 원수가 참사검을 들고 대호 왈,

"촉날 적자(賊子)*야! 간계로 나를 해하려다가 네 꾀에 너의 군사가 패몰하였으니, 무삼 면목으로 너의 왕을 보려 하난다? 차라리 이곳에서 죽어 네 죄를 속(贖)하라."

말이 끝남에 참사검을 들어 버히려 하니, 촉날이 급히 철궁을 들어 칼을 막다가 오른팔이 맞아 철궁과 함께 떨어지거늘, 다시 칼을 들어 **촉날의 머리를 버**혀 들고 말을 몰아 적진에 돌입하여 좌우충돌하여 적진 장졸을 풀 버히듯 하니, 선우의 군중(軍中)이 대란하여 항오를 차리지 못하고 사방으로 흩어져 달아나거늘, 원수가 **크게 외쳐** 왈,

"촉날이 이미 죽었으니, 반적 선우는 빨리 나와 나의 칼을 받으라."

하고 사면으로 짓치다가 ㉡ 날이 밝기에 본진으로 돌아오니라.

이때 선우가 장대에 올라 바라보니, 촉날 명장(明將)을 따라가다가 진중이 대란하며 명진 장졸에게 대패하여 촉날이 명 원수의 손에 죽고 남은 장졸은 흩어져 달아나거늘, **대경실색하여** 성주 남문을 열고 군사를 거느려 달아나거늘, 원수가 선우의 달아남을 보고 기병을 거느려 따를새 선우가 밤낮으로 쉬지 않고 가서 남해에 다다라 배를 타고 **교지국**으로 달아나거늘, 원수가 제장과 의논 왈,

"이제 선우가 교지로 달아나니 만일 죽이지 않으면 후환이 되리라."

하고 승첩한 사연을 천자께 아뢰고, 남해 태수에게 전령하여 선척을 준비하여 타고 선우를 쫓아가니라.

**[중략 부분의 줄거리]** 장 원수가 남쪽의 선우와 싸우는 틈을 타 북쪽의 흉노가 중원을 침범해 천자가 금릉으로 피한다. 이때 이대봉이 백운암에서의 수련을 마치고 금릉으로 와 참전한다.

흉노왕이 장대에 높이 앉아 황제의 항복하러 나옴을 보고 대희하여 진을 굳게 하지 아니하였더니, 뜻밖에 진중이 대란하며 일원 소년 대장이 번개같이 달려들며 한칼로 묵특남을 베어 들고 진중에 횡행함을 보고 대경하여 중군장 동돌수로 접전하라 하니, 동돌수가 그에 응하여 말을 타고 나갈새 좌수에 패룡검을 들고 우수에 철퇴를 쥐고 능운마를 채쳐 진중에 달려드니, 사납게 흘겨보고 머리카락이 위로 뻗쳐 소리를 벽력같이 질러 왈,

"네 천하 장군 동돌수를 모르난다? 하늘이 나 같은 영웅을 내심은 너를 사로잡아 우리 황제가 통일지공을 이루게 하심이거늘, 너는 무삼 재주 있관대 천의를 거슬러 혼자 말을 타고 진중에 들어와 감히 충돌하난다? 너의 머리를 버혀 우리 선봉의 원수를 갚으리니 빨리 나와 나의 칼을 받으라."

말이 마치지 못하여서 대봉이 청룡도를 들어 동돌수의 패룡검을 두 조각에 내어 진 밖에 던지니, 동돌수가 더욱 분노하여 철퇴를 들어 대봉을 바라고 던지니, 대봉의 눈이 밝은지라 몸을 기울여 피하고 다시 싸워 십여 합에 승부를 결치 못하더니, 동돌수가 군사를 재촉하여 깃발을 두루니, 진이 홀연 변하여 팔문금사진이 되니, 대봉이 **진중에 싸**여 벗어나지 못할지라. 대봉이 냉소하고 진언을 염하여 후토신장과 기백뇌공*을 부르니, 문득 ㉢ 음산한 구름이 자욱하며 천지 어둡고 캄캄하고 대풍이 일어나며, 급한 비 크게 오며 뇌성이 진동하여 산천이 무너지는 듯하니, 적진 장졸이 황겁하여 능히 항오를 차리지 못하고 정신을 진정치 못하여 금사진이 변하여 추풍낙엽같이 사방으로 흩어지거늘, 대봉이 정신을 가다듬어 오추마를 채를 치며 청룡도를 높이 들고 남으로 향하여 주작장군을 파하고, 말을 돌리어 북으로 향하여 현무장군을 버히니, 앞의 군사는 뒤의 군사 죽는 줄 모르고, 서편 장수는 동편 장수 죽는 줄 모르더라. 대봉의 칼이 번듯하며 **동돌수의 머리를 버**혀 칼끝에 꿰어 들고 장대에 달아 **크게 외쳐** 왈,

"반적 흉노왕은 빨리 나와 항복하라. 만일 더디면 동돌수와 같이 머리를 버히리라."

하고 진문 밖에 나와 의기양양하더라.

㉣ 이윽고 운무가 흩어지며 천지 명랑하거늘, 흉노왕이 군사를 살펴보니 백만지중에 주검이 산처럼 쌓여 있어서 남은 군사가 불과 오 천여 명이라 사방으로 다 도망하는지라. 흉노왕이 **대겁하여** 달아나거늘, 대봉 공자 말을 채쳐 흉노왕을 따라 **앵무주**에 다다르니 ㉤ 중천에 있던 해가 거의 서산에 걸리더라.

– 작자 미상, 「이대봉전」 –

* 적자 : 불충한 사람.
* 후토신장과 기백뇌공 : 토지, 바람, 천둥, 번개 등을 관장하는 신들.

**31.** 윗글의 인물에 대한 이해로 적절하지 않은 것은?

① 선우는 촉날이 대패하고 죽자 장 원수와 계속 싸워 이길 수 없다고 판단했군.
② 장 원수는 선우가 달아나게 되면 뒷날의 근심거리가 될 수 있다고 보았군.
③ 흉노왕은 황제가 항복하려 할 때 대봉이 공격할 것을 미리 짐작했군.
④ 동돌수는 자신의 진중으로 혼자 공격하러 들어온 대봉에 대해 분개했군.
⑤ 대봉은 자신의 위용을 드러내며 흉노왕에게 항복하라고 말했군.

32. ㉠ ~ ㉤에 대한 설명으로 가장 적절한 것은?

① ㉠에서 ㉡에 이르기까지의 시간은 인물들 간의 관계를 개선하는 계기로 작용하고 있다.
② ㉠과 ㉢에서 배경이 어두워지는 것은 각각 내적 갈등의 시작과 종결을 의미한다는 점에서 대립적 성격을 나타내고 있다.
③ ㉡과 ㉣에서 하늘이 밝아지는 것은 사건의 반전을 예고하고 있다.
④ ㉢으로 드러난 인물의 역량이 전투에서 발휘된 결과가 ㉣ 이후에 확인되고 있다.
⑤ ㉣의 변화가 인물에 의해 인위적으로 일어난 것임이 ㉤에서 해의 위치가 바뀐 것을 통해 드러나고 있다.

33. ⓐ, ⓑ에 주목하여 [A]를 이해한 내용으로 가장 적절한 것은?

① 장 원수는 ⓐ에 이르러서야 촉날의 간계를 간파했지만 ⓑ에서 촉날과 싸워 우월한 지위를 점했다.
② 장 원수의 군사들이 ⓐ에 있다가 ⓑ로 간 것을 촉날이 모름으로써 전황이 장 원수에게 유리하게 되었다.
③ 장 원수는 ⓐ에서 촉날의 기병들이 자신을 공격한 행동들을 ⓑ에서 촉날의 잘못을 꾸짖는 근거로 언급했다.
④ 장 원수는 ⓐ로 촉날의 군사들을 유인하여 ⓑ로 촉날의 군사들이 가지 못하게 함으로써 전쟁의 승기를 잡았다.
⑤ 장 원수의 군사들을 촉날의 군사들이 ⓐ에서 ⓑ로 뒤쫓아옴으로써 촉날의 군사들이 굴막대의 복병을 만나게 되었다.

34. <보기>를 참고하여 윗글을 감상한 내용으로 적절하지 <u>않은</u> 것은? [3점]

< 보 기 >

「이대봉전」에는 여자 주인공인 장애황과 남자 주인공인 이대봉의 서사가 각각 전개되는 부분이 있다. 두 서사는 유사한 구조를 띠고 있는데, 세부 요소의 측면에서 보면 서로 구별되는 요소를 지니고 있기도 하다. 이러한 특징은 장애황이 선우의 군사들을 물리치는 군담과 이대봉이 흉노왕의 군사들을 물리치는 군담을 통해 잘 드러난다. 두 군담의 서사는 별개의 공간에서 전개되면서 남녀 주인공의 특성을 나타내어 두 주인공의 대등한 면모를 유추할 수 있게 하고 있다.

① 장 원수는 '세찬 물결'로, 대봉은 '진중에 싸'여 위기에 처한 것은 인물을 위기 상황에 처하게 한 세부 요소의 측면에서 두 군담에 서로 구별되는 요소가 있음을 나타낸다고 할 수 있어.
② 장 원수가 '촉날의 머리를 버'히는 것과 대봉이 '동돌수의 머리를 버'히는 것은 무용을 떨치는 측면에서 두 인물이 대등한 면모를 지니고 있음을 나타낸다고 할 수 있어.
③ 장 원수가 선우에게 '크게 외쳐' 한 말과 대봉이 흉노왕에게 '크게 외쳐' 한 말은 각각 장 원수가 예지 능력을 지니고 있고 대봉이 술법에 능한 인물임을 나타낸다고 할 수 있어.
④ 장 원수에게 패하여 선우가 '대경실색하여' 도망치는 것과 대봉에게 패하여 흉노왕이 '대겁하여' 도망치는 것은 두 군담의 서사 구조가 유사함을 나타낸다고 할 수 있어.
⑤ 장 원수는 선우와 싸우다가 '교지국'으로, 대봉은 흉노왕과 싸우다가 '앵무주'로 이동하는 것은 두 군담이 별개의 공간을 배경으로 펼쳐지고 있음을 나타낸다고 할 수 있어.

* 확인 사항
◦ 답안지의 해당란에 필요한 내용을 정확히 기입(표기)했는지 확인하시오.
◦ 이어서, 「**선택과목(화법과 작문)**」 문제가 제시되오니, 자신이 선택한 과목인지 확인하시오.



[해설편 p.020]

제 1 교시

# 국어 영역(화법과 작문)

02회



[35 ~ 37] 다음은 학생 대상의 강연이다. 물음에 답하시오.

안녕하세요? 진로 특강을 맡은 전통 목조 건축 연구원 ○○○입니다. 여러분은 전통 건축물의 뼈대가 목재로 짜여 있는 것을 보신 적이 있나요? (청중의 반응을 확인하고) 많은 분이 보셨군요. (자료 제시) 여기 화면에 세 개의 자료가 있습니다. 여기 보이는 목재를 무엇이라고 부르는지 아시나요? 아시는 분들이 있군요. 답하신 것처럼 '부재'라고 합니다. 그리고 화면의 자료들처럼 부재들을 짜 맞추는 것을 '결구'라고 합니다. 저는 오늘 여러분께 결구 방법에 대해 소개하고자 합니다.

결구 방법은 크게 '이음'과 '맞춤'으로 구분됩니다. (자료를 가리키며) 여기 있는 것들은 같은 방향으로 부재들을 길게 결구했습니다. 이를 이음이라고 합니다. 위의 것은 부재들에 어떤 변형도 가하지 않고 두 부재를 이은 '맞댄이음'이고, 아래 것은 부재들에 홈을 만들고 그 홈에 나비 모양의 부재인 '나비장'을 끼워서 두 부재를 이은 '나비장이음'입니다. (자료를 가리키며) 여기 있는 것들은 맞춤의 예인데요, 이음과의 차이점을 아시겠나요? 많은 분이 결구된 부재들이 놓인 방향에 주목해서 답하셨네요. 여기 화면에 보이는 것처럼, 이음과 달리 맞춤은 다른 방향으로 교차하는 부재들을 결구하는 방법입니다. 그렇다면 위의 것과 아래 것의 차이는 무엇일까요? 결구된 부분에 차이가 있다고 답하셨네요. 위의 것에서는 홈이 보이시죠? 이 홈에 끼워서 맞추는 것을 '장부맞춤'이라고 합니다. 아래 것은 위의 것과 달리 두 부재 단면의 한 부분을 반 씩 걷어내어 결구한 것입니다. 이를 '반턱맞춤'이라고 합니다.

이제 구체적 사례를 살펴보겠습니다. (자료를 가리키며) 이것은 경복궁 근정전에 사용된 이음과 맞춤을 보여 줍니다. 여기 창방, 평방, 안초공, 원기둥이 있습니다. 원기둥을 보면, 홈이 있습니다. 이 홈에 창방과 하부 안초공을 결구합니다. 이것은 어떤 결구 방법일까요? 맞춤인 것을 잘 맞혀 주셨네요. 좌우에 있는 평방을 봐 주세요. 두 평방 모두 홈이 보이시죠. 두 평방이 결구되기 위해서는 무엇인가가 필요합니다. 이에 대해 묻기 위해 그것을 그리지 않았습니다. 무엇일까요? 생각보다 많은 분이 맞히셨네요. 맞습니다. 나비장입니다. 나비장이음으로 결구된 평방은 다시 상부 안초공과 결구됩니다.

이음과 맞춤으로 결구된 부재들은 서로 맞물려 잡아 주기 때문에 건축물의 구조적 안정성이 높아집니다. 이음과 맞춤에 주목해 여러 전통 건축물의 구조에 대해 이해하면 좋겠습니다. 여기서 강연을 마치겠습니다. 감사합니다.

35. 위 강연에 대한 설명으로 가장 적절한 것은?

① 청중의 관심사를 확인하여 강연 내용을 조정하고 있다.
② 강연 중간중간에 청중에게 질문하고 답을 들으며 상호 작용하고 있다.
③ 청중의 요청에 따라 강연 내용과 관련 있는 추가적인 정보를 제공하고 있다.
④ 강연 내용과 청중의 관련성을 언급하며 청중에게 주의를 집중할 것을 요청하고 있다.
⑤ 청중에게 친숙한 사례를 제시하여 강연 내용에 대한 청중의 잘못된 이해를 바로잡고 있다.

36. 다음은 강연자가 제시한 자료이다. 강연자의 자료 활용에 대한 설명으로 적절하지 않은 것은?

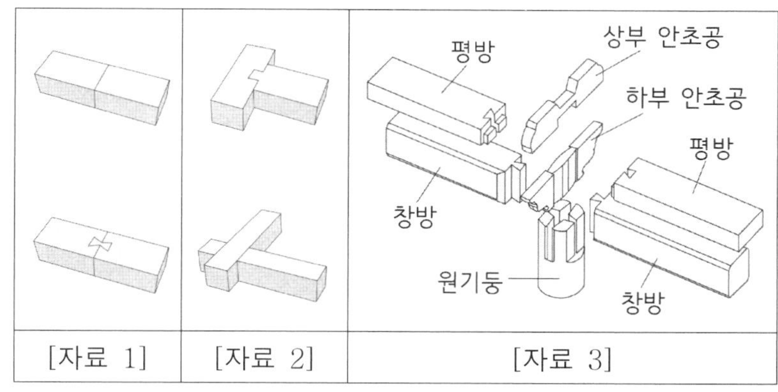


① [자료 1]을 활용하여, '이음'의 결구 방법을 '맞댄이음'과 '나비장이음'으로 구분하고 있다.
② [자료 2]를 활용하여, '장부맞춤'과 '반턱맞춤'의 차이점을 밝히고 있다.
③ [자료 3]을 활용하여, 경복궁 근정전에서 부재들이 '이음'과 '맞춤'으로 결구되어 있는 것을 소개하고 있다.
④ [자료 1]과 [자료 2]를 활용하여, 결구되는 부재들의 방향에 주목하여 '이음'과 '맞춤'을 설명하고 있다.
⑤ [자료 2]와 [자료 3]을 활용하여, 원기둥의 홈에 '맞춤'하는 하부 안초공의 모양을 분석하고 있다.

37. 다음은 위 강연을 들은 학생들의 반응이다. 학생의 반응을 이해한 내용으로 적절하지 않은 것은?

**학생 1** : 전통 건축물 부재들의 결구 방법이 궁금했는데 강연을 통해 알게 되어 유익했어. 덕수궁에 가서, 결구 방법에 주목해 전통 건축물들의 구조를 이해해 봐야겠어.
**학생 2** : 경복궁 근정전의 원기둥 상부와 부재들이 어떻게 짜 맞춰져 있는지 알고 싶었는데 연구원 선생님이 잘 설명해 주셔서 좋았어. 강연을 들으니, 전통 건축물이 수려한 미감을 자아내는 이유는 이음과 맞춤을 통해 다양한 형태의 구조로 만들어졌기 때문인 것 같아.
**학생 3** : 예전에 책에서 전통 건축물에 사용되는 부재의 모양이 구조적 안정성과 관련이 있다는 것을 읽었었어. 나비 모양으로 부재를 만드는 이유를 구조적 안정성과 관련지어 설명해 주시지 않아 아쉬웠어.

① 학생 1은 강연자가 제언한 대로 강연 내용을 다른 사례에 적용하려 하고 있다.
② 학생 2는 강연 내용을 바탕으로 강연자가 언급하지 않은 내용을 추측하고 있다.
③ 학생 3은 강연에서 설명되지 않은 내용을 언급하며 아쉬워하고 있다.
④ 학생 1과 학생 2는 모두 자신의 궁금증이 해소되었다는 점에서 강연 내용을 긍정적으로 평가하고 있다.
⑤ 학생 1과 학생 3은 모두 기존의 배경지식을 떠올려 자신의 지식과 강연 내용이 연계되는 지점을 확인하고 있다.

**[38~42] (가)는 학생회 게시판에 올라온 학생 소감문이고, (나)는 이를 읽은 학생회 학생들이 나눈 대화이다. 물음에 답하시오.**

(가)

우리 학교에서는 학생이 주도하는 교육 여행을 권장하고 있는데, 그 일환으로 학생회에서 치유 농업을 주제로 하는 여행을 진행하였다. 이 '치유 농업 여행'은 농장 체험을 통해 학업에 지친 학생들의 마음을 치유하기 위해 마련되었다. 치유 농업에 대한 안내가 부족하여 참가를 망설이는 학생들이 있었지만 나는 '건강하고 행복한 삶을 위한 치유 농업 여행에 함께해요'라는 홍보 문구를 보고 호기심이 생겼다. 그래서 지난달에 1박 2일 동안 진행된 치유 농업 여행에 참가하게 되었다.

토요일 오전, 참가자 20여 명이 버스를 타고 학교에서 1시간 정도 떨어진 농장으로 향했다. 농장 입구에 들어서니 농장을 운영하시는 분이 우리를 반갑게 맞아 주셨다. 첫 번째 프로그램은 농장 주변을 산책하는 것이었다. 농장 주변에는 큰 나무들이 많아서 맑은 공기를 마시며 상쾌한 기분을 느낄 수 있었는데, 산책에 주어진 시간이 너무 짧아 아쉬움이 컸다. 그다음에는 농장에서 키운 채소들을 우리 손으로 수확해 보는 체험을 했다. 몸을 쓰는 농장 일에 집중하다 보니 잡념이 사라지고 활기가 생겼다. 저녁을 먹은 후에는 농장 마당에 모여 앉아 별을 보았다. 밤하늘의 별빛들이 토닥토닥, 지쳐 있는 내 마음을 위로해 주었다. 비가 올 때를 대비한 프로그램이 준비되어 있지 않아 비가 오면 시간을 허비할 수도 있었는데, 날씨가 좋아 별을 볼 수 있어서 다행이었다. 다음날 아침에는 농장을 둘러싼 나무들을 바라보며 명상하는 시간을 가졌는데, 학업에 지친 마음을 회복하는 데 도움이 되었다. 마지막 프로그램은 농장의 동물들에게 먹이를 주는 체험이었다. 동물들과 마음을 나누며 즐거움을 느낄 수 있었다. 마지막 프로그램을 마치며 다른 친구들을 보니 모두들 행복한 표정이었다. 이 여행에 함께 했던 다른 학생들과 소감을 나눌 수 있는 장이 마련되면 좋겠다는 생각을 했다.

짧은 시간이었지만 치유 농업 여행은 나에게 유익한 체험이었다. 학생회가 준비해 준 이번 여행 덕분에 힘든 학업으로 답답했던 마음이 시원하게 뚫린 기분이었다. 좋은 프로그램을 준비해 줘서 고마웠다. 이번 교육 여행을 계기로 치유 농업에 관한 자료를 찾아보고 더 깊이 이해해 봐야겠다는 계획을 세웠는데 꼭 실천해야겠다.

(나)

**학생 1**: 두 번째 치유 농업 여행을 홍보하는 글을 쓰기로 했는데, 어떻게 쓰면 좋을지 이야기해 보자.

[A]
**학생 2**: 지난번 여행을 홍보하는 글에서는 프로그램을 소개하는 데 주안점을 두었잖아. 이번에는 치유 농업 여행을 통해 얻을 수 있는 효과를 강조해서 더 많은 학생들이 참가할 수 있도록 하면 좋지 않을까?

**학생 3**: 그래, 맞아. 학생회 게시판에 올라온 소감문 읽어 봤지? 그 소감문에는 치유 농업 여행이 준 만족감이 잘 표현되어 있잖아. 그 내용이 좋아 보이더라.

**학생 1**: 여행을 통해 학업에 지친 마음을 치유할 수 있었다고 한 내용을 홍보하는 글에 포함하자는 말이지?

**학생 3**: 맞아. 그 내용이 들어가게 하자. 그리고 우리 학생회가 여행을 준비하는 데 많은 노력을 기울였다는 점과 여행이 끝나고 실시한 설문 조사에서도 만족도가 높게 나온 점을 모두 언급해 주면 좋겠어.

**학생 2**: 우리가 노력한 것은 맞지만 그 내용을 홍보하는 글에까지 넣을 필요는 없을 것 같아. 그렇지만 설문 조사의 문항과 결과를 수치로 보여 주는 건 여행에 대한 관심도를 높일 수 있다는 면에서 좋네.

**학생 1**: 설문 조사의 문항과 결과를 수치로 보여 주는 것은 우리가 쓰려는 글의 성격에 맞지 않아. 만족도가 높았다는 내용만 간단히 언급하는 게 좋지 않을까?

[B]
**학생 2**: 그렇게 하자. 그리고 지난번에는 학생들이 홍보하는 글을 읽고 나서 학생회로 문의를 많이 했잖아. 이번에는 그런 점도 고려할 필요가 있어.

**학생 1**: 좀 더 자세한 여행 관련 정보를 안내받을 수 있는 별도의 방법을 홍보하는 글에 제시해 주자는 거구나. 그렇지?

**학생 2**: 맞아. 그리고 지난번 여행에서 동물들 먹이 주기 체험에 대한 호응이 진짜 좋았잖아? 이에 대해 꼭 언급하자.

**학생 3**: 좋아. 그리고 지난번 여행에서 학생들이 즐거워하는 모습을 찍은 사진들이 많이 있잖아. 그 사진 중 하나를 제시하면 어때?

**학생 1**: 나는 소감문에서 밤하늘의 별을 보고 얻은 위로를 '토닥토닥'이라고 한 표현이 인상적이었는데, 그것과 관련된 사진을 넣고 그 사진을 설명하는 데 이 표현을 사용하자.

**학생 3**: 그래, 좋아. 나도 그 표현이 참 좋더라.

**학생 2**: 내가 너희들의 의견을 반영해서 초고를 작성해 볼게.

**학생 1**: 응, 고마워. 그리고 지난번 여행에서 부족한 점이나 다시 생각해 봐야 할 점도 있었잖아. 다음번 모임에서는 그 부분에 대해 이야기해 보자.

**학생 3**: 우리가 앞에서 살펴봤던 소감문에도 그런 내용이 있었잖아. 내가 그 내용을 정리해서 우리가 논의해야 할 사항을 [메모]해 올게.

**학생 1, 2**: 그래, 좋아.

38. (가)의 학생이 사용한 글쓰기 방법에 대한 설명으로 가장 적절한 것은?

① 치유 농업 여행에 참가하면서 겪은 어려움을 사례를 들어 제시한다.
② 치유 농업 여행에 참가한 경험을 다른 참가자의 경험과 비교하여 설명한다.
③ 치유 농업 여행의 세부 프로그램 내용과 소감을 시간적 순서에 따라 제시한다.
④ 치유 농업에 대한 전문가의 견해를 직접 인용하여 치유 농업 여행의 목적을 설명한다.
⑤ 치유 농업 여행의 프로그램이 지닌 장점을 다른 교육 여행 프로그램과 대조하여 제시한다.



[해설편 p.021]

39. <보기>는 (가)의 마지막 문단 초고이다. <보기>를 고쳐 쓰기 위한 친구들의 조언 중 반영되지 않은 것은? [3점]

< 보 기 >

짧은 시간이었지만 치유 농업 여행은 나에게 도움이 되는 유익한 체험이었다. 학생회가 준비해 준 이번 여행 탓에 힘든 학업으로 답답했던 마음이 시원하게 뚫린 기분이었다. 학업에 집중하기 위해서는 공부하는 환경이 중요하다는 생각이 들었다. 좋은 프로그램을 준비해 준 학생회 학생들이 고맙다는 말을 전하고 싶다. 이번 교육 여행을 계기로 생긴 앞으로의 계획도 잘 실천해 봐야겠다.

① 첫 번째 문장에서 의미가 중복된 표현은 수정하는 게 어때?
② 두 번째 문장에서 부적절하게 사용된 어휘는 바꾸는 게 어때?
③ 세 번째 문장은 글의 통일성을 고려하여 삭제하는 게 어때?
④ 네 번째 문장은 행위가 미치는 대상인 객체를 분명하게 표현하는 게 어때?
⑤ 다섯 번째 문장의 내용은 더 구체적으로 제시해 주는 게 어때?

40. [A], [B]에 대한 이해로 가장 적절한 것은?

① [A]에서 학생 3은 첫 번째 발화에서 학생 2의 의견 중 자신의 의견과 부합하는 부분과 그렇지 않은 부분을 구별하고 있다.
② [A]에서 학생 1은 두 번째 발화에서 학생 2와 학생 3의 발화 내용의 일부를 재진술하면서 그 발화 내용을 뒷받침할 근거 자료를 요청하고 있다.
③ [B]에서 학생 3은 첫 번째 발화에서 학생 2의 제안에 대한 공감을 표현한 후 두 번째 발화에서 그 제안과 학생 1의 제안을 절충하고 있다.
④ [A]와 [B] 모두에서 학생 1은 첫 번째 발화에서 상대의 발화 의도를 파악하여 자신이 이해한 내용이 맞는지 확인하고 있다.
⑤ [A]와 [B] 모두에서 학생 2는 두 번째 발화에서 상대의 발화 내용이 대화 맥락에 어긋나 있음을 고려하여 대화의 흐름을 조정하고 있다.

41. (가)와 (나)를 고려할 때, '학생 3'이 작성한 [메모]의 내용으로 적절하지 않은 것은?

<우리가 논의해야 할 사항>

- 참가자 안전 교육의 효율적인 진행을 위해 필요한 사항 검토 ······ ①
- 여행 참가자들 사이에 소감을 공유할 수 있는 구체적인 방안 검토 ······ ②
- 일부 프로그램에 배정된 활동 시간을 조정할 필요성에 대한 검토 ······ ③
- 우천 시 진행하기 어려운 프로그램을 대체할 수 있는 프로그램 검토 ······ ④
- 참가자 모집 과정에서 부족했던 치유 농업에 대한 안내를 보완할 수 있는 방안 검토 ······ ⑤

42. 다음은 '학생 2'가 작성한 초고이다. 이에 대한 반응으로 적절하지 않은 것은?

**건강하고 행복한 삶을 위한 치유 농업 여행에 함께해요**

학생회에서 두 번째 치유 농업 여행에 참가할 학생을 모집합니다. 첫 번째 치유 농업 여행에 참가했던 학생들의 반응이 얼마나 좋았는지 아시나요? 치유 농업 여행을 통해 학업으로 지친 마음을 치유할 수 있어서 좋았다는 학생의 반응이 있었어요. 여행 후 진행된 설문 조사 결과에서도 만족도가 매우 높게 나왔답니다. 그리고 이번에는 특별히 주목할 만한 프로그램이 하나 더 생겼어요. 지난번 여행에서 동물들 먹이 주기 체험에 대한 호응이 매우 좋았는데, 이번에는 소 껴안기 프로그램을 추가하여 지난번보다 동물들과 더 가깝게 교감할 수 있도록 했어요. 치유 농업 여행에 참가를 원하는 학생들은 학생회 게시판을 통해 구체적인 프로그램 일정과 내용, 신청 방법 등을 확인해 주세요.

<사진: 토닥토닥 위로해 준 별빛들>

① 새로 추가된 프로그램의 내용과 효과를 부각하자는 의견이 반영되었군.
② 치유 농업 여행이 준 만족감에 대한 소감문의 내용을 포함하자는 의견이 반영되었군.
③ 치유 농업 여행 후 진행된 설문 조사의 만족도 결과를 간단하게 언급하자는 의견이 반영되었군.
④ 치유 농업 여행에 관한 추가 정보를 얻을 수 있는 별도의 방법을 안내하자는 의견이 반영되었군.
⑤ 학생들의 활동 모습이 담긴 사진과 소감문에서 인상적이었던 표현을 함께 제시하자는 의견이 반영되었군.

**[43 ~ 45] 다음은 작문 상황과 이를 바탕으로 학생이 작성한 초고이다. 물음에 답하시오.**

○ **작문 상황** : ○○ 지역 신문의 독자 기고란에 캠핑장에서의 안전사고에 관한 글을 쓰려 함.

○ **초고**

여가 활동으로 캠핑을 즐기는 사람들이 늘어나면서 캠핑장에서의 안전사고도 증가하고 있다. 캠핑장에서의 안전사고 중 가장 많이 발생하는 사고는 미끄러짐, 넘어짐, 부딪힘 등 물리적 충격으로 발생하는 사고이지만, 생명에 미치는 위해의 심각성은 물리적 충격으로 발생하는 사고보다 화재와 일산화 탄소 중독 사고가 더 크다. 이에 따라 안전한 캠핑을 위해 캠핑장에서 일어나는 화재와 일산화 탄소 중독 사고에 유의하는 것이 중요하다.

캠핑 중 화재는 주로 캠핑장 이용객들이 캠핑 용품을 올바르게 사용하지 않아 발생한다. 캠핑장 이용객들이 가스버너나 가스난로의 사용 방법을 지키지 않거나 모닥불을 부주의하게 관리하여 화재가 발생하는 경우가 많다. 그로 인해 캠핑 용품 관련 안전사고에서 화재 관련 사고가 차지하는 비율이 가장 높다. 또한 캠핑 중 화재는 캠핑장 사업자가 소방 시설을 제대로 갖추지 않거나 관계 당국이 소방 시설에 대한 관리 감독을 소홀히 하여 발생하기도 한다. 소방 시설의 미비와 관리 감독의 소홀은 화재의 조기 진화를 어렵게 하여 인명 피해를 키운다.

캠핑 중 일산화 탄소 중독 사고는 이용객들이 밀폐된 텐트에서 부주의하게 난방 기기를 사용하다가 주로 발생한다. 일산화 탄소는 무색, 무취여서 중독되기 전까지는 누출 여부를 알 수가 없기 때문에 더 위험하다. 일산화 탄소에 중독되면 구토, 어지럼증 외에 심정지까지 발생할 수 있다. 일산화 탄소 중독 사고는 인명 피해율이 높아서 각별한 주의가 필요함에도 불구하고 캠핑 중 일산화 탄소 중독 사고는 줄지 않고 있다.

캠핑장에서의 화재와 일산화 탄소 중독 사고를 예방하기 위해 캠핑장 이용객들은 안전 수칙에 따라 캠핑 용품을 사용하고 난방 기기 사용 시에는 환기구를 확보해야 한다. 이와 함께, 캠핑장 사업자들은 소방 시설과 일산화 탄소 경보기 등의 안전 용품 등을 구비해야 하며, 관계 당국은 이에 대한 관리와 감독을 철저하게 해야 한다. 다시 말해, [A]

**43.** '초고'에 대한 설명으로 가장 적절한 것은?

① 문제의 심각성을 제기하고 문제의 원인을 밝혔다.
② 특정 주장을 소개하고 예상되는 반론을 반박하였다.
③ 다양한 문제 해결 방안을 설명하고 그 장단점을 비교하였다.
④ 일반적 통념을 제시하고 그 통념이 지닌 모순을 지적하였다.
⑤ 문제 상황을 분석하고 그에 대한 대책 마련의 어려움을 제시했다.

**44.** 선생님의 조언을 반영하여 [A]를 작성한 내용으로 가장 적절한 것은?

> **선생님**: 글을 마무리할 때, 핵심 내용을 문제 해결의 모든 주체와 관련지어 요약하고 예상되는 효과를 언급하자.

① 안전한 캠핑은 캠핑장의 안전시설을 확인하는 것부터 시작된다. 캠핑장 사업자와 관계 당국은 캠핑장 이용객이 안전시설을 수월하게 확인할 수 있는 환경을 조성해 주어야 한다.
② 캠핑장 화재와 일산화 탄소 중독 사고를 예방하기 위해 이용객, 사업자, 관계 당국 모두가 주의와 노력을 기울여야 한다. 이를 통해 사고 없는 안전한 캠핑이 이루어질 수 있다.
③ 빈틈없는 안전시설 관리를 위해 캠핑장 사업자의 노력이 가장 중요하다. 캠핑장 화재와 일산화 탄소 중독 사고를 예방할 때 이용객들은 즐거운 캠핑을 할 수 있다.
④ 여가 활동으로 캠핑을 즐기는 사람들이 늘어나고 있다. 반면에 안전시설을 규정에 맞게 모두 갖춘 캠핑장은 늘지 않고 있어 이에 대한 대책이 필요하다.
⑤ 캠핑을 하면 자연과 함께하는 휴식을 통해 몸과 마음을 건강하게 만들 수 있다. 안전한 환경을 조성하여 캠핑을 즐기는 사람들이 늘어나게 해야 한다.

**45.** <보기>는 '초고'를 보완하기 위해 추가로 수집한 자료이다. 자료 활용 방안으로 적절하지 않은 것은? [3점]

< 보 기 >

(가) △△ 연구소 통계 자료

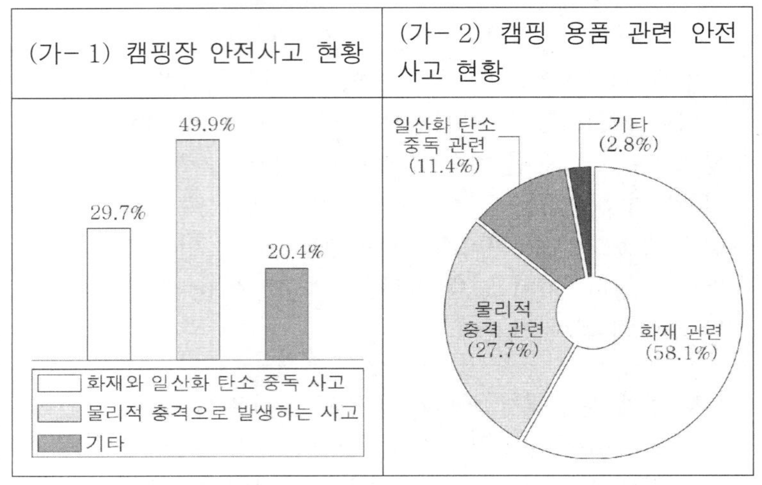


(나) 신문 기사

◇◇ 자료에 따르면, 최근 연평균 캠핑장 안전사고가 두 배 가까이 증가했다. 더욱이 생명에 미치는 위해의 심각성이 큰 사고의 발생 비율도 높아졌다. 일산화 탄소 중독 사고의 경우 캠핑 중 발생하는 사고가 예년보다 증가해 전체 사고에서 캠핑 중 발생한 비율이 26%에 이르렀다. 화재 사고의 경우 다수의 사상자가 발생한 □□ 캠핑장 사고가 그 피해의 심각성을 보여 준다. 이 사고는 소방 시설의 미비와 관계 당국의 관리 소홀로 조기 진화에 실패해 일어난 참사였다.

(다) 전문가 인터뷰

일산화 탄소 중독 사고는 생명에 미치는 위해가 매우 심각합니다. 이는 사고 발생 건수 대비 사상자 수의 비율인 인명 피해율을 통해 알 수 있습니다. 일반적으로 재난 사고의 인명 피해율은 1을 넘지 않습니다. 그러나 일산화 탄소 중독 사고의 인명 피해율은 2.65로 매우 높습니다.

① (가-1)을 활용하여, 물리적 충격으로 발생하는 사고가 캠핑장에서의 안전사고 중 발생 빈도가 가장 높다는 1문단의 내용을 뒷받침한다.
② (가-2)를 활용하여, 캠핑 용품 관련 안전사고 중 화재 관련 사고의 발생 비율이 가장 높다는 2문단의 내용에 구체적인 수치를 추가한다.
③ (나)를 활용하여, 소방 시설의 미비와 관리 감독의 소홀은 화재의 조기 진화를 어렵게 하여 인명 피해를 키운다는 2문단의 내용에 사례를 추가한다.
④ (가-2)와 (나)를 활용하여, 일산화 탄소 중독 사고와 화재 사고가 물리적 충격으로 발생하는 사고보다 많다는 1문단의 내용을 구체화한다.
⑤ (나)와 (다)를 활용하여, 일산화 탄소 중독 사고는 인명 피해율이 높아서 주의가 필요함에도 캠핑 중 일산화 탄소 중독 사고는 줄지 않고 있다는 3문단의 내용을 구체화한다.

* 확인 사항
◦ 답안지의 해당란에 필요한 내용을 정확히 기입(표기)했는지 확인하시오.
◦ 이어서, 「**선택과목(언어와 매체)**」 문제가 제시되오니, 자신이 선택한 과목인지 확인하시오.

# 국어 영역(언어와 매체)



**[35 ~ 36] 다음 글을 읽고 물음에 답하시오.**

준말은 본말 중 일부가 줄어들어 만들어진 말이다. 한글 맞춤법은 준말과 관련된 여러 규정을 담고 있는데, 그중 제34항에서는 모음 'ㅏ, ㅓ'로 끝난 어간에 어미 '-아/-어, -았-/-었-'이 어울릴 적에는 준 대로 적는 것을 다루고 있다. '(열매를) 따-+-아 → 따/*따아', '따-+-았-+-다 → 땄다/*따았다' 등이 그 예에 해당한다. 하지만 어간 끝 자음이 불규칙적으로 탈락되는 경우에는, 원래 자음이 있었음이 고려되어 'ㅏ, ㅓ'가 줄어들지 않는다. '(꿀물을) 젓-+-어 → 저어/*저' 등이 그 예이다. 한편 제34항 [붙임1]에서는 어간 끝 모음 'ㅐ, ㅔ' 뒤에 '-어, -었-'이 어울려 줄 적에는 준 대로 적는 것을 다루고 있다. 그렇지만 이때는 반드시 준 대로 적지 않아도 된다. 예를 들어 '(손을) 떼-+-어→떼어/떼'에서 보듯이 본말과 준말 모두로 적을 수 있다. 다만 모음이 줄어들어서 'ㅐ'가 된 경우에는 '-어'가 결합하더라도 다시 줄어들지는 않는다. 예컨대 '차-'와 '-이-'의 모음이 줄어든 '채-'의 경우 '(발에) 채-+-어 → 채어/*채'에서 보듯이 모음이 다시 줄어들지 않는다.

한글 맞춤법에서는 모음이 줄어들고 자음만 남는 경우 그 자음을 앞 음절의 받침으로 적는다는 것도 다루고 있다. 이와 관련한 표준어 규정 제14항에서는 준말이 널리 쓰이고 본말이 잘 쓰이지 않는 경우에는 준말만을 표준어로 삼음을, 제16항에서는 준말과 본말이 다 같이 널리 쓰이면서 준말의 효용이 뚜렷이 인정되는 것은 두 가지를 다 표준어로 삼음을 제시하고 있다. '온갖/*온가지'는 전자의 예이고, '(일을) 서두르다/서둘다'는 후자의 예이다. 다만 후자에서 용언의 어간이 줄어든 일부 준말의 경우, 준말이 표준어로 인정되더라도 준말의 활용형은 제한되는 예도 있다. 모음 어미가 연결될 때 준말의 활용형이 표준어로 인정되지 않는 준말도 있다는 것이다. 예컨대 '서두르다'의 준말 '서둘다'는 자음 어미 '-고, -지'가 결합된 형태의 활용형 '서둘고', '서둘지'가 표준어로 인정되지만, 모음 어미 '-어, -었-'이 결합된 형태의 활용형 '*서둘어', '*서둘었다'는 표준어로 인정되지 않는다.

*는 규정에 맞지 않음을 나타냄.

35. 윗글을 이해한 내용으로 적절하지 <u>않은</u> 것은?

① '(밭을) 매다'의 어간에 '-어'가 결합된 형태인 '매어'의 경우, 준말인 '매'로 적어도 한글 맞춤법에 어긋나지 않는다.
② '(병이) 낫-+-아'의 경우, 'ㅅ'이 불규칙적으로 탈락되므로 '나아'로만 적고, '나'로 적으면 한글 맞춤법에 어긋난다.
③ '(땅이) 패다'의 어간에 '-어'가 결합될 경우, '패다'의 'ㅐ'가 모음이 줄어든 형태이므로 '패'로 적으면 한글 맞춤법에 어긋난다.
④ '(잡초를) 베-+-었-+-다'와 '(베개를) 베-+-었-+-다'의 경우, 준말의 형태인 '벴다'로 적으면 한글 맞춤법에 어긋난다.
⑤ '(강을) 건너-+-어'와 '(줄을) 서-+-어'의 경우, 'ㅓ'로 끝난 어간에 '-어'가 어울리므로 본말로 적으면 한글 맞춤법에 어긋난다.

36. 윗글을 바탕으로 ㉠ ~ ㉣을 '탐구 과정'에 따라 분류할 때, [A]에 들어갈 예만을 있는 대로 고른 것은? [3점]

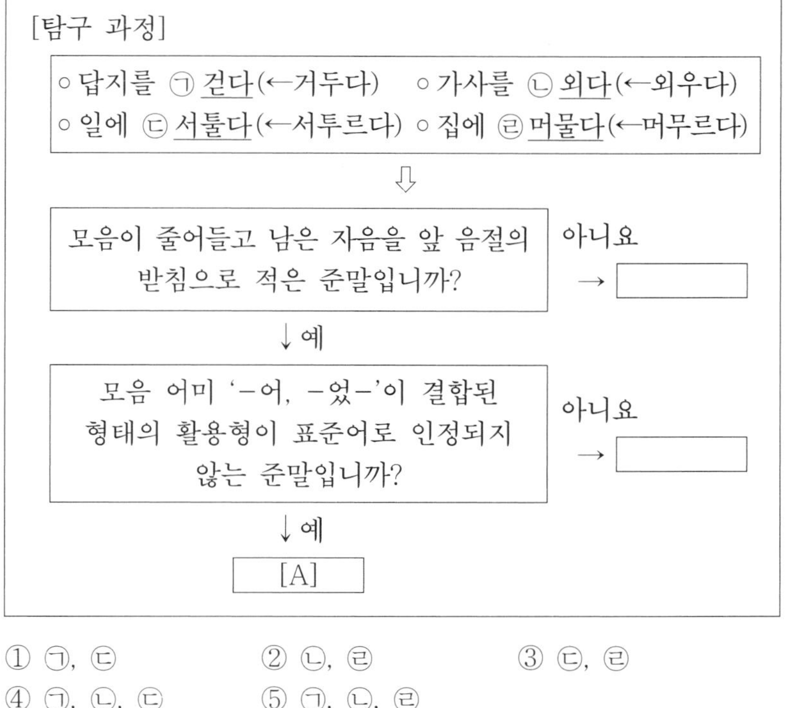


① ㉠, ㉢　② ㉡, ㉣　③ ㉢, ㉣
④ ㉠, ㉡, ㉢　⑤ ㉠, ㉡, ㉣

37. <보기>의 ㄱ ~ ㄷ을 이해한 내용으로 적절한 것은?

< 보 기 >

주체 높임은 화자가 문장의 주체, 곧 주어가 지시하는 대상에 대해 높임의 태도를 나타내는 표현으로, 선어말 어미, 조사나 특수한 어휘 등을 통해 실현된다. 그리고 상대 높임은 화자가 청자, 곧 말을 듣는 상대에게 높임이나 낮춤의 태도를 나타내는 표현으로, 주로 종결 어미를 통해 실현된다. 또한 객체 높임은 화자가 문장의 객체, 곧 목적어나 부사어가 지시하는 대상에 대해 높임의 태도를 나타내는 표현으로, 조사나 특수한 어휘를 통해 실현된다.

ㄱ. (아버지가 아들에게) 네가 할머니께 여쭈러 가거라.
ㄴ. (점원이 손님에게) 제가 손님을 모시고 가겠습니다.
ㄷ. (동생이 형님에게) 저 기다리지 마시고 형님은 먼저 주무십시오.

① ㄱ에서는 부사어가 지시하는 대상을 높이기 위해, 조사와 특수한 어휘가 사용되었다.
② ㄷ에서는 주어가 지시하는 대상을 높이기 위해, 조사와 선어말 어미가 사용되었다.
③ ㄱ과 ㄴ에서는 모두 주어가 지시하는 대상을 높이기 위해, 특수한 어휘가 사용되었다.
④ ㄴ과 ㄷ에서는 모두 말을 듣는 상대를 높이기 위해, 조사와 종결 어미가 사용되었다.
⑤ ㄱ ~ ㄷ에서는 모두 목적어가 지시하는 대상을 높이기 위해, 특수한 어휘가 사용되었다.

38. <보기>에 제시된 ⓐ~ⓔ의 발음에 대한 탐구 내용으로 적절하지 않은 것은?

< 보 기 >

ⓐ 옷고름[옫꼬름] ⓑ 색연필[생년필] ⓒ 꽃망울[꼰망울]
ⓓ 벽난로[벙날로] ⓔ 벼훑이[벼훌치]

① ⓐ: 음운의 개수가 변하지 않는 음운 변동이 첫째 음절의 종성 위치와 둘째 음절의 초성 위치에서 각각 한 번씩 일어난다.
② ⓑ: 첨가된 자음으로 인해 조음 방법이 변하는 음운 변동이 일어난다.
③ ⓒ: 첫째 음절의 종성 위치에서 두 번의 음운 변동이 순차적으로 일어난다.
④ ⓓ: 둘째 음절의 초성 위치에서 음운 변동이 일어난 후 둘째 음절의 종성 위치에서 음운 변동이 일어난다.
⑤ ⓔ: 조음 위치와 조음 방법이 모두 변하는 음운 변동이 일어난다.

39. <학습 활동>을 수행한 결과로 적절한 것은?

< 학습 활동 >

㉠~㉤을 통해 중세 국어의 격 조사가 실현된 양상을 탐구해 보자.

㉠ 太子ㅅ(태자+ㅅ) 버들 사무샤 時常 겨틔(곁+의) 이셔
(현대어 풀이: 태자의 벗을 삼으시어 늘 곁에 있어)
㉡ 衆生익(중생+익) 무수물(무숨+올) 조차
(현대어 풀이: 중생의 마음을 따라)
㉢ 니르고져 홇 배(바+ㅣ) 이셔도 무춤내 제 뜨들(뜯+을)
(현대어 풀이: 이르고자 하는 바가 있어도 마침내 제 뜻을)
㉣ 바루래(바룰+애) 브루미(브룸+이) 자고
(현대어 풀이: 바다에 바람이 자고)
㉤ 그르세(그릇+에) 담고 버믜 고기란 도기(독+이) 다마
(현대어 풀이: 그릇에 담고 범의 고기는 독에 담아)

| | 비교 자료 | 탐구 결과 |
|---|---|---|
| ① | ㉠의 '太子ㅅ'<br>㉡의 '衆生익' | 체언이 무정 명사이냐 유정 명사이냐에 따라 관형격 조사의 형태가 다르게 나타난다고 볼 수 있겠군. |
| ② | ㉠의 '겨틔'<br>㉤의 '도기' | 체언 끝이 자음이냐 모음이냐에 따라 부사격 조사의 형태가 다르게 나타난다고 볼 수 있겠군. |
| ③ | ㉡의 '무수물'<br>㉢의 '뜨들' | 체언 끝이 자음이냐 모음이냐에 따라 목적격 조사의 형태가 다르게 나타난다고 볼 수 있겠군. |
| ④ | ㉢의 '배'<br>㉣의 '브루미' | 체언의 모음이 양성 모음이냐 음성 모음이냐에 따라 주격 조사의 형태가 다르게 나타난다고 볼 수 있겠군. |
| ⑤ | ㉣의 '바루래'<br>㉤의 '그르세' | 체언의 모음이 양성 모음이냐 음성 모음이냐에 따라 부사격 조사의 형태가 다르게 나타난다고 볼 수 있겠군. |

**[40~42] 다음은 실시간 인터넷 방송의 일부이다. 물음에 답하시오.**

**진행자**: 계속해서 전문가와 함께 다음 화제인 쇼트폼(short-form)에 대해 이야기를 나눠 보겠습니다. 필요하신 분은 자막 기능을 켜 주세요. 쇼트폼은 무엇인가요?

**전문가**: 쇼트폼은 짧게는 15초에서 60초, ⓐ 길어도 최대 10분을 넘지 않는 짧은 영상 콘텐츠를 말합니다. 쇼트폼을 하나 준비했는데, 함께 보시죠.

**진행자**: (시청 후) 현재 기준으로 무려 조회 수가 100만 회 가까이 되는데, ⓑ 지금도 조회 수가 올라가고 있군요. 이렇게 쇼트폼이 인기인 이유가 무엇일까요?

**전문가**: ⓒ 쇼트폼은 짧고 재미있고 부담이 없습니다. 그게 이유지요. 이는 콘텐츠를 효율적으로 소비하려는 현대인의 성향에 잘 부합한다고 생각합니다.

**진행자**: '실시간 채팅'에 '샛별' 님이 '1분짜리 요리 과정 영상을 자주 보는데, 이것도 쇼트폼인가요?'라는 질문을 방금 올려 주셨네요.

**전문가**: 예, 쇼트폼입니다. 쇼트폼을 통해 요리뿐 아니라 패션, 경제, 과학 등 각종 분야의 정보를 얻을 수 있죠. 기존 미디어를 대신하는 경우도 있는데, 한 설문에서 쇼트폼을 통해 뉴스를 시청한다고 28%나 응답했습니다.

**진행자**: 최근 기업들이 쇼트폼을 마케팅 수단으로 적극 활용하고 있다고 들었습니다. 이에 대해 설명해 주시겠어요?

**전문가**: 쇼트폼을 활용하면 사람들의 참여를 자연스럽게 유도할 수도 있습니다. 그래서 비교적 비용이 적게 들면서도 파급력이 있고 소비자 반응을 빠르게 확인할 수 있어 기업들이 쇼트폼을 마케팅에 적극적으로 이용하는 것이지요. 제 블로그에 쇼트폼 마케팅 사례를 정리한 글이 있습니다. 화면 아래의 '더 보기'를 클릭하면 블로그에 접속할 수 있는 링크가 보일 테니 필요하시면 참고해 주세요.

**진행자**: ⓓ 쇼트폼을 시청할 때 유의할 점은 무엇인가요?

**전문가**: 아무래도 짧은 시간 내 사람들의 이목을 끌어 조회 수를 높이려다 보니, 쇼트폼에는 자극적인 장면이나 과장된 정보가 포함된 경우가 많습니다. 이런 점에서 쇼트폼의 장면을 섣불리 따라하거나 정보를 맹목적으로 수용하기보다 비판적 시각으로 판단하려는 태도를 가져야 합니다. '실시간 채팅' 아래에 관련 영상이 있는데, 필요하신 분은 시청해 보셔도 좋겠네요.

**진행자**: 말씀 감사합니다. 오늘 영상은 누구나 시청하실 수 있도록 공개해 두겠습니다. 혹시 의견이 있으신 분은 ⓔ 영상 게시물에 댓글을 남겨 주시면 답변을 드리겠습니다.


[해설편 p.024]

40. ㉠~㉤에 대한 이해로 적절하지 않은 것은?

① ㉠: 글자의 크기와 글꼴을 달리하여 방송에서 다루는 중심 화제를 부각하고 있군.
② ㉡: 전문가의 발언에 비판적 의문을 제기하는 시청자의 의견을 실시간으로 보여 주고 있군.
③ ㉢: 방송에서 다룬 내용과 관련 있는 영상을 제시하고 있군.
④ ㉣: 방송 중 언급된 블로그에 필요에 따라 선택적으로 접근할 수 있도록 하고 있군.
⑤ ㉤: 방송에서 송출되는 음성 언어를 문자 언어로 보여 주는 기능을 제공하고 있군.

41. 다음은 시청자들이 올린 댓글의 일부이다. 시청자의 수용 태도에 대한 설명으로 가장 적절한 것은?

**시청자 1** 쇼트폼에 대한 설문의 출처도 제시되지 않았고, 내용도 확실한지 의문이네요. 게다가 쇼트폼에 과장된 내용이 포함된 사례가 제시되지 않아 아쉬워요.

**시청자 2** 쇼트폼에 대한 글쓰기 과제를 해야 하는데, 방송에서 필요한 내용을 얻을 수 있어서 좋았어요. 하지만 쇼트폼 제작자의 입장에서 유의할 점은 다루지 않아 아쉽습니다.

**시청자 3** 비판 의식 없이 쇼트폼을 소비하던 사람들에게 도움이 되는 방송 같아요. 쇼트폼을 즐기는 사람들이 많아지고 있는 이때, 유의할 점을 알려 주셔서 의미 있었습니다.

① 시청자 1과 시청자 2는 모두 방송에 제시된 정보의 정확성에 대해 긍정적으로 판단하였다.
② 시청자 1과 시청자 3은 모두 방송에 제시된 정보의 신뢰성에 대해 부정적으로 판단하였다.
③ 시청자 1과 달리, 시청자 2는 방송에 제시된 정보의 충분성에 대해 부정적으로 판단하였다.
④ 시청자 1과 달리, 시청자 3은 방송에 제시된 정보의 유용성에 대해 긍정적으로 판단하였다.
⑤ 시청자 2와 달리, 시청자 3은 방송에 제시된 정보의 시의성에 대해 부정적으로 판단하였다.

42. ⓐ~ⓔ에 대한 설명으로 적절하지 않은 것은?

① ⓐ: 부정 표현을 활용해 쇼트폼의 재생 시간의 특징을 언급하고 있다.
② ⓑ: 진행상을 활용해 현재 쇼트폼의 조회 수가 계속해서 증가하는 중임을 드러내고 있다.
③ ⓒ: 대등적 연결 어미를 연속적으로 활용해 쇼트폼이 인기인 이유를 설명하고 있다.
④ ⓓ: 설명 의문문을 활용해 쇼트폼 시청 시 유의할 점에 대한 정보를 요구하고 있다.
⑤ ⓔ: 간접 인용을 나타내는 조사를 활용해 쇼트폼에 대한 의견을 제시하는 방법을 안내하고 있다.

**[43~45] (가)는 학생회 누리 소통망[SNS]의 게시물이고, (나)는 학생회 학생들의 온라인 화상 회의이다. 물음에 답하시오.**

(가)

위에 있는 사진과 같이 우리 학교에 친환경 정원이 조성되었습니다! 정원의 벤치, 테이블, 화단 틀 등을 보셨나요? 그것들은 모두 폐현수막과 폐의류를 재활용한 자재로 만들어졌습니다. 학생회에서는 친환경 정원 조성의 취지를 알리고 친환경 의식을 높이기 위한 체험 행사를 개최합니다. 친환경의 의미를 담은 시화 관람, 물품 나눔, 친환경 생활을 위한 한 줄 다짐 쓰기, 재활용품으로 물품 만들기 등 다채로운 활동이 준비되어 있으니 많이 참여해 주세요. 자세한 내용은 링크를 눌러 확인해 주세요!
☞ https://○○○.hs.kr/66193/subMenu.do

★ 참여 신청 및 문의 사항은 학생회 계정으로 메시지를 보내 주세요.

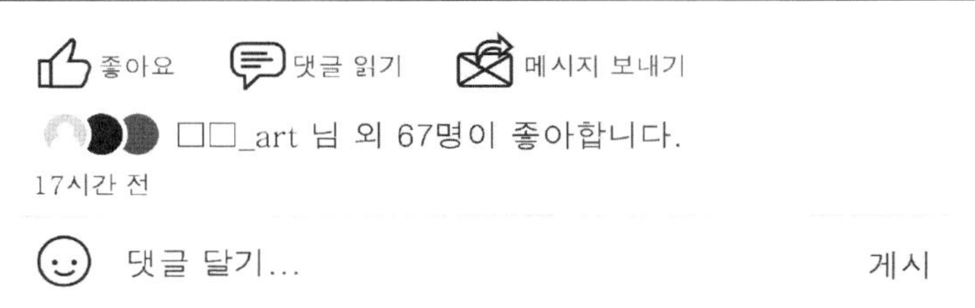


(나)

**보민**: 지난 회의에서 친환경 체험 행사의 다양한 활동을 학생들에게 효과적으로 홍보하기 위해 행사 안내도를 만들기로 했잖아. 회의를 시작해 볼까?

**아준**: 정원의 조감도를 이용해 안내도 초안을 만들면서 활동에 따라 공간을 구획해 봤어. 화면을 봐 줘.

| 채팅 | 아준 님이 화면 공유를 시작합니다. |
|---|---|

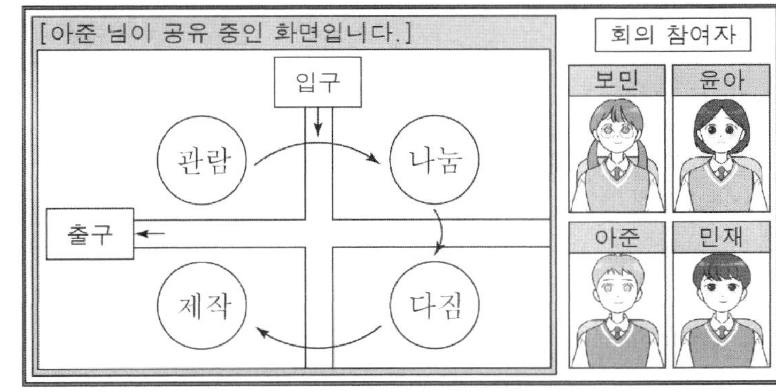


**윤아**: 화면에서는 시화 관람, 물품 나눔, 한 줄 다짐 쓰기, 재활용품으로 물품 만들기 순으로 체험 순서를 제시했는데, 체험 순서를 정하면 학생들의 활동 참여에 제약이 있겠어.

민재 : '관람', '나눔', '제작'에서의 활동은 학생들이 자유롭게 참여하게 하고, '다짐'은 최대한 많은 학생들이 참여할 수 있게 안내하면 좋겠어. 아준이가 안내도 초안을 만들기로 했잖아. 그걸 보면서 얘기해 볼까?

아준 : 모두 첨부 파일을 확인해 줘.

| 채팅 | 아준 님이 파일을 전송했습니다.<br>파일명 : ㉠ 학교 체험 행사 안내도.pdf |
|---|---|

민재 : 안내도 초안에도 화살표가 있네. 체험 순서와 출입 방향을 나타내는 화살표는 모두 지우면 좋겠어.

보민 : 한 줄 다짐 쓰기에 학생들이 많이 참여하도록 하려면 '제작'과 '다짐'의 활동 공간을 서로 바꾸면 좋겠어. 이에 대한 의견 줘.

아준 : '다짐'의 활동 공간을 출구 가까이에 배치해 학생들이 그 활동에 참여한 후 나가도록 하기 위한 것이구나.

윤아 : 나도 그게 좋아. 그런데 '제작'이 활동의 의미를 제대로 드러내지 못하는 것 같아. '재생'으로 바꾸면 어떨까? 동의하는 사람들은 손을 들어 줘.

보민 : 모두 동의하는구나. 그럼 이제는 환경 단체에서 주최한 체험 행사 안내도를 참고해서 안내도의 구성에 대해서 이야기해 보자. 파일을 전송할게.

| 채팅 | 보민 님이 파일을 전송했습니다.<br>파일명 : ㉡ 환경 단체 체험 행사 안내도.pdf |
|---|---|

민재 : 환경 단체의 안내도에서는 조감도에 각 공간의 이름을 번호와 함께 표시하고 그에 대한 범례를 따로 두어 활동을 안내했네. 이에 비해 우리 초안은 조감도에 글자가 많아 복잡해 보이는 것 같아.

아준 : 우리도 범례를 환경 단체의 안내도처럼 따로 두는 것이 좋겠어. 그리고 행사 일시와 장소도 추가하는 것이 어때?

윤아 : 행사명도 추가하는 것이 좋겠어. 행사명을 안내도 상단에 제시하고 그 아래 행사 일시와 장소를 안내하자.

보민 : 좋은 의견들을 줘서 고마워. 오늘 회의 내용을 모두 반영하여 함께 안내도를 완성해 보자.

43. (가), (나)에 대한 이해로 가장 적절한 것은?

① (가)는 수용자의 반응을 숫자로 제시하여 매체 자료에 대한 수용자의 선호 정도를 드러내고 있다.
② (나)는 정보의 생산자와 수용자가 분리되어 정보 전달이 한 방향으로 이루어지고 있다.
③ (가)와 달리, (나)는 하이퍼링크 기능을 통해 추가적인 정보를 제공하고 있다.
④ (나)와 달리, (가)는 정보를 전달할 수 있는 시간의 제약을 고려하여 정보의 양을 조절하고 있다.
⑤ (가)와 (나)는 모두 음성 언어와 시각 자료를 결합한 복합 양식을 활용하여 정보를 생산하고 있다.

44. ㉠, ㉡과 관련하여 (나)에 대해 설명한 내용으로 가장 적절한 것은?

① ㉠의 안내 효과를 바탕으로 ㉡의 장점을 극대화하기 위한 방법을 모색했다.
② ㉡의 구성 방식을 참고하여 ㉠을 개선하기 위한 방안을 마련했다.
③ ㉡의 구성 요소를 고려하여 ㉠의 불필요한 구성 요소를 삭제했다.
④ ㉠과 ㉡의 차이점을 근거로 ㉡의 구성상의 문제점을 비판했다.
⑤ ㉠과 ㉡을 비교하여 안내 효과 측면에서 각각의 장단점을 분석했다.

45. (나)를 바탕으로 다음과 같은 '안내도'를 만들었다고 할 때, 이에 대해 이해한 내용으로 적절하지 <u>않은</u> 것은? [3점]

**△△ 고등학교 친환경 체험 행사 안내도**

○ 일시 : 20××년 3월 23일 14:00
○ 장소 : 친환경 정원

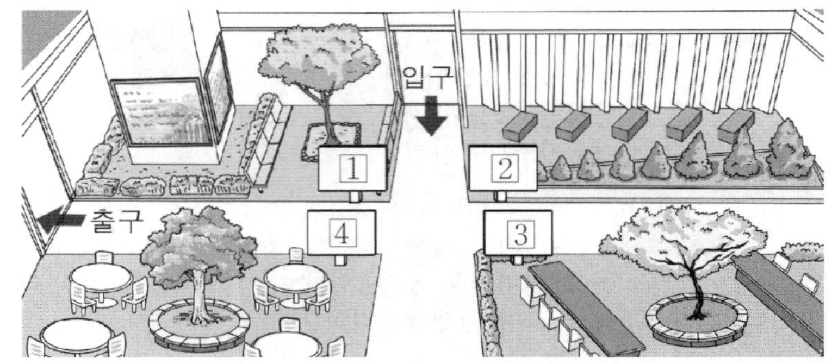


<범례>
1 관람 : 친환경의 의미를 담은 시화 관람하기
2 나눔 : 물품 서로 나누기
3 재생 : 재활용품으로 물품 만들기
4 다짐 : 친환경 생활을 위한 한 줄 다짐 쓰기

① 윤아의 의견을 바탕으로, 안내도 상단에 행사명을 제시했다.
② 보민의 의견을 바탕으로, '다짐'의 활동 공간을 출구 가까이 배치했다.
③ 민재의 의견을 바탕으로, 입구와 출구에 출입 방향을 화살표로 표시했다.
④ 아준의 의견을 바탕으로, 각 공간에서 이루어지는 활동 내용을 범례로 안내했다.
⑤ 윤아의 의견을 바탕으로, 재활용품으로 물품을 만드는 활동 공간의 이름을 '재생'으로 정했다.

* 확인 사항
○ 답안지의 해당란에 필요한 내용을 정확히 기입(표기)했는지 확인하시오.


[해설편 p.025]

# 국어 영역

제 1 교시 03회



● 문항수 45개 | 배점 100점 | 제한 시간 80분 ● 점수 표시가 없는 문항은 모두 2점

**[1~3] 다음 글을 읽고 물음에 답하시오.**

[능숙한 독자]는 어떤 능력과 태도를 지니고 있을까? 능숙한 독자는 글의 의미를 이해하고 재구성하기 위해 배경지식을 효과적으로 활용하는 능력을 지닌다. 배경지식은 독자의 기억 속에 존재하는 구조화된 경험과 지식의 총체이다. 능숙한 독자는 읽을 글과 관련한 배경지식을 활성화한 후, 이를 활용해 글의 내용을 정확히 이해한다. 그런데 능숙한 독자라도 배경지식이 부족해 내용이 잘 이해되지 않는 부분을 만날 수 있다. 이 경우 능숙한 독자는 글의 읽기를 중단하지 않고 글의 전후 맥락을 고려해 글의 의미를 구성한다. 그리고 필요하면 참고 자료를 찾아 관련 부분에 대한 이해를 확충한다.

능숙한 독자는 독서를 준비할 때 읽을 글의 특성을 분석하고 자신의 독서 역량을 점검하는 태도를 지닌다. 그리고 독서 목적의 달성에 필요한 독서 전략을 세운다. 그런데 막상 독서를 하다 보면 글의 특성이 예상과 다를 수 있고, 독서 환경이 변할 수도 있다. 능숙한 독자는 달라진 독서 상황을 파악하여 그에 적합한 새로운 독서 전략을 적용하고 독서 행위를 조절한다. 그리고 독서 후에는 자신이 독서의 목적과 글의 특성에 맞게 독서를 했는지를 성찰하여 평가한다.

[A] 우리 선조들도 경서를 읽으려는 독자에게 일정한 능력과 태도를 지녀야 한다고 강조했다. 경서를 읽는 목적은 글에 담긴 이치를 통해 모든 일의 섭리를 깨우칠 수 있는 경지에 이르는 것인데, 경서는 필자가 전달하려는 내용이 압축되어 있어 그 속에 담긴 의미를 쉽게 파악하기 어렵다. 따라서 일단 글의 내용에 익숙해지기 위해 반복적으로 읽는 독서 전략을 운용했다. 그 후에 독자는 이전과는 달라진 자신의 상태를 고려하여 새로운 독서 방법을 적용했고, 적극적으로 배경지식을 활용하는 등의 새로운 전략을 운용했다.

능숙한 독자는 한 편의 글을 완전하게 이해하는 데 그치지 않고 지속적인 독서 활동을 지향한다. 꾸준히 자신의 독서 이력을 점검하고 앞으로 읽을 독서 목록을 정리하여 자발적이고 균형 있는 독서를 생활화한다. 그리고 독서 경험을 통해 얻은 지식과 지혜를 자신과 사회 문제의 해결에 적극적으로 활용한다.

**1.** 윗글의 [능숙한 독자]에 대한 설명으로 적절하지 <u>않은</u> 것은?

① 글을 읽기 전에 읽을 글의 특성을 파악하고 자신의 독서 능력을 점검한다.
② 글을 읽는 도중에 글과 관련한 배경지식을 활용하여 글의 내용을 정확히 이해한다.
③ 글을 읽는 도중에 독서 환경이 변했다면 변한 환경에 어울리는 독서 전략으로 수정한다.
④ 글을 읽는 도중에 글의 내용이 이해되지 않는 부분에서는 전후 맥락을 고려한 글 읽기를 지양한다.
⑤ 글 읽기를 마친 후에 독서 목적과 글의 특성에 맞는 독서를 했는지 평가한다.

**2.** [A]와 관련하여 <보기>를 이해한 내용으로 적절하지 <u>않은</u> 것은? [3점]

< 보 기 >

너는 모쪼록 지금부터 경전을 읽되 미리 의심을 일으키지 말고 **오직 많이 읽도록 노력하**고, 읽기가 이미 완숙하게 되면 또 **반드시 활법*을 써**서 마음을 활발한 경지에 두어 모든 선입견을 놓아 버린 평정한 상태로 **조금의 고집이 없도록 해**야 한다. 그런 다음 비로소 **이미 알고 있는 것에 따라 더욱 궁구하여, 오늘 하나의 문제가 시원하게 뚫리고 내일 하나의 문제가 부드럽게 풀리**게 될 것이다.

— 정조, 「고식」 —

* 활법(活法) : 독창적인 생각으로 유연하게 변화시키는 것.

① '오직 많이 읽도록 노력하'여야 한다는 것은 글의 내용에 익숙해지기 위해 운용해야 할 독서 전략을 밝힌 것이로군.
② '반드시 활법을 써'야 한다는 것은 독자가 이전과 달라진 자신의 상태를 고려하여 새롭게 적용할 독서 방법을 제시한 것이로군.
③ '조금의 고집이 없도록 해'야 한다는 것은 자신의 독서 방법을 고수하기보다 기존의 해석에 따라서만 글의 의미를 이해하라고 제안한 것이로군.
④ '이미 알고 있는 것에 따라 더욱 궁구하'라는 것은 적극적으로 배경지식을 활용하여 글에 담긴 이치를 깨달으라고 권유한 것이로군.
⑤ '오늘 하나의 문제가 시원하게 뚫리고 내일 하나의 문제가 부드럽게 풀리'게 되는 것은 독서 목적을 달성했을 때 얻을 수 있는 효과를 나타낸 것이로군.

**3.** 다음은 윗글을 읽은 학생의 반응이다. 이에 대한 설명으로 가장 적절한 것은?

'독서 교육 종합 지원 시스템'에 접속하여 지금까지 읽었던 책을 분야별로 정리해 보았어. 다양한 분야의 책을 꾸준히 읽었다고 생각했는데, 대부분이 과학이나 기술 관련 책이었어. 앞으로는 그동안 읽지 않았던 분야인 인문이나 사회 관련 책도 열심히 읽어야겠어.

① 자신의 독서 이력을 점검하고 균형 있는 독서를 계획하고 있다.
② 독서 목적의 달성을 위해 전문가의 조언을 구하려 하고 있다.
③ 지금까지의 독서 생활이 지속적이지 않았음을 반성하며 독서의 생활화 방안을 모색하고 있다.
④ 독서를 통해 얻은 지식의 유용성을 파악하여 자신과 사회의 문제를 해결하는 데 활용하고 있다.
⑤ 독서 경험이 자신의 독서 역량에 미친 긍정적 영향을 분석하여 새로운 독서 목록을 작성하고 있다.

**[4 ~ 9] 다음 글을 읽고 물음에 답하시오.**

(가)

식품처럼 개인 차원에서 소비하는 사용재와 달리 공원처럼 여러 사람의 공동 소비를 위해 생산된 재화나 서비스를 공공재라 한다. 공공재에 대한 정의는 다양하지만 공급 주체에 따라 규정되는 것은 아니며 재화나 서비스 자체의 성격에서 규정된다. 정부의 공공재 정책은 공익을 목적으로 하는데, 이 공익이 무엇인가에 대해서는 실체설과 과정설이 있다. 실체설은 사회에서 합의된 절대적 가치, 예를 들어 인권 등을 공익이라 보는 입장이다. 과정설은 공익과 특정 실체의 연결을 부정하고 공익을 발견해 나가는 의사 결정 과정에서의 적절한 절차를 중시한다.

어떤 공익이 다른 공익과 서로 공존하기 어렵거나 적절한 절차를 거치더라도 대립되는 의견이 서로 대등할 경우 정책 딜레마에 빠지기 쉽다. 정책 딜레마는 비교 불가능한 가치나 대안에 대해, 어느 하나의 대안을 선택하면 선택되지 않은 대안이 주는 기회 손실이 크기 때문에 선택이 곤란한 상황을 말한다. 이런 상황이 지속될 경우 정책 집행의 지연이나 논란이 심화되어 사회 전체 비용이 ⓐ <u>증가한다</u>. 그래서 정부는 정책 딜레마 상황에서 벗어날 수 있는 방법을 꾸준히 탐색해 왔다.

㉠ <u>'합리 모형'</u>은 정책 목표와 수단 사이에 존재하는 인과 관계의 적절성 등을 확보하여 딜레마 상황에서 최적의 대안을 선택할 수 있다고 설명한다. 충분한 시간, 예산, 정보 등이 의사 결정자들에게 주어지면 모든 가능한 대안을 검토할 수 있으므로 합리적으로 결정할 수 있다는 것이다. ㉡ <u>'만족 모형'</u>은 합리 모형이 전제하는 상황은 오지 않기 때문에 최적 수준의 결정보다는 만족할 만한 수준에서의 결정을 강조한다. 선택 상황에 놓인 의사 결정자들의 신속한 결정은 그 결정의 도덕적 속성이나 논리적 속성과는 무관하게 정책 결정의 불확실성을 제거하여 사회에 긍정적으로 작용한다고 본다. 어떤 결정을 하든지 능률적인 방향으로 자원을 배분할 수 있는 시장의 역할을 ⓑ <u>기대하는</u> 것이다.

정책 딜레마의 지속은 사회 전체의 비용을 급격히 증가시킨다. 충분한 예산과 정보가 갖춰질수록 검토해야 할 시간은 무한대로 늘어나기 때문에 현실에서는 딜레마 지속으로 인한 비용 역시 대폭 증가한다. 이런 점에서 만족 모형은 주어진 시간과 예산이 부족하여 어쩔 수 없이 받아들여지는 결정이 아니라 딜레마 상황의 지속에 빠지지 않으려는 의사 결정자들의 전략으로 ⓒ <u>채택될</u> 수 있다.

(나)

지방 정부는 자주적 재원인 지방세원 이외에도 중앙 정부로부터 재정 지원을 받아 해당 지역에 공익 실현을 위한 공공재를 제공한다. 재정 지원에는 여러 형태가 존재하는데, 지급 방식에 따라 정액 지원금과 정률 지원금으로 나눌 수 있다. 정액 지원금은 지역 주민의 공공재 지출과 상관없이 일정 금액을 지원하는 데 반해, 정률 지원금은 공공재의 단위당 비용에 대한 일정 비율의 형태로 지원된다. 두 지원금은 공공재에 대한 지역 주민의 소비에 서로 다른 영향을 끼친다. <그림>은 어느 지역 주민이 소비할 수 있는 공공재의 양($Q$)과 사용재의 양($P$)을 나타낸 것이다. 이 지역 주민이 보유한 경제적 자원, 예컨대 소득을 통해 선택할 수 있는 공공재와 사용재의 조합을 의미하는 예산선은 선분 $AB$로 나타나 있다. 그리고 이 지역 주민의 공공재와 사용재에 대한 선호는 $I$로, 재정 지원에 따라 변화된 선호는 $I'$로 나타나 있다. 지방 정부가 지역 주민이 원하는 바를 충실히 반영한다는 것을 전제할 때, 이 지역에서 선택하게 될 공공재와 사용재의 조합은 균형점 $E$로 나타나 있다.

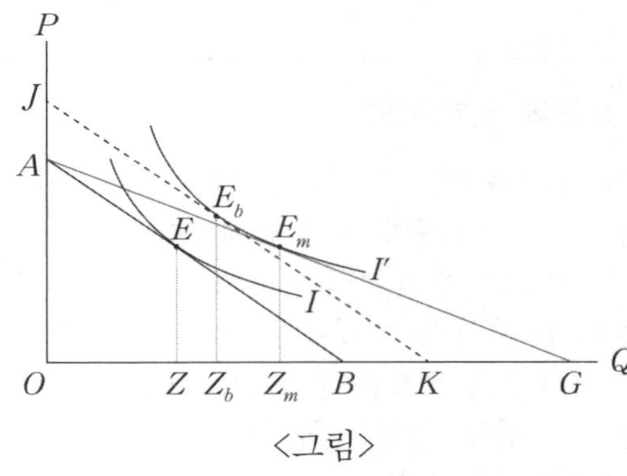


<그림>

이런 조건에서 일정한 크기의 정액 지원금은 결국 지역 주민의 소득의 크기가 증가한다는 것을 의미한다. 정액 지원금은 공공재 소비든 사용재 소비든 어디든 사용될 수 있기 때문이다. 그래서 이 정액 지원금을 받은 후의 예산선은 원래의 예산선이 바깥쪽으로 평행 이동해 만들어진 선분 $JK$가 된다. <그림>에는 정액 지원금을 받은 후의 균형점이 $E_b$로 나타나 있다. 이론적으로 정액 지원금은 지역 주민의 소득 증가와 동일한 효과를 내기 때문에 각 지역의 기본적 재정 기반을 ⓓ <u>보완하는</u> 것과 동시에 지역 간 재정 격차를 조정할 수 있다.

한편 정률 지원금은 공공재 공급 보조율에 따라 예산선의 기울기를 변하게 한다. <그림>에서 원래의 예산선은 선분 $AB$였는데, 정률 지원금으로 인해 예산선은 선분 $AG$로 변한다. 이렇게 정률 지원금이 지급되면 그 지역이 선택하게 되는 균형점은 $E_m$이 된다. 이 경우 그 지역이 선택하는 공공재의 양이 증가되는 것으로 나타나 있다. 결국 가격 보조의 의미를 갖는 정률 지원금은 지방 정부가 더 많은 공공재를 생산하도록 유도하는 데 정액 지원금보다 더 효과적이라는 것을 알 수 있다.

앞서 언급했듯 이론적으로는 정액 지원금이 지역 주민의 소득 증가와 동일한 효과를 갖는다. 그런데 실증 연구에 따르면 정액 지원금이 교부되었을 때가 직접적으로 소득이 증가했을 때보다 공공재의 추가적 생산을 더 촉진시키는 경우가 있다. 이러한 현상을 '끈끈이 효과'라 한다. 따라서 어떤 정책이 공익 실현 목적에 더 적절한 것인가에 대해 의사 결정자들은 ⓔ <u>숙고할</u> 수밖에 없다.

**4.** (가), (나)에 대한 설명으로 가장 적절한 것은?

① (가)는 정부와 사회의 상호 작용을 바탕으로 공공재와 사용재의 적절한 조화가 중요함을 부각하고 있다.
② (나)는 중앙 정부와 지방 정부의 차이점을 중심으로 의사 결정자들의 역할을 구분하고 있다.
③ (나)는 정책에 따른 효과를 바탕으로 정책 결정이 지역 사회의 공공재 생산에 미치는 영향을 서술하고 있다.
④ (가), (나) 모두 정책을 평가할 수 있는 방법에 대해 논의하여 정책 결정 모형의 장단점을 평가하고 있다.
⑤ (가), (나) 모두 정책 결정 시 고려해야 할 요소를 분석하며 정책 효과의 극대화 여부를 판단하는 기준을 마련하고 있다.



[해설편 p.026]

**5.** (가)를 이해한 내용으로 적절하지 않은 것은?

① 정책이 추구해야 할 목적으로 사회적으로 합의된 절대적 가치를 중시하는 것은 실체설이다.
② 과정설은 어떤 특정 이익도 적절한 절차를 따랐을 경우 공익으로 간주될 수 있다는 특징이 있다.
③ 다양한 이해관계가 존재하는 사회에서는 공공재 정책을 둘러싸고 다양한 의견이 존재할 수 있다.
④ 마을에서 운영하는 도서관이 모든 시민이 함께 이용하는 성격을 띤다면 공공재라고 할 수 있다.
⑤ 공익의 실체가 분명하고 정부 관료들이 준수해야 할 적절한 절차가 있다면 정책 딜레마 상황에 놓이지 않는다.

**6.** (가)의 ㉠, ㉡ 입장에서 (나)를 이해한다고 할 때, 이에 대한 설명으로 적절하지 않은 것은?

① ㉠ : 중앙 정부의 정책 목표가 무엇인가에 따라 지원금 지급 방식을 달리하는 수단을 사용할 수 있기 때문에 딜레마 상황에서도 의사 결정자들은 최적의 대안을 찾는다.
② ㉠ : 중앙 정부가 지원금 지급 방식에 따른 효과에 대해 충분한 정보를 가지고 있지 않다면 딜레마 상황이 지속되더라도 시간과 예산을 추가로 투입하여 정보를 수집한다.
③ ㉡ : 딜레마 상황을 해소하려면 지원금 지급 방식에 대한 도덕적 가치를 도출하는 것보다 지원금 지급 방식에 따른 실증 효과를 인과적으로 도출하는 것이 더 중요하다.
④ ㉡ : 중앙 정부가 어떤 재정 지원을 하든 시장에서 능률적으로 자원을 배분할 수 있기 때문에 어떤 지원금 지급 방식을 선택하든 딜레마 상황에서 벗어나는 것이 가능하다.
⑤ ㉡ : 딜레마 상황에서 중앙 정부가 정책의 효과에 대해 완전한 정보를 갖게 되는 시간은 무한정으로 지연될 수 있으므로 만족할 만한 수준에서 재정 지원 형태를 결정한다.

**7.** (나)의 <그림>을 이해한 내용으로 적절하지 않은 것은?

① 정액 지원금과 정률 지원금이 모두 없다면 점 $E$가 해당 지역에서 선택될 공공재와 사용재의 균형이다.
② 정률 지원금이 지급될 때의 균형점에서보다 정액 지원금이 지급될 때의 균형점에서 이 지역 주민의 사용재 소비가 더 크다.
③ 공공재의 소비는 정액 지원금이 지급되면 지급 이전보다 선분 $ZZ_b$만큼 늘어나고, 정률 지원금이 지급되면 지급 이전보다 선분 $ZZ_m$만큼 늘어난다.
④ 정률 지원금이 지급되면 이 지역 주민의 공공재 소비 부담이 지급 이전보다 일정 비율로 감소하게 되므로 예산선이 선분 $AB$에서 선분 $AG$로 이동한다.
⑤ 점 $E_b$에서의 공공재 소비 수준은 점 $E_m$에서의 공공재 소비 수준보다 낮으므로 정률 지원금이 지급되면 $Z_b$에서 $Z_m$만큼 소득 금액이 감소하는 효과를 갖는다.

**8.** (나)와 <보기>를 관련지어 이해한 내용으로 가장 적절한 것은? [3점]

< 보 기 >

○○ 지역 주민 소득이 10억 원 늘어났을 때에는 1억 원 정도만이 추가적으로 공공재 소비에 투입되는 데 비해, 해당 지방 정부에 10억 원의 정액 지원금이 교부되었을 때에는 2억 원이 추가적으로 공공재 소비에 투입되었다.
(단, 공공재 소비에 투입되지 않은 것은 모두 사용재 구입에 소비되었다고 가정한다.)

① <보기>의 사례는 지방 정부의 공공재 생산 유도에 지역 주민 소득의 직접 증가보다 정액 지원금이 더 효과적임을 보여 주는군.
② <보기>의 사례는 중앙 정부가 지방 정부에 정액 지원금을 교부했음에도 불구하고 끈끈이 효과가 나타나지 않을 수 있다는 것을 보여 주는군.
③ <보기>의 사례는 지원금의 80%가 지역 주민의 사용재 소비 증가에 기여한다는 것이므로 이 지역의 기본적 재정 기반을 약화시킬 수 있음을 보여 주는군.
④ <보기>의 사례는 사용재 소비에 투입되지 않고 공공재 소비에 투입된 지원금 2억 원은 지역 주민 소득 증가에 기여할 수 없다는 것을 보여 주는군.
⑤ <보기>의 사례는 공공재의 단위당 비용에 대해 일정 비율로 중앙 정부와 지방 정부가 나누어 부담한다는 것이므로 끈끈이 효과가 나타나는 현상을 보여 주는군.

**9.** ⓐ ~ ⓔ를 사용하여 만든 문장으로 적절하지 않은 것은?

① ⓐ : 도서관의 장서는 해마다 증가하고 있다.
② ⓑ : 우리는 날씨가 맑기를 기대했다.
③ ⓒ : 채택된 원고는 돌려 드리지 않습니다.
④ ⓓ : 제품의 문제점을 보완하여 상품을 재출시했다.
⑤ ⓔ : 그는 지난날의 잘못을 주변 사람들에게 숙고했다.

**[10 ~ 13] 다음 글을 읽고 물음에 답하시오.**

문자 입력 창에 한 글자만을 입력했는데 완성된 문구가 ⓐ 제시되는 자동 완성을 경험해 보았을 것이다. '코'라는 문자를 입력했다면 '코피', '코로나' 등이 후보로 제시되어 휴대 전화와 같이 문자 입력이 불편한 경우 문자 입력을 편리하게 할 수 있다. 이는 사용했던 단어들 중에서 입력되는 문자와 첫 글자부터 일치하는 것을 찾고 그중 사용 빈도가 높은 단어들을 후보로 제시하는 것이라고 할 수 있다. 한편 워드 프로세서에서 단어 찾기와 같은 검색은 저장되어 있는 문자열을 대상으로 검색어가 ⓑ 포함된 문자열을 찾는 것이다. 검색은 자동 완성과 달리 대상 문자열의 어느 위치에서도 검색어를 찾을 수 있어야 하며 사용 빈도를 고려하지 않아도 된다.

검색이 가능하기 위해서는 검색어를 저장되어 있는 문자열의 부분 문자열과 비교하는 알고리즘이 필요하다. 예를 들어 '우리글'이라는 검색어를 '한글:␣우리나라에서␣창제된␣우리글'이라는 띄어쓰기(␣)가 포함된 18글자의 대상 문자열에서 검색한다고 ⓒ 가정해 보자. ㉠ 가장 간단히 떠올릴 수 있는 방법은 '우리글'이 3글자이므로 대상 문자열을 3글자씩 잘라 1글자씩 비교하는 것이다. '한글:', '글:␣', ':␣우' 등과 같이 16개의 비교 대상을 만들고 이를 검색어와 각각 비교하여 모두 같은지 확인한다. 하나의 비교 대상을 확인하기 위해서는 3글자를 각각 비교해야 하므로 총 16×3번 비교를 하게 될 것이다. 검색어 길이에 비해 대상 문자열이 짧거나 같은 경우는 없으므로 이 방법은 검색어와 비교해야 하는 대상 문자열의 길이가 길어지거나 개수가 많아지면 비교 횟수가 늘어나 검색 시간이 늘어난다.

[A] 검색 시간을 줄이기 위한 다른 방법은 없을까? 검색어와 비교 대상을 1글자씩 비교하지 않고 3글자씩 한 번에 비교할 수 있다면 그만큼 비교 횟수가 줄어들게 되어 검색 시간이 줄어들 것이다. 이를 위해 각각의 문자열에 특정 값을 ⓓ 생성하는 함수를 설정할 수 있다. 이런 함수를 해시 함수라고 하고, 어떤 문자열에 대해 해시 함수가 생성한 값을 해시값이라고 한다. 만일 해시 함수가 입력 가능한 문자열에 대해 모두 다른 해시값을 생성한다면 검색어의 해시값과 비교 대상의 해시값을 비교하여 두 문자열이 일치함을 단번에 ⓔ 판단할 수 있다.

앞의 예와 같이 검색어가 3글자이고 18글자의 대상 문자열이 제시된다면 비교 대상은 16개가 만들어진다. 하지만 각 비교 대상에서 문자열 비교는 1번의 해시값 비교로 줄어들기 때문에 전체 비교 횟수는 감소하게 된다. 물론 해시값을 생성하는 해시 함수의 연산이 추가되지만 추가되는 연산 시간이 각 글자 단위의 비교에 필요한 연산 시간보다 짧다면 전체적인 검색 시간은 단축될 수 있다. 이런 이유로 해시 함수는 연산이 간단하면서도 중복되지 않는 해시값을 생성할 수 있어야 한다.

**10.** 윗글을 통해 알 수 있는 내용으로 적절하지 않은 것은?

① 검색은 저장되어 있는 문자열 전체를 대상으로 검색어가 포함되어 있는지 확인한다.
② 검색은 필요에 따라 각기 다른 문자열에 동일한 해시값을 생성하는 해시 함수를 사용한다.
③ 검색은 저장되어 있는 문자열의 부분 문자열과 검색어를 비교하는 알고리즘을 활용한다.
④ 자동 완성은 사용 빈도를 고려하여 입력되는 문자가 포함된 문자열을 후보로 제시한다.
⑤ 자동 완성은 휴대 전화와 같이 문자 입력이 불편한 경우 문자 입력을 편리하게 할 수 있는 방법이다.

**11.** [A]를 이해한 내용으로 적절한 것은?

① 검색어의 길이가 짧아진다면 비교 대상의 개수가 줄어들어 해시값 비교 횟수가 증가할 수 있겠군.
② 대상 문자열에 반복되는 글자가 많다면 해시값이 작아져서 해시 함수의 연산 시간이 단축될 수 있겠군.
③ 검색어보다 긴 대상 문자열의 개수가 늘어난다면 비교 대상이 늘어나 해시값 비교 횟수가 증가할 수 있겠군.
④ 대상 문자열이 1개일 경우 검색어의 길이가 짧아진다면 비교 대상의 길이가 줄어들어 해시값 비교 횟수가 감소할 수 있겠군.
⑤ 대상 문자열이 2개일 경우 검색어의 길이가 길어진다면 비교 대상의 개수가 늘어나 해시 함수의 연산 시간이 증가할 수 있겠군.

**12.** ㉠에 <보기>의 조건을 모두 추가하여 검색한다고 할 때, 이에 대한 설명으로 적절하지 않은 것은? [3점]

< 보 기 >

**[조건]**
- 검색어에 문장 부호가 포함되지 않는 경우 문장 부호가 있는 부분 문자열은 비교 대상에서 제외한다.
- 검색어에 띄어쓰기가 포함되는 경우 띄어쓰기의 위치가 일치하지 않는 부분 문자열은 비교 대상에서 제외한다.

① '우리␣글'로 검색할 경우 띄어쓰기의 위치가 일치하는 비교 대상 3개가 만들어진다.
② '우리␣글'로 검색할 경우의 비교 횟수보다 '우리글'로 검색할 경우의 비교 횟수가 더 많다.
③ '우리글'로 검색할 경우 비교 대상은 '␣우리', '우리나', '리나라' 등과 같이 3글자로 된 비교 대상들이 만들어진다.
④ '우리글'로 검색할 경우 부분 문자열 '한글:', '글:␣', ':␣우'에는 문장 부호가 포함되어 있기 때문에 비교하지 않는다.
⑤ '우리글'로 검색할 경우 일치하는 문자열을 찾을 수 있지만 '우리␣글'로 검색할 경우는 일치하는 문자열을 찾을 수 없다.

**13.** ⓐ ~ ⓔ의 사전적 의미로 적절하지 않은 것은?

① ⓐ: 어떠한 의사를 말이나 글로 나타내어 보임.
② ⓑ: 어떤 사물이나 현상 가운데 함께 들어 있거나 함께 넣음.
③ ⓒ: 다른 사람의 말이나 행동, 형편 따위를 잘 알아서 긍정하고 이해함.
④ ⓓ: 사물이 생겨남. 또는 사물이 생겨 이루어지게 함.
⑤ ⓔ: 사물을 인식하여 논리나 기준 등에 따라 판정을 내림.



[해설편 p.027]

[14 ~ 17] 다음 글을 읽고 물음에 답하시오.

㉠ 멈춰 있는 흰 공에 빨간 공이 부딪쳐 흰 공이 움직였다고 하자. 흄은 빨간 공이 흰 공에 부딪친 사건과 흰 공이 움직인 사건 사이에 인과 관계가 성립하기 위한 세 가지 요건을 제시했다. 원인이 결과보다 시간적으로 앞서 있어야 하고, 원인과 결과가 시공간적으로 이어서 나타나야 하며, 원인과 결과 사이에 '항상적 결합'이 있어야 한다는 것이다. 항상적 결합이란 비슷한 상황에서 같은 방식으로 공이 움직여 부딪친다면, 같은 식으로 공들의 움직임이 나타나는 것을 의미한다. 그러나 리드는 위 사례와 같이 흄이 말하는 세 가지 조건이 성립하는 경우에도 인과 관계가 성립하지 않는다고 보았다. 그는 오직 자유 의지를 가진 행위자만이 원인이 될 수 있다고 보았다.

행위자 인과 이론에서 리드는 원인을 '양면적 능력'을 지녔으며 그 변화에 대한 책임이 있는 존재로 규정하였다. 양면적 능력은 변화를 산출하거나 산출하지 않을 수 있는 능동적인 능력이다. 그리고 행위자는 결과를 산출할 능력을 소유하여 그 능력을 발휘할 수 있고, 그 변화에 대해 책임을 질 수 있는 주체이다. 리드는 진정한 원인은 행위자라고 주장한다. 이에 따르면 빨간 공이 흰 공에 부딪쳤을 때 흰 공은 움직일 수만 있을 뿐 움직이지 않을 수는 없기 때문에 빨간 공은 행위자일 수 없다.

경험론자인 리드의 관점에서 보면 관찰의 범위 내에서 행위자는 오직 인간뿐이다. 만일 어떤 사람이 흰 공을 움직이게 하기 위해 빨간 공을 굴렸고 흰 공이 움직였다면 그 사람은 행위자이고 흰 공이 움직인 것은 결과에 해당한다. 리드는 이와 같이 결과가 발생하기 위해서는 행위자가 양면적 능력을 발휘해야 하며, 행위자의 의욕이 항상적으로 결합해야 한다고 보았다. 리드는 의욕이 정신에서 일어나는 하나의 사건이라고 보았다. 이와 관련해 결과를 발생시킨 양면적 능력의 발휘에 결합한 의욕이 또 다른 양면적 능력의 발휘로 나타난 것이며 그것은 또 다른 의욕을 필요로 한다는 주장이 있을 수 있다. 이러한 주장과 관련해 리드는, 의욕과 같은 정신의 내재적 활동은 행위자의 양면적 능력의 발휘인 '의욕을 일으킴'과 그것의 결과인 의욕 자체를 구별할 수 없는 것이라고 보았다. 이는 의욕을 일으킴의 경우에는 행위자의 능력 발휘 자체가 의욕이므로 또 다른 의욕이 필요치 않음을 나타낸다. 그런데 의욕과 사건이 항상적으로 결합한다고 보는 리드의 견해에 대해서는 사건의 원인이 행위자가 아니라 의욕이라는 반론이 가능할 수 있다. 이에 대해 리드는 항상적 결합만으로는 인과의 필연성을 정당화하지 못한다는 논리로 자신의 이론을 뒷받침했다.

리드는 ⓐ '기회 원인'의 문제도 해결해야 했다. 당시에는 중세 철학의 영향으로 어떤 철학자들은 인간의 행동을 비롯한 사건들의 진정한 원인은 오직 신뿐이며, 행위자는 기회 원인에 불과하다고 생각했다. 기회 원인은 일상적으로는 마치 원인인 듯 보이지만 실제로는 진정한 원인이 아닌 것이다. 리드는 이러한 입장을 경험주의 관점에서 배격했다. 그는 우리가 경험할 수 있는 것은 행위자의 의욕과 행위뿐이며 행위에 신이 개입하는 것은 경험할 수 없는 것이기 때문에 신이 사건의 진정한 원인이 될 수 없다고 주장했다. 리드는 궁극적으로 결정을 내리는 것이 행위자에게 달려 있다고 주장함으로써 인간의 주체적 결단이 갖는 의미를 강조했다.

**14.** 윗글에 나타난 리드의 견해로 적절하지 않은 것은?

① 인간은 자유 의지를 지닌 존재로 행위자가 될 수 있다.
② 변화를 산출하는 능력을 가진 모든 존재는 행위자이다.
③ 인간의 의욕은 정신에서 일어나는 하나의 사건이라고 할 수 있다.
④ 항상적 결합이 존재하더라도 행위자가 존재하지 않는 경우에서는 원인을 발견할 수 없다.
⑤ 흄이 제시한 세 가지 조건이 모두 충족되는 경우라도 인과 관계가 성립하지 않을 수 있다.

**15.** 윗글을 바탕으로 ㉠을 이해한 내용으로 적절하지 않은 것은?

① 리드는 빨간 공과 흰 공에는 양면적 능력이 존재하지 않는다고 보겠군.
② 리드는 빨간 공과 흰 공의 움직임에는 시공간이 이어지지 않는다고 보겠군.
③ 리드는 빨간 공이 흰 공에 부딪친 사건은 다른 사건의 원인이 될 수 없다고 보겠군.
④ 흄은 빨간 공과 흰 공의 움직임에서 항상적 결합을 발견할 수 있다고 보겠군.
⑤ 흄은 빨간 공과 흰 공이 부딪친 사건이 흰 공이 움직인 사건의 원인이라면 두 사건은 동시에 일어난 것일 수 없다고 보겠군.

**16.** ⓐ에 대한 이해로 가장 적절한 것은?

① ⓐ를 제기한 철학자들은 리드의 행위자 개념을 긍정했다고 볼 수 있다.
② ⓐ와 관련한 리드의 대응은 행위자인 인간의 주체성을 부각했다고 볼 수 있다.
③ ⓐ의 해결을 위해 리드는 행위자가 기회 원인이 될 수 있음을 입증했다고 볼 수 있다.
④ ⓐ를 제기한 철학자들은 인간의 행동을 일으키는 진정한 원인을 인간 자신에게서 찾았다고 볼 수 있다.
⑤ ⓐ를 제기한 철학자들은 인간 행위의 원인을 일상에서 경험할 수 있는 사건으로 한정지었다고 볼 수 있다.

17. <보기>는 철학자들이 나누는 가상의 대화의 일부이다. 윗글을 바탕으로 ㉮에 들어갈 내용을 추론했을 때, 가장 적절한 것은? [3점]

< 보 기 >

A : 리드에 따르면 의욕은 행위자의 양면적 능력의 발휘에 결합하는 것입니다. 그렇다면 그 능력의 발휘는 또 다른 의욕을 필요로 할 것입니다. 이 연쇄는 끝없이 이어질 수 있고, 의욕에 선행하는 의욕이 무한히 필요해집니다. 그렇다면 행위자는 어떤 의욕도 일으킬 수 없어 어떤 행동도 할 수 없어야 합니다.

B : '의욕의 무한 후퇴 문제'를 제기한 것이군요. 리드는 [ ㉮ ]고 보았습니다. 이러한 입장에 따르면 그 문제는 해소될 수 있습니다.

① 의욕과 무관하게 정신적 사건이 결과가 될 수 있다
② 양면적 능력의 발휘에는 의욕이 항상적으로 결합한다
③ 양면적 능력의 발휘와 그 결과로서의 의욕은 구별될 수 없다
④ 의욕에 또 다른 의욕이 선행하는 연쇄는 관찰의 범위 내에 있다
⑤ 의욕을 일으키는 양면적 능력은 변화를 산출하지 않을 수도 있다

**[18 ~ 21] 다음 글을 읽고 물음에 답하시오.**

일일은 할미 집에 온 다음 해 3월 보름에 할미는 술 팔러 가고, 낭자 홀로 초당에서 수를 놓고 있는데, **청조**가 날아와 매화 가지에 앉아 울거늘, 낭자가 왈,

"저 새도 나처럼 부모를 여의었는가? 어찌 혼자 우는가?"

하고 눈물을 흘리다가 홀연 졸더니, 그 새가 낭자에게 왈,

"낭자의 부모님이 저기 계시니, 저와 함께 가사이다."

하거늘, 낭자가 그 새를 따라 한 곳에 다다르니, 백옥 같은 연못 가운데 구슬로 대를 쌓고 그 위에 누각을 지었으되, 주춧돌과 기둥은 만호와 호박으로 만들었고 지붕은 유리로 이었는지라. 광채가 찬란하여 바로 보지 못할네라. 산호로 만든 현판에 금으로 '**요지**'라 쓰여 있었으니, 서왕모의 집일너라.

너무 으리으리하여 낭자가 들어가지 못하고 문밖에서 주저하더니, 문득 서쪽에서 오색구름이 일어나고 기이한 향내 진동하더니, 무수한 선관과 선녀들이 용도 타며 봉황도 타며 쌍쌍이 들어가고, 청운(靑雲)이 어린 곳에 옥황상제께서 육룡이 모는 옥수레를 타고 오셨으며, 그 뒤에 서천 석가여래 오신다 하고 제천 제불과 삼태 칠성과 관음 나한과 보살이 시위하여 오되, 사방에서 풍류 소리 진동하니, 그 위엄 있고 엄숙한 행차와 거동이 일대 장관이더라. 이윽고 구름이 크게 일어나며 그 속에 백옥 교자 탄 선녀가 백년화 한 가지를 꺾어 쥐고 단정히 앉아 있는데, 좌우에 무수한 선녀가 시위하여 오더니, 이는 ㉠ 월궁항아의 행차러라. 항아가 숙향을 보고 왈,

"반갑다, 소아야! 인간 세상에서 고행을 얼마나 겪었는가? 나를 좇아 들어가 요지의 경치나 보고 가거라."

하거늘, 숙향이 항아를 따라 들어가니, 그 집 형상과 으리으리한 모습은 이루 말로 표현하기 어렵더라. 각양각색의 풍류 소리가 진동하는 가운데, 한 보살이 젊은 선관을 앞에 세우고 들어와 상제께 뵈오니, **상제 그 선관에게 이르시되,**

"태을아, 인간 재미 어떠하며, 소아를 만나 보았느냐?"

그 선관이 땅에 엎드려 무수히 사죄하더라.

항아가 옥황께 여쭈오되,

"소아가 네 번 죽을 액을 지나왔사오니 그만하옵셔 복록*을 정하쇼서."

상제 허락하셔서 여래에게 명하셔서 수명을 정하라 하시니, 여래 아뢰되,

"일흔 살을 정하나이다."

또 북두칠성에게 명하셔서 자손을 정하라 하시니, 칠성이 아뢰되,

"아들 형제와 딸 하나를 정하나이다."

또 남두칠성에게 명하셔서 복록을 정하라 하시니, 남두성이 아뢰되,

"두 아들은 정승이 되고, 딸은 황후가 되게 정하나이다."

상제 소아에게 명하셔서 ⓐ 반도 두 개와 계화(桂花) 한 가지를 태을선군에게 주라 하시니, 소아가 상제 명을 받들어 한 손에 반도를 옥쟁반에 담아 들고, 한 손에 계화 한 가지를 가지고 내려와 태을선군에게 주니, 그 선관이 두 손으로 받으며 소아를 눈여겨보거늘, 소아가 부끄러워 돌아설 때 손에 낀 ⓑ 옥지환의 진주가 계화에 걸려 떨어지거늘, 소아가 쥐고자 할 차에 벌써 그 선관이 쥐거늘, 소아가 부끄러워 돌아서서 들어가고자 할 때, 할미 들어와 낭자를 깨워 왈,

"봄날이 곤하거니와 무슨 낮잠을 그다지 오래 자는가?"

하며 깨우거늘, 소저 그 소리에 놀라 깨어 일어 앉으니, 요지의 풍경이 눈에 어른거리고, 천상의 풍류 소리가 귀에 쟁쟁하더라.



[해설편 p.029]

(중략)

3월 보름에 대성사에 올라가니, 몸이 곤하여 졸려 난간에 의지하여 잠깐 잠을 들었더니, 꿈에 **부처** 와 이르되,

"오늘 서왕모가 **요지**에서 잔치하니, 그대도 나를 좇아 구경이나 하자꾸나."

하거늘, 이선이 매우 기뻐 부처를 따라 한 곳에 다다르니, 선녀가 무수히 모여 분주하며, 기이한 화각(畫閣)과 빛나는 구름과 아름다운 향내는 이루 말로 표현하기 어렵더라. 부처 이선에게 손으로 가리키며 왈,

"북쪽 옥륜대 위에 높이 앉은 이는 옥황상제이시고, 그 뒤에는 삼태 칠성이 모든 별을 거느렸고, 동편 백옥교에는 석가여래 모든 부처를 거느리고 차례로 앉아 있으니, 내 먼저 들어가거든, 그대는 내 뒤를 좇아서 상제를 뵈온 후에 차례로 좌우에 있는 선관들에게 인사를 드리시게."

이선 왈,

"너무 으리으리하여 동서를 분별치 못할까 하나이다."

부처 웃고 소매 안에서 ⓒ 대추 같은 과일을 주며 왈,

"이것을 먹으면 자연 알리라."

하거늘, 선이 받아먹으니, 전생에서 하던 일이 어제 같아, 모든 선관이 다 전의 친하던 벗일네라. 새로이 반가운 마음을 금치 못하여 부처께 사례하니, 부처 먼저 들어가거늘, 선이 뒤를 따라 들어가 상제께 큰절을 하고 모든 선관들에게 차례로 인사하니, 다 반겨하더라. **상제 전교*하시되**,

"태을아, 인간 재미 어떠하더냐? 네 소아를 만나보았느냐?"

선이 땅에 엎드려 사죄하더니, 상제 한 선녀를 명하셔서 반도 두 개와 계화 한 가지를 바치라 하시니, 이선이 땅에 엎드려 두 손으로 받으며 선녀를 얼핏 보니, 선녀 부끄러워 몸을 돌아설 때 손에 낀 옥지환의 진주가 계화에 걸려 선의 앞에 떨어지거늘, 가만히 한 손으로 쥐고 다시 희롱코자 하더니, 대성사 중들이 저녁 공양을 하기 위해 종을 치니, 그 소리에 놀라 깸에 요지의 풍경이 눈에 선하고 천상의 풍류 소리가 귀에 쟁쟁하며, 손에 진주가 분명 쥐어져 있거늘, 너무 신기하여 즉시 글을 지어 꿈속의 일을 기록하고, 부처께 하직한 후 집에 돌아오니라. 이후로는 부귀공명에 뜻이 없고, 오로지 소아만 생각하며 지내더라.

– 작자 미상, 「숙향전」 –

* 복록 : 복되고 영화로운 삶.
* 전교 : 임금의 명령을 내림.

**18.** 윗글을 읽고 알 수 있는 내용으로 적절하지 않은 것은?

① 이선은 요지에 다녀온 후 숙향을 보고 싶어 했다.
② 숙향은 부모와 만나고 싶은 마음에 청조를 따라갔다.
③ 숙향은 청조에 자신의 처지를 투영하며 슬픔을 느꼈다.
④ 숙향과 이선은 모두 서왕모 집의 규모에 압도됨을 느꼈다.
⑤ 이선은 마음이 석연치 않음에도 서왕모의 잔치에 참석했다.

**19.** ㉠에 대한 이해로 가장 적절한 것은?

① 숙향이 겪은 과거 사건들의 원인을 규명하고 있다.
② 숙향이 인간 세상에서 겪은 고행에 대해 알고 있다.
③ 숙향이 이선과 맺게 될 인연을 상제에게 설명하고 있다.
④ 숙향이 요지에서 겪을 일을 숙향에게 미리 알려 주고 있다.
⑤ 숙향이 태을선군을 이선으로 생각하도록 정보를 제공하고 있다.

**20.** ⓐ ~ ⓒ에 대한 설명으로 가장 적절한 것은?

① ⓐ는 인물이 꿈속에서 겪은 일을 실제 있었던 일로 믿는 증표가 되고 있다.
② ⓑ는 인물이 상대 인물에게 보인 수줍음이 완화되는 계기를 제공해 주고 있다.
③ ⓒ는 인물로 하여금 자신이 접하게 되는 주변 인물들을 알아볼 수 있게 해 주고 있다.
④ ⓐ, ⓑ는 모두 인물이 자신이 처한 상황의 어려움을 구체적으로 깨닫게 하고 있다.
⑤ ⓑ, ⓒ는 모두 인물이 상대 인물과의 인연을 마음에 품게 만들어 잊지 않도록 하고 있다.

**21.** <보기>를 참고하여 윗글을 감상한 내용으로 적절하지 않은 것은? [3점]

< 보 기 >

「숙향전」은 다양한 환상담으로 이루어져 있으며, 환상담의 구성에 여러 가지 서사적 전략이 활용되고 있다. 가령 동일한 시간에 특정한 한 공간에서 인물들이 각각 겪은 환상 체험을 제시하여 그 공간에서 일어난 일들을 서로 다른 입장에서 이해할 수 있게 함으로써 서사를 입체적으로 구성하고 있다. 이를 위해 서술자는 공통적인 서사 장치를 활용해 인물들이 비현실적 공간에 들고 나도록 하고 있으며, 인물들의 체험의 동일성이 나타나도록 진술하고, 인물들이 겪은 사건을 대응시키고 있다. 그리고 이러한 환상 체험은 현실 세계에서의 일들을 예고하는 기능도 수행하고 있다.

① 숙향이 '청조'를, 이선이 '부처'를 만나는 시·공간적 배경을 일치시키고 그 만남의 배경을 묘사함으로써 시·공간적 배경을 통해 환상 체험의 주요 사건을 암시하고 있군.
② 숙향과 이선이 환상 체험을 할 수 있는 공간으로 이동하는 데에 두 사람이 각자 잠드는 것을 서사적 장치로 활용함으로써 숙향과 이선의 환상 체험 간의 관련성을 높이고 있군.
③ 숙향과 이선이 공통적으로 '요지'에서 화려한 누각을 보고 향내를 맡은 것을 제시함으로써 특정한 한 공간에서 두 사람이 각각 겪은 체험의 동일성을 나타내고 있군.
④ '상제 그 선관에게 이르시되'라고 서술한 것을 '상제 전교하시되'로 서술함으로써 숙향이 관찰자의 입장에서 바라본 사건과 이선이 당사자로서 겪은 사건을 대응시키고 있군.
⑤ 숙향이 환상 체험하는 과정에서 상제에 의해 현실 세계에서의 숙향의 수명, 자손, 복록 등이 정해지도록 제시함으로써 환상 체험을 통해 현실 세계에서의 일들을 예고하고 있군.

**[22 ~ 27] 다음 글을 읽고 물음에 답하시오.**

(가)

㉠ 이보소 저 각시님 설운 말씀 그만하오
말씀을 드러하니 설운 줄 다 모를새
㉡ 인연인들 한가지며 이별인들 같을손가
광한전 백옥경의 님을 뫼셔 즐기더니
아양을 하였거니 재앙인들 업슬손가
**해 다 저문 날**의 가는 줄 설워 마소
엇더타 이 내 몸이 견줄 데 전혀 업네
광한전 어디인가 백옥경 내 알던가
원앙침 비취금에 뫼셔 본 적 전혀 업네
내 얼골 이 거동이 무엇으로 님 사랑할가
길쌈을 모르거니 가무(歌舞)야 더 이를가
엇언지 님 향(向)한 한 조각 이 마음을
하늘이 생기시고 성현이 가르쳐셔
정학*이 앞에 잇고 부월*이 뒤에 이셔
일백 번 죽고 죽어 뼈가 가루가 된 후라도
님 향한 이 마음이 변할손가
나도 일을 가져 남의 업는 것만 얻어
부용화 옷을 짓고 목난으로 주머니 삼아
하늘께 맹세하여 님 섬기랴 원이러니
조믈 시기했나 귀신이 훼방했나
내 팔자 그만하니 사람을 원망할가
내 몸의 지은 죄를 모르니 긔 더 죄라
나도 모르거니 남이 어이 알겠는가 [A]

(중략)

뫼셔서 이리하기 각시님 같던들
설움이 이러하며 생각인들 이러할가
차생의 이러커든 후생을 어이 알고
차라리 싀여져 **구름**이나 되어서
상광 오색*이 님 계신 데 덮였으면
그도 마소 하면 **바람**이나 되어서
하일 청음*의 님 계신 데 불어서
그도 마소 하면 일륜명월 되어서
영영 반야에 뚜렷이 비최고저

– 김춘택, 「별사미인곡」 –

* 정학 : 죄인을 삶아 죽이는 큰 솥.
* 부월 : 작은 도끼와 큰 도끼.
* 상광 오색 : 다섯 가지의 길한 빛.
* 하일 청음 : 여름날의 맑고 시원한 응달.

(나)

님으람* 회양(淮陽) 금성(金城) **오리나무**가 되고 나는 **삼사월 칡넝쿨**이 되야

**그 나무에 그 칡이 납거미 나비 감듯** 이리로 츤츤 저리로 츤츤 외오 풀러 올히 감아 얼거져 틀어져 밑부터 끝까지 조금도 빈틈 업시 찬찬 굽의 나게 휘휘 감겨 주야 장상(晝夜長常) 뒤트러져 감겨 잇셔

**동(冬)섯달** 바람비 눈서리를 아무리 맛즌들 ㉢ 떨어질 줄 이시랴

– 이정보 –

* 님으람 : 임은.

(다)

돌아가신 큰누님의 이름은 아무개로서 반남 박씨이다. 그 동생 지원 중미가 묘지명을 지었으니 다음과 같다.

누님은 나이 열여섯에 덕수 이씨 택모 백규에게 시집가서 딸 하나 아들 둘을 두었다. 신묘년 구월 초하루에 돌아가 사십삼 세를 살았다. 남편의 선산이 아곡이라 그곳의 경좌* 방향 자리에 장사를 지낼 예정이었다.

그런데 백규가 어진 아내를 잃은 데다가 가난하여 생계를 꾸릴 방도가 없는지라, 아예 어린 자식들과 계집종 하나를 데리고 솥과 그릇가지, 옷상자와 짐 보따리를 챙겨서 배를 타고 그 골짜기로 들어가 버렸다. 상여와 함께 일제히 떠나는 새벽, 나는 두모포에서 배 타고 떠나는 그들을 배웅하고 통곡을 하고서 돌아섰다.

아아! 누님이 시집가는 날 새벽에 몸단장하던 모습이 흡사 어제 일만 같구나. ㉣ 나는 그때 겨우 여덟 살이라, 벌렁 드러누워 발버둥을 치면서 새신랑이 말을 더듬으며 점잔 빼는 말투를 흉내 냈다. 누님은 부끄러워하다가 그만 빗을 떨어뜨려 내 이마를 때렸다. 나는 화가 나서 울음을 터트리고는 분가루에 먹을 뒤섞고 거울에 침을 뱉어 문질러 댔다. 그러자 누님은 옥으로 만든 오리와 금으로 만든 벌 노리개를 꺼내어 주면서 울음을 그치라고 나를 달랬다. 지금으로부터 스물여덟 해 전 일이다.

강가에 말을 세우고 저 멀리 바라보니 붉은 명정*이 바람에 펄럭이고 돛대는 비스듬히 미끄러지는데, 강굽이에 이르러 나무를 돈 뒤에는 모습을 감추어 더는 보이지 않았다. 강가 멀리 앉은 산은 시집가던 날 누님의 쪽 지은 머리처럼 검푸르고, 강물 빛은 그날의 거울처럼 보이며, 새벽달은 누님의 눈썹처럼 보였다. 빗을 떨어뜨리던 그날의 일을 눈물 속에서 생각하니 유독 어릴 적 일만이 또렷또렷하게 떠오른다. 그때는 또 그렇게도 즐거운 일이 많았고, 세월은 길게만 느껴졌다.

그사이에는 늘 이별과 환난에 시달려야 했고 빈궁에 시름겨워 했다. 그 일들이 꿈속인 양 황홀하게 스쳐 지나간다. ㉤ 형제로 지낸 날들은 어찌도 그렇게 짧았단 말인가?

떠나는 이 간곡하게 뒷기약을 남기기에
보내는 이 도리어 눈물로 옷깃을 적시네.
조각배는 이제 가면 언제나 돌아올까?
보내는 이 쓸쓸히 강 길 따라 돌아서네. [B]

– 박지원, 「백자증정부인박씨묘지명」 –

* 경좌 : 서남쪽을 등진 방향.
* 명정 : 죽은 사람의 관직과 성씨 따위를 적은 기.

**22.** (가) ~ (다)에 대한 설명으로 가장 적절한 것은?

① (가)에서는 과거의 인연을 끊고 새로운 인연을 찾으려 하는 삶의 방식을 보여 주고 있다.
② (나)에서는 자신의 잘못을 인정하고 새로운 목표를 지향하는 상황을 강조하고 있다.
③ (다)에서는 인생의 허무함을 극복하려는 적극적인 태도를 부각하고 있다.
④ (가), (다)에서는 모두 특정한 대상을 떠올리며 그리워하는 상황을 드러내고 있다.
⑤ (가), (나), (다)에서는 모두 현실에 대한 인식을 바탕으로 미래에 대한 불안을 나타내고 있다.


[해설편 p.030]

23. ㉠~㉤에 대한 설명으로 적절하지 않은 것은?

① ㉠: 화자가 상대방을 부르며 자신의 생각을 드러내고 있다.
② ㉡: 화자는 인연이나 이별의 상황이 각자 다르다고 여기고 있다.
③ ㉢: 화자가 임에 대한 자신의 태도가 변하지 않을 것임을 강조하고 있다.
④ ㉣: 글쓴이가 자신의 나이와 행위를 통해 과거의 철없는 모습을 드러내고 있다.
⑤ ㉤: 글쓴이가 과거 사건을 요약하며 좌절감을 완화하고 있다.

24. [A]에 나타난 화자에 대한 이해로 가장 적절한 것은?

① 자신이 과거에 임과 만나게 된 이유를 상세히 밝히고 있다.
② 자신이 아무런 죄 없이 참소를 당했다고 임에게 호소하고 있다.
③ 자신이 정성을 담아 만든 물건을 임에게 전달한 후 안도하고 있다.
④ 자신의 행동과 재주가 임의 사랑을 받기에는 부족하다고 한탄하고 있다.
⑤ 자신의 풍류 의식과 성현의 가르침 사이에서 고뇌하는 모습을 드러내고 있다.

25. <보기>를 바탕으로 (가), (나)를 감상한 내용으로 적절하지 않은 것은?

< 보 기 >

문학에서는 상상력을 발휘하여 현실의 한계를 벗어나 다른 존재로 거듭 나기를 바라는 심정을 형상화하기도 한다. 고전 시가에서 변신에 대한 소망은 주로 (가)와 같이 죽어서 다른 존재로 다시 태어나는 '전생'이나, (나)와 같이 죽지 않고 다른 존재로 몸을 바꾸는 '전신' 등으로 구현된다. 그리고 변신의 양상에는 혼자서 변신하기를 바라는가 아니면 상대방과 함께 변신하기를 바라는가, 다른 인간으로 변신하기를 바라는가 아니면 인간이 아닌 다른 존재로 변신하기를 바라는가 등이 있다.

① (가)의 '구름'은 현실의 한계를 벗어나기 위해 화자가 죽어서 다시 태어나기를 바라는 존재로 볼 수 있겠군.
② (나)의 '삼사월 칡넝쿨'은 화자가 상상력을 발휘해 몸을 바꾸기를 바라는 존재로 볼 수 있겠군.
③ (나)의 '그 나무에 그 칡이 납거미 나비 감듯'은 임이 자신과 함께 변신하여 서로의 관계가 굳건하게 이어지기를 바라는 화자의 소망을 드러낸 것으로 볼 수 있겠군.
④ (가)의 '해 다 저문 날'과 (나)의 '동섯달'은 모두 화자가 임과 헤어지는 시간으로, 화자가 변신을 바라는 계기로 작용한다고 볼 수 있겠군.
⑤ (가)의 '바람'은 화자 자신의 변신을, (나)의 '오리나무'는 임의 변신을 바라는 화자의 심정을 형상화한 것으로 볼 수 있겠군.

26. (다)의 맥락을 고려하여 [B]를 이해한 내용으로 적절하지 않은 것은?

① 글쓴이는 [B]에서 누님과의 약속을 어긴 이유를 밝히고 있다.
② 글쓴이가 [B]에서 제시한 시적 배경은 새벽녘 강가로 볼 수 있다.
③ 글쓴이는 [B]를 통해 사별의 정서와 관련된 구체적인 행동을 드러내고 있다.
④ 글쓴이는 [B]에서 상여를 실은 조각배가 떠난 후 돌아서는 자신의 모습을 제시하고 있다.
⑤ 글쓴이는 [B]에서 스스로 묻는 방식으로 더 이상 누님을 대면할 수 없는 상황을 나타내고 있다.

27. <보기>는 선생님의 안내에 따라 학생들이 (다)를 이해한 내용이다. ⓐ~ⓓ 중 적절한 것만을 있는 대로 고른 것은? [3점]

< 보 기 >

**선생님**: 남성 문인들이 쓴 조선 시대 여성의 묘지명은 몇 가지 서술상의 관행이 있었습니다. 고인의 이름을 명시하지 않고, 남편의 뜻을 따르는 수동적 언행을 제시하며, 고인의 행적 중 살림을 잘해 사후에도 가족들을 풍족하게 지낼 수 있게 하는 일처럼 가문에 공헌한 것만을 골라서 칭송했습니다. 그러나 박지원은 묘지명이 단순히 가문을 자랑하기 위한 글이 아니라 고인과의 일화 등을 통해 개인적인 정과 추억을 담아 아름답게 표사하는 글이어야 가치가 있다고 생각했습니다. 이를 참고하여 (다)에서 당대의 상투적인 서술상의 관행에서 탈피한 내용을 찾아봅시다.

**학생 1**: 누님의 이름을 구체적으로 밝혀 가문에 대한 자랑과 누님에 대한 애틋한 정을 동시에 드러냈습니다. ……… ⓐ
**학생 2**: 누님의 남편이 생계가 어려워 가족을 데리고 이주하는 상황을 구체적으로 언급했습니다. ……… ⓑ
**학생 3**: 누님이 화가 난 남동생을 달래기 위해 노리개를 꺼낸 일화를 소개했습니다. ……… ⓒ
**학생 4**: 시집가던 날의 누님의 모습을 글쓴이가 회상하며 누님에 대한 개인적인 추억을 표현했습니다. ……… ⓓ

① ⓐ, ⓑ ② ⓐ, ⓒ ③ ⓑ, ⓓ
④ ⓐ, ⓒ, ⓓ ⑤ ⓑ, ⓒ, ⓓ

[해설편 p.030]

[28 ~ 30] 다음 글을 읽고 물음에 답하시오.

(가)

어느 사이에 나는 아내도 없고, 또,
아내와 같이 살던 집도 없어지고,
그리고 살뜰한 부모며 동생들과도 멀리 떨어져서,
그 어느 바람 세인 쓸쓸한 거리 끝에 헤매이었다.
바로 날도 저물어서,
바람은 더욱 세게 불고, 추위는 점점 더해 오는데,
나는 어느 목수네 집 헌 삿을 깐,
한 방에 들어서 쥔을 붙이었다*.
이리하여 나는 이 습내 나는 춥고, 누긋한 방에서,
낮이나 밤이나 나는 나 혼자도 너무 많은 것같이 생각하며,
딜옹배기*에 북덕불*이라도 담겨 오면,
이것을 안고 손을 쬐며 재 우에 뜻 없이 글자를 쓰기도 하며,
또 문밖에 나가지도 않고 자리에 누워서,
머리에 손깍지 베개를 하고 굴기도 하면서,
나는 내 슬픔이며 어리석음이며를 소처럼 연하여 쌔김질하는 것이었다.
내 가슴이 **꽉** 메어 올 적이며,
내 눈에 뜨거운 것이 **핑** 괴일 적이며,
또 내 스스로 화끈 낯이 붉도록 부끄러울 적이며,
나는 내 슬픔과 어리석음에 눌리어 죽을 수밖에 없는 것을 느끼는 것이었다.
그러나 잠시 뒤에 나는 고개를 들어,
허연 문창을 바라보든가 또 눈을 떠서 높은 천정을 쳐다보는 것인데,
이때 나는 내 뜻이며 힘으로, 나를 이끌어 가는 것이 힘든 일인 것을 생각하고,
이것들보다 더 크고, 높은 것이 있어서, 나를 마음대로 굴려 가는 것을 생각하는 것인데,
이렇게 하여 여러 날이 지나는 동안에,
내 어지러운 마음에는 슬픔이며, 한탄이며, 가라앉을 것은 차츰 **앙금**이 되어 **가라앉**고,
외로운 생각만이 드는 때쯤 해서는,
더러 나줏손*에 **쌀랑쌀랑** 싸락눈이 와서 문창을 치기도 하는 때도 있는데,
나는 이런 저녁에는 화로를 더욱 다가 끼며, 무릎을 꿇어 보며,
어니 먼 산 뒷옆에 바위 섶*에 따로 외로이 서서,
어두워 오는데 하이야니 눈을 맞을, 그 마른 잎새에는,
**쌀랑쌀랑** 소리도 나며 눈을 맞을,
그 드물다는 굳고 정한 갈매나무라는 나무를 생각하는 것이었다.

– 백석, 「남신의주 유동 박시봉방」 –

* 쥔을 붙이었다 : 세를 얻어 생활하였다.
* 딜옹배기 : 아가리가 넓게 벌어진 둥글넓적한 질그릇.
* 북덕불 : 짚이나 풀 따위의 엉클어진 뭉텅이에 피운 불.
* 나줏손 : '저녁때'의 방언.
* 섶 : '옆'의 방언.

(나)

혁명은 안 되고 나는 방만 바꾸어 버렸다
그 방의 벽에는 **싸우라** 싸우라 싸우라는 말이
**헛소리**처럼 아직도 어둠을 지키고 있을 것이다
나는 모든 노래를 그 방에 함께 남기고 왔을 게다
그렇듯 이제 나의 가슴은 이유 없이 메말랐다
그 방의 벽은 나의 가슴이고 나의 사지일까
**일하라** 일하라 일하라는 말이
**헛소리**처럼 아직도 나의 가슴을 울리고 있지만
나는 그 노래도 그 전의 노래도 함께 다 잊어버리고 말았다

혁명은 안 되고 나는 방만 바꾸어 버렸다
나는 인제 녹슬은 펜과 뼈와 광기—
실망의 가벼움을 재산으로 삼을 줄 안다
이 가벼움 혹시나 역사일지도 모르는
이 가벼움을 나는 나의 재산으로 삼았다

혁명은 안 되고 나는 방만 바꾸었지만
나의 입속에는 **달콤한** 의지의 잔재 대신에
다시 **쓰디쓴** 담뱃진 냄새만 되살아났지만

방을 잃고 낙서를 잃고 기대를 잃고
노래를 잃고 가벼움마저 잃어도

이제 나는 무엇인지 모르게 기쁘고
나의 가슴은 이유 없이 풍성하다

– 김수영, 「그 방을 생각하며」 –

**28.** (가)와 (나)의 공통점에 대한 설명으로 가장 적절한 것은?

① 유사한 문장 형태를 반복하여 시적 의미를 강조하고 있다.
② 추측을 나타내는 표현을 활용하여 대상의 양면성을 부각하고 있다.
③ 반어적인 표현을 사용하여 대상이 지닌 부정적 가치를 드러내고 있다.
④ 계절감이 드러난 시어를 활용하여 화자가 처한 상황을 강조하고 있다.
⑤ 표면에 드러난 청자에게 말을 건네는 방식으로 화자의 정서를 드러내고 있다.

**29.** (가), (나)에 대한 설명으로 적절하지 <u>않은</u> 것은?

① (가)에서 '꽉'과 '핑'은 화자가 자신에 대해 느끼는 심정을 부각한다.
② (가)에서 '앙금'이 되어 '가라앉'는 것으로 제시한 것은 화자의 내적 갈등이 심화되는 양상을 드러낸다.
③ (가)에서 '쌀랑쌀랑'을 반복적으로 사용한 것은 화자의 감각 체험이 연상 작용으로 이어지고 있음을 드러낸다.
④ (나)에서 '싸우라'와 '일하라'를 각각 '헛소리'와 연결한 것은 혁명의 외침을 공허하게 느끼게 된 화자의 인식을 드러낸다.
⑤ (나)에서 '쓰디쓴'을 '달콤한'과 대비한 것은 자신이 지향해 온 것과 괴리된 현실에 대한 화자의 정서를 부각한다.



[해설편 p.031]

**30.** <보기>를 참고하여 (가), (나)를 이해한 내용으로 적절하지 않은 것은? [3점]

< 보 기 >

시적 공간의 하나인 '방'은 화자가 처한 상황과 화자의 내면 의식을 드러내는 경우가 많다. (가)에서 방은 화자가 자기 자신에 대한 생각을 되새기는 공간이면서 내적 의지를 떠올려 앞으로 살아가야 할 삶의 자세를 생각하는 공간이다. 한편 (나)에서 방은 화자의 의식을 상징하는 공간으로, 방을 바꾸는 화자의 행위 속에는 혁명의 실패에 따른 좌절감과 그 무게감에서 벗어나려고 하는 화자의 의식이 투영되어 있다.

① (가)는 '쥔을 붙'인 방을 '습내 나는 춥고, 누긋한 방'으로 묘사함으로써 화자가 처한 현실 상황의 초라함을 드러내는군.
② (가)는 '문밖에 나가지도' 않고 '내 슬픔이며 어리석음이며'를 '쌔김질'하는 화자의 모습을 제시함으로써 방이 자기 자신에 대한 생각을 되새기는 공간임을 드러내는군.
③ (나)는 '모든 노래를 그 방에 함께 남기고 왔을 게다'라고 함으로써 혁명이 좌절된 화자의 상황을 드러내는군.
④ (가)는 화자 자신을 '문창' 너머의 '더 크고, 높은 것'과 동일시하고, (나)는 '벽'을 '나의 가슴', '나의 사지'와 동일시함으로써 방이 화자의 내면 의식에 미친 영향을 드러내는군.
⑤ (가)는 화자가 방에서 '굳고 정한 갈매나무'를 생각했다고 함으로써, (나)는 화자가 방을 바꾼 후 '실망의 가벼움을 재산으로 삼을 줄 안다'라고 함으로써 화자가 지니게 된 삶의 태도를 드러내는군.

**[31 ~ 34] 다음 글을 읽고 물음에 답하시오.**

**[앞부분의 줄거리]** '나'는 우연히 남의 서류 봉투를 들고 온다. 그 안에는 대학원생 이만집이 쓴 '내 젊은 날의 비망록'이란 제목의 일기장이 들어 있었고 '나'는 그 일기를 읽는다.

**아버지**의 눈에 눈물이 어려 있는 것을 보고 나는 단숨에 염색 공장을 찾아온 사연을 쏟아 놓기 시작했다.

"경집이 형이 차 사고를 냈어요. 피해자 쪽에서 5주 진단을 끊어 와서 을러대고 있어요. 타협 볼라고 하는데 미적거리다가 구속으로 떨어질까 봐 걱정들 하고 있어요. 셋째 형이 판사로 있는 동창생을 만나 손을 써보겠다는데 어째 불안해요. 아버지에게는 그냥 제가 알리러 왔어요. 너무 걱정은 마세요. 잘될 거예요."

아버지는 내 말을 채 다 듣기도 전에 천천히 발길을 돌렸다. 쪽문을 들어서는 아버지의 발길이 도살장을 향하는 소처럼 뭉그적거렸고, 돌처럼 각이 진 당신의 등은 뭍에 올라와 뭇사람들의 시선 속에서 죽음을 앞둔 거북의 딱딱한 등딱지를 닮아 있었다. 아버지는 큰아버지처럼 농사나 지어야 할 사람이다. 공연히 상업 학교까지 나와서 평생을 그르쳤다. 아버지의 경우에 학력이란 전연 무용지물이었다. 오히려 교육을 안 받았던 것만 못했다. 반풍수 집안 망친다는 속담이 있지만, 그럼에도 불구하고 나는 교육을 받아야 하고 많이 배울수록 좋다고 주장하는 사람이다. ㉠ 각자의 양심이 한 시대의 질주와 얼마나 발 빠르게 보조를 맞추느냐는 것은 우리의 날라리 학력에서 곧장 드러난다. 곧 많이 배운 사람일수록 그들의 양심을 찾기가 힘들어진 것만 봐도 그렇다. 살이 너무 쪄서 양심이 보이지 않는 것일지도. 살이란 결국 적당주의의 탈을 쓰고 병든, 그것도 중증인 이 사회에 부화뇌동하는 능력 그 자체일 테지만.

그러나 일의 선후책을 딱딱 부러지게 따지고 나서 횡하니 엉덩이를 털고 일어서던 셋째 형보다는 아버지의 난감한 뒷모습이 내게는 훨씬 인간적으로 돋보였다. 한참이나 외등 불빛을 받으며 서 있다가 나는 단호히 발걸음을 돌렸다. 밤색 바지와 머리통이 작은 박 씨는 어느 쥐구멍으로 사라졌는지 이미 보이지 않았다. 아버지와 나는 서로를 **측은하게 생각**하며 헤어진 셈이다.

이제 아버지는 **어떤 일에도 속수무책**이다. 그러나 나는 당신의 마음을 안다. 아들의 장래에 대해 안타까워하는 내색도 자제하는 당신의 마음속에서 일고 있을 낭패감, 그리고 당신의 무능력에 대한 막심한 자괴감을. 외부에서 무작정 들이닥치는 어떤 물리적인 힘에도 속수무책으로, ㉡ 풍뎅이처럼 죽은 시늉을 하며 살아가고 있는 양반. **어떤 신고나 불행도, 심지어 굶주림까지도 말없이 수용**해 버리는 늙은이를 나는 오늘 새삼 목격, 확인한 셈이다. 아버지도 무능하지만 나는 얼마나 더 무력한가!

아버지에 대한 사무치는 애증으로 나는 오늘 참담해지지 않을 수 없었다. 뜻밖에도 부정(父情)과 그것에의 적의는 백지장 한 장 차이라는 것, 아니 손바닥과 손등 관계라는 것을 확인한 하루였는데, ㉢ 그게 내게는 적잖은 수확이었다.

이만집의 어머니는 일찍 타계하신 것 같다. 그의 **비망록** **어느 구석에도 어머니에 대한 언급**이 없다. 어머니를 모르는 사람은 대체로 푸석한 빵 껍질같이 정서가 꽤나 삭막한 법인데 이만집은 제법 다혈질이랄까, 아직도 **눈물이 메마르지 않은 듯하다**.

이만집의 아버지는 상당히 흥미를 유발하는 인물임에 틀림없다. 남다른 결벽증으로 인해 어떤 부정 사건에 연루되어 혼자 죄를 덮어쓰고 공무원 직에서 파면당한 양반인 것 같다. **늘 피해 의식에 시달**리나 속마음은 멀쩡하고, 내가 보기에는 이만집의 맏형, 그 고서를 뒤적인다는 곰팡이 냄새 나는 인물과 동류항으로 보인다. 그들은 분명히 한 시대의, 또 한 사회 환경의 어정쩡한 부산물일 텐데, 이상하게도 그들에게서는 가해자인 '시대'의 냄새를 맡을 수 없다. 한 시대에 너무 밀착되었다가, 또는 그것과 꾸준히 호흡을 같이했다가 어느 날 배신을 당하면 그것과 매정하게 등을 지고도 이럭저럭 살아 내지기는 하는 모양이다. 그들은 애써 이 '시대'와 무관하다는 표정만 짓는다. 아무튼 무능하기 짝이 없으나 법 없이도 살 피해자들이고, 워낙 무기력하기 때문에 **해를 끼칠 사람들**은 아니다. 어쩌면 **생래부터 착한 심성으로 고생을 낙 삼고 살 양반**으로 점지된 것 같다. 그러나 주위의 사회적 환경이, 곧 세파가 그들을 인간으로서가 아니라 가장으로서의 자격 상실자로 만들어 버렸다. 그렇긴 해도 그들이 속물은 아니고, 우리 주변에서 가끔씩 만날 수 있으며,

이런 답답한 위인들이야말로 사회를 사회답게 굴러가도록 만드는 길라잡이이다.

(중략)

큰형 집을 모두 함께 나오려 했을 때 셋째 형수라는 게 제딴에는 애교를 부리며 한다는 소리가 또 내 부아를 긁어 놓았다. 선물까지 받아 우쭐대고도 싶어 공연히 점잖게 있는 사람의 심사를 건드려 양양이를 부리려는 속셈이었을 터이다.

"도련님은 언제 취직할 거예요? ㉣ 그렇게 열심히 공부해서 어디다 쓸 거예요? 아직 연애를 못 해 봐서 돈 벌기도 싫나 봐요, 그렇죠?"

나는 하는 수 없이 말 같잖은 말에 응했다.

"연애하고 취직하면 돈이 중한 줄 알게 될 거라는 소리로 들리는데요. ㉤ 그런데 돌대가리인 제가 보기에는 돈이란 돈을 좋아하는 사람만이 그걸 쫓을 권리가 있는 것 같아요. 저는 아직 도무지 좋고 나쁜 걸 분별할 수 있는 능력이 없어요. 그러니 공부나 슬슬 더해 볼까 어쩔까 싶어요."

알았다, 너희 내외나 **돈 많이 좋아**해서 호의호식하며, 너희들을 닮은 새대가리 후세나 잘 키우며 평생토록 짓까불어라.

내가 보기에는 이만집의 **셋째 형**처럼 영리한 형제가 집안에 하나쯤은 있어 가문을 덩실하게 살려 주면 좋겠는데 이 셋째 형이라는 위인은 처가 덕에 그리운 것이 없이, 자기 눈앞에 펼쳐진 세상을 야금야금 핥아 대는 이른바 출세 지향 주의자인 것 같다. 아무튼 흥미 있는 위인이고, 재미있는 세상살이인데 사람들마다의 사고를 획일화할 수 없듯이 사람들마다의 **재주와 처세술**도 이렇게 다양해야 된다고 나는 생각한다. 불공평이라는 이 세상만사의 영구불변하는 '형평의 질서'가 없으면 누가 고시에 합격하려고 엉덩이에 못이 앉도록 책상 앞에 앉아 있겠는가.

– 김원우, 「무기질 청년」 –

**31.** 윗글에 대한 이해로 가장 적절한 것은?

① 이만집은 아버지의 학력이 아버지의 삶에 기여했다고 생각했다.
② 아버지는 이만집에게 경집이 형의 장래에 대한 걱정을 토로했다.
③ 아버지는 부정 사건에 연루되었음에도 공무원 직을 계속해서 수행하고 있다.
④ 이만집은 집안의 문제를 해결하는 데 아버지보다 자신이 더 유능하다고 여겼다.
⑤ 이만집은 경집이 형의 차 사고와 관련된 내용을 알리기 위해 아버지를 찾아갔다.

**32.** ㉠~㉤에 대한 설명으로 적절하지 않은 것은?

① ㉠: 사람들의 속물적 태도에 대한 비판 의식에서 비롯된 표현이다.
② ㉡: 인물의 무력한 삶의 태도를 비유한 표현이다.
③ ㉢: 상대방에 대한 인식 변화를 나타낸 표현이다.
④ ㉣: 상대방의 태도 변화를 예상하며 현실적 대안을 제시한 발화이다.
⑤ ㉤: 상대방에 대한 냉소적 심리에서 비롯된 발화이다.

**33.** 윗글을 바탕으로 **비망록**에 대해 설명한 내용으로 가장 적절한 것은?

① 인물 간의 심화되는 갈등을 해결할 수 있는 실마리를 제공하고 있다.
② 특정 인물의 기록을 통해 사회 현실의 문제점을 살펴보게 하고 있다.
③ 계절의 변화에 따라 사건이 다층적으로 변화하는 양상을 보여 주고 있다.
④ 동시적 사건들을 병치하여 특정 사건에 대한 상반된 관점을 파악하게 하고 있다.
⑤ 여러 감각을 사용한 배경 묘사를 통해 특정 인물에게 도래할 비극적 사건을 구체적으로 제시하고 있다.

**34.** 윗글을 바탕으로 <보기>의 ⓐ, ⓑ를 이해한 내용으로 적절하지 않은 것은? [3점]

< 보 기 >

「무기질 청년」은 일종의 액자 소설로 '내부 이야기'와 '외부 이야기'가 번갈아 가며 서술되는 방식을 취하고 있다. 내부 이야기는 외부 이야기의 '나'가 제시한 이만집의 일기로, 외부 이야기는 주로 내부 이야기의 인물들과 사건에 대해 외부 이야기의 '나'가 제시한 소감과 비평으로 이루어져 있다. 이러한 중층 구조에서 서로 다른 ⓐ 내부 이야기의 '나'와 ⓑ 외부 이야기의 '나'는 유사한 시각을 드러내기도 하고 상이한 시각을 드러내기도 한다. 아울러 외부 이야기의 서술자인 '나'가 내부 이야기에 제시된 내용을 바탕으로 추론하고 해석한 내용을 덧붙여 작품 이해의 폭을 넓히고 있다.

① ⓐ가 '아버지'를 이해하고 '측은하게 생각'한 것과 관련하여, ⓑ는 ⓐ에 대해 '눈물이 메마르지 않은 듯하다'고 판단하고 있군.
② ⓐ가 '셋째 형'을 '돈 많이 좋아'한다고 한 것과 관련하여, ⓑ는 '셋째 형'에 대해 그 자신의 '재주와 처세술'로 산다고 판단하고 있군.
③ ⓐ가 '아버지'를 '어떤 일에도 속수무책'인 사람으로 평가한 것과 관련하여, ⓑ는 '아버지'에 대해 '해를 끼칠 사람들'에 해당되지 않을 것이라는 견해를 나타내고 있군.
④ ⓐ가 자신의 일기 '어느 구석에도 어머니에 대한 언급'을 하지 않은 것과 관련하여, ⓑ는 ⓐ에 대해 '늘 피해 의식에 시달'린다고 판단하고 있군.
⑤ ⓐ가 '아버지'를 '어떤 신고나 불행도, 심지어 굶주림까지도 말없이 수용'한다고 말한 것과 관련하여, ⓑ는 '아버지'에 대해 '생래부터 착한 심성으로 고생을 낙 삼고 살 양반'이라는 견해를 나타내고 있군.

* 확인 사항
○ 답안지의 해당란에 필요한 내용을 정확히 기입(표기)했는지 확인하시오.
○ 이어서, **「선택과목(화법과 작문)」** 문제가 제시되오니, 자신이 선택한 과목인지 확인하시오.



[해설편 p.032]

제 1 교시

# 국어 영역(화법과 작문)

03회



**[35 ~ 37] 다음은 학생의 발표이다. 물음에 답하시오.**

안녕하세요? 이번 시간에 발표를 맡은 ○○○입니다. 여기 모니터 화면을 보시죠. (시각 자료1) 이 화면에 보이는 앱은 제 휴대 전화에 설치되어 있는 것입니다. 이 앱에 나타난 광고 창을 닫으려고 할 때에는 ○, × 버튼 중 누구나 × 버튼을 누르게 될 텐데요, 이 광고 창에서는 × 버튼을 누르면 또 다른 광고 창으로 연결됩니다. 그래서 저는 이 앱을 사용할 때 제 의도와 다르게 광고 창을 열게 되는 경우가 종종 있습니다. 여러분도 저와 비슷한 경험을 하신 적이 있지 않나요? (청중의 반응을 확인하고) 그렇다면 저와 여러분은 '다크 패턴'에 속은 것입니다. 지금부터 다크 패턴에 대해 알려 드리겠습니다.

다크 패턴이란 이용자를 속이기 위해 교묘하게 웹이나 앱을 설계하는 것으로, 우리말로는 '눈속임 설계'라고 합니다. 다크 패턴에는 대표적으로 속임수 유형과 강요 유형이 있습니다. 속임수 유형은 이용자가 쉽게 속도록 하여 원래 의도했던 선택과 다른 선택을 하게 하는 것입니다. 앱에 가입하려 할 때 다른 앱을 설치하도록 유도하거나, 동영상 재생 버튼을 누르면 광고로 연결되는 것 등이 이에 해당합니다. 앞서 여러분이 화면을 보고 저에게 피해를 입은 적이 있다고 말해 주신 것이 속임수 유형에 해당한다고 볼 수 있습니다.

강요 유형은 이용자가 앱 설계자의 의도대로 선택을 하도록 여러 가지 방법을 사용하는 것입니다. 여기 화면을 보시죠. (시각 자료2) 제가 가입한 이 앱을 해지해 보겠습니다. 여기에 있는 해지 버튼을 누르면 '지금까지 받아 온 많은 혜택을 모두 포기하실 건가요?'라는 문구가 나옵니다. 이런 식으로 이용자가 해지를 못하게 유도하는 것이 강요 유형에 해당합니다. 이 외에도 다크 패턴에는 주의 분산 유형, 탐색 조작 유형 등 다양한 유형이 있습니다. 시간 관계상 다 소개하기 어려우니 관심이 있으신 분들은 한국소비자원 누리집을 참고하시기 바랍니다.

다크 패턴으로 인한 피해는 어느 정도일까요? 한국소비자원에서 발표한 자료에 따르면 조사한 앱 중 97%에서 1개 이상의 다크 패턴이 나타났고, 하나의 앱에서 6개까지 사용된 경우도 있었습니다. 이러한 다크 패턴으로 인해 이용자는 선택의 자율성을 침해받을 뿐만 아니라 금전적 손실, 개인 정보 유출 등의 피해를 받고 있습니다. 이런 다크 패턴에 속지 않도록 웹이나 앱에서 어떠한 선택을 할 때에는 항상 주의를 기울여야 피해를 예방할 수 있습니다. 이상으로 발표를 마치겠습니다. 감사합니다.

**35.** 위 발표에 대한 설명으로 가장 적절한 것은?

① 발표할 내용의 순서를 발표의 앞부분에서 제시하고 있다.
② 청중의 요청에 따라 발표 내용에 대한 정보를 추가로 설명하고 있다.
③ 발표자 자신의 경험을 활용하여 발표에서 다룰 화제를 제시하고 있다.
④ 다양한 사례를 제시하여 설명한 내용에 대한 청중의 잘못된 이해를 바로잡고 있다.
⑤ 청중이 발표 내용을 이해했는지를 질문을 통해 확인하며 발표를 마무리하고 있다.

**36.** 다음은 발표자가 위 발표를 준비하면서 작성한 메모이다. ㉠~㉤을 바탕으로 하여 발표에서 사용한 발표 전략으로 적절하지 않은 것은?

○ 목적 : 수업 시간에 정보 전달을 하기 위한 발표임. ····· ㉠
○ 장소 : 모니터가 설치된 교실임. ····· ㉡
○ 예상 청중
  1. 다크 패턴에 대해 잘 알지 못할 수 있음. ····· ㉢
  2. 다크 패턴으로 인한 피해를 입은 경험이 있을 것임. ····· ㉣
○ 발표 시간 : 발표 시간의 제약이 있으므로 발표할 내용의 분량을 조절해야 함. ····· ㉤

① ㉠ : 발표에 사용된 자료의 출처를 밝혀 청중에게 전달되는 정보의 신뢰성을 높인다.
② ㉡ : 교실에 있는 모니터 화면으로 휴대 전화의 앱을 보여 주어 정보의 전달 효과를 높인다.
③ ㉢ : 청중의 이해를 돕기 위해 다크 패턴의 개념과 우리말로 된 용어를 함께 제시한다.
④ ㉣ : 다크 패턴의 유형을 소개하는 데 청중이 피해를 겪은 경험을 활용한다.
⑤ ㉤ : 발표 시간을 고려해 다크 패턴의 피해를 예방하는 방법을 도식화한 자료를 제시한다.

**37.** 다음은 위 발표를 들은 학생들의 반응이다. 학생의 반응을 이해한 내용으로 적절하지 않은 것은? [3점]

**학생 1** : 그동안 몰랐던 다크 패턴에 대해 많은 것을 알게 되어서 좋았어. 다크 패턴은 인간의 심리와 관련이 있는 것 같아. 이에 대해 알고 싶은 것이 있으니 조사해 보아야겠어.

**학생 2** : 어제 무료 앱을 설치했는데 원하지 않던 앱도 함께 설치되어 그것이 무엇인지 알아봤어. 그리고 속임수 유형에 대한 발표 내용이 정확한지도 조사해 봤는데, 내가 알아본 것과 내용이 일치해서 신뢰감이 들었어.

**학생 3** : 다크 패턴에 관하여 많은 정보를 확인할 수 있는 누리집을 알게 되어 유익했어. 지금 내 휴대 전화에 있는 앱에도 다크 패턴이 적용되어 있는지 확인해 보아야겠어.

① 학생 1은 발표 내용과 관련해 궁금한 점을 더 조사해야겠다고 생각하고 있군.
② 학생 2는 발표에서 속임수 유형에 대해 설명한 내용이 정확한지 평가하고 있군.
③ 학생 3은 발표 내용을 바탕으로 자신의 현재 상황을 점검하려 하고 있군.
④ 학생 1과 학생 3은 발표를 통해 얻은 정보를 긍정적으로 평가하고 있군.
⑤ 학생 2와 학생 3은 발표에서 들은 정보를 사실과 의견으로 구분하고 있군.

**[38 ~ 42] (가)는 한 학생이 학생회 누리집 게시판에 올린 글이고, (나)는 (가)를 읽은 학생회 학생들이 나눈 대화이다. 물음에 답하시오.**

(가)

안녕하세요. 며칠 전 다목적실의 리모델링을 앞두고 학생회에서 다목적실의 활용 방안을 논의하는 데 참관했던 ○○○입니다. 그때 논의에서는 다목적실을 학생 휴게실로 바꾸자는 측과 기존처럼 학습 공간으로 사용하자는 측의 대립이 있었는데, 의견 차이만 확인하고 결론은 내리지 못했습니다. 양측에서 자신의 입장만 내세우는 문제가 있고 논의 태도에도 문제가 있다는 생각이 들어, 학생회 활동에 대한 학생의 의견을 듣는 게시판에 이 글을 쓰게 되었습니다.

먼저 논의 내용을 간략하게 요약하면, 다목적실을 학생 휴게실로 바꾸어야 한다는 측은 쾌적한 환경에서 편하게 대화를 하며 스트레스를 줄일 수 있는 공간에 대한 학생들의 요구가 있다는 점을 근거로 들었습니다. 그리고 학습 공간으로 사용하자는 측은 점심시간에 학생들이 편리하게 이용할 수 있는 학습 공간이 부족해 교내 학습 공간의 확보에 대한 학생들의 요구가 있다는 점을 근거로 들었습니다.

양측은 각자 자신의 주장을 뒷받침하는 타당한 근거를 제시했습니다. 그런데 양측 모두 자신의 주장과 상대방의 주장을 절충하기 위한 방안을 고민하지 않았습니다. 학생회라면 학생 모두의 복지를 고려해야 합니다. 다목적실은 일부 학생을 위한 공간이 아니라 학생 전체를 위한 복지 공간입니다. 따라서 학생회는 학생 모두를 위한 다목적실의 활용 방안을 고민해야 합니다.

양측의 주장을 절충할 수 있는 현실적인 방안으로 리모델링을 할 때 다목적실을 학습 공간과 휴게 공간으로 나누는 방법이 있습니다. 공간을 구분하면 각 공간을 이용하는 학생들이 좁다는 느낌을 받을 수 있겠지만 양측의 요구를 모두 충족할 수 있습니다. 곧 리모델링을 시작하는 만큼 제 의견을 참고해 구체적인 공간 활용 방안을 논의하면 좋겠습니다. 다음에는 협력해서 방안을 마련하기 바랍니다.

지난 논의에서는 다목적실을 학생 휴게실로 바꾸자는 측과 학습 공간으로 계속 사용하자는 측 모두 서로의 입장을 이해하려는 노력이 부족하다는 것을 느꼈습니다. 양측이 열린 마음으로 상대 입장을 배려하며 논의에 임해야 학생 모두를 위한 방안을 마련할 수 있을 것입니다. 읽어 주셔서 감사합니다.

(나)

**학생 1**: 리모델링 이후의 다목적실 활용 방안에 대해 다시 이야기해 보자. 지난 논의에 대해 비평하는 글 읽어 봤니? 나는 특히 글의 마지막 부분에 공감하면서 읽었어. 논의 과정에서 상대방의 입장을 고려하지 않아 문제가 해결되지 않고 오히려 갈등이 고조되는 걸 느꼈거든. 너희들은 논의할 때 어땠어?

**학생 2**: 그 글을 읽으며 내 태도를 되돌아봤어. 내가 너무 일방적으로 내 생각만 내세웠던 것 같아. 다목적실이 학습 공간으로만 사용되는 것에 평소 불만이 있어서, 다목적실을 학습 공간으로 사용하고 싶어 하는 학생들이 많다는 점을 고려하지 않았어. 상대방의 입장을 배려하며 방안을 찾아야 했어.

**학생 3**: 난 점심시간에 다목적실을 학습 공간으로 편리하게 이용할 수 있어서 정말 좋았거든. 그래서 다목적실을 학생 휴게실로 바꾸자는 주장에 거부감이 들었어. 하지만 글에도 나왔듯이 다목적실은 학생 모두의 복지를 위한 공간이니까 휴게 공간을 필요로 하는 학생들의 입장도 고려해야 했어.

**학생 1**: 그럼 이제 양측의 입장을 절충해 좋은 방안을 마련할 수 있도록 협의해 보자. 글에 제시된 필자의 의견처럼 다목적실을 학습 공간과 휴게 공간으로 나누는 건 어떨까?

**학생 3**: 그러면 글에서도 우려한 것처럼 각각의 공간이 좁을 것 같아. 다목적실을 학습 공간으로 운영하는 시간과 휴게 공간으로 운영하는 시간을 구분하는 게 더 낫겠어.

**학생 2**: 다목적실을 시간대별로 학습 공간과 휴게 공간으로 운영하자는 의견에는 동의해. 그런데 그렇게 운영하기 위해서는 많은 학생이 수긍할 수 있는 기준이 필요해.

[A]

**학생 3**: 그래, 기준이 필요하겠다. 다목적실에서 공부하는 학생들이 가장 많을 때는 점심시간인 것을 고려하자. 그 시간에는 학습 공간으로 운영하고, 수업 사이의 쉬는 시간에는 휴게 공간으로 운영하는 건 어때?

**학생 2**: 공부하는 학생들을 고려하는 건 좋아. 하지만 점심시간은 수업 사이의 쉬는 시간보다 길어. 그 시간에 친구들과 대화하고 싶은 학생들의 마음도 존중해 줬으면 해. 투명 칸막이로 공간을 분리해서 대화 공간을 따로 만들면 좋겠어. 그렇게 하면 점심시간에 다목적실에서 친구들과 대화하기를 원하는 학생들의 요구가 수용될 수 있고 공간이 좁다는 느낌도 완화될 수 있을 거야.

**학생 3**: 좋은 생각이다. 투명 칸막이 설치를 어떻게 할지 방법을 찾아봐야겠어.

**학생 1**: 나도 동의해. 이제 서로 다른 생각을 잘 절충해서 좋은 방안이 나온 것 같아. 점심시간에는 학습 공간과 휴게 공간으로 분리해 운영하고, 쉬는 시간에는 다목적실을 휴게 공간으로 운영하자. 다른 학생들에게 이 방안에 대해 어떤지 물어보고 많은 학생이 동의하면, 다목적실을 리모델링할 때 투명 칸막이를 설치해 공간을 분리해 달라고 학교에 건의해 보자. 오늘 협의는 이것으로 마무리하자.

**38.** (가)를 쓰기 위해 세운 글쓰기 계획 중 글에 반영되지 <u>않은</u> 것은?

① 다목적실 활용 방안에 대한 논의에 참관해 갖게 된 문제의식을 밝혀야겠군.
② 다목적실 활용 방안에 대한 논의의 진행 순서가 잘못되었음을 지적해야겠군.
③ 다목적실 활용 방안에 대한 논의에서 대립한 두 주장의 근거를 요약해야겠군.
④ 다목적실 활용 방안에 대해 논의할 때 학생회 학생들이 지녀야 할 태도를 제시해야겠군.
⑤ 다목적실 활용 방안에 대해 논의할 때 학생 복지를 위해 학생회에서 고려해야 할 점을 제시해야겠군.



[해설편 p.033]

**39.** (가)의 작문 맥락을 파악한 내용으로 가장 적절한 것은?

① 1문단에서 다목적실의 활용 방안에 대한 논의가 어떻게 마무리 되었는지를 설명하고 있으므로, 공동체의 현안에 대해 조사한 내용을 보고하는 것이 작문 목적임을 알 수 있다.
② 2문단에서 다목적실을 학생 휴게실로 바꾸자는 주장을 먼저 서술하고 있으므로, 필자가 공동체의 현안에 대한 두 주장 중 한쪽을 다른 한쪽보다 중시하고 있음을 알 수 있다.
③ 3문단에서 다목적실을 학생들의 복지 공간으로 규정하고 있으므로, 공동체의 현안으로부터 파생될 수 있는 문제점들을 설명하는 것을 작문 주제로 삼았음을 알 수 있다.
④ 4문단에서 다목적실의 활용 방안을 다음 논의에서 마련하기를 바란다고 주문했으므로, 공동체의 현안 해결과 관련된 구성원을 예상 독자로 설정하고 있음을 알 수 있다.
⑤ 5문단에서 다목적실 활용 방안 마련의 어려움을 밝히고 있으므로, 공동체의 현안과 관련된 개인의 일상적 자기 성찰을 기록하는 데 적합한 작문 매체를 선택했음을 알 수 있다.

**40.** <보기>는 (나)에 따라 작성한 건의문이다. <보기>를 작성할 때 고려한 내용으로 적절하지 않은 것은? [3점]

< 보 기 >

> 교장 선생님, 안녕하세요.
> 학생회에서는 리모델링을 앞두고 있는 다목적실의 활용 방안을 협의했습니다. 그 방안은 쉬는 시간에는 다목적실을 휴게 공간으로 운영하고, 점심시간에는 학습 공간과 휴게 공간으로 분리해 운영하는 것입니다.
> 이러한 운영 방안에 대한 동의 여부를 온라인 투표를 활용해 학생들에게 물었습니다. 그 결과 전체 학생의 85%가 투표에 참여했으며, 그중 90%에 이르는 학생들이 해당 방안에 찬성했습니다. 자세한 설문 조사 결과는 학생회 누리집 게시판에서 확인하실 수 있습니다.
> 앞서 제시한 방안대로 다목적실을 활용한다면 학생들의 스트레스를 줄일 수 있고, 부족한 학습 공간도 확보할 수 있습니다. 그런데 이를 위해서는 학교에서 다목적실을 리모델링할 때 투명 칸막이를 이용해 휴게 공간과 학습 공간으로 공간을 분리해 주셔야 합니다. 많은 학생이 바라고 있는 만큼 저희의 건의를 꼭 들어주시면 좋겠습니다. 감사합니다.

① 학생회에서 마련한 다목적실의 활용 방안에 대해 학생들의 동의 여부를 조사한 결과를 제시한다.
② 다목적실의 활용 방안을 논의하는 과정에서 대두된 학생들의 갈등을 건의의 배경으로 제시한다.
③ 건의 내용을 제시하면서 학생들의 바람을 언급하여 건의 내용을 수용해 줄 것을 강조한다.
④ 학생회에서 제안한 다목적실의 활용 방안이 실현되었을 때 예상되는 효과를 제시한다.
⑤ 학생회에서 다목적실의 활용 방안에 대해 협의한 결과를 소개한다.

**41.** (나)의 '학생 1'에 대한 설명으로 적절하지 않은 것은?

① (가)에서 언급한 논의 내용에 근거하여 그 내용과 다른 의견을 가진 학생을 비판하고 있다.
② (가)의 내용을 다른 학생들이 읽었는지 확인하고 (가)의 내용에 공감하는 태도를 드러내고 있다.
③ (가)의 필자의 입장을 취해 다른 학생들이 (가)에서 제시한 방안에 대해 의견을 개진하도록 유도하고 있다.
④ (가)의 내용과 관련해 지난 논의에서 자신이 느낀 바를 제시하며 그에 대한 다른 학생들의 의견을 묻고 있다.
⑤ (가)의 제언에 따라 협의한 결과 적절한 방안이 마련되었다고 판단하고 그 방안에 대한 실천 과제를 제안하고 있다.

**42.** 대화의 흐름을 고려할 때, [A]에 대한 이해로 가장 적절한 것은?

① '학생 3'은 '학생 2'의 의견을 재진술하면서 문제 상황을 구체적으로 언급하고 있다.
② '학생 3'은 '학생 2'의 의견에 동의하면서 의견을 뒷받침할 다른 근거를 요구하고 있다.
③ '학생 2'는 '학생 3'의 의견에 이의를 제기하면서 근거의 출처를 문제 삼고 있다.
④ '학생 2'는 '학생 3'의 의견에 일부 동의하면서 자신의 의견을 추가로 제시하고 있다.
⑤ '학생 2'는 '학생 3'의 의견을 따랐을 때 예상되는 문제점을 여러 관점에서 열거하며 입장의 변화를 요구하고 있다.

**[43 ~ 45] (가)는 편집장이 기자에게 보낸 요청이고, (나)는 그에 따라 기자가 작성한 초고이다. 물음에 답하시오.**

> **(가) 편집장의 요청**
> 정부, 기업, 그리고 소비자의 측면에서 식품 안전을 지키기 위한 기획 기사를 연재하고 있습니다. 이와 관련하여 '식품 이력 추적 관리 제도의 활성화 방안'을 주제로 글을 써 주세요. 글에는 ㉠ <u>제도의 취지</u>, ㉡ <u>제도의 취지가 잘 살지 못하는 이유</u>, ㉢ <u>제도의 취지를 살릴 수 있는 방안</u>을 포함해 주세요.
>
> **(나) 초고**
> 식품 이력 추적 관리 제도는 식품의 제조, 가공, 판매의 각 단계별 이력 정보를 기록하고 관리하는 제도이다. 이 제도는 소비자에게 이력 정보를 제공함으로써 소비자가 안전한 식품을 선택할 수 있도록 하고, 식품의 안전성에 문제가 발생했을 때 신속하게 유통을 차단하고 문제가 된 식품을 회수할 수 있도록 하기 위해 만들어졌다. 그러나 현실에서는 이 제도가 활성화되지 못해 문제점이 발생하고 있다.
> 식품 이력 추적 관리 제도의 취지가 제대로 살지 못하는 이유로는 첫째, 소비자가 식품 이력 정보를 이용하기 어렵다는 점을 들 수 있다. 식품 이력 정보는 식품 이력 관리 시스템에서 조회할 수 있는데, 조회하는 방법이 번거로워 소비자들이 쉽게 이용하지 못하기 때문이다. 둘째, 소비자가 식품 이력 관리 시스템에서 원하는 식품 이력 정보를 확인할 수 없는 경우가

많다. 식품 이력 추적 관리 제도는 식품을 이력 정보 의무 등록 식품과 자율 등록 식품으로 구분하는데, 후자의 경우 등록률이 매우 저조해서 소비자가 원하는 정보를 찾기 어렵다.

식품 이력 추적 관리 제도의 취지를 살리려면 어떻게 해야 할까? 관계 기관에서는 식품 이력 정보 조회 방법을 간소화할 수 있는 방안을 마련해서 소비자가 쉽게 이용할 수 있게 해야 한다. 그리고 자율 등록 식품을 취급하는 업체가 이 제도에 더 적극적으로 참여하도록 하여야 한다. 이를 위해 정부에서는 참여 업체에 더 많은 지원을 해야 한다.

[A] 식품 이력 추적 관리 제도를 활성화하기 위해서는 정부와 식품 업체가 적극적으로 노력해야 한다. 그래야 이 제도의 취지를 더 잘 살릴 수 있을 것이다.

**43.** (나)에서 ㉠ ~ ㉢을 작성할 때 고려한 내용으로 가장 적절한 것은?

① ㉠ : 최근에 논란이 되었던 사례를 활용하여 제도의 시행 목적을 제시하고 있다.
② ㉡ : 의무 등록 식품과 자율 등록 식품의 구분 기준을 항목화하여 제시하고 있다.
③ ㉡ : 정보 이용의 측면에서 소비자가 겪고 있는 어려움을 두 가지로 나누어 제시하고 있다.
④ ㉢ : 다양한 해결 방안의 장단점을 비교하여 제시하고 있다.
⑤ ㉢ : 조회 순서에 따라 식품 이력 정보 조회를 간소화하는 방안을 단계적으로 제시하고 있다.

**44.** <보기>는 편집장의 조언에 따라 [A]를 고쳐 쓴 글이다. [A]를 <보기>로 고쳐 쓸 때 반영한 편집장의 조언으로 가장 적절한 것은?

< 보 기 >

식품 이력 추적 관리 제도의 취지를 잘 살리기 위해서는 정부와 식품 업체가 노력해야 하지만, 소비자도 이 제도를 적극적으로 활용해야 한다. 소비자가 식품 안전을 위해 자신들이 날마다 먹고 마시는 식품의 이력 정보에 관심을 가지고 이 제도를 적극적으로 활용할 때 이 제도는 활성화될 수 있을 것이다.

① 기획 연재의 의도를 살리기 위해 소비자가 기울여야 할 노력이 포함되도록 써 주시면 좋겠어요.
② 글에 균형 잡힌 관점이 드러나도록 식품 업체가 얻게 되는 긍정적 효과가 드러나게 써 주시면 좋겠어요.
③ 글의 설득력을 높이기 위해 식품 안전의 중요성을 널리 알릴 수 있는 정부의 방안이 포함되도록 써 주시면 좋겠어요.
④ 글의 주제를 강조하기 위해 식품 이력 추적 관리 제도의 취지를 살리는 정부의 지원 방안을 정리하여 써 주시면 좋겠어요.
⑤ 글의 완결성을 높이기 위해 소비자가 식품 이력 추적 관리 제도에 관심을 가지지 못하게 된 이유가 포함되도록 써 주시면 좋겠어요.

**45.** 다음은 (나)를 보완하기 위해 수집한 자료이다. 자료의 활용 방안으로 적절하지 <u>않은</u> 것은?

**Ⅰ. 전문가 인터뷰**

대부분의 식품은 식품 이력 추적 관리 번호를 식품 포장지에서 찾기도 어려우며 일단 찾아낸 번호를 통해 조회를 하려 해도 숫자를 일일이 입력해야 합니다. 그런데 일부 기업은 식품에 QR 코드를 사용하여 편리하게 식품 이력 정보를 확인하게 하고 있습니다. 이처럼 QR 코드를 사용하는 것이 보편화될 수 있게 관계 기관이 주도적인 역할을 해야 합니다.

**Ⅱ. 신문 기사**

보건 당국은 한 달 전 50여 곳의 학교에서 발생한 2,000여 명의 대규모 식중독 의심 사고의 원인이 케이크 크림 제조에 사용된 식재료 오염이었다고 발표했다. 문제가 된 식품은 식품 이력 추적 관리 제도의 자율 등록 대상 품목으로, 해당 업체는 식품 이력 정보의 추적을 위한 정보를 관련 시스템에 등록하지 않아 피해를 확산시켰다.

**Ⅲ. 설문 조사**

| 1. 소비자가 식품 이력 추적 관리 제도를 알게 된 경로 | 2. 기업이 식품 이력 추적 관리 제도에 자율적으로 참여하지 않는 이유 |
|---|---|
| 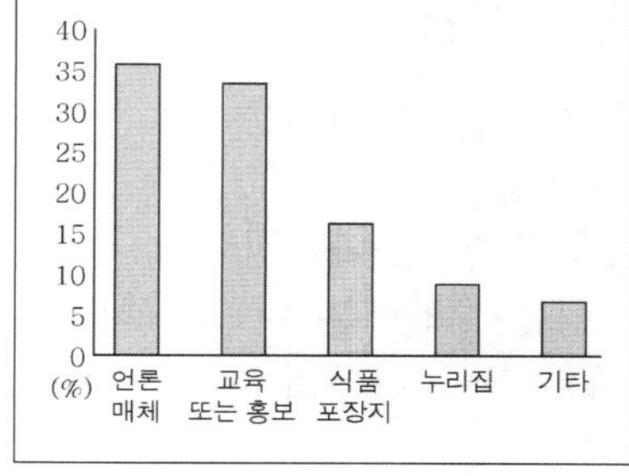 | 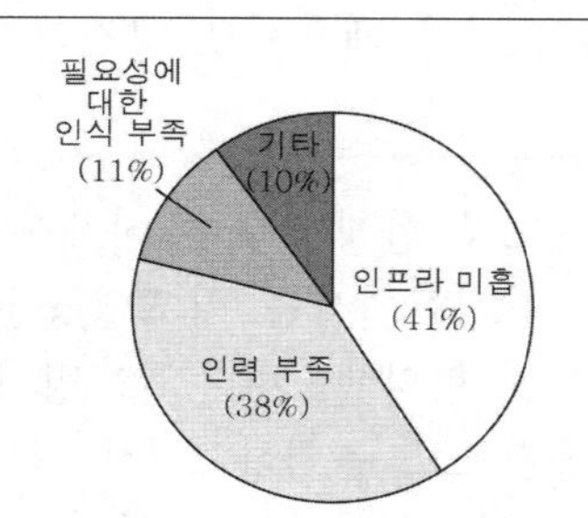 |




① Ⅰ을 활용하여, 소비자가 식품 이력 관리 시스템에서 식품 이력 정보를 확인하는 데 불편함을 겪고 있다는 2문단의 내용을 구체화한다.
② Ⅰ을 활용하여, 식품 이력 정보의 조회 방법을 간소화할 수 있는 방안에 관한 3문단의 내용을 보완한다.
③ Ⅱ를 활용하여, 식품 이력 추적 관리 제도가 활성화되지 못해 초래된 문제점의 사례를 1문단에 추가한다.
④ Ⅲ-1을 활용하여, 식품 이력 추적 관리 제도의 활성화를 위해 이 제도에 대한 교육 및 홍보를 강화해야 한다는 3문단의 내용을 뒷받침한다.
⑤ Ⅲ-2를 활용하여, 자율 등록 식품의 등록을 유도하기 위한 정부의 지원 방안에 인프라 확충, 인력 지원 등이 있다는 내용을 3문단에 추가한다.

* 확인 사항
- 답안지의 해당란에 필요한 내용을 정확히 기입(표기)했는지 확인하시오.
- 이어서, 「**선택과목(언어와 매체)**」 문제가 제시되오니, 자신이 선택한 과목인지 확인하시오.



[해설편 p.034]

# 제 1 교시 국어 영역(언어와 매체) 03회



**35.** <보기>의 활동을 수행한 결과로 적절하지 않은 것은?

< 보 기 >

**[활동]** 제시된 단어의 발음을 [자료]에 근거하여 탐구해 보자.

| | | |
|---|---|---|
| 훑이[훌치] | 훑어[훌터] | 얹는[언는] |
| 끊고[끌코] | 끊는[끌른] | |

**[자료]**

- 자음군 단순화만 일어나는 경우도 있지만, 자음군 단순화가 일어난 후에 비음화나 유음화와 같은 음운 변동이 일어나는 경우도 있음.
- 자음군 단순화는, 두 자음 중 뒤의 자음이 구개음화되거나 뒤의 자음과 그다음 음절의 처음에 놓인 자음이 축약되면 일어나지 않음.
- 자음군 단순화는 모음으로 시작하는 형식 형태소가 와서 뒤의 자음이 연음되면 일어나지 않음.

① '훑이[훌치]'는 모음으로 시작하는 접사 '-이'가 와서 'ㅌ'이 'ㅊ'으로 교체된 후 자음군 단순화가 일어난 것이군.
② '훑어[훌터]'는 모음으로 시작하는 어미 '-어'가 와서 'ㅌ'이 연음되어 자음군 단순화가 일어나지 않은 것이군.
③ '얹는[언는]'은 'ㄵ' 중 뒤의 자음인 'ㅈ'이 탈락되어 자음군 단순화만 일어난 것이군.
④ '끊고[끌코]'는 'ㅎ'과 그다음 음절의 'ㄱ'이 축약되어 자음군 단순화가 일어나지 않은 것이군.
⑤ '끊는[끌른]'은 자음군 단순화가 일어난 후 남은 'ㄹ'로 인해 'ㄴ'이 'ㄹ'로 교체된 것이군.

**36.** <보기>를 모두 충족하는 문장으로 적절한 것은?

< 보 기 >

- 서술어의 자릿수가 한 자리인 용언이 포함될 것.
- 관형사절 속에 보어가 포함될 것.

① 화단도 아닌 곳에 진달래꽃이 피었다.
② 대학생이 된 누나가 주인공을 맡았다.
③ 학생이었던 삼촌은 마흔 살이 되었다.
④ 큰언니는 성숙했지만 성인이 아니었다.
⑤ 나무로 된 책상을 나는 그에게 주었다.

**37.** <보기>의 [A]에 들어갈 말로 적절하지 않은 것은? [3점]

< 보 기 >

**선생님** : 단어는 다음과 같이 세 가지 기준으로 분류될 수 있습니다.

| 기준 | 분류 |
|---|---|
| ㉠ | 가변어, 불변어 |
| ㉡ | 용언, 체언, 수식언, 관계언, 독립언 |
| ㉢ | 동사, 형용사, 명사, 대명사, 수사, 관형사, 부사, 조사, 감탄사 |

자, 이제 아래 문장의 단어들을 탐구해 봅시다.

음, 우리가 밝은 곳에서 그 나비 하나를 또 잡았어.

**학생** : [A]

**선생님** : 네, 맞아요.

① '나비 하나를 또 잡았어'는 ㉠에 따라 분류하면 가변어 한 개, 불변어 네 개를 포함합니다.
② '나비 하나를'은 ㉡에 따라 분류하면 체언 두 개, 관계언 한 개를 포함합니다.
③ '음, 우리가 밝은 곳에서 그 나비 하나를 또 잡았어'는 ㉢에 따라 분류하면 아홉 개의 품사를 모두 포함합니다.
④ '밝은'과 '잡았어'는 ㉡이나 ㉢ 중 어느 것에 따라 분류하더라도 서로 다른 부류로 분류됩니다.
⑤ '그'와 '또'는 ㉡에 따라 분류하면 수식언이고, ㉢에 따라 분류하면 각각 관형사, 부사입니다.

**[38 ~ 39] 다음 글을 읽고 물음에 답하시오.**

현대 국어에서 명사를 파생하는 접미사로 널리 쓰이는 것에 '-(으)ㅁ'이 있다. 접미사 '-(으)ㅁ'은 동사나 형용사를 명사로 바꿀 수 있으며 '묶음, 기쁨'과 같은 단어를 만든다. 한글 맞춤법에서는 어간에 '-(으)ㅁ'이 붙어서 명사로 된 것은 그 어간의 원형을 밝히어 적도록 규정하고 있다. '-(으)ㅁ'이 비교적 널리 여러 어간에 결합할 수 있고 이것이 결합하여 만들어진 단어의 의미가 어간의 본뜻을 유지하고 있기 때문이다. 이는 가령 '무덤'이 기원적으로 '묻-'에 '-엄'이 붙어서 된 것이기는 하지만 '-엄'은 현대 국어에서 새로운 단어를 만들지 못하므로 '무덤'에서 어간의 원형인 '묻-'을 밝히어 적지 않는 것과 대조된다.

그런데 명사형 어미에도 '-(으)ㅁ'이 있어서, 현대 국어에서 '-(으)ㅁ'이 결합한 단어들 중에는 형태는 같으나 품사가 다른 경우가 있다. 예를 들어 '그가 시원한 웃음을 크게 웃음은 시험에 합격했기 때문이다.'에서 앞에 나오는 '웃음'은 관형어 '시원한'의 수식을 받는 명사이므로 여기서 '-음'은 명사 파생 접미사이다. 그러나 뒤에 나오는 '웃음'은 명사절에서 서술어로 기능하고 있으며 부사어 '크게'의 수식을 받는 동사의 명사형이다. 그러므로 여기서 '-음'은 명사형 어미이다. '크게 웃음'을 '크게 웃었음'으로 바꾸어 쓸 수 있는 것에서 알 수 있듯이, 어미 '-(으)ㅁ'은 '-았/었-', '-겠-', '-(으)시-' 등 대부분의 선어말 어미와 결합할 수 있다.

현대 국어와 달리, 중세 국어에서는 ㉠ 파생 명사와 ㉡ 명사형 어미가 결합한 용언의 활용형이 형태적으로 구별되었다. 예를 들어 '짜 그륨과[땅을 그림과]'에서 서술어로 기능하는 '그륨'은 동사 '(그림을) 그리다'의 명사형인데, '그리다'의 파생 명사는 '그리-'에 '-ㅁ'이 붙어서 만들어진 '그림'이었다. 일반적으로 중세 국어에서는 명사 파생 접미사 '-(ᄋᆞ/으)ㅁ'과 명사형 어미 '-옴/움'이 형태상으로 구분되었다. 모음 조화에 따라 양성 모음 뒤에서는 접미사 '-(ᄋᆞ)ㅁ'과 어미 '-옴'이, 음성 모음 뒤에서는 접미사 '-(으)ㅁ'과 어미 '-움'이 쓰였다. 그러다가 'ᆞ'가 소실되고 명사형 어미의 형태가 달라지는 등 여러 변화를 입어 현대 국어에서는 명사 파생 접미사와 명사형 어미가 모두 '-(으)ㅁ'으로 나타나게 되었다.

**38.** 윗글을 통해 <보기>의 ㄱ~ㅁ을 이해한 내용으로 적절하지 않은 것은?

<보 기>

ㄱ. 나이도 어린 동생이 고난도의 춤을 잘 춤이 신기했다.
ㄴ. 차가운 주검을 보니 그제야 그의 죽음이 실감이 났다.
ㄷ. 나는 그를 조용히 도움으로써 지난날의 은혜에 보답했다.
ㄹ. 작가에 대해서 많이 앎이 오히려 감상을 방해하기도 한다.
ㅁ. 그를 전적으로 믿음에도 결과를 직접 확인할 필요는 있었다.

① ㄱ에서 '고난도의'의 수식을 받는 '춤'은 명사이고, '잘'의 수식을 받는 '춤'은 동사의 명사형이다.
② ㄴ에서 '죽음'은 접미사 '-음'이 붙어서 된 말이므로 '주검'과는 달리 어간의 원형을 밝히어 적는다.
③ ㄷ에서 '도움'은 동사의 명사형으로, 명사절에서 서술어로 기능하고 있다.
④ ㄹ에서 '앎'의 '-ㅁ'은 '알-'에 붙어 품사를 동사에서 명사로 바꾸었다.
⑤ ㅁ에서 '믿음'의 '믿-'과 '-음' 사이에는 선어말 어미 '-었-'이 끼어들 수 있다.

**39.** 윗글을 바탕으로 하여, 제시된 중세 국어 용언들의 ㉠과 ㉡을 바르게 추정한 것은?

| | | ㉠ | ㉡ |
|---|---|---|---|
| ① | (물이) 얼다 | 어름 | 어룸 |
| ② | (길을) 걷다 | 거름 | 거롬 |
| ③ | (열매가) 열다 | 여룸 | 여름 |
| ④ | (사람이) 살다 | 사롬 | 사룸 |
| ⑤ | (다른 것으로) ᄀᆞᆯ다 | ᄀᆞ롬 | ᄀᆞ룸 |

**[40~43] 다음은 텔레비전 프로그램의 일부이다. 물음에 답하시오.**

진행자: 오늘 방송할 내용은 지난해 7월 공포된 폐기물관리법 시행규칙과 관련된 내용입니다. 먼저 김 기자, 폐기물관리법 시행규칙에는 어떤 내용이 있나요?

김 기자: 환경부에서 발표한 폐기물관리법 시행규칙에 따르면 수도권 지역은 2026년부터, 그 외 지역은 2030년부터 종량제 봉투에 담긴 생활 폐기물을 땅에 바로 묻을 수 없습니다. 생활 폐기물 중에서 일부를 소각하고 남은 재만 매립해야 합니다.

진행자: 제가 얼마 전에 수도권 여러 매립지의 포화 시점이 멀지 않았다는 내용을 보도한 적이 있었는데 이 시행규칙은 그것과 관련이 있겠네요?

김 기자: 그렇습니다. 바뀐 시행규칙에 맞추어 원활한 소각 처리가 가능해진다면 매립지에 묻히는 생활 폐기물의 양을 지금의 20% 이하로 줄일 수 있다고 합니다.

진행자: 감소하는 양이 크군요. 제가 볼 때는 매립지의 포화 시점을 늦추는 데 상당히 도움이 되겠네요. 그런데 현재 운영 중인 소각 시설은 충분한 편인가요?

김 기자: 그렇지 않습니다. 새로운 시행규칙을 따르기 위해서는 여러 지방 자치 단체에서 소각 시설을 확충해야 하지만, 시작 단계에서부터 주민들과 마찰이 생기고 있는 지역이 많습니다. 얼마 전, 소각 시설의 후보지로 선정된 △△ 지역 주민의 얘기를 먼저 들어 보겠습니다.

주민: 이렇게 갑자기 우리 지역이 소각 시설의 후보지로 선정되다니 너무 화가 납니다.

김 기자: 그리고 ⓐ 주민들이 "이 지역을 위해 끝까지 맞서 싸우겠습니다."라고 성토했습니다.

진행자: 후보지로 선정된 지역 주민들의 반발이 크네요. 이번에는 박 기자가 취재한 내용 들어 보겠습니다. 이런 상황을 슬기롭게 해결한 사례가 있을까요?

박 기자: 네, 먼저 준비된 동영상을 보시죠.

진행자: 주민들이 산책도 하고 운동도 하고 있는 모습이 보이네요. 저곳은 공원이 아닌가요?

박 기자: 네, 맞습니다. 지상은 이렇게 주민들이 여가를 즐기는 공원으로 조성되어 있습니다. 계속 동영상을 보시죠. 보시는 것처럼 공원의 지하에는 생활 폐기물 소각 시설이 있습니다. 소각 시설의 지하화로 주민들이 우려했던 위화감을 최소화하고 주민들을 위한 편의 시설을 제공하여 소각 시설의 설치가 가능했습니다.

진행자: 그래도 제 생각에 추진 과정에서 갈등이 적지 않았을 것 같은데요, 어떠한 과정을 거쳤나요?

박 기자: 처음에는 반대 의견이 우세했지만, ○○시에서는 주민들을 설득하기 위해 수차례 협의회를 열어 주민들의 의견을 경청했고 주민들의 요구 사항을 적극적으로 수용하고자 했습니다.

진행자: 그래도 주민들에게는 소각 시설 설치가 건강과 직결되는 문제인 것 같아요. 어떤 주민들이 소각할 때 생기는 대기 오염 물질에 대해 걱정하지 않겠어요?

박 기자: ○○시 소각 시설은 폐기물을 소각하는 과정에서 생



[해설편 p.035]

기는 대기 오염 물질을 정화할 수 있도록 했기 때문에 배출되는 대기 오염 물질의 농도는 현저히 낮습니다. 또한 ○○시는 소각 시설과 관련한 앱을 만들어 주민들의 우려를 해소해 주고 있습니다.

**진행자**: 그렇군요. 지금 그 앱을 확인할 수 있나요?

**박 기자**: 네, 화면 보시죠. 이렇게 ㉠ 앱 메인 화면에서는 여러 메뉴를 한눈에 확인할 수 있는데, 그중 하나를 선택하면 원하는 내용과 손쉽게 연결될 수 있습니다.

우선 ㉡ 처리 공정을 누르면, 생활 폐기물을 소각 처리하는 과정을 애니메이션으로 제작한 동영상이 나옵니다. ㉢ 대기 오염 농도를 누르면, 수시로 바뀌는 대기 오염 물질의 농도 변화를 바로바로 확인할 수 있습니다. 그리고 ○○시 소각 시설에 방문하여 둘러보고 싶다면 ㉣ 시설 견학 신청을, 제안하려는 의견이 있다면 로그인을 한 후 ㉤ 의견 보내기를 누르면 됩니다.

**40.** 위 프로그램을 시청한 반응으로 적절하지 않은 것은?

① 진행자는 김 기자가 언급한 정보를 자신이 과거에 보도한 내용과 관련지어 이해하고 있군.
② 김 기자는 인터뷰를 제시하여 문제 상황에 대한 주민들의 반응을 전달하고 있군.
③ 박 기자는 동영상을 활용하여 언급된 문제 상황이 해결된 사례를 제시하고 있군.
④ 진행자는 김 기자와 박 기자가 전달한 내용에 대해 자신의 의견을 덧붙이고 있군.
⑤ 진행자는 김 기자와 박 기자가 전달한 정보를 종합하여 해결 방안에 내재한 문제점 위주로 방송을 진행하고 있군.

**41.** 위 프로그램을 바탕으로 할 때, ㉠~㉤에서 확인할 수 있는 의사소통의 특징으로 가장 적절한 것은?

① ㉠에서 여러 메뉴를 한눈에 확인할 수 있는 것으로 보아, 수용자는 생산자가 미리 정해 놓은 메뉴의 순서에 따라서만 정보 탐색이 가능함을 알 수 있다.
② ㉡에서 생활 폐기물의 처리 공정을 애니메이션으로 볼 수 있는 것으로 보아, 생산자와 수용자가 쌍방향적 소통을 통해 정보를 생산할 수 있음을 알 수 있다.
③ ㉢에서 수시로 바뀌는 대기 오염 물질의 농도를 바로 알 수 있는 것으로 보아, 변화하는 정보에 수용자가 실시간으로 접근할 수 있음을 알 수 있다.
④ ㉣에서 시설을 견학하고 싶다는 의사를 전달할 수 있는 것으로 보아, 수용자가 미리 등록된 정보를 수정하여 배포할 수 있음을 알 수 있다.
⑤ ㉤에서 소각 시설에 대한 의견 제안이 누구나 가능한 것으로 보아, 수용자가 별도의 인증 절차 없이도 자유롭게 의견을 개진할 수 있음을 알 수 있다.

**42.** 다음은 위 프로그램이 보도된 이후의 시청자 게시판 내용이다. 시청자의 수용 태도에 대한 설명으로 적절하지 않은 것은? [3점]

시청자 게시판

**시청자 1** 방송에서는 시행규칙에 따라 생활 폐기물 중 일부만 소각한다고 했는데, 어떤 기준으로 소각 여부를 구분하는지까지 알려 줘야 하지 않을까요? 또 생활 폐기물을 소각하면 매립되는 양을 지금의 20% 이하로 줄일 수 있다고 했는데, 그 자료의 출처가 어디인가요?

**시청자 2** 이 방송은 같은 문제로 갈등을 겪고 있는 우리 지역에서 참고할 만한 좋은 내용이네요. 생활 폐기물을 소각하는 과정에서 생기는 대기 오염 물질을 정화하여 배출한다는 것은 알겠습니다. 그런데 구체적인 수치와 기준까지 제시해 주어야 시청자들도 ○○시 주민들이 왜 소각 시설의 설치에 찬성했는지 이해할 수 있을 것 같아요.

**시청자 3** 제가 알기로는 소각 처리 시설을 지하화하는 데에 무조건 찬성하는 입장만 있지는 않을 것 같아요. 지상에 짓는 것보다 비용이 더 많이 들어서 난색을 표하는 지방 자치 단체도 있더라고요. 이러한 점을 균형 있게 다루어 주었으면 더 좋았을 것 같아요.

① 시청자 1은 폐기물관리법 시행규칙의 효과와 관련하여 방송에서 활용한 정보의 신뢰성을 점검하였다.
② 시청자 2는 지역 주민들의 갈등 해소와 관련하여 방송 내용의 유용성을 점검하였다.
③ 시청자 3은 소각 처리 시설의 지하화와 관련하여 방송 내용의 공정성을 점검하였다.
④ 시청자 1은 폐기물관리법 시행규칙의 내용과 관련하여, 시청자 2는 대기 오염 물질을 정화하여 배출하는 것과 관련하여 방송에서 제시한 정보가 충분한지 점검하였다.
⑤ 시청자 2는 지역 주민들의 갈등 해소 과정과 관련하여, 시청자 3은 소각 처리 시설 지하화의 비용과 관련하여, 방송에서 활용한 정보가 사실인지 점검하였다.

**43.** <보기>를 참고할 때, [A]에 들어갈 내용으로 적절한 것은?

< 보 기 >

직접 인용은 간접 인용으로 바꾸어 표현하면 지시 표현, 종결 표현 등에 변화가 일어난다. 가령 ⓐ를 간접 인용이 포함된 문장으로 바꾸어 표현하면 다음과 같이 달라진다.

→ 주민들이 [A] 성토했습니다.

① 그 지역을 위해 끝까지 맞서 싸웠다고
② 저 지역을 위해 끝까지 맞서 싸웠다고
③ 그 지역을 위해 끝까지 맞서 싸우겠다고
④ 그 지역을 위해 끝까지 맞서 싸웠다라고
⑤ 저 지역을 위해 끝까지 맞서 싸우겠다고

**[44 ~ 45] (가)는 사진 동아리 학생들이 진행한 온라인 화상 회의의 일부이고, (나)는 (가)를 바탕으로 '준영'이 만든 발표 자료의 초안이다. 물음에 답하시오.**

(가)

**현수** : 드디어 다 모였네. 모일 공간이 마땅치 않았는데 이렇게 온라인 공간에서 의견을 나눌 수 있다니 참 편리하다.

**가람** : 맞아. 그런데 현수는 카메라를 안 켰네? 대면 회의 대신에 온라인으로 화상 회의를 하기로 한 것이니 모두 카메라를 켜고 참여하는 게 좋지 않을까?

**현수** : 앗, 그렇네. 지금 바로 카메라를 켤게.

**준영** : 좋아. 내 목소리 잘 들려? (화면 속 학생들을 살피며) 다들 잘 들리는 것 같네. 오늘은 축제에서 사용할 동아리 활동 소개 자료에 대해 논의하자. 혹시 일정표 갖고 있니?

**예나** : 내가 파일로 가지고 있어. 지금 바로 파일 전송할게.

**파일 전송 : 동아리_활동_발표회_일정표.hwp(256 KB)**

**준영** : 고마워. 예나가 보낸 파일을 보니 발표 시간이 짧아서 올해 진행한 행사들만 슬라이드로 간단히 소개하면 될 것 같아.

**예나** : 그럼 계절에 따라 진행한 행사 사진을 각 슬라이드에 넣으면 어때?

**현수** : 좋은 생각인데, 나한테 봄에 '○○ 공원 사진 촬영'에서 찍은 동영상이 있어. 잠시 내 화면을 공유해서 보여 줄게. (화면을 공유한다.) 이게 괜찮으면 슬라이드에 사진 대신 삽입하면 어떨까?

**가람** : 오, 난 좋은데? 이걸 삽입하면 행사 모습을 사진보다 생생하게 전달할 수 있겠어. 여름 행사는 '사진 강연'이지?

**현수** : 맞아. 아까 예나가 이야기한 것처럼 이 행사부터는 사진을 슬라이드에 넣어서 청중에게 보여 주면 될 것 같아.

**가람** : 근데 그것만으로는 어떤 강연이었는지를 알 수 없잖아. 강연 일시와 장소뿐만 아니라 무슨 주제로 강연했는지를 제시해야 하지 않을까?

**예나** : 좋아. 나도 동의해. 그럼 가을에 한 '옛날 사진관' 행사도 설명을 간단히 제시하자.

**준영** : 근데 그 행사는 촬영한 사진들을 궁금해 하는 친구들이 많더라. 동아리 블로그에 사진이 많이 있으니 블로그에 바로 접속할 수 있는 QR 코드도 삽입하면 어떨까?

**예나** : 그게 좋겠다. 마지막 행사는 '장수 사진 봉사 활동'인데, 우리에게 의미 있는 행사였으니 슬라이드에 행사의 취지를 밝히고 행사에서 느낀 점을 간단히 제시하는 것이 좋겠어.

**가람** : 그렇게 하면 슬라이드에 담긴 설명이 너무 많아서 읽기 힘들 것 같아. 느낀 점은 발표자가 따로 언급만 하는 것으로 하자.

**준영** : 그러자. 내가 초안을 만들 테니 나중에 함께 검토해 줘.

(나)

| 슬라이드 1 | 슬라이드 2 |
|---|---|
| **사진 동아리 △△의 봄**<br>△△ 부원 모두가 함께한<br>**'○○ 공원 사진 촬영'** | **사진 동아리 △△의 여름**<br>김□□ 작가의 **'사진 강연'**<br>· 강연 일시 : 20××.××.××.<br>· 강연 장소 : 본교 소강당 |
| **슬라이드 3** | **슬라이드 4** |
| **사진 동아리 △△의 가을**<br>복고를 주제로 많은 학생들을 촬영한 **'옛날사진관'**<br>⇐ **사진 더 보기**<br>(동아리 블로그로 이동) | **사진 동아리 △△의 겨울**<br>**'장수 사진 봉사 활동'**<br>마을 어르신들의 장수를 기원하며 건강한 미소를 사진에 담아낸 재능 기부 활동 |

**44.** (가)에 대한 설명으로 적절하지 않은 것은?

① '현수'는 대면 회의보다 공간의 제약이 덜하다는 장점을 들어 온라인 화상 회의에 대해 긍정적으로 평가하고 있다.
② '가람'은 회의가 제한된 시간 안에 이루어진다는 점을 들어 회의의 규칙을 제안하고 있다.
③ '준영'은 화면을 살피며 참여자들에게 자신의 음성이 잘 전달되는지를 점검하고 있다.
④ '예나'는 파일 전송 기능을 활용하여 회의에 필요한 자료를 참여자에게 제공하고 있다.
⑤ '현수'는 자신의 화면을 공유하며 슬라이드에 동영상을 삽입할 것을 제안하고 있다.

**45.** (가)를 바탕으로 (나)를 수정한다고 할 때, 이에 대한 방안으로 가장 적절한 것은?

① '○○ 공원 사진 촬영' 행사 모습을 청중에게 생생하게 전달하기 위해 '슬라이드 1'에 행사 사진을 추가한다.
② '사진 강연'의 내용을 청중이 알 수 있도록 '슬라이드 2'에 강연 주제에 대한 정보를 추가한다.
③ 진행한 행사를 청중에게 계절 순서에 맞게 제시하기 위해 '슬라이드 2'와 '슬라이드 3'에 제시된 행사를 맞바꾼다.
④ '옛날 사진관' 행사와 관련하여 청중이 필요로 하는 정보만을 제시하기 위해 '슬라이드 3'에 제시된 사진을 삭제한다.
⑤ '장수 사진 봉사 활동'이 동아리 부원들에게 주는 의미를 청중이 알 수 있도록 '슬라이드 4'에 행사에서 느낀 점을 추가한다.

* 확인 사항
○ 답안지의 해당란에 필요한 내용을 정확히 기입(표기)했는지 확인하시오.

# 국어 영역

제 1 교시

04회

● 문항수 45개 | 배점 100점 | 제한 시간 80분

● 점수 표시가 없는 문항은 모두 2점

[1 ~ 3] 다음 글을 읽고 물음에 답하시오.

진로 독서는 독자가 간접 경험을 통해 긍정적인 자아를 형성하고 직업에 대한 정보를 탐색하면서 진로를 결정하는 능력을 개발하는 활동이다. 독자는 진로 발달 과정에 맞는 효과적인 진로 독서를 통해 변화하는 직업 세계를 이해하고, 진로 선택을 성공적으로 할 수 있다.

[A] 진로 발달 과정은 연령에 따라 청소년 이전의 환상기, 청소년 초기의 잠정기, 청소년 중기의 현실기로 구분할 수 있다. 먼저 환상기의 독자는 직업에 대한 구체적인 개념 없이 역할놀이를 통해 특정 직업에 대한 욕망을 표출한다. 따라서 이 시기의 독자는 다양한 직업을 간접적으로 경험하고, 직업에 대한 올바른 개념을 가질 수 있는 진로 독서를 해야 한다. 잠정기의 독자는 진로 선택에서 흥미, 능력, 적성 등 주관적 요인을 중시하고, 직업에서 요구하는 조건 등과 같은 현실적 요인에 조금씩 관심을 갖기 시작한다. 따라서 진로 독서를 할 때 주관적 요인을 바탕으로 책을 선택하고 토론이나 독후감 작성 활동 등을 병행하면서 현실적 요인에 대해 구체적인 탐색을 해야 한다. 현실기의 독자는 주관적 요인과 현실적 요인을 모두 고려하고 타협하여 진로를 선택한다. 이 시기의 독자는 특정 진로에 대한 경험을 쌓고 진로 결정을 구체화하여 세밀한 계획을 세워 실천하려 한다. 그러므로 자기 주도적으로 특정 분야에 대한 단계적인 진로 독서를 진행하고, 자신의 수준을 고려하여 통합적 사고력을 기를 수 있는 인문, 사회, 과학 등의 분야에 대한 중장기적이고 지속적인 독서를 해야 한다.

이러한 진로 독서는 독자의 자기효능감에도 영향을 준다. 자기효능감이란 어떤 결과를 얻고자 하는 행동을 성공적으로 수행해 낼 수 있다는 자신의 능력에 대한 신념으로, 성공 경험, 대리 경험, 언어적 설득, 생리적 각성에 의해 변화한다. 진로 독서에서의 성공 경험은 독서를 통해 진로 분야의 궁금증을 스스로 해결하면서 진로 탐색을 성공적으로 이루었다는 성취감을 느끼는 것이다. 대리 경험은 독서를 통해 책 속 인물의 성공을 간접적으로 경험하면서 자신도 성공할 수 있다는 긍정적 자기 기대를 갖는 것이다. 언어적 설득은 독자가 책 속에 등장하는 인물 중 자신이 긍정적으로 인식하는 인물의 말을 통해 격려와 지지를 받는 것이며, 상상 속에서 그 인물과 대화를 하며 이루어지기도 한다. 생리적 각성은 독자가 진로 선택의 준비에 대한 자신감 결여로 불안과 같은 정서적 반응을 보이는 것이다. 하지만 이는 독자가 진로 독서를 진로 준비 과정으로 인식하고 자신감을 가지면 극복할 수 있다. 그래서 독자는 성공적인 진로 독서를 통해 자기효능감을 높일 수 있다.

*1.* 윗글을 이해한 내용으로 가장 적절한 것은?

① 진로 독서는 독자의 진로 선택과 긍정적인 자아 형성에 기여한다.
② 진로 발달의 마지막 단계에서는 단기적인 독서를 진행한다.
③ 진로 독서 시 독자의 연령은 고려 사항에서 제외한다.
④ 진로 독서를 통해 독자는 진로 세계를 직접 경험한다.
⑤ 진로 독서를 통해 직업 세계를 변화시킬 수 있다.

*2.* [A]에서 알 수 있는 내용으로 적절하지 <u>않은</u> 것은?

① 환상기의 독자는 직업에 대한 구체적인 개념이 없기 때문에 진로 독서를 통해 직업에 대한 올바른 개념을 가질 수 있도록 해야 한다.
② 잠정기의 독자는 자신의 흥미, 능력, 적성 등을 고려하여 책을 선택해야 한다.
③ 잠정기의 독자는 현실적 요인을 고려하지 않기 때문에 토론 활동을 통해 직업에서 요구하는 조건 등을 구체적으로 탐색해야 한다.
④ 현실기의 독자는 특정 진로에 대한 경험을 바탕으로 진로를 구체적으로 결정하여 이에 대한 세밀한 계획을 세우고 실천하려 한다.
⑤ 현실기의 독자는 진로 독서를 할 때 자신의 수준을 고려하여 통합적 사고력을 기를 수 있는 다양한 분야에 대한 지속적인 독서를 해야 한다.

*3.* 다음은 학생의 진로 탐색 일기이다. 윗글을 바탕으로 ㉠ ~ ㉤을 이해한 내용으로 적절하지 <u>않은</u> 것은? [3점]

○○년 ○월 ○일

나는 혁신적인 물건을 만들어 사람들의 삶을 윤택하게 하는 기업인이 되고 싶다. 그런데 ㉠<u>내 꿈을 이루기 위해 무엇을 해야 할지도 모르겠고 아무 준비도 하지 않고 있는 것 같아 불안했다</u>. 그래서 내일 ㉡<u>모의 창업 체험단에 가서 무엇을 준비해야 할지 알아보기로 했다</u>. 가기 전에 조금이라도 도움이 될 것 같아서 평소 내가 닮고 싶었던 성공한 기업가의 자서전을 읽어 보았다. 책을 읽으며 ㉢<u>"불안하고 위태롭지만 어느 누구도 가지 않은 새로운 길을 만들어 내는 사람도 있다."라는 그의 말에 힘을 얻고</u>, 무엇보다 나의 꿈을 이루기 위해서는 나를 모르는 사람들의 부정적인 말에도 꿈을 포기하지 않아야 한다는 것을 알게 되었다. 책을 읽은 후 ㉣<u>나도 그처럼 꿈을 이룰 수 있을 거라는 생각이 들었고</u>, ㉤<u>누구도 가지 않은 길을 만들어 낼 나에 대한 믿음이 강해졌다</u>.

① ㉠: 진로와 관련된 학생의 생리적 각성을 확인할 수 있다.
② ㉡: 자발적인 진로 탐색 과정에서 궁금증 해결로 얻게 된 학생의 성취감을 확인할 수 있다.
③ ㉢: 책 속에 등장하는 인물 중 학생이 긍정적으로 인식하는 인물의 말을 통해 학생이 언어적 설득을 경험했음을 확인할 수 있다.
④ ㉣: 대리 경험으로 갖게 된, 성공에 대한 학생의 긍정적 자기 기대를 확인할 수 있다.
⑤ ㉤: 성공적인 진로 독서의 결과 학생의 자기효능감이 높아졌음을 확인할 수 있다.

[4 ~ 9] 다음 글을 읽고 물음에 답하시오.

(가)

자유 무역 협정은 특정 국가 간의 상호 무역 증진을 위해 상품의 이동을 자유화하는 협정이다. 이 협정의 근본적인 목적은 협정을 체결한 권역 내 국가, 즉 역내국들의 경제적 이익을 극대화하는 데에 있다. 이를 위해 역내국들은 관세를 비롯한 무역 장벽을 완화하거나 철폐하여 상호 간에 무역 특혜를 부여한다. 이로 인해 역내국과 역외국의 무역 구조가 변화되면서 무역 창출 효과, 무역 전환 효과, 무역 굴절 효과 등이 나타난다.

먼저, 무역 창출 효과는 자유 무역 협정의 체결로 인해 역내국 간에 새로운 무역이 발생하면서 상호 간 무역 이익이 발생하는 현상이다. 자유 무역 협정을 체결하여 역내국 간의 관세가 이전보다 낮아지면 역내국들은 자국에서 생산하는 상품을 상대적으로 저렴한 역내국의 동질 상품으로 대체하게 된다. 이로 인해 역내국들은 가격 경쟁력에서 비교 우위를 지닌 상품을 생산하는 데에 자본이나 노동력 등의 생산 요소를 집중하게 되면서 역내국의 자원 배분의 효율성이 증가한다. 결국 역내국들은 수출을 통해 무역 이익이 증가하고, 수입을 통해 역내국 소비자의 후생이 증가한다.

다음으로 무역 전환 효과는 한 국가가 기존에 수입하던 상품을 자유 무역 협정 체결 이후 역내국의 상품으로 대체하는 현상이다. 이는 역내국 상품이 역외국의 동질 상품보다 생산 비용이 높더라도 ⓐ낮은 관세로 인해 가격 경쟁력에서 비교 우위가 생기는 경우에 발생한다. 이때 역내국의 관세 수입이 ⓑ줄어 경제적 후생이 감소될 수 있으므로 자유 무역 협정으로 얻는 무역 이익을 높이기 위해서는 무역 전환 효과보다 무역 창출 효과가 더 커야 한다.

마지막으로 무역 굴절 효과는 역내국 간의 무역 특혜를 이용하여 역외국이 자국에 유리한 방향으로 상품을 역내국에 우회 수출하는 현상이다. 이는 자유 무역 협정에서 역내국들이 역외국에 서로 다른 관세를 부과하는 것을 허용하기 때문에 나타난다. 즉 역외국이 자국에 높은 관세를 부과하는 역내국에 바로 수출하던 상품을, 자국에 낮은 관세를 부과하는 역내국을 거쳐 수출함으로써 이전보다 더 많은 이익을 얻는 것이다.

(나)

자유 무역 협정에서 원산지는 상품의 관세 혜택 여부를 결정하는 중요한 요소이다. 따라서 모든 자유 무역 협정에서는 상품의 원산지를 판정하는 기준인 원산지 결정 기준을 마련하고 있다. 역내국은 이 기준에 ⓒ따라 수입 상품의 원산지를 판정해서 원산지가 역내인 경우에만 관세 혜택을 부여한다.

일반적으로 역내국이 수입 상품의 원산지를 판정할 때는 원산지 결정 기준의 기본 원칙을 우선적으로 검토한다. 원산지 결정 기준의 기본 원칙에는 역내 가공 원칙과 충분 가공 원칙 등이 있는데, 이를 충족하지 못하면 역내 원산지 상품으로 인정받지 못한다.

역내 가공 원칙이란 상품의 가공 공정이 역내에서 중단 없이 수행되어야 한다는 원칙이다. 상품의 가공 공정의 일부가 역외에서 이루어진 경우, 원칙상 역내 원산지 상품으로 인정받을 수 없다. 충분 가공 원칙이란 상품의 실질이 변형될 만큼의 충분한 공정을 수행해야 한다는 원칙이다. 이에 따라 협정에서는 조립, 건조, 분쇄 등 상품의 실질에 변화를 주지 못하는 단순한 공정을 별도로 정하고 해당 공정만으로 가공한 상품은 역내 원산지 상품으로 인정하지 않는다.

상품이 기본 원칙을 충족하였다면, 다음으로 품목별 원산지 기준에 따라 상품의 원산지를 검토한다. 품목별 원산지 기준은 역외에서 생산된 재료의 사용 여부에 따라 완전 생산 기준과 실질 변형 기준으로 ⓓ나눌 수 있다. 완전 생산 기준은 상품이 역내에서 생산된 재료만을 사용하여 생산되었는지를 판단하는 기준이다. 이를 충족하면 역내 원산지 상품으로 인정받는다. 그렇지 않고 역외에서 생산된 재료를 사용하여 가공한 상품의 경우 실질 변형 기준을 적용하여 원산지를 판정해야 한다. 실질 변형 기준에는 세번 변경 기준, 가공 공정 기준 등이 있다.

세번 변경 기준은 국제 품목 분류 체계에 따라 상품에 부여되는 품목 번호인 HS 코드를 활용하는 기준이다. 역외에서 생산된 재료와 이를 사용해 역내에서 최종적으로 가공된 상품의 HS 코드가 서로 다르면, 재료의 실질적 특성이 변형된 상품으로 ⓔ보고 해당 상품을 역내 원산지 상품으로 인정한다. 가공 공정 기준은 섬유, 석유 화학 등과 같은 특정 분야 상품의 원산지를 판정할 때 적용되는 기준이다. 역외에서 생산된 재료를 사용하여 상품을 가공하는 전체 공정 중, 협정에서 재료의 실질적 특성이 변형된다고 보는 공정 이상을 역내에서 수행하면 해당 상품을 역내 원산지 상품으로 인정한다.

이러한 원산지 결정 기준은 각 협정별로 산업 보호의 필요성 등을 종합적으로 고려하여 품목마다 다르게 적용할 수 있다. 역내국은 원산지 결정 기준을 효과적으로 운용하면 무역 창출 효과를 보장받을 수 있고, ㉠무역 굴절 효과 등과 같은 자유 무역 협정의 부정적 효과를 방지할 수 있다.

*4.* (가)와 (나)에 대한 설명으로 가장 적절한 것은?

① (가)는 중심 화제에 대한 상반된 입장을 소개하고, 이에 대한 절충 방안을 설명하고 있다.
② (가)는 중심 화제와 관련된 하나의 사례를 중심으로 다양한 이론을 시대순으로 나열하고 있다.
③ (나)는 중심 화제를 하위 유형으로 분류하고 유형별로 장단점을 비교하고 있다.
④ (나)는 중심 화제와 관련된 개념들을 제시한 후 각각의 특징들을 설명하고 있다.
⑤ (가)와 (나)는 모두, 중심 화제로 인해 발생하는 다양한 효과를 소개하고, 각각의 효과가 안고 있는 한계점을 지적하고 있다.

*5.* 윗글의 '자유 무역 협정'에 대해 이해한 것으로 적절하지 않은 것은?

① 수입 상품의 원산지를 판정하기 위해 원산지 결정 기준을 마련하고 있다.
② 원산지 결정 기준은 산업 보호의 필요성을 고려하여 협정마다 동일하게 운용된다.
③ 역내국들이 역외국의 상품에 대해 서로 다른 관세를 적용하는 것을 허용하고 있다.
④ 역내국 간의 상품의 이동을 자유화하여 역내국들의 경제적 이익을 극대화하는 데 목적이 있다.
⑤ 기존에 존재하던 무역 장벽을 완화하거나 철폐하는 방식을 통해 역내국 간 무역 특혜를 부여하고 있다.



[해설편 p.038]

※ 다음은 윗글의 내용을 확인하기 위한 학습지의 일부이다. 6 ~ 7번의 물음에 답하시오.

수입 상품의 생산 비용에 대하여 100%의 관세를 부과하는 갑국은 병국에서 나일론 실을 수입하고 있었다. 갑국-을국 간에 모든 상품의 관세를 철폐하는 자유 무역 협정이 체결되면서 ㉮ 세 국가 간의 무역 구조의 변화가 발생하였다. 이후 갑국은 국내에서 스타킹을 제조하기 위해 협정 체결 기간 을국에서 수입한 나일론 실(HS 5402.44)을 제직 공정으로 직물로 만들었으며, 병국으로부터 수입한 스판덱스 실(HS 5402.31)로 재단 및 봉제 공정을 거쳐 최종적으로 자국의 염료로 염색한 스타킹을 생산하였다. ㉯ 갑국은 생산한 스타킹에 대해 을국에서 관세 혜택을 받았다. (단, 세 국가는 동질의 상품을 생산하며, 제시된 조건 이외에는 고려하지 않음.)

**[활동 1]** 다음은 ㉮를 정리한 표이다. 이를 참고하여 ㉮로 나타나는 경제적 효과에 대해 이야기해 보자.

| | 갑국 | | 을국 | | 병국 |
|---|---|---|---|---|---|
| | 나일론 실 | 염료 | 나일론 실 | 염료 | 나일론 실 |
| 생산 비용 | 25 | 50 | 15 | 60 | 10 |
| 생산량 변화 | 감소 | 증가 | 증가 | 감소 | 감소 |

**[활동 2]** 다음은 <갑-을 자유 무역 협정>의 원산지 결정 기준의 일부이다. ㉯를 고려하여 을국의 입장에서 스타킹의 원산지를 판정해 보자.

**제1장 기본 원칙**
1. 상품의 가공은 역내에서 중단 없이 충족되어야 함.
2. 상품은 건조, 분쇄, 조립의 공정만으로 원산지 상품으로 간주 되지 않음.

**제2장 품목별 원산지 기준**
1. 품목 분류

| 품목 | HS 코드 | 상품 |
|---|---|---|
| 섬유 | HS 6115.21 | 스타킹 |

2. '섬유의 상품'은 제2장의 3과 4의 어느 하나에 해당해야 원산지로 인정함.
3. 다른 HS 코드에 해당하는 재료로부터 생산된 것.
4. 역내국 내에서 재단 및 봉제 공정 이상이 수행된 것.

*6.* 윗글을 읽은 학생이 '활동 1'에 대해 보일 수 있는 반응으로 적절하지 않은 것은? [3점]
① 갑국에서 나일론 실과 염료의 생산량이 변화한 것은 갑국이 비교 우위를 지닌 상품에 생산 요소를 집중했기 때문이겠군.
② 을국에서 나일론 실의 생산량이 증가한 것은 역내국 간의 무역 창출 효과가 발생했기 때문이겠군.
③ 을국에서 염료의 생산량이 감소한 것은 자국에서 생산하던 염료를 역내국의 동질 상품으로 대체했기 때문이겠군.
④ 을국에서 나일론 실의 생산량이 증가하고 병국에서는 감소한 것은 낮아진 관세로 인해 갑국에 역내국 상품이 역외국 상품보다 가격 경쟁력에서 비교 우위가 생겼기 때문이겠군.
⑤ 병국보다 을국의 나일론 실이 생산 비용이 높지만 을국의 생산량이 증가한 것은 갑국이 역외국으로부터 얻는 관세 수입이 역내국과의 무역 창출 효과로 얻는 이익보다 컸기 때문이겠군.

*7.* '활동 2'에 참여한 학생의 대답 중 적절하지 않은 것은?
① 스타킹의 가공 공정이 갑국 내에서 중단 없이 수행되었으므로 역내 가공 원칙을 충족하고 있군.
② 스타킹은 협정에서 별도로 정한 단순한 공정으로 가공한 것이 아니므로 충분 가공 원칙을 충족하고 있군.
③ 스타킹은 역내에서 완전하게 생산된 재료만을 사용하여 가공된 것이 아니므로 완전 생산 기준을 충족하지 않는군.
④ 스타킹과 나일론 실의 HS 코드가 서로 다르므로 세번 변경 기준을 충족하고 있군.
⑤ 스타킹은 스판덱스 실을 사용하여 협정에서 규정한 재단 및 봉제 공정 이상을 수행한 상품이므로 가공 공정 기준을 충족하고 있군.

*8.* (가)와 (나)를 참고하여 ㉠의 이유를 추론한 것으로 가장 적절한 것은?
① 역내 가공 원칙에 의해 수입 상품의 원산지가 역외국임을 확인하여 역외국이 우회 수출로 얻기를 기대하는 관세 이익을 제한할 수 있기 때문이다.
② 실질 변형 기준을 적용하면 역외에서 생산된 재료를 사용하여 가공한 역외국의 상품이 역내국으로 수입되어 역외국이 무역 이익을 얻을 수 있기 때문이다.
③ 역외국의 상품에 높은 관세를 부여하던 역내국이 원산지 결정 기준에 따라 해당 상품을 역내 원산지로 인정하면 관세 수입이 이전보다 크게 나타나기 때문이다.
④ 역외국이 자국의 상품을 원산지 결정 기준에 따라 역내 원산지 상품으로 인정받아서 상대적으로 자국에 낮은 관세를 부과하는 역내국으로 수출할 수 있기 때문이다.
⑤ 역외국이 자국에 높은 관세를 부과하는 역내국을 거쳐 자국에 낮은 관세를 부과하는 역내국으로 수출하여 얻으려는 무역 이익을 원산지 결정 기준에 따라 보장할 수 있기 때문이다.

*9.* 문맥상 ⓐ ~ ⓔ와 바꾸어 쓰기에 적절하지 않은 것은?
① ⓐ: 저조(低調)한
② ⓑ: 감소(減少)하여
③ ⓒ: 의거(依據)하여
④ ⓓ: 구분(區分)할
⑤ ⓔ: 간주(看做)하고

[해설편 p.039]

[10 ~ 13] 다음 글을 읽고 물음에 답하시오.

초음파 도플러 혈류계란 혈류의 속도와 방향 등의 정보를 측정하여 영상화하는 기기로 초음파의 도플러 효과를 이용한다. 초음파는 주파수*가 인간의 가청 범위 이상인 음파이다. 일반적으로 음파를 전달하는 매개체인 매질을 통해 측정 대상에게 보낸 초음파의 송신 주파수와 대상에서 반사되어 돌아온 수신 주파수는 같은 값을 갖는다. 하지만 대상이 이동하면 송신 주파수와 수신 주파수가 달라지는데, 이러한 현상을 도플러 효과라고 한다.

초음파 도플러 혈류계가 혈류의 속도와 방향을 측정하여 영상화하는 과정은 크게 [종수신 단계]와 표시 단계로 구분된다. 송수신 단계에서는 초음파를 발생시키고 수신하는 장치인 탐촉자를 이용한다. 먼저 탐촉자에서 초음파를 발생시키면 탐촉자를 인체 피부에 밀착하여 초음파를 피부로 입사시킨다. 이때 초음파를 인체 내부에 효과적으로 입사시키기 위해서는 음향 저항과 도플러 각도를 고려해야 한다. 음향 저항은 초음파가 매질을 통과해서 전달되기 어려운 정도를 나타내는 척도로 매질의 밀도에 비례한다. 초음파는 음향 저항의 차이가 큰 두 매질의 경계면에서 더 많은 양이 반사된다. 인체 외부의 공기나 피부, 내부의 힘줄과 혈관 등의 연부 조직, 혈액도 모두 매질이다. 이들 중 공기와 피부 간 음향 저항 차이가 가장 크므로, 이를 줄이기 위해 피부에 젤을 바르는 것이다. 또한 도플러 각도는 탐촉자에서 발생한 초음파가 피부에 입사될 때 혈류의 방향과 이루는 각도로, 이 각도가 0°일 때 혈류 속도를 가장 정확하게 측정할 수 있다. 하지만 실제 측정에서는 도플러 각도가 0°가 되기 어렵기 때문에 오차 값이 적은 60° 미만의 각도를 유지해야 한다. 이렇게 피부에 입사된 초음파는 피부에서 일부가 반사되지만 대부분이 투과된 후 연부 조직을 거의 일정한 속도로 투과하여 혈액으로 들어간다.

이후 초음파는 혈액과는 다른 음향 저항을 가진 적혈구를 만나 산란된다. 산란은 반사되는 초음파가 여러 방향으로 흩어지는 것을 의미하며, 산란체의 크기가 작거나 주파수가 높을수록 산란이 많이 발생한다. 이렇게 산란된 초음파 중 일부가 다시 연부 조직, 피부를 ㉮ 지나 탐촉자로 되돌아오는데 산란으로 인해 초음파의 강도가 작기 때문에 이를 증폭시킨다. 이때 도플러 효과가 발생하는데 송신 주파수와 수신 주파수의 차이를 도플러 변위라고 한다. 도플러 변위는 적혈구가 이동하는 속도와 방향에 따라 달라진다. 적혈구의 이동 속도가 빠를수록 도플러 변위의 절댓값은 크며, 적혈구가 탐촉자에 가까워지는 방향일 때는 도플러 변위가 양(+)의 값을 갖고, 그 반대는 도플러 변위가 음(−)의 값을 갖는다. 이렇게 도플러 변위를 통해 얻은 혈류 속도와 방향에 대한 정보는 탐촉자에 저장된다.

표시 단계에서는 탐촉자에 저장된 정보를 영상 장치의 화면에 색과 색의 밝기로 표시한다. 일반적으로 영상 장치의 화면에 표시되는 혈류 정보의 색은 혈류가 탐촉자를 향하면 빨간색으로, 그 반대 방향이면 파란색으로 표시한다. 또한 혈류 속도가 빠르면 더 밝게 표시한다.

* 주파수: 1초에 음파가 진동하는 횟수.

*10.* 윗글의 내용과 일치하지 않는 것은?

① 초음파를 전달하는 매질의 밀도에 따라 음향 저항은 달라진다.
② 초음파 도플러 혈류계는 송신 주파수와 수신 주파수의 차이를 이용한다.
③ 초음파 도플러 혈류계는 인간의 가청 범위 이상의 주파수를 가진 음파를 이용한다.
④ 초음파 도플러 혈류계가 혈류 정보를 측정하여 영상화하는 과정은 송수신 단계와 표시 단계로 구분된다.
⑤ 초음파 도플러 혈류계에서는 도플러 변위를 통해 얻은 혈류 속도와 방향에 대한 정보가 영상 장치에 저장된다.

*11.* <보기>는 [송수신 단계]에서의 초음파 이동 경로를 도식화한 것이다. 윗글을 바탕으로 ㉠ ~ ㉤에 대해 이해한 내용으로 적절하지 않은 것은?

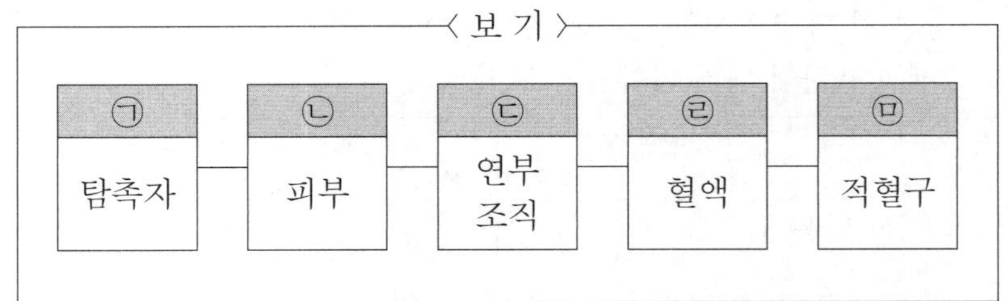


① ㉠에서 발생한 초음파가 ㉡에 입사될 때, 혈류의 방향과 이루는 각도를 60° 미만으로 유지해야 측정의 오차 값이 적겠군.
② ㉠에서 발생시킨 초음파의 강도는 ㉤에서 ㉣로 되돌아 나올 때보다 크겠군.
③ ㉡에 젤을 바르기 전보다 후에 ㉢으로 더 많은 초음파가 투과되겠군.
④ ㉢에서는 ㉠에서 발생한 초음파가 거의 일정한 속도로 투과하겠군.
⑤ ㉣을 투과한 초음파의 주파수가 높을수록, ㉤의 크기가 클수록 더 많은 산란이 발생하겠군.

*12.* <보기>는 초음파 도플러 혈류계의 도플러 효과에 대해 설명하기 위한 그래프이다. 윗글을 읽은 학생이 <보기>에 대해 보인 반응으로 적절하지 않은 것은? [3점]

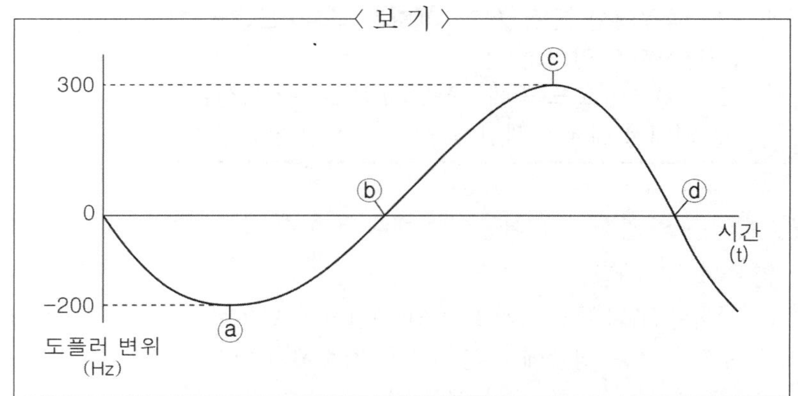


① ⓐ의 혈류 속도보다 ⓒ의 혈류 속도가 빠르다고 볼 수 있겠군.
② ⓐ에서 ⓑ의 혈류 방향과 ⓑ에서 ⓒ의 혈류 방향은 동일하다고 볼 수 있겠군.
③ ⓑ보다 ⓒ가 송신 주파수와 수신 주파수의 차이가 크다고 볼 수 있겠군.
④ ⓒ와 ⓓ 사이에는 영상 장치의 화면에 혈류 정보가 빨간색으로 표시되겠군.
⑤ ⓓ보다 ⓒ에서 영상 장치의 화면에 혈류 정보의 색이 더 밝게 표시되겠군.

*13.* ㉮와 문맥상 의미가 가장 가까운 것은?

① 금요일을 지나 토요일이 되었다.
② 수험 생활도 지나고 나니 그립다.
③ 바람이 창문 사이를 지나고 있다.
④ 그는 그녀의 말을 무심결에 지나 버렸다.
⑤ 한 달 전에 산 우유의 소비 기한이 지났다.

**[14 ~ 17] 다음 글을 읽고 물음에 답하시오.**

철학자 그레이엄 하먼은 인간이 사물의 모든 것을 파악하고 이해할 수 있다고 보는 인간 중심주의 철학을 비판하며, 인간과 사물, 나아가 모든 존재가 동등하다는 [객체 지향 존재론]을 주장한다.

하먼은 어떤 점에서 모든 존재가 동등하다고 보았을까? 그는 이를 설명하기 위해 먼저 인간 중심주의 철학에서 바라보는 인간과 사물의 관계를 지적한다. 하먼 이전 인간 중심주의 철학은 인간이 주체로서 사물의 모든 것을 파악할 수 있다고 여겼다. 즉 인간이 사물을 어떤 기본적인 요소로 구성되어 있다고 분석하거나, 어떤 사물이 다른 사물이나 인간에게 어떤 영향을 미치는지 밝히면 그 사물의 본질을 모두 파악할 수 있다고 여겼다. 하지만 하먼은 이러한 관점들은 인간이 사물을 인간에게 필요한 도구로 바라볼 뿐 객체 그 자체로 다루지 못한다고 비판한다.

하먼에 의하면 사물은 인간이 그 본질을 결정하는 대상이 아니라 독립적이고 자율적인 존재로서의 객체이다. 즉 객체는 다른 존재에게 파악되지 않도록 '물러나는' 측면과 다른 존재에게 분석된 구성 요소 이상의 다른 무언가로 스스로 '드러나는' 측면을 동시에 가지고 있다. 그래서 인간이 사물을 자신과 맺는 사물의 가치나 성격으로 일반화하려고 할 때 객체는 스스로 일반화되지 않고, 동시에 인간이 어떤 구성 요소로 사물을 분석하려고 할 때 그 구성 요소만으로 환원되지 않는다. 결국 ㉠ 인간은 객체의 모든 것을 파악할 수 없다.

또한 그는 인간 역시 객체이며, 독립적이고 자율적인 존재라고 말한다. 그에 의하면 인간 역시 '물러나는' 측면과 '드러나는' 측면이 있어 그 누구에게도 어떤 상위 개념으로 일반화되지 않고, 형태, 색깔, 크기 등으로 환원되지 않는다. 이러한 객체에 대한 하먼의 입장은 허구적이고 비실재적인 것까지도 이어져, 세상의 모든 존재가 다른 객체에게 완전히 파악될 수 없는 동등한 존재라는 주장으로 확장된 것이다.

객체가 완전히 파악될 수 없는 존재라면 우리는 객체의 존재를 어떻게 확인할 수 있을까? 하먼은 객체는 객체가 발산하는 정보나 담고 있는 특질인 성질을 가지며, 성질이 없는 객체나 객체가 없는 성질은 존재할 수 없다고 보았다. 그래서 그는 우리가 감각을 통해 우리 바깥에 있는 객체의 존재와 성질을 지각할 수 있다고 말한다. 하지만 어떤 객체는 우리가 결코 직접 접촉할 수 없기도 하며, 어떤 객체는 그 존재가 감각으로 지각될 수 있어도 그 객체의 성질은 결코 우리가 접촉할 수 없기도 하다고 말한다. 그는 이러한 객체와 성질의 관계에 따라 객체를 감각 객체와 실재 객체로, 성질을 감각 성질과 실재 성질로 구분한다.

먼저 감각 객체는 관찰자가 감각을 통해 지각하는 것이 가능한 객체이고, 실재 객체는 관찰자가 감각을 통해 지각할 수 없는 객체이다. 이때 관찰자의 감각에는 인간의 오감만이 아니라 동물의 감각은 물론 측정 기기에 의한 측정 등도 포함될 수 있다. 가령 숲에 있는 나무를 어떤 한 관찰자가 보거나 관측했다면 이 관찰자에게 나무는 감각 객체이며, 어떤 관찰자도 이 나무를 보거나 관측하지 못했다면 이는 실재하지만 관찰되지 않은 실재 객체이다.

다음으로 객체는 감각 성질과 실재 성질을 가지는데, 감각 성질은 객체의 성질 가운데 관찰자의 감각을 통해 지각할 수 있는 성질, 즉 형태, 색깔, 크기 등과 같은 것이다. 반면 실재 성질은 그 객체가 발산하는 정보나 담고 있는 특질이지만 관찰자가 감각을 통해 지각할 수 없어 직접적으로 파악할 수 없는 성질이다. 가령 관찰자가 감각을 통해 지각한 나뭇잎의 푸른색은 감각 성질이며, 나뭇잎이 떨어지는 순간 이를 지각할 수 없는 지구 반대편의 관찰자에게 이 나뭇잎의 운동량은 실재 성질이다.

결국 하먼에 의하면 모든 객체는 드러나는 측면과 동시에 물러나는 측면이 있기 때문에 어떤 관찰자도 객체의 모든 정보를 완전히 파악하기 어렵다. 즉 우리는 객체의 일부만을 확인할 수 밖에 없다. 하지만 하먼은 그것이 인간 중심주의 철학에 의해 도구로 전락했던 모든 객체가 비로소 객체 그 자체로서 철학적 사유의 한가운데에 자리 잡을 이유라고 역설한다.

*14.* [객체 지향 존재론]에 대한 설명으로 적절하지 않은 것은?

① 허구적이고 비실재적인 것도 객체로 본다.
② 객체를 독립적이고 자율적인 존재로 본다.
③ 객체 가운데 성질이 없는 경우도 존재할 수 있다고 본다.
④ 객체가 발산하는 정보나 담고 있는 특질을 성질이라고 본다.
⑤ 인간 중심주의 철학은 객체를 그 자체로 다루지 못한다고 본다.

*15.* 윗글의 '하먼'과 '인간 중심주의 철학'의 입장에서 <보기>의 ㄱ ~ ㄹ에 대해 판단한 것으로 가장 적절한 것은?

〈보 기〉

ㄱ. 만물을 구성하는 물질을 더 이상 분해가 불가능한 미립자로 나눈 뒤 그 입자를 분석하면 만물의 근원을 이해할 수 있다.
ㄴ. 인간의 입장에서 생산되고 전파되던 과학 지식을 재정립하기 위해서는 전동차와 같은 사물도 인간과 동등한 존재로 바라보아야 한다.
ㄷ. 식물은 동물을 위해, 동물은 인간을 위해 존재한다. 인간과 다른 동물의 차이점은 인간만이 선과 악, 옳고 그름을 인식할 수 있다는 것이다.
ㄹ. 한 자루의 종이칼과 같은 사물은 그것을 만든 사람의 목적에 따라 만들어진 것이므로 사물의 본질은 사람의 구상에 따라 이미 결정되어 있다.

① 인간 중심주의 철학은 ㄱ과 ㄷ에 동의하지 않겠군.
② 인간 중심주의 철학은 ㄴ과 ㄹ에 동의하지 않겠군.
③ 하먼은 ㄴ에 동의하지 않고 ㄷ에 동의하겠군.
④ 하먼은 ㄷ에 동의하지 않고 ㄱ에 동의하겠군.
⑤ 하먼은 ㄹ에 동의하지 않고 ㄴ에 동의하겠군.

16. 윗글을 읽은 학생이 '하먼'의 입장에서 <보기>에 대해 보인 반응으로 적절하지 않은 것은? [3점]

〈보 기〉

[자료 1]
천왕성은 1781년에 윌리엄 허셜이 망원경으로 처음 관측했다. 그는 처음 관측한 시점에는 천왕성이 단순히 혜성이라고 생각했지만, 이후 꾸준한 관측 결과 태양을 중심으로 공전한다는 것을 확인하였다. 약 200년 뒤 관측선 보이저 2호는 천왕성에 가까이 다가가 사진을 찍어 지구의 천문학자들에게 보냈다. 그 사진을 본 지구의 천문학자들은 천왕성의 옅은 초록색과 수많은 위성의 모습을 확인할 수 있었다.

[자료 2]
그림 삽화가 A 씨는 출판사에서 삽화를 그리는 일을 하고 있다. 그의 출판사 동료들은 A 씨가 빠른 손놀림으로 그림을 완성하는 것을 보고 그의 실력과 그림을 칭찬했다. 하지만 그는 그림보다 영화 제작에 대한 관심이 많아서 퇴근 후에 영화 시나리오를 썼다. A 씨의 이러한 관심을 출판사 동료들은 아무도 모르고 있다.

① [자료 1]에서 '허셜'이 관측한 '천왕성'은 감각 객체이겠군.
② [자료 2]의 'A 씨'의 '영화 제작에 대한 관심'은 '출판사 동료들'에게 실재 성질이겠군.
③ [자료 1]의 '천왕성'과 [자료 2]의 'A 씨'의 '영화 시나리오'는 각각 '보이저 2호'와 '출판사 동료들'에게 실재 객체이겠군.
④ [자료 1]의 '천왕성'의 '옅은 초록색'과 [자료 2]의 'A 씨'의 '빠른 손놀림'은 각각 '보이저 2호'와 '출판사 동료들'에게 감각 성질이겠군.
⑤ [자료 1]의 '보이저 2호'가 찍은 '사진'과 [자료 2]에서 'A 씨'가 그린 '그림'은 각각 '지구의 천문학자들'과 '출판사 동료들'에게 감각 객체이겠군.

17. 윗글을 읽은 학생이 ㉠을 이해한 내용으로 가장 적절한 것은?
① 인간이 모든 객체에 의해 도구로 전락했기 때문이겠군.
② 인간이 주체로서 객체의 본질을 결정할 수 있는 대상으로 바라보기 때문이겠군.
③ 모든 존재가 다른 존재가 가진 가치와 성격을 일반화하여 왜곡하기 때문이겠군.
④ 인간이 사물을 상위 개념으로 일반화해 사물이 구성 요소로 환원되기 때문이겠군.
⑤ 모든 존재가 다른 존재에게 파악되지 않도록 물러나는 측면을 갖고 있기 때문이겠군.

[18 ~ 23] 다음 글을 읽고 물음에 답하시오.

(가)
내 오늘밤 **한오리 갈댓잎에 몸을 실어** 이 **아득한 바다 속 창망(蒼茫)한 물구비에 씻기는 한점 바위**에 누웠나니

**생(生)은 갈사록 고달프고** 나의 **몸둘 곳은 아무데도 없다** 파도는 몰려와 몸부림치며 바위를 물어뜯고 넘쳐나는데 내 귀가 듣는것은 마즈막 ㉠ 물결소리 먼 해일에 젖어 오는 그 목소리뿐

아픈 가슴을 어찌란 말이냐 **허공에 던져진것**은 **나만이 아**닌데 하늘에 달이 그렇거니 수많은 별들이 **다 그렇**거니 이 **광대무변(廣大無邊)한 우주**의 한알 모래인 **지구의 둘레를 찰랑이는** 접시물 아아 바다여 **너 또한 그렇**거니

내 오늘 바다 속 한점 바위에 누워 **하늘을 덮는 나의 사념이 이다지도 작음을 비로소 깨닫는다**

– 조지훈, 「묘망」 –

(나)
[A]
다시 태어날 수 없어
**마음이 무거**운 날은
편안한 **집을 떠나**
**산으로 간다**
[B]
크낙산 마루턱에 올라서면
세상은 온통 제멋대로
널려진 바위와 우거진 수풀
너울대는 굴참나뭇잎 사이로
삵괭이 한 마리 지나가고
썩은 나무 등걸 위에서
햇볕 쪼이는 도마뱀
**땅과 하늘을 집삼아**
**몸만 가지고 넉넉히 살아가는**
저 숱한 **나무와 짐승들**
[C]
해마다 죽고 다시 태어나는
**꽃과 벌레들이 부러워**
호기롭게 야호 외쳐 보지만
산에는 주인이 없어
㉡ 나그네 목소리만 되돌아올 뿐
**높은 봉우리**에 올라가도
**깊은 골짜기**에 내려가도
산에는 아무런 **중심이 없어**
**어디서나 멧새들 지저귀는 소리**
**여울에 섞여 흘러**가고
짙푸른 숲의 냄새
서늘하게 피어오른다
[D]
나뭇가지에 사뿐히 내려앉을 수 없고
바위 틈에 엎드려 잠잘 수 없고
낙엽과 함께 썩어 버릴 수 없어
산에서 살고 싶은 마음
남겨둔 채 떠난다 그리고


[해설편 p.041]

[E]
크낙산에서 돌아온 날은
이름없는 작은 산이 되어
집에서 마을에서
다시 태어난다

– 김광규, 「크낙산의 마음」 –

(다)

갑오년 여름, 나는 달촌(達村)에서 예전에 살던 화오촌(花塢村)의 집으로 이사했다. ⓐ <u>집이 좁고 낮아 드나들 때마다 머리를 부딪혔다. 이때는 날씨가 무더워 마치 뜨거운 화로에 들어간 것 같았다.</u> 게다가 모기와 파리가 달라붙으니 괴로워 견딜 수가 없었다. 이웃에 사는 이우열(李友說)과 **더위를 피할 방법을 찾다가** 마침내 **월송정 숲속에 죽붕(竹棚)을 만들었다**. 기둥이 모두 넷인데 셋은 소나무에 걸치고 하나는 나무를 따로 세웠다. ⓑ <u>가로목도 넷이고 그 위에는 대나무를 깔아 수십 명이 앉을 수 있었다.</u> 사방에는 모두 대나무로 난간을 엮어서 떨어지지 않도록 했다. 왼쪽에 긴 다리를 만들어 나무로 지탱하고 잔디를 깔아 오르내리기 편하게 했다.

죽붕이 완성되자 이웃 노인들과 보리술을 마시며 축하했다. 그때부터 매일 이곳에서 먹고 마시고 지내며 누워 잤다. 항상 솔바람 소리가 서늘하여 시원한 기운이 뼈까지 스며들었다. 더위가 힘을 잃어 감히 기승을 부리지 못하고, 모기와 파리가 멀리 가서 감히 다가오지 못했다. ⓒ <u>마치 바람을 타고 멀리 날아가는 것 같은 생각이 들었다.</u> 나는 몹시 통쾌하고 즐거웠다.

저 악양루(岳陽樓)와 황학루(黃鶴樓)는 크다면 크고 제운루(齊雲樓)와 낙성루(落星樓)는 높다면 높다. 그렇지만 그 화려한 건물과 현란한 단청은 여러 장인의 재주를 모은 것으로 하루아침에 만든 것이 아니다. 어찌 사람의 힘을 들이지 않고 하루도 안 되어 완성한 내 죽붕과 같겠는가. ⓓ <u>어찌 겸소하고 소박하여 화려하게 치장하지 않아도 남달리 시원한 내 죽붕과 같겠는가.</u> 입안으로 중얼중얼하다가 마침내 배를 내놓고 난간에 기대어 잠이 들었다. 홀연 푸른 옷을 입은 노인이 나타나 손 모아 절하고는 다가와 말했다.

"그대의 죽붕이 좋기는 하지만 그대의 안색이 쾌활하지 않은 듯하니 어째서인가. 아마도 진흙탕에 떨어진 사람의 입장에서는 땅에서 한 자 남짓만 올라와도 통쾌할 것이다. 땅에서 한 자 남짓 올라온 사람의 입장에서는 그대의 죽붕이 더욱 통쾌할 것이다. 그렇지만 하늘에 있는 사람의 입장에서는 그대의 죽붕이나 땅에서 한 자 남짓 올라온 곳이나 진흙탕과 차이가 없다. 그대는 이 **죽붕이 통쾌한 줄만** 알고, **하늘에 있는 사람이 보기에는 진흙탕과 같다**는 것을 모르는구나. 이는 작은 것에 얽매여 큰 것을 못 보기 때문이다. 나는 그대가 속세를 벗어나기 어렵다는 것을 알겠으니 슬픈 일이다.

그대의 **가슴속**에는 하늘도 있고 땅도 있고 빈 공간도 있다. **누각**을 높이 올릴 수도 있고 창문을 활짝 열 수도 있다. 통쾌하기로 말하자면 온 세상을 눈에 담을 수 있고, 높기로 말하자면 하늘에 있는 사람과 마주 보고 인사할 수도 있다. 이것은 마음속으로 계획을 세우지 않아도 되고 장인이 재주를 부릴 필요도 없이 잠깐 사이에 만들 수 있으니, 올라가 바라보는 즐거움이 이 죽붕에 비할 바 아니다. 소박하고 시원하기는 말할 것도 없고, **세상의 득실과 영욕**, 희로애락 또한 빈 공간 속에서 **구름과 안개처럼 흩어져 사라**질 것이다. 그대는 어찌 이렇게 하지 않고 한갓 이곳에서 즐거워하는가."

ⓔ <u>나는 그의 말을 기이하게 여겼으나 미처 대답하기도 전에 기지개를 켜고 일어났다.</u> 소나무 그늘은 서늘하고 인적이라고는 전혀 없는데 석양이 산에 내려 맑은 이슬이 옷을 적실 뿐이었다. 나는 일어나 탄식했다.

"월송정의 신령이 내게 가르침을 내린 것이리라."

마침내 기록하여 죽붕기로 삼는다.

– 이산해, 「죽붕기」 –



*18.* (가) ~ (다)에 대한 설명으로 가장 적절한 것은?

① (가)는 대구의 방식으로 시상을 마무리하고 있다.
② (나)는 설의적 표현을 활용하고 있다.
③ (가)와 (나)는 각각 동일한 어미를 반복하고 있다.
④ (나)와 (다)는 모두 연쇄법을 활용하고 있다.
⑤ (가), (나), (다)는 모두 대조적인 색채어를 활용하고 있다.

*19.* <보기>를 참고하여 (가)를 감상한 내용으로 적절하지 <u>않은</u> 것은?

〈보 기〉

(가)는 인간 존재에 대한 인식을 드러내는 작품으로, 제목인 '묘망'은 넓고 멀어서 아득하다는 뜻에서 화자가 바라보는 세계의 크기를 의미한다. 화자는 자신의 처지를 거대한 세계 속에 놓인 존재로 보고, 이러한 상황에 대한 인식을 우주의 차원으로 확장하여 다른 대상과의 관계 속에서 인간의 존재 양상을 깨닫는다.

① '한오리 갈댓잎에 몸을 실어' '아득한 바다 속 창망한 물구비에 씻기는 한점 바위'에 있다는 것에서, 화자가 자신을 거대한 세계 속의 작은 존재로 보고 있음을 확인할 수 있군.
② '생은 갈사록 고달프고' '몸둘 곳은 아무데도 없다'는 것에서, 화자가 자신이 힘겨운 상황에 처해 있다고 인식하고 있음을 알 수 있군.
③ '허공에 던져진것'은 '나만이 아'니며 달과 별들도 '다 그렇'다는 것에서, 화자가 자신을 우주 안의 다른 대상들과 동질적인 존재로 여기고 있음을 알 수 있군.
④ '광대무변한 우주'의 일부인 '지구의 둘레를 찰랑이는' 바다를 향해 '너 또한 그렇'다고 하는 것에서, 화자가 바다를 크고 넓은 세계로 여기고 있음을 알 수 있군.
⑤ '하늘을 덮는 나의 사념이 이다지도 작음을 비로소 깨닫는다'는 것에서, 화자가 자신의 사념이 지닌 크기에 대한 깨달음을 통해 인간 존재에 대한 인식을 드러내고 있음을 확인할 수 있군.

*20.* (나)에 대한 이해로 적절하지 <u>않은</u> 것은?

① [A]에는 [B]에서 화자가 한 행동의 계기가 드러난다.
② [B]에는 화자가 대상의 현재 모습에서 과거의 모습을 짐작하고 있음이 드러난다.
③ [C]에서 화자가 인식한 대상의 속성은 [A]에서 화자가 자신에 대해 인식한 내용과 대비된다.
④ [D]에는 화자가 자신의 바람과 다른 행동을 하는 이유가 드러난다.
⑤ [E]에서 나타난 화자의 변화는 [A]에서의 화자의 행동으로부터 비롯된 것이다.

*21.* ㉠과 ㉡에 대한 이해로 가장 적절한 것은?

① ㉠은 화자의 외부에서 비롯된 소리이고, ㉡은 화자에게서 비롯된 소리이다.
② ㉠은 화자의 성찰을 유도하는 소리이고, ㉡은 화자의 각성을 방해하는 소리이다.
③ ㉠은 화자에게 안정감을 느끼게 하는 소리이고, ㉡은 화자에게 두려움을 느끼게 하는 소리이다.
④ ㉠과 ㉡은 모두 화자가 추억을 환기하게 하는 소리이다.
⑤ ㉠과 ㉡은 모두 화자가 다른 대상들에게 들려주고자 하는 소리이다.

*22.* ⓐ ~ ⓔ에 대한 설명으로 적절하지 않은 것은?

① ⓐ: 이사한 집의 특성과 날씨로 인해 매우 힘들었음을 나타낸다.
② ⓑ: 죽붕이 자연물을 재료로 지어졌고 규모가 넉넉함을 드러낸다.
③ ⓒ: 죽붕에서 느끼는 시원함에 충분히 만족하고 있음을 드러낸다.
④ ⓓ: 죽붕이 장인이 만든 건축물에는 미치지 못한다는 아쉬움을 드러낸다.
⑤ ⓔ: 노인과의 만남이 현실에서 실제로 일어난 일이 아니었음을 나타낸다.

*23.* <보기>를 참고하여 (나), (다)를 감상한 내용으로 적절하지 않은 것은? [3점]

〈 보 기 〉

문학 작품에서 공간은 본질적 특성에서 나아가 주체의 주관적 인식에서 비롯된 의미를 갖는 경우가 있다. 주체는 공간에 대한 지향을 드러냄으로써 자신이 추구하는 가치를 제시하기도 한다. 또한 공간을 통해 당면한 문제를 해결하기도 하는데 이때 공간은 구체적인 공간일 수도 있고 관념적인 공간일 수도 있다.

① (나)에서는 '땅과 하늘을 집삼아' '몸만 가지고 넉넉히 살아가는' '나무와 짐승들'을 보며 '꽃과 벌레들'을 '부러워'하는 것에서, 자연적 삶을 살아갈 수 있는 공간에 대한 지향을 드러내고 있군.
② (나)에서는 산의 '어디서나' '지저귀는' 멧새들의 '소리'가 '여울에 섞여 흘러'간다는 것에서, 산이 서로가 자유롭게 어우러져 살아가는 공간이라는 인식을 드러내고 있군.
③ (다)에서는 '죽붕이 통쾌한 줄만' 아는 나에게 '하늘에 있는 사람이 보기에는 진흙탕과 같다'고 말하는 것에서, 동일한 공간도 관점의 차이에 따라 부여하는 의미가 달라질 수 있음을 드러내고 있군.
④ (나)에서는 '마음이 무거'워 '집을 떠나' '산으로 간다'는 것에서 공간의 이동을 통해, (다)에서는 '더위를 피할 방법을 찾다가' '월송정 숲속에 죽붕을 만들었다'는 것에서 새로운 공간의 조성을 통해 자신의 문제를 해결하려는 모습을 드러내고 있군.
⑤ (나)에서는 '높은 봉우리'와 '깊은 골짜기'에 가도 산에 '중심이 없'다는 것에서 구체적 공간의 한계를, (다)에서는 '가슴속'의 '누각'에 오르면 '세상의 득실과 영욕'도 '구름과 안개처럼 흩어져 사라'진다는 것에서 관념적 공간의 한계를 드러내고 있군.

**[24 ~ 27] 다음 글을 읽고 물음에 답하시오.**

현구는 내게 했던 말처럼, 그의 그 '가난한 자를 위한 사랑의 실천 운동'이야말로 하나님이 누구보다도 귀히 여기고 있을 것임에 틀림없었다. 한마디로 그는 소명(召命)을 받은 자였다.

침대에 다시 뉘어놓은 현구를 숙영이와 원 목사에게 맡겨두고, 나는 어머니와 함께 민 박사를 만나러 갔다.

우리가 긴 복도를 질러가자, 현관 입구에서 전투경찰대원들과 두 노인이 실랑이를 하고 있었다. 들어가겠다, 못 들어간다는 입씨름이었다. 밀짚모자 쓴 콧수염 기른 노인이 어머니를 알아보곤, 문 권사님 안녕하세요 하고 인사를 했다. 창길이 할아버지시구먼요, 하고 어머니가 알은체 절을 하며 반겼다. 현구 주위 사람들이 다 그렇듯 외양을 보니 산동네 비산동 주민인 듯했다.

"㉠ 아, 글쎄 박 선생 면회가 안 된다잖아요. 젊은이들은 그렇다 치구, 노인들 문병까지 왜 막습니까. 면회도 못할 만큼 박 선생이 그렇게 위독한가요?"

"이 사람들이 안 된다면 난들 어쩌겠어요. 위독하다는 말은 거짓말입니다. 현구는 위독하지 않아요." 어머니가 또렷하게 말했다.

"어머니, 가세요."

나는 어머니 팔을 끌었다. 구호가 끊긴 바깥으로 나서니 학생들은 뙤약볕 아래, 겉옷이 땀에 흠뻑 젖은 채 가부좌 틀고 앉아 있었다. 침묵시위를 벌이는지 말없이 앉아 있는 그들의 땀에 젖은 모습이, 마치 선정(禪定)에 임한 고행하는 승려들 같았다.

"너들 중에 학생도 있는 것 같구나. 지성인이라 자부한다면 다른 환자들도 생각해얄 게 아냐. 여기가 어디 시장바닥인가. 또한 현구 씨도 지금 몸 상태가 아주 나빠. ㉡ 직계가족 이외 일절 접견을 금지하라는 의사의 엄명인데, 이렇게 고함까지 질러대면 그분이 심리적으로 안정이 되겠어? 만약 또 구호를 외쳤다간 모조리 연행할 테니 그리 알아!" 뚱뚱한 수사관이 훈계하곤 병동 안으로 걸음을 돌렸다.

**[중략 줄거리]** '나'는 현구의 병이 간암이라는 것을 알게 된다. 현구가 입원해 있는 병동 앞에서 현구의 석방을 요구하는 사람들의 시위가 계속되는 가운데 현구는 혼수상태에 빠진다.

"사모님, 갑시다. 어서 나서요! 병원 후문에 봉고를 대기시켜 놓았어요." 작업복 차림의 젊은이가 동수 엄마에게 외쳤다.

"얘들아, 뭐냐? 어, 어디로 가자구?" 다칠세라 현구를 끌어안듯 팔을 벌려 보호하던 어머니가 어마지두해져 말을 더듬었다.

"어머님, 동수 아빠를 비산동 우리 방에서 돌아가시게 하고 싶어요. 동수 아빠는 죄인도 아니고, 그러기에 여기에 갇혀 감시받는 자리에서 돌아가시게 할 수 없어요!" 동수 엄마가 발통 달린 침대를 끌어내며 빠르게 말했다. 단속적으로 여린 숨을 내쉬는 현구를 보는 그네의 눈이 눈물로 빛났다.

"㉢ 그래, 그래야지. 네 말 맞다. 현구는 죄인이 아냐. 동수야, 우리가 앞장서자. 너와 내가 앞장서야 해!"

며느리 말에 어머니도 정신이 번쩍 드는 모양이었다. 어머니가 숙영으로부터 동수를 빼앗아 덥석 등에 업었다.

"할머니, 아빠 정말 집으로 가는 거예요?" 동수가 또랑한 목소리로 물었다.

"㉣ 그래, 집으로 가는 거다. 이제는 네가 아빠가 되는 거다. 현구가 못다 한 일을 네가 하는 거야. 네가 이제 이 할미의 막내다!" 어머니가 신들린 듯 외쳤다.



[해설편 p.042]

어머니는 그해 겨울 현구를 업고 남행길을 재촉하듯, 꼬부장한 좁은 등판에 김장독 같은 동수를 업고 앞으로 나서며 병실 문을 활짝 열었다. 간수 홍은 어느 사이 몸을 피하고 없었다.

"오빠, 이래도 되는 거예요?" 얼떨떨한 표정으로 숙영이가 나를 보고 물었다.

"㉤ 어쩔 수 없잖아. 상황이 이렇게 된걸. 자, 우리도 나가자."

숙영의 말에 어리벙벙해졌던 나는 홀연히 정신을 차렸다. 나는 누이 등을 밀었다.

"앞쪽은 안 돼요. 뒷문 쪽으로, 어서!" 하더니, 숙영이도 결심을 한 듯 어머니 뒤를 따랐다.

저물한 속에 복도는 벌써 최루탄 내음으로 매캐했다. 바깥뜰은 매연이 자욱했고 난장판 소요가 계속되고 있었다.

동수 엄마가 침대를 앞에서 당기고, 젊은이들은 침대를 옆에서 당기고 뒤에서 밀었다. 복도로 나서니 어둑발이 내리는 속에 현구 모습은 보이지가 않았다. 나는 초조했다. 언뜻 한 가지 결단이 전류처럼 머리를 때렸다. 이제 현구는 우리 모두의 마음에 자신이 들어앉아 살아 숨 쉴 감옥 한 칸을 짓기 시작했다는 깨달음이었다. 나는 비로소 현구를 거주제한구역 안에서 운명하게 해서는 안 된다는 결론을 내렸다. 폭행죄와 공무집행방해죄로 구속된 이번 사건의 상징성이 말해주듯, 설령 ⓐ 비산동 사글세방까지 현구를 데려갈 수 없다 하더라도 그가 살아 있는 동안, 숨 쉬고 있을 동안만이라도 그를 감시받는 ⓑ 병실이 아닌, 자유로운 구역까지 내보낼 책임이 나에게도 있음을 알았다. 나는 동수 엄마와 나란히 침대머리 손잡이를 힘주어 잡았다.

최루탄 내음이 들어찬 복도로, 침대가 좌르르 굴러 갔다. 동수를 업은 어머니와 어머니 뒤허리에 팔을 두른 숙영이는 ⓒ 뒷문을 향해 저만큼 앞장서서 종종걸음 치고 있었다. 그때, 뒷문 밖에서 대기하고 있었던지 젊은이 몇이 그 문을 활짝 열어젖혔다. 막혔던 통로가 자유로 향한 출구처럼 훤하게 뚫렸다. 어머니와 함께 우리 오누이 셋이 그해 겨울 그렇게 남행길을 재촉했듯, 우리들은 마치 포연을 뚫고 진군하듯, 최루탄 매연을 헤쳐 침대를 끌고 받은걸음을 걸었다. 그제서야 사일구 그날, 우리 모두 어깨 겯고 경무대를 향해 내닫던 그 벅찬 흥분이 되살아남을 나는 가슴 뿌듯이 느낄 수 있었다.

– 김원일, 「마음의 감옥」 –

**24.** 윗글에 대한 설명으로 가장 적절한 것은?

① 액자식 구성을 통해 사건을 입체적으로 나타내고 있다.
② 동시에 진행되는 사건을 병렬하여 이야기를 구성하고 있다.
③ 이야기 내부의 서술자가 자신의 경험을 통해 사건을 전개하고 있다.
④ 계절의 변화에 대한 묘사를 통해 사건 해결의 실마리를 제시하고 있다.
⑤ 공간의 이동에 따라 서술자를 달리하여 사건에 대한 다양한 관점을 드러내고 있다.

**25.** ⓐ ~ ⓒ와 관련하여 윗글을 이해한 내용으로 가장 적절한 것은?

① 현구의 가족들은 현구의 제안에 따라 현구를 ⓐ로 이동시키려 하고 있다.
② 젊은이들은 현구의 가족들이 안전을 위해 ⓑ에 계속 머무는 것에 찬성하고 있다.
③ 어머니는 동수를 업고 ⓒ로 가는 것에 위험을 느껴 불만을 제기하고 있다.
④ 동수 엄마는 ⓑ보다 ⓐ가 현구를 진정으로 위하는 공간이라고 생각하고 있다.
⑤ 숙영이는 현구를 ⓑ에서 ⓒ로 이동시키는 것을 끝까지 반대하고 있다.

**26.** ㉠ ~ ㉤에 대한 이해로 적절하지 않은 것은?

① ㉠: 현구 어머니의 행위가 불합리함을 질타하며 현구의 안위를 염려하고 있다.
② ㉡: 학생들의 행동이 유발할 부정적 결과를 환기하며 그들의 행동을 제한하려는 의도를 드러내고 있다.
③ ㉢: 동수 엄마의 의견에 동조하며 동수에게 함께 하고 싶은 행동을 제안하고 있다.
④ ㉣: 동수의 질문에 답변하며 동수가 앞으로 해야 할 역할을 강조하고 있다.
⑤ ㉤: 숙영이에게 상황의 불가피함을 언급하며 행동에 동참하기를 권유하고 있다.

**27.** <보기>를 바탕으로 윗글을 감상한 내용으로 적절하지 않은 것은? [3점]

< 보 기 >

「마음의 감옥」은 이타적 삶을 살아온 동생을 통해 삶의 의미에 대해 성찰하는 인물의 모습을 그린다. 이웃을 위해 헌신하는 삶을 살다가 구속된 동생이 건강 악화로 병원에 옮겨진 뒤, 그를 따르는 사람들은 그에 대한 처사가 부당하다고 여겨 저항한다. 이러한 과정에서 인물은 동생의 삶이 지닌 영향력을 깨닫고, 옳다고 여기는 일에 대한 신념을 갖고 행동했던 과거를 떠올린다.

① 가난한 자를 위한 사랑을 실천하는 현구를 소명을 받은 자라고 한 것에서, 이웃을 위해 헌신한 이타적 삶을 산 동생의 모습을 찾을 수 있군.
② 뙤약볕 아래에 말없이 앉아 땀에 젖어 있는 학생들을 보고 고행하는 것 같다고 여긴 것에서, 동생에 대한 처사가 부당하다고 생각하여 이에 저항하는 사람들에 대한 인물의 생각을 찾을 수 있군.
③ 어둑발이 내리는 속에 현구의 모습이 보이지 않아 초조해 한 것에서, 건강이 악화된 동생을 회복시키기 위해 자신의 삶의 의미를 성찰하고 있는 인물의 모습을 찾을 수 있군.
④ 현구가 우리 모두의 마음에 들어앉아 살아 숨 쉴 감옥 한 칸을 지었다는 것에서, 동생의 삶이 지닌 영향력을 깨닫게 된 인물의 모습을 찾을 수 있군.
⑤ 어깨 겯고 경무대를 향해 내닫던 때를 기억하며 벅찬 흥분이 되살아남을 뿌듯하게 느낀 것에서, 옳다고 여기는 일에 대한 신념을 갖고 행동했던 과거를 떠올리는 인물의 모습을 찾을 수 있군.

[28 ~ 30] 다음 글을 읽고 물음에 답하시오.

(가)

헌사한 조화옹이 산천을 빚어낼 때
낙은암 깊은 골을 날 위하여 만드시니
**봉우리도 빼어나고 경치도 뛰어**나다
어와 **주인옹이 명리(名利)에 뜻이 없어**
**진세(塵世)를 하직**하고 **산속에 깃들**이니
내 생애 담백한들 내 분수이니 관계하랴
농환재 맑은 창가에서 주역(周易)을 점검하니
소장진퇴(消長進退)*는 성인의 밝은 가르침이요
낙천지명(樂天知命)*은 성인의 깊은 경계로다
(중략)
주육(酒肉)에 빠진 분들 부귀를 자랑 마오
여름날 더운 길의 홍진간(紅塵間)에 분주하며
겨울밤 추운 새벽에 **대루원*에 서성이**니
자네는 좋다하나 내 보기엔 괴롭구나
어저 **내 신세**를 내 이르니 자네 듣소
삼복에 날 더우면 백우선* 높이 들고
바람 부는 창가에 기대 다리 펴고 누웠으니
편안한 이 거동을 그 누가 겨룰쏘냐
동지 밤 눈 온 후에 더운 방에 이불 덮고
목침을 돋워 베고 ㉠ 해 돋도록 잠을 자니
편함도 편할시고 고단함이 있을쏘냐
**삼공(三公)이 귀하다 하나 나는 아니 바꾸**리라
값을 쳐 비기려면 만금인들 당할쏜가
보리밥 맛들이니 팔진미를 부러워하며
헌 베옷 알맞으니 비단 가져 무엇 할꼬

– 남도진, 「낙은별곡」 –

* 소장진퇴: 세상사가 변화하는 이치를 가리키는 말.
* 낙천지명: 천명을 깨달아 즐기면서 자연의 섭리를 따름.
* 대루원: 이른 아침에 대궐로 들어갈 사람이 대궐 문이 열리기를 기다리던 곳.
* 백우선: 새의 흰 깃으로 만든 부채.

(나)

**허천강* 건너편**에 나날 뵈는 저 **봉화(烽火)**야
차차 전하여 **목멱산***에 닿았나니
내 집이 그 아래 있으니 편한 소식 전할쏘냐 <1수>

**가시울 에운* 곳**에 고향 멀기 잘 하였데
만일 **가깝**던들 **생각이 더**할러니
차라리 바라도 못 보니 잊을 날이 있어라 <4수>

백옥 난간 둘렀는 데 오색 선화 피었어라
옛 신하 모두 모셔 일당어수* 즐기던고
매일에 이런 꿈 꿀적이면 ㉡ 밤낮 자려 하노라 <9수>

**두렷한 밝은 달**이 천지에 가득하여
밤이 낮이 되어 어두운 곳 없었는데
어디서 **떠가는 구름**은 가리우려 하나니 <11수>

– 윤양래, 「갑극만영」 –

* 허천강: 개마고원을 지나 압록강으로 흘러드는 강.
* 목멱산: 서울 남산의 옛 이름.
* 가시울 에운: 가시울타리 둘러싼.
* 일당어수: 물고기와 물이 한데 모임. 임금과 신하가 화합함을 이르는 말.

28. (가)와 (나)에 대한 설명으로 가장 적절한 것은?

① (가)는 (나)와 달리 음성 상징어를 사용하여 대상의 역동성을 강조하고 있다.
② (나)는 (가)와 달리 유사한 문장 구조를 반복하여 리듬감을 부여하고 있다.
③ (가)와 (나)는 모두 말을 건네는 방식을 활용하여 화자의 내면을 드러내고 있다.
④ (가)와 (나)는 모두 역설적 표현을 활용하여 주제 의식을 선명하게 표현하고 있다.
⑤ (가)와 (나)는 모두 청유형 어미를 사용하여 대상에 대한 친근감을 나타내고 있다.

29. ㉠과 ㉡에 대한 이해로 가장 적절한 것은?

① ㉠에는 자신의 잘못에 대한 변명이, ㉡에는 자신의 행동으로 인한 후회가 드러나 있다.
② ㉠에는 일상을 만끽하고 있는 여유로움이, ㉡에는 바라는 바에 대한 간절함이 드러나 있다.
③ ㉠에는 목표를 달성할 수 없다는 체념이, ㉡에는 결핍을 충족시키기 위한 시도가 드러나 있다.
④ ㉠에는 시간의 속박에서 벗어난 자유로움이, ㉡에는 지시에 따라 행동하겠다는 의지가 드러나 있다.
⑤ ㉠에는 어려움에 신속하게 대응하지 못하는 무력감이, ㉡에는 경험이 지속되지 못하는 것에 대한 안타까움이 드러나 있다.

30. <보기>를 바탕으로 (가), (나)를 감상한 내용으로 적절하지 않은 것은? [3점]

〈보 기〉

(가)와 (나)에는 이전과 다르게 변화된 자신의 삶에 대한 작가의 인식과 정서가 드러나 있다. (가)에서는 속세를 떠나 자연에서의 은거를 선택한 작가가 자신의 삶에 대한 정서를 드러내고 있다. (나)에서는 변방에 유배를 간 작가가 고향에 대한 정서를 드러내면서 임금을 달에 비유하여 연군의 정을 표현하고 있다.

① (가)에서 '봉우리도 빼어나고 경치도 뛰어'난 '산속에 깃들'었다는 것을 통해 자연에 은거하는 작가의 모습을 엿볼 수 있군.
② (가)에서 '주인옹이 명리에 뜻이 없어'서 '진세를 하직'했다는 것을 통해 세속적 가치에 욕심이 없어 스스로 속세를 떠난 작가의 모습을 확인할 수 있군.
③ (나)의 <11수>에서 '두렷한 밝은 달'을 '떠가는 구름'이 가리려 한다는 것을 통해 작가가 자연물을 활용하여 임금에 대한 마음을 드러내고 있음을 짐작할 수 있군.
④ (가)에서 '대루원에 서성이'는 사람에게 '내 신세'를 이르는 것을 통해 이전의 삶에 대한 미련을 버리지 못한, (나)의 <1수>에서 '허천강 건너편'의 '봉화'를 보며 '목멱산'을 떠올리는 것을 통해 이전의 삶과는 단절된 작가의 현재 상황을 짐작할 수 있군.
⑤ (가)에서 '삼공이 귀하다 하나 나는 아니 바꾸'겠다는 것을 통해 자신의 편안한 삶에 대한 작가의 만족감을, (나)의 <4수>에서 '가시울 에운 곳'에서 고향이 '가깝'다면 '생각이 더'했으리라는 것을 통해 고향을 떠나온 작가의 그리움을 확인할 수 있군.



[해설편 p.043]

[31 ~ 34] 다음 글을 읽고 물음에 답하시오.

녹운은 위연청이 안전하게 돌아온 것을 보고 실망하고 놀랐다. 위연청이 물러가고 위지덕이 나간 사이에 녹운이 왕소삼을 꾸짖었다.

"너는 어찌 허황된 말로 나를 속이는가? 네가 그 집에 가면 죽는다고 하지 않았는가? 그런데 위연청이 편안히 돌아오고 강도감이 나았다니 이는 또 무슨 일인가?"

왕소삼도 이상하게 생각하여 자세하게 알아보니 위연청이 강도감 집에서 귀신을 쫓아 살리고, 상량문을 지어 모든 선비들을 압도한 후 천금도 거절했다는 말을 들었다. 원래 상공자와 여러 사람들이 경화관에 가서 위연청을 찾다가 순무사가 오는 바람에 성 안이 복잡하여 그만두었다. 왕소삼이 자세히 듣고 돌아와 급히 전하니 녹운이 크게 놀라고 기회를 보아 위지덕에게 말하였다.

"위연청이 평산당 상량문을 짓고, 천금의 사례를 받았다고 합니다. 그런데도 사색하지 않고 또, 보여 주지도 않으니 이것이 자식 된 도리입니까?"

위지덕이 천금이라는 두 마디에 눈에 불이 일어 급히 위연청을 불렀다.

"들으니 네가 무슨 글을 짓고 천금을 얻었다고 하는구나. 헛되이 허비하지 말고 이자를 쳐서 없어지지 않게 하라."

위연청이 알리지 않으려고 하다가 이미 들었음을 알고 녹운의 ㉠ 참소임을 깨달았다. 이에 큰 변이 있을 것이라고 짐작하며 불행히 생각하나 어찌 알고 묻는 일을 숨기겠는가? 편안히 답하였다.

"실제로 제가 강도감을 문병한 후 돌아오는 길에 평산당 낙성연을 구경하였습니다. 그곳에서 상량문을 조르는 바람에 급히 글을 써 주니 천금을 주었습니다. 그러나 선비는 글을 짓더라도 값을 받는 것이 아닌 법입니다. 게다가 여러 선비들이 시기하기에 거절하고 즉시 돌아왔습니다. 가져온 것은 아무것도 없습니다."

위지덕이 미처 말하기도 전에 녹운이 냉소하며 말하였다.

"글을 지어 주고 받는 사례는 왕발과 사마상여도 거절하지 않았다. 그대가 비록 청렴하다고 해도 어찌 물리쳤겠소? 이는 감추었다가 자기 재산으로 만들려고 하는 것이리라."

위지덕이 크게 노하자 위연청이 엄숙히 정색하며 말하였다.

"서모께서는 말을 함부로 하여 체면을 차리지 않으시는군요. 내 비록 못났으나 재물을 개인적으로 축적하여 아버님을 속이지 않습니다. 서모의 소임이 이런 일까지 참견하는 것이 아님을 어찌 생각하지 않습니까?"

녹운이 크게 비참해하며 눈물을 흘리고 위지덕의 도움을 받고자 말하였다.

"ⓐ <u>첩이 우연히 말을 하였다가 이런 편잔을 받으니 이는 모두 영감님이 너그러운 탓입니다.</u>"

위연청이 어이가 없어 다시 말을 하지 않았다. 위지덕은 녹운의 거동을 보고는 위연청이 재물을 감추어 놓고는 녹운에게 역정을 내어 책망하는 것으로 생각하였다. 이에 상을 밀치며 크게 욕하였다.

"나쁜 놈이 갈수록 못 되어, 천금을 감추고 청렴한 척하며 서모를 질책하고 아비에게 역정을 내니 이것이 자식 된 도리냐?"

위연청이 당 아래로 내려가 죄를 청하며 말하였다.

"아버님의 가르침을 제가 몸에 새기지 못하였으니 감히 무슨 변명을 하겠습니까? 그러나 재물을 숨기고 아버님을 속이는 것은 금수나 할 짓입니다. 제가 비록 불초무상하오나 그런 짓은 차마 하지 않았습니다. 다만 주는 것을 거절한 죄를 청합니다."

위지덕이 더욱 화를 내었다.

"받아 감추는 것은 오히려 이유가 있다고 할 수 있다. 그러나 주는 것을 사양하는 것은 나의 가르침을 거역하는 것이다."

**[중략 줄거리]** 녹운은 재산을 도둑질해 도망가고, 위지덕은 중병에 걸리지만 위연청의 노력으로 병이 낫자 이를 계기로 개과천선한다. 이후 마을에 화재가 일어나고 위연청은 양주 자사에게 편지를 보낸다.

자사가 크게 놀라고 기뻐하나 한편으로는 의심하여 유한을 불러 물었다.

"이것은 위연청의 뜻일 것이다. 정말로 위지덕이 쓴 것이냐?"

유한이 고개를 숙이며 말했다.

"위연청 어른은 친척을 찾아 수일 전에 나가 오늘 밤에나 오실 것입니다. 이 때문에 큰 어르신께서 스스로 결단하신 것입니다. 금과 은 그리고 곡식 등을 옮기고자 명령을 기다리옵니다. 저희 집에서 직접 백성을 도와주는 것이 예에 어긋나지는 않지만 큰 어르신께서는 관청의 쓰임에 보태어 천자께서 백성의 환란을 살피시는 근심을 덜고 자사 어른께서 환란 때문에 잠자리를 잊고 음식을 끊으시는 염려를 없게 하시기 위하여 관청으로 보내고자 하십니다."

양주 자사가 탄복하며 말했다.

"ⓑ <u>위지덕의 어진 마음과 재주를 본받아 위연청이 났음을 깨달았다. 과거 더럽게 재물을 모은 것은 원래 이런 큰 계책이 있기 때문이었구나. 세상 사람들이 위지덕을 헐뜯는 말은 대롱으로 하늘을 엿보고 조개를 던져 바다를 측량함과 같구나.</u>"

이에 친히 경하관으로 가 많은 백성을 불러 위지덕의 은덕을 말해 주었다. 유한 형제가 그 형세의 궁박함과 식구의 다소를 따져 나누어 주니 각 집마다 은자 오십 냥이요, 미곡이 십여 석이요, 비단이 두어 필이라. 이만하면 급한 밑천으로는 넉넉한지라. 백성이 기뻐하며 손을 모아 은혜에 감사하며 물러가 집을 수리하고 추위와 배고픔을 구하니 그 선을 쌓음이 이루 말로 다할 수 없었다.

이 일은 위연청이 화재를 보고 아버지에게 말씀을 올린 것이었다. 위지덕은 복을 받아 훌륭한 아들을 둔 것을 알고 있었다. 재물을 아낄 때에는 목숨처럼 아끼더니 마음을 돌이킨 다음에는 재물을 지푸라기같이 여겨 쾌활하니 일마다 듣고 따라 털끝만큼도 늦춤이 없었다. 위연청이 여러 창고를 점검하니 보물은 녹운이 태반이나 도둑질해 갔으되 남은 금은과 비단은 수를 헤아릴 수 없었다. 양주 관아 창고가 어찌 미치겠는가. 위지덕 창고의 재산이 산과 같으니 오로지 다 다른 사람의 피와 기름을 긁어 거둔 것이었다. 위연청이 재물 보기를 원수같이 하여 옛날 출납을 확인하고 문서를 회계할 때에도 눈길만 주고는 마음에 두지 않아 많고 적음을 모르더니 이날 자세히 헤아리니 탄식이 나왔다. 하나하나 어른께 여쭈었으나 위지덕은 조금도 애석해하지 않고 마음대로 하라 하니 가히 무궁한 복을 받을 만하였고 종래의 죄과를 씻을 만하였다. 위연청이 명을 받고는 유한 형제를 불러 자사를 찾아가 부탁할 일을 일일이 가르치고 편지를 대필한 후 잠깐 다른 고을로 가니 이는 아버지께서 한 일로 보이게 하기 위해서였다. 유한이 어찌 그르침이 있으리오.

– 작자 미상, 「보은기우록」 –

04회

31. 윗글의 서술상 특징으로 가장 적절한 것은?
① 꿈과 현실의 교차를 통해 환상적 분위기를 조성하고 있다.
② 서술자의 직접 개입을 통해 인물의 성격을 희화화하고 있다.
③ 우의적 소재를 활용하여 미래에 일어날 일을 암시하고 있다.
④ 인물의 외양을 묘사하여 인물이 지닌 능력을 강조하고 있다.
⑤ 과거의 일을 요약적으로 제시하여 사건의 전말을 밝히고 있다.

32. ㉠에 대한 이해로 적절하지 않은 것은?
① 녹운이 ㉠을 하기 전에 왕소삼에게 묻는 말에서, 위연청이 무사히 돌아온 것에 대해 왕소삼을 질책하고 있음을 알 수 있다.
② 위연청이 ㉠이 있었음을 깨달은 뒤에 한 생각에서, ㉠으로 인해 좋지 않은 일이 생길 것이라고 예감하고 있음을 알 수 있다.
③ 위연청이 ㉠을 들은 위지덕에게 한 말에서, ㉠의 내용이 사실과 다르다고 해명하고 있음을 알 수 있다.
④ 녹운이 ㉠을 하고 난 후 위연청에게 한 말에서, 위연청의 말이 거짓이라고 생각하고 있음을 알 수 있다.
⑤ 위연청이 ㉠과 관련하여 녹운에게 한 말에서, 녹운의 언행이 본분에 어긋난다고 생각하고 있음을 알 수 있다.

33. ⓐ와 ⓑ에 대한 설명으로 가장 적절한 것은?
① ⓐ에서는 상대의 역할을 언급하며 고마운 감정을 표현하고 있고, ⓑ에서는 인물이 이전에 한 행동의 이유에 대해 추측하고 있다.
② ⓐ에서는 인물의 지위를 제시하며 자신에 대한 비난에 반박하고 있고, ⓑ에서는 자신의 상황을 언급하며 자신을 향한 비난을 받아들이고 있다.
③ ⓐ에서는 자신의 처지를 언급하며 상대에게 바라는 점을 제시하고 있고, ⓑ에서는 인물에 대해 생각한 점을 밝히며 자신의 우월함을 드러내고 있다.
④ ⓐ에서는 상대와의 관계를 바탕으로 자신이 해야 할 바를 나타내고 있고, ⓑ에서는 인물로 인해 발생한 문제에 대해 해결책을 제시하고 있다.
⑤ ⓐ에서는 자신이 처한 상황에 대한 책임을 상대에게 전가하고 있고, ⓑ에서는 자신의 깨달음을 근거로 인물에 대한 타인의 평가가 옳지 않음을 드러내고 있다.

34. <보기>를 참고하여 윗글을 감상한 내용으로 적절하지 않은 것은? [3점]

< 보 기 >

「보은기우록」에는 재화에 대한 가치관의 차이가 두드러지게 나타나는데, 이는 부의 축적만을 도모하는 인물과 공동체 속에서 윤리적 삶을 실천하며 효를 중시하는 인물을 통해 형상화된다. 또한, 이 작품은 도덕적 가치를 강조하면서도 재화가 도덕적 가치 실현을 위한 수단이 될 수도 있음을 드러낸다.

① 위지덕이 위연청에게 천금을 허비하지 말고 이자를 치라고 말하는 것에서 부를 추구하는 인물의 모습을 확인할 수 있군.
② 위지덕이 천금을 거절한 위연청에게 자신의 가르침을 거역한다고 화를 내는 것에서 인물 간의 갈등이 재화에 대한 가치관의 차이와 관련되어 있음을 확인할 수 있군.
③ 위연청이 아버지에게 말씀을 올려 창고의 재산을 관청으로 보내 쓰이게 한 것에서 공동체를 위해 윤리적인 삶을 실천하고자 하는 인물의 모습을 확인할 수 있군.
④ 위지덕이 재물을 아낄 때 목숨과 같이 생각하였다는 것에서 재화가 도덕적 가치 실현을 위한 수단이 될 수 있음을 깨달은 인물의 모습을 확인할 수 있군.
⑤ 위연청이 아버지의 이름으로 편지를 써 양주 자사에게 보낸 것에서 선행의 공을 아버지에게 돌려 효를 실천하고자 하는 인물의 모습을 확인할 수 있군.

**※ 확인 사항**
○ 답안지의 해당란에 필요한 내용을 정확히 기입(표기)했는지 확인하시오.
○ 이어서, **「선택과목(화법과 작문)」** 문제가 제시되오니, 자신이 선택한 과목인지 확인하시오.



[해설편 p.044]

# 제 1 교시 국어 영역(화법과 작문) 04회



[35 ~ 37] 다음은 학생의 발표이다. 물음에 답하시오.

여러분, 우주 쓰레기에 대해 들어 보셨나요? 우주 쓰레기는 우주에서 임무를 수행 중인 인공위성을 제외하고 지구 궤도를 돌고 있는 모든 인공적인 물체를 말하는데요, 머릿속에 모습이 그려지시나요? (사진 제시) 보신 것과 같이 인공위성의 파편, 로켓의 잔해 등이 바로 우주 쓰레기입니다. 최근 이 우주 쓰레기가 점점 늘어나면서 그 위험성에 대한 관심이 높아지고 있는데요, 그래서 오늘은 이 우주 쓰레기의 위험성과 제거 방법에 대해 소개하고자 합니다.

혹시 우주 쓰레기가 지구 궤도를 계속해서 돌고 있는 이유를 아시나요? 모르는 분이 있으시네요. (영상 1 제시) 실로 묶어 돌리는 공이 떨어지거나 날아가지 않는데요, 이는 실의 장력과 공의 원심력이 평형을 이루고 있기 때문입니다. 우주 쓰레기도 속도가 지구 중력과 평형을 이룰 만큼 빨라서 지구 궤도를 돌고 있는 것이죠. 또한 이 빠른 속도 때문에 아주 작은 우주 쓰레기도 매우 위험할 수 있습니다. (표 제시) 겨우 지름 3 mm, 무게 0.03 g인 우주 쓰레기가 총알만큼의 운동 에너지를 가지고 있는 것을 보시면, 그 파괴력을 쉽게 예상해 볼 수 있습니다.

이런 우주 쓰레기가 점점 많아지고 있다고 합니다. (그래프 제시) 1970년대부터 지금까지 꾸준히 늘어난 것이 보이시죠? 고도 2,000 km 이하인 저궤도에 전체 인공위성의 70 % 이상이 있는 만큼 우주 쓰레기의 양도 가장 많습니다. 최근에는 그보다 더 먼 고도 36,000 km 지점인 정지궤도에까지 통신, 방송 업무를 하는 위성들이 증가하면서 우주 쓰레기가 많이 생겼다고 합니다. 저궤도와 정지궤도에는 현재 기술로 관측 가능한 10 cm 이상의 우주 쓰레기가 25,000개 이상 있고, 관측이 어려운 것들까지 포함하면 약 1억 개 이상의 우주 쓰레기가 있는 것으로 추정된다고 합니다. 만약 이렇게 많은 우주 쓰레기가 인공위성과 부딪쳐 연쇄적인 충돌로 이어지면 결국 지구 궤도에 있는 인공위성들이 파괴되어 일상생활에 혼란과 손실이 발생할 수 있습니다.

그래서 우주 쓰레기를 제거하기 위한 기술들이 연구되고 있는데요, (영상 2 제시) 먼저 보신 기술은 우주 쓰레기를 그물로 포획한 후 폐기하는 그물 방식으로 여러 방향으로 회전하는 중대형 우주 쓰레기를 제거하는 데 효과적입니다. 다음으로 보신 기술은 인공위성에 돛을 부착해 임무가 끝난 인공위성이 돛을 펼쳐 스스로 지구 대기권으로 들어와 소각되도록 하는 태양돛 기술로, 추가적인 인공위성을 쏘아 올릴 필요가 없어 경제적입니다. 이외에도 다양한 제거 방법이 활발히 연구되고 있습니다.

현재 여러 국가에서는 국제기구에서 제시한 우주 쓰레기 경감 지침을 준수하기 위해 노력하고 있습니다. 우주는 인류 공동의 자산이므로 앞으로도 지속 가능한 우주 활동을 위해 더욱 노력해야 할 것입니다. 이상으로 발표를 마치겠습니다.

*35.* 위 발표자의 말하기 방식으로 가장 적절한 것은?

① 자신이 겪었던 일을 언급하며 청중의 주의를 환기하고 있다.
② 청중의 요청에 따라 발표 내용에 대한 정보를 추가하고 있다.
③ 발표 주제 선정의 배경을 언급하며 발표 주제를 소개하고 있다.
④ 설문 조사 결과를 인용하여 발표 내용의 신뢰성을 높이고 있다.
⑤ 청중에게 질문을 던지며 발표 내용을 실천할 것을 권유하고 있다.

*36.* 다음을 바탕으로 위 발표가 진행되었다고 할 때, 발표자가 사용한 발표 전략으로 적절하지 <u>않은</u> 것은?

[청중의 특성 분석]
○ 우주 쓰레기의 모습을 쉽게 떠올리기 어려움. ……… ㉠
○ 우주 쓰레기가 지구 궤도를 도는 원리를 모를 수 있음. ……… ㉡

[발표 제재의 특성 분석]
○ 우주 쓰레기가 큰 파괴력을 지니고 있음. ……… ㉢
○ 우주 쓰레기의 양이 과거에 비해 많이 증가함. ……… ㉣
○ 우주 쓰레기를 제거하는 기술이 개발되고 있음. ……… ㉤

① ㉠을 고려하여, 우주 쓰레기의 구체적인 모습을 시각적으로 보여 주기 위해 '사진'을 활용하고 있다.
② ㉡을 고려하여, 우주 쓰레기가 지구 궤도를 도는 과학적 원리를 알려 주기 위해 '영상 1'을 활용하고 있다.
③ ㉢을 고려하여, 우주 쓰레기가 큰 운동 에너지를 가지고 있어 파괴력이 크다는 것을 알려 주기 위해 '표'를 활용하고 있다.
④ ㉣을 고려하여, 우주 쓰레기의 양이 꾸준히 증가하고 있음을 보여 주기 위해 '그래프'를 활용하고 있다.
⑤ ㉤을 고려하여, 우주 쓰레기를 제거하기 위한 기술의 발전 과정을 순차적으로 알려 주기 위해 '영상 2'를 활용하고 있다.

*37.* 발표 내용을 바탕으로 할 때, <보기>에 나타난 학생들의 반응에 대한 이해로 적절하지 <u>않은</u> 것은?

< 보 기 >

**학생 1:** 내가 어제 본 영화에서 주인공이 우주 비행을 하다 어떤 물체와 부딪쳐 표류하는 장면이 있었는데, 발표를 들으면서 그것이 우주 쓰레기라는 것을 알 수 있어서 좋았어.

**학생 2:** 몰랐던 우주 쓰레기의 위험성을 알 수 있어서 유익했어. 그런데 왜 인공위성의 대부분이 저궤도에 존재하는 걸까? 나중에 발표자에게 물어봐야겠어.

**학생 3:** 우주 쓰레기 경감 지침을 자세히 알려 주지 않아서 아쉬워. 지침 내용을 국제기구 누리집에서 검색해 봐야지.

① '학생 1'은 발표 내용과 관련된 자신의 경험을 떠올리고 있군.
② '학생 2'는 발표 내용의 일부와 관련된 궁금한 점을 드러내고 있군.
③ '학생 3'은 발표 내용의 오류를 지적하며 이에 대한 아쉬운 점을 드러내고 있군.
④ '학생 1'과 '학생 2'는 모두, 이전에 몰랐던 사실을 발표를 통해 알게 된 것을 긍정적으로 생각하고 있군.
⑤ '학생 2'와 '학생 3'은 모두, 발표에서 언급된 내용과 관련하여 추가적인 정보를 탐색하려 하고 있군.

[해설편 p.044]

[38 ~ 42] (가)는 사회 문제 탐구 동아리 학생들의 대화이고, (나)는 대화 내용을 바탕으로 '학생 3'이 작성한 글이다. 물음에 답하시오.

(가)

학생 1: 지난 시간에 다양한 사회 문제 중 관광 분야에 대한 글을 지역 신문에 쓰기로 했잖아. 오늘은 구체적으로 어떤 내용에 대해 쓸지 이야기해 보자.

학생 2: 사회적 거리두기가 끝나고 과잉관광이 사회적 문제가 되고 있다는데, 이 문제를 다뤘으면 좋겠어.

학생 3: 과잉관광? 자세히 말해 줄 수 있어?

학생 2: 응. 과잉관광은 관광지에 관광객이 과도하게 몰리면서 지역 사회에 불편을 끼치는 현상이야. 최근 우리 지역에서도 관광객이 늘어나면서 소음 문제로 주민들이 불편을 겪거나 지역 환경이 훼손되는 과잉관광 현상이 발생하고 있대.

학생 1: 맞아. 나도 과잉관광 문제가 심각하다고 들었어. 그럼 지금부터는 이런 문제를 해결하기 위한 방법에 대해 이야기해 보는 게 어때?

학생 2: 우리 지역과 비슷한 문제가 발생한 △△시에서는 이런 문제를 해결하기 위해 일정 인원 이상의 관광객을 받지 않기로 했대.

[A]
학생 3: 인원을 제한하는 방법이 해결책이라고? 관광지를 방문하는 인원을 제한하면 경제적으로는 손실 아니야?

학생 2: 일시적으로는 관광 수입이 줄어들 수 있지만 동시에 지역 특색을 살린 관광 프로그램을 운영하여 관광의 질을 높이면 장기적으로는 지역 사회에 더 큰 이익을 줄 수 있다는 입장이야.

학생 3: 그렇지만 더 많은 인원을 수용할 수 있도록 시설을 확충하면 굳이 인원을 제한하지 않아도 되지 않을까?

[B]
학생 2: 맞아. 하지만 그 방법은 예산이 많이 들고 시간도 오래 걸려서 당장 시행할 수는 없지 않을까? 이런 정책과 프로그램은 관광을 더 오래 즐기기 위한 준비 과정이라고 봐야 해.

학생 3: 장기적인 관점에서 경제적 측면을 고려했다는 것은 알겠어. 하지만 소음으로 인한 지역 주민들의 불편은 여전히 해소되지 않을 것 같아.

학생 1: 경제적 측면 외에 다른 측면도 고려해야 된다는 거지?

학생 2: 맞아. 뉴스에서 봤는데, 어떤 지역에서는 주민들의 생활 공간과 가까운 관광지에서는 최대한 소리를 내지 않으면서 관광하는 프로그램을 함께 운영하기도 하더라고.

학생 1: 그렇게 하면 소음으로 불편을 겪는 지역 주민들의 피해가 줄어들겠구나.

학생 2: 그렇지. 그러면 주민들이 지역에 계속 머물면서 지역 사회의 문화를 계속해서 이어가는 것도 가능해지는 거지.

학생 1: 아, 관광산업을 지속하기 위해서는 지역 내 사회문화적 측면도 고려해야 하는구나.

학생 3: 그런데 우리 지역에서는 환경 문제도 발생하고 있다고 했잖아. 이런 문제는 어떻게 해결할 수 있을까?

학생 2: 맞아. 그래서 우리 지역에서는 다음 세대까지 관광 기회를 보장할 수 있도록 지역 내 생태계를 유지하는 노력도 함께 해야 할 것 같아.

학생 3: 지역 환경 보존을 장려하는 캠페인 같은 것을 도입하면 도움이 되겠다.

학생 1: 관광산업이 지속되기 위해서는 여러 측면을 고려해야 한다는 것에 다들 동의하는 거지?

학생 2, 3: 응, 맞아.

학생 3: 그럼 내가 오늘 대화를 바탕으로 우리 지역의 관광산업이 나아가야 할 방향에 대한 글을 써 볼게. 추가할 내용이 있으면 정리해서 보내 줘.

학생 1: 그럼 다음 시간에는 쓴 글을 검토해서 수정하도록 하자.

(나)

최근 관광지에 많은 관광객이 몰려들면서, 해당 지역의 환경과 주민의 삶이 파괴되고 관광산업의 장기적인 발전이 저해되는 과잉관광이 문제가 되고 있다. 이에 전 세계적으로 지속 가능한 관광을 위한 움직임이 나타나고 있다. 사회적 거리두기 종료 후 과잉관광이 발생하고 있는 우리 지역에서도 지속 가능한 관광을 위한 노력이 필요하다.

세계관광기구에 따르면 지속 가능한 관광이란 관광객과 지역 공동체의 요구를 충족하며 다양한 측면에서 지속성을 고려하는 관광을 의미한다. 우리 지역 관광산업이 이러한 지속 가능한 관광으로 나아가기 위해서는 경제적, 사회문화적, 환경적 지속성을 고려하는 노력이 필요하다. 먼저 경제적 지속성을 고려하여, 지역 사회에 장기적인 편익을 제공해야 한다. 이는 인근 관광도시인 △△시의 경우처럼 수용력을 고려하여 관광객의 인원을 조절하면서 지역 특색을 살린 질 높고 다양한 관광 프로그램을 함께 운영하면 가능하다.

다음으로 사회문화적 지속성을 고려하여, 지역 주민의 삶의 질이 유지될 수 있도록 하여야 한다. 만약 과잉관광으로 정상적인 생활이 어려워진 지역 주민이 다른 지역으로 이주하게 되면, 지역 내 사회문화적 가치를 이어갈 주체가 사라진다. 따라서 생활지 근처 관광지에 대한 이용 시간을 지정하거나 생활지 내 묵음 관광 프로그램 운영을 통해 지역 주민의 생활권을 보장함으로써 지역 내 사회문화적 가치를 보존해야 한다.

마지막으로 환경적 지속성을 고려하여, 다음 세대까지 관광 기회를 보장할 수 있도록 지역 내 생태계를 유지하기 위한 노력을 해야 한다. 따라서 지역 환경 보존을 장려하는 캠페인을 실시하거나 환경 자산을 보호하는 생태 관광 프로그램 개발을 통해 지역의 관광 자산을 유지할 수 있도록 해야 한다.

우리 지역의 지속 가능한 관광을 위한 정책과 프로그램이 성공적으로 이루어지기 위해서는 이를 준비하는 지자체뿐만 아니라 지역 주민과 관광객의 연대와 참여가 필요하다. 결국 관광 주체의 노력과 실천이 함께 할 때 우리 지역 관광산업이 지속 가능한 관광으로 나아갈 수 있다.

**38.** 다음은 '학생 1'이 동아리 활동을 준비하면서 작성한 메모이다. (가)의 '학생 1'의 발화에서 확인할 수 있는 내용으로 적절하지 않은 것은?

[도입]
– 지난 시간에 결정된 주제 환기하기 ········ ①

[진행]
– 논의 중 대화 주제 한정하기 ········ ②
– 대화 주제에서 벗어난 발화 바로잡기 ········ ③
– 대화 참여자들의 공통된 입장 정리하기 ········ ④

[마무리]
– 다음 모임에서 할 활동 내용 제안하기 ········ ⑤

**39.** [A]와 [B]에 대한 설명으로 가장 적절한 것은?

① [A]의 '학생 2'는 상대의 발화 내용을 수용하며 자신의 견해를 수정하고 있다.
② [B]의 '학생 2'는 객관적인 자료를 추가로 제시하며 앞선 질문에 대답하고 있다.
③ [B]의 '학생 3'은 상대의 의견이 가진 한계점을 지적한 후, 공유하고 있는 정보가 지닌 의의를 밝히고 있다.
④ [A]의 '학생 2'와 [B]의 '학생 3'은 모두, 상대의 의견을 인정하면서 자신의 의견과 절충할 수 있는 방안을 제안하고 있다.
⑤ [A]의 '학생 3'과 [B]의 '학생 2'는 모두, 질문의 방식을 통해 문제 상황의 해결책에 대한 비판적 관점을 제시하고 있다.

**40.** (가)를 바탕으로 (나)를 설명한 내용으로 적절하지 않은 것은? [3점]

① 1문단에서는 (가)에서 언급된 과잉관광의 개념을 제시한 후 우리 지역에 지속 가능한 관광이 필요한 이유를 밝히고 있다.
② 2문단에서는 (가)에서 언급된 △△시에서 실시한 과잉관광의 해결책을 경제적 지속성을 고려한 노력의 사례로 활용하고 있다.
③ 3문단에서는 (가)에서 언급된 뉴스의 사례를 지역 내 사회문화적 가치를 이어갈 주체의 생활권을 보장하는 구체적인 방안으로 활용하고 있다.
④ 4문단에서는 (가)에서 언급되지 않은 생태 관광 프로그램을 추가하여 환경 보존을 위해 우리 지역에서 실시했던 캠페인 내용을 구체화하고 있다.
⑤ 5문단에서는 (가)에서 언급되지 않은 관광 주체들의 연대가 지속 가능한 관광에서 필요한 요건임을 강조하며 글을 마무리하고 있다.

**41.** (나)의 글쓰기 방식에 대한 설명으로 적절하지 않은 것은?

① 상황을 가정하여 주장하는 바를 드러내고 있다.
② 담화 표지를 사용하여 문단 간의 연결 관계를 드러내고 있다.
③ 문제 상황을 해결할 수 있는 방안을 범주화하여 제시하고 있다.
④ 예상되는 반론을 제기하고 이를 반박하는 근거를 제시하고 있다.
⑤ 주제와 관련된 용어를 관련 기관에서 제시한 개념을 활용하여 설명하고 있다.

**42.** <보기>에 제시된 학생들의 조언에 따라 (나)의 제목을 작성한 것으로 가장 적절한 것은?

〈 보 기 〉

**학생 1:** 우리가 정한 글의 주제가 드러나도록 제목을 붙여 보자.
**학생 2:** 비유적 표현을 사용하면 좋을 것 같아.

① 지속 가능한 관광, 우리 지역 관광산업의 방향키
　– 더 오래, 더 멀리 항해하는 관광산업
② 성공적인 관광객 유치를 위한 우리 지역의 노력
　– 과잉관광으로 얻는 경제적 이익
③ 우리 지역의 지속 가능한 관광을 위한 제안
　– 과잉관광의 문제 해결 방안을 중심으로
④ 거리두기 마침표, 다시 살리는 관광산업
　– 지속 가능한 관광의 빛과 그림자
⑤ 미래 세대를 위한 지속 가능한 관광
　– 더 큰 이익을 위한 새로운 관광산업

**[43 ~ 45] 다음은 작문 상황과 이를 바탕으로 학생이 작성한 글이다. 물음에 답하시오.**

[작문 상황]

교지에 집중 폭우로 인한 도시 침수 문제와 관련된 글을 쓰려 함.

[학생의 글]

최근 기후 변화의 영향으로 대기 흐름이 불안정해지면서 집중 폭우의 강도가 과거에 비해 더 강해지고, 집중 폭우가 언제, 어디서 내릴지 예측하기 어려워졌다. 이러한 변화로 집중 폭우로 인한 도시의 침수 피해는 더 클 것으로 예상된다.

그 이유는 우선 도시 지표면에는 불투수 면이 많기 때문이다. 도시화로 아스팔트나 콘크리트와 같은 불투수 포장재로 포장된 지표면이 증가하여 도시에서는 집중 폭우로 증가한 빗물이 지하로 침투되지 못한 채 그대로 지표면에 머물러 도시 침수가 발생한다. 또한 배수시설의 용량이 부족하기 때문이다. 기존에 도시에 설치된 하수관로 등과 같은 배수시설의 용량이 집중 폭우로 증가한 빗물의 양을 감당하기 어려워 빗물이 도시 밖으로 배수되지 못하고 도시 침수가 발생하게 되는 것이다. 끝으로 집중 폭우에 발 빠르게 대응할 수 있는 지역 맞춤형 대책이 부족하기 때문이다. 언제, 어디서 내릴지 모르는 집중 폭우의 특성상 지역적 특성을 정확하게 이해하고 집중 폭우에 대비해야 하는데 이러한 준비가 미흡한 상황이다.

이를 해결하기 위해서는 먼저 도시 지표면을 투수층으로 교체해야 한다. 투수성 포장재로 도로를 포장하거나 녹지 면적을 늘리는 등 집중 폭우로 지표면에 증가한 빗물을 지하로 바로 침투시킬 수 있는 구조를 마련해야 한다. 둘째, 현재 도시에 설치된 하수관로를 확충하는 등 배수시설의 빗물을 흘려보내는 배수 능력을 강화하여, 집중 폭우로 증가한 빗물이 역류하거나 범람하는 것을 예방해야 한다. 마지막으로 구나 동 단위별 도시 침수 예방 및 대응 시나리오를 구축하고, 지역에 대한 이해도가 높은 지역 주민들의 참여를 확대하는 등 지역 주민의 참여도를 높인 도시 침수 예방 관리 시스템을 수립하고 운영해야 한다. 그래서 침수 취약 요소를 사전에 개선하고 집중 폭우에 대해 지역별로 즉각 대응해야 한다.

[A] 집중 폭우로 인한 도시 침수 문제는 체계적으로 대응해야 할 심각한 문제이다. 하지만 현재의 도시는 집중 폭우에 대한 준비가 미흡한 상황이다. 따라서 현 상황에 맞는 적절한 대책을 마련하여 집중 폭우로 인한 도시 침수 문제에 대응해야 한다.

**43.** '학생의 글'에 활용된 글쓰기 전략으로 가장 적절한 것은?

① 자료의 출처를 밝혀 신뢰성을 높이고 있다.
② 비유적 표현을 사용하여 글을 시작하고 있다.
③ 통념을 반박하기 위하여 구체적인 사례를 제시하고 있다.
④ 자문자답의 방식으로 문제 상황에 대한 독자의 주의를 환기하고 있다.
⑤ 예상되는 문제 상황을 제시하고 이에 대한 원인과 해결책을 제시하고 있다.

*44.* 다음은 '학생의 글'을 보완하기 위해 수집한 자료이다. 자료의 활용 방안으로 적절하지 않은 것은? [3점]

**[자료 1] 통계 자료**

㉮ 전년 대비 집중 폭우의 강도 증가율

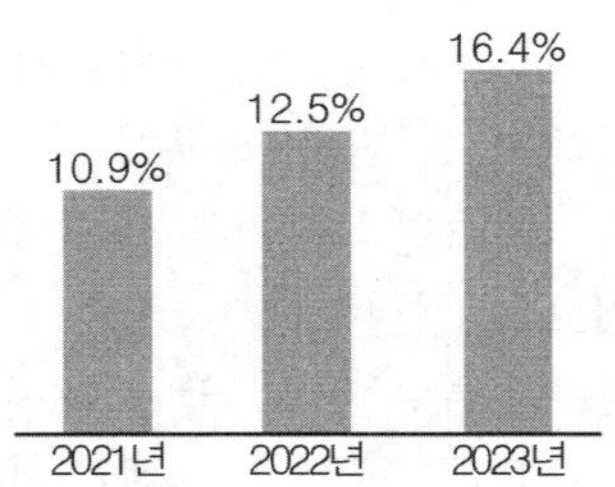


㉯ 도시 침수의 발생 요인

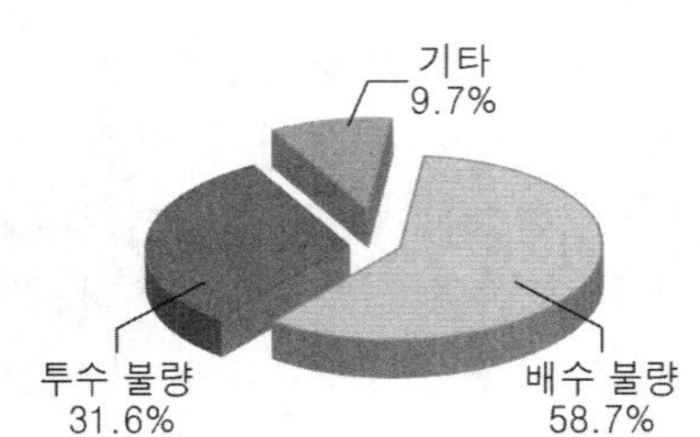


**[자료 2] 신문 기사**

□□시는 지난여름 집중 폭우에 침수 피해를 거의 입지 않아 화제가 되고 있다. □□시 치수안전과장은 "각 지역에 배수 펌프장을 추가로 설치하여 도시의 배수 능력을 늘렸고, 투수 면적을 늘리기 위해 도시 곳곳의 도로 중앙 분리대에 빗물 정원을 설치하여 침수 피해를 줄일 수 있었다."라고 밝혔다.

**[자료 3] 전문가 인터뷰**

집중 폭우로 인한 도시 침수 피해를 줄이기 위해서는 정책적인 대응이 병행되어야 합니다. 도시 개발 시 지면에 일정 면적 이상을 투수성 보도블록으로 사용해야 한다는 내용을 법제화해야 합니다. 또한 지역 주민들이 주체적으로 참여하여 침수 취약 요소에 대해 신고할 수 있는 안전 신고 앱과 같은 시스템을 정책적으로 마련하여 도시 침수 피해를 예방해야 합니다.

① [자료 1-㉮]를 활용하여, 집중 폭우의 강도가 과거에 비해 강해지고 있다는 내용을 뒷받침하는 자료로 제시한다.
② [자료 2]를 활용하여, 도시 지표면을 투수층으로 교체해야 한다는 내용을 구체화하는 자료로 제시한다.
③ [자료 3]을 활용하여, 지역 주민의 참여도를 높인 시스템을 운영해야 한다는 내용을 구체화하는 자료로 제시한다.
④ [자료 1-㉯]와 [자료 2]를 활용하여, 배수시설의 배수 능력을 강화해야 한다는 내용을 뒷받침하는 자료로 제시한다.
⑤ [자료 1-㉯]와 [자료 3]을 활용하여, 도시 지표면의 불투수 면적이 증가하고 있다는 내용을 구체화하는 자료로 제시한다.

*45.* <보기>는 [A]의 초고이다. <보기>를 고쳐 쓰기 위해 친구들이 조언한 내용 중 [A]에 반영되지 않은 것은?

〈 보 기 〉

집중 폭우로 인한 도시 배수 문제는 체계적으로 대응해야 할 심각한 문제이다. 빗물은 도시의 물 순환을 위한 소중한 자원이다. 하지만 현재의 도시는 집중 폭우에 대한 준비가 미흡한 상황이다. 현 상황에 맞는 적절한 대책을 마련하여 도시 침수 문제에 대응해야 한다.

① 글의 흐름에 맞지 않는 불필요한 문장을 삭제하는 게 좋겠어.
② 문제 해결의 주체를 추가하여 독자의 실천을 촉구하는 게 좋겠어.
③ 글이 긴밀하게 연결될 수 있도록 문장 사이에 적절한 표현을 넣는 게 좋겠어.
④ 첫 문장에서 사용된 단어를 글의 제재를 포괄할 수 있는 단어로 바꾸는 게 좋겠어.
⑤ 마지막 문장에서 문제가 발생하는 이유를 밝혀주는 수식 어구를 넣어주는 게 좋겠어.

※ 확인 사항

○ 답안지의 해당란에 필요한 내용을 정확히 기입(표기)했는지 확인하시오.

○ 이어서, 「**선택과목(언어와 매체)**」 문제가 제시되오니, 자신이 선택한 과목인지 확인하시오.



[해설편 p.046]

제 1 교시

# 국어 영역(언어와 매체)

04회



[35 ~ 36] 다음 글을 읽고 물음에 답하시오.

형태소는 고유한 의미를 지닌 가장 작은 말의 단위로, 환경에 따라 그 형태가 달리 실현되기도 한다. 예를 들어 '맛'이라는 형태소는 모음으로 시작하는 조사 앞에서는 '맛이[마시]', 비음을 제외한 자음 앞에서는 '맛도[맏또]', 비음 앞에서는 '맛만[만만]'과 같이 실현되어 각각 '맛', '맏', '만'이라는 형태로 나타난다. 이처럼 하나의 형태소가 환경에 따라 다른 형태로 실현되는 것을 형태소의 교체라고 하며, 교체에 의해 달리 실현된 형태들을 이형태라고 한다. '맛', '맏', '만'과 같은 이형태들이 분포하는 환경은 서로 겹치지 않는데 이러한 분포를 상보적 분포라고 한다.

이형태 교체의 양상은 교체의 동기가 음운론적 제약으로 인한 것인지 그렇지 않은지에 따라 자동적 교체와 비자동적 교체로 나눌 수 있다. 음운론적 제약으로 인한 교체는, 말소리가 실현될 때 종성에 올 수 있는 음소의 종류를 제한하는 제약이나, 연속해서 결합할 수 없는 음소들의 결합을 제한하는 제약 등으로 인해 형태소의 형태가 교체되는 것이다. 이러한 교체는 예외 없이 필연적으로 일어나는데 이를 자동적 교체라고 한다. 예를 들어 '잇다[읻:따]'와 '잇는[인:는]'을 보면, 어간 '잇-'이 각각 '읻-'과 '인-'이라는 형태로 실현된다. 이는 종성에 자음 'ㄱ, ㄴ, ㄷ, ㄹ, ㅁ, ㅂ, ㅇ'만 올 수 있다는 음운론적 제약과 비음 앞에 'ㄱ, ㄷ, ㅂ'과 같은 평파열음이 연속해서 결합할 수 없다는 음운론적 제약으로 인해 형태소의 형태가 교체된 것이므로 자동적 교체에 해당한다. 반면에 '(신발을) 신고[신:꼬]'에서 어미 '-고'가 'ㄴ' 뒤에서 '-꼬'라는 형태로 실현되는 것은 비자동적 교체에 해당한다. 이는 '산과[산과] (바다)'에서 'ㄴ' 뒤에 'ㄱ'이 그대로 실현되는 것을 통해, 'ㄴ' 뒤에 'ㄱ'이 연속해서 결합하는 것을 제한하는 음운론적 제약이 존재하지 않음을 알 수 있기 때문이다. 따라서 어미 '-고'가 'ㄴ' 뒤에서 '-꼬'로 실현되는 것은 예외 없이 필연적으로 일어나는 교체가 아니므로 비자동적 교체에 해당한다.

또한, 이형태 교체의 양상은 교체를 음운 규칙으로 설명할 수 있는지 그렇지 않은지에 따라 규칙적 교체와 불규칙적 교체로 나눌 수 있다. 앞서 보았던 '(신발을) 신고[신:꼬]'와 마찬가지로 '(물건을) 담지[담:찌]'에서도 어미가 이형태로 교체되는데, 이들은 'ㄴ, ㅁ'으로 끝나는 용언의 어간 뒤에서 일어나는 된소리되기라는 일반적인 음운 규칙으로 설명할 수 있기 때문에 규칙적 교체에 해당한다. 반면에 '(점을) 이어[이어]'에서 어간 '잇-'은 모음으로 시작하는 어미 앞에서 어간 말 'ㅅ'이 탈락하여 '이-'라는 형태로 실현되는데, 이는 일반적인 음운 규칙으로 설명할 수 없는 경우이기 때문에 불규칙적 교체에 해당한다.

*35.* 윗글에 대한 이해로 적절하지 않은 것은?

① '몇'은 '몇이[며치]', '몇도[멷또]', '몇만[면만]'에서 상보적 분포를 보이는 이형태들로 실현되었다.
② '(얼굴이) 부어[부어]'에서 어간 '붓-'은 일반적인 음운 규칙에 따라 모음으로 시작하는 어미 앞에서 이형태로 실현되었다.
③ '숲과[숩꽈]', '숲조차[숩쪼차]'에서 '숲'은 각기 다른 자음으로 시작하는 형태소와 결합하지만 서로 동일한 형태로 실현되었다.
④ '(날씨가) 궂다[굳따]'에서 어간 '궂-'이 '굳-'이라는 이형태로 실현된 것은 종성에 'ㅈ'이 올 수 없다는 음운론적 제약으로 인한 것이다.
⑤ '(글씨를) 적느라고[정느라고]'에서 어간 '적-'이 '정-'이라는 이형태로 실현된 것은 비음 앞에 'ㄱ'이 올 수 없다는 음운론적 제약으로 인한 것이다.

*36.* 윗글을 읽은 학생이 <보기>를 활용하여 이형태 교체의 양상을 이해할 때, ㉠ ~ ㉣에 해당하는 예로 적절한 것은? [3점]

< 보 기 >

| 자동적 교체에 해당하는가? | 규칙적 교체에 해당하는가? | |
|---|---|---|
| ○ | ○ | … ㉠ |
| ○ | × | … ㉡ |
| × | ○ | … ㉢ |
| × | × | … ㉣ |

① ㉠: 마음씨가 고우니[고우니] 눈길이 간다.
② ㉡: 타인의 마음을 짚는[짐는] 것은 쉽지 않다.
③ ㉡: 꾸중을 들어서[드러서] 기분이 좋지 않았다.
④ ㉢: 두 눈을 지그시 감자[감:짜] 잠이 쏟아졌다.
⑤ ㉣: 나는 고구마를 땅에 묻고[묻꼬] 흙을 다졌다.

*37.* <보기>의 ㉠에 해당하는 문장으로 적절한 것은?

< 보 기 >

**선생님:** 오늘은 주체 높임과 객체 높임에서 특수 어휘로 높임 표현을 실현하는 방법에 대해 배웠습니다. 지난 시간에 겹문장에 대해 배운 내용을 활용하여, ㉠ 안긴문장 내에서 특수 어휘를 통해 주체 높임을 표현하고 있는 문장을 찾아봅시다.

① 나는 친척 어르신께 안부를 여쭙기가 쑥스러웠다.
② 아버지께서는 오랜만에 뵌 은사님과 저녁을 잡수셨다.
③ 고향에 계신 할머니께서 앞마당에 감나무를 심으셨다.
④ 머리가 하얗게 세신 할아버지께서 멋진 옷을 입으셨다.
⑤ 어머니는 삼촌이 편하게 쉬시도록 침구를 바꿔 드렸다.

[해설편 p.047]

*38.* <보기>의 ㉠ ~ ㉧에 대한 설명으로 적절한 것은?

〈 보 기 〉

[예은, 세욱, 나라가 만나서 조별 과제를 하는 상황]

**예은:** 나라야, 괜찮아? 많이 피곤하니?

**나라:** ㉠ 어제 밤을 새웠더니 나도 모르게 졸았나 봐.

**세욱:** 그래? 조사할 자료가 많았구나. ㉡ 우리 다 같이 모여서 할걸.

**나라:** 그게 아니라 나는 ㉢ 오늘까지 제출해야 할 과제가 더 있어서 ㉣ 그거 준비하다가 못 잤어.

**예은:** 그랬구나. ㉤ 너 몸이 안 좋아 보이는데 ㉥ 지금 들어갈래?

**나라:** 괜찮아. 오늘은 자료 정리만 하면 되잖아. 할 수 있어.

**세욱:** 아니야. 거의 다 했는걸. 예은이랑 내가 ㉦ 이거 마무리할게. 끝나고 연락할 테니까 ㉧ 너는 집에서 쉬고 있어.

**나라:** 정말 괜찮겠어?

**예은:** 당연하지. ㉨ 우리만 믿어.

① ㉠은 ㉢과 달리 발화 시점과 관계없이 정해진다.
② ㉣이 지시하는 대상은 ㉦이 지시하는 대상과 같다.
③ ㉤이 지시하는 대상은 ㉧이 지시하는 대상과 다르다.
④ ㉥이 가리키는 시간은 ㉠을 기준으로 정해진다.
⑤ ㉨이 지시하는 대상은 ㉡이 지시하는 대상에 포함된다.

*39.* <보기>는 중세 국어를 학습하기 위한 자료이다. <보기>를 바탕으로 중세 국어의 특징을 탐구한 내용으로 적절하지 않은 것은?

〈 보 기 〉

| | |
|---|---|
| ⓐ | ◦ ᄆᆡ햇 새 놀애 브르ᄂᆞ다 [들의 새가 노래를 부른다]<br>◦ 하ᄂᆞᆳ 童男이 잇ᄂᆞ이다 [하늘의 사내아이가 있습니다] |
| ⓑ | ◦ 도ᄌᆞ기 알ᄑᆡ [도적의 앞을]<br>◦ 암ᄐᆞᆯ기 아ᄎᆞᄆᆡ 우러 [암탉이 아침에 울어] |
| ⓒ | ◦ 님그믈 救ᄒᆞ시고 [임금을 구하시고]<br>◦ 種種앳 됴ᄒᆞᆫ 오ᄉᆞᆯ 어드며 [종종 좋은 옷을 얻으며] |
| ⓓ | ◦ 반ᄃᆞ기 모매 잇ᄂᆞ녀 [마땅히 몸에 있느냐?]<br>◦ 究羅帝 이제 어듸 잇ᄂᆞ뇨 [구라제는 지금 어디 있느냐?] |
| ⓔ | ◦ 盲龍이 눈 ᄠᅳ고 [눈 먼 용이 눈을 뜨고]<br>◦ ᄢᅮᆯ ᄀᆞ티 ᄃᆞᆯ오 비치 히더니 [꿀같이 달고 빛이 희더니] |

① ⓐ를 통해, 선어말 어미 '-이-'가 상대를 높이기 위해 사용되었음을 알 수 있군.
② ⓑ를 통해, '이'가 관형격 조사와 주격 조사로 모두 사용되었음을 알 수 있군.
③ ⓒ를 통해, 체언에 목적격 조사가 결합할 때 모음 조화가 지켜졌음을 알 수 있군.
④ ⓓ를 통해, 판정 의문문과 설명 의문문에서 쓰이는 종결 어미가 서로 달랐음을 알 수 있군.
⑤ ⓔ를 통해, 초성에 서로 다른 자음이 함께 쓰일 수 있었음을 알 수 있군.

[40 ~ 43] 다음은 '밀랍 랩 만들기' 활동에 대한 실시간 쌍방향 화상 강의이다. 물음에 답하시오.

**진행자:** 안녕하세요. ○○고 학생회장 박성원입니다. ㉠ 오늘 강의는 실시간으로 이루어지며 여러분이 사전에 동의하신 대로 녹화됩니다.

| 채팅 | 진행자님이 녹화를 시작합니다. |
|---|---|

**진행자:** 환경 보호에 대한 사회적 관심에 발맞춰 진행하고 있는 ○○고 환경 보호 프로젝트 그 두 번째 시간. 오늘의 활동은 '밀랍 랩 만들기'입니다. 환경 운동가 유혜연 님을 강사로 모셨습니다.

**강사:** 안녕하세요. 오늘 활동은 밀랍 랩 만들기인데요. 밀랍 랩은 밀랍을 천에 입힌 것으로, 씻어서 재사용할 수 있는 다회용 친환경 랩입니다. 밀랍은 꿀벌이 벌집을 만들기 위해 분비하는 물질로 방수제, 광택제 등으로 쓰이는데 항균 효과도 있다고 해요. 비닐로 만든 랩보다 빠르게 분해되며 환경 호르몬이 배출되지 않는다는 장점이 있습니다.

**진행자:** 비닐 랩과 같이 음식을 보관할 수 있으면서 환경 보호에도 도움이 되겠군요. 그럼 밀랍 랩을 함께 만들어 볼까요? 여러분도 이 강의를 보면서 따라 할 수 있도록 준비물을 미리 안내해 드렸는데요. 모두 준비되셨나요? 강사님, 다시 한번 준비물을 말씀해 주세요.

**강사:** 네. 밀랍, 면으로 된 천, 프라이팬, 가스레인지, 집게입니다.

**진행자:** 시작해도 될까요? 준비가 다 되면 손을 들어 주세요. 아직 준비가 덜 되신 분이 있으니 조금 더 기다릴게요.

**진행자:** 모두 준비가 되셨네요. 불을 사용할 때에는 화상이나 화재의 위험이 있으니 안전에 유의해 주세요. 강사님, 시작할까요?

**강사:** 우선 예열된 프라이팬에 밀랍을 넣어 주세요. 밀랍은 62 ~ 65도에서 녹기 때문에 밀랍을 약한 불에서 녹이면서 프라이팬에 골고루 퍼지게 해 주세요.

**진행자:** 버터를 녹이는 것과 비슷하네요.

**강사:** 그렇죠? 이제 제가 하는 것처럼 녹은 밀랍에 천을 담가 밀랍이 천에 고루 잘 스며들게 해 주세요.

**진행자:** 여러분, 잘 따라하고 계시죠?

**강사:** 그런 다음 집게로 이렇게 천을 들어 상온에서 몇 번 흔들어 식혀 주면 밀랍 랩이 완성됩니다.

**진행자:** 벌써 완성이 된 건가요? ㉡ 랩이라고 해서 부드러울 줄 알았는데 만져 보니 좀 뻣뻣하네요.

**강사:** 실온 상태에서는 뻣뻣하지만 손으로 만지면 체온으로 인해 부드러워져서 원하는 모양대로 만들 수 있습니다. 또 접착력도 있어 다양한 방법으로 활용하실 수 있습니다. 진행자님, 제가 준비한 자료를 화면으로 공유해 주시겠어요?



[해설편 p.047]

| 채팅 | 진행자님이 화면 공유를 시작합니다. |
|---|---|

[진행자님이 공유 중인 화면입니다.]

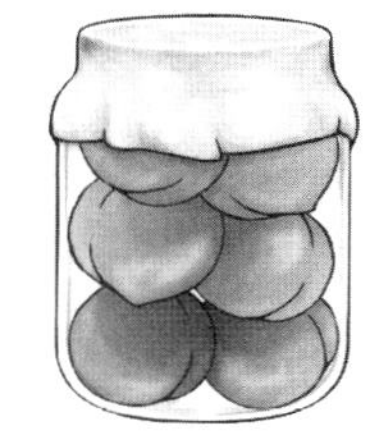

좋아요 게시물 공유
82명이 좋아합니다

제가 써 본 밀랍 랩 사진이에요. 뚜껑 대용으로 사용하니 과일이 신선하게 보관되고, 여러 번 사용할 수 있어 좋네요. 밀랍 랩 사용으로 쓰레기 줄이기 실천! 공감하신다면 '좋아요' 버튼을 눌러 주세요.
* 밀랍 랩을 만드는 방법은 아래를 클릭!
https://www.△△△.com/eco
#밀랍랩 #쓰레기줄이기 #환경보호

**강사**: 제시된 자료 화면은 ⓐ 밀랍 랩 활용 사례를 담은 SNS 게시물입니다. 보시는 바와 같이 밀랍 랩을 병뚜껑 대용으로 손쉽게 사용하실 수 있습니다. 이 외에도 채소나 과일, 샌드위치 등을 포장하는 용도로 사용하실 수 있습니다.

**진행자**: 그렇게 활용하는 거군요. 지금까지 밀랍 랩을 만들어 보고, 밀랍 랩의 활용 방법도 살펴봤는데요. 궁금한 점이 있으시면 마이크를 켜고 질문해 주세요.

**승범**: 강사님, 밀랍 랩을 사용할 때 주의할 점이 있을까요?

**강사**: 네. 뜨거운 음식에는 사용하지 않는 것이 좋습니다.

**진행자**: ㉢ 뜨거우면 밀랍이 녹을 수도 있겠네요.

**강사**: 그렇죠. 그리고 밀랍은 국가 기관에서 식품 첨가물로 분류할 정도로 인체에 대체로 안전하다고 할 수 있지만, 알레르기 체질인 분들은 밀랍에 알레르기가 있는지 확인하고 사용하시는 게 좋겠습니다.

**진행자**: 주의할 사항이 조금 있군요.

**강사**: 하지만 쓰레기를 줄여 환경 보호에 기여할 수 있으니 이용할 만한 가치가 충분하다고 생각합니다.

**진행자**: 저도 강사님 말씀에 동감합니다. 오늘 강의는 ㉮ 우리 학교 누리집 학생회 게시판에서 다시 보실 수 있습니다. 지금까지 참여해 주셔서 감사합니다.

**40.** 위 강의에 나타난 정보 전달 방식으로 적절하지 않은 것은?

① 쌍방향 소통이 가능하므로, 강사는 강의 중에 학생의 질문에 대한 정보를 제공하고 있다.
② 실시간으로 진행된다는 제약이 있으므로, 진행자는 강의 내용을 다시 볼 수 있는 방안을 안내하고 있다.
③ 시각 자료와 음성 언어를 동시에 사용할 수 있으므로, 강사는 공유된 화면을 보면서 설명을 하며 정보를 전달하고 있다.
④ 화면으로 참여자의 모습을 확인할 수 있으므로, 진행자는 화면을 통해 학생의 상황을 점검하며 진행 속도를 조절하고 있다.
⑤ 공간의 제약 없이 소통이 가능하므로, 진행자는 각기 다른 공간에 있는 학생들이 강의 중에 서로 교환한 의견을 종합하여 제시하고 있다.

**41.** ⓐ에 대한 이해로 적절하지 않은 것은?

① '좋아요' 기능을 통해 게시물에 대한 수용자의 반응을 확인할 수 있군.
② 사진 이미지를 제시하여 밀랍 랩의 실제 사용 모습을 확인할 수 있도록 하고 있군.
③ '게시물 공유' 기능을 활용하여 게시물을 다른 사람에게 전달할 수 있도록 하고 있군.
④ 하이퍼링크로 웹사이트 주소를 제시하여 밀랍 랩 활용 방법에 관한 추가 정보를 제공하고 있군.
⑤ 특정 문구 앞에 '#' 기호를 붙여 해당 주제에 관심이 있는 사람들이 게시물을 쉽게 검색할 수 있도록 하고 있군.

**42.** ㉠ ~ ㉢에 대한 설명으로 적절하지 않은 것은?

① ㉠: 의존 명사 '대로'를 사용하여, 학생들이 사전에 동의한 바와 같이 강의가 녹화될 것임을 밝히고 있다.
② ㉠: 피동 접사 '-되다'를 사용하여, 행위의 주체를 드러내기보다 행위의 대상인 강의에 초점을 두고 있다.
③ ㉡: 연결 어미 '-는데'를 사용하여, 밀랍 랩을 만진 느낌을 설명하기 위해 그와 관련되는 생각을 먼저 제시하고 있다.
④ ㉡: 보조 용언 '보다'를 사용하여, 밀랍 랩을 만진 것이 시험 삼아 한 행동임을 드러내고 있다.
⑤ ㉢: 선어말 어미 '-겠-'을 사용하여, 밀랍의 단점을 보완하여 사용하고자 하는 의지를 드러내고 있다.

**43.** 다음은 위 강의를 시청한 학생들이 ㉮에 올린 글의 일부이다. 학생들의 수용 태도에 대한 설명으로 가장 적절한 것은?

학생회 게시판

**학생 1**: 국가 기관을 언급하며 밀랍의 안전성을 설명해 주셔서 강사님이 알려 주신 정보에 믿음이 갔어. 그리고 밀랍 랩 만드는 방법을 차근차근 말씀해 주셔서 내가 직접 만들어 보기도 좋았어.
**학생 2**: 강사님이 방수제로 쓰이는 밀랍의 용도를 알려 주셔서 밀랍 랩을 이해하는 데 도움이 되었어. 그리고 환경 호르몬이 배출되지 않는다고 하니 나도 한번 밀랍 랩을 써 봐야겠어.
**학생 3**: 온도를 고려해야 하니 밀랍 랩은 쓰기에 불편할 수도 있을 것 같아. 하지만 밀랍 랩을 활용하는 것은 강사님의 말씀대로 의미 있는 노력이라고 생각해.

① '학생 1'은 밀랍의 특성에 대한 강사의 설명과 관련하여, 정보가 신뢰성이 있다고 판단하였다.
② '학생 1'은 밀랍 랩 만드는 방법에 대한 강사의 설명과 관련하여, 설명 방법이 효과적이지 않다고 판단하였다.
③ '학생 2'는 밀랍의 용도에 대한 강사의 설명과 관련하여, 밀랍 랩 만들기 활동이 공공성 측면에서 한계가 있다고 판단하였다.
④ '학생 2'는 밀랍 랩의 장점에 대한 강사의 설명과 관련하여, 강사가 제공한 정보가 다양하다고 판단하였다.
⑤ '학생 3'은 밀랍 랩 사용 시 유의 사항에 대한 강사의 설명과 관련하여, 밀랍 랩의 가치에 대한 강사의 주장이 타당하지 않다고 판단하였다.

[44 ~ 45] (가)는 모바일 앱 개발 동아리 학생들의 누리 소통망 대화이고, (나)는 '○○고 습관 관리 앱'의 챗봇 상담 화면이다. 물음에 답하시오.

(가)

㉠ … 희성 님이 시윤 님, 지혁 님을 초대했습니다.

**희성**: 우리가 만든 습관 관리 앱에 대해 논의하려고 초대했어. 앱 다운로드 수가 벌써 500회를 넘었더라고.

**시윤**: 응. 뿌듯하더라. 그런데 개선해야 할 점도 있더라고. 그래서 앱 사용자의 불만 사항을 캡처했어. 한번 봐 봐!

| | | |
|---|---|---|
| 구름 | 채팅 상담 운영 시간이 짧아요. | ⓐ |
| 별빛 | 질문을 해도 답변이 너무 늦어요. | ⓑ |
| 사랑 | 앱 화면이 너무 복잡해서 공지 사항을 못 찾겠어요. | ⓒ |
| 마음 | 흔히 하는 질문도 매번 채팅 창에 입력해야 해서 번거로워요. | ⓓ |
| 노을 | 불필요한 정보가 너무 많아요. 제가 관심 있는 정보만 따로 모아 보여 주면 좋겠어요. | ⓔ |

… ㉡

**희성**: 채팅 상담에 대한 이야기도 있네. 오후 5시부터 8시까지만 상담을 운영하니까 사용자들이 불편을 겪는 것 같아.

**지혁**: 챗봇 상담을 하면 어때?

요즘에는 프로그램을 이용해서 챗봇을 쉽게 만들 수 있다고 하더라고. 우리가 직접 해 온 채팅 상담을 인공지능이 대신하는 거야.

**시윤**: 아, 채팅 로봇 프로그램을 말하는 거지? 챗봇을 이용하면 우리 앱의 문제점도 함께 개선할 수 있을 것 같아. 채팅 상담 운영 시간이 짧다는 의견이 있는데 챗봇을 이용하면 운영 시간에 제한이 없잖아.

**희성**: ㉢ … 지혁에게 답장
챗봇 상담을 하면 어때?
답변을 받는 데 시간이 오래 걸린다는 의견도 있는데 챗봇을 이용하면 이 문제도 해결할 수 있겠어.

**지혁**: 앱 화면이 복잡해서 메뉴 찾기가 어렵다는 의견도 있으니 챗봇을 만들 때 공지 사항처럼 사람들이 즐겨 찾는 메뉴는 눈에 잘 띄게 배치하자.

**시윤**: 좋아. 그리고 자주 하는 질문을 채팅 창에 입력하기 번거롭다는 의견이 있으니까 사람들이 자주 검색하거나 질문하는 내용을 알 수 있도록 하는 메뉴도 같이 띄우자.

**희성**: 그것도 좋겠어. 또 자기가 관심 있는 정보만 모아서 보여 주면 좋겠다는 의견이 있으니 챗봇 상담할 때 사용자에 따른 맞춤형 정보를 함께 제공하자.

**지혁**: 그럼 지금까지 논의한 내용을 반영하여 우리 한번 챗봇을 만들어 보자!

(이모티콘) … ㉣

**희성**: 그래. 다음 회의 때 구체적인 개발 계획을 세워 보자. 일정 공지할게.

㉤ … **희성 님이 공지를 올렸습니다.**
다음 회의 일정: 2024. 5. ××. 17시

(나)

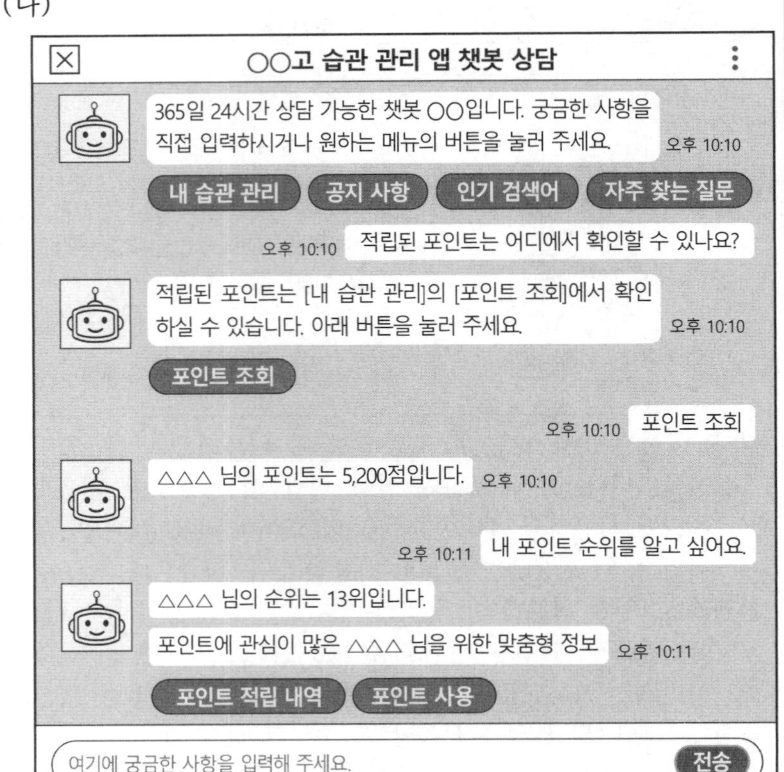


**44.** ㉠ ~ ㉤에 대한 설명으로 적절하지 않은 것은?

① ㉠: 친구 초대 기능을 사용하여 특정 대상이 의사소통에 참여할 수 있도록 하고 있다.
② ㉡: 화제와 관련된 자료를 첨부하여 앞으로 논의하고자 하는 내용과 관련된 정보를 제공하고 있다.
③ ㉢: 특정 대상에 대한 답장 기능을 사용하여 상대의 의견에 새로운 대안을 제시하고 있다.
④ ㉣: 이모티콘을 활용하여 논의 내용에 대한 자신의 태도를 드러내고 있다.
⑤ ㉤: 공지 기능을 활용하여 대화 참여자에게 안내 사항을 전달하고 있다.

**45.** (가)의 대화 내용이 (나)에 반영되었다고 할 때, (나)에 대한 이해로 적절하지 않은 것은? [3점]

① ⓐ에 대한 '시윤'의 의견을 반영하여, 언제든지 상담이 가능하도록 챗봇을 만든 것이겠군.
② ⓑ에 대한 '희성'의 의견을 반영하여, 질문을 올린 즉시 답변이 가능하도록 챗봇을 만든 것이겠군.
③ ⓒ에 대한 '지혁'의 의견을 반영하여, '공지 사항'과 같이 사람들이 즐겨 찾는 메뉴가 상담 시작 부분에 뜨도록 챗봇을 만든 것이겠군.
④ ⓓ에 대한 '시윤'의 의견을 반영하여, '인기 검색어', '자주 찾는 질문' 메뉴를 활용할 수 있도록 챗봇을 만든 것이겠군.
⑤ ⓔ에 대한 '희성'의 의견을 반영하여, '포인트 적립 내역'과 같이 관심사 이외의 정보를 추천해 줄 수 있도록 챗봇을 만든 것이겠군.

**※ 확인 사항**
○ 답안지의 해당란에 필요한 내용을 정확히 기입(표기)했는지 확인하시오.

# 국어 영역

제 1 교시 　 05회

● 문항수 45개 | 배점 100점 | 제한 시간 80분 　 ● 점수 표시가 없는 문항은 모두 2점

**[1 ~ 3] 다음 글을 읽고 물음에 답하시오.**

조선 시대 대표적인 유학자 율곡 이이는 책 속에 담긴 이치를 밝혀 이를 실천하는 독서를 강조했다. 그리고 이러한 독서에서 벗어난 그릇된 독서법을 독서 병통이라 부르며, 그 유형과 해결 방안을 크게 네 가지로 나누어 제시했다.

독서 병통의 첫 번째 유형은 ㉠<u>그저 책만 읽는 병통</u>이다. 이는 깊은 생각 없이 글자와 글귀 자체의 표면적인 뜻만 밝혀, 글에 숨겨진 이치를 파악하지 못한 경우이다. 이를 극복하기 위해서는 글귀의 옳고 그름을 깊이 따져 보거나, 자신의 일상이 책 속의 이치에 합당한가를 깊이 반성하는 노력을 해야 한다. 두 번째 유형은 ㉡<u>마음만 앞서는 병통</u>으로, 많은 책을 한 번에 탐해서 읽는 경우이다. 일반적으로 다독은 책과 책을 연계하여 서로의 의미를 이해하고 책의 깊이를 측량할 수 있어 유용하나, 욕심이 지나치면 마음만 분주하여 책을 한 권씩 음미할 여유를 가지지 못하게 된다. 이러한 병통은 책 한 권을 깊이 읽어 그 의미를 모두 알게 된 후에 다른 책을 읽는 독서로 극복할 수 있다. 세 번째 유형은 ㉢<u>책과 자신이 유리된 병통</u>이다. 이는 독서로 성현의 뜻을 이해하고 앎을 확장했음에도, 이를 몸과 마음으로 받아들이지 못하여 실천에 이르지 못한 경우이다. 이러한 병통은 성현의 가르침과 자신의 삶이 일치되도록 수양할 때 극복할 수 있다. 마지막 유형은 책에 대한 선입관으로 발생하는 병통으로, 두 경우가 있다. 먼저 ㉣<u>책에 대한 두려움으로 인한 병통</u>이 있다. 이는 책이 조금만 어려워도 이치에 도달할 수 없을 것이라고 여겨 온 마음을 다해 읽으려고 하지 않고 독서를 포기하는 경우이다. 또한 ㉤<u>기이한 것에 현혹되는 병통</u>이 있다. 이는 책에 초월적 지식이 담겨 있다고 여기고 이를 얻는데 조바심을 내다가 정작 책에 담겨 있는 지식은 파악하지 못한 경우이다. 이러한 선입관에 의한 병통들은 한 단락씩 세심하게 읽어, 이치에 한 걸음씩 순차적으로 다가가는 독서로 극복할 수 있다.

[A] 한편 율곡은 올바른 독서를 위해 기본적으로 갖추어야 할 독서 자세를 강조했다. 독서 전에는 몸가짐을 단정히 하고, 마음을 고요히 하며, 책을 경건하고 공경스런 마음으로 대해야 한다. 이는 책 속에 담긴 심오한 진리를 대할 때 마음가짐이 흩어지면 올바른 독서를 할 수 없기 때문이다. 또한 독서 중 의문이 많아진다고 독서를 포기해서는 안 된다. 독서에 온 마음을 다한다고 해도 늘 이치에 다다를 수는 없고, 때로는 이치를 파고들수록 의문이 꼬리를 물 수도 있다. 하지만 이러한 고비를 넘겨야 의문이 점점 풀려 글 속의 이치에 이를 수 있다.

**1.** 윗글의 내용과 일치하지 <u>않는</u> 것은?

① 마음가짐이 흩어지면 올바른 독서를 할 수 없다.
② 율곡은 그릇된 독서법의 유형과 해결책을 제시했다.
③ 율곡은 책 속의 이치를 밝혀 이를 실천하는 독서를 강조했다.
④ 독서에 온 마음을 다해도 이치에 다다를 수 없는 경우가 있다.
⑤ 다독은 책의 깊이를 측량하기 위한 독서에서 벗어난 독서법이다.

**2.** 다음은 독서 동아리 누리집의 일부이다. 윗글을 바탕으로 ⓐ~ⓔ에 대해 보인 반응으로 적절하지 <u>않은</u> 것은? [3점]

> **제5차 독서 - 『중용』**
> 독서 교사 추천 ♥ 2 조회 30 23.04.12 댓글 5
>
> **이번에 읽을 책은 유학 경전의 하나인 『중용』입니다. 이 책은 올바른 마음 자세와 관련된 삶의 이치, 형이상학적인 우주의 운행 원리 등에 대한 지식을 담고 있습니다. 책을 읽으면서 어려움이 있는 학생은 댓글을 남기면 도움을 드리도록 하겠습니다.**
>
> ↳ **학생 1:** 우주의 미래를 보는 법 같은 초월적 지식을 배울 수 있을 거라고 기대했는데 책에는 그런 내용이 없었고, 정작 책에 담긴 우주의 운행 원리에 대한 지식은 파악하지 못했어요. ······ ⓐ
> ↳ **학생 2:** 깊은 생각 없이 글귀 자체의 뜻만 해석하며 읽었더니, 막상 글 속에 담긴 참뜻은 모르겠더라고요. ······ ⓑ
> ↳ **학생 3:** 저는 첫 장부터 어려워 읽다 포기했어요. 제가 이해할 수 있는 수준이 아닌 책 같아서 읽기가 두려워졌거든요. ··· ⓒ
> ↳ **학생 4:** 저는 동양사상을 섭렵하고 싶은 욕심에 『논어』, 『대학』을 빌려 동시에 읽었는데요, 오히려 마음만 급하고 어떤 책도 깊이 있게 읽지 못하겠더라고요. ······ ⓓ
> ↳ **학생 5:** 책을 읽으면서 올바른 마음 자세에 대해 많이 배운 것 같아요. 그런데 책 속의 내용대로 일상생활에서 실천하기가 어렵네요. ······ ⓔ

① 율곡의 입장에서 ⓐ는 책에 초월적 지식이 있다고 여기고 이를 얻으려고 하다가 발생한 병통이므로, ㉤에 해당한다고 보겠군.
② 율곡의 입장에서 ⓑ는 ㉠에 해당하므로, 글귀의 옳고 그름을 깊이 따지며 읽는 독서법을 조언할 수 있겠군.
③ 율곡의 입장에서 ⓒ는 ㉣에 해당하므로, 책을 한 단락씩 세심하게 읽어 나가는 독서법을 조언할 수 있겠군.
④ 율곡의 입장에서 ⓓ는 ㉡에 해당하므로, 책 한 권의 의미를 모두 알게 된 후에 다른 책을 읽는 독서법을 조언할 수 있겠군.
⑤ 율곡의 입장에서 ⓔ는 책에 담긴 성현의 뜻에 대한 선입관으로 발생한 병통이므로, ㉢에 해당한다고 보겠군.

**3.** [A]와 <보기>에서 주장하고 있는 내용의 공통점으로 가장 적절한 것은?

> < 보 기 >
>
> 학문을 하는 자가 문제를 만났다고 해서 책을 읽는 것을 그만두어서는 안 된다. 책을 읽을수록 수많은 궁금증과 어려움이 생기는 것은 지혜의 문에 도달하려는 신호이기 때문이다.

① 독서 전에는 마음을 고요히 해야 한다.
② 독서 전에는 몸가짐을 바르게 해야 한다.
③ 책에 대한 경건하고 공경스런 마음을 갖추어야 한다.
④ 독서 중 의문이 많아진다고 독서를 포기해서는 안 된다.
⑤ 독서를 할 때는 성인의 심오한 진리를 대한다고 생각해야 한다.

[해설편 p.049]

**[4 ~ 9] 다음 글을 읽고 물음에 답하시오.**

(가)

특허 제도는 발명을 보호, 장려함으로써 국가 산업의 발전을 도모하기 위한 제도로, 일정 기간 해당 발명에 대한 독점적 권리를 가질 수 있도록 보장하는 특허권을 특허 출원인에게 부여한다. 특허 출원을 희망하는 자가 발명에 대해 특허권을 받기 위해서는 일정한 요건을 갖추어야 하는데, 이를 심사할 때 대상이 되는 문서가 특허 출원 명세서이다.

특허 출원 명세서에 기재된 내용 중 '특허청구범위'는 특허 출원인이 특허권으로 보호받고자 하는 사항, 즉 권리 범위를 명확히 하는 항목이다. 이 항목은 해당 발명을 설명하는 데에 필요한 방법, 기능, 구조 및 결합 관계 등이 서술된 하나 이상의 청구항으로 구성되어 있는데, 그 예시는 다음과 같다.

> [청구항 1] 금속, 플라스틱으로 구성된 의자
> [청구항 2] 제1항에 있어서, 상기 금속은 철인 의자
> [청구항 3] 제2항에 있어서, 목재를 포함하여 구성된 의자

위 예시의 [청구항 1]은 발명의 범위를 단독으로 나타내는 독립항이고, [청구항 2]와 [청구항 3]은 다른 항을 인용한 종속항이다. [청구항 2]는 다른 항에 기재된 발명의 구성 일부를 한정한 경우이고, [청구항 3]은 다른 항에 기재된 발명에 새로운 특징을 추가한 경우이다. 종속항은 독립항은 물론 또 다른 종속항을 인용할 수 있으며, 여러 가지 기술적 특징과 한정 사항 등의 구성 요소를 제시하기 때문에 독립항보다 좁은 보호 범위를 갖는다는 특징이 있다.

또한 특허청구범위는 특허 심사를 위한 발명을 널리 알려진 선행 발명과 비교하여 특허의 성립 요건인 신규성과 진보성을 판단하는 기준이 된다. 이 요건들을 특허청구범위에 기재된 발명의 내용과 선행 발명을 비교하여 심사할 때, 신규성은 선행 발명과의 동일성 여부를 판단하고, 진보성은 선행 발명으로부터 용이하게 발명할 수 있는지 여부를 판단하는 것이다.

신규성을 인정받기 위해서는 발명의 구성 요소가 선행 발명의 구성 요소에 포함되어 완전히 일치하는 물리적 동일성뿐만 아니라, 발명의 효과 면에서 선행 발명과 유사함을 의미하는 실질적 동일성도 부정되어야 한다. 이에 따라 특허청구범위에 기재된 발명의 구성 요소가 상위 개념이고 선행 발명의 구성 요소가 하위 개념인 경우에는 동일성이 있는 것으로 판단하여 원칙적으로 신규성이 부정된다.

발명이 신규성을 갖추었다면, 다음으로는 진보성을 갖추었는지 심사한다. 해당 분야에 종사하는 사람이 통상적으로 아는 지식 수준에서 선행 발명을 토대로 해당 발명을 쉽게 예측할 수 있거나 따라할 수 있다고 판단되면 진보성을 갖춘 것으로 인정하지 않는다. 따라서 선행 발명의 구성 요소를 단순히 치환하거나 선행 발명에 다른 요소를 단순히 결합시키는 경우에는, 신규성을 갖추더라도 진보성을 갖추지 못하기 때문에 발명에 대한 특허권을 획득할 수 없다.

(나)

특허권자는 특허권을 획득한 발명에 대해 독점적이고 배타적인 권리를 인정받는다. 따라서 정당한 권한이 없는 자가 자신의 특허권을 침해했다고 판단할 경우, 특허 제도를 통해 그 권리를 보호받을 수 있다. 특허권은 일반적인 사물과 달리 형체가 없어서 모방과 도용이 쉬운 반면, 침해 사실을 발견하기 어렵기 때문에 특허 제도에서는 직접 침해뿐만 아니라 앞으로의 직접 침해가 예상되는 행위 역시 간접 침해로 규정하여 특허권 침해로 보고 있다.

직접 침해란 특허 발명의 권리 범위에 속하는 발명을 특허권자의 허가 없이 상업적으로 실시*하는 것이다. 기존 특허 발명을 침해했는지 판단을 받는 '확인 대상 발명'이 특허권을 침해하였는지 증명하기 위해서는 먼저 기존 특허 발명의 특허청구범위를 확인하고 해석하여 특허권자의 권리 범위를 확정해야 한다. 이렇게 특허권자의 권리 범위를 해석할 때 적용되는 원칙으로는 구성 요소 완비의 원칙과 균등론의 원칙이 있다.

구성 요소 완비의 원칙은 확인 대상 발명이 기존 특허 발명의 특허청구범위에 기재된 구성 요소 전부를 실시하는 경우에만 특허권자의 권리 범위에 속한다는 원칙이다. 예를 들어, 기존 특허 발명의 특허청구범위에 기재된 구성 요소가 「X+Y」라면, 확인 대상 발명에서 「X」나 「Y」만을 실시하거나 「X+Y′」를 실시한 경우에는 침해로 인정하지 않지만, 「X+Y」를 실시하거나 「X+Y+Z」를 실시한 경우에는 침해로 인정한다. 그런데 이 원칙에는 확인 대상 발명이 기존 특허 발명의 본질적 기능은 유지한 채 부차적인 요소만 변형하거나 삭제할 경우에는 특허권 침해가 인정되지 않는다는 문제가 있다.

이러한 문제를 보완하기 위해 적용하는 것이 균등론의 원칙이다. 이 원칙에 따르면 확인 대상 발명이 「X+Y′」로 실시될 경우, 기존 특허 발명의 구성 요소와 완전히 일치하지는 않더라도 Y와 Y′의 원리나 효과가 동일하다면 Y와 Y′를 균등한 것으로 ㉠<u>보기</u> 때문에 확인 대상 발명이 기존 특허 발명을 침해하고 있음을 인정한다.

한편, 간접 침해는 직접 침해는 아니지만 그대로 방치할 경우 특허권의 침해가 예상되는 행위를 의미하는데, 이는 '물건의 발명'에 대한 경우와 '방법의 발명'에 대한 경우로 구분할 수 있다. 기존 특허 발명이 물건인 경우, 해당 물건 생산을 위해서만 필요한 다른 요소를 상업적 목적으로 실시한다면 이는 간접 침해에 해당한다. 이에 따르면, 특허권을 지닌 완성품이 아닌 해당 물건의 구성품 일체를 판매하는 행위는, 최종적으로 해당 물건의 조립을 가능하게 하여 특허 발명의 실시를 유도할 수 있기 때문에 간접 침해에 해당한다. 마찬가지 이유로 기존 특허 발명이 방법인 경우, 그 방법을 실시하는 데에만 사용하는 물건을 상업적으로 실시하는 행위는 간접 침해에 해당한다.

* 실시: 물건을 생산하거나 판매하거나 사용하는 행위. 또는 방법을 사용하는 행위.

**4.** (가)와 (나)에 대한 설명으로 가장 적절한 것은?

① (가)는 특허 출원에 따른 혜택을, (나)는 특허권 침해에 따른 제재 조치를 설명하고 있다.
② (가)는 특허 출원인의 자격을, (나)는 특허권 침해 여부를 판단하는 심사자의 의무를 밝히고 있다.
③ (가)는 특허 출원된 발명을 심사하는 과정을, (나)는 특허권 침해를 예방하기 위한 방법을 제시하고 있다.
④ (가)는 특허 출원 과정에서 나타나는 문제점을, (나)는 특허 제도에서 특허권 침해와 관련된 원칙의 한계를 설명하고 있다.
⑤ (가)는 특허 출원 시 특허권을 인정받기 위한 요건을, (나)는 특허권 침해 여부를 판단할 때 적용하는 원칙을 설명하고 있다.



[해설편 p.050]

5. (가), (나)를 읽고, 특허 제도에 대해 이해한 내용으로 적절하지 않은 것은?

① 특허 제도에서 특허 출원 명세서는 특허권 심사의 대상이 된다.
② 특허 제도는 발명을 보호하고 장려함으로써 국가 산업의 발전을 도모하는 기능을 한다.
③ 특허 제도를 통해 특허권자는 자신의 특허 발명에 대한 독점적 권리를 일정 기간 보장받는다.
④ 특허 제도에서는 특허권이 모방과 도용이 용이하기 때문에 침해가 예상되는 행위도 특허권 침해로 보고 있다.
⑤ 특허 제도에서는 선행 발명과 구성 요소가 완전히 일치하고 발명의 효과가 다르다면 실질적 동일성이 있다고 간주한다.

**※ 다음은 윗글을 이해하기 위한 학습지의 일부이다. 윗글과 다음을 바탕으로 6번과 7번의 물음에 답하시오.**

> '갑'은 아래의 특허 출원 명세서에 기재된 바와 같은 발명의 특허권자이다.
>
> <특허 출원 명세서>
>
> 【발명의 명칭】 목재로 만들어진 연필
>
> 【특허청구범위】 ······························ ⓐ
> [청구항 1]
> 목재로 만들어진 몸체
> 상기 몸체의 내부 중앙에 형성된 흑심을 포함하는 연필
> [청구항 2]
> 제1항에 있어서, 상기 몸체의 형상이 육각형인 연필
> [청구항 3]
> 제2항에 있어서, 상기 몸체의 한쪽 끝에 부착된 지우개를 포함하는 연필

6. 윗글을 바탕으로 학습지의 내용을 이해한 것으로 적절하지 않은 것은?

① ⓐ는 '갑'이 발명한 연필에 대한 권리 범위를 명확히 하는 기능을 한다.
② ⓐ는 특허 심사를 할 때 '갑'이 발명한 연필이 신규성과 진보성을 갖추었는지 판단하는 기준이 된다.
③ ⓐ에서 '갑'이 발명한 연필에 대한 보호 범위는 [청구항 1]보다 [청구항 3]이 더 넓다.
④ ⓐ에서 [청구항 2]는 [청구항 1]을 인용하면서 '갑'이 발명한 연필의 몸체의 특징을 한정하는 종속항이다.
⑤ ⓐ에서 [청구항 3]은 [청구항 2]를 인용하면서 '갑'이 발명한 연필을 설명하는 데 필요한 결합 관계를 서술하고 있다.

7. 윗글을 읽은 학생이 학습지와 <보기>에 대해 보인 반응으로 적절하지 않은 것은? [3점]

> < 보 기 >
>
> '갑'이 목재로 만들어진 연필에 대해 특허권을 획득한 후 '을', '병', '정'이 다음과 같은 발명을 하였다.
> ○ '을'의 발명: 목재로 만들어지며, 육각형 형상의 몸체의 내부 중앙에 흑심을 포함하는 연필
> ○ '병'의 발명: 목재로 만들어지며, 다각형 형상의 몸체의 내부 중앙에 흑심을 포함하는 연필에 있어서, 몸체의 한쪽 끝에 지우개가 부착된 연필
> ○ '정'의 발명: 목재로 만들어지며, 육각형 형상의 몸체의 내부 중앙에 흑심을 포함하는 연필에 있어서, 몸체의 한쪽 끝에 지우개가 부착되어 있고, 반대쪽에 뚜껑을 포함하는 연필

① '을'이 자신의 발명을 특허 출원하였을 때, '갑'의 발명과 비교하여 구성 요소의 동일성이 있으므로 신규성을 인정받지 못하겠군.
② '을'이 자신의 발명을 '갑'의 허가 없이 제품으로 생산하였을 때, 구성 요소 완비의 원칙에 따르면 '갑'의 권리 범위에 속하지 않으므로 침해라고 할 수 없겠군.
③ '병'이 자신의 발명을 특허 출원하였을 때, 일부 구성 요소가 '갑'의 발명의 해당 요소보다 상위 개념에 속하므로 신규성을 인정받을 수 있겠군.
④ '병'이 자신의 발명을 '갑'의 허가 없이 제품으로 생산하였을 때, 균등론의 원칙에 따르면 '갑'의 발명과 비교하여 원리나 효과가 동일할 경우에는 침해라고 할 수 있겠군.
⑤ '정'이 자신의 발명을 특허 출원하였을 때, 특허 심사 과정에서 신규성을 인정받더라도, '갑'의 발명에 다른 요소를 단순히 결합시킨 것으로 판단된다면 진보성을 인정받을 수 없겠군.

8. (나)를 바탕으로 <보기>를 이해한 것으로 적절하지 않은 것은?

> < 보 기 >
>
> [사례 1] 소매업자 A는 자전거의 완성품에 특허가 등록되어 있자 자전거 완성품으로만 조립할 수 있도록 해당 자전거의 구성품 일체를 세트로 구성하여 판매하였다.
> [사례 2] 일반인 B가 특정 농약을 사용하여 해충을 제거하는 방법에 대하여 특허권을 얻은 후, 농약 회사 C가 해충 제거 용도로만 사용되는 이 농약을 판매할 상품으로 생산하였다.

① [사례 1]에서 A가 자전거의 완성품을 판매한 것은 아니므로 직접 침해에 해당하지 않는다.
② [사례 1]에서 A의 행위는 최종적으로 특허 발명의 실시를 유도할 수 있기 때문에 간접 침해에 해당할 수 있다.
③ [사례 2]에서 C가 해당 농약을 생산은 하고 판매는 하지 못했다면 간접 침해에 해당하지 않는다.
④ [사례 2]에서 C의 행위는 그대로 방치할 경우 특허권 침해가 예상되는 행위이므로 간접 침해에 해당한다.
⑤ [사례 2]에서 C의 행위는 해당 농약으로 B가 획득한 발명을 실시한 것이 아니므로 직접 침해에 해당하지 않는다.

9. 문맥상 의미가 ㉠과 가장 가까운 것은?

① 그의 행동은 실수로 보고 감싸 주어야 한다.
② 그녀가 처한 사정을 보니 딱한 생각이 든다.
③ 기회를 보고 천천히 부모님께 말씀드려야겠다.
④ 그 마을의 풍경은 사진으로 보니 실제만 못하다.
⑤ 아무리 급해도 손해를 보고 물건을 팔기는 어렵다.

**[10 ~ 13] 다음 글을 읽고 물음에 답하시오.**

명(名)과 실(實), 즉 이름과 실재의 상관관계를 다루는 명실(名實)의 문제는 정치, 윤리적인 차원에서만 다루어지다가 전국시대 중엽 이후에 하나의 독립적인 영역을 가진 철학적 주제로 정립되었다. 이 시기에 이렇게 명실 문제를 전문적으로 다룬 대표적인 사상가와 학파가 공손룡과 후기 묵가(墨家)로, 이들 사이에서는 철학적 논쟁의 국면이 펼쳐졌다.

명가(名家) 사상가인 공손룡은 '실'이 '물(物)'로부터 파생된 것이라고 하였다. 이때 '물'은 아직 분화되지 않은 상태의 천지 만물을 뜻한다. '실'은 '물'에서 분화된 각각의 개체이고, 이를 지시하는 역할을 하는 것이 '명'이다. 인간이 붙이는 '명'은, 인간과 무관하게 분화되어 있는 '실'들 사이의 다름을 인간의 입장에서 구별하여 확정하고, 인간이 사상과 감정을 주고받게 하는 역할을 한다. 그는 어떤 '실'은 그것을 가리키는 어떤 '명'에 의해서만 유일하게 지시되어야 한다는 것과, 어떤 명은 유일하게 어떤 실만을 지시하여야 한다는 것을 주장하였다. 공손룡에 따르면 서로 다른 실인 이것[此]과 저것[彼]이 똑같이 '이것'이라는 명으로 지시된다면 서로 구별되지 않게 되고, 그 결과 어떤 사람은 '이것'이라는 명으로 이것이라는 실을, 다른 사람은 '이것'이라는 명으로 저것이라는 실을 지시하는 혼란이 나타나게 된다. 그는 명과 실의 엄격한 일대일 대응 관계를 통해, 명이 그 역할을 할 때 오해나 문제가 생기지 않게 하려 하였다.

그는 '흰 말[白馬]은 말[馬]이 아니다.'라는 일반인의 상식으로는 이해하기 어려운 주장을 앞세워 논의를 폈다. 그런 주장의 근거로, 우선 그는 '말[馬]'은 형체를 부르는 데 쓰는 단어이고 '희다[白]'는 색을 부르는 데 쓰는 단어인데, 흰 말은 말에 '희다'라는 속성이 함께하는 것이므로 말과 다르다고 하였다. 또한 그는 말을 구할 때는 노란 말이든 검은 말이든 데리고 올 수 있지만 흰 말을 구할 때는 노란 말이나 검은 말을 데리고 올 수 없으니, 이를 통해 말과 흰 말이 다름을 알 수 있다고 하였다. 이렇게 일상에서 흰 말이 있을 때 '말이 있다.'라고 하며 특정 속성이 지정되지 않은 '말'이라는 단어로 흰 말처럼 특정 속성을 가진 말[馬]을 지시하는 것에 대해, 공손룡은 '말'이라는 명과 '흰 말'이라는 명은 지시하는 실이 다르므로 그 용법을 구분해야 한다고 하였다.

반면 후기 묵가는 '흰 말은 말이다. 흰 말을 타는 것은 말을 타는 것이다.'라고 하면서, '흰 말은 말이 아니다.'라는 주장에 반대하였다. 후기 묵가는 어떤 실은 '이것'이라는 명에 의해 지시되면서 동시에 '저것'이라는 명에 의해서도 지시될 수 있다고 보았다. 흰 말은 흰 말이고 검은 말은 검은 말이지만 흰 말도 말이고 검은 말도 말이므로, 흰 말은 흰 말이면서 말이고 검은 말은 검은 말이면서 말이라는 것이다. 즉, 흰 말은 흰 말이라는 명과 말이라는 명으로, 검은 말은 검은 말이라는 명과 말이라는 명으로 지시될 수 있다. 또한 후기 묵가는 하나의 명이 지시하는 실은 오직 하나뿐이라는 주장에도 반대하였다. 하나의 명이 서로 다른 사물을 지시할 수 있다고 하면서, ㉠ 이것과 저것, 두 마리의 새가 모두 학이라면 이것과 저것을 모두 '학'이라고 부를 수 있다는 예시를 들었다.

후기 묵가가 명과 실의 엄격한 일대일 관계를 이렇게 부정한 것은 그들의 명에 대한 논의와도 관계가 있다. 후기 묵가는 명을 그것이 지시하는 실에 따라 달명(達名), 유명(類名), 사명(私名)으로 나누었는데, 이 세 가지 명은 외연의 크기가 서로 다르다. 달명은 천지 만물을 총괄하여 지시하는 것으로, 공손룡이 말하는 '물(物)'에 해당하는 대상을 가리키는 이름이다. 유명은 수많은 사물 가운데 어느 하나의 속성을 공유하는 것들을 지시하는 이름으로, 후기 묵가는 그 예로 '말[馬]'이라는 명을 제시했다. 사명은 가리키는 대상이 오직 하나인 명을 말한다. 사명에는 두 가지가 있는데, 그중 하나는 고유명사이다. 다른 하나는 '새[鳥]'라는 유명을 어떤 한 마리의 특정한 새를 가리킬 때 사용하는 경우처럼 유명을 단 하나의 개체에만 대응하게 함으로써 만들어지는 명이다. 결국 '새[鳥]'라는 명이 유명인가 사명인가 하는 것은 그것에 대응하는 대상이 하나인가 둘 이상인가에 의해 상황에 따라 정해지는 것이다.

10. 윗글에 대한 이해로 적절하지 않은 것은?

① 후기 묵가는 고유명사가 사명에 속한다고 보았다.
② 후기 묵가는 천지 만물 전체를 가리키는 이름을 달명이라고 하였다.
③ 공손룡은 분화되지 않은 천지 만물이 각각의 개체로 분화된 것을 실이라고 하였다.
④ 공손룡과 후기 묵가는 전국시대 중엽 이후에 명실 문제를 전문적으로 논의하였다.
⑤ 공손룡과 후기 묵가는 수많은 사물 가운데 오직 하나만 있는 대상에는 이름을 붙일 수 없다고 하였다.

11. ㉠에 대한 '공손룡'의 견해와 부합하는 내용으로 가장 적절한 것은?

① 학 두 마리를 모두 학이라는 명으로 부르면, 명이 제 역할을 하여 혼란이 나타나지 않게 될 것이다.
② 학이라는 명은 형체를 가리키는 단어가 아니므로, 그 명으로는 이것과 저것이라는 실을 부를 수 없다.
③ 학을 각각 '이것'과 '저것'이라는 명으로 부른다면 그 두 학은 동일한 실이 서로 다른 명으로 불린 것이다.
④ 학이라는 하나의 명으로 이것과 저것을 모두 지시한다면 이것과 저것이라는 실이 서로 구별되지 않을 것이다.
⑤ 학이라는 실을, 색을 부르는 데 쓰는 단어 없이 학이라는 명으로 부르는 것은 말[馬]이라는 실을 '흰 말'이라는 명으로 부르는 것과 같은 올바른 용법이다.



[해설편 p.051]

12. 윗글을 읽은 학생이 <보기>의 대화에 보인 반응으로 적절하지 않은 것은? [3점]

< 보 기 >

갑: (옷을 하나 들고 옷장을 보면서 한숨을 쉬고) ⓐ옷이 없어.
을: 지금 네가 들고 있는 ⓑ옷은 뭐니? 옷장 안에 옷이 이렇게 많은데 무슨 ⓒ옷이 없어?
갑: 내 말은 ⓓ옷이 정말 없다는 게 아니라, ⓔ빨간 옷이 필요한데 없다는 말이었어.
을: 아, 그런 뜻이었구나.

① ⓐ라는 명으로 지시한 실과 ⓑ라는 명으로 지시한 실이 서로 다르므로 공손룡은 명과 실의 일대일 대응 관계가 지켜지지 않고 있다고 보겠군.
② ⓐ라는 명과 ⓓ라는 명이 서로 다른 대상을 지시하고 있는 것을, 후기 묵가는 하나의 명이 두 가지 이상의 서로 다른 실을 지시할 수도 있다는 자신들의 주장을 뒷받침하는 예로 보겠군.
③ 후기 묵가는 ⓑ라는 명은 유명을 하나의 개체에만 대응하여 사명으로 사용한 것으로 보겠군.
④ ⓓ라는 명과 ⓔ라는 명이 같은 대상을 지시하고 있으므로, 공손룡은 특정 속성이 지정되지 않은 단어로 특정 속성을 가진 대상을 지시하는 문제가 나타나고 있다고 보겠군.
⑤ 공손룡은 ⓔ는 ⓒ에 또 다른 속성이 함께하는 것이므로 ⓔ를 ⓒ라는 명으로 불러서는 안 된다고 보겠군.

13. <보기>는 윗글을 읽은 학생이 수행한 학습지의 일부이다. ㉮와 ㉯에 들어갈 말로 가장 적절한 것은?

< 보 기 >

**[학습 과제]**
다음에서 설명하는 주요 개념을 활용하여 윗글의 내용을 이해해 보자.

> 언어 기호가 기표와 기의의 결합체라고 할 때, 기표는 소리를 뜻하고 기의는 언어 기호에 의해 의미되는 개념을 뜻한다. 즉 기표는 언어 기호의 형태이고 기의는 언어 기호가 지시하는 내용이라고 할 수 있다.

**[수행 결과]**
공손룡의 입장에서는 ( ㉮ )고 볼 것이고, 후기 묵가의 입장에서는 ( ㉯ )고 볼 것이다.

① ㉮: 기의가 서로 같으면 기표도 같아야 한다
㉯: 기표가 서로 같으면 기의도 같아야 한다
② ㉮: 기표가 서로 달라도 기의는 같을 수 있다
㉯: 기의가 서로 달라도 기표는 같을 수 있다
③ ㉮: 기표가 서로 달라도 기의는 같을 수 있다
㉯: 기표가 서로 다르면서 기의가 같을 수는 없다
④ ㉮: 기표가 서로 다르면서 기의가 같을 수는 없다
㉯: 기표가 서로 달라도 기의는 같을 수 있다
⑤ ㉮: 기표가 서로 다르면서 기의가 같을 수는 없다
㉯: 기의가 서로 다르면서 기표가 같을 수는 없다

[14 ~ 17] 다음 글을 읽고 물음에 답하시오.

전기화학식 가스 센서는 화학 반응을 통해 발생하는 전류를 이용해 특정 가스를 검지*하기 위한 장치이다. 이 센서는 ⓐ유입된 가스가 센서의 전극들과 작용하여 산화 환원 반응을 하는 과정에서 생성되는 전류의 양을 측정하여 가스 누출을 검지하고 농도를 측정한다.

전기화학식 가스 센서는 일반적으로 유입부, 감지부, 후방부로 구성된다. 먼저, 유입부는 가스가 센서로 들어오면 검지하고자 하는 가스 이외의 불순물을 걸러주는 기능을 담당하며 먼지 필터, 간섭 가스 필터, 분리막으로 구성되어 있다. 공기 중에 가스가 누출되어 센서의 유입부로 들어오면, 우선 먼지나 물 등 기체가 아닌 불순물들은 먼지 필터에 의해 걸러지고, 기체 상태인 가스만 간섭 가스 필터로 보내진다. 이후 간섭 가스 필터에서는 특정 가스를 검지하는 데 방해가 되는 가스들은 필터에 흡착시키고, 검지하려는 가스만 통과시켜 분리막으로 보내게 된다. 분리막은 유입부와 감지부를 분리하는 장치로, 간섭 가스 필터로부터 보내진 가스는 정확한 측정을 위해 분리막을 통해 감지부로 유입된다.

감지부는 가스가 유입되면 산화 환원 반응을 통해 전류를 생성하는 기능을 담당하며 작용 전극, 대응 전극, 기준 전극으로 구성되어 있다. 감지부는 평상시에도 기준 전극에서 생성되는 전류가 일정하게 흐르고 있고, 감지부의 전극들은 전해질이 녹아 있는 물속에 담겨 있다. 전해질은 물에 녹였을 때 전자의 이동을 가능하게 하여 전류를 생성하는 매개체의 역할을 한다. 분리막을 통과하여 감지부에 ⓑ도달한 가스는 먼저 작용 전극에서 물과 반응하여 수소 이온과 전자를 생성하는 산화 반응을 한다. 이러한 산화 반응을 활발히 ⓒ유도하기 위해 작용 전극은 여러 개의 구멍으로 이루어진 다공성 막의 형태를 띠고 있으며, 산화 반응의 속도를 증가시키기 위해 백금과 같은 촉매로 코팅되어 있다. 산화 반응을 거쳐 발생한 수소 이온과 전자는 전해질을 매개체로 하여 대응 전극으로 이동하고, 대응 전극에서는 수소 이온과 전자가 후방부의 산소 유입구에서 공급된 산소와 결합하여 물이 되는 환원 반응이 일어나게 된다. 이 과정에서 작용 전극과 대응 전극 사이의 전자의 이동량만큼 전류가 발생하고, 발생하는 전류의 양은 유입된 가스의 농도에 비례한다.

마지막으로 후방부는 감지부에서 발생한 전류를 통해 가스 누출 여부를 확인하고 누출된 가스의 농도를 측정하는 기능을 주로 담당하며 집전장치와 센서 핀, 산소 유입구로 구성되어 있다. 감지부에서 새롭게 ⓓ생성된 전류는 집전장치를 통해 한곳으로 모아져 센서 핀으로 이동된다. 센서 핀에서는 새롭게 생성된 전류의 양과 평상시 흐르는 전류의 양을 비교하여 새롭게 생성된 전류의 양이 더 많다면 가스 누출을 검지하고 가스의 농도를 측정하게 된다.

한편 가스 센서를 통해 검지된 가스가 기준 농도 이상일 때 센서와 연결된 경보기에서는 이를 알리기 위한 경보를 내게 된다. 경보를 내는 방식으로는 ㉠즉시 경보형과 ㉡지연 경보형 등이 있다. 즉시 경보형은 가스 농도가 센서에 ⓔ설정된 경보 설정치 이상이 되면 바로 경보를 내는 방식이다. 이 방식은 독성 가스와 같이 가스의 발생 자체가 위험한 경우에 주로 사용된다. 지연 경보형은 검지된 가스의 농도가 경보설정치를 넘었더라도 바로 경보를 내지 않고, 일정한 시간으로 설정된 지연 시간 동안 가스의 농도가 경보설정치 이상으로 유지될 경우에 경보하는 방식이다. 이는 가스레인지 점화 오작동처럼 순간적으로 높은 농도의 가스가 검지되었을 경우와 같이 일시적인 가스 누출 상황에서는 경보를 내지 않는 특징이 있다.

* 검지: 검사하여 알아냄.

14. 윗글의 내용과 일치하지 <u>않는</u> 것은?

① 백금을 촉매로 사용하면 산화 반응의 속도는 증가한다.
② 센서 핀을 통해 한곳으로 모아진 전류는 집전장치로 이동한다.
③ 센서의 감지부에는 가스가 유입되기 전에도 일정량의 전류가 흐르고 있다.
④ 전자와 수소 이온은 전해질을 매개로 작용 전극에서 대응 전극으로 이동한다.
⑤ 즉시 경보형은 독성 가스와 같이 가스 발생 자체가 위험한 경우에 주로 사용된다.

15. <보기>는 [전기화학식 가스 센서]의 주요 장치를 도식화한 것이다. 윗글을 바탕으로 <보기>에 대해 보인 학생의 반응으로 적절하지 <u>않은</u> 것은? [3점]

< 보 기 >

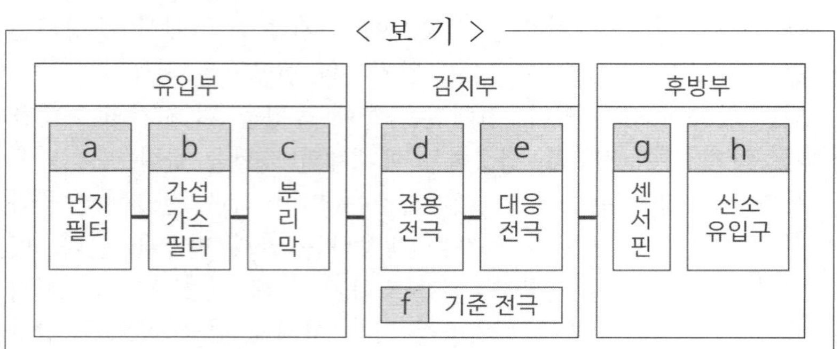


① a에서는 기체는 모두 통과되고, b에서는 기체가 흡착되거나 통과되겠군.
② b에서 c로 보내진 가스의 양이 증가한다면 d에서 e로 이동하는 수소 이온과 전자의 양이 증가하겠군.
③ d가 다공성 막의 형태를 띠고 있는 이유는 c로부터 유입되는 가스의 양을 조절하기 위해서겠군.
④ g에서 가스 누출이 검지되었다면 d와 e 사이에서 생성된 전류의 양이 f에서 생성된 전류의 양보다 많겠군.
⑤ e에서 수소 이온과 전자가, 물이 되는 반응을 위해 필요한 산소는 h를 통해 공급되겠군.

16. <보기>는 시간의 경과에 따른 검지된 가스 농도의 변화를 나타낸 그래프이다. 이를 참고하여 ㉠, ㉡에 대해 이해한 내용으로 적절하지 <u>않은</u> 것은?

< 보 기 >

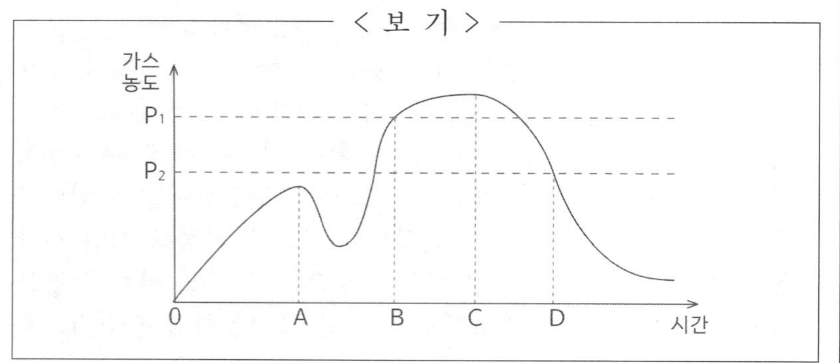


① 경보설정치가 $P_1$으로 설정되어 있다면, A에서 ㉠과 ㉡ 중 어떤 것도 경보를 내지 않겠군.
② 경보설정치가 $P_1$으로 설정되어 있다면, B에서 ㉠은 경보를 내지만 ㉡은 경보를 내지 않겠군.
③ 경보설정치를 $P_1$에서 $P_2$로 변경하면, ㉠은 경보를 내는 시점이 더 빨라지겠군.
④ 경보설정치가 $P_1$으로 설정되어 있고, ㉡이 C에서 경보를 냈다면, 경보 지연 시간은 D만큼 설정되어 있겠군.
⑤ 경보설정치가 $P_2$로 설정되어 있고 ㉡이 경보를 냈다면, 경보 지연 시간 동안은 가스 농도가 $P_2$ 이상이었겠군.

17. ⓐ ~ ⓔ의 사전적 의미로 적절하지 <u>않은</u> 것은?

① ⓐ: 액체나 기체, 열 따위가 어떤 곳으로 흘러듦.
② ⓑ: 어떤 곳이나 때를 거쳐서 지나감.
③ ⓒ: 사물이나 물건을 목적한 장소나 방향으로 이끎.
④ ⓓ: 사물이 생겨남. 또는 사물이 생겨 이루어지게 함.
⑤ ⓔ: 새로 만들어 정해 둠.

**[18 ~ 21] 다음 글을 읽고 물음에 답하시오.**

(가)
㉠ <u>금곡(金谷)의 ᄇᆡ를 타 서호(西湖)의 드러오니</u>
강산은 의구ᄒᆞ고 풍색(風色)이 엇더ᄒᆞ뇨
군은은 그지업서 삼순*을 놀니시니
장하(長夏) **강촌의 와실(蝸室)***이 소조*ᄒᆞ야
**사립문**이 본ᄃᆡ 업서 밤인들 다ᄃᆞᆯ소냐
㉡ <u>발이 하 성기니 물 보기 더욱 됴타</u>
소루(小樓)의 누어시니 크나큰 천지를
벼개 우희 다 볼노라 처마 하 얃으니
석양도 들거니와 빗발도 드리친다
**님 그려 저즌 소매 볃** 아니면 뉘 말리며
우국(憂國)ᄒᆞ야 탄 가슴을 비 아니면 어찌 살겠는가
㉢ <u>동서의 분주ᄒᆞ여 주야를 모르더니</u>
오늘은 어떤 날인가 이 몸이 편안커니
보리밥 몰니겨 아히야 걱정마라
짧으나 짧은 ⓐ 밤의 꿈자리 어즈러워
봉래산 제일봉의 어느 님을 만나보아
반기노라 ᄒᆞᆯ 말 업고 늣기노라 한숨 지어
내히 셜온 사설 사뢰나 몯내 사뢰어
**풍우성(風雨聲)**의 **잠 깨어** 닐어 안자 **한숨 짓**고
㉣ <u>촌계(村鷄) 벌써 우니 할 일이 전혀 업서</u>
포금*을 추켜 덮고 위몽(危夢) 새로 드니
동산의 일출토록 호접이 되엿더니
네 밥 곳 수이 되면 이 잠을 채 잘소냐
(중략)
남산의 우헐(雨歇)커ᄂᆞᆯ 먼 눈을 ᄇᆞ라보니
관악산광*은 만고(萬古)의 한 빛이로다
㉤ <u>흰 듯 검은 것은 알겠구나 구름이로다</u>
저 구름 지난 후면 저 뫼를 고텨 볼까
율도(栗島)의 안개 걷히고 양화(楊花)의 해 지거늘


[해설편 p.052]

문군아 내 옷 다오 종문아 막대 다오
전나귀 채찍 없이 종무를 뒤세우고
**강변**의 내걸으니 **만랑***이 더욱 **됴타**

– 이호민, 「서호가」 –

* 삼순: 한 달.
* 와실: 달팽이 뚜껑 같은 작은 집.
* 소조: 호젓하고 쓸쓸함.
* 포금: 베로 만든 이불.
* 관악산광: 관악산의 경치.
* 만랑: 해 저물 무렵의 물결.

(나)

시리산 저 뫼 위에 반가울샤 상원달이
풍년 소식 띄워다가 내 창 앞에 먼저 왔다
아마도 이 ⓑ밤 조흔 경치에 놀지 안코 무슴ᄒᆞ리 〈1수〉

취ᄒᆞᆫ 잠 **늦게** 깨어 **강가를 바라보**니
자욱이 펴인 안개 한식 비 개엿도다
아히야 술 부어라 전촌의 취한 노래 결 일닌가* ᄒᆞ노라 〈2수〉

녹수 산정 기픈 곳에 벗 부르다 저 새소리
동풍에 깃을 떨쳐 그치는 곳이 구우*로다
내 엇지 **사람으로 새만 못**ᄒᆞ여 **한**이로다 〈4수〉

밭 갈아 밥을 먹고 샘을 파 물 마시니
강구연월* 어느 때인가 고잔 들 **노랫 소리** 아름답다 저 **농부**야
**태평곡** 화답ᄒᆞᆯ 제 내 근심 절로 업다 〈5수〉

– 남극엽, 「애경당십이월가」 –

* 결 일닌가: 절기 때를 알리는가.
* 구우: 언덕의 모퉁이.
* 강구연월: 태평스러운 세상을 뜻함.

18. (가)와 (나)의 공통점으로 가장 적절한 것은?

① 문답의 방식을 통해 시상을 전환하고 있다.
② 연쇄의 방식을 통해 시상을 심화하고 있다.
③ 명령형 어미를 활용하여 시상을 전개하고 있다.
④ 직유적 표현을 활용하여 주제를 부각하고 있다.
⑤ 음성 상징어를 활용하여 시적 분위기를 조성하고 있다.

19. ㉠ ~ ㉤에 대한 이해로 적절하지 않은 것은?

① ㉠: 화자는 구체적인 장소를 밝히며 자신의 여정을 드러내고 있다.
② ㉡: 화자는 자신의 계획을 통해 예상되는 변화를 드러내고 있다.
③ ㉢: 화자는 현재와는 다른 자신의 과거에 대해 떠올리고 있다.
④ ㉣: 화자는 시간의 경과를 언급하며 자신의 처지를 드러내고 있다.
⑤ ㉤: 화자는 자신의 시야에 들어온 대상에 대해 지각하고 있다.

20. ⓐ와 ⓑ에 대한 이해로 가장 적절한 것은?

① ⓐ는 화자의 한계가, ⓑ는 화자의 능력이 부각되는 시간이다.
② ⓐ는 화자의 의구심이, ⓑ는 화자의 기대감이 심화되는 시간이다.
③ ⓐ는 화자의 관찰력이, ⓑ는 화자의 상상력이 강조되는 시간이다.
④ ⓐ는 화자의 안도감이, ⓑ는 화자의 불안감이 나타나는 시간이다.
⑤ ⓐ는 화자의 아쉬움이, ⓑ는 화자의 만족감이 드러나는 시간이다.

21. <보기>를 바탕으로 (가), (나)를 감상한 내용으로 적절하지 않은 것은? [3점]

<보 기>

사대부들은 시가 작품을 통해 삶의 모습과 자신이 처한 현실에 대한 인식을 드러냈다. (가)는 관료 생활을 영위한 사대부가 자연에서 소박하고 여유로운 삶을 즐기면서 자연물을 통해 연군의 정과 나라에 대한 근심을 그려 낸 작품이다. (나)는 출사하지 못한 사대부가 향촌 공동체에 어우러져 살아가며 자연에서 유유자적하는 일상과 함께 그 속의 고뇌를 자연물을 통해 그려 낸 작품이다.

① (가)에서 '사립문'이 없는 '강촌의 와실'에는 소박하게 살아가는 사대부의 삶의 모습이 드러나 있군.
② (가)에서 '님 그려 저즌 소매'를 '볕'으로 말린다는 것에는 임금을 향한 사대부의 그리움이 드러나 있군.
③ (나)에서 '농부'의 '노랫 소리'에 '태평곡'으로 화답하는 것에는 향촌 공동체의 구성원과 어우러져 살아가는 사대부의 삶의 모습이 드러나 있군.
④ (가)에서 '풍우성'에 '잠 깨어' '한숨 짓'는 것과 (나)에서 '사람으로 새만 못'해 '한'이라는 것에는 모두 자연물과의 대비를 통한 사대부의 내적 갈등이 드러나 있군.
⑤ (가)에서 '강변'을 걸으며 '만랑이 더욱 됴타'는 것과 (나)에서 '늦게' 일어나 '강가를 바라보'는 것에는 모두 자연을 즐기는 사대부의 여유로운 일상이 드러나 있군.

**[22 ~ 26] 다음 글을 읽고 물음에 답하시오.**

(가)

**목숨**이란 마치 **깨어진 배 조각**
여기저기 흩어져 마을이 구죽죽한 어촌보담 어설프고
삶의 티끌만 오래 묵은 포범(布帆)처럼 달아 매었다

남들은 기뻤다는 젊은 날이었건만
밤마다 **내 꿈**은 서해를 **밀항하는 쩡크***와 **같**아
소금에 절고 조수(潮水)에 부풀어 올랐다

항상 흐렷한 밤 **암초를 벗어나면 태풍과 싸**워 가고
전설에 읽어 본 **산호도(珊瑚島)는 구경도 못 하는**
그곳은 남십자성이 비쳐 주도 않았다

쫓기는 마음 지친 몸이길래
그리운 지평선을 한숨에 기오르면
**시궁치***는 열대 식물처럼 **발목을 오여**쌌다

새벽 밀물에 밀려온 거미이냐
**다 삭아 빠진 소라 껍질**에 [나]는 붙어 왔다
먼 항구의 노정(路程)*에 흘러간 생활을 들여다보며

– 이육사, 「노정기」 –

* 쩡크: 정크(Junk). 중국 연해나 하천에서 사람과 짐을 실어 나르는 배.
* 시궁치: 더러운 물이 잘 빠지지 않고 썩어서 질척질척하게 된 도랑의 근처.
* 노정: 거쳐 지나가는 길이나 과정.

(나)

[A]
부패해가는 **마음 안의 거대한 저수지**를
나는 발효시키려 한다

[B]
나는 충분히 썩으면서 살아왔다
묵은 관료들은 숙변을 내게 들이부었고
나는 낮은 자로서
**치욕을 나의 것으로 받아들**였다
이 땅에서 냄새나지 않는 자가 누구인가

[C]
수렁 바닥에서 멍든 얼굴이 썩고 있을 때나
흐린 물 위로 떠오를 때에도
나는 **침묵**했고
그 **슬픔**을 나의 것으로 받아들였다

[D]
나는 한때 이미 죽었거나
**독약 먹이는 세월**에 쓸개가 **병든 자**로서
울부짖음 대신 쓴 거품을 내뿜었을 뿐이다
문제는 스스로 **마음**에 뚜껑을 덮고 오물을 거부할수록
오물들이 더 불어났다는 사실이다
뒤늦게 나는 그 **뚜껑이 성긴 그물이었음**을 깨닫는다

[E]
물왕저수지라는 팻말이 내 마음의 한 변두리에 꽂혀 있다
나는 그 저수지를 **본 적이 없다**
긴 가문 날 흙먼지투성이 버스 유리창을 통해
**물왕저수지**로 가는 길가의 팻말을 얼핏 보았을 뿐이다
그 저수지에
물의 법이 물왕의 도가
아직도 순환하고 있기를 바란다
**그 저수지**에 왕골을 헤치며 다니는 **물뱀들**이
춤처럼 살아있기를 바란다
그리고 **물과 진흙의 거대한 반죽**에서 흰 **갈대꽃**이 피고

[F]
잉어들은 쩝쩝거리고 물오리떼는 날아올라
발효하는 숨결이 힘차게 움직이고 있음을
내 마음에도 전해주기 바란다

– 최승호, 「발효」 –

(다)

포구의 사람 중에 전복을 팔려고 오는 사람이 있어 내가 묻기를,
"당신이 하는 일의 이득은 과연 어느 정도냐?"
하고 물었더니, 말하기를,
"이것은 천한 일이온데, 어찌 물을 일입니까? 대저 바다는 죽음의 땅이고 전복은 반드시 바다 깊은 곳에 있습니다. 또 그물이 아닌 갈고리를 들어야 잡을 수 있으며, 반드시 바닥에까지 잠겨야 하며, 숨을 멈추고 잠깐 동안 머무르면서 찾기를 다하여야 얻을 수 있습니다. 또 반드시 작살로 빠르게 찔러야 이내 잡을 수 있습니다. 만약 잠깐이라도 느리게 하면 전복이 칼날을 물어 비록 힘을 다하더라도 칼을 뺄 수도 없으며, 전복은 꿈쩍도 하지 않아 서로 버티다가 시간이 늦으면 물에서 빠져나오지 못하는 사람도 있습니다. 또 바다에는 사람을 잘 무는 **나쁜 고기들**도 많으며, **바다 밑**은 또 매우 차가워 비록 무더위에 잠수하는 사람들도 항상 추워서 오들오들 떠니 잠수하기가 어렵습니다. 그러므로 자기 나이 십여 세가 넘으면서 얕은 데서 익히다가 조금씩 익혀 깊은 데로 갑니다. 이십 세에 이르러서야 전복 잡이는 가능하며, 사십이 넘으면 그만둡니다. 또 잠수하는 사람은 항상 바다에 있으니 머리털이 타고 마르며, 그 살갗은 거칠고 얼룩얼룩하며, 일어나고 기거하는 모습도 일반인과 다릅니다. 그러므로 사람은 편안하지도 다치지도 않아야 하는데, 이 일의 괴롭고 천함이 이와 같으며, **관청**에 **바치는** 것도 그 **양을 다 채우지** 못하는데 어찌 이득이 있겠습니까?"
라고 하였다. 내가 말하기를,
"그러면 병이라도 들지 않겠는가. 어찌 이 일을 버리고 다른 일에 힘쓰지 못하는 것인가?"
하니, 그 잠수부가 입을 딱 벌리고 웃으면서 말하기를,
"무슨 일이 [잠수부]에게 편한 것이 있겠습니까? 소인이 할 수 있는 일은 농사와 상업뿐입니다. 농부도 가뭄이나 장마에 굶주리고, 상인도 남과 북으로 뛰어다녀 그 괴로움이 나와 더불어 같을 것입니다. 만약 군자의 일인 벼슬을 할 것 같으면 편히 앉아서 녹을 먹고, 수레에 올라앉으면 따르는 무리가 있고, 금빛 붉은 빛에 아름답게 꾸민 관이 우뚝 높고, 조정에 들어가면 부(府)나 성(省)을 받들고 지방으로 나아가도 주(州)나 부(部)에 임하니, 이것은 지극한 즐거움과 영화라 이를 만합니다. 그러나 또한 일찍이 들으니, 아침이면 국록을 먹으나 저녁이면 책망을 당하니, 어제는 한양 땅 부성(府省)에 있으나 지금은 좌천되어 영해(嶺海)에 있습니다.

(중략)

저 농사와 장사도 어려우니, 참으로 반드시 이 일을 버리고 힘쓰지 않을 수 없으며, 지극한 즐거움과 영화로움에 나아감에 견주어 보면, 사람들이 먹여 주는 것을 먹는 것과 내 힘으로 먹는 것 중 어느 것이 더 나으며, 사람을 다스리는 것과 또 내 일을 다스리는 것 중 어느 것이 더 나으며, **부귀영화를 귀하게 여기는 것**과 나의 **천한 일 중에 욕됨이 없는 것** 중 어느 것이 더 낫습니까? 하물며 안으로 막히고 밖으로 죄에 걸려 죽어 가는 것과 때를 기다려 서로 힘을 합하여 물에 빠지는 위태로움에서 벗어나 수면에 나타나니 어느 것이 더 낫습니까? 내가 또 무엇을 미워하겠습니까? 비록 내가 고을에서 보건데, 우리 무리들은 그 즐거움에 항상 편안하며, 벼슬하는 사람들이 꾸짖으며 와서 몸을 묶더라도 그 사람 또한 그 하나일 뿐이니, 일에 있어 어느 것이 위태롭고 어느 것이 편안하겠습니까? 당신은 이미 구별을 했을 것이니 어찌 그대의 일을 후회하지 않으면서 이에 나보고 도리어 이 일을 버리라고 깨우쳐 주니, 슬픕니다. 이제 그만둡시다."
라고 하였다. 내가 그 소리를 듣고 부끄러워 땀에 젖고 놀라서 입이 벌어져 오랫동안 대답할 수 없었다.
오호라, **옛사람**이 **벼슬길**을 바다에 비유했으나 나는 믿지 않았더니, 지금 잠수부의 말로써 시험하니 벼슬길의 위태로움이 바다보다도 심하구나. 그러므로 **그 말을 기록하여** 일을 택함의 **잘못된 것을 슬퍼**하고, 이로 인하여 훗날 **벼슬길에 오르기를 탐하는 사람들에게 경계하고자** 한다.

– 김진규, 「몰인설(沒人設)」 –

22. (가) ~ (다)에 대한 설명으로 가장 적절한 것은?

① (가)와 (나) 모두 청유형 어미를 활용하여 친근감을 드러내고 있다.
② (가)와 (다) 모두 반어적 표현을 활용하여 현실을 비판하고 있다.
③ (나)와 (다) 모두 설의적 표현을 활용하여 의미를 부각하고 있다.
④ (가) ~ (다) 모두 색채의 대비를 활용하여 분위기를 형성하고 있다.
⑤ (가) ~ (다) 모두 청각의 시각화를 활용하여 생동감을 자아내고 있다.

23. <보기>를 참고하여 (가)와 (나)를 감상한 내용으로 적절하지 않은 것은? [3점]

< 보 기 >

시에서는 물의 이미지를 활용하여 다양한 방식으로 화자의 삶이 형상화되는 경우가 있다. (가)는 물의 흐름에 따라 흘러가는 배의 이미지를 통해 안식을 소망했던 고달픈 삶을 형상화하며 비극적 운명에 대한 화자의 인식을 드러낸다. (나)는 부정적 상황을 인식하고 순환하는 물의 이미지를 통해 생명력 있는 삶을 지향하는 화자의 태도를 드러낸다.

① (가)에서 '암초를 벗어나면 태풍과 싸'우고 '산호도는 구경도 못하는' 것은 화자의 고달픈 삶을 나타낸 것이겠군.
② (가)에서 '목숨'이 '깨어진 배 조각'처럼 흩어지고 '내 꿈'이 '밀항하는 쩡크와 같'다는 것은 흘러가는 배의 노정에 화자의 삶을 관련지어 나타낸 것이겠군.
③ (나)에서 '마음'에 덮은 '뚜껑이 성긴 그물이었음'을 깨닫는 것은 부정적 상황에 대한 화자의 인식을 나타낸 것이겠군.
④ (가)에서 '발목을 오여'싼 '시궁치'는 화자가 꿈꾸던 안식의 공간을, (나)에서 '물뱀들'이 살아있길 바라는 '그 저수지'는 화자가 물이 순환하기를 기대하는 공간을 나타낸 것이겠군.
⑤ (가)에서 '삭아 빠진 소라 껍질'에 붙어 왔다는 것은 비극적 운명에 대한 화자의 인식을, (나)에서 '물과 진흙의 거대한 반죽'에서 '갈대꽃'이 피길 바라는 것은 생명력 있는 삶에 대한 화자의 지향을 나타낸 것이겠군.

24. (가)의 나와 (다)의 잠수부에 대한 설명으로 가장 적절한 것은?

① (가)의 '나'와 (다)의 '잠수부'는 모두 타인과는 다른 처지에 대한 주관적 인식을 드러내고 있다.
② (가)의 '나'와 (다)의 '잠수부'는 모두 이전과 달라진 타인의 마음에 대한 정서를 드러내고 있다.
③ (가)의 '나'와 (다)의 '잠수부'는 모두 시간의 흐름에 따라 변화하는 타인의 외양에 대한 객관적 평가를 드러내고 있다.
④ (가)의 '나'는 타인이 겪을 일에 대한, (다)의 '잠수부'는 자신이 겪을 일에 대한 추측을 드러내고 있다.
⑤ (가)의 '나'는 타인에게 받은 상처에 대한, (다)의 '잠수부'는 타인이 자신에게 하는 행동에 대한 부정적 반응을 드러내고 있다.

25. [A] ~ [F]에 대한 이해로 적절하지 않은 것은?

① [A]에서 '마음 안의 거대한 저수지'가 부패해 가는 이유를 [B]에서 찾을 수 있다.
② [B]에서 '치욕을 나의 것으로 받아들'인 상황은 [C]에서 지속되고 있다.
③ [C]에서 '침묵'하고 '슬픔'을 받아들인 행위는 [D]에서 나타난 문제로 이어지고 있다.
④ [D]에서 '독약 먹이는 세월'에 '병든 자'로 살아온 원인은 [E]에서 확인할 수 있다.
⑤ [E]에서 '본 적이 없다'는 '물왕저수지'에 대한 상상은 [F]에서 구체화되고 있다.

26. <보기>를 참고하여 (다)를 감상한 내용으로 적절하지 않은 것은?

< 보 기 >

설(說)의 표현 방법 중에는 글쓴이가 하고자 하는 말을 다른 인물과의 대화를 통해 간접적으로 드러내는 방법이 있다. 「몰인설」의 글쓴이는 대화 상대가 갖고 있는 직업적 고충과 제도 내에서의 어려움을 파악하게 되고, 대화 상대의 가치관이나 소신을 알게 된다. 이를 통해 글쓴이는 자신의 상황에 대해 깨달음을 얻게 되고 이를 다른 사람들에게 알리려는 목적을 드러낸다.

① '나쁜 고기들'이 많고 '바다 밑'이 매우 차갑다는 것을 통해 잠수부라는 직업의 고충을 확인할 수 있군.
② '관청'에 전복을 '바치는' '양을 다 채우지' 못한다는 것을 통해 잠수부가 겪는 제도 내에서의 어려움을 확인할 수 있군.
③ '부귀영화를 귀하게 여기는 것'보다 '천한 일 중에 욕됨이 없는 것'이 낫다는 것에서 잠수부가 지닌 가치관을 확인할 수 있군.
④ '벼슬길'에 대한 '옛사람'의 말이 '잘못된 것을 슬퍼'하는 것에서 글쓴이가 자신의 상황에 대해 깨달았음을 확인할 수 있군.
⑤ '그 말을 기록하여' '벼슬길에 오르기를 탐하는 사람들에게 경계하고자' 하는 것을 통해 다른 사람들에게 깨달음을 알리려는 글쓴이의 목적을 확인할 수 있군.

**[27 ~ 30] 다음 글을 읽고 물음에 답하시오.**

과연 서번국의 대장 진골대가 급히 군사를 몰아 남주성에 들어가니, 백성이 하나도 없고 성 안이 텅 비어 있었다. 진골대가 크게 놀라 도로 진영으로 돌아가고자 하는데, 현후가 서번군이 성 안으로 들어가는 것을 보고서 군사들을 급히 출동시켜 에워싸며 산 위에 올라가 소리쳐 말했다.

"서번이 어찌 감히 우리를 당할소냐? 옛날 양평공과 우골대가 다 내 칼에 죽었거늘, 네 맞아 죽고자 하니 어린 강아지가 맹호를 모르는 격이로다. 제 죽은 혼일망정 나를 원망치 말고 새 황제를 원망하여라."

그리고는 불화살을 재빨리 쏘니, 성 안에 화염이 하늘에 퍼져 가득하여 모두 불길일러라. 적군이 견디지 못하여 불길을 무릅쓰고 달아나는데, 또 위왕의 군진을 만나니 정신을 차리지 못하여 서로 짓밟혀 죽은 자를 이루 다 셀 수가 없었다. 진골대 탄식하며 말했다.

"위왕은 만고의 영웅이라서 사람의 힘으로는 미칠 바가 아니로다."

이렇게 한탄하고 항복하여 말했다.

"우리 왕이 구태여 싸우려 한 것이 아니라 새 황제가 시킨 것이니, 바라건대 위왕은 쇠잔한 목숨을 살리소서."

위왕이 말했다.

"서번국과 과인의 나라는 본디 친하여 꺼리고 미워하는 것이 없기로 놓아 보내거니와, 차후로는 아무리 새 황제의 조서가 있더라도 기병할 마음을 먹지 말라."

그리고는 돌려보내니라.

이때 새 황제의 군대가 구골대의 군대와 합병하여 화음현에 도착하였는데, 백성들이 길에서 울고 있는지라 그 까닭을 물으니 답하여 말했다.

"위왕이 서번국에 패하여 거창산에 들어가 백성들을 모아 군사를 삼으니, 저마다 도망하다가 처자식을 잃고서 절로 슬퍼 우나이다."

구골대가 이 말을 듣고 크게 기뻐하여 위왕을 잡으려 거창산으로 군대를 몰아 들어가니, 길이 험하고 수목이 무성하여 행군하기 꽤 어려웠다. 그래도 점점 들어가니, 과연 산 위에 깃발과 창칼들이 무수히 꽂혔고 진중이 고요하여서 크게 고함치며 쳐들어갔지만, 군사가 다 짚으로 만든 ㉠ 허수아비였고 사람은 하나도 없었다. 구골대가 몹시 놀라 어찌할 줄 몰랐는데, 문득 산 위에서 대포 쏘는 소리가 나고 불이 사방에서 일어나며 화살과 돌이 비 오듯 하였다. 구골대가 하늘을 우러르며 탄식하여 말했다.

"내 어찌 이곳에 들어와 죽을 줄을 알았으랴?"

그리고는 죽기로써 불길을 무릅쓰고 산의 어귀를 나서니, 또 좌우에서 함성을 크게 지르며 뒤쫓아 왔다. 구골대가 능히 대적하지 못하여 투구를 벗고 말에서 내려 땅에 엎드려 살기를 빌자, 위왕이 크게 꾸짖고 중곤으로 볼기를 30대 쳐서 내치니라. 구골대가 거듭 절하며 고맙다는 뜻을 표하고 돌아가다가 인하여 죽었다. 양국의 대병이 대패하자, 서번왕이 탄식하며 말했다.

"내가 새 황제의 조서를 받고서 망령되이 군사를 일으켰다가 아까운 장수와 군졸만 죽였으니, 어찌 분하고 한스럽지 않으랴? 이후로는 위나라 땅을 침범치 못하리로다."

이때 새 황제는 세 방면의 군대가 대패한 것을 듣고서 크게 놀라 탄식하고 한탄하며 말했다.

"위왕은 과연 천신이로니, 뉘 능히 당할 수 있으랴?"

**[중략 줄거리]** 새 황제가 위왕 현수문에게 자신의 잘못을 인정하고 둘은 화해한다. 이후 현수문은 죽음을 맞이하고 아들 현후가 새 위왕이 된다.

몇 달이 지난 후에 갑자기 새 황제의 사자가 이르렀다 하여 새 위왕이 그를 맞이하였는데, 사관이 말했다.

"황상께옵서 위왕의 지방이 좁고 길이 멂을 염려하시어 우선 서천의 한 곳을 환수하라 하셨고, 위왕을 보지 못하는 것을 한스럽게 여기셔서 특별히 사관을 보내어 함께 올라오기를 기다리시나이다."

그리고는 조서를 들였는데, 새 위왕이 조서를 보고 황궁을 향해 네 번 절하고 의아해 마지않아서 말했다.

"황상의 망극한 은혜가 이처럼 미쳤으니, 어찌 황공하고 두렵지 않을 수 있겠소?"

그리고서 사관과 함께 길을 떠났는데, 좌승상 석침을 데리고 황성으로 향하니라. 여러 날 만에 황성에 다다랐는데, 갑자기 수천 군마가 힘차게 달려 나와 새 위왕을 에워싸서 말할 수 없이 절박하거늘, 새 위왕이 크게 놀라 문득 일광대사의 가르친 일을 생각하고 단소를 내어 부니라. 소리가 심히 처량하여 사람으로 하여금 마음을 풀어지도록 이끄니, 여러 군사들이 일시에 흩어지니라. 이는 종실 조충이 본디 외람한 뜻을 두었으나 매양 위왕 부자를 꺼리다가, 이제 비록 현수문이 죽었으나 그의 아들 현후를 시기하여 새 황제에게 헐뜯고 죄 있는 것처럼 고하여 바친 것이다. 이날 가만히 새 위왕 현후를 잡아 없애고자 하다가 갑자기 단소 소리를 듣고 스스로 마음이 풀어진 바가 되었으니, 천도가 무심치 않음을 가히 알지라.

새 위왕이 그 위급한 화를 면하고 바로 궐내에 들어가 새 황제 앞에 엎드리니, 새 황제가 보고 한편으로 반기며 다른 한편으로 부끄러워 말했다.

"경을 차마 잊지 못하여 가까이 두고자 한 것인데, 이제 짐의 몸이 평안치가 않아서 말을 이르지 못하겠노라."

그리고는 도로 용상에 누워 혼절하니, 위급함이 시각에 달려 있었다. 만조백관들이 허둥지둥 어찌할 줄 몰랐는데, 새 위왕 또한 새 황제의 위급함에 크게 놀랐지만 문득 ㉡ 환약을 생각하고 주머니 속에서 꺼내어 새 황제를 받드는 신하에게 주며 말했다.

"이 약이 비록 좋지 못하나 응당 효험이 있을 듯하니, 갈아서 잡수시게 하는 것이 어떠하느뇨?"

만조백관이 다 허둥지둥하는 가운데 혹 다행이라 여기기도 하며 혹 의심을 내기도 하였는데, 곁에 조충이 있다가 이를 보고 생각하였다.

'만일 황상이 깨어나지 못할진대, 새 위왕을 없애려는 일을 이룰 수 있는 조짐을 만남이니 어찌 다행치 않으랴!'

그리고는 급히 환약을 받아 시녀로 하여금 갈아서 새 황제에게 먹이게 하였더니, 오래지 않아 호흡이 능히 통하고 또 정신이 씩씩하여져 오히려 전보다 심사가 상쾌해졌다.

— 작자 미상, 「현수문전」—

**27.** 윗글에 대한 설명으로 가장 적절한 것은?

① 감각적 장면 묘사를 통해 작중 상황을 드러내고 있다.
② 인물의 과장된 말과 행동을 통해 인물을 희화화하고 있다.
③ 꿈과 현실을 교차하여 사건 해결의 실마리를 드러내고 있다.
④ 역순행적 구성을 통해 사건의 경과를 입체적으로 제시하고 있다.
⑤ 천상계와 지상계의 사건을 병치하여 환상적 분위기를 조성하고 있다.

**28.** 윗글에 대한 이해로 적절하지 않은 것은?

① '남주성'에서 진골대는 위왕의 군사로부터 크게 패했다.
② '화음현'에서 백성들은 자신들이 우는 이유에 대해 말했다.
③ '거창산'에서 벌인 전투 이후에 구골대는 죽음을 맞이했다.
④ '황성'에서 사관은 좌승상 석침과 함께 있던 새 위왕을 만났다.
⑤ '궐내'에서 혼절한 새 황제를 보고 만조백관들은 허둥지둥했다.

**29.** ㉠과 ㉡에 대한 이해로 가장 적절한 것은?

① ㉠은 구골대가, ㉡은 새 위왕이 과거 경험을 이야기하게 하는 소재이다.
② ㉠은 구골대가, ㉡은 새 황제가 사건의 전모를 밝혀내게 하는 소재이다.
③ ㉠은 위왕이 변신한 소재이고, ㉡은 새 황제를 변신하게 하는 소재이다.
④ ㉠은 위왕의 걱정을 해소시키는 소재이고, ㉡은 새 위왕의 걱정을 심화시키는 소재이다.
⑤ ㉠은 구골대를 위태롭게 하는 소재이고, ㉡은 새 황제를 위태로움에서 구하는 소재이다.

30. <보기>를 참고하여 윗글을 감상한 내용으로 적절하지 않은 것은? [3점]

< 보 기 >

「현수문전」은 제후인 주인공들이 대를 걸쳐 황제와 겪는 갈등 관계가 반복되는 군담 소설이다. 이때 황제는 외부 세력을 활용한 간접적 방식으로 제후국에 군사적 압력을 가하거나 갈등을 조장하는 인물의 영향을 받아 주인공을 위기에 빠뜨리기도 한다. 이 과정에서 주인공들은 영웅적 면모를 발휘해 고난을 극복하면서도 황제와의 관계 개선을 위해 노력한다.

① 조충이 위왕 부자를 꺼려 새 황제에게 헐뜯은 것에서 황제가 갈등을 조장하는 인물의 영향을 받았음을 짐작할 수 있겠군.
② 새 위왕이 일광대사의 가르침을 떠올리며 단소를 불어 군사들을 흩어지게 한 것에서 영웅적 기지를 발휘해 고난을 극복했음을 알 수 있겠군.
③ 서번왕이 위왕에게 패해 장수와 군졸을 잃고 탄식하는 것에서 제후가 황제와의 관계를 개선하기 위해 노력한 이유를 짐작할 수 있겠군.
④ 새 황제가 서번왕에게 군사를 일으키라고 조서를 보냈다는 것에서 황제가 다른 세력을 활용해 간접적으로 제후국에 군사적 압력을 행했음을 짐작할 수 있겠군.
⑤ 위왕이 새 황제로 인해 공격을 받은 것과 위왕의 아들인 새 위왕이 새 황제를 만나러 가서 위험에 빠진 것에서 제후와 황제의 갈등이 대에 걸쳐 나타나고 있음을 알 수 있겠군.

[31 ~ 34] 다음 글을 읽고 물음에 답하시오.

술이 알맞게 되었을 때, 청년 신사는 노래를 중지시키고, 예의 청산유수식 구변을 토하기 시작했다. ─농촌 경제가 어떠니, 구태의연한 영농방법을 버리고 근대화를 해야 되느니, 그러기 위해서는 먼저 국민들의 비상한 각오가 필요하느니, 또 도시에 주택단지 공업단지가 서듯이 농촌에는 식량단지, 채소단지, 심지어 돼지단지까지 있어야 하느니 등, 그야말로 먼 앞날을 내다보는 ⓐ 유익한 얘기들이 꼬리를 물 듯 계속되었다.

[A] 옛날에는 권업계 서기요 지금은 산업계 서기들이 하는 말을 수타 들어왔기 때문에, 허 생원도 대강 짐작은 갔었지만, 결국 귀에 남는 것은 무슨 단지 단지 하는 새로운 말뿐이고, 청년이 말하는 〈 먼 앞날 〉보다 우선 코앞에 다가 있는 〈 사는 문제 〉가 더 절박했다.
"허 선생님은 이 고장 출신이시고, 또 누구보다 이곳 사정을 잘 아실 뿐 아니라 이해도 깊으실 터인 만큼 ─."
드디어 청년 신사는 화제를 슬쩍 딴 데로 돌리려 하였다.
"야?"
허 생원은 난생 처음 듣는 〈 선생 〉 칭호와 말공대에 잠깐 어리둥절하였지만, 경계심이 갑자기 얼굴에까지 나타났다.

"㉠ 예, 직 누구보다도 이해가 많으실 줄 알기 때문에……."

청년은 약간 의외인 듯한, 그래서 다소 거북한 듯한 표정을 지어 보였다.

"그러니 우짜란 말입니꺼?"

허 생원은 그 부리부리한 눈으로 청년 신사의 얼굴을 똑바로 쳐다보았다.

"직, 이곳 하천부지 껀인데 이번 정부 시책에 따라서……."

청년은 〈 직 〉이란 말을 곧잘 썼다. 〈 직 〉하고는, ─정부의 시책에 따라 그곳에 **새로운 농업단지**를 조성키 위하여, 그 방면에 연구가 깊으신 서울 **모 유력자가 그 일대의 〈 휴면법인 토지 〉를 도통 쓰게 되었다**는 이야기─라기보다 바로 **통고 비슷한 말**을 했다. 그리고 능글맞게 덧붙여서, ─워낙 이 지방 연고자들의 사정을 잘 짐작하시는 분이 돼서, 섭섭지 않을 정도의 위자료랄까 동정금이랄까를 내게끔 돼 있다는 말까지 했다. 말하자면 안 내도 될 걸 그런 선심까지 쓴다는 말투였다.

"머 동정금을 내? 누가 그런 거 달라 캤던강? 그래 이곳 사정을 잘 안다는 양반이 **멀쩡한 남의 땅을 맘대로 빼**아?"

허 생원은 참다못해 분통을 터뜨렸다. 말하는 턱이 덜덜 떨 정도였다.

"㉡ 글쎄요, 휴면 법인 재산이라 안캅니꺼. 그러니까 실지는 국유지였지요!"

청년은 내처 능글능글한 태도를 고치지 않았다.

"머 국유지라?"

허 생원은 한결 사납게 쏘아보더니,

"그래, **국유지면 서울 놈들만 가지라 카는 법도 있나**? 근 **삼십 년이나 논밭을 치고 갈아**온 우린 우짜고? 택도 아닌 소리! 그래, 청년은 젊은 나이에 무슨 할 일이 없어서 그따위 놈들의 비선가 먼가를 하며, 그런 백성 울리는 심부름만 하고 댕기능가?"

"말조심 하시오!"

청년 신사도 결국 반말에 안색을 달리했다. 약간 치째진 눈초리에 숫제 경멸의 빛까지 담아 보였다.

"㉢ 말조심─? 그기 누가 할 소린데……?"

허 생원도 데데하게 물러설 눈치는 아니었다. 마주 쏘아보았다.

[중략 줄거리] 허 생원은 청년과 대치하다가 결국 청년을 때린 일로 파출소로 잡혀 간다.

〈 법률 〉에 가서는 농민은 약한 것이다. 때로는 평지*의 대궁이보다 더 연약했다. 첫째는 몰라서 그랬고, 둘째는 왜놈 때부터 줄곧 당해 온 경험으로 봐서 그러했다.

붙들려만 가면 그만이었다. 고분고분히 지장을 찍지 않으면 당장 호통이고, 버티면 떡이 되게 마련이었다.

"㉣ 괜히 잘몬 건디렀지! 서울에서 왔다문 대강 알아묵우얄 낀데……."

부락 사람들은 이렇게 걱정들을 했다. 그러한 부락 사람들의 말대로 허 생원은 쉬 놓여나오지를 못했다.

파출소에서도 그날 밤 일을 예사스럽게 다룰 수 없다 해서 곧 본서로 넘겼다.

허 생원은 폭행죄로 29일간의 구류를 살고 겨우 놓여나왔다. 정식 징역감이지만 서울 있는 그 유력자의 특별한 부탁으로 석방되는 것이니 그렇게 알라는 ⓑ 경찰의 훈계였다.

허 생원도 암말도 안했다. **촌사람들끼리 같으면** 그까짓 코피 정도는 **암것도 아닌**데, **법도 사람 따라 다**른가, 그저 야속하고 억울할 따름이었다. 그렇다고 어디 가 하소연할 데도 없는 허 생원이었다.

'용이란 놈만 살아 있더라도…….'

허 생원은 아직 유골도 돌아오지 않은 용이를 또 생각하는 것이었다.

어두운 구륫간을 벗어나도 걸음은 조금도 가벼워지지를 않았다.

먼지가 푹신대는 신작로를 터벅거리면서 그는 내처 먼 월남 쪽 하늘을 넋 없이 바라보곤 하였다. 오봉산 위에서 울어 대는 뻐국새 소리가 어쩜 월남이란 데서 숨진 아들의 넋같이도 생각되었다.

'ⓜ 그러나 녀석은 애비가 이렇게 된 줄은 모를 끼라…….'

허 생원의 부리부리한 눈에 느닷없이 눈물이 고이기 시작했다. 남이 볼까 몇 번이나 손등으로 닦았다.

[B]

그의 집에는 보다 큰 불행이 그를 기다리고 있었다. 아이들의 말을 듣자, 그는 앉을 새도 없이 둑 너머로 갔다.

평지를 베어낸 자리에는 〈××특수 농작물 단지〉란 흰 팻말이 서 있었다. 하필 두엄이 쌓여져 있는 그의 논 가운데.

화가 머리끝까지 치민 허 생원은 이내 집으로 돌아와서, 도끼를 찾아 들고 다시 들로 나갔다. 구룻간의 피로 따윈 생각할 때가 아니었다. 단번에 팻말을 쳐 넘긴 그는, 그길로 자기 들의 포플라 밭으로 달려갔다. 닥치는 대로 마구 찍어 댔다.

용이가 그걸 하나하나 심을 때 무어라 했는지 생각할 겨를도 없었다. 그저 **누구 좋은 일 시키려고 둘 것인가 하는 생각**뿐이었다.

그 빽빽하게 자란 숲! 웬만한 서까래만큼씩한 이탤리 포플라들이 허 생원의 악지 센 **도끼질**에 사정없이 넘어갔다.

허 생원은 지쳤다. 우선 넘어진 나무들 밑에 삭정이를 모아 놓고 **불**을 질렀다. 불은 곧 다른 나무에도 옮아 붙었다.

순식간에 강가 허 생원네 포플라 숲은 온통 불바다로 변했다. 새빨간 불기둥이 검은 연기를 뚫고 노을 진 저녁 하늘을 찔렀다.

허 생원은 미친 사람처럼 다시 도끼를 휘둘렀다. 나무를 내리치는 쩡쩡하는 소리가 불길 속에서 계속 들려왔다.

– 김정한, 「평지」 –

* 평지: 십자화과의 두해살이풀. 유채.

**31.** [A], [B]의 서술상 특징에 대한 설명으로 가장 적절한 것은?

① [A]는 장면을 빈번하게 전환하여 긴박한 분위기를 조성하고 있다.
② [B]는 내적 독백을 통해 사건의 흐름을 지연시키고 있다.
③ [B]는 공간의 이동에 따른 인물의 행위를 제시하고 있다.
④ [A]와 [B]는 모두 이야기 외부의 서술자가 등장인물의 내력을 소개하고 있다.
⑤ [A]와 [B]는 모두 주변 인물의 말을 통해 갈등 해결의 실마리를 제공하고 있다.

**32.** 서사의 흐름을 고려하여 ㉠~ⓜ에 대해 이해한 내용으로 적절하지 <u>않은</u> 것은?

① ㉠: 허 생원의 반응을 뜻밖이라고 여기며 불편해 하는 청년의 태도가 나타난다.
② ㉡: 허 생원의 반박에 이전과 다른 태도를 보이며 적극적으로 대응하는 청년의 모습이 나타난다.
③ ㉢: 자신을 얕보는 청년에게 날카롭게 반응하고 있는 허 생원의 모습이 나타난다.
④ ㉣: 허 생원이 겪고 있는 상황을 염려하는 부락 사람들의 심리가 드러난다.
⑤ ⓜ: 죽은 아들을 떠올리며 자신의 처지를 서러워하는 허 생원의 심리가 드러난다.

**33.** ⓐ와 ⓑ에 대한 설명으로 가장 적절한 것은?

① ⓐ와 ⓑ는 모두 허 생원이 주변 사람들과 유대감을 형성하게 하는 내용이다.
② ⓐ와 ⓑ는 모두 허 생원이 자신에게 이미 일어난 일을 수긍하게 하는 기능을 한다.
③ ⓐ는 허 생원이 다른 인물의 의견에 동조하는 근거이고, ⓑ는 허생원이 자신의 의견을 제시하는 것을 체념하는 근거이다.
④ ⓐ는 허 생원이 자신의 미래를 비관적으로 바라보게 하는 내용이고, ⓑ는 허 생원이 자신의 가치관에 자부심을 느끼게 하는 내용이다.
⑤ ⓐ는 허 생원이 자신에게 시급한 상황이 아니라고 생각하는 내용이고, ⓑ는 허 생원이 자신이 직면한 상황을 확인하게 하는 내용이다.

**34.** <보기>를 바탕으로 윗글을 감상한 내용으로 적절하지 <u>않은</u> 것은? [3점]

< 보 기 >

「평지」는 1960년대 근대화로 인한 농민의 애환을 다루고 있다. 주인공은 정부 정책을 명분으로 삼는 자본가로부터 생활 터전을 빼앗기게 되고 이로 인해 고초를 겪는다. 이러한 과정에서 주인공은 농민이 사회 제도에서 상대적 약자이며 역사적으로 반복된 억압의 대상이었음을 깨닫고 농민의 입장이 배제된 불합리한 현실에 대해 분노를 표출한다.

① '새로운 농업단지'를 조성하기 위해 '모 유력자가 그 일대의 〈휴면법인토지〉를 도통 쓰게 되었다'는 것을 통해 정부 정책을 명분으로 삼는 자본가에게 농민이 생활의 터전을 빼앗기게 된 상황을 짐작할 수 있군.
② '통고 비슷한 말'로 '멀쩡한 남의 땅을 맘대로 뺏'는다고 여기는 것을 통해 근대화 과정에서 농민의 입장이 고려되지 않은 상황을 짐작할 수 있군.
③ '국유지면 서울 놈들만 가지라 카는 법도 있'냐며 '삼십 년이나 논밭을 치고 갈아'왔다는 것을 통해 농민이 과거에도 억압적 상황을 겪었음을 짐작할 수 있군.
④ '촌사람들끼리 같으면' '암것도 아닌' 일에 '법도 사람 따라 다'르다며 억울해 하는 것을 통해 농민이 사회 제도에서 상대적 약자라고 인식하고 있음을 알 수 있군.
⑤ '누구 좋은 일 시키려고 둘 것인가 하는 생각'으로 '도끼질'을 하고 '불'을 지르는 것을 통해 농민이 불합리한 현실에 분노를 드러내고 있음을 알 수 있군.

* 확인 사항
○ 답안지의 해당란에 필요한 내용을 정확히 기입(표기)했는지 확인하시오.
○ 이어서, **「선택과목(화법과 작문)」** 문제가 제시되오니, 자신이 선택한 과목인지 확인하시오.


[해설편 p.056]

제 1 교시

# 국어 영역(화법과 작문)

05회



[35 ~ 37] 다음은 학생의 발표이다. 물음에 답하시오.

안녕하세요, 발표를 맡은 ○○○입니다. ㉠ 여러분, 지난주 현장 체험 학습 때 공작을 보셨나요? 제가 그때 직접 촬영한 영상을 보여 드리겠습니다. (동영상 제시) 이 새는 인도공작 수컷인데요, 여기 공작 꼬리가 무슨 색으로 보이시나요? (청중의 대답을 듣고) 많은 분들이 파란색과 녹색으로 보인다고 하시네요. 그런데 사실 공작은 파란색이나 녹색 깃털이 없다고 합니다. 신기하시죠? 오늘 발표에서는 실제 공작 깃털의 색이 우리 눈에 보이는 색과 다른 이유에 대해 알려드리겠습니다.

㉡ 과학 시간에 멜라닌 색소에 대해 배운 내용이 기억나시나요? (자신의 머리카락을 가리키며) 이 머리카락이 검은색인 것은 멜라닌 색소 때문입니다. 사람이나 공작처럼 대부분의 척추 동물은 멜라닌 색소를 가지고 있는데요. 이 색소의 양에 따라 피부나 머리카락, 깃털 등의 색깔이 붉은 갈색이나 검은색 등으로 결정됩니다. 이처럼 화학 물질인 색소에 의해 나타나는 색을 화학색이라고 부르는데요. 그런데 공작 깃털에는 멜라닌 색소는 있지만 파란색이나 녹색의 색소는 없습니다.

㉢ 그렇다면 공작의 깃털이 파란색과 녹색으로 보이는 이유는 무엇일까요? (사진 제시) 공작의 깃털을 전자현미경으로 촬영한 사진을 보면서 말씀드리겠습니다. 그 비밀은 구조색에 있습니다. 구조색이란 색소의 영향이 아닌 물리적 구조의 영향으로 인해 나타나는 색을 말하는데요. ㉣ 뒤에 앉으신 분들도 잘 보이시나요? (사진을 확대하며) 잘 안 보이시는 것 같으니 확대해 드리겠습니다. 보시는 것처럼 공작의 깃털은 아주 작은 구슬 모양의 결정들이 뭉쳐져 만들어진 오팔 구조로 되어 있습니다. ㉤ 오팔 구조가 무엇인지 이해하기 어려우시죠? (그림 제시) 이해가 어려우신 분들을 위해 오팔 구조를 도식화한 그림을 보여 드리겠습니다. 그림에서 보시는 것처럼, 오팔 구조는 구슬과 구슬 사이에 빈 공간이 있습니다. 오팔 구조를 갖는 물체에 빛이 들어오게 되면 빛은 구슬과 빈 공간을 통과하며 파장이 변합니다. 물체는 빛의 파장의 길이에 따라 다양한 색을 내는데요, 공작의 깃털은 오팔 구조에 의해 빛의 파장이 짧아져 파란색 계열로 우리 눈에 보이게 됩니다.

지금부터는 주제와 관련해서 여러분의 질문을 받겠습니다. (청중의 질문을 듣고) 네, 공작 이외에도 카멜레온, 모르포나비와 같은 동물들에도 나타납니다. 또한 실생활에서도 이러한 구조색의 원리를 활용한 기술이 많이 개발되고 있는데요, 위조지폐 방지 기술에도 활용되고 있습니다. 오늘 제가 준비한 내용은 여기까지입니다. 감사합니다.

35. 위 발표에 대한 설명으로 가장 적절한 것은?

① 통계 자료를 사용하여 구체적인 수치를 밝히고 있다.
② 발표할 내용의 순서를 안내하며 발표를 시작하고 있다.
③ 발표 제재의 역사적 유래와 변천 과정을 제시하고 있다.
④ 발표 내용과 관련하여 전문가의 말을 직접 인용하고 있다.
⑤ 정의의 방식을 사용하여 핵심 개념에 대해 설명하고 있다.

36. 다음은 발표자가 위 발표를 준비하면서 작성한 메모이다. 이를 바탕으로 발표자가 발표에서 사용한 전략으로 적절하지 않은 것은?

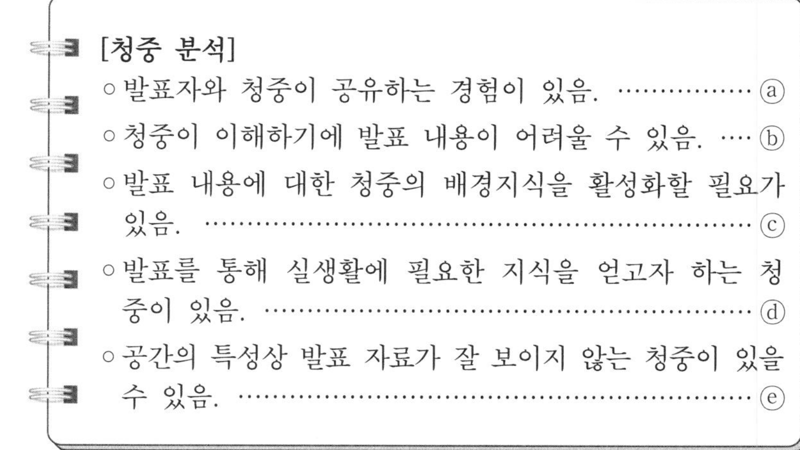
[청중 분석]
○ 발표자와 청중이 공유하는 경험이 있음. ········ ⓐ
○ 청중이 이해하기에 발표 내용이 어려울 수 있음. ···· ⓑ
○ 발표 내용에 대한 청중의 배경지식을 활성화할 필요가 있음. ········ ⓒ
○ 발표를 통해 실생활에 필요한 지식을 얻고자 하는 청중이 있음. ········ ⓓ
○ 공간의 특성상 발표 자료가 잘 보이지 않는 청중이 있을 수 있음. ········ ⓔ

① ⓐ를 고려하여, ㉠의 질문과 함께 동영상 자료를 제시해야겠어.
② ⓑ를 고려하여, ㉤의 질문과 함께 그림 자료를 제시해야겠어.
③ ⓒ를 고려하여, ㉡의 질문과 함께 관련된 예시를 비언어적 표현을 사용하여 제시해야겠어.
④ ⓓ를 고려하여, ㉢의 질문과 함께 사진 자료를 제시해야겠어.
⑤ ⓔ를 고려하여, ㉣의 질문과 함께 자료를 확대하여 제시해야겠어.

37. <보기>는 위 발표를 들은 학생들의 반응이다. 학생의 반응을 이해한 내용으로 적절하지 않은 것은?

< 보 기 >

학생 1: 평소에 공작의 깃털에 대해 궁금한 점이 많았는데, 유익한 정보를 많이 얻을 수 있었어. 그러고 보니까 다른 새들의 화려한 깃털 색도 공작처럼 구조색일 수 있겠구나.
학생 2: 구조색을 만들어 내는 다양한 구조가 있다고 들은 적이 있는데, 오팔 구조에 의한 구조색만 이야기해 주어서 아쉬웠어. 구조색을 만들어 내는 다양한 구조의 종류와 사례에 대해 조사해 봐야겠어.
학생 3: 구조색의 원리를 활용한 기술이 실생활에서도 쓰이고 있다는 사실이 흥미로웠어. 다만, 구조색의 원리를 설명할 때 조금 천천히 설명했으면 더 좋았을 것 같아. 말이 빨라서 발표 내용을 메모하기가 어려웠어.

① 학생 1은 발표에서 직접 언급하지 않은 내용을 추론하고 있군.
② 학생 2는 발표 내용을 바탕으로 추가적인 활동을 계획하고 있군.
③ 학생 3은 발표 내용에 대한 자신의 듣기 태도를 반성하고 있군.
④ 학생 1과 학생 3은 모두 발표를 통해 얻은 정보를 긍정적으로 받아들이고 있군.
⑤ 학생 2와 학생 3은 모두 발표에서 만족스럽지 않은 부분을 언급하며 아쉬움을 드러내고 있군.

[해설편 p.056]

**[38 ~ 42] (가)는 교지에 실을 비평문을 쓰기 위해 학생들이 나눈 대화이고, (나)는 이를 바탕으로 작성한 초고이다. 물음에 답하시오.**

(가)

학생 1: 지난 시간에 '기술 발전으로 사라지는 것들' 중 공중전화에 대해 비평하는 글을 작성하기로 정했잖아. 먼저 각자 조사한 내용을 공유해 보자. 공중전화 현황에 대해 누가 찾아보기로 했지?

학생 2: 내가 찾아봤는데 현재 공중전화는 전국에 2만 8천여 대가 있대. 1999년까지만 해도 15만 3천여 대 정도 있었다고 하니 그동안 정말 많이 줄었지?

학생 1: 생각했던 것보다 많이 줄었네. 그 이유가 뭘까?

학생 3: 통신 환경이 달라져서 그럴 수밖에 없었다고 생각해. 내가 찾아본 자료에 따르면 현재 국내 휴대전화 보급률이 99%에 달한대. 그렇다 보니 공중전화의 하루 이용 횟수가 전화기 한 대당 평균 4건도 안 되더라고.

학생 2: 나도 기사에서 봤는데 다른 나라도 우리와 상황이 비슷해. 그래서 공중전화를 폐지하거나 그 수를 줄여 나가는 경우가 많대. 우리나라에서도 공중전화를 폐지해야 한다는 목소리가 나오고 있어.

학생 1: 그렇구나. 정리해 보면 휴대전화 보급이 확대되면서 공중전화 이용이 많이 줄어 공중전화 폐지 여부가 현안이 되고 있다는 거네. 그럼 너희는 공중전화 폐지에 대해 어떤 입장이야?

학생 3: 나는 공중전화를 지금처럼 계속 유지하는 건 경제적인 측면에서 비효율적이라고 생각해. 요즘에는 공중전화를 유지하는 데 1년에 100억 원 이상의 손실이 생기고 있다고 해. 앞으로 손실이 계속 생길 텐데 유지할 필요가 없지.

학생 2: 경제적인 관점에서만 본다면 그런 주장을 할 수 있겠지만, 통신 복지 차원에서 본다면 공중전화는 유지되어야 한다고 생각해. 공중전화는 보편적 서비스거든. [A]

학생 1: 공중전화가 보편적 서비스라는 것이 무슨 뜻이야? 자세히 설명해 줄래?

학생 2: 보편적 서비스는 취약 계층을 포함하여 누구에게나 평등하게 제공되는 서비스를 말하는데 공중전화도 여기에 해당해. 만약 공중전화가 없어진다면 공중전화에 의존해 통신 서비스를 이용하던 사람들은 불편을 겪지 않을까?

학생 3: 공중전화가 없어지면 불편을 겪는 사람들이 생길 수는 있겠지. 하지만 그런 사람들의 경우에는 통신비를 지원하거나 통신 기기를 대신 대여해 주면 된다고 생각해. [B]

학생 2: 물론 그런 방법도 가능하겠지. 하지만 공중전화를 폐지하고 다른 방법으로 서비스를 제공하더라도 이러한 결정을 할 때는 사회 구성원들의 충분한 논의가 먼저 이루어져야 한다고 생각해.

학생 1: 지금까지는 공중전화가 없어지면 불편한 사람들에 대한 이야기를 한 것 같으니, 지금부터는 휴대전화가 있는 사람들에게도 공중전화가 필요한 이유가 있는지에 대해 말해 볼까?

학생 3: 휴대전화가 있으면 공중전화를 쓸 일이 없는 것 아닐까?

학생 2: 그렇지 않아. 개인이나 사회의 안전을 위해서도 공중전화는 필요해. 휴대전화 배터리가 없거나 휴대전화를 분실했을 때 위급한 일이 생기면 공중전화가 큰 도움이 될 수 있어. 그리고 더 중요하게는 재난 등의 비상 상황이 발생해 무선 통신망이 마비될 경우에도 공중전화는 꼭 필요해.

학생 3: 그렇구나. 비상 상황에도 이용할 수 있겠구나. 지금까지 몰랐는데 공중전화는 유지할 만한 가치가 있네.

학생 1: 그럼 결론적으로 공중전화는 유지되어야 한다는 것이지? 내가 오늘 나온 이야기들을 바탕으로 초고를 써 볼게. 나중에 같이 검토해 보자.

(나)

기술이 발전하면서 우리가 꼭 필요하다고 생각했던 것들이 주변에서 하나둘 사라지고 있다. 공중전화도 그런 것들 중 하나이다. 휴대전화 보급의 확대로 공중전화 이용량이 급감하면서 최근에는 공중전화를 폐지해야 한다는 목소리가 나오고 있다. 하지만 공중전화는 여전히 중요한 가치를 지니고 있으므로 앞으로도 유지되어야 한다.

우선 공중전화는 개인이나 사회의 안전을 위해서 필요하다. 휴대전화 사용이 어려운 상황에서 위급한 일이 발생할 때는 물론, 재난 등으로 무선망이 마비된 비상 상황에서도 공중전화를 이용해 도움을 받을 수 있다. 또한 공중전화는 국민 복지의 차원에서 가치가 있다. 휴대전화를 구입하지 않은 이들이나 휴대전화 사용이 어려운 취약 계층에게 공중전화는 유용한 통신 수단이다. 전기 통신 사업법에서는 누구나 기본적인 전기 통신 서비스를 언제 어디서든 적절한 요금으로 제공받을 수 있도록 제도로 규정하고 있다. 여기에는 장애인·저소득층 등에 대한 요금 감면 서비스, 긴급 통신 서비스, 섬 지역 통신 등과 함께 공중전화도 포함되어 있다.

경제적인 관점으로 접근하는 사람들은 공중전화 유지에 따른 손실 등을 이유로 공중전화 폐지를 주장한다. 이들 중에는 공중전화 폐지로 불편을 겪을 사람들에게는 휴대전화를 대여해 주거나 통신비를 지원해 주면 된다고 말하는 이들도 있다. 그러나 국민 복지의 문제를 경제 논리로만 접근해서는 안 되며, 공중전화 대신 다른 방법으로 통신 서비스를 제공할지를 결정할 때에는 사회 구성원들의 충분한 논의가 선행되어야 할 것이다. 그렇지 않으면 사회적 혼란이 야기될 수 있다. 이를 보여주는 사례로 간이역을 들 수 있다. 경제적 효율성이 떨어진다는 이유로 간이역 대부분이 없어졌는데, 이로 인해 교통 서비스를 이용하기 어려워진 이들이 생겨났고, 어떤 지자체에서는 없어진 간이역을 되살리기 위해 주민들이 힘을 모으기도 했다.

이처럼 경제적인 효율성이 우선시되어 이루어지는 변화는 사회에서 불편을 일으킬 수도 있다는 것을 염두에 두고, 기술 발전으로 인해 사라지는 것들에 대해 다시 한번 생각해 볼 필요가 있다. 공중전화가 폐지되어야 한다고 주장하는 사람들도 공중전화의 가치에 대해 새롭게 인식해야 한다.

**38.** (가)의 '학생 1'의 역할에 대한 설명으로 적절하지 <u>않은</u> 것은?

① 대화의 흐름을 전환하며 논의를 이끌어 나가고 있다.
② 대화 참여자들이 제시한 근거의 출처를 요구하고 있다.
③ 지난 시간에 논의한 사항을 환기하며 대화를 시작하고 있다.
④ 주제와 관련하여 대화 참여자들의 입장이 무엇인지 묻고 있다.
⑤ 대화 참여자들의 발언과 관련하여 추가 설명을 요청하고 있다.



[해설편 p.057]

39. [A]와 [B]에 대한 설명으로 가장 적절한 것은?

① [A]에서 '학생 2'는 '학생 3'의 의견을 인정하면서 자신의 의견과 절충할 수 있는 방안을 밝히고 있다.
② [A]에서 '학생 2'는 '학생 3'의 발화 중 일부를 재진술하며 자신이 이해한 내용이 정확한지 확인하고 있다.
③ [A]에서 '학생 2'는 '학생 3'의 의견을 뒷받침할 수 있는 근거를 덧붙이며 상대의 의견에 공감을 드러내고 있다.
④ [B]에서 '학생 3'은 '학생 2'의 질문에 대답하며 상대의 질문에 논리적 오류가 있음을 지적하고 있다.
⑤ [B]에서 '학생 3'은 '학생 2'가 예측한 문제 상황을 인정하며 이를 해결하기 위한 방안을 제시하고 있다.

40. (가)를 바탕으로 (나)를 설명한 내용으로 적절하지 않은 것은? [3점]

① 1문단에서는 (가)에서 언급된 공중전화 이용량에 대한 내용을 공중전화 폐지라는 현안의 배경으로 제시하고 있다.
② 2문단에서는 (가)에서 언급된 공중전화가 비상 상황에서 활용될 수 있다는 내용을 공중전화가 개인이나 사회의 안전을 위해 유지되어야 하는 이유로 제시하고 있다.
③ 2문단에서는 (가)에서 언급되지 않았던 법 규정을 공중전화가 국민 복지 차원에서 가치가 있음을 드러내는 근거로 제시하고 있다.
④ 3문단에서는 (가)에서 언급되지 않았던 사례를 공중전화 유지 여부를 경제적인 관점에서만 판단해서는 안 된다는 내용의 근거로 제시하고 있다.
⑤ 4문단에서는 (가)에서 언급된 공중전화의 가치를 새롭게 인식하게 되었다는 내용을 사라지는 것들의 경제적 효율성을 강조하는 이유로 제시하고 있다.

41. (나)를 쓰기 위해 세운 글쓰기 계획 중 글에 반영되지 않은 것은?

① 글의 도입부에 화제에 대한 나의 입장을 분명히 밝혀야겠어.
② 화제에 대해 나의 입장이 변한 이유와 과정을 함께 밝혀야겠어.
③ 핵심 쟁점에 대해 내세울 의견과 대립하는 주장의 내용도 구체적으로 밝혀야겠어.
④ 전문적 지식의 내용을 제시하며 그 내용에 포함되는 대상을 구체적으로 열거해야겠어.
⑤ 화제에 대한 인식 변화를 촉구하며 글을 마무리해야겠어.

42. <보기>에 제시된 학생들의 조언에 따라 (나)의 제목을 작성한 것으로 가장 적절한 것은?

< 보 기 >

**학생 2**: 핵심 단어인 공중전화를 포함해서 글의 주제가 드러나게 제목을 붙여보자.
**학생 3**: 비유적인 표현을 사용하면 더 좋을 것 같아.

① 급격한 경제 성장의 역습, 공중전화의 한계
② 공중전화를 떠나보내며 기술 혁신의 바다로
③ 공중전화의 가치를 인식할 때 안전과 복지도 유지된다
④ 안전과 복지를 지키는 우산과 같은 공중전화, 계속 우리와 함께
⑤ 사라져 가는 것의 가치를 찾는 보물찾기, 통신 수단의 새로운 세계가 열리다

**[43 ~ 45] 다음은 작문 상황과 이를 바탕으로 작성한 학생의 글이다. 물음에 답하시오.**

**[작문 상황]**
도시 낙엽으로 인해 발생하는 문제와 이에 대한 해결 방안을 다룬 글을 ○○시 지역 신문 독자 기고란에 실으려 함.

**[학생의 글]**
[A] 가을철 낙엽은 우리에게 아름다운 정취를 느끼게 한다. 그런데 특별한 처리 과정을 거치지 않아도 자연 순환되는 숲속 낙엽과 달리 도시 가로수들이 만들어 내는 도시 낙엽은 처리 과정에서 여러 가지 문제를 발생시킨다.

먼저, 도시 낙엽이 쌓이면 도로 위 보행자들이 미끄러지는 안전사고를 유발하거나 우천 시 하수구를 막아 침수 피해를 발생시키기도 한다. 그래서 지자체에서는 사람들이 많이 다니는 장소 위주로 도시 낙엽을 치우고 있지만, 처리 인력과 시간 등이 부족하여 제때 치우지 못한 낙엽이 발생하고 있는 실정이다. 다음으로, 수거된 도시 낙엽을 소각 처리하는 과정에서 추가 비용과 환경 오염 문제가 발생한다. 수거된 도시 낙엽은 다른 일반 쓰레기와 달리 폐기할 때 대부분 소각 처리를 하기 때문에 소각 비용이 추가로 들고, 대기 오염을 유발하는 유해 물질을 발생시킨다. 마지막으로, 도시 낙엽의 경제적 가치에 대한 인식이 부족하여, 수거된 도시 낙엽을 경제적 자원으로 활용하지 못하고 있는 실정이다. 지자체들이 수거된 도시 낙엽의 가치를 인식하고 활용 방안을 마련하기보다는 주로 폐기하는 방법으로 처리하고 있어 도시 낙엽의 문제가 더욱 심각해지고 있다.

도시 낙엽으로 인해 발생하는 문제점을 해결하기 위해서는 다음과 같은 노력이 필요하다. 첫째, 지자체의 손길이 닿지 못하는 곳에 남은 도시 낙엽을 치우기 위해 시민들의 협조가 필요하다. 지자체에서는 도시 낙엽을 치워야 하는 이유를 캠페인 활동을 통해 시민들에게 알려 자발적인 참여를 유도해야 한다. 둘째, 도시 낙엽을 소각 처리하는 과정에서 발생하는 비용과 유해 물질을 줄이기 위해 낙엽 수거 전용 봉투의 사용을 확대할 필요가 있다. 일반 쓰레기가 섞이지 않게 낙엽 수거 전용 봉투를 사용하면 낙엽을 축사 바닥 깔개나 보온재로 농가에서 사용하는 등의 다양한 용도로 재사용할 수 있어 소각되는 도시 낙엽의 양을 줄일 수 있기 때문이다. 셋째, 지자체에서는 도시 낙엽을 경제적 자원으로 인식하고 재활용을 통해 가치를 창출할 수 있는 방안을 모색해야 한다. 도시 낙엽을 퇴비로 가공한 뒤 판매하는 것은 좋은 예가 될 수 있다. 더 나아가 도시 가로수의 주된 수종과 특성을 파악하여 낙엽을 경제적 자원으로 재활용하는 적합하고 효율적인 방안에 대한 연구도 활성화되어야 할 것이다.

43. '학생의 글'에 대한 설명으로 가장 적절한 것은?

① 해결 방안에 대한 구체적 예시를 제시하고 있다.
② 자문자답의 방식으로 문제의 심각성을 드러내고 있다.
③ 글쓴이의 주장에 대해 예상되는 반론을 반박하고 있다.
④ 문제 상황의 시의성을 드러내는 속담을 사용하고 있다.
⑤ 문제 상황과 관련하여 인용한 자료의 출처를 밝히고 있다.

44. 다음은 학생이 쓴 글을 보완하기 위해 수집한 자료이다. 자료의 활용 방안으로 적절하지 않은 것은? [3점]

[자료 1] 통계 자료

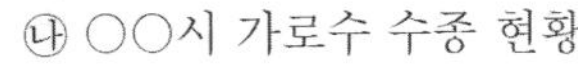
㉮ ○○시 낙엽 처리 현황

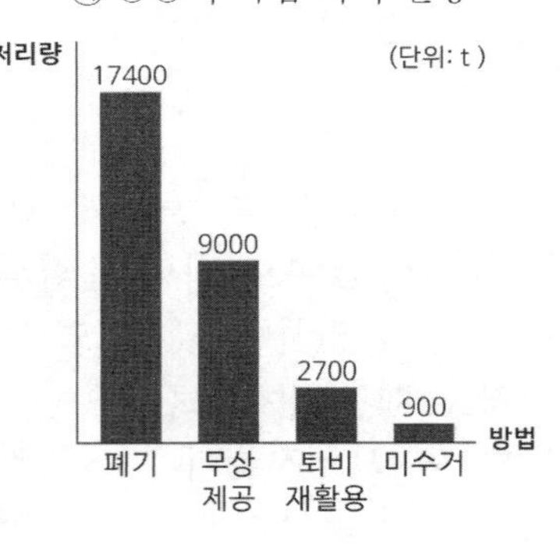


㉯ ○○시 가로수 수종 현황

| 가로수 수종 | 비율(%) |
|---|---|
| 은행나무 | 40.3 |
| 플라타너스 | 25.7 |
| 느티나무 | 11.3 |
| 벚나무 | 9.2 |
| 기타 | 13.5 |

[자료 2] 신문 기사

지자체들이 낙엽 수거와 수거한 낙엽 활용에 적극적으로 나서고 있다. △△시는 거리의 낙엽을 빠르고 깨끗하게 수거하기 위해 시민들의 참여를 독려하는 행사를 진행하고 있다. 시민들은 낙엽 청소를 한 거리 사진을 SNS에 공유하면서 지자체의 낙엽 수거에 적극적으로 협조하고 있다. 또한 □□시는 수거한 낙엽을 관광 자원으로 재사용할 수 있도록 테마 공원에 무상 제공하고 있다. 시 관계자는 "낙엽을 공원에 제공하면서 낙엽 폐기량이 줄어 톤(t)당 20만 원의 소각 비용이 절감되었다."라고 말했다.

[자료 3] 전문가 인터뷰

낙엽이나 장작 등을 태우는 생물성 연소는 불완전 연소를 일으켜 일산화탄소, 포름알데하이드 등과 같은 위해성 오염 물질을 배출하게 됩니다. 이런 이유로 최근에는 생물적 자원을 가급적 소각하지 않고 재활용하는 방안이 주목받고 있습니다. 예를 들어 천연 살충 성분인 플라보노이드 성분이 함유된 은행나무 낙엽은 모기 퇴치제로, 플라타너스 낙엽은 황토 분말과 혼합하여 단열 효과가 있는 건축 자재로 재활용되고 있습니다.

① [자료 1-㉮]를 활용하여, 수거된 도시 낙엽이 주로 폐기되고 있다는 내용의 근거를 제시해야겠어.
② [자료 2]를 활용하여, 도시 낙엽을 재사용할 수 있는 방안을 추가로 제시해야겠어.
③ [자료 3]을 활용하여, 도시 낙엽을 수거한 뒤 소각하는 과정에서 유해 물질이 발생하는 이유를 제시해야겠어.
④ [자료 1-㉮]와 [자료 2]를 활용하여, 수거되지 못한 도시 낙엽이 일으키는 사고의 위험성을 알리기 위한 캠페인의 사례를 제시해야겠어.
⑤ [자료 1-㉯]와 [자료 3]을 활용하여, 도시 가로수의 주된 수종과 특성을 파악하여 낙엽을 경제적 자원으로 적합하게 재활용할 수 있다는 내용의 사례를 제시해야겠어.

45. <보기>는 [A]의 초고이다. <보기>를 고쳐 쓰기 위해 친구들이 조언한 내용 중 [A]에 반영되지 않은 것은?

< 보 기 >

가을철 낙엽은 우리에게 아름다운 정취를 느껴지게 한다. 특별한 처리 과정을 거치지 않아도 자연 순환되는 숲속 낙엽과 달리 도시 낙엽은 처리 과정에서 여러 가지 문제가 발생시킨다. 그래서 숲속 낙엽과 도시 낙엽을 구분하지 않고 처리해야 할 필요가 있다.

① 첫 번째 문장에서 피동 표현이 알맞지 않게 사용된 단어가 있으니 바꿔 보는 건 어때?
② 첫 번째 문장과 두 번째 문장을 긴밀하게 연결하기 위한 표현을 사용해 보는 건 어때?
③ 두 번째 문장에서 문장 성분의 호응이 맞지 않는 부분이 있으니 서술어를 다른 단어로 수정하는 건 어때?
④ 두 번째 문장에서 핵심어의 의미가 분명하지 않으니 꾸며 주는 말을 통해 구체적으로 규정해 주는 건 어때?
⑤ 세 번째 문장의 내용이 글의 흐름에서 벗어나니까 해당 문장을 삭제하는 건 어때?

* 확인 사항
◦ 답안지의 해당란에 필요한 내용을 정확히 기입(표기)했는지 확인하시오.
◦ 이어서, 「**선택과목(언어와 매체)**」 문제가 제시되오니, 자신이 선택한 과목인지 확인하시오.


[해설편 p.058]

제 1 교시

# 국어 영역(언어와 매체)

05회



**[35 ~ 36] 다음 글을 읽고 물음에 답하시오.**

소리는 같으나 의미에 연관성이 없는 단어의 관계를 동음이의 관계라 하고, 이러한 관계를 가진 단어를 동음이의어라고 부른다. 동음이의어는 소리와 표기가 모두 같은 것이 일반적이지만 소리는 같고 표기가 다른 것도 있다. 전자를 동형 동음이의어, 후자를 이형 동음이의어라고 한다. 예를 들어 '신을 벗다.'의 '신'과 '신이 나다.'의 '신'은 동형 동음이의어이고 '걸음'과 '거름'은 이형 동음이의어이다.

한편, 동음이의어를 절대 동음이의어와 부분 동음이의어로 구분하기도 한다. 절대 동음이의어는 품사 등의 문법적 성질이 동일하면서 단어의 형태가 언제나 동일한 것이다. 이때 형태가 언제나 동일하다는 것은 동음이의어가 형태 변화가 없는 불변어이거나 활용하는 양상이 서로 동일한 용언에 해당한다는 의미이다. '모자를 쓰다.'의 '쓰다'와 '편지를 쓰다.'의 '쓰다'는 품사가 동사로 동일하고, '쓰고, 써, 쓰니' 등과 같이 활용하는 양상이 언제나 서로 동일하므로 절대 동음이의어이다.

부분 동음이의어는 문법적 성질이 동일한가, 형태가 언제나 동일한가의 두 가지 기준을 하나라도 만족하지 못하는 것이다. 가령 '날아가는 새'의 '새'와 '새 신발'의 '새'는 형태가 언제나 동일하지만 각각 명사와 관형사로, 문법적 성질은 동일하지 않다. 그리고 '김칫독을 땅에 묻다.'의 '묻다'와 '길을 묻다.'의 '묻다'는 둘 다 동사이지만 각각 '묻고, 묻어, 묻으니', '묻고, 물어, 물으니'와 같이 활용하는 양상이 언제나 동일하지는 않다. 앞에서 말한 ㉠<u>두 가지 기준을 모두 만족하지 못하는 부분 동음이의어</u>도 존재하는데, 이는 동음이의어가 각각 동사와 형용사이면서 활용하는 양상이 언제나 동일하지는 않은 경우이다.

35. 윗글을 바탕으로 추론한 내용으로 적절하지 <u>않은</u> 것은?

① '반드시 약속을 지켜라.'의 '반드시'와 '반듯이 앉아 있다.'의 '반듯이'는 소리는 같고 표기가 다르므로 이형 동음이의어에 해당하겠군.
② '그 책을 줘.'의 '그'와 '그는 여기 있다.'의 '그'는 모두 대명사이고 형태 변화가 없는 불변어이므로 절대 동음이의어에 해당하겠군.
③ '전등을 갈다.'의 '갈다'와 '칼을 갈다.'의 '갈다'는 모두 동사이고 활용하는 양상이 언제나 동일하므로 절대 동음이의어에 해당하겠군.
④ '커튼을 걷다.'의 '걷다'와 '비를 맞으며 걷다.'의 '걷다'는 활용하는 양상이 언제나 동일하지는 않으므로 부분 동음이의어에 해당하겠군.
⑤ '한 사람이 왔다.'의 '한'과 '힘이 닿는 한 돕겠다.'의 '한'은 각각 관형사와 명사로 품사가 동일하지 않으므로 부분 동음이의어에 해당하겠군.

36. <보기>에서 ㉠에 해당하는 예를 옳게 짝지은 것은? [3점]

< 보 기 >

| 단어 | 번호 | 예문 |
|---|---|---|
| 누르다 | 1 | 우리 팀이 상대 팀을 <u>누르고</u> 우승했다. |
| | 2 | 먼 산에 <u>누르고</u> 붉게 든 단풍이 아름답다. |
| 이르다 | 1 | 약속 장소에 <u>이르니</u> 그의 모습이 보였다. |
| | 2 | 아직 포기하기엔 <u>이르니</u> 다시 도전하자. |
| | 3 | 그에게 조심하라고 <u>이르니</u> 고개를 끄덕였다. |
| 바르다 | 1 | 생선 가시를 <u>바르고</u> 살을 아이에게 주었다. |
| | 2 | 방에 벽지를 <u>바르고</u> 마를 때까지 기다렸다. |

① 누르다 1과 2, 이르다 1과 2
② 누르다 1과 2, 이르다 1과 3
③ 누르다 1과 2, 바르다 1과 2
④ 이르다 1과 2, 바르다 1과 2
⑤ 이르다 1과 3, 바르다 1과 2

37. 다음은 음운의 변동과 관련된 활동에 대한 설명이다. 이를 적용한 내용으로 적절한 것은?

**<음운의 변동 이해하기 활동>**

- 카드에는 한 개의 단어와 그 단어의 표준 발음이 적혀 있다.
- 카드에 적힌 단어에서 일어나는 음운 변동의 유형과 유형별 횟수가 같은 카드끼리는 짝을 이룬다.
- 단, 음운 변동 유형은 교체, 축약, 탈락, 첨가로만 구분하고, 음운 변동의 순서는 고려하지 않는다. 예를 들어, '흙빛[흑삗]'이 적힌 카드는 교체가 두 번, 탈락이 한 번 일어나는 단어가 적힌 카드와 짝을 이룬다.

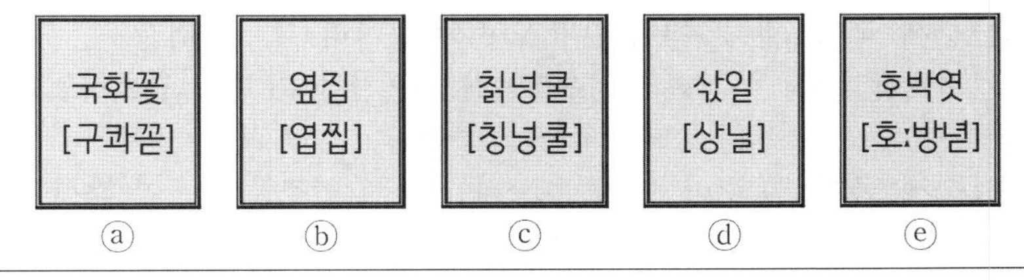


① '백합화[배카퐈]'가 적힌 카드는 축약이 두 번 일어나는 단어가 적힌 ⓐ와 짝을 이룬다.
② '삽살이[삽싸치]'가 적힌 카드는 교체가 두 번 일어나는 단어가 적힌 ⓑ와 짝을 이룬다.
③ '값없이[가법씨]'가 적힌 카드는 교체와 탈락이 한 번씩 일어나는 단어가 적힌 ⓒ와 짝을 이룬다.
④ '몫몫이[몽목씨]'가 적힌 카드는 교체가 두 번, 탈락이 한 번 일어나는 단어가 적힌 ⓓ와 짝을 이룬다.
⑤ '백분율[백뿐뉼]'이 적힌 카드는 교체가 두 번, 첨가가 한 번 일어나는 단어가 적힌 ⓔ와 짝을 이룬다.

38. <보기>의 ㉠이 사용된 문장으로 적절한 것은?

< 보 기 >

주어와 서술어를 갖추었으나 독립하여 쓰이지 못하고 다른 문장의 성분으로 쓰이는 의미 단위를 절이라 한다. 문장에서 부속 성분으로 쓰인 절은 수식의 기능을 하여 생략될 수 있지만, ㉠ 부속 성분이면서도 서술어가 필수적으로 요구하는 성분으로 쓰여 생략될 수 없는 절도 있다.

① 우리는 밤이 새도록 토론을 하였다.
② 나는 그가 있는 가게로 저녁에 갔다.
③ 그는 어느 날 갑자기 말도 없이 떠나 버렸다.
④ 부지런한 동생은 나와는 달리 일찍 일어난다.
⑤ 저기 서 있는 아이가 특히 재주가 있게 생겼다.

39. <보기>의 자료에 나타나는 중세 국어의 특징을 탐구한 내용으로 적절하지 않은 것은?

< 보 기 >

[중세 국어] **부텻** 뎡바깃뼈 **노ᄑᆞ샤** 뽄머리 **ᄀᆞᄐᆞ실씨**
[현대어 풀이] 부처님의 정수리뼈가 높으시어 튼 머리 같으시므로

[중세 국어] 大臣이 이 藥 ᄆᆡᆼᄀᆞ라 大王ᄭᅴ **받ᄌᆞᄫᆞᆫ대** 王이 **좌시고**
[현대어 풀이] 대신이 이 약을 만들어 대왕께 바치니 왕이 드시고

① '부텻'을 보니, 높임의 대상에 관형격 조사 'ㅅ'이 결합하였음을 알 수 있군.
② '노ᄑᆞ샤'를 보니, 대상의 신체 일부를 높이는 간접 높임이 실현되었음을 알 수 있군.
③ 'ᄀᆞᄐᆞ실씨'를 보니, 현대 국어와 같은 형태의 주체 높임 선어말 어미가 쓰였음을 알 수 있군.
④ '받ᄌᆞᄫᆞᆫ대'를 보니, 목적어가 지시하는 대상을 높이기 위한 객체 높임 선어말 어미가 쓰였음을 알 수 있군.
⑤ '좌시고'를 보니, 높임의 의미를 갖는 특수 어휘를 통해 주체를 높이고 있음을 알 수 있군.

**[40 ~ 43] (가)는 ○○군 공식 블로그이고, (나)는 영상 제작을 위해 휴대 전화 메신저로 나눈 대화이다. 물음에 답하시오.**

(가)

○○군 홍보 연재 3탄! <치유농업을 아시나요?>

㉠ 오늘은 일상에 지친 여러분께 도움을 드리려고 치유농업에 대한 정보를 준비했어요. 치유농업은 농촌의 자원을 활용해 사람들의 건강 증진을 도모하는 활동이나 산업을 의미합니다. ㉡ 농업 활동은 참여자들의 자존감을 향상시켜 주면서 운동 능력을 강화해 줄 수 있어요. 더 나아가 치유농업이 활성화되면 농촌에 많은 사람들이 유입되어서 지역이 개발되고 일자리가 창출되어 지역 경제가 활성화될 수 있습니다.

우리 지역에서도 다양한 치유농업 프로그램을 운영하고 있어요. ㉢ 그중 원예 체험 행사는 지역 초등학교에서 열리고 있습니다. ㉣ 이 행사에 참여한 A씨는 "가족들과 더 가까워져서 만족스러워요. 딸도 좋아하는 모습을 보니 뿌듯했어요."라고 소감을 밝혔습니다.

한편, ㉤ 많은 사람들이 치유농업에 대해 잘 몰라서 프로그램에 참여하지 못하는데요, 우리 군에서는 치유농업에 대한 관심을 높이기 위해 '치유농업 홍보 영상 공모전'을 개최합니다. 자세한 내용은 다음 첨부 파일을 참고하세요.

첨부 파일: 치유농업 홍보 영상 공모전 안내.hwp

댓글

ㄴ [서연] 치유농업에 대해 처음 접하게 되어 흥미롭게 읽었습니다. 저는 영상 제작 동아리에서 활동 중인 고등학생인데, 팀으로 영상 공모전에 참가할 수 있나요?

ㄴ [블로그 관리자] 네, 팀별 참가도 가능합니다. 영상 공모전에 관심 가져 주셔서 감사해요.^^

댓글 등록

(나)

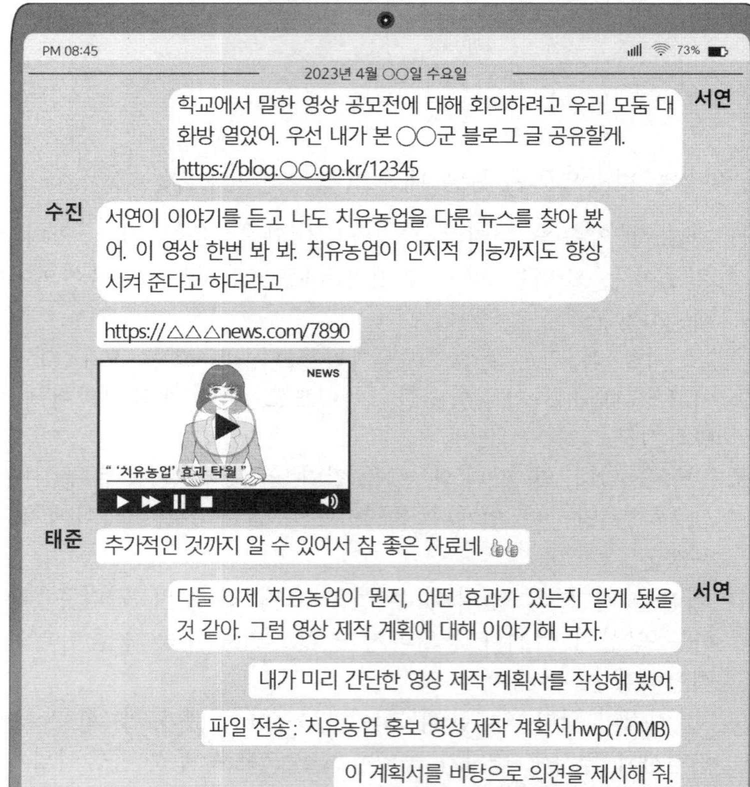




[해설편 p.059]

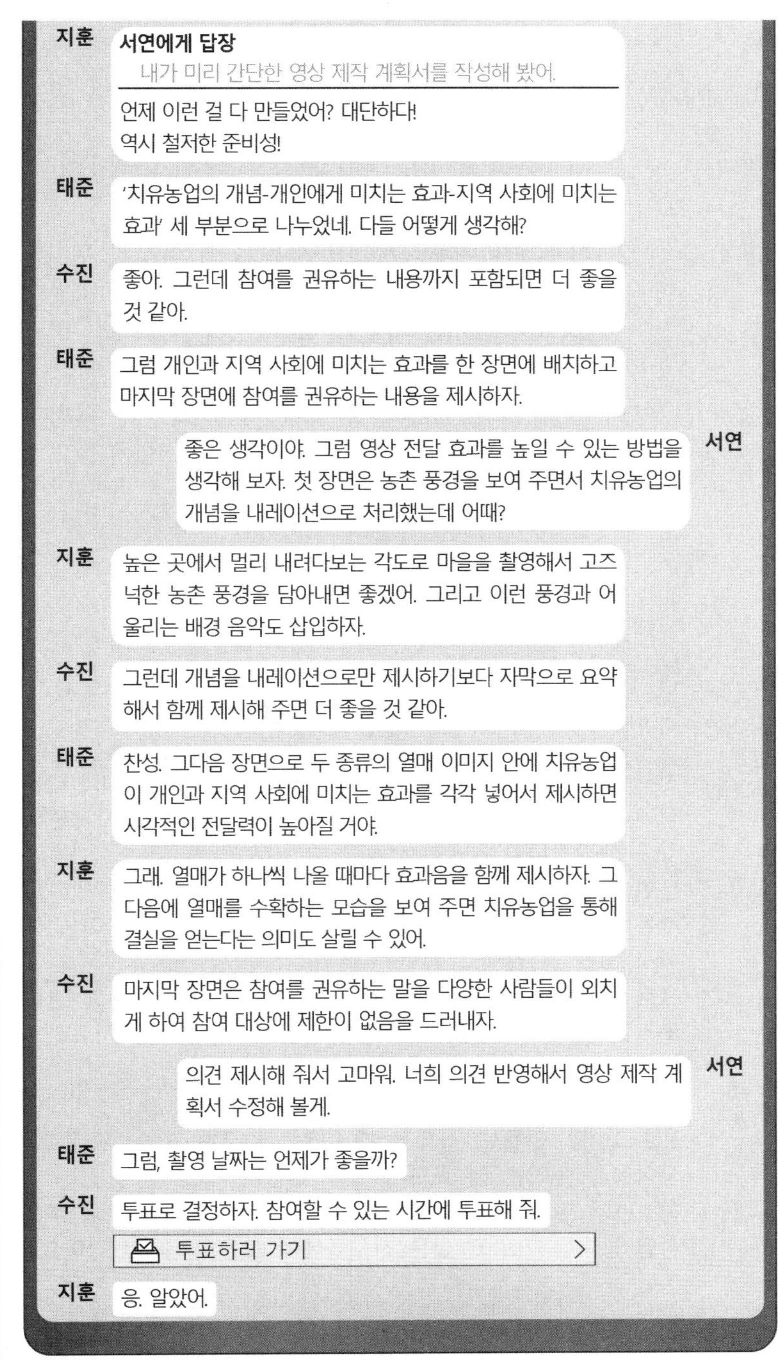


**40.** (가)와 (나)에 드러나는 매체의 특성을 이해한 것으로 적절한 것은?

① (가)에서는 (나)와 달리 정보 생산자와 정보 수용자가 실시간으로 상호작용하고 있다.
② (가)에서는 (나)와 달리 정보 생산자가 불특정한 다수의 정보 수용자를 대상으로 정보를 제공하고 있다.
③ (나)에서는 (가)와 달리 정보 생산자와 정보 수용자가 물리적으로 떨어진 공간에서 소통하고 있다.
④ (가)와 (나)에서는 모두 정보 생산자가 생산한 정보의 내용을 정보 수용자가 직접 수정하고 있다.
⑤ (가)와 (나)에서는 모두 정보 생산자가 문자 언어와 음성 언어를 결합한 형태로 정보 수용자에게 정보를 전달하고 있다.

**41.** (나)의 대화에 대한 설명으로 적절하지 <u>않은</u> 것은?

① '서연'은 문서 파일을 공유하며 대화 참여자들에게 논의의 방향을 제시하고 있다.
② '수진'은 동영상 링크를 공유하며 상대방이 제시한 정보에 대한 이의를 제기하고 있다.
③ '지훈'은 답장 기능을 활용하여 상대방의 자료 준비 태도에 대한 평가를 드러내고 있다.
④ '태준'은 이모티콘을 활용하여 상대방이 준비한 새로운 정보에 대한 반응을 드러내고 있다.
⑤ '수진'은 의견을 취합할 수 있는 기능을 활용하여 대화 참여자들에게 의사 결정에 참여할 것을 요청하고 있다.

**42.** ㉠~㉤에 대한 설명으로 적절하지 <u>않은</u> 것은?

① ㉠: 연결 어미 '-려고'를 사용하여 치유농업에 대한 정보를 준비한 의도를 드러내고 있다.
② ㉡: 연결 어미 '-면서'를 사용하여 운동 능력 강화의 조건을 드러내고 있다.
③ ㉢: 격 조사 '에서'를 사용하여 원예 체험 행사가 열리는 장소를 드러내고 있다.
④ ㉣: 격 조사 '라고'를 사용하여 행사 참여자의 말을 직접적으로 인용하고 있다.
⑤ ㉤: 연결 어미 '-아서'를 사용하여 많은 사람들이 프로그램에 참여하지 못하는 이유를 드러내고 있다.

**43.** (나)의 대화 내용을 바탕으로 '서연'이 수정한 '영상 제작 계획'으로 적절하지 <u>않은</u> 것은? [3점]

| 영상 제작 계획 | |
|---|---|
| 장면 구상 | 장면 스케치 |
| ① 산 위에서 촬영한 마을의 정경과 잔잔한 배경 음악을 함께 제시하여 평화로운 농촌의 분위기가 느껴지도록 연출해야겠어. | |
| ② 치유농업의 개념을 구체적으로 설명하는 내레이션과 함께 핵심 내용으로 구성된 자막을 제시하여 전달 효과를 높여야겠어. | |
| ③ 사과와 포도 모양의 이미지 안에 개인과 지역 사회에 미치는 효과를 각각 기록하여 치유농업의 효과를 한눈에 구별할 수 있도록 연출해야겠어. | 지역 개발 / 운동 능력 강화 / 자존감 향상 / 일자리 창출 |
| ④ 농부가 열매를 하나씩 수확할 때마다 효과음을 삽입하여 치유농업을 통해 얻는 결실의 의미를 시각뿐 아니라 청각적으로도 강조해야겠어. | |
| ⑤ '치유농업 함께해요'를 외치는 인물들의 성별과 연령을 다양하게 구성하여 치유농업에 누구나 참여할 수 있다는 것을 강조하도록 연출해야겠어. | |

[해설편 p.059]

**[44 ~ 45] 다음은 애플리케이션 화면의 일부이다. 물음에 답하시오.**

**[화면 1]** ('□□시 청소년 정책 참여 마당' 애플리케이션 실행 화면)

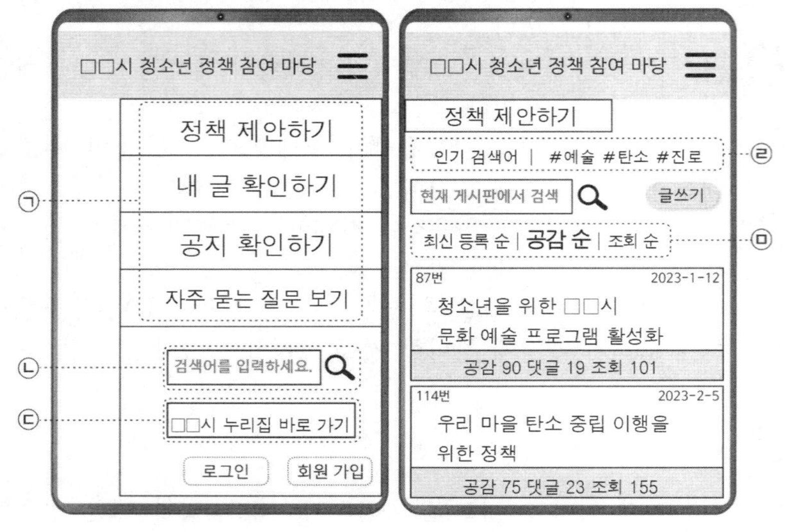


**[화면 2]** ([화면 1]에서 87번 게시물을 클릭한 화면)

제목

청소년을 위한 □□시 문화 예술 프로그램 활성화

제안 이유

요즘 청소년의 삶에 긍정적인 영향을 주는 요인으로 문화 예술에 대한 사회적 관심이 증대되고 있습니다. □□시에서도 청소년을 위한 문화 예술 프로그램이 활성화되면 좋겠습니다.

현황 및 문제점

첫 번째, 우리 지역에서 문화 예술 프로그램을 운영하는 장소의 접근성이 떨어집니다. 이용할 수 있는 시내버스 노선도 적은 편이어서 방문이 불편하다 보니 청소년들의 참여가 어렵습니다.

두 번째, 문화 예술 프로그램이 전시나 공연 관람 위주로 구성되어 있습니다. 우리 지역 청소년을 대상으로 한 프로그램 만족도 조사에 따르면, 전체적으로 만족도가 낮게 나타났는데 그 이유로 수동적 체험 위주의 프로그램 구성을 가장 많이 꼽았습니다.

정책 제안 및 기대 효과

먼저, 스마트 기기를 활용해 비대면으로 참여할 수 있는 문화 예술 프로그램을 만들어 주세요. 그러면 특정 장소에 직접 가지 않아도 우리 지역 청소년들이 문화 예술 프로그램에 참여할 수 있을 것입니다.

다음으로, 청소년이 주체적으로 참여할 수 있는 성격의 문화 예술 프로그램을 만들어 주세요. 이를 통해 청소년들이 주체성을 기를 수 있고 프로그램에 대해 만족할 수 있을 것입니다.

**44.** [화면 1]을 이해한 내용으로 적절하지 않은 것은?

① ㉠을 보니, 이용자가 자신의 목적에 따라 이용할 수 있도록 게시판을 분류하여 제시하였군.
② ㉡을 보니, 이용자가 찾고 싶은 내용을 입력하여 정보를 검색할 수 있도록 검색창을 제시하였군.
③ ㉢을 보니, 이용자가 애플리케이션 사용 중에 지정된 누리집에 접속할 수 있도록 링크를 제시하였군.
④ ㉣을 보니, 이용자들의 관심도가 높은 화제를 알 수 있도록 인기 검색어를 열거하여 제시하였군.
⑤ ㉤을 보니, 이용자가 자신의 선택에 따라 화면에 나타나는 게시물의 개수를 조정할 수 있도록 게시물의 정렬 기준을 제시하였군.

**45.** 다음은 [화면 2]에 대한 학생들의 댓글이다. 학생들의 수용 태도에 대한 설명으로 적절하지 않은 것은?

| | |
|---|---|
| 학생 1 | 최근 문화 예술 경험이 청소년의 삶에 큰 영향을 미친다는 점에 많은 공감대가 형성되어 있는 만큼 시기적절한 제안이라고 생각합니다. |
| 학생 2 | 문화 예술 프로그램을 운영하는 장소까지 시내버스 말고도 셔틀버스가 운영돼서 쉽게 방문할 수 있으니 접근성이 떨어지지 않는 것 같아요. |
| 학생 3 | 프로그램 만족도 조사에서 수동적인 체험 방식 때문에 만족도가 낮았다고 하셨는데, 출처가 없어서 정확한 자료라고 보기 어렵습니다. |
| 학생 4 | 스마트 기기를 가지고 있는 청소년들이 많이 있으니까 비대면 프로그램을 만들면 실제로 청소년들의 문화 예술 프로그램 참여율을 높이는 데 효과가 있을 것입니다. |
| 학생 5 | 청소년이 프로그램에 능동적으로 참여할 수 있다면 자기 주도적인 능력을 기르고 싶은 친구들에게 도움이 될 것 같아요. |

① '학생 1'은 '제안 이유'에서 언급한 사회적 관심에 주목하여, 최근 문화 예술 경험의 영향에 대한 공감대가 형성되었다는 점에서 정책 제안의 시의성을 긍정적으로 판단하였다.
② '학생 2'는 '현황 및 문제점'에서 언급한 접근성 문제에 주목하여, 실제로는 다른 교통편이 있다는 점에서 문제 제기의 타당성을 부정적으로 판단하였다.
③ '학생 3'은 '현황 및 문제점'에서 제시한 만족도 조사 자료에 주목하여, 자료의 출처가 제시되지 않았다는 점에서 정보의 신뢰성을 부정적으로 판단하였다.
④ '학생 4'는 '정책 제안 및 기대 효과'에서 제안한 비대면 프로그램의 개설에 주목하여, 스마트 기기의 기능이 향상되었다는 점에서 정책의 실효성을 긍정적으로 판단하였다.
⑤ '학생 5'는 '정책 제안 및 기대 효과'에서 제안한 프로그램의 성격에 주목하여, 청소년의 자기 주도성 신장에 도움이 될 수 있다는 점에서 정책의 유용성을 긍정적으로 판단하였다.

* 확인 사항
○ 답안지의 해당란에 필요한 내용을 정확히 기입(표기)했는지 확인하시오.



[해설편 p.060]

# 국어 영역

제 1 교시 | 06회

● 문항수 45개 | 배점 100점 | 제한 시간 80분 ● 점수 표시가 없는 문항은 모두 2점



**[1~3] 다음 글을 읽고 물음에 답하시오.**

여러 글에서 다양한 정보를 종합하며 읽는 능력은 많은 정보가 산재해 있는 디지털 환경에서 더욱 중요해졌다. 궁금증 해소나 글쓰기 등 문제 해결을 위한 목적으로 글 읽기를 할 때에 한 편의 글에 원하는 정보가 충분하지 않다면, 여러 글을 읽으며 이를 해결할 수 있다.

독자는 우선 문제 해결에 도움이 되는 글들을 찾아야 한다. 읽을 글을 선정할 때에는 믿을 만한 글인지와 읽기 목적과 관련이 있는 글인지를 평가하는 것이 중요하다. ㉠ 신뢰성 평가는 글의 저자, 생산 기관, 출판 시기 등 출처에 관한 정보를 확인하여 그 글이 믿을 만한지 판단하는 것이다. ㉡ 관련성 평가는 글의 내용에 읽기 목적과 부합하는 정보가 있는지 판단하는 것인데, 이를 위해서는 읽기 목적을 지속적으로 떠올리며 평가해 가야 한다.

문제를 해결하기에 적절한 글들을 선정했다면, 다음으로는 읽기 목적에 맞게 글을 읽어야 한다. 이때 글의 정보는 독자가 이해한 의미로 재구성되고 이 과정에서 독자는 선택하기, 연결하기, 조직하기 전략을 활용한다. 이들 세 전략은 꼭 순서대로 사용하는 것은 아니며 반복해서 활용할 수 있다.

선택하기란 읽은 글에서 필요한 정보를 추출하는 전략이다. 연결하기란 읽은 글들에서 추출한 정보들을 정교화하며 연결하여, 읽은 글에서는 나타나지 않던 의미를 구성하거나 심화된 의미로 나아가는 전략이다. 글의 정보를 재구조화하는 것은 조직하기라고 한다. 예를 들어, 시간의 순서에 따른 글과 정보 나열의 글을 읽고, 읽은 글의 구조와는 다른 비교·대조의 구조로 의미를 구성할 수 있다.

이러한 전략을 적극적으로 활용하면, 정보의 홍수 속에서 유용한 정보를 찾아 삶의 여러 문제를 해결하는 데에도 도움이 될 것이다.

**1.** 윗글의 내용과 일치하지 <u>않는</u> 것은?

① 글을 선정하는 과정에서 글을 평가하는 것은 중요하다.
② 여러 글 읽기에서 정보를 연결하는 것은 문제 해결에 유용한 방법이 될 수 있다.
③ 궁금증을 해소하기 위한 읽기에서 글의 의미를 재구성하는 전략이 사용될 수 있다.
④ 여러 글에서 필요한 정보를 추출하는 과정은 문제를 해결하기 위한 읽기 목적과 관련된다.
⑤ 필요한 정보를 한 편의 글에서 얻지 못할 때는 다른 글을 찾기보다 그 글을 반복해서 읽는다.

**2.** ㉠, ㉡에 대한 설명으로 가장 적절한 것은?

① 글 내용이 수행 과제와 관련 있는지 평가하는 것은 ㉠에 해당한다.
② 읽을 글을 선정하기 위해 출판사의 공신력을 따지는 것은 ㉠을 고려한 것이다.
③ ㉡에서는 글이 언제 작성되었는지를 중심으로 판단해야 한다.
④ 정보가 산재해 있는 디지털 환경에서는 ㉠의 필요성이 사라지고 ㉡에 대한 요청이 증가한다.
⑤ 글 내용에 목적에 맞는 정보가 있는지 확인하는 것은 ㉠에, 저자의 경력 정보를 확인하는 것은 ㉡에 관련된다.

**3.** 다음은 여러 글 읽기를 수행한 학생의 독서록이다. 윗글을 참고하여 ⓐ~ⓔ에 대해 이해한 내용으로 적절하지 <u>않은</u> 것은? [3점]

> 동물이 그린 그림의 판매에 대한 궁금증이 생겼다. 동물의 행동 사례를 열거하여 소개한 <동물은 예술가>라는 글에서 ⓐ<u>'동물의 그림도 예술 상품이 될 수 있다'는 정보를 얻을 수 있었다</u>. 이어서 동물에게의 유산 상속이 성공한 사례와 실패한 경우를 비교·대조한 <동물에게 상속할 수 있는가>라는 글을 읽으며 ⓑ<u>'동물도 재산상의 권리를 가질 수 있다'는 정보를 찾을 수 있었다</u>. 그리고 ⓒ<u>이 정보를 <동물은 예술가>에서 추출한 정보와 연결하여 '동물의 그림에도 저작권이 있겠다'는 새로운 의미를 떠올렸다</u>. 동물이 저작권을 가질 수 있는지 알기 위해, 저작권의 개념을 시대순으로 정리한 <저작권의 역사>라는 글을 읽고 저작권의 의의를 이해하여 동물도 저작권을 가질 수 있다고 판단하였다. 이를 바탕으로 ⓓ<u>세 글의 정보를 종합하여 '동물 저작권의 성립 요건'에 관해 인과 관계 구조로 정리하였다</u>. 그러면서 동물이 소유권의 주체가 될 수 있는지에 대한 이해가 더 필요하여 <동물에게 상속할 수 있는가>에서 ⓔ<u>'동물 소유권에 관한 다양한 논의'에 대한 정보를 추출하였다</u>.

① ⓐ: <동물은 예술가>를 읽으며 선택하기 전략을 활용했겠군.
② ⓑ: <동물에게 상속할 수 있는가>를 읽으며 연결하기 전략에 앞서 조직하기 전략을 활용했겠군.
③ ⓒ: <동물은 예술가>와 <동물에게 상속할 수 있는가>를 읽으며 선택한 정보들로 연결하기 전략을 활용했겠군.
④ ⓓ: 새로운 구조로 정리하여 의미를 구성하기 위해 조직하기 전략을 활용했겠군.
⑤ ⓔ: <동물에게 상속할 수 있는가>를 읽으며 선택하기 전략을 다시 활용했겠군.

[4~7] 다음 글을 읽고 물음에 답하시오.

정당과 같은 정치 조직이 민주적 방식과 절차로 운영되어야 하는 것은 당연하다. 그런데 민주적 운영 체제를 갖추었으면서도 실제로는 일부 소수에게 권력이 집중되어 있는 경우도 적지 않다. 조직 운영에서 보이는 이러한 현상을 흔히 과두제라 한다. 이는 정치 조직에서뿐만 아니라 기업 경영에서도 나타난다.

모든 주주가 경영진을 이루어 상호 협력 관계를 기반으로 기업을 운영하며 의사 결정권도 균등하게 행사하는 경우에 이를 '공동체적 경영'이라 부르기도 한다. 이런 기업에서 경영진은 모두 업무와 관련하여 전문성을 가지며, 경영 수익에 관련된 중요한 사항은 주주들이 공동으로 결정한다. 그러나 기업의 규모가 성장하고 사업이 다양해지면, 소수의 의사 결정에 따른 수직적 경영으로 효율성을 지향하는 '과두제적 경영'으로 나아가는 일도 있다.

과두제적 경영은 소수의 경영자로 이루어진 경영진이 강한 결속력을 가지면서 실질적 권한과 정보를 독점하며 기업을 운영하는 것을 말한다. 이런 체제는 전문성과 경험을 갖춘 경영진을 중심으로 안정적 경영권이 확보될 수 있도록 하여, 기업 전략을 장기적으로 수립하고, 이에 맞춰 과감하고 지속적인 투자를 할 수 있어서 첨단 핵심 기술의 개발에도 유리한 면이 있다. 그리고 기업과 경영진 간의 높은 일체성은 위기 상황에서 신속한 의사 결정으로 효율적인 대처를 하는 데 도움을 주기도 한다.

그런데 대체로 주주의 수가 많으면 개별 주주의 결정권은 약하고, 소수의 경영진이 기업을 장악하는 힘은 크다. 이를 이용하여 정보와 권한이 집중된 소수의 경영진이 사익에 치중하면 다수 주주의 이익이 침해되는 폐해가 나타날 수 있다. 경영 성과를 실제보다 부풀려 투자를 유치한 뒤 주주들에게 회복하기 어려운 손해를 입히는 경우도 있으며, 기업 운영에 중대한 영향을 미치는 주요 정보들을 은폐하거나 경영 상황을 조작하여 발표함으로써 결과적으로 기업의 가치에 심각한 타격을 주는 사례도 종종 보게 된다.

이러한 문제점을 완화하기 위해 기업이 경영자와 계약을 체결하여 급여 이외의 경제적 이익을 동기로 부여하는 방안이 있다. 예를 들면, 일정 수량의 주식을 계약 시에 정한 가격으로 미래에 매수할 수 있도록 하는 스톡옵션의 권리를 경영자에게 부여하는 방식이 있다. 이 권리를 행사할지 말지는 자유이고, 경영자는 매수 시점을 유리하게 선택할 수 있다. 또 아직 우리나라에 도입되지는 않았지만, 기업의 주식 가치가 목표치 이상으로 올랐을 때 경영자가 그에 상응하는 보상을 받는 주식 평가 보상권의 방식도 있다.

기업 경영의 건전성을 확보하기 위해 마련된 공적 제도들은 과두제적 경영의 폐해를 방지하는 기능도 한다. 기업의 주식 가치에 영향을 미칠 수 있는 정보 제공을 법적으로 의무화한 경영 공시 제도는 경영 투명성을 높이려는 것이다. 이를 통해 경영진과 주주들 간 정보 격차가 줄어들 수 있다. 기업의 이사회에 외부 인사를 이사로 참여시키도록 하는 사외 이사 제도는 독단적인 의사 결정을 견제함으로써 폐쇄적 경영으로 인한 정보와 권한의 집중을 억제하는 효과를 거둘 수 있다.

**4.** 윗글의 내용 전개 방식으로 가장 적절한 것은?

① 대상의 개념과 장단점을 제시하고 보완책을 소개한다.
② 유사한 원리들을 분석하고 이를 하나의 이론으로 통합한다.
③ 대립하는 유형을 들어 이론적 근거의 변천 과정을 설명한다.
④ 가설을 세우고 그에 대해 현실적인 사례를 들어 가며 검토한다.
⑤ 문제 상황의 근본 원인을 진단하고 해결책에 대한 상반된 입장을 해설한다.

**5.** 과두제적 경영에 대한 이해로 적절하지 않은 것은?

① 소수의 경영진이 내린 의사 결정이 수직적으로 집행되는 효율성을 추구한다.
② 강한 결속력을 가진 소수의 경영자로 경영진을 이루어 경영권 유지에 강점이 있다.
③ 경영권이 안정되어 중요 기술 개발에 적극적인 투자를 계속하는 데에 유리하다는 장점이 있다.
④ 경영진이 투자자의 유입을 유도하기 위하여 경영 성과를 부풀릴 위험성이 있어 이에 대비할 필요가 있다.
⑤ 경영진과 다수 주주 사이의 이해가 일치하는 경우에는 그렇지 않은 경우보다 기업 가치가 훼손될 위험성이 높아진다.

**6.** 윗글을 읽고 추론한 내용으로 적절하지 않은 것은?

① 스톡옵션의 권리를 가진 경영자는 주식 가격이 미리 정해 놓은 것보다 하락하더라도 손실을 입지 않을 수 있다.
② 스톡옵션은 경영자의 성과 보상에 미래의 주식 가치가 관련된다는 점에서 주식 평가 보상권과 차이가 있다.
③ 경영 공시는 주주가 기업 경영 상황을 파악하여 기업 가치를 평가하는 데 유용한 제도가 될 수 있다.
④ 사외 이사 제도는 기업의 의사 결정에 외부 인사를 참여시켜 경영의 개방성을 높일 수 있는 제도라 평가할 수 있다.
⑤ 경영 공시 제도와 사외 이사 제도는 기업의 중요 정보에 대한 경영진의 독점을 완화할 수 있다.

**7.** 윗글을 바탕으로 <보기>를 이해한 내용으로 가장 적절한 것은? [3점]

<보 기>

X사는 정밀 부품 분야에서 독보적인 기술을 장기간 보유하여 발전시켜 온 기업으로서 시장 점유율도 높다. 원래 X사의 주주들은 모두 함께 경영진이 되어 중요 사항에 대하여 동등한 결정권을 보유하였으나, 기업이 성장하면서 효율성 증진을 위하여 소수의 주주만으로 경영진을 구성하였다. 경영진은 주기적으로 다른 주주들로 교체되어 전체 주주는 기업의 경영 상태를 파악할 수 있으며, 경영 이익의 분배와 같은 주요 사항은 전체 주주가 공동으로 의결한다. X사의 주주 A와 B는 회사의 진로에 관하여 다음과 같은 대화를 나누었다.

A: 최근 치열해진 경쟁에 대응하려면, 경영진의 구성원을 변동시키지 않고 경영 결정권도 경영진이 전적으로 행사하도록 하는 게 좋겠습니다.

B: 시장 점유율도 잘 유지되고 있고 우리 주주들의 전문성도 탁월하니, 예전처럼 회사를 운영한다고 하더라도 문제없을 듯합니다.

① X사는 주주들 사이의 평등성이 강하여 과도한 정보 격차나 권한 집중과 같은 폐해를 보이지 않는다.
② X사는 현재 경영진이 고정되는 구조로 바뀌었지만 주주가 실적에 대한 이익 분배를 결정할 수 있기 때문에 수직적 경영의 부작용은 나타나지 않는다.
③ A는 결속력이 강한 소수의 경영진을 중심으로 운영되는 경영 방식을 현행대로 유지하여야 시장의 점유율을 지킬 수 있다고 보는 입장이다.
④ B는 수평적인 의사 결정 구조로의 전환을 최소한으로 하여 효율적 경영을 유지해야 한다고 보는 입장이다.
⑤ A와 B는 현재 X사가 경험과 전문성을 바탕으로 안정적인 과두제적 경영을 하고 있다는 전제에서 논의를 한다.

**[8～11] 다음 글을 읽고 물음에 답하시오.**

식품 포장재, 세제 용기 등으로 사용되는 플라스틱은 생활에서 흔히 ⓐ접할 수 있다. 플라스틱은 '성형할 수 있는, 거푸집으로 조형이 가능한'이라는 의미의 '플라스티코스'라는 그리스어에서 온 말로, 열과 압력으로 성형할 수 있는 고분자 화합물을 이른다.

플라스틱은 단위체인 작은 분자가 수없이 반복 연결되는 중합을 통해 만들어진 거대 분자로 이루어져 있다. 단위체들은 공유 결합으로 연결되는데, 분자를 구성하는 원자들이 서로 전자를 공유하여 안정한 상태가 되는 결합을 공유 결합이라 한다. 두 원자가 각각 전자를 하나씩 내어놓아 그 두 개의 전자를 한 쌍으로 공유하면 단일 결합이라 하고, 두 쌍을 공유하면 이중 결합이라 한다. 공유 전자쌍이 많을수록 원자 간의 결합력은 강하다. 대부분의 원자는 가장 바깥 전자 껍질의 전자 수가 8개가 될 때 안정해진다. 탄소 원자는 가장 바깥 전자 껍질에 4개의 전자를 갖고 있어, 다른 원자들과 전자를 공유하여 안정해질 수 있으며 다양한 형태의 공유 결합이 가능하여 거대한 분자의 골격을 이룰 수 있다.

플라스틱의 한 종류인 폴리에틸렌은 에틸렌 분자들이 서로 연결되는 중합 과정을 거쳐 만들어진다. 에틸렌은 두 개의 탄소 원자와 네 개의 수소 원자로 이루어지는데, 두 개의 탄소 원자가 서로 이중 결합을 하고 각각의 탄소 원자는 두 개의 수소 원자와 단일 결합을 한다. 탄소 원자 간의 이중 결합에서는 한 결합이 다른 하나보다 끊어지기 쉽다.

에틸렌의 중합에는 여러 가지 방법이 있는데 그중에 하나는 과산화물 개시제를 사용하는 것이다. 열을 흡수한 과산화물 개시제는 가장 바깥 껍질에 7개의 전자가 있는 불안정한 상태의 원자를 가진 분자로 분해된다. 이 불안정한 원자는 안정해지기 위해 에틸렌이 가진 탄소의 이중 결합 중 더 약한 결합을 끊어 버리면서 에틸렌의 한쪽 탄소 원자와 전자를 공유하며 단일 결합한다. 그러면 다른 쪽 탄소 원자는 공유되지 못한, 홀로 남은 전자를 갖게 된다. 이 불안정한 탄소 원자는 같은 방식으로 다른 에틸렌 분자와 반응을 하게 되고, 이와 같은 반응이 이어지며 불안정해지는 탄소 원자가 계속 생성된다. 에틸렌 분자들이 결합하여 더해지면 이것들은 사슬 형태를 이루며, 이 사슬은 지속적으로 성장하고 사슬 끝에는 불안정한 탄소 원자가 존재하게 된다. 성장하는 두 사슬의 끝이 서로 만나 결합하여 안정한 상태가 되면 반복적인 반응이 멈추게 된다. ㉠이 중합 과정을 거쳐 에틸렌 분자들은 폴리에틸렌이라는 고분자 화합물이 된다.

플라스틱을 이루는 거대한 분자들은 길이가 길다. 그래서 사슬들이 일정한 방향으로 나란히 배열되어 있는 결정 영역은, 분자들 전체에서 기대할 수는 없지만 부분적으로 있을 수는 있다. 플라스틱에서 결정 영역이 차지하는 부분의 비율은 여러 조건에 따라 조절이 가능하고 물성에 영향을 미친다. 결정 영역이 많아질수록 플라스틱은 유연성이 낮아 충격에 약하고 가공성이 떨어지며 점점 불투명해지지만, 밀도가 높아져 단단해지고 화학 물질에 대한 민감성이 감소하며 열에 의해 잘 변형되지 않는다. 이런 성질을 활용하여 필요에 따라 다양한 종류의 플라스틱을 만들 수 있다.

**8.** 윗글에서 알 수 있는 내용으로 적절하지 않은 것은?

① 단위체들은 중합을 거쳐 거대 분자를 이룰 수 있다.
② 에틸렌 분자에는 단일 결합과 이중 결합이 모두 존재한다.
③ 플라스틱이라는 명칭의 유래는 열과 압력으로 성형이 되는 성질과 관련이 있다.
④ 불안정한 원자를 가진 에틸렌은 과산화물을 개시제로 쓰면 분해되면서 안정해진다.
⑤ 탄소와 탄소 사이의 이중 결합 중 하나의 결합 세기는 나머지 하나의 결합 세기보다 크다.

**9.** ㉠에 대한 이해로 적절하지 않은 것은?

① 성장 중의 사슬은 그 양쪽 끝부분에서 불안정한 탄소 원자가 생성된다.
② 사슬의 중간에 두 탄소 원자가 서로 전자를 하나씩 내어놓아 공유하는 결합이 존재한다.
③ 상태가 불안정한 원자를 지닌 분자의 생성이 연속적인 사슬 성장 반응이 일어나는 계기가 된다.
④ 공유되지 못하고 홀로 남은 전자를 가진 탄소 원자는 사슬의 성장 과정이 종결되기 전까지 계속 발생한다.
⑤ 에틸렌 분자를 구성하는 탄소 원자들 사이의 이중 결합이 단일 결합으로 되면서 사슬의 성장 과정을 이어 간다.

**10.** 윗글을 바탕으로 <보기>의 ㉮와 ㉯를 이해한 내용으로 가장 적절한 것은? [3점]

<보 기>

폴리에틸렌은 높은 압력과 온도에서 중합되어 사슬이 여기저기 가지를 친 구조로 만들어지기도 한다. ㉮ 가지를 친 구조의 사슬들은 조밀하게 배열되기 힘들다. 한편 특수한 촉매를 사용하여 저온에서 중합되면 탄소 원자들이 이루는 사슬이 한 줄로 쭉 이어진 직선형 구조로 만들어지기도 한다. 이 ㉯ 직선형 구조의 사슬들은 한 방향으로 서로 나란히 조밀하게 배열될 수 있다.

① 충격에 잘 깨지지 않도록 유연하게 하려면 ㉮보다 ㉯로 이루어진 소재가 적합하겠군.
② 포장된 물품이 잘 보이게 하려면 포장재로는 ㉮보다 ㉯로 이루어진 소재가 적합하겠군.
③ 보관 용기에서 화학 물질이 닿는 부분에는 ㉮보다 ㉯로 이루어진 소재를 쓰는 것이 좋겠군.
④ ㉯보다 ㉮로 이루어진 소재의 밀도가 더 높겠군.
⑤ 열에 잘 견디게 하려면 ㉯보다 ㉮로 이루어진 소재가 적합하겠군.

**11.** ⓐ와 문맥상 의미가 가장 가까운 것은?

① 요즘 신도시는 아파트가 대규모로 서로 접해 있다.
② 그는 자신의 수상 소식을 오늘에야 접하게 되었다.
③ 나는 교과서에서 접한 시를 모두 외웠다.
④ 우리나라는 삼면이 바다에 접해 있다.
⑤ 우리 집은 공원을 접하고 있다.

**[12～17] 다음 글을 읽고 물음에 답하시오.**

**(가)**

전통적인 윤리학의 주요 주제는 '선', '올바름'과 같은 도덕 용어에 대한 해명을 바탕으로 무엇이 옳고 그른지를 판정하는 객관적 근거를 ⓐ 찾는 것이다. 그러나 윤리학은 오랫동안 그에 대한 만족스러운 답을 ⓑ 내놓지 못했다. 이러한 상황에서 [에이어]는 도덕적으로 옳고 그름에 관한 문장인 도덕 문장이 진리 적합성, 즉 참 또는 거짓일 수 있다는 성질을 갖지 않는다는 주장을 ⓒ 펼쳤다.

에이어는 진리 적합성을 갖는 모든 문장은 그 문장에 사용된 단어의 정의를 통해 검증되는 분석적 문장이거나 경험적 관찰에 의해 검증되는 종합적 문장이라는 원리를 바탕으로 도덕 문장은 진리 적합성이 없다고 주장했다. 우선 그는 도덕 문장은 분석적이지 않다는 기존의 논의를 수용했다. '선은 A이다.'라는 도덕 문장이 분석적이려면, 술어인 'A'가 주어인 '선'이라는 개념 속에 내포되어 있어야 한다. 하지만 '선'은 속성이나 내용을 더 이상 분석할 수 없는 단순 개념이므로 해당 문장은 분석적이지 않다. 그렇다고 해서 '선은 A이다.'라는 도덕 문장이 경험적 관찰로 검증될 수 있는 것도 아니다. '선' 그 자체는 우리의 감각으로 검증할 수 없기 때문이다.

도덕 문장은 다양한 감정이나 태도를 표현하고 타인의 감정을 ⓓ 불러일으키는 정서적 의미를 갖는다고 에이어는 주장했다. 그는 많은 사람들이 도덕 문장이 진리 적합성을 갖는다고 오해하는 것은 도덕 용어의 두 가지 용법을 구분하지 못해서라고 주장한다. 그에 따르면 도덕 용어는 감정을 표현하는 표현적 용법으로도, 세계에 관한 어떤 사실을 기술하는 기술적 용법으로도 사용될 수 있다. 만약 '도둑질은 나쁘다.'가 도둑질이 사회적으로 배척된다는 사실을 기술하는 문장이라면, 이 문장은 도덕적으로 옳고 그름에 관한 것이 아니다. 따라서 이 문장은 도덕 문장이 아니고, 경험적으로 검증이 가능하다. 반대로 그 문장이 도둑질에 대한 화자의 감정을 표현한 문장이라면 이는 도덕 문장이며 어떤 사실을 기술한 것이 아니다. 에이어에게는 '도둑질은 나쁘다.'와 같은 도덕 문장을 진술하는 것은 감정을 담은 어조로 '네가 도둑질을 하다니!'라고 말하는 것과 다름없기 때문이다. 그의 주장대로라면 도덕 문장은 감정을 표현하는 도덕 주체로부터 독립적으로 존재하는 무언가를 기술할 수 없다. 이는 전통적인 윤리학자들의 기본 가정을 부정하는 급진적 주장이지만 윤리학에 새로운 사고를 ⓔ 열어 준 선구적인 면도 있다.

**(나)**

논리학에서 제기된 의문이 윤리학의 특정 견해에 대한 비판이 되기도 한다. 다음 논의는 이를 보여 준다. 'P이면 Q이다. P이다. 따라서 Q이다.'인 논증을 전건 긍정식이라 한다. 전건 긍정식은 'P이면 Q이다.'와 'P이다.'라는 두 전제가 참이면 결론 'Q이다.'는 반드시 참이라는 뜻에서 타당하다. 그런데 어떤 문장이 단독으로 진술되는 경우에는 감정이나 태도를 표현할 수 있지만 그 문장이 조건문인 'P이면 Q이다.'의 부분으로 포함되는 경우에는 그렇지 않다. '귤은 맛있다.'는 화자의 선호라는 감정을 표현한다. 하지만



[해설편 p.063]

그 문장이 '귤은 맛있다면 귤은 비싸다.'처럼 조건문의 일부가 되면 귤에 관한 화자의 선호를 표현하지 않는다. 이에 전건 긍정식의 P가 감정이나 태도를 표현하는 문장일 때 'P이면 Q이다.'의 P와 'P이다.'의 P 사이에 내용의 차이가 생기므로, 전건 긍정식임에도 두 전제의 참이 결론 'Q이다.'의 참을 보장하지 않는다는 것이 ㉠ 몇몇 논리학자들이 제기한 문제였다. 전건 긍정식인 '표절은 나쁘다면 표절을 돕는 것은 나쁘다. 표절은 나쁘다. 따라서 표절을 돕는 것은 나쁘다.'라는 논증은 직관적으로 타당해 보인다. 하지만 '표절은 나쁘다.'가 감정을 표현했다면, 위 논증은 타당하지 않다고 해야 한다. 그러므로 에이어의 윤리학 견해를 고수하려면, 도덕 문장을 포함하는 전건 긍정식의 타당성을 부정하거나, 전건 긍정식은 도덕 문장을 포함할 수 없다고 해야 한다. 이 쟁점에 대해 행크스는 다음과 같이 논의를 전개하였다.

[A] '표절은 나쁘다.'라는 문장은 표절이라는 대상에 나쁨이라는 속성을 부여하는 내용을 가진다. 그리고 화자의 문장 진술은 그 내용과 완전히 무관할 수는 없기 때문에 그런 문장은 단독으로 진술되든 그렇지 않든 판단적이다. 문장이 판단적이라는 것은, 대상에 속성을 부여하는 내용을 지니는 것이 그 문장의 본질이라는 것을 뜻한다. 도덕 문장을 비롯한 모든 판단적 문장은 참 또는 거짓일 수 있다. 조건문에 포함된 문장도 판단적이라는 점에서 단독으로 진술될 때와 내용의 차이가 없다. 그러므로 도덕 문장을 포함하는 전건 긍정식은 타당해 보일 뿐 아니라 실제로도 타당하다. 그렇다면 'P이면 Q이다.'에 포함된 'P이다.'가 단독으로 진술된 경우와 다른 점은 무엇인가? 가령 '귤은 맛있다.'는, '귤은 맛있다면 귤은 비싸다.'라는 조건문에 포함되는 경우 화자가 대상에 속성을 부여하는 행위를 하는 것은 아니기에 그것의 판단적 본질을 발현하지 못한다. 그러나 이 맥락에서도 조건문에 포함된 '귤은 맛있다.'는 판단적 본질을 여전히 잃지 않는다. 다시 말해, 그 문장 자체는 대상에 속성을 부여하는 내용을 지닌다.

**12.** (가)에 나타난 [에이어]의 입장으로 적절하지 <u>않은</u> 것은?

① 도덕 용어를 기술적 용법으로 사용한 문장은 검증이 가능하다.
② 표현적 용법을 활용한 도덕 문장은 자신의 감정을 표현하는 문장과 동일한 의미를 표현한다.
③ 주어와 술어의 의미 관계를 통해 어떤 문장을 검증할 수 있다면 그 문장은 분석적 문장이다.
④ 도덕 용어의 용법은 도덕 용어가 기술하는 사실의 종류에 따라 기술적 용법과 표현적 용법으로 구분할 수 있다.
⑤ 도덕 문장에 진리 적합성이 있다는 오해는 도덕 문장을 세계에 대한 어떠한 사실을 기술한 것으로 해석한 데에 기인한다.

**13.** [A]로부터 추론한 내용으로 가장 적절한 것은?

① '귤은 맛있다면 귤은 비싸다.'에 포함된 '귤은 맛있다.'는 판단적이지 않다.
② '표절은 나쁘다.'는 단독으로 진술되었을 때에만 참 또는 거짓일 수 있다.
③ '귤은 맛있다.'는 조건문의 일부로 진술될 때는 대상에 속성을 부여하는 내용을 지니지 않는다.
④ 화자는 귤이 맛있음의 속성을 가진다는 내용과 완전히 무관한 채로 '귤은 맛있다.'를 진술할 수 있다.
⑤ '표절은 나쁘다.'는 화자가 표절에 나쁨을 부여하지 않는 맥락에서도 그것의 판단적 본질을 유지할 수 있다.

**14.** 다음은 윗글을 읽고 학생이 작성한 학습 활동지이다. 윗글을 바탕으로 할 때, 적절하지 <u>않은</u> 것은?

□ 다음의 진술에 대해 윗글에 제시된 학자들이 보일 수 있는 견해를 작성해 봅시다.

**[진술 1]** 객관적으로 존재하는 도덕적 사실이 있다.
- 전통적인 윤리학자 : 옳다. 도덕적 판단의 근거는 도덕 주체로부터 독립적으로 존재하기 때문이다. ················ ①
- 에이어 : 옳지 않다. 도덕 문장은 도덕 주체로부터 독립적일 수 없기 때문이다. ················ ②

**[진술 2]** 도덕 문장은 참 또는 거짓이라는 속성을 갖는다.
- 에이어 : 옳지 않다. 도덕 문장은 분석적이지도 종합적이지도 않기 때문이다. ················ ③
- 행크스 : 옳다. 도덕 문장은 도덕 용어가 나타내는 속성에 비추어 참 또는 거짓이 정해지기 때문이다.

**[진술 3]** 전건 긍정식의 두 전제에 공통으로 포함된 도덕 문장은 내용이 다르다.
- 에이어 : 옳다. 도덕 문장은 전건 긍정식의 전제로 사용되면 진리 적합성을 갖기 때문이다. ················ ④
- 행크스 : 옳지 않다. 단독으로 진술된 문장은 조건문의 일부로 사용된 때와 내용 차이가 없기 때문이다. ················ ⑤

**15.** 윗글을 바탕으로 ㉠을 이해한 내용으로 적절하지 <u>않은</u> 것은?

① 에이어의 윤리학 견해가 옳다면 전건 긍정식이 직관적으로 타당해 보이게 된다는 점에서, ㉠은 에이어에 대한 비판이 된다.
② ㉠에 따르면, 도덕 문장을 포함하는 전건 긍정식이 타당하다면 도덕 문장이 감정을 표현한다는 견해는 수용될 수 없다.
③ ㉠은 전건 긍정식이 타당하려면 두 전제 모두에 나타난 문장의 내용이 일치해야 함에 기초한다.
④ ㉠은 도덕 문장뿐 아니라 개인적 선호를 나타내는 문장에 대해서도 제기될 수 있다.
⑤ 도덕 문장을 판단적이라고 보는 이론에 따르면 ㉠은 애당초 발생하지 않는다.

**16.** 윗글과 <보기>를 비교하여 이해한 내용으로 적절하지 않은 것은? [3점]

<보 기>

'자선은 옳다.'는 자선에 대한 찬성, '폭력은 나쁘다.'는 폭력에 대한 반대라는 태도를 표현한다. 도덕 문장을 포함하는 '자선은 옳다면 봉사는 옳다.'라는 조건문은 '태도에 대한 태도'를 표현한다. 위와 같은 주관적 태도들에는 참, 거짓이 없다. '자선은 옳다면 봉사는 옳다.'와 '자선은 옳다.'가 나타내는 태도를 지니면서, '봉사는 옳다.'에 반대하는 것은 비일관적이다. '자선은 옳다면 봉사는 옳다. 자선은 옳다. 따라서 봉사는 옳다.'가 타당하다는 것은 이런 뜻이다.

① 도덕 문장이 태도나 감정을 표현한다는 주장은, 도덕 문장을 포함하는 조건문이 '태도에 대한 태도'를 표현한다는 <보기>의 주장과 상충하는군.
② 논증의 타당성이 전제와 결론의 참에 의해 규정된다는 주장은, 타당성을 논증에 나타난 태도 사이의 관계에 의해 규정할 수 있다는 <보기>의 주장과 상충하는군.
③ 무엇이 윤리적으로 옳고 그른지에 대한 객관적 기준을 세워야 한다는 주장은, 도덕 문장은 찬성과 반대라는 주관적 태도를 나타낸다는 <보기>의 주장과 상충하는군.
④ '귤은 맛있다.'가 귤에 대한 화자의 선호를 표현한다는 주장은, '자선은 옳다.'가 자선에 대한 화자의 찬성을 표현한다는 <보기>의 주장과 상충하지 않는군.
⑤ '도둑질은 나쁘다.'가 화자의 정서를 표출하므로 진리 적합성이 없다는 주장은, 폭력에 대한 화자의 태도를 표현하는 문장이 참, 거짓일 수 없다는 <보기>의 주장과 상충하지 않는군.

**17.** 문맥상 ⓐ~ⓔ와 바꿔 쓰기에 가장 적절한 것은?

① ⓐ: 수색하는
② ⓑ: 제시하지
③ ⓒ: 전파했다
④ ⓓ: 발산하는
⑤ ⓔ: 공개하여

**[18~21] 다음 글을 읽고 물음에 답하시오.**

장 소저가 남복을 벗고 담장 소복으로 여복을 개착하고 금로에 향을 사르며 시랑의 영위 먼저 차린 후 제문을 읽으니, ⓐ그 글에 하였으되,

'유세차 기축 삼월 정묘 삭 십오 일에 기주 장 한림의 딸 애황은 감히 이부 시랑 이 공 영위 앞에 아뢰나이다. 오호 애재라! 소첩의 부친이 대인과 사귐이 깊사옵더니, 그 후에 대인은 귀자를 두시고 부친은 소첩을 얻으시니 피차에 동년 동일생이라. 부친이 신기한 꿈을 꾸고는 대인과 **진진지연***을 깊이 맺었더니, 슬프다, 양가 시운이 불리하여 대인은 **간신의 모해**를 입어 외딴섬에 유배 가시고, 부친은 대인의 억울함과 소첩의 앞길이 그릇됨을 원통히 여겨 걱정과 분노가 병이 되어 중도에 **세상을 버리**시니, 모친 또한 부친의 뒤를 따라 별세하시니, 외롭고 연약한 소첩은 의지할 곳이 없더라. 간적 왕회가 첩의 고독함을 업신여겨 **혼인을 강제하**옵기로 변복 도주하였다가, 남자로 행세하여 용문에 올라 남적을 멸하고 대공을 이룸은, 적자 왕희를 없이하여 원통함을 풀고 대인과 공자를 찾아 혼약을 이루기 위함이었는데, 사신의 말을 들으니 대인 부자가 형적이 없다 하니, 반드시 수중고혼이 되신지라. 어찌 참통치 않으리잇고. 이에 한 잔 술을 바치옵나니 삼가 바라건대 존령은 흠향하옵소서.'

하였더라.

(중략)

각설. 이 공자 대봉이 부친을 모시고 ㉠용궁을 떠나 여러 날 만에 ㉡황성에 올라와 머물 곳을 정한 후, 흉노의 머리 벤 것을 봉하여 성상께 올릴새 상소를 지어 전후사연을 주달하였거늘, 이때 성상이 이 시랑 부자의 생사를 알지 못하시고 장 소저의 앞길을 애련히 여기사 마음에 잊지 못하시더니, 또 장 소저의 상표가 이르렀거늘 상이 반기사 급히 열어 보시니 왈,

'신첩 장애황은 일장 표를 용탑 하에 올리나이다. 신첩이 성상의 큰 은혜를 받자와 바닷가에서 제를 올려 고혼을 위로하오나, 이승과 저승이 판이하게 달라 영혼이 자취가 없사오니, 비록 앞에 와 흠향하온들 어찌 알 리 있사오리잇가. 아득한 경상과 슬픈 마음을 진정치 못하와 제를 지내며 통곡하옵더니, 천우신조하와 삭발 승려를 만나오니 이 곧 시랑 이익의 처 양씨라. 비록 **성혼 행례**는 아니 하였사오나 어찌 시어머니와 며느리 사이가 아니리잇가. 일비일희하여 즐겁기 무궁하오니, 이는 다 성상의 넓으신 덕택으로 말미암음이라. 그러나 왕희 부자는 국가를 혼란스럽게 한 간신이옵고 신첩의 원수라. 바라건대 폐하는 왕희 부자를 엄형 국문하사 국법을 밝히시고, 그 부자를 신첩에게 내어 주시면 남선우 베던 칼로 난신을 죽여 이익의 부자에게 제하여 영혼을 위로하리이다.'

하였더라.

상이 다 보신 후 정히 처결코자 하시더니, 이때 또 하나의 표문이 올라오거늘, 상이 의괴하여 열어 보시니 ⓑ그 소에 하였으되,

'죄신 이대봉은 황공함과 두려운 마음으로 머리를 조아려 절을 올리며 한 장 표문을 황상 용탑 하에 바치옵나이다. 신의 부자가 간신 왕희의 모함을 입었사오나, 폐하의 성덕을 입사와 이 한목숨에 너그러움을 베풀어 ㉢해도에 내치신 덕택으로 유배지로 가옵더니, 도중을 향하와 배를 타고 대해 중에 행하옵더니, 뜻밖에 뱃사람들이 달려들어 아비를 결박하여 물에 던지거늘, 신의 아비 죽는 양을 보고 또한 뒤를 따라 수중에 빠지오매 거의 죽게 되었삽더니, 마침 서해 용왕의 구함을 입어 살아나 서역 천축국 ㉣백운암에 가 팔 년을 의탁하였나이다. 생각하옵건대 신의 부자가 국가의 죄인이라. 타처에 오래 있사옴이 옳지 않아 세상에 나와 수중에 빠진 아비 유골이나마 찾고 고국에 있는 어미를 찾아보고자 하와

중원으로 돌아가옵다가, 농서에서 한나라 장수 이릉의 영혼을 만나 갑옷과 투구를 얻고, 사평에서 오추마를 얻으며, 화용도에서 관 공의 영혼을 만나 칼을 얻어, 황성으로 향코자 하옵다가, 반적 흉노가 천자의 자리를 범하여 황성을 함몰하고 어가가 ⓜ금릉으로 행하셨다 함을 듣고, 분심을 이기지 못하와 전죄를 무릅쓰고 천 리를 달려와 금릉에 이르러 자칭 충의장군이라 하옵고 필마단창으로 적군을 파하고 적장 묵특남과 동돌수를 베어 성상의 급하심을 구하옵고, 흉노가 도망하는 것을 따라 서릉도에 들어가 흉노를 베었나이다. 돌아오는 길에 해중에서 풍랑을 만나 나흘 밤낮을 정처 없이 가다가 천우신조하옵고, 성상의 하해지덕으로 무인절도에 다다라 바람이 그치오며, 그 섬에 올라가 죽었던 아비를 만났사오니 황명을 기다리지 아니하고 감히 함께 와 대죄하옵나니, 신의 부자의 죄 만 번 죽어도 아까울 것이 없나이다. 그러하오나 왕희는 국가의 난신적자요 신의 원수라. 뱃사람이 재물 없이 적소로 가는 죄수를 무단히 살해하올 일은 만무하온즉, 이는 반드시 왕희의 사주를 받은 것으로, 의심할 바 없는지라 바라옵건대 성상은 엄형 국문하옵신 후 왕적을 내어 주시고 신의 죄를 다스리옵소서.' 하였더라.

- 작자 미상, 「이대봉전」 -

＊진진지연(秦晉之緣): 혼인의 인연.

**18.** ㉠~㉤에 대한 설명으로 가장 적절한 것은?

① ㉠은 이대봉이 이릉의 영혼을 만나 갑옷과 칼을 얻은 공간이다.
② ㉡은 흉노가 침범한 곳이자 이대봉이 흉노를 처단한 공간이다.
③ ㉢은 장 한림 부부가 간신의 모해로 유배 간 공간이다.
④ ㉣은 이대봉이 중원으로 향하기 전에 머물던 공간이다.
⑤ ㉤은 동돌수가 이대봉을 피해 달아난 공간이다.

**19.** [장 소저]에 대한 이해로 적절하지 <u>않은</u> 것은?

① 부친과 이 시랑이 '진진지연'을 맺은 데에는 신기한 꿈이 영향을 미쳤을 것이라고 알고 있다.
② 이 시랑이 '간신의 모해'를 입은 것은 시운이 좋지 않았기 때문이라고 생각했다.
③ 부친이 '세상을 버'린 까닭은 혼약이 어그러진 것과 이 시랑의 죽음에 대한 분노 때문이라고 여겼다.
④ 왕희가 '혼인을 강제하'는 것으로 판단하여 변복 도주했다.
⑤ '성혼 행례'는 하지 않았으나, 승려가 된 양씨를 시어머니로 대했다.

**20.** <보기>의 [A]에 들어갈 말로 적절하지 <u>않은</u> 것은?

<보 기>

**선생님**: 고전 소설에서는 제문, 표문 등과 같은 다양한 글이 활용되기도 해요. 윗글의 ⓐ와 ⓑ에서 글을 바치는 사람과 받는 상대가 누구인지 고려하여, 글의 특징이나 기능에 대해 말해 보세요.
**학 생**: ＿＿＿＿＿＿[A]＿＿＿＿＿＿
**선생님**: 네, 맞아요.

① ⓐ는 망자에게 바치는 제문이고, ⓑ는 성상에게 바치는 표문이에요.
② ⓐ는 상대의 원통함을 위로하기 위하여, ⓑ는 상대에게 사건 경과를 알려 특별한 조치를 요청하기 위하여 작성되었어요.
③ ⓐ와 달리 ⓑ에는 글을 바치는 사람이 스스로를 낮추는 표현이 사용되었어요.
④ ⓐ에서 글을 바치는 사람이 오해했던 사건의 실상이 ⓑ에서 드러나고 있어요.
⑤ ⓐ와 ⓑ는 모두 글을 바치는 사람과 상대를 서두에서 밝히고 있어요.

**21.** <보기>를 참고하여 윗글을 감상한 내용으로 적절하지 <u>않은</u> 것은? [3점]

<보 기>

「이대봉전」에서 주인공은 공적 가치와 사적 목표를 실현하기 위해 노력한다. 공적 가치는 국가 차원의 사건에 참여하는 당위로 제시되고, 사적 목표는 가문의 일원으로서 그 사건 해결에 가담하는 동력이 된다. 현실계나 비현실계의 존재들 또한 주인공의 이러한 문제 해결 과정에 조력한다. 공적 활약을 통해 공적 가치의 권위를 인정하는 이면에 사적 목표의 추구를 배치하는 이러한 구도는 영웅소설이 지향하는 '충'이라는 이념을 훼손하지 않으면서도 사적 목표의 추구를 정당화한다.

① 장애황이 혼약을 이루기 위해 대공을 세웠다고 한 데에서, 혼약이 국가 차원의 사건에 참여하는 동력이 되었음을 알 수 있군.
② 장애황이 난신 왕희를 국법으로 다스린 후 자신에게 내어 달라고 한 데에서, 공적 권위를 존중하되 사적 목표도 실현하고자 하는 마음을 알 수 있군.
③ 흉노의 침입으로 성상이 피신했다는 소식에 분노하여 이대봉이 출전한 데에서, 국가 차원의 문제 해결에 참여하는 당위성을 확인할 수 있군.
④ 표류하던 이대봉이 천우신조로 무인절도에서 이 시랑과 재회한 데에서, 비현실계의 존재가 이대봉의 공적 활약에 조력한 것을 확인할 수 있군.
⑤ 이대봉이 흉노 제압을 공으로 드러낸 후 성상에게 왕희의 처벌을 요구한 데에서, 충의 이념을 훼손하지 않으면서도 사적 목표의 정당성을 확보하려는 인물의 의중을 확인할 수 있군.

[22~26] 다음 글을 읽고 물음에 답하시오.

(가)

저 건너 ⓐ꽁생원은 팔자를 원망토다
제 아비 덕분으로 **돈천이나 가졌더니**
술 한 잔 밥 한 술을 **친구 대접 하였던가**
주제넘게 아는 체로 ㉠음양술수(陰陽術數) 현혹되어
이장도 자주 하며 이사도 힘을 쓰고
당대발복(當代發福) 예 아니면 피란처가 여기로다
올 적 갈 적 행로상에 ㉡처자식을 흩어 놓고
유무(有無) 상관 아니하고 **공것**을 바라도다
기인취물(欺人取物) 하자 하니 두 번째는 아니 속고
**공납**(公納) 범용 하자 하니 일가 중에 부자 없고
**뜬재물**을 경영하여 경향출입 싸다닐 제
재상가에 ㉢청질하다 봉변당해 물러서며
남의 고을 결태 하다 혼금(閽禁)에 쫓겨 오기
혼인 중매 선채* 돈에 창피당해 뺨 맞으며
가대* 흥정 구문 먹기 ㉣펀잔 듣고 자빠지고
불의행실(不義行實) 찌그렁이 위조문서 비리호송(非理好訟)
부자나 후려 볼까 ㉤감언이설 꾀어 보자
언막이에 보막이며 은광이며 금광이라
큰길가에 색주가며 노름판에 푼돈 떼기
남북촌에 뚜쟁이로 인물 초인(招引) 하여 볼까
산진매 수진매로 사냥질로 놀아나기
혼인 핑계 어린 딸이 백 냥짜리 되었구나
대종손 양반 자랑 산소나 팔아 볼까
아낙은 친정살이 자식은 머슴살이
**일가**에게 인심 잃고 **친구**에게 손가락질
부지거처(不知去處) 나간 후에 소문이나 들었던가

- 작자 미상, 「우부가」 -

* 선채(先綵): 혼례 전에 신랑 집에서 신부 집으로 보내는 비단.
* 가대(家垈): 집이나 토지 등을 통틀어 이르는 말.

(나)

경인년(庚寅年)에 큰 가뭄이 들어 정월부터 가을 7월에 이르기까지 **비가 내리지 않**았다. 봄에는 논밭을 갈지 못했고, 여름에는 **김을 맬 수가 없**었다. 들판에 있는 풀은 하나같이 누렇게 말랐고, 논밭의 곡식도 모두 시들었다.

부지런한 농부가 말하기를,

"김을 매도 죽을 것이고 김을 매지 않아도 죽을 것이다. 편안히 앉아 기다리는 것보다는 힘을 다하여 곡식을 살리는 게 나을 것이다. 만일 비가 내린다면 어찌 그동안 들인 노력이 모두 허사가 되겠는가."

라고 하였다. 그러므로 논밭은 이미 갈라졌으나 김매기를 그치지 아니하고 싹이 이미 시들었어도 **풀 뽑기를 쉬지 아니하여**, 한 해가 다 가도록 부지런히 일을 하면서 자신이 할 일에 최선을 다하였다.

ⓑ게으른 농부는 말하기를,

"김을 매도 죽을 것이고 김을 매지 않아도 죽을 것이다. 바쁘게 일하면서 수고로운 것보다는 아무 일도 하지 않고 **그냥 쉬는 것이 나을 것**이다. 만일 비가 오지 않으면 이것 모두 무익하게 될 것이다."

라고 하였다. 그러므로 밭에서 일하는 농부들을 보고 비웃기를 그치지 않았고, 들밥을 내가는 아녀자들을 보고 조롱하기를 그만두지 않으면서, 한 해가 다 가도록 물러나 앉아 천명을 기다리고 있었다.

나는 일찍이 가을걷이할 무렵 파산(坡山)의 들판에 가 보았다. 그 밭의 절반은 황폐하였고 절반은 곡식이 잘 가꾸어져 있었는데, 절반은 곡식이 성글게 달렸고 절반은 빽빽하게 달려 있었다. 어떤 농부는 목을 뻣뻣이 세우고 하늘을 우러러보고, 또 어떤 농부는 술에 취해 잠이 들어 있었다. 마을 노인에게 이유를 물으니,

"저 황폐하고 성긴 곡식은 목을 뻣뻣이 세우고 하늘을 우러러 보는 자들이 무익하다고 여겨 김을 매지 않은 것이고, 잘 가꾸어져 빽빽한 곡식은 술에 취한 채 목이 메어 잠든 자들이 정성과 힘을 다하여 살린 것이다. 한때의 편안함을 탐내었다가 일 년 내내 굶주리게 되었고, 한때의 괴로움을 참아 일 년 내내 배불리 지낼 수 있게 되었다."

라고 하였다.

아, 열심히 일하여 얻고, 편안하게 놀다가 잃는 것은 비단 농사일만이 아닐 것이다. 오늘날 시서(詩書)를 공부하여 벼슬길에 나아가기를 도모하는 사람들도 어찌 이와 다를 것인가?

ⓒ선비들은 젊었을 때에 학문에 뜻을 두고 밤낮없이 부지런히 노력하여 육경(六經)과 온갖 사서(史書)를 탐구하지 않음이 없고 문장과 아름다운 글귀를 익히지 않음이 없다. 저마다 재주를 품고 기이한 재주를 쌓아 과거 시험장에 나아가 솜씨를 겨루어, 한 번에 뜻을 이루지 못하면 못마땅해하고, 두 번에 뜻을 얻지 못하면 마음이 흐려지고, 세 번에도 뜻을 얻지 못하면 스스로 낙심하여 말하기를,

"공명에는 분수가 있어서 학문으로 이룰 수 있는 것이 아니며, 부귀는 운명에 달려 있으니 역시 학문으로 이룰 수 있는 것이 아니다."

라고 한다. 그동안 배운 것을 버리고 아울러 이전에 쌓아 온 바를 버려서 어떤 이는 중도에 그만두기도 하고 또 어떤 이는 문(門)에 거의 다 이르렀다가 되돌아간다. 아홉 길 높이로 산을 쌓고도 한 삼태기의 힘을 마저 쏟지 않는 것과 같으니, 어찌 게을러서 김을 매지 않는 자들과 같지 않으리오.

학문의 수고로움은 농부들이 봄, 여름, 가을의 세 계절을 고생하는 것에 비할 바가 아니나, 학문을 하여 얻는 공이 어찌 농사를 지어 얻는 이로움 정도뿐이겠는가. 농사를 지어 입과 배를 채우는 것은 그 이로움이 적으나, 학문을 하여 명성을 취하는 것은 그 이로움이 크다. 이로움이 작은 일도 오히려 부지런히 하지 않을 수 없는데, 하물며 **큰 일을 하면서 부지런하**지 않을 수 있겠는가. 마음을 수고롭게 하는 군자는 도리어 몸을 수고롭게 하는 소인이 끝까지 노력함을 알지 못한다. 그러므로 이 글을 지어 그들을 깨우치는 바이다.

- 성현, 「타농설」 -



[해설편 p.066]

**22.** (가)와 (나)에 대한 설명으로 가장 적절한 것은?

① (가)는 열거의 방식을, (나)는 대조의 방식을 활용하여 주제를 부각하고 있다.
② (가)는 (나)와 달리, 대구적 표현을 활용하여 인물에 대한 태도의 변화를 드러내고 있다.
③ (나)는 (가)와 달리, 반어적 표현을 활용하여 인물에 대한 기대감을 높이고 있다.
④ (가)와 (나)는 모두, 계절적 배경을 활용하여 향토적 분위기를 조성하고 있다.
⑤ (가)와 (나)는 모두, 해학적 표현을 활용하여 인물 간의 우호적 관계를 드러내고 있다.

**23.** ㉠~㉤을 이해한 내용으로 적절하지 않은 것은?

① ㉠은 집터나 묏자리를 통해 길운을 바라는 꽁생원이 관심을 보이는 대상이다.
② ㉡은 재물을 모은 꽁생원이 함께 풍요로운 삶을 누리고 싶은 대상이다.
③ ㉢은 재물을 경영하여 부를 증식하려는 꽁생원이 권력가의 권세를 이용하기 위한 방법이다.
④ ㉣은 집이나 땅을 중개하여 이문을 취하려는 꽁생원이 흥정 과정에서 겪은 부정적 반응이다.
⑤ ㉤은 부자의 재산으로 이익을 얻으려는 꽁생원이 부자를 꾀는 수단이다.

**24.** ⓐ~ⓒ에 대한 이해로 가장 적절한 것은?

① ⓐ는 도박과 음주에 빠져 있고, ⓑ는 파산의 들판에서 술에 취해 잠들어 있다.
② ⓐ는 부모의 혜택을 받지 못하여 팔자를 원망하고, ⓒ는 분수를 알아 자신의 배움에 한계가 있다고 생각한다.
③ ⓐ는 혼인을 중매하는 일에 성공하지 못하여 창피를 당하고, ⓒ는 과거 시험에서 뜻을 이루지 못하여 수치를 당한다.
④ ⓑ는 가뭄에 김을 매지 않아 다른 농부들의 조롱을 받고, ⓒ는 한때의 괴로움을 참지 못하여 공명을 이루지 못한다.
⑤ ⓑ는 김매기를 하여도 작물이 죽을 것이라고 생각하고, ⓒ는 학문에 힘을 쏟아도 부귀를 이루지 못할 수 있다고 생각한다.

**25.** (나)에 대한 설명으로 적절하지 않은 것은?

① 인물들의 말을 인용하여 특정 상황에 대한 서로 다른 태도를 드러내고 있다.
② 글쓴이의 주장과 그에 대한 반박을 제시하여 화제에 대한 상반된 입장을 나타내고 있다.
③ 물음에 답하는 인물을 통해 글쓴이가 관찰한 상황이 발생하게 된 이유를 제시하고 있다.
④ 다른 사람에게 교훈을 전달하고자 하는 글쓴이의 의도를 드러내며 글을 마무리하고 있다.
⑤ 글쓴이의 경험을 통해 얻은 깨달음을 바탕으로 논의의 대상을 다른 상황으로 확장하고 있다.

**26.** <보기>를 참고하여 (가), (나)를 감상한 내용으로 적절하지 않은 것은? [3점]

<보 기>

당면한 현실에 대응하는 양상에 따라 삶에 대한 평가는 달라진다. 요행을 바라면서 책임감 없는 삶을 사는 경우에는 부정적으로, 현실적 한계를 극복하고자 노력하는 삶을 사는 경우에는 긍정적으로 평가된다. (가)에서는 당대 규범에서 벗어나 세속적 욕망을 추구하며 요행을 바라는 태도에 대한 경계가, (나)에서는 운명론적 태도에서 벗어나 삶의 주체로서 문제를 성실하게 해결하는 자세에 대한 권면이 나타나고 있다.

① (가)의 '공것'과 '뜬재물'은 정당한 노력을 기울이지 않고 요행을 바라는 태도를 알 수 있는 소재이군.
② (나)의 '비가 내리지 않'아 '김을 맬 수가 없'는 것을 보니, 농부들이 농경에 부적합한 환경이라는 문제 상황에 당면하게 된 것을 알 수 있군.
③ (가)의 '공납'을 유용하려는 것에서 이익을 위해 규범을 무시하는 태도를, (나)의 '그냥 쉬는 것이 나을 것'에서 불행한 결과를 예단하는 운명론적 태도를 확인할 수 있군.
④ (가)의 '돈천이나 가졌더니', '친구 대접 하였던가'에서 재물을 베푸는 데 인색한 물욕을, (나)의 '풀 뽑기를 쉬지 아니하여'에서 한계 상황을 극복하고자 하는 의지를 확인할 수 있군.
⑤ (가)의 '일가'와 '친구'에게서 소외당한 꽁생원의 말로에서 무책임한 삶에 대한 경계가, (나)의 '큰 일을 하면서 부지런하'기를 촉구하는 데에서 게으른 농부에 대한 권면이 나타나는군.

**[27~30] 다음 글을 읽고 물음에 답하시오.**

어머니의 변명은 끝끝내 내 마음을 어루만져 주지 못했다. 그 후로 나는 좀처럼 아버지에 대한 얘기를 꺼내지 않게 되었다. 뜻밖에도 아버지의 죄를 순순히 시인하는 그녀의 ⓐ 한마디가 내게는 그토록 엄청난 충격으로 깊이 남겨졌던 탓이리라. ㉠ 바로 그 순간부터 나는 아버지의 그 죄라는 것을 내 스스로 함께 나누어 지니고 만 느낌이었고, 그 때문에 나이에 걸맞지 않게 나는 눈빛이 깊고 어두운 아이가 되어 가고 있었다. 그리고 그때부터 아버지의 무서운 환영은 저주처럼 내 곁을 따라다니기 시작했다. 그는 언제나 시커먼 어둠 저편에 숨어서 음산하기 그지없는 눈빛으로 나를 쏘아보고 있었다. 그는 어디에나 숨어 있었다. 내 어릴 때 이따금 고개를 디밀어 들여다보면 마루 밑 저편 깊숙이 도사리고 있던 그 까마득한 어둠 속에도 그 어둠 속에서 술술 기어 나오던 그 눅눅하고 음습한 냄새 속에서도 내가 한 번도 얼굴을 본 적이 없는 그 사내는 핏발 선 눈알을 번득이며 나를 쏘아보고 있는 것이었다. 그건 어디서 묻었는지도 모르는, 오랜 시간이 흐른 뒤에까지 지워지지 않는 핏자국처럼 내게는 저주와 공포의 **낙인**으로 깊이 박혀져 있었다. 그리고 그 낙인을 가슴에 지닌 채, 나는 끝끝내 나를 휘감고 있는 어떤 엄청난 **죄악감과 불길한 예감**으로부터 영영 벗어날 수가 없었다.

〔**중략 부분의 줄거리**〕 나와 부대원들은 훈련에 대비해 참호를 파다가 발견한 유해를 인근 마을의 노인과 함께 수습하여 매장하는 일을 행한다.

두개골과 다리뼈를 꼼꼼히 문질러 닦은 뒤, 노인은 몸통뼈에 묶인 줄을 풀어내기 시작했다. 완강하게 묶인 매듭은 마침내 노인의 손끝에서 풀리어졌다. 금방이라도 쩔걱쩔걱 쇳소리를 낼 듯한 철삿줄은 싱싱하게 살아 있었다. 살을 녹이고 뼈까지도 녹슬게 만든 그 오랜 시간과 땅 밑의 어둠을 끝끝내 견뎌 내고 그렇듯 시퍼렇게 되살아 나오는 그것의 놀라운 끈질김과 냉혹성이 언뜻 소름끼치도록 무서움증을 느끼게 했다.

노인은 손목과 팔에 묶인 결박까지 마저 풀어낸 다음 허리를 펴고 일어서더니 **줄 묶음**을 들고 저만치 걸어 나갔다. 그가 허공을 향해 그것을 멀리 **내던지**는 순간 나는 까닭 모르게 마당가에서 하늘을 치어다보며 서 있는 어머니의 가녀린 목 줄기와 그녀가 아침마다 소반 위에 떠서 올리곤 하던 하얀 **물 사발**이 눈앞에 떠올랐다가 스러져 버리는 것이었다.

㉡ 나는 담배를 피워 물었다. 멀리 메마른 초겨울의 야산이 헐벗은 등을 까 내놓고 죽은 듯이 엎드려 있었다. 사위는 온통 잿빛의 풍경이었다. 피잉, 현기증이 일었다.

광주리를 머리에 인 어머니가 **모래밭**을 걸어오고 있었다. 돌돌거리며 흐르는 물소리를 거슬러 강변 모래밭을 어머니가 혼자 저만치서 다가오고 있었다. 모래밭은 하얗게 햇살을 되받아 쏘며 은빛으로 반짝였다. 허리띠를 질끈 동인 어머니의 치맛자락이 흐느적이며 바람결에 흔들리고 있었다. 나는 햇살에 부신 눈을 가늘게 오므리고 줄곧 그녀를 지켜보고 있었다. 그때였다. 꿈속에서처럼 나는 그녀의 뒤를 바짝 따라오고 있는 한 **사내의 환영**을 보았다. 그건 아버지였다. ㉢ 언젠가 어머니의 낡은 반닫이 깊숙한 옷가지 밑에 숨겨져 있던 액자 속에서 학생복 차림으로 서 있던 그대로 그건 영락없는 그 사내였다. 나를 어머니의 배 속에 남겨 놓은 채 어느 바람이 몹시 부는 날 밤, 산길을 타고 지리산인가 어디로 황황히 떠나가 버렸다는 사내. 창백해 뵈는 뺨에 마른 몸집의 그 사내가 어머니와 함께 걸어오고 있는 것이었다. 놀란 눈으로 풀밭에 앉아 나는 그들을 지켜보고 있었다. 이윽고 어머니의 눈썹과 코, 입의 윤곽과 야윈 목 줄기까지 뚜렷이 드러날 만큼 가까워졌을 때 사내의 환영은 어느 틈에 사라져 버리고 없었다. 몇 번이나 눈을 비비고 보았으나 역시 마찬가지였다. 하얗게 반짝이는 모래밭 위로 어머니가 찍어 내는 발자국만 유령처럼 끈질기게 그녀의 발꿈치를 뒤따라오고 있을 뿐이었다.

우리는 관 대신에 신문지로 싼 **유해**를 맨 처음 그 자리에 다시 묻어 주었다. 도톰하니 봉분을 만들고 뗏장까지 입혀 놓고 보니 엉성한 대로 형상은 갖춘 듯싶었다. 노인은 술을 흙 위에 뿌려 주었다. 그리고 자신이 먼저 한 모금 마신 다음에 잔을 돌렸다. 오 일병이 노파가 준 북어를 내놓았고, 덕분에 작은 술판이 벌어졌다. 음복인 셈이었다.

"얌마, 이런 느닷없는 장례식도 모두 너희 두 놈들 때문이니까, 자 한 잔씩 마셔라."

"그래그래, 어쨌든 너희들은 좋은 일 했으니 천당 가도 되겠다."

소대장이 병을 기울였고 다른 녀석들도 낄낄대며 ⓑ 한마디씩 보태었다.

술이 가득 차오른 반합 뚜껑을 나는 두 손으로 받쳐 들었다. ㉣ 저것 봐라이. ㉮ 날짐승도 때가 되면 돌아올 줄 아는 법이다. 어머니가 말했다. 저만치 웬 사내가 서 있었다. 가슴과 팔목에 철삿줄을 동여맨 채 사내는 이쪽을 응시하며 구부정하게 서 있었다. 퀭하니 열려 있는 그 사내의 눈은 잔뜩 겁에 질려 있는 채로였다. 애앵. 총성이 울렸고 그는 허물어지듯 앞으로 고꾸라지고 있었다. ㉤ 불현듯 시야가 부옇게 흐려 왔다.

아아. 아버지는 지금 어디에 쓰러져 누워 있을 것인가. 해마다 머리맡에 무성한 ㉯ 쑥부쟁이와 엉겅퀴꽃을 지천으로 피워 내며 이제 아버지는 어느 버려진 밭고랑, 어느 응달진 산기슭에 무덤도 묘비도 없이 홀로 잠들어 있을 것인가.

- 임철우, 「아버지의 땅」 -

**27.** ㉠~㉤의 서술 방식에 대한 설명으로 적절하지 않은 것은?

① ㉠: '나'의 지각 내용을 '나'가 서술하는 상황으로 인물과 서술자가 겹쳐 있다.
② ㉡: 서술의 주체를 알 수 있는 표지가 분명하게 제시되어 서술자와 지각의 주체가 뚜렷이 구분된다.
③ ㉢: '나'가 아니라 '나'가 지각하는 대상을 주어로 서술함으로써 지각의 대상을 부각하는 효과가 나타난다.
④ ㉣: 인용 부호 없이 서술된 발화에서 인물의 목소리가 드러난다.
⑤ ㉤: 지각의 주체를 알리는 표지가 나타나지 않아서 누가 지각한 바를 서술한 것인지 모호한 상황이 빚어진다.

**28.** 윗글에서 ⓐ와 ⓑ의 서사적 기능에 대한 설명으로 가장 적절한 것은?

① ⓐ가 이야기의 심화된 주제를 구현하는 제재라면, ⓑ는 이야기의 주제를 가늠하도록 하는 단서이다.
② ⓐ가 이야기를 절정에 치닫도록 하는 추진력이라면, ⓑ는 이야기를 결말에 이르게 하는 원동력이다.
③ ⓐ가 이야기의 긴장감이 형성되는 요인이라면, ⓑ는 이야기의 긴장감이 완화됨을 드러내는 표지이다.
④ ⓐ가 이야기의 위기감이 해소된 종착점이라면, ⓑ는 이야기의 위기감이 고조된 정점이다.
⑤ ⓐ가 이야기를 일으키는 시발점이라면, ⓑ는 이야기의 전모가 드러나게 되는 귀결점이다.



[해설편 p.067]

**29.** ㉮와 ㉯에 대한 이해로 가장 적절한 것은?

① ㉮는 ㉯에 비해 능동적이므로 인물이 처한 문제 상황에 미치는 영향력이 크다.
② ㉮는 ㉯와 달리, 시간과 공간에 관여되면서 이야기의 배경에 실감을 더하게 된다.
③ ㉯는 ㉮와 달리, 희망적인 성격이 강하므로 인물이 원하는 바를 집약한 결과이다.
④ ㉯에서 연상되는 상황이 현실이 될 경우 ㉮에 투영된 염원은 실현 가능성이 사라진다.
⑤ ㉮와 ㉯ 모두, 관념적 의미가 부여됨으로써 인물이 이념에 편향되어 있음이 알려진다.

**30.** <보기>를 참고하여 윗글을 감상한 내용으로 적절하지 않은 것은? [3점]

<보 기>

부정적인 방향으로 응고된 기억을 돌이켜 긍정적인 방향으로 재편함으로써 심리적 안정을 도모하는 기회를 마련할 수 있다. 심리 요법의 일환으로 적용되는 '기억 재응고화'는 마음의 상처로 남은 기억을 재구성하여 다른 의미와 가치에 대응시킴으로써, 사람들로 하여금 부정적 기억으로 빚어진 심리적 불안정에 대응할 힘을 회복하도록 돕는 원리이다.

① '낙인'과도 같은 유년의 기억을 성인이 되어서도 떨쳐 버리지 못했다는 고백에 비추어 보면, 응고된 기억의 영향력에서 벗어나는 일이 쉽지 않음을 짐작할 수 있겠군.
② '죄악감과 불길한 예감'을 유발한 동인을 추적해 보면, '아버지'에 관한 기억이 마음의 상처로 남음으로써 '나'의 심리적 불안정이 비롯되고 있음을 추정할 수 있겠군.
③ '줄 묶음'을 '내던지'는 '노인'의 행위와 '물 사발'을 올리는 '어머니'의 행위가 이어지며 제시되는 부분을 보면, '나'의 기억을 재응고화하기 위한 이들의 노력을 확인할 수 있겠군.
④ '모래밭'에서의 '어머니' 형상과 '사내의 환영'이 어우러지는 장면에서, '아버지'에 대해 굳어져 있던 기억이 재편될 수 있는 가능성이 시사된다고 할 수 있겠군.
⑤ '아버지'에 대한 이미지가 '유해'에 대응되면서 '나'의 정서적 반응에 변화가 생기는 것을 보면, 부정적인 기억을 재구성함으로써 심리적 안정을 회복해 가는 경위를 엿볼 수 있겠군.

**[31～34] 다음 글을 읽고 물음에 답하시오.**

(가)

손 흔들고 떠나갈 미련은 없다
며칠째 청산에 와 발을 푸니
㉠ <u>흐리던</u> 산길이 잘 보인다.
상수리 열매를 주우며 인가를 내려다보고
쓰다 둔 편지 구절과 버린 칫솔을 생각한다.
남방으로 가다 길을 놓치고
두어 번 허우적거리는 여울물
산 아래는 때까치들이 몰려와
모든 야성을 버리고 들 가운데 순결해진다.
길을 가다가 자주 뒤를 돌아보게 하는
서른 번 다져 두고 서른 번 포기했던 ⓐ <u>관습들</u>
서쪽 마을을 바라보면 나무들의 잔숨결처럼
㉡ <u>가늘게</u> 흩어지는 저녁 연기가
한 가정의 고민의 양식으로 피어오르고
생목 울타리엔 들거미줄
맨살 ㉢ <u>비비는</u> 돌들과 함께 누워
실로 이 세상을 앓아 보지 않은 것들과 함께
잠들고 싶다.

- 이기철, 「청산행」 -

(나)

나는 차를 앞에 놓고
고즈넉한 저녁에 호올로 마신다.
내가 좋아하는 차를 마신다.
그러나 이것은 다만 사실일 뿐,
차의 짙은 향기와는 관계 없이
이것은 물과 같이 담담한 사실일 뿐이다.

누구의 시킴을 받아
참새 한 마리가 땅에 떨어지는 것도 아니고
누구의 손으로 들국화를 어여삐 가꾼 것도 아니다.
차를 마시는 것은
이와 같이 ㉣ <u>스스로</u> 달갑고 가장 즐거울 뿐,
이것은 다만 사실이며 또 ⓑ <u>관습</u>이다.
나의 고즈넉한 관습이다.

물에게 물은 물일 뿐
소금물일 뿐,
앞으로 남은 십년을 더 살든지 죽든지
나에게도 나는 나일 뿐,
㉤ <u>이제는</u> 차를 마시는 나일 뿐,

이 짙은 향기와는 관계도 없이
차를 마시는 사실과 관습은
내가 아는 내게 대한 모든 것이다.
그리고 모든 것에 대한 모든 것도 된다.

- 김현승, 「사실과 관습 : 고독 이후」 -

**31.** (가), (나)에 대한 설명으로 적절하지 않은 것은?

① (가)는 인격화한 대상을 통해 화자의 심리를 내포하고 있다.
② (나)는 대상을 한정하는 어휘들을 사용하여 주제 의식을 강조하고 있다.
③ (가)는 (나)와 달리, 공간의 이동에 따라 포착된 사물을 통해 화자의 태도를 드러내고 있다.
④ (나)는 (가)와 달리, 화자를 거듭 명시하면서 시상을 전개하고 있다.
⑤ (가)와 (나)는 모두, 자연물에 화자의 정서를 투영함으로써 대상에 대한 친밀감을 드러내고 있다.

**32.** ⓐ, ⓑ에 대한 이해로 가장 적절한 것은?

① ⓐ는 '길을 가다가 자주 뒤를 돌아보게' 하는 것이라는 점에서 다시 돌아갈 수 없는 그리움의 대상이다.
② ⓑ는 '호올로' 하는 행위라는 점에서 행위 주체의 사회적 고립을 드러내고 있다.
③ ⓐ는 바라봄의 대상인 '서쪽 마을'과 관련되어 있다는 점에서 피안에 대한 지향을, ⓑ는 일과를 마친 '저녁'과 관련되어 있다는 점에서 안식에 대한 지향을 드러내고 있다.
④ ⓐ는 '서른 번 다져 두고 서른 번 포기'한 것이라는 점에서 내면의 갈등을, ⓑ는 '고즈넉한' 상황에서 이루어지는 '담담한 사실'이라는 점에서 내면의 평정함을 내포한다.
⑤ ⓐ는 사물들을 '내려다보'아 촉발된 것이라는 점에서 자기 연민의 성격을, ⓑ는 '달갑고', '좋아하는' 것이라는 점에서 자기 위안적 성격을 띠고 있다.

**33.** ㉠~㉤에 대한 이해로 적절하지 않은 것은?

① ㉠은 대상이 이전에는 제대로 파악되지 않았음을 드러내는 표현이다.
② ㉡은 '저녁 연기'의 형상으로 '한 가정'의 상황과 처지를 시각화한 표현이다.
③ ㉢은 '맨살'을 드러낸 '돌들'이 부대끼는 형상으로 세파에 시달리는 모습을 나타내는 표현이다.
④ ㉣은 '차를 마시는 것'이 화자의 선호에 따른 주체적 행위임을 드러내는 표현이다.
⑤ ㉤은 '나'에 대한 현재의 인식이 이전과는 달라졌음을 드러내는 표현이다.

**34.** <보기>를 참고하여 (가), (나)를 감상한 내용으로 적절하지 않은 것은? [3점]

<보 기>

자연과 절대자는 각각 인간에게 안식을 주거나 인간과 세계를 규정하는 중요한 준거로 인식되어 왔다. (가)는 세속의 일상을 떠나 자연에 들어온 화자가 점차 자연에 동화되어 가는 과정과 심리 상태를 그리고 있다. (나)는 자신과 세계 인식의 준거였던 절대자와의 관계를 회의하고 자신이 경험한 사실에 기초하여 존재를 인식하겠다는 태도를 표명하고 있다.

① (가)의 '쓰다 둔 편지 구절과 버린 칫솔을 생각한다'는 것은 자연에 온전히 동화되지 못하는 화자의 심리를 보여 주는 것이겠군.
② (나)의 '차를 마시는' 행위가 '내가 아는 내게 대한 모든 것', '모든 것에 대한 모든 것'으로 확장되는 것은 경험적 사실을 '나'와 모든 존재들에 대한 인식의 유일한 근거로 삼겠다는 의식이 반영된 것이겠군.
③ (가)의 '발을 푸니' '잘 보인다'는 것은 화자가 자연에 친숙해지는 심리 상태를, (나)의 '앞으로 남은 십년을 더 살든지 죽든지'는 절대자에 대해 회의하고 현실에 얽매이지 않겠다는 태도를 드러내고 있겠군.
④ (가)의 '여울물'과 '때까치들'에는 자연에 들어와서 느끼는 화자의 심리가 투사되어 있음을, (나)의 '참새'의 떨어짐이 '누구'에 의한 것이 '아니'라는 데에서 절대자와의 관계에 대한 회의가 드러나 있음을 알 수 있겠군.
⑤ (가)의 '이 세상을 앓아 보지 않은 것들과 함께'는 자연에 동화되려는 태도를, (나)의 '물은 물일 뿐'은 경험적 사실로만 대상을 인식하겠다는 태도를 드러내는 것이겠군.

* 확인 사항

○ 답안지의 해당란에 필요한 내용을 정확히 기입(표기)했는지 확인하시오.

○ 이어서, 「**선택과목(화법과 작문)**」 문제가 제시되오니, 자신이 선택한 과목인지 확인하시오.



[해설편 p.068]

제 1 교시

# 국어 영역(화법과 작문)

06회

[35~37] 다음은 수업 중 학생의 발표이다. 물음에 답하시오.

안녕하세요. ○○○입니다. 여러분, 어제 급식에 나온 김자반 맛있게 드셨나요? 예, 많은 분들이 고개를 끄덕이시네요. 그럼 여기 사진 하나 보실까요? (화면 제시) 이 사진은 김을 사기 위해 길게 줄을 서 있는 외국인들의 모습입니다. 외국인에게도 우리 김의 인기가 대단하지요? 그런데 K-푸드 선두 주자이자 세계인의 입맛을 사로잡은 우리 김을 어떻게 양식하는지 아시는 분은 많지 않을 것 같은데요. (반응을 살피며) 예, 그래서 오늘 제가 김 양식 방법에 대해 소개하려고 합니다.

우리나라의 대표적인 김 양식 방법에는 두 가지가 있습니다. (㉠ 화면 제시) 지금 보시는 화면은 지주식 양식 방법의 모습입니다. 수심이 낮은 가까운 바다에 김발을 매단 버팀목을 세워 김을 양식하는 것이지요. 밀물과 썰물에 따라 김발이 햇빛과 공기에 노출되기 때문에 맛과 품질이 좋은 김을 생산할 수 있습니다. 그런데 김이 햇빛과 공기에 노출되면 왜 맛과 품질이 좋아질까요? (오른손을 내밀며) 그것은 바로, 광합성이 활발해지고 살균 작용이 일어나기 때문입니다. 다만, 김은 바다의 양분을 먹고 자라야 하기 때문에 지주식 양식 방법은 김의 생장 속도가 더디다는 단점이 있습니다.

지주식 양식보다 좀 더 먼 바다에서 김을 양식하는 방법도 있습니다. (㉡ 화면 제시) 화면에 보이는 부류식 양식 방법입니다. 이 방법은 뜸에 김발을 매달아 수면 아래 잠기게 하여 김을 키우는 것이지요. 뜸은 김발을 지탱하게 하는 물건입니다. 김이 바닷물에 잠겨 있어 생장이 빨라 지주식 양식 방법에 비해 대량 생산이 가능합니다. 그런데 이 양식 방법은 김이 햇빛과 공기에 직접 노출되지 않아 갯병에 취약한 면이 있습니다. 갯병을 막기 위해 일정 시간 동안 김을 햇빛과 공기 중에 노출하는 김발 뒤집기 작업을 하는데, 이를 노출 부류식 양식 방법으로 구분하기도 합니다.

이렇게 생산된 김은 김부각, 조미김 등 다양한 상품으로 세계 곳곳에 수출되고 있습니다. 검은 반도체라 불리며 수산 식품 수출 1위, 연간 수출액 1조 원을 달성한 우리 김! 우리 김의 미래를 함께 응원해 주세요. 발표 마치겠습니다.

**35.** 위 발표자의 말하기 방식으로 가장 적절한 것은?

① 청중의 실천을 강조하기 위해 전문가의 의견을 인용하고 있다.
② 청중의 요구를 충족하기 위해 발표 중간에 내용을 요약하고 있다.
③ 청중의 관심을 끌기 위해 화제와 관련한 청중의 경험을 환기하고 있다.
④ 청중의 이해를 돕기 위해 비언어적 표현을 활용하여 발표 순서를 안내하고 있다.
⑤ 청중의 궁금증을 해소하기 위해 스스로 묻고 답하는 방식으로 용어의 개념을 설명하고 있다.

**36.** 다음은 발표자가 보여 준 자료이다. 발표자의 시각 자료 활용에 대한 설명으로 가장 적절한 것은?

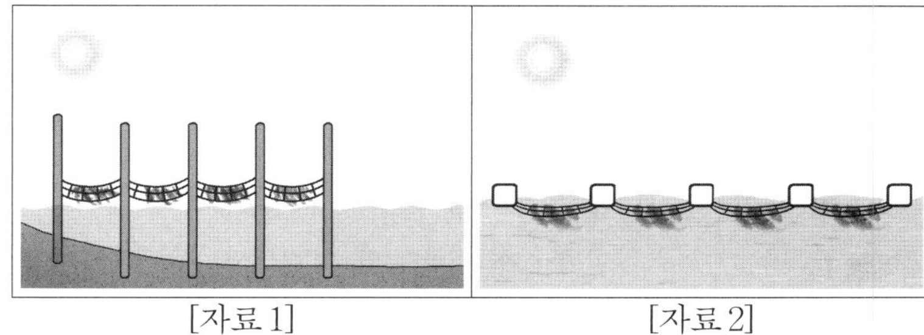
[자료 1] [자료 2]

① 김발 뒤집기로 바다의 양분을 김에 공급할 수 있다는 것을 설명하기 위해 ㉠에 [자료 1]을 활용하였다.
② 햇빛과 공기에 김이 노출되지 않아 갯병에 걸릴 수 있음을 설명하기 위해 ㉡에 [자료 1]을 활용하였다.
③ 밀물과 썰물의 반복으로 살균 작용이 활발해짐을 설명하기 위해 ㉠에 [자료 2]를 활용하였다.
④ 김의 생장 속도가 빨라 대량 생산에 유리하다는 점을 설명하기 위해 ㉡에 [자료 2]를 활용하였다.
⑤ 두 양식 방법을 구별하는 요소가 김발의 유무라는 점을 설명하기 위해 ㉠에 [자료 1]을, ㉡에 [자료 2]를 활용하였다.

**37.** 발표 내용을 바탕으로 할 때, <보기>에 나타난 학생의 반응에 대한 이해로 적절하지 않은 것은?

<보 기>

**학생 1**: 김이 광합성을 하지 않는다고 생각했는데, 김도 광합성을 하는구나. 그런데 김이 광합성을 하면 왜 맛과 품질이 좋아지는지 궁금한걸. 그 내용이 발표에 포함되어 있었으면 좋았을 텐데.
**학생 2**: 외국인들이 김을 사려고 줄을 서 있는 사진 덕분에 김의 인기를 실감할 수 있었어. 그런데 수산 식품 수출 1위, 연간 수출액 1조 원이라는 내용이 정확할까?
**학생 3**: 해조류인 김도 양식한다는 걸 알게 됐어. 광어, 우럭 같은 어류만 양식하는 줄 알았는데 그게 아니었군. 다른 해조류도 양식한다면 김 양식과 어떻게 다른지 정보를 찾아봐야겠어.

① '학생 1'은 알고 싶은 정보가 발표에서 다루어지지 않았음을 아쉬워하고 있다.
② '학생 2'는 발표에 포함된 정보가 믿을 만한지 의문을 드러내고 있다.
③ '학생 3'은 발표의 내용과 관련하여 추가적인 정보를 탐색하려 하고 있다.
④ '학생 1'과 '학생 3'은 모두, 발표에서 언급된 정보를 통해 자신이 평소 알고 있던 바를 수정하고 있다.
⑤ '학생 2'와 '학생 3'은 모두, 발표 내용을 바탕으로 발표에서 제공하지 않은 정보를 추론하고 있다.

**[38~42] (가)는 도서부원들의 대화이고, (나)는 도서부원이 작성한 안내문의 초고이다. 물음에 답하시오.**

(가)

**부원 1**: 도서관에 전파 식별 시스템을 설치하고 새로 단장한 지 일주일이 지났네! 학생들 반응이 좋은 것 같아. 그렇지 않니?

**부원 2**: 맞아. 반 친구들이 도서관 이용이 편리해졌다는 말을 많이 하더라. 그런 말을 들으니, 전파 식별 시스템을 도입하자고 [건의]하길 잘했다는 생각이 들었어. [A]

**부원 3**: 전에는 대출이나 반납을 하려면 줄을 길게 서야 했는데, 이젠 안 그래도 돼서 좋다고 하더라.

**부원 1**: 바코드를 한 권씩 일일이 찍느라 학생들이 몰릴 땐 시간이 많이 걸렸지. 지금은 그렇지 않으니까.

**부원 3**: ㉠ 전파 식별 시스템으로 바뀌니까 여러 권을 동시에 대출하고 반납할 수 있어서 그런가 보다.

**부원 2**: 자가 대출 반납기를 사용하게 돼서 점심시간 말고도 도서관을 개방할 수 있게 된 덕분이기도 하고.

**부원 1**: 우리 도서부 입장에서도 새 시스템을 활용하니까 장서 관리도 효율적이지 않니? 전보다 훨씬 빨리 끝낸 것 같아.

**부원 3**: 그래. ㉡ 장서 점검기로 한 번에 많은 책을 확인할 수 있어서 제자리에 있지 않은 책을 빠르게 정리할 수 있었잖아. 그래서 학생들이 책을 찾기 쉬워졌어.

**부원 1**: 그 덕분에 교과와 관련성이 높거나 학생들의 선호도가 높은 책을 눈에 잘 띄는 서가에 배치할 수 있었어. 그래도 시스템이 자리 잡을 때까지는 우리가 계속해서 신경 써야 할 것 같아. 책 읽기 좋은 환경을 조성하는 일이라든지?

**부원 3**: 근데, 아직 달라진 도서관에 대해 잘 모르는 학생들이 있더라. 이 문제부터 해결하는 게 어때?

**부원 2**: 그럼 우리가 달라진 도서관에 대해 소개하는 안내문을 써서 학급 게시판에 붙여 두자.

**부원 1**: 그러니까 안내문으로 학생들의 도서관 이용을 돕자는 말이지? 학교에서 도서관을 새로 단장했다고 학교 누리집에 안내를 해 주긴 했는데, 무엇이 달라졌는지 자세한 내용은 없더라. [B]

**부원 3**: 그래. 전파 식별 시스템 도입 전과 비교해서 불편한 점이 어떻게 개선되었는지를 안내하면 좋을 것 같아. 구체적으로 어떤 내용을 넣으면 될까?

**부원 2**: ㉢ 자가 대출 반납기가 있어서 직접 대출과 반납을 할 수 있다고 알려 주면 친구들이 관심을 가질 것 같아.

**부원 1**: 좋은 생각이야. 학생증이 없더라도 아이디와 비밀번호를 입력하면 대출과 반납을 할 수 있다는 것도 알려 주자.

**부원 2**: ㉣ 대출하지 않은 책을 도서관 밖으로 들고 나가면 경보음이 울린다는 설명도 꼭 넣었으면 해.

**부원 3**: ㉤ 도서관을 새롭게 단장한 만큼 우리가 진행하는 도서관 행사를 소개하면 더 많은 학생이 도서관에 방문할 거야.

**부원 1**: 그럼 내가 내용을 정리해서 초고를 써 볼게.

**부원 2, 3**: 좋아!

(나)

우리 학교 도서관이 새 단장을 마쳤습니다. 전파 식별 시스템 도입으로 달라진 우리 학교 도서관을 여러분에게 소개합니다.

[수월해진 대출·반납]

길게 줄 서는 일 없이 대출·반납이 가능합니다. 전파 식별 시스템 덕분에 바코드를 일일이 찍지 않고, 한 번에 여러 권을 동시에 처리할 수 있기 때문입니다.

[대출 가능 시간 확대]

대출 가능 시간이 확대되었습니다. 과거에는 도서부원이 있는 점심시간에만 대출이 가능했습니다. 하지만 이제는 도서부원이 없어도, 점심시간이 아닌 때에도 직접 도서 대출이 가능합니다. 도서부원은 앞으로 책 읽기 좋은 환경을 조성하는 일에 힘쓰겠습니다.

[자가 대출 반납기 이용 방법]

자가 대출 반납기 이용 방법을 안내합니다. 먼저, 자가 대출 반납기에 책들을 올리고 학생증을 인식시킵니다. 학생증이 없을 때는 아이디와 비밀번호를 입력합니다. 화면에 표시된 도서 목록을 확인한 후 대출 또는 반납 버튼을 누르고, 완료된 후 확인증을 받으면 됩니다.

[이용 편의성을 높인 도서 배치]

도서관 이용 편의성을 고려하여 도서를 배치했습니다. 이전에는 제자리에 없던 도서가 많았지만, 지금은 정리되어 원하는 도서를 바로 찾을 수 있습니다. 특히, 교과 연계 도서, 선호도가 높은 도서를 눈에 잘 띄는 서가에 배치해 두었습니다.

[도서 분실 방지 장치 작동]

도서관 출입구에 도서 분실 방지 장치가 작동 중입니다. 대출 절차 없이 도서관 밖으로 책을 들고 나가면 경보음이 울립니다.

[새 단장 기념 행사]

도서관의 새 단장을 기념하기 위해 다양한 행사를 준비하였습니다. 추천 도서 소개, 도서 속 보물찾기 등이 있습니다.

더욱 편리해진 도서관, 앞으로도 많은 이용 바랍니다.

**○○고등학교 도서관**

**38.** 다음은 (가)의 [건의]를 앞두고 도서부원들이 나눈 대화의 일부이다. (가)를 참고할 때 ⓐ에 해당하는 내용으로 가장 적절한 것은?

> **부원 2**: 교장 선생님과의 대화 시간에 전파 식별 시스템을 도입하자고 건의하면 어떨까?
> **부원 1**: 그래. 만족도 조사 결과를 근거로 현재 도서관에서 학생들이 느끼는 불편한 점을 정리해서 말씀드리자.
> **부원 3**: 전파 식별 시스템이 도입되었을 때 ⓐ 기대할 수 있는 효과에 대해서도 말씀드리면 설득력이 있을 거야.

① 원활한 장서 관리로 학습과 관련된 도서를 쉽게 찾을 수 있어 과제 수행에 도움을 받을 수 있음.
② 학생증 없이 도서를 대출할 때 아이디와 비밀번호를 입력해야 하는 번거로움을 해결할 수 있음.
③ 점심시간에도 도서관을 개방할 수 있어 오래 기다리지 않고 책을 빌릴 수 있음.
④ 동선을 고려한 서가와 책상의 배치로 도서를 편안하게 열람할 수 있음.
⑤ 도서관 소식을 전하는 학교 누리집 게시판이 활성화될 수 있음.



[해설편 p.069]

**39.** [A], [B]의 발화에 대한 설명으로 적절하지 않은 것은?

① [A]에서 '부원 1'은 질문의 형식을 통해 부원들의 생각이 자신과 같은지 확인하고 있다.
② [A]에서 '부원 2'는 직전 발화를 긍정하며 그 이유를 언급하고 있다.
③ [B]에서 '부원 3'은 자신이 인식한 문제 상황을 해결하자고 제안하고 있다.
④ [B]에서 '부원 2'는 구체적인 방법을 제시하며 부원들에게 함께할 것을 요청하고 있다.
⑤ [B]에서 '부원 1'은 직전 발화를 재진술하며 새로운 절충안을 제시하고 있다.

**40.** 다음은 (가)의 ㉠~㉤을 바탕으로 '부원 1'이 작성한 메모의 일부이다. 메모의 내용이 (나)에 반영된 양상으로 적절하지 않은 것은? [3점]

| 대화 내용 | | 내 생각 |
|---|---|---|
| • 여러 권 동시 처리 가능<br>• 장서 점검기 활용의 이점<br>• 도서관 행사 | 전파 식별 시스템 도입 | • 도서부원 없이도 대출 가능!<br>• 도서 분실 방지 장치 작동 중! |

① ㉠을 바탕으로 작성된 메모의 '여러 권 동시 처리 가능'은, 대출에 소요되는 시간이 줄었다는 내용으로 (나)에 반영되었다.
② ㉡을 바탕으로 작성된 메모의 '장서 점검기 활용의 이점'은, 이용 편의를 고려해서 도서를 정리했다는 내용으로 (나)에 반영되었다.
③ ㉢을 바탕으로 작성된 메모의 '도서부원 없이도 대출 가능'이라는 내용은, 과거에는 도서부원이 있을 때에만 도서 대출이 가능했다는 내용과 함께 (나)에 반영되었다.
④ ㉣을 바탕으로 작성된 메모의 '도서 분실 방지 장치 작동 중'이라는 내용은, 경보음이 울렸을 때의 대처 방안과 함께 (나)에 반영되었다.
⑤ ㉤을 바탕으로 작성된 메모의 '도서관 행사'는, 행사의 종류를 소개하는 내용으로 (나)에 반영되었다.

**41.** (나)를 작성할 때 활용한 내용 조직 방법에 대한 설명으로 가장 적절한 것은?

① '수월해진 대출·반납'은 시간의 흐름에 따른 순서를 중심으로 내용을 조직하였다.
② '이용 편의성을 높인 도서 배치'는 과거와 현재 사이의 공통점을 중심으로 내용을 조직하였다.
③ '수월해진 대출·반납'과 '대출 가능 시간 확대'는 모두, 문제점을 밝히고 그 해결 방안을 제시하는 방식으로 내용을 조직하였다.
④ '도서 분실 방지 장치 작동'과 '새 단장 기념 행사'는 모두, 현상의 원인을 먼저 분석하고 그에 따른 결과를 제시하는 방식으로 내용을 조직하였다.
⑤ '자가 대출 반납기 이용 방법'은 '이용 편의성을 높인 도서 배치'와 달리, 일련의 절차를 차례로 제시하는 방식으로 내용을 조직하였다.

**42.** 다음은 (나)를 고쳐 쓰기 위해 활용한 점검 항목이다. ㉮~㉲를 기준으로 (나)를 점검한 내용으로 적절하지 않은 것은?

| 점검 항목 |
|---|
| 안내문의 형식을 갖추고 있는가? ……… ㉮ |
| 글의 목적이 드러나는가? ……… ㉯ |
| 필요한 정보를 분명하게 전달하는가? ……… ㉰ |
| 소제목과 문단의 내용이 부합하는가? ……… ㉱ |
| 독자가 이해하기 쉽게 전달하는가? ……… ㉲ |

① ㉮: 안내문의 제목이 없어 독자의 주목을 끌기 어려우니, 전체적인 내용을 고려해 제목을 만들면 어떨까?
② ㉯: 안내문을 쓴 목적이 제시되어 있지 않으니, 글의 처음 부분에 목적을 기술하는 것이 어떨까?
③ ㉰: 대출 가능 시간을 확실하게 알기 어려우니, 시간을 명시적으로 밝히면 어떨까?
④ ㉱: 소제목으로 포괄할 수 없는 문장이 있으니, 그 문장을 삭제하면 어떨까?
⑤ ㉲: 글보다 그림을 더 쉽게 이해하는 독자도 있으니, 자가 대출 반납기 이용 방법을 그림으로 표현하여 추가하면 어떨까?

**[43~45] 다음은 작문 상황과 이를 바탕으로 학생이 작성한 초고이다. 물음에 답하시오.**

**[작문 상황]**
우리 지역 신문 독자란에 청소년 국가유산 지킴이 활동의 활성화를 위해 설득하는 글을 쓰려 함.

**[초고]**
지난 주말 청소년 국가유산 지킴이 활동의 하나로, ○○고택 주변을 정화하는 봉사 활동에 참여하였다. 고택 주변의 잡초도 제거하고 쓰레기도 정리하니 한결 보기 좋았고, 지역의 국가유산을 돌보는 일에 동참했다는 생각에 뿌듯했다. 지역 청소년이 함께 이 활동에 참여해 보람도 느끼고 국가유산에 관심을 갖게 되면 좋겠다고 생각했다.

국가유산은 문화유산, 자연유산, 무형유산을 포함한 용어로, 재화적 성격이 강한 '문화재' 대신 사용하게 된 명칭이다. 청소년 국가유산 지킴이는 국가유산을 자발적으로 보호하고 관리하는 청소년 자원봉사자이다. 청소년이라면 누구나 청소년 국가유산 지킴이로 활동할 수 있는데, 자기 지역의 국가유산 중 돌보고자 하는 것을 선택한 후 청소년 국가유산 지킴이 누리집에서 위촉 신청 절차를 밟으면 된다.

청소년 국가유산 지킴이 활동은 [A] 이러한 유익함에 더하여 청소년은 봉사 활동을 하며 보람을 얻을 수 있고, 자신의 미래를 계획하는 데에도 도움을 받을 수 있다.

그런데 아직 청소년 국가유산 지킴이 활동은 활성화되어 있지 않다. 그 이유는 청소년 국가유산 지킴이 활동이 왜 중요한지, 활동을 어떻게 해야 하는지에 대한 교육이 부족하기 때문이다. 또한 지역 청소년이 쉽게 참여할 수 있는 프로그램이 적으며

[해설편 p.069]

그에 대한 홍보 역시 미흡하다. 이를 보완하여 청소년 국가유산 지킴이 활동을 활성화하기 위해서는 지역 구성원의 노력이 필요하다.

[B] 청소년이 국가유산 지킴이 활동에 참여하기 위해서는 누리집에 신청서를 제출한 후 승인을 받아야 한다. 지자체나 지역 단체는 청소년의 다양한 활동 프로그램을 개발하고 홍보하여 정보의 접근성을 높이는 데 노력을 기울일 필요가 있다. 그리고 국가유산 관련 캠페인으로 청소년의 참여를 독려하는 방안도 고려할 수 있다. 이를 통해 우리 청소년도 지역 국가유산에 관심을 가지고 국가유산을 지키는 일에 주도적으로 동참할 수 있을 것이다.

청소년 국가유산 지킴이 활동은 물려받은 국가유산뿐만 아니라 국가유산을 돌보는 문화도 후손들에게 함께 물려주는 일이라는 데 의미가 있다. 국가유산 지킴이 활동을 통해 청소년이 국가유산을 만난다는 것은 자신과 세상을 보는 안목을 키우는 일이 될 것이다.

**43.** 다음은 '초고'를 쓰기 전에 학생이 작성한 메모의 일부이다. '초고'에 반영되지 않은 것은?

• 1문단
- 청소년 국가유산 지킴이 활동에 참여한 소감 제시 ······ ①
• 2문단
- 문화재가 국가유산으로 명칭이 변경된 점 언급 ············ ②
- 청소년 국가유산 지킴이의 정의 제시 ···························· ③
⋯
• 4문단
- 청소년 국가유산 지킴이 활동의 홍보가 미흡한 이유 언급 ···· ④
⋯
• 6문단
- 청소년 국가유산 지킴이 활동의 의의 제시 ························ ⑤

**44.** <보기>는 '초고'의 내용을 생성하기 위해 학생이 수집한 자료와 이에 대한 학생의 생각이다. '초고'의 문맥과 <보기>를 고려할 때, [A]에 들어갈 내용으로 가장 적절한 것은?

<보 기>

○ 학생이 수집한 설문 조사 자료

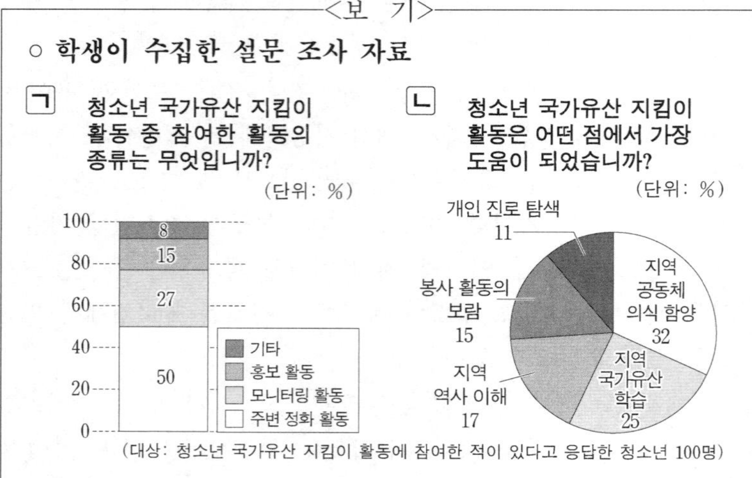

(대상: 청소년 국가유산 지킴이 활동에 참여한 적이 있다고 응답한 청소년 100명)

○ 학생의 생각

3문단에서는, 자료 ㄱ과 ㄴ을 둘 다 활용하여 청소년 국가유산 지킴이 활동의 종류와 이 활동이 청소년에게 도움이 되는 점을 다뤄야겠어.

① 홍보 및 모니터링, 주변 정화 활동 등 다양하다. 이 활동에서 청소년은 자신의 진로를 탐색하고, 유익한 봉사 활동을 스스로 경험하며 보람을 느낄 수 있다.
② 청소년이 자발적으로 국가유산을 돌보는 활동이다. 이 활동을 통해 청소년은 국가유산에 대한 자부심을 기르며 지역 공동체에 대한 이해와 소속감을 높일 수 있다.
③ 주변 정화, 모니터링, 홍보 활동 등을 포함한다. 이 활동을 하는 과정에서 청소년은 지역 공동체 의식을 강화하고 지역의 역사와 국가유산에 대한 이해를 높일 수 있다.
④ 주변 정화, 모니터링, 홍보 활동 순으로 중요하다. 청소년은 지킴이 활동을 하며 지역 공동체 의식 함양, 지역 국가유산 학습, 지역 역사 이해의 순서로 만족감을 느낄 수 있다.
⑤ 주변 정화, 모니터링, 홍보 등의 활동이다. 주변 정화는 국가유산 주변을 청소하고, 모니터링은 국가유산의 보존·관리 상태를 점검하며, 홍보는 국가유산에 대해 알리는 활동이다.

**45.** 다음은 [B]에 대한 친구들의 의견과 그 의견을 반영하여 고쳐 쓴 글이다. 이에 대한 설명으로 가장 적절한 것은? [3점]

○ **친구들의 의견**

**친구 1**: 문단과 문단이 자연스럽게 연결되도록, 필요한 내용을 추가하면 좋겠어.

**친구 2**: 다른 문단에 언급된 내용이나 글의 통일성을 해치는 내용은 삭제하고, 그렇지 않은 내용은 남겨 두는 게 좋겠어.

○ **고쳐 쓴 글**

학교에서는 진로 및 체험 활동 시간을 활용하여 국가유산 지킴이 활동의 가치를 이해시키고, 사례를 중심으로 실질적인 활동 방법을 지도할 수 있다. 지자체나 지역 단체는 국가유산 관련 캠페인 및 다양한 활동 프로그램의 개발과 적극적인 홍보를 통해 청소년의 참여를 유도할 필요가 있다. 그렇게 된다면 우리 청소년도 지역 국가유산에 관심을 가지고 국가유산을 지키는 일에 주도적으로 동참할 수 있을 것이다.

① '친구 1'의 제안을 고려해 직전 문단과 이어지도록, 지자체에 활동 프로그램의 개발을 촉구하는 문장을 추가하였다.
② '친구 1'의 제안을 고려해 직전 문단에서 제기한 문제 중 해결책이 제시되지 않은 부분에 대해서는 교육 방안을 추가하였다.
③ 청소년 국가유산 지킴이 활동의 활성화 방안이 실현되었을 때 기대할 수 있는 바는 글 전체 내용과 부합하므로 '친구 1'의 제안을 고려해 유지하였다.
④ 국가유산 관련 캠페인의 필요성은 다른 문단에 언급된 내용이므로 '친구 2'의 제안을 고려해 삭제하였다.
⑤ 청소년 국가유산 지킴이 참여 방법은 글의 주제와 관련이 없는 내용이므로 '친구 2'의 제안을 고려해 삭제하였다.

＊ 확인 사항

○ 답안지의 해당란에 필요한 내용을 정확히 기입(표기)했는지 확인하시오.

○ 이어서, 「**선택과목(언어와 매체)**」 문제가 제시되오니, 자신이 선택한 과목인지 확인하시오.



[해설편 p.070]

제 1 교시

# 국어 영역(언어와 매체)

06회



[35～36] 다음 글을 읽고 물음에 답하시오.

㉠ 사람이나 사물 등을 가리켜 이를 때 사용되는 말은 지칭어, 그 대상을 부르는 말은 호칭어라고 한다. 지칭어 중에는 호칭어로 쓰이는 경우와 쓰이지 않는 경우가 있다.

지칭어가 호칭어로 쓰이는 경우에 그 형식은 다양하다. 단순하게는 '홍길동, 아버지, 당신, 여보' 등과 같이 명사, 대명사, 감탄사 등의 단어로 실현된다. 또 그 단어에 다른 단어나 '-님' 같은 접미사가 결합되는 복합적 형식도 있다.

동일한 대상이라도 그 사람의 신분, 직위, 대화 참여자와의 사적·공적 관계 등에 따라 지칭어나 호칭어가 달라질 수 있다. 즉, 화자와 상대방 혹은 제삼자가 사적 관계에 있고 대화의 상황이 비격식적이라면 그 대상을 이름이나 친족어 등으로 이르거나 부를 수 있다. 예컨대 ㉡ '홍길동'과 친족 관계에 있는 사람이라면 그를 '길동이, 삼촌, 아빠' 등으로 이르거나 부를 수 있다. ㉢ 공적 관계에 있고 격식적인 대화 상황이라면 그 대상을 공적인 직위나 지위 등을 사용하여 이르거나 부르는 것이 일반적이다. ㉣ 앞서 언급한 '홍길동'이 '이사'란 직위에 있다면 그를 '홍 이사, 홍길동 이사님' 등으로 이르거나 부를 수 있다. 또한 ㉤ 특수한 의도를 가지고 지칭어나 호칭어를 사용하는 경우도 있는데, 가령 공적인 상황에서 친밀감을 표현하기 위해 사적인 호칭어를 쓰기도 한다.

한편 사람이나 사물 등을 지칭할 때 사용되는 말 중에는 그 대상이 특정되지 않아 호칭어로 쓰일 수 없는 말들이 있다. 이들은 다시, 대상을 알지 못하는 미지칭과 대상이 정해지지 않아 불분명한 부정칭으로 나뉜다. 예컨대 '너희 학교는 어디야?'의 '어디'는 전자에, '어디 좀 가자.'의 '어디'는 후자에 해당된다. '어디 가?'의 '어디'는 맥락에 따라 전자와 후자 모두 가능하다. 이러한 대명사 외에 명사, 관형사, 부사 등도 알지 못함이나 불분명함을 나타낼 수 있다.

**35.** 윗글을 바탕으로 할 때, <보기>의 ⓐ～ⓓ에 대한 이해로 적절한 것은?

<보 기>

○ 이 과일 한 상자에 ⓐ 얼마예요?
○ 그는 ⓑ 무슨 일이든 척척 해내니?
○ 지리산은 ⓒ 언제 보아도 아름답겠지?
○ 밖에 ⓓ 어떤 분이 오셨어요?

① ⓐ, ⓑ는 불분명함을 나타내며 품사는 서로 다르다.
② ⓐ, ⓒ는 알지 못함을 나타내며 품사는 동일하다.
③ ⓐ, ⓓ는 알지 못함을 나타내며 품사는 동일하다.
④ ⓑ, ⓒ는 불분명함을 나타내며 품사는 서로 다르다.
⑤ ⓑ, ⓓ는 알지 못함과 불분명함을 모두 나타내며 품사는 동일하다.

**36.** 다음 ㉮～㉳를 통해 윗글의 ㉠～㉤을 설명한 내용으로 적절한 것은? [3점]

**아들**: ㉮ 엄마, 진로 선택을 어떻게 해야 할지 모르겠어요.
**엄마**: 음, 그래! 그럼 주말에 이모에게 상담 좀 받아 볼까?
**딸**: 엄마, ㉯ 이모도 주말에 쉬셔야 하는데 괜찮을까요?
**아들**: 아니야. 전에 사촌 누나가 그러던데 이모 주말에 특별한 일 없으시대.
**아빠**: ㉰ 여보세요. ㉱ 김 선생님의 사생활도 생각 좀 하시죠? 그리고, ㉲ 김수진 님! 본인 아드님 진로 상담은 충분히 알아본 다음에 하는 것이 어떨까요?
**엄마**: 김 부장님, 제가 언니한테 잘 부탁해 볼 테니 걱정 마세요.
**아빠**: 그럼 ㉳ 이모님께 감사 인사 꼭 드리고 상담도 집중해서 잘 받아라.

① ㉠은 같은 대상을 가리키는 호칭어 ㉮와 지칭어 ㉲를 통해 확인된다.
② ㉡은 지칭어 ㉯와 ㉳로도 확인되는데 비록 화자와 대상의 친족 관계가 다르더라도 같은 형식의 지칭어가 쓰일 수 있음이 확인된다.
③ ㉢은 공적이고 격식적인 상황에서 쓰인 호칭어 ㉲를 통해 확인된다.
④ ㉣은 지칭어 ㉯가, 같은 대상을 가리키는 호칭어 ㉱로 실현된 데에서도 확인된다.
⑤ ㉤은 화자가 친족 관계에 있는 청자에게 상황에 어울리지 않는 호칭어 ㉰를 사용하는 데에서 확인된다.

**37.** 밑줄 친 서술어가 필수적으로 요구하는 문장 성분의 개수 및 종류가 같은 것끼리 짝지어진 것은?

① ┌ 할아버지는 형님 댁에 계신다.
  └ 여객선이 도착한 항구엔 안개가 꼈다.
② ┌ 저 친구는 불평이 그칠 날이 없다.
  └ 그는 배에서 내리는 장면을 상상했다.
③ ┌ 나는 이 호박을 죽으로 만들 것이다.
  └ 아버지는 뜬눈으로 밤을 새웠다.
④ ┌ 얼음으로 된 성이 나타났다.
  └ 그는 남이 아니고 가족이다.
⑤ ┌ 그의 신중함은 아무래도 지나쳤다.
  └ 언니는 간이역만 지나치는 기차를 탔다.

**38.** <보기>의 [A]에 들어갈 말로 적절한 것은?

<보 기>

**선생님**: 한 단어에서 둘 이상의 음운 변동이 일어날 때 이들 간에 순서가 있을 수 있어요. 경우에 따라 먼저 일어난 음운 변동 결과로 다른 음운 변동이 일어날 조건이 마련되기도 하지요. 예컨대, '찾는'은 [찬는]으로 발음되는데, 음절의 끝소리 규칙이 일어나 비음화가 일어날 조건이 마련된 것이에요. ㉠~㉤에서 이런 순서나 조건을 확인할 수 있으니 ⓐ자음군 단순화, ⓑ된소리되기, ⓒ비음화, ⓓ음절의 끝소리 규칙을 활용해 설명해 봅시다.

| | |
|---|---|
| ㉠ 실없네[시럼네] | ㉡ 깊숙이[깁쑤기] |
| ㉢ 짓밟지[짇빱찌] | ㉣ 꺾는[껑는] |
| ㉤ 훑고[훌꼬] | |

**학 생**: [A]

**선생님**: 네, 맞아요.

① ㉠은 ⓐ가 일어나 ⓒ가 일어날 조건이 마련된 것이네요.
② ㉡은 ⓑ가 일어나 ⓓ가 일어날 조건이 마련된 것이네요.
③ ㉢은 ⓓ가 일어나 ⓐ가 일어날 조건이 마련된 것이네요.
④ ㉣은 ⓒ가 일어나 ⓓ가 일어날 조건이 마련된 것이네요.
⑤ ㉤은 ⓑ가 일어나 ⓐ가 일어날 조건이 마련된 것이네요.

**39.** <탐구 활동>의 ⓐ~ⓓ로 적절하지 않은 것은?

<탐구 활동>

차자 표기는 우리말을 한자로 표기하는 것이다. 차자 표기된 한자는 한자의 훈이나 음으로 읽게 된다. 이때 한자의 본뜻이 유지되기도 하고 그렇지 않기도 하다. 아래는 이러한 차자 표기 방식들을 '水(물-수)'로써 응용해 보인 것이다.

| | 훈으로 읽음 | 음으로 읽음 |
|---|---|---|
| 본뜻 유지 | 예) '水'를 '물'의 뜻으로 '물'로 읽음 ············ ㉠ | 예) '水'를 '물'의 뜻으로 '수'로 읽음 |
| 본뜻 무시 | 예) '水'를 '물'의 뜻과 상관없이 '물'로 읽음 ···· ㉡ | 예) '水'를 '물'의 뜻과 상관없이 '수'로 읽음 ···· ㉢ |

다음 한자(훈-음)를 이용해 차자 표기를 해 보고 그 방식을 설명해 보자.

火(불-화), 土(흙-토), 多(많다-다), 衣(옷-의), 乙(새-을)

예컨대, 고유어 표현 (ⓐ)의 밑줄 친 부분을 (ⓑ)로 표기하고 (ⓒ)(으)로 읽는다면 (ⓓ)의 방식을 이용한 것이다.

| | ⓐ | ⓑ | ⓒ | ⓓ |
|---|---|---|---|---|
| ① | 불빛이 일다 | 火 | 불 | ㉠ |
| ② | 진흙이 굳다 | 土 | 흙 | ㉠ |
| ③ | 웃음이 많다 | 多 | 다 | ㉡ |
| ④ | 시옷을 적다 | 衣 | 옷 | ㉡ |
| ⑤ | 찬물을 담다 | 乙 | 을 | ㉢ |

[40~43] 다음은 텔레비전 뉴스이다. 물음에 답하시오.

**진행자**: 시청자 여러분, 독도 바다사자를 아십니까? ⓐ독도 바다사자는 예전에 독도와 인근 해역에 살았던 바다사자를 가리키는 말인데요, 하지만 안타깝게도 독도 바다사자는 멸종된 지 오래되어 현재는 볼 수가 없습니다. 그런데 최근 독도 옛 모습 찾기의 일환으로 이 바다사자를 되살리려는 움직임이 있어 지역 사회의 비상한 관심을 끌고 있습니다. 보도에 김◇◇ 기자입니다.

**기자**: 저는 지금 독도 인근 해역에 나와 있습니다. ⓑ1900년대 초까지만 해도 이곳은 독도 바다사자의 주요 서식지이자 번식지였습니다. 하지만 ⓒ일제 강점기 남획으로 인하여 개체수가 급격히 줄다가 완전히 자취를 감추었고, 국제자연보존연맹에서는 1994년에 독도 바다사자를 멸종 동물로 분류하였습니다. 그런데 최근 들어 독도 옛 모습 찾기를 위해 관련 기관을 중심으로 독도 바다사자의 복원 방안이 활발히 논의되고 있습니다.

**관계자**: ⓓ독도 바다사자는 다른 멸종 위기 동물보다 인간과의 충돌 가능성이 크지 않고, 독도 지역은 서식 환경의 적합성 면에서도 독도 바다사자의 복원에 유리합니다. 그리고 독도에 대한 국민적 관심과 독도의 생물 다양성을 고려할 때, 독도 바다사자 복원은 추진할 만한 가치가 있다고 봅니다.

**기자**: 전문가들도 독도 바다사자의 복원 가능성을 염두에 두고 구체적인 복원 방안 모색에 나섰습니다.

**전문가**: 독도 바다사자의 경우 동일 개체종이나 동일 개체군으로의 복원은 현재로서는 불투명합니다. 다만, 베링해 등에서 혈연적으로 가까운 개체군을 찾아서 들여오는 방식으로의 복원은 가능성이 있습니다. 예전에도 독도 바다사자는 독도 해역을 중심으로 베링해 인근까지 넓게 분포하고 있었기 때문에 베링해 등에서 개체군을 들여와도 문제없이 잘 서식할 것으로 생각합니다. 이 부분은 앞으로 연구가 더 필요합니다.

[해설편 p.071]

**기자**: 지역 사회도 독도 바다사자를 복원하여 독도의 옛 모습을 찾을 수 있다는 기대감에 반가움을 표했습니다.
**지역 어민 대표**: 독도 바다를 누비던 독도 바다사자를 다시 볼 수만 있다면, 제대로 정착할 수 있도록 저희도 적극 협조해야지요.
**기자**: 일각에서는 동물의 서식지를 옮기는 것이 동물에게는 오히려 위험 요소가 될 수 있다며 신중한 접근을 요구하는 목소리도 나오고 있습니다. 이처럼 독도 바다사자의 복원에는 정확한 실태 조사, 사회적 합의 도출 등 앞으로 해결해야 할 과제가 많습니다. 하지만 ⓔ<u>독도 바다사자를 성공적으로 복원할 수 있다면, 독도의 옛 모습을 찾고 생물 다양성을 확보하는 데에도 도움이 될 것으로 전망됩니다</u>. □□뉴스 김◇◇ 기자였습니다.

**40.** ㉠~㉢에 대한 이해로 가장 적절한 것은?

① ㉠, ㉡은 보도의 현장감을 높이기 위해 취재 현장에서 보도하는 영상을 제시하고 있다.
② ㉠, ㉢은 효과적인 의미 전달을 위해 보도 내용과 관련된 이미지와 문자를 사용하여 복합 양식의 특성을 드러내고 있다.
③ ㉡, ㉢은 보도 내용에 대한 신뢰를 주기 위해 인터뷰 대상에 대한 정보를 제시하고 있다.
④ ㉠, ㉡, ㉢은 보도의 주요 화제를 전환하기 위해 일상생활에 도움이 되는 정보를 화면 상단에 제시하고 있다.
⑤ ㉠, ㉡, ㉢은 보도 내용에 대한 시청자의 이해를 돕기 위해 추가 정보를 화면 하단의 자막 내용으로 제시하고 있다.

**41.** 다음은 위 뉴스에 대한 시청자 게시판의 내용이다. 시청자의 수용 양상에 대한 설명으로 적절하지 <u>않은</u> 것은?

시청자 게시판

**다랑이**: 뉴스에서 말하는 복원이 외국의 비슷한 종을 데려와 정착시킨다는 말인 것 같은데, 이것이 오히려 우리 생태계에 악영향을 줄 수 있지 않을까요?
**행복이**: 복원 사업이 성공하려면 지역 어민들의 협조가 필요한데, 적극 협조한다는 지역 어민 대표님의 말씀이 참 고맙네요.
**강치맘**: 지구 온난화로 해수 온도가 상승한다던데, 서식 환경의 적합성 면에서 독도 지역이 복원에 유리하다고 보긴 어려워요.
**보리보리**: 독도 바다사자가 인간의 남획으로 사라졌다는 사실이 안타깝네요. 복원이 이루어진다면, 남획으로 사라지는 일이 없게 어로 금지 구역 설정 등의 보존 대책을 세웠으면 좋겠어요.
**독도사랑**: 저는 독도 인근 주민인데, 독도 바다사자의 복원 추진에 대해 제 주변의 사람들은 모르고 있어요. 진행자가 지역 사회의 비상한 관심을 끌고 있다고 말한 것이 확실한지 모르겠어요.

① '다랑이'는 '전문가' 발화의 일부 내용에 주목하여 비판적 시각을 보이고 있다.
② '행복이'는 '지역 어민 대표' 발화의 일부 내용에 주목하여 자신이 이해한 정보가 맞는지 확인하고 있다.
③ '강치맘'은 '관계자' 발화의 일부 내용에 주목하여 그것과 다른 견해를 보이고 있다.
④ '보리보리'는 '기자' 발화의 일부 내용에 주목하여 자신의 의견을 제안하고 있다.
⑤ '독도사랑'은 '진행자' 발화의 일부 내용에 주목하여 그것이 실제 사실인지 의문을 제기하고 있다.

**42.** ⓐ~ⓔ에 대한 설명으로 가장 적절한 것은?

① ⓐ: 보조사 '는'을 사용하여, '독도 바다사자'를 다른 지역의 바다사자와 비교한다.
② ⓑ: 보조사 '만'을 사용하여, '1900년대 초까지'가 기대에 미치지 못하는 수준임을 표현한다.
③ ⓒ: 연결 어미 '-다가'를 사용하여, 개체 수의 감소 국면이 반전되었음을 표현한다.
④ ⓓ: 연결 어미 '-고'를 사용하여, 독도 바다사자의 복원이 상대적으로 수월한 이유를 나열하고 있다.
⑤ ⓔ: 피동사 '전망되다'를 사용하여, 독도 바다사자 복원의 주체를 숨기고 있다.

**43.** 위 뉴스를 참고하여 학생들이 독도 옛 모습 찾기 캠페인을 홍보하는 포스터를 아래와 같이 만들었다고 할 때, 포스터의 정보 제시 및 구성 방식에 대한 이해로 적절하지 <u>않은</u> 것은?

① 독도 바다사자에 대한 정보를 확인할 수 있도록, 오른쪽 하단에 QR 코드를 제시했다.
② 행사 내용을 강조하기 위해, 상위와 하위 항목의 글자 크기와 굵기를 서로 달리하여 제시했다.
③ 캠페인의 목적을 분명히 드러내기 위해, 홍보용 포스터 제목을 글 상자에 넣어 상단 중앙에 제시했다.
④ 독도 옛 모습 찾기에 동참하자는 의미를 담기 위해, 학생의 말풍선에 청유 형식의 문구를 제시했다.
⑤ 독도와 독도 바다사자가 함께하는 독도의 옛 모습을 떠올릴 수 있도록, 독도를 배경으로 독도 바다사자가 헤엄치는 모습을 이미지로 제시했다.

**[44~45] 다음은 '졸업 앨범 앱' 시안을 제작하기 위한 온라인 화상 회의이다. 물음에 답하시오.**

**나영**: 이제 화상 회의 시작할게. 근데 수민이가 참석을 못 한다고 하니, 회의를 녹화해서 파일로 저장할게. 다들 동의하지?

**지현, 민진, 윤하, 서형, 은준**: 그래, 알았어.

| 채팅 | 나영 님이 회의 녹화를 시작합니다. |
|---|---|

| 귓속말 (1:1채팅) | 은준→나영 나영아, 근데 수민이 무슨 일 있어? 걱정되네. ㅠㅠ<br>나영→은준 몸이 좀 아프대. 회의 끝나고 연락해 보자. |
|---|---|

**지현**: '졸업 앨범 앱' 시안 제작을 위해 친구들이 학생회 사회 관계망 서비스 게시판에 의견을 제출해 주었어. 함께 검토해 보자. 게시판 주소를 보내 줄게.

| 채팅 | https://www.○○고.kr/○○고학생회 |
|---|---|

**민진**: 많은 의견 중에 반영할 의견을 고르려면 소회의실을 만들어 진행해야 회의 시간을 줄일 수 있을 것 같은데 어때?

**나영**: 좋은 생각이야. 회의실은 내가 만들어 줄게.

| 채팅 | 소회의실 회의가 시작되어 지정된 회의실로 이동합니다. |
|---|---|

| 채팅 | 소회의실 회의가 종료되어 전체 회의실로 이동합니다. |
|---|---|

**나영**: 자, 그럼 소회의실에서 검토한 의견을 공유해 보자.

**지현**: 우리 모둠에서는 본인이 쓴, 간직하고 싶은 글을 저장할 수 있는 공간이 있으면 좋겠다는 의견이 있었어. '나의 서재' 같은 메뉴를 추가하면 구현할 수 있을 것 같아.

**민진**: 그럼 메뉴는 우리가 처음 구상한 것에 '나의 서재'를 추가해서 '나의 방', '나의 서재', '조별 사진', '단체 사진', '행사 사진'으로 하면 되겠다.

**은준**: 우리 모둠에서는 자신의 사회 관계망 서비스 주소를 직접 입력할 수 있게 해 달라는 의견이 나왔어. '나의 방' 메뉴에 계정 주소 입력 공간을 만들고 입력하게 하는 건 어때?

**윤하**: 좋아. 그러면 '친구 찾기' 메뉴도 만들어서 친구를 검색하면, 입력된 친구 계정에 클릭 한 번으로 바로 이동할 수 있도록 '사회 관계망 서비스 바로 가기'를 추가하자.

**지현**: 그럼, 추가한 '친구 찾기' 메뉴에 '쪽지 보내기' 기능을 넣어서, 친구에게 쪽지를 보낼 수 있게 하면 어때?

**은준**: 우리도 '쪽지 보내기'에 대한 의견을 반영하려 했었어. 발신자가 쪽지를 보내면 수신자 휴대 전화에 알림이 가게 해 달라는 요구도 있었으니 함께 반영하자.

**서형**: '학교 누리집 바로 가기'를 넣어 달라는 의견도 있던데, 페이지로 연결은 간단하니 이것도 반영하는 걸로 하자.

**윤하**: 그래, 다양한 기능이 많이 생기겠다. 입학 때부터 지금까지 시간 순서에 따라 자동으로 사진을 볼 수 있게, '슬라이드 자동 넘김' 기능을 추가해 달라는 의견도 있었어.

**민진**: 좋은 생각이네. '행사 사진' 메뉴에 적용하면 어울릴 것 같아. 그런데 그런 기능이 실제로 가능한가?

**서형**: 동영상 공유 플랫폼에서 봤어. 영상을 공유해 볼게.

| 채팅 | 서형 님이 영상 공유를 시작합니다. |
|---|---|

**나영**: 영상 보니까 충분히 가능하겠네. 그럼, 지금까지 나온 의견 잘 반영해서 ㉠ <u>최종 시안</u>이 나오면 다시 공유할게.

**44.** 윗글에 나타난 매체 활용 방식으로 적절하지 <u>않은</u> 것은?

① '나영'은 회의 참여가 불가능한 '수민'을 위해 회의를 디지털 형태의 파일로 저장했다.
② '지현'은 게시판에 쉽게 접속할 수 있도록 학생회 사회 관계망 서비스 게시판 주소를 전송했다.
③ '민진'은 게시판에 제출된 의견을 효율적으로 검토하기 위해 '소회의실' 기능의 활용을 제안했다.
④ '은준'은 개인적으로 친구에 대한 안부를 확인하기 위해 '귓속말' 기능을 활용하여 '나영'과 대화했다.
⑤ '서형'은 '슬라이드 자동 넘김'에 대한 회의 참여자들의 선호 정도를 확인하기 위해 '영상 공유' 기능을 사용했다.

**45.** 위 회의를 바탕으로 ㉠을 아래와 같이 제작했다고 할 때, ⓐ~ⓔ에 대한 이해로 적절하지 <u>않은</u> 것은? [3점]

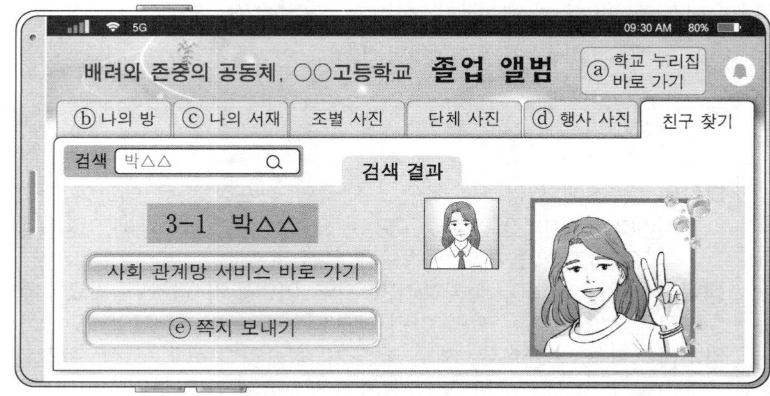


① 앱 이용 중에 학교 누리집에 접속할 필요가 있을 때, ⓐ를 이용하면 편리하겠군.
② 사용자는 '친구 찾기'에서 친구가 ⓑ에 입력해 둔 계정 주소를 통해 친구 계정으로 바로 이동할 수 있겠군.
③ 학교생활 중에 썼던 글을 ⓒ에 올려 두면, 저장한 글을 보고 싶을 때 다시 열어 볼 수 있겠군.
④ 학교 행사들을 추억하고 싶을 때 ⓓ를 이용하면 시간 순서에 따라 행사 사진들을 다시 볼 수 있겠군.
⑤ ⓔ를 사용하여 쪽지를 보냈다는 것을 알리려면 수신자의 사회 관계망 서비스에 접속해야 하겠군.

＊ 확인 사항
○ 답안지의 해당란에 필요한 내용을 정확히 기입(표기)했는지 확인하시오.



[해설편 p.073]

제 1 교시

# 국어 영역

07회

● 문항수 45개 | 배점 100점 | 제한 시간 80분

● 점수 표시가 없는 문항은 모두 2점



**[1~3] 다음 글을 읽고 물음에 답하시오.**

선생님의 권유나 친구의 추천, 자기 계발 등 우리가 독서를 하게 되는 동기는 다양하다. 독서 동기는 '독서를 이끌어 내고, 지속하는 힘'으로 정의되는데, 이 정의에는 독서의 시작과 지속이라는 두 측면이 포함되어 있다. 이러한 독서 동기는 슈츠가 제시한 '때문에 동기'와 '위하여 동기'라는 두 유형을 적용하여 설명할 수 있다.

[A] 독서의 '때문에 동기'는 독서 행위를 하게 만든 이유를 의미한다. 이는 독서 행위를 유발한 계기가 되므로 독서 이전 시점에 이미 발생한 사건이나 경험에 해당한다. 독서의 '위하여 동기'는 독서 행위를 통해 달성하고자 하는 목적을 의미한다. 그 목적은 독서 행위의 결과로 달성되므로 독서 이후 시점의 상태에 대한 기대나 예측이라는 성격을 가지며, 달성하지 못할 가능성을 내포한다. 예를 들어, 친구에게 책을 선물로 받아서 읽게 되었다고 할 때, 선물로 책을 받은 것은 이 독서 행위의 '때문에 동기'이다. 그리고 책을 읽고 친구와 책에 대해 대화를 나누는 것을 목적으로 설정했다면 이는 '위하여 동기'가 된다. 또한 독서 행위를 통해 성취감이나 감동을 느끼는 것, 선물로 받은 책을 읽어서 친구를 실망시키지 않는 것 등도 이 독서 행위의 결과로 기대할 수 있는 것이므로 역시 '위하여 동기'가 된다고 할 수 있다.

이러한 동기 개념은 독서 습관의 형성 과정을 설명하는 데 도움이 된다. 성공적인 독서 경험의 핵심은 독서 행위를 통해 즐거움과 유익함을 경험하는 것인데, 이러한 경험을 하게 되면 다른 책을 더 읽고 싶다는 마음이 들고 그러한 마음은 새로운 독서 행위로 연결된다. 독서의 즐거움과 유익함은 새로운 독서 행위의 이유가 된다는 점에서 '때문에 동기'가 된다. 동시에, 새로운 독서 행위를 통해 다시 경험하고 싶어지는 '위하여 동기'가 되기도 한다. 이러한 선순환을 통해 독서 경험이 반복되고 심화되면서 독서 습관이 자연스럽게 형성된다. 따라서 독서 습관을 형성하려면 '때문에 동기'와 '위하여 동기'를 바탕으로 우선 독서 행위를 시작하는 것과, 성공적인 독서 경험을 통해 독서 행위를 지속하는 것이 중요하다.

**1.** 윗글의 내용에 대한 이해로 적절하지 <u>않은</u> 것은?

① 타인의 권유나 추천이 독서를 하는 이유가 될 수 있다.
② 슈츠는 동기의 두 측면을 합쳐 하나의 유형으로 제시했다.
③ 독서 습관을 형성하기 위해서는 독서 행위를 시작하는 것이 필요하다.
④ 독서 동기의 정의는 독서를 시작하게 하는 힘과 계속하게 하는 힘을 포함한다.
⑤ 독서의 '때문에 동기'와 '위하여 동기'는 독서 습관의 형성 과정을 설명하는 데 유용하다.

**2.** 다음은 학생의 메모이다. [A]를 참고할 때, ㉮~㉰에 대한 설명으로 가장 적절한 것은? [3점]

> 나는 ㉮ <u>학교에서 '한 학기에 책 한 권 읽기' 과제를 받았다</u>. 그래서 이번 학기에 읽을 책으로 철학 분야의 책을 선택했다. 책을 다 읽고 나면 ㉯ <u>철학에 대해 많이 알게 되겠지</u>. 그리고 ㉰ <u>어려운 책을 읽어 냈다는 뿌듯함도 느낄 수 있을 거야</u>.

① ㉮는 독서를 통해 달성하고자 하는 목적이므로 '위하여 동기'라고 할 수 있다.
② ㉯는 독서를 하도록 만든 사건에 해당하므로 '때문에 동기'라고 할 수 있다.
③ ㉮와 ㉯는 이미 발생하여 독서의 계기가 되었으므로 '때문에 동기'라고 할 수 있다.
④ ㉮와 ㉰는 독서 이전 시점에 경험한 일에 해당하므로 '때문에 동기'라고 할 수 있다.
⑤ ㉯와 ㉰는 독서의 결과로 얻게 될 기대에 해당하므로 '위하여 동기'라고 할 수 있다.

**3.** 윗글을 바탕으로 할 때, <보기>를 설명한 내용으로 적절하지 <u>않은</u> 것은?

<보 기>

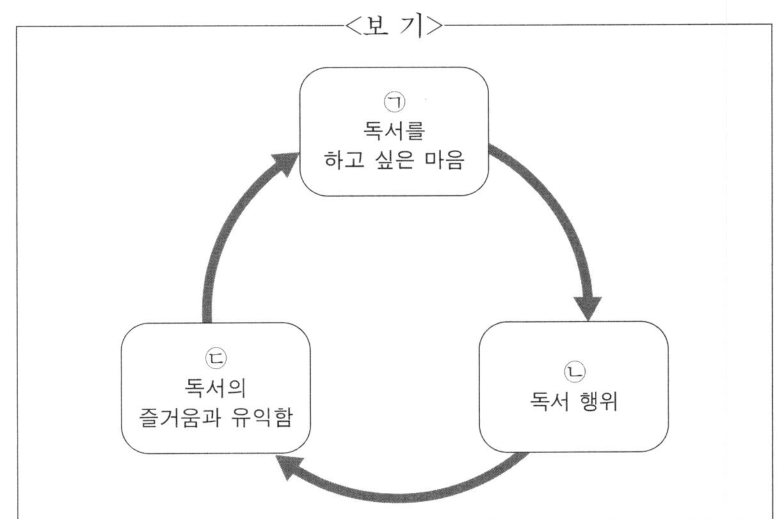


① ㉠으로 시작해 ㉢을 경험하면 ㉠은 자연스럽게 사라진다.
② ㉡으로 ㉢을 얻는 것이 성공적 독서 경험의 핵심이다.
③ ㉢의 경험을 통하여 ㉠이 생기면 ㉡으로 이어질 수 있다.
④ ㉢은 ㉡의 결과인 동시에 새로운 ㉡의 목적이 될 수 있다.
⑤ ㉠, ㉡, ㉢의 선순환을 통해 독서 경험이 반복되고 심화된다.

[4~7] 다음 글을 읽고 물음에 답하시오.

공포 소구는 그 메시지에 담긴 권고를 따르지 않을 때의 해로운 결과를 강조하여 수용자를 설득하는 것으로, 1950년대 초부터 설득 전략 연구자들의 연구 대상이 되었다. 초기 연구를 대표하는 재니스는 기존 연구에서 다루어지지 않았던 공포 소구의 설득 효과에 주목하였다. 그는 수용자에게 공포 소구를 세 가지 수준으로 달리 제시하는 실험을 한 결과, 중간 수준의 공포 소구가 가장 큰 설득 효과를 보인다는 것을 발견하였다.

공포 소구 연구를 진척시킨 레벤달은 재니스의 연구가 인간의 감정적 측면에만 ㉠ 치우쳤다고 비판하며, 공포 소구의 효과는 수용자의 감정적 반응만이 아니라 인지적 반응과도 관련된다고 하였다. 그는 감정적 반응을 '공포 통제 반응', 인지적 반응을 '위험 통제 반응'이라 ㉡ 불렀다. 그리고 후자가 작동하면 수용자들은 공포 소구의 권고를 따르게 되지만, 전자가 작동하면 공포 소구로 인한 두려움의 감정을 통제하기 위해 오히려 공포 소구에 담긴 위험을 무시하려는 반응을 보이게 된다고 하였다.

이러한 선행 연구들을 종합한 위티는 우선 공포 소구의 설득 효과를 좌우하는 두 요인으로 '위협'과 '효능감'을 설정하였다. 수용자가 공포 소구에 담긴 위험을 자신이 ㉢ 겪을 수 있는 것이고 그 위험의 정도가 크다고 느끼면, 그 공포 소구는 위협의 수준이 높다. 그리고 공포 소구에 담긴 권고를 이행하면 자신의 위험을 예방할 수 있고 자신에게 그 권고를 이행할 능력이 있다고 느끼면, 효능감의 수준이 높다. 한 동호회에서 회원들에게 '모임에 꼭 참석해 주세요. 불참 시 회원 자격이 사라집니다.'라는 안내문을 ㉣ 보냈다고 하자. 회원 자격이 사라진다는 것은 그 동호회 활동에 강한 애착을 가지고 있는 사람에게는 높은 수준의 위협이 된다. 그리고 그가 동호회 모임에 참석하는 일이 어렵지 않다고 느낄 때, 안내문의 권고는 그에게 높은 수준의 효능감을 주게 된다.

위티는 이 두 요인을 레벤달이 말한 두 가지 통제 반응과 관련지어 다음과 같은 결론을 도출하였다. 위협과 효능감의 수준이 모두 높을 때에는 위험 통제 반응이 작동하고, 위협의 수준은 높지만 효능감의 수준이 낮을 때에는 공포 통제 반응이 작동한다. 그러나 위협의 수준이 낮으면, 수용자는 그 위협이 자신에게 아무 영향을 ㉤ 주지 않는다고 느껴 효능감의 수준에 관계없이 공포 소구에 대한 반응이 없게 된다. 이렇게 정리된 결론은 그간의 공포 소구 이론을 통합한 결과라는 점에서 후속 연구의 중요한 디딤돌이 되었다.

**4.** 윗글의 내용 전개 방식으로 가장 적절한 것은?

① 화제에 대한 연구들이 시작된 사회적 배경을 분석하고 있다.
② 화제에 대한 연구들을 선행 연구와 연결하여 설명하고 있다.
③ 화제에 대한 연구들을 분류하는 기준의 문제점을 검토하고 있다.
④ 화제에 대한 연구들을 소개한 후 남겨진 연구 과제를 제시하고 있다.
⑤ 화제에 대한 연구들이 봉착했던 난관과 그 극복 과정을 소개하고 있다.

**5.** 윗글을 읽은 학생의 반응으로 적절하지 않은 것은?

① 재니스는 공포 소구의 효과를 연구하는 실험에서 공포 소구의 수준을 달리하며 수용자의 변화를 살펴보았겠군.
② 레벤달은 재니스의 연구 결과에 대하여 수용자의 감정적 반응과 인지적 반응을 모두 고려하여 살펴보았겠군.
③ 레벤달은 공포 소구의 설득 효과가 나타나려면 공포 통제 반응보다 위험 통제 반응이 작동해야 한다고 보았겠군.
④ 위티는 수용자가 공포 소구에 담긴 위협을 느끼지 않아야 공포 소구의 권고를 따르게 된다고 보았겠군.
⑤ 위티는 공포 소구의 위협 수준이 그 공포 소구의 효능감 수준에 따라 달라지는 것은 아니라고 보았겠군.

**6.** 윗글을 참고할 때, <보기>의 실험에 대해 추론한 내용으로 적절하지 않은 것은? [3점]

<보 기>

한 모임에서 공포 소구 실험을 진행한 결과, 수용자들의 반응은 위티의 결론과 부합하였다. 이 실험에서는 위협의 수준(높음 / 낮음), 효능감의 수준(높음 / 낮음)의 조합을 달리하여 피실험자들을 네 집단으로 나누었다. 집단 1과 집단 2는 공포 소구에 대한 반응이 없었고, 집단 3은 위험 통제 반응, 집단 4는 공포 통제 반응이 작동하였다.

① 집단 1은 위협의 수준이 낮았을 것이다.
② 집단 3은 효능감의 수준이 높았을 것이다.
③ 집단 4는 위협과 효능감의 수준이 서로 달랐을 것이다.
④ 집단 2와 집단 4는 위협의 수준이 서로 달랐을 것이다.
⑤ 집단 3과 집단 4는 효능감의 수준이 서로 같았을 것이다.

**7.** 문맥상 ㉠~㉤과 바꾸어 쓰기에 적절하지 않은 것은?

① ㉠: 편향(偏向)되었다고
② ㉡: 명명(命名)하였다
③ ㉢: 경험(經驗)할
④ ㉣: 발송(發送)했다고
⑤ ㉤: 기여(寄與)하지



[해설편 p.074]

[8~11] 다음 글을 읽고 물음에 답하시오.

분자들이 만나 화학 반응을 진행하는 데 필요한 최소한의 운동 에너지를 활성화 에너지라 한다. 활성화 에너지가 작은 반응은, 반응의 활성화 에너지보다 큰 운동 에너지를 가진 분자들이 많아 반응이 빠르게 진행된다. 활성화 에너지를 조절하여 반응 속도에 변화를 주는 물질을 촉매라고 하며, 반응 속도를 빠르게 하는 능력을 촉매 활성이라 한다. 촉매는 촉매가 없을 때와는 활성화 에너지가 다른, 새로운 반응 경로를 제공한다. 화학 산업에서는 주로 고체 촉매가 이용되는데, 액체나 기체인 생성물을 촉매로부터 분리하는 별도의 공정이 필요 없기 때문이다. 고체 촉매는 대부분 활성 성분, 지지체, 증진제로 구성된다.

활성 성분은 그 표면에 반응물을 흡착시켜 촉매 활성을 제공하는 물질이다. 고체 촉매의 촉매 작용에서는 반응물이 먼저 활성 성분의 표면에 화학 흡착되고, 흡착된 반응물이 표면에서 반응하여 생성물로 변환된 후, 생성물이 표면에서 탈착되는 과정을 거쳐 반응이 완결된다. 금속은 다양한 물질들이 표면에 흡착될 수 있어 여러 반응에서 활성 성분으로 사용된다. 예를 들면, 암모니아를 합성할 때 철을 활성 성분으로 사용하는데, 이때 반응물인 수소와 질소가 철의 표면에 흡착되어 각각 원자 상태로 분리된다. 흡착된 반응물은 전자를 금속 표면의 원자와 공유하여 안정화된다. 반응물의 흡착 세기는 금속의 종류에 따라 달라진다. 이때 흡착 세기가 적절해야 한다. 흡착이 약하면 흡착량이 적어 촉매 활성이 낮으며, 흡착이 너무 강하면 흡착된 반응물이 지나치게 안정화되어 표면에서의 반응이 느려지므로 촉매 활성이 낮다. 일반적으로 고체 촉매에서는 반응에 관여하는 표면의 활성 성분 원자가 많을수록 반응물의 흡착이 많아 촉매 활성이 높아진다.

금속은 열적 안정성이 낮아, 화학 반응이 일어나는 고온에서 금속 원자들로 이루어진 작은 입자들이 서로 달라붙어 큰 입자를 이루게 되는데 이를 소결이라 한다. 입자가 소결되면 금속 활성 성분의 전체 표면적은 줄어든다. 이러한 문제를 해결하는 것이 지지체이다. 작은 금속 입자들을 표면적이 넓고 열적 안정성이 높은 지지체의 표면에 분산하면 소결로 인한 촉매 활성 저하가 억제된다. 따라서 소량의 금속으로도 ㉠ <u>금속을 활성 성분으로 사용하는 고체 촉매</u>의 활성을 높일 수 있다.

증진제는 촉매에 소량 포함되어 활성을 조절한다. 활성 성분의 표면 구조를 변화시켜 소결을 억제하기도 하고, 활성 성분의 전자 밀도를 변화시켜 흡착 세기를 조절하기도 한다. 고체 촉매는 활성 성분이 반드시 있어야 하지만 경우에 따라 증진제나 지지체를 포함하지 않기도 한다.

**8.** 윗글의 내용과 일치하지 <u>않는</u> 것은?

① 촉매를 이용하면 화학 반응이 새로운 경로로 진행된다.
② 고체 촉매는 기체 생성물과 촉매의 분리 공정이 필요하다.
③ 고체 촉매에 의한 반응은 생성물의 탈착을 거쳐 완결된다.
④ 암모니아 합성에서 철 표면에 흡착된 수소는 전자를 철 원자와 공유한다.
⑤ 증진제나 지지체 없이 촉매 활성을 갖는 고체 촉매가 있다.

**9.** ㉠의 촉매 활성을 높이는 방법으로 가장 적절한 것은?

① 반응물을 흡착하는 금속 원자의 개수를 늘린다.
② 활성 성분의 소결을 촉진하는 증진제를 첨가한다.
③ 반응물의 반응 속도를 늦추는 지지체를 사용한다.
④ 반응에 대한 활성화 에너지를 크게 하는 금속을 사용한다.
⑤ 활성 성분의 금속 입자들을 뭉치게 하여 큰 입자로 만든다.

**10.** 윗글을 바탕으로 <보기>를 이해한 내용으로 적절하지 <u>않은</u> 것은? [3점]

<보 기>

아세틸렌은 보통 선택적 수소화 공정을 통하여 에틸렌으로 변환된다. 이 공정에서 사용되는 고체 촉매는 팔라듐 금속 입자를 실리카 표면에 분산하여 만들며, 아세틸렌과 수소는 팔라듐 표면에 흡착되어 반응한다. 여기서 실리카는 표면적이 넓고 열적 안정성이 높다. 이때, 촉매에 규소를 소량 포함시키면 활성 성분의 표면 구조가 변화되어 고온에서 팔라듐의 소결이 억제된다. 또한 은을 소량 포함시키면 팔라듐의 전자 밀도가 높아지고 팔라듐 표면에 반응물이 흡착되는 세기가 조절되어 원하는 반응을 얻을 수 있다.

① 아세틸렌은 반응물에 해당한다.
② 팔라듐은 활성 성분에 해당한다.
③ 규소와 은은 모두 증진제에 해당한다.
④ 실리카는 낮은 온도에서 활성 성분을 소결한다.
⑤ 실리카는 촉매 활성 저하를 억제하는 기능을 한다.

**11.** 윗글을 바탕으로 할 때, <보기>의 금속 ⓐ~ⓓ에 대한 설명으로 가장 적절한 것은?

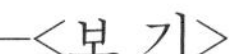


다음은 여러 가지 금속에 물질 ㉮가 흡착될 때의 흡착 세기와 ㉮의 화학 반응에서 각 금속의 촉매 활성을 나타낸다. (단, 흡착에 영향을 주는 다른 요소는 고려하지 않음.)

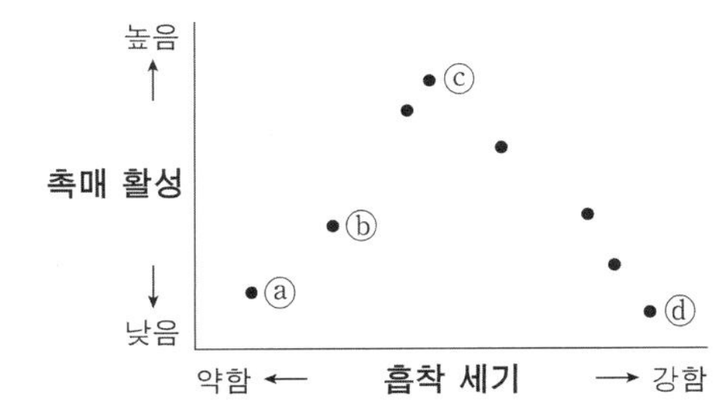


① ㉮의 화학 반응은 ⓐ보다 ⓑ를 활성 성분으로 사용할 때 더 느리게 일어난다.
② ㉮는 ⓐ보다 ⓒ에 흡착될 때 흡착량이 더 적다.
③ ㉮는 ⓐ보다 ⓓ에 흡착될 때 안정화되는 정도가 더 크다.
④ ㉮는 ⓑ보다 ⓒ에 더 약하게 흡착된다.
⑤ ㉮의 화학 반응에서 촉매 활성만을 고려하면 가장 적합한 활성 성분은 ⓓ이다.

[12~17] 다음 글을 읽고 물음에 답하시오.

(가)

심리 철학에서 동일론은 의식이 뇌의 물질적 상태와 동일하다고 ⓐ본다. 이와 달리 기능주의는 의식은 기능이며, 서로 다른 물질에서 같은 기능이 구현될 수 있다고 주장한다. 이때 기능이란 어떤 입력이 주어졌을 때 특정한 출력을 내놓는 함수적 역할로 정의되며, 함수적 역할의 일치는 입력과 출력의 쌍이 일치함을 의미한다. 실리콘 칩으로 구성된 로봇이 찔림이라는 입력에 대해 고통을 출력으로 내놓는 기능을 가진다면, 로봇과 우리는 같은 의식을 가진다는 것이다. 이처럼 기능주의는 의식을 구현하는 물질이 무엇인지는 중요하지 않다고 본다.

설(Searle)은 기능주의를 반박하는 사고 실험을 제시한다. '중국어 방' 안에 중국어를 모르는 한 사람만 있다고 하자. 그는 중국어로 된 입력이 들어오면 정해진 규칙에 따라 중국어로 된 출력을 내놓는다. 설에 의하면 방 안의 사람은 중국어 사용자와 함수적 역할이 같지만 중국어를 아는 것은 아니다. 기능이 같으면서 의식은 다른 사례가 있다는 것이다.

동일론, 기능주의, 설은 모두 의식에 대한 논의를 의식을 구현하는 몸의 내부로만 한정하고 있다. 하지만 의식의 하나인 '인지' 즉 '무언가를 알게 됨'은 몸 바깥에서 ⓑ일어나는 일과 맞물려 벌어진다. 기억나지 않는 정보를 노트북에 저장된 파일을 열람하여 확인하는 것이 한 예이다. 로랜즈의 확장 인지 이론은 이를 설명하는 이론이다.

그에 ⓒ따르면 인지 과정은 주체에게 '심적 상태'가 생겨나게 하는 과정이다. 기억이나 믿음이 심적 상태의 예이다. 심적 상태는 어떤 것에도 의존함이 없이 주체에게 의미를 나타낸다. 예를 들어, 무언가를 기억하는 사람은 자기의 기억이 무엇인지 ⓓ알아보기 위해 아무것에도 의존할 필요가 없다. 이와 달리 '파생적 상태'는 주체의 해석에 의존해서만 또는 사회적 합의에 의존해서만 의미를 나타내는 상태로 정의된다. 앞의 예에서 노트북에 저장된 정보는 전자적 신호가 나열된 상태로서 파생적 상태이다. 주체에 의해 열람된 후에도 노트북의 정보는 여전히 파생적 상태이다. 하지만 열람 후 주체에게는 기억이 생겨난다. 로랜즈에게 인지 과정은 파생적 상태가 심적 상태로 변화되는 과정이 아니라, 파생적 상태를 조작함으로써 심적 상태를 생겨나게 하는 과정이다. 심적 상태가 주체의 몸 외부로 확장되는 것이 아니라, 심적 상태를 생겨나게 하는 인지 과정이 확장되는 것이다. 이러한 ㉠확장된 인지 과정은 인지 주체의 것일 때에만, 다시 말해 환경의 변화를 탐지하고 그에 맞춰 행위를 조절하는 주체와 통합되어 있을 때에만 성립할 수 있다. 즉 로랜즈에게 주체 없는 인지란 있을 수 없다. 확장 인지 이론은 의식의 문제를 몸 안으로 한정하지 않고 바깥으로까지 넓혀 설명한다는 의의를 지닌다.

(나)

일반적으로 '지각'이란 몸의 감각 기관을 통해 사물에 대해 아는 것을 의미한다. 이러한 지각을 분석할 때 두 가지 사실에 직면한다. 첫째, 그 사물과 내 몸은 물질세계에 있다. 둘째, 그 사물에 대한 나의 의식은 물질세계가 아닌 다른 세계에 있다. 즉 몸으로서의 나는 사물과 같은 세계에 속하는 동시에 의식으로서의 나는 사물과 다른 세계에 속한다.

이에 대한 객관주의 철학의 입장은 두 가지로 나뉜다. 의식을 포함한 모든 것을 물질로 환원하여 의식은 물질에 불과하다고 주장하거나, 의식을 물질과 구분되는 독자적 실체로 규정함으로써 의식과 물질의 본질적 차이를 주장한다. 전자에 의하면 지각은 사물로부터의 감각 자극에 따른 주체의 물질적 반응으로 이해되며, 후자에 의하면 지각은 감각된 사물에 대한 주체 즉 의식의 판단으로 이해된다. 이처럼 양자 모두 주체와 대상의 분리를 전제하고 지각을 이해한다. 주체와 대상은 지각 이전에 이미 확정되어 각각 존재한다는 것이다.

하지만 지각은 주체와 대상이 각자로서 존재하기 이전에 나타나는 얽힘의 체험이다. 예를 들어 다른 사람과 손이 맞닿을 때 내가 누군가의 손을 ⓔ만지는 동시에 나의 손 역시 누군가에 의해 만져진다. 감각하는 것이 동시에 감각되는 것이 되는 얽힘의 순간에, 나는 나와 대상을 확연히 구분한다. 지각이라는 얽힘의 작용이 있어야 주체와 대상이 분리될 수 있다. 다시 말해 주체와 대상은 지각이 일어난 이후 비로소 확정된다. 따라서 ㉡지각과 감각은 서로 구분되지 않는다.

지각은 물질적 반응이나 의식의 판단이 아니라, 내 몸의 체험이다. 지각은 나의 몸에 의해 이루어지는 것이고, 지각이 이루어지게 하는 것은 모두 나의 몸이다.

**12.** 다음은 윗글을 읽은 학생이 정리한 내용이다. ㉮와 ㉯에 들어갈 말로 가장 적절한 것은?

> (가)는 기능주의를 소개한 후 [ ㉮ ]은/는 같지 않다는 설(Searle)의 비판을 제시하고 있다. 그리고 인지 과정이 몸 바깥으로까지 확장된다고 주장하는 확장 인지 이론을 설명하고 있다. (나)는 인지 중에서도 감각 기관을 통한 인지, 즉 지각을 주제로 하고 있다. (나)는 지각에 대한 객관주의의 철학의 입장을 비판하고, [ ㉯ ]으로서의 지각을 주장하고 있다.

| | ㉮ | ㉯ |
|---|---|---|
| ① | 의식과 함수적 역할 | 내 몸의 체험 |
| ② | 의식과 함수적 역할 | 물질적 반응 |
| ③ | 의식과 뇌의 상태 | 의식의 판단 |
| ④ | 의식과 뇌의 상태 | 내 몸의 체험 |
| ⑤ | 입력과 출력 | 의식의 판단 |



[해설편 p.076]

13. (가)에서 알 수 있는 내용으로 적절하지 않은 것은?

① 동일론자들은 뇌가 존재하지 않으면 의식도 존재하지 않는다고 볼 것이다.
② 설(Searle)은 '중국어 방' 안의 사람과 중국어를 아는 사람의 의식이 다르다고 볼 것이다.
③ 로랜즈는 기억이 주체의 몸 바깥으로 확장될 수 있다고 볼 것이다.
④ 로랜즈는 인지 과정이 파생적 상태를 조작하는 과정을 포함한다고 볼 것이다.
⑤ 로랜즈는 노트북에 저장된 정보가 그 자체로는 심적 상태가 아니라고 볼 것이다.

14. (나)의 필자의 관점에서 ㉠을 평가한 내용으로 가장 적절한 것은?

① 확장된 인지 과정이 인지 주체의 것일 때에만 성립할 수 있다는 주장은, 지각 이전에 확정된 주체를 전제한 것이므로 타당하지 않다.
② 확장된 인지 과정이 인지 주체의 것일 때에만 성립할 수 있다는 주장은, 의식이 세계를 구성하는 독자적 실체라고 규정하는 것이므로 타당하다.
③ 주체와 통합된 경우에만 확장된 인지 과정이 성립할 수 있다는 주장은, 의식은 물질에 불과하다고 본 것이므로 타당하다.
④ 주체와 통합된 경우에만 확장된 인지 과정이 성립할 수 있다는 주장은, 외부 세계에 대한 지각이 이루어질 수 없다고 보는 것이므로 타당하지 않다.
⑤ 주체와 통합된 경우에만 확장된 인지 과정이 성립할 수 있다는 주장은, 주체와 대상의 분리를 통해서만 지각이 이루어질 수 있다고 보는 것이므로 타당하다.

15. ㉡의 이유로 가장 적절한 것은?

① 감각과 지각 모두 물질세계에서 이루어지기 때문에
② 감각하는 것이 동시에 감각되는 것이 되는 얽힘의 작용이 지각이기 때문에
③ 지각은 몸에 의해 이루어지지만 감각은 몸에 의해 이루어지지 않기 때문에
④ 지각은 의식으로서의 주체가 외부의 대상을 감각하여 판단한 결과이기 때문에
⑤ 주체와 대상이 분리되기 이전에 감각과 지각이 분리된 채로 존재하기 때문에

16. (가), (나)를 바탕으로 <보기>의 상황을 이해한 내용으로 적절하지 않은 것은? [3점]

<보 기>

빛이 완전히 차단된 암실에 A와 B 두 명의 사람이 있다. A는 막대기로 주변을 더듬어 사물의 위치를 파악한다. 막대기 사용에 익숙한 A는 사물에 부딪친 막대기의 진동을 통해 사물의 위치를 파악할 수 있다. B는 초음파 센서로 탐지한 사물의 위치 정보를 '뇌-컴퓨터 인터페이스(BCI)'를 사용하여 전달받는다. 이를 통해 B는 사물의 위치를 파악할 수 있다. BCI는 사람의 뇌에 컴퓨터를 연결하여 외부 정보를 뇌에 전달할 수 있는 기술이다.

① (가)의 기능주의에 따르면, A와 B가 암실 내 동일한 사물의 위치를 묻는 질문에 동일한 대답을 내놓는 경우 이때 둘의 의식은 차이가 없겠군.
② (가)의 확장 인지 이론에 따르면, BCI로 암실 내 사물의 위치를 파악하는 것이 B의 인지 과정인 경우 B에게 사물의 위치에 대한 심적 상태가 생겨나겠군.
③ (가)의 확장 인지 이론에 따르면, 암실 내 사물에 부딪친 막대기의 진동이 A의 해석에 의존해서만 의미를 나타내는 경우 그 진동 상태는 파생적 상태가 아니겠군.
④ (나)에서 몸에 의한 지각을 주장하는 입장에 따르면, 막대기에 의해 A가 사물의 위치를 지각하는 경우 막대기는 A의 몸의 일부라고 할 수 있겠군.
⑤ (나)에서 의식을 물질로 환원하는 입장에 따르면, BCI를 통해 입력된 정보로부터 B의 지각이 일어난 경우 BCI를 통해 들어온 자극에 따른 B의 물질적 반응이 일어난 것이겠군.

17. 문맥상 ⓐ~ⓔ의 단어와 가장 가까운 의미로 쓰인 것은?

① ⓐ: 그간의 사정을 봐서 그를 용서해 주었다.
② ⓑ: 이사 후에 가난하던 살림살이가 일어났다.
③ ⓒ: 개발에 따른 자연 훼손 문제가 심각해졌다.
④ ⓓ: 단어의 뜻을 알아보기 위해 사전을 펼쳤다.
⑤ ⓔ: 그는 컴퓨터 프로그램을 제법 만질 줄 안다.

[18～21] 다음 글을 읽고 물음에 답하시오.

십여 일이 지날 무렵 노비 막동이 눈물을 흘리며 물었다.

"낭군께선 늘 언행이 호방하시고 재주가 무리 중에 탁월해 거침없으시더니, 요즘에는 울적해 하시니 말 못할 근심이 있는 듯하옵니다. 사모하는 이라도 있으신지요?"

김생이 슬퍼하며 느낀 바를 사실대로 말하니 막동이 한참 생각하고 말했다.

"소인이 낭군을 위해 마륵의 ㉠ 계책을 올릴 테니, 낭군께선 애태울 일이 없으십니다."

"그게 무엇이더냐?"

"낭군께선 급히 주효(酒肴)를 성대히 마련하시고 바로 미인이 머문 집으로 가셔서 손님을 전별(餞別)하려는 듯 하십시오. 방 하나를 빌려 잔치를 벌이시고 이놈을 불러 손님을 모셔 오라 하시면, 제가 명을 받들어 나갔다가 한 식경 후에 돌아와 '손님이 오십니다.'라 하지요. 낭군께서 다시 명하시면 제가 또 명을 받고 날이 저물 때쯤 돌아와, '손님께서 오늘은 송별객이 많아 심히 취해 갈 수 없으니 내일 꼭 가겠노라 하셨습니다.'라 하지요. 이때 낭군께선 주인을 불러 앉으라 하시고 그 주효를 먹게 하고, 기색을 드러내지 말고 물러나십시오. 다음 날도 그렇게 하고 그다음 날도 그렇게 하시면, 처음엔 고맙게 여길 것이요, 두 번째는 은혜에 감격할 것이며, 세 번째는 필히 의문을 품을 것입니다. 은혜를 느끼면 보답을 생각할 것이고, 은혜에 감격하면 죽음으로써 보답하고자 생각할 것이며, 의문이 생기면 하시고 싶은 바를 물어볼 것입니다. 이때 흉금을 털고 말하신다면 일은 거의 다 된 것입지요."

생은 진정 그럴듯하다 여기고 기뻐하며 말했다.

"내 일이 잘 되겠구나!"

생은 그 계책에 따라 즉시 주효를 갖추어서 곧바로 그 집에 가 전별 자리를 마련하였다.

(중략)

생이 사모하는 이가 필시 이곳에 없는 줄 알고 낯빛을 바꾸며 말했다.

"이 몸이 할멈에게 후의(厚意)를 입었으니 어찌 사실대로 말하지 않겠나? 과연 모월 모일 모처에서 오다가 길에서 마침 한 낭자를 보았다네. 나이는 대략 십오륙 세에 푸른 적삼에 붉은 치마를 입었고, 백릉버선에 자색 신을 신었지. 진주 비녀를 꽂고 새하얀 옥 반지를 끼고, 홍화문 앞길을 지나가고 있었다네. 내 마음이 화사해지고 춘정을 이기지 못해 뒤따랐는데, 마지막에 이른 곳이 곧 할멈의 집이었네. 그날 이후로 마음이 혼미하여 만사가 흐릿하며, 오로지 그 낭자만 생각했다네. 맑은 눈동자와 하얀 이가 자나 깨나 잊히지 않아 상심하며 애태우길 하루 이틀이 아니었네. 할멈이 나를 보고 낯빛이 파리하다 했는데 왜 그랬겠나? 그래서 손님을 전별한다며 할멈을 번거롭게 한 것이네."

노파가 이 말을 듣고 몹시 애처로워했으나 생이 마음에 둔 사람이 누군지 몰랐다. 한동안 깊이 생각하다가 문득 깨닫고서 말했다.

"그런 애가 있습죠. 바로 죽은 제 언니의 딸이에요. 이름은 영영이고 자(字)는 난향이죠. 만약에 정말 그렇다면 참으로 어려운 일입니다. 참 어려운 일이에요!"

"왜 그러한가?"

"이 애는 회산군 댁 시비예요. 궁에서 나고 자라 문 앞길도 밟지 못한 지 오래랍니다. 자색(姿色)이 고운 것은 낭군께서 이미 보셨으니 굳이 말할 것 없지만 고운 마음이며 얌전한 몸가짐은 양반집 규수와 다를 게 없지요. 게다가 음률과 문장을 알아 나리께서 어여삐 여기시고 장차 소실(小室)로 맞으려 하셨지만, 부인의 시샘이 하동의 사자후보다 심하여 그렇게 못 하고 있을 뿐이옵니다. 지난번 그 애가 올 수 있었던 것은 한식 때를 맞아 그 애가 어미의 제사를 이곳에서 지내려고 부인께 말미를 얻었기 때문이지요. 그리고 때마침 나리께서 외출하신 터에 올 수 있었지 그렇지 않았던들 낭군께서 어찌 얼굴을 볼 수 있었겠습니까? 아이고! 낭군께서 다시 만나시기는 참으로 어렵습죠. 참으로 어려워요!"

생이 하늘을 우러러 탄식하며 말했다.

"아, 끝난 것이로구나! 나는 필시 죽겠구나!"

노파가 안타까워 멍하니 서 있다가 다시 말했다.

"딱 한 가지 ㉡ 방법이 있습죠. 단오가 꼭 한 달 남았습니다. 그때 이 몸이 죽은 언니를 위해 제사상을 차리고 부인께 영영에게 반나절의 말미를 주도록 청한다면, 만에 하나 낭군의 뜻을 이룰 수 있을 것입니다. 낭군께선 돌아가시어 때를 기다렸다가 오시지요."

생이 기뻐하며 말했다.

"할멈 말대로 된다면야 인간의 5월 5일이 천상의 7월 7일이 되겠소!"

생과 노파는 각각 만복을 기원하며 헤어졌다.

- 작자 미상, 「상사동기」 -

**18.** 윗글의 대화에 대한 설명으로 가장 적절한 것은?

① 시간 표지를 활용하여 사건의 추이를 드러낸다.
② 앞날의 일을 가정하여 인물 간 갈등의 심화를 암시한다.
③ 인물에 대한 논평을 활용하여 갈등의 해소 방안을 제시한다.
④ 인물의 내력을 요약적으로 제시하여 성격의 변화를 보여 준다.
⑤ 인물의 성격을 고사에 빗대어 사건을 새로운 국면으로 전환한다.

**19.** 윗글의 내용에 대한 이해로 적절하지 않은 것은?

① 막동은 생의 근심이 사모하는 마음 때문일 것이라 추측했다.
② 생이 노파의 집에서 손님을 전별하는 일을 벌인 데 대해 노파는 번거로움을 호소하였다.
③ 노파는 생이 찾는 자색이 고운 여인이 죽은 언니의 딸인 것을 깨달았다.
④ 노파는 생의 사연을 애처롭게 여기고 자신이 영영에 대해 아는 바를 알려 주었다.
⑤ 생은 천상의 일에 빗대어 영영을 만나는 일의 기쁨을 표현하였다.

**20.** ㉠과 ㉡에 대한 설명으로 가장 적절한 것은?

① ㉠과 ㉡은 모두 생에게 실현 가능성에 의구심을 갖게 한다.
② ㉠과 ㉡은 모두 생의 의도를 숨기기 위해 상황의 급박함을 부각하는 방식을 취한다.
③ ㉠은 막동의 제안을 생이 실행함으로써 이루어지고, ㉡은 생의 제안을 노파가 실행함으로써 이루어질 수 있다.
④ ㉠이 이루어지면 생은 노파에게 속내를 드러낼 기회를 얻게 되고, ㉡이 이루어지면 생이 영영과 만날 기회를 얻게 된다.
⑤ ㉠에서 생은 노파에게 접근하기 위해 가상의 존재를 내세우고, ㉡에서 생은 영영과의 만남을 위해 권력자의 위세를 내세운다.

**21.** <보기>를 참고하여 윗글을 감상한 내용으로 적절하지 않은 것은? [3점]

<보 기>

「상사동기」는 남녀가 결연의 어려움을 극복하고 애정을 추구하는 서사라는 점에서, 애정 전기 소설의 전통을 따르면서도 전대 소설보다 현실성이 강화되었다. 감정에 충실하여 애정을 우선시하는 주인공의 성격, 서사 진행에 적극 개입하는 보조적 인물의 등장, 환상성을 벗어나 일상에 밀착된 배경의 설정 등에서 이를 확인할 수 있다. 또한 신분적 한계를 지닌 여성과의 결연 과정에서 애정 성취를 가로막는 사회적 관습으로 인한 갈등이 드러난다는 점에서 소설사적 의의가 있다.

① 생이 첫눈에 반한 영영과의 애정 추구에 적극적으로 나서는 점에서, 감정에 충실한 인물의 성격을 확인할 수 있군.
② 막동과 노파가 생의 애정 성취를 돕기 위해 나서는 점에서, 사건에 적극 개입하는 보조적 인물의 등장을 확인할 수 있군.
③ 생이 길을 가다 우연히 영영을 마주치고 노파의 집까지 뒤따르는 것에서, 사건 전개가 일상적 공간 속에서 이루어짐을 확인할 수 있군.
④ 영영이 회산군 댁 시비인 까닭에 두 인물의 만남이 어려운 점에서, 여성 주인공의 신분적 한계로 인해 애정 성취에 곤란을 겪는 것을 확인할 수 있군.
⑤ 회산군 부인의 허락을 구하려는 노파에게 생이 동조하는 것에서, 사회적 관습 안에서 현실적인 애정 성취 방법을 찾는 인물의 내적 갈등을 확인할 수 있군.

07회

[22~26] 다음 글을 읽고 물음에 답하시오.

(가)

㉠ 평생에 원하느니 다만 충효뿐이로다
이 두 일 말면 금수(禽獸)나 다르리야
마음에 하고자 하여 ㉡ 십재 황황(十載遑遑)*하노라
<제1수>

비록 못 이뤄도 임천(林泉)이 좋으니라
무심 어조(魚鳥)는 절로 한가하였나니
조만간 세상일 잊고 너를 좇으려 하노라 [A]
<제3수>

출(出)하면 치군택민* 처(處)하면 조월경운*
명철 군자는 이것을 즐기나니
하물며 **부귀 위기라 가난하게 살리로다**
<제8수>

날이 저물거늘 **도무지 할 일 없어**
소나무 문을 닫고 달 아래 누웠으니
**세상에 티끌 마음이 일호말(一毫末)도 없다** [B]
<제13수>

성현의 가신 길이 ㉢ 만고(萬古)에 한가지라
은(隱)커나 현(見)커나 **도(道)가 어찌 다르리**
한가지 길이오 다르지 않으니 아무 덴들 어떠리 [C]
<제17수>

강가에 누워서 강물 보는 뜻은
세월이 빠르니 ㉣ 백세(百歲)인들 길겠느냐
㉤ 십 년 전 진세(塵世) 일념이 얼음 녹듯 한다
<제19수>

- 권호문, 「한거십팔곡」 -

* 십재 황황 : 십 년을 허둥지둥함.
* 치군택민 : 임금에게 충성하고 백성에게 혜택을 베풂.
* 조월경운 : 달 아래 고기 낚고 구름 속에서 밭을 갊.

(나)

[D] 몇 칸의 집을 수선하려 함에, 아내가 취서사로 들어가 겨릅*을 구해 오길 권하였다. 유택은 안 된다고 하고, 유평은 해 보자고 하는데, 나도 스스로 생각해 보니, 절은 기와를 쓰기에 겨릅은 그다지 아끼는 것이 아니고, 다만 민간의 요구와 요청에 응하는 것이기에, 이를 요구하더라도 의리를 심히 해치지 않을 듯하였다. 그래서 다시 의견을 널리 구해 보지 않았다.

마침 처숙부 상사공이 약을 지으려고 취서사로 가게 되었는데, 내가 가고자 함을 알고 따르게 하였다. 대개 공 또한 안 된다고 생각하지는 않았기 때문이다.

이윽고 취서사에 도착하니 근방 마을에서 모여든 자가 거의 승려들 수와 맞먹었는데, 모두 겨릅 때문에 온 자들이었다. 좌우에서 낚아채 가며 많이 가지려 다투고, **시끌벅적하게 뒤섞여 밟아 대**어 곧 시장판을 만들었으며, 가져감이 많고 적음은 그 힘의 강약에 따랐으나 승려들은 참견하는 바가 없었다. 그런데 늦게 도착하여 종도 없는 자는 승려들을 나무라며, 심지어 가혹한 일을 하기까지 했지만 또한 얻을 수 없었다.

(중략)

나는 마음속으로 민망히 생각하였지만, 이미 그 속에 가 있었기에 [의리]를 [이욕]에 빼앗겨서 초연히 **버리고 돌아오지 못하였다**. 상사공의 힘으로 수십 묶음을 얻어 햇빛에 말려 보관할 수 있었으니, 다 상사공의 도움 덕분이었다.

[E] 스스로 헛걸음하지 않은 것을 매우 다행스럽게 여겼는데, 집으로 돌아오자 멍하기가 마치 술에서 막 깨어난 사람이 잔뜩 취했을 때를 되짚어 생각하는 듯하였다.

내 아내는 비록 원대한 식견이 있는 사람은 아니지만, 내가 항상 곤궁함 때문에 치욕을 입을까 걱정하였으니, 가령 이와 같을 줄 알았다면 반드시 나의 행차를 권하지 않았을 것이고, 유평도 또한 마땅히 찬동하지 않았을 것이다.

상사공은 청렴하고 정직하여 주고받음이 구차하지 않다. 거처하는 집 아래채가 세 칸의 초가집이니, 마땅히 겨릅이 필요하였을 것이다. 그리고 막 삼계 서원 원장이 되었는데, 취서사가 바로 삼계 서원에 귀속된 절이었다. 그때 서원의 노비가 개인적으로 취서사에 가서 머물고 있는 자가 서너 명 있었으니, 진실로 가지려고 하면 힘이 없을 걱정이 없었다. 그런데 담담하게 한 마디도 간섭함이 없었으니, 그 마음속으로 반드시 나를 비난하였을 것이다. 그런데도 애써 나를 위하여 저와 같이 마음과 힘을 써 주신 것은 다만 나의 곤궁함을 불쌍히 여겨서일 뿐이리라.

맹자는 "**궁해도 의(義)를 잃지 않는다.**" 하였고, 이극은 "궁할 때에 그 해서는 안 될 일을 살펴본다." 하였다. 나는 궁함 때문에 이미 스스로 **의를 잃**어서 평소에 하지 않던 행동을 했고, 또 어른에게까지 폐를 끼쳤으니 참으로 부끄러워할 일이다. 이미 뉘우칠 줄 알았으니, **이후에는 마땅히 조심**해야겠기에 이를 갖추어 기록하고, 또 유택이 나를 아껴 약이 되는 유익한 말을 했음을 드러낸다.

- 김낙행, 「기취서행」 -

* 겨릅 : 껍질을 벗긴 삼대

22. [A]~[E]의 표현상 특징에 대한 설명으로 가장 적절한 것은?

① [A]는 자연물을 대상화하여 그 자연물에 역동성을 부여하고 있다.
② [B]는 근경에서 원경으로 시선을 이동하여 인간과 자연의 차이점을 강조하고 있다.
③ [C]는 성현의 말을 인용함으로써 화자가 지닌 궁금증을 드러내고 있다.
④ [D]는 점층적인 표현으로 앞으로 해야 할 일의 중요성을 환기하고 있다.
⑤ [E]는 비유적 표현을 통해 자신의 행동을 돌아보는 글쓴이의 상태를 부각하고 있다.



[해설편 p.078]

**23.** ㉠~㉤을 이해한 내용으로 적절하지 않은 것은?

① ㉠은 화자의 인생을 포괄한다는 점에서 충효를 중요하게 여겨 온 화자의 생각을 강조한다.
② ㉡은 화자가 돌이켜 보는 삶의 기간을 가리킨다는 점에서 충효를 실현하려고 애쓴 세월을 나타낸다.
③ ㉢은 유구한 세월이라는 의미를 드러낸다는 점에서 성현의 도는 예나 지금이나 변함없음을 강조한다.
④ ㉣은 흘러간 시간이 길다는 의미를 드러낸다는 점에서 세월이 빨리 지나가는 것에 대한 화자의 안타까움을 강조한다.
⑤ ㉤은 과거의 한때를 가리킨다는 점에서 현재 자연에서 여유를 느끼는 상황과 대비되는 시절을 나타낸다.

**24.** <보기>를 참고하여 (가)를 이해한 내용으로 가장 적절한 것은?

<보 기>

권호문의 「한거십팔곡」은 지향하는 삶을 실천하는 태도의 변화 과정을 형상화한 연시조로, <제1수>부터 <제19수>까지의 내용이 긴밀히 연결되어 있다.

① <제3수>의 '임천이 좋으니라'에는 <제1수>의 '마음에 하고자 하여'에 담긴 태도와는 다른 태도가 나타난다.
② <제3수>의 '너를 좇으려' 했던 태도는 <제8수>에서 '출'하는 모습으로 실현되어 나타난다.
③ <제8수>의 '이것을 즐기나니'에는 <제1수>의 '이 두 일'을 더 이상 추구하지 않겠다는 의도가 드러난다.
④ <제13수>의 '달 아래 누'운 모습에는 <제3수>에서 '절로 한가하였'던 삶으로 되돌아가고 싶어 하는 태도가 나타난다.
⑤ <제17수>에서 '아무 덴들' 상관없다고 하는 화자의 생각은 <제19수>에서 '일념'으로 바뀌어 나타난다.

**25.** 의리 와 이욕 을 중심으로 (나)를 이해한 내용으로 적절하지 않은 것은?

① 글쓴이는 겨릅을 얻은 것을 다행스럽게 여겼던 것은 자신이 '이욕'에 빠졌기 때문이라고 본다.
② 글쓴이는 아내가 자신에게 취서사에 가길 권한 것은 글쓴이가 '이욕'에 빠지게 될 줄 몰랐기 때문이라고 본다.
③ 글쓴이는 겨릅을 얻도록 상사공이 자신을 도와준 것은 글쓴이가 '의리'를 해칠 것을 걱정했기 때문이라고 본다.
④ 글쓴이는 취서사에 가는 것을 유택이 반대한 것은 글쓴이를 아껴 '의리'를 해치지 않기를 바랐기 때문이라고 본다.
⑤ 글쓴이는 겨릅을 구하러 가는 것에 유평이 동의한 것은 그 일이 '이욕'에 빠지는 것은 아니라고 생각했기 때문이라고 본다.

**26.** <보기>를 참고하여 (가), (나)를 감상한 내용으로 적절하지 않은 것은? [3점]

<보 기>

(가)와 (나)에는 작가가 유학자로서의 신념을 바탕으로 자신이 선택한 가치를 추구하는 삶이 나타난다. (가)에는 출사와 은거 사이에서의 고민과 그 해소 과정이, (나)에는 경제적 문제로 인해 곤란을 겪은 상황에 대한 성찰이 나타난다. 한편 (나)는 세속적 가치를 떨치지 못해 과오를 저질렀던 상황이 나타난다는 점에서 (가)와 차이를 보인다.

① (가)의 '부귀 위기라 가난하게 살리로다'에서 자신이 선택한 가치를 추구하려는 작가의 태도를 엿볼 수 있군.
② (나)의 '궁해도 의를 잃지 않는다.'에서 작가가 추구하는 유학자로서의 신념을 엿볼 수 있군.
③ (가)의 '세상에 티끌 마음이 일호말도 없다'에서 세속적 가치에 구애되지 않은 모습을, (나)의 '버리고 돌아오지 못하였다'에서 세속적 가치를 떨치지 못한 모습을 엿볼 수 있군.
④ (가)의 '도무지 할 일 없어'에서 출사하지 못한 것에 대해 고민하는 모습을, (나)의 '시끌벅적하게 뒤섞여 밟아 대'는 모습에서 경제적 문제로 곤란을 겪는 상황을 확인할 수 있군.
⑤ (가)의 '도가 어찌 다르리'에서 출사와 은거 사이에서의 고민이 해소되었음을, (나)의 '의를 잃'은 것에 대해 '이후에는 마땅히 조심'하겠다는 다짐에서 성찰적 태도를 확인할 수 있군.

[27~30] 다음 글을 읽고 물음에 답하시오.

〔**앞부분 줄거리**〕 아버지가 위독하다는 소식을 듣고 귀향한 정일은 용팔에게 재산 상속에 관한 이야기를 듣는다.

아버지가 아직도 지키고 있는 그의 재산을 넘겨다보는 듯한 용팔이가 따지는 산판알이 거침없이 한 자리씩 올라가는 것을 유심히 바라보고 있는 자신을 의식하며 보고 있을 때, 이렇게 대강만 놓아도, 하고 산판을 밀어 놓으며 쳐다보는 용팔의 눈과 마주치게 되자 정일이는 흠칫 놀라게 되는 자신의 얼굴이 붉어지는 것을 깨달았다. ⓐ여기 대한 상속세만 해도 큰돈인데 안 물고 할 수 있는 이것은 제 말씀대로 하시지요. 이렇게 결정적으로 말하는 용팔이는 정일이의 앞에 위임장을 내놓으며 도장을 치라고 하였다.

[A] 정일이는 더욱 불쾌하여졌다. 잠이 부족한 신경 탓도 있겠지만 자기의 눈을 기탄없이 바라보는 용팔이의 얼굴에 발라 놓은 듯한 그 웃음이 말할 수 없이 미웠다. 이 소인 놈! 하는 의분 같은 ㉠심열이 떠오르며, 언제 내가 이런 음모를 하자고 너와 공모를 하였던가? 하고 그의 뺨을 갈기고 싶은 충동을 느끼었다. 그러나 정일이는 금시에 미끄러지는 듯한 웃음이 자기 얼굴에 흐름을 깨달았다. 이러한 심열은 신경 쇠약의 탓이 아닐까? 의분이랄 것도 없고 결벽성도 아니고 그런 것을 공연히 이같이 한순간에 뒤집히는 자기 마음 한 모퉁이에 상식을 놓쳐 뿌린 결과가 어떤가? 해 보자 하는 놓치기 쉬운 어떤 힌트같이 번쩍이는 생각을 보자 정일이는 조급히 도장을 뒤져내며, 자 칠 대로 치우, 나는 어디다 치는 것도 모르니까 하였다. 이렇게 지껄이듯이 말하는 정일이는 자기가 실없이 웃기까지 하는 것을 들을 때 내가 지금 더 심한 심열에 떠 있지 않은가? 하는 생각에 갑자기 말과 웃음과 표정까지 없어지고 말았다.

ⓑ도장을 치고 난 용팔이는 공손히 정일이에게 돌리며, 잔금은 제가 장인께 말씀드리겠습니다, 하고 일어선다. 중문으로 들어가는 용팔이의 뒷모양을 바라보던 정일이는 갑자기 불러내고 싶었다. 궁둥이를 들먹하고 부르는 손짓까지 하였으나 탄력 없이 벌어진 입에서는 말이 나오지 않았다. 창졸간에 용팔이를 어떻게 불러야 할지 몰라서 주저되는 것같이도 생각되었다. 중문 안으로 들어가는 용팔이의 뒷모양은 마치 심한 장난을 꾸미다가 용기를 못 내는 자기를 남겨 두고 ⓒ그걸 못 해? 내 하마 하고 나서는 동무의 모양같이 아슬아슬한 것이었다. 종시 용팔이가 중문 안으로 사라져서 불러낼 기회를 놓치고 말았다고 후회하면서도 내가 정말 후회하는 것이라면 지금이라도 따라가서 붙들 수도 있지 않은가? 이렇게 생각하는 정일이는 용팔이가 이 말을 시작하였을 때부터 자기는 육감으로 벌써 예기하였던지도 모를 일이 지금 일어나리라는 기대가 앞서는 것을 느끼며 ⓓ정일이는 실험의 결과를 기다리는 듯이 숨을 죽이고 귀를 기울이고 있었다. 예사로운 말소리는 들리지 않는 거리이므로 긴장한 정일이의 귀에도 한참 동안은 아무런 말도 들리지 않았다. 아버지도 종시 죽음에 굴복하고 마는가? 이렇게 생각되어 정일이는 긴장하였더니만큼 허전한 실망에 담배를 붙이려고 성냥을 그었을 때 자기의 귀를 때리는 듯한 아버지의 격분한 고함 소리를 들었다.

(중략)

사실 이렇게 되어서까지도 죽기가 싫은가 하고 아버지를 눈 찌푸리고 바라보는 자기는 죽음의 공포를 해탈한 무슨 수양이 있는 것이 아니라 단지 애써 살려는 의지력이 없는 것뿐이다. ⓔ아버지는 한 번도 자기의 생활을 회의하거나 죽음을 생각할 필요가 없었던 사람이므로 이같이 죽음과 싸울 수 있는 것이 아닐까 생각하였다. 그래서 정일이는 어떤 위대한 의지력을 우러러보는 듯한 마음으로 아버지의 고통을 바라보고 있는 자기를 발견하는 때가 있었다.

[B] 그때 심한 구토를 한 후부터 한 방울 물도 먹지 못하고 혓바닥을 축이는 것만으로도 심한 구역을 하게 된 만수 노인은 물을 보기라도 하겠다고 하였다. 정일이는 요를 두여서 병상을 돋우고 아버지가 바라보기 편한 곳에 큰 물그릇을 놓아 드렸다. 그러나 그 물그릇을 바라보기에 피곤한 병인은 어디나 눈 가는 곳에는 물이 보이기를 원하였다. 그래서 큰 어항을 병실에 가득 늘어놓고 물을 채워 놓았다. 병인은 이 어항에서 저 어항으로 ㉡서늘한 감각을 시선으로 핥듯이 돌려 보다가 그도 만족하지 못하여 시원히 흐르는 물이 보고 싶다고 하였다. 정일이는 아버지가 보기 편한 곳에 큰 물그릇을 놓고 대접으로 물을 떠서는 작은 폭포같이 들이 쏟고 또 떠서는 들이 쏟기를 계속하였다. 만수 노인은 꺼멓게 탄 혀를 벌린 입 밖에 내놓고 황홀한 눈으로 드리우는 물줄기를 바라보고 있었다. 그 눈을 볼 때 정일이는 걷잡을 사이도 없이 자기 눈에 눈물이 솟아오름을 참을 수가 없었다. 정일이는 일찍이 그러한 눈을 본 기억이 없다고 생각하였다. 더욱이 아버지의 얼굴에서! 자기 아버지에게서 저러한 동경에 사무친 황홀한 눈을 보게 되는 것은 의외라고 할밖에 없었다.

- 최명익, 「무성격자」 -

**27.** 윗글의 서술상의 특징으로 가장 적절한 것은?

① 회상 장면을 병치하여 사건의 흐름을 반전시킨다.
② 사물의 세부를 구체적으로 묘사하여 장면의 현장성을 강화한다.
③ 중심인물의 반복적인 동작을 강조하여 내적 갈등을 표면화한다.
④ 서술자가 풍자적 어조를 활용하여 중심인물에 대한 비판적 입장을 드러낸다.
⑤ 서술자가 중심인물의 시선에 의존하여 사건의 양상을 제한적으로 나타낸다.

**28.** ⓐ~ⓔ에 대한 이해로 적절하지 않은 것은?

① ⓐ는 정일이 주목하는 용팔의 이해타산적인 태도를 드러낸다.
② ⓑ는 용팔이 정일에게 예의를 갖추어야 하는 위치임을 드러낸다.
③ ⓒ는 용팔의 행위에 대한 정일의 실망스러운 마음을 드러낸다.
④ ⓓ는 아버지와 용팔 간 대화의 결과를 정일이 주시하고 있음을 드러낸다.
⑤ ⓔ는 아버지가 보여 주는 삶의 태도에 대한 정일의 평가를 드러낸다.

29. [A], [B]를 고려하여 ㉠과 ㉡을 이해한 내용으로 가장 적절한 것은?

① ㉠은 용팔의 '웃음'에 대한 정일의 불쾌감으로 인해, ㉡은 아버지가 내비치는 '황홀한 눈'으로 인해 발생한다.
② ㉠은 정일이 갈등 끝에 '도장'을 찍음으로써, ㉡은 아버지가 사무치는 '동경'을 포기함으로써 지속된다.
③ ㉠은 정일의 '신경 쇠약'을 일으키는 원인이고, ㉡은 아버지가 '꺼멓게 탄 혀'의 고통을 줄이기 위한 방편이다.
④ ㉠은 용팔에 대한 미움이 '뺨을 갈기고 싶은 충동'으로 격화되는 정일의 마음을, ㉡은 '물그릇'에서 '어항', '드리우는 물줄기'로 심화되는 아버지의 갈망을 함축한다.
⑤ ㉠은 용팔의 '공모' 요구로 인해 표면화된 정일의 물질 지향적인 태도를, ㉡은 '심한 구역' 이후로 아버지가 '물'에서 얻고자 하는 육체적 안정에 대한 추구를 드러낸다.

30. <보기>를 참고하여 윗글을 감상한 내용으로 적절하지 않은 것은? [3점]

<보 기>

「무성격자」의 정일은 자신을 구속하는 속물적 욕망을 경멸하고 현실에서의 적극적인 행동을 주저하는 한편, 자신과 주변에 관심을 집중한다. 그는 주변 대상을 관찰하여 그 의미를 파악하고, 파악한 내용에 반응하며, 그런 자신을 분석하기도 한다. 나아가 관찰과 분석을 수행하는 자신의 내면마저 대상화함으로써 인간 심리의 중층적 구조를 드러낸다.

① 산판알을 놓으며 이익을 따지는 상대를 경멸하면서도 산판알이 올라가는 것을 주목하는 데에서, 자신을 구속하는 속물적 욕망으로부터 자유롭지 못한 모습을 찾을 수 있군.
② 상대의 웃음에서 공모 의사를 읽어 내자 얼굴에 흐르는 미끄러지는 듯한 웃음을 깨닫는 데에서, 상대에 대한 불쾌감을 웃음으로 무마하려는 자신을 의식하는 모습을 찾을 수 있군.
③ 중문 안으로 들어가는 상대를 불러내지는 못하고 자신이 그를 부르지 못한 이유를 생각하는 데에서, 행동을 주저하고 자신에게로 관심을 돌리는 모습을 찾을 수 있군.
④ 상대의 고통을 바라보며 의지력을 우러러보는 듯한 마음이 있는 자신을 발견하는 데에서, 상대와의 차이를 인식하는 스스로의 내면마저 대상화하는 모습을 찾을 수 있군.
⑤ 물줄기를 바라보는 상대로부터 이전에는 한 번도 보지 못한 눈을 확인하는 데에서, 주변 대상을 관찰하여 상대가 내비치는 생에 대한 강렬한 동경을 파악하는 모습을 찾을 수 있군.

[31~34] 다음 글을 읽고 물음에 답하시오.

(가)

만년(萬年)을 싸늘한 바위를 안고도
뜨거운 가슴을 어찌하리야

어둠에 창백한 꽃송이마다
깨물어 피터진 입을 맞추어

마지막 한방울 피마저 불어 넣고
해돋는 아침에 죽어가리야

사랑하는 것 사랑하는 모든 것 다 잃고라도
흰뼈가 되는 먼 훗날까지
그 뼈가 부활하여 다시 죽을 날까지

거룩한 일월(日月)의 눈부신 모습
임의 손길 앞에 나는 울어라.

마음 가난하거니 임을 위해서
내 무슨 자랑과 선물을 지니랴

의로운 사람들이 피흘린 곳에
솟아 오른 대나무로 만든 피리뿐

흐느끼는 이 피리의 [아픈 가락]이
구천(九天)에 사모침을 임은 듣는가.

미워하는 것 미워하는 모든 것 다 잊고라도
붉은 마음이 숯이 되는 날까지
그 숯이 되살아 다시 재 될 때까지

못 잊힐 모습을 어이 하리야
거룩한 이름 부르며 나는 울어라.

– 조지훈, 「맹세」 –

(나)

저기 저 담벽, 저기 저 라일락, 저기 저 별, 그리고 저기 저 우리 집 개의 똥 하나, 그래 모두 이리 와 ㉠내 언어 속에 서라. 담벽은 내 언어의 담벽이 되고, 라일락은 내 언어의 꽃이 되고, 별은 반짝이고, 개똥은 내 언어의 뜰에서 굴러라. ㉡내가 내 언어에게 자유를 주었으니 너희들도 자유롭게 서고, 앉고, 반짝이고, 굴러라. 그래 봄이다.

봄은 자유다. 자 봐라, 꽃피고 싶은 놈 꽃피고, 잎 달고 싶은 놈 잎 달고, 반짝이고 싶은 놈은 반짝이고, 아지랑이고 싶은 놈은 아지랑이가 되었다. ㉢봄이 자유가 아니라면 꽃피는 지옥이라고 하자. 그래 봄은 지옥이다. ㉣이름이 지옥이라고 해서 필 꽃이 안 피고, 반짝일 게 안 반짝이던가. 내 말이 옳으면 자, ㉤자유다 마음대로 뛰어라.

– 오규원, 「봄」 –

**31.** (가), (나)에 대한 설명으로 적절하지 않은 것은?

① (가)는 1연과 6연에서 물음의 형식을 활용하여 화자의 상황 인식을 보여 준다.
② (가)는 4연과 9연에서 상황을 가정하는 표현을 활용하여 화자의 의지를 강조한다.
③ (나)는 반복적인 표현을 제시하면서 쉼표를 사용하여 리듬감을 형성한다.
④ (가)는 대비되는 시어를 활용하여 대상의 양면성을 드러내고, (나)는 반복되는 행위를 제시하여 대상의 효용성을 드러낸다.
⑤ (가)는 같은 시구를 5연, 10연의 마지막에서 반복하여 화자의 정서를 강조하고, (나)는 1연 끝 문장의 시어를 2연 첫 문장으로 연결하며 그 의미를 드러내고 있다.

**32.** [아픈 가락]에 대한 이해로 가장 적절한 것은?

① 임에게 자랑스레 내보일 화자의 자부심을 포함한다.
② 의로운 사람들이 보여 준 희생과 설움을 담고 있다.
③ 대나무에 서린 임의 뜻을 잊으려는 화자를 질책한다.
④ 피리의 흐느낌에 호응하여 화자의 억울함을 해소한다.
⑤ 구천에 사무친 원망을 살아남은 사람들에게 전달한다.

**33.** 다음에 따라 (가), (나)를 감상한 내용으로 적절하지 않은 것은? [3점]

> **선생님** : (가)는 부재하는 임을 기다리며 더 나은 세상에 대한 바람을 드러내고, (나)는 봄과 같은 세계에서, 대상들과 함께 자유를 누리려는 바람을 드러냅니다. 그러나 (가)는 대상에게 의미를 부여하는 화자의 시선이 두드러짐에 비해, (나)는 화자가 주목하는 대상들의 모습이 두드러진다는 차이를 보여요. 이 차이가 주변 존재들을 대하는 태도나 바람을 실현하는 방식에 반영되기도 해요.

① (가)의 화자가 바라는 세상은 '해돋는 아침'과 같이 '어둠'을 벗어나 밝음을 회복한 세상일 거야.
② (나)의 화자가 지향하는 세계에서 대상들은 '자유롭게 서고, 앉고, 반짝이고,' 구를 거야.
③ (가)의 화자는 '꽃송이'를 '창백한' 대상으로 바라보고, (나)의 화자는 대상들 각각의 모습에 주목하여 그 개별성을 드러내고 있어.
④ (가)의 화자는 '피마저 불어 넣'는 희생적 태도를 보이고, (나)의 화자는 대상들이 원하는 바를 실현하게 하여 '자유'를 함께 누리려는 태도를 보이고 있어.
⑤ (가)의 화자는 '붉은 마음'을 바쳐 부재하는 '임'을 기다리고, (나)의 화자는 '담벽' 안에서 '봄'과 같은 세계를 대상들과 공유하려 하고 있어.

**34.** <보기>를 참고하여 ㉠~㉤의 의미를 설명한 것으로 가장 적절한 것은?

> <보 기>
>
> (나)는 언어의 한계와 가능성에 대한 시인의 탐구를 보여 준다. 언어를 사용함으로써 대상을 파악할 수 있지만 그 결과는 다시 언어에 구속된다는 필연적 한계를 갖는다. 그래서 시인은 기존의 언어 사용 방식을 벗어나려는 시도를 한다. 이를 통해 언어와 대상이 기존의 관습에서 벗어나 자유를 향해 나아갈 수 있는 가능성을 모색한다.

① ㉠은 자신의 언어 속에서도 기존의 언어 사용 방식이 유지된다는 생각을 의미한다.
② ㉡은 대상을 파악하는 행위까지 포기하면서 자유를 얻고자 하는 의도를 나타낸다.
③ ㉢은 새로운 표현을 시도하여 언어와 대상이 자유를 얻을 가능성을 모색하는 과정을 나타낸다.
④ ㉣은 대상들을 구속에서 벗어나게 하기 위해 외부 상황에 변화를 주었음을 의미한다.
⑤ ㉤은 언어의 새로운 가능성을 실현하여 자신이 제한한 의미에 따라 대상들이 움직임을 의미한다.

> ＊ 확인 사항
>
> ○ 답안지의 해당란에 필요한 내용을 정확히 기입(표기)했는지 확인하시오.
>
> ○ 이어서, 「**선택과목(화법과 작문)**」 문제가 제시되오니, 자신이 선택한 과목인지 확인하시오.



[해설편 p.080]

제 1 교시

# 국어 영역(화법과 작문)

07회



**[35～37] 다음은 학생들을 대상으로 한 강연의 일부이다. 물음에 답하시오.**

안녕하세요? ○○고 학생 여러분, 문화 해설사 □□□입니다. 한글 창제 이야기는 이미 잘 알고 계실 테니, 오늘은 한글 대중화에 힘쓴 두 인물에 대해 말씀드리죠. (목소리를 높여) 바로 주시경, 최현배 선생입니다. 역사적으로 암울했던 시기에 한글을 교육하고 연구하는 데 앞장선 두 분은 특별한 관계이기도 한데요. 어떤 관계일까요? 강연 내용에 힌트가 있으니 끝까지 잘 들어 주시길 바랍니다.

(한 손을 올렸다 내리며) "말이 오르면 나라도 오르고, 말이 내리면 나라도 내리나니라." 나라와 민족을 지키기 위해 한글 교육과 연구에 매진했던 주시경 선생이 남긴 말씀입니다. 선생은 한글을 가르칠 수 있다면 어디든 마다하지 않고 책 보따리를 들고 다녔기에 '주 보따리'로 불렸다고 합니다. 이런 열정으로 국어 강습소를 개설했고, 여기에서 배출한 제자들과 함께 국어 연구 학회를 설립하였는데 이는 오늘날 한글 학회의 뿌리가 됩니다. 대표 저서로는 『국어 문법』, 『국어문전음학』, 『국문초학』 등이 있습니다. 그리고 얼마 전 주시경 선생에 대한 다큐멘터리가 방영되었는데, 이 영상을 찾아보는 것도 도움이 될 것입니다.

다음 소개할 인물은 최현배 선생입니다. 선생은 국어 강습소에 다니며 만난 어떤 인물로부터 큰 영향을 받게 됩니다. 이쯤에서 주시경 선생과의 관계를 눈치채신 분도 있을 텐데요. (청중의 반응을 살피며) 맞습니다. 두 분은 사제 간입니다. 최현배 선생은 스승의 길을 따라 한글 교육과 연구에 전념합니다. 조선어 학회 사건에 연루되어 옥고를 치르는 중에도 검열을 피해 솜옷 속에 쪽지를 숨겨 놓으며 한글을 연구했다는 이야기는 선생의 굳은 의지를 잘 보여 주죠. 대표 저서로는 『우리말본』과 『한글갈』이 있습니다. 아, '갈'이 무슨 뜻인지 잘 모르실 텐데, 연구를 의미하는 우리말입니다. 선생은 해방 후에 국어 교재 집필과 교원 양성에 힘썼습니다. 최현배 선생에 대한 자료는 △△ 기념관 누리집에서 찾으실 수 있습니다.

**35.** 위 강연자의 말하기 방식으로 가장 적절한 것은?

① 인물의 특성을 보여 주는 일화를 제시하고 있다.
② 자신의 경험을 시간 순서에 따라 전달하고 있다.
③ 대조를 통해 두 인물 간의 차이를 부각하고 있다.
④ 준언어적 표현을 조절하여 화제를 전환하고 있다.
⑤ 강연을 하게 된 소감을 밝히며 강연을 시작하고 있다.

**36.** 다음은 강연자의 강연 계획이다. 강연에 반영되지 <u>않은</u> 것은?

- **화제 선정**
  - 청중의 배경지식을 고려하여 강연 내용을 한글 대중화에 힘쓴 두 인물로 선정해야겠다. ······ ①
- **청중 분석**
  - 청중이 생소하게 느낄 만한 우리말의 의미를 풀이해서 제시해야겠다. ······ ②
  - 강연 내용에 관심 있는 청중을 위해 추가 정보를 찾을 수 있도록 안내해야겠다. ······ ③
- **강연 전략**
  - 강연 내용에 집중할 수 있도록 먼저 질문을 던져 궁금증을 유발하고 나중에 답을 제시해야겠다. ······ ④
  - 강연 내용을 인상적으로 기억할 수 있도록 두 인물이 남긴 말을 각각 인용해야겠다. ······ ⑤

**37.** 강연 내용을 참고할 때, <보기>에 제시된 청중의 반응을 이해한 내용으로 가장 적절한 것은?

<보 기>

**청중 1**: 한글 학회의 출발점이 국어 연구 학회였음을 알게 되었어. 국어 연구 학회는 어떤 활동을 했는지 찾아봐야겠어.
**청중 2**: 조선어 학회 사건에 대한 발표를 맡았는데 강연 내용이 도움이 될 것 같아. 최현배 선생이 옥중에서도 한글을 연구했다는 내용을 발표에 추가해야지.
**청중 3**: 주시경 선생의 저서를 별다른 설명 없이 제목만 알려 줘서 아쉬웠어. 그 저서들이 어떤 내용인지 찾아봐야겠어.

① 청중 1은 자신이 알고 있던 내용을 강연 내용과 비교하여 평가하고 있군.
② 청중 2는 강연을 통해 알게 된 정보를 유용성 측면에서 평가하고 있군.
③ 청중 3은 강연 내용을 바탕으로 강연에서 직접 언급되지 않은 내용을 추론하고 있군.
④ 청중 1과 3은 강연에서 새롭게 알게 된 사실에 대해 의구심을 드러내고 있군.
⑤ 청중 2와 3은 강연에서 언급된 내용과 관련하여 추가 정보를 탐색하려 하고 있군.

[해설편 p.081]

**[38~42] (가)는 반대 신문식 토론의 일부이고, (나)는 토론에 참여한 반대 측 학생이 작성한 소감문의 초고이다. 물음에 답하시오.**

(가)

**사회자**: 오늘 토론의 논제는 '규격화된 초보 운전 표지 부착을 의무화해야 한다.'입니다. 먼저 찬성 측 입론해 주십시오.

**찬성 1**: 얼마 전 초보 운전자의 운전 미숙으로 인해 교통사고가 연이어 발생하면서 초보 운전 표지 의무화에 대한 논의가 본격화되고 있습니다. 현행법에서 초보 운전자는 면허 취득일을 기준으로 정의하는데 이것으로는 면허 취득자의 실제 운전 여부를 파악하기 어렵습니다. 따라서 이번 토론에서는 관련 연구들을 참고하여 초보 운전자를 '자동차 보험 가입 경력 기준 1년 미만자'로 정의하여 입론하겠습니다.

초보 운전자는 운전이 서툴기 때문에 사고 위험이 높을 수밖에 없습니다. 초보 운전자의 사고율이 전체 운전자의 평균에 비해 18%p 높다는 통계도 있습니다. 교통사고는 안전과 직결되는 문제이며 생명을 위협할 수 있으므로 일본에서는 1970년대부터 초보 운전 표지 의무 부착 제도를 시행하고 있습니다. 표지를 의무화하여 초보임을 알리는 것은 초보 운전자를 보호할 뿐 아니라 모두의 안전을 위해 반드시 필요합니다.

한편 표지의 내용과 형식을 자율에 맡겨 발생하는 문제도 있습니다. 저는 최근에 '초보인데 보태 준 거 있어?'라는 표지를 커다랗게 붙인 차를 봤습니다. 이는 다른 운전자의 불쾌감을 유발하고 또 운전자의 후방 시야를 가려 안전 운전에 방해가 되기 때문에 표현의 자유라는 이유로 정당화될 수 없습니다. 따라서 국가 차원에서 예산을 들여 규격화된 표지를 제작하고 배부해 초보 운전자가 이를 의무적으로 부착하게 해야 합니다.

**사회자**: 이어서 반대 측에서 반대 신문해 주십시오.

**반대 2**: 질문에 앞서 방금 찬성 측이 한 발언은 표지 규격화가 표현의 자유를 침해한다는 점을 인정한 것으로 보입니다. 그럼 질문을 드리겠습니다. ㉠ <u>초보 운전자 사고율에 대한 통계의 정확한 출처를 알 수 있을까요?</u>

**찬성 1**: 2022년 국회 입법 조사처에서 발표한 자료입니다.

**반대 2**: ㉡ <u>그 자료에서처럼 초보 운전자의 운전 미숙이 사고의 주요 원인이라면 표지 부착 의무화로 사고가 감소할까요?</u>

**찬성 1**: 경력 운전자들이 도로 위에서 초보 운전자를 확인하게 되면 이들을 배려하는 태도로 운전할 수 있습니다. 이를 통해 초보 운전자의 사고 위험을 감소시킬 수 있으리라 생각합니다.

**반대 2**: 배려하는 태도, 중요하죠. 그런데 ㉢ <u>일부 경력 운전자들이 표지를 부착한 초보 운전자에 대해 위협 운전을 할 수도 있지 않습니까?</u>

**찬성 1**: 표지를 보고 위협 운전을 하는 것은 제도로 인한 문제가 아니라 잘못된 운전 문화로 인해 발생한 문제입니다. 그러나 잘못된 운전 문화 역시 표지 부착 의무화를 통해서 바로 잡을 수 있다고 생각합니다.

**반대 2**: 저희도 운전 문화 개선은 필요하다고 생각하지만 의무화로 해결될 문제는 아니라고 봅니다. 그리고 표지를 규격화해 제작하고 배부하려면 국가의 예산이 소요됩니다. ㉣ <u>이 제도를 도입할 경우 비용이 발생할 텐데 결국 득보다 실이 더 크지 않을까요?</u>

**찬성 1**: 안전과 생명은 무엇보다 중요한 가치이기 때문에 비용의 측면으로만 따질 문제는 아니라고 생각합니다.

**반대 2**: ㉤ <u>표지 의무화는 제재를 가한다는 뜻인데, 위반자를 적발하는 등 제도를 운영하는 것이 현실적으로 가능할까요?</u>

**찬성 1**: (잠시 생각한 후) 구체적인 방법은 아직 생각해 보지 못했습니다.

**사회자**: 이어서 [반대 측 입론]해 주십시오.

(나)

이번 토론의 논제를 보고 나도 내년이면 면허를 취득할 수 있는 나이가 된다는 생각에 관심이 생겨 토론에 참여하기로 했다. 나는 반대 입장을 선택한 후 친구와 한 팀이 되어 토론을 준비했다.

먼저 쟁점을 분석한 후 주장할 내용을 정리하였다. 다음 날에는 근거 자료를 마련하려고 인터넷에서 자신의 개성을 자유롭게 표현하고 있는 다양한 초보 운전 표지 사진들을 찾아 저장했다. 그리고 '초보 스티커, 되레 난폭 운전자들의 표적'이라는 제목의 표지 부착 부작용 사례를 다룬 인터넷 신문 기사를 수집했다. 이후 관련 기관에 메일로 자료를 요청하여 운전 행태, 교통안전 등을 평가해 수치화한 교통 문화 지수가 운전자의 인식 개선을 위한 다양한 활동을 통해 매년 꾸준히 상승하고 있다는 보도 자료를 받았다. 그다음 날에도 자료를 찾으러 친구와 함께 도서관에 갔다. 미국 대다수의 주에서는, 표지 부착은 의무화하지 않으면서 임시 면허 기간을 두어 초보 운전자의 운전 숙련도를 높이는 단계적 운전면허 제도를 시행하고 있다는 논문 자료를 찾았다. 그리고 초보 운전자 대부분이 표지를 부착하고 있다는 설문 결과도 찾아 스크랩했다.

막상 토론을 하려니 평소 사람들 앞에서 말할 때 긴장해서 말을 더듬는 편이라 걱정이 되었다. 이를 극복하기 위해 실전처럼 말하는 연습을 반복했고 그 덕분에 토론에서 침착하게 말할 수 있었다. 한편 토론 후 상호 평가를 해 보니, 친구는 준비한 자료를 활용해 논리적으로 답변한 반면 나는 찬성 측 반론을 미흡하게 반박한 것 같아 조금 아쉬웠다.

[A] 이번 토론을 준비하며 생각보다 많은 시간과 노력이 든다는 것을 알았다. 논제에 대한 찬성과 반대의 자료를 모두 조사해야 하기 때문이다.

**38.** (가)의 '찬성 1'의 입론에 대한 설명으로 가장 적절한 것은?

① 핵심 용어를 정의한 후 상대의 동의를 구하고 있다.
② 외국의 사례를 분류하여 논의의 범위를 확장하고 있다.
③ 특정 경험을 활용하여 기존 정책의 목적을 설명하고 있다.
④ 최근 발생한 사건을 언급하여 논의의 필요성을 드러내고 있다.
⑤ 정책이 변화한 과정을 중심으로 논의의 배경을 제시하고 있다.



[해설편 p.081]

**39.** 반대 신문의 목적을 고려했을 때, ㉠~㉤에 대한 이해로 적절하지 않은 것은?

① ㉠은 상대가 근거로 인용한 자료가 신뢰할 만한 것인지 출처를 확인하고 있다.
② ㉡은 초보 운전 표지를 의무적으로 부착하면 사고가 감소한다는 상대의 주장이 타당하지 않음을 지적하고 있다.
③ ㉢은 상대의 주장이 경력 운전자의 입장만 반영하여 공정하지 않음을 지적하고 있다.
④ ㉣은 상대의 주장을 비용의 측면에서 보았을 때 실질적 이익이 있는지 확인하고 있다.
⑤ ㉤은 초보 운전 표지 의무화 제도를 운영하는 일이 실행 가능한지 확인하고 있다.

**40.** (가)의 토론 내용과 (나)의 자료를 바탕으로 [반대 측 입론] 내용을 추론했다고 할 때, 적절하지 않은 것은? [3점]

**▶쟁점: 표지 부착 의무화는 교통사고 감소를 위해 필요한가?**

**[자료]** 표지 부착 부작용 관련 신문 기사
└ **반대 측 입론**: 일부 운전자가 초보 운전 표지를 붙인 차량을 위협하는 경우를 볼 때, 의무화가 오히려 교통사고를 유발할 수 있다. ······ ①

**[자료]** 단계적 운전면허 제도 관련 논문
└ **반대 측 입론**: 단계적 운전면허 제도를 참고하여 초보 운전자의 운전 숙련도를 높인다면, 표지 부착을 의무화하지 않고도 초보 운전자의 교통사고를 줄일 수 있다. ······ ②

**▶쟁점: 표지 부착 의무화는 운전 문화 개선을 위해 필요한가?**

**[자료]** 교통 문화 지수 관련 보도 자료
└ **반대 측 입론**: 교통 문화 지수의 상승 추세를 볼 때, 운전 문화는 홍보나 캠페인 등을 통해 개선할 수 있으므로 표지 부착을 의무화할 필요가 없다. ······ ③

**▶쟁점: 국가 차원에서 표지를 규격화해야 하는가?**

**[자료]** 다양한 초보 운전 표지 사진
└ **반대 측 입론**: 국가 차원에서 표지를 규격화하면, 개성 있는 표지를 부착하고자 하는 운전자의 자기표현의 자유를 침해할 수 있어 규격화는 불필요하다. ······ ④

**[자료]** 초보 운전 표지 부착에 대한 설문 결과
└ **반대 측 입론**: 대부분의 초보 운전자가 표지를 부착하고 있음을 볼 때, 기존 표지를 규격화된 표지로 교체하는 비용을 초보 운전자가 부담하게 되므로 규격화는 불필요하다. ······ ⑤

**41.** (나)를 작성할 때 활용한 내용 조직 방법으로 적절하지 않은 것은?

① 1문단에서는 논제에 대한 입장을 선택하게 된 계기를 원인과 결과에 따라 제시하였다.
② 2문단에서는 토론을 준비하는 과정을 시간 순서에 따라 제시하였다.
③ 2문단에서는 토론에 활용할 자료를 수집한 경로에 따라 나누어 제시하였다.
④ 3문단에서는 말하기 불안 문제를 인식하고 이를 해결하기 위한 노력을 제시하였다.
⑤ 3문단에서는 토론 활동에 대한 평가를 대비의 방식으로 제시하였다.

**42.** 다음은 [A]를 고쳐 쓴 것이다. 그 과정에서 반영된 교사의 조언으로 가장 적절한 것은?

> 이번 토론을 준비하며 시간과 노력을 들여 자료 조사와 말하기 연습을 한 결과 설득력 있게 주장할 수 있다는 자신감이 생겼다. 또 토론 중 상대의 발언을 잘 들었더니 문제를 깊이 이해할 수 있었고 사회적 쟁점을 바라보는 다양한 시각의 중요성을 알았다.

① 토론의 경쟁적 속성이 지닌 장점만 다루고 있으니, 단점도 함께 제시해 보렴.
② 토론에서 배운 점만 다루고 있으니, 시행착오와 이를 보완할 계획을 모두 제시해 보렴.
③ 토론에서 자료 조사의 어려움만 다루고 있으니, 토론 중 겪은 어려움도 함께 제시해 보렴.
④ 토론 준비에 대해서만 다루고 있으니, 실제 토론을 하면서 깨달은 점도 함께 제시해 보렴.
⑤ 토론 준비 과정에서의 개인적 노력만 다루고 있으니, 협력하며 준비하는 토론의 가치도 함께 제시해 보렴.

07회

**[43~45] (가)는 기획 기사를 연재 중인 학교 신문의 일부이고, (나)는 학생이 작성한 〈2편〉의 초고이다. 물음에 답하시오.**

**(가) 학교 신문의 일부**

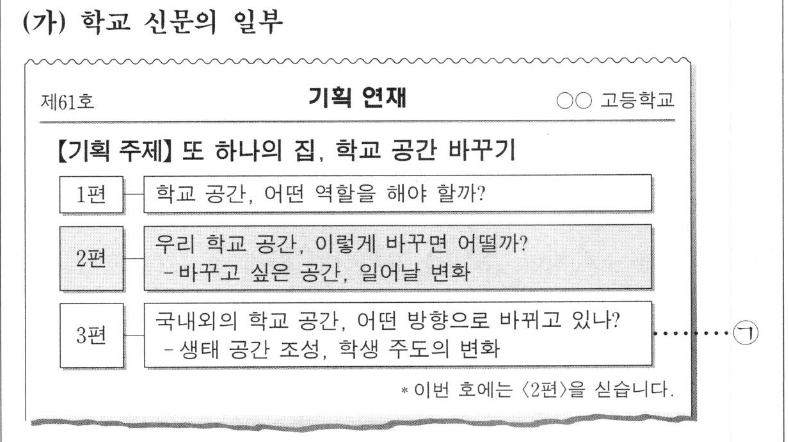


**(나) <2편>의 초고**

학교는 학생들이 집 다음으로 오랜 시간 생활하는 공간으로 제2의 집이라 할 수 있다. 그런데 학교를 생각하면 네모난 교실에서 칠판을 향해 앉아 있는 학생들이 떠오른다. 학교는 학습 기능을 수행하는 효율적 공간임에 틀림없지만, 지적 성장을 위한 공간뿐만 아니라 정서적 안정과 사회적 성장을 위한 공간도 필요하다. 하지만 우리 학교는 학습을 위한 공간에 집중되어 있어 아쉽다. 그래서 3층과 4층에서 현재 사용하지 않는 서편 끝 교실을 새롭게 바꿀 것을 제안한다.

먼저 학교에서 가장 높은 곳에 있으며 바깥 풍경이 아름답고 조용한 4층 교실을 '사색의 방'으로 만들었으면 한다. 이곳은 통창을 설치해 산과 하늘을 볼 수 있도록 하고 창가 의자에 앉아 쉬며 사색할 수 있는 공간으로 바꾼다. 창을 통해 자연을 느끼며 안정을 찾고 성찰의 시간을 보낼 수도 있다. 이 공간은

집기로 채우지 않고 편안한 음악 소리로 채우되, 인공조명은 최소화한다. 마음을 다독일 수 있는 이 방은 정서적 안정을 위한 곳으로서 학생들이 머물고 싶은 공간이 될 것이다.

3층 교실은 '어울림의 방'으로 만들었으면 한다. 이곳은 교실과 복도 사이의 벽을 없애 누구나 드나들기 쉽도록 한다. 또 바닥은 자유롭게 앉거나 누워 즐겁게 이야기할 수 있는 공간으로 바꾼다. 모퉁이 공간을 활용하여 친한 친구들끼리 소모임을 할 수 있도록 하면 서로의 고민을 터놓을 수도 있다. 친구들과 어울리며 관계를 형성하는 이 방은 사회적 성장을 위한 곳으로서 학생들이 또 오고 싶은 공간이 될 것이다.

학생들이 바라는 이런 공간이 우리 학교에 생긴다면 학교생활이 얼마나 행복할까? 정서적 안정과 사회적 성장을 위한 학교 공간의 조성으로 나의 생각은 커가고 친구들과 어울리며 행복을 느낄 수 있을 것이다. 이런 변화는 학업에도 더욱 열중할 수 있는 동력이 되며 학교에 대한 자부심도 느끼게 할 것이다.

**43.** '초고'에 활용된 쓰기 전략으로 가장 적절한 것은?

① 우리 학교와 다른 학교 공간의 구조를 비교하여 실태를 부각한다.
② 공간이 조성되었을 때의 모습을 가정하여 기대되는 효과를 제시한다.
③ 학교의 기능이 변화해 온 과정을 분석하여 공간 개선의 필요성을 강조한다.
④ 학교 공간의 중요성에 대한 질문을 반복하여 문제 해결의 시급성을 드러낸다.
⑤ 공간의 이동에 따라 각 공간의 문제점을 나열하여 공간별 개선 방안을 제안한다.

**44.** <보기>는 학생이 '초고'를 보완하기 위해 추가로 수집한 자료이다. 자료의 활용 방안으로 적절하지 않은 것은? [3점]

<보 기>

**ㄱ. 설문 조사 결과**

우리 학교에 필요하다고 생각하는 공간은?

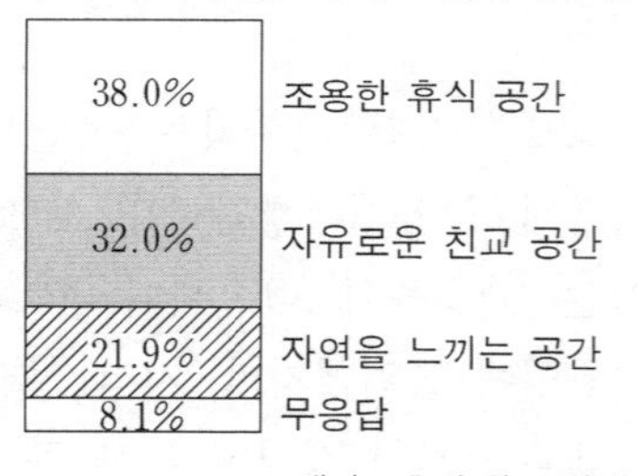


※ 대상 : 우리 학교 학생 700명

**ㄴ. 전문가 인터뷰**

"천장이나 벽을 없애는 형태적 확장, 투명한 유리 재료를 이용해 변화를 주는 시각적 확장을 통해 건축물 내부와 외부가 연결되는 부분이 늘어나면 실내 공간의 개방감이 높아집니다."

**ㄷ. 보고서 자료**

| 1. 안정감을 주는 공간 구성 | 2. 청소년기의 심리 특성과 공간 구성 |
|---|---|
| 실내 공간에서 자연을 느끼며 안정감을 얻을 수 있는 방법으로 다음과 같은 것이 있다.<br>- 창을 통해 자연과의 시각적 연결을 늘림.<br>- 목재를 사용함.<br>- 천연 소재 소품을 이용함. | 청소년기는 자의식이 높아지는 시기로, 경계를 형성하는 벽을 없앤 공간에서 자신이 노출되는 것에 부담을 느낄 수 있다. 색의 대비, 부분 조명, 이동식 가구를 이용해 공간 분리 효과를 주면 부담감을 낮추는 데 도움이 된다. |

① ㄱ을 활용하여, 학습 이외 다른 용도의 공간 조성이 필요한 이유로 휴식 공간과 친교 공간에 대한 학생들의 요구가 높은 비율로 나타났음을 1문단에 추가한다.
② ㄷ-1을 활용하여, 학생들이 자연을 느낄 수 있는 공간 조성 방안으로 창가 의자의 재질을 목재로 하고 천연 소재 방석을 비치할 것을 2문단에 추가한다.
③ ㄷ-2를 활용하여, 자신이 노출되는 것에 대한 부담을 줄이며 소모임을 할 수 있는 공간 조성 방안으로 모퉁이 공간에 이동식 가구를 비치해 공간 분리 효과를 줄 것을 3문단에 추가한다.
④ ㄴ과 ㄷ-1을 활용하여, 시각적 확장 효과를 주는 통창 설치를 제안하는 이유로 자연과의 시각적 연결이 늘어나 학생들의 안정감에 도움이 될 수 있다는 것을 2문단에 추가한다.
⑤ ㄴ과 ㄷ-2를 활용하여, 벽을 없애 형태적으로 확장된 공간에 개방감을 높이는 방안으로 색이 대비되는 소품을 비치하고 부분 조명을 설치할 것을 3문단에 추가한다.

**45.** <보기>를 반영하여 ㉠의 1문단을 다음과 같이 작성했다고 할 때, ⓐ~ⓔ 중 적절하지 않은 것은?

<보 기>

**편집부장** : 기획 연재의 <3편>을 작성하려고 해. 1문단은 도입 문단의 성격을 살려서 <2편> 초고의 핵심 내용과 <3편> 표제, 부제의 내용이 드러나도록 작성하자.

학교 공간에 변화의 바람이 불고 있다. 지난 호에서는 ⓐ학습 공간 외에 학생들이 이용할 수 있는 사색의 공간, 어울림의 공간을 구상해 보았다. ⓑ공간의 변화는 학생들이 학교를 자랑스럽게 느끼도록 하며, 학업에도 긍정적인 영향을 미칠 것이다. 이에 ⓒ학교 공간 조성에 관심이 있는 학부모, 지역 사회의 참여가 요구된다. 나아가 최근 ⓓ국내외의 많은 학교들은 학생들이 자연을 가까이에서 느낄 수 있도록 생태 공간을 조성하고 있다. 이 과정에 ⓔ학생들이 학교 공간의 문제점을 찾거나 공간을 바꾸는 데 중심 역할을 하고 있다. 이번 호에서는 이러한 변화의 흐름을 국내외의 사례를 통해 살펴보고자 한다.

① ⓐ ② ⓑ ③ ⓒ ④ ⓓ ⑤ ⓔ

＊ 확인 사항
○ 답안지의 해당란에 필요한 내용을 정확히 기입(표기)했는지 확인하시오.
○ 이어서, 「**선택과목(언어와 매체)**」 문제가 제시되오니, 자신이 선택한 과목인지 확인하시오.


[해설편 p.082]

제 1 교시

# 국어 영역(언어와 매체)

07회

[35～36] 다음 글을 읽고 물음에 답하시오.

[A] '나의 살던 고향'은 '내가 살던 고향'과 같은 의미로 '나'에 관형격 조사 '의'가 결합하여 '살던'의 의미상 주어를 나타내는 특이한 구조이다. 이처럼 관형격 조사 '의'가 주격 조사처럼 해석되는 경우가 중세 국어에서도 확인된다. 예를 들어, '聖人의(聖人+의) ᄀᆞᄅᆞ치샨 法[성인의 가르치신 법]'의 경우, '聖人'은 관형격 조사 '의'와 결합하고 있지만 후행하는 용언인 'ᄀᆞᄅᆞ치샨'의 의미상 주어로 기능하고 있다. 그런데 이러한 '의'는 중세 국어 관형격 조사 결합 원칙의 예외에 해당한다. 중세 국어의 관형격 조사는 평칭의 유정 체언에는 모음 조화에 따라 'ᄋᆡ/의'가, 무정 체언 또는 존칭의 유정 체언에는 'ㅅ'이 결합하는 원칙이 있었는데, 'ㅅ'이 쓰일 자리에 '의'가 쓰였기 때문이다.

중세 국어 격조사 결합 원칙의 또 다른 예외는 부사격 조사에서도 확인된다. 시간이나 장소를 나타내는 부사격 조사는 결합하는 선행 체언의 끝음절을 기준으로, 모음 조화에 따라 '나ᄌᆡ애'(나ᄌᆡ+애), '므레'(믈+에)에서처럼 '애/에'가 쓰인다. 단, 끝음절이 모음 '이'나 반모음 'ㅣ'로 끝날 때에는 ㉠'뉘예'(뉘+예)에서처럼 '예'가 쓰였다. 그런데 '애/에/예'가 쓰일 위치에 부사격 조사인 'ᄋᆡ/의'가 쓰이는 경우도 있다. 이러한 예외는 '봄', '나조ㅎ'[저녁], ㉡'우ㅎ'[위], '밑' 등의 일부 특수한 체언들에서 확인된다. 가령, '나조ㅎ'에는 'ᄋᆡ'가 결합하여 ㉢'나조ᄒᆡ'(나조ㅎ+ᄋᆡ)로, '밑'에는 '의'가 결합하여 '미틔'(밑+의)로 나타났다.

중세 국어의 부사격 조사 가운데 관형격 조사가 그 구성 성분으로 분석되는 독특한 경우도 있다. 가령, 'ᄋᆡ그에'는 관형격 조사 'ᄋᆡ'에 '그에'가 결합된 형태이고 'ㅅ긔' 역시 관형격 조사 'ㅅ'에 '긔'가 결합된 부사격 조사다. 이들은 ㉣'ᄂᆞ미그에'(ᄂᆞᆷ+ᄋᆡ그에)나 '어마님ㅅ긔'(어마님+ㅅ긔)와 같이 사용되었는데 평칭의 유정 명사 'ᄂᆞᆷ'에는 'ᄋᆡ그에'가, 존칭의 유정 명사 '어마님'에는 'ㅅ긔'가 쓰인다. 중세 국어의 'ᄋᆡ그에'와 'ㅅ긔'는 각각 현대 국어의 '에게'와 ㉤'께'로 이어진다.

**35.** 윗글의 ㉠～㉤을 이해한 내용으로 적절하지 않은 것은?

① ㉠은 부사격 조사 '예'와 결합하는 선행 체언의 끝음절에서 반모음 'ㅣ'가 확인된다.
② ㉡에 시간이나 장소를 나타내는 부사격 조사가 결합하면 '우희'가 된다.
③ ㉢은 현대 국어로 '저녁의'로 해석되어 관형격 조사의 쓰임이 확인된다.
④ ㉣의 'ᄋᆡ그에'에서는 관형격 조사 'ᄋᆡ'가 분석된다.
⑤ ㉤이 현대 국어에서 존칭 체언에 사용되는 것은 중세 국어 관형격 조사 'ㅅ'과 관련된다.

**36.** [A]를 바탕으로 <자료>를 탐구한 내용으로 적절한 것은? [3점]

<자 료>

ⓐ 수픐(수플+ㅅ) 神靈이 길헤 나아
〔현대어 풀이 : 수풀의 신령이 길에 나와〕
ⓑ ᄂᆞᄆᆡ(ᄂᆞᆷ+ᄋᆡ) 말 드러ᅀᅡ 알 씨라
〔현대어 풀이 : 남의 말 들어야 아는 것이다〕
ⓒ 世界ㅅ(世界+ㅅ) 일ᄋᆞᆯ 보샤
〔현대어 풀이 : 세계의 일을 보시어〕
ⓓ 이 사ᄅᆞᄆᆡ(사ᄅᆞᆷ+ᄋᆡ) 잇ᄂᆞᆫ 方面을
〔현대어 풀이 : 이 사람의 있는 방면을〕
ⓔ 孔子의(孔子+의) 기티신 글워리라
〔현대어 풀이 : 공자의 남기신 글이다〕

① ⓐ: '神靈(신령)'이 존칭의 유정 명사이므로 '수플'에 'ㅅ'이 결합한 것이군.
② ⓑ: 'ᄂᆞᆷ'이 유정 명사이고 끝음절 모음이 음성 모음이므로 'ᄋᆡ'가 결합한 것이군.
③ ⓒ: '世界(세계)ㅅ'이 '보샤'의 의미상 주어이고, 'ㅅ'은 예외적 결합이군.
④ ⓓ: '이 사ᄅᆞᄆᆡ'가 '잇ᄂᆞᆫ'의 의미상 주어이고, 'ᄋᆡ'는 예외적 결합이군.
⑤ ⓔ: '孔子(공자)의'가 '기티신'의 의미상 주어이고, '의'는 예외적 결합이군.

**37.** <학습 활동>의 ㉠～㉢에 들어갈 예문으로 적절한 것은?

<학습 활동>

<보기>의 조건이 실현된 예문을 만들어 보자.

<보 기>

ⓐ 현재 시제만 쓰일 것.
ⓑ 서술어의 자릿수가 둘일 것.
ⓒ 안긴문장이 부사어로 기능할 것.

| 실현 조건 | 예문 |
|---|---|
| ⓐ, ⓑ | ㉠ |
| ⓐ, ⓒ | ㉡ |
| ⓑ, ⓒ | ㉢ |

① ㉠: 그 집 마당에는 감나무 한 그루가 자란다.
② ㉠: 선생님께서는 여전히 학교 근처에 사시는지요?
③ ㉡: 산중에 있으므로 여기는 도시보다 조용합니다.
④ ㉡: 오늘부터 아침으로 과일만 먹기로 마음먹었니?
⑤ ㉢: 오래전 큰아버지께 받은 책에 곰팡이가 슬었어.

**38.** <보기>의 ㉮, ㉯에 들어갈 수 있는 단어로 적절한 것은?

<보 기>

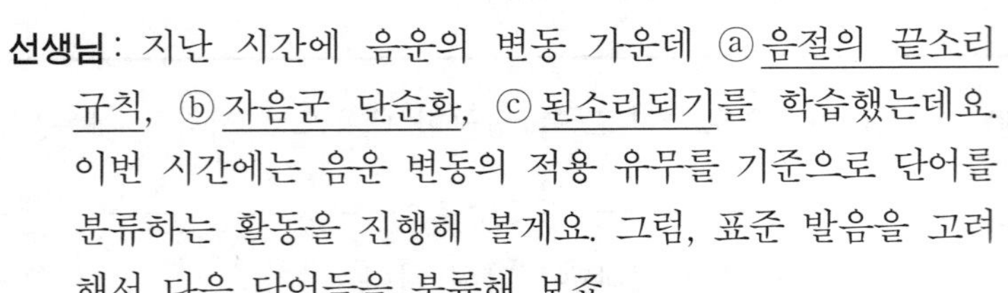

**선생님**: 지난 시간에 음운의 변동 가운데 ⓐ음절의 끝소리 규칙, ⓑ자음군 단순화, ⓒ된소리되기를 학습했는데요. 이번 시간에는 음운 변동의 적용 유무를 기준으로 단어를 분류하는 활동을 진행해 볼게요. 그럼, 표준 발음을 고려해서 다음 단어들을 분류해 보죠.

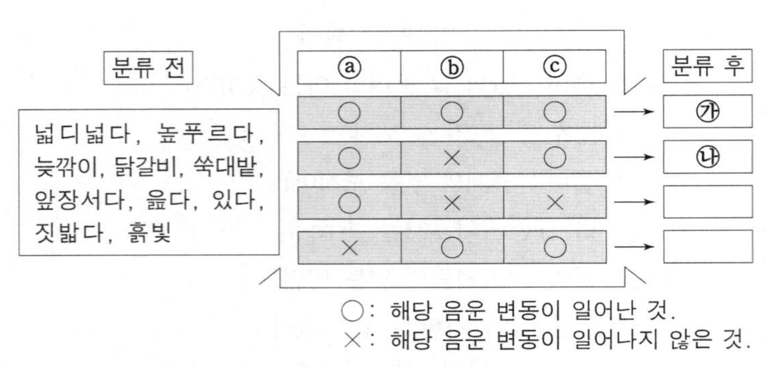


| | ㉮ | ㉯ |
|---|---|---|
| ① | 짓밟다 | 늦깎이 |
| ② | 넓디넓다 | 있다 |
| ③ | 읊다 | 높푸르다 |
| ④ | 흙빛 | 쑥대밭 |
| ⑤ | 닭갈비 | 앞장서다 |

**39.** <보기>의 ㉠~㉧에 대한 이해로 적절한 것은?

<보 기>

(희철, 민수, 기영이 ○○ 서점 근처에서 만난 상황)

**희철**: 얘들아, 잘 지냈어? 3일 만에 보니 반갑다.

**민수**: 동해안으로 체험 학습 다녀왔다며? ㉠내일은 도서관에 가서 발표 준비하자. 기영인 어떻게 생각해?

**기영**: ㉡네 말대로 하는 게 좋겠다. 그럼 정수도 부를까?

**희철**: 그러자. ㉢저기 저 ○○ 서점에서 오전 10시에 만나서 다 같이 도서관으로 가자. ㉣정수한테 전할 때 서점 위치 링크도 보내 줘. 전에도 헤맸잖아.

**민수**: 이제 아냐. ㉤어제 나랑 저기서 만났는데 잘 ㉥왔어.

**희철**: 그렇구나. 어제 잘 ㉦왔었구나.

**민수**: 아, 기영아! ㉧우리는 회의 가야 돼. ㉨네가 ㉩우리 셋을 대표해서 정수에게 연락을 좀 해 줘.

① ㉠은 ㉤과 달리 발화 시점과 관계없이 언제인지가 정해진다.
② ㉢은 ㉡과 달리 지시 표현이 이전 발화를 직접 가리킨다.
③ ㉣은 ㉨과 달리 담화 참여자에 따라 지시 대상이 달라진다.
④ ㉥은 ㉦과 달리 화자가 있던 장소로의 이동을 나타낸다.
⑤ ㉧은 ㉩과 달리 담화에 참여한 모든 사람들을 가리킨다.

**[40~43]** (가)는 보이는 라디오의 본방송이고, (나)는 이 방송을 들은 학생의 메모이다. 물음에 답하시오.

(가)

**진행자**: ⓐ매주 수요일, 여행 정보를 제공하는 '여행과 함께'를 시작합니다. 앱이나 문자로 언제든 방송에 참여하실 수 있고요, 보이는 라디오 시청자는 실시간 댓글도 이용하실 수 있습니다. ⓑ오늘도 여행가 안○○ 님을 모셨습니다.

**여행가**: 안녕하세요. 안○○입니다.

**진행자**: 지난주부터 등대 스탬프 여행을 소개하고 있습니다. 저번에는 그중 '재미있는 등대'라는 주제를 소개하셨는데요, 오늘은 어떤 주제인가요?

**여행가**: 네, 오늘은 '풍요의 등대'입니다. 서해안에 위치한 16개 등대와 □□ 생물 자원관을 돌아보면서 풍요로운 해산물도 즐길 수 있는 여행 코스입니다.

**진행자**: 이제부터 '풍요의 등대'에 속한 등대들을 알아볼 텐데요, 그중에서 가장 선호하시는 곳이 있나요?

**여행가**: 저는 천사의 섬이라는 모티브를 살려 천사의 날개와 선박을 형상화한 △△ 등대가 가장 좋았습니다. 등대에 설치된 LED 조명이 켜지면 주변 경관과 어우러져 이국적인 경관을 연출하는 곳인데, 그 모습을 바라보면서 먹는 전복 라면은 정말 맛있죠.

**진행자**: 정말 맛있겠네요. 많은 분들이 실시간 문자로 지난주에 안내했던 등대 스탬프 여행의 순서를 물으시네요. 예정된 건 아니지만 다시 안내해 주시겠어요?

**여행가**: ⓒ우선 모바일 여권과 종이 여권 중 하나를 선택하셔서 참가 신청을 해야 하는데요, 모바일 여권은 앱을 이용하시면 되고, 종이 여권은 '등대와 바다' 누리집에서 신청하시면 됩니다. 그러고 나서 등대들을 돌아다니면서 스탬프를 찍고 사진을 촬영하시는 겁니다. 사진을 다 모으시면 누리집에서 완주 인증을 하시는 거죠.

**진행자**: ⓓ실시간 댓글로 6789 님께서 스탬프 여행의 주의 사항에 대해 궁금증이 있으시답니다. 함께 알아볼까요?

**여행가**: ⓔ네, 앞에서 말씀드린 완주 인증은 날짜가 기록된 사진으로만 가능합니다. 처음엔 스탬프로 완주 인증을 했지만 지금은 그렇게 바뀐 거죠. 하지만 스탬프를 찍기 원하는 여행자들이 많아 여전히 스탬프를 유지하고 있습니다. 그런데 행복도 등대나 기쁨항 등대처럼 등대 주변에 스탬프가 없는 경우가 있으니 미리 확인하시는 것이 좋겠습니다.

**진행자**: 스탬프가 등대 주변이 아닌 다른 곳에 위치한 경우도 있다는 거군요. 잠시만요, 나머지 등대를 소개하기에는 시간이 부족할 것 같으니 2부에서 계속하고요, 남은 시간 동안 '풍요의 등대'의 완주 기념품에 대해 이야기해 볼까요?

**여행가**: (테이블에 오르골을 올리며) 바로 이 등대 오르골입니다.



[해설편 p.084]

**진행자**: 실시간 댓글 창에 오르골이 귀엽다는 반응이 많네요. 라디오로만 들으시는 분들은 실제 모양이 궁금하시죠? 작고 예쁜 등대가 나무 상자 안에 있고, 오른쪽에 태엽을 감는 손잡이가 있습니다. 아쉽지만 약속된 시간이 다 되어 1부는 여기서 마치고 2부에서 뵐게요.

**(나)**

> 등대 스탬프 여행을 여행 지리 수업 시간에 발표해야겠어. ㉠ 여행의 순서와 주의 사항에 대한 슬라이드는 여행가의 말을 정리하되 여행의 순서가 잘 나타날 수 있게 표현하고, 시각적 이미지를 활용해야지. ㉡ '△△ 등대'에 대한 슬라이드는 여행에 유용한 정보를 추가하고, 슬라이드의 내용을 포괄할 수 있는 제목을 넣어야지.

**40.** (가)에 나타난 정보 전달 방식으로 적절하지 않은 것은?

① 수용자에게 일정한 주기로 새로운 정보가 제공되므로 지난주 방송과 현재 진행되는 방송의 연관성을 제시한다.
② 본방송을 중간부터 청취한 수용자는 흐름을 따라가지 못할 수 있으므로 앞부분의 정보를 정리해서 전달한다.
③ 수용자에게 정보를 제공할 수 있는 시간상의 제약이 있으므로 방송에서 전달하려는 정보를 선택하여 조절한다.
④ 청각적 정보만 접할 수 있는 수용자가 있으므로 방송 중에 제공한 시각적 정보를 음성 언어로 풀어서 설명한다.
⑤ 수용자들이 방송에 실시간으로 참여하는 것이 가능하므로 실시간 댓글과 문자를 바탕으로 이어질 정보를 조정한다.

**41.** 다음은 (가)가 끝난 후의 청취자 게시판이다. 참여자들의 소통 양상으로 가장 적절한 것은?

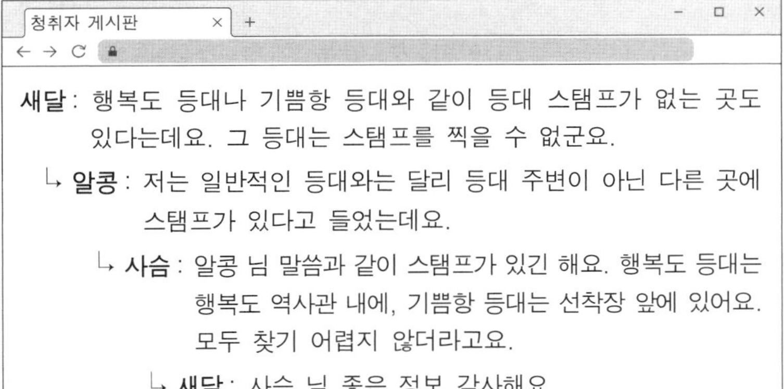
청취자 게시판

**새달**: 행복도 등대나 기쁨항 등대와 같이 등대 스탬프가 없는 곳도 있다는데요. 그 등대는 스탬프를 찍을 수 없군요.
↳ **알콩**: 저는 일반적인 등대와는 달리 등대 주변이 아닌 다른 곳에 스탬프가 있다고 들었는데요.
↳ **사슴**: 알콩 님 말씀과 같이 스탬프가 있긴 해요. 행복도 등대는 행복도 역사관 내에, 기쁨항 등대는 선착장 앞에 있어요. 모두 찾기 어렵지 않더라고요.
↳ **새달**: 사슴 님 좋은 정보 감사해요.

① 방송 내용에 대한 '새달'의 잘못된 이해가 '알콩'과 '사슴'의 댓글에 의해 수정되고 있다.
② 방송 내용에 대하여 가지고 있던 '새달'과 '알콩'의 공통된 생각에 '사슴'이 동조하고 있다.
③ 방송을 듣고 '새달'이 느낀 감정을 '알콩' 및 '사슴'과 공유하여 정서적인 공감을 형성하고 있다.
④ 방송 내용에 대해 가지고 있던 '새달'과 '알콩'의 서로 다른 생각이 '사슴'에 의해 절충되고 있다.
⑤ 방송 내용에 대한 '새달'과 '알콩'의 긍정적 감정이 '사슴'의 댓글로 인해 부정적 감정으로 전환되고 있다.

**42.** 다음은 (나)에 따라 제작한 발표 자료이다. 제작 과정에서 고려한 내용으로 적절하지 않은 것은? [3점]

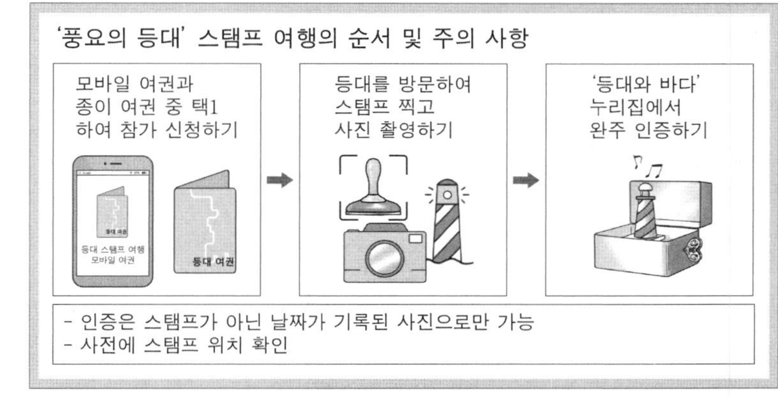


△△ 등대 - 천사의 날개와 선박을 형상화한 등대

특징: LED 조명이 만드는 이국적인 경관
주소: ▽▽도 ◇◇군 △△면
스탬프 위치: 등대 앞
볼거리: ◇◇ 철새 전시관, ◇◇산 전망대
먹을거리: 전복 라면, 복어 튀김, 소금 사탕
재밋거리: 자전거 여행, 조개 잡기 체험

① 여행가의 말을 정리하기로 한 ㉠은 여행가가 제시한 여행의 순서와 주의 사항을 모아 하나의 슬라이드로 구성하자.
② 여행의 순서를 나타내기로 한 ㉠에는 여행가가 제시한 여행 순서를 구분하고 차례가 드러나게 화살표를 사용하자.
③ 시각적 이미지를 활용하기로 한 ㉠에는 여행가가 소개한 여행의 순서와 관련된 주요 소재를 그림 자료로 보여 주자.
④ 여행에 유용한 정보를 추가하기로 한 ㉡에는 여행가가 언급한 먹을거리 이외에도 다양한 정보를 추가하자.
⑤ 내용을 포괄할 수 있는 제목을 넣기로 한 ㉡은 여행가의 말을 가져와 슬라이드의 내용을 요약할 수 있는 제목을 달자.

**43.** ⓐ~ⓔ의 높임 표현에 대한 설명으로 적절하지 않은 것은?

① ⓐ: 종결 어미 '-ㅂ니다'를 사용하여, 방송을 듣고 있는 불특정 다수의 청자를 높이고 있다.
② ⓑ: 특수 어휘 '모시다'를 사용하여, 객체인 여행가를 높이고 있다.
③ ⓒ: 선어말 어미 '-시-'를 사용하여, 여권 선택의 주체인 청자를 높이고 있다.
④ ⓓ: '있으시다'를 사용하여, 궁금증이 있는 주체인 '6789 님'을 간접적으로 높이고 있다.
⑤ ⓔ: '말씀'을 사용하여, 화자인 여행가의 말을 높이고 있다.

[44~45] (가)는 전자 문서로 된 사용 설명서의 일부이고, (나)는 이를 바탕으로 나눈 누리 소통망 대화이다. 물음에 답하시오.

(가)

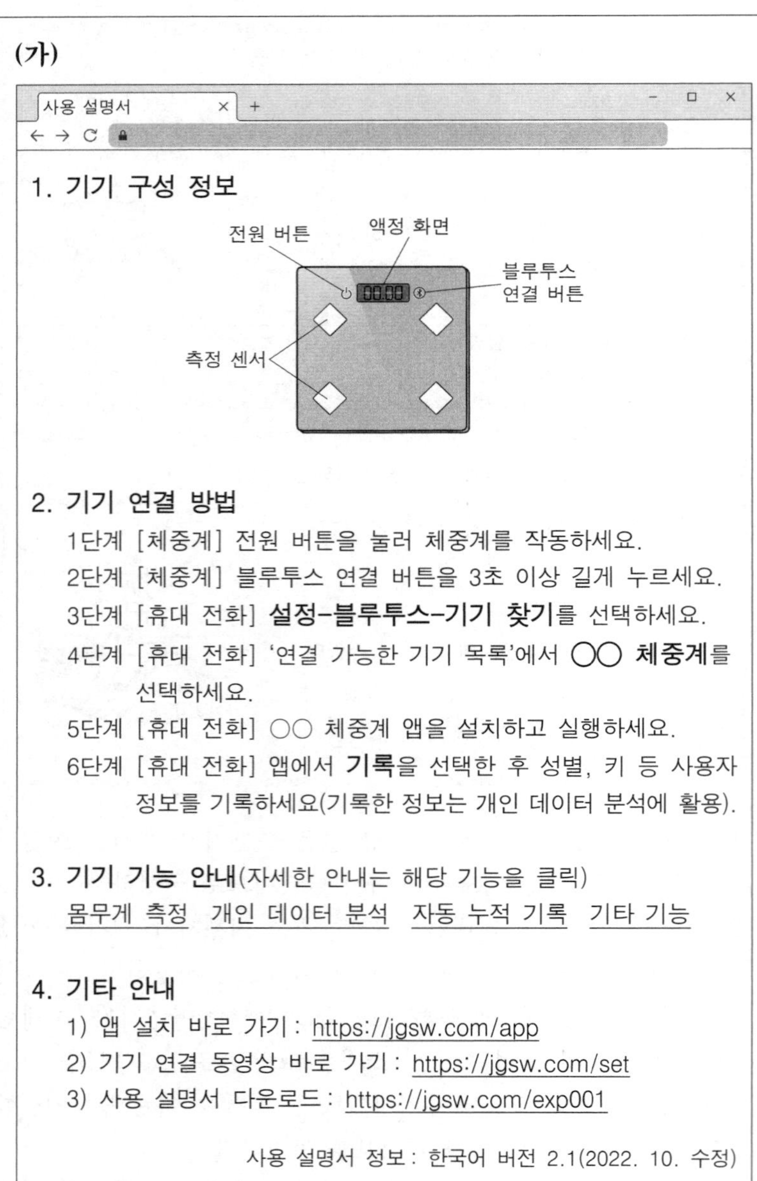

사용 설명서

1. 기기 구성 정보



2. 기기 연결 방법

1단계 [체중계] 전원 버튼을 눌러 체중계를 작동하세요.
2단계 [체중계] 블루투스 연결 버튼을 3초 이상 길게 누르세요.
3단계 [휴대 전화] **설정-블루투스-기기 찾기**를 선택하세요.
4단계 [휴대 전화] '연결 가능한 기기 목록'에서 **○○ 체중계**를 선택하세요.
5단계 [휴대 전화] ○○ 체중계 앱을 설치하고 실행하세요.
6단계 [휴대 전화] 앱에서 **기록**을 선택한 후 성별, 키 등 사용자 정보를 기록하세요(기록한 정보는 개인 데이터 분석에 활용).

3. 기기 기능 안내(자세한 안내는 해당 기능을 클릭)

몸무게 측정 개인 데이터 분석 자동 누적 기록 기타 기능

4. 기타 안내

1) 앱 설치 바로 가기 : https://jgsw.com/app
2) 기기 연결 동영상 바로 가기 : https://jgsw.com/set
3) 사용 설명서 다운로드 : https://jgsw.com/exp001

사용 설명서 정보 : 한국어 버전 2.1(2022. 10. 수정)

(나)

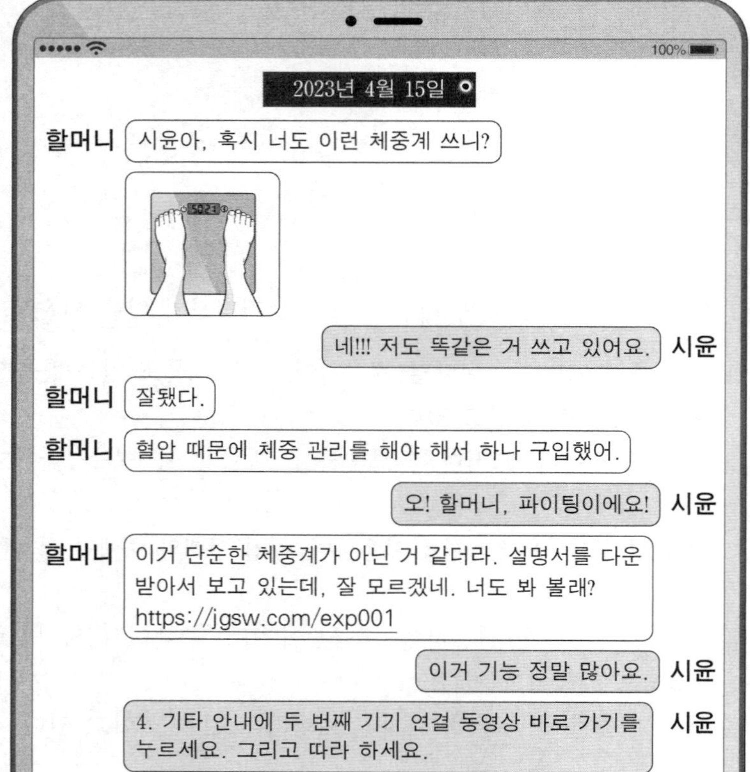


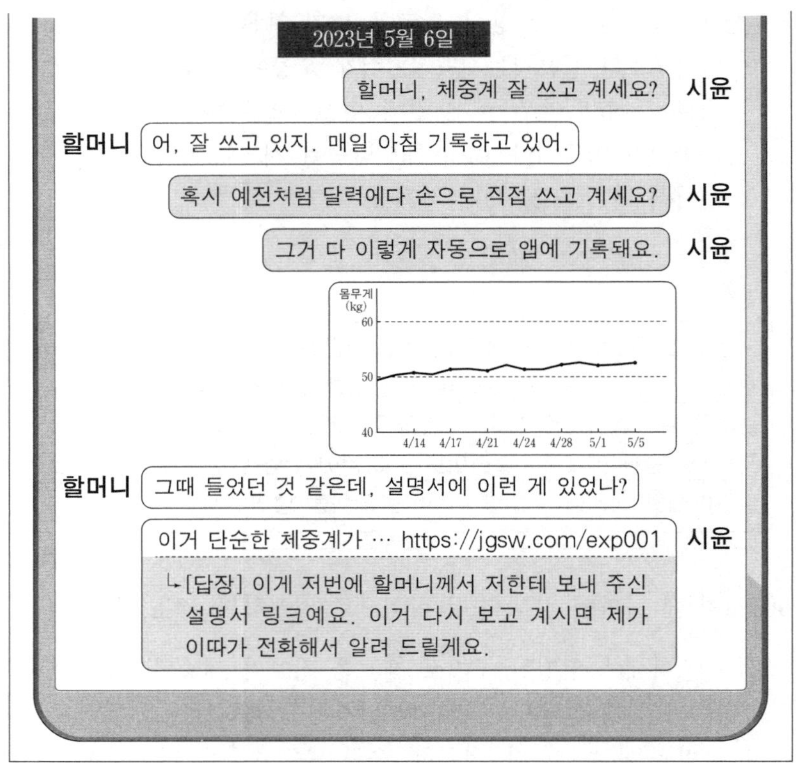


**44.** (가)의 정보 구성 및 제시 방식으로 적절하지 <u>않은</u> 것은?

① 기기 구성 정보는 시각 자료를 활용하여 전달했다.
② 기기를 휴대 전화와 연결하는 방법을 조작 순서에 맞추어 안내했다.
③ 기기 연결 방법에서 앱에 기록할 정보는 글자의 크기와 굵기를 다르게 표시했다.
④ 기기 기능 안내에서는 안내받을 수 있는 기능의 항목을 나열하여 배치했다.
⑤ 사용 설명서의 버전 정보를 수정 시점과 함께 제공했다.

**45.** (가)와 (나)에서 확인할 수 있는 매체 활용에 대한 이해로 가장 적절한 것은?

① (가)의 내용이 (나)를 통해 전달되는 과정에서 사용자들이 정보를 선별하여 유통할 수 있군.
② (나)의 사용자들이 서로 교환한 정보를 바탕으로 (가)의 수정 과정을 점검할 수 있군.
③ (가)는 (나)와 달리 사용자가 필요한 정보를 질문하여 요청할 수 있군.
④ (나)는 (가)와 달리 사용자가 하이퍼링크를 통해 외부의 정보에 접근할 수 있군.
⑤ (가)와 (나)는 모두 정보를 교류한 이력에서 사용자가 필요한 부분을 불러와 상대방에게 이전 내용을 환기할 수 있군.

* 확인 사항
○ 답안지의 해당란에 필요한 내용을 정확히 기입(표기)했는지 확인하시오.


[해설편 p.085]

# 국어 영역

제 1 교시 08회

● 문항수 45개 | 배점 100점 | 제한 시간 80분

● 점수 표시가 없는 문항은 모두 2점

[1~3] 다음 글을 읽고 물음에 답하시오.

글을 읽으려면 글자 읽기, 요약, 추론 등의 읽기 기능, 어휘력, 읽기 흥미나 동기 등이 필요하다. 글 읽는 능력이 발달하려면 읽기에 필요한 이러한 요소를 잘 갖추어야 한다.

[A] 읽기 요소들 중 어휘력 발달에 관한 연구들에서는, 학년이 올라감에 따라 ㉠어휘력이 높은 학생들과 ㉡어휘력이 낮은 학생들 간의 어휘력 격차가 점점 더 커짐이 보고되었다. 여기서 어휘력 격차는 읽기의 양과 관련된다. 즉 어휘력이 높으면 이를 바탕으로 점점 더 많이 읽게 되고, 많이 읽을수록 글 속의 어휘를 습득할 기회가 많아지며, 이것이 다시 어휘력을 높인다는 것이다. 반대로, 어휘력이 부족하면 읽는 양도 적어지고 어휘 습득의 기회도 줄어 다시 어휘력이 상대적으로 부족하게 됨으로써, 나중에는 커져 버린 격차를 극복하는 데에 많은 노력이 필요하게 된다.

이렇게 읽기 요소를 잘 갖춘 독자는 점점 더 잘 읽게 되어 그렇지 않은 독자와의 차이가 갈수록 커지게 되는데, 이를 매튜 효과로 설명하기도 한다. 매튜 효과란 사회적 명성이나 물질적 자산이 많을수록 그로 인해 더 많이 가지게 되고, 그 결과 그렇지 않은 사람과의 차이가 점점 커지는 현상을 일컫는다. 이는 주로 사회학에서 사용되었으나 읽기에도 적용된다.

그러나 ⓐ글 읽는 능력을 매튜 효과로만 설명하는 데에는 문제가 있다. 우선, 읽기와 관련된 요소들에서 매튜 효과가 항상 나타나는 것은 아니다. 인지나 정서의 발달은 개인마다 다르며, 한 개인 안에서도 그 속도는 시기마다 다르기 때문이다. 예컨대 읽기 흥미나 동기의 경우, 어릴 때는 상승 곡선을 그리며 발달하다가 어느 시기부터 떨어지기도 한다. 또한 읽기 요소들은 상호 간에 영향을 미쳐 매튜 효과와 다른 결과를 낳기도 한다. 가령 읽기 기능이 부족한 독자라 하더라도 읽기 흥미나 동기가 높은 경우 이것이 읽기 기능의 발달을 견인할 수 있다.

그럼에도 불구하고 읽기를 매튜 효과로 설명하는 연구는 단순히 지능의 차이에 따라 글 읽는 능력이 달라진다고 보던 관점에서 벗어나, 읽기 요소들이 글을 잘 읽도록 하는 중요한 동력임을 인식하게 하는 계기가 되었다.

**1.** 윗글의 내용과 일치하지 않는 것은?

① 읽기 기능에는 어휘력, 읽기 흥미나 동기 등이 포함된다.
② 매튜 효과에 따르면 읽기 요소를 잘 갖출수록 더 잘 읽게 된다.
③ 매튜 효과는 주로 사회학에서 사용되는 개념이었다.
④ 읽기 요소는 다른 읽기 요소들에 영향을 미치기도 한다.
⑤ 읽기 연구에서 매튜 효과는 읽기 요소의 가치를 인식하게 했다.

**2.** 다음은 어휘력 발달에서 나타나는 매튜 효과를 도식화한 것이다. [A]를 바탕으로 ㉠과 ㉡에 대해 이해한 것으로 가장 적절한 것은?

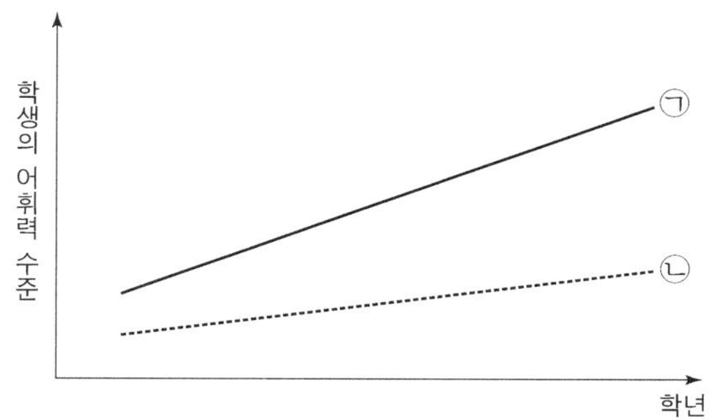


① ㉠은 ㉡에 비해 읽기 양이 적지만 어휘력은 더 큰 폭으로 높아진다.
② ㉡은 학년이 올라갈수록 ㉠과의 어휘력 격차를 줄일 수 있는 가능성이 커진다.
③ ㉡은 학년이 올라가면 ㉠에 비해 적은 노력으로도 어휘력 부족에서 벗어날 수 있다.
④ ㉠과 ㉡ 간의 어휘력 격차가 점점 커지는 것은 지능의 차이 때문이다.
⑤ ㉠과 ㉡ 간의 어휘력 격차가 점점 커지는 것은 읽기 양의 차이가 누적되기 때문이다.

**3.** <보기>의 관점에서 ⓐ를 뒷받침할 수 있는 내용으로 가장 적절한 것은? [3점]

<보 기>

인간의 사고는 자연적으로 발달하기보다는 공동체 내 언어적 상호 작용에 의해 발달한다. 따라서 고차적 사고에 속하는 읽기도 타인과 상호 작용함으로써 점진적으로 발달한다.

① 읽기 발달의 속도는 한 개인 안에서도 시기마다 다르다.
② 읽기 발달은 읽기 속도나 취향 등 개인차에 따라 각기 다르다.
③ 읽기 흥미나 동기 등은 타고난 개인적 성향으로서 변하지 않는다.
④ 읽기 발달은 개인의 읽기 경험을 공유하는 사회적 환경에 따라 달라질 수 있다.
⑤ 충분한 시간과 몰입할 수 있는 장소가 주어진다면 혼자서도 읽기를 잘할 수 있다.

[4~9] 다음 글을 읽고 물음에 답하시오.

(가)

전국 시대의 혼란을 종식한 진(秦)은 분서갱유를 단행하며 사상 통제를 ⓐ 기도했다. 당시 권력자였던 이사(李斯)에게 역사 지식은 전통만 따지는 허언이었고, 학문은 법과 제도에 대해 논란을 일으키는 원인에 불과했다. 이에 따라 전국 시대의 『순자』처럼 다른 사상을 비판적으로 ⓑ 흡수하여 통합 학문의 틀을 보여 준 분위기는 일시적으로 약화되었다. 이에 한(漢) 초기 사상가들의 과제는 진의 멸망 원인을 분석하고 이에 기초한 안정적 통치 방안을 제시하며, 힘의 지배를 ⓒ 숭상하던 당시 지배 세력의 태도를 극복하는 것이었다. 이러한 과제에 부응한 대표적 사상가는 육가(陸賈)였다.

순자의 학문을 계승한 그는 한 고조의 치국 계책 요구에 부응해 『신어』를 저술하였다. 이 책을 통해 그는 진의 단명 원인을 가혹한 형벌의 남용, 법률에만 의거한 통치, 군주의 교만과 사치, 그리고 현명하지 못한 인재 등용 등으로 지적하고, 진의 사상 통제가 낳은 폐해를 거론하며 한 고조에게 지식과 학문이 중요함을 설득하고자 하였다. 그에게 지식의 핵심은 현실 정치에 도움을 주는 역사 지식이었다. 그는 역사를 관통하는 자연의 이치에 따라 천문·지리·인사 등 천하의 모든 일을 포괄한다는 ㉠ 통물(統物)과, 역사 변화 과정에 대한 통찰로서 상황에 맞는 조치를 취하고 기존 규정을 고수하지 않는다는 ㉡ 통변(通變)을 제시하였다. 통물과 통변이 정치의 세계에 드러나는 것이 ㉢ 인의(仁義)라고 파악한 그는 힘에 의한 권력 창출을 긍정하면서도 권력의 유지와 확장을 위한 왕도 정치를 제안하며 인의의 실현을 위해 유교 이념과 현실 정치의 결합을 시도하였다.

인의가 실현되는 정치를 위해 육가는 유교의 범위를 벗어나지 않는 한에서 타 사상을 수용하였다. 예와 질서를 중시하며 교화의 정치를 강조하는 유교를 중심으로 도가의 무위와 법가의 권세를 끌어들였다. 그에게 무위는 형벌을 가벼이 하고 군주의 수양을 강조하는 것으로 평온한 통치의 결과를 의미했고, 권세도 현명한 신하의 임용을 통해 정치권력의 안정을 도모하는 방향성을 가진 것이었기에 원래의 그것과는 차별된 것이었다.

육가의 사상은 과도한 융통성으로 사상적 정체성이 문제가 되기도 했지만, 군주의 정치 행위에 따라 천명이 결정됨을 지적하고 인의의 실현을 강조한 통합의 사상이었다. 그의 사상은 한 무제 이후 유교 독존의 시대를 여는 데 기여하였다.

(나)

조선 초기에 진행된 고려 관련 역사서 편찬은 고려 멸망의 필연성과 조선 건국의 정당성을 드러내는 작업이었다. 편찬자들은 다양한 방식으로 고려와 조선의 차별성을 부각하고, 고려보다 조선이 뛰어남을 설득하고자 하였다.

태조의 명으로 고려 말에 찬술되었던 자료들을 모아 고려에 관한 역사서가 편찬되었지만, 왕실이 아닌 편찬자의 주관이 ⓓ 개입되었다는 비판이 제기되는 등 여러 문제점이 지적되었다. 이에 태종은 고려의 역사서를 다시 만들라는 명을 내렸다. 이후 고려의 용어들을 그대로 싣자는 주장과 유교적 사대주의에 따른 명분에 맞추어 고쳐 쓰자는 주장이 맞서는 등 세종 대까지도 논란이 ⓔ 계속되었지만, 문종 대에 이르러 『고려사』 편찬이 완성되었다. 이 과정에서 역사 연구에 관심을 기울인 세종은 경서(經書)가 학문의 근본이라면 역사서는 학문을 현실에서 구현하는 것으로 파악하고, 집현전 학자들과의 경연을 통해 경서와 역사서에 대한 이해를 쌓아 갔다.

이런 분위기에서 세종은 중국과 우리나라의 흥망성쇠를 담은 『치평요람』의 편찬을 명하였고, 집현전 학자들은 원(元)까지의 중국 역사와 고려까지의 우리 역사를 정리하였다. 정리 과정에서 주자학적 역사관이 담긴 『자치통감강목』에 따라 역대 국가를 정통과 비정통으로 구분했지만, 편찬 형식 측면에서는 강목체를 따르지 않았다. 또한 올바른 정치의 여부에 따라 국가의 운명이 다하고 천명이 옮겨 간다는 내용을 드러내고자 기존 역사서와 달리 국가 간 전쟁과 외교 문제, 국가 말기의 혼란과 새 국가 초기의 혼란 수습 등을 부각하였다.

이러한 편찬 방식은 국가의 흥망성쇠를 거울삼아 국가를 잘 운영하겠다는 목적 이외에 새 국가의 토대를 마련하려는 의도가 전제된 것이었다. 이런 의도가 집중적으로 반영된 곳은 『치평요람』의 「국조(國朝)」 부분이었다. 이 부분의 편찬자들은 유교적 시각에서 고려 정치를 바라보며 불교 사상의 폐단을 비롯한 문제점들을 다각도로 드러냈고, 이를 통해 유교적 사회로의 변화를 주장하였다. 이성계의 능력과 업적을 담기는 했지만 이것이 조선 건국을 정당화하기에는 불충분했기에 세종은 역사적 사실을 배경으로 조선 왕조의 우수성을 부각한 『용비어천가』의 편찬을 지시했다. 이는 왕조의 우수성과 정통성을 경전과 역사의 다양한 근거를 통해 보여 주고자 한 것이었다.

**4.** (가)와 (나)의 차이점을 중심으로 두 글을 비교하며 읽는 방법으로 가장 적절한 것은?

① (가)는 한(漢)에서, (나)는 조선에서 쓰인 책을 설명하고 있으니, 시대 상황과 사상이 책에 반영된 양상을 비교하며 읽는다.
② (가)는 피지배 계층을, (나)는 지배 계층을 대상으로 한 책을 설명하고 있으니, 예상 독자의 반응 양상을 비교하며 읽는다.
③ (가)는 동일한 시대에, (나)는 서로 다른 시대에 쓰인 책들을 설명하고 있으니, 시대에 따른 창작 환경을 비교하며 읽는다.
④ (가)는 학문적 성격의, (나)는 실용적 성격의 책을 설명하고 있으니, 다양한 분야의 책에 담긴 보편성을 확인하며 읽는다.
⑤ (가)는 국가 주도로, (나)는 개인 주도로 편찬된 책들을 설명하고 있으니, 각 주체별 관심 분야의 차이를 확인하며 읽는다.



[해설편 p.086]

5. (가), (나)의 내용과 일치하지 않는 것은?

① 진의 권력자인 이사는 역사 지식과 학문을 부정적인 것으로 인식하였다.
② 전국 시대에는 『순자』처럼 여러 사상을 통합하려는 학문 경향이 있었다.
③ 『치평요람』은 『자치통감강목』의 편찬 형식에 따라 역대 국가를 정통과 비정통으로 구분하여 정리하였다.
④ 『치평요람』의 「국조」는 고려의 문제점들을 보임으로써 사회의 변화를 이끌어야 한다는 주장을 드러내었다.
⑤ 『용비어천가』에는 조선 왕조의 우수성을 드러내고 건국의 정당성을 확보하려는 목적이 담겨 있다.

6. ㉠~㉢에 대한 이해로 가장 적절한 것은?

① ㉠은 역사 속에서 각광을 받았던 학문 분야들의 개별적 특징을 이해한 것이다.
② ㉡은 도가나 법가 사상을 중심 이념으로 삼아 정치 상황의 변화에 대응하려는 것이다.
③ ㉢은 현명한 신하의 임용과 엄한 형벌의 집행을 전제로 한 평온한 정치의 결과를 의미한다.
④ ㉢은 군주가 부단한 수양과 안정된 권력을 바탕으로 교화의 정치를 펼쳐야 실현되는 것이다.
⑤ ㉠과 ㉡은 역사 지식과 현실 정치를 긴밀히 연결하여 힘으로 권력을 창출하는 것을 의미한다.

7. 윗글에서 '육가'와 '집현전 학자들'이 공통적으로 드러내고자 한 내용에 해당하는 것만을 <보기>에서 있는 대로 고른 것은?

<보 기>

ㄱ. 옛 국가의 역사를 거울삼아 새 국가를 안정적으로 통치하도록 한다.
ㄴ. 옛 국가의 멸망 원인은 잘못된 정치 운영에 있지 않고 새 국가로 천명이 옮겨 온 것에 있다.
ㄷ. 옛 국가에서 드러난 사상적 공백을 채우기 위해 새 국가의 군주는 유교에 따라 통치하도록 한다.

① ㄱ ② ㄴ ③ ㄱ, ㄴ
④ ㄱ, ㄷ ⑤ ㄴ, ㄷ

8. <보기>는 동양 역사가들의 견해이다. <보기>를 바탕으로 (가), (나)를 이해한 내용으로 적절하지 않은 것은? [3점]

<보 기>

ㄱ. 대부분 옛일의 성패를 논하기 좋아하고 그 일의 진위를 자세히 살피지 않는다. 하지만 진위를 분명히 한 후에야 성패가 어긋나지 않을 수 있다. 이는 역사 서술의 근원인 자료를 바로잡고 깨끗이 한다는 뜻이다.
ㄴ. 고금의 흥망은 현실의 객관적 형세인 시세의 흐름에 따르는 것이며, 사림(士林)의 재주와 덕행으로 말미암은 것은 아니었다. 그러므로 천하의 일은 시세가 제일 중요하고, 행복과 불행이 다음이며, 옳고 그름의 구분은 마지막이라고 하는 것이다.
ㄷ. 도(道)의 본체는 경서에 있지만 그것의 큰 쓰임은 역사서에 담겨 있다. 역사란 선을 높이고 악을 낮추며 선을 권면하고 악을 징계하는 것이다.

① ㄱ의 관점에 따르면, 『신어』에 제시된 진의 멸망 원인에 대한 지적은 관련 내용의 진위에 대한 명확한 판별 이후에 이루어져야 하는 것이겠군.
② ㄱ의 관점에 따르면, 『고려사』 편찬 과정에서 고려의 용어를 고쳐 쓰자고 한 의견은 역사 서술의 근원인 자료를 바로잡고 깨끗이 하자는 것이라고 볼 수 있겠군.
③ ㄴ의 관점에 따르면, 『치평요람』에 서술된 국가의 흥망은 그 원인이 인물들의 능력보다는 객관적 형세인 시세의 흐름에 있다고 보아야겠군.
④ ㄷ의 관점에 따르면, 『신어』에 제시된 진에 대한 비판은 악을 낮추고 징계하는 것으로 볼 수 있겠군.
⑤ ㄷ의 관점에 따르면, 『치평요람』 편찬과 관련한 세종의 생각에서 학문의 근본은 도의 본체에, 현실에서 학문의 구현은 도의 큰 쓰임에 대응하겠군.

9. 문맥상 ⓐ~ⓔ와 바꿔 쓰기에 적절하지 않은 것은?

① ⓐ: 꾀했다
② ⓑ: 받아들여
③ ⓒ: 믿던
④ ⓓ: 끼어들었다는
⑤ ⓔ: 이어졌지만

**[10～13] 다음 글을 읽고 물음에 답하시오.**

혈액은 세포에 필요한 물질을 공급하고 노폐물을 제거한다. 만약 혈관 벽이 손상되어 출혈이 생기면 손상 부위의 혈액이 응고되어 혈액 손실을 막아야 한다. 혈액 응고는 섬유소 단백질인 피브린이 모여 형성된 섬유소 그물이 혈소판이 응집된 혈소판 마개와 뭉쳐 혈병이라는 덩어리를 만드는 현상이다. 혈액 응고는 혈관 속에서도 일어나는데, 이때의 혈병을 혈전이라 한다. 이물질이 쌓여 동맥 내벽이 두꺼워지는 동맥 경화가 일어나면 그 부위에 혈전 침착, 혈류 감소 등이 일어나 혈관 질환이 발생하기도 한다. 이러한 혈액의 응고 및 원활한 순환에 비타민 K가 중요한 역할을 한다.

비타민 K는 혈액이 응고되도록 돕는다. 지방을 뺀 사료를 먹인 병아리의 경우, 지방에 녹는 어떤 물질이 결핍되어 혈액 응고가 지연된다는 사실을 발견하고 그 물질을 비타민 K로 명명했다. 혈액 응고는 단백질로 이루어진 다양한 인자들이 관여하는 연쇄 반응에 의해 일어난다. 우선 여러 혈액 응고 인자들이 활성화된 이후 프로트롬빈이 활성화되어 트롬빈으로 전환되고, 트롬빈은 혈액에 녹아 있는 피브리노겐을 불용성인 피브린으로 바꾼다. 비타민 K는 프로트롬빈을 비롯한 혈액 응고 인자들이 간세포에서 합성될 때 이들의 활성화에 관여한다. 활성화는 칼슘 이온과의 결합을 통해 이루어지는데, 이들 혈액 단백질이 칼슘 이온과 결합하려면 카르복실화되어 있어야 한다. 카르복실화는 단백질을 구성하는 아미노산 중 글루탐산이 감마-카르복시글루탐산으로 전환되는 것을 말한다. 이처럼 비타민 K에 의해 카르복실화되어야 활성화가 가능한 표적 단백질을 비타민 K-의존성 단백질이라 한다.

비타민 K는 식물에서 합성되는 ㉠<u>비타민 $K_1$</u>과 동물 세포에서 합성되거나 미생물 발효로 생성되는 ㉡<u>비타민 $K_2$</u>로 나뉜다. 녹색 채소 등은 비타민 $K_1$을 충분히 함유하므로 일반적인 권장 식단을 따르면 혈액 응고에 차질이 생기지 않는다.

그런데 혈관 건강과 관련된 비타민 K의 또 다른 중요한 기능이 발견되었고, 이는 [칼슘의 역설]과도 관련이 있다. 나이가 들면 뼈 조직의 칼슘 밀도가 낮아져 골다공증이 생기기 쉬운데, 이를 방지하고자 칼슘 보충제를 섭취한다. 하지만 칼슘 보충제를 섭취해서 혈액 내 칼슘 농도는 높아지나 골밀도는 높아지지 않고, 혈관 벽에 칼슘염이 침착되는 혈관 석회화가 진행되어 동맥 경화 및 혈관 질환이 발생하는 경우가 생긴다. 혈관 석회화는 혈관 근육 세포 등에서 생성되는 MGP라는 단백질에 의해 억제되는데, 이 단백질이 비타민 K-의존성 단백질이다. 비타민 K가 부족하면 MGP 단백질이 활성화되지 못해 혈관 석회화가 유발된다는 것이다.

비타민 $K_1$과 $K_2$는 모두 비타민 K-의존성 단백질의 활성화를 유도하지만 $K_1$은 간세포에서, $K_2$는 그 외의 세포에서 활성이 높다. 그러므로 혈액 응고 인자의 활성화는 주로 $K_1$이, 그 외의 세포에서 합성되는 단백질의 활성화는 주로 $K_2$가 담당한다. 이에 따라 일부 연구자들은 비타민 K의 권장량을 $K_1$과 $K_2$로 구분하여 설정해야 하며, $K_2$가 함유된 치즈, 버터 등의 동물성 식품과 발효 식품의 섭취를 늘려야 한다고 권고한다.

**10.** 윗글에서 알 수 있는 내용으로 적절하지 <u>않은</u> 것은?

① 혈전이 형성되면 섬유소 그물이 뭉쳐 혈액의 손실을 막는다.
② 혈액의 응고가 이루어지려면 혈소판 마개가 형성되어야 한다.
③ 혈관 손상 부위에 혈병이 생기려면 혈소판이 응집되어야 한다.
④ 혈관 경화를 방지하려면 이물질이 침착되지 않게 해야 한다.
⑤ 혈관 석회화가 계속되면 동맥 내벽과 혈류에 변화가 생긴다.

**11.** [칼슘의 역설]에 대한 이해로 가장 적절한 것은?

① 칼슘 보충제를 섭취하면 오히려 비타민 $K_1$의 효용성이 감소된다는 것이겠군.
② 칼슘 보충제를 섭취해도 뼈 조직에서는 칼슘이 여전히 필요하다는 것이겠군.
③ 칼슘 보충제를 섭취해도 골다공증은 막지 못하나 혈관 건강은 개선되는 경우가 있다는 것이겠군.
④ 칼슘 보충제를 섭취하면 혈액 내 단백질이 칼슘과 결합하여 혈관 벽에 칼슘이 침착된다는 것이겠군.
⑤ 칼슘 보충제를 섭취해도 혈액으로 칼슘이 흡수되지 않아 골다공증 개선이 안 되는 경우가 있다는 것이겠군.

**12.** ㉠과 ㉡에 대한 설명으로 가장 적절한 것은?

① ㉠은 ㉡과 달리 우리 몸의 간세포에서 합성된다.
② ㉡은 ㉠과 달리 지방과 함께 섭취해야 한다.
③ ㉡은 ㉠과 달리 표적 단백질의 아미노산을 변형하지 않는다.
④ ㉠과 ㉡은 모두 표적 단백질의 활성화 이전 단계에 작용한다.
⑤ ㉠과 ㉡은 모두 일반적으로는 결핍이 발생해 문제가 되는 경우는 없다.

**13.** 윗글을 참고할 때 <보기>의 (가)~(다)를 투여함에 따라 체내에서 일어나는 반응을 예상한 내용으로 적절하지 <u>않은</u> 것은? [3점]

<보 기>

다음은 혈전으로 인한 질환을 예방 또는 치료하는 약물이다.
(가) 와파린 : 트롬빈에는 작용하지 않고 비타민 K의 작용을 방해함.
(나) 플라스미노겐 활성제 : 피브리노겐에는 작용하지 않고 피브린을 분해함.
(다) 헤파린 : 비타민 K-의존성 단백질에는 작용하지 않고 트롬빈의 작용을 억제함.

① (가)의 지나친 투여는 혈관 석회화를 유발할 수 있겠군.
② (나)는 이미 뭉쳐 있던 혈전이 풀어지도록 할 수 있겠군.
③ (다)는 혈액 응고 인자와 칼슘 이온의 결합을 억제하겠군.
④ (가)와 (다)는 모두 피브리노겐이 전환되는 것을 억제하겠군.
⑤ (나)와 (다)는 모두 피브린 섬유소 그물의 형성을 억제하겠군.

[14～17] 다음 글을 읽고 물음에 답하시오.

경제학에서는 증거에 근거한 정책 논의를 위해 사건의 효과를 평가해야 할 경우가 많다. 어떤 사건의 효과를 평가한다는 것은 사건 후의 결과와 사건이 없었을 경우에 나타났을 결과를 비교하는 일이다. 그런데 가상의 결과는 관측할 수 없으므로 실제로는 사건을 경험한 표본들로 구성된 시행집단의 결과와, 사건을 경험하지 않은 표본들로 구성된 비교집단의 결과를 비교하여 사건의 효과를 평가한다. 따라서 이 작업의 관건은 그 사건 외에는 결과에 차이가 ⓐ날 이유가 없는 두 집단을 구성하는 일이다. 가령 어떤 사건이 임금에 미친 효과를 평가할 때, 그 사건이 없었다면 시행집단과 비교집단의 평균 임금이 같을 수밖에 없도록 두 집단을 구성하는 것이다. 이를 위해서는 두 집단에 표본이 임의로 배정되도록 사건을 설계하는 실험적 방법이 이상적이다. 그러나 사람을 표본으로 하거나 사회 문제를 다룰 때에는 이 방법을 적용할 수 없는 경우가 많다.

[이중차분법]은 시행집단에서 일어난 변화에서 비교집단에서 일어난 변화를 뺀 값을 사건의 효과라고 평가하는 방법이다. 이는 사건이 없었더라도 비교집단에서 일어난 변화와 같은 크기의 변화가 시행집단에서도 일어났을 것이라는 평행추세 가정에 근거해 사건의 효과를 평가한 것이다. 이 가정이 충족되면 사건 전의 상태가 평균적으로 같도록 두 집단을 구성하지 않아도 된다.

이중차분법은 1854년에 스노가 처음 사용했다고 알려져 있다. 그는 두 수도 회사로부터 물을 공급받는 런던의 동일 지역 주민들에 주목했다. 같은 수원을 사용하던 두 회사 중 한 회사만 수원을 ⓑ바꿨는데 주민들은 자신의 수원을 몰랐다. 스노는 수원이 바뀐 주민들과 바뀌지 않은 주민들의 수원 교체 전후 콜레라로 인한 사망률의 변화들을 비교함으로써 콜레라가 공기가 아닌 물을 통해 전염된다는 결론을 ⓒ내렸다. 경제학에서는 1910년대에 최저임금제 도입 효과를 파악하는 데 이 방법이 처음 이용되었다.

평행추세 가정이 충족되지 않는 경우에 이중차분법을 적용하면 사건의 효과를 잘못 평가하게 된다. 예컨대 ㉠어떤 노동자 교육 프로그램의 고용 증가 효과를 평가할 때, 일자리가 급격히 줄어드는 산업에 종사하는 노동자의 비중이 비교집단에 비해 시행집단에서 더 큰 경우에는 평행추세 가정이 충족되지 않을 것이다. 그렇다고 해서 집단 간 표본의 통계적 유사성을 ⓓ높이려고 사건 이전 시기의 시행집단을 비교집단으로 설정하는 것이 평행추세 가정의 충족을 보장하는 것은 아니다. 예컨대 고용처럼 경기변동에 민감한 변화라면 집단 간 표본의 통계적 유사성보다 변화 발생의 동시성이 이 가정의 충족에서 더 중요할 수 있기 때문이다.

여러 비교집단을 구성하여 각각에 이중차분법을 적용한 평가 결과가 같음을 확인하면 평행추세 가정이 충족된다는 신뢰를 줄 수 있다. 또한 시행집단과 여러 특성에서 표본의 통계적 유사성이 높은 비교집단을 구성하면 평행추세 가정이 위협받을 가능성을 ⓔ줄일 수 있다. 이러한 방법들을 통해 이중차분법을 적용한 평가에 대한 신뢰도를 높일 수 있다.

**14.** 윗글에 대한 이해로 적절하지 않은 것은?

① 실험적 방법에서는 시행집단에서 일어난 평균 임금의 사건 전후 변화를 어떤 사건이 임금에 미친 효과라고 평가한다.
② 사람을 표본으로 하거나 사회 문제를 다룰 때에도 실험적 방법을 적용하는 경우가 있다.
③ 평행추세 가정에서는 특정 사건 이외에는 두 집단의 변화에 차이가 날 이유가 없다고 전제한다.
④ 스노의 연구에서 시행집단과 비교집단의 콜레라 사망률은 사건 후뿐만 아니라 사건 전에도 차이가 있었을 수 있다.
⑤ 스노는 수원이 바뀐 주민들과 바뀌지 않은 주민들 사이에 공기의 차이는 없다고 보았을 것이다.

08회

**15.** 다음은 [이중차분법]을 ㉠에 적용할 경우에 나타날 결과를 추론한 것이다. A와 B에 들어갈 말을 바르게 짝지은 것은?

> 프로그램이 없었다면 시행집단에서 일어났을 고용률 증가는, 비교집단에서 일어난 고용률 증가와/보다 ( A ) 것이다. 그러므로 ㉠에 이중차분법을 적용하여 평가한 프로그램의 고용 증가 효과는 평행추세 가정이 충족되는 비교집단을 이용하여 평가한 경우의 효과보다 ( B ) 것이다.

| | A | B |
|---|---|---|
| ① | 클 | 클 |
| ② | 클 | 작을 |
| ③ | 같을 | 클 |
| ④ | 작을 | 클 |
| ⑤ | 작을 | 작을 |

**16.** 윗글을 바탕으로 <보기>를 이해한 내용으로 적절하지 <u>않은</u> 것은? [3점]

<보 기>

아래의 표는 S국가의 P주와 그에 인접한 Q주에 위치한 식당들을 1992년 1월 초와 12월 말에 조사한 결과의 일부이다. P주는 1992년 4월에 최저임금을 시간당 4달러에서 5달러로 올렸고, Q주는 1992년에 최저임금을 올리지 않았다. P주 저임금 식당들은, 최저임금 인상 전에 시간당 4달러의 임금을 지급했고 최저임금 인상 후에 임금이 상승했다. P주 고임금 식당들은, 최저임금 인상 전에 이미 시간당 5달러보다 더 높은 임금을 지급했고 최저임금 인상 후에도 임금이 상승하지 않았다. 이때 최저임금 인상에 따른 임금 상승이 고용에 미친 효과를 평가한다고 하자.

| 집단 | 평균 피고용인 수(단위: 명) | | |
|---|---|---|---|
| | 사건 전(A) | 사건 후(B) | 변화(B-A) |
| P주 저임금 식당 | 19.6 | 20.9 | 1.3 |
| P주 고임금 식당 | 22.3 | 20.2 | -2.1 |
| Q주 식당 | 23.3 | 21.2 | -2.1 |

① 최저임금 인상 후에 시행집단에서 일어난 변화는 1.3명이다.
② 시행집단과 비교집단의 식당들이 종류나 매출액 수준 등의 특성에서 통계적 유사성이 높을수록 평가에 대한 신뢰도가 높아진다.
③ 비교집단을 Q주 식당들로 택해 이중차분법을 적용하면 시행집단에서 최저임금 인상에 따른 임금 상승의 고용 효과는 3.4명 증가로 평가된다.
④ 비교집단의 변화를, P주 고임금 식당들의 1992년 1년간 변화로 파악할 경우보다 시행집단의 1991년 1년간 변화로 파악할 경우에 더 신뢰할 만한 평가를 얻는다.
⑤ 비교집단을 Q주 식당들로 택하든 P주 고임금 식당들로 택하든 비교집단에서 일어난 변화가 동일하다는 사실은 평행추세 가정의 충족에 대한 신뢰도를 높인다.

**17.** 문맥상 ⓐ~ⓔ의 단어와 가장 가까운 의미로 쓰인 것은?

① ⓐ: 그 사건의 전말이 모두 오늘 신문에 <u>났다</u>.
② ⓑ: 산에 가려다가 생각을 <u>바꿔</u> 바다로 갔다.
③ ⓒ: 기상청에서 전국에 건조 주의보를 <u>내렸다</u>.
④ ⓓ: 회원들이 회칙 개정을 요구하는 목소리를 <u>높였다</u>.
⑤ ⓔ: 하고 싶은 말은 많지만 오늘은 이만 <u>줄입니다</u>.

**[18~21] 다음 글을 읽고 물음에 답하시오.**

상서의 셋째 부인 여씨는 둘째 부인 석씨의 행실과 마음 씀이 매사 뛰어남을 보고 마음속에 불평하여 생각하되, '이 사람이 있으면 내게 상서의 총애가 오지 않으리라.' 하여 좋은 마음이 없더라. 날이 늦어져 모임이 흩어진 후 상서의 서모(庶母) 석파가 청운당에 오니 여씨가 말하길,

"석 부인은 실로 적강선녀라. 상공의 총애가 가볍지 않으리로다."

석파가 취해 실언함을 깨닫지 못하고 왈,

"석 부인은 비단 얼굴뿐 아니라 덕행을 겸비하여 시모이신 양 부인이 더욱 사랑하시나이다."

이때 석씨가 석파를 청하자 석파가 벽운당에 이르러 웃고 왈,

"나를 불러 무엇 하려 하느뇨? 내 석 부인이 받는 총애를 여 부인에게 자랑하였나이다."

석씨가 내키지 않아 하며 당부하되,

"㉠ <u>후일은 그런 말을 마소서.</u>"

하니, 석파 웃더라.

여씨의 거동이 점점 아름답지 않으나 양 부인과 상서는 내색하지 않더라. 일일은 상서가 문안 후 청운당에 가니 여씨 없고, 녹운당에 이르니 희미한 달빛 아래 여씨가 난간에 엎드려 화씨의 방을 엿듣는지라, 도로 청운당에 와 시녀로 하여금 청하니 여씨가 급히 돌아오니 상서가 정색하고 문 왈,

"부인은 깊은 밤에 어디 갔더뇨?"

여씨 답 왈,

"㉡ <u>문안 후 소 부인의 운취각에 갔더이다.</u>"

상서는 본래 사람을 지극한 도로 가르치는지라 책망하며 왈,

"부인이 여자의 행실을 전혀 모르는지라. 무릇 여자의 행세 하나하나 몹시 어려운지라. 어찌 깊은 밤에 분주히 다니리오? 더욱이 다른 부인의 방을 엿들음은 **금수의 행동**이라 전일 말한 사람이 있어도 전혀 믿지 않았더니 내 눈에 세 번 뵈니 비로소 그 말이 사실임을 알지라. 부인은 다시 이 행동을 말고 과실을 고쳐 나와 함께 늙어갈 일을 생각할지어다."

하며 기세가 엄숙하니, 여씨가 크게 부끄러워하더라.

이후 여씨 밤낮으로 생각하더니, 문득 옛날 강충이란 자가 저주로써 한 무제와 여 태자를 **이간**했던 일을 떠올리고, 저주의 말을 꾸며 취성전을 범하니 일이 치밀한지라 뉘 능히 알리오?

일일은 취성전에서 양 부인이 일찍 일어나 앉았으나 석씨가 마침 병이 나서 문안에 불참하매 시녀 계성에게 청소시키니, 계성이 짐짓 침상 아래를 쓸다가 갑자기 **봉한 것**을 얻어 내며,

"알지 못하겠도다. 누가 잃은 것인고? 필연 동료 중 잃은 것이니 임자를 찾아 주리라."

하고 스스로 혼잣말 하거늘 부인이 수상히 여겨 가져오라 하여 풀어 보니, **그 글**에 품은 한이 흉악하여 차마 보지 못할 바이러라. 필적이 산뜻하니 완연히 석씨의 것이라 크게 괴히 여겨 다시 보니 그 언사의 흉함이 차마 바로 보지 못할지라. 양 부인이 불을 가져다가 사르고 시녀들을 당부하여 왈,

"너희들이 이 일을 누설한즉 죽을죄를 당하리라."

좌우 시녀 듣고 송구하여 입을 봉하되, 홀로 계성은 누설치 못함을 조급해하고 양 부인은 이후 석씨와 자녀를 보나 내색하지 않더라.



[해설편 p.089]

〔**중략 부분의 줄거리**〕 석씨가 쫓겨난 후, 첫째 부인 화씨를 모함하려고 여씨가 여의개용단을 먹고 화씨로 둔갑해 나타나자, 상서는 친누나 소씨, 의남매 윤씨, 석파를 불러 모아 함께 실상을 밝히려 여씨의 심복을 찾는다.

시녀가 여씨 심복 미양을 가리켜 아뢰니, 상서가 미양을 잡아 내어 엄하게 조사하더라. 미양이 혼비백산하여 사실대로 고하고 두 가지 약을 내어 드리니, 소씨 등이 다투어 보고 웃되, 상서는 홀로 눈을 들어 보지 않으니 사악한 빛을 보지 않으려 함이라. 석파가 그중 **회면단**을 물에 풀어 두 화씨에게 나누어 주니 진짜 화씨 노기 가득하여 먹고 왈,

"약을 먹더라도 부모님 남긴 몸이 달리 되랴? 네 굳이 내 얼굴이 되고자 하니, 이 무슨 괴이한 생각으로 패악을 떨려 하느뇨?"

상서 왈,

"어지럽게 굴지 말라."

진짜 화씨는 회면단을 마시되 용모 변치 않더라. 상서가 또 여씨에게 권하니, 여씨 먹지 않거늘 윤씨 웃고 왈,

"아니 먹는 죄 의심되도다."

소씨 나아가 우김질로 들이붓더라. 여씨가 마지못하여 먹으니 화씨 변하여 여씨 되는지라. 좌우 사람들이 박장대소하더라. 상서 바야흐로 단정히 고쳐 앉으며 왈,

"군자 있는 곳에는 요사스러운 일이 없거늘 이 아우가 어질지 못하여 집안에 이런 변이 있으니 대장부 되어 아녀자를 거느리지 못하여 이런 행동거지 있으니 어찌 부끄럽지 않으리오. 석씨를 모함함도 여씨의 일이니 누님은 따져 물으소서."

석파가 먼저 나서며 미양을 붙들고 물으니 미양이 당초부터 여씨가 계교를 꾸몄던 일들을 낱낱이 말하더라. 소씨, 윤씨 두 사람이 웃으며 왈,

"이제 보건대, 당초 우리 의심이 그르지 않았도다."

석파가 몹시 좋아해 뛰면서 기쁨을 이기지 못하고, 여씨는 부끄러움을 이기지 못하여 움직이지 못하고, 화씨는 꾸짖기를 마지않더라. 날이 새어 취성전에 들어가 **어젯밤 일**을 일일이 아뢰더라. 양 부인이 놀라고 여씨를 불러 마루 아래에 꿇리고 벌주니 가장 엄숙하여 언어 명백하며 들음에 모골이 송연하더라. 이에 여씨를 내치고 계성과 미양 등을 엄히 다스리고 집안을 평정하더라.

- 작자 미상, 「소현성록」 -

**18.** 윗글에 대한 설명으로 가장 적절한 것은?

① 배경 묘사를 통해 인물의 성격 변화를 암시하고 있다.
② 독백을 반복하여 내적 갈등의 해결 과정을 드러내고 있다.
③ 과거와 현재를 교차하여 사건을 입체적으로 전개하고 있다.
④ 한 인물과 다른 인물들 간의 다면적 갈등 관계를 제시하고 있다.
⑤ 두 공간에서 동시에 일어나는 사건을 병렬적으로 배치하고 있다.

**19.** 윗글의 내용에 대한 이해로 적절하지 않은 것은?

① 석파는 집안사람들과 교류하며 집안일에 관여한다.
② 상서는 남의 말의 진위를 직접 확인하여 판단한다.
③ 여씨는 상서의 책망에도 부끄러워하지 않는다.
④ 양 부인은 권위를 지니고 가족과 시녀들을 통솔한다.
⑤ 소씨는 여씨를 압박하여 의혹을 해소하려 한다.



**20.** 맥락을 고려하여 ㉠과 ㉡을 이해한 내용으로 가장 적절한 것은?

① ㉠은 석파의 독선을 질책하는 말이고, ㉡은 상서의 오해를 증폭시키는 말이다.
② ㉠은 석파의 안전을 도모하기 위한 말이고, ㉡은 상서를 위험에 빠뜨리기 위한 말이다.
③ ㉠은 석파에 대한 호의를 표현하는 말이고, ㉡은 상서에 대한 불신을 표현하는 말이다.
④ ㉠은 석파의 경솔함을 염려하는 말이고, ㉡은 상서의 의심을 피하기 위해 한 말이다.
⑤ ㉠은 석파에게 얻은 정보를 불신하는 말이고, ㉡은 상서가 가진 정보를 몰라서 하는 말이다.

**21.** <보기>를 참고하여 윗글을 감상한 내용으로 적절하지 않은 것은? [3점]

<보 기>

음모 모티프는 인물이 욕망을 실현하기 위해 음모를 실행하는 이야기 단위이다. 음모의 진행 과정에 환상적 요소가 사용되기도 하고 조력자가 등장해 음모자를 돕기도 한다. 음모가 실행되면서 서사적 긴장이 고조되는데, 음모자의 욕망 실현이 지연되면 서사적 긴장은 일시적으로 이완된다. 이때 음모자가 또 다른 음모를 꾸미나 결국 음모의 실체가 드러나며 죄상에 따라 처벌된다.

① 여씨가 자신을 석씨와 견주고 양 부인과 석씨를 '이간'하려는 데서, 석씨와의 경쟁 관계를 의식한 여씨의 욕망에서 음모가 비롯됨을 알 수 있군.
② 여씨가 꾸민 '봉한 것'이 계성을 통해 양 부인에게 건네진 데서, 상하 관계에 있는 음모자와 조력자에 의해 서사적 긴장이 고조됨을 알 수 있군.
③ '그 글'이 불살라지고 시녀들의 누설이 금지된 데서, 양 부인에 의해 음모의 실행이 저지되어 서사적 긴장이 일시적으로 이완됨을 알 수 있군.
④ '회면단'을 먹고 여씨가 본래 모습으로 돌아오는 데서, 음모자가 욕망의 실현을 위해 준비한 환상적 요소가 음모의 실체를 드러내는 도구로 작용함을 알 수 있군.
⑤ 상서는 '금수의 행동'을 한 여씨를 교화하려 했지만 양 부인은 '어젯밤 일'로 여씨를 내친 데서, 처벌 방법을 두고 대립이 있음을 알 수 있군.

[22~27] 다음 글을 읽고 물음에 답하시오.

(가)

강호에 봄이 드니 이 몸이 일이 많다
나는 그물 깁고 아이는 밭을 가니
뒷 뫼에 엄기는 약을 **언제** 캐려 하나니 <제1수>

삿갓에 도롱이 입고 세우(細雨) 중에 호미 메고
산전을 흩매다가 **녹음**에 누웠으니
목동이 우양을 몰아다가 **잠든 나**를 깨와다 <제2수>

대추 볼 붉은 골에 밤은 어이 떨어지며
벼 벤 그루에 게는 어이 내리는고
술 익자 체 장수 **돌아가니** 아니 먹고 어이리 <제3수>

뫼에는 **새** 다 긏고 들에는 갈 이 없다
외로운 배에 삿갓 쓴 **저 늙은이**
**낚대**에 맛이 깊도다 눈 깊은 줄 아는가 <제4수>

- 황희, 「사시가」 -

(나)

건곤이 얼어붙어 삭풍이 몹시 부니
하루 쬔다 한들 열흘 추위 어찌할꼬
**은침**을 빼내어 **오색실** 꿰어 놓고
**임의 터진 옷**을 깁고자 하건마는
㉠ 천문구중(天門九重)에 갈 길이 아득하니
**아녀자** 깊은 정을 임이 **언제** 살피실꼬
㉡ 음력 섣달 거의로다 새봄이면 늦으리라
동짓날 자정이 지난밤에 **돌아오니**
만호천문(萬戶千門)이 차례로 연다 하되
자물쇠를 굳게 잠가 **동방(洞房)**을 닫았으니
눈 위에 서리는 얼마나 녹았으며
뜰 가의 매화는 몇 송이 피었는고
㉢ 간장이 다 썩어 넋조차 그쳤으니
천 줄기 원루(怨淚)는 피 되어 솟아나고
반벽청등(半壁靑燈)은 빛조차 어두워라
황금이 많으면 매부(買賦)나 하련마는
㉣ 백일(白日)이 무정하니 뒤집힌 동이에 비칠쏘냐
평생에 쌓은 죄는 다 나의 탓이로되
언어에 공교 없고 눈치 몰라 다닌 일을
풀어서 헤여 보고 다시금 생각거든
조물주의 처분을 누구에게 물으리오
사창 매화 달에 가는 한숨 다시 짓고
㉤ 은쟁(銀箏)을 꺼내어 원곡(怨曲)을 슬피 타니
주현(朱絃) 끊어져 다시 잇기 어려워라
차라리 죽어서 **자규**의 넋이 되어
밤마다 이화에 피눈물 울어 내어
오경에 잔월(殘月)을 섞어 **임의 잠**을 깨우리라

- 조우인, 「자도사」 -

(다)

그 집은 **그 집 아이들**에게 작은 우주였다. 그곳에는 많은 비밀이 있었다. 자연 속에는 눈에 보이는 것 말고도 눈에 보이지 않는 무한한 비밀이 감춰져 있었다. **그**는 그 집에서 크면서 자연 속에 감춰진 [비밀들]을 깨달아 갔다.

석양의 북새, 혹은 **낮게 깔리는 굴뚝 연기**를 보고 그는 비설거지를 했다. 그런 다음 날은 틀림없이 **비**가 올 것이므로. 비가 온 날 저녁에는 또 지렁이가 밤새 운다는 것을 그는 알고 있었다. 뚜또르 뚜또르 하는 지렁이 울음소리. 냄새와 소리와 맛과 색깔과 형태 들이 그 집에서는 선명했다. 모든 것들이 말이다. 왜냐하면 봄과 여름과 가을과 겨울과 아침과 낮과 저녁과 밤이 그 집에서는 뚜렷했으므로. 자연이 그러한 것처럼 사람들의 삶이 명료했다.

이제 그 집을 떠난 그에게는 모든 것이 불분명하다. 아침과 저녁이 불분명하고 사계절이 불분명하고 오감이 불분명하다. 병원에서 태어나 수십 군데 이사를 다니고 나서 겨우 장만한 **아파트. 그 사각진 콘크리트 벽 속**에 살고 있는 **그의 아이**는 **여름에 긴팔 옷을 입고 겨울에 반팔 옷을 입**는다.

돈은 은행에서 나고 먹을 것은 슈퍼에서 나는 것으로 아는 아이는, 수박이 어느 계절의 과일인지 분간하지 못하는 아이는 그래서 봄 여름 가을 겨울을 알지 못한다. 아침 저녁의 냄새와 소리와 맛과 형태와 색깔이 어떻게 다른지 알지 못한다.

어머니의 부음을 듣고 그는 그가 나고 성장한 그 노란 집으로 갔다. 팔 남매를 낳고 기르느라 조그마해질 대로 조그마해진 어머니는 바로 자신의 아이들을 낳았던 그 자리에 자신의 몸을 부려 놓고 있었다.

그 집, 노란 그 집에 **탄생과 죽음**이 있었다. 그 집 안주인의 죽음 이후 그 집은 적막해졌다. 아무도 그 집에 들어와 살지 않을 것이며 누구도 아이를 그 집에서 낳지 않을 것이며 그러므로 죽음 또한 그 집에서는 일어나지 않을 것이다. 그 집의 역사는 그렇게 끝이 난 것이다.

**우리들**의 어머니의 죽음과 함께 조왕신과 성주신이 살지 않는 우리들의 집은 이제 적막하다. 더 이상의 탄생과 죽음이 없는 우리들의 집은 쓸쓸하다.

우리는 오늘 밤도 쓸쓸한 집으로 돌아들 간다.

- 공선옥, 「그 시절 우리들의 집」 -

**22.** (가)~(다)의 공통점으로 가장 적절한 것은?

① 어조의 변화를 통해 긴장감을 조성하고 있다.
② 자연과 인간의 대비를 통해 세태를 비판하고 있다.
③ 대상과의 문답을 통해 주제 의식을 부각하고 있다.
④ 초월적 공간을 설정하여 고조된 감정을 드러내고 있다.
⑤ 시간을 나타내는 표현을 활용하여 내용을 전개하고 있다.



[해설편 p.090]

**23.** (가)의 시상 전개에 대한 설명으로 가장 적절한 것은?

① <제1수>의 초장, 중장은 풍경 묘사이고, 종장은 이에 대한 감상의 표현이다.
② <제2수>의 초장, 중장은 인물의 행위가 순차적으로 나열된 것이다.
③ <제2수>의 초장과 중장에 있는 인물의 행위는 <제3수>의 초장에서 그 결과로 나타난다.
④ <제3수>의 초장의 장면은 중장과 인과적 관계로 연결된다.
⑤ <제4수>의 초장의 동적인 분위기는 중장의 정적인 분위기로 전환된다.

**24.** <보기>에 따라 (나)의 ㉠~㉤을 이해한 내용으로 적절하지 <u>않은</u> 것은?

<보 기>

선생님 : 이 작품의 제목에 쓰인 '자도(自悼)'는 '자신을 애도한다'는 뜻으로, 죽음에 견줄 만큼의 극단적인 슬픔을 드러낸 것입니다. 이 점에 주목하여 작품을 읽어 봅시다.

① ㉠을 통해, 임과 만날 가능성이 희박하다는 비관적 인식이 자신을 애도하게 만든 배경임을 알 수 있어요.
② ㉡을 통해, 새봄을 맞이하여 이별의 슬픔을 극복하기 위해 마음을 다잡으려 노력하고 있음을 알 수 있어요.
③ ㉢을 통해, 임에 대한 사무치는 그리움이 너무나 커서 자신을 애도할 수밖에 없는 상황임을 알 수 있어요.
④ ㉣을 통해, 무정한 임 때문에 자신의 처지가 바뀔 가능성이 없음을 깨닫고 좌절감을 느끼고 있음을 알 수 있어요.
⑤ ㉤을 통해, 임을 향한 원망의 마음을 음악으로 표현하여 내면의 슬픔을 토로하고 있음을 알 수 있어요.

**25.** (가)와 (나)의 시어에 대한 이해로 가장 적절한 것은?

① (가)의 '녹음'은 평온한 분위기의, (나)의 '동방'은 암울한 분위기의 장소이다.
② (가)의 '언제'는 미래의 어느 시기를, (나)의 '언제'는 과거의 어느 시기를 가리킨다.
③ (가)의 '새'와 (나)의 '자규'는 모두 화자의 감정이 이입된 대상물이다.
④ (가)의 '잠든 나'의 '잠'과 (나)의 '임의 잠'은 모두 꿈을 통해서라도 소망을 실현하기 위한 매개이다.
⑤ (가)의 '돌아가니'와 (나)의 '돌아오니'는 모두 화자가 새로운 상황에 기대감을 갖는 계기이다.

**26.** 비밀들을 중심으로 (다)를 이해한 내용으로 적절하지 <u>않은</u> 것은?

① '그 집'을 떠난 후 그의 오감이 불분명한 것은 비밀들이 그의 '아파트'에 감춰져 있기 때문이다.
② '그 집 아이들'은 '그 집'에서 '낮게 깔리는 굴뚝 연기'에 감춰진 '비'에 관한 비밀들을 깨달을 수 있었다.
③ '그의 아이'가 '여름에 긴팔 옷을 입고 겨울에 반팔 옷을 입는' 것은 비밀들을 모르고 살아가는 모습을 보여 준다.
④ '그 집'의 역사가 어머니의 죽음 후 끝났다고 한 것은 비밀들과 함께할 사람들의 '탄생과 죽음'이 사라졌기 때문이다.
⑤ '그 사각진 콘크리트 벽 속'에 사는 '그의 아이'는 비밀들을 알아차릴 줄 아는 감각을 익히지 못해 삶이 불분명하다.

08회

**27.** <보기>를 참고하여 (가)~(다)를 감상한 내용으로 적절하지 <u>않은</u> 것은? [3점]

<보 기>

시조, 가사, 수필에서 작가는 대개 1인칭으로 나타나므로 작가 정보를 활용하면 작품을 더 풍부하게 해석할 수 있다. 그런데 작가는 자신을 다른 인물로 상정하여 표현하기도 한다. 이 경우에도 작가를 그 인물에 투영해서 읽을 수 있다. (가)는 작가가 나이 들어 벼슬에서 물러나 전원에서 생활하며 지은 시조라는 점, (나)는 작가가 임금에게 충언하는 시를 쓴 죄로 옥에 갇혔을 때 지은 가사라는 점, (다)는 작가가 시골에서 성장한 경험을 반영하여 쓴 수필이라는 점을 고려하여 작품을 해석할 수 있다.

① (가)의 '저 늙은이'가 작가라면, 전체적으로 이 작품은 연로한 작가가 느끼는 전원생활의 흥취를 드러낸 것이겠군.
② (가)의 '저 늙은이'가 작가가 아니라면, <제4수>는 '낚대'의 깊은 맛에 몰입하며 '나'와는 달리 한가롭게 지내는 인물에 대한 심리적 거리감을 드러낸 것이겠군.
③ (나)의 '아녀자'가 작가라면, 이 작품은 '은침'과 '오색실'로 '임의 터진 옷'을 깁는 상황을 설정하여 임금에 대한 곧은 충심을 표현한 것이겠군.
④ (다)의 '그'가 작가라면, 이 작품은 '그 집'에서 성장하고 떠났던 자신의 경험을 타인의 것처럼 전달함으로써 개인적인 경험에 거리를 두고 객관화하여 표현한 것이겠군.
⑤ (다)의 '우리들'에 작가 자신이 포함되므로, 이 작품은 작가 자신의 개인적 경험을 확장하여 유사한 경험을 가진 독자들의 공감을 이끌어 내려 한 것이겠군.

[28~31] 다음 글을 읽고 물음에 답하시오.

[앞부분의 줄거리] 해방 직후, 미군 소위의 통역을 맡아 부정 축재를 일삼던 방삼복은 고향에서 온 백 주사를 집으로 초대한다.

"서 주사가 이거 두구 갑디다."

들고 올라온 각봉투 한 장을 남편에게 건네어 준다.

"어디?"

그러면서 받아 봉을 뜯는다. 소절수 한 장이 나온다. 액면 만 원짜리다.

미스터 방은 성을 벌컥 내면서

"겨우 둔 만 원야?"

하고 소절수를 다다미 바닥에다 홱 내던진다.

"내가 알우?"

"우랄질 자식 어디 보자. 그래 전, 걸 십만 원에 불하 맡아다, 백만 원 하난 냉겨 먹을 테문서, 그래 겨우 둔 만 원야? 엠병헐 자식, ㉠내가 엠피*헌테 말 한마디문, 전 어느 지경 갈지 모를 줄 모르구서."

"정종으루 가져와요?"

"내 말 한마디에, 죽을 놈이 살아나구, 살 놈이 죽구 허는 줄은 모르구서. 흥, 이 자식 경 좀 쳐 봐라……. 정종 따근허게 데와. 날두 산산허구 허니."

새로이 안주가 오고, 따끈한 정종으로 술이 몇 잔 더 오락가락하고 나서였다.

백 주사는 마침내, **진작부터 벼르던 이야기**를 꺼내었다.

백 주사의 아들 ㉡백선봉은, 순사 임명장을 받아 쥐면서부터 시작하여 8·15 그 전날까지 칠 년 동안, 세 곳 주재소와 두 곳 경찰서를 전근하여 다니면서, 이백 석 추수의 토지와, 만 원짜리 저금통장과, 만 원어치가 넘는 옷이며 비단과, 역시 만 원어치가 넘는 여편네의 패물과를 장만하였다.

[A] **남들**은 주린 창자를 졸라맬 때 그의 광에는 옥 같은 정백미가 몇 가마니씩 쌓였고, 반년 일 년을 남들은 구경도 못 하는 고기와 생선이 끼니마다 상에 오르지 않는 날이 없었다.

[B] ××경찰서의 경제계 주임으로 있던 마지막 이 년 동안은 더욱더 호화판이었었다. 8·15 그날 밤, **군중**이 그의 집을 습격하였을 때에 쏟아져 나온 물건이 쌀 말고도

광목 여섯 필
고무신 스물세 켤레
지카다비 여덟 켤레
빨랫비누 세 궤짝
양말 오십 타
정종 열세 병
설탕 한 부대

[C] 이렇게 **있었더란다**. 만 원어치 여편네의 패물과, 만 원어치의 옷감이며 비단과, 만 원짜리 저금통장은 고만두고 말이었다.

물건 하나 없이 죄다 빼앗기고, 집과 세간은 조각도 못 쓰게 산산 다 부수고, 백선봉은 팔이 부러지고, 첩은 머리가 절반이나 뽑히고, 겨우겨우 목숨만 살아, 본집으로 도망해 왔다.

[D] 일변 고을에서는, 백 주사가, 자식이 그런 짓을 해서 산 토지를 가지고, **동네 사람**한테 거만히 굴고, 작인들한테 팔 할 가까운 도지를 받고, 고리대금을 하고 하였대서, 백선봉이 도망해 와 눕는 그날 밤, 그의 본집인 백 주사네 집을 습격하였다.

[E] 집과 세간 죄다 부수고, 백선봉이 보낸 통제 배급 물자 숱한 것 죄다 빼앗기고, **가족**들은 죽을 매를 맞고, 백선봉은 처가로, 백 주사는 서울로 각기 피신하여 목숨만 우선 보전하였다.

백 주사는 비싼 여관 밥을 사 먹으면서, 울적히 거리를 오락가락, 어떻게 하면 이 분풀이를 할까, ⓐ어떻게 하면 빼앗긴 돈과 물건을 도로 다 찾을까 하고 궁리를 하는 것이나, 아무런 묘책도 없었다.

그러자 오늘은 우연히 이 미스터 방을 만났다. 종로를 지향 없이 거니는데, 지나가던 자동차가 스르르 멈추면서, 서양 사람과 같이 탔던 신사 양반 하나가 내려서더니, 어쩌다 눈이 마주치자

"아, 백 주사 아니신가요?"

하고 반기는 것이었었다.

자세히 보니, 무어 길바닥에서 신기료장수를 한다던 코삐뚤이 삼복이가 분명하였다.

"자네가, 저, 저, 방, 방……."

"네, 삼복입니다."

"아, 건데, 자네가……."

"허, 살 때가 됐답니다."

그러고는 ⓑ내 집으루 갑시다, 하고 잡아끄는 대로 끌리어 온 것이었었다.

의표하며, 집하며, 식모에 침모에 계집 하인까지 부리면서 사는 것하며, 신수가 훤히 트여 가지고, 말도 제법 의젓하여진 것 같은 것이며, ⓒ진소위 개천에서 용이 났다고 할 것인지.

옛날의 영화가 꿈이 되고, 일조에 몰락하여 가뜩이나 초상집 개처럼 초라한 자기가, ⓓ또 한 번 어깨가 옴츠러듦을 느끼지 아니치 못하였다. 그런 데다 이 녀석이, 언제 적 저라고 무엄스럽게 굴어, 심히 불쾌하였고, 그래서 ⓔ엔간히 자리를 털고 일어설 생각이 몇 번이나 나지 아니한 것도 아니었었다. 그러나 참았다.

보아하니 큰 세도를 부리는 것이 분명하였다. 잘만 하면 그 힘을 빌려, 분풀이와, 빼앗긴 재물을 도로 찾을 여망이 있을 듯싶었다.

- 채만식, 「미스터 방」 -

* 엠피(MP) : 미군 헌병.



[해설편 p.091]

28. 윗글의 대화를 중심으로 '방삼복'을 이해한 것으로 가장 적절한 것은?

① 자신이 꾸미고 있는 일에 관심 없는 상대에게 자기 업무를 떠넘기는 뻔뻔함을 보이고 있다.
② 질문에 대꾸하지 않음으로써 상대가 같은 질문을 반복하도록 거드름을 피우고 있다.
③ 눈앞에 없는 사람을 비난하고 위협함으로써 함께 있는 상대에게 자신의 위세를 드러내고 있다.
④ 차에서 내려 상대에게 먼저 알은체하며 동승자에게 자신의 인맥을 과시하고 있다.
⑤ 상대가 이름을 제대로 말하기 전에 말을 가로채 상대에 대한 열등감을 감추고 있다.

29. ㉠과 ㉡에 대한 설명으로 가장 적절한 것은?

① ㉠과 ㉡에는 모두 외세에 기대어 사익을 추구하는 인물의 부정적 모습이 드러난다.
② ㉠과 ㉡에는 모두 외세와 이를 돕는 인물 간의 권력 관계가 일시적으로 역전된 모습이 드러난다.
③ ㉠과 ㉡에는 모두 사회적 지위를 이용하여 타인의 권익을 침해하는 인물이 몰락하는 모습이 드러난다.
④ ㉠에는 권력을 향한 인물의 조바심이, ㉡에는 권력에 의한 인물의 좌절감이 드러난다.
⑤ ㉠에는 자신의 권위에 대한 인물의 확신이, ㉡에는 추락한 권위를 회복할 수 있다는 인물의 자신감이 드러난다.

30. ⓐ~ⓔ에 대한 이해로 적절하지 <u>않은</u> 것은?

① ⓐ: 스스로는 문제 해결이 불가능한 상태임을 강조하여 인물의 답답한 처지를 보여 준다.
② ⓑ: 방삼복의 제안에 엉겁결에 따라가는 모습을 통해 인물이 얼떨떨한 상태임을 보여 준다.
③ ⓒ: 신수가 좋고 재력이 대단해 보이는 방삼복의 모습에 고향 사람에 대한 자부심을 갖게 되었음을 보여 준다.
④ ⓓ: 자신의 처지를 방삼복과 비교하면서 주눅이 들었음을 보여 준다.
⑤ ⓔ: 방삼복에게 도움을 받을 수 있다는 기대감과 그에 대한 반감이 뒤섞여 있음을 보여 준다.

31. <보기>를 참고하여 [A]~[E]를 감상한 내용으로 적절하지 <u>않은</u> 것은? [3점]

<보 기>

'진작부터 벼르던 이야기'는 백 주사가 자신과 가족의 억울함을 하소연하는 부분이다. 그런데 서술자는 그 '이야기'를 서술자의 시선뿐 아니라 여러 인물들의 시선으로 초점화하여 서술함으로써 독자와 작중 인물 간의 거리를 조절한다. 또한 세부 항목을 하나씩 나열하여 장면의 분위기를 고조하고 정서를 확장하는 서술 방법으로 독자에게 현장감을 전해 준다. 이때 독자는 백 주사와 그의 가족에게 고통받았던 사람들의 입장에 서서 그들을 비판적으로 보게 된다.

① [A]: 백선봉의 풍요로운 생활을 '남들'의 굶주린 생활과 비교하여 서술함으로써 독자가 그를 비판적으로 보게 하고 있군.
② [B]: 부정하게 모은 많은 물건들을 하나씩 나열하여 습격 당시 현장의 들뜬 분위기를 환기함으로써 '군중'의 놀람과 분노를 독자에게 전하려 하고 있군.
③ [C]: '있었더란다'를 통해 누군가에게 들은 것처럼 전하면서도, 전하는 내용을 '군중'의 시선으로 초점화하여 독자가 '군중'의 입장에 서도록 유도하고 있군.
④ [D]: '동네 사람'의 시선으로 초점화하여 백 주사의 만행을 서술함으로써 백 주사가 습격의 빌미를 제공한 것처럼 독자가 느끼게 하고 있군.
⑤ [E]: 백 주사 '가족'의 몰락을 보여 주는 사건들을 백 주사의 시선으로 일관되게 초점화하여 그들에게 고통받았던 사람들의 편에 선 독자가 통쾌함을 느끼게 하고 있군.

**[32~34] 다음 글을 읽고 물음에 답하시오.**

**(가)**

향아 너의 고운 얼굴 조석으로 우물가에 비최이던 오래지 않은 옛날로 가자

수수럭거리는 수수밭 사이 걸찍스런 웃음들 들려 나오며 호미와 바구니를 든 환한 얼굴 그림처럼 나타나던 석양……

구슬처럼 흘러가는 냇물가 맨발을 담그고 늘어앉아 빨래들을 두드리던 전설같은 풍속으로 돌아가자

눈동자를 보아라 향아 회올리는 무지갯빛 허울의 눈부심에 넋 빼앗기지 말고
철따라 푸짐히 두레를 먹던 ㉠ <u>정자나무 마을</u>로 돌아가자
미끈덩한 **기생충의 생리**와 허식에 인이 배기기 전으로 눈빛 아침처럼 빛나던 우리들의 고향 병들지 않은 젊음으로 찾아 가자꾸나

향아 허물어질까 두렵노라 얼굴 생김새 맞지 않는 **발돋움의 흉낼**랑 그만 내자

들국화처럼 소박한 목숨을 가꾸기 위하여 맨발을 벗고 콩바심 하던 **차라리 그 미개지에로 가자** 달이 뜨는 명절밤 비단치마를 나부끼며 **떼지어 춤추던** 전설같은 풍속으로 돌아가자 냇물 굽이치는 싱싱한 마음밭으로 돌아가자.

- 신동엽, 「향아」 -

**(나)**

이사온 그는 이상한 사람이었다
그의 집 담장들은 모두 빛나는 유리들로 세워졌다

골목에서 놀고 있는 부주의한 아이들이
잠깐의 실수 때문에
풍성한 햇빛을 복사해내는
그 유리 담장을 박살내곤 했다

그러나 얘들아, 상관없다
유리는 또 갈아 끼우면 되지
마음껏 이 골목에서 놀렴

유리를 깬 아이는 얼굴이 새빨개졌지만
이상한 표정을 짓던 다른 아이들은
아이들답게 **곧 즐거워했다**
견고한 송판으로 담을 쌓으면 어떨까
**주장하는 아이**는, 그 아름다운
골목에서 즉시 추방되었다

유리 담장은 매일같이 깨어졌다
필요한 시일이 지난 후, 동네의 모든 아이들이
충실한 그의 부하가 되었다

어느 날 그가 **유리 담장**을 떼어냈을 때, ㉡그 골목은
**가장 햇빛이 안 드는 곳**임이
판명되었다, **일렬로** 선 아이들은
**묵묵히** 벽돌을 날랐다

- 기형도, 「전문가」 -

**32.** (가), (나)에 대한 설명으로 가장 적절한 것은?

① (가)는 과거를 회상하며 현실을 관망하는 태도를 드러내고 있다.
② (나)는 상징성을 띤 사건의 전개를 통해 주제를 암시하고 있다.
③ (가)와 (나)는 모두 음성 상징어를 활용하여 상상 세계의 경이로움을 나타내고 있다.
④ (가)와 (나)는 모두 동일한 시구의 반복과 변주를 통해 시적 분위기를 고조하고 있다.
⑤ (가)는 위로하는 어조로, (나)는 충고하는 어조로 시적 청자에게 말을 건네고 있다.

**33.** ㉠과 ㉡을 비교한 내용으로 가장 적절한 것은?

① ㉠은 '향'에게 귀환이 금지된 공간이고, ㉡은 '아이들'에게 이탈이 금지된 공간이다.
② ㉠은 '향'이 자기반성을 수행하는 공간이고, ㉡은 '아이들'이 '그'의 요청을 수행하는 공간이다.
③ ㉠은 '향'이 본성을 찾아가는 낯선 공간이고, ㉡은 '아이들'이 개성을 박탈당한 상실의 공간이다.
④ ㉠은 '향'의 노동과 놀이가 공존하던 공간이고, ㉡은 '아이들'의 놀이가 사라지고 노동만 남은 공간이다.
⑤ ㉠은 '향'과 화자의 우호적 관계가 드러나는 공간이고, ㉡은 '아이들'과 '그'의 상생 관계가 드러나는 공간이다.

**34.** <보기>를 참고하여 (가), (나)를 감상한 내용으로 적절하지 <u>않은</u> 것은? [3점]

<보 기>

(가)와 (나)는 모두 부정적 현실을 비판한 작품이다. (가)는 물질문명의 허위와 병폐에 물들어 가는 공동체가 농경 문화의 전통에 바탕을 두고 건강한 생명력과 순수성을 회복하기를 소망하는 작가 의식을 담고 있다. (나)는 환영(幻影)을 통해 대중의 이성을 마비시키고 대중을 획일적으로 길들이는 권력의 기만적 통치술에 대한 비판 의식을 담고 있다.

① (가)에서 '차라리 그 미개지에로 가자'라는 화자의 권유는 공동체의 터전을 확장하여 순수성을 지켜 나가려는 의식을 보여 주는군.
② (나)에서 골목이 '가장 햇빛이 안 드는 곳'으로 판명되었다는 것은 '유리 담장'이 대중을 기만하는 환영의 장치였음을 보여 주는군.
③ (가)에서 '기생충의 생리'는 자족적인 농경 문화 전통에 반하는 문명의 병폐를, (나)에서 '주장하는 아이'의 추방은 획일적으로 통제된 사회의 모습을 보여 주는군.
④ (가)에서 '발돋움의 흉내'를 낸다는 것은 물질문명에 물들어 가는 상황을, (나)에서 '곧 즐거워했다'는 것은 권력의 술수에 대중이 길들여지고 있는 상황을 보여 주는군.
⑤ (가)에서 '떼지어 춤추던' 모습은 농경 문화 공동체의 건강한 생명력을, (나)에서 '일렬로', '묵묵히' 벽돌을 나르는 모습은 권력에 종속된 대중의 형상을 보여 주는군.

* 확인 사항

○ 답안지의 해당란에 필요한 내용을 정확히 기입(표기)했는지 확인하시오.

○ 이어서, 「**선택과목(화법과 작문)**」 문제가 제시되오니, 자신이 선택한 과목인지 확인하시오.



[해설편 p.092]

제 1 교시

# 국어 영역(화법과 작문)

08회

**[35～37] 다음은 텃밭 가꾸기를 안내하기 위한 사례 발표이다. 물음에 답하시오.**

안녕하세요. 텃밭 선배 ○○○입니다. 잘 들리시나요? (청중의 반응을 살피며 큰 목소리로) 잘 안 들리시는 것 같으니 좀 더 크게 말씀드릴게요. 저는 텃밭을 처음 가꿀 때 가정에서 필요한 다양한 작물을 심고 싶었어요. 아마 15제곱미터 정도의 좁은 텃밭을 가꾸기 시작하시는 여러분도 비슷한 마음이실 거예요. 그러면 어떻게 해야 할까요? (잠시 뒤에) 작물을 심기 전에 효율적인 배치를 위해 작물 배치도를 그려 보면 도움이 됩니다.

(화면에 자료를 제시하며) 왼쪽은 제가 첫해 심은 작물의 배치도이고, 그 옆은 다음 해에 그것을 수정한 배치도입니다. 첫해 배치에는 두 가지 문제가 있었는데요, 우선 작물의 키를 고려하지 않았다는 점이에요. 해는 동쪽에서 떠서 한낮에 남쪽을 지나 서쪽으로 지고 해가 떠 있는 반대 방향으로 그림자가 생기죠. 작물은 광합성이 많이 이루어지는 오전부터 한낮까지 그림자의 영향을 최소한으로 받아야 잘 자랄 수 있어요. 이를 고려해 키가 작은 작물을 동쪽과 남쪽에 배치해야 해요. (자료를 가리키며) 그런데 보시는 것처럼 상대적으로 키가 큰 고추와 옥수수를 동쪽에 배치하여 상추와 감자에 그늘이 많이 생겼어요.

두 번째 문제는 작물의 재배 기간을 고려하지 않았다는 점이었어요. (자료를 가리키며) 제가 4월부터 텃밭을 가꾸기 시작했는데 8월에 옥수수를 수확한 후 같은 자리에 배추를 심었어요. 그런데 문제는 남쪽에 심은 고추의 재배 기간이었어요. 고추 재배가 10월까지 계속되는 바람에 배추가 광합성을 많이 하지 못했거든요. 그래서 좁은 땅을 효율적으로 사용하기 위해 기존 작물을 수확하고 다른 작물로 교체할 때에는 주변 작물의 재배 기간도 함께 고려하여 배치해야 한다는 것을 알았어요.

(자료를 다시 가리키며) 다음 해에는 이러한 실패를 교훈 삼아 작물의 키 순서에 따라 작은 것부터 상추는 남동쪽, 감자는 북동쪽, 고추는 남서쪽, 옥수수는 북서쪽에 배치했어요. 그리고 감자 수확 이후 재배 기간과 주변 작물의 키를 고려해 감자 위치에 배추를 심었더니 첫해와 동일한 위치임에도 배추가 더 잘 자랐어요.

좁은 텃밭에 다양한 작물을 잘 기르고 싶으신가요? 그렇다면 배치도를 그려 효율적으로 텃밭을 가꿔 보세요. 땀을 흘려 손수 먹거리를 수확하는 기쁨을 누리실 수 있을 겁니다.

**35.** 위 발표자의 말하기에 대한 설명으로 적절하지 <u>않은</u> 것은?

① 그림을 그리면서 설명을 하여 청중의 이해를 돕고 있다.
② 준언어적 표현을 조절하여 발표의 전달력을 높이고 있다.
③ 자신의 경험에 비추어 청중의 관심을 짐작하여 말하고 있다.
④ 질문하고 답하는 방식을 사용하여 발표 내용을 전달하고 있다.
⑤ 청중이 얻을 수 있는 효용을 제시하며 실천을 권유하고 있다.

**36.** 발표자의 자료 활용 계획 중 발표에 반영되지 <u>않은</u> 것은? [3점]

① 상추보다 키가 큰 고추가 상추의 동쪽에 배치되어 상추에 그늘이 많이 생겼음을 [자료 1]을 활용하여 설명해야지.
② 옥수수를 수확하고 나서 심은 배추가 고추 때문에 광합성이 부족했음을 [자료 1]을 활용하여 설명해야지.
③ 작물들의 키 순서를 고려하여 감자를 북동쪽에 배치했음을 [자료 2]를 활용하여 설명해야지.
④ 키가 제일 큰 옥수수는 어느 위치에 심어도 잘 자랄 수 있었음을 [자료 1]과 [자료 2]를 활용하여 설명해야지.
⑤ 동일한 위치에서도 주변 작물에 따라 배추가 자라는 정도가 달랐음을 [자료 1]과 [자료 2]를 활용하여 설명해야지.

**37.** 발표 내용을 참고할 때 <보기>에 제시된 청중의 반응을 이해한 내용으로 가장 적절한 것은?

<보 기>

청자 1 : 작물을 수확하고 난 후 다른 작물로 교체한 이유를 제시하지 않았는데, 작물을 교체한 이유가 뭘까?
청자 2 : 브로콜리가 케일보다 키가 크게 자란다고 알고 있어. 이번에 케일과 브로콜리를 심을 계획인데, 들은 것을 활용해 봐야겠어.
청자 3 : 작물들의 키 순서만 알려 줘서, 작물들이 다 자랐을 때의 키를 알 수 없었어. 작물들의 키를 구체적으로 알려 주면 좋았겠어.

① 청자 1은 발표 내용의 정확한 이해를 바탕으로 발표 내용에서 보완할 점을 지적하고 있다.
② 청자 2는 자신이 알고 있던 사실과 발표 내용을 비교하며 발표에서 다룬 정보의 문제점을 제시하고 있다.
③ 청자 3은 자신이 필요하다고 생각하는 내용이 다루어지지 않았음을 지적하며 아쉬워하고 있다.
④ 청자 1과 청자 2는 모두 자신의 과거 경험을 떠올리며 발표 내용에 의문을 제기하고 있다.
⑤ 청자 2와 청자 3은 모두 발표 내용이 적용되지 않는 예외적 상황이 있는지 검토하고 있다.

**[38～42] (가)는 비평문을 쓰기 위해 학생들이 나눈 대화이고, (나)는 이를 바탕으로 작성한 초고이다. 물음에 답하시오.**

(가)

**학생 1**: '디스토피아 작품의 인기 현상'에 대한 글을 쓰기 위해 오늘 함께 이야기하기로 했는데 자료 좀 찾아봤어? 우리 동아리 이름으로 교지에 실을 글이니까 어떤 내용으로 구성하면 좋을지 이야기해 보자.

**학생 2**: 디스토피아의 정의부터 확인하고 시작하면 어떨까?

**학생 1**: 내가 그럴 줄 알고 사전을 찾아봤지. 디스토피아는 유토피아랑 반대되는 뜻으로 암울한 미래상을 의미해.

**학생 3**: 나는 기사를 검색해 봤는데 현실의 문제를 소재로 디스토피아적 세계를 형상화한 영화나 드라마가 요즘 엄청난 인기를 끌고 있다고 하더라고.

**학생 2**: ㉠ 나도 주변 친구들이 디스토피아 작품의 각종 소품을 사는 걸 보고 인기를 실감했어. 그런데 작품 속 세계를 충격적으로 표현한 자극적인 장면은 문제가 된다던데?

**학생 3**: 내가 봤던 기사에서도 그 점이 문제가 된다고 하더라고. 사람들이 자극적인 장면에 반복적으로 노출되면 불안감을 느끼고 현실에 대한 회의주의에 빠질 수 있다고.

**학생 1**: 자극적인 장면이 지금 우리가 사는 세상을 더 부정적으로 보게 만든다는 거구나. 그렇지?

**학생 3**: 맞아. 자극적인 장면은 메시지를 전달하기 위한 장치일 뿐인데, ㉡ 자극적인 장면이 주는 재미에 빠져서 작품이 담고 있는 메시지를 못 보는 게 문제가 되는 거지.

**학생 2**: 나는 디스토피아 소설을 찾아 읽어 봤어. 「멋진 신세계」라는 작품인데 과학 기술로 인간의 감정까지 통제하는 사회에 대한 이야기야. 꽤 오래전 작품인데도 작가가 그린 미래상이 대단히 실감나고 정교하게 표현되어서 놀라웠어.

**학생 3**: ㉢ 어, 나도 그 소설 봤는데, 과학 기술의 발전이 불행을 초래했는데도 사람들이 그걸 깨닫지 못하는 암울한 세상에 대한 이야기야.

**학생 2**: 오래전 작품인데 요즘에도 많이 읽히는 것은 디스토피아 작품의 인기 현상과 관련이 있는 것 같아.

**학생 1**: 아까 디스토피아 작품이 담고 있는 메시지에 대해 이야기하다 말았잖아. 구체적인 메시지가 뭔지 알려 줄래?

**학생 3**: ㉣ 부정적인 미래상을 통해서 현재의 사회상을 비판한다는 거지.

**학생 1**: 디스토피아적 미래가 어차피 허구인데 어떻게 현재 사회를 비판한다는 건지 잘 모르겠는데?

**학생 3**: ㉤ 허구적 미래가 현재를 비판한다는 게 이해가 안 되는 거구나. 디스토피아 작품은 현재의 사회 문제가 극단화되면 미래에 나타날 수 있는 가상의 상황을 실감나게 표현해. 우리는 그걸 보면서 사회가 지닌 문제의 위험성을 미리 깨달을 수 있는 거야.

**학생 1**: 아, 그러니까 그런 암울한 세상이 오기 전에 경계하자는 메시지를 담고 있는 거구나.

**학생 2**: 응, 디스토피아 작품의 메시지에 대해 글에서 자세히 설명하면 독자들의 이해에 도움이 되겠다.

**학생 1**: 그래, 일단 내가 초고를 쓸 테니 나중에 점검 부탁해. 모두들 고마워.

(나)

디스토피아 작품의 인기 몰이가 심상치 않다. 디스토피아를 다룬 영화와 드라마가 흥행하면서 '디스토피아 작품, 전 세계를 사로잡다'와 같은 제목의 기사가 쏟아지고 있다. 사전적 정의에 따르면 디스토피아는 부정적 측면이 극단화된 암울한 미래상이다. 유토피아와 마찬가지로 현실 어디에도 존재하지 않는 세계를 뜻하지만, 긍정적 의미를 지니는 유토피아와 반대로 디스토피아는 부정적 의미를 담고 있다.

디스토피아 작품의 인기 현상에 대해 부정적인 관점을 지닌 사람들은 작품이 주는 불편함을 이야기한다. 디스토피아 작품에서는 어떤 형태로든 일그러지거나 붕괴된 모습으로 세계가 묘사되기 때문이다. 이와 같이 충격적으로 묘사된 자극적인 장면에 반복적으로 노출되면, 불안 심리가 가중되어 현실을 부정적으로 인식하게 되고 결국 회의주의나 절망에 빠질 수 있다고 우려한다.

그러나 디스토피아 작품은 현실의 문제점이 극단화되면 나타날 수 있는 세계를 통해 현실의 문제를 경계하게 하므로 디스토피아 작품의 인기 현상은 긍정적이다. 디스토피아 작품은 과학 기술의 오남용, 핵전쟁, 환경 파괴 등을 소재로, 작가가 기발한 상상력으로 구현한 디스토피아적 세계를 제시한다. 우리는 그러한 세계에 몰입함으로써 암울한 미래상이 도래해서는 안 된다는 점을 깨닫게 된다.

물론 디스토피아 작품의 인기 현상 때문에 자극적으로 묘사된 장면이 초래하는 문제가 부각되어 보일 수 있지만, 이러한 장면은 오히려 무감각하게 받아들이고 있는 현실의 문제점을 강렬하게 자각하도록 하는 필수적인 장치로 보아야 한다. 그리고 이는 주제 의식을 드러내는 데 효과적으로 기여한다. 가령, 디스토피아 작품의 고전이라 할 수 있는 「멋진 신세계」에서는 사람들이 과학 기술을 지나치게 신뢰하다가 오히려 이에 종속당하는 충격적인 미래상을 암울하게 그리고 있다. 하지만 이를 통해 과학 기술에 대한 맹신이 현재 우리 사회가 점검해야 할 문제라는 점을 깨닫게 한다.

디스토피아 작품의 메시지는 우리가 현실의 문제를 인식하여 그 문제가 극단화되지 않도록 경계하게 한다는 점에서 큰 의미가 있다. 그리고 이러한 디스토피아 작품의 인기 현상은 사회를 개선하는 계기가 될 것이므로 이를 긍정적으로 보아야 한다. 디스토피아 작품들이 인기를 얻고 있는 요즘, 디스토피아 작품을 감상하며 현실의 문제를 성찰해 보는 것은 어떨까.

**38.** 위 대화에서 '학생 1'에 대한 설명으로 적절하지 <u>않은</u> 것은?

① 대화 참여자에게 대화의 목적을 밝히며 참여를 유도한다.
② 대화 참여자에게 자신이 조사한 내용이 이해되는지 확인한다.
③ 대화 참여자에게 자신이 이해한 내용이 맞는지 점검한다.
④ 대화 참여자의 발언과 관련해 추가적인 설명을 요청한다.
⑤ 대화 참여자와 대화를 진행하면서 자신의 이해를 심화한다.



[해설편 p.093]

39. 대화의 흐름을 고려할 때, ㉠~㉤에 대한 이해로 가장 적절한 것은?

① ㉠: 앞선 발화 내용에 동의하며 디스토피아 작품의 인기 원인을 보여 주는 사례를 언급하고 있다.
② ㉡: 자신의 발언을 부연하며 디스토피아 작품의 메시지가 무엇인지 강조하고 있다.
③ ㉢: 대화의 내용을 상기하며 과학 기술 발전에 대한 반대 입장에 동의함을 드러내고 있다.
④ ㉣: 질문에 답변하며 부정적인 미래상에 대해 대화 참여자가 잘못 파악한 부분을 바로잡고 있다.
⑤ ㉤: 앞선 발화 내용을 재진술하며 디스토피아 작품과 관련하여 상대가 궁금해하는 점을 확인하고 있다.

40. 다음은 '학생 1'이 (가)의 대화 내용을 정리하여 (나)의 글쓰기 계획을 세운 것이다. 글쓰기 계획 중 (나)에 반영되지 않은 것은? [3점]

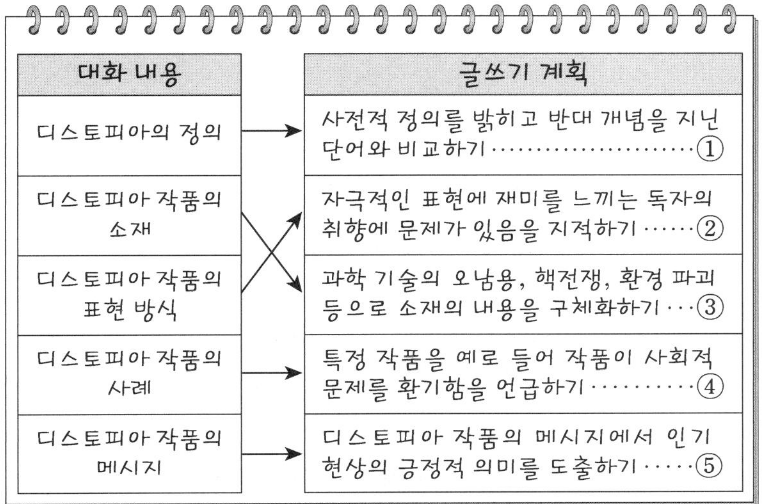

| 대화 내용 | 글쓰기 계획 |
|---|---|
| 디스토피아의 정의 | 사전적 정의를 밝히고 반대 개념을 지닌 단어와 비교하기 ······ ① |
| 디스토피아 작품의 소재 | 자극적인 표현에 재미를 느끼는 독자의 취향에 문제가 있음을 지적하기 ······ ② |
| 디스토피아 작품의 표현 방식 | 과학 기술의 오남용, 핵전쟁, 환경 파괴 등으로 소재의 내용을 구체화하기 ··· ③ |
| 디스토피아 작품의 사례 | 특정 작품을 예로 들어 작품이 사회적 문제를 환기함을 언급하기 ······ ④ |
| 디스토피아 작품의 메시지 | 디스토피아 작품의 메시지에서 인기 현상의 긍정적 의미를 도출하기 ····· ⑤ |

41. <조건>을 반영하여 (나)의 제목을 작성한 것으로 가장 적절한 것은?

<조 건>
○ 디스토피아 작품의 주제 의식을 반영하여 글쓴이의 관점을 드러낼 것.
○ 부제에서 비유적 표현을 활용할 것.

① 디스토피아란 무엇인가
 - 디스토피아 작품의 인기 현상을 진단하다
② 디스토피아, 우리 사회의 자화상
 - 디스토피아 작품에 드러난 우리의 모습
③ 말초 신경을 자극하는 디스토피아 작품
 - 묵직한 메시지를 가볍게 다루다
④ 디스토피아 작품 열풍, 더 나은 사회를 향한 열망
 - 아픈 사회를 들여다보는 거울이 되다
⑤ 어디에도 없지만, 어디에나 있는 디스토피아 세상
 - 디스토피아 작품을 통한 새로운 세상과의 대화

42. '학생 2'가 다음의 점검 기준에 따라 (나)를 점검한다고 할 때, 그 내용으로 적절하지 않은 것은?

| 점검 기준 | 점검 결과 (예/아니요) |
|---|---|
| • 사회적으로 관심을 가질 만한 사안임을 드러냈는가? | ⓐ |
| • 필자가 선택한 관점의 주장을 드러냈는가? | ⓑ |
| • 필자가 선택한 관점의 약점을 보완했는가? | ⓒ |
| • 필자가 선택하지 않은 관점의 주장도 다루었는가? | ⓓ |
| • 필자가 선택하지 않은 관점의 약점을 비판했는가? | ⓔ |

① 디스토피아 작품이 흥행하고 이와 관련된 기사가 쏟아지고 있다고 언급한 점을 고려하여 ⓐ에 '예'라고 해야지.
② 디스토피아 작품이 현실의 문제를 경계하게 하므로 작품의 인기 현상이 긍정적이라고 언급한 점을 고려하여 ⓑ에 '예'라고 해야지.
③ 우려에도 불구하고 자극적인 장면이 현실의 문제점을 자각하게 하는 필수적인 장치라고 언급한 점을 고려하여 ⓒ에 '예'라고 해야지.
④ 디스토피아 작품이 회의주의에 빠지게 하므로 작품의 인기 현상이 부정적이라고 언급한 점을 고려하여 ⓓ에 '예'라고 해야지.
⑤ 충격적인 묘사에 반복적으로 노출되면 현실의 문제점을 무감각하게 받아들이게 된다고 언급한 점을 고려하여 ⓔ에 '예'라고 해야지.

**[43~45] 다음은 작문 상황과 이를 바탕으로 학생이 작성한 초고이다. 물음에 답하시오.**

○ **작문 상황**: ○○ 지역 신문의 독자 기고란에 청소년 문제와 관련해 주장하는 글을 쓰려 함.

○ **초고**

최근 감염병 유행에 따른 일상의 변화로 인해 무기력이나 우울과 불안 등의 부정적 감정을 겪는 청소년이 늘고 있다. 청소년기는 자아 정체성을 확립해 가는 시기로 부정적인 감정이 계속되면 부정적인 정체성을 형성할 우려가 있다. 그러므로 ㉠ 현 상황의 문제 해결을 위해 청소년을 위한 감정 관리 프로그램을 확대 실시해야 한다.

현재 우리 지역에서는 청소년의 감정 관리를 위해 전문 상담 기관을 운영하고 있다. 이를 근거로 청소년의 감정 관리 프로그램이 실시되고 있어 프로그램 확대 실시는 필요 없다고 주장할 수 있다. 하지만 기존의 감정 관리 프로그램은 소수의 청소년만을 대상으로 하며 전문적인 상담 활동만으로 시행된다는 한계가 있다.

감정 관리 프로그램은 청소년이 자신의 감정을 알아차리고 이해함으로써 상황에 따라 감정을 조절할 수 있도록 돕는 것을 목표로 한다. 청소년을 위한 감정 관리 프로그램의 실질적인 확대 실시를 위해서는 실시 대상의 확대와 활동 내용의 다양화라는 두 가지 방향에서 접근해야 한다. ㉡ 실시 대상의 확대가 필요한 이유는 부정적 감정을 겪는 청소년이 증가했고, 심각한

[해설편 p.094]

감정 상태임에도 기존의 전문 상담 기관을 찾지 않는 청소년이 있기 때문이다. 그리고 ㉢ 활동 내용의 다양화가 필요한 이유는 부정적 감정과 관련한 청소년 개개인의 다양성을 고려하여 보다 다양하고 단계적인 활동을 마련해야 청소년의 개인적 특성에 맞는 감정 관리 활동을 선택할 수 있기 때문이다.

[A] 요컨대 청소년 문제에 적극적으로 대응하고 청소년이 심리적으로 건강한 청소년기를 보낼 수 있도록 대상을 모든 청소년으로 확대하여 감정 관리 프로그램을 실시해야 한다. 이를 위해 지역 구성원의 관심이 필요하다.

**43.** '초고'에 대한 설명으로 가장 적절한 것은?

① 문제의 원인을 항목별로 유형화하였다.
② 일반적 통념이 지닌 모순을 지적하였다.
③ 주장에 대해 예상되는 반론을 반박하였다.
④ 자신의 주장이 지닌 한계점을 제시하였다.
⑤ 다양한 문제 해결 방안의 장단점을 비교하였다.

**44.** <보기>는 '초고'를 보완하기 위해 추가로 수집한 자료이다. ㉠~㉢과 관련한 자료 활용 방안으로 적절하지 않은 것은?

<보 기>

**[자료 1] ○○ 지역 청소년 대상 설문 조사**

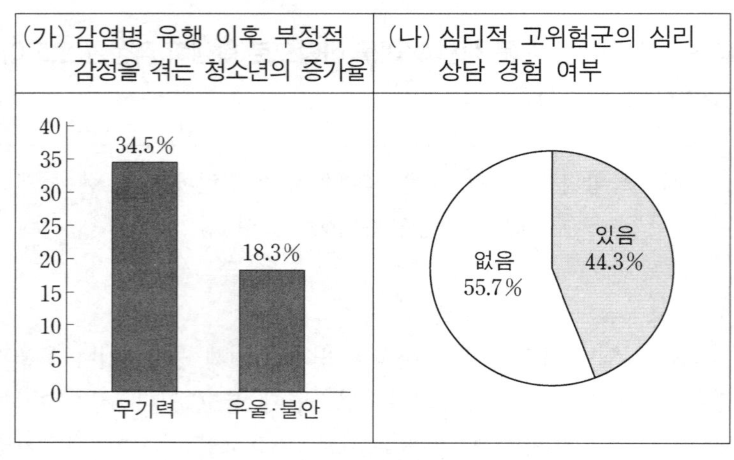


**[자료 2] △△ 학술지의 논문**

청소년기에 부정적인 감정을 유발하는 환경에 자주 노출되면 뇌 성장이 저해된다. 뇌가 제대로 성장하지 않으면 감정을 과잉 표출하거나 위험한 행동을 하게 된다. 우울, 불안, 짜증 등이 지속되면 뇌의 해마가 손상되어 학습에 어려움이 생기고 학업 능력의 저하도 발생할 수 있다.

**[자료 3] ○○ 지역 교육 상담 전문가 면담**

"청소년을 대상으로 적용할 수 있는 감정 관리 프로그램으로는 마음 알아차리기, 감정 노트 쓰기, 독서 치료 등이 있습니다. 실제로 전교생을 대상으로 감정 노트 쓰기를 실시한 학교에서는 학생들의 부정적 감정이 감소되고 학교생활을 긍정적으로 인식하게 되었다는 연구 결과가 있습니다."

① [자료 1]의 (가)와 (나)를 활용하여, ㉡이 필요한 이유를 뒷받침하는 자료로 부정적 감정을 겪는 청소년의 증가율과 심리 상담 경험이 없는 고위험군 청소년의 비율을 추가한다.
② [자료 2]를 활용하여, ㉠이 필요한 이유로 청소년기의 부정적 감정이 관리되지 않으면 뇌 성장이 저해될 수 있다는 점을 추가한다.
③ [자료 3]을 활용하여, ㉢의 적용 방법으로 학교에서 학생들의 감정 관리를 돕기 위해 실시할 수 있는 구체적인 활동의 예를 제시한다.
④ [자료 1]의 (가)와 [자료 2]를 활용하여, ㉠이 필요한 이유로 부정적 감정을 겪는 청소년이 늘어난 현상이 학습 및 학업에 곤란을 겪는 청소년의 증가로 이어질 가능성이 있음을 추가한다.
⑤ [자료 1]의 (나)와 [자료 3]을 활용하여, ㉢에 따른 기대 효과를 보여 주는 자료로 전문 상담 기관이 학생들의 부정적 감정 해소에 도움을 주었다는 연구 결과의 사례를 제시한다.

**45.** <보기>는 [A]를 고쳐 쓴 것이다. 그 과정에서 반영된 교사의 조언으로 가장 적절한 것은?

<보 기>

요컨대 부정적 감정을 겪는 청소년이 늘고 있는 상황에 적극적으로 대응하고 청소년이 긍정적 자아 정체성을 형성할 수 있도록 청소년 감정 관리 프로그램의 실시 대상을 확대하고 활동 내용을 다양화해야 한다. 이를 위해 청소년 감정 관리 문제에 지역 구성원 모두의 관심이 필요하다.

① 실행 방법이 나타나지 않았으니 글에서 언급한 실행 방법을 강조하는 게 어때?
② 예상 독자가 언급되지 않았으니 예상 독자에게 호소하며 글을 마무리하는 게 어때?
③ 해결 방안 중 일부만 제시되어 있으니 글에서 다룬 주장을 모두 포함하는 게 어때?
④ 앞서 논의한 내용과 거리가 있는 내용이 제시되어 있으니 이를 지우고 글의 요점을 제시하는 게 어때?
⑤ 해결 방안의 이점을 다루지 않았으니 실행을 통해 기대할 수 있는 변화를 구체적으로 드러내는 게 어때?

* 확인 사항

○ 답안지의 해당란에 필요한 내용을 정확히 기입(표기)했는지 확인하시오.

○ 이어서, 「**선택과목(언어와 매체)**」 문제가 제시되오니, 자신이 선택한 과목인지 확인하시오.



[해설편 p.094]

제 1 교시

# 국어 영역(언어와 매체)

08회



[35~36] 다음 글을 읽고 물음에 답하시오.

음운은 단어의 뜻을 변별하는 데 사용되는 소리로 언어마다 차이가 있다. 예컨대 국어에서는 음운으로서 'ㅅ'과 'ㅆ'을 구분하지만 영어에서는 구분하지 않는다. 음운이 실제로 발음되기 위해서는 발음의 최소 단위인 음절을 이뤄야 하는데 음절의 구조도 언어마다 다르다. 국어는 한 음절 내에서 모음 앞이나 뒤에 각각 최대 하나의 자음을 둘 수 있지만 영어는 'spring[spriŋ]'처럼 한 음절 내에서 자음군이 형성될 수 있다.

음운은 그 자체로는 뜻이 없다. 음운이 하나 이상 모여 뜻을 가지면 의미의 최소 단위인 형태소가 된다. 그리고 우리는 이러한 형태소를 결합하여 단어를 만들고 말을 한다. 이때 ㉠ 형태소와 형태소가 만나는 경계에서 음운이 다양하게 배열되고 발음이 결정되는데, 여기에 음운 규칙이 관여한다. 예컨대 국어에서는 '국물[궁물]'처럼 '파열음 - 비음' 순의 음운 배열이 만들어지면, 파열음은 동일 조음 위치의 비음으로 교체된다. 그런데 이런 음운 규칙도 모든 언어에 적용되는 것은 아니어서 영어에서는 'nickname[nikneim]'처럼 '파열음(k) - 비음(n)'이 배열되어도 비음화가 일어나지 않는다.

이러한 음운, 음절 구조, 음운 규칙은 말을 할 때뿐만 아니라 말을 들을 때도 작동한다. 이들은 말을 할 때는 발음을 할 수 있게 만드는 재료, 구조, 방법이 되고, 말을 들을 때는 말소리를 분류하고 인식하는 틀이 된다. 예컨대 '국'과 '밥'이 결합한 '국밥'은 된소리되기가 적용되어 늘 [국빱]으로 발음되지만, 우리는 이것을 '빱'이 아니라 '밥'과 관련된 것으로 인식한다. 그 이유는 [국빱]을 들을 때 된소리되기가 인식의 틀로 작동하여 된소리되기 이전의 음운 배열인 '국밥'으로 복원되기 때문이다. 더불어 외국어를 듣는 상황을 생각해 보자. 국어의 음절 구조와 맞지 않는 소리를 듣는다면 국어의 음절 구조에 맞게 바꾸고, 국어에 없는 소리를 듣는다면 국어에서 가장 가까운 음운으로 바꾸어 인식하게 된다. 영어 단어 'bus'를 우리말 음절 구조에 맞게 2음절로 바꾸고, 'b'를 'ㅂ' 또는 'ㅃ'으로 바꾸어 [버스]나 [뻐스]로 인식하는 것이 그 예이다.

**35.** 윗글을 통해 추론한 내용으로 적절하지 않은 것은?

① 국어 음절 구조의 특징을 고려하면 '몫[목]'의 발음에서 음운이 탈락하는 것을 이해할 수 있겠군.
② 국어 음운 'ㄹ'은 그 자체에는 뜻이 없지만, '갈 곳'의 'ㄹ'은 어미로 쓰이고 있으므로 뜻을 가진 최소 단위가 되겠군.
③ 국어에서 '밥만 있어'의 '밥만[밤만]'을 듣고 '밤만'으로 알았다면 그 과정에서 비음화 규칙이 인식의 틀로 작동했겠군.
④ 영어의 'spring'이 국어에서 3음절 '스프링'으로 인식되는 것은 국어 음절 구조 인식의 틀이 제대로 작동한 결과이겠군.
⑤ 영어의 'vocal'이 국어에서 '보컬'로 인식되는 것은 영어 'v'와 가장 비슷한 국어 음운이 'ㅂ'이기 때문이겠군.

**36.** ㉠의 위치에서 음운 변동이 일어난 예만을 <보기>에서 고른 것은?

<보 기>

ⓐ 앞일[암닐] ⓑ 장미꽃[장미꼳] ⓒ 넣고[너코]
ⓓ 걱정[걱쩡] ⓔ 굳이[구지]

① ⓐ, ⓑ, ⓒ ② ⓐ, ⓒ, ⓔ ③ ⓐ, ⓓ, ⓔ
④ ⓑ, ⓒ, ⓓ ⑤ ⓑ, ⓓ, ⓔ

**37.** <보기 1>을 참고하여 <보기 2>에서 밑줄 친 부분을 중심으로 ㉠~㉤을 이해한 내용으로 적절하지 않은 것은?

<보기 1>

객체 높임은 일반적으로 주체가 목적어나 부사어로 지시되는 대상인 객체보다 지위가 낮을 때 어휘적 수단이나 문법적 수단으로써 객체를 높이 대우하는 것이다. 전자는 **객체 높임의 동사**('ᄉᆞᆲ-', '아뢰-' 등)를 쓰는 방법이고, 후자는 **객체 높임의 조사**('ᄭᅴ', '께')를 쓰는 방법과 **객체 높임의 선어말 어미**('-ᅀᆞᆸ-' 등)를 쓰는 방법이다. 중세 국어에서는 이 세 가지 방법을 다 썼으나 현대 국어에서는 객체 높임의 선어말 어미를 쓰지 않는다. 다음에서 중세 국어와 현대 국어를 비교해 보면 이를 확인할 수 있다.

이 말 다 **ᄉᆞᆲ**고 부텨**ᄭᅴ** 禮數ᄒᆞ**ᅀᆞᆸ**고
[이 말 다 **아뢰**고 부처**께** 절 올리고]

<보기 2>

㉠ 나도 이제 너희 스승니믈 보ᅀᆞᆸ고져 ᄒᆞ노니
[나도 이제 너희 스승님을 뵙고자 하니]
㉡ 須達이 舍利弗ᄭᅴ 가 [수달이 사리불께 가서]
㉢ 내 이제 世尊ᄭᅴ ᄉᆞᆲ노니 [내가 이제 세존께 아뢰니]
㉣ 여보, 당신이 이모님께 어머님 모시고 갔었어?
㉤ 선생님께서 그 아이에게 다친 덴 없는지 여쭤 보셨다.

① ㉠: 어휘적 수단으로 객체인 '너희 스승님'을 높이 대우하고 있다.
② ㉡: 문법적 수단으로 객체인 '舍利弗(사리불)'을 높이 대우하고 있다.
③ ㉢: 조사 'ᄭᅴ'와 동사 'ᄉᆞᆲ노니'는 같은 대상을 높이기 위해 쓰이고 있다.
④ ㉣: 조사 '께'와 동사 '모시고'는 서로 다른 대상을 높이기 위해 쓰이고 있다.
⑤ ㉤: 주체와 객체의 관계를 고려하면 동사 '여쭤'의 사용은 부적절하다.

**38.** <학습 활동>을 수행한 결과로 적절한 것은?

<학습 활동>

형태소는 자립성의 유무와 의미의 유형에 따라 다음과 같이 구분된다.

| 자립성의 유무 / 의미의 유형 | 자립 형태소 | 의존 형태소 |
|---|---|---|
| 실질 형태소 | ㉠ | ㉡ |
| 형식 형태소 | | ㉢ |

다음 문장의 형태소를 ㉠, ㉡, ㉢으로 분류한 후, 그 결과를 정리해 보자.

우리는 비를 맞고 바람에 맞서다가 드디어 길을 찾아냈다.

① '우리는'의 '우리'와 '드디어'는 ㉡에 속한다.
② '비를'과 '길을'에는 ㉠과 ㉡에 속하는 형태소만 있다.
③ '맞고'의 '맞-'과 '맞서다가'의 '맞-'은 모두 ㉢에 속한다.
④ '바람에'에는 ㉡과 ㉢에 속하는 형태소만 있다.
⑤ '찾아냈다'에는 ㉡과 ㉢에 속하는 형태소만 있다.

**39.** <보기>의 ㉠~㉤에 해당하는 예로 적절한 것은? [3점]

<보 기>

피동문은 대응하는 능동문과 일정한 문법적 관련을 맺는다. 그중 피동문의 서술어는 능동문의 서술어에 피동의 문법 요소를 결부하여 만드는데, 국어에서는 ㉠동사 어근에 피동 접사 '-이-', '-히-', '-리-', '-기-'를 결합하는 방법(접-/접히-), ㉡접사 '-하-'를 접사 '-받-', '-되-', '-당하-' 등으로 교체하는 방법(사랑하-/사랑받-), ㉢동사 어간에 '-아지-/-어지-'를 결합하는 방법(주-/주어지-) 등이 쓰인다. 단, '날씨가 풀리다'에서처럼 ㉣자연적으로 발생하는 사태를 표현할 때에는 피동문에 대응하는 능동문을 상정하기 어려운 경우가 있다.

한편 '없어지다'나 '거긴 잘 가지지 않는다.'처럼 ㉤'-아지-/-어지-'는 형용사나 자동사에 변화의 의미를 더하는 데 쓰이기도 하는데 이런 용법일 때는 피동문을 이루지 않는다.

① ㉠: 아버지가 아이에게 두터운 점퍼를 입혔다.
② ㉡: 내 몫의 일거리는 형에게 건네받았다.
③ ㉢: 언론에 의해 사건의 전모가 자세히 밝혀졌다.
④ ㉣: 그 사람은 많은 사람들에게 존경받는다.
⑤ ㉤: 모두가 바라던 소원이 드디어 이루어졌다.

**[40~43]** (가)는 텔레비전 뉴스이고, (나)는 이를 바탕으로 교내에 게시하기 위해 동아리에서 만든 포스터이다. 물음에 답하시오.

(가)

**진행자**: 생활 속 유용한 경제 뉴스를 알려 드리는 시간이죠. 경제 뉴스 콕, 김 기자. ⓐ요즘 화제가 되고 있는 제도에 대해 알려 주신다면서요?

**기자**: 네. 한국○○공단에서 실시하는 '탄소 중립 실천 포인트 제도'를 소개해 드리겠습니다. ⓑ일상 속 작은 노력으로 탄소 중립을 실천하고 포인트도 받을 수 있는 제도인데요,

제도 실시 후 석 달 만에 가입자 십만 명을 돌파했습니다. 기후 위기를 심각하게 여기고 친환경 생활을 실천하려는 국민들이 그만큼 많았단 뜻이겠죠. ⓒ자, 그럼 구체적으로 어떻게, 얼마나 받을 수 있는지 궁금하실 텐데요. 일단 이 포인트를 받으려면 누리집에 가입해야 합니다.

누리집에 가입해서 각종 탄소 중립 활동을 실천하면 연간 최대 칠만 원까지 포인트를 받을 수 있습니다. 대형 마트에서 종이 영수증 대신 전자 영수증으로 받으면 백 원, 배달 음식 주문할 때 일회 용기 대신 다회 용기를 선택하면 천 원, 세제나 화장품 살 때 빈 통을 가져가 다시 채우면 이천 원, 무공해차를 대여하면 오천 원이 적립됩니다. ⓓ한국○○공단 관계자의 말을 들어 보겠습니다.

**관계자**: 정산 시스템 구축이 완료될 다음 달부터 월별로 정산해 지급할 예정입니다. 많은 국민이 동참할 수 있도록…

**기자**: 기존의 탄소 포인트 제도와 더불어 이 제도가 국민들의 탄소 줄이기 생활화에 이바지할 수 있을지 주목됩니다.



[해설편 p.096]

**진행자**: 그렇군요. ⓔ많은 국민이 동참해야 효과가 있는 제도인 만큼 참여도를 높이는 게 중요하겠네요. 오늘 준비한 소식은 여기까지입니다. 시청자 여러분, 고맙습니다.

(나)

**40.** ㉠~㉤에 대한 이해로 적절하지 않은 것은?

① ㉠은 글자의 크기와 굵기를 달리하여 보도의 주요 제재를 부각하였다.
② ㉡은 기자의 발화 내용을 의문형으로 요약 진술하여 시청자의 이해를 돕고자 하였다.
③ ㉢은 기자의 발화와 관련된 내용을 보충하여 정보의 구체성을 강화하였다.
④ ㉣은 관계자의 발화에서 생략된 내용을 보완하여 의미를 정확하게 전달하였다.
⑤ ㉤은 이후에 방영될 프로그램에 대한 정보를 제시하여 이에 대한 시청자의 관심을 유도하였다.

**41.** ⓐ~ⓔ에 대한 설명으로 가장 적절한 것은?

① ⓐ: 보조 용언 '있다'를 사용해 제도가 지속적으로 진행됨을 표현하였다.
② ⓑ: 보조사 '도'를 사용해 제도의 장단점을 아우르고자 하는 의도를 표현하였다.
③ ⓒ: 감탄사 '자'를 사용해 시청자의 해당 누리집 가입을 재촉하려는 의도를 표현하였다.
④ ⓓ: 선어말 어미 '-겠-'을 사용해 제도 시행 관련 정보를 관계자가 언급할 것이라는 추측을 표현하였다.
⑤ ⓔ: 의존 명사 '만큼'을 사용해 많은 국민이 동참해야 효과가 있는 제도라는 점이 이어지는 내용의 근거임을 표현하였다.

**42.** (가)를 시청한 학생들의 휴대전화 대화방의 내용이다. 학생들의 수용 태도에 대한 설명으로 적절하지 않은 것은? [3점]

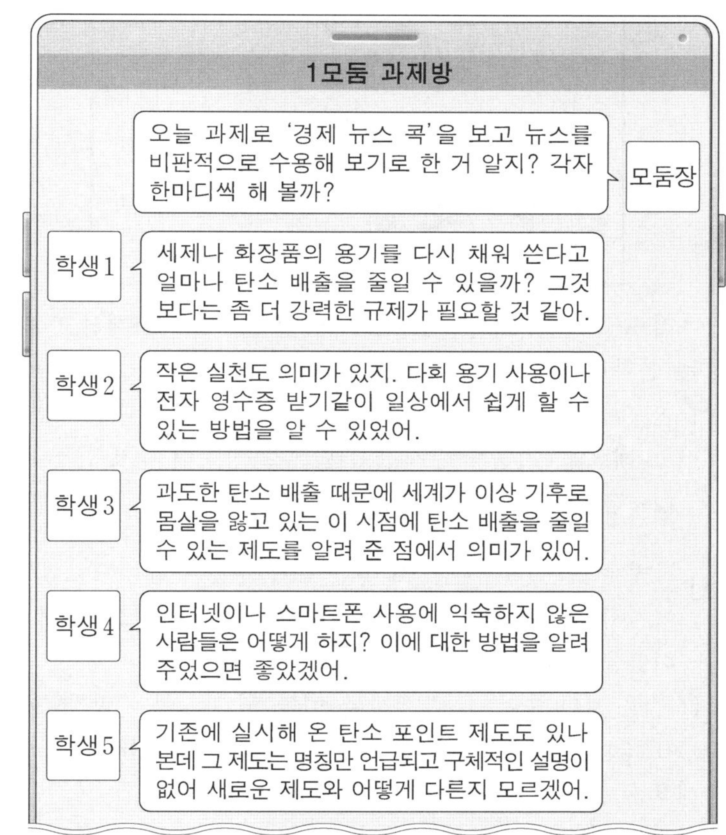


① 학생1은 보도에서 제시한 실천 항목의 효과에 주목해 제도의 실효성 측면을 부정적으로 판단하였다.
② 학생2는 일상에서 쉽게 할 수 있는 방법을 제시한 점에 주목해 제도의 실천 용이성 측면을 긍정적으로 판단하였다.
③ 학생3은 제도의 시행이 현재의 문제 해결에 필요하다는 점에 주목해 보도의 시의성 측면을 긍정적으로 판단하였다.
④ 학생4는 누리집 접근에 어려움을 겪는 사람에 주목해 제도의 실현 가능성 측면을 부정적으로 판단하였다.
⑤ 학생5는 기존 제도의 세부 내용을 설명하지 않은 점에 주목해 보도 내용의 충분성 측면을 부정적으로 판단하였다.

**43.** (나)의 정보 구성 및 제시 방식에 대한 이해로 적절하지 않은 것은?

① (가)에 제시된 제도의 실천 항목 중 청소년이 일상에서 실천할 수 있는 것을 선별하여 제시하였군.
② (가)에 제시된 누리집 주소와 함께 QR코드를 제시하여 누리집에 접속할 수 있는 경로를 추가하였군.
③ (가)에 제시된 제도의 개인적 혜택을 시각적으로 표현하기 위해 돈과 저금통의 이미지를 활용하였군.
④ (가)에 제시된 가입자 증가 현황 이외에 증가 원인을 추가하여 제도 가입자가 지닌 환경 의식을 표현하였군.
⑤ (가)에 제시된 수용자보다 수용자 범위를 한정하고 생산자를 명시하여 메시지 전달의 주체와 대상을 표현하였군.

[44~45] 다음은 실시간 인터넷 방송이다. 물음에 답하시오.

우리 문화 지킴이들, 안녕! 우리 전통문화를 소개하고 체험하는 문화 지킴이 방송의 진행자, 역사임당입니다. 오늘은 과거 궁중 연회에서 장식 용도로 사용되었던 조화인 궁중 채화를 만들어 보려고 해요. 여러분도 실시간 채팅으로 참여해 주세요.

[A]
빛세종: 채화? '화'는 꽃인데 '채'는 어떤 뜻이죠?

빛세종님, 좋은 질문! 채화의 '채'가 무슨 뜻인지 물으셨네요. 여기서 '채'는 비단을 뜻해요. 궁중 채화를 만드는 재료로 비단을 비롯한 옷감이 주로 쓰였기 때문이죠.

(사진을 보여 주며) 주로 복사꽃, 연꽃, 월계화 등을 만들었대요. 자, 이 중에서 오늘 어떤 꽃을 만들어 볼까요? 여러분이 골라 주세요.

[B]
햇살가득: 월계화?? 월계화 만들어 주세요!

좋아요! 햇살가득님이 말씀하신 월계화로 결정!

그럼 꽃잎 마름질부터 해 보겠습니다. 먼저 비단을 두 겹으로 겹쳐서 이렇게 꽃잎 모양으로 잘라 줍니다. 꽃잎을 자를 때 가위는 그대로 두고 비단만 움직이며 잘라야 해요. 보이시죠? 이렇게, 비단만, 움직여서. 그래야 곡선은 곱게 나오면서 가위 자국이 안 남아요. 이런 식으로 다양한 크기의 꽃잎을 여러 장 만들어요. 자, 다음은 뜨거운 인두에 밀랍을 묻힌 후, 마름질한 꽃잎에 대고 이렇게 살짝 눌러 주세요. 보셨나요? 녹인 밀랍을 찍어서 꽃잎에 입혀 주면 이렇게 부피감이 생기죠.

[C]
꼼꼬미: 방금 그거 다시 보여 주실 수 있어요?

물론이죠, 꼼꼬미님! 자, 다시 갑니다. 뜨거운 인두에 밀랍을 묻혀서 꽃잎 하나하나에, 이렇게, 누르기. 아시겠죠?

필요한 꽃잎 숫자만큼 반복해야 하는데 여기서 이걸 계속하면 정말 지루하겠죠? (미리 준비해 둔 꽃잎들을 꺼내며) 짜잔! 그래서 꽃잎을 이만큼 미리 만들어 뒀지요! 이제 작은 꽃잎부터 큰 꽃잎 순서로 겹겹이 붙여 주면 완성! 다들 박수! 참고로 궁중 채화 전시회가 다음 주에 ○○시에서 열릴 예정이니 가 보셔도 좋을 것 같네요.

[D]
아은맘: ○○시에 사는데, 전시회 지난주에 이미 시작했어요. 아이랑 다녀왔는데 정말 좋았어요. ㅎㅎㅎ

아, 전시회가 이미 시작되었다고 하네요. 아은맘님 감사!

자, 이제 마칠 시간이에요. 혼자서 설명하고 시범까지 보이려니 미흡한 점이 많았겠지만 끝까지 함께해 주셔서 감사합니다. 오늘 방송 어떠셨나요?

[E]
영롱이: 저 오늘 진짜 우울했는데ㅠ 언니 방송 보면서 기분이 좋아졌어요. 저 오늘부터 언니 팬 할래요. 사랑해요♥

와, 영롱이님께서 제 팬이 되어 주신다니 정말 힘이 납니다. (손가락 하트를 만들며) 저도 사랑해요!

다음 시간에는 궁중 채화를 장식하는 나비를 만들어 볼게요. 지금까지 우리 문화 지킴이, 역사임당이었습니다. 여러분, 안녕!

**44.** 위 방송에 반영된 기획 내용으로 가장 적절한 것은?

① 접속자 이탈을 막으려면 흥미를 유지해야 하니, 꽃잎을 미리 준비해 반복적인 과정을 생략해야겠군.
② 소규모 개인 방송으로 자원에 한계가 있으니, 제작진을 출연시켜 인두로 밀랍을 묻히는 과정을 함께해야겠군.
③ 실시간으로 진행되어 편집을 할 수 없으니, 마름질 과정에서 실수가 나올 것에 대비하여 미리 양해를 구해야겠군.
④ 텔레비전 방송에 비해 비공식적이고 사적인 매체이니, 방송에 대한 긍정적 평가와 고정 시청자 등록을 부탁해야겠군.
⑤ 방송 도중 접속한 사람은 이전 내용을 볼 수 없으니, 마무리 인사 전에 채화 만드는 과정을 요약해서 다시 설명해야겠군.

**45.** <보기>를 바탕으로, [A]~[E]에서 파악할 수 있는 수용자의 특징에 대한 이해로 적절하지 않은 것은?

<보 기>

실시간 인터넷 방송은 영상과 채팅의 결합을 통해 방송 내용의 생산과 수용이 쌍방향으로 이뤄진다. 예컨대 수용자는 방송 중 채팅을 통해 이어질 방송의 내용과 순서를 정하는 데 영향을 미치고, 이미 제시된 방송의 내용을 추가, 보충, 정정하게 하는 등 능동적인 역할을 수행할 수 있다. 또 생산자와 정서적인 유대를 형성하기도 한다.

① [A]: '빛세종'은 더 알고 싶은 내용을 질문함으로써 진행자가 방송 내용을 보충하여 제시하도록 하고 있다.
② [B]: '햇살가득'은 자신이 원하는 바를 밝힘으로써 진행자가 생산할 내용을 선정하는 데 관여하고 있다.
③ [C]: '꼼꼬미'는 제시되지 않은 부분을 추가하도록 요청함으로써 진행자가 방송의 순서를 정하는 데 영향을 미치고 있다.
④ [D]: '아은맘'은 제시된 내용 중 잘못된 부분을 언급함으로써 진행자가 오류를 인지하고 정정하도록 하고 있다.
⑤ [E]: '영롱이'는 자신의 감정 변화를 제시함으로써 진행자와 정서적인 유대를 형성하고 있다.

* 확인 사항
○ 답안지의 해당란에 필요한 내용을 정확히 기입(표기)했는지 확인하시오.


[해설편 p.097]

# 국어 영역

제 1 교시 09회

● 문항수 45개 | 배점 100점 | 제한 시간 80분 ● 점수 표시가 없는 문항은 모두 2점

**[1~3] 다음 글을 읽고 물음에 답하시오.**

글을 쓰는 과정에서 필자는 글의 내용을 상세하게 기술하기도 하지만 생략하여 표현하기도 한다. 따라서 독해 과정에서 독자는 글에 제시된 정보나 자신의 배경지식을 활용하여 생략된 내용이나 주제, 필자의 의도까지도 추론하며 글을 읽어야 한다. 이런 방식으로 글을 읽는 과정을 추론적 읽기라고 한다.

[A] 먼저, 독해 과정에서 독자는 글에 제시된 정보를 활용하여 추론적 읽기를 할 수 있다. 이 과정에서 독자는 글에 사용된 단어나 문장, 담화 표지 등에서 단서를 찾거나 글의 전체적인 맥락을 파악하여 글에 생략된 내용을 추론한다. 이때는 글에 명시적으로 제시된 정보를 바탕으로 추론적 읽기를 하기 때문에 꼼꼼한 읽기가 필요하다. 다음으로는, 독자가 글과 관련된 자신의 배경지식을 능동적으로 활용하여 추론적 읽기를 하는 방법이 있다. 이 과정에서 ㉠ <u>독자는 글에서 생략된 내용이나 필자의 의도 등을 파악하기 위해 글에 제시된 정보와 자신의 배경지식을 서로 비교해 가며 추론적 읽기를 하게 된다</u>. 실제 독해 과정에서 독자는 이 두 가지 방법을 병행하며 추론적 읽기를 한다.

추론적 읽기 과정에는 글의 응집성, 글에 제시된 정보의 양과 같은 요소들도 영향을 끼칠 수 있다. 먼저, 문장들의 연결이 자연스럽지 않은 글은 독자가 문장 간의 관계를 재구성하며 읽어야 하므로, 문장 간의 관계가 자연스러운 글을 읽을 때보다 독해 과정에서 더 많은 추론이 필요하다. 또한 독자의 읽기 능력에 비해 글에 제시된 정보의 양이 너무 많은 경우에는, 그 정보들이 오히려 독자의 추론에 부담을 주기 때문에 글의 내용과 다른 부정확한 추론을 할 수 있다. 따라서 독자는 많은 정보 가운데 필요한 정보를 선별하고, 선택한 정보의 중요성을 점검해 가며 정확한 추론을 할 필요가 있다.

**1.** 윗글에서 확인할 수 있는 내용으로 적절하지 <u>않은</u> 것은?

① 글의 내용은 필자가 기술하는 과정에서 생략되어 표현되기도 한다.
② 독자는 글에 제시된 정보를 통해 글에 생략된 내용을 추론할 수 있다.
③ 제시된 정보의 양이 너무 많은 글은 독자의 추론에 부담을 줄 수 있다.
④ 추론적 읽기 과정에서 글에 제시된 정보의 양은 글의 응집성에 영향을 주기도 한다.
⑤ 독자는 글의 전체 맥락을 파악하거나 배경지식을 활용하여 추론적 읽기를 할 수 있다.

**2.** 다음은 학생이 독서 후 작성한 감상문의 일부이다. [A]를 바탕으로 ⓐ~ⓔ를 분석한 내용으로 적절하지 <u>않은</u> 것은? [3점]

『중세 유럽의 역사』라는 책을 골라 ⓐ <u>글에 드러난 내용을 잘 파악할 수 있도록 꼼꼼히 읽었다</u>. 중세에는 교황의 권위가 높았다는 내용이 있었는데, ⓑ <u>중세가 신 중심의 사회였다는 문장을 통해 그 이유를 쉽게 추론할 수 있었다</u>. 중세 유럽인의 평균 수명이 40세를 넘기지 못했다는 부분은 ⓒ <u>현대인의 평균 수명이 80세 이상이라는 상식에 비추어 볼 때</u> 굉장히 놀라웠다. ⓓ <u>글에 나와 있지는 않지만 중세 시대의 의료 수준을 다루었던 신문 기사의 내용을 떠올려 보니</u> 지금보다 당시의 위생 조건과 의료 수준이 나빴기 때문일 것이라는 생각이 들었다. 책에서 중세에도 어느 정도의 신분 상승이 가능했다고 하는데, 이는 ⓔ <u>세계사 시간에 배웠던 내용인 부를 축적한 상인 계층의 등장과 관련이 있지 않을까 생각해 보았다</u>.

① ⓐ : 글에 제시된 정보를 활용하여 추론적 읽기를 할 때 필요한 과정이다.
② ⓑ : 글에 명시적으로 제시된 정보를 바탕으로 추론적 읽기를 한 결과이다.
③ ⓒ : 글에 제시된 정보를 자신의 배경지식과 비교하는 과정이다.
④ ⓓ : 자신의 확장된 배경지식을 활용하여 추론적 읽기를 한 결과이다.
⑤ ⓔ : 자신의 배경지식을 능동적으로 활용해 추론적 읽기를 한 결과이다.

**3.** <보기>를 읽고 ㉠에 대해 보인 반응으로 가장 적절한 것은?

< 보 기 >

추론 과정에서 독자는 자신의 배경지식을 능동적으로 활용할 수 있다. 그런데 독자의 배경지식이 잘못된 지식이라면, 이 지식을 활용하여 글을 파악하는 경우에는 정확한 추론을 하기가 어렵다.

① 독자는 글이 쓰인 상황을 고려하여 추론해야겠군.
② 독자는 자신의 배경지식을 점검하는 자세를 지녀야겠군.
③ 독자는 배경지식 수준에 따라 추론의 목적을 달리해야겠군.
④ 독자는 글의 정보를 선별적으로 활용할 때 필자의 의도를 고려해야겠군.
⑤ 독자는 단어나 문장 등에서 단서를 찾아 문장 간의 관계를 재구성해야겠군.

[해설편 p.098]

**[4~9] 다음 글을 읽고 물음에 답하시오.**

(가)

노자는 도(道)란 개체들 사이의 조화로운 관계 맺음을 가능하게 하는 최고의 원리로, 개체들 이전에 도(道)가 미리 존재한다고 보았다. 이와 달리 장자는 『제물론』에서 도(道)는 개체들의 활동을 통해 사후적으로 만들어지는 것에 지나지 않는다고 보았다. 그는 사람들이 걷는 길이 무수히 많은 사람들이 그 길로 걸어다녔기 때문에 생겨난 것처럼, 도(道) 역시 미리 정해진 것이 아니라 개체들 사이의 관계의 흔적, 혹은 소통의 결과에 불과하다고 주장하였다.

장자는 사람들이 사용하는 언어에 대해서도 도(道)를 바라보는 것과 같은 입장을 ⓐ <u>지녔다</u>. 그는 사람들이 어떤 대상에 이름을 붙이고 이를 통해 대상을 구분할 때, 대상을 구분하는 이름은 대상이 본래부터 가지고 있던 속성에 따라 명명되는 것이 아니라 자의적으로 연결된 것에 불과하다고 보았다. 즉, 대상과 이름 사이의 관계는 특정 공동체의 관습적인 언어 사용에 의해 사람들에게 각인되고, 그 결과 대상들이 마치 실제로 구분되어 있는 것처럼 ⓑ <u>여겨졌을</u> 뿐이라고 본 것이다. 그런 점에서 장자는 ㉠ <u>우리가 어떤 대상에 대해 부여한 이름은 본질적으로 그 대상의 속성과 필연적인 관계가 없다</u>고 주장한 것이다.

도(道)가 사후에 생성된다는 장자의 주장처럼, 왕충은 세계에 존재하는 사물의 의미 역시 사후에 결정되며 '하늘의 뜻'과 같이 자연 세계의 질서를 지배하는 원리는 따로 존재하지 않는다고 보았다. 당시 사람들은 하늘의 뜻이 미리 정해져 있기에 인간은 하늘의 뜻을 따라야 하며, 만약 그렇지 않으면 가뭄과 홍수 등의 자연재해가 일어난다는 믿음을 가지고 있었다. 그러나 왕충은 『논형』을 통해 자연재해가 인간을 비롯한 세계에 존재하는 사물에 영향을 미치는 것은 사실이지만, 자연재해는 하늘의 뜻에 따라 발생한 것이 아니라 자연이 순환하는 과정에서 우연히 나타나는 현상일 뿐이라고 주장하였다. 그런 점에서 인간이 하늘의 작용에 영향을 미치는 것은 불가능하다고 본 것이다.

왕충은 하늘의 작용이 우연히 나타나는 현상인 것처럼 사람의 삶도 우연에 의해 결정된다고 보았다. 예를 들어, 벼슬하느냐 못 하느냐는 한 사람의 재능에 ⓒ <u>달린</u> 것이 아니라, 같은 수준의 재능을 가진 사람들이라도 만나는 시대에 따라 출세 여부가 달라질 수 있고, 아무리 재능이 뛰어나도 재능을 알아주는 군주를 만나지 못하면 등용될 수 없다고 생각한 것이다.

(나)

플라톤은 사물보다 사물의 의미가 미리 존재한다고 보았다. 그래서 그는 사물에는 그것을 만든 '제작자'가 부여한 '필연적 의미'가 있을 수밖에 없다고 보았기 때문에 우리가 사는 세계 역시 제작자가 필연적 의미에 따라 형성한 것이라고 생각했다. 그러나 루크테리우스는 세계가 원자들로 구성되어 있으며, 세계는 자발적으로 움직이던 원자들이 우연히 마주쳐 응고되면서 생성되었을 뿐이라고 주장하였다.

[루크테리우스]는 세계가 형성되기 전에는 무수히 많은 원자들이 원자 그 자체의 무게로 인해 서로 평행하게 떨어지는 상태에 있었다고 생각했다. 이때 수직 낙하하던 원자들 중 하나의 원자가 평행 상태가 깨져 거의 느껴지지도 않을 것 같은 미세한 편차로 기울게 되면 결국 옆의 원자와 마주치게 되는데, 이 마주침으로 인해 수많은 원자들이 연속해서 마주치게 되면서 원자들이 응고되고 그 결과 세계가 형성되었다고 본 것이다. 그는 한 원자에서 발생한 미세한 편차를 '클리나멘'이라고 명명했는데, 원자들이 마주치거나 응고하는 방식은 미리 결정되지 않았다고 주장하였다. 그런 점에서 우리가 살고 있는 세계는 우연의 산물일 뿐이라고 본 것이다. 그러나 제작자가 필연적 의미에 따라 세계를 형성한 것이라는 생각이 서양 철학의 주류를 형성하고 있었기 때문에 이러한 루크테리우스의 생각은 크게 주목받지 못했다.

한편 기계 발명 및 기술 혁신을 계기로 발생한 산업 혁명 이후 크게 발달한 자본주의는 빈부 격차 현상을 심화시켰고 이는 자본가와 노동자 간의 심각한 대립을 초래하였다. 이에 일부 철학자들은 경제적인 것이 인간 사회의 구조 및 역사 발전 방향을 결정하는 유일한 원리라고 주장하며, 자본가와 노동자의 갈등은 이미 정해진 역사 발전의 수순을 따르는 것에 불과할 뿐이고 자본주의는 곧 인류 역사에서 ⓓ <u>사라질</u> 것이라고 주장하였다. 하지만 알튀세르는 복잡하고 다양한 사회 구조와 인류의 역사 발전 과정을 한 가지 원리로만 해석할 수 없다고 보았다. 또한 그는 루크테리우스의 철학에 영감을 받아 지금까지의 인류 역사의 흐름은 정해진 역사 발전의 수순을 따른 것이 아니라 단지 우연의 결과에 지나지 않을 뿐이라고 주장하였다. 그는 18세기의 이탈리아가 자본과 기술, 노동력처럼 자본주의가 발생할 수 있는 조건을 ⓔ <u>갖추었음에도</u> 자본주의가 발생하지 않은 사례를 통해, 많은 요소들이 우연히 마주치고 응고되어야 자본주의가 발생하는 것이지 경제적인 것이 모든 것을 결정하는 것은 아니라고 생각했다.

만약 이 세계가 선재된 하나의 원리에 의해 만들어진 것이라면, 인간은 이미 방향이 제시된 역사의 흐름을 따르는 존재에 불과할 수 있다. 그런 점에서 세계 형성의 우연성을 주장한 루크테리우스와 알튀세르의 주장은 우리가 살고 있는 세계에 '새로운 마주침'을 시도함으로써 다른 세계로 나아갈 수 있다는 점을 시사했다는 점에서 의의가 있다.

**4.** (가), (나)에 대한 설명으로 가장 적절한 것은?

① (가)는 세계 질서를 지배하는 원리에 대한 사상가의 견해를 소개하고 그 견해가 지닌 한계와 의의를 설명하고 있다.
② (나)는 사물의 의미에 대한 대립적 견해를 제시한 후 그 견해들을 절충한 사상을 소개하고 있다.
③ (가)는 (나)와 달리 도를 바라보는 사상가들의 논쟁을 소개하며 그 결과를 분석하고 있다.
④ (가)와 (나)는 모두 세계 형성의 근원을 밝힌 사상이 출현하게 된 사회적 배경을 서술하고 있다.
⑤ (가)와 (나)는 모두 우연성을 중시하는 사상가의 입장과 그 사상을 뒷받침하기 위해 제시한 근거를 소개하고 있다.


[해설편 p.098]

5. 윗글에 대한 이해로 적절하지 않은 것은?

① 왕충은 자연 세계의 질서와 인간의 삶이 분리되었다는 당시 사람들의 믿음을 비판하였다.
② 서양 철학에서는 제작자나 필연적 의미를 통해 세계의 형성을 설명하려는 사상이 존재하였다.
③ 장자는 '도'의 생성을 많은 사람들이 걸어서 길이 생기는 것에 비유하며 '도'와 개체와의 관계를 설명하였다.
④ 인류 역사에서 자본주의가 사라질 것이라 주장하는 철학자들은 역사의 발전 방향이 이미 정해져 있다고 생각하였다.
⑤ 알뛰세르의 사상은 인간이 정해진 역사의 흐름에 따르는 것이 아니라 다른 세계로 나아갈 수 있는 존재임을 보여 주었다.

6. ㉠을 읽은 학생이 <보기>의 내용에 대해 보일 수 있는 반응으로 가장 적절한 것은?

< 보 기 >

뇌과학자인 라마찬드란과 후바드는 사람들에게 왼쪽 그림의 두 도형을 보여 주며, 각각 '부바'와 '키키'라는 소리와 도형을 짝짓는 실험을 진행하였다. ㉮ 실험 결과 95%의 실험 참가자들이 곡선 형태의 그림을 '부바', 삐죽삐죽한 형태의 그림을 '키키'라고 선택하였다. 추가 연구에 따르면 '부바'와 '키키'라는 소리를 만들 수 있는 모국어를 사용하며, '부바', '키키'라는 명칭이 자신의 모국어에 없는 경우에 ㉯ 성별, 나이와 상관없이 유사한 실험 결과가 나타났다. 이와 달리 실험 참가자들이 사용하는 언어에서 '부바'와 '키키'라는 소리를 만들 수 없으면 ㉰ 이러한 실험 결과가 나타나지 않는다는 점이 밝혀졌다.

① ㉮는 대상에 부여된 이름이 그 대상과 필연적인 관계라는 점에서 장자의 생각과 부합한다.
② ㉯는 대상들을 구분하는 언어가 대상이 본래부터 가지고 있는 속성과 관련된다는 점에서 장자의 생각과 부합한다.
③ ㉰는 관습적인 언어 사용에 의해 대상의 의미가 결정된다는 점에서 장자의 생각과 부합하지 않는다.
④ ㉮와 ㉯는 대상의 속성이 대상을 지칭하는 소리의 선택에 영향을 미친다는 점에서 장자의 생각과 부합하지 않는다.
⑤ ㉯와 ㉰는 실험 참가자가 사용하는 언어에 따라 대상의 형태가 달라진다는 점에서 장자의 생각과 부합하지 않는다.

7. [루크테리우스]의 주장을 반박하기 위해 '플라톤'이 할 수 있는 말로 가장 적절한 것은?

① 세계가 원자들로 구성되어 있다 하더라도 그 원자가 낙하하는 이유를 설명하지 않았다.
② 세계가 형성되기 전에도 원자들이 존재하려면 원자들의 존재 의미보다 원자가 먼저 형성되어야 한다.
③ 원자의 운동에 영향을 주는 존재가 없다면 평행하게 떨어지던 원자에서 클리나멘이 발생하는 것은 불가능하다.
④ 원자들이 마주치거나 응고하는 방식이 결정되지 않았다면 우리가 살고 있는 세계는 우연의 산물에 불과할 뿐이다.
⑤ 클리나멘에 의해 발생한 최초의 마주침이 다른 마주침으로 이어지려면 수많은 원자들이 이 세계에 존재해야 한다.

8. <보기>는 동서양 철학자들의 견해이다. 윗글을 읽은 학생이 <보기>에 대해 보인 반응으로 적절하지 않은 것은? [3점]

< 보 기 >

ㄱ. 사물은 필연적으로 원인이 되는 어떤 것에 의해 생성된다. 어떤 경우에도 사물은 원인이 없이는 생성될 수 없으며, 이는 변하지 않는 사물의 생성 원리이다.

ㄴ. 사람들이 발로 개미를 밟고 지나가서 죽일 수 있다. 물론 사람들의 발에 밟히지 않은 개미는 다치지 않고 온전히 살아남는다. 하지만 이러한 결과의 차이는 단지 사람의 발과 개미가 우연히 마주쳤는지, 혹은 우연히 마주치지 않았는지에 의해 나타날 뿐이다.

ㄷ. 왕이 바르지 않은 정치를 행하려고 하면 하늘이 이상 현상을 일으켜 경고하여 다가올 위험을 알려준다. 경고를 했는데도 고칠 줄을 모르면 사변을 일으켜 사람들을 놀라게 하고 두렵게 만든다. 그럼에도 불구하고 여전히 두려워할 줄 모르면 재앙이 일어난다.

① ㄱ에 제시된 사물의 생성 원리에 대한 인식은 알뛰세르가 제시한 인류 역사의 흐름에 대한 시각과 상충되겠군.
② ㄱ에 제시된 원인에 관한 시각은 노자가 제시한 '도'가 개체들보다 선재한다는 생각과 유사하다고 볼 수 있겠군.
③ ㄴ에 제시된 결과의 차이에 대한 견해는 왕충이 주장한 자연 재해가 발생하는 이유와 유사하다고 볼 수 있겠군.
④ ㄴ에 제시된 사건의 발생에 대한 서술은 루크테리우스가 제시한 세계의 형성 과정과 입장이 다르다는 것을 알 수 있군.
⑤ ㄷ에 제시된 사변의 발생 원인에 대한 시각은 알뛰세르가 제시한 인류의 역사 발전 과정에 대한 입장과 다르다는 것을 알 수 있군.

9. 문맥상 ⓐ~ⓔ와 바꾸어 쓰기에 적절하지 않은 것은?

① ⓐ : 견지(堅持)했다
② ⓑ : 간주(看做)되었을
③ ⓒ : 좌우(左右)되는
④ ⓓ : 소멸(消滅)될
⑤ ⓔ : 구성(構成)했음에도



[해설편 p.099]

**[10~13] 다음 글을 읽고 물음에 답하시오.**

법은 가능한 한 많은 구체적인 사안들에 적용될 수 있도록 일반적 ·추상적인 규범 명제로 기술되어 있다. 따라서 법을 구체적 사안에 적용하기 위해서는 법의 내용을 분명히 파악하고 적용 범위를 확정하는 법의 해석이 필요하다. 법의 해석 방법에는 입법부, 사법부, 행정부 등 국가 기관에 의한 유권 해석과 학자들의 학문 연구를 통하여 이루어지는 학리 해석의 두 종류가 있다. 이 중 학리 해석과 관련하여 전통적으로 문리적 해석 방법, 역사적 해석 방법, 목적론적 해석 방법 등이 활용되고 있다.

우선 법조문의 해석은 법문에 사용되고 있는 문자의 의미와 문장의 구조에 대한 문법적 이해를 기초로 하여 이루어져야 한다. 이러한 해석을 ㉠ 문리적 해석 방법이라고 한다. 어떠한 법조문이든 1차적으로는 이러한 방법으로 해석되어야 한다. 그런데 법문에 사용되고 있는 문자 또는 법률 용어의 의미는 일반적으로 사용되고 있는 의미와는 다른 경우가 많기 때문에 법을 해석할 때 주의해야 한다. 그리고 법의 의미는 그 법이 적용되는 구체적 현실과의 관련 속에서 확정되어야 하므로, 법조문에 사용되고 있는 문자의 의미는 제정 당시의 의미가 아닌 법이 적용되는 시점에서의 의미로 해석하는 것이 타당하다.

㉡ 역사적 해석 방법은 입법자가 입법 당시에 ⓐ 가지고 있었던 입법 의사를 확인하고 탐구하여 해석하는 방법이다. 입법자의 입법 의사는 법제도의 연혁을 살펴보거나, 법률안을 발의하게 된 취지를 밝힌 법안이유서, 관련 기관의 입법의견서, 회의록 등의 입법 기초 자료를 ⓑ 가지고 파악할 수 있다. 그런데 법은 제정 당시의 상황과 적용되는 시점의 상황이 많이 달라지는 것이 대부분이므로 입법자의 입법 의사는 결정적인 해석 수단이라기보다는 구속력이 없는 보조 해석 자료에 머물 수밖에 없다.

㉢ 목적론적 해석 방법은 현행 법질서 안에서 이성적 논의를 바탕으로 해석 주체가 법문의 의미와 입법의 목적, 입법을 통해서 추구하려는 이념과 가치, 현재의 상황에 대한 인식과 분석 등을 고려하여 법규의 의미를 찾는 해석 방법이다. 이러한 목적론적 해석 방법에 의할 때 법해석이란 단지 과거의 입법자가 이미 고려했던 것을 단순히 반복하는 것이 아니라 상황에 따라서 입법의 취지를 새롭게 밝혀내는 것이라 할 수 있다. 법의 참된 의미는 과거의 입법에 의해서 결정되는 것이 아니라 현재의 상황에 맞게 입법 정신을 계승하는 것이므로 법률의 문언도 단순 의미 해석을 넘어 탄력적으로 해석할 수 있어야 한다고 본다. 또한 입법 정신에 따라 법률의 문언을 보충하고 또 필요한 경우에는 입법 정신을 실현하기 위해 법률의 문언에 엄격히 구속되지 않는 법해석이 인정된다고 할 수 있다.

이러한 방법들은 기본적으로 법적 판단이 요구되는 사안에 대하여 적용 가능한 법규가 분명히 존재하는 경우에 활용된다. 하지만 법문을 구성하는 법 개념 및 범주 속에 규율의 대상인 다양하고도 발생 가능한 모든 현상과 행위들을 완벽하게 포함시킬 수는 없다. 또한 법 제정 시점에서 그 이후에 발생 가능한 모든 경우들을 예측하여 법으로 규정하는 것도 가능하지 않다. 이로 인해 법의 적용 과정에서 문제점이 발생하게 되는데 이를 법의 흠결이라 한다. 해당 사안을 규율할 법규정이 명백히 존재하지 않는 경우를 '명시적 흠결', 해당 사안을 규율할 법규정이 존재하지만 이를 그대로 적용할 경우 매우 불합리한 결과가 나타나는 경우를 '은폐된 흠결'이라 부른다. 법관은 이러한 법의 흠결을 이유로 재판을 거부할 수 없으므로, 법의 흠결을 보충하기 위해 다양한 방법들이 활용되고 있다.

일반적으로는 유추가 법의 흠결을 보충하는 방법으로 활용되고 있다. 유추는 직접적으로 적용 가능한 규칙이 아닌 다른 개별적인 규칙을 문제가 되고 있는 사례에 적용하여 판단을 내리는 것을 말한다. 따라서 유추 적용한 법적 판단이 적법하게 이루어지고 그 타당성을 인정받기 위해서는 우선 법적 판단이 요구되는 사안과 유사한 사안을 규율하는 법규가 존재해야만 한다. 그리고 두 사안 사이에 상당한 유사성이 있어야 한다. 최종적으로 유추를 통해 문제가 되는 사안에 대한 타당한 해결이 가능하다는 법관의 판단이 필요하다.

유추가 일반적으로 법의 흠결을 보충하기 위한 방법으로 활용되고 있지만, 이는 기본적으로 법의 명시적 흠결을 보충하기 위한 하나의 대안에 불과하다. 이 때문에 유추의 결과는 목적론적 해석 방법 등 별도의 방법을 통하여 그 정당성이 평가되어야 하는 한계가 있다. 또한 법의 흠결은 많은 경우에 은폐된 형태로 존재하기 때문에 법관은 법의 흠결을 보충하기 위한 방법을 모색해야 한다. 이와 관련하여 학자들은 법관이 '정의', '이성', '형평' 등 법원리적 규범을 법적 판단의 근거로 활용하여 그 흠결을 보충할 수 있다고 본다. 이러한 원리들은 법적인 판단이 요구되는 사안에 대하여 법관이 자의적으로 판단하는 것을 제어하면서 합리적으로 문제의 해결에 접근할 수 있는 방법으로 제시되고 있다. 하지만 법관이 감정적이거나 자의적으로 판단하는 것을 완전히 배제할 수 없는 것도 사실이다. 따라서 가능한 한, 입법 정책 차원에서 법의 흠결을 최소화하는 것이 필요하다.

**10.** 윗글에 대한 이해로 가장 적절한 것은?

① 국가 기관은 법을 해석하는 주체가 될 수 없다.
② 법원리적 규범을 활용하여 법의 흠결을 보충할 수 있다.
③ 구체적 사안에 대한 법의 적용이 법의 해석에 선행한다.
④ 적용할 법규정이 없다면 법관은 재판을 거부할 수 있다.
⑤ 문리적 해석에서 문자는 법 제정 당시의 의미로 해석된다.

**11.** ㉠~㉢의 예로 적절하지 않은 것은?

① ㉠ : 보통 '사람'이라고 하면 육체를 가지고 있는 자연인을 의미하지만, 법률상 '사람'은 자연인뿐만 아니라 재단 법인이나 사단 법인 같은 '법인'도 포함하여 해석한다.
② ㉡ : 국회 누리집을 활용하여 고등학교 무상 교육을 위한 법률안이 발의된 취지를 조사함으로써 국민의 기본권을 강화하고자 하는 입법 의사를 탐구하여 해석한다.
③ ㉡ : 법률 용어로 '선의(善意)'라는 말은 법률관계에 영향을 미치는 어떠한 사실을 모르는 것으로 해석하고, '악의(惡意)'는 그러한 사실을 알고 있는 것으로 해석한다.
④ ㉢ : 의료인의 비밀 누설 금지 의무 규정에 따라 환자의 민감한 개인 정보는 보호되어야 하는데, 이는 사후에도 마찬가지이기 때문에 환자뿐만 아니라 사망한 사람의 개인 정보도 포함하는 규정으로 해석한다.
⑤ ㉢ : 실험실 공장의 설치에 대한 규정은 교원이나 연구원 등 개인의 창의적 노력을 지원하기 위한 목적으로 만들어진 것이기 때문에, 자연인이 아닌 법인은 실험실 공장을 설치할 수 있는 자에 해당하지 않는 것으로 해석한다.



[해설편 p.100]

12. 윗글을 바탕으로 <보기>를 이해한 내용으로 적절하지 않은 것은? [3점]

< 보 기 >

○ **법적 판단이 요구되는 사안** : 타인의 전기를 무단으로 사용하는 사건이 발생함.

○ **사안의 배경** : 19세기 말 A국과 B국의 형법은 절도죄의 대상인 재물(財物)을 타인의 돈이나 물건이라고 규정하고 있었음. 그런데 당시에는 전기를 재물로 볼 만한 법 규정이 명백히 존재하지 않았음.

○ **사안에 대한 판단**

- A국 : 절도죄를 적용하지 못하고 무죄를 선고함. 이 무죄 판결을 계기로 A국의 입법자는 전기 절도죄를 처벌할 수 있는 특별법을 제정함.
- B국 : 전기가 재물에 해당한다고 해석하여 절도죄로 처벌함. 이 과정에서 법적 판단은 적법하게 이루어졌으며 그 타당성 또한 인정받음.

① A국의 법원은 법의 명시적 흠결을 이유로 타인의 전기를 무단으로 사용한 자를 처벌하지 못했군.
② B국의 법원은 전기 절도 사건에 절도죄에 대한 법을 유추 적용함으로써 법의 흠결을 보충했군.
③ B국의 법원은 전기 절도 사건에 적용할 법이 존재하지 않아 유사한 사안을 규율하는 법의 존재 여부를 확인했겠군.
④ A국은 B국과 달리 형법이 제정될 당시에 전기 절도 같은 행위를 예측하여 법으로 규정할 수 없었겠군.
⑤ B국은 A국의 특별법 제정처럼 전기 절도와 관련된 법의 흠결을 최소화하는 입법 정책이 필요하겠군.

13. ⓐ, ⓑ의 의미로 쓰인 예가 바르게 짝지어진 것은?

① ⓐ : 자신의 일에 자부심을 가져야 한다.
ⓑ : 빈 깡통을 가지고 연필꽂이를 만들었다.

② ⓐ : 그는 사업체를 여럿 가진 사업가다.
ⓑ : 두 나라는 동반자적 관계를 가지기로 합의했다.

③ ⓐ : 그들은 나에게 호의를 가지고 있다.
ⓑ : 운전면허증을 가진 사람을 찾는다.

④ ⓐ : 동생이 축구공을 가지고 학교에 갔다.
ⓑ : 환경 문제에 대한 토론회를 가졌다.

⑤ ⓐ : 내 집을 가지게 된 기쁨은 이루 말할 수가 없다.
ⓑ : 요즘은 기계를 가지고 농사를 짓는다.

**[14~17] 다음 글을 읽고 물음에 답하시오.**

집중 호우나 우박, 폭설 등과 같은 기상 현상은 재해로 이어질 수 있어 강수량을 예측하여 피해에 대비해야 한다. 최근에는 이중 편파 레이더 관측을 통해 10분마다 강수 정보가 갱신되는 등 보다 신속하고 정확한 기상 관측이 이루어지고 있다.

그렇다면 이중 편파 레이더는 어떻게 기상 현상을 관측하는 것일까? 기본적으로 기상 관측 레이더는 대기 중으로 송신된 전파가 강수 입자에 부딪혀 되돌아오면 수신된 전파를 분석한 후 여러 변수를 산출하여 강수 입자를 분석한다. 이중 편파 레이더 역시 이 원리를 활용하는데, 먼저 송신된 전파와 수신된 전파의 강도를 비교한 값인 반사도를 통해 강수 입자의 대략적인 크기와 개수를 파악한다. 이중 편파 레이더가 송수신하는 전파는 지면과 수평인 방향으로 진동하는 수평 편파와 수직인 방향으로 진동하는 수직 편파로 이루어져 있는데, 각 편파의 반사도를 수평 반사도, 수직 반사도라고 하며 단위로는 데시벨Z(dBZ)를 사용한다. 이중 편파 레이더의 산출 변수로 사용되는 ⓐ <u>반사도</u>는 수평 반사도를 의미하며, 단위 부피 $1m^3$당 존재하는 강수 입자의 크기와 개수에 비례하여 커진다. 일반적으로 강수 입자가 작고 그 수가 적은 이슬비는 1dBZ 이하의 값을, 강수 입자가 크고 그 수가 많은 집중 호우는 20dBZ 이상의 값을 갖는다. 그런데 우박의 경우 집중 호우와 강수 입자의 크기 및 개수가 달라도 반사도가 집중 호우와 비슷하게 나타날 수 있기 때문에 반사도만으로는 강수 입자의 종류를 구별하기 어려울 때가 있다. 그래서 이를 구별하기 위해서는 다른 산출 변수가 필요하다.

우선 강수 입자의 크기와 모양을 알기 위해서 ⓑ <u>차등반사도</u>를 활용할 수 있다. 차등반사도란 수평 반사도에서 수직 반사도를 뺀 값으로, 강수 입자가 수평으로 더 길면 양의 값을, 수직으로 더 길면 음의 값을 가지며 단위로는 데시벨(dB)을 사용한다. 예를 들어 강수 입자가 큰 집중 호우의 경우, 빗방울이 낙하할 때 받는 공기 저항 때문에 강수 입자가 수평으로 퍼지게 되어 차등반사도가 2dB 이상으로 나타난다. 반면 우박이나 눈이 녹지 않아 순수한 얼음으로 구성된 경우라면 입자의 크기가 커도 수평으로 퍼지지 않으며, 회전 운동을 하면서 낙하하기 때문에 레이더에서는 거의 구형으로 인식되어 차등반사도 값이 0dB인 경우가 많다. 이를 이용하면 집중 호우와 우박의 반사도 값이 비슷해도 기상 현상을 구별할 수 있다. 하지만 강수 입자가 0.3mm보다 작은 이슬비도 공기 저항을 거의 받지 않아 강수 입자가 구형을 유지하기 때문에 차등반사도가 주로 0dB로 나타난다. 따라서 ㉠ <u>강수 입자의 종류를 구별하려면 반사도와 차등반사도를 종합적으로 고려하는 것이 필요하다</u>.

한편 비나 우박과 같은 강수 입자의 종류와 강수 입자의 크기를 아는 것만으로는 단위 부피당 강수 입자 개수를 정확히 추정하는 데 한계가 있다. 그래서 차등위상차와 비차등위상차라는 산출 변수를 통해 강수 입자의 개수에 대한 정보를 얻는다. 레이더 전파가 강수 입자에 부딪히면 강수 입자의 크기와 모양에 따라 수평 편파와 수직 편파의 진행 속도가 달라진다. 이에 따라 두 편파의 위상도 달라지는데, 이 위상의 차이를 누적한 값이 바로 ⓒ <u>차등위상차</u>이다. 단위로는 도(°)를 사용하며, 수평 편파 위상에서 수직 편파 위상을 빼는 방식으로 위상차를 구한다. 전파가 통과하는 강수 입자의 단면 지름이 길어질수록 위상값이 커지기 때문에 차등반사도와 마찬가지로 강수 입자가 수평으로 더 길면 양의 값을 가지고, 수직으로 더 길면 음의 값을 가지게 된다. 차등위상차는 전파의 진행 방향을 따라 계속 누적되기 때문에 강수 입자가 존재하지 않는 곳에서도 0이 아닌 값이 산출될 수 있다는 특징이 있다.

그리고 특정 관측 범위에서 차등위상차의 변화율을 나타낸 값을 ⓓ <u>비차등위상차</u>라고 한다. 만약 레이더로부터 5km 떨어진 지점의 차등위상차가 0°이고 10km 떨어진 지점의 차등위상차가 10°라면, 이때 5~10km 구간의 비차등위상차는 차등위상차 변화량 10°를 전파의 왕복 거리 10km로 나눈 1°/km가 된다. 비차등위상차는 차등위상차와는 달리 강수 입자가 존재하는 곳에서만 0이 아닌 값으로 산출되기 때문에 관측하고자 하는 특정 구간의 강수 입자 개수를 보다 정확하게 추정할 수 있다.

그런데 눈이 녹아 눈과 비가 함께 내리는 경우처럼 두 종류 이상의 강수 입자들이 혼재되어 있으면 산출 변수 값이 실제 기상 현상보다 크거나 작게 나타나 혼란을 줄 수 있다. 이를 해결하기 위한 산출 변수가 교차상관계수이다. 교차상관계수는 수평 편파와 수직 편파 신호의 유사도를 나타내는 값으로, 강수 입자들의 크기와 종류가 유사할수록 1에 가까운 값으로 산출된다. 일반적으로 비나 눈이 내릴 때 관측 범위 내에 종류가 같고 크기가 비슷한 강수 입자들이 분포하면 교차상관계수가 0.97 이상으로 높게 나타난다. 하지만 여러 종류의 강수 입자가 혼재된 경우나, 집중 호우처럼 강수 입자의 종류가 같더라도 그 크기가 다양한 경우에는 교차상관계수가 0.97 미만으로 나타나기도 한다.

14. 윗글에 대한 이해로 가장 적절한 것은?

① 기상 관측 레이더는 송신된 전파와 수신된 전파의 강도를 비교하기 위해 여러 변수를 산출하는군.
② 이중 편파 레이더가 송신하는 전파의 강도는 관측 범위 내에 존재하는 강수 입자의 개수에 따라 달라지겠군.
③ 순수한 얼음으로 구성된 강수 입자는 낙하하면서 수평 방향으로 퍼지기 때문에 레이더에서 구형으로 인식하겠군.
④ 이중 편파 레이더는 모든 산출 변수를 구할 때 수직 편파를 이용하므로 보다 정확한 기상 관측이 가능한 것이겠군.
⑤ 관측 범위 내에 두 종류 이상의 강수 입자가 혼재할 경우 교차상관계수만으로는 강수 입자의 종류를 판별할 수 없겠군.

15. ㉠의 이유로 가장 적절한 것은?

① 이슬비와 우박은 반사도만으로는 구별할 수 없기 때문에
② 집중 호우와 우박은 반사도만으로는 구별할 수 없기 때문에
③ 이슬비와 집중 호우는 반사도만으로는 구별할 수 없기 때문에
④ 이슬비와 집중 호우는 차등반사도만으로는 구별할 수 없기 때문에
⑤ 집중 호우와 녹지 않은 눈은 차등반사도만으로는 구별할 수 없기 때문에

16. ⓐ~ⓓ에 대한 이해로 적절하지 않은 것은?

① 서로 다른 기상 관측 자료에서 ⓐ의 값이 달라도 ⓑ의 값은 동일할 수 있다.
② 강수 입자 크기에 영향을 받는 ⓐ와 ⓒ는 서로 비례 관계에 있는 산출 변수이다.
③ 관측 범위 내 강수 입자들의 크기와 종류가 모두 동일한 경우에 ⓑ가 양의 값을 갖는다면 ⓒ도 양의 값을 갖는다.
④ 레이더로부터 3km, 6km 떨어진 지점에서 ⓒ의 값이 각각 0°, 12°라면 3~6km 구간에서 ⓓ의 값은 2°/km이다.
⑤ ⓓ는 ⓒ와 달리 강수 입자가 존재하는 곳에서만 0이 아닌 값으로 산출된다.

17. 윗글을 바탕으로 <보기>의 '기상 관측 자료'를 이해한 내용으로 적절하지 않은 것은? [3점]

< 보 기 >

○ 기상 관측 자료

다음은 비가 내리고 있는 A 지역과 기상 현상을 알지 못하는 B 지역을 이중 편파 레이더로 관측한 결과이다.

| 관측 지역 | 반사도 | 차등반사도 | 교차상관계수 |
|---|---|---|---|
| A | 45dBZ | 2.5dB | 0.95 |
| B | 45dBZ | 0dB | 0.98 |

(단, 강수 입자 특성 외의 다른 관측 조건은 동일하다고 가정한다.)

① A 지역은 차등반사도가 양의 값을 가지므로 강수 입자의 모양이 수평으로 긴 형태일 것이다.
② A 지역은 차등반사도가 2dB보다 크고 교차상관계수가 0.97보다 작으므로 집중 호우가 내리고 있을 가능성이 높을 것이다.
③ B 지역의 기상 현상을 우박으로 판단했다면 반사도가 20dBZ 이상이면서 차등반사도가 0dB이기 때문일 것이다.
④ B 지역은 교차상관계수가 0.97보다 높게 나타나므로 종류가 같고 크기가 비슷한 강수 입자들이 분포하고 있을 것이다.
⑤ B 지역은 차등반사도가 A 지역보다 작고 반사도가 A 지역과 동일하므로 B 지역의 수직 반사도는 A 지역보다 작을 것이다.

**[18~21] 다음 글을 읽고 물음에 답하시오.**

이때는 ㉠정묘년 정월 십오 일이라. 온 조정의 신하들이 다 하례할 때에 황제께서 말씀하시기를,

"연전(年前)에 짐이 조웅을 보니 인재가 거룩하고 충효가 거룩하매 본보기가 될 만하니 태자를 위하여 데려다가 짐의 곁에 두고 서동(書童)을 삼아 국사를 익히게 하고자 하나니 경들의 소견은 어떠한가?"

여러 신하가 다 묵묵하되 이두병이 아뢰기를,

"나라의 법이 각별히 엄하오니 벼슬 없는 여염집 아이를 이유 없이 조정에 둠은 잘못된 줄로 아옵니다."

황제께서 말씀하시기를,

"충효의 인재를 취함이라. 어찌 아무런 이유 없이 취하려 하겠는가."

두병이 다시 아뢰기를,

"인재를 보려 하시면 장안을 두고 이르더라도 조웅보다 열 배나 더한 충효의 인재가 백여 인이요, 조웅 같은 이는 수레에 싣고 말[斗]로 그 양을 헤아릴 정도로 많습니다."

황제께서 윤허하지 않으시고 다시는 회답이 없는지라. 승상이 시종대(侍從臺)에 나와 관원들과 의논하여 말하기를,

"이후에 만일 **조웅을 위하여 천거하는 자**가 있으면 **죄를 받으리라.**"

하니, 백관이 누군들 겁내지 아니하리오.

이즈음에 왕 부인과 조웅이 이 말을 듣고 부인은 못내 두려워하고 웅은 분기등등하더라.

천운이 불행하여 황제께서 우연히 건강이 편하지 않으시더니 ㉡열흘이 지나도 조금도 차도가 없고 점점 병이 깊어지니, 나라의 백성들이 다 하늘에 빌어 병이 나아 건강이 회복되기를 바랐지만 소인배들의 조정이라 회복을 어찌 기대하리오.

㉢ 정묘년 삼월 삼 일에 황제께서 붕어(崩御)하시니 태자의 애통하심과 만인의 곡성이 천지에 사무치고 왕 부인 모자는 더욱 망극하더라. 어느 사이에 국법과 권세가 이두병의 말대로 돌아가니, 백성이 망국의 행동을 일삼고 산중으로 피란하더라.

이때에 관원들이 엄히 예의를 갖추어 ㉣ 사월 사 일에 황제를 서릉(西陵)에 안장하였다.

하루는 관원들이 노소 없이 시종대에 모여 국사를 의논할 때 이두병이 **역모에 뜻을 두고 옥새를 도모코자** 하니 조정 백관 중에 그 말을 좇지 아니할 사람이 없는지라. ㉤ 시월 십삼 일은 황제의 생일이라. 모든 관원이 종일토록 국사를 의논할 때 이두병이 물어 말하기를,

"이제 태자의 나이는 팔 세라. 국사는 매우 중요한데, 팔 세 태자의 즉위는 일이 매우 위태한지라. 법령이 점점 쇠하고 나라가 위태할 지경이면 그대들은 어찌하려 하느뇨?"

여러 신하가 일시에 대답하여 말하기를,

[A] "천하는 누구 한 사람의 천하가 아니며, 조정은 십대(十代)의 조정이 아니라. 이제 어찌 팔 세 태자에게 제위를 전하리오. 또한 황제 붕어하실 때 승상과 협정하라 하신 유언이 있었지만 나라에는 두 임금이 없고 백성에게는 두 하늘이 없다 하였으니 어찌 또 다른 왕을 두리이까?"

여러 신하의 말이 모두 한 입에서 나온 듯하더라.

"이제 국사를 폐한 지가 여러 날이라. 엎드려 빌건대 승상은 전일의 과업을 전수하여 옥새를 받으시고 제위를 이으셔서, 조정과 민간의 모든 사람이 실망하며 탄식하는 일이 없게 하옵소서."

하며, 모든 대소 관원이 일시에 당 아래 땅에 엎드려 사배하니 그 위엄이 서릿발 같은지라.

**[중략 줄거리]** 조웅은 송나라를 떠난 후 여러 도사를 만나 무예를 닦고 힘을 기른다. 이후, 조웅은 의병 대원수가 되어 이두병의 군사를 무찌르고, 이두병에게 항복하라는 격서를 보낸 뒤 그를 찾아간다.

이때에 황성 백성들이 조 원수가 온단 말을 듣고 즐겨하여 마중 나오니 그 수를 가히 세지 못할지라. 또 이두병을 잡아 온다는 말을 듣고 장안의 백성들이 노소 없이 다 즐겨 말하기를,

"극악한 이두병이 형세만 믿고 자칭 천자라 하여 천지가 무궁하기를 바라더니 일시를 보존하지 못하고 어이 그리 단명하는고? 하늘이 통찰하여 네 죄를 아시고, 무지한 백성들도 네 육신을 원하거니 착하고 빛나도다. 일월 같은 조 원수를 보니 도탄 중에 든 백성들이 단비를 만나도다. 사방으로 흩어진 충신들도 소식을 알았던가. 백발 노소 장안 백성들아, 구경 가자스라!"

하고 무수한 백성들이 다투어 구경하더라.

원수가 팔십만 대병을 몰아 황성을 짓쳐 들어오니 황성 백성들이 **남녀노소 없이 길을 막고 나와 원수께 치하**하며 말하기를,

"장하고 장하도다. 어디를 가셨다가 이제야 오십니까? 천우신조로 대송이 회복되도다."

하고 무수히 하례하거늘 원수가 위로하기를,

"살아서 너희를 다시 보니 반갑기 헤아릴 수 없도다."

하시며 행군을 재촉하여 수일 만에 황자강에 이르니 강산 풍경이 예와 같은지라. 문득 옛일을 생각하니 슬픈 생각을 금하지 못하고 사공을 재촉하여 강을 건넜더니 황성관 어귀에 조정 백관이 **이두병과 이관 등을 수레 위에 높이 싣고** 원수의 군행을 기다리다가 원수가 오심을 보고 나아 와 땅에 엎드려 말하기를,

[B] "소인 등은 임금을 속였음이라. 죽어 마땅하나 그때를 당하여서 도망치지 못하였고 또 두병의 형세를 당하지 못하여 참여했으나 매일 송 태자를 생각하오니 가슴 속이 막혀 한순간인들 온전하리오. 천행으로 원수가 이리 오신다 하옴에 범죄 불고하고 두병의 부자를 결박하여 바치니 엎드려 바라건대 원수께서는 불쌍히 여기셔서 널리 용서해 주소서. 소인들의 잔명을 보전하여 주옵심을 바라나이다."

하며 애걸하거늘 원수가 이두병을 보니 분기충천한지라. 진을 머무르게 하고 군사를 호령하여 두병을 붙잡아 오라 하시니, 군사가 일시에 달려들어 두병을 포승으로 묶어 진중에 꿇리니 원수가 호령하여 말하기를,

"두병아, 네 낯을 들어 나를 보라. 네 죄를 생각하니 죽여도 아깝지 않음이라. **태자를 귀양살이 보**내고 사약을 내리니 그 죄가 어떠하며, 또 나를 잡으려고 장졸을 보내어 시절을 요란케 하니 무슨 일이뇨? 사실대로 똑바로 아뢰어라."

하시니 좌우의 무사가 달려들어 창검으로 찌르며 바삐 아뢰라 하는 소리 천지를 진동하는지라.

이두병이 겨우 진정하여 아뢰되,

"나의 조정의 신하들은 성품이 비길 바 없이 음험하고 흉악한 신하들이라. 죄를 알고 나의 부자를 잡아 이 지경이 되었으니 이제 무슨 말을 하리오. 원수의 처분대로 하라."

하니 원수가 더욱 크게 성내어 무사를 호령하여 문초하라 하니 무사들이 일시에 소리하고 달려들어 창검으로 찌르니 두병이 견디지 못하더라.

–작자 미상, 「조웅전(趙雄傳)」–

18. 윗글에 대한 이해로 적절하지 않은 것은?

① 왕 부인은 황제가 죽은 후 태자를 산중으로 피신시켰다.
② 관원들은 엄중하게 예의를 갖추어 황제의 장례를 치렀다.
③ 황제는 조웅의 인물됨을 알아보고 그를 등용하고자 했다.
④ 조웅은 이두병의 죄목을 나열하며 그의 잘못을 심문했다.
⑤ 이두병은 어린 태자의 즉위에 대해 반대의 입장을 취했다.

19. ㉠~㉤에 대한 이해로 가장 적절한 것은?

① ㉠의 사건으로 인해 ㉡ 동안 황제의 신상에 변화가 생긴다.
② ㉠과 ㉢ 사이에 대립하던 신하들이 ㉣의 사건을 통해 화합하게 된다.
③ ㉠에 황제가 결정을 보류했던 일이 ㉤에 다수의 의견에 따라 결정된다.
④ ㉡ 동안 드러난 백성들의 소망이 ㉢의 사건으로 실현된다.
⑤ ㉢의 황제의 죽음 이후, 제위에 대한 논의가 ㉤에 마무리된다.

20. [A]와 [B]에 대한 설명으로 가장 적절한 것은?

① [A]는 상대에 대한 원망을, [B]는 상대에 대한 기대를 물음의 방식을 통해 드러내고 있다.
② [A]는 다른 이의 조언을 바탕으로, [B]는 자신의 경험을 바탕으로 상대의 의견에 반대하고 있다.
③ [A]는 현재의 상황을 명분으로 들어, [B]는 과거의 상황을 해명하며 자신의 입장을 전하고 있다.
④ [A]와 [B]는 모두 도덕적 가치를 내세워 상대의 부당한 처사를 비판하고 있다.
⑤ [A]와 [B]는 모두 고사를 인용하여 상대가 동일한 실수를 반복하지 않도록 조언하고 있다.

[해설편 p.102]

**21.** <보기>를 바탕으로 윗글을 감상한 내용으로 적절하지 않은 것은? [3점]

< 보 기 >

일반적으로 영웅 소설에서 악인은 주인공에게 시련을 가하고 반란을 도모해 권력을 쟁취한다. 악인에게 원한을 갖게 된 주인공은 시련을 극복하며 성장하게 되고 결국 악인의 목숨을 빼앗음으로써 복수를 완성한다. 이 과정에서 악인의 권력에 움츠려 있던 백성들 또한 주인공을 지지하며 악인에게 맞서게 되고, 주인공의 개인적 원한에 대한 복수는 집단의 고통을 해결하고 대의명분을 실현한다는 점에서 정당성을 갖게 된다.

① '조웅을 위하여 천거하는 자'는 '죄를 받'을 것이라고 위협하는 이두병은 조웅의 천거를 방해한다는 점에서 주인공에게 시련을 가하는 악인으로 볼 수 있겠군.
② '역모에 뜻을 두고 옥새를 도모코자' 하는 이두병의 모습은 황제가 되려는 야망을 드러낸다는 점에서 권력을 잡기 위해 정치적 반란을 도모하는 것으로 볼 수 있겠군.
③ '남녀노소 없이 길을 막고 나와 원수께 치하'하는 모습은 이두병의 통치에 고통을 받던 백성들이 조웅의 등장을 반긴다는 점에서 주인공의 행위를 지지하는 것으로 볼 수 있겠군.
④ '이두병과 이관 등을 수레 위에 높이 싣고' 조웅을 기다리는 신하들의 행동은 주인공을 대신해 원한을 해결한다는 점에서 악인에 대한 개인적 복수를 완성한 것으로 볼 수 있겠군.
⑤ 조웅이 '태자를 귀양살이 보'낸 이두병을 심문하는 행위는 왕권을 찬탈한 이두병을 심판한다는 점에서 대의명분을 실현하여 복수의 정당성을 획득한 것으로 볼 수 있겠군.

## [22~25] 다음 글을 읽고 물음에 답하시오.

오수길이가 먼저 용모에게 알은체를 했다.
"워디 가나?"
"심심해서 예까지 나와봤구먼."
용모가 다가가며 대꾸하자 조순만이도 얼굴을 걷으며,
"장보러 나가남?"
하고 물었다.
"아침버텀 장에 가봤자 별 볼일 있간디. 나이타에 지름이나 늫까 허구……"

[A] 하는데 옆에 있던 아이가 고개를 꾸뻑 하여 여겨보니 느름새 위뜸 고학성이 아들 성문이었다. 아이는 겨드랑이에 장끼를 물리고 있었다.

"웬 게냐. 니라 잡었데?"
용모가 물었다.
"으만무지루 칡넝쿨 올무를 해 놨더니 오늘 아침에 가봉께 모가지가 옭혀 죽었더라너먼그려."
오가 아이 대신 그렇다고 일러주었다.
"잡었으면 앓구 있는 아버지나 볶어 디리지 워디 가지구 가는 겨?"
용모가 나무라는 투로 한 말에 오는,
"학생이가 여적지 못 일어났나 뵈. 워디가 워쨰서 못 일어난다나? 누운 지두 달포 가차이나 될 텐디."
하며 염려하였고 조는,
"원체 없는 살림에 약을 먹을라니 되게 째는가 벼. 담뱃값 허게 팔어 오라더랴."
장끼를 어루만져가며 성문이 말로 대꾸했다.
"좀 들헌지 그저 그 타령인지, 나두 자주 못 들여다봐서…… 늬 아빠가 팔어 오라더란 말여?"
용모가 성문이더러 물으니 녀석도 그렇다고 대답했다.
"얼마나 나가나?"
조가 묻고,
"누가 팔어 봤으야지."
오가 고개를 갸웃하는데,
"삼천 원 아래루는 안 팔 거유."
성문이가 어린 것답지 않게 흰소리를 했다.
"글쎄 말여, 드믄 것이긴 해두 그 돈 주구 먹을 사람이 있으까……"
용모는 막연하게 중얼거리고 나서 가던 길을 다시 이었는데, 성문이가 졸래졸래 뒤따라오고 있었다.

[B] 용모가 성문이 손에서 꿩을 넘겨 받아 든 것은 읍내 초입에 들어서기 직전이었다. 그것은 물건을 흥정하기에는 애가 너무 어리고, 뿐만 아니라 곁에서 말마디나 거들어 다다 한 푼이라도 더 받아 쥐게 해 주고 싶었기 때문이었다.

용모는 꿩 날갯죽지를 쥐고 앞뒤로 내둘거리며 장꾼들 틈으로 들어갔다. 보자는 사람만 나서면 아무라도 붙들고 흥정하여 웬만하면 얼른 넘겨주고 아이를 일찍 들여보낼 셈이었다. 그는 하던 대로 먼저 어리전에 들렀다. 그날도 돼지 새끼 염소 닭 오리부터 억지로 젖 뗀 강아지, 생쥐만 한 고양이 새끼까지 고루 나왔는데, 용모가 그곳을 먼저 찾아간 것은 꿩 임자가 있으리라고 여겨서가 아니라 장에 나오면 으레 거기서부터 둘러보았던 습관으로서였다.

**[중략 줄거리]** 장터에서 '용모'는 꿩을 잡았다는 오해로 조사를 받는다. 경찰은 용모를 폭행하고, 자신의 추측대로 진술서를 작성한다. 결국 용모는 수렵 금지 조치 위반으로 재판을 받게 된다.

다음 차례가 용모였다. 용모는 대답을 하고 일어서면서,
"암만 생각해 봐두 말여, 고연히 덧낼 게 아니라 내가 헌 짓이라구 뒤집어쓰는 수밖에 없겄다."
내게 귓속말을 하고 나갔다. 그가 움직이자 새삼 점심에 마신 술 냄새가 물씬했다. 판사는 기록을 한눈으로 훑고 나더니,
"야생 조류나 야생 동물뿐 아니라 입산 금지와 낙엽 채취를 비롯해서 자연을 보호하자는 것이 우리 모두의 당면 과제라는 것을 알 만한 분이 왜 이런 짓 했어요?"

[C] 판사는 앞서보다 훨씬 부드러운 어조였으나 그만큼 위엄이 서리어 있는 것 같기도 했다. 용모는 거듭 읍한 뒤에도 잔뜩 지르숙어 가지고 입을 못 열고 있었다.

"꿩이 천연기념물은 아니지만, 비록 참새 한 마리라도 그것이 보호할 만한 가치가 있어서 보호하자는 건데, 보호하는 사람 따로 있고 해치는 사람 따로 있고 해서야 되겠습니까?"
판사가 거듭 나무라서야 용모가 대답했다. 그런데 뜻밖에도 주눅이 들었거나 겁에 질린 음성이 아니었다.
"물런 그렇지유. 그러나 말입니다, 꿩은 말입니다, 과연 현재 보호헐 만한 가치가 있느냐 하는 것두 문제란 말입니다. 보호헐 건 보호허야 마땅허지만 그렇지 않은 것은 그렇지 않단 말입니다. 실지 농작물을 망치는 해조는 으레 참새만 긴 줄 아시는데 말입니다. 꿩의 피해는 말입니다, 사실 농군에게는 말입니다, 훨씬 심각하다 이 말입니다. 이것은 그냥 참고로 아시라구 말씀드리는 말입니다."


[해설편 p.102]

[D] 용모는 아무것도 꿀릴 게 없다는 투로 원기 있게 말했다. 그것은 술기운 덕도 아닌 것 같았다. 지은 죄 없이 고개 조이고 살아온 사람이 오랜만에 켜보는 기지개와 같은 몸짓으로 믿어야 될 성싶었다.

판사가 고개를 갸웃하고 나서 용모를 쏘아보며 말했다.

"그래서 꿩은 잡아도 무방하다, 해조를 퇴치했다— 이겁니까?"

"도낏자루 감으로 나무를 찍을 때는 쥐고 있는 도낏자루를 기준해서 찍는다는 말도 있지만 말입니다, 물런 그건 아닙니다."

"뭐가 아니오? 당신 같은 생각을 하는 사람 등쌀에 야생 동물이 안 남아나니까 보호하자고 하는 것 아니오?"

"제가 한 말씀 드리겄는디유, 제가 뭐 처벌이 무서워서가 아니라 말입니다, 예. 제가 잘못한 것은 제가 벌을 받아야 옳습니다. 예, 받겠습니다. 그러나 말입니다. 저도 법의 보호를 받고 싶습니다…… 이런 말씀을 드려도 괜찮을는지 모르겄습니다마는……"

"괜찮으니까 당신이 지금 말하고 있는 거 아니오?"

"예, 그러믄유. 여기는 바깥허구 달러서 여러 가지 것을 보호허는 법정이라 이런 말씀도 드릴 수 있는디 말입니다. 동물에 물격이 있으면 저두 인격이 있으니 말입니다, 저두 야생 동물— 아니 그게 아니라, 야생 인간인디 말입니다…… 야생 인격이 물격보다두 거시기허면 말입니다…… 그럴 수는 읎기 때문에 말씀드리는 것입니다."

[E] 나는 용모의 뒷모습을 지켜보다가 문득, 물은 부드러우나 추운 겨울에 얼면 굳어져 부러진다던, 어디서 들은 말이 떠올랐다.

판사가 기록집을 젖혀놓으며 판결했다.

"피의자가 개전의 정이 전혀 안 보여…… 법정에 출두하는데 술에 취해 가지고 와서 횡설수설하고, 정상을 참작할 여지가 없으니까…… 이런 사람 일벌백계로 다스려서 본보기를 삼아야 해요. 벌금 2만 원—"

-이문구, 「관촌수필」-

**22.** 윗글에 대한 이해로 가장 적절한 것은?

① 조순만은 성문이 장에 가는 이유를 용모에게 이야기하고 있다.
② 용모는 장을 보고 돌아오는 길에 성문을 돕겠다고 나서고 있다.
③ 오수길은 고학성이 병에 걸렸다는 사실을 성문의 말을 통해 알게 된다.
④ 고학성은 아들을 장에 보내 자신의 병을 치료할 약을 사 오도록 한다.
⑤ 성문은 조순만의 말을 듣고 거래를 통해 받을 수 있는 금액을 알게 된다.

**23.** 꿩에 대한 이해로 가장 적절한 것은?

① 용모가 농민으로서의 지난 삶을 반성하는 계기가 된 소재이다.
② 경제적 어려움에 처한 용모의 이기적 욕망이 투영된 대상이다.
③ 마을 사람들에게 외면당하고 있는 용모의 처지를 드러내는 소재이다.
④ 용모에게 예상치 못한 어려움을 안겨 주는 사건의 원인이 되는 소재이다.
⑤ 흥정의 상대를 찾으려는 마을 사람들 사이에 갈등을 유발하는 대상이다.

**24.** [A]~[E]의 서술 방식에 대한 설명으로 적절하지 않은 것은?

① [A] : '여겨보니'와 '성문이었다'를 보면, 서술자가 특정 인물의 시각에서 다른 인물에 대한 정보를 제공하고 있음을 알 수 있다.
② [B] : '해 주고 싶었기 때문이었다'를 보면, 서술자가 특정 인물의 행동과 관련된 의도를 파악하고 있음을 알 수 있다.
③ [C] : '판사는'과 '용모는'으로 시작되는 문장을 보면, 서술자가 다양한 인물의 시선을 통해 사건을 입체적으로 제시하고 있음을 알 수 있다.
④ [D] : '아닌 것 같았다'와 '믿어야 될 성싶었다'를 보면, 서술자가 특정 인물의 발화에 담긴 의미를 추측하여 서술하고 있음을 알 수 있다.
⑤ [E] : '지켜보다가'와 '떠올랐다'를 보면, 작품 속의 서술자가 인물을 관찰하며 떠오른 생각을 드러내고 있음을 알 수 있다.

**25.** 다음은 이 작품이 발표된 시기의 신문 기사이다. 이를 참고하여 윗글을 감상한 내용으로 적절하지 않은 것은? [3점]

> **○○일보** 1974년 △월 △일
>
> **조수 보호는 됐지만 농가 보호는 어디로**
>
> 지난 1972년부터 조수 보호 정책에 따라 야생 동물의 전면적인 수렵 금지 조치가 시행 중이다. 해당 조치 이후 야생 동물 보호라는 목적은 이루었지만, 이 정책에 대한 농민들의 인식은 부족한 실정이다. 수렵 금지 조치를 위반한 사람은 1년 이하의 징역 또는 10만 원 이하의 벌금에 처하는데, 강제적 규제에 대한 농민들의 반발 또한 거세다. 농가 1가구당 월 평균 수입이 3만 원을 웃도는 것을 감안하면 벌금의 부담이 크기 때문이다. 한편 늘어난 야생 동물로 인한 경제적 피해도 심각한데, □□군의 경우 농작물 생산량이 계획보다 30% 정도 감소할 전망이다. 농촌 현실에 대한 이해를 바탕으로 한 농민 보호 대책을 마련해 달라는 진정도 쏟아지고 있어, 야생 동물을 자율적으로 보호하기 위한 사회적 합의가 필요한 상황이다.

① 조수 보호 정책에 대한 농민들의 인식이 부족했다는 기사 내용을 보니, 용모는 올무에 잡힌 꿩을 파는 것이 큰 문제가 되지 않을 것이라고 생각했겠군.
② 야생 동물의 자율적 보호를 위한 사회적 합의가 필요하다는 기사 내용을 통해, 판사가 용모에게 자연 보호가 당면 과제임을 부드러운 어조로 말하는 의도를 파악할 수 있겠군.
③ 늘어난 야생 동물로 인한 경제적 피해가 심각했다는 기사 내용을 통해, 용모가 꿩도 농작물을 해치는 해조이므로 보호할 가치가 없다고 말한 이유를 이해할 수 있겠군.
④ 강제적 규제에 대한 농민들의 반발이 거셌다는 기사 내용을 통해, 자신도 법의 보호를 받고 싶다고 반발하는 용모의 심리를 파악할 수 있겠군.
⑤ 농가 1가구당 월 평균 수입이 3만 원을 웃돌았다는 기사 내용을 보니, 판사가 용모에게 내린 2만 원의 벌금형이 용모의 가계에 부담이 될 수 있었겠군.

09회

**[26~31] 다음 글을 읽고 물음에 답하시오.**

(가)

**십 년** 종사 후에 **고향**으로 도라오니
**산천 의구하**되 인사(人事)는 달라졌구나
아마도 세간의 존멸을 못내 슬허 하노라 <제1수>

산화(山花)는 뫼의 픠고 물새는 산의 운다
일신이 한가하야 **산수간**의 누어시니
세상의 **어즈러은 긔별**을 나는 몰라 하노라 <제4수>

거믄고 빗기 들고 산수를 희롱하니
청풍은 건듯 블고 명월도 도라온다
하믈며 유신(有信)한 갈매기는 오명 가명 하나니 <제5수>

거믄고 흥진(興盡)커던 조대(釣臺)로 내려가니
도화 뜬 말근 믈 뛰노나니 고기로다
아이야 밋기 다지 마라 취적(取適)*이나 하오리라 <제7수>

–신교, 「귀산음(歸山吟)」–

* 취적 : 낚시질의 참뜻이 세상 생각을 잊고자 하는 데 있음.

(나)

**백수**(白首)에 산수 구경 늦은 줄 알지마는
평생 품은 뜻을 이루고야 말리라 여겨
병자년 봄에 봄옷을 새로 입고 [A]
죽장망혜(竹杖芒鞋)로 노계 깊은 골에 마침내 찾아오니
제일강산(第一江山)이 **임자 없이** 버려져 있네
예로부터 은사 처사 많이도 있지마는
천지가 감췄다가 나를 주려 남겼도다
(중략)
하물며 태평 시대에 버려진 몸이 할 일이 아주 없어
세간명리(世間名利)는 **뜬구름** 본 듯하고
아무런 욕심 없이 탈속의 마음만 품고서 [B]
이내 생애를 산수에 깃들인 채
길고 긴 봄날에 낚싯대 비껴 쥐고 [C]
칡두건 베옷으로 낚시터 건너오니
산의 비 잠깐 개고 햇볕이 쬐는데
맑은 바람 더디 오니 고요한 수면이 더욱 밝다
검은 돌이 다 보이니 고기 수를 세겠노라 [D]
고기도 낯이 익어 놀랄 줄 모르니
차마 어찌 낚겠는가
낚시 놓고 배회하며 물결을 굽어보니
운영천광(雲影天光)*은 어리어 잠겼는데
어약우연(魚躍于淵)*을 구름 위에서 보는구나
ⓐ 하 문득 놀라 살펴보니 위아래가 뚜렷하다
한 줄기 동풍에 어찌하여 어부 피리 높이 불어오는가
적적한 강가에 반갑게도 들리는구나
지팡이 짚고 바람 쐬며 좌우를 돌아보니
**누대의 맑은 경치** 아마도 깨끗하구나
물도 하늘 같고 하늘도 물 같으니 [E]
푸른 물과 긴 하늘이 한 빛이 되었거든
물가에 갈매기는 오는 듯 가는 듯 그칠 줄을 모르네

–박인로, 「노계가(蘆溪歌)」–

* 운영천광 : 구름 그림자와 하늘빛.
* 어약우연 : 물고기가 연못에서 뜀.

(다)

머지않아 숲에는 수런수런 신록(新綠)의 문이 열리리라. 그때는 나도 숲에 들어가 한 그루 정정한 나무가 되고 싶다. 나무들처럼 새 움을 틔우고 가지를 뻗으면서 연둣빛 물감을 풀어내고 싶다. 가려 둔 속 뜰을 꽃처럼 열어 보이고 싶다.

허허, 이 봄날이 나를 흔들려고 하네.

귀는 항시 듣던 소리를 즐거워하고 눈은 새로운 것을 보고자 한다는 말은 그럴 법하다. 음악을 듣더라도 귀에 익은 곡만을 즐겨 듣고, 새것을 찾아 눈은 구경거리의 발길을 멈추려고 하지 않는다. 그러니 귀는 좀 보수적이고 눈은 제법 진보적인 셈.

재작년이던가 여름날에 있었던 일이다. 날씨가 화창하여 밀린 빨래를 해치웠었다. 성미가 비교적 급한 나는 빨래를 하더라도 그날로 풀을 먹여 다려야지 그렇지 않으면 찜찜해서 심기가 홀가분하지 않다. 그날도 여름 옷가지를 빨아 다리고 나서 노곤해진 몸으로 마루에 누워 쉬려던 참이었다. **팔베개를 하고 누워**서 서까래 끝에 열린 하늘을 **무심히** 바라보고 있었다. 그러다가 모로 돌아누워 산봉우리에 눈을 주었다. 갑자기 산이 달리 보였다. ⓑ 하, 이것 봐라 하고 나는 벌떡 일어나 이번에는 가랑이 사이로 산을 내다보았다. 우리들이 어린 시절 동무들과 어울려 놀이를 하던 그런 모습으로.

그건 새로운 발견이었다. 하늘은 호수가 되고, 산은 호수에 잠긴 그림자가 되었다. 바로 보면 굴곡이 심한 산의 능선이 거꾸로 보니 훨씬 유장하게 보였다. 그리고 숲의 빛깔은 원색이 낱낱이 분해되어 멀고 가까움이 선명하게 드러나 얼마나 아름다운지 몰랐다. 나는 하도 신기해서 일어서서 바로 보다가 다시 거꾸로 보기를 되풀이했다.

이러한 동작을 누가 지켜보고 있었다면 필시 미친 중으로 여겼을 것이다. 그러나 여기에서 나는 새로운 사실을 캐낼 수 있었다.

우리가 **일상적**으로 **사람**을 대하거나 **사물**을 보고 인식하는 것은 틀에 박힌 고정관념에 지나지 않는다. 그렇기 때문에 이미 알아 버린 대상에서는 새로운 모습을 찾아내기 어렵다. **아무개 하**면, 자신의 인식 속에 들어와 이미 굳어 버린 그렇고 그런 존재로밖에 볼 수가 없는 것이다. 이건 얼마나 그릇된 오해인가. 사람이나 사물은 끝없이 형성되고 변모하는 것인데.

그러나 보는 각도를 달리함으로써 그 사람이나 사물이 지닌 새로운 면을, **아름다운 비밀**을 **찾아낼 수** 있다. 우리들이 시들하게 생각하는 그저 그렇고 그런 사이라 할지라도 선입견에서 벗어나 맑고 따뜻한 '**열린 눈**'으로 바라본다면 **시들한 관계**의 뜰에 생기가 돌 것이다.

내 눈이 열리면 그 눈으로 보는 세상도 열리는 법이다.

–법정, 「거꾸로 보기」–

26. (가)~(다)의 공통점으로 가장 적절한 것은?

① 구체적인 경험을 바탕으로 지향하는 삶의 모습을 드러내고 있다.
② 과거의 삶을 후회하며 이상적 세계에 대한 동경을 드러내고 있다.
③ 역사적 사실을 언급하며 상황에 대한 비판적 시각을 드러내고 있다.
④ 옛 성현의 말을 반복하여 목표를 이루기 위한 의지를 드러내고 있다.
⑤ 가상의 상황을 설정하여 다가올 미래에 대한 기대감을 드러내고 있다.



[해설편 p.103]

27. (가)에 대한 이해로 적절하지 않은 것은?

① <제1수>에서는 영탄적 표현을 통해 화자의 정서를 드러낸다.
② <제4수>에서는 대구의 방식을 활용하여 시적 상황을 표현한다.
③ <제5수>에서는 시적 대상에 인격을 부여하며 대상에 대한 친밀감을 드러낸다.
④ <제7수>에서는 말을 건네는 방식을 사용하여 상대와의 동질감을 표현한다.
⑤ <제7수>에서는 <제5수>에 언급된 대상을 다시 언급하며 화자의 행위가 변화했음을 드러낸다.

28. [A]~[E]에 대한 이해로 적절하지 않은 것은?

① [A]의 '평생 품은 뜻'이 의미하는 바를 [B]에서 확인할 수 있다.
② [A]의 '봄옷'에 대한 화자의 태도는 [C]의 '베옷'에 대한 화자의 태도와 대조되고 있다.
③ [B]의 '산수에 깃들인 채' 사는 삶의 양상을 [C]에서 확인할 수 있다.
④ [B]의 '욕심 없이' 살아가는 화자의 모습을 [D]에서 확인할 수 있다.
⑤ [D]의 '고기 수'를 셀 정도로 맑은 자연의 이미지가 [E]에서도 이어지고 있다.

29. <보기>를 참고하여 (가), (나)를 감상한 내용으로 적절하지 않은 것은? [3점]

< 보 기 >

자연에서의 한가로운 삶을 형상화한 사대부들의 시가를 일컬어 '강호시가'라고 한다. 강호시가에서의 자연은 화자에게 익숙한 곳일 수도, 사람들이 쉽게 찾지 못했던 곳일 수도 있다. 이러한 자연은 화자가 오랜 세월을 거쳐 찾아온 공간으로서, 자신이 바라던 생활을 누릴 수 있다는 점에서 화자에게 만족감을 준다. 화자는 자연 속에서 번잡한 속세를 부정적으로 인식하고, 자연과 더불어 유유자적한 삶을 향유하는 모습을 보여준다.

① (가)의 자연은 화자가 '고향'의 '산천'이 '의구하'다고 말하는 것으로 보아 화자에게 익숙한 곳으로 볼 수 있군.
② (나)의 자연은 '임자 없이' 감춰져 있던 곳이라는 점에서 사람들이 쉽게 찾지 못했던 곳으로 볼 수 있군.
③ (가)의 '십 년', (나)의 '백수'는 자신이 바라던 생활을 누릴 수 있는 공간을 찾기 위해 화자가 노력한 세월로 볼 수 있군.
④ (가)의 '어즈러은 긔별'과 (나)의 '뜬구름'에서 화자가 속세에 대해 부정적으로 인식하고 있음을 엿볼 수 있군.
⑤ (가)의 '산수간'에 누워 있는 모습과 (나)의 '누대의 맑은 경치'를 바라보는 모습에서 화자가 유유자적한 삶을 즐기는 모습을 확인할 수 있군.

30. ⓐ와 ⓑ에 대한 이해로 가장 적절한 것은?

① ⓐ는 하늘의 모습을 물에서 보게 된 것에 대한, ⓑ는 산의 모습이 평소와 달리 보이는 것에 대한 반응이다.
② ⓐ는 하늘과 물의 변함없는 모습을 본 것에 대한, ⓑ는 선명하게 드러난 산의 모습을 본 것에 대한 반응이다.
③ ⓐ는 하늘이 물의 모습을 닮아 변해 가는 것에 대한, ⓑ는 산이 주변의 모습을 닮아 변해 가는 것에 대한 반응이다.
④ ⓐ는 하늘과 맞닿은 물이 분리되어 보이는 것에 대한, ⓑ는 산과 주변이 조화로운 모습을 보이는 것에 대한 반응이다.
⑤ ⓐ는 하늘과 물이 뒤바뀐 모습을 보게 된 것에 대한, ⓑ는 과거와 달라진 현재 산의 모습을 보게 된 것에 대한 반응이다.



31. <보기>를 참고하여 (다)를 감상한 내용으로 적절하지 않은 것은?

< 보 기 >

무엇인가를 진심으로 이해하고자 하는 사람은 마음을 구속하는 제약에서 벗어나 자유로워야 한다. 지식은 새로운 것을 이해하는 데 장애가 되며, 지식을 토대로 무언가를 경험하는 순간 마음은 그것을 기존의 지식으로 해석하고 이름 붙인다. 따라서 지식을 완전히 멈출 때 새로운 것을 경험할 수 있다. 미지의 것을 경험하기 위해서는 기존의 지식이 개입하지 않아야 한다는 것이다. 기존의 지식에서 벗어나야 진정한 자유를 얻을 수 있다.

① '팔베개를 하고 누워' 하늘을 '무심히' 바라보는 것은 지식을 멈추고 새로운 것을 경험하려는 행동으로 볼 수 있겠군.
② '사람'과 '사물'을 '일상적'으로 대하는 것은 미지의 것을 경험하는 데에 장애가 될 수 있겠군.
③ 어떤 대상에 대해 '아무개 하'는 것은 그 대상을 기존의 지식으로 해석하게 한다고 볼 수 있겠군.
④ '아름다운 비밀'을 '찾아낼 수' 있는 것은 기존의 지식에 의지하지 않고 대상을 진심으로 이해했기 때문으로 볼 수 있겠군.
⑤ '시들한 관계'를 '열린 눈'으로 바라보는 것은 진정한 자유를 얻기 위해 필요한 자세로 볼 수 있겠군.

[32~34] 다음 글을 읽고 물음에 답하시오.

(가)

동짓달에도 날씨가 며칠 푸근하면
철없는 개나리는 **노란 얼굴** 내민다
봄이 오면 꽃샘추위 아랑곳없이
진달래는 곳곳에 소담스럽게 피어난다
피어나는 꽃의 마음을
가냘프다고 / 억누를 수 있느냐
어두운 땅속으로 뻗어나가는 뿌리의 힘을
**보이지 않는**다고 / 업신여길 수 있느냐
땅에 깊숙이 뿌리내리고
**하늘**로 피어오르는 꿈을
드높은 가지 끝에 품은
나무처럼 젊은이들도
힘차게 위로 솟아오르고
ⓐ 조용히 아래로 깊어지며
**밝고 넓게 퍼져 나가기**를
그러나 행여 잊지 말기를
ⓑ 아무리 높다란 나뭇가지 끝에서
저 들판 너머를 볼 수 있어도
**뿌리**는 언제나 땅속에 있고 / 지하수가 수액이 되어
남모르게 줄기 속을 흐르지 않으면
바람결에 멀리 향냄새 풍기는
아카시아도 라일락도 / 절대로 피어날 수 없음을

-김광규, 「나무처럼 젊은이들도」-

(나)

ⓒ 사당역 4호선에서 2호선으로 갈아타려고
에스컬레이터에 실려 올라가서
뒤돌아보다 마주친 저 수많은 얼굴들
모두 붉은 흙 가면 같다
얼마나 많은 불가마들이 저 얼굴들을 구워 냈을까

**무표정한 저 얼굴** 속 어디에
ⓓ 아침마다 두 눈을 번쩍 뜨게 하는 힘 숨어 있었을까
밖에서는 기척도 들리지 않을 이 깊은 **땅속**을
밀물져 가게 하는 힘 숨어 있었을까

하늘 한구석 별자리마다 쪼그리고 앉아
별들을 가마에서 구워 내는 분 계시겠지만
그분이 점지하는 운명의 별빛 지상에 내리겠지만
물이 쏟아진 듯 몰려가는
땅속은 너무나 깊어
그 별빛 여기까지 닿기나 할는지

수많은 저 사람들 몸속마다에는
밖에선 **볼 수 없는** 뜨거움이 일렁거리나 보다
저마다 진흙으로 돌아가려는 몸을 **일으켜 세우는**
**불가마** 하나씩 깃들어 있나 보다

ⓔ 저렇듯 십 년 이십 년 오십 년 얼굴을 구워 내고 있었으니
모든 얼굴은 뜨거운 속이 굽는 붉은 흙 가면인가 보다

-김혜순, 「별을 굽다」-

32. (가)와 (나)의 공통점으로 가장 적절한 것은?

① 음성 상징어를 활용하여 대상의 역동성을 표현하고 있다.
② 계절적 배경을 묘사하여 대상이 처한 상황을 드러내고 있다.
③ 유사한 문장 구조를 반복하여 대상의 속성을 부각하고 있다.
④ 자연과 인간을 대비하여 대상이 지닌 가치를 강조하고 있다.
⑤ 공간의 이동에 따라 대상이 변화하는 모습을 나타내고 있다.

33. ⓐ~ⓔ에 대한 이해로 가장 적절한 것은?

① ⓐ: 현실에 대처하는 자세를 드러내어 젊은이들이 힘겨운 현실로 인해 고뇌하는 모습을 강조하고 있다.
② ⓑ: 극단적 상황임을 강조하여 현실에 순응하는 삶을 선택해야만 하는 젊은이들의 좌절감을 드러내고 있다.
③ ⓒ: 변화를 추구하는 모습을 통해 현실에서 벗어나기 위한 현대인의 노력을 그려내고 있다.
④ ⓓ: 삶이 반복되고 있음을 보여 주어 현대인을 일터로 향하게 만드는 원인에 대한 비판적 시각을 드러내고 있다.
⑤ ⓔ: 수많은 사람들의 삶을 얼굴에 빗대어 각자의 일생을 만들어 가고 있는 현대인의 모습을 보여 주고 있다.

34. <보기>를 참고하여 (가)와 (나)를 감상한 내용으로 적절하지 않은 것은? [3점]

< 보 기 >

(가)는 추운 날씨에도 꽃을 피우며 이상적 세계를 향해 가는 나무의 생명력의 근원이 보이지 않는 땅속의 뿌리에 있음을 보여 주며, 젊은이들도 나무처럼 살아가기를 바라는 마음을 드러낸다. (나)는 일상에 지쳐 살아가는 삶을 극복해 낼 수 있는 현대인의 생명력의 근원이 인간 바깥의 초월적 세계가 아니라 인간의 내부에서 기원한다는 사유를 드러낸다.

① (가)의 '노란 얼굴'은 겨울임에도 꽃을 피워내는 나무의 모습을, (나)의 '무표정한 저 얼굴'은 화자가 지하철역에서 만난 현대인의 모습을 보여 주고 있다.
② (가)의 '보이지 않는'은 나무가 꽃을 피우게 하는 생명력이 사라진 상황을, (나)의 '볼 수 없는'은 현대인이 현실을 이겨내게 하는 생명력이 사라진 상황을 보여 주고 있다.
③ (가)의 '하늘'은 나무가 희망을 품고 향해 가는 곳임을, (나)의 '땅속'은 현대인이 반복적인 일상을 살아가는 곳임을 보여주고 있다.
④ (가)의 '밝고 넓게 퍼져 나가기'는 젊은이들이 나무처럼 꿈을 피워내기를 바라는 마음을, (나)의 '일으켜 세우는'은 현대인이 삶의 의지를 불러일으키는 모습을 보여 주고 있다.
⑤ (가)의 '뿌리'는 나무가 아름다운 향기를 풍기게 하는 힘의 근원임을, (나)의 '불가마'는 현대인이 일상을 극복하는 힘의 근원임을 보여 주고 있다.

* 확인 사항

○ 답안지의 해당란에 필요한 내용을 정확히 기입(표기)했는지 확인하시오.

○ 이어서, **「선택과목(화법과 작문)」** 문제가 제시되오니, 자신이 선택한 과목인지 확인하시오.



[해설편 p.105]

# 제 1 교시 국어 영역(화법과 작문) 09회

[35~37] 다음은 학생의 발표이다. 물음에 답하시오.

여러분, 최근에 약속 장소를 정하거나 새로운 장소에 갈 때 지도를 보신 적이 있나요? (청중의 대답을 듣고) 네, 여러분이 보았던 지도처럼 우리가 평소 접하는 일반적인 지도는 사실적인 지리 정보를 제공할 목적으로 제작되는 경우가 대부분입니다. 그런데 옛 지도 중에는 정확한 사실 정보보다 제작자의 주관적 인식을 더 중요하게 나타낸 경우도 있었습니다. 오늘 소개할 '천하도'가 그런 지도의 대표적인 예인데요, 천하도를 통해 당대 사람들의 독특한 세계관을 살펴볼 수 있습니다.

천하도는 17세기부터 19세기까지 널리 유행한 조선 시대의 세계 지도입니다. (㉠ 자료 제시) 천하도의 다양한 판본 중 하나인 이 지도는 현재 국립중앙박물관에 소장되어 있는데요, 전체 형태를 보시면 세계를 원 형태로 나타내고 중앙의 안쪽 대륙, 이 대륙을 둘러싼 바다, 바다 밖의 대륙으로 구성한 점 등이 천하도의 전형적인 양식에 해당합니다. (㉡ 자료 제시) 위의 그림은 지도의 중앙 부분을 확대한 그림입니다. (나라를 가리키며) 안쪽 대륙에는 실제 나라인 중국, 조선국이 표시된 것을 볼 수 있습니다. 그런데 바깥 대륙 일부분을 확대한 아래 그림을 볼까요? 여기 '불사국'은 말 그대로 사람이 죽지 않는 나라라는 뜻으로 실제 존재하는 나라가 아닙니다. 이외에도 바다와 바깥 대륙에는 대인국, 머리가 세 개인 사람들이 사는 삼수국 등 상상의 나라들이 많이 나타나 있습니다. (㉢ 자료 제시) 또 가장자리 일부를 확대한 그림을 보시면 선으로 연결된 동그라미들이 보이실 텐데요, 이 부분은 28수의 별자리를 그린 것으로 천문학에 대한 제작자의 관심을 보여 주고 있습니다.

천하도는 판본별로 차이는 있지만 주로 안쪽 대륙에 실제 나라, 바다와 바깥 대륙에 상상의 나라를 원형의 세계로 그린 점은 대부분 동일합니다. 이런 독특한 형태의 세계 지도는 조선에만 존재한 것으로 알려져 있습니다. 그렇다면 이러한 천하도가 제작된 이유는 무엇일까요? 당시 서양 세계에 대해 새로운 정보를 접한 조선의 지식인들은 동아시아를 세계의 중심에 두고 그 바깥에 실제 서양 세계 대신 가상의 나라를 그림으로써 세계에 대한 새로운 인식을 표현하고자 했는데요, 그 결과 천하도와 같은 세계 지도가 만들어진 것입니다.

방금 소개한 천하도 외에도 흥미로운 옛 지도들이 많습니다. 옛 지도에 담긴 과거 사람들의 인식이나 가치관을 더 알아보고 싶으신 분은 국토지리정보원, 국립중앙박물관 누리집에 방문하시면 다양한 자료를 더 찾아볼 수 있습니다. 이상으로 발표를 마치겠습니다.

**35.** 위 발표자의 말하기 방식으로 가장 적절한 것은?

① 청중의 경험을 환기하여 발표 내용에 대한 청중의 관심을 유도하고 있다.
② 발표 순서를 안내하여 청중이 발표 내용에 대해 예측할 수 있도록 하고 있다.
③ 발표 중간에 질문을 하여 청중이 발표 내용을 이해하고 있는지 확인하고 있다.
④ 청중의 요청에 따라 발표 내용과 관련 있는 정보를 추가적으로 제시하고 있다.
⑤ 발표 내용을 요약하여 마무리함으로써 청중에게 발표의 중심 내용을 강조하고 있다.

**36.** 다음은 발표자가 제시한 자료이다. 발표자의 자료 활용에 대한 설명으로 적절하지 않은 것은?

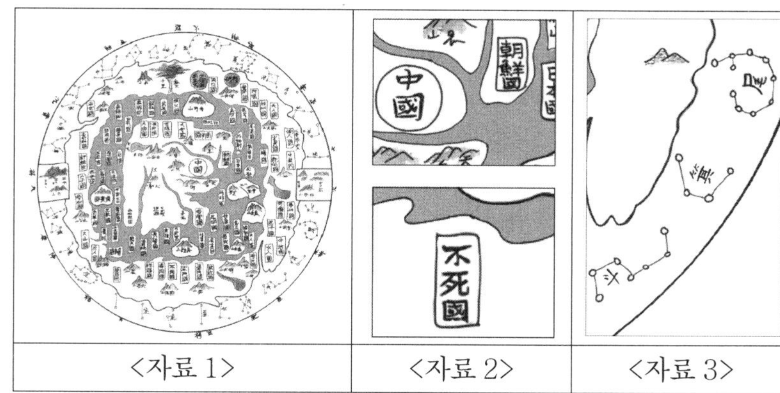


| <자료 1> | <자료 2> | <자료 3> |
|---|---|---|

① ㉠에 <자료 1>을 활용하여 '천하도'의 전체 형태를 보여 주고 있다.
② ㉠에 <자료 1>을 활용하여 '천하도'의 전형적인 특징을 설명하고 있다.
③ ㉡에 <자료 2>를 활용하여 실제 나라와 상상의 나라를 구분하여 보여 주고 있다.
④ ㉡에 <자료 2>를 활용하여 지도 제작자의 세계관이 변화되는 양상을 설명하고 있다.
⑤ ㉢에 <자료 3>을 활용하여 천문학에 대한 제작자의 관심이 지도에 반영되었음을 설명하고 있다.

**37.** 발표 내용을 바탕으로 할 때, <보기>에 나타난 학생들의 반응에 대한 이해로 가장 적절한 것은?

< 보 기 >

**학생 1**: 지도는 사실적 정보만을 담아 제작하는 것이라고 알고 있었는데, 제작자의 주관적 가치관이 지도에 반영될 수도 있다는 점을 새롭게 알게 됐어.

**학생 2**: 옛 지도는 대동여지도밖에 몰랐는데, 당대 사람들의 상상력이 담긴 세계 지도가 존재한다는 걸 알게 되어 유익했어. 발표자가 알려준 누리집에 방문해서 다른 지도들도 더 찾아봐야겠어.

**학생 3**: 오늘 발표에서 천하도가 판본별로 차이가 있다고 설명했는데, 판본에 따라 어떤 차이가 있는지 더 구체적으로 알려줬으면 좋았을 것 같아.

① '학생 1'은 발표 내용을 바탕으로 추가적인 활동을 계획하고 있다.
② '학생 2'는 발표자가 발표 중 다루지 않은 내용을 언급하며 아쉬움을 표현하고 있다.
③ '학생 3'은 발표 내용이 실생활에 도움이 되는 정보인지를 평가하고 있다.
④ '학생 1'과 '학생 2'는 모두 발표 내용과 관련 있는 자신의 배경지식을 떠올리고 있다.
⑤ '학생 2'와 '학생 3'은 모두 발표를 통해 새로운 사실을 알게 된 것을 긍정적으로 생각하고 있다.

[38~42] (가)는 토론 전 찬성 측 학생이 작성한 입론서 초고이고, (나)는 이를 읽은 찬성 측 학생들이 나눈 대화이다. 물음에 답하시오.

(가)

'디지털 유산의 상속권을 인정해야 한다.'에 찬성합니다. 디지털 유산이란 고인이 생전에 인터넷상에 남긴 데이터 형태의 모든 정보를 말합니다. 현재 우리나라는 디지털 유산에 대한 상속권이 제도적으로 명확하게 규정되지 않아 인터넷 서비스를 제공하는 기업별로 상속권에 대해 서로 다른 약관을 적용하고 있습니다. ㉠ 그래서 고인이 남긴 디지털 유산에 대한 상속인들의 접근이 제한되어 고인과의 추억을 잃게 되거나 재산상의 손해를 입기도 합니다.

논제에 찬성하는 이유는 디지털 유산이 상속 대상이라고 생각하기 때문입니다. 현재 디지털 유산은 크게 인터넷 계정에 대한 권리와 데이터 자체로 나누어 볼 수 있습니다. 인터넷 계정의 경우 계약상 지위에 해당하기 때문에 포괄적 권리의무의 대상으로 볼 수 있습니다. 따라서 피상속인의 재산에 관한 포괄적 권리의무는 상속인에게 당연 승계된다는 민법 조항에 따라 상속 대상이 될 수 있습니다. 데이터의 경우도 실체는 없지만 데이터가 재산적 가치가 부여된 저작물이라면 공개 여부에 상관없이 당연히 상속 대상으로 볼 수 있습니다.

하지만 현재 우리나라의 민법 조항에 따르면 인터넷 계정을 계약상의 지위가 아닌, 특정 개인에만 온전히 속한 계약으로 해석할 수 있어 상속 대상으로 보지 않기도 합니다. 또 고인이 남긴 데이터에 대해서도 민법에서 인정하는, 상속 대상이 되는 물건이 아니라는 점 때문에 상속권을 인정받지 못하기도 합니다. 상속인의 경제적 이익을 위해 디지털 유산의 가치를 알릴 필요도 있습니다. 따라서 디지털 유산을 상속 가능한 대상으로 명확하게 규정한 법 제도를 마련하여 상속인의 권리를 인정해야 한다고 생각합니다.

(나)

**학생 1**: 작성해 준 초고는 잘 봤어. [토론 개요서]를 작성하며 미리 의논했던 대로 논제에 대한 입장을 분명히 밝히고 시작하니까 우리 입장이 잘 드러난 것 같아. 그래도 토론에 참여하려면 입론서를 조금 수정해야 할 것 같아.

**학생 2**: 그래. 함께 작성한 토론 개요서를 참고해서 쓰긴 했는데 혹시 부족한 부분이 있으면 알려 줘.

[A]

**학생 3**: 보완할 부분이 있는지 알려 달라는 거지? 토론 개요서를 작성하며 조사한 낯선 용어들의 개념은 모두 설명해 줄 필요가 있을 것 같아.

**학생 2**: 하지만 토론자들이 이미 용어의 의미를 공유하고 있어서 조사한 용어를 모두 다 설명할 필요는 없다고 생각했어.

**학생 1**: 그렇긴 해도 배경지식이 없는 청중들은 생소하게 느낄 수 있으니까 조사한 용어를 빠짐없이 설명해 주는 것이 더 낫다고 생각해.

**학생 2**: 그래. 그럼 용어가 처음 등장할 때 개념도 같이 설명할게.

**학생 3**: 그런데 우리나라 인터넷 서비스 제공 기업의 디지털 유산과 관련된 약관의 내용을 언급하지는 않았구나.

**학생 2**: 분량이 너무 길어질 것 같아서 인터넷 서비스 기업별 약관의 내용에 대해서는 구체적으로 언급하지 않았어. 대신에

[ Ⓐ ]

[B]

**학생 1**: 그래. 그 정도면 충분할 것 같아. 그런데 디지털 유산의 상속권을 인정하고 있는 독일의 사례가 빠져 있는 것 같은데, 두 번째 단락에 근거로 추가해서 설득력을 높이는 건 어떨까?

**학생 2**: 디지털 유산의 상속권과 관련된 다른 나라의 제도나 해외 기업의 사례는 조금 더 꼼꼼히 조사한 후 반론 단계에서 활용하는 게 좋다고 생각해서 언급하지 않았어.

**학생 3**: 좋긴 한데, 지난번에 함께 조사해서 알고 있듯이 해외 기업들의 경우 디지털 유산 정책이 다양해서 반대 측에서도 해외 기업의 사례를 근거로 들 수 있을 것 같아서 걱정돼.

**학생 1**: 우린 디지털 유산의 상속권을 실질적으로 인정하고 있는 기업의 사례만 반론 단계에서 근거로 활용하면 되지 않을까?

**학생 3**: 그래. 그리고 상속권을 인정하는 기업의 정책이 그렇지 않은 기업의 정책보다 상속인에게 더 이익이 된 사례를 함께 제시하면 설득력을 높일 수 있을 거야.

**학생 1**: 좋은 생각이야. 그리고 입론서에 데이터 중 저작물에 대해서만 상속 대상으로 언급하고 있는데 괜찮을까?

**학생 3**: 데이터 중 저작물이 아니더라도 공개 여부에 따라 상속 대상으로 인정되는 경우가 있더라고. 저작물이 아닌 데이터의 공개 여부에 따라 상속 대상으로 인정되는 경우를 구분하여 설명할 필요가 있을 것 같아.

**학생 2**: 그래. 그렇게 수정해 볼게. 그리고 반론을 사전에 차단하기 위해 마지막 단락에 반대 측 근거로 조사한 내용을 의도적으로 추가했는데 오히려 상대측의 근거로 활용되는 건 아닐까?

**학생 3**: 난 오히려 현재 상속 제도의 문제점이 부각돼서 더 좋은 것 같아. 대신 현재의 제도를 어떻게 개선해야 하는지 좀 더 구체적으로 제시해야 예상되는 반론을 효과적으로 제한할 수 있을 것 같아.

**학생 1**: 좋아. 그리고 마지막 단락에 토론의 쟁점인 '디지털 유산이 상속 대상인가?'와 관련 없는 내용이 있는데, 삭제하여 논의 내용을 초점화하는 게 좋을 것 같아.

**학생 2**: 그래. 지금까지 나온 내용을 바탕으로 다시 수정해 볼게.

38. (가)에 활용된 글쓰기 방식으로 가장 적절한 것은?

① 디지털 유산의 개념을 정의한 후 상속인의 자격을 안내하는 방식으로 서술하였다.
② 디지털 유산을 기록 매체에 따라 분류한 후 상속 대상이 될 수 있는지 점검하는 방식으로 서술하였다.
③ 디지털 유산에 대한 상속권을 인정받지 못하는 문제의 원인을 밝힌 후 해결책을 제시하는 방식으로 서술하였다.
④ 디지털 유산을 상속 대상으로 보아야 하는 이유를 나열한 후 상속 과정을 절차에 따라 안내하는 방식으로 서술하였다.
⑤ 디지털 유산의 유형에 따라 상속권을 제한하는 제도를 비교한 후 두 제도 사이의 차이점을 밝히는 방식으로 서술하였다.


[해설편 p.106]

39. 다음은 '학생 2'가 (가)를 작성하기 위해 참고한 토론 개요서이다. (나)의 대화를 참고했을 때, ⓐ~ⓔ가 (가)에 반영된 양상으로 적절하지 않은 것은? [3점]

| 논제 | ⓐ 디지털 유산의 상속권을 인정해야 한다. | |
|---|---|---|
| ⓑ 용어의 개념 | ◦디지털 유산 : 고인이 생전에 인터넷상에 남긴 데이터 형태의 모든 정보<br>◦포괄적 권리의무 : 특정 개인에 온전히 속한 것을 제외한 모든 권리와 의무 | |
| ⓒ 논제의 배경 | ◦○○기업 : 계정 정보 제공하지 않음. 공개된 데이터의 백업 제공.<br>◦△△기업 : 계정 정보 및 데이터를 유족에게 제공하지 않음. | |
| 입장 | 찬성 | 반대 |
| 주장 | 디지털 유산은 상속 대상이다. | 디지털 유산은 상속 대상이 아니다. |
| 이유 및 근거 | ⋮<br>ⓓ ◦독일의 경우 디지털 유산의 상속권을 인정함.<br>⋮ | ⓔ ⋮<br>◦특정 주체만 향유할 수 있는 권리는 포괄적 권리의무에 해당하지 않음.<br>◦실체가 없는 데이터는 상속 대상 물건에 해당하지 않음.<br>⋮ |

① ⓐ: 사전에 의논한 대로 디지털 유산의 상속에 대해 찬성하는 입장을 밝히며 글을 시작하였다.
② ⓑ: 토론자들의 배경지식을 고려하여 특정 용어의 개념에 대한 설명을 생략하였다.
③ ⓒ: 분량을 조절하기 위해 디지털 유산에 대한 약관이 인터넷 서비스 기업별로 다르다는 점만 언급하였다.
④ ⓓ: 반론 단계의 근거로 활용하기 위해 디지털 유산의 상속권을 인정하고 있는 다른 나라의 사례를 생략하였다.
⑤ ⓔ: 예상되는 반론을 이끌어 내기 위해 반대 측이 활용할 수 있는 근거를 의도적으로 언급하였다.

40. [A], [B]에 대한 설명으로 적절하지 않은 것은?

① [A]에서 '학생 3'은 자신이 이해한 내용이 맞는지 확인하며 '학생 2'에게 자신의 의견을 제시하고 있다.
② [A]에서 '학생 1'은 '학생 2'와 '학생 3'의 의견을 절충한 뒤 절충한 의견이 더 나은 이유를 설명하고 있다.
③ [B]에서 '학생 1'은 '학생 2'에게 주장에 대한 설득력을 높일 수 있는 근거를 추가할 것을 제안하고 있다.
④ [B]에서 '학생 3'은 '학생 2'와 공유하고 있는 정보를 바탕으로 '학생 2'의 의견에 대한 우려를 나타내고 있다.
⑤ [A]와 [B] 모두 '학생 2'는 다른 학생의 제안을 들은 후 자신이 의도했던 바를 구체적으로 밝히고 있다.

41. ㉠을 고려할 때, Ⓐ에 들어갈 말로 가장 적절한 것은?

① 디지털 유산을 상속받기 위한 조건을 언급하여 제도를 개선하기 위한 방향을 제시했어.
② 디지털 유산의 상속으로 인해 발생하는 이익을 언급하여 디지털 유산이 지닌 가치를 강조했어.
③ 디지털 유산을 상속받기 위해 노력한 사례를 언급하여 디지털 유산 상속의 어려움을 구체화했어.
④ 디지털 유산에 대한 상속인들의 접근이 제한되는 이유를 언급하여 제도가 지닌 한계를 구체화했어.
⑤ 디지털 유산의 상속권을 인정하지 않아 발생하는 현실적 피해를 언급하여 제도 개선의 필요성을 드러냈어.

09회

42. (나)의 논의 내용을 반영하여, (가)를 수정하기 위한 방안으로 가장 적절한 것은?

| 초고 | 수정 내용 |
|---|---|
| 1문단 | ◦'포괄적 권리의무'의 개념을 설명한다. ············ ① |
| 2문단 | ◦디지털 유산의 상속권을 인정하는 해외 기업의 사례를 추가한다. ············ ②<br>◦데이터의 공개 여부에 따라 저작물의 상속권이 인정되는 경우를 구분하여 설명한다. ············ ③ |
| 3문단 | ◦토론 쟁점과 관련 없는, 디지털 유산의 가치를 알려야 한다는 내용을 삭제한다. ············ ④<br>◦디지털 유산의 상속권을 제한하는 현재의 제도를 구체적으로 제시한다. ············ ⑤ |

**[43~45] 다음은 환경 동아리 학생이 작성한 보고서의 초고이다. 물음에 답하시오.**

폐어구 문제에 대한 조사 보고서

Ⅰ. 조사 동기 및 목적

우리 동아리는 '지구를 위한 환경 보호 실천'을 취지로 우리 주변의 환경오염 실태를 분석하고, 이에 대한 해결 방안을 모색하는 활동을 진행하고 있다. 최근 멸종 위기종으로 보호받고 있는 해양 생물들이 폐어구로 인해 죽어 간다는 뉴스를 접한 후, 해양 생태계를 위협하는 요인으로 주목받고 있는 폐어구 문제의 현황과 폐어구의 증가 원인을 살펴보고, 이에 대한 해결 방안을 찾아보기 위해 이 보고서를 작성하였다.

Ⅱ. 폐어구 문제의 현황과 폐어구의 증가 원인

'폐어구'란 더 이상 못 쓰게 되어 바다에 버려진 그물이나 통발, 밧줄 등의 어구를 말한다. '해양수산부'의 통계 자료에 따르면, 전체 해양 쓰레기 발생량 중 폐어구가 차지하는 비율이 가장 높으며 매년 증가하는 추세라고 한다. 전체 어획량의 10%에 해당하는 해양 생물이 폐어구로 인해 목숨을 잃고 있는 것으로 나타났는데, 이는 경제적 가치로 환산하면 약 3,700억 원에 달한다. 또한 폐어구로 인한 해양 선박 사고도 꾸준히 발생하고 있다.

폐어구가 증가하는 가장 큰 원인은 해양에 폐어구를 버리는 행위를 막을 수 있는 제도적 장치가 실효성이 없기 때문이다. 이미 어업인들을 대상으로 어구에 소유 정보를 표시하는 어구

실명제가 실시되고 있지만, 이를 위반하더라도 과태료 처분이 실질적인 제재로 이어지지 않아 유명무실하게 운영되고 있는 상황이다. 또한 폐어구의 경우, 대부분이 바닷속에 가라앉아 있어 눈에 보이지 않기 때문에 그 심각성에 비해 사회적인 인식이 낮은 것도 폐어구가 증가하는 원인으로 작용하고 있다.

Ⅲ. 폐어구 문제의 해결 방안

먼저 어구실명제 위반에 대한 신고포상금제를 마련하고, 폐어구를 불법으로 버리는 소유주들에 대한 법적 제재를 강화하는 등 어구실명제가 실질적으로 운영될 수 있도록 제도적 장치를 보완할 필요가 있다. 또한 폐어구로 인한 환경오염의 실태를 보여 주는 자료를 제작, 배포하여 사회 전반적으로 폐어구 문제에 대해 사람들의 관심을 이끌어 낼 필요가 있다. 시민들도 폐어구 문제가 남의 일이라는 방관적 태도에서 벗어나 자신의 일로 여길 수 있는 인식의 전환이 필요하다.

[A] 이처럼 폐어구로 인한 해양 환경오염 문제를 해결하기 위해서는 법적인 제도 보완과 함께 시민들의 관심과 실천이 뒷받침되어야 한다. 시민들은 낚시 및 해양 레저활동 시 사용한 낚시 도구와 쓰레기를 수거해 가야 한다.

**43.** 학생이 보고서의 초고를 쓰기 위해 세운 계획 중 초고에 반영되지 않은 것은?

① 독자의 이해를 돕기 위해 조사 대상의 개념을 설명해야겠어.
② 통계 자료를 활용하여 문제의 현황을 객관적으로 전달해야겠어.
③ 문제의 심각성을 보여 주는 자료가 조사의 동기가 되었음을 언급해야겠어.
④ 여러 방안의 장단점을 비교하여 가장 효율적인 문제 해결 방안을 제시해야겠어.
⑤ 문제의 해결 방안을 제도적인 측면과 인식적인 측면으로 구분하여 제시해야겠어.

**44.** 다음은 [A]를 쓴 후 학생이 선생님께 보낸 이메일이다. ㉮에 들어갈 내용으로 가장 적절한 것은?

> 보내 주신 검토 의견 중 (　　㉮　　)하여 해결 방안의 의의를 드러내는 것이 좋겠다는 조언을 바탕으로 초고의 마지막 부분을 아래와 같이 수정했습니다.
>
> 이처럼 폐어구로 인한 해양 환경오염 문제를 해결하기 위해서는 법적인 제도 보완과 함께 시민들의 관심과 실천이 뒷받침되어야 한다. 이러한 노력을 통해 멸종 위기종의 보호뿐만 아니라 우리가 살아가는 지구를 위한 환경 보호도 실천할 수 있을 것이다.

① 폐어구 문제의 원인은 삭제하고, 정부의 제도적 지원 방안을 추가
② 폐어구 문제의 원인은 삭제하고, 폐어구 문제의 조사 동기와 동아리의 취지를 반영
③ 시민들의 관심을 촉구하는 내용은 삭제하고, 정부의 제도적 지원 방안을 추가
④ 시민들의 개인적 실천 방안은 삭제하고, 폐어구 문제를 알릴 수 있는 홍보 방안을 추가
⑤ 시민들의 개인적 실천 방안은 삭제하고, 폐어구 문제의 조사 동기와 동아리의 취지를 반영

**45.** <보기>는 학생이 초고를 보완하기 위해 추가로 수집한 자료이다. 자료 활용 방안으로 적절하지 않은 것은? [3점]

< 보 기 >

ㄱ. **통계 자료**

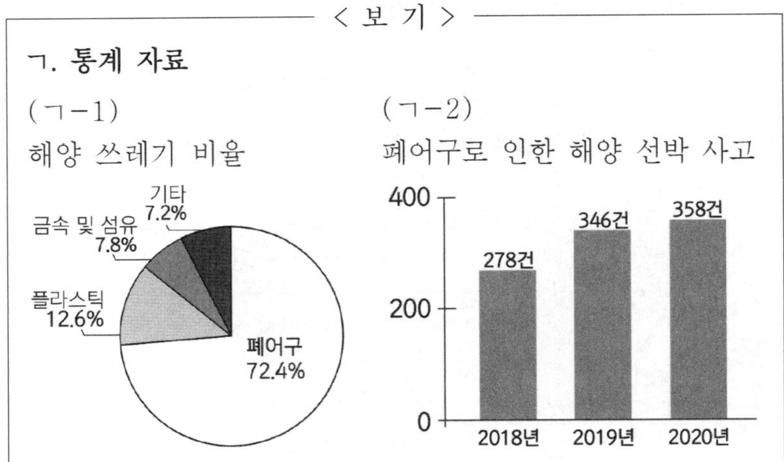


ㄴ. **신문 기사 자료**

최근 멕시코 해안에서 바다거북 300마리가 폐어구에 걸려 죽은 채로 발견되었다. 이처럼 폐어구에 해양 생물이 걸려 죽거나 다치는 현상을 '유령 어업'이라고 한다. ○○ 자료에 따르면 수거된 폐어구 중 소유 정보를 표기하지 않은 폐어구가 85%로 나타났다. 이에 어구에 전자 태그를 의무적으로 부착하고, 폐어구 투기를 실질적으로 제재할 수 있는 과태료 처분의 필요성이 제기되고 있다.

ㄷ. **전문가 인터뷰 자료**

"폐어구를 수거해 성분을 분석해 보니 플라스틱이 87%를 차지하고 있었습니다. 플라스틱은 미세플라스틱으로 분해되어, 해양 환경에 심각한 위협을 가할 수 있습니다. 이런 위험성을 막기 위해 A국은 어구에 전자 태그를 부착하고 있는데요, 폐어구의 분실 및 투기를 막는 데 큰 효과를 보고 있습니다."

① ㄱ-1을 활용하여, 해양 쓰레기 중 폐어구가 차지하는 비율이 높다는 Ⅱ의 내용을 보완하기 위해 구체적인 수치를 제시한다.
② ㄱ-2를 활용하여, 폐어구로 인한 해양 선박 사고가 꾸준히 발생하고 있다는 Ⅱ의 내용을 뒷받침하는 근거로 제시한다.
③ ㄴ을 활용하여, 폐어구로 인해 해양 생물들이 죽어 간다는 Ⅰ의 내용의 사례로 제시한다.
④ ㄱ-1과 ㄷ을 활용하여, 폐어구 문제의 심각성을 보여 주는 Ⅱ의 내용에 해양 쓰레기 중 폐어구 성분의 대부분을 차지하는 플라스틱이 해양 환경을 위협한다는 문제를 추가한다.
⑤ ㄴ과 ㄷ을 활용하여, 어구실명제의 실질적인 운영이 중요하다는 Ⅲ의 내용에 어구실명제가 폐어구 수거율을 높여 과태료 부담을 덜어준다는 내용을 추가한다.

* 확인 사항
○ 답안지의 해당란에 필요한 내용을 정확히 기입(표기)했는지 확인하시오.
○ 이어서, 「**선택과목(언어와 매체)**」 문제가 제시되오니, 자신이 선택한 과목인지 확인하시오.



[해설편 p.107]

제 1 교시

# 국어 영역(언어와 매체)

09회

[35~36] 다음 글을 읽고 물음에 답하시오.

부정의 뜻을 나타내는 문장을 부정문이라고 하는데, 부정문에는 '안' 부정문과 '못' 부정문이 있다. '안' 부정문은 주어의 의지에 의한 의지 부정이나 객관적인 사실을 부정하는 단순 부정을 나타내고, '못' 부정문은 주어의 능력 또는 상황에 의한 부정을 나타낸다. '안' 부정문에는 부정 부사 '안(아니)'이나 용언 '아니다', 보조 용언 '아니하다(않다)'를, '못' 부정문에는 부정 부사 '못'이나 보조 용언 '못하다'를 사용한다. 그리고 명령문과 청유문의 부정에는 보조 동사 '말다'를 사용한다.

이 가운데 '안' 부정문은 서술어의 종류에 따라 다양한 형태로 나타나는데, 서술어가 '체언+이다'로 된 경우에는 체언에 보격 조사 '이/가'를 붙여 '체언+이/가 아니다'의 형태로 나타난다. 서술어가 용언인 경우에는 서술어 앞에 '안'을 놓거나 용언의 어간에 보조적 연결 어미 '-지'를 붙여 '-지 아니하다'의 형태로 나타난다. 이때 전자를 '짧은 부정문', 후자를 '긴 부정문'이라고 한다. 그런데 짧은 부정문은 용언에 따라 부정문을 만들 수 없는 경우가 있다.

ㄱ. *밥이 안 설익다. / ㄴ. *내가 너를 안 앞서다.
※ '*'는 비문임을 나타냄.

일반적으로 '안' 부정문은 ㄱ, ㄴ과 같이 서술어로 쓰인 용언이 파생어나 합성어인 경우 짧은 부정문을 만들면 자연스럽지 않은 문장이 된다. 그러나 사동사, 피동사, 접미사 '-하다'로 파생된 일부 용언이나 '돌아가다, 들어가다'와 같이 보조적 연결 어미를 매개로 한 합성 동사는 어떤 제약도 없이 짧은 부정문을 만들 수 있다.

한편 중세 국어에서의 '안' 부정문은 현대 국어와 달리 수식언인 관형사와 부사의 앞에 '아니'가 위치하는 부정도 나타났다. 서술어가 용언인 경우에는 현대 국어와 마찬가지로 짧은 부정문과 긴 부정문이 모두 사용되었는데, 짧은 부정문은 서술어 앞에 '아니'를 사용하고, 긴 부정문은 보조적 연결 어미 '-디'를 사용하여 '-디 아니ᄒᆞ다'의 형태로 나타났다. 한편 접미사 '-ᄒᆞ다'가 결합한 동사의 어근이 명사나 한자어일 경우에는 어근과 접미사 '-ᄒᆞ다' 사이에 '아니'를 넣어 짧은 부정문을 만들어 사용하기도 하였다.

35. 윗글에 대한 이해로 적절하지 않은 것은?

① 짧은 부정문인 '그가 모기에 안 뜯기다.'가 자연스러운 이유는 서술어인 '뜯기다'가 합성 동사이기 때문이겠군.
② 짧은 부정문인 '이 자동차가 안 값싸다.'가 자연스럽지 않은 이유는 서술어인 '값싸다'가 합성어이기 때문이겠군.
③ 짧은 부정문인 '그가 약속 시간을 안 늦추다.'가 자연스러운 이유는 서술어인 '늦추다'가 사동사이기 때문이겠군.
④ 짧은 부정문인 '보따리가 한 손으로 안 들리다.'가 자연스러운 이유는 서술어인 '들리다'가 피동사이기 때문이겠군.
⑤ 짧은 부정문인 '할아버지 댁 마당이 안 드넓다.'가 자연스럽지 않은 이유는 서술어인 '드넓다'가 파생어이기 때문이겠군.

36. 윗글을 바탕으로 <보기>의 중세 국어 자료를 이해한 내용으로 적절하지 않은 것은?

< 보 기 >

ⓐ 敢히 노티 아니ᄒᆞ다라 [감히 놓지 아니하더라]
ⓑ 비록 아니 여러 나리라도 [비록 여러 날이 아니더라도]
ⓒ 妙法이 둘 아니며 세 아닐ᄊᆡ
[묘법이 둘이 아니며 셋이 아니므로]
ⓓ 塞外北狄인ᄃᆞᆯ 아니 오리잇가
[변방 밖의 북쪽 오랑캐인들 아니 오겠습니까]
ⓔ 나도 現在 未來 一切 衆生ᄋᆞᆯ 시름 아니 호리라
[나도 현재와 미래의 모든 중생에 대해 시름 아니 하리라]

① ⓐ와 ⓒ를 보니, '안' 부정문이 용언과 체언에 대한 부정을 나타내는 데 모두 사용되었음을 알 수 있군.
② ⓐ와 ⓓ를 보니, '안' 부정문이 평서문과 의문문에서 모두 사용되었음을 알 수 있군.
③ ⓐ와 ⓔ를 보니, '안' 부정문이 긴 부정문과 짧은 부정문에서 모두 사용되었음을 알 수 있군.
④ ⓑ와 ⓔ를 보니, '안' 부정문이 관형사와 부사에 대한 부정을 나타내는 데 모두 사용되었음을 알 수 있군.
⑤ ⓒ와 ⓔ를 보니, '안' 부정문이 단순 부정과 의지 부정을 나타내는 데 모두 사용되었음을 알 수 있군.

37. <학습 활동>을 수행한 결과로 적절하지 않은 것은? [3점]

<학습 활동>

다음은 국어의 음운 변동과 관련된 내용이다. 자료에서 ⓐ~ⓔ를 확인할 수 있는 예를 모두 골라 묶어 보자.

ⓐ [ㄱ, ㄷ, ㅂ]으로 발음되는 종성은 'ㄴ, ㅁ' 앞에서 [ㅇ, ㄴ, ㅁ]으로 발음한다.
ⓑ [ㄱ, ㄷ, ㅂ]으로 발음되는 종성 뒤에 연결되는 'ㄱ, ㄷ, ㅂ, ㅅ, ㅈ'은 된소리로 발음한다.
ⓒ 'ㄱ, ㄴ, ㄷ, ㄹ, ㅁ, ㅂ, ㅇ' 이외의 자음이 종성에 놓일 때에는 [ㄱ, ㄴ, ㄷ, ㄹ, ㅁ, ㅂ, ㅇ] 중 하나로 발음한다.
ⓓ 받침 뒤에 모음 'ㅏ, ㅓ, ㅗ, ㅜ, ㅟ' 들로 시작되는 실질 형태소가 연결되는 경우에는, 대표음으로 바꾸어서 뒤 음절 첫소리로 옮겨 발음한다.
ⓔ 합성어 및 파생어에서 앞 단어나 접두사의 끝이 자음이고 뒤 단어나 접미사의 첫음절이 '이, 야, 여, 요, 유'인 경우에는, 'ㄴ' 음을 첨가하여 [니, 냐, 녀, 뇨, 뉴]로 발음한다.

자료 겉옷[거돋], 국밥만[국빰만], 백분율[백뿐뉼]
색연필[생년필], 헛일[헌닐]

① ⓐ : 국밥만, 색연필, 헛일 ② ⓑ : 국밥만, 백분율
③ ⓒ : 겉옷, 헛일 ④ ⓓ : 겉옷, 백분율
⑤ ⓔ : 백분율, 색연필, 헛일

[해설편 p.107]

**38.** <보기>의 ㉠에 들어갈 말로 적절한 것은?

<보 기>

**선생님** : 우리말에서 '새-, 샛-, 시-, 싯-'은 색채를 나타내는 형용사에 붙어 '매우 짙고 선명하게'의 뜻을 더하는 접두사입니다. 이 접두사들은 결합하는 형용사의 어두음과 첫 음절의 모음에 따라 각각 다르게 사용되는데요, 다음의 자료를 바탕으로 '새-, 샛-, 시-, 싯-'에 대해 탐구해 보세요.

자료

| | ㉮ | ㉯ |
|---|---|---|
| ⓐ | 새까맣다 | 시꺼멓다 |
| ⓑ | 새파랗다 | 시퍼렇다 |
| ⓒ | 새하얗다 | 시허옇다 |
| ⓓ | 샛노랗다 | 싯누렇다 |
| ⓔ | 샛말갛다 | 싯멀겋다 |

**학 생** : ________㉠________

① ⓐ를 보니, '새-'와 달리 '시-'는 결합하는 형용사의 어두음이 된소리일 때에 붙었어요.
② ㉮를 보니, '샛-'과 달리 '새-'는 결합하는 형용사의 첫음절의 모음이 양성 모음일 때에 붙었어요.
③ ㉯를 보니, '시-'와 달리 '싯-'은 결합하는 형용사의 첫음절의 모음이 음성 모음일 때에 붙었어요.
④ ㉮와 ㉯를 보니, '새-, 샛-'과 달리 '시-, 싯-'은 결합하는 형용사의 어두음이 거센소리일 때에 붙었어요.
⑤ ⓐ~ⓒ와 ⓓ~ⓔ를 보니, '새-, 시-'와 달리 '샛-, 싯-'은 결합하는 형용사의 어두음이 울림소리일 때에 붙었어요.

**39.** <보기 1>은 준말에 관한 한글 맞춤법의 일부이다. <보기 1>을 참고하여 <보기 2>의 ㉠~㉤을 이해한 내용으로 적절하지 <u>않은</u> 것은?

<보기 1>

**제35항** 모음 'ㅗ, ㅜ'로 끝난 어간에 '-아/-어, -았-/-었-'이 어울려 'ㅘ/ㅝ, ㅘㅆ/ㅝㅆ'으로 될 적에는 준 대로 적는다.
**제35항 [붙임2]** 'ㅚ' 뒤에 '-어, -었-'이 어울려 'ㅙ, ㅙㅆ'으로 될 적에도 준 대로 적는다.
**제38항** 'ㅏ, ㅗ, ㅜ, ㅡ' 뒤에 '-이어'가 어울려 줄어질 적에는 준 대로 적는다.

<보기 2>

○ 새끼줄을 열심히 ㉠ <u>꼬았다</u>.
○ 올해도 큰집에서 설을 ㉡ <u>쇠었다</u>.
○ 자전거 앞바퀴에 돌을 ㉢ <u>괴어</u> 놓았다.
○ 그의 표정에서 지친 기색이 ㉣ <u>보이어</u> 안타까웠다.
○ 산 정상에 올라가니 시야가 탁 ㉤ <u>트이어</u> 상쾌했다.

① ㉠: 모음 'ㅗ'로 끝난 어간에 '-았-'이 어울려 줄어들 수 있는 경우로, '꽜다'로도 적을 수 있겠군.
② ㉡: 모음 'ㅚ' 뒤에 '-었-'이 어울려 줄어들 수 있는 경우로, '쇘다'로도 적을 수 있겠군.
③ ㉢: 모음 'ㅚ' 뒤에 '-어'가 어울려 줄어들 수 있는 경우로, '괘'로도 적을 수 있겠군.
④ ㉣: 모음 'ㅗ' 뒤에 '-이어'가 어울려 줄어들 수 있는 경우로, '뵈어'로도 적을 수 있겠군.
⑤ ㉤: 모음 'ㅡ' 뒤에 '-이어'가 어울려 줄어들 수 있는 경우로, '틔어'로도 적을 수 있겠군.

**[40~43] (가)는 사용자 참여형 인터넷 백과사전의 일부이고, (나)는 라디오 방송 대담의 일부이다. 물음에 답하시오.**

(가)

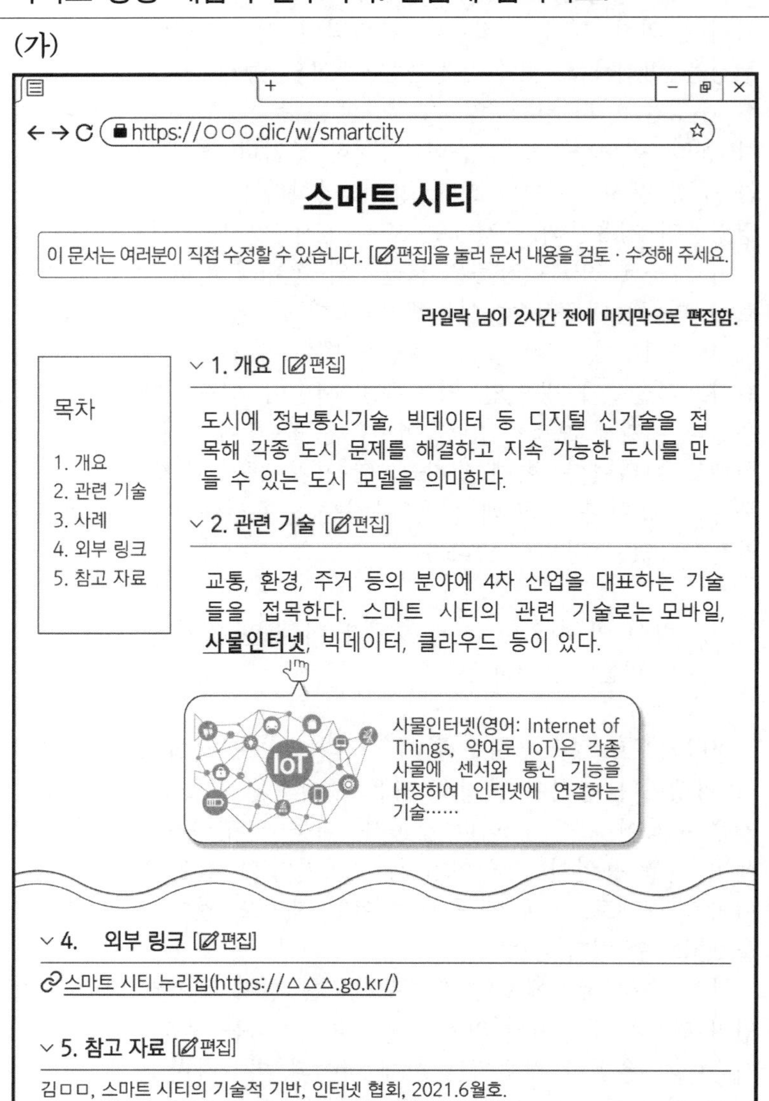
https://○○○.dic/w/smartcity

스마트 시티

이 문서는 여러분이 직접 수정할 수 있습니다. [편집]을 눌러 문서 내용을 검토·수정해 주세요.

라일락 님이 2시간 전에 마지막으로 편집함.

목차
1. 개요
2. 관련 기술
3. 사례
4. 외부 링크
5. 참고 자료

1. 개요 [편집]

도시에 정보통신기술, 빅데이터 등 디지털 신기술을 접목해 각종 도시 문제를 해결하고 지속 가능한 도시를 만들 수 있는 도시 모델을 의미한다.

2. 관련 기술 [편집]

교통, 환경, 주거 등의 분야에 4차 산업을 대표하는 기술들을 접목한다. 스마트 시티의 관련 기술로는 모바일, **사물인터넷**, 빅데이터, 클라우드 등이 있다.

사물인터넷(영어: Internet of Things, 약어로 IoT)은 각종 사물에 센서와 통신 기능을 내장하여 인터넷에 연결하는 기술……

4. 외부 링크 [편집]

스마트 시티 누리집(https://△△△.go.kr/)

5. 참고 자료 [편집]

김□□, 스마트 시티의 기술적 기반, 인터넷 협회, 2021.6월호.

(나)

**진행자** : (시작을 알리는 음악) 생방송으로 진행되는 상식 톡톡 시간입니다. ㉠ <u>어제 예고한 대로 오늘 대담의 주제는 스마트 시티입니다</u>. 문자 메시지나 방송국 앱으로 질문을 보내주세요. 도시 공학 분야의 전문가이신 ○○○ 교수님을 모셨습니다. 안녕하세요.
**전문가** : 네, 안녕하세요. ○○○입니다.
**진행자** : 반갑습니다, 교수님. 바쁘신데 나와 주셔서 감사합니다. 우선 스마트 시티란 무엇인지 여쭤보겠습니다.
**전문가** : 네, 예를 들어 말씀드릴게요. 쓰레기를 버리러 나갔는데 수거함이 가득 차 불편했던 적 있으시지요? 센서를 통해 생성된 데이터를 활용하면 이를 해결할 수 있습니다. 수거함에 센서를 부착하면 이 센서는 수거함이 일정 수준만큼 찼을 때 담당 직원에게 신호를 보냅니다. ㉡ <u>신호를 받은 직원은 수거 차량에 수거함의 위치 정보를 제공하고,</u> 수거를 위한 최적 경로까지 알려줍니다. 이렇게 되면 시민들은 불편함 없이 수거함을 이용할 수 있겠지요. 이처럼 도시에서 생성된 데이터를 이용하여 시민들에게 편리한



[해설편 p.108]

서비스를 제공하는 것이 스마트 시티의 아이디어입니다.

**진행자** : 데이터를 이용해 시민들에게 편리한 삶을 제공할 수 있군요. 그렇다면 데이터를 어떻게 모으나요?

**전문가** : 네, 센서가 정보 수집 도구가 됩니다. 우리의 생활 공간에는 수많은 센서가 있습니다. 여러분이 사용하는 휴대 전화, 차량 등이 모두 센서입니다. ㉢ <u>그동안은 센서를 통해 생성된 데이터가 한곳에 모이지 못했습니다</u>. 이제는 클라우드 기술의 발전으로 교통 흐름과 같은 정보들을 한곳에 모을 수 있습니다. 이뿐만 아니라 데이터를 이용하면 건물 간에 남는 에너지를 공유할 수도 있습니다.

**진행자** : 흥미롭네요. 말씀하신 것 중에 남는 에너지를 교환하는 것에 대한 설명이 더 필요할 것 같습니다.

**전문가** : 어떤 건물에 태양광 전지판이 있다고 가정해 볼게요. ㉣ <u>그것을 통해 해당 건물은 에너지를 자체적으로 생산할 수 있습니다</u>. 에너지를 사용한 후에는 남은 에너지가 있을 수 있지요? 만약 건물에 에너지를 보관하는 저장고와 에너지를 공유하는 시스템이 있다면 에너지를 공유할 수도 있습니다.

**진행자** : 그렇네요. 지금 앱을 통해 가장 많은 분들이 질문하신 건데요, 스마트 시티 기술이 이미 적용된 도시가 있을까요?

**전문가** : 해외 사례로 말씀드리겠습니다. 바르셀로나의 A지구에는 스마트 가로등이 있습니다. ㉤ <u>이 가로등은 무선 인터넷의 공유기 역할을 하면서 소음 수준과 공기 오염도까지 분석합니다</u>. 가로등에 설치된 센서가 인구 밀집도까지 파악하여 자동으로 밝기를 조절함으로써 에너지를 절감하고 있는 것이지요. 우리나라도 이와 같은 스마트 시티의 기술들이 현재 많은 도시들에 적용되고 있습니다.

**진행자** : 방금 △△ 시내에 통제되는 도로가 있다고 해서요, 그곳을 지나는 분들은 참고하시기 바랍니다. 자세한 교통 상황 전해 드리고 대담을 이어가도록 하겠습니다. (교통 안내 방송으로 이어지는 음악)

**40.** (가)와 (나)에 대한 설명으로 가장 적절한 것은?

| | |
|---|---|
| 정보 구성 방식 | ○ (가)는 문자와 이미지가 쓰였다는 점에서, (나)는 음성과 음악을 사용했다는 점에서 복합 양식적 특성을 보여 주고 있다. ······ ①<br>○ (가)와 (나)는 모두 선조적으로 정보를 제공하기 때문에 정보 제공자가 정보 수용자의 반응을 확인하며 정보 제시 순서를 조정한다. ······ ② |
| 정보 유통 방식 | ○ (가)는 (나)와 달리 시의성을 지니는 정보를 실시간으로 제공하고 있다. ······ ③<br>○ (나)는 (가)와 달리 정보 제공자와 정보 수용자 사이의 소통이 일방향으로 이루어지고 있다. ······ ④<br>○ (가)와 (나)는 모두 정보를 가공하여 전달하는 데 시·공간적 제약을 받지 않는다. ······ ⑤ |

**41.** (가)에 대한 이해로 적절하지 <u>않은</u> 것은?

① 정보 수용자가 문서의 내용 중 원하는 내용을 쉽게 찾을 수 있도록 목차를 제시하고 있다.
② 정보 수용자가 문서 내용과 관련된 웹사이트로 이동할 수 있도록 하이퍼링크 기능을 제공하고 있다.
③ 인터넷 사용자들이 정보 생산자로 참여할 수 있도록 문서 내용을 입력하거나 수정하는 기능을 제공하고 있다.
④ 정보 생산자가 제공한 문서에 대한 신뢰성을 확보할 수 있도록 문서 내용의 근거가 되는 자료의 출처를 밝히고 있다.
⑤ 정보 수용자가 다른 수용자들의 문서 열람 여부를 확인할 수 있도록 최종적으로 문서가 작성된 이력을 제공하고 있다.

09회

**42.** ㉠~㉤에 대한 설명으로 적절하지 <u>않은</u> 것은?

① ㉠ : 의존 명사 '대로'를 사용하여 청취자에게 예고한 것과 같이 '스마트 시티'가 대담의 주제임을 밝히고 있다.
② ㉡ : 부사격 조사 '에'를 사용하여 수거함의 위치 정보를 제공받는 대상이 '수거 차량'임을 드러내고 있다.
③ ㉢ : 피동사 '모이다'를 사용하여 행위의 주체보다는 행위의 대상인 '데이터'에 초점을 두어 설명하고 있다.
④ ㉣ : 지시 대명사 '그것'을 사용하여 직전 발화에서 이미 언급한 대상인 '태양광 전지판'을 가리키고 있다.
⑤ ㉤ : 연결 어미 '-면서'를 사용하여 '공유기 역할'이라는 조건이 충족되면 다른 기능도 수행함을 드러내고 있다.

**43.** 다음은 (나)를 들은 청취자들이 청취자 게시판에 남긴 내용이다. 청취자의 수용 태도에 대한 설명으로 적절하지 <u>않은</u> 것은? [3점]

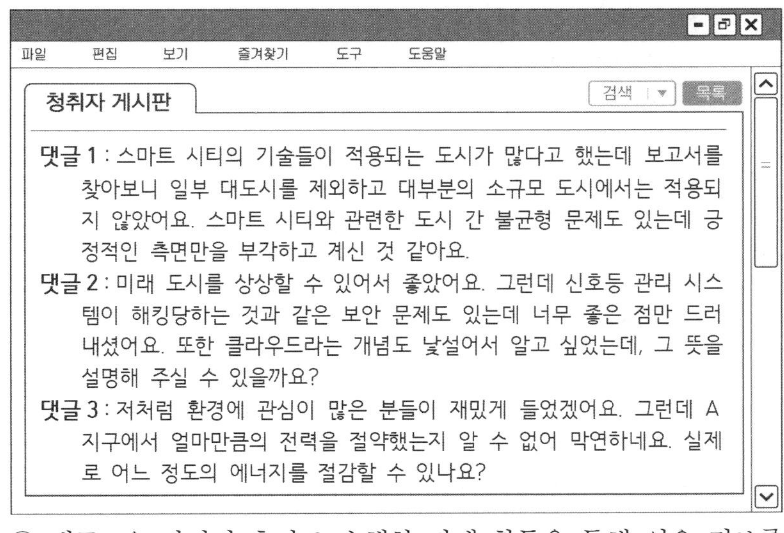


**댓글 1** : 스마트 시티의 기술들이 적용되는 도시가 많다고 했는데 보고서를 찾아보니 일부 대도시를 제외하고 대부분의 소규모 도시에서는 적용되지 않았어요. 스마트 시티와 관련한 도시 간 불균형 문제도 있는데 긍정적인 측면만을 부각하고 계신 것 같아요.

**댓글 2** : 미래 도시를 상상할 수 있어서 좋았어요. 그런데 신호등 관리 시스템이 해킹당하는 것과 같은 보안 문제도 있는데 너무 좋은 점만 드러내셨어요. 또한 클라우드라는 개념도 낯설어서 알고 싶었는데, 그 뜻을 설명해 주실 수 있을까요?

**댓글 3** : 저처럼 환경에 관심이 많은 분들이 재밌게 들었겠어요. 그런데 A지구에서 얼마만큼의 전력을 절약했는지 알 수 없어 막연하네요. 실제로 어느 정도의 에너지를 절감할 수 있나요?

① 댓글 1은 자신이 추가로 수행한 탐색 활동을 통해 얻은 정보를 근거로 대담 내용의 사실 여부를 점검하고 있다.
② 댓글 2는 자신이 원하는 정보를 대담에서 제공하지 않았음을 언급하며 이에 대한 답변을 질문의 형식으로 요청하고 있다.
③ 댓글 3은 교수가 제시한 사례와 관련한 정보가 충분하지 않음을 지적하며 구체적인 수치를 밝히지 않은 점에 대한 아쉬움을 드러내고 있다.
④ 댓글 1과 댓글 2는 모두 대담에서 다루지 않은 내용이 있음을 언급하며 대담의 관점이 한쪽으로 치우쳐 공정하지 않다는 점을 지적하고 있다.
⑤ 댓글 2와 댓글 3은 모두 대담이 특정 관심사를 지닌 청취자에게 유용하다는 점을 밝히며 새로 알게 된 내용을 다른 상황에 적용하고 있다.

[44~45] (가)는 발표를 준비하기 위해 '준엽'이 제작해 인터넷 공유 문서에 올린 발표 초안이고, (나)는 (가)의 세 번째 슬라이드에 대해 학생들이 휴대 전화 메신저로 나눈 대화의 일부이다. 물음에 답하시오.

(가)

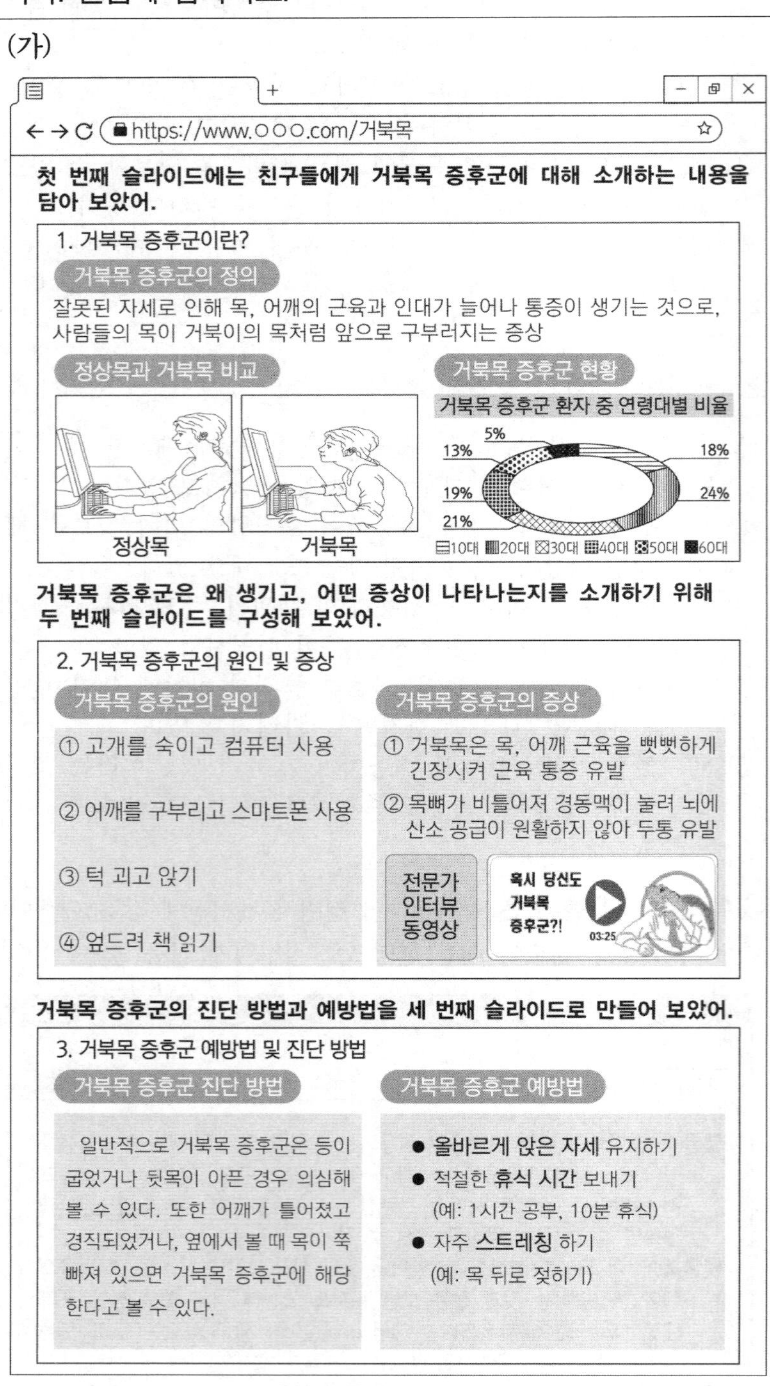


(나)

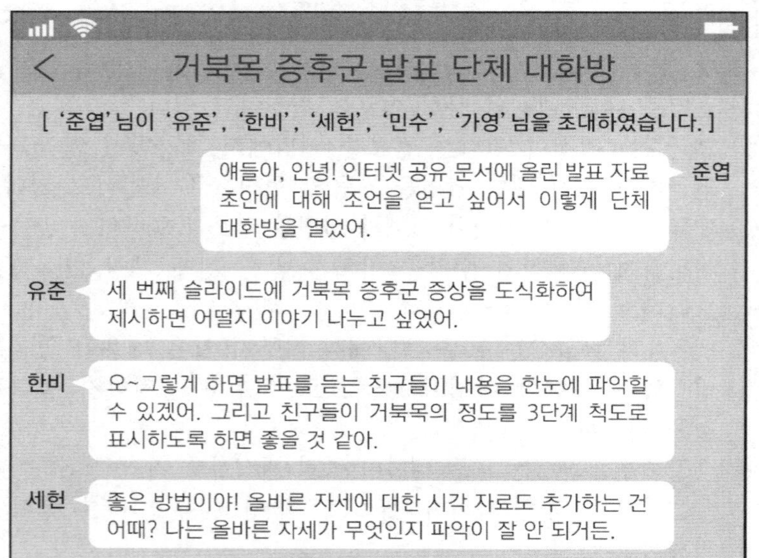


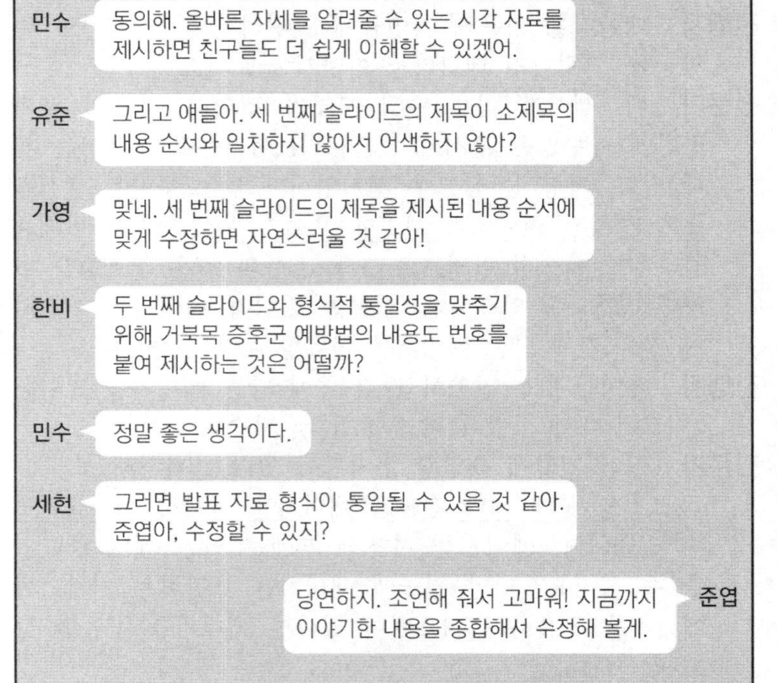


44. (가)에 나타난 표현 방식에 대한 설명으로 적절하지 <u>않은</u> 것은?

① 첫 번째 슬라이드에서는 대비되는 그림 자료를 제시하여 정상목과 거북목의 차이를 보여 주고 있다.
② 첫 번째 슬라이드에서는 그래프를 활용하여 연령대가 높아질수록 거북목 증후군 환자 발생 비율이 증가하고 있음을 제시하고 있다.
③ 두 번째 슬라이드에서는 글과 동영상 자료를 활용하여 거북목 증후군의 증상에 대한 이해를 돕고 있다.
④ 세 번째 슬라이드에서는 글자의 크기와 굵기를 달리하여 거북목 증후군 예방법의 중요한 정보를 부각하고 있다.
⑤ 모든 슬라이드에서는 각 슬라이드의 중심 내용을 항목화하여 안내하고 있다.

45. (나)를 참고하여 (가)의 세 번째 슬라이드를 수정한 ⓐ~ⓔ 중 적절하지 <u>않은</u> 것은?

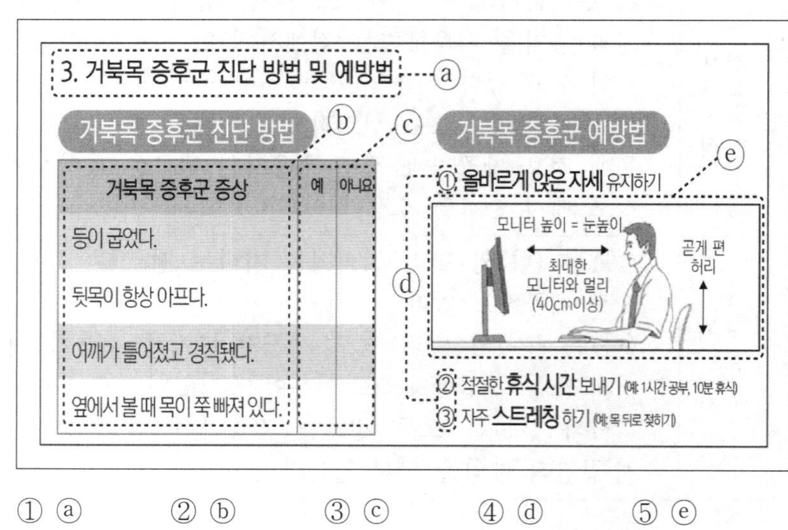


① ⓐ ② ⓑ ③ ⓒ ④ ⓓ ⑤ ⓔ

* 확인 사항
○ 답안지의 해당란에 필요한 내용을 정확히 기입(표기)했는지 확인하시오.



[해설편 p.109]

# 국어 영역

제 1 교시 | 10회

● 문항수 45개 | 배점 100점 | 제한 시간 80분

● 점수 표시가 없는 문항은 모두 2점

**[1~3] 다음 글을 읽고 물음에 답하시오.**

정조는 역대 임금 중 가장 책을 좋아하는 군주였다고 평가받는다. 통치자의 시각에서 이루어진 정조의 독서에서는 실용이 중시되었으며 정조에게 실용적인 책이란 세상을 다스리는 데 도움이 되는 책이었다. 그래서 옛날을 바탕 삼아 오늘을 비춰 보는 거울이 될 수 있다며 역사서에 경전 버금가는 의미를 부여하였다. 그러나 소설은 실용에 무익하고 마음을 방탕하게 한다고 여겨 평생 단 한 권도 읽지 않았다. 정조는 책의 내용만이 아니라 책의 형태와 책을 읽는 자세까지도 중요하게 생각하여 소매에 넣고 다닐 수 있는 작은 책과 누워서 편히 보도록 설계된 책상을 금하였다.

학문이 도덕과 인륜을 다스리는 데 실제적인 도움을 줘야 한다고 생각했던 정조는 하나의 틀에 매이는 독서를 사법(死法)으로 규정하여 멀리하였고 자신의 필요와 상황에 따라 유연하게 확장해 읽는 독서를 지향하였다. 그래서 경전을 읽을 때 성인의 뜻을 잘 헤아리되 무조건 따라 읽어서는 안 되며, 자신의 필요에 따라 새롭게 해석하여 의문을 제기하고 생활에 쓰일 수 있는 독서를 해야 한다고 강조했다. 또한 "정밀히 살피고 밝게 분변하여 심신으로 체득하지 않는다면 날마다 수레 다섯 대에 실을 분량의 책을 암송한다 한들 자신과 무슨 상관이 있겠는가"라며 자잘하고 세세한 것에 얽매이지 말고 책에 담긴 뜻을 스스로 체득하여 이것을 실천하려고 노력하는 것이야말로 학문의 기본자세라 보았다.

정조는 독서 방법에 대해서도 여러 가지를 강조했다. 읽어야 할 책의 내용과 분량을 매일 정해 놓는 것이 좋으며, 많은 책을 읽으려 하기보다 한 권이라도 반복해서 살펴보고 치밀하게 읽어야 한다고 했다. 그리고 단번에 전체를 모두 알려 하기보다 대요(大要)를 먼저 파악하는 것이 중요하며, 책을 혼자서 읽으면 관념에만 머물 위험이 있으므로 토론을 통해 책에서 배운 지식이 타당한지를 돌아보고 생각을 바로잡아야 한다고 하였다. 정조는 책에 대한 이러한 생각을 삶에서도 실천하며 독서를 통해 자기 삶의 물음들에 대한 실질적인 해답을 얻어 나갔다.

**1.** 윗글에서 확인할 수 있는 독서에 대한 정조의 생각으로 적절하지 <u>않은</u> 것은?

① 세상을 다스리는 데 도움이 되는 책을 읽어야 한다.
② 책의 내용뿐만 아니라 책의 형태와 책을 읽는 자세도 중요하다.
③ 읽어야 할 책의 내용과 분량을 매일 정해 놓고 읽는 것이 좋다.
④ 한 번을 읽어도 치밀하게 읽어 책의 전체 내용에 대해 모르는 것 없이 파악해야 한다.
⑤ 혼자서 책을 읽으면서 배운 지식은 토론을 통해 그 내용이 타당한지를 점검해야 한다.

**2.** 윗글을 바탕으로 <보기>의 ⓐ, ⓑ에 대해 이해한 내용으로 가장 적절한 것은? [3점]

< 보 기 >

『논어』 한 권을 읽었는데, ⓐ <u>한 사람</u>은 마치 자기 말처럼 다 외우지만 막상 어떤 경우에 닥치면 일찍이 생각이 책 속에 미치지 못하고 그 행동하는 바를 살펴보면 한결같이 읽은 것과는 반대로 한다. ⓑ <u>한 사람</u>은 능히 한두 장도 외우지 못하지만, 화나는 일이 생기면 문득 맹렬히 반성하여 이렇게 말한다. "『논어』 중에 한 구절이 있는데 내가 그 말을 자세히 기억할 수는 없지만 생각해 보니 화가 날 때 마음대로 하면 뒤에 반드시 어려움이 있다는 식의 말이었다." 하고는 참고 이를 가라앉혔다.

– 홍길주, 「수여방필」 –

① 경전을 '자기 말처럼 다 외'웠다는 점에서 ⓐ는 상황에 따라 경전을 새롭게 해석하였다고 볼 수 있다.
② '읽은 것과는 반대로 한'다는 점에서 ⓐ는 자신의 필요에 따라 유연한 독서를 지향했다고 볼 수 있다.
③ '능히 한두 장도 외우지 못'한다는 점에서 ⓑ는 생활에 쓰일 수 없는 독서를 했다고 볼 수 있다.
④ '화나는 일이 생기면 문득 맹렬히 반성하'였다는 점에서 ⓑ는 책에 담긴 뜻을 심신으로 체득하지 못했다고 볼 수 있다.
⑤ '『논어』 중에 한 구절'을 떠올리며 화를 '참고 이를 가라앉혔다'는 점에서 ⓑ는 경전의 내용을 자신의 삶에서 실천했다고 볼 수 있다.

**3.** 다음은 윗글을 읽은 학생의 반응이다. 이에 대한 설명으로 가장 적절한 것은?

정조의 독서법에서 많은 것을 배울 수 있었어. 하지만 다양한 세상을 경험하게 하고 타인의 마음에 공감하는 법을 익히게 해 주는 소설도 충분히 실용적인 책이 될 수 있지 않을까? 그런데 왜 정조는 소설을 부정적으로 보았는지 더 자세히 설명되어 있는 책을 찾아봐야겠어.

① 독서에서 얻은 정보를 자신의 기준에 따라 선별하고 체계화하고 있다.
② 자신이 읽은 내용의 타당성을 판단하기 위해 다양한 관점들을 비교하고 있다.
③ 자신의 독서 목적을 고려하여 글의 생략된 부분에 보충할 내용을 찾고 있다.
④ 독서 과정에서 생긴 의문을 해소하기 위해 추가적인 독서 계획을 세우고 있다.
⑤ 배경지식을 바탕으로 독서에서 접하게 된 용어에 대한 자신의 이해 정도를 점검하고 있다.

[4~9] 다음 글을 읽고 물음에 답하시오.

(가)

철학에서는 상상력을 무엇으로 여기며, 그 역할을 어떻게 규정하고 있을까? 상상력을 철학에서 핵심적인 주제로 생각한 흄은 상상력을 신체적이며 선천적인 기능으로 바라본 기존의 관점과 달리 정신적이며 후천적인 기능으로 규정한 최초의 철학자로 평가된다. 흄은 인간의 정신적 활동인 '지각'을 '인상'과 '관념'으로 구분한다. 인상은 감각과 같이 대상에 대한 경험의 직접적인 재료이고, 관념은 인상을 마음속에 떠올리며 생겨나는 이미지이다. 여기서 흄은 인상을 통해 이미지를 재생시키는 능력을 '상상력'이라 보았다. 상상력은 관념을 토대로 대상을 이해하고 생각하는 우리에게 가장 기초적인 능력인 것이다.

흄은 인상을 관념의 형태로 재생시키는 능력으로 상상력과 함께 '기억'을 제시한다. 기억과 상상력의 차이는 인상과 관념의 차이와 마찬가지로 생생함의 정도에서 비롯되는데, 기억이 상상력보다 인상을 더욱 생생하게 재생한다. 그래서 기억에 의해 재생된 관념은 상상력에 의해 재생된 관념보다 훨씬 생생하고, 강렬하다. 또한 기억이 최초 인상들을 받아들일 때와 동일한 순서로 재생이 이루어지는 것과 달리 상상력은 순서와 상관없이 자유롭게 재생이 이루어진다. 기억에 의해 재생된 관념은 특정한 시간과 장소에서 받아들인 특정한 인상에 대한 관념이지만, 상상력에 의해 재생된 관념은 각각의 인상들이 생긴 시간의 순서나 각 인상들의 공간적 배열까지도 원래 받아들일 때의 그것과는 다르게 재생된 관념인 것이다. 즉, 상상력은 기억과 달리 관념들을 결합하거나 분리할 수 있다. 상상력이 인상을 만들어 낼 수는 없지만, 인상들로부터 만들어진 관념들을 자율적으로 재정리할 수 있는 것이다.

그러나 흄은 이러한 상상력의 자율성에 일정한 제약이 따른다고 본다. '관념 연합의 원리', 즉 선천적인 것이 아니라 경험에서 습득된 유사성, 인접성, 인과성을 제시하면서, 상상력은 이러한 연합의 원리에 의해 관념들을 결합시키는 것이라 설명한다. 상상력이 관념들을 결합시킬 때 임의로 이루어지는 것이 아니라 유사한 관념들끼리, 시공간적으로 인접해 있거나 인과관계에 있는 관념들끼리 결합이 이루어진다는 것이다. 흄에게 임의로 결합된 관념은 무의미한 환상에 불과하다.

또한 흄은 상상력이 가지고 있는 항상성이라는 특성으로 인해 대상에 대한 인상들 간의 단절을 넘어 동일성을 확보할 수 있다고 말한다. 하나의 대상이 지속적으로 존재한다는 것은 그 대상이 동일성을 유지한다는 것을 의미하는데, 이러한 동일성이 상상력에 의하여 확보된다는 것이다. 아침에 일어나 보는 하늘이 밤사이에 소멸했다가 새로 창조된 것이 아니라고 생각하는 것은 항상성에 의한 것으로 이해할 수 있다.

(나)

칸트는 흄과 달리 상상력을 선험적인 차원에서 탐구하였다. 칸트에 의하면 인간의 인식 능력은 감성, 상상력, 지성, 이성이라는 4가지로 구분된다. '감성'은 대상에 의해 우리에게 감각적으로 주어진 것을 오감(五感)을 통해 받아들이는 능력이다. '지성'은 개념을 형성하고, 그 개념에 근거하여 주어진 상황에 대해 판단을 ⓐ내리는 능력을 말한다. '상상력'은 서로 이질적인 능력인 감성과 지성을 연결하는 능력으로, 감성의 내용을 지성에, 지성의 내용을 감성에 전달한다. 상상력이 감성의 내용을 지성으로 전달할 때 결합이 이루어지는 반면, 상상력에 의해 지성의 내용이 감성으로 전달될 때 도식화가 일어난다. '이성'은 추론하는 능력으로, 다양한 분야에서 감성, 상상력, 지성에 의해 축적된 수많은 지식들을 영혼이나 우주 또는 신이라는 이념으로 수렴하여 체계화한다. 이처럼 칸트는 인간의 인식 능력을 감성, 상상력, 지성, 이성으로 구분하고 각각의 기능들이 어떻게 작동하고 이어지는지 그 원리를 분석하면서 감성과 지성의 매개자인 상상력의 역할을 강조하였다. 상상력이 없다면 인식이 성립할 수 없다고 본 것이다.

칸트는 상상력을 결합과 도식화의 측면에서 ㉠'재생적 상상력'과 ㉡'생산적 상상력'으로 구분한다. 재생적 상상력은 오감을 통해 느껴지는 다양한 감각들을 재생하여 결합하는 능력으로, 먼저 무질서하고 다양한 감각들을 훑어본 다음 훑어본 것을 재생하여 결합하는 과정으로 이루어진다. 이를 '종합'이라고도 하는데, 서로 다른 시간들에서 경험한 것을 하나의 통일된 것으로 결합하게 한다. 가령 내가 사과를 보았을 때 오감으로 느껴지는 다양한 감각들을 훑어보고 모아서 그 사과를 하나의 상(像)으로 결합해 내는 경우는 재생적 상상력에 의해서 종합이 일어난 것이다.

생산적 상상력은 도식(Schema)을 능동적으로 만드는 능력이다. 도식은 감각에 영향을 받지 않으며, 경험 이전에 있으면서 그 경험을 인식하게 하는 선험적 형식을 말한다. 이러한 도식은 추상적인 개념을 구체적인 감각과 연결하여 이해할 수 있게 해 준다. 나아가 생산적 상상력은 도식을 창조할 수 있는데, 이를 통해 개념을 정확하게 이해할 수 있을 뿐만 아니라 자유롭게 응용할 수도 있게 된다. 이처럼 칸트는 흄이 경험적인 차원에서 연구하였던 상상력을 선험적인 차원에서 탐구함으로써 흄의 한계를 넘어선 것이다.

4. (가)와 (나)에 대한 설명으로 가장 적절한 것은?

① (가)와 (나)는 모두 특정 개념에 대한 여러 학자의 견해를 병렬적으로 소개하고 있다.
② (가)와 (나)는 모두 특정 개념을 기존과 다르게 바라보았던 학자의 견해를 설명하고 있다.
③ (가)와 달리 (나)는 특정 개념을 다른 개념과 비교하면서 두 개념의 장단점을 분석하고 있다.
④ (가)와 달리 (나)는 특정 개념을 정의한 뒤 구체적인 사례와 관련지어 그 개념의 의의와 한계를 제시하고 있다.
⑤ (나)와 달리 (가)는 특정 개념을 바라보는 철학적 관점의 형성 배경과 긍정적 영향에 주목하여 서술하고 있다.

5. (가)에서 알 수 있는 흄의 견해로 적절하지 않은 것은?

① 대상에 대한 인상들 간의 단절을 넘어 동일성을 확보할 수 있는 것은 상상력이 지닌 항상성 때문이다.
② 상상력이 만들어 낸 인상과 관념들은 자율적인 결합과 분리가 가능하다.
③ 연합의 원리에서 벗어나 마음대로 결합된 관념은 무의미하다.
④ 상상력보다 기억에 의해 재생된 관념이 더욱 생생하다.
⑤ 상상력은 인상을 통해 이미지를 재생시키는 능력이다.



[해설편 p.111]

6. (나)에 따라 [감정], [상상력], [지성], [이성]의 개념을 적용하여 이해한 것으로 적절하지 <u>않은</u> 것은?

① 아이스크림을 한입 먹었을 때 차갑다고 느끼는 것은 감성을 통해 이루어지겠군.
② 물리학, 천문학 분야의 수많은 지식들을 우주라는 이념으로 수렴하여 체계화하는 것은 이성을 통해 이루어지겠군.
③ 어느 날 밤 갑자기 지붕을 내려치는 듯한 빗소리가 들렸을 때, 태풍이 가까이 와서 폭우가 내리기 시작했다고 판단하는 것은 지성을 통해 이루어지겠군.
④ 귤, 감, 포도를 바라보며 받아들인 다양한 감각들을 지성으로 전달하는 것은 상상력을 통해, 그 후 과일이라는 개념을 형성하는 것은 지성을 통해 이루어지겠군.
⑤ 장미꽃을 바라보면서 색, 크기, 모양 등의 다양한 감각들을 느끼는 것은 감성을 통해, 그 장미꽃이 빨간색이라는 지식을 축적하는 것은 이성을 통해 이루어지겠군.

7. ㉠과 ㉡에 대한 설명으로 가장 적절한 것은?

① ㉠과 ㉡은 모두 감각과 별개로 작용하는 능력이다.
② ㉠과 ㉡은 모두 경험의 수용과 인식 과정에서 수동적으로 이루어진다.
③ ㉠과 달리 ㉡은 감성과 이성을 이어 주는 매개적 기능을 한다.
④ ㉡과 달리 ㉠은 다양한 감각들을 결합하기 전에 훑어보는 과정이 필요하다.
⑤ ㉡과 달리 ㉠은 추상적인 개념을 이해할 수 있는 선험적 형식을 만드는 능력이다.

8. <보기>는 윗글과 관련된 철학자들의 견해를 재구성한 것이다. 윗글을 읽은 학생이 <보기>에 대해 보인 반응으로 적절하지 <u>않은</u> 것은? [3점]

< 보 기 >

㉮ 이미지 없이는 아무것도 이해할 수 없기에 이미지를 재생해서 보존하는 상상력은 매우 중요하다.
㉯ 상상력은 인간의 정신 능력에서 놀라운 창조성을 지닌 능력으로, 인간이 이룩한 문화는 모두 상상력의 산물이다.
㉰ 상상력은 사물의 닮은 이미지를 만들어 내기 때문에 감각에 포함된 능력이다. 감각은 사물의 그림자를 만들어내는 능력이기 때문이다.
㉱ 인간의 모든 경험은 감각이 대상과 접촉함으로써 획득되고, 상상력은 인간의 모든 사고의 연계를 가능하게 하는 기능을 수행한다. 상상력의 기능을 배제한 인간의 인식 과정은 있을 수 없다.

① 흄은 상상력에 의해 재생된 이미지를 통해 대상을 이해한다는 ㉮의 견해에 동의하겠군.
② 칸트는 상상력이 무언가를 창조할 수 있는 능력이라고 파악한 ㉯의 견해에 동의하겠군.
③ 칸트는 상상력을 감각에 포함된 능력이라 판단한 ㉰의 견해에 동의하겠군.
④ 흄은 감각을 통해 경험을 얻게 된다는 ㉱의 견해에 동의하겠군.
⑤ 흄과 칸트는 모두 인간의 인식 과정에서 상상력의 역할을 필수적이라고 파악한 ㉱의 견해에 동의하겠군.

9. ⓐ와 문맥상 의미가 가장 가까운 것은?

① 오랜 토론 끝에 결론을 <u>내리다</u>.
② 요즘은 물가가 조금씩 <u>내리고</u> 있다.
③ 게시판에서 욕설이 들어 있는 글을 <u>내렸다</u>.
④ 차에서 <u>내린</u> 사람들은 곧장 지하철역으로 걸어갔다.
⑤ 동치미 국물을 마시자 체증이 <u>내리는</u> 것처럼 느껴졌다.

**[10~13] 다음 글을 읽고 물음에 답하시오.**



객체 탐지(Object Detection)란 사람, 동물, 사물 등 이미지에 있는 여러 대상의 위치를 찾아 각 대상의 크기에 맞는 경계 상자를 표시하고, 미리 학습된 객체 데이터를 바탕으로 그 경계 상자 안의 대상이 어떤 객체인지 판별하는 작업이다.

<객체 탐지의 예>

딥러닝 기반의 객체 탐지 모델은 '2단계 방식'과 '단일 단계 방식'으로 나눌 수 있다. 2단계 방식은 먼저 이미지에서 탐지할 객체가 있을 확률이 높은 곳을 추정한 후, 그 영역의 대상을 집중적으로 탐지하여 어떤 객체인지 판별하는 방식이다. 각 과정이 별도의 인공신경망을 통해 순차적으로 이루어지기 때문에 객체를 판별해 내는 정확도는 높지만, 처리하는 데이터가 많고 구조가 복잡하여 탐지 속도가 느리기 때문에 실시간으로 객체를 탐지하는 데는 어려움이 있다. 단일 단계 방식은 이 두 가지 과정이 하나의 인공신경망을 통해 동시에 이루어지는 방식인데, 가장 대표적인 알고리즘 모델로 YOLO(You Only Look Once)가 있다.

YOLO는 이미지가 입력되면 먼저 이미지를 S×S개의 영역으로 나누고, 하나의 영역을 기준으로 경계 상자 N개를 표시한다. 그리고 모든 영역마다 동일하게 N개의 경계 상자를 표시하면서 각각의 경계 상자에 특정 객체가 존재할 확률도 예측한다. 이때 경계 상자의 개수가 많을수록 탐지 속도가 느려지기 때문에 설정할 수 있는 경계 상자의 수가 제한적인데 일반적으로 N은 5 이하로 설정한다. 각 경계 상자의 데이터는 $B_x$, $B_y$, $B_w$, $B_h$, $P_c$와 C로 표시되는데 $B_x$, $B_y$는 경계 상자의 중심점 좌표이며 $B_w$, $B_h$는 폭과 높이이다. 그리고 $P_c$는 해당 경계 상자에 어떤 객체가 존재할 확률값이고, C는 그 객체가 특정 객체일 확률값이다. 이때 $B_x$, $B_y$는 항상 기준이 되는 하나의 영역 안에 속해 있지만, 경계 상자의 크기는 영역의 크기와 상관없이 다양하게 표시된다. C는 미리 학습된 m가지 종류의 객체 데이터와 비교하여 각 객체일 확률을 표시한 값으로, 미리 학습된 객체의 가짓수에 따라 판별할 수 있는 객체의 가짓수가 결정되며, 그에 따라 C의 개수도 결정된다. 하나의 이미지가 입력되면 이러한 방식으로 모든 영역별로 이미지에 있는 대상들을 확인하고 그 대상이 특정 객체일 확률값을 계산해서 총 'S×S×N(5+m)'개의 데이터를 출력하게 된다.

이후 경계 상자에 객체가 존재할 확률값과 그것이 특정 객체일 확률값을 곱하여 해당 경계 상자에 특정 객체가 존재할 확률값인 '신뢰도 점수'를 구한다. 신뢰도 점수는 경계 상자의 위치와 객체의 판별이 얼마나 정확한지를 나타낸다. 모든 경계 상자들은 미리 학습된 객체의 가짓수만큼 신뢰도 점수를 가지며, 이 중 가장 큰 값을 가지는 객체가 해당 경계 상자에서 탐지된 객체가 된다.

[A] 그런데 서로 다른 경계 상자에서 같은 종류의 객체가 탐지될 수 있다. 이때는 각 경계 상자가 하나의 대상에 중복되어 표시된 것인지, 서로 다른 대상에 표시된 것인지를 판단하여 이미지 속의 각 대상별로 가장 정확한 경계 상자 하나만 표시하는 과정을 거치는데, 이를 '비최댓값 억제(NMS, Non-Max Suppression)'라고 한다. NMS는 두 경계 상자의 교집합을 합집합으로 나눈 값인 IoU를 기준으로 이루어진다. IoU 값은 두 경계 상자의 위치가 일치할수록 1에 가까운 값이 나오며, 이 값이 설정된 임곗값보다 크면 두 경계 상자가 동일한 대상에 표시된 것으로 판단하고 둘 중 신뢰도 점수가 낮은 상자를 삭제한다. 그리고 IoU 값이 설정된 임곗값보다 작으면 경계 상자가 서로 다른 대상에 표시된 것으로 판단하여 두 경계 상자 모두 그대로 둔다. 이러한 방법으로 한 가지 종류의 객체에 대해 그려진 모든 경계 상자들 중 가장 높은 신뢰도 점수를 가진 경계 상자를 기준으로 다른 경계 상자들을 하나씩 삭제해 나간다. 이후 IoU 값이 설정된 임곗값보다 작아서 지워지지 않고 남겨진 경계 상자 중에서 가장 높은 신뢰도 점수를 가진 경계 상자를 다음 기준으로 정하여 동일한 과정을 반복한다. 그리고 이러한 과정을 다른 모든 대상에 표시된 경계 상자들에 대해서도 순차적으로 반복한다. 이렇게 해서 결국 이미지 속의 각 대상별로 가장 높은 신뢰도 점수를 가진 경계 상자 하나씩만 남게 된다.

이런 원리로 인해 YOLO는 2단계 방식에 비해 탐지 속도가 매우 빨라서 자율 주행 자동차, 지능형 CCTV 등에 널리 사용되고 있다. 하지만 속도가 빠른 대신 ㉠ <u>새 떼와 같이 여러 물체가 한 영역 안에 모여 있는 경우 일부 대상을 탐지하지 못한다는 한계점도 가지고 있다.</u>

**10.** 윗글의 내용과 일치하지 <u>않는</u> 것은?

① 객체 탐지는 이미지에 있는 대상의 위치를 찾고 그 대상이 어떤 객체인지 판별하는 작업이다.
② 2단계 방식은 객체를 탐지하는 속도가 느려서 실시간 탐지에는 사용하기가 어렵다.
③ 이미지에 표시되는 경계 상자는 기준이 되는 영역의 크기에 따라 그 크기가 결정된다.
④ 신뢰도 점수는 경계 상자에 특정 객체가 존재할 확률값을 말하며 모든 경계 상자마다 존재한다.
⑤ 경계 상자가 표시되는 과정에서 하나의 대상에 여러 개의 경계 상자가 그려질 수도 있다.

**11.** 윗글을 참고할 때, <보기>에 대한 설명으로 적절하지 <u>않은</u> 것은?

< 보 기 >

다음은 경계 상자의 수를 2로 설정한 YOLO 모델에 특정 이미지를 입력했을 때, 데이터가 출력되는 과정을 도식화하여 나타낸 것이다. 단, 입력된 이미지는 단일 객체에 대한 이미지이다.

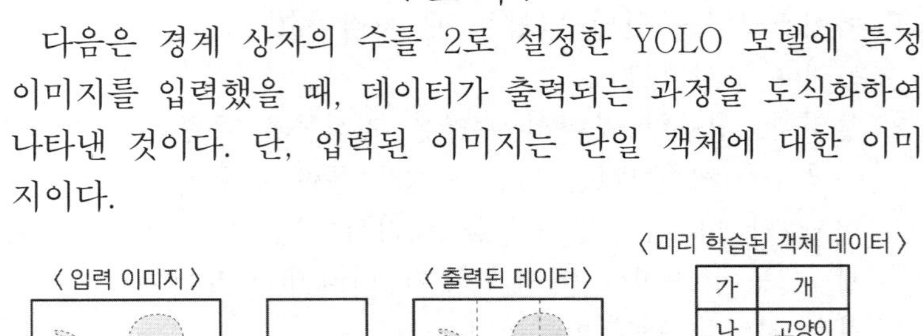


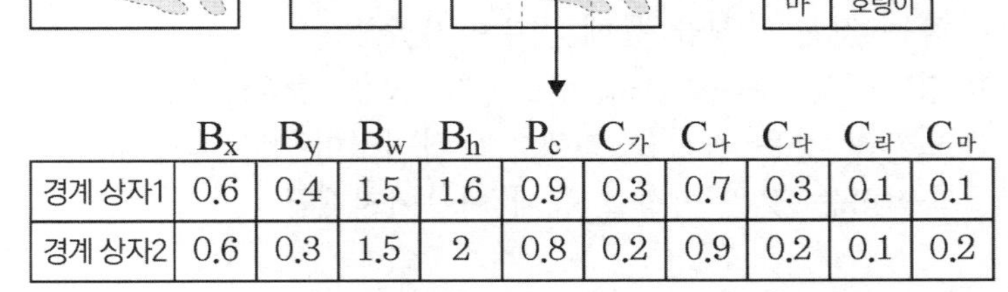

| | $B_x$ | $B_y$ | $B_w$ | $B_h$ | $P_c$ | $C_가$ | $C_나$ | $C_다$ | $C_라$ | $C_마$ |
|---|---|---|---|---|---|---|---|---|---|---|
| 경계 상자1 | 0.6 | 0.4 | 1.5 | 1.6 | 0.9 | 0.3 | 0.7 | 0.3 | 0.1 | 0.1 |
| 경계 상자2 | 0.6 | 0.3 | 1.5 | 2 | 0.8 | 0.2 | 0.9 | 0.2 | 0.1 | 0.2 |

① 입력된 이미지에서 탐지된 객체는 '고양이'일 가능성이 가장 높다.
② 경계 상자 1이 경계 상자 2보다 더 정확하게 객체를 탐지하였다.
③ 입력된 이미지의 전체 영역에 표시되는 경계 상자는 모두 18개이다.
④ 입력된 이미지에서 탐지할 수 있는 객체의 종류는 모두 다섯 가지이다.
⑤ YOLO 모델이 이미지를 분석하여 출력하는 데이터는 모두 180개이다.

**12.** [A]를 바탕으로 <보기>를 이해한 내용으로 가장 적절한 것은? [3점]

< 보 기 >

<경계 상자에 대한 NMS의 수행 과정>

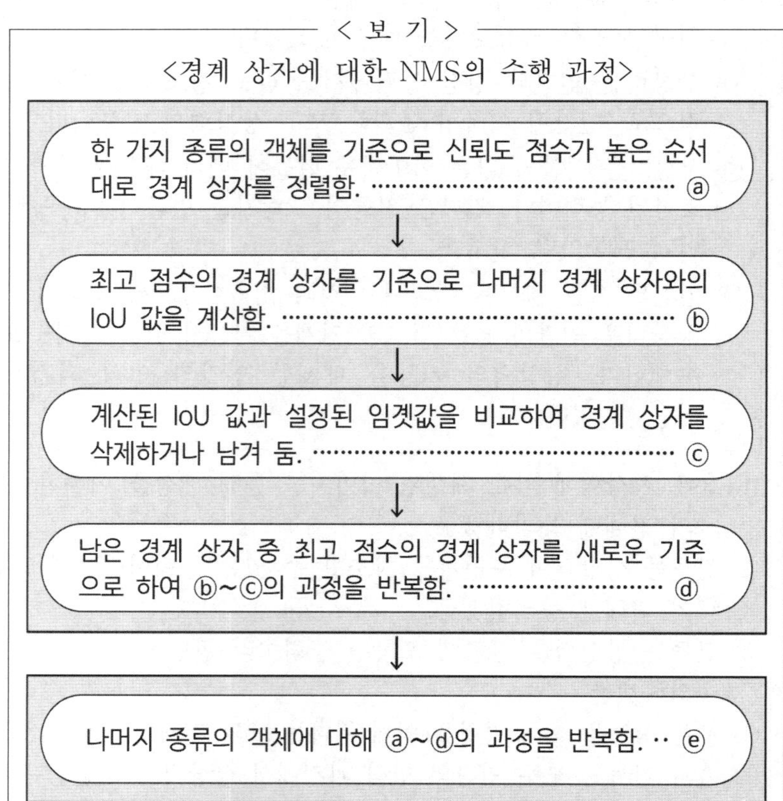




[해설편 p.112]

① ⓐ의 대상이 되는 경계 상자의 신뢰도 점수는 이미지에 상관없이 항상 일정하겠군.
② ⓑ에서 계산된 IoU 값이 0에 가까울수록 두 경계 상자는 중복되는 부분이 많겠군.
③ ⓒ의 과정에서 경계 상자가 삭제되지 않았다면 두 경계 상자가 동일한 대상에 표시된 경계 상자라고 판단한 것이겠군.
④ ⓓ의 과정은 하나의 특정 대상에 중복되어 표시된 여러 개의 경계 상자가 하나만 남을 때까지 반복되겠군.
⑤ ⓔ에서 새로운 기준이 되는 경계 상자는 이전 객체의 기준이 되었던 경계 상자와 동일한 대상에 그려져 있겠군.

**13.** ㉠의 이유로 가장 적절한 것은?

① 대상의 크기에 따라 해당 경계 상자에 존재할 확률값이 달라지기 때문에
② 객체에 대한 신뢰도 점수가 임곗값보다 작아 경계 상자가 제거되기 때문에
③ 객체를 탐지할 때 미리 학습된 객체 데이터에 따라 객체를 판별하기 때문에
④ 객체를 탐지할 때 영역별로 탐지할 수 있는 객체의 수가 제한적이기 때문에
⑤ 객체를 탐지할 때 처리하는 데이터가 많고 알고리즘의 구조가 복잡하기 때문에

### [14~17] 다음 글을 읽고 물음에 답하시오.

공공선택론은 정치학의 영역인 공공 부문의 의사결정에 대해서 경제학적 원리와 방법론을 적용하여 설명하려는 연구이다. 공공선택론은 기존의 정치학과는 다르게 다음 세 가지 가정으로부터 출발한다.

첫 번째 가정은 방법론적 개인주의로, 모든 사회 현상의 분석 단위를 개인으로 삼는다는 것이다. 이 가정에서는 집단을 의사결정을 할 수 있는 유기체적 주체로 보지 않기 때문에 국가는 의사결정의 주체인 개인들의 집합체라고 본다. 따라서 정치 현상은 개인들의 의사결정을 집합적 결과로 보여 주는 것이다.

두 번째는 인간을 '경제 인간'으로 본다는 가정이다. 경제 인간은 자기애를 갖고 자신의 이익을 추구하는 합리적인 인간을 의미한다. 사람들은 자신의 이해관계를 최우선시하므로 구체적 목적을 달성하는 과정에서 비용을 최소화하고 편익을 극대화하려고 한다. 다만 비용, 편익, 효용은 사람마다 다르다.

마지막 가정은 수요와 공급의 관점에서 정치도 본질적으로 경제시장과 같은 선택의 문제이며 정치적 활동 역시 교환 행위로 본다는 것이다. 이 관점에서 정치는 정치시장으로, 정치인은 재화와 용역의 공급자로, 유권자는 수요자로 해석된다. 경제시장에서 사람들은 교환을 통해 이익을 얻을 수 있다고 판단한 경우에만 거래에 참여한다. 정치시장도 이와 마찬가지인데 기존의 경제학의 관점과는 달리, 거래의 결과가 거래 당사자들뿐만 아니라 거래에 참여하지 않은 사람들에게도 영향을 미친다.

[A] 이 세 가지 가정을 바탕으로 공공선택론에서는 공공 부문의 의사결정에서 발생하는 사회적 문제를 분석하는데 그중 정치인과 유권자가 유발하는 문제를 분석하는 모형으로 중위투표자 정리 모형이 있다. 중위투표자 정리 모형은 단일 사안에 대해 유권자의 정치적 선호가 하나의 정점을 갖는 단일 선호일 경우, 경쟁하는 두 정당의 정치인들이 내거는 공약은 중위투표자가 선호하는 정책에 접근하게 된다는 이론이다. 이때 중위투표자란 정치적 선호에 따른 유권자 전체의 분포에서 한가운데에 위치한 유권자를 말한다. 이 모형은 몇 가지 가정을 전제로 하는데 정치적 선호에 따른 유권자들의 분포는 종 모양의 정규분포를 가지며 유권자는 자신의 선호 체계에 가장 가까운 공약을 제시하는 정치인에게 투표한다는 것이다. 이 경우 선거의 승리를 목적으로 하는 정치인의 정책은 그의 정치적 이념과 관계없이, 중위투표자의 선호를 반영하는 방향으로 수렴하는 경향이 생긴다. 결국 민주주의의 의사결정이 다수가 아닌 소수인 중위투표자에 의해 이루어지게 됨으로써 반민주적인 결과를 초래할 수 있다.

또 다른 모형으로는 합리적 무지 모형이 있다. 유권자는 자신의 선호를 반영할 수 있는 정치인이 누구인지 관심을 가지고 투표해야 하지만 일부 유권자들은 투표에 관심이 없다. 이러한 현상을 공공선택론은 합리적 무지 모형으로 설명한다. 합리적 무지 모형이란 자신의 효용 극대화를 추구하는 유권자는 정보를 습득하는 비용이 정보로부터 얻을 편익보다 클 경우 정보를 습득하지 않고 무지한 상태를 유지한다는 이론이다. 정치인은 자신을 지지하는 유권자의 이해관계를 반영하여 정치적 의사결정을 하기 때문에 합리적 무지가 발생하면 공공재와 행정서비스는 특정 문제에 이해관계를 가지고 정치인과 결탁한 이익집단에만 집중되는 비효율적인 결과를 낳는다.

공공선택론자인 뷰캐넌은 사회의 이러한 비효율적 문제들의 근본적 원인과 해결책을 헌법 제도에서 찾아야 한다는 헌법정치경제학을 제시했다. 뷰캐넌은 헌법정치경제학에서 의사결정 구조를 두 가지 수준으로 구별하는데, 하나는 헌법 제정 이후 의사결정이 입법적 수준에서 결정되는 '일상적 정치'이고, 다른 하나는 일상적 정치에 대한 규칙을 결정하는 '헌법적 정치'이다. 헌법적 정치는 일상적 정치에 제약을 부과하는 헌법을 확립하는 정치 활동이고, 일상적 정치는 헌법 안에서 다양한 전략을 활용하는 정치 활동이다. 그는 헌법적 정치를 통해 집합적 의사결정이 공정하게 이루어지는 규칙을 만들고 헌법 안에서 자신의 이익 추구를 위해 일상적 정치를 하는 개인의 자유를 최대한 보장하는 것을 목표로 삼았다. 이를 위해 헌법 체계의 근본을 개혁해야 한다고 주장했다. 헌법을 만드는 과정에서는 의사결정 참여자 누구도 자신의 이익을 정확하게 산정하기 어렵기 때문에 제정된 헌법의 규칙 내에서 특정 목적을 위한 정책에 대해 합의하는 것과 달리 ㉠ <u>헌법 자체에 대해 합의하는 것이 모든 이에게 편익을 준다</u>고 보고 헌법 개혁의 필요성을 주장했던 것이다.

**14.** 윗글을 통해 답을 찾을 수 <u>없는</u> 질문은?

① 공공선택론이 기존의 정치학과 다른 점은 무엇인가?
② 공공선택론에서는 사회 현상을 분석하는 단위를 무엇으로 보는가?
③ 공공선택론에서는 경제시장과 정치시장이 어떤 차이가 있다고 보는가?
④ 공공선택론은 정치인과 유권자가 유발하는 사회적 문제를 어떤 이론으로 분석하는가?
⑤ 공공선택론이 사회적 문제를 해결하기 위해 정치인의 공약을 강조한 이유는 무엇인가?

15. 공공선택론에 대한 설명으로 보기 어려운 것은?

① 정치인들이 생각하는 효용은 정치인 각자의 주관적 판단에 따라 다르다.
② 정치시장에서 정책적 목적을 달성하기 위해 의사결정을 하는 주체는 국가이다.
③ 의사결정의 주체들은 자신의 경제적 이해에 따라 효율적인 것을 선택하는 능력을 지니고 있다.
④ 정치인은 선거에 무관심한 유권자보다 특정 문제에 이해관계를 가지고 편익을 제공하는 이익집단에 유리한 정치적 의사결정을 한다.
⑤ 유권자는 정치인의 정책 공약에 대한 정보를 습득하기 위한 비용이 이에 대한 이익보다 크면 정책 공약에 대한 정보를 습득하지 않는다.

16. [A]를 적용하여 <보기>의 상황을 이해할 때, 적절하지 않은 것은? [3점]

< 보 기 >

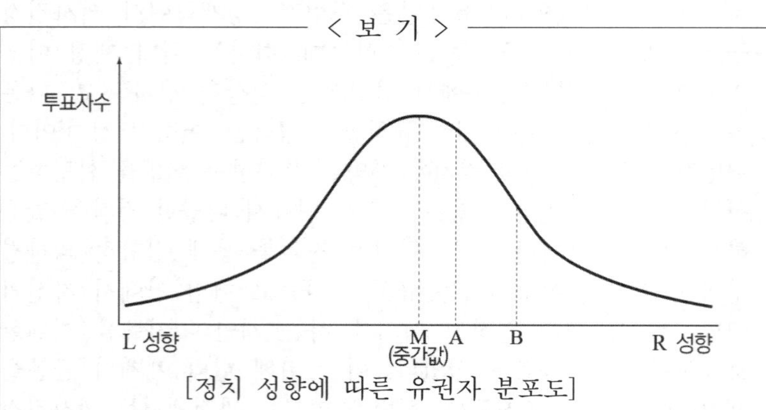

[정치 성향에 따른 유권자 분포도]

두 정당의 정치인 갑과 을이 단일 사안에 대해 경쟁하는 다수결 원칙의 선거 상황에서 갑은 정치 성향이 중간인 M의 입장에서, 을은 R 성향인 B의 입장에서 정책을 제시하였다. 유권자는 자신의 정치 성향에 따라 단일한 정점 선호를 가지고 있으며 모두 투표에 참여한다.

① 정치 성향이 M의 왼쪽에 있는 L 성향의 유권자들은 모두 갑에게 투표할 것이다.
② 정치 성향이 중간인 M의 입장에서 정책을 제시한 갑이 을보다 당선 가능성이 높을 것이다.
③ 정치 성향이 A인 유권자들은 자신의 정치적 선호에 따라 R 성향의 정책을 제시한 을에게 투표할 것이다.
④ 정치 성향이 B의 오른쪽에 있는 R 성향의 유권자들은 자신의 효용을 극대화하기 위해 을에게 투표할 것이다.
⑤ 을이 당선 가능성을 높이기 위해 공약을 수정한다면 을은 갑이 제시한 정책과 유사한 정치 성향을 띤 공약을 내세우려 할 것이다.

17. 뷰캐넌이 ㉠처럼 생각한 이유로 가장 적절한 것은?

① 합의로 만들어진 헌법이 일상적 정치를 하는 개인의 활동을 규정하고 제한할 수 없기 때문에
② 의사결정 참여자들이 헌법적 정치를 통해 입법적 수준에서 헌법의 규칙에 합의할 수 있기 때문에
③ 헌법적 정치는 특정 개인의 이익을 정확히 산정하기 어려우므로 규칙의 공정성이 확보되어 개인의 자유를 최대한 보장할 수 있기 때문에
④ 의사결정 참여자들은 일상적 정치를 하는 과정보다 헌법적 정치를 하는 과정에서 누구나 자신의 효용 극대화를 추구하기 쉽기 때문에
⑤ 일상적 정치보다 헌법적 정치를 통해 특정 목적을 위한 정책의 대안에 합의하는 것이 의사결정 참여자들의 이해관계에 부합하기 때문에

**[18~21] 다음 글을 읽고 물음에 답하시오.**

성운은 학녹을 데리고 광주로 향하여 가다가 윤승지 댁이 야간도주(夜間逃走)하였다는 말을 듣고 놀라 탄식하면서 말하기를,
"분명히 태후 유경만의 해를 입었구나!"
하였다.

계속해서 중원을 향하여 가다가 계량 월낙점이라 하는 주점에 들어가 쉬고 있는데, 그 주점 사람이 모두 탄식하며 말하기를,
"세상 천하에 불쌍한 사람도 많도다!"
하거늘 성운이 이상히 여겨 묻기를,
"어떤 사람이 그렇게도 불쌍한가?"
하니, 그 주점 사람이 말하기를,
[A] "황도에 진상서라 하는 사람이 강남으로 귀양 갔는데, 진상서는 귀양지에서 죽고 그 아들이 성묘 갔다가 붙들리어 황도로 올라갔다."
라고 하였다.

성운이 그 말을 듣고 대경질색(大驚窒塞)하여 물었다.
"언제쯤 이곳으로 지나갔느냐?"
그 사람이 말하기를,
"어제 날 저물 때에 이곳으로 지나갔습니다."
라고 답하였다.

성운이 어떻게 하더라도 그들을 따라가야겠다 싶어 학녹을 데리고 급히 쫓아갔다. 일주일을 쫓아 옹주 경수 물가에 이르렀다.

이때에 강남골 하인이 성운에게, 하인들이 진상서의 아들을 결박하여 가지고 방금 물을 건너갔다고 알려 주었다. 성운이 급히 쫓아가 붙들고 보니, 결박된 사람이 누이인 성희의 모습과 비슷하였다. 정말로 성희인 줄은 알지 못하고 우선 마음이 편치 않아 급히 달려들어 결박한 것을 풀어 주었다.

그 하인이 호령하며,
"어떤 놈이기에 나라 죄인을 임의대로 풀어놓느냐?"
하면서 성운을 치려고 하자, 성운이 분개하여 칼을 빼 들고 그 하인의 머리를 베어 버렸다.

성운이 진소저 앞에 나아가니, 진소저와 연향은 정신이 아득하여 어떤 일이 일어났는지도 모르다가 정신을 겨우 차렸다. 진소저가 앞에 있는 사람을 보니 어릴 적 성운의 얼굴이 자라서도 명백하였다. 소저가 놀라 성운의 손을 잡고 대성통곡하면서 말하기를,
"네가 성운이냐, 아니냐? 내가 네 누이라! 네 어이 나를 찾아오며 네 어이 나를 모르느냐?"



[해설편 p.114]

하였다.

성운 또한 그 말을 듣고 연달아 방성통곡하며 말하기를,

"누님아, 누님아! 어쩐 일인가? 꿈인가! 생시인가? 또 멀고 먼 강남 길에 어찌 살아 오셨는가?"

실과 같은 목숨이 하늘에 도달하여 둘이 무수히 통곡하는데, 연향이 또한 반가운 마음을 이기지 못하여 성운의 소매를 잡고 슬피 통곡하니, 산천과 초목이 함께 슬퍼하는 듯하였다.

**[중략 부분의 줄거리]** 연나라가 침입하자, 황제에게 군사를 받은 유경만은 제대로 싸우지도 않고 항복한다. 진성운은 학녹과 전쟁에 참가하고, 순경과 호원도 함께 연나라에 맞서 싸운다.

그날 밤 백구십 리를 달려 상산 땅에 다다르니, 밤이 지나 새벽이 밝아 왔다. 성운과 순경이 백마산에 올라가 형세를 살펴보니, 연나라 군사가 평원광야에 빈 데 없이 가득하였다. 성운이 순경에게 말하기를,

"그대가 서편으로 쳐들어가면 나는 동편으로 쳐들어가리라."

하고는 말을 달려 적진 중에 들어가 적진 장졸을 헤치고 삼만여 겹 포위망 속으로 들어갔다.

이때 호원은 창을 들고 오는 창검을 막고 섰는데, 동편으로 뇌성벽력(雷聲霹靂) 같은 소리가 나더니 기치(旗幟)와 창검이 일시에 쓰러지고 제장과 군졸이 사면으로 분주하여 서로 밟혀 죽으며, 군마(軍馬)의 시끄러운 소리가 천지를 진동하였다.

문득 일원대장이 장창을 비껴들고 나타났다. 호원이 황망 중에 살펴보니 수기(手旗)에 글이 쓰였으되 '대장군 대원수 진성운'이라 하였다. 호원이 깜짝 놀라며 반겨 외쳤다.

"호원을 살려 주소서."

하니, 성운이 즉시 호원을 데리고 나가려 할 때, 문득 서편으로 풍진이 일어나더니 기치창검(旗幟槍劍)이 또 일시에 쓰러지며 일원대장이 들어왔다. 호원이 또 살펴보니 이는 순경이었다. 더욱 반가워하며,

"어찌 그리 더디 오는가?"

하였다. 성운과 순경이 장수 삼만여 겹을 헤치고 나와 백마산 위에 호원을 두고 다시 내려왔다. 성운과 순경이 말을 재촉하여 적진 중에 다시 들어 동서로 마구 치니, 순식간에 사백만 군졸을 거의 모두 죽였다. 월성덕이 장대(將臺)에서 보다가 망천탄식(望天歎息)해 말하기를,

"삼백만 군졸을 하루아침에 함몰(陷沒)시키고 무슨 면목으로 고국에 돌아가겠는가? 차라리 죽는 것이 낫겠다."

하고 칼을 들어 자결했다.

이에 공손걸과 유경만이 갈 바를 모르고 앉아 탄식하는데, 이때 성운과 순경이 장대에 올라 공손걸의 머리를 베어서는 깃대에 달고 군중을 호령하니, 남은 장수들이 흩어져 있는 군사를 거두어 와서 항복하였다. 성운이 다 죽이지 아니하고 예로 대접하니, 모든 적장과 군졸이 다 즐거워하는 소리가 천지를 진동하는 것 같았다.

성운이 또한 유경만을 잡아다가 앞에 꿇리고 죄를 낱낱이 말하면서,

"너는 어떻게 생긴 놈으로 간사하게 천자께 참소(讒訴)하여 내 부친을 무슨 탓으로 강남에 귀양 보내어 죽게 하였는가? 원수를 만분지일이라도 갚아야겠다."

라고 하였다.

– 작자 미상, 「진성운전」 –

18. 윗글의 서술상 특징으로 가장 적절한 것은?

① 시간의 역전을 통해 사건의 진상을 밝히고 있다.
② 외양 묘사를 통해 인물의 성격 변화를 보여 주고 있다.
③ 꿈과 현실의 교차를 통해 앞으로 일어날 일을 암시하고 있다.
④ 서술 시점의 변화를 통해 인물이 지닌 초월적 능력을 강조하고 있다.
⑤ 서술자의 개입을 통해 상황에 대한 주관적인 평가를 드러내고 있다.



19. 윗글을 이해한 내용으로 가장 적절한 것은?

① 진성운은 윤승지 댁의 불행이 유경만 때문이라고 확신하였다.
② 주점 사람은 중원으로 향하던 진성운의 목적을 알아차렸다.
③ 강남골 하인은 진성운을 보고 진상서의 아들임을 알아보았다.
④ 호원은 순경이 적진에 늦게 도착한 것에 대한 책임을 물었다.
⑤ 월성덕은 연나라 군대가 패배했다는 사실을 인정하지 않았다.

20. <보기>를 참고하여 윗글을 감상한 내용으로 적절하지 <u>않은</u> 것은? [3점]

< 보 기 >

「진성운전」은 진성운의 영웅적 일대기를 다룬 작품이다. 진성운은 어린 시절 가족과의 이산, 기아 등의 고난을 겪지만, 능력을 길러 위기에 처한 나라를 구한다. 또한 전쟁에서 승리하는 과정에서 아버지의 원수이자 나라를 배신한 적대자를 징계하기도 한다. 그리고 이 작품에는 주인공 외에 여러 영웅이 등장한다. 이들은 외적의 침입을 물리치기 위해 싸우는데, 위험에 처하면 서로 도우며 국난을 함께 극복해 나간다.

① 진성운과 순경이 연나라 군사를 함몰시키는 것을 보니, 전쟁을 승리로 이끄는 영웅들의 활약상을 확인할 수 있군.
② 진성운과 성희가 서로를 확인하며 통곡하는 것을 보니, 진성운이 어릴 때 가족 이산의 고통을 겪었음을 알 수 있군.
③ 진성운이 적들의 항복을 받고 유경만을 잡아 죄를 물은 것을 보니, 국난을 극복하면서 개인적인 원한도 갚게 되었다고 할 수 있군.
④ 유경만이 연나라의 패배를 탄식하는 것을 보니, 진성운의 적대자인 유경만은 진상서를 참소한 것을 후회하고 있음을 알 수 있군.
⑤ 적진에 둘러싸인 호원이 진성운에게 살려 달라고 말하는 것을 보니, 위기에서 벗어나기 위해 다른 영웅에게 도움을 청하는 모습을 확인할 수 있군.

21. [A]에 대한 설명으로 가장 적절한 것은?

① 진성운이 위험에 처한 누이를 구하게 되는 계기가 된다.
② 연향이 숨겨둔 흔적을 진성운이 찾게 되는 이유가 된다.
③ 학녹이 진성운에게 자신의 능력을 드러내는 동기가 된다.
④ 떠돌던 진성운이 세상사에 관심을 가지게 된 원인이 된다.
⑤ 누이가 강남에서 겪은 일을 진성운이 재확인한 단서가 된다.

[해설편 p.114]

**[22~26] 다음 글을 읽고 물음에 답하시오.**

(가)

청강(淸江) 녹초변(綠草邊)의 소 먹이는 아이들이
석양에 흥이 겨워 피리를 비껴 부니
물 아래 잠긴 용이 잠을 깨어 일어날 듯
안개 기운에 나온 학이 제 집을 버리고
반공(半空)에 솟아 뜰 듯 [A]
소선(蘇仙) 적벽(赤壁)*은 가을 칠월(秋七月)이 좋다 하되
팔월 보름달을 모두 어찌 칭찬하는고
고운 구름 흩어지고 물결이 잔잔할 때
하늘에 돋은 달이 솔 위에 걸렸거든
달을 잡으려다 물에 빠진 적이 있는 적선(謫仙)이 야단스럽구나 [B]
공산(空山)에 쌓인 잎을 삭풍(朔風)이 거둬 불어
떼구름 거느리고 눈조차 몰아오니
천공(天空)이 호사로워 옥으로 꽃을 지어
만수(萬樹) 천림(千林)을 꾸며 내는구나 [C]
앞 여울 가려 얼어 독목교(獨木橋) 비꼈는데
막대 멘 늙은 중이 어느 절로 가는 건가
산옹(山翁)의 이 ㉠ 부귀(富貴)를 남에게 전하지 마오
경요굴(瓊瑤窟) 은세계(隱世界)를 찾을 이 있을세라 [D]
산중에 벗이 없어 한기(漢紀)*를 쌓아 두고
만고 인물을 거슬러 헤아리니
성현도 많거니와 호걸도 많고 많다
하늘 삼기실 제 곧 무심할까마는
어찌하여 시운(時運)이 일락배락* 하였는가
모를 일도 많거니와 애달픔도 그지없다 [E]
기산(箕山)의 **늙은 고불** 귀는 어찌 씻었던가*
박 소리 핑계하고* **조장(操狀)***이 가장 높다
인심이 낯 같아서 볼수록 새롭거늘
세사(世事)는 **구름**이라 험하기도 험하구나
엊그제 빚은 **술**이 얼마큼 익었나니
잡거니 밀거니 실컷 기울이니
마음에 맺힌 **시름** 적게나 하리로다

– 정철, 「성산별곡(星山別曲)」 –

* 소선 적벽 : 송나라 문인 소동파가 지은 적벽부.
* 한기 : 책.
* 일락배락 : 흥했다가 망했다가.
* 기산의~ 씻었던가 : 기산에 숨어 살던 허유가 임금의 자리를 제안받았을 때, 이를 거절하면서 그 말을 들은 자신의 귀를 씻었다는 고사.
* 박 소리 핑계하고 : 표주박 하나도 귀찮다면서 허유가 핑계하고.
* 조장 : 기개 있는 품행.

(나)

㉡ 부귀(富貴)라 구(求)치 말고 빈천(貧賤)이라 염(厭)치 마라
인생 백 년(百年)이 한가(閑暇)할사 이내 것이
**백구(白鷗)**야 날지 마라 너와 **망기(忘機)***하오리라

<제1곡>

서산(西山)에 해 져 간다 고깃배 떴단 말가
죽간(竹竿)을 둘러메고 십 리 장사(十里長沙) 내려가니
연화(煙花) 수삼(數三) **어촌(漁村)**이 **무릉(武陵)**인가 하노라

<제6곡>

– 권구, 「병산육곡(屛山六曲)」 –

* 망기 : 속세의 일이나 욕심을 잊음.

(다)

윤상군이 처음에 곤강 남쪽에 집터를 마련했다. 집터 동편과 서편에 밤나무 숲이 울창하였으므로 거기에다가 정자를 짓고 **율정(栗亭)**이라고 이름했다. 그 후에 또 조금 서편으로 가서 새로 집을 샀는데 밤나무 숲이 더욱 무성했다. 성안에 있는 집에서는 밤나무를 심는 사람이 적은데, 윤공은 집을 구할 때마다 밤나무 있는 곳을 선택했다.

그는 일찍이 나에게 말했다.

"봄에는 잎이 무성하지 않아 가지 사이가 성글어서 그 사이로 꽃이 서로 비치고, 여름이면 잎이 우거져서 그늘에서 놀 수가 있으며, 가을에는 밤이 먹을 만하며, 겨울이면 밤송이를 모아 아궁이에 불을 땔 수가 있다. 그래서 나는 밤나무를 좋아한다."

나는 말한다. 불이 마른 것에 잘 붙고 물이 축축한 곳으로 흐르는 것은, 성질이 같은 것끼리 서로 찾아가는 것이니 이치에 있어서 반드시 그러한 것이다. 대개 그 숭상하는 것이 같으면 물건이나 내가 다를 것이 없는 것은 어쩔 수 없는 일이다. 왜 그런가 하면 하늘과 땅 사이에 나는 풀이나 나무가 모두 한 기운이기 때문이다. 그러나 그 뿌리와 싹과 꽃과 열매가 어려운 것, 쉬운 것, 일찍 되는 것, 늦게 되는 것 등 가지각색인데, 오직 이 밤나무는 모든 나무 가운데서 가장 늦게 나며, 재배하기도 어렵고 기르는 데 시간도 오래 걸린다.

그러나 자라기만 하면 쉽게 튼튼해지며, 잎이 매우 늦게 돋지만, 돋기만 하면 곧 그늘을 쉽게 만들어 준다. 꽃이 매우 늦게 피지만 피기만 하면 곧 흐드러지며, 열매가 매우 늦게 맺히지만 맺히기만 하면 곧 수확할 수 있다. 그러니 이 밤나무는 모든 사물에 공통되는 차고 이지러지고 줄어들고 보태는 이치를 함께 가지고 있는 것이다.

윤공은 나와 같은 해에 과거에 합격했는데 그때의 나이가 30여 세였다. 그러다가 나이가 40세가 넘어서야 비로소 처음으로 벼슬에 나아갔으므로 사람들은 모두가 늦었다고 하였으나, 공은 직무에 더욱 조심하며 충실히 했다. 그러다가 임금의 인정을 받아 등용되었는데, 하루 동안에 아홉 번 자리를 옮겨 대신의 지위에 이르게 되었으니, 이것은 별로 손질을 하지 않았는데도 무성하게 뻗어 나간 밤나무와 같다. 그 기틀을 세우는 것이 처음에는 어려웠으나 그 성취하는 것이 뒤에는 쉬웠으니, 이것은 밤나무의 꽃과 열매의 성질과 같은 바가 있다.

나는 그것을 이치로 설명하려 한다. 대개 식물의 씨앗이 흙에서 싹틀 때 깊으면 싹이 더디 터진다. 꼬투리가 터지면 곧 눈이 트고, 눈이 트면 가지가 생겨서 반드시 줄기를 이룬다. 샘물이 웅덩이에 차게 되면 그것이 조금씩 흘러나오게 된다. 그 흐르는 것이 멈추게 되면 물이 고이고, 고이면 못이 되었다가 반드시 바다에까지 도달한다. 그러므로 그 느린 것은 장차 빨리 되려는 것이요, 멈추는 것은 장차 끝까지 도달하려는 것이니, 곧 모자란 것은 채울 수 있으며 부족한 것은 보탤 수 있는 것과 무엇이 다르겠는가. 한 가지 사물에 대해서도 이것을 실증할 수 있는 것이다.

또한 여기에서 사람이 숭상하는 바를 관찰하건대, 곧 불을 숭상하면 불을 닮고 물을 숭상하면 물을 닮으니 나와 숭상하는 사물과 차이가 없다. 따라서 그대가 출세하여 영화롭게 된 것은 밤나무의 생장함과 같으며, 밤을 수확하여 간직함은 그대의 은퇴하는 것과 같다. 그 생장함에는 세상을 유익하게 하는 바가 있으며, 그 간직함에는 자신의 양생의 작용이 있다. 이에 나는 이 정자에 대하여 그 이치를 들어 글을 짓는다.

– 백문보, 「율정설(栗亭說)」 –



[해설편 p.115]

22. (가) ~ (다)에 대한 설명으로 가장 적절한 것은?

① (가)와 (나)는 시간적 배경이 드러나는 표현을 사용하여 시적 분위기를 형성하고 있다.
② (가)와 (다)는 반어적 표현을 통해 현실에 대응하는 태도를 드러내고 있다.
③ (나)와 (다)는 근경에서 원경으로 시선을 이동하며 대상의 특성을 포착하고 있다.
④ (가), (나), (다) 모두 색채어를 활용하여 대상을 생동감 있게 묘사하고 있다.
⑤ (가), (나), (다) 모두 공간의 이동을 통해 대상이 변화하는 모습을 나타내고 있다.

23. [A] ~ [E]에 대한 이해로 적절하지 않은 것은?

① [A] : '소 먹이는 아이들'의 피리 소리를 듣고 '용'과 '학'을 떠올리며 강변에서의 흥취를 노래하고 있다.
② [B] : '팔월 보름달'을 '소선 적벽'의 내용과 비교하며 달과 소나무가 어우러진 풍경에서 느끼는 감흥을 드러내고 있다.
③ [C] : '천공'이 '옥'으로 꽃을 만들어 '만수 천림'을 꾸민 것 같다고 표현하며 눈 내린 산의 아름다움을 예찬하고 있다.
④ [D] : '늙은 중'이 가 버린 것에 아쉬워하며 '은세계'를 찾는 사람들이 많아지기를 바라고 있다.
⑤ [E] : '성현'과 '호걸'을 생각하며 '시운'이 '일락배락'하는 것에 대해 안타까움을 느끼고 있다.

24. ㉠과 ㉡에 대한 설명으로 가장 적절한 것은?

① ㉠은 ㉡과 달리 과거를 극복하게 하는 대상이다.
② ㉡은 ㉠과 달리 화자가 추구하는 가치와 거리가 먼 대상이다.
③ ㉠은 갈등을 해소하는 계기가, ㉡은 갈등을 심화하는 계기가 되는 대상이다.
④ ㉠은 화자의 체념적 태도를, ㉡은 화자의 달관적 태도를 드러내는 대상이다.
⑤ ㉠과 ㉡은 모두 화자에게 인생의 무상함을 느끼게 하는 대상이다.

25. 다음은 (다)에 대한 <학습 활동>이다. ⓐ~ⓔ에 들어갈 내용으로 적절하지 않은 것은?

< 학습 활동 >

**활동 과제** : '나'가 말한 내용이 윤상군의 삶과 어떻게 연관될 수 있는지 생각해 봅시다.

| '나'가 말한 내용 | | 활동 결과 |
|---|---|---|
| 불이 마른 것에 잘 붙고 물이 축축한 곳으로 흐르는 것. | ⇨ | ⓐ |
| 밤나무는 늦게 나고, 기르는 데도 시간이 오래 걸리는 것. | ⇨ | ⓑ |
| 잎이 매우 늦게 돋지만, 돋기만 하면 곧 그늘을 쉽게 만들어 주는 것. | ⇨ | ⓒ |
| 별로 손질을 하지 않았는데도 무성하게 뻗어 나가는 것. | ⇨ | ⓓ |
| 밤나무의 생장함과 밤을 수확하여 간직하는 것. | ⇨ | ⓔ |

① ⓐ : 윤상군이 집을 구할 때마다 밤나무가 있는 곳을 선택한 것과 연관 지어 볼 수 있겠군.
② ⓑ : 윤상군이 나이가 40세가 넘어서야 처음으로 벼슬에 나아간 것과 연관 지어 볼 수 있겠군.
③ ⓒ : 늦게 벼슬에 오르기까지 윤상군이 직무에 더욱 조심하며 충실히 임했다는 것에 연관 지어 볼 수 있겠군.
④ ⓓ : 등용된 윤상군이 하루 동안에 아홉 번 자리를 옮겨 대신의 지위에 이르게 되었다는 것과 연관 지어 볼 수 있겠군.
⑤ ⓔ : 윤상군이 출세하여 영화롭게 된 것과 은퇴하는 것에 연관 지어 볼 수 있겠군.

26. <보기>를 참고하여 (가) ~ (다)를 감상한 내용으로 적절하지 않은 것은? [3점]

< 보 기 >

작가는 화자나 인물을 통해 인간과 세계를 바라보는 자신의 생각을 언어로 형상화하여 표현하기 때문에 문학 작품을 읽는 것은 곧 작가의 생각을 이해하는 것이라고도 할 수 있다. 따라서 작가가 화자나 인물을 어떻게 그리고 있는지 파악하는 것은 문학 작품 속에 담겨 있는 작가의 생각을 이해하는 방법이 된다.

① (가)에서 고사를 인용하며 '늙은 고불'을 '조장'이 높은 인물로 보고 있는 화자를 통해 바람직한 삶의 자세에 대한 인식을 드러내고 있군.
② (가)에서 세상의 일이 '구름'처럼 험하다면서 '술'로 '시름'을 잊겠다고 말하는 화자를 통해 속세를 부정적 대상으로 인식하고 있음을 드러내고 있군.
③ (나)에서 '백구'에게 날지 말라고 말하며 함께 '망기'하고 싶다는 화자를 통해 자연물을 물아일체의 대상으로 인식하고 있음을 드러내고 있군.
④ (나)에서 삶의 터전인 '어촌'을 '무릉'에 비유하며 생활에 대한 만족감을 느끼고 있는 화자를 통해 일상의 공간에 대한 긍정적인 인식을 드러내고 있군.
⑤ (다)에서 정자의 이름을 '율정'이라 짓고 늘 자신의 행동을 경계하였음에도 등용이 늦었던 인물을 통해 당시의 현실에 대한 비판적 인식을 드러내고 있군.

[27~30] 다음 글을 읽고 물음에 답하시오.

(가)
**문**(門)을 열고
들어가서 보면
그것은 **문이 아니**었다.

마을이 온통
해바라기 꽃밭이었다.
그 훤출한 줄기마다
맷방석만한 꽃숭어리가 돌고

해바라기 ㉠숲 속에선 갑자기
수천 마리의 낮닭이
깃을 치며 울었다.

파아란 **바다가 보이는**
**산모롱잇길**로
**꽃상여**가 하나
조용히 흔들리며 가고 있었다.

바다 위엔 작은 배가 한 척 떠 있었다.
오색(五色) 비단으로 돛폭을 달고
뱃머리에는 큰 북이 달려 있었다.

수염 흰 노인이 한 분
그 뱃전에 기대어
피리를 불었다.

꽃상여는 작은 배에 실렸다.
그 **배**가 떠나자
바다 위에는 갑자기 **어둠**이 오고
**별빛**만이 우수수 쏟아져 내렸다.

문을 닫고 나와서 보면
그것은 문이 아니었다.

– 조지훈, 「꿈 이야기」 –

(나)
누이여
또다시 은비늘 더미를 일으켜세우며
시간이 빠르게 이동하였다
어느 날의 잔잔한 어둠이
**이파리 하나 피우지 못한** 너의 **생애**를
소리없이 꺾어갔던 그 **투명한**
**기억**을 향하여 **봄**이 왔다

**살아 있는 나**는 **세월을 모른다**
네가 가져간 시간과 버리고 간
시간들의 얽힌 영토 속에서
한 뼘의 폭풍도 없이 나는 고요했다
다만 햇덩이 이글거리는 ㉡벌판을
맨발로 산보할 때
어김없이 시간은 솟구치며 떨어져
이슬 턴 풀잎새로 엉겅퀴 바늘을
살라주었다

봄은 살아 있지 않은 것은 묻지 않는다
떠다니는 내 **기억의 얼음장마다**
**부르지 않아도 뜨거운 안개**가 쌓일 뿐이다
잠글 수 없는 것이 어디 시간뿐이랴
아아, **하나의 작은 죽음**이 얼마나 **큰 죽음들을 거느리**는가
나리 나리 개나리
네가 두드릴 곳 하나 없는 거리
**봄**은 **또다시** 접혔던 **꽃술**을 펴고
찬물로 눈을 헹구며 **유령처럼 나는 꽃을 꺾는다**

– 기형도, 「나리 나리 개나리」 –

27. (가)와 (나)에 대한 설명으로 가장 적절한 것은?

① (가)는 시행의 반복을 통해, (나)는 물음의 형식을 통해 시적 의미를 강조하고 있다.
② (가)는 대화체의 형식을 통해, (나)는 대조적 상황을 통해 화자의 정서를 드러내고 있다.
③ (가)는 과거와 현재를 비교하며, (나)는 외부 세계에서 내면으로 화자의 시선을 이동하며 시상을 전개하고 있다.
④ (가)와 (나)는 모두 계절의 흐름에 따른 대상의 변화를 통해 깨달은 바를 드러내고 있다.
⑤ (가)와 (나)는 모두 추측을 나타내는 표현을 사용해 대상에 대한 화자의 심리적 거리감을 드러내고 있다.

28. (나)에 대한 이해로 적절하지 않은 것은?

① '이파리 하나 피우지 못한' 누이의 '생애'가 꺾였다는 것은 누이가 때 이른 죽음을 맞이했음을 드러낸다고 볼 수 있군.
② '살아 있는 나'가 '세월을 모른다'고 한 것은 '나'가 누이의 죽음에 아파하며 살고 있음을 드러낸다고 볼 수 있군.
③ '기억의 얼음장마다' '뜨거운 안개'가 '부르지 않아도' 쌓인다는 것은 누이에 대한 기억이 의지와 상관없이 떠오름을 드러낸다고 볼 수 있군.
④ '봄'이 되자 '또다시' '꽃술'이 펴진다는 것은 누이의 죽음과 관계없이 다시 찾아온 봄의 모습을 드러낸다고 볼 수 있군.
⑤ '유령처럼' '꽃을 꺾는다'는 것은 '나'가 누이의 죽음으로 인한 슬픔을 극복한 모습을 드러낸다고 볼 수 있군.

29. ㉠과 ㉡에 대한 이해로 가장 적절한 것은?

① ㉠은 시련에 맞서는 공간이고, ㉡은 희망을 상실한 공간이다.
② ㉠은 화자가 존재하는 공간이고, ㉡은 화자가 바라보는 공간이다.
③ ㉠은 생명력이 느껴지는 공간이고, ㉡은 화자가 고통을 느끼는 공간이다.
④ ㉠은 화자의 기대가 반영된 공간이고, ㉡은 화자의 심리와 대조되는 공간이다.
⑤ ㉠은 미래에 대한 의지가 드러나는 공간이고, ㉡은 과거에 대한 성찰이 드러나는 공간이다.



[해설편 p.116]

30. <보기>를 참고하여 (가), (나)를 감상한 내용으로 적절하지 않은 것은? [3점]

< 보 기 >

죽음은 실체적 아픔의 원인이자 극복의 대상으로 인식되기도 하고, 삶과 맞닿아 있는 삶의 연장으로 인식되기도 한다. (가)는 '문'을 통해 꿈속 세계로 들어가 그곳에서 삶과 죽음이 연결된 것임을 확인하고, 그것이 꿈속의 이야기만이 아니라 '문' 밖 현실의 이야기이기도 하다는 생각을 표현하고 있다. (나)는 '봄'이라는 계절적 배경을 중심으로 누이의 죽음을 떠올리며 그로 인한 상실감과 슬픔을 표현하고 있다.

① (가)에서 화자가 '문'을 경계로 하여 꿈으로 들어가고 꿈에서 나오면서도 '문'을 '문이 아니'라고 말하는 것은 꿈과 현실이 다르지 않음을 드러낸다고 할 수 있겠군.
② (가)에서 '꽃상여'가 마을을 떠나 '바다가 보이는 / 산모롱잇길'을 거쳐 바다로 가므로 '산모롱잇길'은 삶과 죽음이 연결된 것임을 보여 준다고 할 수 있겠군.
③ (가)에서 '배'가 떠나자 '별빛'이 쏟아져 '어둠'을 밝히는 장면은 삶과 죽음이 분리되지 않은 꿈속 세계가 현실에서도 이어짐을 드러낸다고 할 수 있겠군.
④ (나)에서 누이에 대한 '투명한 / 기억'에서 벗어나지 못한 화자에게 누이의 죽음을 떠올리게 하는 '봄'이 다시 오는 것은 화자가 아픔을 느끼게 되는 상황이라 할 수 있겠군.
⑤ (나)에서 화자가 '하나의 작은 죽음'이 '큰 죽음들을 거느'린다고 생각하는 것은 누이의 죽음이 슬픔을 유발하고 있는 상황을 보여 준다고 할 수 있겠군.

**[31~34] 다음 글을 읽고 물음에 답하시오.**

호랑이 사건 이후부터 윤봉이에겐 커다란 변화가 생겼다. 연설 흉내만이 아니라 군가를 부르는 데도 그 특이한 재주를 발휘하여 잠깐 사이에 우리 마을의 명물로 등장했다. 어른 아이 할 것 없이 마을 어디를 가나 윤봉이의 인기가 대단한 것에 가족들인 우리까지 놀라지 않을 수 없었다. 아주 내놓은 바보로 이제까지 거들떠도 안 보던 사람들이 우리 윤봉이를 구경하기 위해 일부러 마을 정자마당에 들르는 것이었고 길을 가다가도 꼭꼭 불러 세우곤 했다. 그러나 솔직히 얘기해서 이처럼 엄청난 인기에 값할 만큼 윤봉이의 재간이 하루아침에 눈부시게 급성장해 버린 건 아니었다. 발음은 여전히 어눌했고, 중간중간을 잘 까먹어 수없이 더듬거렸다. 더구나 노래 도중에 헤프게 흘리는 멀건 웃음과 굼뜬 몸놀림은 그가 여전히 **어쩌지 못할 바보의 상태**로 머물러 있음을 증명하고도 남았다. 그럼에도 불구하고 사람들의 극성이 윤봉이의 꽁무니에 졸졸 매달려 다닌다는 건 대뜸 이해가 안 가는 일이었다. 결국 그 점에 관해선 아버지의 견해가 옳은지도 몰랐다. 윤봉이가 근심될 때마다 아버지는 곰을 이야기했다. 본디 우매한 동물이기 때문에 사람들이 곰에 거는 기대는 늘 최저의 수준에서 시작되었다. 훈련에 의해 그 최저의 수준을 한치라도 넘어선 행동을 보일 때 사람들은 그것을 굉장한 재주로 여기고 곡마단의 곰에게 박수를 보내게 된다. 윤봉이는 [한 마리의 곰]이었다. 곰이 되어가는 윤봉이를 슬퍼하는 사람은 아버지 혼자였다. 아버지는 슬픔을 넘어 분개하고 있었다. 동네 사람들의 극성 뒤에 감추어진 불순한 저의를 개탄하고 있었다. 철부지 어린애를 **방패막이**로 삼아 자기네들이 인민군을 환영하고 공산당에 적극 동조한다는 사실을 은근히 드러내는 데 이용하려 한다는 것이었다. 아버지가 가진 남 모를 괴로움은 어머니에 의해 번번이 무시당하곤 했다. 마침 잘된 일이지 뭐유, 하면서 오히려 어머니는 윤봉이를 대견한 눈으로 바라보는 것이었다. 아버지의 고민을 알 리 없는 윤봉이는 사람들이 보내는 박수를 먹으며 마냥 신명이 났다. 인민학교가 끝나면 나는 항상 윤봉이 손을 잡고 마을 정자마당으로 향했다. 나어린 인민군 병사의 지휘에 맞추어 우리는 여름 한철을 매미처럼 내내 노래만 부르며 보냈다. 그리고 그 소년병이 숙련된 조련사처럼 우리 윤봉이를 맹훈련시키는 걸 곁에서 성의껏 도우면서 나는 보람을 느꼈다.

(중략)

세상이 완전히 뒤바뀌었음을 그애한테 이해시키기란 참말이지 장대로 보름달을 따는 것보다 더 불가능한 일이었다. 녀석은 저를 그토록 귀애해 주던 나어린 인민군 병사가 왜 갑자기 떠나버렸는지를 이해하지 못했다. 그리고 제 노래에 박수와 칭찬을 아끼지 않던 마을 사람들이 약속이라도 한 듯이 하루아침에 마음을 바꾸어 바보 윤봉이로 통하던 당시처럼 다시 거들떠도 안 보게 되었는지 그 까닭을 전연 몰랐다. 하기야 녀석 입장에서 본다면 구태여 그걸 알고 이해할 필요가 없는 노릇이었다. 녀석의 머릿속에서는 여전히 축음기판이 돌아가고 있었다. 마음이 내킬 때마다 그걸 틀기만 하면 되었다. 그걸 틀고만 있으면 빛나던 시절 화려한 기억이 저한테서 떠나지 않고 머무는 줄로 알았다. 딱한 일이긴 해도 시간이 지나면 자연히 고쳐지는 병이려니 생각하고 크게 신경들을 안 썼다. 다만, 인제는 내놓을 만한 게 못 되는 그 버릇이 아무데서나 불쑥 튀어나올까봐 되도록 집 안에서만 놀도록 배려를 했다. 그러나 어림도 없는 일이었다. 시간이 흐를수록 우리의 예상이 자꾸만 빗나감을 느끼고 당황하기 시작했다. 달래도 보고 혼뜨검도 내보았지만 다아 소용없는 짓이었다. 녀석은 누구로부터 칭찬받고 싶은 욕구가 동할 때마다 때와 곳을 가리지 않고 인민군가를 기운차게 부르는 것이었다. 그걸 들을 때마다 온몸에 소름이 돋았다. 그것은 피를 부르는 소리였다. 뺨 한 대 얻어맞은 과거를 찌르면 등쪽까지 꿰뚫리는 죽창으로 앙갚음하는 세상이었다. 비단 인공 치하에서 거의 씨를 말리다시피 된 곰배정씨네뿐만이 아니라 여차하면 당장에라도 쫓아올 성싶은 사람이 마을 안에 여럿 있었다. 그들 앞에서 눈곱만치라도 공산당에 관계된 흔적을 내보이지 않으려고 마을 사람 누구나 혀를 호주머니 속에 넣고 다니듯 하는 판국이었다. 집에 자주 놀러 오던 어머니 연배의 마을 아낙네들도 한두 번 윤봉이의 연설 흉내와 군가를 들은 뒤로는 녀석과 마주치는 걸 꺼리는 눈치가 완연해졌다. 지금이 어떤 세상인데, 하면서 그네들은 어머니한테 넌지시 충고까지 하는 것이었다. 결코 무리가 아니었다. 누가 듣겠다 싶으면 어머니는 윤봉이 입을 손바닥으로 틀어막곤 했다. 하지만 아무리 수단을 다 해 봐도 녀석의 고집을 꺾을 수는 없었다. 말리면 말릴수록 더욱더 기를 써가며 이미 물거품이 돼 버린 지난날의 명성을 놓치지 않으려고 안간힘을 다하는 것이었다. 난생처음 수많은 사람들로부터 관심의 대상이 되던 날의 **찬란한 기억**을 몰아내고 대신 다른 것으로 채워 줄 적당한 선물이 우리에겐 없었다. 끼니때가 되면 밥을 달라는 뜻으로 목청껏 군가를 부름으로써 어머니가 저를 주목해 주기 바랄 정도였다. 결국 어머니 입에서, 이 웬

수녀르 것아, 라는 말이 빈번히 쏟아져 나오기 시작했다. 그리고 동네 안에 차츰 소문이 번져 전번과는 전혀 다른 각도에서 윤봉이는 재차 유명해졌다. **위태위태한 명물**이 된 아들에게 아버지는 놀랍게도 아주 관대했다. 철부지 어린애 장난인데 그걸 가지고 시비할 사람이 누가 있겠냐면서, 사실 아버지 주장대로 아직은 윤봉이를 탈 잡아 자전거 체인이나 죽창을 꼬나쥔 채 우리집에 나타난 사람이 아무도 없긴 했다. 그러나 아직 안 나타났다는 것과 언제 나타날지 모른다는 것과는 엄연히 뜻이 통하는 말이었다. 어느 때부터인가 불행이 아버지 신상에 슬금슬금 어떤 위해를 가하는 방식으로 우리집 대문을 넘보기 시작했다. 그리하여 **불행을 불러들인 흉물**로 우리는 마침내 윤봉이를 지목하기에 이르렀다.

— 윤흥길, 「양」 —

31. 윗글의 서술상 특징으로 가장 적절한 것은?

① 외부 이야기 속에 내부 이야기를 삽입하여 사건을 전개하고 있다.
② 작중 인물이 관찰자 입장에서 인물들의 말과 행동을 전달하고 있다.
③ 인물의 행적을 요약적으로 진술하여 사건의 전개를 지연시키고 있다.
④ 동시에 일어나는 두 개의 사건을 병렬하여 긴박한 분위기를 조성하고 있다.
⑤ 인물의 다양한 체험을 삽화 형식으로 나열하여 인물을 입체적으로 그리고 있다.

32. 윗글에 대한 이해로 가장 적절한 것은?

① 어머니는 윤봉이에 대한 마을 아낙네들의 충고를 무시했다.
② 윤봉이는 인민군 병사가 갑자기 떠난 이유를 이해하지 못했다.
③ 가족들은 호랑이 사건 이후 윤봉이의 인기가 대단해질 것임을 예상했다.
④ 인민군이 떠난 후 곰배정씨네는 마을 사람들에게 보복당할 것이라고 짐작했다.
⑤ 윤봉이는 가족들이 자신을 집에서 놀게 한 이유가 자신의 노래 때문이라고 여겼다.

33. <보기>의 ㉠에 들어갈 내용으로 가장 적절한 것은?

< 보 기 >

**선생님** : 소설에서는 인물의 심리나 정서, 처지를 직접적으로 드러내기도 하지만, 우회적으로 표현하여 이를 효과적으로 드러내기도 합니다. '한 마리의 곰'에 드러난 인물의 심리를 파악해 봅시다.

**학생** : [ ㉠ ]

① 윤봉이를 훈련시키는 소년병에 대한 아버지의 안타까움이 드러납니다.
② 윤봉이만 대견스럽게 여기는 어머니에 대한 '나'의 서운함이 드러납니다.
③ 윤봉이의 노래가 최저 수준에 머문 것에 대한 '나'의 아쉬움이 드러납니다.
④ 윤봉이에게 극성스럽게 구는 마을 사람들에 대한 '나'의 원망이 드러납니다.
⑤ 윤봉이를 대하는 마을 사람들의 속내를 알아차린 아버지의 슬픔이 드러납니다.

34. <보기>를 참고하여 윗글을 감상한 내용으로 적절하지 <u>않은</u> 것은? [3점]

< 보 기 >

희생양은 사람이나 동물이 사회의 구성원들에 의해 제물이 된 것을 말한다. 사람들은 위기에서 벗어나거나 이익을 얻기 위해 소속력이 약한 계층에서 희생양을 찾아 이용하기도 한다. 그리고 공동체 내부의 긴장감과 불안감을 해결하기 위해 희생양에게 위기의 책임을 지우며 자신들의 결속을 다진다.

① 마을 사람들이 윤봉이를 희생양으로 삼을 수 있었던 것은 윤봉이가 '어쩌지 못할 바보의 상태'였기 때문이겠군.
② 마을 사람들이 윤봉이를 '방패막이'로 삼은 것은 인민군에 동조한다는 사실을 드러내기 위해 윤봉이를 이용한 것이겠군.
③ 마을 사람들이 윤봉이를 '위태위태한 명물'로 여겨 피한 것은 윤봉이의 재주가 불러올 위기에 불안감을 느꼈기 때문이겠군.
④ 가족들이 윤봉이에게 '찬란한 기억'을 대신할 것을 채워 주지 못한 것은 가족들이 인민군 치하에서 이익을 얻는 계기로 작용했겠군.
⑤ 가족들이 윤봉이를 '불행을 불러들인 흉물'로 지목한 것은 아버지의 신상에 문제가 생긴 것에 대한 책임이 윤봉이에게 있다고 여겼기 때문이겠군.

* 확인 사항
○ 답안지의 해당란에 필요한 내용을 정확히 기입(표기)했는지 확인하시오.
○ 이어서, 「**선택과목(화법과 작문)**」 문제가 제시되오니, 자신이 선택한 과목인지 확인하시오.



[해설편 p.117]

제 1 교시

# 국어 영역(화법과 작문)

10회



**[35~37] 다음은 학생의 발표이다. 물음에 답하시오.**

여러분, 얼마 전 우리 반이 우승한 암산 대회를 기억하시죠? 1에서 8까지 곱하라는 문제를 반별로 5초 동안만 풀게 한 뒤 학생들이 쓴 답의 평균이 정답에 가장 가까운 반이 이기는 대회였죠. 그때 저는 우승 소식이 기쁘면서도, 평소 수학을 어려워하는 우리 반이 암산 실력만큼은 정말 뛰어난지 의문이 들기도 했습니다. 그러다 며칠 전 한 가지 사실을 알게 되었습니다. (화면을 보여 주며) 보시는 바와 같이 우리 반이 푼 계산식은 '8×7×6×5×4×3×2×1'이었는데 어떤 반은 '1×2×3×4×5×6×7×8'이었다는 것을요. 이 사실을 듣고 문득 지난주 경제 시간에 행동경제학에 대해 배우면서 알게 된 '기준점 효과'가 떠올랐습니다. 기준점 효과의 내용이 생각나시나요? (대답을 듣고) 네, 그렇습니다. 어떤 값을 추정할 때 지금 알고 있는 값을 기준점으로 삼아 추정하는 현상이지요. 1에서 8까지 곱하면 40,320인데, 이런 큰 수를 5초 안에 암산하긴 어려우니 대부분 추측값을 써 냈을 겁니다. 그런데 우리 반 친구들은 앞에서부터 두 번째 숫자까지만 곱해도 56이니까 정답을 큰 수로 추측했겠지만, 다른 반 친구들은 네 번째 숫자까지 곱해도 24밖에 안 되므로 그리 큰 수를 떠올리지는 않았겠지요. 결국 5초 동안 구한 값이 추측 값의 기준점이 되는 상황에서, 기준점 효과가 우리 반에 유리하게 작용해서 우승할 수 있었던 것입니다. 여러분의 표정을 보니 들떠 있던 반 분위기에 제가 괜히 찬물을 끼얹게 된 것 같아 미안한 마음도 드네요.

이번 암산 대회의 사례와 같이 기준점은 자신도 모르는 사이에 자신의 선택과 판단을 좌지우지하여 뜻밖의 결과를 만들어 냅니다. 심지어는 기준점이 우리 삶의 행복도까지 결정짓기도 하지요. 신학자 토마스 아퀴나스는 이런 말을 했습니다. "인간은 변화가 일어나는 과도기에만 행복이나 불행을 느낀다."라고요. 가령 몹시 갖고 싶었던 물건을 갖게 되었을 때 처음에는 행복감을 느끼지만, 익숙해지면 점차 행복감을 느끼지 못하게 되는 경험을 한 번쯤은 해 보셨을 겁니다. 그 이유가 뭘까요? (대답을 듣고) 네, 맞습니다. 현재의 자신의 상태가 행복도를 결정짓는 기준점으로 끊임없이 작용하기 때문이겠죠. 이렇게 본다면 행복을 위해 중요한 것은 절대량이라기보다는 기준점으로부터의 변화량이라고 말할 수 있을 것입니다.

여러분, 꾸준히 행복감을 느끼고 싶으신가요? 그렇다면 단번에 큰 성과를 내려 하기보다는 하루하루 조금씩 성장하기 위해 노력해 나가는 것이 좋지 않을까요? 이상 발표를 마치겠습니다.

35. 위 발표자의 말하기 방식으로 적절하지 않은 것은?

① 질문과 대답을 통해 청중과 상호 작용하고 있다.
② 구체적인 수치를 언급하여 청중의 이해를 돕고 있다.
③ 설의적 질문을 사용하여 청중의 공감을 유도하고 있다.
④ 관용 표현을 활용하여 청중이 보이는 반응에 대응하고 있다.
⑤ 경험을 사례로 제시하여 청중의 행동에 나타난 문제점을 지적하고 있다.

36. 다음은 발표자가 위 발표에 반영한 발표 계획이다. ㉠~㉤에 들어갈 구체적인 계획의 내용으로 적절하지 않은 것은? [3점]

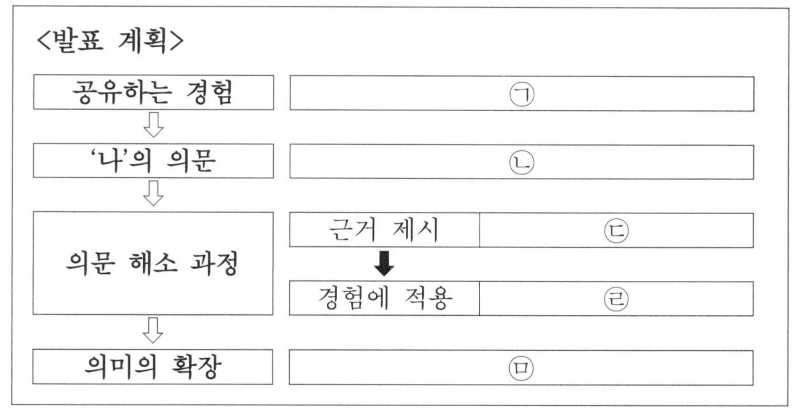


① ㉠: 청중이 암산 대회에 대한 기억을 구체적으로 떠올릴 수 있도록 대회의 규칙을 언급하자.
② ㉡: 암산 대회의 계산식을 화면에 제시하여 내가 의문을 가지게 된 이유를 설명하자.
③ ㉢: 특정 학문에서 다루는 개념을 근거로 제시하여 발표 내용의 타당성을 확보하자.
④ ㉣: 우리 반과 다른 반 학생들의 사고 과정의 차이가 대회 결과에 끼친 영향을 추측하여 제시하자.
⑤ ㉤: 학자의 말을 인용하여 기준점이 판단에 미치는 영향력을 강조한 뒤 지향해야 할 삶의 방향을 제안하자.

37. <보기>는 위 발표를 들은 학생들의 반응이다. <보기>에 드러난 학생들의 듣기 방식으로 가장 적절한 것은?

< 보 기 >

**학생 1**: 등산을 처음 시작하면서 나의 약한 체력으로 지리산을 오르는 건 무리라고 생각했는데, 지난 주말에 동네 뒷산의 정상을 밟고 나니 어쩌면 지리산도 오를 수 있겠구나 싶더라고.

**학생 2**: 판사와 같이 중요한 결정을 내려야 하는 사람들이 자신도 모르는 사이에 어떤 기준점에 의해 영향을 받아서 공정하지 않은 판결을 하게 된다면 큰일이겠는걸?

**학생 3**: 자신의 현재 상태만 기준점으로 작용하는 것은 아닌 것 같아. 시험에서 내가 목표한 점수를 받지 못했을 때 낙담했던 걸 생각해 보면 미래의 목표가 기준점이 될 수도 있잖아.

① 학생1은 '기준점으로부터의 변화량'이 행복을 위해 중요하다는 말이 자신의 경험과 부합하지 않는다고 생각하며 들었다.
② 학생2는 판사의 결정에 '기준점 효과'가 작용하지 않을 때 재판의 공정성을 확보하기 어려울 수 있음을 고려하며 들었다.
③ 학생3은 목표 달성을 위해서는 '현재의 자신의 상태'보다 미래의 목표를 기준점으로 삼는 것이 옳다고 판단하며 들었다.
④ 학생1은 학생3과 달리 '기준점 효과'가 자신이 처한 상황에 대한 인식에 긍정적으로 영향을 끼쳤던 경험을 떠올리며 들었다.
⑤ 학생3은 학생2와 달리 기준점이 '자신도 모르는 사이'에 '자신의 선택과 판단'을 결정한다는 사실을 비판하며 들었다.

**[38~41] (가)는 역사 동아리 학생과 문화재 연구사와의 인터뷰이고, (나)는 인터뷰를 한 학생이 교지에 소개하기 위해 작성한 초고이다. 물음에 답하시오.**

(가)

**학생** : 안녕하세요? 얼마 전 저희 동아리에서 미륵사지를 견학한 후 석탑 복원에 대해 궁금증이 생겨서 인터뷰를 요청하게 됐습니다. 인터뷰에 응해 주셔서 감사합니다.

**연구사** : 반갑습니다.

**학생** : 먼저 문화재 복원이란 무엇인지 설명해 주시겠어요?

**연구사** : 문화재 복원은 문화재가 소실된 경우에 고증을 통해 문화재의 전체나 일부를 원형 또는 특정 시기의 모습으로 되찾는 행위를 의미합니다.

**학생** : 그렇다면 미륵사지 석탑은 원형으로 복원한 것인가요?

**연구사** : 아닙니다. 이 석탑은 특정 시기의 모습으로 보수하여 복원한 것이에요. ㉠ <u>얼마 전 석탑을 견학했다고 하셨는데, 혹시 복원이 끝나지 않은 것처럼 보이지는 않았나요?</u>

**학생** : 맞아요. 사실 저는 아직 복원이 진행 중인 줄 알았어요. 왜 이런 모습으로 복원된 것인가요?

**연구사** : 문화재는 원형의 모습으로 복원하는 것이 일반적인데, 미륵사지 석탑은 창건 당시의 원형을 알 수 있는 문헌 기록을 찾지 못했습니다. 그래서 현재와 같이 비대칭의 모습으로 복원할 수밖에 없었죠.

**학생** : 그렇군요. 방금 문화재는 원형의 모습으로 복원하는 것이 일반적이라고 하셨는데, 문화재를 복원할 때 지켜야 할 원칙으로는 어떤 것들이 있을까요?

**연구사** : 문화재를 복원할 때는 역사적 가치의 보존을 위해 훼손된 재료는 보강하여 재사용해야 합니다. 미륵사지 석탑도 새로운 석재를 사용하여 훼손된 원래의 석재를 보강했는데, 이때 전통 기법을 최대한 활용했습니다.

**학생** : 그렇다면 미륵사지 석탑 복원에는 어떤 전통 기법이 사용되었나요

**연구사** : 석탑을 복원할 때 정을 이용해 석재를 손으로 하나하나 다듬는 전통적인 석재 가공법을 활용했습니다.

**학생** : 정성이 많이 들어간 작업이었겠네요. 혹시 문화재 복원에 사용되는 기법에 대해 더 말씀해 주실 것이 있나요?

**연구사** : ㉡ <u>방금 전에 새로운 석재를 복원에 사용했다고 얘기했지요?</u> 기존의 석재와 유사한 석재를 찾기 위해 기존 석재를 방사선으로 분석하는데요, 미륵사지 석탑 복원에도 방사선 분석 결과를 토대로 익산 황등 지역의 화강암을 사용하였습니다. 이외에도 석탑의 석재들을 다시 쌓아 올릴 때 3D 스캐닝을 활용하여 기울어짐 발생 여부를 확인 후 보완할 수 있었습니다.

**학생** : 현대의 과학 기술이 전통을 다시 살리는 데 쓰였다니 흥미롭네요. 미륵사지 석탑을 복원하는 데 얼마나 걸렸나요?

**연구사** : 복원을 완료하기까지 20년이 걸렸습니다. 일제강점기 때 보수하는 과정에서 무너진 부분에 다량의 콘크리트를 덧씌워 놨었는데, 그것을 수작업으로 걷어내는 데만 3년이 걸렸을 정도로 쉽지 않은 작업이었죠.

**학생** : 석탑 복원에 보이지 않는 노력이 많았군요. 끝으로 문화재 복원에 대해 학생들에게 한 말씀 부탁드리겠습니다.

**연구사** : 문화재는 우리의 역사를 담고 있는 자산입니다. 학생들이 문화재 복원에 좀 더 관심을 가지고, 그 역사적 가치를 생각해 보면 좋겠습니다.

**학생** : 좋은 말씀 감사합니다.

(나)

우리나라에 20년에 걸쳐 복원된 문화재가 있다는 것을 아시나요? 바로 익산 미륵사지 석탑입니다. 미륵사지 석탑은 목탑에서 석탑으로 변화되어 가는 양식을 대표하는 탑으로서 역사적 가치가 있습니다. 2019년에 복원이 완료된 미륵사지 석탑은 왼쪽의 사진에서 보듯이 불완전해 보이는데요, 그 이유는 무엇일까요?

문화재 복원의 국제적 이념을 담은 '베니스 헌장'에는 '추측이 시작되는 순간 복원이 중지되어야 한다'라고 기록되어 있습니다. 원형을 알 수 없었던 미륵사지 석탑도 이 헌장에 따라 복원했기 때문에 불완전해 보이는 것입니다.

미륵사지 석탑은 복원하는 과정에서 복원 원칙을 지키기 위해 여러 가지 방법을 활용했습니다. 먼저 방사선을 이용하여 훼손된 기존 석재와 유사한 석재를 찾아냈고, 정을 사용해 수작업으로 다듬는 전통 기법을 활용했습니다. 마지막으로 물체에 레이저를 쏘아 돌아오는 시간을 거리로 환산하여 3차원 형상 정보를 취득하는 방식인 3D 스캐닝 기술로 석탑 조립 시에 기울어짐 없이 석재를 쌓아 올릴 수 있었습니다.

단일 문화재로는 가장 오랜 시간에 걸쳐 복원된 미륵사지 석탑은 일제강점기 때 보수에 사용된 콘크리트를 제거하고 2천 개가 넘는 기존 석재를 수습하는 데에만 10년이 걸렸습니다. 문화재 복원의 원칙을 지키기 위해 노력했기 때문입니다.

문화재 복원의 원칙을 지켰더라도 미흡한 점이 있을 수 있기에 후대에 복원을 보완할 수 있도록 그 과정을 보고서로 남기기도 합니다. 문화재는 우리의 역사를 담고 있는 자산이므로 더 많은 사람들이 문화재 복원에 관심을 가져 주셨으면 좋겠습니다.

38. ㉠과 ㉡에 대한 설명으로 가장 적절한 것은?

① ㉠은 상대방의 의도를 확인하는 발화이고, ㉡은 상대방의 발언을 요약하여 정리하는 발화이다.
② ㉠은 상대방의 흥미를 유발하기 위한 발화이고, ㉡은 자신의 요구를 상대방에게 전하는 발화이다.
③ ㉠은 상대방의 경험을 상기시키는 발화이고, ㉡은 자신이 언급한 내용을 상대방에게 환기시키는 발화이다.
④ ㉠은 상대방에게 내용의 이해 여부를 묻는 발화이고, ㉡은 상대방에게 추가적인 정보를 요구하는 발화이다.
⑤ ㉠은 상대방의 말에 호응하며 관심을 표현하는 발화이고, ㉡은 상대방과의 의견 차이를 탐색하려는 발화이다.

39. 다음은 (가)의 인터뷰를 진행하기 위해 학생이 작성한 계획이다. (가)를 고려할 때, 인터뷰에 반영되지 <u>않은</u> 것은?

- 문화재를 견학하면서 생긴 의문이 동기임을 밝히면서 인터뷰를 시작해야겠어. ······ ①
- 문화재 복원의 개념을 설명해 달라고 해야겠어. ······ ②
- 미륵사지 석탑을 복원한 이유를 설명해 달라고 해야겠어. ·· ③
- 미륵사지 석탑의 복원 기간을 물어봐야겠어. ······ ④
- 학생들에게 하고 싶은 말씀을 해 달라고 부탁하며 인터뷰를 마무리해야겠어. ······ ⑤


[해설편 p.118]

40. (가)를 바탕으로 (나)를 쓸 때, 학생이 글을 쓰기 위해 떠올린 생각으로 적절하지 않은 것은?

① 문화재가 우리 역사를 담고 있는 자산이라고 들었는데, 미륵사지 석탑이 가진 역사적 가치를 구체적으로 밝혀야겠다.
② 미륵사지 석탑을 다시 쌓아 올릴 때 3D 스캐닝을 활용했다고 들었는데, 3D 스캐닝 기술의 원리를 밝혀 설명해야겠다.
③ 미륵사지 석탑을 원형의 모습으로는 복원할 수 없었다고 들었는데, 문화재 복원의 이념을 담은 기록을 인용해 그 이유를 설명해야겠다.
④ 미륵사지 석탑이 특정 시기의 모습으로 복원된 것이라고 들었는데, 복원된 모습을 담은 시각적인 이미지를 찾아서 보여 주어야겠다.
⑤ 훼손된 기존 석재를 보강할 재료로 새로운 석재를 찾았다고 들었는데, 미륵사지 석탑에 사용된 새로운 석재의 산출지를 밝혀야겠다.

41. 다음은 (나)를 쓴 학생이 교지 편집부장에게 보낸 이메일의 일부이다. ⓐ에 들어갈 내용으로 가장 적절한 것은?

> 보내 주신 검토 의견 중 (  ⓐ  )해 달라는 말을 고려해 초고의 마지막 문단을 아래와 같이 수정했습니다.
>
> 미륵사지 석탑은 문화재 복원이 어떻게 이루어지는지를 보여 줄 뿐만 아니라 문화재 복원의 원칙을 지키기 위해 노력한 사례로 의미가 있습니다. 문화재는 우리의 역사를 담고 있는 자산이므로 더 많은 사람들이 문화재 복원에 관심을 가져 주셨으면 좋겠습니다.

① 문화재 복원 과정을 보완해야 하는 이유는 삭제하고, 미륵사지 석탑 복원의 현황은 추가
② 문화재 복원 과정을 보고서로 작성하는 이유는 삭제하고, 미륵사지 석탑 복원의 의의는 추가
③ 문화재 복원 과정을 보고서로 작성하는 이유는 삭제하고, 미륵사지 석탑 복원의 필요성은 추가
④ 문화재 복원 과정에서 미흡한 점이 생기는 이유는 삭제하고, 미륵사지 석탑 복원의 가치는 추가
⑤ 문화재 복원 과정에서 미흡한 점이 생기는 이유는 삭제하고, 미륵사지 석탑 복원 시 기대 효과는 추가

**[42~45] (가)는 환경 동아리 학생이 작성한 조사 보고서의 초고이고, (나)는 (가)를 쓴 학생이 학교 누리집에 작성한 글이다. 물음에 답하시오.**

(가)

다회용품 사용 실태에 대한 조사 보고서

Ⅰ. 조사의 동기 및 목적

최근 들어 일상생활에서 환경 보호를 실천하자는 인식이 확산되면서 일회용품 대신에 여러 번 재사용이 가능한 다회용품을 쓰는 사람들이 늘어나고 있다. 그래서 다회용품을 쓰는 것이 실제로 환경 보호에 긍정적인 영향을 주는지 조사해 보고자 한다.

Ⅱ. 조사의 방법 및 내용

1. 조사 방법 : 설문 조사, 문헌 조사
2. 조사 내용 : 다회용품 사용의 이유 및 실태, 다회용품의 권장 사용 기준

Ⅲ. 조사의 결과

1. 다회용품 사용 이유

다회용품을 사용하고 있는 사람들을 대상으로 설문 조사를 진행한 결과, 응답자의 76%가 환경 보호를 위해 사용한다고 대답하였다.

2. 다회용품 사용 실태

'어떤 종류의 다회용품을 사용하는가'라는 질문에는 여러 번 재사용이 가능한 음료 용기(43%), 일회용 봉투 대신 사용하는 장바구니(32%)가 가장 높은 비율로 나타났다.

'하나의 다회용품을 평균 몇 번까지 재사용하는가'라는 질문에는 50회 미만(46%)과 50~100회(38%)가 전체의 84%를 차지하였다. 또, '여러 개를 구매해 두고 현재 사용하고 있지 않은 다회용품이 있는가'라는 질문에는 '그렇다'에 74%가 응답하였고 그 개수를 묻는 추가 질문에는 3개 이상(41%), 2개(35%), 1개(24%) 순으로 응답하였다.

3. 다회용품의 권장 사용 기준

설문 조사 결과 가장 높은 비율로 응답한 다회용 음료 용기와 장바구니에 대하여 문헌 조사를 실시하였다. 조사 결과 다회용 음료 용기의 경우 스테인리스 재질은 220회 이상, 세라믹 재질은 210회 이상, 그리고 면 재질 장바구니의 경우는 최소 131회 이상 사용해야만 환경에 긍정적 영향을 끼칠 수 있음이 확인되었다. (김□□, 『△△환경연구』, OO연구소, 2021, p57.)

Ⅳ. 결론

이번 조사를 통해 다회용품은 일정 횟수 이상 사용해야만 환경에 긍정적 영향을 줄 수 있다는 것을 알 수 있었다. 그러나 실제 다회용품을 사서 권장 사용 기준에 못 미치게 사용하는 사람이 많다는 것과, 다회용품을 여러 개 사 두기만 하고 쓰지 않는 사람도 많다는 것을 알 수 있었다.

(나)

최근 세계 여러 나라에서는 일회용품의 사용을 줄이기 위해 노력하고 있다. 우리나라에서도 일회용품 대신 여러 번 재사용 할 수 있는 다회용품을 사용하는 사람들이 늘고 있다. 일회용품에 비해 사용이 불편한데도 사람들이 다회용품을 사용하는 이유는 환경을 보호할 수 있다는 기대 때문이다. 그런데 다회용품을 사용한다고 해서 무조건 환경 보호에 도움이 되는 것일까?

다회용품 사용 실태 보고서 작성을 위해 자료를 조사하면서, 다회용품은 일회용품에 비해 생산 과정에서 지구온난화의 주범인 온실가스를 더 많이 배출한다는 것을 알게 되었다. 환경을 보호하기 위해서는 다회용품을 일정 횟수 이상 사용해야 이러한 온실가스 배출량을 상쇄할 수 있고, 다회용품 사용 횟수가 늘수록 온실가스 배출량 감소 효과는 커진다.

그런데 보고서의 설문 조사 결과, 다회용품을 권장 사용 기준보다 적게 사용하는 것과 여러 개를 구매하여 보관만 하는 것이 문제점으로 나타났다. 그러므로 우선 사람들이 다회용품 권장 사용 횟수를 알고 그 이상 사용할 수 있도록 다양한 매체를 통해 적극적으로 홍보할 필요가 있다. [A]

다회용품을 구매해 사용한다는 사실만으로 환경이 보호되는 것은 아니다. 이제부터는 다회용품에 대한 정확한 정보를 바탕으로 환경 보호에 실질적으로 도움이 되는 방안을 찾아 이를 실천에 옮겨야 한다.

42. (가)와 (나)에 대한 설명으로 가장 적절한 것은?

① (가)는 탐구한 내용을 바탕으로 정보를 전달하고 있고, (나)는 탐구한 결과를 바탕으로 독자를 설득하고 있다.
② (가)는 다양한 관점을 바탕으로 문제 상황을 분석하고 있고, (나)는 일상의 체험을 중심으로 자신의 정서를 표현하고 있다.
③ (가)는 대안 제시와 이에 대한 평가를 중심으로 내용을 조직하고 있고, (나)는 비교와 대조의 방법으로 내용을 조직하고 있다.
④ (가)는 주장과 뒷받침 논거를 바탕으로 내용을 구성하고 있고, (나)는 주장과 예상되는 반론을 바탕으로 내용을 구성하고 있다.
⑤ (가)는 대립하고 있는 쟁점을 바탕으로 내용을 전개하고 있고, (나)는 객관적 자료를 바탕으로 문제 해결 방안을 제시하고 있다.

43. 다음은 (가)를 작성하기 전에 학생이 참고한 내용이다. ㉠~㉤을 고려하여 (가)를 분석한 것으로 적절하지 않은 것은?

> 보고서를 쓰기 위해 조사를 할 때는 ㉠ 조사할 내용에 따라 적절한 조사 방법을 선택해야 한다. 그리고 보고서를 작성할 때는 ㉡ 조사의 동기나 목적을 제시해야 하고, ㉢ 조사한 내용은 항목화하여 정리하면 좋다. 보고서의 내용을 작성할 때는 이유나 근거를 제시하여 논리적으로 작성해야 하며 ㉣ 쓰기 윤리도 유의해야 한다. ㉤ 결론에서는 조사 결과를 간결하게 요약하거나 필자의 의견 및 소감을 덧붙일 수 있다.

① ㉠에 따라, 다회용품 사용 이유와 실태를 파악할 수 있도록 설문 조사의 방법을 선택하였다.
② ㉡에 따라, 일회용품 사용이 환경에 미치는 영향을 언급하고 다회용품 사용의 필요성에 대해 알아보고자 한다는 내용을 제시하였다.
③ ㉢에 따라, 다회용품의 사용 이유, 실태, 권장 사용 기준으로 항목을 설정하여 내용을 제시하였다.
④ ㉣에 따라, 근거로 제시한 다회용품의 권장 사용 기준에 대한 자료의 출처를 밝혔다.
⑤ ㉤에 따라, 현재 다회용품 사용과 관련된 문제점에 대한 조사 결과를 요약하였다.

44. 다음은 (나)를 보완하기 위해 추가로 수집한 자료이다. 자료 활용 방안으로 적절하지 않은 것은? [3점]

ㄱ. 통계 자료

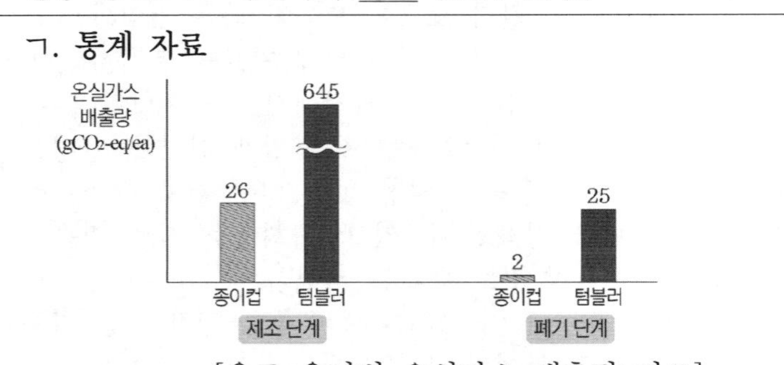


[음료 용기별 온실가스 배출량 비교]

ㄴ. 신문 기사 자료

최근 많은 나라들이 일회용품 사용을 줄이기 위한 노력을 하고 있다. 미국, 프랑스, 독일 등은 일회용 식기 사용을 금지하는 등 일회용품 사용 자체를 규제하는 정책을 시행하고 있으며, 일본도 일회용품 사용을 억제하고 텀블러 사용을 권장하기 위한 캠페인을 벌이고 있다.

ㄷ. 전문가 인터뷰 자료

"일회용품 대신 다회용품을 사용할 경우, 사용 횟수가 늘수록 온실가스 배출 감소 효과가 증대됩니다. 텀블러는 180회 이상 사용할 때 온실가스 배출량이 일회용 컵보다 11.9배 줄어들고 720회 이상 사용할 때 33.5배가량 줄어듭니다. 최근에는 폐자원을 활용해 다회용품을 제작하는 움직임도 늘고 있습니다. 한 예로 헌 현수막이나 버려진 옷 등의 폐자원을 활용해 제작한 에코백은 폐자원을 폐기할 때 발생되는 온실가스 배출량을 줄일 수 있어 환경친화적입니다."

① ㄱ을 활용하여, 다회용품이 일회용품보다 폐기되는 단계에서도 더 많은 온실가스를 배출한다는 내용을 추가한다.
② ㄴ을 활용하여, 세계 여러 나라에서 일회용품 사용을 줄이고자 노력하고 있다는 내용을 뒷받침하는 사례로 제시한다.
③ ㄷ을 활용하여, 다회용품 사용 횟수와 온실가스 배출량 감소 효과의 관계를 구체적인 수치로 제시한다.
④ ㄷ을 활용하여, 폐기 단계에서 온실가스를 배출하게 되는 폐자원으로 다회용품을 만드는 것이 환경 보호에 도움이 될 수 있다는 내용을 추가한다.
⑤ ㄴ과 ㄷ을 활용하여, 일회용품 사용을 줄이는 것이 폐자원을 활용한 다회용품 생산에 도움이 될 수 있다는 내용을 추가한다.

45. <보기>의 선생님의 조언을 고려할 때, (나)의 [A]에 들어갈 내용으로 가장 적절한 것은?

< 보 기 >

**선생님** : 보고서 결론에는 문제점이 두 가지로 정리되어 있는데 글에서는 해결 방안이 하나만 제시되어 있으니 하나 더 추가하여 작성해 보자.

① 또한 폐기되어 사용하지 못하는 다양한 제품을 재활용하여 다회용품을 제작하는 방법을 개발해야 한다.
② 또한 다회용품을 제작할 때 온실가스를 배출하는 재료를 사용하지 못하도록 규제하는 방안을 마련해야 한다.
③ 또한 생산 과정에서 온실가스를 많이 배출하는 다회용품 대신 일회용품을 효율적으로 사용할 방법을 찾아야 한다.
④ 또한 사람들이 다회용품을 권장 사용 기준보다 적게 사용하는 이유가 다회용품의 권장 사용 횟수를 모르기 때문임을 알게 해야 한다.
⑤ 또한 자신에게 필요하지 않은 다회용품은 다른 사람과 나누거나 재판매하여 사용하지 않는 다회용품이 사용될 수 있도록 만들어야 한다.

* 확인 사항
○ 답안지의 해당란에 필요한 내용을 정확히 기입(표기)했는지 확인하시오.
○ 이어서, 「**선택과목(언어와 매체)**」 문제가 제시되오니, 자신이 선택한 과목인지 확인하시오.


[해설편 p.119]

제 1 교시

# 국어 영역(언어와 매체)

10회

**[35~36] 다음 글을 읽고 물음에 답하시오.**

[A] 접속 조사는 둘 또는 그 이상의 단어나 구를 같은 자격으로 이어 주는 조사이다. 접속 조사는 주로 체언과 결합하며, 이때 나열된 단어나 구들이 하나의 명사구가 되어 동일한 문장 성분으로 기능한다.

접속 조사에는 '와/과, (이)랑, (이)며, 하고' 등이 있다. 이 중 '와/과, (이)랑, (이)며'는 '봄에 개나리와 철쭉꽃과 진달래가 핀다.'에서처럼 결합하는 체언의 음운 환경에 따라 바뀌어 나타난다. 즉, 앞 음절이 모음으로 끝나면 '와, 랑, 며'가 쓰이고 앞 음절이 자음으로 끝나면 '과, 이랑, 이며'가 쓰인다. '(이)랑, 하고'는 체언이 나열될 때 마지막 체언에까지 결합할 수 있어서 '삼촌하고 이모하고 다 직장에 갔어요.'와 같이 쓰일 수 있다. 그런데 부사격 조사에도 '와/과'가 있기 때문에 접속 조사 '와/과'와 구분해야 한다. '나는 꽃과 나무를 사랑한다.'에서 접속 조사 '과'가 쓰인 '꽃과'는 생략해도 문장이 성립된다. 이와 달리 '나는 누나와 눈이 닮았다.'에서 부사격 조사와 결합한 '누나와'는 문장에서 반드시 필요한 필수적 부사어로, 생략할 수 없다.

중세 국어에서도 접속 조사는 현대 국어의 접속 조사와 같은 기능을 하였다. 접속 조사에는 '와/과, ᄒᆞ고, (이)며, (이)여' 등이 있는데 '와/과'의 결합 양상은 현대 국어와 차이가 있다.

ㄱ. 나모<u>와</u> 곶<u>과</u> 果實<u>와</u>ᄂᆞᆫ [나무와 꽃과 과실은]

ㄱ처럼 중세 국어에서 '와'는 모음이나 'ㄹ'로 끝나는 체언과 결합하고 '과'는 'ㄹ'을 제외한 자음으로 끝나는 체언과 결합한다. ㄱ의 '果實와'에서처럼 '와/과'는 마지막 체언에까지 결합하는 것이 일반적이지만 그렇지 않은 경우도 있었다. 또한 마지막 체언과 결합한 '와/과' 뒤에 격조사가 결합하는 경우도 있었다. 한편 '(이)며, (이)여'는 '열거'의 방식으로, 'ᄒᆞ고'는 '첨가'의 방식으로 접속의 기능을 나타내었다.

**35.** [A]를 참고하여 이해한 내용으로 적절하지 <u>않은</u> 것은?

① '나는 시와 음악을 좋아한다.'에서 '시와 음악을'의 문장 성분은 목적어이다.
② '네가 벼루와 먹을 가져오너라.'에서 '벼루와'를 생략하여도 문장이 성립된다.
③ '친구랑 나랑 함께 꽃밭을 만들었다.'에서 '랑'은 체언들을 이어 주는 접속 조사이다.
④ '가방과 신발을 샀다.'에서 '과'는 부사격 조사로서 '가방과'는 서술어가 필수적으로 요구하는 성분이 된다.
⑤ '수박하고 참외하고 먹자.'와 같이 '하고'는 결합하는 체언의 끝음절의 음운 환경이 달라도 형태가 변하지 않는다.

**36.** 윗글을 바탕으로 <보기>의 중세 국어 자료를 탐구한 내용으로 적절하지 <u>않은</u> 것은? [3점]

< 보 기 >

ⓐ 옷과 뵈와로 佛像ᄋᆞᆯ ᄭᆞ미ᅀᆞᄫᆞ도
[옷과 베로 불상을 꾸미었어도]
ⓑ 子息이며 죵이며 집앗 사ᄅᆞᄆᆞᆯ 다 眷屬이라 ᄒᆞᄂᆞ니라
[자식이며 종이며 집안의 사람을 다 권속이라 하느니라]
ⓒ 밤과 낮과 法을 니ᄅᆞ시니
[밤과 낮에 법을 이르시니]
ⓓ 입시울와 혀와 엄과 니왜 다 됴ᄒᆞ며
[입술과 혀와 어금니와 이가 다 좋으며]

① ⓐ에서 '옷과 뵈와'는 접속 조사에 의해 하나의 명사구를 이루고 있군.
② ⓑ에서 '이며'는 열거의 방식으로 '子息'과 '죵'을 같은 자격으로 이어 주는 기능을 하고 있군.
③ ⓒ를 보니, 접속되는 마지막 체언에 '와/과'가 결합하지 않는 사례가 있었음을 확인할 수 있군.
④ ⓐ와 ⓓ를 보니, '와/과' 뒤에 격조사가 결합한 형태가 있었음을 확인할 수 있군.
⑤ ⓒ와 ⓓ를 보니, 'ㄹ'을 제외한 자음으로 끝나는 체언은 '과'와, 모음이나 'ㄹ'로 끝나는 체언은 '와'와 결합했음을 확인할 수 있군.

**37.** <학습 활동>을 수행한 결과로 적절한 것은?

< 학습 활동 >

[자료]의 단어들은 음운 변동 중 탈락이 일어난 예이다. 단어들을 [분류 과정]에 따라 분류할 때 ㉮, ㉯, ㉰에 들어갈 단어를 바르게 짝지은 것은?

**[자료]**
ⓐ 뜨-+-어서 → 떠서[떠서] ⓑ 둥글-+-ㄴ → 둥근[둥근]
ⓒ 좋-+-아 → 좋아[조:아]

**[분류 과정]**

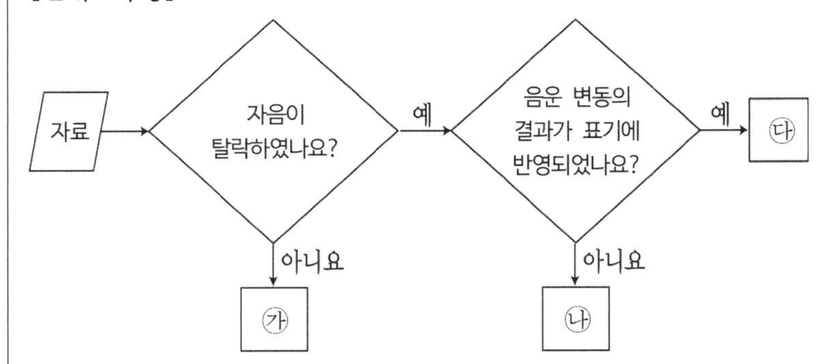


| | ㉮ | ㉯ | ㉰ |
|---|---|---|---|
| ① | ⓐ | ⓒ | ⓑ |
| ② | ⓐ | ⓑ | ⓒ |
| ③ | ⓒ | ⓐ | ⓑ |
| ④ | ⓒ | ⓑ | ⓐ |
| ⑤ | ⓑ | ⓐ | ⓒ |

38. <보기>의 ⓐ~ⓒ에 대해 탐구한 내용으로 적절하지 않은 것은?

< 보 기 >

[탐구 과제] 직접 인용절을 가진 안은 문장이 간접 인용절을 가진 안은 문장으로 바뀌었을 때의 높임 표현, 지시 표현, 인용 조사 등의 변화 탐구하기

[탐구 자료]

| 직접 인용절을 가진 안은 문장 | | 간접 인용절을 가진 안은 문장 | |
|---|---|---|---|
| 그가 어제 나에게 "내일 서울에 갑니다."라고 말했다. | ⇨ | 그가 어제 나에게 오늘 서울에 간다고 말했다. | … ⓐ |
| 희수가 민주에게 "힘든 일은 나에게 맡겨라."라고 말했다. | ⇨ | 희수가 민주에게 힘든 일은 자기에게 맡기라고 말했다. | … ⓑ |
| 부산에 간 친구가 나에게 "이곳이 참 아름답구나."라고 말했다. | ⇨ | 부산에 간 친구가 나에게 그곳이 참 아름답다고 말했다. | … ⓒ |

① ⓐ : '오늘'을 보니, 직접 인용절의 시간 부사가 간접 인용절에서는 바뀌어 나타났군.
② ⓐ : '간다고'를 보니, 직접 인용절에서 '그'가 '나'를 고려해 사용한 높임 표현이 간접 인용절에서는 바뀌어 나타나는군.
③ ⓑ : '맡기라고'를 보니, 직접 인용절이 명령문일 때 간접 인용절의 인용 조사는 '고'가 사용되었군.
④ ⓒ : '그곳이'를 보니, 직접 인용절의 발화자인 '친구'의 관점으로 지시 표현이 바뀌어 나타나는군.
⑤ ⓒ : '아름답다고'를 보니, 직접 인용절의 감탄형 종결 어미는 간접 인용절에서 평서형 종결 어미로 바뀌어 나타났군.

39. <보기>의 [A]에 들어갈 말로 적절하지 않은 것은?

< 보 기 >

**선생님** : 화자의 다양한 심리적 태도는 '보조적 연결 어미와 보조 용언'의 구성을 통해 나타낼 수 있습니다. ㉠~㉤의 '보조적 연결 어미와 보조 용언'에 대해 탐구해 봅시다.

**지혜** : 쉬고 있는 걸 보니 안무를 다 ㉠ 짰나 본데?
**세희** : 아니야, 잠시 쉬고 있어. 춤이 어려워서 친구들이 공연 중에 동작을 ㉡ 잊을까 싶어 걱정이야.
**지혜** : 그렇구나. 동작은 너무 멋있던데?
**세희** : 그렇게 말해줘서 고마워. 근데 구성까지 어려우니까 몇몇 친구들은 그만 ㉢ 포기해 버리더라고.
**지혜** : 그럼 내가 내일 좀 ㉣ 고쳐 줄까?
**세희** : 괜찮아. 고맙지만, 오늘까지 ㉤ 마쳐야 해.

**학생** : [A]

① ㉠에는 화자가 어떠한 행동에 대해 추측하고 있음이 나타나 있습니다.
② ㉡에는 화자가 뜻하는 행동을 하고자 하는 의도가 나타나 있습니다.
③ ㉢에는 어떠한 행동이 이루어진 결과에 대해 화자가 아쉬운 감정을 갖게 되었음이 나타나 있습니다.
④ ㉣에는 화자가 상대를 위해 무언가를 베푼다는 심리적 태도가 나타나 있습니다.
⑤ ㉤에는 화자가 어떠한 행동을 하는 것이 필요함을 나타내고 있습니다.

**[40~43] (가)는 도서관에서 주관한 실시간 인터넷 강연의 일부이고, (나)는 (가)를 바탕으로 발표 자료를 제작하기 위해 학생들이 모바일 메신저로 나눈 대화의 일부이다. 물음에 답하시오.**

(가)

안녕하세요? '다매체 시대, 듣기는 또 하나의 독서'라는 주제로 오늘 함께할 △△학회의 이□□입니다. 강연에 앞서 독서 실태에 대한 간단한 설문을 하나 해 볼게요. 지금 보내 드리는 ㉠ 링크를 누르시면 답할 수 있습니다. (뒤를 돌아 화면을 가리키며) 자, 결과가 나왔네요. 한 달 평균 3시간 이내로 독서한다고 답하신 분들이 많군요.

최근 '국민독서실태조사'에 따르면 성인의 종이책 독서율은 ㉡ 지난 10년 사이에 약 20%나 감소했습니다. 여러분은 원인이 무엇이라 생각하시나요? (채팅창의 답변을 확인하며) 네, 맞습니다. 스마트폰의 대중화가 대표적인 원인이라고 볼 수 있죠. 정보를 얻는 전통적 방식인 종이책은 읽는 데에 오랜 시간과 강한 몰입을 필요로 합니다. 그렇다고 해서 책을 읽지 않을 수는 없겠지요? ㉢ 독서가 정보 습득의 중요한 수단임은 두말할 나위가 없을 것입니다. 그렇다면 스마트폰의 휴대성 및 편의성을 영상 시청이나 게임 등에만 활용하지 말고, 독서의 기회를 확장하는 데 활용할 수는 없을까요? 최근 발표된 독서문화진흥 기본계획에는 스마트기기를 활용하여 일상 속의 독서 접근 기회를 확대하고, 책 읽는 즐거움을 확산하자는 내용이 담겨 있습니다. 이러한 흐름 속에서 전자책은 종이책에 비해 휴대와 보관이 편리한 독서 방식으로 자리 잡기도 했죠.

아, 방금 채팅창에 '너무 바빠요'라는 댓글이 올라왔네요. 그렇습니다. '국민독서실태조사'를 보면, 성인의 독서 저해 요인 중 '시간이 없어서'가 두 번째로 높아요. ㉣ 그래서 제가 기존의 종이책이나 전자책 이외에 다른 독서 방식을 하나 더 소개하려고 합니다. 여러분, 혹시 오디오북이라고 들어 보셨나요? 우리는 주로 활자를 보고 읽으면서 독서를 하지만, 이는 소리를 통해서도 가능해요. 신경과학자들은 단어를 읽거나 듣거나 상관없이 ㉤ 뇌의 인지와 감정 영역이 모두 유사하게 자극된다고 말합니다.

오디오북은 스마트폰 시대에 적합한 독서 방식으로 다른 일을 하면서 책 읽는 것을 가능하게 해 주고, 자투리 시간도 독서에 활용할 수 있게 해 줍니다. (화면을 가리키며) 제가 사용하고 있는 이 앱에서도 도서관에서 제공하는 오디오북을 만날 수 있는데요, 출근길이나 산책 중에 이렇게 재생 버튼을 누르는 것만으로 독서가 가능한 것이죠. 휴식 시간이나 잠자리에서 편안히 이야기를 즐길 수도 있어요. 또한 오디오북은 독서에 대한 흥미를 유발하여 궁극적으로는 독서 동기를 높여 준다는 전문가의 의견도 있습니다. 종이책과는 다르게 훼손 위험이 낮고 손쉽게 저장이 가능하여 언제 어디서든 휴대하기 쉽다는 것을 장점으로 꼽을 수 있죠. 하지만 한편에서는 장시간 청취 시 청각 기능에 부정적 영향을 끼칠 수 있다는 문제라든지, 불법 복제로 인한 문제 등을 보완해야 한다는 목소리도 있습니다.

(나)

< 5 그룹채팅 5

[ '동욱' 님이 '다정', '수예', '해찬', '형준' 님을 초대하였습니다. ]

**동욱** 얘들아, 이번에 들은 인터넷 강연 내용을 학술제 때 발표하기로 했잖아. 만나기 어려우니 우리 발표 자료에 대한 회의는 여기서 할까?

**다정** 맞아, 우리 너무 바빠. ㅎㅎ 여기서 이야기하는 게 좋겠어.



[해설편 p.121]

**수예** 지난 번 회의에서 오디오북을 소개하여 우리 학교 학생들이 책을 많이 읽도록 도와주자고 했었지? 일단 종이책 독서율이 떨어지고 있다는 점을 언급하면서 발표를 시작하면 어떨까?

**해찬** 독서율이 감소한 것은 다 아니까 그보다는 [슬라이드 1]에 독서 저해 요인을 그래프로 제시하여 한눈에 보여 주자.

**수예** 알겠어. 그런데 강연자님은 성인에 대한 내용만 언급하셨는데 발표를 들을 대상이 우리 학교 학생들이니 학생에 대한 통계도 함께 제시하면 어떨까? 내가 찾은 자료인데 한번 볼래?

**수예** 사진 파일 전송 : 독서 저해 요인 분석 그래프(학생).jpg

와, 훌륭한데!^^ 그럼 [슬라이드 2]에서는 스마트폰이 독서에 유용하게 쓰일 수 있다는 걸 전달하자. 이런 내용을 문구로 만들고, 효과음도 넣어 주목할 수 있도록 하는 것은 어때? **동욱**

**형준** 그러자. 그리고 [슬라이드 3]에는 오디오북의 장점을 제시하자. 화면을 분할해서 장점을 항목화하여 표현해 볼까?

**다정** 멋진 생각이야. 그런데 오디오북이 독서 동기를 유발한다는 강연 내용은 정확한 근거를 보여 줘야 설득력이 생길 것 같아. 오디오북 독자의 39%가 종이책이나 전자책 독서량도 늘었다는 자료를 찾았거든.

**해찬** 좋은 생각인 것 같아. [슬라이드 4]에는 강연 영상의 일부를 편집해서 보여 주자. 화면 아래에는 자막을 넣어 강연 내용도 정리해 주고.

**형준** 마지막으로 [슬라이드 5]에는 청소년에게 유익한 정보가 담긴 도서를 제공하는 오디오북 플랫폼을 소개할까? 이건 내가 골라서 정리해 볼게.

**40.** (가)와 (나)에 대한 이해로 가장 적절한 것은?

① (가)와 달리 (나)는 정보 생산자가 자신이 가지고 있는 정보를 수용자들과 공유하고 있다.
② (나)와 달리 (가)는 수용자가 또 다른 정보 생산자가 되어 정보 수정에 대한 의견을 제시하고 있다.
③ (나)와 달리 (가)는 특수 문자와 한글의 자음자로 된 기호를 사용하여 정보 생산자의 감정을 드러내고 있다.
④ (가)와 (나)는 모두 정보 생산자가 수용자를 특정인으로 한정 짓지 않고 정보를 전달하고 있다.
⑤ (가)와 (나)는 모두 공간에 구애받지 않고 정보 생산자와 수용자가 실시간으로 상호작용하고 있다.

**41.** ㉠~㉤에 대한 설명으로 적절하지 <u>않은</u> 것은?

① ㉠ : 연결 어미 '-면'을 활용하여 앞 절의 내용이 '답'을 할 수 있는 조건임을 나타내고 있다.
② ㉡ : 보조사 '나'를 활용하여 성인의 종이책 독서율의 감소 정도가 크다는 것을 부각하고 있다.
③ ㉢ : 관용 표현 '두말할 나위가 없다'를 활용하여 독서가 중요하다는 점을 드러내고 있다.
④ ㉣ : 접속 부사 '그래서'를 활용하여 강연 내용의 응집성을 높이고 있다.
⑤ ㉤ : 피동 표현을 활용하여 '뇌의 인지와 감정 영역'이 행위의 주체라는 점을 드러내고 있다.

**42.** 다음은 오디오북 앱을 사용해 본 사람들이 (가)를 들은 후 도서관 게시판에 단 댓글이다. 댓글을 분석한 것으로 적절하지 <u>않은</u> 것은?

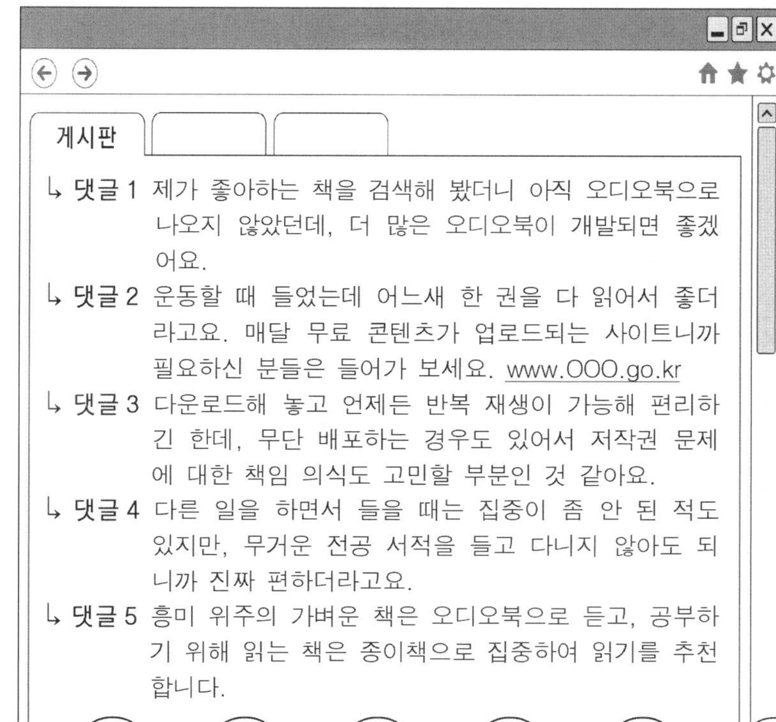


① 댓글 1은 오디오북 앱을 사용하면서 느낀 아쉬운 점을 언급하며 더 많은 오디오북이 제작되기를 바라고 있군.
② 댓글 2는 자신의 경험을 바탕으로 강연 내용에 공감하며 하이퍼링크를 활용해 관련 정보를 제공하고 있군.
③ 댓글 3은 오디오북이 지닌 편의성이 초래할 수도 있는 윤리적 문제를 떠올리고 있군.
④ 댓글 4는 오디오북이 지닌 휴대성이 일상 속 독서 접근 기회를 높인다는 강연자의 말에 의문을 제기하고 있군.
⑤ 댓글 5는 독서의 목적에 따라 오디오북을 선택적으로 활용할 것을 추천하고 있군.

**43.** (가)를 바탕으로 할 때, (나)의 발화에 대한 설명으로 적절하지 <u>않은</u> 것은? [3점]

① '수예'는 발표의 목적과 청중을 고려하여 [슬라이드 1]에 강연을 통해 얻은 정보와 함께 새로운 내용을 추가하고자 한다.
② '동욱'은 청중의 집중을 유도하기 위해 [슬라이드 2]에서 전달 내용을 문구로 제시할 때 음향 효과를 사용하고자 한다.
③ '다정'은 발표 자료의 공정성을 고려하여 [슬라이드 3]에 오디오북의 장단점을 균형 있게 다룬 자료를 제시하고자 한다.
④ '해찬'은 발표 내용의 전달 효과를 높이기 위해 [슬라이드 4]를 문자와 영상을 결합한 복합 양식으로 구성하고자 한다.
⑤ '형준'은 발표 자료의 효용성을 고려하여 [슬라이드 5]를 자신이 선별한 정보들로 구성하고자 한다.

[44~45] (가)는 OO고등학교 학생회 블로그의 일부이고, (나)는 학생회가 제작한 앱의 일부이다. 물음에 답하시오.

(가)

**우리 학교 숲과 텃밭의 365일을 담다 !**

OO고등학교 학생회 2022. 7. OO. 08:30 +이웃추가

여러분 안녕하십니까? 학생회에서는 개교 50주년을 기념하여 '우리 학교 숲과 텃밭의 365일을 담다!'라는 프로젝트를 시작합니다. 학생회는 우리 학교 숲의 사진과 텃밭의 탐구 자료를 정리하여 '생태 환경 자료집'을 e북으로 만들려고 합니다.

여러분, 우리 학교 숲에는 얼마나 많은 종류의 식물이 있는지 아시나요? 무려 100여 가지의 식물들이 있습니다. 그동안 숲을 거닐면서 꽃과 나무의 아름다운 모습을 많이 찍어 놓으셨을 텐데요, 이번 기회에 그 사진들을 공유해 보면 어떨까요? 학생회에서도 그동안 찍은 사진들을 모아 숲의 사계절을 담은 영상을 만들어 보았습니다. 여러분들이 올린 사진을 모아 이와 같은 영상 자료를 만들 수 있을 것 같습니다.

[학교 숲의 사계절 영상]

[숲 사진을 올리려면 여기를 클릭!]

우리 학교에는 식물의 생장 과정을 학습할 수 있는 텃밭도 있습니다. 텃밭에는 10여 가지의 식물들이 자라고 있는데요, 수업 시간이나 동아리 활동 시간에 이 식물들에 대해 탐구해 보신 경험이 있을 겁니다. 이번 자료집에는 텃밭의 식물들을 탐구한 자료들도 함께 싣고자 합니다. 과학 동아리에서 작성한 식물 관찰 일지를 첨부하니 이 예시를 참고하여 자료를 작성해서 업로드해 주세요.

식물 관찰 일지.pdf

숲 사진과 텃밭 탐구 자료를 많이 업로드해 주실수록 자료집은 더욱 풍성해질 것입니다.

[텃밭 자료를 올리려면 여기를 클릭!]

여러분! 이 프로젝트에 공감하신다면 '공감하기'를 눌러 주시고, 좋은 의견 있으면 댓글로 남겨 주세요.

댓글 52 공감하기 102

김○○: 블로그 자료들을 모은 우리 학교 숲과 텃밭에 대한 기록을 앱으로 만들면 더 편리할 것 같아요.
↳ 학생회장: 좋은 생각이네요. 앱으로 만들어 보겠습니다.

(나)

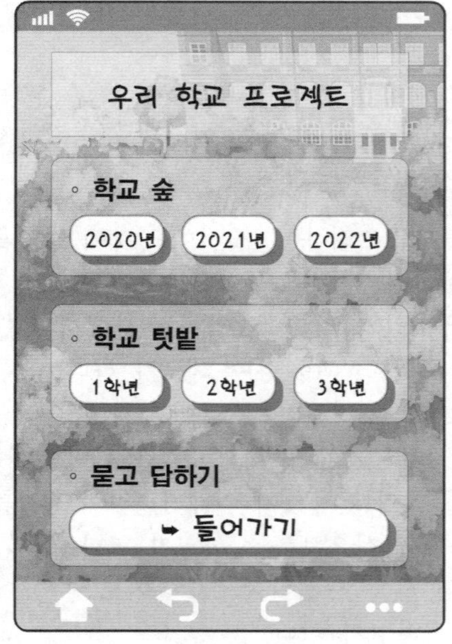


**44.** (가)에 대한 설명으로 적절하지 않은 것은?

① 댓글 내용에 반응하여 프로젝트에 대한 제안 내용을 수용하고 있다.
② 프로젝트의 결과를 요약한 파일을 첨부하여 추가 자료를 제공하고 있다.
③ 학교 숲 사진으로 만든 동영상을 제시하여 프로젝트 내용의 일부를 보여 주고 있다.
④ 자료를 올리려는 학생들이 해당 게시판으로 편리하게 이동할 수 있도록 안내하고 있다.
⑤ '공감하기' 기능을 활용하여 프로젝트에 대한 학생들의 반응을 확인하려고 하고 있다.

**45.** <보기>는 학생회의 회의 결과를 바탕으로 (나)를 수정한 앱이다. 회의의 내용으로 적절하지 않은 것은?

< 보 기 >

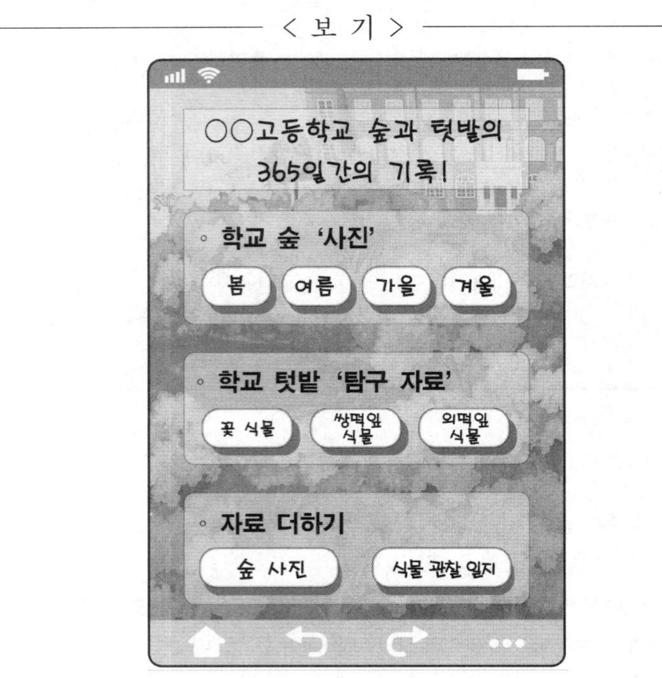


① 프로젝트의 제목을 반영하여 앱의 제목을 바꾸고, 학교 이름도 언급하는 것이 좋을 것 같아.
② 항목별로 모은 자료가 무엇인지 표시하여 알려 주고, 구분되어 있지 않던 항목도 '학교 숲'과 '학교 텃밭' 항목으로 나누자.
③ '학교 텃밭' 항목의 메뉴를 나누는 기준을 학년에서 식물의 종류로 바꾸어 탐구 자료를 식물별로 확인할 수 있게 하자.
④ '학교 숲' 항목은 사진을 연도별로 구분하는 것보다 계절별로 확인할 수 있게 메뉴를 새롭게 구성하는 게 좋을 것 같아.
⑤ '묻고 답하기' 항목을 '자료 더하기' 항목으로 바꾸어 숲 사진과 식물 관찰 일지를 올릴 수 있도록 하자.

* 확인 사항
◦ 답안지의 해당란에 필요한 내용을 정확히 기입(표기)했는지 확인하시오.

# 국어 영역

제 1 교시 | 11회

● 문항수 45개 | 배점 100점 | 제한 시간 80분 ● 점수 표시가 없는 문항은 모두 2점

**[1～3] 다음 글을 읽고 물음에 답하시오.**

학습 목적으로 글을 읽을 때 독자는 문자 이외에 그림, 사진 등의 시각 자료가 포함된 글을 접하곤 한다. 시각 자료가 글 내용을 이해하는 데 도움을 준다는 견해에 따르면, 시각 자료는 문자 외에 또 다른 학습 단서가 된다. 문자로만 구성된 글을 읽을 때 독자는 머릿속으로 문자가 제공하는 정보, 즉 '문자 정보'만을 처리하지만, 시각 자료가 포함된 글을 읽을 때는 '이미지 정보'도 함께 처리한다. 이 두 정보들은 서로 참조되면서 연결되어 독자가 글 내용을 이해하는 데 상호 보완적으로 기여한다. 독자가 문자 정보를 떠올리지 못할 때 이미지 정보가 단서가 되어 글 내용을 기억하는 데도 도움을 준다.

시각 자료는 글 내용과 관련하여 어떤 목적으로 쓰이는가에 따라 예시적, 설명적, 보충적 시각 자료로 구분할 수 있다. 예시적 시각 자료는 글 내용을 시각화하여 보여 주는 데 목적이 있다. 설명적 시각 자료는 글 내용을 시각화하여 제시하는 목적에 더하여 글에서 다룬 내용을 보완하는 목적으로 쓰인다. 보충적 시각 자료는 글의 주제와 관련이 있지만 글에서 다루어지지 않은 내용을 추가하여 보충하는 목적으로 쓰인다. 이에 따라 보충적 시각 자료는 글 내용의 범위를 확장하는 특징이 있다. 이 외에 독자의 흥미를 유발하거나 글 내용과 관련 없이 여백을 메우는 목적으로 장식적 시각 자료가 쓰이기도 한다.

㉠글 내용과 관련된 시각 자료를 포함한 글을 읽을 때, 독자는 글의 내용과 시각 자료의 관계를 살피고 시각 자료로 강조된 중요한 정보를 파악해야 한다. 또한 시각 자료가 설명 대상이나 개념을 적절하게 표현하는지, 글에서 효과적으로 쓰이는지를 판단해야 한다. 이를 토대로, 독자는 글 내용과 이에 적합한 시각 자료를 종합하여 의미를 구성해야 한다. 독자는 매력적인 시각 자료에 사로잡혀 읽기의 목적을 잃지 않고, 낯설고 복잡한 시각 자료도 읽어 내는 능동성을 발휘할 필요가 있다.

**1.** 윗글의 내용과 일치하지 <u>않는</u> 것은?

① 시각 자료는 여백을 채우는 목적으로 쓰이기도 한다.
② 글에서 중요한 정보를 시각 자료를 통해 부각할 수 있다.
③ 독자가 시각 자료에 끌리다 보면 글을 읽는 목적을 잃을 수 있다.
④ 시각 자료의 용도는 머릿속에서 처리되는 정보의 종류에 따라 구분된다.
⑤ 독자는 낯선 시각 자료도 읽어 내는 능동적 자세를 가질 필요가 있다.

**2.** ㉠에 대한 이해로 적절하지 <u>않은</u> 것은?

① 글의 의미는 글 내용과 시각 자료를 종합하여 구성할 수 있다.
② 문자 정보와 이미지 정보는 상호 참조되어 보완적으로 작용할 수 있다.
③ 문자로만 구성된 글보다 내용을 이해하기가 쉬웠다면 이미지 정보가 단서가 되었을 수 있다.
④ 글에서 설명하는 개념과 시각 자료의 관련성을 따지고 시각 자료의 적절성을 판단할 필요가 있다.
⑤ 문자 정보 처리와 이미지 정보 처리를 통해 연결된 정보를 독자가 떠올려야 글의 내용을 기억할 수 있다.

**3.** <보기>는 학생이 쓴 독서 일지의 일부이다. 윗글을 바탕으로 <보기>를 설명한 내용으로 가장 적절한 것은? [3점]

<보 기>

'이집트의 기록 문화'라는 제목의 글을 읽었다. 제목 옆에 비행기 그림이 있었다. 글은 "파피루스 줄기를 잘라, 줄기를 가로세로로 겹치고 서로 붙여 종이를 만들었다."라는 내용만 있어서 이해하기 어려웠다. 글 속에 있는 그림을 보니, 그림 1에서 파피루스 줄기를 같은 길이로 길고 얇게 자른다는 것을, 그림 2에서 그것들을 가로세로로 겹치고 서로 붙여 종이를 만든다는 것을 알 수 있었다. 그림 3은 이집트 상형 문자가 벽에 새겨진 모습을 담고 있었다.

① 비행기 그림은 글 내용을 시각적으로 보여 주는 예시적 시각 자료이다.
② 그림 1은 글 내용을 시각화해 보여 주면서 글 내용도 보완해 주는 설명적 시각 자료이다.
③ 그림 2는 글에서 다루지 않은 내용을 보여 주는 보충적 시각 자료이다.
④ 그림 3은 글 내용에 있는 설명 대상을 표현하여 글의 주제와의 관계를 보여 주고 있다.
⑤ 그림 2와 3은 글에서 다룬 내용을 보완하여 글의 범위를 확장하고 있다.

[해설편 p.123]

[4~7] 다음 글을 읽고 물음에 답하시오.

공정거래위원회는 시장 경쟁을 촉진하고 소비자 주권을 확립하기 위해, 사업자의 불공정한 거래 행위와 부당한 광고를 규제한다. 이를 위해 '공정거래법'과 '표시광고법'을 활용한다.

'공정거래법'은 사업자의 재판매 가격 유지 행위를 원칙적으로 금지한다. ㉠ 재판매 가격 유지 행위란 사업자가 상품·용역을 거래할 때 거래 상대방 사업자 또는 그다음 거래 단계별 사업자에게 거래 가격을 정해 그 가격대로 판매·제공할 것을 강제하거나 그 가격대로 판매·제공하도록 그 밖의 구속 조건을 ⓐ 붙여 거래하는 행위이다. 이때 거래 가격에는 재판매 가격, 최고 가격, 최저 가격, 기준 가격이 포함된다. 권장 소비자 가격이라도 강제성이 있다면 재판매 가격 유지 행위에 해당한다.

재판매 가격 유지 행위는 사업자의 가격 결정의 자유, 즉 영업의 자유를 제한하고 사업자 간 가격 경쟁을 제한한다. 유통 조직의 효율성도 저하시킨다. 재판매 가격 유지 행위를 하는 사업자는 형사 처벌은 받지 않지만 시정명령이나 과징금 부과 대상이 될 수 있다. 다만, '공정거래법'에 따라 공정거래위원회가 고시하는 출판된 저작물은 금지 대상이 아니다. 또 경쟁 제한의 폐해보다 소비자 후생 증대 효과가 큰 경우 등 정당한 이유가 있으면 재판매 가격 유지 행위가 허용되는데, 그 이유는 사업자가 입증해야 한다.

'표시광고법'은 소비자를 속이거나 오인하게 할 우려가 있는 부당한 광고를 금지한다. 광고는 표현의 자유와 영업의 자유로 보호받는다. 하지만 사실과 다르거나 사실을 지나치게 부풀리는 거짓·과장 광고, 사실을 은폐하거나 축소하는 기만 광고를 금지한다. 이를 위반한 사업자는 시정명령이나 과징금 부과 또는 형사 처벌 대상이 될 수 있다.

추천·보증과 이용후기를 활용한 인터넷 광고가 늘면서 부당 광고 심사 기준이 중요해졌다. 공정거래위원회의 '추천·보증 광고 심사 지침', '인터넷 광고 심사 지침'에 따르면 추천·보증은 사업자의 의견이 아니라 제3자의 독자적 의견으로 인식되는 표현으로서, 해당 상품·용역의 장점을 알리거나 구매·사용을 권장하는 것이다. 경험적 사실을 근거로 추천·보증을 할 때는 실제 사용해 봐야 하고 추천·보증을 하는 내용이 경험한 사실에 부합해야 부당한 광고로 제재받지 않는다. 전문적 판단을 근거로 추천·보증을 할 때는 그 내용이 해당 분야의 전문적 지식에 부합해야 한다. 추천·보증이 광고에 활용되면서 추천·보증을 한 사람이 사업자로부터 현금 등의 대가를 지급받는 등 경제적 이해관계가 있다면 해당 게시물에 이를 명시해야 한다.

위의 두 심사 지침에서 말하는 ㉡ 이용후기 광고란 사업자가 자사 홈페이지 등에 게시된 소비자의 상품 이용후기를 활용해 광고하는 것이다. 사업자는 자신에게 유리한 이용후기는 광고로 적극 활용한다. 반면 사업자는 자신에게 불리한 이용후기는 비공개하거나 삭제하기도 하는데, 합리적 이유가 없다면 이는 부당한 광고가 될 수 있다. 사업자는 자신에게 불리한 이용후기의 게시자를 인터넷상 명예훼손죄로 고소하기도 한다. 이때 이용후기가 객관적 내용으로 자신의 사용 경험에 바탕을 두고 다른 이용자에게 도움을 주려는 등 공공의 이익에 관한 것으로 인정받는다면, 게시자의 비방할 목적이 부정되어 명예훼손죄가 성립하지 않는다.

**4.** 윗글을 통해 알 수 있는 내용으로 적절하지 <u>않은</u> 것은?

① 부당한 광고 행위에 대해서는 재판매 가격 유지 행위와 달리 형사 처벌이 내려질 수 있다.
② 거래 단계별 사업자에게 거래 가격을 강제하는 것은 유통 조직의 효율성 저하를 초래한다.
③ 재판매 가격 유지 행위의 정당성을 인정받고자 하는 사업자는 그 행위의 정당성을 입증할 책임을 진다.
④ 경험적 사실을 바탕으로 한 추천·보증은 심사 지침에 따라 해당 분야의 전문적 지식에 부합해야 한다.
⑤ 공정거래위원회가 고시하는 출판된 저작물의 사업자는 거래 상대방 사업자에게 기준 가격을 지정할 수 있다.

**5.** ㉠, ㉡에 대한 이해로 가장 적절한 것은?

① ㉠은 소비자 후생 증대 효과가 시장 경쟁 제한의 폐해보다 작은 경우에 허용된다.
② ㉠을 '공정거래법'에서 금지하는 목적은 사업자의 가격 결정의 자유를 제한하기 위한 것이다.
③ ㉡을 할 때 사업자는 영업의 자유를 보호받지만 표현의 자유는 보호받지 못한다.
④ ㉡은 사업자가 자사의 홈페이지에 직접 작성해서 게시한 이용후기를 광고로 활용하는 것을 포함하지 않는다.
⑤ ㉠은 사업자와 소비자 간에, ㉡은 소비자와 소비자 간에 직접 일어나는 행위이다.



[해설편 p.123]

**6.** 윗글을 바탕으로 <보기>를 이해한 내용으로 적절하지 <u>않은</u> 것은? [3점]

<보 기>

A 상품 제조 사업자인 갑은 거래 상대방 사업자에게 특정 판매 가격을 지정해 거래했다. 갑의 회사 홈페이지에 A 상품에 대한 이용후기가 다수 게시되었다. 갑은 그중 A 상품의 품질 불량을 문제 삼은 이용후기 200개를 삭제하고, 박○○ 교수팀이 A 상품을 추천·보증한 광고를 게시했다. 광고 대행사 직원 을은 A 상품의 효능이 뛰어나다는 후기를 갑의 회사 홈페이지에 게시했다. 소비자 병은 A 상품을 사용하며 발견한 하자를 찍은 사진과 품질이 불량하다는 글을 갑의 회사 홈페이지에 게시했다. 갑은 병을 명예훼손죄로 처벌해 달라며 수사 기관에 고소했다.

① 갑이 A 상품의 품질 불량을 은폐하기 위해 자신에게 불리한 이용후기를 삭제하는 대신 비공개 처리하는 것도 부당한 광고에 해당하겠군.
② 갑이 박○○ 교수팀이 A 상품을 실험·검증하고 우수성을 추천·보증했다고 광고했으나 해당 실험이 진행된 적이 없다면 갑은 부당한 광고 행위로 제재를 받겠군.
③ 갑이 거래 상대방에게 판매 가격을 지정하며 이를 준수하도록 부과한 조건에 대해 정당성을 인정받지 못했더라도 그 가격이 권장 소비자 가격이었다면 갑은 제재를 받지 않겠군.
④ 을이 갑으로부터 금전을 받고 갑의 회사 홈페이지에 A 상품의 장점을 알리는 이용후기를 게시했다면 대가성이 있었다는 사실을 명시해야겠군.
⑤ 병이 A 상품을 직접 사용해 보고 그 상품의 결점을 제시하면서 다른 소비자들에게 도움을 주려는 취지로 이용후기를 게시한 점이 인정된다면 명예훼손죄가 성립되지 않겠군.

**7.** ⓐ와 문맥상 의미가 가장 가까운 것은?

① 그는 내 의견에 본인의 견해를 <u>붙여</u> 발언을 이어 갔다.
② 나는 수영에 재미를 <u>붙여</u> 수영장에 다니기로 결정했다.
③ 그는 따뜻한 바닥에 등을 <u>붙여</u> 잠깐 동안 잠을 청했다.
④ 나는 알림판에 게시물을 <u>붙여</u> 동아리 행사를 홍보했다.
⑤ 그는 숯에 불을 <u>붙여</u> 고기를 배부를 만큼 구워 먹었다.

**[8~11] 다음 글을 읽고 물음에 답하시오.**

블록체인 기술은 데이터를 블록이라는 단위로 묶어 체인 형태로 연결한 것을 여러 대의 컴퓨터에 중복 저장하는 기술이다. 체인 형태로 연결된 블록의 집합을 블록체인이라 하고, 블록체인을 저장하는 컴퓨터를 노드라고 한다. 새로 생성된 블록은 노드들에 전파된다. 노드들은 블록에 포함된 내용이 블록체인의 다른 블록에 있는 내용과 상충되지 않는지, 동일한 내용이 블록체인의 다른 블록에 이중으로 포함되어 있지 않은지 검증한다. 검증이 끝난 블록을 블록체인에 연결할지 여부는 모든 노드들이 참여하는 승인 과정을 통해 정해진다. 승인이 완료된 블록은 블록체인에 연결되고, 이 블록체인은 노드들에 저장된다. 승인 과정에는 합의 알고리즘이 사용되고, 합의 알고리즘의 예로 '작업증명'이 있다.

블록체인 기술의 성능은 블록체인에 데이터가 저장되는 속도로 정의되며, 단위 시간당 블록체인에 저장되는 데이터의 양으로 계산될 수 있다. 블록체인 기술은 공개형과 비공개형으로 구분된다. 비공개형은 공개형과 달리 노드 수에 제한을 두고, 일반적으로 공개형에 비해 합의 알고리즘의 속도가 빠르다. 따라서 비공개형은 승인 과정에 걸리는 시간이 짧기 때문에 성능이 높다.

데이터가 무단으로 변경되기 어렵다는 성질을 무결성이라 하는데 무결성은 블록체인 기술의 대표적인 장점이다. 특정 노드에 저장되어 있는 일부 데이터가 변경되면 변경된 블록과 그 이후의 블록들은 블록체인과의 연결이 끊어진다. 끊어진 모든 블록을 다시 연결하는 것은 승인 과정을 필요로 하기 때문에 연결을 복구하는 것은 어렵다. 즉 블록과 블록체인의 연결을 유지하면서 블록체인에 포함된 데이터를 변경하는 것이 어려우므로 블록체인 데이터는 무결성이 높다. 무단 변경과 달리, 일부 데이터가 지워져도 승인된 원래의 데이터로 복원할 때는 승인 과정이 필요하지 않다. 따라서 ㉠<u>블록체인에 포함된 데이터는 일부가 지워지더라도 복원이 용이하다</u>.

블록체인 기술에서 고려해야 할 세 가지 특성이 있다. 보안성은 데이터의 무단 변경이 어려울 뿐 아니라 동일한 내용의 데이터가 블록체인의 서로 다른 블록에 또는 단일 블록에 이중으로 포함되는 것이 어렵다는 성질이다. 승인 과정에 걸리는 시간이 줄거나 노드 수가 감소하면 보안성은 낮아진다. 탈중앙성은 승인 과정에 다수의 노드들이 참여하고, 특정 노드가 승인 과정을 주도하지 않는다는 성질이다. 노드 수가 감소하면 탈중앙성은 낮아진다. 확장성은 블록체인 기술이 목표로 하는 응용 분야에 적용 가능할 만큼 성능이 높고, 노드 수가 증가해도 서비스 유지가 가능하다는 성질이다. 노드 수가 증가하면 성능이 저하되므로, 확장성이 높다는 것은 노드 수가 증가하더라도 성능 저하가 크지 않다는 것을 의미한다. 그래서 기술 변화 없이 확장성을 높이고자 할 때 노드 수를 제한하는 방법이 사용되기도 한다. 노드 수를 제한하면 성능 저하를 막을 수 있기 때문이다. 아직까지 블록체인 기술은 보안성, 탈중앙성, 확장성을 함께 높일 수 있는 방법이 없어 대규모로 채택되지 못하고 있다.

11회

8. 다음은 윗글을 읽은 학생에게 제공된 학습지의 일부이다. 학생의 '판단 결과'로 적절하지 않은 것은?

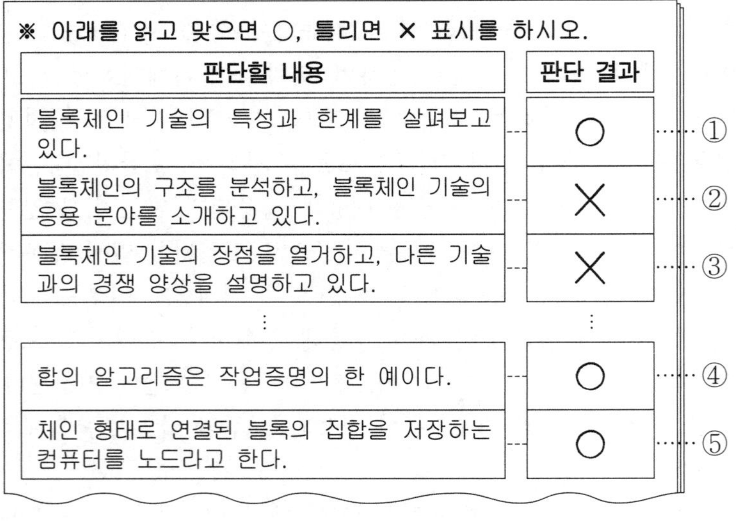

※ 아래를 읽고 맞으면 ○, 틀리면 × 표시를 하시오.

| 판단할 내용 | 판단 결과 | |
|---|---|---|
| 블록체인 기술의 특성과 한계를 살펴보고 있다. | ○ | ① |
| 블록체인의 구조를 분석하고, 블록체인 기술의 응용 분야를 소개하고 있다. | × | ② |
| 블록체인 기술의 장점을 열거하고, 다른 기술과의 경쟁 양상을 설명하고 있다. | × | ③ |
| ⋮ | ⋮ | |
| 합의 알고리즘은 작업증명의 한 예이다. | ○ | ④ |
| 체인 형태로 연결된 블록의 집합을 저장하는 컴퓨터를 노드라고 한다. | ○ | ⑤ |

9. 윗글에 대한 이해로 가장 적절한 것은?

① 승인 과정에 참여할 노드를 결정하기 위해 합의 알고리즘이 사용된다.
② 일부 블록체인 데이터가 변경되면 전체 노드의 모든 블록은 승인 과정을 다시 거쳐야 한다.
③ 블록과 블록체인의 연결을 유지하면서 블록체인 데이터를 삭제할 수 있으면 보안성이 높다.
④ 공개형 블록체인 기술은 같은 양의 데이터가 저장되는 데 걸리는 시간이 짧을수록 성능이 낮아진다.
⑤ 블록이 블록체인에 연결되기 위해서는 블록의 데이터가 블록체인의 다른 데이터와 비교되어야 한다.

10. ㉠의 이유로 가장 적절한 것은?

① 블록체인에 포함된 데이터는 변경이 쉽기 때문이다.
② 블록체인이 여러 노드들에 중복 저장되기 때문이다.
③ 승인 과정에 참여하는 노드 수에 제한이 있기 때문이다.
④ 데이터가 블록체인에 포함되기 위해서는 승인 과정을 필요로 하기 때문이다.
⑤ 동일한 데이터가 블록체인에 연결된 서로 다른 블록에 이중으로 포함되어 있기 때문이다.

11. 윗글을 바탕으로 <보기>를 이해한 내용으로 가장 적절한 것은? [3점]

<보 기>

노드 수가 10개로 고정된 블록체인 기술을 사용하고 있는 A업체는 이전에 사용하던 작업증명 대신 속도가 더 빠른 합의 알고리즘을 개발해, 유통 분야에서 요구되는 성능을 초과 달성했다. 한편 B업체는 최근 A업체보다 데이터의 위조 불가능성을 향상시킨 블록체인 기술을 개발했다. 이 기술은 노드 수에 제한이 없지만 현재는 200개의 노드가 참여하고 있다. 승인 과정에는 작업증명을 사용한다.

① A업체의 블록체인 기술은 이전보다 확장성과 보안성이 모두 높아졌겠군.
② B업체의 블록체인 기술은 노드 수가 증가할수록 보안성과 확장성이 모두 높아지겠군.
③ B업체의 블록체인 기술은 노드 수가 감소하면 성능은 높아지고 탈중앙성이 낮아지겠군.
④ A업체의 블록체인 기술은 B업체와 달리 공개형이고, B업체보다 탈중앙성이 낮겠군.
⑤ A업체의 블록체인 기술은 B업체와 승인 과정이 다르고, B업체보다 무결성이 높겠군.

**[12～17] 다음 글을 읽고 물음에 답하시오.**

**(가)**

리얼리즘 영화 이론가 앙드레 바쟁에 따르면 영화는 '세상을 향해 열린 창'이다. 창을 통해 세상을 인식하는 것처럼, 관객은 영화를 통해 현실을 객관적으로 인식할 수 있다. 영화가 담아내고자 하는 현실은 물리적 시·공간이 분할되지 않는 하나의 총체로, 그 의미가 미리 정해지지 않은 미결정의 상태이다. 바쟁은 영화가 현실의 물리적 연속성과 미결정성을 있는 그대로 드러내야 한다고 생각했다.

바쟁은 영화감독을 '이미지를 믿는 감독'과 '현실을 믿는 감독'으로 분류했다. 영화의 형식을 중시한 '이미지를 믿는 감독'은 다양한 영화적 기법으로 현실을 변형하여 ⓐ새로운 의미를 창조하는 데 주력한다. 몽타주의 대가인 예이젠시테인이 대표적이다. 몽타주는 추상적이거나 상징적인 이미지를 통해 관객이 익숙한 대상을 낯설게 받아들이게 한다. 또한 짧은 숏들을 불규칙적으로 편집해서 영화가 재현한 공간이 불연속적으로 연결된 듯한 느낌을 만들어 낸다. 바쟁은 몽타주가 현실의 연속성을 ⓑ깨뜨릴 뿐만 아니라 감독의 의도에 따라 관객이 현실을 하나의 의미로만 해석하게 할 우려가 있는 연출 방식이라고 생각했다.

바쟁은 '현실을 믿는 감독'을 지지했다. 이들은 '이미지를 믿는 감독'과 달리 영화의 내용, 즉 현실을 더 중요하게 생각하기에 변형되지 않은 현실을 객관적으로 보여 주고자 한다. 디프 포커스와 롱 테이크는 이를 가능하게 해 주는 영화적 기법이다. 디프 포커스는 근경에서 원경까지 숏 전체를 선명하게 초점을



[해설편 p.124]

맞춰 촬영하는 기법으로, 원근감이 느껴지도록 공간감을 표현할 수 있다. 롱 테이크는 하나의 숏이 1~2분 이상 끊김 없이 길게 진행되도록 촬영하는 기법이다. 영화 속 사건이 지속되는 시간과 관객의 영화 체험 시간이 일치하여 현실을 ⓒ마주하는 듯한 효과를 낳는다. 바쟁에 따르면, 디프 포커스와 롱 테이크를 혼용하여 연출한 장면은 관객이 그 장면에 담긴 인물이나 사물을 자율적으로 선택하여 응시하면서 화면 속 공간 전체와 사건의 전개를 지켜볼 수 있게 해 준다.

바쟁은 현실의 공간에서 자연광을 이용해 촬영하거나, 연기 경험이 없는 일반인을 배우로 ⓓ쓰는 등 다큐멘터리처럼 강한 현실감을 만들어 내는 연출 방식에 찬사를 보냈다. 또한 정교하게 구조화된 서사를 통해 의미를 명확하게 제시하는 영화보다는 열린 결말을 통해 의미를 확정적으로 제시하지 않는 영화를 선호했다. 이러한 영화가 미결정 상태의 현실을 있는 그대로 드러낸다고 생각했기 때문이다.

**(나)**

정신분석학적 영화 이론에 따르면 ㉠관객이 영화에서 느끼는 현실감은 상상적인 것이며 환영이다. 영화와 관객의 심리 사이의 관계를 다루는 정신분석학적 영화 이론은 영화와 관객 사이에 발생하는 동일시 현상에 주목한다. 이런 동일시 현상은 영화 장치로 인해 발생한다. 이때 영화 장치는 카메라, 영화의 서사, 영화관의 환경 등을 아우르는 개념이다. 가장 대표적인 동일시 현상은 관객이 영화의 등장인물에 자신을 일치시키는 것이다. 이런 동일시는 극영화뿐 아니라 다큐멘터리 영화에서도 발생한다. 그런데 관객이 보고 있는 인물과 사물은 영화가 상영되는 그 시간과 장소에는 존재하지 않는다. 그 인물과 사물의 부재를 채우는 역할은 관객의 몫이다. 관객은 상상적 작업을 통해, 영화가 보여 주는 세계의 중심에 자신을 위치시킴으로써, 허구적 세계와 현실 사이의 간극을 ⓔ없앤다. 따라서 정신분석학적 영화 이론에서 영화는 일종의 몽상이다.

정신분석학적 영화 이론에 따르면 관객의 시점은 카메라의 시점과 동일시된다. 관객은 카메라에 의해 기록된 것만을 볼 수 있다. 따라서 관객은 자신이 영화를 보는 시선의 주체라고 생각하지만 그 시선은 카메라에 의해 이미 규정된 시선이다. 또한 영화는 촬영과 편집 과정에서 특정한 의도에 따라 선택과 배제가 이루어지지만, 관객은 제작 과정에서 무엇이 배제되었는지 알 수 없다. 관객은 자신이 현실 세계를 보고 있다고 믿지만, 사실은 인위적으로 만들어진 세계를 보고 있다는 것이 정신분석학적 영화 이론가들의 주장이다.

영화관의 환경은 관객이 영화가 환영임을 인식하기 어렵게 만든다. 영화에 몰입한 관객은 플라톤이 말한 '동굴의 비유' 속 죄수처럼 스크린에 비친 허구적 세계를 현실이라고 착각한다. 이때 영화는 꿈에 빗대진다. 정신분석학적 영화 이론은 영화가 은폐하고 있는 특정한 이념을 관객이 의심하지 않고 자신의 것으로 받아들일 위험이 있다고 경고한다. 이는 관객이 비판적 거리를 유지하면서 영화를 볼 수 있도록, 영화가 환영임을 영화 스스로 폭로하는 설정이 담겨 있는 대안적인 영화가 필요하다는 주장으로 이어진다.

**12.** (가)와 (나)에서 모두 답을 찾을 수 있는 질문으로 가장 적절한 것은?

① 영화는 무엇에 비유될 수 있는가?
② 영화의 내용과 형식 중 무엇이 중요한가?
③ 영화에 관객의 심리는 어떻게 반영되는가?
④ 영화 이론의 시기별 변천 양상은 어떠한가?
⑤ 영화관 환경은 관객에게 어떤 영향을 주는가?

**13.** (가)를 바탕으로 할 때, 영화적 기법의 효과에 대한 이해로 적절하지 않은 것은?

① 몽타주를 활용하여 대립 관계의 두 세력이 충돌하는 상황을 상징적 이미지로 표현한 장면에서, 관객은 생소한 느낌을 받을 수 있다.
② 몽타주를 활용하여 서로 다른 공간을 짧은 숏으로 불규칙하게 교차시킨 장면에서, 관객은 영화 속 공간이 불연속적으로 재구성되었다는 인상을 받을 수 있다.
③ 디프 포커스를 활용하여 주인공과 주인공 뒤로 펼쳐진 배경을 하나의 숏으로 촬영한 장면에서, 관객은 배경이 흐릿하게 인물은 선명하게 보이는 느낌을 받을 수 있다.
④ 롱 테이크를 활용하여 사자가 사슴을 사냥하는 모든 과정을 하나의 숏으로 길게 촬영한 장면에서, 관객은 실제 상황을 마주하는 듯한 느낌을 받을 수 있다.
⑤ 디프 포커스와 롱 테이크를 활용하여 광장의 군중을 촬영한 장면에서, 관객은 자율적으로 인물이나 배경에 시선을 옮기며 사건의 전개를 지켜볼 수 있다.

**14.** <보기>의 입장에서 (가)의 '바쟁'에 대해 비판한 내용으로 가장 적절한 것은?

<보 기>

관객은 특별한 예술 교육을 받지 않아도 작품을 해석할 수 있다. 또한 감독의 의도대로 작품을 해석하는 존재가 아니다. 따라서 감독은 영화를 통해 관객을 계몽하려 할 필요가 없다. 관객은 작품과 상호 작용하며 의미를 생산하는 능동적 존재이다. 감독과 관객은 수평적인 위치에 있다.

① 바쟁은 열린 결말의 영화를 관객이 이해하도록 돕는 예술 교육의 필요성을 간과하고 있다.
② 바쟁은 정교하게 구조화된 서사의 영화를 통해 관객을 계몽하는 것을 영화의 목적이라고 오인하고 있다.
③ 바쟁이 감독의 연출 역량을 기준으로 감독의 유형을 나눈 것은 영화와 관객의 상호 작용을 무시한 구분에 불과하다.
④ 바쟁이 변형된 현실을 통해 생성한 의미를 관객에게 전달하는 것을 중시한다는 점에서 관객의 능동적인 작품 해석 능력을 과소평가하고 있다.
⑤ 바쟁은 감독의 연출 방식에 따라 영화 작품에 대한 관객의 이해가 달라질 수 있다고 본다는 점에서 감독이 관객보다 우위에 있다고 간주하고 있다.

[해설편 p.125]

15. [정신분석학적 영화 이론]을 바탕으로 할 때, ㉠의 이유로 가장 적절한 것은?

① 관객은 영화 장치의 영향을 받기 때문이다.
② 현실의 의미는 미리 정해져 있지 않기 때문이다.
③ 영화가 현실을 불연속적으로 파편화하여 드러내기 때문이다.
④ 관객은 영화의 은폐된 이념을 그대로 받아들일 위험이 있기 때문이다.
⑤ 관객은 영화의 제작 과정에서 배제된 것들을 인식할 수 있기 때문이다.

16. 다음은 학생이 작성한 영화 감상문이다. 이에 대해 (가)의 바쟁(A)의 관점과 (나)의 정신분석학적 영화 이론(B)의 관점에서 설명한 내용으로 가장 적절한 것은? [3점]

> 최근 영화관에서 본 두 편의 영화가 기억에 남는다. ㉮ 첫째 번 영화는 고단하게 살아가는 한 가족의 일상을 표현한 작품이다. 다큐멘터리라는 착각이 들 정도로 사실적인 영화였다. 작품에 대해 더 찾아보니 거리에서 인공조명 없이 촬영되었고, 주인공은 연기 경험이 없는 일반인이었다고 한다. 마지막에 아버지가 아들의 손을 꼭 잡아 줄 때, 마치 내 손을 잡아 주는 것처럼 느껴져 감동적이었다. 열린 결말이라서 주인공 가족이 앞으로 어떻게 살아갈지 궁금했다.
> ㉯ 둘째 번 영화는 초인적 주인공이 외계의 침략자를 물리치는 내용이다. 영화 후반부까지 사건 전개를 예측하지 못할 정도로 반전을 거듭하는 이야기와 실재라고 착각할 정도로 뛰어난 컴퓨터 그래픽 화면은 으뜸이었지만 뻔한 결말은 아쉬웠다. 그래도 주인공이 침략자를 무찌르는 장면에서는 내가 주인공이 되어 세상을 구하는 것 같아서 쾌감이 느껴졌다. 그런데 영화가 끝나고 생각해 보니 왜 세계의 평화는 서구인이 지키고, 특정 나라에서 일어나는 사건이 인류의 위기인지 의아했다.

① A의 관점에서 보면, 학생이 ㉮에서 궁금함을 떠올린 것은 '이미지를 믿는 감독'이 열린 결말을 통해 현실을 있는 그대로 ㉮에 담았기 때문이다.
② A의 관점에서 보면, 학생이 ㉯에서 사건의 전개를 예측하지 못한 것은 ㉯에는 의미가 미리 정해져 있지 않은 미결정 상태의 현실이 담겨 있기 때문이다.
③ A의 관점에서 보면, 학생이 ㉮와 ㉯에서 착각하는 듯한 인상을 받은 것은 ㉮와 ㉯가 강한 현실감을 만들어 내는 연출 방식으로 촬영되었기 때문이다.
④ B의 관점에서 보면, 학생이 ㉯에서 의아함을 떠올린 것은 ㉯가 관객으로 하여금 비판적 거리를 유지하며 영화를 볼 수 있도록 하는 대안적인 영화이기 때문이다.
⑤ B의 관점에서 보면, 학생이 ㉮에서 감동을 받은 것과 ㉯에서 쾌감을 느낀 것은 상상적 작업을 통해 허구적 세계의 중심에 자신을 위치시켰기 때문이다.

17. 문맥상 ⓐ~ⓔ와 바꿔 쓰기에 적절하지 <u>않은</u> 것은?

① ⓐ: 개선(改善)된
② ⓑ: 파괴(破壞)할
③ ⓒ: 대면(對面)하는
④ ⓓ: 기용(起用)하는
⑤ ⓔ: 해소(解消)한다

[18~21] 다음 글을 읽고 물음에 답하시오.

### 제1회 봄놀이

[A]
오작교에선 선랑(仙郞)이 봄바람에 취하고
버드나무 언덕에선 가인(佳人)이 그네를 뛰네

'광한루기'는 작품 전체의 제목이다. 광한루가 없었더라면 이도린이 놀러 가지 않았을 것이요, 이도린이 놀러 가지 않았더라면 춘향이 이도린을 만날 수 없었을 것이요, 춘향이 이도린을 만나지 못했더라면 8회로 구성된 한 편의 작품이 무엇을 바탕으로 탄생할 수 있었겠는가. 광한루 하나가 공중에 솟구쳐 있었기에 이도린이 놀러 갈 수밖에 없었고, 춘향이 이도린을 만날 수밖에 없었으며, 8회로 구성된 한 편의 작품이 만들어질 수밖에 없었다.

(중략)

그네 뛰는 모습을 이도린이 보고 자기도 모르게 눈앞이 어질어질하여 김한에게 말했다.

"너는 저런 것을 본 적이 있느냐? 저것이 금이냐, 옥이냐? 아니면 귀신이냐? 그것도 아니면 선녀냐? 너는 저것을 아느냐?"

김한이 대답했다.

"금도 아니고 옥도 아닙니다. 낙수(洛水)에 빠져 죽은 이의 넋도 사라지고, 양대(陽臺)에서 구름과 비를 만들었던 여인의 일도 이제 아득하기만 한데, 어떻게 귀신 같고 선녀 같은 아가씨가 요즘 세상에 나타났겠습니까?"

"그렇다면 누구란 말이냐?"

"이 사람은요……."

"이 사람이 누구냐?"

"도련님께서는 교방 행수 기생 월매를 기억하시는지요?"(이게 무슨 말이야?)

"저렇게 젊고 아리따운 여인을 어떻게 반쯤은 쭈글쭈글해진 노파에다 비교할 수 있느냐?"

"저 사람은 월매의 딸 춘향입니다. 노래도 잘하고 춤도 잘 추며 글도 잘하고 바느질도 잘하며 그 용모와 자태는 정말 절색입니다. 남원의 절색일 뿐 아니라 도내의 절색이요, 도내의 절색일 뿐 아니라 국내의 절색이라 해도 손색이 없습니다."

이도린이 매우 기뻐하며 말했다.

"풍류를 즐길 만한 인연이 정말이지 다른 데 있는 것이 아니구나. 네가 가서 불러 오거라."

"도련님께서는 저 아이를 불러다가 무엇을 하시려고요?"

"고운 얼굴 한번 보려고 그런다." ㉠<u>(어찌 그렇지 않을 수 있겠는가?)</u>

"도련님께서 저 아이를 보시고 무엇 하시려고요?"(눈치 빠른 김한)

"내가 이 일을 하든 저 일을 하든 네가 알아서 뭘 하느냐?"

"부른다 해도 저 아이는 오지 않을 것입니다."

"오고 안 오고는 저 아이한테 달렸지 너한테 달리지 않았으니, 너는 그 새 주둥이 같은 입을 그만 닥치거라."

이에 김한이 머리를 떨구고 갔다.

원래 춘향은 풍경을 즐기려는 옆집 여자 아이를 따라 나온 것이었다. 채색 줄로 만든 그네를 탔는데, 봄바람에 옷자락이 흐트러져 버드나무 가지를 꽉 잡은 채 그네를 멈추고 옷매무새를 바로잡으려 했다. 그때 갑자기 광한루 위에서 사람의 말소리가 들리자(이게 누구지?) 춘향은 몸을 돌려 [꽃그늘] 속으로 들어가


[해설편 p.126]

숨고서는 주변을 둘러보았다. 이도린이 꽃무늬가 있는 작은 종이를 손에 쥐고 홀로 광한루 동쪽 난간에 기대어 있었는데, 그 모습이 티 없이 맑아 춘향은 은연중에 찬탄하는 말을 내뱉었다. 갑자기 김한이 바쁜 걸음으로 와서 불렀다.

"춘향 낭자 어디 있소?"

춘향이 다시 몸을 돌려 숨었기 때문에 아무 소리도 나지 않았다. 김한이 이리저리 찾아보다가 꽃그늘에까지 와서 춘향을 발견했다.

(중략)

김한이 웃으며 말했다.

"춘향은 노여워 말고 내 말 한번 들어 보오. 어제 남문 밖 큰 길에서 까치 같은 옷차림의 사령들이 쌍쌍이 앞에서 인도하고, 호랑이 무늬의 활집을 진 군관들이 대열을 이루며 뒤에서 호위한 채, 한 귀인이 구름 같은 가마에 앉아 아전들과 기생들 사이를 누비고 다녔는데, 낭자는 그 사람이 누군지 아오?"

"네가 또 쓸데없는 말을 하는구나. 내가 어찌 본관 사또를 몰라보겠느냐?"

"내가 말한 귀인은 바로 사또 자제 도련님이오."(기특한 김한)

"사또 자제 도련님이 나와 무슨 상관이냐?"

"낭자, 우리 도련님을 한번 만나러 갑시다."

"도련님이 어떻게 춘향인지 추향인지 알겠느냐? 네가 춘향입네, 기생입네 하면서 농지거리해서 일을 벌였겠지. 나는 죽어도 못 간다, 죽어도 못 가."

"춘향 낭자, 그대는 현명하고 지혜로운 사람이면서 이다지도 사리를 분별하지 못하오? 속담에도 '까마귀 날자 배 떨어진다.'라고 했듯이 도련님께서 춘흥이 발한 것이 우연히 오늘이며, 낭자가 그네 뛰며 논 것도 마침 이때이니, 이는 참으로 그렇게 하지 않았는데도 그렇게 된 것이오. 도련님께서 낭자를 보시고는 '귀신이냐? 선녀냐?'라고 물으시기에, '귀신도 아니고 선녀도 아닙니다.'라고 말했고, '그럼 누구냐?'라고 하시기에, '행수 기생의 딸입니다.'라고 말했소. 젊은 사내가 어찌 한 번쯤 그 아름다움을 살피려 하지 않겠소? 춘향 낭자는 잘 헤아려서 처신하시오. 갈 수 있으면 가는 것이고, 못 가겠다면 못 가는 것이지만, 화와 복이 눈앞에 놓여 있으니 낭자는 잘 생각하시오."

춘향이 한참 동안 잠자코 있다가 말했다.

"네 말이 일리가 있다."

- 수산, 「광한루기」 -

**18.** 윗글에 대한 이해로 가장 적절한 것은?

① 이도린은 춘향이 자신에게 호감을 느꼈다는 사실을 알지 못했다.
② 춘향은 그네를 타기 위해 나들이에 나섰지만 기대했던 바를 달성하지 못했다.
③ 이도린은 춘향을 부르면 이도린 자신을 만나러 올 것이라는 김한의 말을 믿었다.
④ 이도린은 월매가 춘향의 어머니라는 사실을 알고 있었지만 이를 모르는 척했다.
⑤ 옆집 여자 아이는 이도린을 만나기 위해 춘향과 함께 왔지만 풍경을 즐기는 것에 만족했다.

**19.** [꽃그늘]에 대한 이해로 가장 적절한 것은?

① 춘향이 그네를 타기 위해 기다리는 장소
② 춘향이 김한을 기다리며 머물고 있는 장소
③ 춘향이 몸을 감추고 이도린을 바라보는 장소
④ 김한이 이도린을 만나서 대화를 나누는 장소
⑤ 이도린이 춘향과 만나기 위해 미리 약속한 장소

**20.** 윗글에서 '김한'의 역할을 이해한 것으로 가장 적절한 것은?

① 이도린에게 눈앞에 보이는 것이 금과 옥이 아니라고 알려 주어, 이도린의 무지를 일깨우는 비판자 역할을 한다.
② 이도린에게 춘향이 선녀 같은 아가씨라고 말하여, 이도린이 춘향의 고귀한 신분을 알게 하는 조력자 역할을 한다.
③ 이도린에게 풍류를 즐길 만한 상대가 춘향이라고 이야기하여, 이도린이 춘향을 부르게 하는 중개자 역할을 한다.
④ 춘향에게 춘향 자신이 지혜로운 사람임을 일깨워 주어, 춘향이 이도린을 만나지 못하도록 하는 방해자 역할을 한다.
⑤ 춘향에게 이도린과의 만남은 거듭된 우연으로 이루어진 인연임을 알려 주어, 두 사람을 만나게 하는 매개자 역할을 한다.

**21.** <보기>를 참고하여 [A], ㉠을 이해한 내용으로 적절하지 <u>않은</u> 것은? [3점]

<보 기>

「광한루기」는 '수산(水山)'이라는 호를 쓴 사람이 「춘향전」을 바탕으로 지은 한문 소설로, 총 8회로 이루어져 있다. 각 회의 앞부분에는 내용을 소개하는 시구와 해당 회에 대한 견해가 제시되어 있고, 본문 속에는 인물이나 사건 등에 대한 짤막한 평이나 감상이 작은 글씨로 제시되어 있다. 「광한루기」의 독자는 이와 같은 다양한 비평적 견해를 이야기와 함께 읽으면서 작품을 감상할 수 있다.

① [A]에서는 시구를 활용하여, '봄바람'과 '버드나무 언덕'이 어우러진 봄날의 분위기를 보여 주면서 해당 회의 배경을 드러내고 있군.
② [A]를 통해 해당 회의 주요 공간인 '광한루'를 소개하여, 그 공간의 역할을 드러내고 있군.
③ [A]에서는 두 인물이 만나게 되는 계기를 서술하여, 서사 전개의 개연성을 보여 주고 있군.
④ ㉠은 인물의 말에 대한 평을 통하여, 독자에게 이도린의 반응이 당연하다는 점을 강조하여 보여 주고 있군.
⑤ [A]와 ㉠을 통해 독자에게 작품의 감상법을 다양하게 설명하여, 「광한루기」를 8회로 구성한 이유를 부각하고 있군.

11회

[22～27] 다음 글을 읽고 물음에 답하시오.

(가)

아득한 옛날에 나는 떠났다
㉠ 부여를 숙신을 발해를 여진을 요를 금을
흥안령을 음산을 아무우르를 숭가리를
범과 사슴과 너구리를 배반하고
송어와 메기와 개구리를 속이고 나는 떠났다

나는 그때
㉡ 자작나무와 이깔나무의 슬퍼하던 것을 기억한다
갈대와 장풍의 붙드던 말도 잊지 않았다
㉢ 오로촌이 멧돌을 잡아 나를 잔치해 보내던 것도
쏠론이 십릿길을 따라 나와 울던 것도 잊지 않았다

나는 그때
㉣ 아무 이기지 못할 슬픔도 시름도 없이
다만 게을리 먼 앞대로 떠나 나왔다
그리하여 따사한 햇귀에서 하이얀 옷을 입고 매끄러운 밥을 먹고 단 샘을 마시고 낮잠을 잤다
밤에는 먼 개소리에 놀라나고
아침에는 지나가는 사람마다에게 절을 하면서도
나는 나의 부끄러움을 알지 못했다

그동안 돌비는 깨어지고 많은 은금보화는 땅에 묻히고 가마귀도 긴 족보를 이루었는데
이리하여 또 한 아득한 새 옛날이 비롯하는 때
㉤ 이제는 참으로 이기지 못할 슬픔과 시름에 쫓겨
나는 나의 옛 하늘로 땅으로 — 나의 [태반]으로 돌아왔으나

이미 해는 늙고 달은 파리하고 바람은 미치고 보래구름만 혼자 넋 없이 떠도는데

㉥ 아, 나의 조상은 형제는 일가친척은 정다운 이웃은 그리운 것은 사랑하는 것은 우러르는 것은 나의 자랑은 나의 힘은 없다
바람과 물과 세월과 같이 지나가고 없다

- 백석, 「북방에서-정현웅에게」 -

(나)

겨울 아침 언 길을 걸어
물가에 이르렀다
나와 물고기 사이
창이 하나 생겼다
물고기네 지붕을 튼 ⓐ 살얼음의 창
**투명한 창** 아래
**물고기네 방**이 한눈에 훤했다
나의 생가 같았다
**창으로 나를 보고**
**생가의 식구**들이
나를 못 알아보고
**사방 쪽방으로 흩어**졌다
**젖을 갓 뗀 어린것**들은
찬 마루서 그냥저냥 **그네끼리 놀고**
어미들은
물속 쌓인 돌과 돌 그 틈새로
그걸 깊은 데라고
그걸 가장 깊은 속이라고 떼로 들어가
나를 못 알아보고
무슨 **급한 궁리를 하**느라
그 **비좁은 구석방에** 빼곡히 서서
**마음아, 너도 아직** 이 [생가]에 **살고 있는가**
시린 물속 시린 물고기의 눈을 달고

- 문태준, 「살얼음 아래 같은 데 2 – 생가(生家)」 -

(다)

**이문원 동쪽 늙은 나무**가 있는데 적어도 **백여 년**은 된 것 같다. 그 몸통은 울퉁불퉁 옹이가 졌고 가지는 구불구불 뻗어서 멀찍이서 보면 가파른 산등성이나 성난 파도 같았고 다가가서 보면 둥그스름한 큰 집채 같았다. ⓑ 기둥으로 나무를 받쳐 놓았는데 그 기둥이 모두 열두 개이다. 나무 옆에 누각이 있는데 바로 내가 이불을 들고 가서 숙직하는 장소이다. 좌우에 책을 쌓아 놓고 교정하느라 바쁘게 시간을 보내다가 이따금 나무 곁을 산책하였다. 쏴쏴 불어오는 긴 바람 소리를 들으며 **널찍이 드리운 서늘한 그늘** 아래를 거닐면 몸은 대궐 안 관청에 있어도 숲속의 소나무와 바위 사이로 **훌쩍 벗어나 있는 기분**이 든다.

하루는 내가 동료에게 다음과 같이 말했다.

"이 나무는 정말 특이하군! 대체로 **풀과 나무**가 살아가려면 제각기 **몸을 보전하는 계책**이 있기 마련일세. 풀명자나 배, 귤이나 유자, 사과나 석류 같은 나무들은 열매가 커도 가지가 그 무게를 충분히 감당할 수 있다네. 하지만 질경이나 냉이, 강아지풀 같은 풀들은 살아가려면 땅바닥에 붙어 있어야 하네. 그래야 말발굽이 짓밟거나 수레가 밟고 지나가도 더 손상을 입지 않지. 지금 저 늙은 나무는 줄기의 길이가 몸통보다 갑절로 뻗어 사방에 드리워도 잘라 낼 줄 모르네. 만약 받쳐 주는 기둥이 없으면 부러지고야 말 걸세. **조물주**가 이 나무에게는 사람의 손을 빌려 온전하도록 한 것인가?"

아! 내가 **암소**의 뿔을 보니 **뿔이 구부러져 안쪽으로 향**했는데 심한 것은 사람이 반드시 **톱으로 잘라** 내야만 광대뼈를 뚫는 걱정을 모면하였다. 이제야 알겠구나. 늙은 나무를 가축에 견주자면 뿔을 잘라 내야 온전해질 수 있는 암소와 같다. **가축**이 인간에게 의지하여 살아가듯이 늙은 나무도 인간에게 의지하여 살아간다.

나는 **저 깊은 산중 인적 끊긴 골짜기**에 이렇듯이 번성하게 자란 늙은 나무를 아직까지 보지 못했다.

- 유본예, 「이문원노종기(摛文院老樅記)」 -

**22.** (가)~(다)의 공통점으로 가장 적절한 것은?

① 비판적 태도로 현실의 부정적 측면을 부각하고 있다.
② 역사적 상황을 묘사하여 비극적 현실을 부각하고 있다.
③ 빗대어 표현하는 방식으로 '나'의 인식을 드러내고 있다.
④ 영탄적 어조로 대상에 대한 '나'의 경외감을 드러내고 있다.
⑤ 향토적 소재를 활용하여 '나'의 과거에 대한 그리움을 드러내고 있다.



[해설편 p.128]

**23.** 태반과 생가에 대한 설명으로 가장 적절한 것은?

① (가)의 화자는 태반에서 상실감을 느끼고 있고, (나)의 화자는 생가에서 서글픔을 느끼고 있다.
② (가)의 화자는 태반에서 소외감을 느끼고 있고, (나)의 화자는 생가에서 느꼈던 수치심을 떠올리고 있다.
③ (가)에서 태반은 이별을 수용하는 공간이고, (나)에서 생가는 만남을 기약하는 공간이다.
④ (가)에서 태반은 화자의 희망이 드러나는 공간이고, (나)에서 생가는 화자의 절망이 드러나는 공간이다.
⑤ (가)에서 태반은 생명의 섭리를 지향하는 공간이고, (나)에서 생가는 생명의 섭리를 거부하는 공간이다.

**24.** ㉠~㉥을 이해한 것으로 적절하지 않은 것은?

① ㉠에서는 여러 민족, 나라, 지명을 열거하여, 화자가 떠나온 공간을 북방으로 포괄되는 동질적 공간으로 표현하고 있다.
② ㉡에서는 의인화된 자연물을 제시하여, 화자가 북방을 떠나면서 느낀 슬픔을 드러내고 있다.
③ ㉢에서는 이별하던 장면을 유사한 통사 구조로 제시하여, 화자가 북방에서의 기억을 여전히 간직하고 있음을 보여 주고 있다.
④ ㉣의 시구가 ㉤에서 반복, 변주되는 것을 통해, 상반된 상황이 시간의 추이에 따라 일치되는 과정을 드러내고 있다.
⑤ ㉥에서 '없다'와 그 앞에 열거된 시어들을 통해, 화자가 가깝게 느끼고 가치를 부여했던 것들이 부재함을 표현하고 있다.

**25.** <보기>를 참고하여 (나)를 감상한 내용으로 적절하지 않은 것은? [3점]

<보 기>

이 시에서 성년이 된 화자는 얼음 아래의 물고기를 보면서 유년 시절 자신의 생가를 회상한다. 화자는 물고기의 움직임을 지켜보면서 '물고기네'의 여기저기를 본다. 그리고 '물고기네'의 모습에 화자의 생가에 대한 기억이 겹쳐진다. 화자는 자신을 물고기에 투영하면서, 성년이 된 지금도 여전히 생가에서의 '시린' 기억을 간직하고 있는 자신을 발견한다.

① '투명한 창'을 통해 본 물고기의 생활 공간을 '물고기네 방'이라고 표현한 것을 보니, 화자는 얼음 아래 물고기의 공간과 자신의 생가를 겹쳐 보고 있군.
② '창으로 나를 보'고 '사방 쪽방으로 흩어'지는 물고기들의 움직임을, 화자는 '생가의 식구들'이 자신을 못 알아본 것으로 표현하였군.
③ '젖을 갓 뗀 어린것들'이 '그네끼리 놀고'라고 표현한 것을 보니, 화자는 물고기들이 노는 모습을 통해 유년 시절 생가에서 지내던 아이들의 모습을 떠올리고 있군.
④ 화자는 '비좁은 구석방에'서 '급한 궁리를 하'는 물고기의 모습에 유년 시절 생가에서 외따로 지내야 했던 자신의 모습을 투영하고 있군.
⑤ 화자는 '마음아, 너도 아직' 생가에서 '살고 있는가'라고 하여, 성년인 자신의 마음속에 유년의 기억이 자리 잡고 있음을 드러내고 있군.

**26.** ⓐ와 ⓑ에 대한 이해로 가장 적절한 것은?

① ⓐ는 화자의 불안을 심화하는, ⓑ는 글쓴이의 의지를 북돋아 주는 역할을 한다.
② ⓐ는 화자의 이상향을 형상화하는, ⓑ는 글쓴이의 태도를 전환하는 역할을 한다.
③ ⓐ는 ⓑ와 달리, 화자에게 책임감을 떠올리게 하는 계기가 된다.
④ ⓑ는 ⓐ와 달리, 글쓴이가 처한 상황을 극복하게 하는 역할을 한다.
⑤ ⓐ와 ⓑ는 모두 대상을 새롭게 주목하게 하는 계기를 마련하고 있다.



**27.** <보기>의 [A]에 들어갈 학생의 말로 적절하지 않은 것은?

<보 기>

**선생님**: 여러분, 「이문원노종기」는 이문원의 늙은 나무가 인간의 도움을 받아 오랫동안 무성하게 자라고 있는 점에 착안한 글입니다. 서로 다른 생명체가 각각 이익을 주거나 받는 현상을 중심으로, 「이문원노종기」를 다시 읽어 보려고 해요. 이런 관점에서 이 작품을 감상해 볼까요?

**학 생**: [A]

**선생님**: 네, 잘 말했습니다.

① '이문원 동쪽 늙은 나무'가 '백여 년'을 살 수 있었던 것은, 인간이 나무를 보살펴 주었기 때문입니다.
② 글쓴이가 '널찍이 드리운 서늘한 그늘'로 인해 '훌쩍 벗어나 있는 기분'이 든 것은, '이문원 동쪽 늙은 나무'에게서 인간이 이익을 얻은 경우에 해당합니다.
③ '풀과 나무'가 '몸을 보전하는 계책'이 있는 것은, '조물주'가 서로 다른 생명체가 이익을 주고받도록 해 준 경우에 해당합니다.
④ '암소'의 '뿔이 구부러져 안쪽으로 향'하는 위험을 인간이 '톱으로 잘라'서 해결해 주는 것은, '가축'이 인간에게 의지하며 살아가는 경우에 해당합니다.
⑤ 글쓴이가 '이문원 동쪽 늙은 나무'가 '저 깊은 산중 인적 끊긴 골짜기'에서 자란 나무보다 번성하게 자랐다고 한 것은, 인간의 도움이 필요하다는 것을 말하기 위함입니다.

[28~31] 다음 글을 읽고 물음에 답하시오.

[앞부분의 줄거리] 동림산업은 사무직 남자 사원들에게까지 제복 착용을 확대하는 정책을 시행하기로 했다. 이를 위해 준비 위원회를 결성해 전체 사원이 새로운 제복을 착용하도록 결정했으나, 그 결과에 불만을 품은 사무직 남자 사원들이 있었다.

"**이미 끝난 일이야**. 지금 와서 아무리 떠들어대 봤자 제복은 벌써 우리 몸에 절반쯤이나 입혀져 있어."

민도식이 나서서 **험악해진 분위기**를 간신히 가라앉혔다.

"준비 위원회를 구성하고 회의를 소집한 건 처음부터 요식 행위에 지나지 않았던 거야. 경영자 독단으로 처리하지 않고 사원들의 의사를 물어서 전폭적인 지지를 얻어 가지고 결정했다는 인상을 대내외에 풍길 필요가 있었던 거야. 이제 길은 두 가지뿐야. ㉠나머지 절반을 찾아서 마저 몸에 꿰든가, 아니면 기왕 우리 몸에 입혀진 절반을 아예 벗어 버리든가 각자가 알아서 결정할 일이야. 저기 좀 보라고. 저 사람 아까부터 우릴 비웃고 있어. 제복 얘기 앞으로는 그만하기로 하지."

생산부 공원 복장을 한 사내가 엇비뚜름한 자세로 이쪽을 돌아다보며 ⓐ야릇한 웃음을 입가에 물고 있었다. 그를 보더니 장상태가 화를 벌컥 내면서 큰 소리로 미스 윤을 불렀다.

"이봐, 저기 앉은 저 사람 내가 좀 보잔다고 전해!"

ⓑ눈이 휘둥그레진 미스 윤이 종종걸음으로 그에게 다가가기 전에 그쪽에서 자진해서 먼저 일어섰다. 그가 충분히 알아들을 수 있을 정도로 장의 목소리가 컸던 것이다.

"저를 부르셨습니까?"

여전히 웃음기를 입에 문 얼굴이 장을 정면으로 상대했다.

"당신 뭐야? 뭔데 어제부터 남의 얘길 엿듣고 비웃지, 비웃길?"

"비웃음으로 보셨다면 용서하십쇼. 엿듣고 싶은 생각은 없었습니다. 가만히 앉아 있어도 들릴 정도로 선생님들 말소리가 컸습니다. 말씀 내용이 동림산업에 계신 분들 같아서 저도 모르게 관심이 갔나 봅니다."

"오오라, 그러고 보니 당신도 동림 가족의 일원이 분명하군. 부서가 어디야?"

"생산부 제1 공장입니다. 거기서 잡역부로 근무하고 있습니다."

"이름은?"

"권입니다."

"이름이 권이다? 그럼 성까지 아주 짝을 채워 보게."

"성이 권입니다."

만만한 상대를 만난 장은 권 씨를 노리갯감으로 삼아 화풀이할 작정임을 분명히 하면서 동료들에게 은밀히 눈짓을 보냈다. 함께 놀이에 끼어들라는 뜻일 것이다.

[A] 그러나 도식이 보기엔 첫눈에 결코 만만한 상대가 아니었다. 그는 참을성 좋게 여전히 웃고 있었다. 그것은 생산부 공원들이 본사의 사무직을 대할 때 일반적으로 갖는 비굴한 표정이 아니었다. 그렇다고 적대감도 아닌 그것은 일종의 자신감의 표현임이 분명했다. 두툼한 입술과 커다란 눈이 얼핏 눈에 띄는 특징이었다. 장상태하고 비교해서 둘이 서로 어금어금할 정도로 작은 체구였다. 실제 나이는 장보다 두세 살쯤 위일 것 같은데 적어도 이삼십 년은 더 세상을 살아 냈을 법한 관록 같은 게 엿보이는 얼굴이었고, 그것이 교양이라는 것하고도 연결되어 잡역부라던 자기소개가 아무래도 믿어지지 않는 그런 사람이었다.

"짝을 채우기 싫다 이거지? 좋았어. 그런데 자네가 하는 잡역 일하고 무슨 상관이 있어서 우리 얘기에 이틀 동안이나 관심이 갔지?"

"물론 상관은 없습니다. 그렇지만 한쪽에선 작업 중에 팔이 뭉텅 잘려져 나간 사람이 있고 그 팔 값을 찾아 주려고 투쟁하는 사람들이 있는 반면에 다른 한쪽에선 몸에 걸치는 옷 때문에 자기 인생을 걸려는 분들도 계시구나 하는 생각이 들어서 **그냥 지나칠 수가 없었습니다**."

그 순간 장상태의 얼굴색이 하얗게 질리는 것 같았다.

(중략)

체육 대회가 열리는 제1 공장까지 가자면 다른 날보다 더 일찍 나서야 되는데도 여전히 밍기적거리고만 있는 남편 곁에서 아내는 시종 근심스런 눈초리를 거두지 않았다. 제복 때문에 **총각 사원 하나**가 사표를 던졌다는 소문을 아내는 믿지 않았다. 사표를 제출한 게 아니라 강제로 모가지가 잘린 거라고 굳게 믿고 있었다.

"까짓것 난 필요 없어. 거기 아니면 밥 빌어먹을 데 없는 줄 알아? 세상엔 아직도 유니폼 안 입는 회사가 수두룩하단 말야!"

ⓒ거듭되는 재촉에 이렇게 큰소리로 대거리를 했지만 결국 민도식은 뒤늦게나마 집을 나서고 말았다.

시내를 멀리 벗어나서 교외에 널찍하게 자리 잡은 제1 공장 앞에 당도했을 때는 벌써 개회식이 시작된 뒤였다. 공장 정문 철책 너머로 **검정 곤색 일색**의 운동장을 넘어다보는 순간 민도식은 갑자기 ⓓ숨이 턱 막혀 옴을 느꼈다. 새로 맞춘 제복으로 단장한 남녀 전 사원이 각 부서별로 군대처럼 질서 정연하게 도열해 서서 연단에 선 지휘자의 손끝을 우러러보며 사가(社歌)를 제창하기 직전의 예비 운동으로 목청을 가다듬는 헛기침들을 하고 있었다. 이윽고 공장 일대를 한바탕 들었다 놓는 우렁찬 노래가 터지기 시작했다. 노래 부르는 사원들 모두가 작당해서 ⓔ지각한 사람을 야유하는 듯한 기분이 들었다. 검정 곤색의 제복들이 일치단결해 가지고 사복 차림으로 꽁무니에 따라붙으려는 유일한 사람을 완강히 거부하는 듯한 기분에 사로잡혔다. 세상 전체가 온통 제복투성이인 가운데 저 혼자만 외돌토리로 떨어져 있는 셈이었다. 자기 한 사람쯤 불참한다 해도 아무렇지도 않게 체육 대회 개회식은 진행될 수 있다는 사실이 민도식을 무척 화나면서도 그지없이 외롭게 만들었다. 정문으로 들어서지도 못하고 그렇다고 뒤돌아서서 나오지도 못한 채 그는 일단 멈춘 자리에 붙박여 버린 듯 언제까지고 움직일 줄을 몰랐다.

- 윤흥길, 「날개 또는 수갑」 -

28. [A]의 서술상의 특징으로 가장 적절한 것은?

① 인물의 행위를 사실적으로 그려 내어 내적 갈등을 표면화하고 있다.
② 과거와 현재를 교차하여 인물이 겪는 인식의 변화를 드러내고 있다.
③ 공간적 배경을 구체적으로 묘사하여 인물이 처한 상황을 드러내고 있다.
④ 서술자가 특정 인물의 시선을 통해 인물의 특징을 관찰하여 알려 주고 있다.
⑤ 서술자가 인물의 경험을 삽화 형식으로 나열하여 사건을 입체적으로 보여 주고 있다.

29. ㉠의 의미와 관련하여 윗글을 이해한 내용으로 적절하지 않은 것은?

① '이미 끝난 일이야'라는 말로 보아, 남자 사원들 중에 ㉠을 마저 입을지를 결정해야 하는 상황에 직면했다고 생각하는 사람이 있음을 알 수 있다.
② '험악해진 분위기'로 보아, ㉠과 관련된 문제로 남자 사원들 사이에 소란스러운 일이 있었음을 알 수 있다.
③ '그냥 지나칠 수가 없었습니다'라는 말로 보아, 권 씨도 남자 사원들과 마찬가지로 ㉠을 마저 입을지를 선택하는 일이 무엇보다 중요한 문제라고 생각하고 있음을 알 수 있다.
④ '총각 사원 하나'에 대한 아내의 반응으로 보아, 아내는 총각 사원이 ㉠ 때문에 회사를 스스로 그만두었다는 소문을 믿지 않고 있음을 알 수 있다.
⑤ '검정 곤색 일색'으로 보아, 체육 대회에 참석한 전체 사원이 ㉠을 마저 입게 되었음을 알 수 있다.

30. ⓐ~ⓔ에 대한 이해로 적절하지 않은 것은?

① ⓐ는 권 씨가 사무직 사원들의 대화에 관심이 있었음을 나타내는 반응이다.
② ⓑ는 장상태가 화를 내며 큰 소리로 명령하였기 때문에 미스 윤이 드러낸 반응이다.
③ ⓒ는 아내가 집을 나서지 않고 있는 남편 때문에 걱정하여 보인 반응이다.
④ ⓓ는 전체 사원들이 같은 옷을 입고 군대처럼 도열한 모습을 본 민도식에게 나타난 반응이다.
⑤ ⓔ는 사원들이 사복을 입은 민도식에 대한 불만을 드러내는 반응이다.

31. <보기>를 바탕으로 윗글을 감상한 내용으로 적절하지 않은 것은? [3점]

<보 기>

'중도적 주인공'은 자신이 속한 집단의 논리를 비판적으로 인식하면서도 집단의 논리를 따를지 여부를 결정하지 못하는 상태에 있는 인물이다. '중도적 주인공'은 인식 측면에서는 집단의 논리에 숨겨진 문제를 읽어 내는 주체적인 관점을 보인다. 그러나 행동 측면에서는 자신의 인식에 따라 적극적으로 행동하지 못하거나, 집단에 동화되지 못한 채 집단 논리의 수용 여부를 두고 머뭇거리는 모습을 보인다.

① 동료에게 '준비 위원회'의 '회의'에 담긴 '경영자'의 숨은 의도를 파악하여 발언하는 것을 보니, 민도식은 '동림산업'이 내세우는 논리에 대해 비판적으로 인식하는 주체적인 관점을 지니고 있다고 볼 수 있군.
② 권 씨를 '노리갯감'으로 삼자는 장상태의 '눈짓'을 읽었지만 이에 선뜻 동참하지 않은 것을 보니, 민도식은 '작업 중' 사고를 둘러싼 '투쟁'과 '몸에 걸치는 옷'을 둘러싼 논쟁에 적극적으로 참여하고 있지 않다고 볼 수 있군.
③ 아내에게 '큰소리'로 자신의 생각을 말하면서도 '뒤늦게나마 집을 나서'는 것을 보니, 민도식은 '동림산업'의 문제를 인식하고 있으면서도 회사를 떠나지 못하는 상황에 놓여 있다고 볼 수 있군.
④ '사복 차림'으로 체육 대회에 가지만 자신을 '꽁무니에 따라 붙으려는' 사람이라고 생각하는 것을 보니, 민도식은 집단의 논리를 거부하고 싶지만 집단에 소속되고 싶은 마음도 지니고 있다고 볼 수 있군.
⑤ '제1 공장' 정문 앞에서 '붙박여 버린 듯' 움직이지 않는 모습을 보니, 민도식은 '동림산업'의 정책에 대한 비판을 적극적인 행동으로 옮길지 여부를 결정하지 못하고 있다고 볼 수 있군.

[해설편 p.129]

**[32~34] 다음 글을 읽고 물음에 답하시오.**

(가)

**풍파**에 **일렁이던 배** 어디로 갔단 말인가
**구름이 험하거늘** 처음 나왔는가 어찌하여
**허술한 배 두신 분네**는 모두 조심하소서

- 정철의 시조 -

(나)

**심의산(深意山)** 서너 바퀴 감돌아 휘돌아 들어
**오뉴월** 한낮에 살얼음 엉긴 위에 된서리 섞어 치고 **자취눈** 내렸거늘 보았는가 임아 임아
**온 놈이 온 말을 하**여도 **임**이 짐작하소서

- 정철의 시조 -

(다)

아이야 구럭 망태 찾아라 서쪽 산에 날 늦겠다
밤 지낸 고사리 벌써 아니 자랐으랴
이 몸이 이 나물 아니면 조석(朝夕) 어이 지내리 <제1수>

아이야 도롱이 삿갓 차려라 동쪽 시내에 비 내린다
기나긴 낚싯대에 **미늘*** **없는 낚시** 매어
저 고기 놀라지 마라 내 흥 겨워하노라 <제2수>

아이야 죽조반(粥早飯) 다오 남쪽 논밭에 일 많구나
서투른 따비*는 누구와 마주 잡을꼬
두어라 성세궁경(聖世躬耕)*도 역군은(亦君恩)이시니라 <제3수>

아이야 소 먹여 내어라 북쪽 마을에서 새 술 먹자
잔뜩 취한 얼굴을 달빛에 실어 오니
어즈버 희황상인(羲皇上人)*을 오늘 다시 보는구나 <제4수>

- 조존성, 「호아곡」 -

* 미늘: 고기가 물면 빠지지 않게 만든 낚시 끝의 안쪽에 있는 작은 갈고리.
* 따비: 풀뿌리를 뽑거나 밭을 가는 데 쓰는 농기구.
* 성세궁경: 태평한 세월에 자기가 직접 농사를 지음.
* 희황상인: 세상일을 잊고 한가하고 태평하게 숨어 사는 사람을 이르는 말.

**32.** (가)~(다)의 공통점으로 가장 적절한 것은?

① 말을 건네는 방식을 통해 화자의 요구를 전달하고 있다.
② 대상을 의인화하여 화자와 자연의 유대감을 나타내고 있다.
③ 과거와 현재를 대비하여 미래에 대한 전망을 드러내고 있다.
④ 물음의 방식을 활용하여 대상에 대한 친밀감을 표현하고 있다.
⑤ 풍경을 사실적으로 묘사하여 계절의 변화상을 그려 내고 있다.

**33.** (다)에 대한 이해로 적절하지 <u>않은</u> 것은?

① 각 수의 첫 음보를 동일한 시어로 제시하여 시상 전개에 안정감을 부여하고 있다.
② <제1수>와 <제2수>에서는 생활 도구를 언급하여 화자가 살아가는 모습을 보여 주고 있다.
③ <제1수> 중장과 <제3수> 중장에서 나타나는 화자의 걱정은 각 수의 종장에서 강화되고 있다.
④ <제1수> 종장과 <제3수> 초장에서는 간단한 먹을거리를 언급하여 화자의 소박한 생활을 드러내고 있다.
⑤ <제4수> 종장은 첫 음보의 감탄 표현을 활용하여 시상을 집약하고 있다.

**34.** <보기>를 참고하여 (가)~(다)를 감상한 내용으로 적절하지 <u>않은</u> 것은? [3점]

<보 기>

정철과 조존성이 살았던 16세기 후반~17세기 초반에는 정치 참여 과정에서 당파 간의 대립과 투쟁이 극심해지면서 정치적 공격을 받은 문인들이 벼슬에서 파직, 유배되거나 산림에 은거하는 등 정계에서 소외된 상태에 놓이는 경우가 잦았다. 이 과정에서 문인들은 정치 경험을 바탕으로 정치 현실에 대한 비판과 경계, 처세관, 자연에 몰입하려는 태도 등을 작품에 드러내었다.

① '풍파'가 험난한 정치 현실이고 '일렁이던 배'가 시련을 겪은 관료라면, (가)의 초장은 당쟁에 휘말린 사람이 정치적 소외 상태에 놓인 것을 의미하겠군.
② '구름이 험하거늘'이 정치적 위기의 조짐에 해당하고 '허술한 배 두신 분네'가 신진 관료라면, (가)의 종장은 화자가 정치 경험이 충분치 않은 이들에게 정치의 험난함을 알려 주는 것이겠군.
③ '심의산'이 화자의 심회이고 '오뉴월'의 '자취눈'이 화자의 복잡한 심정을 비유한 표현이라면, (나)의 초장과 중장에서는 당쟁의 상황에서 굳은 마음을 견지하려는 화자의 의지를 드러내는 것이겠군.
④ '온 놈이 온 말을 하'는 상황이 비방과 모략이 난무하는 현실이고 '임'이 임금이라면, (나)의 종장은 온갖 참소를 임금이 잘 판단해 달라는 것이겠군.
⑤ '미늘 없는 낚시'가 욕심 없이 사는 삶을 의미한다면, (다)의 <제2수> 종장은 자연과 더불어 지내는 화자의 흥을 드러내는 것이겠군.

* 확인 사항

○ 답안지의 해당란에 필요한 내용을 정확히 기입(표기)했는지 확인하시오.

○ 이어서, 「**선택과목(화법과 작문)**」 문제가 제시되오니, 자신이 선택한 과목인지 확인하시오.



[해설편 p.130]

제 1 교시

# 국어 영역(화법과 작문)

11회

**[35～37] 다음은 수업 중 학생의 발표이다. 물음에 답하시오.**

안녕하세요. 잠시 집중해 주세요. (효과음 제시 후) ㉠ 딸깍. 무슨 소리일까요? 네, 안전벨트 착용하는 소리죠. 전 오늘 안전벨트에 대해 소개하겠습니다. 2023년 한국교통안전공단 자료에 따르면 일정 속도 이상으로 달리던 차량이 충돌할 때, 조수석 탑승자가 안전벨트를 착용하지 않은 상태면 중상을 입을 가능성이 80%에 달하나, 정상적으로 착용하면 12.5%로 감소한다고 합니다. 안전벨트는 탑승자의 몸을 어떻게 보호하는 걸까요?

안전벨트가 탑승자를 보호하는 원리는 몸을 잡아 주는 과정과 띠를 풀어 주는 과정으로 구분됩니다. 잡아 주는 과정부터 살펴볼게요. (ⓐ 자료 제시) 이것은 띠를 잠그는 장치로, 차량이 급정지하면 화살표가 가리키는 부분이 바깥쪽 톱니에 걸리면서 띠가 더 이상 풀리지 않게 잠깁니다. (ⓑ 자료 제시) 이것은 잠그는 장치를 떼어 내면 안쪽에 있는, 띠를 당기는 장치로, 차량 충돌 시 화살표가 가리키는 피스톤이 아래로 내려가면서 톱니를 회전시켜 띠를 감아 당기면서 몸을 잡아 줍니다. 그런데 이때 띠의 압박으로 오히려 부상을 입을 수 있습니다. 이를 막기 위해, 당기는 장치는 톱니를 반대로 회전시켜 띠를 느슨히 풀어 주는 과정을 통해, 몸에 가해지는 충격을 줄여 줍니다.

또한 안전벨트 착용 시 탑승자를 잘 잡아 주면서 띠의 압박으로 인한 부상을 막기 위해, 띠가 고정되는 지점의 수를 늘리기도 하는데요. (ⓒ 자료 제시) 승용차에서 많이 본 안전벨트죠? 고정 점이 세 개가 있는 안전벨트를 3점식이라고 합니다. 골반 좌·우측에 하나씩 고정 점이 있는 2점식에 비해, 3점식은 여기 탑승자 어깨 위에도 고정 점이 하나 더 있습니다. 그래서 띠가 이렇게 어깨까지 잘 잡아 주어, 사고 시 몸이 튕겨나가는 것을 막고 띠의 압박을 상체에 고루 분산시킬 수 있죠.

더 안전한 안전벨트를 개발하기 위한 연구는 지금도 계속되고 있습니다. 하지만 아무리 기술이 발달해도 안전벨트를 착용하지 않으면 소용없겠죠. 차를 탈 때 안전을 지켜 주는 소리, ㉡ 딸깍. 이 소리를 듣는 일, 잊지 말기로 해요. 고맙습니다.

**35.** ㉠과 ㉡을 중심으로 파악한 발표자의 말하기 방식으로 가장 적절한 것은?

① 청중의 의견을 듣기 위해 활용한 ㉠과, 자신의 의견을 밝히기 위해 활용한 ㉡을 비교하여 생각의 다양함을 드러낸다.
② 대상의 장점을 드러내기 위해 활용한 ㉠과, 단점을 드러내기 위해 활용한 ㉡을 대조하여 청중의 인식 변화를 유도한다.
③ 발표 순서를 안내하기 위해 활용한 ㉠과, 발표 순서를 환기하기 위해 활용한 ㉡을 정리하여 발표 내용을 구조화한다.
④ 문제를 제기하기 위해 활용한 ㉠과, 해결 방안을 제시하기 위해 활용한 ㉡을 대응시켜 문제 해결의 어려움을 부각한다.
⑤ 청중의 궁금증을 유발하기 위해 활용한 ㉠과, 청중에게 당부하기 위해 활용한 ㉡을 연결하여 실천의 중요성을 강조한다.

**36.** 다음은 발표자가 제시한 자료이다. 발표자의 자료 활용에 대한 설명으로 적절하지 않은 것은?

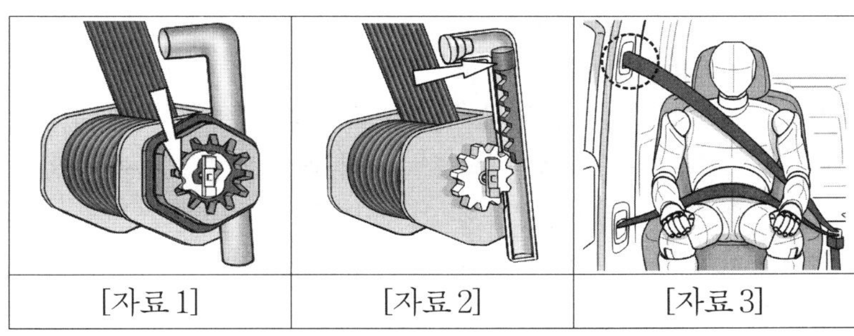

| [자료 1] | [자료 2] | [자료 3] |
|---|---|---|

① 바깥쪽 톱니에 걸려 띠가 풀리지 않게 하는 장치를 보여 주기 위해 [자료 1]을 ⓐ에 제시하였다.
② 차량이 충돌할 때 톱니를 돌아가게 하는 장치를 보여 주기 위해 [자료 1]을 ⓐ에 제시하였다.
③ 피스톤이 아래로 내려가면서 띠를 감아 당기는 장치를 보여 주기 위해 [자료 2]를 ⓑ에 제시하였다.
④ 2점식에 비해 3점식 벨트에 추가된 고정 점의 위치를 설명하기 위해 [자료 3]을 ⓒ에 제시하였다.
⑤ 3점식 안전벨트가 2점식보다 몸의 더 많은 부분을 잡아 주는 방식임을 설명하기 위해 [자료 3]을 ⓒ에 제시하였다.

**37.** 발표 내용을 바탕으로 할 때, <보기>에 나타난 학생의 반응에 대한 이해로 적절하지 않은 것은?

<보 기>

**학생 1** : 통계의 출처가 분명하니 발표 내용에 믿음이 가. 그래서 안전벨트가 중요하단 생각이 확고해졌어.
**학생 2** : 근데 통계를 제시할 때 뒷좌석 안전벨트의 효과를 알려 주지 않은 점은 아쉬워. 그래도 안전벨트의 원리를 구분해서 설명한 것은 효과적이었어. 특히 띠를 잠그는 장치를 활용하여 몸을 잡아 주는 과정이 흥미로웠어.
**학생 1** : 안전 교육 때 원리가 비슷한 장치에 대해 배웠잖아. 그걸 떠올리며 들으니 안전벨트의 원리가 잘 이해됐어.
**학생 2** : 아, 그래? 난 인터넷에서 안전벨트에 적용되는 또 다른 원리가 있는지를 더 알아봐야겠어.

① '학생 1'은 발표 내용을 통해 안전벨트에 대하여 자신이 기존에 가지고 있던 인식을 전환하고 있군.
② '학생 1'이 발표 내용의 신뢰성을 높였다고 여긴 자료와 관련하여 '학생 2'는 발표에 제시된 정보가 부족하다고 보고 있군.
③ '학생 2'는 발표자의 설명 방식에 대해 긍정적으로 평가하고 있군.
④ '학생 2'가 흥미롭다고 여기는 내용에 대해 '학생 1'은 그 내용과 관련한 학습 경험을 언급하고 있군.
⑤ '학생 1'이 배경지식을 활용해서 이해한 내용에 대해 '학생 2'는 추가 정보를 탐색하려고 하고 있군.

[38～42] (가)는 동아리 학생들의 대화이고, (나)는 (가)를 반영해 행사를 진행한 후, '학생 1'이 쓴 소감문이다. 물음에 답하시오.

(가)

학생 1: 우리 ○○시 천문 축제가 보름 앞으로 다가왔어. 우리 동아리가 '조선 시대 천문학'을 주제로 전시 체험 공간을 운영하기로 했잖아. 저번에 제출한 [계획서]를 보면서 각 조의 준비 상황을 점검해 볼게.

학생 2: 우리 조는 조선 시대의 천체 관측 기록에 대해 전시하기로 했잖아. 찾아보니까 영조 때의 혜성 관측 기록이 있었어. 그게 핼리 혜성을 관측한 기록이더라고.

학생 3: 그래? ㉠<u>그런데 그 관측 기록에 어떤 내용이 나와 있어?</u>

학생 2: 조선 시대 기록인데도 혜성의 이동 경로, 밝기, 꼬리의 길이 등이 상세히 포함되어 있어. 이는 핼리 혜성의 정확한 궤도를 보여 주는 기록이야.

학생 1: 대단한 기록이네. 전시물은 어떤 형식으로 만들 거야?

학생 2: ㉡<u>혜성 기록을 날짜별로 정리해서 전시물을 만들고 있는데 좀 밋밋해 보여 걱정이네. 좋은 생각 있어?</u>

학생 1: 영상으로 만들면 생생할 것 같은데 어때?

학생 2: ㉢<u>영상은 생동감이 있어서 좋긴 한데, 행사 전까지 제작하려면 시간이 부족할 것 같아.</u>

학생 3: 역사 신문 형식 어때? 조선 시대 혜성 관측을 당시에 직접 취재한 것처럼 실감나게 표현할 수 있을 거야.

학생 2: 역사적 의의가 있는 기록을 소개하는 데 잘 어울릴 것 같아. 한번 해 볼게.

학생 1: 조선 시대 별자리 해설 준비는 어떻게 되고 있어? 준비하는 데 시간이 많이 걸릴까?

학생 3: 거의 다 됐어. 우리 조는 옛 별자리 28수를 준비하기로 했잖아. 그중에 여름철 별자리만 설명하려고 해. 사람들이 관측 행사 때 볼 수 있는 것을 다루려고.

학생 1: 그래. 그런데 옛 별자리가 사람들에게 어려울 수 있을 것 같은데, 별자리는 어떤 방식으로 설명할 거야?

학생 3: 화면에 밤하늘 사진을 보여 주고 우리 옛 별자리의 모양이 서양 별자리와 어떻게 다른지 설명할 거야.

학생 1: 그래. 별자리 그리기 체험은 투명 카드에 야광 펜으로 그려보는 활동을 준비하기로 했잖아? 얼마나 준비됐어?

학생 3: 카드에 미리 별의 위치를 표시해 두는 것까지 했는데, 그러면 사람들이 쉽게 그릴 수 있겠지?

학생 2: ㉣<u>응. 학교 행사 때 지리 동아리도 지역 명소를 표시한 활동지를 참여자들에게 주니, 여행 지도를 다들 쉽게 그리더라.</u>

학생 1: 투명 카드와 야광 펜 외에 필요한 것 더 있어?

학생 3: 아니, 괜찮아.

학생 2: 그런데 별들의 밝기 차이도 카드에 나타내면 좋겠어.

학생 3: 사람들한테 크기가 다른 별 스티커를 직접 붙이게 할까?

학생 2: ㉤<u>좋네! 별들의 밝기 차이를 나타낼 수 있겠어.</u>

학생 3: 생각해 봤는데, 전시 체험 공간을 다녀간 사람들에게 [참여 후기]를 짧게 남겨 달라고 하는 건 어때?

학생 1: 그래, 좋아. 교지 편집부에서 행사 소감문을 써 달라는 의뢰가 들어왔는데, 관람객들의 참여 후기 중 중요한 내용을 글에 활용할게. 남은 예산으로 별 스티커랑 참여 후기 쓸 메모지를 구입해서 곧 나눠 줄게. 그럼 여기까지 하자.

(나)

우리 천문 동아리는 8월마다 개최되는 지역의 천문 축제에 올해도 참가했다. 천문 축제는 전시 체험 행사와 관측 행사로 진행되었다. 우리는 사람들에게 '조선 천문학의 우수성을 알리면 어떨까?'라는 생각에 '조선 천문학을 찾아 떠나는 여행'이라는 제목의 전시 체험 공간을 마련했다. 전시와 체험으로 조를 나눠 준비한 덕분에 행사를 잘 진행할 수 있었다.

전시 활동으로는 조선 시대의 혜성 관측을 가상으로 취재한 역사 신문을 준비했다. 영조 시대 천문학자들이 25일간 핼리 혜성의 변화를 관찰하고 기록한 사실을 기사로 작성해 전시하고, 이 관측 기록을 유네스코 세계기록유산으로 등재하려고 추진한다는 소식도 관람객들에게 알려 주었다. 관측 장비가 부족했던 시절에 이토록 상세한 기록을 남긴 것에 놀라워하는 관람객들의 반응을 보니, 조선 천문학의 우수성을 보여 주는 관측 기록을 전시 주제로 다루길 잘했다는 생각이 들었다.

이후 이어진 체험 활동으로, 조선 시대 천문서에 나와 있는 여름철 별자리를 해설하고 관람객들이 카드에 직접 별자리를 그려 보게 하는 활동을 진행했다. 여름철 별자리는 백조자리가 중심을 이루는데, 서양에서 백조의 날개 모양이라 생각한 것을 우리 조상들은 천진(天津), 즉 은하수가 흐르는 하늘에 있는 나루터라고 상상했다고 설명했다. 그 양 옆에 견우성과 직녀성이 마주보고 있다고 알려 주자, 아이들은 옛이야기 속 견우, 직녀가 별 이름이라는 것을 신기해했다. 이렇게 서양 별자리와 대조해 설명하니 쉽게 이해된다는 반응이어서 함께 이야기하길 잘했다고 생각했다. 그 후 옛 별자리 그리기와 별 스티커 붙이기 활동을 했는데, 예상보다 많은 사람들이 몰려 카드가 부족해 발길을 돌린 사람들도 있어 죄송했다.

[A] 전시 체험 행사를 마치고 밖으로 나가 관측 행사 도우미로 참여했다. 관측 장비를 설치하고 조작법을 안내하며 관측을 도왔다. 관측에서 까만 밤하늘을 가로지르는 별똥별의 반짝이는 모습도 볼 수 있었다. 이번 축제를 통해 조선 천문학에 대해 더 알게 되고 동아리 친구들과 사이가 돈독해져서 행복했다. 내년 축제에도 꼭 다시 참가하고 싶다.

**38.** 대화의 흐름을 고려할 때, ㉠~㉤에 대한 설명으로 적절하지 <u>않은</u> 것은?

① ㉠: 직전 발화에 대해 세부적인 정보를 요청하고 있다.
② ㉡: 직전 발화와 관련하여 고민되는 부분을 언급한 뒤, 질문을 통해 대안을 요청하고 있다.
③ ㉢: 직전 발화 내용의 긍정적인 부분을 언급한 뒤, 예상되는 문제점을 제시하고 있다.
④ ㉣: 직전 발화에 동의하고 이와 관련된 유사한 사례를 제시하고 있다.
⑤ ㉤: 직전 발화를 재진술하고 제시된 방안의 효과를 덧붙이고 있다.



[해설편 p.131]

**39.** 다음은 (가)에서 '학생 1'이 참고한 [계획서]의 일부와 메모이다. '학생 1'이 (가)에서 점검하지 않은 것은?

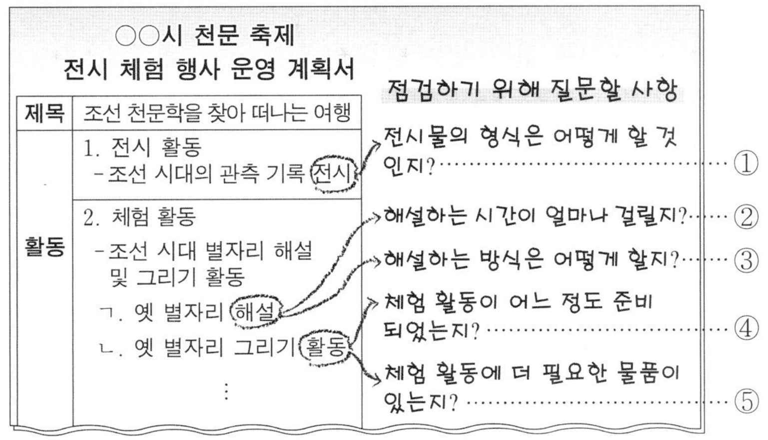

○○시 천문 축제
전시 체험 행사 운영 계획서

| 제목 | 조선 천문학을 찾아 떠나는 여행 |
|---|---|
| 활동 | 1. 전시 활동<br>-조선 시대의 관측 기록 (전시)<br>2. 체험 활동<br>-조선 시대 별자리 해설 및 그리기 활동<br>ㄱ. 옛 별자리 (해설)<br>ㄴ. 옛 별자리 그리기 (활동)<br>⋮ |



**40.** 다음은 [참여 후기]의 일부이다. (가)와 관련하여 ⓐ~ⓒ가 (나)에 반영되었다고 할 때, 이에 대한 설명으로 가장 적절한 것은? [3점]

> ⓐ 조선 시대의 혜성 관측 기록에 대한 내용을 역사 신문으로 알려 주어서 지금 현재에 일어난 일처럼 생생하게 느껴졌어요.

> ⓑ 견우, 직녀 이야기가 별에 대한 이야기인 것을 알게 되어 재밌었어요. 그리고 서양과 조선의 별자리의 차이점을 설명해 주니 쉽게 이해되었어요.

> ⓒ 혜성 관측 기록이 유네스코 세계기록유산으로 등재될 수도 있다는 게 놀라웠어요. 그런데 카드가 부족해서 별자리 그리기 체험을 못 한 것이 속상했어요.

① '학생 1'이 구입 물품 배분에 대해 언급한 내용이 ⓒ의 체험하지 못해 속상했다는 반응을 통해, (나)에서 행사 물품 준비 과정에 대한 글쓴이의 부정적 인식으로 제시되었다.
② '학생 2'가 별들의 밝기에 대해 언급한 내용이 ⓑ의 재미있었다는 반응을 통해, (나)에서 해설 내용 선정에 대한 글쓴이의 긍정적 인식으로 제시되었다.
③ '학생 2'가 혜성 관측 기록에 대해 언급한 내용이 ⓒ의 놀라웠다는 반응을 통해, (나)에서 전시 주제 변경에 대한 글쓴이의 부정적 인식으로 제시되었다.
④ '학생 3'이 역사 신문 형식 활용에 대해 언급한 내용이 ⓐ의 현장감 있다는 반응을 통해, (나)에서 전시물의 형식 선택에 대한 글쓴이의 긍정적 인식으로 제시되었다.
⑤ '학생 3'이 별자리를 설명하는 방식에 대해 언급한 내용이 ⓑ의 이해가 잘되었다는 반응을 통해, (나)에서 설명 방식 선택에 대한 글쓴이의 긍정적 인식으로 제시되었다.

**41.** (나)에 활용된 글쓰기 방식으로 가장 적절한 것은?

① 체험 활동에서 발생한 문제를 해결하는 과정을 서술하였다.
② 전시 활동에서 활용한 전시물의 특징을 분류해 서술하였다.
③ 축제에서 동아리의 참가 분야를 작년과 대비해 서술하였다.
④ 축제에서 동아리가 진행한 활동들을 시간의 흐름에 따라 서술하였다.
⑤ 축제에 참여한 경험에서 얻은 의미를 묻고 답하는 방식으로 서술하였다.

**42.** 다음은 [A]의 초고와 친구들의 의견이다. 초고에 대한 의견을 반영하여 고쳐 썼다고 할 때, 이에 대한 설명으로 가장 적절한 것은?

> ○ **초고**
>
> 관측 행사 도우미로는 전시 체험 행사에 참가한 동아리의 학생들이 참여할 수 있었다. 전시 체험 행사를 마치고 밖으로 나가 관측 행사 도우미로 참여했다. 관측에서 별똥별도 볼 수 있었다. 이번 축제를 통해 조선 천문학에 대해 더 알게 되고 동아리 친구들과 사이가 돈독해져서 행복했다. 내년 축제에도 꼭 다시 참가하고 싶다.
>
> ○ **초고에 대한 의견**
>
> **학생 2**: 글의 흐름이 자연스럽도록, 일부 내용을 삭제하거나 순서를 바꾸면 좋겠어.
>
> **학생 3**: 글의 목적을 고려해, 인상 깊었던 경험을 구체화하거나 자신이 성찰한 내용을 추가하면 좋겠어.

① '학생 2'의 의견을 반영해, 내년 축제의 참여 의향에 대한 내용을 삭제하였다.
② '학생 2'의 의견을 반영해, 관측 행사 도우미의 참여 조건을 언급한 문장의 위치를 변경하였다.
③ '학생 3'의 의견을 반영해, 관측 행사에서 본 별똥별의 모습을 구체화하였다.
④ '학생 3'의 의견을 반영해, 축제를 통해 배우고 느낀 점에 대한 내용을 추가하였다.
⑤ '학생 3'의 의견을 반영해, 관측 행사 도우미로서 한 일에 대한 소감을 추가하였다.

**[43~45] 다음은 작문 상황과 이를 바탕으로 학생이 작성한 초고이다. 물음에 답하시오.**

> **[작문 상황]**
>
> ○○ 고등학교 누리집 건의 게시판에 다양한 형태의 체육 공간 조성을 건의하는 글을 쓰려 함.
>
> **[초고]**
>
> 교장 선생님, 안녕하세요? 학생회장 이□□입니다. 제가 이렇게 글을 쓰는 이유는 학교 내 체육 공간 조성을 건의하기 위해서입니다. 흔히 학생들이 너무 바빠 체육 활동을 하지 못한다고 생각하지만 그렇지 않습니다. 오히려 체육 활동을 할 수 있는 곳이 부족해서 체육 활동을 하지 못하는 학생이 많습니다.
>
> 특히, 우리 학교에서 학생들이 수행하는 체육 활동은 축구, 농구, 배구 등 팀을 나누어 하는 단체 구기 종목들이 대부분입니다. 그렇다 보니 이 활동에 참여하는 일부 학생들만 체육 공간을 사용해 불편을 겪고 있는 학생들이 있습니다. 그래서 학생들이 각자에게 맞는 체육 활동을 할 수 있도록 특색 있는 체육 공간을 조성해 주시면 좋겠습니다.
>
> 먼저 체육관 내부 농구대 뒤편의 넓은 여유 공간에 칸막이를 설치하여 소집단을 위한 체육 공간을 조성하면 좋겠습니다. 우리 학교에는 친구들끼리 소집단을 이루어 체육 활동을 하고

싶어도 이를 수행할 공간이 없습니다. 탁구대, 배드민턴 네트 등을 갖춘 공간이 생기면 소집단 단위로 함께하는 운동을 즐기고자 하는 학생들이 잘 활용할 수 있을 것입니다.

체육관 내부 왼편의 비어 있는 비품실은 춤 연습 공간으로 조성해 주시기를 건의합니다. 생각보다 많은 학생들이 춤에 관심이 있고, 춤을 통해 학생들이 다른 체육 활동에도 적극적으로 참여하게 될 것입니다. 벽면에 대형 거울을 설치하고 음향 장비를 비치한다면, 학생들은 춤에 더욱 몰입할 수 있을 것입니다.

마지막으로 체육관 2층 창고는 체력 단련실로 조성되기를 희망합니다. 근력 운동, 요가 등 개별적인 체육 활동을 통해 본인의 신체를 관리하는 것에 관심이 있는 학생들이 많습니다. 이러한 학생들을 위해 체력 단련실에 러닝머신, 역기, 요가 매트 등을 구비해 두면 개별 체육 활동을 할 수 있어 신체 건강에 도움이 될 것입니다.

소집단 체육 활동과 춤 연습, 체력 단련을 할 수 있는 다양한 체육 공간이 조성되면 좋겠습니다. [A]

**43.** 초고에 반영된 글쓰기 계획으로 가장 적절한 것은?

① 체육 공간의 조성 근거로 학술 자료를 인용해야겠어.
② 체육 공간에 대한 조성 방안을 공간별로 제안해야겠어.
③ 체육 공간 조성에 따른 문제의 원인들을 비교해야겠어.
④ 체육 공간 조성을 위한 준비 과정을 단계별로 제시해야겠어.
⑤ 체육 공간 조성 방안에 대해 예상되는 반론을 반박해야겠어.

**44.** 다음은 학생이 초고를 작성할 때 떠올린 생각이다. 이를 고려할 때 [A]에 작성할 내용으로 가장 적절한 것은?

> 건의문을 마무리할 때는 글의 흐름을 고려하여 쓰되, 건의가 받아들여졌을 때 다수의 학생에게 도움이 될 수 있다는 것을 제시하면 설득력을 높일 수 있겠군.

① 체육관에서 다양한 체육 활동이 이루어지도록 공간이 조성된다면, 학교 체육관은 지역 주민들이 활용할 수 있는 시설로 거듭날 수 있을 것입니다.
② 학교 체육 기기의 노후화로 운동을 제대로 할 수 없는 학생들의 불만이 해결된다면, 학교 체육 수업은 대다수 학생들이 기다리는 시간이 될 것입니다.
③ 학생들이 진정으로 원하는 체육 활동이 체육관 밖에서도 이어지려면, 학교에 있는 체육 공간이 학생들의 다양한 요구에 부합하도록 재조성되어야 할 것입니다.
④ 공간 재조성을 통해 다양한 체육 활동 환경이 마련된다면, 많은 학생들이 각자에게 맞는 체육 활동에 참여하게 되어 건강하고 활력 있는 학교생활을 할 수 있을 것입니다.
⑤ 공간 재조성을 통해 구기 종목을 수행할 공간이 줄어든다면, 단체 종목을 선호하지 않는 여러 학생들도 보다 다양한 형태의 체육 활동에 참여할 수 있어 만족도가 높아질 것입니다.

**45.** <보기>는 학생이 초고를 보완하기 위해 추가로 수집한 자료이다. 자료 활용 방안으로 적절하지 않은 것은? [3점]

<보 기>

**ㄱ. 체육 활동 관련 설문 조사 결과** (대상 : 우리 학교 학생 300명)

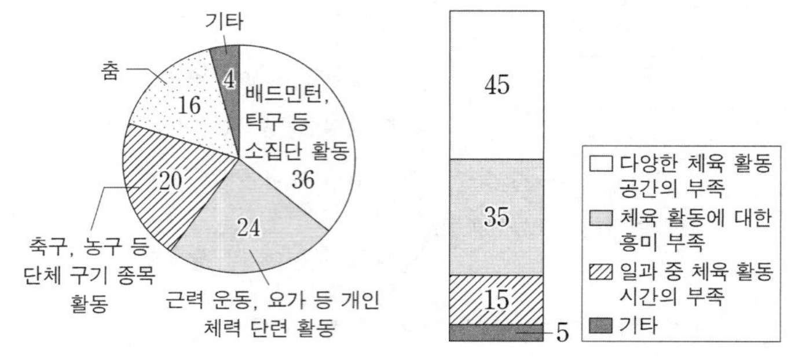


**ㄴ. 지역 신문 기사**

△△ 고등학교는 학생들의 희망을 반영하여 체육 공간을 재조성해 학생들의 만족도가 높다. 특히 춤을 출 수 있는 공간이 학생들의 큰 관심을 받고 있다. 체육을 담당하는 정◇◇ 교사는 "춤추는 즐거움이 체육을 좋아하지 않던 학생들의 동기를 높여 다른 체육 활동에도 적극 참여하게 합니다."라고 설명했다.

**ㄷ. 전문가 인터뷰**

"청소년기에 근력 운동, 요가 등 신체를 관리하는 운동을 통해 근육량이 증가하면 대사 기능이 향상돼 건강 증진에 도움이 됩니다. 이런 운동으로 신체를 관리하며 얻는 만족감과 성취감은 자신에 대한 긍정적 정서를 형성하는 데 효과적입니다."

① ㄱ-1을 활용하여, 학생들이 소집단 활동을 가장 선호한다는 내용을 마련하고, 이를 3문단에 추가해 소집단 체육 공간 조성의 필요성을 뒷받침한다.
② ㄱ-2를 활용하여, 시간 부족보다 공간 부족으로 체육 활동을 하지 않는다고 응답한 학생이 세 배나 많다는 내용을 마련하고, 이를 1문단에 추가해 건의문의 작성 이유를 뒷받침한다.
③ ㄷ을 활용하여, 청소년기의 신체 관리 운동이 신체뿐 아니라 정신적으로도 유익하다는 내용을 마련하고, 이를 5문단에 추가해 개별 체육 활동이 건강에 주는 이점을 보강한다.
④ ㄱ-1과 ㄴ을 활용하여, 학생들의 희망을 반영해 체육 공간을 조성하면 학생들이 선호하는 체육 활동이 더 다양해진다는 내용을 마련하고, 이를 2문단에 추가해 특색 있는 체육 공간 조성의 필요성을 뒷받침한다.
⑤ ㄱ-2와 ㄴ을 활용하여, 체육 활동에 흥미가 부족한 우리 학교 학생들에게 춤을 추는 즐거움이 동기를 유발할 수 있다는 내용을 마련하고, 이를 4문단에 추가해 춤이 학생들을 다른 체육 활동에도 적극적으로 참여하게 한다는 내용을 보충한다.

* 확인 사항
○ 답안지의 해당란에 필요한 내용을 정확히 기입(표기)했는지 확인하시오.
○ 이어서, 「**선택과목(언어와 매체)**」 문제가 제시되오니, 자신이 선택한 과목인지 확인하시오.



[해설편 p.132]

제 1 교시

# 국어 영역(언어와 매체)

11회

[35～36] 다음 글을 읽고 물음에 답하시오.

국어에는 하나의 단어가 둘 이상의 쓰임을 보이는 경우가 있다. 하나의 단어가 둘 이상의 품사로 사용되는 현상인 품사 통용도 이러한 경우 중 하나이다. 가령 '그는 세계적 선수이다.'의 '세계적'은 관형사이고 '그는 세계적으로 유명하다.'의 '세계적'은 명사이므로 '세계적'은 품사 통용을 보이는 단어이다. 또한 '그는 그저께 낮에 왔다.'와 '그는 그저께 왔다.'의 '그저께'는 각각 명사와 부사이므로 '그저께'도 품사 통용을 보이는 단어이다. 이처럼 명사와 부사로 품사 통용을 보이는 단어에는 '약간'도 있다.

품사 통용을 보이는 단어는 그 품사에 따라, 결합하는 단어가 달라지기도 한다. 가령 명사 '세계적'은 '으로'와 '이다' 등과 같은 격 조사와 결합하지만 관형사 '세계적'은 격 조사와 결합할 수 없다. 명사 '그저께'는 다양한 격 조사와 결합한다. 품사 통용을 보이는 단어는 다양한 문장 성분으로 쓰인다. 가령 명사 '세계적'은 격 조사와 결합해 문장의 부사어와 서술어로 쓰일 수 있는데 관형사 '세계적'은 조사와 결합할 수 없고 항상 관형어로 쓰인다. 그리고 명사 '그저께'는 격 조사와 결합해 다양한 문장 성분으로 쓰인다.

그런데 국어에는 품사 통용을 보이지 않는 하나의 단어가 둘 이상의 쓰임을 보이는 경우도 있다. 먼저 ㉠ <u>하나의 명사가 자립 명사와 의존 명사로 모두 쓰이는 경우</u>가 있다. 예컨대 '바람이 분다.'의 '바람'은 관형어 없이도 문장에 쓰일 수 있는 자립 명사이고, '그는 늦잠을 자는 바람에 회사에 지각했다.'의 '바람'은 관형어의 수식을 받아야만 문장에 쓰일 수 있는 의존 명사이다. 다음으로 ㉡ <u>하나의 동사가 본동사와 보조 동사로 모두 쓰이는 경우</u>가 있다. '나는 힘을 내었다.'의 '내다'는 보조 동사 없이도 문장의 서술어로 쓰일 수 있는 본동사이고, '나는 고난을 견뎌 내었다.'의 '내다'는 본동사 없이는 문장에 쓰일 수 없는 보조 동사이다. 이를 통해, '바람'과 '내다'는 그 쓰임에 따라 반드시 필요로 하는 말의 유무가 달라짐을 알 수 있다.

**35.** 윗글을 바탕으로 이해한 내용으로 적절한 것은?

① '내 생일은 그저께가 아니라 어제였다.'의 '그저께'와 '그저께 본 달은 매우 밝았다.'의 '그저께'는 품사가 서로 같다.
② '그는 세계적으로 매우 유명하다.'의 '세계적'과 '그는 그저께 서둘러 여기를 떠났다.'의 '그저께'는 품사가 서로 같다.
③ '첫눈이 그저께 왔다.'의 '그저께'와 '그는 세계적 명성을 얻었다.'의 '세계적'은 품사는 서로 다르지만 문장 성분은 서로 같다.
④ '여기는 그저께 낮만큼 더웠다.'의 '그저께'와 '꽃이 그저께 피었다.'의 '그저께'는 품사도 서로 다르고 문장 성분도 서로 다르다.
⑤ '그는 세계적인 선수이다.'의 '세계적인'과 '그는 세계적으로 매우 유명하다.'의 '세계적으로'는 모두, 명사에 조사와 어미가 결합한 문장 성분이다.

**36.** 윗글을 바탕으로 <보기>를 이해한 내용으로 적절한 것은?

<보 기>

ⓐ~ⓔ의 밑줄 친 단어는 모두 둘 이상의 쓰임을 보인다.

ⓐ 나는 급한 <u>마당</u>에 실수로 결재 서류를 휴지통에 <u>버렸다</u>.
ⓑ 나는 <u>약간</u>의 시간이 남아 자전거 <u>바퀴</u>를 깨끗이 닦았다.
ⓒ 작고 귀여운 강아지가 넓은 <u>마당</u>을 일곱 <u>바퀴</u>나 돌았다.
ⓓ 산꼭대기에 구름이 <u>약간</u> 껴 <u>가지고</u> 경치가 좋아 보였다.
ⓔ 나는 모임을 <u>가지고</u> 난 후 아주 급히 집으로 와 <u>버렸다</u>.

① '마당'은 ㉠에 해당되고 ⓐ에서는 자립 명사로 사용되었다.
② '약간'은 ㉠에 해당되고 ⓑ에서는 자립 명사로 사용되었다.
③ '바퀴'는 ㉠에 해당되고 ⓒ에서는 의존 명사로 사용되었다.
④ '가지고'는 ㉡에 해당되고 ⓓ에서는 본동사로 사용되었다.
⑤ '버렸다'는 ㉡에 해당되고 ⓔ에서는 본동사로 사용되었다.

**37.** <학습 활동>을 수행한 결과로 적절하지 <u>않은</u> 것은?

<학습 활동>

국어에는 ㉠ <u>유음화</u>, ㉡ <u>'ㄹ'의 비음화</u>, ㉢ <u>구개음화</u>, ㉣ <u>음절의 끝소리 규칙</u>, ㉤ <u>ㄴ 첨가</u> 같은 다양한 음운 변동이 있다. 대부분의 표준 발음에는 이러한 음운 변동이 적용돼 있다. 그런데 음운 변동이 잘못 적용되거나, 적용되지 않아 비표준 발음이 나타나기도 한다. 이를 고려하여 [자료]의 ⓐ~ⓔ가 비표준 발음이 되는 이유를 설명해 보자.

[자료]

| 예 | 표준 발음 | 비표준 발음 |
|---|---|---|
| ⓐ 인류가 | [일류가] | [인뉴가] |
| ⓑ 순환론 | [순환논] | [순활론] |
| ⓒ 코끝이 | [코끄치] | [코끄티] |
| ⓓ 들녘을 | [들녀클] | [들녀글] |
| ⓔ 봄여름 | [봄녀름] | [보며름] |

① ⓐ는 ㉠이 적용돼야 하는데 ㉡이 적용되었기 때문이다.
② ⓑ는 ㉡이 적용돼야 하는데 ㉠이 적용되었기 때문이다.
③ ⓒ는 ㉢이 적용돼야 하는데 그렇지 않았기 때문이다.
④ ⓓ는 ㉣이 적용돼야 하는데 그렇지 않았기 때문이다.
⑤ ⓔ는 ㉤이 적용돼야 하는데 그렇지 않았기 때문이다.

**38.** <보기>를 참고할 때, ㉠~㉢에 들어갈 말로 적절한 것은?

<보 기>

중세 국어에는 문장의 주체를 높이는 선어말 어미와 문장의 객체를 높이는 선어말 어미가 있었다. [자료]의 밑줄 친 높임 표현의 선어말 어미가 높이는 대상이 무엇인지 알아보자.

[자료]에 나타난 체언과 조사
- 체언 : 妙光(묘광), 녜, 燈明(등명), 然燈(연등), 스승, 釋迦(석가), 道(도), 나, 부텨, 말ᄊᆞᆷ
- 조사 : 이, 을, ㅅ, ᄅᆞᆯ, ㅣ, ᄭᅴ, ᄋᆞᆯ

[자료]
- ○ 妙光이 녜 燈明을 돕ᄉᆞᄫᅡ 然燈ㅅ 스스이 <u>ᄃᆞ외시고</u> 이제 釋迦ᄅᆞᆯ 돕ᄉᆞᄫᅡ 燈明ㅅ 道ᄅᆞᆯ <u>니ᅀᅳ시며</u>
  [현대어 풀이 : 묘광이 옛적 등명을 도와 연등의 스승이 되시고 이제 석가를 도와 등명의 도를 이으시며]
- ○ 내 부텨ᄭᅴ 말ᄊᆞᄆᆞᆯ <u>ᄒᆞᅀᆞᄫᅩᄃᆡ</u>
  [현대어 풀이 : 내가 부처께 말씀을 드리되]

| 높임 표현 | 높이는 대상 |
|---|---|
| ᄃᆞ외시고(ᄃᆞ외-+-시-+-고) | ㉠ |
| 니ᅀᅳ시며(닛-+-으시-+-며) | ㉡ |
| ᄒᆞᅀᆞᄫᅩᄃᆡ(ᄒᆞ-+-ᅀᆞᇦ-+-오ᄃᆡ) | ㉢ |

| | ㉠ | ㉡ | ㉢ |
|---|---|---|---|
| ① | 妙光(묘광) | 妙光(묘광) | 부텨 |
| ② | 妙光(묘광) | 妙光(묘광) | 말ᄊᆞᆷ |
| ③ | 스승 | 妙光(묘광) | 부텨 |
| ④ | 스승 | 스승 | 말ᄊᆞᆷ |
| ⑤ | 스승 | 스승 | 부텨 |

**39.** <보기>의 [조건]이 모두 실현된 문장으로 적절한 것은? [3점]

<보 기>

[조건]
- ○ 안긴절이 한 번만 나타날 것.
- ○ 안긴절에는 짧은 부정 표현이 나타날 것.
- ○ 안은문장은 사건시가 발화시보다 앞설 것.

① 그는 한동안 차갑지 않은 음식만 먹었었다.
② 그는 바쁜 업무들이 안 끝났다고 통보했다.
③ 나는 결코 포기를 하지 않겠다고 결심했다.
④ 나는 그 버스가 제때 못 올 것을 예상한다.
⑤ 나는 그가 못 읽은 소설을 이미 다 읽었다.

**[40~42]** (가)는 학생회 학생들의 누리 소통망 대화이고, (나)는 학생회에서 발송한 뉴스레터 화면이다. 물음에 답하시오.

(가)

**희경**: 얘들아, 안녕? 뉴스레터 8월 호 제작 회의를 시작할게! 오늘 회의는 '따끈따끈 소식' 기사 내용 선정, '사람을 만나다' 면담 대상자 및 기사 내용 선정, '학생회 소식' 기사 내용 선정 순으로 진행할게. 먼저 '따끈따끈 소식'에는 어떤 기사를 담을까? …㉠

**승민**: 구독하는 학생들에게 관심이 높은 운동장 야영을 다루면 어때? 2학기는 8월에 신청하는데, 1학기에도 경쟁률이 정말 높았어.

**한빛**: 좋아! 경쟁률이 높아서 신청서를 잘 작성해야 되니 선정된 학생들의 작성 비결을 다루면 좋겠어. ……㉡

**희경**: 그래. 운동장 야영 신청서 작성에 대해 다루자. 또 하나는?

**정희**: 난 학교 도서관에 가면 책 고르기가 힘들어서 학생들이 많이 빌린 책 순위를 보고 빌려. 뉴스레터를 구독하는 학생들에게 순위를 알려 주면 도움이 될 것 같아. 어느 반이 책을 많이 빌리는지 그 순위도 궁금해할 거 같지 않아?

**윤찬**: 그건 책을 고르는 것에는 도움이 안 될 것 같아. 그냥 대출 순위만 알려 주자. 학생들이 1학기에 많이 빌린 책 목록을 받아 놓은 게 있어. 찾아서 올려 줄게.

**희경**: 알았어. 그럼 '사람을 만나다'에서는 누구를 만날까?

**재환**: 우리 반에 노래 대회에서 우승한 친구가 있는데 구독하는 학생들도 궁금해하니 그 친구는 어때? 학생들에게 인기라 요즘 이야기를 많이 해.

**민하**: 맞아. 유○○을 말하는구나. 면담 대상으로 좋은 듯해. 대회에서 부른 노래, 대회 참가 소감을 다루면 좋겠네. 내가 대회 공식 영상 링크를 올려 줄게.

'제3회 ◇◇ 노래 대회' 우승……
https://gutds.com/yJdShG

**민하**: https://gutds.com/yJdShG ……㉢

**한빛**: 정말 잘 부른다!

**희경**: 그러게. 이제 한 명만 남았네?? 누구에 대해 다루는 게 좋을까??? …㉣

**범석**: 이번 호에는 박□□ 선생님에 대해 기사를 쓰는 게 어떨까? 8월 말에 정년 퇴임을 하셔서 9월부터는 학교에서 뵐 수 없으니 학교에 계실 때 뵙고 이야기를 나누자.

**수민**: 좋은 생각이야. 이제 교단을 떠나시니 교사로서의 삶을 다루면 좋을 것 같아. 어때?

**윤찬**: 1학기 도서 대출 현황.pdf ……㉤

빌린 책 순위가 여기 나와 있어. 이걸 활용해서 기사를 쓰자.

**희경**: 좋아. 박□□ 선생님과 면담한 내용으로 기사를 쓰자. 윤찬아, 확인했어. 그 내용으로 하자. 이제 '학생회 소식'에서 다룰 내용을 정해야 돼.

**혜정**: 8월의 학생회 행사는 '학습 도우미' 프로그램뿐이야. 23일에 하는데, 1학기에 어떤 프로그램인지 몰라서 신청을 못한 학생들이 많았대. 프로그램을 안내하는 기사를 쓰면 어때?

**지호**: 프로그램 일정 및 내용을 안내해 주면 참가하려는 학생들에게 도움이 될 거야. 그 내용으로 기사를 쓰자.

**희경**: 좋아. 이제까지 나온 의견을 반영해서 뉴스레터를 만들자.



[해설편 p.133]

(나)

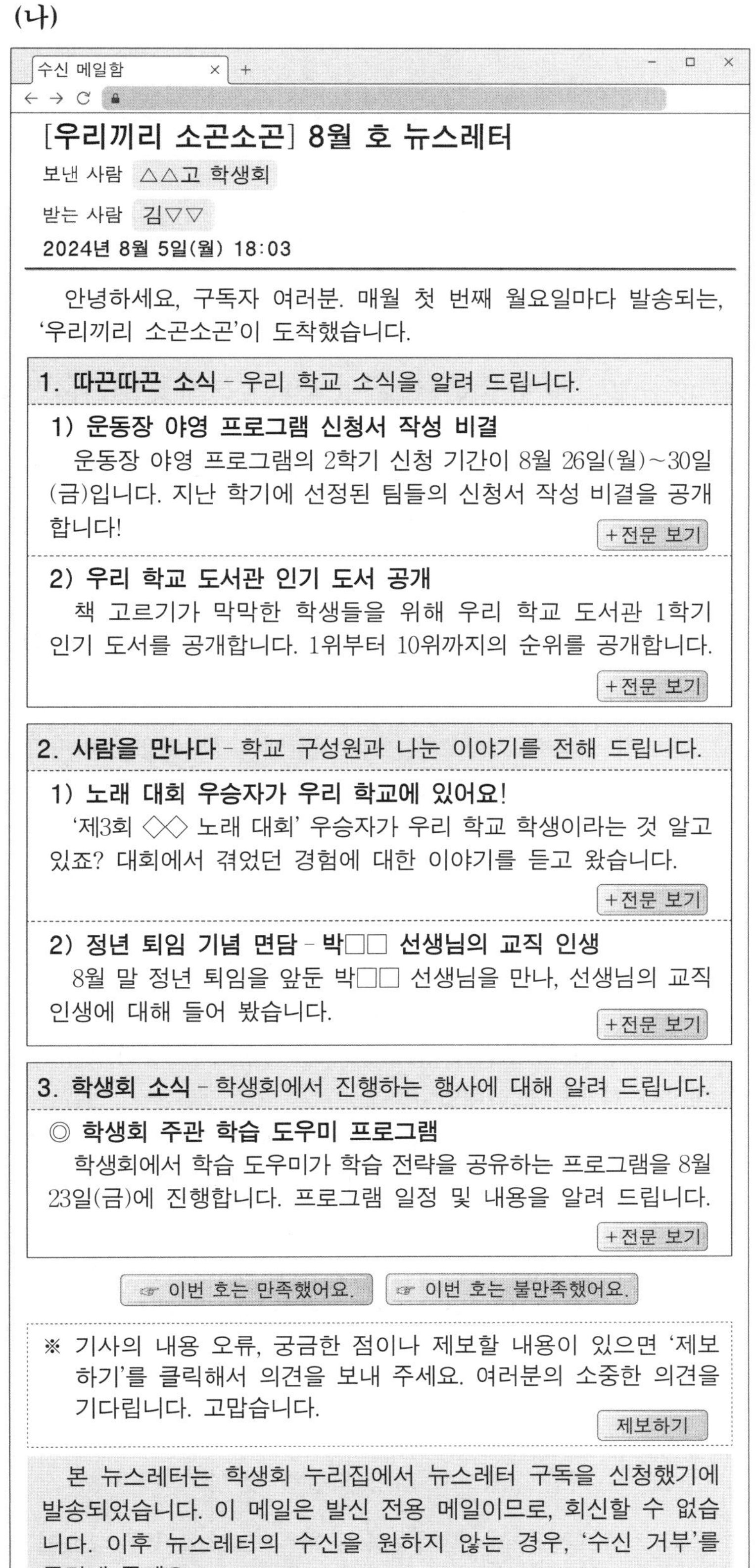
수신 메일함

[우리끼리 소곤소곤] 8월 호 뉴스레터

보낸 사람 △△고 학생회

받는 사람 김▽▽

2024년 8월 5일(월) 18:03

안녕하세요, 구독자 여러분. 매월 첫 번째 월요일마다 발송되는, '우리끼리 소곤소곤'이 도착했습니다.

**1. 따끈따끈 소식** - 우리 학교 소식을 알려 드립니다.

**1) 운동장 야영 프로그램 신청서 작성 비결**

운동장 야영 프로그램의 2학기 신청 기간이 8월 26일(월)~30일(금)입니다. 지난 학기에 선정된 팀들의 신청서 작성 비결을 공개합니다!

+전문 보기

**2) 우리 학교 도서관 인기 도서 공개**

책 고르기가 막막한 학생들을 위해 우리 학교 도서관 1학기 인기 도서를 공개합니다. 1위부터 10위까지의 순위를 공개합니다.

+전문 보기

**2. 사람을 만나다** - 학교 구성원과 나눈 이야기를 전해 드립니다.

**1) 노래 대회 우승자가 우리 학교에 있어요!**

'제3회 ◇◇ 노래 대회' 우승자가 우리 학교 학생이라는 것 알고 있죠? 대회에서 겪었던 경험에 대한 이야기를 듣고 왔습니다.

+전문 보기

**2) 정년 퇴임 기념 면담 - 박□□ 선생님의 교직 인생**

8월 말 정년 퇴임을 앞둔 박□□ 선생님을 만나, 선생님의 교직 인생에 대해 들어 봤습니다.

+전문 보기

**3. 학생회 소식** - 학생회에서 진행하는 행사에 대해 알려 드립니다.

**◎ 학생회 주관 학습 도우미 프로그램**

학생회에서 학습 도우미가 학습 전략을 공유하는 프로그램을 8월 23일(금)에 진행합니다. 프로그램 일정 및 내용을 알려 드립니다.

+전문 보기

☞ 이번 호는 만족했어요. ☞ 이번 호는 불만족했어요.

※ 기사의 내용 오류, 궁금한 점이나 제보할 내용이 있으면 '제보하기'를 클릭해서 의견을 보내 주세요. 여러분의 소중한 의견을 기다립니다. 고맙습니다.

제보하기

본 뉴스레터는 학생회 누리집에서 뉴스레터 구독을 신청했기에 발송되었습니다. 이 메일은 발신 전용 메일이므로, 회신할 수 없습니다. 이후 뉴스레터의 수신을 원하지 않는 경우, '수신 거부'를 클릭해 주세요.

수신 거부

**40.** (가)에 드러난 의사소통 방식에 대한 이해로 가장 적절한 것은?

① ㉠: 회의할 내용을 차례대로 제시하여, 대화 참여자에게 회의와 관련된 정보를 알려 주었다.
② ㉡: '승민'의 발화 일부를 재진술하여, 자신이 이해한 내용이 맞는지 확인하였다.
③ ㉢: 영상 링크를 전송하여, '재환'의 의견에 반대하는 근거를 제시하였다.
④ ㉣: 물음표를 반복적으로 사용하여, '한빛'의 의견에 대한 자신의 의문을 강하게 표현하였다.
⑤ ㉤: 파일을 전송하여, '희경'이 자신에게 요청한 자료를 제공하였다.

**41.** (나)에 대한 설명으로 적절하지 않은 것은?

① 뉴스레터는 학생회 누리집을 통해 수신에 동의한 구독자에게 발송된다.
② 뉴스레터는 구독자에게 매월 첫 번째 월요일에 정기적으로 발송된다.
③ 뉴스레터 구독자는 '전문 보기'를 통해 이전 호 뉴스레터를 볼 수 있다.
④ 뉴스레터 구독자는 '제보하기'를 통해 기사에 대한 의견을 보낼 수 있다.
⑤ 뉴스레터 구독자는 이번 호 뉴스레터에 대한 만족 여부를 표현할 수 있다.

**42.** (가)의 대화 내용을 반영하여 (나)를 제작했다고 할 때, (나)에 대한 설명으로 적절하지 않은 것은?

① '따끈따끈 소식'에는 구독자 관심사에 대한 '승민'과 '한빛'의 대화를 반영하여, 운동장 야영 신청서 작성 비결과 관련된 내용이 포함되었다.
② '따끈따끈 소식'에는 구독자에게 미칠 영향에 대한 '정희'와 '윤찬'의 대화를 반영하여, 도서 대출을 많이 한 학급 순위와 관련된 내용이 포함되었다.
③ '사람을 만나다'에는 면담 대상자의 화제성에 대한 '재환'과 '민하'의 대화를 반영하여, 노래 대회 참여 경험과 관련된 내용이 포함되었다.
④ '사람을 만나다'에는 면담 시기의 시의성에 대한 '범석'과 '수민'의 대화를 반영하여, 정년 퇴임을 앞둔 선생님과 관련된 내용이 포함되었다.
⑤ '학생회 소식'에는 기사 내용의 유용성에 대한 '혜정'과 '지호'의 대화를 반영하여, 학습 도우미 프로그램의 활동 내용과 관련된 내용이 포함되었다.

11회

**[43~45] 다음은 학생의 개인 블로그이다. 물음에 답하시오.**

준호의 일상 블로그 준호 님, 반갑습니다.

공지 사항 | 나의 일상 | 나의 영상 | 유용한 정보

제목: 나의 스마트폰 사용 이야기 2024.09.02. 19:35

스마트폰을 얼마나, 어디에 쓰고 있는지 궁금해서 사용 시간을 세부적으로 확인해 봤어요.

≪스마트폰 사용 현황 및 분석≫
아래는 일주일간 제 스마트폰 사용 시간 자료예요.

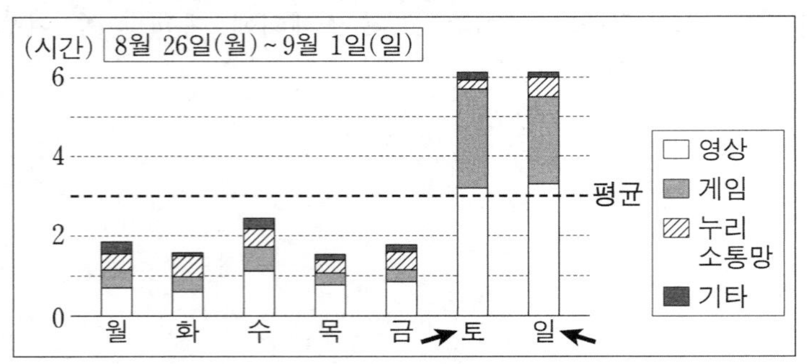


지난주 일일 평균 사용 시간은 **3시간 정도**였어요. 화살표로 표시한 부분을 보면, 토요일 ㉠ 및 일요일에 많이 쓰는 편이었어요. ㉡ 주로 영상 시청과 게임을 했더라고요. 주말엔 영화도 보고, ㉢ 최근 요리사로 진로를 정하고 자격증 정보를 담은 영상을 많이 봐 그런 것 같아요. ㉣ 게다가 주말에 몰아서 게임을 해서 주말 사용 시간이 많은 듯했어요. 반면에 영상이나 게임에 비해 누리 소통망 사용 시간은 적은 ㉤ 편이었어요. 누리 소통망을 주변 사람과만 사용해 그런 것 같아요.

≪스마트폰을 적절히 사용하기 위한 실천 방안≫
사용 시간 자료를 보니, 제 삶에 긍정적인 영향을 미칠 수 있도록 습관을 개선하고 적절한 사용 방법을 찾아 실천해야겠다고 생각했어요. 그래서 주로 취미에 사용하던 스마트폰을 진로를 위해서도 사용하려고 실천 방안을 세웠어요.

'요리 공부 시간 늘리기'
'요리 연습 영상 일지 올리기'
'요리로 소통 넓히기'

첫째, 요리 공부 시간 늘리기. 요리 공부는 많이 하지 못해서 스마트폰으로 영화뿐 아니라 요리하는 영상도 보려고요. 둘째, 요리 연습 영상 일지 올리기. 음식을 취미로만 만들었는데 이제는 조리법에 맞게 제대로 요리해 볼 생각이에요. 또 요리하는 영상 일지를 블로그에 올려 요리 실력이 얼마나 나아지는지를 확인해 볼 거예요. 셋째, 요리로 소통 넓히기. 요리사를 꿈꾸는 사람들과 누리 소통망을 활용해 조리법을 공유하고 소통하는 시간을 늘려 볼까 해요. 잘할 수 있겠죠?

댓글 3 ♥좋아요 8 [댓글 쓰기] [좋아요]

↳ **친하리** 저도 사용 시간을 확인하니, 일일 평균이 2시간이고, 준호 님과 달리 평일에 더 썼네요. 평일엔 공부 관련 내용을 많이 찾아보는데, 주말엔 봉사 활동을 해서 스마트폰을 쓸 틈이 없었어요.

↳ **역사랑** 저는 스마트폰으로 영상은 스포츠 분야만 봤어요. 역사에 대해 더 알고 싶어서 이제부터 역사에 대한 영상도 볼 거예요. 그리고 누리 소통망은 친구들과 대화하는 데에만 썼어요. 누리 소통망은 준호 님과 비슷한 방식으로 역사 공부를 좋아하는 사람들과 역사 이야기를 함께 나누면서 정보를 공유해 볼 생각이에요.

↳ **꿈자람** 스마트폰을 진로와 취미에 적절히 사용하겠다는 것과 일지를 쓰면 도움이 될 것 같다는 글 내용에 공감했어요. 전 사진작가가 되기 위해 스마트폰으로 일지를 작성해 올릴 거예요. 상황에 따라 촬영 방법을 잘 선택하고 있는지 분석해서 쓰면 사진 찍는 기술이 향상되는지를 알 수 있을 거예요. 취미인 전자책 읽기도 하면서 스마트폰을 잘 사용해 보려고요.

**43.** '준호'의 글에 나타난 정보 구성 및 제시 방법으로 적절하지 <u>않은</u> 것은?

① 소제목을 활용하여 스마트폰 사용과 관련된 내용을 구분하여 제시하고 있다.
② 그래프 자료를 활용하여 스마트폰 사용 시간에 대한 정보를 제시하고 있다.
③ 글자 크기와 굵기를 달리하여 하루 평균 스마트폰 사용 시간을 제시하고 있다.
④ 글의 정렬 방식에 변화를 주어 스마트폰 사용 시 시간대별 유의 사항을 부각하고 있다.
⑤ 화살 모양의 표지를 활용하여 스마트폰 사용 현황의 일부에 주목하도록 표시하고 있다.

**44.** '준호'의 글에 대한 독자의 반응을 설명한 것으로 적절하지 <u>않은</u> 것은? [3점]

① '준호'가 언급한 스마트폰 사용 시간에 대한 내용을 바탕으로, '친하리'는 자신이 평일보다 주말에 스마트폰 사용 시간이 적은 이유를 드러내었다.
② '준호'가 언급한 영상 시청 분야에 대한 내용을 바탕으로, '역사랑'은 자신의 관심 분야에 대한 내용을 다룬 영상을 추가적으로 시청하고자 하는 의지를 드러내었다.
③ '준호'가 언급한 누리 소통망 활용 목적에 대한 내용을 바탕으로, '역사랑'은 누리 소통망으로 자신이 소통하고자 하는 대상과 화제를 드러내었다.
④ '준호'가 언급한 스마트폰 사용 습관 개선 방향에 대한 내용을 바탕으로, '꿈자람'은 자신의 진로를 고려하여 스마트폰 사용 용도를 일원화해야 할 필요성을 드러내었다.
⑤ '준호'가 언급한 일지 작성의 효용에 대한 내용을 바탕으로, '꿈자람'은 자신의 진로와 관련하여 일지를 효과적으로 활용하려는 계획을 드러내었다.

**45.** ㉠~㉤에 대한 설명으로 가장 적절한 것은?

① ㉠: 스마트폰을 많이 사용하는 날이 토요일이나 일요일 중 하나임을 표현하기 위해 사용하였다.
② ㉡: 스마트폰의 사용 시간 가운데 영상 시청과 게임이 중심이 됨을 표현하기 위해 사용하였다.
③ ㉢: 요리사로서의 꿈을 꾸게 된 때가 자격증 관련 영상을 시청하게 된 때보다 나중임을 표현하기 위해 사용하였다.
④ ㉣: 스마트폰으로 주말에 영상 시청과 게임 중 더 많이 한 일이 무엇인지 표현하기 위해 사용하였다.
⑤ ㉤: 누리 소통망을 주변 사람과만 사용해서 누리 소통망 사용 시간이 적은 것이 당연함을 표현하기 위해 사용하였다.

* 확인 사항
○ 답안지의 해당란에 필요한 내용을 정확히 기입(표기)했는지 확인하시오.

제 1 교시

# 국어 영역

12회

● 문항수 45개 | 배점 100점 | 제한 시간 80분

● 점수 표시가 없는 문항은 모두 2점

**[1~3] 다음 글을 읽고 물음에 답하시오.**

흔히 읽기는 듣기·말하기와 달리 영·유아가 글자를 깨치고 나서야 시작된다고 생각한다. 그러나 [대부분의 읽기 발달 연구]에서는 그 전에도 읽기 발달이 진행된다고 본다. 이 연구들에서는 읽기 행동의 특성이나 글에 대한 이해 수준 등에 따라 읽기 발달 단계를 위계화한다. 대개 '읽기 준비'를 하나의 단계로 보고, 이후의 단계를 '글자를 익히고 소리 내어 읽기', '의미를 이해하며 읽기', '학습 목적으로 읽기', '다양한 관점으로 읽기', '의미를 재구성하며 읽기'의 순으로 나눈다.

여기서 읽기 준비 단계는 읽기의 기초가 형성되는 중요한 시기이다. 이 시기의 영·유아는 글자를 깨치지는 못하더라도 글자의 형태에 익숙해지며, 글자와 소리의 대응 관계도 어렴풋이 알게 된다. 이 과정에서 글자가 뜻이 있고 음성으로 표현된다는 것을 알게 되는 유의미한 경험을 한다.

이 연구들에 따르면 ㉠ 읽기 준비 단계에서 영·유아의 읽기 발달은 타인의 읽기 행위를 관찰하고 글자에 대한 다양한 경험을 쌓으며 진행된다. 영·유아는 타인의 책 읽는 모습을 보며 글의 시작 부분, 글자를 읽는 방향, 책장을 넘기는 방식 등을 알게 된다. 읽어 주는 사람의 표정이나 몸짓을 기억해 모방하기도 한다. 의사소통의 각 영역인 듣기·말하기·읽기·쓰기는 서로 영향을 주며 함께 발달한다. 글자를 모르는 영·유아가 책을 넘기며 중얼거리고 책 읽는 흉내를 내는 것, 책 읽는 소리를 들으며 따라 말하는 것, 들은 단어나 구절을 사용해 문장을 지어 말하는 것, 읽어 주는 것을 들으며 그림이나 글자 형태로 끄적거리는 것이 이에 해당한다.

[A] 읽기 발달은 일정한 시기에 급격히 이루어지는 것이 아니라 글자를 깨치기 이전부터 점진적으로 진행된다. 따라서 이 시기에 생활 속에서, 책을 자주 읽어 주며 생각을 묻는 등 의사소통의 각 영역이 같이 발달할 수 있도록 하는 자연스러운 지도가 읽기 발달에 도움을 준다. 읽기 준비 단계에서의 경험은 이후의 단계에 중요한 영향을 미친다.

**1.** [대부분의 읽기 발달 연구]의 내용과 일치하지 않는 것은?

① 의미를 재구성하며 읽는 단계는 읽기 발달의 마지막 단계이다.
② 영·유아의 의사소통 각 영역은 상호 간의 작용 없이 발달한다.
③ 영·유아는 글자와 소리가 관계를 맺고 있다는 것을 막연하게 알게 된다.
④ 읽기 행동의 특성이나 글에 대한 이해 수준 등에 따라 읽기 발달의 단계를 나눈다.
⑤ 글자를 습득하고 소리 내어 읽는 단계는 학습을 목적으로 읽는 단계에 선행한다.

**2.** ㉠에 대한 이해로 적절하지 않은 것은?

① 타인이 책을 읽어 줄 때 들었던 구절을 사용하여 말하는 행동이 관찰된다.
② 책에서 글이 시작되는 부분을 찾거나 일정한 방향으로 글자를 보는 행위가 관찰된다.
③ 글에 나타난 여러 단어의 뜻을 명확히 알고 소리 내어 글자를 읽는 행동이 관찰된다.
④ 책 읽어 주는 것을 들으며 그림이나 글자와 비슷한 형태로 나타내는 행위가 관찰된다.
⑤ 책을 볼 때 부모가 손가락으로 짚어 가며 읽어 준 행동을 기억하여 유사한 행동을 하는 것이 관찰된다.

**3.** [A]와 <보기>를 비교한 내용으로 가장 적절한 것은? [3점]

<보 기>

읽기 지도는 신체적, 정신적으로 어느 정도 성숙한 이후에 해야 한다. 그 전에는 읽기 지도를 하지 않는 것이 바람직하다. 듣기·말하기와 달리 읽기 발달은 글자를 읽을 수 있는 기초 기능을 배운 후부터 시작되기 때문이다. 따라서 듣기와 말하기를 먼저 가르친 후 읽기, 쓰기의 순으로 가르치는 것이 효과적이다.

① [A]와 달리 <보기>는 일상에서의 자연스러운 읽기 지도를 강조하는군.
② [A]와 달리 <보기>는 글자를 깨치기 전의 경험이 읽기 발달에 영향을 준다고 보는군.
③ [A]와 달리 <보기>는 글자 읽기의 기초 기능을 배운 후부터 읽기 발달이 시작된다고 보는군.
④ [A]와 <보기>는 모두 읽기 이후에 쓰기를 가르쳐야 한다고 강조하는군.
⑤ [A]와 <보기>는 모두 신체적, 정신적으로 어느 정도 성숙한 이후에 읽기를 가르치는 것이 효과적이라고 보는군.

[해설편 p.135]

**[4~7] 다음 글을 읽고 물음에 답하시오.**

교통 이용 내역과 같은 기록은 개인의 데이터이며, 그 개인이 '정보 주체'이다. 데이터는 물리적 형체가 없고, 복제와 재사용이 수월하다. 이 데이터가 대량으로 집적·처리되면 빅 데이터가 되고, 이것의 정보 처리자인 기업 등이 '빅 데이터 보유자'이다. 산업 분야의 빅 데이터는 특정한 목적으로 활용될 수 있다는 점에서 경제적 가치를 지닌다.

데이터를 재화로 보아 소유권이 누구에게 귀속되어야 하는지에 대한 논의가 있다. 소유권의 주체를 빅 데이터 보유자로 보는 견해와 정보 주체로 보는 견해가 있다. 전자는 빅 데이터 보유자에게 소유권을 부여하면 빅 데이터의 생성 및 유통이 ⓐ <u>쉬워져</u> 데이터 관련 산업이 활성화된다고 주장한다. 후자는 정보 생산 주체는 개인인데, 빅 데이터 보유자에게 부가 집중되는 것은 부당하므로, 정보 주체에게도 대가가 주어져야 한다고 본다.

최근에는 논의의 중심이 데이터의 소유권 주체에서 데이터에 접근하기 위한 방안으로서의 데이터 이동권으로 바뀌고 있다. 우리나라는 데이터에 대해 소유권이 아닌 이동권을 법으로 명문화하여 정보 주체의 개인 정보 자기 결정권을 강화하였다. 데이터 이동권이란 정보 주체가 본인의 데이터를 보유한 자에게 데이터 이동을 요청하면, 그 데이터를 본인 혹은 지정한 제3자에게 무상으로 전송하게 하는 권리이다. 다만, 본인의 데이터라도 빅 데이터 보유자가 수집하여, 분석·가공하는 개발 과정을 거쳐 새로운 가치가 생성된 것은 이에 해당되지 않는다. 법제화 이전에도 은행 간에 계좌 자동 이체 항목을 이동할 수 있는 서비스는 있었다. 이는 은행 간 약정에 ⓑ <u>따라</u> 부분적으로 시행한 조치였다. 데이터 이동권의 도입으로 쇼핑몰 상품 소비 이력 등 정보 주체의 행동 양상과 관련된 부분까지 정보 주체가 자율적으로 통제·관리할 수 있는 범위가 확대되었다.

[A] 데이터 이동권의 법제화로 기업은 데이터의 생성 비용과 거래 비용을 줄일 수 있다. 생성 비용은 기업 내에서 데이터를 개발할 때 발생하는 비용으로, 기업이 스스로 데이터를 수집할 때보다 전송받은 데이터를 복제 및 재사용하게 되면 절감할 수 있다. 거래 비용은 경제 주체 간 거래 시 발생하는 비용으로, 계약 체결이나 분쟁 해결 등의 과정에서 생긴다. 그런데 데이터 이동권의 법제화로, ㉮ <u>정보 주체가 지정하여 데이터를 전송받게 된 기업</u>은 ㉯ <u>정보 주체의 데이터를 보유했던 기업</u>으로부터 데이터를 받으면 비용을 절감할 수 있다. 이에 따라 기업 간 공유나 유통이 촉진되고, 관련 산업이 활성화된다.

[B] 한편, 정보 주체가 보안의 신뢰성이 높고 데이터 제공에 따른 혜택이 많은 기업으로 데이터를 이동하면, 데이터가 집중되어 데이터의 공유나 유통이 위축될 수 있다는 우려도 있다. ㉰ <u>데이터 보유량이 적은 신규 기업</u>은 기존 기업과 거래를 통해 데이터를 수집하는 것이 데이터 생성 비용 절감에도 효율적이다. 그런데 ㉱ <u>데이터가 집중된 기존 기업</u>이 집적·처리된 데이터를 공유하려 하지 않으면, 신규 기업의 시장 진입이 어려워져 독점화가 강화될 수 있다.

**4.** 윗글의 내용과 일치하지 <u>않는</u> 것은?

① 데이터는 재사용할 수 있으며 물리적 형체가 없다.
② 교통 이용 내역이 집적·처리되면 경제적 가치를 지닌 데이터가 될 수 있다.
③ 우리나라 현행법에는 정보 주체에게 데이터의 소유권을 인정하는 규정이 있다.
④ 정보 주체의 데이터로 발생한 이득이 빅 데이터 보유자에게 집중되는 것은 부당하다는 견해가 있다.
⑤ 데이터 이동권의 도입으로 정보 주체의 데이터 통제 범위가 본인의 행동 양상과 관련된 부분으로 확대되었다.

**5.** [A], [B]의 입장에서 ㉮~㉱에 대해 이해한 내용으로 적절하지 <u>않은</u> 것은?

① [A]의 입장에서, ㉮는 데이터 이동권 도입을 통해 ㉯의 데이터를 재사용할 수 있게 되었으므로 데이터 생성 비용을 줄일 수 있다고 보겠군.
② [A]의 입장에서, 정보 주체가 데이터 이동을 요청하여 데이터를 전송받는 제3자가 ㉰라면, ㉰는 분쟁 없이 정보 주체의 데이터를 받게 되어 거래 비용을 줄일 수 있다고 보겠군.
③ [B]의 입장에서, ㉰가 ㉱와의 거래에 실패해 데이터를 수집하지 못하여 ㉰에 데이터 생성 비용이 발생하면, 데이터 관련 산업의 시장에 진입하기 어려워질 수 있다고 보겠군.
④ [A]와 달리 [B]의 입장에서, 정보 주체의 데이터가 ㉯에서 ㉱로 이동하여 집적·처리될수록 기업 간 공유나 유통이 위축될 수 있다고 보겠군.
⑤ [B]와 달리 [A]의 입장에서, ㉯는 ㉮로 데이터를 이동하여 경제적 이득을 취할 수 있으므로 데이터의 공유나 유통의 활성화에 기여할 수 있다고 보겠군.



[해설편 p.135]

6. 윗글을 바탕으로 <보기>를 이해한 내용으로 적절하지 않은 것은? [3점]

<보 기>

A 은행은 고객들의 데이터를 수집하고 이를 분석·가공하여 자산 관리 데이터 서비스인 연령별·직업군별 등 고객 맞춤형 금융 상품 추천 서비스를 제공했다. 갑은 본인의 데이터 제공에 동의하여 A 은행으로부터 소정의 포인트를 받았다. 데이터 이동권이 법제화된 이후 갑은 B 은행 체크 카드를 발급받은 뒤, A 은행에 '계좌 자동 이체 항목', '체크 카드 사용 내역', '연령별 맞춤형 금융 상품 추천 서비스 내역'을 B 은행으로 이동할 것을 요청했다.

① 갑이 본인의 데이터를 이동 요청하면 A 은행은 갑의 '체크 카드 사용 내역'을 B 은행으로 전송해야 한다.
② A 은행에 대한 갑의 데이터 이동 요청은 정보 주체의 자율적 관리이므로 강화된 개인 정보 자기 결정권의 행사이다.
③ 데이터의 소유권 주체가 정보 주체라고 본다면, 갑이 A 은행으로부터 받은 포인트는 본인의 데이터 제공에 대한 대가이다.
④ 갑이 본인의 데이터를 보유한 A 은행을 상대로 요청한 '연령별 맞춤형 금융 상품 추천 서비스 내역'은 데이터 이동권 행사의 대상이다.
⑤ 데이터 이동권의 법제화 이전에도 갑이 A 은행에서 B 은행으로 이동을 요청한 정보 중에서 '계좌 자동 이체 항목'은 이동이 가능했다.

7. 문맥상 ⓐ, ⓑ와 바꾸어 쓰기에 가장 적절한 것은?

| | ⓐ | ⓑ |
|---|---|---|
| ① | 용이(容易)해져 | 근거(根據)하여 |
| ② | 유력(有力)해져 | 근거(根據)하여 |
| ③ | 용이(容易)해져 | 의탁(依託)하여 |
| ④ | 원활(圓滑)해져 | 의탁(依託)하여 |
| ⑤ | 유력(有力)해져 | 기초(基礎)하여 |

**[8～11] 다음 글을 읽고 물음에 답하시오.**

저울은 흔히 지렛대의 원리를 이용하거나 전기 저항 변화를 측정하여 질량을 잰다. 그렇다면 초정밀 저울은 기체 분자나 DNA와 같은 미세 물질의 질량을 어떻게 잴까? 이에 답하기 위해서는 압전 효과에 대한 이해가 필요하다.

압전 효과에는 재료에 기계적 변형이 생기면 재료에 전압이 발생하는 1차 압전 효과와, 재료에 전압을 걸면 재료에 기계적 변형이 생기는 2차 압전 효과가 있다. 두 압전 효과가 모두 생기는 재료를 압전체라 하며, 수정이 주로 쓰인다.

압전체로 사용하는 수정은 특정 방향으로 절단 및 가공하여 납작한 원판 모양으로 만든다. 이후 원판의 양면에 전극을 만든 후 (+)와 (−) 극이 교대로 바뀌는 전압을 가하면 수정이 진동한다. 이때 전압의 주파수*를 수정의 고유 주파수와 일치시켜 수정이 큰 폭으로 진동하도록 하여 진동을 측정하기 쉽게 만든 것이 ㉠ 수정 진동자이다. 고유 주파수란 어떤 물체가 갖는 고유한 진동 주파수인데, 같은 재료의 압전체라도 압전체의 모양과 크기에 따라 달라진다. 수정 진동자에 어떤 물질이 달라붙어 질량이 증가하면 고유 주파수에서 진동하던 수정 진동자의 주파수가 감소한다. 수정 진동자의 주파수는 매우 작은 질량 변화에 민감하게 변하므로 기체 분자나 DNA와 같은 미세한 물질의 질량을 측정할 수 있다. 진동자에서 질량 민감도는 주파수의 변화 정도를 측정된 질량으로 나눈 값인데, 수정 진동자의 질량 민감도는 매우 크다.

수정 진동자로 질량을 측정하는 원리를 응용하면 특정 기체의 농도를 감지할 수 있다. 수정 진동자를 특정 기체가 붙도록 처리하면, 여기에 특정 기체가 달라붙으며 질량 변화가 생겨 수정 진동자의 주파수는 감소한다. 일정 시점이 되면 수정 진동자의 주파수가 더 감소하지 않고 일정한 값을 유지한다. 이렇게 일정한 값을 유지하는 이유는 특정 기체가 일정량 이상 달라붙지 않기 때문이다. 혼합 기체에서 특정 기체의 농도가 클수록 더 작은 주파수에서 주파수가 일정하게 유지된다. 특정 기체가 얼마나 빨리 수정 진동자에 붙어서 주파수가 일정한 값이 되는가의 척도를 반응 시간이라 하는데, 반응 시간이 짧을수록 특정 기체의 농도를 더 빨리 잴 수 있다.

그런데 측정 대상이 아닌 기체가 함께 붙으면 측정하려는 대상 기체의 정확한 농도 측정이 어렵다. 또한 대상 기체만 붙더라도 그 기체의 농도를 알 수는 없다. 이 때문에 대상 기체의 농도에 따라 수정 진동자의 주파수 변화를 미리 측정해 놓아야 한다. 그 후 대상 기체의 농도를 모르는 혼합 기체에서 주파수 변화를 측정하면 대상 기체의 농도를 알 수 있다. 수정 진동자의 주파수 변화 정도를 농도로 나누면 농도에 대한 민감도를 구할 수 있다.

* 주파수: 진동이 1초 동안 반복하는 횟수 또는 전압의 (+)와 (−) 극이 1초 동안, 서로 바뀌고 다시 원래대로 되는 횟수.

8. 윗글에 대한 설명으로 가장 적절한 것은?

① 압전체의 제작 방법을 소개하고 제작 시 유의점을 나열하고 있다.
② 압전 효과의 개념을 정의하고 압전체의 장단점을 분석하고 있다.
③ 압전 효과의 종류를 분류하고 그 분류에 따른 압전체의 구조를 비교하고 있다.
④ 압전체의 유형을 구분하는 기준을 제시하고 초정밀 저울의 작동 과정을 단계별로 설명하고 있다.
⑤ 압전 효과에 기반한 초정밀 저울의 작동 원리를 설명하고 이 원리가 적용된 기체 농도 측정 방법을 소개하고 있다.

12회

**9.** 윗글을 통해 알 수 있는 내용으로 적절하지 <u>않은</u> 것은?

① 수정 이외에도 압전 효과를 보이는 재료가 존재한다.
② 수정을 절단하고 가공하여 미세 질량 측정에 사용한다.
③ 전기 저항 변화를 이용하여 물체의 질량을 측정하는 경우가 있다.
④ 같은 방향으로 절단한 수정은 크기가 달라도 고유 주파수가 서로 같다.
⑤ 진동자의 주파수 변화 정도를 측정된 질량으로 나누면 질량에 대한 민감도를 구할 수 있다.

**10.** ㉠에 대한 이해로 적절하지 <u>않은</u> 것은?

① ㉠에는 1차 압전 효과를 보일 수 있는 재료가 있다.
② ㉠에서는 전압에 의해 압전체의 기계적 변형이 일어난다.
③ ㉠에는 전극이 양면에 있는 원판 모양의 수정이 사용된다.
④ ㉠에서는 전극에 가하는 전압의 주파수를 수정의 고유 주파수에 맞춘다.
⑤ ㉠의 전극에 가해지는 특정 주파수의 전압은 압전체의 고유 주파수 값을 더 크게 만든다.

**11.** 윗글을 바탕으로 <보기>를 탐구한 내용으로 가장 적절한 것은? [3점]

<보 기>

알코올 감지기 A와 B를 이용하여 어떤 밀폐된 공간에 있는 혼합 기체의 알코올 농도를 측정하였다. 이때 A와 B는 모두 진동자에 알코올이 달라붙을 수 있도록 처리되어 있다. A와 B 모두, 시간이 흐름에 따라 주파수가 감소하다가 더 이상 감소하지 않고 일정하게 유지되었다.
(단, 측정하는 동안 밀폐된 공간의 상황은 변동 없음.)

① A의 진동자에 있는 압전체의 고유 주파수를 알코올만 있는 기체에서 미리 측정해 놓으면, 혼합 기체에서의 알코올의 농도를 알 수 있겠군.
② B에 달라붙은 알코올의 양은 변하지 않고 다른 기체가 함께 달라붙은 후 진동자의 주파수가 일정하게 유지된다면, 이때 주파수의 값은 알코올만 붙었을 때보다 더 작겠군.
③ A와 B에서 알코올이 달라붙도록 진동자를 처리한 것은 알코올이 달라붙음에 따라 진동자가 최대한 큰 폭으로 진동할 수 있게 하려는 것이겠군.
④ A가 B에 비해 동일한 양의 알코올이 달라붙은 후에 생기는 주파수 변화 정도가 크다면, A가 B보다 알코올 농도에 대한 민감도가 더 작다고 할 수 있겠군.
⑤ B가 A보다 알코올이 일정량까지 달라붙는 시간이 더 짧더라도 알코올이 달라붙은 양이 서로 같다면, A와 B의 반응 시간은 서로 같겠군.

**[12～17] 다음 글을 읽고 물음에 답하시오.**

**(가)**

조선 왕조의 기본 법전인 『경국대전』에 규정된 신분제는 신분을 양인과 천인으로 나눈 양천제이다. 양인은 과거에 응시할 수 있었지만, 납세와 군역 등의 의무를 져야 했다. 천인은 개인이나 국가에 소속되어 천역(賤役)을 담당했다. 관료 집단을 뜻하던 양반이 16세기 이후 세습적으로 군역 면제 등의 차별적 특혜를 받는 신분으로 굳어짐에 따라 양인은 사회적으로 양반, 중인, 상민으로 분화되었다. 이러한 법적, 사회적 신분제는 갑오개혁으로 철폐되기 이전까지 조선 사회의 근간이 되었다.

조선 후기에 접어들어 농업 생산력의 증대와 상공업의 발달로 같은 신분 안에서도 분화가 확대되었고, 이에 따라 신분제에 변화가 일어났다. 천인의 대다수를 구성했던 노비는 속량과 도망 등의 방식으로 신분적 억압에서 점차 벗어났다. 영조 연간에 편찬된 법전인 『속대전』에서는 노비가 속량할 수 있는 값을 100냥으로 정하는 규정을 둠으로써 속량을 제도화했다. 이는 국가의 재정 운영상 노비제의 유지보다 그들을 양인 납세자로 전환하는 것이 유리했기 때문이었다. 몰락한 양반들은 노비의 유지가 어려워졌기 때문에 몸값을 받고 속량해 주는 길을 선택했다.

18세기 이후 경제적으로 성장한 상민층에서는 '유학(幼學)' 직역*을 얻고자 하는 현상이 나타났다. 유학은 벼슬을 하지 않은 유생(儒生)을 지칭했으나, 이 시기에는 관료로 진출하지 못한 이들을 가리키는 직역 명칭으로 ⓐ <u>굳어졌다</u>. 호적상 유학은 군역 면제라는 특권이 있어서 상민층이 원하는 직역이었다. 유학 직역의 획득은 제도적으로 양반이 되는 것을 의미하였으나 그것이 곧 온전한 양반으로 인정받는 것을 의미하는 것은 아니었다. 당시 양반 집단의 일원으로 인정받기 위해서는 ㉠ <u>유교적 의례의 준행, 문중과 족보에의 편입 등</u> 다양한 조건이 필요했다. 이에 따라 일부 상민층은 유학 직역을 발판으로 양반 문화를 모방하면서 양반으로 인정받고자 했다.

조선 후기에는 신분 상승 현상이 일어나면서 양반의 하한선과 비(非)양반층의 상한선이 근접하는 모습이 나타났다. 양반들이 비양반층의 진입을 막는 힘은 여전히 작동하고 있었지만, 비양반층이 양반에 접근하고자 하는 힘은 더 강하게 작동했다. 유학의 증가는 이러한 현상의 단면을 보여 준다.

* 직역 : 신분에 따라 정해진 의무로서의 역할.

**(나)**

『경국대전』 체제에서 양인은 관료가 될 수 있다는 점에서 능력주의가 일부 작동하는 것처럼 보이지만, 실제로는 양반 이외의 신분에서는 관료가 되기 어려웠다. 이러한 상황에서 17세기의 유형원은 『반계수록』을 통해, 19세기의 정약용은 『경세유표』 등을 통해 각각 도덕적 능력주의에 기초한 [일련의 개혁론]을 제시했다.

유형원의 기본적인 생각은 국가 공동체를 성리학적 가치와 규범에 따라 운영하고, 구성원도 도덕적으로 만드는 도덕 국가의 건설이었다. 신분 세습을 비판한 그는 현명한 인재라도 노비로


[해설편 p.136]

태어나면 노비로 살아야 하는 것이 천하의 도리에 어긋난다고 보고, 노비제 폐지를 주장했다. 아울러 비도덕적 직업이라고 생각한 광대와 같은 직업군을 철폐하고, 사농공상(士農工商)의 사민(四民)으로 편성하고자 했다. 그는 과거제 대신 공거제를 통해 도덕적 능력이 뛰어난 자를 추천으로 선발하여 여러 단계의 교육을 한 후, 최소한의 학식을 확인하여 관료로 임명해야 한다고 제안했다. 도덕을 기준으로 관료를 선발하고 지방에도 관료 선발 인원을 적절히 분배하면 향촌 사회의 풍속도 도덕적으로 이끌 수 있다고 본 것이다.

정약용은 신분제가 동요하는 상황에서 사민이 뒤섞여 사는 것이 교화에 도움이 되지 않는다고 보고, 사농공상별로 구분하여 거주하는 것을 포함한 행정 구역 개편을 구상했다. 이에 맞춰 사(士) 집단을 재편하고자 했다. 도덕적 능력의 여부에 따라 추천으로 예비 관료인 '선사'를 선발하고 일정한 교육을 한 후, 여러 단계의 시험을 거쳐 관료를 선발할 것을 제안했다. ㉡사 거주지에서 더 많은 선사를 선발하도록 했지만, 농민과 상공인에도 선사의 선발 인원을 배정하는 등 노비 이외에서 사 집단으로 진출할 수 있도록 했다. 노비제에 대해서는 사를 뒷받침하기 위해 유지되어야 한다고 주장했다.

도덕적 능력주의와 관련하여 두 사람은 모두 사회 지배층으로서의 사에 주목했다. 유형원은 다스리는 자인 사와 다스림을 받는 민의 구분을 분명히 하는 것이 천하의 이치라고 보고 ㉢도덕적 능력이 뛰어난 사람들로 지배층인 사를 구성하고자 했다. 정약용도 양반의 세습을 비판하며 도덕적 능력에 따라 사회 지배층을 재편하는 데 입장을 같이했다. 또한 두 사람은 사회 전체의 도덕 실천을 이끌기 위해 사 집단에 정치권력, 경제력 등을 집중시키려 했고, 지배층과 피지배층 간의 차등을 엄격하게 유지하고자 했다. 내용에서 일부 차이가 있었지만, 두 사람은 사회 지배층의 재구성을 통해 도덕 국가 체제를 추구했다.

**12.** (가)를 읽고 이해한 내용으로 적절하지 않은 것은?

① 『속대전』의 규정을 적용받아 속량된 사람들은 납세의 의무를 지게 되었다.
② 『경국대전』 반포 이후 갑오개혁까지 조선의 법적 신분제에는 두 개의 신분이 존재했다.
③ 조선 후기 양반 중에는 노비를 양인 신분으로 풀어 주고 금전적 이익을 얻은 이들이 있었다.
④ 조선 후기 '유학'의 증가 현상은 『경국대전』의 신분 체계가 작동하지 않는 현상을 보여 주는 것이었다.
⑤ 조선 후기에 상민이 '유학'의 직역을 얻었을 때, 양반의 특권을 일부 가지게 되지만 온전한 양반으로 인정받지는 못했다.

**13.** 일련의 개혁론에 대한 이해로 적절하지 않은 것은?

① 유형원은 자신이 구상한 공동체의 성격에 적합하지 않은 특정 직업군을 없애는 방안을 구상했다.
② 유형원은 지방 사회의 도덕적 기풍을 진작하기 위해 관료 선발 인원을 지방에도 할당하는 방안을 구상했다.
③ 정약용은 지배층인 사 집단이 주도권을 가지고 사회를 운영하는 방안을 구상했다.
④ 정약용은 직업별로 거주지를 달리하는 것을 포함한 행정 구역 개편 방안을 구상했다.
⑤ 유형원과 정약용은 모두 시험으로 도덕적 능력이 우수한 이를 선발하여 교육한 후 관료로 임명하는 방안을 제시했다.



**14.** ㉠~㉢에 대한 설명으로 가장 적절한 것은?

① ㉠은 경제적 영향으로 신분 상승 현상이 나타나는 상황에서 신분적 정체성을 지키려는 양반층의 노력이고, ㉡은 이러한 양반층의 노력을 뒷받침하기 위한 정책적 방안이다.
② ㉠은 호적상 유학 직역이 증가하는 상황에서 양반 집단이 기득권을 지키기 위한 자율적 노력이고, ㉡은 기존의 양반들이 가진 기득권을 제도적으로 강화하기 위한 방안이다.
③ ㉠은 상민층이 유학 직역을 얻는 것이 확대되는 상황에서 양반으로 인정받는 것을 억제하는 장치이고, ㉢은 능력주의를 통해 인재 등용에 신분의 벽을 두지 않으려는 방안이다.
④ ㉠은 능력주의가 작동하기 어려운 현실적인 상황에서 신분 구분을 강화하여 불평등을 심화하는 제도이고, ㉢은 사회 지배층의 인원을 늘려 도덕 실천을 이끌기 위한 방안이다.
⑤ ㉡은 양반층의 특권이 점차 사라져 가고 있는 상황에서 신분적 구분을 명확하게 하기 위한 장치이고, ㉢은 양반과 비양반층의 신분적 구분을 없애기 위한 방안이다.

**15.** (나)를 바탕으로 다음의 ㄱ~ㄹ에 대해 판단한 것으로 가장 적절한 것은?

ㄱ. 아래로 농공상이 힘써 일하고, 위로 사(士)가 효도하고 공경하니, 이는 나라의 기풍이 흐트러지지 않는 것이다.
ㄴ. 사농공상 누구나 인의(仁義)를 실천한다면 비록 농부의 자식이 관직에 나아가더라도 지나친 일이 아닐 것이다.
ㄷ. 덕행으로 인재를 판정하면 천하가 다투어 이에 힘쓸 것이니, 나라 안의 모든 이에게 존귀하게 될 기회가 열릴 것이다.
ㄹ. 양반과 상민의 구분은 엄연하니, 그 경계를 넘지 않아야 상하의 위계가 분명해지고 나라가 편안하게 다스려질 것이다.

① 유형원은 ㄱ과 ㄹ에 동의하겠군.
② 유형원은 ㄴ과 ㄷ에 동의하지 않겠군.
③ 유형원은 ㄴ에 동의하지 않고, ㄹ에 동의하겠군.
④ 정약용은 ㄴ과 ㄹ에 동의하겠군.
⑤ 정약용은 ㄱ에 동의하고, ㄷ에 동의하지 않겠군.

16. (가), (나)를 바탕으로 <보기>에 대해 보인 반응으로 적절하지 않은 것은? [3점]

<보 기>

16세기 초 영국의 토머스 모어는 '유토피아'라는 가상 국가를 통해 당대 사회를 비판했다. 그가 제시한 유토피아에서는 현실 국가와 달리 모두가 일을 하고, 사치에 필요한 일은 하지 않기 때문에 하루 6시간만 일해도 경제적으로 풍요롭다. 하지만 이곳에서도 노동을 면제받는 '학자 계급'이 존재한다. 성직자, 관료 등의 권력층은 이 학자 계급에서만 나오도록 하였는데, 학자 계급은 의무가 면제되는 대신 연구와 공공의 일에 전념한다. 학자 계급은 능력 있는 이를 성직자가 추천하고, 대표들이 승인하는 절차를 거쳐야 될 수 있다. 그러나 학자 계급도 성과가 부족하면 '노동 계급'으로 환원될 수 있고, 노동 계급도 공부에 진전이 있으면 학자 계급으로 승격될 수 있다.

① 유토피아에서 연구와 공공의 일에 전념하는 사람들은 선발의 과정을 거친다는 점에서, (가)의 '유학'보다 (나)의 '선사'에 가깝군.
② 유토피아에서 관료는 노동을 면제받지만 그 특권이 세습되지 않는다는 점에서, (가)에서 차별적 특혜를 받던 16세기 이후의 '양반'과는 다르군.
③ 유토피아에서 '학자 계급'에서만 권력층이 나오도록 한 것은, (나)에서 우월한 집단인 '사 집단'에 정치권력을 집중시키고자 한 유형원, 정약용의 생각과 유사하군.
④ 유토피아에서 '노동 계급'이 '학자 계급'으로 승격되는 것은 학업 능력을 기준으로 추천받는다는 점에서, (가)의 상민 출신인 '유학'이 '양반'으로 인정받는 것과는 다르군.
⑤ 유토피아에서 '노동 계급'과 '학자 계급' 간의 이동이 가능한 것은 계급 간 차등이 없음을 전제하므로, (나)에서 차등을 엄격하게 유지하고자 한 유형원, 정약용의 구상과는 다르군.

17. ⓐ와 문맥상 의미가 가장 가까운 것은?

① 관용이 우리 집의 가훈으로 확고하게 굳어졌다.
② 어젯밤 적당하게 내린 비로 대지가 더욱 굳어졌다.
③ 포기하지 않겠다는 결심이 어머니의 격려로 굳어졌다.
④ 길에서 버스를 기다리던 사람들의 몸이 추위로 굳어졌다.
⑤ 갑작스러운 소식에 나도 모르게 얼굴이 딱딱하게 굳어졌다.

**[18～21] 다음 글을 읽고 물음에 답하시오.**

선군이 한림원에 다녀온 후 편지 먼저 하는지라. 노복이 주야로 내려와 상공께 편지를 드리니, 한 장은 부모님께, 한 장은 낭자에게 부친 편지거늘, 부모님께 올린 편지를 상공이 열어 보니,

[A] "문안드립니다. 그사이 부모님께서는 평안하셨나이까? 저는 부모님 덕분에 무탈하옵니다. 또한 천은을 입어 금번에 장원 급제하여 한림학사로 입조하여 도문*하니, 일자는 금월 망일이오니 잔치는 알아서 준비해 주옵소서."

하였더라.

낭자에게 온 편지를 부인 정 씨 **춘양**에게 주며,

"ⓐ 이 편지는 네 어미에게 부친 편지라. 네가 잘 간수하라."

하고 부인 통곡하니 춘양이 그 편지를 받고 울며 동춘을 안고 방에 들어가 어미 시신 흔들고 울며, 편지 열어 낯에 대고 통곡 왈,

"어머님 일어나소. 아버님 편지가 왔나이다. 일어나소. 아버님 장원 급제하여 내려오시나이다."

하며 편지로 낯을 덮으며,

"동춘은 연일 젖 먹자고 웁니다. 어머님 평시 글을 좋아하시더니 아버님 편지 왔사온데 어찌 반기지 아니하시나이까? 춘양은 글을 몰라 어머님 영전에 읽어 드리지 못하나니 답답하나이다."

하고 할머님께 빌며,

"할머님께서 어머님 영전에 가 편지를 읽으시면 어머님 영혼이 감동할 듯하나이다."

하니 정 씨 마지못해 방에 들어가 울면서 편지를 읽는지라.

[B] "낭자께 문안 전하니, 애정 담은 편지 한 장 올리나이다. 우리의 태산 같은 정이 천리에 가림에, 낭자의 얼굴을 보고 싶어도 볼 수 없고, 낭자를 생각하지 않아도 절로 생각이 납니다. 요사이 그대의 그림이 전과 빛이 달라 날로 변하나이다. 무슨 병이 들었는지 몰라 객창 등불 아래에서 수심으로 잠들지 못하니 답답합니다. 낭자의 지극한 정성으로 장원 급제하여 이 몸이 영화롭게 내려가니, 어찌 낭자의 뜻을 맞추지 아니하였으리오? 날짜는 금월 모일이니 바라건대 낭자는 천금 같은 옥체를 보존하소서. 내려가 반갑게 만나사이다."

정 씨 보기를 다함에 더욱 슬픈 마음을 진정치 못하여 통곡하며,

"ⓑ 슬프다, 춘양아! 가련타, 동춘아! 너희 어미 잃고 어찌 살라 하는가?"

[중략 줄거리] 선군은 숙영이 시아버지로부터 가문의 명예를 실추했다는 오해를 받고 자결한 것을 알게 된다. 숙영은 장례 중 부활해 선군과 집에 돌아온다.

상공과 정씨 부인 내달아 낭자를 붙들고 통곡하며,

"낭자는 어디를 갔다 왔느냐?"

하며 참혹한 마음을 이기지 못하더라. 낭자 상공과 정씨 부인 앞에 가 절하고 사뢰되,

"ⓒ 첩은 천상의 죄 있으니 천명이 아닌 것이 없습니다. 너무 한탄치 마옵소서."

하며,



[해설편 p.138]

"ⓓ 옥황상제님이 우리를 올라오라 하시니 천명을 거스르지 못하여 올라가옵나이다."

하니, 상공 부부 더욱 처량한 심사를 측량치 못할러라. 낭자 백학선과 약주 한 병을 드리며,

"ⓔ 이 백학선은 몸이 추우면 더운 바람이 나오니 천하 유명한 보배이옵고, 약주는 기운 불편하시거든 드십시오. 백학선과 약주를 몸에 지니시오면 백세 무양하오리다."

하고,

"**부모님 돌아가실 때 연화궁**의 세계로 모셔 가오이다. 천상 선관이 연화궁에 자주 다니오니 극락 연화궁으로 오시면 반가이 만나 뵈오리다."

하고 선군더러,

"우리 올라갈 때가 급하였으니, 하직하고 **올라가사이다**."

하니 선군이 부모지정을 잊지 못하여 새로이 슬퍼하니, 선군과 낭자 **부모를 위로하여 나아가 엎드려 고**왈,

"소자 등은 세상 연분이 다하였삽기로 오늘 하직하옵나이다."

하고 인하여 **하직**하며,

"부모님 내내 평안하옵소서."

하고 청사자 한 쌍을 몰아 한림은 동춘을 낭자는 춘양을 안고, 구름에 싸여 올라가는지라.

**상공 부부** 낭자와 선군이 천궁에 올라간 후로 망연해하며 **세간을 다 나누어 주**고, 백세를 살다가 한날한시에 별세하더라.

- 작자 미상, 「숙영낭자전」 -

* 도문 : 과거 급제하고 집에 오던 일.

**18.** '춘양'에 대한 설명으로 가장 적절한 것은?

① 아버지를 보고 싶은 심정을 어머니 영전에서 언급한다.
② 할머니로부터 아버지의 편지를 받아 어머니에게 읽어 준다.
③ 할머니와 함께 어머니 생전의 일화에 대해 이야기를 나눈다.
④ 동생이 어머니가 살아 있는 줄 알고 찾아가려 하자 동생을 막아선다.
⑤ 아버지의 소식을 어머니에게 전하고 싶은 마음을 행동으로 표출한다.

**19.** [A], [B]에 대한 이해로 가장 적절한 것은?

① [A]에서는 자신의 안부를 전한 뒤 곧이어 받는 이의 안부를 묻는다.
② [B]에서는 받는 이를 만나고 싶지만 당장 그럴 수 없는 처지를 언급하며 안타까운 심정을 드러낸다.
③ [B]에서는 받는 이의 건강에 문제가 있다는 소식을 듣고 걱정하는 마음을 드러낸다.
④ [A]와 [B]에서 모두 자신이 뜻한 바를 이루었음을 전하고, 받는 이에게 그 공을 돌리며 감사해한다.
⑤ [A]와 [B] 모두 당부의 말을 전하는데, [A]에서는 받는 이가 글쓴이의 노력을 알아주길 바라고, [B]에서는 받는 이가 스스로 잘 처신하기를 바란다.

**20.** ⓐ~ⓔ를 이해한 내용으로 적절하지 <u>않은</u> 것은?

① ⓐ : 편지의 수신인이 누구인지 말해 주며 상대가 편지의 중요성을 인식하게 하고 있다.
② ⓑ : 손주들을 호명하며 격해진 감정과 그들을 불쌍해하는 마음을 표출하고 있다.
③ ⓒ : 자신의 운명은 하늘의 뜻이라고 함으로써 집에 온 자신을 책망하지 말 것을 부탁하고 있다.
④ ⓓ : 옥황상제의 부름을 거절할 수 없다고 말함으로써 이별이 예정되어 있음을 언급하고 있다.
⑤ ⓔ : 백학선과 약주를 선물함으로써 상대를 걱정하는 마음을 드러내고 있다.

12회

**21.** <보기>를 참고하여 윗글을 감상한 내용으로 적절하지 <u>않은</u> 것은? [3점]

<보 기>

「숙영낭자전」에서 승천은 인간 세상의 명분에 구속받지 않는 가족 사랑을 모색한다는 의의를 갖는다. 작품에서는 상공의 잘못이 개인의 문제이기 이전에 가문이라는 명분을 중시하는 인간 세상의 구조적 문제라고 보았다. 그래서 숙영 부부는 가문이라는 명분이 작동하지 않는 천상으로 보내고, 상공 부부는 가문의 무의미함을 깨닫게 하여 구조적 문제에 대응하는 한 방식을 보여 주었다. 하지만 숙영 부부를 천상에 간 뒤에도 부모를 잘 섬기려는 모습으로 그려 낸 것은, 가족 사랑의 보편적 가치를 환기하기 위한 것이다.

① 숙영이 '부모님 돌아가실 때 연화궁'으로 모셔 가겠다고 하는 데에서, 연화궁에서 숙영과 부모를 만나게 하여 가족 사랑의 보편적 가치를 환기하려는 것을 확인할 수 있군.
② 숙영이 선군에게 천궁으로 '올라가사이다'라고 하는 데에서, 숙영 부부를 천상으로 보내 가문이라는 명분이 작동하지 않는 곳에서 살게 하려는 것을 확인할 수 있군.
③ 숙영 부부가 '부모를 위로하여 나아가 엎드려 고'하는 데에서, 승천을 망설이는 모습을 보여 주어 숙영 부부를 부모를 잘 섬기는 인물로 그려 낸 것을 확인할 수 있군.
④ 숙영 부부가 부모에게 '하직' 인사를 하는 데에서, 숙영 부부로 하여금 부모를 떠나게 하여 인간 세상의 구조적 문제에 대응하는 양상을 보여 준 것을 확인할 수 있군.
⑤ '상공 부부'가 '세간을 다 나누어 주'는 데에서, 가족을 잃어 허망해하는 상공 부부의 모습을 보여 주어 가문의 무의미함을 깨닫게 한 것을 확인할 수 있군.

[22~27] 다음 글을 읽고 물음에 답하시오.

(가)

첩첩산중에도 없는 마을이 여긴 있습니다. 잎 진 사잇길 저 모랫둑, 그 너머 강기슭에서도 보이진 않습니다. 허방다리* 들어내면 보이는 마을.

갱 속 같은 마을. ㉠꼴깍, 해가, 노루꼬리 해가 지면 집집마다 봉당에 불을 켜지요. 콩깍지, 콩깍지처럼 후미진 외딴집, 외딴집에도 불빛은 앉아 이슥토록 창문은 모과빛입니다.

기인 밤입니다. 외딴집 노인은 홀로 잠이 깨어 출출한 나머지 무우를 깎기도 하고 고구마를 깎다, 문득 바람도 없는데 시나브로 풀려 풀려 내리는 짚단, 짚오라기의 설레임을 듣습니다. 귀를 모으고 듣지요. ㉡후루룩 후루룩 처마 깃에 나래 묻는 이름 모를 새, 새들의 온기를 생각합니다. 숨을 죽이고 생각하지요.

참 오래오래, 노인의 자리맡에 밭은기침 소리도 없을 양이면 벽 속에서 겨울 귀뚜라미는 울지요. 떼를 지어 웁니다, 벽이 무너지라고 웁니다.

어느덧 밖에는 눈발이라도 치는지, 펄펄 함박눈이라도 흩날리는지, 창호지 문살에 돋는 월훈(月暈).

- 박용래, 「월훈」 -

* 허방다리 : 짐승 따위를 잡기 위해 풀 등을 덮어 위장한 구덩이.

(나)

내 어린 날!
아슬한 하늘에 뜬 연같이
바람에 깜박이는 연실같이
내 어린 날! 아슴풀하다*

하늘은 파랗고 끝없고
편편한 연실은 조매롭고*
오! 흰 연 그새에 높이
㉢아실아실* 떠 놀다 내 어린 날!

바람 일어 끊어지던 날
엄마 아빠 부르고 울다
㉣희끗희끗한 실낱이 서러워
아침저녁 나무 밑에 울다

오! 내 어린 날 하얀 옷 입고
외로이 자랐다 하얀 넋 담고
㉤조마조마 길가에 붉은 발자욱
자욱마다 눈물이 고이었었다

- 김영랑, 「연 1」 -

* 아슴풀하다 : '아슴푸레하다'의 방언.
* 조매롭고 : '조마롭다'의 방언. 보기에 마음이 초조하고 불안하다.
* 아실아실 : '아슬아슬'의 방언.

(다)

ⓐ신위가 **자기 집** 이름을 '문의당'이라 하고 ⓑ나에게 편지를 보내 말했다.

"내 천성이 물을 좋아하는데, 도성 안이라 **볼만한 샘이나 못**이 없어 비록 **물을 보는 법**을 알고 있어도 **써 볼 데가 없**는 것이 늘 아쉬웠습니다. 그런데 **천하의 지도를 보고** 깨우친 점이 있었습니다.

넘실거리는 큰 바다 사이로 아홉 개 대륙, 일만 개 나라가 퍼져 있는데 큰 나라는 범선이 늘어선 듯하고, 작은 나라는 갈매기와 해오라기가 출몰하는 듯했습니다. 천하만국에 두루 살고 있는 사람들은 모두 물 가운데 있는 존재일 뿐입니다. 이것이 제 집의 이름을 '**문의**(文漪)*'라고 한 까닭입니다. 그대는 저를 위해 이 집의 기문을 지어 주시기 바랍니다."

나는 편지를 보고 웃으며 말했다.

"세상에는 본래 그 실물은 없으면서도 이름을 차지하는 경우가 있으니, 지금 그대가 집에 이름을 붙인 것이 바로 그 실물이 없는 것이라고 할 수 있겠소. 비록 그러하나 그대도 이에 대해 할 말이 있을 것이오. 지금 **바다의 섬 가운데 집을 짓고 사는 사람**이 있다면, 사람들은 반드시 **물에 산다고** 하지 산에 산다고 하지 않겠지요. 섬사람 중에는 담장을 두르고, 집을 짓고, 문을 닫고 **들어앉아 사는 사람**도 있게 마련이니, 그가 날마다 파도와 깊은 물을 가까이 접하지는 않는다고 하여, 물에 사는 게 아니라고 한다면 옳지 않겠지요. 이와 같은 이치를 **사람들**이 모두 그렇다고 인정하는데, 어찌 유독 그대의 말에만 의심을 품겠소?

대지는 하나의 섬이고, 세상 사람들은 섬사람이라오. 비록 **배를 집으로 삼아** 물 위를 떠다니면서 날마다 **물과 더불어** 살아가는 사람이라 하더라도, 그 형편상 눈을 한곳에 두고 꼼짝하지 않을 수는 없을 것이고, 잠시 **눈길을 돌**려서 잠깐 동안이나마 물이 있다는 것을 생각하지 못할 때가 반드시 있을 것이오. 이때에는 겨우 반걸음을 움직인 것이나 천 리를 간 것이나 매한가지라 할 것이오."

- 서영보, 「문의당기」 -

* 문의 : 물결무늬.

**22.** (가)~(다)의 공통점으로 가장 적절한 것은?

① 설의적 표현을 사용하여 인물의 정서를 강조하고 있다.
② 묘사의 방식을 활용하여 대상의 특징을 구체화하고 있다.
③ 말을 건네는 방식을 사용하여 주제 의식을 심화하고 있다.
④ 과거의 장면을 회상하여 현재 상황에 대한 원인을 포착하고 있다.
⑤ 가상의 상황을 설정하여 현실에 대한 긍정적 인식을 이끌어 내고 있다.

23. <보기>를 참고하여 (가)를 감상한 내용으로 적절하지 않은 것은?

<보 기>

(가)는 적막한 산골 마을을 배경으로 그곳에 사는 한 노인의 모습을 관찰하여 들려주는 시이다. 향토적인 정경 속에서 낯설게 느껴지는 일상에 감각적으로 집중하는 노인을 통해 점점 사라져 가는 것들에 대한 관심을 드러내고, 노인의 삶이 마주한 깊은 정적 속 울음소리를 통해 인간의 쓸쓸함을 고조하고 있다. 이러한 노인의 모습은 외딴집 창호지 문살에 비친 달무리의 이미지로 형상화되고 있다.

① '첩첩산중에도 없는 마을'을 '여긴 있'다고 한 데서, 노인이 살아가는 곳은 쉽게 보기 어려울 것 같은 장소임을 짐작할 수 있겠군.
② '강기슭에서도 보이진 않'는 '후미진 외딴집'이라는 배경 설정에서, 적막한 공간의 분위기를 추측할 수 있겠군.
③ '봉당에 불을 켜'는 분위기와 '콩깍지'의 이미지로 나타낸 향토적 정경에서, 사라져 가는 것들에 대한 관심을 유추할 수 있겠군.
④ '짚오라기의 설레임'을 '귀를 모으고 듣'고 '새들의 온기'를 '숨을 죽이고 생각하'는 것은, 일상을 자연스럽게 받아들이는 노인의 감각을 부각한 것으로 볼 수 있겠군.
⑤ '밭은기침 소리도 없'는데 '겨울 귀뚜라미'가 우는 상황과 눈발이 치는 듯한 '밖'의 달무리 이미지가 어우러져, 노인의 고독을 형상화한 것으로 이해할 수 있겠군.

24. (나)에 대한 설명으로 적절하지 않은 것은?

① 1연에서 '연'과 '연실'의 모습에 빗대어 '내 어린 날'의 기억을 '아슴풀하다'라고 표현하고 있다.
② 2연에서 '조매롭고'로 표현된 '연실'의 긴장은 3연에서 연실이 '바람 일어 끊어지던 날'의 정서를 고조하고 있다.
③ 3연에서 '울다'의 반복과 4연에서 '눈물이 고이었었다'를 통해 '내 어린 날'의 상황을 짐작할 수 있게 하고 있다.
④ 4연에서 '외로이 자랐다'와 이어진 '하얀 넋'은 '붉은 발자욱'에 함축된 정서와 상반되는 의미를 이끌어 내고 있다.
⑤ 1연과 4연의 '내 어린 날'은 2연의 '내 어린 날'의 기억을 통해 떠올린 유년 시절을 표상하는 의미를 지니고 있다.

25. ㉠~㉤에 대한 설명으로 적절하지 않은 것은?

① ㉠: 아주 짧은 순간에 해가 지는 모습을 나타낸 말로, 시간의 변화를 함축하고 있다.
② ㉡: 소리를 통해 연상되는 새의 모습을 감각적으로 형상화하고 있다.
③ ㉢: 높이 날아오른 연을 동경하는 심리를 드러내고 있다.
④ ㉣: 서러움을 느끼게 하는 대상인 실낱의 모습을 표현하고 있다.
⑤ ㉤: 외롭고 슬픈 어린 시절의 정서를 함께 담아내고 있다.

26. ⓐ, ⓑ에 대한 이해로 적절하지 않은 것은?

① ⓐ는 '볼만한 샘이나 못'이 없는 곳에 산다고 생각하다가, '천하의 지도를 보고' 깨달은 바에 따라 자신이 물 가운데 살고 있는 것이나 다름없다는 발상으로 사고를 전환한다.
② ⓐ가 '자기 집'을 '문의'라고 한 것에 ⓑ가 동의한 이유는 ⓐ의 상황이 '배를 집으로 삼아' 사는 사람의 상황보다 집에 '들어앉아 사는 사람'의 상황에 가깝다고 생각했기 때문이다.
③ ⓑ는 '바다의 섬'에 '집을 짓고 사는 사람'의 삶에 주목하여, 바라보는 관점을 달리하면 세상 모든 사람들이 섬에 살고 있다는 논리가 성립한다고 생각한다.
④ ⓑ가 ⓐ의 발상이 타당하다고 하는 이유는, '바다의 섬 가운데' 살더라도 그것을 가리켜 '물에 산다고' 보는 것이 ⓑ의 생각만이 아니라 '사람들'의 판단과도 일치하기 때문이다.
⑤ ⓑ는 '물과 더불어' 사는 사람도 '눈길을 돌'리는 순간이 있는 것과 ⓐ가 '물을 보는 법'을 '써 볼 데가 없'다 하는 것은 물을 보지 못할 때가 있다는 점에서 유사하다고 생각한다.

27. <보기>를 바탕으로 (가), (다)를 이해한 내용으로 가장 적절한 것은? [3점]

<보 기>

문학 작품 속의 소재들은 연관성 속에서 서로 유사 혹은 대립의 관계를 이룸으로써 의미를 생성하거나 그 특징을 부각하는 효과를 드러낸다.

① (가)의 '허방다리 들어내면 보이는 마을', '갱 속 같은 마을'은 얕음과 깊음의 대비를 이루어 숨어 있는 두 공간의 차이를 부각하고 있군.
② (가)의 '무우'와 '고구마'는 차가움과 따뜻함의 대비를 이루어 밤에 출출함을 달래기 위해 먹는 다양한 음식의 속성을 부각하고 있군.
③ (다)의 '아홉 개 대륙'과 '일만 개 나라'는 바다 안의 육지라는 유사성으로 관계를 맺으며 '천하의 지도'라는 새로운 의미를 생성하고 있군.
④ (다)의 '파도'와 '깊은 물'은 바다의 형상이라는 유사성으로 관계를 맺으며 물에 사는 사람이 살면서 만나게 되는 환경이라는 의미를 생성하고 있군.
⑤ (가)의 '창문은 모과빛'과 '기인 밤'은 밝음과 어둠의 대비를, (다)의 '갈매기'와 '해오라기'는 크고 작음의 대비를 이루어 각 소재가 가진 특징을 부각하고 있군.

[28～31] 다음 글을 읽고 물음에 답하시오.

몽달 씨 나이가 스물일곱이라니까 나보다 스무 살이나 많지만 우리는 엄연히 친구다. 믿지 않겠지만 내게는 스물일곱짜리 남자 친구가 또 하나 있다. 우리 집 옆, 형제슈퍼의 김 반장이 바로 또 하나의 내 친구인데 그는 원미동 23통 5반의 반장으로 누구보다도 씩씩하고 재미있는 사람이었다. 나는 **매일같이** 슈퍼 앞의 비치파라솔 의자에 앉아 그와 함께 낄낄거리는 재미로 하루를 보내다시피 하였는데 **요즘**은 내가 의자에 앉아 있어도 전처럼 웃기는 소리를 해 주거나 쭈쭈바 따위를 건네주는 법 없이 다소 퉁명스러워졌다. ㉠그 까닭도 나는 환히 알고 있지만 모르는 척하는 수밖에. 우리 집 셋째 딸 선옥이 언니가 지난달에 서울 이모 집으로 훌쩍 떠나 버렸기 때문인 것이다. 김 반장이 선옥이 언니랑 좋아지내는 것은 온 동네가 다 아는 일이지만 선옥이 언니 마음이 요새 좀 싱숭생숭하더니 기어이는 이모네가 하는 옷 가게를 도와준다고 서울로 가 버렸다. 선옥이 언니는 얼굴이 아주 예뻤다. 남들 말대로 개천에서 용이 났다고 해도 과언이 아닐 만큼 지지리 궁상인 우리 집에 두고 보기로는 아까운 편인데, 그 지지리 궁상이 지겨워 맨날 뚱하던 언니였다.

(중략)

집으로 가다 말고 문득 형제슈퍼 쪽을 돌아보니 음료수 박스들을 차곡차곡 쟁여 놓는 일에 땀을 뻘뻘 흘리고 있는 몽달 씨가 보였다. ㉡실컷 두들겨 맞고 열흘간이나 누워 있었던 사람이라 안색이 차마 마주보기 어려울 만큼 핼쑥했다. 그런데도 뭐가 좋은지 **히죽히죽** 웃어 가면서 열심히 박스들을 나르고 있는 게 아닌가. 그것도 김 반장네 가게에서. 아무리 눈을 크게 뜨고 보아도 몽달 씨가 분명했다. 저럴 수가. ㉢어쨌든 제정신이 아닌 작자임이 틀림없었다. 아무리 정신이 좀 헷갈린 사람이래도 그렇지, 그날 밤의 김 반장 행동을 깡그리 잊어버리지 않고서야 저럴 수가 없다는 게 내 생각이었다.

잊었을까. 그날 밤 머리의 어딘가를 세게 다쳐서 김 반장이 자기를 내쫓은 부분만큼만 감쪽같이 지워진 것은 아닐까. 전혀 엉뚱한 이야기만도 아니었다. 텔레비전에서도 보면 기억 상실증인가 뭔가로 자기 아들도 못 알아보는 연속극이 있었다. 그런 쪽의 상상이라면 나를 따라올 만한 아이가 없는 형편이었다. 내 머릿속은 기기괴괴한 온갖 상상들로 늘 모래주머니처럼 빽빽했으니까. 나는 청소부 아버지의 딸이 아니라 사실은 어느 부잣집의 버려진 딸이다, 라는 식의 유치한 상상은 작년도 못 되어 이미 졸업했었다. 요즘의 내 상상이란 외계인 아버지와 지구인 엄마와의 사랑, 뭐 그런 쪽의 의젓한 것이었다. ㉣아무튼 나의 기막힌 상상력으로 인해 몽달 씨는 부분적인 기억 상실증 환자로 결정되었다. 그렇다면 이제는 확인할 일만 남은 셈이었다. 오래 기다릴 필요도 없었다. 나는 김 반장네 가게 일을 거들어 주고 난 뒤 비치파라솔 밑의 **의자**에 앉아 **뭔가**를 읽고 있는 몽달 씨에게로 갔다. 보나 마나 주머니 속에 잔뜩 들어 있는 종잇조각 중의 하나일 것이었다. ㉤멀쩡한 정신도 아닌 주제에 이번엔 기억 상실증이란 병까지 얻어 놓고도 여태 시 따위나 읽고 있는 몽달 씨 꼴이 한심했다.

"ⓐ이거, 또 시예요?"

"ⓑ그래. 슬픈 시야. 아주 슬픈……."

몽달 씨가 핼쑥한 얼굴을 쳐들며 행복하게 웃었다. 슬픈 시라고 해 놓고선 웃다니. 나는 이맛살을 찡그리며 몽달 씨 옆에 앉았다. 그리고 아주 낮은 목소리로 물었다.

"ⓒ이제 다 나았어요?"

"ⓓ응. 시를 읽으면서 누워 있었더니 금방 나았지."

금방은 무슨 금방. 열흘이나 되었는데. 또 한 번 나는 몽달 씨의 형편없는 정신 상태에 실망했다.

"**그날** 밤에 난 **여기**에 앉아서 다 봤어요."

"무얼?"

"ⓔ김 반장이 아저씨를 쫓아내는 것……."

순간 몽달 씨가 정색을 하고 내 얼굴을 쳐다보았다. 예전의 그 풀려 있던 눈동자가 아니었다. 까맣고 반짝이는 눈이었다. 그러나 잠깐이었다. 다시는 내 얼굴을 보지 않을 작정인지 괜스레 팔뚝에 엉겨 붙은 상처 딱지를 떼어 내려고 애쓰는 척했다. 나는 더욱 바싹 다가앉았다.

"ⓕ김 반장은 나쁜 사람이야. 그렇지요?"

몽달 씨가 팔뚝을 탁 치면서 "아니야"라고 응수했는데도 나는 계속 다그쳤다.

"ⓖ그렇지요? 맞죠?"

그래도 몽달 씨는 못 들은 척 팔뚝만 문지르고 있었다. 바보같이. 기억 상실도 아니면서……. 나는 자꾸만 약이 올라 견딜 수 없는데도 몽달 씨는 마냥 딴전만 피우고 있었다.

- 양귀자, 「원미동 시인」 -

**28.** 윗글에 대한 이해로 가장 적절한 것은?

① 몽달 씨는 김 반장이 자기를 매정하게 대했으나, 김 반장네 가게 일을 해 주고 있다.
② 김 반장은 선옥을 좋아했으나, 선옥이 서울로 가자 '나'를 통해 선옥과의 관계를 회복해 나갔다.
③ '나'는 김 반장을 좋은 친구라고 생각했으나, 김 반장이 빈둥거리며 실없는 행동을 해서 당황했다.
④ 선옥은 자신의 집안 형편에 대해 부정적으로 생각하고 있지만, '나'는 집안 형편을 그렇게 생각하지 않는다.
⑤ '나'는 몽달 씨를 친구라 여겼으나, 몽달 씨가 김 반장 가게에 다시 나온 것을 보고 그렇게 생각한 것을 후회했다.

**29.** ⓐ~ⓖ에 대한 이해로 적절하지 않은 것은?

① ⓐ는 상대를 못마땅해하는 발언이지만, ⓒ를 고려하면 상대의 상태에 대한 관심에서 비롯된 것이라고 할 수 있다.
② ⓑ와 ⓓ의 시에 대한 인물의 태도를 고려하면, 인물이 시를 통해 위안을 얻었음을 알 수 있다.
③ ⓔ는 ⓓ를 듣고 실망하여, 상대의 새로운 반응을 기대하며 한 발언이라고 할 수 있다.
④ ⓕ는 ⓔ에 대한 상대의 반응이 예상을 벗어났지만, 상대가 보여 준 판단을 수용하기 위한 질문이라고 할 수 있다.
⑤ ⓖ는 ⓕ의 주장을 확인하는 질문으로, 상대의 태도를 탐탁지 않게 여기는 마음이 반영된 발언이라고 할 수 있다.



[해설편 p.141]

**30.** [형제슈퍼]를 중심으로 확인할 수 있는 인물의 행위에 대한 설명으로 가장 적절한 것은?

① '나'가 '매일같이' 김 반장과 재미있게 낄낄거렸던 행위는 '그날'보다 앞선 시간대에 이루어지며, '그날'의 일을 지켜보기만 한 '나'의 부정적 자기 인식으로 이어지고 있다.
② 김 반장이 '나'를 퉁명스럽게 대하는 행위는 '요즘'보다 앞선 시간대에 이루어지며, '나'에게 반성을 유도하고 있다.
③ 몽달 씨가 '히죽히죽' 웃는 행위는 현재 '여기'에서 '나'에게 속내를 감추는 행위보다 앞선 시간대에 이루어지며, '나'에게 진심을 드러내어 보여 주고 있다.
④ '의자'에서 '뭔가'를 읽는 몽달 씨의 행위는 '여기'에서 환기된 '그날'의 경험보다 앞선 시간대에 이루어지며, '나'가 '그날' 느꼈을 긴박감과 대비되는 이완된 상황을 보여 주고 있다.
⑤ '여기'에서 목격된 '그날' 김 반장의 행위는 '요즘'보다 이후의 시간대에 이루어지며, '나'가 김 반장을 이전과 다르게 평가하는 원인으로 기능하고 있다.

**31.** <보기>를 바탕으로 ㉠~㉤을 이해한 내용으로 적절하지 않은 것은? [3점]

<보 기>

미성숙한 어린아이 서술자라도 합리적 정보를 제공하면 독자는 서술자를 신뢰하게 된다. 그러나 작가는 때로 합리성이 부족한 어린아이의 특성을 강화하여 독자가 서술자를 의심하게 한다. 이때 독자는 서술자가 제공하는 정보가 틀릴 수 있다고 생각하면서 서술자와 다른 각도에서 작품이 전하려는 의미를 탐색하게 된다. 이 경우에도 독자는 서술자가 제공하는 제한된 정보에 의존할 수밖에 없으므로, 서술적 상황과 작품이 전하려는 의미가 서로 달라져 작품을 더욱 집중해서 읽게 된다.

① ㉠: 문제적 상황의 원인을 파악하여 이에 대응하고, 인물의 태도 변화를 설명할 수 있는 정보를 제시한다는 점에서 독자가 서술자를 신뢰하도록 유도하고 있군.
② ㉡: 인물이 처한 부정적 상황을 보여 주고, 인물의 안색과 그 이유에 대해 여러 정보를 제공한다는 점에서 독자가 서술자를 신뢰하도록 유도하고 있군.
③ ㉢: 논리적 연관을 무시하고, 추측에 근거하여 인물의 의식 상태를 단정하는 모습을 통해 독자가 작품에 더욱 집중하면서, 서술자와 다른 각도로 생각하도록 유도하고 있군.
④ ㉣: 인물에 대해 적극적으로 탐색하고, 인물의 상태를 스스로 진단하여 그 정보를 제공하는 모습을 통해 독자가 서술자를 신뢰하도록 유도하고 있군.
⑤ ㉤: 시에 대한 이해가 부족하고, 합당한 이유 없이 인물의 취향을 비난하는 모습을 통해 독자가 작품에 더욱 집중하면서, 서술자와 다른 각도로 생각하도록 유도하고 있군.

**[32~34] 다음 글을 읽고 물음에 답하시오.**

(가)

청강 녹초변에 소 먹이는 아이들이
석양에 흥이 겨워 피리를 빗기 부니
물 아래 잠긴 **용**이 잠 깨어 일어날 듯
내 기운에 나온 **학**이 제 깃을 던져 두고 반공에 솟아 뜰 듯
**소선**(蘇仙)* 적벽은 추칠월이 좋다 하되
팔월 십오야를 모두 어찌 칭찬하는가
구름이 걷히고 물결이 다 잔 적에
하늘에 돋은 달이 솔 위에 걸렸거든
잡다가 빠진 줄이 **적선**(謫仙)*이 헌사할샤
공산에 쌓인 잎을 삭풍이 거둬 불어
떼구름 거느리고 눈조차 몰아오니
천공이 호사로워 옥으로 꽃을 지어
만수천림을 꾸며곰 낼세이고
앞 여울 가리 얼어 독목교(獨木橋) 비꼈는데
막대 멘 늙은 중이 어느 절로 간단 말고
**산옹**의 이 부귀를 남더러 자랑 마오
경요굴(瓊瑤窟)* 숨은 세계 찾을 이 있을세라
산중에 벗이 없어 서책을 쌓아 두고
만고 인물을 거슬러 헤여하니
성현도 많거니와 호걸도 하도 할샤
하늘 삼기실 제 곧 무심할까마는
어찌한 시운(時運)이 흥망이 있었는고
모를 일도 하거니와 애달픔도 그지없다
기산의 늙은 고블* 귀는 어찌 씻었던고
박 소리 핑계하고 지조가 가장 높다
인심이 낯 같아야 볼수록 새롭거늘
세사는 구름이라 험하기도 험하구나
엊그제 빚은 **술**이 얼마나 익었느냐
잡거니 밀거니 실컷 기울이니
마음에 맺힌 시름 조금은 풀리나다

[A] (공산에 쌓인 잎을 ~ 세사는 구름이라 험하기도 험하구나)

- 정철, 「성산별곡」 -

* 소선: 소동파를 신선에 빗댄 말.
* 적선: 이태백을 신선에 빗댄 말.
* 경요굴: 눈 내린 성산의 모습을 빗댄 말.
* 고블: 기산에 은거한 인물인 허유.

(나)

**생매** 잡아 길 잘 들여 먼 산 두메로 꿩 사냥 보내고 흰 말 구불구종* 갈기 솔질 활활 쇄쇄 하여 임의 집 송정 뒤 잔디 잔디 금잔디 밭에 말 말뚝 꽝꽝쌍쌍 박아 숭마 바 고삐 길게 늘려 매고

앞내 여울 **고기** 뒷내 여울 고기 오르는 고기 내리는 고기 자나 굵으나 굵으나 자나 주섬주섬 낚아 내여 시내 동으로 뻗은 움버들 가지 와지끈 뚝딱 꺾어 거꾸로 잡고 잎사귀 셋만 남기고 주루룩 훑어 아가미 너슬너슬 꿰어 시내 잔잔 흐르는 물에 남작 실죽 청바둑돌로 임도 모르고 아무도 모르게 가만히 살짝 자기자 장단 맞춰 지근지지 눌러 놓고 동자야 이 뒤에 학 타신 **선관**이 날

찾거든 그물 낚싯대 종이 종다래끼* 파리 밥풀통 고추장 **술병**까지 가지고 뒷내 여울로 오라고 일러만 주소
아마도 산중호걸이 **나**뿐인가 하노라

- 작자 미상, 사설시조 -

* 구불구종 : 말 모는 하인.
* 종다래끼 : 작은 바구니.

**32.** (가), (나)에 대한 설명으로 가장 적절한 것은?

① (가)는 영탄적 표현을 통해 인물에 대한 그리움을 드러내고 있다.
② (나)는 음성 상징어를 통해 인물의 역동성을 드러내고 있다.
③ (가)는 (나)와 달리 공간의 이동을 통해 다양한 대상의 면모를 드러내고 있다.
④ (나)는 (가)와 달리 시간의 흐름에 따라 인물의 심리 변화를 드러내고 있다.
⑤ (가)와 (나)는 모두 대구를 사용하여 대조적 대상의 속성을 드러내고 있다.

**33.** [A]에 대한 이해로 적절하지 <u>않은</u> 것은?

① '삭풍'이 가을 잎을 쓸고 간 자리에 구름을 불러와 '공산'을 눈 세상으로 만들었다고 한 것에는, 인물이 거처한 공간의 아름다움에 대한 인식이 계절에 따른 자연의 변화를 통해 드러난다.
② '앞 여울'을 건너가는 노승을 발견하고 '경요굴'이 들키지 않기를 바라는 것에는, 빼어난 경치를 소중하게 여기는 태도가, 숨어 있는 세계가 알려질 것에 대한 염려를 통해 드러난다.
③ 만족스러운 외적 풍경에서 눈을 돌려 벗이 없는 '산중'에서 '만고 인물'을 생각하는 것에는, 정신적 세계에 주목하는 태도가, 적적한 상황에 놓인 인물의 행위를 통해 드러난다.
④ 하늘의 이치가 제대로 구현되지 못했음을 '시운'의 '흥망'에서 발견하고도 모를 일이 많다고 한 것에는, 인물의 담담한 태도가, 이상에 미치지 못하는 현실을 수용하는 것을 통해 드러난다.
⑤ 세상을 등진 인물의 삶을 '기산'의 '고블'에 비유한 것에는, 험한 세사와의 단절과 은거 지향에 대한 긍정적 인식이 인물의 선택에 대한 평가를 통해 드러난다.

**34.** <보기>를 바탕으로 (가)와 (나)를 감상한 내용으로 적절하지 <u>않은</u> 것은? [3점]

<보 기>

고전 시가에서 자연은 작품에 따라 다양하게 그려진다. (가)의 자연은 속세와 구별되는 청정한 이상 세계로 그려지며, 신선의 이미지를 통해 탈속적이고 고고한 가치를 추구하는 곳이다. (나)의 자연은 풍요롭게 그려지는 현실적 풍류의 장으로, 활달하고 흥겹게 놀이를 펼치는 곳이며, 신선의 이미지를 통해 멋이 고조된다.

① (가)의 '용'은 피리 소리로 조성된 탈속적 분위기를 환상적으로 표현하는 소재이고, (나)의 '생매'는 고고한 취향을 사실적으로 보여 주는 소재이군.
② (가)의 '학'은 이상적 세계의 아름다움을 구현하는 소재이고, (나)의 '고기'는 풍요롭고 생동하는 세계를 표현하는 소재이군.
③ (가)의 '소선', '적선'은 청정한 강호의 세계에서 떠올린 인물의 이미지이고, (나)의 '선관'은 '나'가 현재의 행위를 함께 하고 싶은 인물을 멋스럽게 표현한 이미지이군.
④ (가)의 '산옹'은 계절에 따른 산의 모습을 바라보며 이상 세계의 삶을 지향하는 인물이고, (나)의 '나'는 사냥과 고기잡이를 통해 현실의 즐거움을 향유하는 인물이군.
⑤ (가)의 '술'은 강호에서 세상에 대한 시름을 달래 주는 소재이고, (나)의 '술병'은 풍류의 장에 흥취를 더해 줄 소재이군.

* 확인 사항

○ 답안지의 해당란에 필요한 내용을 정확히 기입(표기)했는지 확인하시오.

○ 이어서, 「**선택과목(화법과 작문)**」 문제가 제시되오니, 자신이 선택한 과목인지 확인하시오.



[해설편 p.142]

제 1 교시

# 국어 영역(화법과 작문)

12회

**[35～37] 다음은 학생의 발표이다. 물음에 답하시오.**

안녕하세요? 지난 수업 시간에 곰팡이의 생육 환경에 대해 우리가 조사했던 활동이 기억나나요? (청중의 반응을 듣고) 네, 기억하는군요. 자료를 더 찾아보니 식물 뿌리와 함께 사는 곰팡이에 관한 흥미로운 사실이 있어 소개하려 합니다.

식물 뿌리와 함께 사는 곰팡이가 식물 뿌리와 상호 작용한다는 것을 알고 있나요? (청중의 반응을 살피고) 대부분 모르는군요. 곰팡이와 식물 뿌리의 상호 작용에는 곰팡이의 균사가 중요한 역할을 합니다. (㉠ 화면 제시) 이렇게 식물 뿌리를 감싸고 있는 실처럼 생긴 것이 곰팡이의 균사인데요, 균사는 곰팡이의 몸을 이루는 세포가 실 모양으로 이어진 것을 말합니다.

식물 뿌리와 연결된 곰팡이의 균사는 양분이 오가는 통로가 됩니다. 마치 서로를 잇는 다리와 같은 역할을 하지요. (㉡ 화면 제시) 이렇게 곰팡이가 토양에서 흡수한 양분은 식물 뿌리로 전달되고, 식물이 광합성으로 만든 양분도 곰팡이로 전달됩니다. 또한 균사는 땅속에서 퍼져 나가면서 거리가 떨어져 있는 식물 뿌리와 연결될 수 있고, 한 식물의 뿌리와 또 다른 식물의 뿌리를 연결할 수도 있습니다. 식물과 식물을 연결한 균사를 통해 양분이 식물 간에 전달되지요.

아, 질문이 있네요. (ⓐ 질문을 듣고) 곰팡이나 식물에 눈이 있어 서로를 찾아가는 것은 아닙니다. 곰팡이와 식물 뿌리는 각각 상대의 생장을 촉진하는 물질을 내놓아 상대를 자기 쪽으로 유인하여 만날 수 있지요. 이해되었나요? (고개를 끄덕이는 모습을 보고) 그럼 발표를 이어 가겠습니다.

곰팡이의 균사가 식물 뿌리와 연결되는 방식은 곰팡이에 따라 다릅니다. 예를 들어, (㉢ 화면 제시) 화면의 왼쪽처럼 균사가 식물 뿌리 세포의 내부로 들어가는 곰팡이가 있고, 화면의 오른쪽처럼 균사가 식물 뿌리의 겉면이나 식물 뿌리 세포를 감싸는 곰팡이도 있습니다.

곰팡이와 식물 뿌리의 상호 작용이 흥미롭지 않나요? 발표 내용이 잘 이해되었기를 바라며 이만 마치겠습니다.

**35.** 위 발표에 활용된 발표 전략으로 적절하지 <u>않은</u> 것은?

① 청중의 주의를 환기하기 위해 청중과 공유하고 있는 경험을 언급한다.
② 청중이 발표 내용을 예측하도록 발표 내용의 제시 순서를 발표 도입에서 밝힌다.
③ 청중이 발표 내용에 대해 사전에 알고 있었는지 확인하기 위해 발표 내용과 관련된 질문을 한다.
④ 청중이 특정 대상의 개념을 파악하도록 대상의 정의를 제시한다.
⑤ 청중의 이해를 돕기 위해 특정 대상을 일상적 소재에 빗대어 표현한다.

**36.** 다음은 발표자가 보여 준 화면이다. 발표자의 시각 자료 활용에 대한 설명으로 가장 적절한 것은?

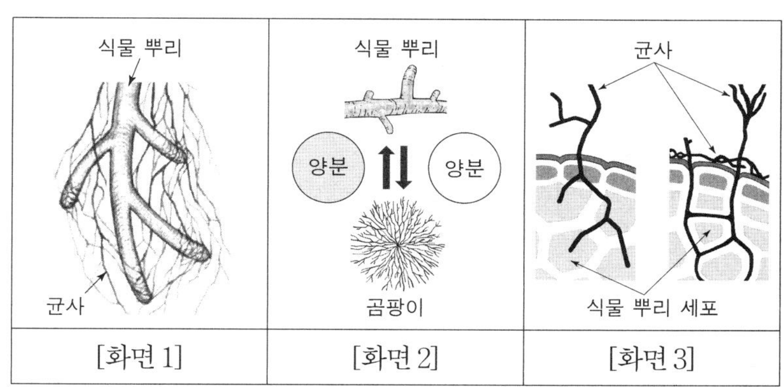


[화면 1] [화면 2] [화면 3]

① [화면 1]은 균사가 식물 뿌리를 감싸는 정도가 식물 뿌리의 부위마다 다름을 설명하기 위해 ㉠에 제시하였다.
② [화면 1]은 균사를 통해 한 식물의 양분이 다른 식물에 전달됨을 설명하기 위해 ㉠에 제시하였다.
③ [화면 2]는 곰팡이의 몸을 이루는 세포가 실 모양으로 이어진 것이 균사임을 설명하기 위해 ㉡에 제시하였다.
④ [화면 2]는 곰팡이가 토양에서 흡수한 양분은 식물 뿌리로 전달되고, 광합성으로 만들어진 양분은 곰팡이로 전달됨을 설명하기 위해 ㉡에 제시하였다.
⑤ [화면 3]은 땅속에서 퍼져 나가는 특성이 있는 균사가 주변에 서식하는 여러 식물의 뿌리와 연결될 수 있음을 설명하기 위해 ㉢에 제시하였다.

**37.** 위 발표의 흐름을 고려할 때, ⓐ로 가장 적절한 것은?

① 균사가 식물 뿌리 세포의 내부까지 어떻게 들어가나요?
② 곰팡이는 식물 이외에 다른 생물과도 상호 작용할 수 있나요?
③ 서로 떨어져 있는 곰팡이와 식물 뿌리가 어떻게 닿을 수 있나요?
④ 곰팡이와 식물 뿌리의 생장을 촉진하는 물질에는 어떤 것이 있나요?
⑤ 곰팡이와 연결된 식물 뿌리는 그렇지 않은 식물 뿌리보다 빨리 생장하나요?

[38~42] (가)는 방송 대담의 일부이고, (나)는 이를 바탕으로 학생회 학생들이 나눈 대화이며, (다)는 학생회장이 작성한 건의문이다. 물음에 답하시오.

(가)

**진행자**: 안녕하십니까? 특별 기획 '박물관에 바란다'입니다. 우리 지역 박물관은 증축을 추진하면서 시민 건의를 받고 있습니다. 오늘은 우리 지역 박물관의 발전적 변화를 모색하고자 전문가 두 분을 모셨습니다. 먼저 공간 구성에 관한 사항을 논의하겠습니다.

**전문가 1**: 이 지역은 ○○ 문화의 중심지였고, 박물관에서는 토기와 왕릉의 왕관 등 ○○ 문화의 흥망성쇠를 보여 주는 유물을 다수 보유하고 있습니다. 따라서 ○○ 문화권 상설 전시실의 규모를 확대할 것을 제안합니다.

**진행자**: 지역의 역사와 유물을 고려해 상설 전시실 규모를 늘리자는 말씀이군요. 이에 대해 어떻게 생각하시나요? [A]

**전문가 2**: 저 역시 동의합니다. 그리고 이번 기회에 교육, 공연, 시민 교류 등을 위한 시민 활용 공간들을 확보해서 박물관을 복합 문화 공간으로 조성해야 합니다.

**전문가 1**: 교육 공간의 확보에 대해서는 같은 생각입니다. 하지만 교육 공간 이외의 시민 활용 공간보다 유물 보존을 위한 공간을 확보하는 것이 더 중요합니다.

**진행자**: 보존 공간의 확보가 중요한 이유는 무엇인가요?

**전문가 1**: 인류의 귀중한 유산을 보존하는 게 박물관 본연의 기능이기 때문입니다. 보존 공간이 부족해 5년 만에 재증축한 □□ 박물관의 전철을 밟으면 곤란합니다. 증축할 공간에 한계가 있으니 본연의 기능에 집중해야 하지 않을까요?

**전문가 2**: 말씀에 공감하지만, 이번 증축을 계기로 박물관이 시민에게 더 다가가는 공간이 되었으면 합니다.

**진행자**: 공간 구성에 대한 두 분의 좋은 말씀 고맙습니다. 다음으로 운영상 중점을 둘 부분을 논의해 볼까요? [B]

**전문가 1**: 박물관의 핵심은 유물 보존과 연구입니다. 특히 충분한 연구가 전제되지 않으면 내실 있는 전시가 어렵습니다. 따라서 유물 연구를 강화해야 합니다.

**전문가 2**: 최근 새로 제시된 박물관의 정의에 공동체의 참여에 관한 내용이 추가되었지요. 이는 박물관 운영 과정에서 시민의 의견을 적극 수용해야 한다는 의미로 볼 수 있습니다. 저는 이 점이 중요하다고 생각합니다.

**진행자**: 방금 하신 말씀이 어떤 식으로 실현될지 궁금하네요.

**전문가 2**: 박물관에서 운영할 교육 프로그램 기획 단계에서 시민에게 의견을 묻고 이를 운영에 반영할 수 있습니다.

**진행자**: 시민에게 의견을 묻고 이를 운영에 반영하면 수요자의 요구에 맞는 교육 프로그램 운영이 가능하겠군요. [C]

(나)

**학생회장**: '박물관에 바란다'를 보고 우리도 박물관에 건의하기로 했잖아. 무엇을 건의할지 이야기해 보자.

**학생 1**: 전문가가 우리 지역은 ○○ 문화의 중심지였다고 했으니, 박물관을 왕릉 모양으로 만들면 뜻깊을 거야.

**학생 2**: 흥미롭지만 현실적으로 어렵지 않을까?

**학생 1**: 그럼 진로 체험 강좌를 운영해 달라는 건 어때?

**학생 2**: 그래. 역사학 관련 체험 강좌가 박물관에 없어서 진로 체험 기회가 부족한 게 문제였잖아.

**학생회장**: 방송에서 유물 보존과 연구가 박물관의 핵심이라고 했는데, 이와 관련한 강좌는 진로 개발에 큰 도움이 될 거야. 또 다른 건의 사항 있어?

**학생 1**: 설명 위주의 기존 전시 방식에 친구들의 불만이 많잖아. 유물 모형을 만져 보며 체험할 수 있는 공간을 만들어 달라고 건의하자.

**학생 2**: 맞아. 박물관이 다양한 시민 활용 공간을 확보해야 한다고 전문가도 그랬잖아.

**학생회장**: 이야기한 내용을 바탕으로 글을 써 볼게.

(다)

박물관장님, 안녕하세요? 저는 △△ 고등학교 김◇◇입니다. 증축을 앞둔 박물관에 건의 사항이 있습니다.

첫째, 유물 모형을 체험할 수 있는 공간을 마련해 주십시오. 저희 청소년은 체험해 보는 교육 활동을 좋아합니다. 그런데 기존 박물관은 유리벽 안의 유물에 대한 설명만 있어서 청소년의 불만이 많습니다. 유물 모형을 만져 보며 체험하는 공간이 생긴다면, ㉠<u>지역의 많은 청소년이 유물의 가치에 대해 더 재미있게 배울 수 있을 것입니다</u>. 또한 박물관을 홍보하는 효과가 있을 것입니다. ㉡<u>체험 중 안전사고를 우려하실 수 있지만 이 문제는 자원봉사자의 참여로 해결 가능하며, 이는 청소년에게 자원봉사의 기회를 제공하는 이점도 있습니다.</u>

둘째, 청소년 대상의 진로 체험 강좌를 운영해 주십시오. 우리 지역은 ○○ 문화의 중심지여서 많은 청소년이 역사적 자긍심을 느끼고 있습니다. 그래서 역사학에 관심이 있는 청소년이 많은 편이지만, 진로 체험의 기회는 부족합니다. 유물의 보존과 연구에 대해 배우는 강좌가 운영된다면, 지역 청소년의 진로 개발에 큰 도움이 될 것입니다.

건의를 수용할 경우 ㉢<u>박물관 운영에 부담이 된다고 우려하실 수 있지만, 이보다 청소년이 꿈을 키우고 지역에 대한 청소년의 자긍심이 높아지는 효과가 더 클 것입니다</u>. 증축될 박물관은 자랑스러운 역사를 간직한 참여의 공간이 될 것입니다. 고맙습니다.

38. [A]~[C]에 대한 설명으로 가장 적절한 것은?

① [A]: '전문가 1'의 질문 내용을 요약하며 이에 대한 '전문가 2'의 생각을 묻고 있다.
② [A]: '전문가 1'의 답변 중 이해가 어려운 내용을 밝히며 추가 답변을 요청하고 있다.
③ [B]: '전문가 1'과 '전문가 2'의 제안을 종합한 후 이에 대한 자신의 의견을 제시하고 있다.
④ [B]: '전문가 1'과 '전문가 2'가 밝힌 의견에 대해 감사를 표한 후 이어서 논의할 사항을 제시하고 있다.
⑤ [C]: '전문가 2'가 언급한 내용의 일부를 재진술하며 예상되는 문제를 밝히고 있다.



[해설편 p.143]

**39.** 다음은 (가)의 전문가들이 대담을 준비하며 쓴 메모의 일부이다. ⓐ~ⓔ와 관련하여 계획한 내용 중 (가)에 나타나지 않은 것은?

| [전문가 1] | [전문가 2] |
|---|---|
| • ○○ 문화권 상설 전시실 규모 확대가 필요함. ················ ⓐ<br>• 유물 연구가 강화될 필요가 있음. ·························· ⓑ<br>• 유물 보존 공간이 충분히 확보되어야 함. ······················ ⓒ | • 박물관 운영 과정에서 시민 의견이 적극 수용되어야 함. ···· ⓓ<br>• 박물관이 복합 문화 공간이 되어야 함. ······················· ⓔ |

① ⓐ: 박물관에서 지역의 역사에 중요한 의미가 있는 유물을 다수 보유하고 있음을 이유로 제시한다.
② ⓑ: 내실 있는 전시는 충분한 연구가 선행되어야 가능함을 언급하며 유물 연구를 강화할 필요가 있음을 제시한다.
③ ⓒ: 박물관 본연의 기능을 위한 공간을 충분히 확보하지 않아 다시 증축하게 된 다른 박물관의 사례를 제시한다.
④ ⓓ: 박물관의 정의에 새롭게 추가된 내용을 언급하며 시민의 의견을 적극적으로 수용할 필요가 있음을 제시한다.
⑤ ⓔ: 박물관을 복합 문화 공간으로 만들면 공간별로 시민이 얻을 수 있는 효과가 다양함을 이유로 제시한다.

**40.** (가), (나)의 담화 내용이 (다)에 반영된 양상으로 가장 적절한 것은? [3점]

① '학생회장'이 '전문가 1'의 발언을 언급하며 밝힌 의견이 박물관의 진로 체험 강좌 운영의 기대 효과로 제시되었다.
② '학생회장'이 '전문가 2'의 발언을 언급하며 밝힌 의견이 증축될 박물관의 향후 전망으로 제시되었다.
③ '학생 1'이 '전문가 1'의 발언을 언급하며 밝힌 의견이 박물관 전시 방식의 개선이라는 건의 사항으로 제시되었다.
④ '학생 1'이 '전문가 2'의 발언을 언급하며 밝힌 의견이 체험 교육 활동에 대한 청소년의 선호라는 건의 이유로 제시되었다.
⑤ '학생 2'가 '전문가 2'의 발언을 언급하며 밝힌 의견이 역사학 관련 진로 체험 강좌의 부재라는 문제 상황으로 제시되었다.

**41.** <보기>를 바탕으로 (다)의 ㉠~㉢을 이해한 내용으로 가장 적절한 것은?

<보 기>

> 건의문의 필자는 건의 수용의 기대 효과를 분명하게 밝혀야 한다. 이때, ㉮ 건의가 필자 개인만이 아니라 다수를 위한 것임을 드러냄은 물론, ㉯ 건의를 받는 독자의 이점을 제시하는 것이 좋다. 한편, 건의를 수용할 경우 우려되는 점이 있다는 독자의 반론이 있을 수 있다. 필자가 이를 예상하여 독자가 우려하는 점은 해결 가능하다거나 ㉰ 우려하는 점보다 건의 수용의 기대 효과가 더 크다는 것을 제시하는 것이 좋다.

① ㉠: 체험 공간 조성으로 청소년이 얻을 수 있는 이점을 제시하고 있다는 점에서, ㉯에 해당한다.
② ㉡: 체험 중 안전사고의 문제를 해결해 달라는 요구가 청소년을 위한 것임을 드러내고 있다는 점에서, ㉮에 해당한다.
③ ㉡: 체험 중 안전사고에 대한 우려와 자원봉사 기회 제공이라는 이점을 비교하고 있다는 점에서, ㉰에 해당한다.
④ ㉢: 박물관 운영상의 부담이 해결된다는 이점을 제시하고 있다는 점에서, ㉯에 해당한다.
⑤ ㉢: 박물관 운영상의 부담과 청소년에게 미치는 영향을 비교하고 있다는 점에서, ㉰에 해당한다.

**42.** 다음은 (다)의 3문단의 초고이다. 3문단에 반영된 수정 사항으로 적절하지 않은 것은?

> 박물관에서 진로 체험 강좌를 운영해야 합니다. 우리 지역은 역사적 자긍심이 느껴지는 곳입니다. 그래서 역사학에 대한 관심이 높은 편입니다. 진로 체험의 기회가 부족하므로 체험 강좌가 운영된다면 우리 지역에 큰 도움이 될 것입니다. 또한 음악회, 미술전 등 문화 행사도 열어 주셨으면 합니다.

① 청소년 진로 개발의 중요성을 언급한다.
② 진로 체험 강좌의 수강 대상을 제시한다.
③ 청소년이 지역에 자긍심을 느끼는 이유를 추가한다.
④ 청소년이 진로 체험 강좌에서 배울 수 있는 내용을 밝힌다.
⑤ 진로 체험 강좌 운영의 요구에서 벗어나는 내용을 삭제한다.

12회

**[43~45] (가)는 글쓰기를 위한 학생의 생각이고, (나)는 (가)를 바탕으로 쓴 학생의 초고이다. 물음에 답하시오.**

**(가) [학생의 생각]**

학교 주변의 어린이 식품안전보호구역은 불량 식품과 관련 있다고 들었어. 무엇이 불량 식품이고, 이를 없애기 위해 우리 사회는 어떤 노력을 하고 있을까? 교지 원고를 모집하던데, 불량 식품에 관한 글을 써 봐야지. ㉠ 불량 식품의 개념과 ㉡ 불량 식품에 해당하는 것을 밝히고, ㉢ 불량 식품을 근절하는 방안을 제시해야겠어.

**(나) [학생의 초고]**

불량 식품은 건강과 직접적으로 관련된다. 따라서 불량 식품에 대해 이해하는 것은 중요하다. 연구 보고서에 따르면, 불량 식품은 생산, 유통, 판매 등의 과정에서 식품 위생 관련 법규를 준수하지 않은 식품을 말한다.

불량 식품에 해당하는 것이 다양하다 보니 무엇이 불량 식품인지 잘 모르는 경우가 있다. 예를 들어, 저렴한 군것질거리는 불량 식품으로 생각되기 쉽지만 법규에 맞게 위생적으로 만들어져 유통, 판매되는 것이라면 불량 식품이 아니다. 그렇다면 의약품인 것처럼 광고하는 식품은 불량 식품일까? 허위 광고나 과대광고를 통해 판매되는 식품은 소비자에게 유해한 불량 식품이다.

[해설편 p.143]

안전한 식생활을 위해 불량 식품을 근절하는 방안이 시행되고 있다. 첫째, 어린이 식품안전보호구역 제도가 있다. 이 제도는 학교 주변에서 불량 식품 판매 사례가 발생함에 따라 2009년부터 시행되었다. 이 구역의 어린이 기호 식품 조리·판매업소는 식품 위생 및 안전에 대해 관리를 받는다. 이 제도는 어린이가 위생적이고 안전한 식품을 접하게 하는 효과가 있다.

둘째, 이물 보고 의무화 제도가 있다. 이 제도는 식품 이물에 대한 업체의 소극적 대응에 소비자 불만이 커지면서 2010년부터 시행되었다. 업체는 식품에서 이물이 나왔다는 소비자의 신고를 받으면 이를 관련 기관장에게 보고해야 한다. 불량 식품 적발 유형 중 이물 검출 사례가 가장 많았는데, 이 제도는 이물 검출 문제를 해결하는 데 기여할 것으로 보인다.

[A]

**43.** (가)의 ㉠~㉢을 (나)에 구체화한 내용으로 적절하지 않은 것은?

① ㉠: 연구 보고서에서 제시한 불량 식품의 개념을 밝힌다.
② ㉡: 불량 식품인 것과 아닌 것을 구분하여 제시한다.
③ ㉡: 불량 식품에 대한 인식의 변화를 시기별로 제시한다.
④ ㉢: 불량 식품 근절을 위한 제도가 도입된 배경을 제시한다.
⑤ ㉢: 어린이 식품안전보호구역 제도와 이물 보고 의무화 제도를 설명한다.

**44.** 다음은 (나)를 읽은 교지 편집부장의 조언이다. 이를 반영하여 [A]를 작성한 내용으로 가장 적절한 것은?

> 식품 산업의 변화와 관련지어 독자가 글의 중심 내용을 아는 것이 어떤 의의가 있는지를 밝히는 마지막 문단이 있어야겠어.

① 소비자가 다양한 식품을 접할 수 있게 되면서 안전한 먹거리에 대한 관심이 높아지고 있다. 건강한 먹거리에 대한 기대가 큰 만큼 불량 식품 근절을 위한 노력이 요구된다.
② 식품 산업이 변화하면서 식품 안전의 사각지대가 발생하고 있다. 허위 광고나 과대광고로 홍보하는 식품의 신고 방법을 알면 불량 식품으로 인한 피해를 예방할 수 있다.
③ 어린이 식품안전보호구역과 이물 보고 의무화 제도가 불량 식품 문제를 해결할 수 있음을 아는 것은 중요하다. 이 제도는 앞으로도 불량 식품을 근절하는 역할을 할 것이다.
④ 식품 산업계는 안전한 식품을 원하는 소비자의 요구에 따라 건강한 식재료를 식품에 활용하고 있다. 식품업체는 소비자의 신뢰를 얻을 수 있는 식품 생산에 집중할 전망이다.
⑤ 식품 유통 및 판매 방식의 다변화로 다양한 식품이 출시되고 있다. 이 변화에 맞춰 무엇이 불량 식품이고 불량 식품 근절 방안이 무엇인지 아는 것은 우리 건강을 지키는 첫걸음이다.

**45.** <보기>는 학생이 (나)를 보완하기 위해 추가로 수집한 자료이다. 자료 활용 방안으로 적절하지 않은 것은? [3점]

<보 기>

**ㄱ. 통계 자료**

ㄱ-1. 어린이 기호 식품 조리·판매 업소의 식품 위생 및 안전 점검 결과

| 연도 | 점검 업소(개소) | 위반율(%) |
|---|---|---|
| 2009 | 325,880 | 0.19 |
| 2010 | 387,488 | 0.11 |
| 2011 | 404,222 | 0.09 |
| ⋮ | ⋮ | ⋮ |
| 2015 | 378,346 | 0.05 |
| 2016 | 375,508 | 0.04 |
| 2017 | 358,589 | 0.03 |

자료 출처 : 식품의약품안전처

ㄱ-2. 불량 식품 적발 유형

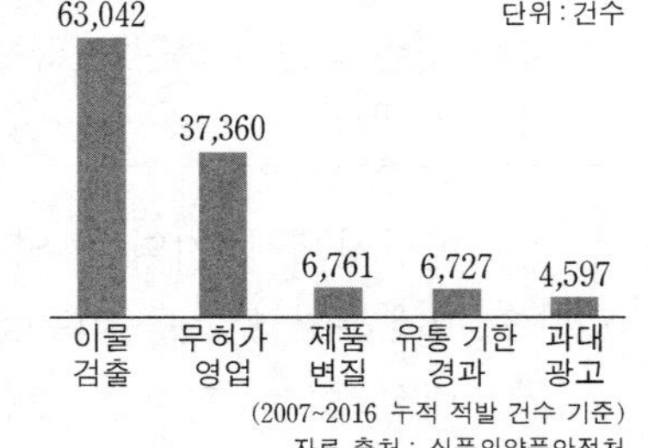

자료 출처 : 식품의약품안전처

**ㄴ. 신문 기사**

A사는 자사 식품을 의약품인 것처럼 허위·과대 광고한 행위가 적발되어 시정 명령을 받았다. 해당 광고는 잘못된 정보로 소비자를 기만하여 소비자의 건강을 해친다는 점에서 문제가 되었다. 또한 이물이 검출된 B 가공식품은 인체에 유해하고 소비자의 불안감을 조성한다는 점에서 신속히 회수되었다.

**ㄷ. 전문가 인터뷰**

"불량 식품은 식중독, 급성 장염, 유해 물질에 장기간 노출되어 생기는 질병 등 건강상의 문제를 일으킵니다. 특히 어린이에게 더 위험하므로 어린이 식품안전보호구역 제도에 따라 구역 내 업소를 관리하는 전담 관리원은 식품 위생 및 안전을 주기적으로 점검하고, 위반 업소를 개선 시까지 관리합니다. 이러한 전담 관리원의 활동으로 위반 업소의 비율이 감소하고 있습니다."

① ㄱ-2를 활용하여, 불량 식품의 적발 유형 중 이물 검출의 누적 적발 건수를 식품에서 이물이 검출되는 사례가 가장 많았다는 내용을 구체화하는 자료로 4문단에 추가한다.
② ㄴ을 활용하여, 잘못된 정보로 소비자를 기만하여 건강을 해친다는 점을 허위 광고나 과대광고로 판매되는 식품이 소비자에게 유해함을 구체화하는 자료로 2문단에 추가한다.
③ ㄷ을 활용하여, 불량 식품이 일으키는 식중독, 급성 장염 등 건강상의 문제를 불량 식품이 건강과 직접적으로 관련되어 있다는 내용을 구체화하는 자료로 1문단에 추가한다.
④ ㄱ-1과 ㄷ을 활용하여, 전담 관리원이 업소를 점검하고 위반 업소를 개선 시까지 관리하여 위반 업소의 비율이 감소 추세인 점을 제도의 효과를 보여 주는 자료로 3문단에 추가한다.
⑤ ㄱ-2와 ㄴ을 활용하여, 소비자의 불안감을 조성하는 이물 검출이 과대광고보다 빈도가 높다는 점을 제도에 대한 소비자 불만이 커진 이유를 보여 주는 자료로 4문단에 추가한다.

* 확인 사항

○ 답안지의 해당란에 필요한 내용을 정확히 기입(표기)했는지 확인하시오.

○ 이어서, 「**선택과목(언어와 매체)**」 문제가 제시되오니, 자신이 선택한 과목인지 확인하시오.



[해설편 p.144]

# 제 1 교시 국어 영역(언어와 매체) 12회

[35～36] 다음 글을 읽고 물음에 답하시오.

[A] 복합어는 합성과 파생을 통해 형성된 합성어와 파생어로 나뉜다. 의미를 고려하여 어떤 말을 둘로 나누었을 때 그 둘 각각을 직접 구성 요소라 하는데, 합성어는 직접 구성 요소가 모두 어근인 단어이고, 파생어는 직접 구성 요소가 어근과 접사인 단어이다. 그리고 한 개의 형태소가 직접 구성 요소가 되기도 하고 두 개 이상의 형태소가 모여 직접 구성 요소가 되기도 한다. 예를 들어 '꿀벌'은 그 직접 구성 요소 '꿀'과 '벌'이 모두 어근이므로 합성어이다. 그리고 '꿀'과 '벌'은 각각 한 개의 형태소이다.

일반적으로 합성과 파생을 통해 단어가 형성될 때에는 그 구성 요소의 형태가 유지된다. 그런데 단어가 형성될 때 형태가 줄어드는 경우도 있다. 먼저 ㉠ 한 단어에서 형태가 줄어드는 경우가 있다. '대낚'은 '낚싯대를 써서 하는 낚시질'을 뜻하는 '대낚시'의 일부가 줄어들어 형성된 단어이다. 다음으로 ㉡ 단어 형성에 사용된 말들의 첫음절끼리 결합한 경우가 있다. '고법(高法)'은, '고등(高等)'과 '법원(法院)'이 결합하여 형성된 '고등 법원'이라는 말의 '고(高)'와 '법(法)'이 결합하여 형성되었다. 또한 ㉢ 단어 형성에 사용된 말들에서 어떤 말의 앞부분과 다른 말의 뒷부분이 결합한 경우가 있다. '교과 과정을 이수하기 위하여 일선 학교에 나가 교육 실습을 하는 학생'을 뜻하는 '교생(敎生)'은 '교육(敎育)'의 앞부분과 '실습생(實習生)'의 뒷부분이 결합하여 형성되었다.

이처럼 단어 형성에 사용된 말이 줄어들어 형성된 단어는, 그 단어의 형성에 사용된 말과 여러 의미 관계를 맺을 수 있다. 예를 들어, '대낚'과 '대낚시'는 서로 바꾸어 써도 그 의미에 차이가 거의 없으므로 서로 유의 관계를 맺고, '고법'은 '법원'의 일종이므로, '고법'과 '법원'은 상하 관계를 맺는다. 그러나 '고법'이 형성될 때 사용된 '고등'은 '고법'과 의미 관계를 맺지 않는다.

**35.** [A]를 바탕으로 추론한 내용으로 적절한 것은?

① '용꿈'의 직접 구성 요소는 모두, 한 개의 자립 형태소로 이루어진 어근이군.
② '봄날'과 '망치질'은 모두, 직접 구성 요소 중 하나가 접사이므로 파생어이군.
③ '필자'를 뜻하는 '지은이'의 직접 구성 요소는 모두, 자립 형태소를 포함하고 있군.
④ '놀이방'과 '단맛'의 직접 구성 요소 중에는 의존 형태소만으로 이루어진 것이 있군.
⑤ '꽃으로 장식한 고무신'을 뜻하는 '꽃고무신'을 직접 구성 요소로 분석하면 '꽃고무'와 '신'으로 분석할 수 있군.

**36.** 윗글을 바탕으로 <보기>의 ⓐ~ⓔ를 이해한 내용으로 적절한 것은?

<보 기>

| 형성된 단어 | 뜻 | 단어 형성에 사용된 말 |
|---|---|---|
| ⓐ 흰자 | 알 속의 노른자위를 둘러싼 흰 부분 | 흰자위 |
| ⓑ 공수 | 공격과 수비를 아울러 이르는 말 | 공격, 수비 |
| ⓒ 직선 | 선거인이 직접 피선거인을 뽑는 선거 | 직접, 선거 |
| ⓓ 민자 | 민간이나 사기업이 하는 투자 | 민간, 투자 |
| ⓔ 외화 | 다른 나라에서 만든 영화 | 외국, 영화 |

① ⓐ는 ㉠에 해당하고, 단어 형성에 사용된 말과 유의 관계를 맺지 않는다.
② ⓑ는 ㉠에 해당하고, 단어 형성에 사용된 두 말 중 어느 하나와 유의 관계를 맺는다.
③ ⓒ는 ㉡에 해당하고, 단어 형성에 사용된 두 말 중 어느 하나와 상하 관계를 맺는다.
④ ⓓ는 ㉡에 해당하고, 단어 형성에 사용된 두 말 중 어느 말과도 유의 관계를 맺지 않는다.
⑤ ⓔ는 ㉢에 해당하고, 단어 형성에 사용된 두 말 중 어느 말과도 상하 관계를 맺지 않는다.

**37.** <학습 활동>을 수행한 결과로 적절한 것은?

<학습 활동>

'교체, 탈락, 첨가, 축약'과 같은 네 가지 유형의 음운 변동을 탐구해 보면, 한 단어에서 서로 다른 유형의 음운 변동이 일어나기도 하고 같은 유형의 음운 변동이 두 번 이상 일어나기도 한다.

- 한 단어에 음운 변동이 한 번 일어난 예
  예 빗[빋], 여덟[여덜], 맨입[맨닙], 축하[추카]
- 한 단어에 서로 다른 유형의 음운 변동이 일어난 예
  예 밟는[밤:는], 닭장[닥짱]
- 한 단어에 같은 유형의 음운 변동이 두 번 이상 일어난 예
  예 앞날[암날], 벚꽃[벋꼳]

이를 참고하여 ㉠~㉤에 해당하는 예를 두 개씩 생각해 보자.
㉠ '교체가 한 번, 탈락이 한 번' 일어난 것
㉡ '교체가 한 번, 첨가가 한 번' 일어난 것
㉢ '교체가 한 번, 축약이 한 번' 일어난 것
㉣ '교체가 두 번, 탈락이 한 번' 일어난 것
㉤ '교체가 두 번, 첨가가 한 번' 일어난 것

① ㉠: 재밌는[재민는], 얽매는[엉매는]
② ㉡: 불이익[불리익], 견인력[겨닌녁]
③ ㉢: 똑같이[똑까치], 파묻힌[파무친]
④ ㉣: 읊조려[읍쪼려], 걷늙어[건늘거]
⑤ ㉤: 버들잎[버들립], 덧입어[던니버]

38. <보기>의 ㉠~㉢에 들어갈 수 있는 내용으로 적절하지 않은 것은? [3점]

<보 기>

선생님: 능동·피동 표현과 주동·사동 표현에서 높임 표현과 시간 표현이 어떻게 나타나는지 알아봅시다.

ⓐ 형이 동생을 업었다. ⓑ 동생이 형에게 업혔다.
ⓒ 나는 동생에게 책을 읽혔다.
ⓓ 나는 동생이 책을 읽게 했다.

먼저 ⓐ, ⓑ에서 '형'을 높임의 대상인 '어머니'로 바꿀 때, 서술어에는 어떤 차이가 생기는지 말해 볼까요?

학생: ㉠

선생님: 맞아요. 그럼 ⓒ나 ⓓ에서 '동생'을 '할머니'로 바꾸면 어떻게 될까요?

학생: ㉡

선생님: '-(으)시-'가 어떻게 나타나는지를 잘 이해하고 있네요. 그럼 ⓐ, ⓑ, ⓒ의 서술어에서 '-었-'을 '-고 있-'으로 바꾸면 어떤 의미를 나타낼까요? ⓐ와 ⓑ의 차이점이나 ⓐ와 ⓒ의 공통점을 말해 볼까요?

학생: ㉢

선생님: '-고 있-'의 의미가 어떻게 나타나는지도 잘 이해하고 있군요.

① ㉠: ⓐ에서는 서술어에 '-으시-'를 넣어야 하지만, ⓑ에서는 '-시-'를 넣지 않습니다.
② ㉡: ⓒ에서는 '동생에게'를 '할머니께'로 바꾸고, '읽혔다'에 '-시-'를 넣어야 합니다.
③ ㉡: ⓓ에서는 '동생이'를 '할머니께서'로 바꾸고, '읽게'에 '-으시-'를 넣어야 합니다.
④ ㉢: ⓐ는 동작의 완료 후 상태 지속의 의미를 나타낼 수 있지만, ⓑ는 그럴 수 없습니다.
⑤ ㉢: ⓐ와 ⓒ는 모두 동작의 진행 의미를 나타낼 수 있습니다.

39. <자료>를 바탕으로 <보기>의 ⓐ~ⓔ 중 체언과 조사가 결합하여 이루어진 부속 성분이 있는 것만을 고른 것은?

<보 기>

ⓐ 내히 이러 바ᄅᆞ래 가ᄂᆞ니 [내가 이루어져 바다에 가니]
ⓑ 나랏 말ᄊᆞ미 中國에 달아 [우리나라의 말이 중국과 달라]
ⓒ 生人의 소리 잇도소니 [생인(산 사람)의 소리가 있으니]
ⓓ 나혼 子息이 양지 端正ᄒᆞ야 [낳은 자식이 모습이 단정하여]
ⓔ 내 닐오리니 네 이대 드르라 [내가 이르리니 네가 잘 들어라]

<자 료>

<보기>에 나타난 체언과 조사
• 체언: 내ㅎ, 바ᄅᆞᆯ, 나라ㅎ, 말ᄊᆞᆷ, 中國, 生人, 소리, 子息, 양ᄌᆞ, 나, 너
• 조사: 주격(이, ㅣ, ∅), 관형격(ㅅ, ᄋᆡ), 부사격(애, 에)

① ⓐ, ⓑ, ⓒ ② ⓐ, ⓑ, ⓓ ③ ⓐ, ⓓ, ⓔ
④ ⓑ, ⓒ, ⓔ ⑤ ⓒ, ⓓ, ⓔ

[40~43] (가)는 학생회 소식을 알리는 실시간 방송이고, (나)는 이를 본 학생이 누리 소통망에 올린 게시물이다. 물음에 답하시오.

(가)

진행자: □□고 학생들, 안녕하세요? '지켰다, 공약!' 세 번째 시간이죠. 현재 접속자 수가 253명인데요, 두 번째 방송보다 100명 더 입장했네요. ⓐ 오늘은 학습실 사용 원칙을 정하겠다는 공약에 관해 학생회장이 출연해 직접 알리기로 했습니다.

학생회장: 네, ⓑ 우리 학교 학습실은 개별 및 조별 학습이 가능하고 다양한 기자재를 쓸 수 있어서 인기가 많죠. 근데 자리가 많지 않고 특별한 원칙 없이 사용하다 보니 불편함이 많았죠. 실시간 대화 창 볼까요?

[A] 동주 맞아. 자리 맡고 오느라 종례에 늦을 뻔한 적도 있었는데. 다른 학년하고 같이 쓰려니 눈치도 보였고.

동주 학생과 같은 경우가 많을 거예요. ⓒ 여러분도 이런 상황에 공감하시겠죠? 그래서 학생회가 나섰습니다.

□□고 학생회 소식

1. 학습실 사용 시 학년 구분이 필요한가?

| 구분 | 필요하다 | 필요없다 | 모르겠다 | 합계 | 전교생 |
|---|---|---|---|---|---|
| 응답 수(명) | 512 | 10 | 14 | 536 | 617 |

2. 학년 구분이 필요하다면 어떻게 구분하는 것이 좋은가?

| 구분 | 합계 | 3학년 | 2학년 | 1학년 |
|---|---|---|---|---|
| 요일별 구분(명) | 256 | 174 | 68 | 14 |
| 시간별 구분(명) | 256 | 14 | 96 | 146 |

지금 화면에 나오는 설문 조사 결과를 바탕으로 학생회 내부 회의를 통해 사용 원칙을 마련했습니다.

[B]
다예 설문 조사에 근거해 원칙을 마련하려고 한 것을 보니까, 학생회가 마련한 원칙은 객관적이고 합리적일 것 같아. 학생회, 힘내세요!
재호 다들 학년 구분은 필요하다고 생각하는데, 학년별로 선호하는 방법은 다른 게 신기해. 이유가 뭘까?

다예 학생, 감사합니다. 원칙은 다음과 같습니다. 첫째, 학습실 사용은 학생회에 신청을 한 학생을 대상으로 합니다. 둘째, 학습실 사용은 학년별로 구분하되 3학년은 월·목, 2학년은 화·수, 1학년은 금요일에 사용합니다.

[C]
현지 저는 1학년인데요, 금요일엔 일찍 집에 가고 싶은데, 금요일만 사용해야 하는 것은 좀 그래요.
연수 학생회장님, 열심히 하는 모습이 보기 좋은데요, 설문 결과만으로 끌어내기 어려운 원칙은 어떻게 마련했나요?

**진행자**: 그럼 ⓓ언제부터 새로운 사용 원칙에 따라 학습실 사용을 신청할 수 있나요?

**학생회장**: ⓔ네, 다음 대의원회에서 안건이 통과되면 신청을 받을 계획입니다. 학생 여러분께서는 이번 원칙에 대한 의견을 저희 학생회 공식 카페로 보내 주시면, 참고하여 대의원회에서 논의하겠습니다. 화면에 자막으로 나가고 있는 카페 주소를 참고해 주세요!

**진행자**: □□고 학생들, 다음에 만나요!

**(나)**

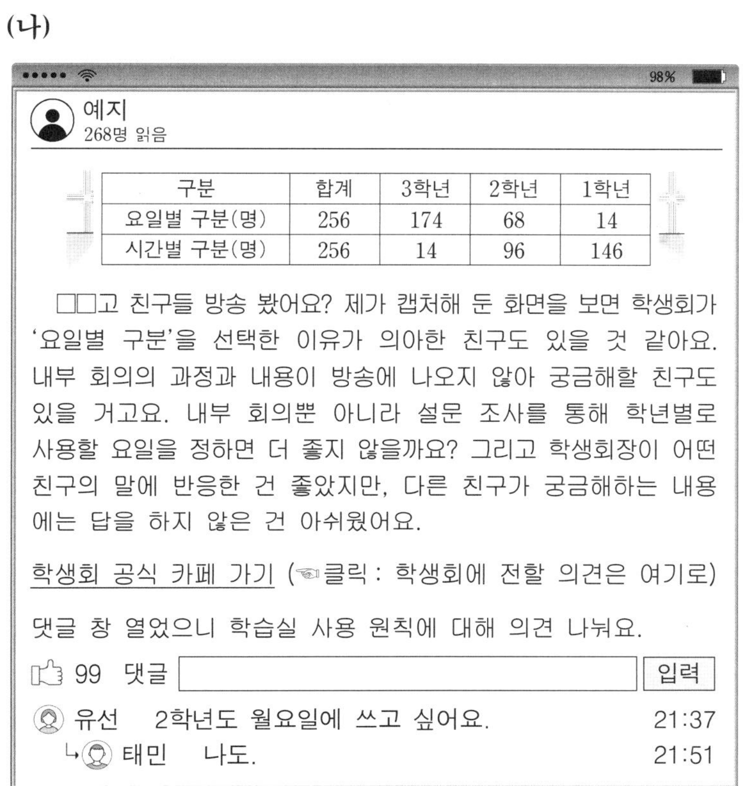

예지
268명 읽음

| 구분 | 합계 | 3학년 | 2학년 | 1학년 |
|---|---|---|---|---|
| 요일별 구분(명) | 256 | 174 | 68 | 14 |
| 시간별 구분(명) | 256 | 14 | 96 | 146 |

□□고 친구들 방송 봤어요? 제가 캡처해 둔 화면을 보면 학생회가 '요일별 구분'을 선택한 이유가 의아한 친구도 있을 것 같아요. 내부 회의의 과정과 내용이 방송에 나오지 않아 궁금해할 친구도 있을 거고요. 내부 회의뿐 아니라 설문 조사를 통해 학년별로 사용할 요일을 정하면 더 좋지 않을까요? 그리고 학생회장이 어떤 친구의 말에 반응한 건 좋았지만, 다른 친구가 궁금해하는 내용에는 답을 하지 않은 건 아쉬웠어요.

학생회 공식 카페 가기 (☜클릭 : 학생회에 전할 의견은 여기로)

댓글 창 열었으니 학습실 사용 원칙에 대해 의견 나눠요.

99 댓글 [입력]

유선 2학년도 월요일에 쓰고 싶어요. 21:37

↳태민 나도. 21:51

**40.** (가)에 나타난 의사소통 방식으로 적절하지 않은 것은?

① 진행자는 방송의 시작에 학교명을 언급하며, 소식을 들을 수용자를 밝히고 있다.
② 진행자는 접속자 수를 언급하며, 두 번째 방송과의 접속자 수 차이를 알려 주고 있다.
③ 학생회장은 학생의 이름을 언급하며, 수용자의 실시간 반응을 살펴보고 있다는 것을 보여 주고 있다.
④ 학생회장은 발화와 관련한 보충 자료로 표를 제시하며, 수용자에게 구체적인 정보를 전달하고 있다.
⑤ 학생회장은 자신의 발언 내용을 요약한 화면을 설명하며, 수용자가 요구한 정보를 강조하고 있다.

**41.** [A]~[C]에서 알 수 있는 학생들의 수용 태도에 대한 설명으로 가장 적절한 것은?

① [A]: 동주는 자신의 경험을 근거로 학생회장의 이야기가 사실에 부합하지 않는다고 판단하였다.
② [B]: 다에는 학생회장의 직전 발화를 듣고 학생회의 결정이 타당할 것 같다고 판단하였다.
③ [B]: 재호는 방송에서 제시된 자료를 보고 학생회의 설문 조사 결과가 잘못되었다고 판단하였다.
④ [C]: 현지는 학생회장의 직전 발화를 듣고 발언 내용의 논리적 오류를 점검하였다.
⑤ [C]: 연수는 방송에서 제시된 자료를 보고 학생회가 마련한 원칙의 실행 가능성을 점검하였다.

**42.** 다음은 (나)를 작성하기 위한 메모이다. ㉠~㉢이 (나)에 반영된 양상으로 적절하지 않은 것은? [3점]

방송에서 학생회가 놓친 부분이 있는 것 같네. 일단 ㉠학생회장이 방송에서 보인 아쉬운 점과 사용 원칙 마련에 ㉡친구들의 의견이 반영될 수 있는 방법을 언급해야지. 또 ㉢친구들이 학생회에 의견을 보내거나 서로 생각을 나눌 수 있는 기능을 활용해야지.

① ㉠: '요일별 구분'을 원칙으로 정한 이유를 밝히지 않아 미흡했다는 점을 언급하기 위해, 저장한 방송 화면의 일부를 보여 주었다.
② ㉠: 실시간 대화 창에서 학생회를 응원하는 말에는 호응하며 답을 들려주었지만 질문에는 답변이 없었던 모습을 이야기하였다.
③ ㉡: 내부 회의에 대한 정보가 충분하지 않았다는 점을 언급하며, 학년별 사용 요일 결정에 대해 학생들의 의견을 반영할 수 있는 방법을 제안하였다.
④ ㉢: 자막으로 제공된 주소는 바로 연결하기가 어려우니, 의견을 전달할 수 있도록 학생회 공식 카페로 연결하는 하이퍼링크를 제공하였다.
⑤ ㉢: 학생회가 선정한 학습실 사용자들이 사용 원칙에 대해 제시한 의견을 학생회에 보낼 수 있도록 댓글 기능을 활성화하였다.

**43.** ⓐ~ⓔ에 대한 설명으로 적절하지 않은 것은?

① ⓐ: 부사 '직접'을 사용하여, 학생회장이 자신의 방송 출연 사실을 학생들에게 전달할 것임을 나타내고 있다.
② ⓑ: 어미 '-어서'를 사용하여, 학습실이 인기가 많은 이유를 밝히고 있다.
③ ⓒ: 어미 '-겠-'을 사용하여, 학생들이 학습실 사용의 불편에 공감할 것이라는 추측을 드러내고 있다.
④ ⓓ: 보조사 '부터'를 사용하여, 이 질문은 학습실 사용 신청이 시작되는 시점이 언제인지 묻고 있음을 드러내고 있다.
⑤ ⓔ: 어미 '-면'을 사용하여, 사용 원칙이 적용되기 전에 갖춰져야 할 조건을 언급하고 있다.

12회

[44~45] (가)는 ○○ 도서관 앱의 첫 화면이고, (나)는 이 앱을 사용한 학생이 도서관 누리집 게시판에 올린 글과 사서의 답변이다. 물음에 답하시오.

(가)

(나)

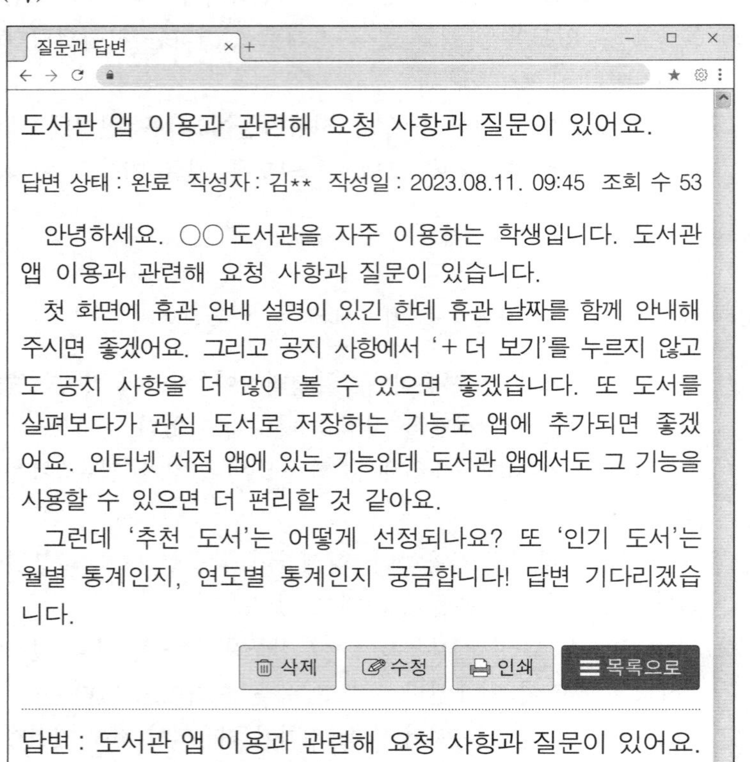
질문과 답변

도서관 앱 이용과 관련해 요청 사항과 질문이 있어요.

답변 상태 : 완료 작성자 : 김** 작성일 : 2023.08.11. 09:45 조회 수 53

안녕하세요. ○○ 도서관을 자주 이용하는 학생입니다. 도서관 앱 이용과 관련해 요청 사항과 질문이 있습니다.

첫 화면에 휴관 안내 설명이 있긴 한데 휴관 날짜를 함께 안내해 주시면 좋겠어요. 그리고 공지 사항에서 '+ 더 보기'를 누르지 않고도 공지 사항을 더 많이 볼 수 있으면 좋겠습니다. 또 도서를 살펴보다가 관심 도서로 저장하는 기능도 앱에 추가되면 좋겠어요. 인터넷 서점 앱에 있는 기능인데 도서관 앱에서도 그 기능을 사용할 수 있으면 더 편리할 것 같아요.

그런데 '추천 도서'는 어떻게 선정되나요? 또 '인기 도서'는 월별 통계인지, 연도별 통계인지 궁금합니다! 답변 기다리겠습니다.

삭제 수정 인쇄 목록으로

답변 : 도서관 앱 이용과 관련해 요청 사항과 질문이 있어요.

작성자 : 박** 작성일 : 2023.08.11. 15:53

안녕하세요. ○○ 도서관 사서입니다.

먼저 요청 사항에 대해 답변드립니다. 휴관 안내에 대한 요청 사항이 타당하다고 판단해 날짜도 함께 안내하기로 했습니다. 그리고 공지 사항 목록이 늘어나면 앱의 특성상 첫 화면이 너무 길어져 이용에 불편을 드릴 것 같아 현재 상태를 유지하기로 했으니 양해 바랍니다. 또 관심 도서 기능은 도서 이미지의 오른쪽 하단에 있는 ♡를 눌러 사용하실 수 있습니다.

다음으로 질문에 대해 답변드립니다. 앱의 '추천 도서'는 국립중앙도서관이 운영하는 도서관 정보나루의 자료를 토대로 우리 도서관 사서들이 의논하여 선정합니다. '인기 도서'는 기간을 한정하지 않고 누적 대출 건수를 기준으로 제시되는 것입니다. 또 '인기 도서'의 '+ 더 보기'를 누르면, 기간, 연령, 분야 중 하나를 선택하여 순위에 따라 배열된 도서 목록을 볼 수 있다는 것도 추가로 알려드립니다.

고맙습니다.

**44.** (가)와 (나)에 대한 설명으로 가장 적절한 것은?

① (가)에서는 (나)와 달리 게시물의 조회 수가 화면에 표시된다.
② (가)에서는 (나)와 달리 게시물을 수정할 수 있는 기능이 제공된다.
③ (가)에서는 (나)와 달리 도서 이용과 관련된 여러 기능이 제공된다.
④ (나)에서는 (가)와 달리 도서 대출 상태에 관한 정보가 표시된다.
⑤ (나)에서는 (가)와 달리 도서를 검색할 수 있는 기능이 제공된다.

**45.** ㉠~㉤과 관련하여 (나)를 이해한 것으로 적절하지 않은 것은?

① 학생은 정보의 구체성을 고려하여 ㉠에 추가 정보를 게시해 줄 것을 요청하고 있다.
② 사서는 앱 화면의 구성을 고려하여 ㉡에서 보이는 정보의 양을 늘리지 않겠다며 학생의 요청을 수용하지 않고 있다.
③ 사서는 정보 선정에 활용된 자료를 고려하여 ㉢의 선정 방식을 알려 주고 있다.
④ 학생은 앱 이용자의 편의를 고려하여 ㉣의 기능에 새로운 기능을 추가해 줄 것을 요구하고 있다.
⑤ 사서는 정보의 추가 제공을 고려하여 ㉤을 여러 조건으로 정렬하여 확인할 수 있는 기능을 안내하고 있다.

* 확인 사항
○ 답안지의 해당란에 필요한 내용을 정확히 기입(표기)했는지 확인하시오.



[해설편 p.147]

제 1 교시

# 국어 영역

13회

● 문항수 45개 | 배점 100점 | 제한 시간 80분

● 점수 표시가 없는 문항은 모두 2점

**[1~3] 다음 글을 읽고 물음에 답하시오.**

글을 읽는 동안 독자의 사고 과정을 밝힐 수 있는 방법 중 하나가 눈동자 움직임 분석 방법이다. 이것은 사고 과정이 눈동자의 움직임에 반영된다고 보고 그 특성을 분석하는 방법이다.

[A] 눈동자 움직임에 주목한 연구에 따르면, 글을 읽을 때 독자는 자신이 중요하다고 판단한 단어나 생소하다고 생각한 단어를 중심으로 읽는다. 글을 읽을 때 독자는 눈동자를 단어에 멈추는 고정, 고정과 고정 사이에 일어나는 도약을 보였는데, 도약은 한 단어에서 다음 단어로 이동하는 짧은 도약과 단어를 건너뛰는 긴 도약으로 구분된다. 고정이 관찰될 때는 단어의 의미 이해가 이루어졌지만, 도약이 관찰될 때는 건너뛴 단어의 의미 이해가 이루어지지 않았다. 글을 읽을 때 독자가 생각하는 단어의 중요도나 친숙함에 따라 눈동자의 고정 시간과 횟수, 도약의 길이와 방향도 달랐다. 독자가 중요하거나 생소하다고 생각한 단어일수록 고정 시간이 길었다. 이러한 단어는 독자가 글의 진행 방향대로 읽어 가다가 되돌아와 다시 읽는 경우도 있어 고정 횟수도 많았고, 이때의 도약은 글의 진행 방향과는 다르게 나타났다. 중요한 단어나 생소한 단어가 연속될 때는 그 단어마다 눈동자가 멈추면서 도약의 길이가 짧았다.

눈동자 움직임의 양상은 독자의 읽기 능력이 발달하면서 변화한다. 읽기 능력이 발달하면 이전과 같은 수준의 글을 읽거나 전에 읽었던 글을 다시 읽을 때, 단어마다 눈동자를 고정하지는 않게 되어 ㉠<u>이전보다 고정 횟수와 고정 시간이 줄어들고 단어를 건너뛰는 긴 도약이 자주 일어나는 모습</u>이 관찰된다. 학습 경험과 독서 경험이 쌓이면서 글의 구조에 대한 지식과 아는 단어, 배경지식이 늘어나기 때문이다. 또한 읽기 목적을 분명하게 인식하게 되면서 글에서 중요한 단어를 정확하게 선택할 수 있게 되는 것도 그 이유 중의 하나이다. 이때 문맥을 파악하기 위해 이미 읽은 단어를 다시 확인하려는 도약, 앞으로 읽을 단어를 먼저 탐색하는 도약 등이 빈번하게 나타난다.

**1.** 윗글에 대한 이해로 가장 적절한 것은?

① 글을 읽을 때 눈동자의 움직임은 독자의 사고 과정에 영향을 받는다.
② 눈동자 움직임 분석 방법을 사용하지 않으면 독자의 사고 과정을 밝힐 수 없다.
③ 독자가 느끼는 글의 어려움의 정도는 독자의 눈동자 움직임의 양상에 영향을 주지 않는다.
④ 눈동자 움직임 분석 방법에 따르면 독자는 자신에게 친숙한 단어일수록 중요하다고 판단한다.
⑤ 글을 읽을 때 독자가 중요하다고 생각하는 단어의 빈도는 눈동자의 움직임에 영향을 주지 않는다.

**2.** 다음은 학생이 자신의 읽기 과정을 기록한 글이다. [A]를 바탕으로 ⓐ~ⓔ를 분석한 내용으로 적절하지 <u>않은</u> 것은? [3점]

> <독서의 새로운 공간>이라는 글을 읽으며 우선 글 전체에서 ⓐ<u>중요하다고 생각하는 단어만 확인하는 읽기를 했다.</u> 이를 통해 '도서관'에 대한 내용이라는 것을 확인하고 ⓑ<u>글의 진행 방향에 따라 읽어 나갔다.</u> '장서'의 의미를 알 수 없어서 ⓒ<u>앞에 읽었던 부분으로 돌아가서</u> 다시 읽고 나니 문맥을 통해 '도서관에 소장된 책'이라는 의미임을 알게 되었다. 이후 도서관의 등장과 역할 변화가 글의 주제라는 것을 파악하고서 ⓓ<u>그와 관련된 단어들에 집중하며 읽어 나갔다.</u> '파피루스를 대신하여 양피지가 사용되었다.'라는 문장을 읽을 때 ⓔ<u>'대신하여'와 달리 '파피루스'와 '양피지'처럼 생소한 단어는 하나씩 확인하며 읽었다.</u>

① ⓐ: 중요하다고 생각하는 단어에서는 고정이 일어났을 것이다.
② ⓑ: 도약이 진행되는 동안에는 건너뛴 단어의 의미 이해가 이루어지지 않았을 것이다.
③ ⓒ: 글이 진행되는 방향과 반대 방향의 도약이 나타났을 것이다.
④ ⓓ: 글의 주제와 관련이 없는 단어들을 읽을 때보다 고정 시간이 짧고 고정 횟수가 적었을 것이다.
⑤ ⓔ: 중요하지 않고 익숙한 단어들로만 이루어진 동일한 길이의 문장을 읽을 때보다 고정 시간이 길었을 것이다.

**3.** 다음은 윗글을 읽은 학생이 ㉠에 대해 보인 반응이다. [가]에 들어갈 내용으로 적절하지 <u>않은</u> 것은?

> 읽기 능력이 발달하면, [가] 나에게도 이러한 현상이 나타날 수 있겠군.

① 글을 깊이 있게 이해하기 위해 꼼꼼히 읽을 때
② 글과 관련된 배경지식을 적극적으로 활용하여 읽을 때
③ 다양한 글을 읽어서 글의 구조를 잘 이해할 수 있을 때
④ 배우고 익힌 내용이 쌓여 글에 아는 단어가 많아졌을 때
⑤ 읽기 목적에 따라 중요한 단어를 정확하게 고를 수 있을 때

13회

[4～9] 다음 글을 읽고 물음에 답하시오.

(가)

아도르노는 문화 산업에 의해 양산되는 대중 예술이 이윤 극대화를 위한 상품으로 전락함으로써 예술의 본질을 상실했을 뿐 아니라 현대 사회의 모순과 부조리를 은폐하고 있다고 지적했다. 아도르노가 보는 대중 예술은 창작의 구성에서 표현까지 표준화되어 생산되는 상품에 불과하다. 그는 대중 예술의 규격성으로 인해 개인의 감상 능력 역시 표준화되고, 개인의 개성은 다른 개인의 그것과 다르지 않게 된다고 보았다. 특히 모든 것을 상품의 교환 가치로 환원하려는 자본주의 사회에서, 대중 예술은 개인의 정체성마저 상품으로 ⓐ전락시키는 기제로 작용한다는 것이다.

아도르노는 서로 다른 가치 체계를 하나의 가치 체계로 통일시키려는 속성을 동일성으로, 하나의 가치 체계로의 환원을 거부하는 속성을 비동일성으로 규정하고, 예술은 이러한 환원을 거부하는 비동일성을 지녀야 한다고 주장한다. 그렇기 때문에 예술은 대중이 원하는 아름다운 상품이 되기를 거부하고, 그 자체로 추하고 불쾌한 것이 되어야 한다는 것이다. 그에게 있어 예술은 예술가가 직시한 세계의 본질을 감상자들에게 체험하게 해야 한다. 예술은 동일화되지 않으려는, 일정한 형식이 없는 비정형화된 모습으로 나타남으로써 현대 사회의 부조리를 체험하게 하는 매개여야 한다는 것이다.

아도르노는 쇤베르크의 음악과 같은 전위 예술이 그 자체로 동일화에 저항하면서도, 저항이나 계몽을 직접적으로 드러내지 않는다는 것을 높게 평가한다. 저항이나 계몽을 직접 표현하는 것에는 비동일성을 동일화하려는 폭력적 의도가 내재되어 있다고 보기 때문이다. 불협화음으로 가득 찬 쇤베르크의 음악이 감상자들에게 불쾌함을 느끼게 했던 것처럼 예술은 그것에 드러난 비동일성을 체험하게 함으로써 동일화의 폭력에 저항해야 한다는 것이다.

아도르노에게 있어 예술은 사회적 산물이며, 그래서 미학은 작품에 침전된 사회의 고통스러운 상태를 읽기 위해 존재한다. 그는 비동일성 그 자체를 속성으로 하는 전위 예술을 예술이 추구해야 할 바람직한 모습으로 제시했다.

(나)

아도르노의 미학은 예술과 사회의 관계를 통해 예술의 자율성을 추구했다는 점에서 긍정적으로 평가된다. 예술은 사회적인 것인 동시에 사회에서 떨어져 사회의 본질을 직시하는 것이어야 한다고 보기 때문이다. 그의 미학은 기존의 예술에 대한 비판적 관점을 제공한다. 가령 사과를 표현한 세잔의 작품을 아도르노의 미학으로 읽어 낸다면, 이 그림은 사회의 본질과 ⓑ유리된 '아름다운 가상'을 표현한 것에 불과할 것이다.

하지만 세잔의 작품은 예술가의 주관적 인상을 붉은색과 회색 등의 색채와 기하학적 형태로 표현한 미메시스일 수 있다. 미메시스란 세계를 바라보는 주체의 관념을 재현하는 것, 즉 감각될 수 없는 것을 감각 가능한 것으로 구현하는 것을 의미한다. 다시 말해 세잔의 작품은 눈에 보이는 특정의 사과가 아닌 예술가의 시선에 포착된 세계의 참모습, 곧 자연의 생명력과 그에 얽힌 농부의 삶 그리고 이를 ⓒ응시하는 예술가의 사유를 재현한 것이 된다.

아도르노는 예술이 예술가에게 포착된 세계의 본질을 감상자로 하여금 체험하게 하는 것이어야 한다고 본다. 그러나 그는 이러한 미적 체험을 현대 사회의 부조리에 국한시킴으로써, 진정한 예술을 감각적 대상인 형태 그 자체의 비정형성에 대한 체험으로 한정한다. 결국 ㉠아도르노의 미학에서는 주관의 재현이라는 미메시스가 부정되고 있다.

한편 아도르노의 미학은 예술의 영역을 극도로 축소시키고 있다. 즉 그 자신은 동일화의 폭력을 비판하지만, 자신이 추구하는 전위 예술만이 진정한 예술이라고 주장하며 ㉡전위 예술의 관점에서 예술의 동일화를 시도하고 있다. 특히 이는 현실 속 다양한 예술의 가치가 발견될 기회를 ⓓ박탈한다. 실수로 찍혀 작가의 어떠한 주관도 결여된 사진에서조차 새로운 예술 정신을 ⓔ발견하는 것이 가능하다는 베냐민의 지적처럼, 전위 예술이 아닌 예술에서도 미적 가치를 발견할 수 있다. 또한 대중음악이 사회적 저항의 메시지를 전달하는 사례도 있듯이, 자본의 논리에 편승한 대중 예술이라 하더라도 사회에 대한 비판적 기능을 수행하는 경우도 있다.

**4.** 다음은 (가)와 (나)를 읽고 수행한 독서 활동지의 일부이다. Ⓐ~Ⓔ 중 적절하지 않은 것은?

| | (가) | (나) |
|---|---|---|
| 글의 화제 | 아도르노의 예술관 ········· Ⓐ | |
| 서술 방식의 공통점 | 구체적인 예를 제시하고 그것에 담긴 의미를 설명함. ········· Ⓑ | |
| 서술 방식의 차이점 | (가)는 (나)와 달리 화제와 관련된 개념을 정의하고 개념의 변화 과정을 제시함. ········· Ⓒ | (나)는 (가)와 달리 논지를 강화하기 위해 다른 이의 견해를 인용함. ········· Ⓓ |
| 서술된 내용 간의 관계 | (가)에서 소개한 이론에 대해 (나)에서 의의를 밝히고 한계를 지적함. ········· Ⓔ | |

① Ⓐ ② Ⓑ ③ Ⓒ ④ Ⓓ ⑤ Ⓔ



[해설편 p.148]

5. 아도르노가 보는 대중 예술에 대해 이해로 적절하지 않은 것은?

① 문화 산업을 통해 상품화된 개인의 정체성과 대립적 관계를 형성한다.
② 일정한 규격에 맞춰 생산될 뿐 아니라 대중의 감상 능력을 표준화한다.
③ 자본주의의 교환 가치 체계에 종속된 것으로서 예술로 포장된 상품에 불과하다.
④ 모든 것을 상품의 교환 가치로 환원하려는 자본주의 사회의 속성을 은폐한다.
⑤ 문화 산업의 이윤 극대화 과정에서 개인들이 지닌 개성의 차이를 상실시킨다.

6. ㉠의 이유를 추론한 내용으로 가장 적절한 것은?

① 비정형적 형태뿐 아니라 정형적 형태 역시 재현되기 때문이다.
② 재현의 주체가 예술가로부터 예술 작품의 감상자로 전환되기 때문이다.
③ 미적 체험의 대상이 사회의 부조리에서 세계의 본질로 변화되기 때문이다.
④ 미적 체험의 과정에서 비정형적인 형태가 예술가의 주관으로 왜곡되기 때문이다.
⑤ 예술가의 주관이 가려지고 작품에 나타난 형태에 대한 체험만이 강조되기 때문이다.

7. (가)의 '아도르노'의 관점을 바탕으로 할 때, ㉡에 대해 반박할 수 있는 말로 가장 적절한 것은?

① 동일화는 애초에 예술과 무관하므로 예술의 동일화는 실현 불가능하다.
② 전위 예술의 속성은 부조리 그 자체를 폭로하는 것이므로 비동일성은 결국 동일성으로 귀결된다.
③ 동일성으로 환원된 대중 예술에서도 비동일성을 발견할 수 있으므로 예술의 동일화는 무의미하다.
④ 전위 예술은 동일성과 비동일성의 구분을 거부하므로 전위 예술로의 동일화는 새로운 차원의 비동일성으로 전환된다.
⑤ 동일화를 거부하는 속성이 전위 예술의 본질이므로 전위 예술을 추구하는 것은 동일화가 아니라 비동일화를 지향하는 것이다.

8. 다음은 학생이 미술관에 다녀와서 작성한 감상문이다. 이에 대해 (가)의 '아도르노'의 관점(A)과 (나)의 글쓴이의 관점(B)에서 설명한 내용으로 적절하지 않은 것은? [3점]

> 주말 동안 미술관에서 작품을 관람했다. 기억에 남는 세 작품이 있었다. 첫 번째 작품의 제목은 「자화상」이었지만 얼굴의 형상을 전혀 찾아볼 수 없는 기괴한 모습이었고, 제각각의 형태와 색채들이 이곳저곳 흩어져 있어 불편한 감정만 느껴졌다. 두 번째 작품은 사회에 비판적인 유명 연예인의 얼굴을 묘사한 그림으로, 대량 복제되어 유통되는 작품이었다. 그리고 사용된 색채와 구도가 TV에서 본 상업 광고의 한 장면같이 익숙하게 느껴져서 좋았다. 세 번째 작품은 시골 마을의 서정적인 풍경을 사실적으로 묘사한 그림으로 색감과 조형미가 뛰어나 오랫동안 기억에 잔상으로 남았다.

① A: 첫 번째 작품에서 학생이 기괴함과 불편함을 느낀 것은 부조리한 사회에 대한 예술적 체험의 충격 때문일 수 있습니다.
② A: 두 번째 작품에서 학생이 느낀 익숙함은 현대 사회의 모순에 대한 무감각과 같은 것일 수 있습니다. 이는 문화 산업의 논리에 동일화되어 감각이 무뎌진 결과라 할 수 있습니다.
③ A: 세 번째 작품에 표현된 서정성과 조형미는 부조리에 대한 저항과는 괴리가 있습니다. 사회에 대한 저항을 직접적으로 드러낸 예술이어야 진정한 예술이라고 할 수 있습니다.
④ B: 첫 번째 작품의 흩어져 있는 형태와 색채가 예술가의 표현 의도를 담고 있지 않더라도 그 작품에서 예술적 가치를 발견할 수 있습니다.
⑤ B: 두 번째 작품은 대량 생산을 통해 제작된 것이지만 그 연예인의 사회 비판적 이미지를 이용해 현대 사회의 문제점을 고발하는 것일 수 있습니다.

9. 문맥상 ⓐ~ⓔ와 바꿔 쓰기에 적절하지 않은 것은?

① ⓐ: 맞바꾸는
② ⓑ: 동떨어진
③ ⓒ: 바라보는
④ ⓓ: 빼앗는다
⑤ ⓔ: 찾아내는

13회

**[10～13] 다음 글을 읽고 물음에 답하시오.**

사유 재산 제도하에서는 누구나 자신의 재산을 자유롭게 처분할 수 있다. 그러나 기부와 같이 어떤 재산이 대가 없이 넘어가는 무상 처분 행위가 행해졌을 때는 그 당사자인 무상 처분자와 무상 취득자의 의사와 무관하게 그 결과가 번복될 수 있다. 무상 처분자가 사망하면 상속이 개시되고, 그의 상속인들이 유류분을 반환받을 수 있는 권리인 유류분권을 행사할 수 있기 때문이다. 이때 무상 처분자는 피상속인이 되고 그의 권리와 의무는 상속인에게 이전된다.

유류분은 피상속인의 무상 처분 행위가 없었다고 가정할 때 상속인들이 상속받을 수 있었을 이익 중 법으로 보장된 부분이다. 만약 상속인이 피상속인의 자녀 한 명뿐이면, 상속받을 수 있었을 이익의 $\frac{1}{2}$만 보장된다. 상속인들이 상속받을 수 있었을 이익은 상속 개시 당시에 피상속인이 가졌던 재산의 가치에 이미 무상 취득자에게 넘어간 재산의 가치를 더하여 산정한다. 유류분은 상속인들이 기대했던 이익을 보호하기 위한 것이기 때문이다.

피상속인이 상속 개시 당시에 가졌던 재산으로부터 상속받은 이익이 있는 상속인은 유류분에 해당하는 이익의 일부만 반환받을 수 있다. 유류분에 해당하는 이익에서 이미 상속받은 이익을 뺀 값인 유류분 부족액만 반환받을 수 있기 때문이다. 유류분 부족액의 가치는 금액으로 계산되지만 항상 돈으로 반환되는 것은 아니다. 만약 무상 처분된 재산이 돈이 아니라 물건이나 주식처럼 돈 이외의 재산이라면, 처분된 재산 자체가 반환 대상이 되는 것이 원칙이다. 다만 그 재산 자체를 반환하는 것이 불가능한 때에는 무상 취득자는 돈으로 반환해야 한다. 또한 재산 자체의 반환이 가능해도 유류분권자와 무상 취득자의 합의에 의해 돈으로 반환될 수도 있다.

무상 처분된 재산이 물건이라면 유류분 반환은 어떤 형태로 이루어질까? 무상 취득자가 반환해야 할 유류분 부족액이 무상 처분된 물건의 가치보다 적다면 유류분권자는 그 물건의 가치에 상당하는 금액에서 유류분 부족액이 차지하는 비율만큼 무상 취득자로부터 반환받을 수 있다. 이로 인해 하나의 물건에 대한 소유권이 여러 명에게 나눠지는데, 이때 각자의 몫을 지분이라고 한다.

무상 처분된 물건의 시가가 변동하면 유류분 부족액을 계산할 때는 언제의 시가를 기준으로 삼아야 할까? ㉠ <u>유류분의 취지에 비추어 상속 개시 당시의 시가를 기준으로 해야 한다.</u> 다만 그 물건의 시가 상승이 무상 취득자의 노력에서 비롯되었으면 이때는 무상 취득 당시의 시가를 기준으로 계산해야 한다. 이렇게 정해진 유류분 부족액을 근거로 반환 대상인 지분을 계산할 때는, 시가 상승의 원인이 무엇이든 상속 개시 당시의 시가를 기준으로 해야 한다.

**10.** 윗글의 내용과 일치하지 <u>않는</u> 것은?

① 유류분권은 상속인이 아닌 사람에게는 인정되지 않는다.
② 유류분권이 보장되는 범위는 유류분 부족액의 일부에 한정된다.
③ 상속인은 상속 개시 전에는 무상 취득자에게 유류분권을 행사할 수 없다.
④ 피상속인이 생전에 다른 사람에게 판 재산은 유류분권의 대상이 될 수 없다.
⑤ 무상으로 취득한 재산에 대한 권리는 무상 취득자 자신의 의사에 반하여 제한될 수 있다.

**11.** 윗글에 대한 이해로 가장 적절한 것은?

① 무상 처분된 재산이 물건 한 개이면 유류분권자는 그 물건 전부를 반환받는다.
② 무상 처분된 물건이 반환되는 경우 유류분 부족액이 클수록 무상 취득자의 지분이 더 커진다.
③ 무상 취득자가 무상 취득한 물건을 반환할 수 없게 되면 유류분 부족액을 지분으로 반환해야 한다.
④ 유류분권자가 유류분 부족액을 물건 대신 돈으로 반환하라고 요구하더라도 무상 취득자는 무상 취득한 물건으로 반환할 수 있다.
⑤ 무상 처분된 물건의 일부가 반환되면 무상 취득자는 그 물건의 소유권을 가지고 유류분권자는 유류분 부족액만큼의 돈을 반환받게 된다.

**12.** 윗글을 통해 알 수 있는 ㉠의 이유로 가장 적절한 것은?

① 유류분은 피상속인이 자유롭게 처분한 재산의 일부이어야 하기 때문이다.
② 유류분은 피상속인이 재산을 무상 처분하지 않은 것으로 가정하여 산정되기 때문이다.
③ 유류분은 재산의 가치를 증가시킨 무상 취득자의 노력에 대한 보상으로 인정되는 것이기 때문이다.
④ 유류분은 피상속인의 재산에 대해 소유권을 나눠 가진 사람들 각자의 몫을 반영해야 하기 때문이다.
⑤ 유류분에 해당하는 이익의 가치가 상속 개시 전후에 걸쳐 변동되는 것을 반영해야 하기 때문이다.



[해설편 p.149]

**13.** 윗글을 바탕으로 <보기>를 이해한 내용으로 적절하지 않은 것은? [3점]

<보 기>

갑의 재산으로는 A 물건과 B 물건이 있었으며 그 외의 재산이나 채무는 없었다. 갑은 을에게 A 물건을 무상으로 넘겨주었고 그로부터 6개월 후 사망했다. 갑의 상속인으로는 갑의 자녀인 병만 있다. A 물건의 시가는 을이 A 물건을 소유하게 되었을 때는 300, 갑이 사망했을 때는 700이었다. 병은 갑이 사망한 날로부터 3개월 후에 을에게 유류분권을 행사했다. B 물건의 시가는 병이 상속받았을 때부터 병이 을에게 유류분 반환을 요구했을 때까지 100으로 동일하다.
(단, 세금, 이자 및 기타 비용은 고려하지 않음.)

① A 물건의 시가 상승이 을의 노력과 무관한 경우 유류분 부족액은 300이다.
② A 물건의 시가 상승이 을의 노력과 무관한 경우 유류분 반환의 대상은 A 물건의 $\frac{3}{7}$ 지분이다.
③ A 물건의 시가가 을의 노력으로 상승한 경우 유류분 부족액은 100이다.
④ A 물건의 시가가 을의 노력으로 상승한 경우 유류분 반환의 대상은 A 물건의 $\frac{1}{3}$ 지분이다.
⑤ A 물건의 시가가 을의 노력으로 상승한 경우와 을의 노력과 무관하게 상승한 경우 모두, 갑이 상속 개시 당시 소유했던 재산으로부터 병이 취득할 수 있는 이익은 동일하다.

[14～17] 다음 글을 읽고 물음에 답하시오.

인터넷 검색 엔진은 검색어를 포함하는 웹 페이지를 찾아 화면에 보여 준다. 웹 페이지가 화면에 나타나는 순서를 정하기 위해 검색 엔진은 수백 개가 ⓐ넘는 항목을 고려한 다양한 방식을 사용한다. 대표적인 항목으로 중요도와 적합도가 있다.

검색 엔진은 빠른 시간 내에 검색 결과를 보여 주기 위해 웹 페이지들의 데이터를 수집하여 인덱스를 미리 작성해 놓는다. 인덱스란 단어를 알파벳순으로 정리한 목록으로, 여기에는 각 단어가 등장하는 웹 페이지와 단어의 빈도수 등이 저장된다. 이때 각 웹 페이지의 중요도가 함께 기록된다.

㉠중요도는 웹 페이지의 중요성을 값으로 나타낸 것으로 링크 분석 기법으로 측정할 수 있다. 기본적인 링크 분석 기법에서 웹 페이지 A의 값은 A를 링크한 각 웹 페이지들로부터 받는 값의 합이다. 이렇게 받은 A의 값은 A가 링크한 다른 웹 페이지들에 균등하게 나눠진다. 즉 A의 값이 4이고 A가 두 개의 링크를 통해 다른 웹 페이지로 연결된다면, A의 값은 유지되면서 두 웹 페이지에는 각각 2가 보내진다.

하지만 두 웹 페이지가 실제로 받는 값은 2에 댐핑 인자를 곱한 값이다. 댐핑 인자는 사용자들이 웹 페이지를 읽다가 링크를 통해 다른 웹 페이지로 이동하지 않는 비율을 반영한 값으로 1 미만의 값을 가진다. 댐핑 인자는 모든 링크에 동일하게 적용된다. 가령 그 비율이 20%이면 댐핑 인자는 0.8이고 두 웹 페이지는 A로부터 각각 1.6을 받는다. 웹 페이지로 연결된 링크를 통해 받는 값을 모두 반영했을 때의 값이 각 웹 페이지의 중요도이다. 웹 페이지들을 연결하는 링크들은 변할 수 있기 때문에 검색 엔진은 주기적으로 웹 페이지의 중요도를 갱신한다.

사용자가 검색어를 입력하면 검색 엔진은 인덱스에서 검색어에 적합한 웹 페이지를 찾는다. ㉡적합도는 단어의 빈도, 단어가 포함된 웹 페이지의 수, 웹 페이지의 글자 수를 반영한 식을 통해 값이 정해진다. 해당 검색어가 많이 나올수록, 그 검색어를 포함하는 다른 웹 페이지의 수가 적을수록, 현재 웹 페이지의 글자 수가 전체 웹 페이지의 평균 글자 수에 비해 적을수록 적합도가 높아진다. 검색 엔진은 중요도와 적합도, 기타 항목들을 적절한 비율로 합산하여 화면에 나열되는 웹 페이지의 순서를 결정한다.

**14.** 윗글을 통해 알 수 있는 내용으로 가장 적절한 것은?

① 인덱스는 사용자가 검색어를 입력한 직후에 작성된다.
② 사용자가 링크를 따라 다른 웹 페이지로 이동하는 비율이 높을수록 댐핑 인자가 커진다.
③ 링크 분석 기법은 웹 페이지 사이의 링크를 분석하여 웹 페이지의 적합도를 값으로 나타낸다.
④ 웹 페이지의 중요도는 다른 웹 페이지에서 받는 값과 다른 웹 페이지에 나눠 주는 값의 합이다.
⑤ 사용자가 검색어를 입력하면 검색 엔진은 검색한 결과를 인덱스에 정렬된 순서대로 화면에 나타낸다.

[해설편 p.150]

15. ㉠, ㉡을 고려하여 검색 결과에서 웹 페이지의 순위를 높이기 위한 방안으로 가장 적절한 것은?

① 화제가 되고 있는 검색어들을 웹 페이지에 최대한 많이 나열하여 ㉠을 높인다.
② 사람들이 많이 접속하는 유명 검색 사이트로 연결하는 링크를 웹 페이지에 많이 포함시켜 ㉠을 높인다.
③ 알파벳순으로 앞 순서에 있는 단어들을 웹 페이지 첫 부분에 많이 포함시켜 ㉡을 높인다.
④ 다른 많은 웹 페이지들이 링크하도록 웹 페이지에서 여러 주제를 다루고 전체 글자 수를 많게 하여 ㉡을 높인다.
⑤ 다른 웹 페이지에서 흔히 다루지 않는 주제를 간략하게 설명하되 주제와 관련된 단어를 자주 사용하여 ㉡을 높인다.

16. <보기>는 웹 페이지들의 관계를 도식화한 것이다. 윗글을 바탕으로 <보기>를 이해한 내용으로 적절한 것은? [3점]

<보 기>

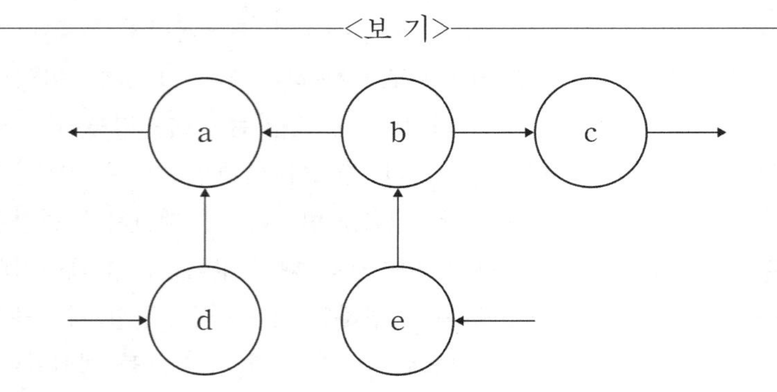


원은 웹 페이지이고, 화살표는 웹 페이지에서 링크를 통해 화살표 방향의 다른 웹 페이지로 연결됨을 뜻한다. 댐핑 인자는 0.5이고, d와 e의 중요도는 16으로 고정된 값이다.
(단, 링크와 댐핑 인자 외에 웹 페이지의 중요도에 영향을 주는 다른 요소는 고려하지 않음.)

① a의 중요도는 16이다.
② a가 b와 d로부터 각각 받는 값은 같다.
③ b에서 a로의 링크가 끊어지면 b와 c의 중요도는 같다.
④ e에서 a로의 링크가 추가되면 b의 중요도는 6이다.
⑤ e에서 c로의 링크가 추가되면 c의 중요도는 5이다.

17. 문맥상 ⓐ의 의미와 가장 가까운 것은?

① 공부를 하다 보니 시간은 자정이 넘었다.
② 그들은 큰 산을 넘어서 마을에 도착했다.
③ 철새들이 국경선을 넘어서 훨훨 날아갔다.
④ 선수들은 가까스로 어려운 고비를 넘었다.
⑤ 갑자기 냄비에서 물이 넘어서 좀 당황했다.

**[18～21] 다음 글을 읽고 물음에 답하시오.**

이때 예부 상서 진량을 황제 가장 총애하시니 진량이 의기양양하고 교만 방자한지라, 정 상서 일찍 진량이 소인인 줄 알고 황제께 간하되 황제 종시 그렇지 않다 하심에, 진량이 이 일을 알고 정 상서를 해하려 하더라. 차시 황제의 탄생일이 되었는지라, ㉠ 마침 정 상서 병이 있어 상소하고 참석지 못하였더니 황제 만조백관더러 묻기를,

"정 상서의 병이 어떠하더뇨?"

하시고 사관을 보내려 하시니 진량이 나아가 왈,

"정 상서는 간악한 사람이라 그 병세를 신이 자세히 아옵니다. 상서가 요사이 황제께 조회하는 것이 다르옵고 신이 상서의 집에 가오니 상서의 말이 수상하옵더니 오늘 조회에 불참하오니 반드시 무슨 생각 있는 줄 아나이다."

황제 대경하여 처벌하려 하시거늘 중관이 아뢰길,

"정 상서의 죄 명백함이 없으니 어찌 벌로 다스리오리까?"

황제 듣지 않고 절강에 귀양을 정하시니 중관이 명을 듣고 정 상서의 집에 나아가 황명을 전하니, 상서 크게 울며,

"내 일찍 국은을 갚을까 하였더니 소인의 참언을 입어 이제 귀양을 가니 어찌 애달프지 않으리오."

하고 칼을 빼어 서안을 치며 말하기를,

"소인을 없애지 못하고 도리어 해를 입으니 누구를 원망하리오."

하며 눈물을 흘리니 부인은 애원 통도하고 친척 노복이 다 서러워하더라.

사관이 재촉 왈,

"㉡ 황명이 급하오니 수이 행장 차리소서."

정 상서가 일변 행장을 준비하여 부인더러 이르기를,

"나는 천만 의외에 귀양 가거니와 부인은 여아를 데리고 조상 제사를 받들어 길이 무탈하소서."

하고 즉시 발행할새, 모녀 가슴이 막혀 아무 말도 못하더라. 정 상서 여러 날 만에 귀양지에 이르니 절강 만호가 관사를 깨끗이 하고 정 상서를 머물게 하더라.

차설. 정 상서 적거한 후로 슬픔을 머금고 세월을 보내더니 석 달 만에 홀연 득병하여 마침내 세상을 영결하니 절강 만호 슬퍼 놀라 황제께 ⓐ 장계로 보고하고 부인께 기별하니라. 이때 부인과 정수정이 정 상서를 이별하고 눈물로 세월을 보내더니 일일 문득 시비 고하되,

"절강에서 사람이 왔나이다."

하거늘 부인이 급히 불러 물으니 답하기를,

"㉢ 정 상서께서 지난달 보름께 별세하셨나이다."

하는지라. 부인과 정수정 이 말을 듣고 한마디 소리를 내며 혼절하니 시비 등이 창황망조하여 약물로 급히 구함에 오랜 후에야 숨을 내쉬며 눈물이 비 오듯 하더라.

**[중략 부분의 줄거리]** 남장을 한 정수정은 장원 급제한 뒤 북적을 물리친다. 이후 황제에게 자신이 여성임을 밝히고 정혼자인 장연과 혼인한다. 호왕이 침공하자 정수정은 대원수, 장연은 중군장으로 출전한다.



[해설편 p.151]

㉣ 대원수 호왕에 승리하여 황성으로 향할새 강서 지경에 이르러 한복더러 묻기를,

"**진량의 귀양지가 여기서 얼마나 되는**가?"

"수십 리는 되나이다."

대원수 분부하되 철기를 거느려 결박하여 오라 하니 한복 등이 듣고 나는 듯이 가 바로 내실로 들어갈새 진량이 대경하여 연고를 묻거늘 한복이 칼을 들어 시종을 베고 군사를 호령하여 진량을 결박하여 본진으로 돌아와 대원수께 고하되, 대원수 이에 진량을 잡아들여 장하에 꿇리고 노기 대발하여 부친 모해하던 죄상을 문초하니 진량이 다만 살려 달라 빌거늘, 대원수 무사를 호령하여 빨리 베라 하니 이윽고 무사 진량의 머리를 드리거늘, 대원수 **제상을 차려 부친께 제사 지내**더라.

황제께 ⓑ 첩서를 올려 승전을 알리고, 중군장 장연을 기주로 보내고 대군을 지휘하여 경사로 향하여 여러 날 만에 궐하에 이르니, 황제 백관을 거느려 대원수를 맞아 치하하시고 좌각로 평북후를 봉하시니 대원수 사은하고 청주로 가니라.

차설. 장연이 기주에 이르러 모친 태부인 뵈옵고 전후사연을 고하되 태부인이 듣고 통분 왈,

"너를 길러 벼슬이 공후에 이르니 기쁨이 측량없던 차에 **전쟁터에서 부인에게 욕을 보고 돌아**올 줄 어찌 알았으리오."

장연의 다른 부인들인 원 부인과 공주가 아뢰기를,

"정수정 벼슬이 높으니 능히 제어치 못할 것이요, 저 사람 또한 대의를 알아 삼가 화목할 것이니 이제는 노하지 마소서."

태부인이 그렇게 여겨 이에 시녀를 정하여 서찰을 주어 청주로 보내니라. 이때 정수정은 전쟁에서 **장연 징계한 일로 심사 답답**하더니 시비 문득 아뢰되 기주 시녀 왔다 하거늘 불러들여 ㉤ 서찰을 본즉 태부인의 서찰이라. 기뻐 즉시 회답하여 보내고 익일에 행장 차려 갈새, 홍군 취삼으로 봉관 적의에 명월패 차고 수십 시녀를 거느려 성 밖에 나오니, 한복이 정수정을 **호위**하여 기주에 이르러 **태부인께 예**하고 두 부인으로 더불어 예필 좌정함에, 태부인이 지난 일에 조금도 거리낌이 없으니, 정수정 또한 태부인을 지성으로 섬기더라.

- 작자 미상, 「정수정전」 -

**18.** 윗글의 인물에 대한 이해로 적절하지 않은 것은?

① '황제'는 자신이 총애하는 사람의 말을 듣고 정 상서를 처벌하기로 결심한다.
② '중관'은 정 상서를 처벌하기에는 그 죄가 분명하지 않음을 황제에게 주장한다.
③ '정 상서'는 자신이 소인의 참언 때문에 뜻하지 않게 귀양을 가게 되었다고 생각한다.
④ '한복'은 대원수의 명령에 따라 진량의 귀양지로 가서 그의 죄를 묻고 처벌을 내린다.
⑤ '원 부인'과 '공주'는 정수정이 도리를 지켜 원만하게 지낼 것임을 내세워 태부인을 진정시킨다.

**19.** ㉠~㉤에 대한 이해로 적절하지 않은 것은?

① ㉠으로 진량에게는 정 상서를 모함할 기회가 생긴다.
② ㉡으로 정 상서는 비보가 전해질 것을 짐작하게 된다.
③ ㉢으로 부인과 정수정은 충격을 받고 정신을 잃게 된다.
④ ㉣로 정수정은 황제로부터 노고에 대한 보답을 받게 된다.
⑤ ㉤으로 정수정은 걱정을 덜며 떠날 채비를 하게 된다.

**20.** ⓐ, ⓑ에 대한 이해로 가장 적절한 것은?

① ⓐ는 자신의 귀양살이를 보고할 목적으로 작성되었다.
② ⓐ는 황제와의 갈등을 해결하기 위한 목적으로 작성되었다.
③ ⓑ는 호왕과 벌인 전쟁의 결과를 보고할 목적으로 작성되었다.
④ ⓑ는 황제를 직접 만나 보고하는 것을 피할 목적으로 작성되었다.
⑤ ⓐ와 ⓑ에 담긴 소식은 황제 외의 사람들에게는 알려지지 않았다.



**21.** <보기>를 참고하여 윗글을 감상한 내용으로 적절하지 않은 것은? [3점]

<보 기>

정수정은 국가적 위기를 해결하는 영웅이자, 부친의 원수를 갚는 효녀이고, 부녀자로서의 덕목을 지녀야 하는 장씨 가문의 여성이다. 정수정은 주어진 상황과 조건에 따라 세 역할 사이에서 갈등하기도 하지만, 결과적으로는 모든 역할에 충실하며 다양한 능력과 덕목을 갖춘 인물로 형상화된다.

① '진량의 귀양지가 여기서 얼마나 되는'지 묻는 '대원수'의 발언에서, '진량'을 찾아 부친의 한을 풀어 주려는 '정수정'의 효녀로서의 면모가 드러남을 알 수 있군.
② '제상을 차려 부친께 제사 지내'는 '대원수'의 모습에서, '정수정'은 부친의 원수를 갚는 효녀로서의 소임을 수행하여 죽은 부친의 넋을 위로하고 있음을 알 수 있군.
③ '장연'이 '전쟁터에서 부인에게 욕을 보고 돌아'왔다며 통분하는 '태부인'의 모습에서, '태부인'은 '정수정'이 아내의 역할보다 대원수의 역할을 중시한 것에 대해 못마땅해함을 알 수 있군.
④ '장연 징계한 일로 심사 답답'한 '정수정'의 모습에서, '정수정'은 군대를 통솔했던 국가적 영웅으로 돌아가고 싶어 함을 알 수 있군.
⑤ '한복'의 '호위'를 받으며 기주로 가서 '태부인께 예'하는 '정수정'의 모습에서, 국가적 영웅의 면모를 유지하는 '정수정'이 며느리로서의 역할도 수행함을 알 수 있군.

[22~27] 다음 글을 읽고 물음에 답하시오.

(가)

아아 아득히 내 첩첩한 산길 왔더니라. **인기척 끊**이고 새도 짐승도 있지 않은 **한낮** 그 **화안한 골 길**을 다만 어득히 나는 머언 생각에 잠기어 왔더니라.

**백화(白樺) 앙상한 사이**를 바람에 백화같이 불리우며 물소리에 휜 돌 되어 씻기우며 나는 총총히 외롬도 잊고 왔더니라

살다가 오래여 삭은 장목들 휜 팔 벌리고 서 있고 풍설(風雪)에 깎이어 날선 봉우리 훌 훌 훌 창천(蒼天)에 흰 구름 날리며 섰더니라

쏴아 — 한종일내 — 쉬지 않고 부는 물소리 안은 바람소리 …… **구월** 고운 낙엽은 날리어 푸른 담(潭) 위에 호르르르 낙화 같이 지더니라.

**어젯밤** 잠자던 동해안 어촌 그 검푸른 밤하늘에 나는 장엄히 뿌리어진 허다한 **바다의 별들**을 보았느니,

이제 나의 이 **오늘밤** 산장에도 얼어붙는 바람 속 우러르는 나의 **하늘에 별들**은 쓸리며 다시 **꽃과 같이 난만(爛漫)하여라.**

- 박두진, 「별 - 금강산시 3」 -

(나)

**사람들**은 자기들이 길을 만든 줄 알지만 [A]
길은 순순히 **사람들의 뜻**을 좇지는 않는다
사람을 끌고 가다가 문득
**벼랑 앞에** 세워 **낭패**시키는가 하면
큰물에 우정 제 허리를 동강 내어 [B]
사람이 부득이 저를 버리게 만들기도 한다
**사람들**은 이것이 다 사람이 만든 길이
거꾸로 사람들한테 세상 사는 [C]
슬기를 가르치는 거라고 말한다
길이 사람을 밖으로 불러내어
온갖 곳 온갖 사람살이를 구경시키는 것도
**세상 사는 이치**를 가르치기 위해서라고 말한다
그래서 길의 뜻이 거기 있는 줄로만 알지
길이 사람을 밖에서 안으로 끌고 들어가 [D]
스스로를 깊이 들여다보게 한다는 것은 모른다
길이 밖으로가 아니라 안으로 나 있다는 것을
아는 **사람**에게만 **길**은 고분고분해서 [E]
**꽃으로 제 몸을 수놓아 향기를 더하기도 하고**
그늘을 드리워 사람들이 땀을 식히게도 한다
그것을 알고 나서야 **사람들**은 비로소
자기들이 길을 만들었다고 말하지 않는다 [F]

- 신경림, 「길」 -

(다)

**고요하니 즐거운 이 밤** 초롱초롱 맑게 고인 샘물 같은 눈으로 나는 지금 **당신**께서 보내 주신 맑고 고운 수선화 한 폭을 들여다 봅니다. 들여다보노라니 그윽한 향기와 새파란 꿈이 안개같이 오르고 또 노란 슬픔이 연기같이 오릅니다. 나는 이제 이 긴긴 밤을 당신께 이 **노란 슬픔의 이야기**나 해서 보내도 좋겠습니까.

남쪽 바닷가 어떤 낡은 항구의 처녀 하나를 나는 좋아하였습니다. 머리가 까맣고 눈이 크고 코가 높고 목이 패고 키가 호리낭창하였습니다.

(중략)

어느 해 유월이 저물게 **실비 오는 무더운 밤**에 처음으로 그를 안 나는 여러 아름다운 것에 그를 견주어 보았습니다 — 당신께서 좋아하시는 산새에도 해오라비에도 또 진달래에도 그리고 산호에도……. 그러나 나는 어리석어서 아름다움이 닮은 것을 골라낼 수 없었습니다.

총명한 내 친구 하나가 그를 비겨서 수선이라고 하였습니다. 그제는 나도 기뻐서 그를 비겨 수선이라고 하였습니다. 그러한 나의 수선이 시들어 갑니다. 그는 스물을 넘지 못하고 또 **가슴의 병**을 얻었습니다. 이 이야기는 이만하고 나의 노란 슬픔이 더 떠오르지 않게 나는 당신의 보내 주신 맑고 고운 수선화의 폭을 치워 놓아야 하겠습니다.

밤이 **아직 샐 때가** 멀고 또 복밥을 먹을 때도 아직 되지 않았습니다. 이제 나는 어머니의 바느질 그릇이 있는 데로 가서 무새 헝겊이나 얻어다가 알룩달룩한 각시나 만들면서 **이 남은 밤**을 당신께서 좋아하실 내 시골 **육보름*** 밤의 이야기나 해서 보내도 좋겠습니까.

육보름으로 넘어서는 밤은 집집이 안간으로 사랑으로 웃간에도 맏웃간에도 다락방에도 허텅에도 고방에도 부엌에도 대문간에도 외양간에도 모두 째듯하니 불을 켜 놓고 복을 맞이하는 밤입니다. 달 밝은 마을의 행길 어데로는 **복덩이가 돌아다닐 것도 같은 밤**입니다. 닭이 수잠을 자고 개가 밤물을 먹고 도야지 깃을 들썩이는 밤입니다. **새악시 처녀들**은 새 옷을 입고 복물을 긷는다고 벌을 건너기도 하고 고개를 넘기도 하여 부잣집 우물로 가서 반동이에 옹패기에 찰락찰락 물을 길어 오며 별 같은 이야기를 **자깔자깔** 하는 밤입니다. 새악시 처녀들은 또 복을 가져 오노라고 달을 보고 웃어 가며 살괭이같이 여우같이 **부잣집**으로 가서는 날쌔기도 하게 기왓골의 **기왓장을 벗겨 오**고 부엌의 솥뚜껑을 들어 오고 곱새담의 짚날을 뽑아 오고……. 이렇게 **허물없는 즐거움** 속에 **끼득깨득** 하는 그들은 산에서 내린 무슨 암짐승이 되어 버리는 밤입니다.

- 백석, 「편지」 -

* 육보름 : 정월 대보름 다음날.

**22.** (가)~(다)의 공통점으로 가장 적절한 것은?

① 빗대어 표현하는 방식으로 대상의 속성을 드러내고 있다.
② 과거를 회상하는 방식으로 현재의 의미를 나타내고 있다.
③ 영탄적인 어조로 대상에서 촉발된 인상을 표현하고 있다.
④ 예스러운 종결 표현으로 고풍스러운 느낌을 자아내고 있다.
⑤ 계절감을 드러내는 표현으로 시간의 경과를 보여 주고 있다.

23. <보기>를 참고하여 (가), (나)를 감상한 내용으로 적절하지 않은 것은? [3점]

<보 기>

(가)에서 화자는 금강산으로 가는 길에서 만난 자연의 모습을 자신의 내면에 투영하여 형상화하고 있다. 자연의 외적 모습을 바라보는 데 그치지 않고 주관적 대상으로 묘사하여, 화자와 자연의 정서적 교감을 드러낸다.

(나)에서 화자는 길에 대한 사람들의 생각이 자신의 관점에만 치우쳐 있어서 내면의 길을 찾지 못하고 있음을 일깨우고 있다. '밖'과 '안'을 대비하여 내적 성찰의 중요성을 이끌어 내는 길의 상징적 의미를 진술함으로써, 길에 대해 사람들이 깨달음을 얻어 가는 과정을 보여 준다.

① (가)는 '화안한 골 길'과 '백화 앙상한 사이'를 통해, 화자가 여정 속에서 만난 자연의 모습을 묘사하고 있군.
② (가)는 '바다의 별들'과 '하늘에 별들'을 통해, 화자의 내면에 투영된 자연에 대한 주관적 인상을 형상화하고 있군.
③ (나)는 '벼랑 앞에'서 '낭패'를 겪는 사람들의 상황을 보여 줌으로써, 자신의 관점으로만 길을 이해한 사람들을 일깨우려 하고 있군.
④ (나)는 '세상 사는 이치'에서, 내면의 길을 찾아내어 내적 성찰을 이끌어 낸 사람들의 생각을 담아내고 있군.
⑤ (가)는 '꽃과 같이 난만하여라'에서, (나)는 '꽃으로 제 몸을 수놓아 향기를 더하기도 하고'에서, 대상에 대한 화자의 긍정적인 태도를 엿볼 수 있군.

24. (가), (다)에 대한 이해로 가장 적절한 것은?

① (가)의 '구월'은 화자의 고뇌가 심화되는 시간으로 볼 수 있다.
② (다)의 '고요하니 즐거운 이 밤'은 '당신'과의 재회에 대한 기대감이 고조되는 시간으로 볼 수 있다.
③ (가)의 '어젯밤'은 화자가, (다)의 '복덩이가 돌아다닐 것도 같은 밤'은 글쓴이가 고독감을 느끼는 시간으로 볼 수 있다.
④ (가)의 '오늘밤'은 화자가 고향에 대한 기억을 되살리는, (다)의 '실비 오는 무더운 밤'은 글쓴이가 지난날을 후회하는 계기로 볼 수 있다.
⑤ (가)의 '인기척 끊'긴 '한낮'은 화자가 생각에 잠길 만한, (다)의 '아직 샐 때가' 먼 '이 남은 밤'은 글쓴이가 이야기를 계속할 만한 시간으로 볼 수 있다.

25. (가)에 대한 이해로 적절하지 않은 것은?

① 1연에서 '아득히', '왔더니라'를 반복하여, '첩첩한 산길'과 '머언 생각에 잠기'는 화자의 내면을 조응시키고 있다.
② 2연의 '물소리에 흰 돌 되어 씻기우며'에서, 자연과의 관계에서 느끼는 화자의 정서를 드러내고 있다.
③ 3연의 '오래여 삭은 장목들'과 '풍설에 깎이어 날선 봉우리'를 통해, 자연의 유구함에서 풍기는 분위기를 표상하고 있다.
④ 3연의 '훌 훌 훌', 4연의 '쏴아', '호르르르'와 같은 표현으로, 자연의 풍경을 생동감 있게 형상화하고 있다.
⑤ 5연의 '동해안'과 6연의 '산장'이라는 공간의 대조를 통해, 장소의 이동에 따른 화자의 태도 변화를 부각하고 있다.

13회

26. [A]~[F]에 대한 이해로 적절하지 않은 것은?

① [A]에서 '길'이 '사람들의 뜻'을 좇지 않는다는 진술의 구체적인 양상을 [B]에서 확인할 수 있다.
② [B]에서의 경험을 [C]에서 '사람들'이 어떻게 수용하는지를 밝히고 있다.
③ [C]의 '사람들'이 미처 깨닫지 못한 바가 무엇인지를 [D]에서 밝히고 있다.
④ [E]와 같이 제 뜻을 굽혀 '사람'에게 복종하는 '길'의 모습은 [B]와 대비되고 있다.
⑤ [F]에서 깨달음을 얻은 '사람들'의 태도는 [A]의 '사람들'의 태도와 대비되고 있다.

27. <보기>를 참고하여 (다)를 감상한 내용으로 적절하지 않은 것은?

<보 기>

'당신'에게 쓰는 편지 형식의 이 수필에서 글쓴이는 개인적 경험과 공동체적 경험으로 대비되는 두 가지 이야기를 들려준다. 수선화에서 연상된 이야기가 글쓴이에게 슬픔을 환기하는 기억이라면, 고향의 풍속 이야기는 일탈이 용인되는 유쾌한 축제로 그려진다. 이를 통해 독자는 슬픔과 즐거움이라는 삶의 양면성을 경험하게 된다.

① 글쓴이가 '당신'에게 말하는 형식으로 되어 있어 독자는 자신이 편지의 수신인이 된 것처럼 친근함을 느낄 수 있겠군.
② '노란 슬픔의 이야기'는 '가슴의 병'을 얻은 여인과 관련된 개인적 경험으로 볼 수 있겠군.
③ '육보름'에 대한 '당신'과 글쓴이의 경험을 대비한 것은 삶의 양면성을 보여 주려는 의도로 볼 수 있겠군.
④ '부잣집'의 '기왓장을 벗겨 오'는 '새악시 처녀들'의 행동은 축제 같은 분위기 속에 일시적으로 용인된 것이겠군.
⑤ '자깔자깔', '끼득깨득'과 같은 음성 상징어에서 '새악시 처녀들'의 '허물없는 즐거움'과 쾌감을 느낄 수 있겠군.

[28～31] 다음 글을 읽고 물음에 답하시오.

그런 일이 있은 지 한 달쯤 지나니 내 겨드랑에 생긴 이변의 전모가 대강 드러났다. **파마늘**은 어김없이 밤 12시부터 새벽 4시 사이에 솟구친다는 것. **방**에 있으면 쑤시고 밖에 나가면 씻은 듯하다는 것. 까닭은 전혀 알 길이 없다는 것 등이었다. **의사**는 나에게 전혀 이상이 없다고 잘라 말했다. 그도 그럴 것이 그 시간에는 내 겨드랑은 멀쩡했기 때문이다. 그때부터 나의 괴로움은 비롯되었다. 파마늘은 전혀 불규칙한 사이를 두고 튀어나왔다. 연이틀을 쑤시는가 하면 한 일주일 소식을 끊고 하는 것이었다. 하루 이틀이지 이렇게 줄곧 밖에서 새운다는 것은 못 할 일이었다. 나는 제집이면서 꼭 **도적놈**처럼 **뜰**의 어느 구석에 숨어서 밤을 지내야 했기 때문이다. 그런 생활이 두 달째에 접어들었을 때 나는 견디다 못해서 담을 넘어서 밖으로 나가 보았다. 그랬더니 참으로 이상한 일도 다 있었다. 뜰에 나와 있어도 가끔 뜨끔거리고 손을 대 보면 미열이 있던 것이 거리를 거닐게 되면서는 아주 깨끗이 편한 상태가 되었다. 이렇게 되면서 독자들은 곧 짐작이 갔겠지만, 문제가 생겼다. 내가 의료적인 이유로 산책을 강요당하게 되는 시간이 행정상의 **통행 제한**의 시간과 우연하게도 겹치는 점이었다. 고민했다. 나는 부르주아의 썩은 미덕을 가지고 있었다. 관청에서 정하는 규칙은 따라야 한다는 것이 그것이다. 12시부터 4시까지는 모든 **시민**은 밖에 나다니지 말기로 되어 있다. 모든 사람이 받아들이는 규칙이니까 **페어플레이**를 지키는 사람이면 이것은 소형(小型)의 도덕률일 수밖에 없다. 그러나 이 도덕률을 지키는 한 내 겨드랑은 요절이 나고 나는 죽을는지도 모른다.

**[중략 부분의 줄거리]** '나'는 겨드랑이에 파마늘 같은 것이 돋으면 밤거리를 몰래 산책하곤 한다. '나'는 밤 산책 중 종종 다른 사람들과 마주친다.

오늘은 경관을 만났다. 나는 얼른 몸을 숨겼다. 그는 부산하게 내 앞을 지나갔다. 그 순간 나는 내가 레닌*인 것을, 안중근인 것을, 김구인 것을, 아무튼 그런 인물임을 실감한 것이다. 그가 지나간 다음에도 나는 ㉠ <u>은신처</u>에서 나오지 않았다. 공화국의 시민이 어찌하여 그런 엄청난 변모를 할 수 있었는지 모를 일이다. 나는 정치적으로 백치나 다름없는 감각을 가진 사람이다. 위에서 레닌과 김구를 같은 유(類)에 놓은 것만 가지고도 알 만할 것이다. 그런데 경관이 지나가는 순간에 내가 **혁명가**였다는 것도 분명한 사실이다. 혁명가라고 자꾸 하는 것이 안 좋으면 **간첩**이래도 좋다. 나는 그 순간 분명히 간첩이었던 것이다. 그런데 내가 간첩이 아닌 것은 역시 분명하였다. 도적놈이래도 그렇다. 나는 분명히 도적놈이었으나 분명히 도적놈은 아니었다. 나는 아주 희미하게나마 혁명가, 간첩, 도적놈 그런 사람들의 마음이 알 만해지는 듯싶었다. 이 맛을 못 잊는 것이구나 하고 나는 생각하였다. 나도 물론 처음에는 치료라는 순전히 **공리적인** 이유로 이 산책에 나섰다. 그러나 지금으로서는 반드시 그런 것만은 아니다. 설사 내 겨드랑의 달걀이 영원히 가 버린다 하더라도 이 금지된 산책을 그만둘 수 있을지는 심히 의심스럽다. 나의 산책의 성격은 **변질**되기 시작하였다. **누룩 반죽**처럼.

기적(奇蹟). 기적. 경악. 공포. 웃음. 오늘 세상에도 희한한 일이 내 몸에 일어났다. 한강 근처를 산책하고 있는데 겨드랑이 간질간질해 왔다. 나는 속옷 사이로 더듬어 보았다. 털이 만져졌다. 그런데 닿임새가 심상치 않았다. 털이 괜히 빳빳하고 잘 묶여 있는 느낌이다. 빗자루처럼. 잘 만져 본다. 아무래도 보통이 아니다. 나는 ㉡ <u>바위틈</u>에 몸을 숨기고 윗옷을 벗었다. 속옷은 벗지 않고 들치고는 겨드랑을 들여다보았다. 나는 실소하고 말았다. 내 겨드랑에는 새끼 까마귀의 그것만 한 아주 치사하게 쬐끄만 **날개**가 돋아나 있었다. 다른 쪽 겨드랑을 또 들여다보았다. 나는 쿡 웃어 버렸다. 그쪽에도 장난감 몽당빗자루만 한 것이 달려 있는 것이었다. 날개가 보통 새들의 것과 다른 점이 그 깃털이 곱슬곱슬한 고수머리라는 것뿐이었다. 흠. 이놈이 나오려는 아픔이었구나 하고 나는 생각했다. 나는 그 날개를 움직이려고 해 보았다. **귓바퀴**가 말을 안 듣는 것처럼 그놈도 움직이지 않았다. 나는 참말 부끄러워졌다.

- 최인훈, 「크리스마스 캐럴 5」 -

* 레닌 : 러시아의 혁명가.

**28.** 윗글의 서술상 특징으로 가장 적절한 것은?

① 시간의 순서를 뒤바꾸어 이야기의 인과 관계를 재구성하고 있다.
② 유사한 사건을 반복해서 제시하며 서술의 초점을 분산시키고 있다.
③ 장면에 따라 서술자를 달리하여 사건의 의미를 입체적으로 조명하고 있다.
④ 공간의 이동에 따른 인물의 경험을 다른 인물의 시선을 통해 서술하고 있다.
⑤ 사건에 대한 중심인물의 내적 반응을 중심인물 자신의 목소리를 통해 제시하고 있다.

**29.** 윗글에 대한 이해로 적절하지 <u>않은</u> 것은?

① '의사'가 '나'의 증상을 진단하지 못한 것은 '나'의 증상이 '의사' 앞에서는 나타나지 않았기 때문이다.
② '나'는 자신의 집에서 '도적놈'과 비슷한 방식으로 행동하곤 했다.
③ '뜰'에서의 '나'의 고통은 '방'에서보다는 덜하지만 완전히 사라지지는 않는다.
④ '나'는 '시민'이 정한 규칙을 준수해야 하는 '페어플레이'를 지키지 못하게 되어 고민한다.
⑤ '혁명가'와 '간첩'은 '나'가 자신의 행동을 이해하기 위해 자신과 비교해 보는 대상이다.



[해설편 p.154]

**30.** ㉠과 ㉡에 대한 이해로 가장 적절한 것은?

① ㉠은 정신적 안정을, ㉡은 신체적 회복을 위한 공간이다.
② ㉠은 윤리적인, ㉡은 정치적인 이유로 몸을 숨기는 공간이다.
③ ㉠은 ㉡과 달리, 타인의 출현으로 인해 몸을 감춘 공간이다.
④ ㉡은 ㉠과 달리, 반복적으로 사용하는 공간이다.
⑤ ㉠과 ㉡은 모두, 과거의 자신을 긍정하는 공간이다.

**31.** <보기>를 바탕으로 윗글을 감상한 내용으로 적절하지 않은 것은? [3점]

<보 기>

「크리스마스 캐럴 5」는 자유가 억압된 시대적 상황에서 자유의 가능성과 한계를 묻는 작품이다. '나'의 겨드랑이에 돋은 정체불명의 파마늘이 주는 통증은 자유에 대한 요구를, 그로 인한 밤 '산책'은 자유를 위한 실천을 의미한다. 작품은 처음에는 명료하지 않고 미약했던 자유를 향한 의지가 밤 산책을 거듭하면서 심화되는 모습과 함께 그 과정에서 생기는 문제점을 드러낸다.

① '통행 제한'으로 인해 산책의 자유가 제한된 상황은, 단순히 이동의 자유에 대한 억압만이 아니라 자유가 억압되는 시대적 상황 자체에 대한 문제 제기라고 할 수 있겠군.
② '파마늘'이 돋을 때의 극심한 통증은, 자유가 그만큼 절박하게 요구되었던 상황을 보여 주는 동시에 자유를 얻기 위해 필요한 고통을 암시하기도 하겠군.
③ '공리적인' 목적을 가지고 있었던 산책이 점차 '누룩 반죽'처럼 '변질'되었다는 표현은, 자유의 필요성이 망각되어 자유를 위한 실천의 목적이 훼손되는 문제점에 대한 비판이겠군.
④ 정체불명의 파마늘이 '날개'의 형상으로 바뀐 것은, 처음에는 명료하지 않았던 자유를 향한 의지가 산책을 통해 심화되었다는 것을 의미하겠군.
⑤ '날개'가 '귓바퀴' 같다는 점에 대해 '나'가 느낀 부끄러움은, 여러 차례의 산책에도 불구하고 자유를 의지대로 실현하기 어려웠던 한계에 대한 인식으로 볼 수 있겠군.

**[32~34] 다음 글을 읽고 물음에 답하시오.**

**(가)**

이 중에 시름없으니 **어부(漁父)**의 생애로다
**일엽편주**를 만경파(萬頃波)에 띄워 두고
**인세(人世)**를 다 잊었거니 날 가는 줄을 아는가 <제1수>

굽어보면 천심 녹수 돌아보니 만첩 청산
**십장 홍진(十丈紅塵)**이 얼마나 가렸는가 [A]
강호에 월백(月白)하거든 더욱 무심(無心)하여라
<제2수>

청하(靑荷)에 밥을 싸고 **녹류(綠柳)에 고기 꿰어**
노적 화총(蘆荻花叢)에 배 매어 두고
일반 청의미(一般淸意味)를 어느 분이 아실까 <제3수>

㉠ <u>산두(山頭)에 한운(閑雲) 일고 수중(水中)에 백구(白鷗) 난다</u>
무심코 다정한 것 이 두 것이로다
㉡ <u>일생에 시름을 잊고 너를 좇아 놀리라</u> <제4수>

- 이현보, 「어부단가」 -

**(나)**

때마침 부는 **추풍(秋風)** 반갑게도 보이도다
말술이 다나 쓰나 술병 메고 벗을 불러
언덕 너머 어촌에 내 놀이 가자꾸나
흰 두건을 젖혀 쓰고 **소정(小艇)**을 타고 오니
㉢ <u>바람에 떨어진 갈대꽃 갠 하늘에 눈이 되어</u>
<u>석양에 높이 날아 어지러이 뿌리는데</u>
갈잎에 닻 내리고 **그물로**
잔잔한 강물 속 자린은순(紫鱗銀脣)* **수없이 잡아내어**
연잎에 담은 회와 항아리에 채운 술을
**실컷 먹은** 후에
태기 넓은 돌에 높이 베고 누웠으니
희황천지(羲皇天地)*를 오늘 다시 보는구나
잠시 잠들어 뱃노래에 깨어 보니
추월(秋月)이 만강(滿江)하여 밤빛을 잃었거늘
반쯤 취해 시 읊으며 배 위로 건너오니
강물 아래 잠긴 달은 또 어인 달인 게오 [B]
달 위에 배를 타고 달 아래 앉았으니
문득 의심은 월궁(月宮)에 올랐는 듯
물외(物外)의 기이한 경관 넘치도록 보이도다
청경(淸景)을 다투면 내 분에 두랴마는
즐겨도 말리는 이 없으니 나만 둔가 여기노라
놀기를 탐하여 돌아갈 줄 잊었도다
㉣ <u>아이야 닻 들어라 만조(晩潮)에 띄워 가자</u>
푸른 물풀 위로 **강풍(江風)**이 짐짓 일어
귀범(歸帆)을 재촉하는 듯
아득하던 앞산이 뒷산처럼 보이도다
잠깐 사이 날개 돋아 연잎배 탄 신선된 듯



[해설편 p.154]

연파(烟波)를 헤치고 월중(月中)에 돌아오니
ⓜ 동파(東坡) 적벽유(赤壁遊)*인들 이내 흥(興)에 미치겠는가
강호 흥미(興味)는 나만 둔가 여기노라

- 박인로, 「소유정가」 -

* 자린은순 : 물고기를 아름답게 표현하는 말.
* 희황천지 : 복희씨(伏羲氏) 때의 태평스러운 세상.
* 동파 적벽유 : 중국 송나라 때 소식(蘇軾)이 적벽에서 했던 뱃놀이.

**32.** ㉠~㉤에 대한 이해로 적절하지 않은 것은?

① ㉠은 대구를 통해 자연 경물의 모습을 제시함으로써 한적한 분위기를 조성하고 있다.
② ㉡은 자연 경물을 '너'로 지칭하여 관계를 맺음으로써 이들과 동화하려는 의지를 표출하고 있다.
③ ㉢은 자연 경물의 모습을 감각적으로 표현함으로써 물가의 아름다운 풍경을 묘사하고 있다.
④ ㉣은 명령형 어미를 사용하여 '아이'가 해야 할 행동을 제시함으로써 자연 경물에 대한 인식의 변화를 촉구하고 있다.
⑤ ㉤은 유사한 놀이를 즐겼던 과거 인물과 비교함으로써 화자의 자긍심을 드러내고 있다.

**33.** [A], [B]에 대한 설명으로 가장 적절한 것은?

① [A]에서 화자는 달을 절대적 존재로 인식하고 강호 자연에서 '무심'한 삶을 살 수 있도록 기원하고 있다.
② [A]에서 화자는 달에 인격을 부여하여 '녹수'와 '청산'으로 둘러싸인 강호 자연의 가을 달밤 정경을 묘사하고 있다.
③ [B]에서 화자는 하늘의 달과 강물에 비친 달 사이에 놓임으로써 '월궁'에 오른 듯한 신비로움을 표현하고 있다.
④ [B]에서 화자는 시간의 흐름에 따라 모양을 달리 하는 달의 특성을 활용하여 계절의 변화를 다채롭게 나타내고 있다.
⑤ [A]와 [B]에서 강호 자연에 은거한 화자는 달을 대화 상대이면서 동시에 위안의 대상으로 여기고 있다.

**34.** <보기>를 바탕으로 (가), (나)를 감상한 내용으로 적절하지 않은 것은? [3점]

<보 기>

'어부'는 정치 현실과 거리를 둔 은자로 형상화된다. 이때 '어부 형상'은 어부 관련 소재, 행위, 정서 등의 어부 모티프와 연관하여 작품별로 공통적인 속성을 가지면서 다양한 변주를 보인다. (가)는 어부와 관련된 상황의 일부를 초점화하여 유유자적한 삶을 사는 어부를, (나)는 어부와 관련된 여러 상황을 이어 가며 흥취 있는 삶을 사는 어부를 형상화하고 있다.

① (가)의 '어부'는 '십장 홍진'으로 표현된 정치 현실에서 벗어나 뱃놀이를 즐기며 '인세'의 근심과 시름을 다 잊고 한가로움을 추구하려고 하는군.
② (나)의 '추풍'은 뱃놀이의 흥취를 북돋우는 자연 현상이고, '강풍'은 흥취의 대상을 강에서 산으로 옮겨 가는 자연 현상이라 볼 수 있군.
③ (가)의 '일엽편주'와 (나)의 '소정'은 화자가 소박한 뱃놀이를 즐기고 있다는 것을 알려 주는 어부 형상 관련 소재라고 할 수 있군.
④ (가)의 '녹류에 고기 꿰어'에는 어부의 삶과 관련된 일부 행위를 통해 유유자적한 삶이, (나)의 '그물로', '수없이 잡아 내어', '실컷 먹은'에는 뱃놀이의 여러 상황들이 연결되어 흥취를 즐기는 삶이 나타나고 있군.
⑤ (가)의 '어부'는 강호 자연의 삶 속에서 홀로 자족감을 표출하고 있고, (나)의 어부는 벗들과 함께한 흥겨운 뱃놀이를 통해 만족감을 표출하고 있군.

* 확인 사항
○ 답안지의 해당란에 필요한 내용을 정확히 기입(표기)했는지 확인하시오.
○ 이어서, 「**선택과목(화법과 작문)**」 문제가 제시되오니, 자신이 선택한 과목인지 확인하시오.



[해설편 p.154]

제 1 교시

# 국어 영역(화법과 작문)

13회

[35~37] 다음은 학생의 발표이다. 물음에 답하시오.

안녕하세요? 오늘 발표를 맡은 ○○○입니다. 개똥쑥에서 말라리아 치료 성분을 발견했다는 지난주 특강 내용 기억나시나요? (청중의 대답을 듣고) 네, 인류를 살리는 식물에 관한 얘기였죠. 이런 식물이 지구상에서 사라진 상황, 상상이 되시나요? (㉠ 화면을 보여 주며) 나무의 경우 30%에 해당하는 종이 멸종 위기라고 합니다. 또 다른 조사 결과에 따르면 (㉡ 화면을 보여 주며) 보시는 바와 같이 전체 식물 중 40%에 해당하는 종이 멸종 우려 수준이라고 합니다. 그래서 식물을 품고 있는 씨앗, 즉 종자의 보존은 중요합니다. 오늘 발표는 그 종자 보존과 관련된 내용입니다.

종자를 보존하기 위한 시설로 시드볼트가 있습니다. 종자와 금고를 합친 말인데, 용어가 어려우니 종자 금고라고 할게요. 종자 금고는 기후 변화나 전쟁 등 예기치 못한 재앙으로 인한 식물의 멸종을 막기 위해 지어진 종자 영구 보관 시설입니다. 여기서 잠깐 퀴즈를 내 볼게요. 종자 금고는 전 세계에 몇 군데 있을까요? (청중의 대답을 듣고) 아, 정답자가 없네요. 놀라지 마세요. (손가락 두 개를 펼쳐 보이며) 단 두 나라, 노르웨이와 우리나라에 있습니다.

인류의 미래를 지키는 데 일조하고자 지은 우리나라 종자 금고는 경북 봉화군에 있습니다. (㉢ 화면을 보여 주며) 화면 속 건물 아래쪽에 보이는 공간이 저장고가 있는 지하의 모습인데, 외부 영향을 최소화하기 위해 지하에 종자를 보관하고 있습니다. 우리나라뿐만 아니라 외국의 종자도 기탁받아 4천 종 넘게 보관하고 있는데, 저장고 내부는 종자의 발아를 억제해 장기 보관이 가능하도록 적정 온도와 습도를 유지하고 있습니다. 보관된 종자는 특수한 상황이 아니면 반출하지 않는데 식물의 멸종이나 자생지 파괴 등을 대비해 보관하고 있기 때문입니다.

종자를 지키는 일은 미래를 지키는 일입니다. 다음 세대에 물려주어야 할 살아 있는 유산인 씨앗. 씨앗을 보존하기 위한 노력의 일환인 우리나라의 종자 금고는 그런 점에서 의미가 크다고 할 수 있습니다. 제가 준비한 내용은 여기까지인데 궁금한 점을 질문 받고 발표를 마무리할까 합니다.

**35.** 위 발표자의 말하기 방식으로 가장 적절한 것은?

① 청중에게 친숙한 사례로 개념 간의 차이를 부각하고 있다.
② 비언어적 표현을 통해 청중의 행동 변화를 촉구하고 있다.
③ 발표 중간중간에 청중의 질문을 받으며 청중과 상호 작용하고 있다.
④ 청중과 공유하고 있는 경험을 언급하여 청중의 주의를 환기하고 있다.
⑤ 발표 내용에 대한 청중의 이해 정도를 확인한 후 이어질 발표의 순서를 안내하고 있다.

**36.** 다음은 발표자가 보여 준 화면이다. 발표자의 시각 자료 활용에 대한 설명으로 가장 적절한 것은?

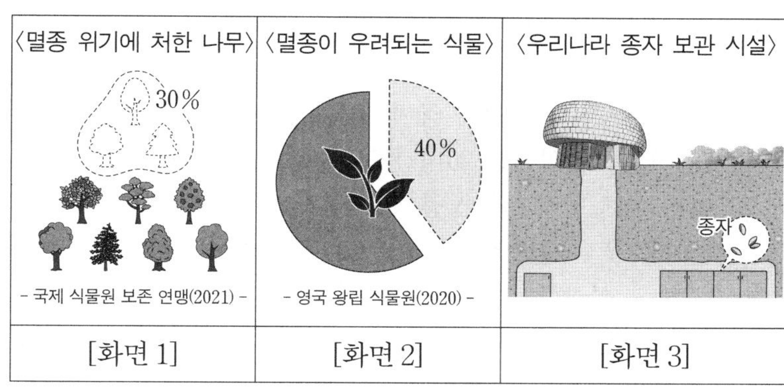


| [화면 1] | [화면 2] | [화면 3] |
|---|---|---|

① [화면 1]은 매년 나무 종이 얼마나 감소하고 있는지를 보여 주는 자료로 ㉠에 제시하였다.
② [화면 1]은 멸종 위기의 나무 종 중에서 종자가 보존되고 있는 종의 비율을 보여 주는 자료로 ㉠에 제시하였다.
③ [화면 2]는 전체 멸종 우려 종에서 식물 종이 차지하는 비율을 보여 주는 자료로 ㉡에 제시하였다.
④ [화면 3]은 외부 영향을 최소화하기 위해 종자를 지하에 보관하고 있음을 보여 주는 자료로 ㉢에 제시하였다.
⑤ [화면 3]은 지하 종자 저장고의 위치가 종자의 발아 상태에 따라 달라짐을 보여 주는 자료로 ㉢에 제시하였다.

**37.** 다음은 청자와 발표자가 나눈 질의응답의 일부이다. [A]에 들어갈 청자의 질문으로 적절하지 않은 것은?

**청자**: 발표 잘 들었습니다. 그런데 듣고 나서 궁금한 점이 생겨 질문합니다.

[A]

**발표자**: 그 내용은 발표에 없었네요. 추가로 그 내용에 대해 알려 드릴게요.

① 종자 금고는 현재 두 나라에 있다고 하셨는데, 두 나라의 종자 금고에는 어떤 차이점이 있나요?
② 기탁받은 종자를 보관하고 있다고 하셨는데, 종자를 기탁받는 절차는 어떻게 되나요?
③ 현재 보관 중인 종자 규모를 말씀하셨는데, 종자 금고에는 우리나라 종자만 보관하나요?
④ 적정한 온도를 유지해 종자를 보관한다고 말씀하셨는데, 적정 온도는 어떻게 되나요?
⑤ 종자 금고에 보관된 종자는 특수한 상황이 아니면 반출하지 않는다고 하셨는데, 반출했던 경우가 있나요?

[해설편 p.155]

[38~42] (가)는 학교 신문에 실을 글의 초고이고, (나)는 (가)를 수정하기 위한 대화이다. 물음에 답하시오.

(가)

청소년의 팬 상품 소비가 우려된다

일요일 오후에 방문해 본 우리 학교 근처의 한 '팬 상품' 판매점. 옷이나 소품 등 연예인과 관련하여 판매되는 상품인 팬 상품을 사려는 청소년들로 북적였다. 최근 청소년들 사이에서 팬 상품의 인기가 뜨겁다. 국내 팬 상품 시장의 규모는 2020년 기준 약 2,200억 원으로 2014년과 비교해 크게 확대되었다.

하지만 청소년의 팬 상품 소비는 여러 가지 우려되는 점들이 있다. 우선 충동적으로 팬 상품을 소비하는 비율이 높다. ㉠ 2020년에 실시한 설문 조사에 따르면 약 67%가 충동적으로 팬 상품을 산 적이 있다고 응답했다. 이러한 일회성 소비는 잘못된 소비 습관의 형성으로 이어질 수 있다.

다음으로 과시적 소비도 문제로 지적된다. 사회학자 유△△ 교수는 "청소년의 과시적인 팬 상품 소비는 남과 차별화하고 싶은 욕구의 그릇된 발현이다."라고 그 원인을 밝혔다. 과시적인 팬 상품 소비는 물질적인 요소로 자신을 드러내야 한다는 잘못된 가치관을 형성하게 할 수 있다.

마지막으로 소외감을 느끼지 않으려고 팬 상품을 소비하는 일 역시 우려된다. 1학년 정○○은 "친구들은 다 갖고 있는데 나만 없으면 소외감을 느낄까 봐 산 적도 많아요."라며 인터뷰 과정에서 속마음을 드러내었다.

따라서 팬 상품 소비에 대한 청소년들의 바람직한 태도가 요구된다. 정신과 전문의 박□□의 저서 『청소년의 팬 상품 소비문화』에서 언급하였듯이 청소년들은 합리적이고 주체적인 소비 태도를 갖출 필요가 있다. 물론 기업이 디자인과 실용성을 갖춘 팬 상품을 판매하는 일이 선행되어야 한다.

(나)

학생 1: 청소년의 팬 상품 소비를 다룬 초고를 검토할 차례지?

학생 2: 응, 초고는 내가 작성했어. 편집부장은 조금 늦는대. 우리부터 의견 나누고 있자.

학생 1: 그래. 그런데 초고에 부정적인 관점의 내용만 제시했던데?

학생 2: 친구들을 보면 우려스럽다는 생각이 들 때가 많아. 학생들이 팬 상품 소비에 대해 바람직한 태도를 지녔으면 해서 그렇게 썼어.

[A]
학생 1: 그런데 긍정적인 면도 분명 있잖아. 즐거움이나 행복과 같은 정서적 만족감을 느낄 수 있고, 관심사가 같은 친구들끼리 더욱 친밀해지기도 하고. 그러니 두 관점의 내용을 균형 있게 제시해야 할 것 같아.

학생 2: 나도 그런 긍정적인 면이 있다는 의견에 동의해. 하지만 주변 친구들을 보면 우려되는 점이 더 커 보여. 팬 상품 소비의 바람직한 태도를 강조하려면 우려되는 면을 부각하는 게 맞지 않을까?

[B]
학생 3: (들어오며) 회의에 늦어서 정말 미안해. 회의 시작 시간을 착각했어.

학생 1: 괜찮아. 이제 막 시작했어.

[C]
학생 2: 너도 두 관점을 모두 제시하는 게 낫다고 생각해?

학생 3: (어리둥절해하며) 두 관점이라니 무슨 말이야?

[D]
학생 1: 방금까지 청소년의 팬 상품 소비에 대해 긍정하는 관점과 우려하는 관점의 내용을 균형 있게 다룰지, 우려하는 관점의 내용만 다룰지 논의 중이었어.

[E]
학생 3: 아, 그랬구나. 판매 수익 기부처럼 팬 상품 소비가 사회에 선한 영향력을 미치기도 하잖아. 학생들이 균형 잡힌 시각에서 바람직한 태도에 대해 생각해 볼 수 있게, 괜찮다면 두 관점의 내용을 모두 글에 담아 줄 수 있어?

학생 2: 듣고 보니 내가 너무 우려되는 점만 강조하려 한 것 같아. 팬 상품 소비의 긍정적인 면에 대한 내용을 추가해 볼게.

학생 1: 좋아. 그러면 제목도 그에 맞게 수정 부탁해.

학생 2: 알겠어.

학생 1: 다음으로 초고의 세부 내용을 검토해 보자.

학생 3: 2문단은 충동적 소비를 다루고 있잖아. 그러니 마지막 문장의 일회성 소비라는 표현은 적절해 보이지 않아.

학생 2: 다시 보니 그렇네. 문단의 중심 내용과 어울리는 표현으로 교체할게.

학생 1: 같은 문단에서 설문 조사 자료를 인용할 때 빠뜨린 게 있어. [ Ⓐ ]

학생 2: 설문 조사 자료의 내용을 믿기 어려운 문제가 있겠구나. 확인해서 수정할게.

학생 1: 혹시 더 검토할 부분이 있을까?

학생 3: 마지막 문단에 글의 초점에서 벗어나는 내용이 있으니 삭제가 필요해 보여.

학생 1: 아, 그리고 팬 상품 시장의 규모가 확대되었음을 강조하려면 비교 기준이 되는 해의 팬 상품 시장의 규모를 밝혀야 할 것 같아.

학생 2: 둘 다 좋은 의견이야. 반영해서 수정할게.

학생 1: 그럼 오늘 논의한 내용을 모두 잘 반영해서 다음 회의 때 확인하자.

학생 2, 3: 그래. 좋아.

38. (가)에 활용된 글쓰기 방법으로 가장 적절한 것은?

① 담화 표지로 문단 간의 연결 관계를 드러낸다.
② 특정 이론을 활용하여 중심 화제의 개념을 제시한다.
③ 다른 나라의 사례와 대조하여 문제 해결의 필요성을 강조한다.
④ 예상되는 반론을 제시하고 이를 반박하여 글의 설득력을 높인다.
⑤ 중심 화제에 대한 인식을 시기별로 제시하여 인식의 변화 과정을 드러낸다.

 [해설편 p.155]

**39.** 다음은 (가)를 작성하기 위해 쓴 메모이다. ⓐ~ⓔ가 (가)에 반영된 양상으로 적절하지 <u>않은</u> 것은?

> ○ 팬 상품의 인기 ······································· ⓐ
> ○ 팬 상품 소비에서 우려되는 점
> - 충동적 소비 ······································· ⓑ
> - 과시적 소비 ······································· ⓒ
> - 소외감을 느끼지 않으려고 하는 소비 ··············· ⓓ
>
> ○ 팬 상품 소비의 바람직한 태도 ························ ⓔ

① ⓐ: 현장을 방문하여 목격한 팬 상품 판매점의 분위기를 제시하였다.
② ⓑ: 글쓴이 자신의 경험을 근거로 들어 충동적인 팬 상품 소비 태도가 청소년에 미치는 부정적 영향을 제시하였다.
③ ⓒ: 전문가의 견해를 인용하여 팬 상품을 과시적으로 소비하는 행위의 심리적 원인을 제시하였다.
④ ⓓ: 학생을 인터뷰하여 팬 상품을 소비하는 이유가 소외감과 관련 있음을 제시하였다.
⑤ ⓔ: 관련 저서를 근거로 들어 청소년들은 합리적이고 주체적인 소비 태도를 갖출 필요가 있음을 제시하였다.

**40.** 다음 자료를 바탕으로 [A]~[E]의 대화 참여자의 발화를 이해한 내용으로 적절하지 <u>않은</u> 것은? [3점]

> **[자료 1]**
> 대화 상황에서 자신의 말이 상대방에게 미칠 영향을 고려하며 상대방을 배려하는 태도를 가져야 한다. 이를 위해 ㉮ <u>상대방의 부담을 덜어 주기</u>, ㉯ <u>문제의 원인을 자신의 탓으로 돌리기</u>, ㉰ <u>상대방의 의견과 일치되는 점을 언급한 후 자신의 의견 제시하기</u> 등을 활용할 수 있다.
>
> **[자료 2]**
> 대화 참여자들이 ㉱ <u>대화 상황과 관련한 맥락을 공유하는 일</u>은 중요하다. 맥락이 공유되지 않아 ㉲ <u>대화의 흐름을 이해하지 못한 경우</u> 의사소통에 어려움을 겪을 수 있다.

① [A]: '학생 2'의 발화는 상대방과 의견이 다름을 제시하기 전에 공통되는 의견부터 말하고 있다는 점에서, ㉰에 해당한다.
② [B]: '학생 1'의 발화는 상대방이 회의에 늦은 것을 상대방의 탓으로 돌리지 않고 있다는 점에서, ㉯에 해당한다.
③ [C]: '학생 3'의 발화는 상대방의 물음에 대한 답변을 하는 대신 되묻고 있다는 점에서, ㉲에 해당한다.
④ [D]: '학생 1'의 발화는 회의에서 논의 중인 내용을 전달하고 있다는 점에서, ㉱에 해당한다.
⑤ [E]: '학생 3'의 발화는 질문의 형식을 활용함으로써 명령형으로 표현했을 때보다 상대방의 부담을 완화한다는 점에서, ㉮에 해당한다.

**41.** ㉠과 (나)의 대화 상황을 고려할 때, Ⓐ에 들어갈 말로 가장 적절한 것은?

① 설문 조사가 언제 이루어졌는지를 밝히지 않았어.
② 설문 조사 자료를 인용하고 있음을 밝히지 않았어.
③ 설문 조사의 응답 결과를 순위대로 밝히지 않았어.
④ 설문 조사의 결과가 시사하는 점을 밝히지 않았어.
⑤ 설문 조사를 한 주체와 응답 대상을 밝히지 않았어.

**42.** (나)의 논의 내용을 반영하여, (가)를 고쳐 쓰기 위한 방안으로 가장 적절한 것은?

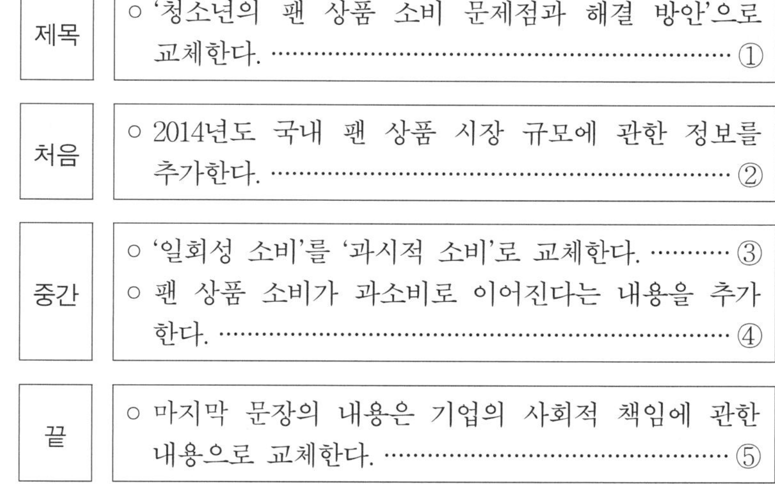

| | |
|---|---|
| 제목 | ○ '청소년의 팬 상품 소비 문제점과 해결 방안'으로 교체한다. ······ ① |
| 처음 | ○ 2014년도 국내 팬 상품 시장 규모에 관한 정보를 추가한다. ······ ② |
| 중간 | ○ '일회성 소비'를 '과시적 소비'로 교체한다. ······ ③<br>○ 팬 상품 소비가 과소비로 이어진다는 내용을 추가한다. ······ ④ |
| 끝 | ○ 마지막 문장의 내용은 기업의 사회적 책임에 관한 내용으로 교체한다. ······ ⑤ |



**[43~45] (가)는 글쓰기를 위한 학생의 생각이고, (나)는 (가)를 바탕으로 쓴 학생의 초고이다. 물음에 답하시오.**

> **(가) [학생의 생각]**
> 학생회에서 체육 대회의 새 이름을 공모하기로 했지. 공모전과 관련해서 이름 짓기에 대한 글을 학교 누리집에 올리려고 해. 그럼 어떻게 구성하면 좋을까? ㉠ <u>공모전을 하는 이유</u>를 언급하며 글을 시작하자. 그리고 ㉡ <u>이름 짓기의 효과</u>를 제시해야지. ㉢ <u>이름 짓기의 방법</u>도 설명하면 좋을 것 같아.
>
> **(나) [학생의 초고]**
> 올해 체육 대회는 운동을 잘 못하는 학생들도 즐겁게 참여할 수 있는 새로운 프로그램으로 구성될 예정이다. 그래서 학생회에서는 올해부터 바뀌는 체육 대회의 특징이 잘 드러나는 이름이 필요하다고 판단해서 새 이름을 짓는 공모전을 열기로 했다. 이름이 무슨 영향을 미칠까 생각할 수도 있지만 이름 짓기의 효과는 생각보다 크다.
> 이름 짓기를 잘하면, 사람들에게 대상에 대한 긍정적인 이미지를 갖게 할 수 있다. 맛과 영양에 문제가 없지만 흠집이 있어 상품성이 떨어진 사과에 '등급 외 사과' 대신 '보조개 사과'라는 이름을 붙여 이미지를 개선한 사례가 있다. 귀여운 보조개가 연상되는 이름으로 대상에 대한 인식을 변화시킨 것이다.
> 또한 이름 짓기를 잘하면, 사람들의 참여 동기를 이끌어 낼 수 있다. 지하철이나 버스에서 임산부가 우선적으로 앉을 수 있는 좌석의 이름은 '임산부 배려석'이다. 만약에 '임산부 양보석'

이라고 하면 자신이 앉을 자리를 남에게 내어 준다는 느낌을 갖게 한다. 하지만 '임산부 배려석'은 자신이 다른 사람을 배려하고 있다는 느낌을 갖게 하여 자발적으로 좌석을 양보할 수 있도록 한다.

그렇다면 이름 짓기는 어떻게 해야 할까? 먼저, 대상의 특성이 잘 드러나도록 표현해야 한다. 그리고 이름을 지나치게 생소하지 않게 지어야 한다. 이름이 지나치게 생소해서 이름의 의미를 이해하기 어려운 경우에는 사람들에게 수용되지 않을 수 있기 때문이다. 따라서 대상의 특성을 잘 드러내고 사람들이 이해하기 쉽도록 이름을 짓는 것이 중요하다. 또한 사람들이 기분 좋게 수용할 수 있도록 표현하는 것도 필요하다.

**43.** (가)의 ㉠~㉢을 (나)에 구체화한 내용으로 적절하지 않은 것은?

① ㉠: 체육 대회라는 이름에 대한 학생들의 부정적인 반응을 제시한다.
② ㉠: 올해부터 바뀌는 체육 대회의 특징이 잘 드러나는 새로운 이름이 필요함을 언급한다.
③ ㉡: 이름 짓기를 통해 이미지를 개선한 '보조개 사과'의 사례를 제시한다.
④ ㉡: '임산부 배려석'이라는 이름이 주는 효과를 '임산부 양보석'과 비교하여 제시한다.
⑤ ㉢: 이름 짓기를 할 때 사람들이 기분 좋게 수용할 수 있는 표현을 사용해야 함을 언급한다.

**44.** 다음은 (나)를 읽은 학생회장의 조언이다. 이를 반영하여 추가할 마지막 문단의 내용으로 가장 적절한 것은?

> **학생회장**: 많은 학생들이 공모전에 참여할 수 있도록, 이름 짓기는 학생들에게 어려운 일이 아님을 밝혀 주면 좋겠어. 또한 2문단에서 언급한 효과와 관련하여 공모전 참여를 권유하면서 마무리하면 좋을 것 같아.

① 이름 짓기는 누구나 어렵지 않게 도전할 수 있는 일이다. 다만 이름을 지을 때 사람들이 이해하기 쉬운 표현을 사용해야 함을 유의하도록 한다.
② 이름 짓기는 지식과 경험이 풍부한 사람만이 할 수 있는 일은 아니다. 원활한 의사소통을 위해 이름 짓기의 효과를 이해하고 그 방법을 활용해 보자.
③ 지나치게 생소한 이름은 사람들에게 수용되지 않을 수 있다. 새로운 체육 대회의 긍정적 이미지를 느낄 수 있는 이름을 지어 이번 공모전에 참여하면 좋지 않을까?
④ 이름 짓기는 대상을 새롭게 바라보게 한다. 올해 새롭게 바뀔 체육 대회에 어울리는 참신한 이름이 지어진다면 체육 대회에 많은 학생들이 적극적으로 참여할 것이다.
⑤ 이름 짓기는 학생들도 충분히 할 수 있다. 새로운 체육 대회는 누구나 즐길 수 있다는 긍정적인 인식을 갖게 하는 좋은 이름을 지어 공모전에 도전해 보는 것은 어떨까?

**45.** <보기>는 (나)를 보완하기 위해 추가로 수집한 자료이다. 자료 활용 방안으로 적절하지 않은 것은? [3점]

<보 기>

**[자료 1] 학생의 설문 조사 자료**

〈'등급 외 사과'와 '보조개 사과'의 이미지 비교〉

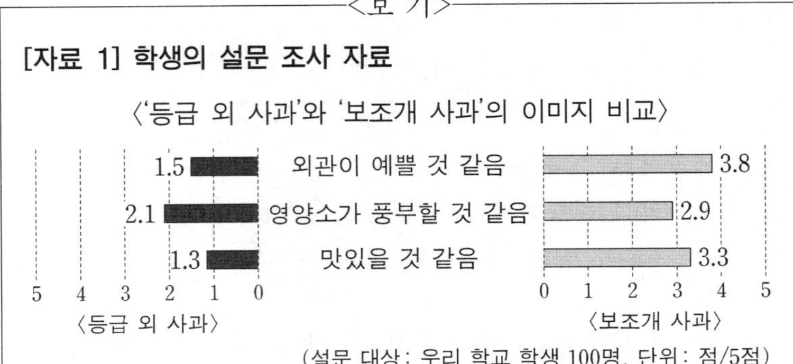


(설문 대상: 우리 학교 학생 100명, 단위: 점/5점)

**[자료 2] 보고서 자료**

〈이름 짓기의 사례〉

| 구분 \ 이름 | 대한민국 구석구석 | G4C |
|---|---|---|
| 목적 | 국내 관광 활성화 캠페인 홍보 | 각종 정부 민원을 24시간 처리하는 누리집 홍보 |
| 의미 | 국내 구석구석에 가 볼 만한 장소가 많음. | 시민을 위한 정부 (Government for Citizen) |
| 결과 | 국내 관광에 대한 인식을 개선하여 관광객이 증가하는 데 기여함. | 이름이 대상의 특성을 잘 드러내지 못하고 지나치게 생소해 의미 파악이 어렵다는 지적에 '민원24'로 바꾸자 인지도가 향상됨. |

① [자료 1]: '등급 외 사과'보다 '보조개 사과'가 외관과 맛 항목의 점수가 높다는 점을, 이름 짓기가 대상에 대한 인식을 변화시켰다는 근거로 2문단에 활용해야겠어.
② [자료 1]: '보조개 사과'와 '등급 외 사과'의 영양소 항목에서 점수 차이가 가장 작다는 점을, 이름 짓기가 대상에 대한 긍정적 이미지를 갖게 할 수 있다는 근거로 2문단에 활용해야겠어.
③ [자료 2]: '대한민국 구석구석'이라는 이름이 관광객의 증가에 기여했다는 점을, 잘 지어진 이름이 참여 동기를 이끌어 낼 수 있다는 또 다른 사례로 3문단에 활용해야겠어.
④ [자료 2]: 'G4C'라는 이름의 의미를 파악하기 어렵다는 점을, 이름이 지나치게 생소하여 사람들에게 받아들여지지 않은 사례로 4문단에 활용해야겠어.
⑤ [자료 2]: '민원24'라는 이름이 누리집의 인지도를 향상했다는 점을, 대상의 특성을 잘 드러내면서 이해하기 쉽게 이름을 짓는 것이 중요함을 보여 주는 사례로 4문단에 활용해야겠어.

* 확인 사항

○ 답안지의 해당란에 필요한 내용을 정확히 기입(표기)했는지 확인하시오.

○ 이어서, 「**선택과목(언어와 매체)**」 문제가 제시되오니, 자신이 선택한 과목인지 확인하시오.



[해설편 p.156]

# 제 1 교시 국어 영역(언어와 매체) 13회

[35～36] 다음 글을 읽고 물음에 답하시오.

국어에서는 명사가 동사나 형용사와 차례대로 결합하여 '손잡다'와 같은 합성 동사나 '쓸모없다'와 같은 합성 형용사가 만들어질 수 있다. 합성 동사와 합성 형용사를 묶어 합성 용언이라고 한다. 합성 용언은 크게 구성적 측면과 의미적 측면에서 분류할 수 있다.

먼저 구성적 측면에서 합성 용언은 그 구성 요소들이 맺는 문법적 관계에 따라 분류할 수 있다. 예를 들어 '쓸 만한 가치가 없다.'를 뜻하는 ㉠'쓸모없다'는 명사 '쓸모'와 형용사 '없다'가 주어와 서술어의 관계를 보여 주고, '손을 마주 잡다.'를 뜻하는 ㉡'손잡다'는 명사 '손'과 동사 '잡다'가 목적어와 서술어의 관계를 보여 준다. 그리고 '남에게 드러내어 뽐낼 만한 거리로 하다.'를 뜻하는 ㉢'자랑삼다'는 명사 '자랑'과 동사 '삼다'가 부사어와 서술어의 관계를 보여 준다.

한편 의미적 측면에서 합성 용언은 그 구성 요소의 의미를 그대로 유지하는 경우와 구성 요소의 의미를 벗어나 새로운 의미를 획득한 경우로 분류할 수 있다. 가령 '쓸모없다'는 구성 요소인 '쓸모'와 '없다'의 의미를 그대로 유지한다. 반면 '주름잡다'는 구성 요소인 '주름'과 '잡다'의 의미를 벗어나 '모든 일을 자기가 하고 싶은 대로 처리하다.'라는 새로운 의미를 획득한 경우이다. '주름잡다'의 이와 같은 의미가 구성 요소의 의미를 벗어나 새롭게 획득되었다는 사실은, '나는 바지에 주름 잡는 일이 너무 어렵다.'의 '주름 잡는'의 의미를 고려하면 더욱 분명히 드러난다.

그런데 구성 요소의 의미를 벗어나 새로운 의미를 획득한 합성 용언 중에는 필수 부사어를 요구하는 경우가 있다. 예를 들어 '불타다'가 '나는 지금 학구열에 불타고 있다.'에서와 같이 '의욕이나 정열 따위가 끓어오르다.'라는 새로운 의미를 획득한 경우에는 '학구열에'라는 필수 부사어를 요구한다. 이러한 사실은 '불타다'가 '장작이 지금 불타고 있다.'에서와 같이 구성 요소의 의미를 그대로 유지하는 경우에는 필수 부사어를 요구하지 않는다는 점과 비교할 때 더 분명해진다.

**35.** 윗글을 읽고 이해한 내용으로 적절하지 않은 것은?

① '나는 시장에서 책가방을 값싸게 샀다.'의 '값싸게'는 구성적 측면에서 ㉠과 동일한 유형의 합성 용언이겠군.
② '나는 눈부신 태양 아래에 서 있었다.'의 '눈부신'은 구성적 측면에서 ㉠과 동일한 유형의 합성 용언이겠군.
③ '누나는 나를 보자마자 뒤돌아 앉았다.'의 '뒤돌아'는 구성적 측면에서 ㉡과 동일한 유형의 합성 용언이겠군.
④ '언니는 밤새워 숙제를 다 마무리했다.'의 '밤새워'는 구성적 측면에서 ㉡과 동일한 유형의 합성 용언이겠군.
⑤ '큰형은 앞서서 골목을 걷기 시작했다.'의 '앞서서'는 구성적 측면에서 ㉢과 동일한 유형의 합성 용언이겠군.

**36.** 윗글을 바탕으로 <보기>의 ⓐ～ⓔ를 탐구한 내용으로 적절한 것은?

<보 기>

○ 그는 학문에 대한 깨달음에 ⓐ목말라 있다.
○ 그는 이 과자를 간식으로 ⓑ점찍어 두었다.
○ 그녀는 요즘 야식과 ⓒ담쌓고 지내고 있다.
○ 그녀는 노래 실력이 아직 ⓓ녹슬지 않았다.
○ 그녀는 최신 이론에 마침내 ⓔ눈뜨게 됐다.

① ⓐ: 구성 요소의 의미를 그대로 유지하고 필수 부사어를 요구한다.
② ⓑ: 구성 요소의 의미를 그대로 유지하고 필수 부사어를 요구하지 않는다.
③ ⓒ: 구성 요소의 의미를 벗어나 새로운 의미를 획득했고 필수 부사어를 요구한다.
④ ⓓ: 구성 요소의 의미를 벗어나 새로운 의미를 획득했고 필수 부사어를 요구한다.
⑤ ⓔ: 구성 요소의 의미를 벗어나 새로운 의미를 획득했고 필수 부사어를 요구하지 않는다.

**37.** <보기>의 ⓐ～ⓔ에 대한 이해로 적절한 것은? [3점]

<보 기>

국어의 어미는 용언 어간에 붙어 여러 가지 문법적인 기능을 수행한다. 어미는 선어말 어미와 어말 어미로 나누어진다. 선어말 어미는 용언 어간과 어말 어미 사이에 들어가는 것으로 시제나 높임과 같은 문법적 의미를 나타낸다. 선어말 어미는 하나 혹은 둘 이상이 쓰일 수도 있고 아예 쓰이지 않을 수도 있다. 한편 어말 어미에는 종결 어미, 연결 어미, 전성 어미가 있다. 어말 어미는 선어말 어미와 달리 하나만 붙고, 반드시 있어야 한다.

○ 머무시는 동안 ⓐ즐거우셨길 바랍니다.
○ 이 부분에서 물이 ⓑ샜을 가능성이 높다.
○ ⓒ번거로우시겠지만 서류를 챙겨 주세요.
○ 시원한 식혜를 먹고 갈증이 싹 ⓓ가셨겠구나.
○ 항구에 ⓔ다다른 배는 새로운 항해를 준비했다.

① ⓐ: 선어말 어미 두 개와 연결 어미가 사용되었다.
② ⓑ: 선어말 어미 없이 전성 어미가 사용되었다.
③ ⓒ: 선어말 어미 세 개와 연결 어미가 사용되었다.
④ ⓓ: 선어말 어미 두 개와 종결 어미가 사용되었다.
⑤ ⓔ: 선어말 어미 한 개와 전성 어미가 사용되었다.

**38.** <보기>의 ㉠, ㉡에 해당하는 예끼리 묶인 것으로 적절한 것은?

<보 기>

국어의 부정에는 '안'이나 '-지 않다'를 사용하는 '의지 부정'과 '못'이나 '-지 못하다'를 사용하는 '능력 부정'이 있다고 알려져 있다. 그러나 '안'이나 '-지 않다'가 사용된 부정문이 주어의 의지와 무관한 '단순 부정'을 나타내는 경우도 많다. ㉠ <u>형용사가 서술어로 쓰이면 '안'이나 '-지 않다'는 단순 부정을 나타낸다.</u> 형용사가 나타내는 성질이나 상태에는 주어의 의지가 작용할 수 없기 때문이다. ㉡ <u>동사가 서술어로 쓰이는 경우에도 주어가 의지를 가지지 못하는 무정물이면 '안'이나 '-지 않다'가 단순 부정을 나타낸다.</u> 또한 동사가 서술어로 쓰이고 주어가 유정물이더라도 '나는 깜빡 잊고 약을 안 먹었다.'에서와 같이 '안'이 단순 부정을 나타낼 수 있다.

① ㉠: 옛날엔 통신 기술이 발달하지 않았다.
　 ㉡: 주문한 옷이 아직도 도착하지 않았다.

② ㉠: 이 문제집은 별로 어렵지 않더라.
　 ㉡: 저는 이 은혜를 잊지 않겠습니다.

③ ㉠: 나는 그 이야기가 궁금하지 않아.
　 ㉡: 동생이 오늘 우산을 안 가져갔어.

④ ㉠: 내 얘기에 고모는 놀라지 않았다.
　 ㉡: 이 물질은 전기가 통하지 않는다.

⑤ ㉠: 밤바다가 그리 고요하지는 않네.
　 ㉡: 아주 오래간만에 비가 안 온다.

**39.** [A]에 들어갈 말로 적절한 것은?

**학생**: 선생님, 표준 발음법 제18항을 보다가 궁금한 점이 생겼어요. 이 조항에서 'ㄱ, ㄷ, ㅂ' 옆의 괄호 안에 다른 받침들이 포함된 것은 무엇을 나타내나요?

> **제18항** 받침 'ㄱ(ㄲ, ㅋ, ㄳ, ㄺ), ㄷ(ㅅ, ㅆ, ㅈ, ㅊ, ㅌ, ㅎ), ㅂ(ㅍ, ㄼ, ㄿ, ㅄ)'은 'ㄴ, ㅁ' 앞에서 [ㅇ, ㄴ, ㅁ]으로 발음한다.

**선생님**: 좋은 질문이에요. 그건 받침이 'ㄱ, ㄷ, ㅂ'이 아니더라도, 음운 변동의 결과로 그 발음이 [ㄱ, ㄷ, ㅂ]으로 바뀌면 비음화 현상이 적용될 수 있다는 사실을 나타낸 거예요.

**학생**: 아, 그렇다면 [A] 비음화 현상이 적용된 거네요?

**선생님**: 네, 맞아요.

① '밖만[방만]'은 자음군 단순화가 적용된 후
② '폭넓다[퐁널따]'는 자음군 단순화가 적용된 후
③ '값만[감만]'은 음절의 끝소리 규칙이 적용된 후
④ '겉늙다[건늑따]'는 음절의 끝소리 규칙이 적용된 후
⑤ '호박잎[호방닙]'은 음절의 끝소리 규칙이 적용된 후

[40~42] (가)는 학습 활동이고, (나)는 학생이 (가)를 수행하기 위해 활용한 전자책의 일부이다. 물음에 답하시오.

**(가)**

**[학습 활동]** 다음 상황을 바탕으로, ○○구청 관계자의 입장에서 효과적인 광고 방안을 발표해 봅시다.

> ○○구청에서 '청소년 문화 한마당'을 기획하면서, ○○구 고등학생들을 대상으로 한 홍보 방안을 마련하고자 한다. 대중교통 광고의 효과를 바탕으로 학생들이 주로 이용하는 버스를 활용하여 광고 계획을 수립하기로 한다.

**(나)**

**[화면 1]**

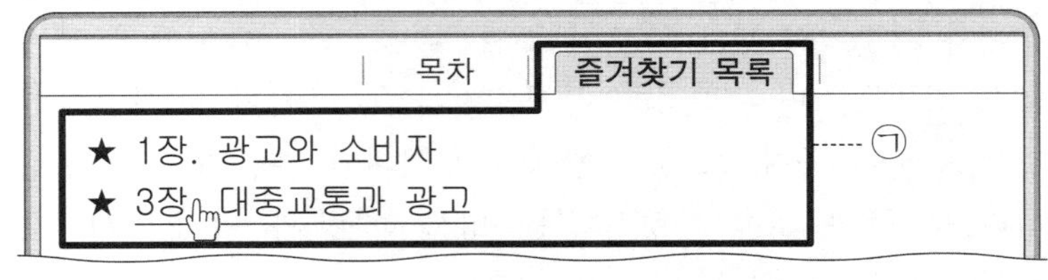


**[화면 2]**

㉡

즐겨찾기 | ⊖⊕100% 화면 | 형광펜

3장. 대중교통과 광고

대중교통을 이용한 광고는 일정 기간에 특정 공간을 이용하는 수용자들에게 광고 메시지를 전달할 수 있기 때문에 효과적이다. 특히, 버스 정류장 광고, 지하철역 광고, 버스 내·외부 광고 ⓐ <u>등은</u> 대중교통을 자주 이용하는 사람에게 반복적으로 노출되는 효과가 있다.

광고 효과를 높이기 위해서는 무엇보다 목표 수용자의 관심과 흥미에 대한 분석이 선행되어야 한다. 대중교통 광고에서 자주 ⓑ <u>보이는</u> 게임 광고는 대중교통을 이용하는 젊은 층의 관심과 흥미를 감안한 것이다.

**[화면 3]**

㉣ ㉤

즐겨찾기 | ⊖⊕120% 화면 | 형광펜 | 버스 광고

ⓒ <u>다음으로</u> 목표 수용자들의 주 이용 노선과 같은 대중교통 이용 패턴을 분석하는 것이 필요하다. 예를 들어, 20대를 주 관객층으로 하는 영화 광고가 대학가를 지나는 노선버스에 많은 것은, 목표 수용자의 주 이용 노선을 고려한 것이다. 또한 목표 수용자의 대중교통 이용 시간대도 고려할 필요가 있다. 목표 수용자의 대중교통 주 이용 시간대가 다른 시간대에 비해 광고 효과가 높기 때문이다.

ⓓ <u>한편</u>, 대표적인 대중교통 광고인 버스 광고는 여러 규격의 인쇄 광고, 시간대 설정이 가능한 내부 모니터 영상 광고 등 ⓔ <u>그</u> 형태가 다양하다. 지하철과 달리 지상에서 운행하기 때문에 버스를 이용하지 않는 사람들 역시 버스 외부 광고의 목표 수용자가 될 수 있다는 것이 버스 광고의 장점이다.


[해설편 p.158]

**40.** <보기>는 (나)의 전자책을 활용한 학생의 반응이다. 이를 바탕으로 (나)를 이해한 내용으로 적절하지 않은 것은?

<보 기>

전자책은 중요한 부분에 강조 표시를 할 수 있다는 점이 종이 책과 비슷했어. 하지만 다시 봐야 할 내용을 선택해 별도의 목록으로 만들거나 어구를 검색해 원하는 정보에 더 쉽게 접근할 수 있다는 점은 종이 책과 달랐어. 책에서 모르는 단어가 나왔을 때, 사전을 찾아본 결과를 한 화면에서 바로 확인할 수 있어서 내용을 빠르게 이해했어. 또 화면 배율을 조정해 글자 크기를 조절하니 읽기에 편했어.

① ㉠에 1, 3장이 포함된 것은 학생이 해당 장의 내용을 다시 볼 필요가 있다고 판단했기 때문이군.
② ㉡을 통해 대중교통을 이용한 광고가 효과적인 이유를 언급한 부분에 강조 표시가 된 것은 학생이 해당 문장을 중요하다고 판단했기 때문이군.
③ ㉢의 '감안'에 대한 사전 찾기 결과는 [화면 2]에서 본문과 함께 제시되어 학생의 글 읽기에 도움을 주었군.
④ ㉣을 통해 [화면 3]의 글자 크기가 [화면 2]보다 커진 것은 학생의 읽기 편의성을 높여 주었군.
⑤ ㉤의 결과가 [화면 3]에 표시된 것은 학생이 '버스 광고'를 쉽게 찾아 버스 광고의 제작 기간을 확인하는 데 도움을 주었군.

**41.** 다음은 학생이 (가)를 수행하는 과정에서 (나)를 바탕으로 작성한 메모이다. 이에 대한 이해로 적절하지 않은 것은?

**메모 1**: '청소년 문화 한마당'에 ○○구 고등학생들이 좋아할 공연 프로그램이 많이 준비되어 있음을 광고에서 강조하면 효과적이겠다.
**메모 2**: 버스 정류장이 아니라 버스 내·외부에 광고물을 부착하고, ○○구 고등학생들이 주로 이용하는 10번이나 12번 버스에 광고를 게시하면 효과적이겠다.
**메모 3**: 등·하교 시간에 집중적으로 광고를 하기 위해 버스 내부의 모니터 영상 광고를 이용하고, 도보 통학 학생들에게도 홍보하기 위해 버스 외부의 옆면과 뒷면에도 광고를 게시하면 효과적이겠다.

① '메모 1'에서, 광고에서 부각할 내용을 선정한 것은 (나)에 제시된 목표 수용자와 관련하여 우선적으로 분석해야 할 요소를 고려한 것이겠군.
② '메모 2'에서, 정류장 광고와 버스 내·외부 광고 중 후자를 선택한 것은 (나)에 제시된 반복 노출 효과의 유무라는 기준을 고려한 것이겠군.
③ '메모 2'에서, 버스 노선 중에서 특정 노선을 선택한 것은 (나)에 제시된 영화 광고의 예처럼 목표 수용자의 대중교통 이용 패턴을 고려한 것이겠군.
④ '메모 3'에서, 광고 게시 시간대를 설정할 수 있는 광고 형태를 제안하려는 것은 (나)에 제시된 목표 수용자의 대중교통 이용 시간이라는 기준을 고려한 것이겠군.
⑤ '메모 3'에서, 버스 옆면과 뒷면 광고가 필요하다고 판단한 것은 (나)에 제시된 버스 외부 광고의 장점을 고려한 것이겠군.

**42.** ⓐ~ⓔ에 대한 설명으로 적절하지 않은 것은?

① ⓐ: 대중교통을 이용한 광고의 종류가 여럿임을 명시하기 위해 사용하였다.
② ⓑ: 젊은 층의 게임 광고 수용에 대한 자발적 의지를 나타내기 위해 사용하였다.
③ ⓒ: 광고의 효과를 높이기 위해 분석해야 할 요소가 더 존재함을 드러내기 위해 사용하였다.
④ ⓓ: 목표 수용자 분석과는 다른 내용으로 전환됨을 나타내기 위해 사용하였다.
⑤ ⓔ: 앞에 나온 표현을 그대로 반복하지 않고 대신하기 위해 사용하였다.

13회

**[43~45] (가)는 교내 방송의 일부이고, (나)는 (가)를 들은 학생들이 휴대 전화 메신저로 나눈 대화의 일부이다. 물음에 답하시오.**

**(가)**

**진행자**: 방송을 듣고 계신 ○○고 여러분, 매주 수요일 마지막 순서는 청취자의 사연을 소개하는 시간이죠. 어제까지 많은 사연이 왔는데요, 시간 관계상 하나만 읽어 드릴게요. (잔잔한 배경 음악) "3학년 1반 이민지입니다. 제가 며칠 전 운동장에서 다쳤을 때 우리 반 지혜가 응급 처치를 해 줬어요. 우리 반에서 인기가 많은 친구인데, 이 친구가 곧 전학을 가요. 헤어지기 아쉬운 마음을 담아 □□의 노래 <다시 만날 우리들>을 신청합니다."라고 하셨네요. 신청곡 들려 드리면서 오늘 방송 마무리할게요.

**(나)**

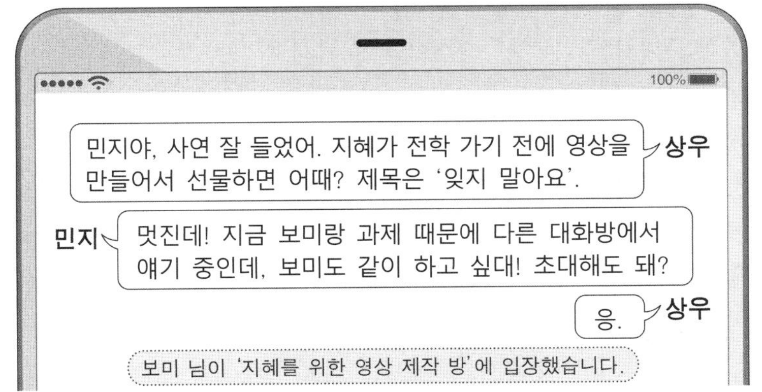

상우: 우리 셋이 계속 얘기 나눠야 하니까 대화방 목록에서 찾기 쉽게 방 이름을 붙였어. 보미야, 어서 와.

보미: 응. ^^ ㉠ 민지한테 얘기 다 들었어. 상우야, 어떤 장면 찍을 거야?

상우: 지혜가 학교에 얽힌 추억을 기억할 수 있게 학교의 여러 공간을 담으면 좋겠어. 민지야, 네가 출연하면 어때?

민지: ㉡

상우: 그럼 첫 장면으로 교문에서 운동장까지 걸어가는 네 모습을 쭉 이어서 찍을게. 네가 교문과 운동장에서 카메라를 보면서 지혜랑 얘기하듯이 말해.

민지: 알겠어.

상우: 그 다음에 교실로 올라가서 지혜가 즐겨 보던 운동장을 찍자. 지혜가 5층에서 운동장 바라보는 걸 좋아했거든.

보미: 그럼 운동장에 ♡를 크게 그리고, 민지가 사연으로 신청했던 노래의 제목을 그 안에 적어 놓자. 그렇게 하면 우리 마음이 드러날 것 같아.

상우: 오, 그렇게 찍자.

민지: ㉢ 아까 학교에 얽힌 추억을 지혜가 기억하면 좋겠다고 했으니까, 운동장에서는 지혜가 날 도와줬던 그때를 떠올리면서 지혜한테 얘기하듯이 말하면 되겠지?

상우: 좋아. 마지막에 우리가 지혜에게 하고 싶은 말을 하는 장면을 넣자. 영상 제목과 어울리게 '함께한 순간들 잊지 마.'라고 말할까?

보미: 그래. 우리가 세 글자씩 말하고, 화면에는 그 말이 한 문장으로 보이도록 하면 어때? 자막은 내가 넣을게.

상우: 응. 근데 민지야, 생각해 보니 교문에서 운동장까지 꽤 머니까 네가 운동장으로 이동하는 과정은 빼고 찍자. 교문과 운동장에서 각각 찍고 편집해서 이어 붙이자.

민지: 알겠어. ㉣ 대화 내용을 다시 보니까 장면 구상이나 각자 역할은 얘기했는데 촬영 날짜는 안 정했네.

상우: ㉤ 그럼 아래 투표함에 날짜를 몇 개 올릴 테니까 각자 가능한 날짜를 선택해 줘.

투표 제목 : 촬영 날짜 선택

**43.** (가), (나)에 드러나 있는 매체의 특성을 이해한 것으로 가장 적절한 것은?

① (가)에서는 정보를 전달할 수 있는 시간의 제약을 고려하여 정보의 양을 조절하고 있다.
② (나)에서는 불특정 다수의 수용자에게 정보를 제공하고 있다.
③ (가)에서는 (나)와 달리 대화 목적에 따라 또 다른 온라인 대화 공간을 설정하고 있다.
④ (나)에서는 (가)와 달리 음성 언어에 음향을 결합하여 정보를 생산하고 있다.
⑤ (가)와 (나)에서는 모두 정보 생산자가 정보 수용자의 반응에 따라 정보 제시 순서를 바꾸고 있다.

**44.** ㉠~㉤에 드러난 의사소통 방식에 대한 이해로 적절하지 않은 것은?

① ㉠: 새롭게 대화에 참여한 '보미'는 공유된 맥락을 기반으로 '상우'에게 질문하고 있다.
② ㉡: 동의의 뜻을 시각적 이미지로 제시하여 '상우'의 제안을 수락하고 있다.
③ ㉢: '상우'의 이전 발화 중 일부를 재진술하면서 영상 제작에 관한 그의 의견에 이의를 제기하고 있다.
④ ㉣: 진행된 대화 내용을 점검하여 영상 촬영과 관련해서 추가적으로 논의할 내용을 언급하고 있다.
⑤ ㉤: 의견을 취합할 수 있는 기능을 활용하여 촬영 날짜를 선택하기 위한 의사 결정에 참여해 줄 것을 요청하고 있다.

**45.** (나)의 대화 내용을 반영한 '영상 제작 계획'으로 적절하지 않은 것은? [3점]

| 영상 제작 계획 | 장면 스케치 |
|---|---|
| ① 교문에서부터 운동장까지 끊지 않고 촬영하여 지혜가 여러 공간에 얽힌 추억을 떠올릴 수 있도록 연출해야겠어. | ○○ 고등학교 |
| ② 학교 공간을 촬영할 때, 민지가 지혜와 대화하는 듯한 느낌을 드러내야겠어. | |
| ③ 지혜가 바라보던 운동장을 위에서 아래로 내려다보는 각도로 교실에서 촬영해야겠어. | |
| ④ 운동장에 그린 하트 모양의 그림에 '다시 만날 우리들'이라는 글자가 적힌 장면을 촬영하여 영상을 제작하는 우리의 마음을 드러내야겠어. | |
| ⑤ 우리가 다 같이 등장해서 '함께한', '순간들', '잊지 마'라고 나눠서 말한 내용이 하나의 문장처럼 보이게 자막을 삽입해야겠어. | 함께한 순간들 잊지 마. |

* 확인 사항
○ 답안지의 해당란에 필요한 내용을 정확히 기입(표기)했는지 확인하시오.



[해설편 p.159]

# 국어 영역

제 1 교시 | 14회

● 문항수 45개 | 배점 100점 | 제한 시간 80분

● 점수 표시가 없는 문항은 모두 2점

**[1~3] 다음 글을 읽고 물음에 답하시오.**

[주제 통합적 독서]는 동일하거나 비슷한 화제와 주제에 대해 다양한 관점과 형식을 보이는 글을 비판적·통합적으로 읽고 재구성하는 독서이다. 이때 주제 통합적 독서를 하는 독자는 다양한 내용과 형식의 글을 비교하는 데 그쳐서는 안 되고, 독서 목적에 따라 선정한 글의 내용을 통합하여 주제에 대한 자신의 관점을 지니는 데까지 나가야 한다.

주제 통합적 독서는 독서 목적에 따라 진행 과정이 달라질 수 있는데, 대개 다음의 절차를 따른다. 먼저 독자는 독서 목적에 따라 탐구하려는 주제를 정한다. 그리고 책의 제목이나 서평 등을 참조하여 주제와 관련 있는 책들을 찾아, 읽기 목록을 만든다. 그다음에는 수집한 책을 빠르게 훑어보며 어느 부분을 중심으로 읽을지 파악하는데, 만약 읽을 글이 주제와 관련이 없으면 아예 읽기 목록에서 빼거나 다른 글로 교체할 수 있다. 이 활동을 통해 탐구하려는 주제를 구체화한다. 선별한 부분을 읽을 때는 꼼꼼히 읽되, 읽은 내용을 자기 말로 이해해야 한다. 자기 말로 이해한다는 것은 글에 나오는 핵심 개념을 탐구 주제와 연관 지어 해석한다는 것이다. 읽기가 끝나면 독자는 글의 내용과 형식, 글쓴이의 관점을 비교하고, 이를 통해 탐구할 주제에 대한 자신의 관점을 구성한다. 자신의 관점은 읽은 글에 나오는 특정 관점을 비판하거나 지지하여 구성할 수도 있고, 읽은 글의 관점과는 다른 새로운 관점으로도 구성할 수 있다. 이미 읽은 글은 자신의 관점을 뒷받침하는 근거 자료로 쓰이는데, 이를 위해 읽은 글의 한 부분을 인용할 수도 있다.

주제 통합적 독서를 하면 다양한 관점을 비교해 봄으로써 비판력을 기를 수 있고, 여러 글쓴이의 집필 의도나 관점을 파악해 가는 과정에서 추론력도 기를 수 있다. 또 여러 글을 편견 없이 읽어야 하므로 주제를 균형 있게 이해할 수 있고, 주제에 대한 폭넓은 이해를 바탕으로 다양한 분야의 지식을 생성할 수 있다. 현대 사회는 과거에 비해 생활 환경이 다양해졌고, 이로 인해 복합적 성격의 사회 문제가 증가했다. 이런 성격의 사회 문제는 한 분야의 지식만으로는 해결할 수 없다. 인문학, 자연 과학, 공학, 예술 등의 지식을 통합해야 이전에 없었던 새로운 해결책을 만들어 낼 수 있는 것이다. ㉠ <u>주제 통합적 독서는 이런 점에서 현대 사회를 살아가기 위해 우리 모두가 지녀야 할 역량을 기르는 독서 방법으로 주목받고 있다.</u>

*1.* [주제 통합적 독서]에 대한 이해로 가장 적절한 것은?

① 탐구 주제를 구체화한 후에야 독서 목적을 확정할 수 있다.
② 글들을 읽기 전에 누구의 관점으로 읽을지부터 결정해야 한다.
③ 동일한 화제의 글을 읽을 때에는 형식적 특성은 고려하지 않는다.
④ 주제에 대한 자신의 관점을 구성할 때에 다른 관점의 글도 활용할 수 있다.
⑤ 읽은 글의 내용을 빠짐없이 수용하여 글쓴이의 집필 의도에서 벗어나지 않도록 한다.

*2.* <보기>는 윗글을 참고하여 '주제 통합적 독서'를 한 학생의 독서록이다. 이를 이해한 내용으로 적절하지 <u>않은</u> 것은? [3점]

< 보 기 >

나는 학생회장 선거에 출마하며 바람직한 지도자에 대해 알아보고 싶어졌다. 학교 도서관에서 지도자에 관한 책을 검색했고, 제목과 서평 등을 보며 『군주론』, 『목민심서』, 『테레사 전기』를 골랐다. 책을 빠르게 훑어보니 『군주론』의 시민을 다스리는 부분과, 『목민심서』의 백성을 교화하는 부분에는 지도자의 리더십에 대한 내용이 잘 나타나 있었다. 그래서 이를 바탕으로 구체적으로 지도자가 지녀야 할 바람직한 리더십이 무엇인가를 탐구하기로 했다. 그러나 『테레사 전기』에서는 탐구할 내용을 찾지 못해 아예 읽지 않기로 했다. 선별한 부분을 꼼꼼히 읽어 보니 『군주론』에서는 강력한 지도자의 리더십을 강조했고, 반면에 『목민심서』에서는 인자하면서도 솔선수범하는 지도자의 리더십을 강조하고 있었다. 두 글을 읽고 생각해 본 결과, 내가 학생회장이 되면 인자하고 솔선수범하는 지도자가 되어야겠다고 다짐했다.

① 학생은 학교 도서관에서, 탐구하려는 주제와 관련 있는 책들을 검색하여 읽을 책을 선정하였군.
② 학생은 미리 만들어 놓은 읽기 목록을 책의 제목이나 서평 등을 보며 수정하였군.
③ 학생은 읽기로 선정한 책을 빠르게 훑어보며 꼼꼼히 읽을 부분을 선별하였군.
④ 학생은 두 글을 읽은 후에 탐구 주제와 관련한 두 글쓴이의 관점 차이를 비교하였군.
⑤ 학생은 특정한 관점을 지지하며 탐구 주제에 관한 자신의 관점을 구성하였군.

*3.* ㉠의 이유로 가장 적절한 것은?

① 독자가 다양한 시대와 다양한 지역의 글을 읽음으로써 복잡한 생활 속에서도 정신적 여유를 누릴 수 있기 때문이다.
② 독자가 다양한 분야의 독서를 통해 복합적 성격의 사회 문제를 해결하는 데 필요한 지식을 생성할 수 있기 때문이다.
③ 독자가 독서를 특정 목적을 달성하기 위한 수단으로 여기지 않고 독서 활동 자체를 즐길 수 있기 때문이다.
④ 독자가 한 편의 글을 반복하여 읽음으로써 그 글의 주제에 대해 깊이 있게 이해할 수 있기 때문이다.
⑤ 독자가 한 분야에 관심을 가지고 그 분야에 대한 문제의식을 키울 수 있기 때문이다.

**[4 ~ 7] 다음을 읽고 물음에 답하시오.**

(+)구면 렌즈를 통과한 광선은 모이게 되고 (−)구면 렌즈를 통과한 광선은 퍼지게 되는데, 이때 광선을 모이게 하거나 퍼지게 하는 정도를 ㉠ 굴절력이라고 한다. 굴절력은 무한히 멀리서 렌즈로 들어온 광선이 렌즈를 통과할 때 렌즈로부터 형성된 초점과 렌즈 사이의 거리인 초점 거리를 역수로 표시하고, 디옵터(D)를 단위로 한다. 예를 들어 무한히 멀리서 렌즈로 들어온 광선이 (+)구면 렌즈를 통과한 후 1$m$ 떨어진 거리에 초점이 맺혔다면 이 구면 렌즈의 굴절력은 +1D(=+$\frac{1}{1m}$)가 된다.

눈은 해부학적으로 크기가 정해진 굴절계로, 물체로부터 반사된 빛이 초점을 맺음으로써 시력을 형성한다. 눈은 굴절력이 일정한 각막과 굴절력이 변할 수 있는 수정체에 의해 초점이 망막에 맺히도록 하는데, 굴절력이 부족하거나 물체가 눈앞 가까이에 있을 경우 초점을 망막에 위치시키기 위해 수정체의 굴절력이 커지는 조절 작용이 일어난다. <그림>에서 정시는 조절 작용이 없는 무조절 상태에서 무한히 멀리서 눈으로 들어온 광선의 초점이 망막에 맺히는 경우(a)로, 이때 최대 시력을 얻을 수 있다. 비정시는 무조절 상태에서 무한히 멀리서 눈으로 들어온 광선의 초점이 망막의 앞쪽(b) 혹은 망막의 뒤쪽(c)에 맺히는 경우이다.

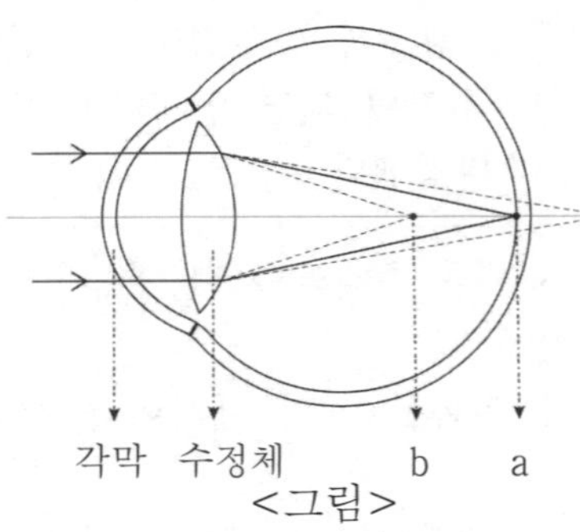

<그림>

그런데 사람마다 눈의 구조와 광학적 특징에 차이가 있기 때문에 눈 굴절력이 다르다. 그래서 정시와 비정시를 이해하기 위해서 평균적인 수치로 만든 모형안이 이용된다. 모형안에서 정시는 수정체의 조절 작용이 0D인 무조절 상태에서 +59D의 눈 굴절력*을 가지며, 0 ~ +14D인 수정체의 조절량에 따라 눈 굴절력은 +73D까지 커질 수 있다. 비정시는 초점이 맺히는 위치에 따라 근시와 원시로 구분된다. 모형안을 기준으로 근시는 눈 굴절력이 +59D보다 커서 초점이 망막보다 앞쪽에 맺히게 되는 경우이다. 반면 원시는 눈 굴절력이 +59D보다 작아서 초점이 망막보다 뒤쪽에 맺히게 되는 경우이다.

이러한 비정시는 (±)구면 렌즈를 통해 정시로 교정될 수 있다. 예를 들어 모형안을 기준으로 할 때, 눈 굴절력이 +61D인 근시는 −2D인 구면 렌즈를 눈앞에 대면 눈 굴절력과 (−)구면 렌즈의 굴절력이 합해져 +59D가 되기 때문에 정시로 교정되는 것이다. 따라서 눈 굴절력을 정확히 검사하는 것은 비정시를 교정하는 데 매우 중요하다. 실제 임상 검사에서는 정시인지 비정시인지 판정하기 위해, 무한대 거리의 물체를 주시하도록 하며, 무조절 상태를 유지하도록 한다. 이때 주시하는 물체의 거리가 5$m$ 이상이면 무한대 거리로 보며, 무조절 상태를 유지하기 위해 운무법이 사용된다. 운무법은 ㉮ <u>눈앞에 (+)구면 렌즈를 대어 초점이 망막의 앞쪽에 맺히도록 유도하는 것이다</u>. 그런 다음 (−)구면 렌즈를 순차적으로 덧대어 가면서 최대 시력을 얻는 최소의 (−)구면 렌즈 값과 운무법에 사용된 렌즈 값을 합하여 비정시의 정도를 판정한다.

* 눈 굴절력 : 각막의 굴절력과 수정체의 굴절력을 포함한 눈 전체의 합성 굴절력.

*4.* 윗글을 이해한 내용으로 적절하지 <u>않은</u> 것은?

① 각막의 굴절력은 일정하지만 수정체의 굴절력은 변할 수 있다.
② 수정체의 조절 작용과 상관없이 초점이 망막에 맺힐 때 최대 시력이 형성된다.
③ 사람마다 눈의 구조와 광학적 특징은 다르지만 눈 굴절력은 +59D로 일정하다.
④ 정시로 교정하기 위해 근시에는 (−)구면 렌즈, 원시에는 (+)구면 렌즈가 필요하다.
⑤ 주시하는 물체가 눈앞 가까이로 다가오면 초점을 망막에 위치시키기 위해 조절량은 커진다.

*5.* ㉠에 대한 설명으로 가장 적절한 것은?

① 굴절력이 작을수록 초점 거리가 짧아진다.
② 굴절력이 커질수록 초점 거리의 역수도 커진다.
③ (+)구면 렌즈는 굴절력이 클수록 광선을 퍼지게 한다.
④ 무한히 멀리 있는 물체를 주시하는 눈의 굴절력은 0D이다.
⑤ (−)구면 렌즈는 (+)구면 렌즈보다 광선을 모이게 하는 정도가 크다.

*6.* 윗글을 바탕으로 <보기>를 이해한 내용으로 적절하지 <u>않은</u> 것은? [3점]

< 보 기 >

아래 눈은 모형안을 기준으로 무조절 상태에서 눈 굴절력이 +57 D인 비정시이다.

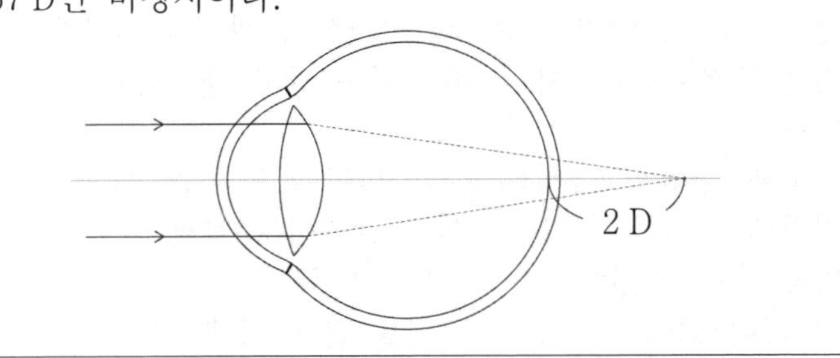


① 수정체의 조절량이 +2D일 때 초점이 망막에 위치해 최대 시력을 얻을 수 있겠군.
② −2D인 구면 렌즈를 눈앞에 대었다면 무조절 상태를 유지할 수 없겠군.
③ +4D인 구면 렌즈를 눈앞에 대어 근시 상태로 유도하였다면 −1D인 구면 렌즈를 덧대어도 무조절 상태를 유지할 수 있겠군.
④ +5D인 구면 렌즈를 눈앞에 대어 무조절 상태를 유도하였다면 −3D인 구면 렌즈를 덧대었을 때 최대 시력을 얻을 수 있겠군.
⑤ 근시 상태를 유도하기 위해 눈앞에 댄 (+)구면 렌즈와 최대 시력을 얻은 최소의 (−)구면 렌즈를 합한 렌즈 값은 +1D가 되겠군.

*7.* ㉮의 이유로 가장 적절한 것은?

① 원시를 근시로 유도하기 위해
② 원시를 정시로 유도하기 위해
③ 근시를 정시로 유도하기 위해
④ 근시를 원시로 유도하기 위해
⑤ 정시를 원시로 유도하기 위해



[해설편 p.160]

**[8 ~ 11] 다음 글을 읽고 물음에 답하시오.**

법 해석은 법 규칙의 내용을 분명히 파악하고 그 적용 범위를 확정하는 것을 의미한다. 그런데 많은 사례에 법 규칙이 문제없이 작용한다고 할지라도, 일부 사례에서는 적용 가능 여부가 분명하지 않아서 문제가 될 수 있다. 이에 주목하여 법 해석에 대해 논의한 인물이 법학자 ㉠ 하트이다.

하트의 주장을 이해하기 위해서는 우선 법의 개방적 구조를 알 필요가 있다. [개방적 구조]란 법 규칙이 명백하게 적용되는 핵심적인 사례에 있어서는 언어의 의미가 확정되어 있지만, 그렇지 않은 경계에 있는 사례에서는 언어의 의미가 불확정적이라는 것을 의미한다. 하트는 법 규칙처럼 언어로 만들어진 규칙이라면 대부분 이러한 개방적 구조를 가질 수밖에 없다고 보았다. 언어의 본성이 개방적이며, 미래에 일어날 수 있는 가능한 모든 사태를 알 수 없어서 규칙의 적용 여부가 미리 완벽하게 확정될 수 없기 때문이다. 예를 들어, 공원 안의 조용함과 평화를 위해 '공원에 탈 것의 출입 금지'라는 규칙을 만든다고 할 때, 이 맥락에서 사용되는 언어는 그 규칙이 적용되는 범위에 어떤 사례가 ⓐ 들어가기 위해 충족해야 할 조건을 결정한다. 이때 작성자의 머릿속에는 그 범위 내에 있는 자동차나 버스와 같은 명백한 사례가 떠오를 것이다. 그러나 장난감 자동차가 거기에 포함되는지는 미리 구상하기 어려울 것이다. 그래서 공원의 조용함과 평화가 장난감 자동차를 사용하여 즐거워하는 아이들과의 관계에서 우선시해야 하는가에 대한 문제 역시 예견하지 못했을 수 있기 때문에 앞의 규칙만으로는 그것이 허용되는지를 판단하기 어렵다.

하트는 법 규칙의 의미가 확정적일 때 다른 요소를 특별히 고려할 필요가 없다고 생각했다. 그리고 법 규칙은 대부분 확정적인 의미의 규칙이라고 보았다. 하지만 법 규칙이 명백하게 적용되지 않는 사례가 발생했을 경우, 판사는 법에 근거한 논리적인 판단으로 문제를 해결할 수 없고 사회적 목적, 정책 등과 같은 법 외적인 요소를 고려한 재량을 행사하여 판결할 수 있다고 주장하였다. 그리고 판사는 경계에 있는 사례에 대해서 의미를 확정하는 선례를 남기기 때문에 규칙을 제정하는 기능을 수행하고 있다고 보았다.

㉡ 풀러는 하트의 법 해석에 대한 접근이 개별 단어들에 지나치게 집중한다고 비판하면서 법을 해석할 때는 기본적으로 법 규칙의 맥락과 법 규칙으로 실현하고자 하는 목적이 중요하다고 주장하였다. 즉 판사는 탈 것을 금지하는 규칙의 맥락과 목적을 해석 과정 전반에서 고려하여 판결해야 하는 것이지 탈 것의 의미가 불확정적일 때만 비로소 목적을 고려하는 것이 아니라는 의미이다. 풀러는 아이들에게 놀이를 가르치라고 어떤 사람이 다른 사람에게 말했는데, 아이들에게 돈을 걸고 내기를 하는 주사위 노름을 가르친 상황을 예로 들어 이를 설명한다. 아이들에게 놀이를 가르치라는 발화자의 당초 목적이 구체적으로 확정되지 않더라도, 놀이가 가리키는 대상에 주사위 노름이 포함되지 않는다고 해석할 수 있는 것은 인류가 가진 보편적인 목적들을 구현하는 방향으로 해석해야 하기 때문이라는 것이다. 한편 풀러는 하트가 법 규칙의 언어를 중시하여 법을 해석해야 한다는 이론을 제시한 것은 법 규칙의 목적을 중시하는 해석을 과도하게 하면 생길 수 있는 위험을 경계한 것이라고 이해하였다. 법으로 금지되고 허용되는 행위를 미리 분명하게 확정할 수 없다면 법치주의가 불가능하기 때문이다.

*8.* 윗글의 내용과 일치하지 <u>않는</u> 것은?

① 법을 해석할 때 법 규칙의 적용 가능 여부가 분명하지 않아 문제가 되는 사례가 발생할 수 있다.
② 풀러는 하트의 법 해석에 대한 접근이 개별 단어들에 지나치게 집중한다고 보았다.
③ 하트는 판사가 판결을 통해 법 규칙의 의미를 확정하는 기능도 수행한다고 보았다.
④ 법 해석은 법 규칙의 내용을 파악하고 그 적용 범위를 확정하는 행위이다.
⑤ 하트는 법 규칙의 맥락과 목적이 법 해석에서 언제나 고려된다고 보았다.

*9.* [개방적 구조]에 대한 이해로 가장 적절한 것은?

① 법 규칙은 언어의 의미가 확정적일 때 개방적 구조를 가진다.
② 대부분의 법 규칙은 언어로 구성되므로 개방적 구조를 가진다.
③ 개방적 구조는 법에 근거한 논리적 판단으로 모든 문제를 해결할 수 있게 한다.
④ 개방적 구조는 미래에 일어날 수 있는 모든 사태를 미리 구상할 수 있게 한다.
⑤ 법 규칙은 핵심적인 사례에서 언어의 의미가 불확정적이어서 개방적 구조를 가진다.

*10.* ㉠, ㉡이 <보기>에 대해 보인 반응으로 적절하지 <u>않은</u> 것은? [3점]

< 보 기 >

K국에는 "박물관에서 먹을 것 섭취를 금지한다."라는 규칙이 있다. 어느 날 A는 박물관에서 약을 먹다가 적발되자, 약은 금지되는 먹을 것이 아니라고 판사에게 주장하였다.

① ㉠은 규칙으로 금지되는 '먹을 것'에 해당하는 사례가 있다고 볼 수 있겠군.
② ㉠은 약이 금지되는 '먹을 것'으로 규칙에 명백하게 적용되지 않는다면 경계에 있는 사례가 발생했다고 볼 수 있겠군.
③ ㉡은 약이 금지되는 '먹을 것'에 해당하는 사례라고 하더라도 판사는 규칙의 맥락과 목적을 고려해야 한다고 볼 수 있겠군.
④ ㉠은 규칙을 만들 때 약의 섭취 문제를 예견하지 못했기 때문에 판사가 재량을 행사할 수 있다고 볼 수 있겠고, ㉡은 금지되는 '먹을 것'에 약이 포함되는지를 그 규칙의 목적을 고려해서 판단해야 한다고 볼 수 있겠군.
⑤ ㉠은 규칙에 의해 약이 금지되는 '먹을 것'에 해당되는지를 우선 살펴야 한다고 볼 수 있겠고, ㉡은 약이 금지되는 '먹을 것'에 해당되는지를 판사가 규칙의 언어에 근거하여 확정했다면 목적을 중시하는 해석을 과도하게 한다고 볼 수 있겠군.

*11.* ⓐ의 문맥적 의미와 가장 유사한 것은?

① 고생을 많이 했는지 눈이 쑥 <u>들어갔다</u>.
② 수업 종이 울려서 교실에 <u>들어갔다</u>.
③ 오래된 신발이 안 <u>들어간다</u>.
④ 내일부터 방학에 <u>들어간다</u>.
⑤ 고래는 포유류에 <u>들어간다</u>.

14회

[12 ~ 17] 다음 글을 읽고 물음에 답하시오.

(가)

미학에서 우아함, 장엄함 등 소위 미적 속성이라 ⓐ 간주되는 것들에 관한 논쟁 중 하나는 대상에 대하여 어떤 미적 판단을 진술할 때 그 진술이 가리키는 속성, 즉 미적 속성이 대상에 실재하느냐에 관한 것이다. 이에 대한 대표적인 견해로는 미적 실재론과 미적 반실재론이 있다.

㉠ 미적 실재론에 따르면 미적 속성은 대상에 실재한다. 이는 어떤 미적 속성에 대한 미적 판단이 객관적으로 참일 때, 그 미적 속성이 실재한다는 의미이다. 예를 들어, 미적 실재론은 우리가 베토벤의 '운명 교향곡'에 대해 장엄하다는 미적 판단을 내리는 데 모두의 의견이 일치하는 경우 '운명 교향곡'의 실제 속성 중 하나가 장엄함이며 우리 모두 그것을 지각하는 데 성공했기 때문이라고 본다. 그런데 우리 중 일부가 '운명 교향곡'을 두고 무기력하다는 미적 판단을 내릴 수도 있을 것이다. 이에 대해 미적 실재론은 우리 중 일부가 그들이 가진 난청과 같은 지각적 문제 혹은 미적 감수성의 부족 때문에 '운명 교향곡'의 실제 속성을 보는 데 실패했기 때문이라고 설명한다.

㉡ 미적 반실재론은 대상에 객관적으로 존재하는 미적 속성을 인정하지 않는다. 미적 판단은 대상에 객관적으로 존재하는 속성을 알아차리는 것이 아니라 감상자의 주관적 반응에 관한 것이라고 본다. '운명 교향곡'에 대한 미적 판단이 일치하는 이유는 우리가 모두 비슷한 미적 감수성을 ⓑ 형성했고, 그 결과 그 음악에 비슷하게 반응했기 때문이라는 것이다. 즉 미적 판단의 일치가 일어난 것은 비슷한 감수성을 가진 사람들이 비슷한 방식으로 반응했기 때문이라고 본다. 미적 반실재론은 미적 판단의 불일치가 발생하는 이유를 미적 감수성이 서로 다른 사람들이 대상에 대해 각기 다르게 반응하기 때문이라고 설명한다.

미적 실재론과 미적 반실재론은 이러한 입장 차이에도 불구하고 미적 판단이 정당화가 요구되는 진술이라고 생각한다는 점에서 서로 의견이 일치한다. '운명 교향곡'에 대한 미적 판단을 정당화해 보라는 요구를 받았을 때 어느 입장도 이유를 댈 수 없다고 대답하지는 않는다. 미적 판단에 관한 진술은 일종의 명제라는 점에서 그것을 뒷받침하는 합리적인 이유가 제시될 필요가 있다는 생각에 동의한다는 것이다.

(나)

'수반'이라는 개념은 어떤 속성들과 다른 속성들 사이의 관계를 설명하는 용어인데, 윤리학 분야에서 ⓒ 논의되기 시작하여 다른 분야로 확산되었다. [수반론]에 따르면 도덕적 속성과 비도덕적 속성(자연적 속성)에 관해서 다음과 같이 설명될 수 있다. 예를 들어, "공자는 선한 사람이다."라고 말하면서 공자와 동일한 상황에 처해 있고 그와 동일하게 행동하지만 선한 사람이 아닌 그런 사람이 있다는 주장은 하기 어렵다는 것이다. 즉 도덕적 속성은 비도덕적 속성에 의존하기 때문에 비도덕적 속성에서 동일한 두 개인은 도덕적 속성에서도 동일하다.

이러한 논의의 영향을 받아 미학에서도 미적 속성과 비미적(非美的) 속성 사이에 미적 수반이 존재한다고 보는 미학자들이 나타났다. 시블리에 따르면 미적 속성은 감상자가 미적 감수성을 ⓓ 발휘해야 지각할 수 있는 속성이고, 비미적 속성은 시각과 청각 등의 지각 능력을 발휘하면 충분히 지각할 수 있는 속성이다. 미적 수반이란 한 작품의 미적 속성이 그 작품의 비미적 속성에 의존하는 관계라고 할 수 있다. 즉 미적 수반론은 비미적 속성의 차이 없이는 미적 속성의 차이도 없다고 본다.

미적 수반론은 미적 판단의 정당화 문제에 대하여 미적 실재론자들에게 단서를 ⓔ 제공할 수 있다는 점에서 의의가 있다. 예를 들어, 어떤 미적 실재론자는 '운명 교향곡'은 장엄하다는 미적 판단을 정당화하는 데 수반 관계를 이용할 수 있다. 장엄함이 느린 리듬이나 하강하는 멜로디 등의 비미적 속성에 수반하는데, 그 비미적 속성이 '운명 교향곡'에서 발견된다는 것이다. 하지만 미적 수반론을 수용하는 미적 실재론자는 미적 판단의 해소 불가능한 불일치 문제를 설명하기 어렵다. 해소 불가능한 불일치란 대상의 미적 속성을 판단하는 문제에서 감상자들 사이에 심각한 불일치가 있고, 그 불일치가 감상자들이 지각 능력, 지식, 미적 감수성 등이 부족하지 않음에도 발생하는 경우를 말한다. 미적 판단의 해소 불가능한 불일치는 미적 실재론자들이 미적 수반론을 흔쾌히 수용하기 어려움을 보여 준다. 미적 수반론은 미적 실재론자들에게 이런 ㉮ 곤혹스러운 문제를 제기하기 때문이다.

미적 반실재론 입장에서는 미적 판단의 해소 불가능한 불일치는 자연스러운 현상이다. 그러므로 이러한 현상이 발생한다는 점을 들어 미적 반실재론자들은 미적 수반론을 받아들이기 어렵다고 할 것이다. 그런데 미적 수반론을 수용하지 않는 반실재론자는 미적 판단의 정당화가 어떤 방식으로 가능한지 설명하기 쉽지 않게 된다. 각자마다 다른 미적 판단이 각각 참일 수 있다면 극단적인 주관주의가 되는 수밖에 없기 때문이다. 그래서 어떤 미적 반실재론자들은 미적 수반론을 주목할 만한 가치가 있는 것으로 보기도 한다.

*12.* (가), (나)에 대한 설명으로 가장 적절한 것은?

① (가)는 미적 속성을 구분하기 위한 기준을 제시하고 그 구분이 미학 논쟁에서 중요한 까닭을 강조하고 있다.
② (나)는 미적 판단의 정당화와 관련된 문제를 언급하며 서로 충돌되는 견해를 절충하여 새로운 결론을 도출하고 있다.
③ (가)는 통시적으로 두 이론의 논쟁 과정을 보여 주고 있고, (나)는 공시적으로 두 이론이 지역에 따라 달리 전개되는 양상을 보여 주고 있다.
④ (가)는 서로 다른 견해들의 차이점과 공통점을 설명하고 있고, (나)는 서로 다른 견해들이 특정 이론을 어떻게 받아들일 수 있는지를 설명하고 있다.
⑤ (가)와 (나)는 모두 이론가들의 영향 관계를 바탕으로 그들이 미적 판단의 기준을 통합하는 과정을 설명하고 있다.

*13.* ㉠, ㉡에 대한 설명으로 적절하지 않은 것은?

① ㉠은 '운명 교향곡'에 대한 미적 판단의 불일치는 누군가의 지각적 오류 때문이라고 설명할 수 있다고 본다.
② ㉠은 '운명 교향곡'에 대한 장엄하다는 미적 판단이 객관적으로 참이라면 장엄함은 '운명 교향곡'에 실재한다고 본다.
③ ㉡은 '운명 교향곡'에 대한 미적 판단은 '운명 교향곡'에 실재하는 미적 속성을 지각할 때 가능하다고 본다.
④ ㉡은 '운명 교향곡'에 대한 미적 판단의 일치는 비슷한 감수성을 가진 사람들이 비슷하게 반응했기 때문이라고 본다.
⑤ ㉠과 ㉡은 모두 '운명 교향곡'에 대한 미적 판단은 정당화가 요구되는 진술이라고 본다.



[해설편 p.162]

14. [수반론]에 대한 이해로 가장 적절한 것은?

① 비도덕적 속성이 동일한 두 사람 중에서 한 사람은 선하지만 다른 사람은 선하지 않는 경우란 존재하기 어렵다고 본다.
② 도덕적 속성이 일정하게 유지되는 사람은 서로 다른 상황에 놓이더라도 동일한 도덕적 행동을 반복해야 한다고 본다.
③ 어떤 사람이 자신이 처한 상황에 따라 도덕적 속성이 달라진다면 그 사람은 도덕적 수준이 낮은 것이라고 본다.
④ 도덕적 속성은 비도덕적 속성이 발현되고 실현되기 위한 기반과 필요한 조건을 제공한다고 본다.
⑤ 두 사람이 비도덕적 속성에서 동일하더라도 그들의 도덕적 속성은 다를 수 있다고 본다.

15. (가)와 (나)를 바탕으로 <보기>에 대해 보인 반응으로 적절하지 않은 것은? [3점]

< 보 기 >

길동과 장금은 미술관을 방문하여 화가 몬드리안의 작품 '빨강, 파랑, 노랑의 구성'을 감상하였다. 이 작품은 직선들의 교차를 통해 형성된 수많은 직사각형으로 구성되어 있다. 이 다양한 크기의 직사각형들 중 일부는 선명한 원색으로 채색되어 있다. 길동은 이 작품을 본 소감으로 생동감을, 장금은 지루함을 제시했다.

① 길동이 시블리의 입장을 따른다면, 생동감이나 지루함은 작품의 미적 속성으로 색이나 직선들은 작품의 비미적 속성으로 구분하겠군.
② 장금이 미적 반실재론자라면, 길동과 자신은 미적 감수성이 다르므로 길동과 자신의 소감이 다른 것은 자연스러운 현상이라고 말하겠군.
③ 장금이 미적 수반론을 부정하는 미적 반실재론자라면, 자신과 길동의 미적 판단이 다른 이유를 비미적 속성에서의 차이 때문이라고 설명하겠군.
④ 길동이 미적 수반론을 지지하는 미적 실재론자라면, 생동감이 직선들의 교차 등의 비미적 속성에 수반하는데 그 비미적 속성이 작품에서 발견된다고 설명하겠군.
⑤ 길동이 미적 실재론자라면, 자신이 작품의 미적 속성인 생동감을 지각하는 데 성공했다고 판단할 경우 장금을 지각 능력이나 미적 감수성이 부족한 사람이라고 생각하겠군.

16. ㉮에 대한 이해로 가장 적절한 것은?

① 미적 속성이 비미적 속성에 의존하는 관계라면 서로 다른 감수성을 가진 사람들이 동일한 미적 판단을 내리는 까닭을 설명하기 어렵다.
② 미적 속성이 비미적 속성에 수반한다면 지각 능력이나 미적 감수성 등이 충분함에도 미적 판단의 불일치가 일어나는 현상을 설명하기 어렵다.
③ 미적 수반이 존재한다면 비미적 속성에서 동일한 대상에 대하여 미적 속성에서 동일한 판단을 내리는 것을 설명하기 어렵다.
④ 미적 속성과 비미적 속성 사이에 수반 관계가 존재한다면 미적 판단의 정당화가 어떤 방식으로 가능한지 설명하기 쉽다.
⑤ 어떤 미적 속성이 수반하는 특정 비미적 속성이 존재한다면 극단적인 주관주의를 설명하기 쉽다.

17. ⓐ ~ ⓔ의 사전적 의미로 적절하지 않은 것은?

① ⓐ : 상태, 모양, 성질 따위가 그와 같다고 봄. 또는 그렇다고 여김.
② ⓑ : 완전히 다 이룸.
③ ⓒ : 어떤 문제에 대하여 서로 의견을 내어 토의함. 또는 그런 토의.
④ ⓓ : 재능, 능력 따위를 떨치어 나타냄.
⑤ ⓔ : 무엇을 내주거나 갖다 바침.

[해설편 p.163]

**[18 ~ 23] 다음 글을 읽고 물음에 답하시오.**

(가)

삼 년을 임을 떠나 해도(海島)에 유배되니
㉠ 내 언제 무심하여 임에게 득죄했나
임이 언제 박정(薄情)하여 날 대접 소홀히 했나
내 **얼굴** 고왔던지 **질투하**는 건 **뭇 여자**로다
유한한* **이내 몸을 음란하다 이르**로세
(중략)
긴 소매 들고 앉아 **옛 잘못**을 헤아리니
우직하기 본성이오 망령됨도 내 죄로되
**근본을 생각하면 임 위한 정성일세**
**일월 같은 우리 임이 거의 아니 굽어볼까**
날 살리신 이 은혜를 결초(結草)하기 생각하나
광주리의 가을 부채 어느 날 다시 날꼬
황금을 못 얻으니 장문부*를 어이 사리
마름과 연(蓮)으로 옷을 짓고 부용(芙蓉)으로 **치마** 지어
상자 안에 두어신들 **눌 위하여 단장할꼬**
고향에 돌아갈 **꿈** 벽해(碧海)를 밟아 건너
**옥루**(玉樓) 높은 곳에 밤마다 임을 모셔
일당우불에 수답이 여향하니*
가까이 다가앉아 귀신을 묻던 가태부 이러한가*
멀리서 들려오는 어촌의 **닭** 울음에 긴 잠을 깨어나니
㉡ 우리 임 금옥(金玉) 같은 음성이 귓가에 의연하고
우리 임 어로향*이 옷과 소매에 품었어라
어느 날 이내 꿈을 진짜로 삼을 건가
두어라 임금께서 **행여 고치시기를 날마다 고대하노라**

— 이진유, 「속사미인곡」 —

* 유한한 : 조용하고 그윽한. 여성의 훌륭한 인품을 뜻함.
* 장문부 : 한나라 진 황후가 황제의 총애를 되찾기 위해 황금 백 근을 주고 얻었다는 글.
* 일당우불에 ~ 여향하니 : 한 방에서 서로 많은 이야기를 나누는 모습을 나타낸 표현.
* 가까이 ~ 이러한가 : 모함을 받아 좌천되었던 가태부를 한나라 문제가 불러 밤새 가까이 마주 앉아 귀신에 대해 논했던 일을 말함.
* 어로향 : 임금의 향로에서 나는 향기.

(나)

임 그려 생각하고 푸른 요 깔고 **꿈**을 꾸니
외로운 영혼이 임에게 가 있더니
살뜰히 원수의 **꾀꼬리**로 말 못하고 깨었네 <제1수>

깨어 일어나 앉아 꿈 일을 생각하니
끊임없는 눈물이 두 볼에 진주로다
이 진주 **진짜 진주**와 저 임의 집에 보내고져 <제2수>

보내거든 아실까 내 정성 아실까
임도 나 같으면 일정 내 뜻 아시려니
만일에 내 뜻과 다르면 분명 대소(大笑) 하리라 <제3수>

대소 마시고 내 정성 아소서
무슨 장부로 이리도록 이러커니
**얼굴**은 옛 얼굴 있어도 일촌간장은 썩은 지 오래거다 <제4수>

간장이 다 썩으니 목숨이 없게 되게
㉢ 죽어 진토(塵土)가 되다 이 마음 썩을손가
두어라 정성이 감천하야* **지하**에 가 보새이다 <제5수>

— 이복길, 「오련가」 —

* 감천하야 : 하늘을 감동하게 하여.

(다)

**젊은 시절**에는 과연 나도 **허황된 명성을 연모**하여, **문장을 표절하고 화려하게 꾸며서 잠시 예찬을 받은** 적이 있지요. 그렇게 해서 얻은 ㉣ 명성이란 겨우 송곳 끝만 한데 쌓인 비방은 산더미 같았으니, 매양 한밤중에 스스로 반성하면 입에서 신물이 날 지경이었지요. 명성과 실정의 사이에서 스스로 깎아내리기에도 겨를이 없거늘, 더구나 감히 다시 명성을 가까이 하겠습니까. 그러니 명성을 위한 벗은 이미 나의 안중에서 떠나 버린 지 오래입니다.

이른바 **이익과 권세**라는 것도, 일찍이 그 길에 발을 들여놓아 보았지요. 대개 사람들은 **모두 남의 것을 가져다 제 것으로 만들 생각만** 하지, 제 것을 덜어 내서 남에게 보태 주는 일은 본 적이 없습니다. 명성이란 본시 허무한 것이요 사람들이 값을 지불하는 것도 아니어서, 혹은 쉽게 서로 주어 버리는 수도 있지요. 하지만 실질적인 이익과 실질적인 권세에 이르면 어찌 선뜻 자기 것을 양보해서 남에게 주려 하겠습니까.

그 길로 바삐 달려가는 자들은 흔히 앞으로 엎어지고 뒤로 자빠지는 꼴을 보기 마련이니, ㉤ 한갓 스스로 기름을 가까이 했다가 옷만 더럽힌 셈입니다. 이 역시 이익과 손해를 따지는 비열한 논의라 하겠지만, 실상은 분명 이와 같습니다. 또한 진작 형에게서 이런 충고를 받은 바 있어, 이익과 권세의 이 두 길을 피한 지가 벌써 십 년이나 됩니다.

내가 명성·이익·권세를 좇는 이 세 부류의 벗들을 버리고 나서, 비로소 눈을 밝게 뜨고 이른바 참다운 벗을 찾아보았더니, 대개 한 사람도 없습디다. **벗 사귀는 도리를 다하고자 하면, 벗을 사귀기란 확실히 어려운가 봅니다.**

하지만 어찌 정말 과연 한 사람도 없기야 하겠습니까. 어떤 일을 당했을 때 잘 깨우쳐 준다면 비록 돼지 치는 종놈이라도 진실로 나의 어진 벗이요, 의로운 일을 보고 충고해 준다면 비록 나무하는 아이라도 역시 나의 좋은 벗일 겁니다. 이렇게 생각하면 과연 이 세상에서 내게 벗이 부족한 것은 아니지요. 그러나 돼지 치는 벗은 경서를 논하는 자리에 함께 참여하기 어렵고, 나무하는 벗은 손님과 주인이 읍양하는* 대열에 둘 수 없습니다. 그러니 고금을 더듬어 보면서 **어찌 마음이 답답하지 않을 수가 있겠습니까.**

(중략)

혹시 우리나라 안에서 한 번 만나 보아 **서로 거리낌 없이 회포를 털어놓을 수 있는 사람이 있다면 천 리를 멀다 아니하고 찾아가**고 말겠습니다만, 형도 이런 벗을 아직 만나 본 적이 없는 게 아닌지요? 아니면 영영 이런 생각을 가슴속에서 끊어 버렸는지요? 지난날 서로 끊임없이 이야기를 나눌 때에도 그런 이야기까지는 한 적이 없었기에, 지금 마침 한 가닥 울적한 마음이 들어 우선 여쭈어 보는 것입니다.

— 박지원, 「답홍덕보서 제이」 —

* 읍양하는 : 예를 갖추어 공손하게 인사하는.



[해설편 p.163]

18. (가)~(다)의 공통점으로 가장 적절한 것은?

① 초월적 공간을 제시하여 이상적인 세계에 대한 동경을 드러내고 있다.
② 현실에 대한 인식을 바탕으로 과거로 회귀하려는 소망을 나타내고 있다.
③ 대상을 보는 여러 관점을 제시하여 대상의 특성을 입체적으로 드러내고 있다.
④ 계절감이 드러나는 소재를 제시하여 자연 풍경의 변화에 대한 감상을 드러내고 있다.
⑤ 만나고 싶은 대상을 만나기 어려운 상황을 제시하며 그에 대한 안타까움을 나타내고 있다.

19. <보기>를 바탕으로 (가)를 감상한 내용으로 적절하지 않은 것은? [3점]

< 보 기 >

「속사미인곡」은 사대부인 작가가 유배지인 추자도에서 쓴 작품이다. 작품에서 작가는 연군(戀君)의 정서를 바탕으로 자신이 겪는 시련과 그에 대한 생각을 서술하고 있는데, 작가의 간절함을 나타내고자 장면에 따라 여성 화자의 목소리를 빌려 표현하기도 한다. 특히 당쟁 속에서 반대파의 모함을 받아 유배된 일에 대한 억울함과 유배된 작가 자신의 상황을 변화시킬 수 있는 주체가 임금이라는 생각을 드러내고 있다.

① '뭇 여자'가 '질투하'여 '음란하다 이르'었다고 한 것은 작가가 반대파의 모함을 받아 유배되었다고 생각하고 있음을 나타낸 것이겠군.
② '이내 몸을' '일월 같은 우리 임이 거의 아니 굽어볼까'라고 한 것은 작가가 유배지에서 생활하고 있는 자신의 일상에 관심을 보이는 임금에 대한 감사함을 드러낸 것이겠군.
③ '옛 잘못'에 대해 '근본을 생각하면 임 위한 정성일세'라고 한 것은 작가가 자신의 시련이 임금을 위한 충정에서 비롯되었다고 생각하고 있음을 나타낸 것이겠군.
④ '눌 위하여 단장할꼬'라고 한 것은 작가가 지닌 연군의 마음이 임금에게 전해지지 못하는 상황에 대한 안타까움을 여성 화자의 목소리를 빌려 드러낸 것이겠군.
⑤ '행여 고치시기를 날마다 고대하노라'라고 한 것은 유배된 작가의 상황을 바꿀 수 있는 주체가 임금이라는 작가의 생각을 나타낸 것이겠군.

20. (나)의 시상 전개에 대한 설명으로 적절하지 않은 것은?

① <제1수>에서는 화자에게 일어난 일이 시간의 순서에 따라 제시된다.
② <제2수>의 중장에서는 초장에 제시된 상황과 관련된 화자의 정서가 드러난다.
③ <제3수>의 초장에서는 <제2수>의 종장에 제시된 소망이 실현될 것이라는 화자의 믿음이 드러난다.
④ <제4수>의 초장에서는 <제3수>의 종장에서 가정한 상황이 발생하지 않기를 바라는 화자의 마음이 드러난다.
⑤ <제5수>의 초장에서는 <제4수>의 종장에 드러난 화자의 고통이 심화되어 나타난다.

21. (가)와 (나)의 시어에 대한 이해로 가장 적절한 것은?

① (가)의 '닭'은 (나)의 '꾀꼬리'와 달리 꿈속에서의 임과의 만남을 방해하는 존재이다.
② (나)의 '진짜 진주'에는 (가)의 '치마'와 달리 임에 대한 화자의 애정이 담겨 있다.
③ (가)와 (나)의 '얼굴'은 모두 화자의 처지가 시간의 흐름에 따라 변하였음을 보여 주는 소재이다.
④ (가)와 (나)의 '꿈'에는 모두 현재 상황에서 화자가 갖는 소망이 투영되어 있다.
⑤ (가)의 '옥루'와 (나)의 '지하'는 죽음 이후에 임과의 재회가 이루어질 것이라는 화자의 기대가 담겨 있는 공간이다.

14회

22. ㉠ ~ ㉤의 표현상의 특징으로 적절하지 않은 것은?

① ㉠: 대구적 표현을 사용하여 운율감을 조성하고 있다.
② ㉡: 감각적 심상을 활용하여 화자의 그리움을 부각하고 있다.
③ ㉢: 과장법을 사용하여 임을 향한 사랑을 포기해야 하는 것에 대한 화자의 절망감을 강조하고 있다.
④ ㉣: 대조법을 사용하여 자신이 과거에 추구했던 것이 초래한 상황에 대한 글쓴이의 생각을 드러내고 있다.
⑤ ㉤: 비유적 표현을 사용하여 특정한 가치를 좇는 사람들에 대한 글쓴이의 생각을 나타내고 있다.

23. <보기>를 참고하여 (다)를 감상한 내용으로 적절하지 않은 것은?

< 보 기 >

(다)는 박지원이 벗 사귐을 소재로 하여 홍대용에게 쓴 서간문이다. 글쓴이는 자신의 경험과 당대 세태에 대한 비판적 의식을 바탕으로 참된 벗 사귐에 대한 생각을 드러내고 있다.

① '문장을 표절하고 화려하게 꾸며서 잠시 예찬을 받은' 경험을 '허황된 명성을 연모'했기 때문이라 한 것은 '젊은 시절'에 자신이 한 행위에 대한 글쓴이의 반성을 드러낸 것이겠군.
② '모두 남의 것을 가져다 제 것으로 만들 생각만' 한다고 한 것은 '이익과 권세'를 중시하는 당대 세태에 대한 글쓴이의 비판적 의식을 드러낸 것이겠군.
③ '벗 사귀는 도리를 다하고자 하면, 벗을 사귀기란 확실히 어려운가 봅니다'라고 한 것은 글쓴이가 자신의 경험을 바탕으로 참된 벗 사귐에 관한 생각을 드러낸 것이겠군.
④ '어찌 마음이 답답하지 않을 수가 있겠습니까'라고 한 것은 신분이 낮은 이들조차 자신과 참된 벗 사귐을 하지 않으려고 하는 상황에 대한 글쓴이의 비판적 의식을 드러낸 것이겠군.
⑤ '서로 거리낌 없이 회포를 털어놓을 수 있는 사람이 있다면 천 리를 멀다 아니 하고 찾아가'겠다고 한 것은 참된 벗 사귐에 대한 글쓴이의 간절한 바람을 드러낸 것이겠군.

[24 ~ 26] 다음 글을 읽고 물음에 답하시오.

(가)

바닷가 햇빛 바른 바위 위에
습한 간을 펴서 말리우자,

**코카서스 산중에서 도망해 온 토끼**처럼
둘러리를 ㉠ 빙빙 돌며 간을 지키자,

내가 오래 기르던 여윈 독수리야!
와서 뜯어 먹어라, 시름없이

너는 살찌고
나는 ㉡ 여위어야지, 그러나,

거북이야!
**다시는 용궁의 유혹에 안 떨어진다.**

프로메테우스 불쌍한 프로메테우스
불 도적한 죄로 **목에 맷돌을 달고**
끝없이 침전하는 프로메테우스.

– 윤동주, 「간」 –

(나)

큰일났다. 가만히 있어도 목구멍으로
시가 술술 쏟아져 나오니.

천기누설이다.

머리에 이가 있고
거북 등처럼 손이 튼 계집애가
제 짝이라는 것을
누군 모르랴.

그런데 감히 여왕을 사모함은
전생에 지은 이 무슨 **아름다운 업보**인가.

세상에 못 맺을 사랑이란 없다는 것을
떠꺼머리, 너는 ㉢ 무엄하게도 알아 버렸구나.

길 비켜라.
사랑이 사랑을 찾아간다.
이 ㉣ 준엄한 힘 앞에
세상의 지위쯤은 한낱 재미에 불과하리.

지금은 오후 두 시,
그대의 선덕은 ㉤ 이미 온몸이 흔들려
다보탑 아래 깜박 잠든 지귀에게 가 있느니

지귀여, 지귀여, 사랑하는 지귀여
네 가슴에 던진 선덕의 금팔찌에
**큰 불이 일어**
다보탑 석가탑 다 태우고
**신라땅 모든 사슬 끊어 버려라.**

– 문정희, 「신라의 무명 시인 지귀」 –

24. (가)와 (나)에 대한 설명으로 가장 적절한 것은?

① (가)와 달리, (나)는 마지막 연을 명사로 끝을 맺어 시적 여운을 준다.
② (나)와 달리, (가)는 시간적 표지를 사용하여 시상을 전환한다.
③ (가)와 (나)는 모두 의문의 방식을 활용하여 시적 의미를 강조한다.
④ (가)와 (나)는 모두 특정한 대상을 부르는 방식을 사용하여 대상에 주목하게 한다.
⑤ (가)와 (나)는 모두 공감각적 이미지를 활용하여 다양한 사물의 역동성을 부각한다.

25. ㉠ ~ ㉤에 대한 이해로 가장 적절한 것은?

① ㉠을 활용하여 소중한 대상을 지키려는 의지를 드러낸다.
② ㉡을 활용하여 현재 상황에서 벗어날 수 없는 절망감을 드러낸다.
③ ㉢을 활용하여 사랑의 진리를 깨닫지 못한 이에 대한 질책을 드러낸다.
④ ㉣을 활용하여 사랑의 성취를 방해하는 사회적 질서의 절대성을 드러낸다.
⑤ ㉤을 활용하여 선덕 자신의 사랑이 상대에게 전해지지 못해 단념한 상황을 드러낸다.



[해설편 p.165]

26. <보기>를 바탕으로 (가), (나)를 감상한 내용으로 적절하지 않은 것은? [3점]

< 보 기 >

(가)와 (나)는 설화를 모티프로 한 작품이다. (가)는 토끼가 유혹에 빠져 위기에 처했다가 지혜를 발휘해 간을 지킨 '귀토지설'과, 프로메테우스가 인간에게 불을 알려 준 죄로 제우스의 벌을 받아 코카서스 산에서 독수리에게 간을 쪼이는 설화를 소재로 활용했다. (가)는 두 설화를 재구성하여 간을 지키려는 토끼의 노력과 프로메테우스의 희생을 연결하였으며, 이를 바탕으로 일제 강점기에서 세속적 욕망을 추구하지 않고 양심을 지키려는 자기희생의 의지를 드러내고 있다. (나)는 천한 신분으로 선덕 여왕을 사모하던 지귀가 불공을 드리던 여왕을 기다리다가 잠이 들었고, 그사이 여왕이 그를 동정하여 가슴에 놓고 간 금팔찌를 보고 몸이 타올라 불귀신이 되었다는 '지귀 설화'를 소재로 활용했다. (나)는 이 내용을 변용하여 신분의 장벽을 뛰어넘는 진실한 사랑의 중요성을 드러내고 있다.

① (가)의 '코카서스 산중에서 도망해 온 토끼'는 귀토지설과 프로메테우스 설화를 연결한 것으로, '토끼'는 일제 강점기에서 양심을 지키려는 존재로 볼 수 있겠군.
② (가)의 '다시는 용궁의 유혹에 안 떨어진다'는 귀토지설을 재구성한 것으로, 세속적 욕망을 추구하지 않겠다는 의지를 드러낸 것으로 볼 수 있겠군.
③ (가)의 '목에 맷돌을 달고'는 프로메테우스가 벌을 받았다는 설화를 재구성한 것으로, 화자가 감수하고자 하는 희생을 상징하는 것으로 볼 수 있겠군.
④ (나)의 '아름다운 업보'는 지귀 설화를 변용한 것으로, 현세에서 이루지 못한 여왕과의 진실한 사랑이 내세에서 이루어지기를 바라는 지귀의 마음이 함축된 것으로 볼 수 있겠군.
⑤ (나)의 '큰 불이 일어'서 '신라땅 모든 사슬 끊어 버려라'는 지귀가 불귀신이 되었다는 지귀 설화를 변용한 것으로, 신분의 장벽을 극복하고 사랑을 이루기 바라는 화자의 생각을 드러낸 것으로 볼 수 있겠군.

**[27 ~ 30] 다음 글을 읽고 물음에 답하시오.**

[A] 2424 혹은 5454번의 전화번호를 보디에 커다랗게 써 붙인 삼륜차 또는 픽업이 대충 비슷비슷한 내용물들을 실은 채 속속들이 닿고 있었고, 감색 유니폼의 관리인들이 요소요소마다 늘어선 채 똑같은 말들을 외쳐 대고 있었다. 일테면,

"차는 현관 옆으로 바짝 붙여 주십시오!"

"호실 키는 임시 관리 사무소에서 입주증과 교환해 드리고 있습니다. 관리 사무소는 217동과 219동 사이에 위치하고 있습니다……."

"계단이 혼잡하오니 도착순대로 짐을 올리시고, 화장실 및 주방의 부착물은 248동과 249동 간에 위치하고 있는……."

삼륜차 위에서 나는 한동안 멍청하게 흔들리고만 있었다. 수백 수천의 **똑같은 5층짜리 콘크리트 건물군**과 그리고 그 협곡 사이사이마다 출렁이고 있는 입주자들의 행렬……. 그것은 실로 기이한 대조였다. 나는 무거운 압박감과 마음 붙일 곳 없는 황량함을 동시에 의식하지 않을 수 없었다. **차가움, 견고함, 메마름, 쇳내 따위**를 나는 그 엄청난 규모의 기하학적 공간에서 **무겁게 의식**했고, 또 한편으로는 흡사 피난 행렬과도 같은 입주자들의 행렬에서 우리들의 저 은밀하고 곰팡내 나는 개인적 삶의 모습이 백일하에 드러나 버린 듯한 황량함을 현기증 나게 맛보아야만 했던 것이다. 냉엄한 질서와 유약한 삶 — 결코 동질적일 수 없는 이 양자의 만남이 무언가 엄청난 현상을 불러일으키리라는 것을 나는 무섭게 예감했다.

[B] 나는 실없는 웃음을 비실비실 흘리기 시작했다. 입구를 들어서면서부터 내 마음속에 달라붙었던 저 여릿한 감정이 일종의 형언키 어려운 계면쩍음으로, 그것이 다시 모호한 부끄러움으로 내 전신을 휘감아 들었기 때문이다.

그러나 아내의 즐거움은 컸다. 비록 월세를 물고 사는 임대 아파트이기는 할망정 저 일반 독립가옥에서의 셋방살이와는 사정이 한결 달랐기 때문이었다. 두 개의 방과 좁은 마루와 그리고 부엌과 다용도실과 수세식 변소 하나가 전부인 열서너 평의 공간이기는 했다. 하지만 바깥 계단 쪽의 문만 닫아걸면 실로 자유스러운 생활 공간이었던 것이다.

"주인댁에 인사치레를 하지 않는 것만도 마음 편해 좋겠다야."

이삿짐을 날라 준 친구가 잘도 지적했듯이 그 열서너 평의 공간 안에서는 **그 누구의 눈치를 볼 필요가 없**었다. 이사를 들 때마다 주인에게 깍듯이 인사를 닦아야만 하던 고역으로부터 나는 풀려났고, 부잡스러운 **내 아이들**도 이제는 더 이상 **억울한 제재를 당할 위험이 없어**졌다. 그러므로 이런 이유들까지 몽땅 포함하여 아내의 즐거움은 참으로 커다란 것이었다. 옆에서 보고 있기가 민망스러울 만큼 아내는 우리가 차지한 그 열서너 평의 공간에 감격해 있었던 것이다. 나는 부풀어 오른 아내의 마음을 터뜨리지 않기 위해서라도 당연히 나의 저 모호한 감정 — 쑥스러움이라 할지, 부끄러움이라 할지, 또 혹은 일말의 수치심이라고나 할지, 명확히 종잡을 수 없는 그 감정을 은밀히 숨겨 둘 수밖에 달리 도리가 없었다.

(중략)

그런대로 아내는 서서히 새로운 생활 환경에 적응해 가는 듯했다. 1주일에 한 번씩 물걸레로 계단을 닦고 공휴일 아침에는 화단의 휴지들을 주워 내며, 매월 1일엔 새마을 청소를 위해 같은 현관 안에 사는 열 세대의 주부들과 함께 합동 작업을 벌이곤 했다. **공동생활에 필요한 수칙**들은 이미 가가호호

14회

의 출입문 안쪽에 나붙어 있었고, 그 밖의 공지 사항들은 반상회나 대형 스피커를 통해 수시로 시달되었다. **어머니회**가 만들어지고 **어머니 배구팀**이 창단되고 **어머니 합창단**도 조직되었다. 폐쇄된 버스 정류소 부활을 위한 연판장 운동이나 불우 이웃 돕기를 위한 자선 요리 강습회 또는 쓰레기통 공동 소독을 위한 회합 등 각종 모임도 빈번해졌다. 모든 정보들 — 일테면 부동산 시세며, 새로운 가전제품이며, 의상과 헤어스타일, 하다못해 당일 슈퍼마켓의 찬거리 종류와 값에 이르기까지 신속하게 전달되었다. 토요일 저녁엔 꽁치 통조림이 동나고, 일요일 낮엔 돼지갈비가 불티났다. 앞의 경우는 다음날 야외로 행락 갈 사람들 탓이고, 뒤의 경우는 휴일에도 방구석에서만 죽치고 앉아 있는 사람들 때문이다. 월요일 아침은 단지가 죽은 듯 조용한 대신, **화요일 오전은 원거리 시장에 나서는 아낙네들**이 삼삼오오 떼 지어 단지를 빠져나간다. 그래서 처음 한동안 나는 실로 기이한 눈길로 그런 현상들을 지켜보았다. 그러나 내 아내 역시 예외일 수가 없어서 종당엔 그 동일한 가락 속으로 거침없이 살랑살랑 헤치고 다니는 모습을 보고는 또 한 번 **실없는 웃음을 흘리**지 않을 수가 없었다.

그런 유의 아파트촌이 지니고 있는 속성을, 내가 어느 정도 무서운 것으로 의식하기 시작한 것은 대체로 그 무렵부터였다. 이제 국민학교 1학년짜리인 첫째 녀석이 언젠가, 막 귀가한 나를 잡고 떼를 썼던 것이다.

"홈런왕 사 줘 아빠. 나두 홈런왕 사 줘."

녀석이 하두 다급하게 졸라 대는 통에 나는 어안이 벙벙해졌다. 우선 구두라도 좀 벗고 보자고 해도 영 막무가내였다. 아내는 말없이 웃고만 있는 것으로 보아 녀석과는 이미 담합이 된 모양이었다.

"도대체 그 홈런왕이라는 게 뭐 하는 거냐?"

내가 묻기가 무섭게 녀석은 밖으로 튀어 나갔다. 그리고는 금세 대여섯 명이나 되는 조무래기들을 이끌고 당당하게 나타났는데, 놀랍게도 그들의 손에는 똑같은 플라스틱 완구가 들려 있는 것이었다. 꼼짝없이 나는 항복하고 말았다.

"야, 나도 홈런왕이다!"

나로부터 천 원권 한 장을 전리품으로 얻은 녀석은 다시 떼거리들을 몰고 계단을 쿵쾅거리며 내려가 버렸다. 다음날 출퇴근길에서 나는 **한결같이 홈런왕을 휘두르**며 내닫고 있는 **아이들**의 모습을 얼마든지 구경할 수가 있었다. 말하자면 이것이 우리 아파트촌의 분위기이자 속성이었던 셈인데 그 후에도 녀석은 **1주일이 멀다 하고 매번 새로운 것을 요구**해 왔고, 나는 또 그때마다 속수무책으로 약탈을 당해야만 했다.

"아빠, 태극호 사 줘. 봐, 얘들두 다 가졌잖어? 나도 갖구 싶단 말야, 응 아빠……."

녀석의 이 당당한 요구를 거절할 만큼 나는 마음이 독하지 못하다. 거절은커녕, 때때로는 품절이 되어서 녀석이 시무룩하게 빈손으로 돌아올 때면 나는 녀석의 상심을 달래느라 전전긍긍하곤 했던 것이다. 그런 날이면 나는 영락없이 녀석의 놀이 상대가 돼야만 하는데, 왜냐하면 어느 패거리도 녀석을 끼워 주지 않기 때문이었다.

아파트가(街) 특유의 속성에 대해 내가 은연중에 ㉠ <u>두려움</u>을 의식하기 시작한 것도 바로 그 점에 있는 것이었다.

— 이동하, 「홍소」 —

*27.* 윗글의 내용에 대한 이해로 적절하지 <u>않은</u> 것은?

① '나'는 이사 오면서 생긴 모호하고 알 수 없는 감정을 아내에게 드러내지 않았다.
② '나'는 아내의 표정을 통해 아내가 첫째 녀석의 요구를 미리 알고 있었음을 짐작하였다.
③ 첫째 녀석은 아이들을 동원하여 자신의 요구가 당당하다는 것을 '나'에게 보여 주었다.
④ 아파트 사람들은 주말이 되면 특정한 식품을 소비하면서도 그런 현상을 기이하게 여겼다.
⑤ 아내는 독립가옥의 셋방살이보다 월세를 물고 사는 임대 아파트의 삶이 더 낫다고 여겼다.

*28.* [A]와 [B]의 서술상 특징으로 가장 적절한 것은?

① [A]는 장면에 대한 관찰을 중심으로, [B]는 인물의 복잡한 내면을 중심으로 서술하고 있다.
② [A]는 사건 해결의 실마리를 중심으로, [B]는 인물의 행위에 담긴 의미를 중심으로 서술하고 있다.
③ [A]는 인물들 간에 심화되는 갈등을 중심으로, [B]는 인물이 겪는 내적 갈등을 중심으로 서술하고 있다.
④ [A]는 인물들 간의 대화에 담긴 의미를 중심으로, [B]는 인물이 특정 행동을 한 의도를 중심으로 서술하고 있다.
⑤ [A]는 공간의 이동에 따른 심리 변화를 중심으로, [B]는 시간의 흐름에 따른 심리 변화를 중심으로 서술하고 있다.

*29.* ㉠의 이유로 가장 적절한 것은?

① 무리에 속하지 못하는 이를 소외시키는 배타적 분위기를 의식했기 때문이다.
② 패거리를 지어 다니며 타인을 따돌리는 첫째 녀석의 폭력성을 의식했기 때문이다.
③ 거절하지 못하는 사람에게 매번 새로운 것을 요구하는 이기적 분위기를 의식했기 때문이다.
④ 갖고 싶은 것을 갖지 못할 때마다 크게 상심하는 첫째 녀석의 유약함을 의식했기 때문이다.
⑤ 첫째 녀석의 무리한 요구를 물리칠 만큼 독하지 못한 자신의 우유부단함을 의식했기 때문이다.

30. <보기>를 바탕으로 윗글을 감상한 내용으로 적절하지 않은 것은? [3점]

< 보 기 >

1970년대에 등장한 규격화된 아파트는 새로운 주거 문화를 형성하여 그곳에 사는 사람들의 삶에 영향을 미쳤다. 아파트는 독립성과 편의성을 주기도 하였지만, 집단화된 생활과 유행에 휩쓸리는 문화를 형성하기도 하였다. 「홍소」에는 이런 아파트의 속성과 낯선 주거 환경에 맞닥뜨린 인물들의 반응이 나타나 있다.

① '그 누구의 눈치를 볼 필요가 없'고 '내 아이들'이 '억울한 제재를 당할 위험이 없어'진 것에서 아내는 아파트가 주는 독립성에 흡족해하고 있음을 알 수 있겠군.
② '공동생활에 필요한 수칙들'이 집마다 붙어 있고, '어머니회', '어머니 배구팀', '어머니 합창단' 등이 만들어지는 것에서 집단화되어 가는 아파트 생활을 엿볼 수 있겠군.
③ '똑같은 5층짜리 콘크리트 건물군'을 보며 '차가움, 견고함, 메마름, 쇳내 따위'를 '무겁게 의식'하는 것에서 규격화된 아파트에 대한 '나'의 정서적 반응을 엿볼 수 있겠군.
④ '아이들'이 '한결같이 홈런왕을 휘두르'고 첫째 녀석이 '1주일이 멀다 하고 매번 새로운 것을 요구'하는 것에서 아이들조차 유행에 휩쓸리는 아파트 문화의 일면을 엿볼 수 있겠군.
⑤ 다른 '아낙네들'처럼 '화요일 오전은 원거리 시장에 나서는' 아내를 보며 '실없는 웃음을 흘리'는 것에서 '나'가 아파트의 편의성을 수용한 자신을 못마땅해하고 있음을 알 수 있겠군.

**[31 ~ 34] 다음 글을 읽고 물음에 답하시오.**

화 상서 왈,
"내 아해는 행여 나를 속이지 말라."
화 소저 대 왈,
"소녀 어찌 아주 작은 일이라도 조금이나 속이리이까. 과연 금일에 경물을 구경하고자 누상에 올랐더니, 우연히 화산 속에 약초 캐는 두 아해를 만나매 일만 가지 기이한 일이 있사와 십여 세 된 여자 약초 캐다가 애원히 통곡하니, 듣는 자로 하여금 비감할지라. 제가 듣고 비감하와 불러와 한번 보매, 실성한 병인이로되 용모 자태와 행동거지 결코 천인이 아닌고로 소회를 여러 번 따져 물은즉, 미친 체하여 세사를 알지 못한 듯하오나 오히려 그 본정이 나타나는지라. 소녀 이에 좌우를 물리치고 잘 타일러 문사온즉 과연 전일 항주 추관 여장의 귀중한 딸이요, 처사 관철의 외손이라. 여 공이 소년 등과하여 벼슬이 청현에 이르렀더니, 간신이 유 상서의 문생이라 하여 폄하여 항주 추관을 하였더니, 도임한 지 오래지 아니하여 참화를 만나 혈혈한 어린 여자가 부친의 시신을 고향에 안장하고자 스스로 제 시랑 집 천비가 되었더니, 용모 태도가 아주 뛰어나기로 제 시랑이 그 미색과 용모를 사랑하여 풍류를 가르쳐 기방에 보내고자 하니, 달리 벗어날 길이 없는지라. 거짓 미친 체하여 녹발을 흩어 옥 같은 얼굴을 가리고 몸소 약초 캐러 다니며 자기 신세를 생각고 통곡하니, 그 정사를 살피매 소녀가 **슬픔을 이기지 못하여 자연 근심스러운 기색이 얼굴에 나타**남이로소이다."
화 공 부부가 또한 크게 놀라 왈,
[A] "가히 기특하도다. 내 여아의 어진 마음이여 아름답다. 그 여자의 신세 가련하도다. 알지 못하겠구나. 그 위인이 어떠하더냐."
화 소저 대 왈,
"입으로 다 아뢰기 어려우나 제가 비록 지식이 없사와 일찍 눈에 찬 사람을 보지 못하였삽더니, 이 여자가 만일 예사롭고 인품이 범상하오면 어찌 가까이 지내오리까. **현철한 덕성**이 용모에 나타나고 **추상같은 기질**이 당대에 가장 빼어나며, **천고에 드문 정숙하고 유순**한 여인이라. **제가 어찌 그릇 보아 부모가 주신 몸을 가벼이 하여 지기를 맺으며,** 형제자매 되어 욕됨을 깨닫지 못하오리이까. 열 번 보고 백 번 헤아려도 이 같은 사람은 다시 못 보았고, 여자의 수행 스승에게 배우지 못하오나 어찌 이 같은 여중 군자와 규중 옥인을 만나 그 법도를 본받지 아니하오리이까. 제 나이 젊으니 즐겨 사제지의를 정치 아니하온지라 부득이 형제지의를 맺고, 소녀는 생일이 여 씨보다 수 월이 더한고로 형이 되매, 관포지교*를 겸하고 또한 천지께 고하였사오니, 소녀가 만일 여 씨를 건지지 못하오면 마침내 세상 영욕을 홀로 참예하지 아니하오려 하오니, 부디 부께서는 굽어 살펴주시옵소서."
화 공이 듣기를 마치고 크게 칭찬하여 왈,
[B] "내 아해는 진실로 사람을 잘 알아보는 능력이 범상치 아니하도다. 여 소저 규중 보옥이요, 네 또한 여중 호걸이라 이르리로다."
화 소저가 예를 갖추어 일어나며 대 왈,
"소녀가 이야기가 너무 길어서 다 아뢰지 못하나이다. 혹 모친이 도우사 반드시 후일 모일 날이 있사오리니, 부께서 친히 보시면 오늘 제 말이 헛되지 않음을 알으시리이다."
말을 끝내자 여 소저가 쓴 ㉠ 작별시를 받들어 드리며 눈물이 떨어지니, 공이 부인으로 더불어 바삐 받아 보니 필법이 정묘한지라. 광채 유동하여 비단 위에 금수를 드리운 듯하니, 크게 놀라 다시 본즉, 재기 빼어나고 의사 광활하여 글을 쓰는 재주와 학식이 자기 여아로 더불어 비김에 한층이나 더한 듯하더라.

**[중략 부분의 줄거리]** 훗날 여 소저는 화 공 부부의 수양딸이 된다. 여 소저와 화 소저가 상희복과 혼약한 후, 화 소저가 천자의 후궁으로 부당하게 간택된다. 이에 화 공이 상소하나 하옥되고 여 소저가 입궐해 천자에게 항변한다.

상이 또 물어 가라사대,
"네 이제 어버이 삼년상을 마쳤거늘, 오히려 상복을 벗지 않아 선왕의 예법을 어기느뇨."
여 소저 슬퍼하며 눈물을 흘리고 엎드려 주 왈,
"부모를 위하는 정성은 상하 귀천이 없나니, 신첩이 아비 참상을 만난 후 몸은 남의 집 종이 되고 장례 물품들을 다만

14회

유모에게 떠나보내니, 한 번도 하늘을 부르며 목 놓아 울지 못하옵고 변변치 못한 제사마저 지내지 못하였사오니, 하늘에 사무치는 고통과 뼛속까지 사무치는 원한이 언제나 맺혔사오며, 하물며 같은 하늘 아래 지낼 수 없는 원수를 갚지 못하였사오니, 큰 죄가 몸에 실렸는지라. 어찌 삼년상이 지났다 하고 몸에 화려한 의복을 걸치리꼬. 또 상씨 가문에 빙례를 갖춰 행함은 사세 부득이 화 모와 부녀지의 있을 뿐 아니라 화 소저와 사생을 같이하고자 하늘에 맹세하였기 때문이오니, 지금 온갖 형벌로 죽이실지라도 **약속을 어기거나 지조를 깨뜨리는 것은 아니하오리니**, 부디 성상은 문무왕의 성덕을 본받으사 소녀가 품은 한을 돌아보옵시고, 천하 태평하고 기후가 순조로움을 상서로 아시고 **기생과 풍류를 즐기는 연회를 멀리하**시면, **사방이 생업을 즐기고 국가 반석 같아 만세**를 누리리이다."

말을 마치고 다시 엎드려 두 번 절하니, 상이 듣기를 마치고 크게 감동하시고 또한 슬퍼하사 이에 조서를 내리어 화 소저를 후궁으로 간택한 잘못을 뉘우치심을 일컬으시고, 즉시 화 공을 풀어 주시어 복직시키고, 또 전임 항주 추관 여장이 본주에서 칼에 베어 죽었으니, 본도 자사로 하여금 바삐 자세히 조사하여 고하라 하시고, 또 상씨 가문에 친지를 내리셔서 두 소저와의 혼약함을 택일대로 바삐 성례하라 하시니 만조 제신과 백성이 황상의 어진 덕을 일컫고, 두 소저의 의기 충언을 탄복하니, 아름다운 소문이 원근에 자자하여 모르는 이 없더라.

— 작자 미상, 「숙녀지기」 —

* 관포지교 : 우정이 아주 돈독한 친구 관계를 이르는 말.

*31.* 윗글에 대한 이해로 적절하지 않은 것은?

① 화 소저는 여 소저의 내력을 듣고 그녀가 실성한 병에 걸려 그 병을 앓으며 지내 온 이유를 이해했군.
② 화 소저는 여 소저로부터 여자로서 수행해야 할 것들에 대해 배울 수 있다고 여겼군.
③ 여 소저는 자식으로서의 도리를 다하지 못했기에 삼년상이 지났음에도 상복을 입어야 한다고 생각했군.
④ 여 소저의 말을 듣고 천자는 화 소저를 후궁으로 간택한 일이 옳지 않다고 판단했군.
⑤ 천자가 여 소저의 원한을 풀어 주고자 여 소저 부친의 죽음에 대해 조사할 것을 명령했군.

*32.* [A]와 [B]에 대한 설명으로 가장 적절한 것은?

① [A]에서 대화 상대를 안타까워한 것과 관련하여, 상대의 사연을 듣고 [B]에서 그에 관한 배려심을 발휘하고 있다.
② [A]에서 대화 상대가 겪은 일을 염려한 것과 관련하여, 상대의 사연을 듣고 [B]에서 안심하는 태도를 드러내고 있다.
③ [A]에서 대화 상대에게 요청한 인물 정보와 관련하여, 상대의 답변을 듣고 [B]에서 그 인물에 관한 평을 언급하고 있다.
④ [A]에서 특정 인물을 예찬한 것과 관련하여, 대화 상대의 답변을 들은 후 [B]에서 그 인물에 대한 태도를 부정적으로 바꾸고 있다.
⑤ [A]에서 특정 인물에 대해 궁금해한 정보와 관련하여, 대화 상대의 사연을 들은 후 [B]에서 그 인물의 행동에 대해 아쉬운 마음을 나타내고 있다.

*33.* ㉠에 대한 설명으로 가장 적절한 것은?

① 여 소저의 성격이 변화한 것에 대한 화 공의 이해를 도와주고 있다.
② 화 공이 여 소저에 대해 품었던 경계심을 완화하는 계기가 되고 있다.
③ 화 소저가 소개한 여 소저의 인물됨에 대한 화 공의 생각을 강화해 주고 있다.
④ 화 소저가 슬퍼하는 연유와 관련하여 화 공이 품었던 의혹을 해소하는 실마리를 제공하고 있다.
⑤ 화 공이 기대했던 바와 다른 여 소저의 면모를 제시해 화 공이 당혹스러움을 느끼게 하고 있다.

*34.* <보기>를 참고하여 윗글을 감상한 내용으로 적절하지 않은 것은? [3점]

< 보 기 >

「숙녀지기」는 여 소저와 화 소저가 서로 상대의 가치나 속마음을 참되게 알아주는 '지기'가 되어 신의를 지키는 이야기이다. 두 주인공은 부모를 섬기는 마음인 효를 행실의 근본으로 삼고 인(仁), 의(義)를 구현하며 신의를 지키고 있다. 인은 타인의 불행을 자기 일처럼 여겨 타인의 아픔에 공감하며 타인을 보살핌으로써 구현되고, 의는 올바름에서 벗어난 것을 미워하고 올바른 것을 지향함으로써 구현된다. 두 주인공이 효를 바탕으로 인, 의의 덕목을 발휘하는 것은 유교적 덕목을 갖춘 숙녀로서의 면모를 보여 준다.

① 화 소저가 '슬픔을 이기지 못하여 자연 근심스러운 기색이 얼굴에 나타'났다고 말한 데서 그녀가 타인의 불행을 자기 일처럼 여기는 인의 덕목을 갖춘 인물임이 드러나고 있군.
② 화 소저가 여 소저의 '현철한 덕성', '추상같은 기질', '천고에 드문 정숙하고 유순'함을 말한 데서 그녀가 여 소저의 참된 가치를 알아본 지기임이 드러나고 있군.
③ 화 소저가 '제가 어찌 그릇 보아 부모가 주신 몸을 가벼이 하여 지기를 맺으며'라고 말한 데서 그녀가 효를 행실의 근본으로 여기고 있음이 드러나고 있군.
④ 여 소저가 천자에게 '기생과 풍류를 즐기는 연회를 멀리하'면 '사방이 생업을 즐기고 국가 반석 같'게 될 것이라고 충언한 데서 그녀가 의를 지향하는 인물임이 드러나고 있군.
⑤ 여 소저가 '만세'를 위해 '약속을 어기거나 지조를 깨뜨리는 것은 아니하오리니'라고 충언한 데서 그녀가 천자는 타인의 아픔에 공감하는 품성을 지녀야 함을 강조하고 있음이 드러나고 있군.

* 확인 사항
○ 답안지의 해당란에 필요한 내용을 정확히 기입(표기) 했는지 확인하시오.
○ 이어서, 「선택과목(화법과 작문)」 문제가 제시되오니, 자신이 선택한 과목인지 확인하시오.



[해설편 p.166]

제 1 교시

# 국어 영역(화법과 작문)

14회

[35 ~ 37] 다음은 수업 중 학생의 발표이다. 물음에 답하시오.

안녕하세요? 발표를 맡은 ○○○입니다. 여러분, 지난 수업 시간에 세포의 자기 복제에 대해 공부했죠? 이번 시간에 저는 세포의 자기 복제와 관련 있는 콘웨이의 '생명 게임'을 여러분에게 9칸의 격자판으로 설명하려 합니다. (㉠ [화면 1] 제시) 여기 화면처럼 각각의 칸에 a부터 i까지 기호를 붙이겠습니다. 그리고 a처럼 음영을 넣지 않은 칸은 살아 있는 세포가 없는 칸으로 0이라고 정의하고, b처럼 음영을 넣은 칸은 살아 있는 세포가 있는 칸으로 1이라고 정의하겠습니다. 이에 따라 b, e, h는 1, 그 이외의 것들은 0입니다.

생명 게임은 규칙이 있습니다. 첫째, 1은 이웃 중에 1이 한 개 이하이면 다음 세대에서 0이 됩니다. (㉡ [화면 2] 제시) 여기 1인 a의 이웃은 무엇일까요? (대답을 듣고) b, d뿐만 아니라 e도 이웃입니다. 덧붙이자면 e는 a, b, c, d, f, g, h, i 모두가 이웃입니다. 여기 2세대의 이 a는 1인 이웃이 없는 것이죠. 그래서 3세대에서 0이 됩니다. 이것은 세포가 고립되면 죽기 때문입니다. 둘째, 1은 이웃 중에 1이 네 개 이상이면 세포 과잉으로 다음 세대에서 0이 됩니다. 셋째, 1 또는 0이 이웃 중에 1이 세 개 있으면 다음 세대에서 1은 1이 되고, 0은 1이 됩니다. 넷째, 1인 이웃이 두 개면 1이든 0이든 그 상태가 변하지 않습니다. 그래서 (㉢ [화면 3] 제시) 이 화면의 a와 b는 모두 세대가 바뀌어도 상태가 변하지 않고 있습니다.

사례에 따라 격자판에서 1과 0이 나타나는 양상이 세대별로 다양하게 드러나는데요, 그것을 몇 가지 유형으로 설명할 수 있습니다. 여기서는 '주기', '멸종', '안정'의 세 가지 유형만 소개하겠습니다. (㉣ [화면 1] 제시) 1세대의 e는 1인 이웃이 두 개, d, f는 모두 1인 이웃이 세 개입니다. 그래서 2세대에서는 d, e, f가 1이 되고, 3세대에서는 1세대처럼 다시 b, e, h가 1이 됩니다. 이러한 양상을 주기 유형이라고 합니다. 이번에는 9칸이 모두 1인 경우와 b, d, f, h가 1인 경우를 함께 보겠습니다. (㉤ [화면 2]와 [화면 3] 제시) 두 경우는 2세대가 되면 어떻게 될까요? (대답을 듣고) 맞아요. 서로 다르게 변하겠죠. 두 경우를 비교해 보면, e 이외의 칸들에 1, 0이 상반되게 나타납니다. 이에 따라 3세대에서 모든 칸이 0이 되는 경우도 있고, b, d, f, h가 1인 것이 그대로 이어지는 경우도 있습니다. 전자는 멸종 유형이고, 후자는 안정 유형입니다.

지금까지 생명 게임을 설명했습니다. 생명 게임은 복잡한 생명 현상에 모종의 질서가 있음을 설명하는 하나의 방법이라는 점에서 의미가 있습니다. 발표를 들어 주셔서 감사합니다.

35. 위 발표에 대한 설명으로 가장 적절한 것은?

① 질문을 통해 청중과 상호 작용하며 정보를 제공하고 있다.
② 청중과 공유한 경험을 활용하여 청중의 관심 분야를 확인하고 있다.
③ 전문가들의 서로 다른 견해를 인용하며 발표 내용을 설명하고 있다.
④ 발표 중간중간에 내용을 요약하며 청중이 알아야 하는 정보를 강조하고 있다.
⑤ 발표를 시작할 때 청중에게 기대하는 바를 언급하며 발표 목적을 제시하고 있다.

36. 다음은 발표자가 보여 준 화면이다. 발표자의 시각 자료 활용에 대한 설명으로 적절하지 않은 것은? [3점]

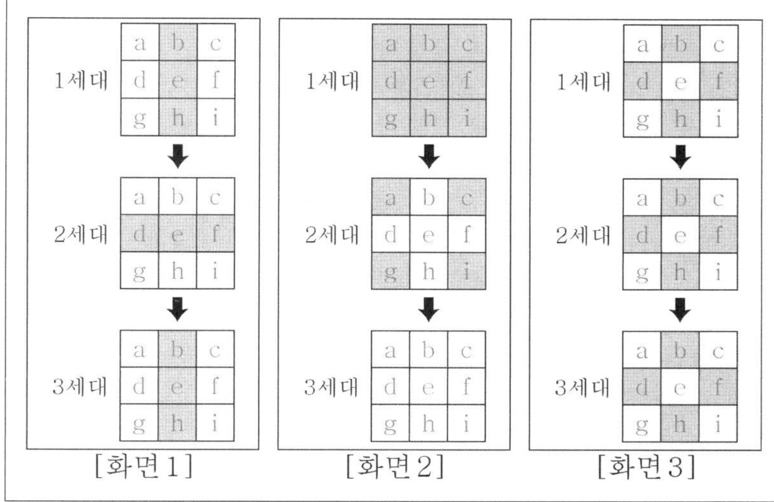


① ㉠을 활용하여, 격자판의 칸에 표시된 음영의 의미를 설명하였다.
② ㉡을 활용하여, 세포가 고립되었을 때 1이 다음 세대에서 0이 되는 경우를 설명하였다.
③ ㉢을 활용하여, 1과 0 모두 이웃 중에 1이 두 개이면 상태가 변하지 않는다는 것을 제시하였다.
④ ㉣을 활용하여, 1세대와 3세대의 격자판의 양상이 서로 다르다는 것을 보여 주었다.
⑤ ㉤을 활용하여, 멸종 유형과 안정 유형의 사례에서 발견할 수 있는 차이점을 언급하였다.

37. <보기>는 위 발표를 들은 학생들의 반응이다. 발표의 내용을 고려하여 학생의 반응을 이해한 내용으로 가장 적절한 것은?

< 보 기 >

학생 1 : 이웃에 살아 있는 세포가 많을수록 세포 생존에 유리할 거라고 생각했는데, 오히려 불리하군. 그런데 왜 1인 이웃이 네 개인 경우부터 세포 과잉으로 볼까?
학생 2 : 격자판에서 1과 0이 나타나는 양상을 세 가지 유형으로만 설명해서 아쉬웠어. 관련 서적을 찾아봐야겠어.
학생 3 : 복잡한 생명 현상에 모종의 질서가 있음을 새롭게 알게 되어서 좋았어. 그런데 이 모형이 실제 현실에서도 적용되는지 확인해 봐야겠군.

① '학생 1'은 자신이 짐작했던 바를 발표 내용을 바탕으로 수정하고 있다.
② '학생 2'는 발표 내용이 사실에 부합하는지 의문을 제기하고 있다.
③ '학생 3'은 자신의 의문이 해소되었다는 점에서 발표 내용을 긍정적으로 평가하고 있다.
④ '학생 1'과 '학생 3'은 발표 내용이 적용되지 않은 예외적 상황이 있는지 검토하고 있다.
⑤ '학생 2'와 '학생 3'은 발표에서 자신에게 필요한 내용이 다루어지지 않아 아쉬워하고 있다.

**[38 ~ 42] (가)는 학생회 누리집 게시판에 올라온 글이고, (나)는 (가)를 읽은 학생회 학생들의 대화이다. 물음에 답하시오.**

(가)

안녕하세요. 저는 2학년 ○○○입니다. 학생회에서 '에너지 하베스팅 체험전'을 작년과 동일한 프로그램으로 구성하여 다음 달에 여는 것으로 알고 있습니다. 저는 에너지 하베스팅 체험전 행사의 취지에 동의하기에 올해도 행사에 참여하고자 합니다. 그런데 저는 올해 행사가 작년과 동일해서는 안 된다고 봅니다. 학생회의 준비 기간을 생각할 때 지금이 건의하기에 적절한 시기라고 판단해서 학생회 누리집 게시판에 ㉠ 작년 행사의 문제점을 개선하기 위한 방안을 건의합니다.

올해 초 작년 행사에 대한 설문 조사 결과를 학교 신문에서 보았습니다. 응답자의 50% 정도가 '에너지 하베스팅'이라는 용어에 친숙해졌다고 답했지만, 일상생활에서 버려지거나 소모되는 에너지를 에너지 하베스팅으로 어떻게 모아 활용하는지는 구체적으로 이해하기 어려웠다고 답한 학생들이 60%를 넘었습니다. 그래서 행사에 대해 만족한다고 답한 학생들이 30%밖에 안 된다고 봅니다. 이와 같은 설문 조사의 결과는 작년 행사가 에너지 하베스팅에 대한 사진이나 영상 자료를 전시하는 데 치우쳤기 때문에 나타난 것이라고 생각합니다.

에너지 하베스팅 체험전의 목적은 일상에서 쓰임이 확대되고 있는 에너지 하베스팅에 대한 이해도를 높여서 학생들이 에너지를 효율적으로 쓰도록 유도하기 위함이라고 알고 있습니다. 이러한 목적을 달성하기 위해서는 학생들에게 에너지 하베스팅이 적용된 제품을 직접 제작하고 사용하는 기회를 제공하는 프로그램을 추가해야 합니다.

제가 건의한 대로 에너지 하베스팅 체험전의 프로그램을 개선한다면 행사에 대한 학생들의 만족도가 높아질 것입니다. 실제로 □□ 과학 체험관에서 에너지 하베스팅을 직접 체험하는 프로그램을 진행했는데, 참여자의 80%가 에너지 하베스팅을 구체적으로 이해하는 데 유익했다고 답했습니다. 에너지 하베스팅에 대한 구체적 이해는 우리가 에너지를 효율적으로 활용할 수 있도록 도와줄 것입니다. 학생들에게 소중한 경험을 제공하기 위해 노력해 주셔서 감사합니다.

(나)

학생 1: 학교의 누리집 게시판에 에너지 하베스팅 체험전에 대해 건의한 글 봤지? 건의 내용에 대해 논의해 보자.

학생 2: 올해 행사를 작년과 동일하게 치러서는 안 된다는 건의였지. 나도 그 생각에 동의해.

학생 1: 우리가 작년 행사의 문제점을 충분히 고려하지 못했던 것 같아. 작년 행사의 문제점부터 논의해 보자.

학생 3: 학생들의 만족도가 낮은 것이 문제였어.

학생 2: 맞아, 나도 건의한 글처럼 학생들의 만족도가 낮은 이유가 프로그램이 자료를 전시하는 데 치우쳐서 에너지 하베스팅을 일상생활과 관련지어 구체적으로 이해하기 어려웠기 때문이라고 생각해. [A]

학생 3: 동의해. 그런데 우리가 사용한 사진과 영상 자료에는 문제가 없었을까?

학생 1: 사진은 에너지 하베스팅이 적용된 다양한 제품들을 보여 주는 것이었고, 영상은 에너지 하베스팅의 원리를 구체적으로 설명해 주는 것이었잖아. 사진이나 영상 자료에는 문제가 없었던 것 같아.

학생 2: 일부이기는 하지만 유사한 내용이 반복되는 사진이나 영상 자료가 있었던 것은 문제라고 봐.

학생 1: 그럼 작년 자료들은 선별해서 사용하자. 프로그램의 다양화에 모두 동의하는 것 같으니, 이제 건의 내용을 수용할 것인지 논의해 보자.

학생 2: 에너지 하베스팅 체험전의 목적에 부합하는 프로그램을 마련하기 위해 수용해야 하는 건의라고 생각해. 건의 내용을 수용하면 □□ 과학 체험관의 경우처럼 행사에 대한 만족도가 높을 거야.

학생 1: 그러면 어떤 프로그램을 마련할지 말해 보자.

학생 2: 학생들이 신발 발전기를 직접 제작해서 사용하게 하면 어떨까? 신발 발전기는 압전 소자, 전선, 발광 다이오드 등의 부속만 있으면 간단하게 만들 수 있고, 전기가 생산되는 것을 발광 다이오드로 바로 확인할 수 있어.

학생 3: 근데 제품을 제작하는 체험까지 해야 할까?

학생 2: 학생들이 신발 발전기를 직접 제작하면, 장치의 구조를 알게 되어 압력 에너지가 어떻게 전기로 변환되는지 구체적으로 더 잘 이해할 수 있을 거야. [B]

학생 1: 신발 발전기를 제작해서 신고 걷는 체험만 하면 단조롭지 않을까? 좋은 의견 있어?

학생 3: 에너지 하베스팅을 통해 생산되는 전기로 휴대 전화를 충전하는 체험을 해 보는 것은 어때? 전기를 생산할 수 있는 장치가 되어 있는 평평한 판에 휴대 전화 충전기를 연결하는 것은 어렵지 않아.

학생 2: 좋은 생각이네. 평평한 판 위를 뛰면서 휴대 전화를 충전하면 학생들이 일상적인 활동을 통해 전기를 생산할 수 있다는 것을 직접 확인할 수 있을 거야.

학생 1: 행사 취지에 잘 맞는 체험인 것 같아. 지금까지 논의한 내용을 종합하면, 작년에 사용한 자료들은 선별해서 사용하고, 학생들이 직접 체험하는 프로그램을 추가하기로 했어.

학생 3: 그럼 지금까지 논의한 대로 잘 준비해 보자.

학생 2: 응, 논의한 내용은 내가 정리해서 회의록을 작성할게.

학생 1, 3: 그래, 고마워.

**38.** ㉠과 관련하여 (가)의 작문 맥락을 파악한 내용으로 가장 적절한 것은?

① ㉠에 대해 동일한 문제의식을 갖고 프로그램을 변경한 주체를 예상 독자로 설정했다.
② ㉠을 해결하기 위해 행사의 취지에 대한 학생들의 인식 개선이 필요함을 글의 주제로 삼았다.
③ ㉠을 참고하여 행사의 목적에 부합하는 프로그램을 구성해야 한다고 제안하는 것을 작문 목적으로 설정했다.
④ ㉠과 관련하여 행사에 대한 자신의 생각을 진솔하게 기록하기 위해 개인적인 성격이 강한 작문 매체를 선정했다.
⑤ ㉠의 실상을 객관적으로 드러내기 위해 주관적인 견해를 배제하고 사실을 있는 그대로 설명하는 글의 유형을 선택했다.



[해설편 p.167]

39. <보기>를 기준으로 하여 (가)를 평가한 내용으로 적절하지 않은 것은?

< 보 기 >

ⓐ 적절한 건의 시기를 고려했는가?
ⓑ 사실에 근거하여 문제를 제기했는가?
ⓒ 문제가 발생한 이유를 제시했는가?
ⓓ 해결 방안의 실행 가능성을 점검하여 제시했는가?
ⓔ 방안을 시행했을 때 기대되는 효과를 제시했는가?

① 1문단에서 학생회의 행사 준비 기간을 생각했다는 내용은, 건의 시기의 적절성을 고려했다는 점에서 ⓐ를 충족하는군.
② 2문단에서 작년 행사에 대한 설문 조사 결과를 인용한 내용은, 올해 행사를 위해 개선해야 할 문제를 사실에 근거하여 제기했다는 점에서 ⓑ를 충족하는군.
③ 2문단에서 작년 행사가 자료를 전시하는 데 치우쳤다고 언급한 내용은, 작년 행사에 만족한 학생의 비율이 30%밖에 안 된 이유에 관한 것이라는 점에서 ⓒ를 충족하는군.
④ 3문단에서 에너지 하베스팅이 적용된 제품의 제작과 사용을 언급한 내용은, 에너지 하베스팅에 대한 이해도를 높이기 위한 체험의 실행 가능성 여부를 점검한 것이라는 점에서 ⓓ를 충족하는군.
⑤ 4문단에서 학생들의 만족도가 높아질 것이라고 언급한 내용은, 건의한 방안을 시행했을 때 기대되는 효과를 제시했다는 점에서 ⓔ를 충족하는군.

40. <보기>는 (가)의 마지막 문단의 초고이다. <보기>를 고쳐 쓰는 과정에서 반영된 친구의 조언으로 적절하지 않은 것은?

< 보 기 >

제가 건의한 대로 에너지 하베스팅 체험전의 프로그램을 개조한다면 행사에 대한 학생들의 만족도가 높아질 것입니다. 그러나 실제로 □□ 과학 체험관에서 에너지 하베스팅을 직접 체험하는 프로그램을 진행했는데, 참여자의 80%가 에너지 하베스팅을 구체적으로 이해하는 데 유익했다고 답했습니다. 화석 에너지의 고갈에 대한 우려가 있습니다. 에너지 하베스팅에 대한 구체적 이해는 우리가 효율적으로 활용할 수 있도록 도와줄 것입니다. 학생들을 소중한 경험을 제공하기 위해 노력해 주셔서 감사합니다.

① 첫 번째 문장은 부적절하게 사용된 어휘를 바꾸는 게 어때?
② 두 번째 문장은 잘못된 접속어를 사용했으므로 접속어를 삭제하는 게 어때?
③ 세 번째 문장은 글의 자연스러운 흐름을 해치고 있는 문장이므로 삭제하는 게 어때?
④ 네 번째 문장은 필요한 문장 성분이 빠져 있으므로 추가하는 게 어때?
⑤ 다섯 번째 문장은 목적어에 맞게 서술어를 수정하는 게 어때?

41. [A]와 [B]에 대한 이해로 가장 적절한 것은?

① [A]에서 '학생 1'은 문제점을 살피기 위한 여러 관점을 소개한 후, [B]에서 여러 관점에서 논의된 내용을 종합하고 있다.
② [A]에서 '학생 2'는 문제의 원인을 제시한 후, [B]에서 문제 해결을 위한 방안을 제시하고 있다.
③ [A]에서 '학생 3'은 문제에 대한 추가적인 논의의 필요성을 제기한 후, [B]에서 추가적인 논의의 의미를 강조하고 있다.
④ [A], [B] 모두에서 '학생 1'은 논의한 내용을 정리하면서 '학생 2'와 '학생 3'이 문제에 대한 의견을 내도록 요청하고 있다.
⑤ [A], [B] 모두에서 '학생 2'는 '학생 3'의 질문에 답하면서 문제에 대한 자신의 의견이 타당함을 주장하고 있다.

42. (가)와 (나)를 고려할 때 '학생 2'가 쓴 회의록의 내용 중 적절하지 않은 것은?

| 일시 : 20××. ××. ××. | 장소 : 학생회실 |
|---|---|
| 회의 주제 : 에너지 하베스팅 체험전의 개선 방안 마련 | |

| 구분 | 내용 |
|---|---|
| 작년 행사 점검 | 전시에 치우쳐 프로그램이 다양하지 않았음. ········ ① |
| | 유사한 내용이 반복되는 자료가 일부 있었음. ······ ② |
| 건의 내용 점검 | 건의 내용이 행사에 참여하는 학생의 수를 늘리기 위한 방안으로 적합함. ········ ③ |
| 추가 프로그램 마련 | 학생들이 신발 발전기를 제작해서 신고 걸으며 전기가 생산되는 것을 직접 확인할 수 있도록 함. ······ ④ |
| | 학생들이 평평한 판 위에서 뛰어 휴대 전화를 충전할 수 있도록 함. ········ ⑤ |

**[43~45] 다음은 작문 상황을 바탕으로 작성한 학생의 초고이다. 물음에 답하시오.**

[작문 상황] ㉠ 지역 사회의 문제에 대한 견해를 담은 글을 작성하여 지역 신문에 기고하려고 함.

[초고]
얼마 전 지방의 인구 감소 문제를 해결한 외국의 사례를 소개하는 책을 읽고, 지역의 문제 해결을 위해서는 지역민들이 함께 고민하는 것이 중요함을 알 수 있었다. 이에 우리 ○○시의 인구 감소 문제를 함께 살펴보고자 한다. 우리 지역은 전체 인구가 2018년에 비해 2022년에 10% 가까이 감소했다. 이는 무엇보다 우리 지역의 20~30대 청년층 인구 감소 속도가 빠르기 때문에 나타난 결과이다. 우리 지역의 청년층 인구의 감소 속도는 전체 인구의 감소 속도에 비해 2배 이상 빠르다. 이런 추세라면 얼마 지나지 않아 우리 지역은 소멸 위험에 처하게 될 것이다.

14회

[해설편 p.168]

우리 지역의 청년층 인구 감소의 주요 요인은 양질의 일자리 감소이다. 그동안 우리 지역은 섬유 산업, 식품 산업, 자동차 부품 산업 등을 중심으로 경제 활동이 이루어져 왔다. 그런데 근래 들어 전통적인 섬유 산업이 쇠퇴하여 양질의 일자리가 지속적으로 감소하고 그에 따라 지역의 서비스 산업도 함께 쇠퇴해 왔다. 이것은 보육·교육, 문화 등 지역에 자리를 잡고 생활하는 데 필요한 정주 여건의 악화로 이어지고 있다. 이렇게 악화되는 정주 여건은 인구 유입의 장애 요인으로 작용하여 우리 지역의 인구 감소를 가속화하고 있다.

양질의 일자리를 늘리기 위해 고부가 가치 섬유 산업의 육성을 지원하고 식품 산업 단지를 확대해 기업들을 유치하기 위한 노력이 지방 자치 단체를 중심으로 이루어지고 있다. 그런데 외국의 사례를 보면 산업 진흥 정책과 함께 보육·교육 여건의 개선이 이루어지고 지역의 특색 있는 문화가 발전할 때 청년층 인구 증가의 효과가 컸다. 우리 지역도 이 사례를 참고해 지역민의 보육·교육 여건의 개선과 문화 콘텐츠 개발 등을 위해 제도적인 지원을 늘려야 한다.

청년층 인구의 증가는 지역의 인구 소멸 위험을 낮추고 지역 경제 발전의 선순환 구조를 만드는 토대가 된다. 이러한 선순환 구조에 우리 지역이 진입하기 위해서는 양질의 일자리가 제공되어야 할 뿐 아니라 청년층에게 필요한 제도가 마련되고 기반 시설이 확충되어야 한다. [A]

**43.** '초고'에서 ㉠을 제시할 때 활용한 전략으로 가장 적절한 것은?

① 문제를 해결한 사례를 근거로 해결 방안을 제안한다.
② 문제에 관한 쟁점을 바탕으로 문제의 심각성을 강조한다.
③ 문제의 다양한 발생 원인을 근거로 문제 해결의 어려움을 주장한다.
④ 문제 해결을 위한 기존 방안의 한계를 근거로 문제에 대한 논의의 시급성을 주장한다.
⑤ 문제에 대한 여러 연구 결과를 바탕으로 문제를 분석하기 위한 다양한 관점을 제안한다.

**44.** 다음 선생님의 조언에 따라 [A]에 들어갈 내용을 작성한다고 할 때 가장 적절한 것은?

> **선생님**: 1문단에서 밝힌 작문의 계기에 관한 내용을 포함하고 관용구를 활용하여 글을 마무리하는 것이 좋겠습니다. 이때 대용 표현을 사용하면 앞 문장과의 응집성을 높일 수 있습니다.

① 이와 관련하여 정책 당국은 나이가 들수록 소득이 줄어 발생하는 세대 간 소득 격차 문제를 우선적으로 해결하기 위해 발 빠르게 대처해야 한다.
② 이를 위해서는 백지장도 맞들면 낫듯이 우리 지역민 모두가 함께 고민하며 문제 해결을 위한 노력을 하는 것이 중요하다.
③ 이것은 정주 여건이 좋아야 우리 지역을 떠난 청년층이 우리 지역으로 다시 돌아올 수 있다는 사실을 보여 준다.
④ 우물을 파도 한 우물을 파야 하듯이 정책 당국은 효과가 가장 큰 하나의 정책을 꾸준히 시행해야 한다.
⑤ 인구 감소 문제는 당장 우리 지역민 모두가 당면하고 있는 현실이어서 많은 관심을 필요로 한다.

**45.** <보기>는 학생이 '초고'를 보완하기 위해 추가로 수집한 자료이다. 자료의 활용 방안으로 적절하지 않은 것은? [3점]

< 보 기 >

(가) 통계 자료

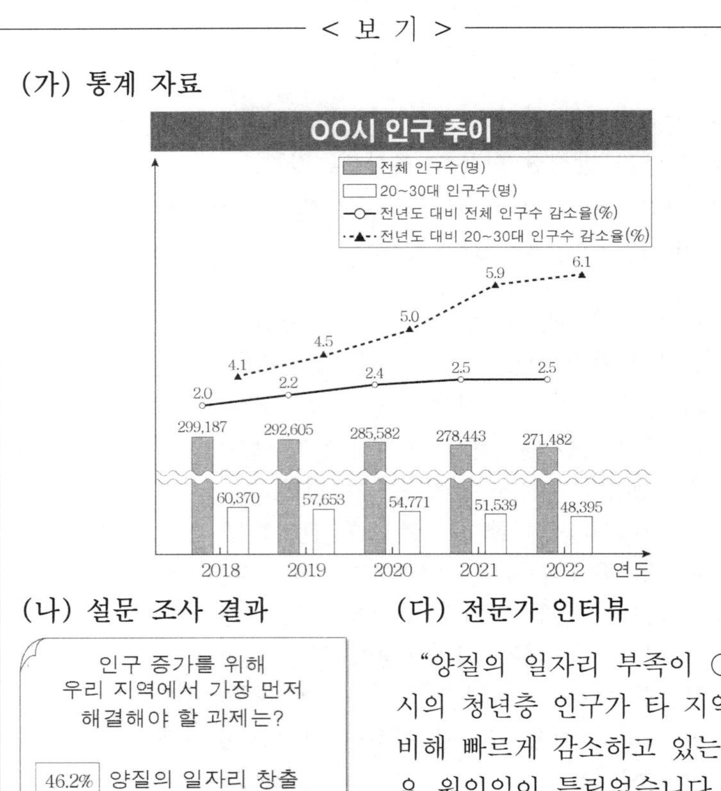


(나) 설문 조사 결과

인구 증가를 위해 우리 지역에서 가장 먼저 해결해야 할 과제는?

| | |
|---|---|
| 46.2% | 양질의 일자리 창출 |
| 27.8% | 보육·교육 여건의 개선 |
| 17.4% | 문화 시설 확충 |
| 8.6% | 기타 |

*대상 : ○○시 20~30대 청년층 주민 500명

(다) 전문가 인터뷰

"양질의 일자리 부족이 ○○시의 청년층 인구가 타 지역에 비해 빠르게 감소하고 있는 주요 원인임이 틀림없습니다. 하지만 보육·교육, 문화와 같은 정주 여건이 열악한 것에도 주목해야 합니다."

① (가)를 활용하여, 1문단에서 우리 지역의 전체 인구가 2018년에 비해 2022년에 10% 가까이 감소했다고 제시한 것에 대해, 2018년과 2022년의 전체 인구수를 밝혀 구체화한다.
② (나)를 활용하여, 3문단에서 보육·교육 여건의 개선과 문화 발전의 필요성을 언급한 것에 대해, 청년층의 인구 증가를 위해서는 정주 여건을 개선해야 한다는 설문 조사 결과를 추가한다.
③ (다)를 활용하여, 2문단에서 정주 여건이 인구 유입의 장애 요인이라고 언급한 것에 대해, 열악한 정주 여건이 청년층 인구 감소의 주요 요인임을 강조한다.
④ (가)와 (다)를 활용하여, 1문단에서 우리 지역의 청년층 인구와 전체 인구의 감소 속도를 비교한 것에 대해, 우리 지역과 타 지역의 청년층의 인구 감소 속도를 비교한 값을 추가한다.
⑤ (나)와 (다)를 활용하여, 4문단에서 청년층에게 필요한 제도와 기반 시설을 언급한 것에 대해, 보육·교육의 지원을 위한 제도가 마련되고 문화 시설이 확충되어야 한다는 내용으로 구체화한다.

* 확인 사항
○ 답안지의 해당란에 필요한 내용을 정확히 기입(표기) 했는지 확인하시오.
○ 이어서, 「선택과목(언어와 매체)」 문제가 제시되오니, 자신이 선택한 과목인지 확인하시오.



[해설편 p.168]

제 1 교시

# 국어 영역(언어와 매체)

14회

**[35 ~ 36] 다음 글을 읽고 물음에 답하시오.**

어떤 말의 앞이나 뒤에 다른 말이 올 수 있는 말들의 관계를 결합 관계라 한다. 현대 국어의 의존 명사와 결합하는 선행 요소의 유형에는 관형사, 체언, 체언에 관형격 조사가 붙은 것, 용언의 관형사형 등이 있다. 의존 명사 중에는 ㉠다양한 유형의 선행 요소와 결합하는 것도 있으나, 그렇지 않은 것도 있다. 즉 '것'과 같이 '어느 것, 언니 것, 생각한 것' 등 다양한 유형의 선행 요소와 두루 결합하는 의존 명사가 있는 반면, '가 본 데'의 '데'나, '요리할 줄'의 '줄'과 같이 ㉡선행 요소로 용언의 관형사형과만 결합하는 의존 명사도 있다.

의존 명사와 결합하는 후행 요소로는 격 조사와 용언 등이 있다. 의존 명사 중에는 ㉢다양한 격 조사와 결합하여 여러 문장 성분으로 쓰이는 것도 있으나, ㉣특정 격 조사와만 결합하는 것도 있다. 예를 들어, '데'는 다양한 격 조사와 결합하여 여러 문장 성분으로 두루 쓰이지만, '만난 지(가) 오래되었다'의 '지'는 주격 조사와만 결합하여 주어로 쓰인다. '요리할 줄(을) 몰랐다', '그런 줄(로) 알았다'의 '줄'은 주로 목적격 조사나 부사격 조사와 결합하여 목적어나 부사어로 쓰이고 주어로는 쓰이지 않는다. 또한 '뿐'은 '읽을 뿐이다'처럼 서술격 조사 '이다'와 결합하거나 '그럴 뿐(이) 아니라'처럼 보격 조사와만 결합하여 쓰인다. 한편 의존 명사가 용언과 결합할 때는 ㉤다양한 용언과 결합하여 쓰일 수 있는 것과 ㉥특정 용언과만 결합하는 것이 있다. 예를 들어, '것'은 다양한 용언과 두루 결합하지만, '줄'은 주로 '알다, 모르다'와 결합한다.

중세 국어에서도 선행 요소나 후행 요소와 결합할 때 제약 없이 두루 결합하는 의존 명사와 그렇지 않은 의존 명사가 있었다. 가령 중세 국어 '것'은 '어느 거시 이 가온ᄃᆡ 가ᄆᆞᆯ[어느 것이 이 가운데 감을]', '奇異ᄒᆞᆫ 거슬 머구머[기이한 것을 머금어]' 등과 같이 여러 유형의 선행 요소 및 후행 요소와 두루 결합하여 쓰였다. 반면 현대 국어의 '지'에 해당하는 중세 국어 '디'는 선행 요소 및 후행 요소와의 결합에 제약이 있었다. 즉 'ᄆᆞᆯ ᄃᆞᆯ여 ᄃᆞ니건 디 ᄉᆞ믈 ᄒᆡ니[말 달려 다닌 지 스물 해니]', '여희연 디 ᄒᆞ마 다ᄉᆞᆺ ᄒᆡ로ᄃᆡ[헤어진 지 벌써 다섯 해로되]'와 같이 '디'는 선행 요소로 용언의 관형사형과만 결합할 수 있었고, 문장에서는 주어로만 쓰였다.

*35.* ㉠ ~ ㉥ 중 <보기>의 '바'에 해당하는 것만을 고른 것은? [3점]

< 보 기 >

**의존 명사 '바'**
- 우리가 나아갈 바를 밝혔다.
- 이것이 우리가 생각한 바이다.
- 그것은 *그/*생각의 바와 다르다.
- 그것에 대해 내가 아는 바가 없다.
- 그가 우리 사회에 공헌한 바가 크다.

※ '*'는 어법에 맞지 않음을 나타냄.

① ㉠, ㉢, ㉤　② ㉠, ㉣, ㉥　③ ㉡, ㉢, ㉤
④ ㉡, ㉣, ㉤　⑤ ㉡, ㉣, ㉥

*36.* 윗글과 <보기>의 중세 국어 자료를 이해한 내용으로 적절하지 않은 것은?

< 보 기 >

- 달옳 ⓐ주리 업스시니이다
  [다를 줄이 없으십니다]
- 眞光이 어드우며 ᄇᆞᆯᄀᆞᆫ ⓑᄃᆡᆯ 다 비취샤
  [진광이 어두우며 밝은 데를 다 비추시어]
- 부텻 일훔 念ᄒᆞᆯ ⓒᄲᅮᆫ네 이런 功德 됴ᄒᆞᆫ 利ᄅᆞᆯ 어드리오
  [부처님의 이름을 생각할 뿐에 이런 공덕 좋은 이로움을 얻으리오]

① ⓐ의 '줄'은 현대 국어 '줄'과 달리, 주격 조사와 결합할 수 있었군.
② ⓐ의 '줄'은 중세 국어 '것'과 달리, 선행 요소로 용언의 관형사형과 결합할 수 있었군.
③ ⓑ의 'ᄃᆡ'는 현대 국어 '데'와 같이, 선행 요소로 용언의 관형사형과 결합할 수 있었군.
④ ⓑ의 'ᄃᆡ'는 중세 국어 '디'와 달리, 목적격 조사와 결합할 수 있었군.
⑤ ⓒ의 'ᄲᅮᆫ'은 현대 국어 '뿐'과 달리, 부사격 조사와 결합할 수 있었군.

*37.* ㉠과 ㉡에 모두 해당하는 예만을 <보기>의 [탐구 자료]에서 고른 것은?

< 보 기 >

**[탐구 내용]**

국어의 음운 변동은 교체, 탈락, 첨가, 축약의 네 가지 유형으로 나눌 수 있다. 어떤 단어는 여러 음운 변동이 일어나는데 위의 네 가지 유형 중 ㉠두 유형 이상의 음운 변동이 일어나는 경우, ㉡한 유형의 음운 변동이 여러 번 일어나는 경우도 있다.

**[탐구 자료]**

꽃향기[꼬턍기], 똑같이[똑까치],
흙냄새[흥냄새], 첫여름[천녀름],
넓죽하다[넙쭈카다], 읊조리다[읍쪼리다]

① 꽃향기, 똑같이
② 꽃향기, 흙냄새
③ 첫여름, 넓죽하다
④ 첫여름, 읊조리다
⑤ 넓죽하다, 읊조리다

*38.* <보기>의 ⓐ ~ ⓒ에 들어갈 말을 바르게 짝지은 것은?

< 보 기 >

학생 1 : 우리 스무고개 할래? [자료]에 있는 단어 중에서 내가 무얼 생각하는지 맞혀 봐.

[자료]
높이다 접히다 여닫다

학생 2 : 좋아. 그 단어는 어근과 어근으로 구성되었니?
학생 1 : 아니, 어근과 접사로 이루어져 있어.
학생 2 : 그렇다면 [ ⓐ ]는 아니겠군. 그러면 단어의 품사가 어근의 품사와 같니?
학생 1 : 아니, 이 단어의 품사는 어근의 품사와 달라.
학생 2 : [ ⓑ ]는 접사가 결합하며 품사가 달라지지 않았고, [ ⓒ ]는 접사가 결합하며 품사가 달라졌네. 그렇다면 네가 생각하는 단어는 [ ⓒ ]이구나!
학생 1 : 맞아, 바로 그거야.

| | ⓐ | ⓑ | ⓒ |
|---|---|---|---|
| ① | 여닫다 | 접히다 | 높이다 |
| ② | 여닫다 | 높이다 | 접히다 |
| ③ | 높이다 | 여닫다 | 접히다 |
| ④ | 높이다 | 접히다 | 여닫다 |
| ⑤ | 접히다 | 여닫다 | 높이다 |

*39.* <보기>에 대한 설명으로 적절하지 않은 것은?

< 보 기 >

ㄱ. 동생이 내가 읽던 책을 가져갔다.
ㄴ. 그는 자신이 그 일의 적임자임을 주장했다.
ㄷ. 무장 강도가 은행에 침입한 사건이 발생했다.
ㄹ. 이곳의 따뜻한 기후는 옥수수가 자라기에 적합하다.

① ㄱ은 목적어가 생략된 안긴문장이 있다.
② ㄴ은 조사와 결합하여 목적어의 기능을 하는 안긴문장이 있다.
③ ㄱ과 ㄷ은 체언을 수식하는 기능을 하는 안긴문장이 있다.
④ ㄴ과 ㄹ은 명사형 어미가 결합된 안긴문장이 있다.
⑤ ㄷ은 ㄹ과 달리 문장 성분이 생략된 안긴문장이 있다.

**[40 ~ 43] (가)는 실시간 인터넷 방송의 일부이고, (나)는 이 방송을 시청한 학생의 메모이다. 물음에 답하시오.**

(가)

수요일마다 마을을 탐방하는 '뚜벅뚜벅 마을 여행'의 뚜벅입니다. 지난주에는 □□궁의 동쪽에 있는 ▽▽ 마을에 다녀왔는데요, 오늘은 □□궁의 서쪽에 있는 △△ 마을에 가 보겠습니다. 여러분도 실시간 채팅을 통해 함께해 주세요.

여기가 △△ 마을 입구입니다. △△역에서 딱 5분 걸렸어요. (실시간 채팅 창을 보고) 제 목소리가 잘 안 들린다는 분들이 많네요. 주변이 시끄러워서 그런 것 같은데, 제가 카메라에 있는 소음 제거 장치를 조절해 볼게요. (방송 장비를 조작하며) 이제 잘 들리죠? (실시간 채팅 창을 보고) 네, 다행이네요.

마을 입구에 이렇게 밑동만 남은 나무가 있네요. 무슨 사연이 있나 알아볼게요. 여기 안내문이 있는데, 글씨가 너무 작아서 여러분이 보기에 불편할 것 같으니까 제가 읽어 드릴게요. "이 나무는 수령이 300년 된 백송으로 △△ 마을을 지키는 당산나무의 역할을 해 왔으나, 20××년 태풍에 그만 쓰러지고 말았다." 아! 이런 사연이 있었군요. ⓐ 300년 동안이나 한결같이 이 자리에서 △△ 마을을 지켜 주었는데, 태풍에 쓰러져 이렇게 밑동만 남은 걸 보니 안타깝네요.

자, 이제 골목길로 들어가 볼게요. 여기 작은 문방구도 있고, 예쁜 카페도 있고……. 저기 예쁜 한옥이 한 채 있는데 가까이 가서 볼게요. (잠시 두리번거리다가) 여기 안내 표지판을 보니까 1930년대에 지어진 것으로 지금은 민속 문화재로 지정된 한옥이래요. 잠깐 들어가 볼게요. 행랑채를 지나 사랑채로 들어섰는데요, 여러분, 보이시죠? 마당이 정말 예뻐요. 이 문을 지나면 안채가 나오는데, 별로 크지는 않아도 한옥의 아름다움을 아주 잘 간직한 곳이네요. 아, ⓑ 그런데 벌써 배가 고파졌어요. ⓒ 우선 뭐 좀 먹어야겠어요. 제가 미리 알아봤는데, △△ 시장에는 맛있는 먹거리가 많다고 하더라고요. (두리번거리며) 어디로 가야 할까요? 이 길이 맞는 것 같은데……. 표지판을 보니까 이 길로 가라고 되어 있네요. 아, 저기 보여요. (한참 걸어간 후) 그런데 여기 와서 보니까 아까 우리가 처음에 갔던 백송 바로 옆인데요. 괜히 삥 돌아서 왔네요. 여러분은 저처럼 고생하지 말고 백송을 보고 △△ 시장을 먼저 들러 본 다음에 한옥으로 가는 게 좋겠어요. ⓓ 백송에서 시장까지는 5분, 시장에서 한옥까지는 10분 정도 걸리겠어요.

드디어 시장에 도착했어요. 전통 시장이라 그런지 과거의 시간이 머무는 곳 같아요. 참 정겹네요. 그리고 먹거리도 참 많네요. 여러분은 어떤 게 제일 먹고 싶으세요? (실시간 채팅 창을 보고) 떡볶이가 어떤 맛인지 알려 달라는 분들이 많네요. ⓔ 제가 먹어 보고 맛이 어떤지 알려 드릴게요. (떡볶이 맛을 보고) 다른 떡볶이보다 훨씬 쫄깃해서 식감이 좋고 매콤달콤하네요.



[해설편 p.170]

(나)

지역 문화 탐구 동아리에서 △△ 마을을 탐방하기 전에 뚜벅 님 방송을 참고해 사전 안내용 슬라이드를 제작해야겠어. ㉠ 탐방 경로를 안내하는 슬라이드에서는 탐방 경로를 한눈에 볼 수 있도록 안내하되, 이동의 편의성을 고려한 순서로 제시하고 각 장소로 이동하는 소요 시간도 제시해야지. ㉡ △△ 시장을 안내하는 슬라이드에서는 대상의 특징이 드러나는 문구를 넣어 주고 시장 이용에 유용한 정보도 함께 제시해야겠어.

*40.* (가)에 나타난 정보 전달 방식으로 적절하지 않은 것은?

① 실시간으로 방송이 진행되므로 현장의 상황에 맞추어 음질의 문제를 즉각적으로 개선해 정보를 전달한다.
② 수용자 이탈을 막으려면 흥미를 유지해야 하므로 사전에 제작된 자료 화면을 활용하여 흥미를 유발한다.
③ 수용자가 실시간으로 참여하는 것이 가능하므로 방송 진행자가 수용자의 요구에 따라 정보를 구성하여 전달한다.
④ 방송은 시각과 음성의 사용이 모두 가능하므로 안내문의 텍스트 정보를 방송 진행자가 읽어서 음성 언어로 전달한다.
⑤ 일정한 주기로 정보가 제공되고 있으므로 방송 진행자가 지난주에 했던 방송과 현재 진행되는 방송의 연관성을 제시한다.

*41.* 다음은 (가)가 끝난 후의 댓글 창이다. 참여자들의 소통 양상으로 가장 적절한 것은?

**낫달** 1일 전
방송 잘 봤어요. 그런데 300년 된 백송이 쓰러진 걸 보니 대단한 태풍이었나 봐요. 그게 무슨 태풍이었나요? 댓글

↳ **뚜벅** 1일 전
20××년에 있었던 태풍 'OO' 였대요. 우리나라에서 기상을 관측한 이래 가장 강력한 것으로 기록된 태풍이에요. 댓글

↳ **낫달** 1일 전
아! 고마워요. 댓글

**별총** 1일 전
어렸을 적에 그 마을에서 살았는데, 이제는 백송을 다시는 볼 수 없다니 너무 아쉽네요. 댓글

↳ **뚜벅** 1일 전
그 백송의 씨앗을 발아시켜서 지금 어린 백송이 자라고 있어요. 그러니 너무 아쉬워 마시길……. 댓글

↳ **별총** 1일 전
그렇군요. 좋은 정보 감사해요. 댓글

① '낫달'과 '별총'은 '뚜벅'의 댓글을 통해 방송에서 언급된 내용과 관련된 정보를 추가로 얻고 있다.
② '뚜벅'은 방송에서 자신이 잘못 전달한 정보를 바로잡아 '낫달'에게 댓글로 전달하고 있다.
③ '뚜벅'과 '별총'은 '낫달'의 생각에 동조함으로써 세 사람이 공통의 관심사를 형성하고 있다.
④ '별총'은 자신이 겪은 개인적인 경험을 언급함으로써 '뚜벅'이 제공한 정보에 대해 의문을 드러내고 있다.
⑤ '별총'은 더 알고 싶은 내용을 질문함으로써 '뚜벅'이 추가적인 설명을 하도록 유도하고 있다.

*42.* 다음은 (나)에 따라 제작한 사전 안내용 슬라이드이다. 제작 과정에서 고려한 내용으로 적절하지 않은 것은? [3점]

<△△ 마을 탐방 경로>

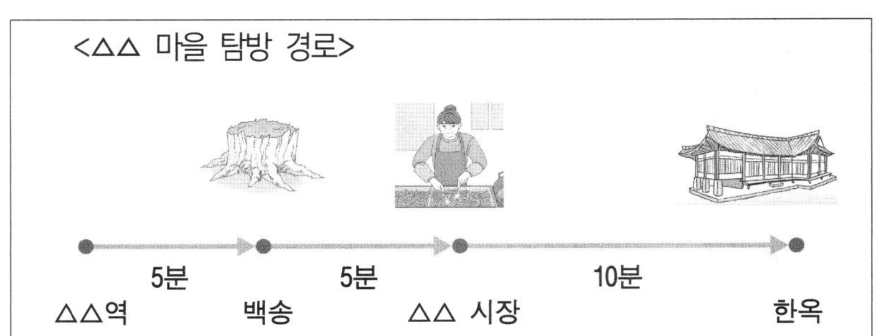

△△역 —5분→ 백송 —5분→ △△ 시장 —10분→ 한옥

<△△ 시장>

**과거의 시간이 머무는 정겨운 △△ 시장**

◆ 교통편
- 지하철: X호선 △△역
- 버스: 6X, 4X 백송 앞 하차

◆ 이용 시간
- 08:00 ~ 21:00
- 매주 화요일 정기 휴업

① 탐방 경로를 한눈에 볼 수 있게 하자고 한 ㉠에는 뚜벅 님이 언급하지 않은 소재를 추가하여 그림 자료로 보여 주자.
② 이동의 편의성을 고려해 탐방 순서를 정하기로 한 ㉠에는 뚜벅 님이 추천한 경로를 제시하자.
③ 각 장소로 이동하는 소요 시간을 제시하기로 한 ㉠에는 뚜벅 님이 안내해 준 이동 시간을 구간별로 나타내 주자.
④ 대상의 특징을 보여 주는 문구를 넣기로 한 ㉡에는 뚜벅 님이 방송에서 언급한 말을 활용하여 만든 문구를 넣어 주자.
⑤ 시장 이용에 유용한 정보를 넣어 주기로 한 ㉡에는 뚜벅 님이 방송에서 언급하지 않은 교통편과 이용 시간에 대한 정보를 넣어 주자.

*43.* ⓐ ~ ⓔ에 대한 설명으로 적절하지 않은 것은?

① ⓐ: 보조사 '이나'를 사용하여 백송이 △△ 마을을 지켜 주었던 긴 시간을 강조하고 있다.
② ⓑ: 접속 부사 '그런데'를 사용하여 한옥에 대한 화제를 먹거리에 대한 화제로 전환하고 있다.
③ ⓒ: 지시 대명사 '뭐'를 사용하여 수용자에게 먹거리에 대한 정보를 요청하고 있다.
④ ⓓ: 선어말 어미 '-겠-'을 사용하여 이동 소요 시간에 대한 추측을 드러내고 있다.
⑤ ⓔ: 인칭 대명사 '제'를 사용하여 수용자에게 공손한 태도로 말하고 있다.

[44 ~ 45] (가)는 전자 문서로 된 사용 설명서이고, (나)는 이와 관련하여 나눈 누리 소통망 대화이다. 물음에 답하시오.

(가)

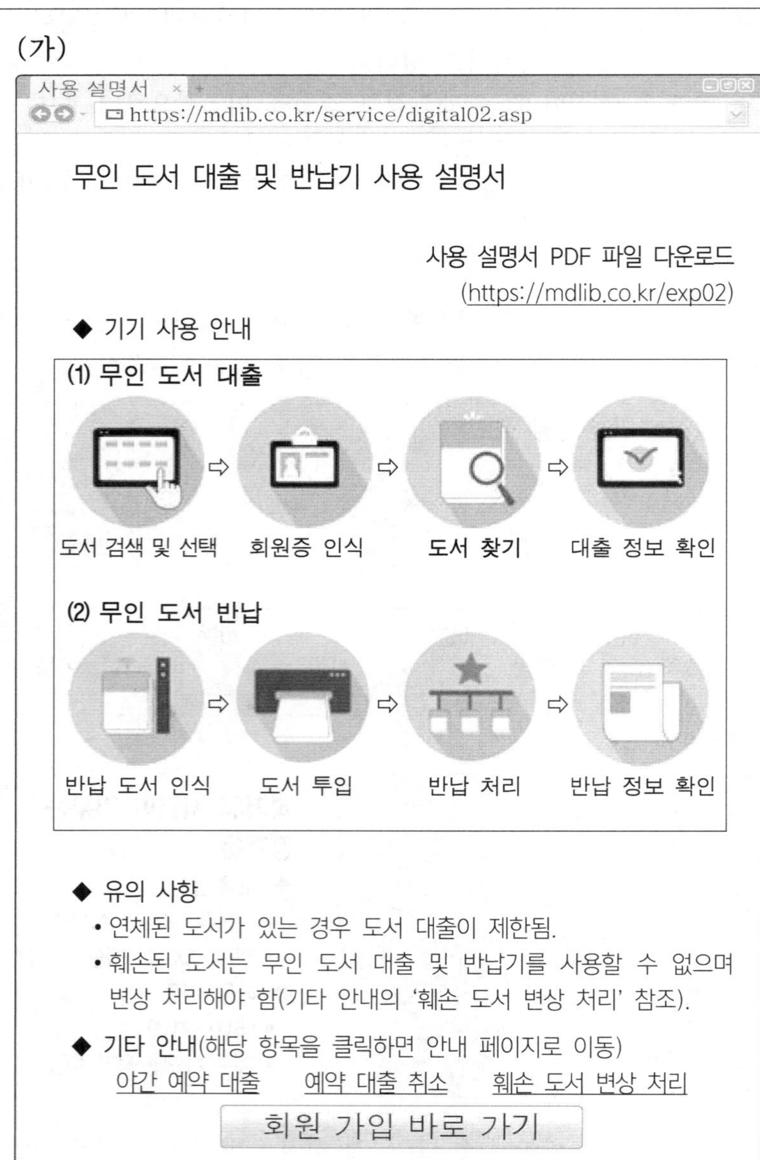
사용 설명서
https://mdlib.co.kr/service/digital02.asp

무인 도서 대출 및 반납기 사용 설명서

사용 설명서 PDF 파일 다운로드
(https://mdlib.co.kr/exp02)

◆ 기기 사용 안내

(1) 무인 도서 대출

도서 검색 및 선택 ⇨ 회원증 인식 ⇨ 도서 찾기 ⇨ 대출 정보 확인

(2) 무인 도서 반납

반납 도서 인식 ⇨ 도서 투입 ⇨ 반납 처리 ⇨ 반납 정보 확인

◆ 유의 사항
• 연체된 도서가 있는 경우 도서 대출이 제한됨.
• 훼손된 도서는 무인 도서 대출 및 반납기를 사용할 수 없으며 변상 처리해야 함(기타 안내의 '훼손 도서 변상 처리' 참조).

◆ 기타 안내(해당 항목을 클릭하면 안내 페이지로 이동)
야간 예약 대출　예약 대출 취소　훼손 도서 변상 처리

회원 가입 바로 가기

(나)

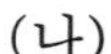

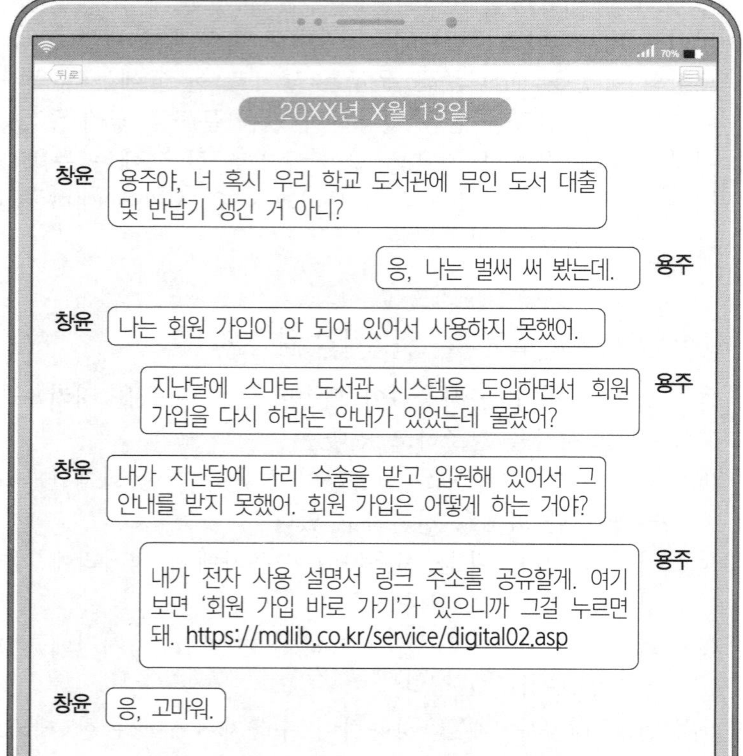
20XX년 X월 13일

창윤: 용주야, 너 혹시 우리 학교 도서관에 무인 도서 대출 및 반납기 생긴 거 아니?

용주: 응, 나는 벌써 써 봤는데.

창윤: 나는 회원 가입이 안 되어 있어서 사용하지 못했어.

용주: 지난달에 스마트 도서관 시스템을 도입하면서 회원 가입을 다시 하라는 안내가 있었는데 몰랐어?

창윤: 내가 지난달에 다리 수술을 받고 입원해 있어서 그 안내를 받지 못했어. 회원 가입은 어떻게 하는 거야?

용주: 내가 전자 사용 설명서 링크 주소를 공유할게. 여기 보면 '회원 가입 바로 가기'가 있으니까 그걸 누르면 돼. https://mdlib.co.kr/service/digital02.asp

창윤: 응, 고마워.

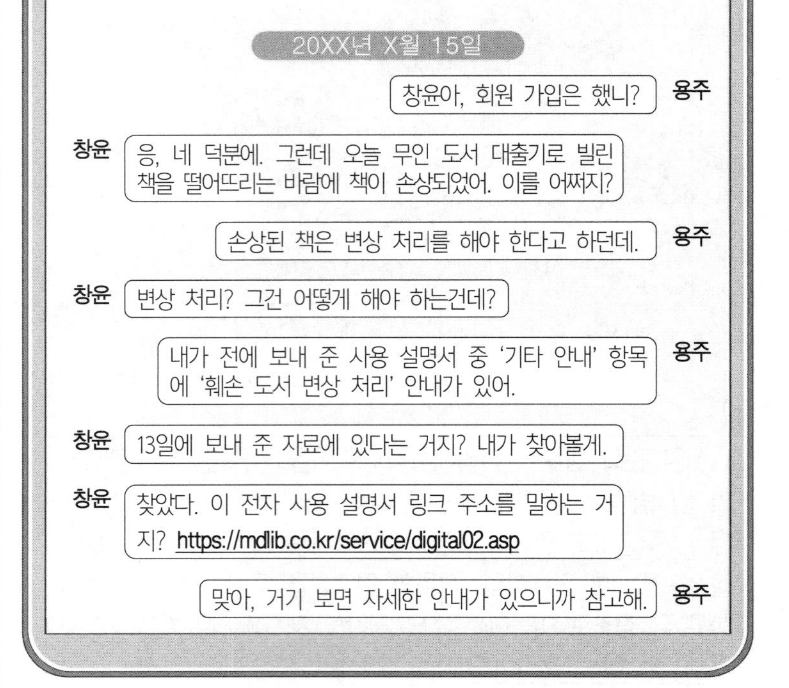
20XX년 X월 15일

용주: 창윤아, 회원 가입은 했니?

창윤: 응, 네 덕분에. 그런데 오늘 무인 도서 대출기로 빌린 책을 떨어뜨리는 바람에 책이 손상되었어. 이를 어쩌지?

용주: 손상된 책은 변상 처리를 해야 한다고 하던데.

창윤: 변상 처리? 그건 어떻게 해야 하는건데?

용주: 내가 전에 보내 준 사용 설명서 중 '기타 안내' 항목에 '훼손 도서 변상 처리' 안내가 있어.

창윤: 13일에 보내 준 자료에 있다는 거지? 내가 찾아볼게.

창윤: 찾았다. 이 전자 사용 설명서 링크 주소를 말하는 거지? https://mdlib.co.kr/service/digital02.asp

용주: 맞아, 거기 보면 자세한 안내가 있으니까 참고해.

*44.* (가)의 정보 구성 및 제작 방식으로 적절하지 <u>않은</u> 것은?

① 사용 설명서는 특정한 파일의 형태로 다운로드할 수 있도록 했다.
② 기기 사용 안내는 사용 목적에 따라 크게 두 항목으로 나누어 구성했다.
③ 기기 사용 안내는 화살표를 활용하여 조작 순서가 드러나도록 안내했다.
④ 유의 사항은 회원 가입 후 관리자의 승인 절차를 거친 후에만 열람이 가능하도록 했다.
⑤ 기타 안내는 관련 정보를 안내 받을 수 있는 페이지로 이동할 수 있도록 했다.

*45.* (가)와 (나)에서 확인할 수 있는 매체 활용에 대한 이해로 가장 적절한 것은?

① (가)에 제시된 정보를 (나)의 사용자들이 하이퍼링크를 활용하여 내용을 수정하여 유통하고 있군.
② (나)의 사용자들이 정보를 교환하는 과정에서 (가)에서 제시된 정보의 정확성을 점검하고 있군.
③ (가)는 (나)와 달리 정보를 수용한 사용자가 추가로 필요한 정보를 요청하고 있군.
④ (나)는 (가)와 달리 사용자가 필요한 정보를 과거에 소통한 이력에서 가져와 활용하고 있군.
⑤ (가)와 (나)는 모두 사용자가 원하는 시간에 정보를 수용하기 위해서 시간 예약 기능을 활용하고 있군.

**＊ 확인 사항**
**○ 답안지의 해당란에 필요한 내용을 정확히 기입(표기)했는지 확인하시오.**

# 국어 영역

제 1 교시 15회

● 문항수 45개 | 배점 100점 | 제한 시간 80분

● 점수 표시가 없는 문항은 모두 2점

[1~3] 다음 글을 읽고 물음에 답하시오.

[독자 중심의 독서 교육 이론] 이 등장하기 전에는 독자를 글 안에 담겨 있는 의미를 발견하는 수동적 존재로 여기는 독서 교육 이론이 주를 이루었다. 그러나 독자 중심의 독서 교육 이론에서는 독서를 독자가 자신의 경험과 지식을 활용하여 글과 상호 작용하며 의미를 구성하는 행위라고 정의했다. 의미 구성에 활용하는 경험과 지식을 '배경지식'이라 하는데, 이는 크게 두 유형으로 구분된다. 내용 배경지식은 글의 화제나 주제와 관련해 이미 독자가 지니고 있는 경험과 지식이고, 형식 배경지식은 글의 구조나 담화 관습 등 글의 구성과 표현에 관한 경험과 지식이다.

독자 중심의 독서 교육 이론에 의하면 글의 의미 구성을 효과적으로 하는 독자는 읽기 전에 배경지식을 활용해 글에 담긴 내용이나 글의 구조 등을 예측한다. 그러면 머릿속에 이상적 정보 구조를 형성함으로써 글을 읽을 때 새로운 정보를 쉽게 받아들일 수 있고, 독서 목적에 맞는 정보만 선택적으로 수용할 수 있다. 읽는 중에는 배경지식을 활용해 글에 나와 있는 내용을 쉽게 이해하고, 글에 직접 언급되지 않은 정보를 추론한다. 독자는 이 과정에서 얻게 된 새로운 정보를 바탕으로 자신의 배경지식을 수정하기도 하고, 새로운 정보를 기억에 저장하여 이후 다른 독서를 할 때 배경지식으로 활용하기도 한다. 글을 모두 읽은 후에는 배경지식을 활용해 정보를 조리 있게 재구성하는데, 그렇게 재구성된 정보는 오랫동안 기억된다.

독자 중심의 독서 교육 이론가들은 배경지식을 효율적으로 활용하는 방안을 연구했는데, 그중 대표적인 방법이 글과 관련해 연상한 내용을 조직화하는 것이다. 글의 화제나 주제와 관련한 모든 지식과 경험을 떠올린 후, 이것들을 관련 있는 것끼리 묶어 상하위 개념으로 위계화해 보는 것이다. 이렇게 독자가 글과 관련해 자신의 인지를 미리 조직화하면 글에 대한 이해도가 높아지고, 글의 내용도 정확히 구조화할 수 있다.

한편 독자 중심의 독서 교육 이론가들은 연구 초기에는 같은 글을 읽더라도 독자마다 구성되는 의미가 다른 이유를 독자가 지닌 배경지식의 양이 다르기 때문이라고 생각했다. 그래서 독자의 독서 능력을 향상하기 위해 더 많은 배경지식을 쌓는 방법을 연구하였다. 그러나 실제 독서 상황에서 배경지식이 오히려 정확한 독해를 방해하는 경우도 있음을 알게 되었다. 따라서 독자 중심의 독서 교육 이론가들은 배경지식의 양 이외에 ㉠ <u>독서 능력에 영향을 주는 또 다른 요소</u>에 대한 연구를 진행하였다.

**1.** [독자 중심의 독서 교육 이론] 의 내용에 부합하지 <u>않는</u> 것은?

① 글의 의미는 독자와 글의 상호 작용을 통해 구성된다.
② 배경지식은 읽기 전, 중, 후의 모든 과정에서 활용될 수 있다.
③ 같은 글을 읽더라도 독자마다 구성하는 의미가 다를 수 있다.
④ 독서 과정에서 새로 알게 된 정보는 다른 글을 읽을 때에 배경지식으로 활용될 수 있다.
⑤ 독서를 할 때 배경지식을 잘못 활용하면 독서 목적에 맞는 정보만을 선택적으로 수용하게 된다.

**2.** 다음은 독서 활동을 하는 학생 생각의 일부이다. 이를 독자 중심의 독서 교육 이론의 관점에서 이해한 내용으로 적절하지 <u>않은</u> 것은? [3점]

> 읽을 책이 『서양 건축사의 이해』야. 제목에 '○○사'란 말이 들어간 글은 대개 내용이 시간순으로 구성되니, 이 책도 그렇겠군. 이제 서양 건축과 관련한 것들을 떠올려 보자. '로마네스크, 고딕, 샤르트르 대성당…….' 이 중에 '로마네스크'와 '고딕'은 서양 건축 양식의 하위 개념에 배치하고, 샤르트르 대성당은 로마네스크의 하위 개념에 배치하자. 이제 본문을 읽어 보자. "고딕 양식은 이전 양식에 비해 화려하며, 대표 건축물은 샤르트르 대성당이다." 아, 샤르트르 대성당은 로마네스크 양식이 아니라 고딕 양식이었구나. 꼭 기억해 두자. 음, 이전 양식에 비해 화려하다는 말로 볼 때 고딕 양식이 로마네스크 양식보다 화려하겠군. 또 고딕 양식의 종교 건축물은 대부분 색유리를 활용했다고 했으니, 책에 언급되지 않았지만 고딕 양식인 아미앵 대성당에도 색유리가 활용되었겠군.

① 책 본문에 있는 '이전 양식에 비해 화려하며'를 통해 로마네스크 양식의 유행 시기를 파악한 것은 배경지식을 활용해 독서 과정에서 얻은 정보를 조리 있게 재구성한 것이로군.
② 책을 읽으며 샤르트르 대성당이 고딕 양식이라는 정보를 확인하여 기억하겠다는 것은 독서 과정에서 얻게 된 정보를 바탕으로 기존의 배경지식을 수정한 것이로군.
③ 서양 건축과 관련하여 떠올린 로마네스크와 고딕을 서양 건축 양식의 하위 개념에 배치한 것은 읽을 글과 관련한 자신의 인지를 미리 조직화한 것이로군.
④ 색유리에 대한 정보를 바탕으로 아미앵 대성당의 특징에 대해 추측한 것은 내용 배경지식을 활용해 글에 직접 언급되지 않은 정보를 추론한 것이로군.
⑤ 책 제목에 있는 '건축사'라는 말을 바탕으로 읽을 글의 전체 구성을 추측한 것은 형식 배경지식을 활용한 것이로군.

**3.** <보기>를 바탕으로 ㉠을 이해한 내용으로 가장 적절한 것은?

<보 기>

> 독서 능력이 부족한 독자는 종종 읽을 글과 관련 없는 배경지식까지 활성화하여 통제하지 못하는 상황에 놓이는데, 그렇게 되면 독서에 대한 집중력이 떨어져 독서 목적과 관련 없는 내용을 심화하게 된다.

① 독서 능력이 뛰어난 독자는 읽을 글과 관련해 자신이 지닌 배경지식의 양을 점검한다.
② 독서 능력은 독서 목적에 맞는 배경지식을 선별하여 활용하는 능력과 관련이 있다.
③ 독서 능력은 독서에 집중할 수 있는 공간 분위기를 조성해야 발휘될 수 있다.
④ 독서 능력을 기르려면 되도록 다양한 경험을 쌓아야 한다.
⑤ 독서 능력은 독서 방식에 대한 지식이 많을수록 향상된다.

15회

[4~9] 다음 글을 읽고 물음에 답하시오.

(가)

어떠한 법 제도가 사회적으로 바람직한지에 대해 ㉠ 논의하기 위해서는 먼저 바람직함의 판단 기준이 필요하다. 법경제학은 효율을 그 잣대로 사용한다. 효율이란 사회 전체 후생의 크기가 증가하느냐의 여부인데, 후생은 어떤 행동의 결과로 얻는 주관적인 기쁨이나 만족감을 의미한다.

효율은 사후적 효율과 사전적 효율로 나눌 수 있다. 사후적 효율은 현재 주어진 상황에서 최소 비용으로 최대 산출을 얻는다는 의미이고, 사전적 효율은 당사자의 사전적 유인책까지 고려한 개념이다. 절도를 예로 들어 보자. 갑과 을로만 이루어진 사회에서 갑의 물건을 을이 아무 허락도 받지 않고 훔쳐서 사용했다. 물건은 갑으로부터 을로 이전되어, 사회 전체 후생의 크기가 달라지지 않았다고 생각할 수 있겠지만 사실은 그렇지 않다. 해당 물건에 대한 갑과 을의 후생이 서로 다를 수 있기 때문이다. 갑의 후생이 100원이고 을의 후생이 80원이라면 사회 전체적으로는 20원의 후생 감소가 생긴다. 이것이 바로 사후적 효율 측면에서 법이 절도를 금지하는 이유이다. 절도의 문제점은 사전적 효율 측면에서도 설명할 수 있다. 법적으로 절도가 허용된다면 다음과 같은 점들이 예측된다. 먼저 을의 근로 의욕이 떨어질 것이다. 일을 하지 않더라도 필요한 물건을 구할 수 있기 때문이다. 갑의 입장에서는 절도 방지 비용을 지출할 것이다. 이러한 근로 의욕의 저하와 절도 방지 비용 지출은 사회적 후생 증가에 ㉡ 기여하지 못한다. 즉 사전적 효율 관점에서 볼 때, 절도가 허용되면 사회적 후생을 감소시키는 유인책이 생긴다.

사후적 효율의 관점에서 법 제도가 형성된 대표적인 사례로 도산법이 있다. 채무자의 재산이 부채를 변제하기에 부족하여 도산 절차가 시작되면 개별적 채권 추심*은 모두 금지되고 채권자는 오직 도산 절차 내에서만 변제를 받을 수 있다. 개별적 채권 추심이 허용된다면 누구나 먼저 채권 추심을 하려 할 것이다. 이 과정에서 채무자의 재산이 손상되거나 헐값에 매각되는 등 사회 전체 후생의 감소가 발생한다. 법 제도가 사전적 효율의 관점에 기초하여 성립된 경우도 있다. 지식 재산권 관련 법에 의하면 소설이나 노래를 표절하거나 무단으로 이용하는 것은 금지된다. 그런데 복제하더라도 원본이 없어지는 것은 아니며 복제 비용이 매우 저렴하다면 복제를 할수록 사회적으로는 후생이 증가한다고 볼 수도 있다. 하지만 창작과 관련하여 지식 재산권을 인정하지 않는다면 당사자의 창작 유인책이 ㉢ 저하되어 애초에 창작이 일어나지 않을 수 있다. 따라서 지식 재산권 관련 법은 사전적 효율의 증진을 위해 창작자에게 독점적 권리를 부여한다.

* 채권 추심 : 채권자를 대신하여 채무자에게서 빚을 받아 내는 일.

(나)

통계학에서 제1종 오류란 올바른 가설이 기각되는 것이고, 제2종 오류란 잘못된 가설이 받아들여지는 것을 말한다. 불법 행위와 관련하여 법원이 심리하는 가설이 '가해자가 법이 정한 기준을 준수하지 않았다.'라고 한다면 법원의 과실 판단에 오류가 있는 경우 가해자의 유인책에 영향을 끼친다. 예를 들어 사고 발생으로 인한 손해액이 1,000원이고 각 사고 방지 주의 수준에 따른 주의 비용, 사고 확률 등이 다음과 같이 주어졌다고 하자. 여기서 총 사고 비용은 주의 비용과 기대 사고 비용을 더한 값이다.

| 사고 방지 주의 (수준) | 주의 비용 (원) | 사고 확률 (%) | 기대 사고 비용 (원) | 총 사고 비용 (원) |
|---|---|---|---|---|
| 0 | 0 | 6 | 60 | 60 |
| 1 | 30 | 2 | 20 | 50 |
| 2 | 60 | 1 | 10 | 70 |

법은 사고 방지를 위한 적정 주의를 1수준으로 정하고 있으며 법원은 제1종 오류와 제2종 오류를 각각 20%의 확률로 범할 수 있는데, 이러한 것을 가해자도 알고 있다고 하자. 이 경우 가해자는 어느 수준의 주의를 선택할까? 가해자가 0수준의 주의를 선택하면 가해자는 80% 확률로 기대 사고 비용 60원을 부담하게 되므로 총 기대 손실 비용은 이 둘을 곱한 값인 48원이다. 가해자가 주의를 1수준으로 높이면, 추가적으로 주의 비용 30원이 들지만, 기대 사고 비용 20원을 부담할 확률이 20%에 불과하므로 4원만 부담하면 된다. 그러므로 총 기대 손실 비용은 34원이다. 2수준의 주의의 경우, 주의 비용 60원에 20% 확률로 기대 사고 비용 10원을 부담하게 되므로 총 기대 손실 비용은 62원이다. 결국 법원의 오류 가능성에도 불구하고 가해자는 효율적인 1수준의 주의를 한다. 그러나 이러한 결과가 항상 ㉣ 성립하는 것은 아니다. 예를 들어 제1종 오류와 제2종 오류의 확률이 모두 40%라고 한다면, 이 경우에 가해자로서는 0수준의 주의를 선택하는 것이 이익이다.

위 사례에서 ㉤ 주목할 점은 가해자에게 사고 방지 주의 수준에 관한 적정한 유인책을 제공하기 위해서는 제1종 오류를 줄이는 것이 더 중요한가 아니면 제2종 오류를 줄이는 것이 더 중요한가 하는 점이다. ⓐ 위 계산 과정을 따르면, 제1종 오류와 제2종 오류의 확률을 줄이는 비용이 동일할 경우 제1종 오류의 확률을 줄이는 것이 법경제학의 측면에서는 더 효과적이다. 따라서 법은 사람들에게 미치는 유인책을 고려하여 설계될 필요가 있다.

**4.** (가), (나)에 대한 설명으로 가장 적절한 것은?

① (가)는 법 제도가 불법 행위를 방조하는 실태를, (나)는 불법 행위를 엄단하기 위한 방법을 설명하고 있다.
② (가)는 법 제도가 바람직하게 제정되지 못하는 이유를, (나)는 법원의 과실 판단에 오류가 있는 이유를 설명하고 있다.
③ (가), (나) 모두 경제학적 측면에서 법이 사람들에게 미칠 수 있는 효과를 설명하고 있다.
④ (가), (나) 모두 사회 전체의 후생을 고르게 배분하기 위한 경제학적 대책을 설명하고 있다.
⑤ (가), (나) 모두 바람직한 법 제도가 실제 현실에서 효과적으로 작동되지 않는 이유를 설명하고 있다.



[해설편 p.173]

5. (가), (나)에 대한 이해로 가장 적절한 것은?

① (가) : 도산법에서 개별적 채권 추심을 인정하면 채무자의 재산 가치가 증가하게 된다.
② (가) : 물건을 훔친 을이 갑보다 높은 후생을 누린다는 보장이 없다는 점은 법이 절도를 금하는 이유에 해당한다.
③ (가) : 법이 표절을 금지하는 이유는 창작자의 지식 재산권을 인정하지 않으면 사회 전체의 후생이 증가하기 때문이다.
④ (나) : 법원의 과실 판단 오류는 가해자의 사고 방지 주의 수준을 적정하게 유도하기 위한 장치이다.
⑤ (나) : 법원이 심리하는 가설이 맞음에도 불구하고 이를 기각하여 과실 없음을 판결하는 것은 제2종 오류이다.

6. (가)를 바탕으로 할 때, <보기>에 대한 반응으로 적절하지 않은 것은? [3점]

<보 기>

A와 B로만 이루어진 사회가 있다. A가 B와 체결한 계약을 지키지 않았다. 그 결과 A는 0원의 이익을 얻었고, B는 100원의 손해를 입었다. 계약법은 A가 B에게 손해 배상 책임을 지게 할 수도 있고 그렇게 하지 않을 수도 있다. 전자의 경우 100원의 손해는 A가 부담하고, 후자의 경우에는 B가 부담한다. 만약 A가 손해의 일부만 배상한다면 100원의 손해를 서로 나누어 부담한다. 단, A와 B는 동일한 금액에 대해 동일한 후생을 갖는다.

① 100원의 손해를 A가 일부라도 부담하도록 계약법이 정해지면 사후적 효율 측면에서 계약 불이행으로 인한 사회 전체의 손실은 100원보다 적어지겠군.
② 100원의 손해를 A가 전적으로 부담하도록 계약법이 정해지면 사전적 효율 측면에서 A에게는 계약을 덜 파기하려는 유인책이 생기겠군.
③ 계약법이 어떻게 정해지든 A가 계약을 지키지 않은 사건이 발생한다면 사회 전체의 후생은 계약법의 영향을 받지 않겠군.
④ 계약법이 A의 의사 결정에 영향을 끼쳐 계약이 이행됐다면 계약법은 사회 전체의 후생 감소를 막는 방법이 될 수 있겠군.
⑤ 계약법이 A의 의사 결정에 영향을 끼치지 못한다면 계약법은 계약 미이행 사건 자체를 방지하지 못하는군.

7. (가)의 '사전적 효율' 측면에서 (나)를 이해한 내용으로 적절하지 않은 것은?

① 법원의 과실 판단에 오류가 있더라도 가해자에게 적정한 사고 방지 주의 수준에 관한 유인책이 발생할 수 있다.
② 법원의 제1종 오류, 제2종 오류 확률이 모두 20%라면 가해자에게는 주의 비용 30원을 부담하려는 유인책이 발생한다.
③ 법원의 제1종 오류, 제2종 오류 확률이 모두 20% 미만이라면 가해자에게는 주의 비용 60원을 부담하려는 유인책이 발생할 수 있다.
④ 법원의 제1종 오류, 제2종 오류 확률이 모두 40%라면 가해자에게는 주의 비용을 들여서 사고 확률을 낮추려는 유인책이 발생하지 않는다.
⑤ 법원의 제1종 오류, 제2종 오류 확률이 모두 20%에서 40%로 높아지게 된다면 가해자에게는 법원이 정한 적정 주의 수준에 따라 행동할 유인책이 발생하지 않는다.

8. ⓐ를 <보기>처럼 설명할 때, <보기>의 ㉮~㉰에 들어갈 말을 바르게 짝지은 것은?

<보 기>

가해자의 사고 방지 주의 수준을 [ ㉮ ]으로 유도하기 위해서는 0수준의 기대 사고 비용인 60원에 곱해지는 확률을 높이든가 1수준의 기대 사고 비용인 20원에 곱해지는 확률을 낮추면 된다. 60원에 곱해지는 확률은 [ ㉯ ]를 범하지 않을 확률이고, 20원에 곱해지는 확률은 [ ㉰ ]를 범할 확률이다. 당연히 큰 금액에 곱해지는 확률의 영향이 더 크므로 오류 확률 감소 비용이 동일하다면 제1종 오류 확률을 줄이는 것이 효율적이다.

| | ㉮ | ㉯ | ㉰ |
|---|---|---|---|
| ① | 1수준 | 제1종 오류 | 제1종 오류 |
| ② | 1수준 | 제1종 오류 | 제2종 오류 |
| ③ | 1수준 | 제2종 오류 | 제1종 오류 |
| ④ | 2수준 | 제1종 오류 | 제2종 오류 |
| ⑤ | 2수준 | 제2종 오류 | 제1종 오류 |

9. ㉠~㉤의 사전적 의미로 적절하지 않은 것은?

① ㉠ : 여러 사람이 마음을 한데 합함.
② ㉡ : 도움이 되도록 이바지함.
③ ㉢ : 정도, 수준, 능률 따위가 떨어져 낮아짐.
④ ㉣ : 일이나 관계 따위가 제대로 이루어짐.
⑤ ㉤ : 관심을 가지고 주의 깊게 살핌. 또는 그 시선.

**[10~13] 다음 글을 읽고 물음에 답하시오.**

논리 실증주의에서는 어떠한 언명이 기존 이론의 영향을 받지 않고 오로지 객관적 관찰을 통해 참과 거짓으로 확실히 결정될 수 있으면 과학적으로 유의미하다고 보았다. 그리고 보편 언명이 단칭 언명의 누적을 통해 성립된다고 주장했다. 단칭 언명은 ⓐ 특정 시공간에서 발생한 특정 사건을 언급한 것이고, 보편 언명은 단칭 언명들을 일반화한 것으로 과학 이론으로 성립될 수 있는 것을 말한다. 예컨대 '이 리트머스 시험지가 산에 담기면 붉어진다.'라는 단칭 언명이 예외 없이 관찰된다면 '모든 리트머스 시험지는 산에 담기면 붉어진다.'라는 보편 언명이 과학 이론으로 성립될 수 있다고 보았다.

그런데 ⓑ 이러한 생각은 어떤 과학 이론이 지금까지 누적된 단칭 언명들을 통해 참으로 보장될지라도, 앞으로 보편 언명으로서 확실히 참이 될 수는 없다는 비판에 직면했다. 예컨대 지금까지 리트머스 시험지가 산에 담겼을 때 항상 붉어졌다는 관찰이, 앞으로 어떤 리트머스 시험지가 산에 담기면 붉어질 것임을 보장하지 않기 때문이다. 이 난점을 극복하기 위해 일부의 논리 실증주의자들은 단칭 언명이 누적될수록 과학 이론이 참으로 결정될 가능성이 점차 증가할 것이라는 ⓒ 완화된 입장으로 바뀌었다. 하지만 지금까지의 단칭 언명들로 일반화된 언명이 ⓓ 계속 참으로 남을 것인지는 알 수 없다는 문제를 해결할 수 없었다.

[비판적 합리주의]는 논리 실증주의와 달리 단칭 언명이 기존 과학 이론과의 연관 속에서 형성된다고 보고, 현상을 있는 그대로 관찰하는 것은 거의 불가능하다고 주장했다. 그리고 참인

15회

단칭 언명을 통해 가설이나 과학 이론이 참임을 확실히 알 수는 없지만 참인 단칭 언명을 통해 그것이 거짓임을 밝히는 것은 가능하다고 했다. 예컨대 '어떤 리트머스 시험지가 산에 담기면 그 시험지가 붉어지지 않는다.'라는 단칭 언명으로부터 '모든 리트머스 시험지는 산에 담기면 붉어진다.'라는 보편 언명이 거짓임을 확실히 알 수 있다. 이를 바탕으로 비판적 합리주의에서는 과학과 과학이 아닌 것을 구분하는 기준으로 반증 가능성을 제시하고, 관찰에 의해 반증될 수 있는 언명만을 과학적으로 의미 있는 언명으로 인정해야 한다고 보았다.

비판적 합리주의는 기존 과학 이론으로 설명할 수 없는 사실의 관찰로부터 새로운 과학 이론이 비롯된다고 보았다. 이때 기존 과학 이론은 즉시 버려지고 기존 과학 이론을 수정하여 쓸 수는 없다. 과학자들은 기존 과학 이론으로 설명할 수 없는 사실이 발견된 문제 상황을 해결하기 위한 가설을 새로 수립하고, 가설을 ⓔ <u>시험할 수 있는 사례</u>를 떠올린다. 만약 그러한 사례가 관찰되지 않는다면 그 가설은 잠정적 과학 이론의 지위를 부여받는다. 비판적 합리주의는 과학이 참된 진리에 도달할 수는 없으나 점진적으로 다가갈 수 있다고 주장했다. 모든 과학 이론은 잠정적이라는 것이다. 과학 이론은 거듭된 반증의 시도로부터 꾸준히 살아남을 수 있으나 언제라도 반증될 수 있기 때문이다. 하지만 실제 과학 현실에서는 그러한 사례가 발견되어 기존 과학 이론이 폐기되어야 함에도 기존 과학 이론을 폐기하지 않고 보완하려는 시도가 빈번하다는 점에서, ㉠ <u>비판적 합리주의는 실제 과학 현실을 정확하게 설명하고 있지 못하다는 문제가 있다</u>.

**10.** 윗글을 통해 해결할 수 있는 의문이 <u>아닌</u> 것은?

① 비판적 합리주의에서는 과학과 과학이 아닌 것을 구분하는 기준을 무엇으로 보았는가?
② 논리 실증주의에서는 비판적 합리주의가 가지고 있는 문제점을 무엇으로 보았는가?
③ 비판적 합리주의에서는 과학이 어떻게 참된 진리에 다가갈 수 있다고 보았는가?
④ 비판적 합리주의에서는 새로운 과학 이론이 무엇으로부터 출발한다고 보았는가?
⑤ 논리 실증주의에서는 과학적으로 유의미한 언명의 조건을 무엇으로 보았는가?

**11.** 윗글의 [비판적 합리주의]의 입장에서 <보기>를 이해한 내용으로 가장 적절한 것은? [3점]

<보 기>

물질의 존재와 무관하게 공간은 항상 같은 상태라는 과학 이론이 그 지위를 확고히 하고 있던 시기에 아인슈타인은 이 과학 이론으로 설명할 수 없는 현상을 새로운 가설로 설명하고자 했다. 그래서 아인슈타인은 태양처럼 질량이 큰 물체는 주변의 공간을 왜곡한다는 가설을 세웠다. 이후 에딩턴은 일식이 진행되는 동안 어떤 별의 사진을 찍었다. 이 사진들을 분석한 결과, 일식 때의 별빛 위치가 일식이 아닐 때의 별빛 위치와 다르다는 것을 알게 되었다. 이를 토대로 에딩턴은 이 별빛은 태양에 의해 왜곡된 공간을 따라 휘며 진행한 것이라고 보았다.

① 아인슈타인의 가설은 거듭된 반증의 시도로부터 꾸준히 살아남는다면 참된 진리에 도달하겠군.
② 태양처럼 질량이 큰 물체에 의해 공간이 왜곡된다는 아인슈타인의 가설이 제시되자마자 기존 과학 이론은 즉시 버려졌겠군.
③ 일식 때 별빛이 휘지 않고 진행함을 보여 주는 현상이 또 발견되어야 아인슈타인의 가설은 잠정적 과학 이론의 지위를 부여받겠군.
④ 물질의 존재와 무관하게 공간은 항상 같은 상태라는 과학 이론은 에딩턴에 의해 확실히 반증되었기에 과학적으로 유의미한 이론이라고 할 수 없겠군.
⑤ 에딩턴의 사진 분석은 아인슈타인의 가설이 참된 진리에 도달했음을 알게 할 수는 없지만 기존 과학 이론이 성립하지 않는다는 것을 확실히 알 수 있게 하겠군.

**12.** ⓐ ~ ⓔ에 대한 설명으로 적절하지 <u>않은</u> 것은?

① ⓐ : 객관적 관찰을 통해 참과 거짓을 결정할 수 있는 사건을 언급한 것이다.
② ⓑ : 단칭 언명들을 일반화한 보편 언명이 과학 이론으로 성립될 수 있다는 생각이다.
③ ⓒ : 참인 단칭 언명이 누적될수록 보편 언명이 참이 될 확률이 커진다는 입장이다.
④ ⓓ : 지금의 과학 이론이 미래의 관찰에도 그대로 적용될 수 있을지는 알 수 없다는 문제이다.
⑤ ⓔ : 문제 상황을 해결하기 위해 세운 가설을 지지하는 사례이다.

**13.** ㉠에 대한 이해로 가장 적절한 것은?

① 과학자들은 정확한 관찰이 선행되지 않더라도 새로운 가설을 과학 이론으로 인정하려 한다.
② 과학자들은 어떤 가설이 새로운 과학 이론으로 제시되면 해당 가설의 옳고 그름을 하나하나 점검하려 한다.
③ 과학자들은 기존 과학 이론에 기대어 가설을 세우기보다는 직접 관찰한 사실을 바탕으로 가설을 세우려 한다.
④ 과학자들은 기존 과학 이론으로 풀이될 수 없는 현상이 관찰되더라도 기존 이론을 폐기하지 않고 수정하려 한다.
⑤ 과학자들은 어떤 가설이 새로운 과학 이론의 지위를 부여받았을지라도 그것은 잠정적인 것이기 때문에 언제든 대체될 수 있다고 본다.

**[14~17] 다음 글을 읽고 물음에 답하시오.**

일반적으로 거리는 두 개의 지점이 공간적으로 ⓐ <u>떨어진</u> 정도를 나타내는 물리적 개념이다. 2차원 평면에 두 지점이 (0, 0)과 (1, 1)에 있다면 두 지점 사이의 최단 거리는 두 점을 잇는 직선의 길이 $\sqrt{2}$가 된다. 한편 거리는 추상적인 성질이나 가치에 대한 차이를 나타내는 척도로도 사용될 수 있다. 이럴 경우 떨어진 정도를 나타내는 기능은 유지되지만, 기준이나 관점에 따라 거리를 계산하는 방법이 달라진다.

거리의 개념은 디지털 데이터에도 적용될 수 있다. 데이터 간의 거리는 추상적 거리의 개념으로, 데이터가 표현하려는 정보에 따라 측정 방법이 다르다. 00, 11과 같은 2비트의 데이터가 2진수로 표현된 수치를 가리킨다면 00과 11의 거리는 두 수치의 차인 $|(0\times2^1+0\times2^0)-(1\times2^1+1\times2^0)|=3$이 된다.

그런데 2비트의 데이터 00이나 11이 어떤 상태를 나타내는 부호라면 거리는 두 부호가 구별되는 정도라 할 수 있다. 해밍 거리는 부호의 관점에서 부호들 간의 거리를 표현하는 방법 중 하나이다. 해밍 거리는 길이가 같은 두 부호를 비교하였을 때 두 부호의 같은 자리에 있는 서로 다른 문자의 개수로 나타낸다. 예를 들어 세 개의 부호 00, 01, 11이 있다면 00과 01의 해밍 거리는 1이고, 00과 11의 해밍 거리는 2이다. 이때 부호들 간의 최소 해밍 거리는 1이고, 최대 해밍 거리는 2이다.

부호들 간의 최소 해밍 거리를 충분히 멀게 한다면 통신이나 저장 과정에서 발생하는 오류를 검출하여 수정할 수 있다. 예를 들어 전송하려는 1비트의 원시 부호 0과 1이 있고 부호 단위로 송수신한다고 가정해 보자. 송신자가 1을 보낸다면 수신자는 0이나 1 중 하나를 받게 될 것이고, 송신자가 어떤 데이터를 보냈는지 알 수 없기 때문에 오류가 발생하더라도 오류가 있는지 알 수 없다. 이 경우 부호들 간의 최소 해밍 거리는 1이다. 0이나 1을 송수신하는 대신 원시 부호(x) 뒤에 확인 부호(p)를 덧붙여 x p에 해당하는 2비트 단위의 전송 부호를 만들어 보자. ㉠ 전송 부호는 고정된 원시 부호에 확인 부호를 덧붙이고, 확인 부호는 원시 부호에 대한 1의 개수가 짝수가 되도록 만든다는 규칙을 정한다면 전송 부호는 0 0과 1 1이 된다. 만일 수신자가 0 1이나 1 0 중 하나를 받은 경우 전송 부호에 오류가 있음을 알 수 있다. 하지만 어느 자리에서 오류가 났는지 알 수 없기 때문에 오류를 수정할 수는 없다.

[A] 0 0이나 1 1을 송수신하는 대신 p와 동일한 규칙의 확인 부호(q)를 한 번 더 덧붙여 x p q에 해당하는 3비트 단위의 전송 부호 0 0 0과 1 1 1 중 하나를 송수신한다고 가정해 보자. 한 자리의 오류만 있다고 가정하면 수신자가 0 0 1, 0 1 0, 1 0 0, 0 1 1, 1 0 1, 1 1 0 중 하나를 받은 경우 오류 발생 자리를 검출하여 수정할 수 있다. 예를 들어 1 1 0의 경우 x인 1에 대해 p와 q는 각각 1이 되어야 1의 개수가 짝수가 되지만 q가 0이므로 1의 개수가 홀수이다. 따라서 오류 발생 자리를 검출하여 1 1 0을 1 1 1로 수정할 수 있다. 이 경우 전송 부호 간의 최소 해밍 거리가 3이어서 한 자리의 오류를 검출하여 수정할 수 있는 것이다.

원시 부호에 확인 부호를 충분히 덧붙이면 전송 부호의 길이는 길어지지만 전송 부호들 간의 최소 해밍 거리도 함께 멀어져 오류가 많이 발생하더라도 오류를 검출하여 수정하는 것이 가능하다. 하지만 동일한 정보를 보낼 때 덧붙이는 확인 부호의 개수가 늘어나면 보내야 하는 데이터의 양이 늘어나 전송 효율이 낮아진다.

**14.** 윗글을 통해 알 수 있는 내용으로 적절하지 않은 것은?

① 2진수로 표현된 수치를 가리키는 데이터들 간의 거리는 수치 간의 차로 표현될 수 있다.
② 추상적인 성질이나 가치의 차이를 나타내는 척도로 거리의 개념이 사용될 수 있다.
③ 물리적 개념에서의 거리는 두 지점이 공간적으로 떨어져 있는 정도를 나타낸다.
④ 00과 11의 2진수 수치의 차이와 해밍 거리는 같은 값으로 측정된다.
⑤ 데이터가 표현하려는 정보에 따라 거리를 측정하는 방법이 다르다.

**15.** [A]와 <보기>를 이해한 내용으로 적절하지 않은 것은? [3점]

<보 기>

확인 부호가 오류 발생 자리에 대한 정보가 되도록 규칙을 정하면 전송 부호에서 한 자리 오류가 발생했을 때 수정이 가능하다. 확인 부호를 검사하여 p에 오류가 있으면 [p 자리]를 1로, 오류가 없으면 0으로 표현한다. 같은 방식으로 q에 오류가 있으면 [q 자리]를 1로, 오류가 없으면 0으로 표현한다. 0과 1로 표현된 [p 자리][q 자리]를 계산하면 한 자리의 오류가 발생했을 때 그 자리를 알아낼 수 있다.

| 송신 | 수신 | 규칙 | | | 오류 발생 자리 |
|---|---|---|---|---|---|
| | | 오류 | | 계산 | |
| | | p 자리 | q 자리 | | |
| 000 | 000 | 0 | 0 | $0\times2^1+0\times2^0$ | □□□ |
| | 010 | | 0 | $1\times2^1+0\times2^0$ | □☑□ |
| | 110 | 0 | 1 | $0\times2^1+1\times2^0$ | |
| | 011 | 1 | 1 | $1\times2^1+1\times2^0$ | |
| ⋮ | ⋮ | ⋮ | ⋮ | ⋮ | ⋮ |

① 송신자는 전송 부호 간의 해밍 거리가 3이 될 수 있도록 0은 000으로, 1은 111로 보내는 것이겠군.
② 수신자가 010을 받았다면 [p 자리]의 오류를 1로 표현하여 000으로 판단하겠군.
③ 수신자가 110이나 101을 받았다면 수신한 부호에 있는 0을 1로 수정하여 모두 111로 판단하겠군.
④ 수신자가 011을 받았다면 [p 자리]와 [q 자리] 모두에 오류가 있는 경우이므로 두 자리의 오류를 수정하겠군.
⑤ 수신자가 111을 받았다면 [p 자리]와 [q 자리]의 오류를 모두 0으로 표현하여 오류가 없는 것으로 판단하겠군.

**16.** ㉠에 대한 이해로 가장 적절한 것은?

① 전송 부호들 간의 최소 해밍 거리를 멀게 하면 전송하는 데이터의 양은 늘어난다.
② 전송 부호들 간의 최소 해밍 거리가 1이면 전송 과정에서의 오류 검출이 가능하다.
③ 두 전송 부호의 같은 자리에 같은 문자의 개수가 많을수록 해밍 거리는 멀어진다.
④ 덧붙이는 확인 부호가 많아지면 전송 부호들 간의 최대 해밍 거리는 가까워진다.
⑤ 전송 부호들 간의 최소 해밍 거리가 가까워질수록 전송 효율은 낮아진다.

**17.** ⓐ의 문맥적 의미와 가장 유사한 것은?

① 식당은 본관과 조금 떨어져 있는 별관이다.
② 해가 떨어지자 새는 보금자리로 돌아갔다.
③ 그들의 실력은 평균보다 떨어지는 편이다.
④ 상처가 나서 생긴 딱지가 아물어 떨어졌다.
⑤ 물건을 팔면 본전을 빼고 만 원이 떨어진다.

[해설편 p.175]

[18~23] 다음 글을 읽고 물음에 답하시오.

(가)

하룻밤 ⓐ 찬바람에 눈이 왔나 서리 왔나
어찌하여 온 세상이 백옥경이 되었는가
동창이 다 밝거늘 수정렴을 걷어 놓고
거문고 비껴 안아 ⓑ 봉황곡을 연주하니
소리마다 그윽히 맑아 태공에 들어가니
파사 ⓒ 계수나무 아래 옥토끼도 돌아본다
유리 호박주를 가득 부어 권하니
유정한 항아도 잔 밑에 비치었다
청광을 머금으니 폐부에 흘러들어
호호한 흉중이 아니 비친 데가 없다
옷가슴 헤쳐 내어 광한전에 돌아앉아
마음에 먹은 뜻을 다 아뢰려 하였더니
**심술궂은 뜬구름**이 어디서 와 **가리**는가
천지가 깜깜하여 백물을 다 못 보니
상하 사방에 갈 길을 모르겠네
먼 봉우리 반쪽 끝에 옛 빛이 비치는 듯
구름 사이로 나왔더니 **떼구름 미쳐** 나니
**희미한 한 빛이 점점 아득하여 온다**
중문을 닫아 놓고 뜰가에 따로 서서
매화 한 가지 계수나무 그림자인가 돌아보니
처량한 암향이 나를 좇아 시름한다
성긴 발을 드리우고 동방에 혼자 앉아
ⓓ 금작경* 닦아 내어 벽 위에 걸어 두니
제 몸만 밝히고 남 비출 줄 모르도다
비단 부채로 **긴 바람 부쳐 내어 이 구름 다 걷고자**
푸른 대나무로 천 길의 비를 매어 저 구름 다 쓸고자
ⓔ 장공은 만 리요 이 몸은 진토니
쓸쓸한 이내 뜻이 생각하니 허사로다
가뜩이나 **시름 많**은데 **긴 밤**은 어떠한가
전전반측하여 다시금 생각하니
**영허 소장***이 천지에 무궁하니
**풍운**이 변화한들 ㉠ 본색이 어디 가리
우리도 **단심**(丹心)을 지키어 **명월 볼 날 기다리노라**

– 최현, 「명월음」 –

* 금작경 : 황금 까치를 조각한 거울.
* 영허 소장 : 달이 찼다가 기울고, 없어졌다가 다시 생김.

(나)

무정히 서 있는 바위 유정하여 보이는구나
최령한 오인도 직립 불의* 어렵거늘
만고에 **곧게 선 저 얼굴이 고칠 적이 없**구나 <제1수>

강가에 우뚝 서니 쳐다볼수록 더욱 높다
바람 서리에 불변하니 뚫을수록 더욱 굳다
사람도 이 바위 같으면 대장부인가 하노라 <제2수>

한마디 말도 없는 바위 사귈 일도 없지마는
고모 진태*를 벗 삼아 앉았으니
세상에 이익되는 세 벗을 사귈 줄 모르노라 <제3수>

먹줄 없이 생긴 바위 어느 법도를 알랴마는
높고도 곧으니 귀하게 보이는구나
애닯다 가히 **사람이면서 이 돌만도 못하랴** <제4수>

**탁연 직립*하**니 본받음 직하다마는
**구름 깊은 골짜기**에 알 사람 있어 찾아오랴
힘을 다해 오르면 기이한 **구경거리 많**으니라 <제5수>

– 박인로, 「입암이십구곡」 –

* 최령한 오인도 직립 불의 : 가장 신령스런 우리도 의지하지 않고 꼿꼿이 서기.
* 고모 진태 : 옛 그대로의 모습.
* 탁연 직립 : 높이 곧게 섬.

(다)

어린 염소 세 마리가 달달거리며 보도 위로 주인을 따라간다. 염소는 다리가 짧다. 주인이 느릿느릿 놀 양으로 쇠 걸음을 걸으면 염소는 **종종걸음**으로 빨리 따라가야 한다. 두 마리는 긴 줄로 목을 매어 주인의 뒷짐 진 손에 쥐여 가고 한 마리는 목도 안 매고 따로 떨어져 있건만 서로 떨어질세라 열심히 따라간다. 마치 어린애들이 엄마를 놓칠까 봐, 혹은 길을 잃을까 봐 부지런히 따라가듯.

(중략)

주인의 뒤를 따라 석양에 보도 위를 걸어가는 어린 염소의 검은 모습은 슬프다. 짧은 다리에 뒤뚝거리는, 굽이 높아 전족한 청녀*의 쫓기는 종종걸음이다. 조그만 몸집이 달달거려 추위 타는 어린애 모습이다. 이상스럽게도 위로 들린 짧은 꼬리 밑에 감추지 못한 연하고 검푸른 항문이 가엾다. 수염이라기에는 너무나 앙징한 **턱 밑의 귀여운 수염**, 그리고 게다가 이따금씩 어린애 목소리로 우는 **그 울음**, 조물주는 동물을 점지할 때, 이런 슬픈 우형도 만들어 놓았던 것이다.

페이터는 일찍이 사람들에게 "무한한 물상 가운데 네가 향수한 부분이 어떻게 작고, 무한한 시간 가운데 네게 허여된 시간이 어떻게 짧고, **운명** 앞에 네 존재가 어떻게 미소(微小)한 것인가를 생각하라. 그리고 기꺼이 운명의 직녀, 클로우도우의 베틀에 몸을 맡기고, 여신이 너를 실 삼아 어떤 베를 짜든 마음을 쓰지 말라." 했다. 이 염소는 충실한 페이터의 사도다. 그리고 그는 또 "네 **생명이 속절없**고, 너의 **직무**, 너의 **경영**이 허무하다 할지라도, 적어도 **치열한** 불길이 열과 빛으로 변화시키듯 하잘것없는 속사(俗事)나마 그것을 네 ㉡ 본성에 맞도록 동화시키기까지는 머물러 있으라." 했다. **염소**가 그 주인의 뒤를 총총히 따르듯, 그리고 주인이 저를 흥정하고 있는 동안은 주인 옆에 온순하게 충실히 기다리고 서 있듯, 그리고 **길가**에 버려 있는 무청 시래기 옆에 세워 두면 **다투어 푸른 잎을 뜯어 먹듯**, 그리고 다시 끌고 가면 먹던 것을 놓고 총총히 따라가듯.

이 세 마리의 어린 염소는 오늘 저녁에 다 같이 돌아가다가, **내일 아침**에 다시 나오게 될 것인가, 혹은 그중의 한 마리는 솥 속으로 들어가고, 두 마리만이 가게 될 것인가, 또는 어느 것이 팔려 가다가 팔려서 껍질을 벗기고, 어느 것이 남아서 외롭게 황혼의 거리를 타달거리고 갈 것인가, 그것은 아무도 모른다. 염소 자신도, 끌고 가는 주인도, 아무도 모른다. 염소를 끌고 팔러 다니는 **저 주인**은 또 지금 자기가 **걸어가는 그 길**은 알고 있는 것인가. **나**는 이런 생각을 하며 **염소가 지나간 그 보도 위로 걸어**오는 것이다.

– 윤오영, 「염소」 –

* 전족한 청녀 : 발을 작게 하려고 발가락을 감은 청나라 여인.

18. (가)와 (나)의 공통점으로 가장 적절한 것은?

① 역설과 반어를 활용하여 주제 의식을 나타내고 있다.
② 동일한 색채어를 반복하여 대상의 특성을 구체적으로 드러내고 있다.
③ 의문의 형식을 활용하여 대상에 대한 화자의 인식을 부각하고 있다.
④ 명령형 문장을 사용하여 대상에 대한 화자의 거리감을 강조하고 있다.
⑤ 계절의 변화를 제시하여 대상의 순차적인 변모 양상을 보여주고 있다.

19. ㉠, ㉡을 중심으로 (가), (다)에 대해 이해한 내용으로 가장 적절한 것은?

① (가)에서는 ㉠을 화자의 정서와 연결하여 '시름 많'음을 드러내고 있고, (다)에서는 ㉡을 글쓴이의 정서와 연결하여 '생명이 속절없'음을 드러내고 있다.
② (가)에서는 ㉠을 자연물과 연결하여 '풍운'의 영속적 속성을 드러내고 있고, (다)에서는 ㉡을 자연 현상과 연결하여 '치열한' 삶의 태도를 강조하고 있다.
③ (가)에서는 ㉠을 화자의 태도와 연결하여 '단심'을 지킬 것을 강조하고 있고, (다)에서는 ㉡을 '염소'의 태도와 연결하여 '운명'을 따를 것을 강조하고 있다.
④ (가)에서는 ㉠을 시간적 배경과 연결하여 '긴 밤'의 절망감을 드러내고 있고, (다)에서는 ㉡을 공간적 배경과 연결하여 '길가'에서의 외로움을 드러내고 있다.
⑤ (가)에서는 ㉠을 화자의 상황과 연결하여 '영허 소장'의 한계를 강조하고 있고, (다)에서는 ㉡을 '염소'의 상황과 연결하여 '직무'와 '경영'에 대한 거부감을 강조하고 있다.

20. (가)의 ⓐ ~ ⓔ에 대해 이해한 내용으로 가장 적절한 것은?

① ⓐ는 화자가 자연을 완상하는 것을 가로막는 대상이다.
② ⓑ는 화자가 자신의 과오를 인정하도록 이끄는 기능을 한다.
③ ⓒ는 화자가 처해 있는 비참한 모습을 나타낸다.
④ ⓓ는 화자가 비판적으로 인식하고 있는 대상이다.
⑤ ⓔ는 화자가 동병상련의 심정을 나눌 수 있는 대상이다.

21. (나)에 대한 설명으로 가장 적절한 것은?

① <제1수> : 초장에 드러난 화자의 감흥은 중장의 화자의 만족감으로 심화된다.
② <제2수> : 초장에 드러난 화자의 깨달음은 중장의 화자의 결심을 강화한다.
③ <제3수> : 중장에 드러난 화자의 행위는 종장의 화자의 태도로 이어진다.
④ <제4수> : 초장에 드러난 화자의 의문은 중장의 화자의 회의감을 유발한다.
⑤ <제5수> : 중장에 드러난 화자의 판단은 종장의 화자의 자기 반성의 계기로 작용한다.

22. <보기>를 바탕으로 (가), (나)를 감상한 내용으로 적절하지 <u>않은</u> 것은? [3점]

<보 기>

전란의 경험이 바탕이 된 (가)와 (나)는 부정적 현실에 대한 안타까움이 형상화된 작품이다. (가)는 임금이 피란길에 오른 참담한 현실을 달이 구름에 가려진 상황에 비유하여 임금에 대한 그리움과 선정에 대한 소망을 드러내고 있다. 그리고 (나)는 인간이 본받을 만한 속성을 지닌 대상으로 바위를 인격화함으로써 바람직한 가치 회복을 희구하는 마음을 드러내고 있다.

① (가)의 '긴 바람 부쳐 내어 이 구름 다 걷고자' 한다고 한 것을 통해 전란으로 인한 현실을 극복할 수 있기를 바라는 마음을 드러냈다고 볼 수 있겠군.
② (가)의 '명월 볼 날 기다리노라'라고 한 것을 통해 임금에 대한 그리움과 임금이 선정을 베풀 수 있기를 바라는 마음을 드러냈다고 볼 수 있겠군.
③ (나)의 '곧게 선 저 얼굴이 고칠 적이 없'고 '탁연 직립하'다고 한 것을 통해 인간이 본받아야 할 바람직한 품성을 드러냈다고 볼 수 있겠군.
④ (가)의 '심술궂은 뜬구름'이 '가리'고 '떼구름 미쳐' 난다고 한 것과 (나)의 '구름 깊은 골짜기'에 '구경거리 많'다고 한 것을 통해 전란으로 인한 참담한 현실을 드러냈다고 볼 수 있겠군.
⑤ (가)의 '희미한 한 빛이 점점 아득하여 온다'라고 한 것과 (나)의 '사람이면서 이 돌만도 못하랴'라고 한 것을 통해 부정적 현실 상황에 대한 안타까움을 드러냈다고 볼 수 있겠군.

23. <보기>의 ㉮ ~ ㉰와 관련하여 (다)를 이해한 내용으로 적절하지 <u>않은</u> 것은?

<보 기>

**선생님** : 이 작품에서 작가는 ㉮ <u>염소의 모습을 묘사하며 염소에 대한 연민을 드러냈고</u>, ㉯ <u>그 염소에게 일어날 일을 상상하며 염소의 주인에 대해 떠올린 생각을 서술하였습니다</u>. 그리고 ㉰ <u>염소와 그 주인에 대해 사색한 내용을 자신과 결부시켰습니다</u>. 이와 같은 순차적 구성은 작가가 사색의 결과를 어떻게 글로 구조화할 것인지 계획한 결과입니다.

① ㉮ : 염소의 '종종걸음', '턱 밑의 귀여운 수염', '그 울음' 등을 서술한 것에서 작가가 염소의 모습을 묘사하였음을 알 수 있다.
② ㉮ : 염소가 '다투어 푸른 잎을 뜯어 먹듯' 한다고 표현한 것에서 작가가 염소와 자신을 동일시하여 존재에 대한 연민을 드러냈음을 알 수 있다.
③ ㉯ : 염소의 '내일 아침'에 대해 서술한 것에서 작가가 염소에게 일어날 일에 대해 상상하였음을 알 수 있다.
④ ㉯ : '저 주인'의 '걸어가는 그 길'에 대해 언급한 것에서 작가가 염소 주인의 운명도 염소의 운명처럼 알 수 없는 것이라고 생각하였음을 알 수 있다.
⑤ ㉰ : '나'가 '염소가 지나간 그 보도 위로 걸어'온다고 한 것에서 작가가 염소와 그 주인에 대해 사색한 내용을 자신과 결부시켰음을 알 수 있다.

15회

[24~26] 다음 글을 읽고 물음에 답하시오.

(가)

하얀 박꽃이 오들막*을 덮고
당콩* 너울은 하늘로 하늘로 기어올라도
고향아
여름이 안타깝다 무너진 돌담 [A]

돌 우에 앉았다 섰다
성가스런 하로해가 먼 영에 숨고
소리 없이 생각을 드디는 어둠의 발자취
나는 은혜롭지 못한 밤을 또 부른다

도망하고 싶던 너의 아들
가슴 한구석이 늘 차그웠길래
고향아
돼지굴 같은 방 등잔불은
밤마다 밤새도록 꺼지고 싶지 않었지 [B]

드디어 나는 떠나고야 말았다
곧 얼음 녹아내려도 잔디풀 푸르기 전
**마음의 불꽃**을 거느리고
멀리로 낯선 곳으로 갔더니라

그러나 너는 보드러운 손을
가슴에 얹은 대로 떼지 않었다
**내 곳곳을 헤매어 살길 어두울 때**
빗돌처럼 우두커니 거리에 섰을 때
고향아
**너의 부름이 귀에 담기어짐**을
막을 길이 없었다

"돌아오라 나의 아들아
까치 둥주리 있는
아까시야가 그립지 않느냐
배암장어 구워 먹던 물방앗간이
새잡이 하던 버들방천이
너는 그립지 않나
아롱진 꽃그늘로
나의 아들아 돌아오라" [C]

나는 그리워서 모두 그리워
먼 길을 돌아왔다만
버들방천에도 가고 싶지 않고
물방앗간도 보고 싶지 않고
고향아
가슴에 가로누운 가시덤불
돌아온 마음에 싸늘한 바람이 분다 [D]

이 며칠을 미칠 듯이 살아온 내게
다시 너의 품을 떠날려는 내 귀에
한마디 아까운 말도 속삭이지 말어다오
내겐 한 걸음 앞이 보이지 않는
슬픔이 물결친다 [E]

하얀 것도 붉은 것도
너의 아들 가슴엔 피지 못했다
**고향아**
**꽃은 피지 못했다**

– 이용악, 「고향아 꽃은 피지 못했다」 –

* 오들막 : 오두막의 함경도 방언.
* 당콩 : 강낭콩.

(나)

어려서 나는 램프불 밑에서 자랐다,
밤중에 눈을 뜨고 내가 보는 것은
재봉틀을 돌리는 젊은 어머니와
실을 감는 주름진 할머니뿐이었다.
나는 그것이 세상의 전부라고 믿었다.
조금 자라서는 칸델라*불 밑에서 놀았다,
밖은 칠흑 같은 어둠
지익지익 소리로 **새파란 불꽃을 뿜는 불**은
주정하는 험상궂은 금점꾼들과
셈이 늦는다고 몰려와 생떼를 쓰는 그
아내들의 모습만 돋움새겼다.
소년 시절은 전등불 밑에서 보냈다,
가설극장의 화려한 간판과
가겟방의 휘황한 불빛을 보면서
나는 세상이 넓다고 알았다, 그리고

나는 대처로 나왔다.
**이곳 저곳 떠도는 즐거움**도 알았다,
바다를 건너 먼 세상으로 날아도 갔다,
많은 것을 보고 많은 것을 들었다.
하지만 멀리 다닐수록, 많이 보고 들을수록
이상하게도 **내 시야는 차츰 좁아져**
**내 망막**에는 마침내
재봉틀을 돌리는 젊은 **어머니**와
실을 감는 주름진 **할머니**의
**실루엣만 남았다**.

내게는 다시 이것이
세상의 전부가 되었다.

– 신경림, 「어머니와 할머니의 실루엣」 –

* 칸델라 : 가지고 다닐 수 있는, 석유로 불을 켜서 밝히는 등.

24. [A] ~ [E]에 대한 설명으로 적절하지 않은 것은?

① [A] : 계절감을 주는 이미지와 시적 공간의 황량한 분위기를 결부하여 화자의 정서를 부각하고 있다.
② [B] : 화자의 심정을 과거 고향의 사물에 투영하여 고향에 친밀감을 느끼고자 했던 화자의 내면을 드러내고 있다.
③ [C] : 고향이 화자에게 건넨 말을 인용하는 방식을 사용하여 그리움을 환기하는 시적 공간의 모습을 제시하고 있다.
④ [D] : 화자의 내면을 자연물에 비유하여 시적 공간에 대한 기대감이 사라진 화자의 마음을 드러내고 있다.
⑤ [E] : 화자가 고향에 말을 건네는 방식을 활용하여 시적 공간에 미련을 두지 않으려는 화자의 태도를 드러내고 있다.



[해설편 p.177]

**25.** (나)에 대한 이해로 가장 적절한 것은?

① '칠흑 같은 어둠'과 '휘황한 불빛'의 대비를 통해 화자의 내면과 외부 세계 사이에 조성되는 긴장감을 드러내고 있다.
② '험상궂은 금점꾼들'에서 '생떼를 쓰는' '아내들'로 묘사의 초점을 이동하여 정겨운 공동체의 모습을 나타내고 있다.
③ '멀리 다닐수록'을 '많이 보고 들을수록'과 연결하여 이동 범위의 확대가 인식의 성장을 가로막았음을 드러내고 있다.
④ '램프불 밑에서 자랐다', '칸델라불 밑에서 놀았다', '전등불 밑에서 보냈다'의 변화를 통해 화자가 경험한 세계가 점점 확장되어 왔음을 나타내고 있다.
⑤ '나는 그것이 세상의 전부라고 믿었다'를 '내게는 다시 이것이' '세상의 전부가 되었다'로 변형하여 화자가 기억하는 어릴 적 공간의 이미지가 달라졌음을 나타내고 있다.

**26.** <보기>를 참고하여 (가), (나)를 감상한 내용으로 적절하지 <u>않은</u> 것은? [3점]

<보 기>

자신이 태어나 주로 살던 곳에서 다른 곳으로 떠나갔다가 구심점이 되는 그곳으로 되돌아가고자 하는 귀소 의식은 우리 시에서 여러 가지 양상으로 그려진다. (가)에서는 고향을 떠나 힘겨운 삶을 살던 화자가 자신을 부르는 힘에 이끌려 귀향을 하게 되지만, 고향이 자신이 생각했던 고향과 거리가 있음을 깨닫고 다시 그곳을 떠날 수밖에 없는 비극적인 상황을 보여 준다. 그리고 (나)에서는 바깥세상이 주는 재미에 빠져 유랑하던 화자가 자신을 낳아 주고 길러 준 모성적 세계로 회귀하고자 하는 의식을 보여 준다.

① (가)에서 화자가 '고향아' '꽃은 피지 못했다'라고 한 것은, 되돌아온 고향이 화자가 생각했던 고향과 거리가 있는 세계였음을 나타내는 것이겠군.
② (나)에서 화자가 '내 망막'에는 '어머니'와 '할머니'의 '실루엣만 남았다'라고 한 것은, 화자가 자신의 근원인 모성적 세계를 그리워하게 되었음을 보여 주는 것이겠군.
③ (가)의 '마음의 불꽃'은 화자가 고향을 떠나면서 아픔을 느꼈음을, (나)의 '새파란 불꽃을 뿜는 불'은 화자가 고향을 떠나고자 하는 열망을 품었음을 나타내는 것이겠군.
④ (가)의 '내 곳곳을 헤매어 살길 어두울 때'는 고향을 벗어난 곳에서 화자가 느꼈던 삶의 힘겨움을, (나)의 '이곳 저곳 떠도는 즐거움'은 화자가 바깥세상을 떠돌며 빠져 있었던 재미를 드러내는 것이겠군.
⑤ (가)의 '너의 부름이 귀에 담기어짐'은 고향을 떠난 화자가 고향의 부름에 이끌렸음을, (나)의 '내 시야는 차츰 좁아져'는 유랑하던 화자가 구심점의 세계로 회귀하려는 의식을 갖게 되었음을 보여 주는 것이겠군.

**[27~30] 다음 글을 읽고 물음에 답하시오.**

**[앞부분의 줄거리]** 원수는 서번과 서달을 물리치고 황성으로 돌아가던 중 단원사에서 모친과 경패 낭자를 상봉한다.

서로 그리워하던 이야기를 하나하나 이야기하고 모친을 모시고 중당에 좌정하여 서로 즐거움을 나누었다. 이때 부인 양씨가 장도를 만지면서 말하였다.

[A] "내가 부친과 너를 생각하여 슬퍼하고 있을 때 어떤 두 여인이 절에 의탁하고자 하였는데, 그 모습과 사정이 나와 비슷하였기에 머리를 깎고 나와 스승과 제자가 되었느니라. 그런데 후원에서 애절하고 원망하는 듯한 울음소리가 나기에 위로하러 갔더니, 옷을 만지면서 슬퍼하고 있더구나. 괴이하게 여겨 물었더니, 낭군의 신표라 하기에 더욱 보자고 하여 받아 보았더니 나의 솜씨였고 너의 옷이었다. 마음에 너무 기쁘고 즐거웠으나 다른 사람들이 보기에도 진정으로 믿을 만한 표적이 있는가 생각해 보았단다. 그러다 네 부친이 절강의 장 도사에게 관상을 보이고 나서 생년월일시를 적어 비단 주머니에 넣어 옷깃 속에 넣어 두었던 것이 기억이 났단다. 이것을 믿을 만한 표식으로 여겨 사오 년을 서로 아껴 주고 위로해 주며 지냈느니라."

이것을 듣고 원수가 모친께 아뢰었다.

[B] "소자도 그때 도적이 데리고 가다가 중도에서 버렸기에 의탁할 곳이 없었는데, 마침 낭자의 부친이 데려다가 사랑하고 아껴 주시고 낭자와 백 년의 가연을 정해 주었습니다. 또 통판이 계시하신 대로 호 씨의 구박을 견디다가 결국 낭자와 이별하고 동서로 걸식하며 다녔습니다. 그러다 천행으로 서주의 왕 상서 댁에 의탁하여 왕 상서의 사환으로 지냈습니다. 그러고 나서 상서의 명으로 황성에 갔다가 천행으로 과거를 보아 장원 급제하여 한림학사를 지냈던 것입니다."

이어 서주에 내려가 왕 상서의 여식과 혼인한 이야기와 황성에 올라가 원천의 딸을 후궁으로 삼은 이야기를 부인과 낭자에게 말씀 드리니 ⓐ <u>부인과 낭자가 이 말을 듣고 더욱 즐거워하였다.</u>

원수가 다시 아뢰었다.

[C] "천자께서 명하시어 소자를 불러 이르시기를, '서번과 서달이 삼십육도 군장과 도모하여 대국을 침범하였노라. 너를 대사마 대원수로 삼으니, 이 사인검을 가지고 정병 팔십 만을 조발하여 번국을 소멸하여라.' 하셨습니다. 이에 소자가 한번 전장에 나아가 서번과 서달, 삼십육도 군장을 모두 소멸하여 천은을 만분의 일이나마 갚고 돌아오다 서천관에 이르러 유숙하고 있을 때, 금산사 화주승이라 하는 노승이 꿈에 나타나 여남으로 가라고 하였습니다. 이에 여남에 이르렀는데 또 그 도사가 꿈에 나타나 단원사를 찾아가면 절로 부모와 낭자를 만날 것이라 하기에 이리로 온 것입니다."

이렇게 그간의 사연을 말씀드리니, ⓑ <u>부인과 낭자가 이 말을 듣고 더욱 황제의 은혜에 감사드리고 도사의 신기함에 감복하였다.</u>

(중략)

원수는 행군의 여정이 피곤하여 잠깐 졸았는데, 전날 밤중 꿈속에 나타났던 도사가 또 와서 이렇게 말하였다.

"원수는 부친을 눈앞에 두고 어찌 잠만 깊이 자십니까?"

그러고는 문득 사람이 보이지 않거늘, 깨어 보니 남가일몽이었다. ⓒ 마음이 뒤숭숭하였으나 도사의 영감과 신기함은 탄복할 만하였기에, '도사의 은혜를 생각하면 갚을 길이 없구나.' 하면서 혹시라도 부친을 찾을까 하여 큰 잔치를 배설하여 각 도와 각 읍의 자사와 수령을 모두 청하였다.

자리를 정하고 즐기며 차례로 술잔을 권했는데, 부남은 남방의 대관이었기에 부남 태수가 오른쪽의 가장 높은 자리에 앉게 되었다. 잔이 두세 번 돌아간 뒤에 부남 태수가 눈을 들어 원수의 거동을 자세히 살펴보니, 선풍도골이어서 천상의 선관이 하강한 듯하였다. 그런데 조금도 즐거워하는 빛이 없었고 차고 있던 ㉠ 장도를 만지면서 슬퍼하는 듯하였다. 이를 보고 ⓓ 부남 태수가 문득 풍운이 생각나 흐느끼며 생각하기를 '풍운도 살아 있다면 내가 주었던 장도를 만지면서 저렇듯이 슬퍼하지 않겠는가.' 하며 자세히 보니 원수의 장도가 풍운에게 채워 주었던 장도와 똑같았다. 이에 마음속으로 너무 놀라 자리에서 잠시 일어나 공경을 표하고 원수에게 물었다.

"원수가 차신 장도는 반드시 보검일 듯합니다. 황송하오나 한번 구경하고자 하옵니다."

원수가 이 말을 듣고 속으로 오히려 반기면서 장도를 끌러 주었다. ⓔ 부남 태수가 자세히 보더니, '이것은 정녕 자식 풍운의 칼이로다.' 하고 눈물을 흘리며 슬퍼하였다. 원수가 이에 더욱 이상하게 여겨 물어 말하였다.

"태수는 이 칼을 보시고 어찌 슬퍼하며 흐느끼십니까?"

태수가 아뢰어 말하였다.

[D] "황공하오나 하관이 앞뒤의 내력을 이야기해 드리겠습니다. 저는 양 참군의 딸에게 장가를 들었습니다. 장인이신 양 참군의 부친 양 상서께서 대국으로 사신을 갔다가 연왕이 정표로 이 장도를 주었습니다. 그런 연고로 양 상서가 이 장도를 가지고 오셔서 대대로 전하는 물건으로 삼았습니다. 양 상서가 이 장도를 양 참군에게 전하였는데, 양 참군은 후사가 없고 따로 전할 데도 없어서 하관에게 주었습니다. 이 장도 이름은 연평검이니 하관이 매우 아끼던 것입니다. 제가 늦게야 한 아들을 낳았는데 용모가 비범하였기에 행여 단명할까 염려가 되어 절강의 도사에게 가 관상을 보았습니다. 그랬더니 열 살 이전에 부모와 이별할 것이라고 하기에 혹 이별하더라도 서로 잊지 않기 위해 장도를 자식에게 채우고 생년월일시를 써 비단 주머니에 넣어 두었습니다. 그 뒤에 난리가 났는데, 하관은 황명을 받아 가달을 치러 경사로 올라갔고, 처 양 씨가 아들을 데리고 집에 있었습니다. 하관이 가달을 평정하고 돌아오니 천자께서 하관에게 부남 태수를 제수하셨습니다. 이에 부남으로 내려올 때 고향에 들렀더니 집은 비었고 처는 간 데가 없었습니다. 어쩔 줄 모르고 사방으로 찾았으나 종적을 알 수 없어 홀로 부남에 도임하였습니다. 오늘날 원수가 차신 장도를 보니, 문득 자식이 생각나 슬픈 마음이 듭니다. 이 칼을 어디서 얻으셨습니까?"

원수가 이 말을 듣고 정신이 아득해졌다. 바로 그 주머니에서 ㉡ 생년월일시를 써 둔 유서를 내어 태수에게 드리고 땅에 엎드려 통곡하며 말하였다.

"소자가 불초자 풍운이로소이다."

그러고는 지극히 애통해하니, 태수가 정신을 차리고 그 유서를 받아 보니 과연 자신의 친필이 분명하였다.

– 작자 미상, 「장풍운전」 –

**27.** 윗글을 읽고 이해한 내용으로 적절한 것은?

① 부남 태수는 자신의 부인과 아들의 종적을 알지 못한 채로 부남에 부임했다.
② 양 씨는 낭자가 자신의 며느리임을 알고 나서 스승과 제자의 연을 맺었다.
③ 원수가 도적에게 잡혀 있을 때 낭자의 부친이 원수를 도적으로부터 구해 주었다.
④ 원수는 과거 시험을 보기 위한 목적으로 서주의 왕 상서 댁에 자신을 의탁했다.
⑤ 부남 태수는 원수의 기질과 풍채를 보고 원수가 자신과 닮은 점이 많다고 판단했다.

**28.** <보기>를 참고하여 [A] ~ [D]에 대해 이해한 내용으로 적절하지 않은 것은? [3점]

<보 기>

「장풍운전」은 가족이 헤어졌다가, 주인공이 입신양명하고 큰 공적을 세우는 데에 힘입어 가족이 다시 만남으로써 가문의 번영을 이루는 방향으로 서사가 전개되고 있다. 이 과정에서 인물들이 만나 나누는 대화를 통해 서사가 압축적으로 제시되고 있는데, 독자는 이를 통해 인물들이 헤어져 각자 겪은 일들, 인물들이 새롭게 맺은 관계 등에 대해 이해할 수 있다. 또한 독자는 인물들이 겪은 일들을 서로 연계하여 사건의 성격이나 전후 사정 등에 대해서도 파악할 수 있다.

① [A]에서 모친이 자신이 지은 원수의 옷을 낭군의 신표로 간직하고 있는 여인을 만났다고 했는데, [B]를 통해 원수가 그 여인과 연을 맺은 전후의 사정을 알 수 있어.
② [A]에서 원수의 부친이 절강의 장 도사에게 원수의 관상을 보였다고 했는데, [D]를 통해 부친이 원수의 관상을 보인 이유를 알 수 있어.
③ [B]에서 원수가 한림학사를 지냈다고 했는데, [C]를 통해 한림학사에서 대사마 대원수가 되어 가문의 번영을 가능하게 하는 큰 공적을 세웠음을 알 수 있어.
④ [B], [D]를 통해 원수와 부친의 이별이 두 사람에게 시련을 초래했지만 두 사람에게 조력자들을 만나 출세의 발판을 마련하는 기회를 제공해 주었음을 알 수 있어.
⑤ [C], [D]를 통해 전쟁이 원수가 가족과 헤어지는 계기가 되기도 했지만 원수가 가족과 재회하게 되는 노정에 오르는 데에도 영향을 미쳤음을 알 수 있어.

**29.** ㉠, ㉡에 대한 설명으로 가장 적절한 것은?

① ㉠은 인물들이 연민의 정서를 주고받는 수단이 되고 있다.
② ㉡은 인물 간의 갈등을 해소하려는 의지를 나타내고 있다.
③ ㉠과 달리 ㉡은 인물들에게 일어난 사건들의 비현실적 성격을 강화하고 있다.
④ ㉡과 달리 ㉠은 미래에 인물에게 일어날 일을 예고하고 있다.
⑤ ㉠, ㉡은 모두 인물들 간의 관계를 확인하는 증표가 되고 있다.



[해설편 p.178]

30. ⓐ ~ ⓔ를 통해 인물들의 심리와 태도를 추리했을 때 적절하지 않은 것은?

① ⓐ : 원수가 한림학사를 제수받은 이후의 행적을 모친과 낭자가 긍정적으로 여겼다.
② ⓑ : 원수의 모친과 낭자가 황제와 도사에게 고마운 마음을 느꼈다.
③ ⓒ : 원수가 자신의 꿈속에 나타난 도사를 신뢰했다.
④ ⓓ : 부남 태수가 자신의 아들에 대한 그리움을 느꼈다.
⑤ ⓔ : 부남 태수가 원수를 자신의 아들로 확신했다.

[31~34] 다음 글을 읽고 물음에 답하시오.

**[앞부분의 줄거리]** 폐병을 앓고 있는 현일은 길에서 함께 있는 옛 동료 교사 도영과 제자 병수를 만난다. 병수는 폐병을 앓고 있는 도영이 약으로 쓸 구렁이와 지렁이를 잡는 것을 도와주고 있었다. 도영이 잠시 자리를 비운 사이 현일은 병수와 대화를 나눈다.

"하루바삐 하면 뭘 합니까? 학생 생활도 세월 보내는 한 수단일는지도 모르니까 요행 있는 학비니 할 수만 있으면 오래 학창 생활을 해 보렵니다."
"음……"
"학생 생활에만 애착이 있어 그런 것이 아니라 실생활에 나서기가 무서워서 그러죠."
"그것이 요새 젊은이들의 생각인가? 혹시 자네만이 그런가?"
"글쎄올시다."
"그런 것이 소위 불안이라는 유행병인가?"
어느덧 이야기가 또 이렇게 되풀이되는 것이 현일은 불쾌하였다. 병수를 만나면 젊은이의 청신한 기분을 맛보려니 기대하였던 자기가, 자기 말조차 이렇게 삐여지는* 것이 우울하였다.
"물론 시대적 원인도 크겠지만 자네같이 젊고 무엇을 하려면 할 수 있는 처지의 사람은 ㉠'나만은 그런 유행병에 감염이 안 된다'는 의지와 패기를 가져 볼 수는 없을까?"
이러한 현일의 말에
"제가 불안 병자로 자처하는 배도 아니지만…… 그렇다고 선생 말씀같이 쉽게. 죄송한 말씀이지만 ㉡선생께서 말씀하시는 의지나 패기는, 오히려 선생의 신병과 정신적 타격의 반동이 아닐까요?"
하였다.
이렇게 속에 있는 대로 털어놓고 보니 병수는 도리어 쓸쓸하였다. 말이 지나쳤다고 후회되었다.
M학교 시대에 또 각혈을 한 것이라고 볼 수밖에 없는 현일 선생이 그러한 때마다 '개체인 자신이 불행하더라도 그 때문에 결코 인생을 어둡게 보거나 저주할 것은 아니라'고 열성적으로 강조하는 말을 들을 때마다 감격하였고 현일 선생을 더욱 숭배하였던 것을 생각하였다.
그러한 희생과 추억과 지금의 자기 태도를 생각할 때 병수는 더욱 쓸쓸하였다. 이런 것이 문학청년다운 자기의 예민한 관찰을 자랑하려는 경박한 것이 아닐까고도 생각되었다.
㉢현일은 현일이대로 병수의 말에 아픈 타격을 느낄밖에 없었다. 절망적으로 자기 생명의 위험을 느낄 때마다 지금까지의 노력 정진 전진 노력으로 싸우며 살아온 자기의 일생이 이뿐이냐 하는 생각에 한 사회인으로 무엇을 해 보겠다는 희망도 야심도 사라지고 모든 것이 귀찮아지고 세상이 어둡고 인생을 저주하고 싶은 것이었다. 그것은 감정이었다. 그러나 그때만은 그것이 생각할 수 있는 생각의 전부였다. 소크라테스가 아닌 범인의 본능이었다.
그러한 자기의 감정과 본능을 이론적으로 극복하려는 심정으로 수신 시간의 강의는 더욱 열이 있었던 것이 아닐까.
이렇게 생각하는 현일은 병수의 온건치 않은 말이 불쾌하면서도 전연 억측만도 아닌 바에야. 그러나,
"그러나 자네 말대로 내가 절망적이요, 그 반동으로 의지와 패기를 말하는지는 모르지만 사람에게는 의지와 패기가 필요찮을까? ㉣물론 나는 건강으로나 교육자로나 절망적이지만, 자네 같은 사람들이야 왜."
"결국 용기 문제겠지요."
이렇게 대답하는 병수는 용기 없다기보다는 용기를 일으킬 만한 사상과 신념을 붙들지 못하였다는 것이 솔직한 말이 아닐까고 생각하였다.

(중략)

병수가 무엇이라 대답할 사이도 없이 도영의 입에서 피가 솟구쳐 나오기 시작하였다.
피가 좀 멎자 기신을 못 차리는 그의 입언저리의 피를 씻으려고 병수는 손수건을 들고 다가앉았다. 그것을 본 현일은 병수를 떠밀어 내며 노기를 띤 언성으로 "저리 가라니까" 소리를 지르고 자기 손수건을 내어 도영의 머리를 가슴에 안고 얼굴을 씻으며
"이런 더러운 피에 왜 손을 적시려나…… 정신 차리거든 내가 다리구 갈게 자넨 가게나."
병수는 할 수 없이 돌아서 성문으로 들어갔다.
처음같이 피가 솟구쳐 나지는 않지만 그치지 않고 입언저리로 가늘게 흘러내렸다. 도영의 머리를 자기 가슴에 기대어 놓은 현일이는 피가 멎을까 하여 자기 수건과 도영의 수건을 모두 적시어 보았으나 끝이 없었다.
할 수 없이 돌 위에 웃저고리를 접어 놓은 베개에 도영이를 누이고 정신 차리기를 기다릴밖에 없었다. 성벽 저편으로 해가 기울어서 진한 그림자가 덮이고 바람이 불었다.

[A]
아무리 저녁인들 이 여름에 바람이 싫으니…… 나 역시 이 세상과는 벌써 인연이 멀어진 사람이로구나. 속으로 이렇게 중얼거리며 현일은 앞가슴에 옷자락을 여미고 송장 같은 도영의 옆에 엎디었다.
절망과 패기. 비관과 낙관. 그 두 가지 정반대의 생각을 번갈아 가며 지금까지 살아왔거니.
절망과 비관으로는 살아갈 수가 없었다. 뼈를 깎는 듯한 절망에 부대끼다 못하여 애써 빈약하지만 자기의 **철학의 지식**을 끄집어내어 구원한 인생의 발전을 명상해 볼 때에는 **청징한 공기**를 호흡하듯이 상쾌함을 느끼는 때도 있었다. 그때마다 자기도 한 짐을 맡았으면 하는 패기도 느껴 보는 것이다. 그러나 그러한 인생을 등지고 죽어 가는 자신을 생각할 때 **깊은 바닷속**으로 빠져 들어가는 듯한 절망을 느낄밖에 없었다. 그러나 그것이 오직 자기의 세계라면 참고 사는 때까지 살아가리라 하였다. 그러나 또 견딜 수가 없었고 아직 남은 **마음의 탄력**으로 또 상쾌한 명상으로 떠올라 보는 것이었다.
그러나 지금 내게는 무엇이 남았으랴. 절망인들 남았으랴. 죽어 가는 폐어에게 물도 공기도 무슨 소용이랴. 지금 폐어는 **반신(半身) 물에 잠기고 반신 바람에 불리**면서도 **두 가지 호흡의 기능**을 다 잃고 죽어 가는 것이라고 현일은 꿈속같이 생각하며 죽은 듯이 엎뎌 있었다.

15회

얼마 후에 성문 저편에 자동차가 멎고 병수가 돌아왔다.

운전수의 손을 빌려서 도영이를 차에 싣고 떠났다. 죽은 듯한 도영이를 무릎 위에 누이고 현일은 차 한편 모퉁이에 기대었다. 눈도 뜰 수 없이 피곤하였다.

㉤운전대에 앉아서 돌아보는 병수는 '이런 더러운 피에 왜 손을 적시려나' 한 선생의 말을 생각하였다.

– 최명익, 「폐어인」 –

* 삐여지는 : 빗나가는.

**31.** 윗글의 내용에 대한 이해로 적절하지 않은 것은?

① 병수는 자신의 속에 있는 말을 현일에게 하고 후회했다.
② 병수는 병이 발작해 쓰러진 도영을 위해 자동차를 타고 돌아왔다.
③ 현일은 병수와의 만남이 자신이 기대했던 것과 달라 우울함을 느꼈다.
④ 병수는 실생활에 나서는 것에 대한 두려움 때문에 학창 생활을 오래 하겠다고 말했다.
⑤ 현일은 자신의 말에 대한 병수의 비판을 근거 없는 추측이라고 여겨 불쾌함을 느꼈다.

**32.** [A]의 서술상 특징으로 가장 적절한 것은?

① 인물의 외양을 감각적으로 묘사하여 인물의 성격을 제시하고 있다.
② 인물의 내적 독백을 제시하면서 인물의 내면 의식을 진술하고 있다.
③ 공간적 배경을 사실적으로 제시하여 사건 전개의 필연성을 확보하고 있다.
④ 관찰자의 시점에서 인물과 일정한 거리를 유지하면서 인물의 행적을 제시하고 있다.
⑤ 시간의 흐름에 따라 서술자를 달리하여 하나의 사건을 다양한 관점에서 조명하고 있다.

**33.** <보기>에서 선생님이 제시한 활동을 통해 [폐어]에 대해 이해한 내용으로 가장 적절한 것은?

<보 기>

**선생님** : 폐어는 물속에서도 뭍에서도 호흡하는 물고기입니다. 폐어와 관련하여 형성될 수 있는 물속과 뭍, 물과 공기의 대조적 의미 관계는 이 작품에서 '현일'을 통해 나타나고 있습니다. 이를 참고하여 폐어에 대해 이해해 봅시다.

① 폐어가 '두 가지 호흡의 기능'을 모두 잃고 죽어 가는 것은 현일이 패기를 잃은 데다가 절망조차 남아 있지 않은 것을 의미하고 있어요.
② 폐어가 '반신 물에 잠기고 반신 바람에 불리'는 것은 현일이 낙관적 생각을 하지 못하고 비관적 생각만 하며 살아온 것을 의미하고 있어요.
③ 폐어가 물위로 떠올라 '청징한 공기'를 호흡하는 것은 현일이 인생을 등지고 더 깊은 절망감에 빠져드는 것을 의미하고 있어요.
④ 폐어가 '마음의 탄력'으로 떠오르는 것은 현일이 현실에 대한 욕망을 내려놓고 심적 안정 상태에 이르렀음을 의미하고 있어요.
⑤ 폐어가 '깊은 바닷속'으로 들어가는 것은 현일이 '철학의 지식'을 끄집어내는 것을 의미하고 있어요.

**34.** <보기>를 참고하여 ㉠~㉤을 감상한 내용으로 적절하지 않은 것은? [3점]

<보 기>

이 작품은 암울했던 일제 말기에 기성세대와 청년 세대가 서로에 대해 지녔던 의식과 태도가 어떠했는지를 보여 주고 있다. 이 작품 속 기성세대는 청년 세대에게 실망감과 안타까움을 느끼는 한편, 그들에 대한 책임 의식과 그들이 더 나은 삶을 살았으면 하는 바람을 지니고 있다. 그리고 청년 세대는 기성세대를 냉소적으로 대하기도 하지만 외면하지 않고 기성세대의 생각을 이해하고자 노력하는 모습을 보여 주고 있다.

① ㉠에서는 현일이 현실을 회피하려는 태도를 보이는 병수의 말에 대해 안타까운 마음을 드러내고 있다고 할 수 있겠군.
② ㉡에서는 병수가 부정적 현실에 맞서는 정신적 태도를 강조하는 현일의 말에 대해 냉소적 인식을 드러내고 있다고 할 수 있겠군.
③ ㉢에서는 현일이 사회인으로서 책임 의식을 강화하기 위한 일을 계획하는 데 현일의 마음을 아프게 한 병수의 말이 영향을 주었음을 드러내고 있다고 할 수 있겠군.
④ ㉣에서는 현일이 자신의 조언에 대한 병수의 반문과 관련해 자신과 병수를 구분하고 병수가 자신보다 더 나은 삶을 살았으면 하는 바람을 드러내고 있다고 할 수 있겠군.
⑤ ㉤에서는 병수가 자신을 염려해 주는 마음에서 현일이 했던 말의 의미를 헤아려 보려는 태도를 드러내고 있다고 할 수 있겠군.

* 확인 사항

○ 답안지의 해당란에 필요한 내용을 정확히 기입(표기)했는지 확인하시오.

○ 이어서, 「**선택과목(화법과 작문)**」 문제가 제시되오니, 자신이 선택한 과목인지 확인하시오.



[해설편 p.178]

제 1 교시

# 국어 영역(화법과 작문)

15회

[35~37] 다음은 학생 대상의 강연이다. 물음에 답하시오.

안녕하세요. 전통문화 연구원 ○○○입니다. 여러분은 자연의 풍경을 접한 채 음악을 들으면서 한가롭게 차를 마신 경험이 있으신가요? (청중의 반응을 확인한 후) 제가 생각한 것보다 많지 않군요. 그렇다면 한번 눈을 감고 상상을 해 보세요. (잠시 후) 마음이 평안해지지 않나요? 저는 오늘 여러분에게 정신적 여유로움을 담아낸 그림들을 소개하고자 합니다.

먼저 조선 중기에 창작된 이경윤의 「월하탄금도」를 소개하겠습니다. 고요하고 깊은 산속, 보름달 아래에서 거문고를 연주하며 차를 마시는 상상을 해 보시겠어요? (자료 제시) 여러분이 상상한 장면과 비슷한가요? 달빛이 고즈넉한 자연 공간을 채워 탈속의 느낌을 자아내고 있습니다. 이 공간에서 한 문사가 거문고를 어루만지고 다동이 차를 준비하고 있습니다. (자료의 해당 부분을 각각 지시) 거문고는 마음을 바르게 이끄는 것이고, 차는 정화를 위한 것입니다. 이 둘은 내면의 여유로움과 높은 정신의 경지를 나타내기도 합니다.

다음은 조선 후기 작품인 김홍도의 「전다한화」입니다. (자료 제시) 그림 속 인물과 소재에 주목해 앞의 그림과 유사한 점을 찾아보세요. 이 그림에서도 다동이 차를 준비하고 있죠. 그 왼편에서 책을 들고 있는 선비와 부채를 들고 있는 선비가 한가롭게 담소를 나누고 있는데 여유로움이 느껴집니다. (자료의 해당 부분을 각각 지시) 여기 기암괴석의 왼쪽에 파초가 있고 오른쪽에는 야자수가 있습니다. 이것들은 당대 문인들의 취향을 반영한 것으로 그림 속 인물들의 한가로움을 부각하고 있습니다. 그리고 이 그림에도 거문고가 있죠. 이 그림에서도 거문고는 인물들의 정신적 지향점을 나타냅니다.

이제 두 그림을 함께 보겠습니다. (두 자료를 한 화면에 함께 제시) 「월하탄금도」는 자연의 공간인 산속을, 「전다한화」는 인위적 공간인 정원을 배경으로 삼고 있습니다. 이처럼 두 그림은 공간의 성격이 서로 다릅니다. 하지만 두 그림은 모두 내면의 여유로움을 보여 주고 있습니다. 「월하탄금도」는 '은일'을 통해, 「전다한화」는 '망중한'을 통해 보여 주고 있죠. 그런데 '은일', '망중한'의 의미를 아시나요? (청중의 반응을 살피고) 모르시는 분이 많군요. '은일'은 속세를 떠나 숨어 한가롭게 지냄을, '망중한'은 바쁜 가운데의 한가한 틈을 의미합니다. 여기서 우리의 생활을 잠시 돌아볼까요? 일상에 파묻혀 바쁘게만 지내고 있지는 않나요? 그림 속 문인들처럼 차를 가까이 하며 여유로움과 내면의 자유를 느껴 보시기를 바랍니다.

35. 위 강연에 대한 설명으로 가장 적절한 것은?

① 청중이 당면할 수 있는 문제 상황들을 열거하며 실천을 권유하고 있다.
② 청중과 함께 공유한 경험을 환기하여 화제에 관한 청중의 관심을 유도하고 있다.
③ 청중에게 질문을 제시하고 청중의 반응을 확인하여 필요한 정보를 제공하고 있다.
④ 강연 중간중간에 청중이 강연의 내용을 이해할 때 주의해야 할 점을 제시하고 있다.
⑤ 강연에서 다룰 내용들의 순서를 안내하여 청중이 강연 내용을 예측하도록 돕고 있다.

36. 강연자의 자료 활용 계획 중 위 강연에 반영되지 않은 것은?

<자료 1> 이경윤, 「월하탄금도」 <자료 2> 김홍도, 「전다한화」

① <자료 1>을 보여 주며 그림 속 소재들에 대한 청중들의 감상 의견을 유형별로 나누어 분석한다.
② <자료 1>의 소재들을 각각 지시하며 소재들이 그림에서 나타내고 있는 의미를 설명한다.
③ <자료 2>를 보여 주며 <자료 1>과 유사한 점을 찾을 수 있도록 유도한다.
④ <자료 2>의 소재들을 각각 지시하며 그림에 반영되어 있는 당대 문인들의 취향을 언급한다.
⑤ <자료 1>과 <자료 2>를 함께 보여 주며 두 그림의 공간적 배경의 차이점을 제시한다.

37. 다음은 위 강연을 들은 학생들의 반응이다. 이를 이해한 내용으로 적절하지 않은 것은? [3점]

**학생 1** : 미술 서적을 통해 「월하탄금도」의 거문고가 도연명의 고사와 관련이 있다고 알고 있어. 고사에 관한 내용을 기대했는데 이야기해 주지 않아 아쉬웠어.

**학생 2** : 두 그림의 제목이 지닌 의미를 설명했다면 강연 내용을 더 잘 이해할 수 있었을 텐데. 아쉽네. 하지만 오랜만에 강연을 통해 내 생활을 돌아보는 기회를 가질 수 있어 유익했어.

**학생 3** : 자연물을 소재로 삼은 그림 속 공간은 모두 자연의 공간이라고만 생각했었는데, 인위적인 정원도 그림 속 공간이 됨을 새롭게 알았어. 그리고 차를 소재로 삼은 그림을 감상할 때 정신적인 측면을 고려해야 함도 알았어.

① 학생 1은 강연 내용과 관련 있는 자신의 배경지식을 떠올리고 있다.
② 학생 2는 강연의 효용성을 근거로 강연을 긍정적으로 평가하고 있다.
③ 학생 3은 강연을 통해 새롭게 알게 된 정보를 통해 자신이 생각했던 바를 수정하고 있다.
④ 학생 1과 학생 2는 강연에서 다루면 좋았을 내용을 제시하며 아쉬워하고 있다.
⑤ 학생 1과 학생 3은 강연 내용과 관련하여 강연자가 언급하지 않은 내용을 추론하고 있다.

[해설편 p.179]

[38~42] (가)는 학교 신문 동아리 학생들의 회의이고, (나)는 회의 내용을 바탕으로 작성한 글의 초고이다. 물음에 답하시오.

(가)

**학생 1** : 지난 회의에서 학생회가 주관하는 '친해지길 바라' 행사를 학교 신문에 싣기로 하고 관련 내용을 조사하기로 했잖아. 먼저 인터뷰한 내용을 공유한 후, 이를 바탕으로 초고의 내용 구성을 어떻게 할지 이야기해 보자.

**학생 2** : 학생회장은 이번 행사를 통해 감염병 유행 기간에 외로움을 느끼는 학생들을 돕고 싶다고 말했어. 그래서 학생회 임원들이 등교하는 학생들을 반갑게 맞이하는 프로그램을 준비한다고 해.

**학생 3** : ㉠ 인사하며 맞이하는 프로그램을 통해 학생들의 외로움을 달래 주려는 것 같은데, 짧게 인사를 나눈다고 외로움을 덜어 줄 수 있을까?

**학생 2** : 실제로 짧은 순간 친근감을 표현하더라도 혼자라는 느낌이 덜 든다는 연구 결과가 있더라고.

**학생 1** : 그렇구나. 바리스타 동아리와 요리 동아리는 점심시간에 학생 휴게실에 카페를 운영하기로 했어. 서로 이야기를 나눌 수 있도록 자리를 마련하는 건데, 친구의 이야기를 귀담아들을 수 있게 하는 적절한 방법 같아.

**학생 2** : ㉡ 직접 소통할 수 있는 기회를 제공한다는 점에서 좋은 방법 같은데, 특히 전자 기기에 빠져서 대면 소통이 부족한 학생들에게 도움이 될 것 같아.

**학생 3** : 또래 상담 동아리에서는 '행복한 대화 벤치'라는 프로그램을 진행해. 대화에 초대하는 팻말을 들고 벤치에 앉아 있으니 누구라도 와서 대화를 나눌 수 있도록 한대.

**학생 2** : ㉢ 대화에 초대하는 팻말을 들고 벤치에 앉아 있는 또래 상담 동아리 학생에게 대화하고 싶은 학생이 말을 걸면 된다는 거지?

**학생 3** : 응, 맞아.

**학생 1** : 행복한 대화 벤치 사례에 대한 글을 봤어. 이 사례를 신문 기사에서 활용하는 건 어때?

**학생 3** : ㉣ 그래, 독자의 흥미를 끌 수 있을 것 같으니까 구체적으로 어떤 내용인지 조사해 볼게.

**학생 2** : 공연 동아리들이 행사에 참여하기로 했다는 이야기 들었지? 자세한 내용은 내가 좀 알아볼게.

**학생 1** : 이제 각자 인터뷰한 내용을 모두 이야기한 거지? 그럼 내용 구성을 어떻게 하면 좋을지 말해 볼까?

**학생 3** : 학생들이 행사 정보를 잘 기억할 수 있게 학생의 이동 동선에 따라 행사 프로그램을 소개하고, 각 프로그램의 기대 효과를 덧붙이면 좋겠어.

**학생 2** : ㉤ 좋은 생각이야. 행사 개최의 이유를 밝히기 위해 기사 앞부분에 외로움의 위험성에 대해 언급하는 게 필요할 것 같아.

**학생 1** : 좋아. 지금까지의 의견을 종합해 내용을 구성하기로 하자. 기사문 작성을 위해 역할 분담은 어떻게 할까?

**학생 3** : 인터뷰 자료를 바탕으로 초고는 내가 써 볼게.

**학생 2** : 난 공연 동아리들의 프로그램을 조사해서 알려 줄게.

**학생 1** : 그럼 초고 검토는 내가 할게. 각자 조사한 자료의 출처가 믿을 만한지 확인해 줘.

(나)

**[표제]** 외로움 줄이고 친밀함 높이는 행사가 열려
**[부제]** 감염병으로 끊어진 관계를 연결하는 '친해지길 바라'

**[전문]** 학생회가 주관하고 희망하는 동아리들이 참여하는 '친해지길 바라' 행사가 진행될 예정이다.

**[본문]** 사람들 간의 상호 작용을 연구한 ○○○ 박사는 지속적인 외로움은 정신 건강은 물론이고 신체 건강도 위협한다고 말한다. 이에 학생회장은 '친해지길 바라'를 준비하면서 "이 행사를 통해 감염병 유행 기간에 다른 사람들과 제대로 교류하지 못해 외로움을 느끼는 학생들이 도움을 받았으면 좋겠다."라고 행사의 취지를 밝혔다. 이번 행사는 참여자들의 상호 소통을 중시하는 자율적인 성격의 프로그램들을 학생회와 여섯 개의 동아리가 준비하고 있다.

먼저 행사 기간 동안 등교 시간에 학교 정문에서는 학생회 임원들이 '친구야, 반가워!'를 외치며 학생들을 맞이할 예정이다. 서로 반갑게 인사를 주고받으며 혼자라는 느낌을 떨치고 활력을 얻을 수 있을 것으로 기대된다.

정문에서 학교 건물로 들어가는 길에 있는 벤치에는 누구라도 와서 말을 건넬 수 있다는 문구가 써 있다. 또래 상담 동아리에서 휴식 시간에 대화가 필요한 친구들을 이 벤치에서 만난다. '행복한 대화 벤치'는 영국에서 시작되었는데, 이를 통해 지역 주민들이 공동체와 자신이 연결되었다는 느낌을 받았다고 한다. 또래 상담 동아리도 영국의 '행복한 대화 벤치'에서처럼 학생들이 학교 공동체와 연결되어 있다는 느낌을 받도록 프로그램을 준비했다고 한다.

학교 건물 1층의 학생 휴게실에서는 점심시간에 바리스타 동아리와 요리 동아리가 함께 카페를 운영한다. 카페의 이용 규칙은 스마트폰과 같은 전자 기기를 카페 입구에 보관하는 것이다. 그리고 동아리에서 만든 음료와 간식을 들며 친구들과 이야기를 나눌 수 있다. 대화에 집중할 수 있는 환경에서 친구들과 친밀감을 높일 수 있게 한 것이다.

학교의 가장 안쪽에 있는 공연장에서는 수요일 방과 후에 사물놀이 동아리, 댄스 동아리, 연극 동아리가 각 동아리 특색을 살린 체험 활동을 진행한다. 학생들은 체험 활동을 통해 다양한 상호 작용을 직접 경험할 수 있을 것이다.

[A] 학생회장은 이번 행사를 계기로 외로움을 느끼는 학생들이 도움을 받았으면 좋겠다는 바람을 드러내었다. '친해지길 바라' 행사의 자세한 프로그램 내용, 운영 시간, 변경 사항 등은 학생회 누리 소통망에서 확인할 수 있다.

38. 대화의 흐름을 고려할 때, ㉠~㉤에 대한 이해로 적절하지 <u>않은</u> 것은?

① ㉠ : 상대의 발화와 관련된 내용을 추측하며 프로그램 효과에 대한 의문을 드러내고 있다.
② ㉡ : 상대의 발화 내용에 동의하며 프로그램의 도움을 받을 수 있는 대상이 누구인지 언급하고 있다.
③ ㉢ : 상대의 발화 내용을 재진술하며 프로그램에 대해 자신이 이해한 바가 맞는지 확인하고 있다.
④ ㉣ : 상대의 발화에 공감하며 프로그램에 대해 소개할 자료를 요청하고 있다.
⑤ ㉤ : 상대의 발화를 긍정적으로 평가하며 자신의 의견을 덧붙이고 있다.



[해설편 p.180]

39. (가)의 '학생 1'에 대한 설명으로 가장 적절한 것은?

① 회의 중간에 논의된 사항을 정리하고 이에 대한 문제점을 지적한다.
② 지난 회의에서 논의된 사항을 환기하며 회의의 진행 순서를 제시한다.
③ 기사문의 내용을 확정하고 기사문 초고 작성을 위한 역할을 개인별로 배분한다.
④ 인터뷰 여부를 확인하고 인터뷰 자료를 효과적으로 공유할 수 있는 방안을 제안한다.
⑤ 자료 점검의 필요성을 제시하고 기사문에 활용할 자료의 출처를 점검하는 방법을 구체적으로 안내한다.

40. (가)와 (나)를 고려할 때, '학생 3'이 초고를 쓰기 위해 떠올렸을 생각으로 적절하지 않은 것은?

① 학생회장의 인터뷰를 직접 인용하여 행사의 취지를 드러내야겠다.
② 공연 동아리들의 프로그램에 대해 추가적으로 조사한 정보를 제시해야겠다.
③ 영국에서 시작된 '행복한 대화 벤치'를 들어 프로그램의 기대 효과를 제시해야겠다.
④ 회의에서 언급된 내용 구성 방법을 고려하여, 학생들의 이동 동선에 따라 프로그램을 소개해야겠다.
⑤ 회의에서 언급된 연구 결과를 뒷받침하기 위해, 전문가의 견해를 인용하여 외로움이 미치는 해악을 밝혀야겠다.

41. '학생 1'이 다음의 점검 기준에 따라 (나)를 점검한다고 할 때, 그 내용으로 적절하지 않은 것은?

| 점검 기준 | 점검 결과 (예 / 아니요) |
|---|---|
| · [표제]에서 행사의 목적을 나타냈는가? | ⓐ |
| · [부제]는 [표제]를 보완하는 기능을 하였는가? | ⓑ |
| · [전문]은 기사문을 요약적으로 제시하였는가? | ⓒ |
| · [본문]에서 행사 프로그램의 성격을 밝혔는가? | ⓓ |
| · [본문]에서 누가 무슨 내용의 프로그램을 진행하는지를 전달하였는가? | ⓔ |

① [표제]에서 외로움을 줄이고 친밀함을 높이는 목적으로 행사가 열린다고 밝혔으므로 ⓐ에 '예'라고 해야지.
② [부제]에서 행사가 열리는 배경과 행사의 명칭을 담았으므로 ⓑ에 '예'라고 해야지.
③ [전문]에서 육하원칙을 모두 지켜 '친해지길 바라' 행사를 요약적으로 제시했으므로 ⓒ에 '예'라고 해야지.
④ [본문]에서 행사 프로그램이 상호 소통을 중시하는 자율적 성격임을 밝혔으므로 ⓓ에 '예'라고 해야지.
⑤ [본문]에서 학생회와 동아리가 무슨 프로그램을 진행하는지를 전달하였으므로 ⓔ에 '예'라고 해야지.

42. <보기>는 [A]를 고쳐 쓴 것이다. [A]를 <보기>와 같이 수정한 이유로 가장 적절한 것은?

<보 기>

행사 소식을 접한 학생들은 이번 행사를 계기로 한동안 잃어버렸던 일상 속 활기를 되찾을 수 있을 것이라며 행사에 꼭 참여하겠다는 뜻을 밝혔다. '친해지길 바라' 행사의 자세한 프로그램 내용, 운영 시간, 변경 사항 등은 학생회 누리 소통망에서 확인할 수 있다.

① 앞에서 이미 언급한 내용은 삭제하고 행사에 대한 학생들의 기대감을 드러내기 위해
② 글의 주제와 관련이 없는 정보를 삭제하고 행사에 대한 잘못된 정보는 바로잡기 위해
③ 글의 주제와 관련이 없는 정보를 삭제하고 학생들에게 행사 참여 방법을 소개하기 위해
④ 글의 주제와 관련이 없는 정보를 삭제하고 학생들에게 적극적인 행사 참여를 호소하기 위해
⑤ 앞에서 이미 언급한 내용은 삭제하고 학생들의 흥미를 끌 수 있는 행사 프로그램을 추가하기 위해

**[43~45] 다음은 작문 상황을 바탕으로 작성한 학생의 초고이다. 물음에 답하시오.**

**[작문 상황]** 산불이 확산되는 요인과 확산되는 것을 막는 방법을 탐구하는 글을 작성하려고 함.

**[초고]**

최근 10여 년 동안 우리나라에서 4,000건 이상의 산불이 발생하였다. 특히 최근에는 대형 산불의 발생 건수가 증가하였는데 이로 인해 훼손되는 산림의 면적도 넓어지고 있다. 또한 경제적 손실도 상당하다.

산불은 입산자들의 실화, 인근 주민의 쓰레기 소각 등 인위적 요인에 의해 발생하는 경우가 많지만 낙뢰, 나무들 간의 마찰 등 자연적 요인으로 발생하기도 한다. 대부분 산불의 피해는 작은 불씨가 큰 산불로 확산되어 발생한다. 산불을 확산시키는 요인에는 바람과 지형도 있지만 산림의 종류도 있다. 우리나라 산림은 소나무 중심의 침엽수림의 비율이 높다. 침엽수는 활엽수와 달리 겨울과 봄에도 잎이 가지에 붙어 있다. 따라서 산불이 발생하면 지상에서 낙엽층을 태우던 불이 가지와 잎을 타고 윗부분까지 번진다. 이러한 수관화가 발생하면 산불이 빠르게 확산되어 대형 산불로 이어진다.

산불의 확산을 막을 수 있는 방법 중의 하나로 숲 가꾸기를 들 수 있다. 낙엽을 긁어 내는 것, 낮은 위치의 나뭇가지를 쳐 내는 것, 생장이 나쁜 나무를 솎아 내어 큰 나무 사이의 간격을 넓히는 것 등은 산불의 확산을 막을 수 있는 숲 가꾸기의 방법이다. 또한 내화 수림대를 조성하여 산불의 확산 속도와 강도를 낮추는 방법도 있다. 내화 수림대는 침엽수에 비해 상대적으로 산불에 잘 버티는 활엽수를 띠 형태로 심어 조성한 숲이다. 내화 수림대를 조성하면, 수관화로 번져 오던 산불이 내화 수림대에 막혀 더 이상 확산되지 못하고 산불의 강도가 현저히 떨어지게 된다.

[A]

15회

43. '초고'에 반영된 내용 조직 방법으로 가장 적절한 것은?

① 1문단에서 묻고 답하는 방식으로 산불 피해의 심각성을 강조하였다.
② 2문단에서 통념을 반박하는 방식으로 산불의 발생 원인을 제시하였다.
③ 2문단에서 사물에 빗대는 방식으로 수관화의 개념을 이해하기 쉽게 설명하였다.
④ 3문단에서 정보를 나열하는 방식으로 숲 가꾸기 방법을 제시하였다.
⑤ 3문단에서 대비의 방식으로 산불 확산을 해결하는 여러 방안의 장단점을 분석하였다.

44. 다음은 '초고'를 보완하기 위해 추가로 수집한 자료이다. 자료 활용 방안으로 적절하지 않은 것은? [3점]

I. **전문가 인터뷰**
"수관화가 한번 일어나면 화세가 강렬한 데다가 불씨가 멀리 날아가는 비화 현상을 일으킬 수 있어 산불이 넓은 지역으로 빠르게 번질 수 있습니다. 보통 수관화는 정유 물질을 포함하고 있는 침엽수림에서 많이 일어납니다. 따라서 산림 정책을 펼칠 때 침엽수와 활엽수가 혼합된 혼효림을 조성하는 방향으로 산림 정책을 변화시켜야 합니다."

II. **신문 기사**
○○ 지역에서 일어난 산불은 크게 확산되어 산림 피해 면적만 2만 923ha로 서울 면적의 41%에 해당한다. 이를 복원하는 데 산림은 20년, 토양은 100년의 시간이 필요하다고 한다. 피해액은 약 1,700억 원 규모로 잠정 집계되었다.

III. **□□ 연구소 자료**

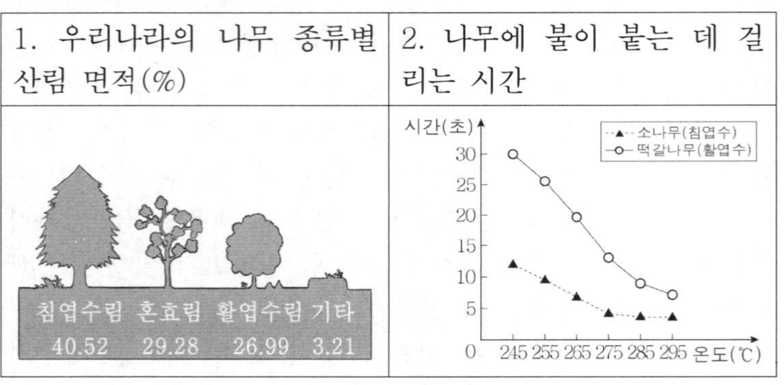


① I을 활용하여, 수관화가 발생하면 산불이 빠르게 확산된다는 2문단의 내용을 구체화한다.
② II를 활용하여, 산불로 인한 피해가 심각하다는 것을 보여 주는 사례를 1문단에 추가한다.
③ III-2를 활용하여, 내화 수림대 조성에 침엽수보다 활엽수가 사용된다는 3문단의 내용을 뒷받침한다.
④ I과 III-1을 활용하여, 산불 확산을 막는 방법으로 우리나라 산림 정책에 변화가 필요하다는 내용을 3문단에 추가한다.
⑤ II와 III-2를 활용하여, 산불을 확산시키는 요인에 바람과 지형 외에 토양과 수종이 있다는 내용을 2문단에 추가한다.

45. 선생님의 조언을 반영하여 [A]를 작성한 내용으로 가장 적절한 것은?

> **선생님** : 앞서 제시한 산불 확산 방지 방법의 효과를 비유적으로 표현하자. 그리고 산불 확산 방지에 관심을 가져야 하는 이유를 밝히며 글을 마무리하자.

① 산불의 발생을 막기 위해서는 사람들이 관행적으로 하는 불법 쓰레기 소각 행위, 입산 중 불씨를 취급하는 행위를 하지 말아야 한다. 우리의 실천이 산불을 진압하는 소화기가 된다.
② 숲 가꾸기와 내화 수림대 조성은 산불 확산을 막을 수 있는 방패가 된다. 우리의 자연과 재산을 지킬 수 있도록 산불 확산 방지에 관심을 가져야 한다.
③ 숲은 가꾸어 주어야 할 시기를 놓치면 자연으로서의 가치가 낮아진다. 농가의 피해를 최소화하기 위해서는 산불의 발생을 막는 것이 중요하다.
④ 산불은 일어나는 것을 막는 것도 중요하지만 번지지 않게 막는 것도 중요하다. 산불 확산 방지에 대한 관심이 중요한 때이다.
⑤ 숲은 우리의 건강을 책임지는 보약이다. 숲을 잘 가꾸어 아름다운 숲을 우리 후손들에게 물려줄 수 있도록 해야 할 것이다.

* 확인 사항
○ 답안지의 해당란에 필요한 내용을 정확히 기입(표기)했는지 확인하시오.
○ 이어서, 「**선택과목(언어와 매체)**」 문제가 제시되오니, 자신이 선택한 과목인지 확인하시오.


[해설편 p.181]

제 1 교시

# 국어 영역(언어와 매체)

15회

[35~36] 다음 글을 읽고 물음에 답하시오.

음운 변동은 음운이 환경에 따라 바뀌는 현상이다. 음운 변동 중에는 음절의 끝소리 규칙, 비음화, 경음화가 있는데, 이들은 현대 국어와 15세기 국어에서 적용 양상의 차이가 있다.

우선 현대 국어에서 음절의 끝소리 규칙은 음절의 끝에 ‘ㄱ, ㄴ, ㄷ, ㄹ, ㅁ, ㅂ, ㅇ’ 이외의 다른 하나의 자음이 오면 평파열음인 ‘ㄱ, ㄷ, ㅂ’ 중 하나로 바뀌는 현상을 말한다. ‘밖→[박]’, ‘꽃→[꼳]’, ‘잎→[입]’이 그 예이다. 한편 15세기 국어의 음절의 끝소리 규칙은 음절의 끝에서 발음될 수 없는 자음이 음절의 끝에 오면 ‘ㄱ, ㄷ, ㅂ, ㅅ’ 중 하나로 바뀌는 현상으로, ‘곶→곳’, ‘빛→빗’이 그 예이다. 이는 음절 끝에서 발음될 수 있는 자음이 ‘ㄱ, ㄴ, ㄷ, ㄹ, ㅁ, ㅂ, ㅅ, ㆁ’으로 제한된 것과 관련이 있다.

다음으로 비음화는 평파열음이 비음 앞에서 동일한 조음 위치의 비음으로 바뀌는 현상이다. ‘국물→[궁물]’, ‘받는→[반는]’, ‘입는→[임는]’은 현대 국어에서 비음화가 일어난 예이다. 15세기 국어에서 비음화는 현대 국어에서만큼 활발하게 일어나지 않았고, ‘ㄷ’의 비음화가 일어난 경우가 대부분이었다. ‘묻노라→문노라’는 용언의 활용형에서 ‘ㄷ’의 비음화가 일어난 예이다. 한편 15세기 국어에서 비음화는 현대 국어에서와 마찬가지로 음절의 끝소리 규칙이 일어난 후 실현되기도 했다. ‘븥ᄂᆞᆫ→븓ᄂᆞᆫ→븐ᄂᆞᆫ’, ‘낳ᄂᆞ니→낟ᄂᆞ니→난ᄂᆞ니’는 음절의 끝소리 규칙으로 ‘ㅌ’, ‘ㅎ’이 ‘ㄷ’으로 바뀐 후 비음화가 실현된 예이다. 그런데 현대 국어에서와 달리 15세기 국어에서는 ‘ㅂ’의 비음화는 드물게 확인되고, ‘ㄱ’의 비음화는 일어나지 않았다.

마지막으로 경음화는 평음이 일정한 조건에서 경음으로 바뀌는 현상이다. 현대 국어의 경음화에는 평파열음 뒤의 경음화, 어간 끝 ‘ㄴ, ㅁ’ 뒤의 경음화, ‘ㄹ’로 끝나는 한자와 ‘ㄷ, ㅅ, ㅈ’으로 시작하는 한자가 결합할 때 ‘ㄹ’ 뒤의 경음화, 관형사형 어미 ‘-(으)ㄹ’ 뒤의 경음화 등이 있다. ‘국밥→[국빱]’, ‘더듬지→[더듬찌]’, ‘발달→[발딸]’, ‘할 것을→[할꺼슬]’이 그 예이다. 한편 15세기 국어에서는 ‘갈 ᄃᆡ→갈 ᄯᆡ’에서처럼 관형사형 어미 ‘-(ᄋᆞ/으)ㄹ’ 뒤에서의 경음화가 흔히 일어났다. 평파열음 뒤의 경음화는 일어났을 것이라고 추측되나 표기에 잘 나타나지는 않는다. 또한 비음으로 끝나는 용언 어간 뒤에서 일어나는 경음화는 나타나지 않았고, 한자어에서 유음 뒤의 경음화는 확인되지 않는다.

35. 윗글을 통해 알 수 있는 내용으로 적절하지 않은 것은?

① 15세기 국어의 ‘걷ᄂᆞᆫ→건ᄂᆞᆫ’은 ‘ㄷ’의 비음화가 일어난 예일 것이다.
② 현대 국어와 달리 15세기 국어의 ‘막-+-노라’에서는 비음화가 일어나지 않았을 것이다.
③ 현대 국어의 ‘ㄱ-ㅇ’, ‘ㄷ-ㄴ’, ‘ㅂ-ㅁ’은 동일한 조음 위치의 ‘평파열음-비음’에 해당하는 쌍일 것이다.
④ 15세기 국어의 ‘안-+-게’, ‘ᄀᆞᆷ-+-고’에서는 모두 어미의 평음 ‘ㄱ’이 경음 ‘ㄲ’으로 바뀌지 않았을 것이다.
⑤ 15세기 국어의 ‘ᄌᆞᆾ-+-노라’, ‘빛+나다’에서는 모두 음절의 끝소리 규칙과 비음화가 순차적으로 일어났을 것이다.

36. 윗글을 참고할 때, <보기>의 [A]에 들어갈 ‘학생’의 답으로 적절하지 않은 것은?

<보 기>

선생님 : 다음 제시된 현대 국어 자료에서 일어난 음운 변동을 설명해 봅시다.

㉠ 겉멋만→[건먼만] ㉡ 꽃식물→[꼳씽물]
㉢ 낮잡는→[낟짬는]

학생 : [A]

① ㉠에서는 음절 끝의 자음이 ‘ㄴ’으로 바뀌는 비음화가 두 번 일어났습니다.
② ㉡에서는 음절 끝의 자음이 ‘ㅇ’으로 바뀌는 비음화가 한 번 일어났습니다.
③ ㉡, ㉢에서 일어난 경음화는 평파열음 뒤에서 일어났습니다.
④ ㉠과 달리 ㉡, ㉢에서는 음절 끝의 자음이 ‘ㄷ’으로 바뀌는 음절의 끝소리 규칙이 일어났습니다.
⑤ ㉢과 달리 ㉠, ㉡에서는 ‘ㅁ’으로 인해 비음화가 일어났습니다.

15회

37. <보기>의 ‘복합어’를 ‘분류 과정’에 따라 분류할 때, ㉠과 ㉡에 들어갈 말을 바르게 짝지은 것은? [3점]

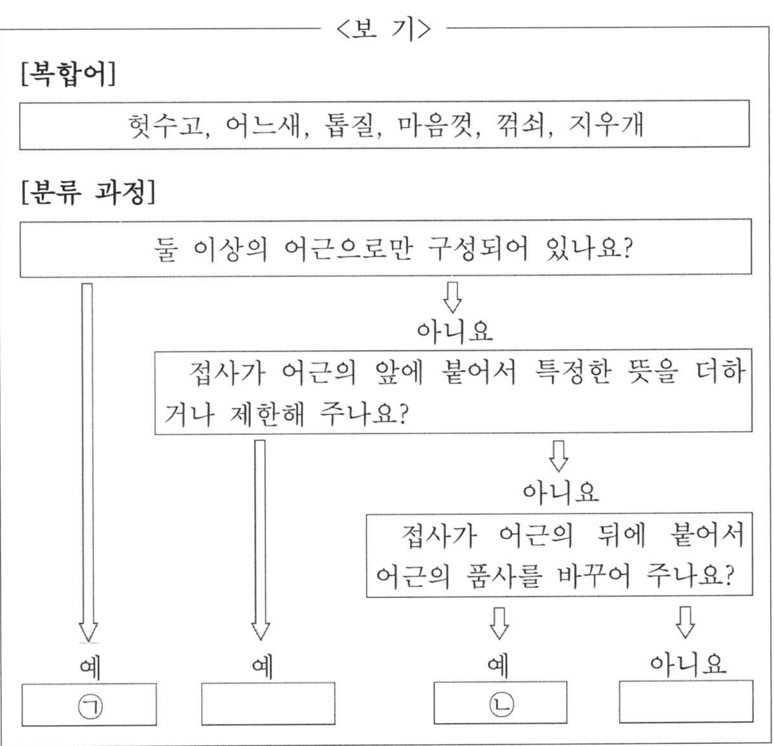


| | ㉠ | ㉡ |
|---|---|---|
| ① | 어느새, 꺾쇠 | 마음껏, 지우개 |
| ② | 헛수고, 어느새 | 지우개 |
| ③ | 톱질, 꺾쇠 | 헛수고, 마음껏 |
| ④ | 톱질, 마음껏, 꺾쇠 | 헛수고 |
| ⑤ | 어느새, 톱질, 꺾쇠 | 지우개 |

38. <보기>의 ㉠ ~ ㉢에 대한 설명으로 적절하지 않은 것은?

<보 기>

㉠ 어머니는 아들이 비로소 대학생이 되었음을 실감했다.
㉡ 파수꾼이 경계 초소에서 본 동물은 늑대는 아니었다.
㉢ 감독이 그 선수를 야구부 주장으로 삼기로 결심했다.

① ㉠에는 안긴문장에 보어가 있고, ㉡에는 안은문장에 보어가 있다.
② ㉠은 안긴문장이 안은문장의 목적어로 사용되고, ㉢은 안긴문장이 안은문장의 부사어로 사용된다.
③ ㉡과 달리 ㉢의 안긴문장의 서술어는 부사어를 필수 성분으로 요구한다.
④ ㉢과 달리 ㉡의 안긴문장에는 목적어가 생략되어 있다.
⑤ ㉠ ~ ㉢은 모두 안긴문장의 주어와 안은문장의 주어가 다르다.

39. <보기>의 '학습 활동'을 수행한 결과로 적절하지 않은 것은?

<보 기>

[학습 활동] 용언의 어간에 어미가 결합하는 것을 활용이라고 한다. 용언의 활용에는 규칙 활용과 불규칙 활용이 있다. 다음 예문에서 밑줄 친 말의 기본형을 생각해 보면서 용언의 활용 양상을 설명해 보자.

[예문]

| | ⓐ 규칙 활용의 예 | ⓑ 불규칙 활용의 예 |
|---|---|---|
| ㉠ | 형은 교복을 입어 보았다. | 꽃이 아름다워 보였다. |
| ㉡ | 나는 언니에게 죽을 쑤어 주었다. | 오빠는 나에게 밥을 퍼 주었다. |
| ㉢ | 누나는 옷을 벽에 걸어 두었다. | 삼촌은 눈길을 걸어 집에 갔다. |
| ㉣ | 동생은 그릇을 씻어 쟁반에 놓았다. | 이 다리는 섬과 육지를 이어 주는 역할을 한다. |
| ㉤ | 우리는 짐을 쌓아 놓았다. | 하늘이 파래 예뻤다. |

① ㉠ : ⓐ에서는 어간의 형태가 유지되었지만, ⓑ에서는 어간의 'ㅂ'이 달라졌다.
② ㉡ : ⓐ에서는 어간의 형태가 유지되었지만, ⓑ에서는 어간의 'ㅜ'가 없어졌다.
③ ㉢ : ⓐ에서는 어간의 형태가 유지되었지만, ⓑ에서는 어간의 'ㄷ'이 달라졌다.
④ ㉣ : ⓐ에서는 어간의 형태가 유지되었지만, ⓑ에서는 어간의 'ㅅ'이 없어졌다.
⑤ ㉤ : ⓐ에서는 어간과 어미의 형태가 유지되었지만, ⓑ에서는 어간의 'ㅎ'과 어미가 모두 없어졌다.

[40~42] (가)는 지역 신문사의 웹 페이지 화면이고, (나)는 (가)를 바탕으로 학생이 만든 홍보 인쇄물이다. 물음에 답하시오.

(가)

○○ 군민일보 　본문 듣기　SNS로 전달

**○○군청, 못난이 배 소비 활성화를 위한 캠페인 개최**

(최초 입력 2022.09.16. 09:37:53 / 수정 2022.09.16. 10:12:34)

김△△ 기자

㉠ ○○군청에서 지역에 있는 배 재배 농가를 지원하기 위한 사업을 시작했다. ○○군청은 사업의 일환으로 다음 달 1일부터 '○○군 배 소비 활성화 캠페인'을 개최한다고 밝혔다. 이 행사는 한 달간 진행되며, ○○군 소재 배 재배 농가의 70%가 참여할 예정이다.

올해는 태풍과 이상 기온 현상으로 ○○군에서 수확한 배 중 규격 외 배(이하 못난이 배)의 비율이 특히 높았다. ㉡ 못난이 배는 크기나 모양이 기준에 도달하지 못하거나 흠집이 있어 상품성이 다소 떨어지는 배를 말한다. 일반 상품과 비교하여 맛에는 큰 차이가 없음에도, ㉢ 이것은 판매가 어려워 폐기되는 경우가 많았다. 이러한 문제를 해결하기 위해 ○○군청에서는 일반 배뿐 아니라 못난이 배와 못난이 배로 만든 가공식품의 소비 활성화에 중점을 두고 캠페인을 벌이기로 하였다.

캠페인을 앞두고 ○○군 내 배 재배 농가에서는 기대감을 드러냈다. 배 재배 농민 최□□ 씨는 "좀 못나도 다 제 자식 같은 배입니다. ㉣ 맛에는 전혀 차이가 없으니 안심하고 못난이 배도 많이 사 주세요."라고 말했다. ㉤ ○○군수는 배의 소비 활성화를 위해 온라인 판매처인 '○○ 온라인 알뜰 장터' 운영 지원을 시작할 예정이며, 특히 이곳에서는 못난이 배를 일반 상품의 절반 가격에 구입할 수 있어 소비자에게도 이익이 될 것이라고 말했다. ○○군 배와 배 가공식품은 특산물 직판장과 온라인 판매처에서 구입할 수 있다.

< 기사에 대한 독자 반응 >

좋아요 27　유용해요 17　슬퍼요 1　후속 기사 원해요 9

▌관련된 기사로 바로 가기(클릭)
- 기관지염, 고혈압 등에 효능이 좋은 배
- [현장 스케치] ○○군 배 공동 선별 센터 작업 현장에 가다

(나)

좀 못나도
다 제 자식 같은 배입니다.
○○군 못난이 배
많이 사 주세요.

맛은 그대로　가격은 절반으로

못난이 배란?
크기나 모양이 기준에 미달되거나
흠집이 있는 배를 말합니다.

배 가공식품
소개 웹 페이지

못난이 배를 구입하는 방법
○○군 특산물 직판장에 방문하거나
○○ 온라인 알뜰 장터 검색해 접속하여 구입

[해설편 p.182]

40. (가)의 매체 자료에 대한 이해로 적절하지 않은 것은?

① '본문 듣기'가 있는 것을 보니, 수용자가 기사의 내용을 음성 언어로도 수용할 수 있을 것이다.
② 'SNS로 전달'이 있는 것을 보니, 수용자가 기사의 내용을 다른 사람과 온라인으로 공유할 수 있을 것이다.
③ '최초 입력'과 '수정' 시간이 있는 것을 보니, 생산자가 기사를 입력한 이후에도 기사를 수정할 수 있을 것이다.
④ '기사에 대한 독자 반응'이 있는 것을 보니, 생산자가 자신이 생산한 기사의 유통 범위를 확인할 수 있을 것이다.
⑤ '관련된 기사로 바로 가기'가 있는 것을 보니, 수용자가 기사 내용과 관련된 추가 정보를 얻을 수 있을 것이다.

41. (나)를 제작하는 과정에서 반영된 학생의 계획으로 적절하지 않은 것은?

① 상품의 온라인 판매처를 소개하기 위해, (가)에 언급된 못난이 배의 온라인 판매처 이름을 인터넷 검색창 이미지를 활용하여 제시해야지.
② 상품의 특성을 강조하기 위해, (가)에 언급된 못난이 배의 맛과 영양에 대한 정보를 배의 모양을 활용하여 도안된 그림으로 제시해야지.
③ 상품에 대한 추가 정보를 안내하기 위해, (가)에 언급된 배 가공식품을 소개하는 웹 페이지 주소를 QR코드로 제시해야지.
④ 상품의 소비를 촉구하기 위해, (가)에 제시된 농민의 인터뷰 내용의 일부를 말풍선의 문구로 제시해야지.
⑤ 상품의 의미를 밝혀 주기 위해, (가)에 제시된 못난이 배의 뜻을 물음에 답하는 방식으로 제시해야지.

42. ㉠~㉤에 대한 이해로 가장 적절한 것은?

① ㉠ : 격 조사 '에서'를 활용해 배 재배 농가를 지원하는 사업의 주체가 '○○군청'임을 나타냈다.
② ㉡ : 연결 어미 '-거나'를 활용해 못난이 배의 판정 기준과 흠집에 관한 내용이 인과적으로 연결됨을 나타냈다.
③ ㉢ : 지시 대명사 '이것'을 활용해 앞에서 언급한 '일반 상품'을 가리키고 있음을 나타냈다.
④ ㉣ : 보조사 '도'를 활용해 판매하는 상품이 못난이 배로 한정됨을 나타냈다.
⑤ ㉤ : 관형사형 어미 '-ㄹ'을 활용해 ○○군수가 오래전부터 온라인 알뜰 장터의 운영을 지원해 왔음을 나타냈다.

**[43~45] 다음은 안전 교육을 위한 교내 방송의 일부이다. 물음에 답하시오.**

**진행자** : 얼마 전 우리 학교에서 실험실 안전사고가 발생했습니다. 그래서 오늘은 실험실 안전 교육을 위해 △△ 안전 연구소의 김○○ 연구원을 모셨습니다. 교육을 잘 듣고 앞으로는 안전한 실험을 할 수 있기를 바랍니다.

**연구원** : 학생 여러분, 안녕하세요. 최근 우리 연구소에서 조사한 통계 자료를 보면 학교 실험실에서 일어난 안전사고의 76%는 학생들의 안전 불감증으로 인한 부주의에서 발생한 것이었습니다. 어떤 사고가 있었는지 먼저 영상을 보시죠.

이 영상은 어느 대학 실험실에서 안전 장비를 제대로 착용하지 않고 실험을 하다가 얼굴에 부상을 입은 학생의 사례를 보여 주고 있습니다. 실험복, 보안경, 보호 장갑, 마스크 등의 안전 장비를 제대로 착용하지 않으면 다칠 수 있으므로 안전 장비를 잘 갖추어야 합니다. 다음 영상은 실험실에서의 부주의한 행동이 큰 화재로까지 이어진 사례를 보도한 뉴스의 한 장면입니다.

잘 보셨나요? 이 사례는 학생이 실험 중에 서로 섞이면 안 되는 두 화학 물질을 임의로 섞다가 폭발이 일어난 사고입니다. 실험실에서의 안전 수칙을 지키지 않아 생긴 것이지요. 지금 제가 들고 있는 이 병 안에 든 것은 실험실에서 흔히 사용되는 화학 물질인데, 이렇게 아주 적은 양이라도 격렬한 화학 반응을 일으킬 수 있으므로 주의해야 합니다. 두 사례에서 알 수 있듯이, 실험실에서는 작은 실수나 방심도 큰 피해로 이어질 수 있으니 실험을 할 때는 항상 경각심을 갖고 안전 수칙을 준수하기 바랍니다.

**진행자** : 알려 주신 내용이 학생들에게 많은 도움이 되었을 것 같아요. 그럼 안전사고와 관련해 학생들이 궁금해하는 점이 있는지도 들어볼까요? 학생들의 질문은 채팅방을 통해 들어보겠습니다. 화면의 주소를 입력하거나, 누리 소통망의 검색창에 '□□고 안전 교육방'을 검색하여 참여해 주세요.

| □□고 안전 교육방 |
|---|
| 간콩 : 실험실에서 알코올램프를 사용하다가 불이 났을 때 물을 부으면 안 된다고 들었는데, 왜 그런 건가요? |
| 삐약 : 실험실 안전사고는 보통 1년에 몇 건이나 발생하나요? |
| 꽃채 : 서로 섞이면 안 되는 화학 물질에는 어떤 것들이 있나요? |

많은 분이 채팅방을 통해 참여하고 계시네요. '간콩' 님이 알코올램프 화재와 관련해 질문하셨는데 답변 부탁드려요.

**연구원** : 불이 붙은 알코올에 물을 부으면 두 물질이 섞여 불이 더 확산될 염려가 있기 때문입니다. 그래서 알코올에 불이 붙으면 모래나 소화기를 이용해서 끄는 것이 원칙입니다.

**진행자** : 그렇군요. 그럼 '삐약' 님의 질문으로 넘어가 볼까요?

[해설편 p.182]

43. 위 방송에 대한 설명으로 적절하지 않은 것은?

① 영상 자료를 활용하며 실험실 안전사고의 실제 사례를 보여 주고 있다.
② 통계 자료를 활용하며 학교 실험실 안전사고의 주요 원인을 제시하고 있다.
③ 뉴스에 보도된 내용을 활용하며 안전사고 유형별 대처 방안을 안내하고 있다.
④ 채팅방을 활용하며 대화에 참여한 학생들이 가진 의문을 실시간으로 공유하고 있다.
⑤ 안전사고 위험성이 있는 화학 물질을 활용하며 경각심을 갖고 안전 수칙을 준수해야 함을 당부하고 있다.

44. 다음은 위 방송을 시청한 학생들이 메신저로 나눈 대화이다. 학생들의 수용 태도에 대한 설명으로 가장 적절한 것은?

모둠 대화방(4명)

선생님께서 안전 교육을 듣고 모둠별로 의견을 나눠 보라고 하셨잖아. 한 명씩 의견을 말해 볼래?

정민: 그래. 아주 적은 양의 화학 물질만으로도 격렬한 화학 반응이 일어날 수 있다는 것에 놀랐어. 나처럼 과학 지식이 부족한 사람에게는 유용한 방송이었어.

소희: 연구원의 답변을 들으니 알코올램프를 사용할 때 주의해야겠다는 생각이 들었어. 그리고 앞으로 실험을 할 때는 각각의 화학 물질이 어떠한 특성을 갖고 있는지도 잘 확인해야겠어.

성우: 학교 실험실에서 일어난 안전사고의 76%가 안전 불감증으로 인한 부주의 때문이라고 했는데, 그 외 나머지 요인들은 무엇인지 궁금해. 그리고 이 자료가 충분한 조사를 통해 작성된 것인지도 궁금했어.

전송

① '정민'은 연구원이 언급한 사례와 관련하여, 응급 상황에서의 조치 방법이 어떤 사람에게 유용한지 점검하였다.
② '소희'는 연구원이 답변한 내용과 관련하여, 실험할 때의 유의 사항에 관한 정보가 충분한지 점검하였다.
③ '소희'는 연구원이 답변한 내용과 관련하여, 안전 교육의 필요성을 뒷받침할 수 있는 자료가 타당한지 점검하였다.
④ '성우'는 연구원이 제시한 자료와 관련하여, 실험실 안전사고에 대한 조사 자료가 믿을 만한지 점검하였다.
⑤ '성우'는 연구원이 활용한 자료와 관련하여, 학생을 위주로 한 예방 대책의 장단점을 공평하게 다루고 있는지 점검하였다.

45. 다음은 위 방송을 본 후 과학 실험 동아리 학생이 신입생 교육용으로 만든 발표 자료의 초안이다. 검토 의견을 바탕으로 제시한 수정 방안으로 적절하지 않은 것은? [3점]

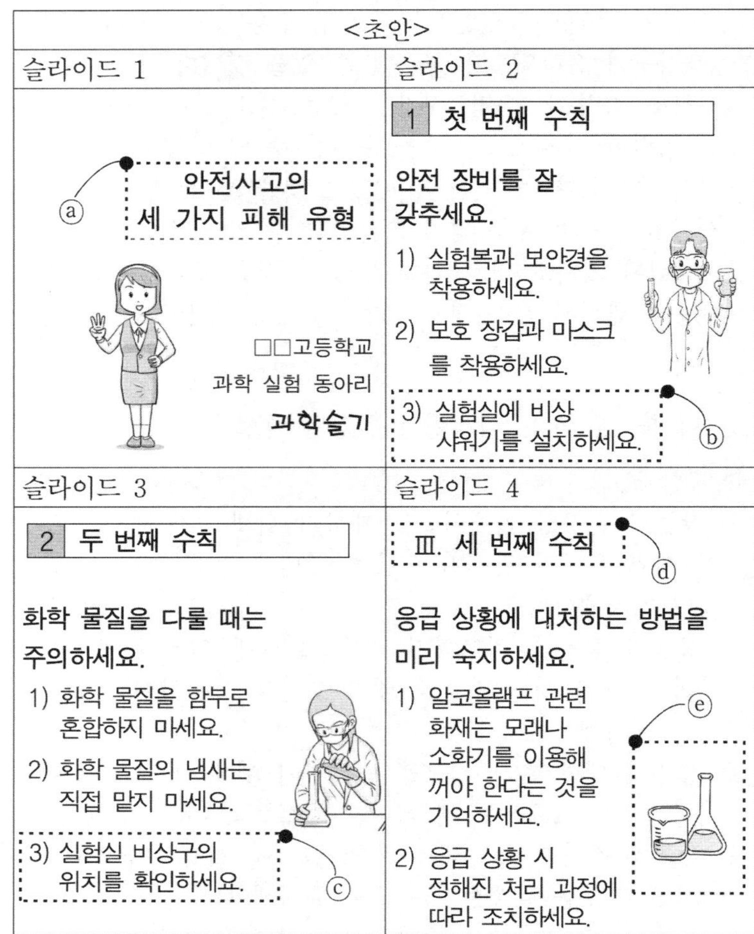


<검토 의견>

| 슬라이드 | 검토 의견 |
|---|---|
| 슬라이드 1 | ⓐ – 발표 내용에 부합하지 않음. |
| 슬라이드 2 | ⓑ – 학교에 요청할 사항임. |
| 슬라이드 3 | ⓒ – 상위 항목에 어울리지 않는 내용임. |
| 슬라이드 4 | ⓓ – 다른 슬라이드와 형식이 다름. |
| | ⓔ – 내용과 어울리는 이미지가 필요함. |

① 슬라이드 1에 대한 검토 의견을 고려하여 ⓐ를 '안전한 실험을 위한 세 가지 수칙'으로 수정해야겠군.
② 슬라이드 2에 대한 검토 의견을 고려하여 ⓑ를 삭제해야겠군.
③ 슬라이드 3에 대한 검토 의견을 고려하여 ⓒ를 슬라이드 2로 이동해야겠군.
④ 슬라이드 4에 대한 검토 의견을 고려하여 ⓓ를 슬라이드 2, 3의 형식과 통일하여 제시해야겠군.
⑤ 슬라이드 4에 대한 검토 의견을 고려하여 ⓔ를 응급 상황에 대처하는 방법과 관련된 이미지로 교체해야겠군.

* 확인 사항
○ 답안지의 해당란에 필요한 내용을 정확히 기입(표기)했는지 확인하시오.



[해설편 p.183]

# 국어 영역

제 1 교시

16회

● 문항수 45개 | 배점 100점 | 제한 시간 80분

● 점수 표시가 없는 문항은 모두 2점

[1~3] 다음 글을 읽고 물음에 답하시오.

밑줄 긋기는 일상적으로 유용하게 활용할 수 있는 독서 전략이다. 밑줄 긋기는 정보를 머릿속에 저장하고 기억한 내용을 떠올리는 데 도움이 된다. 독자로 하여금 표시한 부분에 주의를 기울이도록 해 정보를 머릿속에 저장하도록 돕고, 표시한 부분이 독자에게 시각적 자극을 주어 기억한 내용을 떠올리는 데 단서가 되기 때문이다. 이러한 점에서 밑줄 긋기는 일반적인 독서 상황뿐 아니라 학습 상황에서도 유용하다. 또한 밑줄 긋기는 방대한 정보들 가운데 주요한 정보를 추리는 데에도 효과적이며, 표시한 부분이 일종의 색인과 같은 역할을 하여 독자가 내용을 다시 찾아보는 데에도 용이하다.

통상적으로 독자는 글을 읽는 중에 바로바로 밑줄 긋기를 한다. 그러다 보면 밑줄이 많아지고 복잡해져 밑줄 긋기의 효과가 줄어든다. 또한 밑줄 긋기를 신중하게 하지 않으면 잘못 표시한 밑줄을 삭제하기 위해 되돌아가느라 독서의 흐름이 방해받게 되므로 효과적으로 밑줄 긋기를 하는 것이 중요하다.

밑줄 긋기의 효과를 얻기 위한 방법에는 몇 가지가 있다. 우선 글을 읽는 중에는 문장이나 문단에 나타난 정보 간의 상대적 중요도를 결정할 때까지 밑줄 긋기를 잠시 늦추었다가 주요한 정보에 밑줄 긋기를 한다. 이때 주요한 정보는 독서 목적에 따라 달라질 수 있다는 점을 고려한다. 또한 자신만의 밑줄 긋기 표시 체계를 세워 밑줄 이외에 다른 기호도 사용할 수 있다. 밑줄 긋기 표시 체계는 밑줄 긋기가 필요한 부분에 특정 기호를 사용하여 표시하기로 독자가 미리 정해 놓는 것이다. 예를 들면 하나의 기준으로 묶을 수 있는 정보들에 동일한 기호를 붙이거나 순차적인 번호를 붙이기로 하는 것 등이다. 이는 기본적인 밑줄 긋기를 확장한 방식이라 할 수 있다.

밑줄 긋기는 어떠한 수준의 독자라도 쉽게 사용할 수 있다는 점 때문에 연습 없이 능숙하게 사용할 수 있다고 오해되어 온 경향이 있다. 그러나 본질적으로 밑줄 긋기는 주요한 정보가 무엇인지에 대한 판단이 선행되어야 한다는 점에서 단순하지 않다. ㉠<u>밑줄 긋기의 방법을 이해하고 잘 사용하는 것</u>은 글을 능동적으로 읽어 나가는 데 도움이 될 수 있다.

**1.** 윗글의 내용과 일치하지 <u>않는</u> 것은?

① 밑줄 긋기는 일반적인 독서 상황에서 도움이 된다.
② 밑줄 이외의 다른 기호를 밑줄 긋기에 사용하는 것이 가능하다.
③ 밑줄 긋기는 누구나 연습 없이도 능숙하게 사용할 수 있는 전략이다.
④ 밑줄 긋기로 표시한 부분은 독자가 내용을 다시 찾아보는 데 유용하다.
⑤ 밑줄 긋기로 표시한 부분이 독자에게 시각적인 자극을 주어 기억한 내용을 떠올리는 데 도움이 된다.

**2.** ㉠에 해당하는 내용으로 가장 적절한 것은?

① 글을 다시 읽을 때를 대비해서 되도록 많은 부분에 밑줄 긋기를 하며 읽는다.
② 글 전체에 주의를 기울일 수 있도록 글을 읽고 있을 때에는 밑줄 긋기를 하지 않는다.
③ 정보의 중요도를 판정하기 어려우면 우선 밑줄 긋기를 한 후 잘못 그은 밑줄을 삭제한다.
④ 주요한 정보를 추릴 수 있도록 자신이 만든 밑줄 긋기 표시 체계에 따라 밑줄 긋기를 한다.
⑤ 글에 반복되는 어휘나 의미가 비슷한 문장이 나올 때마다 바로바로 밑줄 긋기를 하며 글을 읽는다.

**3.** 윗글을 바탕으로 학생이 다음과 같이 밑줄 긋기를 했다고 할 때, 이에 대한 평가로 적절하지 <u>않은</u> 것은? [3점]

〔독서 목적〕 고래의 외형적 특징에 대한 정보 습득
〔표시 기호〕 [ ], 1)__ · 2)__ , ✓___ , ~~~

〔독서 자료〕
고래는 육지 [포유동물]에서 기원했지만, 수중 생활에 적응하여 새끼를 수중에서 낳는다. 1)<u>암컷들은 새끼를 낳을 때 서로 도와주며</u>, 2)<u>어미들은 새끼들을 정성껏 보호한다</u>.

[고래의 생김새]는 고래의 종류마다 다른데, ✓<u>대체로 몸길이는 1.3m에서 30m에 이른다</u>. ✓<u>피부에는 털이 없거나 아주 짧게 나 있다</u>. 지느러미는 배를 젓는 노와 같은 형태이고, 헤엄칠 때 수평을 유지하는 기능을 한다.

고래는 폐로 호흡하므로 물속에서 숨을 쉴 수 없다.(~~~) 고래의 머리 꼭대기에는 분수공이 있다. 물속에서 참았던 숨을 분수공으로 내뿜고 다시 숨을 들이마신 뒤 잠수한다. 작은 고래들은 몇 분밖에 숨을 참지 못하지만, 큰 고래들은 1시간 정도 물속에 머물 수 있다.

① 독서 목적을 고려하면, 1문단에서 '[ ]'로 표시한 부분은 적절하지 않게 밑줄 긋기를 하였군.
② 독서 목적을 고려하면, 1문단에서 '1)__', '2)__'와 같이 순차적인 번호로 표시한 부분은 적절하지 않게 밑줄 긋기를 하였군.
③ 2문단에서 '[ ]'로 표시한 부분을 보니, 독서 목적에 관련된 주요 어구에 밑줄 긋기를 하였군.
④ 독서 목적을 고려하면, 2문단에서는 '지느러미는 배를 젓는 노와 같은 형태'에 '✓___'를 누락하였군.
⑤ '~~~'로 표시한 부분을 보니, 독서 목적을 고려하여 3문단 내에서 정보 간의 상대적인 중요도를 판단해 주요한 문장에 밑줄 긋기를 하였군.

[해설편 p.184]

[4~9] 다음 글을 읽고 물음에 답하시오.

(가)

서양의 과학과 기술, 천주교의 수용을 반대했던 이항로를 비롯한 척사파의 주장은 개항 이후에도 지속되었지만, 개화는 거스를 수 없는 대세로 자리 잡았다. 개물성무(開物成務)와 화민성속(化民成俗)의 앞 글자를 딴 개화는 개항 이전에는 통치자의 통치 행위로서 변화하는 세상에 대한 지식 확장과 피통치자에 대한 교화를 의미했다.

개항 이후 서양 문명에 대한 긍정적 인식이 확산되면서 서양 문명의 수용을 뜻하는 개화 개념이 자리 잡았다. 임오군란 이후, 고종은 자강 정책을 추진하면서 반(反)서양 정서의 교정을 위해 『한성순보』를 발간했다. 이 신문의 개화 개념은 서양 기술과 제도의 도입을 통한 인지의 발달과 풍속의 진보를 뜻했다. 이 개념에는 인민이 국가의 독립 주권의 소중함을 깨닫는 의식의 변화가 내포되었고, 통치자의 입장에서 수용 가능한 문명의 장점을 받아들여 국가의 진보를 달성한다는 의미도 담겼다.

개화당의 한 인사가 제시한 개화 개념은 성문화된 규정에 따른 대민 정치에서의 법적 처리 절차 실현 등 서양 근대 국가의 통치 방식으로의 변화를 내포하는 것이었다. 그는 개화 실행 주체를 여전히 왕으로 생각했고, 개화 실행 주체로서 왕의 역할이 사라진 것은 갑신정변에서였다. 풍속의 진보와 통치 방식 변화라는 의미를 내포한 갑신정변의 개화 개념은 통치권에 대한 도전으로뿐 아니라 개인의 사욕을 위한 것으로 표상되었다. 이후 개화 개념은 국가 구성원을 조직하고 동원하기 위해 부정적 이미지에서 벗어나야 했고, 유길준은 『서유견문』을 저술하며 개화 개념에 덧씌워진 부정적 이미지를 떼어 내고자 했다. 이후 간행된 『대한매일신보』 등의 개화 개념은 국가 구성원 전체를 실행 주체로 하여 근대 국가 주권을 향해 그들을 조직하고 동원하는 것을 의미했다.

을사늑약 이후, 개화 논의는 문명에 대한 본격적인 논의로 이어졌다. 대한 자강회의 주요 인사들은 서양 근대 문명을 수용하여 근대 국가를 건설하고자, 앞서 문명화를 이룬 일본의 지도를 받아야 한다고 보았다. 이들은 서양 근대 문명의 주체를 주체 인식의 준거로 삼았기 때문에 민족 주체성을 간과했다. 이러한 상황에서 박은식은 ㉠ <u>근대 국가 건설과 새로운 주체의 형성에 주목하여 문명에 대한 견해를 제시했다</u>. 그의 기본 전략은 문명의 물질적 측면인 과학은 서양으로부터 수용하되, 문명의 정신적 측면인 철학은 유학을 혁신하여 재구성하는 것이었다. 그는 생존과 편리 증진을 위해 과학 연구가 시급하지만, 가치관 정립과 인격 수양을 위해 철학 또한 필수적이라고 보았다. 자국 철학 전통의 정립이라는 당시 동아시아의 사상적 흐름 속에서 그가 제시한 근대 주체는 과학적·철학적 인식의 주체이자 실천적 도덕 수양의 주체로서의 성격을 띠는 것이었다.

(나)

중국이 서양의 과학과 기술에 전면적인 관심을 기울인 때는 아편 전쟁 이후였다. 전쟁 패배에 따른 위기감은 반세기에 걸쳐 근대화의 추진과 함께 의욕적인 기술 수용으로 이어졌지만, 청일 전쟁의 패배는 기술 수용만으로는 부족하다는 인식을 낳았다. 이에 따라 20세기 초반 진정한 근대를 이루기 위해 기술 배후에서 작용하는 과학 정신을 사회 전체에 이식하려는 시도가 구체화되었다.

옌푸는 국가 간에 벌어지는 약육강식의 경쟁을 부각하고, 경쟁에서 승리하려면 기술뿐 아니라 국민의 정신적 자질이 뒷받침되어야 한다고 보았다. 정신적 자질 중 과학적 사유 능력이 가장 중요하다고 파악한 그에게 과학 정신이 전제되지 않은 정치적 변혁은 뿌리내릴 수 없는 것이었다. 그는 인과 실증의 방법에 근거한 근대 학문 전체를 과학이라 파악하고, 과학을 습득하여 전통 학문의 폐단에서 벗어나야 한다고 주장했다. 그의 입장은 1910년대 후반 신문화 운동을 주도한 천두슈에게 이어졌다.

천두슈를 비롯한 신문화 운동의 지식인들은 ㉡ <u>과학의 근거 위에서만 민주 정치의 실현이 가능하다고 주장했다</u>. 중국이 달성해야 할 신문화는 과학 및 과학의 방법에 근거한 문화라 보고, 신문화를 이루기 위해 전통문화 전반에 대해 철저한 부정과 비판을 시도했다. 사상이나 철학이 과학의 방법을 이용하지 않으면 공상(空想)에 ⓐ <u>그칠</u> 뿐이라고 주장한 천두슈는 사회와 인간의 삶에 대한 연구도 과학의 연구 방법을 이용해야 한다고 보았다. 그는 제1차 세계 대전의 비극은 과학을 이용해 저지른 죄악의 결과일 뿐 과학 자체의 죄악이 아니라고 주장하며 과학에 대한 자신의 생각을 지속했다.

한편, 제1차 세계 대전 이후 유럽을 시찰했던 장쥔마이는 통제되지 않은 과학이 불러온 역작용을 목도한 후, 과학이 어떻게 발달하든 그것이 인생관의 문제를 해결할 수는 없다며 서양 근대 문명을 비판했다. 근대 과학 문명에서 초래된 사상적 위기가 주체의 책임 부재에서 비롯된 것이라는 주장에 동의했던 그는 과학적 방법을 부정하지 않았지만, 인생관의 문제에는 과학적 방법이 적용될 수 없다고 지적했다. 그는 인생관을 과학과 별개로 파악했고, 과학만능주의에 기초한 신문화 운동에 의해 부정된 중국 전통 가치관의 수호를 내세웠다.

**4.** 윗글에 대한 이해로 적절하지 <u>않은</u> 것은?

① (가): 서양 과학과 기술의 국내 유입을 반대하는 주장이 개항 이후에도 이어졌다.
② (가): 유학을 혁신하여 철학으로 재구성하는 것이 필요하다는 견해가 을사늑약 이후에 제기되었다.
③ (나): 진정한 근대를 이루려면 기술 수용의 차원을 넘어서야 한다는 인식이 등장하였다.
④ (나): 과학 정신이 사회에 자리 잡으려면 정치적 변혁이 선행되어야 한다는 주장이 제기되었다.
⑤ (나): 근대 과학 문명에 대한 비판적 인식을 바탕으로 전통 가치관에 주목하는 견해가 제시되었다.

5. 개화에 대한 이해로 적절하지 않은 것은?

① 개항 이전의 개화 개념은 백성을 다스리는 통치자로서의 역할과 관련 있었다.
② 『한성순보』의 개화 개념은 서양 기술과 제도의 선별적 수용을 통한 국가 진보의 의미를 포함하였다.
③ 『한성순보』와 개화당의 한 인사의 개화 개념은 통치권자인 왕을 개화의 실행 주체로 상정하였다.
④ 개화의 실행 주체로 왕에게 역할을 부여하지 않은 갑신정변의 개화 개념은 통치권에 대한 도전으로 이해되었다.
⑤ 『대한매일신보』의 발간에 이르러서야 국가의 주권과 결부한 개화 개념이 제기되었다.

6. (나)의 '천두슈'와 '장쥔마이'가 모두 동의할 수 있는 진술로 가장 적절한 것은?

① 전통 사상은 과학 및 과학 정신과 양립할 수 없는 관계에 놓여 있다.
② 전통 사상의 폐단은 과학 정신이 뿌리내리지 못한 사회 체질에서 비롯된 것이다.
③ 과학을 이용하는 과정에서 문제가 발생했다고 해도 과학적 방법을 부정할 수 없다.
④ 서양의 과학 정신을 전면적으로 도입하면 당면한 국가의 위기를 충분히 극복할 수 있다.
⑤ 국가의 위기는 과학적 방법으로 사상을 재구성할 필요가 있다는 인식이 부재한 데에서 비롯된 것이다.

7. ㉠과 ㉡에 대한 이해로 가장 적절한 것은?

① ㉠은 인격의 수양을 동반하는 근대 주체의 정립에, ㉡은 전통적 사유 방식에 기반을 둔 신문화의 달성에 동의하는 입장이다.
② ㉠은 주체 인식의 준거가 서양 근대 문명의 주체라는 인식에, ㉡은 철학이 과학의 방법에 근거할 수 없다는 생각에 반대하는 입장이다.
③ ㉠은 생존과 편리 증진을 위한 과학 연구의 시급성을, ㉡은 과학의 방법에 영향 받지 않는 사상이나 철학을 부인하는 입장이다.
④ ㉠은 앞서 근대 문명을 이룬 국가를 추종하는 태도를, ㉡은 전쟁의 폐해가 과학을 오용한 자들의 탓이라는 주장을 비판하는 입장이다.
⑤ ㉠은 과학과 철학이 문명의 두 축을 이루는 학문이라는 견해에, ㉡은 철학보다 과학이 우위임을 인정할 수 없다는 견해에 동의하는 입장이다.

8. (가), (나)를 이해한 학생이 <보기>에 대해 보인 반응으로 적절하지 않은 것은? [3점]

<보 기>

A 마을은 가난했지만 전통문화와 공동체적 삶을 중시하며 이웃 마을들과 조화롭게 살아왔다. 오래전, 정부는 마을의 경제 발전을 목표로 서양의 생산 기술을 도입하는 정책을 시행했다. 마을 사람들은 정책의 필요성에 공감하면서도 자신들이 발전을 이뤄 낼 수 있다는 확신이 부족했다. 이에 정부는 마을 사람들을 독려하기 위해 마을의 역량으로 달성할 수 있는 미래상을 지속해서 홍보했다. 이후 마을은 물질적 풍요를 누리게 되었지만 경제적 이권을 두고 이웃 마을들과 경쟁하며 갈등하게 되었다. 격화된 경쟁에서 A 마을은 새로운 기술의 수용만을 우선시했고, 과거에 중시되었던 협력과 나눔의 인생관은 낡은 관념이 되었다. 젊은이들에게 전통문화는 서양 문화에 비해 열등한 것으로 여겨졌다.

① (가)에서 『한성순보』를 간행한 취지는 서양에 대한 반감을 줄이는 데에 있다는 점에서, <보기>에서 정부가 서양의 생산 기술 도입으로 변화하게 될 마을을 홍보한 취지와 부합하겠군.
② (가)에서 개화당의 한 인사의 개화 개념에 내포된 개화의 지향점은 통치 방식의 변화와 관련 있다는 점에서, <보기>에서 정부가 서양의 생산 기술을 도입하며 내세운 목표와 다르겠군.
③ (가)에서 박은식은 과학과 구별되는 철학의 중요성을 강조했으므로, <보기>에서 젊은이들의 자문화에 대한 인식 변화는 가치관 정립을 위한 철학이 부재했기 때문이라고 보겠군.
④ (나)에서 옌푸는 경쟁에서 승리하기 위한 조건으로 기술과 정신적 자질을 강조했으므로, <보기>에서 마을이 기술의 수용만을 중시하면 마을 간 경쟁에서 승리할 수 없다고 보겠군.
⑤ (나)에서 장쥔마이는 과학적 방법의 한계를 지적했으므로, <보기>에서 마을이 과거에 중시했던 인생관이 더 이상 유효하지 않게 된 문제는 과학적 방법으로 해결할 수 없다고 보겠군.



9. ⓐ와 문맥상 의미가 가장 가까운 것은?

① 다행히 비는 그사이에 그쳐 있었다.
② 우리 학교는 이번에 16강에 그쳤다.
③ 아이 울음이 좀처럼 그치지 않았다.
④ 그는 만류에도 말을 그치지 않았다.
⑤ 저 사람들은 불평이 그칠 날이 없다.

[해설편 p.185]

[10～13] 다음 글을 읽고 물음에 답하시오.

문장이나 영상, 음성을 만들어 내는 인공 지능 생성 모델 중 확산 모델은 영상의 복원, 생성 및 변환에 뛰어난 성능을 보인다. 확산 모델의 기본 발상은, 원본 이미지에 노이즈를 점진적으로 추가하였다가 그 노이즈를 다시 제거해 나가면 원본 이미지를 복원할 수 있다는 것이다. 노이즈는 불필요하거나 원하지 않는 값을 의미한다. 원하는 값만 들어 있는 원본 이미지에 노이즈를 단계별로 더하면 노이즈가 포함된 확산 이미지가 되고, 여러 단계를 거치면 결국 원본 이미지가 어떤 이미지였는지 전혀 알아볼 수 없는 노이즈 이미지가 된다. 역으로, 단계별로 더해진 노이즈를 알 수 있다면 노이즈 이미지에서 원본 이미지를 복원할 수 있다. 확산 모델은 노이즈 생성기, 이미지 연산기, 노이즈 예측기로 구성되며, 순확산 과정과 역확산 과정 순으로 작동한다.

순확산 과정은 이미지에 노이즈를 추가하면서 노이즈 예측기를 학습시키는 과정이다. 첫 단계에서는, 노이즈 생성기에서 노이즈를 만든 후 이미지 연산기가 이 노이즈를 원본 이미지에 더해서 노이즈가 포함된 확산 이미지를 출력한다. 다음 단계부터는 노이즈 생성기에서 만든 노이즈를 이전 단계에서 출력된 확산 이미지에 더한다. 이러한 단계를 충분히 반복하면 최종적으로 노이즈 이미지가 출력된다. 이때 더해지는 노이즈는 크기나 분포 양상 등 그 특성이 단계별로 다르다. 따라서 노이즈 예측기는 단계별로 확산 이미지를 입력받아 이미지에 포함된 노이즈의 특성을 추출하여 수치들로 표현하고, 이 수치들을 바탕으로 노이즈를 예측한다. 노이즈 예측기 내부의 이러한 수치들을 [잠재 표현]이라고 한다. 노이즈 예측기는 잠재 표현을 구하고 노이즈를 예측하는 방식을 학습한다.

노이즈 예측기의 학습 방법은 기계 학습 중에서 지도 학습에 해당한다. 지도 학습은 학습 데이터에 정답이 주어져 출력과 정답의 차이가 작아지도록 모델을 학습시키는 방법이다. 노이즈 예측기를 학습시킬 때는 노이즈 생성기에서 만들어 넣어 준 노이즈가 정답에 해당하며 이 노이즈와 예측된 노이즈 사이의 차이가 작아지도록 학습시킨다.

역확산 과정은 노이즈 이미지에서 노이즈를 제거하여 원본 이미지를 복원하는 과정이다. 노이즈를 제거하려면 이미지에 단계별로 어떤 특성의 노이즈가 더해졌는지 알아야 하는데 노이즈 예측기가 이 역할을 한다. 노이즈 이미지 또는 중간 단계에서의 확산 이미지를 노이즈 예측기에 입력하면 이미지에 포함된 노이즈의 특성을 추출하여 잠재 표현을 구하고 이를 바탕으로 노이즈를 예측한다. 이미지 연산기는 입력된 확산 이미지로부터 이 노이즈를 빼서 현 단계의 노이즈를 제거한 확산 이미지를 출력한다. 확산 이미지에 이런 단계를 반복하면 결국 노이즈가 대부분 제거되어 원본 이미지에 가까운 이미지만 남게 된다.

한편, 많은 종류의 이미지를 학습시킨 후 학습된 이미지의 잠재 표현에 고유 번호를 붙이면 역확산 과정에서 이미지를 선택하여 생성할 수 있다. 또한 잠재 표현의 수치들을 조정하면 다른 특성의 노이즈가 생성되어 여러 이미지를 혼합하거나 실재하지 않는 이미지를 만들어 낼 수도 있다.

10. 학생이 윗글을 읽은 방법으로 적절하지 않은 것은?

① 확산 모델이 지도 학습을 사용한다는 점에 주목하고, 지도 학습 방법이 확산 모델에 어떻게 적용되는지 확인하며 읽었다.
② 확산 모델이 두 가지 과정으로 이루어진다는 점에 주목하고, 두 과정 중 어느 과정이 선행되어야 하는지 살피며 읽었다.
③ 확산 모델에서 노이즈의 중요성을 파악하고, 사용되는 노이즈의 종류가 모델의 성능에 미치는 영향을 이해하며 읽었다.
④ 잠재 표현의 개념을 파악하고, 그 개념을 바탕으로 확산 모델이 노이즈를 예측하고 제거하는 원리를 이해하며 읽었다.
⑤ 확산 모델의 구성 요소를 파악하고, 그 구성 요소가 노이즈 처리 과정에서 어떤 기능을 하는지 확인하며 읽었다.

11. 윗글을 이해한 내용으로 가장 적절한 것은?

① 노이즈 생성기는 순확산 과정에서만 작동한다.
② 확산 모델에서의 학습은 역확산 과정에서 이루어진다.
③ 이미지 연산기와 노이즈 예측기는 모두 확산 이미지를 출력한다.
④ 노이즈 예측기를 학습시킬 때는 예측된 노이즈가 정답으로 사용된다.
⑤ 역확산 과정에서 단계가 반복될수록 출력되는 확산 이미지는 원본 이미지와의 유사성이 줄어든다.

12. [잠재 표현]에 대한 설명으로 적절하지 않은 것은?

① 잠재 표현의 수치들을 조정하면 여러 이미지를 혼합할 수 있다.
② 역확산 과정에서 잠재 표현이 다르면 예측되는 노이즈가 다르다.
③ 확산 모델의 학습에는 잠재 표현을 구하는 방식이 포함되어 있다.
④ 잠재 표현은 이미지에 더해진 노이즈의 크기나 분포 양상에 따라 다른 값들이 얻어진다.
⑤ 잠재 표현은 노이즈 예측기가 원본 이미지를 입력받아 노이즈의 특성을 추출한 결과이다.



[해설편 p.187]

13. 윗글을 바탕으로 <보기>를 이해한 내용으로 적절하지 않은 것은? [3점]

<보 기>

A 단계는 확산 모델 과정 중 한 단계이다. ㉠은 원본 이미지이고, ㉡은 확산 이미지 중의 하나이며, ㉢은 노이즈 이미지이다. (가)는 이미지가 A 단계로 입력되는 부분이고, (나)는 이미지가 A 단계에서 출력되는 부분이다.

(가) ⇨ A 단계 ⇨ (나)

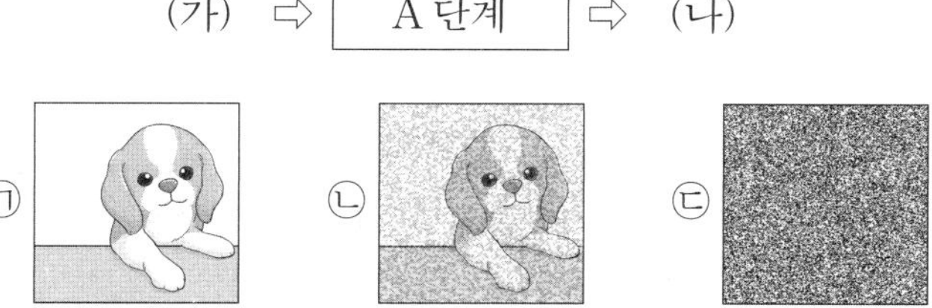


① (가)에 ㉠이 입력된다면, A 단계의 이미지 연산기에서는 ㉠에 노이즈를 더하겠군.
② (나)에 ㉢이 출력된다면, A 단계의 노이즈 생성기에서 생성된 노이즈가 이미지 연산기에서 확산 이미지에 더해졌겠군.
③ 순확산 과정에서 (가)에 ㉡이 입력된다면, A 단계의 노이즈 예측기에서 예측한 노이즈가 이미지 연산기에 입력되겠군.
④ 역확산 과정에서 (가)에 ㉢이 입력된다면, A 단계의 이미지 연산기에서는 ㉢에서 노이즈를 빼겠군.
⑤ 역확산 과정에서 (나)에 ㉡이 출력된다면, A 단계의 노이즈 예측기에서 예측한 노이즈가 이미지 연산기에 입력되었겠군.

**[14～17] 다음 글을 읽고 물음에 답하시오.**

리프킨은 사회적 상호 작용에서의 자기표현은 본질적으로 연극적이며, 표면 연기와 심층 연기로 ⓐ이루어진다고 언급했다. 표면 연기는 내면의 자연스러운 감정보다 의례적인 표현과 같은 형식에 집중하여 연기하는 것이고, 심층 연기는 내면의 솔직한 정서를 ⓑ불러내어 자신의 진정성을 보여 주는 것이다. 인터넷에서의 커뮤니케이션에 주목한 리프킨은 가상 공간에서 자기표현이 더욱 활발히 이루어진다고 보았다.

가상 공간의 특성에 주목한 연구자들은 사람들과의 관계 속에서 드러나는 고유한 존재로서의 위상을 뜻하는 자기 정체성이 가상 공간에서 다양하게 ⓒ나타난다고 본다. 가상 공간에서는 익명성이 작동하므로 현실에서 위축되는 사람도 적극적으로 자기표현을 할 수 있다. 아울러 현실에서의 자기 정체성을 ⓓ감추고 다른 인격체로 활동하거나 현실에서 억압된 정서를 공격적으로 드러내기도 한다. 게임 아이디, 닉네임, 아바타 등 가상 공간에서 개별적 대상으로 인식되는 '인터넷 ID'에 대한 사이버 폭력이 ⓔ넘쳐 나는 현실도 이와 무관하지 않다.

사이버 폭력과 관련하여, 인터넷 ID만을 알고 있는 상황에서 그에 대해 명예훼손이나 모욕 등의 공격이 있을 때 가해자에게 법적인 책임을 물을 수 있는지에 대한 논란이 있어 왔다. 이는 인터넷 ID가 사회적 평판인 명예의 주체로 인정될 수 있는가와 관련된다. 인터넷 ID의 명예 주체성을 ㉠인정하는 입장에 따르면, 자기 정체성은 일원적·고정적인 것이 아니라 현실 세계와 가상 공간에 걸쳐 존재하고 상호 작용하는 복합적인 것이다. 인터넷에서의 자기 정체성은 사용자 개인의 자기 정체성의 일부이기 때문에 자기 정체성을 가진 인터넷 ID의 명예 역시 보호되어야 한다. 반면 ㉡인정하지 않는 입장에 따르면, 생성·변경·소멸이 자유롭고 복수로 개설이 가능한 인터넷 ID는 그 사용자인 개인을 가상 공간에서 구별하는 장치에 불과하다. 인터넷 ID는 현실에서의 성명과 달리 그 사용자인 개인과 동일시될 수 없고, 인터넷 ID 자체는 사람이 아니므로 명예 주체성을 인정할 수 없다는 것이다.

㉮대법원은 실명을 거론한 경우는 물론, 실명을 거론하지 않았더라도 주위 사정을 종합할 때 지목된 사람이 누구인지를 제3자가 알 수 있는 경우에는 명예훼손이나 모욕에 대한 가해자의 법적 책임이 성립한다고 판시해 왔다. 이를 수용한 헌법재판소에서는 인터넷 ID와 관련된 명예훼손·모욕 사건의 헌법 소원에 대한 결정을 내린 바 있다. 이 결정에서 ㉯다수 의견은 인터넷 ID만을 알 수 있을 뿐 그 사용자가 누구인지 제3자가 알 수 없다면 피해자가 특정되지 않아 명예훼손이나 모욕에 대한 가해자의 법적 책임이 성립하지 않는다고 보았다. 반면 인터넷 ID는 가상 공간에서 성명과 같은 기능을 하므로 제3자의 인식 여부가 법적 책임의 근거가 될 수 없다는 ㉰소수 의견도 제시되었다.

14. 윗글의 내용과 일치하지 않는 것은?

① 심층 연기는 내면의 진솔한 정서를 드러내기 위해 형식에 집중하는 자기표현이다.
② 리프킨은 현실 세계보다 가상 공간에서 자기표현이 더욱 왕성하게 드러난다고 보았다.
③ 가상 공간에서 개별적인 것으로 인식되는 아바타는 사이버 폭력의 대상이 될 수 있다.
④ 익명성은 가상 공간에서 자기 정체성이 다양하게 나타나는 데 영향을 미치는 가상 공간의 특성이다.
⑤ 가상 공간에서의 자기 정체성은 현실에서의 자기 정체성과 마찬가지로 타인과의 관계 속에서 나타난다.

15. ㉠과 ㉡에 대한 이해로 가장 적절한 것은?

① ㉠은 ㉡과 달리 자기 정체성을 단일하고 고정적인 것으로 파악하겠군.
② ㉠은 ㉡과 달리 인터넷 ID에 대한 공격을 그 사용자인 개인에 대한 공격이라고 보겠군.
③ ㉡은 ㉠과 달리 인터넷에서의 자기 정체성과 현실 세계의 자기 정체성이 상호 작용을 한다고 보겠군.
④ ㉡은 ㉠과 달리 인터넷 ID는 복수 개설이 가능하므로 자기 정체성이 복합적으로 구성된다고 보겠군.
⑤ ㉠과 ㉡은 모두, 인터넷 ID마다 개인의 자기 정체성이 다르다고 보겠군.

16회

**16.** 윗글을 바탕으로 <보기>를 이해한 내용으로 적절하지 않은 것은? [3점]

<보 기>

○○ 인터넷 카페의 이용자 A는 a, B는 b, C는 c라는 ID를 사용한다. 박사 학위 소지자인 A는 □□ 전시관의 해설사이고, B는 같은 전시관에서 물고기 관리를 혼자 전담한다. 이 전시관의 누리집에는 직무별로 담당자가 공개되어 있다. 어떤 사람이 □□ 전시관에서 A의 해설을 듣고 A의 실명을 언급한 후기를 카페 게시판에 올리자 다음과 같은 댓글이 달렸다.

A의 해설에 대한 후기

↳ b A가 박사인지 의심스럽다. A는 #~#.

↳ a □□ 전시관에서 물고기를 관리하는 b는 #~#.

↳ c 게시판 분위기를 흐리는 a는 #~#.

(단, '#~#'는 명예를 훼손하거나 모욕을 주는 표현이고 A, B, C는 실명이다. ID로는 그 사용자의 개인 정보를 알 수 없으며, A, B, C의 법적 책임에 영향을 미치는 다른 요소는 고려하지 않는다.)

① ㉮는 B가 가해자로서의 법적 책임을 져야 하지만 C는 가해자로서의 법적 책임을 지지 않는다고 보겠군.
② ㉯는 B가 가해자로서의 법적 책임을 져야 하지만 A는 가해자로서의 법적 책임을 지지 않는다고 보겠군.
③ ㉮와 ㉰는 A가 가해자로서의 법적 책임을 져야 하는지의 여부에 대해 같게 보겠군.
④ ㉯와 ㉰는 B가 가해자로서의 법적 책임을 져야 하는지의 여부에 대해 같게 보겠군.
⑤ ㉮, ㉯, ㉰가, C가 가해자로서의 법적 책임을 져야 하는지의 여부에 대해 판단한 내용이 모두 같지는 않겠군.

**17.** 문맥상 ⓐ~ⓔ와 바꿔 쓰기에 가장 적절한 것은?

① ⓐ: 완성(完成)된다고
② ⓑ: 요청(要請)하여
③ ⓒ: 표출(表出)된다고
④ ⓓ: 기만(欺瞞)하고
⑤ ⓔ: 확충(擴充)되는

**[18~21] 다음 글을 읽고 물음에 답하시오.**

[**앞부분의 줄거리**] 승상 정을선이 출정한 사이 정렬부인의 모략으로 충렬부인이 옥에 갇히자 시비 금섬이 충렬부인을 피신시키고 자진한다. 옥에서 얼굴이 상한 금섬의 시신이 발견되자 왕비는 월매를 문초한다. 전장에서 정을선은 호첩이 전한 편지를 읽는다.

원수가 대경하여 호첩을 불러 **연고**를 물으시고 인하여 중군장에게 분부하시되 '나는 집에 변이 있어 먼저 가니 중군장은 차후에 인솔하여 오라.' 하고 밤낮 삼 일 만에 득달하니 이때에 왕비의 시비 월매가 종시 토설치 아니하매 **매를** 많이 맞고 여쭈오되

"어서 바삐 죽이시면 금섬의 뒤를 좇아가겠나이다."

한데 왕비 크게 노하여 목을 베라 할 즈음에 이때 승상이 필마로 달려오다가 월매 죽이려 하는 거동을 보고 급히 소리를 지르며 말에서 내려 이를 구호하매 문왈

"충렬부인은 어디 계시냐?"

월매 인사를 모르다가 승상을 보고 방성통곡 왈

"승상은 바삐 충렬부인을 살리소서."

한데 승상이 급히 문왈

"어디 계시냐?"

한데 월매 울며 왈

"소인이 걷지 못하오니 어찌 가오리까?"

한데 급히 종을 불러 월매를 업히고 구덩이를 찾아가 보니 부인이 아기를 안고 있거늘 아기는 잠을 깊이 들었는지라. 승상이 **통곡** 왈

"부인은 눈을 떠 나를 보소서."

한데 부인이 눈을 떠 보니 승상이 왔거늘 정신 아득하여 인사를 모르다가 겨우 인사를 차려 왈

"이것이 꿈인가 생시인가 구년지수의 해 같고 칠년대한의 빗발같이 바라더니 지금 구덩이에서 만날 줄 알았으리까. 승상은 나의 누명을 씻겨 주소서."

하며 인사를 모르는지라. 그 참혹한 형상을 어디에 비하리오. **슬픔에 매우 야위어 뼈가 드러**나게 되었는지라. 승상이 아기를 안아 월매를 주고 부인을 구한 후에 자리를 마련하여 옥석을 구별할새, 왕비전에 뵈온대 왕비 못내 반기시며 **사연**을 낱낱이 이르시되 승상 왈

㉠ "이 일은 소자가 이미 아는 바이오니 염려 마옵소서."

하며 왈

㉡ "처음에 그놈이 충렬부인 방에 간 줄 어찌 알으셨나이까?"

왕비 왈

"사촌 오라비가 이르기로 알았노라."

하신대 승상이 복록을 찾는데 벌써 제 **죄**를 알고 후원에 올라가 이미 죽었는지라. 하릴없어 옥졸을 잡아들여 엄히 문왈

"너희는 어찌 충렬부인 아닌 줄 알았느냐? 바로 아뢰라."

하신대 옥졸이 급히 여쭈오되

"얼굴이 상하여 아모란 줄 모르오나 손길이 곱지 못하오매 소인 등 소견에 충렬부인이 천하일색이라 하더니 손이 곱지 아니하더라 하올 제 정렬부인의 시비 금연이 이를 듣고 묻기에 자세히 이르고 부디 다른 데 가서 이 말 말라 당부하옵더니, 필연 금연의 입을 통해 발설이 된가 하나이다."

한데 승상이 금연을 잡아들여 문왈

"이 말을 듣고 네게 국문하니 바른대로 고하라."

하는 소리가 벼락이 꼭두에 임한 듯하고 궁궐이 뒤집히는 듯하더라. 이때에 정렬부인이 **승상의 호통 소리**를 듣고 똥을 한 무더기를 싸고 자빠졌는지라. 금연이 하릴없어 바로 아뢰나니라 하고 정렬부인 하던 말이며 제가 남복을 하고 충렬부인 침소로 들어간 말이며 이불 속에 누웠다가 달아난 말이며 정렬부인이 앓는 체하고 누웠사오매 충렬부인이 약으로 구병하며 곁에 있으시매 침소로 가라 강권하여 침소로 마지못하여 가시매 복록이 왕비께 참소하던 연유를 낱낱이 아뢴대 왕비 곁에 있다가 **앙천통곡**하시며 왈

"내 밝지 못하여 **악녀**의 꾀에 빠져 충렬부인을 죽이려 하였나니 무슨 면목으로 충렬부인을 보리오."



[해설편 p.188]

하시며 자결코자 하거늘 승상이 붙들고 울며 왈

"모친이 너무 과도히 하시면 소자가 먼저 죽으려 하나이다."

왕비 금침에 누워 일어나지 못하더라. 승상이 정렬부인을 결박하여 땅에 꿇리고 크게 노하여 왈

"너는 무엇이 부족하여 충렬부인을 해코자 하느냐. 어찌 일시를 살리리오. 내 임의로는 죽이고 싶으나 황상께 아뢰고 죽게 하리라."

하고 **상소**하니 그 글에 하였으되

"대사마 대도독 대원수 정을선은 돈수백배하고 아뢰나니 신이 서융을 쳐 사로잡고, 백성을 진무하고 돌아오려 할 때, 집에서 급한 소식을 듣고 군사를 중군장에게 맡기옵고 필마로 올라와 본즉, 정렬부인이 이러이러한 변을 일으켰사오니 세상에 이러하온 일이 있사오닛가."

하고 금연이 흉계를 꾸민 일과 월매가 당하던 고초를 낱낱이 아뢰었다.

- 작자 미상, 「정을선전」 -

**18.** ㉠, ㉡과 관련하여 윗글을 이해한 내용으로 적절하지 않은 것은?

① ㉠을 보니, 호첩에게 물은 '연고'의 내용은 왕비가 말한 '사연'의 내용과 관련이 있겠군.

② ㉠을 보니, 승상이 황상에게 올린 '상소'에 들어 있는 내용은 '이미 아는 바'와 같겠군.

③ ㉡을 보니, 승상은 '사연'의 진상을 밝히는 데에 왕비가 '그놈'의 행위를 알게 된 경위가 중요하다고 생각했겠군.

④ ㉡에 대한 왕비의 대답을 보니, 왕비에게 '그놈'의 행위에 대해 제보한 사람이 있었군.

⑤ ㉡이 제시된 후에 드러난 복록의 상황을 보니, 복록은 자신이 지은 '죄'에 대하여 심리적 중압감을 느꼈겠군.

**19.** [누명]과 관련한 설명으로 가장 적절한 것은?

① 누명이 벗겨지면서, 누명을 씌었던 인물은 자신의 어리석음을 탓하고 있다.

② 누명을 쓴 인물의 요청으로 남주인공은 누명을 씌운 인물의 처벌을 유보한다.

③ 누명의 내용은 누명을 쓴 인물이 남몰래 자신의 처소에서 벗어나 구덩이에 있다는 사실이다.

④ 누명을 씌우기 위한 계략에는 누명을 쓰는 인물을 특정 장소로 가게 하는 것이 포함되어 있다.

⑤ 누명이 벗겨지는 계기는 남주인공이 자신의 어머니가 극단적 선택을 하겠다는 것을 만류한 것이다.

**20.** <학습 활동>을 수행한 결과로 적절하지 않은 것은?

<학습 활동>

「정을선전」은 모략을 중심으로 사건이 전개되므로 인물 간 소통 양상을 파악하는 것이 중요하다. 윗글을 바탕으로 인물 간에 나타난 소통의 내용을 정리해 보자.

| | 인물 A | 인물 B | 소통의 내용 |
|---|---|---|---|
| ① | 원수 | 중군장 | A가 B에게 군사를 이끌고 가 서융을 사로잡으라고 명령함. |
| ② | 승상 | 월매 | A가 B에게 충렬부인이 있는 곳이 어디인지 물음. |
| ③ | 옥졸 | 금연 | B가 A로부터 옥중 시신의 정체와 관련한 정보를 얻음. |
| ④ | 옥졸 | 승상 | A가 B에게, 금연이 옥중 시신에 대하여 발설했을 것이라는 의혹을 제기함. |
| ⑤ | 금연 | 승상 | B가 A로부터 정렬부인이 거짓으로 앓아 누웠었다는 정보를 얻음. |

16회

**21.** <보기>를 참고하여 윗글을 이해한 내용으로 적절하지 않은 것은? [3점]

<보 기>

「정을선전」은 영웅소설과 가정소설의 상투적인 면모가 혼재되어 나타난다. 이를테면, 가정 안팎의 서사는 남주인공을 매개로 연결되고, 사건이 선악 구도로 전개되며, 인물의 고난과 감정은 극대화된다. 이 과정에서 일부다처제에서 비롯되는 가정 내 갈등이 개인의 인성 문제로 축소된다. 그러면서도 상전의 수족에 불과한 하층의 시비가 능동적인 행위자로 등장하거나, 가정과 사회에서 상층인 인물이 희화화된다.

① 정을선이 황상에게 올린 상소에서, 대원수와 가장으로서의 모습이 드러나는 것으로 보아, 가정 안팎의 사건에 남주인공이 두루 관여하고 있음을 알 수 있군.

② 승상이 충렬부인을 구출하는 장면에서, '슬픔에 매우 야위어 뼈가 드러'난 부인의 모습과 '통곡'하는 승상의 모습은 인물의 고난과 감정이 극대화된 형상임을 알 수 있군.

③ 왕비가 '앙천통곡'하는 장면에서, 충렬부인의 수난이 '악녀'의 탓이라는 인식이 드러나면서 일부다처제의 문제가 개인의 인성 문제로 축소되고 있음을 알 수 있군.

④ 월매가 '매를' 맞는 장면에서, 월매는 자신이 모시는 주인에게 죽음을 각오하고 진실을 밝힘으로써 능동적인 행위자를 지향하고 있음을 알 수 있군.

⑤ 정렬부인이 '승상의 호통 소리'에 반응하는 장면에서, 가정의 상층 인물이 자신의 위엄이 실추되는 행동을 보이면서 희화화되고 있음을 알 수 있군.

[22~27] 다음 글을 읽고 물음에 답하시오.

(가)

배를 민다
배를 밀어보는 것은 아주 드문 경험
희번덕이는 잔잔한 가을 바닷물 위에
**배**를 밀어넣고는
온몸이 **아주 추락하지 않을 순간**의 한 허공에서
밀던 힘을 한껏 더해 밀어주고는
**아슬아슬히 배에서 떨어진 손**, 순간 환해진 손을
허공으로부터 거둔다

**사랑**은 참 부드럽게도 **떠나**지
**뵈지도 않는 길**을 부드럽게도

**배**를 **한껏 세게 밀어**내듯이 **슬픔**도
그렇게 **밀어내는 것**이지

**배가 나가**고 남은 빈 물 위의 **흉터**
**잠시 머물다 가라앉**고

그런데 오, 내 안으로 들어오는 배여
**아무 소리 없이 밀려들어**오는 **배**여

- 장석남, 「배를 밀며」 -

(나)

당신……, 당신이라는 말 참 좋지요, 그래서 불러봅니다 킥킥거리며 한때 적요로움의 울음이 있었던 때, 한 슬픔이 문을 닫으면 또 한 슬픔이 문을 여는 것을 이만큼 살아옴의 **상처에 기대, 나 킥킥……, 당신을 부릅니다** 단풍의 손바닥, 은행의 두 갈래 그리고 합침 저 개망초의 시름, 밟힌 풀의 흙으로 돌아감 당신……, **킥킥거리며 세월에 대해 혹은 사랑과 상처,** 상처의 몸이 나에게 기대와 저를 부빌 때 당신……, 그대라는 자연의 달과 별……, 킥킥거리며 당신이라고……, 금방 울 것 같은 사내의 아름다움 그 아름다움에 기대 **마음의 무덤**에 나 벌초하러 진설 음식도 없이 맨 술 한 병 차고 병자처럼, 그러나 ⓐ <u>치병*과 환후*는 각각 따로인 것</u>을 킥킥 당신 **이쁜 당신……, 당신이라는 말 참 좋지요,** 내가 아니라서 끝내 버릴 수 없는, 무를 수도 없는 참혹……, 그러나 킥킥 당신

- 허수경, 「혼자 가는 먼 집」 -

* 치병 : 병을 다스림.
* 환후 : 병을 정중하게 이르는 말.

(다)

그녀에게 편지를 쓰는 것이 자신의 존재를 증명하던 시절이 있었다. 사랑하는 사람에게 보내는 편지만큼 표현의 욕구로 흘러넘치는 것도 없다. 무언가를 표현하지 않고는 견딜 수 없는 시간들이 편지를 쓰게 한다. **그**는 그녀에게 자신의 사랑이 얼마나 어렵고 진정하며 운명적인가를 설명하고 싶었다. 편지는 사람을 설득하거나 매혹시키는 방편이 될지도 모른다. 그러나 모든 사랑의 편지는 마지막 순간, **도구적**이지 못하다. 세상의 모든 글쓰기가 최후의 순간에는 **처음에 품었던 소소한 의도**를 배반하는 것처럼. 그 **통제할 수 없**는 **익명의 욕구**가 그 편지의 **현실적인 목표**를 잊어버리게 만들기 때문이다. 그런 이유로, 모든 사랑의 편지에는 **아무 전언도 들어 있지 않다**.

거기에는 결정적인 정보나 주장이 들어 있지 않다. 다만 내 고백을 누군가가 들어준다는 충만한 느낌. 희미한 불빛 아래서 스스로 옷을 벗어야 할 때처럼, 주체할 수 없는 부끄러움 따위. 고백이란 결국 **2인칭을 경유하여 1인칭으로 돌아온다**. 그의 들끓는 고백의 언어들은 고스란히 자신에게 돌아왔다. 한동안 그는, 사랑하는 ○○에게로 시작되는 편지를 자주 썼다. 그녀는 그의 편지를 사랑했다. 정확하게 말하면 **'편지 속의 그'를 그녀는 사랑했다**. 편지 속에는 그가 찾아낸 자신의 **또 다른 영혼**이 있었다. 또 다른 영혼의 '그'는 순수한 열정과 끝 모를 동경과 깊은 이해심을 가진 존재였다. 그도 역시 그녀처럼 자신의 편지 속 1인칭 화자에게 깊이 매료되었다. 하지만 너무 뻔해서 가혹했던 지리멸렬한 시간들 속에서 그는 편지 속의 1인칭 주체를 잊어버렸다.

편지조차 쓸 수 없는 시간들이 무심하게 지나가고, 다시 편지를 쓰고 싶었을 때, 그는 이미 '편지 속의 그'가 되지 못한다는 것을 알았다. 그는 '편지 속의 그'를 연기하는 것이 부끄러웠고, **자신의 비루함을 뼛속 깊이 실감했다**. 그는 '사랑하는 ○○에게'라는 편지를 쓰고 싶어 하는 자신 속의 어떤 늙지 않는 영혼을, 그 순수한 인격을 외면하고 싶었다. ⓑ <u>누군가가 듣기를 바라는 모든 고백이란, 위선이 아니면 위악이다.</u>

- 이광호, 「이젠 되도록 편지 안 드리겠습니다」 -

**22.** (가)~(다)의 공통점으로 가장 적절한 것은?

① 하강적 이미지를 활용하여 시간의 흐름을 보여 준다.
② 자연물에 빗대어 부정적 현실의 극복 가능성을 암시한다.
③ 동일한 구절의 반복과 변주를 통해 상황의 반전을 표현한다.
④ 특정한 행위를 중심으로 행위 주체와 대상의 관계를 드러낸다.
⑤ 공간의 이동에 따라 내용을 전개하여 역동적 분위기를 강화한다.


[해설편 p.189]

23. (가)에 대한 이해로 적절하지 않은 것은?

① '아주 추락하지 않을 순간'에 '배'를 밀던 '손'이 '아슬아슬히 배에서 떨어진'다는 것은 이별의 정서적 긴장감을 드러낸다.
② '뵈지도 않는 길'은 '사랑'이 '떠나'는 길이라는 점에서, 이별의 막막한 상황을 공간의 형상으로 드러낸다.
③ '슬픔'을 '밀어내는 것'을 '배'를 밀듯 '한껏 세게 밀어'낸다고 한 것은 이별의 아픔을 떨쳐 내려는 화자의 태도를 드러낸다.
④ '배가 나가'며 생긴 '흉터'가 '잠시 머물다 가라앉'는다는 것은 이별의 슬픔이 잦아든 상태에 있음을 드러낸다.
⑤ '밀려들어' 온 '배'는 '아무 소리 없이' 다시 돌아온 배라는 점에서, 대상과의 재회가 예상대로 이루어짐을 드러낸다.

24. (나)의 '당신'에 대한 설명으로 적절하지 않은 것은?

① 화자와 '한때'의 기억을 잇는 매개적 존재이다.
② 화자의 내면에 살고 있는 '병자'로서 연민의 대상이다.
③ 화자의 눈앞에 없지만 '부'름으로써 환기되는 대상이다.
④ 화자가 '버릴 수 없'고 '무를 수도 없는' 숙명적 존재이다.
⑤ 화자에게 '사랑'과 '슬픔'을 경험하게 하는 이중적 존재이다.

25. <보기>를 참고하여 (나)를 감상한 내용으로 적절하지 않은 것은? [3점]

<보 기>

시는 표현하고자 하는 바를 어떤 심적 상태에 놓인 화자의 발화로써 형상화한다. (나)에 나타나 있는 독특한 발화 방식, 즉 끊어질 듯 이어지는 서술, 어휘의 반복적 출현, 맥락이 없어 보이는 구절들의 배열, 수시로 등장하는 말줄임표와 쉼표 등은 사랑의 기억을 떠올리거나 상처를 치유하지 못한 화자의 내면을 드러내는 시적 장치들이다. 이러한 장치들은 사랑의 기억과 함께 상실의 고통을 안고 남은 생을 살아 내야 하는 화자의 복합적인 내면을 생생하게 그려 내는 역할을 한다.

① '킥킥'은 반복적으로 출현하는 웃음의 의성어로서, 사랑과 슬픔이 내재된 화자의 복합적인 정서를 생생하게 드러내는 표현이겠군.
② '상처에 기대, 나 킥킥……, 당신을 부릅니다'는 말줄임표와 쉼표를 사용한 서술로서, 상실의 고통으로 인하여 사랑의 기억이 희미해지는 화자의 심적 상태를 보여 주는 표현이겠군.
③ '킥킥거리며 세월에 대해 혹은 사랑과 상처,'는 맥락이 없어 보이는 표현들이 한데 이어진 서술로서, 감정들이 뒤섞인 화자의 내면을 보여 주는 표현이겠군.
④ '마음의 무덤'은 화자의 심적 상태를 형상화한 서술로서, 상실의 고통을 안고 생을 살아 내야 하는 화자의 내면을 비유한 표현이겠군.
⑤ '이쁜 당신……, 당신이라는 말 참 좋지요,'는 끊어질 듯 이어지는 서술로서, 대상에 대하여 사랑의 감정을 품고 있는 화자의 내면을 보여 주는 표현이겠군.

26. ⓐ, ⓑ에 대한 이해로 가장 적절한 것은?

① ⓐ는 치병의 노력으로도 환후가 사라지는 것은 아니라는 화자의 인식을 말한다.
② ⓐ는 화자가 대상의 아름다움을 발견함으로써 자신의 환후를 의식하지 않게 되었음을 말한다.
③ ⓑ는 사랑의 편지가 상대를 향한 표현일 때, 위선과 위악에서 벗어날 수 있음을 말한다.
④ ⓑ는 더 나은 자신을 드러내려는 욕망이야말로 상대를 매혹하는 진정한 요인임을 말한다.
⑤ ⓐ와 ⓑ는 모두, 아픔을 겪는 이나 고백을 하는 이가 그 아픔이나 고백의 실체를 지각하지 못함을 말한다.

27. <보기>를 바탕으로 (다)를 이해한 내용으로 적절하지 않은 것은?

<보 기>

(다)에서 편지는 받는 사람뿐만 아니라 쓰는 사람 자신을 향한 것이기도 하다. 상대에 대한 열망으로 사랑의 편지를 쓰지만 결국 그것은 자신을 표현하는 글이다. 자신을 이상화하려는 욕구에 빠져 있기에 편지는 '그녀'가 사랑할 만한 '그'로 채워진다. 사랑의 편지를 받은 '그녀'는 '편지 속의 그'를 사랑하고, 편지를 쓰는 '그'도 '편지 속의 그'에게 매료되어 있다. 그러나 이런 식의 자기 고백이 지속될 수 없는 까닭은 이 이상화된 '그'와 실제의 '그' 사이의 간극이 주는 부끄러움 때문이다.

① '익명의 욕구'를 '통제할 수 없'다는 것은 상대를 향한 '그'의 사랑이 운명적인 것이어서 사랑을 멈출 수 없음을 말하는군.
② '아무 전언도 들어 있지 않다'는 것은 '처음에 품었던 소소한 의도'를 잊음으로써, 상대를 향한 글쓰기의 '현실적인 목표'가 실패로 돌아갔음을 말하는군.
③ '2인칭을 경유하여 1인칭으로 돌아온다'는 것은 편지가 상대를 향한 '도구적' 기능을 하지 못하고 자기 고백에 그치게 됨을 말하는군.
④ "편지 속의 그'를 그녀는 사랑했다'는 것은 편지를 받은 그녀가 사랑한 상대는 편지 속의 '또 다른 영혼'임을 말하는군.
⑤ '자신의 비루함을 뼛속 깊이 실감했다'는 것은 실제 자신과 이상화된 자신 사이의 간극을 자각한 '그'가 부끄러움에 빠져 있음을 말하는군.

16회

[28～31] 다음 글을 읽고 물음에 답하시오.

㉠불편스런 일이 한두 가지가 아니었다. 하지만 허원은 그렇게 스스로 주의하고 고통을 감내해 냈기 때문에 자신의 비밀을 남 앞에 감쪽같이 숨겨 나갈 수 있었다. 아무도 그의 비밀을 눈치챈 사람이 없었다. 비밀이 탄로 나지 않는 한 그의 일상생활은 더 이상 불편을 겪을 필요도 없었다. 인체 생리나 해부학 서적 같은 걸 뒤져 봐도 성인의 배꼽은 거의 아무런 기능도 수행하지 않음을 알 수 있었다. 적어도 그의 외모나 바깥 생활은 정상을 유지할 수 있었다. 그 점만이라도 무척 다행이었다. 그는 일단 안도의 한숨을 내쉬었다.

㉡—그깟 놈의 배꼽, 안 가지고 있음 어때.

그쯤 체념을 하고 될 수 있으면 배꼽에 관한 일들을 잊어버리려 했다. ㉢자신으로부터 배꼽이 사라져 버린 사실을, 그리고 그 때문에 생긴 모든 불편을 잊고, 그 배꼽 없는 생활에 스스로 익숙해져 버리기를 바라 마지않았다. 하지만 문제는 그렇게 간단하지 않았다. 아무리 일상생활에선 드러나게 불편한 점이 없다 해도 그는 역시 배꼽이 없는 자신에 대해 좀처럼 익숙해질 수가 없었다. 그는 자꾸만 허전해서 견딜 수가 없어지곤 했다. 있느니라 여기고 지낼 때는 그처럼 무심스럽던 일이 그런 식으로 한번 **의식의 끈**을 **건드려** 오자 허원의 상념은 잠시도 그 잃어버린 배꼽에서 떠나 있을 수가 없었다.

그는 마침내 **회사 출근**마저 단념하기에 이르렀다. 그러자 신통하게도 **늦잠 버릇**이 깨끗이 자취를 감춰 버렸다. 그는 눈만 뜨면 사라져 없어진 배꼽 때문에 기분이 허전했고, 그러면 그 허망감을 쫓기 위해 배꼽에 관한 끝없는 상념들을 쌓기 시작했다.

(중략)

그리하여 배꼽에 관한 허원의 지식과 **사념**은 자꾸 더 **심오하고 추상적인** 것이 되어 갔다. 그에게는 어느덧 그 나름의 독특한 배꼽론 같은 것이 윤곽을 지어 가고 있었다. 하지만 그러면 그럴수록 허원은 더욱더 허전해지고, 아무 곳에도 발이 닿아 있는 것 같지 않고, 혼자서 외롭게 허공을 둥둥 떠다니고 있는 것처럼 느껴졌다. 그러면 그는 또 거듭 그 허망감을 쫓기 위해 자신의 배꼽론을 완벽하게 발전시켜 나갔다. 마치 그렇게 하여 그는 자신의 사념 속에서 잃어버린 배꼽을 되찾아내고, 그것으로 그 **실물**을 대신해 어떤 식으로든 자신과 세상 간에 큰 불편이 없도록 화해시키고 그것으로 그 난감스런 허망감을 채우려는 듯이. 그의 배꼽론은 가령 이런 식으로까지 발전되어 있었다.

—우리는 누구나 **배꼽**을 가지고 있다…… 우리는 우리들의 어머니로부터 **탯줄**이 끊어지는 순간 이 우주의 한 단자(單子)로서 고독하게 존재하게 되었다. 그러나 우리는 영원히 그 탯줄의 기억을 잊지 않는다. 우리 영혼은 언제까지나 그 어머니의 탯줄과 이어지려 하고, 또다시 그 어머니의 어머니의 탯줄과 이어져 나가면서 우리 **존재**를 설명하고 근원을 밝혀 나가며, 마침내는 마지막 어머니의 탯줄이 이어지는 우리들의 **우주와 만나**게 된다…… 우리의 배꼽은 우리가 그 마지막 우주와 만나고자 하는 향수의 표상이며 가능성의 상징이며 존재의 비밀로 나아가는 형이상학이다. 그 비밀의 문이다……

그는 어느덧 배꼽에 대해 당당한 일가견을 이룬 배꼽 전문가가 되어 가고 있었다.

㉣어느 해 여름이었다. 하니까 그것은 허원이 자신의 배꼽을 잃어버리고 나서 불편하기 그지없는 세 번째의 여름을 맞고 있을 때였다. 그는 물론 배꼽을 잃어버린 자신에 대해 아직도 완전히 익숙해지질 못하고 있었다. **그의 사념** 역시 언제나 그 눈에 보이지 않는 배꼽에 매달려 거기에서밖에는 영영 더 이상 자유로워질 수가 없었다. 그 대신 허원은 이제 그 자신의 **배꼽론**에 대해선 매우 **확고한 경지**에 도달해 있었다.

그럴 즈음이었다. 허원은 문득 **세상 사람들**이 수상쩍어지기 시작했다. 어느 때부터지는 확실히 알 수 없었지만, 세상 사람들 역시 무슨 이유에선지 이 인간 장기의 한 조그만 흔적에 대해 **심상찮은 관심**을 나타내기 시작한 것이다. 배꼽에 대한 사람들의 관심 역시 기왕부터 있어 온 것을 여태까지 서로 모르고 지내오다가 비로소 어떤 기미를 알아차리게 된 것인지, 혹은 사람들로 하여금 그런 관심을 내보이게 할 만한 무슨 우연찮은 계기가 마련되었는지는 확실치가 않았다. 그리고 무엇 때문에 사람들에게서 그런 관심이 시작되었는지 그 이유를 알 수도 없었다. 하지만 그것은 어쨌든 **사실**이었다. 주의를 기울여 보니 관심의 정도도 여간이 아니었다. 한두 사람, 한두 곳에서만 나타난 현상이 아니었다. 그것은 이미 일반적인 현상이 되어 가고 있었다. 그리고 그렇듯 **배꼽 이야기**가 **일반화**의 기미를 엿보이기 시작하자 사람들은 이제 그걸 신호로 아무 흉허물 없이 터놓고 지껄이거나 신문, 잡지 같은 데서 진지하게 논의의 대상을 삼기도 하였다. ㉤배꼽에 관한 논의가 그렇듯 갑자기 시중 일반에까지 성행하기 시작한 것이다.

**기묘한 현상**이었다.

- 이청준, 「배꼽을 주제로 한 변주곡」 -

**28.** ㉠~㉤의 서술 방식에 대한 설명으로 가장 적절한 것은?

① ㉠: 누구의 생각을 누가 말하는지 명시한 표현을 나타내어 서술하고 있다.
② ㉡: 인물의 생각을 서술자가 평가하며 그 심화된 의미를 함축하여 서술하고 있다.
③ ㉢: 인물의 의식을 인물 자신의 생생한 목소리를 통해 서술하고 있다.
④ ㉣: 인물의 상황에 관련된 정보를 부가하여 서술하고 있다.
⑤ ㉤: 인물 행동의 진행 과정을 순차적으로 서술하고 있다.

29. 비밀의 서사적 기능으로 가장 적절한 것은?

① 자신의 신념을 인물이 돌이켜 본 결과로, 새로운 세계관을 바탕으로 하는 주제를 형성한다.
② 얽힌 인간관계를 인물이 성찰하는 전환점으로, 갈등으로 인한 위기감을 완화한다.
③ 일상적이지 않은 경험을 인물이 의식한다는 표지로, 인물의 심리적 동요를 부른다.
④ 상충된 이해관계를 인물이 조정하는 단서로, 심화된 사회적 갈등을 해소한다.
⑤ 기성의 질서에 인물이 저항한다는 신호로, 돌발적 사건의 발생을 알린다.

30. '허원'을 중심으로 윗글을 이해한 내용으로 적절하지 않은 것은?

① '허원'은 '실물'과 관련하여 시작된 '사념'을 통해 '존재'의 의미를 발견해 간다.
② '허원'은 '실물'이 몸에서 큰 기능을 하지 않는다는 것을 알고 일단 안도감을 느끼게 된다.
③ '허원'은 '사념'을 방편으로 삼아 자신의 현재 상태에 대해 다른 방향에서 접근하고자 한다.
④ '허원'은 '심상찮은 관심'의 원인에 대해 궁금해하면서 '세상 사람들'에게 주의를 기울이게 된다.
⑤ '허원'은 '실물'에 대한 인식을 '세상 사람들'과 공유하게 되면서, 그간 이어 온 '사념'을 더 이상 지속하지 않게 된다.

31. <보기>를 참고하여 윗글을 감상한 내용으로 적절하지 않은 것은? [3점]

<보 기>

「배꼽을 주제로 한 변주곡」은 주인공이 배꼽을 잃어버렸다는 허구적 설정으로 시작하여, 이후 배꼽을 둘러싼 희화적 에피소드들이 이어진다. 주인공은 으레 있어야 할 것이 없어져 불편한 생활을 이어 가던 중 배꼽에 관심을 갖는 이들이 늘어나고 있음을 알게 된다. 이 과정에서 배꼽에 관련된 개인적 상황은 물론 인간 존재와 사회 상황에 대한 심층적 의미의 탐색이 이루어진다.

① '의식의 끈'이 '건드려'짐으로써 주인공이 비정상적 문제 상황에 지속적으로 주목하게 된 것이겠군.
② '회사 출근'을 포기하게 되고 '늦잠 버릇'이 사라진 상황은, 주인공의 일상이 변화된 모습을 보여 준다고 할 수 있겠군.
③ '배꼽'을 '탯줄'에 연관하여 이해하는 것은, 개인에 관련된 생각을 '우주와 만나'는 '심오하고 추상적인' 생각으로 확장하는 실마리가 된다고 할 수 있겠군.
④ '그의 사념'이 도달한 '배꼽론'의 '확고한 경지'는 사소한 것의 심층적 의미를 탐색할 때 이를 수 있으므로, 그 사소한 것에 얽매이지 않는 자유로운 상태에서 실현이 가능해지겠군.
⑤ '기묘한 현상'은, '배꼽 이야기'가 '일반화'되는 상황이 뜻밖이지만 '사실'로 나타나는 현상을 두고 일컬은 말이라고 할 수 있겠군.

16회

**[32~34] 다음 글을 읽고 물음에 답하시오.**

(가)
어져 어져 저기 가는 저 사람아
네 행색을 보아 하니 군사 도망 네로구나
허리 위로 볼작시면 베적삼이 깃만 남고
허리 아래 굽어보니 헌 잠방이 노닥노닥
곱장 할미 앞에 가고 전태발이 뒤에 간다
십 리 길을 하루 가니 몇 리 가서 엎어지리
내 고을의 양반 사람 타도 타관 옮겨 살면
천히 되기 상사여든 본토 군정(軍丁) 싫다 하고
**자네** 또한 도망하면 일국 일토(一土) 한 인심에
근본 숨겨 살려 한들 어데 간들 면할쏜가
차라리 네 살던 곳에 아무렇게나 뿌리박혀
칠팔월에 ㉠ 인삼 캐고 구시월에 돈피* 잡아
공채 신역 갚은 후에 그 나머지 두었다가
함흥 북청 홍원 장사 돌아들어 잠매할 때
후한 값에 팔아 내어 살기 좋은 넓은 곳에
가사 전토(家舍田土) 다시 사고 살림살이 장만하여
부모처자 보전하고 새 즐거움 누리려무나

어와 생원인지 초관인지
**그대** 말씀 그만두고 **이내** 말씀 들어 보소
이 내 또한 갑민(甲民)*이라 이 땅에서 생장하니 이때 일을 모를쏘냐
우리 조상 남쪽 양반 진사 급제 계속하여
금장 옥패 빗기 차고 시종신을 다니다가
시기인의 참소 입어 변방으로 쫓겨 와서
국내 변방 이 땅에서 칠팔 대를 살아오니
조상 덕에 하는 일이 읍중 구실 첫째로다
들어가면 좌수 별감 나가서는 풍헌 감관
유사 장의 채지 나면 체면 보아 사양터니
애슬프다 내 시절에 원수인의 모해로써
군사 강정 되단 말가 내 한 몸이 헐어 나니
좌우전후 수다 일가 차차 충군(充軍) 되겄고야
조상 제사 이내 몸은 하릴없이 매여 있고
시름없는 친족들은 자취 없이 도망하고
여러 사람 모든 신역 내 한 몸에 모두 무니
한 몸 신역 삼 냥 오 전 돈피 두 장 의법이라
열두 사람 없는 구실 합쳐 보면 사십육 냥
해마다 맡아 무니 석숭*인들 당할쏘냐

- 작자 미상, 「갑민가」 -

* 돈피 : 담비 가죽.
* 갑민 : 갑산의 백성.
* 석숭 : 중국 진나라 때의 부자.

(나)

녹양방초 언덕에 소 먹이는 **아희들**아
앞내 ㉡고기 뒷내 고기를 다 몽땅 잡아내 다래끼*에 넣어 주거든 네 소 궁둥이에 얹어다가 주렴
**우리**도 서주(西疇)*에 일이 많아 바삐 가는 길이매 가 전할동 말동 하여라

- 작자 미상, 사설시조 -

* 다래끼 : 물고기나 작은 물건 등을 넣는 바구니.
* 서주 : 서쪽 밭.

**32.** (가)에 대한 설명으로 적절하지 않은 것은?

① 대구 표현으로 외양을 묘사하여 대상의 처지를 드러낸다.
② 행위의 실행을 가정하여 부정적 전망을 제시한다.
③ 의문의 표현을 사용하여 상대의 행적에 대해 의심한다.
④ 과거와 현재를 대비하여 악화된 처지를 보여 준다.
⑤ 구체적 수치를 제시하여 감당하기 힘든 현실을 드러낸다.

**33.** ㉠, ㉡에 대한 이해로 가장 적절한 것은?

① ㉠은 ㉠을 언급하는 화자가 이주해 가려는 땅에서 재배할 약재이다.
② ㉡은 ㉡을 언급하는 화자가 말을 건네는 상대에게 노동의 대가로 주는 보상이다.
③ ㉠과 ㉡은 모두, 각각을 언급하는 화자가 유흥을 목적으로 구하려는 물품이다.
④ ㉠과 ㉡은 모두, 각각을 언급하는 화자가 획득하려면 상대의 도움이 필요한 대상이다.
⑤ ㉠과 ㉡은 모두, 각각을 언급하는 화자가 보기에 상대가 했으면 하는 행위의 대상이다.

**34.** <보기>를 참고하여 (가), (나)를 감상한 내용으로 적절하지 않은 것은? [3점]

<보 기>

조선 후기의 가사나 사설시조에서는 입장이 다른 발화자가 등장하는 대화체를 사용해 작중 상황을 극의 한 장면처럼 만들기도 한다. 대화를 통해 사실성을 추구하는 작품의 경우, 구체적 소재와 다각적인 내용으로 그 시대 삶의 모습을 보여 준다. 대화를 통해 유희성을 보이는 작품의 경우, 대화가 논쟁, 의견 불일치 등 의외의 상황으로 전개되면서 재미가 생겨나며, 때로 등장하는 불완전한 표현은 이러한 작품이 내용 자체보다 대화의 전개 양상에 주목함을 보여 준다.

① (가)의 '그대'가 '자네'의 선택과 다른 권유를 함으로써 '자네'가 풀어낸 사연은, 당시 갑산 백성이 겪었음 직한 고통을 사실적으로 보여 주는군.
② (가)의 '이내' 말씀은 집안의 내력과 사회적 지위를 구체적으로 언급하며 사회의 부조리를 해결하자는 입장으로, '그대' 말씀과 의견이 일치하지 않는군.
③ (나)는 선행하는 화자의 요청에 대해 '우리'가 선행하는 화자의 기대에 어긋난 대답을 하면서 대화가 의외의 상황으로 펼쳐지는군.
④ (나)의 선행하는 화자가 '고기'를 누구에게 주라고 하는지 명시하지 않아 불완전한 표현이 된 것은 이 작품이 내용보다 대화의 전개 양상에 주목한다는 것을 드러내는군.
⑤ (가)의 '그대'는 길 가는 '자네'를, (나)의 선행하는 화자는 소 먹이는 '아희들'을 불러 말을 건네고 있어 작품의 상황이 극 중 장면처럼 보이는군.

* 확인 사항

○ 답안지의 해당란에 필요한 내용을 정확히 기입(표기)했는지 확인하시오.

○ 이어서, 「**선택과목(화법과 작문)**」 문제가 제시되오니, 자신이 선택한 과목인지 확인하시오.



[해설편 p.191]

제 1 교시

# 국어 영역(화법과 작문)

16회

[35~37] 다음은 학생의 발표이다. 물음에 답하시오.

안녕하세요? 오늘 발표를 맡은 ○○○입니다. 오늘은 식물이 살아가는 몇 가지 독특한 방식에 대해 소개하려고 합니다. 흥미로운 내용이 있으니 집중해서 들어 주세요.

생존을 위해 다른 식물에 붙어서 사는 식물들이 있습니다. 먼저, 라플레시아라는 식물이에요. (자료 제시) 이 식물은 특이하게도 잎도 줄기도 뿌리도 없이 꽃만 있습니다. 꽃만으로는 광합성을 할 수 없기 때문에 숙주인 덩굴 식물에 기생하여 양분을 흡수한답니다. 덩굴에 붙어 있는 것 전체가 꽃인데요, 꽃의 무게가 10 kg가량이고 지름이 거의 1 m가 된다니, 정말 놀랍지 않나요? 다른 식물에 붙어서 살아가는 식물이 또 있습니다. (고개를 저으며) 아, 다른 식물에서 양분을 흡수하는 건 아니에요. (자료 제시) 이 식물은 파인애플과에 속하는 수염틸란드시아인데요, 여기 이 부분은 공기 중에 노출되어 있는 공기뿌리랍니다. 땅속뿌리가 없어 공기뿌리를 이용하여 다른 식물에 붙어서 살아가는 거지요. 뿌리가 땅속에 있는 게 아닌데 양분과 수분은 어떻게 얻을까요? (자료 제시) 보시는 것처럼 수염틸란드시아는 잎에 있는 비늘처럼 생긴 털을 통해 공기에 있는 양분과 수분을 얻는답니다.

번식을 위해 곤충을 속이는 식물도 있다는 걸 아시나요? (청중을 둘러보며) 거의 모르시는군요. 개다래는 곤충을 유인하기 위해 잎의 색깔을 바꾸는 나무입니다. (자료 제시) 영상에서 개다래의 잎 색깔이 달라지는 거 보셨나요? 개다래의 잎은 꽃가루받이 기간에 흰색으로 변했다가 꽃이 수정되고 나면 원래의 녹색으로 돌아옵니다. 개다래의 꽃은 작고 잎에 가려져 있어 곤충들이 잘 볼 수 없는데요, 잎을 꽃처럼 보이게 해서 곤충을 유인하고 번식에 이용하는 것이죠. 다음 식물은 우리에게 익숙한 해바라기입니다. (자료 제시) 여기 보이는 꽃송이가 하나의 꽃처럼 보이시죠? 사실 해바라기 꽃의 가운데 갈색 부분은 아주 많은 꽃들이 모여 있는 거예요. 여기 가장자리에 노란 꽃잎처럼 보이는 것들도 하나하나가 꽃이랍니다. 작은 꽃들이 모여 커다란 꽃처럼 보이게 해서 곤충을 끌어들이는 것이죠.

식물이 살아가는 모습, 신기하지 않나요? 제 발표가 여러분의 상식을 넓히는 데 도움이 되었기를 바랍니다. 발표 마치겠습니다.

**35.** 위 발표자의 말하기 방식으로 가장 적절한 것은?

① 비언어적 표현을 활용하여 청중의 행동 변화를 요구하고 있다.
② 발표 내용과 관련한 질문을 하여 청중의 배경지식을 확인하고 있다.
③ 낯선 용어의 개념을 정의하여 발표 내용에 대한 청중의 이해를 돕고 있다.
④ 발표 중간중간에 앞서 언급한 주요 내용을 요약하여 주제를 강조하고 있다.
⑤ 청중이 발표 내용을 통해 얻을 수 있는 효용을 제시하며 화제를 전환하고 있다.

**36.** 다음은 발표자가 발표에 활용한 자료의 목록이다. 발표 내용을 고려할 때, 자료 활용에 대한 설명으로 적절하지 않은 것은?

- 라플레시아가 덩굴 식물에 붙어 있는 사진 자료 ……… ㉠
- 수염틸란드시아가 나뭇가지에 붙어 있는 사진 자료 ……… ㉡
- 수염틸란드시아 잎을 확대한 사진 자료 ……… ㉢
- 꽃가루받이 기간인 때와 아닌 때의 개다래를 촬영한 동영상 자료 ……… ㉣
- 해바라기의 꽃송이 전체가 잘 드러나는 사진 자료 ……… ㉤

① ㉠은 사진 속 식물이 숙주에 기생하여 양분을 얻는다는 것을 설명하는 데에 활용되었다.
② ㉡은 사진 속 식물의 공기뿌리가 하는 역할을 설명하는 데에 활용되었다.
③ ㉢은 사진 속 식물의 잎에 있는 털의 기능을 설명하는 데에 활용되었다.
④ ㉣은 동영상 속 식물의 꽃이 작고 잎에 가려져 있는 이유를 설명하는 데에 활용되었다.
⑤ ㉤은 사진 속 식물의 꽃송이가 낱낱의 꽃들이 한데 모여 이루어져 있다는 내용을 설명하는 데에 활용되었다.

**37.** 발표 내용을 바탕으로 할 때, <보기>에 나타난 학생들의 반응에 대한 이해로 적절하지 않은 것은?

<보 기>

**학생 1**: 오늘 발표에 나온 라플레시아에 대한 내용을 인터넷에서 본 적이 있어. 그 꽃은 심한 악취를 풍겨서 파리를 유인하는데, 번식을 위해서 그런 거래.
**학생 2**: 그래? 1 m나 되는 큰 꽃이 악취를 풍기면 엄청나겠는걸? 근데 수염틸란드시아는 다른 식물에 기생하는 건 아니라는 거지?
**학생 1**: 응, 맞아. 나는 수염틸란드시아가 어떻게 번식하는지 알고 싶었는데 그 내용이 없어서 아쉬웠어.
**학생 2**: 나도 그랬어. 그 부분에 대한 설명이 있었으면 더 좋았을 텐데. 수염틸란드시아가 번식을 어떻게 하는지 찾아봐야겠어.

① '학생 1'은 발표 내용과 관련하여 자신의 기억을 떠올리고 있다.
② '학생 2'는 자신이 이해한 내용이 맞는지 상대에게 확인하고 있다.
③ '학생 1'의 의문에 대해, '학생 2'는 발표에서 제공하지 않은 내용을 추론하고 있다.
④ '학생 1'과 '학생 2'는 모두, 발표에서 궁금한 내용이 다뤄지지 않았음을 아쉬워하고 있다.
⑤ '학생 1'과 달리, '학생 2'는 발표 내용 외의 추가적인 정보를 탐색하려 하고 있다.

16회

[38~42] (가)는 학생회 학생들의 대화이고, (나)는 학생회 대표가 쓴 건의문이다. 물음에 답하시오.

(가)

학생 1 : 얘들아, 어제 뉴스 봤어? 인근에 있는 ○○고가 개교 60주년을 앞두고 교가 가사를 바꿨다고 하더라.

학생 2 : ㉠ 처음 들어보는데, 교가 가사를 왜 바꾼 거야?

학생 1 : 교가 가사에 '씩씩한 건아여, 청년 일꾼이여'라는 구절이 반복되었다고 해. 이런 가사는 개교 당시 사회에서 요구되던 특정 역할만을 강조한 거라고 뉴스에서 그러더라.

학생 3 : 아, 그래? 그런 가사 내용이 개교 당시에는 중요한 가치로 여겨졌겠지만 지금은 그렇지 않으니 바꾼 거구나. 근데 비슷한 시기에 개교한 우리 학교 교훈도 문제가 있지 않니? [A]

학생 2 : ㉡ 맞아. 등교할 때 교훈을 보면 마음이 좀 불편하더라. 그래서 교훈을 바꿨으면 좋겠다고 생각한 적이 있어.

학생 3 : 나도 그랬는데. 우리 학교 교훈도 ○○고 교가처럼 특정 역할만이 두드러지는 것 같아.

학생 2 : 응. 그래서 많은 학생들이 공감하기 어려운 것도 사실이야.

학생 3 : 교훈은 지금 시대에도 맞는 보편적 가치를 담고 있어야 하는 거 아냐? 누구나 공감할 수 있어야 하고. 그런데 우리 교훈은 그렇지 않은 것 같아. [B]

학생 1 : ㉢ 나는 우리 학교 교훈이 괜찮다고 생각했는데, 듣고 보니 바꿔야겠다는 생각이 들어. 그런데 뉴스에 따르면 ○○고에서는 동문회를 설득하는 것이 쉽지 않았다고 하더라고.

학생 2 : 아무래도 학교 설립 이후 오랜 기간 교가를 불러 왔으니까, 동문 선배들은 교가가 모교를 상징한다고 생각할 것 같아. 그만큼 교가에 애정이 있는 사람도 많을 거야.

학생 1 : 맞아. 교훈을 바꾸는 일도 교가를 바꾸는 것만큼 어려울 것 같아. [C]

학생 3 : 그러니까 동문 선배들과 학교 구성원의 의견도 충분히 들어야 할 것 같아. ㉣ 교훈 변경이 왜 필요하고 어떤 효과가 있는지 알리는 것도 중요하겠지?

학생 2 : 응. 근데 교훈을 바꾸면 어떤 효과가 있을까?

학생 3 : 교훈을 보면서 느꼈던 불편한 마음이 사라지지 않을까? 새로운 교훈으로부터 알게 모르게 긍정적인 영향도 받을 수 있을 거고.

학생 1 : 그래. 교훈을 바꾸는 과정에서 학교에 대한 구성원의 관심이 높아지고 결속력도 커질 거야. 그리고 교훈을 바꾸고 싶은 다른 학교에도 좋은 본보기가 될 것 같아.

학생 3 : 그럼 교훈 변경을 추진할지 말지 학생회 회의 안건으로 올려 보자. 오늘 나눈 이야기는 내가 정리할게.

학생 1 : 나는 다른 학교의 사례를 더 찾아서 회의 때 공유할게.

학생 2 : 좋아. 회의에서 통과되면 교훈 변경에 대한 학생들의 의견을 조사해 보자. 설문 조사를 하는 배경도 같이 안내하면 좋겠어. [D]

학생 1 : 찬반 의견뿐만 아니라 새로운 교훈도 제안받아 보자.

학생 3 : ㉤ 교훈을 미리 제안받으면 교훈 변경이 확정된 것처럼 오해할 수 있으니 그 내용은 빼는 게 어때?

학생 1 : 그게 낫겠다. 교훈 변경에 대한 찬반 의견을 조사하고, 교훈을 바꾸자는 의견이 많으면 이를 바탕으로 학교에 건의하면 될 것 같아. [E]

학생 2 : 그래! 그것과 함께 동문 선배들의 의견을 모아 달라고도 부탁해 보자. 우리 잘해 보자.

(나)

교장 선생님, 안녕하세요? ⓐ 저는 학생회 대표 안△△입니다. 늘 학교 발전과 학생들의 성장을 위해 애쓰시는 교장 선생님께 감사의 말씀을 드립니다.

ⓑ 최근 ◇◇방송 뉴스에 따르면 인근 학교인 ○○고가 학교 구성원의 노력 끝에 교가 가사를 변경하였다고 합니다. ○○고의 변경된 교가 가사는 이전과 달리, 학생들의 미래와 행복한 삶을 강조한다고 합니다. ○○고와 같이 우리 학교에서도 교훈을 바꾸자는 학생들의 목소리가 커지고 있습니다.

ⓒ 교훈은 학교의 이념을 표현하지만, 단순히 표현에만 그치는 것은 아닙니다. 교훈은 학교의 이념과 목표를 드러낼 뿐만 아니라 ⓓ 구성원 모두가 지향하는 정신적 가치를 담는 그릇입니다. 하지만 지금 우리 학교의 교훈은 개교 당시 요구되던 특정 역할만을 부각하고 있어, 현재와 미래의 구성원이 지향해야 하는 가치를 반영하지 못하는 문제가 있습니다. 그래서 당시와는 달리 지금은 학생들의 공감을 얻지 못하고 있습니다.

이러한 문제를 해결하기 위해 공식적인 절차를 추진하여 교훈을 변경해 주시기를 건의드립니다. ⓔ 학교에서는 교직원, 동문 선배, 학부모에게 교훈 변경의 취지를 설명하고, 그분들의 의견을 수렴한 후, 학교운영위원회에서 심의하도록 해 주시면 좋겠습니다. 교장 선생님께서도 알고 계시듯이, 학생회에서 설문 조사로 학생들의 의견을 수렴한 결과 전교생의 91.8%가 교훈 변경에 찬성했습니다. 학생들 사이에는 이미 교훈 변경에 대한 공감대가 형성되었다고 볼 수 있습니다.

누구나 공감할 수 있는 교훈으로 바꾸면 교훈을 보면서 느꼈던 불편한 마음이 사라지고 학생들의 노력으로 교훈을 바꿨다는 자부심을 느끼게 될 것입니다. 그리고 그 과정에서 학생들은 물론 부모님들과 선생님들도 학교에 관심을 더 갖게 되면서 자연스럽게 애교심과 학교에 대한 긍지가 높아질 것입니다. 우리 학교의 교훈 변경은 교훈을 바꾸고 싶은 다른 학교에도 좋은 영향을 끼칠 것입니다. 이러한 변화는 학생들에게 교육적으로도 긍정적인 영향을 미칠 것이라고 확신합니다.

학생들이 새로운 교훈 아래에서 성장하고 시대에 발맞춰 갈 수 있도록 교훈을 변경해 주시길 부탁드립니다. 고맙습니다.

**38.** (가)의 ㉠~㉤에 대한 설명으로 적절하지 않은 것은?

① ㉠: 상대가 언급한 내용에 대해 관련 정보를 요청하고 있다.
② ㉡: 상대의 생각에 수긍한 후 자신의 경험을 제시하고 있다.
③ ㉢: 상대의 견해를 바탕으로 기존의 인식을 전환하고 있다.
④ ㉣: 상대가 제시한 대안에 대해 문제를 제기하고 있다.
⑤ ㉤: 상대의 생각과 다른 자신의 의견을 제안하고 있다.

**39.** 다음은 '학생 3'이 [학생회 회의]를 준비하면서 (가)의 대화 내용을 정리한 메모의 일부이다. 메모의 내용으로 적절하지 <u>않은</u> 것은?

> ※ 우리 학교 교훈 변경
>
> ■ 배경
> - ○○고는 개교 60주년을 앞두고 시대에 맞지 않는 교가 가사를 바꿈.
>   ↳ 우리도 교훈 변경을 논의하면 좋을 듯함. ①
> - 우리 학교 교훈도 특정 역할만이 부각되고 있음.
>   ↳ 많은 학생들이 교훈에 공감하기 어려움. ②
>
> ■ 고려할 점
> - ○○고는 동문회를 설득하는 데 어려움을 겪음.
>   ↳ 우리는 동문 선배들의 의견을 비롯한 여러 의견을 경청해야 함. ③
>
> ■ 우리가 할 일
> - 교훈 변경 추진 여부를 학생회 회의 안건으로 상정하기.
>   ↳ 다른 학교 사례를 찾아서 공유해야 함. ④
> - 학생회 회의 전에 동문 선배들의 의견 수렴하기.
>   ↳ 교훈 변경 추진에 대한 찬반 의견을 조사해야 함. ⑤

**40.** 다음은 (나)를 쓸 때 계획한 내용 전개 과정이다. (가)의 [A]~[E]가 ㉮~㉲를 고려하여 (나)에 반영되었다고 할 때, 이에 대한 설명으로 가장 적절한 것은? [3점]

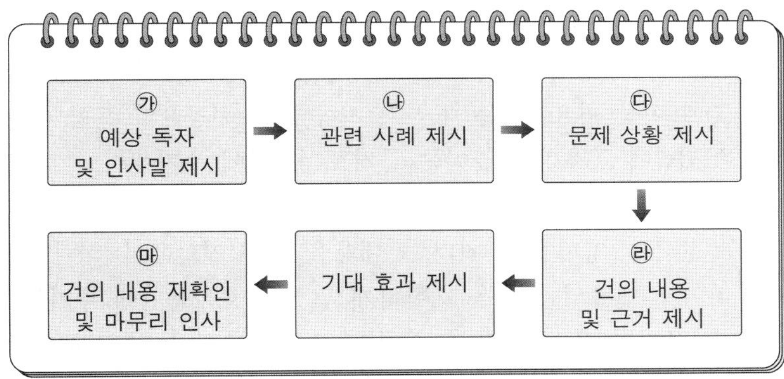


① ○○고의 예전 교가 가사에 담긴 가치의 중요도가 지금은 달라졌다는 [A]의 내용은, ㉯를 고려하여 (나)에서 학생들의 삶이 예전보다 행복해졌음을 강조하기 위한 사례로 반영되었다.
② 교훈 내용이 문제가 있다는 [B]의 내용은, ㉰를 고려하여 (나)에서 교훈 내용이 구성원의 과거와 현재의 가치를 담고 있지 않다는 문제 상황으로 반영되었다.
③ 교가보다 교훈을 바꾸기 어렵다는 [C]의 내용은, ㉲를 고려하여 (나)에서 새로운 교훈을 제안받아 달라는 건의 내용을 재확인하는 것으로 반영되었다.
④ 학생들의 의견 조사를 제안한 [D]의 내용은, ㉱를 고려하여 (나)에서 교훈을 변경해 달라는 건의 내용에 대한 근거를 설문 조사 방법을 통해 마련한 것으로 반영되었다.
⑤ 교훈 변경을 학교에 건의하자는 [E]의 내용은, ㉮를 고려하여 (나)에서 교장 선생님을 예상 독자로 하여 지역 학교들과의 공감대를 형성해야 하는 이유로 반영되었다.

**41.** (나)의 ⓐ~ⓔ에 대한 설명으로 적절하지 <u>않은</u> 것은?

① ⓐ: 글의 특성을 고려하여 건의의 주체를 제시했다.
② ⓑ: 정보의 신뢰성을 높이기 위해 출처를 제시했다.
③ ⓒ: 설득력을 높이기 위해 예상되는 반론을 제시했다.
④ ⓓ: 화제의 중요성을 환기하기 위해 비유적 표현을 제시했다.
⑤ ⓔ: 건의 내용을 실현하기 위해 거쳐야 하는 과정을 제시했다.

**42.** 다음은 (나)의 5문단 초고와 그에 대한 친구의 조언이다. 친구의 조언이 (나)에 반영되었다고 할 때 [ Ⓐ ]에 들어갈 내용으로 가장 적절한 것은?

> 【5문단 초고】
> 우리 학교의 교훈 변경은 교훈을 바꾸고 싶은 다른 학교에도 좋은 영향을 끼칠 것입니다. 이러한 변화는 학생들에게 교육적으로도 긍정적인 영향을 미칠 것이라고 확신합니다.

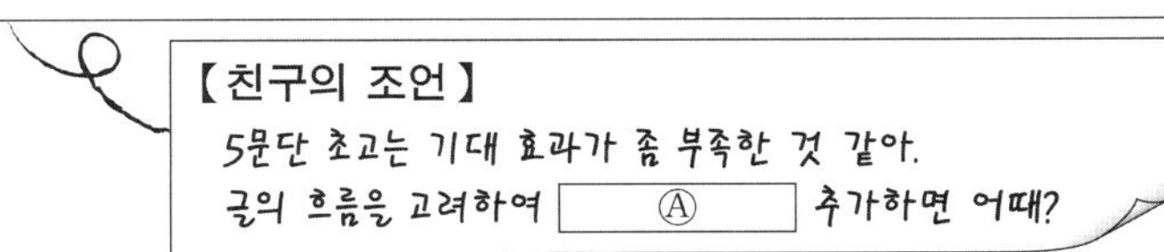


① 학교 구성원 입장에서의 긍정적인 측면을
② 다른 학교가 참고할 수 있는 유용한 정보를
③ 교훈 내용이 학교생활의 지침이 된다는 점을
④ 지역 사회에서 학교의 위상이 강화된다는 측면을
⑤ 건의를 받는 대상이 학생의 성장을 이끌 수 있다는 점을

**[43~45] 다음은 작문 상황과 이를 바탕으로 학생이 작성한 초고의 일부이다. 물음에 답하시오.**

> **[작문 상황]**
> 환경의 날을 맞아 교지에 지속 가능 항공유에 대해 알리는 글을 쓰려 함.
>
> **[학생의 초고]**
> 2017년 즈음에 스웨덴에서 '플뤼그스캄(Flygskam)' 운동이 일어났다. 이는 '비행기 타는 것을 부끄럽게 여긴다.'라는 의미로, 시간이 더 걸리더라도 환경을 생각하여 비행기 대신 기차를 타자는 것이다. 그런데 비행기를 타야 할 때 환경을 위한 선택은 없을까? 최근 기존 항공유의 대안으로 주목받는 친환경 연료인 지속 가능 항공유에 대해 알아보자.
> 지속 가능 항공유란 기존 항공유와 화학적 구조가 유사하면서도 화석 연료가 아닌 폐기물이나 작물 등을 원료로 생산된 연료이다. 폐기물로는 폐식용유, 폐목재 등이 사용되고, 작물로는 기름야자나 옥수수 등이 쓰이는데, 유럽연합은 작물 기반 바이오 연료의 사용은 규제하고 있다.
> 지속 가능 항공유는 별도로 비행기를 개조할 필요 없이 기존 항공유와 혼합하여 사용할 수 있어 효율적이다. 그리고 탄소 배출량을 줄일 수 있어 친환경적이다. 원료의 생산부터 연료

소비까지의 전 과정에서 발생하는 탄소 배출량은, 운송 수단 중 비행기가 가장 많은데, 지속 가능 항공유는 화석 연료로 만든 기존 항공유에 비해 탄소 배출량을 최대 80%가량 줄일 수 있다.

이러한 장점 때문에 지속 가능 항공유 사용을 의무화하는 국가가 점점 늘고 있다. 유럽연합은 2025년부터 지속 가능 항공유를 최소 2% 이상 섞도록 의무화하고, 혼합 비율을 점차 높여 2050년에는 70%까지 높일 예정이다. 우리나라도 2027년에 1% 내외로 혼합하도록 의무화하는 제도를 시행할 예정이다.

우리나라는 지속 가능 항공유 사용의 의무화를 앞두고, 지속 가능 항공유의 부족 상황에 대비하고 있다. 정부는 기업을 지원하여 다양한 원료를 기반으로 한 지속 가능 항공유의 생산 기술을 고도화하고 석유 사업법 개정에 따른 관련 제도를 정비함으로써, 지속 가능 항공유의 공급 역량을 강화하고 있다.

항공 부문에서 환경을 위한 정부의 발걸음이 점차 빨라지고 있다. [A]

**43.** '학생의 초고'에 활용된 글쓰기 방식으로 가장 적절한 것은?

① 지속 가능 항공유를 기존 항공유와 대비하여 서술하였다.
② 지속 가능 항공유의 생산 과정을 단계적으로 서술하였다.
③ 지속 가능 항공유의 장단점을 묻고 답하는 방식으로 서술하였다.
④ 지속 가능 항공유의 도입 과정에서 예상되는 문제점을 시기별로 서술하였다.
⑤ 지속 가능 항공유를 사용할 때의 경제적 효과를 국가별로 분석하여 서술하였다.

**44.** 다음은 학생이 초고를 작성하며 떠올린 생각이다. 이를 고려할 때 [A]에 들어갈 내용으로 가장 적절한 것은?

> 글을 마무리할 때는 지속 가능 항공유 사용의 의의를 제시한 후, 환경과 관련하여 학생들의 실천을 제안하는 내용을 써야겠어.

① 앞으로 항공편을 선택할 때는 비용보다는 환경을 고려해 보면 어떨까? 지속 가능 항공유를 사용한 비행기를 선택한다면 지구 온난화를 늦출 수 있다.
② 이제는 일상생활에서도 탄소 배출량을 줄이기 위한 노력이 필요한 시점이다. 비행기로 여행할 때 수하물의 무게를 줄여 환경을 위한 발걸음에 동참하면 어떨까?
③ 지속 가능 항공유의 혼합 비율을 더 높일수록 탄소 배출량을 더 많이 감축할 수 있다. 환경을 위해 지속 가능 항공유의 혼합 비율을 점차 높여 가는 것은 어떨까?
④ 많은 국가들이 지속 가능 항공유의 사용에 동참한다면 화석 연료 사용량을 줄일 수 있다. 화석 연료 사용량이 줄어들 때 지구는 더 건강해질 수 있지 않을까?
⑤ 지속 가능 항공유의 사용을 확대하면 탄소 배출량을 줄여 기후 위기에 대응할 수 있다. 비행기를 타야 한다면, 되도록 탄소 배출량이 더 적은 항공편을 이용하면 어떨까?

**45.** <보기>는 학생이 초고를 보완하기 위해 추가로 수집한 자료이다. 자료 활용 방안으로 적절하지 않은 것은? [3점]

<보 기>

**ㄱ. 통계 자료**

ㄱ-1. **운송 수단별 탄소 배출량**

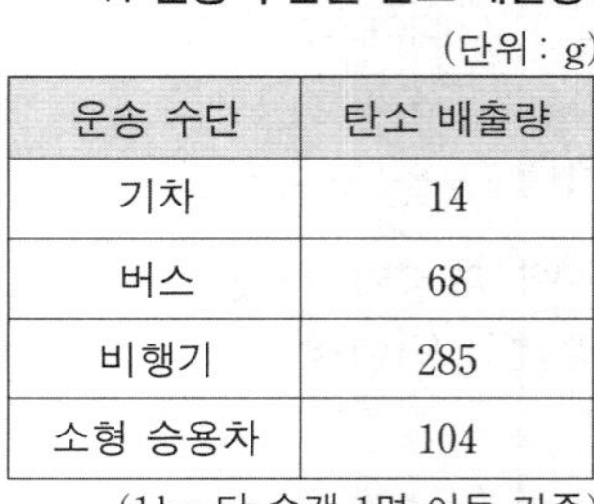

(단위 : g)

| 운송 수단 | 탄소 배출량 |
|---|---|
| 기차 | 14 |
| 버스 | 68 |
| 비행기 | 285 |
| 소형 승용차 | 104 |

(1km당 승객 1명 이동 기준)
자료 출처: 유럽환경청(2014년)

ㄱ-2. **지속 가능 항공유 필요량 전망**

자료 출처: 국제항공운송협회(2021년)

**ㄴ. 신문 기사**

2023년 우리나라 국제선 항공기의 탄소 배출량인 약 2천만 톤을 기준으로 산정하면, 지속 가능 항공유를 1% 혼합할 경우 약 16만 톤 정도의 탄소 배출 감축 효과가 있다. 16만 톤은 승용차 약 5만 3천 대의 1년간 탄소 배출량에 해당한다.

**ㄷ. 전문가 인터뷰**

"작물을 지속 가능 항공유의 원료로 사용하면 작물 재배로 인한 삼림 훼손과 식량 부족 등이 우려됩니다. 폐기물은 이러한 문제는 없지만 양이 한정되어 있습니다. 미세 조류, 이산화 탄소 등이 원료의 대안으로 떠오르고 있으나 국내 상용화를 위한 기술 개발이 더 필요한 실정입니다."

① ㄱ-1을 활용하여, 비행기가 탄소 배출량이 가장 많고 기차가 가장 적다는 내용으로, 시간 손실을 감수하고 비행기 대신 기차를 타자는 운동이 일어나게 된 배경을 1문단에 보강한다.
② ㄱ-2를 활용하여, 지속 가능 항공유가 2050년에는 2025년보다 50배 이상 필요하다는 내용을, 지속 가능 항공유의 혼합 비율을 2050년에 70%까지 높이는 근거로 4문단에 추가한다.
③ ㄷ을 활용하여, 작물 원료의 사용이 삼림과 식량 공급에 부정적인 영향을 미친다는 내용을, 유럽연합에서 작물 기반 바이오 연료의 사용을 제한하게 된 이유로 2문단에 추가한다.
④ ㄱ-1과 ㄴ을 활용하여, 다른 운송 수단 대비 탄소 배출량이 많은 비행기에 지속 가능 항공유를 사용하면 탄소 배출량 감축에 효과적이라는 내용으로, 지속 가능 항공유의 친환경적 특징을 보여 주는 근거를 3문단에 보강한다.
⑤ ㄱ-2와 ㄷ을 활용하여, 지속 가능 항공유의 예상 수요가 지속적으로 증가하지만 공급에 제약이 있다는 내용으로, 정부가 기업을 지원하여 생산 기술의 고도화를 통해 지속 가능 항공유의 공급 역량을 강화하려는 이유를 5문단에 보강한다.

＊ 확인 사항
○ 답안지의 해당란에 필요한 내용을 정확히 기입(표기)했는지 확인하시오.
○ 이어서, 「**선택과목(언어와 매체)**」 문제가 제시되오니, 자신이 선택한 과목인지 확인하시오.


[해설편 p.193]

제 1 교시

# 국어 영역(언어와 매체)

16회

[35~36] 다음 글을 읽고 물음에 답하시오.

훈민정음 반포 직후 간행된 『용비어천가』, 『석보상절』, 『월인천강지곡』을 보면 표기법이 통일되어 있지 않다. 예컨대 『훈민정음』(해례본)의 팔종성가족용, 즉 'ㄱ, ㆁ, ㄷ, ㄴ, ㅂ, ㅁ, ㅅ, ㄹ'로 모든 끝소리를 표기할 수 있다는 원리는 세 문헌에서 모두 예외가 보이는데 예외가 되는 표기가 서로 달랐다.

[A] 고유어의 이어 적기와 끊어 적기에서도 이들은 차이가 난다. 체언과 조사, 용언 어간과 어미의 결합에서, 『용비어천가』와 『석보상절』은 이어 적기 방식을 취했다. 다만, 『석보상절』은 체언의 끝소리가 'ㆁ'일 때 '쥬의'(중의)처럼 이어 적기도 하고, '즁으란'(중은)처럼 끊어 적기도 하였다. 『월인천강지곡』은 체언의 끝소리가 울림소리인 'ㆁ, ㄴ, ㅁ, ㄹ, ㅿ'일 때와 용언 어간의 끝소리가 'ㄴ, ㅁ'일 때 끊어 적기를 하였고, 그 밖에는 이어 적기를 하였다. 다만, '쑤늘', '말쓰물', '우수믈'에서는 이어 적기가 보인다.

사잇소리 표기에서는, 『용비어천가』는 'ㄱ, ㄷ, ㅂ, ㅅ, ㆆ, ㅿ'을 썼는데, 이 가운데 'ㅿ'은 '나랎 일훔'(나라의 이름), '님긂 ᄆᆞᅀᆞᆷ'(임금의 마음), '바ᄅᆞᇒ 우희'(바다의 위에) 등과 같이 모음 및 'ㄴ, ㅁ, ㄹ' 등의 울림소리 사이에서 나타났다. 『석보상절』은 사잇소리 표기에 'ㅅ'을 썼지만 'ㅅ' 대신 'ㄱ, ㄷ, ㆆ'을 쓰기도 하였다. 이와 달리 『월인천강지곡』은 사잇소리 표기를 'ㅅ'으로 통일하였다. 이후 문헌에서 사잇소리 표기는 'ㅅ'으로 통일되어 갔으며, 현대 국어에서 '촛불'의 'ㅅ'처럼 합성어의 사잇소리 표기에 남아 있다.

한자를 적을 때는, 『용비어천가』는 따로 한자의 음을 제시하지 않았지만, 『석보상절』은 한자를 적고 이어서 그 한자의 음을 제시하였으며, 『월인천강지곡』은 한자의 음을 적고 이어서 그 한자를 제시하였다.

한편 『용비어천가』는 'ㅸ'을 가진 'ᄃᆞᄫᆡ다'(되다), 'ᄒᆞᄫᅀᅡ'(혼자)를 이 형태로만 썼는데, 『석보상절』은 'ᄃᆞᄫᆡ다'는 'ᄃᆞᄫᆡ다'나 'ᄃᆞ외다'로 썼고 'ᄒᆞᄫᅀᅡ'는 'ᄒᆞ오ᅀᅡ'로만 썼으며, 『월인천강지곡』은 각각 'ᄃᆞ외다', 'ᄒᆞ오ᅀᅡ'로만 썼다.

**35.** 윗글을 바탕으로 이해한 내용으로 적절하지 않은 것은?

① 『용비어천가』에 나타나는 '높고'와 '빛'은 팔종성가족용의 원리에 어긋나는 예이다.
② '오ᄂᆞᆳ'(오늘)과 '날' 사이의 사잇소리 표기는 『용비어천가』에서는 'ㅿ', 『월인천강지곡』에서는 'ㅅ'을 썼다.
③ 현대 국어 '바닷물'의 'ㅅ' 표기는 중세 국어 사잇소리 표기에서 유래하였다.
④ 중세 국어 한자음이 '텬'인 '天'은 『석보상절』에서 '天텬', 『월인천강지곡』에서 '텬天'으로 적었다.
⑤ '혼자'의 중세 국어 표기는 『용비어천가』, 『석보상절』, 『월인천강지곡』 세 문헌을 통틀어 세 가지가 나타난다.

**36.** [A]와 <자료>를 통해 탐구한 내용으로 적절하지 않은 것은? [3점]

<자 료>

○ 더녁 ⓐ ᄀᆞᅀᆡ(ᄀᆞᇫ+애) 건나가샤 -『석보상절』
[저쪽 가에 건너가시어]
○ 뫼화 그르세 ⓑ 담아(담-+-아) -『월인천강지곡』
[모아서 그릇에 담아]
○ ⓒ 누네(눈+에) 빗 봄과 -『석보상절』
[눈에 빛 봄과]
○ 쏜 살이 세 낱 ⓓ 붑쁜(붑+뿐) 뻬여디니 -『월인천강지곡』
[쏜 화살이 세 개 북만 꿰어지니]
○ 너희 ⓔ 스승니믈(스승+-님+을) 보숩고져 ᄒᆞ노니 -『석보상절』
[너희 스승님을 뵙고자 하니]

① ⓐ는 『용비어천가』에서 'ᄀᆞᅀᆡ'로 적혀 있겠군.
② ⓑ는 『석보상절』에서 '다마'로 적혀 있겠군.
③ ⓒ는 『월인천강지곡』에서 '눈에'로 적혀 있겠군.
④ ⓓ가 조사 '을'과 결합하면 동일 문헌에서 '붑을'로 적히겠군.
⑤ ⓔ가 조사 '이'와 결합하면 동일 문헌에서 '스스이'나 '스승이'로 적히겠군.

**37.** 밑줄 친 두 단어가 <보기>의 ㉠~㉤에 해당하는 것은?

<보 기>

동일한 모습의 단어가 다른 의미로 쓰일 때, 이들은 의미의 연관성이 없는 ㉠ 동음이의어 관계(예 단풍 철 : 철 성분)나 연관성이 있는 ㉡ 다의어 관계(예 머리를 깎다 : 배의 머리)에 놓인다. 다의어는 한 단어가 여러 의미를 지닌 것인데, 이때 그 구체적 의미가 달라 유의어나 반의어가 다른 경우가 있다. 용언이 다의어일 때는 ㉢ 필수 성분의 개수가 다르거나, 개수는 같고 종류가 다른 경우가 있다. 물론 다의어의 각 의미 간에 유의어나 ㉣ 반의어가 같은 경우도 있고 ㉤ 필수 성분의 개수와 종류가 모두 동일한 경우도 있다.

① ㉠ ┌ 난로에 불을 피웠다.
　　 └ 그들의 사랑에 불이 붙었다.
② ㉡ ┌ 이곳엔 가위표를 치는 거야.
　　 └ 구술 치는 아이가 있다.
③ ㉢ ┌ 나는 종소리를 듣지 못했다.
　　 └ 충고까지 잔소리로 듣지 마.
④ ㉣ ┌ 배우가 엷은 화장을 했다.
　　 └ 아이가 엷은 잠에 들었다.
⑤ ㉤ ┌ 이곳은 벌써 따뜻한 봄이 왔다.
　　 └ 그의 성공은 부단한 노력에서 왔다.

[해설편 p.194]

38. <학습 활동>을 수행한 결과로 적절한 것은?

<학습 활동>

| 조음 위치 / 조음 방법 | 양순음 | 치조음 | 경구개음 | 연구개음 | 후음 |
|---|---|---|---|---|---|
| 파열음 | ㅂㅃㅍ | ㄷㄸㅌ | | ㄱㄲㅋ | |
| 파찰음 | | | ㅈㅉㅊ | | |
| 마찰음 | | ㅅㅆ | | | ㅎ |
| 비음 | ㅁ | ㄴ | | ㅇ | |
| 유음 | | ㄹ | | | |

국어 자음은 조음 위치와 조음 방법에 따라 분류할 수 있다. 이를 정리한 위 표를 바탕으로 [자료]의 자음 교체 양상을 알아보자.

[자료]
ⓐ 덧쌓는[덛싼는] ⓑ 속력도[송녁또] ⓒ 읽었고[일거꼬]
ⓓ 겉옷만[거돈만] ⓔ 맞붙임[맏뿌침]

① ⓐ에는 조음 위치와 조음 방법이 모두 변하는 자음 교체가 있다.
② ⓑ에는 조음 위치는 변하고 조음 방법은 변하지 않는 자음 교체가 있다.
③ ⓒ에 나타나는 자음 교체는 모두, 조음 위치와 조음 방법이 변한다.
④ ⓓ에 나타나는 자음 교체는 모두, 조음 위치와 조음 방법이 변하지 않는다.
⑤ ⓔ에 나타나는 자음 교체는 모두, 조음 위치는 변하지 않고 조음 방법만 변한다.

39. <보기>를 바탕으로 <자료>를 이해한 내용으로 적절한 것은?

<보 기>

간접 인용될 때 원 발화의 인칭 · 지시 · 시간 표현 등은 맥락에 따라 조정되며, 상대 높임 종결 어미는 격식체든 비격식체든, 높임이든 낮춤이든, 문장의 종류별로 한 가지로 한정된다. '보다'를 예로 들면 '본다고'(평서), '보냐고'(의문), '보라고'(명령), '보자고'(청유)처럼 나타난다. 감탄형 어미는 평서형으로 실현된다(예 보는구나 → 본다고). 이런 이유로 서로 다른 발화라도 간접 인용될 때 같은 형식을 가질 수 있다.

<자 료>

○ 그는 그제 우리에게 ㉠ 오늘은 청소를 같이 하자고 말했다.
○ 김 선생은 ㉡ 자기도 시를 좋아한다고 학생들에게 말했다.
○ 어제 나한테 ㉢ 네가 내일 퇴원을 할 수 있겠냐고 물었지?

① ㉠은 '모레는'이라는 부사어를 가진 발화를 인용한 것일 수 없다.
② ㉠의 '하자'는 '해요'를 간접 인용한 것일 수 있다.
③ ㉡은 2인칭 주어를 가진 발화를 인용한 것일 수 있다.
④ ㉡의 '좋아한다'는 '좋아합니다'를 간접 인용한 것일 수 없다.
⑤ ㉢은 미래 시제 선어말 어미를 가진 발화를 인용한 것일 수 없다.

[40~43] (가)는 온라인 실시간 방송이고, (나)는 방송을 시청한 학생이 자신의 블로그에 작성한 글이다. 물음에 답하시오.

(가)

**푸근**: 안녕하세요? '푸근의 지식 창고' 채널의 푸근입니다. 화면에 실시간 대화창을 띄울게요. 오늘은 공학 박사이신 전선 님을 모셨어요. 반갑습니다!

**전선**: 안녕하세요! 전선입니다.

**푸근**: 오늘 나눌 이야기는 무엇인가요?

**전선**: '플러그와 콘센트'에 관한 이야기입니다.

**푸근**: ⓐ 제가 얼마 전 일본 여행을 갔다가 현지 콘센트에 맞는 충전기 어댑터를 챙기지 않아 휴대 전화 충전에 애를 먹었어요.

**전선**: 그랬군요. 우리나라와 '플러그와 콘센트' 규격에 차이가 있죠.

[A]
가을비 전 해외여행을 자주 가는데, 갈 때마다 그 나라 콘센트에 맞는 충전기 어댑터를 챙겨야 해서 번거로워요.

**푸근**: 가을비 님, 맞아요. 번거롭죠. 전선 님, 그런데 왜 일본은 우리나라와 다른가요?

**전선**: 일본은 전기를 보내고 받는 시스템이 우리나라와 다르기 때문이에요. ⓑ 나라마다 시스템을 독자적으로 구축하다 보니 '플러그와 콘센트'의 모양이 다양해졌어요. '플러그와 콘센트' 유형을 보여 주는 이미지를 띄워 주실래요?

**푸근**: 네. 화면을 나눠서 이미지를 띄울게요. 질문이나 의견은 계속 올려 주세요.

**전선**: 화면에 나오는 A형, B형은 모두 미국과 일본에서, C형, F형은 우리나라에서 사용해요. 질문이 올라왔네요.

[B]
아침 '플러그와 콘센트'도 국제 표준 규격이 있는 걸로 알고 있는데, '플러그와 콘센트' 규격이 나라별로 차이가 있기도 하네요. 왜 그렇죠?
풍경 국제 표준 규격을 정하는 게 생산 효율을 높이는 데 도움이 된다고 알고 있어요. '플러그와 콘센트'의 국제 표준 규격을 정하기 위한 움직임이 있었나요?

아침 님, 풍경 님. 국제전기기술위원회에서 1986년에 '플러그와 콘센트'의 국제 표준 규격을 N형으로 정했어요. 하지만 많은 나라가 이미 독자적으로 표준을 정했었고, 그러다 보니 국제 표준 규격을 채택한 나라가 거의 없어요.

**푸근**: 그렇군요. 근데 우리는 원래 A형을 쓰지 않았나요?

**전선**: 네. 110V 전력 시스템을 사용하면서 A형을 썼었어요. 그러다 열악한 전력 사정을 고려해서 110V에 비해 전력 공급 효율이 높은 220V로 바꾸는 승압 사업을 1973년부터 시작했어요. 그러면서 '플러그와 콘센트'도 C형, F형으로 바뀠죠.

[C]
눈썹달 220V로 전압을 높이면 전력 공급 효율이 높아진다고 하셨는데, 그럼 일본은 왜 220V로 안 바꾼 거죠?
해맑음 1991년쯤, 저희 집 콘센트를 220V용으로 바꾼 기억이 나요. 그럼 A형에서 C형이나 F형으로 바뀐 거죠?

**전선**: 해맑음 님, 맞습니다. 눈썹달 님, ⓒ한 나라의 입장에서 비용 부담이 매우 클 수밖에 없어서요. 우리도 30년 넘게 엄청난 사업비가 투입됐어요.

**푸근**: ⓓ그렇게 많은 시간과 비용이 투입됐다는 건 처음 알았네요. 전선 님 일정 때문에 오늘은 여기까지 해야겠네요. 나와 주셔서 감사합니다.

지환아빠 근데 '플러그와 콘센트'는 누가 처음 만들었나요? 처음에도 지금과 같은 형태였나요?

**전선**: 감사합니다.

**푸근**: 지환아빠 님, 방금 올리신 질문과 관련된 자료는 실시간 대화창에 링크로 대신할게요. 바로 올릴 테니 확인해 보세요!

푸근 [자료] - '플러그와 콘센트'의 발명과 변화 과정 (링크 주소: https://k34imj1.co.kr/1fjg) ……ⓜ

ⓔ오늘 영상은 제 채널의 '다시 보기'에 올려 두겠습니다. 여러분, 다음에 만나요!

(나)

예서의 지식 이야기

**[국제 표준 규격의 사례 — A열 용지]**

*'푸근의 지식 창고'* 실시간 방송에서 '플러그와 콘센트'의 국제 표준 규격이 있지만 실제로는 다양한 규격이 사용된다는 내용을 봤어요. ('플러그와 콘센트' 규격의 차이에 대한 내용은 해당 채널에 있는 '다시 보기' 영상 56화의 '1분 5초'부터 확인할 수 있어요.)

방송 후, 국제 표준 규격이 널리 사용되는 사례가 궁금해서 찾아봤는데, A열 용지가 있었어요. A열 용지의 국제 표준 규격에 관한 내용을 알려 드릴게요. (제가 본 자료는 하단에 파일을 첨부해 뒀어요.)

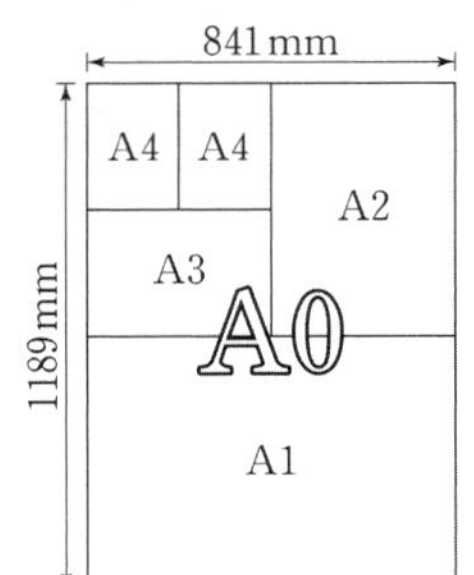

〈A열 용지 국제 표준 규격〉

**1. A열 용지의 비율**
A열 용지의 가로와 세로 비율은 1 대 $\sqrt{2}$ 정도입니다. 사진을 보면 크기가 달라도 비율이 거의 같은 것을 확인할 수 있어요.

**2. A열 용지의 국제 표준 규격 제정과 그 이유**
독일공업규격위원회에서 A열 용지의 표준 규격을 정했고, 이 규격을 국제 표준으로 정했어요. 종이를 반으로 자를 때 버리는 부분이 거의 없어서 국제 표준으로 정했다고 해요.

A열 용지 국제 표준 규격 자료.pdf 다운로드

**40.** ㉠~㉤에 대한 설명으로 적절하지 않은 것은?

① ㉠: 실시간 방송이 이뤄지고 있는 채널 이름이 화면의 좌측 상단에 제시되었다.
② ㉡: 실시간 방송에서 다룰 내용을 드러내는 자막이 제시되었다.
③ ㉢: 실시간 방송 화면에 실시간 대화창이 보이도록 제시되었다.
④ ㉣: 실시간 방송의 출연자들이 함께 나타나도록 분할된 화면이 제시되었다.
⑤ ㉤: 시청자가 실시간 방송 내용과 관련하여 남긴 질문에 대해 답을 찾아볼 수 있도록 실시간 대화창에 링크가 제시되었다.

**41.** [A]~[C]에서 알 수 있는 시청자들의 반응에 대한 설명으로 적절하지 않은 것은?

① [A]: '가을비'는 자신의 여행 경험을 언급하며 '플러그와 콘센트' 규격의 차이로 인해 발생하는 불편함을 드러내었다.
② [B]: '아침'은 '플러그와 콘센트' 규격에 대한 배경지식을 언급하며 '플러그와 콘센트'의 규격이 국가에 따라 다르기도 한 이유에 대해 질문하였다.
③ [B]: '풍경'은 국제 표준 규격 제정의 효과를 언급하며 '플러그와 콘센트'의 국제 표준 규격을 제정하는 것이 가능한가에 대해 답변을 요청하였다.
④ [C]: '눈썹달'은 220V로 승압하는 것의 장점을 언급하며 일본이 220V로 바꾸지 않은 이유에 대한 설명을 요청하였다.
⑤ [C]: '해맑음'은 승압 사업에 따른 경험을 언급하며 승압으로 인해 바뀐 '플러그와 콘센트' 유형에 대해 자신이 이해한 내용이 맞는지 확인을 요청하였다.

**42.** (나)의 정보 제시 방식으로 적절하지 않은 것은?

① A열 용지의 국제 표준 규격에 관한 내용을 항목별로 소제목을 붙여 제시하였다.
② '플러그와 콘센트'에 관한 '다시 보기' 영상의 출처를 글자를 기울여서 제시하였다.
③ A열 용지의 비율에 대한 이해를 돕기 위해 A열 용지 규격을 보여 주는 이미지를 제시하였다.
④ '플러그와 콘센트' 규격의 차이와 관련된 내용을 영상에서 찾을 수 있도록 해당 내용이 시작되는 지점을 제시하였다.
⑤ 규격이 국제 표준으로 정해지지 않은 사례에 대한 궁금증을 해소하기 위해 탐색한 자료를 첨부 파일로 제시하였다.

**43.** ⓐ~ⓔ에 대한 설명으로 가장 적절한 것은?

① ⓐ: 연결 어미 '-다가'를 사용하여, 일본 여행을 간 것이 일본에서 어려움을 겪게 된 조건임을 나타낸다.
② ⓑ: 보조 용언 구성 '-다 보다'와 연결 어미 '-니'를 사용하여, '플러그와 콘센트' 모양의 다양화를 초래한 원인을 나타낸다.
③ ⓒ: 조사 '밖에'와 형용사 '없다'를 사용하여, 승압 사업에 대한 각국의 부담이 큼을 이중 부정을 통해 강조한다.
④ ⓓ: 종결 어미 '-네'를 사용하여, 승압 사업에 시간과 비용이 많이 들었다는 사실을 청자에게 확인받고 있음을 나타낸다.
⑤ ⓔ: 보조 용언 구성 '-어 두다'와 선어말 어미 '-겠-'을 사용하여, 영상을 채널에 올려놓게 될 가능성이 있음을 나타낸다.

16회

**[44~45] (가)는 학생회에서 제작한 팸플릿이고, (나)는 학생회 학생들의 누리 소통망 대화이다. 물음에 답하시오.**

(가)

2024학년도 ○○고 참별빛제
〔일자: 2024년 12월 20일(금)〕

참별빛제 일정 안내

동아리 부스 (09:00~12:00)
↓
토론 한마당 (13:00~14:30) / 세계 음식 체험 (13:00~14:30)
↓
댄스 공연 (14:40~16:30)

행사별 장소 안내

| 행사 | 장소 |
| --- | --- |
| 동아리 부스 | 강당 |
| 토론 한마당 | 시청각실 |
| 세계 음식 체험 | 가사실 |
| 댄스 공연 | 강당 |

동아리 부스 행사 안내

◎활동 유형별 참여 동아리 안내
- 보고서 발표: 독서, 신문 동아리
- 작품 전시: 미술, 사진 동아리
- 체육 이벤트: 농구, 탁구 동아리

QR 코드를 찍으면 부스별 활동 소개 영상을 볼 수 있어요!

유의 사항 안내

| 행사 | 유의 사항 |
| --- | --- |
| 동아리 부스 | 작품이나 사람과 부딪치지 않도록 주의하기 바랍니다. |
| 토론 한마당 | 출입구가 혼잡할 수 있으니 유의하기 바랍니다. |
| 세계 음식 체험 | 조리 기구 사용에 주의하기 바랍니다. |
| 댄스 공연 | 무대 앞으로 몰리면 위험할 수 있으니 유의하기 바랍니다. |

(나)

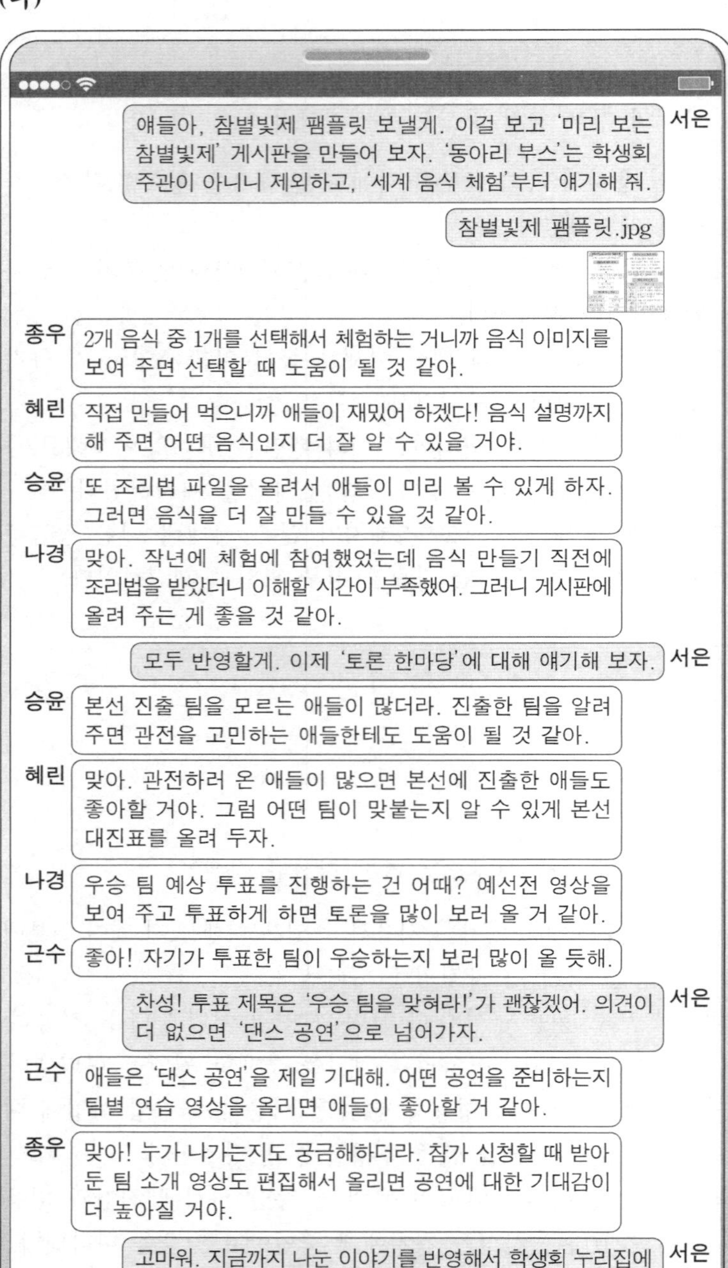
서은: 얘들아, 참별빛제 팸플릿 보낼게. 이걸 보고 '미리 보는 참별빛제' 게시판을 만들어 보자. '동아리 부스'는 학생회 주관이 아니니 제외하고, '세계 음식 체험'부터 얘기해 줘.
참별빛제 팸플릿.jpg
종우: 2개 음식 중 1개를 선택해서 체험하는 거니까 음식 이미지를 보여 주면 선택할 때 도움이 될 것 같아.
혜린: 직접 만들어 먹으니까 애들이 재밌어 하겠다! 음식 설명까지 해 주면 어떤 음식인지 더 잘 알 수 있을 거야.
승윤: 또 조리법 파일을 올려서 애들이 미리 볼 수 있게 하자. 그러면 음식을 더 잘 만들 수 있을 것 같아.
나경: 맞아. 작년에 체험에 참여했었는데 음식 만들기 직전에 조리법을 받았더니 이해할 시간이 부족했어. 그러니 게시판에 올려 주는 게 좋을 것 같아.
서은: 모두 반영할게. 이제 '토론 한마당'에 대해 얘기해 보자.
승윤: 본선 진출 팀을 모르는 애들이 많더라. 진출한 팀을 알려 주면 관전을 고민하는 애들한테도 도움이 될 것 같아.
혜린: 맞아. 관전하러 온 애들이 많으면 본선에 진출한 애들도 좋아할 거야. 그럼 어떤 팀이 맞붙는지 알 수 있게 본선 대진표를 올려 두자.
나경: 우승 팀 예상 투표를 진행하는 건 어때? 예선전 영상을 보여 주고 투표하게 하면 토론을 많이 보러 올 거 같아.
근수: 좋아! 자기가 투표한 팀이 우승하는지 보러 많이 올 듯해.
서은: 찬성! 투표 제목은 '우승 팀을 맞혀라!'가 괜찮겠어. 의견이 더 없으면 '댄스 공연'으로 넘어가자.
근수: 애들은 '댄스 공연'을 제일 기대해. 어떤 공연을 준비하는지 팀별 연습 영상을 올리면 애들이 좋아할 거 같아.
종우: 맞아! 누가 나가는지도 궁금해하더라. 참가 신청할 때 받아 둔 팀 소개 영상도 편집해서 올리면 공연에 대한 기대감이 더 높아질 거야.
서은: 고마워. 지금까지 나눈 이야기를 반영해서 학생회 누리집에 '미리 보는 참별빛제' 게시판을 만들게.

**44.** (가)에 대한 설명으로 적절하지 않은 것은?

① 각 행사별 진행 절차를 순서도를 통해 보여 주고 있다.
② 안전을 위한 행사별 유의 사항을 표를 통해 제시하고 있다.
③ 동아리 부스별 활동 내용을 확인할 수 있도록 QR 코드를 제시하고 있다.
④ 각 행사를 진행하는 장소를 손가락으로 지시하는 모양의 기호를 활용하여 알려 주고 있다.
⑤ 동아리 부스 행사에 참여하는 동아리를 활동 유형에 따라 구분하여 제시하고 있다.

**45.** (나)의 대화 내용을 반영하여 아래와 같이 게시판을 구성했다고 할 때, 이에 대한 설명으로 적절하지 않은 것은? [3점]

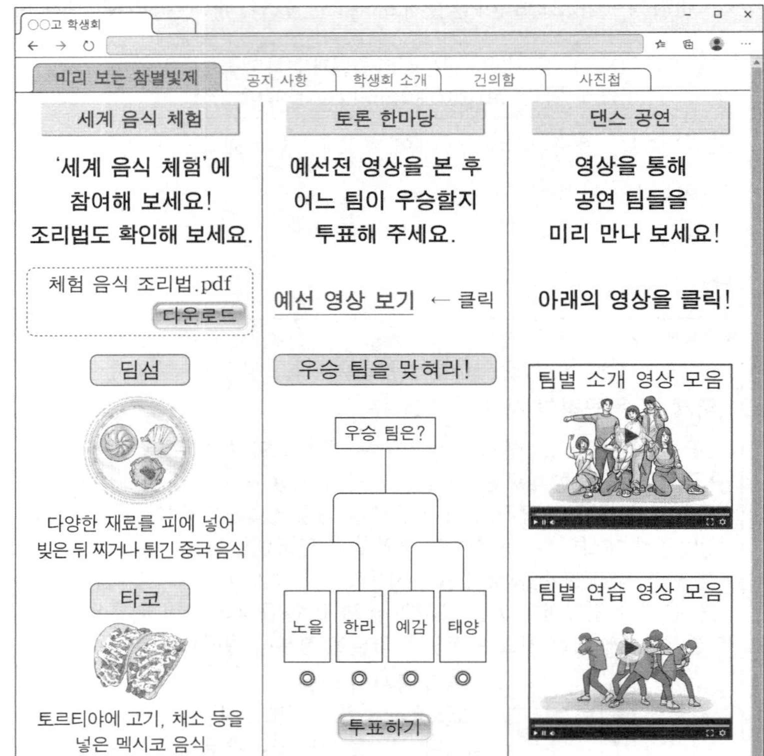


① '세계 음식 체험'에는 음식 정보 제공의 유용성에 대한 '종우'와 '혜린'의 대화를 반영하여 음식 이미지와 설명을 제시하였다.
② '세계 음식 체험'에는 조리법 정보 제공 시기에 대한 '승윤'과 '나경'의 대화를 반영하여 조리법을 확인할 수 있는 파일을 올려 두었다.
③ '토론 한마당'에는 본선 진출 팀의 요청 사항에 대한 '승윤'과 '혜린'의 대화를 반영하여 본선에서 겨루는 팀을 확인할 수 있는 대진표를 제시하였다.
④ '토론 한마당'에는 본선 관전 유도 방안에 대한 '나경'과 '근수'의 대화를 반영하여 예상 우승 팀에 투표할 수 있는 기능을 구현하였다.
⑤ '댄스 공연'에는 영상 제공 효과에 대한 '근수'와 '종우'의 대화를 반영하여 팀별 소개 영상 및 연습 영상을 올려 두었다.

＊ 확인 사항
○ 답안지의 해당란에 필요한 내용을 정확히 기입(표기)했는지 확인하시오.


[해설편 p.196]

# 국어 영역

제 1 교시

17회

● 문항수 45개 | 배점 100점 | 제한 시간 80분

● 점수 표시가 없는 문항은 모두 2점

**[1~3] 다음 글을 읽고 물음에 답하시오.**

독서는 독자가 목표한 결과에 도달하기 위해 글을 읽고 의미를 구성하는 인지 행위이다. 성공적인 독서를 위해서는 초인지가 중요하다. 독서에서의 초인지는 독자가 자신의 독서 행위에 대해 인지하는 것으로서 자신의 독서 과정을 점검하고 조정하는 역할을 한다.

[A] 초인지는 글을 읽기 시작한 후 지속적으로 이루어지는 점검 과정에 동원된다. 독자는 가장 적절하다고 판단한 독서 전략을 사용하여 독서를 진행하는데, 그 전략이 효과적이고 문제가 없는지를 평가하며 점검한다. 효과적이지 않거나 문제가 있다고 판단하면 이를 해결해야 한다. 문제가 무엇인지 분명하지 않은 경우에는 독서 중에 떠오르는 생각들을 살펴보고 그중 독서의 진행을 방해하는 생각들을 분류해 보는 방법으로 문제점이 무엇인지 파악할 수 있다. 독서가 중단 없이 이어지는 상태이지만 문제가 발생한 것을 독자 자신이 인지하지 못하는 경우도 있다. 의도한 목표에 부합하지 않는 방법으로 읽기를 진행하거나 자신이 이해한 정도를 판단하지 못하는 예가 그것이다. 문제 발생 여부의 점검을 위해서는 독서 진행 중간중간에 이해한 내용을 정리하는 방법을 사용할 수 있다.

초인지는 문제를 해결하기 위해 독서 전략을 조정하는 과정에도 동원된다. 독서 목표를 고려하여, 독자는 ㉠지금 사용하고 있는 전략을 계속 사용할 것인지를 판단해야 한다. 또 ㉡문제 해결을 위한 다른 전략에는 무엇이 있는지, ㉢각 전략의 특징과 사용 절차, 조건 등은 무엇인지 알아야 한다. 또한 독자 자신이 사용할 수 있는 전략이 무엇인지, ㉣전략들의 적절한 적용 순서가 무엇인지, ㉤현재의 상황에서 최적의 전략이 무엇인지 판단하여 새로운 전략을 선택한다. 선택한 전략을 수행하는 과정에서 독자는 초인지를 활용하여 점검과 조정을 되풀이하며 능동적으로 의미를 구성해 간다.

**1.** 윗글을 이해한 내용으로 적절하지 않은 것은?

① 독서 전략을 선택할 때 독서의 목표를 고려할 필요가 있다.
② 독서 전략의 선택을 위해 개별 전략들에 대한 지식이 필요하다.
③ 독서 목표의 달성을 위해 독자는 자신의 독서 행위에 대해 인지해야 한다.
④ 독서 문제의 해결을 위해 독자는 자신이 사용할 수 있는 전략이 무엇인지 알아야 한다.
⑤ 독서 문제를 해결하기 위해 새로 선택한 전략은 점검과 조정의 대상에서 제외할 필요가 있다.

**2.** [A]에서 알 수 있는 내용으로 가장 적절한 것은?

① 독서 진행 중 이해한 내용을 정리하는 것은 독자 스스로 독서 진행의 문제를 점검하는 데에 적합하지 않다.
② 독서 진행 중 독자가 자신이 얼마나 이해하고 있는지 파악하지 못할 때에는 점검을 잠시 보류해야 한다.
③ 독서 진행에 문제가 없어 보이더라도 목표에 부합하지 않는 독서가 이루어지는 경우가 있다.
④ 독서 중에 떠오르는 생각을 분류하는 것은 독서 문제의 발생을 막는다.
⑤ 독서가 멈추지 않고 진행될 때에는 초인지의 역할이 필요 없다.

**3.** <보기>는 윗글을 읽은 학생이 독서 중 떠올린 생각이다. ㉠~㉤과 관련하여 ⓐ~ⓔ를 설명한 내용으로 적절하지 않은 것은? [3점]

<보 기>

○ 이 용어가 무슨 뜻인지 모르겠어.
○ 처음 나왔을 때는 무시하고 읽었는데 다시 등장했으니, 문맥을 통해 의미를 가정하고 읽어 봐야겠어. ………… ⓐ

↓

○ 더 읽어 보았지만 여전히 정확한 뜻을 모르겠네. 그럼 어떻게 하지?
○ 관련된 내용을 앞부분에서 다시 찾아 읽든가, 인터넷 자료를 검색해 보든가, 다른 책들을 찾아볼 수 있겠네. ……… ⓑ
○ 검색을 하려면 인터넷 접속이 필요하겠네. ……………… ⓒ
○ 검색은 나중에 하고, 먼저 앞부분을 다시 읽어 봐야겠다. 그다음에 다른 책을 찾아봐야지. …………………………… ⓓ
○ 그럼 일단 앞부분에 관련된 내용이 있었는지 읽어 보자.

↓

○ 앞부분에는 관련된 내용이 없어서 도움이 안 되네.
○ 이 용어와 관련된 분야의 책을 찾아보는 것이 가장 좋겠어. ……………………………………………………… ⓔ

↓

○ 이제 이 용어의 뜻이 이해되네. 그럼 계속 읽어 볼까?

① ⓐ: ㉠을 판단하여 사용 중인 전략을 계속 사용하기로 결정했다.
② ⓑ: ㉡을 고려하여 선택할 수 있는 전략들을 떠올렸다.
③ ⓒ: ㉢을 고려하여 전략의 사용 조건을 확인했다.
④ ⓓ: ㉣을 판단하여 전략들의 적용 순서를 결정했다.
⑤ ⓔ: ㉤을 판단하여 최적이라고 생각한 전략을 선택했다.

[4~7] 다음 글을 읽고 물음에 답하시오.

㉠경마식 보도는 경마 중계를 하듯 지지율 변화나 득표율 예측 등을 집중 보도하는 선거 방송의 한 방식이다. 경마식 보도는 선거일이 가까워질수록 증가한다. 새롭고 재미있는 정보를 원하는 시청자들의 요구에 부응하고, 방송사로서도 매일 새로운 뉴스를 제공하는 방편이 될 수 있기 때문이다. 경마식 보도는 선거와 정치에 무관심한 유권자들의 선거 참여, 정치 참여를 독려하는 장점이 있다. 하지만 흥미를 돋우는 데 치중하는 경마식 보도는 선거의 주요 의제를 도외시하고 경쟁 결과에 초점을 맞춰 선거의 공정성을 저해할 수 있다.

경마식 보도의 문제점을 줄이려는 조치가 있다. ㉮「공직선거법」의 규정에 따르면, 당선인을 예상케 하는 여론조사를 실시하는 것은 언제든지 가능하지만, 그 결과의 보도는 선거일 6일 전부터 투표 마감 시각까지 금지된다. 이러한 규정이 국민의 알 권리와 언론의 자유를 침해하는지에 대해 헌법재판소는 신뢰할 수 있는 여론조사 결과라 하더라도 선거일에 임박해 보도하면 선거에 영향을 끼칠 수 있다며 합헌 결정을 내렸다. 「공직선거법」에 근거를 둔 ㉯「선거방송심의에 관한 특별규정」은 유권자에게 영향을 줄 수 있는 사실의 왜곡 보도를 금지하고, 여론조사 결과가 오차 범위 내에 있을 때에 이를 밝히지 않은 채로 서열이나 우열을 나타내는 보도도 금지하고 있다. 언론 단체의 ㉰「선거여론조사보도준칙」은 표본 오차를 감안하여 여론조사 결과를 정확하게 보도하도록 요구한다. 지지율 차이가 오차 범위 내에 있을 때 "경합"이라는 표현은 무방하지만 서열화하거나 "오차 범위 내에서 앞섰다."라는 표현처럼 우열을 나타내어 보도할 수 없다는 것이다.

경마식 보도로부터 드러난 선거 방송의 한계를 보완하는 방책 중 하나로 선거 방송 토론회가 활용될 수 있다. 이 토론회를 통해 후보자 간 정책과 자질 등의 차이가 드러날 수 있는데, 현실적인 이유로 초청 대상자는 한정된다. ㉡「공직선거법」의 선거 방송 토론회 규정은 5인 이상의 국회의원을 가진 정당이나 직전 선거에서 3% 이상 득표한 정당이 추천한 후보자, 또는 언론기관의 여론조사 결과 평균 지지율이 5% 이상인 후보자 등을 초청 기준으로 제시하고 있다. 다만 초청 대상이 아닌 후보자들을 위해 별도의 토론회 개최가 가능하고 시간이나 횟수를 다르게 할 수 있다.

이러한 규정이 선거 운동의 기회균등 원칙을 침해하는지에 대해 헌법재판소는 위헌이 아니라고 결정했다. ⓐ다수 의견은 방송 토론회의 효율적 운영을 고려할 때 초청 대상 후보자 수가 너무 많으면 제한된 시간 안에 심층적인 토론이 이루어지기 어렵고, 유권자들도 관심이 큰 후보자들의 정책 및 자질을 직접 비교하기 어렵다는 점을 지적하며, 이 규정은 합리적 제한이라고 보았다. 반면 ⓑ소수 의견은 이 규정이 가장 효과적인 선거 운동의 기회를 일부 후보자에게서 박탈하며, 유권자에게도 모든 후보자를 동시에 비교하지 못하게 하고, 초청 대상 후보자 토론회에 참여한 후보자와 그렇지 못한 후보자를 차별적으로 인식하게 만든다고 지적하였다. 이 규정을 소수 정당이나 정치 신인 등에 대한 자의적이고 차별적인 침해라고 본 것이다.

**4.** ㉠에 대한 설명으로 가장 적절한 것은?

① 선거 기간의 후반기에 비해 전반기에 더 많다.
② 시청자와 방송사의 상반된 이해관계가 반영된다.
③ 당선자 예측과 관련된 정보의 전파에 초점을 맞추지 않는다.
④ 선거의 핵심 의제에 관한 후보자의 입장을 다룬 보도를 중시한다.
⑤ 정치에 관심이 없던 유권자들이 선거에 관심을 갖도록 북돋운다.

**5.** 윗글에서 알 수 있는 내용으로 적절하지 않은 것은?

① 신뢰할 수 있는 여론조사의 결과를 보도하더라도 선거의 공정성을 위협할 수 있다.
② 정당의 추천을 받지 못해도 선거 방송의 초청 대상 후보자 토론회에 참여할 수 있다.
③ 국민의 알 권리와 언론의 자유가 서로 충돌하는지의 문제를 헌법재판소에서 논의한 적이 있다.
④ 선거일에 당선인 예측 선거 여론조사를 실시하고 투표 마감 시각 이후에 그 결과를 보도할 수 있다.
⑤ 「공직선거법」에는 선거 운동의 기회가 모든 후보자에게 균등하게 배분되지 못하도록 할 가능성이 있는 규정이 있다.

**6.** ㉡과 관련하여 ⓐ와 ⓑ의 입장에 대한 반응으로 가장 적절한 것은? [3점]

① 선거 방송 초청 대상 후보자 토론회에서 후보자들이 심층적인 토론을 하지 못한 원인이 시간의 제한이나 참여한 후보자의 수와 관계가 없다면 ⓐ의 입장은 강화되겠군.
② 주요 후보자의 정책이 가진 치명적 허점을 지적하고 좋은 대안을 제시해 유명해진 정치 신인이 선거 방송 초청 대상 후보자 토론회에 초청받지 못한다면 ⓐ의 입장은 약화되겠군.
③ 선거 방송 초청 대상 후보자 토론회에 참여할 적정 토론자의 수를 제한하는 기준이 국민의 합의에 의해 결정되었기 때문에 자의적인 것이 아니라고 한다면 ⓑ의 입장은 강화되겠군.
④ 어떤 후보자가 지지율이 낮은 후보자 간의 별도 토론회에서 뛰어난 정치 역량을 보여 주었음에도 그 토론회에 참여했다는 이유만으로 지지율이 떨어진다면 ⓑ의 입장은 약화되겠군.
⑤ 유권자들이 뛰어난 역량을 가진 소수 정당 후보자를 주요 후보자들과 동시에 비교할 수 있는 가장 효율적인 방법이 선거 방송 초청 대상 후보자 토론회라면 ⓑ의 입장은 약화되겠군.



[해설편 p.198]

7. ㉮~㉰에 따라 <보기>에 대한 언론 보도를 평가한 내용으로 적절하지 않은 것은?

<보 기>

다음은 ○○방송사의 의뢰로 △△여론조사 기관에서 세 차례 실시한 당선인 예측 여론조사 결과의 일부이다. (세 조사 모두 신뢰 수준 95%, 오차 범위 8.8%P임.)

| 구분 | | 1차 조사 | 2차 조사 | 3차 조사 |
|---|---|---|---|---|
| 조사일 | | 선거일 15일 전 | 선거일 10일 전 | 선거일 5일 전 |
| 조사 결과 | A후보 | 42% | 38% | 39% |
| | B후보 | 32% | 37% | 38% |
| | C후보 | 18% | 17% | 17% |

① 1차 조사 결과를 선거일 14일 전에 "A후보, 10%P 이상의 차이로 B후보와 C후보에 우세"라고 보도하는 것은 ㉯와 ㉰ 중 어느 것에도 위배되지 않겠군.
② 2차 조사 결과를 선거일 9일 전에 "A후보는 B후보에 조금 앞서고, C후보는 3위"라고 보도하는 것은 ㉯에 위배되지만, ㉰에 위배되지 않겠군.
③ 3차 조사 결과를 선거일 4일 전에 "A후보는 오차 범위 내에서 1위"라고 보도하는 것은 ㉮와 ㉰에 모두 위배되겠군.
④ 1차 조사 결과를 선거일 14일 전에 "A후보 1위, B후보 2위, C후보 3위"라고 보도하는 것은 ㉯에 위배되지 않고, 2차 조사 결과를 선거일 9일 전에 같은 표현으로 보도하는 것은 ㉰에 위배되겠군.
⑤ 2차 조사 결과를 선거일 9일 전에 "B후보, A후보와 오차 범위 내 경합"이라고 보도하는 것은 ㉰에 위배되지 않고, 3차 조사 결과를 선거일 4일 전에 같은 표현으로 보도하는 것은 ㉮에 위배되겠군.

**[8~11] 다음 글을 읽고 물음에 답하시오.**

데이터를 처리할 때 데이터의 정확성은 매우 중요하다. 그런데 데이터에 결측치와 이상치가 포함되면 데이터의 특징을 제대로 ⓐ나타내기 어렵다.

결측치는 데이터 값이 ⓑ빠져 있는 것이다. 결측치를 처리하는 방법 중 하나인 대체는 다른 값으로 결측치를 채우는 것인데, 대체하는 값으로는 평균, 중앙값, 최빈값을 많이 사용한다. 중앙값은 데이터를 크기순으로 정렬했을 때 중앙에 위치한 값이다. 크기가 같은 값이 복수일 경우에도 순위를 매겨 중앙값을 찾고, 데이터의 개수가 짝수이면 중앙에 있는 두 값의 평균이 중앙값이다. 또 최빈값은 데이터에 가장 많이 나타나는 값을 이른다. 일반적으로 데이터 값이 연속적인 수치이면 평균으로, 석차처럼 순위가 있는 값에는 중앙값으로, 직업과 같이 문자인 경우에는 최빈값으로 결측치를 대체한다.

이상치는 데이터의 다른 값에 비해 유달리 크거나 작은 값으로, 데이터를 수집할 때 측정 오류 등에 의해 주로 ⓒ생긴다. 그러나 정상적인 데이터라도 데이터의 특징을 왜곡하는 데이터 값이 있을 수 있다. 예를 들어, 데이터가 어떤 프로 선수들의 연봉이고 그중 한 명의 연봉이 유달리 많다면, 이상치가 포함된 데이터에 해당한다. 이런 데이터의 특징을 하나의 수치로 나타내려는 경우 ㉠대푯값으로 평균보다 중앙값을 주로 사용한다.

평면상에 있는 점들의 위치를 나타내는 데이터에서도 이상치를 발견할 수 있다. 대부분의 점들이 가상의 직선 주위에 모여 있다면 이 직선은 데이터의 특징을 잘 나타낸다고 할 수 있다. 이 직선을 직선 $L$이라고 하자. 그런데 직선 $L$로부터 멀리 떨어진 위치에도 몇 개의 점이 있다. 이 점들이 이상치이다.

㉡이상치를 포함하는 데이터에서 직선 $L$을 찾는다고 하자. 이때 사용할 수 있는 기법의 하나인 A기법은 두 점을 무작위로 골라 정상치 집합으로 가정하고, 이 두 점을 ⓓ지나는 후보 직선을 그어 나머지 점들과 후보 직선 사이의 거리를 구한다. 이 거리가 허용 범위 이내인 점들을 정상치 집합에 추가한다. 정상치 집합의 점의 개수가 미리 정해 둔 기준, 즉 문턱값보다 많으면 후보 직선을 최종 후보군에 넣는다. 반대로 점의 개수가 문턱값보다 적으면 후보 직선을 버린다. 만약 처음에 고른 점이 이상치이면, 대부분의 점들은 해당 후보 직선과의 거리가 너무 ⓔ멀어 이 직선은 최종 후보군에서 제외되는 것이다. 이 과정을 반복하여 최종 후보군을 구하고, 최종 후보군에 포함된 직선 중에서 정상치 집합의 데이터 개수가 최대인 직선을 직선 $L$로 선택한다. 이 기법은 이상치가 있어도 직선 $L$을 찾을 가능성이 높다.

8. 윗글을 이해한 내용으로 적절하지 않은 것은?

① 데이터가 수치로 구성되지 않아도 최빈값을 구할 수 있다.
② 데이터의 특징이 언제나 하나의 수치로 나타나는 것은 아니다.
③ 데이터가 정상적으로 수집되었다면 이상치가 존재하지 않는다.
④ 데이터에 동일한 수치가 여러 개 있어도 중앙값으로 결측치를 대체할 수 있다.
⑤ 데이터를 수집하는 과정에서 측정 오류가 발생한 값이라도 이상치가 아닐 수 있다.

9. 윗글을 참고할 때, ㉠의 이유로 가장 적절한 것은?

① 중앙값은 극단에 있는 이상치의 영향을 덜 받기 때문이다.
② 중앙값을 찾기 위해 데이터를 나열할 때 이상치는 제외되기 때문이다.
③ 데이터의 개수가 많아질수록 이상치도 많아지고 평균을 구하기 어렵기 때문이다.
④ 이상치가 포함되면 평균을 구하는 것이 중앙값을 찾는 것보다 복잡하기 때문이다.
⑤ 이상치가 포함되면 평균은 데이터에 포함되지 않는 값일 가능성이 큰 반면 중앙값은 항상 데이터에 포함된 값이기 때문이다.

17회

**10.** ㉡과 관련하여 윗글의 A 기법과 <보기>의 B 기법을 설명한 내용으로 가장 적절한 것은? [3점]

<보 기>

다음과 같은 방법으로 직선 $L$을 찾는 B 기법을 가정해 보자. 후보 직선을 임의로 여러 개 가정한 뒤에 모든 점에서 각 후보 직선들과의 거리를 구하여 점들과 가장 가까운 직선을 선택한다. 그러나 이렇게 찾은 직선은 직선 $L$로 적합한 직선이 아니다. 이상치를 포함해서 찾다 보니 대부분 최적의 직선과 이상치 사이에 위치한 직선을 선택하게 된다.

① A 기법과 B 기법 모두 최적의 직선을 찾기 위해 최대한 많은 점을 지나는 후보 직선을 가정한다.
② A 기법은 이상치를 제외하고 후보 직선을 가정하지만 B 기법은 이상치를 제외하는 과정이 없다.
③ A 기법에서 최종적으로 선택한 직선은 이상치를 지나지 않지만 B 기법에서 선택한 직선은 이상치를 지난다.
④ A 기법은 이상치의 개수가 문턱값보다 적으면 후보 직선을 버리지만 B 기법은 선택한 직선이 이상치를 포함할 수 있다.
⑤ A 기법에서 후보 직선의 정상치 집합에는 이상치가 포함될 수 있고 B 기법에서 후보 직선은 이상치를 지날 수 있다.

**11.** 문맥상 ⓐ~ⓔ와 바꿔 쓰기에 가장 적절한 것은?

① ⓐ: 형성(形成)하기
② ⓑ: 누락(漏落)되어
③ ⓒ: 도래(到來)한다
④ ⓓ: 투과(透過)하는
⑤ ⓔ: 소원(疏遠)하여

**[12～17] 다음 글을 읽고 물음에 답하시오.**

**(가)**

『한비자』는 중국 전국 시대의 한비자가 제시한 사상이 ⓐ 담긴 저작이다. 여러 나라가 패권을 다투던 혼란기를 맞아 엄격한 법치를 통해 부국강병을 꾀한 한비자는 『노자』에 대한 해석을 통해 자신의 법치 사상을 뒷받침했고, 이러한 면모는 『한비자』의 「해로」, 「유로」 등에서 확인할 수 있다.

『노자』에서 '도(道)'는 만물 생성의 근원으로 묘사된다. 도를 천지 만물의 존재와 본질의 근거라고 본 한비자의 이해도 이와 다르지 않다. 그는 자연과 인간 사회의 모든 현상은 도의 영향을 받지 않을 수 없다고 보고, 인간 사회의 일은 도에 따라 제대로 행했는가의 여부에 따라 그 성패가 드러나는 것이라고 이해했다.

한비자는 『노자』에 제시된 영구불변하는 도의 항상성에 대해 도가 천지와 더불어 영원히 존재한다는 것을 의미하는 것이지, 도가 모습과 이치를 일정하게 유지하는 것은 아니라고 이해했다. 그리고 도는 형체가 없을 뿐 아니라 일정하게 고정되어 있지 않기 때문에 때와 상황에 따라 유연하게 변화하는 것이라고 파악했다. 도가 가변성을 가지고 있어야 도가 일정한 곳에만 있지 않게 되고, 그래야만 도가 모든 사물의 존재와 본질의 근거가 될 수 있다고 파악한 것이다. 그는 도가 가변적이기 때문에 통치술도 고정되어서는 안 된다고 주장했다.

한편, 한비자는 도를 구체적인 사물과 사건에 내재한 개별 법칙의 통합으로 보고, 『노자』의 도에 시비 판단의 근거라는 새로운 의미를 부여했다. 항상 존재하는 도는 개별 법칙을 포괄하기 때문에 다양한 개별 사건의 시비를 판단하는 기준이 될 수 있고, 이러한 도에 근거해서 입법해야 다양한 사건을 판단할 수 있다고 본 것이다. 이러한 이해를 바탕으로 그는 만족을 모르는 인간의 욕망을 사회 혼란의 원인으로 지목한 『노자』의 견해에 동의하면서도, 『노자』에서처럼 욕망을 없애야 한다고 주장하지 않고 인간은 욕망을 필연적으로 가질 수밖에 없음을 지적하며 욕망을 제어하기 위해 법이 필요하다고 강조했다.

**(나)**

유학자들은 도를 인간 삶의 올바른 길을 의미하는 것이라고 보았다. 중국 송나라 이후, 유학자들은 이러한 유학의 도를 기반으로 현상 세계 너머의 근원으로서 도가의 도에 주목하여 『노자』 주석을 전개했다.

혼란기를 거친 송나라 초기에 중앙집권화가 추진된 이후 정치적 갈등이 드러나면서 개혁의 분위기가 조성됐다. 이러한 분위기하에서 유학자이자 개혁 사상가인 왕안석은 『노자주』를 저술했다. 그는 『노자』의 도를 만물의 물질적 근원인 '기(氣)'라고 파악하고, 현상 세계에 앞서 존재하는 기의 작용에 의해 사물이 형성된다고 보았다. 그는 기가 시시각각 변화하듯 현상 세계도 변화한다고 이해했다. 인위적인 것을 제거해야만 도가 드러나고 인간 사회가 안정된다는 『노자』를 비판한 그는 자연과 달리 인간 사회의 안정을 위해서는 제도와 규범의 제정과 같은 인간의 적극적인 개입이 필요하다고 주장했다. 지혜와 덕이 뛰어난 사람이 제정한 사회 제도와 규범도 현실 사회의 변화에 따라 새롭게 해야 한다고 주장한 것이다. 『노자』의 이상 정치가 실현되려면 유학 이념이 실질적 수단으로 사용되어야 한다고 주장하는 등 왕안석은 『노자』를 유학의 실천적 측면과 결부하여 이해했다.

송 이후 원나라에 이르러 성행하던 도교는 유학과 불교 등을 받아들여 체계화되었지만, 오징에게는 주술적인 종교에 불과했다. ㉠ 유학자의 입장에서 그는 잘못된 가르침을 펴는 도교에 사람들이 빠지는 것을 경계했다. 그는 도교의 시조로 간주된 노자의 가르침이 공자의 학문과 크게 다르지 않음을 밝히고자 『도덕진경주』를 저술했다. 그는 도와 유학 이념을 관련짓는 구절을 추가하는 등 『노자』의 일부 내용을 바꾸고 기존 구성 체제를 재편했다. 『노자』의 도를 근원적인 불변하는 도로 본 그는 모든 이치를 내재한 도가 현실화하여 천지 만물이 생성된다고 이해했다. 이런 관점에서 그는 유학의 인의예지가 도의 쇠퇴 때문에 나타난 것이라는 『노자』와 달리 도가 현실화하여 드러난 것으로 해석하고, 인간이 마땅히 따라야 할 사회 규범과 사회 질서 체계도 도가 현실화한 결과로 파악했다.

원이 쇠퇴하고 명나라가 들어선 이후 유학과 도가 등 여러 사상이 합류하는 사조가 무르익는 가운데, 유학자인 설혜는 자신의 ㉡ 학문적 소신에 따라 『노자』를 주석한 『노자집해』를 저술했다. 그는 공자도 존중했던 스승이 노자이므로 노자 사상에 대한 오해를 불식해야 한다고 보았다. 그는 기존의 주석서가 『노자』의 진정한 의미를 제대로 밝히지 못했기 때문에 유학자들이 노자 사상을 이단으로 치부했다고 파악한 것이다. 다양한 경전을 인용하여 『노자』를 해석하면서 그는 『노자』의 도를 인간의 도덕 본성과 그것의 근거인 천명으로 이해하고, 본성과 천명의 이치를 탐구한다는 점에서 노자 사상과 유학이 다르지 않다고 보았다. 또한 그는 『노자』에서 인의 등을 비판한 것은 도덕을 근본으로 삼게 하기 위한 충고라고 파악했다.

**12.** (가), (나)에 대한 설명으로 가장 적절한 것은?

① (가)는 『한비자』의 철학사적 의의를 설명하고 『한비자』와 『노자』의 사회적 파급력을 비교하고 있다.
② (가)는 한비자가 추구한 이상적인 사회를 소개하고 그 실현을 위해 『노자』를 수용한 입장의 한계를 설명하고 있다.
③ (나)는 특정 개념을 중심으로 『노자』에 대한 여러 학자의 견해를 시간의 흐름에 따라 제시하고 있다.
④ (나)는 여러 유학자가 『노자』를 해석한 의도를 각각 제시하고 그 차이로 인해 발생한 학자 간의 이견을 절충하고 있다.
⑤ (가)와 (나)는 모두, 『노자』에 대해 다양한 시각에서 제시된 비판이 심화되는 과정을 구체적 사례와 함께 설명하고 있다.

**13.** (가)에 제시된 한비자의 견해로 적절하지 않은 것은?

① 사건의 시비에 따라 달라지는 도에 근거하여 법이 제정되어야 한다.
② 인간은 무엇을 가지거나 누리고자 하는 마음에서 벗어날 수 없다.
③ 도는 고정된 모습 없이 때와 형편에 따라 변화하며 영원히 존재한다.
④ 인간 사회의 흥망성쇠는 사람이 도에 따라 올바르게 행하였는가의 여부에 좌우되는 것이다.
⑤ 도는 만물의 근원이면서 동시에 현실 사회의 개별 사물과 사건에 내재한 법칙을 포괄하는 것이다.

**14.** ㉠과 ㉡에 대한 이해로 가장 적절한 것은?

① ㉠은 유학 덕목의 등장을 긍정적으로 평가한 『노자』의 견해를 수용하는, ㉡은 유학 덕목에 대한 『노자』의 비판에 담긴 긍정적 의도를 밝히려는 것으로 표출되었다.
② ㉠은 유학에 유입되고 있는 주술성을 제거하는, ㉡은 노자 사상이 탐구하는 대상에 대한 이해를 근거로 노자 사상과 유학의 공통점을 제시하려는 것으로 표출되었다.
③ ㉠은 유학의 가르침을 차용한 종교가 사람들을 현혹하는 상황에 대응하는, ㉡은 『노자』를 해석한 경전들을 참고하여 유학 이론의 독창성을 밝히려는 것으로 표출되었다.
④ ㉠은 유학을 노자 사상과 연관 지어 유교적 사회 질서의 정당성을 확인하는, ㉡은 유학에서 이단으로 치부하는 사상의 진의를 밝혀 오해를 바로잡으려는 것으로 표출되었다.
⑤ ㉠은 특정 종교에서 추앙하는 사상가와 유학 이론의 관련성을 제시하는, ㉡은 유학의 사상적 우위를 입증하여 다른 학문을 통합할 수 있는 근거를 제시하려는 것으로 표출되었다.

17회

**15.** (나)의 왕안석과 오징의 입장에서 다음의 ㄱ~ㄹ에 대해 판단한 것으로 가장 적절한 것은?

ㄱ. 도는 만물을 통해 드러나는 것이지 만물에 앞서서 존재하는 것은 아니다.
ㄴ. 인간 사회의 규범은 이치를 내재한 근원적 존재인 도가 현실에 드러난 것이다.
ㄷ. 도는 현상 세계의 너머에만 머물러 있지 않고 세상일과 유기적으로 관련되는 것이다.
ㄹ. 도가 변화하듯이 현상 세계가 변하니, 현실 사회의 변화에 따라 인간 사회의 규범도 변해야 한다.

① 왕안석은 ㄱ에 동의하지 않고 ㄴ에 동의하겠군.
② 왕안석은 ㄴ과 ㄹ에 동의하겠군.
③ 왕안석은 ㄷ에 동의하고 ㄹ에 동의하지 않겠군.
④ 오징은 ㄱ과 ㄹ에 동의하지 않겠군.
⑤ 오징은 ㄴ에 동의하고 ㄷ에 동의하지 않겠군.

16. <보기>를 참고할 때, (가), (나)의 사상가에 대한 왕부지의 평가로 적절하지 않은 것은? [3점]

<보 기>

청나라 초기의 유학자 왕부지는 『노자』의 본래 뜻을 드러내어 노자 사상을 비판하고자 『노자연』을 저술했다. 노자 사상의 비현실성을 드러내어 유학의 실용적 가치를 부각하고자 했던 그는 기존의 『노자』 주석서가 노자 사상이 아닌 사상을 기준으로 삼았기 때문에 『노자』뿐만 아니라 주석자의 사상마저 왜곡했다고 비판했다. 『노자』에서 아무런 행동을 하지 않아도 천하가 다스려진다고 한 것 등을 비판한 그는, 『노자』에서처럼 단순히 인간의 이기적 욕망을 없애는 것이 아니라 사회 질서 유지를 위해 유학 규범을 활용해야 한다고 강조했다.

① 왕부지는 인간의 욕망에 대한 『노자』의 대응 방식을 부정적으로 보았으므로, (가)의 한비자가 『노자』와 달리 사회에 대한 인위적 개입이 필요하다고 한 것에 대해서는 수긍하겠군.
② 왕부지는 『노자』에 제시된 소극적인 삶의 태도를 부정적으로 보았으므로, (나)의 왕안석이 사회 제도에 대한 『노자』의 견해를 비판하며 유학 이념의 활용을 주장한 것은 긍정하겠군.
③ 왕부지는 『노자』의 본래 뜻을 파악해야 한다고 보았으므로, (나)의 오징이 『노자』를 주석하면서 자신의 이해에 따라 원문의 구성과 내용을 수정한 것이 잘못이라고 보겠군.
④ 왕부지는 주석자가 유학을 기준으로 『노자』를 이해하면 주석자의 사상도 왜곡된다고 보았으므로, (나)의 오징이 유학의 인의예지를 『노자』의 도가 현실화한 것으로 본 것을 비판하겠군.
⑤ 왕부지는 『노자』에 담긴 비현실성을 드러내야 한다고 보았으므로, (나)의 설혜가 기존의 『노자』 주석서들을 비판하며 드러낸 학문적 입장이 유학의 실용적 가치를 부각한다고 보겠군.

17. ⓐ와 문맥상 의미가 가장 가까운 것은?

① 과일이 접시에 예쁘게 담겨 있다.
② 상자에 탁구공이 가득 담겨 있다.
③ 시원한 계곡물에 수박이 담겨 있다.
④ 화폭에 봄 경치가 그대로 담겨 있다.
⑤ 매실이 설탕물에 한 달째 담겨 있다.

**[18～21] 다음 글을 읽고 물음에 답하시오.**

[A]

황상과 만조백관이 어찌할 줄 모르더니 좌장군 서경태가 급히 입직군을 동원하여 칼을 들고 내달아 크게 꾸짖길,

"이 몹쓸 흉악한 놈아, 어찌 이런 변을 짓느냐?"

하고 칼을 들어 치니 아귀가 몸을 기울여 피하고 입을 벌려 숨을 들이쉬니 서경태가 날리어 아귀 입으로 들어갔다. 상이 보시다가 크게 놀라,

"짐이 여러 번 **전장**을 지내었으되 이런 일은 보도 듣도 못하였으니 제신 중에 뉘 이 짐승을 잡아 짐의 한을 씻으리오."

정서장군 한세충이 나와 아뢰길,

"소장이 비록 재주 없으나 저것을 베어 황상께 바치리이다."

하고 황금 투구에 엄신갑을 입고 팔 척 장창을 들고 청룡마를 내달아 외쳐 말하길,

"흉적은 목을 늘여 내 칼을 받으라."

아귀가 크게 웃고 말하길,

"아까는 내 숨을 들이쉬니 모기 같은 것도 삼켰으니 지금은 숨을 내쉴 것이니 네 눈을 부릅뜨고 자세히 보라."

하고 입을 벌려 숨을 내부니 황상과 만조백관이 오 리나 밀려갔다. 아귀가 궁중이 텅 빈 것을 보고 세 공주를 등에 업고 돌아갔다.

이때 황상이 제신과 함께 정신을 겨우 차려 환궁하시니 세 공주가 다 없었다. 상께 이 연고를 아뢰니 상이 크게 놀라 하교하시되,

"이런 해괴한 변이 천고에 없으니 경들의 소견이 어떠하뇨?"

하고 용루를 흘리시니 **조정**에 모인 여러 신하가 감히 우러러보지 못하였다.

이우영이 아뢰길,

"전 좌승상 김규가 지모 넉넉하오니 불러 문의하심이 마땅할까 하나이다."

상이 깨달아 조서를 내려 김규를 부르셨다.

이때 승상이 원을 데리고 평안히 지내더니 천만의외에 사관이 조서를 가지고 왔거늘 받자와 본즉,

"전임 좌승상에게 부치나니 그사이 **고향**에서 무사한가. ⓐ 짐은 불행하여 공주를 잃고 종적을 모르니 통한함을 어찌 측량하리오. 경에게 옛 벼슬을 다시 내리나니 바삐 올라와 고명한 소견으로 짐의 아득함을 깨닫게 하라."

하였다. 승상이 사관을 후대하고 ㉠ 국변을 물으니 아귀 작란하던 일과 세 공주 잃은 말을 대강 고하니 승상이 못내 슬퍼하며 상경하여 사은숙배하니, 상이 보시고,

"경이 고향에 돌아감은 짐이 불명한 탓이로다. 국운이 불행하여 세 공주를 일시에 잃었으니 짐의 이 원을 어찌하리오? 경의 소견으로 이 일을 도모하면 평생의 한을 풀리로다."

승상이 엎드려 아뢰길,

"소신이 자식이 있삽는데 창법 검술이 일세에 무쌍하와 매일 종적 없이 다니옵기 연고를 물으니 **철마산**에 가 무예를 익히다가 일일은 그 산에서 아귀라 하는 짐승을 만나 겨루고 그 뒤를 좇아 바위 구멍으로 들어감을 보았노라 하옵기 과연

허언이 아닌가 싶사오니 ⓑ자식을 불러 들으심이 마땅하올까 하나이다."

〔중략 부분의 줄거리〕 원은 황상을 뵙고 원수가 되어 철마산 아귀의 소굴로 들어간다.

원수가 백계를 생각하다가 갑자기 깨달아 공주께 아뢰기를,

"독한 술을 많이 빚어 좋은 안주를 장만하여야 계교를 베풀리이다."

하고, 약속을 정해 여러 여자를 청하여 여차여차하게 계교를 갖추고 기다리라고 하였다.

이때 아귀가 원의 칼에 상한 머리 거의 나으니 모든 시녀를 불러 말하기를,

ⓒ"내 병이 조금 나았으니 사오일 후 세상에 나가 남두성을 잡아 죽여 이 원한을 풀리라. 너희는 나를 위하여 마음을 위로하라."

여자들이 이 말을 듣고 크게 기뻐하여 각각 술과 성찬을 권하기를,

"대왕의 상처가 나으시면 첩 등의 복인가 하나이다. ⓓ수이 차도를 얻사오면 남두성 잡기야 어찌 근심하리오? 주찬을 대령하였사오니 다 드시어 첩 등의 우러르는 마음을 즐겁게 하소서."

아귀가 가져오라 하거늘, 여러 여자가 일시에 한 그릇씩 드리니 아홉 입으로 권하는 대로 먹으니 그 수를 알 수 없었다. 술이 취하매 여러 여자가 거짓으로 위로하여,

"장군은 잠깐 잠을 청하여 아픔을 잊으소서."

아귀가 듣고 잠을 자려 하거늘, 막내 공주가 곁에 앉아 말하길,

"보검을 놓고 주무소서. 취중에 보검을 한번 휘둘러 치면 잔명이 죄 없이 상할까 하나이다."

아귀가 말하기를,

"장수가 잠이 드나 칼을 어찌 손에서 놓으리오마는 혹 실수함이 있을까 하노니 머리맡에 세워 두라."

하고 주거늘, 공주가 받아 놓고 잠들기를 기다렸다. 아귀가 깊이 잠들었거늘, 비수를 가지고 **협실**로 나와 원수에게 잠들었음을 이르고 함께 후원에 이르러 큰 기둥을 가리키며,

"원수의 칼로 저 기둥을 쳐 보소서."

원수가 칼을 들어 기둥을 치니 반쯤 부러졌다. 공주가 크게 놀라 말하기를,

"만일 그 칼을 썼더라면 성사도 못하고 도리어 큰 화가 미칠 뻔하였습니다."

아귀가 쓰던 비수로 기둥을 치니 썩은 풀이 베어지는 듯하였다.

- 작자 미상, 「김원전」 -

**18.** [A]의 서술상 특징에 대한 설명으로 가장 적절한 것은?

① 서술자가 개입하여 인물에 대한 평가를 제시하고 있다.
② 대화를 통해 인물 간의 위계나 관계를 보여 주고 있다.
③ 현재와 과거를 교차하여 장면의 전환을 보여 주고 있다.
④ 인물의 회상을 통해 인물 간 갈등의 원인을 암시하고 있다.
⑤ 상황에 대한 인물의 반응을 과장되게 서술하여 사건의 비극성을 완화하고 있다.

**19.** ㉠과 관련하여 윗글을 이해한 내용으로 적절하지 않은 것은?

① 황상은 ㉠의 심각성을 이전의 '전장'과 비교하고, 그때의 경험에 근거하여 ㉠에 대한 대처 방안을 찾아낸다.
② 이우영은 ㉠의 해결을 위해 '조정'에서 황상의 질문에 답하며 ㉠에 대처할 방안을 찾아 줄 지모 있는 인물을 거명한다.
③ 황상은 ㉠의 여파가 미치지 않은 '고향'에서 편안히 지내던 승상에게 ㉠으로 인한 위기 상황을 알린다.
④ 승상은 ㉠의 원흉인 아귀를 원이 '철마산'에서 본 것을 황상에게 아뢰고, ㉠을 해결할 단서를 제공할 인물을 천거한다.
⑤ 원은 ㉠의 해결 방안을 떠올리고, '협실'에서 공주를 만나 ㉠을 해결할 수 있는 기회가 왔음을 알게 된다.

**20.** ⓐ~ⓓ에 대한 설명으로 가장 적절한 것은?

① ⓐ와 ⓑ에서는 상대에 대한 신뢰를 바탕으로, 숨겨 온 사실을 드러내고 있다.
② ⓑ와 ⓒ에서는 자신의 위세를 드러내어, 상대의 복종을 이끌어 내고 있다.
③ ⓐ에서는 자신의 감정을 상대에게 드러내고, ⓓ에서는 자신들의 의도를 상대에게 숨기고 있다.
④ ⓑ에서는 당위를 내세워 상대의 행위를 요구하고, ⓓ에서는 상대의 안위를 우려하여 자제를 요청하고 있다.
⑤ ⓒ에서는 상대에게 자신의 목표를 위해 행동할 것을 촉구하고, ⓓ에서는 상대의 목표를 위해 행동할 것을 약속하고 있다.

17회

**21.** <보기>를 참고하여 윗글을 감상한 내용으로 적절하지 않은 것은? [3점]

<보 기>

「김원전」은 당대의 보편적 가치인 충군을 주제로, 초월적 능력을 지닌 주인공과 기이한 존재인 적대자의 필연적 대결 관계를 보여 준다. 특히 적대자의 압도적 무력에 맞서는 과정에서 인물에 따라, 혹은 인물이 처한 상황에 따라 다른 대응 방식을 보여 줌으로써 독자의 흥미를 자극한다.

① 서경태가 입직군을 동원해 아귀와 맞서고 원수가 계교를 마련해 아귀를 상대하는 데서, 압도적 무력을 지닌 적대자에 대응하는 양상이 서로 다름을 알 수 있군.
② 한세충이 황상의 한을 씻고자 아귀에게 대항하고 승상이 황상의 불행에 슬퍼하며 상경하는 데서, 인물들이 충군의 가치를 지키고 있음을 알 수 있군.
③ 원이 아귀의 머리를 상하게 한 것과 아귀가 남두성인 원에게 원한을 갚겠다고 다짐하는 데서, 주인공과 적대자의 대결이 피할 수 없는 것임을 알 수 있군.
④ 공주가 황상에게는 국운의 불행으로 잃은 대상이지만 원수에게는 약속대로 아귀를 잠들게 하는 인물인 데서, 여성 인물이 사건의 피해자이자 해결을 돕는 존재임을 알 수 있군.
⑤ 일세에 무쌍한 무예를 갖춘 원수가 아귀의 비수로 기둥을 베어 보는 데서, 주인공이 적대자를 처치하기 위해 자신의 계획대로 초월적 능력을 시험하고 있음을 알 수 있군.

[22~27] 다음 글을 읽고 물음에 답하시오.

(가)

흰 벽에는——
어련히 해들 적마다 나뭇가지가 그림자 되어 떠오를 뿐이었다.
그러한 정밀*이 천년이나 머물렀다 한다.

단청은 연년(年年)이 빛을 잃어 두리기둥에는 틈이 생기고, 별과 바람이 쓰라리게 스며들었다. 그러나 험상궂어 가는 것이 서럽지 않았다.

기왓장마다 푸른 이끼가 앉고 세월은 소리없이 쌓였으나 ㉠문은 상기 닫혀진 채 멀리 지나가는 바람 소리에 귀를 기울이는 밤이 있었다.

주춧돌 놓인 자리에 가을풀은 우거졌어도 봄이면 돋아나는 푸른 싹이 살고, 그리고 한 그루 진분홍 꽃이 피는 나무가 자랐다.

유달리도 푸른 높은 하늘을 눈물과 함께 아득히 흘러간 별들이 총총히 돌아오고 사납던 비바람이 걷힌 낡은 처마 끝에 찬란히 빛이 쏟아지는 새벽, 오래 닫혀진 문은 산천을 울리며 열리었다.

——그립던 깃발이 눈뿌리에 사무치는 푸른 하늘이었다.

- 김종길, 「문」 -

* 정밀 : 고요하고 편안함.

(나)

이를테면 수양의 늘어진 ㉡가지가 담을 넘을 때
그건 수양 가지만의 일은 아니었을 것이다
얼굴 한번 못 마주친 애먼 뿌리와
잠시 살 붙였다 적막히 손을 터는 꽃과 잎이
혼연일체 믿어주지 않았다면
가지 혼자서는 한없이 떨기만 했을 것이다 [A]

한 닷새 내리고 내리던 고집 센 비가 아니었으면
밤새 정분만 쌓던 도리 없는 폭설이 아니었으면
담을 넘는다는 게
가지에게는 그리 신명 나는 일이 아니었을 것이다
무엇보다 가지의 마음을 머뭇 세우고
담 밖을 가둬두는
저 금단의 담이 아니었으면
담의 몸을 가로지르고 담의 정수리를 타 넘어
담을 열 수 있다는 걸
수양의 늘어진 가지는 꿈도 꾸지 못했을 것이다 [B]

그러니까 목련 가지라든가 감나무 가지라든가
줄장미 줄기라든가 담쟁이 줄기라든가
가지가 담을 넘을 때 가지에게 담은
무명에 획을 긋는
도박이자 도반*이었을 것이다 [C]

- 정끝별, 「가지가 담을 넘을 때」 -

* 도반 : 함께 도를 닦는 벗.

(다)

나는 이홍에게 이렇게 말했다.

"ⓐ너는 잊는 것이 병이라고 생각하느냐? 잊는 것은 병이 아니다. 너는 잊지 않기를 바라느냐? 잊지 않는 것이 병이 아닌 것은 아니다. ⓑ그렇다면 잊지 않는 것이 병이 되고, 잊는 것이 도리어 병이 아니라는 말은 무슨 근거로 할까? 잊어도 좋을 것을 잊지 못하는 데서 연유한다. 잊어도 좋을 것을 잊지 못하는 사람에게는 잊는 것이 병이라고 치자. 그렇다면 잊어서는 안 되는 것을 잊는 사람에게는 잊는 것이 병이 아니라고 말할 수 있다. ⓒ그 말이 옳을까?

천하의 걱정거리는 어디에서 나오겠느냐? 잊어도 좋을 것은 잊지 못하고 잊어서는 안 될 것은 잊는 데서 나온다. 눈은 아름다움을 잊지 못하고, 귀는 좋은 소리를 잊지 못하며, 입은 맛난 음식을 잊지 못하고, 사는 곳은 크고 화려한 집을 잊지 못한다. 천한 신분인데도 큰 세력을 얻으려는 생각을 잊지 못하고, 집안이 가난하건만 재물을 잊지 못하며, 고귀한데도 교만한 짓을 잊지 못하고, 부유한데도 인색한 짓을 잊지 못한다. 의롭지 않은 물건을 취하려는 마음을 잊지 못하고, 실상과 어긋난 이름을 얻으려는 마음을 잊지 못한다.

그래서 잊어서는 안 될 것을 잊는 자가 되면, 어버이에게는 효심을 잊어버리고, 임금에게는 충성심을 잊어버리며, 부모를 잃고서는 슬픔을 잊어버리고, 제사를 지내면서 정성스러운 마음을 잊어버린다. 물건을 주고받을 때 의로움을 잊고, 나아가고 물러날 때 예의를 잊으며, 낮은 지위에 있으면서 제 분수를 잊고, 이해의 갈림길에서 지켜야 할 도리를 잊는다.

ⓓ먼 것을 보고 나면 가까운 것을 잊고, 새것을 보고 나면 옛것을 잊는다. 입에서 말이 나올 때 가릴 줄을 잊고, 몸에서 행동이 나올 때 본받을 것을 잊는다. 내적인 것을 잊기 때문에 외적인 것을 잊을 수 없게 되고, 외적인 것을 잊을 수 없기 때문에 내적인 것을 더더욱 잊는다.

ⓔ그렇기 때문에 하늘이 잊지 못해 벌을 내리기도 하고, 남들이 잊지 못해 질시의 눈길을 보내며, 귀신이 잊지 못해 재앙을 내린다. 그러므로 잊어도 좋을 것이 무엇인지를 알고 잊어서는 안 되는 것이 무엇인지를 아는 사람은 내적인 것과 외적인 것을 서로 바꿀 능력이 있다. 내적인 것과 외적인 것을 서로 바꾸는 사람은, 다른 사람의 잊어도 좋을 것은 잊고 자신의 잊어서는 안 될 것은 잊지 않는다."

- 유한준, 「잊음을 논함」 -

**22.** (가)~(다)에 대한 설명으로 가장 적절한 것은?

① (가)는 명시적 청자에게 말을 건네는 방식으로 화자의 감정을 드러낸다.
② (가)는 동일한 색채어를, (나)는 유사한 문장 구조를 반복적으로 제시하며 시상을 전개한다.
③ (가)와 (나)는 모두, 사라져 가는 대상에 대한 화자의 안타까움을 드러낸다.
④ (나)는 사물을 관조함으로써, (다)는 세태를 관망함으로써 주제 의식을 부각한다.
⑤ (가), (나), (다)는 모두, 대상과 소통하며 문제 해결 과정을 연쇄적으로 제시한다.


[해설편 p.202]

23. <보기>를 참고하여 (가)를 감상한 내용으로 적절하지 않은 것은?

<보 기>

(가)에서 순환하는 자연이 가진 변화의 힘은 인간 역사의 쇠락과 생성에 관여한다. 인간의 역사는 쇠락의 과정에서도 생성의 기반을 잃지 않고, 자연과 어우러지며 자연의 힘을 탐색하거나 수용한다. 이를 통해 '문'은 새로운 역사를 생성할 가능성을 실현하게 되고, 인간의 역사는 '깃발'로 상징되는 이상을 향해 다시 나아갈 수 있게 된다.

① '흰 벽'에 나뭇가지가 그림자로 나타나는 것은, 천년을 쇠락해 온 인간의 역사가 자연의 힘을 탐색하는 과정에서 자연의 모습에 영향을 미친 결과를 보여 주는군.
② '두리기둥'의 틈에 별과 바람이 쓰라리게 스며드는 것을 서럽지 않다고 한 것은, 쇠락해 가는 인간의 역사가 자연이 가진 변화의 힘을 수용함을 드러내는군.
③ '기왓장마다' 이끼와 세월이 덮여 감에도 멀리 있는 바람 소리에 귀를 기울이는 것은, 자연의 영향을 받으면서도 자연이 가진 변화의 힘에서 생성의 가능성을 찾는 모습이겠군.
④ '주춧돌 놓인 자리'에 봄이면 푸른 싹이 돋고 나무가 자라는 것은, 생성의 기반을 잃지 않은 인간의 역사가 자연과 어우러져 생성의 힘을 수용하는 모습이겠군.
⑤ '닫혀진 문'이 별들이 돌아오고 낡은 처마 끝에 빛이 쏟아지는 새벽에 열리는 것은, 순환하는 자연 속에서 인간의 역사를 다시 생성할 가능성이 나타남을 보여 주는군.

24. (나)에 대한 이해로 가장 적절한 것은?

① [A]에서는 '얼굴 한번 못 마주친' 상황과 '손을 터는' 행위가 '한없이' 떠는 가지의 마음으로 인한 것임을 드러낸다.
② [B]에서는 '고집 센'과 '도리 없는'을 통해 가지가 '꿈도 꾸지 못'하게 만든 두 대상의 성격을 부각한다.
③ [B]에서는 '가지의 마음을 머뭇 세우'는 대상을 '신명 나는 일'에 연결하여 '정수리를 타 넘'는 행위의 의미를 드러낸다.
④ [A]에서 '가지만의'와 '혼자서는'에 나타난 가지의 상황은, [B]에서 '담 밖'을 가두어 [C]에서 '획'을 긋는 가지의 모습으로 이어진다.
⑤ [A]에서 '않았다면'과 [B]에서 '아니었으면'이 강조하는 대상들의 의미는, [C]에서 '목련'과 '감나무' 사이의 관계에서도 나타난다.

25. ⓐ~ⓔ에 대한 설명으로 적절하지 않은 것은?

① ⓐ: 잊는 것에 대한 '나'의 생각을 전개하기 위한 물음이다.
② ⓑ: 잊음에 대한 '나'의 생각이 어디에서 비롯된 것인지에 대한 답을 제시하기 위해 던지는 물음이다.
③ ⓒ: 잊음에 대해 '나'가 제시한 가정적 상황이 틀리지 않았음을 강조하기 위한 물음이다.
④ ⓓ: 잊지 못하는 것과 잊어버리는 것의 관계를 대비적 표현을 통해 제시하며 잊음에 대한 '나'의 생각을 드러내는 진술이다.
⑤ ⓔ: 잊음의 대상을 제대로 구분하지 못할 때 일어날 수 있는 일을 열거하여 잊음에 대한 '나'의 생각이 옳음을 강조하는 진술이다.

26. ㉠과 ㉡에 대한 이해로 가장 적절한 것은?

① ㉠은 주변 대상의 도움을 받으며 미래로 나아가고, ㉡은 주변 대상에게 도움을 주며 미래를 대비한다.
② ㉠은 자신의 자리를 지켜 내는, ㉡은 자신의 영역을 확장하는 모습을 보인다.
③ ㉠은 주변과 단절된 상황을 극복하려 하고, ㉡은 외부의 간섭을 최소화하려 한다.
④ ㉠과 ㉡은 외면의 변화를 통해 내면의 불안을 감추려 한다.
⑤ ㉠과 ㉡은 과거의 행위에 대해 반성하는 모습을 보인다.

17회

27. <보기>를 참고하여 (나), (다)를 감상한 내용으로 적절하지 않은 것은? [3점]

<보 기>

(나)와 (다)에는 주체가 대상을 바라보고 사유하여 얻은 인식이 드러난다. 이는 대상에서 발견한 새로운 의미를 보여 주는 방식이나, 대상의 속성에 주목하여 얻은 깨달음을 제시하는 방식으로 나타난다.

① (나)는 '수양'을 부분으로 나눠 살피고 부분들의 관계가 '혼연일체'라는 것을 발견해 수양이 하나의 통합된 대상이라는 인식을 드러내는군.
② (다)는 '잊어도 좋을 것'과 '잊어서는 안 될 것'에 대해 사유하여 타인과 자신의 관계 속에서 지켜야 할 자세에 대한 깨달음을 드러내는군.
③ (다)는 '내적인 것과 외적인 것을 서로 바꾸는 사람'의 특성에 주목해 잊음의 본질에 대한 깨달음이 바람직한 삶의 태도를 이끈다는 인식을 드러내는군.
④ (나)는 '담쟁이 줄기'의 속성에 주목해 담쟁이 줄기가 담을 넘을 수 있다는, (다)는 잊어서는 안 될 것을 잊는 데 주목해 '내적인 것'을 잊으면 '외적인 것'에 매몰된다는 인식을 드러내는군.
⑤ (나)는 담의 의미를 사유하여 담이 '도박이자 도반'이라는, (다)는 '예의'나 '분수'를 잊지 않아야 함에 주목해 '잊지 않는 것이 병이 아닌 것은 아니'라는 깨달음을 드러내는군.

[28~31] 다음 글을 읽고 물음에 답하시오.

한참 정이와 별의별 말이 다 오고 가고 하였을 때, '불단집*'에서 마악 설거지를 하고 있던 갑순이 할머니가 뛰어나왔다. 갑득이 어미는, 경우에 따라서는 그들 모녀를 상대하여서도, 할 말에 궁하지는 않다고 은근히 마음에 준비가 있었던 것이나, 뜻밖에도 갑순이 할머니는 자기 딸의 역성을 들려고는 하지 않고,

㉠ "애최에 늬가 말 실수헌 게 잘못이지, 남을 탄해 뭘 허니? 이게 모두 모양만 숭업구……, 온, 글쎄, 그만 허구 들어가아. 늬가 잘못했어. 네 잘못이야."

하고 도리어 딸을 나무라던 것을, 갑득이 어미는 그 당장에는, 귀에 솔깃하여,

"그렇지. 자계가 먼저 말을 냈지. 나야 그저 대꾸헌 죄밖엔 없으니까. 잘했든 잘못했든 자계가 시초를 낸 게니까 ——"

하고, 뽐내도 보았던 것이나, 나중에 깨달으니, 그것은 얼토당토 않은 생각으로, 갑순이 할머니가 그렇게 자기 딸을 꾸짖으며 한사코 집으로 데리고 들어간 것에는,

㉡ "아, 그 배지 못헌 행랑것허구, 쌈이 무슨 쌈이냐?"

"똥이 무서워 피허니? 더러우니까 피허는 게지!"

하고, 그러한 사상이 들어 있었던 것이 분명하였다.

사실, 을득이 녀석이 나중에 보고하는데 들으니까, 저녁때 돌아온 집주름 영감이 그 얘기를 듣고 나자,

"걔두 그만 분별은 있을 아이가, 그래 그런 상것허구 욕지거리를 허구 그러다니……."

쩻, 쩻, 쩻 하고 혀를 차니까, 늙은 마누라는 또 마주 앉아서,

"그렇죠, 그렇구 말구요. 쌈을 허드래두 같은 양반끼리 해야지, 그런 것허구 허는 건, 꼭 하늘 보구 침 뱉기지. 그 욕이 다아 내게 돌아오지, 소용 있나요."

㉢ 그리고 후유우 하고 한숨조차 내쉬는데, 방 안에서들 그러는 소리가 대문 밖까지 그대로 들리더라 한다.

[중략 부분의 줄거리] 골목 안 아홉 가구가 공동변소처럼 쓰는 불단집 소유의 뒷간에 양 서방이 갇힌다.

그는 아무리 상고하여 보아도 도무지 나갈 도리가 없는 것에 은근히 울화가 올랐다.

'제 집 뒷간두 아니구 남의 집 것을 그렇게 기가 나서 꼭꼭 잠그구 그럴 건 뭐 있누? 늙은이두 제엔장헐…….'

㉣ 인제는 할 수가 없으니, 소리를 한번 질러 볼까? —— 하기도 하였으나, 이러한 경우에 있어, 사람들은, 흔히 자기가 꼭 어떠한 수상한 인물인 듯싶게 스스로 느껴지는 경향이 있다. 그래, 그는 생각 끝에,

"아, 누가 문을 잠겄어어어?"

"문 좀 여세요오. 아, 누가……."

하고, 그러한 말을 제법 외치지도 못하고 그저 중얼대며, 한참이나 문을 잡아, 흔들어 자물쇠 소리만 덜거덕거렸던 것이다.

을득이한테 저의 아비가 불단집 뒷간에 가 갇히어 있다는 말을 듣고, 어인 까닭을 모르는 채 그곳까지 뛰어온 갑득이 어미는, 대강 사정을 알자, 곧 이것은 평소에 자기에게 좋지 않은 생각을 품고 있는 갑순이 할머니가 계획적으로 한 일임에 틀림없다고 혼자 마음에 단정하고,

[A] "아아니, 그래, 애아범이 미우면 으떻게는 못 해서, 그 더러운 뒷간 숙에다 글쎄 가둬야만 헌단 말예요? 그래 노인이 심사를 그렇게 부려야 옳단 말예요?"

하고, 혼자 흥분을 하였다. 갑순이 할머니는, 그것은 전혀 예기하지 못하였던 억울한 말이라, 그래, 눈을 둥그렇게 뜨고, 손조차 내저어 가며,

[B] "그건, 괜한 소리유, 괜한 소리야. 이 늙은 사람이 미쳐서 남을 뒷간 속에다 가둬? 모르구 그랬지, 모르구 그랬어. 난 꼭 아무두 없는 줄만 알구서, 그래, 모르구 자물쇨 챘지. 온, 알구야 왜 미쳤다구 잠그겠수?"

발명을 하였으나,

[C] "모르긴 왜 몰라요. 다아 알구서 한 짓이지. 그래 자물쇨 챌 때, 안에서 말하는 소리두 못 들었단 말예요? 듣구두 모른 체했지. 듣구두 그냥 잠가 버린 거야."

하고, 갑득이 어미는 덮어놓고 시비만 걸려는 것을, 구경 나온 이웃 사람들이,

"아무러기서루니 갑순이 할머니께서 아시구야 그러셨겠소?"

"노인이 되셔서 귀두 어두시구 그래 몰르셨지!"

하고 말들이 있었고, 정작, 양 서방이 또 머뭇거리다가,

"자물쇨 채실 때, 내가 얼른 소리를 냈어두 아셨을 텐데, 미처 못 그래 그리 된 거야."

하고, 그러한 말을 매우 겸연쩍게 하여, 갑득이 어미는 집주름집 마누라를 좀더 공박할 것을 단념하여 버릴 수밖에 없는 동시에,

㉤ "오오, 그러니까, 채, 무어, 말할 새두 없이 문이 잠겨져서, 그냥 갇힌 채, 누구 오기만 기대린 게로군?"

"그래, 얼마 동안이나 들어가 있었어?"

"뭐어 오래야 갇혔겠수? 동안이야 잠깐이겠지만……."

- 박태원, 「골목 안」 -

* 불단집 : 집 밖에도 전등을 단, 살림이 넉넉한 집.

28. 윗글에 대한 설명으로 가장 적절한 것은?

① 집 안에서의 대화가 이웃에 노출되어 인물의 속내가 드러난다.
② 서로의 말실수에 대한 비난이 인물 간 다툼의 원인임이 드러난다.
③ 이웃의 갈등을 곁에서 지켜보고 있는 인물들의 냉담함이 드러난다.
④ 이웃을 무시하는 인물의 차별적 언행을 함께 견뎌 내려는 사람들의 결연함이 드러난다.
⑤ 곤경에 빠진 가족의 상황을 다른 가족에게 전한 것이 이웃 간 앙금을 씻는 계기가 됨이 드러난다.

29. [A]~[C]에 대한 설명으로 적절하지 않은 것은?

① [A]에서 인물은 상대의 행위가 옳지 않다고 판단하여, 반복적으로 추궁하며 상대가 잘못했음을 분명히 한다.
② [B]에서 인물은 상대의 주장이 사실과 다르다며, 모르고 그랬다는 말을 반복함으로써 자신의 억울함을 알린다.
③ [C]에서 인물은 추측을 바탕으로 상대의 발언이 신뢰하기 어렵다고 반박하고, 상대의 반응에 아랑곳하지 않고 거짓으로 답했다며 몰아붙인다.
④ [A]에서 인물은 상대의 행위와 동기를 함께 비난하고, [B]에서 인물은 상대의 비난을 파악하지 못해 자신의 행위에 대해서만 인정한다.
⑤ [A]에서 인물이 상대에게 화를 내자, [B]에서 인물은 당황하며 자신을 방어하지만, [C]에서 갈등 상황은 지속된다.

30. 집주름 영감과 양 서방에 대한 이해로 가장 적절한 것은?

① 집주름 영감이 딸의 행동을 분별없다고 탓한 이유는 아내가 갑득이 어미 앞에서 딸을 나무란 뒤 남편에게 밝힌 생각과 같다.
② 집주름 영감은 아내와 갑득이 어미의 갈등이 드러나지 않게 하는, 양 서방은 결과적으로 이들의 갈등을 완화하는 역할을 한다.
③ 양 서방이 여러 궁리를 하면서도 뒷간을 빠져나오지 못한 이유는 아내에게 밝힌 사건의 경위와 무관하다.
④ 양 서방은 아내가 갑순이 할머니에게 한 말과 이에 대한 이웃들의 반응을 듣고도 아내에게 무덤덤한 태도를 보이고 있다.
⑤ 양 서방이 자신의 상황을 갑순이 할머니에게 알리지 못했다고 말한 것은 누가 뒷간 문을 잠갔는지에 대한 의문이 풀려서 화가 누그러졌기 때문이다.

31. <보기>를 참고하여 ㉠~㉤을 이해한 내용으로 적절하지 않은 것은? [3점]

<보 기>

서술자는 자신의 시선만으로 서술하기도 하고 인물의 시선으로 초점화하여 서술하기도 한다. 그런데 이 작품에서는 두 서술 방식이 겹쳐 나타나는 경우가 있다. 이때 서술자는 인물과 거리를 둠으로써 그들의 말이나 생각, 감정 등에 대한 태도를 드러낸다. 이 밖에도 쉼표의 연이은 사용은 시간의 지연이나 인물의 상황 등을 드러낸다. 이러한 서술 기법은 문맥 속에서 글의 의미를 다양하게 보충한다.

① ㉠: 말줄임표 이후 쉼표를 연이어 사용한 것은, 인물이 자신의 생각을 감추거나 다른 할 말을 떠올리면서 시간의 지연이 있음을 드러낸 것이겠군.
② ㉡: 서술자 시선의 서술과 인물의 시선으로 초점화한 서술이 겹쳐 나타난 것은, 상황을 잘못 인지한 채 상대의 생각을 추측하는 인물에게 서술자가 거리를 두고 있음을 드러낸 것이겠군.
③ ㉢: 말을 전하는 '~라 한다'의 주체가 인물일 수도 있고 서술자일 수도 있게 서술한 것은, 인물의 경험을 전하기만 하고 특정 인물의 편에 서지 않으려는 서술자의 태도를 드러낸 것이겠군.
④ ㉣: 인물의 생각에 대해 쉼표를 연이어 사용하며 설명한 것은, 인물이 생각을 실행에 옮기지 못하고 망설이는 상황을 드러낸 것이겠군.
⑤ ㉤: 감탄사 이후 쉼표를 연이어 사용한 것은, 인물이 새로운 정보를 바탕으로 사건을 파악하는 상황을 드러낸 것이겠군.



**[32~34] 다음 글을 읽고 물음에 답하시오.**

**(가)**

장풍에 돛을 달고 **육선**이 함께 떠나
삼현과 **군악** 소리 해산을 진동하니
물속의 어룡들이 응당히 놀라리라
해구를 얼른 나서 오륙도를 뒤 지우고
고국을 돌아보니 야색이 아득하여
아무것도 아니 뵈고 연해 각진포에
불빛 두어 점이 구름 밖에 뵐 만하다
배 방에 누워 있어 내 **신세**를 생각하니
가뜩이 심란한데 대풍이 일어나서
태산 같은 성난 물결 천지에 자욱하니
크나큰 만곡주가 **나뭇잎** 불리이듯
하늘에 올랐다가 지함에 내려지니
열두 발 쌍돛대는 차아처럼 굽어 있고
쉰두 폭 초석 돛은 반달처럼 배불렀네
[A]

(중략)

날이 마침 극열하고 석양이 비치어서
끓는 땅에 엎디어서 말씀을 여쭈오니
속에서 불이 나고 관대에 땀이 배어
물 흐르듯 하는지라 나라께서 보시고서
너희 더위 어려우니 먼저 나가 쉬라시니
곡배하고 사퇴하니 천은이 망극하다
더위를 장히 먹어 막힐 듯하는지라
사신들도 못 기다려 하처로 돌아오니
누이도 반겨하고 딸은 기뻐 우는지라
일가 친척들이 나와서 위문하네
여드레 겨우 쉬어 공주로 내려가니
처자식들 나를 보고 죽었던 이 고쳐 본 듯
기쁘기 극한지라 어리석은 듯 앉았구나
사당에 현알하고 옷도 벗고 편히 쉬니
풍도의 험하던 일 저승 같고 꿈도 같다
손주 안고 어르면서 한가히 누웠으니
강호의 산인이요 **성대**의 일반이로다

[B] (끓는 땅에 엎디어서 ~ 곡배하고 사퇴하니 천은이 망극하다)

[C] (여드레 겨우 쉬어 ~ 풍도의 험하던 일 저승 같고 꿈도 같다)

- 김인겸, 「일동장유가」 -

(나)

꼬아 자란 층석류*요 틀어 지은 고사매*라
삼봉 괴석에 달린 솔이 늙었으니
아마도 화암 풍경이 **너뿐**인가 하노라

<제1수>

막대 짚고 나와 거니니 양류풍 불어온다
긴 파람 짧은 노래 **뜻대로 소일**하니
어디서 초동과 목수(牧叟)는 웃고 가리키나니

<제6수>

맑은 물에 벼를 갈고 **청산**에 섶을 친 후
서림 풍우에 소 먹여 돌아오니
두어라 **야인 생애**도 자랑할 때 있으리라

<제9수>

- 유박, 「화암구곡」 -

* 층석류 : 석류나무로 만든 분재.
* 고사매 : 매화를 고목에 접붙인 분재.

**32.** (가), (나)의 표현상 특징에 대한 설명으로 가장 적절한 것은?

① (가)는 과거를 회상하는 표현을 통해 현재 상황에 대한 아쉬움을 드러내고 있다.
② (가)는 사물의 형태가 변화한 모습을 묘사하여 외부 환경의 영향력을 부각하고 있다.
③ (나)는 계절을 나타내는 어휘를 활용해 애달픈 정서를 부각하고 있다.
④ (나)는 두 인물의 행위를 대비하여 대상에 대한 평가를 드러내고 있다.
⑤ (가)와 (나)는 모두 영탄적 표현을 통해 대상에 대한 경외감을 드러내고 있다.

**33.** [A]~[C]에 대한 이해로 적절하지 않은 것은?

① [A]에서는 선상에서 불빛 두어 점에 의지해, 떠나온 곳을 가늠하는 행위를 통해 출항 후의 모습이 드러난다.
② [B]에서는 신하들의 고충을 헤아리는 임금의 배려에 감격한 마음이 드러난다.
③ [C]에서는 갑작스러운 상황에 감정을 표현하지 못하고 무심하게 대응하는 가족들의 모습이 드러난다.
④ [A]에서는 포구를 돌아보지만 보고 싶은 것이 보이지 않는 상황이, [B]에서는 격식을 갖추기 위해 뜨거운 땅에 엎드려 있는 일을 힘겨워하는 상황이 드러난다.
⑤ [A]에서는 예기치 않게 맞닥뜨린 여정상의 위험이, [C]에서는 과거의 위험했던 경험에 대한 소회가 드러난다.

**34.** <보기>를 참고하여 (가), (나)를 감상한 내용으로 적절하지 않은 것은? [3점]

<보 기>

조선 후기 시가에서는 경험과 외물에 대한 관심이 확대되었다. 「일동장유가」는 사행을 다녀온 경험을 생생하게 표현하며 그에 대한 정서를 솔직하게 드러냈다. 「화암구곡」은 포착된 자연의 양상에 따라 강호에서의 자족감, 출사하지 못한 선비로서 생활 공간인 향촌에 머물 수밖에 없는 데 따른 회포, 취향이 반영된 자연물로 구성한 개성적 공간에서의 긍지를 드러냈다.

① (가)는 배가 '나뭇잎'처럼 파도에 휩쓸리고 하늘에 올랐다 떨어지는 것 같다고 하여 대풍을 겪은 체험을 생동감 있게 드러내는군.
② (나)는 화암의 풍경이라 인정할 만한 것이 '너뿐'이라고 하여 자신이 기른 화훼로 조성한 공간에 대한 자긍심을 드러내는군.
③ (가)는 '육선'에 탄 사신단이 만물이 격동할 만한 '군악'을 들으며 떠나는 데 주목해 경험에 대한 관심을, (나)는 꼬이고 틀어진 모양으로 가꾼 식물에 주목해 외물에 대한 관심을 드러내는군.
④ (가)는 배에서 '신세'를 생각하는 모습으로 사행길의 복잡한 심사를, (나)는 '청산'에서의 삶에서 느끼는 자랑스러움을 '야인 생애'로 표현하여 겸양의 태도를 드러내는군.
⑤ (가)는 집으로 돌아와 한가하게 지내며 '성대'를 누리는 삶에 대한 만족감을, (나)는 양류풍에 감응하며 '뜻대로 소일'하는 강호의 삶에 대한 자족감을 드러내는군.

* 확인 사항

○ 답안지의 해당란에 필요한 내용을 정확히 기입(표기)했는지 확인하시오.

○ 이어서, 「**선택과목(화법과 작문)**」 문제가 제시되오니, 자신이 선택한 과목인지 확인하시오.



[해설편 p.205]

제 1 교시

# 국어 영역(화법과 작문)

17회

[35～37] 다음은 학생의 발표이다. 물음에 답하시오.

여러분, 물고기가 눈을 감는 모습을 상상해 봅시다. (청중의 반응을 살피며) 잘 떠오르지 않으시죠? 일반적으로 물고기는 눈꺼풀이 없어 눈을 감지 못합니다. 물에 사니 눈을 촉촉하게 하고 이물질을 제거해 주는 역할을 하는 눈꺼풀이 필요 없는 거죠. 그런데 사람의 눈꺼풀처럼 눈을 덮어 주는 피부가 있어, 눈을 개폐하는 물고기가 있다고 합니다. 오늘은 그 물고기에 대해 발표하겠습니다.

바다와 갯벌을 오가는 말뚝망둑어를 소개해 드리죠. 화면을 봅시다. (자료 제시) 동영상에 보이는 것처럼 말뚝망둑어가 눈을 닫을 때 위로 볼록 솟아 있는 눈이 아래의 구멍으로 들어가고, 이어서 눈 아래 피부가 올라와 눈을 덮어 줍니다. 함몰된 눈이 다시 올라오면 피부가 내려가서 눈이 열리죠. 말뚝망둑어의 눈 구조에 대해 말씀드릴게요. (자료 제시) 말뚝망둑어와 물속에서만 사는 둥근망둑어의 안구와 눈 근육을 각각 그린 그림입니다. 말뚝망둑어 눈 근육은 둥근망둑어에 비해 그 기울기가 훨씬 가파릅니다. 이로 인해 눈 근육이 수직 방향으로 수축하며 안구를 아래로 잡아당길 수 있죠. 그래서 말뚝망둑어는 둥근망둑어와 달리 눈을 닫을 수 있습니다. 한 연구에 따르면 말뚝망둑어 눈의 개폐는 사람의 눈 깜빡임과 같은 역할을 수행하며, 이를 통해 갯벌에서도 살아갈 수 있다고 합니다.

민물고기 꾸구리도 말뚝망둑어처럼 눈을 개폐합니다. 다만 차이는 눈이 좌우로 개폐된다는 거죠. (자료 제시) 나란히 놓인 두 사진이 보이시죠? 왼쪽 사진은 밝은 곳에서 꾸구리가 눈으로 들어오는 빛을 줄이기 위해 눈 양옆의 피부로 눈을 덮은 모습입니다. 오른쪽 사진에서는 어두운 곳에서 꾸구리의 눈이 활짝 열린 것을 확인할 수 있죠. 꾸구리의 눈 양옆 피부는 눈으로 들어오는 빛의 양을 조절하는 역할을 하는 겁니다. 그렇다면 꾸구리는 낮과 밤 중 언제 주로 활동할까요? (대답을 듣고) 맞습니다. 밤이죠. 야행성인 꾸구리는 어두운 밤에 먹이를 잘 찾을 수 있도록 눈을 여는 겁니다.

오늘 발표 내용 잘 이해되었나요? 말뚝망둑어와 꾸구리는 모두 눈을 개폐하지만, 그 양상과 역할은 각각 다르죠. 특별한 두 물고기에 대해 알게 된 유익한 시간이 되었길 바랍니다.

**35.** 위 발표자의 말하기 방식으로 가장 적절한 것은?

① 청중의 이해를 돕기 위해 전문 용어의 개념을 정의한다.
② 청중의 요청에 따라 발표 내용에 대한 정보를 추가한다.
③ 청중이 내용을 예측하며 듣도록 발표 진행 순서를 안내한다.
④ 청중의 참여를 이끌어 내기 위해 질문을 하고 청중의 반응을 확인한다.
⑤ 청중과 공유하는 기억을 환기하여 발표 주제를 선정하게 된 계기를 밝힌다.

**36.** 다음은 발표를 준비하며 참고한 내용이다. ㉠~㉢을 구체화한 발표 계획 중 발표에 반영되지 않은 것은?

- 청중 분석
  - 청중의 요구, 배경지식, 청중과의 관련성 등
- 발표의 구성
  - 도입부 : 청중의 관심 유발 ……… ㉠
  - 전개부 : 효과적인 정보 전달을 위한 내용 조직 ……… ㉡
    전달할 내용에 알맞은 자료 활용 ……… ㉢
  - 정리부 : 내용 요약 및 강조

① ㉠: 청중의 관심을 끌기 위해 물고기에게서 흔히 보기 어려운 모습을 떠올리도록 청중에게 요청해야겠어.
② ㉡: 말뚝망둑어 눈의 개폐 과정을 드러내기 위해 눈과 눈 아래 피부의 움직임을 순서대로 설명해야겠어.
③ ㉡: 말뚝망둑어 눈의 개폐가 가능한 이유를 설명하기 위해 말뚝망둑어와 둥근망둑어의 눈 근육을 비교하여 말해야겠어.
④ ㉢: 두 물고기의 눈 개폐 양상을 보여 주기 위해 말뚝망둑어의 동영상과 꾸구리의 사진을 제시해야겠어.
⑤ ㉢: 꾸구리 눈이 개폐된 모습의 차이를 드러내기 위해 두 사진을 화면에 순차적으로 제시해야겠어.

**37.** 발표 내용을 바탕으로 할 때, <보기>에 나타난 학생들의 반응에 대한 이해로 적절하지 않은 것은?

<보 기>

**학생 1** : 눈꺼풀이 없는 다른 물고기들은 눈으로 들어오는 빛의 양을 어떻게 조절하는지에 대한 설명이 빠져 있어서 그것을 알고 싶어.

**학생 2** : 상어에도 눈꺼풀 같은 피부가 있다고 알고 있어. 그 피부가 꾸구리 눈에 있는 피부와 같은 역할을 수행하는지 누리집에서 검색해야지.

**학생 3** : 말뚝망둑어 눈의 개폐가 사람의 눈 깜빡임과 같은 역할을 한다는 정보는 흥미롭지만, 그 연구 결과가 믿을 만한 것일까? 관련 내용을 도서관에서 찾아봐야겠어.

① 학생 1은 발표에 언급되지 않은 정보에 대해 궁금증을 드러내고 있다.
② 학생 2는 발표 내용과 관련하여 자신의 배경지식을 떠올리고 있다.
③ 학생 3은 발표에 제시된 내용을 신뢰할 수 있는지에 대해 의문을 제기하고 있다.
④ 학생 1과 학생 3은 모두, 발표 내용을 통해 알게 된 정보의 효용성을 판단하고 있다.
⑤ 학생 2와 학생 3은 모두, 발표 내용과 관련하여 추가적인 정보를 탐색하려 하고 있다.

[해설편 p.205]

**[38~42] (가)는 '전통 문화 연구 동아리' 학생들의 대화이고, (나)는 이를 바탕으로 '학생 1'이 작성한 초고이다. 물음에 답하시오.**

(가)

**학생 1**: 교지에 우리 동아리 이름으로 글을 싣기로 했잖아. 유네스코 인류 문화유산으로 등재 신청한다는 전통 한지에 대해 쓰기로 한 거 기억하지? 전통 한지의 우수성부터 이야기해 볼까?

**학생 2**: 조사해 보니 유럽에서는 손상된 종이 문화재를 원상태로 되돌리는 용도로 우리 전통 한지를 사용하고 있대.

**학생 3**: 나도 봤는데 전통 한지가 보존성이 좋아서 그렇대. 목재 펄프로 만든 서양 종이는 빛에 취약해서 변색, 퇴색이 발생하는데 전통 한지는 빛에 안정적이야. [A]

**학생 2**: 서양 종이는 빛을 받으면 색이 잘 변하는데 전통 한지는 빛에 더 강하단 말이지?

**학생 3**: 응. 또 중국, 일본에도 전통 한지처럼 닥나무로 만든 종이가 있지만, 전통 한지는 섬유 조직이 교차로 배열되어 더 질기고 오래간대.

**학생 1**: 그런데 이렇게 우수한 전통 한지가 정작 국내에서는 잘 사용되지 않고 있어.

**학생 2**: 맞아. 잘 사용되지 않으니 제작 업체도 많이 줄었다고 들었어. 또 전통 한지가 계승될 수 있었던 건 장인들 역할이 큰데, 요즘은 기술 전수받을 사람도 별로 없다고 해.

**학생 1**: 그럼 해결 방안에 대해 이야기해 볼까? 전통 한지를 계승하고 발전시킬 수 있는 방법에는 뭐가 있을까?

**학생 2**: 우선 높은 품질을 유지해야지. 그러려면 전통 방식으로 만들고 국내산 닥나무만 사용해야 해. 또 기술 전수 교육도 필요해.

**학생 3**: 품질 유지도 중요하지만, 어떤 식으로든 사용하지 않으면 결국 사라지게 될 거야.

**학생 2**: 나도 그렇게 생각해. 그래서 전통 한지 사용을 늘리기 위한 정부 차원의 노력이 필요해.

**학생 3**: 그것만으로 문제를 해결할 수 있을까? 난 민간에서 많이 사용하는 게 더 중요한 것 같아. 전통 한지로 만든 생활용품이나 공예품도 있잖아. [B]

**학생 2**: 그런 데에 쓰이는 한지는 기계로 만들거나 수입산 닥나무로 만든 품질 낮은 한지가 대부분이야. 그렇게 해서는 전통을 계승하기 어려워.

**학생 3**: 민간에서 쓰이는 한지가 대부분 품질이 낮다는 건 확인이 필요할 것 같아. 그리고 옛것을 유지해야만 전통의 계승일까? 보존만이 좋은 건 아니라고 봐.

**학생 1**: 그러니까 너희는 각각 전통 한지의 원형을 지켜 나가야 한다는 입장과 두루 사용하는 게 더 중요하다는 입장인 거지? 둘 다 일리가 있는 말이야.

**학생 2**: 내가 강조하고 싶은 건, 전통 한지와 그 제작 기술에 자부심을 갖고 명품의 가치를 지켜 나가 전통 한지가 더 사랑받도록 해야 한다는 거야.

**학생 3**: 무슨 말인지 알겠어. 근데 난 사용 가치 측면에서도 생각해 봤으면 좋겠어. 비록 품질이 옛 수준에는 못 미치더라도 생활 속에서 다양하게 사용되는 게 더 가치 있다 생각해. 실제로 전통 한지가 친환경 소재, 인체 친화형 소재로도 주목받고 있는 걸로 알고 있어.

**학생 1**: 얘기 잘 들었어. 들으면서 메모 해 두었으니 잘 정리해서 글을 써 볼게.

(나)

우리 고유의 방식으로 제작된 전통 한지는 세계적으로 주목받는 문화유산이다. 이에 문화재청에서는 전통 한지와 그 제작 기술을 유네스코 인류 무형 문화유산 등재 신청 대상으로 선정하였다.

전통 한지의 장점은 보존성이 우수하다는 것이다. 우리나라는 유네스코 세계 기록 유산을 아시아에서 가장 많이 보유한 나라인데, 그중 대부분이 전통 한지에 기록된 문화유산이라는 것이 이를 증명한다. 전통 한지처럼 닥나무를 원료로 하는 주변국들의 종이와 비교해도, 전통 한지는 섬유 조직이 교차로 배열되어 더 질기고 보존성이 좋다.

그러나 국내에서 전통 한지는 사용 부진으로 인한 위기를 겪고 있다. 유럽에서는 우리 전통 한지를 손상된 문화재 복구에 사용하는 등 관심이 높은데 정작 국내에서는 사용하는 사람이 많지 않으니, 제작 업체도 전수자도 줄어들어 향후 전통 한지의 명맥이 끊어질까 염려하는 사람도 많다. 그래서 전통 한지를 계승하고 발전시키기 위한 노력이 필요하다.

우선 전통 한지의 원형을 지켜 나가기 위해 품질을 유지하는 것이 중요하다. 이를 위해 재료 측면에서는 국내산 닥나무만을 사용해야 한다. 또 제작 기술 측면에서는 전통 방식으로 생산하고 기술 전수 교육도 실시해야 한다. 다음으로 전통 한지 사용을 확대하기 위한 노력도 필요하다. 정부 차원에서 공공 부문에 전통 한지 사용을 장려하고 문화재 수리에도 전통 한지를 사용해야 한다. 민간 차원에서는 전통 한지의 활용 분야를 넓힐 필요가 있다. 일례로 전통 한지는 친환경 소재로 주목받아 의류와 침구류 제작에 사용되고 있어, 그 응용 범위가 점차 확대되어 갈 것으로 기대된다.

전통 한지와 그 제작 기술은 우리의 자랑스러운 문화유산으로 세계가 주목하고 있다. 따라서 전통 한지가 더욱 사랑받을 수 있도록 전통 한지와 그 제작 기술의 가치를 이어 나가기 위한 우리 모두의 노력이 필요하다.

**38.** (가)의 '학생 1'에 대한 설명으로 가장 적절한 것은?

① 대화 참여자에게 대화에 적극적인 태도로 참여할 것을 요청하고 있다.
② 대화 참여자에게 추후 모임에서 논의할 사항을 안내하고 있다.
③ 대화 참여자의 입장을 확인한 후 합의를 이끌어 내고 있다.
④ 대화 참여자에게 질문을 하여 대화 내용을 전환하고 있다.
⑤ 대화 참여자가 제시한 정보에 대해 출처를 요구하고 있다.



[해설편 p.206]

**39.** [A], [B]에서 나타나는 의사소통 방식에 대한 설명으로 적절하지 않은 것은?

① [A]에서 '학생 2'는 '학생 3'의 말을 자신의 표현으로 바꾸어 말하며 이해한 내용을 확인하고 있다.
② [A]에서 '학생 3'은 '학생 2'가 말한 내용에 대해 자신이 알고 있는 정보를 덧붙이고 있다.
③ [B]에서 '학생 2'는 '학생 3'의 의견을 수용한 후, 자신의 의견을 제시하고 있다.
④ [B]에서 '학생 3'은 '학생 2'가 제공한 정보가 정확한지에 대해 의문을 제기하고 있다.
⑤ [B]에서 '학생 3'은 '학생 2'가 제시한 해결 방안이 공정하지 못하다고 지적하고 있다.

**40.** 다음은 (가)에서 '학생 1'이 대화의 내용과 자신이 떠올린 생각을 작성한 [메모]이다. ㉠~㉤이 (나)에 반영된 양상으로 적절하지 않은 것은? [3점]

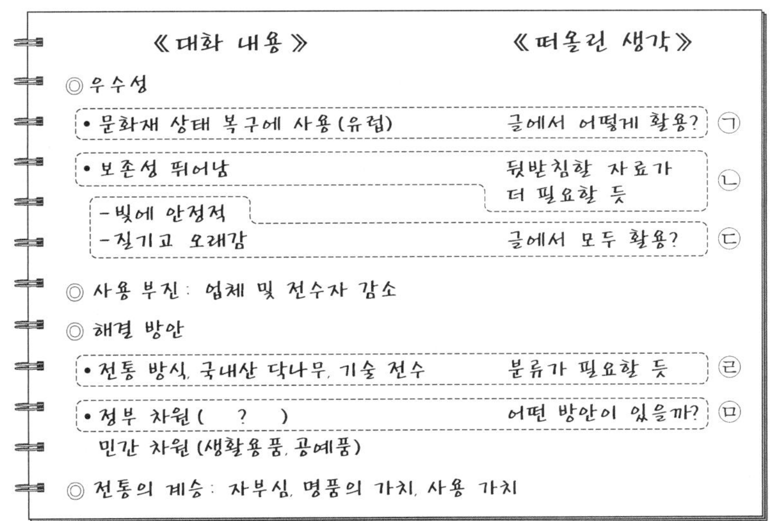
《대화 내용》 《떠올린 생각》
◎ 우수성
• 문화재 상태 복구에 사용(유럽) 글에서 어떻게 활용? ㉠
• 보존성 뛰어남 뒷받침할 자료가 더 필요할 듯 ㉡
-빛에 안정적
-질기고 오래감 글에서 모두 활용? ㉢
◎ 사용 부진: 업체 및 전수자 감소
◎ 해결 방안
• 전통 방식, 국내산 닥나무, 기술 전수 분류가 필요할 듯 ㉣
• 정부 차원( ? ) 어떤 방안이 있을까? ㉤
민간 차원(생활용품, 공예품)
◎ 전통의 계승: 자부심, 명품의 가치, 사용 가치

① '학생 2'의 발화를 토대로 작성된 ㉠은, 전통 한지의 우수성을 부각하기 위한 내용으로 (나)에 반영되었다.
② '학생 3'의 발화를 토대로 작성된 ㉡은, 세계 기록 유산과 관련된 내용이 추가되어 (나)에 반영되었다.
③ '학생 3'의 발화를 토대로 작성된 ㉢은, 전통 한지의 보존성을 설명하는 내용 중 일부가 제외되어 (나)에 반영되었다.
④ '학생 2'의 발화를 토대로 작성된 ㉣은, 전통 한지의 품질 유지를 위한 방안이 범주화되어 (나)에 반영되었다.
⑤ '학생 2'의 발화를 토대로 작성된 ㉤은, 전통 한지의 사용 확대를 위한 방안이 구체화되어 (나)에 반영되었다.

**41.** (나)의 글쓰기 방식에 대한 설명으로 가장 적절한 것은?

① 자신의 특별한 경험을 활용하여 문제의 심각성을 드러내었다.
② 독자에게 익숙한 상황을 들어 예상되는 반론에 대해 반박하였다.
③ 주장을 뒷받침하는 사례를 들어 주장의 실현 가능성을 제시하였다.
④ 제재의 물리적 특성을 분석하여 문제 상황의 원인으로 제시하였다.
⑤ 보도 자료의 내용을 인용하여 제재와 관련한 정책의 변화를 드러내었다.

**42.** 다음은 (나)의 마지막 문단을 고쳐 쓴 것이다. 그 과정에서 반영된 수정 계획으로 가장 적절한 것은?

> 전통 한지와 그 제작 기술은 우리가 자부심을 가질 만한 세계적인 문화유산이다. 따라서 전통 한지를 계승하고 발전시키려면 전통 한지와 그 제작 기술의 원형을 보존하여 품질을 유지하는 한편, 전통 한지의 사용을 확대하여 전통 한지가 다양한 방식으로 활용될 수 있도록 해야 한다.

① 전통 한지를 계승하고 발전시켜 예상되는 기대 효과를 제시해야겠군.
② 전통 한지를 계승해야 할 필요성이 드러나지 않으니, 관련된 내용을 추가해야겠군.
③ 전통 한지의 계승 및 발전을 위한 방안을, 앞서 제시한 두 가지 방향이 드러나도록 써야겠군.
④ 전통 한지의 계승 및 발전에 대해 언급하며 사용한 접속 표현이 적절하지 않으니 수정해야겠군.
⑤ 전통 한지의 특성에 관해 앞부분에서 이미 다룬 내용은 삭제하고 다른 내용으로 대체해야겠군.

17회

**[43~45] 다음은 작문 상황과 이를 바탕으로 학생이 작성한 초고이다. 물음에 답하시오.**

**[작문 상황]**
학교 신문의 기고란에 기후 변화 대응과 관련된 글을 쓰려 함.

**[초고]**
**제목 :** [A]

인류의 생존을 위협하는 기후 변화는 더욱 가속화될 것으로 예측된다. 이에 기후 변화에 대한 대응에 미래 세대인 청소년들이 관심을 가지고 참여해야 한다는 사회적 공감대가 형성되고 있다. 그러나 청소년의 참여도는 여전히 낮은 수준이다.

청소년이 기후 변화 대응 활동에 참여하지 않는 원인은 여러 가지이다. 청소년들은 기후 변화 대응 방안에 무엇이 있는지 제대로 모르는 경우가 많다. 제대로 모르기 때문에 하고자 하는 의지가 있어도 참여하기 어렵다. 반대로 방안을 알면서 참여하지 않는 경우도 있다. 기후 변화에 대응하는 것이 너무 큰 과제라고 인식하기 때문에 자신의 실천은 효과가 없다고 생각하여 참여하지 않는 것이다.

이를 고려할 때 청소년의 참여를 이끌어 내려면 우선 청소년이 실천할 수 있는 방안을 알려 주는 것이 중요하다. 이때의 대응 방안은 생활 속에서 실천할 수 있는 것부터 사회적인 차원의 것까지 다양하다. 생활 속에서의 실천과 함께, 그러한 실천들을 사회적인 차원으로 확산시키려는 노력이 중요하다. 구성원 개개인과 공동체의 노력이 어우러질 때 더 효과적인 대응이 될 것이기 때문이다.

자신의 활동을 통해 상황을 개선할 수 있다는 인식을 형성하는 것도 중요하다. 기후 변화 대응 활동에 관한 긍정적 인식이 형성되어야 자발적 참여를 이끌어 낼 수 있다. 긍정적 인식이 형성되려면, 대응 활동이 효과가 있었다고 체감할 수 있는 성공적인 경험이 쌓여야 한다. 이를 위해서는 체계적이고 지속적인 지원이 필요하다. 학교는 이러한 지원을 할 수 있는 대표적인 곳이다. 그래서 기후 변화 대응 활동에의 참여를 도울 수 있도록 학교 교육에 변화가 필요하다.

개인 및 공동체 차원에서의 실천과 이에 대한 지원을 통해 기후 변화에 대한 대응이 청소년의 삶에서 멀리 있는 것이 아니라는 생각을 만들어 갈 수 있다.

**43.** '작문 상황'을 고려하여 구상한 글쓰기 내용으로, 초고에 반영되지 않은 것은?

① 기후 변화 대응에 대한 청소년의 참여를 유도하는 방안
② 기후 변화 대응에 대한 청소년 참여를 위한 지원 정책
③ 기후 변화 대응에 대한 청소년의 참여도가 낮은 원인
④ 기후 변화 대응에 대한 청소년 인식 형성의 중요성
⑤ 기후 변화 대응에 대한 청소년 참여의 필요성

**44.** <보기>는 초고를 읽은 교사의 조언이다. 이를 반영하여 [A]를 작성한다고 할 때, 가장 적절한 것은?

<보 기>

"글의 제목은 글에 대한 독자의 관심을 이끌어 낼 수 있도록 표현하는 게 좋아. 기후 변화의 심각성과 글의 5문단에서 말하고자 하는 바가 잘 드러나는 내용으로 쓰는 게 좋겠어."

① 기후 변화 정책, 학교와 사회의 실천적 연대를 지향할 때
② 기후 변화에 대처하는 삶의 양식 전환, 이제 더 이상은 미룰 수 없다
③ 환경에 위협받는 삶, 인간 중심의 삶에서 환경과 공존하는 생활로 전환
④ 기후 변화 문제, 청소년을 위해 모두가 실천적 노력으로 모여야 할 시기
⑤ 미래를 위협하는 기후 변화, 실천을 도와 청소년의 삶에서 대응을 실현할 때

**45.** <보기>는 초고를 보완하기 위해 추가로 수집한 자료이다. 자료의 활용 방안으로 적절하지 않은 것은? [3점]

<보 기>

**ㄱ. 기후 변화 대응 활동 관련 설문 조사 자료**

(대상: 우리 지역 청소년 600명)

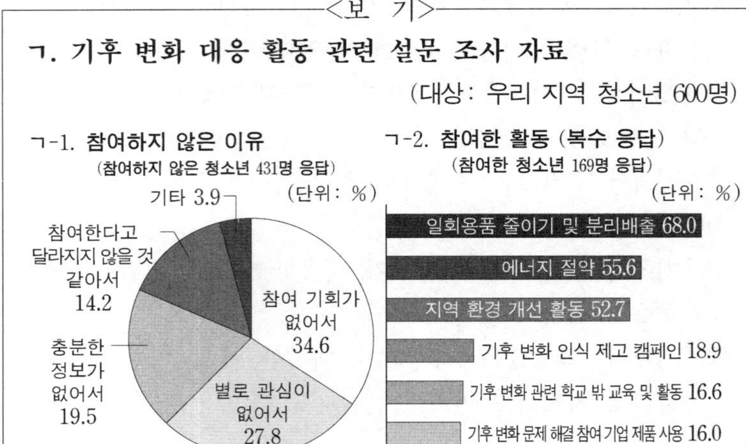


**ㄴ. 신문 기사**

청소년 기후 변화 대응 세미나가 ○○에서 개최되었다. 참여자들은, 기존의 교육이 기후 변화에 관심을 갖도록 만들었으나 청소년들의 실천적 대응을 이끌어 내기에는 한계가 있었다고 지적하며, 청소년들도 적극 참여하고 실천하며 효용을 체감할 수 있도록 학교・사회의 실천 연계형 교육으로 전환해야 한다는 데 의견을 모았다.

**ㄷ. 인터뷰 자료**

□□ 생태환경연구소 △△△ 박사는 "현재 각 국가가 온실가스 감축을 시행하고 있지만 각국에서 설정한 목표로 감축을 하더라도, 2020년에 출생한 세계 각국의 아이들은 평생 동안 50년 전에 태어난 세대에 비해 7배 수준의 폭염을 겪을 것이라고 예상합니다."라고 말했다.

① ㄱ-1을 활용하여, 청소년들이 대응 방안에 무관심하거나 관련 정보가 충분하지 않은 것을, 방안을 실천하더라도 효과가 없다고 청소년들이 생각하는 이유로 2문단에 구체화해야겠어.
② ㄴ을 활용하여, 기존 교육의 한계를 지적하며 세미나 참여자들이 동의한 내용을, 기후 변화 대응과 관련한 학교 교육의 변화 방향으로 4문단에 보강해야겠어.
③ ㄷ을 활용하여, 미래 세대는 폭염으로 인한 영향을 더 크게 받게 될 것이라는 전문가의 예측을, 청소년들의 활동 참여에 대한 사회적 공감대 형성의 근거로 1문단에 추가해야겠어.
④ ㄱ-1과 ㄱ-2를 활용하여, 청소년 다수가 참여한 활동들을, 참여 기회가 없다고 답한 청소년들이 생활 속에서 실천할 수 있는 기후 변화 대응 활동의 사례로 3문단에 추가해야겠어.
⑤ ㄱ-2와 ㄴ을 활용하여, 지역 환경 개선 활동이나 캠페인 등 지역 사회와 연계될 수 있는 활동들을, 청소년의 긍정적 인식 형성을 위해 학교가 지원할 사례로 4문단에 구체화해야겠어.

＊ 확인 사항

○ 답안지의 해당란에 필요한 내용을 정확히 기입(표기)했는지 확인하시오.

○ 이어서, 「**선택과목(언어와 매체)**」 문제가 제시되오니, 자신이 선택한 과목인지 확인하시오.



[해설편 p.207]

제 1 교시

# 국어 영역(언어와 매체)

17회

[35~36] 다음 글을 읽고 물음에 답하시오.

훈민정음 초성자는 발음 기관을 본떠서 만든 기본자 5자가 있고 이를 바탕으로 가획의 원리(예: ㄱ → ㅋ)에 따라 만든 가획자 9자와 그렇지 않은 이체자 3자가 있다. 중성자는 하늘, 땅, 사람의 모습을 본떠서 만든 기본자 3자가 있고 이를 토대로 한 초출자, 재출자가 각 4자가 있다. 종성자는 초성자를 다시 쓰되 종성에서 실제 발음되는 소리에 대응되는 8자만으로 충분하다 보았는데, 이는 『훈민정음』(해례본) 용자례에서 확인된다.

용자례에서는 이들 글자를 위주로 하여 실제 단어를 예로 들고 있다. 예컨대, 용자례에 쓰인 '콩'은 초성자 아음 가획자인 'ㅋ'의 예시 단어이다. 이 방식을 응용하면 '콩'은 중성자 초출자 'ㅗ'와 종성자 아음 이체자 'ㆁ'의 예시로도 쓸 수 있다. 용자례의 예시 단어 일부를 정리하여 제시하면 다음과 같다.

〈초성자 용자례〉

| | 아음 | 설음 | 순음 | 치음 | 후음 | 반설음 | 반치음 |
|---|---|---|---|---|---|---|---|
| 기본자 | ᄀᆞᆯ | 노로 | 뫼(산) | 셤 | ᄇᆡ얌(뱀) | | |
| 가획자 | 콩 | 뒤(띠) | 벌 | 죠ᄒᆡ(종이) | | | |
| | | 고티 | 파 | 채 | 부헝 | | |
| 이체자 | 러ᅌᅮᆯ(너구리) | | | | | 어름 | 아ᅀᆞ(아우) |

〈중성자 용자례〉

| | |
|---|---|
| 기본자 | ᄐᆞᆨ/ᄃᆞ리 믈/그력(기러기) 깃 |
| 초출자 | 논/벼로 밥 누에 브ᅀᅥᆸ |
| 재출자 | 쇼 남샹(거북의 일종) 슈룹(우산) 뎔 |

〈종성자 용자례〉

| | |
|---|---|
| 8종성자 | 독 굼벙(굼벵이) 반ᄃᆡ(반딧불이) 갇(갓) |
| | 범 섭(섶) 잣 별 |

이 중 일부 단어들은 오랜 시간이 지나면서 다양한 변화를 겪었다. 여기에는 표기법상의 변화라고 할 수 있는 예와 실제 소리가 변한 예, 그리고 다른 말이 덧붙어 같은 의미의 새 단어가 만들어진 예들이 포함된다. 예를 들어, '어름'을 '얼음'으로 적게 된 것은 표기법상의 변화로 볼 수 있다. 소리의 변화 중 자음이 변화한 경우로는 ⓐ'고티'(>고치)나 '뎔'(>절)처럼 구개음화를 겪은 유형이 있다. 모음이 변화한 경우에는, ⓑ'셤'(>섬)이나 '쇼'(>소)처럼 단모음화한 유형, 'ᄃᆞ리'(>다리)나 'ᄐᆞᆨ'(>턱)처럼 'ㆍ'가 변한 유형, ⓒ'믈'(>물)이나 '브ᅀᅥᆸ'(>부엌)처럼 원순모음화를 겪은 유형, '노로'(>노루)나 '벼로'(>벼루)처럼 끝음절에서 'ㅗ>ㅜ' 변화를 겪은 유형 등이 있다. 다른 말이 덧붙어 같은 의미의 새 단어가 만들어진 경우로는 ⓓ'부헝'(>부엉이)처럼 접사가 결합한 유형과 ⓔ'ᄀᆞᆯ'(>갈대)처럼 단어가 결합한 유형이 있다.

※ 본문 예시에서 후음 기본자는 'ㅇ', 아음 이체자는 'ㆁ'으로 표기함.

35. 윗글에 대한 이해로 적절한 것은?

① 훈민정음의 모든 기본자는 발음 기관을 본떠 만든 것이다.
② 초성자 기본자는 모두 용자례 예시 단어의 종성에 쓰인다.
③ <초성자 용자례>의 가획자 중 단어가 예시되지 않은 자음자 하나는 아음에 속한다.
④ <초성자 용자례> 중 아음 이체자의 예시 단어는, 초성자의 반설음자와 종성자의 반설음자의 예시 단어로 쓸 수 있다.
⑤ <중성자 용자례> 중 초출자 'ㅓ'의 예시 단어는, 반치음 이체자와 종성자 순음 기본자의 예시 단어로 쓸 수 있다.

36. 윗글을 바탕으로 중세 국어 단어의 변화 양상을 이해한 내용으로 적절하지 않은 것은?

① '벼리 딘'(>별이 진)의 '딘'은 ⓐ에 해당한다.
② '셔울 겨샤'(>서울 계셔)의 '셔울'은 ⓑ에 해당한다.
③ '플 우희'(>풀 위에)의 '플'은 ⓒ에 해당한다.
④ '산 거믜'(>산 거미)의 '거믜'는 ⓓ에 해당한다.
⑤ '닥 닙'(>닥나무 잎)의 '닥'은 ⓔ에 해당한다.

37. <보기>를 바탕으로 'ㅎ' 말음 용언의 활용 유형을 탐구한 내용으로 적절하지 않은 것은?

<보 기>

다음은 어간의 말음이 'ㅎ'인 용언이 '아/어'로 시작하는 어미와 만날 때 보이는 활용의 유형을 정리한 것이다. 이들은 활용의 규칙성뿐만 아니라 모음조화 적용 여부나 활용형의 줄어듦 가능 여부에 따라 그 유형이 구분된다.

| 불규칙 활용 유형 | | 규칙 활용 유형 | |
|---|---|---|---|
| ㉠-1 | 노랗- + -아 → 노래 | ㉢-1 | 닿- + -아 → 닿아 (→ *다) |
| ㉠-2 | 누렇- + -어 → 누레 | | |
| ㉡ | 어떻- + -어 → 어때 | ㉢-2 | 놓- + -아 → 놓아 (→ 놔) |

('*'은 비문법적임을 뜻함.)

① '조그맣-, 이렇-'은 '조그매, 이래서'로 활용하므로 ㉠-1과 활용의 유형이 같겠군.
② '꺼멓-, 뿌옇-'은 '꺼메, 뿌옜다'로 활용하므로 ㉠-2와 활용의 유형이 같겠군.
③ '둥그렇-, 멀겋-'은 '둥그렜다, 멀게'로 활용하므로 ㉡과 활용의 유형이 같지 않겠군.
④ '낳-, 땋-'은 활용형인 '낳아서, 땋았다'가 '*나서, *땄다'로 줄어들 수 없으므로 ㉢-1과 활용의 유형이 같겠군.
⑤ '넣-, 쌓-'은 활용형인 '넣어, 쌓아'가 '*너, *싸'로 줄어들 수 없으므로 ㉢-2와 활용의 유형이 같지 않겠군.

[해설편 p.208]

**38.** <보기>의 ㉠~㉧에 대한 설명으로 적절한 것은?

<보 기>

[영민, 평화가 학교 앞에 함께 있다가 지혜를 만난 상황]

**영민**: 너희들, 오늘 같이 영화 보기로 한 거 잊지 않았지?

**평화**: 응, ㉠6시 걸로 세 장 예매했어. 근데 너, 어디서 와?

**지혜**: 진로 상담 받고 오는 길이야. 너흰 안 가?

**평화**: 나는 어제 ㉡미리 받았어.

**영민**: 나는 4시 반이야. 그거 마치고 영화관으로 직접 갈게.

**지혜**: 알겠어. 그럼 우리 둘이는 1시간 ㉢앞서 만나자. 간단하게 저녁이라도 먹고 거기서 바로 ㉣가지 뭐.

**평화**: 좋아. 근데 ㉤미리 먹는 건 좋은데 어디서 볼까?

**지혜**: 5시까지 영화관 정문 ㉥왼쪽에 있는 분식집으로 와.

**평화**: 왼쪽이면 편의점 아냐? 아, 영화관을 등지고 보면 그렇다는 거구나. 영화관을 마주볼 때는 ㉦오른쪽 맞지?

**지혜**: 그러네. 아참! 영민아, 너 상담 시간 됐다. 이따 늦지 않게 영화 ㉧시간 맞춰서 ㉨와.

① ㉠과 ㉧은 가리키는 시간이 상이하다.
② ㉡과 ㉤은 발화 시점을 기준으로 과거를 가리킨다.
③ ㉢과 ㉤이 가리키는 시간대는 ㉧을 기준으로 정해진다.
④ ㉣과 ㉨은 이동의 출발 장소가 동일하다.
⑤ ㉥과 ㉦은 기준으로 삼은 방향이 달라 다른 곳을 의미한다.

**39.** <학습 활동>을 수행한 결과로 적절한 것은? [3점]

<학습 활동>

부사어는 부사, 체언+조사, 용언 활용형 등으로 실현된다. 부사어로써 수식하는 문장 성분은 부사어, 관형어, 서술어 등이다. 일례로 '차가 간다.'의 서술어 '간다'를 수식하기 위해 부사 '잘'을 부사어로 쓰면 '차가 잘 간다.'가 된다. [조건] 중 두 가지를 만족하도록, 주어진 문장에 부사어를 넣어 수정해 보자.

**[조건]**
㉠ 부사어를 수식하기 위해 부사를 부사어로 쓴 문장
㉡ 관형어를 수식하기 위해 용언 활용형을 부사어로 쓴 문장
㉢ 관형어를 수식하기 위해 부사를 부사어로 쓴 문장
㉣ 서술어를 수식하기 위해 '체언+조사'를 부사어로 쓴 문장
㉤ 서술어를 수식하기 위해 용언 활용형을 부사어로 쓴 문장
⋮

| | 조건 | 수정 전 ⇨ 수정 후 |
|---|---|---|
| ① | ㉠, ㉡ | 웃는 아기가 귀엽게 걷는다.<br>⇨ 방긋이 웃는 아기가 참 귀엽게 걷는다. |
| ② | ㉠, ㉢ | 화가가 굵은 선을 쭉 그었다.<br>⇨ 화가가 조금 굵은 선을 세로로 쭉 그었다. |
| ③ | ㉡, ㉤ | 그를 싫어하는 사람이 있다.<br>⇨ 그를 무턱대고 싫어하는 사람이 많이 있다. |
| ④ | ㉢, ㉣ | 딴 사람이 그 문제를 해결했다.<br>⇨ 전혀 딴 사람이 그 문제를 한순간에 해결했다. |
| ⑤ | ㉣, ㉤ | 영미는 그 일을 처리했다.<br>⇨ 영미는 그 일을 원칙대로 깔끔히 처리했다. |

**[40~43] (가)는 텔레비전 방송 프로그램이고, (나)는 동아리 누리집이다. 물음에 답하시오.**

**(가)**

**진행자**: 시청자 여러분, 안녕하세요? '오늘, 상식' 열 번째 시간입니다. 이번 시간에는 20여 년간 대학에서 어문 규범을 가르쳐 오신 김◇◇ 교수님을 모셨습니다.

**전문가**: 안녕하세요?

**진행자**: 오늘 짜장면에 대해 말씀해 주신다고 들었는데요, 어떤 이야기인지 궁금합니다.

**전문가**: 우리가 맛있게 먹는 짜장면이, 한때는 자장면만 표준어로 인정됐다는 사실을 알고 계신가요?

**진행자**: ㉠아, 예전에 그런 내용을 본 적 있어요.

**전문가**: 네, 전에는 자장면만 표준어였죠. ㉡짜장면은 2011년 8월 31일에서야 복수 표준어로 인정되었습니다.

**진행자**: 그런데 표준어로 인정되기 전에도 짜장면이 흔히 쓰이지 않았나요?

**전문가**: 그렇습니다. 과거의 신문 기사를 보시죠.

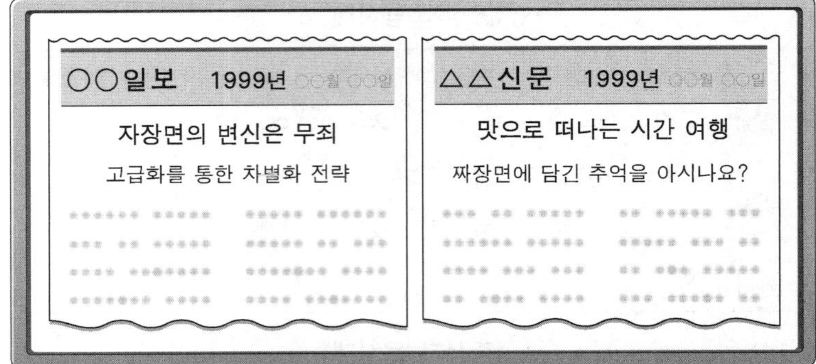


**진행자**: 음, 화면을 보니 같은 해에 나온 기사인데도 자장면과 짜장면이 둘 다 쓰이고 있네요?

**전문가**: 네, 보시는 자료 이외에 다른 신문 기사에도 짜장면이라는 표기가 나타납니다. 비교적 어문 규범이 정확하게 적용되는 신문에서 짜장면을 사용할 정도로, 일상에서 짜장면이 널리 쓰였다는 것을 알 수 있습니다. 이 무렵에 복수 표준어 선정을 위해 실시한 발음 실태 조사에서도, 비표준어였던 짜장면이 표준어인 자장면에 비해 세 배 이상 많이 사용된다고 나타났습니다.

**진행자**: ㉢그렇다면 어문 규범이 언어 현실을 충분히 반영하지 못한 측면이 있군요.

**전문가**: 당시 언중들이 일상에서는 어문 규범과 달리 짜장면을 흔하게 사용하고 있었던 거죠.

**진행자**: 그러면 사람들의 언어 사용 실태를 반영하여 짜장면을 복수 표준어로 인정하게 된 거네요. 시청자 여러분께서 내용을 잘 파악하실 수 있도록 간략하게 말씀해 주시겠어요?

**전문가**: 네, 많은 사람들이 오랜 시간 짜장면을 자연스럽게 사용해 왔고 자장이라 표기하면서도 짜장으로 발음해 온 언어 현실을 반영하여 짜장면이 자장면의 복수 표준어로 인정되었다고 할 수 있습니다.

**진행자**: 그럼 짜장면처럼 지금 우리가 사용하는 말 중에서도 현재는 표준어가 아니어도 언젠가 표준어로 인정받을 수 있는 말이 있겠군요.



[해설편 p.208]

**전문가**: 맞습니다. ㉣표준어가 아닌 말도 많은 사람들이 일상에서 자주 사용하다 보면 표준어가 될 수 있는 거죠.

**진행자**: ㉤말씀을 듣고 보니 짜장면이 표준어가 된 나름의 이유가 있었네요. 이렇게 오늘은 우리말에 대한 상식을 하나 더 배웠습니다. 말씀 감사합니다.

**전문가**: 고맙습니다.

**진행자**: 오늘 방송은 공식 누리집에서 언제든 다시 시청하실 수 있습니다. 그럼 다음 시간에 또 다른 이야기로 찾아오겠습니다.

**(나)**

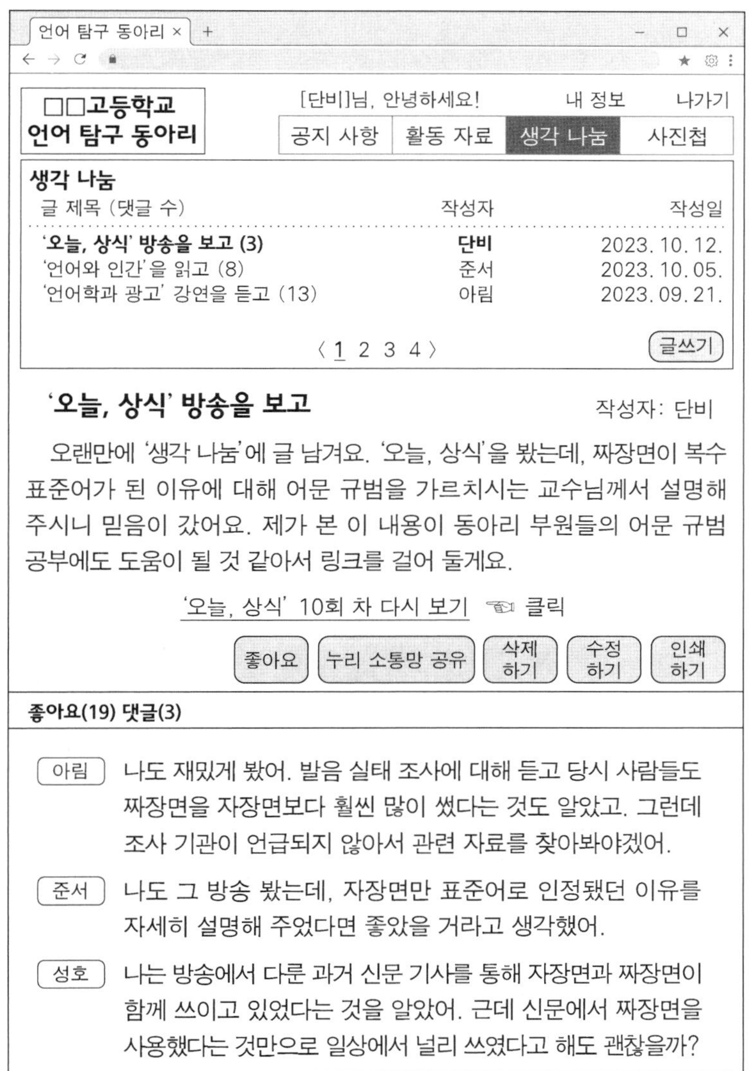


**40.** (가)에 나타난 정보 전달 방식으로 가장 적절한 것은?

① '전문가'는 시청자에게 정보가 일방적으로 전달되는 상황에서 방송 내용과 관련된 정보를 방송 이후에 추가적으로 확인할 수 있는 방법을 안내하였다.
② '전문가'는 방송 내용에 대한 시청자의 이해를 돕기 위해 앞서 제시한 정보를 정리하여 전달하였다.
③ '전문가'는 방송의 첫머리에 '진행자'와 문답을 이어 가는 방식으로 주요 용어의 개념을 설명하였다.
④ '진행자'는 방송 내용이 시청자에게 미칠 영향을 언급하며 방송 내용을 재확인할 때 주목해야 할 부분을 안내하였다.
⑤ '진행자'는 방송의 취지를 밝히며 방송에서 소개될 내용의 순서를 안내하였다.

**41.** (나)에 대한 설명으로 적절하지 않은 것은?

① 게시물 수정 이력을 확인할 수 있는 기능이 제공되고 있다.
② 게시물에 반응할 수 있는 공감 표시 기능이 제공되고 있다.
③ 게시물을 누리 소통망으로 가져갈 수 있는 기능이 제공되고 있다.
④ 게시물을 작성하여 올릴 수 있는 범주가 항목별로 설정되어 있다.
⑤ 게시물에는 다른 누리집에 있는 정보로 연결되는 하이퍼링크가 포함되어 있다.

**42.** (가)에 대해 (나)의 학생들이 보인 수용 태도에 대한 설명으로 적절하지 않은 것은?

① '단비'는 정보 전달자의 전문성에 주목하여 방송에서 다룬 내용이 신뢰할 만한 것이라고 판단하였다.
② '단비'는 짜장면이 복수 표준어로 인정된 이유에 주목하여 방송에서 언급된 내용이 다른 사람들에게도 유용할 것이라고 판단하였다.
③ '아림'은 발음 실태 조사에 주목하여 방송에서 제시된 정보의 출처를 확인할 수 없다고 판단하였다.
④ '준서'는 자장면만 표준어로 인정됐던 사실에 주목하여 그 사실과 관련된 내용이 충분히 다루어지지 않았다고 판단하였다.
⑤ '성호'는 과거의 신문 기사를 다룬 내용에 주목하여 방송에서 다루는 정보가 최근의 상황을 반영하지 않았다고 판단하였다.

17회

**43.** ㉠~㉤에 대한 설명으로 적절하지 않은 것은?

① ㉠: 관형사형 어미 '-ㄴ'을 사용하여, '전문가'의 직전 발화와 관련된 '진행자' 자신의 과거 경험을 드러내고 있다.
② ㉡: 피동 접사 '-되다'를 사용하여, 행위의 주체를 드러내지 않으면서 행위의 대상인 짜장면에 초점을 두고 있다.
③ ㉢: 보조 용언 '못하다'를 사용하여, 어문 규범이 언어 현실을 반영하는 일이 지속될 수 없음을 나타내고 있다.
④ ㉣: '-ㄹ 수 있다'를 사용하여, 표준어가 아닌 말이 표준어가 될 가능성이 있음을 나타내고 있다.
⑤ ㉤: '-고 보다'를 사용하여, '진행자'가 특정 사실을 알게 된 것이 '전문가'의 말을 듣고 난 후임을 드러내고 있다.

[44~45] (가)는 '학교생활 안내 앱'을 최초 실행할 때의 화면이고, (나)는 학생회 누리 소통망 대화이다. 물음에 답하시오.

(가)

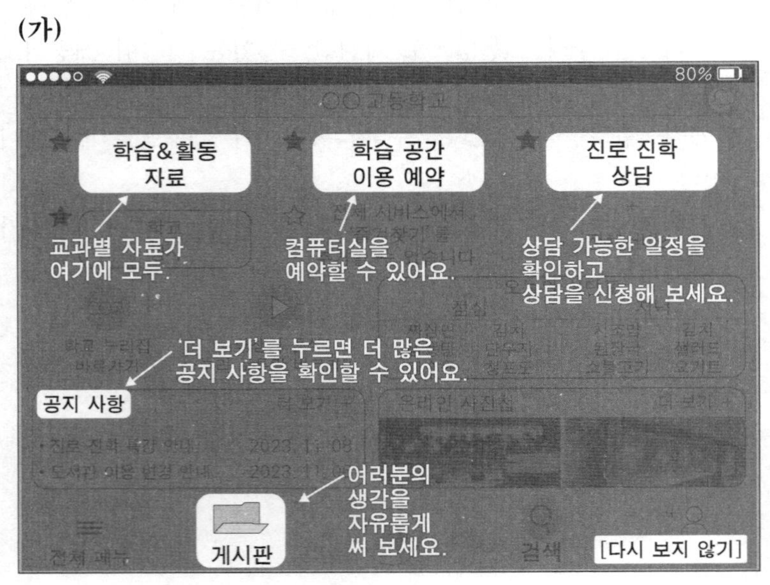


(나)

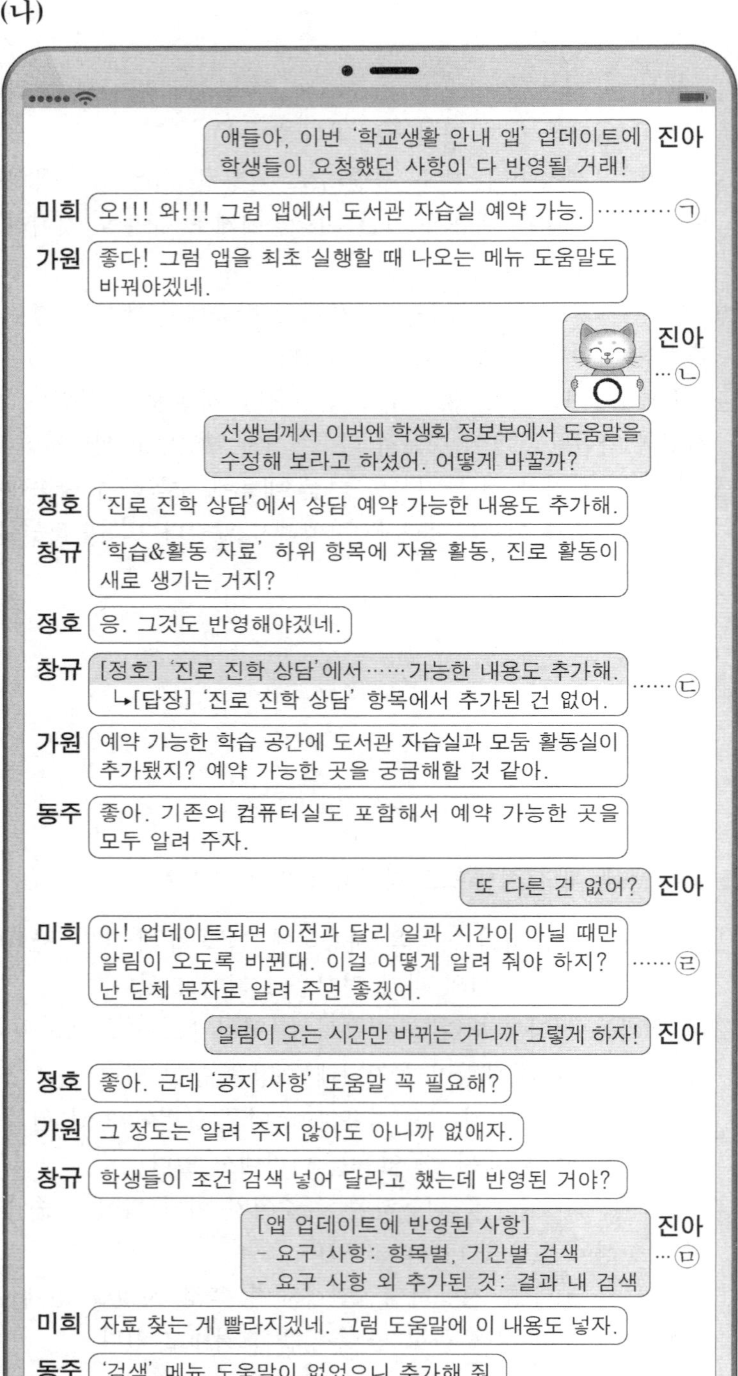


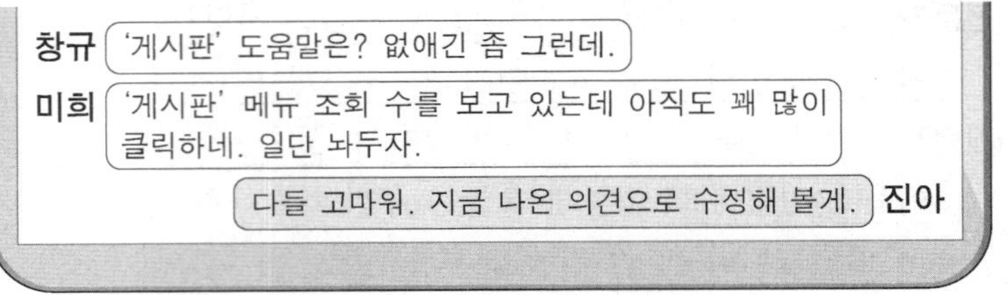


44. ㉠~㉤에 드러난 의사소통 방식에 대한 이해로 적절하지 않은 것은?

① ㉠: 느낌표를 반복적으로 사용하여, 자신의 감정 상태를 표현하였다.
② ㉡: 시각적 이미지를 활용하여, 상대방이 제시한 의견에 동의를 표현하였다.
③ ㉢: 대화 내용을 복사하는 기능을 활용하여, 상대방의 질문에 답하였다.
④ ㉣: 묻고 답하는 방식을 활용하여, 변경된 알림 전송 시간대를 안내하는 방법에 대한 자신의 의견을 제시하였다.
⑤ ㉤: 줄을 바꾸는 방식으로 글을 입력하여, 변동 사항을 구분하여 안내하였다.

45. (나)의 대화 내용을 반영하여 (가)를 아래와 같이 수정했다고 할 때, 수정한 화면에 대한 설명으로 적절하지 않은 것은? [3점]

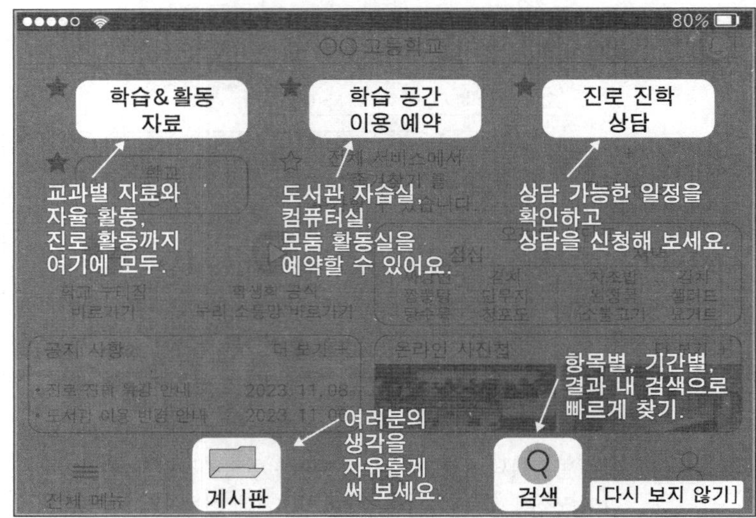


① '학습 & 활동 자료'에 대한 도움말은 메뉴 항목의 변화에 대한 '창규'와 '정호'의 대화를 반영하여 새로운 내용이 추가되었다.
② '학습 공간 이용 예약'에 대한 도움말은 이용 예약이 가능한 공간 추가에 대한 '가원'과 '동주'의 대화를 반영하여 수정되었다.
③ '공지 사항'에 대한 도움말은 메뉴 도움말의 필요성에 대한 '정호'와 '가원'의 대화를 반영하여 삭제되었다.
④ '게시판'에 대한 도움말은 메뉴 이용 빈도에 대한 '창규'와 '미희'의 대화를 반영하여 그대로 유지되었다.
⑤ '검색'에 대한 도움말은 검색 자료의 변화에 대한 '미희'와 '동주'의 대화를 반영하여 새로운 내용이 추가되었다.

* 확인 사항
○ 답안지의 해당란에 필요한 내용을 정확히 기입(표기)했는지 확인하시오.


[해설편 p.209]

# REAL

R E A L O R I G I N A L

# 수능기출학력평가 3개년 모의고사

## 고3 국어 17회 | 해설편

공통+선택 [화법과 작문 • 언어와 매체]

Contents


I [3월] 전국연합학력평가

01회 2024학년도 3월 전국연합학력평가 002쪽
02회 2023학년도 3월 전국연합학력평가 013쪽
03회 2022학년도 3월 전국연합학력평가 025쪽

II [5월•4월] 전국연합학력평가

04회 2024학년도 5월 전국연합학력평가 037쪽
05회 2023학년도 4월 전국연합학력평가 049쪽

III [6월] 모의평가

06회 2025학년도 6월 모의평가 061쪽
07회 2024학년도 6월 모의평가 073쪽
08회 2023학년도 6월 모의평가 086쪽

IV [7월] 전국연합학력평가

09회 2023학년도 7월 전국연합학력평가 098쪽
10회 2022학년도 7월 전국연합학력평가 110쪽

V [9월] 모의평가

11회 2025학년도 9월 모의평가 123쪽
12회 2024학년도 9월 모의평가 135쪽
13회 2023학년도 9월 모의평가 147쪽

VI [10월] 전국연합학력평가

14회 2023학년도 10월 전국연합학력평가 160쪽
15회 2022학년도 10월 전국연합학력평가 172쪽

VII 대학수학능력시험

16회 2025학년도 대학수학능력시험 184쪽
17회 2024학년도 대학수학능력시험 197쪽

※ 수록된 정답률은 실제와 차이가 있을 수 있습니다. 문제 난도를 파악하는데 참고용으로 활용하시기 바랍니다.

수능 모의고사 전문 출판
입시플라이

# 회 | 2024학년도 3월 학력평가 고3

• 정답 •

공통 | 독서·문학

01 ① 02 ② 03 ② 04 ③ 05 ③ 06 ① 07 ② 08 ② 09 ① 10 ① 11 ③ 12 ③ 13 ③ 14 ③ 15 ② ★16 ⑤ 17 ④ 18 ② ★19 ③ 20 ④ 21 ① 22 ④ 23 ② 24 ④ 25 ⑤ 26 ① 27 ③ 28 ① 29 ⑤ 30 ⑤ 31 ④ 32 ⑤ 33 ⑤ ★34 ⑤

선택 | 화법과 작문

35 ② 36 ⑤ 37 ⑤ 38 ④ 39 ④ 40 ④ 41 ① ★42 ① 43 ② 44 ④ 45 ③

선택 | 언어와 매체

35 ① ★36 ④ 37 ④ 38 ② 39 ③ 40 ⑤ 41 ④ 42 ④ 43 ① 44 ⑤ 45 ②

★ 표기된 문항은 [등급을 가르는 문제]에 해당하는 문항입니다.

## [01~34] 독서·문학

### 01~03 독서 이론

천경록, 「독서 교육론」

해제 이 글은 비판적 읽기의 개념과 방법에 관해 설명하고 있다. 비판적 읽기는 독자가 일정한 기준에 따라 글을 판단하는 읽기 방법이다. 비판적 읽기를 하는 궁극적인 목적은 **주체적인 관점에서 글을 해석하고 평가할 수 있는 독서 능력을 향상**하는 것이다. 그리고 비판적 읽기는 글에 표면적으로 드러난 내용이나 형식·표현을 파악하는 사실적 읽기와 숨겨진 내용들을 짐작하는 추론적 읽기를 통해 글의 내용과 형식·표현을 어느 정도 이해한 다음 이루어진다. 비판적 읽기를 위해서는 판단의 준거가 필요한데, 그 준거는 내용과 형식·표현에 대한 준거로 나누어 볼 수 있다. **내용에 대한 준거로는 타당성, 공정성, 신뢰성**이 있다. 타당성은 글에 나타난 내용이 합리적이며 옳은지에 대한 것이고, 공정성은 글의 주제, 필자의 관점과 태도와 관련하여 이것들이 객관적이고 균형 잡힌 시각을 갖추었는지에 대한 것이다. 그리고 신뢰성은 글의 내용이나 글에 사용된 자료가 믿을 만한지에 대한 것이다. **형식·표현에 대한 준거는 글의 구조, 내용 전개, 표현의 적절성과 효과**라 할 수 있다. 독자는 글에 드러난 내용을 바탕으로 글의 구조, 내용 전개, 표현이 주제를 잘 드러내도록 적절하고 효과적으로 표현되어 있는지를 판단한다. 독자는 비판적 읽기 과정에서 동의할 수 있는 내용이나 적절한 형식·표현을 접할 수도 있지만 그렇지 않을 수도 있다. 이러한 상황을 접한 독자는 단순한 비판이나 수용에 그치지 않고 **관련된 주제의 글을 찾아 비교하며 읽거나 토론하면서 주체적인 관점에서 글을 해석하고 평가할 수 있는 능력을 신장**할 수 있다.

주제 비판적 읽기의 개념과 방법

문단 핵심 내용

| | |
|---|---|
| 1문단 | 비판적 읽기의 유형 |
| 2문단 | 내용에 대한 비판적 읽기의 방법 |
| 3문단 | 형식·표현에 대한 비판적 읽기의 방법 |
| 4문단 | 비판적 읽기의 의의 |

**01** 세부 내용 이해 — 정답률 83% | 정답 ①

**윗글의 내용과 일치하는 것은?**

✔ 독자는 비판적 읽기를 통해 글의 내용을 주체적으로 평가하는 능력을 향상할 수 있다.
마지막 문단에서 비판적 읽기는 독자가 주체적인 관점에서 글을 해석하고 평가할 수 있는 능력을 신장할 수 있다고 하였다. 따라서 비판적 읽기를 통해 독자는 글의 내용을 주체적으로 평가하는 능력을 향상할 수 있다.

② 독자는 비판적 읽기에서 형식·표현적 준거를 내용적 준거보다 우선 사용한다.
3문단에서 형식·표현에 대한 비판적 읽기는 내용에 대한 비판적 읽기와 함께 이루어진다고 하였다. 따라서 비판적 읽기에서 독자는 형식·표현적 준거와 내용적 준거를 함께 사용한다.

③ 독자는 추론적 읽기에서 글에 담긴 필자의 태도가 객관적인지 판단한다.
2문단에서 글에 담긴 필자의 관점과 태도가 객관적이고 균형 잡힌 시각을 갖추었는지 판단하는 것은 내용에 대한 준거의 영역에 속한다. 또한 추론한 것들을 내용에 대한 준거에 따라 판단하며 읽는 것이 내용에 대한 비판적 읽기라고 하였다. 따라서 추론적 읽기가 어느 정도 이루어진 후에 독자는 글에 담긴 필자의 태도가 객관적인지 판단한다.

④ 독자는 글에 드러난 내용의 적절성을 사실적 읽기로 판단한다.
3문단에서 독자는 글에 드러난 내용을 바탕으로 파악한 글의 구조, 내용 전개, 표현이 적절하고 효과적인지를 판단하는 비판적 읽기를 한다고 하였다. 따라서 독자는 글에 드러난 내용의 적절성을 비판적 읽기로 판단한다.

⑤ 독자는 생략된 내용을 파악하기 위해 비판적 읽기를 한다.
2문단에서 독자는 글에 생략된 내용을 추론하며 읽어야 한다고 하였다. 따라서 독자는 생략된 내용을 파악하기 위해 추론적 읽기를 한다.

**02** 구체적 상황 적용 — 정답률 88% | 정답 ②

**다음은 학생이 자신의 읽기 과정을 기록한 글이다. [A]를 바탕으로 ⓐ~ⓔ를 분석한 내용으로 적절하지 않은 것은? [3점]**

> 내가 독서 시간에 선택해서 읽은 글은 '인공 지능 고도화'에 대한 내용을 다루고 있었다. 글의 첫 부분에 ⓐ 인공 지능이라는 말이 쓰인 시기가 나와 있어 인공 지능이란 용어가 언제부터 사용되었는지 알게 되었다. 그리고 ⓑ 인공 지능의 발달 과정 부분을 읽을 때 내가 알지 못하는 어휘는 사전을 찾아 가며 뜻을 파악했다. 이 글에서 필자는 인공 지능 고도화에 대한 자신의 입장을 밝히지는 않았다. 하지만 ⓒ 인공 지능 고도화에 따른 우리 사회의 긍정적 변화만을 언급하고 있어서 필자가 인공 지능 고도화를 찬성하는 입장에 있다고 생각했다. 글에는 여러 통계 자료가 제시되어 있었는데 ⓓ 그 자료 중에는 출처가 없어서 믿기 어려운 것들이 있었다. 또한 ⓔ 인공 지능 고도화에 대한 부정적인 내용이 없어서 다른 입장의 글을 찾아 읽어 봐야겠다고 생각했다.

① ⓐ : 사실적 읽기를 통해 표면적 내용을 파악하였군.
ⓐ에서 독자는 글에 드러난 내용을 바탕으로 인공지능이라는 말이 쓰인 시기를 알게 되었다. 1문단에 따르면 글에 표면적으로 드러난 내용이나 형식·표현을 파악한 것은 사실적 읽기에 해당한다.

✔ ⓑ : 비판적 읽기를 통해 내용의 타당성을 판단하였군.
ⓑ에서 독자는 자신이 알지 못하는 어휘를 사전에서 찾으며 뜻을 파악하고 있다. 이때 독자의 읽기는 어휘의 사전적 의미를 파악하여 글의 표면적인 내용만을 파악한 것으로 비판적 읽기가 아닌 사실적 읽기에 해당한다.

③ ⓒ : 추론적 읽기를 통해 드러나지 않은 입장을 추론하였군.
ⓒ에서 독자는 글에 드러나지 않은 인공 지능 고도화에 대한 필자의 입장을, 필자가 인공 지능 고도화에 따른 우리 사회의 긍정적 변화만을 언급하고 있는 것을 바탕으로 추론하였다. 2문단에 따르면 이는 독자가 필자의 의도나 입장 등 생략된 내용을 추론하며 읽는 것에 해당한다.

④ ⓓ : 비판적 읽기를 통해 내용의 신뢰성을 판단하였군.
ⓓ에서 독자는 출처가 없는 자료의 신뢰성을 검토하고 있다. 2문단에 따르면 신뢰성은 글의 내용이나 글에 사용된 자료가 믿을 만한지에 대한 것으로, 독자는 이러한 준거를 바탕으로 내용에 대한 비판적 읽기를 한다.

⑤ ⓔ : 비판적 읽기를 통해 내용의 공정성을 판단하였군.
ⓔ에서 독자는 인공 지능 고도화에 대한 부정적인 내용이 없었기 때문에 다른 입장의 글을 찾아 읽어 봐야겠다고 생각한다. 2문단에 따르면 공정성은 글의 주제, 필자의 관점과 태도와 관련하여 이것들이 객관적이고 균형 잡힌 시각을 갖추었는지에 대한 것으로, 독자는 이러한 준거를 바탕으로 내용에 대한 비판적 읽기를 한다.

**03** 정보 이해 — 정답률 94% | 정답 ②

**윗글을 읽고 ㉠에 대해 보인 반응으로 적절하지 않은 것은?**

① 독자는 ㉠의 과정에서 글의 구조가 적절한지를 판단하겠군.
3문단에서 독자가 글의 구조가 글의 주제나 글의 목적을 잘 드러내고 있는지 판단하는 것을 형식·표현에 대한 비판적 읽기라 하였다.

✔ ㉠을 통해 독자는 자신이 읽은 글의 내용을 그대로 수용해야겠군.
3문단에서 형식·표현에 대한 비판적 읽기는 글의 구조, 내용 전개, 표현이 적절하고 효과적인지를 판단하는 것이라 하였다. 따라서 독자가 형식·표현에 대한 비판적 읽기를 하기 위해서는 자신이 읽은 글의 내용을 그대로 수용하는 것이 아니라, 형식·표현의 적절성과 효과를 판단하며 읽어야 한다.

③ ㉠을 통해 글에 나타난 표현이 효과적인지에 대한 판단이 이루어지겠군.
3문단에서 글에 드러난 내용을 바탕으로 파악한 글의 구조, 내용 전개, 표현이 적절하고 효과적인지를 판단하는 비판적 읽기를 한다고 하였다.

④ 독자는 ㉠의 과정에서 글에 사용된 비교나 대조가 적절한지를 판단하겠군.
3문단에서 글에 사용된 비교나 대조가 글에 나타난 관점들의 관계를 효과적으로 드러내고 있는지 판단하는 것을 형식·표현에 대한 비판적 읽기라 하였다.

⑤ ㉠이 가능하려면 글의 내용과 형식·표현에 대한 사실적 읽기가 필요하겠군.
1문단에서 글에 대해 판단하고 수용하는 비판적 읽기는 글에 표면적으로 드러난 내용이나 형식·표현을 파악하는 사실적 읽기를 통해 글의 내용을 어느 정도 이해한 다음 이루어진다고 하였다.

### 04~09 주제 통합(인문)

(가) 서민규, 「21세기 유럽의 실재론자들」

해제 현대 철학자 메야수는 **인간의 사유와 독립한 존재가 실재한다고 주장**했다. 그는 이러한 존재가 실재함을 밝히기 위해 **'선조적인 것'은 인간이 나타나기 이전에 실재했었음을 과학의 발견들이 입증했다고 주장**하면서 선조적인 것이 인간의 사유와 독립한 존재가 실재한다는 증거라고 보았다. 그는 **사유와 독립한 존재는 가능성을 가진 우연성이라는 특성**을 가지고 있다고 보고, 인간은 사유와 독립한 존재가 가진 가능성들에 대해 사유해야 한다고 주장했다. 이러한 그의 입장은 그가 명명한 상관주의의 입장과는 반대되는 것이다. 그는 상관주의가 인간의 사유를 대상과 사유의 관계로 한정시켜 놓았다고 보았다. 결국 메야수의 주장은 **인간의 사유와 세계의 확장을 시도**하는 것이다.

주제 인간의 사유와 독립한 존재의 실재를 주장한 메야수의 철학

문단 핵심 내용

| | |
|---|---|
| 1문단 | 상관주의의 입장 |
| 2문단 | 상관주의를 비판한 메야수의 입장 |
| 3문단 | 우연성을 가진 존재에 대한 메야수의 강조 |
| 4문단 | 메야수 철학의 의의 |

(나) 황유경, 「굿맨의 세계 제작과 진리 이론 소고」

해제 굿맨은 세계가 버전에 의해 구성된다고 주장한다. 여기서 **버전은 대상을 배열하고 범주화하는 언어적 혹은 비언어적인 기호들의 체계**이다. 버전은 인간에 의해 만들어지기 때문에 **인간이 존재하던 모든 시기에 존재**한다고 보았다. 그가 주장하는 버전은 상대적이며 다양하다. 이는 버전이 구성하는 세계 역시 상대적이며 다양함을 의미하는 것이다. 굿맨은 버전이 세계를 구성한다고 주장했지만 모든 버전이 세계를 구성할 수 있다고 본 것은 아니다. 그는 **옳은 버전만이 세계를 구성**한다고 보았다. 옳은 버전은 적합함으로 판단이 된다. 적합함은 실용, 범주, 세계에 대한 설명적인 측면에서 버전이 적합해야 한다는 것이다. 그는 **옳음에 대한 기준은 절대적이지 않고 변화**될 수 있다고 보았다. 이는 버전이 바뀔 수 있음과 버전이 세계를 구성하는 것은 어려운 일임을 의미한다. 버전에 대한 굿맨의 주장은 **다양한 세계를 인정**하는 것이라고 볼 수 있다.

주제 인간의 사유와 독립한 존재의 실재 불가능성을 주장한 굿맨의 철학

문단 핵심 내용

| | |
|---|---|
| 1문단 | 굿맨이 말하는 버전의 정의 |



[문제편 p.001]

| 2문단 | 세계에 대한 굿맨의 입장 |
|---|---|
| 3문단 | 버전의 다양성과 상대성을 허용한 굿맨의 주장 |
| 4문단 | 굿맨 철학의 의의 |

**04** 설명 방식 이해 정답률 88% | 정답 ③

(가)와 (나)에 대한 설명으로 가장 적절한 것은?

① (가)와 달리 (나)는 과학 분야에서 파생된 특정한 철학 이론의 확립 과정을 서술하고 있다.
(나)에서 굿맨의 철학은 과학 분야에서 파생된 철학 이론이 아니다. 또한 (나)에서는 세계 구성에 대한 굿맨의 철학적 주장을 설명하고 있기 때문에 특정한 철학 이론의 확립 과정을 서술하고 있지는 않다.

② (나)와 달리 (가)는 특정 철학자의 주장 변화를 통시적으로 소개하고 있다.
(가)에서 메야수의 주장 변화를 통시적으로 소개하고 있지 않다.

✔ (가)와 (나)는 모두, 특정 철학자의 주장과 관련된 개념을 구체적 예를 통해 설명하고 있다.
(가)의 2문단에서 '선조적인 것'의 개념을 서술하고 '46억 년 전에 최초의 지구가 존재했다.'를 사례로 들고 있다. 특히 '선조적인 것'은 메야수의 주장과 관련된 개념으로 이는 구체적 예를 통해 설명되었다. (나)에서는 굿맨의 버전에 대해 서술되어 있다. 1문단에서 천동설이나 지동설과 같은 것을 버전이라고 하여 버전의 예를 들고서 버전의 개념을 설명하고 있다. 그러므로 (가)는 메야수의 주장과 관련된 개념을, (나)는 굿맨의 주장과 관련된 개념을 예를 통해 설명하고 있다.

④ (가)와 (나)는 모두, 특정 철학자들의 주장이 가지는 이론적 장점과 시대적 한계를 분석하고 있다.
(가)와 (나)는 각각 메야수와 굿맨의 주장이 가지는 이론적 장점을 분석하고 있으나 시대적 한계를 분석하고 있지는 않다.

⑤ (가)와 (나)는 모두, 상반된 입장을 가진 철학자들의 주장에서 보이는 공통점과 차이점을 밝히고 있다.
(가)에서 상관주의와 메야수의 주장에 대한 공통점을 밝히고 있지 않다. (나)에서 상반된 입장을 가진 철학자들의 주장에서 보이는 공통점과 차이점을 밝히고 있지 않다.

**05** 세부 정보 이해 정답률 81% | 정답 ③

(가)에서 알 수 있는 내용으로 적절하지 않은 것은?

① 상관주의자는 감각의 작용이 있어야 사유가 가능하다고 보았다.
(가)의 1문단에서 상관주의의 철학은 감각되지 않은 물리적 대상이 독립적으로 존재한다는 것을 증명할 수 없다는 이유로 이러한 대상의 실재함을 의심했던 철학자로부터 시작되었다고 했다.

② 메야수는 상관주의의 입장이 인간의 사유 영역을 한정했다고 보았다.
(가)의 2문단에서 메야수의 철학은 상관주의가 인간의 사유를 대상과 사유의 관계로 제한했다는 문제 의식에서 비롯되었다고 했다.

✔ 메야수는 사유와 독립하여 실재하는 존재는 하나밖에 없다고 보았다.
(가)의 2문단에 따르면 메야수는 사유와 독립하여 실재하는 존재로 '선조적인 것'을 들고 있다. 선조적인 것은 인간이라는 종의 출현에 선행하는 존재 전부를 의미하기 때문에 사유와 독립하여 실재하는 존재는 하나밖에 없다는 내용은 적절하지 않다.

④ 메야수의 철학은 사유와 독립하여 실재하는 존재에 대한 사유가 필요함을 보여 준다.
(가)의 2문단에서 메야수는 인간이라는 종의 출현에 선행하는 존재 전부를 '선조적인 것'이라고 하면서 인간의 사유와 독립한 존재가 실재함을 과학의 발견들이 드러낸다고 했다.

⑤ 근대 철학자 중에는 사유에 의존하지 않는 대상의 실재에 대해 의심하는 사람이 있었다.
(가)의 1문단에서 근대 철학자들 중에는 감각되지 않은 물리적 대상이 독립적으로 존재한다는 것을 증명할 수 없다는 이유로 이러한 대상의 실재함은 사유에 의존하는 것은 아닌지 의심하는 사람이 있었다고 했다.

**06** 핵심 정보 이해 정답률 61% | 정답 ①

(나)의 버전에 대한 이해로 가장 적절한 것은?

✔ 버전은 적합하다고 판단되었을 때만 세계를 구성할 수 있다.
(나)의 3문단에서 적합함으로 버전의 옳음을 판단한다고 했으며 옳은 버전만이 세계를 구성한다고 했다. 따라서 적합하다고 판단된 버전은 세계를 구성할 수 있다.

② 버전은 세계의 실재성이 확증된 이후에만 구성될 수 있다.
(나)의 2문단에서 세계의 존재 시점은 버전에 의해 구성된 시점에 의존하게 된다고 했다.

③ 인간이 존재하지 않던 시기에도 버전은 존재한다.
(나)의 2문단에서 버전들이 인간에 의해 만들어지기 때문에 인간이 존재하던 모든 시기에 존재한다고 했다. 따라서 인간이 존재하지 않던 시기에도 버전은 존재한다는 것은 적절하지 않다.

④ 버전의 적합함은 버전의 '옳음'을 통해 판단된다.
(나)의 3문단에서 적합함으로 버전의 옳음을 판단한다고 했다.

⑤ 버전은 '옳음'을 지녔기 때문에 고정불변이다.
(나)의 3문단에서 옳음에 대한 기준은 절대적이지 않다고 했다.

**07** 구체적 사례 적용 정답률 48% | 정답 ②

㉠~㉢과 관련지어 '상관주의자'와 '굿맨'에 대해 이해한 내용으로 가장 적절한 것은?

① ㉠의 '빨간 사과'는 상관주의자에게 사유와 분리된 대상이고, 굿맨에게 버전에 의존적인 대상이다.
(가)의 1문단에 따르면, 상관주의는 사유와 대상이 따로 분리되어서는 어떤 것도 접근이나 이해가 불가능하다는 입장이다. (나)의 1문단에 따르면 굿맨은 버전들에 의해 세계가 구성된다고 주장했다.

✔ 상관주의자와 굿맨 모두, 사과가 실재한다고 말하기 위해서는 ㉠에 관한 사유가 있어야 한다고 본다.
(가)의 1문단과 2문단에 따르면 상관주의자는 인간의 사유와 독립한 존재가 실재하지 않는다고 본다. (나)의 2문단에서, 인간의 사유와 독립한 존재는 실재할 수 없다는 의미라고 했다. 그러므로 상관주의자와 굿맨 모두, 사과가 실재한다고 말하려면 ㉠에 관한 사유가 있어야 한다.

③ 상관주의자와 달리 굿맨은 ㉡은 과학적 사실이기 때문에 판단과 무관하게 당연히 옳음이 있다고 본다.
(나)의 3문단에서 굿맨은 적합함으로 버전의 옳음을 판단한다고 했다.

④ 상관주의자와 달리 굿맨은 '㉢이 달의 공전 때문에 일어난다.'라는 진술이 감각과 관련된 범주로 분류되어야 옳은 버전이 될 수 있다고 본다.
상관주의자는 인간의 감각과 관련된 범주의 실재함을 주장한다.

⑤ 굿맨과 달리 상관주의자는 ㉡을 대상, ㉢을 사유로 파악한다.
상관주의자에게 ㉡과 ㉢은 모두 대상이다.

**08** 입장 간의 공통점 및 차이점 이해 정답률 60% | 정답 ②

(가), (나)를 바탕으로 〈보기〉에 대해 보인 반응으로 적절하지 않은 것은? [3점]

〈보 기〉

철학자 A는 인식 독립적인 대상을 부정하면서 세계는 감각으로 인식될 때만 존재한다고 보았다. 철학자 B는 모든 것을 의심하여 '감각되는 대상', '감각에 따른 인식' 모두 실재하지 않는다고 보았다. 한편 철학자 C는 인과 관계에서 원인과 결과의 필연성은 발견되지 않는다고 보았다. 그래서 우리가 원인이라고 생각하는 것은 경험의 반복이고, 결과는 경험의 반복에 따른 추측이라고 주장했다.

① '선조적인 것'에 대해서 (가)의 메야수는 실재한다고 보고, 철학자 A는 실재하지 않는다고 보겠군.
〈보기〉의 철학자 A는 세계는 감각으로 인식될 때만 존재한다고 보았다. '선조적인 것'은 인간이라는 종의 출현에 선행하는 존재 전부이므로 인간이 감각할 수 없다.

✔ 철학자 B와 달리 (가)의 메야수는 '감각에 따른 인식'은 실재하지만 '감각되는 대상'은 실재하지 않는다고 보겠군.
〈보기〉의 철학자 B는 '감각에 따른 인식'과 '감각되는 대상' 모두 실재하지 않는다고 본다. (가)의 2문단을 통해 메야수는 사유 의존적인 대상이 실재한다고 본다는 것을 알 수 있다. 그러므로 메야수의 관점에서 '감각되는 대상'은 실재하지 않는다는 내용은 적절하지 않다.

③ (가)의 메야수와 철학자 C 모두 인과관계에서 필연성은 나타나지 않는다고 보겠군.
〈보기〉의 철학자 C는 인과 관계에서 원인과 결과의 필연성은 발견되지 않는다고 본다. (가)의 3문단을 통해 메야수는 인간의 사유와 독립한 존재가 가능성을 가진 우연성이라는 특성을 가지고 있다고 본다는 것을 알 수 있다.

④ (나)의 굿맨에 따르면 철학자 B가 실재하지 않는다고 주장한 '감각되는 대상'은 인위적으로 구성된 것으로 보겠군.
(나)의 2문단에서 굿맨은 세계는 인위적으로 구성된 것이며, 실재하는 것이 아니라 실재한다고 간주된 것이라고 했다.

⑤ (나)의 굿맨은 세계를 구성할 수 있는 버전이 다양할 수 있다고 보고, 철학자 C는 결과는 경험의 반복에 따른 추측으로 보겠군.
(나)의 3문단에서 굿맨은 버전의 다양성과 상대성을 허용하고 있다고 했다. 〈보기〉의 철학자 C는 우리가 원인이라고 생각하는 것은 경험의 반복이고, 결과는 경험의 반복에 따른 추측이라고 했다.

**09** 어휘의 사전적 의미 이해 정답률 92% | 정답 ①

ⓐ~ⓔ의 사전적 의미로 적절하지 않은 것은?

✔ ⓐ : 도와서 이루게 함.
ⓐ에 해당하는 어휘는 '형성'이다. '형성'의 사전적 의미는 '어떤 형상을 이룸.'이다. ①에 제시된 '도와서 이루게 함.'은 '조성'의 사전적 의미에 해당한다.

② ⓑ : 일정한 한도를 정하거나 그 한도를 넘지 못하게 막음.
ⓑ에 해당하는 어휘는 '제한'이다. '제한'의 사전적 의미는 '일정한 한도를 정하거나 그 한도를 넘지 못하게 막음.'이다.

③ ⓒ : 어떤 증거 따위를 내세워 증명함.
ⓒ에 해당하는 어휘는 '입증'이다. '입증'의 사전적 의미는 '어떤 증거 따위를 내세워 증명함.'이다.

④ ⓓ : 어떤 것을 이루어 보려고 계획하거나 행동함.
ⓓ에 해당하는 어휘는 '시도'이다. '시도'의 사전적 의미는 '어떤 것을 이루어 보려고 계획하거나 행동함.'이다.

⑤ ⓔ : 상태, 모양, 성질 따위가 그와 같다고 보거나 그렇다고 여김.
ⓔ에 해당하는 어휘는 '간주'이다. '간주'의 사전적 의미는 '상태, 모양, 성질 따위가 그와 같다고 보거나 그렇다고 여김.'이다.

**10~13 기술**

정용택, 『센서 물리학개론』

**해제** 디지털카메라의 이미지 센서는 빛의 밝기를 이미지 데이터로 변환하는 기능을 한다. 화소는 빛에 반응하는 소자이며, 해상도는 이미지 센서가 얼마나 세밀한 이미지를 얻을 수 있을지 나타내는 척도이다. **디지털 이미지를 얻기 위해서 화소를 '아날로그 디지털 변환기(ADC)'에 연결해 데이터 변환**을 해야 한다. ADC는 입력 전압의 값을 데이터로 변환하여 출력할 때 비트로 표현하며, 데이터 폭이 넓은 ADC를 쓰면 세밀한 명암의 표현이 가능한 이미지를 얻을 수 있다. 또한 ADC의 성능 판단의 지표로 분해능과 변환 시간을 사용한다. 화소와 화소의 수만큼 ADC를 일대일 연결해 한 번에 전체 데이터를 얻을 수 있지만, 이를 이미지 센서에 만들어 넣기는 어렵다. 그래서 **전체 화소를 순서에 따라 일정한 개수로 묶은 블록으로 나누고 이것을 순서대로 여러 번 ADC로 보내 블록 단위로 데이터로 변환한 후 이를 다시 모아 한 장의 사진을 얻을 수 있다.** 이때 ADC의 개수가 화소의 수보다 적어도 되지만, 이 방식은 사진 한 장의 전체 변환 시간이 길어진다는 단점이 있다.

**주제** 디지털 이미지가 만들어지는 과정과 장치별 특성

**문단 핵심 내용**

| | |
|---|---|
| 1문단 | 사진이 만들어지는 원리 |
| 2문단 | 화소 평면의 특징과 성격 |
| 3문단 | ADC의 특성과 원리 |
| 4문단 | 다중 스위치를 이용하는 이유 |
| 5문단 | 다중 스위치의 특성과 원리 |
| 6문단 | 다중 스위치의 적용 예시 |

## 10 세부 정보 이해 정답률 58% | 정답 ①

**윗글을 이해한 내용으로 적절하지 않은 것은?**

✔ **다중 스위치의 입력에 연결되는 개수는 출력에 연결되는 개수보다 작다.**
다중 스위치는 M개의 입력을 N개씩 여러 개의 블록으로 나누고 블록 단위로 N개의 출력으로 연결해 주는 장치임을 알 수 있다. 그리고 N은 M과 같거나 M보다 작아야 한다고 하였다. 따라서 다중 스위치의 입력에 연결되는 개수는 출력에 연결되는 개수와 같거나 그보다 커야 한다는 것을 알 수 있다.

② **데이터 폭으로 표현하는 분해능은 ADC의 성능을 나타내는 척도의 하나이다.**
입력 허용 구간을 몇 개의 구간으로 나누어 표현할 수 있는지를 나타내는 분해능은 ADC의 성능을 나타내는 한 지표라고 서술하고 있다.

③ **디지털카메라로 찍은 한 장의 사진은 화소와 같은 형태로 나열된 데이터의 배열이다.**
디지털카메라로 찍은 한 장의 사진을 얻으려면 화소별로 빛의 세기를 나타낸 데이터를 화소와 같은 형태의 배열로 나타내어야 한다고 서술하고 있다.

④ **빛에 대해 반응이 같은 화소를 여러 개 묶으면 검출할 수 있는 최소 밝기가 낮아진다.**
빛에 대해 반응이 동일한 화소를 여러 개 묶어서 사용하면 하나를 사용할 때보다 약한 빛도 검출할 수 있다고 서술하고 있다.

⑤ **색깔을 구별할 수 있는 빨강, 초록, 파랑의 화소는 각각 반응하는 빛의 파장이 서로 다르다.**
빨강, 초록, 파랑의 서로 다른 파장의 빛에 반응하는 화소를 묶어 한 개의 화소로 구성할 수 있다고 서술하고 있다.

## 11 내용 추론 정답률 55% | 정답 ③

**㉠에 대한 이해로 적절하지 않은 것은?**

① **ADC의 데이터 폭을 늘리면 저장할 데이터양이 늘어난다.**
데이터 폭이 넓은 ADC를 쓰면 세밀한 명암의 표현이 가능한 이미지를 얻을 수 있다고 설명하고 있다. 세밀한 명암의 표현은 서로 다른 밝기의 명암으로 구분하여 데이터를 출력하는 과정을 통해 가능하다.

② **ADC의 변환 시간을 줄이면 전체 변환 시간이 줄어든다.**
ADC가 입력된 전압을 데이터로 바꾸는 데 걸리는 일정한 시간을 변환 시간이라고 하며, 이는 성능을 나타내는 또 다른 지표로 사용된다고 설명하고 있다. 화소의 수만큼 ADC가 있으면 일대일로 연결하여 한 번에 전체 데이터를 얻을 수 있으며, ADC가 화소의 수보다 적으면 여러 번 나누어 변환하는 과정을 거친다.

✔ **ADC의 개수를 늘리면 전체 변환 시간이 늘어난다.**
화소의 수만큼 ADC가 있으면 일대일로 연결하여 한 번에 전체 데이터를 얻을 수 있다고 설명하고 있다. 이것은 ADC가 화소의 수보다 적으면 한 번에 전체 이미지를 데이터로 변환하지 못하고 여러 번 나누어 변환하기 때문에 데이터를 변환하는 시간이 늘어난다는 의미이다. 따라서 ADC의 개수를 늘리면, 전체 변환 시간이 늘어나는 것이 아니라 오히려 줄어든다.

④ **전체 화소의 수를 늘리면 저장할 데이터양이 늘어난다.**
아주 작은 화소가 격자 모양으로 배열된 화소 평면에 피사체의 상이 맺힐 때, 화소 각각의 위치에서 얻어진 빛의 밝기를 나타내는 데이터의 배열이 한 장의 사진이 된다고 설명하고 있다.

⑤ **전체 화소의 수를 줄이면 전체 변환 시간이 줄어든다.**
ADC를 통해 화소를 데이터로 바꾸는 과정을 거치며, ADC가 입력된 전압을 데이터로 바꾸는 데 걸리는 일정한 시간을 변환 시간이라 한다고 설명하고 있다.

## 12 정보 원리 파악 정답률 49% | 정답 ③

**윗글을 바탕으로 <보기>의 ㉮ ~ ㉰에 들어갈 내용을 적절하게 짝지은 것은? [3점]**

〈보 기〉

디지털카메라의 이미지 센서가 피사체의 상을 데이터로 바꾸는 과정을 아래와 같이 나타내었다.

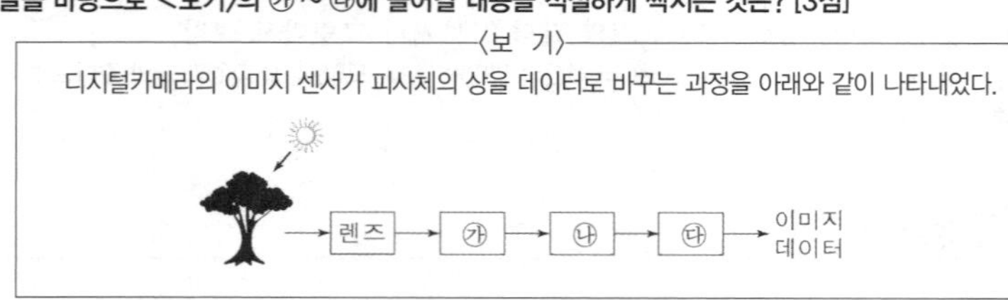


| | ㉮ | ㉯ | ㉰ |
|---|---|---|---|
| ① | ADC | 화소 평면 | 다중 스위치 |
| ② | ADC | 다중 스위치 | 화소 평면 |
| ✔ | 화소 평면 | 다중 스위치 | ADC |

피사체에 반사된 빛이, 디지털카메라 렌즈를 통해 화소가 격자 모양으로 배열된 '화소 평면'에 상으로 맺힌다. 화소가 빛에 반응하여 노출된 빛의 세기에 비례하는 전압을 출력하고, 이 출력 전압이 ADC에 입력되어 데이터로 바뀐다. 그리고 그 사이에 다중 스위치를 이용하므로, '㉮'에는 '화소 평면', '㉯'에는 '다중 스위치', '㉰'에는 'ADC'가 들어가야 한다.

| | ㉮ | ㉯ | ㉰ |
|---|---|---|---|
| ④ | 화소 평면 | ADC | 다중 스위치 |
| ⑤ | 다중 스위치 | 화소 평면 | ADC |

## 13 어휘의 문맥적 의미 이해 정답률 94% | 정답 ③

**ⓐ의 문맥적 의미와 가장 유사한 것은?**

① **우리는 서로 인사를 나누었다.**
말이나 이야기, 인사 따위를 주고받는다는 의미로 사용되었다.

② **그와 이야기를 나누는 일은 즐겁다.**
말이나 이야기, 인사 따위를 주고받는다는 의미로 사용되었다.

✔ **글을 세 문단으로 나누고 내용을 정리하였다.**
ⓐ의 '나누다'는 하나를 둘 이상으로 가른다는 의미이다. ③의 '나누다'는 글을 세 문단으로 가른다는 의미이므로, ⓐ와 마찬가지로 하나를 둘 이상으로 가른다는 의미로 사용되었다는 것을 알 수 있다.

④ **너와 슬픔과 기쁨을 함께 나누면서 살고 싶다.**
즐거움이나 고통, 고생 따위를 함께하다는 의미로 사용되었다.

⑤ **오랜만에 친구와 차를 한잔 나누며 이야기를 했다.**
음식 따위를 함께 먹거나 갈라 먹는다는 의미로 사용되었다.

## 14~17 사회

**송덕수, 「친족상속법」**

**해제** 법률상 유언은 사람이 자신의 사망으로 권리관계의 변동이 일어나게끔 일방적인 의사를 표시하는 법률 행위라 할 수 있다. 유언으로 재산을 넘겨주는 것을 유증이라 하는데, **유증은 상대방의 의사와 상관없이 유언자의 일방적인 의사만으로 유효하게 성립**한다. 유증은 **특정 재산에 대해서 하는 특정 유증과 전체 재산에 대하여 그 전부를 또는 그에 대한 일정 비율을 정하여 상응하는 몫을 물려주는 포괄 유증**으로 나누어진다. 유언의 의사 표시는 법이 규정한 일정한 방식에 따라 이루어져야 한다. 우리 민법은 유언의 자유를 보장한다. 사람은 언제든지 자유롭게 유언할 수 있고 철회도 할 수 있다. 또한 유언으로 재산 처분의 내용과 방식을 정할 수 있다. 그러나 법정 상속인 이외의 사람을 상속인으로 지정하거나 공동 상속인이 받을 수 있는 상속분을 법률로 정해진 비율과 달리 정하는 유언은 허용되지 않는다. 다만 **유증으로써 상속분이 실질적으로 조정되는 것과 같은 효과**를 낼 수는 있다. 한편, 상속은 피상속인이 사망했을 때 그의 재산 관계가 포괄적으로 상속인에게 승계되는 것이다. 이러한 법률 효과가 의사 표시가 아니라 사망이라는 사건으로 생긴다는 점에서 법률 행위와는 근본적으로 차이가 있다.

**주제** 유증의 성격과 법률 효과

**문단 핵심 내용**

| | |
|---|---|
| 1문단 | 증여와 구분되는 유증의 성격 |
| 2문단 | 유언의 의사 표시와 유효성 |
| 3문단 | 유언의 자유에 대한 허용 범위 |
| 4문단 | 상속의 법률 효과 |
| 5문단 | 유증의 법률 효과 |
| 6문단 | 상속과 구분되는 유증의 성격 |

## 14 세부 정보 이해 정답률 73% | 정답 ③

**윗글의 내용과 일치하는 것은?**

① **유언의 철회는 자유롭게 할 수 없다.**
3문단에서 사람은 언제든지 자유롭게 유언할 수 있고 철회도 할 수 있다고 하였다.

② **상속의 대상은 채무를 제외한 피상속인의 재산이 된다.**
4문단에서 상속은 포괄적 승계라서 자산뿐 아니라 채무까지도 이전된다고 하였다.

✔ **계약은 원칙적으로 당사자가 말로만 합의해도 유효하게 성립 할 수 있다.**
2문단에서 원칙적으로 계약은 특별한 방식이 정해져 있지 않아 당사자가 말로만 합의해도 유효하게 성립한다고 하였다.

④ **특정 유증의 수증자는 유언의 효력이 발생하는 동시에 목적물을 소유한다.**
5문단에서 특정 유증에서는 목적물인 특정 재산에 대한 재산권이 상속인에게 귀속하고, 수증자는 유증의 이행을 청구할 수 있는 채권을 취득한다고 하였다.

⑤ **자필 증서로 하는 유언은 법으로 정한 방식에 따를 필요 없이 자유롭게 할 수 있다.**
2문단에서 유언의 의사 표시는 법이 규정한 일정한 방식에 따라 이루어져야 한다고 하였다. 자필 증서로 하는 유언도 법으로 정한 방식을 따라야 한다.

## 15 핵심 정보 이해 정답률 42% | 정답 ②

**윗글을 이해한 내용으로 적절하지 않은 것은?**

① **유증의 효력은 유언자의 사망으로 발생한다.**
2문단에서 유언의 의사 표시는 당사자의 사망 후에 효력이 생기는 탓에 법이 규정한 일정한 방식에 따라 이루어져야 한다고 하였다.

✔ **수증자가 거절하지 않아야 유증이 유효하게 성립한다.**
1문단에서 유증은 상대방의 의사와 상관없이 유언자의 일방적인 의사만으로 유효하게 성립한다고 하였다.

③ **법인에 유증을 할 때 상속인의 동의는 필요하지 않다.**
1문단에서 유증은 상대방의 의사와 상관없이 유언자의 일방적인 의사만으로 유효하게 성립한다고 하였다.

④ **유증과 증여 모두 상속과 달리 법률 행위로 분류된다.**
1문단에서 유증과 증여는 모두 의사 표시를 기반으로 하는 법률 행위라고 하였다. 4문단에서 상속은 법률 효과가 의사 표시가 아니라 사망이라는 사건으로 생긴다는 점에서 법률 행위와는 근본적으로 차이가 있다고 하였다.

⑤ **증여는 상대방의 승낙이 없으면 효력이 생기지 않는다.**
1문단에서 증여는 상대방의 승낙이 필요하다고 하였다.

★★★ 등급을 가르는 문제!

## 16 내용 추론

정답률 30% | 정답 ⑤

㉠의 예로 가장 적절한 것은?

① **유류분의 처분을 정하는 방식으로 유언을 한다.**
6문단에서 민법은 유류분 제도를 통해 상속인이 된 사람에게 자기 상속분의 일정 비율을 최소한의 몫으로 받을 수 있도록 보장한다고 하였다. 그러므로 유류분의 처분을 정하는 방식으로 유언을 한다는 것은 ㉠의 예로 적절하지 않다.

② **법정 상속인이 아닌 제삼자에게 재산의 일부를 유증한다.**
법정 상속인이 아닌 제삼자에게 재산의 일부를 유증한다는 것은 ㉠의 예로 적절하지 않다.

③ **법정 상속인을 배제하고 공익 단체에 모든 재산을 증여한다.**
법정 상속인을 배제하고 공익 단체에 모든 재산을 증여한다는 것은 ㉠의 예로 적절하지 않다.

④ **법정 상속인들 사이의 상속분을 서로 다르게 정하는 유언을 한다.**
3문단에서 공동 상속인의 상속분을 법률로 정해진 비율과 달리 정하는 유언은 허용되지 않는다고 하였다. 그러므로 법정 상속인들 사이의 상속분을 서로 다르게 정하는 유언을 하더라도 법정 상속분과 다르게 재산을 물려줄 수 없다.

⑤ **제1 순위 법정 상속인들 가운데 한 사람에게 재산의 일부를 유증한다.**
3문단에서 법정 상속인 이외의 사람을 상속인으로 지정하거나 공동 상속인이 받을 수 있는 재산의 비율인 상속분을 법률로 정해진 비율과 달리 정하는 유언은 허용되지 않는다고 하였다. 그런데 6문단에서 상속 재산 전부가 특정한 자녀에게 유증되는 일도 있다고 하였다. 그러므로 제1 순위 법정 상속인들 가운데 한 사람에게 재산의 일부를 유증하면 법률로 정해진 상속분은 변하지 않지만 법정 상속분과 다르게 재산을 물려줄 수 있다. 그러므로 ㉠의 예로 적절하다.

**★★ 문제 해결 꿀~팁 ★★**

▶ **많이 틀린 이유는?**
상속 재산 전부가 특정한 자녀에게 유증되는 일도 있다고 한 예외의 경우를 파악하지 못했기에 오답률이 높았던 것으로 보인다.

▶ **문제 해결 방법은?**
3문단에서 법정 상속인 이외의 사람을 상속인으로 지정하거나 법적으로 공동 상속인 사이에 정해진 상속 재산의 비율인 상속분을 법률로 정해진 비율과 달리 정하는 유언은 허용되지 않는다고 하였다. 이에 ㉠의 예를 찾는 것이 쉽지 않았을 수 있다. 그러나 6문단에서 유언자는 상속인이 아닌 사람이나 단체에 재산을 물려줄 수도 있고, 따라서 상속 재산 전부가 특정한 자녀나 상속인이 아닌 사람에게 유증되는 일도 있다고 하였다. 상속과 유증이 서로 다른 개념임에 유의해야 한다. 따라서 제1 순위 법정 상속인들 가운데 한 사람에게 재산의 일부를 유증하는 경우는 유증으로써 배우자나 자녀에게 법정 상속분과 다르게 재산을 물려주는 예시라고 할 수 있다. 이와 같은 문제를 해결하기 위해서는 문제의 요건과 경우를 잘 파악할 수 있어야 한다.

## 17 구체적 상황 적용

정답률 63% | 정답 ④

윗글을 바탕으로 〈보기〉를 이해한 내용으로 적절하지 않은 것은? [3점]

〈보 기〉

X의 상속인은 배우자, 아들 A, 딸 B가 전부이다. X가 사망하였을 때 그의 재산으로 14억 원의 현금이 확인되었으며, 그 밖의 자산은 없는 것으로 파악되었다. 유효하게 작성된 X의 자필 유언도 발견되었는데, X가 사망하면 전체 재산의 절반을 공익 법인 C에 기부한다는 내용이었다.

① **X에게 채무가 있다면, 공익 법인 C는 기부받은 재산으로 X의 채무를 물어 주는 일이 생길 수 있다.**
5문단에서 포괄 유증은 전체 재산에 대하여 그 전부를 또는 그에 대한 일정 비율을 정하여 상응하는 몫을 물려주는 방식이며 이런 경우에 수증자는 유언의 효력이 발생하는 동시에 상속인과 동일한 권리와 의무를 갖게 된다고 하였다. 그러므로 X에게 채무가 있다면, 공익 법인 C는 기부받은 재산으로 X의 채무를 물어 주는 일이 생길 수 있다고 볼 수 있다.

② **X에게 채무가 있다면, 공익 법인 C는 X에게 채무가 있다는 이유를 들어 7억 원의 수령을 거절할 수 있다.**
1문단에서 유증을 받는 수증자는 유증을 거절할 수 있다고 하였다. 그러므로 X에게 채무가 있다면, 공익 법인 C는 X에게 채무가 있다는 이유를 들어 7억 원의 수령을 거절할 수 있다고 볼 수 있다.

③ **X에게 채무가 없다면, 아들 A와 딸 B가 법정 상속분에 따라 상속받는 재산의 합은 X의 배우자가 상속받는 재산보다 많다.**
4문단에서 배우자와 아들, 딸이 한 명씩 있다면 그 상속분의 비율은 각각 1.5 : 1 : 1이라고 하였다. 그러므로 X에게 채무가 없다면, 아들 A와 딸 B가 법정 상속분에 따라 상속받는 재산의 합은 X의 배우자가 상속받는 재산보다 많다고 할 수 있다.

④ **X에게 채무가 없다면, X의 부모가 있는 경우 아들 A와 딸 B의 법정 상속분은 줄어들지만, X의 배우자는 법정 상속분이 줄어들지 않는다.**
4문단에서 민법에서는 상속인이 될 자격의 순위를 정해 놓아서, 후순위자는 선순위자가 없는 경우에 상속인이 된다고 하였다. X의 부모는 직계 존속으로 제2 순위이고 아들 A와 딸 B는 직계 비속으로 제1 순위이므로, X의 부모는 사망한 X의 상속인이 되지 못한다. 그리고 X의 배우자, 아들 A, 딸 B의 상속분은 법률로 정해져 있다.

⑤ **X에게 채무가 없다면, 법정 상속분에 따라 상속이 이루어졌다고 할 때 공동 상속인들 가운데 아들 A와 딸 B는 같은 금액을 상속받는다.**
4문단에서 배우자와 아들, 딸이 한 명씩 있다면 그 상속분의 비율은 각각 1.5 : 1 : 1이라고 하였다. 그러므로 X에게 채무가 없다면, 법정 상속분에 따라 상속이 이루어졌다고 할 때 공동 상속인들 가운데 아들 A와 딸 B는 같은 금액을 상속받는다고 할 수 있다.

## 18~23 갈래 복합

### (가) 정훈, 「우활가」

**감상** 정훈(1563 ~ 1640)은 조선 중기의 향촌 사족으로 한시문 30여 편, 시조 20수, 가사 5편의 작품을 자신의 문집인 『수남방옹유고』와 『방옹유고』에 남겼다. 그가 남긴 가사 5편에는 내우외환이 끊이지 않았던 17세기에 제도권 주변부에 있던 사대부의 시대 인식과 자신이 처한 현실에 대한 인식, 실제 생활의 구체적 국면 등이 고스란히 담겨 있다. **작품 제목에 쓰인 '우활'이라는 말은 어리석어 세상에 뒤처진 것을 뜻하는 한편, 세상과의 불화를 감수할 만큼 자신이 소중하게 여기는 윤리적 가치를 우직하게 실천해 나가는 태도**를 의미하기도 한다. 작품의 화자는 단락마다 '우활'하다는 말을 반복하면서 자신의 우활함을 토로한다. 그러면서 유교적 윤리 도덕의 실천을 위해 평생 노력했으나 삶에서 이룬 바가 없는 자신의 모습을 한탄하기도 하고, 가난에 구애받지 않고 세속적 세계에 대한 근심도 잊은 채 자연의 아름다움을 만끽하며 사는 자신의 모습에 자긍심을 느끼기도 한다. 아울러 자신의 삶이 우활한 원인을 시대를 잘못 타고난 데에서 찾으며 타락한 현재의 세태를 비판하고 유교의 성현들이 살던 오래전 과거로 돌아가고 싶은 소망을 피력하기도 한다. 그리고 마지막에는 자신의 우활함에서 비롯한 시름을 술로 잊으려 하는 모습을 보인다.

**주제** 우활한 자신에 대한 한탄

### (나) 이중경, 「오대어부가구곡」

**감상** 이중경(1599 ~ 1678)은 청도를 지역적 기반으로 하여, 자신의 생활을 영위하고 문학 활동을 했던 향촌 사족이다. 그는 17세기 강호가도 시가의 변모상을 잘 보여 주는 사대부 문인으로 평가받는다. 강호가도 시가는 자연의 아름다움과 그로부터 생겨나는 정취를 노래한 시가 문학 작품을 총칭하는 말로서, 조선 전기에는 자연에서 누리는 풍류와 더불어 자연에서 얻는 도학적 깨달음을 드러내는 경향이 두드러졌다. 그러나 임진왜란, 병자호란 등의 전란을 겪은 후인 17세기에 오면, 도학적 깨달음에 관한 내용이 약화되고 작가의 체험에 바탕을 둔 심미적 의식이 두드러지는 경향을 보인다. 「오대어부가구곡」은 그러한 조선 중기 강호가도 시가의 변모상을 잘 보여 주는 작품 중 하나이다. 이 작품은 작가가 청도 운문산 일대를 유람하다가 오대의 자연 풍경에 매료되어, 그곳에서 은거 생활을 하면서 지은 총 9수로 구성된 연시조이다. 작품에서 작가는 속세를 멀리하면서 자연에 묻혀 유유자적한 삶을 사는 어부로 자신을 형상화한다. 아울러 **탈속적 공간으로서 자연의 아름다운 풍광을 예찬하고, 그 안에서 누리는 극진한 즐거움을 노래**한다.

**주제** 자연에서 살아가는 삶에 대한 만족감

### (다) 이인상, 「다백운루기」

**감상** 이 작품은 조선 후기에 문인이자 화가로 이름이 높았던 이인상(1710 ~ 1760)의 한문 산문이다. 작가는 음죽 현감으로 있던 1751년에 경치가 아름다운 단양 구담봉 근처에 정자를 짓고 '다백운루'라는 이름을 붙였다. 그 후 정자와 관련해 자신이 겪었던 사유의 경험과 그로부터 얻은 깨달음을 제재로 삼아 쓴 글이 이 작품이다. 이 작품의 주제는 **참된 즐거움은 아름다운 자연이 아니라 공부(독서와 수양)에 있다는 것**이다. 작품에서 작가는 사유의 변화 과정을 보여 주는데 처음에는 '구담에 항상 머물 수 있는 것은 아니고, 좋은 구름도 언제나 만날 수 있는 것은 아니니, 이게 걱정일세.'라고 말하면서 자연이 주는 즐거움을 충분히 누리지 못할지도 모른다는 것에 근심하는 모습을 보인다. 그러나 그 이후에 작가는 자연은 내 뜻대로 할 수 없는 '외물'이라는 점에 착안하여, 자연과 달리 공부는 내 뜻대로 할 수 있는 것이니 공부가 주는 즐거움이야말로 '나의 것'으로 삼을 수 있는 참된 즐거움이라는 결론에 도달한다. 그와 같은 사유의 결과를 드러낸 말이 작품 말미에 나오는 '좋은 구름을 언제나 만날 수 있는 것이 아님과 구담에 항상 머물 수 있는 것이 아님에 대해 걱정할 겨를이 있겠는가.'이다.

**주제** 공부가 주는 참된 즐거움에 대한 깨달음

## 18 표현상 특징 파악

정답률 65% | 정답 ②

(가) ~ (다)에 대한 설명으로 가장 적절한 것은?

① **(가)와 (나)는 모두, 의문의 형식을 사용하여 현실에 대한 미련을 부각한다.**
(가)와 (나)는 현실에 대한 미련을 부각하고 있지 않다.

② **(가)는 유사한 구절을 반복하여, (다)는 유사한 구절을 상응시켜 화자의 인식을 부각한다.**
(가)는 '우활도 우활할샤 그토록 우활할샤', '우활할샤 우활할샤 그토록 우활할샤', '알던가', '어이 알며', '어이 알리'와 같은 유사한 구절을 반복하여 자신의 삶에 대한 화자의 인식을 부각한다. (다)는 '구담에 항상 머물 수 있는 것은 아니고, 좋은 구름도 언제나 만날 수 있는 것은 아니니, 이게 걱정일세.'라는 구절과 '좋은 구름을 언제나 만날 수 있는 것이 아님과 구담에 항상 머물 수 있는 것이 아님에 대해 걱정할 겨를이 있겠는가.'라는 구절이 상응하면서 참된 즐거움에 관한 화자의 생각을 부각한다.

③ **(가)와 (다)는 모두, 계절의 변화를 제시하여 경관의 다양한 변화를 표현한다.**
(가)에는 사계절의 변화가 제시된 반면, (다)에는 계절의 변화가 나타나 있지 않다.

④ **(나)는 장소의 이동을, (다)는 시간의 흐름을 제시하여 그에 따라 생겨나는 삶에 대한 회의감을 드러낸다.**
(나)와 (다)는 삶에 대한 회의감을 드러내고 있지 않다.

⑤ **(가), (나)는 점층적 표현을, (다)는 연쇄적 표현을 사용하여 이상적인 세계에 대한 동경을 드러낸다.**
(나)와 (다)에 이상적 세계에 대한 동경은 나타나 있지 않다.

★★★ 등급을 가르는 문제!

## 19 외적 준거에 따른 작품 감상

정답률 32% | 정답 ③

〈보기〉를 참고하여 (가)를 감상한 내용으로 적절하지 않은 것은? [3점]

〈보 기〉

(가)에서 '우활'은 세상 물정에 어두운 것을 뜻하는 한편, 세상과의 불화를 감수하면서 윤리적 가치에 충실하려는 태도를 말하기도 한다. 그래서 '우활'한 인간은 현실과의 괴리에서 오는 안타까움과 현실에 대한 부정적 인식에서 비롯된 고독감을 드러내기도 하지만, 자신의 삶을 긍정하며 '우활'함을 지켜 나가는 태도를 보이기도 한다.

① **'애친경형과 충군제장을 내 분수 안의 일로만 여겼'다고 한 것에서 윤리적 가치에 충실하고자 했던 화자의 모습이 나타나는군.**
'애친경형과 충군제장을 내 분수 안의 일로만 여겼'다고 한 것에서 윤리적 가치에 충실하고자 했던 화자의 모습이 나타난다고 볼 수 있다.

② **'어리석고 미친 말이 남의 미움받'았다고 한 것에서 세상과 불화하여 소외당했던 화자의 삶이 나타나는군.**
'어리석고 미친 말이 남의 미움받'았다고 한 것에서 세상과 불화하여 소외당했던 화자의 삶이 나타난다고 볼 수 있다.

③ **'인간 시비 듣도 보도 못'한다고 한 것에서 세상 물정에 어두워 현실과의 괴리를 겪는 화자의 안타까움이 드러나는군.**
'인간의 시비 듣도 보도 못하거든'은 뒤에 이어서 나오는 '일신의 번성과 쇠락 백 년을 근심할까'와 연결

되어, 자신의 삶이 어지러운 속세로부터 멀리 떨어져 있어 근심 걱정이 없다는 뜻으로 이해된다. 이는 자신의 삶에 대한 긍정적 인식을 보여 주는 것이므로, 해당 표현이 현실과의 괴리를 겪는 화자 자신에 대한 안타까움을 드러낸 표현이라는 설명은 적절하지 않다.

④ **'옛사람 되고 싶'다고 한 것과 '만 리에 눈뜨고 태고에 뜻을 두'었다고 한 것에서 현실에 대한 화자의 부정적 인식이 드러나는군.**
'옛사람 되고 싶'다고 한 것과 '만 리에 눈뜨고 태고에 뜻을 두'었다고 한 것에서 현실에 대한 화자의 부정적 인식이 드러난다고 볼 수 있다.

⑤ **'우활한 심혼이 그리로 가고 아니' 온다고 한 것과 '인간에 혼자 깨어' 있다고 한 것에서 자신의 가치관에 충실한 화자의 모습이 나타나는군.**
'우활한 심혼이 그리로 가고 아니' 온다고 한 것과 '인간에 혼자 깨어' 있다고 한 것에서 자신의 가치관에 충실한 화자의 모습이 나타난다고 볼 수 있다.

**★★ 문제 해결 꿀~팁 ★★**

▶ 많이 틀린 이유는?
작품 맥락 속 화자의 태도를 정확히 파악하지 못했기에 오답률이 높았던 것으로 보인다.
▶ 문제 해결 방법은?
<보기>에서 '우활'한 인간은 현실과의 괴리에서 오는 안타까움과 현실에 대한 부정적 인식에서 비롯된 고독감을 드러내기도 하지만, 자신의 삶을 긍정하며 '우활'함을 지켜 나가는 태도를 보이기도 한다고 했다. '인간 시비 듣도 보도 못'한다고 한 것은 '일신의 번성과 쇠락 백 년을 근심할까'라는 뒤의 구절과 연결되어, 화자가 자신의 삶에 대한 긍정적 인식을 보여주고 있다는 점을 확인할 수 있다. 그러므로 해당 구절에서 '세상 물정에 어두워 현실과의 괴리를 겪는 화자의 안타까움이 드러'난다고 보는 것은 적절하지 않다. 이와 같은 문제를 해결하기 위해서는 <보기>를 바탕으로 작품의 맥락을 고려할 수 있어야 한다.

## 20 시어 및 구절 의미 파악

정답률 77% | 정답 ④

ⓐ~ⓔ에 대한 설명으로 적절하지 않은 것은?

① **ⓐ : 추구하는 목표를 이루지 못한 것에 대해 탄식하고 있다.**
ⓐ에서 화자는 '애친경형'과 '충군제장'을 하나도 못 이루고 세월이 늦어진다고 말하고 있는데 이를 통해 화자는 추구하는 목표를 이루지 못한 것에 대해 탄식하고 있다고 할 수 있다.

② **ⓑ : 자신의 처지가 애달픈 이유를 시대를 잘못 타고난 데에서 찾고 있다.**
ⓑ에서 화자는 이 몸이 늦게 나서 애달픈 일이 많기에 옛사람이 되고 싶다고 말하고 있는데 이를 통해 화자는 자신의 처지가 애달픈 이유를 시대를 잘못 타고난 데에서 찾고 있다고 할 수 있다.

③ **ⓒ : 과거와 비교하여 현재의 세태를 비판하고 있다.**
ⓒ에서 화자는 순박한 풍속이 아득히 멀어져서 경박하게 되었다고 말하고 있는데 이를 통해 화자는 과거와 비교하여 현재의 세태를 비판하고 있다고 할 수 있다.

✔ **ⓓ : 대상의 변화에 주목하여 그 대상과의 새로운 관계를 모색하고 있다.**
ⓓ에서 화자는 자연물인 물고기와 새우를 벗으로 삼는다고 말하고 있는데 이를 통해 화자는 자연에 대한 친근감을 나타내고 있다.

⑤ **ⓔ : 생명을 지닌 존재에 대한 애정에서 생겨난 정서적 반응이다.**
ⓔ에서 군자는 궂은 날씨로 인하여 만물이 생장하지 못하게 되는 경우에 대해 걱정하고 있는데 이는 생명을 지닌 존재에 대한 애정에서 생겨난 정서적 반응이라고 할 수 있다.

## 21 소재 의미 파악

정답률 70% | 정답 ①

㉠~㉢에 대한 이해로 가장 적절한 것은?

✔ **㉠은 화자가 가난을 개의치 않는, ㉡은 화자가 주변의 사물에 친근감을 느끼는 공간이다.**
㉠(일간모옥)은 '아침이 부족'해도 '저녁을 근심하'지 않고, '비 새'는 집이지만 그런 줄도 모르며 '누더기 옷'을 입고 살아도 부끄러운 줄 모르는 장소이다. 다시 말해 가난한 삶의 장소이지만 가난에 마음이 흔들리지 않는 곳인 것이다. ㉡(집)은 여기서 '물', '돌'과 같은 자연물을 말한다. (나)의 <제3수>에서 화자는 자연물을 '집'으로 삼겠다고 말하면서 자연 친화 의식을 드러내고 있다. 따라서 ㉠을 가난을 개의치 않는 공간으로, ㉡을 주변의 자연 사물에 친근감을 느끼는 공간이라고 설명한 것은 적절하다.

② **㉠과 ㉡은 모두, 화자의 비참한 상황을 드러내는 곳이다.**
㉡은 화자가 충만한 기쁨을 느끼는 자연을 가리킨다. 그러므로 ㉡이 화자의 비참한 상황을 드러내는 곳이라는 설명은 적절치 않다.

③ **㉡은 현실의 공간을, ㉢은 상상의 공간을 나타낸다.**
㉡과 ㉢은 모두 현실 세계의 공간이다.

④ **㉡은 임금에게 감사하는 마음을, ㉢은 삶에 대한 자부심을 불러일으키는 곳이다.**
㉡은 화자가 충만한 기쁨을 느끼는 자연을 가리킨다. 그러므로 ㉡이 임금에게 감사하는 마음을 불러일으키는 곳이라는 설명은 적절치 않다.

⑤ **㉠, ㉡은 긴장감이 고조되는, ㉢은 긴장감이 해소되는 곳이다.**
㉠과 ㉡을 긴장감이 고조되는 곳이라고 볼 수 없고, ㉢을 긴장감이 해소되는 곳이라고 볼 수 없다.

## 22 외적 준거에 따른 작품 감상

정답률 82% | 정답 ④

<보기>를 바탕으로 (가), (나)를 감상한 내용으로 적절하지 않은 것은?

<보 기>
(가)와 (나)는 모두 자연에서 감흥을 느끼는 화자의 모습이 제시되어 있는데 화자가 인식하는 자연의 의미는 장면에 따라 다양하게 나타난다.

① **(가)의 '춘산에 꽃을 보고 돌아올 줄 어이 알며'에서 화자는 자연을 완상의 대상으로 인식하고 있군.**
'춘산에 꽃을 보고 돌아올 줄 어이 알며'는 화자가 자연을 완상의 대상으로 인식하고 있음이 드러나는 표현이라고 할 수 있다.

② **(가)의 '동설에 시흥 겨워 추움을 어이 알리'에서 화자는 자연을 추위도 잊게 할 만큼 시를 짓고 싶은 마음을 불러일으키는 존재로서 인식하고 있군.**
'동설에 시흥 겨워 추움을 어이 알리'는 화자가 자연을 추위도 잊게 할 만큼 시를 짓고 싶은 마음을 불러일으키는 존재로서 인식하고 있음이 드러나는 표현이라고 할 수 있다.

③ **(나)의 '어즈버 무이구곡이 여기도 그곳인가 하노라'에서 화자는 자신이 머무르고 있는 자연을 무이구곡에 비견될 만큼 만족감을 느끼게 하는 공간으로 인식하고 있군.**
'무이구곡'은 중국에 있는 풍광이 아름답기로 유명한 곳이다. 그러므로 화자가 자신이 머무르고 있는 자연 공간을 '무이구곡'에 비견한 것은, 자신이 살고 있는 자연에 대한 높은 만족감의 표현이라고 할 수 있다.

✔ **(나)의 '이 맛을 인간 세상에 제 뉘라서 알리오'에서 화자는 세상 사람들과 함께 누리지 못하는 자연을 결별해야 할 공간으로 인식하고 있군.**
'이 맛을 인간 세상에 제 뉘라서 알리오'는 세상 사람들은 알지 못하는, 자연의 흥취를 자기 혼자만 알고 누리는 데에서 오는 자부심과 만족감을 드러내는 표현이다. 그러므로 자연의 흥취를 세상 사람들과 함께 누리지 못하는 데서 오는 인식을 드러냈다는 설명은 적절하지 않다. 그뿐 아니라 해당 표현을 통해 화자는 자연에 대한 긍정적 정서를 뚜렷이 드러내고 있으므로, 화자가 자연을 결별해야 할 공간으로 인식했다는 설명도 적절하지 않다.

⑤ **(나)의 '속세를 버린 듯하니 심신도 한적하구나'에서 화자는 자연을 속세로부터 심리적 거리를 둘 수 있는 공간으로 인식하고 있군.**
'속세를 버린 듯하니 심신도 한적하구나'는 화자가 자연을 속세로부터 심리적 거리를 둘 수 있는 공간으로 인식하고 있음이 드러나는 표현이라고 할 수 있다.

## 23 구절 의미 파악

정답률 33% | 정답 ②

(다)에 대한 이해로 적절하지 않은 것은?

① **'구담에 항상 머물 수 있는 것은 아니고, 좋은 구름도 언제나 만날 수 있는 것은 아니'어서 걱정했던 것은 '나'의 즐거움이 '외물'에 얽매였기 때문이다.**
'구담에 항상 머물 수 있는 것은 아니고, 좋은 구름도 언제나 만날 수 있는 것은 아니'어서 걱정했던 것은 '나'의 즐거움이 '외물'에 얽매였기 때문이라고 볼 수 있다.

✔ **'맑은 구름'을 즐거움을 주는 자연물 중에서 선호하는 것은 '나'의 즐거움이 '말 없음'에 있어서 '나'가 '고요하여 움직임이 없'는 '맑은 구름'에 싫증이 나지 않기 때문이다.**
'고요하여 움직임이 없'는 것은 '맑은 구름'이 아니라 '천지의 마음'이다. 그리고 작가가 '맑은 구름'을 좋아하는 것은 그것이 '신기하게 변화하면서 다양한 형상을' 띠기 때문인데, 작가는 '그 신기하게 변하고 유동하는 모습도' '종신토록 조용히 앉아 밤낮없이' 보면 '도리어 한 덩어리 물건에 불과하게 되어 보는 이를 싫증 나게 할 것이'라고 말한다. 그러므로 '나'가 '고요하여 움직임이 없'는 '맑은 구름'에 싫증이 나지 않는다는 설명은 적절하지 않다.

③ **'산'보다 '구름'에서 '나'가 더 즐거움을 느끼는 것은 '구름'이 '산'보다 변화무상하기 때문이고, '구름'과 '산'의 속성이 같다고 생각하는 것은 '구름'과 '산'이 '외물'이기 때문이다.**
'산'보다 '구름'에서 '나'가 더 즐거움을 느끼는 것은 '구름'이 '산'보다 변화무상하기 때문이라고 볼 수 있고, '구름'과 '산'의 속성이 같다고 생각하는 것은 '구름'과 '산'이 '외물'이기 때문이라고 볼 수 있다.

④ **'바꿀 수 없'는 가장 큰 즐거움이 '공부하는 일'에 있다고 '나'가 말한 것은 '공부하는 일'에서 얻는 즐거움은 '나의 것으로 삼을 수' 있기 때문이다.**
'바꿀 수 없'는 가장 큰 즐거움이 '공부하는 일'에 있다고 '나'가 말한 것은 '공부하는 일'에서 얻는 즐거움은 '나의 것으로 삼을 수' 있기 때문이라고 볼 수 있다.

⑤ **'좋은 구름을 언제나 만날 수 있는 것이 아님과 구담에 항상 머물 수 있는 것이 아님'에 대해 '나'가 걱정하지 않는 것은 즐거움이 '외물'에만 있지 않음을 알기 때문이다.**
'좋은 구름을 언제나 만날 수 있는 것이 아님과 구담에 항상 머물 수 있는 것이 아님'에 대해 '나'가 걱정하지 않는 것은 즐거움이 '외물'에만 있지 않음을 알기 때문이라고 볼 수 있다.

## 24~26 현대시

**(가) 김기림, 「태양의 풍속」**

**감상** 이 시는 **자연물인 '태양'을 소리 높여 부르는 행위를 통해 태양을 곁에 데려오기 위한 화자의 간절한 마음을 형상화**하고 있다. '태양'은 시적 화자가 추구하는 새로운 정신으로, 화자는 마음의 무너진 터 위에 태양을 모시고, 어머니, 고향, 사랑, 희망이라 부르겠다고 하면서, 태양이 아침을 데리고 오는 유쾌한 손님처럼 찾아와 화자의 가슴속에서 불결한 것들을 없애 주기를 기대하고 있다. 이는 어둠과 밝음의 대립적 속성을 가진 시어들을 활용하는 시상 전개 방식을 통해 잘 드러나 있으며, **새로운 시 세계를 지향하고자 하는 화자의 마음을 구체적으로 형상화**하고 있다.

**주제** 새로운 시 세계에 대한 지향

**(나) 천양희, 「마음의 수수밭」**

**감상** 이 시는 화자의 내면을 '수수밭'에 비유하여 공간화하고, **화자를 일깨우는 다양한 대상을 활용하여 내면 의식의 변화와 성찰을 형상화**하고 있다. 내적 혼란을 겪고 있는 화자는 어둡고 괴로운 마음 상태에서 산을 올려다보기도 하고, 산을 오르기도 하면서 하늘과 푸른 것을 보게 되는데, 처음에 땅을 향하고 있던 화자의 시선이 산 위의 산, 하늘로 향하게 되면서 **점점 혼란스러운 마음을 정리하고 심리적 안정에 이르게 되는 과정**이 감각적으로 드러나 있다.

**주제** 깨달음을 통한 번뇌의 극복

## 24 표현상 특징 파악

정답률 67% | 정답 ④

(가)와 (나)에 대한 설명으로 가장 적절한 것은?

① **(가)와 달리 (나)는 명령형 종결 방식을 활용하여 시적 의미를 강조하고 있다.**
(가)는 '~ 살아라.', '~ 핥아 버려라.', '~ 흔들어 주어라.'와 같은 명령형 종결 방식을 활용하여 시적 의미를 강조하고 있다고 할 수 있다. (나)는 명령형 종결 방식을 활용하고 있다고 할 수 없다.

② **(가)와 달리 (나)는 시간성을 드러내는 시어를 활용하여 시상을 전개하고 있다.**
(가)의 '간밤', '아침', '밤'이 시간성을 드러내고 있고, (나)의 '저녁'이 시간성을 드러내고 있으므로, (가)와 (나) 모두 시간성을 드러내는 표지를 활용하여 시상을 전개하고 있다고 할 수 있다.

③ **(나)와 달리 (가)는 반어적 표현을 사용하여 대상이 지닌 부정적 가치를 부각하고 있다.**



[문제편 p.007]

(가)와 (나)는 반어적 표현을 사용하고 있다고 할 수 없다.

✔ **(가)와 (나)는 모두, 색채어를 활용하여 시적 이미지를 구체적으로 드러내고 있다.**
(가)에서 화자의 내면을 '푸른 잔디밭', '흰 방천'에 비유하면서 색채어를 사용하였다. (나)에서도 화자가 올려다보는 하늘의 자리를 '싱싱하게 푸르다'고 했고, '푸른 것'들이 화자를 올라가라고 하는 장면에서 색채어를 사용하였다. (가)와 (나)는 모두, 색채어를 활용하여 시적 이미지를 구체적으로 드러내고 있다고 할 수 있다.

⑤ **(가)와 (나)는 모두, 특정한 대상을 부르는 방식을 사용하여 시적 대상에 주목하게 하고 있다.**
(가)는 '태양아'와 같이 특정한 대상을 부르는 방식을 사용하여 시적 대상에 주목하게 하고 있다고 할 수 있다. (나)는 특정한 대상을 부르는 방식을 사용하고 있다고 할 수 없다.

## 25 시어의 의미 및 기능 이해

정답률 87% | 정답 ⑤

**㉠~㉤에 대한 이해로 적절하지 않은 것은?**

① **㉠ : '다만 한 번이라도'와 연결하여 '태양'을 데려오기 위한 화자의 간절함을 드러내고 있다.**
'두루미의 목통'은 화자가 태양을 소리 높여 부르기 위해 필요한 것이므로 '다만 한 번이라도'와 연결하여 태양을 데려오기 위한 화자의 간절함을 드러낸다고 볼 수 있다.

② **㉡ : '불결한'과 연결하여 화자의 '가슴속'에서 없애고자 하는 부정성을 상징하고 있다.**
'간밤의 서리'는 부정적인 속성을 지니고 있다는 점에서 화자가 자신의 가슴속에서 없애고자 하는 대상을 드러낸다고 볼 수 있다.

③ **㉢ : '보릿고개를 넘은 세월'과 연결하여 화자가 자신의 힘들었던 과거를 떠올리게 하고 있다.**
'보리밭'은 '보릿고개를 넘은 세월'과 연결하여 화자가 자신의 힘들었던 과거를 떠올리게 하고 있다고 볼 수 있다.

④ **㉣ : '나를 깨운다'와 연결하여 화자의 내면 의식을 일깨우는 존재를 상징하고 있다.**
'목탁새들'은 '나를 깨운다'와 연결하여 화자의 내면 의식을 일깨우는 존재를 상징하고 있다고 볼 수 있다.

✔ **㉤ : '세상에 없는 길'과 연결하여 화자의 좌절감을 드러내고 있다.**
㉤은 내적 혼란에서 벗어나기 위해 거쳐야 하는 세상에 속한 공간이다. 화자가 세상에 없는 길을 만들 수가 없다고 한 것은, 힘들지만 세상에 속한 길에서 내적 혼란을 극복하기 위해 노력해야 한다는 의미이므로 화자가 좌절감을 드러낸 것으로 볼 수 없다.

## 26 외적 준거에 따른 작품 감상

정답률 53% | 정답 ①

**<보기>를 바탕으로 (가)와 (나)를 감상한 내용으로 적절하지 않은 것은? [3점]**

<보 기>

(가)와 (나)에는 내용 면, 형식 면에서 유사한 특징이 나타난다. 내용 면에서는 고달픈 현실을 새로운 정신으로 극복하기 위한 의지를 드러내거나, 내적 혼란에서 벗어나 심리적 안정을 찾으려는 자세를 드러낸다. 한편 형식 면에서는 부정적 상황을 극복하려는 과정을 대립적 시어를 통해 구현한다.

✔ **(가)의 '나의 바다의 요람을 흔들'라고 한 것은 화자의 내적 혼란이, (나)의 '내 막막함도 올라간다'고 한 것은 현실의 고달픔이 심화되고 있음을 나타낸 것이겠군.**
(가)에서 '나의 바다의 요람을 흔들'라고 한 것은 태양의 기운으로 화자의 내면에 생명력을 힘껏 불러일으켜 주기를 바란다는 의미이므로 화자의 내적 혼란을 심화한 것으로 볼 수 없다. (나)에서 '내 막막함도 올라간다'고 한 것은 내적 혼란을 극복하기 위한 분투의 과정을 보여 준 것이므로 현실의 고달픔을 심화한 것으로 볼 수 없다.

② **(가)의 '아침'과 '밤', (나)의 '하늘'과 '땅'은 대립적 시어를 활용하여 시상을 전개한 것이겠군.**
(가)의 '아침'은 밝음의 속성, '밤'은 어둠의 속성을 갖고 있다는 점에서 명암의 대립이, (나)의 '하늘'과 '땅' 사이에는 공간적으로 상하 대립이 드러나므로 대립적 시어를 통해 시상을 전개한 것으로 볼 수 있다.

③ **(가)의 '서러운 나의 시'는 자신의 시가 새로운 정신을 갖추지 못했음을, (나)의 '수수밭이 환해진다'는 화자가 내적 혼란에서 벗어나고 있음을 드러낸 것이겠군.**
(가)의 '서러운 나의 시'는 태양의 속성을 갖추지 못한 시이므로 새로운 시 정신을 갖추지 못했음을, (나)의 '수수밭이 환해진다'는 화자가 심리적 안정을 느끼고 있음을 드러낸 것으로 볼 수 있다.

④ **(가)의 '어두운 병실', (나)의 '저녁만큼 저문 것'은 화자가 처해 있는 부정적인 상황을 나타낸 것이겠군.**
(가)의 '어두운 병실'과 (나)의 '저녁만큼 저문 것'은 화자가 처해 있는 부정적 상황을 나타낸 것으로 볼 수 있다.

⑤ **(가)의 '네가 오기를' '기다'리는 행위는 새로운 정신을 지향하는 화자의 소망을, (나)의 '절벽을 오르'는 행위는 심리적 안정을 찾기 위한 화자의 노력을 드러낸 것이겠군.**
(가)의 '네가 오기를' '기다'리는 행위는 새로운 정신을 지향하는 화자의 소망을 드러낸 것으로 볼 수 있고, (나)의 '절벽을 오르'는 행위는 심리적 안정을 찾기 위한 화자의 노력을 드러낸 것으로 볼 수 있다.

## 27~30 현대 소설

이청준, 「별을 보여 드립니다」

**감상** 이 작품은 **1960년대를 배경으로, 주인공인 '그'가 변모해 가는 과정**을 그리고 있다. '그'는 쫓기듯 간 영국 유학에서 학위를 따지 못하고 귀국한 뒤, 주위 사람들과 어울리지 못한 채 외로움을 느끼고 있으며, 절도와 거짓말을 아무렇게나 하는 습벽이 붙게 된다. 또한 망원경으로 자신만 별을 보면서 남들에게는 보여 주지 않는다. 어느 날 '그'가 영국 유학을 다시 가겠다고 하지만 친구들이 마련한 환송회 날 강가에 가서 영국행은 거짓말이라고 말하며 망원경을 강물에 밀어 넣는 장례를 치른다.

**주제** 암울한 현실 속 자신의 가치관을 지키려는 태도

## 27 인물 이해

정답률 83% | 정답 ③

**윗글에 대한 이해로 가장 적절한 것은?**

① **'그'는 유학 경력으로 인간관계를 만들려 하나 그 뜻을 이루지 못하고 생계를 위해 노력한다.**
'그'는 영국 유학에서 학위를 갖지 못한 채 돌아와 아무것도 할 수 없었고, 회화 교습으로 하숙비를 충당한다. 지면도 없었고 지면을 만들 만한 주변머리도 없는 '그'는 학위를 가져오지 못한 한국적인 약점을 보충하지 못한다. 따라서 '그'가 유학 경력으로 인간관계를 만들려 했다는 것은 적절하지 않다.

② **'나'는 '그'가 외롭다는 말을 반복하면서 거리를 홀로 쏘다니는 것을 목격하고 안타까움을 느낀다.**
'그'가 걸핏하면 외로운데 소리를 함부로 내뱉으며 쏘다니는데, '나'가 '한댔다'라고 서술한 것으로 보아 '그'가 그렇게 하는 것은 본 것이 아니라 들은 것이다. 또한 '나'는 외롭다는 말의 뉘앙스를 치사한, 즉 남부끄러운 것이라고 생각했다는 점에서 안타까움을 느낀 것으로 보기 어렵다.

✔ **'나'는 '진이'를 향한 '그'의 관심에 희망을 갖지만 그들의 만남에 직접 개입하지 않는다.**
'그'가 '진이'를 향해 눈을 열자 '나'는 당황하지만 '그'의 생활에 변화의 가능성을 얻을 수 있다는 희망을 갖는다. 즉 '그'가 거짓말이라는 어휘를 기억해 낼 수 있으리라 기대한 것이다. 그러나 '나'는 '그'와 '진이'의 일을 모른 체하며 곁에서 그냥 지켜보기만 하고 직접 개입하지는 않는다.

④ **'나'는 '그'가 '진이'에게 사랑한다고 말하게 될 때 '진이'가 그 마음을 받아 주리라 예상한다.**
'나'는 '그'가 '진이'를 사랑한다고 말하게 될 때 그녀는 '그'로부터 떠나리라고 예상하고 있다.

⑤ **'그'는 우리의 기대와 달리 '진이'와의 관계에서 상처를 입는다.**
'진이'가 '그'로부터 떠난다는 것은 '나'의 예상이지 실제로 일어난 것은 아니므로 '그'가 그녀로부터 상처를 입는다는 내용은 적절하지 않다.

## 28 서술상 특징 파악

정답률 77% | 정답 ①

**[A]의 서술상의 특징으로 가장 적절한 것은?**

✔ **서술자가 인물의 행적을 요약하여 인물의 태도를 분석한다.**
서술자 '나'는 친구인 '그'에 대해 서술하고 있다. [A]에서 '나'는 '그'가 보인 망측한 습벽, 즉 절도와 거짓말에 대해 서술하면서, 그것을 변명하지 않거나 아무렇게나 한다는 등의 분석 내용을 서술한다. 이러한 서술은 '그'가 보인 일이나 태도에 대해 요약적으로 제시한 것으로 볼 수 있다.

② **동시적 사건을 병치하여 사건에 대한 상이한 관점을 드러낸다.**
도벽, 함부로 하는 거짓말과 관련한 사건이 제시되어 있지만 그것에 대한 상이한 관점을 드러내고 있지는 않다.

③ **공간의 변화를 제시하여 한 인물의 두 행위가 대립되는 원인을 밝힌다.**
도벽과 함부로 하는 거짓말은 대립되는 행위도 아니고, 그것의 원인을 밝히기 위해 공간의 변화를 제시하고 있지도 않다.

④ **서술자가 자신이 아닌 다른 인물의 시선을 통하여 사건의 의미를 해석한다.**
서술자인 '나'에게 비친 '그'의 모습이 서술되어 있고, '그'가 보인 도벽과 거짓말의 의미를 '나' 이외의 인물이 해석하고 있지는 않다.

⑤ **서술자가 관찰한 인물의 내적 독백을 제시하면서 그 인물의 내면 의식을 드러낸다.**
'그'의 내면 의식을 드러낸 내적 독백은 제시되지 않았다.

## 29 인물의 심리 및 태도 이해

정답률 70% | 정답 ⑤

**㉠~㉤에 대한 설명으로 적절하지 않은 것은?**

① **㉠은 '그'가 유학에서 돌아온 후 생겨난 버릇으로 주위 사람들이 의식적으로 외면하는 대상이다.**
㉠에 대해 주위 사람들은 정면으로 인정하고 나서지 않는다.

② **㉡은 거짓임을 망각한 채 거짓말을 하는 '그'에 대한 '나'의 인식이다.**
'나'가 '그'를 ㉡으로 인식한 원인은 '그'가 거짓이 스스로 거짓임을 망각해 버릴 때 무서운 파괴력을 지닐 것이라고 생각했기 때문이다.

③ **㉢은 주위 사람들의 기대에서 벗어나 있는 '그'의 생활을 '나'가 비유적으로 표현한 말이다.**
㉢는 '기대와는 상관없'는 상태를 나타내는 표현이므로 주위 사람들의 기대에서 벗어나 있는 '그'의 생활을 '나'가 비유적으로 표현한 말이라고 볼 수 있다.

④ **㉣은 '나'에게 가슴 아픈 일로 받아들여지는 사건이다.**
㉣은 '나'에게 '이상하게 더 가슴 아픈 일'을 가리키는 사건이다.

✔ **㉤은 '그'가 했던 말이 거짓말이라는 사실을 알게 된 '나'의 정서적 반응을 표현한 말이다.**
'나'는 '그'가 영국 간다는 것이 거짓말이라고 말하자 ㉤이라고 자신의 느낌을 말한다. '나'는 '그'가 영국행이 거짓말이었다는 사실에 대해서는 아무것도 아니라고 생각한다. 즉 거짓말의 내용에 대해서는 관심이 없는 것이다. 그러나 '나'는 '그'의 입에서 거짓말이라는 단어가 소리로 되어 나오는 것이 처음이라는 것에 관심을 보이며 ㉤과 같이 말한다.

## 30 외적 준거에 따른 작품 감상

정답률 50% | 정답 ⑤

**<보기>를 바탕으로 윗글을 감상한 내용으로 적절하지 않은 것은? [3점]**

<보 기>

「별을 보여 드립니다」에서 사회적 관습으로부터 벗어나 있던 '그'는 사회적 관습으로의 회귀를 선택하지만 그것을 무조건적으로 수용하지는 않는다. '그'는 사회적 관습과 개인의 가치관 사이에서 자신이 소중히 여기는 가치를 포기하지 않으면서 사회적 관습에서 벗어나지 않기 위해 깊이 고민한다. 그리하여 과거와는 다른 새로운 삶의 방향을 찾아 나간다.

① **'그'가 '아무렇게나 거짓말을 했다'고 '나'가 생각한 것에서 '그'가 '나'에게 사회적 관습으로부터 벗어난 사람으로 인식되었음을 엿볼 수 있겠군.**

'나'는 '그'가 거짓말을 아무렇게나 한 것에 대해 이해를 못 했는데, 그것은 '그'의 생활이 정상적이지 못한 것이라는 인식 때문이다. 〈보기〉에 따르면 그 인식은 '그'가 사회적 관습으로부터 벗어났다는 인식이다.

② **'그'가 '영국 간다는 건 거짓말'이라고 말한 후 '이놈을 팔게' 될 것 같다며 '강물 아래로 밀어 넣'은 것에서 자신의 가치관을 지키려는 그의 태도를 엿볼 수 있겠군.**
'이놈'은 망원경으로서, '그'는 그것을 팔지 않고 강물 아래로 밀어 넣는다. 이는 '그'가 계속해서 꿈을 꾸겠다는 의지를 드러낸 것으로서, 〈보기〉를 참고하면 자신의 가치관을 지키려는 태도를 보이는 것이다.

③ **'녀석의 입에서 거짓말이라는 단어가 소리로 되어 나'온 것에서 '그'가 사회적 관습으로의 회귀를 선택했음을 알 수 있겠군.**
'녀석의 입에서 거짓말이라는 단어가 소리로 되어 나'온 것에서 '그'가 사회적 관습으로의 회귀를 선택했다고 볼 수 있다.

④ **'녀석의 목소리'가 '낮고 조심스러웠'던 것에서 '그'가 새로운 삶의 방향에 대한 고민 끝에 '나'에게 말했음을 알 수 있겠군.**
'녀석의 목소리'는 '그 말에 대해 무척이나 많은 것을 생각하고 있었던 듯 낮고 조심스러웠'기에 '그'가 새로운 삶의 방향에 대한 고민 끝에 '나'에게 말했다고 볼 수 있다.

⑤ **'나'가 '그의 내부'에 '거짓말이라는 말의 어의가' '남아 있었더란 말인가'라고 한 것에서 '그'가 사회적 관습을 수용하지 않을 사람으로 '나'에게 인식될 것임을 알 수 있겠군.**
〈보기〉에 의하면 '그'가 사회적 관습으로 회귀를 선택한다고 했으므로 거짓말과 같이 사회적 관습으로부터 벗어났던 행위를 중단하고 그 관습을 수용할 것이다. '그'가 거짓임을 망각한 것처럼 보였다가 거짓말이라고 시인하자 '나'는 '그'의 내부에서 아직도 거짓말이라는 말의 어의가 부서져 허물어지지 않고 남아 있었다고 생각한다. 이는 '그'가 사회적 관습을 수용한 것이라는 '나'의 인식을 드러낸 것으로 볼 수 있다.

## 31~34 고전 소설

**작자 미상, 「징세비태록」**

**감상** 이 작품은 중국 청나라를 배경으로, '화신'의 악행에 맞서는 '안경'과 그의 두 아들 '안대후', '안대순'을 주인공으로 한다. 줄거리는 다음과 같다. 안경과 두 아들은 반란을 진압하여 공을 세우면서 화신과 대립한다. 화신이 안대순의 아내 부인 경 씨가 뛰어나다는 말을 듣고 계교를 부려 억지로 첩을 삼고자 하자, 그녀의 쌍둥이 남자 동생인 경몽필이 여장을 하여 부인 경 씨의 모습으로 화신의 집에 갔다가, 오히려 화신의 딸을 만나 사랑하게 되고 결국 아내로 맞이한다. 한편 안경은 병이 들어 죽게 되고, 거리낄 것이 없어진 화신은 안대순이 몽고의 반란에 연루되었다고 모함하는데, 모함이 들통날 것 같자 안대순을 몰래 죽인다. 또한 화신은 안대후를 유배 보낸 뒤, 안대후의 가족들을 위험에 빠뜨린다. 그러나 안대후의 가족은 위기를 모면하고, 안대후와 다시 만나게 된다. 이후 새 황제가 즉위하여 안대후는 높은 벼슬을 얻고, 화신과 그 일당은 처형을 당한다. 이 작품은 **안경과 그의 가문, 화신과 그의 일당이 대립하는 양상을 입체적으로 그려 내며, 그 과정에서 충신과 간신의 정치적 대립, 남녀의 사랑, 혼사 장애 등 흥미로운 이야기**가 펼쳐진다.

**주제** 간신에 대한 경계와 충신의 권장

### 31 서사 전개 양상 이해 정답률 64% | 정답 ④

**[A]에 대한 이해로 적절하지 않은 것은?**

① **신하들은 화신의 의도를 파악하고 임금의 의중과 다른 입장을 내놓음으로써 임금을 곤란하게 한다.**
신하들은 안대후를 위험한 지역에 보내고 싶어 하는 화신의 뜻을 짐작하고 임금의 뜻과는 다르게 안대후를 추천함으로써, 임금을 곤란하게 한다.

② **임금은 안대후가 심복이라는 이유를 들어 신하들의 입장을 반대하지만 결국 그들의 의견을 받아들인다.**
신하들이 안대후를 추천하자 임금은 안대후가 자신의 수족이라며 반대한다. 그러나 화신이 재차 안대후를 추천하자 결국 화신과 신하들의 의견을 받아들인다.

③ **안경이 안대후를 인재로 추천했던 것을 근거로 삼아 화신은 안대후가 도적을 물리쳐야 함을 주장한다.**
화신은 임금에게 흉악한 도적을 물리칠 인물로 안대후를 추천하면서, 과거에 안대후의 부친 안경이 아들들을 추천했던 사실을 언급함으로써, 임금의 동의를 얻어낸다.

④ **안대후는 위험한 지역에 혼자 가려고 하는 자신을 걱정하는 임금을 안심시키기 위해 안대순과 함께 갈 것을 청한다.**
조정에서 흉악한 도적을 물리치러 위험한 지역에 갈 신하를 논의하는데, 간신인 화신은 정적인 안대후를 추천하고 다른 신하들도 화신의 눈치를 보며 그에 동의한다. 임금은 안대후를 보내고 싶지 않지만, 신하들의 의견으로 인해 마지못해 안대후에게 갈 것을 명령하는데, 그러자 안대후는 아우인 안대순과 함께 가겠다고 말하고, 임금은 그것을 허락한다. 임금은 안대후가 아우와 함께 가겠다고 하자 형제가 모두 위험한 곳에 가도 되겠냐며 만류하는 태도를 보인다. 그러자 안대후는 충신의 도리를 언급하며 임금이 이를 허락할 것을 요청한다. 즉, 임금은 형제가 함께 위험한 지역에 가는 것을 걱정한다. 또한 안대후는 처음부터 안대순과 함께 가려고 했다.

⑤ **임금이 안대후에게 황금을 내려 주며 즉일 출발할 것을 명령하자 형제는 집으로 가 행장을 차린다.**
안대후가 안대순과 함께 가는 것을 허락한 임금은 황금 삼천 냥을 사급하고 곧장 출발할 것을 명령한다. 이에 형제는 하직하고 집에 돌아와 행장을 차린다.

### 32 소재의 서사적 기능 파악 정답률 56% | 정답 ⑤

**㉠에 대한 설명으로 가장 적절한 것은?**

① **혈육과 만나고 싶은 욕망이 ㉠에서 실현된다.**
지문에서 안대후가 꿈꾸기 전에 혈육과 만나고 싶어 하는 모습은 찾아볼 수 없으며, 꿈속에서 혈육의 소식을 들을 뿐 혈육을 만나지는 않는다.

② **㉠의 이후에도 ㉠에서 만난 인물과의 인연을 이어 간다.**
지문에서 안대후가 꿈에서 깨어난 뒤에도 노인을 만나거나 인연을 이어 가는 내용은 찾아볼 수 없다.

③ **㉠의 이전에 발생한 인물 간 갈등이 ㉠을 통해 해소된다.**
지문에서 안대후가 꿈을 꾸기 이전에 나타나는 인물 간 갈등은 화신 일당인 만청길에 의해 안대후 가족인 여화가 핍박을 받는 것인데, 이 갈등이 꿈을 통해 해결되는 양상은 찾아볼 수 없다.

④ **㉠에서의 발화는 ㉠의 이후 인물이 가야 할 목적지를 제시해 준다.**
꿈속에서는 노인만 발언을 한다. 노인의 발언 중에는 인물이 가야 할 목적지가 제시되지 않는다.

⑤ **㉠과 현실 간의 경계가 불분명함이 ㉠에서 얻은 물건의 효력으로 나타난다.**
안대후는 귀양지에서 풍토의 병에 걸린다. 여화가 만청길에게 잡혀가기 전까지는 여화가 극진히 간호하였으나, 여화가 잡혀간 뒤로는 병세가 날로 심해져 죽기만을 기다리는 상황이 된다. 이때 안대후는 문득 잠깐 졸게 되는데, 꿈에 노인이 나타나 약을 주자 그것을 먹는다. 그 뒤 안대후는 꿈에서 깨어나는데 입에서 약내가 나며 정신이 상쾌해지고 병에서 낫게 된다. 꿈속에서 약을 먹었는데, 꿈에서 깨어난 뒤에 입에서 약내가 난다는 것은, 꿈속 경험과 꿈 밖 경험이 물건의 효력을 통해 증명되는 것이고, 이는 꿈과 현실의 경계가 불분명함을 말해 주는 것이다.

### 33 인물 특징 이해 정답률 60% | 정답 ⑤

**〈보기〉를 바탕으로 윗글의 인물을 이해한 내용으로 가장 적절한 것은?**

〈보 기〉
고전 소설에서 '조력자'는 출신 가문, 능력의 특성, 행위의 성격 등에 따라 다양한 모습으로 나타난다.

① **애주의 태수인 '왕정윤'은 관리의 권한을 이용해 만청길을 파면하고 여화를 풀어 주었다.**
왕정윤은 애주 태수가 되어 관리의 권한으로 여화를 풀어 준다. 만청길의 파면은 왕정윤이 애주 태수에 부임하기 이전의 일이다.

② **'운수 선생'은 위험을 예견하고 소상 강변으로 가서 부인 경씨를 위기에서 구해 주었다.**
운수 선생은 부인 엄 씨와 부인 경 씨의 조력자로서 노인에게 두 부인을 구출할 것을 부탁하기는 하지만 소상 강변에 가서 직접 두 부인을 구출하는 것은 아니다.

③ **'화 소저'는 다른 가문의 인물이 꾸민 계략을 자기 가문의 인물에게 알려 줌으로써 안대후를 도왔다.**
화 소저는 화신의 딸이다. 즉 화 소저는 다른 가문의 인물이 아닌 자기 가문의 인물이 꾸민 계략을 듣게 되는 것이다. 그리고 화 소저는 경몽필에게 이 사실을 전달한다. 즉, 자기 가문의 인물이 아닌 다른 가문의 인물에게 그 계략을 알려 주는 것이다.

④ **'경몽필'은 자기 가문의 인물에게서 들은 이야기를 전달함으로써 부인 엄 씨가 위험에 빠지지 않게 했다.**
경몽필은 화 소저에게서 들은 이야기를 부인 경 씨에게 전달하여, 부인 경 씨와 부인 엄 씨가 위험에 빠지지 않게 했다. 화 소저는 다른 가문의 인물이므로 이 진술은 적절하지 않다.

⑤ **사명산에서 온 '노인'은 신이한 능력을 발휘해 '두 부인'이 강도에게서 벗어나 애주에 갈 수 있도록 도와주었다.**
고전 소설에서 조력자의 양상과 역할은 다양하다. 조력자의 조력은 출신 가문을 막론하기도 하고, 그 능력은 현실적 차원을 넘어서기도 하며, 직접적으로 도움을 주기도 하고 간접적으로 도움을 주기도 한다. 사명산에서 온 노인은 부인 엄 씨와 부인 경 씨의 구출을 도와주는 조력자로서 신이한 능력을 발휘해 두 부인이 강도에게서 벗어나게 해 준다. 이 덕분에 두 부인은 애주에 도착하게 된다.

★★★ 등급을 가르는 문제!

### 34 갈등 관계 파악 정답률 24% | 정답 ⑤

**〈보기〉를 참고하여 윗글을 감상한 내용으로 적절하지 않은 것은? [3점]**

〈보 기〉
「징세비태록」에서는 악인이 대리자를 통해 정치적 대립 관계에 있는 선인의 가족을 해코지함으로써 간접적으로 선인을 곤경에 빠뜨림은 물론 궁극적으로 선인 가문의 몰락을 주도한다. 대리자와 가족을 정치적 대립 구도에 포함하여 갈등 상황을 입체화하는 것이다.

① **만청길은 귀양지에 있는 선인의 가족을, 정몽렬은 고향에 있는 선인의 가족을 해코지하려는 것에서, 악인의 대리자를 각각에 등장시키는 방식으로 갈등 상황을 입체화하였군.**
만청길은 안대후의 귀양지에 있는 선인의 가족을 핍박하고, 정몽렬은 안대후의 고향에 있는 선인의 가족을 핍박한다. 이 작품은 이렇게 악인의 대리자를 안대후의 가족 각각에 등장시킴으로써 선악의 갈등 상황을 입체화한다.

② **만청길이 '화신과 한패'로 서술되고, 정몽렬이 화신을 '우리 무리'와 함께 언급하는 것에서, 대리자가 악인과 정치적 이해를 같이하는 방식으로 갈등 상황을 입체화하였군.**
만청길과 정몽렬은 모두 화신과 한패로, 화신의 뜻을 따른다. 이렇게 이 작품은 악인과 그의 대리자를 정치적인 이해관계로 묶음으로써 갈등 상황을 입체화한다.

③ **화신이 만청길에게 계략을 전달하고 정몽렬이 화신에게 계략을 제안하는 것에서, 악인이 대리자와 공모하는 방식으로 갈등 상황을 입체화하였군.**
만청길은 화신에게 계략을 듣고, 정몽렬은 화신에게 계략을 제안한다. 이 작품은 악인과 그 대리자가 공모하는 관계로, 이를 통해 갈등 상황을 입체화한다.

④ **만청길이 선인을 가족에게서 분리하고 정몽렬이 선인을 가족과 재회하지 못하게 하려는 것에서, 가족을 해코지하여 선인을 곤경에 빠뜨리는 방식으로 갈등 상황을 입체화하였군.**
만청길과 정몽렬은 안대후의 가족을 해코지하여, 결과적으로 안대후를 곤경에 빠뜨리려 한다. 이 작품은 선인의 가족을 통해 선인을 곤경에 빠뜨림으로써 갈등 상황을 입체화한다.

⑤ **만청길이 가족을 잡아들이고 정몽렬이 가족의 급습을 도모하는 것에서, 악인의 대리자가 선인 가문의 몰락을 주도하는 방식으로 갈등 상황을 입체화하였군.**
이 작품은 선인과 악인의 대결이면서, 선인의 가족과 악인의 대리자가 선악의 구도에 포함됨으로써 대립 구도가 복잡해지는데, 이때 대결이나 갈등의 양상은 대립 구도마다 다양하게 나타난다. 만청길이 선인의 가족을 잡아들이고 정몽렬이 선인의 가족의 급습을 도모하는 것은 악인의 대리자가 선인 가족과 대립하는 것으로 볼 수는 있지만, 악인의 대리자가 선인 가문의 몰락을 주도한 것은 아니다. 만청길의 경우 화신의 명령에 의해 선인의 가족을 잡아들인다는 점에서 주도했다고 보기 어려우며, 정몽렬은 선인 가족의 급습을 제안하기는 했으나 선인 가문의 몰락은 화신이 주도했다고 보아야 한다.



[문제편 p.011]

★★ 문제 해결 꿀~팁 ★★

▶ 많이 틀린 이유는?

'선인 가문의 몰락을 주도'한 인물이 누구인지에 대해 선지가 묻는 바를 명확하게 파악하지 못했기에 오답률이 높았던 것으로 보인다.

▶ 문제 해결 방법은?

이 문제를 해결하기 위해서는 '선인 가문의 몰락을 주도'한 인물이 누구인지 파악하는 것이 핵심이다. 〈보기〉에서 악인이 대리자를 통해 간접적으로 선인을 곤경에 빠뜨리고, 궁극적으로 선인 가문의 몰락을 주도한다고 하였다. ⑤의 경우 만청길이 가족을 잡아들이고 정몽렬이 가족의 급습을 도모하는 것은 적절하다고 볼 수 있으나, 악인의 대리자가 선인 가문의 몰락을 주도했다고 볼 수 없으며 악인이 선인 가문의 몰락을 주도했다고 보아야 한다. 이와 같은 문제를 해결하기 위해서는 〈보기〉에 제시된 내용을 문제 해결의 근거로 적절하게 활용할 수 있어야 하며, 선지가 요구하는 바를 명확하게 이해할 수 있어야 한다.

## [35~45] 화법과 작문

### 35 말하기 방식 파악
정답률 93% | 정답 ②

위 발표에 대한 설명으로 가장 적절한 것은?

① 발표 내용에 대한 청중의 관심을 자신의 경험에 비추어 짐작하고 있다.
발표 내용에 대한 청중의 관심을 자신의 경험에 비추어 짐작하고 있지 않다.

✔ 발표 중간중간에 청중에게 질문하고 대답을 들으며 상호 작용하고 있다.
발표자는 발표 중간중간에 소반에서 변죽의 기능, 해주반의 판각에 새겨진 문양 등에 대해 청중에게 질문하고 그에 대한 답을 들으며 상호 작용하고 있다.

③ 발표 내용과 관련된 정보를 청중의 요청에 따라 추가하여 설명하고 있다.
발표 내용과 관련된 정보를 청중의 요청에 따라 추가하여 설명하고 있지 않다.

④ 발표 내용에 대한 청중의 사전 지식을 환기하며 발표 내용을 조정하고 있다.
발표 내용에 대한 청중의 사전 지식을 환기하며 발표 내용을 조정하고 있지 않다.

⑤ 발표 내용과 관련된 전문가의 견해를 직접 인용하여 청중의 이해를 돕고 있다.
발표 내용과 관련된 전문가의 견해를 직접 인용하고 있지 않다.

### 36 자료 활용 방안 파악
정답률 72% | 정답 ⑤

다음은 발표자가 제시한 자료이다. 발표자의 자료 활용에 대한 설명으로 적절하지 않은 것은? [3점]

[자료 1] [자료 2] [자료 3]

① [자료 1]을 활용하여, 나주반의 변죽과 상판의 결합 방식에 따른 변죽의 형태와 기능을 설명하고 있다.
발표자는 [자료 1]을 활용하여, 상판과 두꺼운 변죽을 따로 만든 후 상판에 결합하는 나주반의 특징을 설명하고 있다. 그리고 나주반의 변죽의 형태와 기능을 설명하고 있다.

② [자료 2]를 활용하여, 해주반의 다리 형태를 통해 그와 관련된 장식적 특징을 설명하고 있다.
발표자는 [자료 2]를 활용하여, 넓은 판으로 되어 있어서 여러 문양을 조각할 수 있는 해주반의 다리 형태를 통해 그와 관련된 장식적 특징을 설명하고 있다.

③ [자료 3]을 활용하여, 통영반의 중대가 소반의 구조적 안정성과 연관되어 있음을 보여 주고 있다.
발표자는 [자료 3]을 활용하여, 다리와 다리 사이를 더 단단하게 연결해 주는 통영반의 중대가 소반의 구조적 안정성과 연관되어 있음을 보여 주고 있다.

④ [자료 1]과 [자료 2]를 활용하여, 해주반과 나주반에서 운각의 역할에 차이가 있음을 제시하고 있다.
발표자는 [자료 1]과 [자료 2]를 활용하여, 해주반의 운각은 상판과 다리를 연결하지 않지만 나주반의 운각은 상판과 다리를 연결하는 역할도 한다고 말하며 해주반과 나주반에서 운각의 역할에 차이가 있음을 제시하고 있다.

✔ [자료 1]과 [자료 3]을 활용하여, 나주반과 통영반의 다리를 특정 동물의 다리에 비유하여 형태상의 공통점을 드러내고 있다.
발표자는 통영반에서 다리의 곡선의 끝이 바깥쪽으로 휘어 있음을 호랑이 다리에 비유하여 설명하고 있다. 하지만 나주반의 다리의 형태를 특정 동물의 다리에 비유하고 있지 않다. 또한 특정 동물의 다리에 비유하여 나주반과 통영반의 다리의 공통점을 드러내고 있지도 않다.

### 37 듣기 전략 파악
정답률 88% | 정답 ⑤

다음은 위 발표를 들은 학생들의 반응이다. 학생의 반응을 이해한 내용으로 적절하지 않은 것은?

> **학생 1** : 소반을 나무로 만든다고 했는데, 소재로 사용하는 나무의 종류는 알려 주지 않아서 궁금해. 학교 도서관에서 소반에 대한 책을 찾아봐야겠어.
> **학생 2** : 평소에 전통 가구에 관심이 많았는데 발표를 통해 소반의 특징에 대해서 알 수 있어서 유익했어. 게다가 국립 △△ 민속 연구원의 자료를 바탕으로 설명했다니 더 믿음이 갔어.
> **학생 3** : 상판의 모양이 둥근 것도 있다고 알고 있는데 발표에서 제시한 소반은 그렇지 않았어. 상판의 모양에 따라 소반의 구조에 차이가 있을지 알아봐야겠어.

① 학생 1은 발표에서 언급되지 않은 정보에 대한 궁금증을 드러내고 있다.
학생 1은 발표에서 언급되지 않은 정보인 소반에 쓰이는 나무의 종류에 대해서 궁금증을 드러내고 있다.

② 학생 2는 발표의 내용이 믿을 만한지 판단하고 있다.
학생 2는 발표에서 제시된 정보의 출처가 국립 △△ 민속 연구원이라는 점에서 발표의 내용이 신뢰성이 있다고 판단하고 있다.

③ 학생 3은 자신이 알고 있던 사실과 발표 내용을 비교하고 있다.
학생 3은 상판의 모양과 관련하여 자신이 알고 있던 사실과 발표 내용을 비교하고 있다.

④ 학생 1과 학생 3은 발표 내용과 관련하여 추가적인 정보를 탐색하려 하고 있다.
학생 1은 소반의 소재로 사용되는 나무의 종류에 대해, 학생 3은 상판의 모양에 따른 소반의 구조적 차이에 대해 추가적인 정보를 탐색하려 하고 있다.

✔ 학생 2와 학생 3은 발표 내용의 효용성을 판단하며 발표를 긍정적으로 평가하고 있다.
학생 2는 평소에 전통 가구에 대해 관심이 많았기 때문에 전통 가구인 소반에 대해 아는 것이 유익하다며 발표 내용이 효용성이 있다고 판단하고, 발표도 긍정적으로 평가하고 있다. 하지만 학생 3은 발표 내용의 효용성을 판단하여 발표를 긍정적으로 평가하고 있다고 볼 수 없다.

### 38 대화 표현 전략 파악
정답률 72% | 정답 ④

(가)의 '학생 1'에 대한 설명으로 가장 적절한 것은?

① 대화 내용에 관해 질문하며 정보의 출처를 요구하고 있다.
(가)의 학생 1은 대화 내용에 관해 질문하며 정보의 출처를 요구하고 있지 않다.

② 대화 내용의 문제점을 지적하며 대화 내용을 전환하고 있다.
(가)의 학생 1은 대화 내용의 문제점을 지적하며 대화 내용을 전환하고 있지 않다.

③ 용어의 개념을 정의하며 앞으로 논의할 사항을 안내하고 있다.
(가)의 학생 1은 용어의 개념을 정의하며 앞으로 논의할 사항을 안내하고 있지 않다.

✔ 대화 내용을 요약하며 자신이 이해한 내용이 맞는지 확인하고 있다.
(가)의 학생 1은 다섯 번째 발화에서 생태계 교란 생물의 유입을 막기 위한 방안에 대해 학생 2와 학생 3이 나눈 대화를 요약하며 자신이 이해한 내용이 맞는지 확인하고 있다.

⑤ 대화 목적을 밝히며 대화에 적극적인 태도로 참여할 것을 요청하고 있다.
(가)의 학생 1은 대화 목적을 밝히며 대화에 적극적인 태도로 참여할 것을 요청하고 있지 않다.

### 39 대화 맥락 분석
정답률 73% | 정답 ④

[A], [B]에 대한 설명으로 적절하지 않은 것은?

① [A]에서 학생 3은 학생 2가 말한 내용에 의문을 제기하고 상세한 설명을 요청하고 있다.
[A]의 대화에서 학생 3은 우리가 필요해서 국내에 도입한 외래 생물이 왜 자연 생태계로 유출된 것인지에 대해 의문을 제기하고 학생 2에게 상세한 설명을 요청하고 있다.

② [B]에서 학생 2는 학생 3이 말한 내용을 긍정하면서 자신의 의견을 제시하고 있다.
[B]의 대화에서 학생 2는 생태계 교란 생물이 유입되지 않게 하는 것에 집중해야 한다는 학생 3의 의견이 일리가 있다고 긍정한 후, 정부에서 검역을 철저히 진행함으로써 생태계 교란 생물종의 국내 유입을 막는 데 최선을 다해야 한다고 자신의 의견을 제시하고 있다.

③ [B]에서 학생 3은 학생 2가 말한 내용에 동의를 표하면서 기대되는 효과를 언급하고 있다.
[B]의 대화에서 학생 3은 생태계 교란 생물 활용 기술 개발 지원에 대한 학생 2의 의견에 동의를 표하면서 생태계 교란 생물을 다양하게 활용하게 된다면 이들의 개체 수를 줄일 수 있을 것이라고 기대되는 효과를 언급하고 있다.

✔ [A]와 [B]에서 학생 2는 학생 3이 말한 내용을 재진술하면서 상대가 궁금해하는 내용을 확인하고 있다.
[A]의 대화에서 학생 2는 학생 3이 말한 내용을 재진술하면서 학생 3이 궁금해하는 내용이 외래 생물이 국내에 들어올 수 있었던 이유인지에 대해 확인하고 있다. 하지만 [B]의 대화에서 학생 2는 학생 3이 궁금해하는 내용을 확인하고 있지 않다.

⑤ [A]와 [B]에서 학생 3은 학생 2가 말한 내용에 대해 자신이 알고 있는 정보를 덧붙이고 있다.
[A]의 대화에서 학생 3은 침입 외래 생물이 인간에게도 경제적, 신체적 피해를 준다는 점을, [B]의 대화에서 학생 3은 생태계 교란 생물을 키우다가 버리는 경우가 있다는 점을 언급하며 학생 2가 말한 내용에 대해 자신이 알고 있는 정보를 덧붙이고 있다.

### 40 대화 내용 반영 여부 파악
정답률 57% | 정답 ④

(가)의 대화 내용이 (나)에 반영된 양상으로 적절하지 않은 것은?

① (가)에서 침입 외래 생물이 주는 피해를 언급한 내용에 대해, (나)에서 구체화하여 문제가 심각함을 드러내었다.
(가)에서 침입 외래 생물이 주는 피해를 언급한 내용에 대해, (나)에서 침입 외래 생물이 자연 생태계와 인간에게 경제적, 신체적으로 미치는 피해를 구체화하여 문제가 심각함을 드러내고 있다.

② (가)에서 정부 기관의 생태계 교란 생물 지정을 언급한 내용에 대해, (나)에서 관련 내용을 추가하여 그 근거를 제시하였다.
(가)에서 정부 기관의 생태계 교란 생물 지정을 언급한 내용에 대해, (나)에서 '생물다양성 보전 및 이용에 관한 법률'을 참조하며 관련 내용과 그 근거를 제시하고 있다.

③ (가)에서 외래 생물이 국내에 유입되는 경우를 언급한 내용에 대해, (나)에서 의도 여부를 기준으로 분류하여 유형화하였다.
(가)의 학생 2가 외래 생물이 국내에 유입되는 경우를 언급한 내용에 대해, (나)의 2문단에서 의도 여부를 기준으로 분류하여 의도적으로 들여온 경우와 비의도적으로 들어온 경우로 유형화하였다.

✔ (가)에서 생태계 교란 생물을 활용하는 기술을 언급한 내용에 대해, (나)에서 사례를 제시하여 문제 해결 방안을 윤리적 측면에서 보완하였다.
(가)의 학생 2와 학생 3이 생태계 교란 생물을 활용하는 기술을 언급한 내용에 대해, (나)에서 단풍잎돼지풀이 약품이나 화장품의 소재로 활용되는 기술의 사례를 제시하였다. 하지만 이것이 문제 해결 방안을 윤리적 측면에서 보완하는 것은 아니다.

⑤ (가)에서 생태계 교란 생물에 대한 민간 차원의 해결 방안을 언급한 내용에 대해, (나)에서 일부를 제외하여 문제 해결 방안의 적절성을 확보하였다.
(가)에서 생태계 교란 생물에 대한 민간 차원의 해결 방안을 언급한 내용에 대해, (나)에서 토종 생물 보호 캠페인을 제외함으로써 문제 해결 방안의 적절성을 확보하였다.

## 41 글쓰기 전략 파악 정답률 66% | 정답 ①

(나)의 글쓰기 방식에 대한 설명으로 가장 적절한 것은?

✔ **제재가 지닌 특성을 드러내어 문제 해결의 어려움을 서술하였다.**
(나)의 3문단에서 빠른 성장과 번식 능력, 새로운 환경에 대한 적응 능력과 같은 생태계 교란 생물의 특성을 드러내어 문제 해결의 어려움을 서술하고 있다.

② **제재에 대한 다양한 견해를 소개하여 각각의 의의를 드러내었다.**
(나)는 제재에 대한 다양한 견해를 소개하여 각각의 의의를 드러내고 있다고 볼 수 없다.

③ **자신의 경험과 제재를 결부하여 예상되는 반론에 대해 반박하였다.**
(나)는 자신의 경험과 제재를 결부하여 예상되는 반론에 대해 반박하고 있다고 볼 수 없다.

④ **전문가의 의견을 인용하여 제재와 관련된 정책의 변화를 제시하였다.**
(나)는 전문가의 의견을 인용하여 제재와 관련된 정책의 변화를 제시하고 있다고 볼 수 없다.

⑤ **제재에 대한 인식을 시기별로 제시하여 인식의 변화 과정을 설명하였다.**
(나)는 제재에 대한 인식을 시기별로 제시하여 인식의 변화 과정을 설명하고 있다고 볼 수 없다.

★★★ 등급을 가르는 문제!

## 42 내용 고쳐 쓰기 정답률 49% | 정답 ①

〈보기〉는 (나)의 마지막 문단의 초고이다. 〈보기〉를 고쳐 쓰는 과정에서 반영된 조언으로 적절하지 않은 것은?

〈보 기〉

생태계 교란 생물로 의한 피해를 줄이기 위해 가장 중요한 일은 이들이 생태계에 유입되는 상황을 막는 것이다. 이를 위해 정부는 빈틈없이 철저한 검역을 통해 이들의 국내 유입을 최대한 차단해야 한다. 그런데 우리는 책임감을 가지고 이들이 자연 생태계에 유출되지 않도록 노력해야 한다. 물론 현실적으로 이들의 퇴치가 우선시되어야 한다. 생태계 교란 생물로부터 지키기 위해 모두의 노력이 필요하다.

✔ **첫 번째 문장은 부적절하게 사용된 조사를 교체하는 게 어때?**
〈보기〉의 첫 번째 문장에서 부적절하게 사용된 조사를 교체하라는 조언을 반영하지 않고 해당 문장을 수정하였다.

② **두 번째 문장은 의미가 중복된 표현을 수정하는 게 어때?**
〈보기〉의 두 번째 문장에서 의미가 중복되는 표현인 '빈틈없이'와 '철저한' 중 '빈틈없이'를 삭제함으로써, 의미가 중복된 표현을 수정하라는 조언을 반영하였다.

③ **세 번째 문장은 잘못된 접속어를 수정하는 게 어때?**
〈보기〉의 세 번째 문장에서 '그런데'라는 접속어를 '그리고'라는 접속어로 고쳐 씀으로써, 잘못된 접속어를 수정하라는 조언을 반영하였다.

④ **네 번째 문장은 글의 통일성을 고려하여 삭제하는 게 어때?**
〈보기〉의 네 번째 문장인 '물론 현실적으로 이들의 퇴치가 우선시되어야 한다'를 삭제함으로써, 글의 통일성을 고려하여 삭제하라는 조언을 반영하였다.

⑤ **다섯 번째 문장은 필요한 문장 성분이 빠져 있으므로 추가하는 게 어때?**
〈보기〉의 다섯 번째 문장에서 '생태계를'이라는 목적어를 추가함으로써, 필요한 문장 성분이 빠져 있으므로 추가하라는 조언을 반영하였다.

**★★ 문제 해결 꿀~팁 ★★**

▶ **많이 틀린 이유는?**
선지가 묻는 바를 정확하게 파악하지 못했기에 오답률이 높았던 것으로 보인다.

▶ **문제 해결 방법은?**
이 문제를 해결하기 위해서는 선지가 묻는 바가 무엇인지를 먼저 파악해야 한다. 선지는 부적절하게 사용된 조사가 교체되었는지를 묻고 있다. 조사를 바꿔쓰는 방식으로 고쳐쓰는 경우, '생태계 교란 생물에 의한 피해를 줄이기 위해 가장 중요한 일은 이들이 생태계에 유입되는 상황을 막는 것이다.'라고 수정해야 한다. 그러나 〈보기〉를 고쳐 쓴 (나)에서는 '생태계 교란 생물로 인한 피해를 줄이기 위해 가장 중요한 일은 이들이 생태계에 유입된 상황을 막는 것이다.'라며 부적절하게 사용된 조사를 교체하지 않고 해당 문장을 수정하였다. 이와 같은 문제를 해결하기 위해서는 선지가 요구하는 바를 명확하게 파악할 수 있도록 조건을 꼼꼼하게 읽어야 한다.

## 43 글쓰기 내용 생성 정답률 85% | 정답 ②

다음은 학생이 떠올린 생각이다. 학생의 '초고'에 반영되지 않은 것은?

① **우리 학교 진로 프로그램이 학생들이 진로 계획을 세우는 데 도움이 되지 못하는 원인을 제시해야겠어.**
초고의 2문단에서 학생은 자신의 학교에서 이루어지고 있는 진로 프로그램이 학생들의 진로 계획 수립에 큰 도움을 주지 못한다고 하면서, 그 원인으로 진로 프로그램이 피상적이라고 지적하고 있다.

✔ **진로 계획 실천을 위한 우리 학교의 진로 프로그램을 다른 학교와 비교해야겠어.**
초고에서는 학교의 진로 프로그램이 피상적이라 학생들이 진로 계획을 세우는 데 큰 도움이 되지 못한다는 점을 지적하고 있다. 하지만 초고에서 학교의 진로 프로그램을 다른 학교와 비교하고 있지는 않다.

③ **학생들이 직접적인 체험을 통해 정보를 얻고 싶어 함을 언급 해야겠어.**
초고의 2문단에서 학생들은 직접적인 체험을 통해 진로와 관련된 정보를 얻고 싶어한다는 점을 언급하고 있다.

④ **학교에서 도입해야 할 진로 관련 프로그램의 사례를 제시해야겠어.**
초고의 3문단에서 대학과의 협력 과정을 통한 실습, 견학 등의 진로 프로그램을 확대할 필요가 있음을 지적하며 학교에서 도입해야 할 진로 관련 프로그램의 사례를 제시하고 있다.

⑤ **진로의 의미를 바탕으로 진로 계획의 중요성을 제시해야겠어.**
초고에서는 진로의 의미를 개인의 일생에 걸쳐 일과 관련해 얻게 되는 모든 경험과 활동으로 설명하고, 학생의 진로 선택에 따라 삶의 많은 부분들이 결정될 뿐만 아니라 삶의 질과 만족도까지 달라질 수 있다는 점을 근거로 진로 계획의 중요성을 제시하고 있다.

## 44 자료 활용 방안 파악 정답률 67% | 정답 ④

〈보기〉는 '초고'를 보완하기 위해 추가로 수집한 자료이다. 자료의 활용 방안으로 적절하지 않은 것은? [3점]

〈보 기〉

ㄱ. 우리 학교 학생들을 대상으로 한 설문 조사

(조사 대상 : 전교생 425명)

ㄱ-1. 진로 계획 수립 여부 ㄱ-2. 진로 계획 수립을 위해 필요한 것

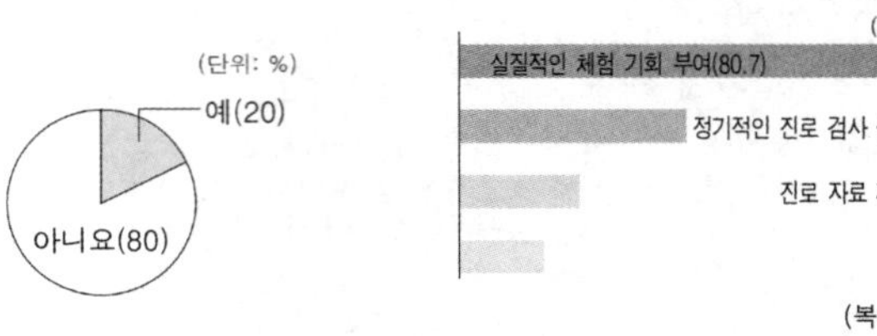


(복수 응답)

ㄴ. 신문 기사
○○시에서 학생들이 진로와 관련된 업무를 직접 수행하고 체험하는 진로 체험 센터를 개관하였다. 진로 체험 센터는 학생들이 자신의 관심 분야에 대한 경험을 쌓을 수 있도록 공간을 구성하고 관련 종사자와 함께 업무를 체험하도록 하고 있다. 해당 센터를 방문한 학생들은 직업 체험에 대해 높은 만족감을 보였다.

ㄷ. 우리 학교 교사 인터뷰
"우리 학교는 진로 검사를 정기적으로 진행하고 관련 자료를 안내하고 있습니다. 그러나 학생들이 진로 계획을 세우는 데에 실질적으로 도움이 된다고 보기에는 한계가 있습니다. 현재 진로 관련 프로그램의 운영 예산이 충분하지 않고, 교사 수도 부족하여 수업과 함께 진로 지도를 하기 어렵다 보니 학생들을 위한 다양한 진로 프로그램을 충분히 제공하지 못하고 있습니다."

① **ㄱ-1을 활용하여, 진로 계획을 수립하지 못한 학생들이 많다는 것을, 학생들의 진로 계획 수립을 도울 방안의 필요성에 대한 근거로 1문단에 제시해야겠어.**
ㄱ-1은 진로 계획을 수립하지 못한 학생들이 많다는 것을 보여주는 설문 조사이다. 이를 1문단에서 학생들의 진로 계획 수립을 도울 방안의 필요성에 대한 근거로 제시하여 활용하는 것은 적절하다.

② **ㄴ을 활용하여, ○○시에서 개관한 진로 체험 센터를, 학생들이 자신의 진로와 관련된 업무를 직접 수행하고 체험하는 공간 조성의 사례로 4문단에 제시해야겠어.**
ㄴ은 ○○시에서 개관한 진로 체험 센터를 설명하는 신문 기사이다. 이를 4문단에서 학생들이 자신의 진로와 관련된 업무를 직접 수행하고 체험하는 공간 조성의 사례로 제시하여 활용하는 것은 적절하다.

③ **ㄷ을 활용하여, 진로 프로그램 운영 예산이 부족하고 교사의 업무 부담이 있다는 내용을, 학교의 인적·물적 자원이 충분하지 않다는 근거로 4문단에 추가해야겠어.**
ㄷ은 우리 학교 교사의 인터뷰 자료이다. ㄷ에서는, 진로 검사를 정기적으로 진행하고 관련 자료를 안내하고 있으나 진로 관련 프로그램의 운영 예산이 부족하고, 교사가 수업과 함께 진로 지도를 하는 데에 어려움이 있음을 언급하고 있다.

✔ **ㄱ-1과 ㄴ을 활용하여, 진로 계획을 세운 학생들에게 진로 체험 프로그램이 필요하다는 내용을, 학교의 진로 프로그램이 피상적이라는 사례로 2문단에 추가해야겠어.**
ㄱ-1은 진로 계획을 수립한 학생의 비율이 매우 낮음을 보여 주는 자료이다. ㄴ은 ○○시에서 지역 학생들에게 직접적인 진로 체험의 기회를 제공하는 진로 체험 센터를 개관하였고, 해당 센터에서 제공하는 직업 체험에 대한 학생들의 만족도가 높음을 알려 주는 신문 기사 자료이다. 이 두 자료를 함께 활용해, 진로 계획을 세운 학생들에게 진로 프로그램이 필요하다는 내용을, 학교의 진로 프로그램이 피상적이라는 사례로 추가할 수는 없다.

⑤ **ㄱ-2와 ㄷ을 활용하여, 학생의 진로 계획 수립을 위한 학교의 진로 프로그램이 부족하다는 내용을, 학교와 대학이 협력한 진로 프로그램 확대의 필요성을 뒷받침하는 근거로 3문단에 추가해야겠어.**
ㄱ-2는 실질적인 체험 기회가 부여되어야 한다고 생각하는 학생이 많음을 보여 주는 설문 조사이다. ㄷ은 학교가 학생들에게 다양한 진로 프로그램을 제공하지 못하고 있다는 인터뷰 내용을 담고 있다. 이를 함께 활용해 3문단에서 학교와 대학이 협력한 진로 프로그램 확대의 필요성을 뒷받침하는 근거로 활용하는 것은 적절하다.

## 45 조건에 맞는 글쓰기 정답률 82% | 정답 ③

다음은 학생의 '초고'를 검토한 선생님의 조언이다. 이를 반영해 [A]를 작성한 내용으로 가장 적절한 것은?

**선생님** : 청소년 시기에 진로 계획을 수립하는 것의 중요성을 밝히면서, 학생들이 진로와 관련된 직접적인 체험을 할 수 있도록 학교와 지역 사회의 지원을 촉구하는 내용으로 마무리하면 좋겠어.

① **청소년 시기는 진로를 준비해야 하는 중요한 시기이다. 그러므로 학생들은 학교와 지역 사회에서 진로 계획을 세우는 경험을 해야 한다.**
청소년 시기에 진로 계획을 수립하는 것의 중요성을 밝히고 있으나, 학생들이 진로와 관련된 직접적인 체험을 할 수 있도록 학교와 지역 사회의 지원을 촉구하는 내용으로 마무리하고 있지 않다.

② **청소년 시기에 진로 계획을 수립하지 못하면 삶의 만족도가 낮아질 수 있다. 그러므로 학생들은 한시라도 빨리 진로 계획을 수립해야 한다.**
청소년 시기에 진로 계획을 수립하는 것의 중요성을 밝히고 있다고 볼 수 있으나, 학생들이 진로와 관련된 직접적인 체험을 할 수 있도록 학교와 지역 사회의 지원을 촉구하는 내용으로 마무리하고 있지 않다.

✔ **청소년 시기에 진로에 대한 계획을 세우는 것은 구체적인 진로의 방향을 설정하는 데에 매우 중요하다. 그러므로 학교와 지역 사회는 학생들이 직접적인 체험을 할 수 있는 다양한 여건을 제공해야 한다.**
선생님은 조언에서 두 가지 내용을 담으라고 하였다. 첫째는 청소년 시기에 진로 계획을 수립하는 것이 중요하다는 점이고, 둘째는 진로와 관련한 직접 체험 기회를 학생들에게 제공하기 위한 학교와 지역 사회의 노력을 촉구해야 한다는 점이다. 청소년 시기에 진로에 대한 계획을 세우는 것은 구체적인 진로의 방향을 설정하는 데에 매우 중요하다는 내용은 선생님의 조언 중 첫 번째 내용을 반영한 것이고, 학교와 지역 사회는 학생들이 직접적인 체험을 할 수 있는 다양한 여건을 제공해야 한다는 내용은 선생님의 조언 중 두 번째 내용을 반영한 것이다.

④ **청소년 시기의 많은 학생들이 진로 계획을 세우는 데에 어려움을 겪고 있다. 그러**



[문제편 p.015]

므로 학교와 지역 사회는 학생들이 겪는 어려움을 해소할 수 있는 적절한 진로 체험 프로그램을 개발하고 운영해야 한다.
학생들이 진로와 관련된 직접적인 체험을 할 수 있도록 학교와 지역 사회의 지원을 촉구하는 내용으로 마무리하고 있으나, 청소년 시기에 진로 계획을 수립하는 것의 중요성을 밝히고 있지 않다.

⑤ 청소년 시기에 진로에 대한 계획을 세우는 것은 진로 선택을 위한 필수적인 과정이다. 그러므로 지역 사회는 진로 계획을 세우지 못한 학생들이 진로와 관련된 직접적인 체험 활동을 할 수 있도록 도움을 주어야 한다.
청소년 시기에 진로 계획을 수립하는 것의 중요성을 밝히고 있다고 볼 수 있고, 학생들이 진로와 관련된 직접적인 체험을 할 수 있도록 지역 사회의 지원을 촉구하는 내용으로 마무리하고 있으나, 학교의 지원을 촉구하는 내용이 포함되어 있지 않다.

## [35~45] 언어와 매체

### 35 현대 국어 품사 이해 정답률 64% | 정답 ①

윗글을 바탕으로 〈보기〉의 ㉠ ~ ㉥을 탐구한 내용으로 적절한 것은?

〈보 기〉
○ ㉠ 이 장소에서도 잘 ㉡ 크는 식물이 ㉢ 둘이 있다.
○ 크기가 ㉣ 큰 무가 ㉤ 여러 개가 있어서 ㉥ 반씩 나누었다.

✔ ㉠과 ㉤은 뒤에 오는 체언을 꾸며 주고 조사와 결합하지 않는다는 점에서 같은 품사로 분류할 수 있겠군.
㉠, ㉤은 관형사로서 뒤에 오는 체언을 꾸며 주고 조사와 결합하지 않는다.

② ㉠과 ㉥은 어떤 사물을 가리킨다는 의미를 가진다는 점에서 같은 품사로 분류할 수 있겠군.
㉠은 관형사이고, ㉥은 명사이다.

③ ㉡과 ㉣은 어간에 동일한 형태의 어미가 결합하고 있다는 점에서 같은 품사로 분류할 수 있겠군.
㉡은 어간에 어미 '-는'이 결합하였고, ㉣은 어간에 어미 '-ㄴ'이 결합하였다.

④ ㉢과 ㉥은 대상의 수량을 정확하게 나타낸다는 점에서 같은 품사로 분류할 수 있겠군.
㉢은 수사이고, ㉥은 명사이다.

⑤ ㉣과 ㉤은 어미가 결합하며 뒤에 오는 성분을 꾸며 준다는 점에서 같은 품사로 분류할 수 있겠군.
㉤은 관형사로, 어미가 결합하지 않았다.

★★★ 등급을 가르는 문제!

### 36 중세 국어 품사 이해 정답률 51% | 정답 ④

윗글을 바탕으로 〈자료〉를 이해한 내용으로 적절한 것은? [3점]

〈자 료〉
(가) 중세 국어 : 어늬(어느 + ㅣ) 解脫이 아니리오
[현대어 풀이 : 어느 것이 해탈이 아니리오]
(나) 중세 국어 : 기피(깊- + -이) 잇는 龍이 소리 업고
[현대어 풀이 : 깊이 있는 용이 소리 없고]
(다) 중세 국어 : 窓ᄋᆞ로 여서(엿- + -어)
[현대어 풀이 : 창으로 엿보아]
(라) 중세 국어 : ᄂᆞᄅᆞᆯ(ᄂᆞᆯ + ᄋᆞᆯ) 사ᄒᆞ라
[현대어 풀이 : 날것을 썰어]
(마) 중세 국어 : 니르고져 홇 배(바 + ㅣ) 이셔도
[현대어 풀이 : 이르고자 할 바가 있어도]

① (가)에서 중세 국어의 '어느'는 ⓐ의 사례로, 현대 국어의 '어느'처럼 관형사로 분류할 수 있다.
(가)에서 중세 국어의 '어느'는 조사 'ㅣ'와 결합할 수 있다는 점에서 관형사로 쓰인 것이 아님을 알 수 있다.

② (나)에서 중세 국어의 '기피'는 ⓑ의 사례로, 현대 국어의 부사 '깊이'와 달리 형용사로 분류할 수 있다.
(나)에서 중세 국어의 '기피' 는 '깊-'에 부사 파생 접미사 '-이'가 결합한 것으로, '노피'와 같이 부사이다.

③ (다)에서 중세 국어의 '엿-'은 ⓑ의 사례로, 현대 국어의 접사 '엿-'과 달리 동사로 분류할 수 있다.
(다)에서 중세 국어의 '엿-'은 중세 국어에서는 단어였지만 현대 국어에서는 품사 분류의 대상에서 제외된 경우의 사례라고 볼 수 있다.

✔ (라)에서 중세 국어의 'ᄂᆞᆯ'은 ⓒ의 사례로, 현대 국어의 접사 '날-'과 달리 명사로 분류할 수 있다.
(라)에서 중세 국어의 'ᄂᆞᆯ'에 조사 'ᄋᆞᆯ'이 결합할 수 있고, 'ᄂᆞᆯ'이 '날것'의 의미를 지니고 있음을 알 수 있다. 따라서 현대 국어의 접사 '날-'과 달리 명사임을 알 수 있다.

⑤ (마)에서 중세 국어의 '바'는 ⓒ의 사례로, 현대 국어의 '바'와 달리 명사로 분류할 수 있다.
(마)에서 '바'는 중세 국어와 현대 국어에서 대응하는 단어의 품사가 같은 경우의 사례라고 볼 수 있다.

**★★ 문제 해결 꿀~팁 ★★**

▶ 많이 틀린 이유는?
중세 국어의 품사에 대한 분석 및 이해가 정확하지 않았기에 오답률이 높았던 것으로 보인다.

▶ 문제 해결 방법은?
이 문제를 해결하기 위해서는 중세 국어의 품사에 대한 분석과 이해를 정확하게 해야 한다. 한편 중세 국어의 요소를 현대어 풀이와 비교하는 과정이 중요한데, ④의 경우 'ᄂᆞᆯ'은 '날것'에, 'ᄋᆞᆯ'은 '을'에 대응시킬 수 있다. 따라서 중세 국어의 경우 'ᄂᆞᆯ'은 명사에 해당하지만, 현대어 풀이의 '날-'은 접사이므로 중세 국어에서는 단어였지만 현대 국어에서는 품사 분류의 대상에서 제외되는 경우에 해당한다. 이와 같은 문제를 해결하기 위해서는 중세 국어와 현대 국어를 대응시킬 수 있어야 한다.

### 37 음운 변동 탐구 정답률 59% | 정답 ④

〈학습 활동〉을 수행한 결과로 적절한 것은?

〈학습 활동〉
아래의 단어들을 발음할 때에는 음절의 끝소리 규칙, 된소리되기, 거센소리되기, 자음군 단순화가 일어난다. ㉠ ~ ㉣에 해당하는 음운 변동이 각각 무엇인지 찾고, ㉠ ~ ㉣ 중 두 가지가 일어나는 예를 생각해 보자.

흙화덕[흐콰덕], 드넓다[드널따]
끊겼다[끈켣따], 겉치레[걷치레]

○ '흙화덕'과 '드넓다'에서 공통적으로 일어나는 음운 변동 : ㉠
○ '흙화덕'과 '끊겼다'에서 공통적으로 일어나는 음운 변동 : ㉡
○ '끊겼다'와 '겉치레'에서 공통적으로 일어나는 음운 변동 : ㉢
○ '끊겼다'와 '드넓다'에서 공통적으로 일어나는 음운 변동 : ㉣

① ㉠, ㉡이 모두 일어난 예 : 밝히다[발키다]
'밝히다[발키다]'는 발음할 때 거센소리되기가 일어난다.

② ㉠, ㉢이 모두 일어난 예 : 닭고기[닥꼬기]
'닭고기[닥꼬기]'는 발음할 때 자음군 단순화와 된소리되기가 일어난다.

③ ㉠, ㉣이 모두 일어난 예 : 깎고서[깍꼬서]
'깎고서[깍꼬서]'는 발음할 때 음절의 끝소리 규칙과 된소리되기가 일어난다.

✔ ㉡, ㉢이 모두 일어난 예 : 숱하다[수타다]
㉠은 자음군 단순화, ㉡은 거센소리되기, ㉢은 음절의 끝소리 규칙, ㉣은 된소리되기이다. '숱하다[수타다]'는 발음할 때 음절의 끝소리 규칙과 거센소리되기가 일어난다. 따라서 '숱하다[수타다]'는 ㉡, ㉢이 모두 일어난 예로 적절하다.

⑤ ㉡, ㉣이 모두 일어난 예 : 단팥죽[단팓쭉]
'단팥죽[단팓쭉]'은 발음할 때 음절의 끝소리 규칙과 된소리되기가 일어난다.

### 38 단어 구성 방식 및 형성 방법 파악 정답률 68% | 정답 ②

〈보기〉를 읽고 이해한 내용으로 적절하지 않은 것은?

〈보 기〉
합성어 중에는 ㉮ 두 어근이 대등하게 결합하는 것이 있고, ㉯ 한 어근이 다른 어근을 수식하는 것도 있다. 한편 ㉰ 각각의 어근이 원래 지닌 의미와는 다른 새로운 의미를 가지는 것도 있다.

ㄱ. 시냇물 주위로 논밭이 펼쳐진 경치가 아름답다.
ㄴ. 오늘 오랜만에 점심으로 보리밥 한 그릇을 먹었다.
ㄷ. 버스가 돌다리를 건너 우리 마을로 들어서고 있었다.
ㄹ. 지난밤 폭설로 인해 눈이 얼어 길바닥이 미끄러워졌다.
ㅁ. 그는 피땀을 흘려 모은 재산을 장학금으로 기부하였다.

① ㄱ의 '논밭'은 두 어근이 대등하게 결합하고 있으므로 ㉮에 해당한다.
'논밭'은 '논'과 '밭'이라는 두 어근이 대등하게 결합하고 있으므로 ㉮에 해당한다.

✔ ㄴ의 '보리밥'은 두 어근이 대등하게 결합하고 있으므로 ㉮에 해당한다.
'보리밥'은 앞의 어근 '보리'가 뒤의 어근 '밥'을 수식하는 합성어이므로 ㉯에 해당한다. 따라서 '보리밥'이 두 어근이 대등하게 결합한 합성어인 ㉮에 해당한다고 이해한 내용은 적절하지 않다.

③ ㄷ의 '돌다리'는 앞의 어근이 뒤의 어근을 수식하고 있으므로 ㉯에 해당한다.
'돌다리'는 '돌'이라는 앞의 어근이 '다리'라는 뒤의 어근을 수식하고 있으므로 ㉯에 해당한다.

④ ㄹ의 '길바닥'은 앞의 어근이 뒤의 어근을 수식하고 있으므로 ㉯에 해당한다.
'길바닥'은 '길'이라는 앞의 어근이 '바닥'이라는 뒤의 어근을 수식하고 있으므로 ㉯에 해당한다.

⑤ ㅁ의 '피땀'은 두 어근의 의미와 다른 새로운 의미를 가지므로 ㉰에 해당한다.
'피땀'은 '피'와 '땀'이라는 의미가 아니라, 노력이나 정성과 같은 새로운 의미를 가지므로 ㉰에 해당한다.

### 39 문장 짜임 파악 정답률 74% | 정답 ③

〈보기〉의 (가) ~ (다)에 들어갈 내용을 바르게 짝지은 것은?

〈보 기〉
선생님 : 관형사절은 안은문장에서 관형어로 쓰이는데 이때 관형사절의 문장 성분이 생략되어 나타날 수 있습니다. [자료]를 아래의 그림에 따라 분류해 봅시다.

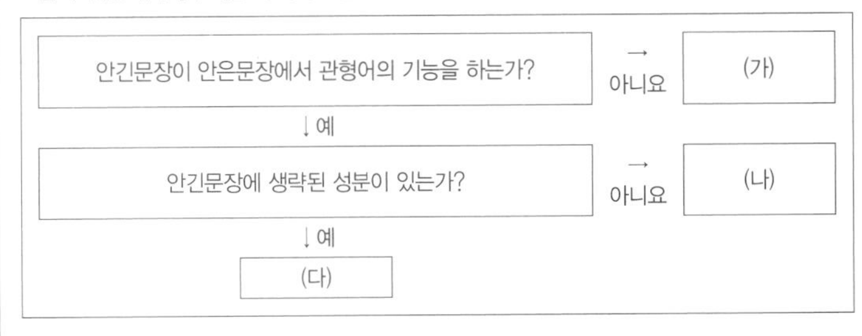


[자료]
ㄱ. 나는 동생이 좋아하는 음식을 준비했다.
ㄴ. 책의 내용을 모두 암기하기는 불가능하다.
ㄷ. 교실에 있던 학생들이 운동장으로 나갔다.
ㄹ. 악어가 물 밖으로 나온다는 사실을 알았다.
ㅁ. 형이 내게 아홉 시까지 집에 오라고 말했다.
ㅂ. 나는 그 사람이 너를 속일 줄은 꿈에도 몰랐다.

| | (가) | (나) | (다) |
|---|---|---|---|
| ① | ㄱ, ㄴ | ㄹ, ㅂ | ㄷ, ㅁ |
| ② | ㄱ, ㄷ | ㄴ, ㅁ | ㄹ, ㅂ |

✔ ㄴ, ㅁ　ㄹ, ㅂ　ㄱ, ㄷ
ㄴ은 명사절을 안은 문장, ㅁ은 인용절을 안은 문장이므로 (가)로 분류할 수 있다. ㄹ과 ㅂ은 관형사절을 안은 문장이며, 안긴문장 내에 생략된 성분이 없으므로 (나)로 분류할 수 있다. ㄱ과 ㄷ은 관형사절을 안은 문장이며 ㄱ은 안긴문장에 목적어가 생략되어 있고, ㄷ은 안긴문장에 주어가 생략되어 있으므로 (다)로 분류할 수 있다.

④ ㄴ, ㅂ　ㄷ, ㄹ　ㄱ, ㅁ
⑤ ㄹ, ㅁ　ㄴ, ㅂ　ㄱ, ㄷ

## 40 매체 특성 이해
정답률 84% | 정답 ⑤

(가)에 반영된 진행자의 생각으로 적절하지 않은 것은?

① 정보가 시청각으로 전달되니, 필요에 따라 후각 정보를 말로 표현해야겠어.
(가)에서 진행자는 카르보나라에서 나는 후각 정보를 말로 표현하고 있다.

② 편집 없이 실시간으로 송출되니, 방송 중에 실수할 경우를 대비해 양해를 구해야겠어.
(가)에서 진행자는 방송이 실시간으로 진행되니 진행이 미숙하더라도 너그럽게 봐줄 것을 바랐다.

③ 주기적으로 방송을 제작하고 있으니, 시청자에게 다음번 방송도 시청해 달라고 요청해야겠어.
(가)에서 진행자는 매주 토요일 두 시에 잊지 말고 만나자고 하고 있다.

④ 방송 진행이 늘어지면 접속자 수가 줄어들 수 있으니, 시간이 소요되는 작업은 방송 전에 끝내 두어야겠어.
(가)에서 진행자는 몇 분 동안 같은 동작을 반복할 때면 방송 진행이 더뎌진다고 나가 버리는 시청자들이 더러 있어서 경성 치즈를 미리 갈아 왔다고 하며 갈아 둔 치즈를 꺼냈다.

✔ 혼자서 다수의 접속자를 상대하니, 방송에 접속자들의 의견을 반영하는 데에 한계가 있음을 미리 안내해야겠어.
(가)의 실시간 인터넷 방송 진행자는 많은 접속자를 혼자서 상대하고 있지만, 방송에 접속자들의 의견을 반영하는 데에 한계가 있음을 미리 안내하지는 않았다.

## 41 매체 소통 양상 이해
정답률 87% | 정답 ④

[A]~[E]에 나타난 소통 양상으로 가장 적절한 것은?

① [A] : '사과'는 개선이 필요하다고 생각하는 점을 밝히고, 진행자는 자신의 발화 내용에 대한 질문에 대답하고 있다.
'사과'는 진행자에게 조리대가 잘 안 보인다는 점을 언급함으로써 방송에서 개선이 필요하다고 생각하는 점을 밝혔다. 이후 진행자는 카메라의 높이를 조절하였다. 진행자는 자신의 발화 내용에 대한 질문에 대답한 것이 아니다.

② [B] : '꽃잎'은 지난번 방송에 참여했던 경험을 이야기하고, 진행자는 시청자와 정서적인 교류를 지속하고 있음을 드러내고 있다.
'꽃잎'은 지난번 방송에 참여했던 경험을 이야기하고 있다. 진행자는 시청자의 질문에 대한 정보를 제공하고 있을 뿐 시청자와 정서적인 교류를 지속하고 있다고 볼 수 없다.

③ [C] : '들판'은 방송 내용에 대한 개인적 선호를 드러내고, 진행자는 방송 순서를 변경하여 안내하고 있다.
진행자는 베이컨과 함께, 카르보나라의 필수 재료가 아닌 것들 중 몇 가지를 함께 볶으려고 한다며 무엇이 좋을지 시청자에게 물었다. 이에 '들판'은 자신은 표고버섯과 다진 마늘이 어우러져 나는 향이 좋다고 함으로써 방송 내용에 대한 개인적 선호를 드러냈다. 이어 진행자는 '들판'이 언급한 두 가지 재료를 베이컨과 함께 볶기로 하였는데, 이는 방송 순서를 변경하여 안내한 것이 아니다.

✔ [D] : '냠냠'은 자신이 궁금해하는 점을 언급하고, 진행자는 이에 대해 필요한 정보를 제공하고 있다.
'냠냠'은 스파게티 면을 삶는 물이 짜면 면이 더 쫄깃해지는 이유를 진행자에게 물었고, 진행자는 소금물로 면을 삶으면 면이 그 물을 점점 머금고 나서 면 속 수분이 일부 소금물로 빠져나가고 면이 쫄깃해진다고 하였다. 진행자는 '냠냠'이 궁금해하는 점에 대해 필요한 정보를 제공했다.

⑤ [E] : '푸름'은 이미 끝난 동작을 다시 반복하기를 요청하고, 진행자는 자신이 그 동작을 한 이유를 밝히고 있다.
'푸름'은 방송을 놓쳤다며 집게로 면이랑 소스를 섞는 동작을 다시 반복하기를 요청한다. 진행자는 동작을 다시 보여주고 있을 뿐 자신이 그 동작을 한 이유를 밝히고 있다고 볼 수 없다.

## 42 매체 자료 생산
정답률 90% | 정답 ④

다음은 (나)에 따라 작성한 누리 소통망의 게시물이다. 작성 과정에서 고려한 내용으로 적절하지 않은 것은? [3점]

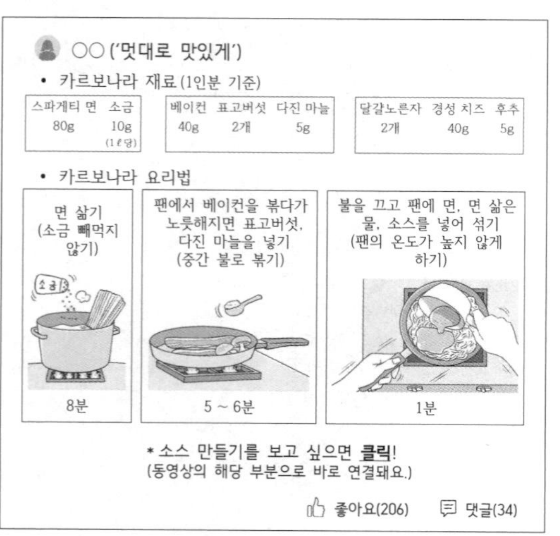


① 재료별 적정 사용량을 표시하기로 한 ㉠에는 재료의 분량을 구체적으로 파악할 수 있도록 수치를 활용하여 나타내자.
진행자가 (나)에 따라 작성한 누리 소통망의 게시물에서 ㉠을 확인할 수 있다. 진행자는 누리 소통망의 게시물 중 카르보나라 재료를 안내하는 부분에서 각 재료의 분량을 구체적인 수치를 활용하여 나타내었다. 이는 요리에 처음 도전하는 구독자도 누리 소통망의 게시물을 보면 요리를 쉽게 따라 할 수 있도록 돕기 위한 것으로 볼 수 있다.

② 요리 과정을 고려하여 재료를 제시하기로 한 ㉠에는 재료들이 쓰이는 요리 과정에 따라 재료들을 구분하여 드러내자.
진행자는 누리 소통망의 게시물 중 카르보나라 재료를 안내하는 부분에서 재료들이 쓰이는 요리 과정 3단계에 따라 재료들을 구분하여 드러내고 있다.

③ 요리법을 간략한 설명으로 안내하기로 한 ㉡에는 요리 과정에서의 주의 사항을 괄호 속에 간단히 제시하자.
진행자는 누리 소통망의 게시물 중 카르보나라 요리법을 안내하는 부분에서 요리 과정에서의 주의 사항을 괄호 속에 간단히 제시하고 있다.

✔ 요리법을 그림으로 간추려 제시하기로 한 ㉡에는 방송에서 쓰이지 않은 재료를 사용할 때의 소요 시간도 제시하자.
진행자가 (나)에 따라 작성한 누리 소통망의 게시물에서 ㉡을 확인할 수 있다. 진행자는 누리 소통망의 게시물 중 카르보나라 요리법을 안내하는 부분에서 요리법을 그림으로 간추려 제시하고 있다. 진행자는 방송에서 말린 고추가 카르보나라의 요리 재료가 될 수 있다고 했지만, 말린 고추를 요리 과정에서 사용하지 않았다. 누리 소통망의 게시물의 ㉡에는 말린 고추가 요리 재료로 제시되어 있지 않고, 말린 고추를 재료로 사용할 때의 소요 시간도 제시되어 있지 않다.

⑤ 방송 녹화본을 볼 수 있게 한 ㉡에는 그림에 표현되지 않은 요리 과정을 다시 시청할 수 있도록 하이퍼링크를 제시하자.
진행자는 누리 소통망의 게시물 중 카르보나라 요리법을 안내하는 부분에서 그림에 표현되지 않은 요리 과정을 다시 시청할 수 있도록 하이퍼링크를 제시하고 있다.

## 43 매체 언어 특성 파악
정답률 86% | 정답 ①

ⓐ~ⓔ에 대한 설명으로 가장 적절한 것은?

✔ ⓐ : 조사 '대로'를 사용하여 카르보나라가 시청자 투표 결과에 따라 선정되었음을 나타내고 있다.
ⓐ의 '대로'는 앞에 오는 말에 근거하거나 달라짐이 없음을 나타내는 보조사이다. ⓐ에서 '대로'는 이번 방송에서 만들 요리로 카르보나라를 선정한 것이 지난주 방송의 시청자 투표 결과에 근거한 것임을 나타내고 있다.

② ⓑ : 조사 '부터'를 사용하여 물을 끓이는 것이 면을 삶기 위한 조건임을 나타내고 있다.
ⓑ의 '부터'는 끓는 물에 스파게티 면을 삶기 위한 시작을 나타내고 있다.

③ ⓒ : 어미 '-니까'를 사용하여 재료를 볶는 중에 일어난 일을 나타내고 있다.
ⓒ의 '-니까'는 중간 불로 바싹 볶는 이유나 근거를 나타내고 있다.

④ ⓓ : 어미 '-고서'를 사용하여 면을 팬에 옮기기 전에 해야 할 일을 나타내고 있다.
ⓓ의 '-고서'는 면을 팬에 옮긴 다음에 해야 할 일을 나타내고 있다.

⑤ ⓔ : 어미 '-으면'을 사용하여 재료들이 어우러지기에 알맞은 상태를 나타내고 있다.
ⓔ의 '-으면'은 재료들이 어우러지기에 알맞지 않은 상태를 나타내고 있다.

## 44 매체 정보 구성 방식 이해
정답률 65% | 정답 ⑤

〈보기〉는 ㉮를 클릭한 화면이다. 이를 바탕으로 ㉠~㉤을 이해한 것으로 적절하지 않은 것은?

〈보 기〉

'매이더' 부원 숙지 사항

[동아리 소개]
우리는 우리 주변의 매체에 관한 이슈를 서로 알리고, 알게 된 것에 자신의 생각을 더하며 오늘날 매체 환경의 변화를 주체적으로 이해하는 동아리입니다. 그러기 위해 부원은 공지를 확인하고 제시된 활동을 수행합니다.

[규칙]
– 동아리 부원들은 동아리 활동에 적극적으로 참여합니다.
– 게시판을 구성하는 항목을 확인하고 각 항목의 성격에 부합하는 글만 올립니다.
– 동아리 활동과 무관한 사적 정보를 드러내지 않습니다.

① 〈보기〉의 '동아리 소개'를 보니, ㉠은 활동 목적을 간략하게 제시하면서 동아리명에 포함되는 글자를 부각하고 있군.
〈보기〉의 '동아리 소개'에는 동아리의 활동 목적이 제시되어 있고, ㉠에는 동아리의 활동 목적이 간략하게 제시되면서 동아리명에 포함되는 글자가 부각되어 있다.

② 〈보기〉의 '규칙'을 보니, ㉡은 게시판 항목을 구별하여 매체 유형에 맞는 글을 올리도록 하고 있군.
〈보기〉의 '규칙'에는 게시판을 구성하는 항목을 확인하고 각 항목의 성격에 부합하는 글만 올려야 한다는 내용이 있고, ㉡에는 게시판을 구성하는 항목이 매체별로 구별되어 있다.

③ 〈보기〉의 '동아리 소개'를 보니, ㉢은 부원이 수행하는 과제를 제시하면서 카페에서의 구체적인 활동을 안내하고 있군.
〈보기〉의 '동아리 소개'에는 부원이 공지를 확인하고 제시된 활동을 수행해야 한다는 내용이 있고, ㉢에는 부원이 수행하는 과제와 카페에서의 구체적인 활동이 안내되어 있다.

④ 〈보기〉의 '규칙'을 보니, ㉣은 특정 부원의 활동 내역을 공개하여 부원들의 활동 참여를 독려하고 있군.
〈보기〉의 '규칙'에는 동아리 부원들이 동아리 활동에 적극적으로 참여해야 한다는 내용이 있고, ㉣에는 3월 셋째 주 우수 부원인 윤슬이 게시 글을 3편, 댓글을 9번 썼음이 드러나 있다. 이는 동아리의 특정 부원의 활동 내역을 공개하여 부원들의 활동 참여를 독려하고 있는 것으로 볼 수 있다.


[문제편 p.019]

✔ 〈보기〉의 '규칙'을 보니, ⓜ은 관리자가 댓글을 삭제하여 불필요한 사적 정보의 노출을 방지하고 있군.
〈보기〉의 '규칙'에는 동아리 활동과 무관한 사적 정보를 드러내지 않아야 한다는 내용이 있다. ⓜ에서는 지수가 댓글에 친구의 휴대 전화 연락처를 잘못 붙여 넣어 동아리 활동과 무관한 사적 정보를 드러냈었고 관리자가 아닌 댓글 작성자인 지수가 그 정보를 삭제했음을 알 수 있다.

**45** 매체 자료 수용 양상 이해 정답률 84% | 정답 ②

**위 화면을 바탕으로 '유료 OTT 업체의 요금제 체제 변화'에 대한 학생들의 수용 양상을 이해한 내용으로 가장 적절한 것은?**

① '윤솔'은 유료 OTT 업체의 요금제 체제 변화에 대한 이용자들의 찬반 의견을 토대로 자신의 견해를 제시하였다.
'윤솔'은 유료 OTT 업체의 요금제 체제 변화에 대한 이용자들의 찬반 의견을 토대로 자신의 견해를 제시하고 있지 않다.

✔ '현민'과 달리, '민승'은 주변을 관찰한 바를 토대로 유료 OTT 업체의 요금제 체제 변화가 어떤 결과로 이어질지 예측하였다.
댓글에서 '민승'은 자신의 주변 친구들은 OTT 업체의 요금제 체제 변화에도 구독을 해지하지 않았다는 점을 통해, 요금제 체제의 변화가 이용자 이탈로 이어질 것 같지 않고 오히려 수익 증대로 이어져 콘텐츠의 질이 올라가는 계기가 될 것 같다고 하였다. '민승'은 자신이 주변을 관찰한 바를 토대로 유료 OTT 업체의 요금제 체제 변화가 어떤 결과로 이어질지 예측한 것으로 볼 수 있다. 댓글에서 '현민'은 우리 학교 학생들이 유료 OTT를 많이 이용한다는 점을 언급하며 10대들의 유료 OTT 이용률을 궁금해하였다. '현민'은 OTT 업체의 요금제 체제 변화가 어떤 결과로 이어질지 예측하지 않았다.

③ '정원'과 달리, '현민'은 자신이 새로 알게 된 정보를 토대로 유료 OTT 업체의 요금제 체제 변화의 원인에 대해 의문을 제기하였다.
'현민'은 자신이 새로 알게 된 정보를 토대로 유료 OTT 업체의 요금제 체제 변화의 원인에 대해 의문을 제기하고 있지 않다.

④ '윤솔'과 '현민'은 모두, 통계 자료를 토대로 유료 OTT 업체의 요금제 체제 변화를 몰고 온 배경 상황을 이해하였다.
'현민'은 통계 자료를 토대로 유료 OTT 업체의 요금제 체제 변화를 몰고 온 배경 상황을 이해하고 있지 않다.

⑤ '정원'과 '민승'은 모두, '윤솔'의 글을 토대로 유료 OTT 업체의 요금제 체제 변화에 의한 기대 효과를 제시하였다.
'정원'은 '윤솔'의 글을 토대로 유료 OTT 업체의 요금제 체제 변화에 의한 기대 효과를 제시하고 있지 않다.



# 02회 | 2023학년도 3월 학력평가 고3



**정답**

공통 | 독서·문학
01 ③ 02 ⑤ 03 ④ 04 ④ 05 ② 06 ⑤ 07 ④ 08★ ① 09 ④ 10 ① 11 ② 12 ⑤ 13 ① 14 ② 15 ③
16 ⑤ 17★ ② 18 ④ 19 ⑤ 20 ③ 21 ⑤ 22 ① 23 ③ 24 ③ 25 ② 26 ① 27 ③ 28★ ① 29 ② 30 ⑤
31 ③ 32 ④ 33 ② 34 ③
선택 | 화법과 작문
35 ② 36 ⑤ 37 ⑤ 38 ③ 39 ④ 40 ④ 41 ① 42★ ① 43 ① 44 ② 45 ④
선택 | 언어와 매체
35 ④ 36 ③ 37★ ① 38 ④ 39 ⑤ 40 ② 41 ④ 42 ⑤ 43 ① 44 ② 45 ③

★ 표기된 문항은 [등급을 가르는 문제]에 해당하는 문항입니다.

## [01~34] 독서·문학

### 01~03 인문

**박영목, 「독서 교육론」**

**해제** 이 글은 **상위 인지의 자기 규제 기제를 이용한 독해 과정 조정 작용에 관해 설명**하고 있다. 독자가 독서 과정을 점검하고 조정하면서 적절한 독서 전략을 활용하면 성공적인 독서를 수행할 수 있다. 따라서 **성공적인 독서**를 위해서는 **독서 목적에 따라 독서 행위를 조정하고, 독자의 배경지식을 활용하면서 독해 과정을 조정할 필요**가 있다. 또한 **책을 읽으면서 문맥 정보를 활용하여 단어나 문장의 의미를 추론하고, 글의 논리적 구조를 파악하며 내용 이해를 심화**할 수 있다. 독서 과정에서 읽은 내용의 이해 정도를 점검하고 이해에 실패했을 경우, 다른 독서 전략을 활용하는 등의 독해 과정 조정 작용도 성공적인 독서를 가능하게 한다. **독서 연구에 따르면 독서 능력이 우수한 독자**는 이러한 **독해 과정 조정 작용을 능숙하게 수행하며, 독서 목적에 맞는 독서 전략을 선택**한다. 반면에 **독서 능력이 부족한 독자**는 **독해 조정 작용에 부족함이 있으며, 글을 읽는 목적을 문자 해독에 두는 경향**이 있다. **성공적인 독서**를 위해서는 **독해 과정 조정 작용을 잘 이해하고 이를 적용하고 실천하는 경험을 쌓아 독서 능력을 키울 필요가 있다.**

**주제** 상위 인지의 자기 규제 기제를 이용한 독해 과정 조정 작용

**문단 핵심 내용**

| | |
|---|---|
| 1문단 | 인지 조정의 일종인 독해 조정 과정 |
| 2문단 | 성공적인 독서를 위한 독해 과정 조정 작용 |
| 3문단 | 성공적인 독서를 위한 방법 |

**01** 내용의 사실적 이해 정답률 81% | 정답 ③

**윗글의 내용과 일치하지 않는 것은?**

① 자기 규제 기제를 이용할 수 있는 능력은 상위 인지에 해당한다.
1문단의 '상위 인지는 어떤 과업의 성취를 보장하는 자기 규제 기제를 이용할 수 있는 능력을 포함한다.'를 통해 알 수 있다.

② 자신이 시도한 행위를 스스로 평가하는 것은 자기 규제 기제를 이용한 것이다.
1문단의 '자기 규제를 이용한다는 것은 문제 해결에 대해 스스로 점검한다든지, 자신이 시도한 행위에 대해 스스로 평가하는 것 등을 의미한다.'를 통해 알 수 있다.

✔ 자기 규제 기제를 이용하는 인지 조정은 독해 과정 조정에 포함되는 개념이다.
1문단을 통해 자기 규제 기제를 이용하는 지적 행위로 인지 조정을 들 수 있고, 독해 과정 조정은 인지 조정의 일종임을 알 수 있다. 따라서 인지 조정은 자기 독해 과정을 포함하는 개념임을 알 수 있으므로 적절하지 않다.

④ 우수한 독자가 되기 위해서는 내용 이해 정도를 점검할 때 독서 목적에 따라 점검 기준이 달라져야 한다.
2문단의 '우수한 독자는 자신의 내용 이해 정도를 점검할 때도 독서 목적에 따라 점검 기준을 달리 적용한다.'를 통해 알 수 있다.

⑤ 독서 능력이 우수한 독자와 부족한 독자는 독서 과정에서 동일한 수준의 배경지식을 활용하는 양상이 서로 다를 수 있다.
2문단의 '우수한 독자는 독서 능력이 부족한 독자와 동일한 수준의 배경지식을 가졌다 하더라도 그것을 독서 과정에 활용하는 능력이 다르다.'를 통해 알 수 있다.

**02** 핵심 정보의 구체적 상황에의 적용 정답률 93% | 정답 ⑤

**다음은 학생이 자신의 읽기 과정을 기록한 글이다. 윗글의 ㉮를 참고하여 다음 ⓐ~ⓔ에 대해 이해한 내용으로 적절하지 않은 것은? [3점]**

> 진로 독서 활동으로 임상 심리사에 대해 설명하는 책을 선정해서 읽기 시작했다. ⓐ 임상 심리사 수련 과정에서 '수련'이라는 말의 의미를 몰랐는데, 관련 부분을 읽으면서 그 의미를 유추할 수 있었다. 이 책에서는 임상 심리사가 되기 위해 공부해야 하는 심리학 내용도 소개하고 있는데, ⓑ 진로 시간에 배웠던 것이 이 내용을 이해하는데 많은 도움이 되었다. 대학원에서 공부하는 것들을 설명하는 부분을 읽을 때는 전문 용어가 많아 이해하지 못한 내용들도 있었다. 그래서 ⓒ 이에 해당하는 부분들을 표시해 놓고 관련 자료를 찾아 이해했다. ⓓ 이 책을 읽은 중요한 목적이 임상 심리사의 실무를 구체적으로 알기 위한 것이었기 때문에 해당 부분을 읽을 때는 다른 부분보다 시간을 많이 들여 꼼꼼히 읽었다. 이 책은 임상 심리사가 되기 위해 알아야 할 것들을 잘 설명하고 있지만 ⓔ 임상 심리사의 직업 전망은 다루지 않아 아쉬웠다.

① ⓐ는 문맥 정보를 활용해 단어의 의미를 추론했음을 보여 주는군.

ⓐ는 학생이 책을 읽으면서 모르는 어휘의 의미를 유추하여 그 의미를 파악하고 있으므로, 문맥 정보를 활용해 단어의 의미를 추론하고 있음을 보여 준다고 할 수 있다.

② ⓑ는 책의 내용을 자신의 배경지식과 관련지어 이해했음을 보여 주는군.
ⓑ는 학생이 진로 시간에 배운 내용이 심리학 내용을 이해하는 데 도움이 되었음을 드러내고 있으므로, 책의 내용을 자신의 배경지식과 관련지어 이해하고 있음을 보여 준다고 할 수 있다.

③ ⓒ는 내용 이해에 실패한 문제를 해결하기 위한 전략을 사용했음을 보여 주는군.
ⓒ는 학생이 책을 읽으면서 자신이 이해하지 못한 부분을 표시해 놓고 관련 자료를 찾아 이해하고 있음을 드러내고 있으므로, 내용 이해에 실패한 문제를 해결하기 위한 전략을 사용하고 있음을 보여 준다고 할 수 있다.

④ ⓓ는 독서 목적을 고려해 독서 행위를 조정했음을 보여 주는군.
ⓓ는 학생이 책을 읽은 목적을 고려하여 해당 부분을 읽을 때는 다른 부분보다 시간을 많이 들여 꼼꼼히 읽었음을 드러내고 있으므로, 독서 목적을 고려해 독서 행위를 조정하였음을 보여 준다고 할 수 있다.

**✔ ⓔ는 글의 논리적 구조를 바탕으로 세부 내용을 심층적으로 이해했음을 보여 주는군.**
〈보기〉에서는 임상 심리사가 되고 싶은 학생이 진로 독서 활동 상황에서 수행한 독서 과정을 제시하고 있다. 2문단을 통해 논리적 구조의 활용은 내용을 심층적으로 이해하는 데 도움이 될 수 있음을 알 수 있지만, 〈보기〉의 ⓔ는 책의 내용에서 다루지 않은 아쉬움을 드러내고 있다. 따라서 ⓔ가 글의 논리적 구조를 바탕으로 세부 내용을 심층적으로 이해했다는 내용은 적절하지 않다.

## 03 내용에 따른 특정 상황의 이해

정답률 91% | 정답 ④

[A]에 근거하여 〈보기〉를 이해한 내용으로 가장 적절한 것은?

〈보 기〉

특정 역사적 사건의 다양한 의미를 다룬 글을 학생 갑, 을에게 제시하고 글의 주제를 파악하라고 하였다. 그리고 갑, 을에게 이 글을 어떻게 읽을 것인지 물어보았다. 갑은 사전을 참고해 낯선 용어의 뜻을 알아가는 데 주목하면서 읽겠다고 답하였고, 을은 관점별로 사건의 의미를 정리하여 비교하면서 읽겠다고 답하였다. 그 후 학생의 실제 독서 결과, 갑은 주제 파악에 실패했지만 을은 주제 파악을 쉽게 했다.

① 갑과 달리, 을은 독서를 문자 해독의 과정으로 인식하는 경향을 보여 준다고 할 수 있겠군.
을보다 갑이 독서를 문자 해독의 과정으로 인식하는 경향이 있다고 할 수 있다.

② 을과 달리, 갑은 텍스트 전체에 관한 의미 구성이라는 독서 목적을 고려하여 독해 과정을 조정하는 능력이 있겠군.
을은 독서 목적에 맞는 독서 전략을 선택하고 주제 파악도 쉽게 했기 때문에 독서 목적을 고려하여 독해 과정을 조정할 수 있는 능력이 있다고 할 수 있다.

③ 글의 주제에 관한 의미를 구성하는 인지 조정을 갑이 을보다 더 수월하게 수행하는 능력이 있겠군.
갑은 독서 목적과 상관없는 독서를 행하여 주제 파악에 실패하고 있으므로 독서 과정에서 인지 조정을 수행하는 능력이 을보다 부족하다고 할 수 있다.

**✔ 글의 주제에 관한 의미 구성과 관련해 상위 인지를 활용한 독서 능력은 을이 갑보다 우수하다고 할 수 있겠군.**
〈보기〉를 통해 을은 독서 목적에 맞는 전략을 적절하게 선택하여 글의 주제를 잘 파악했지만, 갑은 독서 목적에 맞는 전략을 적절하게 선택하지 못하여 주제 파악에 실패하였음을 알 수 있다. 그리고 3문단을 통해 독서 목적에 맞는 독서 전략을 선택한다는 것은 상위 인지를 활용한 독서 능력이 뛰어남을 알 수 있다. 따라서 이러한 3문단의 내용을 볼 때, 주제 파악이라는 독서 목적에 맞는 독서 전략을 선택하여 주제 파악에 성공한 을은, 그렇지 못한 갑보다 상위 인지를 활용한 독서 능력이 우수하다고 할 수 있다.

⑤ 독서 전략을 비교해 볼 때 갑이 을에 비해 독해 과정을 조정해 나가는 경험을 더 많이 쌓아 왔다고 할 수 있겠군.
을은 독서 목적을 고려하여 독해 과정을 조정해 나가는 경험을 갑보다 많이 쌓아 왔다고 할 수 있다.

## 04~09 인문

### (가) 장대익, 「다윈의 식탁」

**해제** 이 글은 **인간과 고등 지능 동물의 행동 차이를 보여 주는 실험을 소개하면서 인간 모방의 특징에 대해 설명**하고 있다. 관찰과 학습을 필수적으로 포함하는 **모방의 개념은 인간과 고등 지능 동물의 행동 차이를 살펴봄으로써 좀 더 분명히 이해**된다. 동일한 구조의 먹이 상자 2개를 이용한 실험을 통해 어린 침팬지들과 아이들의 행동 차이를 거울 뉴런을 이용하여 설명할 수 있다. **인간을 제외한 영장류의 거울 뉴런**은 **목표 관찰이 어려운 상황에서는 거의 활성화되지 않지만, 인간의 거울 뉴런은 행동 목표 외에도 행동이 실행되는 방식이나 의도 모두에서 정교하게 활성화**될 수 있다. 있는 그대로를 따라 하는 인간의 모방 메커니즘은 모방의 진정한 의미를 시사한다.

**주제** 인간 모방의 특징

**문단 핵심 내용**

|  |  |
|---|---|
| 1문단 | 모방의 의미 및 모방을 이해할 수 있는 방법 |
| 2문단 | 인간과 고등 지능 동물의 행동 차이를 보여 주는 모방 실험 |
| 3문단 | 어린 침팬지들과 아이들의 행동 차이를 설명할 수 있는 거울 뉴런 |
| 4문단 | 인간의 모방 과정에 관여하는 거울 뉴런의 특징 |

### (나) 김동규 외, 「미생물이 플라톤을 만났을 때」

**해제** 이 글은 **도킨스와 블랙모어의 견해를 바탕으로 밈의 특징과 유용성을 서술**하고 있다. **도킨스**는 **인간이 유전자의 운반체에 불과하다고 주장**하였고, 나아가 **유전자 전달과 마찬가지로 문화도 특정 정보 단위로 복제된다고 하면서 그러한 것을 밈이라고 불렀다. 밈은 모방을 통해 한 사람의 뇌에서 다른 사람의 뇌로 퍼뜨려진다. 블랙모어**는 이것을 **기생 – 숙주 모델로 설명**하였는데, **밈을 더 많이 퍼뜨리는 복제 전략을 위해 밈에게는 숙주인 인간이 필요**하다는 것이다. 밈의 전달이 모방을 통해 일어난다고 할 때, **블랙모어는 모방을 전염, 개인적 학습, 비모방적인 사회적 학습과 구별**하였다. 그런데 이러한 밈의 존재와 기능에 대해 물리적 실체가 아니라는 점 등을 들어 회의적인 입장을 보이는 사람도 있지만, **밈 이론 지지자들**은 이를 반박하기 위해 **신경 과학 관점에서 밈을 설명하려 시도**하였다. **밈 이론은 사상과 문화 등이 전파되고 확산되는 방법을 설명하는 유용한 도구**라고 할 수 있다.

**주제** 밈의 특징과 유용성

**문단 핵심 내용**

|  |  |
|---|---|
| 1문단 | 문화도 특정 정보 단위로 복제된다고 여긴 도킨스 |
| 2문단 | 도킨스의 밈의 의미 및 기생 – 숙주 모델로 밈을 설명한 블랙모어 |
| 3문단 | 모방을 '전염', '개인적 학습', '비모방적인 사회적 학습'과 구별한 블랙모어 |
| 4문단 | 밈 이론 지지자들의 입장 및 밈 이론의 의의 |

## 04 서술상 특징 파악

정답률 68% | 정답 ④

(가)와 (나)에 대한 설명으로 가장 적절한 것은?

① (가)는 거울 뉴런에 초점을 맞춰 뉴런의 기원을, (나)는 문화에 초점을 맞춰 밈의 기원을 규명하였다.
(가)를 통해 거울 뉴런에 초점을 맞춰 뉴런의 기원을 설명하는 내용은 찾아볼 수 없다. 그리고 (나)를 통해 문화에 초점을 맞춰 밈의 기원을 설명하는 내용은 찾아볼 수 없다.

② (가)는 모방의 과정을 바탕으로 거울 뉴런의 기능을, (나)는 유전자 전달을 중심으로 유전의 특징을 소개하였다.
(가)를 통해 거울 뉴런의 기능을 알 수 있지만, 이를 모방의 과정을 통해 소개하지는 않고 있다. 그리고 (나)를 통해 유전자 전달을 중심으로 유전의 특징을 설명하는 내용은 찾아볼 수 없다.

③ (가)는 사례의 일반화를 통해 모방의 분류 기준을, (나)는 사례의 유형화를 통해 밈이 확산되는 과정을 제시하였다.
(가)를 통해 모방의 분류 기준은 찾아볼 수 없고, (나)를 통해 사례의 유형화를 통해 밈이 확산되는 과정을 찾아볼 수 없다.

**✔ (가)는 실험 결과를 바탕으로 인간 모방의 특징을, (나)는 학자들의 견해를 토대로 밈의 특징과 유용성을 서술하였다.**
(가)에서는 인간과 고등 지능 동물의 행동 차이를 보여 주는 실험을 통해, 어린 침팬지들과 아이들은 시범자의 행동을 따라 할 때 차이점이 있다는 실험 결과를 드러내고 있다. 즉, 아이들이 달리 어린 침팬지들은 행동 목표를 관찰하기 어려울 경우 시범자의 행동을 그대로 따라 하지 않는다는 것이다. 그리고 아이들의 이러한 행동이 거울 뉴런 때문임을 밝히면서, 인간은 모방 메커니즘을 통해 비효율적인 것처럼 보이는 행동까지도 정확히 모방할 수 있음을 드러내고 있다. 따라서 (가)에서는 실험 결과를 바탕으로 인간 모방의 특징을 설명하였다고 할 수 있다. 그리고 (나)에서는 도킨스와 블랙모어의 밈에 대한 견해를 바탕으로 밈의 특징과 유용성을 서술하고 있다. 그리고 이러한 밈의 관점에서 문화 전달을 설명하려는 밈 이론이 사상과 문화 등이 전파되고 확산되는 방법을 효과적으로 설명하는 용용한 도구임을 드러내고 있다. 따라서 (나)에서는 밈에 대한 학자들의 견해를 바탕으로 밈의 특징과 유용성을 설명하였다고 할 수 있다.

⑤ (가)는 인간과 동물의 차이를 통해 모방의 특성을, (나)는 밈과 유전의 차이를 통해 유전자 복제의 특성을 분석하였다.
(가)를 통해 인간과 동물의 차이를 통해 모방의 특성을 설명하고 있음을 알 수 있지만, (나)를 통해 밈과 유전의 차이를 통해 유전자 복제의 특성을 분석하는 내용은 찾아볼 수 없으므로 적절하지 않다.

## 05 세부 정보의 이해

정답률 73% | 정답 ②

(가), (나)에 대한 이해로 적절하지 않은 것은?

① (가):실험에서 어린 침팬지가 행동 목표를 관찰하지 못하면 불필요한 행동을 하지 않을 것이다.
(가)의 2문단을 통해 투명 상자 실험에서 어린 침팬지들이 먹이를 얻는 목표와 관련 있는 행동을 따라 하고 먹이를 얻는 데 불필요한 행동은 알아서 제거함을 알 수 있다. 그리고 3문단을 통해 목표 관찰이 어려운 상황에서는 '모방'에서 가장 높은 활성화를 보이는 거울 뉴런이 인간을 제외한 영장류에서는 활성화되지 않음을 알 수 있다. 따라서 실험에서 어린 침팬지가 행동 목표를 관찰하지 못하면 불필요한 행동을 하지 않을 것임을 알 수 있다.

**✔ (가):아이들의 거울 뉴런은 어린 침팬지들의 거울 뉴런과 달리 행동이 실행되는 방식을 모방할 수 없을 것이다.**
(가)의 3문단을 통해, 목표 관찰이 어려운 상황에서 인간을 제외한 영장류의 거울 뉴런은 거의 활성화되지 않음을 알 수 있다. 그리고 인간의 거울 뉴런은 행동 목표 외에도 행동이 실행되는 방식이나 의도 모두에서 정교하게 활성화됨을 알 수 있다. 따라서 아이들의 거울 뉴런은 어린 침팬지들과 달리 목표 관찰이 어려운 상황에서도 행동이 실행되는 방식을 모방한다고 할 수 있다.

③ (가):거울 뉴런의 활성화가 모방에서 가장 높은 이유는 행동에 대한 관찰과 행동의 실행이 모두 충족되기 때문이다.
(가)의 1문단을 통해 모방이 새로운 행동이나 선천적이지 않은 행동 그 자체를 복제한다는 의미임을 알 수 있고, 3문단을 통해 거울 뉴런이 '행동에 대한 관찰'이나 '관찰을 포함하지 않은 행동의 실행'보다 모방에서 가장 높은 활성화를 보임을 알 수 있다. 따라서 관찰과 행동의 실행이 모두 필요한 모방에서 거울 뉴런의 활성화가 가장 높음을 알 수 있다.

④ (나):도킨스는 비유전적 방식으로 전개되는 문화의 전승을 밈으로 설명한다.
(나)의 1문단의 '유전자 전달과 마찬가지로 문화도 특정 정보 단위로 복제된다고 하면서 그러한 것을 밈이라고 부를 것을 제안했다.'와 2문단의 '도킨스에 의하면 밈이란 유전과는 구별되는, 문화와 관련된 복제의 기본 단위이다.'의 내용을 통해 적절한 이해임을 알 수 있다.

⑤ (나):블랙모어의 기생–숙주 모델에서는 밈이 전달될 때 인간은 밈의 숙주라고 본다.
(나)의 2문단의 '블랙모어는 이것을 기생–숙주 모델로 설명한다. 바이러스가 숙주에 기생해 복제를 반복하여 자기 존재를 확장하고 인근의 숙주들을 전염시키듯이 밈에게는 밈을 더 많이 퍼뜨리는 복제 전략을 위해 숙주인 인간이 필요하다는 것이다.'를 통해 적절한 이해임을 알 수 있다.

## 06 구체적 상황에의 적용

정답률 54% | 정답 ⑤

[A]와 [B]를 연결 지어 〈보기〉에 대해 추론한 내용으로 적절하지 않은 것은? [3점]



[문제편 p.021]

<보 기>

어느 지역 사육사들이 원숭이들에게 밭에서 캔 고구마를 모래밭에 매일 던져 주었고, 흙과 모래가 묻은 고구마를 원숭이들은 그냥 먹었다. 어느 날 '미미'라 불리는 젊은 원숭이가 그런 고구마를 물가로 가져가 씻어 먹기 시작했다. 흥미로운 점은 이런 행동을 미미의 친척 원숭이들이 따라 하기 시작하더니 두 세대 만에 그 지역 대부분의 원숭이들이 고구마 씻는 행동을 할 수 있게 되었다는 것이다. 미미가 고구마를 물로 씻어 먹는 것을 관찰한 다른 원숭이들이 자신에게도 고구마가 주어졌을 때 물가에 가서 씻어 먹은 것은 비모방적인 사회적 학습의 사례라고 할 수 있다.

① **원숭이가 고구마를 물로 씻는 행동을 선천적으로 할 줄 안다면 새로운 행동을 배운 것은 아니겠군.**
[B]를 통해 선천적 행동은 새로운 행동을 배운 것에 해당하지 않음을 알 수 있으므로 적절하다.

② **미미가 혼자서 고구마를 물가에서 씻어 먹는 것을 즐겼다면 주어진 환경에 적응하여 특정 행동을 학습한 것이겠군.**
[B]를 통해 미미가 혼자서 고구마를 물가에서 씻어 먹는 것을 즐겼다는 것은 개인적 학습에 해당함을 알 수 있다. 그리고 이러한 개인적 학습은 개체가 환경과의 상호 작용을 통해 특정 반응이나 행동을 하는 것인데, 관찰이 포함되어 있지 않으므로 적절하다.

③ **관찰을 통해 적절한 보상을 받는 환경에 대한 학습이 이루어져 미미의 친척 원숭이들이 미미를 따라 행동하게 되었겠군.**
관찰을 통해 적절한 보상을 받는 환경에 대한 학습이 이루어져 미미의 친척 원숭이들이 미미를 따라 행동하게 되는 것은, [B]에 따르면 자극에 따른 반응이 적절한 보상을 받는 환경에 대해 학습이 이루어진 비모방적 학습에 해당하므로 적절하다.

④ **물로 씻어 먹기 좋게 된 고구마가 보상으로 작용해 두 세대 만에 그 지역 대부분의 원숭이들이 고구마 씻는 행동을 할 수 있게 되었겠군.**
물로 씻어 먹기 좋게 된 고구마가 보상으로 작용해 두 세대 만에 그 지역 대부분의 원숭이들이 고구마 씻는 행동을 할 수 있게 된 것은 비모방적인 사회적 학습으로 설명할 수 있으므로 적절하다.

⑤✔ **미미를 관찰하여 흙과 모래가 묻은 고구마가 있으면 물로 씻어 먹는다는 것을 학습하게 된 원숭이는 미미를 모방하여 고구마를 물로 씻는 행동 자체를 배운 것이겠군.**
<보기>에서 미미가 고구마를 물로 씻어 먹는 것을 관찰한 다른 원숭이들이 고구마를 물로 씻어 먹는 것은 [B]를 볼 때 비모방적인 사회적 학습의 사례에 해당함을 알 수 있다. 그리고 [A]를 통해 행동 그 자체를 복제하는 것이 모방임을 알 수 있다. 따라서 물로 씻어 먹는다는 것을 학습하게 된 원숭이가 고구마를 물로 씻는 행동 자체를 배운 것이 아니 모방에 해당되지 않음을 알 수 있다. [A]와 [B]를 연결 지어 이해하면 행동 그 자체를 복제하는 것이 모방이기 때문이다.

## 07 핵심 정보의 구체적 상황에의 적용

정답률 50% | 정답 ④

**(나)의 밈 이론을 바탕으로 <보기>를 이해한 내용으로 가장 적절한 것은?**

<보 기>

자손 갖기를 거부하는 독신주의는 현대 사회에서 하나의 밈으로 번지고 있다. 이 밈을 적극적으로 수용하는 사람들은 자손을 통해 유전자를 전달하지 않는다.

① **독신주의 밈을 적극적으로 수용한 사람은 밈의 복제자이자 행위자이다.**
(나)의 2문단을 통해 밈 이론에서 복제자이자 행위자는 밈이고, 인간 개체를 행위자로 보지 않음을 알 수 있다.

② **밈은 자손 갖기를 거부하는 독신주의를 사람들에게 전달하는 매개체이다.**
(나)의 2문단을 통해 밈은 문화와 관련된 복제의 기본 단위이므로, 밈을 매개체라 할 수 없다.

③ **밈은 유전자 전달과 마찬가지로 복제될 수 있으므로 독신주의 밈이 자손에게 유전된다.**
(나)의 2문단을 통해 밈은 복제될 수 있지만 유전되는 것은 아니므로 적절하지 않다.

④✔ **자손을 통해 유전자를 전달하려는 유전자의 전략과 자손 갖기를 거부하는 독신주의 밈의 전략은 충돌할 수 있다.**
(나)의 2문단을 바탕으로 할 때, 자손을 통해 자신의 복사본을 더 많이 퍼뜨리려는 유전자의 전략과 자손 갖기를 거부하는 독신주의를 더 많이 퍼뜨리려는 밈의 전략은 서로 대립적인 관계에 있음을 알 수 있다.

⑤ **현대 사회에서 독신주의 밈이 널리 퍼지는 이유는 밈을 적극적으로 수용할수록 유전자 전달이 유리해지기 때문이다.**
(나)의 2문단을 통해 밈은 유전되는 것이 아님을 알 수 있으므로 밈을 적극적으로 수용할수록 유전자 전달이 유리해지기 때문이라고 할 수 없다.

★★★ 등급을 가르는 문제!

## 08 특정 입장의 발언 추리

정답률 32% | 정답 ①

**㉠에 근거하여 ㉢이 ㉡을 반박할 수 있는 말로 가장 적절한 것은?**

①✔ **밈은 거울 뉴런 활성화를 통해 설명될 수 있으므로 물리적 실체가 분명하다고 할 수 있다.**
㉠은 거울 뉴런이 인간의 모방 과정에 관여한다는 설명이고, ㉡은 밈의 존재나 기능에 대해 회의적인 입장을 보이는 사람이며 ㉢은 밈 이론 지지자들에 해당함을 알 수 있다. 그리고 ㉠에 근거하여 ㉢이 ㉡을 반박할 수 있는 말이어야 하므로 밈의 존재나 기능을 옹호하는 말을 할 것임을 추측할 수 있다. 또한 (가), (나)를 통해 밈이 모방의 과정을 통해 전달되고, 모방의 과정에서 거울 뉴런의 활성화라는 물리적 실체를 확인할 수 있음을 알 수 있다. 따라서 밈은 거울 뉴런 활성화를 통해 설명될 수 있으므로 물리적 실체가 분명하다고 할 수 있다고 반박할 것임을 알 수 있다.

② **거울 뉴런이 인간의 주체적 의지로 활성화되므로 밈은 문화 전달의 기능을 수행할 수 있다.**
거울 뉴런이 인간의 주체적 의지로 활성화되는 것은 아니다.

③ **모방에 의해 전파되는 밈의 복제 원리가 불명확하더라도 밈은 문화 확산을 설명하는 도구라고 할 수 있다.**
밈의 복제 원리가 불명확하다는 것을 인정하는 것은 ㉢이 ㉡을 반박할 수 있는 말로 보기 어렵다.

④ **거울 뉴런의 활성화가 영장류에서 폭넓게 관찰되기 때문에 밈은 인간 외 영장류에서도 그 존재를 확인할 수 있다.**
밈이 인간 외 영장류에서 그 존재를 확인할 수 있다는 내용을 ㉠에 근거하여 도출하기 어렵다.

⑤ **거울 뉴런은 관찰 없이 활성화되므로 인간 뇌에서 뇌로 건너다닐 수 있다는 것을 밈의 복제 원리로 제시할 수 있다.**
밈은 모방의 과정을 통해 전달되는데, 모방은 관찰을 필수적으로 포함한다.

### ★★ 문제 해결 꿀~팁 ★★

▶ 많이 틀린 이유는?
이 문제는 글의 내용을 통해 거울 뉴런과 밈에 대해 정확히 이해하지 못했기 때문에 오답률이 높았던 것으로 보인다. 또한 문제의 의도를 정확히 파악하지 못한 것도 오답률을 높인 원인으로 보인다.
▶ 문제 해결 방법은?
이 문제를 해결하기 위해서는 기본적으로 문제의 의도를 정확히 파악해야 한다. 문제의 의도를 정확히 파악했다면 ㉡(밈의 존재나 기능에 대해 회의적 입장을 보이는 사람)이 어떤 입장을 보이고 있는지 알아야 한다. 즉, ㉡은 밈이 물리적 실체가 아니므로 구체적 단위를 설정하기 어렵고, 복제 원리가 불명확하다는 점을 지적하고 있음을 알아야 한다. 이렇게 볼 때, ㉢이 ㉡을 반박하려면 ㉡이 지닌 입장이 잘못되었음을 지적해야 한다. 밈이 물리적 실체이고 구체적 단위를 설정할 수 있다는 것과 복제 원리가 명확하다는 점을 제시하면 된다. 그리고 '㉠에 근거하여'라는 단서가 붙었으므로 ㉠을 바탕으로 반박해야 한다. 이렇게 정리하면 ①이 정답임을 알았을 것이다. 한편 이 문제는 거울 뉴런과 밈에 대한 정확한 이해만 있었어도 문제를 수월하게 풀 수 있었는데, ②, ④, ⑤의 경우 거울 뉴런과 밈에 대한 설명으로 잘못된 것이므로 적절하지 않았음을 알 수 있었을 것이다. 이 문제처럼 글에 제시된 핵심 개념을 바탕으로 문제가 출제되는 경우가 많으므로, 핵심 개념과 관련된 부분에는 반드시 밑줄을 그어 한눈에 알아볼 수 있도록 한다.

## 09 어휘의 문맥적 의미 파악

정답률 85% | 정답 ④

**문맥상 ⓐ ~ ⓔ와 바꾸어 쓰기에 적절하지 않은 것은?**

① **ⓐ:써서**
ⓐ는 '대상을 필요에 따라 이롭게 쓰다.'의 의미이므로, '써서'로 바꾸어 쓸 수 있다.

② **ⓑ:얻었다**
ⓑ는 '얻어 내거나 얻어 가지다.'의 의미이므로, '얻었다'로 바꾸어 쓸 수 있다.

③ **ⓒ:서로 다르다**
ⓒ는 '서로 다르다.'의 의미이므로, '서로 다르다'로 바꾸어 쓸 수 있다.

④✔ **ⓓ:이르지 못한다고**
'불과하다'의 사전적 의미는 '그 수준을 넘지 못한 상태이다.'이므로, '이르지 못한다고'는 문맥상 '불과하다고'와 바꾸어 쓰기에 적절하지 않다. '지나지 않는다고' 정도가 바꾸어 쓰기에 적절하다.

⑤ **ⓔ:거듭하여**
ⓔ는 '같은 일을 되풀이하다.'의 의미이므로, '거듭하여'로 바꾸어 쓸 수 있다.

## 10~13 사회

박동진, 『물권법 강의』

**해제** 이 글은 **부동산의 등기와 관련하여 설명**하고 있다. **물건에 대해 지배력을 갖는 권리를 물권**이라고 하는데, 물건 중에서도 부동산은 일반적으로 동산보다 값비싼 재산이어서 그에 대한 거래는 신중할 수밖에 없어 절차를 다소 번거롭게 하고 있다. **부동산은 등기를 하여 그 권리관계를 사회 일반에 공개하여 게시**하는데, **등기부는 표제부, 갑구, 을구로 편성되며, 한 물건에 하나의 등기 기록만 존재**한다. **부동산 매매와 같이 새롭게 발생한 등기 원인에 의한 등기는 기입등기**라고 하며, **완료된 등기에서 오류를 확인하여 오류를 바로잡고자 하려는 등기는 경정등기**라고 한다. 그리고 **등기의 효력을 정하는 것과 관련하여 성립요건주의와 대항요건주의**가 있는데, **우리 법제는 등기부에 명의가 기재되었을 때 명의자가 소유권을 취득하는 성립요건주의를 채택**하고 있다.

**주제** 부동산 등기의 이해

**문단 핵심 내용**

| 문단 | 핵심 내용 |
|---|---|
| 1문단 | 거래 절차가 번거로운 부동산 거래 |
| 2문단 | 부동산 등기의 이해 |
| 3문단 | 기입등기와 경정등기의 이해 |
| 4문단 | 등기 신청의 주체 및 목적 |
| 5문단 | 등기의 효력을 정하는 것과 관련한 성립요건주의와 대항요건주의 |

## 10 세부 정보의 이해

정답률 74% | 정답 ①

**윗글을 이해한 내용으로 적절한 것은?**

①✔ **소유권과 같은 물권은 물건에 대해 지배력을 갖는 권리이다.**
1문단을 통해 물건에 대해 지배력을 갖는 권리인 물권에는 점유권, 소유권, 전세권 등이 있음을 알 수 있다.

② **부동산에 관한 점유권, 소유권과 같은 사항은 등기부의 을구에 기재된다.**
2문단을 통해 을구에는 전세권, 저당권과 같이 소유권이 아닌 물권들이 설정되어 있다면 기재됨을 알 수 있다.

③ **등기부의 편성은 진정한 권리관계를 반영할 수 있도록 권리자를 중심으로 한다.**
2문단을 통해 등기부의 편성은 소유자가 아니라 부동산을 중심으로 한다는 것을 알 수 있다.

④ **등기부는 관련된 당사자만 신청하여 확인할 수 있도록 하여 부동산 정보를 보호한다.**
2문단을 통해 부동산 물권에 관한 사항은 등기로 사회 일반에 공개하여 게시함을 알 수 있으므로, 관련 당사자만 신청하여 확인할 수 있는 것은 아니라고 할 수 있다.

⑤ **하나의 물건에 성립한 여러 물권을 표시하기 위하여 그 물건에 대한 복수의 표제부가 붙을 수 있다.**
2문단을 통해 한 물건에 대하여는 한 개의 등기 기록만 두게 함을 알 수 있으므로, 하나의 물건에 여러 물권을 표시하기 위한 복수의 표제부가 붙을 수 없음을 알 수 있다.

## 11 핵심 정보의 구체적 사례에의 적용

정답률 51% | 정답 ②

**㉠에 대한 이해로 적절하지 않은 것은?**

① **매수인은 매도인의 등기 신청을 위임받을 수 있다.**
등기 신청은 원칙적으로는 매도인과 매수인이 공동으로 신청하도록 하고 있으나, 매수인이 매도인의 등기 신청을 위임받아 함께 처리하는 것이 일반적임을 알 수 있다. 따라서 매수인은 매도인의 등기 신청을 위임받을 수 있다고 할 수 있다.

② **매수인은 등기의무자이기 때문에 매도인과 공동으로 등기를 신청하여야 한다.**
등기권리자는 등기부에 새롭게 권리자로 오르게 되는 이를 가리키므로 아파트를 구입한 매수인에 해당함을 알 수 있다. 따라서 매수인은 등기권리자이지 등기의무자가 아님을 알 수 있다. 한편 등기의무자는 매도인에 해당한다고 할 수 있다.

③ **매수인이 매매를 원인으로 등기명의인 변경을 위해 신청하려는 등기는 기입등기이다.**
매매를 통해 소유권자가 바뀌는 것과 같이 새롭게 발생한 등기 원인에 의한 등기를 기입등기임을 알 수 있다.

④ **매수인이 매매대금을 완납하면 매도인은 등기에 필요한 관련 서류를 건네주어야 한다.**
매매대금의 지급이 마무리되면 매수인은 등기를 해야 해기 때문에 등기필증을 비롯한 관련 서류를 건네받음을 알 수 있는데, 이를 통해 매도인이 등기에 필요한 관련 서류를 건네주어야 함을 알 수 있다.

⑤ **매수인은 중도금을 지급하기 전에 매도인의 동의를 얻지 않더라도 계약을 해제할 수 있다.**
'중도금을 지급하기 전'이라면 계약금을 지급한 상태에 해당한다. 관행상 계약금은 위약금의 역할도 한다고 보기 때문에 매수인이라면 계약금을 포기하고서, 매도인이라면 그 두 배를 물어 주고서 계약을 일방적으로 해제할 수 있으므로 적절하다.

## 12 핵심 정보의 이해 정답률 45% | 정답 ⑤

**등기에 대한 설명으로 적절하지 않은 것은? [3점]**

① **대항요건주의는 등기가 소유권의 변동을 일으키는 요건이 되지 않는 원칙이다.**
5문단을 통해 대항요건주의는 계약이 완료되면 당사자 사이에 물권 변동이 유효하게 성립하고, 공시를 갖추지 않을 때는 제3자에게 물권 변동의 효력을 주장하지 못한다는 원칙임을 알 수 있다. 따라서 대항요건주의에서는 등기를 통해 공시하지 않았더라도 소유권 변동이 유효하게 성립함을 알 수 있다.

② **등기는 물건에 관한 거래의 안전을 확보하기 위해 물권에 관한 사항을 공시한다.**
2문단을 통해 부동산 물권에 관한 사항은 등기로 사회 일반에 공개하여 게시함을 알 수 있다. 그리고 3문단을 통해 등기상의 공시를 신뢰하여 거래가 안정적으로 이루어지는 것이므로 등기는 진정한 권리관계를 반영해야 함을 알 수 있다. 따라서 등기는 물건에 관한 거래의 안전을 확보하기 위해 물권에 관한 사항을 공시한다고 할 수 있다.

③ **새롭게 발생한 등기 원인에 의해 저당권설정등기를 신청하는 것은 기입등기에 해당한다.**
3문단을 통해 매매를 통해 소유권자가 바뀌는 것과 같이 새롭게 발생한 등기 원인에 의한 등기를 기입등기라고 하는데 소유권이전등기, 저당권설정등기 등이 이에 해당함을 알 수 있다. 따라서 새롭게 발생한 등기 원인에 의해 저당권설정등기를 신청하는 것은 기입등기에 해당한다고 할 수 있다.

④ **신청상의 착오로 일치하지 않는 등기의 기재가 있으면 경정 등기를 신청하여 바로잡을 수 있다.**
3문단을 통해 완료된 등기가 신청상의 착오로 말미암아 실체적 법률관계와 불일치한다는 것이 확인되었을 때는 그것을 바로잡기 위한 등기를 신청할 수도 있는 것이 경정등기임을 알 수 있으므로 적절하다.

⑤ **성립요건주의를 채택한 우리 법제에서는 계약의 완료로 소유권을 취득하지만 등기 절차는 필수적이다.**
5문단을 통해 성립요건주의는 공시를 갖추어야 물권 변동의 효력이 생긴다는 원칙임을 알 수 있다. 따라서 우리 법제가 따르는 성립요건주의에서는 계약의 완료로 소유권을 취득하는 것이 아님을 알 수 있다.

## 13 어휘의 문맥적 의미 파악 정답률 91% | 정답 ①

**ⓐ의 문맥적 의미와 유사하게 쓰인 것은?**

① **합의가 원만히 이루어진다면 이전의 관계를 회복할 수 있다.**
'거래가 안정적으로 이루어지는'의 '이루어지다'는 '어떤 대상에 의하여 일정한 상태나 결과가 생기거나 만들어지다.'의 의미로 사용되고 있다. 따라서 '협의가 원만히 이루어진다면'의 '이루어진다면'이 이와 유사하게 사용되었다고 할 수 있다.

② **우리 교향악단은 최정상급의 연주자들로 이루어질 것이다.**
'몇 가지 부분이나 요소가 모여 일정한 성질이나 모양을 가진 존재가 되다.'의 의미로 쓰였다.

③ **이곳은 백삼십여 호로 이루어진 마을입니다.**
'몇 가지 부분이나 요소가 모여 일정한 성질이나 모양을 가진 존재가 되다.'의 의미로 쓰였다.

④ **민희는 기호와의 사랑이 이루어져 행복했다.**
'뜻한 대로 되다.'의 의미로 쓰였다.

⑤ **나의 소원이 이루어지니 기분이 좋다.**
'뜻한 대로 되다.'의 의미로 쓰였다.

## 14~17 기술

### 이윤우, 「초임계 유체를 이용한 입자 제조」

**해제** 이 글은 **초임계 유체를 사용하는 결정화 공정에 대해 설명**하고 있다. **혼합물이 과포화 상태가 되어 용질이 고체 입자로 석출되는 것을 결정화**라 하는데, 제약 등의 분야에서는 **석출되는 고체 입자의 크기를 조절하기 위해 초임계 유체를 이용**한다. 온도와 압력이 임계 온도와 임계 압력 이상일 때 물질은 액체도 아니고 기체도 아닌 초임계 상태로 존재한다. **결정화 공정**에서는 **초임계 유체의 밀도를 변화시켜 고체 입자의 입도를 조절**한다. **GAS 공정**에서는 **초임계 이산화 탄소를 반용매로 사용하는 경우가 많다.** 반용매는 용질을 녹이지 않고 용매와는 잘 섞이는 물질이다. **GAS 공정**에서는 **초임계 이산화 탄소를 혼합물에 넣어 혼합물을 과포화 상태로 만들어 용질을 고체 입자로 석출**한다. **RESS 공정**에서는 **초임계 이산화 탄소를 용매로 사용**한다. GAS 공정과 RESS 공정 등의 **결정화 공정**에서는 주로 **초임계 이산화 탄소를 사용**한다. **이산화 탄소는 임계 온도가 상온과 큰 차이가 없어 압력 조절을 통해 쉽게 초임계 상태로 만들 수 있고, 그 자체로 독성이 없어 안전성 측면에서도 적합한 물질이기 때문**이다.

**주제** 초임계 유체를 사용하는 결정화 공정의 이해

**문단 핵심 내용**

|  |  |
|---|---|
| 1문단 | 결정화의 의미 및 결정화 공정의 사용 분야 |
| 2문단 | 초임계 유체를 쓰는 경우가 많은 결정화 공정 |
| 3문단 | 초임계 이산화 탄소를 반용매로 사용하는 GAS 공정의 이해 |
| 4문단 | 결정화 공정에서 결정핵이 생성되어야 하는 이유 |
| 5문단 | 초임계 이산화 탄소를 용매로 사용하는 결정화 공정인 RESS 공정 |
| 6문단 | GAS 공정과 RESS 공정 등 결정화 공정에서 이산화 탄소가 주로 쓰이는 이유 |

## 14 세부 정보의 이해 정답률 57% | 정답 ②

**윗글을 통해 알 수 있는 내용으로 적절하지 않은 것은?**

① **초임계 이산화 탄소를 용매로 사용하여 용질을 석출할 수 있다.**
5문단을 통해 RESS 공정에서는 결정화하려는 물질과 초임계 이산화 탄소가 섞인 혼합물을 분사하여 고체 입자를 석출함을 알 수 있다.

② **혼합물에 반용매를 첨가하면 원래 있던 용매의 양이 줄어든다.**
3문단을 통해 반용매는 용질을 녹이지 않고 용매와는 잘 섞이는 물질임을 알 수 있다. 그리고 3문단을 통해 GAS 공정에서 반용매를 혼합물에 첨가하면 반용매는 혼합물의 용매와 섞이고 반용매와 섞이지 않은 용질은 혼합물의 용매와 섞여 있음을 알 수 있다. 따라서 반용매를 첨가한다고 하여 원래 있던 용매의 양이 줄어드는 것은 아니라 할 수 있다.

③ **이산화 탄소는 액체로 존재할 수 있는 최고 온도가 상온과 큰 차이가 없다.**
6문단을 통해 이산화 탄소는 임계 온도가 상온과 큰 차이가 없음을 알 수 있다.

④ **과포화 상태의 혼합물이 포화 상태로 돌아가려는 경향으로 인해 용질이 석출된다.**
1문단을 통해 과포화 상태의 혼합물은 포화 상태로 돌아가려는 경향이 있음을 알 수 있고, 결정화는 혼합물이 과포화 상태가 되어 용질이 고체 입자로 석출되는 것임을 알 수 있다.

⑤ **초임계 이산화 탄소는 안전성 측면에서 문제가 없어 결정화 공정에 쓰이기에 적합하다.**
6문단을 통해 초임계 이산화 탄소는 그 자체로 독성이 없어서 안전성 문제에서 자유로움을 알 수 있다.

## 15 세부 정보의 이해 정답률 58% | 정답 ③

**㉠과 ㉡에 대한 설명으로 가장 적절한 것은?**

① **㉠과 달리, ㉡은 초임계 이산화 탄소가 액체가 되는 과정에 사용된다.**
5문단을 통해 대기압을 유지하는 용기로 ㉡을 분사하여 고체 입자를 석출하는 과정에서 초임계 이산화 탄소는 기체가 됨을 알 수 있다.

② **㉠과 달리, ㉡은 농도에 따라서 석출되는 고체 입자의 수가 정해진다.**
5문단을 통해 GAS 공정에서도 RESS 공정과 마찬가지로 처음 채운 혼합물의 농도에 따라 석출 가능한 용질의 양은 정해져 있음을 알 수 있다.

③ **㉡과 달리, ㉠에는 용질이 초임계 이산화 탄소가 아닌 용매에 녹아 있다.**
3문단을 통해 ㉠은 결정화하려는 용질이 액체 용매에 녹아 있는 것임을 알 수 있고, 5문단을 통해 ㉡은 결정화하려는 용질이 초임계 이산화 탄소에 녹아 있는 것임을 알 수 있다. 한편 5문단을 통해 결정화 과정에서 ㉡의 초임계 유체는 기체가 됨을 알 수 있다.

④ **㉡과 달리, ㉠에는 임계 온도와 임계 압력 이상의 이산화 탄소가 섞여 있다.**
3문단을 통해 ㉠은 결정화하려는 물질을 액체 용매에 녹인 것임을 알 수 있고, ㉡은 결정화하려는 물질과 초임계 이산화 탄소가 섞인 것임을 알 수 있다.

⑤ **㉠과 ㉡은 모두 결정화 공정에서 용매에 분사된다.**
5문단을 통해 ㉡은 결정화 공정에서 용매가 아니라 대기압을 유지하는 용기로 분사됨을 알 수 있다.

## 16 이유의 추리 정답률 43% | 정답 ⑤

**윗글을 바탕으로 할 때, Ⓐ에 들어갈 내용으로 가장 적절한 것은?**

> 초임계 유체를 용매로 사용하여 포화 상태의 혼합물을 만들려고 한다. 이때 포화 상태의 혼합물을 더 높은 압력에서 만들면 결정화 공정을 통해 석출되는 고체 입자의 입도는 더 작아지는데, 이는 [ Ⓐ ] 때문이다.

① **결정핵이 더 적게 생성되기**
4문단을 통해 결정핵이 많이 생성되면 고체 입자의 입도가 작아짐을 알 수 있다.

② **결정핵이 초임계 상태가 되기**
2문단을 통해 결정화 과정에서 초임계 유체를 사용함을 알 수 있지만, 결정핵이 초임계 상태가 되는 것은 아니다.

③ **초임계 유체의 임계 온도가 낮아지기**
6문단을 통해 초임계 유체의 임계 온도는 상온과 큰 차이가 없음을 알 수 있다. 초임계 유체의 임계 온도는 물질별로 그 수치가 정해져 있다.

④ **결정핵이 만들어지는 속도가 느려지기**
초임계 유체의 밀도를 조절하여 초임계 유체가 다른 물질과 섞이는 정도를 조절할 수 있는데, 4문단을 통해 혼합물의 농도가 높을수록 만들어지는 결정핵의 수가 많음을 알 수 있다.

⑤ **일정한 부피당 용질 분자의 수가 많아지기**
2문단을 통해 결정화 공정에서 초임계 유체의 밀도를 조절하면 석출되는 고체 입자의 입도를 작게 할 수 있음을 알 수 있다. 그리고 4문단을 통해 고체 입자의 석출은 일정한 수의 용질 분자가 모여 집합체를 이루어 결정핵이 생성되는 데서 시작됨을 알 수 있다. 또한 2문단을 통해 결정화 공정에서 초임계 유체가 용매로 사용될 때, 초임계 유체에 가해지는 압력을 높이면 더 많은 양의 용질을 녹일 수 있다. 이것은 과포화가 되면 단위 부피당 석출될 수 있는 용질 분자의 수가 많아짐을 의미한다고 할 수 있다. 그러면 결정핵을 만들 수 있는 용질 분자의 수가 많아져서 결정핵이 많이 생성되므로, 하나의 결정핵에 모일 수 있는 용질 분자의 수가 적어지므로 고체 입자의 크기는 작아진다고 할 수 있다.



[문제편 p.024]

★★★ 등급을 가르는 문제!

**17** 구체적 상황에의 적용 정답률 37% | 정답 ②

윗글을 바탕으로 <보기>를 이해한 내용으로 가장 적절한 것은? [3점]

<보 기>

용질 A를 용매 B에 녹여 혼합물을 만들고 용기에 담은 후 용기의 압력을 높였다. 이후 용기에 초임계 이산화 탄소를 주입하여 A를 석출하는 실험을 통해 아래의 ㉮ ~ ㉰와 같은 결과를 얻었다. (단, 사용된 혼합물의 양은 같고 혼합물에 녹아 있는 용질은 모두 석출된다고 가정한다.)

| | 혼합물의 농도(g/mL) | 초임계 이산화 탄소를 주입하는 속도(mL/s) | 석출된 A의 입도(㎛) |
|---|---|---|---|
| ㉮ | 0.01 | 20 | 35 |
| ㉯ | 0.03 | 20 | 25 |
| ㉰ | 0.03 | 5 | 70 |

① ㉮와 ㉯에서 석출된 A의 입도가 차이가 나는 것은 초임계 이산화 탄소에 녹는 A의 양이 다르기 때문이겠군.
㉮와 ㉯에서 석출되는 A는 초임계 이산화 탄소에 녹지 않는다.

✔ ㉮보다 ㉯에서 석출된 A의 입도가 더 작은 것은 하나의 결정핵에 모인 용질 분자의 수가 적기 때문이겠군.
하나의 결정핵에 모일 수 있는 용질 분자의 수가 적어지면 석출되는 고체 입자의 크기가 작아진다. ㉮보다 ㉯에서 석출된 A의 입도가 더 작은 것은 하나의 결정핵에 모인 용질 분자의 수가 더 적기 때문이다.

③ ㉯와 ㉰에서 초임계 이산화 탄소와 B가 섞이는 속도는 다르지만 과포화되는 속도는 같겠군.
㉯와 ㉰에서 초임계 이산화 탄소가 B와 섞이는 속도가 다르고 이에 따라 과포화되는 속도도 다르다.

④ ㉮ ~ ㉰에서 석출된 A의 입도는 차이가 나더라도 각각에서 석출된 A의 양은 모두 같겠군.
GAS 공정과 같은 결정화 공정에서는 처음 채운 혼합물의 농도에 따라 석출될 수 있는 용질의 양이 정해져 있다.

⑤ ㉯가 과포화되는 속도는 ㉮와 ㉰보다 느리기 때문에 ㉯에서 석출된 A의 입도가 가장 작겠군.
㉯는 ㉮와 비교하면 혼합물의 농도가 높고 ㉰와 비교하면 초임계 이산화 탄소를 주입하는 속도가 빠르다. 혼합물의 농도가 높으면 결정핵을 만들 수 있는 용질 분자의 수가 많아 결정핵의 생성이 빨라져 결정핵의 수가 많아지고 더 작은 고체 입자를 석출할 수 있다. 초임계 이산화 탄소를 주입하는 속도가 빠르면 과포화도가 빠르게 증가하여 더 작은 고체 입자를 석출할 수 있다.

**★★ 문제 해결 꿀~팁 ★★**

▶ 많이 틀린 이유는?
이 문제는 선택지와 관련된 글의 내용을 찾는 데 어려움을 겪어 오답률이 높았던 것으로 보인다. 또한 선택지에 제시된 '과포화되는 속도'가 글에 직접 제시되지 않아 어려움을 겪어 오답률이 높았던 것으로 보인다.

▶ 문제 해결 방법은?
이 문제를 해결하기 위해서는 일차적으로 <보기>에 대해 서술하고 있는 선택지를 정확히 파악해야 한다. 이때 선택지의 의미가 무엇인지를 알아야 글의 내용과 연결시킬 수 있으므로, 선택지를 정확히 읽어야 한다. 그런 다음 이를 바탕으로 관련된 내용을 글에서 찾을 수 있어야 한다. 가령 정답인 ②의 경우, 선택지를 통해 '입도가 더 작은 것이' '하나의 결정핵에 모인 용질 분자의 수가 적기 때문'이라는 내용을 정확히 이해하고, 이와 관련된 내용을 글에서 찾아야 한다. 그러면 이 글을 통해 '고체 입자의 크기'가 작아진다는 내용이 언급되어 있는 4문단의 '결정핵이 많이 생성되면 ~ 고체 입자의 크기는 작아지게 된다.'를 통해 적절함을 알았을 것이다. 한편 학생들 중에는 선택지에 제시된 '과포화되는 속도'에 대해 혼란을 겪었는데, 3문단의 내용을 통해 초임계 이산화 탄소를 용기에 주입하면 과포화 상태가 된다고 하였으므로, '과포화 상태'의 속도는 초임계 이산화 탄소의 속도가 빠르면 빨라질 것임을 추측할 수 있을 것이다. 이렇게 보면 ③과 ⑤는 적절하지 않음을 바로 알았을 것이다. 한편 구체적 사례에 적용하는 문제인 경우에도 선택지 중에는 글의 내용과 어긋나는 것이 있으므로 주의해야 한다. 즉, ①과 ④의 경우에는 글의 내용과 어긋난 것이므로 적절하지 않은 것이다. 이 문제의 경우 글 전체를 통해 선택지의 적절성을 판단해야 한다는 점에서 상당히 어려운 문제라 할 수 있다. 하지만 선택지의 내용을 정확히 이해하고 빠르게 관련 내용을 글에서 찾을 수 있다면 충분히 해결할 수 있었을 것이다.

## 18~21 현대 소설

이승우, 「오래된 일기」

**감상** 이 소설은 **인간의 억압된 무의식에 잠재한 죄의식과 그 죄의식을 해결하는 방식으로서의 소설 쓰기에 대해 말하고 있는 작품**이다. 이 작품에서 **'나'의 죄의식은 크게 두 가지 방향으로 전개**된다. **하나는 아버지의 죽음에 관한 죄의식이고 다른 하나는 사촌인 '규'의 몫을 가로챘다는 죄의식**이다. **'나'는 소설 쓰기를 통해** 과거의 기억을 불러내 무의식 속에 억눌려 있던 상처와 마주하고 죄의식의 연원을 재현하면서 **자기 고백을 통한 자기 정화를 경험**하게 된다. **이 작품은 관념과 현실을 넘나들며 인간의 내면을 탐구해, 소설 쓰기의 본질을 보여 주었다는 평가를 받고 있다.**

**주제** 소설 쓰기를 통한 자기 성찰과 자기 정화

**작품 줄거리** '나'는 어렸을 때 아버지의 돈을 훔치고 난 뒤 불안한 마음에 아버지가 돌아오지 않기를 바란다. 그런데 아버지가 그날 사고로 돌아가시면서 '나'는 큰 충격에 빠지진다. '나'는 큰댁에서 살게 되고, 큰아버지의 도움으로 대학에 진학한다. 이후 방위병으로 근무하기 위해 고향에 내려온 '나'는 동갑내기 사촌인 규와 함께 지내며 소설에 관심을 가지게 된다. 소설에 관심을 가지게 되면서 소설 쓰기를 통해 자기 성찰과 자기 정화를 이룰 수 있다고 여긴 '나'는 과거의 부끄러운 순간들을 되돌아보며 소설을 쓴다. 규는 '나'가 쓴 소설을 잡지사에 대신 응모하게 되어 신인상에 당선되면서 '나'는 소설가로서의 삶을 살게 된다. 세월이 흘러 '나'는 규가 병에 걸려 곧 죽게 된다는 말을 듣고 병문안을 가고, '규'가 어렵고 힘든 삶을 살면서도 '나'의 첫 등단 소설을 간직하고 있는 모습을 보며 새로이 죄의식을 갖는다. 규는 '나'에게 그 소설을 읽어 달라 하고, '나'는 눈물을 흘리며 끝까지 읽지만 미안하다는 말을 입밖으로 내뱉지는 못한다.

**18** 인물의 이해 정답률 87% | 정답 ④

윗글의 '나'에 대한 이해로 가장 적절한 것은?

① 경제적 형편 때문에 소설가의 꿈을 포기했다.
'나'는 '새로운 방식의 일기', 즉 소설을 쓰기 위해 밤마다 소설을 쓰고 아침에 출근하는 일을 하고 있으므로, 소설가의 꿈을 포기했다고 할 수 없다.

② 어릴 적 친척 누나와 함께 아버지의 돈을 훔치곤 했다.
'나'는 어릴 적 얼음과자를 사 먹기 위해 돈을 훔치고 있지만, 친척 누나와 함께 돈을 훔친 것은 아니다.

③ 방위병으로 근무하면서 아버지가 죽게 된 이유를 알게 되었다.
'나'는 아버지의 지갑에서 돈을 훔쳐 얼음과자를 사 먹은 뒤 두려움을 느끼고 아버지가 사라져 버렸으면 좋겠다고 생각했다. 그런데 '나'가 그런 생각을 한 바로 그날, '나'의 아버지는 교통사고를 당해 의식을 잃었고 일주일 만에 돌아가셨다. '나'가 방위병으로 근무하면서 아버지가 죽게 된 이유를 알게 된 것은 아니다.

✔ 학교 앞 가게에서 구슬을 훔치고 난 뒤 불안감에 사로잡혀 지냈다.
'나'는 일기를 쓴다는 생각으로 글을 쓰면서, 과거에 학교 앞 가게에서 구슬 몇 개를 훔쳤던 일과 그때 느꼈던 불안, 두려움 등을 써 나가고 있으므로 적절하다.

⑤ 가장의 역할을 제대로 하지 못하고 있는 아버지를 오랫동안 원망했다.
'나'는 아버지의 죽음과 관련하여 죄의식을 갖고 있지만, 가장의 역할을 제대로 하지 못하고 있다는 이유로 아버지를 원망하지는 않고 있다.

**19** 서술상의 특징 파악 정답률 90% | 정답 ⑤

[A]에 대한 설명으로 가장 적절한 것은?

① 공간 이동에 따라 변화하는 인물의 심리를 추적하고 있다.
[A]를 통해 공간의 이동은 찾아볼 수 없다.

② 인물이 주목한 다른 인물들의 과오에 대한 평가를 나열하고 있다.
[A]에서는 '나'의 과오에 대한 심리가 드러나지만 '나'가 주목한 다른 인물들의 과오에 대해 평가하지는 않고 있다.

③ 인물들 간의 외적 갈등이 심화되는 과정을 요약적으로 제시하고 있다.
[A]를 통해 '나'와 '그 친구'와의 외적 갈등은 엿볼 수 있지만, 이러한 인물들 간의 외적 갈등이 심화되는 과정을 요약적으로 제시하지는 않고 있다.

④ 동시적 사건들의 병치로 사건에 대한 서로 다른 관점을 드러내고 있다.
[A]를 통해 동시적 사건들을 병치하지도 않고 있고, 사건에 대한 서로 다른 관점을 드러난 부분도 찾아볼 수 없다.

✔ 과거의 일에 대한 내적 목소리를 삽입하여 인물 자신의 행위를 조명하고 있다.
[A]는 '나'가 쓴 소설에 해당하는 것으로, [A]에는 같은 반 친구가 없어져 버렸으면 좋겠다고 바랐던 과거의 일에 대한 내적 반응이 '나'의 목소리로 삽입되어 있다. '나'는 과거의 그 일이 순진함 때문에 일어난 일이라고 해도 달라지는 것은 없다고 하면서 과거 자신의 행위를 조명하고 있다.

**20** 구절의 의미 파악 정답률 90% | 정답 ③

㉠ ~ ㉤에 대한 이해로 적절하지 않은 것은?

① ㉠ : 지갑 속 천 원짜리 다섯 장에 대한 '나'의 인식에 변화가 생겼음을 알 수 있다.
얼음과자를 사 먹고 싶다는 욕망에 사로잡힌 '나'는 아버지의 지갑에 천 원짜리가 다섯 장이나 있으니 아버지가 천 원짜리 한 장이 없어진 것을 알 수는 없을 것이라고 생각한다. 그러다가 아버지의 돈을 훔쳐 얼음과자를 사 먹은 후에 '나'는 아버지의 지갑에는 천 원짜리가 고작 다섯 장밖에 없었다며 다섯 장이라는 지폐의 숫자를 다르게 해석한다. 이를 통해 지갑 속 천 원짜리 다섯 장에 대한 '나'의 인식에 변화가 생겼음을 알 수 있다.

② ㉡ : 자신이 저지른 행동을 후회하며 '나'가 두려움을 느꼈음을 알 수 있다.
'나'는 누나가 고자질하여 돈을 훔친 것을 아버지가 알게 될 것이라 생각하고 있으므로, ㉡은 자신이 저지른 행동을 후회하며 '나'가 두려움을 느끼고 있음을 드러낸 것이라 할 수 있다.

✔ ㉢ : 아버지에 대한 '나'의 바람이 오래도록 지녀 왔던 생각임을 알 수 있다.
'나'는 얼음과자를 사 먹기 위해 아버지의 지갑에서 돈을 훔치고 난 뒤 두려움과 불안감에 아버지가 사라져 버렸으면 좋겠다고 바라고 있으므로, ㉢은 아버지에 대한 '나'의 바람이 본능적이고 즉흥적이었음을 드러내 준다고 할 수 있다. 아버지에 대한 '나'의 바람이 오래도록 지녀 왔던 것은 아니다.

④ ㉣ : '나'가 글쓰기에 대한 열망을 갖게 된 계기가 갑작스러우면서도 강렬한 것이었음을 알 수 있다.
㉣ 뒤의 '나는 낡은 일기장을 버리고 새 일기장을 ~ 나는 무언가를 끼적이기 시작했다.'를 볼 때, ㉣은 '나'가 글쓰기에 대한 열망을 갖게 된 계기가 갑작스러우면서도 강렬한 것이었음을 보여 준다고 할 수 있다.

⑤ ㉤ : '나'가 소설을 쓰고 있다는 의식 없이 자신을 돌아보는 글을 쓰는 데 몰두하였음을 알 수 있다.
㉤ 앞에서 '나는 소설이 아니라 일기를 쓴다고 생각하면서 이러한 일기가 소설이 된다고 생각하지 않았음을 알 수 있다. 따라서 ㉤은 '나'가 소설을 쓰고 있다는 의식 없이 자신을 돌아보는 글을 쓰는 데 몰두하였음을 보여 준다고 할 수 있다.

**21** 외적 준거에 따른 작품의 감상 정답률 71% | 정답 ⑤

<보기>를 바탕으로 윗글을 감상한 내용으로 적절하지 않은 것은? [3점]

<보 기>

인간의 내면에 자리한 죄의식은 서사의 출발점이 되고 서사를 지속하게 하는 힘이 될 수 있다. 자아 성찰을 바탕으로 하는 소설 쓰기는 자아의 치부를 드러내려는 욕망과 은폐하려는 욕망의 힘겨루기를 통해 이루어지는데, 이러한 과정은 자기 변명을 통해 고백의 부담을 덜면서 자기 정화를 경험할 수 있게 해 준다.

① '나'가 '소설을 왜 쓰는지 온전히 이해했다'는 것은, 소설 쓰기가 자기 변명을 통해 자기 정화를 경험하게 할 수 있다는 '나'의 생각이 내포되어 있는 것으로 볼 수 있겠군.
이 글에서 '나'는 소설 쓰기를 일기 쓰기와 동일시하고 있음을 알 수 있다. 따라서 '나'가 '소설을 왜 쓰는지 온전히 이해했다'는 것은, 소설 쓰기가 자기변명을 통해 자기 정화를 경험하게 할 수 있다는 '나'의 생각을 내포한다고 볼 수 있다.

② '나'가 '새 일기장을 가지고 싶어'진 것은, 담임 선생님, 친구, 아버지와 관련하여 '나'가 느끼고 있는 죄의식이 서사의 동력이 되었기 때문이겠군.

이 글에서 '나'는 낡은 일기장을 버리고 '새 일기장을 가지고 싶어' 하고 어린 시절 담임 선생님, 친구, 아버지와 관련한 소설을 쓰고 있음을 알 수 있다. 따라서 '나'가 새 일기장을 가지고 싶어 하는 것은 '나'가 느끼고 있는 죄의식이 서사의 동력이 되었다고 볼 수 있다.

③ '나'가 '다시 쓰는 일을 반복'하며 '열 번도 더 고쳐 썼다'는 것은, '나'가 치열한 자아 성찰을 바탕으로 소설 쓰기를 지속하였다는 것으로 볼 수 있겠군.
이 글에서 '나'는 '다시 쓰는 일을 반복'하며 '열 번도 더 고쳐' 쓰고 있는데, 이러한 '나'의 모습은 '나'가 치열한 자아 성찰을 바탕으로 소설 쓰기를 지속하였음을 보여 준다고 할 수 있다.

④ '나'가 '모순에 가득 찬 피투성이의 문장들'을 '만들어' 냈다는 것은, '나'의 소설 쓰기가 드러내려는 욕망과 은폐하려는 욕망의 힘겨루기를 통해 이루어졌음을 말해 주는 것이겠군.
이 글에서 '나'는 문장을 쓰는 동안 내 안에서 드러내려는 욕구와 은폐하려는 욕구가 치열하게 싸운다는 것을 알고, 이 때문에 '모순에 가득 찬 피투성이의 문장들'을 '만들어' 냈음을 알 수 있다. 따라서 '모순에 가득 찬 피투성이의 문장들'을 '만들어' 냈다는 것은, '나'의 소설 쓰기가 드러내려는 욕망과 은폐하려는 욕망의 힘겨루기를 통해 이루어졌음을 보여 준다고 할 수 있다.

✔ '나'가 '가학적 열망에 붙들려' '무엇에 씐 것 같은 시절'을 보낸 것은, 소설 쓰기가 수반하는 피곤과 수면 부족 등의 육체적 고통이 '나'의 고백의 부담을 덜어 주었기 때문이겠군.
'나'는 피곤과 수면 부족과 허기 때문에 고통스러웠지만 무엇에 씐 것 같이 소설 쓰기에 몰두하고 있는데, '나'에게 있어 소설 쓰기는 고백을 통해 자기 정화를 경험하는 일련의 과정으로서 의미가 있었기 때문이다. 따라서 육체적 고통이 고백에 대한 부담을 덜어 주었기 때문에 '나'가 치열하게 소설 쓰기를 한 것은 아니므로 적절하지 않다.

## 22~27 고전 소설

**(가) 구강, 「총석곡」**

**감상** 이 작품은 **회양 부사로 재직하던 작가가 관동 팔경 중 하나인 통천의 총석정 일대를 기행하고 지은 국문 가사**이다. 총석정 탐승에 대한 기대, 총석정 주변 기암괴석에 대한 형용, 관동 팔경 중 총석정이 가장 뛰어나다는 찬사, 여정을 마무리하며 인재를 찾겠다는 소회 등을 진술하고 있다. **총석정 주변에 가득 들어선 돌기둥의 뛰어난 경치를 형용하면서 이를 완상하는 감흥을 다양한 고사와 결부시켜 노래**하고 있다. **사실적이면서 개성이 넘치는 묘사와 함께 기암괴석을 집중적으로 노래한 점이 돋보인다.**

**주제** 총석정에 대한 예찬 및 감상

**(나) 장복겸, 「고산별곡」**

**감상** 이 작품은 **총 10수의 연시조로, 청산, 녹수, 석양, 신월 등을 주요 소재로 삼아 시름을 잊고 자연과 더불어 소일하면서 한가롭게 지내는 상황이 제시**되어 있다. **〈제1수〉**에서는 청산과 녹수가 어우러진 공간과 신월이 돋아나는 시간대를 설정하여 **술을 앞에 둔 흥취를 드러내며 시름을 달래고** 있다. **〈제4수〉**에서는 **자연에 한거하려는 자신의 의지를 '남'과의 대립을 통해 부각**하고 있는데, 여기에서 '남'은 종장의 표현을 통해 '손'의 성격을 지님을 알 수 있다. 즉, 화자의 삶을 시종 지켜보며 그에 대해 온당한 판단을 내리는 이가 아니라, 화자의 삶의 한 단면이나 겉모습만을 살피면서 이에 대해 옳다 그르다 쉽게 판단하는 사람이다. **화자는 '남'을 '망령 난'이라고 표현하며 자신의 삶을 옹호**하고 있다. **〈제6수〉**에서는 **풍류를 즐기는 수단인 술을 가장 적절한 시간에 가장 적절한 공간에서 마시겠다는 뜻을 표출**하면서 '물'과 '뫼' 및 '달'을 언급하고 있다. **〈제6수〉**에서는 어떠한 시름이나 갈등의 표출도 없이 **자신에게 주어진 생활에 만족하며 풍류를 즐기는 삶을 흥겹게 노래**하고 있다.

**주제** 자연 속에서 한가롭게 즐기는 풍류

**(다) 백석, 「동해」**

**감상** 이 작품은 **함흥과 인접한 동해의 매력을 전하며 낭만과 풍류의 정서를 밀도 있게 드러내고 있다.** 무더운 여름 맥고모자를 쓰고 맥주를 마시며 거리를 거니는 글쓴이의 모습은 날아갈 듯 가볍고 흥겨운 느낌을 불러일으킨다. '-ㅂ네'라는 종결 어미로 끝나는 문장의 독특한 어조가 이러한 느낌을 고조시킨다. '이렇게 **맥고모자를 쓰고 삐루를 마시고'라는 구절은 다양한 물상들을 나열하는 연상을 낳고 있다. 동해의 안주에 대한 생각은 전복과 해삼을 거쳐 제주 배에 대한 연상으로 이어지며, 제주 색시에 대한 연정은 자신과 관계있는 여러 지인들에 대한 생각으로 퍼져 나가고** 있다.

**주제** 동해를 바라보며 느끼는 낭만과 풍류

### 22 작품 간의 공통점 파악 정답률 57% | 정답 ①

(가)~(다)에 대한 설명으로 가장 적절한 것은?

✔ (가)와 (나)는 대구적 표현을 사용하여 리듬감을 부여하고 있다.
(가)의 '어떠한 도끼로 용이히 깎았으며 / 어떠한 승묵으로 천연히 골랐는고', '끈 없이 묶었으되 틈 없이 묶었으며 / 풀 없이 붙였으되 흔적 없이 붙였으니' 등에서 대구적 표현이 사용되었음을 알 수 있다. 또한 (나)의 '한 병은 물에 놓고 또 한 병 뫼에 놓며' 등에서 대구적 표현이 사용되었음을 알 수 있다. 그리고 이러한 대구적 표현은 리듬감을 주는 효과가 있으므로 적절하다.

② (가)와 (다)는 직유적 표현을 사용하여 대상에 대해 성찰하고 있다.
(가)의 '한 묶음씩 두 묶음씩 세운 듯 누인 듯', (다)의 '제주 배 아즈맹이 몸집이 절구통 같다는 둥'에서 직유적 표현을 사용하고 있으나 대상에 대해 성찰하고 있는 것은 아니다.

③ (나)와 (다)는 명령적 어조를 통해 지향하는 가치를 강조하고 있다.
(나)에서는 '마소'를 통해 명령형 어조를 사용하고 있지만, 이를 통해 화자가 지향하는 가치를 강조하지는 않고 있다. 그리고 (다)에서는 명령형 어조가 사용되지 않고 있다.

④ (가)~(다)는 모두 다른 사람을 부르는 방식으로 바라는 것을 전달하고 있다.
(나)의 '내 말도 남이 마소 남의 말도 내 않겠네.'를 통해 청자를 설정하고 있고, (다)에서 글쓴이는 '그대'를 부르는 방식으로 내용을 전개하고 있다. 하지만 (나), (다) 모두 바라는 것을 전달하지는 않고 있다. 또한 (가)를 통해 다른 사람을 부르는 방식을 사용하지는 않고 있다.

⑤ (가)~(다)는 모두 스스로 묻고 답하는 방식으로 주제 의식을 부각하고 있다.
(가)~(다)는 모두 스스로 묻고 답하는 방식은 사용되지 않고 있다.

### 23 화자의 태도 및 정서 파악 정답률 49% | 정답 ③

〈보기〉를 활용하여 (가)의 화자를 이해한 내용으로 적절하지 않은 것은?

〈보 기〉

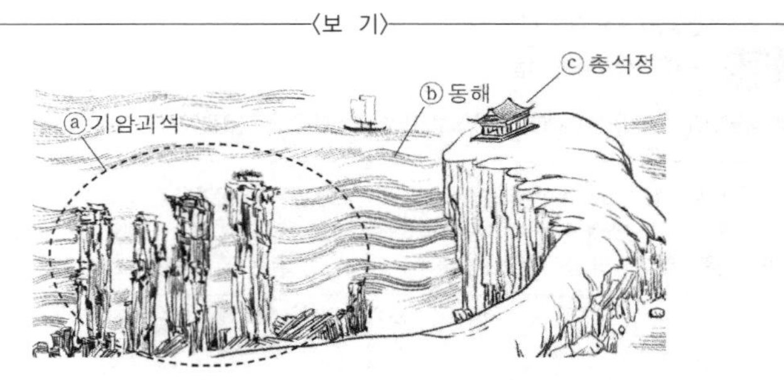


① 기상 상황이 좋을 때 ⓒ를 찾아가기 위해 서두르고 있군.
'바람 불면 못 보려니 몰아라 어서 보자'에서 알 수 있다.

② 배를 타고 ⓑ의 한 곳으로 이동해 다른 방향에서 경치를 구경하고 싶다는 심정을 드러내고 있군.
'올라 보니 후면이라 전면으로 보오리라 / 배 대어라 사공들아 풍랑이 일지 않아 / 층파로 돌아 저어 총석 전면 보게 하라'에서 알 수 있다.

✔ 천상의 인물과 지상의 인물이 협력하여 만든 결과물이 ⓐ라고 인식하고 있군.
(가)를 통해 천상의 인물과 지상의 인물이 협력하여 총석정 주변의 기암괴석을 만들었다는 내용은 찾아볼 수 없다. '하우씨(하나라 우임금)'나 '영장' 등을 언급한 것은 아무리 솜씨 좋게 돌을 다듬어도 총석정 주위에 자연스럽게 만들어진 기암괴석의 아름다움을 따라갈 수 없음을 강조하기 위한 것이다.

④ 뛰어난 풍경으로 인해 세상 사람들이 ⓐ를 소재로 삼아 시를 창작한다고 생각하고 있군.
'기괴히 꾸몄다가 세인의 노리개 되야 / 시 짓고 노래하여 기리기만 위한 것인가'에서 알 수 있다.

⑤ 돌 중에서는 ⓐ가, 물 중에서는 ⓑ가 가장 뛰어나다고 평가하고 있군.
'물로는 동해수요 뫼로는 금강산과 / 폭포로는 구룡이오 돌로는 총석이라'에서 알 수 있다.

### 24 작품의 이해 정답률 83% | 정답 ③

(나)에 대한 이해로 가장 적절한 것은?

① 〈제1수〉의 '신월'은 오래된 것보다는 새로운 것을 더 중시하는 삶의 자세를 강조하는 것으로 볼 수 있다.
〈제1수〉의 중장은 해가 저물 무렵에 새 달이 뜨는 상황을 제시하고 있으므로, '신월'은 시간의 흐름을 나타내는 소재로 볼 수 있다.

② 〈제4수〉의 '남'은 화자의 삶을 지켜보며 그에 대해 정당한 판단을 내리는 인물로 볼 수 있다.
〈제4수〉의 '내 말도 남이 마소 남의 말도 내 않겠네'를 볼 때, '남'이 화자의 삶을 지켜보는 존재라 여길 수 있지만, '마소'를 볼 때 화자의 삶에 대해 정당한 판단을 내리는 인물이라 할 수 없다.

✔ 〈제6수〉의 '술'은 자연과 어울리며 풍류를 즐기는 화자의 생활을 드러내는 것으로 볼 수 있다.
〈제6수〉의 내용을 볼 때, '술'은 '물', '뫼', '달'의 자연과 어울리며 풍류를 즐기는 수단으로 볼 수 있다.

④ 〈제1수〉의 '석양'과 〈제6수〉의 '뫼'는 모두 학문 수양에 힘 쓰도록 깨우침을 주는 존재를 상징하는 것으로 볼 수 있다.
〈제1수〉의 '석양'은 시간의 흐름을 드러내 주는 것이고, 〈제6수〉의 '뫼'는 화자가 술을 먹는 풍류를 즐기는 공간이라 할 수 있으므로, '석양'과 '뫼'를 학문 수양에 힘쓰도록 깨우침을 주는 존재를 상징한다고 할 수 없다.

⑤ 〈제4수〉의 '검다 희다 하나니'와 〈제6수〉의 '놀고'는 모두 미래에 대한 낙관적 전망을 보여 주는 것으로 볼 수 있다.
〈제4수〉의 '검다 희다 하나니'는 화자의 삶에 참견함을 드러낸 것이고, 〈제6수〉의 '놀고'는 자연에서 풍류를 즐기는 화자의 모습을 드러낸 것이므로, '검다 희다 하나니'와 '놀고'가 미래에 대한 낙관적 전망을 보여 준다고 할 수 없다.

### 25 서술 방식 파악 정답률 77% | 정답 ②

(다)에 대한 설명으로 가장 적절한 것은?

① 상황에 따라 의성어를 다채롭게 구사하여 현장감을 부각하고 있다.
(다)를 통해 의성어를 다채롭게 구사한 부분은 찾아볼 수 없다.

✔ 연상을 통해 다양한 대상을 열거하며 공간에 대한 애정을 드러내고 있다.
(다)에서는 친구에 대한 생각이 술과 안주에 대한 연상으로 이어지고, 안주에 대한 생각이 제주 배에 대한 연상으로 이어지며, 제주 배에 대한 생각이 여러 지인들에 대한 연상으로 이어지고 있다. 따라서 (다)에서는 연상을 통해 동해의 다양한 안주와 제주 배를 타고 온 사람들에 대한 이야기, 지인들의 사연을 열거하며 동해에 대한 애정을 드러냈다고 할 수 있다.

③ 말줄임표를 통해 과거의 연인과의 재회에 대한 회의감을 표현하고 있다.
(다)에서 말줄임표가 사용되고 있지만, 이는 '그대네 물가에 말'이 많음을 생략하여 제시한 것이지 과거의 연인과의 재회에 대한 회의감을 표현한 것은 아니다.

④ 다른 사람의 말을 직접 인용하여 소외된 사람들에 대한 관심을 드러내고 있다.
(다)에서 '그대네 물가에 말'을 간접적으로 인용하여 제시하고 있지 다른 사람의 말을 직접 인용하지는 않고 있다. 또한 말을 간접 인용하여 소외된 사람들에 대한 관심을 드러내지 않고 있다.

⑤ 지역의 독특한 조리법들을 비교하며 그중에서 가장 좋아하는 방법을 제시하고 있다.
(다)에서 현재 '나'가 있는 지역의 요리들을 언급하고 있지만, 지역의 독특한 조리법들을 비교하지는 않고 있다.

### 26 구절의 의미 파악 정답률 74% | 정답 ①

㉠, ㉡에 대한 설명으로 가장 적절한 것은?

✔ ㉠은 화자가 위치한 공간적 배경을 제시하고 있다.
㉠은 화자가 은거하는 곳을 청산과 녹수가 어우러진 공간으로 형상화하고 있으므로, 화자가 위치한 공간적 배경을 드러낸다고 할 수 있다.



[문제편 p.028]

② ㉡은 세상과 거리를 두려는 글쓴이의 태도와 관련이 있다.
㉡은 아이들이 제주 배의 움직임에 따라 열심히 따라가는 모습을 나타낸 것이므로, 세상과 거리를 두려는 글쓴이의 태도와 관련 있다고 할 수 없다.

③ ㉡은 아이들이 파도를 피해 움직이는 모습을 나타내고 있다.
㉡은 아이들이 제주 배의 움직임에 따라 열심히 따라가는 모습을 나타낸 것이므로, 아이들이 파도를 피해 움직이는 모습을 나타낸 것이라 할 수 없다.

④ ㉠은 농촌 생활의 즐거움을, ㉡은 어촌 생활의 어려움을 나타내고 있다.
㉠은 화자가 위치한 공간적 배경을 드러내고 있지, 농촌 생활의 즐거움을 드러낸 것이라 할 수 없다. 또한 ㉡은 어촌 아이들의 모습을 드러내고 있지 어촌 생활의 어려움을 나타내는 것이라 할 수 없다.

⑤ ㉠과 ㉡은 모두 변화하는 자연의 모습에 주목하도록 하고 있다.
㉠과 ㉡ 모두 변화하는 자연의 모습은 드러내지 않고 있다.

**27** 외적 준거에 따른 작품의 감상 정답률 42% | 정답 ③

**〈보기〉를 참고하여 (가) ~ (다)를 감상한 내용으로 적절하지 않은 것은? [3점]**

〈보 기〉

문학 작품에서는 특정한 장소에 대한 체험을 다룰 때 주로 풍경이나 자연물과 관련한 정서적 반응을 드러내는 경우가 많다. 그리고 특정한 장소에 거주할 때 나타나는 삶의 자세나 자신이 알게 된 사람들에 대해 이야기하는 경우도 있다. (가)는 작가가 총석정 일대를 기행한 감흥을 노래하며 목민관으로서의 역할을 떠올린 것이고, (나)는 임실에 은거하던 작가가 한가롭게 지내는 생활이나 주변 자연물에 대한 친근감을 노래한 것이다. 그리고 (다)는 함흥에 체류하던 작가가 인접한 동해의 매력을 전하며 흥취를 드러낸 것이다.

① (가)에서 화자는 '천하의 두 총석은 응당 다시 없으려니'라며 자신이 기행한 총석정 일대의 경치에 대한 경탄을 드러내고 있군.
(가)에서 화자가 '천하의 두 총석은 응당 다시 없으려니'라고 한 것은 자신이 보는 총석정 일대의 경치가 다른 곳에서 결코 볼 수 없음을 드러낸 것이라 할 수 있다.

② (가)에서 화자는 '천 리를 멀다 말고 결단코 찾으리라'라며 총석정 일대의 장관과 관련지어 벼슬을 하는 사람으로서의 역할을 떠올리고 있군.
'장관을 다한 후의 다시금 혼자 말이 / 괴외기걸 하온 사람 이같은 이 있다 하면 / 천 리를 멀다 말고 결단코 찾으리라'는 총석정 일대의 훌륭한 경치와 비견할 만한 인재가 있으면 반드시 찾아서 나라에 도움을 주겠다는 목민관(백성을 다스려 기르는 벼슬아치)으로서의 역할을 떠올리는 표현이라 할 수 있다.

✔ **(나)에서 화자는 '시름 풀자 하노라', '고산 불고정이 좋아 늙는'이라며 불고정에서 주위 사람들과 어울리며 한가롭게 지내는 삶의 자세를 나타내고 있군.**
〈제1수〉는 혼자서 술을 마시며 시름을 푸는 상황이고, 〈제4수〉는 자신의 삶에 대해 손겹게 평가하는 '남'에 대해 비판적 태도를 드러내고 있는 상황에 해당한다. 따라서 (나)에 주위 사람들과 어울리며 한가롭게 지내는 삶의 자세가 나타난다고 보기 어렵다.

④ (나)에서 화자는 '달에 논들 어떠리'라며 자신이 머무는 곳에서 바라볼 수 있는 자연물에 대한 친근감을 표현하고 있군.
'달에 논들 어떠리'는 달과 어울려(달빛을 감상하며) 풍류를 즐기겠다는 흥취를 드러낸 것으로, 달이라는 자연물에 대한 친근감을 표현한 것으로 볼 수 있다.

⑤ (다)에서 글쓴이는 '처녀 하나가 나를 무척 생각하는 일', '그 영어를 잘하는 총명한 사년생 금이'라며 자신이 알게 된 사람들에 대해 이야기하고 있군.
(다)에서 글쓴이가 '처녀 하나가 나를 무척 생각하는 일', '그 영어를 잘하는 총명한 사년생 금이'라 하고 있는데, 이는 제주를 떠올리며 자신이 알게 된 사람들에 대해 이야기하고 있는 것이라 할 수 있다.

## 28~30 현대시

**(가) 정지용, 「장수산 1」**

**감상** 이 시는 **깊은 겨울 산의 고요한 정경을 '벌목정정'을 통해 환기하며 시작**한다. 다람쥐도 좇지 않고 멧새도 울지 않는 **절대 고요와 부동의 공간 속에서 화자는 조찰히 늙은 웃절 중의 맑고 깨끗한 정신적 경지를 뒤따르고 싶은 마음**을 드러낸다. 그렇지만 **화자는 바람도 일지 않는 깊은 산에 쉽게 동화되지 못하고 심히 흔들리는 내면의 동요**를 느낀다. 그러면서도 **차고 올연히 이 겨울을 견디겠다는 견고한 삶의 자세**를 드러내며 시상을 마무리한다. **흔들리는 내면의 시름 속에서도 정신적 긴장을 늦추지 않는 화자의 치열한 정신적 고투가 역력히 드러나 있는 작품**이다.

**주제** 탈속적 공간에서의 시련 극복 의지

**표현상의 특징**
• 선경 후정의 방식으로 시상을 전개함.
• 다양한 감각적 이미지를 사용하여 공간의 분위기를 드러내 줌.
• 예스러운 말투를 사용하고 있음.

**(나) 고재종, 「고요를 시청하다」**

**감상** 이 시는 **초록으로 물든 오월의 마당을 둘러싼 깊은 고요를 노래**하고 있다. 수국 송이처럼 뭉실뭉실 부푸는 오월의 고요 속에서 **화자는 송순주 한 잔에 그리운 어머니와 아버지의 고요했던 모습을 떠올리며, 초록 바람에 반짝반짝 누설해 놓은 오월의 은밀한 연주를 들으면서 고요에 물들어 간다. 적막한 시골집 마루에서 마주한 오월의 고요를 다양한 감각적 심상을 통해 생생하게 그리고 있다.**

**주제** 적막한 시골집에서 마주한 오월의 고요

**표현상의 특징**
• 다양한 이미지를 통해 '고요'를 생생하게 구체화함.
• 대상을 의인화하고 있음.
• 일부 연을 명사로 종결하여 여운을 주고 있음.

★★★ 등급을 가르는 문제!

**28** 표현상 특징 파악 정답률 34% | 정답 ①

**(가)에 대한 이해로 적절하지 않은 것은?**

✔ **'아름드리 큰 솔'과 '베어짐직도 하이'를 관련지어 인간에게 아낌없이 내어 주는 자연의 속성을 환기하고 있다.**
'아름드리 큰 솔'이 '베어짐직도 하이'라고 한 것은 깊은 산속에서 큰 나무들이 베어지며 내는 소리를 환기하여 깊은 산속의 고요를 부각하기 위한 것이다. 따라서 이것을 통해 인간에게 아낌없이 내어 주는 자연의 속성을 환기하였다고 할 수 없다.

② '다람쥐도 좇지 않고'와 '멧새도 울지 않아'를 연달아 제시하여 시적 공간의 적막한 분위기를 부각하고 있다.
'다람쥐도 좇지 않고'와 '멧새도 울지 않아'가 연달아 제시되고 있는데, 이는 시적 공간인 '장수산'이 그만큼 적막하다는 것을 부각한 것이라 할 수 있다.

③ '여섯 판에 여섯 번 지고'도 '웃고 올라간' 행동을 제시하여 세속적인 욕심에서 벗어난 인물의 모습을 암시하고 있다.
'웃절 중'은 화자에게 '여섯 판에 여섯 번 지고'도 '웃고 올라'가고 있고, 이에 화자는 '조찰히 늙은 사나이의 남긴 내음새를 줍'고 있다. 따라서 '웃절 중'의 모습은 세속적인 욕심에서 벗어난 인물의 모습을 암시해 준다고 할 수 있다.

④ '바람도 일지 않는'과 '심히 흔들리우노니'를 대비하여 시적 공간에 동화하지 못하는 화자의 내적 고뇌를 강조하고 있다.
화자는 '바람도 일지 않는' 상황 속에서 '심히 흔들'린다고 여기고 있는데, 이는 대비적 표현을 통해 적막한 시적 공간에 동화하지 못하는 화자의 내적 고뇌를 강조한 것이라 할 수 있있다.

⑤ '오오 견디란다'를 '차고 올연히'와 연결하여 화자가 지향하는 삶의 태도를 드러내고 있다.
'오오 견디란다'를 '차고 올연히'와 연결하고 있는데, '올연히'가 '홀로 우뚝한 모양'을 의미한다는 점에서 '오오 견디란다'는 화자가 지향하는 삶의 의지적 태도를 드러내 준다고 할 수 있다.

**★★ 문제 해결 꿀~팁 ★★**

▶ **많이 틀린 이유는?**
이 문제는 작품 내용을 정확히 이해하지 못해 오답률이 높았던 것으로 보인다.

▶ **문제 해결 방법은?**
이 문제를 해결하기 위해서는 기본적으로 시의 내용을 이해해야 한다. 시의 내용을 이해할 때는 시적 화자를 중심으로 이해해야 한다. 시적 화자를 바탕으로 (가)를 정리하면 다음과 같다.

* 시적 화자의 상황: 고요가 뼈를 저리우는 깊은 산중에 있음.
* 시적 화자의 태도
  – 여섯 판을 지고 웃고 올라 간 웃절 중을 볼 때: 웃절 중이 남긴 내음새를 주우려 함.
  – 고요에도 심히 흔들리고 있음(심적인 동요).: 올연히 견디려는 의지를 보이고 있음.

이처럼 시적 화자를 바탕으로 내용을 정리하면 정답인 ①의 경우, 화자는 고요가 뼈를 저리우는 산중에 있으므로, '아름드리 큰 솔'과 '베어짐직도 하이'는 산속의 고요함을 강조하는 것임을 알았을 것이다. 또한 시적 상황을 통해 '다람쥐도 좇지 않고', '멧새도 울지 않아'는 화자가 있는 시적 공간의 적막한 분위기를 부각한 것임을 알 수 있었을 것이다. 이처럼 시의 내용을 이해할 때는 기본적으로 시를 '읽기'를 한다고 여기면서 한 번 꼼꼼히 읽어 보고, 그 다음에는 시적 화자를 중심으로 또 읽는다면 거의 모든 문제는 쉽게 해결할 수 있을 것이다. 실제로 시간도 상대적으로 오래 걸리지도 않으므로 두 번 정도 반드시 읽고 문제를 풀 수 있도록 한다.

**29** 시상의 흐름 파악 정답률 63% | 정답 ②

**[A] ~ [C]에 대한 이해로 가장 적절한 것은?**

① [A]에서 '새암'은 부푸는 '수국송이'의 모습에 비유되어 풍성한 생명력을 낳는 존재로 인식된다.
[A]에서 부푸는 '수국송이'의 모습에 비유된 것은 '고요'이므로 적절하지 않다.

✔ **[A]에서 '마당'을 물들인 '초록'은 [B]에서 점점 확산하여 '덩굴장미'의 색채와 어우러지며 계절감을 부각한다.**
[A]에서는 고요가 초록을 낳았다는 표현을 통해 마당을 물들인 초록에 주목하도록 한다. 이어지는 [B]에서는 초록의 군림이 점점 더해진다는 표현을 통해 마당에 초록이 점점 확산하고 있음을 보여 준다. 여기에 고요의 심장을 붉은 진동으로 물들이는 덩굴장미의 붉은 색채가 어우러지면서 오월의 계절감이 부각된다.

③ [B]에서 '초록'은 '마당' 위에 군림하는 존재로 묘사되어 마당에 '붉은 진동'을 방해하는 힘으로 인식된다.
[B]를 통해 '초록'이 '마당' 위에 군림하는 존재로 묘사되었음을 알 수 있지만, '고요의 심장을 붉은 진동으로 물들'이는 주체는 '덩굴장미가 내쏘는 향기'이므로 적절하지 않다.

④ [B]에서 '마당'에 군림하던 '초록'은 [C]에서 '초록바람'으로 변주되어 다시 계절이 바뀔 것을 암시한다.
[B]에서 '마당'에 군림하던 '초록'이 [C]에서 '초록바람'으로 변주된다고 볼 수도 있다. 하지만 이러한 변주를 통해 다시 계절이 바뀔 것을 암시한다고는 할 수 없다.

⑤ [C]에서 '초록바람'은 '오월'이 누설하는 것들을 감추어 줌으로써 '오월'의 신비로움이 지속되도록 한다.
[C]에서 '초록바람'에 의해 '오월'이 반짝반짝 누설하고 있으므로 적절하지 않다.

**30** 외적 준거에 따른 작품의 감상 정답률 64% | 정답 ⑤

**〈보기〉를 참고하여 (가), (나)를 감상한 내용으로 적절하지 않은 것은? [3점]**

〈보 기〉

시에서 조용하고 잠잠한 상태인 '고요'를 형상화하는 방식은 다양하다. 고요한 상태를 직접 드러낼 수도 있지만 오히려 소리를 활용하여 고요를 부각하는 효과를 얻기도 한다. 또한 고요에 어울리는 다양한 소재나 감각적 이미지를 활용하여 고요를 형상화하기도 한다. 이를 통해 고요는 시에서 시적 분위기를 드러낼 뿐만 아니라 화자의 내면세계를 암시하는 역할을 한다.

① (가)의 '눈과 밤이 종이보담 희고녀!'는 색채 이미지를 활용하여 눈 내린 겨울 달밤의 고요한 분위기가 드러나도록 한 것이겠군.
(가)의 '눈과 밤이 종이보담 희고녀!'는 흰색의 색채 이미지를 활용하여 하얗게 눈이 내린 겨울 달밤의 고요한 장수산의 분위기가 잘 드러나도록 하고 있다.

[문제편 p.029]

② (나)의 화자가 떠올린 추억 속의 '어머니'와 '아버지'는 시적 상황을 통해 표현하고자 하는 '이런 정오'의 고요에 어울리는 인물로 볼 수 있겠군.
(나)의 화자가 송순주 한 잔에 떠올린 추억 속의 '어머니'와 '아버지'는 각각 '소박한 고요'와 '묵묵한 고요'를 담고 있는 인물들로, 화자가 마주하고 있는 '이런 정오'의 고요에 잘 어울리는 인물들이라 볼 수 있다.

③ (가)의 '멩아리 소리 쩌르렁'과 (나)의 '동박새가 / 딱 한 번 울어서'는 모두 소리를 활용함으로써 오히려 고요한 상황이 부각되도록 한 것이겠군.
'쩌르렁' 하고 들릴 것 같은 깊은 산속의 메아리 소리와 딱 한 번 들린 동박새의 울음소리는 모두 고요한 상황을 강조하기 위해 활용된 소리이다. 고요한 상황을 표현하기 위해 소리를 활용함으로써 오히려 고요가 부각되는 효과를 얻는 것이다.

④ (가)의 '고요가 차라리 뼈를 저리우는데'는 촉각적 심상을 활용하여, (나)의 '삼베올만치나 무수한 고요'는 시각적 심상을 활용하여 고요를 형상화한 것이겠군.
(가)의 '고요가 차라리 뼈를 저리우는데'는 촉각적 심상을 활용하여 고요를 표현한 것이고, (나)의 '삼베올만치나 무수한 고요'는 시각적 심상을 활용하여 고요를 형상화한 것이다.

✔ (가)의 '한밤 이 골을 걸음이란다?'는 화자 내면의 고요가 외부 세계로 이어지고 있음을, (나)의 '더 은밀한 연주를 듣는다'는 외부 세계의 고요가 화자 내면의 동요를 잠재우게 되었음을 나타낸 것이겠군.
(가)의 화자는 바람도 일지 않는 장수산의 고요에도 심히 흔들리는 시름을 안고 있는 인물이므로, 화자 내면의 고요가 외부 세계로 이어지고 있다는 설명은 적절하지 않다.

## 31~34 고전 소설

작자 미상, 「이대봉전」

**감상** 이 작품은 제목이 남자 주인공의 이름으로 되어 있으나, **남자 주인공인 이대봉의 활약 외에도 여자 주인공인 장애황의 활약이 구체적으로 그려져** 있다. **장애황은 남복을 입고 과거에 급제하여 벼슬을 하고, 전쟁에 나가서 싸워 큰 공을 세운다.** 이와 같은 **장애황의 이야기는 당대의 여성 독자층 증가, 시대에 따른 여성 의식의 성장과 관련**이 있다. 이 작품에서 **남녀 주인공인 이대봉과 장애황**은 부모끼리 혼인을 약속한 사이이지만, **두 사람은 어려서 고난을 겪고 따로 떨어져 생활**하게 된다. 이후 **두 사람은 뛰어난 능력을 발휘하여 국가를 위기에서 구하는 데 큰 공을 세운 후 만나 혼인해 태평성대를 이루고 부귀영화를 누린다.**

**주제** 이대봉의 영웅적 활약

**작품 줄거리** 명나라 때 이 상서의 아들 이대봉은 장한림의 딸 애황과 혼인하기로 약속한다. 그런데 간신 왕희가 이 상서를 모함하여 귀양을 보내며, 뱃사공에게 이 상서 부자를 죽이도록 한다. 그러나 용왕의 도움으로 이 상서는 외딴 섬에서 연명하게 되고, 이대봉은 천축국에 들어가 도승을 만난다. 한편, 장한림 부부는 이 상서 부자가 귀양가다 죽었다는 소식을 듣고 병을 얻어 죽는다. 부모를 잃은 애황은 시름 속에 살아가는데, 왕희는 자신의 아들을 애황과 혼인시키려 한다. 이에 애황은 남자 복장을 하고 도망쳐 호 씨에게 의탁해 있다가 과거에 응시해 장원급제를 한다. 그리고 선우족이 침범하자 대원수가 되어 이를 격파한다. 한편, 애황이 없는 사이 흉노족이 침공하여 천자가 항복을 하려는 위기를 맞는다. 이때 이대봉이 도승의 지시에 따라 달려와 천자를 구하고 흉노족을 몰아 낸다. 이대봉은 흉노족의 항복을 받고 돌아오던 중, 죽은 줄만 알았던 부친을 만난다. 천자는 이 상서 부자에게 높은 벼슬을 내린다. 천자는 애황에게도 벼슬을 내리지만 애황은 자신이 여자임을 고백한다. 그리하여 이대봉과 애황은 혼인을 하게 되고, 천자는 이대봉을 초왕에 봉한다. 그 뒤 이대봉은 천자의 딸과 혼인하여 부마가 되고, 재차 침입한 선우족과 흉노족을 애황과 함께 물리치는 공을 세운다.

### 31 인물의 이해 정답률 73% | 정답 ③

윗글의 인물에 대한 이해로 적절하지 않은 것은?

① 선우는 촉날이 대패하고 죽자 장 원수와 계속 싸워 이길 수 없다고 판단했군.
선우는 장대에 올라 촉날이 명나라 군에 대패하고 죽는 것을 보고 크게 놀라 도망치고 있다. 이를 통해 선우가 장 원수와 계속 싸워 이길 수 없다고 판단했음을 알 수 있다.

② 장 원수는 선우가 달아나게 되면 뒷날의 근심거리가 될 수 있다고 보았군.
장 원수는 선우를 죽이지 않으면 후환이 될 것이라고 말하였다.

✔ 흉노왕은 황제가 항복하려 할 때 대봉이 공격할 것을 미리 짐작했군.
흉노왕은 황제가 항복하러 나옴을 보고 크게 기뻐하여 진을 굳게 하지 않았다가 뜻밖에 진중이 대란한 것을 경험하였다. 이는 흉노왕이 대봉의 공격을 미리 짐작하지 못했음을 나타낸다.

④ 동돌수는 자신의 진중으로 혼자 공격하러 들어온 대봉에 대해 분개했군.
동돌수는 자신의 진중으로 공격하러 들어오는 대봉을 보고 사납게 흘겨보고 머리카락이 위로 뻗친 채 소리를 벽력같이 지르고 있다. 이는 동돌수가 대봉에 대해 분개했음을 나타낸다.

⑤ 대봉은 자신의 위용을 드러내며 흉노왕에게 항복하라고 말했군.
대봉은 주작장군을 파하고 현무장군을 베고 동돌수의 머리를 베어 칼끝에 꿰어 들고 큰소리로 흉노왕에게 항복하라고 말하고 있다. 이를 통해 대봉이 자신의 위용을 드러내며 흉노왕에게 항복하라고 말했음을 알 수 있다.

### 32 배경의 이해 정답률 62% | 정답 ④

㉠~㉤에 대한 설명으로 가장 적절한 것은?

① ㉠에서 ㉡에 이르기까지의 시간은 인물들 간의 관계를 개선하는 계기로 작용하고 있다.
㉠에서 ㉡에 이르기까지 장 원수가 본진에서 나와 촉날을 죽인 뒤 다시 본진으로 돌아가기까지의 시간이므로, 인물들 간의 관계를 개선하는 계기로 작용하였다고 할 수 없다.

② ㉠과 ㉢에서 배경이 어두워지는 것은 각각 내적 갈등의 시작과 종결을 의미한다는 점에서 대립적 성격을 나타내고 있다.
㉠은 자연적인 시간의 흐름에 따라 어두워지는 것이고, ㉢은 대봉이 진언을 염하여 나타난 현상에 해당한다. 따라서 ㉠과 ㉢에서 배경이 어두워지는 것을 각각 내적 갈등의 시작과 종결을 의미한다고는 할 수 없다.

③ ㉡과 ㉣에서 하늘이 밝아지는 것은 사건의 반전을 예고하고 있다.
㉡은 아침이 되어 대봉이 본진으로 돌아오는 시간임을 드러낸 것이고, ㉣은 대봉은 진언으로 인해 나타난 현상이 사라져 흉노왕이 군사를 확인할 수 있게 해 주고 있다. 따라서 ㉡과 ㉣에서 하늘이 밝아지는 것이 사건의 반전을 예고한다고 할 수 없다.

✔ ㉢으로 드러난 인물의 역량이 전투에서 발휘된 결과가 ㉣ 이후에 확인되고 있다.
대봉은 진언을 염하여 후토신장과 기백뇌공을 불러 ㉢을 일으키고, 이로 인해 급한 비가 크게 오고 뇌성이 진동하여 산천이 무너지는 듯하자 적진 장졸들이 겁을 먹고 대오를 지키지 못해 금사진이 무너지게 된다. 그러자 대봉이 이리저리 다니며 여러 명의 적군 장수들과 수많은 군사들을 죽인다. 이와 같은 활약상은 대봉의 뛰어난 능력을 보여 준다. 이렇게 활약한 대봉은 흉노왕에게 항복을 요구하는데, ㉣의 변화가 일어난다. 천지가 밝아진 것인데, 이를 통해 대봉에 의해 흉노의 수많은 군사들이 죽은 모습이 드러나고 있다. 따라서 ㉢으로 드러난 인물의 역량이 전투에서 발휘된 결과가 ㉣ 이후에 확인되고 있는 것이다.

⑤ ㉣의 변화가 인물에 의해 인위적으로 일어난 것임이 ㉤에서 해의 위치가 바뀐 것을 통해 드러나고 있다.
㉤은 대봉이 흉노왕을 쫓아 무주에 도착한 시간이 저녁임을 드러낸 것이므로 적절하지 않다.

### 33 서사의 전개 양상 이해 정답률 40% | 정답 ②

ⓐ, ⓑ에 주목하여 [A]를 이해한 내용으로 가장 적절한 것은?

① 장 원수는 ⓐ에 이르러서야 촉날의 간계를 간파했지만 ⓑ에서 촉날과 싸워 우월한 지위를 점했다.
장 원수는 '촉날의 흉계인 줄 알고 물을 피하여 동으로 가는 체하다가' ⓐ에 들어가 군사를 쉬게 하고 있으므로 적절하지 않다.

✔ 장 원수의 군사들이 ⓐ에 있다가 ⓑ로 간 것을 촉날이 모름으로써 전황이 장 원수에게 유리하게 되었다.
촉날의 수공에 의해 수세에 몰렸던 장 원수는 수공을 피해 ⓐ로 가서 군사를 쉬게 하고, 이어 원수는 자신의 군대를 뒤쫓아 온 촉날의 추격 병을 급습해 죽임으로써 자신의 군대가 ⓑ로 가서 매복하는 것을 촉날의 군사들이 알지 못하게 한다. 그리고 장 원수의 군대가 ⓑ로 간 것을 모르는 촉날의 군대는 결국 같은 편인 굴막대의 복병에 의해 공격을 당해 많은 군사들이 죽게 되고, 촉날은 평구로 달아나다가 석용담의 복병을 만나 남은 군사들마저 거의 다 잃고 도망가게 된다. 또한 촉날은 장 원수 군사가 ⓐ에 매복해 있다고 생각하고 ⓑ의 좌편으로 갔다가 그곳에서 장 원수를 만나 결국 죽게 된다. 이와 같은 일련의 과정을 볼 때, 장 원수의 군사들이 ⓐ에 있다가 ⓑ로 간 것을 촉날이 모름으로써 전황이 장 원수에게 유리하게 되었음을 알 수 있다.

③ 장 원수는 ⓐ에서 촉날의 기병들이 자신을 공격한 행동들을 ⓑ에서 촉날의 잘못을 꾸짖는 근거로 언급했다.
ⓐ에서 촉날의 기병들이 장 원수를 공격하지는 않고 있으므로 적절하지 않다.

④ 장 원수는 ⓐ로 촉날의 군사들을 유인하여 ⓑ로 촉날의 군사들이 가지 못하게 함으로써 전쟁의 승기를 잡았다.
장 원수는 ⓐ에서 쉰 뒤 ⓑ로 옮기게 되고, 촉날은 장 원수 군사가 ⓐ에 매복해 있다고 생각하고 ⓑ의 좌편으로 갔다가 그곳에서 장 원수를 만나 죽게 된다. 따라서 ⓑ로 촉날의 군사들이 가지 못하게 함으로써 전쟁의 승기를 잡았다는 이해는 적절하지 않다.

⑤ 장 원수의 군사들을 촉날의 군사들이 ⓐ에서 ⓑ로 뒤쫓아옴으로써 촉날의 군사들이 굴막대의 복병을 만나게 되었다.
장 원수의 군사들이 ⓐ에서 ⓑ로 옮긴 것을 촉날의 군대는 모르고 있으므로 적절하지 않다.

### 34 외적 준거에 따른 작품의 감상 정답률 69% | 정답 ③

<보기>를 참고하여 윗글을 감상한 내용으로 적절하지 않은 것은? [3점]

<보 기>

「이대봉전」에는 여자 주인공인 장애황과 남자 주인공인 이대봉의 서사가 각각 전개되는 부분이 있다. 두 서사는 유사한 구조를 띠고 있는데, 세부 요소의 측면에서 보면 서로 구별되는 요소를 지니고 있기도 하다. 이러한 특징은 장애황이 선우의 군사들을 물리치는 군담과 이대봉이 흉노왕의 군사들을 물리치는 군담을 통해 잘 드러난다. 두 군담의 서사는 별개의 공간에서 전개되면서 남녀 주인공의 특성을 나타내어 두 주인공의 대등한 면모를 유추할 수 있게 하고 있다.

① 장 원수는 '세찬 물결'로, 대봉은 '진중에 싸'여 위기에 처한 것은 인물을 위기 상황에 처하게 한 세부 요소의 측면에서 두 군담에 서로 구별되는 요소가 있음을 나타낸다고 할 수 있어.
세찬 물결과 진중에 싸이는 것은 인물들 위험에 처하게 하는 것이라는 점에서 유사한 구조를 띠고 있다고 할 수 있지만, 세부 요소의 측면에서 보면 수공에 의한 것과 적군에 의해 포위당하는 것이라는 점에서 구별되고 있다고 볼 수 있다.

② 장 원수가 '촉날의 머리를 베'히는 것과 대봉이 '동돌수의 머리를 베'히는 것은 무용을 떨치는 측면에서 두 인물이 대등한 면모를 지니고 있음을 나타낸다고 할 수 있어.
장 원수가 촉날의 머리를 베고, 대봉이 동돌수의 머리를 베는 것은 모두 두 인물의 무용이 뛰어남을 나타낸다. 이렇게 두 인물 모두 무용이 뛰어난 것은 두 인물의 대등한 면모를 보여 준다고 할 수 있다.

✔ 장 원수가 선우에게 '크게 외쳐' 한 말과 대봉이 흉노왕에게 '크게 외쳐' 한 말은 각각 장 원수가 예지 능력을 지니고 있고 대봉이 술법에 능한 인물임을 나타낸다고 할 수 있어.
장 원수는 선우에게 크게 외쳐 촉날이 이미 죽었으니 빨리 나와서 자신의 칼을 받으라고 한다. 이 말은 장 원수의 위용과 용맹함을 주지만, 장 원수가 예지력을 지니고 있음을 나타내고 있지는 않다. 그리고 대봉은 흉노왕에게 빨리 나와 항복하지 않으면 죽음을 면치 못하게 될 것이라고 말하고 있다. 이를 통해 대봉의 위용과 용맹함이 드러나고 있다.

④ 장 원수에게 패하여 선우가 '대경실색하여' 도망치는 것과 대봉에게 패하여 흉노왕이 '대겁하여' 도망치는 것은 두 군담의 서사 구조가 유사함을 나타낸다고 할 수 있어.
선우가 장 원수에게 패한 것에 놀라서 도망을 치고, 흉노왕이 대봉에게 패한 것에 놀라서 도망을 치는 것은 서사의 유사함을 보여 준다고 할 수 있다.

⑤ 장 원수는 선우와 싸우다가 '교지국'으로, 대봉은 흉노왕과 싸우다가 '앵무주'로 이동하는 것은 두 군담이 별개의 공간을배경으로 펼쳐지고 있음을 나타낸다고 할 수 있어.
<보기>를 통해 장애황의 군담과 이대봉의 군담이 별개의 공간에서 전개되고 있음을 알 수 있다. 따라서 장 원수가 선우와 싸우다가 '교지국'으로, 대봉이 흉노왕과 싸우다가 '앵무주'로 이동하는 것은 장애황의 군담과 이대봉의 군담이 별개의 공간을 배경으로 펼쳐지고 있음을 나타낸 것이라 할 수 있다.



[문제편 p.031]

## [35~45] 화법과 작문

**35** 말하기 방식 파악 정답률 93% | 정답 ②

**위 강연에 대한 설명으로 가장 적절한 것은?**

① **청중의 관심사를 확인하여 강연 내용을 조정하고 있다.**
이 강연에서 강연자가 청중의 관심사를 확인하거나, 이를 통해 강연 내용을 조정한 부분은 찾아볼 수 없다.

✔ **강연 중간중간에 청중에게 질문하고 답을 들으며 상호 작용하고 있다.**
이 강연의 '여기 있는 것들은 맞춤의 예인데요, 이음과의 차이점을 아시겠나요? 많은 분이 결구된 부재들이 놓인 방향에 주목해서 답하셨네요.'와 '그렇다면 위의 것과 아래 것의 차이는 무엇일까요? 결구된 부분에 차이가 있다고 답하셨네요.' 등을 통해, 강연자는 강연 중간중간에 청중에게 질문하고 답을 들으며 상호 작용하고 있음을 알 수 있다.

③ **청중의 요청에 따라 강연 내용과 관련 있는 추가적인 정보를 제공하고 있다.**
이 강연에서 청중이 강연자에게 강연 내용과 관련 있는 추가적인 정보를 요청한 부분은 찾아볼 수 없다.

④ **강연 내용과 청중의 관련성을 언급하며 청중에게 주의를 집중할 것을 요청하고 있다.**
이 강연에서 강연자는 강연 내용과 청중의 관련성을 언급하거나 청중에게 주의를 집중할 것을 요청하는 부분은 찾아볼 수 없다.

⑤ **청중에게 친숙한 사례를 제시하여 강연 내용에 대한 청중의 잘못된 이해를 바로잡고 있다.**
이 강연에서 강연자는 청중에게 경복궁 근정전에서 사용된 이음과 맞춤을 사례로 보여 주고 있지만, 강연 내용에 대한 청중의 잘못된 이해를 바로잡는 부분은 찾아볼 수 없다.

**36** 자료 활용 방안 파악 정답률 65% | 정답 ⑤

**다음은 강연자가 제시한 자료이다. 강연자의 자료 활용에 대한 설명으로 적절하지 않은 것은?**

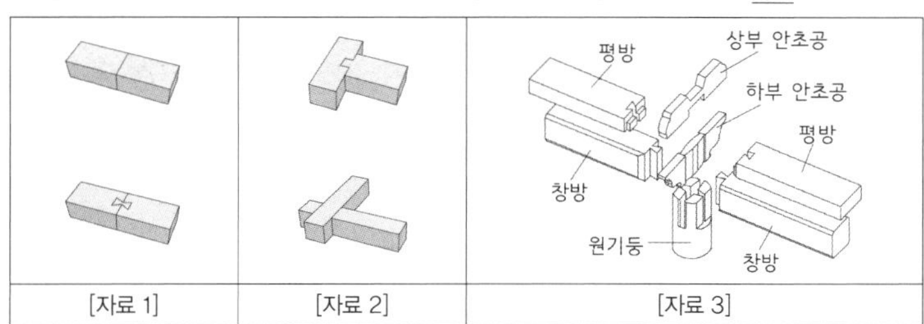

[자료 1] [자료 2] [자료 3]

① **[자료 1]을 활용하여, '이음'의 결구 방법을 '맞댄이음'과 '나비장이음'으로 구분하고 있다.**
2문단에서 강연자는 [자료 1]을 활용하여, 부재들에 어떤 변형도 가하지 않고 두 부재를 이은 맞댄이음과, 부재들에 홈을 만들고 그 홈에 나비 모양의 부재인 나비장을 끼워 두 부재를 이은 나비장이음으로 이음의 결구 방법을 구분하고 있다.

② **[자료 2]를 활용하여, '장부맞춤'과 '반턱맞춤'의 차이점을 밝히고 있다.**
2문단에서 강연자는 [자료 2]를 활용하여, 부재들이 결구된 부분을 통해 장부맞춤과 반턱맞춤의 차이점을 밝히고 있다.

③ **[자료 3]을 활용하여, 경복궁 근정전에서 부재들이 '이음'과 '맞춤'으로 결구되어 있는 것을 소개하고 있다.**
3문단에서 강연자는 [자료 3]을 활용하여, 경복궁 근정전에서 창방, 평방, 안초공, 원기둥과 같은 부재들이 이음과 맞춤으로 결구되어 있는 것을 소개하고 있다.

④ **[자료 1]과 [자료 2]를 활용하여, 결구되는 부재들의 방향에 주목하여 '이음'과 '맞춤'을 설명하고 있다.**
2문단에서 강연자는 [자료 1]과 [자료 2]를 활용하여, 결구되는 부재들의 방향에 주목하여 이음과 맞춤을 설명하고 있다.

✔ **[자료 2]와 [자료 3]을 활용하여, 원기둥의 홈에 '맞춤'하는 하부 안초공의 모양을 분석하고 있다.**
이 강연을 통해 강연자가 원기둥의 홈에 창방과 하부 안초공을 결구한다는 것을 설명하고 있음을 알 수 있다. 하지만 원기둥 홈에 맞춤하는 하부 안초공의 모양을 분석하지는 않고 있으므로 적절하지 않다.

**37** 듣기 전략의 파악 정답률 84% | 정답 ⑤

**다음은 위 강연을 들은 학생들의 반응이다. 학생의 반응을 이해한 내용으로 적절하지 않은 것은?**

> **학생1** : 전통 건축물 부재들의 결구 방법이 궁금했는데 강연을 통해 알게 되어 유익했어. 덕수궁에 가서, 결구 방법에 주목해 전통 건축물들의 구조를 이해해 봐야겠어.
> **학생2** : 경복궁 근정전의 원기둥 상부와 부재들이 어떻게 짜 맞춰져 있는지 알고 싶었는데 연구원 선생님이 잘 설명해 주셔서 좋았어. 강연을 들으니, 전통 건축물이 수려한 미감을 자아내는 이유는 이음과 맞춤을 통해 다양한 형태의 구조로 만들어졌기 때문인 것 같아.
> **학생3** : 예전에 책에서 전통 건축물에 사용되는 부재의 모양이 구조적 안정성과 관련이 있다는 것을 읽었었어. 나비 모양으로 부재를 만드는 이유를 구조적 안정성과 관련지어 설명해 주시지 않아 아쉬웠어.

① **학생 1은 강연자가 제언한 대로 강연 내용을 다른 사례에 적용하려 하고 있다.**
학생 1은 덕수궁에 있는 전통 건축물들의 구조를 결구 방법에 주목해 이해해 보려고 함으로써 강연자가 제언한 대로 강연 내용을 다른 사례에 적용하려 하고 있다.

② **학생 2는 강연 내용을 바탕으로 강연자가 언급하지 않은 내용을 추측하고 있다.**
학생 2는 강연자가 언급하지 않은 내용이지만 강연 내용을 바탕으로 전통 건축물이 수려한 미감을 자아내는 이유는 이음과 맞춤을 통해 다양한 형태의 구조로 만들어졌기 때문이라고 추측하고 있다.

③ **학생 3은 강연에서 설명되지 않은 내용을 언급하며 아쉬워하고 있다.**
학생 3은 나비 모양으로 부재를 만드는 이유를 구조적 안정성과 관련지어 설명해 주지 않아 아쉬워하고 있다.

④ **학생 1과 학생 2는 모두 자신의 궁금증이 해소되었다는 점에서 강연 내용을 긍정적으로 평가하고 있다.**
학생 1은 전통 건축물 부재들의 결구 방법에 대한 궁금증이 강연을 통해 해소되었다는 점에서 강연 내용을 긍정적으로 평가하고 있다. 학생 2는 강연자의 설명을 통해 경복궁 근정전의 원기둥 상부와 부재들이 어떻게 짜 맞춰져 있는지에 대한 궁금증이 해소되었다는 점에서 강연 내용을 긍정적으로 평가하고 있다.

✔ **학생 1과 학생 3은 모두 기존의 배경지식을 떠올려 자신의 지식과 강연 내용이 연계되는 지점을 확인하고 있다.**
학생 1은 강연의 유익한 점을 언급하고 있지만 기존의 배경지식을 떠올려 자신의 지식과 강연 내용이 연계되는 지점을 확인하지는 않고 있다. 한편 학생 3은 전통 건축물에 사용되는 부재의 모양이 구조적 안정성과 관련이 있다는 기존의 배경지식을 떠올려 나비 모양의 부재에 대한 강연 내용과 전통 건축물에 사용되는 부재에 대한 자신의 지식이 연계되는 지점을 확인하고 있다.



**38** 글쓰기 방법 파악 정답률 94% | 정답 ③

**(가)의 학생이 사용한 글쓰기 방법에 대한 설명으로 가장 적절한 것은?**

① **치유 농업 여행에 참가하면서 겪은 어려움을 사례를 들어 제시한다.**
학생의 글을 통해 치유 농업 여행에 참가해서 경험한 사례들을 확인할 수 있지만, 이러한 사례에서 겪은 어려움은 찾아볼 수 없다.

② **치유 농업 여행에 참가한 경험을 다른 참가자의 경험과 비교하여 설명한다.**
학생의 글을 통해 치유 농업 여행에 참가한 경험을 다른 참가자의 경험과 비교하는 내용은 찾아볼 수 없다.

✔ **치유 농업 여행의 세부 프로그램 내용과 소감을 시간적 순서에 따라 제시한다.**
2문단을 통해 치유 농업 여행의 세부 프로그램 내용과 소감을 시간적 순서에 따라 제시하고 있음을 알 수 있다.

④ **치유 농업에 대한 전문가의 견해를 직접 인용하여 치유 농업 여행의 목적을 설명한다.**
학생의 글을 통해 치유 농업에 대한 전문가의 견해를 직접 인용하고 있는 부분은 찾아볼 수 없다.

⑤ **치유 농업 여행의 프로그램이 지닌 장점을 다른 교육 여행 프로그램과 대조하여 제시한다.**
학생의 글을 통해 치유 농업 여행에 대한 만족감을 표현하고 있음을 알 수 있다. 하지만 프로그램이 지닌 장점을 다른 교육 여행 프로그램과 대조하는 내용은 찾아볼 수 없다.

**39** 검토 의견에 따른 고쳐쓰기 정답률 74% | 정답 ④

**〈보기〉는 (가)의 마지막 문단 초고이다. 〈보기〉를 고쳐 쓰기 위한 친구들의 조언 중 반영되지 않은 것은?** [3점]

> 〈보 기〉
> 짧은 시간이었지만 치유 농업 여행은 나에게 도움이 되는 유익한 체험이었다. 학생회가 준비해 준 이번 여행 탓에 힘든 학업으로 답답했던 마음이 시원하게 뚫린 기분이었다. 학업에 집중하기 위해서는 공부하는 환경이 중요하다는 생각이 들었다. 좋은 프로그램을 준비해 준 학생회 학생들이 고맙다는 말을 전하고 싶다. 이번 교육 여행을 계기로 생긴 앞으로의 계획도 잘 실천해 봐야겠다.

① **첫 번째 문장에서 의미가 중복된 표현은 수정하는 게 어때?**
〈보기〉의 첫 번째 문장에서 중복되는 의미인 '도움이 되는'과 '유익한' 중 '도움이 되는'을 삭제하였으므로, 의미가 중복되는 표현을 수정하라는 조언을 반영하였음을 알 수 있다.

② **두 번째 문장에서 부적절하게 사용된 어휘는 바꾸는 게 어때?**
〈보기〉의 두 번째 문장에서 부적절하게 사용된 '탓'을 대신하여 '덕분'으로 어휘를 바꾸었으므로, 부적절하게 사용된 어휘를 바꾸라는 조언을 반영하였음을 알 수 있다.

③ **세 번째 문장은 글의 통일성을 고려하여 삭제하는 게 어때?**
글의 내용과 관계없는 〈보기〉의 세 번째 문장을 삭제하였으므로, 글의 통일성을 고려해 해당 문장을 삭제하라는 조언을 반영하였음을 알 수 있다.

✔ **네 번째 문장은 행위가 미치는 대상인 객체를 분명하게 표현하는 게 어때?**
(가)의 마지막 문단과 〈보기〉를 비교해 보면, 〈보기〉의 네 번째 문장에서 고맙다는 말을 전하는 행위가 미치는 객체를 분명하게 표현하라는 조언을 반영하지 않고, 해당 문장을 수정하고 있다.

⑤ **다섯 번째 문장의 내용은 더 구체적으로 제시해 주는 게 어때?**
〈보기〉의 다섯 번째 문장을 치유 농업에 관한 자료를 찾아보고 더 깊이 이해해 보겠다는 계획을 세웠다고 구체화하였으므로, 해당 문장의 내용을 더 구체적으로 제시해 달라는 조언을 반영하였음을 알 수 있다.

**40** 발화의 의미와 기능 이해 정답률 79% | 정답 ④

**[A], [B]에 대한 이해로 가장 적절한 것은?**

① **[A]에서 학생 3은 첫 번째 발화에서 학생 2의 의견 중 자신의 의견과 부합하는 부분과 그렇지 않은 부분을 구별하고 있다.**
[A]에서 학생 3은 첫 번째 발화를 통해 학생 1의 의견에 동의하면서 치유 농업 여행을 통해서 얻을 수 있는 효과와 관련된 소감문의 내용을 제시하고 있다. 따라서 학생 2의 의견 중 자신의 의견과 부합하는 부분과 그렇지 않은 부분을 구별하였다는 내용은 적절하지 않다.

② **[A]에서 학생 1은 두 번째 발화에서 학생 2와 학생 3의 발화 내용의 일부를 재진술하면서 그 발화 내용을 뒷받침할 근거 자료를 요청하고 있다.**
[A]에서 학생 1의 두 번째 발화를 통해, 학생 1이 학생 2의 발화 내용의 일부를 재진술하고 있음을 알 수 있다. 하지만 학생 1이 학생 2와 학생 3에게 발화 내용을 뒷받침할 근거 자료를 요청하지는 않고 있다.

③ **[B]에서 학생 3은 첫 번째 발화에서 학생 2의 제안에 대한 공감을 표현한 후 두 번째 발화에서 그 제안과 학생 1의 제안을 절충하고 있다.**
[B]에서 학생 3의 첫 번째 발화를 통해 학생 2의 제안에 대해 '좋아.'라고 공감을 표시하고 있음을 알 수 있다. 하지만 학생 3의 두 번째 발화를 통해 '학생 1'의 제안에 공감을 표시하고 있지만, 학생 2의 제안과 학생 1의 제안을 절충하지는 않고 있다.

✔ **[A]와 [B] 모두에서 학생 1은 첫 번째 발화에서 상대의 발화 의도를 파악하여 자신이 이해한 내용이 맞는지 확인하고 있다.**
[A]에서 학생 1의 첫 번째 발화를 통해, 학생 1이 여행을 통해 학업에 지친 마음을 치유할 수 있었다는 소감문의 내용을 홍보하는 글에 포함하자는 의미인지 학생 3에게 확인하고 있음을 알 수 있다. 그리고 [B]에서 학생 1의 첫 번째 발화를 통해, 여행 관련 정보를 좀 더 자세하게 안내받을 수 있는 별도의 방법을 홍보하는 글에 제시하자는 의미인지 학생 2에게 확인하고 있다. 따라서 [A]와 [B] 모두 학생 1은 첫 번째 발화에서 상대의 발화 의도를 파악하여 자신이 이해한 내용이 맞는지 확인하고 있음을 알 수 있다.

⑤ **[A]와 [B] 모두에서 학생 2는 두 번째 발화에서 상대의 발화 내용이 대화 맥락에 어긋나 있음을 고려하여 대화의 흐름을 조정하고 있다.**

[A]에서 학생 2의 두 번째 발화를 통해 학생 3의 의견에 대해 부정적인 점과 긍정적인 점을 밝히고 있고, [B]에서는 학생 1의 의견에 공감하면서 추가로 언급할 내용을 제시하고 있다. 이를 볼 때, 학생 2가 학생 3의 발화나 학생 1의 발화가 대화 맥락에서 어긋나 있음을 고려하여 대화의 흐름을 조정하였다는 내용은 적절하지 않다.

## 41 대화 맥락에 맞는 내용의 정리

정답률 69% | 정답 ①

**(가)와 (나)를 고려할 때, '학생 3'이 작성한 메모의 내용으로 적절하지 않은 것은?**

〈우리가 논의해야 할 사항〉

- 참가자 안전 교육의 효율적인 진행을 위해 필요한 사항 검토 ························ ①
- 여행 참가자들 사이에 소감을 공유할 수 있는 구체적인 방안 검토 ························ ②
- 일부 프로그램에 배정된 활동 시간을 조정할 필요성에 대한 검토 ························ ③
- 우천 시 진행하기 어려운 프로그램을 대체할 수 있는 프로그램 검토 ························ ④
- 참가자 모집 과정에서 부족했던 치유 농업에 대한 안내를 보완할 수 있는 방안 검토 ······ ⑤

✔ **참가자 안전 교육의 효율적인 진행을 위해 필요한 사항 검토**

(나)에서 학생 3은 다음번 모임을 위해, 학생회 게시판에 올라온 소감문에서 지난번 치유 농업 여행의 부족한 점이나 다시 생각해 봐야 할 점과 관련된 내용을 정리해 논의할 사항을 메모해 오겠다고 하였다. 하지만 소감문에는 안전 교육에 대한 언급이 없으므로, 참가자 안전 교육과 관련한 검토는 학생 3이 작성한 메모의 내용으로 적절하지 않다.

② **여행 참가자들 사이에 소감을 공유할 수 있는 구체적인 방안 검토**

(나)의 학생 2의 '이번에는 치유 농업 여행을 ~ 하면 좋지 않을까?'의 발화를 통해, 여행 참가자들 사이에 소감을 공유할 수 있는 구체적인 방안 검토는 메모 내용으로 적절하다.

③ **일부 프로그램에 배정된 활동 시간을 조정할 필요성에 대한 검토**

(가)의 '산책에 주어진 시간이 너무 짧아 아쉬움이 컸다.'를 통해, 일부 프로그램에 배정된 활동 시간을 조정할 필요성에 대한 검토는 메모 내용으로 적절하다.

④ **우천 시 진행하기 어려운 프로그램을 대체할 수 있는 프로그램 검토**

(가)의 '비가 올 때를 대비한 프로그램이 준비되어 있지 않아 비가 오면 시간을 허비할 수도 있었는데'를 통해, 우천 시 진행하기 어려운 프로그램을 대체할 수 있는 프로그램 검토는 메모 내용으로 적절하다.

⑤ **참가자 모집 과정에서 부족했던 치유 농업에 대한 안내를 보완할 수 있는 방안 검토**

(나)의 학생 1의 '좀 더 자세한 여행 관련 정보를 안내받을 수 있는 별도의 방법을 홍보하는 글에 제시해 주자는 거구나.'의 발화를 통해, 참가자 모집 과정에서 부족했던 치유 농업에 대한 안내를 보완할 수 있는 방안 검토는 메모 내용으로 적절하다.

★★★ 등급을 가르는 문제!

## 42 대화 내용의 반영 여부 판단

정답률 51% | 정답 ①

**다음은 '학생 2'가 작성한 초고이다. 이에 대한 반응으로 적절하지 않은 것은?**

**건강하고 행복한 삶을 위한 치유 농업 여행에 함께해요**

〈사진: 토닥토닥 위로해 준 별빛들〉

학생회에서 두 번째 치유 농업 여행에 참가할 학생을 모집합니다. 첫 번째 치유 농업 여행에 참가했던 학생들의 반응이 얼마나 좋았는지 아시나요? 치유 농업 여행을 통해 학업으로 지친 마음을 치유할 수 있어서 좋았다는 학생의 반응이 있었어요. 여행 후 진행된 설문 조사 결과에서도 만족도가 매우 높게 나왔답니다. 그리고 이번에는 특별히 주목할 만한 프로그램이 하나 더 생겼어요. 지난번 여행에서 동물들 먹이 주기 체험에 대한 호응이 매우 좋았는데, 이번에는 소 껴안기 프로그램을 추가하여 지난번보다 동물들과 더 가깝게 교감할 수 있도록 했어요. 치유 농업 여행에 참가를 원하는 학생들은 학생회 게시판을 통해 구체적인 프로그램 일정과 내용, 신청 방법 등을 확인해 주세요.

✔ **새로 추가된 프로그램의 내용과 효과를 부각하자는 의견이 반영되었군.**

학생 2가 작성한 초고에는 소 껴안기 프로그램을 추가하였다고 했는데, (나)의 학생들 대화에서는 이에 대한 언급이 없다.

② **치유 농업 여행이 준 만족감에 대한 소감문의 내용을 포함하자는 의견이 반영되었군.**

치유 농업 여행에서 학업에 지친 마음을 치유할 수 있었다는 소감문의 내용을 학생 2의 초고에서 확인할 수 있으므로, 치유 농업 여행이 준 만족감을 표현한 소감문의 내용을 홍보하는 글에 포함하자는 의견이 반영되었다고 볼 수 있다.

③ **치유 농업 여행 후 진행된 설문 조사의 만족도 결과를 간단하게 언급하자는 의견이 반영되었군.**

치유 농업 여행 후 진행된 설문 조사에서 만족도가 매우 높았다는 내용을 학생 2의 초고에서 확인할 수 있으므로, 설문 조사의 만족도 결과를 홍보하는 글에 간단하게 언급하자는 의견이 반영되었다고 볼 수 있다.

④ **치유 농업 여행에 관한 추가 정보를 얻을 수 있는 별도의 방법을 안내하자는 의견이 반영되었군.**

치유 농업 여행에 관한 추가 정보를 얻을 수 있는 별도의 방법을 안내하는 내용을 학생 2의 초고에서 확인할 수 있으므로, 치유 농업 여행에 관한 추가 정보를 얻을 수 있는 별도의 방법을 안내하자는 의견이 반영되었다고 할 수 있다.

⑤ **학생들의 활동 모습이 담긴 사진과 소감문에서 인상적이었던 표현을 함께 제시하자는 의견이 반영되었군.**

학생들의 활동 모습이 담긴 사진과 소감문에서 인상적이었던 표현을 함께 제시한 내용을 학생 2의 초고에서 확인할 수 있으므로, 학생들의 활동 모습이 담긴 사진과 소감문에서 인상적이었던 표현을 함께 제시하자는 의견이 반영되었다고 할 수 있다.

**★★ 문제 해결 꿀~팁 ★★**

▶ **많이 틀린 이유는?**

이 문제는 문제의 의도를 정확히 파악하지 못해 오답률이 높았던 것으로 보인다.

▶ **문제 해결 방법은?**

이 문제를 해결하기 위해서는 문제의 의도를 정확히 파악해야 한다. 즉, '학생 2'가 작성한 초고가 (나)의 대화를 바탕으로 한 것임을 파악해야 한다는 것이다. 이럴 경우 선택지의 내용이 (나)에서 언급되었는지 일차적으로 확인하고, '학생 2'의 초고에도 반영되었는지 확인하면 된다. 가령 정답인 ①의 경우, '학생 2'의 초고에서는 '소 껴안기 프로그램을 추가하였다'고 하였지만, (나)의 학생들 대화에서는 이를 찾아볼 수 없으므로 적절하지 않음을 알 수 있다. 한편 이 문제의 경우에는 선택지를 먼저 읽게 되면 (나)와 관련 있음을 알아챌 수 있었을 것이므로, 문제를 풀 때 선택지를 미리 한번 쭉 훑어 보는 것도 출제 의도를 이해하는데 도움이 될 수 있다.

## 43 글쓰기 전략 파악

정답률 86% | 정답 ①

**'초고'에 대한 설명으로 가장 적절한 것은?**

✔ **문제의 심각성을 제기하고 문제의 원인을 밝혔다.**

1문단에서 캠핑장에서의 화재와 일산화 탄소 중독 사고가 생명에 미치는 위해의 심각성이 크다는 문제의 심각성을 제기하고 있다. 그리고 2, 3문단에서 문제의 원인을 이용객의 캠핑 용품 사용 안전 수칙 미준수, 캠핑장 사업자의 소방 시설 미비, 관계 당국의 감독 소홀, 부주의한 난방 기기 사용 등으로 밝히고 있다. 따라서 '초고'에서는 문제의 심각성을 제기한 뒤 문제의 원인을 밝혔음을 알 수 있다.

② **특정 주장을 소개하고 예상되는 반론을 반박하였다.**

'초고'를 통해 특정 주장에 대해 예상되는 반론이나, 그에 대한 반박을 한 내용은 찾을 수 없다.

③ **다양한 문제 해결 방안을 설명하고 그 장단점을 비교하였다.**

'초고'를 통해 다양한 문제 해결 방안을 언급하고 있음을 알 수 있지만, 다양한 문제 해결 방안의 장단점을 비교한 내용은 찾아볼 수 없다.

④ **일반적 통념을 제시하고 그 통념이 지닌 모순을 지적하였다.**

'초고'를 통해 일반적인 통념을 제시하거나 이러한 통념이 지닌 모순을 지적한 내용은 찾아볼 수 없다.

⑤ **문제 상황을 분석하고 그에 대한 대책 마련의 어려움을 제시했다.**

'초고'를 통해 캠핑장에서의 화재와 일산화 탄소 중독 사고가 심각하다는 문제 상황은 제시되었음을 알 수 있다. 하지만 이 문제 상황을 해결하기 위한 대책을 마련하기 어렵다는 내용은 제시하지 않았다.

## 44 조건에 맞는 글쓰기

정답률 84% | 정답 ②

**선생님의 조언을 반영하여 [A]를 작성한 내용으로 가장 적절한 것은?**

> **선생님** : 글을 마무리할 때, 핵심 내용을 문제 해결의 모든 주체와 관련지어 요약하고 예상되는 효과를 언급하자.

① **안전한 캠핑은 캠핑장의 안전시설을 확인하는 것부터 시작된다. 캠핑장 사업자와 관계 당국은 캠핑장 이용객이 안전시설을 수월하게 확인할 수 있는 환경을 조성해 주어야 한다.**

캠핑장에서의 화재와 일산화 탄소 중독 사고를 예방을 위해 노력해야 하는 문제 해결의 주체인 캠핑장 이용객이 빠져 있고, 예상되는 효과도 언급하지 않고 있다.

✔ **캠핑장 화재와 일산화 탄소 중독 사고를 예방하기 위해 이용객, 사업자, 관계 당국 모두가 주의와 노력을 기울여야 한다. 이를 통해 사고 없는 안전한 캠핑이 이루어질 수 있다.**

선생님 말을 통해 글쓰기 조건이 '핵심 내용을 문제 해결의 모든 주체와 관련지어 요약'하고 '예상되는 효과'를 언급하는 것임을 알 수 있다. 이러한 조건을 만족하는 것은 ②로, ②에서는 캠핑장에서의 화재와 일산화 탄소 중독 사고를 예방을 위해 노력해야 한다는 핵심 내용을 캠핑장 이용객, 사업자, 관계 당국이라는 문제 해결의 주체와 관련지어 요약하고 있다. 그리고 이렇게 문제가 해결될 때 사고 없는 안전한 캠핑이 이뤄진다는 효과를 언급하고 있다.

③ **빈틈없는 안전시설 관리를 위해 캠핑장 사업자의 노력이 가장 중요하다. 캠핑장 화재와 일산화 탄소 중독 사고를 예방할 때 이용객들은 즐거운 캠핑을 할 수 있다.**

예상되는 효과는 언급하고 있지만, 캠핑장에서의 화재와 일산화 탄소 중독 사고를 예방을 위해 노력해야 하는 문제 해결의 주체인 캠핑장 이용객과 관계 당국이 빠져 있다.

④ **여가 활동으로 캠핑을 즐기는 사람들이 늘어나고 있다. 반면에 안전시설을 규정에 맞게 모두 갖춘 캠핑장은 늘지 않고 있어 이에 대한 대책이 필요하다.**

캠핑장에서의 화재와 일산화 탄소 중독 사고를 예방을 위해 노력해야 하는 문제 해결의 주체와 관련지어 요약하지 않고 있고, 예상되는 효과도 언급하지 않고 있다.

⑤ **캠핑을 하면 자연과 함께하는 휴식을 통해 몸과 마음을 건강하게 만들 수 있다. 안전한 환경을 조성하여 캠핑을 즐기는 사람들이 늘어나게 해야 한다.**

캠핑장에서의 화재와 일산화 탄소 중독 사고를 예방을 위해 노력해야 하는 문제 해결의 주체와 관련지어 요약하지 않고 있고, 문제 해결을 할 때의 예상되는 효과도 언급하지 않고 있다.

## 45 자료 활용 방안의 적절성 판단

정답률 64% | 정답 ④

**〈보기〉는 '초고'를 보완하기 위해 추가로 수집한 자료이다. 자료 활용 방안으로 적절하지 않은 것은? [3점]**

〈보 기〉

(가) △△ 연구소 통계 자료

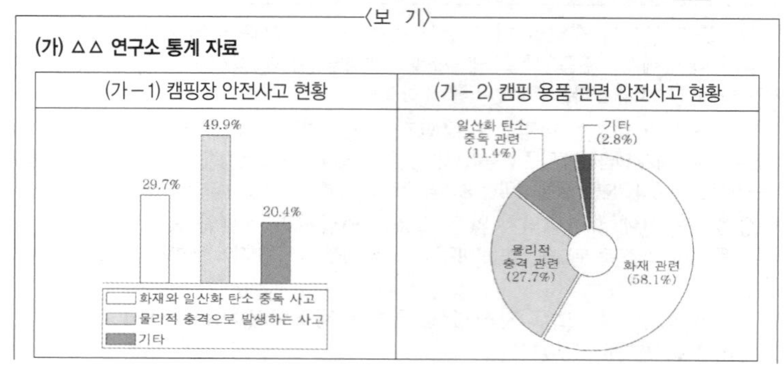




[문제편 p.035]

**(나) 신문 기사**
◇◇하는 사고가 예년보다 증가해 전체 사고에서 캠핑 중 발생한 비율이 26%에 이르렀다. 화재 사고의 경우 다수의 사상자가 발생한 □□ 캠핑장 사고가 그 피해의 심각성을 보여 준다. 이 사고는 소방 시설의 미비와 관계 당국의 관리 소홀로 조기 진화에 실패해 일어난 참사였다.

**(다) 전문가 인터뷰**
일산화 탄소 중독 사고는 생명에 미치는 위해가 매우 심각합니다. 이는 사고 발생 건수 대비 사상자 수의 비율인 인명 피해율을 통해 알 수 있습니다. 일반적으로 재난 사고의 인명 피해율은 1을 넘지 않습니다. 그러나 일산화 탄소 중독 사고의 인명 피해율은 2.65로 매우 높습니다.

① **(가-1)을 활용하여, 물리적 충격으로 발생하는 사고가 캠핑장에서의 안전사고 중 발생 빈도가 가장 높다는 1문단의 내용을 뒷받침한다.**
(가-1)은 통계 자료로 캠핑장 안전사고 중 물리적 충격으로 발생하는 사고가 49.9%로 가장 높은 비율을 차지하고 있음을 보여 주고 있다. 이를 활용하여 물리적 충격으로 발생하는 사고가 캠핑장에서의 안전사고 중 발생 빈도가 가장 높다는 1문단의 내용을 구체화할 수 있다.

② **(가-2)를 활용하여, 캠핑 용품 관련 안전사고 중 화재 관련 사고의 발생 비율이 가장 높다는 2문단의 내용에 구체적인 수치를 추가한다.**
(가-2)는 통계 자료로 캠핑 용품 관련 안전사고 중 화재와 관련한 사고가 58.1%로 가장 높음을 알 수 있다. 이를 활용하여 캠핑 용품 관련 안전사고 중 화재 관련 사고의 발생 비율이 가장 높다는 2문단의 내용에 58.1%라는 구체적인 수치를 추가할 수 있다.

③ **(나)를 활용하여, 소방 시설의 미비와 관리 감독의 소홀은 화재의 조기 진화를 어렵게 하여 인명 피해를 키운다는 2문단의 내용에 사례를 추가한다.**
(나)는 소방 시설의 미비와 관리 소홀로 인하여 다수의 사상자가 발생한 캠핑장 사고 사례를 보여 주는 신문 기사이다. 이를 소방 시설의 미비와 관리 감독의 소홀은 화재의 조기 진화를 어렵게 하여 인명 피해를 키운다는 2문단의 사례로 추가할 수 있다.

④ (정답) **(가-2)와 (나)를 활용하여, 일산화 탄소 중독 사고와 화재 사고가 물리적 충격으로 발생하는 사고보다 많다는 1문단의 내용을 구체화한다.**
(가-2)는 캠핑 용품 관련 안전사고에 대한 통계 자료로, 화재, 물리적 충격, 일산화 탄소 중독 관련 사고가 차지하는 비율을 제시하고 있다. (나)는 신문 기사로 캠핑 중 발생하는 일산화 탄소 중독 사고가 증가한다는 점과 소방 시설의 미비로 다수의 사상자가 발생한 캠핑장 사고 사례를 보여 준다. 이렇게 볼 때, (가-2)와 (나)를 활용하여 일산화 탄소 중독 사고와 화재 사고가 물리적 충격으로 발생하는 사고보다 많다는 1문단의 내용을 뒷받침할 수 없다. 또한 1문단에서는 캠핑장에서의 화재나 일산화 탄소 중독 사고가 생명에 미치는 위해의 심각성이 크지만, 캠핑장 안전 사고 발생 건수 자체는 화재, 일산화 탄소 중독 사고보다 물리적 충격으로 발생하는 사고가 더 많다고 제시하고 있다. 그렇기 때문에 일산화 탄소 중독 사고와 화재 사고가 물리적 충격으로 발생한 사고보다 많다는 내용은 적절하지 않다.

⑤ **(나)와 (다)를 활용하여, 일산화 탄소 중독 사고는 인명 피해율이 높아서 주의가 필요함에도 캠핑 중 일산화 탄소 중독 사고는 줄지 않고 있다는 3문단의 내용을 구체화한다.**
(나)의 신문 기사에는 캠핑장에서 발생하는 안전사고 중 생명에 심각한 위해를 미치는 일산화 탄소 중독 사고가 예년보다 증가했다는 내용이 있다. (다)의 전문가 인터뷰에는 일산화 탄소 중독 사고의 경우 다른 사고보다 인명 피해율이 높다는 내용이 있다. 그러므로 (나)와 (다)를 활용하여 일산화 탄소 중독 사고는 인명 피해율이 높아서 주의가 필요함에도 캠핑 중 일산화 탄소 중독 사고가 줄지 않고 있다는 3문단의 내용을 구체화할 수 있다.

## [35~45] 언어와 매체

### 35 한글 맞춤법에서의 준말의 이해 정답률 65% | 정답 ④

**윗글을 이해한 내용으로 적절하지 않은 것은?**

① **'(밭을) 매다'의 어간에 '-어'가 결합된 형태인 '매어'의 경우, 준말인 '매'로 적어도 한글 맞춤법에 어긋나지 않는다.**
1문단의 '한편 제34항 [붙임1]에서는 어간 끝 모음 'ㅐ, ㅔ' 뒤에 '-어, -었-'이 어울려 줄 적에는 준 대로 적는 것을 다루고 있다. 그렇지만 이때는 반드시 준 대로 적지 않아도 된다.'를 통해, '(밭을) 매다'의 어간에 '-어'가 결합된 형태인 '매어'의 경우, 준말인 '매'로 적어도 한글 맞춤법에 어긋나지 않음을 알 수 있다.

② **'(병이) 낫- + -아'의 경우, 'ㅅ'이 불규칙적으로 탈락되므로 '나아'로만 적고, '나'로 적으면 한글 맞춤법에 어긋난다.**
1문단의 '하지만 어간 끝 자음이 불규칙적으로 탈락되는 경우에는, 원래 자음이 있었음이 고려되어 'ㅏ, ㅓ'가 줄어들지 않는다. '(꿀물을) 젓-+-어→저어/*저' 등이 그 예이다.'를 통해, '(병이) 낫-+-아'의 경우 'ㅅ'이 불규칙적으로 탈락되므로 '나아'로만 적고, '나'로 적으면 한글 맞춤법에 어긋남을 알 수 있다.

③ **'(땅이) 패다'의 어간에 '-어'가 결합될 경우, '패다'의 'ㅐ'가 모음이 줄어든 형태이므로 '패'로 적으면 한글 맞춤법에 어긋난다.**
1문단의 '다만 모음이 줄어들어서 'ㅐ'가 된 경우에는 '-어'가 결합하더라도 다시 줄어들지는 않는다. 예컨대 '차-'와 '-이-'의 모음이 줄어든 '채-'의 경우 '(발에) 채-+-어→채어/*채'에서 보듯이 모음이 다시 줄어들지 않는다.'를 통해, '(땅이) 패다'의 어간에 '-어'가 결합될 경우 '패다'의 'ㅐ'가 모음이 줄어든 형태이므로 '패'로 적으면 한글 맞춤법에 어긋남을 알 수 있다.

④ (정답) **'(잡초를) 베- + -었- + -다'와 '(베개를) 베- + -었- + -다'의 경우, 준말의 형태인 '벴다'로 적으면 한글 맞춤법에 어긋난다.**
1문단의 '한편 제34항 [붙임1]에서는 어간 끝 모음 'ㅐ, ㅔ' 뒤에 '-어, -었-'이 어울려 줄 적에는 준 대로 적는 것을 다루고 있다. 그렇지만 이때는 반드시 준 대로 적지 않아도 된다.'를 통해, '(잡초를) 베-+-었-+-다'와 '(베개를) 베-+-었-+-다'의 경우 준말의 형태인 '벴다'로 적어도 한글 맞춤법에 어긋나지 않음을 알 수 있다.

⑤ **'(강을) 건너- + -어'와 '(줄을) 서- + -어'의 경우, 'ㅓ'로 끝난 어간에 '-어'가 어울리므로 본말로 적으면 한글 맞춤법에 어긋난다.**
1문단의 '제34항에서는 모음 'ㅏ, ㅓ'로 끝난 어간에 어미 '-아/-어, -았-/-었-'이 어울릴 적에는 준 대로 적는 것을 다루고 있다. '(열매를) 따-+-아→따/*따아', '따-+-았-+-다→땄다/*따았다' 등이 그 예에 해당한다.'를 통해, '(강을) 건너-+-어'와 '(줄을) 서-+-어'의 경우 'ㅓ'로 끝난 어간에 '-어'가 어울리므로 본말로 적으면 한글 맞춤법에 어긋남을 알 수 있다.

### 36 준말 규정의 적용 정답률 69% | 정답 ③

**윗글을 바탕으로 ㉠~㉣을 '탐구 과정'에 따라 분류할 때, [A]에 들어갈 예만을 있는 대로 고른 것은? [3점]**

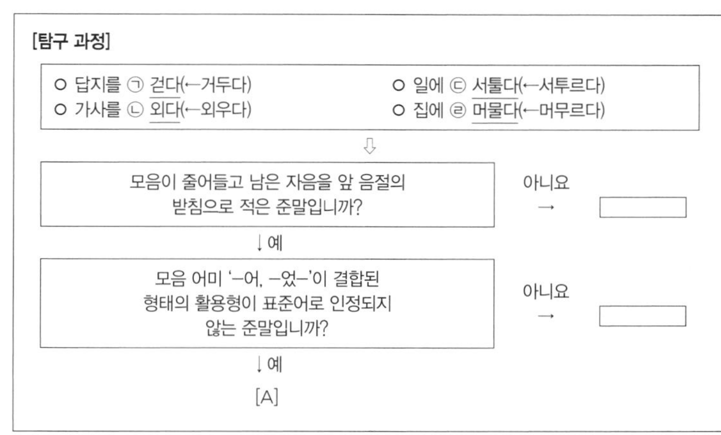


① ㉠, ㉢ ② ㉡, ㉣ ③ (정답) ㉢, ㉣
④ ㉠, ㉡, ㉢ ⑤ ㉠, ㉡, ㉣

㉠ **걷다**
'걷다(←거두다)'는 준말과 본말이 다 같이 널리 쓰이면서 준말의 효용이 뚜렷이 인정되는 경우로 모두 표준어에 해당한다.

㉡ **외다**
'외다(←외우다)'는 준말과 본말이 다 같이 널리 쓰이면서 준말의 효용이 뚜렷이 인정되는 경우로 모두 표준어에 해당한다.

㉢ **서툴다**
'서툴다(←서투르다)'는 모음 'ㅡ'가 줄어들고 남은 자음 'ㄹ'을 앞 음절의 받침으로 적은 준말이다. 그리고 모음 어미 '-어, -었-'이 결합된 형태의 준말의 활용형 '*서툴어, *서툴었다'는 모두 표준어로 인정되지 않는다.

㉣ **머물다**
'머물다(←머무르다)'는 모음 'ㅡ'가 줄어들고 남은 자음 'ㄹ'을 앞 음절의 받침으로 적은 준말이다. 그리고 모음 어미 '-어, -었-'이 결합된 형태의 준말의 활용형 '*머물어, *머물었다'는 모두 표준어로 인정되지 않는다.

★★★ 등급을 가르는 문제!

### 37 높임 표현의 실현 양상 파악 정답률 60% | 정답 ①

**〈보기〉의 ㄱ~ㄷ을 이해한 내용으로 적절한 것은?**

〈보 기〉

주체 높임은 화자가 문장의 주체, 곧 주어가 지시하는 대상에 대해 높임의 태도를 나타내는 표현으로, 선어말 어미, 조사나 특수한 어휘 등을 통해 실현된다. 그리고 상대 높임은 화자가 청자, 곧 말을 듣는 상대에게 높임이나 낮춤의 태도를 나타내는 표현으로, 주로 종결 어미를 통해 실현된다. 또한 객체 높임은 화자가 문장의 객체, 곧 목적어나 부사어가 지시하는 대상에 대해 높임의 태도를 나타내는 표현으로, 조사나 특수한 어휘를 통해 실현된다.

ㄱ. (아버지가 아들에게) 네가 할머니께 여쭈러 가거라.
ㄴ. (점원이 손님에게) 제가 손님을 모시고 가겠습니다.
ㄷ. (동생이 형님에게) 저 기다리지 마시고 형님은 먼저 주무십시오.

① (정답) **ㄱ에서는 부사어가 지시하는 대상을 높이기 위해, 조사와 특수한 어휘가 사용되었다.**
ㄱ에는 부사어가 지시하는 대상인 '할머니'를 높이기 위한 조사 '께'와 특수한 어휘 '여쭈러'가 사용되었다.

② **ㄷ에서는 주어가 지시하는 대상을 높이기 위해, 조사와 선어말 어미가 사용되었다.**
ㄷ에서는 주어가 지시하는 대상을 높이기 위해 조사가 사용되지 않았다.

③ **ㄱ과 ㄴ에서는 모두 주어가 지시하는 대상을 높이기 위해, 특수한 어휘가 사용되었다.**
ㄱ에서는 부사어가 지시하는 대상인 '할머니'를 높이기 위해 조사 '께'와 특수한 어휘 '여쭈러'가 사용되고 있다. 그리고 ㄴ은 목적어가 지시하는 대상인 '손님'을 높이기 위해 특수한 어휘 '모시고'가 사용되고 있다.

④ **ㄴ과 ㄷ에서는 모두 말을 듣는 상대를 높이기 위해, 조사와 종결 어미가 사용되었다.**
ㄴ과 ㄷ에서는 모두 말을 듣는 상대를 높이는 상대 높임이 사용되었지만, 조사가 사용된 것은 아니므로 적절하지 않다.

⑤ **ㄱ~ㄷ에서는 모두 목적어가 지시하는 대상을 높이기 위해, 특수한 어휘가 사용되었다.**
ㄱ~ㄷ 중 목적어가 지시하는 대상을 높이기 위해, 특수한 어휘가 사용된 것은 ㄴ이다.

**★★ 문제 해결 꿀~팁 ★★**

▶ 많이 틀린 이유는?
이 문제는 높임법에 대한 이해가 부족하여 오답률이 높았던 것으로 보인다. 또한 〈보기〉에 제시된 높임법에 대한 설명을 정확히 이해하지 못한 것도 오답률을 높인 원인으로 보인다.

▶ 문제 해결 방법은?
이 문제를 해결하기 위해서는 〈보기〉에서 설명하고 있는 높임법에 대한 설명을 정확히 파악해야 한다. 가령 오답인 ④의 경우, 〈보기〉를 통해 상대 높임법에서는 종결 어미를 통해 실현하지 조사를 통해 실현하지 않음을 알 수 있으므로 적절하지 않음을 바로 알 수 있었을 것이다. 마찬가지로 오답인 ③의 경우 객체 높임에 해당함(목적어가 지시하는 손님을 높이고 있음.)을 알 수 있어서 적절하지 않음을 알 수 있었을 것이다. 정답인 ①의 경우에도 〈보기〉에서 설명하고 있는 객체 높임법을 이해했다면 부사어가 지시하는 대상인 할머니를 높이기 위해 조사 '께'와 특수한 어휘 '여쭙다'가 사용되었음을 알았을 것이다. 한편 문법 문제의 경우 배경지식이 충분히 있으면 쉽게 문제를 해결할 수 있는 경우가 있는데, 이 문제의 경우에도 높임법에 대한 지식이 있었으면 정답을 바로 찾을 수 있었을 것이다. 이처럼 문법에서 중요하다고 여겨지는 문법 지식은 평소 충분히 학습하여 쌓아 놓을 수 있도록 한다.

## 38 단어의 발음 사례 탐구

정답률 81% | 정답 ④

**〈보기〉에 제시된 ⓐ ~ ⓔ의 발음에 대한 탐구 내용으로 적절하지 않은 것은?**

〈보 기〉

ⓐ 옷고름[옫꼬름]　　ⓑ 색연필[생년필]　　ⓒ 꽃망울[꼰망울]
ⓓ 벽난로[병날로]　　ⓔ 벼훑이[벼훌치]

① **ⓐ : 음운의 개수가 변하지 않는 음운 변동이 첫째 음절의 종성 위치와 둘째 음절의 초성 위치에서 각각 한 번씩 일어난다.**
'옷고름'은 [옫고름→옫꼬름]으로 발음되므로, 첫째 음절의 종성 위치와 둘째 음절의 초성 위치에서 음운 변동이 각각 한 번씩 일어나며, 이때 음운 개수는 변하지 않음을 알 수 있다.

② **ⓑ : 첨가된 자음으로 인해 조음 방법이 변하는 음운 변동이 일어난다.**
'색연필'은 [색년필→생년필]로 발음되므로, 첨가된 자음(ㄴ 첨가)으로 인해 조음 방법이 변하는 음운 변동이 일어난다고 할 수 있다.

③ **ⓒ : 첫째 음절의 종성 위치에서 두 번의 음운 변동이 순차적으로 일어난다.**
'꽃망울'은 [꼳망울→꼰망울]로 발음되므로, 첫째 음절의 종성 위치에서 두 번의 음운 변동이 순차적으로 일어남을 알 수 있다.

✔ ④ **ⓓ : 둘째 음절의 초성 위치에서 음운 변동이 일어난 후 둘째 음절의 종성 위치에서 음운 변동이 일어난다.**
'벽난로'는 [병난로→병날로]로 발음되므로, 종성 위치의 'ㄱ'에서 'ㅇ'으로의 음운 변동이, 종성 위치의 'ㄴ'에서 'ㄹ'로의 음운 변동이 일어남을 알 수 있다.

⑤ **ⓔ : 조음 위치와 조음 방법이 모두 변하는 음운 변동이 일어난다.**
'벼훑이'는 [벼훌티→벼훌치]로 발음되므로, 조음 위치와 조음 방법이 모두 변하는 음운 변동이 일어난다고 할 수 있다.

## 39 중세 국어의 격 조사 이해

정답률 64% | 정답 ⑤

**〈학습 활동〉을 수행한 결과로 적절한 것은?**

〈학습 활동〉

㉠ ~ ㉤을 통해 중세 국어의 격 조사가 실현된 양상을 탐구해 보자.

㉠ 太子ㅅ(태자+ㅅ) 버들 사ᄆᆞ샤 時常 겨틔(곁+의) 이셔
(현대어 풀이: 태자의 벗을 삼으시어 늘 곁에 있어)
㉡ 衆生ᄋᆡ(중생+ᄋᆡ) ᄆᆞᅀᆞ물(ᄆᆞᅀᆞᆷ+ᄋᆞᆯ) 조차
(현대어 풀이: 중생의 마음을 따라)
㉢ 니르고져 홇 배(바+ㅣ) 이셔도 ᄆᆞᄎᆞᆷ내 제 ᄠᅳ들(ᄠᅳᆮ+을)
(현대어 풀이: 이르고자 하는 바가 있어도 마침내 제 뜻을)
㉣ 바ᄅᆞ래(바ᄅᆞᆯ+애) ᄇᆞᄅᆞ미(ᄇᆞᄅᆞᆷ+이) 자고
(현대어 풀이: 바다에 바람이 자고)
㉤ 그르세(그릇+에) 담고 버믜 고기란 도ᄀᆡ(독+ᄋᆡ) 다마
(현대어 풀이: 그릇에 담고 범의 고기는 독에 담아)

| | 비교 자료 | 탐구 결과 |
|---|---|---|
| ① | ㉠의 '太子ㅅ'<br>㉡의 '衆生ᄋᆡ' | 체언이 무정 명사이냐 유정 명사이냐에 따라 관형격 조사의 형태가 다르게 나타난다고 볼 수 있겠군. |

㉠의 '太子ㅅ'의 현대어 풀이가 '태자의'이고, ㉡의 '衆生ᄋᆡ'의 현대어 풀이가 '중생의'이므로, 'ㅅ'과 'ᄋᆡ'는 관형격 조사임을 알 수 있다. 그런데 '태자'나 '衆生' 모두 유정 명사에 해당하므로, 체언이 무정 명사이냐 유정 명사이냐에 따라 관형격 조사 형태가 다르게 나타난다는 것은 적절하지 않다. 관형격 조사 앞이 자음이냐 모음이냐에 따라 관형격 조사가 다르게 나타남을 보여 준다고 할 수 있다.

| | 비교 자료 | 탐구 결과 |
|---|---|---|
| ② | ㉠의 '겨틔'<br>㉤의 '도ᄀᆡ' | 체언 끝이 자음이냐 모음이냐에 따라 부사격 조사의 형태가 다르게 나타난다고 볼 수 있겠군. |

㉠의 '겨틔'의 현대어 풀이가 '곁에'이고, ㉤의 '도ᄀᆡ'의 현대어 풀이가 '독에'이므로, '의'와 'ᄋᆡ' 모두 부사격 조사로 사용되었음을 알 수 있다. 하지만 체언 끝이 자음이냐 모음이냐에 따라 부사격 조사의 형태가 다르게 나타나는 것은 아니므로 적절하지 않다. 부사격 조사의 앞이 양성 모음이냐 음성 모음이냐에 따라 부사격 조사가 다르게 나타남을 보여 준다고 할 수 있다.

| | 비교 자료 | 탐구 결과 |
|---|---|---|
| ③ | ㉡의 'ᄆᆞᅀᆞ물'<br>㉢의 'ᄠᅳ들' | 체언 끝이 자음이냐 모음이냐에 따라 목적격 조사의 형태가 다르게 나타난다고 볼 수 있겠군. |

㉡의 'ᄆᆞᅀᆞ물'의 현대어 풀이가 '마음을'이고, ㉢의 'ᄠᅳ들'의 현대어 풀이가 '뜻을'이므로, 'ᄋᆞᆯ'과 '을' 모두 목적격 조사로 사용되었음을 알 수 있다. 하지만 체언 끝이 자음이냐 모음이냐에 따라 목적격 조사의 형태가 다르게 나타나는 것은 아니므로 적절하지 않다. 목적격 조사의 앞이 양성 모음이냐 음성 모음이냐에 따라 목적격 조사가 다르게 나타남을 보여 준다고 할 수 있다.

| | 비교 자료 | 탐구 결과 |
|---|---|---|
| ④ | ㉢의 '배'<br>㉣의 'ᄇᆞᄅᆞ미' | 체언의 모음이 양성 모음이냐 음성 모음이냐에 따라 주격 조사의 형태가 다르게 나타난다고 볼 수 있겠군. |

㉢의 '배'의 현대어 풀이가 '바가'이고, ㉣의 'ᄇᆞᄅᆞ미'의 현대어 풀이가 '바람이'임을 알 수 있으므로, 'ㅣ'와 '이'는 주격 조사로 사용되었음을 알 수 있다. 하지만 체언의 모음이 양성 모음이냐 음성 모음이냐에 따라 주격 조사의 형태가 다르게 나타나는 것은 아니므로 적절하지 않다. 주격 조사의 앞이 모음이냐 자음이냐에 따라 주격 조사가 다르게 나타남을 보여 준다고 할 수 있다.

| | 비교 자료 | 탐구 결과 |
|---|---|---|
| ✔ ⑤ | ㉣의 '바ᄅᆞ래'<br>㉤의 '그르세' | 체언의 모음이 양성 모음이냐 음성 모음이냐에 따라 부사격 조사의 형태가 다르게 나타난다고 볼 수 있겠군. |

㉣의 '바ᄅᆞ래'의 현대어 풀이가 '바다에'이고, ㉤의 '그르세'의 현대어 풀이가 '그릇에'이므로 '애'와 '에'는 부사격 조사라 할 수 있다. 즉, '바ᄅᆞ래'는 체언 '바ᄅᆞᆯ'의 모음이 양성 모음으로 부사격 조사 '애'가 쓰였고, '그르세'는 체언 '그릇'의 모음이 음성 모음으로 부사격 조사 '에'가 쓰인 것이다. 따라서 체언의 모음이 양성 모음이냐 음성 모음이냐에 따라 조사의 형태가 다르게 나타난다고 볼 수 있다.

## 40 매체의 특성 파악

정답률 91% | 정답 ②

**㉠ ~ ㉤에 대한 이해로 적절하지 않은 것은?**

① **㉠ : 글자의 크기와 글꼴을 달리하여 방송에서 다루는 중심 화제를 부각하고 있군.**
㉠에서는 '미디어 트렌드 읽기'와 '쇼트폼'의 글자 크기와 글꼴을 달리하여 방송에서 다루는 중심 화제를 부각하고 있음을 알 수 있다.

✔ ② **㉡ : 전문가의 발언에 비판적 의문을 제기하는 시청자의 의견을 실시간으로 보여 주고 있군.**
'실시간 채팅'은 방송 참여자들이 실시간으로 소통할 수 있도록 하는 기능을 한다. 따라서 시청자의 의견을 실시간으로 보여 준다고 할 수 있지만, '실시간 채팅'에서 '샛별'이 전문가의 발언에 대해 비판적 의문을 제기하는 내용은 드러나 있지 않으므로 적절하지 않다.

③ **㉢ : 방송에서 다룬 내용과 관련 있는 영상을 제시하고 있군.**
㉢은 '쇼트폼, 이것에 주의하라'는 영상 자료인데, 이 영상 자료는 방송에서 다루고 있는 '쇼트폼'과 관련된 영상이라 할 수 있다.

④ **㉣ : 방송 중 언급된 블로그에 필요에 따라 선택적으로 접근할 수 있도록 하고 있군.**
㉣은 '더 보기'에 해당하는 것으로, 인터넷 방송 시청자가 방송 중 언급된 블로그에 필요에 따라 선택적으로 접근할 수 있도록 해 준다고 할 수 있다.

⑤ **㉤ : 방송에서 송출되는 음성 언어를 문자 언어로 보여 주는 기능을 제공하고 있군.**
㉤은 '자막'으로, 이를 활용하면 방송 내용을 시각적인 문자 언어로 제시된다고 할 수 있다. 따라서 ㉤은 방송에서 송출되는 음성 언어를 문자 언어로 보여 주는 기능을 제공한다고 할 수 있다.

## 41 매체 수용자의 태도 이해

정답률 92% | 정답 ④

**다음은 시청자들이 올린 댓글의 일부이다. 시청자의 수용 태도에 대한 설명으로 가장 적절한 것은?**

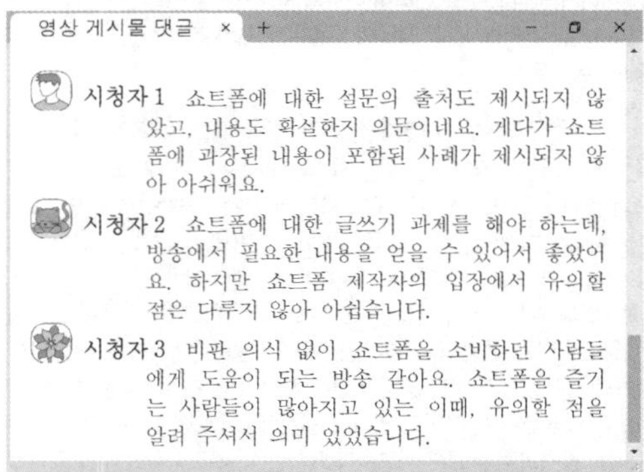


① **시청자 1과 시청자 2는 모두 방송에 제시된 정보의 정확성에 대해 긍정적으로 판단하였다.**
시청자 1과 시청자 2는 모두 방송에 제시된 정보의 정확성에 대해 긍정적으로 판단하였다.

② **시청자 1과 시청자 3은 모두 방송에 제시된 정보의 신뢰성에 대해 부정적으로 판단하였다.**
시청자 1은 설문의 출처와 내용의 정확성에 대해 의문을 제기하고 있으므로 방송에 제시된 정보의 신뢰성에 대해 부정적으로 판단하였음을 알 수 있다. 하지만 시청자 3은 방송에 제시된 정보의 신뢰성에 대해 부정적으로 판단하지는 않고 있으므로 적절하지 않다.

③ **시청자 1과 달리, 시청자 2는 방송에 제시된 정보의 충분성에 대해 부정적으로 판단하였다.**
시청자 2는 글쓰기 과제에 필요한 내용을 얻었다고 긍정적으로 평가하면서 '쇼트폼 제작자의 입장에서 유의할 점'은 다루지 않아 아쉽다 하고 있다. 따라서 시청자 2가 방송에 제시된 정보의 충분성에 대해 부정적으로 판단하였다는 내용은 적절하지 않다.

✔ ④ **시청자 1과 달리, 시청자 3은 방송에 제시된 정보의 유용성에 대해 긍정적으로 판단하였다.**
시청자 1은 설문의 출처와 내용의 정확성에 대해 의문을 제기하였으며, 과장된 내용이 포함된 쇼트폼의 사례가 방송에서 제시되지 않은 점을 아쉽다고 언급하였다. 이로 볼 때, 시청자 1은 방송에 제시된 정보의 유용성에 대해 긍정적으로 판단하였다고 볼 수 없다. 한편, 시청자 3은 방송이 비판 의식 없이 쇼트폼을 소비하던 사람들에게 도움이 된다고 하였으며, 유의할 점을 알려 주어 의미가 있었다고 언급하였다. 따라서 시청자 1과 달리, 시청자 3은 방송에 제시된 정보의 유용성에 대해 긍정적으로 판단하였다고 볼 수 있다.

⑤ **시청자 2와 달리, 시청자 3은 방송에 제시된 정보의 시의성에 대해 부정적으로 판단하였다.**
시청자 3은 방송이 비판 의식 없이 쇼트폼을 소비하던 사람들에게 도움이 된다고 하였으며, 유의할 점을 알려 주어 의미가 있었다고 언급하고 있다. 따라서 시청자 3이 방송에 제시된 정보의 시의성에 대해 부정적으로 판단하였다는 내용은 적절하지 않다.

## 42 매체 언어의 특성 파악

정답률 91% | 정답 ⑤

**ⓐ ~ ⓔ에 대한 설명으로 적절하지 않은 것은?**

① **ⓐ : 부정 표현을 활용해 쇼트폼의 재생 시간의 특징을 언급하고 있다.**
ⓐ에서는 부정 표현인 '-지 않다'를 사용하여 쇼트폼의 재생 시간이 10분 이내라는 특징을 언급하고 있다.

② **ⓑ : 진행상을 활용해 현재 쇼트폼의 조회 수가 계속해서 증가하는 중임을 드러내고 있다.**
ⓑ에서는 진행상을 드러내는 '-고 있다'를 사용하여, 현재 쇼트폼의 조회 수가 계속해서 증가하는 중임을 드러내고 있다.

③ **ⓒ : 대등적 연결 어미를 연속적으로 활용해 쇼트폼이 인기인 이유를 설명하고 있다.**
ⓒ에서는 대등적 연결 어미인 '-고'를 연속적으로 활용하여 쇼트폼이 인기인 이유, 즉 짧고 재미있고 부담이 없음을 설명하고 있다.

④ **ⓓ : 설명 의문문을 활용해 쇼트폼 시청 시 유의할 점에 대한 정보를 요구하고 있다.**
ⓓ에서는 '-ㄴ가'라는 설명 의문문을 사용하여, 쇼트폼 시청 시 유의할 점에 대한 정보를 전문가에게 요구하고 있다.

✔ ⑤ **ⓔ : 간접 인용을 나타내는 조사를 활용해 쇼트폼에 대한 의견을 제시하는 방법을 안내하고 있다.**
간접 인용을 나타내는 조사에는 '고'가 있는데, '영상 게시물에 댓글을 남겨 주시면'에서는 이러한 간접 인용을 나타내는 조사 '고'가 사용되지 않고 있다.



[문제편 p.038]

**43** 매체의 의사소통 방식 이해 정답률 86% | 정답 ①

**(가), (나)에 대한 이해로 가장 적절한 것은?**

✔ **(가)는 수용자의 반응을 숫자로 제시하여 매체 자료에 대한 수용자의 선호 정도를 드러내고 있다.**
(가)에서 게시물 내용에 대해 긍정적으로 평가하는 수용자의 수가 제시되었고, 이를 통해 수용자의 선호 정도를 파악할 수 있으므로 적절하다.

② **(나)는 정보의 생산자와 수용자가 분리되어 정보 전달이 한 방향으로 이루어지고 있다.**
(나)의 정보 생산자와 수용자가 분리되어 정보 전달이 한 방향으로 이루어진다는 내용은 적절하지 않다.

③ **(가)와 달리, (나)는 하이퍼링크 기능을 통해 추가적인 정보를 제공하고 있다.**
(가)에서도 하이퍼링크를 사용하고 있다.

④ **(나)와 달리, (가)는 정보를 전달할 수 있는 시간의 제약을 고려하여 정보의 양을 조절하고 있다.**
(가), (나) 모두에서 시간 제한을 생각해서 정보량을 조절하는 내용은 없으므로 적절하지 않다.

⑤ **(가)와 (나)는 모두 음성 언어와 시각 자료를 결합한 복합 양식을 활용하여 정보를 생산하고 있다.**
(가)에서는 시각 자료를 사용하고 있지만 음성 언어는 사용되지 않고 있다.

**44** 매체 수용자의 태도 파악 정답률 82% | 정답 ②

**㉠, ㉡과 관련하여 (나)에 대해 설명한 내용으로 가장 적절한 것은?**

① **㉠의 안내 효과를 바탕으로 ㉡의 장점을 극대화하기 위한 방법을 모색했다.**
'보민'의 '그럼 이제는 환경 단체에서 주최한 체험 행사 안내도를 참고해서 안내도의 구성에 대해서 이야기해 보자.'를 통해, ㉡을 참고하여 ㉠에 대한 개선에 대해 이야기하려 함을 알 수 있다. 따라서 ㉠의 안내 효과를 바탕으로 ㉡의 장점을 극대화하기 위한 방법을 모색했다는 내용은 적절하지 않다.

✔ **㉡의 구성 방식을 참고하여 ㉠을 개선하기 위한 방안을 마련했다.**
민재는 환경 단체 체험 행사 안내도가 어떻게 구성되어 있는지 확인하고, 그 내용을 학교 체험 행사 안내도 초안과 비교하고 있다. 이어서 아준은 환경 단체 체험 행사 안내도를 참고하여 범례를 따로 구성하자고 하고 있다. 이러한 내용을 고려할 때, ㉡의 구성이 어떤 식으로 되었는지 참고해서 ㉠을 개선할 방안을 마련했다는 진술은 적절하다.

③ **㉡의 구성 요소를 고려하여 ㉠의 불필요한 구성 요소를 삭제했다.**
㉡의 구성 요소를 참조하여 ㉠의 개선점을 이야기하려 하는 것이므로, ㉠의 불필요한 구성 요소를 삭제했다는 내용은 적절하지 않다.

④ **㉠과 ㉡의 차이점을 근거로 ㉡의 구성상의 문제점을 비판했다.**
대화 내용을 볼 때 ㉠과 ㉡이 차이가 있음을 짐작할 수 있지만, ㉡의 구성이 어떤 식으로 되었는지 참고해서 ㉠을 개선할 방안을 마련하는 것이므로, ㉠과 ㉡ 차이점을 근거로 ㉡의 구성상의 문제점을 비판한다는 내용은 적절하지 않다.

⑤ **㉠과 ㉡을 비교하여 안내 효과 측면에서 각각의 장단점을 분석했다.**
대화 내용을 볼 때 ㉠과 ㉡을 비교한다고 볼 수 있지만, ㉠과 ㉡을 비교하여 안내 효과 측면에서 각각의 장단점을 분석하지는 않고 있으므로 적절하지 않다.

**45** 매체 자료의 생산 정답률 87% | 정답 ③

**(나)를 바탕으로 다음과 같은 '안내도'를 만들었다고 할 때, 이에 대해 이해한 내용으로 적절하지 않은 것은?** [3점]

△△ 고등학교 친환경 체험 행사 안내도
○ 일시 : 20××년 3월 23일 14:00
○ 장소 : 친환경 정원

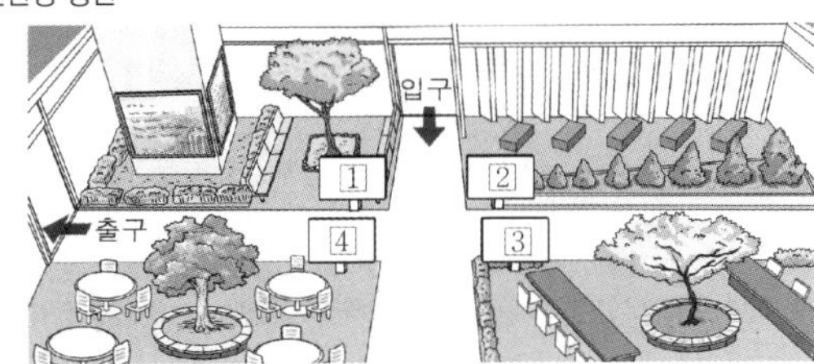


<범례>
1 관람 : 친환경의 의미를 담은 시화 관람하기
2 나눔 : 물품 서로 나누기
3 재생 : 재활용품으로 물품 만들기
4 다짐 : 친환경 생활을 위한 한 줄 다짐 쓰기

① **윤아의 의견을 바탕으로, 안내도 상단에 행사명을 제시했다.**
윤아의 마지막 말에 행사 이름과 위치에 대한 언급이 있으므로 적절하다.

② **보민의 의견을 바탕으로, '다짐'의 활동 공간을 출구 가까이 배치했다.**
보민은 '제작' 과 '다짐'의 공간 위치를 서로 바꿀 것을 제안했으므로 적절하다.

✔ **민재의 의견을 바탕으로, 입구와 출구에 출입 방향을 화살표로 표시했다.**
민재는 두 번째 말에서 체험의 순서를 나타내는 화살표와 출입 방향을 나타내는 화살표를 모두 삭제하자는 의견을 내고 있다.

④ **아준의 의견을 바탕으로, 각 공간에서 이루어지는 활동 내용을 범례로 안내했다.**
아준은 마지막 말에서 환경 단체 안내도에서 범례를 따로 둔 것처럼 학교 체험 행사 안내도에서도 범례를 따로 두자고 하였으므로 적절하다.

⑤ **윤아의 의견을 바탕으로, 재활용품으로 물품을 만드는 활동 공간의 이름을 '재생'으로 정했다.**
윤아는 두 번째 말에서 '제작'이 활동 의미를 온전히 구현하지 못하기 때문에 '재생'으로 이름을 바꾸자고 하였으므로 적절하다.

[문제편 p.040]



# 03회 | 2022학년도 3월 학력평가 고3



• 정답 •

공통 | 독서·문학
01 ④ 02 ③ 03 ① 04 ③ 05 ⑤ 06 ③ 07 ⑤ 08 ① 09 ⑤ 10 ② 11★ ③ 12★ ① 13 ③ 14 ② 15 ②
16 ② 17 ③ 18 ⑤ 19 ② 20 ③ 21★ ① 22 ④ 23 ⑤ 24 ④ 25 ④ 26 ① 27 ⑤ 28 ① 29 ② 30 ④
31 ⑤ 32 ④ 33 ② 34 ④
선택 | 화법과 작문
35 ③ 36 ⑤ 37 ⑤ 38 ② 39 ④ 40 ② 41 ① 42 ④ 43 ③ 44 ① 45★ ④
선택 | 언어와 매체
35 ① 36 ① 37 ④ 38★ ④ 39 ① 40 ⑤ 41 ③ 42 ⑤ 43 ③ 44 ② 45 ②

★ 표기된 문항은 **[등급을 가르는 문제]**에 해당하는 문제입니다.

## [01~34] 독서·문학

### 01~03 독서 이론

능숙한 독자

**해제** 이 글은 **능숙한 독자가 지니는 능력과 태도를 설명**하고 있다. 배경지식은 독자의 기억 속에 존재하는 구조화된 경험과 지식의 총체로 **능숙한 독자는 글의 의미를 이해하고 재구성하기 위해 배경지식을 효과적으로 활용**한다. 또 **능숙한 독자는 독서 준비를 철저히 하고, 독서를 할 때 달라진 독서 상황을 파악하여 그에 적합한 새로운 독서 전략을 적용하고 독서 행위를 조절**한다. 우리 선조들도 경서를 읽을 때 배경지식을 활용하였고 상황에 어울리는 독서 전략을 운용했다. 그리고 **능숙한 독자**는 한 편의 글을 완전하게 이해하는 데 그치지 않고, **독서를 생활화하며 독서 경험을 통해 얻은 지식과 지혜를 사회 문제의 해결에 활용**한다.

**주제** 능숙한 독자가 지니는 능력과 태도

**문단 핵심 내용**

|  |  |
|---|---|
| 1문단 | 배경지식을 효과적으로 활용하는 능숙한 독자 |
| 2문단 | 독서 전략을 적용하고 독서 행위를 조절하는 능숙한 독자 |
| 3문단 | 우리 선조들의 독서 전략 |
| 4문단 | 지속적인 독서 활동을 지향하는 능숙한 독자 |

**01** 핵심 정보의 이해 정답률 74% | 정답 ④

**윗글의 능숙한 독자에 대한 설명으로 적절하지 않은 것은?**

① **글을 읽기 전에 읽을 글의 특성을 파악하고 자신의 독서 능력을 점검한다.**
2문단의 '능숙한 독자는 독서를 준비할 때 읽을 글의 특성을 분석하고 자신의 독서 역량을 점검하는 태도를 지닌다.'를 통해 알 수 있다.

② **글을 읽는 도중에 글과 관련한 배경지식을 활용하여 글의 내용을 정확히 이해한다.**
1문단의 '능숙한 독자는 읽을 글과 관련한 배경지식을 활성화한 후, 이를 활용해 글의 내용을 정확히 이해한다.'를 통해 알 수 있다.

③ **글을 읽는 도중에 독서 환경이 변했다면 변한 환경에 어울리는 독서 전략으로 수정한다.**
2문단을 통해 능숙한 독자는 독서를 하는 중에 독서 환경이 변할 경우, 그에 적합한 새로운 독서 전략을 적용함을 알 수 있다.

✔ **글을 읽는 도중에 글의 내용이 이해되지 않는 부분에서는 전후 맥락을 고려한 글 읽기를 지양한다.**
1문단을 통해 능숙한 독자는 글을 읽을 때 배경지식이 부족하여 내용이 잘 이해되지 않는 부분을 만나면 글 읽기를 중단하지 않고 글의 전후 맥락을 고려해 글의 의미를 구성함을 알 수 있다. 따라서 능숙한 독자는 글의 내용이 잘 이해되지 않을 때는 전후 맥락을 고려한 글 읽기를 지양하는 것이 아니라 지향한다고 볼 수 있다.

⑤ **글 읽기를 마친 후에 독서 목적과 글의 특성에 맞는 독서를 했는지 평가한다.**
2문단을 통해 능숙한 독자는 독서 후에 자신이 독서 목적과 글의 특성에 맞게 독서를 했는지를 성찰하여 평가함을 알 수 있다.

**02** 내용을 통한 구체적 사례 이해 정답률 89% | 정답 ③

**[A]와 관련하여 〈보기〉를 이해한 내용으로 적절하지 않은 것은?** [3점]

〈보 기〉

너는 모쪼록 지금부터 경전을 읽되 미리 의심을 일으키지 말고 **오직 많이 읽도록 노력하**고, 읽기가 이미 완숙하게 되면 또 **반드시 활법*을 써서** 마음을 활발한 경지에 두어 모든 선입견을 놓아버린 평정한 상태로 **조금의 고집이 없도록 해**야 한다. 그런 다음 비로소 **이미 알고 있는 것에 따라 더욱 궁구하**여, **오늘 하나의 문제가 시원하게 뚫리고 내일 하나의 문제가 부드럽게 풀리**게 될 것이다.

– 정조, 「고식」 –

* 활법(活法) : 독창적인 생각으로 유연하게 변화시키는 것.

① **'오직 많이 읽도록 노력하'여야 한다는 것은 글의 내용에 익숙해지기 위해 운용해야 할 독서 전략을 밝힌 것이로군.**
[A]와 관련하여 볼 때 '오직 많이 읽도록 노력하'여야 한다는 것은, 경서 내용에 익숙해지기 위해 반복해서 읽는 독서 전략을 운용하라고 밝힌 것이라 할 수 있다.

② '반드시 활법을 써'야 한다는 것은 독자가 이전과 달라진 자신의 상태를 고려하여 새롭게 적용할 독서 방법을 제시한 것이로군.

[A]와 관련하여 볼 때 '반드시 활법을 써'야 한다는 것은, 많이 읽어서 경서 읽기가 완숙해진 독자의 경우 이전과 달라진 자신의 상태를 고려하여 새로운 독서 방법, 즉 활법을 적용하라고 제시한 것이라 할 수 있다.

✔ '조금의 고집이 없도록 해'야 한다는 것은 자신의 독서 방법을 고수하기보다 기존의 해석에 따라서만 글의 의미를 이해하라고 제안한 것이로군.

〈보기〉를 통해 '조금의 고집이 없도록 해'야 한다는 것은 '활법을 써서 마음을 활발한 경지에 두어 모든 선입견을 놓아 평정한 상태'로 독서해야 한다는 것이다. 따라서 '조금의 고집이 없도록 해'야 한다는 것은 경서 읽기가 완숙하게 된 독자가 지녀야 할 새로운 독서 태도로, 기존 해석에 의존하는 독서 방법 대신에 활법이라는 새로운 독서 방법을 적용해 독서하라고 제안한 것이라 할 수 있다.

④ '이미 알고 있는 것에 따라 더욱 궁구하'라는 것은 적극적으로 배경지식을 활용하여 글에 담긴 이치를 깨달으라고 권유한 것이로군.

[A]와 관련하여 볼 때 '이미 알고 있는 것에 따라 더욱 궁구하'라는 것은, 독자 자신이 이미 지닌 배경지식을 적극적으로 활용하여 글에 담긴 이치를 깨달으라고 권유한 것이라 할 수 있다.

⑤ '오늘 하나의 문제가 시원하게 뚫리고 내일 하나의 문제가 부드럽게 풀리'게 되는 것은 독서 목적을 달성했을 때 얻을 수 있는 효과를 나타낸 것이로군.

[A]와 관련하여 볼 때 '오늘 하나의 문제가 시원하게 뚫리고 내일 하나의 문제가 부드럽게 풀리'게 되는 것은, 글에 담긴 이치를 깨우치는 경지에 이르는 독서 목적을 달성한 독자가 얻을 수 있는 효과를 나타낸 것이라 할 수 있다.

## 03 반응 이해의 적절성 판단 정답률 95% | 정답 ①

**다음은 윗글을 읽은 학생의 반응이다. 이에 대한 설명으로 가장 적절한 것은?**

> '독서 교육 종합 지원 시스템'에 접속하여 지금까지 읽었던 책을 분야별로 정리해 보았어. 다양한 분야의 책을 꾸준히 읽었다고 생각했는데, 대부분이 과학이나 기술 관련 책이었어. 앞으로는 그동안 읽지 않았던 분야인 인문이나 사회 관련 책도 열심히 읽어야겠어.

✔ 자신의 독서 이력을 점검하고 균형 있는 독서를 계획하고 있다.

'학생의 반응'에서 학생은 지금까지 읽었던 책을 분야별로 정리해 보았다 하고 있는데, 이는 자신의 독서 이력을 점검한 것이라 할 수 있다. 또한 학생은 점검을 통해 그동안 자신이 특정 분야의 책만 집중해 읽는 편향적 독서를 했다고 평가하며, 균형 있는 독서를 위해 그동안 읽지 않았던 다른 분야의 책도 열심히 읽어야겠다고 계획하고 있다. 따라서 학생은 자신의 독서 이력을 점검하면서 균형 있는 독서를 계획하고 있음을 알 수 있다.

② 독서 목적의 달성을 위해 전문가의 조언을 구하려 하고 있다.

학생의 반응을 통해 전문가의 조언을 구하려 하는 내용은 찾아볼 수 없다.

③ 지금까지의 독서 생활이 지속적이지 않았음을 반성하며 독서의 생활화 방안을 모색하고 있다.

학생의 반응을 통해 독서 생활이 지속적이지 않았음을 반성하지는 않고 있다. 또한 독서의 생활화 방안을 모색하지도 않고 있다.

④ 독서를 통해 얻은 지식의 유용성을 파악하여 자신과 사회의 문제를 해결하는 데 활용하고 있다.

학생의 반응을 통해 얻은 지식의 유용성을 파악하여 자신과 사회의 문제를 해결하는 데 활용한 내용은 찾아 볼 수 없다.

⑤ 독서 경험이 자신의 독서 역량에 미친 긍정적 영향을 분석하여 새로운 독서 목록을 작성하고 있다.

학생의 반응을 통해 독서 경험을 말하고 있음을 알 수 있지만, 독서 역량에 미친 긍정적 영향을 분석하거나 새로운 독서 목록을 작성하지는 않고 있다.

## 04~09 사회

### (가) 이종범 외, 「딜레마와 제도의 설계」

**해제** 어떤 **공익이 다른 공익과 공존하기 어려울 경우 정책 딜레마에 빠지기 쉽다. 합리 모형**은 **충분한 시간과 예산정보가 주어지면 모든 가능한 대안을 검토할 수 있으므로 정책 딜레마에서 벗어날 수 있다고 본다. 만족 모형**은 합리 모형이 전제하는 상황은 오지 않기 때문에 **만족할 만한 수준에서의 신속한 결정을 강조**한다. **정책적 딜레마의 지속은 사회적 비용을 급격히 가중**시킨다. **만족 모형**은 시간과 예산이 부족하여 어쩔 수 없이 내리는 결정이 아니라 **딜레마 상황의 지속을 막으려는 의사 결정자들의 전략**이 될 수 있다.

**주제** 정책 딜레마의 합리 모형과 만족 모형

**문단 핵심 내용**

|  |  |
|---|---|
| 1문단 | 공공재의 의미 및 공익에 대한 두 가지 입장 |
| 2문단 | 정책 딜레마의 이해 |
| 3문단 | 정책 딜레마에서 벗어나기 위한 방법인 합리 모형과 만족 모형 |
| 4문단 | 의사 결정자들의 전략으로 채택되는 만족 모형 |

### (나) 이준구·조명환, 「재정학」

**해제 지방 정부에 대한 중앙 정부의 재정 지원은 지급 방식에 따라 정액 지원금과 정률 지원금으로 나눌 수 있다.** 정액 지원금을 받은 후의 예산선은 원래의 예산선이 바깥쪽으로 평행 이동해 만들어진다. 이 때문에 각 지역의 기본적 재정 기반을 보완하는 역할을 수행할 수 있다. **정률 지원금**은 **공공재 공급에 대한 보조율에 따라 예산선의 기울기를 변하게 한다.** 가격 보조의 의미를 갖는 **정률 지원금**은 **지방 정부가 더 많은 공공재를 생산하도록 유도하는 데 효과적**이다. 그런데 **실증 연구에 따르면 이론적 논의와 달리 끈끈이 효과가 발생할 수도 있다.** 따라서 어떤 정책이 공익 실현에 더 적절한 것인가에 대해 의사 결정자들은 숙고할 수밖에 없다.

**주제** 정액 지원금과 정률 지원금의 특징과 효과

**문단 핵심 내용**

|  |  |
|---|---|
| 1문단 | 재정 지원 방식인 정액 지원금과 정률 지원금 |
| 2문단 | 정액 지원금의 이해 및 효과 |
| 3문단 | 정률 지원금의 이해 및 효과 |
| 4문단 | 끈끈이 효과 및 공익 실현과 관련한 의사 결정자들의 숙고 필요성 |

## 04 내용 전개 방식 파악 정답률 66% | 정답 ③

**(가), (나)에 대한 설명으로 가장 적절한 것은?**

① (가)는 정부와 사회의 상호 작용을 바탕으로 공공재와 사용재의 적절한 조화가 중요함을 부각하고 있다.

(가)에서는 어떤 공익이 다른 공익과 서로 공존하기 어렵거나 대립되는 의견이 서로 대등할 경우 정책 딜레마에 빠질 수 있음을 언급하면서, 이러한 정책 딜레마 상황에서 벗어나기 위한 합리 모형과 만족 모형을 설명하고 있다 따라서 (가)에서는 정책 딜레마 상황을 벗어날 수 있는 방안을 설명하고 있을 뿐, 정부와 사회의 상호 작용을 바탕으로 공공재와 사용재의 적절한 조화가 중요하다는 점을 언급하지는 않고 있다.

② (나)는 중앙 정부와 지방 정부의 차이점을 중심으로 의사 결정자들의 역할을 구분하고 있다.

(나)에서 지방 정부가 중앙 정부로부터 재정 지원을 받음을 알 수 있지만 중앙 정부와 지방 정부의 차이점을 제시하지는 않고 있다.

✔ (나)는 정책에 따른 효과를 바탕으로 정책 결정이 지역 사회의 공공재 생산에 미치는 영향을 서술하고 있다.

(나)에서는 중앙 정부의 재정 지원 지급 방식에 정액 지원금과 정률 지원금이 있음을 언급하면서, 두 지원금이 공공재에 대한 지역 주민의 소비에 서로 다른 영향을 끼침을 제시하고 있다. 즉 정액 지원금은 해당 지역에서 공공재와 사용재 모두 소비가 늘어나도록 하고, 정률 지원금은 해당 지역의 지방 정부가 더 많은 공공재를 생산하도록 유도하는 데 효과적임을 드러내고 있다. 따라서 (나)에서는 정책에 따른 효과를 바탕으로 정책 결정이 지역 사회의 공공재 생산에 미치는 영향을 서술하고 있음을 알 수 있다.

④ (가), (나) 모두 정책을 평가할 수 있는 방법에 대해 논의하여 정책 결정 모형의 장단점을 평가하고 있다.

(가)에서는 정책 딜레마 상황을 벗어날 수 있는 방안인 정책 결정 모형에 대해 설명하고 있지만, 정책 결정 모형이 지닌 장단점에 대해 평가하지는 않고 있다. 또한 (나)에서 정책 결정 모형의 장단점을 평가하는 내용은 찾아볼 수 없다.

⑤ (가), (나) 모두 정책 결정 시 고려해야 할 요소를 분석하며 정책 효과의 극대화 여부를 판단하는 기준을 마련하고 있다.

(가)에서는 정책 딜레마 상황을 벗어날 수 있는 방안인 정책 결정 모형에 대해 설명하고 있지, 정책 결정 시 고려해야 할 요소를 분석하지는 않고 있다. 또한 (나)에서도 중앙 정부의 재정 지원 방식인 정액 지원금과 정률 지원금을 중심으로 설명하고 있지, 정책 결정 시 고려해야 할 요소를 분석하지는 않고 있다.

## 05 세부 내용의 이해 정답률 63% | 정답 ⑤

**(가)를 이해한 내용으로 적절하지 않은 것은?**

① 정책이 추구해야 할 목적으로 사회적으로 합의된 절대적 가치를 중시하는 것은 실체설이다.

(가)의 1문단을 통해 정부의 공공재 정책은 공익을 목적으로 함을 알 수 있고, 실체설이 사회에서 합의된 절대적 가치를 공익으로 보는 입장임을 알 수 있다.

② 과정설은 어떤 특정 이익도 적절한 절차를 따랐을 경우 공익으로 간주될 수 있다는 특징이 있다.

(가)의 1문단을 통해 과정설은 공익과 실체의 연결을 부정하고 공익을 발견해 나가는 의사 결정 과정에서의 적절한 절차를 중시함을 알 수 있다. 따라서 과정설에서는 적절한 절차를 따르면 어떤 이익도 공익으로 간주될 것임을 알 수 있다.

③ 다양한 이해관계가 존재하는 사회에서는 공공재 정책을 둘러싸고 다양한 의견이 존재할 수 있다.

(가)의 2문단을 통해 적절한 절차를 거치더라도 대립되는 의견이 서로 대등할 경우 정책 딜레마에 빠지기 쉬움을 알 수 있다. 이를 통해 다양한 이해관계가 존재하는 사회에서는 공공재 정책을 둘러싸고 다양한 의견이 존재함을 알 수 있다.

④ 마을에서 운영하는 도서관이 모든 시민이 함께 이용하는 성격을 띤다면 공공재라고 할 수 있다.

(가)의 1문단을 통해 공공재는 공급 주체에 따라 결정되는 것이 아니라 재화나 서비스 자체의 성격에서 규정됨을 알 수 있다. 따라서 마을에서 운영하는 도서관이 공동 소비를 위한 성격을 띤다면 공공재라 할 수 있다.

✔ 공익의 실체가 분명하고 정부 관료들이 준수해야 할 적절한 절차가 있다면 정책 딜레마 상황에 놓이지 않는다.

(가)의 2문단을 통해 적절한 절차를 거치더라도 대립되는 의견이 서로 대등할 경우에 정책 딜레마에 빠지기 쉬움을 알 수 있다. 따라서 적절한 절차가 있다면 정책 딜레마 상황에 놓이지 않는다는 이해는 적절하지 않다.

## 06 입장의 이해 및 적용 정답률 44% | 정답 ③

**(가)의 ㉠, ㉡ 입장에서 (나)를 이해한다고 할 때, 이에 대한 설명으로 적절하지 않은 것은?**

① ㉠ : 중앙 정부의 정책 목표가 무엇인가에 따라 지원금 지급 방식을 달리하는 수단을 사용할 수 있기 때문에 딜레마 상황에서도 의사 결정자들은 최적의 대안을 찾는다.

(가)의 3문단을 통해 합리 모형에서는 정책 목표와 수단 사이에 존재하는 인과 관계를 확보하여 딜레마 상황에서 최적의 대안을 선택할 수 있다고 보았음을 알 수 있다. 이러한 합리 모형의 입장에서 (나)를 이해하면, 중앙 정부의 의사 결정자들은 정책 목표에 따라 지원금 지급 방식 중 최적의 대안을 찾아 결정할 것임을 알 수 있다.



[문제편 p.041]

② ㉠ : 중앙 정부가 지원금 지급 방식에 따른 효과에 대해 충분한 정보를 가지고 있지 않다면 딜레마 상황이 지속되더라도 시간과 예산을 추가로 투입하여 정보를 수집한다.

(가)의 3문단과 4문단을 통해 합리 모형에서는 충분한 정보가 갖춰지도록 검토 시간을 무한대로 늘릴 수 있음을 알 수 있다. 이러한 합리 모형의 입장에서 (나)를 이해하면, 중앙 정부는 지원금 지급 방식을 결정하기 위해 딜레마 상황이 지속되더라도 충분한 정보를 가질 수 있도록 시간을 추가로 투입하여 정보를 수집할 것임을 알 수 있다.

**✔ ㉡ : 딜레마 상황을 해소하려면 지원금 지급 방식에 대한 도덕적 가치를 도출하는 것보다 지원금 지급 방식에 따른 실증 효과를 인과적으로 도출하는 것이 더 중요하다.**

(가)의 3문단을 통해 만족 모형에서는 신속한 결정이 그 결정의 도덕적 속성이나 논리적 속성과는 무관하게 정책 결정의 불확실성을 제거하여 사회에 긍정적으로 작용한다고 보았음을 알 수 있다. 이러한 만족 모형의 입장에서 (나)를 이해하면, 지원금 지급 방식에서 중요한 것은 지원금 지급 방식에 따른 실증적 효과를 인과적으로 도출하는 것보다 어떤 방식이든 빨리 결정하는 것이 더 중요함을 알 수 있다.

④ ㉡ : 중앙 정부가 어떤 재정 지원을 하든 시장에서 능률적으로 자원을 배분할 수 있기 때문에 어떤 지원금 지급 방식을 선택하든 딜레마 상황에서 벗어나는 것이 가능하다.

(가)의 3문단을 통해 만족 모형에서는 어떤 정책 결정을 하든지 시장에서 능률적 방향으로 자원을 분배할 것임을 알 수 있다. 이러한 만족 모형의 입장에서 (나)를 이해하면, 중앙 정부가 어떤 재정 지원을 하든 시장에서 자원을 능률적으로 분배할 것임을 알 수 있다.

⑤ ㉡ : 딜레마 상황에서 중앙 정부가 정책의 효과에 대해 완전한 정보를 갖게 되는 시간은 무한정으로 지연될 수 있으므로 만족할 만한 수준에서 재정 지원 형태를 결정한다.

(가)의 3문단과 4문단을 통해 만족 모형에서는 정책 결정을 위해 충분한 정보가 갖춰지려면 검토할 시간이 무한대로 늘어나 비용이 증가함을 알 수 있다. 이러한 만족 모형의 입장에서 (나)를 이해하면, 중앙 정부는 재정 지원 정책을 결정할 때 최적 수준의 결정보다는 만족할 만한 수준에서 결정할 것임을 알 수 있다.

## 07 자료의 이해

정답률 43% | 정답 ⑤

(나)의 <그림>을 이해한 내용으로 적절하지 않은 것은?

① 정액 지원금과 정률 지원금이 모두 없다면 점 $E$가 해당 지역에서 선택될 공공재와 사용재의 균형이다.

(나)의 1문단의 '지방 정부가 지역 주민이 원하는 바를 충실히 반영한다는 것을 전제할 때, 이 지역에서 선택하게 될 공공재와 사용재의 조합은 균형점 E로 나타나 있다.'를 통해 적절한 이해임을 알 수 있다.

② 정률 지원금이 지급될 때의 균형점에서보다 정액 지원금이 지급될 때의 균형점에서 이 지역 주민의 사용재 소비가 더 크다.

(나)의 2, 3문단을 통해 정액 지원금을 받은 후의 균형점이 $E_b$이고, 정률 지원금이 지급되면 그 지역이 선택하게 되는 균형점은 $E_m$이므로, 정액 지원금이 지급될 때의 균형점이 정률 지원금이 지급될 때의 균형점에서보다 이 지역 주민의 사용재 소비가 더 큼을 알 수 있다.

③ 공공재의 소비는 정액 지원금이 지급되면 지급 이전보다 선분 $ZZ_b$만큼 늘어나고, 정률 지원금이 지급되면 지급 이전보다 선분 $ZZ_m$만큼 늘어난다.

(나)를 통해 중앙 정부의 재정 지원이 없을 때의 균형점은 $E$, 정액 지원금을 받은 후의 균형점은 $E_b$, 정률 지원금을 받은 후의 균형점은 $E_m$임을 알 수 있으므로, 공공재의 소비는 정액 지원금이 지급되면 지급 이전보다 선분 $ZZ_b$만큼 늘어나고, 정률 지원금이 지급되면 지급 이전보다 선분 $ZZ_m$만큼 늘어난다고 할 수 있다.

④ 정률 지원금이 지급되면 이 지역 주민의 공공재 소비 부담이 지급 이전보다 일정 비율로 감소하게 되므로 예산선이 선분 $AB$에서 선분 $AG$로 이동한다.

(나)의 2문단을 통해 〈그림〉에서 원래의 예산선은 선분 $AB$였는데, 정률 지원금으로 인해 예산선은 선분 $AG$로 변함을 알 수 있다. 그리고 중앙 정부에서 정률 지원금이 지급될 경우 이 지역 주민의 공공재 소비 부담은 지급 이전보다 일정 비율로 감소함을 알 수 있다.

**✔ 점 $E_b$에서의 공공재 소비 수준은 점 $E_m$에서의 공공재 소비 수준보다 낮으므로 정률 지원금이 지급되면 $Z_b$에서 $Z_m$만큼 소득 금액이 감소하는 효과를 갖는다.**

(나)의 〈그림〉을 통해 점 $E_b$에서의 공공재 소비 수준이 점 $E_m$에서의 공공재 소비 수준보다 낮지만 사용재 소비 수준은 $E_m$에서보다 $E_b$에서 더 높음을 알 수 있으므로, $Z_m$에서 $Z_b$만큼 소득 금액이 감소하는 효과를 갖는 것은 아니라 할 수 있다. 소득의 크기가 증가한다는 것은 공공재 소비든 사용재 소비든 어디든 사용될 수 있기 때문이다.

## 08 구체적인 상황에의 적용

정답률 51% | 정답 ①

(나)와 〈보기〉를 관련지어 이해한 내용으로 가장 적절한 것은? [3점]

> 〈보 기〉
>
> ○○ 지역 주민 소득이 10억 원 늘어났을 때에는 1억 원 정도만이 추가적으로 공공재 소비에 투입되는 데 비해, 해당 지방 정부에 10억 원의 정액 지원금이 교부되었을 때에는 2억 원이 추가적으로 공공재 소비에 투입되었다.
>
> (단, 공공재 소비에 투입되지 않은 것은 모두 사용재 구입에 소비되었다고 가정한다.)

**✔ 〈보기〉의 사례는 지방 정부의 공공재 생산 유도에 지역 주민 소득의 직접 증가보다 정액 지원금이 더 효과적임을 보여 주는군.**

(나)를 통해 정액 지원금이 공공재 소비든 사용재 소비든 어디든 사용될 수 있기 때문에, 정액 지원금은 지역 주민의 소득의 크기가 증가한다는 것을 의미함을 알 수 있다. 그리고 〈보기〉를 통해 직접적인 소득 증가 때보다 정액 지원금이 교부되었을 때 공공재의 추가적 생산을 더 촉진할 수 있음을 알 수 있으므로 적절한 이해라 할 수 있다.

② 〈보기〉의 사례는 중앙 정부가 지방 정부에 정액 지원금을 교부했음에도 불구하고 끈끈이 효과가 나타나지 않을 수 있다는 것을 보여 주는군.

〈보기〉는 끈끈이 효과가 나타나는 사례에 해당하므로 적절하지 않다.

③ 〈보기〉의 사례는 지원금의 80%가 지역 주민의 사용재 소비 증가에 기여한다는 것이므로 이 지역의 기본적 재정 기반을 약화시킬 수 있음을 보여 주는군.

〈보기〉의 지원금은 정액 지원금에 해당한다. 그리고 (나)를 통해 정액 지원금은 지역 주민의 소득 증가와 동일한 효과를 내기 때문에 지역의 기본적 재정 기반을 보완할 수 있음을 알 수 있다.

④ 〈보기〉의 사례는 사용재 소비에 투입되지 않고 공공재 소비에 투입된 지원금 2억 원은 지역 주민 소득 증가에 기여할 수 없다는 것을 보여 주는군.

〈보기〉의 정액 지원금 중 사용재 소비에 투입되지 않은 금액 즉 공공재 소비액은 2억 원이다 따라서 이 금액 역시 지역 주민의 소득 증가에 기여한다고 볼 수 있다.

⑤ 〈보기〉의 사례는 공공재의 단위당 비용에 대해 일정 비율로 중앙 정부와 지방 정부가 나누어 부담한다는 것이므로 끈끈이 효과가 나타나는 현상을 보여 주는군.

〈보기〉는 정액 지원금을 사례로 제시하고 있다. 공공재의 단위당 비용에 대해 일정 비율로 중앙 정부와 지방 정부가 나누어 부담하는 지원금은 정률 지원금이다.

03회

## 09 어휘의 문맥적 의미 파악

정답률 89% | 정답 ⑤

ⓐ ~ ⓔ를 사용하여 만든 문장으로 적절하지 않은 것은?

① ⓐ : 도서관의 장서는 해마다 증가하고 있다.

'증가하다'는 '양이나 수치가 늘다.'의 의미이다.

② ⓑ : 우리는 날씨가 맑기를 기대했다.

'기대하다'는 '어떤 일이 원하는 대로 이루어지기를 바라면서 기다리다.'의 의미이다.

③ ⓒ : 채택된 원고는 돌려 드리지 않습니다.

'채택되다'는 '작품, 의견, 제도 따위가 골라져서 다루어지거나 뽑혀 쓰이다.'의 의미이다.

④ ⓓ : 제품의 문제점을 보완하여 상품을 재출시했다.

'보완하다'는 '모자라거나 부족한 것을 보충하여 완전하게 하다.'의 의미이다.

**✔ ⓔ : 그는 지난날의 잘못을 주변 사람들에게 숙고했다.**

'숙고하다'의 사전적 의미는 '곰곰 잘 생각하다.'이므로, '숙고하다'는 어울리지 않는다. 문맥을 고려할 때 '숙고하다' 대신에 '시인하다', '고백하다'를 쓸 수 있다.

## 10~13 기술

**나라심하 카루만치, 「다양한 예제로 학습하는 데이터 구조와 알고리즘」**

**해제** **자동 완성**은 **문자 입력 창에 한 글자만 쳐 넣어도 문장이 완성되는 기능**이다. 한편 **검색은 저장되어 있는 문서에서 사용자가 원하는 검색어를 찾는 기능**이다. 검색은 문서의 어느 위치에서도 검색어를 발견할 수 있어야 한다. 사용자가 원하는 문자열을 어느 위치에서 찾느냐는 차이점은 있지만 **자동 완성과 검색은 모두 문자열 비교 알고리즘을 기반으로 한다는 공통점**이 있다. **수많은 문자열 중에서 원하는 검색어를 빠르게 찾는 방법으로는 해시 함수와 해시값을 이용하는 방법**이 있다. **해시 함수가 생성한 해시값이 문자열마다 고유하다면 해시값의 비교로 검색어를 빠르게 찾을 수 있다.** 이때 **대상 문자열이 고정되어 있다면 검색어가 길어질수록 비교 대상의 개수는 적어진다.** 또 **검색어가 고정되어 있다면 대상 문자열이 길어진다거나 많아질수록 비교 대상의 개수는 많아질 수 있다.**

**주제** 검색의 원리와 방법

**문단 핵심 내용**

| 문단 | 핵심 내용 |
|---|---|
| 1문단 | 자동 완성 및 검색의 이해 |
| 2문단 | 검색을 가능하게 하는 알고리즘 |
| 3문단 | 검색 시간을 줄이기 위한 방법 – 해시 함수와 해시값의 이용 |
| 4문단 | 해시 함수가 해시값을 생성해야 하는 이유 |

## 10 세부 내용의 이해

정답률 74% | 정답 ②

윗글을 통해 알 수 있는 내용으로 적절하지 않은 것은?

① 검색은 저장되어 있는 문자열 전체를 대상으로 검색어가 포함되어 있는지 확인한다.

1문단을 통해 검색은 저장되어 있는 문자열을 대상으로 어느 위치에서도 검색어를 찾을 수 있어야 함을 알 수 있다.

**✔ 검색은 필요에 따라 각기 다른 문자열에 동일한 해시값을 생성하는 해시 함수를 사용한다.**

3문단을 통해 해시값을 비교하여 검색 시간을 줄일 수 있고, 이때의 해시값은 입력 가능한 문자열에 대해 모두 다름을 알 수 있다. 따라서 검색이 각기 다른 문자열에 동일한 해시값을 생성하는 해시 함수를 사용한다는 이해는 적절하지 않다.

③ 검색은 저장되어 있는 문자열의 부분 문자열과 검색어를 비교하는 알고리즘을 활용한다.

2문단을 통해 검색이 가능하기 위해서는 검색어를 저장되어 있는 문자열의 부분 문자열과 비교하는 알고리즘이 필요함을 알 수 있다.

④ 자동 완성은 사용 빈도를 고려하여 입력되는 문자가 포함된 문자열을 후보로 제시한다.

1문단을 통해 자동 완성은 사용 빈도가 높은 단어들을 후보로 제시하는 것임을 알 수 있다.

⑤ 자동 완성은 휴대 전화와 같이 문자 입력이 불편한 경우 문자 입력을 편리하게 할 수 있는 방법이다.

1문단을 통해 자동 완성은 휴대 전화와 같이 문자 입력이 불편한 경우 문자 입력을 편리하게 할 수 있음을 알 수 있다.

★★★ 등급을 가르는 문제!

## 11 핵심 정보 이해를 바탕으로 한 추론

정답률 36% | 정답 ③

[A]를 이해한 내용으로 적절한 것은?

① 검색어의 길이가 짧아진다면 비교 대상의 개수가 줄어들어 해시값 비교 횟수가 증가할 수 있겠군.

2문단을 통해 검색어의 길이가 짧아지면 비교 대상의 개수가 늘어남을 알 수 있다.

② 대상 문자열에 반복되는 글자가 많다면 해시값이 작아져서 해시 함수의 연산 시간이 단축될 수 있겠군.

3문단을 통해 해시값은 해시 함수의 연산을 통해 생성되는 값임을 알 수 있으므로, 해시값이 작아져서 해시 함수의 연산 시간이 단축된다고 할 수 없다.

✔ **검색어보다 긴 대상 문자열의 개수가 늘어난다면 비교 대상이 늘어나 해시값 비교 횟수가 증가할 수 있겠군.**
2문단을 통해 검색어보다 긴 대상 문자열의 개수가 늘어나면 비교 대상이 늘어남을 알 수 있고, 3문단을 통해 해시값 역시 입력 가능한 문자열에 대해 생성됨을 알 수 있다. 따라서 검색어보다 긴 대상 문자열의 개수가 늘어난다면 문자열을 비교해야 하는 해시값들도 늘어나 비교 횟수가 증가함을 알 수 있다.

④ **대상 문자열이 1개일 경우 검색어의 길이가 짧아진다면 비교 대상의 길이가 줄어들어 해시값 비교 횟수가 감소할 수 있겠군.**
2문단을 통해 검색어의 길이가 짧아지면 비교 대상의 길이도 짧아지지만 비교 대상의 개수가 늘어나 비교 횟수가 증가함을 알 수 있다.

⑤ **대상 문자열이 2개일 경우 검색어의 길이가 길어진다면 비교 대상의 개수가 늘어나 해시 함수의 연산 시간이 증가할 수 있겠군.**
4문단을 통해 비교 대상에서 문자열 비교는 1번의 해시값 비교로 줄어듦을 알 수 있으므로, 대상 문자열이 2개일 경우 검색어의 길이가 길어진다면 비교 대상의 개수가 늘어나지만, 해시 함수의 연산 시간은 감소한다고 할 수 있다.

**★★ 문제 해결 꿀~팁 ★★**

▶ 많이 틀린 이유는?
이 문제는 선택지의 내용을 글을 바탕으로 추론하는 과정에서 어려움을 겪어 오답률이 높았던 것으로 보인다. 또한 기술 지문이어서 전반적으로 글의 내용을 정확히 이해하지 못한 것도 오답률을 높였던 것으로 보인다.
▶ 문제 해결 방법은?
이 문제를 해결하기 위해서는 선택지에 제시된 내용을 정확히 파악하고, 이와 관련된 글의 내용을 찾아서 선택지의 추론 내용이 적절한지를 판단할 수 있어야 한다. 가령 정답인 ③의 경우, 선택지에서 제시된 조건인 '검색어보다 긴 대상 문자열의 개수가 늘어'나는 것을 확인하고 이와 관련된 내용을 글에서 찾을 수 있어야 한다. 그리고 이러한 조건에서 비교 대상이 늘어나 해시값 비교 횟수가 증가하는지 여부를 판단하면 된다. 즉, 2문단을 통해 검색어보다 긴 대상 문자열의 개수가 늘어나면 비교 대상이 늘어난다는 사실을, 그리고 [A]를 통해 해시 함수는 각각의 문자열에 특정 값을 생성하는 함수이고, 해시값은 해시 함수를 통해 생성한 값임을 알아야 한다. 이를 바탕으로 하게 되면 ③의 선택지는 적절함을 알았을 것이다. 마찬가지로 오답률이 높았던 ②의 경우에도 해시 함수와 해시값의 의미를 정확히 알았다면, 즉 해시값이 해시 함수의 연산을 통해 생성되는 값임을 알았다면, 해시값이 작아져서 해시 함수의 연산 시간이 단축될 수 없음을 알았을 것이다. 이처럼 내용을 이해하는 문제, 특히 이 문제처럼 추론을 요구하는 문제의 경우에도, 문제 해결의 열쇠는 글의 정확한 이해에 있으므로 글의 내용을 정확히 이해할 수 있도록 한다.

★★★ 등급을 가르는 문제!

**12** 구체적인 상황에의 적용 정답률 25% | 정답 ①

**㉠에 〈보기〉의 조건을 모두 추가하여 검색한다고 할 때, 이에 대한 설명으로 적절하지 않은 것은? [3점]**

〈보 기〉
[조건]
○ 검색어에 문장 부호가 포함되지 않는 경우 문장 부호가 있는 부분 문자열은 비교 대상에서 제외한다.
○ 검색어에 띄어쓰기가 포함되는 경우 띄어쓰기의 위치가 일치하지 않는 부분 문자열은 비교 대상에서 제외한다.

✔ **'우리␣글'로 검색할 경우 띄어쓰기의 위치가 일치하는 비교 대상 3개가 만들어진다.**
'우리␣글'은 띄어쓰기를 포함하고 있으므로 띄어쓰기의 위치가 일치하는 부분 문자열만이 비교 대상이 될 수 있다 따라서 띄어쓰기의 위치가 일치하는 부분 문자열 '에서␣창'과 '제된␣우' 두 개만이 비교 대상이 된다고 할 수 있다.

② **'우리␣글'로 검색할 경우의 비교 횟수보다 '우리글'로 검색할 경우의 비교 횟수가 더 많다.**
〈보기〉에서 검색어에 띄어쓰기가 포함되는 경우 띄어쓰기의 위치가 일치하지 않는 부분 문자열은 비교 대상에서 제외한다고 하였으므로, 띄어쓰기가 포함된 '우리␣글'이 띄어쓰기가 포함되지 않은 '우리글'보다 비교 횟수는 더 적다고 할 수 있다.

③ **'우리글'로 검색할 경우 비교 대상은 '␣우리', '우리나', '리나라' 등과 같이 3글자로 된 비교 대상들이 만들어진다.**
'␣우리', '우리나', '리나라', '나라에', '라에서', '에서␣', '서␣창', '␣창제', '창제된', '제된␣', '된␣우', '␣우리', '우리글'의 3글자 비교 대상이 만들어진다.

④ **'우리글'로 검색할 경우 부분 문자열 '한글:', '글:␣', ':␣우'에는 문장 부호가 포함되어 있기 때문에 비교하지 않는다.**
검색어가 '우리글'일 경우는 문장 부호를 포함하고 있지 않기 때문에 부분 문자열에 문장 부호가 포함된 '한글:', '글:␣', ':␣우'는 비교 대상에서 제외된다.

⑤ **'우리글'로 검색할 경우 일치하는 문자열을 찾을 수 있지만 '우리␣글'로 검색할 경우는 일치하는 문자열을 찾을 수 없다.**
'우리글'로 검색을 하면 비교 대상 문자열에서 일치하는 문자열을 찾을 수 있지만 '우리 ␣글'로 검색할 경우 일치하는 문자열을 찾을 수 없다.

**★★ 문제 해결 꿀~팁 ★★**

▶ 많이 틀린 이유는?
이 문제는 2문단의 내용을 정확하게 이해하지 못하였고, 또한 〈보기〉의 [조건]을 간과하여 오답률이 높았던 것으로 보인다.
▶ 문제 해결 방법은?
이 문제를 해결하기 위해서는 일차적으로 2문단의 내용을 정확히 이해해야 한다. 그런 다음 〈보기〉에 제시된 조건을 이해하고, 각 선택지의 내용이 이러한 조건 중 어디에 해당하는지를 파악해야 한다. 가령 정답인 ①의 경우, '우리␣글'의 경우 띄어쓰기가 포함되어 있고 [조건]에서 검색어에 띄어쓰기가 포함되는 경우 띄어쓰기의 위치가 일치하지 않는 부분 문자열은 비교 대상에서 제외한다는 내용을 이해해야 한다. 그러면 '우리␣글'과 띄어쓰기의 위치가 일치한 것은 두 개임을 알았을 것이다. 마찬가지로 오답률이 높았던 ③의 경우에도, [조건]을 보면 문장 부호가 포함되지 않는 경우 문장 부호가 있는 부분 문자열만 비교 대상에서 제외하면 되므로 적절함을 알았을 것이다. 이 문제처럼 기술 지문의 문제라도 선택지를 정확히 이해하고, 이와 관련된 글의 내용(이 문제에서는 [조건] 이해도 필요)을 글에서 확인만 하면 문제를 해결할 수 있다. 따라서 기술 지문을 읽을 때는 차분하게 밑줄을 그어 가며 내용을 이해하는 데 신경을 쓸 수 있도록 한다.

**13** 어휘의 사전적 의미 파악 정답률 93% | 정답 ③

**ⓐ~ⓔ의 사전적 의미로 적절하지 않은 것은?**

① ⓐ : 어떠한 의사를 말이나 글로 나타내어 보임.
② ⓑ : 어떤 사물이나 현상 가운데 함께 들어 있거나 함께 넣음.
✔ **ⓒ : 다른 사람의 말이나 행동, 형편 따위를 잘 알아서 긍정하고 이해함.**
'가정'은 '사실이 아니거나 또는 사실인지 아닌지 분명하지 않은 것을 임시로 인정함.'의 의미로 쓰였다. '다른 사람의 말이나 행동 형편 따위를 잘 알아서 긍정하고 이해함.'은 '납득'의 의미이다.
④ ⓓ : 사물이 생겨남. 또는 사물이 생겨 이루어지게 함.
⑤ ⓔ : 사물을 인식하여 논리나 기준 등에 따라 판정을 내림.

**14~17 인문**

김종원, 「리드의 행위자 인과 이론」

**해제** 이 글은 **리드의 행위자 인과 이론에 대해 설명**하고 있다. **리드**는 **행위자 인과 이론에서 진정한 원인은 자유 의지를 지닌 행위자**라고 주장했다. 그는 **원인을 양면적 능력을 지녔으며 그 변화에 대한 책임이 있는 존재**로 보았다. 그리고 그는 **진정한 원인은 행위자**라고 주장했다. 경험론자인 그에게 **관찰의 범위 내에서 행위자는 오직 인간뿐**이었다. 그는 **결과가 발생하기 위해서는 행위자가 양면적 능력을 발휘**해야 하며 **행위자의 의욕이 항상적으로 결합**해야 한다고 보았다. 행위자 인과 이론은 인간의 주체적 결단이 갖는 의미를 강조했다.

**주제** 리드의 행위자 인과 이론의 이해

**문단 핵심 내용**

| 문단 | 핵심 내용 |
|---|---|
| 1문단 | 자유 의지를 가진 행위자만이 원인이 될 수 있다고 본 흄 |
| 2문단 | 리드의 행위자 인과 이론의 이해 |
| 3문단 | 관찰의 범위 내에서 행위자를 인간이라고 본 리드 |
| 4문단 | 인간의 주체적 결단이 갖는 의미를 강조한 행위자 인과 이론 |

**14** 인물의 견해 파악 정답률 66% | 정답 ②

**윗글에 나타난 리드의 견해로 적절하지 않은 것은?**

① **인간은 자유 의지를 지닌 존재로 행위자가 될 수 있다.**
1문단을 통해 리드가 행위자를 자유 의지를 가진 존재로 보았음을 알 수 있고, 3문단을 통해 리드의 관점에서 행위자는 오직 인간뿐임을 알 수 있다.

✔ **변화를 산출하는 능력을 가진 모든 존재는 행위자이다.**
2문단을 통해 리드는 행위자를 결과를 산출할 능력을 소유하여 그 능력을 발휘할 수 있고 그 변화에 대해 책임을 질 수 있는 주체로 보았음을 알 수 있다 따라서 변화를 산출하는 능력을 가진 모든 존재가 행위자라는 내용은 리드의 견해로 볼 수 없다.

③ **인간의 의욕은 정신에서 일어나는 하나의 사건이라고 할 수 있다.**
3문단을 통해 리드는 의욕을 정신에서 일어나는 하나의 사건으로 보았음을 알 수 있다.

④ **항상적 결합이 존재하더라도 행위자가 존재하지 않는 경우에서는 원인을 발견할 수 없다.**
2문단을 통해 리드는 진정한 원인은 행위자라고 주장했음을 알 수 있으므로, 리드는 항상적 결합이 존재하더라도 행위자가 존재하지 않는 경우에서는 원인을 발견할 수 없다고 생각할 것이다.

⑤ **흄이 제시한 세 가지 조건이 모두 충족되는 경우라도 인과관계가 성립하지 않을 수 있다.**
1문단을 통해 리드가 흄이 말하는 세 가지 조건이 성립하는 경우에도 인과 관계가 성립하지 않는다고 보았음을 알 수 있다.

**15** 내용의 구체적 상황에의 적용 정답률 60% | 정답 ②

**윗글을 바탕으로 ㉠을 이해한 내용으로 적절하지 않은 것은?**

① **리드는 빨간 공과 흰 공에는 양면적 능력이 존재하지 않는다고 보겠군.**
2문단을 통해 리드는 원인을 '양면적 능력'을 지녔으며 그 변화에 대한 책임이 있는 존재, 즉 행위자로 규정하였음을 알 수 있고, 빨간 공이 행위자일 수 없다고 생각하였음을 알 수 있다. 따라서 리드는 빨간 공에는 양면적 능력이 없다고 볼 것이다. 또한 흰 공 역시 움직이지 않을 수는 없기 때문에 리드는 흰 공에도 양면적 능력이 없다고 볼 것이다.

✔ **리드는 빨간 공과 흰 공의 움직임에는 시공간이 이어지지 않는다고 보겠군.**
1문단을 통해 리드는 흄이 말하는 세 가지 조건이 성립하는 경우에도 인과 관계가 성립하지 않는다고 보았음을 알 수 있다. 따라서 리드는 빨간 공과 흰 공의 움직임에도 시공간이 이어진다고 생각할 것임을 알 수 있다.

③ **리드는 빨간 공이 흰 공에 부딪친 사건은 다른 사건의 원인이 될 수 없다고 보겠군.**
2문단에서 빨간 공은 행위자일 수 없다고 하였으므로, 빨간 공은 원인이 될 수 없다고 리드가 생각할 것임을 알 수 있다.

④ **흄은 빨간 공과 흰 공의 움직임에서 항상적 결합을 발견할 수 있다고 보겠군.**


[문제편 p.044]

㉠은 1문단을 통해 흄이 제시한 인과 관계의 성립 요건 세 가지를 만족함을 알 수 있으므로, 흄은 ㉠에서 항상적 결합을 발견할 수 있다고 볼 것임을 알 수 있다.

⑤ **흄은 빨간 공과 흰 공이 부딪친 사건이 흰 공이 움직인 사건의 원인이라면 두 사건은 동시에 일어난 것일 수 없다고 보겠군.**
1문단을 통해 흄은 원인과 결과가 시공간적으로 이어서 나타나야 한다고 생각했으므로, 두 사건이 동시에 일어난 것일 수 없다고 보았을 것이다.

### 16 핵심 정보의 이해 정답률 76% | 정답 ②

**ⓐ에 대한 이해로 가장 적절한 것은?**

① **ⓐ를 제기한 철학자들은 리드의 행위자 개념을 긍정했다고 볼 수 있다.**
4문단을 통해 어떤 철학자들은 진정한 원인은 신뿐이라고 했음을 알 수 있고, 반면에 리드는 신이 사건의 진정한 원인이 될 수 없고 행위자에게 달려 있다고 주장했음을 알 수 있다. 따라서 ⓐ를 제기한 철학자들은 리드의 행위자 개념을 긍정했다고 볼 수 없다.

✔ **ⓐ와 관련한 리드의 대응은 행위자인 인간의 주체성을 부각했다고 볼 수 있다.**
4문단을 통해 리드는 신이 사건의 진정한 원인이 될 수 없다고 주장했고, 궁극적으로 결정을 내리는 것은 행위자에게 달려 있다고 주장했음을 알 수 있다. 따라서 이러한 리드의 두 주장을 통해 리드는 인간의 주체성을 부각하였음을 알 수 있다.

③ **ⓐ의 해결을 위해 리드는 행위자가 기회 원인이 될 수 있음을 입증했다고 볼 수 있다.**
2문단을 통해 리드가 진정한 원인은 행위자라고 주장했음을 알 수 있으므로, 행위자는 기회 원인이 아니라 할 수 있다.

④ **ⓐ를 제기한 철학자들은 인간의 행동을 일으키는 진정한 원인을 인간 자신에게서 찾았다고 볼 수 있다.**
4문단을 통해 어떤 철학자들은 인간의 행동을 비롯한 사건들의 진정한 원인은 오직 신뿐이라 생각했음을 알 수 있다.

⑤ **ⓐ를 제기한 철학자들은 인간 행위의 원인을 일상에서 경험할 수 있는 사건으로 한정지었다고 볼 수 있다.**
4문단을 통해 어떤 철학자들은 인간의 행동을 비롯한 사건들의 진정한 원인은 오직 신뿐이라 생각했음을 알 수 있다. 따라서 인간 행위의 원인을 일상에서 경험할 수 있는 사건으로 한정지었다고 할 수 없다.

### 17 내용을 통한 정보의 추론 정답률 58% | 정답 ③

**<보기>는 철학자들이 나누는 가상의 대화의 일부이다. 윗글을 바탕으로 ㉮에 들어갈 내용을 추론했을 때, 가장 적절한 것은? [3점]**

<보 기>

A : 리드에 따르면 의욕은 행위자의 양면적 능력의 발휘에 결합하는 것입니다. 그렇다면 그 능력의 발휘는 또 다른 의욕을 필요로 할 것입니다. 이 연쇄는 끝없이 이어질 수 있고, 의욕에 선행하는 의욕이 무한히 필요해집니다. 그렇다면 행위자는 어떤 의욕도 일으킬 수 없어 어떤 행동도 할 수 없어야 합니다.

B : '의욕의 무한 후퇴 문제'를 제기한 것이군요. 리드는 [ ㉮ ]고 보았습니다. 이러한 입장에 따르면 그문제는 해소될 수 있습니다.

① **의욕과 무관하게 정신적 사건이 결과가 될 수 있다**
3문단을 통해 리드는 의욕이 정신에서 일어나는 하나의 사건이라고 보았음을 알 수 있다. 따라서 의욕과 무관하게 정신적 사건이 결과가 될 수 있다는 것은 리드의 관점이라 할 수 없다.

② **양면적 능력의 발휘에는 의욕이 항상적으로 결합한다**
리드는 양면적 능력의 의욕이 항상적으로 결합한다고 보지만, 항상적 결합만으로는 인과의 필연성을 정당화하지 못한다고 보았으므로 적절하지 않다.

✔ **양면적 능력의 발휘와 그 결과로서의 의욕은 구별될 수 없다**
3문단을 통해 리드는 의욕과 같은 정신의 내재적 활동은 행위자의 양면적 능력의 발휘인 의욕을 '일으킴'과 그것의 결과인 의욕 자체를 구별할 수 없는 것으로 보았음을 알 수 있다. 리드의 이러한 견해는 의욕을 일으킴의 경우에는 행위자의 능력 발휘 자체가 의욕이므로 또 다른 의욕이 필요치 않음을 나타낸 것이라 할 수 있다.

④ **의욕에 또 다른 의욕이 선행하는 연쇄는 관찰의 범위 내에 있다**
리드는 의욕과 같은 정신의 내재적 활동은 행위자의 양면적 능력의 발휘인 의욕을 일으킴과 그것의 결과인 의욕 자체를 구별할 수 없는 것이라 보았다. 따라서 의욕에 또 다른 의욕이 선행하는 연쇄는 관찰의 범위 내에 있다는 것은 리드의 관점이라 할 수 없다.

⑤ **의욕을 일으키는 양면적 능력은 변화를 산출하지 않을 수도 있다**
2문단을 통해 리드의 관점에서 양면적 능력은 변화를 산출하거나 산출하지 않을 수 있는 능동적인 능력임을 알 수 있다. 따라서 의욕을 일으키는 양면적 능력은 변화를 산출하지 않을 수도 있다는 문맥상 빈칸에 들어갈 내용으로 적절하다고 할 수 없다.

## 18~21 고전 소설

**작자 미상, 「숙향전」**

**감상** 이 작품은 우리 고전 소설 가운데 널리 애독되었던 소설 가운데 하나로, **두 주인공의 사랑을 환상적으로 형상화**하고 있다. 천상에서 죄를 지은 두 남녀가 지상의 인간으로 태어난 뒤 다시 만나 시련을 극복한 후 천상으로 다시 올라간다는 내용이다. **'출생 – 성장 – 만남 – 이별 – 재회 – 완성'으로 설명될 수 있는 숙향의 삶을 중심으로 사건이 전개**되고 있는데, 이는 **영웅의 일대기 구조와 유사한 특징**을 보이고 있다. **숙향이 여러 고난을 이겨 내고 자신의 사랑을 찾아 실현하는 과정이 영웅의 삶과 유사한 면을 지니고 있는 것**이다.

**주제** 시공을 초월한 남녀의 사랑

**작품 줄거리** 숙향은 김전의 외동딸로 태어난다. 본래 천상의 월궁 선녀로 죄를 지어 인간 세상에 내려온 인물이다. 어려서 부모를 잃고 갖은 고난과 위기에 처하지만 여러 신이한 도움으로 이를 극복하고 마침내 행복한 삶을 누리다가 다시 천상으로 돌아간다. 한편 이선은 숙향의 남편이 되는 인물로 숙향과 마찬가지로 천상에서 인간 세상으로 내려왔다. 지상에서 숙향과 가연을 맺고 행복한 삶을 누리다가 천상으로 돌아간다.

### 18 작품 내용의 이해 정답률 82% | 정답 ⑤

**윗글을 읽고 알 수 있는 내용으로 적절하지 않은 것은?**

① **이선은 요지에 다녀온 후 숙향을 보고 싶어 했다.**
이선은 꿈에서 서왕모의 잔치에 다녀온 뒤 부귀공명에 뜻이 없고 오로지 소아만 생각했음을 알 수 있다. 따라서 이를 통해 이선이 서왕모의 잔치가 열린 요지에 다녀온 후 숙향을 보고 싶어 했음을 알 수 있다.

② **숙향은 부모와 만나고 싶은 마음에 청조를 따라갔다.**
숙향이 부모와 떨어져 부모를 그리워하다가 청조가 부모가 있는 곳으로 가자고 권유하자 청조를 따라나서고 있다. 이를 볼 때, 숙향은 부모와 만나고 싶은 마음에 청조를 따라갔음을 알 수 있다.

③ **숙향은 청조에 자신의 처지를 투영하며 슬픔을 느꼈다.**
숙향은 청조가 날라와 울자, 자신처럼 부모를 여의었다고 여기며 혼자 운다고 생각하고 있다. 이를 볼 때, 숙향은 청조에 자신의 처지를 투영하며 슬픔을 느꼈음을 알 수 있다.

④ **숙향과 이선은 모두 서왕모 집의 규모에 압도됨을 느꼈다.**
서왕모의 집에 이른 숙향은 집이 너무 으리으리하여 문밖에서 주저하고 있고, 이선은 서왕모의 집이 너무 으리으리하여 동서를 분별하지 못하겠다고 말을 하고 있다.

✔ **이선은 마음이 석연치 않음에도 서왕모의 잔치에 참석했다.**
이선의 꿈에 부처가 와서 이선에게 서왕모가 요지에서 잔치를 하니 잔치 구경을 가자고 권하자, 이선은 매우 기뻐 부처를 따라 서왕모의 집에 이르고 있다. 따라서 이선이 마음이 석연치 않음에도 서왕모의 잔치에 참석했다고는 볼 수 없다.

### 19 인물의 이해 정답률 67% | 정답 ②

**㉠에 대한 이해로 가장 적절한 것은?**

① **숙향이 겪은 과거 사건들의 원인을 규명하고 있다.**
숙향이 인간 세상에서 겪은 고행에 대해 언급하고 있지만, 숙향이 겪은 과거 사건들의 원인이 무엇인지 규명하지는 않고 있다.

✔ **숙향이 인간 세상에서 겪은 고행에 대해 알고 있다.**
㉠은 숙향에게 인간 세상에서 겪은 고행에 대해 말을 하고 있고, 옥황상제에게 숙향이 네 번 죽을 액을 지나왔다고 말을 하고 있다. 따라서 ㉠은 숙향이 인간 세상에서 겪은 고행에 대해 알고 있는 인물이라 할 수 있다.

③ **숙향이 이선과 맺게 될 인연을 상제에게 설명하고 있다.**
옥황상제에게 네 번 죽을 액을 지나왔으니, 액을 그만하고 복록을 내려 달라 말하고 있지만, 숙향이 이선과 맺게 될 인연을 상제에게 설명하지는 않고 있다.

④ **숙향이 요지에서 겪을 일을 숙향에게 미리 알려 주고 있다.**
숙향을 데리고 요지로 들어가고는 있지만, 요지에서 겪을 일을 숙향에게 미리 알려 주지는 않고 있다.

⑤ **숙향이 태을선군을 이선으로 생각하도록 정보를 제공하고 있다.**
이 글을 통해 월궁항아가 숙향이 태을선군을 이선으로 생각하도록 정보를 제공한 내용은 찾아볼 수 없다.

### 20 소재의 기능 이해 정답률 66% | 정답 ③

**ⓐ ~ ⓒ에 대한 설명으로 가장 적절한 것은?**

① **ⓐ는 인물이 꿈속에서 겪은 일을 실제 있었던 일로 믿는 증표가 되고 있다.**
꿈에서 깬 이선이 꿈속에서 선녀가 낀 옥지환의 진주가 손에 쥐어져 있음을 알고 너무 신기하여 꿈속의 일을 기록하고 있음을 알 수 있다. 따라서 이선이 꿈속에서 겪은 일을 신기해 하지만 꿈속 일을 실제 있었던 일로 믿는다고는 볼 수 없다.

② **ⓑ는 인물이 상대 인물에게 보인 수줍음이 완화되는 계기를 제공해 주고 있다.**
숙향은 ⓑ를 이선에게 가져다주면서 부끄러움을 느끼고 있고, ⓑ가 계화에 걸려 떨어진 일로 숙향은 또 부끄러움을 느끼고 있으므로, 수줍음이 완화되는 계기를 마련해 준다고 볼 수 없다.

✔ **ⓒ는 인물로 하여금 자신이 접하게 되는 주변 인물들을 알아볼 수 있게 해 주고 있다.**
이선은 부처가 준 '대추 같은 과일'을 받아먹고 전생에서 하던 일을 떠올리게 되어, 모든 선관이 자신의 친한 벗이었음을 알게 된다. 따라서 ⓒ는 이선으로 하여금 전생에 자신이 접하게 된 주변 인물들을 알아볼 수 있게 해 주는 역할을 한다고 볼 수 있다.

④ **ⓐ, ⓑ는 모두 인물이 자신이 처한 상황의 어려움을 구체적으로 깨닫게 하고 있다.**
ⓐ, ⓑ 모두 숙향과 이선의 만남을 극적으로 구성하는 데 기여하고 있지, 인물이 자신이 처한 상황의 어려움을 구체적으로 깨닫게 한다고는 할 수 없다.

⑤ **ⓑ, ⓒ는 모두 인물이 상대 인물과의 인연을 마음에 품게 만들어 잊지 않도록 하고 있다.**
ⓑ는 이선이 숙향과의 일을 기록하게 만들고 있지만, ⓒ는 이선으로 하여금 전생의 일을 떠올리게 해 줄 뿐, 상대 인물과의 인연을 마음에 품게 만든다고는 할 수 없다.

★★★ 등급을 가르는 문제!

### 21 외적 준거에 따른 작품의 감상 정답률 34% | 정답 ①

**<보기>를 참고하여 윗글을 감상한 내용으로 적절하지 않은 것은? [3점]**

<보 기>

「숙향전」은 다양한 환상담으로 이루어져 있으며, 환상담의 구성에 여러 가지 서사적 전략이 활용되고 있다. 가령 동일한 시간에 특정한 한 공간에서 인물들이 각각 겪은 환상 체험을 제시하여 그 공간에서 일어난 일들을 서로 다른 입장에서 이해할 수 있게 함으로써 서사를 입체적으로 구성하고 있다. 이를 위해 서술자는 공통적인 서사 장치를 활용해 인물들이 비현실적 공간에 들고 나도록 하고 있으며, 인물들의 체험의 동일성이 나타나도록 진술하고, 인물들이 겪은 사건을 대응시키고 있다. 그리고 이러한 환상 체험은 현실 세계에서의 일들을 예고하는 기능도 수행하고 있다.

✔ **숙향이 '청조'를, 이선이 '부처'를 만나는 시·공간적 배경을 일치시키고 그 만남의 배경을 묘사함으로써 시·공간적 배경을 통해 환상 체험의 주요 사건을 암시하고 있군.**
'3월 보름'에 숙향은 청조를 초당에서 만나게 되고, 이선은 부처를 대성사에서 만나고 있음을 알 수 있다. 따라서 만남의 시간적 배경은 일치하지만, 공간적 배경은 일치한다고 볼 수 없다. 또한 숙향과 청조의 만남,

[문제편 p.045]

이선과 부처의 만남의 시간적 배경인 '3월 보름'과 공간적 배경인 '초당', '대성사'를 묘사한 부분도 찾아볼 수 없다.

② 숙향과 이선이 환상 체험을 할 수 있는 공간으로 이동하는 데에 두 사람이 각자 잠드는 것을 서사적 장치로 활용함으로써 숙향과 이선의 환상 체험 간의 관련성을 높이고 있군.
숙향과 이선은 잠이 든 후 비현실적 존재들에 이끌려 서왕모의 집에 이르렀으므로 적절한 감상이라 할 수 있다.

③ 숙향과 이선이 공통적으로 '요지'에서 화려한 누각을 보고 향내를 맡은 것을 제시함으로써 특정한 한 공간에서 두 사람이 각각 겪은 체험의 동일성을 나타내고 있군.
숙향과 이선 모두 요지에 이르러 화려한 누각을 보고 향내를 맡고 있는데, 이는 두 사람이 각각 체험을 했지만 그 체험에 있어서 동일한 면이 있음을 나타내 준다고 할 수 있다.

④ '상제 그 선관에게 이르시되'라고 서술한 것을 '상제 전교하시되'로 서술함으로써 숙향이 관찰자의 입장에서 바라본 사건과 이선이 당사자로서 겪은 사건을 대응시키고 있군.
숙향은 관찰자의 입장에서 상제가 이선에게 말하는 것을 보게 되는데, 이는 이선이 체험하는 장면에서 이선이 겪은 일로 서술되고 있음을 알 수 있다.

⑤ 숙향이 환상 체험하는 과정에서 상제에 의해 현실 세계에서의 숙향의 수명, 자손, 복록 등이 정해지도록 제시함으로써 환상 체험을 통해 현실 세계에서의 일들을 예고하고 있군.
숙향이 환상 체험을 하는 과정에서 옥황상제에 의해 현실 세계에서의 숙향의 수명 자손 복록 등이 정해지고 있다. 이는 숙향이 현실 세계에서 어떻게 살아가게 될 것인지를 환상 체험을 통해 미리 알려 주는 것이라 할 수 있다.

**★★ 문제 해결 꿀~팁 ★★**

▶ **많이 틀린 이유는?**
이 문제는 작품 내용을 정확히 이해하지 못하였거나 선택지의 내용을 제대로 파악하지 못해 오답률이 높았던 것으로 보인다.

▶ **문제 해결 방법은?**
〈보기〉가 제시된 문제를 해결하는 기본은 작품 내용 이해에 있다. 그런 다음 〈보기〉와 연관하여 제시한 선택지의 내용을 파악하여 적절성을 판단하면 된다. 그런데 간혹 선택지에 작품 내용과는 어긋나는 내용이 제시되기도 하므로 유의해야 한다. 가령 정답인 ①의 경우, 글에는 '3월 보름'에 숙향은 청조를 초당에서 만나고, 이선은 부처를 대성사에서 만나고 있다고 했는데, 선택지에서는 '시·공간적 배경을 일치시키고'라 제시되어 있다. 따라서 선택지의 작품에 대한 이해가 작품 내용과 어긋난 것이라 할 수 있다. 〈보기〉로 제시된 문항의 경우 대부분은 작품 내용을 충실히 반영하지만, 이처럼 어긋난 내용도 제시할 수 있으므로 반드시 작품 내용과의 일치 여부를 판단할 수 있도록 해야 한다.
한편 ④를 선택한 학생들이 많았는데, 이는 선택지의 내용을 정확히 파악하지 못했기 때문으로 보인다. 만일 숙향이 꿈속에서 상제가 이선에게 말하는 것을 보게 되는 것과, 이선이 꿈속에서 상제를 만나 말하는 상황을 정확히 알았다면 적절한 선택지였음을 알게 되었을 것이다. 이처럼 선택지를 읽을 때는, 특히 상대적으로 긴 선택지를 읽을 때는 선택지를 끊어 가며 읽어 의미를 정확히 파악하도록 한다.

## 22~27 고전 시가+수필

**(가) 김춘택, 「별사미인곡」**

**감상** 이 작품은 조선 숙종 때 **김춘택이 유배지인 제주에서 지은 유배 가사**이다. 정철의 가사에 영향을 받은 작품으로, **정철의 「속미인곡」에 등장하는 저 각시와 화자 자신이 각시의 처지를 비교하며 임(임금)에 대한 사랑과 그리움을 노래**하고 있다. 화자는 저 각시와 달리 광한전과 백옥경이 어디에 있는지조차 모르고 임을 한 번도 곁에서 모신 적이 없는 존재이지만 **임에 대한 변함없는 사랑을 애절하게 드러내고** 있다.

**주제** 임을 향한 일편단심

**(나) 이정보의 사설시조**

**감상** 이 작품은 **임에 대한 사랑을 오래도록 지속하려고 하는 화자의 의지를 담은 사설시조**이다. **임과 화자 자신이 오리나무와 칡넝쿨로 변신한다는 발상**을 통해 **어떠한 시련이 있어도 떨어지지 않겠다는 임을 향한 간절한 마음을 노래**하고 있다. 화자는 임을 향한 애정을 극대화하고 지속하기 위해 몸 바꿈, 즉 전신이라는 현실 초월적인 상상력을 동원하고 있다.

**주제** 임과 떨어지지 않고 함께 있고 싶은 간절한 마음

**(다) 박지원, 「백자증정부인박씨묘지명」**

**감상** 이 작품은 몇 차례의 개작을 통해 완성한 것으로, **서정적 묘지명의 대표작**으로 꼽힌다. 박지원은 '지금 사람들의 비지류(碑誌類)의 글들은 모두 판에 박은 듯 의례적이고 상투적이어서 작품 하나만 지어 놓으면 이 사람 저 사람에게 옮겨 가며 써먹을 수 있으니 그러고서야 그 사람의 정신과 감정 및 전형을 어디에서 상상해 볼 수 있겠는가?'라고 말하며 **당대 묘지명의 상투적 글쓰기를 신랄하게 비판하고 당대의 관행과는 다르게 죽은 큰누님에 대한 애틋한 정과 추억을 담아 이 글을 완성**했다. **이 글의 핵심은 상여가 실린 조각배를 떠나보내고서 큰누님이 시집가던 날의 개인적인 일화를 회상하는 대목**과 조각배가 시야에서 사라진 후 **새벽 강가의 풍경을 시집가던 날 큰누님의 모습에 빗대는 대목**이다. 이를 통해 **죽은 큰누님에 대한 애틋한 정과 추억을 절실하게 묘사해 많은 감동을 주고 있다.**

**주제** 누이의 죽음을 애도함.

### 22 작품의 이해
정답률 89% | 정답 ④

**(가)~(다)에 대한 설명으로 가장 적절한 것은?**

① (가)에서는 과거의 인연을 끊고 새로운 인연을 찾으려 하는 삶의 방식을 보여 주고 있다.
'님 향한 이 마음이 변할손가'에서 알 수 있듯이 (가)의 화자는 헤어진 임을 잊지 못하고 있다.

② (나)에서는 자신의 잘못을 인정하고 새로운 목표를 지향하는 상황을 강조하고 있다.
(나)에서 화자는 자신은 '칡넝쿨'이 되고, 임은 '오리나무'가 되어 한데 얽혀 겨울날 바람비, 눈서리를 맞아도 떨어지지 않기를 바라고 있다. 즉, 화자는 임과 함께 하기를 간절히 바라고 있다. 따라서 (나)를 통해 화자가 자신의 잘못을 인정하고 새로운 목표를 지향하는 내용은 찾아볼 수 없다.

③ (다)에서는 인생의 허무함을 극복하려는 적극적인 태도를 부각하고 있다.
(다)에서 글쓴이는 큰 누님의 죽음을 맞이하며 과거의 일을 떠올리면서 슬픔을 드러내고 있다. 하지만 (다)의 글쓴이가 인생의 허무함을 느끼거나 이를 극복하려는 태도를 보이지는 않고 있다.

✔ **(가), (다)에서는 모두 특정한 대상을 떠올리며 그리워하는 상황을 드러내고 있다.**
(가)에서는 임과 떨어진 화자가 임을 떠올리며 그리워하고 있고, (다)의 글쓴이는 죽은 큰누님을 떠올리면서 그리워하고 있다. 따라서 (가), (다) 모두 특정한 대상을 떠올리며 그리워하는 상황이 드러나 있음을 알 수 있다.

⑤ (가), (나), (다)에서는 모두 현실에 대한 인식을 바탕으로 미래에 대한 불안을 나타내고 있다.
(가), (나), (다) 모두 미래에 대한 불안을 언급한 내용은 찾아볼 수 없다.

### 23 시구나 구절의 의미 이해
정답률 84% | 정답 ⑤

**㉠~㉤에 대한 설명으로 적절하지 않은 것은?**

① ㉠ : 화자가 상대방을 부르며 자신의 생각을 드러내고 있다.
㉠에서는 화자가 '이보소 저 각시님'이라고 상대방을 부르면서, '각시님' 말이 '설운 말씀'이라는 자신의 생각을 드러내고 있다.

② ㉡ : 화자는 인연이나 이별의 상황이 각자 다르다고 여기고 있다.
㉡은 설의적 표현을 사용하여 임과의 인연이나 임과의 이별 상황은 각자 다름을 강조한 것이라 할 수 있다.

③ ㉢ : 화자가 임에 대한 자신의 태도가 변하지 않을 것임을 강조하고 있다.
㉢은 '동섯달 바람비 눈서리'라는 시련이 있더라도 떨어질 수 없다는, 즉 화자가 임을 사랑하는 자신의 태도에는 변함이 없을 것임을 강조한 것이라 할 수 있다.

④ ㉣ : 글쓴이가 자신의 나이와 행위를 통해 과거의 철없는 모습을 드러내고 있다.
㉣에서는 '그때 겨우 여덟 살'이라며 자신의 나이를 밝히면서, '벌렁 드러누워 발버둥을 치면서 ~ 말투를 흉내 냈다.'에서 알 수 있듯이 그때의 행위를 드러내 주고 있다. 따라서 ㉣은 글쓴이가 자신의 나이와 행위를 통해 과거의 철없는 모습을 드러낸 것이라 할 수 있다.

✔ **㉤ : 글쓴이가 과거 사건을 요약하며 좌절감을 완화하고 있다.**
㉤은 글쓴이가 큰누님의 죽음으로 인해서 더 이상 큰누님과 대면할 수 없는 안타까움을 드러내고 있다. 따라서 ㉤은 큰누님과의 사별의 슬픔이 고조된 것이라 할 수 있으므로, 좌절감이 완화된 것이라고 볼 수 없다.

### 24 화자의 태도와 정서의 이해
정답률 59% | 정답 ④

**[A]에 나타난 화자에 대한 이해로 가장 적절한 것은?**

① 자신이 과거에 임과 만나게 된 이유를 상세히 밝히고 있다.
[A]에서 화자는 임과 헤어지게 된 것에 대한 생각을 드러내고 있을 뿐, 과거에 임과 만나게 된 이유는 드러내지 않고 있다.

② 자신이 아무런 죄 없이 참소를 당했다고 임에게 호소하고 있다.
자신이 임과 헤어지게 된 것이 조물이 시기하고 귀신이 훼방했다고 생각하고 있지만, 아무런 죄 없이 참소를 당했다고 임에게 호소하지는 않고 있다.

③ 자신이 정성을 담아 만든 물건을 임에게 전달한 후 안도하고 있다.
'부용화 옷'과 목난으로 만든 '주머니'는 임에 대한 화자의 정성을 드러내는 소재라 할 수 있다. 하지만 이러한 소재를 임에게 전달하였다는 내용은 찾아볼 수 없다.

✔ **자신의 행동과 재주가 임의 사랑을 받기에는 부족하다고 한탄하고 있다.**
[A]의 '내 얼굴 이 거동이 무엇으로 님 사랑할가 / 길쌈을 모르거니 가무야 더 이를가'를 통해, 화자는 자신의 행동과 재주가 임의 사랑을 받기에는 부족하다고 한탄하고 있음을 알 수 있다.

⑤ 자신의 풍류 의식과 성현의 가르침 사이에서 고뇌하는 모습을 드러내고 있다.
화자가 성현을 언급한 것은 임에 대한 자신의 마음이 변하지 않을 것임을 강조하기 위한 것이고, 화자가 고뇌하는 것은 이별한 임에 대한 그리움 때문이다. 따라서 화자가 자신의 풍류 의식과 성현의 가르침 사이에서 고뇌하는 모습을 드러낸다고 볼 수 없다.

### 25 외적 준거에 따른 작품의 감상
정답률 74% | 정답 ④

**〈보기〉를 바탕으로 (가), (나)를 감상한 내용으로 적절하지 않은 것은?**

〈보 기〉

문학에서는 상상력을 발휘하여 현실의 한계를 벗어나 다른 존재로 거듭 나기를 바라는 심정을 형상화하기도 한다. 고전 시가에서 변신에 대한 소망은 주로 (가)와 같이 죽어서 다른 존재로 다시 태어나는 '전생'이나, (나)와 같이 죽지 않고 다른 존재로 몸을 바꾸는 '전신' 등으로 구현된다. 그리고 변신의 양상에는 혼자서 변신하기를 바라는가 아니면 상대방과 함께 변신하기를 바라는가, 다른 인간으로 변신하기를 바라는가 아니면 인간이 아닌 다른 존재로 변신하기를 바라는가 등이 있다.

① (가)의 '구름'은 현실의 한계를 벗어나기 위해 화자가 죽어서 다시 태어나기를 바라는 존재로 볼 수 있겠군.
(가)의 '차라리 싀여져 구름이나 되어서'를 통해, '구름'은 화자가 죽어서 다시 태어나기를 바라는 존재임을 알 수 있다.

② (나)의 '삼사월 칡넝쿨'은 화자가 상상력을 발휘해 몸을 바꾸기를 바라는 존재로 볼 수 있겠군.
(나)의 '삼사월 칡넝쿨'은 화자가 상상력을 발휘해 '전신'하기를 바라는 존재라 할 수 있다.

③ (나)의 '그 나무에 그 칡이 납거미 나비 감듯'은 임이 자신과 함께 변신하여 서로의 관계가 굳건하게 이어지기를 바라는 화자의 소망을 드러낸 것으로 볼 수 있겠군.
(나)에서 화자는 임이 변신한 '오리나무'와 자신이 변신한 '칡넝쿨'이 거미가 나비를 단단하게 동여매듯 빈틈없이 감겨 있기를 바라고 있는데, 이는 임과 자신의 관계가 굳건하게 이어지기를 바라는 소망을 담고 있다고 할 수 있다.

✔ **(가)의 '해 다 저문 날'과 (나)의 '동섯달'은 모두 화자가 임과 헤어지는 시간으로, 화자가 변신을 바라는 계기로 작용한다고 볼 수 있겠군.**



[문제편 p.048]

〈보기〉에서는 고전 시가에 나타난 다른 존재로 거듭 나기, 즉 변신에 대한 소망을 다루고 있다. 이와 관련하여 볼 때, (가)는 죽어서 다른 존재로 다시 태어나기를 바라는 '전생'이 드러나 있고, (나)는 임과의 지속적인 사랑을 위해 다른 존재로 몸을 바꾸는 '전신'이 드러나 있다. 그런데 (가)의 '해 다 저문 날'은 화자가 임과 헤어지는 시간이 아니라 '저 각시'가 이동하는 시간에 해당하고, '동섯달'은 화자가 임과 헤어지는 시간이 아니라 시련을 가정한 시간으로 볼 수 있다 또한 '해 다 저문 날'과 '동섯달'이 화자가 변신을 바라는 계기로 작용하는 것도 아니므로 적절한 감상이라 할 수 없다.

⑤ (가)의 '바람'은 화자 자신의 변신을, (나)의 '오리나무'는 임의 변신을 바라는 화자의 심정을 형상화한 것으로 볼 수 있겠군.
(가)의 '바람'은 화자 자신이 전생하기를 바라는 존재에 해당하고, (나)의 '오리나무'는 화자가 임이 전신하기를 바라는 존재에 해당한다.

**26** 작품 맥락을 고려한 삽입 시의 이해 정답률 82% | 정답 ①

**(다)의 맥락을 고려하여 [B]를 이해한 내용으로 적절하지 않은 것은?**

✔ 글쓴이는 [B]에서 누님과의 약속을 어긴 이유를 밝히고 있다.
(다)에서는 큰누님과의 어린 시절의 경험, 큰누님의 죽음으로 인한 슬픔이 드러나 있지만, 글쓴이와 큰누님이 약속한 내용은 찾아볼 수 없다. 또한 [B]를 통해서 약속을 어긴 이유를 구체적으로 밝히지도 않고 있다.

② 글쓴이가 [B]에서 제시한 시적 배경은 새벽녘 강가로 볼 수 있다.
(다)의 '상여와 함께 일제히 떠나는 새벽', '강가에 말을 세우고 저 멀리 바라보니' 등을 통해 [B]의 시적 배경이 새벽녘 강가임을 알 수 있다.

③ 글쓴이는 [B]를 통해 사별의 정서와 관련된 구체적인 행동을 드러내고 있다.
[B]의 '도리어 눈물로 옷깃을 적시네'를 통해 알 수 있다.

④ 글쓴 이는 [B]에서 상여를 실은 조각배가 떠난 후 돌아서는 자신의 모습을 제시하고 있다.
[B]의 '보내는 이 쓸쓸히 강 길 따라 돌아서네.'를 통해 알 수 있다.

⑤ 글쓴이는 [B]에서 스스로 묻는 방식으로 더 이상 누님을 대면할 수 없는 상황을 나타내고 있다.
[B]의 '조각배는 이제 가면 언제나 돌아올까?'를 통해 알 수 있다.

**27** 외적 준거에 따른 작품의 이해 정답률 62% | 정답 ⑤

**〈보기〉는 선생님의 안내에 따라 학생들이 (다)를 이해한 내용이다. ⓐ~ⓓ 중 적절한 것만을 있는 대로 고른 것은? [3점]**

〈보 기〉

**선생님** : 남성 문인들이 쓴 조선 시대 여성의 묘지명은 몇 가지 서술상의 관행이 있었습니다. 고인의 이름을 명시하지 않고, 남편의 뜻을 따르는 수동적 언행을 제시하며, 고인의 행적 중 살림을 잘해 사후에도 가족들을 풍족하게 지낼 수 있게 하는 일처럼 가문에 공헌한 것만을 골라서 칭송했습니다. 그러나 박지원은 묘지명이 단순히 가문을 자랑하기 위한 글이 아니라 고인과의 일화 등을 통해 개인적인 정과 추억을 담아 아름답게 묘사하는 글이어야 가치가 있다고 생각했습니다. 이를 참고하여 (다)에서 당대의 상투적인 서술상의 관행에서 탈피한 내용을 찾아봅시다.

**학생 1** : 누님의 이름을 구체적으로 밝혀 가문에 대한 자랑과 누님에 대한 애틋한 정을 동시에 드러냈습니다. ············ ⓐ

**학생 2** : 누님의 남편이 생계가 어려워 가족을 데리고 이주하는 상황을 구체적으로 언급했습니다. ············ ⓑ

**학생 3** : 누님이 화가 난 남동생을 달래기 위해 노리개를 꺼낸 일화를 소개했습니다. ············ ⓒ

**학생 4** : 시집가던 날의 누님의 모습을 글쓴이가 회상하며 누님에 대한 개인적인 추억을 표현했습니다. ············ ⓓ

① ⓐ, ⓑ ② ⓐ, ⓒ ③ ⓑ, ⓓ ④ ⓐ, ⓒ, ⓓ ✔ ⓑ, ⓒ, ⓓ

ⓐ 학생 1 : 누님의 이름을 구체적으로 밝혀 가문에 대한 자랑과 누님에 대한 애틋한 정을 동시에 드러냈습니다.
(다)에서 큰누님의 이름을 '아무개'라고 쓰고 있는데, 이는 이름을 구체적으로 밝힌 것도 아니고 가문에 대한 자랑과 큰누님에 대한 애틋한 정을 동시에 드러내는 것도 아니므로 적절하지 않다.

ⓑ 학생 2 : 누님의 남편이 생계가 어려워 가족을 데리고 이주하는 상황을 구체적으로 언급했습니다.
〈보기〉에서 선생님은 (다)가 조선 시대 여성의 묘지명을 서술하는 상투적인 관행에서 벗어나 고인과의 일화 등을 통해 개인적인 정과 추억을 담은 글이라고 언급하며, (다)에서 여성의 묘지명을 서술하는 상투적인 관행에서 벗어난 내용을 찾으라 하고 있다. 따라서 ⓐ~ⓓ 중 상투적인 서술상의 관행에서 탈피한 것을 찾으면 된다. 〈보기〉에서 고인의 행적 중 살림을 잘해 사후에도 가족들을 풍족하게 지낼 수 있게 하는 일처럼 가문에 공헌한 것만을 골라서 칭송하는 것을 상투적인 서술상 관행이라 하고 있으므로, 큰누님의 남편이 큰누님이 죽은 후 생계가 어려워 이주하는 상황을 구체적으로 언급한 ⓑ는 남편의 무능력과 가난을 드러내어 당대의 서술상의 관행에서 벗어난 것으로 볼 수 있다.

ⓒ 학생 3 : 누님이 화가 난 남동생을 달래기 위해 노리개를 꺼낸 일화를 소개했습니다.
죽은 큰누님과 관련한 일화를 언급한 ⓒ는 죽은 큰누님에 대한 개인적인 정과 추억을 담은 내용이므로 당대의 서술상의 관행에서 벗어난 것으로 볼 수 있다.

ⓓ 학생 4 : 시집가던 날의 누님의 모습을 글쓴이가 회상하며 누님에 대한 개인적인 추억을 표현했습니다.
조각배가 떠나는 새벽 강가의 풍경을 시집가던 날 큰누님의 모습에 빗대는 내용인 ⓓ는 죽은 큰누님에 대한 개인적인 정과 추억을 담은 내용이므로 당대의 서술상의 관행에서 벗어난 것으로 볼 수 있다.

## 28~30 현대시

(가) 백석, 「남신의주 유동 박시봉방」

감상 이 시의 **제목은 '남신의주 유동에 사는 박시봉 씨 집'에서라는 뜻으로, 당시 편지 봉투의 발신인 주소에 흔히 쓰던 형식**으로 되어 있다. 1~8행까지는 **가족들과 헤어져 객지에서 외로이 떠돌다 누추한 거처를 마련하게 된 화자의 외로운 처지와 고단한 행적**을 잘 보여 준다. 이어서 **9행부터**는 **화자가 방 안에서 여러 날 동안 자신이 살아온 삶을 되새기며 자신을 성찰하는 모습**을 보여 준다. 그러다가 자기 안에 깃든 **내면 의지를 굳고 정한 갈매나무에 견주어 떠올림**으로써 **앞으로 자신이 가져야 할 삶의 태도를 드러내고** 있다.

주제 무기력한 삶에 대한 반성과 굳고 정결한 삶에의 다짐

표현상의 특징
- 토속적 소재와 사투리를 사용하여 향토적 정감을 드러냄.
- 종결 어미를 반복하여 화자의 모습을 객관화하고, 성찰이 지속됨을 보여 줌.
- 접속어, 지시어, 쉼표를 써서 화자의 정서를 효과적으로 표현해 줌.
- 유사한 형태의 문장을 반복하여 운율을 형성해 줌.

(나) 김수영, 「그 방을 생각하며」

감상 이 시는 **4·19 혁명의 실패와 좌절에 대한 시인의 대응**을 잘 보여 준다. 혁명의 실패는 화자의 가슴을 메마르게 하고 혁명의 구호와 노래도 헛소리처럼 느끼게 한다. 그렇지만 화자는 **진실로 무거워야 할 실망의 무거움을 오히려 가벼움으로 삼으려는 역설적인 발상을 통해 그 좌절감에서 비켜서고 싶어 한다.** 그렇지만 **화자는 그 좌절감에서 쉽게 벗어나지 못하여 노래를 잃고 가벼움마저 잃어도 기쁘고 풍성함을 느끼는 자신에 대한 냉소와 서글픔을 노래**한다.

주제 혁명 실패에 대한 탄식 및 그럼에도 불구하고 갖는 기대와 희망

표현상의 특징
- 유사한 형태의 문장을 반복하여 운율을 형성해 줌.
- 대비되는 표현을 사용하여 화자의 정서를 강조해 줌.

**28** 표현상 공통점 파악 정답률 74% | 정답 ①

**(가)와 (나)의 공통점에 대한 설명으로 가장 적절한 것은?**

✔ 유사한 문장 형태를 반복하여 시적 의미를 강조하고 있다.
(가)에서는 '내 가슴이 꽉 메어 올 적이며', '내 눈에 뜨거운 것이 핑 괴일 적이며' 등을 통해 유사한 형태의 문장을 반복하고 있음을 알 수 있다. 그리고 (나)에서는 '혁명은 안 되고 나는 방만 바꾸어 버렸다'와 '혁명은 안 되고 나는 방만 바꾸었지만' 등을 통해 유사한 형태의 문장을 반복하고 있음을 알 수 있다. 따라서 (가)와 (나) 모두 유사한 문장의 형태를 반복하여 시적 의미를 강조하는 공통점이 있다고 할 수 있다.

② 추측을 나타내는 표현을 활용하여 대상의 양면성을 부각하고 있다.
(가)에서 화자가 '갈매나무'와 관련된 상황을 추측하여 드러내고 있지만, 대상의 양면성을 부각하지 않고 있다. 그리고 (나)에서는 '있을 것이다', '왔을 게다'를 통해 추측을 나타내는 표현을 활용하였음을 알 수 있지만, 이를 통해 대상의 양면성을 부각하지는 않고 있다.

③ 반어적인 표현을 사용하여 대상이 지닌 부정적 가치를 드러내고 있다.
(나)의 마지막 연에 반어적 의미가 담겨 있다고 할 수 있지만, 이를 통해 대상이 지닌 부정적 가치를 드러냈다고는 할 수 없다. 그리고 (가)에는 반어적 표현이 사용되지 않고 있다.

④ 계절감이 드러난 시어를 활용하여 화자가 처한 상황을 강조하고 있다.
(가)의 '추위는 점점 더해 오는데'를 통해 계절감이 드러난 시어를 활용하고 있음을 알 수 있지만, (나)에는 계절감을 드러낸 시어를 찾아볼 수 없다.

⑤ 표면에 드러난 청자에게 말을 건네는 방식으로 화자의 정서를 드러내고 있다.
(가)와 (나) 모두 화자가 독백을 하고 있지, 청자에게 말을 건네는 방식을 사용하지는 않고 있다.

**29** 시어를 통한 작품의 이해 정답률 71% | 정답 ②

**(가), (나)에 대한 설명으로 적절하지 않은 것은?**

① (가)에서 '꽉'과 '핑'은 화자가 자신에 대해 느끼는 심정을 부각한다.
(가)의 '꽉'과 '핑'은 화자가 느끼는 슬픔과 어리석음, 괴로움 등과 같은 심정을 부각한다고 할 수 있다.

✔ (가)에서 '앙금'이 되어 '가라앉'는 것으로 제시한 것은 화자의 내적 갈등이 심화되는 양상을 드러낸다.
(가)의 '내 어지러운 마음에는 슬픔이며 한탄이며 가라앉을 것은 차츰 앙금이 되어 가라앉고'는 여러 날이 지나는 동안 화자의 마음속에 있던 슬픔과 한탄 등이 가라앉았음을 드러낸 표현이라 할 수 있다. 따라서 '앙금'이 되어 '가라앉'는 것으로 제시한 것이 화자의 내적 갈등이 심화되는 양상을 드러냈다는 설명은 적절하지 않다.

③ (가)에서 '쌀랑쌀랑'을 반복적으로 사용한 것은 화자의 감각 체험이 연상 작용으로 이어지고 있음을 드러낸다.
(가)에서 '쌀랑쌀랑'이 두 번 사용되고 있는데, 앞에서 화자가 감각적으로 체험한 '쌀랑쌀랑'이 뒤이어 반복되면서 굳고 정결한 삶의 의지를 상징하는 갈매나무를 연상하는 것으로 이어지고 있다.

④ (나)에서 '싸우라'와 '일하라'를 각각 '헛소리'와 연결한 것은 혁명의 외침을 공허하게 느끼게 된 화자의 인식을 드러낸다.
(나)에서 '싸우라'와 '일하라'는 혁명의 구호를 상징하므로, 이를 각각 '헛소리'와 연결한 것은 혁명의 외침을 공허하게 느끼게 된 화자의 인식을 드러내는 것이라 할 수 있다.

⑤ (나)에서 '쓰디쓴'을 '달콤한'과 대비한 것은 자신이 지향해 온 것과 괴리된 현실에 대한 화자의 정서를 부각한다.
(나)에서 '쓰디쓴'을 '달콤한'과 대비하고 있는데, 이는 화자 자신이 지향해 온 것과 괴리된 현실에 대한 화자의 정서를 부각한다고 할 수 있다.

**30** 외적 준거에 따른 작품의 이해 정답률 70% | 정답 ④

**〈보기〉를 참고하여 (가), (나)를 이해한 내용으로 적절하지 않은 것은? [3점]**

〈보 기〉

시적 공간의 하나인 '방'은 화자가 처한 상황과 화자의 내면 의식을 드러내는 경우가 많다. (가)에서 방은 화자가 자기 자신에 대한 생각을 되새기는 공간이면서 내적 의지를 떠올려 앞으로 살아가야 할 삶의 자세를 생각하는 공간이다. 한편 (나)에서 방은 화자의 의식을 상징하는 공간으로, 방을 바꾸는 화자의 행위 속에는 혁명의 실패에 따른 좌절감과 그 무게감에서 벗어나려고 하는 화자의 의식이 투영되어 있다.

[문제편 p.049]

① (가)는 '쥔을 붙'인 방을 '습내 나는 춥고, 누긋한 방'으로 묘사함으로써 화자가 처한 현실 상황의 초라함을 드러내는군.
(가)에서 '쥔을 붙'인 방은 화자가 세를 들게 된 방으로, 화자가 그 방을 '습내 나는 춥고, 누긋한 방'이라고 한 것은 화자 자신이 처한 현실 상황의 초라함을 보여 준다고 할 수 있다.

② (가)는 '문밖에 나가지도' 않고 '내 슬픔이며 어리석음이며'를 '쌔김질'하는 화자의 모습을 제시함으로써 방이 자기 자신에 대한 생각을 되새기는 공간임을 드러내는군.
(가)에서 화자가 '문밖에 나가지도' 않고 '내 슬픔이며 어리석음이며'를 '쌔김질'하는 모습은, 방 안에서 자신의 삶에 대한 생각을 되새기고 있는 것이라 할 수 있다. 따라서 이를 통해 '방'은 화자가 자신에 대한 생각을 되새기는 공간임을 알 수 있다.

③ (나)는 '모든 노래를 그 방에 함께 남기고 왔을 게다'라고 함으로써 혁명이 좌절된 화자의 상황을 드러내는군.
(나)의 '모든 노래를 그 방에 함께 남기고 왔을 게다'에서, '모든 노래'는 혁명을 상징하는 것으로 볼 수 있고, '그 방에 함께 남기고 왔을 게다'는 혁명의 실패로 인해 좌절하고 있는 화자의 상황을 보여 주는 것이라 할 수 있다.

✔ (가)는 화자 자신을 '문창' 너머의 '더 크고, 높은 것'과 동일시하고, (나)는 '벽'을 '나의 가슴', '나의 사지'와 동일시함으로써 방이 화자의 내면 의식에 미친 영향을 드러내는군.
(가)의 작품 내용을 고려할 때, '더 크고 높은 것'은 화자가 '나를 마음대로 굴려 가는 것'으로 인식한 것이라 할 수 있다. 따라서 화자 자신을 '더 크고 높은 것'과 동일시한다는 이해는 적절하지 않다.

⑤ (가)는 화자가 방에서 '굳고 정한 갈매나무'를 생각했다고 함으로써, (나)는 화자가 방을 바꾼 후 '실망의 가벼움을 재산으로 삼을 줄 안다'라고 함으로써 화자가 지니게 된 삶의 태도를 드러내는군.
(가)에서 화자는 '굳고 정한 갈매나무'를 생각하고 있는데, 이는 내적 의지를 떠올려 앞으로 살아가야 할 삶의 자세를 드러낸 것이라 할 수 있다. 그리고 (나)에서 화자가 방을 바꾼 후 '실망의 가벼움을 재산으로 삼을 줄 안다'라고 하고 있는데, 이는 혁명의 실패에 따른 좌절감과 그 무게감에서 벗어나려는 화자의 삶의 태도를 드러낸 것이라 할 수 있다.

## 31~34 현대소설

김원우, 「무기질 청년」

**감상** 이 소설은 **평범한 직장인인 '나'가 우연히 읽게 된 청년 이만집의 일기를 통해 당대의 사회와 문화에 대해 성찰하는 내용을 담고** 있다. 일기의 내용과 그것을 읽는 '나'의 논평을 번갈아 제시하면서 이만집의 사고와 행동, 그에 대한 '나'의 견해를 보여 주는 것이 서사의 큰 틀을 이루고 있다. 작가는 **이만집과 '나'의 목소리를 빌려 속악한 세태를 비판하고 물질적으로 무능하지만 속물적인 삶을 거부하는 이만집 같은 청년이야말로 별것 아닌 것 같지만 생명에 꼭 필요한 무기질 같은 존재라고 높이 평가**하면서 **바람직한 삶의 자세에 대해 이야기하고 있다.**

**주제** 무기력한 개인의 삶과 의식을 통해 본 삶의 불투명성

### 31 인물의 이해 정답률 73% | 정답 ⑤

윗글에 대한 이해로 가장 적절한 것은?

① 이만집은 아버지의 학력이 아버지의 삶에 기여했다고 생각했다.
'공연히 상업 학교까지 나와서 평생을 그르쳤다. 아버지의 경우에 학력이란 전연 무용지물이었다.'를 통해, 이만집은 아버지의 학력이 아버지의 삶에 전혀 관련이 없다고 여겼음을 알 수 있다.

② 아버지는 이만집에게 경집이 형의 장래에 대한 걱정을 토로했다.
아버지는 이만집의 말을 듣기도 전에 발길을 돌리고 있을 뿐, 아버지가 경집이 형의 장래에 대한 걱정을 토로한 부분은 찾아볼 수 없다.

③ 아버지는 부정 사건에 연루되었음에도 공무원 직을 계속해서 수행하고 있다.
'남다른 결벽증으로 인해 어떤 부정 사건에 연루되어 혼자 죄를 덮어쓰고 공무원 직에서 파면당한 양반인 것 같다.'를 통해 적절하지 않음을 알 수 있다.

④ 이만집은 집안의 문제를 해결하는 데 아버지보다 자신이 더 유능하다고 여겼다.
이만집은 아버지를 만난 후 '아버지도 무능하지만 나는 얼마나 더 무력한가!'라고 말하고 있으므로, 이만집이 자신을 아버지보다 더 유능하다고 여기지 않았음을 알 수 있다.

✔ 이만집은 경집이 형의 차 사고와 관련된 내용을 알리기 위해 아버지를 찾아갔다.
이 글의 '경집이 형이 차 사고를 냈어요.', '아버지에게는 그냥 제가 알리러 왔어요.'를 통해, 이만집이 아버지를 찾아간 목적이 경집이 형이 차 사고를 낸 일과 그와 관련하여 진행되어 온 일들을 가장인 아버지에게 알리기 위함이었음을 알 수 있다.

### 32 구절의 이해 정답률 73% | 정답 ④

㉠~㉤에 대한 설명으로 적절하지 않은 것은?

① ㉠ : 사람들의 속물적 태도에 대한 비판 의식에서 비롯된 표현이다.
㉠을 통해 이만집이 병든 사회에 부화뇌동하여 세속적 출세를 하기 위한 목적으로만 교육을 대하는 당대 사람들의 속물적 태도를 비판하고 있음을 알 수 있다.

② ㉡ : 인물의 무력한 삶의 태도를 비유한 표현이다.
㉡은 어떤 일에도 속수무책인 아버지의 모습을 드러낸 표현으로, 아버지의 무력한 삶의 태도를 비유한 말이라 할 수 있다.

③ ㉢ : 상대방에 대한 인식 변화를 나타낸 표현이다.
이만집은 아버지를 만난 후 아버지를 미워했던 마음이 그를 향한 사랑의 감정과 떼려야 뗄 수 없는 관계에 있었던 것임을 깨닫고 있다. 그래서 아버지에 대한 이러한 인식의 변화를 ㉢에 제시된 '적잖은 수확'이라는 말로 표현하고 있는 것이다.

✔ ㉣ : 상대방의 태도 변화를 예상하며 현실적 대안을 제시한 발화이다.
㉣은 셋째 형수가 공부를 이유로 취직할 생각을 하지 않는 이만집을 비꼬려는 의도에서 한 말이다. 따라서 ㉣을 이만집의 태도 변화를 예상하며 현실적 대안을 제시한 말이라고 볼 수 없다.

⑤ ㉤ : 상대방에 대한 냉소적 심리에서 비롯된 발화이다.
㉤은 이만집이 돈만 밝히는 셋째 형님 내외의 속물적인 태도를 냉소적으로 비난한 말이라 할 수 있다.

### 33 소재의 기능 파악 정답률 77% | 정답 ②

윗글을 바탕으로 비망록에 대해 설명한 내용으로 가장 적절한 것은?

① 인물 간의 심화되는 갈등을 해결할 수 있는 실마리를 제공하고 있다.
이 글에서 비망록을 통해 인물 간 갈등이 해결되는 내용은 찾아볼 수 없으므로, 인물 간의 갈등을 해결할 수 있는 실마리를 제공한다는 설명은 적절하지 않다.

✔ 특정 인물의 기록을 통해 사회 현실의 문제점을 살펴보게 하고 있다.
이 글은 일종의 액자 소설로 내부 이야기와 외부 이야기가 번갈아 제시되는 구조로 되어 있는데 이만집의 일기가 내부 이야기를, 일기 내용에 대한 '나'의 논평이 외부 이야기를 이루고 있다. 외부 이야기의 서술자인 '나'는 이만집의 일기, 즉 이만집의 '비망록'을 통해 속물적 인간과 속악한 사회에 대해 성찰하고 있다. 이렇게 볼 때, 이만집의 기록인 '비망록'은 '나'가 사회 현실의 문제점을 살펴보게 해 준다고 할 수 있다.

③ 계절의 변화에 따라 사건이 다층적으로 변화하는 양상을 보여 주고 있다.
이 글에서 계절의 변화가 나타난 부분은 확인할 수 없으므로, 계절의 변화에 따라 사건이 다층적으로 변화하는 양상을 보여 주고 있다는 설명은 적절하지 않다.

④ 동시적 사건들을 병치하여 특정 사건에 대한 상반된 관점을 파악하게 하고 있다.
이 글에서 동시적으로 일어난 사건을 서술하지는 않고 있으므로, 동시적 사건들을 병치하여 특정 사건에 대한 상반된 관점을 파악하게 하고 있다는 설명은 적절하지 않다.

⑤ 여러 감각을 사용한 배경 묘사를 통해 특정 인물에게 도래할 비극적 사건을 구체적으로 제시하고 있다.
이 글에서 다양한 감각을 사용하여 배경을 묘사하지는 않고 있으므로, 배경 묘사를 통해 특정 인물에게 도래할 비극적 사건을 구체적으로 제시하고 있다는 설명은 적절하지 않다.

### 34 외적 준거에 따른 작품의 감상 정답률 69% | 정답 ④

윗글을 바탕으로 〈보기〉의 ⓐ, ⓑ를 이해한 내용으로 적절하지 않은 것은? [3점]

〈보 기〉

「무기질 청년」은 일종의 액자 소설로 '내부 이야기'와 '외부 이야기'가 번갈아 가며 서술되는 방식을 취하고 있다. 내부 이야기는 외부 이야기의 '나'가 제시한 이만집의 일기로, 외부 이야기는 주로 내부 이야기의 인물들과 사건에 대해 외부 이야기의 '나'가 제시한 소감과 비평으로 이루어져 있다. 이러한 중층 구조에서 서로 다른 ⓐ 내부 이야기의 '나'와 ⓑ 외부 이야기의 '나'는 유사한 시각을 드러내기도 하고 상이한 시각을 드러내기도 한다. 아울러 외부 이야기의 서술자인 '나'가 내부 이야기에 제시된 내용을 바탕으로 추론하고 해석한 내용을 덧붙여 작품 이해의 폭을 넓히고 있다.

① ⓐ가 '아버지'를 이해하고 '측은하게 생각'한 것과 관련하여, ⓑ는 ⓐ에 대해 '눈물이 메마르지 않은 듯하다'고 판단하고 있군.
ⓐ가 '아버지'를 이해하면서 측은하게 여기는 것을 통해, 외부 이야기의 서술자인 ⓑ는 ⓐ에 대해 '눈물이 메마르지 않은 듯하다'고 판단하고 있다.

② ⓐ가 '셋째 형'을 '돈 많이 좋아'한다고 한 것과 관련하여, ⓑ는 '셋째 형'에 대해 그 자신의 '재주와 처세술'로 산다고 판단하고 있군.
ⓐ가 '셋째 형'에 대해 돈을 많이 좋아한다고 여기는 것을 통해, ⓑ는 '셋째 형'에 대해 그 자신의 '재주와 처세술'로 산다고 판단하고 있다.

③ ⓐ가 '아버지'를 '어떤 일에도 속수무책'인 사람으로 평가한 것과 관련하여, ⓑ는 '아버지'에 대해 '해를 끼칠 사람들'에 해당되지 않을 것이라는 견해를 나타내고 있군.
ⓐ가 '아버지'에 대해 속수무책인 사람으로 평가하고 있는 것을 통해, ⓑ는 '아버지'에 대해 '해를 끼칠 사람들'에 해당되지 않을 것이라는 견해를 나타내고 있다.

✔ ⓐ가 자신의 일기 '어느 구석에도 어머니에 대한 언급'을 하지 않은 것과 관련하여, ⓑ는 ⓐ에 대해 '늘 피해 의식에 시달'린다고 판단하고 있군.
외부 이야기의 서술자인 '나'(ⓑ)는 이만집(ⓐ) 자신의 일기 '어느 구석에도 어머니에 대한 언급'하지 않은 점을 근거로 그의 어머니가 일찍 타계하셨을 것으로 짐작하고 있다. 그리고 어머니를 일찍 여읜 사람들은 대체로 정서가 삭막하기 마련인데 이만집은 그렇지 않다고 말하고 있다. 이렇게 볼 때, '늘 피해 의식에 시달'린다는 표현은 외부 이야기의 서술자가 이만집의 아버지와 만형에 대해 언급한 것일 뿐, 이만집의 성격에 대한 진술과는 무관하다고 할 수 있다.

⑤ ⓐ가 '아버지'를 '어떤 신고나 불행도, 심지어 굶주림까지도 말없이 수용'한다고 말한 것과 관련하여, ⓑ는 '아버지'에 대해 '생래부터 착한 심성으로 고생을 낙 삼고 살 양반'이라는 견해를 나타내고 있군.
ⓐ가 '아버지'에 대해 '어떤 신고나 불행도, 심지어 굶주림까지도 말없이 수용'한다고 여기는 것을 통해, ⓑ는 '아버지'에 대해 '생래부터 착한 심성으로 고생을 낙 삼고 살 양반'이라는 견해를 나타내고 있다.

## [35~45] 화법과 작문

### 35 말하기 방식 파악 정답률 93% | 정답 ③

위 발표에 대한 설명으로 가장 적절한 것은?

① 발표할 내용의 순서를 발표의 앞부분에서 제시하고 있다.
1문단을 통해 발표자는 시각 자료에 대해 설명하면서 발표 화제를 제시하고 있지만, 발표할 내용의 순서를 제시하지는 않고 있다.

② 청중의 요청에 따라 발표 내용에 대한 정보를 추가로 설명하고 있다.
이 발표를 통해 청중이 발표자에 대해 요청한 부분을 찾아볼 수 없다.

✔ 발표자 자신의 경험을 활용하여 발표에서 다룰 화제를 제시하고 있다.
이 발표의 1문단에서 발표자는 자신의 휴대 전화의 앱에서 버튼을 눌러 광고 창을 닫으려고 했지만 자신의 의도와 다르게 새로운 광고 창이 열렸던 경험을 언급하며, 발표 화제인 '다크 패턴'을 제시하고 있다.

④ 다양한 사례를 제시하여 설명한 내용에 대한 청중의 잘못된 이해를 바로잡고 있다.
이 발표에서 발표자는 사례를 제시하여 청중의 이해를 돕고 있다. 하지만 다양한 사례를 제시하여 청중의 잘못된 이해를 바로잡지는 않고 있다.

⑤ 청중이 발표 내용을 이해했는지를 질문을 통해 확인하며 발표를 마무리하고 있다.



[문제편 p.052]

발표자는 다크 패턴으로 인한 피해를 예방할 수 있도록 주의를 기울여야 한다고 당부하며 발표를 마무리하고 있다. 하지만 발표자가 청중이 발표 내용을 이해했는지를 질문을 통해 확인하며 발표를 마무리하지는 않고 있다.

## 36 발표 전략의 파악

정답률 80% | 정답 ⑤

**다음은 발표자가 위 발표를 준비하면서 작성한 메모이다. ㉠~㉤을 바탕으로 하여 발표에서 사용한 발표 전략으로 적절하지 않은 것은?**

> ○ 목적 : 수업 시간에 정보 전달을 하기 위한 발표임. ······ ㉠
> ○ 장소 : 모니터가 설치된 교실임. ······ ㉡
> ○ 예상 청중
> 1. 다크 패턴에 대해 잘 알지 못할 수 있음. ······ ㉢
> 2. 다크 패턴으로 인한 피해를 입은 경험이 있을 것임. ······ ㉣
> ○ 발표 시간 : 발표 시간의 제약이 있으므로 발표할 내용의 분량을 조절해야 함. ······ ㉤

① ㉠ : 발표에 사용된 자료의 출처를 밝혀 청중에게 전달되는 정보의 신뢰성을 높인다.
4문단에서 발표자는 다크 패턴으로 인한 피해가 어느 정도인지 알려 주기 위해 '한국소비자원'에서 발표한 자료를 소개해 주고 있다. 이러한 자료 출처 제시는 청중들에게 신뢰감을 주는 효과가 있다.

② ㉡ : 교실에 있는 모니터 화면으로 휴대 전화의 앱을 보여 주어 정보의 전달 효과를 높인다.
1문단을 통해 발표자는 자신이 전달하는 정보의 전달 효과를 높이기 위해 교실의 모니터 화면을 통해 자신의 휴대 전화에 설치된 앱의 화면을 시각 자료로 보여 주고 있음을 알 수 있다. 또한 3문단을 통해 모니터 화면을 통해 휴대 전화에 설치된 앱을 해지하는 화면과 이때 나타나는 다크 패턴의 유형을 시각 자료로 제시하고 있음을 알 수 있다.

③ ㉢ : 청중의 이해를 돕기 위해 다크 패턴의 개념과 우리말로 된 용어를 함께 제시한다.
2문단을 통해 발표자는 청중의 이해를 돕기 위해 다크 패턴의 개념을 설명하면서 다크 패턴의 우리말로 된 용어도 제시하고 있음을 알 수 있다.

④ ㉣ : 다크 패턴의 유형을 소개하는 데 청중이 피해를 겪은 경험을 활용한다.
2문단의 '앞서 여러분이 화면을 보고 ~ 해당한다고 볼 수 있습니다.'를 통해, 발표자는 다크 패턴의 유형 중 속임수 유형이 무엇인지 소개하기 위해 광고 창을 닫으려고 했지만 자신의 의도와 다르게 새로운 광고 창으로 연결되었던 청중의 경험을 활용하고 있음을 알 수 있다.

✔⑤ ㉤ : 발표 시간을 고려해 다크 패턴의 피해를 예방하는 방법을 도식화한 자료를 제시한다.
메모 내용을 통해 발표 시간의 제약으로 인해 발표 내용의 분량을 조절하겠다는 내용은 찾아볼 수 있다. 하지만 발표를 통해 다크 패턴의 피해를 예방하는 방법을 도식화한 자료를 제시하지는 않고 있으므로 적절하지 않다.

## 37 듣기 반응 이해의 적절성 판단

정답률 91% | 정답 ⑤

**다음은 위 발표를 들은 학생들의 반응이다. 학생의 반응을 이해한 내용으로 적절하지 않은 것은? [3점]**

> **학생 1** : 그동안 몰랐던 다크 패턴에 대해 많은 것을 알게 되어서 좋았어. 다크 패턴은 인간의 심리와 관련이 있는 것 같아. 이에 대해 알고 싶은 것이 있으니 조사해 보아야겠어.
> **학생 2** : 어제 무료 앱을 설치했는데 원하지 않던 앱도 함께 설치되어 그것이 무엇인지 알아봤어. 그리고 속임수 유형에 대한 발표 내용이 정확한지도 조사해 봤는데, 내가 알아본 것과 내용이 일치해서 신뢰감이 들었어.
> **학생 3** : 다크 패턴에 관하여 많은 정보를 확인할 수 있는 누리집을 알게 되어 유익했어. 지금 내 휴대 전화에 있는 앱에도 다크 패턴이 적용되어 있는지 확인해 보아야겠어.

① 학생 1은 발표 내용과 관련해 궁금한 점을 더 조사해야겠다고 생각하고 있군.
'학생 1'은 다크 패턴과 인간 심리의 관련성에 대해 알고 싶은 것이 있어 그것을 조사해야겠다고 말하고 있는데, 이는 다크 패턴에 대한 발표 내용과 관련하여 궁금한 점을 더 조사해야겠다고 생각한 것이라 할 수 있다.

② 학생 2는 발표에서 속임수 유형에 대해 설명한 내용이 정확한지 평가하고 있군.
'학생 2'는 속임수 유형에 대한 설명이 자신이 조사한 내용과 일치해서 발표에 신뢰감을 느낀다고 말하고 있는데, 이는 발표에서 속임수 유형을 설명한 내용이 정확한지 평가하는 것이라 할 수 있다.

③ 학생 3은 발표 내용을 바탕으로 자신의 현재 상황을 점검하려 하고 있군.
'학생 3'은 지금 자신의 휴대 전화에 설치된 앱에 다크 패턴이 적용되어 있는지 확인해 봐야겠다고 말하고 있는데, 이는 발표 내용을 바탕으로 자신의 현재 상황을 점검하는 것이라 할 수 있다.

④ 학생 1과 학생 3은 발표를 통해 얻은 정보를 긍정적으로 평가하고 있군.
'학생 1'은 다크 패턴에 대해 많은 것을 알게 되어서 좋았다고 말하고 있고, '학생 3'은 다크 패턴에 관한 많은 정보를 확인할 수 있는 누리집에 대해 알게 되어서 유익했다고 말하고 있다. 이러한 '학생 1'과 '학생 3'의 말은 발표를 통해 얻은 정보를 긍정적으로 평가한 것이라 할 수 있다.

✔⑤ 학생 2와 학생 3은 발표에서 들은 정보를 사실과 의견으로 구분하고 있군.
'학생 2'는 무료 앱을 설치하면서 자신의 의도와 다르게 원하지 않던 앱까지 설치되었던 자신의 경험을 말하고 있지만, 발표에서 들은 정보를 사실과 의견으로 구분하지는 않고 있다. '학생 3'은 발표를 듣고 다크 패턴에 대한 많은 정보를 확인할 수 있는 누리집에 대해 알게 되었다는 점을 긍정적으로 평가하고 있지만, 발표에서 들은 정보를 사실과 의견으로 구분하지는 않고 있다.

## 38 글쓰기 계획의 반영 여부 판단

정답률 90% | 정답 ②

**(가)를 쓰기 위해 세운 글쓰기 계획 중 글에 반영되지 않은 것은?**

① 다목적실 활용 방안에 대한 논의에 참관해 갖게 된 문제의식을 밝혀야겠군.
(가)의 '며칠 전 다목적실의 ~ 참관했던 ○○○입니다.'와 '양측에서 자신의 입장만 내세우는 문제가 있고 논의 태도에도 문제가 있다는 생각이 들어'를 통해 반영되었음을 알 수 있다.

✔② 다목적실 활용 방안에 대한 논의의 진행 순서가 잘못되었음을 지적해야겠군.
(가)의 1문단을 통해 학생은 다목적실의 활용 방안에 대한 학생회의 논의에서 학생 휴게실로 바꾸자는 측과 기존처럼 학습 공간으로 사용하자는 측이 서로 자신의 입장만 내세웠고 논의 태도에도 문제가 있다고 지적하였음을 알 수 있다. 하지만 (가)를 통해 다목적실의 활용 방안에 대한 논의의 진행 순서가 잘못되었음을 지적한 내용은 찾아볼 수 없다.

③ 다목적실 활용 방안에 대한 논의에서 대립한 두 주장의 근거를 요약해야겠군.
(가)의 2문단을 통해 다목적실의 활용 방안에 대한 논의 내용을 요약한다고 하면서, 대립한 두 주장의 근거를 제시하고 있음을 알 수 있다.

④ 다목적실 활용 방안에 대해 논의할 때 학생회 학생들이 지녀야 할 태도를 제시해야겠군.
(가)의 5문단의 '양측이 열린 마음으로 상대 입장 ~ 마련할 수 있을 것입니다.'를 통해, 학생회 학생들이 논의할 때 지녀야 할 태도를 제시하고 있음을 알 수 있다.

⑤ 다목적실 활용 방안에 대해 논의할 때 학생 복지를 위해 학생회에서 고려해야 할 점을 제시해야겠군.
(가)의 3문단을 통해 학생회라면 학생 모두의 복지를 고려해야 한다고 하면서, 학생 전체를 위한 복지 공간인 다목적실의 활용 방안도 학생 모두를 위해야 한다고 제시하였음을 알 수 있다.

## 39 작문 맥락의 파악

정답률 81% | 정답 ④

**(가)의 작문 맥락을 파악한 내용으로 가장 적절한 것은?**

① 1문단에서 다목적실의 활용 방안에 대한 논의가 어떻게 마무리되었는지를 설명하고 있으므로, 공동체의 현안에 대해 조사한 내용을 보고하는 것이 작문 목적임을 알 수 있다.
(가)의 1문단을 통해 다목적실 공간 활용에 대한 학생회 논의에서의 문제점에 대한 자신의 생각을 쓴다고 밝히고 있음을 알 수 있다. 따라서 (가)가 공동체의 현안에 대해 조사한 내용을 보고하는 것이 작문 목적이라고 할 수 없다.

② 2문단에서 다목적실을 학생 휴게실로 바꾸자는 주장을 먼저 서술하고 있으므로, 필자가 공동체의 현안에 대한 두 주장 중 한쪽을 다른 한쪽보다 중시하고 있음을 알 수 있다.
3문단의 '그런데 양측 모두 자신의 주장과 상대방의 주장을 절충하기 위한 방안을 고민하지 않았습니다.'를 통해, 학생은 절충 방안이 제시되기를 바라고 있음을 알 수 있다. 따라서 학생이 공동체의 현안에 대한 두 주장 중 한쪽을 다른 한쪽보다 중시하였다고는 할 수 없다.

③ 3문단에서 다목적실을 학생들의 복지 공간으로 규정하고 있으므로, 공동체의 현안으로부터 파생될 수 있는 문제점들을 설명하는 것을 작문 주제로 삼았음을 알 수 있다.
3문단에서 학생이 다목적실을 학생들의 복지 공간으로 규정하고 있는 것은 학생들을 대표하는 학생회가 고려해야 할 점을 제시한 것이라 할 수 있다. 따라서 이 내용은 공동체의 현안으로부터 파생될 수 있는 문제점들을 설명하는 것이라는 것과 관련이 없다.

✔④ 4문단에서 다목적실의 활용 방안을 다음 논의에서 마련하기를 바란다고 주문했으므로, 공동체의 현안 해결과 관련된 구성원을 예상 독자로 설정하고 있음을 알 수 있다.
(가)의 4문단을 통해 학생은 다목적실의 공간 활용 방안에 대한 자신의 의견을 제시하며, 구체적인 공간 활용 방안을 다음 논의에서 마련하기를 바란다고 제시하고 있으므로, 다목적실 활용 방안 마련은 공동체의 현안 해결과 관련된다고 할 수 있다. 그리고 1문단을 통해 다목적실 활용 방안에 대해 논의하는 주체는 학생회 학생들임을 알 수 있으므로, 학생은 공동체의 현안 해결과 관련된 구성원을 예상 독자로 설정하였다고 볼 수 있다.

⑤ 5문단에서 다목적실 활용 방안 마련의 어려움을 밝히고 있으므로, 공동체의 현안과 관련된 개인의 일상적 자기 성찰을 기록하는 데 적합한 작문 매체를 선택했음을 알 수 있다.
5문단에서는 양측이 서로의 입장을 이해하려는 노력이 부족함을 지적하고 있지, 다목적실 활용 방안 마련의 어려움을 밝힌다고는 할 수 없다. 또한 (가)에서 학생은 다목적실 활용 방안 회의에 대한 개인의 의견을 드러내고 있으므로 개인의 일상적 자기 성찰을 기록하였다고도 볼 수 없다.

## 40 글을 쓸 때의 고려 사항 파악

정답률 87% | 정답 ②

**〈보기〉는 (나)에 따라 작성한 건의문이다. 〈보기〉를 작성할 때 고려한 내용으로 적절하지 않은 것은? [3점]**

〈보 기〉

> 교장 선생님, 안녕하세요.
> 학생회에서는 리모델링을 앞두고 있는 다목적실의 활용 방안을 협의했습니다. 그 방안은 쉬는 시간에는 다목적실을 휴게 공간으로 운영하고, 점심시간에는 학습 공간과 휴게 공간으로 분리해 운영하는 것입니다.
> 이러한 운영 방안에 대한 동의 여부를 온라인 투표를 활용해 학생들에게 물었습니다. 그 결과 전체 학생의 85%가 투표에 참여했으며, 그중 90%에 이르는 학생들이 해당 방안에 찬성했습니다. 자세한 설문 조사 결과는 학생회 누리집 게시판에서 확인하실 수 있습니다.
> 앞서 제시한 방안대로 다목적실을 활용한다면 학생들의 스트레스를 줄일 수 있고, 부족한 학습 공간도 확보할 수 있습니다. 그런데 이를 위해서는 학교에서 다목적실을 리모델링할 때 투명 칸막이를 이용해 휴게 공간과 학습 공간으로 공간을 분리해 주셔야 합니다. 많은 학생이 바라고 있는 만큼 저희의 건의를 꼭 들어주시면 좋겠습니다. 감사합니다.

① 학생회에서 마련한 다목적실의 활용 방안에 대해 학생들의 동의 여부를 조사한 결과를 제시한다.
3문단의 '이러한 운영 방안에 대한 ~ 해당 방안에 찬성하였습니다.'를 통해 알 수 있다.

✔② 다목적실의 활용 방안을 논의하는 과정에서 대두된 학생들의 갈등을 건의의 배경으로 제시한다.
〈보기〉를 통해 다목적실의 활용 방안에 대해 협의한 결과를 제시하고 있음을 알 수 있지만, 논의 과정에서 대두된 학생들의 갈등을 건의의 배경으로 제시하지는 않고 있다.

③ 건의 내용을 제시하면서 학생들의 바람을 언급하여 건의 내용을 수용해 줄 것을 강조한다.
2문단과 3문단에서 학생들의 투표 결과를 제시하며 많은 학생이 다목적실을 학습 공간과 휴게 공간으로 분리해 운영하는 것을 바라고 있다는 점을 밝히며, '저희의 건의를 꼭 들어주시면 좋겠'다고 건의 내용을 수용해 줄 것을 강조하고 있다.

[문제편 p.053]

④ **학생회에서 제안한 다목적실의 활용 방안이 실현되었을 때 예상되는 효과를 제시한다.**
3문단에서 다목적실의 활용 방안이 실현되었을 때 학생들의 스트레스를 줄일 수 있고 부족한 학습 공간도 확보할 수 있다는 예상 효과를 제시하고 있다.

⑤ **학생회에서 다목적실의 활용 방안에 대해 협의한 결과를 소개한다.**
1문단의 '그 방안은 쉬는 시간에는 ~ 분리해 운영하는 것입니다.'를 통해 알 수 있다.

## 41 발화의 의미와 기능 이해

정답률 89% | 정답 ①

**(나)의 '학생 1'에 대한 설명으로 적절하지 않은 것은?**

✔ **(가)에서 언급한 논의 내용에 근거하여 그 내용과 다른 의견을 가진 학생을 비판하고 있다.**
(나)에서 '학생 1'은 '지난 논의에 대해 비평하는 글 읽어 봤니?'라고 (가)의 내용을 언급하고 있지만, 다른 의견을 가진 학생을 비판하지는 않고 있다.

② **(가)의 내용을 다른 학생들이 읽었는지 확인하고 (가)의 내용에 공감하는 태도를 드러내고 있다.**
'학생 1'은 다른 학생들에게 지난 논의에 대해 비평한 (가)를 읽었는지 확인하면서, 특히 (가)의 마지막 부분에 공감하면서 읽었다고 (가)의 내용에 공감하는 태도를 드러내고 있다.

③ **(가)의 필자의 입장을 취해 다른 학생들이 (가)에서 제시한 방안에 대해 의견을 개진하도록 유도하고 있다.**
'학생 1'은 (가)의 학생이 언급한 다목적실을 학습 공간과 휴게 공간으로 나누자는 의견을 드러내며, 이에 대한 다른 학생들이 의견을 낼 수 있도록 유도하고 있다.

④ **(가)의 내용과 관련해 지난 논의에서 자신이 느낀 바를 제시하며 그에 대한 다른 학생들의 의견을 묻고 있다.**
'학생 1'은 (가)의 내용과 관련해 논의 과정에서 상대방의 입장을 고려하지 않아 문제가 해결되지 않고 오히려 갈등이 고조되었다는 느낀 바를 제시하면서 '너희들은 논의할 때 어땠어?'라며 그에 대한 다른 학생들의 의견을 묻고 있다.

⑤ **(가)의 제언에 따라 협의한 결과 적절한 방안이 마련되었다고 판단하고 그 방안에 대한 실천 과제를 제안하고 있다.**
'학생 1'은 '이제 서로 다른 생각을 잘 절충해서 좋은 방안이 나온 것 같'다고 언급하면서, '다른 학생들에게 ~ 건의해 보자.'라고 절충 방안에 대한 실천 과제를 제안하고 있다.

## 42 대화의 의미와 기능 이해

정답률 87% | 정답 ④

**대화의 흐름을 고려할 때, [A]에 대한 이해로 가장 적절한 것은?**

① **'학생 3'은 '학생 2'의 의견을 재진술하면서 문제 상황을 구체적으로 언급하고 있다.**
'학생 3'은 '학생 2'의 의견에 동의하면서 바로 자신의 의견을 제안하여 말하고 있다. 하지만 '학생 3'이 '학생 2'의 의견을 재진술하면서 문제 상황을 구체적으로 언급하지는 않고 있다.

② **'학생 3'은 '학생 2'의 의견에 동의하면서 의견을 뒷받침할 다른 근거를 요구하고 있다.**
'학생 3'은 '학생 2'의 의견에 동의하면서 바로 자신의 의견을 제안하여 말하고 있다. 하지만 '학생 3'이 '학생 2'에게 의견을 뒷받침할 다른 근거를 요구하지는 않고 있다.

③ **'학생 2'는 '학생 3'의 의견에 이의를 제기하면서 근거의 출처를 문제 삼고 있다.**
'학생 2'는 '학생 3'의 의견에 이의를 제기하고 있지만, 그 의견의 근거의 출처를 문제 삼지는 않고 있다.

✔ **'학생 2'는 '학생 3'의 의견에 일부 동의하면서 자신의 의견을 추가로 제시하고 있다.**
'학생 3'은 다목적실에서 공부하는 학생들이 가장 많은 점심시간에는 다목적실을 학습 공간으로 운영하고 수업 사이의 쉬는 시간에는 휴게 공간으로 운영하자는 의견을 제시하고 있다. 이에 대해 '학생 2'는 점심시간에는 학습 공간으로 운영하되 대화하고 싶은 학생들 마음도 존중해 투명 칸막이로 다목적실의 공간을 나누어서 점심시간에도 이용할 수 있는 대화 공간을 따로 만들자 하고 있다. 따라서 '학생 2'는 '학생 3'의 의견에 일부 동의를 하면서 자신의 의견을 추가로 제시하고 있음을 알 수 있다.

⑤ **'학생 2'는 '학생 3'의 의견을 따랐을 때 예상되는 문제점을 여러 관점에서 열거하며 입장의 변화를 요구하고 있다.**
'학생 2'는 '학생 3'의 의견에 이의를 제기하고 있을 뿐, '학생 3'의 의견에 따랐을 때 예상되는 문제점을 여러 관점에서 열거하며 입장의 변화를 요구하지는 않고 있다.

## 43 글쓰기 표현 전략 파악

정답률 82% | 정답 ③

**(나)에서 ㉠ ~ ㉢을 작성할 때 고려한 내용으로 가장 적절한 것은?**

① **㉠ : 최근에 논란이 되었던 사례를 활용하여 제도의 시행 목적을 제시하고 있다.**
(나)의 1문단을 통해 소비자에게 안전한 식품을 선택할 수 있도록 하고 식품의 안전성에 문제가 발생하였을 때 신속하게 조치를 취할 수 있도록 한다는 식품 이력 추적 관리 제도의 취지를 제시하고 있다. 하지만 최근에 논란이 되었던 사례를 활용하여 식품 이력 추적 관리 제도의 시행 목적을 제시하지는 않고 있다.

② **㉡ : 의무 등록 식품과 자율 등록 식품의 구분 기준을 항목화하여 제시하고 있다.**
(나)의 2문단을 통해 식품 이력 추적 관리 제도가 식품을 이력 정보 의무 등록 식품과 자율 등록 식품으로 나누고 이 중 자율 등록 식품의 등록률이 낮다는 점을 제도의 취지가 잘 살지 못하는 이유로 제시하고 있다. 하지만 식품을 의무 등록 식품과 자율 등록 식품으로 구분하는 기준을 항목화하여 제시하지는 않고 있다.

✔ **㉡ : 정보 이용의 측면에서 소비자가 겪고 있는 어려움을 두 가지로 나누어 제시하고 있다.**
(나)의 2문단을 통해 식품 이력 추적 관리 제도의 취지가 잘 살지 못하는 이유를, 소비자가 식품 이력 정보를 조회하는 방법이 번거롭다는 점과 소비자가 원하는 식품 이력 정보를 찾을 수 없다는 점으로 나누어 제시하고 있다. 따라서 (나)의 2문단에서는 소비자가 식품 이력 정보를 이용하는 데 어려움을 겪고 있음을 두 가지로 나누어 제시하고 있음을 알 수 있다.

④ **㉢ : 다양한 해결 방안의 장단점을 비교하여 제시하고 있다.**
(나)의 3문단을 통해 식품 이력 정보의 조회 방법을 간소화하기 위한 방안을 마련하고 식품 업체가 식품 이력 추적 관리 제도에 더 적극적으로 참여하도록 정부의 지원이 있어야 한다는 점을 제도의 취지를 살릴 수 있는 해결 방안으로 제시하고 있음을 알 수 있다. 하지만 이러한 방안의 장단점을 비교하여 제시하지는 않고 있다.

⑤ **㉢ : 조회 순서에 따라 식품 이력 정보 조회를 간소화하는 방안을 단계적으로 제시하고 있다.**
(나)의 3문단을 통해 관계 기관에서는 식품 이력 정보의 조회 방법을 간소화하기 위한 방안을 마련해야 한다고 언급하고 있음을 알 수 있다. 하지만 이력 정보 조회의 간소화 방안을 단계적으로 제시하지는 않고 있다.

## 44 글쓰기 내용의 점검 및 조절

정답률 85% | 정답 ①

**<보기>는 편집장의 조언에 따라 [A]를 고쳐 쓴 글이다. [A]를 <보기>로 고쳐 쓸 때 반영한 편집장의 조언으로 가장 적절한 것은?**

<보 기>

식품 이력 추적 관리 제도의 취지를 잘 살리기 위해서는 정부와 식품 업체가 노력해야 하지만, 소비자도 이 제도를 적극적으로 활용해야 한다. 소비자가 식품 안전을 위해 자신들이 날마다 먹고 마시는 식품의 이력 정보에 관심을 가지고 이 제도를 적극적으로 활용할 때 이 제도는 활성화될 수 있을 것이다.

✔ **기획 연재의 의도를 살리기 위해 소비자가 기울여야 할 노력이 포함되도록 써 주시면 좋겠어요.**
[A]와 <보기>를 비교해 보면, <보기>에서는 식품 이력 추적 관리 제도의 취지를 살리기 위해 소비자가 제도를 적극적으로 활용하는 것이 필요하다는 내용을 추가해서 제시하고 있음을 알 수 있다. 따라서 <보기>는 기획 연재 의도를 살려 소비자가 기울여야 할 노력이 포함되도록 글을 쓰면 좋겠다는 편집자의 의도를 반영하여 고쳐 쓴 것으로 볼 수 있다.

② **글에 균형 잡힌 관점이 드러나도록 식품 업체가 얻게 되는 긍정적 효과가 드러나게 써 주시면 좋겠어요.**
<보기>를 통해 식품 업체가 얻게 되는 긍정적 효과는 찾아볼 수 없으므로 적절하지 않다.

③ **글의 설득력을 높이기 위해 식품 안전의 중요성을 널리 알릴 수 있는 정부의 방안이 포함되도록 써 주시면 좋겠어요.**
<보기>를 통해 식품 안전의 중요성을 널리 알릴 수 있는 정부의 방안은 찾아볼 수 없으므로 적절하지 않다.

④ **글의 주제를 강조하기 위해 식품 이력 추적 관리 제도의 취지를 살리는 정부의 지원 방안을 정리하여 써 주시면 좋겠어요.**
<보기>를 통해 식품 이력 추적 관리 제도의 취지를 살리는 정부의 지원 방안은 찾아볼 수 없으므로 적절하지 않다.

⑤ **글의 완결성을 높이기 위해 소비자가 식품 이력 추적 관리 제도에 관심을 가지지 못하게 된 이유가 포함되도록 써 주시면 좋겠어요.**
<보기>를 통해 소비자가 식품 이력 추적 관리 제도에 관심을 가지지 못하게 된 이유는 찾아볼 수 없으므로 적절하지 않다.

★★★ 등급을 가르는 문제!

## 45 자료 활용 방안의 적절성 판단

정답률 59% | 정답 ④

**다음은 (나)를 보완하기 위해 수집한 자료이다. 자료의 활용 방안으로 적절하지 않은 것은?**

Ⅰ. 전문가 인터뷰

대부분의 식품은 식품 이력 추적 관리 번호를 식품 포장지에서 찾기도 어려우며 일단 찾아낸 번호를 통해 조회를 하려 해도 숫자를 일일이 입력해야 합니다. 그런데 일부 기업은 식품에 QR 코드를 사용하여 편리하게 식품 이력 정보를 확인하게 하고 있습니다. 이처럼 QR 코드를 사용하는 것이 보편화될 수 있게 관계 기관이 주도적인 역할을 해야 합니다.

Ⅱ. 신문 기사

보건 당국은 한 달 전 50여 곳의 학교에서 발생한 2,000여 명의 대규모 식중독 의심 사고의 원인이 케이크 크림 제조에 사용된 식재료 오염이었다고 발표했다. 문제가 된 식품은 식품 이력 추적 관리 제도의 자율 등록 대상 품목으로, 해당 업체는 식품 이력 정보의 추적을 위한 정보를 관련 시스템에 등록하지 않아 피해를 확산시켰다.

Ⅲ. 설문 조사

| 1. 소비자가 식품 이력 추적 관리 제도를 알게 된 경로 | 2. 기업이 식품 이력 추적 관리 제도에 자율적으로 참여하지 않는 이유 |
|---|---|

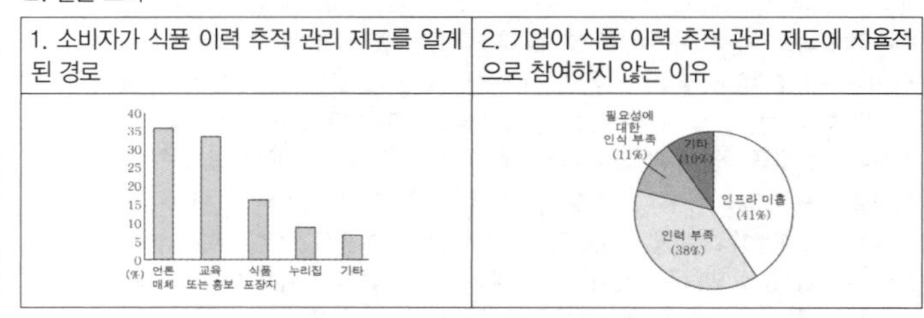


① **Ⅰ을 활용하여, 소비자가 식품 이력 관리 시스템에서 식품 이력 정보를 확인하는 데 불편함을 겪고 있다는 2문단의 내용을 구체화한다.**
'Ⅰ'은 식품 이력 추적 관리 번호를 식품 포장지에서 찾기도 어렵고 식품 이력 정보를 조회하기 위해 이 번호를 입력하는 것이 번거롭다는 내용이 제시된 전문가 인터뷰이다. 따라서 이를 활용하여 (나)의 2문단에서 식품 이력 정보를 조회하는 방법이 번거로워 소비자가 불편을 겪고 있다는 내용을 구체화할 수 있다.

② **Ⅰ을 활용하여, 식품 이력 정보의 조회 방법을 간소화할 수 있는 방안에 관한 3문단의 내용을 보완한다.**
'Ⅰ'은 식품 이력 정보를 조회하는 데 겪는 어려움에 대해 일부 기업이 QR 코드를 활용해 해결하고 있다는 내용이 제시되어 있다. 따라서 이를 활용해 (나)의 3문단에서 식품 이력 정보의 조회 방법을 간소화할 수 있는 방안을 QR 코드를 활용하는 방안으로 보완할 수 있다.

③ **Ⅱ를 활용하여, 식품 이력 추적 관리 제도가 활성화되지 못해 초래된 문제점의 사례를 1문단에 추가한다.**
'Ⅱ'는 식중독 사건이 학교 급식에서 발생했는데 문제가 된 식품은 자율 등록 대상으로 식품 업체가 해당 식품의 이력 추적을 위한 정보를 시스템에 등록하지 않아 피해가 확산되었다는 내용이 제시된 신문 기사이다. 따라서 이를 활용하여 (나)의 1문단에 제도가 활성화되지 못해 초래된 문제점의 사례를 추가할 수 있다.



[문제편 p.055]

✔ Ⅲ-1을 활용하여, 식품 이력 추적 관리 제도의 활성화를 위해 이 제도에 대한 교육 및 홍보를 강화해야 한다는 3문단의 내용을 뒷받침한다.
'Ⅲ-1'은 소비자가 언론 매체, 교육 또는 홍보 등의 경로로 식품 이력 추적 관리 제도를 알게 되었다는 점이 제시된 설문 조사 결과이다. 그런데 (나)의 3문단에는 제도에 대한 교육과 홍보를 강화해야 한다는 내용이 언급되어 있지 않으므로, 설문 조사 'Ⅲ-1'의 결과를 활용할 수 없다.

⑤ Ⅲ-2를 활용하여, 자율 등록 식품의 등록을 유도하기 위한 정부의 지원 방안에 인프라 확충, 인력 지원 등이 있다는 내용을 3문단에 추가한다.
'Ⅲ-2'는 식품 업체가 식품 이력 추적 관리 제도에 자율적으로 참여하지 않는 이유를 인프라 미흡과 인력 부족 등으로 제시하고 있는 설문 조사이다. 이를 활용하여 (나)의 3문단에 정부가 참여 업체를 지원하는 방안으로 인프라 확충 인력 지원 등이 있다는 내용을 추가할 수 있다.

**★★ 문제 해결 꿀~팁 ★★**

▶ 많이 틀린 이유는?
이 문제는 선택지에 제시된 자료와 자료 활용 방안이 적절하다고 잘못 판단하여 오답률이 높았던 것으로 보인다. 또한 제시된 글의 내용을 정확히 이해하지 못한 것도 오답률을 높였던 것으로 보인다.
▶ 문제 해결 방법은?
이 문제를 해결하기 위해서는 일차적으로 〈보기〉로 제시된 자료를 정확히 이해할 수 있어야 한다. 그런 다음 선택지에서 각 자료에 대해 어떻게 활용하고 있는지 파악하고, 이와 관련된 문단을 찾아 자료 활용이 적절한지 판단할 수 있어야 한다. 이 문제의 경우 선택지에 제시된 글의 어느 문단에서 활용할지가 언급되어 있으므로 그 문단과 직접 연결하여 적절성을 판단하면 된다. 그런데 간혹 글의 내용과 관련 없는 내용이 선택지에 제시되었지만 자료 활용 방안을 제시한 내용이 그럴 듯한 선택지가 제시되기도 한다. 정답인 ④가 대표적인 경우라 할 수 있다. ④의 선택지에 제시된 내용은 3문단을 통해 찾아볼 수 없는 내용인데도 마치 있는 것처럼 제시하고 있는 것이다. 한편 학생들 중에는 간혹 글의 내용을 정확히 파악하지 못하는 잘못을 범하는 경우가 있는데, 자료 활용 문제는 글의 내용을 정확히 파악하지 않으면 적절성을 판단하기 어려우므로 유의하도록 한다.

## [35~45] 언어와 매체

**35** 겹받침 발음의 이해 정답률 84% | 정답 ①

〈보기〉의 활동을 수행한 결과로 적절하지 않은 것은?

〈보 기〉

[활동] 제시된 단어의 발음을 [자료]에 근거하여 탐구해 보자.

| | | |
|---|---|---|
| 훑이[훌치] | 훑어[훌터] | 얹는[언는] |
| 끓고[끌코] | 끓는[끌른] | |

[자료]

ㅇ 자음군 단순화만 일어나는 경우도 있지만, 자음군 단순화가 일어난 후에 비음화나 유음화와 같은 음운 변동이 일어나는 경우도 있음.
ㅇ 자음군 단순화는, 두 자음 중 뒤의 자음이 구개음화되거나 뒤의 자음과 그다음 음절의 처음에 놓인 자음이 축약되면 일어나지 않음.
ㅇ 자음군 단순화는 모음으로 시작하는 형식 형태소가 와서 뒤의 자음이 연음되면 일어나지 않음.

✔ '훑이[훌치]'는 모음으로 시작하는 접사 '-이'가 와서 'ㅌ'이 'ㅊ'으로 교체된 후 자음군 단순화가 일어난 것이군.
'훑이'는 용언의 어간 '훑-'에 모음으로 시작하는 접사 '이'가 결합된 경우이므로, 뒤의 자음이 연음되어 [훌티]로 발음된 후, 'ㅌ'이 'ㅊ'으로 교체되는 구개음화가 일어나 [훌치]로 발음된다. 따라서 '훑이'에서는 자음군 단순화는 일어나지 않는다.

② '훑어[훌터]'는 모음으로 시작하는 어미 '-어'가 와서 'ㅌ'이 연음되어 자음군 단순화가 일어나지 않은 것이군.
'훑어'는 용언의 어간 '훑-'에 모음으로 시작하는 어미 '-어'가 결합하여 겹자음 중 하나인 'ㅌ'이 연음되어 [훌터]로 발음되므로 자음군 단순화가 일어나지 않는다고 할 수 있다.

③ '얹는[언는]'은 'ㄵ' 중 뒤의 자음인 'ㅈ'이 탈락되어 자음군 단순화만 일어난 것이군.
'얹는'은 'ㄵ' 중 뒤의 자음인 'ㅈ'이 탈락되어 [언는]으로 발음되므로 자음군 단순화만 일어난 것이라 할 수 있다.

④ '끓고[끌코]'는 'ㅎ'과 그다음 음절의 'ㄱ'이 축약되어 자음군 단순화가 일어나지 않은 것이군.
'끓고'는 자음 중 뒤의 자음인 'ㅎ'과 다음 음절의 'ㄱ'이 축약되어 [끌코]로 발음되므로 자음군 단순화가 일어나지 않은 것이라 할 수 있다.

⑤ '끓는[끌른]'은 자음군 단순화가 일어난 후 남은 'ㄹ'로 인해 'ㄴ'이 'ㄹ'로 교체된 것이군.
'끓는'은 두 자음 중 뒤의 자음인 'ㅎ'이 탈락하는 자음군 단순화가 일어나 [끌는]으로 발음된 후, 남은 'ㄹ'로 인해 'ㄴ'이 'ㄹ'로 교체되어 [끌른]으로 발음된 것이라 할 수 있다.

**36** 문장 성분 및 문장의 짜임 이해 정답률 55% | 정답 ①

〈보기〉를 모두 충족하는 문장으로 적절한 것은?

〈보 기〉

ㅇ 서술어의 자릿수가 한 자리인 용언이 포함될 것.
ㅇ 관형사절 속에 보어가 포함될 것.

✔ 화단도 아닌 곳에 진달래꽃이 피었다.
'화단도 아닌 곳에 진달래꽃이 피었다.'에서 서술어 '피었다'는 주어만 요구되는 한 자리 서술어에 해당한다. 그리고 관형사절인 '화단도 아닌' 속에 보어 '화단도'가 포함되어 있다. 따라서 〈보기〉의 조건을 모두 충족한다고 할 수 있다.

② 대학생이 된 누나가 주인공을 맡았다.
'대학생이 된 누나가 주인공을 맡았다.'에서 '맡았다'는 주어와 목적어를 필요로 하는 두 자리 서술어이다. 한편 관형사절인 '대학생이 된' 속에 보어 '대학생이'가 포함되어 있다.

③ 학생이었던 삼촌은 마흔 살이 되었다.
'학생이었던 삼촌은 마흔 살이 되었다.'에서 '되었다'는 주어와 보어를 필요로 하는 두 자리 서술어이다. 그리고 '학생이었던'이라는 관형사절이 쓰였지만 보어가 포함되어 있지 않다.

④ 큰언니는 성숙했지만 성인이 아니었다.
'큰언니는 성숙했지만 성인이 아니었다.'에서 '아니었다'는 주어와 보어를 필요로 하는 두 자리 서술어이다. 그리고 이어진문장에 해당하므로 관형사절이 사용되지 않았다.

⑤ 나무로 된 책상을 나는 그에게 주었다.
'나무로 된 책상을 나는 그에게 주었다.'에서 '주었다'는 주어와 목적어, 필수적 부사어를 필요로 하는 세 자리 서술어이다. 한편 관형사절인 '나무로 된' 속에 보어 '나무로(나무가)'가 포함되어 있다.

**37** 품사 분류 기준에 따른 단어의 이해 정답률 59% | 정답 ④

〈보기〉의 [A]에 들어갈 말로 적절하지 않은 것은? [3점]

〈보 기〉

선생님 : 단어는 다음과 같이 세 가지 기준으로 분류될 수 있습니다.

| 기준 | 분류 |
|---|---|
| ㉠ | 가변어, 불변어 |
| ㉡ | 용언, 체언, 수식언, 관계언, 독립언 |
| ㉢ | 동사, 형용사, 명사, 대명사, 수사, 관형사, 부사, 조사, 감탄사 |

자, 이제 아래 문장의 단어들을 탐구해 봅시다.

음, 우리가 밝은 곳에서 그 나비 하나를 또 잡았어.

학생 : [A]

선생님 : 네, 맞아요.

① '나비 하나를 또 잡았어'는 ㉠에 따라 분류하면 가변어 한 개, 불변어 네 개를 포함합니다.
'나비 하나를 또 잡았어'는 ㉠에 따라 분류하면 가변어는 '잡았어'이고, 불변어는 '나비, 하나, 를, 또'이다.

② '나비 하나를'은 ㉡에 따라 분류하면 체언 두 개, 관계언 한 개를 포함합니다.
명사 '나비'와 수사 '하나'는 체언에 해당하고, 조사 '를'은 관계언에 해당한다.

③ '음, 우리가 밝은 곳에서 그 나비 하나를 또 잡았어'는 ㉢에 따라 분류하면 아홉 개의 품사를 모두 포함합니다.
'음'은 감탄사, '우리'는 대명사, '가, 에서, 를'은 조사, '밝은'은 형용사, '곳, 나비'는 명사, '그'는 관형사, '하나'는 수사, '또'는 부사, '잡았어'는 동사에 해당한다. 따라서 ㉢에 따라 분류하면 아홉 개의 품사를 모두 포함한다고 할 수 있다.

✔ '밝은'과 '잡았어'는 ㉡이나 ㉢ 중 어느 것에 따라 분류하더라도 서로 다른 부류로 분류됩니다.
'밝은'은 ㉡에 따라 분류하면 용언에 해당하고, ㉢에 따라 분류하면 사물의 성질이나 상태를 나타내는 형용사에 해당한다. 그리고 '잡았어'는 ㉡에 따라 분류하면 용언에 해당하고, ㉢에 따라 분류하면 움직임이나 작용을 나타내는 동사에 해당한다. 따라서 두 단어는 ㉡으로 분류할 때는 같은 부류로 분류되고, ㉢으로 분류할 때는 서로 다른 부류로 분류된다고 할 수 있다.

⑤ '그'와 '또'는 ㉡에 따라 분류하면 수식언이고, ㉢에 따라 분류하면 각각 관형사, 부사입니다.
'그'와 '또'는 관형사와 부사이므로, ㉡에 따라 분류하면 수식언에 해당한다고 할 수 있다.

★★★ 등급을 가르는 문제!

**38** 명사 파생과 명사절의 이해 정답률 50% | 정답 ④

윗글을 통해 〈보기〉의 ㄱ ~ ㅁ을 이해한 내용으로 적절하지 않은 것은?

〈보 기〉

ㄱ. 나이도 어린 동생이 고난도의 춤을 잘 춤이 신기했다.
ㄴ. 차가운 주검을 보니 그제야 그의 죽음이 실감이 났다.
ㄷ. 나는 그를 조용히 도움으로써 지난날의 은혜에 보답했다.
ㄹ. 작가에 대해서 많이 앎이 오히려 감상을 방해하기도 한다.
ㅁ. 그를 전적으로 믿음에도 결과를 직접 확인할 필요는 있었다.

① ㄱ에서 '고난도의'의 수식을 받는 '춤'은 명사이고, '잘'의 수식을 받는 '춤'은 동사의 명사형이다.
관형어 '고난도의'의 수식을 받는 '춤'은 동사 '추다'에 명사 파생 접미사 '-ㅁ'이 결합한 명사이고, 부사어 '잘'의 수식을 받는 '춤'은 동사 '추다'에 명사형 어미 '-ㅁ'이 결합한 동사의 명사형이다.

② ㄴ에서 '죽음'은 접미사 '-음'이 붙어서 된 말이므로 '주검'과는 달리 어간의 원형을 밝히어 적는다.
1문단의 내용을 통해, '죽음'은 동사의 언간 '죽-'에 접미사 '-음'이 붙어서 된 말이므로 어간의 원형을 밝혀 적어야 한다. 반면에 '주검'은 동사의 어간 '죽-'에 접미사 '-엄'이 결합한 것으로, '-엄'은 현대 국어에서 새로운 단어를 만들지 못하므로 어간의 원형을 밝혀 적지 않는다.

③ ㄷ에서 '도움'은 동사의 명사형으로, 명사절에서 서술어로 기능하고 있다.
부사어 '조용히'의 수식을 받고 있는 '도움'은 동사 '돕-'에 명사형 어미 '-ㅁ'이 결합한 동사의 명사형이며, '나는 그를 조용히 도움'이라는 명사절에서 서술어로 기능하고 있다.

✔ ㄹ에서 '앎'의 '-ㅁ'은 '알-'에 붙어 품사를 동사에서 명사로 바꾸었다.
'앎'은 해당 절에서 서술어로 쓰이고, 부사어 '많이'의 수식을 받는다는 점에서 동사의 명사형임을 알 수 있다. 따라서 '앎'의 'ㅁ'은 명사 파생 접미사가 아니라 명사형 어미에 해당함을 알 수 있으므로, 'ㅁ'이 품사를 동사에서 명사로 바꾸었다는 서술은 적절하지 않다.

⑤ ㅁ에서 '믿음'의 '믿-'과 '-음' 사이에는 선어말 어미 '-었-'이 끼어들 수 있다.
2문단을 통해 동사의 명사형인 '믿음'의 '믿-'과 명사형 어미 '-음' 사이에는 선어말 어미 '-었-'이 끼어들어 '믿었음'으로 쓸 수 있다.

**★★ 문제 해결 꿀~팁 ★★**

▶ 많이 틀린 이유는?

이 문제는 글의 내용을 정확히 이해하지 못하여 오답률이 높았던 것으로 보인다. 또한 문법적 지식이 부족한 것도 오답률을 높였던 것으로 보인다.

▶ 문제 해결 방법은?

문법 문제에서 주어진 글이 제시된 경우에는 반드시 글의 내용을 정확히 이해하여야 한다. 그런 다음 선택지에 제시된 내용이 글의 어느 부분과 연관되는지 살펴서 적절성을 판단할 수 있어야 한다. 정답인 ④의 경우, 〈보기〉의 ㄹ에 대해 설명하고 있으므로 ㄹ을 통해 '앎'이 어떤 상황에 쓰이고 있는지 파악하고, 글에서 이와 관련한 내용을 찾을 수 있어야 한다. 즉, ㄹ에서 '앎'은 부사어 '많이'의 수식을 받고 있고, 제시된 글을 통해 동사의 명사형은 부사어의 수식을 받는다는 것을 알아야 한다. 이럴 경우 '앎'은 부사어 '많이'의 수식을 받는다는 점에서 동사의 명사형임을 알 수 있다.

## 39 중세 국어의 접미사와 어미 이해
정답률 69% | 정답 ①

**윗글을 바탕으로 하여, 제시된 중세 국어 용언들의 ㉠과 ㉡을 바르게 추정한 것은?**

| | ㉠ | ㉡ |
|---|---|---|
| ✔ (물이) 얼다 | 어름 | 어룸 |

'얼-'에 명사 파생 접미사 '-음'이 결합한 파생 명사는 '어름'이므로, 명사형 어미 '-움'이 결합한 활용형은 '어룸'으로 추정할 수 있다.

② (길을) 걷다 — 거름 — 거룸

'걷-(걸-)에 '-음'이 결합한 파생 명사는 '거름'이므로, '-움'이 결합한 활용형은 '거룸'으로 추정할 수 있다.

③ (열매가) 열다 — 여름 — 여룸

'열-'에 '-음'이 결합한 파생 명사는 '여름'이므로, '-움'이 결합한 활용형은 '여룸'으로 추정할 수 있다.

④ (사람이) 살다 — 사름 — 사롬

'살-'에 '-음'이 결합한 파생 명사는 '사름'이므로, '살-'에 '-옴'이 이 결합한 활용형은 '사롬'으로 추정할 수 있다.

⑤ (다른 것으로) 곧다 — ᄀᆞ롬 — ᄀᆞ롬

'곧-'에 '-옴' 이 결합한 파생 명사는 'ᄀᆞ롬'이므로, '곧-'에 '-옴' 이 결합한 활용형은 'ᄀᆞ롬'으로 추정할 수 있다.

## 40 매체 자료의 내용 이해
정답률 76% | 정답 ⑤

**위 프로그램을 시청한 반응으로 적절하지 않은 것은?**

① **진행자는 김 기자가 언급한 정보를 자신이 과거에 보도한 내용과 관련지어 이해하고 있군.**

진행자의 '제가 얼마 전에 수도권 ~ 이 시행규칙은 그것과 관련이 있겠네요?'를 통해 적절한 반응임을 알 수 있다.

② **김 기자는 인터뷰를 제시하여 문제 상황에 대한 주민들의 반응을 전달하고 있군.**

김 기자는 소각 시설 후보지로 선정된 것에 화가 난다는 인터뷰를 제시하여 소각 시설 설치 문제 상황에 대한 주민들의 반응을 전달하고 있다.

③ **박 기자는 동영상을 활용하여 언급된 문제 상황이 해결된 사례를 제시하고 있군.**

진행자가 소각지로 선정된 지역의 문제 상황을 슬기롭게 해결한 사례가 있느냐고 묻자, 박 기자는 문제 상황이 해결된 동영상을 보여 주고 있으므로 적절한 반응임을 알 수 있다.

④ **진행자는 김 기자와 박 기자가 전달한 내용에 대해 자신의 의견을 덧붙이고 있군.**

진행자는 김 기자가 전달한 폐기물관리법 시행규칙과 관련하여 그것이 매립지의 포화 시점을 늦추는 데 상당히 도움이 되겠다는 자신의 의견을 덧붙이고 있고, 박 기자가 전달한 동영상과 그에, 대한 설명을 듣은 후 그래도 소각 시설의 설치를 추진하는 과정에서 갈등이 적지 않았을 것이라고 생각한다는 자신의 의견을 덧붙이고 있다.

✔ **진행자는 김 기자와 박 기자가 전달한 정보를 종합하여 해결 방안에 내재한 문제점 위주로 방송을 진행하고 있군.**

텔레비전 프로그램의 진행 과정에서 김 기자가 전달한 정보와 박 기자가 전달한 정보를 진행자가 종합하여 제시하고 있는 부분은 찾을 수 없다. 또한 박 기자가 제시한 해결 방안에 내재한 문제점 위주로 방송을 진행한 부분도 찾을 수 없다.

## 41 매체의 특성 이해
정답률 90% | 정답 ③

**위 프로그램을 바탕으로 할 때, ㉠ ~ ㉤에서 확인할 수 있는 의사소통의 특징으로 가장 적절한 것은?**

① **㉠에서 여러 메뉴를 한눈에 확인할 수 있는 것으로 보아, 수용자는 생산자가 미리 정해 놓은 메뉴의 순서에 따라서만 정보 탐색이 가능함을 알 수 있다.**

앱 메인 화면에서 정보의 수용자는 여러 메뉴를 한눈에 확인할 수 있다. 하지만 생산자가 미리 정해 놓은 메뉴의 순서에 따라서만 정보 탐색이 가능한 것은 아니다.

② **㉡에서 생활 폐기물의 처리 공정을 애니메이션으로 볼 수 있는 것으로 보아, 생산자와 수용자가 쌍방향적 소통을 통해 정보를 생산할 수 있음을 알 수 있다.**

'처리 공정'을 누르면 생활 폐기물의 처리 공정을 수용자에게 애니메이션으로 제시하고 있으므로, 생산자와 수용자가 쌍방향적 소통이 아니라 생산자의 일방향적 소통으로 정보를 생산한다고 할 수 있다.

✔ **㉢에서 수시로 바뀌는 대기 오염 물질의 농도를 바로 알 수 있는 것으로 보아, 변화하는 정보에 수용자가 실시간으로 접근할 수 있음을 알 수 있다.**

박 기자의 말을 통해 '대기 오염 농도'를 누르게 되면 정보 수용자는 수시로 바뀌는 대기 오염 물질의 농도 변화를 바로바로 확인할 수 있음을 알 수 있다. 따라서 이를 통해 'OO시 소각 시설' 앱에서 정보의 수용자는 실시간으로 변화하는 정보에 접근할 수 있다는 특징을 확인할 수 있다.

④ **㉣에서 시설을 견학하고 싶다는 의사를 전달할 수 있는 것으로 보아, 수용자가 미리 등록된 정보를 수정하여 배포할 수 있음을 알 수 있다.**

'시설 견학 신청'을 누르면 수용자가 시설을 견학하고 싶다는 의사를 전달할 수는 있지만, '시설 견학 신청'은 생산자가 이미 만들어 놓은 것이므로 수용자가 미리 등록된 정보를 수정하지는 못함을 알 수 있다.

⑤ **㉤에서 소각 시설에 대한 의견 제안이 누구나 가능한 것으로 보아, 수용자가 별도의 인증 절차 없이도 자유롭게 의견을 개진할 수 있음을 알 수 있다.**

'의견 보내기'에서는 제안을 하려면 로그인을 해야 하므로, 소각 시설에 대한 의견 제안이 누구나 가능하지만 수용자가 별도의 인증 절차를 해야 함을 알 수 있다.

## 42 매체 자료의 비판적 수용
정답률 81% | 정답 ⑤

**다음은 위 프로그램이 보도된 이후의 시청자 게시판 내용이다. 시청자의 수용 태도에 대한 설명으로 적절하지 않은 것은? [3점]**

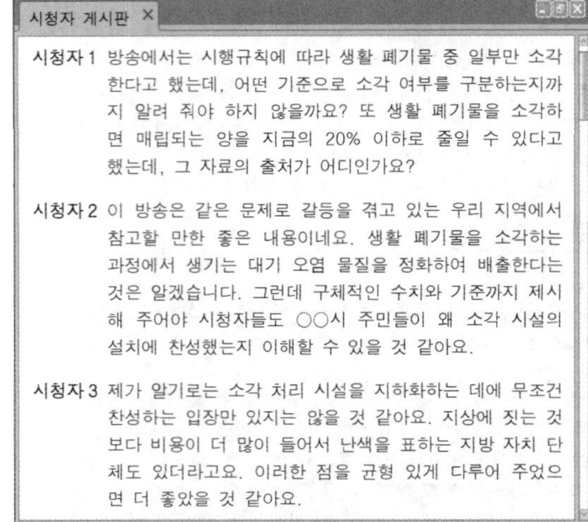
시청자 게시판

시청자 1 방송에서는 시행규칙에 따라 생활 폐기물 중 일부만 소각한다고 했는데, 어떤 기준으로 소각 여부를 구분하는지까지 알려 줘야 하지 않을까요? 또 생활 폐기물을 소각하면 매립되는 양을 지금의 20% 이하로 줄일 수 있다고 했는데, 그 자료의 출처가 어디인가요?

시청자 2 이 방송은 같은 문제로 갈등을 겪고 있는 우리 지역에서 참고할 만한 좋은 내용이네요. 생활 폐기물을 소각하는 과정에서 생기는 대기 오염 물질을 정화하여 배출한다는 것은 알겠습니다. 그런데 구체적인 수치와 기준까지 제시해 주어야 시청자들도 OO시 주민들이 왜 소각 시설의 설치에 찬성했는지 이해할 수 있을 것 같아요.

시청자 3 제가 알기로는 소각 처리 시설을 지하화하는 데에 무조건 찬성하는 입장만 있지는 않을 것 같아요. 지상에 짓는 것보다 비용이 더 많이 들어서 난색을 표하는 지방 자치 단체도 있더라고요. 이러한 점을 균형 있게 다루어 주었으면 더 좋았을 것 같아요.

① **시청자 1은 폐기물관리법 시행규칙의 효과와 관련하여 방송에서 활용한 정보의 신뢰성을 점검하였다.**

시청자 1은 '또 생활 폐기물을 소각하면 매립되는 양을 지금의 20% 이하로 줄일 수 있다고 했는데, 그 자료의 출처가 어디인가요?'라고 묻고 있는데, 이는 방송에서 활용한 정보의 신뢰성을 점검한 것이라 할 수 있다.

② **시청자 2는 지역 주민들의 갈등 해소와 관련하여 방송 내용의 유용성을 점검하였다.**

시청자 2는 '이 방송은 같은 문제로 갈등을 겪고 있는 우리 지역에서 참고할 만한 좋은 내용이네요.'라 하고 있으므로 방송 내용의 유용성을 점검하였음을 알 수 있다.

③ **시청자 3은 소각 처리 시설의 지하화와 관련하여 방송 내용의 공정성을 점검하였다.**

시청자 3은 소각 처리 시설의 지하화와 관련하여 언급하면서 '이러한 점을 균형 있게 다루어 주었으면 더 좋았을 것 같아요.'라 하고 있으므로 방송 내용의 공정성을 점검하였음을 알 수 있다.

④ **시청자 1은 폐기물관리법 시행규칙의 내용과 관련하여, 시청자 2는 대기 오염 물질을 정화하여 배출하는 것과 관련하여 방송에서 제시한 정보가 충분한지 점검하였다.**

시청자 1의 '어떤 기준으로 소각 여부를 구분하는지까지 알려 줘야 하지 않을까요?'와 '시청자 2'의 '그런데 구체적인 수치와 기준까지 제시해 주어야 시청자들도 OO시 주민들이 왜 소각 시설의 설치에 찬성했는지 이해할 수 있을 것 같아요.'를 통해, 시청자 1과 시청자 2 모두 방송에서 제시한 정보가 충분한지 점검하였음을 알 수 있다.

✔ **시청자 2는 지역 주민들의 갈등 해소 과정과 관련하여, 시청자 3은 소각 처리 시설 지하화의 비용과 관련하여, 방송에서 활용한 정보가 사실인지 점검하였다.**

'시청자 게시판'에서 '시청자 2'는 지역 주민들과의 갈등 해소 과정과 관련하여 텔레비전 프로그램 내용 중 생활 폐기물을 소각하는 과정에서 생기는 대기 오염 물질을 정화하여 배출한다는 것은 알겠다고 하면서, 배출되는 대기 오염 물질 농도의 구체적인 수치 및 안전과 관련한 대기 오염 물질 농도의 기준을 제시하지 않았음을 언급하고 있다. '시청자 3'은 소각 처리 시설을 지하화하려면 지상에 짓는 것보다 비용이 더 많이 들어서 난색을 표하는 지방 자치 단체가 있다며 텔레비전 프로그램에서 균형 있게 정보를 다루어 주었으면 좋겠다고 언급하고 있다. 이러한 '시청자 2'와 '시청자 3'의 말은 방송 프로그램에서 전달한 정보가 사실인지를 점검하는 것이 아니라 전달한 정보가 충분한지를 점검하는 것과 관련이 있다고 할 수 있다.

## 43 매체에 사용된 표현의 이해
정답률 86% | 정답 ③

**〈보기〉를 참고할 때, [A]에 들어갈 내용으로 적절한 것은?**

〈보 기〉

직접 인용은 간접 인용으로 바꾸어 표현하면 지시 표현, 종결 표현 등에 변화가 일어난다. 가령 ⓐ를 간접 인용이 포함된 문장으로 바꾸어 표현하면 다음과 같이 달라진다.

→ 주민들이 [　　[A]　　] 성토했습니다.

① 그 지역을 위해 끝까지 맞서 싸웠다고

② 저 지역을 위해 끝까지 맞서 싸웠다고

✔ **그 지역을 위해 끝까지 맞서 싸우겠다고**

직접 인용을 간접 인용으로 바꾸어 표현하면 지시 표현, 종결 표현 등에 변화가 일어난다. 이를 고려하여 '주민들이 "이 지역을 위해 끝까지 맞서 싸우겠습니다."라고 성토했습니다.'를 간접 인용이 포함된 문장으로 바꾸면 '주민들이 그 지역을 위해 끝까지 맞서 싸우겠다고 성토했습니다.'와 같이 바꿀 수 있다.

④ 그 지역을 위해 끝까지 맞서 싸웠다라고

⑤ 저 지역을 위해 끝까지 맞서 싸우겠다고

## 44 매체의 의사소통 방식의 이해
정답률 90% | 정답 ②

**(가)에 대한 설명으로 적절하지 않은 것은?**

① **'현수'는 대면 회의보다 공간의 제약이 덜하다는 장점을 들어 온라인 화상 회의에 대해 긍정적으로 평가하고 있다.**

'현수'는 물리적인 공간이 필요한 대면 회의에 비해 온라인 화상 회의가 공간의 제약이 덜하다는 점을 바탕으로, 온라인 공간에서 이루어지는 화상 회의를 편리하다며 긍정적으로 평가하고 있다.

✔ **'가람'은 회의가 제한된 시간 안에 이루어진다는 점을 들어 회의의 규칙을 제안하고 있다.**



[문제편 p.058]

온라인 화상 회의에서 '가람'은 온라인 화상 회의가 대면 회의를 대신하여 진행되는 것이라는 점을 들어 카메라를 켜고 회의에 참여할 것을 제안하고 있다. 이는 카메라를 활용해 온라인상에서도 서로 얼굴을 보며 소통할 수 있다는 점을 바탕으로 말한 것이라 할 수 있다. 하지만 '가람'이 회의가 이루어지는 시간이 제한됨을 언급한 말은 찾아볼 수 없다.

③ **'준영'은 화면을 살피며 참여자들에게 자신의 음성이 잘 전달되는지를 점검하고 있다.**
'준영'은 온라인 화상 회의에 참여한 학생들에게 자신의 목소리가 잘 들리냐고 질문한 뒤, 화면 속의 학생들을 살피며 음성이 잘 전달되는지를 점검하고 있다.

④ **'예나'는 파일 전송 기능을 활용하여 회의에 필요한 자료를 참여자에게 제공하고 있다.**
'예나'는 파일 전송 기능을 활용하여 동아리 활동 발표회 일정표를 '준영'에게 제공하고 있다.

⑤ **'현수'는 자신의 화면을 공유하며 슬라이드에 동영상을 삽입할 것을 제안하고 있다.**
'현수'는 ○○ 공원 사진 촬영 행사 동영상이 담긴 자신의 화면을 공유하면서 슬라이드에 사진 대신 동영상을 삽입할 것을 제안하고 있다.

**45** 매체 자료의 수정 및 보완 정답률 75% | 정답 ②

**(가)를 바탕으로 (나)를 수정한다고 할 때, 이에 대한 방안으로 가장 적절한 것은?**

① **'○○ 공원 사진 촬영' 행사 모습을 청중에게 생생하게 전달하기 위해 '슬라이드 1'에 행사 사진을 추가한다.**
(가)에서는 '○○ 공원 사진 촬영' 행사와 관련하여 슬라이드에 사진 대신 동영상을 삽입하기로 협의하고 있다.

✔ **'사진 강연'의 내용을 청중이 알 수 있도록 '슬라이드 2'에 강연 주제에 대한 정보를 추가한다.**
(가)에서는 '사진 강연' 행사와 관련하여 슬라이드에 제시할 내용을 의논하며 청중이 어떤 강연이었는지를 알 수 있도록 강연의 일시와 장소뿐만 아니라 강연의 주제를 제시하기로 협의하고 있다. 그런데 (나)의 '슬라이드'에는 강연 주제에 대한 정보가 제시되어 있지 않으므로 이를 추가하는 것은 적절하다.

③ **진행한 행사를 청중에게 계절 순서에 맞게 제시하기 위해 '슬라이드 2'와 '슬라이드 3'에 제시된 행사를 맞바꾼다.**
(가)에서는 계절에 따라 진행한 행사 사진을 각 슬라이드에 넣기로 하였으므로, '슬라이드 2'와 '슬라이드 3'에 제시된 행사를 맞바꾸는 것은 적절하지 않다.

④ **'옛날 사진관' 행사와 관련하여 청중이 필요로 하는 정보만을 제시하기 위해 '슬라이드 3'에 제시된 사진을 삭제한다.**
(가)에서는 '옛날 사진관' 행사와 관련하여 촬영한 사진들을 궁금해하는 친구들이 많으니 QR 코드를 삽입할 것을 제안하고 있지만 사진 삭제 내용은 찾아볼 수 없다. 따라서 '슬라이드 3'에 제시된 사진을 삭제한다는 것은 적절하지 않다.

⑤ **'장수 사진 봉사 활동'이 동아리 부원들에게 주는 의미를 청중이 알 수 있도록 '슬라이드 4'에 행사에서 느낀 점을 추가한다.**
(가)에서는 슬라이드에 담긴 설명이 너무 많아진다는 점을 고려하여 '장수 사진 봉사 활동'에서 느낀 점을 발표자가 따로 언급만 하기로 협의하고 있다. 따라서 (나)의 '슬라이드 4'에 동아리 부원들이 행사에서 느낀 점을 추가하는 것은 적절하지 않다.



# 04회 | 2024학년도 5월 학력평가 고3



• 정답 •

공통 | 독서·문학

01① 02③ 03② 04④ 05② 06⑤ ★07④ ★08① 09① 10⑤ 11⑤ 12② 13③ 14③ 15⑤
16③ 17⑤ 18③ 19④ 20② 21① 22④ 23⑤ 24③ 25④ 26① 27③ 28③ 29② 30④
31⑤ ★32④ 33⑤ 34④

선택 | 화법과 작문

35③ 36⑤ 37③ 38③ 39⑤ ★40④ 41④ 42① 43⑤ 44⑤ 45②

선택 | 언어와 매체

35② 36④ ★37③ 38⑤ 39② 40⑤ 41④ 42⑤ 43① 44③ 45⑤

★ 표기된 문항은 [등급을 가르는 문제]에 해당하는 문항입니다.

## [01~34] 독서·문학

### 01~03 독서 이론

박정진 외, 「독서교육의 이론과 실제」

**해제** 이 글은 진로 발달 과정에 따른 독서 활동과 진로 독서의 효과에 대해 설명하고 있다. 진로 독서는 독자가 간접 경험을 통해 긍정적인 자아를 형성하고 직업 정보 탐색 과정을 통해 진로를 결정하는 능력을 개발하는 활동이다. **진로 발달 과정은 연령에 따라 청소년 이전의 환상기, 청소년 초기의 잠정기, 청소년 중기의 현실기로 구분**된다. 환상기의 독자는 다양한 직업을 간접적으로 경험하는 진로 독서를 해야 하고, 잠정기의 독자는 현실적 요인에 대해 구체적인 탐색을 하는 진로 독서를 해야 하며, 현실기의 독자는 특정 진로에 대한 경험을 쌓고 진로 결정을 구체화함으로써 실천할 수 있는 진로 독서를 해야 한다. 단계적인 진로 독서에서의 성공 경험은 진로 탐색을 스스로 이루었다는 성취감을 느끼도록 함으로써 **독자의 자기효능감을 고양**시킨다.

**주제** 진로 독서의 발달 과정과 효과

**문단 핵심 내용**

| | |
|---|---|
| 1문단 | 진로 독서의 개념 |
| 2문단 | 진로 발달 과정에 따른 독서 활동 |
| 3문단 | 진로 독서의 효과 |

**01** 세부 내용 이해 정답률 96% | 정답 ①

**윗글을 이해한 내용으로 가장 적절한 것은?**

✔ **진로 독서는 독자의 진로 선택과 긍정적인 자아 형성에 기여한다.**
1문단에서 '진로 독서'는 '독자'가 '긍정적인 자아를 형성'하고, '진로 독서'를 통해 '진로 선택을 성공적으로 할 수 있다'고 하였으므로 적절하다.

② **진로 발달의 마지막 단계에서는 단기적인 독서를 진행한다.**
2문단에서 '진로 독서를 진행'할 때는 '인문, 사회, 과학 등의 분야에 대한 중장기적이고 지속적인 독서를 해야 한다'고 하였으므로 적절하지 않다.

③ **진로 독서 시 독자의 연령은 고려 사항에서 제외한다.**
2문단에서 '진로 발달 과정은 연령에 따라 청소년 이전의 환상기, 청소년 초기의 잠정기, 청소년 중기의 현실기로 구분할 수 있다'고 하였으므로 적절하지 않다.

④ **진로 독서를 통해 독자는 진로 세계를 직접 경험한다.**
3문단에서 '대리 경험은 독서를 통해 책 속 인물의 성공을 간접적으로 경험하면서 자신도 성공할 수 있다는 긍정적 자기 기대를 갖는 것'이라고 하였으므로 적절하지 않다.

⑤ **진로 독서를 통해 직업 세계를 변화시킬 수 있다.**
1문단에서 '독자는 진로 발달 과정에 맞는 효과적인 진로 독서를 통해 변화하는 직업 세계를 이해'할 수 있다고 하였으므로 적절하지 않다.

**02** 핵심 내용 이해 정답률 91% | 정답 ③

**[A]에서 알 수 있는 내용으로 적절하지 않은 것은?**

① **환상기의 독자는 직업에 대한 구체적인 개념이 없기 때문에 진로 독서를 통해 직업에 대한 올바른 개념을 가질 수 있도록 해야 한다.**
[A]에서 '환상기의 독자'는 '직업에 대한 구체적인 개념 없이' 놀이를 통해 직업에 대한 욕망을 표출한다고 하였고, '직업에 대한 올바른 개념을 가질 수 있는 진로 독서'를 해야 한다고 하였으므로 적절하다.

② **잠정기의 독자는 자신의 흥미, 능력, 적성 등을 고려하여 책을 선택해야 한다.**
[A]에서 '잠정기의 독자'는 '흥미, 능력, 적성 등 주관적 요인을 중시'하여 진로를 선택한다고 하였고, '진로 독서'를 할 때 '주관적 요인을 바탕으로 책을 선택'해야 한다고 하였다. '흥미, 능력, 적성 등'은 '주관적 요인'이므로 적절하다.

✔ **잠정기의 독자는 현실적 요인을 고려하지 않기 때문에 토론 활동을 통해 직업에서 요구하는 조건 등을 구체적으로 탐색해야 한다.**
[A]에서 '잠정기의 독자'는 '진로 선택'에서 '직업에서 요구하는 조건 등과 같은 현실적 요인에 조금씩 관심을 갖기 시작한다'고 하였고, '토론' 활동 등을 병행하면서 '현실적 요인에 대해 구체적인 탐색'을 해야 한다고 하였다. 이를 통해 '잠정기의 독자'가 현실적 요인을 고려하여 '진로 독서'를 한다는 것을 확인할 수 있으므로 적절하지 않다.

④ **현실기의 독자는 특정 진로에 대한 경험을 바탕으로 진로를 구체적으로 결정하여 이에 대한 세밀한 계획을 세우고 실천하려 한다.**
[A]에서 '현실기의 독자'는 진로를 선택할 때 '특정 진로에 대한 경험을 쌓고 진로 결정을 구체화하여 세밀한 계획을 세워 실천하려 한다'고 하였으므로 적절하다.

⑤ 현실기의 독자는 진로 독서를 할 때 자신의 수준을 고려하여 통합적 사고력을 기를 수 있는 다양한 분야에 대한 지속적인 독서를 해야 한다.
[A]에서 '현실기의 독자'는 진로 독서를 할 때 '자신의 수준을 고려하여 ~ 지속적인 독서를 해야 한다'고 하였고, '인문, 사회, 과학 등'은 독서의 '다양한 분야'이므로 적절하다.

**03** 구체적 상황 적용 정답률 92% | 정답 ②

**다음은 학생의 진로 탐색 일기이다. 윗글을 바탕으로 ㉠~㉤을 이해한 내용으로 적절하지 않은 것은? [3점]**

> ○○년 ○월 ○일
> 나는 혁신적인 물건을 만들어 사람들의 삶을 윤택하게 하는 기업인이 되고 싶다. 그런데 ㉠ 내 꿈을 이루기 위해 무엇을 해야 할지도 모르겠고 아무 준비도 하지 않고 있는 것 같아 불안했다. 그래서 내일 ㉡ 모의 창업 체험단에 가서 무엇을 준비해야 할지 알아보기로 했다. 가기 전에 조금이라도 도움이 될 것 같아서 평소 내가 닮고 싶었던 성공한 기업가의 자서전을 읽어 보았다. 책을 읽으며 ㉢ "불안하고 위태롭지만 어느 누구도 가지 않은 새로운 길을 만들어 내는 사람도 있다."라는 그의 말에 힘을 얻고, 무엇보다 나의 꿈을 이루기 위해서는 나를 모르는 사람들의 부정적인 말에도 꿈을 포기하지 않아야 한다는 것을 알게 되었다. 책을 읽은 후 ㉣ 나도 그처럼 꿈을 이룰 수 있을 거라는 생각이 들었고, ㉤ 누구도 가지 않은 길을 만들어 낼 나에 대한 믿음이 강해졌다.

① ㉠ : 진로와 관련된 학생의 생리적 각성을 확인할 수 있다.
3문단에서 '독자가 진로 선택의 준비에 ~ 정서적 반응을 보이는 것'을 '생리적 각성'이라고 하였는데, ㉠은 '꿈을 이루기 위해' '아무 준비도 하지 않고 있는 것 같아 불안했다'에서 '학생'의 진로 선택의 준비에 대한 자신감 결여로 느끼는 불안을 확인할 수 있으므로 적절하다.

✔ ㉡ : 자발적인 진로 탐색 과정에서 궁금증 해결로 얻게 된 학생의 성취감을 확인할 수 있다.
3문단에서 '독서를 통해 진로 분야의 궁금증을 스스로 해결하면서 진로 탐색을 성공적으로 이루었다는 성취감을 느끼는 것'을 '진로 독서'에서의 '성공 경험'이라고 하였고, 1문단에서 '진로 독서'는 '간접 경험'이라고 하였다. ㉡은 '학생'이 '모의 창업 체험'을 직접 경험하며 자신의 꿈인 기업인과 관련된 궁금증을 해결하기 위해 스스로 계획한 진로 탐색 활동으로 학생의 자발적인 진로 탐색 과정은 맞으나 궁금증 해결로 인한 학생의 성취감을 확인할 수 없으므로 적절하지 않다.

③ ㉢ : 책 속에 등장하는 인물 중 학생이 긍정적으로 인식하는 인물의 말을 통해 학생이 언어적 설득을 경험했음을 확인할 수 있다.
3문단에서 '독자가 책 속에 등장하는 인물 ~ 말을 통해 격려와 지지를 받는 것'을 '언어적 설득'이라고 하였는데, ㉢은 학생이 책을 읽으며 평소 닮고 싶었던 성공한 기업가인 '그'의 '말에 힘을 얻'었다고 하여, 언어적 설득을 경험했음을 확인할 수 있으므로 적절하다.

④ ㉣ : 대리 경험으로 갖게 된, 성공에 대한 학생의 긍정적 자기 기대를 확인할 수 있다.
3문단에서 '독서를 통해 책 속 인물의 성공을 ~ 긍정적 자기 기대를 갖는 것'을 '대리 경험'이라고 하였는데, ㉣은 '학생'이 책 속 인물인 기업가의 성공을 간접적으로 경험하고, 책을 읽은 후 '나도 그처럼 꿈을 이룰 수 있을 거라는 생각이 들'었다는 것에서 '자신도 성공할 수 있다는 긍정적 자기 기대'를 가진 것을 확인할 수 있으므로 적절하다.

⑤ ㉤ : 성공적인 진로 독서의 결과 학생의 자기효능감이 높아졌음을 확인할 수 있다.
3문단에서 '어떤 결과를 얻고자 하는 ~ 자신의 능력에 대한 신념'을 '자기효능감'이라고 하였고, '독자는 성공적인 진로 독서를 통해 자기효능감을 높일 수 있다'고 하였는데, ㉤은 '학생'이 책을 읽은 후 '누구도 가지 않은 길을 만들어 낼 나에 대한 믿음이 강해졌다'에서 자기효능감이 높아졌음을 확인할 수 있으므로 적절하다.

## 04~09 사회

### (가) 조만희, 「원산지규정과 자유무역협정」

**해제** 이 글은 자유 무역 협정을 통해 발생하는 효과에 대해 설명하고 있다. 자유 무역 협정은 특정 국가 간의 상호 무역 증진을 위해 상품의 이동을 자유화하는 협정으로, **역내국들은 경제적 이익을 극대화하기 위해 상호 간에 무역 특혜를 부여**한다. 이로 인해 **무역 창출 효과, 무역 전환 효과, 무역 굴절 효과** 등이 나타난다. 무역 창출 효과는 역내국 간에 새로운 무역이 발생하면서 상호 간 무역 이익이 발생하는 현상이다. 무역 전환 효과는 한 국가가 기존에 수입하던 상품을 자유 무역 협정 체결 이후 역내국의 상품으로 대체하는 현상이다. 무역 굴절 효과는 역외국이 자국에 유리한 방향으로 상품을 역내국에 우회 수출하는 현상이다.

**주제** 자유 무역 협정의 발생 효과

**문단 핵심 내용**

|  |  |
|---|---|
| 1문단 | 자유 무역 협정의 개념과 발생 효과 |
| 2문단 | 무역 창출 효과의 개념과 현상 |
| 3문단 | 무역 전환 효과의 개념과 현상 |
| 4문단 | 무역 굴절 효과의 개념과 현상 |

### (나) 조만희, 「원산지규정과 자유무역협정」

**해제** 이 글은 원산지 결정 기준과 적용에 대해 설명하고 있다. **자유 무역 협정에서 역내국은 원산지 결정 기준에 따라 수입 상품의 원산지를 판정해서 원산지가 역내인 경우에만 관세 혜택을 부여**한다. 원산지 결정 기준의 기본 원칙에는 상품의 가공 공정이 역내에서 중단 없이 수행되어야 한다는 **역내 가공 원칙**과 상품의 실질이 변형될 만큼의 충분한 공정을 수행해야 한다는 **충분 가공 원칙** 등이 있다. 다음으로는 품목별 원산지 기준에 따라 상품의 원산지를 검토하는 과정을 거치는데, 품목별 원산지의 기준은 상품이 역내에서 생산된 재료만을 사용하여 생산되었는지를 판단하는 기준인 **완전 생산 기준**과 역외에서 생산된 자료를 사용하여 가공한 상품의 경우에 적용되는 **실질 변형 기준**이 있다. 실질 변형 기준은 HS 코드를 활용하는 기준인 **세번 변경 기준**과 특정 분야 상품의 원산지를 판정할 때 적용되는 기준인 **가공 공정 기준**으로 나뉜다. 원산지 결정 기준은 품목마다 다르게 적용될 수 있으며 **역내국은 원산지 결정 기준을 효과적으로 운용함으로써 무역 창출 효과를 보장**받을 수 있다.

**주제** 원산지 결정 기준과 적용

**문단 핵심 내용**

|  |  |
|---|---|
| 1문단 | 원산지 결정 기준의 중요성 |
| 2문단 | 원산지 결정 기준의 기본 원칙 두 가지 |
| 3문단 | 역내 가공 원칙과 충분 가공 원칙의 적용 |
| 4문단 | 품목별 원산지 기준의 구분과 적용 |
| 5문단 | 세번 변경 기준과 가공 공정 기준의 적용 |
| 6문단 | 원산지 결정 기준의 운용 효과 |

**04** 내용 전개 방식 파악 정답률 90% | 정답 ④

**(가)와 (나)에 대한 설명으로 가장 적절한 것은?**

① (가)는 중심 화제에 대한 상반된 입장을 소개하고, 이에 대한 절충 방안을 설명하고 있다.
(가)는 중심 화제에 대한 상반된 입장을 소개하고 있지 않다.

② (가)는 중심 화제와 관련된 하나의 사례를 중심으로 다양한 이론을 시대순으로 나열하고 있다.
(가)는 중심 화제와 관련된 하나의 사례를 중심으로 다양한 이론을 시대순으로 나열하고 있지 않다.

③ (나)는 중심 화제를 하위 유형으로 분류하고 유형별로 장단점을 비교하고 있다.
(나)는 중심 화제를 하위 유형으로 분류하고 유형별로 장단점을 소개하고 있지 않다.

✔ (나)는 중심 화제와 관련된 개념들을 제시한 후 각각의 특징들을 설명하고 있다.
(나)는 원산지를 판정할 때 검토해야 할 '원산지 결정 기준'을 중심 화제로 이와 관련된 '역내 가공 원칙', '충분 가공 원칙' 등의 개념들을 제시한 후, 각각의 특징들을 설명하고 있으므로 적절하다.

⑤ (가)와 (나)는 모두, 중심 화제로 인해 발생하는 다양한 효과를 소개하고, 각각의 효과가 안고 있는 한계점을 지적하고 있다.
(나)는 중심 화제로 인해 발생하는 다양한 효과를 소개하고 있지 않다.

**05** 세부 내용 이해 정답률 83% | 정답 ②

**윗글의 '자유 무역 협정'에 대해 이해한 것으로 적절하지 않은 것은?**

① 수입 상품의 원산지를 판정하기 위해 원산지 결정 기준을 마련하고 있다.
(나)의 1문단에서 '모든 자유 무역 협정에서는 ~ 관세 혜택을 부여한다'고 하였으므로 적절하다.

✔ 원산지 결정 기준은 산업 보호의 필요성을 고려하여 협정마다 동일하게 운용된다.
(나)의 6문단에서 '원산지 결정 기준은 각 협정별로 산업 보호의 필요성 등을 종합적으로 고려하여 품목마다 다르게 적용할 수 있다'고 하였으므로 적절하지 않다.

③ 역내국들이 역외국의 상품에 대해 서로 다른 관세를 적용하는 것을 허용하고 있다.
(가)의 4문단에서 '자유 무역 협정에서 ~ 허용'한다고 하였으므로 적절하다.

④ 역내국 간의 상품의 이동을 자유화하여 역내국들의 경제적 이익을 극대화하는 데 목적이 있다.
(가)의 1문단에서 '자유 무역 협정은 ~ 극대화하는 데에 있다'고 하였으므로 적절하다.

⑤ 기존에 존재하던 무역 장벽을 완화하거나 철폐하는 방식을 통해 역내국 간 무역 특혜를 부여하고 있다.
(가)의 1문단에서 '역내국들은 ~ 무역 특혜를 부여한다'고 하였으므로 적절하다.

## 06~07

**※ 다음은 윗글의 내용을 확인하기 위한 학습지의 일부이다. 6~7번의 물음에 답하시오.**

> 수입 상품의 생산 비용에 대하여 100%의 관세를 부과하는 갑국은 병국에서 나일론 실을 수입하고 있었다. 갑국-을국 간에 모든 상품의 관세를 철폐하는 자유 무역 협정이 체결되면서 ㉮ 세 국가 간의 무역 구조의 변화가 발생하였다. 이후 갑국은 국내에서 스타킹을 제조하기 위해 협정 체결 기간 을국에서 수입한 나일론 실(HS 5402.44)을 제직 공정으로 직물로 만들었으며, 병국으로부터 수입한 스판덱스 실(HS 5402.31)로 재단 및 봉제 공정을 거쳐 최종적으로 자국의 염료로 염색한 스타킹을 생산하였다. ㉯ 갑국은 생산한 스타킹에 대해 을국에서 관세 혜택을 받았다.
> (단, 세 국가는 동질의 상품을 생산하며, 제시된 조건 이외에는 고려하지 않음.)
>
> **[활동 1]** 다음은 ㉮를 정리한 표이다. 이를 참고하여 ㉮로 나타나는 경제적 효과에 대해 이야기해 보자.
>
> | | 갑국 | | 을국 | | 병국 |
> |---|---|---|---|---|---|
> | | 나일론 실 | 염료 | 나일론 실 | 염료 | 나일론 실 |
> | 생산 비용 | 25 | 50 | 15 | 60 | 10 |
> | 생산량 변화 | 감소 | 증가 | 증가 | 감소 | 감소 |
>
> **[활동 2]** 다음은 〈갑-을 자유 무역 협정〉의 원산지 결정 기준의 일부이다. ㉯를 고려하여 을국의 입장에서 스타킹의 원산지를 판정해 보자.
>
> **제1장 기본 원칙**
> 1. 상품의 가공은 역내에서 중단 없이 충족되어야 함.
> 2. 상품은 건조, 분쇄, 조립의 공정만으로 원산지 상품으로 간주 되지 않음.
>
> **제2장 품목별 원산지 기준**
> 1. 품목 분류
>
> | 품목 | HS 코드 | 상품 |
> |---|---|---|
> | 섬유 | HS 6115.21 | 스타킹 |



[문제편 p.061]

2. '섬유의 상품'은 제2장의 3과 4의 어느 하나에 해당해야 원산지로 인정함.
3. 다른 HS 코드에 해당하는 재료로부터 생산된 것.
4. 역내국 내에서 재단 및 봉제 공정 이상이 수행된 것.

## 06 구체적 상황 적용

정답률 54% | 정답 ⑤

윗글을 읽은 학생이 '활동 1'에 대해 보일 수 있는 반응으로 적절하지 않은 것은? [3점]

① 갑국에서 나일론 실과 염료의 생산량이 변화한 것은 갑국이 비교 우위를 지닌 상품에 생산 요소를 집중했기 때문이겠군.
(가)의 2문단에서 역내국들은 '가격 경쟁력에서 비교 우위를 ~ 생산 요소를 집중'한다는 내용을 통해 갑국에서 나일론 실과 염료의 생산량이 변화하는 것이 ㉮ 이후, 갑국과 을국이 자국에서 가격 경쟁력에서 비교 우위를 지닌 자국 상품을 생산하는 데에 생산 요소를 집중했기 때문이라는 것을 알 수 있으므로 적절하다.

② 을국에서 나일론 실의 생산량이 증가한 것은 역내국 간의 무역 창출 효과가 발생했기 때문이겠군.
(가)의 2문단에서 '자유 무역 협정의 체결로 인해 역내국 간에 새로운 무역이 발생하면서 상호 간 무역 이익이 발생하는' 무역 창출 효과가 나타난다고 하였고, '자국에서 ~ 동질 상품으로 대체'한다고 하였다. 이를 통해 을국에서 나일론 실의 생산량이 증가한 것은 갑국의 나일론 실을 대체하여 을국이 나일론 실을 수출하게 되면서 역내국 간에 무역 창출 효과가 발생했기 때문임을 알 수 있으므로 적절하다.

③ 을국에서 염료의 생산량이 감소한 것은 자국에서 생산하던 염료를 역내국의 동질 상품으로 대체했기 때문이겠군.
(가)의 2문단에서 역내국들은 '자국에서 ~ 동질 상품으로 대체'한다고 하였고 이를 통해, 을국에서 염료의 생산량이 감소한 것은 저렴한 동질 상품인 갑국의 염료로 대체했기 때문이라는 것을 알 수 있으므로 적절하다.

④ 을국에서 나일론 실의 생산량이 증가하고 병국에서는 감소한 것은 낮아진 관세로 인해 갑국에 역내국 상품이 역외국 상품보다 가격 경쟁력에서 비교 우위가 생겼기 때문이겠군.
(가)의 3문단에서 무역 전환 효과는 '역내국 상품이 ~ 비교 우위가 생기는 경우에 발생한다'고 하였고, 이를 통해 을국에서 나일론 실의 생산량이 증가하고, 병국에서 감소한 것은 갑국의 입장에서 을국의 나일론 실이 병국의 나일론 실보다 가격 경쟁력에서 비교 우위가 생겼기 때문임을 알 수 있으므로 적절하다.

✔ 병국보다 을국의 나일론 실이 생산 비용이 높지만 을국의 생산량이 증가한 것은 갑국이 역외국으로부터 얻는 관세 수입이 역내국과의 무역 창출 효과로 얻는 이익보다 컸기 때문이겠군.
(가)의 3문단에서 무역 전환 효과는 '역내국 상품이 ~ 비교 우위가 생기는 경우에 발생한다'고 하였고, (가)의 2문단의 무역 창출 효과가 발생하는 과정에서 '역내국들은 가격 경쟁력에서 ~ 생산 요소를 집중'한다고 하였다. ㉮를 정리한 표를 살펴보면 나일론실 생산 비용이 병국이 10, 을국이 15로 을국의 나일론 실이 생산 비용이 높다는 것을 알 수 있다. 그럼에도 을국의 생산량이 증가한 것은 무역 전환 효과로 갑국 내에서 을국의 나일론 실이 가격 경쟁력에서의 비교 우위를 지니게 되었고, 이후 갑국과 을국이 가격 경쟁력에서 비교 우위를 지닌 자국 상품을 생산하는 데에 자국 내 생산 요소를 집중한 결과임을 알 수 있다. 따라서 갑국이 역외국으로부터 얻는 관세 수입이 역내국과의 무역 창출 효과로 얻는 이익보다 크다는 진술은 적절하지 않다.

★★★ 등급을 가르는 문제!

## 07 구체적 상황 적용

정답률 23% | 정답 ④

'활동 2'에 참여한 학생의 대답 중 적절하지 않은 것은?

① 스타킹의 가공 공정이 갑국 내에서 중단 없이 수행되었으므로 역내 가공 원칙을 충족하고 있군.
(나)의 3문단에서 '역내 가공 원칙이란 ~ 원칙이다.'라고 하였고, 스타킹은 가공 공정이 갑국 국내에서 중단 없이 수행된 상품이므로 적절하다.

② 스타킹은 협정에서 별도로 정한 단순한 공정으로 가공한 것이 아니므로 충분 가공 원칙을 충족하고 있군.
(나)의 3문단에서 충분 가공 원칙에 따르면 '협정에서는 ~ 역내 원산지 상품으로 인정하지 않는다'고 하였고, 스타킹은 <갑-을 자유 무역 협정>의 원산지 결정 기준 중 기본 원칙에 제시한 건조, 분쇄, 조립의 공정만으로 가공한 상품이 아니므로 충분 가공 원칙을 충족한다. 따라서 적절하다.

③ 스타킹은 역내에서 완전하게 생산된 재료만을 사용하여 가공된 것이 아니므로 완전 생산 기준을 충족하지 않는군.
(나)의 4문단에서 '완전 생산 기준은 ~ 역내 원산지 상품으로 인정받는다'고 하였고, 스타킹은 역외인 병국에서 생산된 '스판덱스 실'을 사용하여 가공한 상품이므로 완전 생산 기준을 충족하지 않는다. 따라서 적절하다.

✔ 스타킹과 나일론 실의 HS 코드가 서로 다르므로 세번 변경 기준을 충족하고 있군.
(나)의 5문단에서 세번 변경 기준은 '역외에서 생산된 재료와 ~ 역내 원산지 상품으로 인정한다'고 하였고 스타킹에 사용된 나일론 실은 역내인 을국에서 생산된 재료이다. 따라서 나일론 실과 스타킹의 HS 코드가 서로 다르다는 것을 통해 세번 변경 기준의 충족 여부를 판단할 수 없으므로 적절하지 않다.

⑤ 스타킹은 스판덱스 실을 사용하여 협정에서 규정한 재단 및 봉제 공정 이상을 수행한 상품이므로 가공 공정 기준을 충족하고 있군.
(나)의 5문단에서 '가공 공정 기준은 ~ 역내 원산지 상품으로 인정한다.'라고 하였고, 스타킹은 <갑-을 자유 무역 협정>의 원산지 결정 기준 중 품목별 원산지 기준에서 제시한 '재단 및 봉제 공정 이상'을 갑국에서 수행하였으므로 적절하다.

**★★ 문제 해결 꿀~팁 ★★**

▶ 많이 틀린 이유는?
상위 서술 범주에 대한 파악이 정확하지 않았기에 오답률이 높았던 것으로 보인다.
▶ 문제 해결 방법은?
'세번 변경 기준'을 적용하기 위해서는 '역외에서 생산된 재료만을 사용하여 가공한 상품의 경우'가 선행되어야 한다는 점을 파악하는 것이 이 문제 해결의 핵심이다. '세번 변경 기준'은 '실질 변형 기준'에 속하는 것으로, '역외에서 생산된 재료를 사용하여 가공한 상품'일 경우에만 '국제 품목 분류 체계에 따라 상품에 부여되는 품목 번호인 HS 코드를 활용하는 기준'인 '세번 변경 기준'을 적용할 수 있다. ④의 경우 스타킹과 나일론 실의 HS 코드는 서로 다르지만 나일론 실은 역내인 을국에서 생산된 재료이기 때문에, 역외에서 생산된 재료만을 사용했을 때 적용 가능한 '세번 변경 기준'을 충족하고 있다고 할 수 없다. 분류가 다층적인 이와 같은 문제를 해결하기 위해서는 선지에서 요구하는 판단의 범주가 적용 가능한 층위에서 이루어질 수 있는지를 먼저 파악해야 한다.

★★★ 등급을 가르는 문제!

## 08 내용 추론

정답률 44% | 정답 ①

(가)와 (나)를 참고하여 ㉠의 이유를 추론한 것으로 가장 적절한 것은?

✔ 역내 가공 원칙에 의해 수입 상품의 원산지가 역외국임을 확인하여 역외국이 우회 수출로 얻기를 기대하는 관세 이익을 제한할 수 있기 때문이다.
(가)의 4문단에서 무역 굴절 효과는 역외국이 '역내국 간의 무역 특혜를 이용하여' '자국에 높은 관세를 ~ 이익을 얻는 것'이라고 하였고, (나)의 3문단에서 역내 가공 원칙에 따르면 '상품의 가공 공정의 일부가 ~ 인정받을 수 없다'고 하였다. 따라서 역내국이 원산지 결정 기준 중 역내 가공 원칙을 적용하여 역외국의 상품을 역내 원산지 상품으로 인정하지 않으면 역외국이 우회 수출로 관세 이익을 받으려는 것을 제한할 수 있으므로 적절하다.

② 실질 변형 기준을 적용하면 역외에서 생산된 재료를 사용하여 가공한 역외국의 상품이 역내국으로 수입되어 역외국이 무역 이익을 얻을 수 있기 때문이다.
실질 변형 기준을 적용하면 역외에서 생산된 재료를 사용하여 가공한 역외국의 상품이 역내국으로 수입되어 역외국이 무역 이익을 얻을 수 있다는 것은 ㉠의 이유로 적절하지 않다.

③ 역외국의 상품에 높은 관세를 부여하던 역내국이 원산지 결정 기준에 따라 해당 상품을 역내 원산지로 인정하면 관세 수입이 이전보다 크게 나타나기 때문이다.
역외국의 상품에 높은 관세를 부여하던 역내국이 원산지 결정 기준에 따라 해당 상품을 역내 원산지로 인정하면 관세 수입이 이전보다 크게 나타난다는 것은 ㉠의 이유로 적절하지 않다.

④ 역외국이 자국의 상품을 원산지 결정 기준에 따라 역내 원산지 상품으로 인정받아서 상대적으로 자국에 낮은 관세를 부과하는 역내국으로 수출할 수 있기 때문이다.
역외국이 자국의 상품을 원산지 결정 기준에 따라 역내 원산지 상품으로 인정받아서 상대적으로 자국에 낮은 관세를 부과하는 역내국으로 수출할 수 있다는 것은 ㉠의 이유로 적절하지 않다.

⑤ 역외국이 자국에 높은 관세를 부과하는 역내국을 거쳐 자국에 낮은 관세를 부과하는 역내국으로 수출하여 얻으려는 무역 이익을 원산지 결정 기준에 따라 보장할 수 있기 때문이다.
역외국이 자국에 높은 관세를 부과하는 역내국을 거쳐 자국에 낮은 관세를 부과하는 역내국으로 수출하여 얻으려는 무역 이익을 원산지 결정 기준에 따라 보장할 수 있다는 것은 ㉠의 이유로 적절하지 않다.

**★★ 문제 해결 꿀~팁 ★★**

▶ 많이 틀린 이유는?
원산지와 관세 혜택 여부 간의 관계를 정확하게 파악하지 못했기에 오답률이 높았던 것으로 보인다.
▶ 문제 해결 방법은?
관세 혜택에 원산지에 따라 관세 혜택 여부가 달라질 수 있다는 점을 파악할 수 있어야 한다. (나)의 3문단에서 역내 가공 원칙은 '상품의 가공 공정이 역내에서 중단 없이 수행되어야 한다는 원칙'으로, '상품의 가공 공정의 일부가 역외에서 이루어진 경우, 원칙상 역내 원산지 상품으로 인정받을 수 없다'고 하였다. 따라서 ①의 경우 '역내 가공 원칙에 의해 수입 상품의 원산지가 역외국임을 확인'할 수 있다. 다음으로 (가)의 4문단에서 무역 굴절 효과는 '역내국 간의 무역 특혜를 이용하여 역외국이 자국에 유리한 방향으로 상품을 역내국에 우회 수출하는 현상'으로, 이는 '자유 무역 협정에서 역내국들이 역외국에 서로 다른 관세를 부과하는 것을 허용하기 때문에 나타난다'고 하였다. 따라서 ①의 경우 '수입 상품의 원산지가 역외국임을 확인하여 역외국이 우회 수출로 얻기를 기대하는 관세 이익을 제한할 수 있'다는 ①의 내용은 적절하다.

## 09 어휘의 문맥상 의미 파악

정답률 80% | 정답 ①

문맥상 ⓐ~ⓔ와 바꾸어 쓰기에 적절하지 않은 것은?

✔ ⓐ : 저조(低調)한
'낮은'은 '높낮이를 잴 수 있는 수치나 정도가 기준이 되는 대상이나 보통 정도에 미치지 못하다.'를 의미하므로 '활동이나 감정이 왕성하지 못하고 침체해 있다.' 혹은 '능률이나 성적이 낮다.'를 의미하는 '저조한'으로 바꾸어 쓰는 것은 적절하지 않다.

② ⓑ : 감소(減少)하여
'감소하다'는 '양이나 수치가 줄다.'의 의미이므로 바꾸어 쓰기에 적절하다.

③ ⓒ : 의거(依據)하여
'의거하다'는 '어떤 사실이나 원리 따위에 근거하다.'의 의미이므로 바꾸어 쓰기에 적절하다.

④ ⓓ : 구분(區分)할
'구분하다'는 '일정한 기준에 따라 전체를 몇 개로 갈라 나누다.'의 의미이므로 바꾸어 쓰기에 적절하다.

⑤ ⓔ : 간주(看做)하고
'간주하다'는 '상태, 모양, 성질 따위가 그와 같다고 보거나 그렇다고 여기다.'의 의미이므로 바꾸어 쓰기에 적절하다.

## 10~13 과학

대한외과초음파학회, 「외과초음파학」

**해제** 이 글은 초음파 도플러 혈류계의 영상화 과정에 대해 설명하고 있다. 초음파 도플러 혈류계는 **송수신 단계와 표시 단계로 구분**된다. 송수신 단계에서는 음향 저항과 도플러 각도를 고려하면서 탐촉자를 통해 초음파를 피부로 입사시킨다. 이때 음향 저항을 줄이기 위해 피부에 젤을 발라야 하고, 도플러 각도는 오차값이 적은 60° 미만의 각도를 유지해야 한다. **혈액과는 다른 음향 저항을 가진 적혈구를 만나 발생하는 초음파의 산란으로 인해 초음파를 증폭시킬 필요성이 생기고, 이로 인해 도플러 효과가 발생**한다. 이때 탐촉자에는 토플러 변위를 통해 얻은, 혈류 속도와 방향에 대한 정보가 저장된다. **탐촉자에 저장된 정보는 표시 단계에서 영상 장치의 화면에 색과 색의 밝기로 표시**된다.

**주제** 초음파 도플러 혈류계의 영상화 과정

[문제편 p.063]

문단 핵심 내용

| | |
|---|---|
| 1문단 | 초음파 도플러 혈류계의 개념과 원리 |
| 2문단 | 송수신 단계의 혈류 정보 측정 과정 1 |
| 3문단 | 송수신 단계의 혈류 정보 측정 과정 2 |
| 4문단 | 표시 단계의 영상화 과정 |

## 10 세부 내용 이해
정답률 66% | 정답 ⑤

**윗글의 내용과 일치하지 않는 것은?**

① **초음파를 전달하는 매질의 밀도에 따라 음향 저항은 달라진다.**
2문단에서 음향 저항은 '매질의 밀도에 비례한다'고 하였으므로 적절하다.

② **초음파 도플러 혈류계는 송신 주파수와 수신 주파수의 차이를 이용한다.**
1문단에서 초음파 도플러 혈류계는 '초음파의 도플러 효과를 이용'하며, 도플러 효과란 '대상이 이동하면 송신 주파수와 수신 주파수가 달라지는' 것이라고 하였으므로 적절하다.

③ **초음파 도플러 혈류계는 인간의 가청 범위 이상의 주파수를 가진 음파를 이용한다.**
1문단에서 초음파는 '주파수가 인간의 가청 범위 이상인 음파'라고 하였고, 초음파 도플러 혈류계는 초음파를 이용한 기기이므로 적절하다.

④ **초음파 도플러 혈류계가 혈류 정보를 측정하여 영상화하는 과정은 송수신 단계와 표시 단계로 구분된다.**
2문단에서 '초음파 도플러 혈류계가 혈류의 속도와 방향을 측정하여 영상화하는 과정은 크게 송수신 단계와 표시 단계로 구분된다.'고 하였으므로 적절하다.

✓ **초음파 도플러 혈류계에서는 도플러 변위를 통해 얻은 혈류 속도와 방향에 대한 정보가 영상 장치에 저장된다.**
3문단에서 초음파 도플러 혈류계는 '혈류 속도와 방향에 대한 정보는 탐촉자에 저장된다'고 하였으므로 적절하지 않다.

## 11 핵심 내용 이해
정답률 59% | 정답 ⑤

**〈보기〉는 송수신 단계에서의 초음파 이동 경로를 도식화한 것이다. 윗글을 바탕으로 ㉠~㉤에 대해 이해한 내용으로 적절하지 않은 것은?**

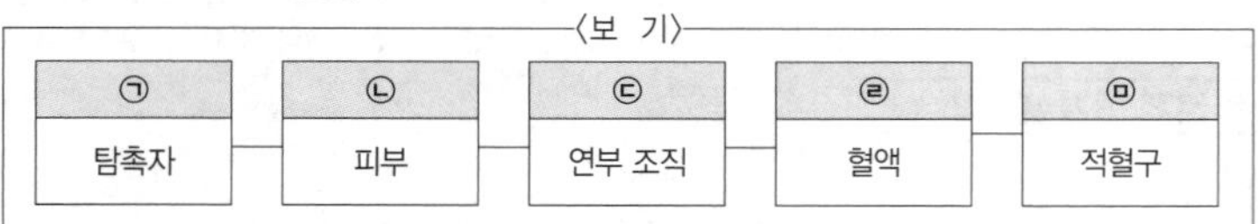


① **㉠에서 발생한 초음파가 ㉡에 입사될 때, 혈류의 방향과 이루는 각도를 60° 미만으로 유지해야 측정의 오차 값이 적겠군.**
2문단에서 '도플러 각도는 ~ 유지해야 한다.'고 하였으므로 ㉠에서 ㉡에 입사될 때 도플러 각도를 60° 미만으로 유지해야 측정의 오차 값이 적다는 것은 적절하다.

② **㉠에서 발생시킨 초음파의 강도는 ㉤에서 ㉣로 되돌아 나올 때보다 크겠군.**
3문단에서 '산란으로 인해 초음파의 강도가 작기 때문에 증폭시킨다'고 하였으므로 이동 과정에서 초음의 강도가 작아졌음을 알 수 있다. 따라서 ㉠에서 발생시키는 초음파의 강도가 ㉤에서 ㉣로 되돌아 나올 때보다 크다는 것은 적절하다.

③ **㉡에 젤을 바르기 전보다 후에 ㉢으로 더 많은 초음파가 투과되겠군.**
2문단에서 '음향 저항의 차이가 ~ 젤을 바르는 것이다.'라고 하였으므로 바르기 이전보다 이후에 ㉢으로 더 많은 초음파가 투과된다는 것은 적절하다.

④ **㉢에서는 ㉠에서 발생한 초음파가 거의 일정한 속도로 투과하겠군.**
2문단에서 피부에 입사한 초음파는 '연부 조직을 거의 일정한 속도로 투과'한다고 하였으므로 ㉢에서 초음파가 거의 일정한 속도로 투과한다는 것은 적절하다.

✓ **㉣을 투과한 초음파의 주파수가 높을수록, ㉤의 크기가 클수록 더 많은 산란이 발생하겠군.**
3문단에서 '산란체의 크기가 작거나 주파수가 높을수록 산란이 많이 발생한다'고 하였으므로 적절하지 않다.

## 12 구체적 상황 적용
정답률 52% | 정답 ②

**〈보기〉는 초음파 도플러 혈류계의 도플러 효과에 대해 설명하기 위한 그래프이다. 윗글을 읽은 학생이 〈보기〉에 대해 보인 반응으로 적절하지 않은 것은? [3점]**

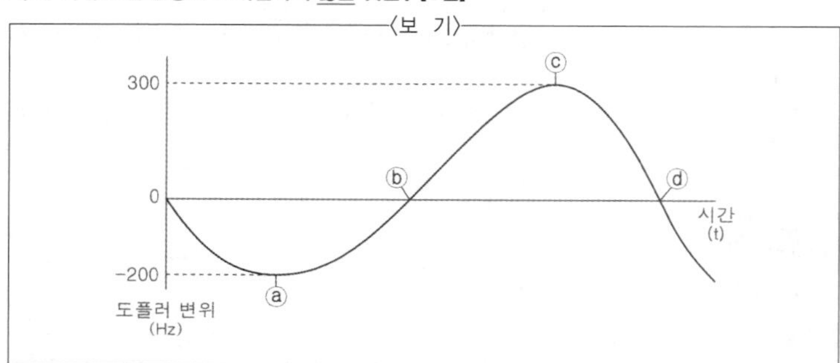


① **ⓐ의 혈류 속도보다 ⓒ의 혈류 속도가 빠르다고 볼 수 있겠군.**
3문단에서 '적혈구의 이동 속도가 빠를수록 도플러 변위의 절댓값은 크'다고 하였으므로 도플러 변위의 절댓값이 200인 ⓐ의 혈류 속도보다 300인 ⓒ의 혈류 속도가 빠르다는 것은 적절하다.

✓ **ⓐ에서 ⓑ의 혈류 방향과 ⓑ에서 ⓒ의 혈류 방향은 동일하다고 볼 수 있겠군.**
3문단에서 '적혈구가 탐촉자에 가까워지는 방향일 때는 도플러 변위가 양(+)의 값을 갖고, 그 반대는 도플러 변위가 음(-)의 값을 갖는다'고 하였고, 그래프는 ⓐ에서 ⓑ의 도플러 변위가 음(-)의 값을 가지므로 탐촉자와 멀어지는 방향임을, ⓑ에서 ⓒ는 도플러 변위가 양(+)의 값을 가지므로 탐촉자와 가까워지는 방향임을 알 수 있다. 따라서 두 구간의 혈류 방향이 동일하다는 것은 적절하지 않다.

③ **ⓑ보다 ⓒ가 송신 주파수와 수신 주파수의 차이가 크다고 볼 수 있겠군.**
3문단에서 도플러 변위는 '송신 주파수와 수신 주파수의 차이'이므로 도플러 변위가 0인 ⓑ보다 300인 ⓒ가 송신 주파수와 수신 주파수의 차이가 크다는 것은 적절하다.

④ **ⓒ와 ⓓ 사이에는 영상 장치의 화면에 혈류 정보가 빨간색으로 표시 되겠군.**
3문단에서 '적혈구가 탐촉자에 가까워지는 방향일 때는 도플러 변위가 양(+)의 값을 갖는다'고 하였고, 4문단에서 '혈류가 탐촉자를 향하면 빨간색'으로 표시된다고 하였으므로 양(+)의 값을 갖는 ⓒ와 ⓓ 사이는 영상 장치의 화면에 혈류 정보가 빨간색으로 표시된다는 것은 적절하다.

⑤ **ⓓ보다 ⓒ에서 영상 장치의 화면에 혈류 정보의 색이 더 밝게 표시 되겠군.**
3문단에서 '적혈구의 이동 속도가 빠를수록 도플러 변위의 절댓값은 크'다고 하였고, 4문단에서 '혈류 속도가 빠르면 더 밝게 표시한다'고 하였으므로 도플러 변위의 절댓값이 0인 ⓓ보다 300인 ⓒ에서 영상 장치의 화면에 혈류 정보의 색이 더 밝다는 것은 적절하다.

## 13 어휘의 문맥상 의미 파악
정답률 87% | 정답 ③

**㉮와 문맥상 의미가 가장 가까운 것은?**

① **금요일을 지나 토요일이 되었다.**
문맥상 '시간이 흘러 그 시기에서 벗어나다.'의 의미로 사용되었으므로 적절하지 않다.

② **수험 생활도 지나고 나니 그립다.**
문맥상 '어떤 시기나 한도를 넘다.'의 의미로 사용되었으므로 적절하지 않다.

✓ **바람이 창문 사이를 지나고 있다.**
㉮는 '어디를 거치어 가거나 오거나 하다.'를 의미하므로, ③의 '지나고'와 문맥상의 의미가 가장 유사하기 때문에 적절하다.

④ **그는 그녀의 말을 무심결에 지나 버렸다.**
문맥상 '어떤 일을 그냥 넘겨 버리다.'의 의미로 사용되었으므로 적절하지 않다.

⑤ **한 달 전에 산 우유의 소비 기한이 지났다.**
문맥상 '어떤 한도나 정도가 벗어나거나 넘다.'의 의미로 사용되었으므로 적절하지 않다.

## 14~17 인문

### 그레이엄 하먼, 「쿼드러플 오브젝트」

**해제** 이 글은 그레이엄 하먼의 객체 지향 존재론에 대해 설명하고 있다. 하먼은 그간 인간 중심주의 철학에서 바라보는 인간과 사물의 관계를 지적하며 이러한 관점은 인간이 사물을 인간에게 필요한 도구로 바라볼 뿐 객체 그 자체로 다루지 못한다고 비판한다. **하먼에 의하면 사물은 독립적이고 자율적인 존재로서의 객체로, 객체는 다른 존재에게 파악되지 않도록 '물러나는' 측면과 다른 존재에게 분석된 구성 요소 이상의 다른 무언가로 스스로 '드러나는' 측면**을 동시에 가지고 있다. 따라서 인간뿐 아니라 허구적이고 비실재적인 것까지를 포함한 모든 객체는 어떤 상위 개념으로 일반화되지 않고, 형태, 색깔, 크기 등으로 환원되지 않는다. 이때 하먼은 인간이 감각을 통해 객체의 존재와 성질을 지각할 수 있다고 말한다. 객체는 감각 객체와 실재 객체로, 성질은 감각 성질과 실재 성질로 구분된다. 감각 객체는 관찰자가 감각을 통해 지각하는 것이 가능한 객체이고, 실재 객체는 관찰자가 감각을 통해 지각할 수 없는 객체이다. 감각 성질은 객체의 성질 가운데 관찰자의 감각을 통해 지각할 수 있는 성질이며, 실재 성질은 그 객체가 발산하는 정보나 담고 있는 특질이지만 관찰자가 감각을 통해 지각할 수 없어 직접적으로 파악할 수 없는 성질이다. 따라서 **하먼은 어떤 관찰자도 객체의 모든 정보를 파악하기 어렵다고 주장하며, 이는 그간 인간 중심주의의 철학에 의해 도구화되었던 모든 객체가 객체 그 자체로서 이야기되어야 하는 이유라고 역설**한다.

**주제** 그레이엄 하먼의 객체 지향 존재론

문단 핵심 내용

| | |
|---|---|
| 1문단 | 그레이엄 하먼의 객체 지향 존재론 |
| 2문단 | 인간 중심주의 철학의 관점에 대한 비판 |
| 3문단 | 객체의 독립성과 자율성에 대한 강조 |
| 4문단 | 객체의 존재론 |
| 5문단 | 객체와 성질의 관계 |
| 6문단 | 감각 객체와 실재 객체의 개념 |
| 7문단 | 감각 성질과 실재 성질의 개념 |
| 8문단 | 객체에 대한 철학적 사유의 강조 |

## 14 세부 내용 이해
정답률 83% | 정답 ③

**객체 지향 존재론에 대한 설명으로 적절하지 않은 것은?**

① **허구적이고 비실재적인 것도 객체로 본다.**
4문단에서 '객체에 대한 하먼의 입장은 허구적이고 비실재적인 것까지도 이어'졌다고 하였으므로 적절하다.

② **객체를 독립적이고 자율적인 존재로 본다.**
3문단에서 '사물은 인간이 그 본질을 결정하는 대상이 아니라 독립적이고 자율적인 존재로 서의 객체'라고 하였고, 4문단에서 '인간 역시 객체이며, 독립적이고 자율적인 존재'라고 하였으므로 적절하다.

✓ **객체 가운데 성질이 없는 경우도 존재할 수 있다고 본다.**
5문단에서 '성질이 없는 객체나 객체가 없는 성질은 존재할 수 없다'라고 하였으므로 적절하지 않다.

④ **객체가 발산하는 정보나 담고 있는 특질을 성질이라고 본다.**
5문단에서 '객체는 객체가 발산하는 정보나 담고 있는 특질인 성질을 가지며'라고 하였으므로 적절하다.

⑤ **인간 중심주의 철학은 객체를 그 자체로 다루지 못한다고 본다.**
2문단에서 '하먼은 이러한 관점들은 인간이 사물을 인간에게 필요한 도구로 바라볼 뿐 객체 그 자체로 다루지 못한다'고 하였으므로 적절하다.



[문제편 p.064]

## 15 핵심 내용 이해
정답률 74% | 정답 ⑤

**윗글의 '하먼'과 '인간 중심주의 철학'의 입장에서 〈보기〉의 ㄱ ~ ㄹ에 대해 판단한 것으로 가장 적절한 것은?**

〈보 기〉

ㄱ. 만물을 구성하는 물질을 더 이상 분해가 불가능한 미립자로 나눈 뒤 그 입자를 분석하면 만물의 근원을 이해할 수 있다.
ㄴ. 인간의 입장에서 생산되고 전파되던 과학 지식을 재정립하기 위해서는 전동차와 같은 사물도 인간과 동등한 존재로 바라보아야 한다.
ㄷ. 식물은 동물을 위해, 동물은 인간을 위해 존재한다. 인간과 다른 동물의 차이점은 인간만이 선과 악, 옳고 그름을 인식할 수 있다는 것이다.
ㄹ. 한 자루의 종이칼과 같은 사물은 그것을 만든 사람의 목적에 따라 만들어진 것이므로 사물의 본질은 사람의 구상에 따라 이미 결정되어 있다.

① 인간 중심주의 철학은 ㄱ과 ㄷ에 동의하지 않겠군.
② 인간 중심주의 철학은 ㄴ과 ㄹ에 동의하지 않겠군.
③ 하먼은 ㄴ에 동의하지 않고 ㄷ에 동의하겠군.
④ 하먼은 ㄷ에 동의하지 않고 ㄱ에 동의하겠군.

✔ **하먼은 ㄹ에 동의하지 않고 ㄴ에 동의하겠군.**
ㄱ은 '만물을 구성하는 물질'을 '나눈 뒤 그 입자를 분석하면 만물의 근원을 이해할 수 있다'고 하고 있고, '하먼'은 3문단에서 '인간이 사물을 어떤 구성 요소로 분석하려고 할 때 그 구성 요소만으로 환원되지 않는다'고 하였으므로 ㄱ에 동의하지 않을 것이다. 그런데 '인간 중심주의 철학'은 1문단에서 '인간이 사물을 어떤 기본적인 요소로 구성되어 있다고 분석하'면 '그 사물의 본질을 모두 파악할 수 있다고 여겼다'고 하였으므로 ㄱ에 동의할 것이다.
ㄴ은 '사물도 인간과 동등한 존재'라고 하고 있고, '하먼'은 1문단에서 '인간과 사물, 나아가 모든 존재가 동등하다'고 하였으므로 ㄴ에 동의할 것이다. 그런데 '인간 중심주의 철학'은 2문단에서 '인간이 사물을 인간에게 필요한 도구로 바라볼 뿐'이라고 하였으므로 ㄴ에 동의하지 않을 것이다.
ㄷ은 '동물은 인간을 위해 존재'하고 '인간만이 선과 악, 옳고 그름을 인식할 수 있다'고 하고 있고, '하먼'은 3문단에서 '인간이 사물을 자신과 맺는 사물의 가치나 성격으로 일반화하려고 할 때 객체는 스스로 일반화'되지 않고 '인간은 객체의 모든 것을 파악할 수 없다'고 하였으므로 ㄷ에 동의하지 않을 것이다. 그런데 '인간 중심주의 철학'은 2문단에서 '인간이 주체로서 사물의 모든 것을 파악할 수 있다고 여겼다'고 하였으며 '인간이 사물을 인간에게 필요한 도구로 바라'본다고 하였으므로 ㄷ에 동의할 것이다.
ㄹ은 '사물의 본질은 사람의 구상에 따라 이미 결정되어 있다'고 하고 있고, '하먼'은 3문단에서 '사물은 인간이 그 본질을 결정하는 대상이 아니'라고 하였으므로 ㄹ에 동의하지 않을 것이다. 그런데 '인간 중심주의 철학'은 2문단에서 '인간이 사물을 인간에게 필요한 도구로 바라볼 뿐'이라고 하였으므로 ㄹ에 동의할 것이다. 따라서 '하먼'은 ㄹ에 동의하지 않고 ㄴ에 동의한다는 진술은 적절하다.

## 16 구체적 상황 적용
정답률 70% | 정답 ③

**윗글을 읽은 학생이 '하먼'의 입장에서 〈보기〉에 대해 보인 반응으로 적절하지 않은 것은? [3점]**

〈보 기〉

[자료 1]
천왕성은 1781년에 윌리엄 허셜이 망원경으로 처음 관측했다. 그는 처음 관측한 시점에는 천왕성이 단순히 혜성이라고 생각했지만, 이후 꾸준한 관측 결과 태양을 중심으로 공전한다는 것을 확인하였다. 약 200년 뒤 관측선 보이저 2호는 천왕성에 가까이 다가가 사진을 찍어 지구의 천문학자들에게 보냈다. 그 사진을 본 지구의 천문학자들은 천왕성의 옅은 초록색과 수많은 위성의 모습을 확인할 수 있었다.

[자료 2]
그림 삽화가 A 씨는 출판사에서 삽화를 그리는 일을 하고 있다. 그의 출판사 동료들은 A 씨가 빠른 손놀림으로 그림을 완성하는 것을 보고 그의 실력과 그림을 칭찬했다. 하지만 그는 그림보다 영화 제작에 대한 관심이 많아서 퇴근 후에 영화 시나리오를 썼다. A 씨의 이러한 관심을 출판사 동료들은 아무도 모르고 있다.

① [자료 1]에서 '허셜'이 관측한 '천왕성'은 감각 객체이겠군.
[자료 1]에서 '천왕성은 1781년 윌리엄 허셜이 망원경으로 처음 관측했다'고 하였고, 6문단에서 '감각 객체는 관찰자가 감각을 통해 지각하는 것이 가능한 객체'라고 하였으므로 적절하다.

② [자료 2]의 'A 씨'의 '영화 제작에 대한 관심'은 '출판사 동료들'에게 실재 성질이겠군.
[자료 2]에서 'A 씨'가 '영화 제작에 대한 관심이 많아서 퇴근 후에 영화 시나리오를 썼'고 'A 씨의 이러한 관심을 출판사 동료들은 아무도 모르고 있다'고 하였으며, 7문단에서 '실재 성질은 ~ 직접적으로 파악할 수 없는 성질'이라고 하였다. 따라서 '출판사 동료들'은 'A 씨'의 '영화 제작에 대한 관심'을 모르고 있어 직접적으로 파악할 수 없는 실재 성질이므로 적절하다.

✔ **[자료 1]의 '천왕성'과 [자료 2]의 'A 씨'의 '영화 시나리오'는 각각 '보이저 2호'와 '출판사 동료들'에게 실재 객체이겠군.**
[자료 1]에서 '관측선 보이저 2호'는 '천왕성에 가까이 다가가 사진을 찍'었다고 하였고, [자료 2]에서 'A 씨'가 퇴근 후에 영화 시나리오를 쓰는 것을 '출판사 동료들은 아무도 모르고 있다'고 하였다. 6문단에서 '감각 객체는 관찰자가 감각을 통해 지각하는 것이 가능한 객체이고, 실재 객체는 관찰자가 감각을 통해 지각할 수 없는 객체'라고 하였다. 따라서 '천왕성'은 '보이저 2호'에게 감각 객체이고, '영화 시나리오'는 '출판사 동료들'에게 실재 객체이므로 적절하지 않다.

④ [자료 1]의 '천왕성'의 '옅은 초록색'과 [자료 2]의 'A 씨'의 '빠른 손놀림'은 각각 '보이저 2호'와 '출판사 동료들'에게 감각 성질이겠군.
[자료 1]에서 '관측선 보이저 2호는 천왕성에 가까이 다가가 사진을 찍'었다고 하였고, [자료 2]에서 '그의 출판사 동료들은 A 씨가 빠른 손놀림으로 그림을 완성하는 것을 보'았다고 하였으며 7문단에서 '감각 성질은 객체의 성질 가운데 관찰자의 감각을 통해 지각할 수 있는 성질'이라고 하였고 6문단에서 '관찰자의 감각에는 ~ 측정 기기에 의한 측정 등도 포함될 수 있다'고 하였다. 따라서 '보이저 2호'는 '천왕성'의 '옅은 초록색'을 관측하여 지각할 수 있었고 '출판사 동료들'은 'A 씨'의 '빠른 손놀림'을 보았으므로 적절하다.

⑤ [자료 1]의 '보이저 2호'가 찍은 '사진'과 [자료 2]에서 'A 씨'가 그린 '그림'은 각각 '지구의 천문학자들'과 '출판사 동료들'에게 감각 객체이겠군.
[자료 1]에서 '관측선 보이저 2호는 천왕성에 가까이 다가가 사진을 찍어 지구의 천문학자들에게 보냈'고 '그 사진을 본 지구의 천문학자들이 천왕성의 옅은 초록색과 수많은 위성의 모습을 확인할 수 있었다'고 하였으며 [자료 2]에서 '출판사 동료들은 A 씨가 빠른 손놀림으로 그림을 완성하는 것을 보'았다고 하였다. 그리고 6문단에서 '감각 객체는 관찰자가 감각을 통해 지각하는 것이 가능한 객체'라고 하였으므로 적절하다.

## 17 내용 추론
정답률 76% | 정답 ⑤

**윗글을 읽은 학생이 ㉠을 이해한 내용으로 가장 적절한 것은?**

① 인간이 모든 객체에 의해 도구로 전락했기 때문이겠군.
2문단에서 '인간 중심주의 철학'의 관점에서 인간은 '사물을 인간에게 필요한 도구로 바라볼 뿐 객체 그 자체로 다루지 못한다'고 하였다.

② 인간이 주체로서 객체의 본질을 결정할 수 있는 대상으로 바라보기 때문이겠군.
2문단에서 하먼은 '사물의 본질을 파악할 수 있다'고 본 '인간 중심주의 철학'의 관점은 '인간이 사물을 인간에게 필요한 도구로 바라볼 뿐 객체 그 자체로 다루지 못'하기 때문에 비판한다.

③ 모든 존재가 다른 존재가 가진 가치와 성격을 일반화하여 왜곡하기 때문이겠군.
3문단에서 하먼은 '인간이 사물을 자신과 맺는 사물의 가치나 성격으로 일반화하려고 할 때 객체는 스스로 일반화되지 않'는다고 보았다.

④ 인간이 사물을 상위 개념으로 일반화해 사물이 구성 요소로 환원되기 때문이겠군.
4문단에서 하먼은 객체가 '그 누구에게도 어떤 상위 개념으로 일반화되지 않'는다고 보았으며, '인간이 어떤 구성 요소로 사물을 분석하려고 할 때' 사물은 '그 구성 요소만으로 환원되지 않는다'고 보았다.

✔ **모든 존재가 다른 존재에게 파악되지 않도록 물러나는 측면을 갖고 있기 때문이겠군.**
3문단에서 '객체는 다른 존재에게 파악되지 않도록 '물러나는' 측면과 다른 존재에게 분석된 구성 요소 이상의 다른 무언가로 스스로 '드러나는' 측면을 동시에 가지고 있다'고 하였다. 이를 바탕으로 보면 객체가 동시에 가지고 있는 두 측면 가운데 모든 존재가 다른 존재에게 파악되지 않도록 물러나는 측면 때문에 인간이 객체의 모든 것을 파악할 수 없다는 학생의 반응은 적절하다.

## 18~23 갈래 복합(현대시·고전 수필)

**(가) 조지훈, 「묘망」**
**감상** 인간 존재에 대한 인식을 드러내는 작품으로, '묘망'은 넓고 멀어서 아득하다는 뜻에서 화자가 바라보는 세계의 크기를 의미한다. 화자는 자신의 처지를 거대한 세계 속에 놓인 존재로 보고, 이러한 **상황에 대한 인식을 우주의 차원으로 확장하여 다른 대상과의 관계 속에서 인간의 존재 양상을 깨닫는다.**
**주제** 인간 존재에 대한 인식과 깨달음

**(나) 김광규, 「크낙산의 마음」**
**감상** 현실적 삶의 고뇌에서 벗어나기 위해 찾아간 **크낙산이라는 이상적 공간의 모습을 묘사하며 화자는 자연의 질서에 따르고 싶은 소망**을 드러낸다. 크낙산의 존재들은 자유롭고 평등하게 살아간다. 화자는 그러한 존재들을 애정 어린 시선으로 관찰하며 산과 교감하는 한편 그들에 동화되고 싶어하지만 그럴 수 없음을 깨닫고 일상으로 돌아올 수밖에 없다. 그러나 **일상으로 다시 돌아온 화자는 크낙산의 마음을 잊지 않고 작은 산이 되어 세상을 넉넉하게 살아갈 수 있는 힘**을 얻는다.
**주제** 자연에 동화되고 싶은 소망과 깨달음을 통한 변화

**(다) 이산해, 「죽붕기」**
**감상** 이 작품은 글쓴이가 임진왜란 때 경상도 평해로 귀양 가 있을 때 지은 고전 수필이다. 좁은 집과 여름 더위로 불편해 하다가 이웃과 함께 죽붕이라는 누각을 세운 경험을 이야기하고 있다. **죽붕에서 통쾌함과 즐거움을 만끽하며 만족해하던 화자**는 꿈을 통해 신비로운 존재를 만나게 되고 그의 가르침을 통해 **몸이 아닌 가슴으로 느끼는 진정한 통쾌함에 대한 깨달음**을 얻는다.
**주제** 진정한 통쾌함에 대한 깨달음

## 18 표현상 특징 파악
정답률 53% | 정답 ③

**(가) ~ (다)에 대한 설명으로 가장 적절한 것은?**

① (가)는 대구의 방식으로 시상을 마무리하고 있다.
(가)는 대구의 방식을 활용하고 있지 않다.

② (나)는 설의적 표현을 활용하고 있다.
(나)는 설의적 표현을 활용하고 있지 않다.

✔ **(가)와 (나)는 각각 동일한 어미를 반복하고 있다.**
(가)는 '하늘에 달이 그렇거니 수많은 별들이 다 그렇거니'에서 어미 '-거니'를 반복하고 있다. 또, (나)는 '높은 봉우리에 올라가도', '깊은 골짜기에 내려가도'에서 어미 '-아도'를 반복하고 있으며 '나뭇가지에 사뿐히 내려앉을 수 없고', '바위 틈에 엎드려 잠잘 수 없고'에서 어미 '-고'를 반복하고 있으므로 적절하다.

④ (나)와 (다)는 모두 연쇄법을 활용하고 있다.
(나)와 (다)는 연쇄법을 활용하고 있지 않다.

⑤ (가), (나), (다)는 모두 대조적인 색채어를 활용하고 있다.
(가), (나), (다)는 모두 대조적인 색채어를 활용하고 있지 않다.

## 19 외적 준거에 따른 작품 감상
정답률 77% | 정답 ④

**〈보기〉를 참고하여 (가)를 감상한 내용으로 적절하지 않은 것은?**

〈보 기〉

(가)는 인간 존재에 대한 인식을 드러내는 작품으로, 제목인 '묘망'은 넓고 멀어서 아득하다는 뜻에서 화자가 바라보는 세계의 크기를 의미한다. 화자는 자신의 처지를 거대한 세계 속에 놓인 존재로 보고, 이러한 상황에 대한 인식을 우주의 차원으로 확장하여 다른 대상과의 관계 속에서 인간의 존재 양상을 깨닫는다.

① '한오리 갈댓잎에 몸을 실어' '아득한 바다 속 창망한 물구비에 씻기는 한점 바위'에 있다는 것에서, 화자가 자신을 거대한 세계 속의 작은 존재로 보고 있음을 확인할 수 있군.

'한오리 갈댓잎에 몸을 실어' '아득한 바다 속 창망한 물구비에 씻기는 한점 바위'에 있다는 것은 화자가 자신을 거대한 세계 속의 작은 존재로 인식하고 있음을 나타낸 것이므로 적절하다.

② '생은 갈사록 고달프고' '몸둘 곳은 아무데도 없다'는 것에서, 화자가 자신이 힘겨운 상황에 처해 있다고 인식하고 있음을 알 수 있군.
'생은 갈사록 고달프고' '몸둘 곳은 아무데도 없다'는 것은 화자가 자신이 '고달프'고 '몸둘 곳' 없는 힘겨운 상황에 처해 있다고 인식하고 있음을 나타낸 것이므로 적절하다.

③ '허공에 던져진것'은 '나만이 아'니며 달과 별들도 '다 그렇'다는 것에서, 화자가 자신을 우주 안의 다른 대상들과 동질적인 존재로 여기고 있음을 알 수 있군.
'허공에 던져진것'이 '나만이 아'니며 달과 별들도 '다 그렇'다는 것은 화자가 자신을 달, 별들과 같은 우주 안의 다른 대상들과 동질적인 존재로 여기고 있음을 나타낸 것이므로 적절하다.

✔ '광대무변한 우주'의 일부인 '지구의 둘레를 찰랑이는' 바다를 향해 '너 또한 그렇'다고 하는 것에서, 화자가 바다를 크고 넓은 세계로 여기고 있음을 알 수 있군.
'광대무변한 우주'의 일부인 '지구의 둘레를 찰랑이는' 바다를 향해 '너 또한 그렇'다고 하는 것은 '바다'를 '광대무변한 우주의 한알 모래인 지구의 둘레를 찰랑이는 접시물'과 같이 작은 존재로 여기면서 '허공에 던져진것'은 '나만이 아'니라 바다도 그러하다는 인식을 드러낸 것이므로 적절하지 않다.

⑤ '하늘을 덮는 나의 사념이 이다지도 작음을 비로소 깨닫는다'는 것에서, 화자가 자신의 사념이 지닌 크기에 대한 깨달음을 통해 인간 존재에 대한 인식을 드러내고 있음을 확인할 수 있군.
'하늘을 덮는 나의 사념이 이다지도 작음을 비로소 깨닫는다'는 것은 화자가 '바다 속 한점 바위에 누워' 얻게 된 인간 존재에 대한 인식을 '하늘을 덮는 나의 사념이 이다지도 작'다는 깨달음을 드러냄으로써 나타낸 것이므로 적절하다.

## 20 시상 전개 과정 이해
정답률 82% | 정답 ②

**(나)에 대한 이해로 적절하지 않은 것은?**

① [A]에는 [B]에서 화자가 한 행동의 계기가 드러난다.
[A]에서 '다시 태어날 수 없어' '마음이 무거운 날'에 '편안한 집을 떠나' '산으로 간다'는 것에 [B]에서 화자가 한 '크낙산 마루턱에 올라서'는 행동의 계기가 드러나고 있으므로 적절하다.

✔ [B]에는 화자가 대상의 현재 모습에서 과거의 모습을 짐작하고 있음이 드러난다.
[B]에는 화자가 '크낙산 마루턱에 올라서'서 인식한 여러 대상의 모습이 나열되고 있을 뿐 대상의 현재 모습에서 짐작한 과거의 모습이 드러나고 있지 않으므로 적절하지 않다.

③ [C]에서 화자가 인식한 대상의 속성은 [A]에서 화자가 자신에 대해 인식한 내용과 대비된다.
[C]에서 화자가 인식한 '해마다 죽고 다시 태어나는' '꽃과 벌레들'의 속성은 [A]에서 화자가 자신에 대해 '다시 태어날 수 없'다고 인식한 내용과 대비되므로 적절하다.

④ [D]에는 화자가 자신의 바람과 다른 행동을 하는 이유가 드러난다.
[D]에서 화자가 '산에서 살고 싶은' 자신의 바람과 달리 '산에서 살고 싶은 마음'을 '남겨둔 채 떠'나는 행동의 이유가 '나뭇가지에 사뿐히 내려앉을 수 없고' '바위 틈에 엎드려 잠잘 수 없고' '낙엽과 함께 썩어 버릴 수 없어'서임이 드러나고 있으므로 적절하다.

⑤ [E]에서 나타난 화자의 변화는 [A]에서의 화자의 행동으로부터 비롯된 것이다.
[E]에서 '크낙산에서 돌아온 날'에 '이름없는 작은 산이 되어' '집에서 마을에서' '다시 태어'나는 변화는 [A]에서 화자가 '편안한 집을 떠나' '산으로' 가는 행동으로부터 비롯된 것이므로 적절하다.

## 21 시어의 의미에 따른 작품 이해
정답률 86% | 정답 ①

**㉠과 ㉡에 대한 이해로 가장 적절한 것은?**

✔ ㉠은 화자의 외부에서 비롯된 소리이고, ㉡은 화자에게서 비롯된 소리이다.
㉠은 '파도'가 '몰려와 몸부림치며 바위를 물어뜯고 넘쳐나는데' '내 귀가 듣는것'이라 하였으므로 화자의 외부에서 비롯된 소리이며, ㉡은 화자가 '야호 외'친 소리가 '되돌아'온 것으로, 화자에게서 비롯된 소리이므로 적절하다.

② ㉠은 화자의 성찰을 유도하는 소리이고, ㉡은 화자의 각성을 방해하는 소리이다.
㉡은 화자의 각성을 방해하는 소리라고 할 수 없다.

③ ㉠은 화자에게 안정감을 느끼게 하는 소리이고, ㉡은 화자에게 두려움을 느끼게 하는 소리이다.
㉠은 화자에게 안정감을 느끼게 하는 소리라고 할 수 없고, ㉡은 화자에게 두려움을 느끼게 하는 소리라고 할 수 없다.

④ ㉠과 ㉡은 모두 화자가 추억을 환기하게 하는 소리이다.
㉠과 ㉡은 모두 화자가 추억을 환기하게 하는 소리라고 할 수 없다.

⑤ ㉠과 ㉡은 모두 화자가 다른 대상들에게 들려주고자 하는 소리이다.
㉠은 화자가 다른 대상들에게 들려주고자 하는 소리라고 할 수 없다.

## 22 내용 이해
정답률 89% | 정답 ④

**ⓐ ~ ⓔ에 대한 설명으로 적절하지 않은 것은?**

① ⓐ : 이사한 집의 특성과 날씨로 인해 매우 힘들었음을 나타낸다.
ⓐ는 이사한 집의 특성이 '좁고 낮'은 데다 '날씨가 무덥기까지 하여 '뜨거운 화로에 들어간 것 같'이 힘들었음을 드러낸 것이므로 적절하다.

② ⓑ : 죽봉이 자연물을 재료로 지어졌고 규모가 넉넉함을 드러낸다.
ⓑ는 죽봉이 '대나무를 깔아' 자연물을 재료로 지어졌으며 '수십 명이 앉을 수 있'을 만한 규모임을 드러내고 있으므로 적절하다.

③ ⓒ : 죽봉에서 느끼는 시원함에 충분히 만족하고 있음을 드러낸다.
ⓒ는 '바람을 타고 멀리 날아가는 것 같은 생각이 들었'을 만큼 죽봉에서 느끼는 시원함에 충분히 만족하고 있음을 드러낸 것이므로 적절하다.

✔ ⓓ : 죽봉이 장인이 만든 건축물에는 미치지 못한다는 아쉬움을 드러낸다.
ⓓ는 죽봉이 '검소하고 소박하여 화려하게 치장하지 않아도 남달리 시원'하다는 것을 강조하고 있을 뿐 죽봉이 장인이 만든 건축물에는 미치지 못한다는 아쉬움을 드러낸 것이 아니므로 적절하지 않다.

⑤ ⓔ : 노인과의 만남이 현실에서 실제로 일어난 일이 아니었음을 나타낸다.
ⓔ는 '잠이 들'어 '노인'과 만난 후 '그의 말을 기이하게 여겼으나 미처 대답하기도 전에 기지개를 켜고 일어났다'고 한 것에서 노인과의 만남은 꿈속의 일이었음을 알 수 있으므로 적절하다.

## 23 외적 준거에 따른 작품 감상
정답률 78% | 정답 ⑤

**<보기>를 참고하여 (나), (다)를 감상한 내용으로 적절하지 않은 것은? [3점]**

<보 기>

문학 작품에서 공간은 본질적 특성에서 나아가 주체의 주관적 인식에서 비롯된 의미를 갖는 경우가 있다. 주체는 공간에 대한 지향을 드러냄으로써 자신이 추구하는 가치를 제시하기도 한다. 또한 공간을 통해 당면한 문제를 해결하기도 하는데 이때 공간은 구체적인 공간일 수도 있고 관념적인 공간일 수도 있다.

① (나)에서는 '땅과 하늘을 집삼아' '몸만 가지고 넉넉히 살아가는' '나무와 짐승들'을 보며 '꽃과 벌레들'을 '부러워'하는 것에서, 자연적 삶을 살아갈 수 있는 공간에 대한 지향을 드러내고 있군.
(나)에서 '땅과 하늘을 집삼아' '몸만 가지고 넉넉히 살아가는' '나무와 짐승들'을 보며 '꽃과 벌레들'을 '부러워'하는 것은 자연적 삶을 살아갈 수 있는 공간인 산에 대한 지향을 드러낸 것이므로 적절하다.

② (나)에서는 산의 '어디서나' '지저귀는' 멧새들의 '소리'가 '여울에 섞여 흘러'간다는 것에서, 산이 서로가 자유롭게 어우러져 살아가는 공간이라는 인식을 드러내고 있군.
(나)에서 산의 '어디서나' '지저귀는' 멧새들의 '소리'가 '여울에 섞여 흘러'간다는 것은, 산이 서로가 자유롭게 어우러져 살아가는 공간임을 드러낸 것이므로 적절하다.

③ (다)에서는 '죽봉이 통쾌한 줄만' 아는 나에게 '하늘에 있는 사람이 보기에는 진흙탕과 같다'고 말하는 것에서, 동일한 공간도 관점의 차이에 따라 부여하는 의미가 달라질 수 있음을 드러내고 있군.
(다)에서는 '죽봉이 통쾌한 줄만' 아는 '나'와 달리 '하늘에 있는 사람이 보기에는' 죽봉도 '진흙탕과 같다'는 것을 통해 죽봉이라는 동일한 공간에 부여하는 의미가 관점의 차이에 따라 달라질 수 있음을 드러내고 있으므로 적절하다.

④ (나)에서는 '마음이 무거'워 '집을 떠나' '산으로 간다'는 것에서 공간의 이동을 통해, (다)에서는 '더위를 피할 방법을 찾다가' '월송정 숲속에 죽봉을 만들었다'는 것에서 새로운 공간의 조성을 통해 자신의 문제를 해결하려는 모습을 드러내고 있군.
(나)에서는 '집을 떠나' '산으로' 가는 공간의 이동을 통해 '마음이 무'겁다는 자신의 문제를 해결하려는 모습을 드러내고 있고, (다)에서는 '월송정 숲속'에 새로운 공간인 '죽봉'을 조성하여 '더위를 피'함으로써 자신의 문제를 해결하려는 모습을 드러내고 있으므로 적절하다.

✔ (나)에서는 '높은 봉우리'와 '깊은 골짜기'에 가도 산에 '중심이 없'다는 것에서 구체적 공간의 한계를, (다)에서는 '가슴속'의 '누각'에 오르면 '세상의 득실과 영욕'도 '구름과 안개처럼 흩어져 사라'진다는 것에서 관념적 공간의 한계를 드러내고 있군.
(나)에서 '높은 봉우리'와 '깊은 골짜기'에 가도 산에는 '중심이 없어' '어디서나 멧새들 지저귀는 소리' '여울에 섞여 흘러'간다고 하였으므로 구체적 공간의 한계를 드러내고 있는 것이라 볼 수 없고, (다)에서 '가슴속'의 '누각'에서 '세상의 득실과 영욕'이 '구름과 안개처럼 흩어져 사라'진다는 것은 세속적 가치로부터 자유로워질 수 있음을 나타낸 것일 뿐, 관념적 공간의 한계를 드러내고 있는 것이라 볼 수 없으므로 적절하지 않다.

# 24~27 현대 소설

김원일, 「마음의 감옥」

감상 **이타적 삶을 살아온 동생을 통해 삶의 의미에 대해 성찰하는 인물의 모습**을 그린 작품이다. 이웃을 위해 헌신하는 삶을 살다가 구속된 동생이 건강 악화로 병원에 옮겨진 뒤, 그를 따르는 사람들은 그에 대한 처사가 부당하다고 여겨 저항한다. 이러한 과정에서 **인물은 동생의 삶이 지닌 영향력을 깨닫고, 옳다고 여기는 일에 대한 신념을 갖고 행동했던 과거를 떠올린다.**

주제 극한적 현실 속에서의 자아 발견과 참된 삶에 대한 의지

## 24 서술상 특징 파악
정답률 84% | 정답 ③

**윗글에 대한 설명으로 가장 적절한 것은?**

① 액자식 구성을 통해 사건을 입체적으로 나타내고 있다.
액자식 구성을 활용하고 있지 않다.

② 동시에 진행되는 사건을 병렬하여 이야기를 구성하고 있다.
동시에 진행되는 사건을 병렬하고 있지 않다.

✔ 이야기 내부의 서술자가 자신의 경험을 통해 사건을 전개하고 있다.
이야기 내부의 서술자인 '나'가 동생과 관련된 일들에 대한 자신의 경험을 통해 사건을 전개하고 있으므로 적절하다.

④ 계절의 변화에 대한 묘사를 통해 사건 해결의 실마리를 제시하고 있다.
계절의 변화에 대한 묘사가 나타나 있지 않다.

⑤ 공간의 이동에 따라 서술자를 달리하여 사건에 대한 다양한 관점을 드러내고 있다.
공간의 이동에 따라 서술자를 달리하고 있지 않다.

## 25 내용 이해
정답률 88% | 정답 ④

**ⓐ ~ ⓒ와 관련하여 윗글을 이해한 내용으로 가장 적절한 것은?**

① 현구의 가족들은 현구의 제안에 따라 현구를 ⓐ로 이동시키려 하고 있다.
현구가 혼수상태에 빠진 뒤 현구의 가족들은 자신들의 판단에 따라 현구를 ⓐ로 이동시키려 하고 있으므로 적절하지 않다.



[문제편 p.067]

② 젊은이들은 현구의 가족들이 안전을 위해 ⓑ에 계속 머무는 것에 찬성하고 있다.
젊은이들은 현구의 가족들이 ⓑ에서 빠져나가는 것을 돕고 있으므로 적절하지 않다.

③ 어머니는 동수를 업고 ⓒ로 가는 것에 위험을 느껴 불만을 제기하고 있다.
어머니는 동수를 업고 ⓒ로 가는 것에 위험을 느껴 불만을 제기하지 않았으며, 처음에는 현구가 다칠까 봐 걱정을 하였지만 이내 현구를 ⓒ로 데리고 가는 것에 찬성하고 있으므로 적절하지 않다.

✔ **동수 엄마는 ⓑ보다 ⓐ가 현구를 진정으로 위하는 공간이라고 생각하고 있다.**
동수 엄마가 어머니에게 '어머님, 동수 아빠를 비산동 우리 방에서 ~ 감시받는 자리에서 돌아가시게 할 수 없어요!'라고 말한 것을 통해 동수 엄마는 ⓑ보다 ⓐ가 현구를 진정으로 위하는 공간이라고 생각하고 있다는 것을 알 수 있으므로 적절하다.

⑤ 숙영이는 현구를 ⓑ에서 ⓒ로 이동시키는 것을 끝까지 반대하고 있다.
숙영이는 처음에는 걱정을 하였지만 결국에는 현구를 ⓑ에서 ⓒ로 이동시키는 것에 찬성하고 있으므로 적절하지 않다.

## 26 대화 의도 파악

정답률 77% | 정답 ①

**㉠ ~ ㉤에 대한 이해로 적절하지 않은 것은?**

✔ **㉠ : 현구 어머니의 행위가 불합리함을 질타하며 현구의 안위를 염려하고 있다.**
㉠에서 창길이 할아버지는 전투경찰대원들의 행위가 불합리함을 질타하며 현구의 안위를 염려하고 있다. 이는 현구 어머니의 행위가 불합리함을 질타한 것이 아니므로 적절하지 않다.

② ㉡ : 학생들의 행동이 유발할 부정적 결과를 환기하며 그들의 행동을 제한하려는 의도를 드러내고 있다.
㉡에서 수사관은 학생들이 고함을 질러대며 시위를 계속하면 현구가 심리적 안정을 취하기 어려울 것임을 환기하며 학생들이 시위를 계속하는 것을 제한하려는 의도를 드러내고 있으므로 적절하다.

③ ㉢ : 동수 엄마의 의견에 동조하며 동수에게 함께 하고 싶은 행동을 제안하고 있다.
㉢에서 어머니는 동수 엄마의 의견에 동조하며 동수에게 함께 앞장서야 한다고 제안하고 있으므로 적절하다.

④ ㉣ : 동수의 질문에 답변하며 동수가 앞으로 해야 할 역할을 강조하고 있다.
㉣에서 어머니는 동수의 질문에 답변하며 이제는 동수가 현구가 못다 한 일을 해야 한다는 것을 강조하고 있으므로 적절하다.

⑤ ㉤ : 숙영이에게 상황의 불가피함을 언급하며 행동에 동참하기를 권유하고 있다.
㉤에서 '나'는 숙영이에게 어쩔 수 없는 상황임을 언급하며 함께 나가자고 권유하고 있으므로 적절하다.

## 27 외적 준거에 따른 작품 감상

정답률 80% | 정답 ③

**〈보기〉를 바탕으로 윗글을 감상한 내용으로 적절하지 않은 것은? [3점]**

〈보 기〉

「마음의 감옥」은 이타적 삶을 살아온 동생을 통해 삶의 의미에 대해 성찰하는 인물의 모습을 그린다. 이웃을 위해 헌신하는 삶을 살다가 구속된 동생이 건강 악화로 병원에 옮겨진 뒤, 그를 따르는 사람들은 그에 대한 처사가 부당하다고 여겨 저항한다. 이러한 과정에서 인물은 동생의 삶이 지닌 영향력을 깨닫고, 옳다고 여기는 일에 대한 신념을 갖고 행동했던 과거를 떠올린다.

① 가난한 자를 위한 사랑을 실천하는 현구를 소명을 받은 자라고 한 것에서, 이웃을 위해 헌신한 이타적 삶을 산 동생의 모습을 찾을 수 있군.
'현구는 내게 했던 말처럼 ~ 소명을 받은 자였다.'에서 '나'가 가난한 자를 위한 사랑의 실천 운동을 한 현구를 소명을 받은 자라고 한 것을 통해 이웃을 위해 헌신한 이타적 삶을 산 동생의 모습을 찾을 수 있으므로 적절하다.

② 뙤약볕 아래에 말없이 앉아 땀에 젖어 있는 학생들을 보고 고행하는 것 같다고 여긴 것에서, 동생에 대한 처사가 부당하다고 생각하여 이에 저항하는 사람들에 대한 인물의 생각을 찾을 수 있군.
'구호가 끊긴 바깥으로 나서니 ~ 고행하는 승려들 같았다.'에서 현구의 석방을 요구하며 시위하는 학생들을 고행하는 승려들 같았다고 '나'가 생각한 것을 통해 동생에 대한 처사가 부당하다고 생각하여 이에 저항하는 사람들에 대한 인물의 생각을 찾을 수 있으므로 적절하다.

✔ **어둑발이 내리는 속에 현구의 모습이 보이지 않아 초조해 한 것에서, 건강이 악화된 동생을 회복시키기 위해 자신의 삶의 의미를 성찰하고 있는 인물의 모습을 찾을 수 있군.**
'저물한 속에 복도는 ~ 나는 초조했다.'에서 복도는 최루탄 내음으로 매캐하고 어둑발이 내리는 속인 것을 통해 어둡고 혼란한 상황 속에서 현구가 보이지 않아 초조해하는 '나'의 모습을 확인할 수 있다. 이는 건강이 악화된 동생을 회복시키기 위해 자신의 삶의 의미를 성찰하고 있는 '나'의 모습이라고는 할 수 없으므로 적절하지 않다.

④ 현구가 우리 모두의 마음에 들어앉아 살아 숨 쉴 감옥 한 칸을 지었다는 것에서, 동생의 삶이 지닌 영향력을 깨닫게 된 인물의 모습을 찾을 수 있군.
'이제 현구는 우리 모두의 ~ 짓기 시작했다는 깨달음이었다.'에서 우리 모두의 마음에 현구가 감옥 한 칸을 짓기 시작했다는 것을 '나'가 깨달았다는 것을 통해 동생의 삶이 지닌 영향력을 깨닫게 된 인물의 모습을 찾을 수 있으므로 적절하다.

⑤ 어깨 겯고 경무대를 향해 내닫던 때를 기억하며 벅찬 흥분이 되살아남을 뿌듯하게 느낀 것에서, 옳다고 여기는 일에 대한 신념을 갖고 행동했던 과거를 떠올리는 인물의 모습을 찾을 수 있군.
'그제서야 사일구 그날, 우리 모두 ~ 나는 가슴 뿌듯이 느낄 수 있었다.'에서 '나'가 사일구 그날에 경무대를 향해 내닫던 벅찬 흥분이 되살아남을 뿌듯이 느꼈다는 것을 통해 옳다고 여기는 일에 대한 신념을 갖고 행동했던 과거를 떠올리는 인물의 모습을 찾을 수 있으므로 적절하다.

# 28~30 고전 시가

**(가) 남도진, 「낙은별곡」**

**감상** 속세를 떠나 자연에서의 은거를 선택한 작가가 자신의 삶에 대한 정서를 드러내고 있는 작품이다. 낙은암 주변 일곡 팔경을 완상하며 살아가는 안빈낙도의 자세가 나타나 있으며 **자연과 속세의 삶에 대한 대비를 통해 편안하고 소박한 삶에 대한 만족감**이 드러나 있다.

**주제** 자연을 완상하며 살아가는 삶에 대한 만족감

**(나) 윤양래, 「갑극만영」**

**감상** 변방에 유배를 간 작가가 고향에 대한 정서를 드러내면서 임금을 달에 비유하여 연군의 정을 표현하고 있는 작품이다. **고향과 가족에 대한 그리움을 나타내고 있으며 유배 생활에 대한 토로와 탄식의 정서**를 드러내고 있다.

**주제** 고향과 가족에 대한 그리움과 자신의 처지에 대한 탄식

## 28 표현상 특징 파악하기

정답률 65% | 정답 ③

**(가)와 (나)에 대한 설명으로 가장 적절한 것은?**

① (가)는 (나)와 달리 음성 상징어를 사용하여 대상의 역동성을 강조하고 있다.
(가)는 음성 상징어를 사용하고 있지 않다.

② (나)는 (가)와 달리 유사한 문장 구조를 반복하여 리듬감을 부여하고 있다.
(나)는 유사한 문장 구조를 반복하고 있지 않다.

✔ **(가)와 (나)는 모두 말을 건네는 방식을 활용하여 화자의 내면을 드러내고 있다.**
(가)에는 '어저 내 신세를 내 이르니 자네 듣소'에서 '자네'에게, (나)에는 '허천강 건너편에 나날 뵈는 저 봉화야 ~ 편한 소식 전할쏘냐'에서 '봉화'에게 말을 건네는 방식을 활용하여 화자의 내면을 드러내고 있으므로 적절하다.

④ (가)와 (나)는 모두 역설적 표현을 활용하여 주제 의식을 선명하게 표현하고 있다.
(가)와 (나)는 모두 역설적 표현을 활용하고 있지 않다.

⑤ (가)와 (나)는 모두 청유형 어미를 사용하여 대상에 대한 친근감을 나타내고 있다.
(가)와 (나)는 모두 청유형 어미를 사용하고 있지 않다.

## 29 내용 이해

정답률 84% | 정답 ②

**㉠과 ㉡에 대한 이해로 가장 적절한 것은?**

① ㉠에는 자신의 잘못에 대한 변명이, ㉡에는 자신의 행동으로 인한 후회가 드러나 있다.
㉠에는 자신의 잘못에 대한 변명이 드러나 있지 않다. ㉡에는 자신의 행동으로 인한 후회가 드러나 있지 않다.

✔ **㉠에는 일상을 만끽하고 있는 여유로움이, ㉡에는 바라는 바에 대한 간절함이 드러나 있다.**
㉠에는 '동지 밤 눈 온 후에 더운 방에 이불 덮고' '해 돋도록' 늦잠을 자며 여유롭게 일상을 만끽하는 화자의 모습이 드러나 있으므로 적절하다. 또한, ㉡에는 신하 와 임금이 함께 즐기던 옛 시절을 꿈에서라도 볼 수 있다면 매일 '밤낮 자'고 싶다는 것에서 바라는 바에 대한 화자의 간절함이 드러나 있으므로 적절하다.

③ ㉠에는 목표를 달성할 수 없다는 체념이, ㉡에는 결핍을 충족시키기 위한 시도가 드러나 있다.
㉠에는 목표를 달성할 수 없다는 체념이 드러나 있지 않다. ㉡에는 결핍을 충족시키기 위한 시도가 드러나 있다고 볼 수 있다.

④ ㉠에는 시간의 속박에서 벗어난 자유로움이, ㉡에는 지시에 따라 행동하겠다는 의지가 드러나 있다.
㉠에는 시간의 속박에서 벗어난 자유로움이 드러나 있다고 볼 수 있다. ㉡에는 지시에 따라 행동하겠다는 의지가 드러나 있지 않다.

⑤ ㉠에는 어려움에 신속하게 대응하지 못하는 무력감이, ㉡에는 경험이 지속되지 못하는 것에 대한 안타까움이 드러나 있다.
㉠에는 어려움에 신속하게 대응하지 못하는 무력감이 드러나 있지 않다.

## 30 외적 준거에 따른 작품 감상

정답률 78% | 정답 ④

**〈보기〉를 바탕으로 (가), (나)를 감상한 내용으로 적절하지 않은 것은? [3점]**

〈보 기〉

(가)와 (나)에는 이전과 다르게 변화된 자신의 삶에 대한 작가의 인식과 정서가 드러나 있다. (가)에서는 속세를 떠나 자연에서의 은거를 선택한 작가가 자신의 삶에 대한 정서를 드러내고 있다. (나)에서는 변방에 유배를 간 작가가 고향에 대한 정서를 드러내면서 임금을 달에 비유하여 연군의 정을 표현하고 있다.

① (가)에서 '봉우리도 빼어나고 경치도 뛰어'난 '산속에 깃들'었다는 것을 통해 자연에 은거하는 작가의 모습을 엿볼 수 있군.
(가)에서 '봉우리도 빼어나고 경치도 뛰어'난 '산속에 깃들'었다는 것에서 자연에 은거하여 사는 작가의 모습을 엿볼 수 있으므로 적절하다.

② (가)에서 '주인옹이 명리에 뜻이 없어'서 '진세를 하직'했다는 것을 통해 세속적 가치에 욕심이 없어 스스로 속세를 떠난 작가의 모습을 확인할 수 있군.
(가)에서 '주인옹이 명리에 뜻이 없어'서 '진세를 하직'했다는 것에서 부귀공명과 같은 세속적 가치에 욕심이 없어 속세를 떠난 것이 작가가 스스로 선택한 것임을 확인할 수 있으므로 적절하다.

③ (나)의 〈11수〉에서 '두렷한 밝은 달'을 '떠가는 구름'이 가리려 한다는 것을 통해 작가가 자연물을 활용하여 임금에 대한 마음을 드러내고 있음을 짐작할 수 있군.
(나)의 〈11수〉에서 '두렷한 밝은 달'을 '떠가는 구름'이 가리려 하는 것을 경계하는 것에서 임금을 '달'에 비유하여 임금에 대한 작가의 마음을 드러내고 있음을 짐작할 수 있으므로 적절하다.

✔ **(가)에서 '대루원에 서성이'는 사람에게 '내 신세'를 이르는 것을 통해 이전의 삶에 대한 미련을 버리지 못한, (나)의 〈1수〉에서 '허천강 건너편'의 '봉화'를 보며 '목멱산'을 떠올리는 것을 통해 이전의 삶과는 단절된 작가의 현재 상황을 짐작할 수 있군.**
(나)의 〈1수〉에서 '허천강 건너편'의 '봉화'를 보며 '목멱산' 아래에 있는 '내 집'을 떠올리는 것은 변방으로 유배를 간 작가가 유배 전에 살던 집과 가족을 그리워하는 것으로 현재 작가는 이전의 삶과는 단절된 상황임을 짐작할 수 있다. 그러나 (가)에서 '대루원에 서성이'는 사람에게 '내 신세'를 이르는 것은 속세에서 관직에 나간 사람들은 고단하고 괴로운 삶을 살지만, 자신은 속세를 떠나 자연에서 한가하고 여유롭게 살고 있어 현재의 삶에 만족감을 느끼고 있는 것일 뿐 작가가 이전의 삶에 대한 미련을 버리지 못한 것이 아니므로 적절하지 않다.

⑤ (가)에서 '삼공이 귀하다 하나 나는 아니 바꾸'겠다는 것을 통해 자신의 편안한 삶에 대한 작가의 만족감을, (나)의 〈4수〉에서 '가시울 에운 곳'에서 고향이 '가깝'다면 '생각이 더'했으리라는 것을 통해 고향을 떠나온 작가의 그리움을 확인할 수 있군.
(가)에서 '삼공이 귀하다 하나 나는 아니 바꾸'겠다고 하는 것에서 작가가 삼공과 바꾸지 않을 정도로 자신의 편안한 삶에 만족하고 있음을 확인할 수 있으므로 적절하다. 또한, (나)의 〈4수〉에서 변방에 유배를 가 '가시울 에운 곳'에서 지내며 고향이 '가깝'다면 '생각이 더'했을 텐데 차라리 멀어서 잘 되었다고 하는 것에서 고향을 떠나온 작가의 그리움을 확인할 수 있으므로 적절하다.

## 31~34 고전 소설

**작자 미상, 「보은기우록」**

**감상** **도덕적 가치를 강조하면서도 재화가 도덕적 가치 실현을 위한 수단이 될 수도 있음을 드러내는 작품**이다. 재화에 대한 가치관의 차이는 부의 축적만을 도모하는 인물과 공동체 속에서 윤리적 삶을 실천하며 효를 중시하는 인물을 통해 형상화된다.

**주제** 도덕적 가치 실현에 대한 강조

### 31 서술상 특징 파악 정답률 65% | 정답 ⑤

**윗글의 서술상 특징으로 가장 적절한 것은?**

① 꿈과 현실의 교차를 통해 환상적 분위기를 조성하고 있다.
꿈과 현실을 교차하고 있지 않다.

② 서술자의 직접 개입을 통해 인물의 성격을 희화화하고 있다.
서술자의 직접 개입을 통해 인물의 성격을 희화화하고 있지 않다.

③ 우의적 소재를 활용하여 미래에 일어날 일을 암시하고 있다.
우의적 소재를 통해 미래에 일어날 일을 암시하고 있지 않다.

④ 인물의 외양을 묘사하여 인물이 지닌 능력을 강조하고 있다.
인물의 외양을 묘사하여 인물이 지닌 능력을 강조하고 있지 않다.

✔ 과거의 일을 요약적으로 제시하여 사건의 전말을 밝히고 있다.
'이 일은 위연청이 화재를 보고 아버지에게 말씀을 올린 것이었다.'라고 하며 위연청이 백성들을 구제하기 위해 아버지께 말씀을 아뢰고 '유한 형제를 불러 자사를 찾아가 부탁할 일을 일일이 가르치고 편지를 대필한 후 잠깐 다른 고을로' 갔다는 것에 과거의 일을 요약적으로 제시하여 사건의 전말을 밝히는 부분이 나타나 있으므로 적절하다.

★★★ 등급을 가르는 문제!

### 32 내용 이해 정답률 48% | 정답 ④

**㉠에 대한 이해로 적절하지 않은 것은?**

① 녹운이 ㉠을 하기 전에 왕소삼에게 묻는 말에서, 위연청이 무사히 돌아온 것에 대해 왕소삼을 질책하고 있음을 알 수 있다.
녹운이 '위연청이 안전하게 돌아온 것을 보고 실망하고 놀'라 '너는 어찌 허황된 말로 나를 속이는가? 네가 그 집에 가면 죽는다고 하지 않았는가?'라고 물으며 왕소삼을 '꾸짖'고 있다는 것에서 왕소삼을 질책하는 내용이 나타나 있으므로 적절하다.

② 위연청이 ㉠이 있었음을 깨달은 뒤에 한 생각에서, ㉠으로 인해 좋지 않은 일이 생길 것이라고 예감하고 있음을 알 수 있다.
위연청이 '천금'을 허비하지 말라는 위지덕의 말을 들은 후 ㉠이 있었음을 깨닫고 '큰 변이 있을 것이라고 짐작하며 불행히 생각하'는 것에서 ㉠으로 인해 좋지 않은 일이 생길 것이라고 예감하는 내용이 나타나 있으므로 적절하다.

③ 위연청이 ㉠을 들은 위지덕에게 한 말에서, ㉠의 내용이 사실과 다르다고 해명하고 있음을 알 수 있다.
위연청이 '천금'을 허비하지 말라는 위지덕의 말을 듣고 '선비는 글을 짓더라도 값을 받는 것이 아닌 법'이라고 하며 '가져온 것은 아무것도 없'다고 말하는 것에서 '천금의 사례를 받았다'는 ㉠의 내용이 사실과 다르다고 해명하는 내용이 나타나 있으므로 적절하다.

✔ 녹운이 ㉠을 하고 난 후 위연청에게 한 말에서, 위연청의 말이 거짓이라고 생각하고 있음을 알 수 있다.
위연청이 상량문을 지어 천금의 사례를 받았지만 이를 거절한 일에 대해 '왕소삼이 자세히 듣고 돌아와' 녹운에게 전했다는 것에서, 녹운이 왕소삼을 통해 위연청이 '천금도 거절'한 것을 알게 되었음을 확인할 수 있다. 이에 '가져온 것은 아무것도 없'다는 위연청의 말에 녹운이 '감추었다가 자기 재산으로 만들려'했다는 것에는, 위연청이 천금을 거절한 일을 녹운이 사실과 달리 말하고 있음이 드러날 뿐 위연청의 말이 거짓이라고 생각하고 있음이 드러나 있지 않으므로 적절하지 않다.

⑤ 위연청이 ㉠과 관련하여 녹운에게 한 말에서, 녹운의 언행이 본분에 어긋난다고 생각하고 있음을 알 수 있다.
상량문을 지은 일로 '천금'의 사례를 받았다는 ㉠과 관련하여 위연청이 '서모의 소임이 이런 일까지 참견하는 것이 아님을 어찌 생각하지 않습니까?'라고 말하는 것에서 녹운의 언행이 본분에 어긋난다고 생각하는 내용이 나타나 있으므로 적절하다.

**★★ 문제 해결 꿀~팁 ★★**

▶ **많이 틀린 이유는?**
지문의 전후 맥락을 꼼꼼하게 독해하지 못했기에 오답률이 높았던 것으로 보인다.

▶ **문제 해결 방법은?**
이 문제를 해결하기 위해서는 지문에 주어진 상황과 맥락을 정확하게 이해한 후, '녹운'이 알고 있는 정보가 무엇인지를 이해해야 한다. 왕소삼은 녹운에게 '위연청이 강도감 집에서 귀신을 쫓아 살리고, 상량문을 지어 모든 선비들을 압도한 후 천금도 거절했다는 말'을 전한다. 이에 녹운은 위연청이 '천금을 거절'했다는 사실을 알고 있었지만, 위지덕에게 '이연청이 평산당 상량문을 짓고, 천금의 사례를 받았다'고 거짓으로 참소한다. 그러므로 ④의 경우 녹운이 참소를 하고 난 후 위연청에게 한 말에서, 위연청의 말이 거짓이라고 생각하고 있었다는 것은 적절하지 않다. 녹운은 위연청이 천금을 거절했다는 사실을 알고 있었기 때문이다. 이와 같은 문제를 해결하기 위해서는 지문의 맥락을 파악하며 인물의 발화를 따라갈 수 있어야 한다.

### 33 대화 방식 이해 정답률 65% | 정답 ⑤

**ⓐ와 ⓑ에 대한 설명으로 가장 적절한 것은?**

① ⓐ에서는 상대의 역할을 언급하며 고마운 감정을 표현하고 있고, ⓑ에서는 인물이 이전에 한 행동의 이유에 대해 추측하고 있다.
ⓑ에는 '과거 더럽게 재물을 모은 것'에 위지덕이 이전에 한 행동이 드러나 있고, '이런 큰 계책이 있기 때문'이라는 것에 위지덕이 한 행동의 이유에 대한 양주 자사의 추측이 드러나 있다. 하지만 ⓐ에는 상대의 역할을 언급하는 내용이 나타나 있지 않으므로 적절하지 않다.

② ⓐ에서는 인물의 지위를 제시하며 자신에 대한 비난에 반박하고 있고, ⓑ에서는 자신의 상황을 언급하며 자신을 향한 비난을 받아 들이고 있다.
ⓐ에는 녹운이 인물의 지위를 제시하는 내용이 나타나 있지 않고, ⓑ에는 양주 자사가 자신의 상황을 언급하며 자신을 향한 비난을 받아들이는 내용이 나타나 있지 않으므로 적절하지 않다.

③ ⓐ에서는 자신의 처지를 언급하며 상대에게 바라는 점을 제시하고 있고, ⓑ에서는 인물에 대해 생각한 점을 밝히며 자신의 우월함을 드러내고 있다.
ⓑ에는 '위지덕의 어진 마음과 재주를 본받아 위연청이 났음'을 깨달았다. 과거 더럽게 재물을 모은 것은 원래 이런 큰 계책이 있기 때문'에 위지덕에 대한 양주 자사의 생각이 드러나 있지만 양주 자사가 자신의 우월함을 드러내는 내용이 나타나 있지 않으므로 적절하지 않다.

④ ⓐ에서는 상대와의 관계를 바탕으로 자신이 해야 할 바를 나타내고 있고, ⓑ에서는 인물로 인해 발생한 문제에 대해 해결책을 제시하고 있다.
ⓐ에는 녹운이 상대와의 관계를 바탕으로 자신이 해야 할 바를 나타내는 내용이 나타나 있지 않고, ⓑ에는 양주 자사가 문제에 대한 해결책을 제시하는 내용이 나타나 있지 않으므로 적절하지 않다.

✔ ⓐ에서는 자신이 처한 상황에 대한 책임을 상대에게 전가하고 있고, ⓑ에서는 자신의 깨달음을 근거로 인물에 대한 타인의 평가가 옳지 않음을 드러내고 있다.
ⓐ에는 녹운이 자신이 '핀잔'을 받은 상황에 대해 '영감님이 너그러운 탓'이라고 하며 위지덕에게 책임을 전가하는 내용이 나타나 있다. 또한 ⓑ에는 양주 자사가 '위지덕의 어진 마음과 재주를 본받아 위연청이 났'다는 깨달음을 근거로 '세상 사람들이 위지덕을 헐뜯는 말은 대롱으로 하늘을 엿보고 조개를 던져 바다를 측량함과 같'다고 하며 위지덕에 대한 타인의 평가가 옳지 않다고 여기는 내용이 나타나 있으므로 적절하다.

### 34 외적 준거에 따른 작품 감상 정답률 68% | 정답 ④

**〈보기〉를 참고하여 윗글을 감상한 내용으로 적절하지 않은 것은? [3점]**

〈보 기〉

「보은기우록」에는 재화에 대한 가치관의 차이가 두드러지게 나타나는데, 이는 부의 축적만을 도모하는 인물과 공동체 속에서 윤리적 삶을 실천하며 효를 중시하는 인물을 통해 형상화된다. 또한, 이 작품은 도덕적 가치를 강조하면서도 재화가 도덕적 가치 실현을 위한 수단이 될 수도 있음을 드러낸다.

① 위지덕이 위연청에게 천금을 허비하지 말고 이자를 치라고 말하는 것에서 부를 추구하는 인물의 모습을 확인할 수 있군.
위지덕이 위연청에게 '천금'을 '헛되이 허비하지 말고 이자를 쳐서 없어지지 않게 하라.'라고 하는 것에서 부를 추구하는 인물의 모습을 확인할 수 있으므로 적절하다.

② 위지덕이 천금을 거절한 위연청에게 자신의 가르침을 거역한다고 화를 내는 것에서 인물 간의 갈등이 재화에 대한 가치관의 차이와 관련되어 있음을 확인할 수 있군.
'천금'을 거절한 위연청에게, 위지덕이 '받아 감추는 것은 오히려 이유가 있다고 할 수 있'지만 '주는 것을 사양하는 것은 나의 가르침을 거역하는 것'이라고 하는 것에서 인물 간의 갈등이 가치관의 차이와 관련되어 있음을 확인할 수 있으므로 적절하다.

③ 위연청이 아버지에게 말씀을 올려 창고의 재산을 관청으로 보내 쓰이게 한 것에서 공동체를 위해 윤리적인 삶을 실천하고자 하는 인물의 모습을 확인할 수 있군.
위연청이 '화재를 보고' 백성들을 구제하기 위해 '아버지에게 말씀을 올'리고 '유한 형제를 불러 자사를 찾아가 부탁할 일을 일일이 가르치'며 재산을 '관청의 쓰임에 보태'게 한 것에서 공동체를 위해 윤리적인 삶을 실천하고자 하는 인물의 모습을 확인할 수 있으므로 적절하다.

✔ 위지덕이 재물을 아낄 때 목숨과 같이 생각하였다는 것에서 재화가 도덕적 가치 실현을 위한 수단이 될 수 있음을 깨달은 인물의 모습을 확인할 수 있군.
위지덕이 '재물을 아낄 때' '목숨처럼' 아꼈다는 것에는 과거에 부의 축적을 도모했던 인물의 모습이 드러나 있을 뿐, 인물이 도덕적 가치의 실현을 위해 재화가 수단이 될 수 있다는 것을 깨닫는 내용이 나타나 있지 않으므로 적절하지 않다.

⑤ 위연청이 아버지의 이름으로 편지를 써 양주 자사에게 보낸 것에서 선행의 공을 아버지에게 돌려 효를 실천하고자 하는 인물의 모습을 확인할 수 있군.
위연청이 '편지를 대필'한 후, 이를 양주 자사에게 보내고 자신은 '다른 고을로 가' 자신이 한 일을 '아버지께서 한 일'로 보이게 한 것에서 선행의 공을 아버지에게 돌려 효를 실천하고자 하는 인물의 모습을 확인할 수 있으므로 적절하다.

## [35~45] 화법과 작문

### 35 말하기 방식 파악 정답률 88% | 정답 ③

**위 발표자의 말하기 방식으로 가장 적절한 것은?**

① 자신이 겪었던 일을 언급하며 청중의 주의를 환기하고 있다.
자신이 겪었던 일을 언급하고 있지 않다.

② 청중의 요청에 따라 발표 내용에 대한 정보를 추가하고 있다.
청중의 요청이 나타나 있지 않다.

✔ 발표 주제 선정의 배경을 언급하며 발표 주제를 소개하고 있다.
1문단의 '최근 이 우주 쓰레기가 ~ 소개하고자 합니다.'에서 발표 주제인 '우주쓰레기의 위험성과 제거 방법'에 대한 선정의 배경을 언급하며 발표 주제를 소개하고 있으므로 적절하다.

④ 설문 조사 결과를 인용하여 발표 내용의 신뢰성을 높이고 있다.



[문제편 p.072]

설문 조사 결과를 인용하고 있지 않다.

⑤ **청중에게 질문을 던지며 발표 내용을 실천할 것을 권유하고 있다.**
청중에게 질문을 던지고 있지 않다.

## 36 발표 전략 파악
정답률 89% | 정답 ⑤

**다음을 바탕으로 위 발표가 진행되었다고 할 때, 발표자가 사용한 발표 전략으로 적절하지 않은 것은?**

[청중의 특성 분석]
○ 우주 쓰레기의 모습을 쉽게 떠올리기 어려움. ………… ㉠
○ 우주 쓰레기가 지구 궤도를 도는 원리를 모를 수 있음. ………… ㉡

[발표 제재의 특성 분석]
○ 우주 쓰레기가 큰 파괴력을 지니고 있음. ………… ㉢
○ 우주 쓰레기의 양이 과거에 비해 많이 증가함. ………… ㉣
○ 우주 쓰레기를 제거하는 기술이 개발되고 있음. ………… ㉤

① **㉠을 고려하여, 우주 쓰레기의 구체적인 모습을 시각적으로 보여 주기 위해 '사진'을 활용하고 있다.**
1문단에서 '우주 쓰레기'의 구체적인 '모습'을 시각적으로 보여주기 위해 '인공위성의 파편', '로켓의 잔해 등'의 '사진'을 활용하고 있으므로 적절하다.

② **㉡을 고려하여, 우주 쓰레기가 지구 궤도를 도는 과학적 원리를 알려 주기 위해 '영상 1'을 활용하고 있다.**
2문단에서 '실로 묶어 돌리는 공'이 '실의 장력과 공의 원심력이 평형'을 이룰 만큼 빨라서 '떨어지거나 날아가지 않'는다는 내용을 담은 '영상 1'을 활용하여 '우주 쓰레기'의 '속도'가 '지구 중력과 평형을 이룰 만큼' 빠르다는 과학적 원리를 설명하고 있으므로 적절하다.

③ **㉢을 고려하여, 우주 쓰레기가 큰 운동 에너지를 가지고 있어 파괴력이 크다는 것을 알려 주기 위해 '표'를 활용하고 있다.**
2문단에서 '우주 쓰레기'의 '운동 에너지'가 제시된 '표'를 활용하여 '아주 작은 우주 쓰레기'가 '총알'만큼 '파괴력'이 크다는 것을 알려주고 있으므로 적절하다.

④ **㉣을 고려하여, 우주 쓰레기의 양이 꾸준히 증가하고 있음을 보여 주기 위해 '그래프'를 활용하고 있다.**
3문단에서 '우주 쓰레기'가 '1970년대부터 지금까지 꾸준히 늘어'난 추세를 담은 '그래프'를 활용하여 '우주 쓰레기의 양'이 꾸준히 증가하고 있음을 보여주고 있으므로 적절하다.

✔ **㉤을 고려하여, 우주 쓰레기를 제거하기 위한 기술의 발전 과정을 순차적으로 알려 주기 위해 '영상 2'를 활용하고 있다.**
4문단에서 '우주 쓰레기를 제거하기 위한 기술'의 예시인 '그물 방식'과 '태양돛 기술'을 보여주기 위해 '영상 2'를 활용하고 있지만 기술의 발전 과정을 순차적으로 알려주기 위한 것은 아니므로 적절하지 않다.

## 37 청중 반응의 적절성 파악
정답률 93% | 정답 ③

**발표 내용을 바탕으로 할 때, 〈보기〉에 나타난 학생들의 반응에 대한 이해로 적절하지 않은 것은?**

〈보 기〉

**학생 1** : 내가 어제 본 영화에서 주인공이 우주 비행을 하다 어떤 물체와 부딪쳐 표류하는 장면이 있었는데, 발표를 들으면서 그것이 우주 쓰레기라는 것을 알 수 있어서 좋았어.
**학생 2** : 몰랐던 우주 쓰레기의 위험성을 알 수 있어서 유익했어. 그런데 왜 인공위성의 대부분이 저궤도에 존재하는 걸까? 나중에 발표자에게 물어봐야겠어.
**학생 3** : 우주 쓰레기 경감 지침을 자세히 알려 주지 않아서 아쉬워. 지침 내용을 국제기구 누리집에서 검색해 봐야지.

① **'학생 1'은 발표 내용과 관련된 자신의 경험을 떠올리고 있군.**
'학생 1'은 자신이 '어제 본 영화에서 주인공'이 '어떤 물체와 부딪'친 장면을 떠올리며 '그것이 우주 쓰레기라는 것을 알 수 있'었다고 말한 것으로 볼 때, 발표 내용인 '우주 쓰레기'와 관련된 자신의 경험을 떠올리고 있으므로 적절하다.

② **'학생 2' 는 발표 내용의 일부와 관련된 궁금한 점을 드러내고 있군.**
'학생 2'는 '왜 인공위성의 대부분이 저궤도에 존재하는 걸까?'라고 말한 것으로 볼 때, 발표 내용의 일부인 '저궤도에 전체 인공위성의 70% 이상이 있'다는 내용과 관련된 궁금한 점을 드러내고 있으므로 적절하다.

✔ **'학생 3'은 발표 내용의 오류를 지적하며 이에 대한 아쉬운 점을 드러내고 있군.**
'학생 3'은 발표자가 '우주 쓰레기 경감 지침'의 지침 내용을 제시하지 않은 점을 언급하고 있지만 발표 내용의 오류를 지적하고 있는 것은 아니므로 적절하지 않다.

④ **'학생 1'과 '학생 2'는 모두, 이전에 몰랐던 사실을 발표를 통해 알게 된 것을 긍정적으로 생각하고 있군.**
'학생 1'은 '그것이 우주 쓰레기라는 것을 알 수 있어서 좋았'다고 말했고, '학생 2'는 '몰랐던 우주 쓰레기의 위험성을 알 수 있어서 유익했'다고 말한 것으로 볼 때, 두 학생 모두 이전에 몰랐던 사실을 발표를 통해 알게 된 것을 긍정적으로 생각하고 있음을 확인할 수 있으므로 적절하다.

⑤ **'학생 2'와 '학생 3'은 모두, 발표에서 언급된 내용과 관련하여 추가적인 정보를 탐색하려 하고 있군.**
'학생 2'는 '발표자에게 물어봐야겠'다고 말했고, '학생 3'은 '누리집에서 검색해 봐야'겠다고 말한 것으로 볼 때, 두 학생 모두 발표에서 언급된 내용과 관련하여 추가적인 정보를 탐색하려 하고 있으므로 적절하다.

## 38 대화 참여자 역할 이해
정답률 95% | 정답 ③

**다음은 '학생 1'이 동아리 활동을 준비하면서 작성한 메모이다. (가)의 '학생 1'의 발화에서 확인할 수 있는 내용으로 적절하지 않은 것은?**

[도입]
– 지난 시간에 결정된 주제 환기하기 ………… ①
[진행]
– 논의 중 대화 주제 한정하기 ………… ②
– 대화 주제에서 벗어난 발화 바로잡기 ………… ③
– 대화 참여자들의 공통된 입장 정리하기 ………… ④
[마무리]
– 다음 모임에서 할 활동 내용 제안하기 ………… ⑤

① **지난 시간에 결정된 주제 환기하기**
'학생 1'의 첫 번째 발화에서 '지난 시간에 ~ 쓰기로 했잖아.'라고 하며 지난 시간에 결정된 주제를 환기하고 있으므로 적절하다.

② **논의 중 대화 주제 한정하기**
'학생 1'의 두 번째 발화에서 '지금부터는 ~ 어때?'라고 하며 논의 중에 대화 주제를 해결 방법으로 한정하고 있으므로 적절하다.

✔ **대화 주제에서 벗어난 발화 바로잡기**
'학생 1'의 발화 중 대화 주제에서 벗어난 발화를 바로잡는 부분을 확인할 수 없으므로 적절하지 않다.

④ **대화 참여자들의 공통된 입장 정리하기**
'학생 1'의 여섯 번째 발화에서 '관광산업이 ~ 동의하는 거지?'라고 하며 대화 참여자들의 공통된 입장을 정리하고 있으므로 적절하다.

⑤ **다음 모임에서 할 활동 내용 제안하기**
'학생 1'의 일곱 번째 발화에서 '다음 시간에는 ~ 수정하도록 하자'라고 하며 다음 모임에서 할 활동 내용을 제안하고 있으므로 적절하다.

## 39 말하기 방식 파악
정답률 78% | 정답 ⑤

**[A]와 [B]에 대한 설명으로 가장 적절한 것은?**

① **[A]의 '학생 2'는 상대의 발화 내용을 수용하며 자신의 견해를 수정하고 있다.**
[A]의 '학생 2'는 '일시적으로는 ~ 있지만'이라고 하며 인원 제한은 경제적 손실이라는 '학생 3'의 발화 내용을 수용하고 있지만 자신의 견해를 수정하고 있지 않으므로 적절하지 않다.

② **[B]의 '학생 2'는 객관적인 자료를 추가로 제시하며 앞선 질문에 대답하고 있다.**
[B]의 '학생 2'는 시설 확충에 대한 '학생 3'의 앞선 질문에 '맞아.'라고 대답하고 있지만 객관적인 자료를 추가로 제시하고 있지 않으므로 적절하지 않다.

③ **[B]의 '학생 3'은 상대의 의견이 가진 한계점을 지적한 후, 공유하고 있는 정보가 지닌 의의를 밝히고 있다.**
[B]의 '학생 3'은 '장기적인 관점에서 ~ 알겠어.'라고 하며 △△시에 대해 공유하고 있는 정보가 지닌 의의를 밝힌 후 '하지만 ~ 같아.'라고 하며 상대의 의견이 가진 한계점을 지적하고 있지만, 한계점을 지적한 후 의의를 언급한 것은 아니므로 적절하지 않다.

④ **[A]의 '학생 2'와 [B]의 '학생 3'은 모두, 상대의 의견을 인정하면서 자신의 의견과 절충할 수 있는 방안을 제안하고 있다.**
[A]의 '학생 2'는 '일시적으로는 ~ 있지만'이라고 하며 인원 제한이 경제적 손실이라는 '학생 3'의 의견을 인정하고 있고, [B]의 '학생 3'은 '장기적인 관점에서 ~ 알겠어.'라고 하며 인원 제한 정책과 지역 특색을 살린 관광 프로그램이 장기적인 관점이라는 '학생 2'의 의견을 인정하고 있지만 두 학생 모두 자신의 의견과 절충할 수 있는 방안을 제안하고 있지 않으므로 적절하지 않다.

✔ **[A]의 '학생 3'과 [B]의 '학생 2'는 모두, 질문의 방식을 통해 문제 상황의 해결책에 대한 비판적 관점을 제시하고 있다.**
[A]의 '학생 3'은 '관광지를 ~ 손실 아니야?'라고 하며 질문의 방식을 사용하여 문제 상황의 해결책으로 △△시가 도입한 인원 제한에 대해 비판적 관점을 제시하고 있으며, [B]의 '학생 2'는 '하지만 ~ 없지 않을까?'라고 하며 질문의 방식을 사용하여 문제 상황의 해결책으로 '학생 3'이 제안한 시설 확충에 대해 비판적 관점을 제시하고 있으므로 적절하다.

★★★ 등급을 가르는 문제!

## 40 대화 내용 반영 파악
정답률 70% | 정답 ④

**(가)를 바탕으로 (나)를 설명한 내용으로 적절하지 않은 것은? [3점]**

① **1문단에서는 (가)에서 언급된 과잉관광의 개념을 제시한 후 우리 지역에 지속 가능한 관광이 필요한 이유를 밝히고 있다.**
(가)의 '학생 2'의 두 번째 발화에서 '과잉관광은 ~ 현상이야.'라고 하며 언급된 과잉관광의 개념을 (나)의 1문단에서 '관광지에 ~ 저해되는 과잉관광'이라고 제시한 후 '이에 전 세계적으로 ~ 노력이 필요하다.'라고 언급하며 과잉관광 문제가 발생한 우리 지역에 전 세계적 추세인 지속 가능한 관광이 필요하다는 이유를 제시하고 있으므로 적절하다.

② **2문단에서는 (가)에서 언급된 △△시에서 실시한 과잉관광의 해결책을 경제적 지속성을 고려한 노력의 사례로 활용하고 있다.**
(가)의 '학생 2'의 세 번째 발화에서 '△△시에서는 ~ 않기로 했대'라고, 네 번째 발화에서 '지역 특색을 ~ 입장이야'라고 언급된 △△시에서 실시한 과잉관광의 해결책을 (나)의 2문단에서 '경제적 지속성을 ~ 인원을 조절하면서'라고 경제적 지속성을 고려한 노력의 사례로 활용하고 있으므로 적절하다.

③ **3문단에서는 (가)에서 언급된 뉴스의 사례를 지역 내 사회문화적 가치를 이어갈 주체의 생활권을 보장하는 구체적인 방안으로 활용하고 있다.**
(가)의 '학생 2'의 여섯 번째 발화에서 '뉴스에서 봤는데, ~ 운영하기도 하더라고.'라고 언급된 뉴스의 사례를 (나)의 3문단에서 '생활지 내 ~ 보존해야 한다'라고 지역 내 사회문화적 가치를 이어갈 주체의 생활권을 보장하는 구체적인 방안으로 활용하고 있으므로 적절하다.

✔ **4문단에서는 (가)에서 언급되지 않은 생태 관광 프로그램을 추가하여 환경 보존을 위해 우리 지역에서 실시했던 캠페인 내용을 구체화하고 있다.**
(가)의 '학생 3'의 여섯 번째 발화에서 '지역 환경 ~ 도움이 되겠다.'라고 하며 지역 내 생태계를 유지하는 노력의 예시로 언급된 캠페인 도입을 (나)의 4문단에서 '지역 환경 보존을 장려하는 캠페인을 실시'라고 환경적 지속성을 고려한 방안으로 제시하고 있으며, 여기에 대화에서 언급되지 않은 '환경 자산을 보호하는 생태 관광 프로그램 개발'을 추가하고 있다. 그러나 우리 지역에서 캠페인을 실시했다는 내용은 확인할 수 없으므로 환경 보존을 위해 우리 지역에서 실시했던 캠페인 내용을 구체화하고 있다는 언급은 적절하지 않다.

⑤ **5문단에서는 (가)에서 언급되지 않은 관광 주체들의 연대가 지속 가능한 관광에서 필요한 요건임을 강조하며 글을 마무리하고 있다.**
(가)에서 언급되지 않은 관광 주체들의 연대가 지속 가능한 관광에서 필요한 요건임을 (나)의 5문단에서 '우리 지역의 ~ 필요하다.'라고 강조하며 글을 마무리하고 있으므로 적절하다.

★★ 문제 해결 꿀~팁 ★★

▶ 많이 틀린 이유는?
확인해야 할 정보가 많았던 문제로, 그 과정 속에서 선지의 단서를 놓쳤기에 오답률이 높았던 것으로 보인다.
▶ 문제 해결 방법은?
이 문제를 해결하기 위해서는 확인해야 할 정보의 순서를 먼저 정해야 한다. 먼저 (나)의 4문단에서 '지역 환경 보존을 장려하는 캠페인을 실시하거나 환경 자산을 보호하는 생태 관광 프로그램 개발을 통해 지역의 관광 자산을 유지할 수 있도록 해야 한다'고 하였다. ④의 경우 '환경 보존을 위해' '캠페인 내용을 구체화하고 있'는 것이 맞으나, '우리 지역에서 실시했던 캠페인'에 관한 것은 아니다. 이 과정에서 정답을 거를 수 있었어야 한다. 한편 (가)의 '학생 3'은 '지역 환경 보존을 장려하는 캠페인 같은 것을 도입하면 도움이 되겠다'고 하였다. (나)의 4문단에서는 '지역 환경 보존을 장려하는 캠페인' 외에도 '환경 자산을 보호하는 생태 관광 프로그램'을 언급하고 있으므로 '(가)에서 언급되지 않은 생태 관광 프로그램을 추가'하였다고 볼 수 있다. 이와 같은 문제는 선지에서 요구하는 정보가 무엇인지를 파악하고, 지문과 대응하며 차분히 해결해 나가야 한다.

**41** 글쓰기 방식 파악 정답률 84% | 정답 ④

**(나)의 글쓰기 방식에 대한 설명으로 적절하지 않은 것은?**

① **상황을 가정하여 주장하는 바를 드러내고 있다.**
(나)의 3문단에서 '만약 과잉관광으로 ~ 보존해야 한다.'에서 상황을 가정하여 주장하는 바를 드러내고 있으므로 적절하다.

② **담화 표지를 사용하여 문단 간의 연결 관계를 드러내고 있다.**
(나)의 2문단에서 '먼저', 3문단에서 '다음으로', 4문단에서 '마지막으로'라는 담화 표지를 사용하여 문단 간의 연결 관계를 드러내고 있으므로 적절하다.

③ **문제 상황을 해결할 수 있는 방안을 범주화하여 제시하고 있다.**
(나)의 2 ~ 4문단에서 과잉관광이라는 문제 상황을 해결할 수 있는 방안을 경제적, 사회문화적, 환경적 지속성의 측면으로 범주화하여 제시하고 있으므로 적절하다.

④ **예상되는 반론을 제기하고 이를 반박하는 근거를 제시하고 있다.**
(나)에 예상되는 반론을 제기하고 이를 반박하는 근거를 제시한 부분을 확인할 수 없으므로 적절하지 않다.

⑤ **주제와 관련된 용어를 관련 기관에서 제시한 개념을 활용하여 설명하고 있다.**
(나)의 2문단에서 '세계관광기구에 따르면 ~ 관광을 의미한다.'라며 관련 기관에서 제시한 개념을 활용하여 지속 가능한 관광이라는 주제와 관련된 용어를 설명하고 있으므로 적절하다.

**42** 조건에 따른 글쓰기 정답률 78% | 정답 ①

**〈보기〉에 제시된 학생들의 조언에 따라 (나)의 제목을 작성한 것으로 가장 적절한 것은?**

〈보 기〉
**학생 1** : 우리가 정한 글의 주제가 드러나도록 제목을 붙여 보자.
**학생 2** : 비유적 표현을 사용하면 좋을 것 같아.

① **지속 가능한 관광, 우리 지역 관광산업의 방향키**
**– 더 오래, 더 멀리 항해하는 관광산업**
'지속 가능한 관광'에 '우리 지역의 관광산업이 나아가야 할 방향'이라는 글의 주제가 드러나 있으며, '방향키'와 '더 멀리 항해하는 관광산업'에 비유적 표현을 사용하고 있으므로 적절하다.

② **성공적인 관광객 유치를 위한 우리 지역의 노력**
**– 과잉관광으로 얻는 경제적 이익**
글의 주제가 드러나지 않고 비유적 표현을 사용하지 않았으므로 적절하지 않다.

③ **우리 지역의 지속 가능한 관광을 위한 제안**
**– 과잉관광의 문제 해결 방안을 중심으로**
'우리 지역의 지속 가능한 관광을 위한 제안'에 글의 주제가 드러나 있으나, 비유적 표현을 사용하지 않았으므로 적절하지 않다.

④ **거리두기 마침표, 다시 살리는 관광산업**
**– 지속 가능한 관광의 빛과 그림자**
'거리두기 마침표'와 '빛과 그림자'에 비유적 표현을 사용하고 있지만, '지속 가능한 관광의 빛과 그림자'는 지속 가능한 관광의 긍정적 측면과 부정적 측면을 비유한 것으로 볼 수 있는데 (나)에는 지속 가능한 관광의 부정적 측면을 언급하지 않고 있으므로 글의 주제가 드러나지 않아 적절하지 않다.

⑤ **미래 세대를 위한 지속 가능한 관광**
**– 더 큰 이익을 위한 새로운 관광산업**
'미래 세대를 위한 지속 가능한 관광'에 글의 주제가 드러나 있으나, 비유적 표현을 사용하지 않았으므로 적절하지 않다.

**43** 글쓰기 전략 반영 여부 파악 정답률 95% | 정답 ⑤

**'학생의 글'에 활용된 글쓰기 전략으로 가장 적절한 것은?**

① **자료의 출처를 밝혀 신뢰성을 높이고 있다.**
자료의 출처를 밝히고 있지 않다.

② **비유적 표현을 사용하여 글을 시작하고 있다.**
비유적 표현을 사용하여 글을 시작하고 있지 않다.

③ **통념을 반박하기 위하여 구체적인 사례를 제시하고 있다.**
통념을 반박하기 위해 구체적 사례를 제시하고 있지 않다.

④ **자문자답의 방식으로 문제 상황에 대한 독자의 주의를 환기하고 있다.**
자문자답의 방식을 사용하고 있지 않다.

⑤ **예상되는 문제 상황을 제시하고 이에 대한 원인과 해결책을 제시하고 있다.**
1문단에서 '집중 폭우로 인한 도시의 침수 피해'가 더 커질 것이라는 예상되는 문제 상황을 확인할 수 있다. 이에 대해 2문단에서 '도시 지표면'에 '불투수면이 많고, '배수시설의 용량이 부족'하며, '지역 맞춤형 대책이 부족'하다는 원인을, 3문단에서 '도시 지표면을 투수층으로 교체'하고, '배수시설'의 '배수 능력을 강화'해야 하며, '지역 주민의 참여도를 높인' 시스템을 마련해야 한다는 해결책을 제시하고 있는 것을 확인할 수 있으므로 적절하다.

**44** 자료 활용 방안 파악 정답률 79% | 정답 ⑤

**다음은 '학생의 글'을 보완하기 위해 수집한 자료이다. 자료의 활용 방안으로 적절하지 않은 것은? [3점]**

[자료 1] 통계 자료

㉮ 전년 대비 집중 폭우의 강도 증가율

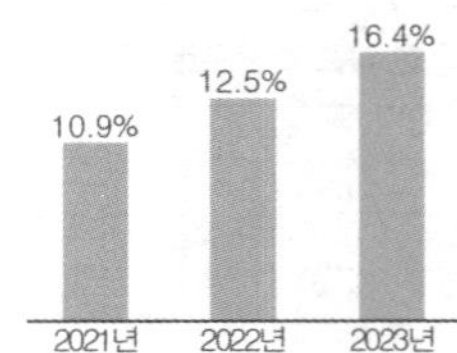


㉯ 도시 침수의 발생 요인

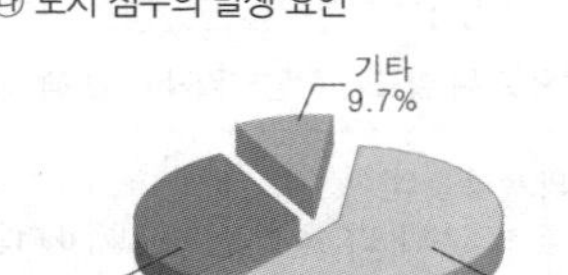


[자료 2] 신문 기사

□□시는 지난여름 집중 폭우에 침수 피해를 거의 입지 않아 화제가 되고 있다. □□시 치수안전과장은 "각 지역에 배수 펌프장을 추가로 설치하여 도시의 배수 능력을 늘렸고, 투수 면적을 늘리기 위해 도시 곳곳의 도로 중앙 분리대에 빗물 정원을 설치하여 침수 피해를 줄일 수 있었다."라고 밝혔다.

[자료 3] 전문가 인터뷰

집중 폭우로 인한 도시 침수 피해를 줄이기 위해서는 정책적인 대응이 병행되어야 합니다. 도시 개발 시 지면에 일정 면적 이상을 투수성 보도블록으로 사용해야 한다는 내용을 법제화해야 합니다. 또한 지역 주민들이 주체적으로 참여하여 침수 취약 요소에 대해 신고할 수 있는 안전 신고 앱과 같은 시스템을 정책적으로 마련하여 도시 침수 피해를 예방해야 합니다.

① **[자료 1-㉮]를 활용하여, 집중 폭우의 강도가 과거에 비해 강해지고 있다는 내용을 뒷받침하는 자료로 제시한다.**
1문단에서 '집중 폭우의 강도가 과거에 비해 강해지고' 있다는 내용을, [자료 1-㉮]를 보면, 전년 대비 집중 폭우의 강도 증가율이 점점 증가하는 추세를 확인할 수 있다. 따라서 집중 폭우의 강도가 과거보다 강해지고 있다는 내용을 뒷받침하는 자료로 제시할 수 있으므로 적절하다.

② **[자료 2]를 활용하여, 도시 지표면을 투수층으로 교체해야 한다는 내용을 구체화하는 자료로 제시한다.**
3문단에서 '도시 지표면을 투수층으로 교체해야' 한다는 내용을, [자료 2]에서 '투수 면적을 늘리기 위해' '빗물 정원을 설치'하였다는 내용을 확인할 수 있다. 따라서 도시 지표면을 투수층으로 교체해야 한다는 내용을 구체화하는 자료로 제시할 수 있으므로 적절하다.

③ **[자료 3]을 활용하여, 지역 주민의 참여도를 높인 시스템을 운영해야 한다는 내용을 구체화하는 자료로 제시한다.**
3문단에서 '지역 주민의 참여도를 높인' 시스템을 운영해야 한다는 내용을, [자료 3]에서 '지역 주민들이 주체적으로 참여'할 수 있는 '안전 신고 앱'을 만들어 도시 침수 피해를 예방해야 한다는 내용을 확인할 수 있다. 따라서 지역 주민의 참여도를 높인 시스템 운영에 대한 내용을 구체화하는 자료로 제시할 수 있으므로 적절하다.

④ **[자료 1-㉯]와 [자료 2]를 활용하여, 배수시설의 배수 능력을 강화해야 한다는 내용을 뒷받침하는 자료로 제시한다.**
3문단에서 '배수시설'의 '배수 능력을 강화'해야 한다는 내용을 확인할 수 있다. [자료 1-㉯]를 보면, '배수 불량'이 '58.7%'로 가장 큰 비중을 차지하여 도시 침수 문제의 발생 요인 중 하나라는 내용을, [자료 2]에서 '배수 펌프장을 추가로 설치하여 도시의 배수 능력을 늘'려 침수 피해를 줄일 수 있다는 내용을 확인할 수 있다. 따라서 도시 침수 피해 예방을 위해 도시 내 배수시설의 배수 능력을 강화해야 한다는 내용을 뒷받침하는 자료로 제시할 수 있으므로 적절하다.

⑤ **[자료 1-㉯]와 [자료 3]을 활용하여, 도시 지표면의 불투수 면적이 증가하고 있다는 내용을 구체화하는 자료로 제시한다.**
2문단에서 '도시화'로 '불투수 포장재로 포장된' 도시의 불투수 면적이 증가하고 있다는 내용을 확인할 수 있다. [자료 1-㉯]에서 '투수 불량'이 '31.6%'로 두 번째로 큰 비중을 차지하여 도시 침수 문제의 발생 요인 중 하나라는 내용은 알 수 있지만 불투수 면적의 증가세는 확인할 수 없고, [자료 3]에서 '도시 개발 시 ~ 법제화해야 합니다.'를 보면 도시 개발 시 투수성 보도블록 사용의 법제화 내용은 찾을 수 있지만 불투수 면적이 증가한다는 내용을 확인할 수 없다. 따라서 도시 지표면의 불투수 면적이 증가한다는 내용을 구체화할 수는 없으므로 적절하지 않다.

**45** 조건에 따라 고쳐 쓰기 정답률 77% | 정답 ②

**〈보기〉는 [A]의 초고이다. 〈보기〉를 고쳐 쓰기 위해 친구들이 조언한 내용 중 [A]에 반영되지 않은 것은?**

〈보 기〉
집중 폭우로 인한 도시 배수 문제는 체계적으로 대응해야 할 심각한 문제이다. 빗물은 도시의 물 순환을 위한 소중한 자원이다. 하지만 현재의 도시는 집중 폭우에 대한 준비가 미흡한 상황이다. 현 상황에 맞는 적절한 대책을 마련하여 도시 침수 문제에 대응해야 한다.

① **글의 흐름에 맞지 않는 불필요한 문장을 삭제하는 게 좋겠어.**
〈보기〉에서 '빗물은 도시의 ~ 소중한 자원이다.'를 보면 도시의 물 순환에 관련된 문장이어서 도시 침수 문제에 대한 대응을 촉구하는 글의 흐름에 맞지 않으므로 삭제해야 한다는 조언이 [A]에 반영되었으므로 적절하다.

② **문제 해결의 주체를 추가하여 독자의 실천을 촉구하는 게 좋겠어.**
〈보기〉에 문제 해결의 주체를 추가하여 독자의 실천을 촉구하면 좋겠다고 조언했지만, [A]에서 명확히 문제 해결의 주체가 드러나도록 추가하여 독자의 실천을 촉구한 부분이 없어 조언이 반영되지 않았으므로 적절하지 않다.

③ **글이 긴밀하게 연결될 수 있도록 문장 사이에 적절한 표현을 넣는 게 좋겠어.**
〈보기〉에서 '하지만 현재의 ~ 미흡한 상황이다.'와 '현 상황에 맞는 ~ 대응해야 한다.' 사이에 '따라서'를 넣어 조언을 [A]에 반영하였으므로 적절하다.

④ **첫 문장에서 사용된 단어를 글의 제재를 포괄할 수 있는 단어로 바꾸는 게 좋겠어.**
〈보기〉에서 '집중 폭우로 ~ 심각한 문제이다.'에서 사용된 '배수'라는 단어는 글의 제재인 도시 침수 문제를 포괄하는 단어가 아니기 때문에, [A]에서 '침수'라는 단어로 바꿔 조언을 반영하였으므로 적절하다.

⑤ **마지막 문장에서 문제가 발생하는 이유를 밝혀주는 수식 어구를 넣어주는 게 좋겠어.**



[문제편 p.075]

〈보기〉에서 마지막 문장인 '현 상황에 ~ 대응해야 한다.'를 보면 도시 침수 문제가 발생하는 이유를 밝히지 않았음을 확인할 수 있는데, [A]에서 '집중 폭우로 인한'을 추가하여, 도시 침수가 발생하는 이유를 밝혀 '도시 침수 문제'를 수식하여 조언을 반영하였으므로 적절하다.

## [35~45] 언어와 매체

### 35 형태소 교체 이해 정답률 82% | 정답 ②

**윗글에 대한 이해로 적절하지 않은 것은?**

① **'몇'은 '몇이[며치]', '몇도[멷또]', '몇만[면만]'에서 상보적 분포를 보이는 이형태들로 실현되었다.**
'몇'은 모음으로 시작하는 조사 앞에서는 '몇이[며치]', 비음을 제외한 자음 앞에서는 '몇도[멷또]', 비음 앞에서는 '몇만[면만]'으로 실현되어 각각 '몇', '멷', '면'이라는 형태로 나타나고, 이형태가 분포하는 환경이 서로 겹치지 않아 상보적 분포를 보이고 있으므로 적절하다.

✔ **'(얼굴이) 부어[부어]'에서 어간 '붓-'은 일반적인 음운 규칙에 따라 모음으로 시작하는 어미 앞에서 이형태로 실현되었다.**
'(얼굴이) 부어[부어]'에서 어간 '붓-'이 모음으로 시작하는 어미 '-어' 앞에서 어간 말 'ㅅ'이 탈락하여 '부-'라는 형태로 실현된 것은 일반적인 음운 규칙으로 설명할 수 없는 경우이므로 적절하지 않다.

③ **'숲과[숩꽈]', '숲조차[숩쪼차]'에서 '숲'은 각기 다른 자음으로 시작하는 형태소와 결합하지만 서로 동일한 형태로 실현되었다.**
'숲과[숩꽈]', '숲조차[숩쪼차]'에서 '숲'은 각각 'ㄱ', 'ㅈ'으로 시작하는 형태소 '과', '조차'와 결합하였지만 '숩'이라는 동일한 형태로 실현되었으므로 적절하다.

④ **'(날씨가) 궂다[굳따]'에서 어간 '궂-'이 '굳-'이라는 이형태로 실현된 것은 종성에 'ㅈ'이 올 수 없다는 음운론적 제약으로 인한 것이다.**
'(날씨가) 궂다[굳따]'에서 어간 '궂-'은 종성에 자음 'ㄱ, ㄴ, ㄷ, ㄹ, ㅁ, ㅂ, ㅇ'만 올 수 있다는 음운론적 제약으로 인해 '굳-'이라는 이형태로 실현되었으므로 적절하다.

⑤ **'(글씨를) 적느라고[정느라고]'에서 어간 '적-'이 '정-'이라는 이형태로 실현된 것은 비음 앞에 'ㄱ'이 올 수 없다는 음운론적 제약으로 인한 것이다.**
'(글씨를) 적느라고[정느라고]'에서 어간 '적-'은 비음 앞에 'ㄱ, ㄷ, ㅂ'과 같은 평파열음이 연속해서 결합할 수 없다는 음운론적 제약으로 인해 '정-'이라는 이형태로 실현되었으므로 적절하다.

### 36 이형태 교체 양상 이해 정답률 75% | 정답 ④

**윗글을 읽은 학생이 〈보기〉를 활용하여 이형태 교체의 양상을 이해할 때, ㉠ ~ ㉣에 해당하는 예로 적절한 것은? [3점]**

〈보 기〉

| 자동적 교체에 해당하는가? | 규칙적 교체에 해당하는가? | |
|---|---|---|
| ○ | ○ | … ㉠ |
| ○ | × | … ㉡ |
| × | ○ | … ㉢ |
| × | × | … ㉣ |

① **㉠ : 마음씨가 고우니[고우니] 눈길이 간다.**
'고우니[고우니]'는 '(손가락이) 곱으니[고브니]'와 비교해 보면, 어간 '곱-'이 '-으'와 같은 모음 앞에서 교체된 것이 필연적으로 일어나는 교체가 아니라는 것을 알 수 있으므로 비자동적 교체에 해당한다. 또 '고우니[고우니]'에서 '곱-'이 '-으'와 같은 모음 앞에서 '고우-'로 교체되는 것은 일반적인 음운 규칙으로 설명할 수 없으므로 불규칙적 교체에 해당한다.

② **㉡ : 타인의 마음을 짚는[짐는] 것은 쉽지 않다.**
'짚는[짐는]'은 [짐는]으로만 발음할 수 있으며, 어간 '짚-'이 '짐-'으로 교체되는 것은 종성에 자음 'ㅍ'이 올 수 없다는 음운론적 제약과 비음 앞에 평파열음이 연속해서 결합할 수 없다는 음운론적 제약으로 인해 형태소의 형태가 교체된 것이므로 자동적 교체에 해당한다. 또 '짚는[짐는]'에서 '짚-'이 '짐-'으로 교체되는 것은 음절의 끝소리 규칙과 비음화라는 일반적인 음운 규칙으로 설명할 수 있으므로 규칙적 교체에 해당한다.

③ **㉡ : 꾸중을 들어서[드러서] 기분이 좋지 않았다.**
'들어서[드러서]'는 '(땅이) 굳어서[구더서]'와 비교해 보면, 어간 '듣-'이 'ㅓ'와 같은 모음 앞에서 교체된 것이 필연적으로 일어나는 교체가 아니라는 것을 알 수 있으므로 비자동적 교체에 해당한다. 또 '들어서[드러서]'에서 '듣-'이 'ㅓ'와 같은 모음 앞에서 '들-'로 교체되는 것은 일반적인 음운 규칙으로 설명할 수 없으므로 불규칙적 교체에 해당한다.

✔ **㉢ : 두 눈을 지그시 감자[감ː짜] 잠이 쏟아졌다.**
'감자[감ː짜]'는 '감조차[감ː조차] (없다)'와 비교해 보면, 어미 '-자'가 'ㅁ' 뒤에서 교체된 것이 필연적으로 일어나는 교체가 아니라는 것을 알 수 있으므로 비자동적 교체에 해당한다. 또 '감자[감ː짜]'에서 '-자'가 '-짜'로 교체되는 것은 비음으로 끝나는 어간 뒤에서 일어나는 된소리되기라는 일반적인 음운 규칙으로 설명할 수 있으므로 규칙적 교체에 해당한다.

⑤ **㉣ : 나는 고구마를 땅에 묻고[묻꼬] 흙을 다졌다.**
'묻고[묻꼬]'는 [묻꼬]로만 발음할 수 있으며, 어미 '-고'가 '-꼬'로 교체되는 것은 'ㄷ'과 같은 평파열음 뒤에 예사소리가 연속해서 결합할 수 없다는 음운론적 제약으로 인해 형태소의 형태가 교체된 것이므로 자동적 교체에 해당한다. 또 '묻고[묻꼬]'에서 '-고'가 '-꼬'로 교체되는 것은 된소리되기라는 일반적인 음운 규칙으로 설명할 수 있으므로 규칙적 교체에 해당한다.

★★★ 등급을 가르는 문제!

### 37 문장 짜임 및 높임 표현 이해 정답률 62% | 정답 ③

**〈보기〉의 ㉠에 해당하는 문장으로 적절한 것은?**

〈보 기〉

선생님 : 오늘은 주체 높임과 객체 높임에서 특수 어휘로 높임 표현을 실현하는 방법에 대해 배웠습니다. 지난 시간에 겹문장에 대해 배운 내용을 활용하여, ㉠ 안긴문장 내에서 특수 어휘를 통해 주체 높임을 표현하고 있는 문장을 찾아봅시다.

① **나는 친척 어르신께 안부를 여쭙기가 쑥스러웠다.**
안긴문장 '친척 어르신께 안부를 여쭙기'에서는 특수 어휘 '여쭙다'를 사용하고 있으나 객체인 '친척 어르신'을 높이고 있으므로 적절하지 않다.

② **아버지께서는 오랜만에 뵌 은사님과 저녁을 잡수셨다.**
안긴문장 '오랜만에 뵌'에서는 특수 어휘 '뵈다'를 사용하고 있으나 객체인 '은사님'을 높이고 있으므로 적절하지 않다.

✔ **고향에 계신 할머니께서 앞마당에 감나무를 심으셨다.**
안긴문장 '고향에 계신'에서는 특수 어휘 '계시다'를 통해 주체인 '할머니'를 높이고 있으므로 적절하다.

④ **머리가 하얗게 세신 할아버지께서 멋진 옷을 입으셨다.**
안긴문장 '머리가 하얗게 세신'에서는 주체인 '할아버지'를 높이고 있으나 특수 어휘가 아닌 선어말 어미 '-시-'를 사용하고 있으므로 적절하지 않다.

⑤ **어머니는 삼촌이 편하게 쉬시도록 침구를 바꿔 드렸다.**
안긴문장 '삼촌이 편하게 쉬시도록'에서는 주체인 '삼촌'을 높이고는 있으나 특수 어휘가 아닌 선어말 어미 '-시-'를 사용하고 있으므로 적절하지 않다.

**★★ 문제 해결 꿀~팁 ★★**

▶ 많이 틀린 이유는?
특수 어휘 '계시다'와, 특수 어휘가 아닌 선어말 어미 '-시-'를 구분하는 것에 어려움을 겪었기에 오답률이 높았던 것으로 보인다.

▶ 문제 해결 방법은?
이 문제를 해결하기 위해서는 특수 어휘 '계시다'와, 특수 어휘가 아닌 선어말 어미 '-시-'를 구분할 수 있어야 한다. 오답률이 높았을 것으로 보이는 ④와 ⑤의 경우 안긴문장 내에서 주체 높임을 표현하고 있으나, 각각 '세다'와 '쉬다'에 선어말 어미 '-시-'를 사용하여 높이고 있으므로 특수 어휘를 사용하여 높임 표현을 사용하는 경우에 해당하지 않는다. 한편 ③의 경우 안긴 문장 '고향에 계신'에서 '계시다'를 통해 주체인 '할머니'를 높이고 있으므로 특수 어휘를 통해 주체 높임을 표현하고 있는 경우에 해당한다. 이와 같은 문제를 해결하기 위해서는 '계시다'와 같은 빈출 특수 어휘를 잘 정리해 두어야 한다.

### 38 담화 특성 이해 정답률 87% | 정답 ⑤

**〈보기〉의 ㉠ ~ ㉧에 대한 설명으로 적절한 것은?**

〈보 기〉

[예은, 세욱, 나라가 만나서 조별 과제를 하는 상황]
예은 : 나라야, 괜찮아? 많이 피곤하니?
나라 : ㉠ 어제 밤을 새웠더니 나도 모르게 졸았나 봐.
세욱 : 그래? 조사할 자료가 많았구나. ㉡ 우리 다 같이 모여서 할걸.
나라 : 그게 아니라 나는 ㉢ 오늘까지 제출해야 할 과제가 더 있어서 ㉣ 그거 준비하다가 못 잤어.
예은 : 그랬구나. ㉤ 너 몸이 안 좋아 보이는데 ㉥ 지금 들어갈래?
나라 : 괜찮아. 오늘은 자료 정리만 하면 되잖아. 할 수 있어.
세욱 : 아니야. 거의 다 했는걸. 예은이랑 내가 ㉦ 이거 마무리할게. 끝나고 연락할 테니까 ㉧ 너는 집에서 쉬고 있어.
나라 : 정말 괜찮겠어?
예은 : 당연하지. ㉨ 우리만 믿어.

① **㉠은 ㉢과 달리 발화 시점과 관계없이 정해진다.**
㉠과 ㉢은 발화 시점과 관계하여 정해진다.

② **㉣이 지시하는 대상은 ㉦이 지시하는 대상과 같다.**
㉣이 지시하는 대상은 '나라'가 '오늘까지 제출해야 할 과제'이고, ㉦이 지시하는 대상은 '조별 과제'이다.

③ **㉤이 지시하는 대상은 ㉧이 지시하는 대상과 다르다.**
㉤과 ㉧이 지시하는 대상은 '나라'이다.

④ **㉥이 가리키는 시간은 ㉠을 기준으로 정해진다.**
㉥이 가리키는 시간은 발화 시점과 관계하여 정해진다.

✔ **㉨이 지시하는 대상은 ㉡이 지시하는 대상에 포함된다.**
㉨은 예은, 세욱을 지시하고 ㉡은 예은, 세욱, 나라를 지시하고 있어 ㉨이 지시하는 대상은 ㉡이 지시하는 대상에 포함되므로 적절하다.

### 39 중세 국어 특징 이해 정답률 73% | 정답 ②

**〈보기〉는 중세 국어를 학습하기 위한 자료이다. 〈보기〉를 바탕으로 중세 국어의 특징을 탐구한 내용으로 적절하지 않은 것은?**

〈보 기〉

| | |
|---|---|
| ⓐ | ○ 미햇 새 놀애 브르ᄂᆞ다 [들의 새가 노래를 부른다]<br>○ 하ᄂᆶ 童男이 잇ᄂᆞ이다 [하늘의 사내아이가 있습니다] |
| ⓑ | ○ 도ᄌᆞᄀᆡ 알ᄑᆞᆯ [도적의 앞을]<br>○ 암ᄐᆞᆯ기 아ᄎᆞᄆᆡ 우러 [암탉이 아침에 울어] |
| ⓒ | ○ 님그믈 救ᄒᆞ시고 [임금을 구하시고]<br>○ 種種앳 됴ᄒᆞᆫ 오ᄉᆞᆯ 어드며 [종종 좋은 옷을 얻으며] |
| ⓓ | ○ 반ᄃᆞ기 모매 잇ᄂᆞ녀 [마땅히 몸에 있느냐?]<br>○ 究羅帝 이제 어듸 잇ᄂᆞ뇨 [구라제는 지금 어디 있느냐?] |
| ⓔ | ○ 盲龍이 눈 ᄠᅳ고 [눈 먼 용이 눈을 뜨고]<br>○ ᄢᅮᆯ ᄀᆞ티 ᄃᆞᆯ오 비치 ᄒᆡ더니 [꿀같이 달고 빛이 희더니] |

① **ⓐ를 통해, 선어말 어미 '-이-'가 상대를 높이기 위해 사용되었음을 알 수 있군.**
ⓐ에서 '브르ᄂᆞ다'와 달리 선어말 어미 '-이-'가 사용된 '잇ᄂᆞ이다'는 상대를 높이고 있으므로 적절하다.

✔ **ⓑ를 통해, 'ᄋᆡ'가 관형격 조사와 주격 조사로 모두 사용되었음을 알 수 있군.**
ⓑ에서 'ᄋᆡ'는 '도ᄌᆞᄀᆡ'에서는 관형격 조사로, '아ᄎᆞᄆᆡ'에서는 부사격 조사로 사용되고 있으므로 적절하지 않다.

③ **ⓒ를 통해, 체언에 목적격 조사가 결합할 때 모음 조화가 지켜졌음을 알 수 있군.**
ⓒ에서 '님그믈'은 음성 모음이 사용된 체언 '님금'에 목적격 조사 '을'이, '오ᄉᆞᆯ'은 양성 모음이 사용된 체언 '옷'에 목적격 조사 'ᄋᆞᆯ'이 결합하여 모음조화가 지켜졌음을 알 수 있으므로 적절하다.

[문제편 p.077]

④ ⓓ를 통해, 판정 의문문과 설명 의문문에서 쓰이는 종결 어미가 서로 달랐음을 알 수 있군.
ⓓ에서 판정 의문문인 '반ᄃᆞ기 모매 잇ᄂᆞ녀'에는 종결 어미 '-녀'가, 의문사 '어듸'를 사용한 설명 의문문인 '究羅帝 이제 어듸 잇ᄂᆞ뇨'에는 종결 어미 '-뇨'가 사용되어 서로 다른 종결 어미가 사용되었으므로 적절하다.

⑤ ⓔ를 통해, 초성에 서로 다른 자음이 함께 쓰일 수 있었음을 알 수 있군.
ⓔ에서 'ᄠᅳ-', 'ᄢᅳᆯ'과 같이 초성에 서로 다른 자음이 함께 쓰일 수 있었음을 알 수 있으므로 적절하다.

## 40 매체 정보 전달 방식 이해

정답률 90% | 정답 ⑤

**위 강의에 나타난 정보 전달 방식으로 적절하지 않은 것은?**

① 쌍방향 소통이 가능하므로, 강사는 강의 중에 학생의 질문에 대한 정보를 제공하고 있다.
강사는 쌍방향 강의 중에 '밀랍 랩을 사용할 때 주의할 점이 있을까요?'라는 승범의 질문에 '뜨거운 음식에는 사용하지 않는 것이 좋습니다.'라고 답변하며 정보를 제공하고 있으므로 적절하다.

② 실시간으로 진행된다는 제약이 있으므로, 진행자는 강의 내용을 다시 볼 수 있는 방안을 안내하고 있다.
진행자는 실시간으로 진행되는 강의 중에 '우리 학교 누리집 ~ 다시 보실 수 있습니다'라며 강의 내용을 다시 볼 수 있는 방안을 안내하고 있으므로 적절하다.

③ 시각 자료와 음성 언어를 동시에 사용할 수 있으므로, 강사는 공유된 화면을 보면서 설명을 하며 정보를 전달하고 있다.
강사는 화상 강의 중에 '제시된 자료 화면은 ~ 손쉽게 사용하실 수 있습니다.'라며 진행자가 공유한 화면을 보면서 설명을 하며 정보를 전달하고 있으므로 적절하다.

④ 화면으로 참여자의 모습을 확인할 수 있으므로, 진행자는 화면을 통해 학생의 상황을 점검하며 진행 속도를 조절하고 있다.
진행자가 화상 강의 중에 '준비가 다 되면 ~ 조금 더 기다릴게요.', '모두 준비가 되셨네요.'라며 화면을 통해 학생의 상황을 점검하면서 진행 속도를 조절하고 있으므로 적절하다.

✔⑤ 공간의 제약 없이 소통이 가능하므로, 진행자는 각기 다른 공간에 있는 학생들이 강의 중에 서로 교환한 의견을 종합하여 제시하고 있다.
위 강의는 실시간 쌍방향 화상 강의로 각기 다른 공간에 있는 학생들이 공간의 제약 없이 강의에 참여하고 있으나, 학생들이 강의 중에 서로 의견을 교환하지 않고 있으므로 적절하지 않다.

## 41 매체 특성 이해

정답률 96% | 정답 ④

**ⓐ에 대한 이해로 적절하지 않은 것은?**

① '좋아요' 기능을 통해 게시물에 대한 수용자의 반응을 확인할 수 있군.
ⓐ에서는 '공감하신다면 '좋아요' 버튼을 눌러' 달라고 요청하고 있으며, '82명이 좋아합니다'를 통해 게시물에 대한 수용자의 반응을 확인할 수 있으므로 적절하다.

② 사진 이미지를 제시하여 밀랍 랩의 실제 사용 모습을 확인할 수 있도록 하고 있군.
ⓐ에서는 '제가 써 본 밀랍 랩 사진이 에요.'라며 밀랍 랩의 실제 사용 모습을 사진 이미지로 제시하고 있으므로 적절하다.

③ '게시물 공유' 기능을 활용하여 게시물을 다른 사람에게 전달할 수 있도록 하고 있군.
ⓐ에서는 '게시물 공유' 기능을 활용하여 게시물을 다른 사람에게 전달할 수 있도록 하고 있으므로 적절하다.

✔④ 하이퍼링크로 웹사이트 주소를 제시하여 밀랍 랩 활용 방법에 관한 추가 정보를 제공하고 있군.
ⓐ에서는 하이퍼링크로 웹사이트 주소를 제시하고 있으나 밀랍 랩 활용 방법에 관한 추가 정보를 제공하는 것은 아니므로 적절하지 않다.

⑤ 특정 문구 앞에 '#' 기호를 붙여 해당 주제에 관심이 있는 사람들이 게시물을 쉽게 검색할 수 있도록 하고 있군.
ⓐ에서는 '#밀랍랩' 등과 같이 특정 문구 앞에 '#' 기호를 붙여 해당 주제에 관심이 있는 사람들이 게시물을 쉽게 검색할 수 있도록 하고 있으므로 적절하다.

## 42 언어적 표현 이해

정답률 90% | 정답 ⑤

**㉠~㉢에 대한 설명으로 적절하지 않은 것은?**

① ㉠ : 의존 명사 '대로'를 사용하여, 학생들이 사전에 동의한 바와 같이 강의가 녹화될 것임을 밝히고 있다.
㉠에서 '동의하신 대로'의 의존 명사 '대로'는 어떤 상태와 같다는 뜻을 나타내므로, 학생들이 사전에 동의한 바와 같이 강의가 녹화될 것임을 밝히고 있다는 것은 적절하다.

② ㉠ : 피동 접사 '-되다'를 사용하여, 행위의 주체를 드러내기보다 행위의 대상인 강의에 초점을 두고 있다.
㉠에서 '녹화됩니다'의 접미사 '-되다'는 피동의 뜻을 더하므로, 행위의 주체를 드러내기보다 행위의 대상인 강의에 초점을 두고 있다는 것은 적절하다.

③ ㉡ : 연결 어미 '-는데'를 사용하여, 밀랍 랩을 만진 느낌을 설명하기 위해 그와 관련되는 생각을 먼저 제시하고 있다.
㉡에서 '알았는데'의 연결 어미 '-는데'는 뒤 절에서 어떤 일을 설명하기 위하여 그 대상과 상관되는 상황을 미리 말할 때 사용하므로, 밀랍 랩을 만진 느낌을 설명하기 위해 그와 관련되는 생각을 먼저 제시하고 있다는 것은 적절하다.

④ ㉡ : 보조 용언 '보다'를 사용하여, 밀랍 랩을 만진 것이 시험 삼아 한 행동임을 드러내고 있다.
㉡에서 '만져 보니'의 보조 동사 '보다'는 어떤 행동을 시험 삼아 함을 나타내므로, 밀랍 랩을 만진 것이 시험 삼아 한 행동임을 드러내고 있다는 것은 적절하다.

✔⑤ ㉢ : 선어말 어미 '-겠-'을 사용하여, 밀랍의 단점을 보완하여 사용하고자 하는 의지를 드러내고 있다.
㉢에서 '있겠네요'의 선어말 어미 '-겠-'은 추측을 나타내므로, 뜨거우면 밀랍이 녹을 수 있음을 추측하는 것이지 밀랍의 단점을 보완하여 사용하고자 하는 의지를 드러내는 것이 아니므로 적절하지 않다.

## 43 수용자의 수용 태도 분석

정답률 90% | 정답 ①

**다음은 위 강의를 시청한 학생들이 ㉮에 올린 글의 일부이다. 학생들의 수용 태도에 대한 설명으로 가장 적절한 것은?**

> **학생 1** : 국가 기관을 언급하며 밀랍의 안전성을 설명해 주셔서 강사님이 알려 주신 정보에 믿음이 갔어. 그리고 밀랍 랩 만드는 방법을 차근차근 말씀해 주셔서 내가 직접 만들어 보기도 좋았어.
> **학생 2** : 강사님이 방수제로 쓰이는 밀랍의 용도를 알려 주셔서 밀랍랩을 이해하는 데 도움이 되었어. 그리고 환경 호르몬이 배출되지 않는다고 하니 나도 한번 밀랍 랩을 써 봐야겠어.
> **학생 3** : 온도를 고려해야 하니 밀랍 랩은 쓰기에 불편할 수도 있을 것 같아. 하지만 밀랍 랩을 활용하는 것은 강사님의 말씀대로 의미 있는 노력이라고 생각해.

✔① '학생 1'은 밀랍의 특성에 대한 강사의 설명과 관련하여, 정보가 신뢰성이 있다고 판단하였다.
'학생 1'은 강의 내용 중 '그리고 밀랍은 국가 기관에서 ~ 인체에 대체로 안전하다'는 밀랍의 특성에 대한 강사의 설명과 관련하여 '강사님이 알려 주신 정보에 믿음이 갔어'라며 정보가 신뢰성이 있다고 판단하였으므로 적절하다.

② '학생 1'은 밀랍 랩 만드는 방법에 대한 강사의 설명과 관련하여, 설명 방법이 효과적이지 않다고 판단하였다.
'학생 1'은 밀랍 랩 만드는 방법에 대한 강사의 설명과 관련하여, '믿음'이 갔으며 '밀랍 랩 만드는 방법을 차근차근 말씀해 주'셨다고 언급하고 있다.

③ '학생 2'는 밀랍의 용도에 대한 강사의 설명과 관련하여, 밀랍 랩 만들기 활동이 공공성 측면에서 한계가 있다고 판단하였다.
'학생 2'는 밀랍의 용도에 대한 강사의 설명과 관련하여, 밀랍 랩 만들기 활동이 '환경 호르몬이 배출되지 않는다'고 하였음을 언급하고 있다.

④ '학생 2'는 밀랍 랩의 장점에 대한 강사의 설명과 관련하여, 강사가 제공한 정보가 다양하다고 판단하였다.
'학생 2'는 밀랍 랩의 장점에 대한 강사의 설명과 관련하여, '밀랍 랩을 이해하는 데 도움이 되었'다고 하였다.

⑤ '학생 3'은 밀랍 랩 사용 시 유의 사항에 대한 강사의 설명과 관련하여, 밀랍 랩의 가치에 대한 강사의 주장이 타당하지 않다고 판단하였다.
'학생 3'은 밀랍 랩 사용 시 유의 사항에 대한 강사의 설명과 관련하여, '밀랍 랩을 활용하는 것은 강사님의 말씀대로 의미 있는 노력이라고 생각'한다고 하였다.

## 44 매체의 활용 방식 분석

정답률 93% | 정답 ③

**㉠~㉤에 대한 설명으로 적절하지 않은 것은?**

① ㉠ : 친구 초대 기능을 사용하여 특정 대상이 의사소통에 참여할 수 있도록 하고 있다.
㉠에서 친구 초대 기능을 사용하여 특정 대상이 의사소통에 참여할 수 있도록 한다고 볼 수 있다.

② ㉡ : 화제와 관련된 자료를 첨부하여 앞으로 논의하고자 하는 내용과 관련된 정보를 제공하고 있다.
㉡에서 화제와 관련된 자료를 첨부하여 앞으로 논의하고자 하는 내용과 관련된 정보를 제공한다고 볼 수 있다.

✔③ ㉢ : 특정 대상에 대한 답장 기능을 사용하여 상대의 의견에 새로운 대안을 제시하고 있다.
㉢에서는 챗봇 상담을 제안하는 '지혁'에게 '챗봇을 이용하면 이 문제도 해결할 수 있겠'다며 답장 기능을 사용하여 상대의 의견에 동조하고 있으나 새로운 대안을 제시하고 있는 것은 아니므로 적절하지 않다.

④ ㉣ : 이모티콘을 활용하여 논의 내용에 대한 자신의 태도를 드러내고 있다.
㉣에서 이모티콘을 활용하여 논의 내용에 대한 자신의 태도를 드러낸다고 볼 수 있다.

⑤ ㉤ : 공지 기능을 활용하여 대화 참여자에게 안내 사항을 전달하고 있다.
㉤에서 공지 기능을 활용하여 대화 참여자에게 안내 사항을 전달한다고 볼 수 있다.

## 45 매체 정보 구성 방식 이해

정답률 86% | 정답 ⑤

**(가)의 대화 내용이 (나)에 반영되었다고 할 때, (나)에 대한 이해로 적절하지 않은 것은? [3점]**

① ⓐ에 대한 '시윤'의 의견을 반영하여, 언제든지 상담이 가능하도록 챗봇을 만든 것이겠군.
'채팅 상담 운영 시간이 짧'다는 ⓐ에 대해 '챗봇을 이용하면 운영 시간에 제한이 없'다는 '시윤'의 의견을 반영하여, '365일 24시간 상담'이 가능한 챗봇을 만든 것을 확인할 수 있으므로 적절하다.

② ⓑ에 대한 '희성'의 의견을 반영하여, 질문을 올린 즉시 답변이 가능하도록 챗봇을 만든 것이겠군.
'질문을 해도 답변이 너무 늦'다는 ⓑ에 대해 '챗봇을 이용하면 이 문제도 해결할 수 있겠'다는 '희성'의 의견을 반영하여, '오후 10:10'에 올린 질문에 '오후 10:10'에 즉시 답변할 수 있는 챗봇을 만든 것을 확인할 수 있으므로 적절하다.

③ ⓒ에 대한 '지혁'의 의견을 반영하여, '공지 사항'과 같이 사람들이 즐겨 찾는 메뉴가 상담 시작 부분에 뜨도록 챗봇을 만든 것이겠군.
'앱 화면이 너무 복잡해서 공지 사항을 못 찾겠'다는 ⓒ에 대해 '챗봇을 만들 때'에 '즐겨 찾는 메뉴는 눈에 잘 띄게 배치하자'는 '지혁'의 의견을 반영하여, '공지 사항'과 같이 사람들이 즐겨 찾는 메뉴가 상담 시작 부분에 뜨는 챗봇을 만든 것을 확인할 수 있으므로 적절하다.

④ ⓓ에 대한 '시윤'의 의견을 반영하여, '인기 검색어', '자주 찾는 질문' 메뉴를 활용할 수 있도록 챗봇을 만든 것이겠군.
'흔히 하는 질문도 매번 채팅 창에 입력해야 해서 번거'롭다는 ⓓ에 대해 '사람들이 자주 검색하거나 질문하는 내용을 알 수 있도록 하는 메뉴도 같이 띄우자'는 '시윤'의 의견을 반영하여, '인기 검색어', '자주 찾는 질문' 메뉴를 활용할 수 있는 챗봇을 만든 것을 확인할 수 있으므로 적절하다.

✔⑤ ⓔ에 대한 '희성'의 의견을 반영하여, '포인트 적립 내역'과 같이 관심사 이외의 정보를 추천해 줄 수 있도록 챗봇을 만든 것이겠군.
'관심 있는 정보만 따로 모아 보여 주면 좋겠'다는 ⓔ에 대해 '사용자에 따른 맞춤형 정보를 함께 제공하자'는 '희성'의 의견을 반영하여, '포인트에 관심이 많은' 사용자를 고려해 '포인트 적립 내역'이라는 맞춤형 정보를 제공한 것이지 관심사 이외의 정보를 추천해 준 것이 아니므로 적절하지 않다.



[문제편 p.079]

# 05회 | 2023학년도 4월 학력평가 고3

• 정답 •

공통 | 독서·문학

01⑤ 02⑤ 03④ 04⑤ 05⑤ 06③ 07③★ 08③★ 09① 10⑤ 11④ 12④ 13④ 14② 15③
16④ 17② 18③★ 19② 20⑤ 21④ 22③ 23④ 24① 25④ 26④ 27① 28④ 29⑤ 30③
31③ 32② 33⑤ 34③

선택 | 화법과 작문

35⑤ 36④ 37③ 38② 39⑤ 40⑤ 41② 42④ 43① 44④ 45③★

선택 | 언어와 매체

35② 36① 37③ 38⑤ 39④★ 40② 41② 42② 43④ 44⑤ 45④

★ 표기된 문항은 **[등급을 가르는 문제]**에 해당하는 문항입니다.

## [01~34] 독서·문학

### 01~03 독서이론

**김원준, 「격치를 통한 율곡 독서방법론의 확장」**

**해제** 이 글은 **이이가 제시한 독서 병통 네 가지와 올바른 독서 자세에 대해 서술**하고 있다. 독서의 실천을 강조한 **이이는 독서 실천에서 벗어난 그릇된 독서법을 독서 병통이라 하면서 그 유형**을 크게 네 가지, 즉 그저 **책만 읽는 병통, 마음만 앞서는 병통, 많은 책과 자신이 유리된 병통, 책에 대한 선입관으로 발생하는 병통**으로 나누었다. 그러면서 **이러한 병통들의 해결할 방안에 대해서도 언급**하였다. 또한 **이이는 올바른 독서를 위해 기본적으로 갖추어야 할 독서 자세, 즉 독서 전에는 몸가짐을 단정히 하고, 마음을 고요히 하며, 책을 경건하고 공경스런 마음으로 대해야 함을 강조하였다.**

**주제** 이이가 제시한 독서 병통 네 가지와 올바른 독서 자세

**문단 핵심 내용**

|  |  |
|---|---|
| 1문단 | 실천하는 독서를 강조한 이이 |
| 2문단 | 이이가 제시한 독서 병통의 유형과 해결 방안 |
| 3문단 | 올바른 독서를 위한 자세를 강조한 이이 |

### 01 세부 내용의 이해 
정답률 87% | 정답 ⑤

**윗글의 내용과 일치하지 않는 것은?**

① 마음가짐이 흩어지면 올바른 독서를 할 수 없다.
3문단을 통해 책 속에 담긴 심오한 진리를 대할 때 마음가짐이 흩어지면 올바른 독서를 할 수 없음을 알 수 있다.

② 율곡은 그릇된 독서법의 유형과 해결책을 제시했다.
1문단의 '독서에서 벗어난 그릇된 독서법을 독서 병통이라 부르고, 그 유형과 해결 방안을 크게 네 가지로 나누어 제시했다.'를 통해 알 수 있다.

③ 율곡은 책 속의 이치를 밝혀 이를 실천하는 독서를 강조했다.
1문단을 통해 율곡 이이는 책 속에 담긴 이치를 밝혀 이를 실천하는 독서를 강조했음을 알 수 있다.

④ 독서에 온 마음을 다해도 이치에 다다를 수 없는 경우가 있다.
3문단을 통해 독서에 온 마음을 다한다고 해도 늘 이치에 다다를 수는 없음을 알 수 있다.

**✔ ⑤ 다독은 책의 깊이를 측량하기 위한 독서에서 벗어난 독서법이다.**
2문단을 통해 다독은 책과 책을 연계하여 서로의 의미를 이해하고 책의 깊이를 측량할 수 있어 유용함을 알 수 있다. 따라서 다독이 책의 깊이를 측량하기 위한 독서에서 벗어난 독서법이라는 내용은 적절하지 않다.

### 02 구체적인 상황에의 적용 
정답률 84% | 정답 ⑤

**다음은 독서 동아리 누리집의 일부이다. 윗글을 바탕으로 ⓐ~ⓔ에 대해 보인 반응으로 적절하지 않은 것은? [3점]**

> 제5차 독서 - 『중용』
> 독서 교사 추천 ♥ 2 조회 30 23.04.12 댓글 5
>
> 이번에 읽을 책은 유학 경전의 하나인 『중용』입니다. 이 책은 올바른 마음 자세와 관련된 삶의 이치, 형이상학적인 우주의 운행 원리 등에 대한 지식을 담고 있습니다. 책을 읽으면서 어려움이 있는 학생은 댓글을 남기면 도움을 드리도록 하겠습니다.
>
> ↳ **학생 1:** 우주의 미래를 보는 법 같은 초월적 지식을 배울 수 있을 거라고 기대했는데 책에는 그런 내용이 없었고, 정작 책에 담긴 우주의 운행 원리에 대한 지식은 파악하지 못했어요. ······ ⓐ
> ↳ **학생 2:** 깊은 생각 없이 글귀 자체의 뜻만 해석하며 읽었더니, 막상 글 속에 담긴 참뜻은 모르겠더라고요. ······ ⓑ
> ↳ **학생 3:** 저는 첫 장부터 어려워 읽다 포기했어요. 제가 이해할 수 있는 수준이 아닌 책 같아서 읽기가 두려웠거든요. ······ ⓒ
> ↳ **학생 4:** 저는 동양사상을 섭렵하고 싶은 욕심에 『논어』, 『대학』을 빌려 동시에 읽었는데요, 오히려 마음만 급하고 어떤 책도 깊이 있게 읽지 못하겠더라고요. ······ ⓓ
> ↳ **학생 5:** 책을 읽으면서 올바른 마음 자세에 대해 많이 배운 것 같아요. 그런데 책 속의 내용대로 일상생활에서 실천하기가 어렵네요. ······ ⓔ

① 율곡의 입장에서 ⓐ는 책에 초월적 지식이 있다고 여기고 이를 얻으려고 하다가 발생한 병통이므로, ㉤에 해당한다고 보겠군.
'학생 1'의 댓글인 ⓐ는 『중용』을 통해 우주의 미래를 보는 법과 같은 초월적 지식을 배울 수 있다고 여기고 읽다가 정작 책에 담긴 지식은 파악하지 못한 경우이다. 따라서 율곡의 입장에서 책에 초월적 지식이 있다고 여기고 이를 얻으려고 하다가 발생한 ㉤에 해당한다고 할 수 있다.

② 율곡의 입장에서 ⓑ는 ㉠에 해당하므로, 글귀의 옳고 그름을 깊이 따지며 읽는 독서법을 조언할 수 있겠군.
'학생 2'의 댓글인 ⓑ는 깊은 생각 없이 글귀 자체의 뜻만 밝히며 읽어 막상 글에 숨겨진 이치는 파악하지 못한 경우에 해당하므로, 율곡의 입장에서는 깊은 생각 없이 글자와 글귀 자체의 표면적인 뜻만 밝혀, 글에 숨겨진 이치를 파악하지 못하는 ㉠에 해당한다고 할 수 있다. 따라서 율곡의 입장에서는 '학생 2'에게 글귀의 옳고 그름을 깊이 따지며 읽는 독서법을 조언할 것임을 알 수 있다.

③ 율곡의 입장에서 ⓒ는 ㉣에 해당하므로, 책을 한 단락씩 세심하게 읽어 나가는 독서법을 조언할 수 있겠군.
'학생 3'의 댓글인 ⓒ는 책이 조금만 어려워도 이치에 도달할 수 없다는 두려움에 온 마음을 다해 읽으려고 하지 않고 독서를 포기한 경우에 해당하므로, 율곡의 입장에서는 ㉣에 해당한다고 할 수 있다. 따라서 율곡의 입장에서 '학생 3'에게 책을 한 단락씩 세심하게 읽어 나가는 독서법을 조언할 것임을 알 수 있다.

④ 율곡의 입장에서 ⓓ는 ㉡에 해당하므로, 책 한 권의 의미를 모두 알게 된 후에 다른 책을 읽는 독서법을 조언할 수 있겠군.
'학생 4'의 댓글인 ⓓ는 욕심이 지나친 다독으로 마음만 급하여 어떤 책도 음미하지 못한 경우이므로, 율곡의 입장에서는 ㉡에 해당한다고 할 수 있다. 따라서 율곡의 입장에서는 '학생 4'에게 책 한 권의 의미를 모두 알게 된 후에 다른 책을 읽는 독서법을 조언할 것임을 알 수 있다.

**✔ ⑤ 율곡의 입장에서 ⓔ는 책에 담긴 성현의 뜻에 대한 선입관으로 발생한 병통이므로, ㉢에 해당한다고 보겠군.**
'학생 5'의 댓글인 ⓔ는 유학 경전인 『중용』을 읽으면서 올바른 마음 자세에 대해 많이 배웠음에도 이를 실천하지 못한 경우에 해당한다. 따라서 율곡의 입장에서 ⓔ를 책에 담긴 성현의 뜻에 대한 선입관으로 발생한 병통으로 보았다고 한 내용은 적절하지 않다. '학생 5'의 댓글인 ⓔ는 율곡의 입장에서 볼 때, 성현의 뜻을 이해하고 앎을 확장했음에도 몸과 마음으로 받아들이지 못하여 발생한 '책과 자신이 유리된 병통'에 해당한다.

### 03 주장 내용의 공통점 파악 
정답률 96% | 정답 ④

**[A]와 〈보기〉에서 주장하고 있는 내용의 공통점으로 가장 적절한 것은?**

> 〈보 기〉
> 학문을 하는 자가 문제를 만났다고 해서 책을 읽는 것을 그만 두어서는 안 된다. 책을 읽을수록 수많은 궁금증과 어려움이 생기는 것은 지혜의 문에 도달하려는 신호이기 때문이다.

① 독서 전에는 마음을 고요히 해야 한다.
독서 전에는 마음을 고요히 해야 한다는 내용은 [A]에서만 확인할 수 있다.

② 독서 전에는 몸가짐을 바르게 해야 한다.
독서 전에는 몸가짐을 바르게 해야 한다는 내용은 [A]에서만 확인할 수 있다.

③ 책에 대한 경건하고 공경스런 마음을 갖추어야 한다.
책에 대한 경건하고 공경스런 마음을 갖추어야 한다는 내용은 [A]에서만 확인할 수 있다.

**✔ ④ 독서 중 의문이 많아진다고 독서를 포기해서는 안 된다.**
〈보기〉에서는 책을 읽을수록 수많은 궁금증과 어려움이 생기는 것은 지혜의 문에 도달하려는 신호이기 때문에 책 읽기를 그만 두어서는 안 된다고 주장하고 있다. 그리고 [A]에서는 독서 중 의문이 많아진다고 독서를 포기해서는 안 된다고 주장하고 있다. 따라서 [A]와 〈보기〉 모두 독서 중 의문이 많아진다고 독서를 포기해서는 안 된다고 주장하였음을 알 수 있다.

⑤ 독서를 할 때는 성인의 심오한 진리를 대한다고 생각해야 한다.
독서를 할 때는 성인의 심오한 진리를 대한다고 생각해야 한다는 내용은 [A]에서만 확인할 수 있다.

### 04~09 사회

**임병웅, 「특허법」**
**(가) '특허청구범위의 이해'**

**해제** 이 글은 **특허의 성립 요건인 신규성과 진보성을 판단 기준이 되는 '특허청구범위'에 대해 설명**하고 있다. **특허 출원 명세서는 특허권을 받기 위해서는 일정한 요건을 갖추어야 하는데, 이를 심사할 때 대상이 되는 문서**를 가리킨다. 특허 출원 명세서에 기재된 내용 중 **'특허청구범위'는 권리 범위를 명확히 하는 항목**으로, **해당 발명을 설명하는 데에 필요한 방법, 기능, 구조 및 결합 관계 등이 서술된 하나 이상의 청구항으로 구성**되어 있다. 이러한 **특허청구범위는 특허 심사를 위한 발명을 널리 알려진 선행 발명과 비교하여 특허의 성립 요건인 신규성과 진보성을 판단하는 기준**이 된다. **신규성을 인정받기 위해서는 발명의 구성 요소가 선행 발명의 구성 요소에 포함되어 완전히 일치하는 물리적 동일성뿐만 아니라, 발명의 효과 면에서 선행 발명과 유사함을 의미하는 실질적 동일성도 부정되어야 한다.** 그리고 **진보성을 갖추었는지 심사**하는데, **해당 분야에 종사하는 사람이 통상적으로 아는 지식 수준에서 선행 발명을 토대로 해당 발명을 쉽게 예측할 수 있거나 따라할 수 있다고 판단되면 진보성을 갖춘 것으로 인정하지 않는다.**

**주제** 특허의 성립 요건인 신규성과 진보성의 판단 기준이 되는 '특허청구범위'

**문단 핵심 내용**

|  |  |
|---|---|
| 1문단 | 특허 제도 및 특허 출원 명세서의 의미 |
| 2문단 | '특허청구범위'의 구성 및 사례 |
| 3문단 | '특허청구범위'의 사례에 대한 이해 |
| 4문단 | 신규성과 진보성을 판단 기준이 되는 '특허청구범위' |
| 5문단 | 신규성을 인정받기 위한 요건 |
| 6문단 | 진보성을 심사하는 요건 |

**(나) 특허권 침해의 이해**

**해제** 이 글은 **특허권의 직접 침해와 간접 침해에 대해 설명**하고 있다. 특허권은 특허 제도를 통해 그 권리를 보호받을 수 있는데, **특허 제도에서는 특허권 침해를 직접 침해와 간접 침해로 규정하여 제시**하고 있다. **직접 침해는 특허 발명의 권리 범위에 속하는 발명을 특허권자의 허가 없이 상업적으로 실시하는 것으로**, 특허권자의 권리 범위를 해석할 때 **구성 요소 완비의 원칙과 균등론의 원칙을 적용**하고 있

다. **구성 요소 완비의 원칙**은 **확인 대상 발명이 기존 특허 발명의 특허청구범위에 기재된 구성 요소 전부를 실시하는 경우에만 특허권자의 권리 범위에 속한다는 원칙**이고, **구성 요소 완비의 원칙 문제를 보완하기 위해 적용하는 것이 균등론의 원칙**이다. 한편 **간접 침해**는 직접 침해는 아니지만 **그대로 방치할 경우 특허권의 침해가 예상되는 행위를 의미하는 것**으로, **'물건의 발명'에 대한 경우와 '방법의 발명'에 대한 경우로 구분**할 수 있다.

**주제** 특허권의 직접 침해와 간접 침해의 이해

**문단 핵심 내용**

| | |
|---|---|
| 1문단 | 특허권을 침해했다고 판단하는 경우 |
| 2문단 | 특허권 직접 침해의 의미 및 증명 방법 |
| 3문단 | 특허권자의 권리 범위를 해석할 때 적용되는 원칙-구성 요소 완비의 원칙 |
| 4문단 | 특허권자의 권리 범위를 해석할 때 적용되는 원칙-균등론의 원칙 |
| 5문단 | 특허권 간접 침해의 의미 및 구분 |

## 04 서술상 특징 파악

정답률 84% | 정답 ⑤

**(가)와 (나)에 대한 설명으로 가장 적절한 것은?**

① **(가)는 특허 출원에 따른 혜택을, (나)는 특허권 침해에 따른 제재 조치를 설명하고 있다.**
(가)에서는 특허 출원의 심사 대상이 되는 특허 출원 명세서와 관련된 내용을 서술하고 있지만 특허 출원에 따른 혜택은 설명하지 않고 있다. 그리고 (나)에서는 특허권 침해를 직접 침해와 간접 침해로 나누어 제시하고 있지만, 특허권 침해에 따른 제재 조치를 설명하지는 않고 있다.

② **(가)는 특허 출원인의 자격을, (나)는 특허권 침해 여부를 판단하는 심사자의 의무를 밝히고 있다.**
(가)에서는 특허권을 특허 출원인에게 보장하고 있음을 알 수 있지만 특허 출원인의 자격에 대해서는 설명하지 않고 있다. (나)에서는 특허권 침해와 관련된 내용을 언급하고 있지만 특허권 침해 여부를 판단하는 심사자의 의무에 대해서는 언급되지 않고 있다.

③ **(가)는 특허 출원된 발명을 심사하는 과정을, (나)는 특허권 침해를 예방하기 위한 방법을 제시하고 있다.**
(가)의 '발명이 신규성을 갖추었다면 다음으로 진보성을 갖추었는지 심사한다.'를 통해 특허 출원된 발명을 심사하는 과정을 제시하였다고 볼 수 있다. 하지만 (나)에서는 특허권 침해를 예방하기 위한 방법을 제시하지 않고 있다.

④ **(가)는 특허 출원 과정에서 나타나는 문제점을, (나)는 특허 제도에서 특허권 침해와 관련된 원칙의 한계를 설명하고 있다.**
(나)에서는 특허 제도에서 특허권 침해와 관련된 원칙인 구성 요소 완비의 원칙이 지닌 한계를 설명하고 있다. 하지만 (가)에서는 특허 출원 과정에서 나타나는 문제점을 설명하지 않고 있다.

✔ **(가)는 특허 출원 시 특허권을 인정받기 위한 요건을, (나)는 특허권 침해 여부를 판단할 때 적용하는 원칙을 설명하고 있다.**
(가)에서는 특허 출원 시 특허권을 인정받기 위한 요건인 신규성과 진보성에 대해 설명하고 있다. 그리고 (나)에서는 특허권이 침해되었는지 판단할 때 적용하는 원칙인 구성 요소 완비의 원칙과 균등론의 원칙에 대해 설명하고 있다. 따라서 (가)에서는 특허 출원 시 특허권을 인정받기 위한 요건을 설명하였다고 할 수 있고, (나)에서는 특허권 침해 여부를 판단할 때 적용하는 원칙을 설명하였다고 할 수 있다.

## 05 핵심 개념의 이해

정답률 76% | 정답 ⑤

**(가), (나)를 읽고, 특허 제도에 대해 이해한 내용으로 적절하지 않은 것은?**

① **특허 제도에서 특허 출원 명세서는 특허권 심사의 대상이 된다.**
(가)의 1문단을 통해 특허권을 심사할 때 대상이 되는 문서가 특허 출원 명세서임을 알 수 있다.

② **특허 제도는 발명을 보호하고 장려함으로써 국가 산업의 발전을 도모하는 기능을 한다.**
(가)의 1문단을 통해 특허 제도는 발명을 보호, 장려함으로써 국가 산업의 발전을 도모하기 위한 제도임을 알 수 있다.

③ **특허 제도를 통해 특허권자는 자신의 특허 발명에 대한 독점적 권리를 일정 기간 보장받는다.**
(가)의 1문단을 통해 특허 제도는 일정 기간 해당 발명에 대한 독점적 권리를 가질 수 있도록 보장하는 특허권을 특허 출원인에게 부여함을 알 수 있다.

④ **특허 제도에서는 특허권이 모방과 도용이 용이하기 때문에 침해가 예상되는 행위도 특허권 침해로 보고 있다.**
(나)의 1문단을 통해 특허권은 일반적인 사물과 달리 형체가 없어서 모방과 도용이 쉬운 반면, 침해 사실을 발견하기 어렵기 때문에 특허 제도에서는 직접 침해뿐만 아니라 앞으로의 직접 침해가 예상되는 행위 역시 간접 침해로 규정하여 특허권 침해로 보고 있음을 알 수 있다.

✔ **특허 제도에서는 선행 발명과 구성 요소가 완전히 일치하고 발명의 효과가 다르다면 실질적 동일성이 있다고 간주한다.**
(가)의 5문단을 통해 실질적 동일성은 발명의 효과 면에서 선행 발명과 유사함을 의미함을 알 수 있다. 따라서 선행 발명과 발명의 효과가 다르다면 실질적 동일성이 있다고 간주한다는 내용은 적절하지 않다.

## 06~07

**다음은 윗글을 이해하기 위한 학습지의 일부이다. 윗글과 다음을 바탕으로 6번과 7번의 물음에 답하시오.**

'갑'은 아래의 특허 출원 명세서에 기재된 바와 같은 발명의 특허권자이다.

〈특허 출원 명세서〉

【발명의 명칭】 목재로 만들어진 연필

【특허청구범위】 ………… ⓐ
[청구항 1]
목재로 만들어진 몸체
상기 몸체의 내부 중앙에 형성된 흑심을 포함하는 연필
[청구항 2]
제1항에 있어서, 상기 몸체의 형상이 육각형인 연필
[청구항 3]
제2항에 있어서, 상기 몸체의 한쪽 끝에 부착된 지우개를 포함하는 연필

## 06 구체적인 사례에의 적용

정답률 85% | 정답 ③

**윗글을 바탕으로 학습지의 내용을 이해한 것으로 적절하지 않은 것은?**

① **ⓐ는 '갑'이 발명한 연필에 대한 권리 범위를 명확히 하는 기능을 한다.**
(가)의 2문단을 통해 특허청구범위는 특허 출원인의 권리 범위를 명확히 하는 항목임을 알 수 있으므로 적절한 이해라 할 수 있다.

② **ⓐ는 특허 심사를 할 때 '갑'이 발명한 연필이 신규성과 진보성을 갖추었는지 판단하는 기준이 된다.**
(가)의 4문단을 통해 특허청구범위는 특허의 성립 요건인 신규성과 진보성을 판단하는 기준이 됨을 알 수 있으므로 적절한 이해라 할 수 있다.

✔ **ⓐ에서 '갑'이 발명한 연필에 대한 보호 범위는 [청구항 1]보다 [청구항 3]이 더 넓다.**
(가)의 3문단을 통해 종속항은 여러 가지 기술적 특징과 한정 사항 등의 구성 요소를 제시하기 때문에 독립항보다 좁은 보호 범위를 갖는다는 것을 알 수 있다. 또한 [청구항 1]은 발명의 범위를 단독으로 나타내는 독립항이고, [청구항 3]은 [청구항 2]를 인용한 종속항임을 알 수 있다. 따라서 ⓐ에서 '갑'이 발명한 연필에 대한 보호 범위는 [청구항 1]보다 [청구항 3]이 더 넓다고 할 수 없다.

④ **ⓐ에서 [청구항 2]는 [청구항 1]을 인용하면서 '갑'이 발명한 연필의 몸체의 특징을 한정하는 종속항이다.**
(가)의 3문단을 통해 종속항이 '다른 항에 기재된 발명의 구성 일부를 한정'할 수 있음을 알 수 있고, 학습지 내용을 통해 [청구항 2]가 상기 몸체의 형상을 육각형으로 한정하고 있음을 알 수 있으므로 적절한 이해라 할 수 있다.

⑤ **ⓐ에서 [청구항 3]은 [청구항 2]를 인용하면서 '갑'이 발명한 연필을 설명하는 데 필요한 결합 관계를 서술하고 있다.**
(가)의 2문단을 통해 특허청구범위는 해당 발명을 설명하는 데에 필요한 방법, 기능, 구조 및 결합 관계 등이 서술된 하나 이상의 청구항으로 구성되어 있음을 알 수 있다. 그리고 학습지 내용에서 [청구항 3]이 [청구항 2]를 인용하면서 몸체의 한쪽 끝에 지우개가 부착되었다는 구조 및 결합 관계를 드러내고 있음을 알 수 있다. 따라서 ⓐ에서 [청구항 3]은 [청구항 2]를 인용하면서 '갑'이 발명한 연필을 설명하는 데 필요한 결합 관계를 서술하고 있음을 알 수 있다.

★★★ 등급을 가르는 문제!

## 07 구체적인 사례에의 적용

정답률 51% | 정답 ③

**윗글을 읽은 학생이 학습지와 〈보기〉에 대해 보인 반응으로 적절하지 않은 것은? [3점]**

〈보 기〉

'갑'이 목재로 만들어진 연필에 대해 특허권을 획득한 후 '을', '병', '정'이 다음과 같은 발명을 하였다.

- '을'의 발명 : 목재로 만들어지며, 육각형 형상의 몸체의 내부 중앙에 흑심을 포함하는 연필
- '병'의 발명 : 목재로 만들어지며, 다각형 형상의 몸체의 내부 중앙에 흑심을 포함하는 연필에 있어서, 몸체의 한쪽 끝에 지우개가 부착된 연필
- '정'의 발명 : 목재로 만들어지며, 육각형 형상의 몸체의 내부 중앙에 흑심을 포함하는 연필에 있어서, 몸체의 한쪽 끝에 지우개가 부착되어 있고, 반대쪽에 뚜껑을 포함하는 연필

① **'을'이 자신의 발명을 특허 출원하였을 때, '갑'의 발명과 비교하여 구성 요소의 동일성이 있으므로 신규성을 인정받지 못하겠군.**
(가)의 5문단의 '신규성을 인정받기 위해서는 ~ 유사함을 의미하는 실질적 동일성도 부정되어야 한다.'를 볼 때, 〈보기〉에서 '을'의 발명의 구성 요소는 '갑'의 발명의 구성 요소에 포함되어 동일성이 있으므로 적절하다.

② **'을'이 자신의 발명을 '갑'의 허가 없이 제품으로 생산하였을 때, 구성 요소 완비의 원칙에 따르면 '갑'의 권리 범위에 속하지 않으므로 침해라고 할 수 없겠군.**
(나)의 3문단의 '구성 요소 완비의 원칙은 ~ 권리 범위에 속한다는 원칙이다.'를 볼 때, 〈보기〉의 '을'의 발명과 '갑'의 발명을 비교하였을 때 '을'의 발명에는 구성 요소 중 하나인 지우개가 없으므로 적절하다.

✔ **'병'이 자신의 발명을 특허 출원하였을 때, 일부 구성 요소가 '갑'의 발명의 해당 요소보다 상위 개념에 속하므로 신규성을 인정받을 수 있겠군.**
(가)의 5문단의 '특허청구범위에 기재된 발명의 구성 요소가 상위 개념이고 선행 발명의 구성 요소가 하위 개념인 경우에는 동일성이 있는 것으로 판단하여 원칙적으로 신규성이 부정된다.'는 내용을 통해, 〈보기〉에서 '병'의 발명의 구성 요소 중 '다각형 형상의 몸체'는 '갑'의 발명의 해당 요소인 '육각형'의 몸체 형상보다 상위 개념에 해당하므로 적절하지 않다.

④ **'병'이 자신의 발명을 '갑'의 허가 없이 제품으로 생산하였을 때, 균등론의 원칙에 따르면 '갑'의 발명과 비교하여 원리나 효과가 동일할 경우에는 침해라고 할 수 있겠군.**
(나)의 4문단에서 균등론의 원칙에 따르면 '확인 대상 발명이 ~ 균등한 것으로' 본다고 하였으므로 적절하다.

⑤ **'정'이 자신의 발명을 특허 출원하였을 때, 특허 심사 과정에서 신규성을 인정받더라도, '갑'의 발명에 다른 요소를 단순히 결합시킨 것으로 판단된다면 진보성을 인정받을 수 없겠군.**
(가)의 6문단의 '선행 발명의 구성 요소를 ~ 특허권을 획득할 수 없다.'를 볼 때, 〈보기〉에서 '정'의 발명이 '갑'의 발명과 비교하였을 때 반대쪽에 뚜껑을 포함하고 있어 신규성을 인정받더라도 이것이 다른 요소를 단순히 결합시킨 것으로 판단된다면 진보성을 인정받을 수 없으므로 적절하다.



[문제편 p.082]

★★ 문제 해결 꿀~팁 ★★

▶ 많이 틀린 이유는?
이 문제는 '학습지'와 〈보기〉를 비교해야 하고, 비교한 내용을 바탕으로 서술된 선택지를 글을 통해 확인하는 데서 어려움을 겪어 오답률이 높았던 것으로 보인다. 또한 글에 제시된 신규성, 구성 요소 완비의 원칙, 균등론의 원칙, 진보성에 대한 이해 부족도 오답률을 높인 원인으로 보인다.
▶ 문제 해결 방법은?
이 문제를 해결하기 위해서는 일차적으로 〈보기〉에 제시된 '을, 병, 정'의 발명을 '갑'의 발명과 비교하여야 한다. 정리하면 다음과 같다.

- 을: 갑의 [청구항 1]과 [청구항 2]와 동일한 발명
- 병: 갑의 [청구항 1]과 [청구항 3]과 동일한 발명. 단, 다각형으로 만듦.
- 정: 갑의 [청구항 1], [청구항 2], [청구항 3]과 동일. 단 반대에 뚜껑을 포함하는 연필

이렇게 정리한 뒤에 선택지를 이해하면 되는데, 선택지를 통해 신규성, 구성 요소 완비의 원칙, 균등론의 원칙, 진보성에 대해 언급하고 있음을 알 수 있다. 그러므로 (가), (나)에서 이에 해당하는 부분을 찾아 선택지와 비교하여 적절성을 판단하면 된다.
가령 정답인 ③의 경우, (가)의 5문단에 언급된 신규성과 관련되므로 이를 바탕으로 적절성을 판단하면 된다. 즉, (가)의 5문단의 '특허청구범위에 기재된 발명의 구성 요소가 상위 개념이고 선행 발명의 구성 요소가 하위 개념인 경우에는 동일성이 있는 것으로 판단하여 원칙적으로 신규성이 부정된다.'를 통해 적절하지 않았음을 알 수 있을 것이다. 이와 마찬가지로 ① 역시 적절함도 쉽게 알 수 있었을 것이다.
이처럼 다소 복잡하게 보이는 문제라도 단계에 따라 문제에 접근하게 되면 문제를 해결할 수 있으므로, 차분하게 순서를 정하여 문제를 풀 수 있도록 한다.

★★★ 등급을 가르는 문제!

**08** 구체적 상황에의 적용 정답률 55% | 정답 ③

**(나)를 바탕으로 〈보기〉를 이해한 것으로 적절하지 않은 것은?**

〈보 기〉
[사례 1] 소매업자 A는 자전거의 완성품에 특허가 등록되어 있자 자전거 완성품으로만 조립할 수 있도록 해당 자전거의 구성품 일체를 세트로 구성하여 판매하였다.
[사례 2] 일반인 B가 특정 농약을 사용하여 해충을 제거하는 방법에 대하여 특허권을 얻은 후, 농약 회사 C가 해충 제거 용도로만 사용되는 이 농약을 판매할 상품으로 생산하였다.

① [사례 1]에서 A가 자전거의 완성품을 판매한 것은 아니므로 직접 침해에 해당하지 않는다.
(나)의 2문단에서 직접 침해는 '특허 발명의 ~ 상업적으로 실시하는 것'이라고 하였고, [사례 1]에서 A는 특허가 등록된 자전거의 완성품을 판매한 것이 아니기 때문에 직접 침해에 해당하지 않으므로 적절하다.

② [사례 1]에서 A의 행위는 최종적으로 특허 발명의 실시를 유도할 수 있기 때문에 간접 침해에 해당할 수 있다.
(나)의 5문단에서 '특허권을 지닌 완성품이 ~ 판매하는 행위'는 최종적으로 특허 발명의 실시를 유도할 수 있으므로 간접 침해에 해당한다고 하였고, 이는 [사례 1]에서 A의 행위에 해당하므로 적절하다.

✔ [사례 2]에서 C가 해당 농약을 생산은 하고 판매는 하지 못했다면 간접 침해에 해당하지 않는다.
(나)의 5문단에서 간접 침해에 대해 '기존 특허 발명이 방법인 경우 ~ 물건을 상업적으로 실시하는' 것이라고 하였고, [사례 2]에서 C가 판매할 상품으로 생산한 것은 상업적 목적을 가지고 있어 간접 침해로 볼 수 있으므로 적절하지 않다.

④ [사례 2]에서 C의 행위는 그대로 방치할 경우 특허권 침해가 예상되는 행위이므로 간접 침해에 해당한다.
(나)의 5문단에서 간접 침해는 그대로 방치할 경우 특허권의 침해가 예상되는 행위라고 하였고, [사례 2]에서 C의 행위는 이에 해당하므로 적절하다.

⑤ [사례 2]에서 C의 행위는 해당 농약으로 B가 획득한 발명을 실시한 것이 아니므로 직접 침해에 해당하지 않는다.
(나)의 2문단에서 직접 침해는 '특허 발명의 ~ 상업적으로 실시하는 것'이라고 하였고, [사례 2]에서 일반인 B의 특허 발명은 '특정 농약을 사용하여 해충을 제거하는 방법'이라 할 수 있다. 그런데 C의 행위는 해당 농약을 판매할 상품으로 생산한 것에 불과하므로 적절하다.

★★ 문제 해결 꿀~팁 ★★

▶ 많이 틀린 이유는?
이 문제는 글의 내용을 사례에 적용하는 데 어려움을 겪어 오답률이 높았던 것으로 보인다. 또한 〈보기〉를 정확히 이해하지 못한 것도 오답률이 높았던 원인으로 보인다.
▶ 문제 해결 방법은?
이 문제를 해결하기 위해서는 일차적으로 〈보기〉를 정확히 이해할 수 있어야 한다. 즉, [사례 1]에서는 A가 특허가 등록된 자전거의 구성품 일체를 구성하여 판매하려 하고 있고, [사례 2]에서는 농약 회사 C가 해충을 제거하는 방법에 대해 특허권을 얻은 B의 방법을 이용해 농약을 판매하기 위해 상품으로 생산하였음을 파악해야 한다. 그런 다음 선택지를 통해 적절성을 판단해야 하는데, 선택지에서 '직접 침해'와 '간접 침해'와 관련하여 설명하고 있으므로, (나)의 2문단과 5문단을 통해 판단해야 함을 알아야 한다.
이렇게 할 때 정답인 ③의 경우, 5문단에서 기존 특허 발명이 방법인 경우, 그 방법을 실시하는 데에만 사용하는 물건을 상업적으로 실시하는 행위는 간접 침해라 하였으므로 적절하지 않음을 알 수 있었을 것이다. 한편 이 문제의 경우 선택지를 통해 문제 해결 방법을 찾을 수 있었는데, 즉 선택지에 제시된 내용이 '직접 침해'와 '간접 침해'와 연관하여 제시하고 있으므로, 글을 통해 직접 침해와 간접 침해에 해당하는 부분을 찾으면 비교적 쉽게 해결할 수 있었을 것이다. 이처럼 문제를 접할 때 발문과 선택지를 빠르게 읽으면 의외로 문제 해결 방법을 찾을 수 있으므로, 이 방법도 적극 활용해 보도록 한다.

**09** 어휘의 문맥적 의미 파악 정답률 77% | 정답 ①

**문맥상 의미가 ㉠과 가장 가까운 것은?**

✔ 그의 행동은 실수로 보고 감싸 주어야 한다.
㉠은 문맥상 '대상을 평가하다.'의 의미로 사용되었고, '실수로 보고'의 '보고' 역시 같은 의미로 사용되었다.

② 그녀가 처한 사정을 보니 딱한 생각이 든다.
'상대편의 형편 따위를 헤아리다.'의 의미로 사용되었다.

③ 기회를 보고 천천히 부모님께 말씀드려야겠다.
'기회, 때, 시기 따위를 살피다.'의 의미로 사용되었다.

④ 그 마을의 풍경은 사진으로 보니 실제만 못하다.
'눈으로 대상의 존재나 형태적 특징을 알다.'의 의미로 사용되었다.

⑤ 아무리 급해도 손해를 보고 물건을 팔기는 어렵다.
'어떤 일을 당하거나 겪거나 얻어 가지다.'의 의미로 사용되었다.

**10~13 인문**

05회

김철신, 「공손룡과 후기 묵가의 정명론 비교 연구」

**해제** 이 글은 **명실 문제에 대한 공손룡과 후기 묵가 학파의 견해에 대해 소개**하고 있다. 이름과 실재의 상관관계를 다루는 **명실 문제를 전문적으로 다룬 공손룡과 후기 묵가 사이에서는 철학적 논쟁의 국면이 펼쳐졌다. 공손룡은 어떤 '실'은 그것을 가리키는 어떤 '명'에 의해서만 유일하게 지시되어야 한다는 것과, 어떤 명은 유일하게 어떤 실만을 지시하여야 한다는 것을 주장**하였다. 즉, 그는 명과 실의 엄격한 일대일 대응 관계를 통해, 명이 그 역할을 할 때 오해나 문제가 생기지 않게 하려 하였다. 그는 '**흰 말은 말이 아니다.'라는 일반인의 상식으로는 이해하기 어려운 주장**을 앞세워 논의를 펼치면서 '**말'이라는 명과 '흰 말'이라는 명은 지시하는 실이 다르므로 그 용법을 구분해야 한다**고 하였다. 반면 **후기 묵가**는 '흰 말은 말이 아니다.'라는 **공손룡의 주장에 반대하면서, 어떤 실은 '이것'이라는 명에 의해 지시되면서 동시에 '저것'이라는 명에 의해서도 지시될 수 있다**고 보았다. 또한 후기 묵가는 **하나의 명이 지시하는 실은 오직 하나뿐이라는 공손룡의 주장에도 반대**하였다. **후기 묵가가 명과 실의 엄격한 일대일 관계를 이렇게 부정한 것은 그들의 명에 대한 논의와도 관계**가 있는데, 후기 **묵가는 명을 그것이 지시하는 실에 따라 외연의 크기가 서로 다른 달명, 유명, 사명으로 나누어서 설명**하였다.
**주제** 명실 문제에 대한 공손룡과 후기 묵가 학파의 견해

**문단 핵심 내용**

| | |
|---|---|
| 1문단 | 명실 문제를 전문적으로 다룬 공손룡과 후기 묵가 학파 |
| 2문단 | 명실의 문제에 대한 공손룡의 견해 |
| 3문단 | 명의 용법을 구분해야 한다고 한 공손룡 |
| 4문단 | 공손룡의 주장에 반대한 후기 묵가의 명실에 대한 견해 |
| 5문단 | 후기 묵가의 명에 대한 논의 |

**10** 세부 내용의 이해 정답률 75% | 정답 ⑤

**윗글에 대한 이해로 적절하지 않은 것은?**

① 후기 묵가는 고유명사가 사명에 속한다고 보았다.
5문단을 통해 후기 묵가에서는 두 가지 사명 중 하나는 고유명사라고 하였음을 알 수 있다.

② 후기 묵가는 천지 만물 전체를 가리키는 이름을 달명이라고 하였다.
5문단을 통해 후기 묵가에서는 천지 만물을 총괄하여 지시하는 이름을 달명이라고 하였음을 알 수 있다.

③ 공손룡은 분화되지 않은 천지 만물이 각각의 개체로 분화된 것을 실이라고 하였다.
2문단을 통해 공손룡은 아직 분화되지 않은 상태의 천지 만물이 '물'이고 '물'에서 분화된 각각의 개체가 '실'이라고 하였음을 알 수 있다.

④ 공손룡과 후기 묵가는 전국시대 중엽 이후에 명실 문제를 전문적으로 논의하였다.
1문단을 통해 명실의 문제가 전국시대 중엽 이후에 하나의 독립적인 영역을 가진 철학적 주제로 정립되었음을 알 수 있고, 공손룡과 후기 묵가가 이 시기에 명실 문제를 전문적으로 다뤘음을 알 수 있다.

✔ 공손룡과 후기 묵가는 수많은 사물 가운데 오직 하나만 있는 대상에는 이름을 붙일 수 없다고 하였다.
5문단을 통해 후기 묵가에서 가리키는 대상이 오직 하나일 때 붙이는 이름을 사명이라고 하였음을 알 수 있으므로 적절하지 않다.

**11** 인물 견해에 따른 내용의 추론 정답률 65% | 정답 ④

**㉠에 대한 '공손룡'의 견해와 부합하는 내용으로 가장 적절한 것은?**

① 학 두 마리를 모두 학이라는 명으로 부르면, 명이 제 역할을 하여 혼란이 나타나지 않게 될 것이다.
2문단을 통해 공손룡은 명과 실의 엄격한 일대일 대응 관계를 통해, 명이 그 역할을 할 때 오해나 문제가 생기지 않게 하려 하였음을 알 수 있다. 따라서 학 두 마리를 모두 학이라는 명으로 부르면 공손룡 입장에서는 명이 제 역할을 한다고 생각하지 않을 것임을 알 수 있다.

② 학이라는 명은 형체를 가리키는 단어가 아니므로, 그 명으로는 이것과 저것이라는 실을 부를 수 없다.
2문단을 통해 공손룡은 인간이 붙이는 '명'을 '실'들 사이의 다름을 인간의 입장에서 구별하여 확정한 것이라 여겼고, 어떤 명은 유일하게 어떤 실만을 지시하여야 한다고 주장하였음을 알 수 있다. 따라서 공손룡의 입장에서는 학이라는 명에 대해 형체를 가리키는 단어라 여겼을 것이고, 학이라는 명으로 실을 부를 수 있다고 생각할 것임을 알 수 있다.

③ 학을 각각 '이것'과 '저것'이라는 명으로 부른다면 그 두 학은 동일한 실이 서로 다른 명으로 불린 것이다.
2문단의 내용을 통해 '학'은 명이고 '이것'과 '저것'은 실에 해당하므로 적절하지 않다.

✔ 학이라는 하나의 명으로 이것과 저것을 모두 지시한다면 이것과 저것이라는 실이 서로 구별되지 않을 것이다.
2문단을 통해 공손룡은 서로 다른 실인 이것[此]과 저것[彼]이 똑같이 '이것'이라는 명으로 지시된다면 서로 구별되지 않게 된다고 하였음을 알 수 있다. 이를 볼 때, 각기 다른 실인 이것과 저것을 똑같이 학이라는 명으로 지시한다면 이것과 저것은 서로 구별되지 않을 것이므로 적절한 내용이라 할 수 있다.

⑤ 학이라는 실을, 색을 부르는 데 쓰는 단어 없이 학이라는 명으로 부르는 것은 말[馬]이라는 실을 '흰 말'이라는 명으로 부르는 것과 같은 올바른 용법이다.

3문단의 공손룡의 견해를 볼 때, 학이라는 실을 색을 부르는 데 쓰는 단어 없이 학이라는 명으로 부르는 것과 말이라는 실을 '흰 말'이라는 명으로 부르는 것과는 다르다고 생각할 것임을 알 수 있다.

**12** 구체적인 사례에의 적용 정답률 58% | 정답 ④

**윗글을 읽은 학생이 〈보기〉의 대화에 보인 반응으로 적절하지 않은 것은? [3점]**

〈보 기〉

갑 : (옷을 하나 들고 옷장을 보면서 한숨을 쉬고) ⓐ 옷이 없어.
을 : 지금 네가 들고 있는 ⓑ 옷은 뭐니? 옷장 안에 옷이 이렇게 많은데 무슨 ⓒ 옷이 없어?
갑 : 내 말은 ⓓ 옷이 정말 없다는 게 아니라, ⓔ 빨간 옷이 필요한 데 없다는 말이었어.
을 : 아, 그런 뜻이었구나.

① ⓐ라는 명으로 지시한 실과 ⓑ라는 명으로 지시한 실이 서로 다르므로 공손룡은 명과 실의 일대일 대응 관계가 지켜지지 않고 있다고 보겠군.
2문단을 통해 공손룡은 '명과 실의 엄격한 일대일 대응 관계'를 주장하였음을 알 수 있다. 그런데 ⓐ와 ⓑ는 '옷'이라는 같은 명이지만, ⓐ라는 명은 빨간 옷을 지시하고 있고, ⓑ라는 명은 갑이 들고 있는 옷을 지시하고 있으므로, 두 '명'은 지시하는 실이 서로 다르므로 적절하다고 할 수 있다.

② ⓐ라는 명과 ⓓ라는 명이 서로 다른 대상을 지시하고 있는 것을, 후기 묵가는 하나의 명이 두 가지 이상의 서로 다른 실을 지시할 수도 있다는 자신들의 주장을 뒷받침하는 예로 보겠군.
4문단을 통해 후기 묵가는 '하나의 명이 지시하는 실은 오직 하나뿐이라는 주장'에 반대하고 '하나의 명이 서로 다른 사물을 지시할 수 있다'고 하였음을 알 수 있다. 그런데 ⓐ라는 명과 ⓓ라는 명은 '옷'이라는 같은 명이지만, ⓐ라는 명은 빨간 옷을 지시하고 있고, ⓓ라는 명은 일반적인 옷을 지시하고 있어 서로 지시하는 실이 다르므로 적절하다고 할 수 있다.

③ 후기 묵가는 ⓑ라는 명은 유명을 하나의 개체에만 대응하여 사명으로 사용한 것으로 보겠군.
5문단을 통해 후기 묵가는 '수많은 사물 가운데 어느 하나의 속성을 공유하는 것들을 지시하는 이름'을 유명이라 하였고, '유명을 단 하나의 개체에만 대응하게 함으로써 만들어지는 명'을 사명이라고 하였다. ⓑ라는 명은 갑이 들고 있는 하나의 옷을 지시하는 명인데, 일반적인 옷을 의미하는 '옷'이라는 명은 5문단의 '새[鳥]'와 같은 유명이고 ⓑ라는 명은 옷이라는 유명을 갑이 들고 있는 단 하나의 옷에 대응하게 한 '명'으로 볼 수 있으므로 적절하다고 할 수 있다.

✔④ ⓓ라는 명과 ⓔ라는 명이 같은 대상을 지시하고 있으므로, 공손룡은 특정 속성이 지정되지 않은 단어로 특정 속성을 가진 대상을 지시하는 문제가 나타나고 있다고 보겠군.
ⓓ라는 명은 일반적인 옷을 지시하는 명으로, 3문단에서 언급하는 '특정 속성이 지정되지 않은' 단어에 해당한다. 그리고 ⓔ라는 명은 빨간 옷을 지시하는 명으로, 곧 3문단에서 언급하는 '특정 속성을 가진' 대상을 지시하는 단어에 해당한다. 그리고 3문단을 통해 공손룡은 위의 '특정 속성이 지정되지 않은' 단어와 '특정 속성을 가진' 대상을 지시하는 단어가 '지시하는 실이 다르다'고 하였으므로 ⓓ라는 명과 ⓔ라는 명이 지시하는 대상이 같다는 진술은 적절하지 않다.

⑤ 공손룡은 ⓔ는 ⓒ에 또 다른 속성이 함께하는 것이므로 ⓔ를 ⓒ라는 명으로 불러서는 안 된다고 보겠군.
3문단에서 공손룡은 흰 말이 '말'에 '희다'는 속성이 함께하는 것이므로 말과 다르다'고 하였으므로, 그의 관점에서 ⓔ라는 명이 지시하는 빨간 옷은 ⓒ라는 명이 지시하는 일반적인 '옷'에 빨갛다는 또 다른 속성이 함께하는 것이어서, ⓒ라는 명이 지시하는 '옷'과 다르다고 할 수 있다. 그리고 2문단을 통해 공손룡은 '명과 실의 엄격한 일대일 대응 관계'를 주장하였음을 알 수 있다. 따라서 공손룡의 견해에 따르면 서로 다른 실은 서로 다른 명으로 불러야 하므로 적절하다고 할 수 있다.

**13** 핵심 내용의 이해 정답률 70% | 정답 ④

**〈보기〉는 윗글을 읽은 학생이 수행한 학습지의 일부이다. ㉮와 ㉯에 들어갈 말로 가장 적절한 것은?**

〈보 기〉

**[학습 과제]**
다음에서 설명하는 주요 개념을 활용하여 윗글의 내용을 이해해 보자.

> 언어 기호가 기표와 기의의 결합체라고 할 때, 기표는 소리를 뜻하고 기의는 언어 기호에 의해 의미되는 개념을 뜻한다. 즉 기표는 언어 기호의 형태이고 기의는 언어 기호가 지시하는 내용이라고 할 수 있다.

**[수행 결과]**
공손룡의 입장에서는 ( ㉮ )고 볼 것이고, 후기 묵가의 입장에서는 ( ㉯ )고 볼 것이다.

① ㉮ : 기의가 서로 같으면 기표도 같아야 한다
㉯ : 기표가 서로 같으면 기의도 같아야 한다

② ㉮ : 기표가 서로 달라도 기의는 같을 수 있다
㉯ : 기의가 서로 달라도 기표는 같을 수 있다

③ ㉮ : 기표가 서로 달라도 기의는 같을 수 있다
㉯ : 기표가 서로 다르면서 기의가 같을 수는 없다

✔④ ㉮ : 기표가 서로 다르면서 기의가 같을 수는 없다
㉯ : 기표가 서로 달라도 기의는 같을 수 있다
〈보기〉를 통해 '기표'는 소리, 즉 '언어 기호의 형태'를 의미하고 '기의'는 '언어 기호에 의해 의미되는 개념', 즉 '언어 기호가 지시하는 내용'을 의미함을 알 수 있다. 그리고 2문단과 5문단에서 공손룡과 후기 묵가가 공통적으로 이름인 '명'이 '실'을 지시하는 역할을 한다고 하였으므로, 이를 통해 '기의'가 '실'에, '기표'가 '명'에 각각 대응된다고 할 수 있음을 알 수 있다. 그리고 2문단을 통해 공손룡이 하나의 실이 단 하나의 명에 의해서만 지시되어야 한다고 주장하였음을 알 수 있으므로, 하나의 기의를 여러 가지 기표가 지시할 수는 없다. 따라서 공손룡의 입장에서는 '기표가 서로 다르면서 기의가 같을 수는 없다'고 볼 것이라는 진술은 적절하다. 그리고 4문단을 통해 후기 묵가가 하나의 실이 여러 가지 명에 의해 지시될 수 있다고 주장하였음을 알 수 있으므로, 하나의 기의를 여러 가지 기표가 지시할 수 있다. 따라서 후기 묵가의 입장에서는 '기표가 서로 달라도 기의는 같을 수 있다'고 볼 것이라는 진술은 적절하다.

⑤ ㉮ : 기표가 서로 다르면서 기의가 같을 수는 없다
㉯ : 기의가 서로 다르면서 기표가 같을 수는 없다

**14~17 기술**

가출현 외, 「센서공학」

**해제** 이 글은 **가스 누출을 검지하고 농도를 측정하는 전기화학식 가스 센서에 대해 설명**하고 있다. 특정 가스를 검지하기 위한 장치인 **전기화학식 가스 센서는 가스 누출을 검지하고 농도를 측정하는 역할**을 한다. **전기화학식 가스 센서**는 일반적으로 **유입부, 감지부, 후방부로 구성**되는데, **유입부는 가스가 센서로 들어오면 검지하고자 하는 가스 이외의 불순물을 걸러주는 기능을 담당**하며 먼지 필터, 간섭 가스 필터, 분리막으로 구성되어 있다. **감지부는 가스가 유입되면 산화 환원 반응을 통해 전류를 생성하는 기능을 담당**하며 작용 전극, 대응 전극, 기준 전극으로 구성되어 있다. 그리고, **후방부는 감지부에서 발생한 전류를 통해 가스 누출 여부를 확인하고 누출된 가스의 농도를 측정하는 기능을 주로 담당**하며 집전장치와 센서 핀, 산소 유입구로 구성되어 있다. 한편 **가스 센서를 통해 검지된 가스가 기준 농도 이상일 때 센서와 연결된 경보기에서는 이를 알리기 위한 경보**를 내게 되는데, 이러한 **경보를 내는 방식으로는 즉시 경보형과 지연 경보형 등**이 있다.

**주제** 전기화학식 가스 센서의 이해

**문단 핵심 내용**

| 문단 | 핵심 내용 |
|---|---|
| 1문단 | 전기화학식 가스 센서의 의미 및 역할 |
| 2문단 | 전기화학식 가스 센서의 구성 1-유입부의 기능 및 구성 |
| 3문단 | 전기화학식 가스 센서의 구성 2-감지부의 기능 및 구성 |
| 4문단 | 전기화학식 가스 센서의 구성 3-후방부의 기능 및 구성 |
| 5문단 | 전기화학식 가스 센서에서 경보를 내는 방식 |

**14** 세부 내용의 이해 정답률 70% | 정답 ②

**윗글의 내용과 일치하지 않는 것은?**

① 백금을 촉매로 사용하면 산화 반응의 속도는 증가한다.
3문단의 '산화 반응의 속도를 증가시키기 위해 백금과 같은 촉매로 코팅되어 있다.'를 통해 적절함을 알 수 있다.

✔② 센서 핀을 통해 한곳으로 모아진 전류는 집전장치로 이동한다.
4문단을 통해 감지부에서 새롭게 생성된 전류는 집전장치를 통해 한곳으로 모아져 센서 핀으로 이동됨을 알 수 있으므로 적절하지 않다.

③ 센서의 감지부에는 가스가 유입되기 전에도 일정량의 전류가 흐르고 있다.
3문단의 '감지부는 평상시에도 기준 전극에서 생성되는 전류가 일정하게 흐르고 있고'를 통해 적절함을 알 수 있다.

④ 전자와 수소 이온은 전해질을 매개로 작용 전극에서 대응 전극으로 이동한다.
3문단을 통해 작용 전극에서 산화 반응을 함을, 그리고 산화 반응을 거쳐 발생한 수소 이온과 전자는 전해질을 매개체로 하여 대응 전극으로 이동함을 알 수 있으므로 적절하다.

⑤ 즉시 경보형은 독성 가스와 같이 가스 발생 자체가 위험한 경우에 주로 사용된다.
5문단을 통해 즉시 경보형은 독성 가스와 같이 가스의 발생 자체가 위험한 경우에 주로 사용됨을 알 수 있으므로 적절하다.

**15** 핵심 내용의 이해 정답률 67% | 정답 ③

**〈보기〉는 전기화학식 가스 센서의 주요 장치를 도식화한 것이다. 윗글을 바탕으로 〈보기〉에 대해 보인 학생의 반응으로 적절하지 않은 것은? [3점]**

〈보 기〉

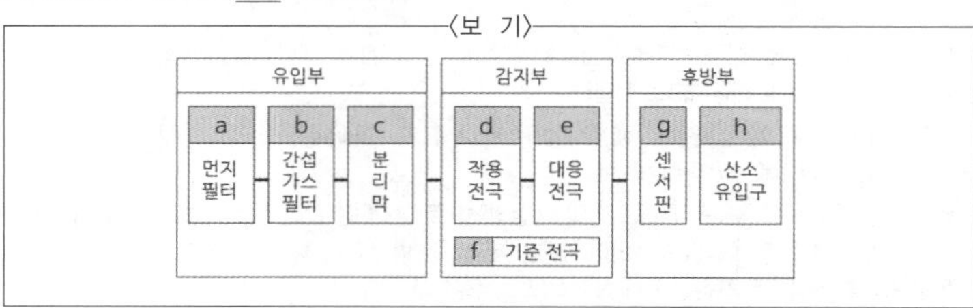


① a에서는 기체는 모두 통과되고, b에서는 기체가 흡착되거나 통과되겠군.
2문단을 통해 먼지 필터는 기체가 아닌 불순물들을 거름을 알 수 있고, 간섭 가스 필터는 특정 가스를 검지하는 데 방해가 되는 가스들은 필터에서 흡착시키고, 검지하려는 가스만 통과시킴을 알 수 있다.

② b에서 c로 보내진 가스의 양이 증가한다면 d에서 e로 이동하는 수소 이온과 전자의 양이 증가하겠군.
2문단과 3문단을 통해 센서의 유입부로 들어온 가스는 간섭 가스 필터에서 검지하려는 가스만 분리막으로 이동하고, 이 가스는 감지부로 이동하여 작용 전극에서 산화 반응을 통해 수소 이온과 전자를 생성하여 전해질을 매개로 대응 전극으로 이동함을 알 수 있다. 그리고 이 과정에서 전류가 발생하고, 이 전류는 유입된 가스의 농도에 비례함을 알 수 있다.

✔③ d가 다공성 막의 형태를 띠고 있는 이유는 c로부터 유입되는 가스의 양을 조절하기 위해서겠군.
3문단을 통해 작용 전극이 여러 개의 구멍으로 이루어진 다공성 막의 형태를 띠고 있는 이유는 작용 전극에서의 산화 반응을 활발히 유도하기 위해임을 알 수 있다. 따라서 d가 다공성 막의 형태를 띠고 있는 이유는 c로부터 유입되는 가스의 양을 조절하기 위해서라는 반응은 적절하지 않다.

④ g에서 가스 누출이 검지되었다면 d와 e 사이에서 생성된 전류의 양이 f에서 생성된 전류의 양보다 많겠군.
3문단을 통해 감지부에서는 평상시에도 기준 전극에서 생성되는 전류가 일정하게 흐름을 알 수 있다. 그리고 4문단을 통해 센서 핀에서는 새롭게 생성된 전류의 양과 평상시 흐르는 전류의 양을 비교하여 새롭게 생성된 전류의 양이 더 많다면 가스 누출을 검지함을 알 수 있다. 따라서 g에서 가스 누출이 검지되었다면 d와 e 사이에서 생성된 전류의 양이 f에서 생성된 전류의 양보다 많음을 알 수 있다.

⑤ e에서 수소 이온과 전자가, 물이 되는 반응을 위해 필요한 산소는 h를 통해 공급되겠군.
3문단을 통해 대응 전극에서는 수소 이온과 전자가 후방부의 산소 유입구에서 공급된 산소와 결합하여 물이 되는 환원 반응이 일어남을 알 수 있다.



[문제편 p.085]

## 16 자료를 통한 핵심 내용의 이해 정답률 59% | 정답 ④

〈보기〉는 시간의 경과에 따른 검지된 가스 농도의 변화를 나타낸 그래프이다. 이를 참고하여 ㉠, ㉡에 대해 이해한 내용으로 적절하지 않은 것은?

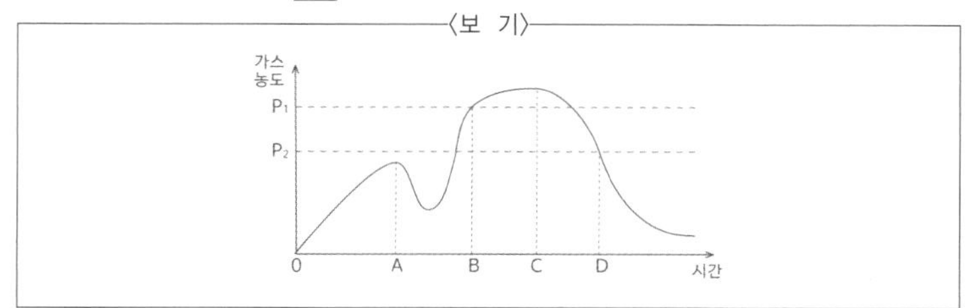


① **경보설정치가 $P_1$으로 설정되어 있다면, A에서 ㉠과 ㉡ 중 어떤 것도 경보를 내지 않겠군.**
5문단을 통해 가스 센서를 통해 검지된 가스가 경보 설정치인 기준 농도 이상일 때 경보기에서는 이를 알리기 위한 경보를 냄을 알 수 있다. 그리고 그래프에서는 A에서의 가스 농도가 경보설정치 $P_1$보다 낮으므로 A에서 ㉠과 ㉡ 중 어떤 것도 경보를 내지 않겠다는 이해는 적절하다.

② **경보설정치가 $P_1$으로 설정되어 있다면, B에서 ㉠은 경보를 내지만 ㉡은 경보를 내지 않겠군.**
5문단을 통해 즉시 경보형은 가스 농도가 경보설정치 이상이 되면 바로 경보를 내고, 지연 경보형은 경보를 내기 위해서는 지연 시간 동안 가스의 농도가 경보설정치 이상으로 유지되어야 함을 알 수 있다. 그리고 그래프의 B에서의 가스 농도는 경보설정치에 해당하는 지점에 있으므로 ㉠은 즉시 경보를 내게 되고, ㉡이 경보를 내기 위해서는 지연 시간 동안 가스의 농도가 경보설정치 이상으로 유지되어야 하므로 경보를 내지 않는다. 따라서 B에서 ㉠은 경보를 내지만 ㉡은 경보를 내지 않는다는 이해는 적절하다.

③ **경보설정치를 $P_1$에서 $P_2$로 변경하면, ㉠은 경보를 내는 시점이 더 빨라지겠군.**
5문단을 통해 즉시 경보형은 가스 농도가 경보설정치 이상이 되면 바로 경보를 냄을 알 수 있다. 그리고 그래프에서 경보설정치가 $P_1$일 경우에는 B에서 경보를 내고, 경보설정치가 $P_2$일 경우에는 설정 농도가 낮아지므로 B보다 앞선 지점에서 경보를 낼 것이다. 따라서 ㉠이 경보를 내는 시점이 더 빨라지겠다는 이해는 적절하다.

✔ **경보설정치가 $P_1$으로 설정되어 있고, ㉡이 C에서 경보를 냈다면, 경보 지연 시간은 D만큼 설정되어 있겠군.**
5문단을 통해 지연 경보형은 일정한 시간으로 설정된 지연 시간 동안 가스의 농도가 경보설정치 이상으로 유지될 경우에 경보하는 방식임을 알 수 있다. 그리고 그래프에서 ㉡이 C에서 경보를 냈다면 경보설정치인 $P_1$ 이상으로 유지되는 시간은 B와 C 사이 동안이고 이 시간이 지연 시간임을 알 수 있다. 따라서 경보 지연 시간이 D만큼 설정되어 있겠다는 진술은 적절하지 않다.

⑤ **경보설정치가 $P_2$로 설정되어 있고 ㉡이 경보를 냈다면, 경보 지연 시간 동안은 가스 농도가 $P_2$ 이상이었겠군.**
5문단을 통해 지연 경보형은 일정한 시간으로 설정된 지연 시간 동안 가스의 농도가 경보설정치 이상으로 유지될 경우에 경보하는 방식임을 알 수 있다. 따라서 ㉡이 경보를 냈다면, 경보 지연 시간 동안은 가스 농도가 $P_2$ 이상이었겠다는 이해는 적절하다.

## 17 어휘의 사전적 의미 파악 정답률 81% | 정답 ②

ⓐ ~ ⓔ의 사전적 의미로 적절하지 않은 것은?

① ⓐ: 액체나 기체, 열 따위가 어떤 곳으로 흘러듦.

✔ **ⓑ: 어떤 곳이나 때를 거쳐서 지나감.**
'도달'의 사전적 의미는 '목적한 곳이나 수준에 다다름.'이므로 적절하지 않다. '어떤 곳이나 때를 거쳐서 지나감.'은 '통과'의 사전적 의미에 해당한다.

③ ⓒ: 사물이나 물건을 목적한 장소나 방향으로 이끎.
④ ⓓ: 사물이 생겨남. 또는 사물이 생겨 이루어지게 함.
⑤ ⓔ: 새로 만들어 정해 둠.

## 18~21 고전시가

### (가) 이호민, 「서호가」

**감상** 이 작품은 관료 생활을 영위한 **사대부가 자연에서 소박하고 여유로운 삶을 즐기면서 자연물을 통해 연군의 정과 나라에 대한 근심을 그려 낸 가사**이다. 이 작품은 작가가 사은사 임무를 마치고 귀국해서 서호의 강 언덕에 있는 자택에 기거하며 지은 것으로, **임진왜란으로 인하여 우국일념으로 분주했던 일들을 회고**하고, **벼슬길에 나가는 것보다는 자연에 묻혀 살기를 희구하는 작가의 태도가 작품에 반영**되어 있다. 한편 이 작품은 민족의 큰 비극이었던 임진왜란과 관계된 가사라는 점에서 그 가치를 높이 평가할 수 있다.

**주제** 자연 속의 여유로운 삶과 연군지정

**현대어 풀이**

금곡에서 배를 타고 서호로 들어오니
강산은 예전과 같은데 정취는 어떠한가?
임금의 은혜가 끝이 없어 한 달을 쉬게 하시니
긴 여름날 강촌에 초라한 집이 호젓하고 쓸쓸하여
사립문이 본래 없으니 밤이라고 닫아 놓겠는가?
문발이 하도 성기니 물 보기는(감상하기는) 더욱 좋구나.
작은 누각에 누워 크나큰 세상을
베개 베고 누워 위를 디 보겠구나. 처마가 너무 짧아
석양도 들어올 뿐만 아니라 빗발도 들이친다.
임 그리워하여 젖은 소매 햇볕 아니면 누가 말리며
나라를 근심하여 타 버린 마음을 비가 아니면 어찌 살겠는가?
동서로 분주하여 밤낮을 모르더니
오늘은 어떤 일인가 이 몸이 편안하거니
보리밥 익지 않는다고 아이야 걱정을 마라.
짧디 짧은 밤의 꿈자리가 어지러워
봉래산 제일봉의 어느 임을 만나 뵈어
반가움 때문에 할 말 없고, 느끼노라 한숨 지어
나의 서러운 하소연을 아뢰지 못하니
비바람 소리에 잠을 깨어 일어나 한숨을 짓고
마을 닭이 벌써 우니 할 일이 전혀 없어
베로 만든 이불을 추켜서 덮고 두려운 잠 새로 드니
동쪽 산에 해가 뜨도록 나비가 되었구나.
네가 밥을 쉽게 하면 이 잠을 미처 자겠느냐.
〈중략〉
남상에 비가 개어 먼 눈으로 바라보니
관악산의 산빛은 오랜 세월 같은 빛이로구나.
희는 듯 검은 것은 알겠구나. 구름이로다.
저 구름이 지나간 후에 저 산을 다시 볼까?
밤섬에 안개 걷히고 양화에 해가 지거늘
문군아, 내 옷을 다오. 종문아, 막대(지팡이)를 다오.
다리 저는 나귀 채찍 없이 종무를 뒤에 세우고
강변에 나와 걸으니 해질 무렵의 물결은 더욱 보기 좋구나.

### (나) 남극엽, 「애경당십이월가」

**감상** 이 작품은 **12수로 이루어진 연시조로, 전원 생활의 즐거움을 노래**하고 있다. 이 작품은 출사하지 못한 **사대부가 향촌 공동체에 어우러져 살아가며 자연에서 유유자적하는 일상과 함께 그 속의 고뇌를 자연물을 통해 그려 내고** 있다. 한편 이 작품은 **월령체 형식, 즉 사계절의 변화를 바탕으로 시상을 전개**한다는 특징이 있다.

**주제** 자연 속의 여유로운 삶과 연군지정

**현대어 풀이**

시리산 저 산 위에 (뜬) 반갑구나, 보름달이
풍년 소식을 띄워 내 창 앞에 먼저 왔다.
아마도 이 밤의 좋은 경치에 놀지 않고 무엇하겠는가? 〈제1수〉

깊게 든 잠을 늦게 깨어 강가를 바라보니
자욱하게 펼쳐진 안개 한식날 내린 비는 개었구나.
아이야, 술을 부어라. 앞마을의 취한 노래가 절기 때를 알리는가 하노라. 〈제2수〉

푸른 나무 산 속 정자 깊은 곳에서 벗을 부른다. 저 새소리
동쪽 바람에 깃을 떨쳐 그치는 곳이 언덕의 모퉁이로다.
내 어찌 사람으로서 저 새만 못하여 한이로구나. 〈제4수〉

밭을 갈아 밥을 먹고 샘을 파서 물을 마시니
태평한 세월인 어느 때인가. 고잔 들의 노랫소리가 아름답구나. 저 농부야
태평곡으로 화답을 하니 나의 근심이 저절로 없어진다. 〈제5수〉

★★★ 등급을 가르는 문제!

## 18 작품 간의 공통점 파악 정답률 29% | 정답 ③

(가)와 (나)의 공통점으로 가장 적절한 것은?

① 문답의 방식을 통해 시상을 전환하고 있다.
(가), (나) 모두 문답의 방식은 사용되지 않고 있다.

② 연쇄의 방식을 통해 시상을 심화하고 있다.
(가), (나) 모두 연쇄의 방식은 사용되지 않고 있다.

✔ **명령형 어미를 활용하여 시상을 전개하고 있다.**
(가)의 '아히아 걱정마라'와 (나)의 '아희야 술 부어라'를 통해, (가)와 (나) 모두 명령형 어미를 활용하여 시상을 전개하고 있음을 알 수 있다.

④ 직유적 표현을 활용하여 주제를 부각하고 있다.
(가), (나) 모두 직유적 표현은 사용되지 않고 있다.

⑤ 음성 상징어를 활용하여 시적 분위기를 조성하고 있다.
(가), (나) 모두 음성 상징어는 사용되지 않고 있다.

**★★ 문제 해결 꿀~팁 ★★**

▶ **많이 틀린 이유는?**
이 문제는 표현상 특징을 (가), (나)를 통해 일일이 확인해야 하는 데서 어려움을 겪어 오답률이 높았던 것으로 보인다. 또한 작품이 고전 시가인 것도 어려움을 높인 원인으로 보인다.

▶ **문제 해결 방법은?**
이 문제를 해결하기 위해서는 일차적으로 선택지에 제시된 표현에 밑줄을 그어 표현상 특징을 이해해야 한다. 간혹 학생들 중에는 표현상 특징을 정확히 모르는 경우가 있는데, 평소 문제를 풀 때 잘 모르는 것이 있으면 반드시 메모하여 충분히 익혀 두도록 한다. 그런 다음 표현상 특징을 (가), (나)를 통해 확인해야 한다. 이러한 공통점을 묻는 경우 한 작품이라도 사용되지 않으면 적절하지 않으므로 (가), (나) 중 한 작품을 통해 선택지에 제시된 표현상 특징이 사용되었는지 여부를 확인하면 된다. 그런데 이 문제에서는 (가)보다 (나)가 지문이 짧으므로 (나)를 바탕으로 먼저 찾는 것이 좋다. 그럴 경우 (나)에서 ①, ②, ④, ⑤는 사용되지 않았음을 알 수 있으므로 바로 답이 ③임을 알 수 있었을 것이다.

## 19 구절의 의미 파악 정답률 87% | 정답 ②

㉠ ~ ㉤에 대한 이해로 적절하지 않은 것은?

① ㉠: 화자는 구체적인 장소를 밝히며 자신의 여정을 드러내고 있다.
㉠에서 화자는 '금곡', '서호'라는 구체적인 장소를 밝히면서, 배를 타고 이동한 여정을 드러내고 있으므로 적절하다.

✔ **㉡: 화자는 자신의 계획을 통해 예상되는 변화를 드러내고 있다.**
㉡의 '발이 하 성기니'는 화자가 거하는 거처의 모습을 드러내는 것에 해당한다. 따라서 화자 자신의 계획을 드러내는 것이라 할 수 없다.

③ ㉢: 화자는 현재와는 다른 자신의 과거에 대해 떠올리고 있다.
㉢에서 화자는 편안한 오늘과 달리 '동서의 분주ᄒᆞ여' '주야'를 몰랐던 과거를 떠올리고 있으므로 적절하다.

④ ㉣: 화자는 시간의 경과를 언급하며 자신의 처지를 드러내고 있다.
㉣에서 화자는 '촌계'가 벌써 운다고 시간의 경과를 언급하면서, '할 일이 전혀' 없는 처지를 드러내고 있으므로 적절하다.

⑤ ㉤: 화자는 자신의 시야에 들어온 대상에 대해 지각하고 있다.
㉤에서 화자는 시야에 들어온 '흰 듯 검은 것'이 구름이라는 것을 지각하고 있으므로 적절하다.

**20** 시어의 기능 및 의미 이해 정답률 82% | 정답 ⑤

**ⓐ와 ⓑ에 대한 이해로 가장 적절한 것은?**

① ⓐ는 화자의 한계가, ⓑ는 화자의 능력이 부각되는 시간이다.
ⓐ는 아쉬움이 드러나는 시간이지 화자의 한계가 드러나는 시간이라 할 수 없다. 그리고 ⓑ는 화자의 만족감이 드러나는 시간이지 화자의 능력이 부각되는 시간이라 할 수 없다.

② ⓐ는 화자의 의구심이, ⓑ는 화자의 기대감이 심화되는 시간이다.
ⓐ 뒤의 내용을 통해 화자의 의구심이 드러나는 시간이라 할 수 없고, ⓑ 뒤의 내용을 통해 화자의 기대감이 심화되는 시간이라 할 수 없다.

③ ⓐ는 화자의 관찰력이, ⓑ는 화자의 상상력이 강조되는 시간이다.
ⓐ 뒤의 내용을 통해 화자의 관찰력이 강조되는 시간이라 할 수 없고, ⓑ 뒤의 내용을 통해 화자의 상상력이 강조되는 시간이라 할 수 없다.

④ ⓐ는 화자의 안도감이, ⓑ는 화자의 불안감이 나타나는 시간이다.
ⓐ는 화자의 아쉬움이 드러나는 시간이므로 화자의 안도감이 나타나는 시간이라 할 수 없다. 그리고 ⓑ는 화자의 만족감이 드러나는 시간이므로 화자의 불안감이 나타나는 시간이라고 할 수 없다.

✔ ⓐ는 화자의 아쉬움이, ⓑ는 화자의 만족감이 드러나는 시간이다.
(가)에서 ⓐ는 '짧으나 짧은' 시간으로 꿈에서 만난 '님'에게 '셜은 사설'을 '사뢰나 몯내 사뢰'게 되므로 아쉬움이 드러나는 시간이라 할 수 있다. 그리고 (나)에서 ⓑ는 '조흔 경치에 놀지 안코 무슴ᄒᆞ리'냐 하고 있으므로 만족감이 드러나는 시간이라 할 수 있다.

**21** 외적 준거에 따른 작품의 감상 정답률 77% | 정답 ④

**〈보기〉를 바탕으로 (가), (나)를 감상한 내용으로 적절하지 않은 것은? [3점]**

〈보 기〉

사대부들은 시가 작품을 통해 삶의 모습과 자신이 처한 현실에 대한 인식을 드러냈다. (가)는 관료 생활을 영위한 사대부가 자연에서 소박하고 여유로운 삶을 즐기면서 자연물을 통해 연군의 정과 나라에 대한 근심을 그려 낸 작품이다. (나)는 출사하지 못한 사대부가 향촌 공동체에 어우러져 살아가며 자연에서 유유 자적하는 일상과 함께 그 속의 고뇌를 자연물을 통해 그려 낸 작품이다.

① (가)에서 '사립문'이 없는 '강촌의 와실'에는 소박하게 살아가는 사대부의 삶의 모습이 드러나 있군.
(가)에서 '사립문'이 본래 없는 '강촌의 와실'에는 자연에서 소박하게 살아가는 사대부의 삶의 모습이 드러나 있으므로 적절하다.

② (가)에서 '님 그려 저즌 소매'를 '볕'으로 말린다는 것에는 임금을 향한 사대부의 그리움이 드러나 있군.
(가)에서 '님 그려' 젖은 '소매'를 '볕'으로 말린다는 것에는 임금을 향한 사대부의 그리움이 드러나 있으므로 적절하다.

③ (나)에서 '농부'의 '노랫 소리'에 '태평곡'으로 화답하는 것에는 향촌 공동체의 구성원과 어우러져 살아가는 사대부의 삶의 모습이 드러나 있군.
(나)에서 농부의 '노랫 소리'를 아름답다고 하며 '태평곡'으로 화답하는 것에는 향촌 공동체의 구성원과 어우러져 살아가는 사대부의 삶의 모습이 드러나 있으므로 적절하다.

✔ (가)에서 '풍우성'에 '잠 깨어' '한숨 짓'는 것과 (나)에서 '사람으로 새만 못'해 '한'이라는 것에는 모두 자연물과의 대비를 통한 사대부의 내적 갈등이 드러나 있군.
(나)에서 '사람으로 새만 못ᄒᆞ여 한'이라는 것에는 자연물과의 대비를 통한 사대부의 고뇌가 드러나고 있다. 하지만 (가)에서 '풍우성'에 잠을 깨고 '한숨 짓'는 것에는 자연과의 대비가 드러나 있지 않으므로 적절하지 않다.

⑤ (가)에서 '강변'을 걸으며 '만랑이 더욱 됴타'는 것과 (나)에서 '늦게' 일어나 '강가를 바라보'는 것에는 모두 자연을 즐기는 사대부의 여유로운 일상이 드러나 있군.
(가)에서 '강변'을 걸으며 '만랑이 더욱 됴타'고 하는 것에, (나)에서 취한 잠에서 '늦게 깨어 강가'를 바라보는 것에 자연을 즐기는 사대부의 여유로운 일상이 드러나 있으므로 적절하다.

## 22~26 현대시 · 고전 수필

(가) 이육사, 「노정기」

**감상** 이 글은 **물의 흐름에 따라 흘러가는 배의 이미지를 통해 안식을 소망했던 고달픈 삶을 형상화하며 비극적 운명에 대한 화자의 인식을 드러내고** 있다. 즉, **화자는 자신의 삶을** 바다에 떠가는 **배에 비유**하면서, **현실적 시련과 장애로 인해 불안과 절망 속에서 살아왔고 이상적 세계와는 거리가 먼 채 살아온 지난날의 고달픈 삶을 회고**하고 있다.

**주제** 고난과 시련 속에서 살아온 지난날에 대한 회고

**표현상의 특징**
- '배'에 빗대어 화자의 인생을 표현하고 있음.
- 직유법을 활용하여 화자의 인생을 형상화함.
- 대립적 시어를 사용하여 주제 의식을 드러내 줌.

(나) 최승호, 「발효」

**감상** 이 글은 **부정적 현실에 대한 거부와 순수하고 건강한 삶의 소망을 형상화**하고 있다. 이 글에서 **화자는 부정적 상황을 인식하고 순환하는 물의 이미지를 통해 생명력 있는 삶을 지향하는 태도를 드러내고** 있다. 한편 이 글은 부정적 현대 사회의 인식과 병든 삶에 대한 자각을 통한 비판과 반성도 드러내 주고 있다.

**주제** 부정적 현실에 대한 거부와 순수하고 건강한 삶의 소망

**표현상의 특징**
- 설의적 표현을 사용하여 의미를 부각하고 있음.
- 시어의 반복을 통해 화자의 태도를 강조해 줌.
- 비유적 표현을 활용하여 자신을 성찰하고 긍정적 삶에 대한 소망을 냄.

(다) 김진규, 「몰인설(沒人說)」

**감상** 이 글은 **거제에서 전복을 따는 잠수부의 입을** 통해, **자신의 일에 긍지를 갖고 열심히 사는 것의 중요성을 드러낸 고전 수필**이다. 이 **글에서 글쓴이는 잠수부와의 대화를** 통해 **현재 자신의 처지가 얼마나 위태로운 것인가를 새삼 깨달으며, 자신의 일에 긍지를 지니고 있는 잠수부를 통해 자신의 일에 긍지를 지니고 살 것을 권유**하고 있다.

**주제** 자신의 일에 긍지를 갖고 열심히 사는 것의 중요성

**22** 표현상 특징 파악 정답률 59% | 정답 ③

**(가)~(다)에 대한 설명으로 가장 적절한 것은?**

① (가)와 (나) 모두 청유형 어미를 활용하여 친근감을 드러내고 있다.
(가)와 (나)를 통해 청유형 어미를 활용한 표현은 찾아볼 수 없다.

② (가)와 (다) 모두 반어적 표현을 활용하여 현실을 비판하고 있다.
(가)와 (다)를 통해 반어적 표현은 찾아볼 수 없다.

✔ (나)와 (다) 모두 설의적 표현을 활용하여 의미를 부각하고 있다.
(나)의 '이 땅에서 냄새나지 않는 자가 누구인가'와 (다)의 '그러므로 사람은 ~ 어찌 이득이 있겠습니까?', '무슨 일이 잠수부에게 편한 것이 있겠습니까?' 등을 통해, (나)와 (다) 모두 설의적 표현을 활용해 의미를 부각하고 있음을 알 수 있다.

④ (가)~(다) 모두 색채의 대비를 활용하여 분위기를 형성하고 있다.
(가)에서 '흐렷한'을 통해, (나)에서는 '흰'을 통해, (다)에서는 '금빛 붉은 빛'이라는 색채 이미지가 사용되고 있음을 알 수 있지만, 색채 대비는 드러나지 않고 있다.

⑤ (가)~(다) 모두 청각의 시각화를 활용하여 생동감을 자아내고 있다.
(나)에서 '쩝쩝거리고'를 통해 청각적 이미지가 사용되었음을 알 수 있지만 청각의 시각화라는 공감각적 이미지는 사용되지 않고 있다. 그리고 (가), (다)에서도 청각의 시각화라는 공감각적 표현은 찾아볼 수 없다.

**23** 외적 준거에 따른 작품의 감상 정답률 86% | 정답 ④

**〈보기〉를 참고하여 (가)와 (나)를 감상한 내용으로 적절하지 않은 것은? [3점]**

〈보 기〉

시에서는 물의 이미지를 활용하여 다양한 방식으로 화자의 삶이 형상화되는 경우가 있다. (가)는 물의 흐름에 따라 흘러가는 배의 이미지를 통해 안식을 소망했던 고달픈 삶을 형상화하며 비극적 운명에 대한 화자의 인식을 드러낸다. (나)는 부정적 상황을 인식하고 순환하는 물의 이미지를 통해 생명력 있는 삶을 지향하는 화자의 태도를 드러낸다.

① (가)에서 '암초를 벗어나면 태풍과 싸'우고 '산호도는 구경도 못하는' 것은 화자의 고달픈 삶을 나타낸 것이겠군.
(가)에서 '암초를 벗어나면 태풍과 싸'우고 '산호도는 구경도 못 하는' 것은 화자의 고달픈 삶을 나타낸 것이므로 적절하다.

② (가)에서 '목숨'이 '깨어진 배 조각'처럼 흩어지고 '내 꿈'이 '밀항하는 쩡크와 같'다는 것은 흘러가는 배의 노정에 화자의 삶을 관련지어 나타낸 것이겠군.
(가)에서 '목숨'이 '깨어진 배 조각'처럼 흩어지고 '내 꿈'이 '밀항하는 쩡크와 같'다는 것은 흘러가는 배의 노정에 화자의 삶을 관련지어 나타낸 것이므로 적절하다.

③ (나)에서 '마음'에 덮은 '뚜껑이 성긴 그물이었음'을 깨닫는 것은 부정적 상황에 대한 화자의 인식을 나타낸 것이겠군.
(나)에서 '마음'에 덮은 '뚜껑이 성긴 그물이었음'을 깨닫는 것은 부정적 상황에 대한 화자의 인식을 나타낸 것이므로 적절하다.

✔ (가)에서 '발목을 오여'싼 '시궁치'는 화자가 꿈꾸던 안식의 공간을, (나)에서 '물뱀들'이 살아있길 바라는 '그 저수지'는 화자가 물이 순환하기를 기대하는 공간을 나타낸 것이겠군.
(나)에서 '물뱀들'이 살아있길 바라는 '그 저수지'는 화자가 물이 순환하기를 기대하는 공간을 나타낸 것이므로 적절하다. 하지만 (가)에서 '발목을 오여'싼 '시궁치'는 화자가 꿈꾸던 안식의 공간을 나타낸 것이 아니므로 적절하지 않다.

⑤ (가)에서 '삭아 빠진 소라 껍질'에 붙어 왔다는 것은 비극적 운명에 대한 화자의 인식을, (나)에서 '물과 진흙의 거대한 반죽'에서 '갈대꽃'이 피길 바라는 것은 생명력 있는 삶에 대한 화자의 지향을 나타낸 것이겠군.
(가)에서 '삭아 빠진 소라 껍질'에 붙어 온 것은 비극적 운명에 대한 화자의 인식을, (나)에서 '물과 진흙의 거대한 반죽'에서 '갈대꽃'이 피길 바라는 것은 생명력 있는 삶에 대한 화자의 지향을 나타낸 것이므로 적절하다.

**24** 작품 간의 인물의 비교 정답률 70% | 정답 ①

**(가)의 [나]와 (다)의 [잠수부]에 대한 설명으로 가장 적절한 것은?**

✔ (가)의 '나'와 (다)의 '잠수부'는 모두 타인과는 다른 처지에 대한 주관적 인식을 드러내고 있다.
(가)의 '남들은 기뻤다는 젊은 날이었건만 ~ 조수에 부풀어 올랐다'를 통해 남들과는 다른 처지에 대한 '나'의 주관적 인식을 알 수 있다. 그리고 (다)의 '지극한 즐거움과 영화로움에 나아감에 견주어 보면 ~ 다스리는 것 중 어느 것이 더 나으며'를 통해, 벼슬하는 사람과는 다른 처지에 대한 '잠수부'의 주관적 인식이 드러나고 있음을 알 수 있다.

② (가)의 '나'와 (다)의 '잠수부'는 모두 이전과 달라진 타인의 마음에 대한 정서를 드러내고 있다.



[문제편 p.087]

(가)와 (다)의 내용을 통해 '나'와 '잠수부'가 이전과 달라진 타인의 마음에 대한 정서를 드러낸 내용은 찾아볼 수 없다.

③ (가)의 '나'와 (다)의 '잠수부'는 모두 시간의 흐름에 따라 변화하는 타인의 외양에 대한 객관적 평가를 드러내고 있다.
(가)와 (다)의 내용을 통해 '나'와 '잠수부'가 시간의 흐름에 따라 변화하는 타인의 외양에 대한 객관적 평가를 드러낸 내용은 찾아볼 수 없다.

④ (가)의 '나'는 타인이 겪을 일에 대한, (다)의 '잠수부'는 자신이 겪을 일에 대한 추측을 드러내고 있다.
(가)에서 화자는 자신에 대한 이야기를 하고 있으므로 타인이 겪을 일에 대한 추측을 드러낸다고 할 수 없다. 그리고 (다)의 '잠수부'는 자신이 겪은 일과 관련하여 자신의 생각을 드러내고 있지 자신이 겪을 일에 대한 추측을 드러내지는 않다.

⑤ (가)의 '나'는 타인에게 받은 상처에 대한, (다)의 '잠수부'는 타인이 자신에게 하는 행동에 대한 부정적 반응을 드러내고 있다.
(가)의 내용을 통해 '나'가 타인에게 받은 상처에 대한 부정적 반응을 드러낸 내용은 찾아볼 수 없다. 그리고 (다)의 내용을 통해 '잠수부'가 타인이 자신에게 하는 행동에 대한 부정적 반응을 드러낸 내용은 찾아볼 수 없다.

**25** 작품 맥락의 이해 정답률 81% | 정답 ④

**[A]~[F]에 대한 이해로 적절하지 않은 것은?**

① [A]에서 '마음 안의 거대한 저수지'가 부패해 가는 이유를 [B]에서 찾을 수 있다.
[A]에서 '마음 안의 거대한 저수지'가 부패해 가는 이유는 [B]에서 '나'가 '묵은 관료들'이 '숙변'을 들이붓는 것과 같은 '치욕'을 받아들인 것에서 찾을 수 있으므로 적절하다.

② [B]에서 '치욕을 나의 것으로 받아들'인 상황은 [C]에서 지속되고 있다.
[B]에서 '치욕을 나의 것으로 받아들'인 상황은 [C]에서 '나'가 '침묵'하고 '슬픔'을 '나의 것'으로 받아들이며 지속되고 있으므로 적절하다.

③ [C]에서 '침묵'하고 '슬픔'을 받아들인 행위는 [D]에서 나타난 문제로 이어지고 있다.
[C]에서 '침묵'하고 '슬픔'을 받아들인 행위는 [D]에서 '나'가 '독약 먹이는 세월에 쓸개가' 병드는 문제로 이어지고 있으므로 적절하다.

✔ [D]에서 '독약 먹이는 세월'에 '병든 자'로 살아온 원인은 [E]에서 확인할 수 있다.
[D]에서 '독약 먹이는 세월'에 '병든 자'로 살아온 원인은 [E]에서 확인할 수 없으므로 적절하지 않다.

⑤ [E]에서 '본 적이 없다'는 '물왕저수지'에 대한 상상은 [F]에서 구체화되고 있다.
[E]에서 '본 적이 없다'는 '물왕저수지'에 대한 상상은 [F]에서 '잉어들은 쩝쩝거리고 물오리떼는 날아올라'를 통해 구체화되고 있으므로 적절하다.

**26** 외적 준거에 따른 작품의 감상 정답률 68% | 정답 ④

**〈보기〉를 참고하여 (다)를 감상한 내용으로 적절하지 않은 것은?**

〈보 기〉

설(說)의 표현 방법 중에는 글쓴이가 하고자 하는 말을 다른 인물과의 대화를 통해 간접적으로 드러내는 방법이 있다. 「몰인설」의 글쓴이는 대화 상대가 갖고 있는 직업적 고충과 제도 내에서의 어려움을 파악하게 되고, 대화 상대의 가치관이나 소신을 알게 된다. 이를 통해 글쓴이는 자신의 상황에 대해 깨달음을 얻게 되고 이를 다른 사람들에게 알리려는 목적을 드러낸다.

① '나쁜 고기들'이 많고 '바다 밑'이 매우 차갑다는 것을 통해 잠수부라는 직업의 고충을 확인할 수 있군.
'나쁜 고기들'이 많고 '바다 밑'이 매우 차갑다는 것을 통해 잠수부라는 직업의 고충을 확인할 수 있으므로 적절하다.

② '관청'에 전복을 '바치는' '양을 다 채우지' 못한다는 것을 통해 잠수부가 겪는 제도 내에서의 어려움을 확인할 수 있군.
'관청'에 전복을 '바치는' '양을 다 채우지' 못한다는 것을 통해 잠수부가 겪는 제도 내에서의 어려움을 확인할 수 있으므로 적절하다.

③ '부귀영화를 귀하게 여기는 것'보다 '천한 일 중에 욕됨이 없는 것'이 낫다는 것에서 잠수부가 지닌 가치관을 확인할 수 있군.
'부귀영화를 귀하게 여기는 것'보다 '천한 일 중에 욕됨이 없는 것'이 낫다는 것을 통해 잠수부가 지닌 가치관을 확인할 수 있으므로 적절하다.

✔ '벼슬길'에 대한 '옛사람'의 말이 '잘못된 것을 슬퍼'하는 것에서 글쓴이가 자신의 상황에 대해 깨달았음을 확인할 수 있군.
글쓴이는 '일을 택함의 잘못된 것을 슬퍼'하고 있을 뿐 '벼슬길'에 대한 '옛사람'의 말이 잘못된 것을 슬퍼하는 것이 아니므로 적절하지 않다.

⑤ '그 말을 기록하여' '벼슬길에 오르기를 탐하는 사람들에게 경계하고자' 하는 것을 통해 다른 사람들에게 깨달음을 알리려는 글쓴이의 목적을 확인할 수 있군.
'그 말을 기록하여' '벼슬길에 오르기를 탐하는 사람들에게 경계하고자' 하는 것을 통해 다른 사람들에게 깨달음을 알리려는 글쓴이의 목적을 확인할 수 있으므로 적절하다.

## 27~30 고전소설

**작자 미상, 「현수문전」**

**감상** 이 작품은 **현수문의 영웅적 일대기를 그린 영웅 소설**로, 그 안에 **가난한 사위 박대 이야기를 담고** 있다. 이러한 내용은 「소대성전」 등에서도 찾을 수 있지만, **이 작품에서는** 가난한 사위와 처가와의 갈등 해결보다는 **국가의 멸망과 건국에서 보인 주인공의 활약에 중심을 두고 있다는 점**에서 차이를 보인다. 특히, 마지막 부분에서 **작가가 오랑캐인 원나라의 건국을 인정하는 것**은 **역사적 사실에 따라 결말을 처리한 것으로 생각**된다. 한편 이 작품은 주인공이 '왕'이 된 뒤에도 늙은 몸으로 전투를 할 정도로 삶의 굴곡이 계속된다든가 송·원 교체기를 통해 보여 주는 황제와의 군신 관계가 기존의 작품들과는 다르다는 것은 독특하다고 할 수 있다.

**주제** 현수문의 영웅적 일대기

**작품 줄거리** 중국 송나라 말 현수문은 어려서 아버지가 역모에 연루되어 귀양가고 이어 난리 중에 어머니와도 헤어져 혼자 방랑하게 된다. 그러다가 일광 대사를 만나 그에게서 9년 동안 수학한다. 그 후 다시 방랑하다가 석 참정을 만나 그의 사위가 되나, 장인 사후 아내의 계모인 방 씨의 박대를 피해 처가를 떠난다. 황성에 간 수문은 옛날 하인 차복의 도움으로 과거를 치러 문무 양과에 장원 급제한다. 이후 수문은 남만, 북적, 서융 등 변방의 반란을 진압하면서 헤어졌던 가족도 만나고 지위도 높아져서 마침내 위왕이 된다. 그런데 황제가 죽고 태자가 즉위하자 간신의 말을 듣고 수문을 치니 수문이 황제와 대립하게 되어 송의 멸망을 방관한다. 그리고 그가 죽자 아들은 원 태조를 도와 원 건국을 도와 개국 공신이 된다.

**27** 서술상 특징 파악 정답률 72% | 정답 ①

**윗글에 대한 설명으로 가장 적절한 것은?**

✔ 감각적 장면 묘사를 통해 작중 상황을 드러내고 있다.
'산 위에서 대포 쏘는 소리가 나고 ~ 화살과 돌이 비 오듯 하였다'와 '소리가 심히 처량하여 ~ 여러 군사들이 일시에 흩어지니라.'에서 감각적 묘사를 통해 작중 상황을 드러내고 있으므로 적절하다.

② 인물의 과장된 말과 행동을 통해 인물을 희화화하고 있다.
이 글을 통해 진골대의 군대가 위왕에게 패하는 장면을 과장하여 드러내고 있지만, 인물의 과장된 말과 행동은 드러나지 않고 있다.

③ 꿈과 현실을 교차하여 사건 해결의 실마리를 드러내고 있다.
이 글에서 꿈의 내용은 드러나지 않으므로 꿈과 현실을 교차하지는 않고 있다.

④ 역순행적 구성을 통해 사건의 경과를 입체적으로 제시하고 있다.
이 글은 시간적 순서에 따라 사건이 전개되고 있으므로 역순행적 구성이 사용되었다고 할 수 없다.

⑤ 천상계와 지상계의 사건을 병치하여 환상적 분위기를 조성하고 있다.
이 글에서는 지상에서 일어난 사건만 전개되고 있으므로 천상계와 지상계의 사건을 병치하였다고는 할 수 없다.

**28** 작품 내용의 이해 정답률 62% | 정답 ④

**윗글에 대한 이해로 적절하지 않은 것은?**

① '남주성'에서 진골대는 위왕의 군사로부터 크게 패했다.
'적군이 견디지 못하여 불길을 무릅쓰고 달아나는데, 또 위왕의 군진을 만나니 ~ 죽은 자를 이루 다 셀 수가 없었다.'를 통해, 남주성에서 진골대가 위왕의 군사로부터 크게 패했음을 알 수 있다.

② '화음현'에서 백성들은 자신들이 우는 이유에 대해 말했다.
'백성들이 길에서 울고 있는지라 그 까닭을 물으니 답하여 말했다.'를 통해, 화음현에서 백성들은 자신들이 우는 이유에 대해 말하고 있음을 알 수 있다.

③ '거창산'에서 벌인 전투 이후에 구골대는 죽음을 맞이했다.
'구골대가 능히 대적하지 못하여 ~ 돌아가다가 인하여 죽었다.'를 통해, 거창산에서 벌인 전투 이후에 구골대는 죽음을 맞이했음을 알 수 있다.

✔ '황성'에서 사관은 좌승상 석침과 함께 있던 새 위왕을 만났다.
'사관과 함께 길을 떠났는데, 좌승상 석침을 데리고 황성으로 향하니라.'를 통해, 황성에서 사관이 좌승상 석침과 함께 있던 새 위왕을 만났다는 것은 적절하지 않다.

⑤ '궐내'에서 혼절한 새 황제를 보고 만조백관들은 허둥지둥했다.
'도로 용상에 누워 혼절하니 ~ 만조백관들이 허둥지둥 어찌할 줄 몰랐는데'를 통해, 궐내에서 혼절한 새 황제를 보고 만조백관들이 허둥지둥했음을 알 수 있다.

**29** 소재의 기능 파악 정답률 83% | 정답 ⑤

**㉠과 ㉡에 대한 이해로 가장 적절한 것은?**

① ㉠은 구골대가, ㉡은 새 위왕이 과거 경험을 이야기하게 하는 소재이다.
㉠은 구골대가 백성들의 말을 듣고 거창산에 들어가 본 것이므로 구골대가 과거 경험을 이야기하게 하는 소재라 할 수 없다. 그리고 ㉡은 새 황제가 혼절하자 새 위왕이 떠올린 소재이므로 새 위왕이 과거 경험을 이야기하게 하는 소재라 할 수 없다.

② ㉠은 구골대가, ㉡은 새 황제가 사건의 전모를 밝혀내게 하는 소재이다.
㉠과 ㉡ 모두 사건의 전모를 밝혀 내게 하는 것과는 관련이 없다.

③ ㉠은 위왕이 변신한 소재이고, ㉡은 새 황제를 변신하게 하는 소재이다.
㉠은 위왕이 세운 소재이지 위왕이 변신한 소재라 할 수 없고, ㉡은 새 황제를 살리게 해 주는 소재이지 새 황제가 변신하게 하는 소재라 할 수 없다.

④ ㉠은 위왕의 걱정을 해소시키는 소재이고, ㉡은 새 위왕의 걱정을 심화시키는 소재이다.
㉠은 위왕이 구골대의 군대를 현혹시키기 위해 거창산에 세운 소재이므로 위왕의 걱정을 해소시키는 소재라 할 수 없다. 그리고 새 위왕은 ㉡을 사용하여 새 황제를 구하게 되므로 새 위왕의 걱정을 심화시키는 소재라 할 수 없다.

✔ ㉠은 구골대를 위태롭게 하는 소재이고, ㉡은 새 황제를 위태로움에서 구하는 소재이다.
'구골대가 몹시 놀라 어찌할 줄 몰'라 하며 '죽을 줄을 알았으랴?'고 하였으므로 ㉠은 구골대를 위태롭게 하는 소재임을 알 수 있다. 그리고, '새 황제에게 먹이게 하였더니 ~ 상쾌해졌다'고 하였으므로 ㉡은 새 황제를 위태로움에서 구하는 소재임을 알 수 있다.

**30** 외적 준거에 따른 작품의 감상 정답률 69% | 정답 ③

**〈보기〉를 참고하여 윗글을 감상한 내용으로 적절하지 않은 것은? [3점]**

〈보 기〉

「현수문전」은 제후인 주인공들이 대를 걸쳐 황제와 겪는 갈등 관계가 반복되는 군담 소설이다. 이때 황제는 외부 세력을 활용한 간접적 방식으로 제후국에 군사적 압력을 가하거나 갈등을 조장하는 인물의 영향을 받아 주인공을 위기에 빠뜨리기도 한다. 이 과정에서 주인공들은 영웅적 면모를 발휘해 고난을 극복하면서도 황제와의 관계 개선을 위해 노력한다.

① 조충이 위왕 부자를 꺼려 새 황제에게 헐뜯은 것에서 황제가 갈등을 조장하는 인물의 영향을 받았음을 짐작할 수 있겠군.
'조충이 본디 외람한 뜻을 두었으나 매양 위왕 부자를 꺼리다가 ~ 새 황제에게 헐뜯고 죄 있는 것처럼 고하여 바친 것'이라는 것을 통해, 황제가 갈등을 조장하는 인물의 영향을 받았음을 짐작할 수 있으므로 적절하다.

② 새 위왕이 일광대사의 가르침을 떠올리며 단소를 불어 군사들을 흩어지게 한 것에서 영웅적 기지를 발휘해 고난을 극복했음을 알 수 있겠군.
'새 위왕이 크게 놀라 문득 일광대사의 가르친 일을 생각하고 단소를 내어 ~ 여러 군사들이 일시에 흩어지니라'는 것을 통해, 영웅적 기지를 발휘해 고난을 극복했음을 알 수 있으므로 적절하다.

**✔ 서번왕이 위왕에게 패해 장수와 군졸을 잃고 탄식하는 것에서 제후가 황제와의 관계를 개선하기 위해 노력한 이유를 짐작할 수 있겠군.**
'군사를 일으켰다가 아까운 장수와 군졸만 죽였으니, 어찌 분하고 한스럽지 않으랴?'에는 서번왕이 군사를 일으킨 것에 대한 분함과 한스러움이 드러나 있을 뿐, 제후가 황제와의 관계를 개선하기 위해 노력한 이유가 드러나 있지 않으므로 적절하지 않다.

④ 새 황제가 서번왕에게 군사를 일으키라고 조서를 보냈다는 것에서 황제가 다른 세력을 활용해 간접적으로 제후국에 군사적 압력을 행했음을 짐작할 수 있겠군.
'서번왕'이 '새 황제의 조서를 받고서 망령되이 군사를 일으켰'다고 하는 것을 통해 황제가 다른 세력을 활용해 간접적으로 제후국에 군사적 압력을 행했음을 짐작할 수 있으므로 적절하다.

⑤ 위왕이 새 황제로 인해 공격을 받은 것과 위왕의 아들인 새 위왕이 새 황제를 만나러 가서 위험에 빠진 것에서 제후와 황제의 갈등이 대에 걸쳐 나타나고 있음을 알 수 있겠군.
위왕에게 항복하는 진골대가 '우리 왕이 구태여 싸우려 한 것이 아니라 새 황제가 시킨 것'이라는 것과 위왕의 아들 새 위왕이 '수천 군마가 ~ 에워싸서 말할 수 없이 절박'하게 된 것을 통해 제후와 황제의 갈등이 대에 걸쳐 나타나고 있음을 알 수 있겠군.

## 31~34 현대소설

**김정한, 「평지」**

**감상** 이 글은 **1960년대 근대화로 인한 농민의 애환을 다루고** 있다. 소외받은 계층을 상징하는 **허 생원은 정부 정책을 명분으로 삼는 자본가로부터 생활 터전을 빼앗기게 되고 이로 인해 고초를 겪는다.** 이러한 과정에서 **허 생원은 농민이 사회 제도에서 상대적 약자이며 역사적으로 반복된 억압의 대상이었음을 깨닫고 농민의 입장이 배제된 불합리한 현실에 대해 분노를 표출**한다.

**주제** 부당한 농촌 현실에 대한 농민들의 저항

**작품 줄거리** 조상 때부터 가난을 벗어날 수 없었던 허 생원 일가는 먼 조상 때부터 이 강변의 모래톱과 진펄에 매달려 살아왔다. 그 강변에서 허 생원은 튀김 기름의 원료가 되는 유채꽃을 키우면서, 힘겹지만 흙을 일구는 건강한 농군의 모습으로 살아간다. 그런데 국가가 농업 근대화를 명분으로 유력자에게 강변 땅의 사유화를 용인해 준다. 이로 인해 조상 때부터 그 땅을 일구어 왔던 허 생원 일가는 약간의 동정금을 받고 그 땅을 잃게 될 처지로 내몰린다. 이에 항의하던 허 생원은 폭행죄로 구류를 살게 되고, 결국 평지가 베어진 그 땅에 〈×× 특수 농작물 단지〉가 들어서게 된다.

### 31 서술상 특징 파악 정답률 79% | 정답 ③

**[A], [B]의 서술상 특징에 대한 설명으로 가장 적절한 것은?**

① [A]는 장면을 빈번하게 전환하여 긴박한 분위기를 조성하고 있다.
[A]에서는 청년 신사와 허 생원이 술을 마시는 장면이 드러나고 있을 뿐, 장면을 빈번하게 전환하지는 않고 있다.

② [B]는 내적 독백을 통해 사건의 흐름을 지연시키고 있다.
[B]에서는 허 생원의 행동과 내적 심리가 드러나고 있지만, 허 생원의 내적 독백은 드러나지 않고 있다. 또한 사건의 흐름이 빠르게 전개되고 있다.

**✔ [B]는 공간의 이동에 따른 인물의 행위를 제시하고 있다.**
[B]에는 허 생원이 '그의 집'에서 '아이들의 말을 듣고' '둑 너머'로 가 '논'에서 팻말을 본 뒤 '집'으로 돌아와 '도끼를 찾아 들고' 다시 '자기 들의 포플라 밭'으로 나가 도끼로 '마구 찍'는다는 점에서 공간의 이동에 따른 인물의 행위가 드러나 있으므로 적절하다.

④ [A]와 [B]는 모두 이야기 외부의 서술자가 등장인물의 내력을 소개하고 있다.
[A]와 [B] 모두 이야기 외부의 서술자가 등장인물에 대해 서술하고 있지만, 등장인물의 내력을 소개하지는 않고 있다.

⑤ [A]와 [B]는 모두 주변 인물의 말을 통해 갈등 해결의 실마리를 제공하고 있다.
[A]에서는 주변 인물인 청년 신사의 말이 드러나 있지만 갈등 해결의 실마리가 나타난다고 할 수 없다. 그리고 [B]에서는 주변 인물의 말은 드러나지 않고 중심인물인 허 생원의 행동을 통해 갈등이 심화되었음을 알 수 있다. 따라서 [B]에서 주변 인물의 말을 통해 갈등 해결의 실마리를 제공한다고 할 수 없다.

### 32 인물의 심리 이해 정답률 60% | 정답 ②

**서사의 흐름을 고려하여 ㉠~㉤에 대해 이해한 내용으로 적절하지 않은 것은?**

① ㉠: 허 생원의 반응을 뜻밖이라고 여기며 불편해 하는 청년의 태도가 나타난다.
'청년'은 '허 생원'이 '경계심'을 보이자 '약간 의외인 듯한, 그래서 다소 거북한 듯한 표정'을 지으며 ㉠과 같이 말하고 있으므로 적절하다.

**✔ ㉡: 허 생원의 반박에 이전과 다른 태도를 보이며 적극적으로 대응하는 청년의 모습이 나타난다.**
'청년'은 '능글맞'은 태도를 보인 뒤 허 생원의 말에 이어 '내처 능글능글한 태도를 고치지 않'고 ㉡과 같이 말하고 있으므로 허 생원의 반박에 이전과 태도를 바꿨다는 내용은 적절하지 않다.

③ ㉢: 자신을 얕보는 청년에게 날카롭게 반응하고 있는 허 생원의 모습이 나타난다.
'허 생원'은 '청년'이 '경멸의 빛'을 보이며 자신을 얕보자 '데데하게 물러'서지 않고 '쏘아보'며 ㉢과 같이 말하고 있으므로 적절하다.

④ ㉣: 허 생원이 겪고 있는 상황을 염려하는 부락 사람들의 심리가 드러난다.
'부락 사람들'은 '이렇게 걱정들'을 하며 ㉣과 같이 말하고 있으므로 적절하다.

⑤ ㉤: 죽은 아들을 떠올리며 자신의 처지를 서러워하는 허 생원의 심리가 드러난다.
'허 생원'은 '숨진 아들'을 떠올리고 ㉤의 '이렇게 된' 자신의 처지에 '눈물'을 흘리고 있으므로 적절하다.

### 33 소재의 기능 파악 정답률 73% | 정답 ⑤

**ⓐ와 ⓑ에 대한 설명으로 가장 적절한 것은?**

① ⓐ와 ⓑ는 모두 허 생원이 주변 사람들과 유대감을 형성하게 하는 내용이다.
ⓐ는 청년 신사의 이야기로, 허 생원이 ⓐ보다는 〈사는 문제〉가 더 절박하다고 생각하고 있으므로 허 생원이 청년 신사와의 유대감을 형성하게 해 준다고는 볼 수 없다. 그리고 ⓑ는 경찰의 말로, 이를 통해 허 생원이 경찰과 유대감을 형성해 준다고는 할 수 없다.

② ⓐ와 ⓑ는 모두 허 생원이 자신에게 이미 일어난 일을 수긍하게 하는 기능을 한다.
ⓐ 이후의 내용과 ⓑ 앞의 내용을 통해, ⓐ, ⓑ가 허 생원이 자신에게 이미 일어난 일을 수긍하게 해 준다고는 할 수 없다.

③ ⓐ는 허 생원이 다른 인물의 의견에 동조하는 근거이고, ⓑ는 허생원이 자신의 의견을 제시하는 것을 체념하는 근거이다.
허 생원은 ⓐ보다는 〈사는 문제〉가 더 절박하다고 생각하고 있으므로 허 생원이 청년 신사의 의견에 동조하는 근거라 할 수 없다. 그리고 ⓑ를 듣고 허 생원이 '암말도 안'하고 있지만, ⓑ 때문에 허 생원이 자신의 의견을 제시하는 것을 체념한다고는 볼 수 없다.

④ ⓐ는 허 생원이 자신의 미래를 비관적으로 바라보게 하는 내용이고, ⓑ는 허 생원이 자신의 가치관에 자부심을 느끼게 하는 내용이다.
허 생원은 ⓐ보다 〈사는 문제〉가 더 절박하다고 생각하고 있으므로 ⓐ가 허 생원이 자신의 미래를 비관적으로 바라보게 하는 내용이라할 수 없다. 그리고 ⓑ를 듣고 허 생원이 자신의 가치관에 자부심을 느끼지는 않고 있으므로 적절하지 않다.

**✔ ⓐ는 허 생원이 자신에게 시급한 상황이 아니라고 생각하는 내용이고, ⓑ는 허 생원이 자신이 직면한 상황을 확인하게 하는 내용이다.**
ⓐ는 '먼 앞날을 내다보는' 이야기로, 이 이야기를 들은 허 생원이 '〈먼 앞날〉 보다 우선 코앞에 다가 있는 〈사는 문제〉가 더 절박'하다고 생각한다는 점에서 ⓐ는 허 생원이 자신에게 시급한 상황이 아니라고 생각하는 내용임을 알 수 있다. ⓑ는 허 생원에게 '정식 징역감이지만 서울 있는 그 유력자의 특별한 부탁으로 석방되는 것이니 그렇게 알라는' 것으로 허 생원이 자신이 직면한 상황을 확인하게 하는 내용임을 알 수 있다.

### 34 외적 준거에 따른 작품의 감상 정답률 75% | 정답 ③

**〈보기〉를 바탕으로 윗글을 감상한 내용으로 적절하지 않은 것은? [3점]**

> 〈보 기〉
> 「평지」는 1960년대 근대화로 인한 농민의 애환을 다루고 있다. 주인공은 정부 정책을 명분으로 삼는 자본가로부터 생활 터전을 빼앗기게 되고 이로 인해 고초를 겪는다. 이러한 과정에서 주인공은 농민이 사회 제도에서 상대적 약자이며 역사적으로 반복된 억압의 대상이었음을 깨닫고 농민의 입장이 배제된 불합리한 현실에 대해 분노를 표출한다.

① '새로운 농업단지'를 조성하기 위해 '모 유력자가 그 일대의 〈휴면법인토지〉를 도통 쓰게 되었다'는 것을 통해 정부 정책을 명분으로 삼는 자본가에게 농민이 생활의 터전을 빼앗기게 된 상황을 짐작할 수 있군.
'정부의 시책에 따라 그곳에 새로운 농업단지를 조성키' 위해 '모 유력자가 그 일대의 〈휴면법인토지〉를 도통 쓰게 되었다'는 것에 정부 정책을 명분으로 삼는 자본가에게 농민이 생활의 터전을 빼앗기게 된 상황이 나타나 있으므로 적절하다.

② '통고 비슷한 말'로 '멀쩡한 남의 땅을 맘대로 뺏'는다고 여기는 것을 통해 근대화 과정에서 농민의 입장이 고려되지 않은 상황을 짐작할 수 있군.
'통고 비슷한 말'은 허 생원이 농사를 짓는 땅에 '정부의 시책에 따라 ~ 도통 쓰게 되었다'는 내용으로, 허 생원이 이를 '멀쩡한 남의 땅을 맘대로 뺏'는다고 여기고 '분통을 터뜨'리는 것에 근대화 과정에서 농민의 입장이 고려되지 않은 상황이 나타나 있으므로 적절하다.

**✔ '국유지면 서울 놈들만 가지라 카는 법도 있'냐며 '삼십 년이나 논밭을 치고 갈아' 왔다는 것을 통해 농민이 과거에도 억압적 상황을 겪었음을 짐작할 수 있군.**
'국유지면 서울 놈들만 가지라 카는 법도 있'냐며 '삼십 년이나 논밭을 치고 갈아'왔다는 것에는 오랜 시간 가꿔온 밭을 '서울 모 유력자'에게 빼앗기는 상황이 드러나 있을 뿐 농민이 과거에도 억압적 상황을 겪었다는 것이 드러나 있지 않으므로 적절하지 않다.

④ '촌사람들끼리 같으면' '암것도 아닌' 일에 '법도 사람 따라 다'르다며 억울해 하는 것을 통해 농민이 사회 제도에서 상대적 약자라고 인식하고 있음을 알 수 있군.
'촌사람들끼리 같으면' '암것도 아닌' 일에 '구류를 살'게 되면서 '법도 사람 따라 다'르다고 억울해 하는 것에 농민이 사회 제도에서 상대적 약자라고 여기는 인식이 드러나 있으므로 적절하다.

⑤ '누구 좋은 일 시키려고 둘 것인가 하는 생각'으로 '도끼질'을 하고 '불'을 지르는 것을 통해 농민이 불합리한 현실에 분노를 드러내고 있음을 알 수 있군.
'누구 좋은 일 시키려고 둘 것인가 하는 생각'으로 '도끼질'을 하고 '불'을 지르는 것에 땅을 빼앗긴 불합리한 현실에 농민이 분노를 드러내는 모습이 나타나 있으므로 적절하다.

## [35~45] 화법과 작문

### 35 말하기 방식 파악 정답률 92% | 정답 ⑤

**위 발표에 대한 설명으로 가장 적절한 것은?**

① 통계 자료를 사용하여 구체적인 수치를 밝히고 있다.
이 발표를 통해 통계 자료를 사용하는 부분은 찾아볼 수 없다.

② 발표할 내용의 순서를 안내하며 발표를 시작하고 있다.
발표자는 자신을 소개하면서 발표를 시작하고 있지, 발표할 내용의 순서를 안내하며 발표를 시작하지는 않고 있다. 또한 발표한 내용의 순서를 안내하지도 않고 있다.

③ 발표 제재의 역사적 유래와 변천 과정을 제시하고 있다.
이 발표를 통해 발표 제재인 '공작 깃털'과 관련한 역사적 유래와 변천 과정을 찾아볼 수 없다.

④ 발표 내용과 관련하여 전문가의 말을 직접 인용하고 있다.
이 발표를 통해 발표 내용과 관련한 전문가의 말은 찾아볼 수 없다.

**✔ 정의의 방식을 사용하여 핵심 개념에 대해 설명하고 있다.**
3문단의 '구조색이란 색소의 영향이 아닌 물리적 구조의 영향으로 인해 나타나는 색을 말하는데요.'를 통해, 정의의 방식을 사용하여 구조색이라는 핵심 개념에 대해 설명하고 있음을 알 수 있다.

### 36 발표 전략의 파악 정답률 91% | 정답 ④

**다음은 발표자가 위 발표를 준비하면서 작성한 메모이다. 이를 바탕으로 발표자가 발표에서 사용한 전략으로 적절하지 않은 것은?**



[문제편 p.092]

[청중 분석]
○ 발표자와 청중이 공유하는 경험이 있음. ······ ⓐ
○ 청중이 이해하기에 발표 내용이 어려울 수 있음. ······ ⓑ
○ 발표 내용에 대한 청중의 배경지식을 활성화할 필요가 있음. ······ ⓒ
○ 발표를 통해 실생활에 필요한 지식을 얻고자 하는 청중이 있음. ······ ⓓ
○ 공간의 특성상 발표 자료가 잘 보이지 않는 청중이 있을 수 있음. ······ ⓔ

① ⓐ를 고려하여, ㉠의 질문과 함께 동영상 자료를 제시해야겠어.
발표자는 현장 체험 학습 때 본 공작에 대한 ㉠의 질문과 함께 직접 촬영한 동영상 자료를 제시하고 있는데, 이는 발표자와 청중이 현장 체험 학습 때의 경험을 공유하고 있음을 고려한 것이라 할 수 있다.

② ⓑ를 고려하여, ㉣의 질문과 함께 그림 자료를 제시해야겠어.
발표자는 오팔 구조에 대한 이해 정도를 확인하는 ㉣의 질문과 함께 오팔 구조를 도식화한 그림 자료를 제시하고 있는데, 이는 오팔 구조에 대한 내용이 청중이 이해하기에 어려울 수 있음을 고려한 것이라 할 수 있다.

③ ⓒ를 고려하여, ㉡의 질문과 함께 관련된 예시를 비언어적 표현을 사용하여 제시해야겠어.
발표자는 과학 시간에 배운 멜라닌 색소에 대한 ㉡의 질문과 함께 자신의 머리카락을 가리키는 비언어적 표현을 사용하여 관련된 예시인 머리카락을 제시하고 있는데, 이는 멜라닌 색소에 대한 청중의 배경지식을 활성화할 필요가 있음을 고려한 것이라 할 수 있다.

✔ ⓓ를 고려하여, ㉢의 질문과 함께 사진 자료를 제시해야겠어.
발표자는 공작의 깃털이 파란색과 녹색으로 보이는 이유에 대한 ㉢의 질문과 함께 공작의 깃털을 전자현미경으로 촬영한 사진 자료를 제시하고 있는데, ㉢의 질문은 발표 대상에 대한 설명을 하기 위한 질문이라 할 수 있다. 따라서 발표자가 발표를 통해 실생활에 필요한 지식을 얻고자 하는 청중이 있음을 고려하여 ㉢의 질문과 함께 사진 자료를 제시하였다고 할 수 없다.

⑤ ⓔ를 고려하여, ㉤의 질문과 함께 자료를 확대하여 제시해야겠어.
발표자는 뒤에 앉은 청중에게 발표 자료가 잘 보이는지 확인하는 ㉤의 질문과 함께 공작의 깃털을 전자현미경으로 촬영한 사진 자료를 확대하여 제시하고 있는데, 이는 공간의 특성상 뒤에 앉은 청중에게 발표 자료가 잘 보이지 않을 수 있음을 고려한 것이라 할 수 있다.

## 37 청중 반응 이해의 적절성 파악
정답률 95% | 정답 ③

<보기>는 위 발표를 들은 학생들의 반응이다. 학생의 반응을 이해한 내용으로 적절하지 않은 것은?

<보 기>

**학생 1** : 평소에 공작의 깃털에 대해 궁금한 점이 많았는데, 유익한 정보를 많이 얻을 수 있었어. 그러고 보니까 다른 새들의 화려한 깃털 색도 공작처럼 구조색일 수 있겠구나.
**학생 2** : 구조색을 만들어 내는 다양한 구조가 있다고 들은 적이 있는데, 오팔 구조에 의한 구조색만 이야기해 주어서 아쉬웠어. 구조색을 만들어 내는 다양한 구조의 종류와 사례에 대해 조사해 봐야겠어.
**학생 3** : 구조색의 원리를 활용한 기술이 실생활에서도 쓰이고 있다는 사실이 흥미로웠어. 다만, 구조색의 원리를 설명할 때 조금 천천히 설명했으면 더 좋았을 것 같아. 말이 빨라서 발표 내용을 메모하기가 어려웠어.

① 학생 1은 발표에서 직접 언급하지 않은 내용을 추론하고 있군.
'학생 1'이 다른 새들의 화려한 깃털 색도 공작처럼 구조색일 수 있다고 말한 것을 통해, '학생 1'이 발표에서 직접 언급하지 않은 내용을 추론하고 있음을 알 수 있다.

② 학생 2는 발표 내용을 바탕으로 추가적인 활동을 계획하고 있군.
'학생 2'가 구조색을 만들어 내는 다양한 구조의 종류와 사례에 대해 조사해 봐야겠다고 말한 것을 통해, '학생 2'는 발표 내용을 바탕으로 추가적인 활동을 계획하고 있음을 알 수 있다.

✔ 학생 3은 발표 내용에 대한 자신의 듣기 태도를 반성하고 있군.
'학생 3'은 말이 빨라서 발표 내용을 메모하기가 어려웠다고 말하고 있는데, 이는 발표자의 말하기 속도에 대해 평가한 것이라 할 수 있다. 따라서 '학생 3'이 발표 내용에 대한 자신의 듣기 태도를 반성한 것이라고 이해한 내용은 적절하지 않다.

④ 학생 1과 학생 3은 모두 발표를 통해 얻은 정보를 긍정적으로 받아들이고 있군.
'학생 1'은 평소에 공작의 깃털에 대해 궁금한 점이 많았는데, 유익한 정보를 많이 얻을 수 있었다고 말하고 있고, '학생 3'은 '구조색의 원리를 활용한 기술이 실생활에서도 쓰이고 있다는 사실이 흥미로웠'다고 말하고 있다. 이를 볼 때, '학생 1'과 '학생 3' 모두 발표를 통해 얻은 정보를 긍정적으로 받아들이고 있음을 알 수 있다.

⑤ 학생 2와 학생 3은 모두 발표에서 만족스럽지 않은 부분을 언급하며 아쉬움을 드러내고 있군.
'학생 2'는 오팔 구조에 의한 구조색만 이야기해 주어서 아쉬웠다고 말하고 있고, '학생 3'은 구조색의 원리를 설명할 때 조금 천천히 설명했으면 더 좋았을 것 같다고 말하고 있다. 이를 통해 '학생 2'와 '학생 3' 모두 발표에서 만족스럽지 않은 부분을 언급하며 아쉬움을 드러내고 있음을 알 수 있다.

## 38 대화 참여자의 역할 이해
정답률 94% | 정답 ②

(가)의 '학생 1'의 역할에 대한 설명으로 적절하지 않은 것은?

① 대화의 흐름을 전환하며 논의를 이끌어 나가고 있다.
'학생 1'의 다섯 번째 발화를 통해, '학생 1'은 공중전화가 없어지면 불편한 사람들에 대한 이야기에서 휴대전화가 있는 사람들에게도 공중전화가 필요한 이유로 대화의 흐름을 전환하며 논의를 이끌어 나가고 있음을 알 수 있다.

✔ 대화 참여자들이 제시한 근거의 출처를 요구하고 있다.
'학생 1'의 발화를 통해 대화 참여자들이 제시한 근거의 출처를 요구하는 부분은 확인할 수 없다.

③ 지난 시간에 논의한 사항을 환기하며 대화를 시작하고 있다.
'학생 1'의 첫 번째 발화를 통해, '학생 1'은 지난 시간에 기술 발전으로 사라지는 것들 중 공중전화에 대해 비평하는 글을 작성하기로 정한 사항을 환기하며 대화를 시작하고 있음을 알 수 있다.

④ 주제와 관련하여 대화 참여자들의 입장이 무엇인지 묻고 있다.
'학생 1'의 세 번째 발화를 통해, '학생 1'은 대화 주제인 '공중전화 폐지'와 관련하여 대화 참여자들의 입장이 무엇인지 묻고 있음을 알 수 있다.

⑤ 대화 참여자들의 발언과 관련하여 추가 설명을 요청하고 있다.
'학생 1'의 네 번째 발화를 통해, '학생 1'은 공중전화가 보편적 서비스라는 '학생 2'의 발화에 대해 추가 설명을 요청하고 있음을 알 수 있다.

## 39 말하기 방식 파악
정답률 90% | 정답 ⑤

[A]와 [B]에 대한 설명으로 가장 적절한 것은?

① [A]에서 '학생 2'는 '학생 3'의 의견을 인정하면서 자신의 의견과 절충할 수 있는 방안을 밝히고 있다.
[A]에서 '학생 2'는 '학생 3'의 의견의 의견에 대해 통신 복지 차원을 고려할 때 공중전화를 유지해야 함을 밝히고 있으므로, '학생 3'의 의견과 절충할 수 있는 방안을 드러냈다고 할 수 없다.

② [A]에서 '학생 2'는 '학생 3'의 발화 중 일부를 재진술하며 자신이 이해한 내용이 정확한지 확인하고 있다.
[A]에서 '학생 2'는 '학생 3'의 발화 중 일부를 재진술하고는 있지만, 자신이 이해한 내용이 정확한지 확인하지는 않고 있다.

③ [A]에서 '학생 2'는 '학생 3'의 의견을 뒷받침할 수 있는 근거를 덧붙이며 상대의 의견에 공감을 드러내고 있다.
[A]에서 '학생 2'는 '학생 3'의 의견에 대해 부정적인 의견을 드러내고 있으므로, '학생 3'의 의견을 뒷받침할 수 있는 근거를 덧붙이면서 상대의 의견에 공감을 드러낸다고 할 수 없다.

④ [B]에서 '학생 3'은 '학생 2'의 질문에 대답하며 상대의 질문에 논리적 오류가 있음을 지적하고 있다.
[B]에서 '학생 3'은 '학생 2'의 질문에 일부 동의하면서도 문제 해결 방안을 제시하며 자신의 의견을 드러내고 있지만, 상대의 질문에 논리적 오류가 있음을 지적하지는 않고 있다.

✔ [B]에서 '학생 3'은 '학생 2'가 예측한 문제 상황을 인정하며 이를 해결하기 위한 방안을 제시하고 있다.
[B]의 '학생 3'은 '학생 2'가 공중전화가 없어진다면 불편을 겪을 사람들이 생길 것이라고 예측한 문제 상황을 인정하면서, 이에 대해 통신비 지원과 통신기기 대여를 해결 방안으로 제시하고 있다.

## 40 대화 내용의 반영된 양상 파악
정답률 78% | 정답 ⑤

(가)를 바탕으로 (나)를 설명한 내용으로 적절하지 않은 것은? [3점]

① 1문단에서는 (가)에서 언급된 공중전화 이용량에 대한 내용을 공중전화 폐지라는 현안의 배경으로 제시하고 있다.
(가)의 공중전화 이용량이 줄었다는 내용을, (나)의 1문단에서 공중전화 이용량이 급감하면서 공중전화 폐지라는 현안이 등장하게 되었음을 제시하고 있다.

② 2문단에서는 (가)에서 언급된 공중전화가 비상 상황에서 활용될 수 있다는 내용을 공중전화가 개인이나 사회의 안전을 위해 유지되어야 하는 이유로 제시하고 있다.
재난 등의 비상 상황에서 공중전화를 이용할 수 있다는 (가)의 내용을, (나)의 2문단에서 공중전화가 개인이나 사회의 안전을 위해서 필요한 이유로 제시하고 있다.

③ 2문단에서는 (가)에서 언급되지 않았던 법 규정을 공중전화가 국민 복지 차원에서 가치가 있음을 드러내는 근거로 제시하고 있다.
(가)에서 언급되지 않았던 법 규정인 전기 통신 사업법에 대한 내용을, (나)의 3문단에서 공중전화의 국민 복지 차원의 가치를 드러내는 근거로 제시하고 있다.

④ 3문단에서는 (가)에서 언급되지 않았던 사례를 공중전화 유지 여부를 경제적인 관점에서만 판단해서는 안 된다는 내용의 근거로 제시하고 있다.
(가)에서 언급되지 않았던 간이역 사례를, (나)의 4문단에서 공중전화의 유지에 대해 경제적 관점으로만 판단해서는 안 된다는 내용의 근거로 제시하고 있다.

✔ 4문단에서는 (가)에서 언급된 공중전화의 가치를 새롭게 인식하게 되었다는 내용을 사라지는 것들의 경제적 효율성을 강조하는 이유로 제시하고 있다.
(가)의 공중전화의 가치를 알게 되었다는 내용을 활용하여 (나)의 4문단에서 공중전화를 포함하여 '기술 발전으로 인해 사라지는 것들'에 대한 가치를 설명하고는 있다. 하지만 경제적 효율성을 강조하는 이유로 제시되고 있지는 않으므로 적절하지 않다.

## 41 글쓰기 계획의 반영 여부 파악
정답률 92% | 정답 ②

(나)를 쓰기 위해 세운 글쓰기 계획 중 글에 반영되지 않은 것은?

① 글의 도입부에 화제에 대한 나의 입장을 분명히 밝혀야겠어.
(나)의 도입부에서 공중전화는 유지되어야 한다며 화제에 대한 자신의 입장을 밝히고 있다.

✔ 화제에 대해 나의 입장이 변한 이유와 과정을 함께 밝혀야겠어.
(나)의 1문단을 통해 글쓴이가 자신의 입장은 밝히고 있지만, 자신의 입장이 변한 이유와 과정을 밝히지는 않고 있다.

③ 핵심 쟁점에 대해 내세울 의견과 대립하는 주장의 내용도 구체적으로 밝혀야겠어.
(나)의 3문단에서 핵심 쟁점인 '공중전화의 폐지'에 대해 글쓴이가 내세우고 있는 의견과 대립하는 주장인 경제적인 관점에서 공중전화 폐지를 주장하는 내용도 구체적으로 밝히고 있다.

④ 전문적 지식의 내용을 제시하며 그 내용에 포함되는 대상을 구체적으로 열거해야겠어.
(나)의 2문단에서 전기 통신 사업법의 내용과 그 내용에 포함되는 대상인 장애인·저소득층 등에 대한 요금 감면 서비스, 긴급 통신 서비스, 섬 지역 통신 등을 구체적으로 열거하고 있다.

⑤ 화제에 대한 인식 변화를 촉구하며 글을 마무리해야겠어.
(나)의 4문단에서서 공중전화가 폐지되어야 한다고 주장하는 사람들도 공중전화의 가치에 대해 새롭게 인식해야 한다고 촉구하며 글을 마무리하고 있다.

## 42 조건에 따른 글쓰기
정답률 93% | 정답 ④

<보기>에 제시된 학생들의 조언에 따라 (나)의 제목을 작성한 것으로 가장 적절한 것은?

<보 기>

**학생 2** : 핵심 단어인 공중전화를 포함해서 글의 주제가 드러나게 제목을 붙여보자.
**학생 3** : 비유적인 표현을 사용하면 더 좋을 것 같아.

① 급격한 경제 성장의 역습, 공중전화의 한계
핵심 단어인 '공중전화'가 포함되어 있지만, 주제가 드러나지 않고 비유적인 표현도 사용하지 않고 있다.

② 공중전화를 떠나보내며 기술 혁신의 바다로
핵심 단어인 '공중전화'가 포함되어 있고 비유적인 표현도 사용하고 있지만, 글의 주제와는 반대되는 내용이므로 적절하지 않다.

③ 공중전화의 가치를 인식할 때 안전과 복지도 유지된다
핵심 단어인 '공중전화'가 포함되어 있지만 글의 주제와는 거리가 멀고 비유적인 표현도 사용하지 않고 있다.

④ 안전과 복지를 지키는 우산과 같은 공중전화, 계속 우리와 함께
글쓰기 조건이 '공중전화'를 포함해서 주제가 드러나게 하면서 비유적인 표현을 활용하는 것이므로, 이러한 조건을 만족하고 있는 제목은 ④라 할 수 있다. ④에서는 핵심 단어인 공중전화를 포함하고 있고, 공중전화의 가치를 우산에 비유하고 있으며 공중전화를 유지하자는 글의 주제를 '계속 우리와 함께'라는 구절에 드러내고 있다.

⑤ 사라져 가는 것의 가치를 찾는 보물찾기, 통신 수단의 새로운 세계가 열리다
비유적인 표현이 사용되어 있지만, 글의 주제와 거리가 멀고 핵심 단어인 '공중전화'가 포함되지도 않고 있다.

## 43 글쓰기 전략 파악
정답률 96% | 정답 ①

'학생의 글'에 대한 설명으로 가장 적절한 것은?

① 해결 방안에 대한 구체적 예시를 제시하고 있다.
'학생의 글'은 도시 낙엽으로 인해 발생하는 문제점의 해결 방안에 대해 지자체가 해야 하는 캠페인 활동, 도시 낙엽을 퇴비로 가공한 뒤 판매하는 것과 같이 구체적 예를 들어 제시하고 있으므로 적절하다.

② 자문자답의 방식으로 문제의 심각성을 드러내고 있다.
이 글에서 스스로 묻고 답하는 자문자답의 방식은 사용되지 않고 있다.

③ 글쓴이의 주장에 대해 예상되는 반론을 반박하고 있다.
이 글에서 글쓴이가 자신의 주장을 드러내고 있지만, 자신의 주장에 대해 예상되는 반론을 제시하거나 이를 반박하지는 않고 있다.

④ 문제 상황의 시의성을 드러내는 속담을 사용하고 있다.
이 글을 통해 문제 상황의 시의성을 드러내는 속담은 찾아볼 수 없다.

⑤ 문제 상황과 관련하여 인용한 자료의 출처를 밝히고 있다.
이 글을 통해 문제 상황과 관련하여 인용한 자료의 출처를 밝힌 내용은 찾아볼 수 없다.

## 44 자료 활용 방안의 적절성 판단
정답률 83% | 정답 ④

다음은 학생이 쓴 글을 보완하기 위해 수집한 자료이다. 자료의 활용 방안으로 적절하지 않은 것은? [3점]

**[자료 1] 통계 자료**

㉮ ○○시 낙엽 처리 현황

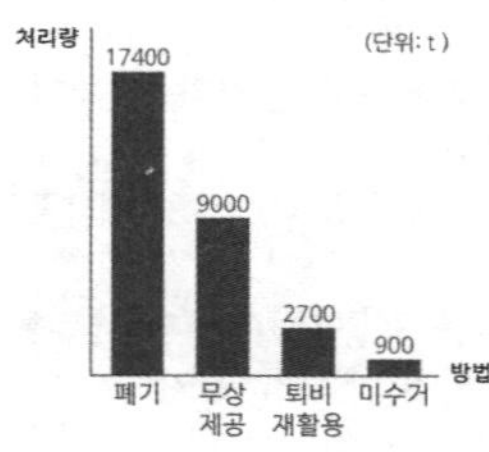


㉯ ○○시 가로수 수종 현황

| 가로수 수종 | 비율(%) |
|---|---|
| 은행나무 | 40.3 |
| 플라타너스 | 25.7 |
| 느티나무 | 11.3 |
| 벚나무 | 9.2 |
| 기타 | 13.5 |

**[자료 2] 신문 기사**

지자체들이 낙엽 수거와 수거한 낙엽 활용에 적극적으로 나서고 있다. △△시는 거리의 낙엽을 빠르고 깨끗하게 수거하기 위해 시민들의 참여를 독려하는 행사를 진행하고 있다. 시민들은 낙엽 청소를 한 거리 사진을 SNS에 공유하면서 지자체의 낙엽 수거에 적극적으로 협조하고 있다. 또한 □□시는 수거한 낙엽을 관광 자원으로 재사용할 수 있도록 테마 공원에 무상 제공하고 있다. 시 관계자는 "낙엽을 공원에 제공하면서 낙엽 폐기량이 줄어 톤(t)당 20만 원의 소각 비용이 절감되었다."라고 말했다.

**[자료 3] 전문가 인터뷰**

낙엽이나 장작 등을 태우는 생물성 연소는 불완전 연소를 일으켜 일산화탄소, 포름알데하이드 등과 같은 위해성 오염 물질을 배출하게 됩니다. 이런 이유로 최근에는 생물적 자원을 가급적 소각하지 않고 재활용하는 방안이 주목받고 있습니다. 예를 들어 천연 살충 성분인 플라보노이드 성분이 함유된 은행나무 낙엽은 모기 퇴치제로, 플라타너스 낙엽은 황토 분말과 혼합하여 단열 효과가 있는 건축 자재로 재활용되고 있습니다.

① [자료 1-㉮]를 활용하여, 수거된 도시 낙엽이 주로 폐기되고 있다는 내용의 근거를 제시해야겠어.
[자료 1-㉮]에서 폐기되는 낙엽의 양이 17,400t으로 다른 처리 방식에 비해 가장 많은 비율로 처리되고 있음을 확인할 수 있고, '학생의 글' 2문단에서 지자체들이 수거된 도시 낙엽을 주로 폐기하는 방법으로 처리하고 있다고 제시되어 있으므로 적절하다.

② [자료 2]를 활용하여, 도시 낙엽을 재사용할 수 있는 방안을 추가로 제시해야겠어.
[자료 2]에서 □□시가 수거한 낙엽을 테마 공원에 무상 제공하여 관광자원으로 재사용하고 있음을 확인할 수 있고, '학생의 글' 3문단에서 도시 낙엽을 수거하여 축사 바닥 깔개나 보온재로 사용하는 등 다양한 용도로 재사용하는 방안이 제시되어 있으므로 적절하다.

③ [자료 3]을 활용하여, 도시 낙엽을 수거한 뒤 소각하는 과정에서 유해 물질이 발생하는 이유를 제시해야겠어.
[자료 3]에서 낙엽이나 장작 등을 태우는 생물성 연소가 불완전 연소로 인해 일산화탄소, 포름알데하이드 등과 같은 위해성 오염 물질을 배출한다는 것을 확인할 수 있고, '학생의 글' 2문단에서 도시 낙엽은 일반 쓰레기와 달리 소각 처리하며 대기 오염을 유발하는 유해 물질을 발생시킨다고 제시되어 있으므로 적절하다.

④ [자료 1-㉮]와 [자료 2]를 활용하여, 수거되지 못한 도시 낙엽이 일으키는 사고의 위험성을 알리기 위한 캠페인의 사례를 제시해야겠어.
[자료 1-㉮]에서 미수거된 낙엽이 900t이라는 것을 확인할 수 있고, [자료 2]에서 △△시가 시민들의 낙엽 수거 참여 독려 행사를 진행하고 있음을 확인할 수 있다. '학생의 글'에는 도시 낙엽을 치워야 하는 이유를 캠페인 활동을 통해 시민들에게 알려 자발적 참여를 유도해야 한다는 내용은 제시되어 있으나, [자료 1-㉮]와 [자료 2]에서 사고의 위험성을 알리기 위한 캠페인의 사례를 찾을 수 없으므로 적절하지 않다.

⑤ [자료 1-㉯]와 [자료 3]을 활용하여, 도시 가로수의 주된 수종과 특성을 파악하여 낙엽을 경제적 자원으로 적합하게 재활용할 수 있다는 내용의 사례를 제시해야겠어.
[자료 1-㉯]에서 ○○시 전체 가로수 중 은행나무와 플라타너스의 비율이 66%라는 것을 통해 은행나무와 플라타너스가 ○○시 가로수의 주된 수종임을 확인할 수 있고, [자료 3]에서 천연 살충 성분을 지닌 은행나무 낙엽을 모기 퇴치제로, 플라타너스 낙엽을 건축 자재로 재활용하고 있음을 확인할 수 있다. [자료 1-㉯]와 [자료 3]을 활용하여, 도시 가로수의 주된 수종과 특성을 파악하여 낙엽을 경제적 자원으로 적합하게 재활용할 수 있다는 내용의 사례를 제시하는 것은 적절하다.

★★★ 등급을 가르는 문제!

## 45 고쳐쓰기의 적절성 판단
정답률 68% | 정답 ③

<보기>는 [A]의 초고이다. <보기>를 고쳐 쓰기 위해 친구들이 조언한 내용 중 [A]에 반영되지 않은 것은?

<보 기>

가을철 낙엽은 우리에게 아름다운 정취를 느껴지게 한다. 특별한 처리 과정을 거치지 않아도 자연 순환되는 숲속 낙엽과 달리 도시 낙엽은 처리 과정에서 여러 가지 문제가 발생시킨다. 그래서 숲속 낙엽과 도시 낙엽을 구분하지 않고 처리해야 할 필요가 있다.

① 첫 번째 문장에서 피동 표현이 알맞지 않게 사용된 단어가 있으니 바꿔 보는 건 어때?
<보기>의 첫 번째 문장에서 '~ 느껴지게 한다.'라고 피동 표현이 알맞지 않게 사용된 것을 [A]의 첫 번째 문장에서 '~ 느끼게 한다.'로 바꾸었기 때문에 조언을 반영한 것이므로 적절하다.

② 첫 번째 문장과 두 번째 문장을 긴밀하게 연결하기 위한 표현을 사용해 보는 건 어때?
<보기>의 첫 번째 문장과 두 번째 문장을 긴밀하게 연결하기 위해 [A]에서 첫 번째 문장과 두 번째 문장을 접속표현 '그런데'를 사용하여 연결했기 때문에 조언을 반영한 것이므로 적절하다.

③ 두 번째 문장에서 문장 성분의 호응이 맞지 않는 부분이 있으니 서술어를 다른 단어로 수정하는 건 어때?
친구들의 조언에 따르면 두 번째 문장에서 문장의 호응이 맞지 않는 부분인 '도시 낙엽은 처리 과정에서 여러 가지 문제가 발생시킨다'의 서술어인 '발생시킨다'를 수정해야 하지만 글쓴이는 [A]에서 '여러 가지 문제가'를 '여러 가지 문제를'로 수정하였다. 따라서 조언을 반영한 것은 아니므로 적절하지 않다.

④ 두 번째 문장에서 핵심어의 의미가 분명하지 않으니 꾸며 주는 말을 통해 구체적으로 규정해 주는 건 어때?
<보기>의 두 번째 문장에서 '도시 낙엽'의 의미를 [A]의 두 번째 문장에서 '도시 가로수들이 만들어 내는 도시 낙엽'이라고 꾸며주는 말을 통해 구체적으로 규정한 것은 조언을 반영한 것이므로 적절하다.

⑤ 세 번째 문장의 내용이 글의 흐름에서 벗어나니까 해당 문장을 삭제하는 건 어때?
<보기>의 세 번째 문장은 글의 흐름에서 벗어나 있어 [A]에서 삭제했기 때문에 조언을 반영한 것이므로 적절하다.

**★★ 문제 해결 꿀~팁 ★★**

▶ 많이 틀린 이유는?
이 문제는 초고인 <보기>와 고쳐 쓴 [A]를 정확하게 비교하지 못해 오답률이 높았던 것으로 보인다.

▶ 문제 해결 방법은?
이 문제를 해결하기 위해서는 기본적으로 <보기>와 [A]를 비교하여, <보기>와 달리 [A]에서 달라진 점을 밑줄을 그어 놓아야 한다. 그런 다음 선택지의 내용을 달라진 점을 바탕으로 적절성을 판단해야 한다. 가령 오답률이 높았던 ①의 경우, <보기>와 [A]를 비교해 보면 <보기>의 '느껴지게 한다'가 [A]에서는 '느끼게 한다'로 바꾸었으므로 적절한 조언이었음을 알 수 있었을 것이다. 그리고 정답인 ③의 경우에도 <보기>의 '여러 가지 문제가'를 [A]에서 '여러 가지 문제를'로 수정하였으므로, 서술어를 다른 단어로 수정하라는 조언은 반영되지 않았음을 알 수 있다. 이 문제뿐만 아니라 [A]를 <보기>로 고쳤을 때 조언 내용을 파악하는 문제의 경우, 반드시 두 개를 비교하여 바뀐 부분을 반드시 확인하도록 한다.

# [35~45] 언어와 매체

## 35 동음이의어의 유형 이해
정답률 67% | 정답 ②

윗글을 바탕으로 추론한 내용으로 적절하지 않은 것은?

① '반드시 약속을 지켜라.'의 '반드시'와 '반듯이 앉아 있다.'의 '반듯이'는 소리는 같고 표기가 다르므로 이형 동음이의어에 해당하겠군.
1문단을 통해 이형 동음이의어는 소리는 같고 표기가 다른 것임을 알 수 있다. 따라서 '반드시'와 '반듯이'는 모두 [반드시]로 발음되어 소리가 같지만 표기가 다르므로 이형 동음이의어라 할 수 있다.

② '그 책을 줘.'의 '그'와 '그는 여기 있다.'의 '그'는 모두 대명사이고 형태 변화가 없는 불변어이므로 절대 동음이의어에 해당하겠군.
2문단을 통해 절대 동음이의어는 품사 등의 문법적 성질이 동일하면서 단어의 형태가 언제나 동일한 것임을 알 수 있다. 그런데 '그 책을 줘.'의 '그'는 관형사이고 '그는 여기 있다.'의 '그'는 대명사에 해당하므로, '그'는 모두 형태 변화가 없는 불변어이지만 품사가 동일하지 않으므로 적절하지 않다.

③ '전등을 갈다.'의 '갈다'와 '칼을 갈다.'의 '갈다'는 모두 동사이고 활용하는 양상이 언제나 동일하므로 절대 동음이의어에 해당하겠군.
2문단을 통해 절대 동음이의어는 품사 등의 문법적 성질이 동일하면서 단어의 형태가 언제나 동일한 것임을 알 수 있다. 따라서 '전등을 갈다.'의 '갈다'와 '칼을 갈다.'의 '갈다'는 모두 동사로 품사가 동일하고, 모두 '갈고, 갈아, 가니, 가오'와 같이 활용하여 활용하는 양상이 언제나 동일하므로 절대 동음이의어라 할 수 있다.

④ '커튼을 걷다.'의 '걷다'와 '비를 맞으며 걷다.'의 '걷다'는 활용하는 양상이 언제나 동일하지는 않으므로 부분 동음이의어에 해당하겠군.
3문단을 통해 부분 동음이의어는 문법적 성질이 동일한가, 형태가 언제나 동일한가의 두 가지 기준을 하나라도 만족하지 못하는 것임을 알 수 있다. 따라서 '커튼을 걷다.'의 '걷다'는 '걷고, 걷어, 걷으니'와 같이 활용하고 '비를 맞으며 걷다.'의 '걷다'는 '걷고, 걸어, 걸으니'와 같이 활용하여, 활용하는 양상이 언제나 동일하지는 않으므로 부분 동음이의어라 할 수 있다.



[문제편 p.095]

⑤ **'한 사람이 왔다.'의 '한'과 '힘이 닿는 한 돕겠다.'의 '한'은 각각 관형사와 명사로 품사가 동일하지 않으므로 부분 동음이의어에 해당하겠군.**
3문단을 통해 부분 동음이의어는 문법적 성질이 동일한가, 형태가 언제나 동일한가의 두 가지 기준을 하나라도 만족하지 못하는 것임을 알 수 있다. '한 사람이 왔다.'의 '한'은 관형사이고, '힘이 닿는 한 돕겠다.'의 '한'은 명사로 품사가 동일하지 않으므로 부분 동음이의어라 할 수 있다.

## 36 용언의 활용과 품사의 이해
정답률 74% | 정답 ①

**〈보기〉에서 ㉠에 해당하는 예를 옳게 짝지은 것은? [3점]**

〈보 기〉

| | | |
|---|---|---|
| 누르다 | 1 | 우리 팀이 상대 팀을 누르고 우승했다. |
| | 2 | 먼 산에 누르고 붉게 든 단풍이 아름답다. |
| 이르다 | 1 | 약속 장소에 이르니 그의 모습이 보였다. |
| | 2 | 아직 포기하기엔 이르니 다시 도전하자. |
| | 3 | 그에게 조심하라고 이르니 고개를 끄덕였다. |
| 바르다 | 1 | 생선 가시를 바르고 살을 아이에게 주었다. |
| | 2 | 방에 벽지를 바르고 마를 때까지 기다렸다. |

✔ **누르다 1과 2, 이르다 1과 2**
3문단을 통해 ㉠은 문법적 성질이 동일하지 않고 형태도 언제나 동일하지 않은 것임을 알 수 있다. 그리고 '누르다 1'은 동사이고 '누르니, 눌러'와 같이 활용하며, '누르다 2'는 형용사이고 '누르니, 누르러'와 같이 활용하므로, 두 단어는 품사가 다르고 활용 양상이 언제나 동일하지는 않으므로 ㉠에 해당한다고 할 수 있다. 그리고 '이르다 1'은 동사이고 '이르니, 이르러'와 같이 활용하며, '이르다 2'는 형용사이고 '이르니, 일러'와 같이 활용하므로 두 단어는 품사가 다르고 활용 양상이 언제나 동일하지는 않으므로 ㉠에 해당한다고 할 수 있다. 한편 '이르다 1'과 '이르다 3'은 모두 동사이고 '이르니, 일러'와 같이 활용하여 활용 양상이 동일하고, '바르다 1'과 '바르다 2' 또한 모두 동사이고 '바르니, 발라'와 같이 활용하여 활용 양상이 동일하다. 따라서 '이르다 1'과 '이르다 3'과 '바르다 1'과 '바르다 2'는 절대 동음이의어라 할 수 있다.

② **누르다 1과 2, 이르다 1과 3**
③ **누르다 1과 2, 바르다 1과 2**
④ **이르다 1과 2, 바르다 1과 2**
⑤ **이르다 1과 3, 바르다 1과 2**

## 37 음운 변동의 이해
정답률 64% | 정답 ③

**다음은 음운의 변동과 관련된 활동에 대한 설명이다. 이를 적용한 내용으로 적절한 것은?**

〈음운의 변동 이해하기 활동〉

- 카드에는 한 개의 단어와 그 단어의 표준 발음이 적혀 있다.
- 카드에 적힌 단어에서 일어나는 음운 변동의 유형과 유형별 횟수가 같은 카드끼리는 짝을 이룬다.
- 단, 음운 변동 유형은 교체, 축약, 탈락, 첨가로만 구분하고, 음운 변동의 순서는 고려하지 않는다. 예를 들어, '흙빛[흑삗]'이 적힌 카드는 교체가 두 번, 탈락이 한 번 일어나는 단어가 적힌 카드와 짝을 이룬다.

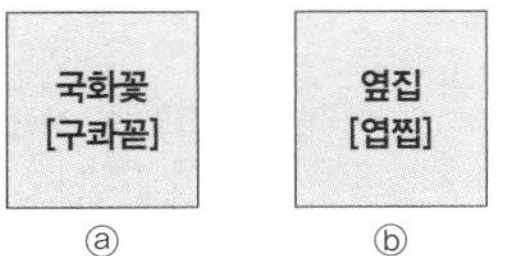

ⓐ ⓑ

ⓒ

ⓓ

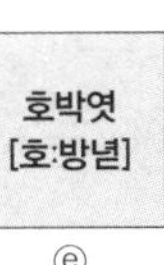

ⓔ

① **'백합화[배카퐈]'가 적힌 카드는 축약이 두 번 일어나는 단어가 적힌 ⓐ와 짝을 이룬다.**
ⓐ의 '국화꽃[구콰꼳]'은 음절의 끝소리 규칙과 거센소리되기가 일어나 교체와 축약이 각 한 번씩 일어나고, '백합화[배카퐈]'는 거센소리되기가 두 번 일어나 축약이 두 번 일어나므로 적절하지 않다.

② **'샅샅이[삳싸치]'가 적힌 카드는 교체가 두 번 일어나는 단어가 적힌 ⓑ와 짝을 이룬다.**
ⓑ의 '옆집[엽찝]'은 음절의 끝소리 규칙과 된소리되기가 일어나 교체가 두 번 일어나고, '샅샅이[삳싸치]'는 음절의 끝소리 규칙, 된소리되기, 구개음화가 일어나 교체가 세 번 일어나므로 적절하지 않다.

✔ **'값없이[가법씨]'가 적힌 카드는 교체와 탈락이 한 번씩 일어나는 단어가 적힌 ⓒ와 짝을 이룬다.**
ⓒ의 '칡넝쿨[칭넝쿨]'은 자음군 단순화와 비음화가 일어나 모두 탈락과 교체가 각 한 번씩 일어나고, '값없이[가법씨]'는 자음군 단순화와 된소리되기가 일어나므로 ⓒ와 짝을 이룬다고 할 수 있다.

④ **'몫몫이[몽목씨]'가 적힌 카드는 교체가 두 번, 탈락이 한 번 일어나는 단어가 적힌 ⓓ와 짝을 이룬다.**
ⓓ의 '삯일[상닐]'은 자음군 단순화, 'ㄴ' 첨가, 비음화가 일어나 탈락, 첨가, 교체가 각 한 번씩 일어나고, '몫몫이[몽목씨]'는 자음군 단순화, 비음화, 된소리되기가 일어나 탈락이 한 번, 교체가 두 번 일어나므로 적절하지 않다.

⑤ **'백분율[백뿐뉼]'이 적힌 카드는 교체가 두 번, 첨가가 한 번 일어나는 단어가 적힌 ⓔ와 짝을 이룬다.**
ⓔ의 '호박엿[호:방녇]'은 비음화, 음절의 끝소리 규칙, 'ㄴ' 첨가가 일어나 교체가 두 번, 첨가가 한 번 일어나고, '백분율[백뿐뉼]'은 된소리되기와 'ㄴ' 첨가가 일어나 교체와 첨가가 각 한 번씩 일어나므로 적절하지 않다.

## 38 문장의 짜임 이해
정답률 60% | 정답 ⑤

**〈보기〉의 ㉠이 사용된 문장으로 적절한 것은?**

〈보 기〉

주어와 서술어를 갖추었으나 독립하여 쓰이지 못하고 다른 문장의 성분으로 쓰이는 의미 단위를 절이라 한다. 문장에서 부속 성분으로 쓰인 절은 수식의 기능을 하여 생략될 수 있지만, ㉠ 부속 성분이면서도 서술어가 필수적으로 요구하는 성분으로 쓰여 생략될 수 없는 절도 있다.

① **우리는 밤이 새도록 토론을 하였다.**
'우리는 밤이 새도록 토론을 하였다.'에서 '밤이 새도록'은 부사절로, 서술어 '하였다'가 필수적으로 요구하는 성분으로 쓰인 것이 아니므로 적절하지 않다.

② **나는 그가 있는 가게로 저녁에 갔다.**
'나는 그가 있는 가게로 저녁에 갔다.'에서 '그가 있는'은 관형절로, 서술어 '갔다'가 필수적으로 요구하는 성분으로 쓰인 것이 아니므로 적절하지 않다.

③ **그는 어느 날 갑자기 말도 없이 떠나 버렸다.**
'그는 어느 날 갑자기 말도 없이 떠나 버렸다.'의 '말도 없이'는 부사절로, 서술어 '떠나 버렸다'가 필수적으로 요구하는 성분으로 쓰인 것이 아니므로 적절하지 않다.

④ **부지런한 동생은 나와는 달리 일찍 일어난다.**
'부지런한 동생은 나와는 달리 일찍 일어난다.'의 '부지런한'은 관형절, '나와는 달리'는 부사절로, 서술어 '일어난다'가 필수적으로 요구하는 성분으로 쓰인 것이 아니므로 적절하지 않다.

✔ **저기 서 있는 아이가 특히 재주가 있게 생겼다.**
'저기 서 있는 아이가 특히 재주가 있게 생겼다.'에서 '재주가 있게'는 주어와 서술어를 갖추었지만 독립하여 쓰이지 못하고 다른 문장의 성분으로 쓰인 부사절이다. '재주가 있게'는 서술어 '생겼다'가 필수적으로 요구하는 성분으로 쓰인 것이므로 ㉠에 해당한다고 할 수 있다.

★★★ 등급을 가르는 문제!

## 39 중세 국어의 특징 이해
정답률 59% | 정답 ④

**〈보기〉의 자료에 나타나는 중세 국어의 특징을 탐구한 내용으로 적절하지 않은 것은?**

〈보 기〉

[중세 국어] **부텻** 뎡바깃뼈 **노ᄑᆞ샤** 뽄머리 **ᄀᆞᄐᆞ실씨**
[현대어 풀이] 부처님의 정수리뼈가 높으시어 튼 머리 같으시므로

[중세 국어] 大臣이 이 藥 밍ᄀᆞ라 大王ᄭᅴ **받ᄌᆞᄫᆞᆫ대** 王이 **좌시고**
[현대어 풀이] 대신이 이 약을 만들어 대왕께 바치니 왕이 드시고

① **'부텻'을 보니, 높임의 대상에 관형격 조사 'ㅅ'이 결합하였음을 알 수 있군.**
'부텻'의 현대어 풀이가 '부처님의'이므로, '부텻'은 높임의 대상인 '부텨'에 관형격 조사 'ㅅ'이 결합한 형태라 할 수 있다.

② **'노ᄑᆞ샤'를 보니, 대상의 신체 일부를 높이는 간접 높임이 실현되었음을 알 수 있군.**
'노ᄑᆞ샤'의 현대어 풀이가 '높으시어'이므로, '노ᄑᆞ샤'는 '부텨'의 신체 일부인 '뎡바깃뼈'를 높이는 간접 높임이 실현된 것이라 할 수 있다.

③ **'ᄀᆞᄐᆞ실씨'를 보니, 현대 국어와 같은 형태의 주체 높임 선어말 어미가 쓰였음을 알 수 있군.**
'ᄀᆞᄐᆞ실씨'의 현대어 풀이가 '같으시므로'이므로, 'ᄀᆞᄐᆞ실씨'는 현대 국어와 같은 형태의 주체 높임 선어말 어미 '-시-'가 결합한 형태라 할 수 있다.

✔ **'받ᄌᆞᄫᆞᆫ대'를 보니, 목적어가 지시하는 대상을 높이기 위한 객체 높임 선어말 어미가 쓰였음을 알 수 있군.**
'받ᄌᆞᄫᆞᆫ대'의 현대어 풀이가 '바치니'로, 부사어가 지시하는 대상인 '대왕'을 높이기 위한 객체 높임 선어말 어미가 결합한 것임을 알 수 있다. 따라서 '받ᄌᆞᄫᆞᆫ대'가 목적어가 지시하는 대상을 높이기 위해 사용된 것은 아니므로 적절하지 않다.

⑤ **'좌시고'를 보니, 높임의 의미를 갖는 특수 어휘를 통해 주체를 높이고 있음을 알 수 있군.**
'좌시다'의 현대어 풀이가 '드시고'이므로, '좌시다'는 높임의 의미를 갖는 특수 어휘로서 주체인 '왕'을 높인다고 할 수 있다.

**★★ 문제 해결 꿀~팁 ★★**

**▶ 많이 틀린 이유는?**
이 문제는 중세 국어의 높임법에 대한 지식이 부족하여 오답률이 높았던 것으로 보인다. 또한 중세 국어의 높임법에 대한 지식이 직접 제시되지 않은 것도 오답률을 높인 원인으로 보인다.
**▶ 문제 해결 방법은?**
이 문제를 해결하기 위해서는 기본적으로 중세 국어와 현대 국어를 비교하여야 한다. 그런 다음 비교 내용을 바탕으로 선택지를 이해하며 적절성을 판단해야 한다. 가령 정답인 ④의 경우, '받ᄌᆞᄫᆞᆫ대'의 현대어 풀이가 '바치니'이고, '받ᄌᆞᄫᆞᆫ대' 앞의 '대왕ᄭᅴ'의 현대어 풀이가 '대왕께'이므로, '받ᄌᆞᄫᆞᆫ대'는 부사어가 지시하는 대상인 '대왕'을 높이기 위한 객체 높임 선어말 어미가 결합하였음을 알 수 있었을 것이다. 즉, 객체 높임이 부사어나 목적어가 지시하는 대상을 높이기 위한 배경지식이 있었으면 쉽게 답을 찾았을 것이다. 하지만 높임법과 관련된 배경지식이 없었으면 ④가 답임을 찾아내지 못했을 것이다. 따라서 높임법의 경우 자주 출제되는 문제이니만큼 평소 높임법의 배경지식을 쌓고, 높임법에 관한 기출 문제를 충실히 풀어 정확히 이해하도록 한다.

## 40 매체의 특성 이해
정답률 94% | 정답 ②

**(가)와 (나)에 드러나는 매체의 특성을 이해한 것으로 적절한 것은?**

① **(가)에서는 (나)와 달리 정보 생산자와 정보 수용자가 실시간으로 상호작용하고 있다.**
정보 생산자와 정보 수용자가 실시간으로 상호작용하고 있는 것은 (나)이다. (가)의 경우에는 댓글을 통해 정보 생산자와 수용자가 상호작용하고 있지만 실시간으로 상호작용한다고는 볼 수 없다.

✔ **(가)에서는 (나)와 달리 정보 생산자가 불특정한 다수의 정보 수용자를 대상으로 정보를 제공하고 있다.**
(가)는 ○○군 공식 블로그로 정보 생산자가 불특정 다수의 정보 수용자를 대상으로 정보를 제공하고 있다. 그리고 (나)는 휴대 전화 메신저로 정보 생산자가 '우리 모둠 대화방' 참여자를 대상으로 정보를 제공하고 있다. 따라서 (가)는 (나)와 달리 정보 생산자와 정보 수용자가 불특정한 다수의 정보 수용자를 대상으로 정보를 제공하고 있음을 알 수 있다.

③ **(나)에서는 (가)와 달리 정보 생산자와 정보 수용자가 물리적으로 떨어진 공간에서 소통하고 있다.**
(가)와 (나) 모두 정보 생산자와 수용자가 물리적으로 떨어진 공간에서 소통하고 있다.

④ **(가)와 (나)에서는 모두 정보 생산자가 생산한 정보의 내용을 정보 수용자가 직접 수정하고 있다.**



[문제편 p.097]

정보 생산자가 생산한 정보의 내용을 정보 수용자가 직접 수정하고 있는 것은 (나)이다.

⑤ (가)와 (나)에서는 모두 정보 생산자가 문자 언어와 음성 언어를 결합한 형태로 정보 수용자에게 정보를 전달하고 있다.
(가)와 (나) 모두 음성 언어를 사용하지는 않고 있으므로, 문자 언어와 음성 언어를 결합한 형태로 정보를 전달한다고 할 수 없다.

**41** 매체 활용 방식의 이해 정답률 94% | 정답 ②

**(나)의 대화에 대한 설명으로 적절하지 않은 것은?**

① '서연'은 문서 파일을 공유하며 대화 참여자들에게 논의의 방향을 제시하고 있다.
'서연'은 '치유농업 홍보 영상 제작 계획서.hwp'를 공유하며 '이 계획서를 바탕으로 의견을 제시해' 달라고 하고 있다. 따라서 '서연'은 대화 참여자들에게 논의의 방향을 제시하고 있다고 할 수 있다.

✔ **'수진'은 동영상 링크를 공유하며 상대방이 제시한 정보에 대한 이의를 제기하고 있다.**
'수진'은 치유농업을 다룬 뉴스 동영상 링크를 공유하면서 '치유농업이 인지적 기능까지도 향상시켜 준다'는 추가 정보를 제공하고 있다. 따라서 '수진'이 상대방이 제시한 정보에 대한 이의를 제기하고 있다는 설명은 적절하지 않다.

③ '지훈'은 답장 기능을 활용하여 상대방의 자료 준비 태도에 대한 평가를 드러내고 있다.
'지훈'은 답장 기능을 활용하여 '서연'에게 '언제 이런 걸 ~ 철저한 준비성!'이라고 하며 상대방의 자료 준비 태도에 대한 평가를 드러내고 있다.

④ '태준'은 이모티콘을 활용하여 상대방이 준비한 새로운 정보에 대한 반응을 드러내고 있다.
'태준'은 '추가적인 것까지 ~ 좋은 자료네.'라고 하며 이모티콘을 활용하여 자신의 반응을 '수진'에게 드러내고 있다.

⑤ '수진'은 의견을 취합할 수 있는 기능을 활용하여 대화 참여자들에게 의사 결정에 참여할 것을 요청하고 있다.
'수진'은 투표 기능을 활용하여 '참여할 수 있는 시간에 투표해 줘.'라고 하며 대화 참여자들에게 의사 결정에 참여할 것을 요청하고 있다.

**42** 언어적 표현 이해 정답률 93% | 정답 ②

**㉠ ~ ㉤에 대한 설명으로 적절하지 않은 것은?**

① ㉠: 연결 어미 '-려고'를 사용하여 치유농업에 대한 정보를 준비한 의도를 드러내고 있다.
㉠에서 '드리려고'의 '-려고'는 어떤 행동을 할 의도를 가지고 있음을 나타내는 연결 어미로, 치유농업에 대한 정보를 준비한 의도를 드러내고 있으므로 적절하다.

✔ **㉡: 연결 어미 '-면서'를 사용하여 운동 능력 강화의 조건을 드러내고 있다.**
㉡에서 '주면서'의 '-면서'는 두 가지 이상의 움직임이나 사태가 동시에 일어나고 있음을 나타내는 연결 어미이므로 적절하지 않다.

③ ㉢: 격 조사 '에서'를 사용하여 원예 체험 행사가 열리는 장소를 드러내고 있다.
㉢에서 '지역 초등학교에서'의 '에서'는 앞말의 행동이 이루어지고 있는 처소를 나타내는 격 조사로, 원예 체험 행사가 열리는 장소를 드러내고 있으므로 적절하다.

④ ㉣: 격 조사 '라고'를 사용하여 행사 참여자의 말을 직접적으로 인용하고 있다.
㉣에서 '라고'는 직접 인용을 나타내는 격 조사로, 행사 참여자의 말을 직접적으로 인용하고 있으므로 적절하다.

⑤ ㉤: 연결 어미 '-아서'를 사용하여 많은 사람들이 프로그램에 참여하지 못하는 이유를 드러내고 있다.
㉤에서 '몰라서'의 '-아서'는 이유나 근거를 나타내는 연결 어미로, 많은 사람들이 프로그램에 참여하지 못하는 이유를 드러내고 있으므로 적절하다.

**43** 매체 자료 내용의 분석 정답률 70% | 정답 ④

**(나)의 대화 내용을 바탕으로 '서연'이 수정한 '영상 제작 계획'으로 적절하지 않은 것은? [3점]**

| 영상 제작 계획 | |
|---|---|
| 장면 구상 | 장면 스케치 |
| ① 산 위에서 촬영한 마을의 정경과 잔잔한 배경 음악을 함께 제시하여 평화로운 농촌의 분위기가 느껴지도록 연출해야겠어. | |
| ② 치유농업의 개념을 구체적으로 설명하는 내레이션과 함께 핵심 내용으로 구성된 자막을 제시하여 전달 효과를 높여야겠어. | |
| ③ 사과와 포도 모양의 이미지 안에 개인과 지역 사회에 미치는 효과를 각각 기록하여 치유농업의 효과를 한눈에 구별할 수 있도록 연출해야겠어. | 지역 개발 / 운동 능력 강화 / 자존감 향상 / 일자리 창출 |
| ④ 농부가 열매를 하나씩 수확할 때마다 효과음을 삽입하여 치유농업을 통해 얻는 결실의 의미를 시각뿐 아니라 청각적으로도 강조해야겠어. | |
| ⑤ '치유농업 함께해요'를 외치는 인물들의 성별과 연령을 다양하게 구성하여 치유농업에 누구나 참여할 수 있다는 것을 강조하도록 연출해야겠어. | |

① 산 위에서 촬영한 마을의 정경과 잔잔한 배경 음악을 함께 제시하여 평화로운 농촌의 분위기가 느껴지도록 연출해야겠어.
'지훈'의 두 번째 말인 '높은 곳에서 ~ 배경음악도 삽입하자.'를 통해 적절함을 알 수 있다.

② 치유농업의 개념을 구체적으로 설명하는 내레이션과 함께 핵심 내용으로 구성된 자막을 제시하여 전달 효과를 높여야겠어.
'수진'의 세 번째 말인 '그런데 개념을 ~ 좋을 것 같아.'를 통해 적절함을 알 수 있다.

③ 사과와 포도 모양의 이미지 안에 개인과 지역 사회에 미치는 효과를 각각 기록하여 치유농업의 효과를 한눈에 구별할 수 있도록 연출해야겠어.
'태준'의 네 번째 말인 '그다음 장면으로 ~ 높아질 거야.'를 통해 적절함을 알 수 있다.

✔ **농부가 열매를 하나씩 수확할 때마다 효과음을 삽입하여 치유농업을 통해 얻는 결실의 의미를 시각뿐 아니라 청각적으로도 강조해야겠어.**
'지훈'의 세 번째 말인 '열매가 하나씩 나올 때마다 효과음을 함께 제시하자.'를 통해 적절하지 않음을 알 수 있다.

⑤ '치유농업 함께해요'를 외치는 인물들의 성별과 연령을 다양하게 구성하여 치유농업에 누구나 참여할 수 있다는 것을 강조하도록 연출해야겠어.
'수진'의 네 번째 말인 '마지막 장면은 ~ 없음을 드러내자.'를 통해 적절함을 알 수 있다.

**44** 매체 자료의 특성 이해 정답률 93% | 정답 ⑤

**[화면 1]을 이해한 내용으로 적절하지 않은 것은?**

① ㉠을 보니, 이용자가 자신의 목적에 따라 이용할 수 있도록 게시판을 분류하여 제시하였군.
㉠에는 이용자가 자신의 목적에 따라 이용할 수 있도록 '정책 제안하기, 내 글 확인하기, 공지 확인하기, 자주 묻는 질문 보기'로 게시판을 분류하여 제시하고 있으므로 적절하다.

② ㉡을 보니, 이용자가 찾고 싶은 내용을 입력하여 정보를 검색할 수 있도록 검색창을 제시하였군.
㉡에는 이용자가 찾고 싶은 내용을 입력하여 정보를 검색할 수 있는 검색창을 제시하고 있으므로 적절하다.

③ ㉢을 보니, 이용자가 애플리케이션 사용 중에 지정된 누리집에 접속할 수 있도록 링크를 제시하였군.
㉢에는 이용자가 '□□시 청소년 정책 참여 마당' 애플리케이션 사용 중에 지정된 누리집에 접속할 수 있는 '□□시 누리집 바로 가기' 링크를 제시하고 있으므로 적절하다.

④ ㉣을 보니, 이용자들의 관심도가 높은 화제를 알 수 있도록 인기 검색어를 열거하여 제시하였군.
㉣에는 '예술, 탄소, 진로'와 같이 이용자들의 관심도가 높은 화제를 알 수 있는 인기 검색어를 열거하고 있으므로 적절하다.

✔ **㉤을 보니, 이용자가 자신의 선택에 따라 화면에 나타나는 게시물의 개수를 조정할 수 있도록 게시물의 정렬 기준을 제시하였군.**
㉤에는 이용자가 자신의 선택에 따라 '최신 등록 순, 공감 순, 조회 순'으로 화면에 나타나는 게시물의 순서를 조정하는 것이지 게시물의 개수를 조정하는 것은 아니므로 적절하지 않다.

**45** 수용자의 수용 태도 분석 정답률 78% | 정답 ④

**다음은 [화면 2]에 대한 학생들의 댓글이다. 학생들의 수용 태도에 대한 설명으로 적절하지 않은 것은?**

| | |
|---|---|
| 학생 1 | 최근 문화 예술 경험이 청소년의 삶에 큰 영향을 미친다는 점에 많은 공감대가 형성되어 있는 만큼 시기적절한 제안이라고 생각합니다. |
| 학생 2 | 문화 예술 프로그램을 운영하는 장소까지 시내버스 말고도 셔틀버스가 운영돼서 쉽게 방문할 수 있으니 접근성이 떨어지지 않는 것 같아요. |
| 학생 3 | 프로그램 만족도 조사에서 수동적인 체험 방식 때문에 만족도가 낮았다고 하셨는데, 출처가 없어서 정확한 자료라고 보기 어렵습니다. |
| 학생 4 | 스마트 기기를 가지고 있는 청소년들이 많이 있으니까 비대면 프로그램을 만들면 실제로 청소년들의 문화 예술 프로그램 참여율을 높이는 데 효과가 있을 것입니다. |
| 학생 5 | 청소년이 프로그램에 능동적으로 참여할 수 있다면 자기 주도적인 능력을 기르고 싶은 친구들에게 도움이 될 것 같아요. |

① '학생 1'은 '제안 이유'에서 언급한 사회적 관심에 주목하여, 최근 문화 예술 경험의 영향에 대한 공감대가 형성되었다는 점에서 정책 제안의 시의성을 긍정적으로 판단하였다.
'학생 1'은 [화면 2]의 '제안 이유'에서 '요즘 청소년의 ~ 증대되고 있습니다.'에 주목하여 댓글에서 '최근 문화 예술 경험이 ~ 형성되'었다는 점에서 '시기적절한 제안이라고 생각합니다.'라고 하여 정책 제안의 시의성을 긍정적으로 판단한 것이므로 적절하다.

② '학생 2'는 '현황 및 문제점'에서 언급한 접근성 문제에 주목하여, 실제로는 다른 교통편이 있다는 점에서 문제 제기의 타당성을 부정적으로 판단하였다.
'학생 2'는 [화면 2]의 '현황 및 문제점'에서 '우리 지역에서 ~ 접근성이 떨어집니다.'에 주목하여 댓글에서 '시내버스 말고도 셔틀버스가 운영'되고 있다는 점에서 '접근성이 떨어지지 않는 것 같'다고 하여 문제 제기의 타당성을 부정적으로 판단한 것이므로 적절하다.

③ '학생 3'은 '현황 및 문제점'에서 제시한 만족도 조사 자료에 주목하여, 자료의 출처가 제시되지 않았다는 점에서 정보의 신뢰성을 부정적으로 판단하였다.
'학생 3'은 [화면 2]의 '현황 및 문제점'에서 '우리 지역 ~ 많이 꼽았습니다.'에 주목하여 댓글에서 '출처가 없'다는 점에서 '정확한 자료라고 보기 어렵'다고 하여 정보의 신뢰성을 부정적으로 판단한 것이므로 적절하다.

✔ **'학생 4'는 '정책 제안 및 기대 효과'에서 제안한 비대면 프로그램의 개설에 주목하여, 스마트 기기의 기능이 향상되었다는 점에서 정책의 실효성을 긍정적으로 판단하였다.**
'학생 4'는 [화면 2]의 '정책 제안 및 기대 효과'에서 '스마트 기기를 ~ 만들어 주세요'에 주목하여 댓글에서 '스마트 기기를 ~ 많이 있'다는 점에서 '실제로 청소년들의 ~ 효과가 있을 것입니다.'라고 하여 정책의 실효성을 긍정적으로 판단한 것이지 스마트 기기의 기능이 향상되었다는 점에서 판단한 것이 아니므로 적절하지 않다.

⑤ '학생 5'는 '정책 제안 및 기대 효과'에서 제안한 프로그램의 성격에 주목하여, 청소년의 자기 주도성 신장에 도움이 될 수 있다는 점에서 정책의 유용성을 긍정적으로 판단하였다.
'학생 5'는 [화면 2]의 '정책 제안 및 기대 효과'에서 '청소년이 주체적으로~ 만들어 주세요.'에 주목하여 댓글에서 '자기 주도적인 ~ 도움이 될 것 같'다고 하여 정책의 유용성을 긍정적으로 판단한 것이므로 적절하다.



[문제편 p.099]

# 회 | 2025학년도 6월 모의평가 고3

• 정답 •

공통 | 독서·문학

01 ⑤ 02 ② 03 ② 04 ① 05 ⑤ 06 ② 07 ① 08 ④ ★09 ① 10 ③ 11 ③ 12 ④ 13 ⑤ 14 ④ ★15 ①
★16 ① 17 ② 18 ④ 19 ③ 20 ③ 21 ④ 22 ① 23 ② 24 ⑤ 25 ② 26 ⑤ 27 ② 28 ③ 29 ④ 30 ③
31 ⑤ 32 ④ 33 ③ 34 ③

선택 | 화법과 작문

35 ③ 36 ④ 37 ⑤ 38 ① 39 ⑤ 40 ④ 41 ⑤ 42 ② 43 ④ 44 ③ ★45 ②

선택 | 언어와 매체

35 ④ ★36 ⑤ 37 ① 38 ① 39 ③ 40 ② 41 ② 42 ④ 43 ② 44 ⑤ 45 ⑤

★ 표기된 문항은 **[등급을 가르는 문제]**에 해당하는 문항입니다.

## [01~34] 독서·문학

### 01~03 독서 이론

**'여러 글의 정보를 종합하며 읽기'**

**해제** 이 글은 다양한 정보를 종합하며 문제를 해결하는 읽기에 대해 설명하고 있다. 문제 해결을 위한 목적으로 글 읽기를 할 때, 한 편의 글에 원하는 정보가 충분하지 않다면 여러 글을 읽으며 문제를 해결할 수 있다. 우선 독자는 문제 해결에 도움이 되는 글들을 찾아야 하는데, 읽을 글을 선정할 때는 **믿을 만한 글인지를 평가하는 신뢰성 평가와 읽기 목적과 관련이 있는 글인지를 평가하는 관련성 평가**를 하는 것이 중요하다. 문제를 해결하기에 적절한 글들을 선정했다면, 읽기 목적에 맞게 글을 읽어야 한다. 이 과정에서 독자는 **필요한 정보를 추출하는 전략인 선택하기, 추출한 정보들을 정교화하며 연결함으로써 새로운 의미를 구성하거나 심화된 의미로 나아가는 전략인 연결하기, 글의 정보를 재구조화하는 전략인 조직하기를 활용**한다. 세 전략은 순서를 바꾸어 사용하거나 반복할 수 있으며, 이러한 전략을 활용하면 유용한 정보를 찾아 삶의 여러 문제를 해결하는 데 도움을 받을 수 있다.

**주제** 다양한 정보를 종합하여 문제를 해결하는 읽기 방법

**문단 핵심 내용**

|  |  |
|---|---|
| 1문단 | 다양한 정보를 종합하며 읽는 능력의 중요성 |
| 2문단 | 문제 해결에 적절한 글의 선정 |
| 3문단 | 글의 정보를 재구성하는 세 가지 전략에 대한 개관 |
| 4문단 | 글의 정보를 재구성하는 세 가지 전략의 성격 |
| 5문단 | 글의 정보를 재구성하는 세 가지 전략의 중요성 |

**01** 세부 내용 파악 정답률 92% | 정답 ⑤

**윗글의 내용과 일치하지 않는 것은?**

① **글을 선정하는 과정에서 글을 평가하는 것은 중요하다.**
2문단을 통해 읽을 글을 선정할 때에는 믿을 만한 글인지와 읽기 목적과 관련이 있는 글인지를 평가하는 것이 중요하다고 하였음을 알 수 있다.

② **여러 글 읽기에서 정보를 연결하는 것은 문제 해결에 유용한 방법이 될 수 있다.**
3문단을 통해 연결하기 전략을 문제 해결을 위한 읽기에서 활용한다고 하였음을 알 수 있고, 5문단을 통해 이러한 전략을 적극적으로 활용하면 삶의 여러 문제를 해결하는 데에도 도움이 될 것이라고 하였음을 알 수 있다.

③ **궁금증을 해소하기 위한 읽기에서 글의 의미를 재구성하는 전략이 사용될 수 있다.**
1문단을 통해 문제 해결을 위한 글 읽기 상황에서 문제의 예시로 궁금증 해소, 글쓰기 등을 제시하였음을 알 수 있다. 그리고 3문단을 통해 문제를 해결하기 위한 읽기 과정에서 글의 정보는 독자가 이해한 의미로 재구성되는데, 이 과정에서 독자가 여러 전략을 활용한다고 하였음을 알 수 있다. 따라서 궁금증 해소라는 문제 해결을 위한 읽기에서 글의 의미를 재구성하는 전략이 사용될 수 있음을 알 수 있다.

④ **여러 글에서 필요한 정보를 추출하는 과정은 문제를 해결하기 위한 읽기 목적과 관련된다.**
3문단을 통해 읽기 목적에 맞게 글을 읽을 때 선택하기 전략을 활용할 수 있다 하였음을 알 수 있고, 4문단을 통해 선택하기는 여러 글에서 필요한 정보를 추출하는 전략임을 알 수 있다. 따라서 필요한 정보를 추출하는 과정은 문제를 해결하기 위한 읽기 목적과 관련됨을 알 수 있다.

✔⑤ **필요한 정보를 한 편의 글에서 얻지 못할 때는 다른 글을 찾기보다 그 글을 반복해서 읽는다.**
1문단을 통해 문제 해결을 위한 목적으로 글 읽기를 할 때에 한 편의 글에 원하는 정보가 충분하지 않다면 여러 글을 읽으며 이를 해결할 수 있다고 하였음을 알 수 있다. 이를 통해 필요한 정보를 한 편의 글에서 얻지 못할 때는 그 글을 반복해서 읽기보다 문제 해결에 도움이 되는 다른 글을 찾아야 함을 알 수 있다.

**02** 세부 내용 추론 정답률 94% | 정답 ②

**㉠, ㉡에 대한 설명으로 가장 적절한 것은?**

① **글 내용이 수행 과제와 관련 있는지 평가하는 것은 ㉠에 해당한다.**
글 내용이 수행 과제라는 읽기 목적과 관련이 있는지를 평가하는 것은 ㉡에 해당한다.

✔② **읽을 글을 선정하기 위해 출판사의 공신력을 따지는 것은 ㉠을 고려한 것이다.**
신뢰성 평가는 글의 저자, 생산 기관, 출판 시기 등 출처에 대한 정보를 확인하여 그 글이 믿을 만한지 판단하는 것이므로, 읽을 글을 선정하기 위해 생산 기관인 출판사의 공신력을 따지는 것은 ㉠을 고려한 것이다.

③ **㉡에서는 글이 언제 작성되었는지를 중심으로 판단해야 한다.**
글의 출판 시기에 관한 정보를 확인함으로써 그 글이 믿을 만한지 판단하는 것은 ㉠에 해당한다.

④ **정보가 산재해 있는 디지털 환경에서는 ㉠의 필요성이 사라지고 ㉡에 대한 요청이 증가한다.**
정보가 산재해 있는 디지털 환경에서는 글이 믿을 만한지 파악하는 것이 중요하므로 ㉠의 필요성이 강조될 것이다. 따라서 ㉠의 필요성이 사라진다는 내용은 적절하지 않다.

⑤ **글 내용에 목적에 맞는 정보가 있는지 확인하는 것은 ㉠에, 저자의 경력 정보를 확인하는 것은 ㉡에 관련된다.**
㉠은 저자 등 출처에 관한 정보를 확인하여 그 글이 믿을 만한지 판단하는 것이고, ㉡은 내용에 읽기 목적과 부합하는 정보가 있는지 판단하는 것이다. 따라서 글 내용에 목적에 맞는 정보가 있는지 확인하는 것은 ㉡에, 저자의 경력 정보를 확인하는 것은 ㉠에 관련된다고 할 수 있다.

**03** 내용 해석의 적절성 평가 정답률 85% | 정답 ②

**다음은 여러 글 읽기를 수행한 학생의 독서록이다. 윗글을 참고하여 ⓐ~ⓔ에 대해 이해한 내용으로 적절하지 않은 것은? [3점]**

> 동물이 그린 그림의 판매에 대한 궁금증이 생겼다. 동물의 행동 사례를 열거하여 소개한 〈동물은 예술가〉라는 글에서 ⓐ '동물의 그림도 예술 상품이 될 수 있다'는 정보를 얻을 수 있었다. 이어서 동물에게의 유산 상속이 성공한 사례와 실패한 경우를 비교·대조한 〈동물에게 상속할 수 있는가〉라는 글을 읽으며 ⓑ '동물도 재산상의 권리를 가질 수 있다'는 정보를 찾을 수 있었다. 그리고 ⓒ 이 정보를 〈동물은 예술가〉에서 추출한 정보와 연결하여 '동물의 그림에도 저작권이 있겠다'는 새로운 의미를 떠올렸다. 동물이 저작권을 가질 수 있는지 알기 위해, 저작권의 개념을 시대순으로 정리한 〈저작권의 역사〉라는 글을 읽고 저작권의 의의를 이해하여 동물도 저작권을 가질 수 있다고 판단하였다. 이를 바탕으로 ⓓ 세 글의 정보를 종합하여 '동물 저작권의 성립 요건'에 관해 인과 관계 구조로 정리하였다. 그러면서 동물이 소유권의 주체가 될 수 있는지에 대한 이해가 더 필요하여 〈동물에게 상속할 수 있는가〉에서 ⓔ '동물 소유권에 관한 다양한 논의'에 대한 정보를 추출하였다.

① **ⓐ : 〈동물은 예술가〉를 읽으며 선택하기 전략을 활용했겠군.**
ⓐ에서 학생은 〈동물은 예술가〉라는 글에서 '동물의 그림도 예술 상품이 될 수 있다'는 정보를 추출하였으므로 읽은 글에서 필요한 정보를 추출하는 선택하기 전략을 활용했다고 할 수 있다.

✔② **ⓑ : 〈동물에게 상속할 수 있는가〉를 읽으며 연결하기 전략에 앞서 조직하기 전략을 활용했겠군.**
ⓑ에서 학생은 〈동물에게 상속할 수 있는가〉라는 글에서 '동물도 재산상의 권리를 가질 수 있다'는 정보를 추출하였으므로, 읽은 글에서 필요한 정보를 추출하는 선택하기 전략을 활용했다고 할 수 있다.

③ **ⓒ : 〈동물은 예술가〉와 〈동물에게 상속할 수 있는가〉를 읽으며 선택한 정보들로 연결하기 전략을 활용했겠군.**
ⓒ에서 학생은 〈동물에게 상속할 수 있는가〉에서 찾은 정보를 〈동물은 예술가〉에서 추출한 정보와 연결하여 새로운 의미를 떠올렸으므로, 읽은 글들에서 추출한 정보들을 정교화하며 연결하여, 읽은 글에서는 나타나지 않던 의미를 구성하는 연결하기 전략을 활용했다고 할 수 있다.

④ **ⓓ : 새로운 구조로 정리하여 의미를 구성하기 위해 조직하기 전략을 활용했겠군.**
ⓓ에서 학생은 세 글의 정보를 종합하여 인과 관계 구조라는 새로운 구조로 정리하였으므로 글의 정보를 재구조화하는 조직하기 전략을 활용했다고 할 수 있다.

⑤ **ⓔ : 〈동물에게 상속할 수 있는가〉를 읽으며 선택하기 전략을 다시 활용했겠군.**
ⓔ에서 학생은 〈동물에게 상속할 수 있는가〉에서 '동물 소유권에 관한 다양한 논의'라는 필요한 정보를 추출하였으므로 읽은 글에서 필요한 정보를 추출하는 선택하기 전략을 다시 활용했다고 할 수 있다.

### 04~07 사회

**'기업 경영에서의 과두제적 경영'**

**해제** 이 글은 기업을 경영하는 과정에서 나타날 수 있는 과두제적 경영에 대해 설명하고 있다. 모든 주주가 상호 협력 관계를 기반으로 기업을 운영하는 공동체적 경영과 달리, 과두제적 경영은 **소수의 경영자가 강한 결속력을 갖고 권한과 정보를 독점하며 운영**한다. 과두제적 경영하에서는 안정적인 경영권 확보를 바탕으로 **기업 전략 수립, 투자, 의사 결정 등을 효율적으로 할 수 있지만 소수의 경영진이 사익에 치중하면 다수 주주의 이익이 침해되는 폐해**가 나타날 수 있다. 이러한 과두제적 경영의 문제점을 완화하기 위해 기업이 **경영자에게 경제적 이익을 동기로 부여하는 방안**인 스톡옵션, 주식 평가 보상권과 **기업 경영의 건전성을 확보하는 공적 제도**인 경영 공시 제도, 사외 이사 제도가 활용되고 있다.

**주제** 과두제적 경영의 장단점과 보완책

**문단 핵심 내용**

|  |  |
|---|---|
| 1문단 | 과두제의 개념 |
| 2문단 | 공동체적 경영과 과두제적 경영의 성격 |
| 3문단 | 과두제적 경영의 효율성 |
| 4문단 | 과두제적 경영의 문제점 |
| 5문단 | 과두제적 경영의 문제점을 완화하기 위한 방안 |
| 6문단 | 기업 경영의 건전성을 확보하기 위해 마련된 공적 제도 |

**04** 글의 구조와 전개 방식 정답률 88% | 정답 ①

**윗글의 내용 전개 방식으로 가장 적절한 것은?**

✔① **대상의 개념과 장단점을 제시하고 보완책을 소개한다.**
이 글은 3문단을 통해 '소수의 경영자로 이루어진 경영진이 강한 결속력을 가지면서 실질적 권한과 정보를 독점하며 기업을 운영하는 것'이라는 과두제적 경영의 개념을 설명하고, 장기적인 기업 전략의 수립과 과감하고 지속적인 투자를 바탕으로 한 첨단 핵심 기술 개발, 신속한 의사 결정으로 인한 위기 대처 등 과두제적 경영의 장점을 제시하고 있다. 그리고 4문단을 통해 소수의 경영진이 사익에 치중하면 다수 주주의 이익이 침해되는 폐해가 나타날 수 있다는 단점을 제시한 뒤, 5, 6문단을 통해 이러한 단점을 보완하기 위해 활용되는 스톡옵션, 주식 평가 보상권, 경영 공시 제도, 사외 이사 제도를 소개하고 있다.

[문제편 p.101]

② 유사한 원리들을 분석하고 이를 하나의 이론으로 통합한다.
이 글은 특정 원리가 아닌 과두제적 경영이라는 조직 운영 방식에 대해 분석하고 있다. 또한 여러 원리들을 하나의 이론으로 통합하는 부분도 제시하지 않았다.

③ 대립하는 유형을 들어 이론적 근거의 변천 과정을 설명한다.
공동체적 경영과 과두제적 경영이라는 두 유형을 제시하였으나, 이를 바탕으로 이론적 근거의 변천 과정을 설명하지 않았다.

④ 가설을 세우고 그에 대해 현실적인 사례를 들어 가며 검토한다.
4문단을 통해 소수의 경영진이 사익에 치중할 때 다수 주주의 이익이 침해되는 사례를 제시하고 있음을 알 수 있지만, 이는 가설을 세우고 검토하기 위한 것이 아니라 과두제적 경영의 단점을 제시하기 위한 것이다.

⑤ 문제 상황의 근본 원인을 진단하고 해결책에 대한 상반된 입장을 해설한다.
4문단을 통해 과두제적 경영에서 나타날 수 있는 문제 상황을 제시하였음을 알 수 있고 5, 6문단을 통해 이에 대한 해결책을 제시함을 알 수 있지만, 이 해결책에 대한 상반된 입장을 제시하지는 않았다.

**05** 세부 내용 파악 정답률 86% | 정답 ⑤

과두제적 경영에 대한 이해로 적절하지 않은 것은?

① 소수의 경영진이 내린 의사 결정이 수직적으로 집행되는 효율성을 추구한다.
2문단을 통해 과두제적 경영은 소수의 의사 결정에 따른 수직적 경영으로 효율성을 지향한다고 하였음을 알 수 있다.

② 강한 결속력을 가진 소수의 경영자로 경영진을 이루어 경영권 유지에 강점이 있다.
3문단을 통해 과두제적 경영은 소수의 경영자로 이루어진 경영진이 강한 결속력을 가진다고 하였음을 알 수 있다. 그리고 이런 체제는 전문성과 경험을 갖춘 경영진을 중심으로 안정적 경영권이 확보될 수 있도록 한다고 하였으므로 과두제적 경영은 경영권 유지에 강점이 있다고 할 수 있다.

③ 경영권이 안정되어 중요 기술 개발에 적극적인 투자를 계속하는 데에 유리하다는 장점이 있다.
3문단을 통해 과두제적 경영은 안정적 경영권이 확보될 수 있도록 하여, 과감하고 지속적인 투자를 할 수 있어서 첨단 핵심 기술의 개발에 유리한 면이 있다고 하였음을 알 수 있다.

④ 경영진이 투자자의 유입을 유도하기 위하여 경영 성과를 부풀릴 위험성이 있어 이에 대비할 필요가 있다.
4문단을 통해 과두제적 경영하에서는 소수의 경영진이 경영 성과를 실제보다 부풀려 투자를 유치한 뒤 주주들에게 회복하기 어려운 손해를 입히는 경우가 있다고 하였음을 알 수 있다.

⑤ 경영진과 다수 주주 사이의 이해가 일치하는 경우에는 그렇지 않은 경우보다 기업 가치가 훼손될 위험성이 높아진다.
4문단을 통해 소수의 경영진이 사익에 치중하여 다수 주주의 이익이 침해되는 폐해가 나타날 수 있다고 하였음을 알 수 있다. 이는 경영진이 자신의 이익을 위해 다수 주주에게 피해를 입히는 상황이므로 경영진과 다수 주주 사이의 이해가 일치하지 않는 경우라고 볼 수 있다. 따라서 경영진과 다수 주주 사이의 이해가 일치하는 경우보다 그렇지 않은 경우에 기업 가치가 훼손될 위험성이 높아진다고 할 수 있다.

**06** 생략된 내용 추론 정답률 61% | 정답 ②

윗글을 읽고 추론한 내용으로 적절하지 않은 것은?

① 스톡옵션의 권리를 가진 경영자는 주식 가격이 미리 정해 놓은 것보다 하락하더라도 손실을 입지 않을 수 있다.
5문단을 통해 일정 수량의 주식을 계약 시에 정한 가격으로 미래에 매수할 수 있도록 하는 스톡옵션의 권리 행사 여부는 경영자가 자유롭게 결정할 수 있음을 알 수 있다. 따라서 주식 가격이 미리 정해 놓은 것보다 하락할 경우 권리를 행사하지 않으면 손실을 입지 않을 수 있다.

② 스톡옵션은 경영자의 성과 보상에 미래의 주식 가치가 관련된다는 점에서 주식 평가 보상권과 차이가 있다.
스톡옵션의 권리를 가진 경영자는 미래의 주식 가치가 높아질 경우 권리를 행사하여 급여 이외의 경제적 이익을 얻을 수 있다. 주식 평가 보상권의 방식은 기업의 주식 가치가 목표치 이상으로 올랐을 때 경영자가 그에 상응하는 보상을 받는 것인데, 주식 가치가 오르지 않을 경우에는 보상을 받을 수 없다. 따라서 스톡옵션과 주식 평가 보상권 모두 경영자의 성과 보상에 미래의 주식 가치가 관련된다.

③ 경영 공시는 주주가 기업 경영 상황을 파악하여 기업 가치를 평가하는 데 유용한 제도가 될 수 있다.
6문단을 통해 경영 공시 제도를 통해 경영진과 주주들 간 정보 격차가 줄어들 수 있다고 하였음을 알 수 있다. 이를 통해 경영 공시는 주주가 기업 경영 상황을 파악하여 기업 가치를 평가하는 데 유용한 제도가 될 수 있음을 알 수 있다.

④ 사외 이사 제도는 기업의 의사 결정에 외부 인사를 참여시켜 경영의 개방성을 높일 수 있는 제도라 평가할 수 있다.
6문단을 통해 사외 이사 제도는 기업의 이사회에 외부 인사를 이사로 참여시키도록 하는 제도라고 하였음을 알 수 있다. 또한 폐쇄적 경영으로 인한 정보와 권한의 집중을 억제하는 효과를 거둘 수 있다고 하였으므로 경영의 개방성을 높일 수 있는 제도라 평가할 수 있다.

⑤ 경영 공시 제도와 사외 이사 제도는 기업의 중요 정보에 대한 경영진의 독점을 완화할 수 있다.
6문단을 통해, 경영 공시 제도를 통해 기업의 주식 가치에 영향을 미칠 수 있는 정보 제공을 법적으로 의무화함으로써 경영진과 주주들 간 정보 격차를 줄일 수 있고, 사외 이사 제도를 통해 독단적인 의사 결정을 견제함으로써 폐쇄적 경영으로 인한 정보와 권한의 집중을 억제하는 효과를 거둘 수 있음을 알 수 있다. 따라서 두 제도 모두 기업의 중요 정보에 대한 경영진의 독점을 완화할 수 있다.

**07** 구체적 사례 적용 정답률 37% | 정답 ①

윗글을 바탕으로 <보기>를 이해한 내용으로 가장 적절한 것은? [3점]

<보 기>

X사는 정밀 부품 분야에서 독보적인 기술을 장기간 보유하여 발전시켜 온 기업으로서 시장 점유율도 높다. 원래 X사의 주주들은 모두 함께 경영진이 되어 중요 사항에 대하여 동등한 결정권을 보유하였으나, 기업이 성장하면서 효율성 증진을 위하여 소수의 주주만으로 경영진을 구성하였다. 경영진은 주기적으로 다른 주주들로 교체되어 전체 주주는 기업의 경영 상태를 파악할 수 있으며, 경영 이익의 분배와 같은 주요 사항은 전체 주주가 공동으로 의결한다. X사의 주주 A와 B는 회사의 진로에 관하여 다음과 같은 대화를 나누었다.

A : 최근 치열해진 경쟁에 대응하려면, 경영진의 구성원을 변동시키지 않고 경영 결정권도 경영진이 전적으로 행사하도록 하는 게 좋겠습니다.

B : 시장 점유율도 잘 유지되고 있고 우리 주주들의 전문성도 탁월하니, 예전처럼 회사를 운영한다고 하더라도 문제없을 듯합니다.

① X사는 주주들 사이의 평등성이 강하여 과도한 정보 격차나 권한 집중과 같은 폐해를 보이지 않는다.
X사는 전체 주주가 기업의 경영 상태를 파악할 수 있고, 경영 이익의 분배와 같은 주요 사항은 전체 주주가 공동으로 의결한다. 따라서 주주들 사이의 평등성이 강하여 과도한 정보 격차나 권한 집중과 같은 폐해를 보이지 않는다고 할 수 있다.

② X사는 현재 경영진이 고정되는 구조로 바뀌었지만 주주가 실적에 대한 이익 분배를 결정할 수 있기 때문에 수직적 경영의 부작용은 나타나지 않는다.
X사는 경영 이익의 분배와 같은 주요 사항을 전체 주주가 공동으로 의결하므로 주주가 실적에 대한 이익 분배를 결정한다고 할 수 있다. 하지만 경영진이 주기적으로 다른 주주들로 교체되고 있으므로 현재 경영진이 고정되는 구조로 바뀐 것은 아니다.

③ A는 결속력이 강한 소수의 경영진을 중심으로 운영되는 경영 방식을 현행대로 유지하여야 시장의 점유율을 지킬 수 있다고 보는 입장이다.
X사는 경영진이 주기적으로 다른 주주들로 교체되는 방식을 사용하고 있다. 따라서 현행 방식이 결속력이 강한 소수의 경영진을 중심으로 운영되는 것은 아니다. 또한 A는 경영진이 주기적으로 교체되는 현행 방식을, 경영진을 변동시키지 않는 방식으로 바꾸어야 한다고 주장하였다.

④ B는 수평적인 의사 결정 구조로의 전환을 최소한으로 하여 효율적 경영을 유지해야 한다고 보는 입장이다.
B는 예전처럼 주주들이 모두 함께 경영진이 되어 회사를 운영하자고 주장하고 있으므로, 수평적인 의사 결정 구조로의 전환을 최소화해야 한다고 보는 입장이 아니다.

⑤ A와 B는 현재 X사가 경험과 전문성을 바탕으로 안정적인 과두제적 경영을 하고 있다는 전제에서 논의를 한다.
현재 X사의 경영진은 주기적으로 다른 주주들로 교체되고 있으므로 안정적인 과두제적 경영을 하고 있는 것으로 보기 어렵다. A는 이러한 X사의 구조를 경영진이 변동되지 않고 경영 결정권을 경영진이 전적으로 행사하는 안정적인 과두제적 경영으로 바꾸자고 주장하고 있다.

## 08~11 과학

**'플라스틱의 분자 구조와 형성 원리'**

해제 이 글은 열과 압력으로 성형할 수 있는 고분자 화합물인 플라스틱의 분자 구조와 그 형성 원리에 대해 설명하고 있다. 그리고 플라스틱의 한 종류인 폴리에틸렌의 중합 과정을 예시로 들며 플라스틱의 거대한 분자 구조가 어떻게 형성되는지를 설명하고 있다. **플라스틱은 단위체인 작은 분자가 수없이 반복 연결되는 중합을 통해 만들어진다.** 중합을 통해 만들어진 플라스틱은 분자 중 일부가 결정 영역을 이룰 수 있으며, **플라스틱의 전체 분자 중에서 결정 영역이 차지하는 비율에 따라 물성이 달라진다.**

주제 중합 과정으로 만들어지는 플라스틱과 그 특징

문단 핵심 내용

|  |  |
|---|---|
| 1문단 | 플라스틱에 대한 소개 |
| 2문단 | 플라스틱의 분자 구조 |
| 3문단 | 에틸렌의 분자 구조 |
| 4문단 | 폴리에틸렌의 중합 과정 |
| 5문단 | 결정 영역에 따른 플라스틱의 물성 |

**08** 세부 내용 파악 정답률 71% | 정답 ④

윗글에서 알 수 있는 내용으로 적절하지 않은 것은?

① 단위체들은 중합을 거쳐 거대 분자를 이룰 수 있다.
2문단을 통해 플라스틱은 단위체인 작은 분자가 수없이 반복 연결되는 중합을 통해 만들어진 거대 분자로 이루어져 있다고 하였음을 알 수 있다.

② 에틸렌 분자에는 단일 결합과 이중 결합이 모두 존재한다.
3문단을 통해 에틸렌은 두 개의 탄소 원자가 서로 이중 결합을 하고, 각각의 탄소 원자는 두 개의 수소 원자와 단일 결합을 한다고 하였음을 알 수 있다. 이를 통해 에틸렌 분자에는 단일 결합과 이중 결합이 모두 존재한다는 것을 알 수 있다.

③ 플라스틱이라는 명칭의 유래는 열과 압력으로 성형이 되는 성질과 관련이 있다.
1문단을 통해 플라스틱은 '플라스티코스'라는 그리스어에서 온 말이라고 하였으며, 이 말은 '성형할 수 있는, 거푸집으로 조형이 가능한'이라는 의미를 가진다고 하였음을 알 수 있다. 열과 압력으로 성형할 수 있는 고분자 화합물을 플라스틱이라고 이른다고 한 것과 관련지어 볼 때, 플라스틱이라는 명칭의 유래는 열과 압력으로 성형이 되는 성질과 관련이 있다는 것을 알 수 있다.

④ 불안정한 원자를 가진 에틸렌은 과산화물을 개시제로 쓰면 분해되면서 안정해진다.
4문단을 통해 열을 흡수한 과산화물 개시제는 가장 바깥 껍질에 7개의 전자가 있는 불안정한 상태의 원자를 가진 분자로 분해된다고 하였음을 알 수 있다. 이 불안정한 원자가 에틸렌이 가진 탄소의 이중 결합 중 더 약한 결합을 끊어 버리면서 에틸렌의 한쪽 탄소 원자와 전자를 공유하며 단일 결합하고, 에틸렌의 다른 쪽 탄소 원자는 공유되지 못한 전자를 가지게 되어 불안정한 상태가 된다. 그리고 이 불안정한 탄소 원자는 같은 방식으로 다른 에틸렌 분자와 반응하며 안정한 상태가 되려고 한다. 이를 통해 볼 때, 불안정한 원자를 가진 에틸렌이 과산화물 개시제를 통해 안정해지는 것이 아니라, 과산화물 개시제로 인해 에틸렌이 불안정한 원자를 가지게 되는 것이다.

⑤ 탄소와 탄소 사이의 이중 결합 중 하나의 결합 세기는 나머지 하나의 결합 세기보다 크다.
3문단을 통해 탄소 원자 간의 이중 결합에서는 한 결합이 다른 하나보다 끊어지기 쉽다고 하였음을 알 수



[문제편 p.102]

있다. 이를 통해 탄소와 탄소 사이의 이중 결합 중 하나의 세기는 나머지 하나의 결합 세기보다 크다는 것을 알 수 있다.

★★★ 등급을 가르는 문제!

**09** 생략된 내용 추론 정답률 23% | 정답 ①

㉠에 대한 이해로 적절하지 않은 것은?

✔ **성장 중의 사슬은 그 양쪽 끝부분에서 불안정한 탄소 원자가 생성된다.**
4문단을 통해, 열을 흡수한 과산화물 개시제는 가장 바깥 껍질에 7개의 전자가 있는 불안정한 상태의 원자를 가진 분자로 분해됨을 알 수 있다. 이 불안정한 원자는 에틸렌이 가진 탄소의 이중 결합 중 더 약한 결합을 끊어 버리면서 에틸렌의 한쪽 탄소 원자와 전자를 공유하며 단일 결합한다. 이때 다른 쪽 탄소 원자는 공유되지 못한 전자를 갖게 되어 불안정해지고, 불안정해진 탄소 원자는 다른 에틸렌 분자가 가진 탄소의 이중 결합을 끊어 버리면서 같은 방식으로 단일 결합한다. 이와 같은 반응이 반복적으로 이어지며 불안정해진 탄소 원자가 한쪽 방향으로 계속 생성되며, 여기에 다른 에틸렌 분자들이 결합하여 더해지면서 사슬 형태가 지속적으로 성장하게 되는 것이다. 즉 성장 중의 사슬은 그 한쪽 끝부분에만 불안정한 탄소 원자가 생성된다.

② **사슬의 중간에 두 탄소 원자가 서로 전자를 하나씩 내어놓아 공유하는 결합이 존재한다.**
2문단을 통해 두 원자가 각각 전자를 하나씩 내어놓아 공유하는 결합을 단일 결합이라고 하였음을 알 수 있다. 또한 4문단을 통해 공유되지 못한 전자를 갖게 되어 불안정해진 탄소 원자가 다른 에틸렌 분자와 반응하며 사슬이 이어지며, 이때 불안정해진 탄소 원자는 다른 에틸렌 분자가 가진 탄소의 이중 결합을 끊어 버리면서 단일 결합한다고 하였음을 알 수 있다. 따라서 사슬의 중간에 두 탄소 원자가 서로 전자를 하나씩 내어놓아 공유하는 결합이 존재한다고 할 수 있다.

③ **상태가 불안정한 원자를 지닌 분자의 생성이 연속적인 사슬 성장 반응이 일어나는 계기가 된다.**
4문단을 통해 공유되지 못한 전자를 갖게 되어 불안정해진 탄소 원자가 다른 에틸렌 분자와 반응하고, 이러한 반응이 이어지며 불안정한 탄소 원자가 계속 생성됨을 알 수 있다. 이를 계기로 에틸렌 분자들이 결합하며 더해지면서 사슬 형태가 성장하게 된다.

④ **공유되지 못하고 홀로 남은 전자를 가진 탄소 원자는 사슬의 성장 과정이 종결되기 전까지 계속 발생한다.**
4문단을 통해 성장하는 두 사슬의 끝이 서로 결합하여 안정한 상태가 되면 연속적인 반응이 멈추게 됨을 알 수 있다. 공유되지 못하고 홀로 남은 전자를 가진 탄소 원자는 불안정한 탄소 원자로, 성장하는 두 사슬의 끝이 만나기 전까지 지속적으로 발생한다.

⑤ **에틸렌 분자를 구성하는 탄소 원자들 사이의 이중 결합이 단일 결합으로 되면서 사슬의 성장 과정을 이어 간다.**
4문단을 통해 공유되지 못한 전자를 갖게 되어 불안정한 탄소 원자는 다른 에틸렌 분자와 반응하며, 다른 에틸렌 분자가 가진 탄소 원자의 이중 결합 중 더 약한 결합을 끊어 버리면서 단일 결합한다는 점을 알 수 있다. 단일 결합이 일어나지 않은 다른 쪽 탄소 원자가 공유되지 못한 전자를 갖게 되면서, 불안정해진 탄소 원자가 계속 발생하게 되어 사슬이 성장하게 된다.

**★★ 문제 해결 꿀~팁 ★★**

▶ **많이 틀린 이유는?**
지문에 제시된 단어를 선지에서 다시 배열하고 있으나, 선지의 내용이 사실에 부합하지 않는다는 점을 포착하지 못했기에 오답률이 높았던 것으로 보인다.

▶ **문제 해결 방법은?**
이 문제는 지문의 내용을 정확하게 이해한 후, 선지가 묻고 있는 바를 명확하게 포착하는 것이 핵심이다. ①의 경우 '성장 중의 사슬은 그 양쪽 끝부분에서 불안정한 탄소 원자가 생성'되는 것이 아니라, 한쪽 끝부분에서 불안정한 탄소 원자가 생성된다. 4문단에서 '열을 흡수한 과산화물 개시제는 가장 바깥 껍질에 7개의 전자가 있는 불안정한 상태의 원자를 가진 분자로 분해'된다고 하였다. 이어지는 서술을 통해 '이 불안정한 원자는 안정해지기 위해 에틸렌이 가진 탄소의 이중 결합 중 더 약한 결합을 끊어버리면서 에틸렌의 한쪽 탄소 원자와 전자를 공유하며 단일 결합을 한다'는 점을 알 수 있다. 그렇게 되면 다른 쪽 탄소 원자는 공유되지 못한 전자를 갖게 되고, 이 탄소 원자는 불안정하기 때문에 같은 방식으로 다른 에틸렌 분자와 반응을 한다. 이와 같은 반응이 이어지면서 불안정해지는 탄소 원자들은 사슬 형태를 이룬다. 그리고 '이 사슬은 지속적으로 성장하고 사슬 끝에는 불안정한 탄소 원자가 존재'하게 되며, '성장하는 두 사슬의 끝이 서로 만나 결합하여 안정한 상태'가 될 때에야 반복적인 반응이 멈추게 된다. 요컨대, 에틸렌의 한쪽 탄소 원자는 불안정하기 때문에 다른 에틸렌 분자와 반응하며 탄소 원자들은 사슬 형태를 이루게 되고, 이런 식으로 연쇄되는 탄소 원자들끼리의 끝과 끝이 만나 결합할 때에야 비로소 안정한 상태에 접어들 수 있게 된다는 것이다. 이와 같은 문제를 해결하기 위해서는 중합 반응이 일어나는 과정을 서술하는 긴 설명의 호흡을 차분히 따라갈 수 있어야 하며, 선지가 묻는 바를 정확하게 포착할 수 있어야 한다.

**10** 구체적 사례 적용 정답률 64% | 정답 ③

윗글을 바탕으로 〈보기〉의 ㉮와 ㉯를 이해한 내용으로 가장 적절한 것은? [3점]

〈보 기〉
폴리에틸렌은 높은 압력과 온도에서 중합되어 사슬이 여기저기 가지를 친 구조로 만들어지기도 한다. ㉮ 가지를 친 구조의 사슬들은 조밀하게 배열되기 힘들다. 한편 특수한 촉매를 사용하여 저온에서 중합되면 탄소 원자들이 이루는 사슬이 한 줄로 쭉 이어진 직선형 구조로 만들어지기도 한다. 이 ㉯ 직선형 구조의 사슬들은 한 방향으로 서로 나란히 조밀하게 배열될 수 있다.

① **충격에 잘 깨지지 않도록 유연하게 하려면 ㉮보다 ㉯로 이루어진 소재가 적합하겠군.**
5문단을 통해 플라스틱은 결정 영역이 많아질수록 유연성이 낮아 충격에 약하다고 하였으므로, 충격에 잘 깨지지 않도록 유연하게 하려면 결정 영역이 적어야 한다는 점을 알 수 있다. 따라서 ㉯보다 ㉮로 이루어진 소재가 적합하다.

② **포장된 물품이 잘 보이게 하려면 포장재로는 ㉮보다 ㉯로 이루어진 소재가 적합하겠군.**
5문단을 통해 플라스틱은 결정 영역이 많아질수록 점점 불투명해진다고 하였음을 알 수 있다. 따라서 포장된 물품이 잘 보이게 하려면 ㉯보다 ㉮로 이루어진 소재가 적합하다.

✔ **보관 용기에서 화학 물질이 닿는 부분에는 ㉮보다 ㉯로 이루어진 소재를 쓰는 것이 좋겠군.**
5문단을 통해 플라스틱을 이루는 거대한 분자들은 길이가 길기 때문에, 사슬들이 일정한 방향으로 나열되어 있는 결정 영역이 부분적으로 존재할 수 있다고 하였음을 알 수 있다. 5문단을 통해, 결정 영역이 많아질수록 밀도가 높아져 단단해지고 화학 물질에 대한 민감성이 감소함을 알 수 있다. 〈보기〉의 ㉮는 사슬이 일정한 방향으로 나열되지 않은 상태를, ㉯는 사슬이 일정한 방향으로 나열되어 있는 상태, 즉 결정 영역을 나타내는 것이다. 따라서 화학 물질이 닿는 부분에는 ㉯로 이루어진 소재를 사용하는 것이 좋다.

④ **㉯보다 ㉮로 이루어진 소재의 밀도가 더 높겠군.**
5문단을 통해 플라스틱은 결정 영역이 많아질수록 밀도가 높아져 단단해진다고 하였음을 알 수 있다. 따라서 ㉮보다 ㉯로 이루어진 소재의 밀도가 더 높다고 할 수 있다.

⑤ **열에 잘 견디게 하려면 ㉯보다 ㉮로 이루어진 소재가 적합하겠군.**
5문단을 통해 플라스틱은 결정 영역이 많아질수록 열에 의해 잘 변형되지 않는다고 하였음을 알 수 있다. 따라서 ㉮보다 ㉯로 이루어진 소재가 열에 잘 견딘다.

06회

**11** 단어의 의미 파악 정답률 71% | 정답 ③

ⓐ와 문맥상 의미가 가장 가까운 것은?

① **요즘 신도시는 아파트가 대규모로 서로 접해 있다.**
'이어서 닿다.'의 의미로 사용되었다.

② **그는 자신의 수상 소식을 오늘에야 접하게 되었다.**
'소식이나 명령따위를 듣거나 받다.'의 의미로 사용되었다.

✔ **나는 교과서에서 접한 시를 모두 외웠다.**
ⓐ는 '가까이 대하다.'의 의미로, ③에 사용된 '접하다'가 동일한 의미로 사용되었다.

④ **우리나라는 삼면이 바다에 접해 있다.**
'이어서 닿다.'의 의미로 사용되었다.

⑤ **우리 집은 공원을 접하고 있다.**
'이어서 닿다.'의 의미로 사용되었다.

**12~17** 주제 통합(인문)

**(가) '도덕 문장의 진리 적합성에 대한 에이어의 견해'**

**해제** (가)는 도덕 문장이 진리 적합성을 가지고 있는지에 대한 에이어의 견해를 설명하고 있다. 에이어는 **진리 적합성을 갖는 문장은 단어의 정의를 통해 검증되는 분석적 문장이거나 경험적 관찰에 의해 검증되는 종합적 문장**이어야 하지만, **도덕 문장은 분석적이지도 않고 종합적이지도 않다**고 보았다. 에이어에 따르면 도덕 용어는 감정을 표현하는 표현적 용법과 사실을 기술하는 기술적 용법으로 사용되는데, 기술적 용법으로 사용되면 도덕적 옳고 그름을 판단하는 것이 아니게 되므로 그 문장은 도덕 문장이 아니다. 한편 표현적 용법으로 사용되면 화자의 감정을 표현하는 것이 되므로, 에이어는 도덕 문장이 도덕 주체로부터 독립적으로 존재하는 무언가를 기술할 수 없다고 보았다.

**주제** 도덕 문장의 진리 적합성에 대한 에이어의 견해

**문단 핵심 내용**

| 문단 | 핵심 내용 |
|---|---|
| 1문단 | 도덕 문장의 진리 적합성에 대한 에이어의 주장 |
| 2문단 | 도덕 문장은 분석적이지 않다는 기존의 논의를 수용한 에이어 |
| 3문단 | 도덕 문장이 가지는 정서적 의미를 강조한 에이어 |

**(나) '도덕 문장의 논증에 대한 논리학자들의 관점'**

**해제** (나)는 도덕 문장의 논증을 중심으로 논리학에서 전개된 에이어의 관점에 대한 비판적 관점을 설명하고 있다. 논리학에서 'P이면 Q다. P이다. 따라서 Q이다.'로 논증하는 전건 긍정식은 타당한 논증으로 인정받지만, 전건이 감정이나 태도를 표현하는 문장일 경우 두 P의 의미에 차이가 생기므로 전건 긍정식이 참을 보장하지 않게 된다. 에이어의 견해처럼 도덕 문장이 감정을 표현하는 것이라고 보면, 전건 긍정식에서 두 전제의 참이 결론의 참을 보장하지 않는 문제가 생긴다. 이에 대해 행크스는 **화자의 문장 진술은 그 내용과 완전히 무관할 수 없기 때문에 판단적이며, 판단적 문장은 참과 거짓을 논할 수 있으므로 도덕 문장을 포함하는 전건 긍정식은 타당**하다고 보았다.

**주제** 도덕 문장을 포함하는 전건 긍정식의 타당성에 대한 행크스의 견해

**문단 핵심 내용**

| 문단 | 핵심 내용 |
|---|---|
| 1문단 | 도덕 문장을 포함하는 전건 긍정식의 타당성에 대한 논점 |
| 2문단 | 도덕 문장을 포함하는 전건 긍정식의 타당성에 대한 행크스의 논의 |

**12** 정답률 43% | 정답 ④

(가)에 나타난 에이어의 입장으로 적절하지 않은 것은?

① **도덕 용어를 기술적 용법으로 사용한 문장은 검증이 가능하다.**
(가)의 3문단을 통해 '도둑질은 나쁘다.'가 사실을 기술한 문장이라면 경험적으로 검증이 가능하다고 하였음을 알 수 있다.

② **표현적 용법을 활용한 도덕 문장은 자신의 감정을 표현하는 문장과 동일한 의미를 표현한다.**
(가)의 3문단을 통해 에이어는 '도둑질은 나쁘다.'가 화자의 감정을 표현한 문장이라면, '네가 도둑질을 하다니!'라고 말하는 것과 다름없다고 하였음을 알 수 있다.

③ **주어와 술어의 의미 관계를 통해 어떤 문장을 검증할 수 있다면 그 문장은 분석적 문장이다.**
(가)의 2문단을 통해 에이어는 분석적 문장은 진리 적합성을 갖는데, 분석적 문장은 술어가 주어의 개념 속에 내포되어 있는 것이라고 하였음을 알 수 있다.

✔ **도덕 용어의 용법은 도덕 용어가 기술하는 사실의 종류에 따라 기술적 용법과 표현적 용법으로 구분할 수 있다.**

(가)의 3문단을 통해 에이어는 감정을 표현하느냐, 사실을 기술하느냐에 따라 기술적 용법과 표현적 용법을 구분하였음을 알 수 있다. 사실의 종류에 따라 용법을 구분한 것은 아니다.

⑤ 도덕 문장에 진리 적합성이 있다는 오해는 도덕 문장을 세계에 대한 어떠한 사실을 기술한 것으로 해석한 데에 기인한다.
(가)의 3문단을 통해 에이어는 도덕 문장이 진리 적합성을 갖는다고 오해하는 것은 도덕 용어의 두 가지 용법을 구분하지 못하기 때문이라고 하였음을 알 수 있다. 에이어의 견해를 통해 기술적 용법에 따라 사실을 기술한 문장은 도덕적으로 옳고 그름에 대한 것이 아니므로 도덕 문장이 아니며, 도덕 문장은 표현적 용법에 따라 감정이나 태도를 표현하고 감정을 일으키는 정서적 의미를 가진다는 점을 알 수 있다.

## 13 생략된 내용 추론

정답률 37% | 정답 ⑤

[A]로부터 추론한 내용으로 가장 적절한 것은?

① '귤은 맛있다면 귤은 비싸다.'에 포함된 '귤은 맛있다.'는 판단적이지 않다.
대상에 속성을 부여하는 내용을 지니는 문장은 단독으로 진술되든 조건문의 일부가 되든 판단적이다. 따라서 조건문의 일부인 '귤은 맛있다.'는 판단적이다.

② '표절은 나쁘다.'는 단독으로 진술되었을 때에만 참 또는 거짓일 수 있다.
도덕 문장을 포함한 모든 판단적 문장은 참 또는 거짓일 수 있다. 따라서 '표절은 나쁘다.'가 단독으로 진술되었을 때에만 참 또는 거짓이라고 말할 수 있는 것은 아니다.

③ '귤은 맛있다.'는 조건문의 일부로 진술될 때는 대상에 속성을 부여하는 내용을 지니지 않는다.
'귤은 맛있다.'가 조건문에 포함되는 경우 화자가 대상에 속성을 부여하는 행위를 하는 것은 아니므로 그것은 판단적 본질을 발현하지 못한다. 그렇지만 이 맥락에서도 판단적 본질을 잃지는 않는다. 즉 조건문의 일부로 진술되었다고 하더라도 그 문장 자체는 대상에 속성을 부여하는 내용을 지닌다.

④ 화자는 귤이 맛있음의 속성을 가진다는 내용과 완전히 무관한 채로 '귤은 맛있다.'를 진술할 수 있다.
화자의 문장 진술은 그 내용과 완전히 무관할 수는 없다. 따라서 귤의 속성과 무관한 채로 '귤은 맛있다.'를 진술할 수는 없다.

✔ '표절은 나쁘다.'는 화자가 표절에 나쁨을 부여하지 않는 맥락에서도 그것의 판단적 본질을 유지할 수 있다.
[A]에서 '표절은 나쁘다.'라는 문장은 단독으로 진술되든 그렇지 않든 판단적이라고 하였다. 화자가 대상에 속성을 부여하지 않는 경우에는 판단적 본질을 발현하지 못할 수도 있지만, 이러한 맥락에서도 판단적 본질을 잃는 것은 아니라고 하였다. 따라서 화자가 표절에 나쁨을 부여하지 않는 맥락에서도 판단적 본질은 유지된다.

## 14 구체적 사례 적용

정답률 54% | 정답 ④

다음은 윗글을 읽고 학생이 작성한 학습 활동지이다. 윗글을 바탕으로 할 때, 적절하지 않은 것은?

□ 다음의 진술에 대해 윗글에 제시된 학자들이 보일 수 있는 견해를 작성해 봅시다.

[진술 1] 객관적으로 존재하는 도덕적 사실이 있다.
• 전통적인 윤리학자 : 옳다. 도덕적 판단의 근거는 도덕 주체로 부터 독립적으로 존재하기 때문이다. ………… ①
• 에이어 : 옳지 않다. 도덕 문장은 도덕 주체로부터 독립적일 수 없기 때문이다. ………… ②

[진술 2] 도덕 문장은 참 또는 거짓이라는 속성을 갖는다.
• 에이어 : 옳지 않다. 도덕 문장은 분석적이지도 종합적이지도 않기 때문이다. ………… ③
• 행크스 : 옳다. 도덕 문장은 도덕 용어가 나타내는 속성에 비추어 참 또는 거짓이 정해지기 때문이다.

[진술 3] 전건 긍정식의 두 전제에 공통으로 포함된 도덕 문장은 내용이 다르다.
• 에이어 : 옳다. 도덕 문장은 전건 긍정식의 전제로 사용되면 진리 적합성을 갖기 때문이다. ………… ④
• 행크스 : 옳지 않다. 단독으로 진술된 문장은 조건문의 일부로 사용된 때와 내용 차이가 없기 때문이다. ………… ⑤

① 전통적인 윤리학자 : 옳다. 도덕적 판단의 근거는 도덕 주체로 부터 독립적으로 존재하기 때문이다.
(가)의 1문단을 통해 전통적인 윤리학에서는 옳고 그름을 판정하는 객관적 근거를 찾으려 함을 알 수 있다. 그리고 3문단을 통해 도덕 주체로부터 독립적으로 존재하는 무언가가 있다는 기본 가정을 한다는 점을 알 수 있다. 따라서 [진술 1]에 대해 동의할 것이라고 할 수 있다.

② 에이어 : 옳지 않다. 도덕 문장은 도덕 주체로부터 독립적일 수 없기 때문이다.
(가)의 3문단을 통해 에이어는 도덕 문장은 도덕 주체로부터 독립적으로 존재하는 무언가를 기술할 수 없다고 보았음을 알 수 있다. 따라서 [진술 1]에 대해 동의하지 않을 것이라고 할 수 있다.

③ 에이어 : 옳지 않다. 도덕 문장은 분석적이지도 종합적이지도 않기 때문이다.
(가)의 2문단을 통해 에이어는 도덕 문장이 분석적이지도 않고 종합적이지도 않기 때문에 진리 적합성을 가질 수 없다고 보았음을 알 수 있다. 따라서 [진술 2]에 대해 동의하지 않을 것이라고 할 수 있다.

✔ 에이어 : 옳다. 도덕 문장은 전건 긍정식의 전제로 사용되면 진리 적합성을 갖기 때문이다.
(나)의 1문단에서 전건 긍정식의 P가 감정이나 태도를 표현하는 문장일 경우 'P이면 Q이다.'의 P와 'P이다.'의 P 사이에 내용의 차이가 생긴다는 것이 몇몇 논리학자들의 문제 제기였다. (가)의 3문단에서 에이어는 도덕 문장이 감정을 표현한 문장이라고 하였으므로 전건 긍정식의 두 전제에 공통으로 포함된 도덕 문장은 내용이 다르다는 문제 제기에 동의할 것이다. 그러나 감정을 표현한 문장은 진리 적합성을 따질 수가 없다고 하였기 때문에 도덕 문장이 전건 긍정식의 전제로 사용되면 진리 적합성을 갖는다고 생각하지는 않을 것이다.

⑤ 행크스 : 옳지 않다. 단독으로 진술된 문장은 조건문의 일부로 사용된 때와 내용 차이가 없기 때문이다.
(나)의 2문단을 통해 행크스는 조건문에 포함된 문장도 판단적이라는 점에서 단독으로 진술될 때와 내용의 차이가 없다고 보았음을 알 수 있다. 따라서 행크스는 [진술 2]에 동의할 것이라고 할 수 있다.

★★★ 등급을 가르는 문제!

## 15 중심 내용 파악

정답률 26% | 정답 ①

윗글을 바탕으로 ㉠을 이해한 내용으로 적절하지 않은 것은?

✔ 에이어의 윤리학 견해가 옳다면 전건 긍정식이 직관적으로 타당해 보이게 된다는 점에서, ㉠은 에이어에 대한 비판이 된다.
㉠은 전건 긍정식의 두 전제에 감정이나 태도를 나타내는 문장이 있는 경우 두 전제가 참이어도 결론의 참을 보장하지 못하는 문제이다. 만약 에이어의 견해가 옳다면, 도덕 문장을 포함하는 전건 긍정식의 타당성을 부정하거나, 전건 긍정식은 도덕 문장을 포함할 수 없게 된다. 그러나 논리학에서는 전건 긍정식이 타당하다고 보므로, ㉠은 에이어의 윤리학적 견해에 대한 논리학의 비판이 될 수 있다.

② ㉠에 따르면, 도덕 문장을 포함하는 전건 긍정식이 타당하다면 도덕 문장이 감정을 표현한다는 견해는 수용될 수 없다.
전건 긍정식이 타당하려면 'P이면 Q이다. P이다. 따라서 Q이다.'의 논증에서 두 P가 같은 내용이어야 한다. 만약 P가 감정이나 태도를 나타낸다면 두 P 사이에 내용의 차이가 생기게 된다. 따라서 전건 긍정식이 타당하다면 도덕 문장이 감정을 표현한다는 견해는 수용될 수 없다.

③ ㉠은 전건 긍정식이 타당하려면 두 전제 모두에 나타난 문장의 내용이 일치해야 함에 기초한다.
전건 긍정식이 참을 보장하지 않는 문제는 전건 긍정식의 두 전제에 공통으로 사용된 문장의 내용이 일치하지 않기 때문에 발생한다. 두 전제가 일치해야 전건 긍정식이 타당하게 된다.

④ ㉠은 도덕 문장뿐 아니라 개인적 선호를 나타내는 문장에 대해서도 제기될 수 있다.
'귤은 맛있다.'처럼 개인의 선호를 나타내는 문장의 경우 단독적으로 사용되면 선호를 나타내지만 조건문의 일부가 되면 선호를 표현하지 않게 된다. 이를 통해 선호를 나타내는 문장에 대해서도 도덕 문장과 마찬가지로 ㉠과 같은 문제가 제기될 수 있다.

⑤ 도덕 문장을 판단적이라고 보는 이론에 따르면 ㉠은 애당초 발생하지 않는다.
도덕 문장이 판단적이라고 보는 행크스의 입장을 통해, 전건 긍정식의 두 전제에 공통으로 사용된 문장은 그것이 판단적이라는 점에서 내용의 차이가 없음을 알 수 있다. 따라서 두 내용이 달라서 ㉠이 발생할 수 없다.

**★★ 문제 해결 꿀~팁 ★★**

▶ 많이 틀린 이유는?
도덕 감정을 포함하는 전건 긍정식의 타당성 여부에 대한 논점을 정확하게 파악하지 못했기에 오답률이 높았던 것으로 보인다.

▶ 문제 해결 방법은?
이 문제는 도덕 감정을 포함하는 전건 긍정식의 타당성 여부에 대한 논점을 정확하게 파악한다면 어렵지 않게 풀 수 있다. '몇몇 논리학자들'은 전건 긍정식의 직관적 타당성을 인정한다. 그러나 도덕 감정을 포함하는 전건 긍정식에 대해 이들이 제기한 문제는, 그것의 두 전제에 감정이나 태도를 나타내는 문장이 있는 경우 두 전제가 참이어도 결론의 참을 보장하지 못한다는 것이다. 따라서 ①의 경우 '전건 긍정식이 직관적으로 타당해 보이게 된다는 점'이 에이어에 대한 비판으로 연결되는 것은 적절하지 않다.

★★★ 등급을 가르는 문제!

## 16 다른 견해와의 비교

정답률 22% | 정답 ①

윗글과 〈보기〉를 비교하여 이해한 내용으로 적절하지 않은 것은? [3점]

〈보 기〉

'자선은 옳다.'는 자선에 대한 찬성, '폭력은 나쁘다.'는 폭력에 대한 반대라는 태도를 표현한다. 도덕 문장을 포함하는 '자선은 옳다면 봉사는 옳다.'라는 조건문은 '태도에 대한 태도'를 표현한다. 위와 같은 주관적 태도들에는 참, 거짓이 없다. '자선은 옳다면 봉사는 옳다.'와 '자선은 옳다.'가 나타내는 태도를 지니면서, '봉사는 옳다.'에 반대하는 것은 비일관적이다. '자선은 옳다면 봉사는 옳다. 자선은 옳다. 따라서 봉사는 옳다.'가 타당하다는 것은 이런 뜻이다.

✔ 도덕 문장이 태도나 감정을 표현한다는 주장은, 도덕 문장을 포함하는 조건문이 '태도에 대한 태도'를 표현한다는 〈보기〉의 주장과 상충하는군.
〈보기〉를 통해 주관적 태도에는 참, 거짓이 없음을 알 수 있다. 즉 '태도에 대한 태도'를 표현하는 도덕 문장을 포함하는 조건문은 참, 거짓이 없다. 도덕 문장이 감정을 표현한다는 것은 에이어의 견해를 나타내는 것으로, 도덕 문장이 진리 적합성을 갖지 않는다는 것을 의미한다. 두 주장 모두 주관적인 견해는 참 또는 거짓일 수 있다는 성질을 갖지 않는다는 입장이므로 상충하지 않는다.

② 논증의 타당성이 전제와 결론의 참에 의해 규정된다는 주장은, 타당성을 논증에 나타난 태도 사이의 관계에 의해 규정할 수 있다는 〈보기〉의 주장과 상충하는군.
논증의 타당성이 전제와 결론의 참에 의해 규정된다는 주장, 즉 전건 긍정식이 타당하다는 입장은 전제의 참, 거짓을 판단할 수 있어야 결론을 판단할 수 있다고 본다. 반면 〈보기〉에서는 전제의 참, 거짓은 판단할 수 없어도 태도의 일관성을 통해 타당성을 판단할 수 있다고 보기 때문에 두 견해는 상충한다.

③ 무엇이 윤리적으로 옳고 그른지에 대한 객관적 기준을 세워야 한다는 주장은, 도덕 문장은 찬성과 반대라는 주관적 태도를 나타낸다는 〈보기〉의 주장과 상충하는군.
윤리적 옳고 그름의 객관적 기준을 세워야 한다는 입장에서는 도덕 주체의 감정이나 태도와 분리된 무언가가 있다고 본다. 반면 〈보기〉에서는 도덕 문장이 화자의 주관적 태도를 나타내는 것이라고 보기 때문에 두 견해는 상충한다.

④ '귤은 맛있다.'가 귤에 대한 화자의 선호를 표현한다는 주장은, '자선은 옳다.'가 자선에 대한 화자의 찬성을 표현한다는 〈보기〉의 주장과 상충하지 않는군.
'귤은 맛있다.'가 귤에 대한 화자의 선호를 표현한다고 보는 입장에서는 그 참, 거짓을 판단할 수 없다고 본다. '자선이 옳다.'가 화자의 태도를 나타낸다고 보는 입장에서도 그 참, 거짓을 판단할 수 없다고 본다. 따라서 두 입장은 상충하지 않는다.

⑤ '도둑질은 나쁘다.'가 화자의 정서를 표출하므로 진리 적합성이 없다는 주장은, 폭력에 대한 화자의 태도를 표현하는 문장이 참, 거짓일 수 없다는 〈보기〉의 주장과 상충하지 않는군.
'도둑질은 나쁘다.'가 화자의 정서를 표현하는 것으로 보는 입장과 〈보기〉에서 '폭력은 나쁘다.'를 주관적 태도로 보는 입장 모두 그 참, 거짓을 판단할 수 없다고 본다. 따라서 두 입장은 상충하지 않는다.



[문제편 p.105]

★★ 문제 해결 꿀~팁 ★★

▶ 많이 틀린 이유는?

〈보기〉의 내용을 지문의 내용과 관련짓지 못했기에 오답률이 높았던 것으로 보인다.

▶ 문제 해결 방법은?

이 문제는 〈보기〉에서 제시된 내용을 지문의 내용과 관련지어 이해하는 것이 핵심이다. 〈보기〉에서 '태도에 대한 태도'를 표현하는 조건문은 주관적 태도이기 때문에 참, 거짓이 없다는 점을 알 수 있다. 한편 도덕 문장이 태도나 감정을 표현한다는 것은 에이어의 견해로, (가)의 2문단에서 에이어는 '도덕 문장은 진리 적합성이 없다고 주장'했음을 알 수 있다. 따라서 ①의 경우 '태도에 대한 태도'를 표현한다는 〈보기〉의 주장과, '도덕 문장이 태도나 감정을 표현한다'는 에이어의 견해는 모두 주관적인 견해가 참 또는 거짓일 수 있다는 성질을 갖지 않는다는 입장이기 때문에 상충한다고 볼 수 없다.

## 17 단어의 의미 파악

정답률 86% | 정답 ②

문맥상 ⓐ ~ ⓔ와 바꿔 쓰기에 가장 적절한 것은?

① ⓐ : 수색하는

'수색하다'는 '구석구석 뒤지어 찾다.'의 의미이다.

✔ ⓑ : 제시하지

'제시하다'는 '어떠한 의사를 말이나 글로 나타내어 보이게 하다.'의 의미이므로 '내놓다'와 바꾸어 쓸 수 있다.

③ ⓒ : 전파했다

'전파하다'는 '전하여 널리 퍼뜨리다.'의 의미이다.

④ ⓓ : 발산하는

'발산하다'는 '감정 따위가 밖으로 드러나 해소되거나 분위기 따위가 한껏 드러나다.'의 의미이다.

⑤ ⓔ : 공개하여

'공개하다'는 '어떤 사실이나 사물, 내용 따위를 여러 사람에게 널리 터놓다.'의 의미이다.

## 18~21 고전 소설

작자 미상, 「이대봉전」

**감상** 이 작품은 조선 후기에 유행하였으며 작자와 창작 연대가 알려지지 않은 국문 군담소설이다. 중국 명나라를 배경으로 하여, 남녀 주인공 이대봉과 장애황의 혼약과 이별, 시련 극복 후 재결합이라는 서사 구조 속에 그들의 영웅적 행적을 다루고 있다. 이 과정에서 **주인공들은 국가적 차원의 이념적 가치와 개인적 차원의 목표를 동시에 추구하는 모습**을 보여 주며, **남장 모티프를 활용한 여성 주인공 장애황의 영웅적 활약상이 돋보인다**는 점이 특징적이다. 지문으로 제시된 부분은 장애황이 이대봉의 아버지인 이 시랑이 죽었다고 생각해 슬픔에 젖어 제문을 읽는 장면과, 장애황과 이대봉이 자신들이 겪은 시련의 자초지종과 더불어 간신 왕희를 처벌해 달라는 요청을 담은 표문을 황제에게 바치는 장면이다.

**주제** 위기에 처한 나라를 구하고 사랑을 이루는 남녀 주인공의 영웅적 활약상

## 18 배경의 기능 파악

정답률 61% | 정답 ④

㉠ ~ ㉤에 대한 설명으로 가장 적절한 것은?

① ㉠은 이대봉이 이릉의 영혼을 만나 갑옷과 칼을 얻은 공간이다.

이대봉은 ㉠이 아닌 '농서'에서 이릉의 영혼을 만나 갑옷과 투구를 얻었으며, '화용도'에서 관 공의 영혼을 만나 칼을 얻었다.

② ㉡은 흉노가 침범한 곳이자 이대봉이 흉노를 처단한 공간이다.

㉡은 '흉노가 천자의 자리를 범하여' '함몰'한 곳이므로 흉노가 침범한 곳으로 볼 수 있으나, 이대봉은 '금릉'에 이르러 '적군을 파하고', '서릉도'에 들어가 흉노를 베었으므로 ㉡이 흉노를 처단한 공간으로 볼 수는 없다.

③ ㉢은 장 한림 부부가 간신의 모해로 유배 간 공간이다.

㉢은 장 한림 부부가 아니라, 이 시랑과 그의 아들 대봉이 '간신의 모해를 입어' '유배 가'게 된 공간이다.

✔ ㉣은 이대봉이 중원으로 향하기 전에 머물던 공간이다.

이대봉은 ㉣에서 '팔 년을 의탁하'다가 '아비 유골이나마 찾고 고국에 있는 어미를 찾아보고자' 중원으로 돌아간다. 따라서 ㉣은 이대봉이 중원으로 향하기 전에 머물던 공간이라고 볼 수 있다.

⑤ ㉤은 동돌수가 이대봉을 피해 달아난 공간이다.

㉤은 이대봉이 '동돌수를 베어 성상의 급하심을 구'한 공간이므로 동돌수가 이대봉을 피해 달아난 공간으로 볼 수 없다.

## 19 인물의 심리, 태도 파악

정답률 66% | 정답 ③

장 소저에 대한 이해로 적절하지 않은 것은?

① 부친과 이 시랑이 '진진지연'을 맺은 데에는 신기한 꿈이 영향을 미쳤을 것이라고 알고 있다.

장 소저는 제문에서 '부친이 신기한 꿈을 꾸고는 대인과 진진지연을 깊이 맺었'다고 밝히고 있다. 이로부터 장 소저가 부친과 이 시랑이 '진진지연'을 맺은 데에는 신기한 꿈이 영향을 미쳤을 것이라고 알고 있음을 확인할 수 있다.

② 이 시랑이 '간신의 모해'를 입은 것은 시운이 좋지 않았기 때문이라고 생각했다.

장 소저는 제문에서 '시운이 불리하여 대인은 간신의 모해를 입'었다고 밝히고 있다. 이로부터 장 소저가 이 시랑이 '간신의 모해'를 입은 것은 시운이 좋지 않았기 때문이라고 생각하였음을 알 수 있다.

✔ 부친이 '세상을 버'린 까닭은 혼약이 어그러진 것과 이 시랑의 죽음에 대한 분노 때문이라고 여겼다.

장 소저는 제문에서 '대인은 간신의 모해를 입어 외딴섬에 유배 가시고, 부친은 대인의 억울함과 소첩의 앞길이 그릇됨을 원통히 여겨 걱정과 분노가 병이 되어 중도에 세상을 버리시니'라고 하였다. 이로부터 장 소저는 부친이 '세상을 버'린 까닭이 이 시랑이 억울하게 유배 가게 된 것과 딸의 혼약이 어그러진 것으로 인한 걱정과 분노로 병을 얻었기 때문이라고 여기고 있음을 알 수 있다. 따라서 장 소저가 이 시랑의 죽음에 대한 분노 때문에 아버지가 세상을 버린 것으로 여긴다는 이해는 적절하지 않다.

④ 왕희가 '혼인을 강제하'는 것으로 판단하여 변복 도주했다.

장 소저는 제문에서 '간적 왕희가 첩의 고독함을 업신여겨 혼인을 강제하옵기로 변복 도주하였다'라고 밝히고 있다. 이로부터 장 소저는 왕희가 '혼인을 강제하'는 것으로 판단하였기 때문에 변복 도주하였다는 사실을 알 수 있다.

⑤ '성혼 행례'는 하지 않았으나, 승려가 된 양씨를 시어머니로 대했다.

장 소저는 상표에서 '삭발 승려를 만나오니 이 곧 시랑 이익의 처 양씨라. 비록 성혼 행례는 아니 하였사오나 어찌 시어머니와 며느리 사이가 아니리잇가.'라고 하였다. 이로부터 장 소저가 '성혼 행례'는 하지 않았으나, 승려가 된 양씨를 시어머니로 대하였음을 확인할 수 있다.

## 20 갈래의 특징과 성격

정답률 49% | 정답 ③

〈보기〉의 [A]에 들어갈 말로 적절하지 않은 것은?

〈보 기〉

선생님 : 고전 소설에서는 제문, 표문 등과 같은 다양한 글이 활용되기도 해요. 윗글의 ⓐ와 ⓑ에서 글을 바치는 사람과 받는 상대가 누구인지 고려하여, 글의 특징이나 기능에 대해 말해 보세요.

학　생 : [A]

선생님 : 네, 맞아요.

① ⓐ는 망자에게 바치는 제문이고, ⓑ는 성상에게 바치는 표문이에요.

ⓐ는 제문으로 장 소저가 '향을 사르며 시랑의 영위' 앞에서 망자인 이 시랑에게 바치는 글이고, ⓑ는 표문으로 이대봉이 '황상 용탑 하에', 즉 성상에게 바치는 글이다.

② ⓐ는 상대의 원통함을 위로하기 위하여, ⓑ는 상대에게 사건 경과를 알려 특별한 조치를 요청하기 위하여 작성되었어요.

ⓐ는 장 소저가 상대방인 이 시랑이 '간신의 모해를 입'고 억울하게 '수중고혼'이 되었다고 생각하여 그 원통함을 '한 잔 술을 바치'면서 위로하기 위한 글이고, ⓑ는 이대봉이 상대방인 황상에게 자신과 부친이 '왕희의 모함을 입'어 죽음의 위기를 겪게 된 일과, '왕희는 국가의 난신적자'로서 무고한 사람에게 대해 살해를 사주하였다는 사건의 경과를 알려 왕희에 대해 '엄형 국문하'는 특별한 조치를 요청하기 위해 작성된 글이다.

✔ ⓐ와 달리 ⓑ에는 글을 바치는 사람이 스스로를 낮추는 표현이 사용되었어요.

ⓐ에는 글을 바치는 사람이 자신을 '소첩'으로 지칭하는 부분이, ⓑ에는 글을 바치는 사람이 자신을 '신'으로 지칭하는 부분이 있다. 따라서 ⓐ와 ⓑ 모두 글을 바치는 사람이 스스로를 낮추는 표현이 사용되고 있다.

④ ⓐ에서 글을 바치는 사람이 오해했던 사건의 실상이 ⓑ에서 드러나고 있어요.

ⓐ에서 장 소저는 대인 부자가 억울하게 사망하였다고 생각하고 제문을 바친 것이다. 하지만 ⓑ를 통해 이대봉 부자가 생존하여 있다는 사건의 실상이 드러남으로써, 장 소저의 생각이 오해였음이 밝혀지고 있다.

⑤ ⓐ와 ⓑ는 모두 글을 바치는 사람과 상대를 서두에서 밝히고 있어요.

ⓐ의 서두에서 글을 바치는 사람은 '기주 장 한림의 딸 애황'이고, 상대는 '이부 시랑 이 공'임을 밝히고 있다. 그리고 ⓑ의 서두에서도 글을 바치는 사람은 '죄신 이대봉'이고, 상대는 '황상'임을 밝히고 있다.

## 21 외적 준거에 따른 작품 감상

정답률 50% | 정답 ④

〈보기〉를 참고하여 윗글을 감상한 내용으로 적절하지 않은 것은? [3점]

〈보 기〉

「이대봉전」에서 주인공은 공적 가치와 사적 목표를 실현하기 위해 노력한다. 공적 가치는 국가 차원의 사건에 참여하는 당위로 제시되고, 사적 목표는 가문의 일원으로서 그 사건 해결에 가담하는 동력이 된다. 현실계나 비현실계의 존재들 또한 주인공의 이러한 문제 해결 과정에 조력한다. 공적 활약을 통해 공적 가치의 권위를 인정하는 이면에 사적 목표의 추구를 배치하는 이러한 구도는 영웅소설이 지향하는 '충'이라는 이념을 훼손하지 않으면서도 사적 목표의 추구를 정당화한다.

① 장애황이 혼약을 이루기 위해 대공을 세웠다고 한 데에서, 혼약이 국가 차원의 사건에 참여하는 동력이 되었음을 알 수 있군.

장애황이 혼약을 이루기 위해 노력하는 것은 사적 목표의 추구와 관련되고, 국가 차원의 사건에 참여하여 대공을 세우는 것은 공적 가치의 실현에 해당한다. 그런데 장애황은 혼약을 이루고자 대공을 세우게 되었으므로, 이는 사적 목표의 추구가 국가 차원의 사건에 참여하는 동력이 되었음을 보여 준다.

② 장애황이 난신 왕희를 국법으로 다스린 후 자신에게 내어 달라고 한 데에서, 공적 권위를 존중하되 사적 목표도 실현하고자 하는 마음을 알 수 있군.

난신 왕희를 국법으로 다스리는 것은 공적 가치의 실현에 해당하고, 장애황이 왕희를 자신에게 내어 달라고 한 것은 개인의 원통함을 풀기 위함이므로 사적 목표의 실현에 해당한다. 따라서 장애황이 난신 왕희를 먼저 국법으로 다스린 후 자신에게 내어 달라고 한 것에는 공적 권위를 우선으로 존중하되 사적 목표도 실현하고자 하는 마음이 담겨 있다고 할 수 있다.

③ 흉노의 침입으로 성상이 피신했다는 소식에 분노하여 이대봉이 출전한 데에서, 국가 차원의 문제 해결에 참여하는 당위성을 확인할 수 있군.

이대봉은 '흉노가 천자의 자리를 범하여 황성을 함몰하고 어가가 금릉으로 행하셨다 함을 듣고, 분심을 이기지 못하'여 출전하였다. 이대봉은 성상이 피신했다는 소식에 분노하였으며 위기에 처한 나라와 성상을 구하는 것은 자신이 마땅히 해야 할 일이라고 생각하여 출전한 것이다. 이러한 인물의 모습에서 국가 차원의 문제 해결에 참여하는 당위성을 확인할 수 있다고 감상할 수 있다.

✔ 표류하던 이대봉이 천우신조로 무인절도에서 이 시랑과 재회한 데에서, 비현실계의 존재가 이대봉의 공적 활약에 조력한 것을 확인할 수 있군.

〈보기〉를 참고하여 판단할 때, '해중에서 풍랑을 만나' 표류하던 이대봉이 천우신조로 무인절도에서 부친인 이 시랑과 재회한 사건은 가문의 일로 구분될 수 있으므로 사적 목표의 실현과 관련이 있다. 따라서 이 사건에서 이대봉이 국가 차원의 사건에 참여하는 공적 활약을 펼치는 데에 비현실계의 존재가 조력한 것을 확인할 수 있다고 감상하는 것은 적절하지 않다.

⑤ 이대봉이 흉노 제압을 공으로 드러낸 후 성상에게 왕희의 처벌을 요구한 데에서, 충의 이념을 훼손하지 않으면서도 사적 목표의 정당성을 확보하려는 인물의 의중을 확인할 수 있군.

이대봉이 흉노를 제압하는 공을 세운 것은 공적 가치인 충의 이념을 실현하는 것과 관련되고, 왕희를 처벌하는 것은 사적 목표의 실현과 관련된다. 따라서 이대봉이 흉노를 제압한 공을 드러내면서 황제에게 왕희의 처벌을 요구한 것에는 충의 이념을 훼손하지 않으면서 사적 목표인 왕희를 처벌하는 일에 정당성을 확보하려는 의도가 담겨 있다고 할 수 있다.

## 22~26 갈래 복합

**(가) 작자 미상, 「우부가」**

**감상** (가)는 「초당문답가」라는 가사집에 수록되어 있는 **조선 시대 후기의 가사로, 조선 후기 양반 사회가 당면했던 도덕적 타락과 경제적 몰락, 그리고 조선 사회를 지배했던 봉건적 가치관의 붕괴 양상을 풍자적으로 그려 내고 있다.** 이 작품에 등장하는 인물인 '개똥이'와 '꽁생원', '꾕생원'은 무위도식하거나 분별없이 행동하고, 체통을 지키지 못하는 모습을 보여주는데, 이 작품은 이러한 인물의 부정적인 측면을 나열함으로써 조선 시대 후기 양반층의 타락한 모습을 사실적으로 반영하고 있다는 평가를 받고 있다.

**주제** 타락한 양반에 대한 비판과 경계

**(나) 성현, 「타농설」**

**감상** (나)는 조선 전기의 문인 성현이 지은 고전 수필로, 전반부에 흥미로운 이야기를 제시하고, 후반부에서는 그것을 기반으로 한 교훈을 전달하고 있다. 글쓴이는 큰 가뭄이 들었지만 부지런한 농부는 계속 노력하여 결국 수확을 거두었고, 게으른 농부는 결과를 예단하고 손을 놓고 있다가 굶주리게 되었다는 이야기를 기반으로 선비들이 **학문에 정진해야 할 자세를 권면**하고 있다. 많은 선비들이 젊었을 때 학문에 뜻을 두고 공부하다가 몇 차례 과거 시험에 낙방하면 포기하는 현실을 언급하며 **학문의 수고로움이 농사의 고생에 미치지 못하지만, 학문을 하여 얻는 공은 농사를 지어 얻는 이로움보다 훨씬 크다**고 주장하고 있다. 이를 통해 선비들에게 학문을 중도에서 포기하지 말고 부지런히 노력하라는 깨우침을 주고 있다.

**주제** 포기하지 않고 부지런히 노력하는 자세의 중요성

### 22 표현상의 특징 파악 정답률 74% | 정답 ①

**(가)와 (나)에 대한 설명으로 가장 적절한 것은?**

✔ **(가)는 열거의 방식을, (나)는 대조의 방식을 활용하여 주제를 부각하고 있다.**
(가)는 꽁생원의 도덕적인 타락상을 나열하는 열거의 방식을 활용하여 타락한 양반에 대한 비판과 경계라는 주제를, (나)는 큰 가뭄이 들었을 때의 부지런한 농부와 가난한 농부의 말과 행동을 대조하는 방식을 활용하여 포기하지 않고 부지런히 노력하는 자세의 중요성이라는 주제를 부각하고 있다.

② **(가)는 (나)와 달리, 대구적 표현을 활용하여 인물에 대한 태도의 변화를 드러내고 있다.**
(가)의 '아낙은 친정살이 자식은 머슴살이'와 같은 부분에서 대구적 표현을 찾을 수는 있으나, 이를 활용하여 인물에 대한 태도 변화를 드러내는 것은 아니다.

③ **(나)는 (가)와 달리, 반어적 표현을 활용하여 인물에 대한 기대감을 높이고 있다.**
(가)와 (나) 모두 반어적 표현을 활용하여 인물에 대한 기대감을 높이는 내용은 나타나지 않는다.

④ **(가)와 (나)는 모두, 계절적 배경을 활용하여 향토적 분위기를 조성하고 있다.**
(가)에는 구체적인 계절적 배경이 나타나지 않는다. (나)에는 '봄', '여름', '가을걷이' 등 계절과 관련된 단어가 나타나지만, 계절적 배경을 묘사하거나 이를 바탕으로 향토적 분위기를 조성한 부분은 찾을 수 없다.

⑤ **(가)와 (나)는 모두, 해학적 표현을 활용하여 인물 간의 우호적 관계를 드러내고 있다.**
(가)는 인물의 부정적 행동을 나열하며 해학성을 유발하는 속성이 있으나, 이를 활용하여 인물 간의 우호적 관계를 드러내는 것은 아니다. (나)에는 해학적 표현이 나타나지 않는다.

### 23 시어, 시구의 의미와 기능 파악 정답률 79% | 정답 ②

**㉠~㉤을 이해한 내용으로 적절하지 않은 것은?**

① **㉠은 집터나 묏자리를 통해 길운을 바라는 꽁생원이 관심을 보이는 대상이다.**
'음양술수(陰陽術數) 현혹되어 이장도 자주 하며 이사도 힘을 쓰고'를 통해 ㉠은 집터나 묏자리를 통해 길운을 바라는 꽁생원이 관심을 보이는 대상으로 볼 수 있다.

✔ **㉡은 재물을 모은 꽁생원이 함께 풍요로운 삶을 누리고 싶은 대상이다.**
'올 적 갈 적 행로상에 처자식을 흩어 놓고', '아낙은 친정살이 자식은 머슴살이'를 통해 꽁생원이 가족을 돌보는 일에는 관심이 없다는 것을 알 수 있다. 따라서 ㉡은 꽁생원이 재물을 모았다가 함께 풍요로운 삶을 누리고 싶은 대상이라고 할 수 없다.

③ **㉢은 재물을 경영하여 부를 증식하려는 꽁생원이 권력가의 권세를 이용하기 위한 방법이다.**
'뜬재물을 경영하여 경향출입 싸다닐 제'와 연결하면 '청질'은 재물을 경영하여 부를 증식하려는 꽁생원이 권력가에 부정한 청탁을 하는 것이므로, ㉢은 권력가의 권세를 이용하기 위한 방법으로 볼 수 있다.

④ **㉣은 집이나 땅을 중개하여 이문을 취하려는 꽁생원이 흥정 과정에서 겪은 부정적 반응이다.**
'가대 흥정 구문 먹기 핀잔 듣고 자빠지고'는 집이나 땅을 중개하여 이문을 취하려는 꽁생원이 흥정 과정에서 핀잔을 들은 상황을 제시한 것이므로, ㉣은 꽁생원이 흥정 과정에서 겪은 상대방의 부정적 반응으로 볼 수 있다.

⑤ **㉤은 부자의 재산으로 이익을 얻으려는 꽁생원이 부자를 꾀는 수단이다.**
'감언이설'은 귀가 솔깃하도록 남의 비위를 맞추거나 이로운 조건을 내세워 꾀는 말로, '부자나 후려 볼까 감언이설 꾀어 보자'를 참고할 때 ㉤은 부자의 재산으로 이익을 얻으려는 꽁생원이 부자를 꾀는 수단으로 볼 수 있다.

### 24 인물의 성격 이해 정답률 65% | 정답 ⑤

**ⓐ~ⓒ에 대한 이해로 가장 적절한 것은?**

① **ⓐ는 도박과 음주에 빠져 있고, ⓑ는 파산의 들판에서 술에 취해 잠들어 있다.**
(가)의 '큰길가에 색주가며 노름판에 푼돈 떼기'를 통해 ⓐ가 도박과 음주에 빠져 있음을 알 수 있다. 하지만 (나)의 '잘 가꾸어져 빽빽한 곡식은 술에 취한 채 목이 메어 잠든 자들이 정성과 힘을 다하여 살린 것이다.'를 통해 파산의 들판에서 술에 취해 잠들어 있는 대상은 ⓑ가 아니라 부지런한 농부임을 알 수 있다.

② **ⓐ는 부모의 혜택을 받지 못하여 팔자를 원망하고, ⓒ는 분수를 알아 자신의 배움에 한계가 있다고 생각한다.**
(가)의 '제 아비 덕분으로 돈천이나 가졌더니'를 통해 ⓐ는 부모의 혜택을 받은 사람으로 볼 수 있다. (나)에서 ⓒ가 "공명에는 분수가 있어서 학문으로 이룰 수 있는 것이 아니며, 부귀는 운명에 달려 있으니 역시 학문으로 이룰 수 있는 것이 아니다."라고 말한 것은 여러 번 과거 시험에 떨어져 낙심했기 때문이지, 분수를 알아 자신의 배움에 한계가 있다고 생각했기 때문은 아니다.

③ **ⓐ는 혼인을 중매하는 일에 성공하지 못하여 창피를 당하고, ⓒ는 과거 시험에서 뜻을 이루지 못하여 수치를 당한다.**
(가)의 '혼인 중매 선채 돈에 창피당해 뺨 맞으며'를 통해 ⓐ가 혼인을 중매하는 일에 성공하지 못하여 창피를 당했음을 알 수 있다. 하지만 (나)에 ⓒ가 과거 시험에 뜻을 이루지 못해 수치를 당하는 내용은 나타나지 않는다.

④ **ⓑ는 가뭄에 김을 매지 않아 다른 농부들의 조롱을 받고, ⓒ는 한때의 괴로움을 참지 못하여 공명을 이루지 못한다.**
(나)의 '그러므로 밭에서 일하는 농부들을 보고 비웃기를 그치지 않았고, 들밥을 내가는 아녀자들을 보고 조롱하기를 그만두지 않으면서, 한 해가 다 가도록 물러나 앉아 천명을 기다리고 있었다.'를 통해 ⓑ는 다른 농부들의 조롱을 받은 것이 아니라, 오히려 부지런히 일하는 농부들을 비웃고 아녀자들을 조롱하였음을 알 수 있다. (나)의 '그동안 배운 것을 버리고 아울러 이전에 쌓아 온 바를 버려서 어떤 이는 중도에 그만두기도 하고 또 어떤 이는 문(門)에 거의 다 이르렀다가 되돌아간다.'를 통해 ⓒ는 과거 시험의 실패라는 한때의 괴로움을 참지 못하여 공명을 이루지 못한다고 이해할 수 있다.

✔ **ⓑ는 김매기를 하여도 작물이 죽을 것이라고 생각하고, ⓒ는 학문에 힘을 쏟아도 부귀를 이루지 못할 수 있다고 생각한다.**
(나)의 "김을 매도 죽을 것이고 김을 매지 않아도 죽을 것이다. 바쁘게 일하면서 수고로운 것보다는 아무 일도 하지 않고 그냥 쉬는 것이 나을 것이다. 만일 비가 오지 않으면 이것 모두 무익하게 될 것이다."를 통해 ⓑ는 김매기를 하여도 작물이 죽을 것이라고 생각하고 있음을 알 수 있다. 또한 (나)의 "공명에는 분수가 있어서 학문으로 이룰 수 있는 것이 아니며, 부귀는 운명에 달려 있으니 역시 학문으로 이룰 수 있는 것이 아니다."를 통해 ⓒ는 학문에 힘을 쏟아도 부귀를 이루지 못할 수 있다고 생각하고 있음을 알 수 있다.

### 25 내용의 전개 방식 파악 정답률 64% | 정답 ②

**(나)에 대한 설명으로 적절하지 않은 것은?**

① **인물들의 말을 인용하여 특정 상황에 대한 서로 다른 태도를 드러내고 있다.**
(나)에서는 부지런한 농부와 게으른 농부의 말을 인용하여, 큰 가뭄이 들었을 때 이를 극복하기 위해 부지런히 애쓰는 태도와 손을 놓고 게으르게 지내는 태도를 드러내고 있다.

✔ **글쓴이의 주장과 그에 대한 반박을 제시하여 화제에 대한 상반된 입장을 나타내고 있다.**
(나)는 고전 수필인 설(說)로, 글쓴이의 가치관이나 경험, 깨달음을 바탕으로 독자에게 바람직한 교훈을 전달하는 글이다. (나)에 글쓴이의 주장은 명확하게 제시되어 있지만 그에 대한 반박은 찾을 수 없으므로, 화제에 대한 상반된 입장이 나타난다고 볼 수 없다.

③ **물음에 답하는 인물을 통해 글쓴이가 관찰한 상황이 발생하게 된 이유를 제시하고 있다.**
(나)의 "저 황폐하고 성긴 곡식은 ~ 있게 되었다."라는 부분은 글쓴이가 파산의 들판 풍경을 보고 던진 질문에 대한 마을 노인의 대답이다. 이를 통해 글쓴이가 파산의 들판에서 관찰한 상황이 발생한 이유를 알 수 있다.

④ **다른 사람에게 교훈을 전달하고자 하는 글쓴이의 의도를 드러내며 글을 마무리하고 있다.**
(나)의 마지막 문장인 '그러므로 이 글을 지어 그들을 깨우치는 바이다.'가 다른 사람에게 교훈을 전달하고자 하는 글쓴이의 의도를 드러내며 글을 마무리한 것에 해당한다.

⑤ **글쓴이의 경험을 통해 얻은 깨달음을 바탕으로 논의의 대상을 다른 상황으로 확장하고 있다.**
(나)는 큰 가뭄이 들었을 때 농사에 임하는 농부들의 대조적인 태도와 그로 인한 결과의 차이에 대한 글쓴이의 경험을 먼저 제시하고 있다. 그리고 이러한 경험에서 얻은 글쓴이의 깨달음을 바탕으로, 논의의 대상을 학문에 임하는 선비들의 자세로 확장하고 있다.

### 26 외적 준거에 따른 작품 감상 정답률 63% | 정답 ⑤

**〈보기〉를 참고하여 (가), (나)를 감상한 내용으로 적절하지 않은 것은? [3점]**

〈보 기〉

당면한 현실에 대응하는 양상에 따라 삶에 대한 평가는 달라진다. 요행을 바라면서 책임감 없는 삶을 사는 경우에는 부정적으로, 현실적 한계를 극복하고자 노력하는 삶을 사는 경우에는 긍정적으로 평가된다. (가)에서는 당대 규범에서 벗어나 세속적 욕망을 추구하며 요행을 바라는 태도에 대한 경계가, (나)에서는 운명론적 태도에서 벗어나 삶의 주체로서 문제를 성실하게 해결하는 자세에 대한 권면이 나타나고 있다.

① **(가)의 '공것'과 '뜬재물'은 정당한 노력을 기울이지 않고 요행을 바라는 태도를 알 수 있는 소재이군.**
(가)의 '공것'은 힘이나 돈을 들이지 않고 얻은 물건을, '뜬재물'은 뜻하지 않은 기회에 우연히 얻은 재물을 의미한다. 이를 통해 '공것'과 '뜬재물'은 정당한 노력을 기울이지 않고 요행을 바라는 꽁생원의 태도와 관련된 소재임을 알 수 있다.

② **(나)의 '비가 내리지 않'아 '김을 맬 수가 없'는 것을 보니, 농부들이 농경에 부적합한 환경이라는 문제 상황에 당면하게 된 것을 알 수 있군.**
(나)의 '비가 내리지 않'아 '김을 맬 수가 없'는 것은 큰 가뭄으로 인해 농사를 지을 수 없는 상황을 나타낸 것이다. 이를 통해 농부들이 농경에 부적합한 환경이라는 문제 상황에 당면하게 된 것을 알 수 있다.

③ **(가)의 '공납'을 유용하려는 것에서 이익을 위해 규범을 무시하는 태도를, (나)의 '그냥 쉬는 것이 나을 것'에서 불행한 결과를 예단하는 운명론적 태도를 확인할 수 있군.**
(가)의 '공납'은 '국고로 들어가는 조세를 통틀어 이르는 말. 또는 조세를 내는 일'을 의미한다. 이는 백성들이 지켜야 할 근본적인 규범과 관련이 있다. '공납 범용'은 국고를 허락 없이 마음대로 쓰는 것으로, 개인적 이익을 위해 근본적인 규범을 무시하는 태도로 볼 수 있다. 한편 (나)의 게으른 농부는 어차피 농작물이 모두 죽을 것이라고 미리 단정 지으며, 한 해가 다 가도록 물러나 앉아 천명을 기다리고 있다. 이를 통해 '그냥 쉬는 것이 나을 것'은 노력해도 불행한 결과를 벗어날 수 없다는 운명론적 태도와 관련이 있음을 짐작할 수 있다.

④ **(가)의 '돈천이나 가졌더니', '친구 대접 하였던가'에서 재물을 베푸는 데 인색한 물욕을, (나)의 '풀 뽑기를 쉬지 아니하여'에서 한계 상황을 극복하고자 하는 의지를 확인할 수 있군.**



[문제편 p.109]

(가)의 '제 아비 덕분으로 돈천이나 가졌더니 술 한 잔 밥 한 술을 친구 대접 하였던가'를 통해 꽁생원은 아버지의 재산을 물려받아 넉넉한 상황이었지만 친구들에게도 인색하게 행동하였음을 알 수 있다. (나)의 '풀 뽑기를 쉬지 아니하여'는 부지런한 농부가 큰 가뭄 속에서도 포기하지 않고, 한계 상황을 극복하고자 하는 의지를 드러내는 것으로 볼 수 있다.

**✔ (가)의 '일가'와 '친구'에게서 소외당한 꽁생원의 말로에서 무책임한 삶에 대한 경계가, (나)의 '큰 일을 하면서 부지런하'기를 촉구하는 데에서 게으른 농부에 대한 권면이 나타나는군.**

(가)의 '일가'와 '친구'에게서 소외당한 꽁생원의 말로에서 무책임한 삶에 대한 경계가 나타난다고 이해할 수 있다. 하지만 (나)에서 글쓴이가 '큰 일을 하면서 부지런하'기를 촉구하는 대상은 게으른 농부가 아닌, 포기하지 않고 학문에 정진하기 바라는 선비들이다.

## 27~30 현대 소설

**임철우, 「아버지의 땅」**

**감상** 이 작품은 1984년에 발표된 단편 소설로, **동족상잔의 비극인 한국 전쟁 전후에 우리 민족에게 생긴 상처와 그 치유 과정**을 형상화하고 있다. 야영 훈련 중인 부대가 야전 진지를 구축하기 위해 참호를 파다가 유골을 발견하면서 일어나는 사건에, 한 번도 본 적 없는 아버지와 그를 기다리는 어머니와 관련한 '나'의 기억과 생각을 겹치는 방식으로 이야기를 전개한다. 또한 유골 수습을 계기로 어린 시절부터 막연히 가졌던 아버지에 대한 증오에서 점차 벗어나 이해와 연민에 이르게 되는 '나'의 심리 변화를 주로 다루고 있다. 이를 통해 **이데올로기의 차이로 인한 갈등과 대립, 그리고 민족사의 앙금으로 남아 여전히 고통을 초래하고 있는 전쟁의 상흔을 해소**하려는 작가의 노력을 확인할 수 있다. 제시된 지문의 전반부에는 어머니에게서 '아버지의 죄'를 듣게 된 '나'가 불안과 공포에 휩싸여 심리적 갈등을 겪는 모습이, 후반부에는 참호를 파던 과정에서 발견한 유골을 수습하면서 아버지에 대한 증오에서 벗어나 그에게 연민을 느끼게 되는 '나'의 모습이 나타난다.

**주제** 전쟁과 분단의 상처와 이해와 연민을 통한 상처의 치유

### 27 서술상의 특징 파악 정답률 46% | 정답 ②

**㉠~㉤의 서술 방식에 대한 설명으로 적절하지 않은 것은?**

① **㉠ : '나'의 지각 내용을 '나'가 서술하는 상황으로 인물과 서술자가 겹쳐 있다.**
서술의 주체인 '나'가 어머니로부터 '아버지의 죄'를 들은 자신의 심정을 직접적으로 서술하고 있다는 점에서 인물과 서술자가 겹쳐 있다고 볼 수 있다.

**✔ ㉡ : 서술의 주체를 알 수 있는 표지가 분명하게 제시되어 서술자와 지각의 주체가 뚜렷이 구분된다.**
'나'라는 표지를 통해 서술의 주체가 '나'라는 점을 확인할 수 있으며, '메마른 초겨울의 야산'과 '온통 잿빛의 풍경'인 사위를 지각하는 주체가 '나'라는 점에서 서술의 주체와 지각의 주체는 동일하다고 볼 수 있다. 따라서 서술의 주체와 지각의 주체가 뚜렷이 구별된다는 내용은 적절하지 않다.

③ **㉢ : '나'가 아니라 '나'가 지각하는 대상을 주어로 서술함으로써 지각의 대상을 부각하는 효과가 나타난다.**
'언젠가 어머니의 낡은 반닫이 깊숙한 옷가지 밑에 숨겨져 있던 액자 속에서 학생복 차림으로 서 있던 그대로'로 보이는 아버지의 모습을 언급하면서 '그건(그것은)'을 주어로 서술함으로써, '나'가 본 '사내의 환영'과 '나'가 언젠가 액자 속에서 본 아버지의 모습이 일치한다는 점을 부각하고 있다.

④ **㉣ : 인용 부호 없이 서술된 발화에서 인물의 목소리가 드러난다.**
'저것 봐라이. 날짐승도 때가 되면 돌아올 줄 아는 법이다.'는 어머니가 '나'에게 하는 말로, 인용 부호 없이 어머니의 말이 전달되고 있다.

⑤ **㉤ : 지각의 주체를 알리는 표지가 나타나지 않아서 누가 지각한 바를 서술한 것인지 모호한 상황이 빚어진다.**
'불현듯 시야가 부옇게 흐려 왔다.'의 주체는 서술자인 '나'일 수도, 총에 맞아 의식을 잃어 가는 '가슴과 팔목에 철삿줄을 동여맨 사내'일 수도 있다는 점에서 지각의 주체가 모호한 서술이라고 볼 수 있다.

### 28 소재의 기능 파악 정답률 64% | 정답 ③

**윗글에서 ⓐ와 ⓑ의 서사적 기능에 대한 설명으로 가장 적절한 것은?**

① **ⓐ가 이야기의 심화된 주제를 구현하는 제재라면, ⓑ는 이야기의 주제를 가늠하도록 하는 단서이다.**
한국 전쟁 중에 이데올로기의 갈등으로 인해 숨진 것으로 볼 수 있는 유골을 수습한 일을 '좋은 일'이라고 말한다는 점에서 ⓑ는 '전쟁과 분단의 상처와 이해와 연민을 통한 상처의 치유'라는 이야기의 주제를 가늠하는 단서라 볼 수도 있다. 그러나 ⓐ는 이야기의 긴장감이 형성되는 원인일 뿐, 이야기의 심화된 주제를 구현하는 제재와는 관련이 없다.

② **ⓐ가 이야기를 절정에 치닫도록 하는 추진력이라면, ⓑ는 이야기를 결말에 이르게 하는 원동력이다.**
ⓐ는 '나'가 아버지에 대해 부정적 감정을 갖게 되는 원인일 뿐, 이야기를 절정에 치닫도록 하는 것과는 관련이 없다. 유골 수습 후 '작은 술판'을 벌이는 병사들이 주고받는 말인 ⓑ로 인해 이야기가 마무리되는 것은 아니므로, ⓑ는 이야기를 결말에 이르게 하는 원동력이라고 할 수 없다.

**✔ ⓐ가 이야기의 긴장감이 형성되는 요인이라면, ⓑ는 이야기의 긴장감이 완화됨을 드러내는 표지이다.**
어머니가 '아버지의 죄를 순순히 시인하는' 내용의 말인 ⓐ를 들은 '나'는 그 충격으로 인해 아버지의 무서운 환영에 시달리게 되고, '엄청난 죄악감과 불길한 예감'으로부터 벗어날 수 없게 되었다고 하였다. 따라서 '나'가 아버지에 대해 부정적 감정을 갖게 되는 원인에 해당하는 ⓐ는 이야기의 긴장감이 형성되는 요인이라고 볼 수 있다. 한편 참호를 파던 과정에서 발견한 유골을 수습한 후 '작은 술판'을 벌이는 부대원들이 '좋은 일'을 했다고 낄낄대면서 주고받는 말이 ⓑ 이므로, 이는 이야기의 긴장감이 완화됨을 드러내는 표지라고 볼 수 있다.

④ **ⓐ가 이야기의 위기감이 해소된 종착점이라면, ⓑ는 이야기의 위기감이 고조된 정점이다.**
ⓐ로 인해 '나'가 아버지에 대해 부정적인 감정을 갖게 된다는 점에서, ⓐ는 이야기의 위기감이 해소되는 것과는 관련이 없다. ⓑ는 유골 수습이 끝났음과 관련된다는 점에서 이야기의 위기감이 고조되는 것과는 관련이 없다.

⑤ **ⓐ가 이야기를 일으키는 시발점이라면, ⓑ는 이야기의 전모가 드러나게 되는 귀결점이다.**
ⓐ 때문에 '나'가 아버지에 대해 부정적 감정을 갖게 된다는 점에서 ⓐ는 이야기를 일으키는 시발점이라고 볼 수도 있다. 그러나 ⓑ로 인해 이야기의 전모가 드러나지는 않는다.

### 29 작품의 맥락 이해 정답률 44% | 정답 ④

**㉮와 ㉯에 대한 이해로 가장 적절한 것은?**

① **㉮는 ㉯에 비해 능동적이므로 인물이 처한 문제 상황에 미치는 영향력이 크다.**
㉮는 '때가 되면 돌아올 줄 아는' 동물이고, ㉯는 땅에 묻힌 아버지가 '피워 내는' 식물이므로, ㉮가 ㉯에 비해 '능동적'이라고 말할 수는 있을 것이다. 그러나 그 점 때문에 인물이 처한 문제 상황에 미치는 영향력이 더 커진다고 볼 수는 없다.

② **㉮는 ㉯와 달리, 시간과 공간에 관여되면서 이야기의 배경에 실감을 더하게 된다.**
㉮는 어머니의 말에 등장하는 대상이고, ㉯는 '나'가 상상한 아버지의 상황과 관련된다는 점에서 둘 다 이야기의 배경에 실감을 더하는 것과는 관련이 없다.

③ **㉯는 ㉮와 달리, 희망적인 성격이 강하므로 인물이 원하는 바를 집약한 결과이다.**
㉯는 아버지가 무덤이나 묘비도 없이 매장되어 있는 상황을 의미한다는 점에서 희망적인 성격과는 관련이 없고, 인물이 원하는 바를 집약한 결과라고 할 수도 없다. 오히려 ㉮가 아버지의 귀환을 바라는 어머니의 염원이 투영되어 있다는 점에서 희망적인 성격이 강하다고 볼 수 있다.

**✔ ㉯에서 연상되는 상황이 현실이 될 경우 ㉮에 투영된 염원은 실현 가능성이 사라진다.**
철삿줄에 묶인 채 매장된 유골을 수습한 '나'가 '저것 봐라이. 날짐승도 때가 되면 돌아올 줄 아는 법이다.'라는 어머니의 말을 듣게 된다는 점에서 ㉮는 한국 전쟁 중 이데올로기의 갈등으로 집을 나간 후 생사조차 알 수 없게 된 아버지의 귀환을 바라는 어머니의 염원이 투영된 것이라고 볼 수 있다. 또한 '나'는 자신의 아버지가 '머리맡에 무성한 쑥부쟁이와 엉겅퀴꽃을 지천으로 피워 내며', '어느 버려진 밭고랑, 어느 응달진 산기슭에 무덤도 묘비도 없이 홀로 잠들어 있을 것인가'라고 묻고 있다는 점에서, ㉯는 아버지가 무덤이나 묘비도 없이 매장되어 있는 상황을 의미한다고 볼 수 있다. 따라서 ㉯에서 연상되는 상황이 현실이 되는 것은 아버지의 죽음이 확정되는 것을 의미하며, 이 경우 ㉮에 투영된 어머니의 염원, 즉 아버지의 귀환이라는 바람이 실현될 가능성은 사라진다고 볼 수 있다.

⑤ **㉮와 ㉯ 모두, 관념적 의미가 부여됨으로써 인물이 이념에 편향되어 있음이 알려진다.**
㉮는 한국 전쟁 중 이데올로기의 갈등으로 인해 집을 나선 아버지의 귀환을 바라는 어머니의 염원이 투영되어 있다는 점과 ㉯는 이데올로기 문제로 빚어진 전쟁의 와중에 희생된 아버지의 죽음과 관련된다는 점에서 생각해 보면, ㉮와 ㉯ 모두 이데올로기와 연관이 있기에 관념적 의미가 부여되었다고 할 수도 있다. 그러나 ㉮와 ㉯로 인해 아버지가 이념에 편향되어 있음이 알려지는 것은 아니다.

### 30 외적 준거에 따른 작품 감상 정답률 72% | 정답 ③

**<보기>를 참고하여 윗글을 감상한 내용으로 적절하지 않은 것은? [3점]**

<보 기>
> 부정적인 방향으로 응고된 기억을 돌이켜 긍정적인 방향으로 재편함으로써 심리적 안정을 도모하는 기회를 마련할 수 있다. 심리 요법의 일환으로 적용되는 '기억 재응고화'는 마음의 상처로 남은 기억을 재구성하여 다른 의미와 가치에 대응시킴으로써, 사람들로 하여금 부정적 기억으로 빚어진 심리적 불안정에 대응할 힘을 회복하도록 돕는 원리이다.

① **'낙인'과도 같은 유년의 기억을 성인이 되어서도 떨쳐 버리지 못했다는 고백에 비추어 보면, 응고된 기억의 영향력에서 벗어나는 일이 쉽지 않음을 짐작할 수 있겠군.**
'나'는 어머니로부터 '아버지의 죄'를 들은 후부터 '아버지의 죄'를 자신도 나누어 지니고 있다고 느끼게 되고, 아버지의 무서운 환영이 '저주와 공포의 낙인으로 깊이 박혀져 있었다.'라고 말하고 있다. 이를 통해 '나'가 응고된 기억의 영향력에서 벗어나는 일이 쉽지 않다는 점을 알 수 있다.

② **'죄악감과 불길한 예감'을 유발한 동인을 추적해 보면, '아버지'에 관한 기억이 마음의 상처로 남음으로써 '나'의 심리적 불안정이 비롯되고 있음을 추정할 수 있겠군.**
'나'는 어머니로부터 '아버지의 죄'를 들은 충격으로 인해 아버지의 무서운 환영에 시달리게 된다는 점에서, '나' 의 심리적 불안정은 '아버지'에 관한 기억이 마음의 상처로 남음으로써 비롯되었음을 알 수 있다.

**✔ '줄 묶음'을 '내던지'는 '노인'의 행위와 '물 사발'을 올리는 '어머니'의 행위가 이어지며 제시되는 부분을 보면, '나'의 기억을 재응고화하기 위한 이들의 노력을 확인할 수 있겠군.**
이 작품에서 '나'에게 부정적인 방향으로 응고된 기억은 어머니로부터 들은 '아버지의 죄'로 인한 것이며, 이로 인해 '나'는 아버지의 무서운 환영에 시달리게 되고, '엄청난 죄악감과 불길한 예감'으로부터 벗어날 수 없게 된다. 따라서 '줄 묶음' 을 '내던지'는 노인의 행위는 죽어서도 유골을 얽매고 있는 철삿줄을 풀어 주고자 하는 노인의 행위일 뿐, '나'의 기억을 재응고화하기 위한 노력과는 관련이 없다. 또한 어머니가 '물 사발'을 올리는 것은 아버지의 무사함과 귀환을 바라는 염원을 드러내는 행위일 뿐, '나'의 기억을 재응고화하기 위한 노력과는 관련이 없다.

④ **'모래밭'에서의 '어머니' 형상과 '사내의 환영'이 어우러지는 장면에서, '아버지'에 대해 굳어져 있던 기억이 재편될 수 있는 가능성이 시사된다고 할 수 있겠군.**
'모래밭'에서 어머니와 아버지가 어우러지는 장면은 현기증을 느낀 '나'가 본 환영으로, 여기서 아버지는 어머니가 간직한 액자 속에서 학생복 차림으로 서 있던 모습 그대로 나타난다. '나'의 심리적 불안정이 아버지의 무서운 환영에 시달리는 것과 관련이 있음을 고려한다면, '나'의 어머니와 학생복 차림의 아버지가 어우러지는 모습은 '아버지'에 대한 '나'의 부정적 기억이 재편될 수 있음을 시사한다고 볼 수 있다.

⑤ **'아버지'에 대한 이미지가 '유해'에 대응되면서 '나'의 정서적 반응에 변화가 생기는 것을 보면, 부정적인 기억을 재구성함으로써 심리적 안정을 회복해 가는 경위를 엿볼 수 있겠군.**
'나'는 철삿줄에 묶인 채 매장된 유골을 수습한 후 무덤이나 묘비도 없이 어딘가에 매장되어 있을 아버지에 대해 연민의 감정을 느끼게 되는데, 이는 '아버지'에 대한 이미지가 '유해'에 대응되면서 점차 '아버지'에 대한 '나'의 부정적 감정이 해소된 것을 의미한다고 볼 수 있다. 따라서 아버지에 대한 '나'의 정서적 반응의 변화는 아버지에 대한 '나'의 부정적 기억이 재구성됨으로써 '나'가 심리적 안정을 회복했음을 보여준다고 할 수 있다.

[문제편 p.110]

## 31~34 현대시

(가) 이기철, 「청산행」

**해제** (가)는 속세와 결별하고 '청산'에서의 삶을 선택한 화자가 점차 청산에 동화되는 과정을 형상화한 작품으로, 시상의 전개 과정에서 대비되는 성격의 소재와 공간을 활용하여 주제 의식을 효과적으로 드러내고 있다. 속세 대신 자연을 선택한 화자가 곧바로 그곳에서의 삶에 온전히 동화된 것은 아니다. 여전히 속세에 대한 미련을 버리지 못하여 **속세에서의 삶을 떠올리며 내적 갈등**을 겪는다. 하지만 화자는 **결국 속세에 대한 미련을 떨쳐버리고 자연에 온전히 동화되어 살고 싶다는 소망**을 나타내고 있다.

**주제** 자연에 동화되고 싶은 소망

(나) 김현승, 「사실과 관습: 고독 이후」

**해제** (나)는 홀로 좋아하는 차를 마시는 일상적 행위를 통해 화자가 생각하는 바람직한 존재의 인식 태도를 나타내고 있다. 화자는 홀로 좋아하는 차를 마시는 행위를 '사실'이라고 말한다. 또 차를 마시며 즐거움을 느끼는 것을 '관습'이라고도 한다. '사실'은 실제로 발생했거나 현재 있는 일로 객관적 실체이며, '관습'은 오랜 시간 반복되어 굳어진 행동 양식이나 습관으로 경험을 통해 축적되는 것이다. 화자는 차를 즐기는 행위가 사실과 경험이며, 나아가 '내게 대한 모든 것'뿐 아니라 '모든 것에 대한 모든 것' 도 사실과 경험이라고 한다. 이는 **자신을 비롯한 모든 것의 존재를 인식할 때 사실적 경험을 준거로 삼겠다**는 생각을 드러낸 것으로, 이는 **더 이상 추상적 존재인 '절대자' 와의 관계로 대상의 존재를 인식하지 않겠다**는 생각을 나타낸 것이다. 이 작품은 특히 '뿐'을 반복하여 자신이 선택한 인식 방식이 바람직하다는 점을 강조하고 있다.

**주제** 사실과 관습으로 모든 존재를 인식하려는 태도

### 31 표현상 특징 파악 정답률 59% | 정답 ⑤

(가), (나)에 대한 설명으로 적절하지 않은 것은?

① **(가)는 인격화한 대상을 통해 화자의 심리를 내포하고 있다.**
(가)에서 '맨살 비비는 돌들과 함께 누워'는 '돌들'에 인격을 부여한 표현으로, 자연에 머물고 싶은 화자의 심리를 내포하고 있다.

② **(나)는 대상을 한정하는 어휘들을 사용하여 주제 의식을 강조하고 있다.**
(나)에 쓰인 부사 '다만'과 의존 명사 '뿐'은 대상을 한정하는 어휘로, 이를 통해 존재의 인식에 대한 자신의 생각을 강조하고 있다.

③ **(가)는 (나)와 달리, 공간의 이동에 따라 포착된 사물을 통해 화자의 태도를 드러내고 있다.**
(가)에서 화자는 '산길'을 가면서 발견한 '인가', '서쪽 마을', '저녁 연기'를 보며 속세에서의 삶을 떠올리고, '돌들'을 보면서 자연에 동화되고 싶다는 생각을 한다. 이처럼 (가)는 공간의 이동에 따라 포착된 사물을 통해 속세와 자연에 대한 화자의 태도를 드러내고 있다. 그러나 (나)에는 공간의 이동이 드러나지 않는다.

④ **(나)는 (가)와 달리, 화자를 거듭 명시하면서 시상을 전개하고 있다.**
(나)는 작품의 표면에 등장하는 '나'를 반복적으로 언급하여 시상을 전개하고 있다. 그러나 (가)는 작품 표면에 화자를 명시적으로 드러내고 있지 않다.

✔ **(가)와 (나)는 모두, 자연물에 화자의 정서를 투영함으로써 대상에 대한 친밀감을 드러내고 있다.**
(가)에서 함께 눕고 싶은 '돌들'은 청산에 동화되어 살고 싶은 화자의 정서가 투영된 자연물로 볼 수 있고, '돌들'과 함께 눕고 싶다는 생각은 자연물에 대한 화자의 친밀감을 드러낸 것으로 볼 수 있다. 한편 (나)에 '물'이라는 자연물이 나오기는 하지만 이는 '나'처럼 화자가 인식하는 대상 중 하나일 뿐 화자가 친밀감을 드러내는 대상은 아니다.

### 32 시어 및 시구의 비교와 대조 정답률 71% | 정답 ④

ⓐ, ⓑ에 대한 이해로 가장 적절한 것은?

① **ⓐ는 '길을 가다가 자주 뒤를 돌아보게' 하는 것이라는 점에서 다시 돌아갈 수 없는 그리움의 대상이다.**
ⓐ는 길을 가다 자주 뒤를 돌아보게 하는 이유와 관련된 것으로 속세에 대한 화자의 미련을 나타내고 있다. 그러나 '관습' 자체를 다시 돌아갈 수 없다고 느끼며 그리워하는 대상으로는 볼 수 없다.

② **ⓑ는 '호올로' 하는 행위라는 점에서 행위 주체의 사회적 고립을 드러내고 있다.**
ⓑ는 '호올로' 하는 것으로 화자가 달가워하고 즐거움을 느끼는 행위이다. 화자는 이런 행위를 통해 자아와 세상의 존재를 인식하는 바람직한 방식을 깨닫는다. 따라서 ⓑ를 화자가 사회적으로 고립되어 있음을 드러내는 것으로 볼 수는 없다.

③ **ⓐ는 바라봄의 대상인 '서쪽 마을'과 관련되어 있다는 점에서 피안에 대한 지향을, ⓑ는 일과를 마친 '저녁'과 관련되어 있다는 점에서 안식에 대한 지향을 드러내고 있다.**
ⓐ가 '서쪽 마을'과 관련된 것은 맞지만, '서쪽 마을'은 속세를 의미할 뿐 관념적으로 생각해 낸 현실 밖의 세계를 의미하는 '피안'에 대한 화자의 지향을 나타내지는 않는다. ⓑ는 차를 마시는 행위를 이르는 것으로, 저녁에 차를 마시는 행위가 즐겁다고 하는 것으로 볼 때 안식에 대한 화자의 지향과 관련이 있다고 할 수 있다.

✔ **ⓐ는 '서른 번 다져 두고 서른 번 포기'한 것이라는 점에서 내면의 갈등을, ⓑ는 '고즈넉한' 상황에서 이루어지는 '담담한 사실'이라는 점에서 내면의 평정함을 내포한다.**
(가)에서 '서른 번 다져 두고 서른 번 포기했던 관습들'에서 '서른 번 다져 두'었던 것은 속세를 떠나 청산에 살겠다는 생각을 의미하고, '서른 번 포기했던 관습들'은 속세에 대한 미련 때문에 청산에 살겠다는 생각을 반복적으로 포기했음을 의미한다. 따라서 산길을 걸으면서도 화자가 ⓐ를 떠올린 것은 청산에 있지만 속세에 대한 미련을 버리지 못하고 내적 갈등하는 화자의 상태를 내포한다. (나)에서 화자가 말하는 '관습'은 즐겁게 차를 즐기는 행위를 이르는 것으로, 이 행위는 고요하고 아늑한 상황에서 이루어지는 담담한 객관적 실재로 여러 번의 경험이 축적된 것이다. 따라서 ⓑ의 '관습'은 차를 마시는 행위가 고즈넉한 상황에서 이루어지는 즐거운 행위로서 내면에 평정을 이루게 한다는 점을 드러낸다고 할 수 있다.

⑤ **ⓐ는 사물들을 '내려다보'아 촉발된 것이라는 점에서 자기 연민의 성격을, ⓑ는 '달갑고', '좋아하는' 것이라는 점에서 자기 위안적 성격을 띠고 있다.**
ⓐ는 속세에 대한 화자의 미련과 관련되므로, 자신을 불쌍하게 여기는 감정인 자기 연민과는 관련이 없다. ⓑ는 '좋아하는' 차를 마시는 행위로, 화자는 이 행위를 '달갑고' 즐거운 일로 여길 뿐, 이를 통해 위로를 받는 것은 아니다.

### 33 시어, 시구의 의미와 기능 파악 정답률 74% | 정답 ③

㉠~㉤에 대한 이해로 적절하지 않은 것은?

① **㉠은 대상이 이전에는 제대로 파악되지 않았음을 드러내는 표현이다.**
㉠은 청산에 있는 것들이 잘 보이는 지금과는 달리 청산에 들어온 직후에는 아직 그 속에 있는 것들을 명확하게 파악하지 못했던 화자의 상황을 나타내는 것이다.

② **㉡은 '저녁 연기'의 형상으로 '한 가정'의 상황과 처지를 시각화한 표현이다.**
㉡은 '한 가정'에서 피어오르는 '저녁 연기'의 속성을 시각적으로 표현한 것으로, 그 가정이 겪는 어려움을 표현한 것으로 볼 수 있다.

✔ **㉢은 '맨살'을 드러낸 '돌들'이 부대끼는 형상으로 세파에 시달리는 모습을 나타내는 표현이다.**
㉢은 '맨살'을 드러낸 '돌들'이 부대끼는 모습을 표현한 것으로 볼 수 있지만, 이는 때 묻지 않은 순수한 자연물의 상태를 나타낸 것일 뿐 '돌들'이 거친 세상살이로 인한 어려움에 시달리는 모습을 나타낸 것은 아니다.

④ **㉣은 '차를 마시는 것'이 화자의 선호에 따른 주체적 행위임을 드러내는 표현이다.**
㉣은 차를 마시는 행위가 '누구'에 의해 행해진 수동적 행위가 아니라 주체적으로 하는 행위임을 나타낸 것이다.

⑤ **㉤은 '나'에 대한 현재의 인식이 이전과는 달라졌음을 드러내는 표현이다.**
㉤은 화자가 이전과는 다른 방법으로 '나'라는 존재에 대해 인식하고 있다는 점과 화자가 앞으로도 이러한 인식 방식을 지속할 것이라는 점을 드러내고 있다.

### 34 외적 준거에 따른 작품 감상 정답률 34% | 정답 ③

<보기>를 참고하여 (가), (나)를 감상한 내용으로 적절하지 않은 것은? [3점]

> <보 기>
> 자연과 절대자는 각각 인간에게 안식을 주거나 인간과 세계를 규정하는 중요한 준거로 인식되어 왔다. (가)는 세속의 일상을 떠나 자연에 들어온 화자가 점차 자연에 동화되어 가는 과정과 심리 상태를 그리고 있다. (나)는 자신과 세계 인식의 준거였던 절대자와의 관계를 회의하고 자신이 경험한 사실에 기초하여 존재를 인식하겠다는 태도를 표명하고 있다.

① **(가)의 '쓰다 둔 편지 구절과 버린 칫솔을 생각한다'는 것은 자연에 온전히 동화되지 못하는 화자의 심리를 보여 주는 것이겠군.**
(가)의 '쓰다 둔 편지 구절과 버린 칫솔을 생각한다'에서 '편지 구절' 과 '칫솔'은 속세와 관련된 것으로, 이것을 생각한다는 것은 속세에 대한 미련이 있음을 드러낸 것이다. 따라서 이 표현은 자연에 온전히 동화되지 못한 화자의 상태를 나타낸 것으로 볼 수 있다.

② **(나)의 '차를 마시는' 행위가 '내가 아는 내게 대한 모든 것', '모든 것에 대한 모든 것'으로 확장되는 것은 경험적 사실을 '나'와 모든 존재들에 대한 인식의 유일한 근거로 삼겠다는 의식이 반영된 것이겠군.**
(나)에서 '차를 마시는' 행위는 사실과 관습, 즉 경험적 사실을 통해 '내가 아는 내게 대한 모든 것'으로 인식을 확장하는 행위이다. 그리고 이것이 '모든 것에 대한 모든 것'으로 확장되는 것은 자아와 세계의 존재를 인식할 때 오로지 사실과 관습과 같은 경험적 사실을 존재의 근거로 삼겠다는 생각을 드러낸 것이다.

✔ **(가)의 '발을 푸니' '잘 보인다'는 것은 화자가 자연에 친숙해지는 심리 상태를, (나)의 '앞으로 남은 십년을 더 살든지 죽든지'는 절대자에 대해 회의하고 현실에 얽매이지 않겠다는 태도를 드러내고 있겠군.**
(가)의 '발을 푸니'는 화자가 청산에 들어와 살게 되었음을 나타내고, '잘 보인다'라는 것은 청산에 들어온 화자가 서서히 자연에서의 삶에 익숙해지는 과정을 나타낸다. 한편 (나)의 '앞으로 남은 십년을 더 살든지 죽든지'는 인생이 얼마나 남았든 간에 화자가 이제부터는 현실을 인식할 때 경험한 사실에 기초하겠다는 태도를 드러낸 것으로, 현실에 얽매이지 않겠다는 태도를 드러낸 것은 아니다.

④ **(가)의 '여울물'과 '때까치들'에는 자연에 들어와서 느끼는 화자의 심리가 투사되어 있음을, (나)의 '참새'의 떨어짐이 '누구'에 의한 것이 '아니'라는 데에서 절대자와의 관계에 대한 회의가 드러나 있음을 알 수 있겠군.**
(가)의 '허우적거리는 여울물'과 '때까치들'에는 속세에 대해 미련을 지닌 채로 자연에 들어와서 느끼는 화자의 심리가 투사되어 있다고 볼 수 있다. (나)의 화자는 '참새'의 떨어짐이 '누구'의 시킴을 받은 것이 '아니'라고 하고 있는데, 이때 '누구'를 절대자로 본다면 이는 세상의 존재를 인식할 때 절대자와의 관계에 근거하지 않고 오로지 사실, 경험 등에 의존하겠다는 뜻을 드러낸 것이다. 즉 이 구절은 화자가 절대자와의 관계에 대해 회의하고 있음을 드러내고 있다.

⑤ **(가)의 '이 세상을 앓아 보지 않은 것들과 함께'는 자연에 동화되려는 태도를, (나)의 '물은 물일 뿐'은 경험적 사실로만 대상을 인식하겠다는 태도를 드러내는 것이겠군.**
(가)의 '이 세상을 앓아 보지 않은 것'은 속세와 단절된 순수한 자연물로, 이들과 잠들고 싶다는 것은 자연에 동화되려는 화자의 태도를 나타낸 것이다. (나)의 '물은 물일 뿐'은 자신이 스스로 경험하고 인식한 사실 자체로 대상을 인식하겠다는 화자의 태도를 드러낸 것이다.

## [35~45] 화법과 작문

### 35 발표 표현 전략 사용 정답률 83% | 정답 ③

위 발표자의 말하기 방식으로 가장 적절한 것은?

① **청중의 실천을 강조하기 위해 전문가의 의견을 인용하고 있다.**
청중의 실천을 강조하기 위해 전문가의 의견을 인용하는 방식은 발표에서 활용하고 있지 않다.

② **청중의 요구를 충족하기 위해 발표 중간에 내용을 요약하고 있다.**
청중이 발표 내용 요약을 요구하는 부분을 찾아볼 수 없으며, 발표자가 발표 중간에 내용을 요약하고 있지도 않다.

✔ **청중의 관심을 끌기 위해 화제와 관련한 청중의 경험을 환기하고 있다.**
발표자는 발표의 도입부에서 '여러분, 어제 급식에 나온 김자반 맛있게 드셨나요?'라는 질문을 통해 화제와 관련한 청중의 경험을 환기하여 발표 내용에 대한 청중의 관심을 끌고 있다.

④ **청중의 이해를 돕기 위해 비언어적 표현을 활용하여 발표 순서를 안내하고 있다.**

[문제편 p.112]

발표자가 오른손을 내미는 비언어적 표현을 활용하고 있으나, 이 표현을 통해 발표 순서를 안내하고 있는 것은 아니다.

⑤ 청중의 궁금증을 해소하기 위해 스스로 묻고 답하는 방식으로 용어의 개념을 설명하고 있다.

발표자는 '그런데 김이 햇빛과 공기에 노출되면 왜 맛과 품질이 좋아질까요?'라고 묻고 '그것은 바로, 광합성이 활발해지고 살균 작용이 일어나기 때문입니다.'라며 스스로 답하는 방식을 활용하고 있으나, 이를 통해 용어의 개념을 설명하고 있는 것은 아니다.

## 36 자료 및 매체 활용 정답률 84% | 정답 ④

**다음은 발표자가 보여 준 자료이다. 발표자의 시각 자료 활용에 대한 설명으로 가장 적절한 것은?**

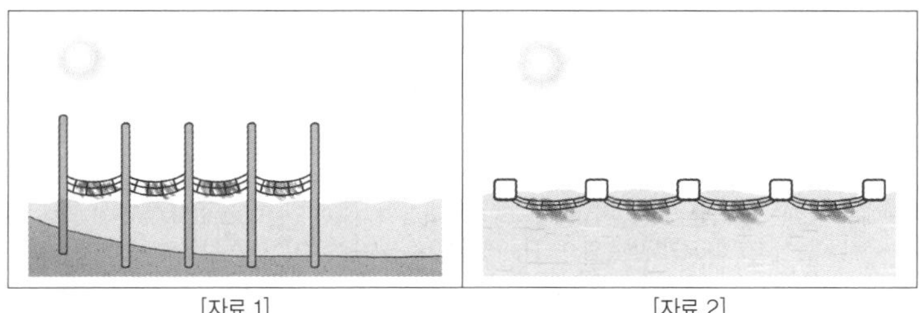

[자료 1] [자료 2]

① 김발 뒤집기로 바다의 양분을 김에 공급할 수 있다는 것을 설명하기 위해 ㉠에 [자료 1]을 활용하였다.

'김발 뒤집기'는 노출 부류식 양식 방법에 적용되는 작업 방식으로, 이를 설명하기 위해 지주식 양식 방법을 보여 주는 [자료 1]을 ㉠에 활용했다는 것은 적절하지 않다.

② 햇빛과 공기에 김이 노출되지 않아 갯병에 걸릴 수 있음을 설명하기 위해 ㉡에 [자료 1]을 활용하였다.

'햇빛과 공기에 김이 노출되지 않아 갯병에 걸릴 수 있음'은 발표에서 제시하고 있는 부류식 양식 방법의 특징인데 이를 설명하기 위해 지주식 양식 방법을 보여 주는 [자료1]을 ㉡에 활용했다는 것은 적절하지 않다.

③ 밀물과 썰물의 반복으로 살균 작용이 활발해짐을 설명하기 위해 ㉠에 [자료 2]를 활용하였다.

'밀물과 썰물의 반복으로 살균 작용이 활발해짐'은 발표에서 제시하고 있는 지주식 양식 방법의 특징인데 이를 설명하기 위해 부류식 양식 방법을 보여 주는 [자료 2]를 ㉠에 활용했다는 것은 적절하지 않다.

✔ 김의 생장 속도가 빨라 대량 생산에 유리하다는 점을 설명하기 위해 ㉡에 [자료 2]를 활용하였다.

[자료 1]은 지주식 양식 방법을 보여 주는 자료이고, [자료 2]는 부류식 양식 방법을 보여 주는 자료이다. '김의 생장 속도가 빨라 대량 생산에 유리하다는 점'은 발표에서 제시하고 있는 부류식 양식 방법의 특징이므로 이를 설명하기 위해 [자료 2]를 ㉡에 활용했다고 할 수 있다.

⑤ 두 양식 방법을 구별하는 요소가 김발의 유무라는 점을 설명하기 위해 ㉠에 [자료 1]을, ㉡에 [자료 2]를 활용하였다.

두 양식 방법 모두 김발을 활용하므로, 두 양식 방법을 구별하는 요소는 김발의 유무가 아니다.

## 37 발표 내용 이해 및 평가 정답률 86% | 정답 ⑤

**발표 내용을 바탕으로 할 때, 〈보기〉에 나타난 학생의 반응에 대한 이해로 적절하지 않은 것은?**

〈보 기〉

**학생 1** : 김이 광합성을 하지 않는다고 생각했는데, 김도 광합성을 하는구나. 그런데 김이 광합성을 하면 왜 맛과 품질이 좋아지는지 궁금한걸. 그 내용이 발표에 포함되어 있었으면 좋았을 텐데.
**학생 2** : 외국인들이 김을 사려고 줄을 서 있는 사진 덕분에 김의 인기를 실감할 수 있었어. 그런데 수산 식품 수출 1위, 연간 수출액 1조 원이라는 내용이 정확할까?
**학생 3** : 해조류인 김도 양식한다는 걸 알게 됐어. 광어, 우럭 같은 어류만 양식하는 줄 알았는데 그게 아니었군. 다른 해조류도 양식한다면 김 양식과 어떻게 다른지 정보를 찾아봐야겠어.

① '학생 1'은 알고 싶은 정보가 발표에서 다루어지지 않았음을 아쉬워하고 있다.

'학생 1'은 김이 광합성을 하면 맛과 품질이 좋아지는 이유가 궁금한데, 발표에서 이를 다루지 않았다며 아쉬워하고 있다.

② '학생 2'는 발표에 포함된 정보가 믿을 만한지 의문을 드러내고 있다.

'학생 2'는 김이 수산 식품 수출 1위, 연간 수출액 1조 원을 달성했다는 정보가 정확한 정보인지 의문을 드러내고 있다.

③ '학생 3'은 발표의 내용과 관련하여 추가적인 정보를 탐색하려 하고 있다.

'학생 3'은 다른 해조류도 양식을 한다면 김 양식과 어떻게 다른지 추가로 정보를 탐색해 보려고 하고 있다.

④ '학생 1'과 '학생 3'은 모두, 발표에서 언급된 정보를 통해 자신이 평소 알고 있던 바를 수정하고 있다.

'학생 1'은 발표에서 언급된 정보를 통해, 기존에 자신이 김은 광합성을 하지 않는 것으로 잘못 알고 있던 바를 수정하고 있다. 또한 '학생 3'도 발표에서 언급된 정보를 통해, 해조류인 김도 양식한다는 것을 알게 되었다며 자신이 평소 알고 있던 바를 수정하고 있다.

✔ '학생 2'와 '학생 3'은 모두, 발표 내용을 바탕으로 발표에서 제공하지 않은 정보를 추론하고 있다.

'학생 2'와 '학생 3'이 발표 내용을 바탕으로 발표에서 제공하지 않은 정보를 추론하고 있는 것은 아니다.

## 38 대화 맥락 분석 정답률 61% | 정답 ①

**다음은 (가)의 건의를 앞두고 도서부원들이 나눈 대화의 일부이다. (가)를 참고할 때 ⓐ에 해당하는 내용으로 가장 적절한 것은?**

**부원 2** : 교장 선생님과의 대화 시간에 전파 식별 시스템을 도입하자고 건의하면 어떨까?
**부원 1** : 그래, 만족도 조사 결과를 근거로 현재 도서관에서 학생들이 느끼는 불편한 점을 정리해서 말씀드리자.
**부원 3** : 전파 식별 시스템이 도입되었을 때 ⓐ 기대할 수 있는 효과에 대해서도 말씀드리면 설득력이 있을 거야.

✔ 원활한 장서 관리로 학습과 관련된 도서를 쉽게 찾을 수 있어 과제 수행에 도움을 받을 수 있음.

'부원 3'은 세 번째 발화에서 장서 점검기 도입으로 학생들이 책을 찾기 쉬워졌다고 언급하였으며, 이에 대해 '부원 1'은 '그 덕분에 교과와 관련성이 높거나 학생들의 선호도가 높은 책을 눈에 잘 띄는 서가에 배치할 수 있'게 되었다고 언급하였다. 따라서 '원활한 장서 관리로 학습과 관련된 도서를 쉽게 찾을 수 있어 과제 수행에 도움을 받을 수 있'다는 점은 ⓐ에 해당하는 내용으로 볼 수 있다.

② 학생증 없이 도서를 대출할 때 아이디와 비밀번호를 입력해야하는 번거로움을 해결할 수 있음.

'부원 1'은 여섯 번째 발화에서 '학생증이 없더라도 아이디와 비밀번호를 입력하면 대출과 반납을 할 수 있다'고 언급하였다. 따라서 '학생증 없이 도서를 대출할 때 아이디와 비밀번호를 입력해야 하는 번거로움을 해결할 수 있'다는 점은 ⓐ에 해당하는 내용으로 볼 수 없다.

③ 점심시간에도 도서관을 개방할 수 있어 오래 기다리지 않고 책을 빌릴 수 있음.

'부원 2'는 두 번째 발화에서 자가 대출 반납기 사용으로 '점심시간 말고도 도서관을 개방할 수 있게' 되었음을 언급하였다. 따라서 '점심시간에도 도서관을 개방할 수 있어 오래 기다리지 않고 책을 빌릴 수 있'다는 점은 ⓐ에 해당하는 내용으로 볼 수 없다.

④ 동선을 고려한 서가와 책상의 배치로 도서를 편안하게 열람할 수 있음.

'부원 3'의 세 번째 발화에 장서 점검기 도입으로 학생들이 책을 찾기 쉬워졌다는 내용은 제시되어 있지만, '동선을 고려한 서가와 책상의 배치'로 도서 열람이 편해졌다는 내용은 확인할 수 없으므로 ⓐ에 해당하는 내용으로 볼 수 없다.

⑤ 도서관 소식을 전하는 학교 누리집 게시판이 활성화될 수 있음.

'부원 2'는 세 번째 발화에서 '달라진 도서관에 대해 소개하는 안내문'을 '학급 게시판'에 게시하자고 제안하고 있고 이는 전파 식별 시스템 도입의 효과와 무관하므로, '도서관 소식을 전하는 학교 누리집 게시판이 활성화될 수 있'다는 점은 ⓐ에 해당하는 내용으로 볼 수 없다.

## 39 대화 내용 이해 및 평가 정답률 87% | 정답 ⑤

**[A], [B]의 발화에 대한 설명으로 적절하지 않은 것은?**

① [A]에서 '부원 1'은 질문의 형식을 통해 부원들의 생각이 자신과 같은지 확인하고 있다.

[A]에서 '부원 1'은 '그렇지 않니?'라는 질문의 형식을 통해, 새로 단장한 도서관에 대한 학생들의 반응이 좋은 것 같다는 자신의 생각과 부원들의 생각이 같은지 확인하고 있다.

② [A]에서 '부원 2'는 직전 발화를 긍정하며 그 이유를 언급하고 있다.

[A]에서 '부원 2'는 직전 발화에서 '부원 1'이 질문한 것에 대해 '맞아.'라고 대답하며 긍정하고 있다. 그리고 '도서관 이용이 편리해졌다'는 반 친구들의 반응을 새로 단장한 도서관에 대해 학생들의 반응이 좋은 이유로 제시하고 있다.

③ [B]에서 '부원 3'은 자신이 인식한 문제 상황을 해결하자고 제안하고 있다.

[B]에서 '부원 3'은 '아직도 달라진 도서관에 대해 잘 모르는 학생들이 있'다는 점을 제시하며 자신이 인식한 문제 상황을 해결할 것을 제안하고 있다.

④ [B]에서 '부원 2'는 구체적인 방법을 제시하며 부원들에게 함께할 것을 요청하고 있다.

[B]에서 '부원 2'는 '달라진 도서관에 대해 소개하는 안내문'을 작성하자는 구체적인 방법을 제시하며, 안내문을 학급 게시판에 게시하는 것에 함께할 것을 부원들에게 요청하고 있다.

✔ [B]에서 '부원 1'은 직전 발화를 재진술하며 새로운 절충안을 제시하고 있다.

[B]에서 '부원 1'은 '달라진 도서관에 대해 소개하는 안내문'을 작성하자는 '부원 2'의 제안에 대해, '안내문으로 학생들의 도서관 이용을 돕자는 말이지?'라고 질문하며 자신이 이해한 내용이 맞는지 확인하고 있다. 따라서 '부원 1'이 직전 발화를 재진술하며 서로 다른 의견에 대한 새로운 절충안을 제시한 것으로 볼 수 없다.

## 40 건의 글쓰기 내용 생성 정답률 82% | 정답 ④

**다음은 (가)의 ㉠~㉤을 바탕으로 '부원 1'이 작성한 메모의 일부이다. 메모의 내용이 (나)에 반영된 양상으로 적절하지 않은 것은? [3점]**

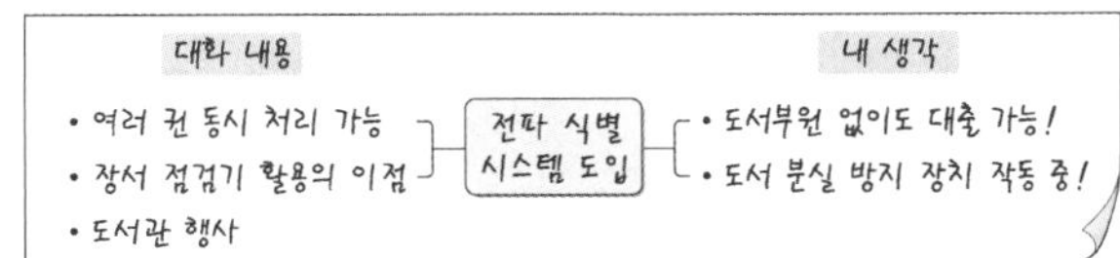


① ㉠을 바탕으로 작성된 메모의 '여러 권 동시 처리 가능'은, 대출에 소요되는 시간이 줄었다는 내용으로 (나)에 반영되었다.

㉠을 바탕으로 작성된 메모의 '여러 권 동시 처리 가능'은 (나)의 '수월해진 대출·반납에서, 전파 식별 시스템 덕분에 길게 줄 서는 일 없이 대출·반납이 가능하다는 내용, 즉 대출에 소요되는 시간이 줄었다는 내용으로 반영되었다.

② ㉡을 바탕으로 작성된 메모의 '장서 점검기 활용의 이점'은, 이용 편의를 고려해서 도서를 정리했다는 내용으로 (나)에 반영되었다.

㉡을 바탕으로 작성된 메모의 '장서 점검기 활용의 이점'은 (나)의 '이용 편의성을 높인 도서 배치'에서, 이용 편의성을 고려하여 도서를 정리하여 배치했다는 내용으로 반영되었다.

③ ㉢을 바탕으로 작성된 메모의 '도서부원 없이도 대출 가능'이라는 내용은, 과거에는 도서부원이 있을 때에만 도서 대출이 가능했다는 내용과 함께 (나)에 반영되었다.

㉢을 바탕으로 작성된 메모의 '도서부원 없이도 대출 가능'이라는 내용은 (나)의 '대출 가능 시간 확대' 항목에서, 과거에는 도서부원이 있는 점심시간에만 도서 대출이 가능했지만 이제는 도서부원이 없어도 직접 대출이 가능하다는 내용으로 반영되었다.

✔ ㉣을 바탕으로 작성된 메모의 '도서 분실 방지 장치 작동 중'이라는 내용은, 경보음이 울렸을 때의 대처 방안과 함께 (나)에 반영되었다.

㉣을 바탕으로 작성된 메모의 '도서 분실 방지 장치 작동 중'이라는 내용은 (나)의 '도서 분실 방지 장치 작동'에서 반영되었으나, '경보음이 울렸을 때의 대처 방안'은 (나)에 제시되지 않았다.

⑤ ㉤을 바탕으로 작성된 메모의 '도서관 행사'는, 행사의 종류를 소개하는 내용으로 (나)에 반영되었다.

ⓔ을 바탕으로 작성된 메모의 '도서관 행사'는 (나)의 '새 단장 기념 행사' 에서, '추천 도서 소개, 도서 속 보물찾기'라는 행사의 종류를 소개하는 내용으로 반영되었다.

## 41 설득 글쓰기 내용 조직 정답률 79% | 정답 ⑤

**(나)를 작성할 때 활용한 내용 조직 방법에 대한 설명으로 가장 적절한 것은?**

① **'수월해진 대출·반납'은 시간의 흐름에 따른 순서를 중심으로 내용을 조직하였다.**
'수월해진 대출·반납'은 대출·반납이 수월해진 점을 먼저 제시하고 그 이유를 뒤에 제시하고 있다. 하지만 시간의 흐름에 따른 순서를 중심으로 내용을 조직하고 있지는 않다.

② **'이용 편의성을 높인 도서 배치'는 과거와 현재 사이의 공통점을 중심으로 내용을 조직하였다.**
'이용 편의성을 높인 도서 배치'는 이전에는 제자리에 없던 도서가 많았지만 현재는 도서가 잘 정리되어 있다는 점을 제시하며, 과거와 현재 사이의 공통점이 아닌 차이점(달라진 점)을 중심으로 내용을 조직하고 있다.

③ **'수월해진 대출·반납'과 '대출 가능 시간 확대'는 모두, 문제점을 밝히고 그 해결 방안을 제시하는 방식으로 내용을 조직하였다.**
'수월해진 대출·반납'은 대출과 반납이 수월해졌다는 점과 그 이유를 제시하고 있으며, '대출 가능 시간 확대'는 과거와 비교하여 대출 가능 시간이 확대되었음을 제시하고 있다. 둘 다 문제점을 밝히고 해결 방안을 제시하는 방식으로 내용을 조직하고 있지는 않다.

④ **'도서 분실 방지 장치 작동'과 '새 단장 기념 행사'는 모두, 현상의 원인을 먼저 분석하고 그에 따른 결과를 제시하는 방식으로 내용을 조직하였다.**
'도서 분실 방지 장치 작동'은 대출 절차 없이 도서관 밖으로 책을 들고 나갔을 경우 경보음이 울릴 수 있다는 내용을 제시하고 있다. '새 단장 기념 행사'는 도서관의 새 단장을 기념하기 위해 준비한 행사를 나열하고 있다. 둘 다 현상의 원인을 먼저 분석하고 그에 따른 결과를 제시하는 방식으로 내용을 조직하고 있지 않다.

✔ **'자가 대출 반납기 이용 방법'은 '이용 편의성을 높인 도서 배치'와 달리, 일련의 절차를 차례로 제시하는 방식으로 내용을 조직하였다.**
'자가 대출 반납기 이용 방법'은 자가 대출 반납기를 활용하여 학생이 직접 도서를 대출하는 일련의 절차를 차례로 제시하는 방식으로 내용을 조직하고 있다. 하지만 '이용 편의성을 높인 도서 배치'에서는 일련의 절차를 차례대로 제시하는 내용 조직 방식을 활용하고 있지 않다.

## 42 건의 글쓰기 내용 점검 및 조정 정답률 40% | 정답 ②

**다음은 (나)를 고쳐 쓰기 위해 활용한 점검 항목이다. ㉮~㉲를 기준으로 (나)를 점검한 내용으로 적절하지 않은 것은?**

| 점검 항목 | |
|---|---|
| 안내문의 형식을 갖추고 있는가? | ㉮ |
| 글의 목적이 드러나는가? | ㉯ |
| 필요한 정보를 분명하게 전달하는가? | ㉰ |
| 소제목과 문단의 내용이 부합하는가? | ㉱ |
| 독자가 이해하기 쉽게 전달하는가? | ㉲ |

① **㉮ : 안내문의 제목이 없어 독자의 주목을 끌기 어려우니, 전체적인 내용을 고려해 제목을 만들면 어떨까?**
(나)에는 안내문의 제목이 없으므로, ㉮를 기준으로 전체적인 내용을 고려해 제목을 만들자는 점검 내용은 적절하다고 할 수 있다.

✔ **㉯ : 안내문을 쓴 목적이 제시되어 있지 않으니, 글의 처음 부분에 목적을 기술하는 것이 어떨까?**
(나)의 처음 부분에 '전파 식별 시스템 도입으로 달라진 우리 학교 도서관을 여러분에게 소개'한다는 내용을 통해 안내문을 쓴 목적을 명확히 제시하고 있음을 알 수 있다. 따라서 ㉯를 기준으로 안내문을 쓴 목적이 제시되어 있지 않다고 점검한 내용은 적절하지 않다.

③ **㉰ : 대출 가능 시간을 확실하게 알기 어려우니, 시간을 명시적으로 밝히면 어떨까?**
(나)에는 대출 가능 시간이 명확하게 제시되어 있지 않으므로, ㉰를 기준으로 시간을 명시적으로 밝히자는 점검 내용은 적절하다고 할 수 있다.

④ **㉱ : 소제목으로 포괄할 수 없는 문장이 있으니, 그 문장을 삭제하면 어떨까?**
(나)의 '대출 가능 시간 확대'의 마지막 문장은 소제목으로 포괄할 수 없는 내용이므로, ㉱를 기준으로 그 문장을 삭제하자는 점검 내용은 적절하다고 할 수 있다.

⑤ **㉲ : 글보다 그림을 더 쉽게 이해하는 독자도 있으니, 자가 대출 반납기 이용 방법을 그림으로 표현하여 추가하면 어떨까?**
(나)의 '자가 대출 반납기 이용 방법'에는 글로만 설명이 제시되어 있으므로, ㉲를 기준으로 자가 대출 반납기 이용 방법을 그림으로 표현하여 추가하자는 점검 내용은 적절하다고 할 수 있다.

## 43 설득 글쓰기 내용 생성 정답률 74% | 정답 ④

**다음은 '초고'를 쓰기 전에 학생이 작성한 메모의 일부이다. '초고'에 반영되지 않은 것은?**

- 1문단
  - 청소년 국가유산 지킴이 활동에 참여한 소감 제시 ················ ①
- 2문단
  - 문화재가 국가유산으로 명칭이 변경된 점 언급 ················ ②
  - 청소년 국가유산 지킴이의 정의 제시 ················ ③

…
- 4문단
  - 청소년 국가유산 지킴이 활동의 홍보가 미흡한 이유 언급 ················ ④

…
- 6문단
  - 청소년 국가유산 지킴이 활동의 의의 제시 ················ ⑤

① **청소년 국가유산 지킴이 활동에 참여한 소감 제시**
메모에는 '청소년 국가유산 지킴이 활동에 참여한 소감 제시'라고 되어 있는데, 초고의 1문단을 통해 봉사 활동을 통해 느낀 뿌듯함과 보람 등을 소감으로 제시하며 이를 반영하고 있음을 알 수 있다.

② **문화재가 국가유산으로 명칭이 변경된 점 언급**
메모에는 '문화재가 국가유산으로 명칭이 변경된 점 언급'이라고 제시되어 있는데, 초고의 2문단을 통해 국가유산이 재화의 성격이 강한 '문화재' 대신 사용하게 된 명칭이라는 점을 언급하며 이를 반영하고 있음을 알 수 있다.

③ **청소년 국가유산 지킴이의 정의 제시**
메모에는 '청소년 국가유산 지킴이의 정의 제시'라고 제시되어 있는데, 초고의 2문단을 통해 청소년 국가유산 지킴이가 '국가유산을 자발적으로 보호하고 관리하는 청소년 자원봉사자' 라는 정의를 제시하며 이를 반영하고 있음을 알 수 있다.

✔ **청소년 국가유산 지킴이 활동의 홍보가 미흡한 이유 언급**
메모에는 '청소년 국가유산 지킴이 활동의 홍보가 미흡한 이유 언급'이 제시되어 있지만, 초고의 4문단에는 홍보가 미흡하다는 내용만 제시되어 있을 뿐 홍보가 미흡한 이유에 대해서는 언급하고 있지 않다.

⑤ **청소년 국가유산 지킴이 활동의 의의 제시**
메모에는 '청소년 국가유산 지킴이 활동의 의의 제시'라고 제시되어 있는데, 초고의 6문단을 통해 청소년 국가유산 지킴이 활동이 국가유산뿐만 아니라 국가유산을 돌보는 문화까지 후손들에게 물려주는 일이라는 의의를 제시하며 이를 반영하고 있음을 알 수 있다.

## 44 설득 글쓰기 자료 및 매체 활용 정답률 79% | 정답 ③

**〈보기〉는 '초고'의 내용을 생성하기 위해 학생이 수집한 자료와 이에 대한 학생의 생각이다. '초고'의 문맥과 〈보기〉를 고려할 때, [A]에 들어갈 내용으로 가장 적절한 것은?**

〈보 기〉

○ 학생이 수집한 설문 조사 자료

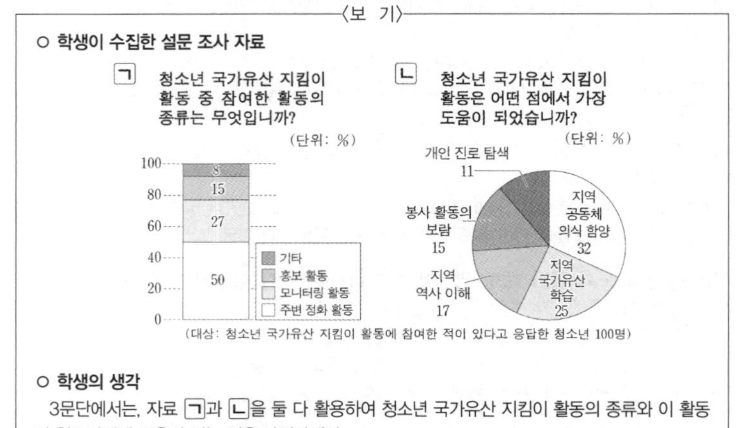


○ 학생의 생각

3문단에서는, 자료 ㄱ과 ㄴ을 둘 다 활용하여 청소년 국가유산 지킴이 활동의 종류와 이 활동이 청소년에게 도움이 되는 점을 다뤄야겠어.

① **홍보 및 모니터링, 주변 정화 활동 등 다양하다. 이 활동에서 청소년은 자신의 진로를 탐색하고, 유익한 봉사 활동을 스스로 경험하 며 보람을 느낄 수 있다.**
자료 ㄱ을 활용하여 국가유산 지킴이 활동의 종류를 다루고 있다. 또한 자료 을 활용하여 ㄴ이 활동이 청소년에게 도움이 되는 점을 일부 언급하고 있지만, [A] 이후에 제시된 내용과 중복되고 있으므로 [A]에 들어갈 내용으로 적절하지 않다.

② **청소년이 자발적으로 국가유산을 돌보는 활동이다. 이 활동을 통해 청소년은 국가유산에 대한 자부심을 기르며 지역 공동체에 대한 이해와 소속감을 높일 수 있다.**
자료 ㄱ을 활용한 국가유산 지킴이 활동의 종류를 제시하고 있지 않다.

✔ **주변 정화, 모니터링, 홍보 활동 등을 포함한다. 이 활동을 하는 과정에서 청소년은 지역 공동체 의식을 강화하고 지역의 역사와 국가유산에 대한 이해를 높일 수 있다.**
자료 ㄱ을 활용하여 국가유산 지킴이 활동의 종류를 다루고 있다. 또한 자료 ㄴ을 활용하여 이 활동이 청소년에게 도움이 되는 점을, [A] 이후에 제시된 내용과 중복되지 않게 제시하고 있으므로 [A]에 들어갈 내용으로 적절하다고 할 수 있다.

④ **주변 정화, 모니터링, 홍보 활동 순으로 중요하다. 청소년은 지킴이 활동을 하며 지역 공동체 의식 함양, 지역 국가유산 학습, 지역 역사 이해의 순서로 만족감을 느낄 수 있다.**
자료 ㄱ을 활용하여 국가유산 지킴이 활동의 종류를 다루고 있지만, 중요도와 관련 없는 자료를 중요도 순으로 제시하고 있어 적절하지 않다.

⑤ **주변 정화, 모니터링, 홍보 등의 활동이다. 주변 정화는 국가 유산 주변을 청소하고, 모니터링은 국가유산의 보존·관리 상태를 점검하며, 홍보는 국가유산에 대해 알리는 활동이다.**
자료 ㄱ을 활용하여 국가유산 지킴이 활동의 종류를 다루고 활동에 대한 설명을 제시하고 있으나, 국가유산 지킴이 활동이 청소년에게 도움이 되는 점을 제시하고 있지는 않다.

★★★ 등급을 가르는 문제!

## 45 설득 글쓰기 내용 점검 및 조정 정답률 28% | 정답 ②

**다음은 [B]에 대한 친구들의 의견과 그 의견을 반영하여 고쳐 쓴 글이다. 이에 대한 설명으로 가장 적절한 것은? [3점]**

○ 친구들의 의견

**친구 1** : 문단과 문단이 자연스럽게 연결되도록, 필요한 내용을 추가하면 좋겠어.
**친구 2** : 다른 문단에 언급된 내용이나 글의 통일성을 해치는 내용은 삭제하고, 그렇지 않은 내용은 남겨 두는 게 좋겠어.

○ 고쳐 쓴 글

학교에서는 진로 및 체험 활동 시간을 활용하여 국가유산 지킴이 활동의 가치를 이해시키고, 사례를 중심으로 실질적인 활동 방법을 지도할 수 있다. 지자체나 지역 단체는 국가유산 관련 캠페인



[문제편 p.115]

및 다양한 활동 프로그램의 개발과 적극적인 홍보를 통해 청소년의 참여를 유도할 필요가 있다. 그렇게 된다면 우리 청소년도 지역 국가유산에 관심을 가지고 국가 유산을 지키는 일에 주도적으로 동참할 수 있을 것이다.

① '친구 1'의 제안을 고려해 직전 문단과 이어지도록, 지자체에 활동 프로그램의 개발을 촉구하는 문장을 추가하였다.
지자체에 활동 프로그램 개발을 촉구하는 문장은 [B]에서도 있었으므로, 친구 1의 제안을 고려해 추가한 것으로 보기 어렵다.

✔② '친구 1'의 제안을 고려해 직전 문단에서 제기한 문제 중 해결책이 제시되지 않은 부분에 대해서는 교육 방안을 추가하였다.
4문단을 통해 청소년 국가유산 지킴이 활동과 관련된 교육이 부족하다는 점을 문제로 제기하고 있음을 알 수 있는데, [B]에서는 이에 대한 해결책이 제시되지 않았다. 따라서 고쳐 쓴 글에서는 친구 1의 제안을 고려해 이전 문단과 자연스럽게 연결되도록 교육 방안을 추가한 것으로 볼 수 있다.

③ 청소년 국가유산 지킴이 활동의 활성화 방안이 실현되었을 때 기대할 수 있는 바는 글 전체 내용과 부합하므로 '친구 1'의 제안을 고려해 유지하였다.
청소년 국가유산 지킴이 활동의 활성화 방안이 실현되었을 때 기대할 수 있는 바는 [B]의 마지막 문장에 제시되어 있으며, 고쳐 쓴 글에서도 마지막 문장에 제시되어 있다. 하지만 통일성을 해치지 않는 내용은 남겨두는 것이 좋겠다는 의견은 '친구 1'이 아니라 '친구 2'의 제안이다.

④ 국가유산 관련 캠페인의 필요성은 다른 문단에 언급된 내용이므로 '친구 2'의 제안을 고려해 삭제하였다.
국가유산 관련 캠페인의 필요성은 다른 문단에 언급된 내용이 아니고 고쳐 쓴 글에서도 유지되고 있으므로, 친구 2의 제안을 고려하여 삭제하였다는 내용은 적절하지 않다.

⑤ 청소년 국가유산 지킴이 참여 방법은 글의 주제와 관련이 없는 내용이므로 '친구 2'의 제안을 고려해 삭제하였다.
청소년 국가유산 지킴이 참여 방법은 글의 주제와 관련이 없어 삭제한 것이 아니라, 2문단에서 언급한 내용과 중복되므로 친구 2의 제안을 고려해 삭제한 것으로 볼 수 있다.

**★★ 문제 해결 꿀~팁 ★★**

▶ 많이 틀린 이유는?
고쳐 쓴 부분을 파악하는 것에서 나아가 그것이 글 전체의 흐름과 어떻게 연관되는지 파악하는 과정에서 어려움을 겪었기에 오답률이 높았던 것으로 보인다.
▶ 문제 해결 방법은?
이 문제를 해결하기 위해서는 '고쳐 쓴 글'과 초고의 내용에 대한 정확한 비교가 선행되어야 한다. ②의 경우 '친구 1'은 '문단과 문단이 자연스럽게 연결되도록, 필요한 내용을 추구하면 좋겠'다고 하였다. 이에 직전 문단을 살펴보면, 청소년 국가유산 지킴이 활동이 활성화되어 있지 않은 이유에 대하여, '교육이 부족하기 때문'이고 '지역 청소년들이 쉽게 참여할 수 있는 프로그램이 적으며 그에 대한 홍보 역시 미흡'하다는 점을 짚고 있다. 한편 [B]에서는 '다양한 활동 프로그램의 개발과 홍보'라는 해결책만 제시하고 있으므로 '교육 부족'에 대한 해결책을 '고쳐 쓴 글'에서 추가해야 한다. 이는 '고쳐 쓴 글'에서 '학교에서는 진로 및 체험 활동 시간을 활용하여 국가유산 지킴이 활동의 가치를 이해시키고, 사례를 중심으로 실질적인 활동 방법을 지도할 수 있다'는 내용으로 추가되었음을 확인할 수 있다. 이와 같은 유형의 문제를 해결하기 위해서는 '초고'와 '고쳐쓴 글'의 비교를 통해 어느 부분에서 차이가 생겼는지를 먼저 파악해야 한다.

## [35~45] 언어와 매체

### 35 품사의 특성 정답률 65% | 정답 ④

윗글을 바탕으로 할 때, 〈보기〉의 ⓐ~ⓓ에 대한 이해로 적절한 것은?

〈보 기〉
- 이 과일 한 상자에 ⓐ 얼마예요?
- 그는 ⓑ 무슨 일이든 척척 해내니?
- 지리산은 ⓒ 언제 보아도 아름답겠지?
- 밖에 ⓓ 어떤 분이 오셨어요?

① ⓐ, ⓑ는 불분명함을 나타내며 품사는 서로 다르다.
② ⓐ, ⓒ는 알지 못함을 나타내며 품사는 동일하다.
③ ⓐ, ⓓ는 알지 못함을 나타내며 품사는 동일하다.
✔④ ⓑ, ⓒ는 불분명함을 나타내며 품사는 서로 다르다.
ⓐ의 '얼마'는 대상을 알지 못함을 나타내며 명사이다. ⓑ의 '무슨'은 대상이 정해지지 않아 불분명함을 나타내며 관형사이다. ⓒ의 '언제'는 대상이 정해지지 않아 불분명함을 나타내며 부사이다. ⓓ의 '어떤'은 맥락에 따라 대상을 알지 못하거나 대상이 정해지지 않아 불분명함을 나타내며 관형사이다. 따라서 ⓑ, ⓒ는 불분명함을 나타내며 품사는 서로 다르다.
⑤ ⓑ, ⓓ는 알지 못함과 불분명함을 모두 나타내며 품사는 동일하다.

★★★ 등급을 가르는 문제!

### 36 호칭어와 지칭어 정답률 25% | 정답 ⑤

다음 ㉮~㉳를 통해 윗글의 ㉠~㉤을 설명한 내용으로 적절한 것은? [3점]

아들 : ㉮ 엄마, 진로 선택을 어떻게 해야 할지 모르겠어요.
엄마 : 음, 그래! 그럼 주말에 이모에게 상담 좀 받아 볼까?
딸 : 엄마, ㉯ 이모도 주말에 쉬어야 하는데 괜찮을까요?
아들 : 아니야. 전에 사촌 누나가 그러던데 이모 주말에 특별한 일 없으시대.
아빠 : ㉰ 여보세요. ㉱ 김 선생님의 사생활도 생각 좀 하시죠? 그리고, ㉲ 김수진 님! 본인 아드님 진로 상담은 충분히 알아본 다음에 하는 것이 어떨까요?
엄마 : 김 부장님, 제가 언니한테 잘 부탁해 볼 테니 걱정 마세요.
아빠 : 그럼 ㉳ 이모님께 감사 인사 꼭 드리고 상담도 집중해서 잘 받아라.

① ㉠은 같은 대상을 가리키는 호칭어 ㉮와 지칭어 ㉲를 통해 확인된다.
㉮는 '아들'이 '엄마'를 부르는 호칭어이고, ㉲는 '아빠'가 '아내'를 부르는 호칭어이다. ㉮와 ㉲는 화자와의 관계에 따라 같은 대상에 대한 호칭어가 달라지는 사례이다.

② ㉡은 지칭어 ㉯와 ㉳로도 확인되는데 비록 화자와 대상의 친족 관계가 다르더라도 같은 형식의 지칭어가 쓰일 수 있음이 확인된다.
㉡은 사적 관계에 있고 비격식적인 상황에서 대상을 이름이나 친족어 등으로 이르거나 부를 수 있음을 보여 주는 사례이다. ㉯와 ㉳에서 화자와 대상의 친족 관계는 각각 조카와 이모, 형부와 처제로 다르지만 동일한 친족어를 사용하여 대상을 지칭하고 있다. 그러나 ㉳는 ㉯에 접미사 '-님'이 결합된 복합적 형식이라는 점에서 ㉯와 ㉳를 같은 형식으로 보기는 어렵다.

③ ㉢은 공적이고 격식적인 상황에서 쓰인 호칭어 ㉲를 통해 확인된다.
제시된 상황은 가족 간의 대화 장면이므로 공적이고 격식적인 상황이라고 보기 어렵다.

④ ㉣은 지칭어 ㉯가, 같은 대상을 가리키는 호칭어 ㉱로 실현된 데에서도 확인된다.
㉣은 공적 관계에 있고 격식적인 대화 상황에서 공적인 직위나 지위 등을 사용하여 대상을 이르거나 부를 수 있음을 보이는 사례인데, 제시된 상황은 가족 간의 대화 장면이므로 공적이고 격식적인 상황이라고 보기 어렵다. 또한 ㉱는 호칭어가 아니라 지칭어이다.

✔⑤ ㉤은 화자가 친족 관계에 있는 청자에게 상황에 어울리지 않는 호칭어 ㉰를 사용하는 데에서 확인된다.
'여보세요.'는 가족 사이에, 특히 아들에게 일반적으로 사용할 법한 표현은 아니다. ㉰에서는 아들의 생각에 주의를 주는 정도의 특수한 의도를 가지고 상황에 어울리지 않는 호칭어를 쓰고 있다.

**★★ 문제 해결 꿀~팁 ★★**

▶ 많이 틀린 이유는?
선지의 용어를 세밀하게 파악하지 못한 경우가 많았기에 오답률이 높았던 것으로 보인다.
▶ 문제 해결 방법은?
이 문제는 정답을 고르는 것은 의외로 까다롭지 않았을 것으로 보이는 한편 오답을 가려내는 것에 보다 시간이 걸렸을 수 있다. ⑤의 경우 '아빠'가 '아들'에게 '여보세요.'라고 하는 것은 '친족 관계에 있는 청자에게' 하는 말이라는 점에서 '상황에 어울리지 않는 호칭어'라고 볼 수 있다. 따라서 '특수한 의도를 가지고 지칭어나 호칭어를 사용하는 경우'라고 할 수 있는데, '아빠'가 '아들'에게 '이모'의 사생활도 존중해야 한다는 정도의 주의를 주기 위해 사용한 호칭어라고 볼 수 있다. 한편 오답률이 높았을 것으로 보이는 ②의 경우 ㉯는 조카와 이모라는 친족 관계이고, ㉳는 형부와 처제라는 친족 관계이나 동일한 친족어인 '이모'를 사용하여 대상을 지칭하고 있다. 그러나 2문단을 참고하면, ㉳는 ㉯에 '-님'이 결합된 복합적 형식이라는 점에서 '같은 형식의 지칭어'가 아님을 알 수 있다. 마찬가지로 오답률이 높았을 것으로 보이는 ④의 경우 ㉣은 공적 관계에 있고 격식적인 대화 상황을 전제하는 사례라는 점에서 가족 간의 대화 장면을 그리고 있는, 제시된 상황에 적용하기 어렵다. 또한 ㉱가 호칭어가 아닌, 지칭어라는 점을 포착하는 것 역시 중요하다. 이와 같은 문제의 경우 오답의 근거를 명확하게 이해하고 넘어갈 수 있어야 한다.

### 37 서술어의 자릿수 정답률 44% | 정답 ①

밑줄 친 서술어가 필수적으로 요구하는 문장 성분의 개수 및 종류가 같은 것끼리 짝지어진 것은?

✔① 할아버지는 형님 댁에 계신다. / 여객선이 도착한 항구엔 안개가 꼈다.
'계시다'는 주어와 부사어를 필수적으로 요구하는 서술어이다. '도착하다' 역시 주어와 부사어를 필수적으로 요구하는 서술어이다.

② 저 친구는 불평이 그칠 날이 없다. / 그는 배에서 내리는 장면을 상상했다.
'계속되던 일이나 움직임이 멈추거나 끝나다.'의 뜻을 지니는 '그치다'는 주어를 필수적으로 요구하는 서술어이다. '탈것에서 밖이나 땅으로 옮아가다.'의 뜻을 지니는 '내리다'는 주어와 부사어를 필수적으로 요구하는 서술어이다.

③ 나는 이 호박을 죽으로 만들 것이다. / 아버지는 뜬눈으로 밤을 새웠다.
'무엇이 되게 하다.'의 뜻을 지니는 '만들다'는 주어, 목적어, 부사어를 필수적으로 요구하는 서술어이다. '한숨도 자지 아니하고 밤을 지내다.'의 뜻을 지니는 '새우다'는 주어, 목적어를 필수적으로 요구하는 서술어이다.

④ 얼음으로 된 성이 나타났다. / 그는 남이 아니고 가족이다.
'어떤 재료나 성분으로 이루어지다.'의 뜻을 지니는 '되다'는 주어, 부사어를 필수적으로 요구하는 서술어이다. '어떤 사실을 부정하는 뜻을 나타내는 말'인 '아니다'는 주어, 보어를 필수적으로 요구하는 서술어이다.

⑤ 그의 신중함은 아무래도 지나쳤다. / 언니는 간이역만 지나치는 기차를 탔다.
'일정한 한도를 넘어 정도가 심하다.'의 뜻을 지니는 '지나치다'는 주어를 필수적으로 요구하는 서술어이다. '어떤 곳을 머무르거나 들르지 않고 지나가거나 지나오다.'의 뜻을 지니는 '지나치다'는 주어, 목적어를 필수적으로 요구하는 서술어이다.

### 38 국어의 음운 변동 정답률 87% | 정답 ①

〈보기〉의 [A]에 들어갈 말로 적절한 것은?

〈보 기〉
선생님 : 한 단어에서 둘 이상의 음운 변동이 일어날 때 이들 간에 순서가 있을 수 있어요. 경우에 따라 먼저 일어난 음운 변동 결과로 다른 음운 변동이 일어날 조건이 마련되기도 하지요. 예컨대, '찾는'은 [찬는]으로 발음되는데, 음절의 끝소리 규칙이 일어나 비음화가 일어날 조건이 마련된 것이에요. ㉠~㉤에서 이런 순서나 조건을 확인할 수 있으니 ⓐ 자음군 단순화, ⓑ 된소리되기, ⓒ 비음화, ⓓ 음절의 끝소리 규칙을 활용해 설명해 봅시다.

| ㉠ 실없네[시럼네] | ㉡ 깊숙이[깁쑤기] |
|---|---|
| ㉢ 짓밟지[짇빱찌] | ㉣ 꺾는[껑는] |
| ㉤ 훑고[훌꼬] | |

학 생 : [A]
선생님 : 네, 맞아요.

✔① ㉠은 ⓐ가 일어나 ⓒ가 일어날 조건이 마련된 것이네요.
㉠의 '실없네[시럼네]'는 '없 → 업'의 자음군 단순화(ⓐ)가 일어나 'ㅂ → ㅁ'의 비음화(ⓒ)가 일어날 조건이 마련된 것이다.

② ㉡은 ⓑ가 일어나 ⓓ가 일어날 조건이 마련된 것이네요.
㉡의 '깊숙이[깁쑤기]'는 '깊 → 깁'의 음절의 끝소리 규칙(ⓓ)이 일어나 'ㅅ → ㅆ'의 된소리되기(ⓑ)가 일어날 조건이 마련된 것이다.

③ ㉢은 ⓓ가 일어나 ⓐ가 일어날 조건이 마련된 것이네요.
㉢의 '짓밟지[짇빱찌]'는 '짓 → 짇'의 음절의 끝소리 규칙(ⓓ)이 일어나 'ㅂ → ㅃ'의 된소리되기(ⓑ)가 일어날 조건이 마련된 것이다.

④ ㉣은 ⓒ가 일어나 ⓓ가 일어날 조건이 마련된 것이네요.
㉣의 '꺾는[껑는]'은 '꺾 → 꺽'의 음절의 끝소리 규칙(ⓓ)이 일어나 'ㄱ → ㅇ'의 비음화(ⓒ)가 일어날 조건이 마련된 것이다.

⑤ ㉤은 ⓑ가 일어나 ⓐ가 일어날 조건이 마련된 것이네요.
㉤의 '훑고[훌꼬]'는 '훑 → 훌'의 음절의 끝소리 규칙(ⓓ)이 일어나 'ㄱ → ㄲ'의 된소리되기(ⓑ)가 일어날 조건이 마련된 것이다.

**39** 한글 창제 이전의 차자 표기 정답률 74% | 정답 ③

**〈탐구 활동〉의 ⓐ ~ ⓓ로 적절하지 않은 것은?**

〈탐구 활동〉

차자 표기는 우리말을 한자로 표기하는 것이다. 차자 표기된 한자는 한자의 훈이나 음으로 읽게 된다. 이때 한자의 본뜻이 유지되기도 하고 그렇지 않기도 하다. 아래는 이러한 차자 표기 방식들을 '水(물-수)'로써 응용해 보인 것이다.

| | 훈으로 읽음 | 음으로 읽음 |
|---|---|---|
| 본뜻 유지 | 예) '水'를 '물'의 뜻으로 '물'로 읽음 … ㉠ | 예) '水'를 '물'의 뜻으로 '수'로 읽음 |
| 본뜻 무시 | 예) '水'를 '물'의 뜻과 상관 없이 '물'로 읽음 …… ㉡ | 예) '水'를 '물'의 뜻과 상관 없이 '수'로 읽음 …… ㉢ |

다음 한자(훈-음)를 이용해 차자 표기를 해 보고 그 방식을 설명해 보자.

火(불-화), 土(흙-토), 多(많다-다), 衣(옷-의), 乙(새-을)

예컨대, 고유어 표현 (ⓐ)의 밑줄 친 부분을 (ⓑ)로 표기하고 (ⓒ)(으)로 읽는다면 (ⓓ)의 방식을 이용한 것이다.

| | ⓐ | ⓑ | ⓒ | ⓓ |
|---|---|---|---|---|
| ① | 불빛이 일다 | 火 | 불 | ㉠ |
| ② | 진흙이 굳다 | 土 | 흙 | ㉠ |
| ③ | 웃음이 많다 | 多 | 다 | ㉡ |
| ④ | 시옷을 적다 | 衣 | 옷 | ㉡ |
| ⑤ | 찬물을 담다 | 乙 | 을 | ㉢ |

① '불[火]'을 '火'로 표기하고 '불'로 읽는 방식은 한자의 본뜻을 유지하고 훈으로 읽은 경우이기 때문에 ㉠에 해당한다.

② '흙[土]'을 '土'로 표기하고 '흙'으로 읽는 방식은 한자의 본뜻을 유지하고 훈으로 읽은 경우이기 때문에 ㉠에 해당한다.

✔③ '많다'의 '-다'를 '多'로 표기하고 '다'로 읽는 방식은 한자의 본뜻을 무시하고 음으로 읽은 경우이기 때문에 ㉢에 해당한다.

④ '시옷'의 '옷'을 '衣'로 표기하고 '옷'으로 읽는 방식은 한자의 본뜻을 무시하고 훈으로 읽은 경우이기 때문에 ㉡에 해당한다.

⑤ '찬물을'의 '을'을 '乙'로 표기하고 '을'로 읽는 방식은 한자의 본뜻을 무시하고 음으로 읽은 경우이기 때문에 ㉢에 해당한다.

**40** 매체 언어의 복합 양식성 정답률 88% | 정답 ②

**㉠ ~ ㉢에 대한 이해로 가장 적절한 것은?**

① ㉠, ㉡은 보도의 현장감을 높이기 위해 취재 현장에서 보도하는 영상을 제시하고 있다.
㉡은 취재 현장에서 보도하는 영상을 제시하고 있으나, ㉠은 취재 현장에서 보도하는 영상을 제시하고 있지 않다.

✔② ㉠, ㉢은 효과적인 의미 전달을 위해 보도 내용과 관련된 이미지와 문자를 사용하여 복합 양식의 특성을 드러내고 있다.
㉠은 독도 바다사자의 이미지와 자막을, ㉢은 지도 이미지와 자막을 함께 사용하여 복합 양식의 특성을 드러내고 있다.

③ ㉡, ㉢은 보도 내용에 대한 신뢰를 주기 위해 인터뷰 대상에 대한 정보를 제시하고 있다.
㉢은 인터뷰 대상이 △△해양연구소의 이○○ 연구원이라는 정보를 제시하고 있으나, ㉡은 인터뷰 대상의 정보를 제시하고 있지 않다.

④ ㉠, ㉡, ㉢은 보도의 주요 화제를 전환하기 위해 일상생활에 도움이 되는 정보를 화면 상단에 제시하고 있다.
㉠, ㉡, ㉢ 모두 화면의 오른쪽 상단에 일상생활에 도움이 되는 미세 먼지 관련 정보를 제시하고 있으나, 해당 정보가 보도의 주요 화제를 전환하기 위한 것은 아니다.

⑤ ㉠, ㉡, ㉢은 보도 내용에 대한 시청자의 이해를 돕기 위해 추가 정보를 화면 하단의 자막 내용으로 제시하고 있다.
㉠, ㉡, ㉢ 모두 화면의 하단에 자막이 배치되어 있으나, 자막을 통해 추가적인 정보를 제시하는 것이 아니라 보도에서 이미 다루고 있는 정보를 제시하고 있다.

**41** 매체 자료 수용의 관점과 가치 정답률 95% | 정답 ②

**다음은 위 뉴스에 대한 시청자 게시판의 내용이다. 시청자의 수용 양상에 대한 설명으로 적절하지 않은 것은?**

□ 시청자 게시판

**다랑이** : 뉴스에서 말하는 복원이 외국의 비슷한 종을 데려와 정착시킨다는 말인 것 같은데, 이것이 오히려 우리 생태계에 악영향을 줄 수 있지 않을까요?

**행복이** : 복원 사업이 성공하려면 지역 어민들의 협조가 필요한데, 적극 협조한다는 지역 어민 대표님의 말씀이 참 고맙네요.

**강치맘** : 지구 온난화로 해수 온도가 상승한다던데, 서식 환경의 적합성 면에서 독도 지역이 복원에 유리하다고 보긴 어려워요.

**보리보리** : 독도 바다사자가 인간의 남획으로 사라졌다는 사실이 안타깝네요. 복원이 이루어진다면, 남획으로 사라지는 일이 없게 어로 금지 구역 설정 등의 보존 대책을 세웠으면 좋겠어요.

**독도사랑** : 저는 독도 인근 주민인데, 독도 바다사자의 복원 추진에 대해 제 주변의 사람들은 모르고 있어요. 진행자가 지역 사회의 비상한 관심을 끌고 있다고 말한 것이 확실한지 모르겠어요.

① '다랑이'는 '전문가' 발화의 일부 내용에 주목하여 비판적 시각을 보이고 있다.
'다랑이'는 뉴스에서 '전문가'가 베링해 등에서 혈연적으로 가까운 개체군을 들여오는 방식의 복원에 대해 언급한 내용에 주목하여 이러한 방식이 우리 생태계에 악영향을 줄 수 있지 않겠냐는 비판적인 시각을 드러내고 있다.

✔② '행복이'는 '지역 어민 대표' 발화의 일부 내용에 주목하여 자신이 이해한 정보가 맞는지 확인하고 있다.
'행복이'는 뉴스에서 '지역 어민 대표'가 독도 바다사자 복원에 적극 협조하겠다고 밝힌 것에 주목하여 이에 대한 고마움을 드러내고 있다. 그러나 자신이 이해한 정보가 맞는지 확인하고 있는 것은 아니다.

③ '강치맘'은 '관계자' 발화의 일부 내용에 주목하여 그것과 다른 견해를 보이고 있다.
'강치맘'은 뉴스에서 '관계자'가 서식 환경의 적합성 면에서 독도가 바다사자 복원에 유리하다고 언급한 내용에 주목하여 지구 온난화로 인한 해수 온도의 상승을 근거로 다른 견해를 제시하고 있다.

④ '보리보리'는 '기자' 발화의 일부 내용에 주목하여 자신의 의견을 제안하고 있다.
'보리보리'는 뉴스에서 '기자'가 독도 바다사자가 일제 강점기 남획으로 사라졌다고 언급한 내용에 주목하여 남획을 막기 위한 대책을 세워야 한다는 의견을 제안하고 있다.

⑤ '독도사랑'은 '진행자' 발화의 일부 내용에 주목하여 그것이 실제 사실인지 의문을 제기하고 있다.
'독도사랑'은 뉴스에서 '진행자'가 독도 바다사자의 복원이 지역 사회의 비상한 관심을 끌고 있다고 언급한 내용에 주목하여 인근 주민으로서 해당 내용이 확실한지 모르겠다며 의문을 제기하고 있다.

**42** 매체 언어의 표현 방법 정답률 88% | 정답 ④

**ⓐ ~ ⓔ에 대한 설명으로 가장 적절한 것은?**

① ⓐ : 보조사 '는'을 사용하여, '독도 바다사자'를 다른 지역의 바다사자와 비교한다.
'독도 바다사자는'에 쓰인 '는'은 문장 속에서 어떤 대상이 화제임을 나타내는 보조사이다.

② ⓑ : 보조사 '만'을 사용하여, '1900년대 초까지'가 기대에 미치지 못하는 수준임을 표현한다.
'1900년대 초까지만 해도'의 '만'은 '하다'와 함께 쓰여 앞말이 나타내는 대상이나 내용 정도에 달함을 나타내는 보조사이다.

③ ⓒ : 연결 어미 '-다가'를 사용하여, 개체 수의 감소 국면이 반전되었음을 표현한다.
'급격히 줄다가 완전히 자취를 감추었고'에 쓰인 '-다가'는 어떤 일의 과정이 다른 일이 이루어지는 원인이나 근거 따위가 됨을 나타내는 연결 어미이다.

✔④ ⓓ : 연결 어미 '-고'를 사용하여, 독도 바다사자의 복원이 상대적으로 수월한 이유를 나열하고 있다.
독도 바다사자의 복원이 유리한 이유로 '인간과의 충돌 가능성이 크지 않음.'과 '독도 지역은 서식 환경이 적합함.'을 연결 어미 '-고'를 통해 나열하고 있다.

⑤ ⓔ : 피동사 '전망되다'를 사용하여, 독도 바다사자 복원의 주체를 숨기고 있다.
피동사 '전망되다'로 인해 드러나지 않는 주체는 '전망'의 주체이지 '복원'의 주체가 아니다.

**43** 매체 언어의 의미 전달 방식 정답률 88% | 정답 ②

**위 뉴스를 참고하여 학생들이 독도 옛 모습 찾기 캠페인을 홍보하는 포스터를 아래와 같이 만들었다고 할 때, 포스터의 정보 제시 및 구성 방식에 대한 이해로 적절하지 않은 것은?**

① 독도 바다사자에 대한 정보를 확인할 수 있도록, 오른쪽 하단에 QR 코드를 제시했다.
포스터의 오른쪽 하단에 독도 바다사자에 대해서 알아볼 수 있는 QR 코드를 제시하여 수용자가 독도 바다사자에 대한 정보를 확인할 수 있도록 하고 있다.

✔② 행사 내용을 강조하기 위해, 상위와 하위 항목의 글자 크기와 굵기를 서로 달리하여 제시했다.
포스터에서 상위와 하위 항목의 글자 크기와 굵기를 서로 달리하여 행사 내용을 강조하고 있지 않다. 행사 내용과 관련된 정보를 전달하는 글자 간에는 크기와 굵기의 차이가 없다.

③ 캠페인의 목적을 분명히 드러내기 위해, 홍보용 포스터 제목을 글 상자에 넣어 상단 중앙에 제시했다.
'독도의 옛 모습을 찾기 위한 독도 바다사자 복원!!'이라는 제목을 글 상자에 넣어 포스터의 상단 중앙에 제시함으로써 캠페인의 목적을 분명히 드러내고 있다.

④ 독도 옛 모습 찾기에 동참하자는 의미를 담기 위해, 학생의 말풍선에 청유 형식의 문구를 제시했다.



[문제편 p.118]

학생 이미지 옆의 말풍선에 들어가 있는 문구를 '우리 함께합시다.'와 같이 청유형으로 마무리하여 독도 옛 모습 찾기에 동참하자는 의미를 담고 있다.

⑤ 독도와 독도 바다사자가 함께하는 독도의 옛 모습을 떠올릴 수 있도록, 독도를 배경으로 독도 바다사자가 헤엄치는 모습을 이미지로 제시했다.
포스터에 독도를 배경으로 헤엄치는 독도 바다사자의 이미지를 제시하여 수용자가 독도와 독도 바다사자와 함께하는 독도의 옛 모습을 떠올릴 수 있도록 하고 있다.

**44** 매체 유형에 따른 특성 정답률 84% | 정답 ⑤

**윗글에 나타난 매체 활용 방식으로 적절하지 않은 것은?**

① '나영'은 회의 참여가 불가능한 '수민'을 위해 회의를 디지털 형태의 파일로 저장했다.
'나영'은 회의에 참석하지 못한 '수민'을 위해 회의를 녹화해서 파일로 저장하겠다며 회의 참여자들의 동의를 구하고 있다. 이어지는 채팅 기능을 통해 '나영'이 회의 녹화를 실행했음을 알 수 있다.

② '지현'은 게시판에 쉽게 접속할 수 있도록 학생회 사회 관계망 서비스 게시판 주소를 전송했다.
'지현'은 채팅 기능을 통해 학생회 사회 관계망 서비스 게시판의 주소를 친구들에게 전송하고 있다.

③ '민진'은 게시판에 제출된 의견을 효율적으로 검토하기 위해 '소회의실' 기능의 활용을 제안했다.
'민진'은 게시판에 제출된 많은 의견 중 앱에 반영할 의견을 고르는 시간을 줄이기 위해 '소회의실' 개설을 제안하고 있다.

④ '은준'은 개인적으로 친구에 대한 안부를 확인하기 위해 '귓속말' 기능을 활용하여 '나영'과 대화했다.
'은준'은 회의의 진행과는 별도로, 개인적으로 '수민'에 대한 안부를 묻기 위해 '귓속말' 기능을 통해 '나영'과 대화하고 있다.

✔ **'서형'은 '슬라이드 자동 넘김'에 대한 회의 참여자들의 선호 정도를 확인하기 위해 '영상 공유' 기능을 사용했다.**
'서형'은 '영상 공유' 기능을 통해서 '슬라이드 자동 넘김'이 구현되는 모습을 친구들에게 보여 주고 있다. 이는 해당 기능이 실현 가능하다는 점을 회의 참여자들에게 보여 주기 위한 것이지, 해당 기능에 대한 회의 참여자들의 선호 정도를 확인하기 위한 것이 아니다.

**45** 뉴미디어의 특성 정답률 84% | 정답 ⑤

**위 회의를 바탕으로 ㉠을 아래와 같이 제작했다고 할 때, ⓐ ~ ⓔ에 대한 이해로 적절하지 않은 것은? [3점]**

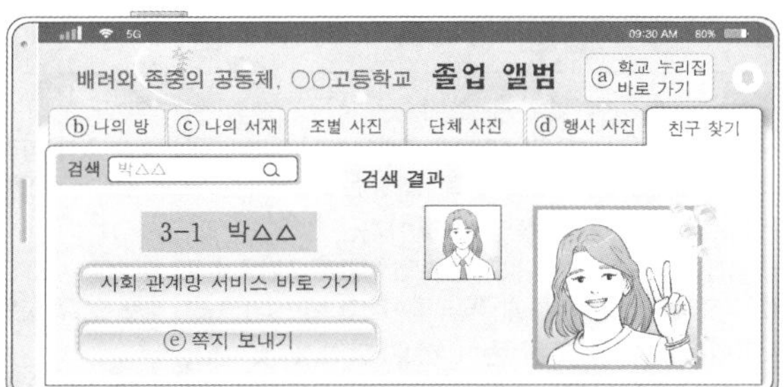


① 앱 이용 중에 학교 누리집에 접속할 필요가 있을 때, ⓐ를 이용하면 편리하겠군.
회의에서 '서형'이 발화한 내용을 통해 ⓐ는 앱에서 학교 누리집으로 바로 연결되는 메뉴임을 알 수 있다.

② 사용자는 '친구 찾기'에서 친구가 ⓑ에 입력해 둔 계정 주소를 통해 친구 계정으로 바로 이동할 수 있겠군.
회의에서 '은준'이 발화한 내용을 통해 ⓑ는 학생들이 자신들의 사회 관계망 서비스 주소를 직접 입력할 수 있는 메뉴임을 알 수 있다. 또한 회의에서 '윤하'가 발화한 내용을 통해 '친구 찾기'를 통해 친구를 검색하면 친구가 입력해 놓은 친구 계정으로 바로 이동할 수 있음을 알 수 있다. 따라서 친구가 ⓑ에 자신의 사회 관계망 서비스 주소를 입력해 놓으면, '친구 찾기'를 통해 해당 주소의 친구 계정으로 바로 이동하는 것이 가능함을 알 수 있다.

③ 학교생활 중에 썼던 글을 ⓒ에 올려 두면, 저장한 글을 보고 싶을 때 다시 열어 볼 수 있겠군.
회의에서 '지현'이 발화한 내용을 통해 '나의 서재'는 간직하고 싶은 글을 저장할 수 있는 메뉴임을 알 수 있다. 따라서 학교생활 중에 썼던 글을 ⓒ에 올려 두고 보고 싶을 때 다시 열어 보는 것이 가능함을 알 수 있다.

④ 학교 행사들을 추억하고 싶을 때 ⓓ를 이용하면 시간 순서에 따라 행사 사진들을 다시 볼 수 있겠군.
'민진'은 회의에서 시간 순서에 따라 자동으로 사진을 볼 수 있는 '슬라이드 자동 넘김' 기능을 '행사 사진' 메뉴에 적용하자고 제안하고 있다. 따라서 ⓓ를 이용하면 '슬라이드 자동 넘김' 기능을 통해 시간 순서에 따라 행사 사진들을 다시 보는 것이 가능함을 알 수 있다.

✔ **ⓔ를 사용하여 쪽지를 보냈다는 것을 알리려면 수신자의 사회 관계망 서비스에 접속해야 하겠군.**
회의에서 '은준'이 발화한 내용을 통해, '쪽지 보내기'를 통해 발신자가 쪽지를 보내면 수신자의 휴대 전화에 알림이 감을 알 수 있다. 따라서 ⓔ를 활용하여 쪽지를 보냈다는 것을 알리기 위해 수신자의 사회 관계망 서비스에 접속할 필요가 없다.



# 07 회 | 2024학년도 6월 모의평가 고3

• 정답 •

공통 | 독서·문학
01 ② 02 ⑤ 03 ① 04 ② 05 ④ 06 ⑤ 07 ⑤ 08 ② 09★ ① 10 ④ 11 ③ 12 ① 13 ③ 14★ ① 15 ②
16 ③ 17 ④ 18 ① 19 ② 20 ④ 21 ⑤ 22 ⑤ 23 ④ 24 ① 25 ③ 26 ④ 27 ⑤ 28 ③ 29 ④ 30 ②
31 ④ 32 ② 33★ ⑤ 34 ③
선택 | 화법과 작문
35 ① 36 ⑤ 37 ② 38 ④ 39 ③ 40 ⑤ 41★ ① 42 ④ 43 ② 44 ⑤ 45 ③
선택 | 언어와 매체
35 ③ 36 ⑤ 37★ ② 38 ④ 39 ④ 40 ② 41 ① 42 ⑤ 43 ⑤ 44 ③ 45 ①

★ 표기된 문항은 [등급을 가르는 문제]에 해당하는 문항입니다.



## [01~34] 독서·문학

### 01~03 독서 이론

**'독서 동기의 두 유형'**

**해제** 이 글은 **슈츠가 제시한 '때문에 동기'와 '위하여 동기'라는 두 유형**을 바탕으로 **독서 동기에 대해 설명**하고 있다. **독서 동기**는 **슈츠가 제시한 '때문에 동기'와 '위하여 동기'라는 두 유형을 적용하여 설명**할 수 있다. 독서의 **'때문에 동기'**는 **독서 행위를 하게 만든 이유로 독서 이전에 이미 발생한 사건이나 경험과 관련**된다. 그리고 **'위하여 동기'**는 **독서 행위를 통해 달성하고자 하는 목적으로 독서 이후의 상태에 대한 기대나 예측과 관련**된다. 이러한 **동기 개념은 독서 습관의 형성 과정을 설명하는 데 도움**이 된다. **독서 습관**은 **'때문에 동기'와 '위하여 동기'를 바탕으로 독서 행위를 시작**하고, **성공적인 독서 경험이 새로운 독서 행위로 이어지는 선순환의 과정을 통해 형성**된다.

**주제** 독서 동기의 두 유형과 독서 습관의 형성 과정

**문단 핵심 내용**

| | |
|---|---|
| 1문단 | 독서 동기의 의미 |
| 2문단 | 슈츠가 제시한 독서 동기 두 유형의 이해 |
| 3문단 | 독서 습관의 형성 과정을 설명할 수 있는 동기 개념 |

**01** 세부 내용의 이해 정답률 92% | 정답 ②

**윗글의 내용에 대한 이해로 적절하지 않은 것은?**

① 타인의 권유나 추천이 독서를 하는 이유가 될 수 있다.
1문단을 통해 선생님의 권유나 친구의 추천, 자기 계발 등 독서를 하게 되는 동기는 다양함을 알 수 있다.

✔ **슈츠는 동기의 두 측면을 합쳐 하나의 유형으로 제시했다.**
1문단을 통해 슈츠가 동기를 '때문에 동기'와 '위하여 동기'의 두 유형으로 제시하였음을 알 수 있다. 하지만 슈츠가 동기의 두 측면을 합쳐 하나의 유형으로 제시했다는 내용은 찾아볼 수 없으므로 적절하지 않다.

③ 독서 습관을 형성하기 위해서는 독서 행위를 시작하는 것이 필요하다.
3문단을 통해 독서 습관을 형성하려면 우선 독서 행위를 시작하는 것과 독서 행위를 지속하는 것이 중요함을 알 수 있다.

④ 독서 동기의 정의는 독서를 시작하게 하는 힘과 계속하게 하는 힘을 포함한다.
1문단을 통해 독서 동기는 '독서를 이끌어 내고, 지속하는 힘'으로 정의되고, 이 정의에는 독서의 시작과 지속이라는 두 측면이 포함되어 있음을 알 수 있다.

⑤ 독서의 '때문에 동기'와 '위하여 동기'는 독서 습관의 형성 과정을 설명하는 데 유용하다.
3문단을 통해 '때문에 동기'와 '위하여 동기' 개념은 독서 습관의 형성 과정을 설명하는 데 도움이 됨을 알 수 있다.

**02** 구체적인 사례에의 적용 정답률 92% | 정답 ⑤

**다음은 학생의 메모이다. [A]를 참고할 때, ㉮ ~ ㉰에 대한 설명으로 가장 적절한 것은? [3점]**

> 나는 ㉮ 학교에서 '한 학기에 책 한 권 읽기' 과제를 받았다. 그래서 이번 학기에 읽을 책으로 철학 분야의 책을 선택했다. 책을 다 읽고 나면 ㉯ 철학에 대해 많이 알게 되겠지. 그리고 ㉰ 어려운 책을 읽어 냈다는 뿌듯함도 느낄 수 있을 거야.

① ㉮는 독서를 통해 달성하고자 하는 목적이므로 '위하여 동기'라고 할 수 있다.
학생의 메모를 통해 ㉮는 독서 행위를 하게 만든 이유에 해당함을 알 수 있고, 2문단을 통해 '때문에 동기'는 독서 이전에 이미 발생한 사건이나 경험과 관련됨을 알 수 있다. 따라서 ㉮는 '위하여 동기'가 아니라 '때문에 동기'에 해당한다.

② ㉯는 독서를 하도록 만든 사건에 해당하므로 '때문에 동기'라고 할 수 있다.
㉯는 '때문에 동기'가 아니라 '위하여 동기'에 해당한다.

③ ㉮와 ㉯는 이미 발생하여 독서의 계기가 되었으므로 '때문에 동기'라고 할 수 있다.
㉮는 '때문에 동기'에 해당하지만 ㉯는 '위하여 동기'에 해당한다.

④ ㉮와 ㉰는 독서 이전 시점에 경험한 일에 해당하므로 '때문에 동기'라고 할 수 있다.
㉮는 '때문에 동기'에 해당하지만, ㉰는 '위하여 동기'에 해당한다.

✔ **㉯와 ㉰는 독서의 결과로 얻게 될 기대에 해당하므로 '위하여 동기'라고 할 수 있다.**
학생의 메모를 통해 ㉯와 ㉰는 독서 행위를 통해 달성하고자 하는 목적에 해당함을 알 수 있다. 그리고 2문단을 통해 '위하여 동기'는 독서 행위를 달성하고자 하는 목적으로, 그 목적은 독서 독서 이후의 상태에 대한 기대나 예측이라는 성격을 가짐을 알 수 있다. 따라서 ㉯와 ㉰는 독서의 '위하여 동기'에 해당한다고 할 수 있다.

## 03 내용 해석의 적절성 평가 정답률 95% | 정답 ①

윗글을 바탕으로 할 때, 〈보기〉를 설명한 내용으로 적절하지 않은 것은?

〈보 기〉

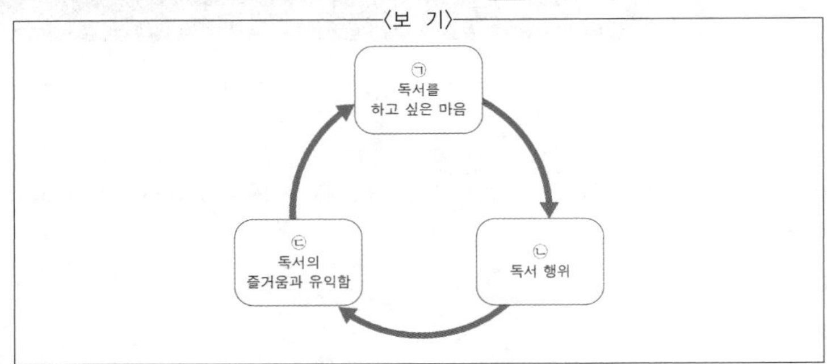


✔ ㉠으로 시작해 ㉢을 경험하면 ㉠은 자연스럽게 사라진다.
3문단을 통해 독서 행위를 통해 즐거움과 유익함을 경험하게 되면 다른 책을 더 읽고 싶다는 마음이 들고 그러한 마음은 새로운 독서 행위로 연결됨을 알 수 있다. 따라서 ㉠으로 시작해 ㉢을 경험하면 새로운 독서 행위로 연결될 수 있는 ㉠이 생길 수 있는 것이라 할 수 있으므로, ㉠으로 시작해 ㉢을 경험하면 ㉠이 자연스럽게 사라진다고 할 수 없다.

② ㉡으로 ㉢을 얻는 것이 성공적 독서 경험의 핵심이다.
3문단을 통해 성공적인 독서 경험의 핵심은 독서 행위를 통해 즐거움과 유익함을 경험하는 것임을 알 수 있으므로 적절한 설명이다.

③ ㉢의 경험을 통하여 ㉠이 생기면 ㉡으로 이어질 수 있다.
3문단을 통해 독서 행위를 통해 즐거움과 유익함을 경험하게 되면 다른 책을 더 읽고 싶다는 마음이 들고, 그러한 마음은 새로운 독서 행위로 연결됨을 알 수 있으므로 적절한 설명이다.

④ ㉢은 ㉡의 결과인 동시에 새로운 ㉡의 목적이 될 수 있다.
3문단을 통해 성공적인 독서 경험의 핵심은 독서 행위를 통해 즐거움과 유익함을 경험하는 것이라고 하였으므로, ㉢이 ㉡의 결과가 될 수 있음을 알 수 있다. 그리고 3문단을 통해 독서의 즐거움과 유익함은 새로운 독서 행위를 통해 다시 경험하고 싶어지는 '위하여 동기'가 되기도 함을 알 수 있고, 2문단을 통해 독서의 '위하여 동기'는 독서 행위를 통해 달성하고자 하는 목적을 의미함을 알 수 있다. 따라서 이를 통해 ㉢이 ㉡의 결과인 동시에 새로운 ㉡의 목적이 될 수 있음을 알 수 있다.

⑤ ㉠, ㉡, ㉢의 선순환을 통해 독서 경험이 반복되고 심화된다.
3문단을 통해 '㉠, ㉡, ㉢'의 선순환을 통해 독서 경험이 반복되고 심화되면서 독서 습관이 자연스럽게 형성됨을 알 수 있다.

## 04~07 사회

### '공포 소구에 대한 연구'

**해제** 이 글은 **공포 소구에 대한 재니스와 레벤달의 연구, 그리고 이들의 연구를 종합하여 위티가 도출해 낸 결론에 대해 설명**하고 있다. **재니스**는 **세 가지 수준의 공포 소구 중 중간 수준의 공포 소구가 가장 큰 설득 효과를 보인다는 것을 발견**하였다. 그런데 이에 대해 **레벤달**은 비판하면서 **공포 소구의 효과가 수용자의 감정적 반응만이 아니라 인지적 반응과도 관련**된다고 하였다. **위티**는 이러한 **선행 연구들을 종합하여, 공포 소구의 설득 효과를 좌우하는 두 요인으로 위협과 효능감을 설정**한 후, 이 **두 요인의 수준에 따라 위험 통제 반응과 공포 통제 반응이 달리 작동하게 된다는 결론을 도출**하였다.

**주제** 공포 소구에 대한 연구의 전개 과정과 그 내용

**문단 핵심 내용**

| | |
|---|---|
| 1문단 | 공포 소구의 의미 및 재니스의 공포 소구 연구 |
| 2문단 | 재니스의 연구를 비판한 레벤달의 공포 소구 연구 |
| 3문단 | 재니스와 레벤달의 연구를 종합한 위티의 공포 소구 연구 |
| 4문단 | 위티가 공포 소구에 대해 도출한 결론 및 결론이 지니는 의의 |

## 04 서술 방식 파악 정답률 87% | 정답 ②

윗글의 내용 전개 방식으로 가장 적절한 것은?

① 화제에 대한 연구들이 시작된 사회적 배경을 분석하고 있다.
이 글을 통해 재니스, 레벤달, 위티가 공포 소구에 대한 연구하였음을 알 수 있지만, 이 연구들이 시작된 사회적 배경을 분석하지는 않고 있다.

✔ 화제에 대한 연구들을 선행 연구와 연결하여 설명하고 있다.
이 글에서는 기존 연구에서 다루어지지 않았던 공포 소구의 설득 효과에 주목한 재니스의 연구, 재니스의 연구가 인간의 감정적 측면에만 치우쳤다고 비판하며 공포 소구가 인지적 반응과도 관련되었다는 레벤달의 연구를 서술하고 있다. 그리고 위티는 재니스의 연구와 레벤달의 연구를 종합하여 결론을 도출하고 있다. 따라서 이 글은 공포 소구에 대한 연구들을 선행 연구와 연결하여 설명하고 있음을 알 수 있다.

③ 화제에 대한 연구들을 분류하는 기준의 문제점을 검토하고 있다.
이 글을 통해 재니스, 레벤달, 위티의 연구를 바탕으로 공포 소구 연구의 진척을 설명하고 있지만, 공포 소구 연구들을 분류하는 기준의 문제점을 검토하지는 않고 있다.

④ 화제에 대한 연구들을 소개한 후 남겨진 연구 과제를 제시하고 있다.
이 글에서는 그간의 공포 소구 이론을 통합한 결과라는 점에서 후속 연구의 중요한 디딤돌이 되었다는 위티의 결론이 지닌 의의를 제시하며 글을 마무리하고 있다. 따라서 공포 소구에 대해 남겨진 연구 과제를 제시하였다는 설명은 적절하지 않다.

⑤ 화제에 대한 연구들이 봉착했던 난관과 그 극복 과정을 소개하고 있다.
이 글에서는 공포 소구에 대한 연구들이 봉착했던 난관과 그 극복 과정을 소개하지는 않고 있다.

## 05 반응의 적절성 판단 정답률 82% | 정답 ④

윗글을 읽은 학생의 반응으로 적절하지 않은 것은?

① 재니스는 공포 소구의 효과를 연구하는 실험에서 공포 소구의 수준을 달리하며 수용자의 변화를 살펴보았겠군.
1문단을 통해 재니스가 수용자에게 공포 소구를 세 가지 수준으로 달리 제시하는 실험을 통해 중간 수준의 공포 소구가 가장 큰 설득 효과를 보인다는 것을 발견하였음을 알 수 있다. 따라서 재니스는 공포 소구의 수준을 달리하며 수용자의 변화를 살펴보았음을 알 수 있다.

② 레벤달은 재니스의 연구 결과에 대하여 수용자의 감정적 반응과 인지적 반응을 모두 고려하여 살펴보았겠군.
2문단을 통해 레벤달이 공포 소구의 효과가 수용자의 감정적 반응만이 아니라 인지적 반응과도 관련된다고 하면서 재니스의 연구가 감정적 측면에만 치우쳤다고 비판하였음을 알 수 있다. 따라서 레벤달은 재니스의 연구 결과에 대하여 수용자의 감정적 반응과 인지적 반응을 모두 고려하여 살펴보았음을 알 수 있다.

③ 레벤달은 공포 소구의 설득 효과가 나타나려면 공포 통제 반응보다 위험 통제 반응이 작동해야 한다고 보았겠군.
2문단을 통해 위험 통제 반응이 작동하면 수용자들이 공포 소구의 권고를 따르게 되지만, 공포 통제 반응이 작동하면 오히려 두려움의 감정을 통제하기 위해 공포 소구에 담긴 위험을 무시하려는 반응을 보이게 됨을 알 수 있다. 따라서 레벤달은 공포 소구의 설득 효과가 나타나려면 위험 통제 반응이 작동해야 한다고 보았음을 알 수 있다.

✔ 위티는 수용자가 공포 소구에 담긴 위험을 느끼지 않아야 공포 소구의 권고를 따르게 된다고 보았겠군.
2문단을 통해 레벤달이 위험 통제 반응이 작동하면 수용자가 공포 소구의 권고를 따르게 된다고 말하였음을 알 수 있다. 그리고 3문단을 통해 위티는 위협의 수준이 높으려면 수용자가 공포 소구에 담긴 위험이 자신이 겪을 수 있는 것이고 그 정도가 크다고 느껴야 한다고 여겼음을 알 수 있다. 따라서 위티는 수용자가 공포 소구에 담긴 위험을 느끼지 않으면 위협의 수준이 낮게 되고, 그러면 위험 통제 반응이 작동하지 않아 수용자가 공포 소구의 권고를 따르지 않게 된다고 보았을 것임을 알 수 있다.

⑤ 위티는 공포 소구의 위협 수준이 그 공포 소구의 효능감 수준에 따라 달라지는 것은 아니라고 보았겠군.
3문단을 통해 수용자가 공포 소구에 담긴 위험을 어떻게 느끼느냐에 따라 위협의 수준이 달라지고, 수용자가 공포 소구에 담긴 권고를 어떻게 느끼느냐에 따라 효능감의 수준이 달라짐을 알 수 있다. 따라서 위티가 위협과 효능감이라는 두 요인의 수준을 서로 연관하여 설명한 것은 아님을 알 수 있다.

## 06 구체적인 사례에의 적용 정답률 81% | 정답 ⑤

윗글을 참고할 때, 〈보기〉의 실험에 대해 추론한 내용으로 적절하지 않은 것은? [3점]

〈보 기〉

한 모임에서 공포 소구 실험을 진행한 결과, 수용자들의 반응은 위티의 결론과 부합하였다. 이 실험에서는 위협의 수준(높음 / 낮음), 효능감의 수준(높음 / 낮음)의 조합을 달리하여 피실험자들을 네 집단으로 나누었다. 집단 1과 집단 2는 공포 소구에 대한 반응이 없었고, 집단 3은 위험 통제 반응, 집단 4는 공포 통제 반응이 작동하였다.

① 집단 1은 위협의 수준이 낮았을 것이다.
4문단을 통해 위협의 수준이 낮으면 공포 소구에 대한 반응이 없게 됨을 알 수 있다. 따라서 〈보기〉에서 집단 1은 공포 소구에 대한 반응이 없었으므로, 집단 1은 위협의 수준이 낮았음을 알 수 있다.

② 집단 3은 효능감의 수준이 높았을 것이다.
4문단을 통해 위협과 효능감의 수준이 모두 높으면 위험 통제 반응이 작동함을 알 수 있다. 따라서 〈보기〉에서 집단 3은 위험 통제 반응이 작동하였으므로 위협과 효능감의 수준이 모두 높았음을 알 수 있다.

③ 집단 4는 위협과 효능감의 수준이 서로 달랐을 것이다.
4문단을 통해 위협의 수준은 높지만 효능감의 수준이 낮으면 공포 통제 반응이 작동함을 알 수 있다. 따라서 〈보기〉에서 집단 4는 공포 통제 반응이 작동하였으므로 위협의 수준은 높지만 효능감의 수준이 낮았음을 알 수 있다.

④ 집단 2와 집단 4는 위협의 수준이 서로 달랐을 것이다.
〈보기〉에서 집단 2는 공포 소구에 대한 반응이 없었으므로 위협의 수준이 낮았음을 알 수 있고, 집단 4는 공포 통제 반응이 작동하였으므로 위협의 수준이 높았음을 알 수 있다.

✔ 집단 3과 집단 4는 효능감의 수준이 서로 같았을 것이다.
〈보기〉를 통해 집단 3은 위험 통제 반응이 작동하였고, 집단 4는 공포 통제 반응이 작동하였음을 알 수 있다. 그리고 4문단을 통해 위협과 효능감의 수준이 모두 높으면 위험 통제 반응이 작동하고, 위협의 수준은 높지만 효능감의 수준이 낮으면 공포 통제 반응이 작동함을 알 수 있다. 따라서 집단 3은 효능감의 수준이 높고, 집단 4는 효능감의 수준이 낮았을 것이라고 추론할 수 있다.

## 07 단어 사용의 적절성 파악 정답률 79% | 정답 ⑤

문맥상 ㉠~㉤과 바꾸어 쓰기에 적절하지 않은 것은?

① ㉠ : 편향(偏向)되었다고
'편향(偏向)되다'는 '한쪽으로 치우치게 되다.'라는 의미이므로 ㉠과 바꾸어 쓰기에 적절하다.

② ㉡ : 명명(命名)하였다
'명명(命名)하다'는 '사람, 사물, 사건 따위의 대상에 이름을 지어 붙이다.'라는 의미이므로 ㉡과 바꾸어 쓰기에 적절하다.

③ ㉢ : 경험(經驗)할
'경험(經驗)하다'는 '자신이 실제로 해 보거나 겪어 보다.'라는 의미이므로 ㉢과 바꾸어 쓰기에 적절하다.

④ ㉣ : 발송(發送)했다고
'발송(發送)하다'는 '물건, 편지, 서류 따위를 우편이나 운송 수단을 이용하여 보내다.'라는 의미이므로 ㉣과 바꾸어 쓰기에 적절하다.

✔ ㉤ : 기여(寄與)하지
'기여(寄與)하다'는 '도움이 되도록 이바지하다.'의 의미를 지니고 있다. 그런데 '영향을 주다'에서의 '주다'는 '도움'이 되게 한다는 의미를 내포하고 있지 않으므로, '기여하다'는 ㉤과 바꾸어 쓰기에 적절하지 않다.

## 08~11 과학

### '고체 촉매의 구성 요소'

**해제** 이 글은 **활성화 에너지를 조절하는 물질인 촉매가 화학 산업에서 사용될 때의 구성 요소에 대해 설명**하고 있다. **활성화 에너지를 조절하여 반응 속도에 변화를 주는 물질을 촉매**라고 하는데, **고체 촉매는**



[문제편 p.121]

대부분 **활성 성분, 지지체, 증진제로 구성**된다. **활성 성분**은 그 **표면에 반응물을 흡착시켜 촉매 활성을 제공하는 물질**로, **고체 촉매에서는 반응에 관여하는 표면의 활성 성분 원자가 많을수록 촉매 활성이 높아진다.** 한편 고온에서는 금속 원자들로 이루어진 작은 입자들이 서로 달라붙어 큰 입자를 이루는 소결 현상이 일어나는데, **지지체**는 **소결 현상으로 인해 활성 성분의 표면적이 줄어드는 문제를 해결하는 요소**이다. 그리고 **증진제**는 **활성 성분의 표면 구조를 변화시켜 소결을 억제하거나, 전자 밀도를 변화시켜 흡착 세기를 조절하는 등 활성을 조절하는 요소**이다.

**주제** 고체 촉매의 구성 요소와 촉매 활성 조절의 원리

**문단 핵심 내용**

| | |
|---|---|
| 1문단 | 촉매의 이해 및 고체 촉매의 구성 |
| 2문단 | 고체 촉매의 구성 1-활성 성분의 이해 |
| 3문단 | 고체 촉매의 구성 2-지지체의 이해 |
| 4문단 | 고체 촉매의 구성 3-활성 성분의 이해 |

## 08 세부 내용의 이해 정답률 79% | 정답 ②

**윗글의 내용과 일치하지 않는 것은?**

① **촉매를 이용하면 화학 반응이 새로운 경로로 진행된다.**
1문단을 통해 촉매는 촉매가 없을 때와는 활성화 에너지가 다른, 새로운 반응 경로를 제공함을 알 수 있다. 따라서 촉매를 이용하면 화학 반응이 새로운 경로로 진행된다고 할 수 있다.

✔ **고체 촉매는 기체 생성물과 촉매의 분리 공정이 필요하다.**
1문단을 통해 화학 산업에서 고체 촉매가 주로 이용되는데, 그 이유가 액체나 기체인 생성물을 촉매로부터 분리하는 별도의 공정이 필요 없기 때문임을 알 수 있다. 따라서 고체 촉매는 기체 생성물과 촉매의 분리 공정이 필요하다는 내용은 적절하지 않다.

③ **고체 촉매에 의한 반응은 생성물의 탈착을 거쳐 완결된다.**
2문단을 통해 고체 촉매의 촉매 작용에서는 반응물이 먼저 반응하여 생성물로 변환된 후, 생성물이 표면에서 탈착되는 과정을 거쳐 반응이 완결됨을 알 수 있다. 따라서 고체 촉매에 의한 반응은 생성물의 탈착을 거쳐 완결된다고 할 수 있다.

④ **암모니아 합성에서 철 표면에 흡착된 수소는 전자를 철 원자와 공유한다.**
2문단을 통해 암모니아 합성 과정에서 수소와 질소가 철의 표면에 흡착되어 각각 원자 상태로 분리되고, 흡착된 반응물은 전자를 금속 표면의 원자와 공유하여 안정화됨을 알 수 있다. 따라서 암모니아 합성 과정에서 철 표면에 흡착된 수소는 전자를 철 원자와 공유한다고 할 수 있다.

⑤ **증진제나 지지체 없이 촉매 활성을 갖는 고체 촉매가 있다.**
4문단을 통해 고체 촉매는 활성 성분이 반드시 있어야 하지만 경우에 따라 증진제나 지지체를 포함하지 않기도 함을 알 수 있다. 따라서 증진제나 지지체 없이 촉매 활성을 갖는 고체 촉매가 있다고 할 수 있다.

★★★ 등급을 가르는 문제!

## 09 방법의 적절성 파악 정답률 44% | 정답 ①

**㉠의 촉매 활성을 높이는 방법으로 가장 적절한 것은?**

✔ **반응물을 흡착하는 금속 원자의 개수를 늘린다.**
2문단을 통해 고체 촉매에서는 반응에 관여하는 표면의 활성 성분 원자가 많을수록 반응물의 흡착이 많아 촉매 활성이 높아짐을 알 수 있다. 따라서 반응물을 흡착하는 금속 원자의 개수를 늘리는 것은 촉매 활성을 높이는 방안이라 할 수 있다.

② **활성 성분의 소결을 촉진하는 증진제를 첨가한다.**
3문단을 통해 입자가 소결되면 금속 활성 성분의 전체 표면적은 줄어듦을 알 수 있다. 따라서 소결이 일어나면 촉매 활성이 저하되므로, 소결을 촉진하는 것은 촉매 활성을 높이는 방법이라고 할 수 없다.

③ **반응물의 반응 속도를 늦추는 지지체를 사용한다.**
1문단을 통해 촉매 활성은 반응물의 반응 속도를 빠르게 하는 것임을 알 수 있다. 따라서 반응물의 반응 속도를 늦추는 것은 촉매 활성을 높이는 방법이라 할 수 없다.

④ **반응에 대한 활성화 에너지를 크게 하는 금속을 사용한다.**
1문단을 통해 활성화 에너지가 작으면 활성화 에너지보다 큰 운동 에너지를 가진 분자가 많아 반응이 빠르게 진행됨을 알 수 있다. 따라서 활성화 에너지를 크게 할 경우 반응이 느려지므로, 활성화 에너지를 크게 하는 금속을 사용하는 것은 촉매 활성을 높이는 방법이라 할 수 없다.

⑤ **활성 성분의 금속 입자들을 뭉치게 하여 큰 입자로 만든다.**
3문단을 통해 활성 성분의 금속 입자들이 뭉쳐져 큰 입자를 이루는 것이 소결임을 알 수 있다. 따라서 입자가 소결되면 촉매 활성이 저하되므로, 금속 입자들을 뭉치게 하여 크게 만드는 것은 촉매 활성을 높이는 방법이라 할 수 없다.

**★★ 문제 해결 꿀~팁 ★★**

▶ **많이 틀린 이유는?**
이 문제는 ㉠의 촉매 활성을 높이는 방법을 글 전체를 통해 확인하는 것에 어려움을 겪어 오답률이 높았던 것으로 보인다.

▶ **문제 해결 방법은?**
이 문제를 해결하기 위해서는 일차적으로 선택지에 제시된 내용을 바탕으로 관련된 글의 내용이 어디에 제시되어 있는지를 파악해야 한다. 즉, '반응물을 흡착', '활성 성분의 소결', '반응물의 반응 속도', '반응에 대한 활성화 에너지', '활성 성분의 금속 입자들이 뭉치는 것'을 통해 관련 내용이 글의 어느 부분에 있는지를 확인해야 한다. 그런 다음 문제에서 요구하는 촉매 활성을 높이는 방법인지 여부를 확인하면 된다. 가령 정답인 ①의 경우, '반응물을 흡착' 내용이 2문단에 있음을 파악하고, 2문단을 통해 고체 촉매에서는 반응에 관여하는 표면의 활성 성분 원자가 많을수록 반응물의 흡착이 많아 촉매 활성이 높아진다는 내용을 파악하면 적절함을 알았을 것이다. 마찬가지로 오답인 ②의 경우에도 '활성 성분의 소결'에 대한 내용이 3문단에 있음을 파악하였다면 적절하지 않았음을 알 수 있었을 것이다. 이처럼 선택지에서는 글과 관련된 부분을 알 수 있게 해 주는 단서가 제시되어 있으므로, 선택지를 꼼꼼히 읽어 선택지에 제시된 단서를 찾아서 글의 어느 부분을 통해 확인할 수 있는지를 파악할 수 있도록 한다.

## 10 구체적인 사례에의 적용 정답률 59% | 정답 ④

**윗글을 바탕으로 〈보기〉를 이해한 내용으로 적절하지 않은 것은? [3점]**

〈보 기〉

아세틸렌은 보통 선택적 수소화 공정을 통하여 에틸렌으로 변환된다. 이 공정에서 사용되는 고체 촉매는 팔라듐 금속 입자를 실리카 표면에 분산하여 만들며, 아세틸렌과 수소는 팔라듐 표면에 흡착되어 반응한다. 여기서 실리카는 표면적이 넓고 열적 안정성이 높다. 이때, 촉매에 규소를 소량 포함시키면 활성 성분의 표면 구조가 변화되어 고온에서 팔라듐의 소결이 억제된다. 또한 은을 소량 포함시키면 팔라듐의 전자 밀도가 높아지고 팔라듐 표면에 반응물이 흡착되는 세기가 조절되어 원하는 반응을 얻을 수 있다.

① **아세틸렌은 반응물에 해당한다.**
〈보기〉를 통해 아세틸렌은 화학 반응을 통해 에틸렌으로 변환이 됨을, 2문단을 통해 화학 반응을 하기 전의 물질이 반응물이고, 화학 반응을 통해 생성된 물질이 생성물임을 알 수 있다. 따라서 아세틸렌은 반응물에 해당함을 알 수 있다.

② **팔라듐은 활성 성분에 해당한다.**
〈보기〉를 통해 수소는 팔라듐 표면에 흡착되어 반응함을, 2문단을 통해 활성 물질은 반응물을 흡착시켜 촉매 활성을 제공하는 물질임을 알 수 있다. 따라서 수소를 흡착시키는 팔라듐은 활성 성분에 해당함을 알 수 있다.

③ **규소와 은은 모두 증진제에 해당한다.**
〈보기〉를 통해 규소는 활성 성분의 표면 구조를 변화시켜 소결을 억제하고, 은은 전자의 밀도를 변화시켜 흡착 세기를 조절함을 알 수 있다. 그리고 4문단을 통해 증진제가 활성 성분의 표면 구조를 변화시켜 소결을 억제하기도 하고, 흡착 세기를 조절하기도 함을 알 수 있다. 따라서 규소와 은은 모두 증진제에 해당한다고 할 수 있다.

✔ **실리카는 낮은 온도에서 활성 성분을 소결한다.**
〈보기〉를 통해 실리카는 표면적이 넓고 열적 안정성이 높음을 알 수 있고, 실리카의 표면에 금속 입자를 분산함을 알 수 있다. 그리고 3문단을 통해 작은 금속 입자들을 '표면적이 넓고 열적 안정성이 높은' 지지체에 분산하면 소결로 인한 촉매 활성 저하가 억제됨을 알 수 있다. 따라서 지지체인 실리카는 낮은 온도에서 활성 성분을 소결하는 것이 아니라, 소결로 인한 촉매 활성 저하를 억제한다고 할 수 있다.

⑤ **실리카는 촉매 활성 저하를 억제하는 기능을 한다.**
〈보기〉를 통해 실리카는 지지체에 해당함을 알 수 있고, 3문단을 통해 지지체는 소결로 인한 촉매 활성 저하를 억제하는 역할을 함을 알 수 있다. 따라서 실리카는 촉매 활성 저하를 억제하는 기능을 한다고 할 수 있다.

## 11 내용에 따른 자료의 이해 정답률 67% | 정답 ③

**윗글을 바탕으로 할 때, 〈보기〉의 금속 ⓐ~ⓓ에 대한 설명으로 가장 적절한 것은?**

〈보 기〉

다음은 여러 가지 금속에 물질 [가]가 흡착될 때의 흡착 세기와 [가]의 화학 반응에서 각 금속의 촉매 활성을 나타낸다.
(단, 흡착에 영향을 주는 다른 요소는 고려하지 않음.)

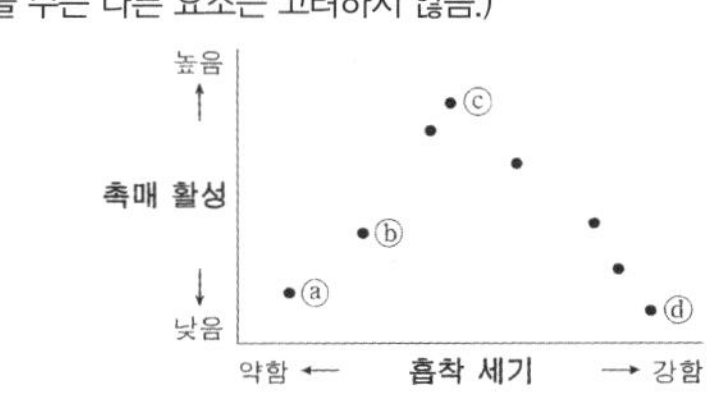


① **[가]의 화학 반응은 ⓐ보다 ⓑ를 활성 성분으로 사용할 때 더 느리게 일어난다.**
〈보기〉에서 ⓑ에 흡착되는 경우 ⓐ에 흡착될 때에 비해 촉매 활성이 높고 흡착 세기도 강함을 알 수 있다. 그리고 촉매 활성이 높다는 것은 반응 속도를 빠르게 하는 능력이 크다는 것을 의미하므로, [가]가 ⓑ를 활성 성분으로 할 때 ⓐ를 활성 성분으로 사용할 때보다 화학 반응이 빠르게 일어남을 알 수 있다.

② **[가]는 ⓐ보다 ⓒ에 흡착될 때 흡착량이 더 적다.**
〈보기〉에서 ⓒ에 흡착되는 경우 ⓐ에 흡착될 때에 비해 촉매 활성이 높고 흡착 세기도 강함을 알 수 있다. 그리고 흡착 세기가 강하면 흡착량이 많아 촉매 활성도 높으므로, [가]가 ⓒ에 흡착될 때가 ⓐ에 흡착될 때보다 흡착량이 더 많음을 알 수 있다.

✔ **[가]는 ⓐ보다 ⓓ에 흡착될 때 안정화되는 정도가 더 크다.**
2문단을 통해 흡착이 약하면 흡착량이 적어 촉매 활성이 낮으며, 흡착이 너무 강하면 흡착된 반응물이 지나치게 안정화되어 표면에서의 반응이 느려지므로 촉매 활성이 낮음을 알 수 있다. 그러므로 〈보기〉의 ⓓ에 흡착되는 경우 흡착 세기가 너무 강하여 촉매 활성이 낮아지므로 ⓐ에 흡착될 때보다 안정화되는 정도가 더 큼을 알 수 있다.

④ **[가]는 ⓑ보다 ⓒ에 더 약하게 흡착된다.**
〈보기〉에서 ⓒ에 흡착되는 경우 ⓑ에 흡착될 때에 비해 촉매 활성이 높고 흡착 세기도 강함을 알 수 있다. 그러므로 [가]는 ⓑ보다 ⓒ에 더 강하게 흡착됨을 알 수 있다.

⑤ **[가]의 화학 반응에서 촉매 활성만을 고려하면 가장 적합한 활성 성분은 ⓓ이다.**
〈보기〉에서 ⓓ에 흡착되는 경우 흡착 세기가 너무 강하여 촉매 활성이 낮아짐을 알 수 있다. 따라서 화학 반응에서 촉매 활성만을 고려하면 가장 적합한 활성 성분은 ⓓ가 아니라 ⓒ라 할 수 있다.

## 12~17 인문

**(가) 심리 철학에서 의식을 설명하는 여러 가지 관점**

**해제** 이 글은 **심리 철학의 동일론과 기능주의, 설의 기능주의 비판을 소개**한 후, **로랜즈의 확장 인지 이론을 설명**하고 있다. **동일론**은 **의식이 뇌의 물질적 상태와 동일하다고 보는** 반면, **기능주의**는 **의식은 기능이므로 의식을 구현하는 물질이 무엇인지는 중요하지 않다고 본다.** 이러한 기능주의에 대해 비판한 **'설'은 '중국어 방'이라는 사고 실험을 통해 동일한 기능이 구현되더라도 의식이 다를 수 있다는 점을 지적**한다. 그러나 **동일론, 기능주의, 설의 이론**은 모두 **의식의 문제를 몸의 내부에 한정한 논의들**이었다. 반면, **로랜즈의 확장 인지 이론**은 **의식의 하나인 '인지'가 확장되는 과정을 통해 의식의 문제를 몸 안으로 한정하지 않고 바깥으로까지 넓혀 설명**하였다.

**주제** 로랜즈의 확장 인지 이론의 이해

**문단 핵심 내용**

| | |
|---|---|
| 1문단 | 심리 철학인 동일론과 기능주의의 이해 |

| | |
|---|---|
| 2문단 | 기능주의를 반박한 '설' |
| 3문단 | 의식의 문제를 몸의 내부에 한정한 동일론, 기능주의, 설 |
| 4문단 | 로랜즈의 확장 인지 이론의 이해 |

**(나) 체험으로서의 지각**

**해제** 이 글은 **객관주의 철학의 지각 이론에 대해 비판**하면서 **지각은 몸의 체험이라고 주장하는 글쓴이의 생각이 드러나** 있다. **지각**은 **몸의 감각 기관을 통해 사물에 대해 아는 것**인데, 이에 대해 **객관주의 철학의 입장은 두 가지로 나뉜다. 한 입장은 의식을 물질로 환원하여 의식은 물질에 불과하다고 주장**하며, **다른 한 입장은 의식을 물질과 구분되는 독자적 실체로 규정하여 의식과 물질의 본질적 차이를 주장**한다. 이처럼 **객관주의 철학의 두 입장**은 모두 **주체와 대상의 분리를 전제하고 지각을 이해**한다. 하지만 **글쓴이는 지각은 주체와 대상이 분리되기 이전에 나타나는 원초적 체험으로 감각하는 것이 동시에 감각되는 것이 되는 지각의 얽힘이 있어야 주체와 대상이 비로소 확정된다**고 본다. 이런 관점에서 **글쓴이는 지각은 물질적 반응이나 의식의 판단이 아니라 내 몸의 체험이라 보고 있다.**

**주제** 객관주의 철학에 대한 비판과 몸의 체험으로서의 지각에 대한 주장

**문단 핵심 내용**

| | |
|---|---|
| 1문단 | 지각의 의미 및 지각 분석 시 직면하는 두 가지 사실 |
| 2문단 | 지각에 대한 객관주의 철학의 두 가지 입장 |
| 3문단 | 지각이 일어난 후 확정되는 주체와 대상 |
| 4문단 | 내 몸의 체험에 해당하는 지각 |

**12** 중심 내용 파악 정답률 66% | 정답 ①

**다음은 윗글을 읽은 학생이 정리한 내용이다. ㉮와 ㉯에 들어갈 말로 가장 적절한 것은?**

> (가)는 기능주의를 소개한 후 [ ㉮ ]은/는 같지 않다는 설(Searle)의 비판을 제시하고 있다. 그리고 인지 과정이 몸 바깥으로까지 확장된다고 주장하는 확장 인지 이론을 설명하고 있다. (나)는 인지 중에서도 감각 기관을 통한 인지, 즉 지각을 주제로 하고 있다. (나)는 지각에 대한 객관주의 철학의 입장을 비판하고, [ ㉯ ]으로서의 지각을 주장하고 있다.

㉮ ㉯

✔ **의식과 함수적 역할 　 내 몸의 체험**
(가)의 1문단을 통해 기능주의는 의식이 기능이라고 주장하였고, 이때 기능은 입력과 출력의 함수적 역할로 정의됨을 알 수 있다. 그리고 (가)의 2문단을 통해 '설'은 '중국어 방' 사고 실험을 통해 기능이 같으면서 의식은 다를 수 있다는 점에서 기능주의를 비판하였음을 알 수 있다. 따라서 '설은 의식과 기능이 같다는 기능주의를 비판하고 있으므로, ㉮에는 '의식과 함수적 역할'이 들어감을 알 수 있다. (나)의 2문단을 통해 객관주의 철학은 지각을 사물로부터의 감각 자극에 따른 주체의 물질적 반응으로 이해하거나, 감각된 사물에 대한 주체 즉 의식의 판단으로 이해함을 알 수 있다. 그리고 (나)의 4문단을 통해 글쓴이는 지각이 물질적 반응이나 의식의 판단이 아니라 내 몸의 체험이라고 주장함을 알 수 있다. 따라서 ㉯에는 '내 몸의 체험'이 들어감을 알 수 있다.

② **의식과 함수적 역할 　 물질적 반응**
(나)에서는 지각에 대한 객관주의 철학의 입장을 비판하면서, 4문단에서 글쓴이는 지각은 물질적 반응이나 의식의 판단이 아니라고 주장하고 있다. 따라서 ㉯에 '물질적 반응'이 들어가는 것은 적절하지 않다.

③ **의식과 뇌의 상태 　 의식의 판단**
(가)의 1문단을 통해 동일론은 의식이 뇌의 물질적 상태와 동일하다고 보았음을 알 수 있고, (가)의 2문단을 통해 '설'은 기능이 같으면서 의식은 다를 수 있다는 점에서 기능주의를 비판하였음을 알 수 있다. 따라서 '설'의 비판 대상은 의식과 기능이 같다고 주장하는 기능주의이므로, ㉮에 '의식과 뇌의 상태'가 들어가는 것은 적절하지 않다. (나)의 4문단에서 글쓴이는 지각이 의식의 판단이 아니라고 주장하고 있으므로 ㉯에 '의식의 판단'이 들어가는 것도 적절하지 않다.

④ **의식과 뇌의 상태 　 내 몸의 체험**
㉯에 '내 몸의 체험'이 들어가는 것은 적절하지만, ㉮에 '의식과 뇌의 상태'가 들어가는 것은 적절하지 않다.

⑤ **입력과 출력 　 의식의 판단**
(가)의 1문단에서 기능주의는 의식이란 기능이라고 주장하는데, 이때 기능이 같다는 것은 입력과 출력의 쌍이 일치함을 의미한다고 할 수 있다. 즉 기능주의의 주장은 입력과 출력의 쌍이 같으면 의식 역시 같다는 것이지 입력과 출력이 같다는 것을 주장하는 것이 아니므로, ㉮에 '입력과 출력'이 들어가는 것은 적절하지 않다. 또한 ㉯에 '의식의 판단'이 들어가는 것도 적절하지 않다.

**13** 세부 내용의 이해 정답률 63% | 정답 ③

**(가)에서 알 수 있는 내용으로 적절하지 않은 것은?**

① **동일론자들은 뇌가 존재하지 않으면 의식도 존재하지 않는다고 볼 것이다.**
(가)의 1문단을 통해 동일론에서는 의식이 뇌의 물질적 상태와 동일하다고 보았음을 알 수 있다. 따라서 동일론자들은 뇌가 존재하지 않으면 의식도 존재하지 않는다고 볼 것임을 알 수 있다.

② **설(Searle)은 '중국어 방' 안의 사람과 중국어를 아는 사람의 의식이 다르다고 볼 것이다.**
(가)의 2문단을 통해 '설'은 중국어로 된 입력에 대해 중국어로 된 출력을 내놓는다고 해서 '중국어 방' 안의 사람이 중국어를 아는 것이 아니라 하였음을 알 수 있다. 이는 기능이 같더라도 의식은 다를 수 있음을 보여 주는 사례라 할 수 있으므로, '설은 '중국어 방' 안의 중국어를 모르는 사람과 중국어를 아는 사람의 의식이 다르다고 볼 것임을 알 수 있다.

✔ **로랜즈는 기억이 주체의 몸 바깥으로 확장될 수 있다고 볼 것이다.**
(가)의 4문단을 통해 로랜즈는 기억이나 믿음과 같은 심적 상태가 주체의 몸 외부로 확장되는 것이 아니라, 심적 상태를 생겨나게 하는 인지 과정이 몸 외부로 확장된다고 보았음을 알 수 있다. 따라서 로랜즈가 기억이 주체의 몸 바깥으로 확장될 수 있다고 볼 것이라는 내용은 적절하지 않다.

④ **로랜즈는 인지 과정이 파생적 상태를 조작하는 과정을 포함한다고 볼 것이다.**
(가)의 4문단을 통해 로랜즈에게 인지 과정은 파생적 상태를 조작함으로써 심적 상태를 생겨나게 하는 과정임을 알 수 있다. 따라서 로랜즈는 인지 과정이 파생적 상태를 조작하는 과정을 포함한다고 볼 것임을 알 수 있다.

⑤ **로랜즈는 노트북에 저장된 정보가 그 자체로는 심적 상태가 아니라고 볼 것이다.**
(가)의 4문단을 통해 노트북에 저장된 정보는 전자적 신호가 나열된 상태로서 파생적 상태이고, 주체에 의해 열람된 후에도 여전히 파생적 상태임을 알 수 있다. 따라서 로랜즈는 노트북에 저장된 정보가 그 자체로는 심적 상태가 아니라 파생적 상태라고 볼 것임을 알 수 있다.

★★★ 등급을 가르는 문제!

**14** 글에 드러난 관점의 평가 정답률 38% | 정답 ①

**(나)의 필자의 관점에서 ㉠을 평가한 내용으로 가장 적절한 것은?**

✔ **확장된 인지 과정이 인지 주체의 것일 때에만 성립할 수 있다는 주장은, 지각 이전에 확정된 주체를 전제한 것이므로 타당하지 않다.**
(나)의 3문단에서 지각은 주체와 대상이 각자로서 존재하기 이전에 나타나는 얽힘의 체험이고, 지각이 일어난 이후 주체와 대상이 비로소 확정되는 것이라 하였다. 그러나 확장된 인지 과정은 인지 주체의 것일 때에만 성립할 수 있다 하였고, 로랜즈는 주체 없는 인지란 있을 수 없다고 보았음을 알 수 있다. 이는 인지 이전에 확정된 주체를 전제하고 주체에 의해 인지가 일어난다고 보는 입장이라 할 수 있다. 따라서 (나)의 필자는 ㉠에 대해, 지각 이전에 확정된 주체를 전제한 것이므로 타당하지 않다고 평가할 것이다.

② **확장된 인지 과정이 인지 주체의 것일 때에만 성립할 수 있다는 주장은, 의식이 세계를 구성하는 독자적 실체라고 규정하는 것이므로 타당하다.**
(나)의 2문단을 통해 객관주의 철학은 의식은 물질에 불과하다고 주장하거나 의식을 물질과 구분되는 독자적 실체로 보아 의식과 물질의 본질적 차이를 주장함을 알 수 있다. 즉, 객관주의 철학은 전자든 후자든 모두 주체와 대상의 분리를 전제하고 지각을 이해함을 알 수 있다. 그리고 (나)의 3문단을 통해 필자는 지각이 주체와 대상이 각자로서 존재하기 이전에 나타나는 얽힘의 체험이라 하면서 객관주의 철학을 비판하고 있음을 알 수 있다. 따라서 (나)의 필자는 의식이 세계를 구성하는 독자적 실체라는 객관주의 철학의 입장을 근거로 ㉠을 타당하다고 판단하지 않을 것임을 알 수 있다.

③ **주체와 통합된 경우에만 확장된 인지 과정이 성립할 수 있다는 주장은, 의식은 물질에 불과하다고 본 것이므로 타당하다.**
(나)의 2문단을 통해 의식은 물질에 불과하다는 주장은 객관주의 철학의 한 입장임을 알 수 있고, 이에 대해 (나)의 필자는 이는 주체와 대상의 분리를 전제하고 지각을 이해하는 입장이라고 비판하고 있음을 알 수 있다. 따라서 (나)의 필자는 의식이 물질에 불과하다는 주장을 근거로 ㉠을 타당하다고 판단하지 않을 것임을 알 수 있다.

④ **주체와 통합된 경우에만 확장된 인지 과정이 성립할 수 있다는 주장은, 외부 세계에 대한 지각이 이루어질 수 없다고 보는 것이므로 타당하지 않다.**
㉠을 통해 로랜즈는 주체와 통합된 경우에만 확장적 인지 과정이 성립할 수 있다고 주장함을 알 수 있는데, 확장적 인지 과정은 외부의 파생적 상태를 조작함으로써 심적 상태를 생겨나게 하는 과정이라 할 수 있다. 따라서 로랜즈는 외부 세계에 대한 지각이 이루어질 수 있다는 입장이므로, 외부 세계에 대한 지각이 이루어질 수 없다고 본다는 점에서 타당하지 않다는 평가는 적절하지 않다.

⑤ **주체와 통합된 경우에만 확장된 인지 과정이 성립할 수 있다는 주장은, 주체와 대상의 분리를 통해서만 지각이 이루어질 수 있다고 보는 것이므로 타당하다.**
(나)의 3문단을 통해 (나)의 필자는 지각이라는 얽힘의 작용이 있어야 주체와 대상이 분리될 수 있다는 입장임을 알 수 있다. 따라서 (나)의 필자는 주체와 대상의 분리를 통해서만 지각이 이루어질 수 있다는 것에 근거해 ㉠을 타당하다고 판단하지 않을 것이다.

**★★ 문제 해결 꿀~팁 ★★**

▶ **많이 틀린 이유는?**
이 문제는 (나)에 제시된 필자의 관점을 정확히 이해하지 못해 오답률이 높았던 것으로 보인다. 또한 선택지를 일일이 글을 통해 확인해야 하는 데서 어려움을 겪어 오답률이 높았던 것으로 보인다.

▶ **문제 해결 방법은?**
이 문제를 해결하기 위해서는 일차적으로 ㉠이 지닌 의미를 정확히 파악해야 한다. 즉 로랜즈의 '확장적 인지 과정'에 대해 판단할 수 있어야 한다. 그리고 (나)를 통해 필자의 관점이 무엇인지 파악해야 하는데, 이때 주의할 점은 (나)에서 필자는 '객관주의 철학의 입장'을 비판하고 있음을 알아야 한다. 가령 오답인 ②의 '의식이 세계를 구성하는 독자적 실체라고 규정'한다는 내용이나, ③의 '의식은 물질에 불과하다는 주장'은 객관주의 철학의 입장이므로 글쓴이가 타당하다고 보지 않을 것임을 알 수 있다. 한편 정답인 ①의 경우에, (나)에 필자의 관점이 드러난 것은 3문단과 4문단이므로 이를 바탕으로 선택지의 적절성을 판단하면 된다. 즉, 필자는 3문단에서 지각은 주체와 대상이 각자로서 존재하기 이전에 나타나는 얽힘의 체험이고, 지각이 일어난 이후 주체와 대상이 비로소 확정되는 것이라 하였으므로, 이를 바탕으로 한다면 ㉠이 지각 이전에 확정된 주체를 전제한 것이라 생각하여 타당하지 않다고 평가할 것임을 알았을 것이다. 이 문제의 경우 선택지를 일일이 확인해야 하는 번거로움이 있지만, 선택지에 제시된 내용을 정확히 이해하면 문제를 해결할 수 있었다. 따라서 선택지가 이 문제처럼 긴 경우라도 차분히 읽어서 선택지의 내용을 정확히 이해할 수 있도록 한다.

**15** 이유의 추리 정답률 69% | 정답 ②

**㉡의 이유로 가장 적절한 것은?**

① **감각과 지각 모두 물질세계에서 이루어지기 때문에**
(나)의 2문단을 통해 감각과 지각이 모두 물질세계에서 이루어진다는 것은 객관주의 철학의 입장이므로 감각과 지각이 구분되지 않는 이유가 될 수 없다.

✔ **감각하는 것이 동시에 감각되는 것이 되는 얽힘의 작용이 지각이기 때문에**
(나)의 3문단을 통해 감각하는 것이 동시에 감각되는 것이 되는 얽힘의 순간에 나는 주체와 대상을 확연히 구분함을 알 수 있다. 그리고 지각이라는 얽힘의 작용이 있어야 주체와 대상이 분리될 수 있음을 알 수 있다. 따라서 지각과 감각이 구분되지 않는 이유는 감각하는 것이 동시에 감각되는 것이 되는 얽힘의 작용이 곧 지각이기 때문이라 할 수 있다.

③ **지각은 몸에 의해 이루어지지만 감각은 몸에 의해 이루어지지 않기 때문에**
(나)의 1문단을 통해 지각은 몸의 감각 기관을 통해 사물에 대해 아는 것이고, 4문단을 통해 지각은 내 몸의 체험임을 알 수 있다. 따라서 감각과 지각 모두 몸에 의해 이루어진다고 할 수 있다.

④ **지각은 의식으로서의 주체가 외부의 대상을 감각하여 판단한 결과이기 때문에**
(나)의 필자는 지각은 주체와 대상이 각자로서 존재하기 이전에 나타나는 얽힘의 체험이라고 보았으므로, 의식으로서의 주체를 전제하여 지각을 이해하는 것은 ㉡의 이유가 될 수 없다.

⑤ **주체와 대상이 분리되기 이전에 감각과 지각이 분리된 채로 존재하기 때문에**
(나)의 3문단을 통해 감각하는 것이 동시에 감각되는 것이 되는 얽힘의 순간, 즉 지각이라는 얽힘의 작용



[문제편 p.124]

이 일어난 이후 주체와 대상이 분리됨을 알 수 있다. 따라서 주체와 대상이 분리되기 이전에 감각과 지각은 구분되지 않으므로 적절하지 않다.

**16** 구체적인 사례에의 적용 정답률 58% | 정답 ③

(가), (나)를 바탕으로 〈보기〉의 상황을 이해한 내용으로 적절하지 않은 것은? [3점]

〈보 기〉

빛이 완전히 차단된 암실에 A와 B 두 명의 사람이 있다. A는 막대기로 주변을 더듬어 사물의 위치를 파악한다. 막대기 사용에 익숙한 A는 사물에 부딪친 막대기의 진동을 통해 사물의 위치를 파악할 수 있다. B는 초음파 센서로 탐지한 사물의 위치 정보를 '뇌-컴퓨터 인터페이스(BCI)'를 사용하여 전달받는다. 이를 통해 B는 사물의 위치를 파악할 수 있다. BCI는 사람의 뇌에 컴퓨터를 연결하여 외부 정보를 뇌에 전달할 수 있는 기술이다.

① (가)의 기능주의에 따르면, A와 B가 암실 내 동일한 사물의 위치를 묻는 질문에 동일한 대답을 내놓는 경우 이때 둘의 의식은 차이가 없겠군.
(가)의 1문단을 통해 기능주의에서는 의식을 기능으로 보며, 이때 기능은 어떤 입력이 주어졌을 때 특정한 출력을 내놓는 함수적 역할임을 알 수 있고, 함수적 역할의 일치는 입력과 출력의 쌍이 일치함을 의미함을 알 수 있다. 따라서 기능주의에 따르면 A와 B가 동일한 사물의 위치를 묻는 질문, 즉 동일한 입력에 대해 동일한 대답, 즉 동일한 출력을 내놓는다면 기능이 동일하므로 A와 B의 의식 역시 차이가 없다.

② (가)의 확장 인지 이론에 따르면, BCI로 암실 내 사물의 위치를 파악하는 것이 B의 인지 과정인 경우 B에게 사물의 위치에 대한 심적 상태가 생겨나겠군.
(가)의 4문단을 통해 로랜즈의 확장 인지 이론에서 인지 과정이란 주체에게 믿음이나 기억과 같은 심적 상태가 생겨나게 하는 과정임을 알 수 있다. 따라서 이를 통해 BCI로 암실 내 사물의 위치를 파악하는 것이 B의 인지 과정인 경우, B에게 사물의 위치에 대한 믿음이라는 심적 상태가 생겨날 것임을 알 수 있다.

✔③ (가)의 확장 인지 이론에 따르면, 암실 내 사물에 부딪친 막대기의 진동이 A의 해석에 의존해서만 의미를 나타내는 경우 그 진동 상태는 파생적 상태가 아니겠군.
(가)의 4문단을 통해 심적 상태는 어떤 것에도 의존함이 없이 주체에게 의미를 나타내지만, 파생적 상태는 주체의 해석에 의존해서만 또는 사회적 합의에 의존해서만 의미를 나타내는 상태로 정의됨을 알 수 있다. 또한 로랜즈에게 인지 과정이란 파생적 상태를 조작함으로써 심적 상태를 생겨나게 하는 과정임을 알 수 있다. 그리고 〈보기〉의 A는 사물에 부딪친 막대기의 진동을 통해 사물의 위치를 지각함을 알 수 있으므로, 암실 내 부딪친 막대기의 진동이 A의 해석에 의존해서만 의미를 나타내는 경우, 막대기의 진동 상태는 파생적 상태이며, A가 사물의 위치를 파악하는 것은 막대기의 진동 상태를 조작하여 사물의 위치에 대한 심적 상태가 생겨나는 인지 과정으로 이해할 수 있다. 따라서 막대기의 진동 상태가 파생적 상태가 아니라는 진술은 적절하지 않다.

④ (나)에서 몸에 의한 지각을 주장하는 입장에 따르면, 막대기에 의해 A가 사물의 위치를 지각하는 경우 막대기는 A의 몸의 일부라고 할 수 있겠군.
(나)의 4문단을 통해 지각은 나의 몸에 의해 이루어지며 지각이 이루어지게 하는 것은 모두 나의 몸임을 알 수 있다. 따라서 막대기에 의해 A가 사물의 위치를 지각하는 경우, 지각이 이루어지게 한 막대기는 A의 몸의 일부라고 할 수 있다.

⑤ (나)에서 의식을 물질로 환원하는 입장에 따르면, BCI를 통해 입력된 정보로부터 B의 지각이 일어난 경우 BCI를 통해 들어온 자극에 따른 B의 물질적 반응이 일어난 것이겠군.
(나)의 2문단을 통해 의식을 포함한 모든 것을 물질로 환원하는 입장에서는 지각을 사물로부터의 감각 자극에 따른 주체의 물질적 반응으로 이해함을 알 수 있다. 이러한 입장에 따르면 BCI를 통해 입력된 정보로부터 B의 지각이 일어난 경우 BCI를 통해 들어온 감각 자극에 따른 주체인 B의 물질적 반응이 일어난 것이라 할 수 있다.

**17** 단어의 문맥적 의미 파악 정답률 83% | 정답 ④

문맥상 ⓐ ~ ⓔ의 단어와 가장 가까운 의미로 쓰인 것은?

① ⓐ : 그간의 사정을 봐서 그를 용서해 주었다.
ⓐ의 '보다'는 '대상을 평가하다.'의 뜻으로 사용되었고, '그간의 사정을 봐서 그를 용서해 주었다.'의 '보다'는 '상대편의 형편 따위를 헤아리다.'의 뜻으로 사용되었다.

② ⓑ : 이사 후에 가난하던 살림살이가 일어났다.
ⓑ의 '일어나다'는 '어떤 일이 생기다.'의 뜻으로 사용되었고, '이사 후에 가난하던 살림살이가 일어났다.'의 '일어나다'는 '약하거나 희미하던 것이 성하여지다.'의 뜻으로 사용되었다.

③ ⓒ : 개발에 따른 자연 훼손 문제가 심각해졌다.
ⓒ의 '따르다'는 '어떤 경우, 사실이나 기준 따위에 의거하다.'의 뜻으로 사용되었고, '개발에 따른 자연 훼손 문제가 심각해졌다.'의 '따르다'는 '어떤 일이 다른 일과 더불어 일어나다.'의 뜻으로 사용되었다.

✔④ ⓓ : 단어의 뜻을 알아보기 위해 사전을 펼쳤다.
ⓓ의 '알아보다'는 '조사하거나 살펴보다.'라는 뜻으로 사용되었으므로, '단어의 뜻을 알아보기 위해 사전을 펼쳤다.'의 '알아보다'와 문맥상 의미가 유사하다고 할 수 있다.

⑤ ⓔ : 그는 컴퓨터 프로그램을 제법 만질 줄 안다.
ⓔ의 '만지다'는 '손을 대어 여기저기 주무르거나 쥐다.'의 뜻으로 사용되었고, '그는 컴퓨터 프로그램을 제법 만질 줄 안다.'의 '만지다'는 '물건을 다루어 쓰다.'의 뜻으로 사용되었다.

## 18~21 고전 산문

**작자 미상, '상사동기'**

**감상** 이 작품은 **지체 높은 귀공자가 궁녀를 열렬하게 사랑한 사연을 담은 한문 애정 소설**이다. 뛰어난 재주를 가진 선비 **김생과 궁녀 영영이 신분적 한계를 뛰어넘어 사랑을 이루어가는 과정을 비교적 현실성 있게 그려 낸 점에서 소설사적 의의**를 찾을 수 있다. 한편 작품의 제목이자 배경인 **'상사동'은 영영의 이모이자 김생을 도와주는 노파가 사는 동네의 지명**이다.

**주제** 신분을 뛰어넘는 남녀의 열렬한 사랑

**작품 줄거리** 명나라 효종 때 김생이 있었는데 용모가 뛰어나고 쾌활하였다. 어느날 취중에 한 미인을 만나 사모하게 되었다. 남자 종인 막동이가 미인이 사는 집 노파와 친하게 되어, 그 미인이 회산군의 시녀 영영임을 알게 된다. 김생의 그리움이 더해지자 노파가 주선하여 영영과 만나게 되나 동침만은 거절당한다. 그 뒤 김생은 회산군 집에 몰래 들어가 영영과 하룻밤을 동침하고 헤어진다. 이들이 만날 길이 없는 가운데 3년이 지난다. 그리움으로 자결까지 하려던 김생은 과거를 보고 장원급제를 한다. 삼일유가(三日遊街)를 하다 회산군 집에 들어간 김생은 영영과 편지만 주고받는데, 이때 회산군은 죽은 지 3년이 되었다. 김생이 영영에 대한 그리움으로 앓아 눕자, 회산군 부인의 조카인 친구가 김생의 사연을 말하여 영영을 보내주게 하고, 회산군 부인이 이를 허락한다. 김생은 벼슬도 사양하고 영영과 여생을 보낸다.

**18** 대화의 특징 파악 정답률 50% | 정답 ①

윗글의 대화에 대한 설명으로 가장 적절한 것은?

✔① 시간 표지를 활용하여 사건의 추이를 드러낸다.
이 글에서 막동이는 '한 식경 후', '날이 저물 때쯤', '오늘', '내일' 등과 같은 시간 표지를 사용하여 사건의 추이를 드러내고 있다. 그리고 생은 '모월 모일', '그날'과 같은 시간 표지를 사용하여 자신이 상심하며 애태우고 있는 사건의 추이를 드러내고 있다.

② 앞날의 일을 가정하여 인물 간 갈등의 심화를 암시한다.
막동이의 말과 노파의 말을 통해 앞날의 일에 대한 가정이 나타남을 알 수 있지만, 이를 통해 인물 간 갈등의 심화를 암시하지는 않고 있다.

③ 인물에 대한 논평을 활용하여 갈등의 해소 방안을 제시한다.
막동의 '낭군께선 늘 언행이 ~ 거침없으시더니'와 노파의 '자색이 고운 것은 ~ 다를 게 없지요.' 등을 통해 인물에 대한 논평을 활용하고 있음을 알 수 있다. 하지만 이를 통해 갈등의 해소 방안을 제시하지는 않고 있다.

④ 인물의 내력을 요약적으로 제시하여 성격의 변화를 보여준다.
노파의 '이 애는 회산군 ~ 말미를 얻었기 때문이지요.'를 통해, 인물의 내력이 요약적으로 제시되고 있음을 알 수 있다. 하지만 이를 통해 인물의 성격의 변화를 보여 주지는 않고 있다.

⑤ 인물의 성격을 고사에 빗대어 사건을 새로운 국면으로 전환한다.
노파의 '하동의 사자후보다 심하여'를 통해, 회산군 댁 '부인'의 성격을 고사에 빗대어서 나타내고 있음을 알 수 있다. 하지만 이를 통해 사건을 새로운 국면으로 전환하지는 않고 있다.

**19** 작품 내용의 이해 정답률 86% | 정답 ②

윗글의 내용에 대한 이해로 적절하지 않은 것은?

① 막동은 생의 근심이 사모하는 마음 때문일 것이라 추측했다.
막동의 '말 못할 근심이 있는 듯하옵니다. 사모하는 이라도 있으신지요?'를 통해, 막동이 생의 근심이 사모하는 마음 때문일 것이라고 추측하고 있음을 알 수 있다.

✔② 생이 노파의 집에서 손님을 전별하는 일을 벌인 데 대해 노파는 번거로움을 호소하였다.
생은 '그래서 손님을 전별한다며 할멈을 번거롭게 한 것이네.'라고 말하고 있지만, 노파가 이에 동의를 표하거나 스스로 번거로움을 호소하는 모습은 나타나지 않으므로 적절하지 않다.

③ 노파는 생이 찾는 자색이 고운 여인이 죽은 언니의 딸인 것을 깨달았다.
생은 자신이 첫눈에 반한 낭자에 대해 노파에게 묻자, 노파는 '문득 깨닫고'는 자색이 고운 여인이 '바로 죽은 제 언니의 딸'이라 말하고 있다.

④ 노파는 생의 사연을 애처롭게 여기고 자신이 영영에 대해 아는 바를 알려 주었다.
노파는 생의 사연을 듣고 '몹시 애처로워' 하면서, 영영에 대해 '바로 죽은 제 ~ 자는 난향이죠.', '이 애는 회산군 댁 ~ 말미를 얻었기 때문이지요.'처럼 영영에 대해 자신이 아는 바를 생에게 알려 주고 있다.

⑤ 생은 천상의 일에 빗대어 영영을 만나는 일의 기쁨을 표현하였다.
생의 '할멈 말대로 된다면야 ~ 천상의 7월 7일이 되겠소.'를 통해, 생이 영영을 만나는 일의 기쁨을 천상의 일에 빗대어 표현하고 있음을 알 수 있다.

**20** 소재의 기능 파악 정답률 72% | 정답 ④

㉠과 ㉡에 대한 설명으로 가장 적절한 것은?

① ㉠과 ㉡은 모두 생에게 실현 가능성에 의구심을 갖게 한다.
생은 ㉠에 대해 '진정 그럴듯하다 여기고 기뻐하며', '내 일이 잘 되겠구나'라고 반응하고, ㉡에 대해 '기뻐하며', '할멈 말대로 된다면야 ~ 천상의 7월 7일이 되겠소'라고 반응하고 있다. 따라서 생은 ㉠과 ㉡에 대해 큰 기대감을 드러내고 있으므로, 실현 가능성에 의구심을 품는 것이라 할 수 없다.

② ㉠과 ㉡은 모두 생의 의도를 숨기기 위해 상황의 급박함을 부각하는 방식을 취한다.
㉠은 생의 의도를 숨기기 위해 상황의 급박함을 부각하는 방식을 취한 것이라 볼 수 없다. 그리고 ㉡을 실행하며 노파는 생에게 '때를 기다렸다가 오시지요.'라고 말하고 있으므로, 급박함을 부각하는 방식을 취한다고 할 수 없다.

③ ㉠은 막동의 제안을 생이 실행함으로써 이루어지고, ㉡은 생의 제안을 노파가 실행함으로써 이루어질 수 있다.
㉠은 생을 위해 막동이 제안한 것으로, 생이 이를 실행함으로써 이루어지게 되는 것이고, ㉡은 생의 제안이 아니라 노파가 제안한 것이므로 적절하지 않다.

✔④ ㉠이 이루어지면 생은 노파에게 속내를 드러낼 기회를 얻게 되고, ㉡이 이루어지면 생이 영영과 만날 기회를 얻게 된다.
㉠을 실행하는 과정에서 생은 '흉금을 털고 말하'게 되므로 ㉠이 이루어지면 생은 노파에게 속내를 드러낼 기회를 얻게 된다고 할 수 있다. 그리고 ㉡이 이루어지면 생은 영영과 만나려는 '낭군의 뜻'을 이루는 기회를 얻게 된다고 할 수 있다.

⑤ ㉠에서 생은 노파에게 접근하기 위해 가상의 존재를 내세우고, ㉡에서 생은 영영과의 만남을 위해 권력자의 위세를 내세운다.
㉠에서 생은 '미인이 머문 집'의 주인인 노파에게 접근하기 위해 '손님'이라는 가상의 존재를 내세우고 있음을 알 수 있다. 하지만 ㉡에서 생은 영영과의 만남을 위해, 노파가 죽은 언니의 제사상을 차리고 영영이 그곳에 오도록 하는 일에 동조하고 있을 뿐 권력자의 위세를 내세우지는 않고 있다.

**21** 외적 준거에 따른 작품의 감상 정답률 79% | 정답 ⑤

〈보기〉를 참고하여 윗글을 감상한 내용으로 적절하지 않은 것은? [3점]

〈보 기〉

「상사동기」는 남녀가 결연의 어려움을 극복하고 애정을 추구하는 서사라는 점에서, 애정 전기 소설의 전통을 따르면서도 전대 소설보다 현실성이 강화되었다. 감정에 충실하여 애정을 우선시하는 주인공의 성격, 서사 진행에 적극 개입하는 보조적 인물의 등장, 환상성을 벗어나 일상에 밀

07회

착된 배경의 설정 등에서 이를 확인할 수 있다. 또한 신분적 한계를 지닌 여성과의 결연 과정에서 애정 성취를 가로막는 사회적 관습으로 인한 갈등이 드러난다는 점에서 소설사적 의의가 있다.

① **생이 첫눈에 반한 영영과의 애정 추구에 적극적으로 나서는 점에서, 감정에 충실한 인물의 성격을 확인할 수 있군.**
생은 첫눈에 반한 영영과의 애정을 추구하면서 영영을 만나기 위해 막동과 노파의 제안에 화답하며 적극적으로 나서는 태도를 보이고 있다. 따라서 이러한 점에서 생이 감정에 매우 충실한 성격을 가진 인물임을 확인할 수 있다는 감상은 적절하다.

② **막동과 노파가 생의 애정 성취를 돕기 위해 나서는 점에서, 사건에 적극 개입하는 보조적 인물의 등장을 확인할 수 있군.**
막동과 노파는 주인공인 생과 영영이 애정을 성취할 수 있게 하려고 적극적으로 돕기 위해 나서고 있는데, 막동과 노파는 〈보기〉에서 말한 보조적 인물에 해당한다. 따라서 이러한 점에서 사건에 적극 개입하는 보조적 인물의 등장을 확인할 수 있다는 감상은 적절하다.

③ **생이 길을 가다 우연히 영영을 마주치고 노파의 집까지 뒤따르는 것에서, 사건 전개가 일상적 공간 속에서 이루어짐을 확인할 수 있군.**
생은 '길에서' 우연히 영영을 마주치고 '할멈의 집'까지 뒤따르는데, 이러한 공간은 모두 일상에 밀착된 배경이라 할 수 있다. 따라서 이러한 점에서 사건 전개가 일상적 공간 속에서 이루어짐을 확인할 수 있다는 감상은 적절하다.

④ **영영이 회산군 댁 시비인 까닭에 두 인물의 만남이 어려운 점에서, 여성 주인공의 신분적 한계로 인해 애정 성취에 곤란을 겪는 것을 확인할 수 있군.**
영영은 회산군 댁 시비로서 '궁에서 나고 자라 문 앞길도 밟지 못한 지 오래'되었으며, 노파는 생이 그녀를 만나는 것은 '참으로 어려운' 일이라고 말하고 있다. 따라서 두 인물의 만남이 어려운 원인을 여성 주인공의 신분적 한계에서 찾아 애정 성취에 곤란을 겪는 것을 확인할 수 있다는 감상은 적절하다.

✔ **⑤ 회산군 부인의 허락을 구하려는 노파에게 생이 동조하는 것에서, 사회적 관습 안에서 현실적인 애정 성취 방법을 찾는 인물의 내적 갈등을 확인할 수 있군.**
이 글에서 노파는 생과 영영의 만남을 돕기 위해 '단오' 때, 죽은 언니의 제사상을 차려 영영이 제사에 올 수 있도록 회산군 부인의 허락을 구하려는 계획을 세우고 있다. 이러한 계획을 들은 생은 "인간의 5월 5일이 천상의 7월 7일이 되겠소!"라고 기뻐하며 동조하고 있다. 따라서 이런 상황에서 인물의 내적 갈등은 확인할 수 없으므로 적절하지 않다.

## 22~26 시조 + 수필

**(가) 권호문, '한거십팔곡'**

**감상** 이 작품은 **벼슬길에 나가 임금을 섬기는 삶과 은거하여 자연을 즐기는 삶 사이의 고민**을 드러낸 뒤, **강호를 즐기며 살아가는 삶을 선택한 사대부의 심회를 술회하는 총 19수로 이루어진 연시조**이다. 특히 작품의 전반부(제1수~제8수)에는 사대부로서의 고민이 반복적으로 제시된다. **'입신양명'을 추구하는 삶(치군택민)과 '강호한정'을 추구하는 삶(조월 경운)을 교차적으로 드러내면서 당대 사대부들의 현실 인식과 대응 방식을 보여 주고** 있다.

**주제** 치군택민과 조월 경운 사이의 고민과 한가한 삶의 수용

**(나) 김낙행, '기취서행'**

**감상** 이 작품의 **글쓴이는 껍질을 벗긴 삼대인 겨릅을 더 가지고자 사람들과 이전투구하던 자신의 모습**을 떠올리며, **이욕에 마음을 빼앗겨 의리를 지키지 못했던 스스로에 대해 반성하는 태도**를 보이고 있다. **글쓴이는 탐욕에서 벗어나 본심을 회복했을 때의 상태를 대취했다가 술이 막 깼을 때로 비유**하고, 맹자와 이극이 한 말처럼 **궁핍해도 의를 잃지 않으며, 해서는 안 될 행동을 살펴보는 삶을 살겠다는 의지를 표출**하고 있다.

**주제** 이욕에 사로 잡혀 의리를 잊은 자신의 행동에 대한 반성과 성찰

### 22 표현상 특징 파악 정답률 83% | 정답 ⑤

**[A]~[E]의 표현상 특징에 대한 설명으로 가장 적절한 것은?**

① **[A]는 자연물을 대상화하여 그 자연물에 역동성을 부여하고 있다.**
[A]에서 화자는 무심한 '어조(물고기와 새)'를 대상화하고 있지만, '어조'를 한가한 존재로 묘사하고 있으므로 자연물에 역동성을 부여하였다는 내용은 적절하지 않다.

② **[B]는 근경에서 원경으로 시선을 이동하여 인간과 자연의 차이점을 강조하고 있다.**
[B]를 통해 근경에서 원경으로의 시선 이동을 확인할 수 없으므로 적절하지 않다.

③ **[C]는 성현의 말을 인용함으로써 화자가 지닌 궁금증을 드러내고 있다.**
[C]를 통해 성현의 삶이 예나 지금이나 다름이 없다고 말하고 있지만, 성현의 말을 인용하지는 않고 있으므로 적절하지 않다.

④ **[D]는 점층적인 표현으로 앞으로 해야 할 일의 중요성을 환기하고 있다.**
[D]에서는 취서사에서 겨릅을 구해 오기까지 주변 사람들의 반응과 글쓴이의 생각을 드러내고 있을 뿐 점층적 표현을 확인할 수 없으므로 적절하지 않다.

✔ **⑤ [E]는 비유적 표현을 통해 자신의 행동을 돌아보는 글쓴이의 상태를 부각하고 있다.**
[E]에서 글쓴이는 '마치 술에서 막 깨어난 사람이 잔뜩 취했을 때를 되짚어 생각하는 듯하였다'고 말하고 있다. 따라서 [E]는 비유적 표현을 통해 자신의 행동을 돌아보는 글쓴이의 상태를 부각하고 있음을 알 수 있다.

### 23 시어의 의미와 기능 파악 정답률 68% | 정답 ④

**㉠~㉤을 이해한 내용으로 적절하지 않은 것은?**

① **㉠은 화자의 인생을 포괄한다는 점에서 충효를 중요하게 여겨 온 화자의 생각을 강조한다.**
〈제1수〉에서 화자는 평생에 원하는 것이 충효뿐이라고 말하고 있으므로, ㉠은 충효를 중요하게 여겨 온 것이 화자의 인생을 모두 포괄하여 이루어진 것임을 강조하는 것으로 볼 수 있다.

② **㉡은 화자가 돌이켜 보는 삶의 기간을 가리킨다는 점에서 충효를 실현하려고 애쓴 세월을 나타낸다.**
〈제1수〉에서 화자는 충효를 지키고자 하는 마음에 십 년을 허둥지둥하였다고 말하고 있으므로, ㉡은 화자가 돌이켜 보는 삶의 기간을 나타내고, 화자가 충효를 실현하려고 애쓴 세월을 나타낸 것으로 볼 수 있다.

③ **㉢은 유구한 세월이라는 의미를 드러낸다는 점에서 성현의 도는 예나 지금이나 변함없음을 강조한다.**
〈제17수〉에서 화자는 성현의 가신 길이 유구한 세월 동안 한가지라고 말하고 있으므로, ㉢은 성현의 도가 예나 지금이나 변함없음을 강조한 것으로 볼 수 있다.

✔ **④ ㉣은 흘러간 시간이 길다는 의미를 드러낸다는 점에서 세월이 빨리 지나가는 것에 대한 화자의 안타까움을 강조한다.**
〈제19수〉에서 화자는 세월이 빠르니 백 년도 길지 않다고 말하고 있는데, 이는 자연 속에서 한가로움을 즐기는 삶에 대한 만족감을 표출한 것으로 볼 수 있다. 따라서 ㉣을 흘러간 시간이 길다는 의미를 드러냈다고 할 수 없고, 이를 통해 세월이 빨리 지나가는 것에 대한 화자의 안타까움을 강조한 것이라고 할 수 없다.

⑤ **㉤은 과거의 한때를 가리킨다는 점에서 현재 자연에서 여유를 느끼는 상황과 대비되는 시절을 나타낸다.**
㉤은 진세, 즉 번거로운 세속의 일에 대한 일념이 가득 차 있던 과거의 시절을 가리키므로 현재 자연에서 여유를 느끼는 상황과 대비되는 시절을 나타낸 것으로 볼 수 있다.

### 24 작품의 종합적 이해와 감상 정답률 45% | 정답 ①

**〈보기〉를 참고하여 (가)를 이해한 내용으로 가장 적절한 것은?**

〈보 기〉
권호문의 「한거십팔곡」은 지향하는 삶을 실천하는 태도의 변화 과정을 형상화한 연시조로, 〈제1수〉부터 〈제19수〉까지의 내용이 긴밀히 연결되어 있다.

✔ **① 〈제3수〉의 '임천이 좋으니라'에는 〈제1수〉의 '마음에 하고자 하여'에 담긴 태도와는 다른 태도가 나타난다.**
〈제3수〉에서 화자는 '임천이 좋으니라' 하고 있는데, 이는 자연과 벗하며 사는 삶에 대한 만족감을 표출한 것이라 할 수 있다. 그리고 〈제1수〉의 '마음에 하고자 하여'를 통해 충효를 실천하는 삶을 살고자 하는 화자의 모습을 알 수 있다. 그런데 '충'의 실천은 임금을 제대로 보필하는 것이므로 현실 정치에서 이루어지는 것이라 할 수 있다. 이렇게 볼 때, '임천이 좋으니라'에는 '마음에 하고자 하여'에 담긴 태도와는 다른 태도가 나타난다고 할 수 있다.

② **〈제3수〉의 '너를 좇으려' 했던 태도는 〈제8수〉에서 '출'하는 모습으로 실현되어 나타난다.**
〈제3수〉의 '너를 좇으려' 했던 것은 자연과 하나가 되는 삶이라 볼 수 있고, 〈제8수〉의 '출'하는 것은 세속을 지향하는 삶의 모습이라 할 수 있다. 따라서 '너를 좇으려' 했던 태도가 '출'하는 모습으로 실현되어 나타난다고 볼 수 없다.

③ **〈제8수〉의 '이것을 즐기나니'에는 〈제1수〉의 '이 두 일'을 더 이상 추구하지 않겠다는 의도가 드러난다.**
〈제8수〉의 '이것을 즐기나니'의 '이것'은 '출하면 치군택민 처하면 조월경운' 하는 삶이라 할 수 있고, 〈제1수〉를 통해 '이 두 일'은 '충효'임을 알 수 있다. 따라서 '이것을 즐기나니'에 '이 두 일', 즉 충과 효를 더 이상 추구하지 않겠다는 의도가 드러난다고는 볼 수 없다.

④ **〈제13수〉의 '달 아래 누'운 모습에는 〈제3수〉에서 '절로 한가하였'던 삶으로 되돌아가고 싶어 하는 태도가 나타난다.**
〈제13수〉의 '달 아래 누운 것은 자연 속에서 한가로움을 즐기는 삶을 나타내는 것으로 볼 수 있다. 그런데 〈제3수〉에서 '절로 한가하였'던 것은 화자가 아니라 무심한 어조의 모습에 해당하고, 화자는 이를 부러워하고 있다. 따라서 〈제3수〉에서 화자는 어조의 한가로운 삶을 부러워하고 있으므로, 화자가 이러한 삶을 살았던 삶으로 돌아가고 싶어 하는 태도가 나타난다고 할 수 없다.

⑤ **〈제17수〉에서 '아무 덴들' 상관없다고 하는 화자의 생각은 〈제19수〉에서 '일념'으로 바뀌어 나타난다.**
〈제17수〉에서 화자는 '아무 덴들' 상관없다고 말하고 있는데, 이는 성현이 추구한 도가 결국은 하나라는 의미를 담고 있다. 그런데 〈제19수〉의 '일념'은 번거롭고 어지러운 속세를 지향하는 삶으로, 화자는 자연과 함께하는 삶을 살다 보니 그러한 마음이 얼음 녹듯 한다고 말하고 있다. 따라서 '아무 덴들' 상관없다고 하는 화자의 생각이 '일념'으로 바뀌어 나타난다고는 할 수 없다.

### 25 인물의 심리, 태도 파악 정답률 63% | 정답 ③

**의리와 이욕을 중심으로 (나)를 이해한 내용으로 적절하지 않은 것은?**

① **글쓴이는 겨릅을 얻은 것을 다행스럽게 여겼던 것은 자신이 '이욕'에 빠졌기 때문이라고 본다.**
이 글에서 글쓴이는 헛걸음하지 않고 겨릅을 얻어 오게 된 것을 다행으로 여기고 있는데, 글쓴이는 이러한 자신의 모습을 '이욕'에 빠져 '의리'를 버린 것이라 생각하여 반성하고 있다.

② **글쓴이는 아내가 자신에게 취서사에 가길 권한 것은 글쓴이가 '이욕'에 빠지게 될 줄 몰랐기 때문이라고 본다.**
이 글에서 글쓴이는 자신의 아내에 대해 자신이 곤궁함 때문에 치욕을 입는 것을 걱정하는 사람이라고 말하고 있다. 따라서 글쓴이는 자신이 겨릅을 두고 다른 이들과 경쟁하는 상황에 처할 줄 알았다면 아내가 자신에게 겨릅을 얻어 오라는 말을 하지 않았을 것이라고 생각하고 있음을 알 수 있다.

✔ **③ 글쓴이는 겨릅을 얻도록 상사공이 자신을 도와준 것은 글쓴이가 '의리'를 해칠 것을 걱정했기 때문이라고 본다.**
이 글에서 글쓴이는 자신이 겨릅을 얻도록 상사공이 도와준 것은 '다만 나의 곤궁함을 불쌍히 여겨서일 뿐이리라.'고 말하고 있다. 따라서 상사공이 자신을 도와준 것은 글쓴이가 '의리'를 해칠 것을 걱정했기 때문이라고 이해한 내용은 적절하지 않다.

④ **글쓴이는 취서사에 가는 것을 유택이 반대한 것은 글쓴이를 아껴 '의리'를 해치지 않기를 바랐기 때문이라고 본다.**
이 글에서 겨릅을 구해 오길 권하는 아내의 말에 대해 유택은 안 된다는 반응을 보이고 있는데, 이는 유택이 취서사에서 겨릅을 얻어 오는 것이 '의리'에 부합하지 않고 '이욕'을 탐하는 행위라는 염려를 하였기 때문이라고 볼 수 있다.

⑤ **글쓴이는 겨릅을 구하러 가는 것에 유평이 동의한 것은 그 일이 '이욕'에 빠지는 것은 아니라고 생각했기 때문이라고 본다.**



[문제편 p.128]

이 글에서 유택과 달리 유평은 취서사에서 겨릅을 얻어 오는 행위에 대해 해 보자는 반응을 보이고 있는데, 이는 겨릅을 얻어 오는 일이 '의리'를 심히 해치는 것이 아니므로 '이욕'에 빠지는 것이 아니라고 유평이 생각했기 때문이라고 할 수 있다.

## 26 외적 준거에 따른 작품 감상 정답률 78% | 정답 ④

**〈보기〉를 참고하여 (가), (나)를 감상한 내용으로 적절하지 않은 것은? [3점]**

〈보 기〉

(가)와 (나)에는 작가가 유학자로서의 신념을 바탕으로 자신이 선택한 가치를 추구하는 삶이 나타난다. (가)에는 출사와 은거 사이에서의 고민과 그 해소 과정이, (나)에는 경제적 문제로 인해 곤란을 겪은 상황에 대한 성찰이 나타난다. 한편 (나)는 세속적 가치를 떨치지 못해 과오를 저질렀던 상황이 나타난다는 점에서 (가)와 차이를 보인다.

① (가)의 '부귀 위기라 가난하게 살리로다'에서 자신이 선택한 가치를 추구하려는 작가의 태도를 엿볼 수 있군.
(가)의 화자는 부귀를 위기로 인식하면 가난하게 살겠다는 말을 하고 있는데, 이는 자신이 선택한 가치를 추구하려는 의지를 엿보인 것으로 볼 수 있다.

② (나)의 '궁해도 의를 잃지 않는다.'에서 작가가 추구하는 유학자로서의 신념을 엿볼 수 있군.
(나)의 글쓴이는 궁핍해도 의로움을 잃지 않겠다고 말하고 있는데, 이는 작가가 추구하는 유학자로서의 신념이 의를 추구하는 삶이라는 것을 보여 준다고 할 수 있다.

③ (가)의 '세상에 티끌 마음이 일호말도 없다'에서 세속적 가치에 구애되지 않은 모습을, (나)의 '버리고 돌아오지 못하였다'에서 세속적 가치를 떨치지 못한 모습을 엿볼 수 있군.
(가)의 화자는 세상의 티끌에 마음을 전혀 두지 않겠다고 말하고 있으므로 이는 세속적 가치에 구애되지 않은 모습이라고 할 수 있다. 그리고 (나)의 글쓴이는 다른 이들과 경쟁하며 힘겹게 구해 온 겨릅을 버리고 돌아오지 못했는데, 이는 세속적 가치를 떨치지 못한 모습이라 할 수 있다.

✔ (가)의 '도무지 할 일 없어'에서 출사하지 못한 것에 대해 고민하는 모습을, (나)의 '시끌벅적하게 뒤섞여 밟아 대'는 모습에서 경제적 문제로 곤란을 겪는 상황을 확인할 수 있군.
(가)에서 '도무지 할 일 없어'는 자연 속에서 누리는 한가로운 삶의 모습을 나타내는 것이므로 이를 출사하지 못한 것에 대해 고민하는 모습으로 파악하는 것은 적절하지 않다. 그리고 (나)의 '시끌벅적하게 뒤섞여 밟아 대'는 모습은 겨릅을 많이 가져가기 위해 사람들이 경쟁하는 모습을 나타낸 것으로, 이를 통해 다른 사람들이 경제적 문제로 곤란을 겪고 있다고 생각할 수는 있다. 하지만 〈보기〉에 제시된 것처럼 글쓴이가 경제적 문제로 곤란을 겪은 상황에 대한 내용은 아니므로 적절하지 않다.

⑤ (가)의 '도가 어찌 다르리'에서 출사와 은거 사이에서의 고민이 해소되었음을, (나)의 '의를 잃'은 것에 대해 '이후에는 마땅히 조심'하겠다는 다짐에서 성찰적 태도를 확인할 수 있군.
(가)의 화자는 자연 속에서 숨어 있거나, 세상으로 나가거나 도가 다르지 않다고 말하고 있는데, 이는 출사와 은거 사이의 고민이 해소된 것으로 볼 수 있다. 그리고 (나)의 글쓴이는 의를 잃어서 평소에 하지 않던 행동을 한 것에 대해 반성하며 이후에는 마땅히 조심하겠다고 다짐하며 성찰적 태도를 보여 주고 있다.

## 27~30 현대 소설

**최명익, '무성격자'**

**감상** 이 작품은 **일제 강점기를 배경으로 근대 지식인이 가진 내면 의식의 추이를 정밀하게 추적하고 있는, 의식의 흐름 기법을 보여 주는 심리 소설**이다 중심인물인 **정일**은 현실적인 **삶에서 무게와 고통을 느끼고 무기력하게 살아가고, 자신과 관계된 사람들을 경멸의 대상이나 귀찮은 존재로 치부**한다. 하지만 그는 돈만 아는 속물로 경멸했던 **아버지가 죽음과 사투를 벌이는 과정을 지켜보면서 생활인의 의의를 느끼는데**, 이는 **무성격한 자신의 모습을 고수하는 것이 자기기만일 수밖에 없다는 정일의 깨달음**이라 할 수 있다.

**주제** 근대 지식인의 무성격한 모습

**작품 줄거리** 정일은 아버지와 애인 문주의 죽음을 경험하면서 자신에 대한 성찰과 반성을 시작한다. 아버지는 정일에게 생활력과 의지력을 일깨워 주는 인물로, 구체적인 생활 감각과 능력을 소유하고 있다. 여기서의 생활은 정일을 죽음에의 욕구와 친숙감으로부터 벗어나게 하는 긍정적 역할을 한다. 정일이 삶의 의미를 깨닫고 아버지를 이해하게 되는데, 이는 정일 자신의 심리적 치유를 동반한다. 죽음에 대한 친숙감, 살고자 하는 의지력에 대한 경멸감으로 해서 비정상적인 심리를 보이던 정일이 아버지의 죽음을 통해 변화를 겪으면서 '슬픔'의 감정을 회복하게 된다.

## 27 서술상의 특징 파악 정답률 60% | 정답 ⑤

**윗글의 서술상의 특징으로 가장 적절한 것은?**

① 회상 장면을 병치하여 사건의 흐름을 반전시킨다.
이 글을 통해 인물이 회상하는 장면은 찾아볼 수 없다.

② 사물의 세부를 구체적으로 묘사하여 장면의 현장성을 강화한다.
이 글을 통해 산판알, 도장, 물그릇 등의 사물이 제시되어 있지만, 이러한 사물들을 세부적으로 묘사하지는 않고 있다.

③ 중심인물의 반복적인 동작을 강조하여 내적 갈등을 표면화한다.
이 글에서 정일이 큰 물그릇을 놓고 대접으로 물을 떠서 들이 쏟기를 계속하는 장면을 통해 중심인물의 반복적인 동작을 강조한다고 볼 수 있다. 하지만 정일의 이러한 반복적인 행동은 병을 앓는 아버지의 바람을 충족하기 위한 것이므로, 내적 갈등을 표면화한다고 할 수 없다.

④ 서술자가 풍자적 어조를 활용하여 중심인물에 대한 비판적 입장을 드러낸다.
이 글에서 서술자는 중심인물인 정일의 시선에 의존하여 사건을 서술하고 있을 뿐, 풍자적 어조를 활용하여 정일에 대한 비판적 입장을 드러내지는 않고 있다.

✔ 서술자가 중심인물의 시선에 의존하여 사건의 양상을 제한적으로 나타낸다.
이 글에서 서술자는 이야기 밖에서 중심인물인 정일의 시선에 의존하여 사건을 전개하고 있다. 따라서 이러한 사건 전개 방식으로 인해 정일이 경험하거나 감각한 일과 정일의 내면으로 사건 양상이 제한되어 나타나게 된다.

## 28 인물의 심리, 태도 파악 정답률 78% | 정답 ③

**ⓐ~ⓔ에 대한 이해로 적절하지 않은 것은?**

① ⓐ는 정일이 주목하는 용팔의 이해타산적인 태도를 드러낸다.
ⓐ는 용팔이 상속세를 물지 않을 방안을 정일에게 제안하면서 한 말로, 장인이 위독한 상황인데도 계산을 하며 상속세 물지 않을 궁리를 하는 이해타산적인 용팔의 태도를 알 수 있다. 따라서 ⓐ는 정일이 주목하는 용팔의 이해타산적인 태도를 드러낸다고 할 수 있다.

② ⓑ는 용팔이 정일에게 예의를 갖추어야 하는 위치임을 드러낸다.
ⓑ는 용팔이 정일에게 공손히 행동하고 존댓말을 하는 상황이 드러나므로, ⓑ는 용팔이 정일에게 예의를 갖추어야 하는 위치임을 드러낸다고 볼 수 있다.

✔ ⓒ는 용팔의 행위에 대한 정일의 실망스러운 마음을 드러낸다.
ⓒ는 '용기를 못 내는' 정일과 달리, 용팔이가 재산 상속에 대한 이야기를 하고자 아버지가 있는 중문 안으로 들어가는 모습을 정일의 관점에서 비유적으로 드러낸 것이다. 따라서 ⓒ가 용팔의 행위에 대한 정일의 실망스러운 마음을 드러낸다고 할 수 없다.

④ ⓓ는 아버지와 용팔 간 대화의 결과를 정일이 주시하고 있음을 드러낸다.
ⓓ는 용팔이 정일의 아버지에게 재산 상속에 대한 이야기를 하고자 '중문 안'으로 들어가자 정일이 보이는 태도이므로, 정일이 아버지와 용팔 간 대화의 결과를 주시하고 있음을 드러낸다고 할 수 있다.

⑤ ⓔ는 아버지가 보여 주는 삶의 태도에 대한 정일의 평가를 드러낸다.
ⓔ는 아버지의 모습을 바라보면서 아버지가 '생활을 회의하거나 죽음을 생각할 필요가 없'는 삶을 살았다 하고 있는데, 이는 아버지가 보여 주는 삶의 태도에 대한 정일의 평가를 드러낸다고 할 수 있다.

## 29 장면에 따른 단어 맥락의 이해 정답률 75% | 정답 ④

**[A], [B]를 고려하여 ㉠과 ㉡을 이해한 내용으로 가장 적절한 것은?**

① ㉠은 용팔의 '웃음'에 대한 정일의 불쾌감으로 인해, ㉡은 아버지가 내비치는 '황홀한 눈'으로 인해 발생한다.
[A]에서 정일이 용팔의 '웃음'을 미워하며 느낀 불쾌감으로 인해 ㉠이 발생한다고 볼 수 있다. 하지만 [B]에서 '황홀한 눈'은 ㉡을 갈구하는 아버지의 눈을 나타낸 것이므로, 아버지가 내비치는 '황홀한 눈'으로 인해 ㉡이 발생한다고 볼 수 없다.

② ㉠은 정일이 갈등 끝에 '도장'을 찍음으로써, ㉡은 아버지가 사무치는 '동경'을 포기함으로써 지속된다.
[A]에서 정일이 용팔에게 '도장'을 내어 준 후 '내가 지금 더 심한 심열에 떠 있지 않은가? 하는 생각'을 하는 것으로 보아 정일이 갈등 끝에 도장을 찍음으로써 ㉠이 지속된다고 볼 수 있다. 하지만 [B]에서 아버지는 ㉡을 느끼려는 '동경'을 지속하고 있으므로, 아버지가 사무치는 '동경'을 포기함으로써 ㉡이 지속된다고 볼 수 없다.

③ ㉠은 정일의 '신경 쇠약'을 일으키는 원인이고, ㉡은 아버지가 '꺼멓게 탄 혀'의 고통을 줄이기 위한 방편이다.
[A]에서 정일이 '이러한 심열은 신경 쇠약의 탓이 아닐까?' 하고 생각하는 것으로 보아, ㉠은 정일의 '신경 쇠약'으로 인한 결과로 볼 여지는 있지만 '신경 쇠약'을 일으킨 원인이라고 보기는 어려우므로 적절하지 않다. 한편 [B]에서 '꺼멓게 탄 혀'는 심하게 앓다가 물도 마시지 못하게 된 아버지의 고통을 보여 주는데, 아버지는 '어항'이 환기하는 ㉡을 방편으로 삼아 이러한 고통을 줄이고자 한다고 볼 수 있다.

✔ ㉠은 용팔에 대한 미움이 '뺨을 갈기고 싶은 충동'으로 격화되는 정일의 마음을, ㉡은 '물그릇'에서 '어항', '드리우는 물줄기'로 심화되는 아버지의 갈망을 함축한다.
[A]에서 정일은 상속세를 물지 않기 위해 자신과 공모하려는 용팔의 언행을 접하며 불쾌함과 미움을 느끼고 있다. 그리고 이러한 정일의 감정은 ㉠을 일으켜 '뺨을 갈기고 싶은 충동'으로 격화되고 있다. [B]에서 정일은 '물을 보기라도 하겠다'는 아버지에게 '물그릇'을 놓아 주었다가 '어디나 눈 가는 곳'에 물이 보이도록 '어항'을 늘어놓고, 아버지가 그로 인한 ㉡에도 만족하지 못하자 '흐르는 물'이 보일 수 있게 '드리우는 물줄기'를 만드는 행동을 하고 있다. 이러한 내용을 볼 때, ㉡은 '물그릇'에서 '어항', '드리우는 물줄기'로 심화되는 아버지의 갈망을 함축한다고 볼 수 있다.

⑤ ㉠은 용팔의 '공모' 요구로 인해 표면화된 정일의 물질 지향적인 태도를, ㉡은 '심한 구역' 이후로 아버지가 '물'에서 얻고자 하는 육체적 안정에 대한 추구를 드러낸다.
[A]에서 ㉠은 용팔이 '공모' 요구를 하며 물질 지향적인 태도를 보이는 데에 정일이 느낀 반감에서 비롯된 것이므로, 용팔의 '공모' 요구로 인해 표면화된 정일의 물질 지향적인 태도를 드러낸다고 볼 수 없다. 한편 [B]에서 아버지는 '심한 구역' 이후 '한 방울 물도 먹지 못하'는 처지에 놓이고, 아버지는 이러한 상황에서 느끼는 갈증을 ㉡을 통해서나마 해소하려 하고 있다. 따라서 ㉡은 '심한 구역' 이후로 아버지가 '물'에서 얻고자 하는 육체적 안정에 대한 추구를 드러낸다고 볼 수 있다.

## 30 외적 준거에 따른 작품의 감상 정답률 51% | 정답 ②

**〈보기〉를 참고하여 윗글을 감상한 내용으로 적절하지 않은 것은? [3점]**

〈보 기〉

「무성격자」의 정일은 자신을 구속하는 속물적 욕망을 경멸하고 현실에서의 적극적인 행동을 주저하는 한편, 자신과 주변에 관심을 집중한다. 그는 주변 대상을 관찰하여 그 의미를 파악하고, 파악한 내용에 반응하며, 그런 자신을 분석하기도 한다. 나아가 관찰과 분석을 수행하는 자신의 내면마저 대상화함으로써 인간 심리의 중층적 구조를 드러낸다.

① 산판알을 놓으며 이익을 따지는 상대를 경멸하면서도 산판알이 올라가는 것을 주목하는 데에서, 자신을 구속하는 속물적 욕망으로부터 자유롭지 못한 모습을 찾을 수 있군.
정일은 아버지가 위독한 상황에서 산판알을 놓으며 이익을 따지는 용팔을 속으로 '이 소인 놈!'이라고 하며 경멸한다. 하지만 그러면서도 '용팔이가 따지는 산판알이 거침없이 한 자리씩 올라가는 것을 유심히 바라보'는 모습을 보이기도 하는데, 〈보기〉를 참고하면 정일의 이러한 행동은 그 자신을 구속하는 속물적 욕망에서 비롯되었다고 볼 수 있다.

✔ 상대의 웃음에서 공모 의사를 읽어 내자 얼굴에 흐르는 미끄러지는 듯한 웃음을 깨닫는 데에서, 상대에 대한 불쾌감을 웃음으로 무마하려는 자신을 의식하는 모습을 찾을 수 있군.
용팔이 정일에게 위임장을 내놓고 도장을 치라고 하면서 웃음을 짓자, 정일은 그러한 상대의 웃음에서 공모 의사를 읽어 내고 불쾌감에서 비롯된 '심열'을 느꼈다고 볼 수 있다. 이후 정일은 '미끄러지는 듯한 웃음이 자기 얼굴에 흐름을' 깨달으면서도 용팔에게 도장을 건네다가 '실없이 웃'는 자신이 '더 심한 실열에 떠 있'다는 생각을 하고 있다. 이러한 내용을 고려할 때 정일이 상대에 대한 불쾌감을 웃음으로 무마하려는 자신을 의식했다고 보는 것은 적절하지 않다.

③ **중문 안으로 들어가는 상대를 불러내지는 못하고 자신이 그를 부르지 못한 이유를 생각하는 데에서, 행동을 주저하고 자신에게로 관심을 돌리는 모습을 찾을 수 있군.**
정일은 용팔이 벌이는 행동에 반감을 느끼고 중문 안으로 들어가는 그를 불러내고 싶어 하지만, 행동을 주저하며 붙잡지 않고 자신이 그를 부르지 못한 이유에 대해 생각한다. 그러면서 용팔을 불러 낼 기회를 놓친 것을 자신이 '정말 후회하'는지에 대해 자문하며 자신에게로 관심을 돌리는 모습을 보인다.

④ **상대의 고통을 바라보며 의지력을 우러러보는 듯한 마음이 있는 자신을 발견하는 데에서, 상대와의 차이를 인식하는 스스로의 내면마저 대상화하는 모습을 찾을 수 있군.**
정일은 '애써 살려는 의지력이 없는' 자신과 달리 고통 속에서 죽음과 싸우는 아버지를 바라보며 '위대한 의지력'을 느낀다. 또한 그런 의지력을 '우러러보는 듯한 마음으로 아버지의 고통을 바라보고 있는 자기를 발견'하는데, 〈보기〉를 참고하면 정일의 이러한 모습은 상대와의 차이를 인식하는 스스로의 내면마저 대상화하는 모습으로 볼 수 있다.

⑤ **물줄기를 바라보는 상대로부터 이전에는 한 번도 보지 못한 눈을 확인하는 데에서, 주변 대상을 관찰하여 상대가 내비치는 생에 대한 강렬한 동경을 파악하는 모습을 찾을 수 있군.**
정일은 아버지가 죽음과 싸우는 모습에서 '위대한 의지력'을 느끼고 그런 아버지가 '물줄기를 바라보'는 눈을 '동경에 사무친 황홀한 눈'이라고 표현하며 '일찍이 그러한 눈을 본 기억이 없다고 생각'한다. 〈보기〉를 참고하면 주인공의 이러한 모습은 주변 대상을 관찰하여 상대가 내비치는 생에 대한 강렬한 동경을 파악하는 모습으로 이해할 수 있다.

## 31~34 현대시

### (가) 조지훈, '맹세'

**감상** 이 작품은 **임에 대한 영원한 사랑에 대한 다짐을 노래**하고 있다. **화자에게 임은 '일월'처럼 '거룩한' 존재로 절대적 사랑의 대상**이다. 따라서 '만년을 싸늘한 바위를 안고도' 뜨겁게 사랑할 수 있고, '흰 뼈가 되'었지만 부활 때까지, 또 '붉은 마음이 숯이 되'었다 '다시 재'가 될 때까지 **영원히 사랑하겠다고 다짐**하고 있다. 따라서 **임의 손길에 울고 임을 부르며 우는 모습도 임에 대한 간절함에서 비롯된 것**으로 볼 수 있다.

**주제** 임에 대한 영원한 사랑의 맹세

**표현상의 특징**

- 불가능한 상황을 설정하고 있음.
- 유사한 통사 구조를 반복하여 화자의 정서를 강조함.
- 물음의 형식을 사용하여 화자의 상황 인식을 드러내 줌.
- 대비되는 시어를 활용하고 있음.

### (나) 오규원, '봄'

**감상** 이 작품은 **표면적**으로는 **봄을 맞아 생명력 넘치는 주변 풍경을 묘사한 작품**으로 보이지만, **심층적**으로 보면 **시인으로서 언어 사용의 새로운 방안을 모색한 작품**으로 볼 수 있다. 1연에서는 언어를 통해 대상에 자유를 주려는 시도를 그리고 있다. 봄날에 보이는 '담벽, 라일락, 별, 우리 집 개의 똥'은 화자가 언어로 표현하려는 대상으로, **자유로운 언어를 통해 대상을 구속에서 벗어나 자유롭게 하겠다는 뜻을 밝히**고 있다. 그러나 2연에서는 봄이 자유일 수도 있고, 지옥일 수도 있다고 말하며 **언어와 대상이 모두 자유를 얻기 위해서는 대상을 언어로 구속하려는 기존 관습에서 벗어나야 한다**고 하고 있다. 이처럼 **이 작품은 언어의 한계를 밝히고 이에 따라 언어 사용의 새로운 가능성을 모색**하려 했다고 볼 수 있다.

**주제** 새로운 언어 사용의 가능성에 대한 탐구

**표현상의 특징**

- 반복적 표현과 쉼표를 사용하여 리듬감을 형성해 줌.
- 산문 형식으로 시상을 전개하고 있음.
- 열거법을 사용하여 시적 긴장감을 높이고 있음.

**31** 표현상 특징 파악 정답률 76% | 정답 ④

**(가), (나)에 대한 설명으로 적절하지 않은 것은?**

① **(가)는 1연과 6연에서 물음의 형식을 활용하여 화자의 상황 인식을 보여 준다.**
(가)의 1연의 '~ 어찌하리야'를 통해, 물음의 형식을 활용하여 어떤 시련에도 임에 대한 뜨거운 사랑이 변치 않겠다는 화자의 상황 인식을 드러내고 있음을 알 수 있다. 그리고 6연의 '~ 지니라'를 통해, 물음의 형식을 활용하여 거룩한 임을 맞이할 준비가 부족하다는 화자의 상황 인식을 드러내고 있음을 알 수 있다.

② **(가)는 4연과 9연에서 상황을 가정하는 표현을 활용하여 화자의 의지를 강조한다.**
(가)의 4연에서는 '사랑하는 것'을 모두 잃는 가정의 상황을, 9연에서는 '미워하는 것'을 모두 잊는 가정의 상황을 드러내고 있는데, 이는 임을 영원히 사랑하겠다는 화자의 의지를 강조해 준다고 할 수 있다.

③ **(나)는 반복적인 표현을 제시하면서 쉼표를 사용하여 리듬감을 형성한다.**
(나)는 '저기 저~, 저기 저', '~은 내 언어의 ~고, ~은 내 언어의 ~고', '~고 싶은 놈 ~고, ~고 싶은 놈 ~고'처럼 같은 표현 반복과 쉼표를 사용하여 리듬감을 형성하고 있다.

✔ **(가)는 대비되는 시어를 활용하여 대상의 양면성을 드러내고, (나)는 반복되는 행위를 제시하여 대상의 효용성을 드러낸다.**
(가)에서는 '싸늘한 바위'와 '뜨거운 가슴', '어둠'과 '해돋는 아침'에서 알 수 있듯이 이미지가 대비되는 시어를 활용하고 있다. 하지만 이런 이미지 대비를 통해 대상의 양면성을 드러내지는 않고 있다. 그리고 (나)에서는 우리 주변에서 흔히 볼 수 있는 존재를 대상으로 삼으면서 대상들의 행위를 표현하고 있다. 하지만 이는 봄을 맞은 대상들의 자유로움을 드러내기 위해 활용하고 있지, 대상의 효용성을 드러내기 위해 활용되지는 않고 있다.

⑤ **(가)는 같은 시구를 5연, 10연의 마지막에서 반복하여 화자의 정서를 강조하고, (나)는 1연 끝 문장의 시어를 2연 첫 문장으로 연결하며 그 의미를 드러내고 있다.**
(가)의 5연과 10연에서 '나는 울어라'를 반복하고 있는데, 이는 부재하는 임을 만나고 싶은 간절함을 드러낸다고 할 수 있다. 그리고 (나)에서는 1연의 끝 문장인 '그래 봄이다'와 2연의 첫 문장인 '봄은 자유다'에 공통적으로 '봄'이라는 시어를 넣고 있는데, 이는 '봄'이 곧 자유라는 의미를 지니고 있음을 드러내기 위해서라 할 수 있다.

**32** 시구의 의미와 기능 파악 정답률 72% | 정답 ②

**아픈 가락에 대한 이해로 가장 적절한 것은?**

① **임에게 자랑스레 내보일 화자의 자부심을 포함한다.**
6연에서 화자는 임에게 자랑과 선물을 지니지 못한다고 하였으므로, '아픈 가락'에 임에게 자랑스럽게 내보일 화자의 자부심이 담겨 있다고 볼 수 없다.

✔ **의로운 사람들이 보여 준 희생과 설움을 담고 있다.**
(가)의 내용을 볼 때, '아픈 가락'은 화자가 임에게 전달되기를 간절히 바라는 피리 가락임을 알 수 있다. 그런데 이 노랫가락을 내는 피리는 '의로운 사람들이 피흘린 곳'에서 난 대나무로 만든 것이므로, 이 가락에는 의로운 사람들의 희생이 포함되어 있다고 할 수 있다. 또한 이 가락에 '아프'고 '사모침'이 담겨 있다는 점에서 가락에 설움이 담겨 있다고 짐작할 수 있다.

③ **대나무에 서린 임의 뜻을 잊으려는 화자를 질책한다.**
대나무에는 의로운 사람의 피가 스며 있는데, 이는 임의 뜻이 아니라 화자의 뜻이 대나무에 서려 있음을 나타낸다고 할 수 있다. 또한 대나무에 서린 임의 뜻을 잊으려는 화자를 질책한다고도 볼 수 없다.

④ **피리의 흐느낌에 호응하여 화자의 억울함을 해소한다.**
화자는 흐느끼는 피리의 아픈 가락에 임이 호응해 주기를 바라고 있지만, 임이 이 가락에 호응하여 화자의 억울함을 해소하지는 않고 있다.

⑤ **구천에 사무친 원망을 살아남은 사람들에게 전달한다.**
화자는 살아남은 사람들이 아니라 임이 구천에 사무친 피리 소리를 듣기 바라고 있으므로 적절하지 않다.

★★★ 등급을 가르는 문제!

**33** 외적 준거에 따른 작품의 감상 정답률 38% | 정답 ⑤

**다음에 따라 (가), (나)를 감상한 내용으로 적절하지 않은 것은? [3점]**

> **선생님** : (가)는 부재하는 임을 기다리며 더 나은 세상에 대한 바람을 드러내고, (나)는 봄과 같은 세계에서, 대상들과 함께 자유를 누리려는 바람을 드러냅니다. 그러나 (가)는 대상에게 의미를 부여하는 화자의 시선이 두드러짐에 비해, (나)는 화자가 주목하는 대상들의 모습이 두드러진다는 차이를 보여요. 이 차이가 주변 존재들을 대하는 태도나 바람을 실현하는 방식에 반영되기도 해요.

① **(가)의 화자가 바라는 세상은 '해돋는 아침'과 같이 '어둠'을 벗어나 밝음을 회복한 세상일 거야.**
(가)의 화자는 지금 세상이 '어둠'에 놓여 있지만 죽음을 각오하며 마침내 '어둠'에서 벗어나 '해돋는 아침'과 같은 밝은 세상을 맞이하겠다고 다짐하고 있다.

② **(나)의 화자가 지향하는 세계에서 대상들은 '자유롭게 서고, 앉고, 반짝이고,' 구를 거야.**
(나)의 화자는 봄을 맞아 자신과 모든 대상들이 자유를 누리기를 바라고, 그 대상은 자신의 언어를 통해 자유를 얻은 '담벽, 라일락, 별, 개똥'이다. 따라서 '자유롭게 서고, 앉고, 반짝이고' 구르는 것은 화자가 지향하는 자유로운 세계의 대상의 모습이라 할 수 있다.

③ **(가)의 화자는 '꽃송이'를 '창백한' 대상으로 바라보고, (나)의 화자는 대상들 각각의 모습에 주목하여 그 개별성을 드러내고 있어.**
(가)의 화자는 '꽃송이'를 창백하다고 여겨 자신의 입을 맞추려 하고 있다. 그리고 (나)의 화자는 '저 담벽'이 '서고', '저 라일락'이 '꽃이 되고', '저 별'이 '반짝이고', '저 우리 집 개의 똥'이 구르는 모습에 주목해 각각의 대상이 지닌 개별성을 나타내고 있다.

④ **(가)의 화자는 '피마저 불어 넣'는 희생적 태도를 보이고, (나)의 화자는 대상들이 원하는 바를 실현하게 하여 '자유'를 함께 누리려는 태도를 보이고 있어.**
(가)의 화자는 '창백한 꽃송이'를 위해 '한방울 피마저 불어 넣'겠다 하고 있는데, 이는 꽃송이를 회복시키기 위해 자신을 희생하겠다는 뜻을 나타낸 것이라 할 수 있다. 그리고 (나)의 화자는 '꽃피고 싶은 놈 꽃피고 ~ 아지랑이고 싶은 놈은 아지랑이가 되'는 것처럼 대상이 원하는 바를 실현하도록 하여 마침내 이들과 더불어 '마음대로 뛰'며 자유를 누리려 하고 있다.

✔ **(가)의 화자는 '붉은 마음'을 바쳐 부재하는 '임'을 기다리고, (나)의 화자는 '담벽' 안에서 '봄'과 같은 세계를 대상들과 공유하려 하고 있어.**
(나)에서 봄날의 '담벽'은 '라일락, 별, 우리 집 개의 똥'처럼 화자가 언어로 표현하려는 주변 사물 중 하나일 뿐이다. 따라서 (나)의 화자가 '담벽' 안에서 '봄'과 같은 세계를 대상들과 공유하려 하고 있다는 진술은 적절하지 않다. 한편 (가)의 9연의 '붉은 마음'은 부재하는 임에 대한 뜨거운 사랑을 의미하는 것이므로, '붉은 마음'이 숯이 되었다가 되살아 다시 재가 될 때까지 못 잊겠다는 것은 영원히 임을 기다리겠다는 강한 의지를 드러낸 것이라 할 수 있다.

**★★ 문제 해결 꿀~팁 ★★**

▶ **많이 틀린 이유는?**
이 문제는 시의 내용을 정확히 이해하지 못해 오답률이 높았던 것으로 보인다. 또한 '선생님'의 말이 선택지에 사용되어 적절하다고 판단한 것도 오답률을 높인 것으로 보인다.

▶ **문제 해결 방법은?**
이 문제를 해결하기 위해서는 일차적으로 〈보기〉의 내용을 정확히 이해해야 한다. 그런 다음 선택지에 제시된 내용을 읽고 적절성을 판단할 수 있어야 한다. 이때 주의할 점은 항상 시의 내용과 관련이 있어야 한다는 것이다. 즉 선택지에 제시된 시어나 시구와 관련하여 감상한 내용이 적절한지 살펴야 하고, 〈보기〉와의 연관성도 적절한지 판단할 수 있어야 한다. 가령 정답인 ⑤의 경우, 〈보기〉에서 (가)가 부재하는 임을 기다린다고 하였고, (가)에서 화자는 '붉은 마음'이 숯이 되었다가 되살아 다시 재가 될 때까지 못 잊겠다 하고 있으므로, 화자는 '붉은 마음'을 바쳐 부재하는 '임'을 기다린다 할 수 있다. 그런데 (나)에서 선택지에 제시된 화자가 봄과 같은 세계를 대상들과 공유하려 한다는 내용은 〈보기〉와 관련이 있으므로 적절하다. 하지만 (나)를 통해 봄날의 '담벽'은 '라일락, 별, 우리 집 개의 똥'처럼 화자가 언어로 표현하려는 주변 사물 중 하나에 해당하므로, 〈보기〉와 시의 내용을 잘못 연결한 것임을 알 수 있다. 이처럼 문학 작품에서 〈보기〉를 바탕으로 하는 감상 문제에서 작품 내용을 정확히 파악하지 않으면 실수할 수 있으므로, 항상 작품을 정확히 이해하여 문제를 해결할 수 있도록 한다.



[문제편 p.132]

**34** 외적 준거에 따른 시구의 의미 이해 정답률 62% | 정답 ③

〈보기〉를 참고하여 ㉠ ~ ㉤의 의미를 설명한 것으로 가장 적절한 것은?

〈보 기〉

(나)는 언어의 한계와 가능성에 대한 시인의 탐구를 보여준다. 언어를 사용함으로써 대상을 파악할 수 있지만 그 결과는 다시 언어에 구속된다는 필연적 한계를 갖는다. 그래서 시인은 기존의 언어 사용 방식을 벗어나려는 시도를 한다. 이를 통해 언어와 대상이 기존의 관습에서 벗어나 자유를 향해 나아갈 수 있는 가능성을 모색한다.

① ㉠은 자신의 언어 속에서도 기존의 언어 사용 방식이 유지된다는 생각을 의미한다.
〈보기〉를 참고할 때 ㉠은 '담벽, 라일락, 별, 우리 집 개의 똥 하나'라는 대상을 자신만의 자유로운 언어로 표현하겠다는 생각을 드러낸 것으로, 자신의 언어 사용 방식이 언어에 대상이 구속되는 기존의 언어 사용 방식을 따르지 않음을 드러낸 것이라 할 수 있다.

② ㉡은 대상을 파악하는 행위까지 포기하면서 자유를 얻고자 하는 의도를 나타낸다.
〈보기〉를 참고할 때 ㉡은 표현할 대상에 자유를 주기 위해 이를 표현할 언어에도 자유를 부여하겠다는 뜻을 드러낸 것으로, 언어를 통해 대상을 파악하는 행위까지 포기하겠다는 의지를 나타낸 것은 아니라 할 수 있다.

✔ ㉢은 새로운 표현을 시도하여 언어와 대상이 자유를 얻을 가능성을 모색하는 과정을 나타낸다.
〈보기〉에서 언급한 것처럼, (나)를 언어의 한계와 가능성을 탐구한 작품이라고 본다면, 2연의 처음에 나오는 '봄은 자유다'라고 한 후 ㉢에서 봄을 '지옥이라고 하자.'는 것은 '봄'을 하나의 언어만이 아니라 또 다른 새로운 언어로도 표현할 수 있음을 보여 준 것이라 할 수 있다. 따라서 ㉢은 언어에 의해 대상이 구속되는 기존의 언어 관습에서 벗어나 언어와 대상 모두 자유를 얻을 수 있는 방안을 모색하기 위한 탐구 과정의 하나로 볼 수 있다.

④ ㉣은 대상들을 구속에서 벗어나게 하기 위해 외부 상황에 변화를 주었음을 의미한다.
〈보기〉를 참고할 때 ㉣은 언어와 상관없이 대상은 변하지 않으므로 언어로 대상을 규정하는 데에는 한계가 있음을 드러낸 것으로, 새로운 언어 사용 방식의 필요성을 드러낸 것이라 할 수 있다.

⑤ ㉤은 언어의 새로운 가능성을 실현하여 자신이 제한한 의미에 따라 대상들이 움직임을 의미한다.
〈보기〉를 참고할 때 ㉤은 언어와 대상이 기존의 관습에서 벗어났을 때 획득한 자유의 상태를 표현한 것으로, 새로운 언어 사용 방식의 가능성을 보여준 것일 뿐, 자신이 규정한 의미에 따라 대상이 통제되고 있음을 나타낸 것은 아니라 할 수 있다.

## [35~45] 화법과 작문

**35** 말하기 방식 파악 정답률 88% | 정답 ①

위 강연자의 말하기 방식으로 가장 적절한 것은?

✔ 인물의 특성을 보여 주는 일화를 제시하고 있다.
2문단에서 강연자는 주시경 선생이 한글을 가르칠 수 있다면 어디든 마다하지 않고 책 보따리를 들고 다녔기에 '주 보따리'로 불렸다고 이야기하고 있다. 그리고 3문단에서 최현배 선생이 옥고를 치르는 중에도 검열을 피해 솜옷 속에 쪽지를 숨겨 놓으며 한글을 연구했다는 이야기를 제시하고 있다. 따라서 이 강연에서 강연자는 인물의 일화를 제시하여 주시경 선생과 최현배 선생의 특성을 보여 주었다고 할 수 있다.

② 자신의 경험을 시간 순서에 따라 전달하고 있다.
이 강연을 통해 강연자가 자신의 경험을 시간 순서에 따라 전달하고 있는 부분은 찾아볼 수 없다.

③ 대조를 통해 두 인물 간의 차이를 부각하고 있다.
이 강연에서 강연자는 한글 교육과 연구에 힘쓴 주시경, 최현배 선생을 각각 소개하고 있다. 하지만 두 인물을 대조하여 그 차이를 부각하고 있는 부분은 찾아볼 수 없다.

④ 준언어적 표현을 조절하여 화제를 전환하고 있다.
강연자는 강연의 도입 부분에서 '목소리를 높여' 주시경, 최현배 선생을 소개하고 있는데, 이는 준언어적 표현을 조절하여 화제를 강조하여 제시한 것이라 할 수 있다. 따라서 강연자가 준언어적 표현을 조절하여 화제를 전환하였다고 할 수 없다.

⑤ 강연을 하게 된 소감을 밝히며 강연을 시작하고 있다.
이 강연의 1문단을 통해 강연자가 강연을 시작하면서 강연을 하게 된 소감을 밝히는 찾아볼 수 없다.

**36** 강연 계획의 반영 여부 판단 정답률 88% | 정답 ⑤

다음은 강연자의 강연 계획이다. 강연에 반영되지 않은 것은?

• 화제 선정
– 청중의 배경지식을 고려하여 강연 내용을 한글 대중화에 힘쓴 두 인물로 선정해야겠다. ‥ ①
• 청중 분석
– 청중이 생소하게 느낄 만한 우리말의 의미를 풀이해서 제시해야겠다. ······················· ②
– 강연 내용에 관심 있는 청중을 위해 추가 정보를 찾을 수 있도록 안내해야겠다. ············ ③
• 강연 전략
– 강연 내용에 집중할 수 있도록 먼저 질문을 던져 궁금증을 유발하고 나중에 답을 제시해야겠다. ······································································· ④
– 강연 내용을 인상적으로 기억할 수 있도록 두 인물이 남긴 말을 각각 인용해야겠다. ······ ⑤

① 청중의 배경지식을 고려하여 강연 내용을 한글 대중화에 힘쓴 두 인물로 선정해야겠다.
1문단의 '한글 창제 이야기는 이미 잘 알고 계실 테니'를 통해, 강연자는 한글 창제 이야기에 대한 청중의 배경지식을 고려하고 있음을 알 수 있다. 그러면서 강연자는 한글 대중화에 힘쓴 주시경, 최현배 선생을 강연의 화제로 제시하고 있으므로 적절하다.

② 청중이 생소하게 느낄 만한 우리말의 의미를 풀이해서 제시해야겠다.
3문단에서 강연자는 최현배 선생의 대표 저서인 『한글갈』을 소개한 뒤, 청중이 생소하게 느낄 만한 우리말 '갈'의 의미를 풀이해서 제시하고 있다.

③ 강연 내용에 관심 있는 청중을 위해 추가 정보를 찾을 수 있도록 안내해야겠다.
강연자는 강연 내용에 관심 있는 청중이 추가 정보를 찾을 수 있도록 2문단에서 주시경 선생에 대한 다큐멘터리를, 3문단에서 최현배 선생에 대한 자료가 있는 △△ 기념관 누리집을 안내하고 있다.

④ 강연 내용에 집중할 수 있도록 먼저 질문을 던져 궁금증을 유발하고 나중에 답을 제시해야겠다.
1문단에서 강연자는 주시경, 최현배 선생이 어떤 관계일지 질문을 던져 학생들의 궁금증을 유발하고 있다. 그런 다음 3문단에서 두 인물이 사제 간이라는 답을 제시하고 있다. 이러한 강연자의 말하기 방식은 청중이 강연 내용에 집중하게 해 주는 효과를 준다고 할 수 있다.

✔ 강연 내용을 인상적으로 기억할 수 있도록 두 인물이 남긴 말을 각각 인용해야겠다.
2문단의 '말이 오르면 나라도 오르고, 말이 내리면 나라도 내리나니라.'를 통해, 강연자는 주시경 선생의 말을 인용하여 청중이 강연 내용을 인상적으로 기억할 수 있도록 하고 있다. 하지만 이 강연에서 강연에서 최현배 선생이 남긴 말을 인용한 부분은 찾아볼 수 없으므로 적절하지 않다.

**37** 청중의 반응 이해 정답률 82% | 정답 ②

강연 내용을 참고할 때, 〈보기〉에 제시된 청중의 반응을 이해한 내용으로 가장 적절한 것은?

〈보 기〉

**청중 1** : 한글 학회의 출발점이 국어 연구 학회였음을 알게 되었어. 국어 연구 학회는 어떤 활동을 했는지 찾아봐야겠어.
**청중 2** : 조선어 학회 사건에 대한 발표를 맡았는데 강연 내용이 도움이 될 것 같아. 최현배 선생이 옥중에서도 한글을 연구했다는 내용을 발표에 추가해야지.
**청중 3** : 주시경 선생의 저서를 별다른 설명 없이 제목만 알려 줘서 아쉬웠어. 그 저서들이 어떤 내용인지 찾아봐야겠어.

① 청중 1은 자신이 알고 있던 내용을 강연 내용과 비교하여 평가하고 있군.
〈보기〉에서 '청중 1'은 강연을 통해 한글 학회의 출발점이 국어 연구 학회였음을 알게 되었다고 밝히고 있는데, 이는 강연에서 새로 알게 된 정보를 언급한 것에 해당한다. 따라서 '청중 1'이 자신이 알고 있던 내용을 강연 내용과 비교하여 평가하고 있다는 이해는 적절하지 않다.

✔ 청중 2는 강연을 통해 알게 된 정보를 유용성 측면에서 평가하고 있군.
〈보기〉에서 '청중 2'는 자신이 조선어 학회 사건에 대한 발표를 맡았음을 밝히며 강연 내용이 발표에 도움이 될 것 같다고 말하고 있다. 이러한 '청중 2'의 반응은 강연을 통해 알게 된 정보를 유용성 측면에서 평가한 것이라 할 수 있다.

③ 청중 3은 강연 내용을 바탕으로 강연에서 직접 언급되지 않은 내용을 추론하고 있군.
〈보기〉에서 '청중 3'은 강연에서 주시경 선생의 저서를 소개할 때 제목만 알려 주고 별다른 설명이 없었다는 점을 아쉬워하고 있는데, 이는 강연에서 설명하지 않은 부분에 대한 아쉬움을 드러낸 것이라 할 수 있다. 따라서 '청중 3'이 강연에서 직접 언급되지 않은 내용을 추론하고 있다는 이해는 적절하지 않다.

④ 청중 1과 3은 강연에서 새롭게 알게 된 사실에 대해 의구심을 드러내고 있군.
〈보기〉에서 '청중 1'은 한글 학회의 출발점이 국어 연구 학회였음을 알게 되었다며 강연에서 새롭게 알게 된 사실을 언급하고 있고, '청중 3'은 강연에서 설명하지 않은 부분에 대한 아쉬움을 드러내고 있다. 따라서 '청중 1'과 '청중 3'이 강연에서 새롭게 알게 된 사실에 대해 의구심을 드러냈다는 이해는 적절하지 않다.

⑤ 청중 2와 3은 강연에서 언급된 내용과 관련하여 추가 정보를 탐색하려 하고 있군.
〈보기〉에서 '청중 3'은 강연에서 언급된 주시경 선생의 저서 제목과 관련하여 이 저서들이 어떤 내용인지 찾아보겠다 하고 있는데, 이는 강연에서 언급된 내용과 관련하여 추가 정보를 탐색하려는 것이다. 하지만 '청중 2'는 최현배 선생이 옥중에서도 한글을 연구했다는 내용을 자신의 발표에 활용하려고 할 뿐, 강연에 언급된 내용과 관련한 추가 정보를 탐색하지는 않고 있으므로 적절한 이해라 할 수 없다.

**38** 토론 내용의 이해 정답률 79% | 정답 ④

(가)의 '찬성 1'의 입론에 대한 설명으로 가장 적절한 것은?

① 핵심 용어를 정의한 후 상대의 동의를 구하고 있다.
'찬성 1'은 입론에서 초보 운전자를 '자동차 보험 가입 경력 기준 1년 미만자'로 정의하고 있지만, 이와 관련해 반대 측의 동의를 구하지는 않고 있다.

② 외국의 사례를 분류하여 논의의 범위를 확장하고 있다.
'찬성 1'은 입론에서 일본의 초보 운전 표지 의무 부착 제도에 대해 언급하고 있지만, 외국의 사례를 종류별로 분류하여 논의의 범위를 확장하지는 않고있다.

③ 특정 경험을 활용하여 기존 정책의 목적을 설명하고 있다.
'찬성 1'은 입론에서 '초보인데 보태 준 거 있어?'라는 표지를 커다랗게 붙인 차를 봤던 특정 경험을 활용하고 있지만, 이 경험을 활용해 기존 정책의 목적을 설명하지는 않고 있다.

✔ 최근 발생한 사건을 언급하여 논의의 필요성을 드러내고 있다.
'찬성 1'의 입론을 통해, '찬성 1'은 얼마 전 초보 운전자의 운전 미숙으로 인해 교통사고가 연이어 발생하면서 초보 운전 표지 의무화에 대한 논의가 본격화되고 있다고 언급하고 있다. 따라서 '찬성 1'은 최근 발생한 초보 운전과 관련한 사건을 언급하여 초보 운전 표지 의무화에 대한 논의의 필요성을 드러냈다고 할 수 있다.

⑤ 정책이 변화한 과정을 중심으로 논의의 배경을 제시하고 있다.
'찬성 1'은 입론에서 논의의 배경을 제시하고 있지만, 이를 정책이 변화한 과정을 중심으로 제시하지는 않고 있다.

**39** 질문의 의도 파악 정답률 88% | 정답 ③

반대 신문의 목적을 고려했을 때, ㉠ ~ ㉤에 대한 이해로 적절하지 않은 것은?

① ㉠은 상대가 근거로 인용한 자료가 신뢰할 만한 것인지 출처를 확인하고 있다.
반대 측은 ㉠에서 통계의 정확한 출처가 어디인지를 묻고 있는데, 이는 상대가 근거로 인용한 자료가 신뢰할 만한 것인지 출처를 확인하려는 질문이라 할 수 있다.

② ㉡은 초보 운전 표지를 의무적으로 부착하면 사고가 감소한다는 상대의 주장이 타당하지 않음을 지적하고 있다.
반대 측은 ㉡에서 운전 미숙이 사고의 주요 원인이라면 표지 부착 의무화로 사고가 감소할지 의문을 제기하고 있는데, 이는 표지 부착 의무화로 사고가 감소한다는 상대의 주장이 타당하지 않음을 지적하려는 질문이라 할 수 있다.

✔ ⓒ은 상대의 주장이 경력 운전자의 입장만 반영하여 공정하지 않음을 지적하고 있다.
반대 측은 ⓒ에서 일부 경력 운전자들이 초보 운전자에 대해 위협 운전을 할 수도 있지 않냐고 묻고 있는데, 이는 경력 운전자들의 실제 태도가 상대의 생각과 다를 수 있음을 언급하여 제도의 실효성을 지적하고 있는 것이라 할 수 있다. 따라서 ⓒ이 상대의 주장이 경력 운전자의 입장만 반영하여 상대의 주장이 공정하지 않음을 지적한 것이라 할 수 없다.

④ ⓓ은 상대의 주장을 비용의 측면에서 보았을 때 실질적 이익이 있는지 확인하고 있다.
반대 측은 ⓓ에서 제도 도입으로 비용이 발생할 텐데 결국 득보다 실이 더 크지 않을지 의문을 제기하고 있는데, 이는 비용의 측면에서 상대방의 주장이 실질적 이익이 있는지를 확인하려는 질문이라 할 수 있다.

⑤ ⓔ은 초보 운전 표지 의무화 제도를 운영하는 일이 실행 가능한지 확인하고 있다.
반대 측은 ⓔ에서 표지 의무화는 제재를 가한다는 뜻이라는 점을 언급하면서 위반자를 적발하는 등 제도를 운영하는 것이 현실적으로 가능할지 묻고 있는데, 이는 현실에서 제도를 운영하는 일이 실행 가능한지를 확인하려는 질문이라 할 수 있다.

**40** 자료를 통한 입론 내용의 추론 정답률 57% | 정답 ⑤

**(가)의 토론 내용과 (나)의 자료를 바탕으로 반대 측 입론 내용을 추론했다고 할 때, 적절하지 않은 것은? [3점]**

▶쟁점: 표지 부착 의무화는 교통사고 감소를 위해 필요한가?
[자료] 표지 부착 부작용 관련 신문 기사
└반대 측 입론: 일부 운전자가 초보 운전 표지를 붙인 차량을 위협하는 경우를 볼 때, 의무화가 오히려 교통사고를 유발할 수 있다. ·····①
[자료] 단계적 운전면허 제도 관련 논문
└반대 측 입론: 단계적 운전면허 제도를 참고하여 초보 운전자의 운전 숙련도를 높인다면, 표지 부착을 의무화하지 않고도 초보 운전자의 교통사고를 줄일 수 있다. ·····②
▶쟁점: 표지 부착 의무화는 운전 문화 개선을 위해 필요한가?
[자료] 교통 문화 지수 관련 보도 자료
└반대 측 입론: 교통 문화 지수의 상승 추세를 볼 때, 운전 문화는 홍보나 캠페인 등을 통해 개선할 수 있으므로 표지 부착을 의무화할 필요가 없다. ·····③
▶쟁점: 국가 차원에서 표지를 규격화해야 하는가?
[자료] 다양한 초보 운전 표지 사진
└반대 측 입론: 국가 차원에서 표지를 규격화하면, 개성 있는 표지를 부착하고자 하는 운전자의 자기표현의 자유를 침해할 수 있어 규격화는 불필요하다. ·····④
[자료] 초보 운전 표지 부착에 대한 설문 결과
└반대 측 입론: 대부분의 초보 운전자가 표지를 부착하고 있음을 볼 때, 기존 표지를 규격화된 표지로 교체하는 비용을 초보 운전자가 부담하게 되므로 규격화는 불필요하다. ·····⑤

① 일부 운전자가 초보 운전 표지를 붙인 차량을 위협하는 경우를 볼 때, 의무화가 오히려 교통사고를 유발할 수 있다.
(나)에서는 '초보 스티커, 되레 난폭 운전자들의 표적'이라는 제목의 표지 부착 부작용 사례를 다룬 인터넷 신문 기사를 수집했음을 밝히고 있다. 그리고 (가)의 '반대 2'의 세 번째 발화를 통해, '반대 2'는 일부 경력 운전자들이 표지를 부착한 초보 운전자에 대해 위협 운전을 할 수도 있다고 언급하였음을 알 수 있다. 따라서 반대 측은 인터넷 신문 기사 자료를 바탕으로 표지 부착 의무화가 오히려 교통사고를 유발할 수 있다고 주장할 것임을 추론할 수 있다.

② 단계적 운전면허 제도를 참고하여 초보 운전자의 운전 숙련도를 높인다면, 표지 부착을 의무화하지 않고도 초보 운전자의 교통사고를 줄일 수 있다.
(나)에서는 미국 대다수의 주에서 임시 면허 기간을 두어 초보 운전자의 운전 숙련도를 높이는 단계적 운전면허 제도를 시행하고 있다는 논문 자료를 찾았음을 밝히고 있다. 그리고 (가)의 '반대 2'의 두 번째 발화를 통해, '반대 2'는 초보 운전자의 운전 미숙이 사고의 주요 원인이라면 표지 부착 의무화로 사고가 감소할지 의문을 제기하고 있다. 따라서 반대 측은 논문 자료에 제시된 단계적 운전면허 제도를 바탕으로, 표지 부착을 의무화하지 않고도 초보 운전자의 운전 숙련도를 높여 교통사고를 줄일 수 있다고 주장할 것임을 추론할 수 있다.

③ 교통 문화 지수의 상승 추세를 볼 때, 운전 문화는 홍보나 캠페인 등을 통해 개선할 수 있으므로 표지 부착을 의무화할 필요가 없다.
(나)에서는 관련 기관에 메일로 자료를 요청하여 교통 문화 지수가 운전자의 인식 개선을 위한 다양한 활동을 통해 매년 꾸준히 상승하고 있다는 내용의 보도 자료를 받았음을 밝히고 있다. 그리고 (가)의 '반대 2'의 네 번째 발화를 통해, '반대 2'는 운전 문화 개선은 필요하다고 생각하지만 표지 부착 의무화로 해결될 문제는 아니라고 본다고 언급하고 있다. 따라서 반대 측은 보도 자료에 제시된 교통 문화 지수의 상승 추세를 바탕으로, 운전 문화는 홍보나 캠페인을 통해 개선할 수 있으므로 표지 부착 의무화가 불필요하다고 주장할 것임을 알 수 있다.

④ 국가 차원에서 표지를 규격화하면, 개성 있는 표지를 부착하고자 하는 운전자의 자기표현의 자유를 침해할 수 있어 규격화는 불필요하다.
(나)에서는 운전자가 자신의 개성을 자유롭게 표현하고 있는 다양한 초보 운전 표지 사진들을 인터넷에서 찾아 저장했다고 밝히고 있다. 그리고 (가)의 '반대 2'의 첫 번째 발화를 통해, '반대 2'는 찬성 측의 발언에 대해 표지 규격화가 표현의 자유를 침해한다는 점을 인정한 것으로 보인다고 지적하고 있다. 따라서 반대 측은 다양한 초보 운전 표지 사진들을 활용하여, 국가 차원의 표지 규격화가 개성 있는 표지를 부착하고자 하는 운전자의 자기표현의 자유를 침해할 수 있으므로 규격화가 불필요하다고 주장할 것임을 알 수 있다.

✔ 대부분의 초보 운전자가 표지를 부착하고 있음을 볼 때, 기존 표지를 규격화된 표지로 교체하는 비용을 초보 운전자가 부담하게 되므로 규격화는 불필요하다.
(나)에서는 초보 운전자 대부분이 표지를 부착하고 있다는 설문 결과 자료를 스크랩했음을 밝히고 있다. 그리고 (가)의 '반대 2' 네 번째 발화를 통해, '반대 2'는 표지를 규격화해 제작하고 배부하려면 국가의 예산이 소요된다고 언급하며, 규격화된 초보 운전 표지 부착 의무 제도가 비용이 발생하여 득보다 실이 더 클 수 있다는 점을 지적하고 있다. 이를 볼 때, 반대 측은 설문 결과 자료를 바탕으로 기존 표지를 규격화된 표지로 교체하는 데 국가 예산이 소요되므로 규격화가 불필요하다고 주장할 것임을 추론할 수 있다. 또한 (가)와 (나)에서 반대 측이 표지 교체 비용을 초보 운전자가 부담하게 된다고 보지는 않을 것이므로 적절하지 않다.

★★★ 등급을 가르는 문제!

**41** 내용 조직 방법의 이해 정답률 55% | 정답 ①

**(나)를 작성할 때 활용한 내용 조직 방법으로 적절하지 않은 것은?**

✔ 1문단에서는 논제에 대한 입장을 선택하게 된 계기를 원인과 결과에 따라 제시하였다.
1문단을 통해 논제에 대해 반대 입장을 선택하게 된 계기는 밝히지는 않고 있으므로 적절하지 않다.

② 2문단에서는 토론을 준비하는 과정을 시간 순서에 따라 제시하였다.
2문단의 내용을 통해 학생은 토론을 준비하는 과정을 시간 순서에 따라 제시하고 있음을 알 수 있다.

③ 2문단에서는 토론에 활용할 자료를 수집한 경로에 따라 나누어 제시하였다.
2문단의 내용을 통해 학생은 토론에 활용할 자료를 수집한 경로에 따라 나누어 제시하고 있음을 알 수 있다.

④ 3문단에서는 말하기 불안 문제를 인식하고 이를 해결하기 위한 노력을 제시하였다.
3문단을 통해 학생은 자신의 말하기 불안 문제를 인식하고 문제를 해결하기 위한 노력을 제시하고 있음을 알 수 있다.

⑤ 3문단에서는 토론 활동에 대한 평가를 대비의 방식으로 제시하였다.
3문단을 통해 학생은 친구와 자신을 대비하는 방식으로 토론 활동에 대한 평가를 제시하고 있음을 알 수 있다.

**★★ 문제 해결 꿀~팁 ★★**

▶ 많이 틀린 이유는?
이 문제는 (나)의 초고와 선택지를 정확하게 비교하여 이해하지 못해 오답률이 높았던 것으로 보인다.
▶ 문제 해결 방법은?
이 문제를 해결하기 위해서는 기본적으로 (나)와 선택지를 일대일로 대응시켜 이해할 수 있어야 한다. 즉 (나)의 2문단을 통해 '인터넷, 인터넷 신문 기사, 관련 기관에 자료 요청, 도서관'을 통해 토론에 활용할 자료를 수집한 경로를 나누어서 제시하고 있음을 알 수 있으므로 ③은 적절함을 알았을 것이다. 마찬가지로 정답인 ①의 경우 선택지에서 1문단에 논제에 대한 입장을 선택하게 된 계기를 원인과 결과에 따라 제시하였다고 하였으므로, 1문단을 통해 이를 확인하면 된다. 1문단에서 글쓴이는 논제에 대해 자신이 반대 입장을 선택하고 있음을 드러내고 있지만, 반대 입장을 선택하게 된 계기는 밝히지 않고 있으므로 적절하지 않은 것이다. 한편 이 문제의 경우 좀 더 주의만 기울였다면 어렵지 않게 문제를 해결할 수 있었다. 따라서 문제를 풀 때는 비교적 풀기 쉬운 문제라도 항상 주의를 기울여야 잘못 선택하는 경우가 없음을 명심하도록 한다.

**42** 고쳐쓰기 조언의 적절성 파악 정답률 89% | 정답 ④

**다음은 [A]를 고쳐 쓴 것이다. 그 과정에서 반영된 교사의 조언으로 가장 적절한 것은?**

> 이번 토론을 준비하며 시간과 노력을 들여 자료 조사와 말하기 연습을 한 결과 설득력 있게 주장할 수 있다는 자신감이 생겼다. 또 토론 중 상대의 발언을 잘 들었더니 문제를 깊이 이해할 수 있었고 사회적 쟁점을 바라보는 다양한 시각의 중요성을 알았다.

① 토론의 경쟁적 속성이 지닌 장점만 다루고 있으니, 단점도 함께 제시해 보렴.
[A]에서 토론의 경쟁적 속성이 지닌 장점에 대한 내용은 확인할 수 없고, 고쳐 쓴 글에서도 토론의 경쟁적 속성이 지닌 단점에 대한 내용도 확인할 수 없다.

② 토론에서 배운 점만 다루고 있으니, 시행착오와 이를 보완할 계획을 모두 제시해 보렴.
고쳐 쓴 내용에는 토론을 통해 배운 점이 제시되어 있지만, 토론에서 겪은 시행착오와 이를 보완할 계획은 제시되지 않고 있다.

③ 토론에서 자료 조사의 어려움만 다루고 있으니, 토론 중 겪은 어려움도 함께 제시해 보렴.
고쳐 쓴 내용에는 토론 중 겪은 어려움이 제시되지 않고 있다.

✔ 토론 준비에 대해서만 다루고 있으니, 실제 토론을 하면서 깨달은 점도 함께 제시해 보렴.
[A]와 고쳐 쓴 글을 비교하면, [A]에는 토론을 준비하며 많은 시간과 노력이 든다는 점을 깨달은 내용만 제시되었지만, 고쳐 쓴 글에는 토론 중 상대의 발언을 잘 듣고 문제를 깊이 이해할 수 있었으며 사회적 쟁점을 바라보는 다양한 시각의 중요성을 알았다는 내용이 추가되었음을 알 수 있다. 따라서 교사는 학생에게 실제 토론을 하면서 깨달은 점도 함께 제시해 보라는 조언하였음을 알 수 있다.

⑤ 토론 준비 과정에서의 개인적 노력만 다루고 있으니, 협력하며 준비하는 토론의 가치도 함께 제시해 보렴.
고쳐 쓴 내용에는 토론을 준비하며 시간과 노력을 들여 자료 조사와 말하기 연습을 했다는 점이 제시되어 있지만, 협력하며 준비하는 토론의 가치는 제시되지 않고 있다.

**43** 글쓰기 전략의 파악 정답률 93% | 정답 ②

**'초고'에 활용된 쓰기 전략으로 가장 적절한 것은?**

① 우리 학교와 다른 학교 공간의 구조를 비교하여 실태를 부각한다.
1문단을 통해 학교 공간이 학습을 위한 공간에 집중되어 있어 아쉽다는 내용은 있지만, 이러한 실태를 부각하기 위해 우리 학교와 다른 학교 공간의 구조를 비교하는 내용은 찾아볼 수 없다.

✔ 공간이 조성되었을 때의 모습을 가정하여 기대되는 효과를 제시한다.
4문단의 '정서적 안정과 사회적 성장을 ~ 자부심도 느끼게 될 것이다.'를 통해, 학교에 정서적 안정과 사회적 성장을 위한 공간이 조성될 경우 기대되는 긍정적인 효과가 언급되어 있음을 알 수 있다.

③ 학교의 기능이 변화해 온 과정을 분석하여 공간 개선의 필요성을 강조한다.
'〈2편〉의 초고'를 통해, 공간 개선의 필요성을 강조하기 위하여 학교의 기능이 변화해 온 과정을 분석하는 내용은 찾아볼 수 없다.

④ 학교 공간의 중요성에 대한 질문을 반복하여 문제 해결의 시급성을 드러낸다.
'〈2편〉의 초고'를 통해, 학교 공간의 중요성에 대한 질문을 반복하는 내용과 문제 해결의 시급성을 드러내는 내용은 찾아볼 수 없다.

⑤ 공간의 이동에 따라 각 공간의 문제점을 나열하여 공간별 개선 방안을 제안한다.
〈2편〉 초고의 1문단과 2문단을 통해, 공간별 개선 방안을 제안하였다고는 볼 수 있지만, 공간의 이동에 따라 각 공간의 문제점을 나열하지는 않고 있다.



[문제편 p.135]

**44** 자료 활용 방안의 적절성 판단 정답률 66% | 정답 ⑤

〈보기〉는 학생이 '초고'를 보완하기 위해 추가로 수집한 자료이다. 자료의 활용 방안으로 적절하지 않은 것은? [3점]

〈보 기〉

ㄱ. 설문 조사 결과

우리 학교에 필요하다고 생각하는 공간은?

|  |  |
|---|---|
| 38.0% | 조용한 휴식 공간 |
| 32.0% | 자유로운 친교 공간 |
| 21.9% | 자연을 느끼는 공간 |
| 8.1% | 무응답 |

※ 대상: 우리 학교 학생 700명

ㄴ. 설문 조사 결과

"천장이나 벽을 없애는 형태적 확장, 투명한 유리 재료를 이용해 변화를 주는 시각적 확장을 통해 내부와 외부가 연결되는 부분이 늘어나면 실내 공간의 개방감이 높아 집니다."

ㄷ. 보고서 자료

| 1. 안정감을 주는 공간 구성 | 2. 청소년기의 심리 특성과 공간 구성 |
|---|---|
| 실내 공간에서 자연을 느끼며 안정감을 얻을 수 있는 방법으로 다음과 같은 것이 있다.<br>– 창을 통해 자연과의 시각적 연결을 늘림.<br>– 목재를 사용함.<br>– 천연 소재 소품을 이용함. | 청소년기는 자의식이 높아지는 시기로, 경계를 형성하는 벽을 없앤 공간에서 자신이 노출되는 것에 부담을 느낄 수 있다. 색의 대비, 부분 조명, 이동식 가구를 이용해 공간 분리 효과를 주면 부담감을 낮추는 데 도움이 된다. |

① ㄱ을 활용하여, 학습 이외 다른 용도의 공간 조성이 필요한 이유로 휴식 공간과 친교 공간에 대한 학생들의 요구가 높은 비율로 나타났음을 1문단에 추가한다.
ㄱ에서는 38.0%의 학생들이 조용한 휴식 공간을, 32.0%의 학생들이 자유로운 친교 공간을 바라고 있음을 알 수 있다. 따라서 ㄱ은 1문단에서 학습 이외 다른 용도의 공간 조성이 필요한 이유의 근거 자료로 활용할 수 있다.

② ㄷ-1을 활용하여, 학생들이 자연을 느낄 수 있는 공간 조성 방안으로 창가 의자의 재질을 목재로 하고 천연 소재 방석을 비치할 것을 2문단에 추가한다.
ㄷ-1에서는 실내 공간에서 자연을 느끼며 안정감을 얻을 수 있는 방법으로 목재 사용과 천연 소재 소품 이용을 제시하고 있다. 따라서 ㄷ-1은 2문단에서 학생들이 자연을 느낄 수 있는 공간을 조성하기 위한 방안을 제시하는 데 활용할 수 있다.

③ ㄷ-2를 활용하여, 자신이 노출되는 것에 대한 부담을 줄이며 소모임을 할 수 있는 공간 조성 방안으로 모퉁이 공간에 이동식 가구를 비치해 공간 분리 효과를 줄 것을 3문단에 추가한다.
ㄷ-2에서는 청소년기는 벽을 없앤 공간에서 자신이 노출되는 것에 부담을 느낄 수 있다며, 이동식 가구를 이용하면 그러한 부담감을 낮추는 데 도움이 된다고 하였다. 따라서 ㄷ-2는 3문단에서 자신이 노출되는 것에 대한 부담을 줄이며 소모임을 할 수 있는 공간을 조성하기 위한 방안을 제시하는 데 활용할 수 있다.

④ ㄴ과 ㄷ-1을 활용하여, 시각적 확장 효과를 주는 통창 설치를 제안하는 이유로 자연과의 시각적 연결이 늘어나 학생들의 안정감에 도움이 될 수 있다는 것을 2문단에 추가한다.
ㄴ에서는 투명한 유리 재료를 이용하면 시각적 확장 효과를 얻을 수 있고 실내 공간의 개방감이 높아진다 하고 있다. 그리고 ㄷ-1에서는 창을 통해 자연과의 시각적 연결을 늘림으로써 실내 공간에서 자연을 느끼며 안정감을 얻을 수 있다 하고 있다. 따라서 ㄴ과 ㄷ-1은 2문단에서 통창 설치를 제안하는 근거 자료로 활용할 수 있다.

✔⑤ ㄴ과 ㄷ-2를 활용하여, 벽을 없애 형태적으로 확장된 공간에 개방감을 높이는 방안으로 색이 대비되는 소품을 비치하고 부분 조명을 설치할 것을 3문단에 추가한다.
ㄴ에서는 벽을 없애는 형태적 확장을 통해 실내 공간의 개방감이 높아진다는 내용이 언급되어 있다. 하지만 ㄷ-2에서는 청소년기는 벽을 없앤 공간에서 자신이 노출되는 것에 부담을 느낄 수 있으니, 이러한 부담감을 낮추기 위해서는 색의 대비, 부분 조명을 이용하는 것이 도움이 된다고 하였다. 따라서 색이 대비되는 소품을 비치하고 부분 조명을 설치하는 것은 공간의 개방감을 높이는 방안으로 볼 수 없다.

**45** 조건에 따른 글쓰기 정답률 88% | 정답 ③

〈보기〉를 반영하여 ㉠의 1문단을 다음과 같이 작성했다고 할 때, ⓐ ~ ⓔ 중 적절하지 않은 것은?

〈보 기〉

편집부장 : 기획 연재의 〈3편〉을 작성하려고 해. 1문단은 도입 문단의 성격을 살려서 〈2편〉 초고의 핵심 내용과 〈3편〉 표제, 부제의 내용이 드러나도록 작성하자.

학교 공간에 변화의 바람이 불고 있다. 지난 호에서는 ⓐ 학습 공간 외에 학생들이 이용할 수 있는 사색의 공간, 어울림의 공간을 구상해 보았다. ⓑ 공간의 변화는 학생들이 학교를 자랑스럽게 느끼도록 하며, 학업에도 긍정적인 영향을 미칠 것이다. 이에 ⓒ 학교 공간 조성에 관심이 있는 학부모, 지역 사회의 참여가 요구된다. 나아가 최근 ⓓ 국내외의 많은 학교들은 학생들이 자연을 가까이에서 느낄 수 있도록 생태 공간을 조성하고 있다. 이 과정에 ⓔ 학생들이 학교 공간의 문제점을 찾거나 공간을 바꾸는 데 중심 역할을 하고 있다. 이번 호에서는 이러한 변화의 흐름을 국내외의 사례를 통해 살펴보고자 한다.

① ⓐ 학습 공간 외에 학생들이 이용할 수 있는 사색의 공간, 어울림의 공간을 구상해 보았다.
학습 공간 외에 사색의 공간, 어울림의 공간을 조성하자는 내용은 초고의 핵심 내용에 해당하므로 적절하다.

② ⓑ 공간의 변화는 학생들이 학교를 자랑스럽게 느끼도록 하며, 학업에도 긍정적인 영향을 미칠 것이다.
공간의 변화가 학생들의 학교에 대한 자부심과 학업에 긍정적인 영향을 미친다는 내용은 초고의 핵심 내용에 해당하므로 적절하다.

✔③ ⓒ 학교 공간 조성에 관심이 있는 학부모, 지역 사회의 참여가 요구된다.
〈보기〉를 통해 편집부장이 '초고의 핵심 내용'과 '표제, 부제의 내용'이 드러나도록 작성하자고 하였음을 알 수 있다. 그리고 부제에서는 학생 주도의 변화를 언급하고 있는데, ⓒ는 학부모와 지역 사회의 참여를 요구하고 있다. 따라서 ⓒ는 편집부장이 주문한 내용으로 적절하지 않다.

④ ⓓ 국내외의 많은 학교들은 학생들이 자연을 가까이에서 느낄 수 있도록 생태 공간을 조성하고 있다.
국내외의 많은 학교들이 생태 공간을 조성하고 있다는 내용은 〈보기〉의 표제와 부제의 내용에 해당하므로 적절하다.

⑤ ⓔ 학생들이 학교 공간의 문제점을 찾거나 공간을 바꾸는 데 중심 역할을 하고 있다.
학생들이 공간 개선에 중심 역할을 하고 있다는 내용은 〈보기〉의 부제의 내용에 해당하므로 적절하다.

## [35~45] 언어와 매체

**35** 중세 국어 부사격 조사의 이해 정답률 62% | 정답 ③

윗글의 ㉠ ~ ㉤을 이해한 내용으로 적절하지 않은 것은?

① ㉠은 부사격 조사 '예'와 결합하는 선행 체언의 끝음절에서 반모음 'ㅣ'가 확인된다.
제시된 글을 통해 끝음절이 모음 '이'나 반모음 'ㅣ'로 끝난 예로 ㉠을 들고 있다. 그리고 ㉠은 '뉘'의 끝음절 'ㅟ'에서 반모음 'ㅣ'가 확인되기 때문에 부사격 조사로 '애/에'가 아닌 '예'가 쓰인 경우라 할 수 있다.

② ㉡에 시간이나 장소를 나타내는 부사격 조사가 결합하면 '우희'가 된다.
제시된 글을 통해 ㉡은 모음 조화에 따라 부사격 조사 '의'가 결합하여 '우희'가 됨을 알 수 있다.

✔③ ㉢은 현대 국어로 '저녁의'로 해석되어 관형격 조사의 쓰임이 확인된다.
제시된 글을 통해 '이'는 일부 특수한 체언들과 결합하는 부사격 조사임을 알 수 있다. 따라서 ㉢의 '나조히(나조ㅎ+이)'는 '저녁의'가 아니라 '저녁에'로 해석되고, 이는 부사격 조사라 할 수 있다.

④ ㉣의 '이그에'에서는 관형격 조사 '이'가 분석된다.
제시된 글을 통해 ㉣의 '이그에'는 관형격 조사 '이'에 '그에'가 결합되어 부사격 조사로 쓰인 경우임을 알 수 있다.

⑤ ㉤이 현대 국어에서 존칭 체언에 사용되는 것은 중세 국어 관형격 조사 'ㅅ'과 관련된다.
제시된 글을 통해 ㉤의 '께'는, 중세 국어 'ᄭᅴ'가 현대 국어로 이어진 것임을 중세 국어에서 존칭의 유정 명사 '어마님'에 'ᄭᅴ'가 쓰였다는 예를 통해 알 수 있다. 그리고 존칭의 유정 체언에는 관형격 조사 'ㅅ'이 결합하는 원칙이 있었다는 설명을 통해서도 '께'가 현대 국어에서 존칭 체언에 사용되는 것은 중세 국어 관형격 조사 'ㅅ'과 관련이 있음을 확인할 수 있다.

**36** 중세 국어의 이해 정답률 60% | 정답 ⑤

[A]를 바탕으로 〈자료〉를 탐구한 내용으로 적절한 것은? [3점]

〈자 료〉

ⓐ 수픐(수플 + ㅅ) 神靈이 길헤 나아
[현대어 풀이 : 수풀의 신령이 길에 나와]
ⓑ ᄂᆞ미(ᄂᆞᆷ + ᄋᆡ) 말 드러ᅀᅡ 알 씨라
[현대어 풀이 : 남의 말 들어야 아는 것이다]
ⓒ 世界ㅅ(世界 + ㅅ) 일을 보샤
[현대어 풀이 : 세계의 일을 보시어]
ⓓ 이 사ᄅᆞ미 (사ᄅᆞᆷ + ᄋᆡ) 잇ᄂᆞᆫ 方面을
[현대어 풀이 : 이 사람의 있는 방면을]
ⓔ 孔子의(孔子 + 의) 기티신 글워리라
[현대어 풀이 : 공자의 남기신 글이다]

① ⓐ : '神靈(신령)'이 존칭의 유정 명사이므로 '수플'에 'ㅅ'이 결합한 것이군.
'수플'의 현대어 풀이가 '수풀'로 무정 체언이라 할 수 있다. 따라서 '수플'에 'ㅅ'이 결합하였음을 알 수 있다.

② ⓑ : 'ᄂᆞᆷ'이 유정 명사이고 끝음절 모음이 음성 모음이므로 '이'가 결합한 것이군.
'ᄂᆞᆷ'의 현대어 풀이가 '남'으로 평칭의 유정 체언임을 알 수 있다. 그리고 끝음절 모음(ㆍ)이 양성 모음에 해당하므로 'ᄂᆞᆷ'에 'ᄋᆡ'가 결합하였음을 알 수 있다.

③ ⓒ : '世界(세계)ㅅ'이 '보샤'의 의미상 주어이고, 'ㅅ'은 예외적 결합이군.
'世界(세계)ㅅ'의 현대어 풀이가 '세계의'이므로 '보샤'의 의미상 주어로 볼 수 없다. 그리고 '世界(세계)'가 무정 체언에 해당하여 'ㅅ'이 결합한 것으로 예외적 결합으로 볼 수도 없다.

④ ⓓ : '이 사ᄅᆞ미'가 '잇ᄂᆞᆫ'의 의미상 주어이고, 'ᄋᆡ'는 예외적 결합이군.
'이 사ᄅᆞ미'의 현대어 풀이가 '이 사람의'가 '잇ᄂᆞᆫ'의 의미상 주어임을 알 수 있다. 하지만 '사ᄅᆞᆷ'이 평칭의 유정 체언이고 끝음절 모음(ㆍ)이 양성 모음이기 때문에 'ᄋᆡ'가 결합한 것이므로 예외적 결합이라고 할 수 없다.

✔⑤ ⓔ : '孔子(공자)의'가 '기티신'의 의미상 주어이고, '의'는 예외적 결합이군.
'공자(孔子)의 남기신 글'의 현대어 풀이가 '공자가 남기신 글'이라는 의미이므로 '孔子(공자)의'는 '기티신'의 의미상 주어임을 알 수 있다. 그리고 '孔子(공자)'가 존칭의 유정 체언이기 때문에 원칙적으로는 'ㅅ'이 결합하여야 하지만 '의'가 결합하고 있음을 알 수 있다. 따라서 '의'는 예외적 결합이라 할 수 있다.

★★★ 등급을 가르는 문제!

**37** 문장의 짜임과 문법 요소의 이해 정답률 51% | 정답 ②

〈학습 활동〉의 ㉠ ~ ㉢에 들어갈 예문으로 적절한 것은?

〈학습 활동〉

〈보기〉의 조건이 실현된 예문을 만들어 보자.

〈보 기〉

ⓐ 현재 시제만 쓰일 것.
ⓑ 서술어의 자릿수가 둘일 것.
ⓒ 안긴문장이 부사어로 기능할 것.

| 실현 조건 | 예문 |
|---|---|
| ⓐ, ⓑ | ㉠ |
| ⓐ, ⓒ | ㉡ |
| ⓑ, ⓒ | ㉢ |

07회

① ㉠ : 그 집 마당에는 감나무 한 그루가 자란다.
'그 집 마당에는 감나무 한 그루가 자란다.'에서는 '-ㄴ다'를 통해 현재 시제가 쓰였음을 알 수 있다. 하지만 '자라다'는 주어를 필요로 하는 한 자리 서술어이므로 ⓑ는 실현되지 않았다.

✔ ㉠ : 선생님께서는 여전히 학교 근처에 사시는지요?
'선생님께서는 여전히 학교 근처에 사시는지요?'는 현재 시제가 쓰인 문장이고, '살다'는 주어와 부사어를 필요로 하는 두 자리 서술어에 해당한다. 따라서 '선생님께서는 여전히 학교 근처에 사시는지요?'는 ⓐ, ⓑ가 모두 실현된 것이라 할 수 있다.

③ ㉡ : 산중에 있으므로 여기는 도시보다 조용합니다.
'산중에 있으므로 여기는 도시보다 조용합니다.'는 현재 시제가 쓰인 문장이다. 하지만 연결 어미 '-으므로'가 쓰인 이어진문장이므로 ⓒ는 실현되지 않았다.

④ ㉡ : 오늘부터 아침으로 과일만 먹기로 마음먹었니?
'오늘부터 아침으로 과일만 먹기로 마음먹었니?'에서는 안긴문장 '오늘부터 아침으로 과일만 먹기'가 전체 문장의 부사어로 기능하고 있다. 하지만 '-었-'을 통해 이 문장에는 과거 시제가 쓰였음을 알 수 있으므로 ⓐ는 실현되지 않았다.

⑤ ㉢ : 오래전 큰아버지께 받은 책에 곰팡이가 슬었어.
'오래전 큰아버지께 받은 책에 곰팡이가 슬었어.'에서 안은문장 전체의 서술어 '슬다'는 주어와 부사어를 필요로 하는 두 자리 서술어에 해당한다. 하지만 안긴문장은 전체 문장의 부사어가 아니라 관형어로 기능하므로 ⓒ는 실현되지 않았다.

**★★ 문제 해결 꿀~팁 ★★**

▶ 많이 틀린 이유는?
이 문제는 〈보기〉에 제시된 실현 조건과 관련된 문법적 지식이 부족하여 오답률을 높았던 것으로 보인다. 또한 '실현 조건'과 '예문'을 정확히 살펴보지 못한 것도 오답률을 높인 것으로 보인다.
▶ 문제 해결 방법은?
이 문제를 해결하기 위해서는 기본적으로 문법적 지식이 바탕이 되어야 한다. 즉 '실현 조건'에 제시된 '현재 시제, 서술어의 자릿수, 부사절로 안긴문장'에 대한 문법적 지식이 있어야 문제를 해결할 수 있다. 그리고 '예문'을 정확히 분석할 수 있어야 한다. 한편 이 문제의 경우 선택지에 제시된 예문을 일일이 확인하여 '실현 조건' 사용 여부를 판단할 수 있지만, 반대로 〈보기〉의 실현 조건을 선택지에 제시된 예문을 통해 확인하는 방법도 사용할 수 있다. 즉, 〈보기〉의 '실현 조건' 중 먼저 '현재 시제'가 선택지에 제시된 예문에 사용되었는지를 판단하는 것이다. 그런 다음 '서술어의 자릿수', '부사절로 안긴문장'의 순으로 확인하게 되면 보다 쉽게 접근할 수 있다. 그렇지만 이 문제 해결의 핵심은 문법의 기본적인 배경 지식과 이를 적용한 문장에 대한 분석에 있다. 따라서 평소에 문법의 기본 지식과 더불어 문법이 적용된 사례를 충분히 익힐 수 있도록 한다.

## 38 음운 변동의 이해
정답률 69% | 정답 ④

〈보기〉의 ㉮, ㉯에 들어갈 수 있는 단어로 적절한 것은?

〈보 기〉

**선생님** : 지난 시간에 음운의 변동 가운데 ⓐ 음절의 끝소리 규칙, ⓑ 자음군 단순화, ⓒ 된소리되기를 학습했는데요. 이번 시간에는 음운 변동의 적용 유무를 기준으로 단어를 분류하는 활동을 진행해 볼게요. 그럼, 표준 발음을 고려해서 다음 단어들을 분류해 보죠.

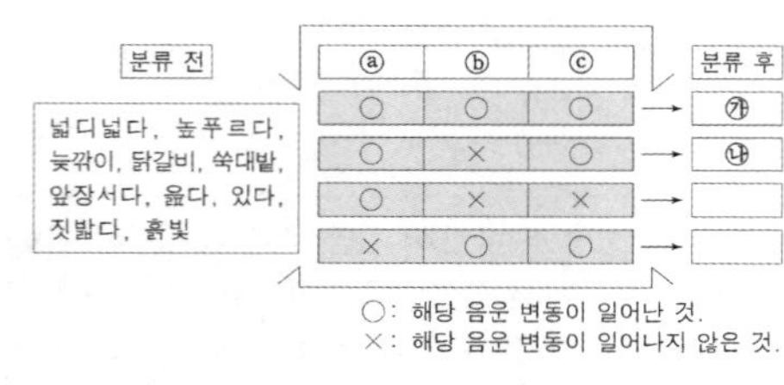


㉮ ㉯
① 짓밟다 늦깎이
'짓밟다'는 [짇밟다 – 짇밥다 – 짇밥따]로 발음되므로 ⓐ, ⓑ, ⓒ가 모두 일어난다고 할 수 있다. 그리고 '늦깎이'는 [늗깎이 – 늗까끼]로 발음되므로 ⓐ만 일어난다고 할 수 있다.
② 넓디넓다 있다
'넓디넓다'는 [넙디넙다 – 널디널다 – 널띠널따]로 발음되므로 ⓑ, ⓒ만 일어난다고 할 수 있다. 그리고 '있다'는 [읻다 – 읻따]로 발음되므로 ⓐ, ⓒ만 일어난다고 할 수 있다.
③ 읊다 높푸르다
'읊다'는 [읖다 – 읍다 – 읍따]로 발음되므로 ⓐ, ⓑ, ⓒ가 모두 일어난다고 할 수 있다. 그리고 '높푸르다'는 [놉푸르다]로 발음되므로 ⓐ만 일어난다고 할 수 있다.
✔ 흙빛 쑥대밭
'흙빛'은 [흑빛 – 흑빋 – 흑삗]으로 발음되므로, ⓐ, ⓑ, ⓒ가 모두 일어난다고 할 수 있다. 그리고 '쑥대밭'은 [쑥대받–쑥때받]으로 발음되므로 ⓐ, ⓒ만 일어난다고 할 수 있다.
⑤ 닭갈비 앞장서다
'닭갈비'는 [닥갈비 – 닥깔비]로 발음되므로 ⓑ, ⓒ만 일어난다고 할 수 있다. 그리고 '앞장서다'는 [압장서다 – 압짱서다]로 발음되므로 ⓐ, ⓒ만 일어난다고 할 수 있다.

## 39 담화의 특성 파악
정답률 70% | 정답 ④

〈보기〉의 ㉠ ~ ㉩에 대한 이해로 적절한 것은?

〈보 기〉

**(희철, 민수, 기영이 ○○ 서점 근처에서 만난 상황)**

**희철** : 얘들아, 잘 지냈어? 3일 만에 보니 반갑다.
**민수** : 동해안으로 체험 학습 다녀왔다며? ㉠ 내일은 도서관에 가서 발표 준비하자. 기영인 어떻게 생각해?
**기영** : ㉡ 네 말대로 하는 게 좋겠다. 그럼 정수도 부를까?
**희철** : 그러자. ㉢ 저기 저 ○○ 서점에서 오전 10시에 만나서 다 같이 도서관으로 가자. ㉣ 정수한테 전할 때 서점 위치 링크도 보내 줘. 전에도 헤맸잖아.
**민수** : 이제 아냐. ㉤ 어제 나랑 저기서 만났는데 잘 ㉥ 왔어.
**희철** : 그렇구나. 어제 잘 ㉦ 왔었구나.
**민수** : 아, 기영아! ㉧ 우리는 회의 가야 돼. ㉨ 네가 ㉩ 우리 셋을 대표해서 정수에게 연락을 좀 해 줘.

① ㉠은 ㉤과 달리 발화 시점과 관계없이 언제인지가 정해진다.
㉠의 '내일'과 ㉤의 '어제'는 둘 다 발화 시점에 따라 언제인지가 결정되므로 적절하지 않다.
② ㉢은 ㉡과 달리 지시 표현이 이전 발화를 직접 가리킨다.
㉡의 '네 말'은 이전 발화를 가리킴에 비해 ㉢의 '저기 저'는 '○○ 서점'을 가리키므로 적절하지 않다.
③ ㉣은 ㉨과 달리 담화 참여자에 따라 지시 대상이 달라진다.
㉣의 '정수'는 고유 명사이기 때문에 지시 대상이 고정되지만 ㉨의 '네'는 대명사이기 때문에 담화 참여자에 따라 지시 대상이 결정되므로 적절하지 않다.
✔ ㉥은 ㉦과 달리 화자가 있던 장소로의 이동을 나타낸다.
㉥의 '왔어'는 정수가 화자인 민수가 있던 장소로 이동했음을 나타낸다고 할 수 있다. 하지만 ㉦의 '왔었구나'는 정수가 화자인 희철이 있던 장소로 이동했음을 나타내지 않는다. 따라서 ㉥은 ㉦과 달리 화자가 있던 장소로의 이동을 나타낸다고 할 수 있다.
⑤ ㉧은 ㉩과 달리 담화에 참여한 모든 사람들을 가리킨다.
㉧의 '우리'는 '민수, 희철'을 가리키고 ㉩의 '우리'는 '기영, 민수, 희철'을 가리키므로 적절하지 않다.

## 40 매체의 정보 유통 방식 파악
정답률 84% | 정답 ②

(가)에 나타난 정보 전달 방식으로 적절하지 않은 것은?

① 수용자에게 일정한 주기로 새로운 정보가 제공되므로 지난주 방송과 현재 진행되는 방송의 연관성을 제시한다.
진행자의 두 번째 발화인 '지난주부터 ~ 소개하고 있습니다. ~ 오늘은 어떤 주제인가요?'를 통해, 진행자는 지난주 방송과 현재 진행되는 방송의 연관성을 제시하고 있음을 확인할 수 있다.
✔ 본방송을 중간부터 청취한 수용자는 흐름을 따라가지 못할 수 있으므로 앞부분의 정보를 정리해서 전달한다.
라디오 방송은 주로 음성 언어로 전달되는 특성 때문에 본방송을 중간부터 청취한 수용자는 흐름을 따라가지 못할 수 있다. 그래서 라디오 진행자는 이러한 청취자를 위하여 앞부분의 정보를 정리해서 전달하기도 하지만, (가)의 라디오 방송에서는 앞부분의 정보를 정리해서 전달한 내용은 찾아볼 수 없다.
③ 수용자에게 정보를 제공할 수 있는 시간상의 제약이 있으므로 방송에서 전달하려는 정보를 선택하여 조절한다.
진행자의 여섯 번째 발화인 '나머지 등대를 소개하기에는 시간이 부족할 것 같으니 ~ 완주 기념품에 대해 이야기해 볼까요?'를 통해, 진행자는 시간상의 제약으로 방송에서 전달하려는 정보를 선택하여 조절하고 있음을 확인할 수 있다.
④ 청각적 정보만 접할 수 있는 수용자가 있으므로 방송 중에 제공한 시각적 정보를 음성 언어로 풀어서 설명한다.
진행자의 일곱 번째 발화인 '라디오로만 들으시는 분들은 ~ 손잡이가 있습니다.'를 통해, 청각적 정보만 접하는 수용자를 위해 시각적 정보를 음성 언어로 풀어서 설명하고 있음을 알 수 있다.
⑤ 수용자들이 방송에 실시간으로 참여하는 것이 가능하므로 실시간 댓글과 문자를 바탕으로 이어질 정보를 조정한다.
진행자의 네 번째 발화인 '많은 분들이 실시간 문자로 ~ 물으시네요. ~ 다시 안내해 주시겠어요?'와 다섯 번째 발화 중 '실시간 댓글로 ~ 있으시답니다. 함께 알아볼까요?'를 통해, 진행자는 실시간 댓글과 문자를 바탕으로 이어질 정보를 조정하고 있음을 확인할 수 있다.

## 41 매체 자료의 주체적 수용
정답률 77% | 정답 ①

다음은 (가)가 끝난 후의 청취자 게시판이다. 참여자들의 소통 양상으로 가장 적절한 것은?

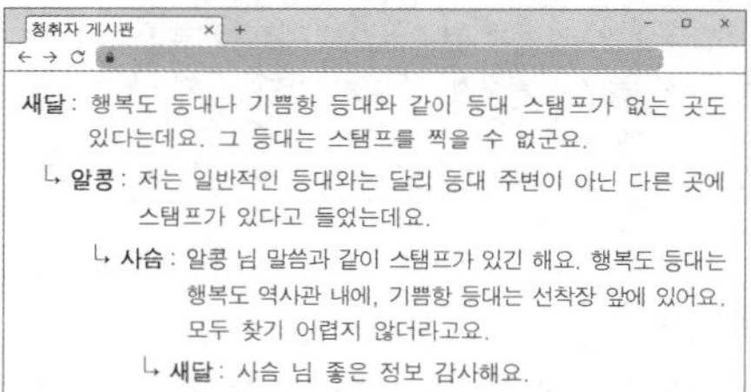


✔ 방송 내용에 대한 '새달'의 잘못된 이해가 '알콩'과 '사슴'의 댓글에 의해 수정되고 있다.
여행가가 다섯 번째 발화에서 '그런데 행복도 등대나 ~ 미리 확인하시는 것이 좋겠습니다.'라고 말하자, 진행자는 '스탬프가 등대 주변이 아닌 다른 곳에 위치한 경우도 있다는 거군요.'라고 말하고 있다. 이를 통해 행복도 등대나 기름항 등대에서는 스탬프를 찍을 수 없다는 글을 쓴 '새달'은 방송 내용을 잘못 이해하고 있음을 알 수 있다. 그리고 '새달'이 이해한 바를 '알콩'은 등대 주변이 아닌 다른 곳에 스탬프가 있다고 들었다는 내용의 댓글로 수정해 주고 있고, '사슴'은 스탬프가 있는 곳을 구체적으로 알려 주는 내용의 댓글로 수정해 주고 있으므로 적절하다.
② 방송 내용에 대하여 가지고 있던 '새달'과 '알콩'의 공통된 생각에 '사슴'이 동조하고 있다.
청취자 게시판을 통해 방송 내용에 대한 '새달'과 '알콩'의 공통된 생각과 '사슴'이 이에 동조하는 내용은 찾아볼 수 없다.
③ 방송을 듣고 '새달'이 느낀 감정을 '알콩' 및 '사슴'과 공유하여 정서적인 공감을 형성하고 있다.
청취자 게시판을 통해 '새달'이 방송 내용을 잘못 이해하고 아쉬운 마음을 담아 글을 썼다고 볼 수도 있다. 하지만 이러한 '새달'의 감정에 '알콩'과 '사슴'이 정서적인 공감을 형성하지는 않고 있다.
④ 방송 내용에 대해 가지고 있던 '새달'과 '알콩'의 서로 다른 생각이 '사슴'에 의해 절충되고 있다.
청취자 게시판을 통해 '새달'이 방송 내용을 잘못 이해한 것을 '알콩'이 바로 잡아주고 있으며, '사슴'은 '알콩'의 말에 동조하면서 더 구체적인 정보를 제공하고 있으므로 적절하지 않다.
⑤ 방송 내용에 대한 '새달'과 '알콩'의 긍정적 감정이 '사슴'의 댓글로 인해 부정적 감정으로 전환되고 있다.



[문제편 p.138]

청취자 게시판을 통해 방송 내용에 대한 '새달'과 '알콩'의 긍정적 감정은 드러나지 않고 있고, 긍정적 감정이 '사슴'의 댓글로 인해 부정적 감정으로 전환되는 내용은 찾아볼 수 없다.

## 42 매체의 정보 구성 방식 파악

정답률 61% | 정답 ⑤

**다음은 (나)에 따라 제작한 발표 자료이다. 제작 과정에서 고려한 내용으로 적절하지 않은 것은? [3점]**

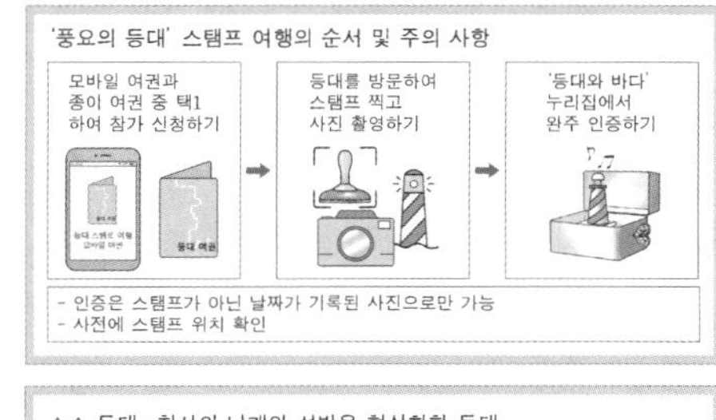


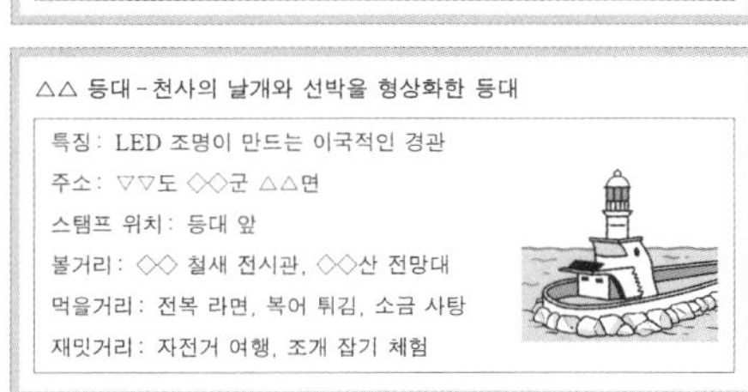


① **여행가의 말을 정리하기로 한 ㉠은 여행가가 제시한 여행의 순서와 주의 사항을 모아 하나의 슬라이드로 구성하자.**
㉠에는 여행가가 말한 여행의 순서와 주의 사항이 모두 담겨 있으므로, 여행가가 제시한 여행의 순서와 주의 사항을 모아 하나의 슬라이드로 구성하자고 고려하였음을 알 수 있다.

② **여행의 순서를 나타내기로 한 ㉠에는 여행가가 제시한 여행 순서를 구분하고 차례가 드러나게 화살표를 사용하자.**
㉠에는 여행가가 말한 여행 순서가 화살표를 사용하여 차례대로 표현되어 있으므로, 여행가가 제시한 여행 순서를 구분하고 차례가 드러나게 화살표를 사용하자고 고려하였음을 알 수 있다.

③ **시각적 이미지를 활용하기로 한 ㉠에는 여행가가 소개한 여행의 순서와 관련된 주요 소재를 그림 자료로 보여 주자.**
㉠에는 여행의 순서가 글뿐만 아니라 관련된 그림으로도 제시되어 있으므로, 여행가가 소개한 여행의 순서와 관련된 주요 소재를 그림 자료로 보여 주자고 고려하였음을 알 수 있다.

④ **여행에 유용한 정보를 추가하기로 한 ㉡에는 여행가가 언급한 먹을거리 이외에도 다양한 정보를 추가하자.**
㉡에는 △△ 등대의 특징과 주소, 스탬프 위치, 볼거리, 먹을거리, 재밋거리 등 여행에 유용한 정보가 담겨 있으므로, 여행가가 언급한 먹을거리 이외에도 다양한 정보를 추가하자고 고려하였음을 알 수 있다.

✔ **내용을 포괄할 수 있는 제목을 넣기로 한 ㉡은 여행가의 말을 가져와 슬라이드의 내용을 요약할 수 있는 제목을 달자.**
㉡은 여행가의 말 중에서 '천사의 날개와 선박을 형상화한 △△ 등대'를 가져와 제목을 단 것이다. 하지만 이 제목은 △△ 등대의 특징과 주소, 스탬프 위치, 볼거리, 먹을거리, 재밋거리를 다룬 ㉡의 내용을 요약할 수 있는 제목이라고 볼 수 없으므로 적절하지 않다.

## 43 매체 언어의 표현 방법

정답률 82% | 정답 ⑤

**ⓐ ~ ⓔ의 높임 표현에 대한 설명으로 적절하지 않은 것은?**

① **ⓐ : 종결 어미 '-ㅂ니다'를 사용하여, 방송을 듣고 있는 불특정 다수의 청자를 높이고 있다.**
ⓐ의 '시작합니다'에는 하십시오체의 종결 어미 '-ㅂ니다'가 쓰였고, 하십시오체는 상대편을 아주 높이는 상대 높임법에 해당한다. 따라서 진행자가 방송을 (보고) 듣는 불특정 다수의 청자를 높이고 있음을 알 수 있다.

② **ⓑ : 특수 어휘 '모시다'를 사용하여, 객체인 여행가를 높이고 있다.**
ⓑ의 '모셨습니다'에는 특수 어휘 '모시다'가 쓰였는데, 이는 객체인 '여행가 안○○ 님'을 높이기 위한 것이라 할 수 있다.

③ **ⓒ : 선어말 어미 '-시-'를 사용하여, 여권 선택의 주체인 청자를 높이고 있다.**
ⓒ의 '선택하셔서'에는 주체 높임의 선어말 어미 '-시-'가 쓰였는데, 이는 '선택'의 주체가 방송을 보고 듣는 청자들임을 고려한 높임 표현이라 할 수 있다.

④ **ⓓ : '있으시다'를 사용하여, 궁금증이 있는 주체인 '6789 님'을 간접적으로 높이고 있다.**
ⓓ의 '있으시답니다' 에는 '있으시다'가 쓰였는데, 이는 높임 대상과 관련되는 '궁금증'을 높임으로써 주체인 '6789 님'을 간접적으로 높인 것이라 할 수 있다.

✔ **ⓔ : '말씀'을 사용하여, 화자인 여행가의 말을 높이고 있다.**
ⓔ의 '말씀드린'에 쓰인 '말씀'은 화자인 여행가가 자신의 말을 낮추어 이르는 말이므로 적절하지 않다.

## 44 매체의 정보 구성 및 제시 방식

정답률 94% | 정답 ③

**(가)의 정보 구성 및 제시 방식으로 적절하지 않은 것은?**

① **기기 구성 정보는 시각 자료를 활용하여 전달했다.**
'1. 기기 구성 정보'에서는 그림 자료를 활용하여 기기의 구성 정보를 직관적으로 쉽게 파악할 수 있도록 전달하였음을 알 수 있다.

② **기기를 휴대 전화와 연결하는 방법을 조작 순서에 맞추어 안내했다.**
'2. 기기 연결 방법'에서는 기기를 휴대 전화와 연결하는 방법을 단계에 따라 순서대로 안내하였음을 알 수 있다.

✔ **기기 연결 방법에서 앱에 기록할 정보는 글자의 크기와 굵기를 다르게 표시했다.**
(가)의 '2. 기기 연결 방법'을 통해 휴대 전화의 메뉴 중에서 선택해야 할 내용을 글자의 크기와 굵기를 다르게 표시하여 눈에 잘 띄도록 하고 있음을 알 수 있다. 따라서 앱에 기록할 정보(성별, 키 등)의 글자의 크기와 굵기를 다르게 표시하였다는 내용은 적절하지 않다.

④ **기기 기능 안내에서는 안내받을 수 있는 기능의 항목을 나열하여 배치했다.**
'3. 기기 기능 안내'에서는 '몸무게 측정, 개인 데이터 분석, 자동 누적 기록, 기타 기능'의 항목을 나열하여 배치하였음을 알 수 있다.

⑤ **사용 설명서의 버전 정보를 수정 시점과 함께 제공했다.**
사용 설명서의 하단을 통해 사용 설명서의 버전 정보와 수정 시점이 함께 제시되어 있음을 알 수 있다.

## 45 매체의 유형에 따른 특성과 활용

정답률 82% | 정답 ①

**(가)와 (나)에서 확인할 수 있는 매체 활용에 대한 이해로 가장 적절한 것은?**

✔ **(가)의 내용이 (나)를 통해 전달되는 과정에서 사용자들이 정보를 선별하여 유통할 수 있군.**
(나)의 '2023년 4월 15일' 대화에서 '시윤'은 '할머니'에게 (가)의 내용 중 '4. 기타 안내'에 있는 '기기 연결 동영상 바로 가기'를 누르고 따라 하라 언급하고 있다. 그리고 '2023년 5월 6일' 대화에서 '시윤'은 (가)의 내용 중 '3. 기기 기능 안내'의 '자동 누적 기록'과 관련한 기능에 대해 안내하고 있다. 따라서 (가)의 내용이 (나)를 통해 전달되는 과정에서 사용자들이 정보를 선별하여 유통할 수 있다는 이해는 적절하다.

② **(나)의 사용자들이 서로 교환한 정보를 바탕으로 (가)의 수정 과정을 점검할 수 있군.**
(나)의 '할머니'와 '시윤'이 주고받은 내용에서 (가)의 수정 과정과 관련한 정보는 확인할 수 없으므로 적절하지 않다.

③ **(가)는 (나)와 달리 사용자가 필요한 정보를 질문하여 요청할 수 있군.**
사용자가 필요한 정보를 질문하여 요청할 수 있는 것은 (가)가 아니라 (나)의 특성에 해당하므로 적절하지 않다.

④ **(나)는 (가)와 달리 사용자가 하이퍼링크를 통해 외부의 정보에 접근할 수 있군.**
(가)의 '3. 기기 기능 안내'와 '4. 기타 안내'를 통해, (가)도 사용자가 하이퍼링크를 통해 외부의 정보에 접근할 수 있다는 것을 알 수 있으므로 적절하지 않다.

⑤ **(가)와 (나)는 모두 정보를 교류한 이력에서 사용자가 필요한 부분을 불러와 상대방에게 이전 내용을 환기할 수 있군.**
(나)의 '2023년 5월 6일' 대화를 보면 '시윤'이 '2023년 4월 15일' 대화 중 '할머니'가 쓴 글의 내용을 불러와 그 글에 '[답장]'을 다는 방식으로 메시지를 작성하여 이전 내용을 환기하였고 있다. 하지만 (가)에서는 이러한 특성을 찾아볼 수 없으므로 적절하지 않다.

# 08회 | 2023학년도 6월 모의평가 고3

| 정답과 해설 |

• 정답 •

공통 | 독서·문학

01 ① 02 ⑤ 03 ④ 04 ① 05 ③ 06 ④ 07★ ① 08 ② 09 ③ 10 ① 11 ② 12 ④ 13 ③ 14★ ① 15★ ⑤
16 ④ 17 ② 18 ④ 19 ③ 20 ④ 21 ⑤ 22 ⑤ 23 ② 24 ② 25 ① 26 ① 27 ② 28 ③ 29 ① 30 ③
31 ⑤ 32 ② 33 ④ 34 ①

선택 | 화법과 작문

35 ① 36 ④ 37 ③ 38 ② 39 ⑤ 40 ② 41 ④ 42 ⑤ 43 ③ 44 ⑤ 45★ ③

선택 | 언어와 매체

35 ③ 36 ② 37 ① 38★ ⑤ 39 ③ 40 ② 41 ⑤ 42 ④ 43 ④ 44 ① 45 ③

★ 표기된 문항은 [등급을 가르는 문제]에 해당하는 문제입니다.

## [01~34] 독서·문학

### 01~03 독서 이론

'읽기 능력과 매튜 효과'

**해제** 이 글은 **개인별 읽기 능력의 차이를 사회학적 개념인 매튜 효과와 연결하여 설명**하고 있다. **어휘력 발달에 대한 연구들**에서는 **학년이 올라감에 따라 어휘력 차이가 점차 커진다**고 보았는데, 이는 **어휘력 격차와 관련**된다. 이러한 분석은 **사회적 명성과 물질적 자산을 가진 사람과 그렇지 않은 사람과의 차이가 점점 더 커지는 현상인 매튜 효과와 유사한 점**이 있다. **읽기에는 인지나 정서의 발달이 작용하므로 읽기 능력을 매튜 효과로만 설명하기는 어렵지만, 읽기를 매튜 효과와 관련하여 설명하는 것은 단순 지능의 차이로 읽기 능력의 차이가 생긴다고 보던 관점을 벗어나게 하였다는 점에서 의의**가 있다.

**주제** 읽기 능력의 차이에 작용하는 여러 요인들과 매튜 효과

**문단 핵심 내용**

|  |  |
|---|---|
| 1문단 | 글 읽는 능력이 발달하기 위해 갖추어야 할 요소 |
| 2문단 | 읽기의 양과 관련된 어휘력 격차 |
| 3문단 | 읽기에도 적용되는 매튜 효과 |
| 4문단 | 글 읽는 능력을 설명하기에 문제가 있는 매튜 효과 |
| 5문단 | 읽기를 매튜 효과로 설명하는 의의 |

### 01 세부 내용의 확인 정답률 58% | 정답 ①

윗글의 내용과 일치하지 않는 것은?

✔ **읽기 기능에는 어휘력, 읽기 흥미나 동기 등이 포함된다.**
1문단을 통해 읽기 기능에는 글자 읽기, 요약, 추론 등이 있고, 이러한 읽기 기능과 더불어 어휘력, 읽기 흥미나 동기 등이 필요함을 알 수 있다. 따라서 어휘력, 읽기 흥미나 동기는 읽기 기능에 포함된다고 할 수 없다.

② **매튜 효과에 따르면 읽기 요소를 잘 갖출수록 더 잘 읽게 된다.**
3문단의 '이렇게 읽기 요소를 잘 갖춘 독자는 ~ 이를 매튜 효과로 설명하기도 한다.'를 통해 알 수 있다.

③ **매튜 효과는 주로 사회학에서 사용되는 개념이었다.**
3문단을 통해 매튜 효과가 주로 사회학에서 사용되었음을 알 수 있다.

④ **읽기 요소는 다른 읽기 요소들에 영향을 미치기도 한다.**
4문단의 '또한 읽기 요소들은 상호 간에 영향을 미쳐 매튜 효과와 다른 결과를 낳기도 한다.'를 통해 알 수 있다.

⑤ **읽기 연구에서 매튜 효과는 읽기 요소의 가치를 인식하게 했다.**
5문단을 통해 매튜 효과는 읽기 요소들이 글을 잘 읽도록 하는 중요한 동력임을 인식하게 하는 계기가 되었음을 알 수 있다.

### 02 자료 이해의 적절성 평가 정답률 96% | 정답 ⑤

다음은 어휘력 발달에서 나타나는 매튜 효과를 도식화한 것이다. [A]를 바탕으로 ㉠과 ㉡에 대해 이해한 것으로 가장 적절한 것은?

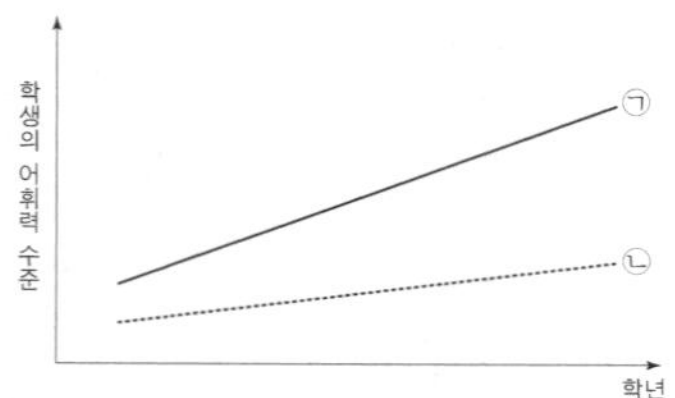


① ㉠은 ㉡에 비해 읽기 양이 적지만 어휘력은 더 큰 폭으로 높아진다.
② ㉡은 학년이 올라갈수록 ㉠과의 어휘력 격차를 줄일 수 있는 가능성이 커진다.
③ ㉡은 학년이 올라가면 ㉠에 비해 적은 노력으로도 어휘력 부족에서 벗어날 수 있다.
④ ㉠과 ㉡ 간의 어휘력 격차가 점점 커지는 것은 지능의 차이 때문이다.

✔ **㉠과 ㉡ 간의 어휘력 격차가 점점 커지는 것은 읽기 양의 차이가 누적되기 때문이다.**
제시된 그래프를 통해 ㉠과 ㉡은 어휘력 수준의 차이가 학년이 올라갈수록 점점 더 커지는 것을 알 수 있다. 이를 [A]를 바탕으로 이해하면, 어휘력 차이로 인해 읽기 양에 차이가 생기고 이것이 누적되면서 다시 어휘력의 차이가 커짐을 드러낸 것이라 할 수 있다.

### 03 핵심 내용 추론 정답률 87% | 정답 ④

〈보기〉의 관점에서 ⓐ를 뒷받침할 수 있는 내용으로 가장 적절한 것은? [3점]

〈보 기〉

> 인간의 사고는 자연적으로 발달하기보다는 공동체 내 언어적 상호 작용에 의해 발달한다. 따라서 고차적 사고에 속하는 읽기도 타인과 상호 작용함으로써 점진적으로 발달한다.

① **읽기 발달의 속도는 한 개인 안에서도 시기마다 다르다.**
읽기 발달의 속도가 개인 안에서도 시기마다 다르다는 것은 사회적 차원의 상호 작용으로 읽기 능력이 발달할 수 있다는 〈보기〉의 관점과는 다르므로 적절하지 않다.

② **읽기 발달은 읽기 속도나 취향 등 개인차에 따라 각기 다르다.**
개인의 읽기 속도나 취향 등의 개인차에 따라 읽기 발달이 다르다는 것은 〈보기〉의 관점과는 다르므로 적절하지 않다.

③ **읽기 흥미나 동기 등은 타고난 개인적 성향으로서 변하지 않는다.**
읽기 흥미나 동기 등이 변하지 않는다는 것은 글의 내용과 맞지 않으며, 〈보기〉의 관점과도 다르므로 적절하지 않다.

✔ **읽기 발달은 개인의 읽기 경험을 공유하는 사회적 환경에 따라 달라질 수 있다.**
4문단을 통해 인지나 정서의 발달은 개인마다 다르며, 개인 안에서도 인지나 정서 발달의 속도는 시기마다 다를 수 있다는 것과 읽기 요소들이 상호 간에 영향을 미쳐 매튜 효과와 다른 결과를 낳기도 함을 알 수 있다. 그리고 〈보기〉에서는 사회적 차원에서 타인과의 상호 작용을 통해 읽기 능력이 발달할 수 있다는 관점을 드러내고 있다. 따라서 사회적 환경에 따라 읽기 능력이 발달할 수 있다는 것은 〈보기〉의 관점에서 ⓐ를 뒷받침할 수 있는 내용으로 적절하다.

⑤ **충분한 시간과 몰입할 수 있는 장소가 주어진다면 혼자서도 읽기를 잘할 수 있다.**
시간과 장소를 주면 혼자서도 읽기를 잘할 수 있다는 것은 사회적 상호 작용을 강조하는 〈보기〉의 관점과는 다르므로 적절하지 않다.

### 04~09 인문 통합

(가) 「신어」에 담긴 육가의 사상

**해제** 이 글은 **한의 사상가인 육가가 저술한 「신어」에 담긴 사상을 서술**하고 있다. **육가**는 한 고조의 치국 계책 요구에 부응하여 **「신어」를 저술**하였는데, 이 책에서 **진(秦)의 멸망 원인을 분석하면서 지식과 학문의 중요성을 강조**하였다. 특히 그는 **지식의 핵심이 역사 지식이라고 하면서 '통물', '통변', '인의'를 설명**하였다. **육가**는 인의가 실현되는 정치를 위해 **유교를 중심으로 도가의 무위와 법가의 권세를 수용할 것을 제안**하였으며, 그의 사상은 **인의의 실현을 강조한 통합 사상으로 평가**된다.

**주제** 「신어」에 담긴 육가의 사상

**문단 핵심 내용**

|  |  |
|---|---|
| 1문단 | 육가가 「신어」를 저술한 배경 |
| 2문단 | 육가가 「신어」에서 담은 내용 |
| 3문단 | 유교를 중심으로 타 사상을 수용한 육가 |
| 4문단 | 육가의 사상이 지니는 의의 |

(나) 「치평요람」에 담긴 세종과 편찬자들의 사상

**해제** 이 글은 **조선의 「치평요람」에 담긴 세종과 편찬자들의 사상을 서술**하고 있다. 고려 관련 역사서를 편찬하는 과정에서 역사 연구에 관심을 기울인 **세종의 명에 따라 집현전 학자들이 「치평요람」을 편찬**하였는데, 이 책에는 **올바른 정치의 여부에 따라 국가의 운명이 다하고 천명이 옮겨 간다는 내용이 제시**되어 있다. 또한 **과거의 역사를 거울삼아 국가를 잘 운영하겠다는 목적과 함께 조선 왕조의 토대를 마련하려는 의도가 담겨** 있다. 이는 불교 사상의 폐단을 드러내며 **유교적 사회로의 변화를 주장하고자 한 것**이었다. **「치평요람」의 편찬에서 나아가 세종**은 **조선 건국의 정당성을 마련하기 위해 「용비어천가」의 편찬을 지시**하기도 하였다.

**주제** 「치평요람」에 담긴 세종과 편찬자들의 사상

**문단 핵심 내용**

|  |  |
|---|---|
| 1문단 | 조선 초기에 편찬된 고려 관련 역사서의 특징 |
| 2문단 | 조선 초기 고려 관련 역사서 편찬 과정 |
| 3문단 | 세종의 명으로 만들어진 「치평요람」 |
| 4문단 | 조선 왕조의 정당성을 마련하기 위해 「용비어천가」의 편찬을 지시한 세종 |

### 04 읽기 방법의 적절성 파악 정답률 75% | 정답 ①

(가)와 (나)의 차이점을 중심으로 두 글을 비교하며 읽는 방법으로 가장 적절한 것은?

✔ **(가)는 한(漢)에서, (나)는 조선에서 쓰인 책을 설명하고 있으니, 시대 상황과 사상이 책에 반영된 양상을 비교하며 읽는다.**
(가)에서는 「신어」가 진의 멸망 원인을 분석하여 안정적 통치 방안을 제시해야 하는 상황 속에서 편찬되었고, 이 책을 통해 육가는 인의의 실현을 강조한 통합 사상을 내세웠음을 말하고 있다. 그리고 (나)에서는 「치평요람」이 고려의 역사서를 편찬하는 과정에서 있었던 논란과 세종의 역사에 대한 관심을 바탕으로 만들어졌고, 「치평요람」에 올바른 정치를 강조하고 유교적 사회로의 변화를 주장하며 조선 건국을 정당화하고자 한 입장이 담겨 있음을 말하고 있다. 이렇게 볼 때, (가)는 한에서 쓰인 책인 「신어」를, (나)는 조선에서 쓰인 책인 「치평요람」을 다루면서, 모두 각각의 책이 쓰이게 된 시대 상황과 책에 반영된 사상에 대해 설명하고 있음을 알 수 있다. 따라서 시대 상황과 사상이 책에 반영된 양상을 비교하며 읽는다는 읽기 방법이 가장 적절하다.

② **(가)는 피지배 계층을, (나)는 지배 계층을 대상으로 한 책을 설명하고 있으니, 예상 독자의 반응 양상을 비교하며 읽는다.**
(가)의 내용을 통해 「신어」가 한 고조의 치국 계책 요구에 부응하여 저술된 책임을 알 수 있으므로 피지배 계층을 대상으로 한 책이라 할 수 없다.



[문제편 p.141]

③ (가)는 동일한 시대에, (나)는 서로 다른 시대에 쓰인 책들을 설명하고 있으니, 시대에 따른 창작 환경을 비교하며 읽는다.
(가)를 통해 『순자』는 전국 시대에, 『신어』는 한나라 때에 저술된 책임을 알 수 있으므로, 『순자』와 『신어』는 서로 다른 시대에 쓰인 것이라 할 수 있다.

④ (가)는 학문적 성격의, (나)는 실용적 성격의 책을 설명하고 있으니, 다양한 분야의 책에 담긴 보편성을 확인하며 읽는다.
(가)의 『신어』와 (나)의 『치평요람』 모두 새 국가의 통치를 위해 역사와 학문의 중요성을 강조한 것이므로, 그 목적과 내용의 측면에서 실용적 성격과 학문적 성격을 모두 발견할 수 있다. 또한 두 책이 다양한 분야에 속한다고 볼 수 없다.

⑤ (가)는 국가 주도로, (나)는 개인 주도로 편찬된 책들을 설명하고 있으니, 각 주체별 관심 분야의 차이를 확인하며 읽는다.
(가)의 『신어』는 한 고조의 치국 계책 요구에 부응하기 위해 육가가 저술한 책이고, (나)의 『치평요람』은 세종의 명에 따라 집현전 학자들이 편찬한 책이므로, 두 책 모두 개인 주도로 편찬된 책이라 할 수 없다.

## 05 세부 내용 파악 정답률 48% | 정답 ③

**(가), (나)의 내용과 일치하지 않는 것은?**

① 진의 권력자인 이사는 역사 지식과 학문을 부정적인 것으로 인식하였다.
(가)의 1문단의 '당시 권력자였던 이사에게 역사 지식은 전통만 따지는 허언이었고, 학문은 법과 제도에 대해 논란을 일으키는 원인에 불과했다.'를 통해, 진의 권력자인 이사는 역사 지식과 학문을 부정적인 것으로 인식하였음을 알 수 있다.

② 전국 시대에는 『순자』처럼 여러 사상을 통합하려는 학문 경향이 있었다.
(가)의 1문단의 '이에 따라 전국 시대의 『순자』처럼 다른 사상을 비판적으로 흡수하여 통합 학문의 틀을 보여 준 분위기는 일시적으로 약화되었다.'를 통해, 전국 시대에는 『순자』처럼 여러 사상을 통합하려는 학문적 경향이 있었음을 알 수 있다.

✔ 『치평요람』은 『자치통감강목』의 편찬 형식에 따라 역대 국가를 정통과 비정통으로 구분하여 정리하였다.
(나)의 3문단을 통해 『치평요람』이 『자치통감강목』에 따라 역대 국가를 정통과 비정통으로 구분하였지만, 편찬 형식 측면에서는 『자치통감강목』의 강목체를 따르지 않았음을 알 수 있다.

④ 『치평요람』의 「국조」는 고려의 문제점들을 보임으로써 사회의 변화를 이끌어야 한다는 주장을 드러내었다.
(나)의 4문단을 통해 『치평요람』의 「국조」 부분의 편찬자들은 유교적 시각에서 고려 정치를 바라보며 불교 사상의 폐단을 비롯한 문제점들을 다각도로 드러냈고, 이를 통해 유교적 사회로의 변화를 주장하였음을 알 수 있다.

⑤ 『용비어천가』에는 조선 왕조의 우수성을 드러내고 건국의 정당성을 확보하려는 목적이 담겨 있다.
(나)의 4문단을 통해 조선 건국을 정당화하기 위해 편찬된 『용비어천가』는 왕조의 우수성과 정통성을 경전과 역사의 다양한 근거를 통해 보여 주고자 한 것이었음을 알 수 있다.

## 06 핵심 정보의 이해 정답률 55% | 정답 ④

**㉠~㉢에 대한 이해로 가장 적절한 것은?**

① ㉠은 역사 속에서 각광을 받았던 학문 분야들의 개별적 특징을 이해한 것이다.
㉠은 역사를 관통하는 자연의 이치에 따라 천문·지리·인사 등 천하의 모든 일을 포괄한다는 것이므로, ㉠이 학문 분야의 개별적 특징을 이해한 것을 가리킨다고 할 수 없다.

② ㉡은 도가나 법가 사상을 중심 이념으로 삼아 정치 상황의 변화에 대응하려는 것이다.
육가의 사상은 예와 질서를 중시하며 교화의 정치를 강조하는 유교를 중심으로 하고 있다. ㉡이 상황에 맞는 조치를 통해 상황 변화에 대응하려는 것은 맞지만 도가나 법가 사상을 중심 이념으로 삼는 것은 아니라 할 수 있다.

③ ㉢은 현명한 신하의 임용과 엄한 형벌의 집행을 전제로 한 평온한 정치의 결과를 의미한다.
육가는 도가의 무위를 수용하면서, 무위는 형벌을 가벼이 하고 군주의 수양을 강조하는 것으로 평온한 통치의 결과라고 하고 있다. 따라서 ㉢이 엄한 형벌의 집행을 전제로 한 평온한 정치의 결과를 의미하는 것은 아니라 할 수 있다.

✔ ㉢은 군주가 부단한 수양과 안정된 권력을 바탕으로 교화의 정치를 펼쳐야 실현되는 것이다.
(가)의 2문단을 통해 육가는 ㉢의 실현을 위해 유교 이념과 현실 정치의 결합을 시도하였음을, (가)의 3문단을 통해 육가는 교화의 정치를 강조하는 유교를 중심으로 하여 도가의 무위와 법가의 권세를 수용할 것을 강조하였음을 알 수 있다. 그리고 3문단을 통해 무위는 형벌을 가벼이 하고 군주의 수양을 강조하는 것으로 평온한 통치의 결과임을, 권세는 현명한 신하의 임용을 통해 정치권력의 안정을 도모하는 방향성을 가진 것임을 알 수 있다. 따라서 육가에게 있어서 ㉢은, 군주의 부단한 수양과 안정된 권력을 바탕으로 교화의 정치를 함으로써 실현될 수 있는 것이라 할 수 있다.

⑤ ㉠과 ㉡은 역사 지식과 현실 정치를 긴밀히 연결하여 힘으로 권력을 창출하는 것을 의미한다.
육가는 현실 정치에 도움을 주는 역사 지식을 지식의 핵심으로 강조하였으며, ㉠과 ㉡은 이러한 역사 지식과 현실 정치의 긴밀한 연결과 관련된 것이라 할 수 있다. 그러나 육가는 힘의 지배를 숭상하던 당시 지배 세력의 태도를 극복하고자 하였고 왕도 정치를 제안하였으므로, 육가가 제시한 ㉠과 ㉡은 힘으로 권력을 창출하는 것보다 권력의 유지와 확장을 위한 왕도 정치 및 인의의 실현과 관련이 있다고 할 수 있다.

★★★ 등급을 가르는 문제!

## 07 인물들의 공통적인 사고 추론 정답률 29% | 정답 ①

**윗글에서 '육가'와 '집현전 학자들'이 공통적으로 드러내고자 한 내용에 해당하는 것만을 〈보기〉에서 있는 대로 고른 것은?**

〈보 기〉
ㄱ. 옛 국가의 역사를 거울삼아 새 국가를 안정적으로 통치하도록 한다.
ㄴ. 옛 국가의 멸망 원인은 잘못된 정치 운영에 있지 않고 새 국가로 천명이 옮겨 온 것에 있다.
ㄷ. 옛 국가에서 드러난 사상적 공백을 채우기 위해 새 국가의 군주는 유교에 따라 통치하도록 한다.

✔ ㄱ ② ㄴ ③ ㄱ, ㄴ ④ ㄱ, ㄷ ⑤ ㄴ, ㄷ

ㄱ. 옛 국가의 역사를 거울삼아 새 국가를 안정적으로 통치하도록 한다.
(가)의 2문단을 통해 육가는 한 고조의 치국 계책에 요구에 부응하여 『신어』를 저술하였고, 이 책에서 진(秦)의 사상 통제가 낳은 폐해를 거론하며 현실 정치에 도움을 주는 역사 지식의 중요성을 강조하였음을 알 수 있다. 그리고 (나)의 3, 4문단을 통해 집현전 학자들이 세종의 명을 받아 국가의 흥망성쇠를 거울삼아 새 국가를 잘 운영하겠다는 목적이 전제된 『치평요람』을 편찬하였음을 알 수 있다. 이러한 내용으로 볼 때, (가)의 육가와 (나)의 집현전 학자들 모두 옛 국가의 역사를 거울삼아 새 국가를 안정적으로 통치하도록 한다는 내용을 드러냈음을 알 수 있다.

ㄴ. 옛 국가의 멸망 원인은 잘못된 정치 운영에 있지 않고 새 국가로 천명이 옮겨 온 것에 있다.
(가)의 2문단을 통해 육가가 『신어』에서 진의 멸망 원인이 가혹한 형벌의 남용, 법률에만 의거한 통치, 군주의 교만과 사치, 현명하지 못한 인재 등용 등에 있다고 지적하였음을 알 수 있다. 그리고 (나)의 3문단을 통해 집현전 학자들이 『치평요람』에서 올바른 정치의 여부에 따라 국가의 운명이 다하고 천명이 옮겨 간다는 내용을 드러내었음을 알 수 있다. 이렇게 볼 때, (가)의 육가와 (나)의 집현전 학자들 모두 국가의 멸망 원인을 정치 운영, 정치 행위에 있다고 보았음을 알 수 있다.

ㄷ. 옛 국가에서 드러난 사상적 공백을 채우기 위해 새 국가의 군주는 유교에 따라 통치하도록 한다.
(나)의 4문단을 통해 집현전 학자들이 고려 정치와 관련하여 불교 사상의 폐단을 비롯한 문제점을 다각도로 드러내면서 유교적 사회로의 변화를 주장하였음을 알 수 있다. 이렇게 볼 때 집현전 학자들은 고려의 사상에 문제점이 많았다고 여기고는 있지만 고려에 사상적 공백이 있어 이를 채워야 한다고 생각한 것이라는 볼 수 없다. 한편 (가)의 2문단을 통해 육가가 진의 사상 통제가 낳은 폐해를 거론하며 지식과 학문의 중요성을 강조하면서, 역사 지식을 바탕으로 인의 실현을 위해 유교 이념과 현실 정치의 결합을 시도하였음을 알 수 있다. 이렇게 볼 때 육가는 진의 사상적 공백을 채우기 위해 새 국가는 유교에 따라 통치해야 한다고 여겼음을 알 수 있다.

★★ 문제 해결 꿀~팁 ★★

▶ 많이 틀린 이유는?
이 문제는 인물들의 견해의 공통점을 파악해야 하는데, (가)와 (나)를 통해 확인해야 해서 상대적으로 어려움을 겪어 오답률이 높았던 것으로 보인다.

▶ 문제 해결 방법은?
이 문제는 기본적으로 인물들 견해의 공통점을 파악하는 문제이므로, 공통점으로 제시된 〈보기〉를 먼저 정확히 이해해야 한다. 즉, ㄱ은 새 국가의 통치 방향, ㄴ은 옛 국가의 멸망 원인, ㄷ은 옛 국가의 사상적 평가를 통한 통치 이념에 대해 언급하고 있음을 이해해야 한다. 그런 다음 이 내용을 (가)에 제시된 '육가'의 견해와 (나)에 제시된 '집현전 학자들'의 견해를 파악하여 공통적인지를 판단하면 된다. 이때 '육가'와 '집현전 학자들'이 '공통적으로' 드러내고자 한 내용을 찾으라는 것이므로, ㄱ~ㄷ 중 '육가' 또는 '집현전 학자들'이 드러내고자 하는 내용이 아니면 적절하지 않은 점을 염두에 둔다. 그러면 먼저 '육가'의 견해를 바탕으로 ㄱ~ㄷ이 육가의 견해에 해당하는지 판단해 본다. 이렇게 한 다음 '육가'의 견해에 해당하는 것만을 '집현전 학자들'의 견해에 해당하는지 판단하여 공통적인 것을 찾으면 된다. 이 문제처럼 어렵게 보이는 문제인 경우 출제자의 의도를 생각하면서 차분히 어떻게 해결할지를 생각하다 보면 의외로 문제를 쉽게 해결할 수 있다. 따라서 문제를 읽을 때는 항상 출제자의 의도가 무엇인지 정확히 파악한 다음 문제를 해결할 수 있도록 한다.

## 08 다른 견해와의 비교 정답률 41% | 정답 ②

**〈보기〉는 동양 역사가들의 견해이다. 〈보기〉를 바탕으로 (가), (나)를 이해한 내용으로 적절하지 않은 것은? [3점]**

〈보 기〉
ㄱ. 대부분 옛일의 성패를 논하기 좋아하고 그 일의 진위를 자세히 살피지 않는다. 하지만 진위를 분명히 한 후에야 성패가 어긋나지 않을 수 있다. 이는 역사 서술의 근원인 자료를 바로잡고 깨끗이 한다는 뜻이다.
ㄴ. 고금의 흥망은 현실의 객관적 형세인 시세의 흐름에 따르는 것이며, 사림(士林)의 재주와 덕행으로 말미암은 것은 아니었다. 그러므로 천하의 일은 시세가 제일 중요하고, 행복과 불행이 다음이며, 옳고 그름의 구분은 마지막이라고 하는 것이다.
ㄷ. 도(道)의 본체는 경서에 있지만 그것의 큰 쓰임은 역사서에 담겨 있다. 역사란 선을 높이고 악을 낮추며 선을 권면하고 악을 징계하는 것이다.

① ㄱ의 관점에 따르면, 『신어』에 제시된 진의 멸망 원인에 대한 지적은 관련 내용의 진위에 대한 명확한 판별 이후에 이루어져야 하는 것이겠군.
『신어』에서 육가는 진의 멸망 원인을 가혹한 형벌의 남용, 법률에만 의거한 통치 등으로 제시하고 있는데, 이 내용에 대한 진위 판별을 강조하는 것은 역사에서 진실을 중시하는 ㄱ의 관점에 부합한다고 할 수 있다.

✔ ㄱ의 관점에 따르면, 『고려사』 편찬 과정에서 고려의 용어를 고쳐 쓰자고 한 의견은 역사 서술의 근원인 자료를 바로잡고 깨끗이 하자는 것이라고 볼 수 있겠군.
ㄱ은 역사와 관련하여서는 진위를 분명히 하는 것이 중요하다는 점과 역사 서술의 근원이 되는 자료를 바로잡아야 한다는 점을 강조하고 있다. 그런데 (나)의 2문단을 통해 『고려사』의 편찬 과정에서 고려의 용어를 고쳐 쓰자고 한 것은 유교적 사대주의에 따른 명분에 맞추는 것임을 알 수 있다. 따라서 『고려사』의 편찬 과정에서 고려의 용어를 고쳐 쓰자고 한 것은 당대의 관점에서 자료를 수정하자는 것이지, ㄱ에서 말하는 역사 서술의 근원인 자료를 바로잡고 깨끗이 한다는 것이라고 볼 수 없다.

③ ㄴ의 관점에 따르면, 『치평요람』에 서술된 국가의 흥망은 그 원인이 인물들의 능력보다는 객관적 형세인 시세의 흐름에 있다고 보아야겠군.
ㄴ에서는 흥망이 객관적 형세의 흐름인 시세의 흐름에 따른 것이라고 말하고 있다. 『치평요람』은 우리나라의 흥망성쇠를 담은 책으로, 중국 역사와 고려까지의 역사를 다루고 있다. ㄴ의 관점에 입각하면 『치평요람』에서 서술하고 있는 국가의 흥망의 원인은 시세의 흐름에 있는 것이라고 할 수 있다.

④ ㄷ의 관점에 따르면, 『신어』에 제시된 진에 대한 비판은 악을 낮추고 징계하는 것으로 볼 수 있겠군.
ㄷ에서는 역사가 선을 권면하고 악을 징계하는 것이라고 말하고 있다. 『신어』에서는 진의 멸망 원인이 가혹한 형벌의 남용, 법률에만 의거한 통치, 군주의 교만과 사치, 현명하지 못한 인재 등용 등에 있다고 지적하였는데, 이러한 진술은 악을 낮추고 징계하는 것으로 볼 수 있다.

⑤ ㄷ의 관점에 따르면, 『치평요람』 편찬과 관련한 세종의 생각에서 학문의 근본은 도의 본체에, 현실에서 학문의 구현은 도의 큰 쓰임에 대응하겠군.

[문제편 p.143]

ㄷ에서는 도의 본체는 경서에, 도의 큰 쓰임은 역사서에 있다고 하였다. 세종은 경서가 학문의 근본이고 역사서가 현실에서 학문을 구현하는 것이라고 보았으므로, 세종의 생각에서 학문의 근본이 되는 경서는 ㄷ에서 말하는 도의 본체에, 현실에서 학문을 구현하는 역사서는 ㄷ에서 말하는 도의 큰 쓰임에 해당한다고 할 수 있다.

## 09 단어 사용의 적절성 파악

정답률 40% | 정답 ③

**문맥상 ⓐ ~ ⓔ와 바꿔 쓰기에 적절하지 않은 것은?**

① ⓐ : 꾀했다
ⓐ는 '어떤 일을 이루도록 꾀하다.'라는 뜻이므로 바꿔 쓰기에 적절하다.

② ⓑ : 받아들여
ⓑ는 '외부에 있는 사람이나 사물 따위를 내부로 모아들이다.'라는 뜻이므로 바꿔 쓰기에 적절하다.

✔ ⓒ : 믿던
ⓒ는 '높여 소중히 여기다.'라는 뜻으로, '믿다'와 바꿔 쓰기에 적절하지 않다.

④ ⓓ : 끼어들었다는
ⓓ는 '자신과 직접적인 관계가 없는 일에 끼어들게 되다.'라는 뜻이므로 바꿔 쓰기에 적절하다.

⑤ ⓔ : 이어졌지만
ⓔ는 '끊이지 않고 이어져 나가다.'의 뜻이므로 바꿔 쓰기에 적절하다.

## 10~13 과학

**'비타민 K의 기능'**

**해제** 이 글은 **혈액의 응고 및 순환, 혈관 석회화 방지에 중요한 역할을 하는 비타민 K의 기능에 대해 설명**하고 있다. **혈액의 응고는 섬유소 단백질인 피브린이 모여 형성된 섬유소 그물이 혈소판 마개와 뭉쳐 혈병을 만드는 현상**이다. **비타민 K는 프로트롬빈을 비롯한 혈액 응고 인자들의 활성화에 관여하여 혈액의 응고에 중요한 역할**을 한다. 한편 칼슘 보충제를 섭취해도 혈액 내 칼슘 농도만 높아지고 혈관 벽에 칼슘이 침착되는 **혈관 석회화가 진행되는 경우**가 있는데, **MGP라는 비타민 K-의존성 단백질이 이러한 혈관 석회화를 막는 역할**을 한다. 그리고 **비타민 $K_1$과 $K_2$는 그 역할이 다르므로 비타민 K의 권장량을 $K_1$과 $K_2$로 구분하여 설정**해야 한다.

**주제** 혈액의 응고와 혈관 석회화 방지에 관여하는 비타민 K

**문단 핵심 내용**

| | |
|---|---|
| 1문단 | 혈액 응고의 이해 및 비타민 K의 역할 |
| 2문단 | 혈액의 응고에 중요한 역할을 하는 비타민 K |
| 3문단 | 비타민 K의 종류 |
| 4문단 | 혈관 석회화 방지에 관여하는 비타민 K |
| 5문단 | $K_1$과 $K_2$ 비타민의 역할 |

## 10 세부 내용의 이해

정답률 46% | 정답 ①

**윗글에서 알 수 있는 내용으로 적절하지 않은 것은?**

✔ 혈전이 형성되면 섬유소 그물이 뭉쳐 혈액의 손실을 막는다.
1문단을 통해 혈전은 혈액의 응고가 혈관 속에서 일어날 때 만들어지는 섬유소 그물이 뭉친 덩어리임을 알 수 있으므로, 혈전이 형성되면 섬유소 그물이 뭉친다는 내용은 전후 관계가 잘못된 내용이다. 또한 섬유소 그물이 혈액 내에서 뭉쳐 만들어진 혈전은 혈액의 손실을 막는 것과 직접적인 관련이 없다.

② 혈액의 응고가 이루어지려면 혈소판 마개가 형성되어야 한다.
1문단을 통해 혈액의 응고는 섬유소 그물과 혈소판 마개가 뭉치는 현상임을 알 수 있으므로, 혈액의 응고가 이루어지려면 먼저 혈소판 마개가 형성되어야 함을 알 수 있다.

③ 혈관 손상 부위에 혈병이 생기려면 혈소판이 응집되어야 한다.
1문단을 통해 혈병이 섬유소 그물이 혈소판이 응집된 혈소판 마개와 뭉쳐 만들어진 덩어리임을 알 수 있으므로, 혈병이 생기기 위해서는 혈소판이 응집되어야 함을 알 수 있다.

④ 혈관 경화를 방지하려면 이물질이 침착되지 않게 해야 한다.
1문단을 통해 이물질이 쌓여 동맥 내벽이 두꺼워지는 동맥 경화가 일어나면 그 부위에 혈전 침착, 혈류 감소 등이 일어나 혈관 질환이 발생함을 알 수 있다. 그리고 4문단을 통해 혈관 벽에 칼슘염이 침착되는 혈관 석회화가 진행되어 동맥경화가 발생하는 경우가 생김을 알 수 있다. 따라서 혈관 경화를 방지하기 위해서는 이물질이 침착되지 않도록 해야 함을 알 수 있다.

⑤ 혈관 석회화가 계속되면 동맥 내벽과 혈류에 변화가 생긴다.
1문단과 4문단을 통해 혈관 내부에 이물질이 침착되는 혈관 석회화가 계속되면 동맥 내벽과 혈류에 변화가 생긴다는 것을 알 수 있다.

## 11 핵심 정보의 이해

정답률 38% | 정답 ②

**칼슘의 역설에 대한 이해로 가장 적절한 것은?**

① 칼슘 보충제를 섭취하면 오히려 비타민 $K_1$의 효용성이 감소된다는 것이겠군.
이 글을 통해 칼슘 보충제를 섭취한다고 비타민 $K_1$의 효용이 감소한다는 내용은 확인할 수 없다.

✔ 칼슘 보충제를 섭취해도 뼈 조직에서는 칼슘이 여전히 필요하다는 것이겠군.
4문단을 통해 칼슘의 역설이 골다공증 예방을 위해 칼슘 보충제를 섭취했을 때 혈액 중 칼슘 농도는 높아지지만 골밀도는 높아지지 않고 혈관 석회화가 진행되는 것임을 알 수 있다. 따라서 '칼슘의 역설'은 혈액에 있는 칼슘이 뼈로 가지 않아 뼈 조직에서는 여전히 칼슘이 필요하다는 것을 의미한다고 할 수 있다.

③ 칼슘 보충제를 섭취해도 골다공증은 막지 못하나 혈관 건강은 개선되는 경우가 있다는 것이겠군.
칼슘 보충제를 섭취하더라도 혈액 내 칼슘 농도는 높아지나 골밀도는 높아지지 않고, 혈관 석회화가 진행될 수 있으므로 적절하지 않다.

④ 칼슘 보충제를 섭취하면 혈액 내 단백질이 칼슘과 결합하여 혈관 벽에 칼슘이 침착된다는 것이겠군.
칼슘 보충제를 섭취했을 때 칼슘염이 혈관에 침착될 수 있지만, 혈액 내 단백질이 칼슘과 결합하여 침착되는 것은 아니다.

⑤ 칼슘 보충제를 섭취해도 혈액으로 칼슘이 흡수되지 않아 골다공증 개선이 안 되는 경우가 있다는 것이겠군.
칼슘 보충제를 섭취했을 때 골다공증이 개선되지 않는 경우는 칼슘이 혈액 내에 흡수되어 혈액 내 칼슘 농도가 높아지는 것과 관련이 있다.

## 12 세부 내용 파악

정답률 42% | 정답 ④

**㉠과 ㉡에 대한 설명으로 가장 적절한 것은?**

① ㉠은 ㉡과 달리 우리 몸의 간세포에서 합성된다.
3문단을 통해 ㉠은 식물에서 합성되고 ㉡은 동물 세포에서 합성되거나 미생물 발효로 생성됨을 알 수 있다.

② ㉡은 ㉠과 달리 지방과 함께 섭취해야 한다.
2문단을 통해 비타민 K는 '지방에 녹는 어떤 물질'이고, 지방을 뺀 사료를 먹인 병아리는 비타민 K가 결핍되어 있음을 알 수 있다. 따라서 ㉠과 ㉡ 모두 지방과 함께 섭취해야 함을 알 수 있다.

③ ㉡은 ㉠과 달리 표적 단백질의 아미노산을 변형하지 않는다.
3문단을 통해 비타민 K는 단백질을 구성하는 아미노산 중 글루탐산을 감마-카르복시글루탐산으로 전환하는 카르복실화를 수행함을 알 수 있으므로, ㉠과 ㉡ 모두 아미노산을 변형한다는 것을 알 수 있다.

✔ ㉠과 ㉡은 모두 표적 단백질의 활성화 이전 단계에 작용한다.
2문단을 통해 단백질의 활성화는 칼슘 이온과의 결합을 통해 이루어지는데, 칼슘 이온과 결합하려면 단백질이 카르복실화되어 있어야 함을 알 수 있다. 그리고 비타민 K-의존성 단백질은 비타민 K에 의해 카르복실화되어야 활성화가 가능한 표적 단백질임을 알 수 있다. 따라서 ㉠, ㉡은 모두 표적 단백질의 활성화 이전 단계에 작용함을 알 수 있다.

⑤ ㉠과 ㉡은 모두 일반적으로는 결핍이 발생해 문제가 되는 경우는 없다.
3, 4문단을 통해 ㉠과 ㉡ 모두 결핍이 발생하면 혈액 응고에 차질이 생기거나 혈관 석회화가 유발되는 등 문제가 생김을 알 수 있다.

## 13 구체적인 사례에의 적용

정답률 37% | 정답 ③

**윗글을 참고할 때 〈보기〉의 (가) ~ (다)를 투여함에 따라 체내에서 일어나는 반응을 예상한 내용으로 적절하지 않은 것은? [3점]**

〈보 기〉

다음은 혈전으로 인한 질환을 예방 또는 치료하는 약물이다.
(가) 와파린 : 트롬빈에는 작용하지 않고 비타민 K의 작용을 방해함.
(나) 플라스미노겐 활성제 : 피브리노겐에는 작용하지 않고 피브린을 분해함.
(다) 헤파린 : 비타민 K-의존성 단백질에는 작용하지 않고 트롬빈의 작용을 억제함.

① (가)의 지나친 투여는 혈관 석회화를 유발할 수 있겠군.
비타민 K는 혈전을 만드는 데에 관여하지만 혈관 석회화를 억제하는 데에도 관여한다. 따라서 (가)를 투여하면 비타민 K의 작용이 방해를 받아 혈관 석회화가 유발될 수 있다.

② (나)는 이미 뭉쳐 있던 혈전이 풀어지도록 할 수 있겠군.
혈전은 피브린이 모여 형성된 섬유소 그물이 혈소판 마개와 뭉친 것이므로 피브린을 분해하는 (나)를 투여할 경우 뭉쳐 있는 혈전을 풀 수 있다.

✔ (다)는 혈액 응고 인자와 칼슘 이온의 결합을 억제하겠군.
2문단을 통해 트롬빈은 비타민 K가 관여하여 프로트롬빈이 활성화됨으로써 전환된 것임을 알 수 있다. 그리고 (다)에서 비타민 K-의존성 단백질에는 작용하지 않고 트롬빈의 작용을 억제한다고 하였으므로, 프로트롬빈이 트롬빈으로 전환하는 과정을 억제하지는 않음을 알 수 있다. 그리고 혈액 응고 인자와 칼슘 이온의 결합은 프로트롬빈이 활성화되어 트롬빈으로 전환되는 과정에 관련된 것이기 때문에 (다)를 투여한다고 해서 혈액 응고 인자와 칼슘 이온의 결합이 억제되는 것은 아니라 할 수 있다.

④ (가)와 (다)는 모두 피브리노겐이 전환되는 것을 억제하겠군.
피브리노겐이 피브린으로 전환되기 위해서는 트롬빈이 작용해야 하며, 프로트롬빈이 트롬빈으로 전환하기 위해서는 비타민 K가 작용해야 한다. 따라서 비타민 K의 작용을 방해하는 (가)와 트롬빈의 작용을 억제하는 (다) 모두 피브리노겐이 피브린으로 전환되는 것을 억제할 수 있다.

⑤ (나)와 (다)는 모두 피브린 섬유소 그물의 형성을 억제하겠군.
섬유소 그물은 피브린 섬유로 이루어져 있으므로 피브린을 분해하는 (나)는 섬유소 그물의 형성을 억제할 수 있다. 트롬빈의 작용을 억제하는 (다)도 피브리노겐의 피브린으로의 전환을 억제하므로 섬유소 그물의 형성을 억제할 수 있다.

## 14~17 사회

**'이중차분법'**

**해제** 이 글은 **경제학에서 사건의 효과를 평가하는 방법인 이중차분법에 대해 설명하고 있다. 경제학에서는 사건의 효과를 평가해야 하는 경우**가 많은데, **사건을 경험한 표본들로 구성된 시행집단의 결과와, 사건을 경험하지 않은 표본들로 구성된 비교집단의 결과를 비교하여 사건의 효과를 평가**한다. 그런데 이 방법을 적용할 수 없는 경우가 많아 **이중차분법이 사용**되고 있다. **이중차분법은 시행집단에서 일어난 변화에서 비교집단에서 일어난 변화를 뺀 값을 사건의 효과라고 평가하는 방법**이다. 이러한 **이중차분법은 평행추세 가정에 근거해 사건의 효과를 평가**하는데, **평행추세 가정이란 사건이 없었더라도 비교집단에서 일어난 변화와 같은 크기의 변화가 시행집단에서도 일어났을 것이라고 가정하는 것**이다. **평행추세 가정이 충족되지 않은 채 이중차분법이 적용**되면 **사건의 효과는 정확하게 평가되지 못하기 때문에 평행추세 가정을 충족시킬 수 있는 여러 가지 방법들을 통해 이중차분법의 신뢰도를 높일 수 있다.**

**주제** 평행추세 가정을 바탕으로 하는 이중차분법의 사건 효과 평가

**문단 핵심 내용**

| | |
|---|---|
| 1문단 | 경제학에서 사건의 효과를 평가하는 방법 |
| 2문단 | 이중차분법의 이해 |
| 3문단 | 이중차분법을 처음 사용한 스노 |



[문제편 p.143]

| 4문단 | 평행추세 가정이 충족되어야 하는 이중차분법 |
|---|---|
| 5문단 | 이중차분법의 신뢰도를 높일 수 있는 여러 방법 |

★★★ 등급을 가르는 문제!

## 14 글의 중심 내용 파악

정답률 13% | 정답 ①

윗글에 대한 이해로 적절하지 않은 것은?

**✔ 실험적 방법에서는 시행집단에서 일어난 평균 임금의 사건 전후 변화를 어떤 사건이 임금에 미친 효과라고 평가한다.**

1문단을 통해 실험적 방법에서는 사건을 경험한 표본들로 구성된 시행집단의 결과와, 사건을 경험하지 않은 표본들로 구성된 비교집단의 결과를 비교하여 사건의 효과를 평가함을 알 수 있다. 따라서 시행집단에서 일어난 평균 임금의 사건 전후 변화를 어떤 사건이 임금에 미친 효과라고 평가한다는 내용은 적절한 이해라 할 수 없다.

② 사람을 표본으로 하거나 사회 문제를 다룰 때에도 실험적 방법을 적용하는 경우가 있다.

1문단의 '그러나 사람을 표본으로 하거나 ~ 이 방법을 적용할 수 없는 경우가 많다.'를 통해, 사람을 표본으로 하거나 사회 문제를 다룰 때에도 실험적 방법을 적용하는 경우가 있음을 알 수 있다.

③ 평행추세 가정에서는 특정 사건 이외에는 두 집단의 변화에 차이가 날 이유가 없다고 전제한다.

2문단에서 평행추세 가정을 사건이 없었더라도 비교집단에서 일어난 변화와 같은 크기의 변화가 시행집단에서도 일어났을 것이라는 가정으로 설명하고 있으므로, 이러한 가정에 따르면 특정 사건만 두 집단의 변화에 차이를 가져오게 됨을 알 수 있다.

④ 스노의 연구에서 시행집단과 비교집단의 콜레라 사망률은 사건 후뿐만 아니라 사건 전에도 차이가 있었을 수 있다.

3문단에서 스노가 이중차분법을 사용할 수 있었던 것은 시행집단과 비교집단의 사건 전 상태가 평균적으로 같지 않아도 되기 때문이라 하였으므로, 스노의 연구에서 시행집단과 비교집단의 콜레라 사망률은 사건 전에도 차이가 있었을 것임을 알 수 있다.

⑤ 스노는 수원이 바뀐 주민들과 바뀌지 않은 주민들 사이에 공기의 차이는 없다고 보았을 것이다.

3문단을 통해 스노는 수원이 바뀐 주민들과 바뀌지 않은 주민들의 수원 교체 전후 콜레라로 인한 사망률의 변화를 비교함으로써 콜레라가 공기가 아닌 물을 통해 전염된다는 결론을 내렸음을 알 수 있다.

**★★ 문제 해결 꿀~팁 ★★**

**▶ 많이 틀린 이유는?**

이 문제는 선택지의 내용을 정확히 이해하지 못하여 이와 관련된 글의 내용을 찾는 데서 어려움을 겪어 오답률이 높았던 것으로 보인다.

**▶ 문제 해결 방법은?**

이 문제를 해결하기 위해서는 기본적으로 선택지의 내용을 정확히 이해하고, 이 내용이 글의 어느 부분에 제시되어 있는지 확인해야 한다. 가령 정답인 ①의 경우, '실험적 방법'에서 사건의 효과에 대해 어떻게 평가하는지에 대해 언급하고 있으므로, '실험적 방법'에 대해 언급된 내용이 글의 어느 부분에 있는지를 확인해야 한다. 그럴 경우 1문단에서 '실험적 방법'에 대해 언급하고 있고, 1문단의 '실제로는 사건을 경험한 표본들로 ~ 사건의 효과를 평가한다.'를 통해, '실험적 방법'에서는 시행집단의 결과와 비교집단의 결과를 비교하여 사건의 효과를 평가함을 알 수 있다. 따라서 ①은 적절하지 않은 것이다. 마찬가지로 오답률이 높았던 ④의 경우에도, '스노의 연구'에 대한 내용이므로 스노가 이중차분법을 처음 사용했고, 2문단을 통해 스노가 이중차분법을 사용할 수 있었던 것은 시행집단과 비교집단의 사건 전 상태가 평균적으로 같지 않아도 되기 때문임을 알 수 있다. 이러한 내용을 바탕으로 한다면 스노의 연구에서 시행집단(수원이 바뀐 주민들)과 비교집단(수원이 바뀌지 않은 주민들)의 콜레라 사망률은 사건 전에도 차이가 있었을 것임을 알 수 있다. 이 문제가 어려웠던 것은 글의 내용을 그대로 선택지에 제시하지 않고 추리 능력을 요구했기 때문이다. 하지만 추리 능력 역시 글의 내용을 바탕으로 하므로, 선택지에 제시된 내용이 글의 어느 부분과 연관되는지를 살피고, 글의 내용과 선택지를 비교하여 적절성을 판단할 수 있어야 한다.

★★★ 등급을 가르는 문제!

## 15 생략된 내용 추론

정답률 27% | 정답 ⑤

다음은 이중차분법을 ㉠에 적용할 경우에 나타날 결과를 추론한 것이다. A와 B에 들어갈 말을 바르게 짝지은 것은?

> 프로그램이 없었다면 시행집단에서 일어났을 고용률 증가는, 비교집단에서 일어난 고용률 증가와/보다 ( A ) 것이다. 그러므로 ㉠에 이중차분법을 적용하여 평가한 프로그램의 고용 증가 효과는 평행추세 가정이 충족되는 비교집단을 이용하여 평가한 경우의 효과보다 ( B ) 것이다.

| | A | B |
|---|---|---|
| ① | 클 | 클 |
| ② | 클 | 작을 |
| ③ | 같을 | 클 |
| ④ | 작을 | 클 |

**✔ 작을 작을**

2문단에 언급된 평행추세 가정이 충족되는 경우, 노동자 교육 프로그램(사건)이 없다면 시행집단과 비교집단에서의 고용률 증가 정도는 동일할 것이다. 그러나 ㉠의 경우, 시행집단은 일자리가 급격히 줄어드는 산업에 종사하는 노동자의 비중이 비교집단에 비해 크므로 사건 전의 상태(프로그램이 없는 상태)에서 비교집단에 비해 고용률 증가가 작을 것임을 추측할 수 있다. 따라서 ㉠의 경우 이중차분법을 적용하여 평가한 프로그램의 고용 증가 효과, 즉 시행집단에서 일어난 변화에서 비교집단에서 일어난 변화를 뺀 값은 평행추세 가정이 충족되는 비교집단을 이용하여 평가한 프로그램의 고용 증가 효과보다 작게 나타날 것임을 알 수 있다.

**★★ 문제 해결 꿀~팁 ★★**

**▶ 많이 틀린 이유는?**

이 문제는 글에 제시된 '이중차분법'을 정확히 이해하지 못하여 ㉠에 적용하여 이해하는 데 어려움을 겪어 오답률이 높았던 것으로 보인다. 또한 ㉠의 상황을 정확히 파악하지 못한 것도 오답률을 높인 것으로 보인다.

**▶ 문제 해결 방법은?**

이 문제를 해결하기 위해서는 일차적으로 ㉠을 이해해야 한다. 즉 ㉠이 비교 집단에 비해 시행 집단에서 일자리가 급격히 줄어드는 산업에 종사하는 노동자의 비중이 더 큰 경우로 평행 추세 가정이 충족되지 않는다는 점을 파악해야 한다. 그리고 이와 관련하여 이중차분법과 평행추세 가정, 고용 증가 효과에 대해 정확히 이해하여야 한다. 만일 ㉠을 정확히 이해했다면 시행집단은 일자리가 급격히 줄어드는 산업에 종사하는 노동자의 비중이 비교집단에 비해 크므로 프로그램이 없는 상태에서는 비교집단에 비해 고용률 증가가 작게 됨을 알 수 있다. 그리고 이중차분법을 적용하여 평가한 프로그램의 고용 증가 효과(시행집단에서 일어난 변화에서 비교집단에서 일어난 변화를 뺀 값)와 평행추세 가정이 충족되는 상황을 이해했다면 B에 '작을'이 들어감을 알 수 있었을 것이다. 이 문제처럼 글에서 제시되는 주요 개념은 반드시 문제에서 출제되고 문제 해결의 열쇠가 되므로, 글을 읽을 때 개념이 설명된 내용은 밑줄을 그어 정확히 이해하도록 한다.

## 16 구체적인 사례에의 적용

정답률 39% | 정답 ④

윗글을 바탕으로 〈보기〉를 이해한 내용으로 적절하지 않은 것은? [3점]

〈보 기〉

아래의 표는 S 국가의 P주와 그에 인접한 Q주에 위치한 식당들을 1992년 1월 초와 12월 말에 조사한 결과의 일부이다. P주는 1992년 4월에 최저임금을 시간당 4달러에서 5달러로 올렸고, Q주는 1992년에 최저임금을 올리지 않았다. P주 저임금 식당들은, 최저임금 인상 전에 시간당 4달러의 임금을 지급했고 최저임금 인상 후에 임금이 상승했다. P주 고임금 식당들은, 최저임금 인상 전에 이미 시간당 5달러보다 더 높은 임금을 지급했고 최저임금 인상 후에도 임금이 상승하지 않았다. 이때 최저임금 인상에 따른 임금 상승이 고용에 미친 효과를 평가한다고 하자.

| 집단 | 평균 피고용인 수(단위: 명) | | |
|---|---|---|---|
| | 사건 전(A) | 사건 후(B) | 변화(B−A) |
| P주 저임금 식당 | 19.6 | 20.9 | 1.3 |
| P주 고임금 식당 | 22.3 | 20.2 | −2.1 |
| Q주 식당 | 23.3 | 21.2 | −2.1 |

① 최저임금 인상 후에 시행집단에서 일어난 변화는 1.3명이다.

이 글을 바탕으로 할 때 〈보기〉에서 시행집단은 P주의 저임금 식당이므로, 시행집단에서 일어난 변화는 1.3명이다.

② 시행집단과 비교집단의 식당들이 종류나 매출액 수준 등의 특성에서 통계적 유사성이 높을수록 평가에 대한 신뢰도가 높아진다.

5문단을 통해 시행집단과 여러 특성에서 표본의 통계적 유사성이 높은 비교집단을 구성하면 평행추세 가정이 위협받을 가능성을 줄일 수 있음을 알 수 있다. 따라서 시행집단과 비교집단이 여러 특성에서 통계적 유사성이 높을수록 신뢰도가 높다고 할 수 있다.

③ 비교집단을 Q주 식당들로 택해 이중차분법을 적용하면 시행집단에서 최저임금 인상에 따른 임금 상승의 고용 효과는 3.4명 증가로 평가된다.

비교집단을 Q주의 식당들로 택할 때, 시행집단인 P주의 저임금 식당과 비교하면 임금 상승에 따른 고용 효과는 1.3−(−2.1)=3.4명 증가로 평가할 수 있다.

**✔ 비교집단의 변화를, P주 고임금 식당들의 1992년 1년간 변화로 파악할 경우보다 시행집단의 1991년 1년간 변화로 파악할 경우에 더 신뢰할 만한 평가를 얻는다.**

4문단을 통해 집단 간 표본의 통계적 유사성을 높이기 위해 사건 이전 시기의 시행집단을 비교집단으로 설정하는 것은 평행 추세 가정의 충족을 보장하지 못함을 알 수 있다. 또한 고용처럼 경기변동에 민감한 변화라면 집단 간 표본의 통계적 유사성보다 변화 발생의 동시성이 이 가정의 충족에서 더 중요함을 알 수 있다. 따라서 〈보기〉와 같이 임금 상승이 고용에 미친 효과를 분석할 때는 비교집단의 변화를, 시행집단의 다른 시기의 변화로 파악하여 표본의 통계적 유사성을 높이는 것이 더 신뢰할 만하다고 평가하는 것은 적절하지 않다.

⑤ 비교집단을 Q주 식당들로 택하든 P주 고임금 식당들로 택하든 비교집단에서 일어난 변화가 동일하다는 사실은 평행추세 가정의 충족에 대한 신뢰도를 높인다.

5문단을 통해 여러 비교집단을 구성하여 각각에 이중차분법을 적용한 평가 결과가 같음을 확인하면 평행추세 가정이 충족된다는 신뢰를 줄 수 있음을 알 수 있다. 비교집단으로 제시할 수 있는 Q주 식당이나 P주 고임금 식당은 모두 −2.1의 변화를 보여 평행추세 가정의 충족에 대한 신뢰도를 높인다고 볼 수 있다.

## 17 단어의 문맥적 의미

정답률 54% | 정답 ②

문맥상 ⓐ~ⓔ의 단어와 가장 가까운 의미로 쓰인 것은?

① ⓐ : 그 사건의 전말이 모두 오늘 신문에 났다.

ⓐ는 '어떤 작용에 따른 효과, 결과 따위의 현상이 이루어져 나타나다.'의 의미로, 선택지 '났다'는 '신문, 잡지 따위에 어떤 내용이 실리다.'의 의미로 쓰였다.

**✔ ⓑ : 산에 가려다가 생각을 바꿔 바다로 갔다.**

ⓑ의 '바꿨는데'와 선택지 '바꿔'의 '바꾸다'는 '원래의 내용이나 상태를 다르게 고치다.'의 의미로 쓰였다.

③ ⓒ : 기상청에서 전국에 건조 주의보를 내렸다.

ⓒ는 '판단, 결정을 하거나 결말을 짓다.'의 의미로, 선택지 '내렸다'는 '명령이나 지시 따위를 선포하거나 알려주다. 또는 그렇게 하다.'의 의미로 쓰였다.

④ ⓓ : 회원들이 회칙 개정을 요구하는 목소리를 높였다.

ⓓ는 '값이나 비율 따위를 더 높게 하다.'의 의미로, 선택지 '높였다'는 '어떤 의견을 다른 의견보다 더 강하게 내다.'의 의미로 쓰였다.

⑤ ⓔ : 하고 싶은 말은 많지만 오늘은 이만 줄입니다.

ⓔ는 '힘이나 세력 따위를 본디보다 약하게 하다.'의 의미로, 선택지의 '줄입니다'는 '말이나 글의 끝에서, 할 말은 많으나 그만하고 마친다는 뜻으로 하는 말'의 의미로 쓰였다.

## 18~21 고전 소설

**작자 미상, 「소현성록」**

감상 이 작품은 **북송 시대를 배경으로 남주인공 소현성이 세 명의 부인과 살아가며 가족 구성원들**

이 겪게 되는 갈등과 그 해소 과정을 다룬 가정 소설이다. 가문의 명예를 드높이고 가정의 화목을 유지하기 위해 애쓰는 양 부인의 행적, 유복자인 주인공 소현성의 어머니에 대한 지극한 효도와 입신양명, 석씨의 현숙함과 부녀자로서의 덕성 등 남성 중심의 유교적 가부장제에서 가족 구성원들이 추구하는 가치를 잘 담아내고 있다. 이 작품은 당대 유교 사상에 따른 가족제도의 올바른 규범을 제시하는 교훈서의 역할을 담당한 것으로 평가되기도 한다.

주제 유교적 가부장제 속에서 소현성의 가족이 겪는 갈등과 그 해결

작품 줄거리 제1대의 주인공인 소현성은 화 소저, 석 소저, 여 소저와 차례로 혼인한다. 소현성과 그의 부인들은 혼인 과정에서 서로 갈등을 빚기도 하지만, 그 갈등을 슬기롭게 해결하고 그 슬하에 많은 자식을 두게 된다. 제2대의 인물들 중 운성은 형 소저, 명현 공주, 소영과 혼인하는데, 운성과 그의 부인들은 혼인 과정과 혼인 후에도 많은 갈등을 겪게 된다. 특히 명현 공주는 운성과 결혼하기 위해 첫 번째 부인인 형 소저를 모함하고, 결혼 후에는 시아버지인 소현성과 남편인 운성과 대립하는 등 소씨 가문과 갈등을 빚는다. 이후 명현 공주의 죽음으로 이러한 갈등은 해소된다. 작품은 제3대 인물인 세명과 세광의 행적과 관련된 사건이 전개되며 마무리된다.

## 18 서술상 특징 파악 정답률 88% | 정답 ④

윗글에 대한 설명으로 가장 적절한 것은?

① 배경 묘사를 통해 인물의 성격 변화를 암시하고 있다.
'녹운당에 이르니 희미한 달빛 아래'를 통해 배경 묘사가 나타남을 알 수 있지만, 이를 통해 인물의 성격 변화를 암시하지는 않고 있다.

② 독백을 반복하여 내적 갈등의 해결 과정을 드러내고 있다.
"알지 못하겠도다. ~임자를 찾아 주리라." 하고 스스로 혼잣말 하거늘'에 계성의 독백이 드러나 있지만, 이러한 독백을 반복하여 내적 갈등의 해결 과정을 드러내지는 않고 있다.

③ 과거와 현재를 교차하여 사건을 입체적으로 전개하고 있다.
이 글은 시간 순서에 따라 사건이 전개되고 있으므로, 과거와 현재를 교차하며 사건을 입체적으로 전개한다고 할 수 없다.

✔ 한 인물과 다른 인물들 간의 다면적 갈등 관계를 제시하고 있다.
이 글에서는 여씨와 석씨, 여씨와 상서, 그리고 여씨와 양 부인 등 여씨가 다른 여러 가족 구성원들과 빚는 갈등 관계가 다면적으로 드러난다고 할 수 있다.

⑤ 두 공간에서 동시에 일어나는 사건을 병렬적으로 배치하고 있다.
이 글에서는 청운당을 비롯한 여러 공간이 나타나지만, 두 공간에서 동시에 일어나는 사건을 병렬적으로 배치하지는 않고 있다.

## 19 작품의 내용 이해 정답률 85% | 정답 ③

윗글의 내용에 대한 이해로 적절하지 않은 것은?

① 석파는 집안사람들과 교류하며 집안일에 관여한다.
이 글에서 석파는 여씨, 석씨 등 소현성 집안의 사람들과 교류하면서, 여씨가 꾸민 일에 대한 실상을 밝히는 일과 같은 집안일에도 관여하고 있다.

② 상서는 남의 말의 진위를 직접 확인하여 판단한다.
'전일 말한 사람이 있어도 ~ 그 말이 사실임을 알지라.'인 상서의 말을 통해, 상서가 남의 말의 진위를 직접 확인하여 판단하고 있음을 알 수 있다.

✔ 여씨는 상서의 책망에도 부끄러워하지 않는다.
이 글에서 상서가 화씨의 방을 엿들은 일을 두고 여씨를 엄숙하게 책망하자, 여씨는 크게 부끄러워하고 있다. 따라서 여씨가 상서의 책망에도 부끄러워하지 않는다는 이해는 적절하지 않다.

④ 양 부인은 권위를 지니고 가족과 시녀들을 통솔한다.
이 글에서 집안의 큰 어른인 양 부인은 죄를 지은 여씨에게 벌을 주고, 시녀들인 계성과 미양 등을 엄히 다스리어 집안을 평정하는 등의 모습을 보이고 있다. 따라서 양 부인은 권위를 지니면서 가족과 시녀들을 통솔한다고 할 수 있다.

⑤ 소씨는 여씨를 압박하여 의혹을 해소하려 한다.
이 글에서 소씨는 의혹을 해소하기 위해 회면단 푼 물을 먹지 않고 버티는 여씨에게 회면단을 '우김질로 들이붓'는 등 여씨를 압박하면서 의혹을 해소하려 하고 있다.

## 20 대화의 특징 파악 정답률 77% | 정답 ④

맥락을 고려하여 ㉠과 ㉡을 이해한 내용으로 가장 적절한 것은?

① ㉠은 석파의 독선을 질책하는 말이고, ㉡은 상서의 오해를 증폭시키는 말이다.
㉠은 석파의 독선에서 나온 말로 보기 어려우므로 석씨가 그러한 석파의 행동을 꾸짖어 나무라는 말로도 볼 수 없다. 상서가 여씨의 그릇된 행동을 이미 알고 있는 상태이므로 ㉡의 말이 상서의 오해를 증폭시키고 있지는 않다.

② ㉠은 석파의 안전을 도모하기 위한 말이고, ㉡은 상서를 위험에 빠뜨리기 위한 말이다.
㉠은 석파의 안전을 도모하는 것과는 무관하며, ㉡은 상서를 속이기 위해서 한 말일 뿐 상서를 위험에 빠뜨리기 위한 말은 아니다.

③ ㉠은 석파에 대한 호의를 표현하는 말이고, ㉡은 상서에 대한 불신을 표현하는 말이다.
㉠은 석씨가 '내키지 않아 당부하'면서 한 말이므로 석파에 대한 호의를 표현하는 말로 볼 수 없다. 그리고 ㉡은 여씨가 상서를 속이기 위해 한 말이므로 상서에 대한 불신을 표현하는 말로 보는 것은 적절하지 않다.

✔ ㉠은 석파의 경솔함을 염려하는 말이고, ㉡은 상서의 의심을 피하기 위해 한 말이다.
㉠은 석씨가 받는 총애를 석파가 여씨에게 자랑한 것을 두고 석씨가 석파의 경솔한 언행이 문제가 될 수 있다는 것을 염려하면서 한 말이다. 그리고 ㉡은 상서가 정색하면서 여씨에게 어디 갔었느냐고 묻자 상서의 의심을 피하기 위해 여씨가 거짓으로 꾸며 낸 말이다.

⑤ ㉠은 석파에게 얻은 정보를 불신하는 말이고, ㉡은 상서가 가진 정보를 몰라서 하는 말이다.
㉠은 석파가 한 언행에 대한 염려에서 나온 말이며, 석파에게 얻은 정보에 대한 불신에서 나온 것은 아니다. 그리고 ㉡은 상서가 여씨의 행동을 이미 알고 있다는 정보를 여씨가 몰랐기에 할 수 있는 말로 볼 수 있다.

## 21 외적 준거에 따른 작품 감상 정답률 56% | 정답 ⑤

<보기>를 참고하여 윗글을 감상한 내용으로 적절하지 않은 것은? [3점]

<보 기>

음모 모티프는 인물이 욕망을 실현하기 위해 음모를 실행하는 이야기 단위이다. 음모의 진행 과정에 환상적 요소가 사용되기도 하고 조력자가 등장해 음모자를 돕기도 한다. 음모가 실행되면서 서사적 긴장이 고조되는데, 음모자의 욕망 실현이 지연되면 서사적 긴장은 일시적으로 이완된다. 이때 음모자가 또 다른 음모를 꾸미나 결국 음모의 실체가 드러나며 죄상에 따라 처벌된다.

① 여씨가 자신을 석씨와 견주고 양 부인과 석씨를 '이간'하려는 데서, 석씨와의 경쟁 관계를 의식한 여씨의 욕망에서 음모가 비롯됨을 알 수 있군.
여씨는 자신을 석씨와 견주면서 석씨의 훌륭함에 질투심을 갖게 된다. 그리하여 여씨는 양 부인과 석씨를 이간하려 하는데, 이는 석씨와의 경쟁 관계를 의식하고 집안에서 석씨보다 우위를 점하고자 하는 여씨의 욕망에서 음모가 비롯되고 있음을 보여 준다.

② 여씨가 꾸민 '봉한 것'이 계성을 통해 양 부인에게 건네진 데서, 상하 관계에 있는 음모자와 조력자에 의해 서사적 긴장이 고조됨을 알 수 있군.
여씨가 석씨를 모해하고자 꾸민 '봉한 것'은 계성을 통해 양 부인에게 건네지며 양 부인은 '봉한 것'을 풀어 보고 '그 글에 품은 한이 흉악'함을 목도하게 된다. 이는 상하 관계에 있는 음모자인 여씨와 조력자인 시녀 계성에 의해 서사적 긴장이 고조되고 있는 것에 해당한다.

③ '그 글'이 불살라지고 시녀들의 누설이 금지된 데서, 양 부인에 의해 음모의 실행이 저지되어 서사적 긴장이 일시적으로 이완됨을 알 수 있군.
양 부인이 '그 글'을 불사르고 시녀들에게 누설을 금지하여 문제가 더 커지지 않게 되었으므로 여씨가 꾸민 음모의 실행은 잠정적으로 저지되었다. 이에 따라 여씨의 욕망 실현이 지연되었으므로 서사적 긴장이 일시적으로 이완된다고 할 수 있다.

④ '회면단'을 먹고 여씨가 본래 모습으로 돌아오는 데서, 음모자가 욕망의 실현을 위해 준비한 환상적 요소가 음모의 실체를 드러내는 도구로 작용함을 알 수 있군.
'회면단'을 먹자 화씨로 변했던 여씨가 본래 모습으로 돌아오게 된다. 이로써 음모자가 자신의 욕망의 실현을 위해 준비한 환상적 요소인 약을 먹고 변신하는 것이 음모의 실체를 드러내는 도구로도 작용함을 알 수 있다.

✔ 상서는 '금수의 행동'을 한 여씨를 교화하려 했지만 양 부인은 '어젯밤 일'로 여씨를 내친 데서, 처벌 방법을 두고 대립이 있음을 알 수 있군.
상서는 여씨가 화씨의 방을 엿들은 일을 두고 '금수의 행동'이라고 하였으며, 여씨가 앞으로 '과실을 고쳐' 나가길 당부하며 여씨를 교화하려고 하였다. 그리고 '어젯밤 일'은 여씨가 꾸민 음모와 악행의 실상을 밝혀낸 것으로, 그 처분으로 양 부인이 여씨를 내치고 있다. 이러한 두 사건에서 상서와 양 부인이 저마다 다르게 대처하는 모습을 보여 준 것일 뿐, 여씨의 처벌 방법을 두고 둘 사이에 대립이 있었다고 감상하는 것은 적절하지 않다.

## 22~27 갈래 복합

(가) 황희, 「사시가」

감상 이 작품은 계절의 변화에 따른 자연의 모습과 그 속에서 살아가는 화자의 자연 친화적 삶과 흥취를 노래하고 있는 연시조이다. 1수에서는 봄을 배경으로 그물을 손질하고 밭을 가는 분주한 일상이, 2수에서는 여름날 가랑비가 내리는 가운데 비옷을 입고 밭을 갈다 녹음이 우거진 곳에 누워 잠드는 모습이 드러나 있다. 그리고 3수에서는 가을 풍경, 추수를 끝낸 논에 게가 기어다니는 모습과 더불어 화자의 흥취를 드러내고 있고, 4수에서는 눈 덮인 겨울 풍경 속에 홀로 낚싯대를 드리운 노인의 풍류를 드러내고 있다.

주제 사계절 자연의 모습과 그 속에서의 풍류

(나) 조우인, 「자도사」

감상 이 작품은 임금에게 버림을 받아 옥에 갇힌 작가의 애절한 심정을 남녀 관계에 의탁하여 읊고 있는 가사로, 작가가 광해군 때 시화(詩禍)를 입어 3년간 감옥살이를 하면서 지은 것으로 추정된다. '자도사'에서 '자도'는 '스스로 애도한다'라는 뜻으로, 역모 사건에 휘말려 자신의 처지가 어떻게 될지 모르는 상황에서도 임금에 대한 마음은 변함이 없을 것이라는 충정을 드러내고 있다.

주제 임금에 대한 변함없는 충

(다) 공선옥, 「그 시절 우리들의 집」

감상 이 작품은 전통적인 집에 얽힌 아름다운 기억을 '그'의 이야기를 통해 풀어 내면서 더 이상 탄생과 죽음이 존재하지 않는 오늘날의 집에 대한 아쉬움을 드러내고 있다. 모든 것이 뚜렷하고 명료한 자연과 마찬가지로 사람들의 삶 역시 명료했던 '그'가 살았던 집과 모든 것이 불분명한 아파트를 대비하면서 과거에 대한 그리움과 현재에 대한 아쉬움을 드러내고 있다.

주제 전통적 집에서의 자연 친화적 삶에 대한 그리움

## 22 작품 간의 공통점, 차이점 파악 정답률 70% | 정답 ⑤

(가)~(다)의 공통점으로 가장 적절한 것은?

① 어조의 변화를 통해 긴장감을 조성하고 있다.
(가), (나), (다) 모두 어조의 변화를 통한 긴장감의 조성을 확인할 수 없다.

② 자연과 인간의 대비를 통해 세태를 비판하고 있다.
(다)에서는 모든 것이 선명하고 명료한 자연의 모습, 그리고 이러한 자연의 모습과 달리 아침과 저녁이 불분명하고 사계절이 불분명하고 오감이 불분명한 삶을 사는 현대인의 모습을 대비하여 세태를 비판하는 작품으로 볼 수 있다. 하지만 (가)와 (나)에서 세태를 비판하는 내용은 찾아볼 수 없다.

③ 대상과의 문답을 통해 주제 의식을 부각하고 있다.
(가)와 (나)에서는 물음의 형식을 활용하고 있지만, 대상과의 문답의 형식을 취한 부분은 확인할 수 없다. (다)에서는 질문을 던지는 방식으로 내용을 전개한 부분도 찾을 수 없다.

④ 초월적 공간을 설정하여 고조된 감정을 드러내고 있다.
(나)에서는 임이 계신 곳을 '천문구중'이라 말하고 있으므로 '하늘'이라는 초월적 공간을 설정하여 고조된 감정을 드러내고 있다고 볼 수 있다. 하지만 (가), (다)에서는 초월적 공간이 설정되어 있지 않다.



[문제편 p.147]

✔ **시간을 나타내는 표현을 활용하여 내용을 전개하고 있다.**
(가)의 〈제1수〉의 '강호에 봄이 드니'와 (나)의 '음력 섣달 거의로다', '동짓날 자정이 지난밤에 돌아오니'를 통해 시간을 나타내는 표현을 활용하여 시상을 전개하고 있음을 알 수 있다. 또한 (다)의 '봄과 여름과 가을과 겨울과 아침과 낮과 저녁과 밤이'를 통해, (다) 역시 시간을 나타내는 표현을 활용하여 내용을 전개하고 있음을 알 수 있다.

**23** 시상 전개 방식 파악 정답률 86% | 정답 ②

**(가)의 시상 전개에 대한 설명으로 가장 적절한 것은?**

① **〈제1수〉의 초장, 중장은 풍경 묘사이고, 종장은 이에 대한 감상의 표현이다.**
〈제1수〉의 초장과 중장에서 풍경이 묘사되지는 않고 있다.

✔ **〈제2수〉의 초장, 중장은 인물의 행위가 순차적으로 나열된 것이다.**
〈제2수〉의 초장을 보면 인물이 삿갓에 도롱이를 입은 후 가랑비 속에서 호미를 메는 모습이 나타나 있고, 중장을 보면 인물이 밭을 맨 후 녹음 속에 누워 있는 모습이 제시되고 있다. 따라서 초장, 중장에서는 인물의 행위가 순차적으로 나열되었다고 할 수 있다.

③ **〈제2수〉의 초장과 중장에 있는 인물의 행위는 〈제3수〉의 초장에서 그 결과로 나타난다.**
〈제2수〉의 초장과 중장에서 인물은 가랑비 속에서 밭을 맨 후 녹음에 누워 있고, 〈제3수〉의 초장은 가을에 밤이 떨어지는 모습이므로, 초장과 중장에 있는 인물의 행위가 〈제3수〉의 초장에서 그 결과로 나타난다고 할 수 없다.

④ **〈제3수〉의 초장의 장면은 중장과 인과적 관계로 연결된다.**
〈제3수〉의 초장은 밤이 떨어지는 모습, 중장은 벼를 벤 논에 게가 다니는 모습을 나타내므로 초장과 중장이 인과적 관계로 연결된다고 할 수 없다.

⑤ **〈제4수〉의 초장의 동적인 분위기는 중장의 정적인 분위기로 전환된다.**
〈제4수〉의 초장은 겨울 산에 새도 보이지 않고 들에는 사람도 보이지 않는 모습이므로 정적 분위기가 나타난 장면이라 할 수 있다.

**24** 구절의 의미 파악 정답률 77% | 정답 ②

**〈보기〉에 따라 (나)의 ㉠~㉤을 이해한 내용으로 적절하지 않은 것은?**

〈보 기〉

선생님 : 이 작품의 제목에 쓰인 '자도(自悼)'는 '자신을 애도한다'는 뜻으로, 죽음에 견줄 만큼의 극단적인 슬픔을 드러낸 것입니다. 이 점에 주목하여 작품을 읽어 봅시다.

① **㉠을 통해, 임과 만날 가능성이 희박하다는 비관적 인식이 자신을 애도하게 만든 배경임을 알 수 있어요.**
구중궁궐, 즉 임이 계신 곳에 가는 것이 아득하다고 말하고 있으므로 임과 만날 가능성이 희박하다는 비관적 인식이 담겨 있다고 할 수 있다.

✔ **㉡을 통해, 새봄을 맞이하여 이별의 슬픔을 극복하기 위해 마음을 다잡으려 노력하고 있음을 알 수 있어요.**
㉡ 앞을 통해 화자가 한겨울의 '열흘 추위'를 걱정하면서 '임의 터진 옷을 깁고자' 함을 알 수 있다. 이렇게 볼 때, ㉡에는 겨울이 다 지나기 전에 임의 옷을 기우려 하는 마음이 담겨 있다고 볼 수 있다. 따라서 ㉡을 새봄을 맞이하여 이별의 슬픔을 극복하기 위해 마음을 다잡으려 노력하는 모습으로 이해하는 것은 적절하지 않다.

③ **㉢을 통해, 임에 대한 사무치는 그리움이 너무나 커서 자신을 애도할 수밖에 없는 상황임을 알 수 있어요.**
간장이 다 썩고 넋조차 사라졌다고 말하고 있으므로 임에 대한 사무치는 그리움으로 자신을 애도하는 상황을 나타낸 것이라 할 수 있다.

④ **㉣을 통해, 무정한 임 때문에 자신의 처지가 바뀔 가능성이 없음을 깨닫고 좌절감을 느끼고 있음을 알 수 있어요.**
'백일'은 임을 나타낸 비유적 표현이고, '뒤집힌 동이'는 화자의 처지를 나타낸 비유적 표현에 해당한다. 따라서 ㉣은 무정한 임 때문에 자신의 처지가 바뀔 가능성이 없다는 것에 대한 좌절감을 드러낸 표현으로 볼 수 있다.

⑤ **㉤을 통해, 임을 향한 원망의 마음을 음악으로 표현하여 내면의 슬픔을 토로하고 있음을 알 수 있어요.**
'은쟁'은 악기이고, '원곡'은 원망하는 마음을 담은 곡조이므로, 임에 대한 원망의 마음을 음악으로 표현하여 내면의 슬픔을 토로하고 있다고 말할 수 있다.

**25** 시어, 시구의 의미와 기능 파악 정답률 77% | 정답 ①

**(가)와 (나)의 시어에 대한 이해로 가장 적절한 것은?**

✔ **(가)의 '녹음'은 평온한 분위기의, (나)의 '동방'은 암울한 분위기의 장소이다.**
(가)의 '녹음'은 화자가 누워 있는 자연 속 공간이므로 평온한 분위기를 주는 장소라 말할 수 있다. 그리고 (나)의 '동방'은 임의 부재로 인해 화자가 외로움을 느끼는 공간이므로 암울한 분위기의 공간이라 할 수 있다.

② **(가)의 '언제'는 미래의 어느 시기를, (나)의 '언제'는 과거의 어느 시기를 가리킨다.**
(나)의 '언제'는 과거의 어느 시기가 아니라 미래의 어느 시기로 보는 것이 적절하다.

③ **(가)의 '새'와 (나)의 '자규'는 모두 화자의 감정이 이입된 대상물이다.**
(가)의 '새'는 화자의 감정이 이입된 자연물로 볼 수 없다. 반면 (나)의 '자규'는 화자의 감정이 이입된 자연물로 볼 수 있다.

④ **(가)의 '잠든 나'의 '잠'과 (나)의 '임의 잠'은 모두 꿈을 통해서라도 소망을 실현하기 위한 매개이다.**
(가)의 '잠든 나'의 '잠'은 전원 속에서의 한가로운 삶을 보여 주는 것이고, (나)의 '임의 잠'에서 '잠'은 화자가 깨우고자 하는 것이라 할 수 있다. 따라서 (가), (나)의 '잠' 모두 꿈을 통해서라도 소망을 실현하기 위한 매개로 보는 것은 적절하지 않다.

⑤ **(가)의 '돌아가니'와 (나)의 '돌아오니'는 모두 화자가 새로운 상황에 기대감을 갖는 계기이다.**
(가)의 '돌아가니'는 익은 술을 맛보게 될 새로운 상황에 대한 기대감을 갖는 계기로 볼 수 있다. 하지만 (나)의 화자는 동짓날 자정이 돌아오자 자물쇠를 굳게 잠가 동방을 닫고 있으므로 '돌아오니'가 화자로 하여금 새로운 상황에 대한 기대감을 갖게 한다고는 할 수 없다.

**26** 작품의 종합적 이해 정답률 49% | 정답 ①

**비밀들을 중심으로 (다)를 이해한 내용으로 적절하지 않은 것은?**

✔ **'그 집'을 떠난 후 그의 오감이 불분명한 것은 비밀들이 그의 '아파트'에 감춰져 있기 때문이다.**
(다)를 통해 '그 집'은 자연 속에 감춰진 비밀들을 깨달을 수 있는 공간이고, '아파트'는 그러한 비밀들을 아예 알 수 없는 공간임을 알 수 있다. 따라서 비밀들이 그의 '아파트'에 감춰져 있다고 이해하는 것은 적절하지 않다.

② **'그 집 아이들'은 '그 집'에서 '낮게 깔리는 굴뚝 연기'에 감춰진 '비'에 관한 비밀들을 깨달을 수 있었다.**
'그 집'에서 자란 '그 집 아이들'은 굴뚝 연기가 낮게 깔리면 다음날 비가 온다는 비밀을 알았다.

③ **'그의 아이'가 '여름에 긴팔 옷을 입고 겨울에 반팔 옷을 입는' 것은 비밀들을 모르고 살아가는 모습을 보여 준다.**
'그'의 아이가 여름에 긴팔 옷을 입고 겨울에 반팔 옷을 입는 것은 아파트에서의 삶을 나타낸 것이므로, '그'의 아이는 '그 집'에서 알 수 있는 비밀들을 모르고 살아가는 모습이라 할 수 있다.

④ **'그 집'의 역사가 어머니의 죽음 후 끝났다고 한 것은 비밀들과 함께할 사람들의 '탄생과 죽음'이 사라졌기 때문이다.**
글쓴이는 어머니가 돌아가신 후 누구도 그 집에서 아이를 낳지 않을 것이며 죽음 또한 그 집에서 일어나지 않을 것이라 말하고 있다. 따라서 '그 집'의 역사가 어머니의 죽음 후 끝났다고 한 것은 비밀들과 함께할 사람들의 '탄생과 죽음'이 더 이상 '그 집'에서 일어나지 않을 것이기 때문이라고 할 수 있다.

⑤ **'그 사각진 콘크리트 벽 속'에 사는 '그의 아이'는 비밀들을 알아차릴 줄 아는 감각을 익히지 못해 삶이 불분명하다.**
'그 사각진 콘크리트 벽 속'은 아파트를 가리키고, 글쓴이는 아파트에서의 삶은 아침과 저녁이 불분명하고 사계절이 불분명하고 오감이 불분명한 삶이라 말하고 있다. 따라서 아파트에서 살고 있는 '그의 아이'는 비밀들을 알아차릴 줄 아는 감각을 익히지 못해 삶이 불분명하다고 볼 수 있다.

**27** 외적 준거에 따른 작품의 감상 정답률 61% | 정답 ②

**〈보기〉를 참고하여 (가)~(다)를 감상한 내용으로 적절하지 않은 것은? [3점]**

〈보 기〉

시조, 가사, 수필에서 작가는 대개 1인칭으로 나타나므로 작가 정보를 활용하면 작품을 더 풍부하게 해석할 수 있다. 그런데 작가는 자신을 다른 인물로 상정하여 표현하기도 한다. 이 경우에도 작가를 그 인물에 투영해서 읽을 수 있다. (가)는 작가가 나이 들어 벼슬에서 물러나 전원에서 생활하며 지은 시조라는 점, (나)는 작가가 임금에게 충언하는 시를 쓴 죄로 옥에 갇혔을 때 지은 가사라는 점, (다)는 작가가 시골에서 성장한 경험을 반영하여 쓴 수필이라는 점을 고려하여 작품을 해석할 수 있다.

① **(가)의 '저 늙은이'가 작가라면, 전체적으로 이 작품은 연로한 작가가 느끼는 전원생활의 흥취를 드러낸 것이겠군.**
(가)의 '저 늙은이'를 작가로 본다면 (가)는 전원 속에서 즐기는 한가로운 삶에 대한 흥취를 드러낸 것으로 볼 수 있다.

✔ **(가)의 '저 늙은이'가 작가가 아니라면, 〈제4수〉는 '낚대'의 깊은 맛에 몰입하며 '나'와는 달리 한가롭게 지내는 인물에 대한 심리적 거리감을 드러낸 것이겠군.**
(가)의 '저 늙은이'가 작가가 아니라면 작가는 낚시의 깊은 맛에 몰입한 사람을 보며 그 정취를 노래하고 있다고 보는 것이 타당하다. 화자는 전원 속에서 한가로운 삶을 누리고 있으므로 화자가 '저 늙은이'에게 심리적 거리감을 드러낸다고 설명하는 것은 적절하지 않다.

③ **(나)의 '아녀자'가 작가라면, 이 작품은 '은침'과 '오색실'로 '임의 터진 옷'을 깁는 상황을 설정하여 임금에 대한 곧은 충심을 표현한 것이겠군.**
(나)의 '아녀자'를 임금에게 충언하는 시를 쓴 죄로 옥에 갇힌 작가로 볼 경우, '은침'과 '오색실'로 '임의 터진 옷'을 깁는 것은 임금에 대한 충성심을 표현한 것으로 볼 수 있다.

④ **(다)의 '그'가 작가라면, 이 작품은 '그 집'에서 성장하고 떠났던 자신의 경험을 타인의 것처럼 전달함으로써 개인적인 경험에 거리를 두고 객관화하여 표현한 것이겠군.**
(다)의 '그'를 작가로 볼 경우 이는 작가 자신을 타자화한 표현이라 볼 수 있다. 이렇게 자신의 경험을 타인의 것처럼 전달하면 개인적 경험을 객관화할 수 있다.

⑤ **(다)의 '우리들'에 작가 자신이 포함되므로, 이 작품은 작가 자신의 개인적 경험을 확장하여 유사한 경험을 가진 독자들의 공감을 이끌어 내려 한 것이겠군.**
(다)의 '우리들'에 작가 자신을 포함시킬 경우 작가가 자신의 개인적 경험을 '우리들'이라고 말하여 유사한 경험을 가진 다른 사람들의 경험으로 확장하고 있다고 볼 수 있다. 이를 통해 독자들의 공감을 이끌어 낸다는 설명 역시 적절하다.

## 28~31 현대 소설

**채만식, 「미스터 방」**

**감상** 이 작품은 **주인공 방삼복이 미군 통역이 되면서 권세를 잡는 과정을 통해 해방기의 혼란한 시대상을 풍자**하고 있다. 방삼복은 백 주사를 만나는데, 백 주사는 일제 강점기에 순사가 된 아들 덕에 권세를 누리다가 해방 직후 성난 군중에 의해 집과 재물을 빼앗기고 목숨만 보전하게 된 인물이다. **미천한 일을 하다가 기회를 틈타 권세를 잡았다고 거만하게 행동하는 방삼복과, 그런 방삼복을 통해 빼앗긴 재물을 되찾을 궁리를 하는 백 주사는 모두 해방기의 부정적 인간상**을 나타낸다.

**주제** 광복 직후 혼란기의 세태 풍자

**작품 줄거리** 돈을 벌기 위해 일본으로 갔지만 10여년 만에 더 초라해진 모습으로 돌아와 서울에서 신기료 장수를 하던 짚신 장수의 아들 방삼복이 미군정 아래에서 큰 영향력을 행사하는 미군 장교 S 소위의 통역이 되면서 미스터 방으로 불리게 된다. 좋은 집에 살면서 상류층의 청탁으로 치부하던 방삼복은 어느날 고향 사람 백 주사를 만난다. 일제 강점기 경찰 생활을 한 아들 덕택에 고리대금으로 많은 돈을 번 친일파 백 주사는 8·15광복 후 군중들의 습격을 피해 도망쳐 온 사정을 토로하며 방삼복에게 복수

08회

를 부탁한다. 백 주사의 청탁을 들어 주겠다고 장담한 방삼복은 양치질을 한 뒤 물을 바깥으로 뱉고, 방삼복이 내뱉은 양칫물을 뒤집어쓴 S소위에게 주먹질을 당한다.

**28** 작품의 내용 이해 정답률 64% | 정답 ③

윗글의 대화를 중심으로 '방삼복'을 이해한 것으로 가장 적절한 것은?

① 자신이 꾸미고 있는 일에 관심 없는 상대에게 자기 업무를 떠넘기는 뻔뻔함을 보이고 있다.
방삼복이 아내나 백 주사에게 자기 업무를 떠넘기는 뻔뻔함을 보이고 있지는 않다.

② 질문에 대꾸하지 않음으로써 상대가 같은 질문을 반복하도록 거드름을 피우고 있다.
방삼복이 질문에 대꾸하지 않아 상대가 같은 질문을 반복하고 있는 내용은 찾아볼 수 없다.

✔ 눈앞에 없는 사람을 비난하고 위협함으로써 함께 있는 상대에게 자신의 위세를 드러내고 있다.
아내가 전해 준 각봉투를 뜯어 본 방삼복은 적은 돈을 두고 간 서 주사를 비난하며, 자신이 미군 헌병에게 말하면 곤경에 처할 것이라고 서 주사를 위협하는 말을 한다. 또한 자신의 말 한 마디에 죽을 사람도 살고 살 사람도 죽는다 하고 있다. 따라서 방삼복은 눈앞에 없는 서 주사를 비난하고 위협하는 말을 통해 그 말을 듣고 있는 백 주사에게 자신의 위세를 드러냈다고 할 수 있다.

④ 차에서 내려 상대에게 먼저 알은체하며 동승자에게 자신의 인맥을 과시하고 있다.
방삼복은 서양 사람과 같이 탔던 차에서 내린 뒤, 어쩌다 눈이 마주친 백 주사에게 알은체를 하고는 바로 백 주사를 자신의 집으로 데려온다. 따라서 방삼복이 동승자 즉 '서양 사람'에게 자신의 인맥을 과시하고 있다는 것은 적절하지 않다.

⑤ 상대가 이름을 제대로 말하기 전에 말을 가로채 상대에 대한 열등감을 감추고 있다.
방삼복은 출세를 하여 신수가 좋아진 모습으로 백 주사를 만났고, 그런 자신의 모습을 보고 이름을 제대로 말하지 못하는 백 주사에게 자신의 이름을 밝힌다. 이를 방삼복이 상대에 대한 열등감을 감추고 있다고 보는 것은 적절하지 않다.

**29** 인물의 성격 이해 정답률 74% | 정답 ①

㉠과 ㉡에 대한 설명으로 가장 적절한 것은?

✔ ㉠과 ㉡에는 모두 외세에 기대어 사익을 추구하는 인물의 부정적 모습이 드러난다.
㉠을 통해 해방 직후 '엠피', 즉 미군의 권력에 기대어 사익을 추구하는 방삼복의 부정적 모습을 엿볼 수 있다. 그리고 ㉡을 통해 백선봉이 일제 강점기에 일본의 권력에 기대어 사익을 추구하는 모습이 드러나 있다. 따라서 ㉠, ㉡에는 미군과 일제에 기대어 사익을 취하는 인물들의 부정적 모습이 드러난다고 할 수 있다.

② ㉠과 ㉡에는 모두 외세와 이를 돕는 인물 간의 권력 관계가 일시적으로 역전된 모습이 드러난다.
㉠과 ㉡에서 미군과 방삼복의 권력 관계나, 일본과 백선봉의 권력 관계가 일시적으로 역전된 모습이 드러나지는 않는다.

③ ㉠과 ㉡에는 모두 사회적 지위를 이용하여 타인의 권익을 침해하는 인물이 몰락하는 모습이 드러난다.
㉠과 ㉡에서 방삼복이나 백선봉이 몰락하는 모습이 드러나지는 않는다.

④ ㉠에는 권력을 향한 인물의 조바심이, ㉡에는 권력에 의한 인물의 좌절감이 드러난다.
㉠에서 방삼복의 조바심이 드러나지는 않으며, ㉡에서 백선봉의 좌절감이 드러나지는 않는다.

⑤ ㉠에는 자신의 권위에 대한 인물의 확신이, ㉡에는 추락한 권위를 회복할 수 있다는 인물의 자신감이 드러난다.
㉠에서 자신의 권위에 대한 방삼복의 확신이 드러난다고 볼 수는 있지만, ㉡에서 추락한 권위를 회복할 수 있다는 백선봉의 자신감이 드러나지는 않는다.

**30** 구절의 의미 이해 정답률 86% | 정답 ③

ⓐ ~ ⓔ에 대한 이해로 적절하지 않은 것은?

① ⓐ : 스스로는 문제 해결이 불가능한 상태임을 강조하여 인물의 답답한 처지를 보여 준다.
ⓐ는 빼앗긴 재물을 찾으려 하지만 그럴 방법을 찾지 못하고 있는 백 주사의 상태를 강조한 것이므로 백 주사의 답답한 처지를 보여 준다고 할 수 있다.

② ⓑ : 방삼복의 제안에 엉겁결에 따라가는 모습을 통해 인물이 얼떨떨한 상태임을 보여 준다.
ⓑ는 방삼복이 변모한 것을 보고 놀라던 백 주사가 방삼복이 잡아끄는 대로 방삼복의 집에 끌려 온 상황을 나타낸 것으로, 백 주사가 얼떨떨한 상태임을 보여 준다고 할 수 있다.

✔ ⓒ : 신수가 좋고 재력이 대단해 보이는 방삼복의 모습에 고향 사람에 대한 자부심을 갖게 되었음을 보여 준다.
ⓒ에는 신수가 좋고 재력이 대단해 보이도록 변화한 방삼복을 보는 백 주사의 심리가 담겨 있다고 볼 수 있다. 하지만 백 주사는 무엄스럽게 구는 방삼복의 태도를 불쾌하게 여기고 있으므로 백 주사가 고향 사람인 방삼복에 대한 자부심을 갖게 되었다는 것은 적절하지 않다.

④ ⓓ : 자신의 처지를 방삼복과 비교하면서 주눅이 들었음을 보여 준다.
ⓓ는 백 주사가 자신의 초라한 처지를, 출세한 방삼복과 비교하며 주눅이 들어 있는 모습을 보여 준다고 할 수 있다.

⑤ ⓔ : 방삼복에게 도움을 받을 수 있다는 기대감과 그에 대한 반감이 뒤섞여 있음을 보여 준다.
ⓔ에서 백 주사가 자리에서 일어설 생각이 든 것은 거만하게 행동하는 방삼복에게 반감을 느꼈기 때문이다. 또한 백 주사가 일어설 생각을 행동으로 옮기지 않고 참은 것은 방삼복을 통해 재물을 되찾을 수 있지 않을까 하는 기대감을 가졌기 때문이라고 할 수 있다.

**31** 외적 준거에 따른 작품의 감상 정답률 39% | 정답 ⑤

<보기>를 참고하여 [A] ~ [E]를 감상한 내용으로 적절하지 않은 것은? [3점]

<보 기>

'진작부터 벼르던 이야기'는 백 주사가 자신과 가족의 억울함을 하소연하는 부분이다. 그런데 서술자는 그 '이야기'를 서술자의 시선뿐 아니라 여러 인물들의 시선으로 초점화하여 서술함으로써 독자와 작중 인물 간의 거리를 조절한다. 또한 세부 항목을 하나씩 나열하여 장면의 분위기를 고조하고 정서를 확장하는 서술 방법으로 독자에게 현장감을 전해 준다. 이때 독자는 백 주사와 그의 가족에게 고통받았던 사람들의 입장에 서서 그들을 비판적으로 보게 된다.

① [A] : 백선봉의 풍요로운 생활을 '남들'의 굶주린 생활과 비교하여 서술함으로써 독자가 그를 비판적으로 보게 하고 있군.
[A]의 '그의 광에는 ~ 날이 없었다.'에는 백선봉의 풍요로운 생활이, '남들은 주린 창자를 졸라맬 때'에는 '남들'의 굶주린 생활이 나타나 있다. 독자는 이 부분을 통해 일제의 권력에 빌붙어 풍요롭게 생활하던 백선봉을 비판적으로 바라볼 수 있다.

② [B] : 부정하게 모은 많은 물건들을 하나씩 나열하여 습격 당시 현장의 들뜬 분위기를 환기함으로써 '군중'의 놀람과 분노를 독자에게 전하려 하고 있군.
[B]에 나열된, 백선봉이 부정하게 모은 물건들은 군중이 백선봉의 집을 습격했을 때 나온 것이다. 독자는 이 부분을 통해 백선봉이 가진 재산의 실상을 목격한 '군중'의 놀람과 분노를 확인할 수 있다.

③ [C] : '있었더란다'를 통해 누군가에게 들은 것처럼 전하면서도, 전하는 내용을 '군중'의 시선으로 초점화하여 독자가 '군중'의 입장에 서도록 유도하고 있군.
[C]의 '있었더란다'는 누군가에게 들은 것임을 나타내는 표현이지만, '만 원어치 ~ 고만두고 말이었다.'에서 서술자는 군중의 시선으로 초점화하여 군중이 찾아낸 재물들을 제시하고 있다. 독자는 이 부분을 통해 '군중'의 입장에서 사건을 바라볼 수 있다.

④ [D] : '동네 사람'의 시선으로 초점화하여 백 주사의 만행을 서술함으로써 백 주사가 습격의 빌미를 제공한 것처럼 독자가 느끼게 하고 있군.
[D]의 '백 주사가, ~ 고리대금을 하고 하였대서'는 서술자가 동네 사람의 시선으로 초점화하여 백 주사의 만행을 드러낸 것이다. 독자는 이 부분을 통해 백 주사가 습격의 빌미를 제공한 것처럼 느낄 수 있다.

✔ [E] : 백 주사 '가족'의 몰락을 보여 주는 사건들을 백 주사의 시선으로 일관되게 초점화하여 그들에게 고통받았던 사람들의 편에 선 독자가 통쾌함을 느끼게 하고 있군.
<보기>를 통해 서술자는 '진작부터 벼르던 이야기'를 서술자의 시선뿐 아니라 여러 인물들의 시선으로 초점화하여 서술함으로써 독자와 작중 인물 간의 거리를 조절함을 알 수 있다.
[E]의 '백 주사는 서울로 각기 피신하여 목숨만 우선 보전하였다.'는 백 주사의 시선으로 초점화된 부분으로 볼 수 없다. 따라서 백 주사의 시선으로 일관되게 초점화했다는 설명은 적절하지 않다.

## 32~34 현대시

**(가) 신동엽, 「향아」**

**감상** 이 작품은 **'향'이라는 청자를 설정**하여 **허위와 가식이 넘치는 물질문명을 비판하고 소박하지만 순수하고 건강한 생명력이 넘치는 농촌 공동체가 존재했던 과거의 삶으로 회귀하고 싶어하는 마음을 형상화**하고 있다. 이 작품은 **현재와 과거의 대비를 통해 주제 의식을 강조**하고 있으며, **청유형 어미를 반복적으로 활용하여 화자의 의지를 강조**하고 있다.

**주제** 물질문명에서 벗어나 순수한 과거로 돌아가고 싶은 바람

**표현상의 특징**

- 현재와 과거를 대비하여 주제 의식을 드러냄.
- 청자에게 말을 건네는 듯한 어투를 사용함.
- 청유형 어미를 반복적으로 사용하여 화자의 의지를 강조함.

**(나) 기형도, 「전문가」**

**감상** 이 작품은 **동화 같은 상징적 이야기를 통해 권력자의 숨은 의도를 제대로 파악하지 못해 결국 자신이 누리는 행복과 자유마저 빼앗기는 어리석은 군중의 모습을 형상화**하고 있다. '이 작품에서 **'그'는 권력자, '아이들'은 '우매한 군중', '유리 담장'은 권력자가 우매한 군중을 통치하기 위해 사용한 환영을 상징**한다. 이런 점에서 **시의 제목 '전문가'는 권력자들이 어리석은 군중을 교묘하게 길들이는 방법을 활용하는 데 매우 능통하다는 점을 우회적으로 표현한 것**으로 볼 수 있다.

**주제** 권력자의 기만적 통치술에 이용당하는 우매한 군중의 모습

**표현상의 특징**

- 상징성을 띤 사건 전개를 통해 주제를 암시하고 있음.
- 시간의 흐름에 따른 시상 전개 방식이 사용되고 있음.

**32** 표현상 특징 파악 정답률 62% | 정답 ②

(가), (나)에 대한 설명으로 가장 적절한 것은?

① (가)는 과거를 회상하며 현실을 관망하는 태도를 드러내고 있다.
(가)에서 화자는 '오래지 않은 옛날'로 '돌아가자' 하면서 옛날 고향의 풍경을 묘사하고 있으므로 과거를 회상한다고 볼 수 있다. 하지만 화자는 현실을 '무지개빛 허울의 눈부심, 기생충의 생리와 허식'이라 표현하고 있으므로 현실을 관망하는 것이 아니라 비판하고 있음을 알 수 있다.

✔ (나)는 상징성을 띤 사건의 전개를 통해 주제를 암시하고 있다.
(나)에서는 '그'가 이사 온 후 골목에서 벌어진 사건, 즉 진실을 은폐하려는 '그'의 교묘한 술수에 말려 어리석은 '아이들'이 그의 부하가 되어 자유마저 상실하게 된 사건을 그리고 있다. 이러한 사건 내용을 볼 때, 이 사건은 기만적 통치술을 지닌 권력자에 의해 우매한 군중이 어떻게 이용당하는지를 상징적으로 보여 준다고 할 수 있다. 따라서 (나)에서는 상징성을 띤 사건 전개를 통해 권력자들의 비열한 통치 전략과 그 의도를 파악하지 못하는 어리석은 군중에 대한 비판이라는 주제를 암시해 준다고 할 수 있다.

③ (가)와 (나)는 모두 음성 상징어를 활용하여 상상 세계의 경이로움을 나타내고 있다.
(가)에서 '수수럭', '미끈덩'은 음성 상징어에 해당하지만, 화자가 경이로움을 느낀 세계는 상상의 세계가 아닌 과거 경험했던 세계이므로 적절하지 않다. 그리고 (나)에 음성 상징어가 활용되지 않았다.



[문제편 p.151]

④ (가)와 (나)는 모두 동일한 시구의 반복과 변주를 통해 시적 분위기를 고조하고 있다.
(가)에서 '돌아가자'가 반복되고 있으며, 이를 변주한 '가자', '가자꾸나'가 쓰이고 있는 반면에, (나)에서 동일한 시구의 반복과 변주가 활용되지는 않고 있다.

⑤ (가)는 위로하는 어조로, (나)는 충고하는 어조로 시적 청자에게 말을 건네고 있다.
(가)에서 화자는 '향'에게 자신이 바라는 바를 청유형 어조로 전달하고 있지, '향'을 위로하는 어조로 말을 건네지는 않고 있다. 그리고 (나)에서 화자는 관찰자의 입장에서 골목에서 벌어졌던 사건을 객관적 태도로 전달하고 있을 뿐, 충고하는 어조로 청자에게 말을 건네지는 않고 있다.

**33** 배경 및 소재의 기능 파악 정답률 66% | 정답 ④

㉠과 ㉡을 비교한 내용으로 가장 적절한 것은?

① ㉠은 '향'에게 귀환이 금지된 공간이고, ㉡은 '아이들'에게 이탈이 금지된 공간이다.

② ㉠은 '향'이 자기반성을 수행하는 공간이고, ㉡은 '아이들'이 '그'의 요청을 수행하는 공간이다.

③ ㉠은 '향'이 본성을 찾아가는 낯선 공간이고, ㉡은 '아이들'이 개성을 박탈당한 상실의 공간이다.

✔ **㉠은 '향'의 노동과 놀이가 공존하던 공간이고, ㉡은 '아이들'의 놀이가 사라지고 노동만 남은 공간이다.**
㉠은 화자가 돌아가고 싶어하는 공간으로, '호미와 바구니를 든 환한 얼굴'을 볼 수 있고, '철따라 푸짐히 두레를 먹던', '명절밤 비단치마를 나부끼며 떼지어 춤추던' 곳이다. 이렇게 볼 때, ㉠은 노동과 놀이가 공존하던 건강하고 생명력 넘치는 농촌을 상징한다고 할 수 있다.
그리고 ㉡은 '아이들'이 놀이를 하다 매일같이 유리 담장을 깨뜨렸던 공간으로, 유리 담장이 모두 깨지자 '아이들'은 '그'의 부하가 되어 '벽돌을 날'라야 하는 처지가 된다. 이렇게 볼 때, ㉡은 '아이들'이 자유를 빼앗기고 노동만 하게 된 공간이라 할 수 있다.

⑤ ㉠은 '향'과 화자의 우호적 관계가 드러나는 공간이고, ㉡은 '아이들'과 '그'의 상생 관계가 드러나는 공간이다.

**34** 외적 준거에 따른 작품의 감상 정답률 45% | 정답 ①

〈보기〉를 참고하여 (가), (나)를 감상한 내용으로 적절하지 않은 것은? [3점]

〈보 기〉
(가)와 (나)는 모두 부정적 현실을 비판한 작품이다. (가)는 물질문명의 허위와 병폐에 물들어 가는 공동체가 농경 문화의 전통에 바탕을 두고 건강한 생명력과 순수성을 회복하기를 소망하는 작가 의식을 담고 있다. (나)는 환영(幻影)을 통해 대중의 이성을 마비시키고 대중을 획일적으로 길들이는 권력의 기만적 통치술에 대한 비판 의식을 담고 있다.

✔ **(가)에서 '차라리 그 미개지에로 가자'라는 화자의 권유는 공동체의 터전을 확장하여 순수성을 지켜 나가려는 의식을 보여 주는군.**
'그 미개지'는 '오래지 않은 옛날'에 물질문명에 물들지 않고 소박하지만 순수하고 건강한 삶을 영위했던 공간이라 할 수 있다. 화자가 '차라리 그 미개지에로 가자'고 한 것은 허위와 병폐에 물들어 가는 지금의 공동체가 건강한 생명력이 넘치고 순수했던 과거의 모습을 되찾기 바라는 마음을 표현한 것이지, 공동체의 터전을 확장하여 순수성을 지켜 나가려는 의식을 표현한 것은 아니다.

② (나)에서 골목이 '가장 햇빛이 안 드는 곳'으로 판명되었다는 것은 '유리 담장'이 대중을 기만하는 환영의 장치였음을 보여 주는군.
(나)에서 그동안 '풍성한 햇빛을 복사해내는 그 유리 담장'을 떼어내자 골목이 '가장 햇빛이 안 드는 곳'으로 판명되었다는 것은 유리 담장이 골목의 참모습을 은폐하는 기능을 했다는 사실이 밝혀졌다는 것이다. 따라서 '유리 담장'은 '그'로 상징되는 권력자가 대중을 기만하기 위해 활용한 환영의 장치임을 엿볼 수 있다.

③ (가)에서 '기생충의 생리'는 자족적인 농경 문화 전통에 반하는 문명의 병폐를, (나)에서 '주장하는 아이'의 추방은 획일적으로 통제된 사회의 모습을 보여 주는군.
(가)에서 '푸짐히 두레를 먹던 정자나무 마을'은 자족적인 농경 문화의 전통이 남아 있는 공동체로, '기생충의 생리'에 인이 배기기 전에 돌아가자는 것은 자족적인 농경 문화의 전통에 반하는 문명의 병폐에 익숙해지지 말자는 뜻을 표현한 것이다. (나)에서 '주장하는 아이'는 유리를 깨며 노는 것을 즐거워하는 아이들과 달리 송판 담장을 세우자고 주장했다. 그가 골목에서 추방당한 일은 자신들과 다른 생각을 가진 사람을 용납하지 않는 획일적인 통제 사회의 모습을 상징적으로 표현한 것이다.

④ (가)에서 '발돋움의 흉내'를 낸다는 것은 물질문명에 물들어 가는 상황을, (나)에서 '곧 즐거워했다'는 것은 권력의 술수에 대중이 길들여지고 있는 상황을 보여 주는군.
(가)에서 화자가 '향'에게 그만두라고 한 행위인 '발돋움의 흉내'는 가식적인 현대 문명에 물들어가는 상황을 비유적으로 표현한 것이다. (나)에서 '곧 즐거워했다'는 유리를 깬 것을 용서한 '그'의 의도를 파악하지 못한 '아이들'의 우매한 모습을 나타낸 것으로, 이는 권력자의 교묘한 술수에 서서히 길들여지고 있는 대중의 상황을 상징적으로 표현한 것이다.

⑤ (가)에서 '떼지어 춤추던' 모습은 농경 문화 공동체의 건강한 생명력을, (나)에서 '일렬로', '묵묵히' 벽돌을 나르는 모습은 권력에 종속된 대중의 형상을 보여 주는군.
(가)에서 명절밤 비단치마를 나부끼며 '떼지어 춤추던' 모습은 함께 어울려 살아가는 건강하고 생명력 넘치는 농경 문화 공동체의 모습을 형상화한 것이다. (나)에서 유리 담장이 사라지자 아이들이 '일렬로' 서서 '묵묵히' 벽돌을 나르는 모습은 권력에 종속되어 자유마저 상실한 채 살아가는 대중의 모습을 형상화한 것이다.

## [35~45] 화법과 작문

**35** 발표 표현 전략의 이해 정답률 87% | 정답 ①

위 발표자의 말하기에 대한 설명으로 적절하지 않은 것은?

✔ **그림을 그리면서 설명을 하여 청중의 이해를 돕고 있다.**
이 발표를 통해 발표자가 시각 자료를 활용하여 내용 이해를 돕고 있음을 알 수 있지만, 그림을 그리면서 설명을 하고 있는 부분은 찾아볼 수 없다.

② 준언어적 표현을 조절하여 발표의 전달력을 높이고 있다.
1문단의 '잘 들리시나요? ~ 좀 더 크게 말씀드릴게요.'를 통해, 발표자는 전달 상태를 확인한 후 준언어적 표현인 목소리의 크기를 조절하고 있음을 알 수 있다.

③ 자신의 경험에 비추어 청중의 관심을 짐작하여 말하고 있다.
1문단의 '저는 텃밭을 처음 가꿀 때 가정에서 ~ 시작하시는 여러분도 비슷한 마음이실 거예요.'를 통해 알 수 있다.

④ 질문하고 답하는 방식을 사용하여 발표 내용을 전달하고 있다.
1문단의 '그러면 어떻게 해야 할까요? ~ 그려 보면 도움이 됩니다.'를 통해 알 수 있다.

⑤ 청중이 얻을 수 있는 효용을 제시하며 실천을 권유하고 있다.
마지막 문단의 '그렇다면 배치도를 그려 효율적으로 텃밭을 가꿔 보세요. 땀을 흘려 손수 먹거리를 수확하는 기쁨을 누리실 수 있을 겁니다.'를 통해 알 수 있다.

**36** 자료, 매체 활용 계획 파악 정답률 79% | 정답 ④

발표자의 자료 활용 계획 중 발표에 반영되지 않은 것은? [3점]

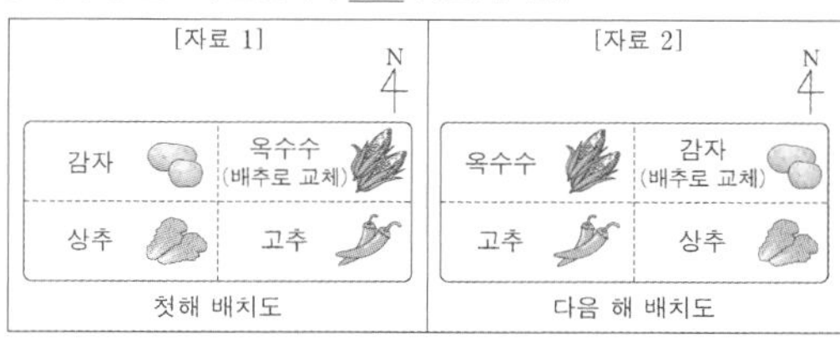


① 상추보다 키가 큰 고추가 상추의 동쪽에 배치되어 상추에 그늘이 많이 생겼음을 [자료 1]을 활용하여 설명해야지.
[자료 1]을 활용하여 설명한 2문단의 '그런데 보시는 것처럼 ~ 그늘이 많이 생겼어요.'를 통해 확인할 수 있다.

② 옥수수를 수확하고 나서 심은 배추가 고추 때문에 광합성이 부족했음을 [자료 1]을 활용하여 설명해야지.
[자료 1]을 활용하여 설명한 3문단에서 발표자는 고추 재배가 10월까지 계속되는 바람에 배추가 광합성을 많이 하지 못했음을 언급하고 있다.

③ 작물들의 키 순서를 고려하여 감자를 북동쪽에 배치했음을 [자료 2]를 활용하여 설명해야지.
[자료 2]을 활용하여 설명한 4문단의 '작물의 키 순서에 따라 ~ 북서쪽에 배치했어요.'를 통해 확인할 수 있다.

✔ **키가 제일 큰 옥수수는 어느 위치에 심어도 잘 자랄 수 있었음을 [자료 1]과 [자료 2]를 활용하여 설명해야지.**
3, 4문단을 통해 옥수수는 키가 크기 때문에 어느 위치에서나 잘 자랄 수 있음을 짐작할 수 있다. 하지만 옥수수가 어느 위치에 심어도 잘 자랄 수 있음을 설명하기 위해 [자료 1]과 [자료 2]를 활용하지는 않고 있다.

⑤ 동일한 위치에서도 주변 작물에 따라 배추가 자라는 정도가 달랐음을 [자료 1]과 [자료 2]를 활용하여 설명해야지.
발표자는 [자료 1]과 [자료 2]를 활용해 첫해와 다음 해 모두 배추는 동일한 위치에 있었음에도 주변 작물의 재배 기간과 키에 따라 배추의 자라는 정도가 달랐음을 언급하고 있다.

**37** 발표 내용의 이해 및 평가 정답률 94% | 정답 ③

발표 내용을 참고할 때 <보기>에 제시된 청중의 반응을 이해한 내용으로 가장 적절한 것은?

〈보 기〉
**청자 1** : 작물을 수확하고 난 후 다른 작물로 교체한 이유를 제시하지 않았는데, 작물을 교체한 이유가 뭘까?
**청자 2** : 브로콜리가 케일보다 키가 크게 자란다고 알고 있어. 이번에 케일과 브로콜리를 심을 계획인데, 들은 것을 활용해 봐야겠어.
**청자 3** : 작물들의 키 순서만 알려 줘서, 작물들이 다 자랐을 때의 키를 알 수 없었어. 작물들의 키를 구체적으로 알려 주면 좋았겠어.

① 청자 1은 발표 내용의 정확한 이해를 바탕으로 발표 내용에서 보완할 점을 지적하고 있다.
이 발표에서 발표자는 좁은 땅을 효율적으로 사용하기 위해 기존의 작물을 수확하고 다른 작물로 교체한다는 언급을 하고 있다. 이렇게 볼 때, 작물을 교체하는 이유를 제시하지 않았다는 '청자 1'의 반응은 발표의 내용을 정확하게 이해한 것이라 할 수 없다.

② 청자 2는 자신이 알고 있던 사실과 발표 내용을 비교하며 발표에서 다룬 정보의 문제점을 제시하고 있다.
'청자 2'는 브로콜리와 케일의 키에 대해 자신이 알고 있는 정보를 언급하고 있지만, 이를 발표 내용과 비교하거나 발표에서 다룬 정보의 문제점은 제시하지 않고 있다.

✔ **청자 3은 자신이 필요하다고 생각하는 내용이 다루어지지 않았음을 지적하며 아쉬워하고 있다.**
'청자 3'은 작물들의 키 순서만 언급하고 작물들이 다 자랐을 때의 키가 어느 정도인지 구체적으로 알려 주지 않았음을 지적하며, 작물들이 다 자랐을 때의 키를 알려 주면 좋았겠다는 아쉬움을 표현하고 있다.

④ 청자 1과 청자 2는 모두 자신의 과거 경험을 떠올리며 발표 내용에 의문을 제기하고 있다.
'청자 1'이 발표 내용과 관련하여 의문을 제기하고 있지만, 자신의 과거 경험을 떠올리며 의문을 제기한 것은 아니다. 또한 '청자 2' 역시 자신의 과거 경험을 떠올리지는 않고 있다.

⑤ 청자 2와 청자 3은 모두 발표 내용이 적용되지 않는 예외적 상황이 있는지 검토하고 있다.
'청자 2'와 '청자 3' 모두 발표의 내용이 적용되지 않는 예외적인 상황을 검토하지는 않았다.

**38** 대화 표현 전략 이해 정답률 94% | 정답 ②

위 대화에서 '학생 1'에 대한 설명으로 적절하지 않은 것은?

① 대화 참여자에게 대화의 목적을 밝히며 참여를 유도한다.

'학생 1'은 첫 번째 발화에서 해당 담화 상황이 '디스토피아 작품의 인기 현상'에 대한 글을 쓰기 위한 것임을 제시하고 글의 내용과 구성에 대한 이야기를 해 보자며 다른 친구들의 참여를 유도하고 있다.

**✔② 대화 참여자에게 자신이 조사한 내용이 이해되는지 확인한다.**
'학생 1'의 두 번째 발언을 통해, '학생 1'이 조사해 온 '디스토피아'의 사전적 의미를 언급하고 있음을 알 수 있다. 하지만 '학생 1'이 자신이 조사한 내용을 대화 참여자가 이해하고 있는지 확인하고 있는 부분은 찾아볼 수 없다.

**③ 대화 참여자에게 자신이 이해한 내용이 맞는지 점검한다.**
'학생 1'은 세 번째 발언에서 앞서 이야기한 '학생 3'의 발언과 관련해 자극적인 장면이 지닌 부정적인 점에 대한 자신의 이해가 적절한지를 점검하고 있다.

**④ 대화 참여자의 발언과 관련해 추가적인 설명을 요청한다.**
'학생 1'은 네 번째 발화에서 앞서 '학생 3'이 언급한 '작품의 메시지'를 다시 언급한 뒤, '구체적인 메시지'가 무엇인지 질문하면서 해당 내용에 대한 추가적인 설명을 요청하고 있다.

**⑤ 대화 참여자와 대화를 진행하면서 자신의 이해를 심화한다.**
'학생 1'의 다섯 번째 발화와 여섯 번째 발화를 보면 허구인 디스토피아적 미래가 어떻게 현재의 사회를 비판하는 메시지를 담을 수 있는지를 질문하고 그에 따른 답변을 들으면서 디스토피아 작품이 현재의 문제에 대한 경계의 메시지를 담고 있음을 이해해 가고 있음을 파악할 수 있다.

**39** 대화 맥락의 분석 정답률 84% | 정답 ⑤

**대화의 흐름을 고려할 때, ㉠~㉤에 대한 이해로 가장 적절한 것은?**

**① ㉠ : 앞선 발화 내용에 동의하며 디스토피아 작품의 인기 원인을 보여 주는 사례를 언급하고 있다.**
㉠에서 '학생 2'는 '학생 3'이 말한 디스토피아적 세계를 형상화한 드라마나 영화가 인기라는 내용에 동의하고 있다. 하지만 ㉠에서 언급한 각종 소품을 구입하는 모습은 디스토피아 작품의 인기 원인이 아니라 인기 현상 그 자체를 보여 주는 사례에 해당한다.

**② ㉡ : 자신의 발언을 부연하며 디스토피아 작품의 메시지가 무엇인지 강조하고 있다.**
㉡은 '학생 3'이 디스토피아 작품에서 나타나는 자극적인 장면으로 인해 나타나는 문제점을 언급한 발화이므로 적절하지 않다.

**③ ㉢ : 대화의 내용을 상기하며 과학 기술 발전에 대한 반대 입장에 동의함을 드러내고 있다.**
㉢에서 '학생 3'은 자신의 독서 경험을 바탕으로 「멋진 신세계」가 제시하는 메시지를 언급하고 있지, 과학 기술 발전에 대한 반대 입장에 동의함을 드러내지는 않고 있다.

**④ ㉣ : 질문에 답변하며 부정적인 미래상에 대해 대화 참여자가 잘못 파악한 부분을 바로잡고 있다.**
㉣은 '학생 3'이 '학생 1'의 질문에 대한 답변 내용이지 다른 대화 참여자의 잘못 파악한 부분을 바로잡는 발언은 아니다.

**✔⑤ ㉤ : 앞선 발화 내용을 재진술하며 디스토피아 작품과 관련하여 상대가 궁금해하는 점을 확인하고 있다.**
㉤은 앞에서 언급한 '학생 1'의 발화 일부를 재진술하면서 '학생 1'이 궁금해하는 내용, 즉 '허구적인 미래가 어떻게 현재 사회를 비판할 수 있는지'에 대한 것임을 확인하고 있는 진술이다.

**40** 글쓰기 계획의 반영 여부 판단 정답률 88% | 정답 ②

**다음은 '학생 1'이 (가)의 대화 내용을 정리하여 (나)의 글쓰기 계획을 세운 것이다. 글쓰기 계획 중 (나)에 반영되지 않은 것은? [3점]**

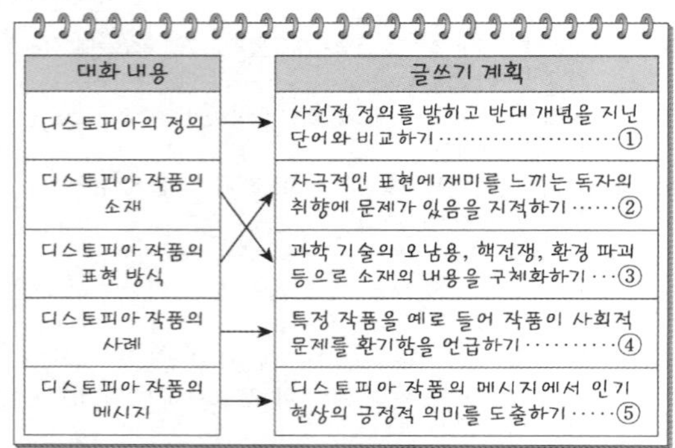


**① 사전적 정의를 밝히고 반대 개념을 지닌 단어와 비교하기**
(나)의 1문단을 통해 (가)에서 제시된 디스토피아의 사전적 정의를 다시 설명한 뒤 그와 반대 개념인 '유토피아'와 비교함을 알 수 있다.

**✔② 자극적인 표현에 재미를 느끼는 독자의 취향에 문제가 있음을 지적하기**
(나)의 2문단을 통해 (가)에서 언급한 내용과 관련해 자극적인 장면으로 나타날 수 있는 부정적인 현상과 그에 대한 우려를 제시하고 있음을 알 수 있다. 하지만 (나)의 내용을 통해 자극적인 표현에 재미를 느끼는 독자의 취향을 문제 삼는 내용은 찾아볼 수 없다.

**③ 과학 기술의 오남용, 핵전쟁, 환경 파괴 등으로 소재의 내용을 구체화하기**
(나)의 3문단을 통해 (가)에서 디스토피아 작품의 소재로 언급된 현재의 문제가 극단화된 미래 상황을 과학 기술의 오남용, 핵전쟁, 환경 파괴 등으로 구체화하여 제시하였음을 알 수 있다.

**④ 특정 작품을 예로 들어 작품이 사회적 문제를 환기함을 언급하기**
(나)의 4문단을 통해 (가)에서 언급했던 「멋진 신세계」를 통해 과학 기술 맹신이 현재 우리 사회가 점검해야 할 문제라는 점을 깨닫게 하고 있음을 알 수 있다.

**⑤ 디스토피아 작품의 메시지에서 인기 현상의 긍정적 의미를 도출하기**
(나)의 5문단을 통해 (가)에서 언급한 디스토피아 작품의 메시지를 바탕으로 디스토피아 작품의 인기 현상은 사회를 개선하는 계기가 될 것이라는 긍정적인 의미를 제시하고 있음을 알 수 있다.

**41** 비평 글쓰기 표현 전략의 사용 정답률 86% | 정답 ④

**<조건>을 반영하여 (나)의 제목을 작성한 것으로 가장 적절한 것은?**

<조 건>
- ㅇ 디스토피아 작품의 주제 의식을 반영하여 글쓴이의 관점을 드러낼 것.
- ㅇ 부제에서 비유적 표현을 활용할 것.

**① 디스토피아란 무엇인가**
**– 디스토피아 작품의 인기 현상을 진단하다**
표제와 부제가 (나)의 내용을 반영하고 있지만 작품의 주제 의식이나 관점이 잘 드러난다고 할 수 없다.

**② 디스토피아, 우리 사회의 자화상**
**– 디스토피아 작품에 드러난 우리의 모습**
디스토피아 작품이 우리 사회의 문제를 보여 준다는 점에서 표제나 부제가 (나)의 내용을 반영하고 있지만 글쓴이의 관점이 드러났다고 보기 어렵다. 또한 부제에서 비유적 표현이 사용되지 않았다.

**③ 말초 신경을 자극하는 디스토피아 작품**
**– 묵직한 메시지를 가볍게 다루다**
부제에서 '묵직한 메시지'를 통해 비유적 표현이 활용되었으나, 제목이나 부제가 (나)에서 다뤄진 내용과 거리가 있고 글쓴이의 관점도 드러나지 않았다.

**✔④ 디스토피아 작품 열풍, 더 나은 사회를 향한 열망**
**– 아픈 사회를 들여다보는 거울이 되다**
(나)의 5문단에서 글쓴이는 디스토피아 작품이 현실의 문제를 인식하여 그 문제가 극단화되지 않도록 경계할 수 있게 한다는 점에서 의미가 있다고 언급하며, 이러한 것을 통해 사회를 개선하는 계기가 될 것이라고 드러내고 있다. 이렇게 볼 때, '디스토피아 작품 열풍, 더 나은 사회를 향한 열망'이라는 제목은 작품의 주제 의식과 글쓴이의 관점을 드러낸다고 할 수 있다. 또한 부제인 '아픈 사회를 들여다보는 거울이 되다'에서 '아픈 사회'나 '거울'이라는 비유적 표현이 사용되고 있으므로 제시된 조건에 부합한다고 할 수 있다.

**⑤ 어디에도 없지만, 어디에나 있는 디스토피아 세상**
**– 디스토피아 작품을 통한 새로운 세상과의 대화**
부제에서 '대화'는 비유적 표현으로 볼 수 있으나, 제목과 부제 모두 글쓴이의 관점을 드러내고 있다고는 보기는 어렵다.

**42** 비평 글쓰기 내용 점검 및 조정 정답률 64% | 정답 ⑤

**'학생 2'가 다음의 점검 기준에 따라 (나)를 점검한다고 할 때, 그 내용으로 적절하지 않은 것은?**

| 점검 기준 | 점검 결과 (예/아니오) |
|---|---|
| • 사회적으로 관심을 가질 만한 사안임을 드러냈는가? | ⓐ |
| • 필자가 선택한 관점의 주장을 드러냈는가? | ⓑ |
| • 필자가 선택한 관점의 약점을 보완했는가? | ⓒ |
| • 필자가 선택하지 않은 관점의 주장도 다루었는가? | ⓓ |
| • 필자가 선택하지 않은 관점의 약점을 비판했는가? | ⓔ |

**① 디스토피아 작품이 흥행하고 이와 관련된 기사가 쏟아지고 있다고 언급한 점을 고려하여 ⓐ에 '예'라고 해야지.**
(나)의 1문단에서 디스토피아 작품의 흥행과 그에 대한 기사들이 많이 작성되고 있음을 확인할 수 있다. 이를 바탕으로 디스토피아 작품 인기 현상이 사회적으로 사람들이 관심을 가질 만한 사안임을 알 수 있다.

**② 디스토피아 작품이 현실의 문제를 경계하게 하므로 작품의 인기 현상이 긍정적이라고 언급한 점을 고려하여 ⓑ에 '예'라고 해야지.**
(나)의 5문단에서 디스토피아 작품의 인기 현상이 사회를 개선하는 계기가 될 것이므로 이를 긍정적으로 보아야 한다는 글쓴이가 선택한 관점의 주장을 확인할 수 있다.

**③ 우려에도 불구하고 자극적인 장면이 현실의 문제점을 자각하게 하는 필수적인 장치라고 언급한 점을 고려하여 ⓒ에 '예'라고 해야지.**
(나)의 4문단에서 디스토피아 작품의 인기 현상으로 인해 자극적으로 묘사된 장면이 초래하는 문제가 부각될 수 있지만 이러한 장면은 무감각하게 받아들이고 있는 현실의 문제점을 강렬하게 자각하도록 하는 필수적인 장치라고 언급하고 있다. 이는 자극적인 장면도 필요하다는 내용이므로 필자가 선택한 관점의 약점을 보완한 것이라고 할 수 있다.

**④ 디스토피아 작품이 회의주의에 빠지게 하므로 작품의 인기 현상이 부정적이라고 언급한 점을 고려하여 ⓓ에 '예'라고 해야지.**
(나)의 2문단에서 충격적으로 묘사된 자극적인 장면에 반복적으로 노출되면 결국 회의주의나 절망에 빠질 수 있다는, 필자가 선택하지 않은 관점의 주장을 언급하고 있다.

**✔⑤ 충격적인 묘사에 반복적으로 노출되면 현실의 문제점을 무감각하게 받아들이게 된다고 언급한 점을 고려하여 ⓔ에 '예'라고 해야지.**
(나)의 2문단을 통해 충격적으로 묘사된 자극적인 장면에 반복적으로 노출되면 생길 수 있는 부정적인 현상이 제시되어 있음을 알 수 있지만, 현실의 문제점을 무감각하게 받아들이게 된다는 내용은 찾아볼 수 없다. 또한 해당 내용은 필자가 선택하지 않은 관점의 약점을 비판한 내용이라고 볼 수도 없다.

**43** 설득 글쓰기 표현 전략 사용 정답률 58% | 정답 ③

**'초고'에 대한 설명으로 가장 적절한 것은?**

**① 문제의 원인을 항목별로 유형화하였다.**
초고 1문단을 통해 부정적 감정을 겪는 청소년의 증가라는 문제의 원인이 '감염병 유행에 따른 일상의 변화'라고 제시하고 있음을 알 수 있다. 하지만 원인을 항목별로 유형화하지는 않고 있다.

**② 일반적 통념이 지닌 모순을 지적하였다.**
초고 내용을 통해 통념을 언급한 내용이나 통념의 모순을 지적한 내용은 찾아볼 수 없다.

**✔③ 주장에 대해 예상되는 반론을 반박하였다.**
초고의 2문단의 '청소년의 감정 관리 프로그램이 실시되고 있어 프로그램 확대 실시는 필요 없다'를 통해, 예상되는 반론의 주장을 제시하고 있음을 알 수 있다. 그리고 '기존의 감정 관리 프로그램은 소수의 청소년만을 대상으로 하며 전문적인 상담 활동만으로 시행되고 있다는 한계가 있다.'를 통해, 예상되는 반론의 주장을 반박하고 있음을 알 수 있다.



[문제편 p.155]

④ **자신의 주장이 지닌 한계점을 제시하였다.**
초고 3문단을 통해 '청소년을 위한 감정 관리 프로그램의 실질적인 확대 실시'라는 주장을 확인할 수 있지만, 이 주장의 한계점을 제시한 부분은 찾아볼 수 없다.

⑤ **다양한 문제 해결 방안의 장단점을 비교하였다.**
초고의 3문단을 통해 학생이 문제 해결 방안으로 실시 대상의 확대와 활동 내용의 다양화를 제시하고 있음을 알 수 있지만, 이에 대한 장단점을 비교하지는 않고 있다.

## 44 설득 글쓰기 자료 및 매체의 활용

정답률 76% | 정답 ⑤

**〈보기〉는 '초고'를 보완하기 위해 추가로 수집한 자료이다. ㉠~㉢과 관련한 자료 활용 방안으로 적절하지 않은 것은?**

〈보 기〉

**[자료 1] ○○ 지역 청소년 대상 설문 조사**

| (가) 감염병 유행 이후 부정적 감정을 겪는 청소년의 증가율 | (나) 심리적 고위험군의 심리 상담 경험 여부 |
|---|---|

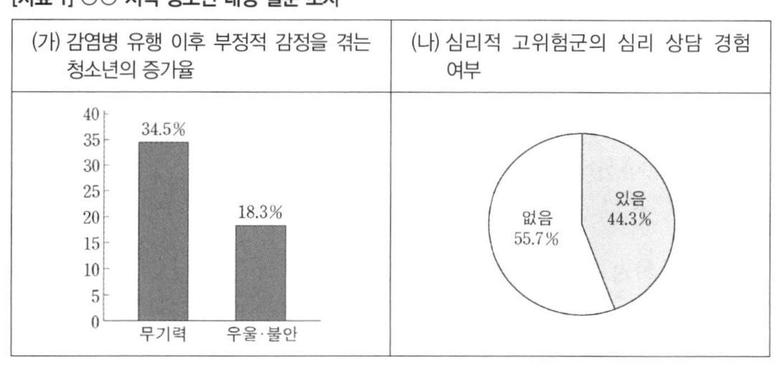


**[자료 2] △△ 학술지의 논문**
청소년기에 부정적인 감정을 유발하는 환경에 자주 노출되면 뇌 성장이 저해된다. 뇌가 제대로 성장하지 않으면 감정을 과잉 표출하거나 위험한 행동을 하게 된다. 우울, 불안, 짜증 등이 지속되면 뇌의 해마가 손상되어 학습에 어려움이 생기고 학업 능력의 저하도 발생할 수 있다.

**[자료 3] ○○ 지역 교육 상담 전문가 면담**
"청소년을 대상으로 적용할 수 있는 감정 관리 프로그램으로는 마음 알아차리기, 감정 노트 쓰기, 독서 치료 등이 있습니다. 실제로 전교생을 대상으로 감정 노트 쓰기를 실시한 학교에서는 학생들의 부정적 감정이 감소되고 학교생활을 긍정적으로 인식하게 되었다는 연구 결과가 있습니다."

① **[자료 1]의 (가)와 (나)를 활용하여, ㉡이 필요한 이유를 뒷받침하는 자료로 부정적 감정을 겪는 청소년의 증가율과 심리 상담 경험이 없는 고위험군 청소년의 비율을 추가한다.**
감염병 유행 이후 부정적 감정을 겪는 청소년이 증가했음을 알 수 있는 '[자료 1]의 (가)'와 심리적 고위험군임에도 상담 경험이 없는 경우가 많음을 알 수 있는 '[자료 1]의 (나)'를 바탕으로 ㉡이 필요한 이유를 뒷받침하는 자료를 추가하는 것은 적절하다.

② **[자료 2]를 활용하여, ㉠이 필요한 이유로 청소년기의 부정적 감정이 관리되지 않으면 뇌 성장이 저해될 수 있다는 점을 추가한다.**
초고에서는 ㉠이 필요한 이유로 '부정적인 정체성을 형성할 우려'만 제시되어 있으므로 '[자료 2]'를 활용해 부정적 감정이 관리되지 않으면 뇌 성장이 저해될 수 있음을 추가하는 것은 적절하다.

③ **[자료 3]을 활용하여, ㉢의 적용 방법으로 학교에서 학생들의 감정 관리를 돕기 위해 실시할 수 있는 구체적인 활동의 예를 제시한다.**
초고에서는 ㉢이 필요한 이유만 제시했으므로 청소년 대상으로 실시할 수 있는 여러 감정 관리 프로그램을 포함한 '[자료 3]'을 활용해 ㉢의 구체적인 활동 사례를 추가하는 것은 적절하다.

④ **[자료 1]의 (가)와 [자료 2]를 활용하여, ㉠이 필요한 이유로 부정적 감정을 겪는 청소년이 늘어난 현상이 학습 및 학업에 곤란을 겪는 청소년의 증가로 이어질 가능성이 있음을 추가한다.**
초고에서 ㉠이 필요한 이유로 '부정적인 정체성을 형성할 우려'만 제시되어 있으므로 '[자료 1]의 (가)'를 통해 부정적 감정을 겪는 청소년이 늘어났음을 추가하고, '[자료 2]'를 통해 이러한 부정적 감정이 학습의 어려움과 학업 능력의 저하로 이어질 수 있음을 추가하는 것은 적절하다.

✔ **[자료 1]의 (나)와 [자료 3]을 활용하여, ㉢에 따른 기대 효과를 보여 주는 자료로 전문 상담 기관이 학생들의 부정적 감정 해소에 도움을 주었다는 연구 결과의 사례를 제시한다.**
초고의 3문단을 보면 활동 내용의 다양화를 통해 청소년 개인적 특성에 맞는 감정 관리 활동을 선택할 수 있음을 제시하고 있다. 하지만 심리적 고위험군임에도 상담 경험이 없는 경우가 많음을 알 수 있는 '[자료 1]의 (나)'와, 전교생을 대상으로 한 감정 노트 쓰기가 학생들의 부정적 감정 해소에 효과가 있음을 알 수 있는 '[자료 3]'을 바탕으로 '전문적인 상담 기관이 학생들의 부정적 감정 해소에 도움을 주었다는 연구 결과'라는 내용은 도출되기 어렵다. 또한 해당 내용을 추가할 경우 초고의 전체적인 내용과도 어울리지 않는다.

★★★ 등급을 가르는 문제!

## 45 설득 글쓰기 내용 점검 및 조정

정답률 57% | 정답 ③

**〈보기〉는 [A]를 고쳐 쓴 것이다. 그 과정에서 반영된 교사의 조언으로 가장 적절한 것은?**

〈보 기〉

요컨대 부정적 감정을 겪는 청소년이 늘고 있는 상황에 적극적으로 대응하고 청소년이 긍정적 자아 정체성을 형성할 수 있도록 청소년 감정 관리 프로그램의 실시 대상을 확대하고 활동 내용을 다양화해야 한다. 이를 위해 청소년 감정 관리 문제에 지역 구성원 모두의 관심이 필요하다.

① **실행 방법이 나타나지 않았으니 글에서 언급한 실행 방법을 강조하는 게 어때?**
초고의 [A]에서는 모든 청소년을 대상으로 한 '감정 관리 프로그램' 실시를 제시하고 있으므로 실행 방법이 제시되어 있지 않다는 것은 적절하지 않다.

② **예상 독자가 언급되지 않았으니 예상 독자에게 호소하며 글을 마무리하는 게 어때?**
초고의 [A]에는 '지역 구성원'이라는 예상 독자가 언급되어 있다.

✔ **해결 방안 중 일부만 제시되어 있으니 글에서 다룬 주장을 모두 포함하는 게 어때?**
초고의 [A]와 〈보기〉를 비교해 보면, 초고에서 제시하고 있는 해결 방안의 접근 방향인 '실시 대상 확대'와 '활동 내용 다양화' 중에서 '실시 대상 확대'만을 언급하고 있으나, 〈보기〉에서는 '실시 대상의 확대'와 '활동 내용의 다양화'를 모두 언급하고 있다. 따라서 '해결 방안 중 일부만 제시되어 있으니 글에서 다룬 주장을 모두 포함하는 것은 어때?'가 교사의 조언으로 적절하다고 할 수 있다.

④ **앞서 논의한 내용과 거리가 있는 내용이 제시되어 있으니 이를 지우고 글의 요점을 제시하는 게 어때?**
초고의 [A] 내용 중 초고의 내용과 거리가 있는 내용을 찾기 어렵고, 〈보기〉와 비교하더라도 특별히 삭제된 부분을 찾기 어렵다.

⑤ **해결 방안의 이점을 다루지 않았으니 실행을 통해 기대할 수 있는 변화를 구체적으로 드러내는 게 어때?**
초고의 [A]에는 '청소년 문제에 적극적으로 대응하고 청소년이 심리적으로 건강한 청소년기를 보낼 수 있도록'이라는 해결 방안의 이점을 다루고 있다.

**★★ 문제 해결 꿀~팁 ★★**

▶ **많이 틀린 이유는?**
이 문제는 〈보기〉로 제시된 것과 [A]로 제시된 것을 정확히 비교하지 못하여 오답률이 높았던 것으로 보인다. 또한 [A]에 제시되어 있지만 제시되지 않았다고 여긴 것도 오답률을 높인 것으로 보인다.

▶ **문제 해결 방법은?**
이 문제를 해결하기 위해서는 기본적으로 〈보기〉와 [A]를 비교할 수 있어야 한다. 즉, 〈보기〉와 [A]를 비교하여 바뀐 점은 어느 부분인지, 바뀌지 않은 것은 어디인지를 표시하여 정확히 파악할 수 있어야 한다. 그런 다음 이러한 비교를 바탕으로 선택지가 적절한지 평가하면 되는데, 정답인 ③의 경우 이러한 방법으로 하게 되면 적절함을 알았을 것이다. 한편 선택지 중에는 고치기 전의 [A]에 제시되어 있음에도 그렇지 않은 것처럼 서술된 선택지(①, ②, ⑤)가 있는 경우, 이러한 선택지는 문제 출제 의도에 부합하지 않은 선택지이므로 무조건 잘못되었다고 판단하는 것이 좋다.

# [35~45] 언어와 매체

## 35 음운의 이해

정답률 59% | 정답 ③

**윗글을 통해 추론한 내용으로 적절하지 않은 것은?**

① **국어 음절 구조의 특징을 고려하면 '몫[목]'의 발음에서 음운이 탈락하는 것을 이해할 수 있겠군.**
1문단의 '국어는 한 음절 내에서 모음 앞이나 뒤에 각각 최대 하나의 자음을 둘 수 있지만'을 통해, '몫'에서 음운이 탈락(자음군 단순화)하여 '[목]'으로 발음되는 것을 이해할 수 있다.

② **국어 음운 'ㄹ'은 그 자체에는 뜻이 없지만, '갈 곳'의 'ㄹ'은 어미로 쓰이고 있으므로 뜻을 가진 최소 단위가 되겠군.**
2문단의 '음운은 그 자체로는 뜻이 없다. 음운이 하나 이상 모여 뜻을 가지면 의미의 최소 단위인 형태소가 된다.'를 통해, 음운 'ㄹ'이 그 자체로는 뜻이 없지만 '갈 곳'의 'ㄹ'은 관형사형 전성 어미로 쓰이는 뜻의 최소 단위가 된다는 점을 추론할 수 있다.

✔ **국어에서 '밥만 있어'의 '밥만[밤만]'을 듣고 '밤만'으로 알았다면 그 과정에서 비음화 규칙이 인식의 틀로 작동했겠군.**
3문단의 '예컨대 '국'과 '밥'이 ~ 복원되기 때문이다.'를 통해, '[밤만]'을 듣고 '밥만'으로 복원하면 비음화 규칙이 인식의 틀로 작동한 결과라 할 수 있다. 하지만 '밤만'으로 복원했다면 음운 규칙이 인식의 틀로 작동한 것이라 할 수 없다.

④ **영어의 'spring'이 국어에서 3음절 '스프링'으로 인식되는 것은 국어 음절 구조 인식의 틀이 제대로 작동한 결과이겠군.**
3문단의 '국어의 음절 구조와 맞지 않는 소리를 듣는다면 국어의 음절 구조에 맞게 바꾸고'를 통해, 영어 'spring'을 3음절 '스프링'으로 인식하는 과정에서 국어 음절 구조 인식의 틀이 작동하였음을 추론할 수 있다.

⑤ **영어의 'vocal'이 국어에서 '보컬'로 인식되는 것은 영어 'v'와 가장 비슷한 국어 음운이 'ㅂ'이기 때문이겠군.**
3문단의 '국어에 없는 소리를 듣는다면 국어에서 가장 가까운 음운으로 바꾸어 인식하게 된다.'를 통해, 영어 'v'를 국어 'ㅂ'로 인식하는 양상을 추론할 수 있다.

## 36 국어의 음운 변동

정답률 61% | 정답 ②

**㉠의 위치에서 음운 변동이 일어난 예만을 〈보기〉에서 고른 것은?**

〈보 기〉

ⓐ 앞일[암닐]　ⓑ 장미꽃[장미꼳]　ⓒ 넣고[너코]
ⓓ 걱정[걱쩡]　ⓔ 굳이[구지]

① ⓐ, ⓑ, ⓒ　✔ ⓐ, ⓒ, ⓔ　③ ⓐ, ⓓ, ⓔ　④ ⓑ, ⓒ, ⓓ　⑤ ⓑ, ⓓ, ⓔ

ⓐ **앞일[암닐]**
'앞일'은 음절 말 평파열음화, ㄴ 첨가, 비음화가 일어나 '[암닐]'로 발음됨을 알 수 있다. 그리고 음절 말 평파열음화는 '앞'이라는 형태소 내부, ㄴ 첨가와 비음화는 '앞'과 '일'이라는 형태소가 만나는 경계에서 발생함을 알 수 있으므로, ㉠의 위치에서 음운 변동이 일어난다고 할 수 있다.

ⓑ **장미꽃[장미꼳]**
'장미꽃'은 음절 말 평파열음화가 일어나 '[장미꼳]'으로 발음되지만, 이러한 음운 변동은 '장미'와 '꽃'이라는 형태소가 만나는 경계에서 발생하는 것이 아니라 '꽃'이라는 형태소 내부에서 발생한다.

ⓒ **넣고[너코]**
'넣고'는 거센소리되기가 일어나 '[너코]'로 발음됨을 알 수 있다. 그리고 거센소리되기는 '넣-'과 '-고'라는 형태소가 만나는 경계에서 발생함을 알 수 있으므로, ㉠의 위치에서 음운 변동이 일어난다고 할 수 있다.

ⓓ **걱정[걱쩡]**
'걱정'은 '[걱쩡]'으로 된소리되기가 일어나지만, '걱정'은 단일어에 해당하므로 음운 변동이 형태소 경계에서 발생하는 것은 아니다.

ⓔ 굳이[구지]
'굳이'는 구개음화가 일어나 '[구지]'로 발음됨을 알 수 있다. 그리고 구개음화는 '굳-'과 '-이'라는 형태소가 만나는 경계에서 발생함을 알 수 있으므로, ㉠의 위치에서 음운 변동이 일어난다고 할 수 있다.

## 37 중세 국어의 문법

정답률 58% | 정답 ①

**〈보기 1〉을 참고하여 〈보기 2〉에서 밑줄 친 부분을 중심으로 ㉠ ~ ㉤을 이해한 내용으로 적절하지 않은 것은?**

〈보기 1〉

객체 높임은 일반적으로 주체가 목적어나 부사어로 지시 되는 대상인 객체보다 지위가 낮을 때 어휘적 수단이나 문법적 수단으로써 객체를 높이 대우하는 것이다. 전자는 **객체 높임의 동사**('숣-', '아뢰-' 등)를 쓰는 방법이고, 후자는 **객체 높임의 조사**('ᄭᅴ', '께')를 쓰는 방법과 **객체 높임의 선어말 어미**('-ᅀᆞᆸ-' 등)를 쓰는 방법이다. 중세 국어에서는 이 세 가지 방법을 다 썼으나 현대 국어에서는 객체 높임의 선어말 어미를 쓰지 않는다. 다음에서 중세 국어와 현대 국어를 비교해 보면 이를 확인할 수 있다.

이 말 다 **숣**고 부텨**ᄭᅴ** 禮數ᄒᆞ**ᅀᆞᆸ**고
[이 말 다 **아뢰**고 부처**께** 절 올리고]

〈보기 2〉

㉠ 나도 이제 너희 스승니 믈 보ᅀᆞᆸ고져 ᄒᆞ노니
[나도 이제 너희 스승님을 뵙고자 하니]
㉡ 須達이 舍利弗ᄭᅴ 가 [수달이 사리불께 가서]
㉢ 내 이제 世尊ᄭᅴ 숣노니 [내가 이제 세존께 아뢰니]
㉣ 여보, 당신이 이모님께 어머님 모시고 갔었어?
㉤ 선생님께서 그 아이에게 다친 덴 없는지 여쭤 보셨다.

**✔① ㉠ : 어휘적 수단으로 객체인 '너희 스승님'을 높이 대우하고 있다.**
'보ᅀᆞᆸ고져'의 현대어 풀이가 '뵙고자'이므로 '보ᅀᆞᆸ고져'에는 객체 높임의 선어말 어미 '-ᅀᆞᆸ-'이 쓰였음을 알 수 있다. 따라서 문법적 수단을 통해 객체인 '너희 스승님'을 높였다고 할 수 있다.

**② ㉡ : 문법적 수단으로 객체인 '舍利弗(사리불)'을 높이 대우하고 있다.**
'舍利弗ᄭᅴ'의 현대어 풀이가 '사리불께'이므로 '舍利弗ᄭᅴ'에는 객체 높임의 조사 'ᄭᅴ'가 쓰였음을 알 수 있다. 따라서 문법적 수단을 통해 객체인 '舍利弗(사리불)'을 높였다고 할 수 있다.

**③ ㉢ : 조사 'ᄭᅴ'와 동사 '숣노니'는 같은 대상을 높이기 위해 쓰이고 있다.**
'世尊(세존)ᄭᅴ'의 현대어 풀이가 '세존께'이고 '숣노니'의 현대어 풀이가 '아뢰니'이므로, '世尊(세존)ᄭᅴ'의 조사 'ᄭᅴ'와 '숣노니'의 객체 높임의 동사 '숣다'는 둘 다 객체인 '世尊(세존)'을 높이는 데 쓰이고 있음을 알 수 있다.

**④ ㉣ : 조사 '께'와 동사 '모시고'는 서로 다른 대상을 높이기 위해 쓰이고 있다.**
'이모님께'의 조사 '께'는 '이모님'을, 동사 '모시다'는 '어머님'을 높이는 데 쓰이고 있으므로, '께'와 '모시고'는 서로 다른 대상을 높이기 위해 쓰였다고 할 수 있다.

**⑤ ㉤ : 주체와 객체의 관계를 고려하면 동사 '여쭤'의 사용은 부적절하다.**
'선생님'은 주체, '그 아이'는 객체에 해당하므로에 객체 높임의 동사 '여쭈다'를 사용하는 것은 적절하지 않다.

★★★ 등급을 가르는 문제!

## 38 형태소의 종류

정답률 82% | 정답 ⑤

**〈학습 활동〉을 수행한 결과로 적절한 것은?**

〈학습 활동〉

형태소는 자립성의 유무와 의미의 유형에 따라 다음과 같이 구분된다.

| 의미의 유형 \ 자립성의 유무 | 자립 형태소 | 의존 형태소 |
|---|---|---|
| 실질 형태소 | ㉠ | ㉡ |
| 형식 형태소 | | ㉢ |

다음 문장의 형태소를 ㉠, ㉡, ㉢으로 분류한 후, 그 결과를 정리해 보자.

우리는 비를 맞고 바람에 맞서다가 드디어 길을 찾아냈다.

**① '우리는'의 '우리'와 '드디어'는 ㉡에 속한다.**
대명사 '우리'와 부사 '드디어'는 ㉠에 속한다.

**② '비를'과 '길을'에는 ㉠과 ㉡에 속하는 형태소만 있다.**
'비', '길'은 ㉠에 속하고, '를', '을'은 ㉢에 속한다.

**③ '맞고'의 '맞-'과 '맞서다가'의 '맞-'은 모두 ㉢에 속한다.**
'맞다'의 어간 '맞-'은 ㉡에, '맞서다가'의 접두사 '맞-'은 ㉢에 속한다.

**④ '바람에'에는 ㉡과 ㉢에 속하는 형태소만 있다.**
'바람'은 ㉠에 속하고, '에'는 ㉢에 속한다.

**✔⑤ '찾아냈다'에는 ㉡과 ㉢에 속하는 형태소만 있다.**
'찾아냈다'를 형태소로 나누면 '찾-+-아+내-+-었-+-다'로 분석할 수 있다. 따라서 '찾-'과 '내-'는 ㉡, '-아', '-었-', '-다'는 ㉢에 속한다고 할 수 있다.

**★★ 문제 해결 꿀~팁 ★★**

**▶ 많이 틀린 이유는?**
이 문제는 문장을 형태소 단위로 정확히 분석하지 못해 오답률이 높았던 것으로 보인다. 또한 형태소의 개념에 대해 정확히 이해하지 못한 것도 오답률을 높인 원인으로 보인다.

**▶ 문제 해결 방법은?**
이 문제를 해결하기 위해서는 일차적으로 '학습 활동'에 제시된 문장을 형태소로 나눌 수 있어야 한다. 즉, '우리는 비를 맞고 바람에 맞서다가 드디어 길을 찾아냈다.'를 '우리/는 비/를 맞/고 바람/에 맞/서다/가/ 드디어 길/을 찾/아/냈(내/었)다.'로 구분할 수 있어야 한다. 그런 다음 이를 바탕으로 선택지의 적절성을 판단해야 한다. 가령 정답인 ⑤의 경우 '찾아냈다'는 '찾-+-아+내-+-었-+-다'로 분석되므로 적절하다고 할 수 있다. 또한 오답인 ③의 경우 '맞고'의 '맞-'은 어간이고, '맞서다'의 '맞'은 접두사이므로 '맞서다'의 '맞-'만 ㉢에 속함을 알았을 것이다. 학생들이 이 문제를 어려워한 이유는 이처럼 문장을 형태소로 나누지 못했고, 어간과 접두사의 구별, 그리고 자립과 의존, 실질과 형식 형태소에 정확히 이해하지 못했기 때문이다. 따라서 이러한 문법 지식은 매우 중요하므로 평소 충분히 숙지할 수 있도록 한다.

## 39 피동 표현의 이해

정답률 64% | 정답 ③

**〈보기〉의 ㉠ ~ ㉤에 해당하는 예로 적절한 것은? [3점]**

〈보 기〉

피동문은 대응하는 능동문과 일정한 문법적 관련을 맺는다. 그중 피동문의 서술어는 능동문의 서술어에 피동의 문법 요소를 결부하여 만드는데, 국어에서는 ㉠ 동사 어근에 피동 접사 '-이-', '-히-', '-리-', '-기-'를 결합하는 방법(접-/접히-), ㉡ 접사 '-하-'를 접사 '-받-', '-되-', '-당하-' 등으로 교체하는 방법(사랑하-/사랑받-), ㉢ 동사 어간에 '-아지-/-어지-'를 결합하는 방법(주-/주어지-) 등이 쓰인다. 단, '날씨가 풀리다'에서 처럼 ㉣ 자연적으로 발생하는 사태를 표현할 때에는 피동문에 대응하는 능동문을 상정하기 어려운 경우가 있다.

한편 '없어지다'나 '거긴 잘 가지지 않는다.'처럼 ㉤ '-아지-/-어지-'는 형용사나 자동사에 변화의 의미를 더하는 데 쓰이기도 하는데 이런 용법일 때는 피동문을 이루지 않는다.

**① ㉠ : 아버지가 아이에게 두터운 점퍼를 입혔다.**
'입히다'는 동사 '입다'에 '-히-'가 결합한 형태이지만, 이때의 '-히-'는 피동 접사가 아니라 사동 접사에 해당한다.

**② ㉡ : 내 몫의 일거리는 형에게 건네받았다.**
'건네받다'의 '받다'는 '다른 사람이 주거나 보내오는 물건 따위를 가지다.'의 뜻을 지니는 동사에 해당하므로 접사라 할 수 없다.

**✔③ ㉢ : 언론에 의해 사건의 전모가 자세히 밝혀졌다.**
'밝혀졌다'는 '드러나지 않거나 알려지지 않은 사실, 내용, 생각 따위를 드러내 알리다.'의 뜻을 지니는 동사 '밝히다'에 '-어지-'가 결합한 경우이므로 ㉢에 해당하는 예라 할 수 있다.

**④ ㉣ : 그 사람은 많은 사람들에게 존경받는다.**
이 문장은 자연적으로 발생하는 사태를 표현하는 경우가 아닐 뿐더러 '많은 사람들이 그 사람을 존경하다.'처럼 피동문에 대응하는 능동문을 상정할 수 있다. '존경받다'는 ㉡에 해당하는 예이다.

**⑤ ㉤ : 모두가 바라던 소원이 드디어 이루어졌다.**
'이루다'는 타동사이므로 '-어지-'가 결합한 '이루어지다'는 ㉤에 해당하는 예가 아니다.

## 40 매체 언어의 이해

정답률 79% | 정답 ②

**㉠ ~ ㉤에 대한 이해로 적절하지 않은 것은?**

**① ㉠은 글자의 크기와 굵기를 달리하여 보도의 주요 제재를 부각하였다.**
㉠에서 보도의 주요 제재인 '탄소 중립 실천 포인트'를 부각하기 위해서 해당 글자를 다른 글자에 비해 더 크고 굵게 제시하였다.

**✔② ㉡은 기자의 발화 내용을 의문형으로 요약 진술하여 시청자의 이해를 돕고자 하였다.**
㉡의 '가입자 10만 명 돌파'는 기자의 발화 내용 중 '제도 실시 후 ~ 십만 명을 돌파했습니다.'를 요약 진술한 것으로 볼 수 있다. 하지만 의문형으로 표현된 '나도 가입해 볼까?'는 '탄소 중립 실천 포인트 제도' 가입에 대한 시청자의 관심을 유발하고자 한 것이지, 기자의 발화 내용을 요약 진술하여 시청자의 이해를 돕고자 한 것이라고 볼 수 없다.

**③ ㉢은 기자의 발화와 관련된 내용을 보충하여 정보의 구체성을 강화하였다.**
㉢에서는 '전 국민 누구나'와 같이 제도에 가입 가능한 대상과 누리집 주소를 추가로 제시하여 정보의 구체성을 강화하고 있다.

**④ ㉣은 관계자의 발화에서 생략된 내용을 보완하여 의미를 정확하게 전달하였다.**
㉣은 관계자의 발화 내용을 자막으로 제시한 것으로, 의미를 정확하게 전달하기 위하여 '(현금이나 카드 포인트를)', '(앞으로)', '(홍보를 강화하겠습니다.)'와 같이 관계자의 발화에서 생략된 내용을 보완하여 제시하고 있다.

**⑤ ㉤은 이후에 방영될 프로그램에 대한 정보를 제시하여 이에 대한 시청자의 관심을 유도하였다.**
㉤은 뉴스 내용과는 관련이 없는 내용으로, 뉴스 방송이 끝난 이후 방영될 프로그램에 대한 정보를 제시한 것이다.

## 41 매체 언어의 표현 방법

정답률 58% | 정답 ⑤

**ⓐ ~ ⓔ에 대한 설명으로 가장 적절한 것은?**

**① ⓐ : 보조 용언 '있다'를 사용해 제도가 지속적으로 진행됨을 표현하였다.**
ⓐ에서 보조 용언 '있다'는 '화제가 되고 있는'에 쓰이기 때문에 제도가 지속적으로 진행됨을 표현했다고 보기 어렵다.

**② ⓑ : 보조사 '도'를 사용해 제도의 장단점을 아우르고자 하는 의도를 표현하였다.**
ⓑ의 '도'는 '이미 어떤 것이 포함되고 그 위에 더함의 뜻을 나타내는 보조사'로, '탄소 중립을 실천함'에 더해 '포인트를 받음'도 가능함을 드러내 주고 있다. 따라서 제도의 장단점을 아우르고자 하는 의도를 표현했다는 설명은 적절하지 않다.

**③ ⓒ : 감탄사 '자'를 사용해 시청자의 해당 누리집 가입을 재촉하려는 의도를 표현하였다.**
ⓒ의 '자'는 '말이나 행동을 할 때 남의 주의를 불러일으키기 위하여 하는 감탄사'로, 누리집 가입을 재촉하려는 의도로 쓰인 것이 아니다.

**④ ⓓ : 선어말 어미 '-겠-'을 사용해 제도 시행 관련 정보를 관계자가 언급할 것이라는 추측을 표현하였다.**
ⓓ의 '-겠-'은 주체의 의지를 나타내는 선어말 어미이다. '-겠-'이 추측을 나타내는 데 쓰이기도 하지만 해당 문장에서는 추측의 의미가 나타나지 않는다.

**✔⑤ ⓔ : 의존 명사 '만큼'을 사용해 많은 국민이 동참해야 효과가 있는 제도라는 점이 이어지는 내용의 근거임을 표현하였다.**
ⓔ의 '만큼'은 뒤에 나오는 내용의 원인이나 근거가 됨을 나타내는 의존 명사에 해당한다. ⓔ에서는 이러



[문제편 p.157]

한 의존 명사 '만큼'을 사용하여 많은 국민이 동참해야 효과가 있는 제도라는 점이, 이어지는 '참여도를 높이는 게 중요하다'라는 내용의 근거임을 표현하고 있다.

**42** 매체 자료의 주체적 수용 정답률 83% | 정답 ④

**(가)를 시청한 학생들의 휴대전화 대화방의 내용이다. 학생들의 수용 태도에 대한 설명으로 적절하지 않은 것은? [3점]**

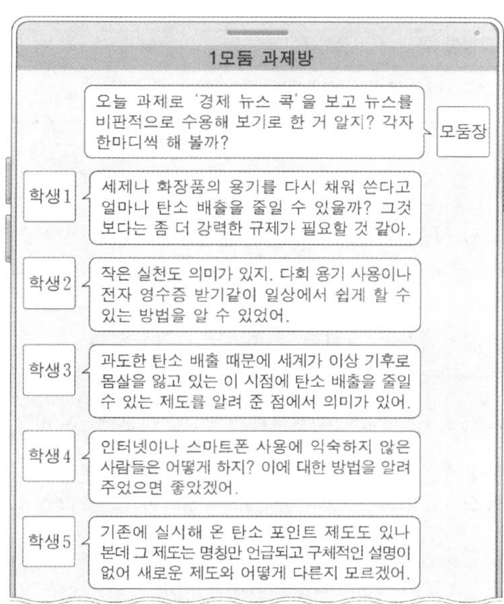


① **학생 1은 보도에서 제시한 실천 항목의 효과에 주목해 제도의 실효성 측면을 부정적으로 판단하였다.**
학생 1은 보도에서 제시한 '세제나 화장품의 용기를 다시 채워' 쓰는 것이 탄소 배출을 줄이는 효과에 한계가 있음을 지적하면서 실효성 측면을 부정적으로 판단하였다.

② **학생 2는 일상에서 쉽게 할 수 있는 방법을 제시한 점에 주목해 제도의 실천 용이성 측면을 긍정적으로 판단하였다.**
학생 2는 '다회 용기 사용이나 전자 영수증 받기'와 같이 일상에서 쉽게 실천할 수 있는 방법을 알게 된 것에 대하여 긍정적으로 판단하였다.

③ **학생 3은 제도의 시행이 현재의 문제 해결에 필요하다는 점에 주목해 보도의 시의성 측면을 긍정적으로 판단하였다.**
학생 3은 '과도한 탄소 배출 때문에 세계가 이상 기후로 몸살을 앓고 있는' 상황을 언급하면서 보도 내용이 시의적절하다고 보았다.

✔ **학생 4는 누리집 접근에 어려움을 겪는 사람에 주목해 제도의 실현 가능성 측면을 부정적으로 판단하였다.**
'학생 4'는 누리집 접근에 어려움을 겪는 사람들도 좀 더 쉽게 가입할 수 있도록 이에 대한 방법을 제시하지 않은 것에 대한 아쉬움을 드러내고 있으므로, 더 많은 사람의 동참을 이끌어 내기 위한 방법 제시 여부의 측면을 부정적으로 판단하였음을 알 수 있다. 따라서 '학생 4'가 제도의 실현 가능성 측면을 부정적으로 판단하였다는 설명은 적절하지 않다.

⑤ **학생 5는 기존 제도의 세부 내용을 설명하지 않은 점에 주목해 보도 내용의 충분성 측면을 부정적으로 판단하였다.**
학생 5는 기존의 탄소 포인트 제도에 대한 구체적인 설명이 없어 기존 제도와 새로운 제도의 차이점을 모르겠다는 점을 지적하면서 보도 내용의 충분성 측면을 부정적으로 판단하였다.

**43** 매체의 정보 구성 방식 정답률 93% | 정답 ④

**(나)의 정보 구성 및 제시 방식에 대한 이해로 적절하지 않은 것은?**

① **(가)에 제시된 제도의 실천 항목 중 청소년이 일상에서 실천할 수 있는 것을 선별하여 제시하였군.**
(나)의 '배달 음식 주문할 때 다회 용기 선택!', '세제나 화장품의 용기는 다시 채워 쓰기!', '물건 살 때 전자 영수증 받기!'를 통해, (가)에 제시된 제도의 실천 항목 중 수용자인 청소년이 일상에서 실천할 수 있는 것을 선별하여 제시하였음을 알 수 있다.

② **(가)에 제시된 누리집 주소와 함께 QR코드를 제시하여 누리집에 접속할 수 있는 경로를 추가하였군.**
(나)에서는 (가)에 제시된 누리집 주소 이외에 QR 코드도 함께 제시하여 수용자가 좀 더 쉽게 누리집에 접속할 수 있도록 하였다.

③ **(가)에 제시된 제도의 개인적 혜택을 시각적으로 표현하기 위해 돈과 저금통의 이미지를 활용하였군.**
(나)에서는 돼지저금통과 돈의 이미지를 활용하여 탄소 중립 실천 포인트 제도에 가입하여 얻을 수 있는 경제적 혜택을 인상적으로 보여 주고 있다.

✔ **(가)에 제시된 가입자 증가 현황 이외에 증가 원인을 추가하여 제도 가입자가 지닌 환경 의식을 표현하였군.**
(나)를 통해 (가)에 제시된 가입자 증가 현황 이외에 증가 원인을 추가한 부분을 확인할 수 없을뿐더러, 제도 가입자가 지닌 환경 의식을 표현한 내용도 확인할 수 없다.

⑤ **(가)에 제시된 수용자보다 수용자 범위를 한정하고 생산자를 명시하여 메시지 전달의 주체와 대상을 표현하였군.**
(나)는 불특정 다수의 시청자를 수용자로 삼는 (가)와 달리 '◇◇고 친구들'로 수용자를 한정하고 있을 뿐만 아니라, '◇◇고등학교 환경 동아리'라는 생산자도 명시하고 있다.

**44** 매체의 정보 구성 방식 정답률 91% | 정답 ①

**위 방송에 반영된 기획 내용으로 가장 적절한 것은?**

✔ **접속자 이탈을 막으려면 흥미를 유지해야 하니, 꽃잎을 미리 준비해 반복적인 과정을 생략해야겠군.**
진행자의 발화 중 '필요한 꽃잎 숫자만큼 반복해야 하는데 ~ 이만큼 미리 만들어 뒀지요!'를 통해서 접속자의 흥미를 유지하기 위해 반복적인 과정을 생략하겠다는 기획 내용이 방송에 반영되었음을 확인할 수 있다. 이는 필요한 숫자만큼 꽃잎을 만들어야 하지만 같은 과정을 반복적으로 제시할 경우 접속자들이 지루함을 느껴 이탈할 수 있다는 점을 고려한 것으로 볼 수 있다.

② **소규모 개인 방송으로 자원에 한계가 있으니, 제작진을 출연 시켜 인두로 밀랍을 묻히는 과정을 함께해야겠군.**
진행자의 발화 중 '혼자서 설명하고 시범까지 보이려니'를 통해서 제작진을 출연시켜 인두로 밀랍을 묻히는 과정을 함께해야겠다는 내용은 반영되지 않았음을 알 수 있다.

③ **실시간으로 진행되어 편집을 할 수 없으니, 마름질 과정에서 실수가 나올 것에 대비하여 미리 양해를 구해야겠군.**
진행자의 발화에서 마름질 과정에서 실수가 나올 것에 대비하여 미리 양해를 구하는 내용은 찾아볼 수 없다.

④ **텔레비전 방송에 비해 비공식적이고 사적인 매체이니, 방송에 대한 긍정적 평가와 고정 시청자 등록을 부탁해야겠군.**
진행자의 발화에서 방송에 대한 긍정적 평가와 고정 시청자 등록을 부탁하는 내용은 찾아볼 수 없다.

⑤ **방송 도중 접속한 사람은 이전 내용을 볼 수 없으니, 마무리 인사 전에 채화 만드는 과정을 요약해서 다시 설명해야겠군.**
진행자의 발화에서 마무리 인사 전에 채화 만드는 과정을 요약해서 다시 설명해 주는 내용은 찾아볼 수 없다.

**45** 수용자 특성 정답률 91% | 정답 ③

**<보기>를 바탕으로, [A]~[E]에서 파악할 수 있는 수용자의 특징에 대한 이해로 적절하지 않은 것은?**

<보 기>

실시간 인터넷 방송은 영상과 채팅의 결합을 통해 방송 내용의 생산과 수용이 쌍방향으로 이뤄진다. 예컨대 수용자는 방송 중 채팅을 통해 이어질 방송의 내용과 순서를 정하는 데 영향을 미치고, 이미 제시된 방송의 내용을 추가, 보충, 정정하게 하는 등 능동적인 역할을 수행할 수 있다. 또 생산자와 정서적인 유대를 형성하기도 한다.

① **[A] : '빛세종'은 더 알고 싶은 내용을 질문함으로써 진행자가 방송 내용을 보충하여 제시하도록 하고 있다.**
[A]에서 '빛세종'은 '채화' 중 '채'의 뜻을 질문하여 진행자가 방송 내용을 보충하여 제시하도록 하고 있다.

② **[B] : '햇살가득'은 자신이 원하는 바를 밝힘으로써 진행자가 생산할 내용을 선정하는 데 관여하고 있다.**
[B]에서 '햇살가득'은 만들 꽃을 골라 달라는 진행자의 발화에 대해 '월계화'를 만들어 달라고 밝힘으로써 진행자가 내용을 선정하는 데 관여하고 있다.

✔ **[C] : '꼼꼬미'는 제시되지 않은 부분을 추가하도록 요청함으로써 진행자가 방송의 순서를 정하는 데 영향을 미치고 있다.**
[C]에서 '꼼꼬미'는 방송에서 이미 제시된 내용을 다시 보여 줄 것을 요청하고 있다. 따라서 제시되지 않은 부분을 추가하도록 요청했다는 것은 적절하지 않다.

④ **[D] : '아은맘'은 제시된 내용 중 잘못된 부분을 언급함으로써 진행자가 오류를 인지하고 정정하도록 하고 있다.**
[D]에서 '아은맘'은 진행자가 '궁중 채화 전시회가 다음 주에' 열릴 예정이라고 말한 것에 대해 '전시회 지난주에 이미 시작했어요.'라는 정보를 제공하여 제시된 내용 중 잘못된 부분을 정정하도록 하고 있다.

⑤ **[E] : '영롱이'는 자신의 감정 변화를 제시함으로써 진행자와 정서적인 유대를 형성하고 있다.**
[E]에서 '영롱이'는 '오늘 진짜 우울했는데' 방송을 보고 '기분이 좋아졌'다는 자신의 감정 변화를 제시함으로써 진행자와 정서적인 유대를 형성하고 있다.

08회

[문제편 p.159]

| 정답과 해설 |

# 회 | 2023학년도 7월 학력평가 고3

• 정답 •

공통 | 독서·문학

01 ④ 02 ④ 03 ② 04 ⑤ 05 ① 06 ④ 07 ③ 08 ④ 09 ⑤ 10 ② 11 ③ 12 ④ 13 ① 14★ ⑤ 15 ② 16★ ② 17 ⑤ 18 ① 19 ⑤ 20 ③ 21 ④ 22★ ① 23 ④ 24 ③ 25 ② 26 ① 27 ④ 28 ② 29 ③ 30 ① 31 ① 32 ③ 33 ⑤ 34 ②

선택 | 화법과 작문

35 ① 36 ④ 37 ④ 38 ③ 39★ ⑤ 40 ② 41 ⑤ 42 ④ 43 ④ 44 ⑤ 45 ⑤

선택 | 언어와 매체

35 ① 36★ ④ 37 ④ 38 ⑤ 39 ④ 40 ① 41 ⑤ 42 ⑤ 43 ⑤ 44 ② 45 ③

★ 표기된 문항은 **[등급을 가르는 문제]**에 해당하는 문항입니다.

## [01~34] 독서·문학

### 01~03 독서 이론

천경록 외, 〈독서 교육론〉

**해제** 이 글은 **추론적 읽기의 방법 및 유의점에 대해 설명**하고 있다. **추론적 읽기**는 **독해 과정에서 독자가 글에 제시된 정보나 자신의 배경지식을 활용하여 생략된 내용이나 주제, 필자의 의도까지도 추론하며 읽는 것**을 말한다. 이러한 **추론적 읽기 방법**에는 **독해 과정에서 글에 제시된 정보를 활용하여 추론하는 방법**과 **독자가 글과 관련된 자신의 배경지식을 능동적으로 활용하는 방법**이 있다. 한편 **추론적 읽기 과정**에는 글의 응집성, 글에 제시된 정보의 양과 같은 요소들도 영향을 끼칠 수 있으므로, **독자는 많은 정보 가운데 필요한 정보를 선별하고, 선택한 정보의 중요성을 점검해 가며 정확한 추론을 할 필요**가 있다.

**주제** 추론적 읽기의 이해

**문단 핵심 내용**

|  |  |
|---|---|
| 1문단 | 추론적 읽기의 이해 |
| 2문단 | 추론적 읽기의 방법 |
| 3문단 | 추론적 읽기를 할 때의 유의점 |

**01** 세부 정보의 확인 — 정답률 90% | 정답 ④

**윗글에서 확인할 수 있는 내용으로 적절하지 않은 것은?**

① 글의 내용은 필자가 기술하는 과정에서 생략되어 표현되기도 한다.
1문단을 통해 필자는 글을 내용을 생략하여 표현하기도 함을 알 수 있다.

② 독자는 글에 제시된 정보를 통해 글에 생략된 내용을 추론할 수 있다.
1문단의 '독해 과정에서 독자는 ~ 글을 읽어야 한다.'를 통해 알 수 있다.

③ 제시된 정보의 양이 너무 많은 글은 독자의 추론에 부담을 줄 수 있다.
3문단을 통해 독자의 읽기 능력에 비해 글에 제시된 정보의 양이 너무 많을 경우 독자의 추론에 부담을 줄 수 있다는 것을 알 수 있다.

✔ 추론적 읽기 과정에서 글에 제시된 정보의 양은 글의 응집성에 영향을 주기도 한다.
3문단을 통해 글의 응집성이나 글에 제시된 정보의 양은 추론적 읽기 과정에 영향을 끼칠 수 있음을 알 수 있다. 하지만 글에 제시된 정보의 양이 추론적 읽기 과정에서 글의 응집성에 영향을 주는지는 확인할 수 없으므로 적절하지 않다.

⑤ 독자는 글의 전체 맥락을 파악하거나 배경지식을 활용하여 추론적 읽기를 할 수 있다.
2문단을 통해 독자는 글의 전체적인 맥락이나 자신의 배경지식을 통해 추론적 읽기를 할 수 있음을 알 수 있다.

**02** 구체적인 사례에의 적용 — 정답률 66% | 정답 ④

**다음은 학생이 독서 후 작성한 감상문의 일부이다. [A]를 바탕으로 ⓐ~ⓔ를 분석한 내용으로 적절하지 않은 것은? [3점]**

> 『중세 유럽의 역사』라는 책을 골라 ⓐ 글에 드러난 내용을 잘 파악할 수 있도록 꼼꼼히 읽었다. 중세에는 교황의 권위가 높았다는 내용이 있었는데, ⓑ 중세가 신 중심의 사회였다는 문장을 통해 그 이유를 쉽게 추론할 수 있었다. 중세 유럽인의 평균 수명이 40세를 넘기지 못했다는 부분은 ⓒ 현대인의 평균 수명이 80세 이상이라는 상식에 비추어 볼 때 굉장히 놀라웠다. ⓓ 글에 나와 있지는 않지만 중세 시대의 의료 수준을 다루었던 신문 기사의 내용을 떠올려 보니 지금보다 당시의 위생 조건과 의료 수준이 나빴기 때문일 것이라는 생각이 들었다. 책에서 중세에도 어느 정도의 신분 상승이 가능했다고 하는데, 이는 ⓔ 세계사 시간에 배웠던 내용인 부를 축적한 상인 계층의 등장과 관련이 있지 않을까 생각해 보았다.

① ⓐ : 글에 제시된 정보를 활용하여 추론적 읽기를 할 때 필요한 과정이다.
2문단을 통해 글에 제시된 정보를 활용하여 추론적 읽기를 할 때는 꼼꼼한 읽기가 필요함을 알 수 있으므로 적절한 분석이다.

② ⓑ : 글에 명시적으로 제시된 정보를 바탕으로 추론적 읽기를 한 결과이다.
중세가 신 중심의 사회였다는 문장을 통해 글의 생략된 내용을 추론한 것은 글의 명시적 정보를 바탕으로 추론적 읽기를 한 결과라고 볼 수 있으므로 적절한 분석이다.

③ ⓒ : 글에 제시된 정보를 자신의 배경지식과 비교하는 과정이다.
중세 유럽인의 평균 수명을 현대인의 평균 수명에 비추어 본 것은 글에 제시된 정보를 자신의 배경지식과 비교해 가며 추론적 읽기를 하는 과정이라 할 수 있으므로 적절한 분석이다.

✔ ⓓ : 자신의 확장된 배경지식을 활용하여 추론적 읽기를 한 결과이다.
글에 나와 있지 않은 부분을 추론하기 위해 자신이 읽었던 신문 기사의 내용을 떠올리는 것은 자신의 배경지식을 능동적으로 활용하여 추론적 읽기를 하는 것에 해당할 뿐, 자신의 확장된 배경지식을 활용하여 추론적 읽기를 한 결과라고 볼 수 없다.

⑤ ⓔ : 자신의 배경지식을 능동적으로 활용해 추론적 읽기를 한 결과이다.
세계사 시간에 배운 내용을 배경지식으로 삼아, 이를 능동적으로 활용해 추론적 읽기를 하고 있으므로 적절한 분석이다.

**03** 반응의 적절성 판단 — 정답률 92% | 정답 ②

**〈보기〉를 읽고 ㉠에 대해 보인 반응으로 가장 적절한 것은?**

> 〈보 기〉
> 추론 과정에서 독자는 자신의 배경지식을 능동적으로 활용할 수 있다. 그런데 독자의 배경지식이 잘못된 지식이라면, 이 지식을 활용하여 글을 파악하는 경우에는 정확한 추론을 하기가 어렵다.

① 독자는 글이 쓰인 상황을 고려하여 추론해야겠군.
㉠과 〈보기〉의 내용 모두 글이 쓰인 상황을 고려하여 추론적 읽기를 하는 것과는 관련이 없으므로 적절하지 않다.

✔ 독자는 자신의 배경지식을 점검하는 자세를 지녀야겠군.
〈보기〉에서는 잘못된 배경지식을 활용하여 글을 파악할 경우, 정확한 추론을 하기 어렵다는 내용을 드러내고 있다. 따라서 독자는 추론 과정에서 글에 제시된 정보와 자신의 배경지식을 비교한다는 ㉠의 내용에 대해, 〈보기〉를 읽은 뒤 자신의 배경지식을 점검하는 자세를 지녀야 한다는 반응을 보일 수 있다.

③ 독자는 배경지식 수준에 따라 추론의 목적을 달리해야겠군.
㉠과 〈보기〉의 내용 모두 독자의 배경지식 수준에 따라 추론의 목적을 달리하는 것과는 관련이 없으므로 적절하지 않다.

④ 독자는 글의 정보를 선별적으로 활용할 때 필자의 의도를 고려해야겠군.
㉠과 〈보기〉의 내용 모두 독자가 글의 정보를 선별적으로 활용할 때 필자의 의도를 고려하는 것과는 관련이 없으므로 적절하지 않다.

⑤ 독자는 단어나 문장 등에서 단서를 찾아 문장 간의 관계를 재구성해야겠군.
㉠과 〈보기〉의 내용 모두 독자가 글에 드러난 단서를 찾아 문장 간의 관계를 재구성하는 것과는 관련이 없으므로 적절하지 않다.

### 04~09 인문

(가) 강신주, 「철학 대 철학」, (나) 루이 알튀세르, 「철학과 맑스주의」

**해제** 이 글은 **중국의 사상가인 장자와 왕충의 '도'와 관련된 견해를 설명**하고 있다. 개체들 이전에 도가 미리 존재한다고 본 노자와 달리 **장자는 도가 개체들의 활동을 통해 사후적으로 만들어지는 것에 지나지 않는다**고 보았다. 그는 **도 역시 미리 정해진 것이 아니라 개체들 사이의 관계의 흔적, 혹은 소통의 결과에 불과하다고 주장**하였고, **사람들이 사용하는 언어에 대해서도 도를 바라보는 것과 같은 입장**을 보였다. 즉, **장자는 어떤 대상에 대해 부여한 이름은 본질적으로 그 대상의 속성과 필연적인 관계가 없다고 주장**하였다. 그리고 **왕충은 도가 사후에 생성된다는 장자의 주장과 마찬가지로 세계에 존재하는 사물의 의미 역시 사후에 결정되며 '하늘의 뜻'과 같이 자연 세계의 질서를 지배하는 원리는 따로 존재하지 않는다**고 보았다. 그러면서 그는 **사람의 삶도 하늘의 작용이 우연히 나타나는 현상인 것처럼 우연에 의해 결정**된다고 보았다.

**주제** 장자와 왕충의 '도'에 대한 인식

**문단 핵심 내용**

|  |  |
|---|---|
| 1문단 | 노자와 장자의 '도'에 대한 견해 |
| 2문단 | 언어에 대해서도 '도'를 바라보는 것과 같은 입장을 보인 장자 |
| 3문단 | 자연 세계의 질서를 지배하는 원리가 존재하지 않는다고 여긴 왕충 |
| 4문단 | 사람의 삶도 우연에 의해 결정된다고 본 왕충 |

(나) 루이 알튀세르, 「철학과 맑스주의」

**해제** 이 글은 **세계 형성의 우연성을 주장한 루크테리우스와 알튀세르의 주장**을 소개하고 있다. **루크테리우스**는 우리가 사는 세계가 제작자의 필연적 의미에 따라 형성한 것이라고 생각한 플라톤과 달리, **세계는 자발적으로 움직이던 원자들이 우연히 마주쳐 응고되면서 생성되었을 뿐이라고 주장**하였다. 즉, 그는 **원자에 대해 설명하면서 우리가 살고 있는 세계는 우연의 산물일 뿐**이라고 보았다. 한편 경제적인 것이 인간 사회의 구조 및 역사 발전 방향을 결정하는 유일한 원리라고 주장한 일부 철학자들과 달리, **루크테리우스의 철학에 영감을 받은 알튀세르는 인류 역사의 흐름은 정해진 역사 발전의 수순을 따른 것이 아니라 단지 우연의 결과에 지나지 않을 뿐이라고 주장**하였다. **세계 형성의 우연성을 주장한 루크테리우스와 알튀세르의 이러한 주장**은, **우리가 살고 있는 세계에 '새로운 마주침'을 시도함으로써 다른 세계로 나아갈 수 있다는 점을 시사했다는 점에서 의의**가 있다.

**주제** 루크테리우스와 알튀세르의 주장과 그 의의

**문단 핵심 내용**

|  |  |
|---|---|
| 1문단 | 세계에 대한 플라톤과 루크테리우스의 견해 |
| 2문단 | 우리가 살고 있는 세계를 우연의 산물이라 여긴 루크테리우스 |
| 3문단 | 인류 역사의 흐름을 우연의 결과라고 주장한 알튀세르 |
| 4문단 | 루크테리우스와 알튀세르의 주장이 지니는 의의 |

**04** 서술상 특징 파악 — 정답률 63% | 정답 ⑤

**(가), (나)에 대한 설명으로 가장 적절한 것은?**

① (가)는 세계 질서를 지배하는 원리에 대한 사상가의 견해를 소개하고 그 견해가 지닌 한계와 의의를 설명하고 있다.



[문제편 p.161]

(가)는 세계 질서를 지배하는 원리, 즉 하늘의 뜻에 대한 왕충의 견해를 소개하고 있지만 그 견해가 지닌 한계와 의의를 설명하고 있지는 않다.

② (나)는 사물의 의미에 대한 대립적 견해를 제시한 후 그 견해들을 절충한 사상을 소개하고 있다.

(나)는 사물의 의미에 대한 플라톤의 견해가 제시되어 있지만 그 견해들을 절충한 사상을 소개하고 있지는 않다.

③ (가)는 (나)와 달리 도를 바라보는 사상가들의 논쟁을 소개하며 그 결과를 분석하고 있다.

(가)는 도를 바라보는 노자, 장자의 견해를 소개하고 있을 뿐, 사상가들의 논쟁을 소개하거나 그 결과를 분석하고 있지는 않다.

④ (가)와 (나)는 모두 세계 형성의 근원을 밝힌 사상이 출현하게 된 사회적 배경을 서술하고 있다.

(가)는 세계 형성의 근원을 밝힌 사상이 제시되어 있지 않으며, (나)는 세계 형성의 근원을 밝힌 사상이 제시되었지만, 그 사상이 출현하게 된 사회적 배경을 서술하고 있지는 않다.

✔ (가)와 (나)는 모두 우연성을 중시하는 사상가의 입장과 그 사상을 뒷받침하기 위해 제시한 근거를 소개하고 있다.

(가)에서는 자연재해나 인간의 삶이 하늘의 뜻이 아니라 우연히 나타나는 현상이라고 주장한 왕충의 사상과 그 사례를 소개하고 있다. (나)는 클리나멘을 통해 우리가 살고 있는 세계는 우연의 산물이라고 주장한 루크레티우스의 사상과 이탈리아의 사례를 통해 자본주의가 우연히 발생한 것이라는 알튀세르의 사상을 소개하고 있다.

**05** 세부 내용의 이해 정답률 70% | 정답 ①

**윗글에 대한 이해로 적절하지 않은 것은?**

✔ 왕충은 자연 세계의 질서와 인간의 삶이 분리되었다는 당시 사람들의 믿음을 비판하였다.

(가)의 3문단을 통해 왕충이 살던 당시의 사람들은 자연 세계의 질서와 인간의 삶이 매우 밀접한 관계라고 보았음을 알 수 있다. 그리고 이에 대해 왕충은 당시 사람들과 다른 생각을 지녔음을 알 수 있다. 따라서 왕충이 자연 세계의 질서와 인간의 삶이 분리되었다는 당시 사람들의 믿음을 비판했다는 이해는 적절하지 않다.

② 서양 철학에서는 제작자나 필연적 의미를 통해 세계의 형성을 설명하려는 사상이 존재하였다.

(나)의 2문단의 '그러나 제작자가 필연적 의미에 따라 세계를 형성한 것이라는 생각이 서양 철학의 주류를 형성하고 있었기 때문에 루크레티우스의 생각은 크게 주목받지 못했다.'의 내용을 통해 적절한 이해임을 알 수 있다.

③ 장자는 '도'의 생성을 많은 사람들이 걸어서 길이 생기는 것에 비유하며 '도'와 개체와의 관계를 설명하였다.

(가)의 1문단의 '그는 사람들이 걷는 길이 무수히~ 소통의 결과에 불과하다고 주장하였다.'를 통해 적절한 이해임을 알 수 있다.

④ 인류 역사에서 자본주의가 사라질 것이라 주장하는 철학자들은 역사의 발전 방향이 이미 정해져 있다고 생각하였다.

(나)의 3문단의 '이에 일부 철학자들은 경제적인 것이 ~ 곧 인류 역사에서 사라질 것이라고 주장하였다.'를 통해 적절한 이해임을 알 수 있다.

⑤ 알튀세르의 사상은 인간이 정해진 역사의 흐름에 따르는 것이 아니라 다른 세계로 나아갈 수 있는 존재임을 보여 주었다.

(나)의 4문단의 '그런 점에서 세계 형성의 우연성을 주장한 ~ 다른 세계로 나아갈 수 있다는 점을 시사했다는 점에서 의의가 있다.'를 통해 적절한 이해임을 알 수 있다.

**06** 구체적인 사례에의 적용 정답률 67% | 정답 ④

**㉠을 읽은 학생이 <보기>의 내용에 대해 보일 수 있는 반응으로 가장 적절한 것은?**

<보 기>

뇌과학자인 라마찬드란과 후바드는 사람들에게 왼쪽 그림의 두 도형을 보여 주며, 각각 '부바'와 '키키'라는 소리와 도형을 짝짓는 실험을 진행하였다. ㉮ 실험 결과 95%의 실험 참가자들이 곡선 형태의 그림을 '부바', 삐죽삐죽한 형태의 그림을 '키키'라고 선택하였다. 추가 연구에 따르면 '부바'와 '키키'라는 소리를 만들 수 있는 모국어를 사용하며, '부바', '키키'라는 명칭이 자신의 모국어에 없는 경우에 ㉯ 성별, 나이와 상관없이 유사한 실험 결과가 나타났다. 이와 달리 실험 참가자들이 사용하는 언어에서 '부바'와 '키키'라는 소리를 만들 수 없으면 ㉰ 이러한 실험 결과가 나타나지 않는다는 점이 밝혀졌다.

① ㉮는 대상에 부여된 이름이 그 대상과 필연적인 관계라는 점에서 장자의 생각과 부합한다.

<보기>를 통해 ㉮는 대상의 명칭이 대상의 속성에 영향을 받음을 알 수 있으므로, 대상과 대상의 이름은 자의적인 관계라고 바라본 장자의 생각과 부합하지 않는다고 할 수 있다.

② ㉯는 대상들을 구분하는 언어가 대상이 본래부터 가지고 있는 속성과 관련된다는 점에서 장자의 생각과 부합한다.

<보기>를 통해 ㉯는 95%의 실험 참가자들이 도형의 모양과 명칭을 똑같이 짝지은 ㉮와 유사한 결과가 나타났음을 알 수 있다. 따라서 대상의 속성과 대상의 이름이 필연적인 관계가 없다고 주장한 장자의 생각에 부합하지 않는다고 할 수 있다.

③ ㉰는 관습적인 언어 사용에 의해 대상의 의미가 결정된다는 점에서 장자의 생각과 부합하지 않는다.

<보기>의 ㉰의 결과는 대상의 속성이 대상을 지칭하는 소리의 선택에 영향을 미치지 못한다는 점을 보여 줄 뿐, 관습적인 언어 사용에 의해 대상의 의미가 결정된다는 것과는 관련이 없으므로 적절하지 않다.

✔ ㉮와 ㉯는 대상의 속성이 대상을 지칭하는 소리의 선택에 영향을 미친다는 점에서 장자의 생각과 부합하지 않는다.

<보기>의 내용을 통해 ㉮와 ㉯는 도형의 모양이 부바와 키키라는 명칭을 선택하는 데 영향을 미친다는 것을 알 수 있다. 따라서 대상의 이름과 대상의 속성은 필연적인 관계가 없다고 주장한 장자의 생각과 부합하지 않으므로 적절한 반응이다.

⑤ ㉯와 ㉰는 실험 참가자가 사용하는 언어에 따라 대상의 형태가 달라진다는 점에서 장자의 생각과 부합하지 않는다.

<보기>의 ㉯와 ㉰는 실험 참가자가 사용하는 언어가 대상을 지칭하는 소리의 선택에 영향을 미친다는 점을 보여 줄 뿐, 실험 참가자가 사용하는 언어에 따라 대상의 형태가 달라진다는 점과는 관련이 없다.

**07** 글에 드러난 인물의 주장 비판 정답률 53% | 정답 ③

**루크레티우스의 주장을 반박하기 위해 '플라톤'이 할 수 있는 말로 가장 적절한 것은?**

① 세계가 원자들로 구성되어 있다 하더라도 그 원자가 낙하하는 이유를 설명하지 않았다.

2문단을 통해 루크레티우스가 원자 그 자체의 무게로 인해 원자들이 서로 평행하게 떨어지는 상태에 있었다고 주장하였음을 알 수 있다. 따라서 원자가 낙하하는 이유를 설명하지 않았다는 것은 루크레티우스의 주장을 반박하는 플라톤의 말로 적절하지 않다.

② 세계가 형성되기 전에도 원자들이 존재하려면 원자들의 존재 의미보다 원자가 먼저 형성되어야 한다.

1문단을 통해 플라톤은 사물보다 사물의 의미가 미리 존재한다고 보았음을 알 수 있다. 따라서 원자들의 존재 의미보다 원자가 먼저 형성되어야 한다는 내용은 플라톤의 생각과 부합하지 않으므로, 루크레티우스의 주장을 반박하는 플라톤의 말로 적절하지 않다.

✔ 원자의 운동에 영향을 주는 존재가 없다면 평행하게 떨어지던 원자에서 클리나멘이 발생하는 것은 불가능하다.

1문단을 통해 플라톤은 사물에는 그것을 만든 '제작자'가 부여한 '필연적 의미'가 있으며, 우리가 사는 세계 역시 제작자가 필연적 의미에 따라 형성한 것이라고 생각했음을 알 수 있다. 따라서 플라톤은 사물에 필연적 의미를 부여하는 제작자 없이 클리나멘이 그냥 우연하게 발생하는 것은 불가능하다며 루크레티우스의 주장을 반박할 것임을 추론할 수 있다.

④ 원자들이 마주치거나 응고하는 방식이 결정되지 않았다면 우리가 살고 있는 세계는 우연의 산물에 불과할 뿐이다.

2문단을 통해 루크레티우스는 우리가 살고 있는 세계는 우연의 산물에 불과하다고 주장하였음을 알 수 있다. 따라서 우리가 살고 있는 세계는 우연의 산물에 불과하다 내용은 루크레티우스의 생각과 부합하므로, 루크레티우스의 주장을 반박하는 플라톤의 말로 적절하지 않다.

⑤ 클리나멘에 의해 발생한 최초의 마주침이 다른 마주침으로 이어지려면 수많은 원자들이 이 세계에 존재해야 한다.

2문단을 통해 루크레티우스는 최초의 마주침이 다른 마주침으로 이어지려면 수많은 원자들이 이 세계에 존재해야 한다고 생각했음을 알 수 있다. 따라서 최초의 마주침이 다른 마주침으로 이어지려면 수많은 원자들이 이 세계에 존재해야 한다는 것은 루크레티우스의 생각과 부합하므로, 루크레티우스의 주장을 반박하는 플라톤의 말로 적절하지 않다.

**08** 다른 견해와의 비교 정답률 66% | 정답 ④

**<보기>는 동서양 철학자들의 견해이다. 윗글을 읽은 학생이 <보기>에 대해 보인 반응으로 적절하지 않은 것은? [3점]**

<보 기>

ㄱ. 사물은 필연적으로 원인이 되는 어떤 것에 의해 생성된다. 어떤 경우에도 사물은 원인이 없이는 생성될 수 없으며, 이는 변하지 않는 사물의 생성 원리이다.

ㄴ. 사람들이 발로 개미를 밟고 지나가서 죽일 수 있다. 물론 사람들의 발에 밟히지 않은 개미는 다치지 않고 온전히 살아남는다. 하지만 이러한 결과의 차이는 단지 사람의 발과 개미가 우연히 마주쳤는지, 혹은 우연히 마주치지 않았는지에 의해 나타날 뿐이다.

ㄷ. 왕이 바르지 않은 정치를 행하려고 하면 하늘이 이상 현상을 일으켜 경고하여 다가올 위험을 알려준다. 경고를 했는데도 고칠 줄을 모르면 사변을 일으켜 사람들을 놀라게 하고 두렵게 만든다. 그럼에도 불구하고 여전히 두려워할 줄 모르면 재앙이 일어난다.

① ㄱ에 제시된 사물의 생성 원리에 대한 인식은 알튀세르가 제시한 인류 역사의 흐름에 대한 시각과 상충되겠군.

'ㄱ'은 어떤 경우에도 사물은 원인이 없이는 생성될 수 없으며, 이는 변하지 않는 사물의 생성 원리라고 바라보는 주장이다. 그리고 (나)의 3문단을 통해 알튀세르는 인류 역사의 흐름은 정해진 역사 발전의 수순을 따른 것이 아닌 단지 우연의 결과에 지나지 않을 뿐이라고 주장하였음을 알 수 있다. 따라서 'ㄱ'에 제시된 사물의 생성 원리에 대한 인식은 알튀세르가 제시한 인류 역사의 흐름에 대한 시각과 상충된다고 볼 수 있다.

② ㄱ에 제시된 원인에 관한 시각은 노자가 제시한 '도'가 개체들보다 선재한다는 생각과 유사하다고 볼 수 있겠군.

'ㄱ'은 원인이 없이는 어떤 것도 생성될 수 없다고 바라보는 주장이고, (가)의 1문단에서 노자는 도가 개체들보다 미리 존재한다고 보았음을 알 수 있다. 따라서 'ㄱ'에 제시된 원인에 관한 시각은, 노자가 제시한 도가 개체들보다 선재한다는 생각과 유사하다고 볼 수 있다.

③ ㄴ에 제시된 결과의 차이에 대한 견해는 왕충이 주장한 자연 재해가 발생하는 이유와 유사하다고 볼 수 있겠군.

'ㄴ'은 개미가 밟히느냐 밟히지 않느냐는 우연히 발생한다는 주장이고, (가)의 3문단에서 왕충은 자연재해가 우연히 발생하는 현상이라고 보았음을 알 수 있다. 따라서 'ㄴ'에 제시된 결과의 차이에 대한 견해는, 왕충이 주장한 자연재해가 발생하는 이유와 유사하다고 볼 수 있다.

✔ ㄴ에 제시된 사건의 발생에 대한 서술은 루크레티우스가 제시한 세계의 형성 과정과 입장이 다르다는 것을 알 수 있군.

'ㄴ'에서 사건은 우연히 마주쳤는지, 혹은 우연히 마주치지 않았는지의 차이에 따라 발생한다고 했고, (나)의 2문단에서 루크레티우스도 세계가 우연하게 형성되었다고 보았음을 알 수 있다. 따라서 'ㄴ'에 제시된 사건의 발생에 대한 시각은, 세계의 형성 과정에 대한 루크레티우스의 입장과 유사하다고 볼 수 있다.

⑤ ㄷ에 제시된 사변의 발생 원인에 대한 시각은 알튀세르가 제시한 인류의 역사 발전 과정에 대한 입장과 다르다는 것을 알 수 있군.

'ㄷ'은 인과적인 시각에서 왕이 바르지 않은 정치를 행하면 사변이 발생된다고 바라보고 있으며, (나)의 3문단에서 알튀세르는 인류의 역사 발전 과정은 우연의 결과에 지나지 않을 뿐이라고 보았음을 알 수 있다. 따라서 'ㄷ'에 제시된 사변의 발생 원인에 대한 시각은, 알튀세르가 제시한 인류의 역사 발전 과정에 대한 입장과 다르다고 볼 수 있다.

**09** 단어의 문맥적 의미 파악 정답률 51% | 정답 ⑤

**문맥상 ⓐ ~ ⓔ와 바꾸어 쓰기에 적절하지 않은 것은?**

① ⓐ : 견지(堅持)했다
ⓐ의 '지니다'는 '바탕으로 갖추고 있다.'라는 의미이므로, '어떤 견해나 입장 따위를 굳게 지니거나 지키다.'라는 의미의 '견지하다'로 바꾸어 쓸 수 있다.

② ⓑ : 간주(看做)되었을
'여겨지다'는 '마음 속으로 그러하다고 인정하거나 생각하다.'라는 의미를 지닌 '여기다'의 피동형이므로, '상태, 모양, 성질 따위가 그와 같다고 여겨지다.'라는 의미의 '간주되다'로 바꾸어 쓸 수 있다.

③ ⓒ : 좌우(左右)되는
'달리다'는 '어떤 일이나 상태 따위가 무엇에 의존하다.'라는 의미이므로, '어떤 일에 영향이 주어져 지배되다.'라는 의미의 '좌우되다'로 바꾸어 쓸 수 있다.

④ ⓓ : 소멸(消滅)될
'사라지다'는 '현상이나 물체의 자취 따위가 없어지다.'라는 의미이므로, '사라져 없어지게 되다.'라는 의미의 '소멸되다'로 바꾸어 쓸 수 있다.

✔ ⓔ : 구성(構成)했음에도
ⓔ의 '갖추다'는 '있어야 할 것을 가지거나 차리다.'라는 의미이므로, '몇 가지 부분이나 요소들을 모아서 일정한 전체를 짜 이루다.'라는 의미의 '구성하다'로 바꾸어 쓸 수 없다.

## 10~13 사회

김영규 외, 「법학개론」

**해제** 이 글은 **법 해석 방법인 학리 해석의 종류에 대해 서술**하면서, 이러한 **학리 해석 방법의 한계 및 법의 흠결에 대해 설명**하고 있다. **법을 구체적 사안에 적용하기 위해서는 법의 해석이 필요한데, 법의 해석 방법에는 유권 해석과 학리 해석**이 있다. 이중 **학리 해석과 관련하여 전통적으로 문리적 해석 방법, 역사적 해석 방법, 목적론적 해석 방법 등이 활용**되고 있다. **문리적 해석 방법**은 **법조문의 해석이 법문에 사용되고 있는 문자의 의미와 문장의 구조에 대한 문법적 이해를 기초로 하여 이루어지는 방법**이고, **역사적 해석 방법**은 **입법자가 입법 당시에 가지고 있었던 입법 의사를 확인하고 탐구하여 해석하는 방법**이다. 그리고 **목적론적 해석 방법**은 **현행 법질서 안에서 이성적 논의를 바탕으로 해석 주체가 법문의 의미와 입법의 목적, 입법을 통해서 추구하려는 이념과 가치, 현재의 상황에 대한 인식과 분석 등을 고려하여 법규의 의미를 찾는 해석 방법**이다. 그런데 **이러한 방법들**은 **법의 적용 과정에서 문제점이 발생할 수 있는데, 이를 법의 흠결**이라 한다. **법의 흠결을 보충하기 위해 다양한 방법**들이 활용되고 있는데, 일반적으로는 **유추가 법의 흠결을 보충하는 방법으로 활용**되고 있다. 그런데 **유추의 결과는 목적론적 해석 방법 등 별도의 방법을 통하여 그 정당성이 평가되어야 하는 한계**가 있어서, 일부 학자들은 **법관이 법원리적 규범을 법적 판단의 근거로 활용하여 그 흠결을 보충**할 수 있다고 보고 있다.

**주제** 법 해석 방법인 학리 해석 종류 및 법의 흠결의 해결 방법

**문단 핵심 내용**

|  |  |
|---|---|
| 1문단 | 법 해석 방법의 종류 및 학리 해석에서 활용되는 방법 |
| 2문단 | 학리 해석 방법 1 – 문리적 해석 방법의 이해 |
| 3문단 | 학리 해석 방법 2 – 역사적 해석 방법의 이해 |
| 4문단 | 학리 해석 방법 3 – 목적론적 해석 방법의 이해 |
| 5문단 | 학리 해석 방법의 한계 및 법의 흠결의 이해 |
| 6문단 | 법의 흠결을 보충하는 방법으로 활용되는 유추 |
| 7문단 | 유추 방법이 지닌 한계 및 흠결을 보충할 수 있는 법원리적 규범 |

### 10 세부 내용의 이해 정답률 70% | 정답 ②

윗글에 대한 이해로 가장 적절한 것은?

① 국가 기관은 법을 해석하는 주체가 될 수 없다.
1문단을 통해 입법부, 사법부, 행정부 등 국가 기관이 유권 해석의 주체임을 알 수 있으므로 적절하지 않다.

✔ 법원리적 규범을 활용하여 법의 흠결을 보충할 수 있다.
7문단을 통해 '정의', '이성', '형평' 등의 법원리적 규범으로 법의 흠결을 보충할 수 있음을 알 수 있다.

③ 구체적 사안에 대한 법의 적용이 법의 해석에 선행한다.
1문단을 통해 법을 적용하기 위해서는 법의 해석이 먼저 필요하다는 점을 알 수 있으므로 적절하지 않다.

④ 적용할 법규정이 없다면 법관은 재판을 거부할 수 있다.
5문단을 통해 법관은 법의 흠결을 이유로 재판을 거부할 수 없다는 내용을 알 수 있으므로 적절하지 않다.

⑤ 문리적 해석에서 문자는 법 제정 당시의 의미로 해석된다.
2문단을 통해 법조문에 사용되는 문자는 법이 적용되는 시점에서의 의미로 해석하는 것이 타당하다는 내용을 알 수 있으므로 적절하지 않다.

### 11 구체적 사례의 적절성 판단 정답률 73% | 정답 ③

㉠~㉢의 예로 적절하지 않은 것은?

① ㉠ : 보통 '사람'이라고 하면 육체를 가지고 있는 자연인을 의미하지만, 법률상 '사람'은 자연인뿐만 아니라 재단 법인이나 사단 법인 같은 '법인'도 포함하여 해석한다.
일반적으로 '육체를 가지고 있는 자연인'을 의미하는 '사람'을 법률에서는 자연인뿐만 아니라 '법인'도 포함하여 해석한다. 이는 일반적으로 사용하는 단어의 의미를 법률에서는 다르게 해석하는 것이므로 문리적 해석 방법에 해당하므로 적절하다.

② ㉡ : 국회 누리집을 활용하여 고등학교 무상 교육을 위한 법률안이 발의된 취지를 조사함으로써 국민의 기본권을 강화하고자 하는 입법 의사를 탐구하여 해석한다.
입법 의사를 확인하기 위해 '국회 누리집'을 활용하여 입법 당시에 제출된 서류를 참고하는 것은 역사적 해석 방법에 해당한다.

✔ ㉡ : 법률 용어로 '선의(善意)'라는 말은 법률관계에 영향을 미치는 어떠한 사실을 모르는 것으로 해석하고, '악의(惡意)'는 그러한 사실을 알고 있는 것으로 해석한다.
선택지의 사례는 '선의(善意)'와 '악의(惡意)'는 일반적으로 각각 '착한 마음', '나쁜 마음'이라는 뜻이지만, 법률 용어로 쓰일 때는 다른 뜻을 지니고 있음을 드러내고 있다. 따라서 법률에서 '선의'와 '악의'를 일반적으로 사용하는 의미와 다르게 해석하는 것은 문리적 해석 방법에 해당하므로 적절하지 않다.

④ ㉢ : 의료인의 비밀 누설 금지 의무 규정에 따라 환자의 민감한 개인 정보는 보호되어야 하는데, 이는 사후에도 마찬가지이기 때문에 환자뿐만 아니라 사망한 사람의 개인 정보도 포함하는 규정으로 해석한다.
의료인이 환자의 비밀을 누설하지 못하게 하는 규정은 환자의 개인 정보를 보호하기 위한 목적이 있는데, 이 규정이 환자가 사망한 이후에도 적용된다고 해석하는 것은 목적론적 해석 방법에 해당한다.

⑤ ㉢ : 실험실 공장의 설치에 대한 규정은 교원이나 연구원 등 개인의 창의적 노력을 지원하기 위한 목적으로 만들어진 것이기 때문에, 자연인이 아닌 법인은 실험실 공장을 설치할 수 있는 자에 해당하지 않는 것으로 해석한다.
실험실 공장의 설치에 대한 규정은 교원이나 연구원 등 개인의 창의적 노력을 지원하기 위한 목적이 있다. 이 규정의 목적을 고려하여 자연인이 아닌 법인은 실험실 공장을 설치할 수 있는 자에 해당하지 않는다고 해석하는 것은 목적론적 해석 방법에 해당한다.

### 12 구체적인 사례에의 적용 정답률 59% | 정답 ④

윗글을 바탕으로 〈보기〉를 이해한 내용으로 적절하지 않은 것은? [3점]

〈보 기〉

○ **법적 판단이 요구되는 사안 :** 타인의 전기를 무단으로 사용하는 사건이 발생함.
○ **사안의 배경 :** 19세기 말 A국과 B국의 형법은 절도죄의 대상인 재물(財物)을 타인의 돈이나 물건이라고 규정하고 있었음. 그런데 당시에는 전기를 재물로 볼 만한 법 규정이 명백히 존재하지 않았음.
○ **사안에 대한 판단**
– A국 : 절도죄를 적용하지 못하고 무죄를 선고함. 이 무죄 판결을 계기로 A국의 입법자는 전기 절도죄를 처벌할 수 있는 특별법을 제정함.
– B국 : 전기가 재물에 해당한다고 해석하여 절도죄로 처벌함. 이 과정에서 법적 판단은 적법하게 이루어졌으며 그 타당성 또한 인정받음.

① A국의 법원은 법의 명시적 흠결을 이유로 타인의 전기를 무단으로 사용한 자를 처벌하지 못했군.
〈보기〉에서 A국의 법원이 타인의 전기를 무단으로 사용한 자를 처벌하지 못한 것은, 전기는 절도죄의 대상으로 법에 명시되지 않았기 때문이다.

② B국의 법원은 전기 절도 사건에 절도죄에 대한 법을 유추 적용함으로써 법의 흠결을 보충했군.
〈보기〉를 통해 B국의 법원은 절도죄의 대상인 재물에 전기를 포함하면 전기 절도 사건도 절도죄에 해당한다고 판단하였음을 알 수 있다. 이는 전기 절도와 재물 절도의 유사성을 바탕으로 절도죄에 대한 법을 전기 절도 사건에 유추 적용한 것이라 할 수 있다.

③ B국의 법원은 전기 절도 사건에 적용할 법이 존재하지 않아 유사한 사안을 규율하는 법의 존재 여부를 확인했겠군.
〈보기〉를 통해 B국의 법원은 전기 절도 사건에 대해 법의 명시적 흠결을 유추 적용으로 보충했음을 알 수 있다. 그리고 유추 적용을 위해서는 먼저 유사한 사안을 규율하는 법규가 존재해야 하므로, B국의 법원은 절도죄에 대한 법이 있는지 확인했을 것임을 짐작할 수 있다.

✔ A국은 B국과 달리 형법이 제정될 당시에 전기 절도 같은 행위를 예측하여 법으로 규정할 수 없었겠군.
〈보기〉를 통해 A국과 B국 두 나라의 형법에는 전기 절도가 규정되어 있지 않음을 알 수 있다. 따라서 B국이 형법이 제정될 당시 전기 절도 같은 행위를 예측하여 법으로 규정했다는 진술은 적절하지 않다.

⑤ B국은 A국의 특별법 제정처럼 전기 절도와 관련된 법의 흠결을 최소화하는 입법 정책이 필요하겠군.
〈보기〉에서 A국은 특별법을 제정해서 전기 절도와 관련된 법의 흠결을 최소화하였으므로, B국도 전기 절도와 관련된 법의 흠결을 최소화하기 위해서는 특별법 제정 등의 입법 정책이 필요하다고 볼 수 있다.

### 13 단어 사용의 적절성 파악 정답률 62% | 정답 ①

ⓐ, ⓑ의 의미로 쓰인 예가 바르게 짝지어진 것은?

✔ ⓐ : 자신의 일에 자부심을 가져야 한다.
ⓑ : 빈 깡통을 가지고 연필꽂이를 만들었다.
ⓐ는 '생각, 태도, 사상 따위를 마음에 품다.'의 의미로 사용되었고, ⓑ는 '앞에 오는 말이 수단이나 방법이 됨을 강조하여 나타내다.'의 의미로 사용되었으므로 적절하다.

② ⓐ : 그는 사업체를 여럿 가진 사업가다.
ⓑ : 두 나라는 동반자적 관계를 가지기로 합의했다.
ⓐ는 '거느리거나 모시거나 두다.', ⓑ는 '관계를 맺다.'의 의미로 사용되었다.

③ ⓐ : 그들은 나에게 호의를 가지고 있다.
ⓑ : 운전면허증을 가진 사람을 찾는다.
ⓐ는 '생각, 태도, 사상 따위를 마음에 품다.', ⓑ는 '직업, 자격증 따위를 소유하다.'의 의미로 사용되었다.

④ ⓐ : 동생이 축구공을 가지고 학교에 갔다.
ⓑ : 환경 문제에 대한 토론회를 가졌다.
ⓐ는 '손이나 몸 따위에 있게 하다.', ⓑ는 '모임을 치르다.'의 의미로 사용되었다.

⑤ ⓐ : 내 집을 가지게 된 기쁨은 이루 말할 수가 없다.
ⓑ : 요즘은 기계를 가지고 농사를 짓는다.
ⓐ는 '자기 것으로 하다.', ⓑ는 '앞에 오는 말이 수단이나 방법이 됨을 강조하여 나타'내는 말로 사용되었다.

## 14~17 기술

이종호 외, 「레이더기상학」

**해제** 이 글은 **기상 현상을 관측하는 이중 편파 레이더의 원리에 대해 설명**하고 있다. 신속하고 정확한 기상 관측이 이루어지게 하는 **이중 편파 레이더는 대기 중으로 송신된 전파가 강수 입자에 부딪혀 되돌**

아오면 수신된 전파를 분석한 후 여러 변수를 산출하여 강수 입자를 분석하는 원리를 활용하는데, 먼저 송신된 전파와 수신된 전파의 강도를 비교한 값인 반사도를 통해 강수 입자의 대략적인 크기와 개수를 파악한다. 이중 편파 레이더의 산출 변수로 사용되는 반사도는 수평 반사도를 의미하는데, 이러한 반사도만으로는 강수 입자의 종류를 구별하기 어려울 때가 있어, 이를 구별하기 위해서는 다른 산출 변수가 필요하다. 차등반사도는 강수 입자의 크기와 모양을 알기 위해서 활용할 수 있는데, 강수 입자의 종류를 구별하려면 반사도와 이를 종합적으로 고려하는 것이 필요하다. 한편 비나 우박과 같은 강수 입자의 종류와 강수 입자의 크기를 아는 것만으로는 단위 부피당 강수 입자 개수를 정확히 추정하는 데 한계가 있어서 차등위상차와 비차등위상차라는 산출 변수를 통해 강수 입자의 개수에 대한 정보를 얻는다. 차등위상차는 레이더 전파가 강수 입자에 부딪히면 강수 입자의 크기와 모양에 따라 수평 편파와 수직 편파의 진행 속도가 달라지고, 이에 따라 두 편파의 위상도 달라지는데, 이 위상의 차이를 누적한 값을 말한다. 그리고 특정 관측 범위에서 차등위상차의 변화율을 나타낸 값을 비차등위상차라고 한다. 그런데 눈이 녹아 눈과 비가 함께 내리는 경우처럼 두 종류 이상의 강수 입자들이 혼재되어 있으면 산출 변수 값이 실제 기상 현상보다 크거나 작게 나타나 혼란을 줄 수 있는데, 이를 해결하기 위한 산출 변수가 교차상관계수이다.

**주제** 기상 현상을 관측하는 이중 편파 레이더의 원리

**문단 핵심 내용**

| | |
|---|---|
| 1문단 | 정확하게 기상을 관측하는 이중 편파 레이더 관측 |
| 2문단 | 이중 편파 레이더의 원리와 산출 변수로 사용되는 수평 반사도의 한계 |
| 3문단 | 강수 입자의 크기와 모양을 알기 위해서 활용하는 차등반사도 |
| 4문단 | 강수 입자의 개수에 대한 정보를 얻는 차등위상차 |
| 5문단 | 강수 입자의 개수에 대한 정보를 얻는 비차등위상차 |
| 6문단 | 두 종류 이상의 강수 입자들이 혼재되어 있을 때의 해결 방법인 교차상관계수 |

★★★ 등급을 가르는 문제!

## 14 세부 내용의 이해 정답률 27% | 정답 ⑤

윗글에 대한 이해로 가장 적절한 것은?

① 기상 관측 레이더는 송신된 전파와 수신된 전파의 강도를 비교하기 위해 여러 변수를 산출하는군.
2문단을 통해 기상 관측 레이더는 대기 중으로 송신된 전파가 강수 입자에 부딪혀 되돌아오면 수신된 전파를 분석하여 여러 변수를 산출함을 알 수 있다. 따라서 송신된 전파와 수신된 전파의 강도를 비교하기 위해 여러 변수를 산출한다는 이해는 적절하지 않다.

② 이중 편파 레이더가 송신하는 전파의 강도는 관측 범위 내에 존재하는 강수 입자의 개수에 따라 달라지겠군.
2문단을 통해 이중 편파 레이더가 대기 중으로 전파를 송신한다는 점을 알 수 있다. 하지만 송신된 전파의 강도가 관측 범위 내의 강수 입자의 개수에 따라 달라지는 것은 아니므로 적절하지 않다.

③ 순수한 얼음으로 구성된 강수 입자는 낙하하면서 수평 방향으로 퍼지기 때문에 레이더에서 구형으로 인식하겠군.
3문단을 통해 우박이나 눈이 녹지 않아 순수한 얼음으로 구성된 경우 빗방울과 달리 입자의 크기가 커도 수평으로 퍼지지 않고 회전 운동을 하면서 낙하함을 알 수 있다. 따라서 순수한 얼음인 강수 입자가 낙하하면서 수평으로 퍼진다는 이해는 적절하지 않다.

④ 이중 편파 레이더는 모든 산출 변수를 구할 때 수직 편파를 이용하므로 보다 정확한 기상 관측이 가능한 것이겠군.
2 ~ 6문단을 통해 이중 편파 레이더의 산출 변수는 반사도, 차등반사도, 차등위상차, 비차등위상차, 교차상관계수임을 알 수 있다. 하지만 이중에서 반사도는 수평 반사도만 의미하므로 반사도가 수직 편파를 이용한다는 이해는 적절하지 않다.

✔⑤ **관측 범위 내에 두 종류 이상의 강수 입자가 혼재할 경우 교차상관계수만으로는 강수 입자의 종류를 판별할 수 없겠군.**
6문단을 통해 두 종류 이상의 강수 입자가 혼재하면 교차상관계수가 0.97 미만으로 나타남을 알 수 있다. 하지만 강수 입자의 구체적인 종류는 이러한 교차상관계수만으로는 알 수 없으므로 적절하다.

**★★ 문제 해결 꿀~팁 ★★**

▶ **많이 틀린 이유는?**
이 문제는 선택지의 내용을 글의 내용을 통해 확인하는 과정에서 어려움을 겪은 것으로 보인다.

▶ **문제 해결 방법은?**
이 문제를 해결하기 위해서는 일차적으로 선택지의 내용을 정확히 파악해야 한다. 이때 선택지를 읽으면서 항상 밑줄을 그어 가며 정확히 읽어야 하는데, 그 이유는 선택지를 정확히 이해하는 것뿐만 아니라, 선택지와 관련된 글의 내용을 찾는 데도 도움이 되기 때문이다. 선택지 ④의 경우, 선택지를 통해 '이중 편파 레이더'는 '모든 산출 변수를 구할 때 수직 편파'를 사용한다는 선택지의 내용을 정확히 읽은 다음, 글에서 '이중 편파 레이더'의 '산출 변수'에 해당하는 모든 것을 찾은 뒤, 이들이 모두 '수직 편파'를 이용하는지 확인하면 된다. 글을 통해 이중 편파 레이더의 산출 변수 중 '반사도'는 수평 반사도만 의미하므로 적절하지 않음을 알 수 있다. 마찬가지로 정답인 ⑤의 경우에도, 선택지가 '교차상관계수'가 '두 종류 이상의 강수 입자가 혼재'될 경우 '강수 입자의 종류를 판별할' 수 있느냐 여부를 묻고 있다는 것을 정확히 파악해야 한다. 그러면 이와 관련된 6문단의 내용을 통해 적절함을 알 수 있었을 것이다. 이처럼 문제를 풀 때는 선택지를 정확히 이해하도록 반드시 밑줄을 그을 수 있도록 한다.

## 15 이유의 추론 정답률 49% | 정답 ②

㉠의 이유로 가장 적절한 것은?

① 이슬비와 우박은 반사도만으로는 구별할 수 없기 때문에
2문단을 통해 반사도로 이슬비와 우박은 구별할 수 있으므로 이유로 적절하지 않다.

✔② **집중 호우와 우박은 반사도만으로는 구별할 수 없기 때문에**
2문단을 통해 우박과 집중 호우의 반사도 값이 비슷하게 나타나 반사도만으로는 어떤 강수 입자인지 구별하기가 어려움을 알 수 있다. 하지만 이슬비의 반사도는 1dBZ 이하, 집중 호우의 반사도는 20dBZ 이상, 우박의 반사도는 집중 호우와 비슷하다고 하였으므로 반사도로 이슬비와 우박, 이슬비와 집중 호우를 구별할 수 있다. 그리고 3문단을 통해 집중 호우의 차등반사도는 2dB 이상으로, 우박이나 눈이 녹지 않은 경우와 이슬비의 차등반사도는 0dB로 나타남을 알 수 있으므로, 차등반사도로 집중 호우와 이슬비, 집중 호우와 녹지 않은 눈을 구별할 수 있음을 알 수 있다. 따라서 집중 호우와 우박은 반사도만으로 구별할 수 없기 때문에 반사도와 차등반사도를 종합적으로 고려하는 것이 필요함을 알 수 있다.

③ 이슬비와 집중 호우는 반사도만으로는 구별할 수 없기 때문에
2문단을 통해 반사도로 이슬비와 집중 호우를 구별할 수 있으므로 이유로 적절하지 않다.

④ 이슬비와 집중 호우는 차등반사도만으로는 구별할 수 없기 때문에
3문단을 통해 차등반사도로 집중 호우와 이슬비를 구별할 수 있음을 알 수 있으므로 이유로 적절하지 않다.

⑤ 집중 호우와 녹지 않은 눈은 차등반사도만으로는 구별할 수 없기 때문에
3문단을 통해 차등반사도로 집중 호우와 녹지 않은 눈을 구별할 수 있음을 알 수 있으므로 이유로 적절하지 않다.

★★★ 등급을 가르는 문제!

## 16 핵심 정보 간의 관계 파악 정답률 36% | 정답 ②

ⓐ ~ ⓓ에 대한 이해로 적절하지 않은 것은?

① 서로 다른 기상 관측 자료에서 ⓐ의 값이 달라도 ⓑ의 값은 동일할 수 있다.
2문단과 3문단을 통해 이슬비와 순수한 우박은 ⓐ의 값은 다르지만 ⓑ의 값은 모두 0dB로 나타날 수 있음을 알 수 있다.

✔② **강수 입자 크기에 영향을 받는 ⓐ와 ⓒ는 서로 비례 관계에 있는 산출 변수이다.**
ⓐ는 강수 입자 크기에 의해 결정되는 값이므로 강수 입자가 존재하지 않으면 0dBZ로 산출된다. 하지만 ⓒ는 강수 입자가 존재하지 않는 곳에서도 0이 아닌 값으로 산출될 수 있으므로 두 산출 변수가 비례 관계에 있다는 설명은 적절하지 않다.

③ 관측 범위 내 강수 입자들의 크기와 종류가 모두 동일한 경우에 ⓑ가 양의 값을 갖는다면 ⓒ도 양의 값을 갖는다.
4문단을 통해 ⓒ는 ⓑ와 마찬가지로 강수 입자가 수평으로 더 길면 양의 값을, 수직으로 더 길면 음의 값을 가짐을 알 수 있다. 따라서 강수 입자들의 크기와 종류가 모두 동일할 때 ⓑ가 양의 값을 갖는다면 ⓒ도 양의 값을 갖는다고 할 수 있다.

④ 레이더로부터 3km, 6km 떨어진 지점에서 ⓒ의 값이 각각 0°, 12°라면 3~6km 구간에서 ⓓ의 값은 2°/km이다.
5문단의 내용을 바탕으로 3~6km 구간에서 ⓓ의 값을 구하면 ⓒ의 변화량 12°를 전파의 왕복 거리 6km로 나눈 2°/km가 됨을 알 수 있다.

⑤ ⓓ는 ⓒ와 달리 강수 입자가 존재하는 곳에서만 0이 아닌 값으로 산출된다.
4문단을 통해 ⓒ는 전파의 진행 방향을 따라 계속 누적되기 때문에 강수 입자가 존재하지 않는 곳에서도 0이 아닌 값이 산출될 수 있음을 알 수 있다. 그리고 5문단을 통해 ⓓ는 강수 입자가 존재하는 곳에서만 0이 아닌 값으로 산출됨을 알 수 있다.

**★★ 문제 해결 꿀~팁 ★★**

▶ **많이 틀린 이유는?**
이 문제는 글에 제시된 ⓐ ~ ⓓ를 정확히 이해하지 못해 오답률이 높았던 것으로 보인다. 또한 ⓐ ~ ⓓ를 비교하기 위해 일일이 ⓐ ~ ⓓ의 내용을 확인하는 것도 시간적으로 부족하여 오답률을 높인 원인으로 보인다.

▶ **문제 해결 방법은?**
이 문제를 해결하기 위해서는 선택지를 통해 ⓐ ~ ⓓ에 대해 어떻게 비교하고 있는지를 정확히 이해해야 한다. 가령 정답인 ②의 경우 선택지를 통해, ⓐ와 ⓒ가 강수 크기에 영향을 받아 서로 비례 관계에 있는 산출 변수라는 내용을 파악해야 한다. 그런 다음 글에 제시된 ⓐ와 ⓒ를 이해하면서 이 둘이 서로 비례 관계인지 아닌지를 판단하면 된다. 글을 통해 ⓐ는 강수 입자가 존재하지 않으면 0dBZ로 산출됨을 추측할 수 있고, ⓒ는 강수 입자가 존재하지 않는 곳에서도 0이 아닌 값으로 산출됨을 알 수 있으므로, 두 산출 변수가 비례 관계에 있지 않음을 알 수 있다. 마찬가지로 오답인 ①의 경우에도 선택지를 통해 서로 다른 기상 관측 자료에서 ⓐ의 값이 달라도 ⓑ의 값이 동일한지 여부를 파악해야 함을 알고, 글을 통해 이를 확인하면 된다. 그럴 경우 서로 다른 기상 관측 자료인 이슬비와 순수한 우박의 경우 2문단을 통해 ⓐ의 값이 다름을 알 수 있고, 3문단을 통해 ⓑ의 값이 모두 0dB로 나타남을 알 수 있다. 이처럼 문제에서 두 대상을 비교하는 문제가 출제되는 경우, 선택지를 통해 무엇을 비교하고 있는지 파악한 다음, 글에서 각각에 해당하는 내용을 찾아 비교할 수 있어야 한다.

## 17 구체적인 사례에의 적용 정답률 49% | 정답 ⑤

윗글을 바탕으로 〈보기〉의 '기상 관측 자료'를 이해한 내용으로 적절하지 않은 것은? [3점]

〈보 기〉

○ 기상 관측 자료
다음은 비가 내리고 있는 A 지역과 기상 현상을 알지 못하는 B 지역을 이중 편파 레이더로 관측한 결과이다.

| 관측 지역 | 반사도 | 차등반사도 | 교차상관계수 |
|---|---|---|---|
| A | 45dBZ | 2.5dB | 0.95 |
| B | 45dBZ | 0dB | 0.98 |

(단, 강수 입자 특성 외의 다른 관측 조건은 동일하다고 가정한다.)

① A 지역은 차등반사도가 양의 값을 가지므로 강수 입자의 모양이 수평으로 긴 형태일 것이다.
비가 내리고 있는 A 지역은 반사도가 20dBZ보다 크고, 차등반사도는 2dB보다 크므로 강수 입자의 모양이 수평으로 긴 집중 호우일 가능성이 높음을 알 수 있다.

② A 지역은 차등반사도가 2dB보다 크고 교차상관계수가 0.97보다 작으므로 집중 호우가 내리고 있을 가능성이 높을 것이다.
A 지역은 반사도가 20dBZ보다 크고, 차등반사도는 2dB보다 크고, A 지역의 교차상관계수는 0.97 미만으로 나타나므로, 집중 호우가 내리고 있을 가능성이 높다고 할 수 있다.

③ B 지역의 기상 현상을 우박으로 판단했다면 반사도가 20dBZ 이상이면서 차등반사도가 0dB이기 때문일 것이다.
기상 현상을 알지 못하는 B 지역은 반사도가 집중 호우와 마찬가지로 20dBZ보다 크고, 차등반사도는 0dB이므로 순수한 얼음으로 구성된 우박일 가능성이 높다.

④ B 지역은 교차상관계수가 0.97보다 높게 나타나므로 종류가 같고 크기가 비슷한 강수 입자들이 분포하고 있을 것이다.
기상 현상을 알지 못하는 B 지역은 교차상관계수가 0.980이므로, 종류가 같고 크기가 비슷한 강수 입자들이 분포하고 있을 것임을 알 수 있다.

✅ B 지역은 차등반사도가 A 지역보다 작고 반사도가 A 지역과 동일하므로 B 지역의 수직 반사도는 A 지역보다 작을 것이다.
3문단을 통해 차등반사도는 수평 반사도에서 수직 반사도를 뺀 값임을 알 수 있고, <보기>를 통해 반사도 값은 A 지역과 B 지역이 동일함을 알 수 있다. 따라서 수직 반사도 값은 차등반사도 값이 더 작은 B 지역이 A 지역보다 클 것임을 알 수 있다.

## 18~21 고전 소설

작자 미상, 「조웅전」

**감상** 이 작품은 **조선 시대 영웅 소설의 대표작**으로, **주인공의 고행담을 다룬 전반부와 주인공의 영웅적 활동을 다룬 후반부로 구성**되어 있다. **영웅의 일대기 형식에 맞춰 주인공의 영웅적인 면모와 자유연애의 애정관이 잘 드러나고 있는 작품**이기도 하다.

**주제** 조웅의 영웅적 일대기

**작품 줄거리** 중국 송나라 문제 때 승상 조정인이 이두병의 참소를 당하여 음독 자살하자, 외아들 조웅도 이두병의 모략을 피하여 어머니와 함께 도망간다. 온갖 고생을 하며 유랑하던 조웅 모자는 다행히 월경 도사를 만나 강선암으로 들어가 지내게 된다. 그 뒤 도사를 찾아가 병법과 무술을 전수받은 조웅은 강선암으로 돌아가던 도중 장 진사 댁에서 유숙하다가 우연히 장 소저와 만나 혼인을 약속한다. 이때 서번이 침입하여 조웅이 나아가 이를 물리친다. 한편 스스로 천자라고 한 이두병이 조웅을 잡기 위해 군대를 일으켰으나 도리어 조웅에게 연패한 끝에 사로잡히고 만다. 천자는 이두병 일파를 처단한 뒤 조웅을 제후로 봉한다.

### 18 작품 내용의 이해 정답률 75% | 정답 ①

윗글에 대한 이해로 적절하지 않은 것은?

✅ 왕 부인은 황제가 죽은 후 태자를 산중으로 피신시켰다.
이 글에서 왕 부인 모자는 황제가 죽자 망극하다고 했으므로 왕 부인은 황제의 죽음을 매우 슬퍼했음을 알 수 있다. 하지만 왕 부인이 태자를 산중으로 피신시킨 것은 아니므로 적절하지 않다.

② 관원들은 엄중하게 예의를 갖추어 황제의 장례를 치렀다.
사월 사 일에 황제의 장례를 치를 때 '관원들이 엄히 예의를 갖추어' 황제를 서릉에 안장했다는 내용을 통해 적절함을 알 수 있다.

③ 황제는 조웅의 인물됨을 알아보고 그를 등용하고자 했다.
황제는 조웅에 대해 '인재가 거룩하고 충효가 거룩하매 본보기가 될 만하'다고 언급하며 조웅을 태자의 서동으로 삼아 조정에 등용하려 함을 알 수 있다.

④ 조웅은 이두병의 죄목을 나열하며 그의 잘못을 심문했다.
조웅은 대원수가 되어 이두병을 붙잡은 뒤, 태자를 귀양살이 보내고 사약을 내린 것과 자신을 잡으려고 장졸을 보내 시절을 요란케 한 것에 대해 심문하였음을 알 수 있다.

⑤ 이두병은 어린 태자의 즉위에 대해 반대의 입장을 취했다.
이두병은 태자의 나이가 어리다는 점을 들어 태자의 즉위가 매우 위태로운 일이라고 말하며 태자의 즉위에 대한 반대의 입장을 취하고 있음을 알 수 있다.

### 19 서사 구조의 이해 정답률 72% | 정답 ⑤

㉠~㉤에 대한 이해로 가장 적절한 것은?

① ㉠의 사건으로 인해 ㉡ 동안 황제의 신상에 변화가 생긴다.
황제가 우연히 병을 얻어 병세가 열흘 동안 깊어지지만 이러한 황제의 신상에 변화를 가져온 사건이 무엇인지 ㉠에 드러나지 않으므로 적절하지 않다.

② ㉠과 ㉢ 사이에 대립하던 신하들이 ㉣의 사건을 통해 화합하게 된다.
㉠에 신하들이 이두병을 두려워하고 있을 뿐, 신하들끼리 대립하지는 않고 있으므로 적절하지 않다.

③ ㉠에 황제가 결정을 보류했던 일이 ㉤에 다수의 의견에 따라 결정된다.
㉠에 이두병의 반대로 조웅을 서동으로 등용하지 못하고, 조웅 아닌 다른 이의 등용도 윤허하지 않아 서동을 뽑으려던 황제의 뜻은 보류되고 있다. 그리고 ㉤에 서동을 뽑는 일과 관련하여 신하들이 의논한 것이 드러나지 않으므로 적절하지 않다.

④ ㉡ 동안 드러난 백성들의 소망이 ㉢의 사건으로 실현된다.
㉡ 동안 백성들은 황제의 건강을 걱정하며 회복을 기원했지만 결국 황제는 ㉢에 죽게 되어 그들의 소망은 좌절되므로 적절하지 않다.

✅ ㉢의 황제의 죽음 이후, 제위에 대한 논의가 ㉤에 마무리된다.
㉢의 황제의 죽음 이후, 비어 있는 제위를 이을 자에 대한 논의가 ㉤에서 신하들이 이두병을 황제로 추대하며 마무리되고 있다.

### 20 말하기 방식 파악 정답률 87% | 정답 ③

[A]와 [B]에 대한 설명으로 가장 적절한 것은?

① [A]는 상대에 대한 원망을, [B]는 상대에 대한 기대를 물음의 방식을 통해 드러내고 있다.
[A]에서는 물음의 방식이 드러나지만 원망은 드러나지 않았고, [B]에서는 물음의 방식이 사용되지 않았다.

② [A]는 다른 이의 조언을 바탕으로, [B]는 자신의 경험을 바탕으로 상대의 의견에 반대하고 있다.
[A]에서는 다른 이의 조언이 드러나지 않고 있다. 그리고 [B]에서는 '만조 백관'의 경험이 드러나 있지만 상대의 의견에 반대하지 않고 있다.

✅ [A]는 현재의 상황을 명분으로 들어, [B]는 과거의 상황을 해명하며 자신의 입장을 전하고 있다.
[A]에서는 '여러 신하'가 태자의 나이가 어려 제위를 전하기 어렵다는 현재의 상황을 명분으로 들어 이두병과 협정을 하라는 황제의 유언에도 불구하고 또 다른 왕을 둘 수 없다는 입장을 상대에게 전하고 있다. 그리고 [B]에서는 '조정 백관'이 과거에 자신들이 저질렀던 잘못에 대해 여러 이유를 들어 해명하며 상대에게 자신들의 목숨을 보전해 달라는 입장을 전하고 있다. 따라서 [A]는 현재의 상황을 명분으로 들어 자신의 입장을 전하고 있고, [B]는 과거의 상황을 해명하며 자신의 입장을 전하고 있다.

④ [A]와 [B]는 모두 도덕적 가치를 내세워 상대의 부당한 처사를 비판하고 있다.
[A]와 [B] 모두 도덕적 가치를 내세워서 상대의 부당한 처사를 비판하는 내용은 드러나지 않고 있다.

⑤ [A]와 [B]는 모두 고사를 인용하여 상대가 동일한 실수를 반복하지 않도록 조언하고 있다.
[A]와 [B] 모두 고사를 인용하여 상대에게 동일한 실수를 반복하지 않도록 조언하지는 않고 있다.

### 21 외적 준거에 따른 작품의 감상 정답률 82% | 정답 ④

<보기>를 바탕으로 윗글을 감상한 내용으로 적절하지 않은 것은? [3점]

<보 기>

일반적으로 영웅 소설에서 악인은 주인공에게 시련을 가하고 반란을 도모해 권력을 쟁취한다. 악인에게 원한을 갖게 된 주인공은 시련을 극복하며 성장하게 되고 결국 악인의 목숨을 빼앗음으로써 복수를 완성한다. 이 과정에서 악인의 권력에 움츠려 있던 백성들 또한 주인공을 지지하며 악인에게 맞서게 되고, 주인공의 개인적 원한에 대한 복수는 집단의 고통을 해결하고 대의명분을 실현한다는 점에서 정당성을 갖게 된다.

① '조웅을 위하여 천거하는 자'는 '죄를 받'을 것이라고 위협하는 이두병은 조웅의 천거를 방해한다는 점에서 주인공에게 시련을 가하는 악인으로 볼 수 있겠군.
<보기>를 통해 악인은 주인공에게 시련을 가함을 알 수 있다. 따라서 승상이라는 자신의 지위를 이용하여 황제에게 조웅을 천거하지 못하도록 다른 신하들을 위협하는 이두병의 모습은 조웅에게 시련을 가하는 악인의 모습에 해당한다고 할 수 있다.

② '역모에 뜻을 두고 옥새를 도모코자' 하는 이두병의 모습은 황제가 되려는 야망을 드러낸다는 점에서 권력을 잡기 위해 정치적 반란을 도모하는 것으로 볼 수 있겠군.
<보기>를 통해 악인은 반란을 도모해 권력을 쟁취함을 알 수 있다. 따라서 이두병이 황제의 죽음 이후 어린 태자를 대신해 황제가 되려는 야망을 드러내는 모습은 권력을 잡기 위한 정치적 반란을 도모하는 것이라 할 수 있다.

③ '남녀노소 없이 길을 막고 나와 원수께 치하'하는 모습은 이두병의 통치에 고통을 받던 백성들이 조웅의 등장을 반긴다는 점에서 주인공의 행위를 지지하는 것으로 볼 수 있겠군.
<보기>를 통해 악인의 권력에 움츠려 있던 백성들 또한 주인공을 지지함을 알 수 있다. 따라서 대원수가 되어 팔십만 대병을 이끌고 황성에 찾아 온 조웅을 보며 모두 길에 나와 고마워하며 기뻐하는 백성들의 모습은 조웅의 행위를 지지하는 것으로 볼 수 있다.

✅ '이두병과 이관 등을 수레 위에 높이 싣고' 조웅을 기다리는 신하들의 행동은 주인공을 대신해 원한을 해결한다는 점에서 악인에 대한 개인적 복수를 완성한 것으로 볼 수 있겠군.
<보기>를 통해 악인에게 원한을 갖게 된 주인공이 시련을 극복하며 성장하게 되고 결국 악인의 목숨을 빼앗음으로써 복수를 완성함을 알 수 있다. 따라서 조정의 신하들이 이두병과 이관을 붙잡고 조웅을 기다리는 것만으로는 복수가 완성되었다고 볼 수 없으며, 조웅의 원한을 대신 해결했다고도 볼 수 없다.

⑤ 조웅이 '태자를 귀양살이 보'낸 이두병을 심문하는 행위는 왕권을 찬탈한 이두병을 심판한다는 점에서 대의명분을 실현하여 복수의 정당성을 획득한 것으로 볼 수 있겠군.
<보기>를 통해 주인공의 개인의 원한에 대한 복수는 대의명분을 실현한다는 점에서 정당성을 갖게 됨을 알 수 있다. 이두병을 심문하면서 태자에게 행한 일을 꾸짖으며 왕권 찬탈을 통해 부당하게 천자 행세를 한 그의 행위를 심판하는 것은 대의명분을 실현하여 복수의 획득한 것이라 할 수 있다.

## 22~25 현대 소설

이문구, 「관촌수필」

**감상** 이 작품은 **「일락서산」부터 「월곡후야」까지 총 8편의 작품으로 이루어진 자전적 연작 소설**이다. 이 작품은 **근대화 과정에서 피폐한 농촌 현실을 사실적으로 묘사하여 성장 위주의 무리한 산업화 정책에 대한 비판적 성찰을 드러낸 작품**이다. 또한 **이문구 특유의 풍자와 해학이 느껴지는 개성적인 문체로 이루어진 이 연작은** 그의 연작 소설 『우리 동네』와 함께 농민 소설의 본보기로 평가된다. **제시된 부분은 제7편 「여요주서(麗謠註書)」로, 중학교 동창인 친구가 아버지의 약값을 마련하기 위해 꿩을 잡아 팔려다가 발각되어 공권력에 시달리는 내용을 담고** 있다.

**주제** '근대화'로 인해 붕괴되어 가는 농촌 현실을 통한 따뜻한 인간애의 추구

**작품 줄거리** 제1편 「일락서산」은 성묘를 위해 고향을 찾은 주인공이 할아버지와 아버지, '나'에 이르는 삼대에 걸친 가족사를 담담하게 회상하는 내용이다. 제2편 「화무십일(花無十日)」은 피란길에 '나'의 집에 얹혀 살던 윤 영감 일가의 몰락을 다룬 이야기와 그들을 따뜻이 대하는 '나'의 어머니의 순박한 인정을 다루었다. 제3편 「행운유수(行雲流水)」는 유년 시절을 함께 보냈던 외가댁 행랑아범의 딸 옹점이의 이야기를 담아냈다. 제4편 「녹수청산(綠水靑山)」은 고향 친구 대복이와 순심이의 목숨을 건 사랑 이야기, 제5편 「공산토월(空山吐月)」은 요절한 석공(石工) 신석현의 이야기로, 농촌 공동체의 이상적인 인간상을 구현해 내고 있다. 제6편 「관산추정(關山芻丁)」은 유년 시절의 고향 친구 복산이가 관산처럼 고향을 지키고 있는 이야기로, 마을을 흐르는 한내[大川]가 도시화에 밀려들어 온 퇴폐적 소비 문화의 하수구로 전락한 실상을 그리고 있다. 제7편 「여요주서(與謠註序)」는 아버지의 약값을 마련하려고 꿩을 잡아 팔려다가 「야생 동물 보호법」을 어긴 혐의로 누명을 뒤집어쓰게 되는 중학교 동창 신용모의 이야기를 통해 인간성의 타락을 그렸다. 제8편 「월곡후야」는 순이를 겁탈한 김선영이 돈으로 사건을 무마하는 이야기로, 농촌 사회의 물질 만능주의와 도덕적 타락을 그리고 있다.

★★★ 등급을 가르는 문제!

### 22 작품의 내용의 이해 정답률 41% | 정답 ①

윗글에 대한 이해로 가장 적절한 것은?

✅ 조순만은 성문이 장에 가는 이유를 용모에게 이야기하고 있다.
이 글에서 용모가 꿩을 들고 가는 성문에게 '워디 가지구 가'느냐고 묻는 말에 조순만은 아버지가 '담뱃값



[문제편 p.167]

허게 팔어 오라'고 했다는 성문의 말을 용모에게 전하고 있다. 따라서 조순만은 성문이 장에 가는 이유를 용모에게 이야기한다고 할 수 있다.

② **용모는 장을 보고 돌아오는 길에 성문을 돕겠다고 나서고 있다.**
용모는 '나이타에 지름이나' 넣으려고 장에 가는 길에 성문을 만나 꿩을 팔러 가는 이유를 들은 후 성문을 돕고자 마음먹고 있다.

③ **오수길은 고학성이 병에 걸렸다는 사실을 성문의 말을 통해 알게 된다.**
용모가 성문을 나무라는 투로 한 말에 오수길은 '학생이가 여적지 못 일어났나 뵈', '누운 지두 달포' 가까이 된다고 말하고 있는 것으로 보아 고학성이 병에 걸린 것을 이미 알고 있었다고 볼 수 있다.

④ **고학성은 아들을 장에 보내 자신의 병을 치료할 약을 사 오도록 한다.**
고학성이 아들에게 '담뱃값 허게' 꿩을 팔아오라고 시켰다는 말을 통해 아들을 장에 보내 자신의 병을 치료할 약을 사 오도록 한 것이 아님을 알 수 있다.

⑤ **성문은 조순만의 말을 듣고 거래를 통해 받을 수 있는 금액을 알게 된다.**
조순만이 '얼마나 나가'냐고 꿩값에 대해 묻자 오수길은 '누가 팔어 봤으야지'라며 가격을 모른다고 말하고 있으므로, 조순만도 꿩의 가격을 모른다고 할 수 있다.

**★★ 문제 해결 꿀~팁 ★★**

▶ **많이 틀린 이유는?**
이 문제는 대화 내용을 바탕으로 작품 내용 이해를 요구하고 있어서, 대화의 주체를 정확히 파악하지 못해 오답률이 높았던 것으로 보인다.
▶ **문제 해결 방법은?**
이 문제뿐만 아니라 고전 소설에서도 내용 이해 문제의 핵심은 작품 속 인물의 말과 행동을 정확히 파악하는 데 있다. 특히 이 문제에서는 선택지의 내용이 인물의 대사와 연관되어 있으므로 어떤 인물이 어떤 말을 하고 있는지 정확히 파악해야 한다. 오답인 ②의 경우에도, 앞부분의 대화의 주체가 누구인지 파악했으면 용모가 '나이타에 지름이나' 넣으려고 장에 가는 길이었음을 알 수 있으므로, '장을 보고 돌아오는 길에 성문을 돕겠다는 내용'이 적절하지 않음을 알았을 것이다. 마찬가지로 정답인 ①의 경우에도, 용모가 꿩을 들고 가는 성문에게 '워디 가지구 가'느냐고 묻자, 조(순만)가 '담뱃값 허게 팔어 오라더라'고 했다는 성문의 말을 용모에게 전하고 있음을 알 수 있으므로 적절하다고 할 수 있다. 이 문제는 현대 소설이든지 고전 소설이든지 인물에 대해 정확히 파악하는 것의 중요성을 보여 주는 문제라 할 수 있다. 따라서 소설을 읽을 때는 항상 인물에 별도 표시를 하여 정확히 이해할 수 있도록 한다. 이러한 방법은 인물 이해뿐만 아니라 내용을 전반적으로 이해할 수 있게 해 주어 다른 문제들을 푸는 데도 도움이 될 수 있다.

## 23 소재의 기능 파악 정답률 88% | 정답 ④

**꿩에 대한 이해로 가장 적절한 것은?**

① **용모가 농민으로서의 지난 삶을 반성하는 계기가 된 소재이다.**
용모는 꿩으로 인해 재판을 받으면서 꿩과 같은 해조로 인해 농민들이 겪는 어려움을 이야기하고 있으므로 농민으로서의 지난 삶을 반성한다고 할 수 없다.

② **경제적 어려움에 처한 용모의 이기적 욕망이 투영된 대상이다.**
용모가 꿩을 넘겨 받은 것은 어린 성문을 돕기 위한 배려이므로, '꿩'에 용모의 이기적 욕망이 투영되었다고 할 수 없다.

③ **마을 사람들에게 외면당하고 있는 용모의 처지를 드러내는 소재이다.**
용모가 마을 사람들에게 외면당하고 있는 내용은 찾아볼 수 없다.

✔ **용모에게 예상치 못한 어려움을 안겨 주는 사건의 원인이 되는 소재이다.**
이 글에서 용모는 성문을 도와주려다가 '꿩'을 잡았다는 오해로 인해 재판과 벌금형을 받고 있다. 따라서 '꿩'은 용모에게 예상치 못한 어려움을 안겨 주는 사건의 원인이 되는 소재라 할 수 있다.

⑤ **흥정의 상대를 찾으려는 마을 사람들 사이에 갈등을 유발하는 대상이다.**
용모가 장에서 꿩을 흥정하려는 모습은 알 수 있지만, 흥정 상대를 찾는 부분은 알 수 없다.

## 24 서술상 특징 파악 정답률 69% | 정답 ③

**[A]~[E]의 서술 방식에 대한 설명으로 적절하지 않은 것은?**

① **[A] : '여겨보니'와 '성문이었다'를 보면, 서술자가 특정 인물의 시각에서 다른 인물에 대한 정보를 제공하고 있음을 알 수 있다.**
[A]에서 '고개를 꾸뻑' 하는 아이를 '여겨' 본 용모에 의해 그 아이가 '고학성이 아들 성문'임이 밝혀지고 있다. 따라서 용모의 시각에서 다른 인물에 대한 정보를 제공하고 있음을 알 수 있다.

② **[B] : '해 주고 싶었기 때문이었다'를 보면, 서술자가 특정 인물의 행동과 관련된 의도를 파악하고 있음을 알 수 있다.**
[B]에서 용모가 '성문이 손에서 꿩을 넘겨 받아 든' 행동에 대해 '한 푼이라도 더 받아 쥐게 해 주고 싶었기 때문'이라 말하고 있다. 따라서 서술자가 용모의 의도를 파악하여 제시하고 있음을 알 수 있다.

✔ **[C] : '판사는'과 '용모는'으로 시작되는 문장을 보면, 서술자가 다양한 인물의 시선을 통해 사건을 입체적으로 제시하고 있음을 알 수 있다.**
[C]의 '판사는'으로 시작하는 문장은 판사의 위엄이 서린 듯한 말투에 대해 서술자가 서술한 것이고, '용모는'으로 시작하는 문장은 판사의 말에 입을 못 여는 용모의 모습을 서술자가 서술한 것이다. 따라서 서술자가 직접 두 인물의 모습을 서술하고 있으므로, 다양한 인물의 시선을 통해 사건을 입체적으로 서술하였다는 내용은 적절하지 않다.

④ **[D] : '아닌 것 같았다'와 '믿어야 될 성싶었다'를 보면, 서술자가 특정 인물의 발화에 담긴 의미를 추측하여 서술하고 있음을 알 수 있다.**
[D]에서 '용모'가 '원기 있게 말'하는 모습에 대해 서술자는 '술기운 덕도 아닌 것 같고', '기지개와 같은 몸짓으로 믿어야 될 성싶'다고, 서술자가 용모의 발화에 담긴 의미를 추측하여 서술하고 있음을 알 수 있다.

⑤ **[E] : '지켜보다가'와 '떠올랐다'를 보면, 작품 속의 서술자가 인물을 관찰하며 떠오른 생각을 드러내고 있음을 알 수 있다.**
[E]에서 '나는 용모의 뒷모습을 지켜보'고 있으므로 작품 속 서술자가 인물을 관찰하고 있고, 이를 통해 물과 관련한 '어디서 들은 말이 떠올랐다' 라고 서술자가 떠오른 생각을 서술하고 있음을 알 수 있다.

## 25 외적 준거에 따른 작품의 감상 정답률 59% | 정답 ②

**다음은 이 작품이 발표된 시기의 신문 기사이다. 이를 참고하여 윗글을 감상한 내용으로 적절하지 않은 것은? [3점]**

[문제편 p.169]

**○○일보** 1974년 △월 △일

**조수 보호는 됐지만 농가 보호는 어디로**

지난 1972년부터 조수 보호 정책에 따라 야생 동물의 전면적인 수렵 금지 조치가 시행 중이다. 해당 조치 이후 야생 동물 보호라는 목적은 이루었지만, 이 정책에 대한 농민들의 인식은 부족한 실정이다. 수렵 금지 조치를 위반한 사람은 1년 이하의 징역 또는 10만 원 이하의 벌금에 처하는데, 강제적 규제에 대한 농민들의 반발 또한 거세다. 농가 1가구당 월 평균 수입이 3만 원을 웃도는 것을 감안하면 벌금의 부담이 크기 때문이다. 한편 늘어난 야생 동물로 인한 경제적 피해도 심각한데, □□군의 경우 농작물 생산량이 계획보다 30% 정도 감소할 전망이다. 농촌 현실에 대한 이해를 바탕으로 한 농민 보호 대책을 마련해 달라는 진정도 쏟아지고 있어, 야생 동물을 자율적으로 보호하기 위한 사회적 합의가 필요한 상황이다.

① **조수 보호 정책에 대한 농민들의 인식이 부족했다는 기사 내용을 보니, 용모는 올무에 잡힌 꿩을 파는 것이 큰 문제가 되지 않을 것이라고 생각했겠군.**
용모가 올무에 잡힌 꿩을 파는 것이 문제가 되지 않다고 여긴 것은 조수 보호 정책에 대한 인식이 부족했기 때문이라고 볼 수 있다.

✔ **야생 동물의 자율적 보호를 위한 사회적 합의가 필요하다는 기사 내용을 통해, 판사가 용모에게 자연 보호가 당면 과제임을 부드러운 어조로 말하는 의도를 파악할 수 있겠군.**
판사가 자연 보호가 당면 과제임을 부드러운 어조로 말한 것은 올무에 잡힌 꿩을 팔려고 한 용모의 행동을 조수 보호 정책에 근거하여 나무라기 위한 것이다. 그러므로 조수 보호 정책이 갖는 문제점을 근거로 야생 동물의 자율적 보호를 위한 사회적 합의가 필요하다는 기사의 내용을 통해 판사의 발화 의도를 파악할 수 있다는 이해는 적절하지 않다.

③ **늘어난 야생 동물로 인한 경제적 피해가 심각했다는 기사 내용을 통해, 용모가 꿩도 농작물을 해치는 해조이므로 보호할 가치가 없다고 말한 이유를 이해할 수 있겠군.**
용모가 야생 동물인 꿩이 농산물을 해치는 해조인데 보호할 가치가 있냐고 반문한 이유를 통해, 늘어난 야생 동물로 인한 경제적 피해가 심각했던 당시의 상황을 통해 이해할 수 있다.

④ **강제적 규제에 대한 농민들의 반발이 거셌다는 기사 내용을 통해, 자신도 법의 보호를 받고 싶다고 반발하는 용모의 심리를 파악할 수 있겠군.**
야생 동물이 법의 보호를 받듯 자신도 법의 보호를 받고 싶다고 반발한 용모의 심리는 징역이나 벌금과 같은 강제적 규제에 대한 농민들의 반발이 거셌다는 당시 상황을 통해 이해할 수 있다.

⑤ **농가 1가구당 월 평균 수입이 3만 원을 웃돌았다는 기사 내용을 보니, 판사가 용모에게 내린 2만 원의 벌금형이 용모의 가계에 부담이 될 수 있었겠군.**
판사가 용모에게 내린 2만 원의 벌금형을 내리고 있고,, 당시 농가 1가구당 월 평균 수입이 3만 원을 웃돌았다는 기사 내용을 통해, 2만 원의 벌금형은 용모의 가계에 부담이 된다고 할 수 있다.

## 26~31 고전 시가 + 수필

**(가) 신교, 「귀산음」**

**감상** 이 작품은 **신교가 벼슬살이를 마치고 고향으로 돌아와 고향의 산천을 바라보며 느낀 감상을 서술한 8수의 연시조**이다. 10년의 벼슬살이를 끝내고 돌아온 **고향 산천에서의 유유자적한 삶을 통해 속세를 멀리하고, 금서를 가까이 하며 지내는 사대부의 여유가 잘 드러나** 있다.
**주제** 귀향하여 자연 속에서의 풍류를 즐기는 삶

**현대어 풀이**

십 년 벼슬 후에 고향으로 돌아오니
산천은 그대로이나 사람 일은 달라졌네.
아마도 세상의 존속과 멸망을 못내 슬퍼하노라. 〈1수〉

산꽃은 물에서 피고 물새는 산에서 운다.
내 몸이 한가하여 산수에 누웠으니
세상의 어지러운 기별을 나는 몰라 하노라. 〈4수〉

거문고 비스듬히 들고 산수를 희롱하니
맑은 바람 건듯 불고 밝은 달도 돌아 온다.
하물며 믿음 있는 갈매기는 오며가며 하나니. 〈5수〉

거문고의 흥겨움이 다하여 낚시터로 내려가니
복숭아꽃 뜬 맑은 물에 뛰노는 곳이 물고기로구나.
아이야 미끼를 달지 마라. 낚시질로 세상 생각을 잊고자 하는구나. 〈7수〉

**(나) 박인로, 「노계가」**

**감상** 이 작품은 **박인로가 만년에 경상도 영천의 노계에 머물면서 그곳의 아름다운 경치와 한가로운 생활을 읊은 가사**이다. 말년에야 비로소 은거지를 개척하게 되는 감회를 시작으로 **노계의 아름다운 경치를 예찬하고 그 속에서 자연에 몰입하는 삶의 흥취를 노래**했다. 그리고 **이러한 삶 모두가 성은(聖恩) 덕분이라는 감회와 함께 평화를 염원하는 마음으로 마무리**하고 있다.
**주제** 노계의 아름다운 경치에 대한 예찬과 자연에 몰입하여 살아가는 흥취

**(다) 법정, 「거꾸로 보기」**

**감상** 이 작품은 **우연히 세상을 거꾸로 바라보게 된 일상 속 경험을 바탕으로 고정 관념에 매몰되지 않고 대상을 정확하게 바라봄으로써 대상의 참되고 새로운 가치를 발견해야 한다는 주제 의식을 드러내고** 있다. 특히 글쓴이는 **일상적인 시선으로 대상을 바라봄으로써 고정 관념에서 헤어나지 못하는 태도를 경계**하고 **거꾸로 보기를 통해 대상의 좋은 속성을 발견하고 새로운 관계를 열어 갈 것을 당부**하고 있다.
**주제** 거꾸로 보기를 통한 바람직한 삶의 자세

## 26 작품 간의 공통점 파악 정답률 81% | 정답 ①

**(가)~(다)의 공통점으로 가장 적절한 것은?**

✔ 구체적인 경험을 바탕으로 지향하는 삶의 모습을 드러내고 있다.
(가)와 (나)에서는 자연 속에서 겪은 경험을 바탕으로 자연 속에서 살아가고자 하는 화자의 삶의 모습이 드러나 있다. 그리고 (다)에서는 글쓴이가 우연히 산의 모습을 거꾸로 보게 된 경험에서 깨달은 바를 바탕으로 자신이 지향하는 삶의 모습을 드러내고 있다. 따라서 (가)~(다) 모두 구체적인 경험을 바탕으로 지향하는 삶의 모습을 드러내고 있음을 알 수 있다.

② 과거의 삶을 후회하며 이상적 세계에 대한 동경을 드러내고 있다.
(가)~(다) 모두 과거의 삶을 후회하는 내용은 찾아볼 수 없다.

③ 역사적 사실을 언급하며 상황에 대한 비판적 시각을 드러내고 있다.
(가)~(다) 모두 역사적 사실을 언급한 부분은 찾아볼 수 없다.

④ 옛 성현의 말을 반복하여 목표를 이루기 위한 의지를 드러내고 있다.
(가)~(다) 모두 옛 성현의 말을 반복하지는 않고 있다.

⑤ 가상의 상황을 설정하여 다가올 미래에 대한 기대감을 드러내고 있다.
(가)~(다) 모두 가상의 상황을 설정하지는 않고 있다.

**27** 표현상 특징 파악 정답률 41% | 정답 ④

**(가)에 대한 이해로 적절하지 않은 것은?**

① 〈제1수〉에서는 영탄적 표현을 통해 화자의 정서를 드러낸다.
〈제1수〉의 '인사는 달라졌구나', '못내 슬허 하노라'를 통해, 영탄적 표현을 활용하여 슬픔의 정서를 드러내고 있음을 알 수 있다.

② 〈제4수〉에서는 대구의 방식을 활용하여 시적 상황을 표현한다.
〈제4수〉의 '산화는 물의 피고 물새는 산의 운다'를 통해, 대구의 방식을 활용하여 자연 속에서 살아가는 화자의 시적 상황을 표현하고 있음을 알 수 있다.

③ 〈제5수〉에서는 시적 대상에 인격을 부여하며 대상에 대한 친밀감을 드러낸다.
〈제5수〉의 '유신한 갈매기는 오명 가명 하나니'를 통해, 갈매기에 인격을 부여하여 친밀감을 드러내고 있음을 알 수 있다.

✔ 〈제7수〉에서는 말을 건네는 방식을 사용하여 상대와의 동질감을 표현한다.
〈제7수〉의 '아이야 밋기 다지 마라'를 통해, 화자가 '아이'에게 말을 건네는 방식이 사용되고 있음을 알 수 있다. 하지만 상대에게 어떠한 행동을 취하지 말 것을 요구하는 표현이지, 상대와의 동질감을 표현한다고는 볼 수 없으므로 적절하지 않다.

⑤ 〈제7수〉에서는 〈제5수〉에 언급된 대상을 다시 언급하며 화자의 행위가 변화했음을 드러낸다.
〈제7수〉의 '거믄고 흥진커던'을 통해 〈제5수〉의 '거믄고'를 다시 언급하고 있음을 알 수 있다. 따라서 〈제5수〉의 거문고를 비스듬히 들고 산수를 희롱하던 것에서, 〈제7수〉의 거문고에 대한 흥이 다해 낚시터로 내려가는 것으로 화자의 행위가 변화했음을 드러내고 있다.

**28** 시상 전개 방식 파악 정답률 72% | 정답 ②

**[A]~[E]에 대한 이해로 적절하지 않은 것은?**

① [A]의 '평생 품은 뜻'이 의미하는 바를 [B]에서 확인할 수 있다.
[A]의 '평생 품은 뜻'은 [B]의 '아무런 욕심 없이 탈속의 마음'으로 '산수에 깃들'이는 것이라고 할 수 있다.

✔ [A]의 '봄옷'에 대한 화자의 태도는 [C]의 '베옷'에 대한 화자의 태도와 대조되고 있다.
[A]에서 화자는 '봄옷'을 입고 자신이 뜻을 이루고 싶어 하는 자연으로 가고 있고, [B]에서도 화자는 '베옷'을 입고 '낚시터'라는 자연으로 가고 있다. 따라서 [A]의 '봄옷'과 [C]의 '베옷'에 대한 화자의 태도가 대조된다는 설명은 적절하지 않다.

③ [B]의 '산수에 깃들인 채' 사는 삶의 양상을 [C]에서 확인할 수 있다.
[B]의 '산수에 깃들인 채' 사는 삶의 양상이 [C]의 '낚싯대'를 전 채 '칡두건 베옷'을 입고 '낚시터'로 내려가는 모습에서 구체적으로 드러난다고 할 수 있다.

④ [B]의 '욕심 없이' 살아가는 화자의 모습을 [D]에서 확인할 수 있다.
[B]의 '욕심 없이' 살아가는 모습은 [D]에서 '낚시 놓고 배회하는' 모습에서 확인할 수 있다.

⑤ [D]의 '고기 수'를 셀 정도로 맑은 자연의 이미지가 [E]에서도 이어지고 있다.
[D]의 '고기 수'를 셀 정도라는 표현에서 물의 맑은 이미지가 나타나 있고, [E]에서도 '누대'의 경치가 '깨끗하'여 '물'과 '하늘'이 '한 빛이 되'었다는 표현에서 맑은 자연의 이미지가 이어지고 있음을 알 수 있다.

**29** 외적 준거에 따른 작품의 감상 정답률 66% | 정답 ③

**〈보기〉를 참고하여 (가), (나)를 감상한 내용으로 적절하지 않은 것은? [3점]**

〈보 기〉
자연에서의 한가로운 삶을 형상화한 사대부들의 시가를 일컬어 '강호시가'라고 한다. 강호시가에서의 자연은 화자에게 익숙한 곳일 수도, 사람들이 쉽게 찾지 못했던 곳일 수도 있다. 이러한 자연은 화자가 오랜 세월을 거쳐 찾아온 공간으로서, 자신이 바라던 생활을 누릴 수 있다는 점에서 화자에게 만족감을 준다. 화자는 자연 속에서 번잡한 속세를 부정적으로 인식하고, 자연과 더불어 유유자적한 삶을 향유하는 모습을 보여 준다.

① (가)의 자연은 화자가 '고향'의 '산천'이 '의구하'다고 말하는 것으로 보아 화자에게 익숙한 곳으로 볼 수 있군.
(가)의 화자는 벼슬을 마치고 돌아온 '고향' 에서 '산천'이 '의구하'다고 말하며 자연이 변하지 않았음을 드러냈다는 점에서 고향의 자연은 화자에게 익숙한 공간이라고 할 수 있다.

② (나)의 자연은 '임자 없이' 감춰져 있던 곳이라는 점에서 사람들이 쉽게 찾지 못했던 곳으로 볼 수 있군.
(나)의 화자는 자신이 찾아간 자연을 '임자 없이 버려져 있'던 공간이자 '천지가 감췄'던 공간으로 인식하고 있다. 임자가 없었다는 점, 감춰져 있었다는 점에서 해당 공간은 사람들이 쉽게 찾지 못했던 곳으로 볼 수 있다.

✔ (가)의 '십 년', (나)의 '백수'는 자신이 바라던 생활을 누릴 수 있는 공간을 찾기 위해 화자가 노력한 세월로 볼 수 있군.
(가)의 '십 년'은 화자가 속세에서 벼슬을 하던 시기로 볼 수 있을 뿐, 화자가 자연을 찾아오기 위해 노력한 세월로 볼 수 없다. 한편 (나)의 '백수'는 화자가 나이가 들어서야 자연을 찾게 되었음을 드러낸 것이므로, 화자가 자연을 찾아오기 위해 노력한 세월을 드러낸다고는 할 수 없다.

④ (가)의 '어즈러운 긔별'과 (나)의 '뜬구름'에서 화자가 속세에 대해 부정적으로 인식하고 있음을 엿볼 수 있군.
(가)의 '어즈러운 긔별'은 '세상'의 것임을 알 수 있으며, 화자는 이를 '몰라 하노라'라고 말하며 '세상'과 단절하고자 함을 알 수 있다. 그리고 (나)의 화자는 세상의 명예와 이익을 중요한 대상이 아닌 '뜬구름'으로 인식하고 있으므로 세상과 단절하고자 함을 알 수 있다. 따라서 (가)의 '어즈러운 긔별'과 (나)의 '뜬구름'은 화자가 속세에 대해 부정적으로 인식하고 있음을 엿보게 해 준다고 할 수 있다.

⑤ (가)의 '산수간'에 누워 있는 모습과 (나)의 '누대의 맑은 경치'를 바라보는 모습에서 화자가 유유자적한 삶을 즐기는 모습을 확인할 수 있군.
(가)에서 화자는 '산수간'에 누워 한가로이 자연을 즐기고 있고, (나)에서 화자는 '누대의 맑은 경치'를 바라보며 자연을 즐기고 있다. 따라서 (가)와 (나)에는 자연과 더불어 사는 화자의 유유자적한 삶의 모습이 드러난다고 할 수 있다.

**30** 시구 및 구절의 의미 파악 정답률 65% | 정답 ①

**ⓐ와 ⓑ에 대한 이해로 가장 적절한 것은?**

✔ ⓐ는 하늘의 모습을 물에서 보게 된 것에 대한, ⓑ는 산의 모습이 평소와 달리 보이는 것에 대한 반응이다.
ⓐ에서 화자는 낚싯대를 놓고 물결을 굽어보는데, 물에는 하늘의 모습이 비쳐 구름 그림자와 하늘빛이 물속에 잠겨 있고 이 때문에 마치 물고기가 구름 위에서 뛰노는 것처럼 보인다 하고 있다. 따라서 ⓐ의 화자는 물에 비친 하늘의 모습을 보고 반응했다고 할 수 있다. 그리고 ⓑ에서 글쓴이는 마루에서 모로 들어눕다가 산의 모습을 다르게 보고 있다. 따라서 ⓑ의 글쓴이는 산의 모습이 평소 보던 것과 달리 보인 것에 대해 반응했다고 할 수 있다.

② ⓐ는 하늘과 물의 변함없는 모습을 본 것에 대한, ⓑ는 선명하게 드러난 산의 모습을 본 것에 대한 반응이다.
ⓑ는 달리 보인 산이 '선명하게 드러'났다고 말하며 산의 모습을 본 것에 대해 반응하고 있다. 그러나 ⓐ는 하늘의 모습을 물에서 본 것이므로 하늘과 물의 변함없는 모습을 본 것에 대한 반응이라 볼 수 없다.

③ ⓐ는 하늘이 물의 모습을 닮아 변해 가는 것에 대한, ⓑ는 산이 주변의 모습을 닮아 변해 가는 것에 대한 반응이다.
ⓐ는 하늘이 물의 모습을 닮아 변해 가는 것과 관련이 없으며, ⓑ 또한 산이 주변의 모습을 닮아 변해 가는 것과 관련이 없다.

④ ⓐ는 하늘과 맞닿은 물이 분리되어 보이는 것에 대한, ⓑ는 산과 주변이 조화로운 모습을 보이는 것에 대한 반응이다.
ⓐ는 물에서 하늘의 모습을 보는 것이므로 그 둘이 분리되어 보인다고 할 수 없으며, ⓑ는 산이 선명하게 보인 것일 뿐 산과 주변이 조화로운 모습을 보이는 것이라 할 수 없다.

⑤ ⓐ는 하늘과 물이 뒤바뀐 모습을 보게 된 것에 대한, ⓑ는 과거와 달라진 현재 산의 모습을 보게 된 것에 대한 반응이다.
ⓐ는 물에서 하늘의 모습을 보는 것이므로 하늘과 물이 뒤바뀐 것은 아니며, ⓑ는 산의 모습이 달라진 것이 아니라 글쓴이가 다르게 본 것이므로 과거와 달라진 현재 산의 모습을 보았다고 할 수 없다.

**31** 외적 준거에 따른 작품의 감상 정답률 46% | 정답 ①

**〈보기〉를 참고하여 (다)를 감상한 내용으로 적절하지 않은 것은?**

〈보 기〉
무엇인가를 진심으로 이해하고자 하는 사람은 마음을 구속하는 제약에서 벗어나 자유로워야 한다. 지식은 새로운 것을 이해하는 데 장애가 되며, 지식을 토대로 무언가를 경험하는 순간 마음은 그것을 기존의 지식으로 해석하고 이름 붙인다. 따라서 지식을 완전히 멈출 때 새로운 것을 경험할 수 있다. 미지의 것을 경험하기 위해서는 기존의 지식이 개입하지 않아야 한다는 것이다. 기존의 지식에서 벗어나야 진정한 자유를 얻을 수 있다.

✔ '팔베개를 하고 누워' 하늘을 '무심히' 바라보는 것은 지식을 멈추고 새로운 것을 경험하려는 행동으로 볼 수 있겠군.
'팔베개를 하고 누워' 하늘을 '무심히' 바라보는 것은 글쓴이가 빨래를 한 후 쉬기 위해 한 행동에 해당한다. 글쓴이가 산의 모습을 새롭게 본 것, 즉 새로운 것을 경험한 것은 '모로 돌아누워' 보았을 때의 일이므로 적절하지 않다.

② '사람'과 '사물'을 '일상적'으로 대하는 것은 미지의 것을 경험하는 데에 장애가 될 수 있겠군.
'사람'과 '사물'을 '일상적'으로 대하는 것은 '고정관념'에 지나지 않으므로 미지의 것을 경험하는 데 장애가 될 수 있다.

③ 어떤 대상에 대해 '아무개 하'는 것은 그 대상을 기존의 지식으로 해석하게 한다고 볼 수 있겠군.
'아무개 하'는 것은 대상을 '굳어 버린' 존재로 보게 하므로 기존의 지식으로 해석하게 한다고 볼 수 있다.

④ '아름다운 비밀'을 '찾아낼 수' 있는 것은 기존의 지식에 의지하지 않고 대상을 진심으로 이해했기 때문으로 볼 수 있겠군.
'아름다운 비밀'은 사람이나 사물이 지닌 새로운 면에 해당하므로 대상을 진심으로 이해할 때 '찾아낼 수' 있다.

⑤ '시들한 관계'를 '열린 눈'으로 바라보는 것은 진정한 자유를 얻기 위해 필요한 자세로 볼 수 있겠군.
'시들한 관계'를 '열린 눈'으로 바라보는 것은 '선입견에서 벗어나'는 것이므로 진정한 자유를 얻기 위해 필요한 자세라고 할 수 있다.

## 32~34 현대시

**(가) 김광규, 「나무처럼 젊은이들도」**

**감상** 이 글은 **젊은이들이 나무처럼 젊은이들이 시련을 이겨 내고 꿈을 피워 내기를 소망**하고 있다. 이 글에서 **화자는 추운 날씨에도 꽃을 피우며 이상적 세계를 향해 가는 나무의 생명력의 근원이 보이지 않는 땅속의 뿌리에 있음**을 보여 주면서, **젊은이들도 이러한 나무처럼 꿈을 키우며 살아가기를 바라고** 있다.

**주제** 젊은이들도 나무처럼 꿈을 위해 시련을 이겨 내기를 바람



[문제편 p.171]

**표현상의 특징**

• 문장 구조를 반복하여 대상의 속성을 부각하고 있음.
• 계절적 배경을 통해 대상의 상황을 드러내 줌.

**(나) 김혜순, 「별을 굽다」**

**감상** 이 글은 **복잡한 도시를 살아가는 무표정한 현대인들의 모습을 관찰하고 그에 대한 인상을 드러내고** 있다. **화자는 저마다의 일상을 바쁘게 살아가는 현대인들의 개성 없는 얼굴을 '붉은 흙 가면'과 같다**고 하며, 이들을 움직이는 삶의 원동력에 대해 상상해 보고, 결국 **각자에게 내재된 '불가마'와 같은 열정이 고단한 도시에서의 삶을 살아 내는 원동력이라는 인식에 도달**한다. 한편 **이 글의 제목**인 **'별을 굽다'**에는 인간이란 **각자의 내부에 삶의 원동력을 지니고 스스로 힘을 내며 살아가는 능동적인 존재라는 의미가 담겨 있다.**

**주제** 현대인의 몸속에 내재된 삶의 원동력

**표현상의 특징**

• 문장 구조를 반복하여 대상의 속성을 부각하고 있음.
• 시어를 반복하여 운율을 형성해 줌.
• 사람들의 겉과 속 모습을 대비하여 주제 의식을 드러내 줌.

**32** 표현상 특징 파악 정답률 67% | 정답 ③

**(가)와 (나)의 공통점으로 가장 적절한 것은?**

① 음성 상징어를 활용하여 대상의 역동성을 표현하고 있다.
(나)에서 '번쩍'이라는 음성 상징어를 사용하여 사람들이 두 눈을 뜨는 모습을 생생하게 드러내고 있지만, (가)에서 음성 상징어는 찾아볼 수 없으므로 적절하지 않다.

② 계절적 배경을 묘사하여 대상이 처한 상황을 드러내고 있다.
(가)에서 겨울과 봄이라는 계절의 모습을 통해 추운 날씨에도 꽃을 피우고 있는 나무의 상황이 드러남을 알 수 있다. 하지만 (나)에서 계절적 배경은 드러나지 않으므로 적절하지 않다.

✔ **유사한 문장 구조를 반복하여 대상의 속성을 부각하고 있다.**
(가)에서는 '~면 ~ㄴ다', '~을 ~다고 ~ㄹ 수 있느냐'의 문장 구조를 반복하여 생명력을 지닌 나무의 모습을 드러내고 있다. 그리고 (나)에서는 '~하는 힘 숨어 있었을까'의 문장 구조를 반복하여 현대인의 모습을 부각하고 있다. 따라서 (가)와 (나) 모두 유사한 문장 구조를 반복하여 대상의 속성을 부각하고 있음을 알 수 있다.

④ 자연과 인간을 대비하여 대상이 지닌 가치를 강조하고 있다.
(가), (나)에서 자연과 인간을 대비하지는 않고 있으므로 적절하지 않다.

⑤ 공간의 이동에 따라 대상이 변화하는 모습을 나타내고 있다.
(가), (나)에서 공간의 이동에 따라 변화하는 대상의 모습은 나타내지 않고 있으므로 적절하지 않다.

**33** 시구의 의미와 기능 파악 정답률 76% | 정답 ⑤

**ⓐ ~ ⓔ에 대한 이해로 가장 적절한 것은?**

① ⓐ : 현실에 대처하는 자세를 드러내어 젊은이들이 힘겨운 현실로 인해 고뇌하는 모습을 강조하고 있다.
ⓐ는 나무가 땅에 깊숙이 뿌리 내리는 것처럼 젊은이들도 내면의 힘을 키워가는 모습으로 볼 수 있다.

② ⓑ : 극단적 상황임을 강조하여 현실에 순응하는 삶을 선택해야만 하는 젊은이들의 좌절감을 드러내고 있다.
ⓑ의 나뭇가지 끝은 젊은이들이 도달할 수 있는 가장 높은 곳을 의미하는 시어일 뿐, 극단적인 상황을 의미하는 시어가 아니다.

③ ⓒ : 변화를 추구하는 모습을 통해 현실에서 벗어나기 위한 현대인의 노력을 그려내고 있다.
ⓒ는 현대인들이 일상을 바쁘게 살아가는 모습으로 볼 수 있다.

④ ⓓ : 삶이 반복되고 있음을 보여 주어 현대인을 일터로 향하게 만드는 원인에 대한 비판적 시각을 드러내고 있다.
ⓓ는 반복되는 일상에서도 현대인을 살아가게 하는 힘이 그들의 내면에 숨어 있음을 의미하는 것으로 볼 수 있다.

✔ **ⓔ : 수많은 사람들의 삶을 얼굴에 빗대어 각자의 일생을 만들어 가고 있는 현대인의 모습을 보여 주고 있다.**
ⓔ는 현대인이 각자의 일생을 자신의 힘으로 만들어 내고 있음을 빗대어 표현한 것으로 볼 수 있다.

**34** 외적 준거에 따른 작품의 감상 정답률 79% | 정답 ②

**<보기>를 참고하여 (가)와 (나)를 감상한 내용으로 적절하지 않은 것은? [3점]**

<보 기>
(가)는 추운 날씨에도 꽃을 피우며 이상적 세계를 향해 가는 나무의 생명력의 근원이 보이지 않는 땅속의 뿌리에 있음을 보여 주며, 젊은이들도 나무처럼 살아가기를 바라는 마음을 드러낸다. (나)는 일상에 지쳐 살아가는 삶을 극복해 낼 수 있는 현대인의 생명력의 근원이 인간 바깥의 초월적 세계가 아니라 인간의 내부에서 기원한다는 사유를 드러낸다.

① (가)의 '노란 얼굴'은 겨울임에도 꽃을 피워내는 나무의 모습을, (나)의 '무표정한 저 얼굴'은 화자가 지하철역에서 만난 현대인의 모습을 보여 주고 있다.
(가)의 '노란 얼굴'은 동짓달에 꽃을 피운 개나리의 모습을, (나)의 '무표정한 저 얼굴'은 일상에 지친 현대인의 모습을 나타낸 것이다.

✔ **(가)의 '보이지 않는'은 나무가 꽃을 피우게 하는 생명력이 사라진 상황을, (나)의 '볼 수 없는'은 현대인이 현실을 이겨 내게 하는 생명력이 사라진 상황을 보여 주고 있다.**
(가)의 '보이지 않는'과 (나)의 '볼 수 없는'은 나무가 꽃을 피워 내고 현대인이 현실을 이겨 내게 하는 힘이 겉으로 잘 드러나지 않는 속성을 지니고 있음을 보여 주는 것이다.

③ (가)의 '하늘'은 나무가 희망을 품고 향해 가는 곳임을, (나)의 '땅속'은 현대인이 반복적인 일상을 살아가는 곳임을 보여 주고 있다.
(가)의 '하늘'은 나무가 꿈을 피워내며 향해가는 곳을, (나)의 '땅속'은 현대인이 반복적인 일상을 살아가는 공간을 나타낸 것이다.

④ (가)의 '밝고 넓게 퍼져 나가기'는 젊은이들이 나무처럼 꿈을 피워내기를 바라는 마음을, (나)의 '일으켜 세우는'은 현대인이 삶의 의지를 불러일으키는 모습을 보여 주고 있다.
(가)의 '밝고 넓게 퍼져 나가기'는 나무처럼 젊은이들도 꿈을 피워내기를 바라는 마음을, (나)의 '일으켜 세우는'은 일상에 지쳐가던 현대인이 다시 삶의 의지를 불러일으키는 모습을 드러낸 것이다.

⑤ (가)의 '뿌리'는 나무가 아름다운 향기를 풍기게 하는 힘의 근원임을, (나)의 '불가마'는 현대인이 일상을 극복하는 힘의 근원임을 보여 주고 있다.
(가)의 '뿌리'는 나무가 아름다운 향기를 풍길 수 있게 해 주는 힘의 근원이고, (나)의 '불가마'는 현대인이 각자의 내면에 품고 있어 그들이 반복되는 일상을 극복할 수 있도록 해 주는 힘의 근원이다.

## [35~45] 화법과 작문

**35** 말하기 방식 파악 정답률 90% | 정답 ①

**위 발표자의 말하기 방식으로 가장 적절한 것은?**

✔ **청중의 경험을 환기하여 발표 내용에 대한 청중의 관심을 유도하고 있다.**
1문단의 '지도를 보신 적이 있나요?'를 통해, 발표자는 청중의 경험을 환기하는 질문을 하고 있는데, 이는 발표 내용에 대한 청중의 관심을 유도하는 질문이라 할 수 있다.

② 발표 순서를 안내하여 청중이 발표 내용에 대해 예측할 수 있도록 하고 있다.
1문단을 통해 발표 주제는 알 수 있지만, 발표 순서를 안내하지는 않고 있다.

③ 발표 중간에 질문을 하여 청중이 발표 내용을 이해하고 있는지 확인하고 있다.
3문단의 '천하도가 제작된 이유는 무엇일까요?'를 통해, 발표자가 질문을 하고 있음을 알 수 있다. 그런데 이는 청중의 관심을 이끌어 내기 위한 질문에 해당하므로, 청중이 발표 발표 내용을 이해했는지 질문을 통해 확인하고 있다는 내용은 적절하지 않다.

④ 청중의 요청에 따라 발표 내용과 관련 있는 정보를 추가적으로 제시하고 있다.
4문단을 통해 발표자가 발표 내용과 관련 있는 누리집 정보를 추가로 제시하고 있음을 알 수 있다. 하지만 청중이 추가 정보를 요청하여 제시한 것은 아니므로 적절하지 않다.

⑤ 발표 내용을 요약하여 마무리함으로써 청중에게 발표의 중심 내용을 강조하고 있다.
4문단을 통해 발표자가 발표 내용을 요약하며 마무리하는 내용은 찾아볼 수 없다.

**36** 자료 활용에 대한 이해 정답률 94% | 정답 ④

**다음은 발표자가 제시한 자료이다. 발표자의 자료 활용에 대한 설명으로 적절하지 않은 것은?**

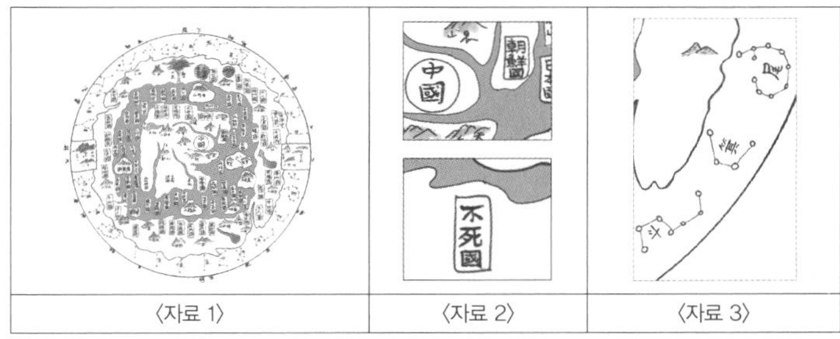

〈자료 1〉 〈자료 2〉 〈자료 3〉

① ㉠에 〈자료 1〉을 활용하여 '천하도'의 전체 형태를 보여 주고 있다.
〈자료 1〉은 천하도의 전체 모습으로, 2문단을 통해 ㉠에 〈자료 1〉을 활용하여 청중에게 천하도의 전체 형태를 보여 주고 있음을 알 수 있다.

② ㉠에 〈자료 1〉을 활용하여 '천하도'의 전형적인 특징을 설명하고 있다.
2문단을 통해 ㉠에 〈자료 1〉을 활용하여 천하도가 갖는 전형적인 특징을 설명하고 있음을 알 수 있다.

③ ㉡에 〈자료 2〉를 활용하여 실제 나라와 상상의 나라를 구분하여 보여 주고 있다.
2문단을 통해 〈자료 2〉는 천하도의 일부분을 각각 확대한 그림임을 알 수 있다. 또한 〈자료 2〉의 위에 있는 그림은 천하도 안쪽 대륙에 나타난 실제 나라들을 확대한 부분이고, 아래에 있는 그림은 바깥 대륙에 나타난 상상의 나라를 확대한 부분임을 알 수 있다. 따라서 ㉡에 〈자료 2〉를 활용하여 실제 나라와 상상의 나라를 구분하여 보여 주고 있음을 알 수 있다.

✔ **㉡에 〈자료 2〉를 활용하여 지도 제작자의 세계관이 변화되는 양상을 설명하고 있다.**
㉡에 〈자료 2〉를 활용하여 지도에 나타난 나라들을 설명함으로써 제작자의 세계관은 보여 준다고 할 수 있다. 하지만 ㉡에 〈자료 2〉를 활용하여 제작자의 세계관이 변화되는 양상을 설명하지는 않고 있다.

⑤ ㉢에 〈자료 3〉을 활용하여 천문학에 대한 제작자의 관심이 지도에 반영되었음을 설명하고 있다.
2문단을 통해 〈자료 3〉은 천하도의 가장자리에 그려진 별자리 부분을 확대한 그림임을 알 수 있다. 따라서 ㉢에 〈자료 3〉을 활용하여 천문학에 대한 제작자의 관심이 지도에 반영되었다는 내용을 설명하고 있음을 알 수 있다.

**37** 반응에 대한 이해의 적절성 판단 정답률 96% | 정답 ④

**발표 내용을 바탕으로 할 때, <보기>에 나타난 학생들의 반응에 대한 이해로 가장 적절한 것은?**

<보 기>
**학생 1** : 지도는 사실적 정보만을 담아 제작하는 것이라고 알고 있었는데, 제작자의 주관적 가치관이 지도에 반영될 수도 있다는 점을 새롭게 알게 됐어.
**학생 2** : 옛 지도는 대동여지도밖에 몰랐는데, 당대 사람들의 상상력이 담긴 세계 지도가 존재한다는 걸 알게 되어 유익했어. 발표자가 알려준 누리집에 방문해서 다른 지도들도 더 찾아봐야겠어.
**학생 3** : 오늘 발표에서 천하도가 판본별로 차이가 있다고 설명했는데, 판본에 따라 어떤 차이가 있는지 더 구체적으로 알려줬으면 좋았을 것 같아.

① '학생 1'은 발표 내용을 바탕으로 추가적인 활동을 계획하고 있다.

'학생 1'은 지도에 제작자의 주관적 가치관이 반영될 수도 있다는 점을 새롭게 알게 됐다고 말하고 있다. 하지만 발표 내용을 바탕으로 추가적인 활동을 계획하지는 않고 있다.

② **'학생 2'는 발표자가 발표 중 다루지 않은 내용을 언급하며 아쉬움을 표현하고 있다.**
'학생 2'는 당대 사람들의 상상력이 담긴 세계 지도가 존재한다는 것을 알게 되어 유익했다고 말하면서 발표 내용을 바탕으로 추가적인 활동을 계획하고 있다. 하지만 발표 중 다루지 않은 내용을 언급하며 아쉬움을 표현하지는 않고 있다.

③ **'학생 3'은 발표 내용이 실생활에 도움이 되는 정보인지를 평가하고 있다.**
'학생 3'은 발표 내용과 관련해 천하도의 판본별 차이를 구체적으로 알려주지 않은 것에 대한 아쉬움을 언급하고 있다. 하지만 발표 내용이 실생활에 도움이 되는 정보인지를 평가하지는 않고 있다.

✔ **'학생 1'과 '학생 2'는 모두 발표 내용과 관련 있는 자신의 배경지식을 떠올리고 있다.**
'학생 1'의 '지도는 사실적 정보만을 담아 제작하는 것이라고 알고 있었는데'와 '학생 2'의 '옛 지도는 대동여지도밖에 몰랐는데'를 통해, '학생 1'과 '학생 2' 모두 발표 내용과 관련 있는 자신의 배경지식을 떠올리고 있음을 알 수 있다.

⑤ **'학생 2'와 '학생 3'은 모두 발표를 통해 새로운 사실을 알게 된 것을 긍정적으로 생각하고 있다.**
'학생 2'는 발표를 통해 새로운 사실을 알게 된 것을 유익했다고 말하며 긍정적으로 생각하고 있다. 하지만 '학생 3'은 발표 내용과 관련해 아쉬운 점만 말하고 있으므로 적절하지 않다.

## 38 글쓰기 방식 파악

정답률 55% | 정답 ③

**(가)에 활용된 글쓰기 방식으로 가장 적절한 것은?**

① **디지털 유산의 개념을 정의한 후 상속인의 자격을 안내하는 방식으로 서술하였다.**
(가)의 1문단에서는 디지털 유산의 개념을 정의하고 있지만, 상속인의 자격을 안내하지는 않고 있다.

② **디지털 유산을 기록 매체에 따라 분류한 후 상속 대상이 될 수 있는지 점검하는 방식으로 서술하였다.**
(가)에서는 디지털 유산이 상속 대상이 될 수 있는지에 대한 쟁점을 바탕으로 내용이 서술되어 있다. 하지만 디지털 유산을 기록 매체에 따라 분류하지는 않고 있다.

✔ **디지털 유산에 대한 상속권을 인정받지 못하는 문제의 원인을 밝힌 후 해결책을 제시하는 방식으로 서술하였다.**
(가)에서 학생은 디지털 유산을 상속받지 못하는 문제의 원인이 디지털 유산에 대한 상속권이 제도적으로 명확하게 규정되어 있지 않아서임을 밝히고 있다. 그런 다음 디지털 유산을 상속 가능한 대상으로 명확하게 규정한 법 제도를 마련하여 상속인의 권리를 인정해야 한다는 해결책을 제시하고 있다.

④ **디지털 유산을 상속 대상으로 보아야 하는 이유를 나열한 후 상속 과정을 절차에 따라 안내하는 방식으로 서술하였다.**
(가)에서는 디지털 유산을 상속 대상으로 보아야 하는 이유를 디지털 유산의 종류별로 나열하고 있다. 하지만 상속 과정을 절차에 따라 안내하지는 않고 있다.

⑤ **디지털 유산의 유형에 따라 상속권을 제한하는 제도를 비교한 후 두 제도 사이의 차이점을 밝히는 방식으로 서술하였다.**
(가)에서는 디지털 유산의 상속권을 제한하는 제도에 대해 언급하고는 있다. 하지만 디지털 유산의 유형에 따라 상속권을 제한하는 제도를 비교하지는 않고 있다.

★★★ 등급을 가르는 문제!

## 39 토론 개요서의 반영 양상 파악

정답률 33% | 정답 ⑤

**다음은 '학생 2'가 (가)를 작성하기 위해 참고한 토론 개요서이다. (나)의 대화를 참고했을 때, ⓐ ~ ⓔ가 (가)에 반영된 양상으로 적절하지 않은 것은? [3점]**

| 논제 | ⓐ 디지털 유산의 상속권을 인정해야 한다. | |
|---|---|---|
| ⓑ 용어의 개념 | ◦디지털 유산 : 고인이 생전에 인터넷상에 남긴 데이터 형태의 모든 정보<br>◦포괄적 권리의무 : 특정 개인에 온전히 속한 것을 제외한 모든 권리와 의무 | |
| ⓒ 논제의 배경 | ◦○○기업 : 계정 정보 제공하지 않음. 공개된 데이터의 백업 제공.<br>◦△△기업 : 계정 정보 및 데이터를 유족에게 제공하지 않음. | |
| 입장 | 찬성 | 반대 |
| 주장 | 디지털 유산은 상속 대상이다. | 디지털 유산은 상속 대상이 아니다. |
| 이유 및 근거 | ⋮<br>ⓓ ◦독일의 경우 디지털 유산의 상속권을 인정함.<br>⋮ | ⓔ ⋮<br>◦특정 주체만 향유할 수 있는 권리는 포괄적 권리의무에 해당하지 않음.<br>◦실체가 없는 데이터는 상속 대상 물건에 해당하지 않음.<br>⋮ |

① **ⓐ : 사전에 의논한 대로 디지털 유산의 상속에 대해 찬성하는 입장을 밝히며 글을 시작하였다.**
'학생 1'의 발화를 통해, 입론서에 논제에 대한 입장을 밝히며 시작한 내용은 토론 개요서를 작성하며 미리 의논한 내용에 따른 것임을 확인할 수 있다.

② **ⓑ : 토론자들의 배경지식을 고려하여 특정 용어의 개념에 대한 설명을 생략하였다.**
'학생 2'의 발화를 통해 토론 개요서를 작성하며 조사한 용어의 개념 중 특정 용어의 개념만 입론서에 반영한 것은, 토론자들이 이미 용어의 개념에 대한 배경지식을 갖추었다고 생각했기 때문임을 확인할 수 있다.

③ **ⓒ : 분량을 조절하기 위해 디지털 유산에 대한 약관이 인터넷 서비스 기업별로 다르다는 점만 언급하였다.**
'학생 2'의 발화를 통해 토론 개요서를 작성하며 조사한 인터넷 서비스 기업별 약관의 구체적 내용을 입론서에 반영하지 않은 이유는 입론서의 분량을 조절하기 위해서임을 확인할 수 있다.

④ **ⓓ : 반론 단계의 근거로 활용하기 위해 디지털 유산의 상속권을 인정하고 있는 다른 나라의 사례를 생략하였다.**
'학생 2'의 발화를 통해 토론 개요서를 작성하며 조사한 다른 나라의 사례는, 반론 단계에서 활용하기 위해 입론서에 반영하지 않은 것임을 확인할 수 있다.

✔ **ⓔ : 예상되는 반론을 이끌어 내기 위해 반대 측이 활용할 수 있는 근거를 의도적으로 언급하였다.**
'학생 2'의 발화를 통해 ⓔ는 토론 개요서를 작성하며 조사한 반대 측의 근거를, 상대측의 반론을 사전에 차단하기 위해 의도적으로 언급한 것임을 확인할 수 있다.

**★★ 문제 해결 꿀~팁 ★★**

▶ 많이 틀린 이유는?
이 문제는 (나)에 제시된 학생들의 대화 내용을 정확하게 이해하지 못해 오답률이 높았던 것으로 보인다. 특히 (나)의 '학생 2'의 발화 이외에도 다른 학생들의 발화를 정확히 이해하지 못한 것도 오답률을 높였던 것으로 보인다.

▶ 문제 해결 방법은?
이 문제를 해결하기 위해서는 기본적으로 (나)의 대화에 중점을 두어 '토론 개요서'에 대해 설명하고 있는 선택지가 적절한지를 판단해야 한다. 즉, (가)와 '토론 개요서'를 '학생 2'가 작성했다는 사실을 파악하고, '학생 2'의 발화에 주목하여 선택지의 적절성을 판단해야 한다. 이때 '학생 2'의 발화뿐만 아니라 다른 학생들의 발화를 통해서도 파악해야 하는 경우( 선택지 ①이 이에 해당함.)도 있으므로 유의해야 한다. 이를 바탕으로 하면 정답인 ⑤의 경우, (나)에서 '학생 2'는 ⓔ를 상대측의 반론을 사전에 차단하기 위해 의도적으로 언급한 것임을 확인할 수 있으므로, '예상되는 반론을 이끌어 내기' 위함이 아님을 알 수 있었을 것이다. 한편 선택지 ⑤의 경우 '반론'에만 주목하여 맞을 거라고 지레짐작한 경우가 있는데, 이는 선택지를 정확히 파악하지 못했기 때문이다. 항상 강조하지만 선택지는 꼼꼼히, 정확히 읽을 수 있도록 주의를 기울여야 한다.

## 40 발화 내용의 이해

정답률 68% | 정답 ②

**[A], [B]에 대한 설명으로 적절하지 않은 것은?**

① **[A]에서 '학생 3'은 자신이 이해한 내용이 맞는지 확인하며 '학생 2'에게 자신의 의견을 제시하고 있다.**
[A]에서 '학생 3'은 앞서 '학생 2'가 부족한 부분이 있으면 알려 달라는 말에 대해 보완할 부분을 알려 달라는 것이 맞는지 자신이 이해한 내용을 확인하고 있다. 그런 다음 토론 개요서에 작성한 용어의 개념을 모두 설명해 주자는 의견을 '학생 2'에게 제시하고 있다.

✔ **[A]에서 '학생 1'은 '학생 2'와 '학생 3'의 의견을 절충한 뒤 절충한 의견이 더 나은 이유를 설명하고 있다.**
[A]에서 '학생 1'은 입론서에 조사한 모든 용어를 설명할 필요가 없다는 '학생 2'의 생각에 일부 동의하면서도 청중의 배경지식을 고려했을 때 '학생 3'의 의견대로 조사한 용어를 빠짐없이 설명해 주자는 의견이 더 낫다고 판단하고 있음을 알 수 있다. 따라서 '학생 1'이 '학생 2'와 '학생 3'의 의견을 절충하였다는 설명은 적절하지 않다.

③ **[B]에서 '학생 1'은 '학생 2'에게 주장에 대한 설득력을 높일 수 있는 근거를 추가할 것을 제안하고 있다.**
[B]에서 '학생 1'은 '학생 2'에게 설득력을 높이기 위해 토론 개요서를 작성하며 조사한 다른 나라의 사례를 추가할 것을 제안하고 있다.

④ **[B]에서 '학생 3'은 '학생 2'와 공유하고 있는 정보를 바탕으로 '학생 2'의 의견에 대한 우려를 나타내고 있다.**
[B]에서 '학생 2'가 해외 기업의 사례를 반론에서 활용했으면 좋겠다는 의견에 대해 '학생 3'은 함께 조사하여 알게 된 디지털 유산의 상속권에 대한 해외 기업의 사례가 반대 측의 근거로도 활용될 수 있다는 점을 걱정하고 있다.

⑤ **[A]와 [B] 모두 '학생 2'는 다른 학생의 제안을 들은 후 자신이 의도했던 바를 구체적으로 밝히고 있다.**
[A]에서 '학생 2'는 낯선 용어의 개념을 모두 설명해 주자는 '학생 3'의 의견에 대해, 토론자들이 용어의 의미를 공유하고 있어 조사한 용어를 모두 설명할 필요가 없다고 생각하여 일부 용어만 반영했던 것이라는 자신의 의도를 구체적으로 밝히고 있다. 그리고 [B]에서 '학생 2'는 토론 개요서를 작성하며 조사한 디지털 유산의 상속권을 인정하고 있는 다른 나라의 사례를 근거로 추가하자는 '학생 1'의 의견에 대해, 디지털 유산의 상속권과 관련된 다른 나라나 해외 기업의 사례는 조금 더 꼼꼼히 조사하여 반론에서 활용하는 것이 좋다고 생각해 입론서에 반영하지 않은 것이라는 자신의 의도를 구체적으로 밝히고 있다.

## 41 적절한 발화의 추리

정답률 77% | 정답 ⑤

**㉠을 고려할 때, Ⓐ에 들어갈 말로 가장 적절한 것은?**

① **디지털 유산을 상속받기 위한 조건을 언급하여 제도를 개선하기 위한 방향을 제시했어.**
㉠에 디지털 유산에 대한 상속권을 인정하지 않아 생기는 피해만 제시되어 있을 뿐, 디지털 유산을 상속받기 위한 조건은 언급되어 있지 않으므로 들어갈 내용으로 적절하지 않다.

② **디지털 유산의 상속으로 인해 발생하는 이익을 언급하여 디지털 유산이 지닌 가치를 강조했어.**
㉠에 디지털 유산의 상속으로 인해 발생하는 이익은 제시되어 있지 않으므로 들어갈 내용으로 적절하지 않다.

③ **디지털 유산을 상속받기 위해 노력한 사례를 언급하여 디지털 유산 상속의 어려움을 구체화했어.**
㉠에 디지털 유산을 상속받기 위해 노력한 사례는 제시되어 있지 않으므로 들어갈 내용으로 적절하지 않다.

④ **디지털 유산에 대한 상속인들의 접근이 제한되는 이유를 언급하여 제도가 지닌 한계를 구체화했어.**
㉠에 디지털 유산에 대한 상속인들의 접근이 제한되는 이유를 언급하고 있지 않으므로 들어갈 내용으로 적절하지 않다.

✔ **디지털 유산의 상속권을 인정하지 않아 발생하는 현실적 피해를 언급하여 제도 개선의 필요성을 드러냈어.**
㉠은 디지털 유산에 접근이 제한되어 추억을 잃거나 재산상 손해가 발생하는 상속인의 피해에 대한 내용이다. 따라서 ㉠을 고려할 때, Ⓐ에는 디지털 유산의 상속권을 인정하지 않아 발생하는 현실적 피해를 언급하여 제도 개선의 필요성을 드러냈다는 말이 들어가는 것이 적절하다.



[문제편 p.174]

**42** 수정 방안의 적절성 파악 정답률 34% | 정답 ④

(나)의 논의 내용을 반영하여, (가)를 수정하기 위한 방안으로 가장 적절한 것은?

| 초고 | 수정 내용 |
|---|---|
| 1문단 | ○ '포괄적 권리의무'의 개념을 설명한다. ……………… ① |
| 2문단 | ○ 디지털 유산의 상속권을 인정하는 해외 기업의 사례를 추가한다. ……………… ②<br>○ 데이터의 공개 여부에 따라 저작물의 상속권이 인정되는 경우를 구분하여 설명한다. ……………… ③ |
| 3문단 | ○ 토론 쟁점과 관련 없는, 디지털 유산의 가치를 알려야 한다는 내용을 삭제한다. ……………… ④<br>○ 디지털 유산의 상속권을 제한하는 현재의 제도를 구체적으로 제시한다. ……………… ⑤ |

① **'포괄적 권리의무'의 개념을 설명한다.**
'포괄적 권리의무'의 개념 설명은 (가)의 1문단이 아니라 2문단에서 제시되어야 하므로 적절하지 않다.

② **디지털 유산의 상속권을 인정하는 해외 기업의 사례를 추가한다.**
디지털 유산의 상속권을 인정하는 해외 기업의 사례는 반론 시 활용하기로 했으므로 (가)의 2문단에 해외 기업의 사례를 추가한다는 수정 내용은 적절하지 않다.

③ **데이터의 공개 여부에 따라 저작물의 상속권이 인정되는 경우를 구분하여 설명한다.**
저작물이 아닌 데이터의 공개 여부에 따라 상속권이 인정되는 경우를 구분하여 설명하자고 했으므로, (가)의 2문단에 저작물의 상속권이 인정되는 경우를 구분하여 설명한다는 수정 내용은 적절하지 않다.

✔ **토론 쟁점과 관련 없는, 디지털 유산의 가치를 알려야 한다는 내용을 삭제한다.**
(나)의 대화를 통해 '학생 1'은 3문단에 '디지털 유산이 상속 대상인가?'라는 토론 쟁점과 관련 없는 내용을 삭제하여 논의 내용을 초점화할 것을 제안하고 있음을 알 수 있다. 따라서 (가)의 3문단에서 토론의 쟁점과 관련 없는, 상속인의 경제적 이익을 위해 디지털 유산의 가치를 알려야 할 필요성이 있다는 내용은 삭제해야 함을 알 수 있다.

⑤ **디지털 유산의 상속권을 제한하는 현재의 제도를 구체적으로 제시한다.**
현재 제도의 개선 방안을 구체적으로 제시하자고 했으므로 (가)의 3문단에 현재의 제도를 구체적으로 제시한다는 수정 내용은 적절하지 않다.

**43** 글쓰기 계획의 반영 여부 판단 정답률 88% | 정답 ④

학생이 보고서의 초고를 쓰기 위해 세운 계획 중 초고에 반영되지 않은 것은?

① **독자의 이해를 돕기 위해 조사 대상의 개념을 설명해야겠어.**
보고서 초고의 Ⅱ를 통해 독자의 이해를 돕기 위해 조사 대상인 폐어구의 개념을 설명하고 있음을 알 수 있다.

② **통계 자료를 활용하여 문제의 현황을 객관적으로 전달해야겠어.**
보고서 초고의 Ⅱ를 통해 '해양수산부' 통계 자료의 수치를 제시하여 문제의 현황을 객관적으로 전달하고 있음을 알 수 있다.

③ **문제의 심각성을 보여 주는 자료가 조사의 동기가 되었음을 언급해야겠어.**
보고서 초고의 Ⅰ을 통해 멸종 위기종으로 보호받는 해양 생물들이 폐어구로 인해 죽어 간다는 뉴스가 조사 동기가 되었음을 알 수 있다.

✔ **여러 방안의 장단점을 비교하여 가장 효율적인 문제 해결 방안을 제시해야겠어.**
보고서의 초고를 통해 폐어구 문제의 해결 방안을 제도적인 측면과 인식적인 측면으로 구분하여 제시하고 있음을 알 수 있다. 하지만 각 해결 방안의 장단점을 비교하여 가장 효율적인 문제 해결 방안을 제시하지는 않고 있다.

⑤ **문제의 해결 방안을 제도적인 측면과 인식적인 측면으로 구분하여 제시해야겠어.**
보고서 초고의 Ⅲ을 통해 제도적 측면으로 신고포상금제 및 법적 제재 강화 등 어구실명제의 실질적 운영을 위한 제도적 장치의 보완을, 인식적 측면으로 시민들이 방관적 태도를 벗어나 폐어구 문제를 자신의 일로 여기도록 당부하는 내용을 제시하고 있음을 알 수 있다. 따라서 문제 해결의 방안을 제도적 측면과 인식적 측면으로 구분하고 있음을 알 수 있다.

**44** 고쳐쓰기의 조언 파악 정답률 77% | 정답 ⑤

다음은 [A]를 쓴 후 학생이 선생님께 보낸 이메일이다. ㉮에 들어갈 내용으로 가장 적절한 것은?

> 보내 주신 검토 의견 중 ( ㉮ )하여 해결 방안의 의의를 드러내는 것이 좋겠다는 조언을 바탕으로 초고의 마지막 부분을 아래와 같이 수정했습니다.
>
> 이처럼 폐어구로 인한 해양 환경오염 문제를 해결하기 위해서는 법적인 제도 보완과 함께 시민들의 관심과 실천이 뒷받침되어야 한다. 이러한 노력을 통해 멸종 위기종의 보호뿐만 아니라 우리가 살아가는 지구를 위한 환경 보호도 실천할 수 있을 것이다.

① **폐어구 문제의 원인은 삭제하고, 정부의 제도적 지원 방안을 추가**
[A]에서 폐어구 문제의 원인은 제시되지 않았으므로 이를 삭제한다는 내용은 검토 의견으로 적절하지 않다. 그리고 정부의 제도적 지원 방안은 [A]에도 제시되어 있으므로 적절하지 않다.

② **폐어구 문제의 원인은 삭제하고, 폐어구 문제의 조사 동기와 동아리의 취지를 반영**
[A]에서 폐어구 문제의 원인은 제시되지 않았으므로 이를 삭제한다는 내용은 검토 의견으로 적절하지 않다.

③ **시민들의 관심을 촉구하는 내용은 삭제하고, 정부의 제도적 지원 방안을 추가**
[A]와 수정한 내용에도 시민들의 관심을 촉구하는 내용은 제시되어 있으므로, 이를 삭제하자는 내용은 검토 의견으로 적절하지 않다. 그리고 정부의 제도적 지원 방안은 [A]에도 제시되어 있으므로 적절하지 않다.

④ **시민들의 개인적 실천 방안은 삭제하고, 폐어구 문제를 알릴 수 있는 홍보 방안을 추가**
[A]를 수정한 내용을 보면, 시민들이 낚시 도구와 쓰레기를 수거해 가야 한다는 개인적인 실천 방안은 삭제하였음을 알 수 있다. 하지만 폐어구 문제를 알릴 수 있는 홍보 방안을 추가하지는 않고 있으므로 검토 의견으로 적절하지 않다.

✔ **시민들의 개인적 실천 방안은 삭제하고, 폐어구 문제의 조사 동기와 동아리의 취지를 반영**
선생님의 조언에 따라 [A]를 수정한 내용을 보면, 시민들이 낚시 도구와 쓰레기를 수거해 가야 한다는 개인적인 실천 방안은 삭제하고, 멸종 위기종 보호와 관련된 뉴스를 접했다는 조사 동기, 지구를 위한 환경 보호 실천이라는 동아리의 취지를 반영하여 해결 방안의 의의를 드러냈음을 알 수 있다.

**45** 자료 활용 방안의 적절성 판단 정답률 70% | 정답 ⑤

<보기>는 학생이 초고를 보완하기 위해 추가로 수집한 자료이다. 자료 활용 방안으로 적절하지 않은 것은? [3점]

〈보 기〉

ㄱ. 통계 자료

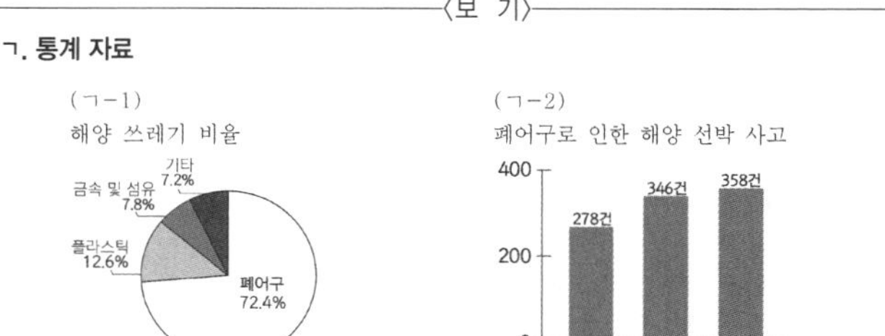


ㄴ. 신문 기사 자료
최근 멕시코 해안에서 바다거북 300마리가 폐어구에 걸려 죽은 채로 발견되었다. 이처럼 폐어구에 해양 생물이 걸려 죽거나 다치는 현상을 '유령 어업'이라고 한다. ○○ 자료에 따르면 수거된 폐어구 중 소유 정보를 표기하지 않은 폐어구가 85%로 나타났다. 이에 어구에 전자 태그를 의무적으로 부착하고, 폐어구 투기를 실질적으로 제재할 수 있는 과태료 처분의 필요성이 제기되고 있다.

ㄷ. 전문가 인터뷰 자료
"폐어구를 수거해 성분을 분석해 보니 플라스틱이 87%를 차지하고 있었습니다. 플라스틱은 미세플라스틱으로 분해되어, 해양 환경에 심각한 위협을 가할 수 있습니다. 이런 위험성을 막기 위해 A국은 어구에 전자 태그를 부착하고 있는 데요, 폐어구의 분실 및 투기를 막는 데 큰 효과를 보고 있습니다."

① **ㄱ-1을 활용하여, 해양 쓰레기 중 폐어구가 차지하는 비율이 높다는 Ⅱ의 내용을 보완하기 위해 구체적인 수치를 제시한다.**
ㄱ-1은 해양 쓰레기 중 폐어구가 차지하는 비율이 72.4%임을 구체적으로 보여 주는 자료이므로, Ⅱ에 해양 쓰레기 중 폐어구가 차지하는 비율이 높다는 내용을 뒷받침하는 근거로 제시할 수 있다.

② **ㄱ-2를 활용하여, 폐어구로 인한 해양 선박 사고가 꾸준히 발생하고 있다는 Ⅱ의 내용을 뒷받침하는 근거로 제시한다.**
ㄱ-2는 폐어구로 인한 해양 선박 사고의 발생 현황을 보여 주는 자료로, Ⅱ의 내용을 뒷받침하는 근거로 활용할 수 있다.

③ **ㄴ을 활용하여, 폐어구로 인해 해양 생물들이 죽어 간다는 Ⅰ의 내용의 사례로 제시한다.**
ㄴ은 유령 어업으로 인해 많은 바다거북이 죽은 채 발견되었다는 신문 기사 자료로, Ⅰ에 폐어구로 인해 해양 생물들이 죽어 간다는 내용을 보여 주는 사례로 제시할 수 있다.

④ **ㄱ-1과 ㄷ을 활용하여, 폐어구 문제의 심각성을 보여 주는 Ⅱ의 내용에 해양 쓰레기 중 폐어구 성분의 대부분을 차지하는 플라스틱이 해양 환경을 위협한다는 문제를 추가한다.**
ㄱ-1은 해양 쓰레기 중 폐어구의 비율이 높다는 것을, ㄷ은 폐어구 성분의 87%가 플라스틱이라는 것을 보여 주는 자료로, Ⅱ에 폐어구 성분의 대부분을 차지하는 플라스틱이 해양 환경을 위협한다는 문제를 추가할 수 있다.

✔ **ㄴ과 ㄷ을 활용하여, 어구실명제의 실질적인 운영이 중요하다는 Ⅲ의 내용에 어구실명제가 폐어구 수거율을 높여 과태료 부담을 덜어준다는 내용을 추가한다.**
ㄴ과 ㄷ에는 어구에 전자 태그를 부착해야 할 필요성과 그 효과가 제시되어 있다. 어구에 전자 태그를 부착하는 것은 어구실명제의 실질적인 운영에 도움이 될 수 있다. 그런데 어구실명제가 폐어구 수거율을 높여주는 것과 과태료 부담을 덜어주는 데 도움을 준다는 것은 서로 관련이 없다.

## [35~45] 언어와 매체

**35** '안' 부정문의 이해 정답률 74% | 정답 ①

윗글에 대한 이해로 적절하지 않은 것은?

✔ **짧은 부정문인 '그가 모기에 안 뜯기다.'가 자연스러운 이유는 서술어인 '뜯기다'가 합성 동사이기 때문이겠군.**
3문단을 통해 사동사, 피동사, 접미사 '하다'로 파생된 일부 용언이나 '돌아가다, 들어가다'와 같이 보조적 연결 어미를 매개로 한 합성 동사는 어떤 제약도 없이 짧은 부정문을 만들 수 있음을 알 수 있다. 이렇게 볼 때, '그가 모기에 안 뜯기다.'의 '뜯기다'는 어근 '뜯-'과 피동 접미사 '-기-'가 결합된 피동사이므로 짧은 부정문이 가능한 것임을 알 수 있다. 따라서 서술어인 '뜯기다'가 합성 동사이기 때문에 짧은 부정문이 자연스럽다는 이해는 적절하지 않다.

② **짧은 부정문인 '이 자동차가 안 값싸다.'가 자연스럽지 않은 이유는 서술어인 '값싸다'가 합성어이기 때문이겠군.**
3문단을 통해 '안' 부정문은 서술어로 쓰인 용언이 파생어나 합성어인 경우 짧은 부정문을 만들면 자연스럽지 않은 문장이 됨을 알 수 있다. 그리고 '이 자동차가 안 값싸다.'의 '값싸다'는 명사 '값'과 동사 '싸다'가 결합된 합성어임을 알 수 있다. 따라서 서술어인 '값싸다'가 합성어이기 때문에 짧은 부정문이 자연스럽지 않다는 이해는 적절하다.

③ **짧은 부정문인 '그가 약속 시간을 안 늦추다.'가 자연스러운 이유는 서술어인 '늦추다'가 사동사이기 때문이겠군.**
3문단을 통해 사동사, 피동사, 접미사 '하다'로 파생된 일부 용언은 어떤 제약도 없이 짧은 부정문을 만들 수 있음을 알 수 있다. 그리고 '그가 약속 시간을 안 늦추다.'의 '늦추다'는 어근 '늦-'과 사동 접미사 '-추-'가 결합된 사동사임을 알 수 있다. 따라서 서술어인 '늦추다'가 사동사이기 때문에 짧은 부정문이 자연스럽다는 이해는 적절하다.

[문제편 p.175]

④ 짧은 부정문인 '보따리가 한 손으로 안 들리다.'가 자연스러운 이유는 서술어인 '들리다'가 피동사이기 때문이겠군.

3문단을 통해 사동사, 피동사, 접미사 '하다'로 파생된 일부 용언은 어떤 제약도 없이 짧은 부정문을 만들 수 있음을 알 수 있다. 그리고 '보따리가 한 손으로 안 들리다.'의 '들리다'는 어근 '들-'과 피동 접미사 '-리-'가 결합된 피동사임을 알 수 있다. 따라서 서술어인 '들리다'가 피동사이기 때문에 짧은 부정문이 자연스럽다는 이해는 적절하다.

⑤ 짧은 부정문인 '할아버지 댁 마당이 안 드넓다.'가 자연스럽지 않은 이유는 서술어인 '드넓다'가 파생어이기 때문이겠군.

3문단을 통해 '안' 부정문은 서술어로 쓰인 용언이 파생어나 합성어인 경우 짧은 부정문을 만들면 자연스럽지 않은 문장이 됨을 알 수 있다. 그리고 '할아버지 댁 마당이 안 드넓다.'의 '드넓다'는 접두사 '드-'와 형용사 '넓다'가 결합된 파생어임을 알 수 있다. 따라서 서술어인 '드넓다'가 파생어이기 때문에 짧은 부정문이 자연스럽지 않다는 이해는 적절하다.

★★★ 등급을 가르는 문제!

## 36 중세 국어 자료 탐구

정답률 65% | 정답 ④

윗글을 바탕으로 〈보기〉의 중세 국어 자료를 이해한 내용으로 적절하지 않은 것은?

〈보 기〉

ⓐ 敢히 노티 아니ᄒᆞ다라 [감히 놓지 아니하더라]
ⓑ 비록 아니 여러 나리라도 [비록 여러 날이 아니더라도]
ⓒ 妙法이 둘 아니며 세 아닐씨 [묘법이 둘이 아니며 셋이 아니므로]
ⓓ 塞外北狄인ᄃᆞᆯ 아니 오리잇가 [변방 밖의 북쪽 오랑캐인들 아니 오겠습니까]
ⓔ 나도 現在 未來 一切 衆生ᄋᆞᆯ 시름 아니 호리라
[나도 현재와 미래의 모든 중생에 대해 시름 아니 하리라]

① ⓐ와 ⓒ를 보니, '안' 부정문이 용언과 체언에 대한 부정을 나타내는 데 모두 사용되었음을 알 수 있군.

ⓐ를 통해 보조 용언 '아니ᄒᆞ다'는 용언 '노티(놓-+-디)'를 부정하고 있음을, ⓒ를 통해 용언 '아니며', '아닐씨'는 체언인 '둘', '세'를 부정하고 있음을 알 수 있다.

② ⓐ와 ⓓ를 보니, '안' 부정문이 평서문과 의문문에서 모두 사용되었음을 알 수 있군.

ⓐ를 통해 보조 용언 '아니ᄒᆞ다'가 평서문에서 부정의 의미를 나타내고 있음을 알 수 있고, ⓓ를 통해 부정 부사 '아니'가 의문문에서 부정의 의미를 나타내고 있음을 알 수 있다.

③ ⓐ와 ⓔ를 보니, '안' 부정문이 긴 부정문과 짧은 부정문에서 모두 사용되었음을 알 수 있군.

ⓐ를 통해 '노티 아니ᄒᆞ다'의 긴 부정문이 사용되고 있음을, ⓔ를 통해 '호리라' 앞에 '아니'를 놓은 짧은 부정문이 사용되고 있음을 알 수 있다.

✔ ⓑ와 ⓔ를 보니, '안' 부정문이 관형사와 부사에 대한 부정을 나타내는 데 모두 사용되었음을 알 수 있군.

ⓑ를 통해 부정 부사 '아니'는 관형사 '여러'를 부정하고 있음을 알 수 있다. 하지만 ⓔ에서는 부정 부사 '아니'는 부사가 아닌 용언 '호리라'를 부정하고 있으므로 적절하지 않다.

⑤ ⓒ와 ⓔ를 보니, '안' 부정문이 단순 부정과 의지 부정을 나타내는 데 모두 사용되었음을 알 수 있군.

ⓒ를 통해 '묘법'이 둘이나 셋이 아니라는 객관적인 사실을 부정하고 있음을 알 수 있다. 그리고 ⓔ를 통해 시름을 하지 않겠다는 '나'의 의지에 의한 부정이 나타나고 있음을 알 수 있다.

**★★ 문제 해결 꿀~팁 ★★**

**▶ 많이 틀린 이유는?**

이 문제는 〈보기〉에 제시된 중세 국어의 자료를 정확히 이해하지 못하여 오답률이 높았던 것으로 보인다. 한편 품사에 대한 정확한 이해 부족, 특히 중세 국어에 사용된 단어의 품사를 정확히 이해하지 못한 것도 오답률을 높였던 것으로 보인다.

**▶ 문제 해결 방법은?**

이 문제를 해결하기 위해서는 기본적으로 제시된 글을 정확히 이해할 수 있어야 하며, 중세 국어 문법에 대해 묻고 있으므로 중세 국어의 자료를 현대어 해석을 통해 정확히 이해할 수 있어야 한다. 가령 선택지 ①의 경우 ⓐ의 '노티 아니ᄒᆞ다라'의 현대어 풀이가 '놓지 아니하더라'임을 파악하면, '노티'가 용언임을 알 수 있고 보조 용언 '아니ᄒᆞ다'가 '노티'를 부정하고 있음을 알았을 것이다. 그리고 ⓒ의 '둘 아니며 세 아닐씨'의 현대어 풀이가 '둘 아니며 셋이 아니므로'이므로 용언 '아니며', '아닐씨'가 체언을 부정하고 있음을 알 수 있었을 것이다. 마찬가지로 정답인 ④의 경우 ⓑ의 '아니 여러 나리라도'의 현대어 풀이가 '여러 날이 아니더라도'이므로 '아니'가 관형사 '여러'를 부정하고 있음을 알 수 있다. 그리고 ⓔ의 '아니 호리라'의 현대어 풀이가 '아니 하리라'이므로, '아니'가 용언 '호리라'를 부정하고 있으므로 적절하지 않음을 알 수 있을 것이다. 이처럼 중세 국어 문법 문제는 제시된 글이 있을 경우 글에 따라 선택지의 적절성을 판단하거나(이 문제의 경우에는 제시 글보다 〈보기〉의 자료에 대한 정확한 요구를 하고 있지만), 현대어 풀이와 비교하여 선택지의 적절성을 판단하면 쉽게 해결할 수 있다. 이때 주의할 점은 기본이 되는 배경지식은 충분히 알고 있어야 한다는 것이다. 만일 이 문제에서 아주 기본적인 관형사나 부사에 대해 알지 못했다면 문제를 전혀 풀 수 없었을 것이므로, 현대 문법뿐만 아니라 중세 국어 문법에 대한 기본 지식은 충분히 익혀 두도록 한다.

## 37 국어의 음운 변동의 이해

정답률 76% | 정답 ④

〈학습 활동〉을 수행한 결과로 적절하지 않은 것은? [3점]

〈학습 활동〉

다음은 국어의 음운 변동과 관련된 내용이다. 자료에서 ⓐ ~ ⓔ를 확인할 수 있는 예를 모두 골라 묶어 보자.

ⓐ [ㄱ, ㄷ, ㅂ]으로 발음되는 종성은 'ㄴ, ㅁ' 앞에서 [ㅇ, ㄴ, ㅁ]으로 발음한다.
ⓑ [ㄱ, ㄷ, ㅂ]으로 발음되는 종성 뒤에 연결되는 'ㄱ, ㄷ, ㅂ, ㅅ, ㅈ'은 된소리로 발음한다.
ⓒ 'ㄱ, ㄴ, ㄷ, ㄹ, ㅁ, ㅂ, ㅇ' 이외의 자음이 종성에 놓일 때에는 [ㄱ, ㄴ, ㄷ, ㄹ, ㅁ, ㅂ, ㅇ] 중 하나로 발음한다.
ⓓ 받침 뒤에 모음 'ㅏ, ㅓ, ㅗ, ㅜ, ㅟ' 들로 시작되는 실질 형태소가 연결되는 경우에는, 대표음으로 바꾸어서 뒤 음절 첫소리로 옮겨 발음한다.
ⓔ 합성어 및 파생어에서 앞 단어나 접두사의 끝이 자음이고 뒤 단어나 접미사의 첫음절이 '이, 야, 여, 요, 유'인 경우에는, 'ㄴ' 음을 첨가하여 [니, 냐, 녀, 뇨, 뉴]로 발음한다.

자료 겉옷[거돋], 국밥만[국빰만], 백분율[백뿐뉼]
색연필[생년필], 헛일[헌닐]

① ⓐ : 국밥만, 색연필, 헛일

'국밥만[국빰만]'은 '밥'의 첫소리 'ㅂ'이 'ㄱ' 뒤에서 'ㅃ'으로 발음되므로 ⓑ를 확인할 수 있고, '밥'의 종성 'ㅂ'이 'ㅁ' 앞에서 'ㅁ'으로 발음되므로 ⓐ를 확인할 수 있다. 그리고 합성어인 '색연필[생년필]'은 '연' 앞에 오는 단어의 끝이 자음이기 때문에 [년]으로 발음되므로 ⓔ를 확인할 수 있고, '색'의 'ㄱ'이 'ㄴ' 앞에서 'ㅇ'으로 발음되므로 ⓐ를 확인할 수 있다. 또한 파생어인 '헛일'은 '일' 앞에 오는 단어의 끝이 자음이기 때문에 [닐]로 발음되므로 ⓔ를 확인할 수 있고, '헛'의 'ㅅ'이 'ㄷ'으로 바뀌어 발음되므로 ⓒ를 확인할 수 있는데, 이때 'ㄷ'은 'ㄴ' 앞에서 'ㄴ' 으로 발음되므로 ⓐ를 확인할 수 있다. 따라서 '국밥만, 색연필, 헛일'에서 ⓐ를 확인할 수 있다.

② ⓑ : 국밥만, 백분율

'국밥만, 백분율'을 통해 ⓑ를 확인할 수 있다.

③ ⓒ : 겉옷, 헛일

'겉옷, 헛일'을 통해 ⓒ를 확인할 수 있다.

✔ ⓓ : 겉옷, 백분율

'겉옷[거돋]'은 '겉'의 'ㅌ'이 'ㄷ'으로 바뀐 후 실질 형태소인 '옷'의 첫소리로 옮겨 발음되므로 ⓓ를 확인할 수 있고, '옷'의 'ㅅ'이 'ㄷ'으로 바뀌어 발음되므로 ⓒ를 확인할 수 있다. 그리고 파생어인 '백분율[백뿐뉼]'은 '분'의 'ㅂ'이 'ㄱ' 뒤에서 'ㅃ' 으로 발음되므로 ⓑ를 확인할 수 있고, '율' 앞에 오는 단어의 끝이 자음이기 때문에 [뉼]로 발음되므로 ⓔ를 확인할 수 있다. 따라서 '겉옷'은 ⓓ를 확인할 수 있지만, '백분율'을 통해 ⓓ를 확인할 수 없으므로 적절하지 않다.

⑤ ⓔ : 백분율, 색연필, 헛일

'백분율, 색연필, 헛일'을 통해 ⓔ를 확인할 수 있다.

## 38 '새-, 샛-, 시-, 싯-'의 형태 이해

정답률 82% | 정답 ⑤

〈보기〉의 ㉠에 들어갈 말로 적절한 것은?

〈보 기〉

선생님 : 우리말에서 '새, 샛, 시, 싯'은 색채를 나타내는 형용사에 붙어 '매우 짙고 선명하게'의 뜻을 더하는 접두사입니다. 이 접두사들은 결합하는 형용사의 어두음과 첫음절의 모음에 따라 각각 다르게 사용되는데요, 다음의 자료를 바탕으로 '새, 샛, 시, 싯'에 대해 탐구해 보세요.

자료

| | ㉮ | ㉯ |
|---|---|---|
| ⓐ | 새까맣다 | 시꺼멓다 |
| ⓑ | 새파랗다 | 시퍼렇다 |
| ⓒ | 새하얗다 | 시허옇다 |
| ⓓ | 샛노랗다 | 싯누렇다 |
| ⓔ | 샛말갛다 | 싯멀겋다 |

학 생 : ________㉠________

① ⓐ를 보니, '새'와 달리 '시'는 결합하는 형용사의 어두음이 된소리일 때에 붙었어요.

ⓐ를 통해 '새'와 '시' 모두 결합하는 형용사의 어두음이 된소리일 때 사용함을 알 수 있으므로 적절하지 않다.

② ㉮를 보니, '샛'과 달리 '새'는 결합하는 형용사의 첫음절의 모음이 양성 모음일 때에 붙었어요.

㉮를 통해 '새-, 샛-'은 결합하는 형용사의 첫음절의 모음이 'ㅏ, ㅗ'와 같은 양성 모음일 때 사용함을 알 수 있으므로 적절하지 않다.

③ ㉯를 보니, '시'와 달리 '싯'은 결합하는 형용사의 첫음절의 모음이 음성 모음일 때에 붙었어요.

㉯를 통해 '시-, 싯-'은 'ㅓ, ㅜ'와 같은 음성 모음일 때 사용함을 알 수 있으므로적절하지 않다.

④ ㉮와 ㉯를 보니, '새, 샛' 과 달리 '시, 싯'은 결합하는 형용사의 어두음이 거센소리일 때에 붙었어요.

㉮와 ㉯를 통해 '새-, 시-'는 어두음이 '된소리, 거센소리, ㅎ'일 때 사용하고, '샛-, 싯-'은 어두음이 'ㄴ, ㅁ'과 같은 울림소리일 때 사용함을 알 수 있으므로 적절하지 않다.

✔ ⓐ ~ ⓒ와 ⓓ ~ ⓔ를 보니, '새, 시'와 달리 '샛, 싯'은 결합하는 형용사의 어두음이 울림소리일 때에 붙었어요.

ⓐ ~ ⓒ를 통해 '새-, 시-'는 어두음이 '된소리, 거센소리, ㅎ'일 때 사용함을 알 수 있고, ⓓ ~ ⓔ를 통해 '샛, 싯'은 결합하는 형용사의 어두음이 울림소리일 때 사용함을 알 수 있다.

## 39 음운의 축약 이해

정답률 86% | 정답 ④

〈보기 1〉은 준말에 관한 한글 맞춤법의 일부이다. 〈보기 1〉을 참고하여 〈보기 2〉의 ㉠ ~ ㉤을 이해한 내용으로 적절하지 않은 것은?

〈보기 1〉

제35항 모음 'ㅗ, ㅜ'로 끝난 어간에 '-아/-어, -았-/-었-'이 어울려 'ㅘ/ㅝ, ㉲/㉳'으로 될 적에는 준 대로 적는다.
제35항 [붙임2] 'ㅚ' 뒤에 '어, 었'이 어울려 'ㅙ, ㉴'으로 될 적에도 준 대로 적는다.
제38항 'ㅏ, ㅗ, ㅜ, ㅡ' 뒤에 '이어'가 어울려 줄어질 적에는 준 대로 적는다.

〈보기 2〉

○ 새끼줄을 열심히 ㉠ 꼬았다.
○ 올해도 큰집에서 설을 ㉡ 쇠었다.
○ 자전거 앞바퀴에 돌을 ㉢ 괴어 놓았다.
○ 그의 표정에서 지친 기색이 ㉣ 보이어 안타까웠다.
○ 산 정상에 올라가니 시야가 탁 ㉤ 트이어 상쾌했다.

① ㉠ : 모음 'ㅗ'로 끝난 어간에 '-았-'이 어울려 줄어들 수 있는 경우로, '꽜다'로도 적을 수 있겠군.



[문제편 p.177]

〈보기 1〉의 한글 맞춤법 제35항을 볼 때, '꼬았다'는 '꼬-'에 '-았-'이 어울려 '꽜다'로 줄어듦을 알 수 있다.

② ㉡ : 모음 'ㅚ' 뒤에 '-었-'이 어울려 줄어들 수 있는 경우로, '쇘다'로도 적을 수 있겠군.

〈보기 1〉의 한글 맞춤법 제35항 [붙임2]를 볼 때, '쇠었다'는 '쇠-'에 '-었-'이 어울려 '쇘다'로 줄어듦을 알 수 있다.

③ ㉢ : 모음 'ㅚ' 뒤에 '-어'가 어울려 줄어들 수 있는 경우로, '괘'로도 적을 수 있겠군.

〈보기 1〉의 한글 맞춤법 제35항 [붙임2]를 볼 때, '괴어'는 '괴-'에 '-어'가 어울려 '괘'로 줄어듦을 알 수 있다.

✔ **㉣ : 모음 'ㅗ' 뒤에 '-이어'가 어울려 줄어들 수 있는 경우로, '봬어'로도 적을 수 있겠군.**

〈보기 1〉의 한글 맞춤법 제38항을 볼 때, '보이어'는 '보-' 뒤에 '-이어'가 어울려 '뵈어' 또는 '보여'로 줄어듦을 알 수 있다. 따라서 '봬어'로 적을 수 있다는 이해는 적절하지 않다.

⑤ ㉤ : 모음 'ㅡ' 뒤에 '-이어'가 어울려 줄어들 수 있는 경우로, '틔어'로도 적을 수 있겠군.

〈보기 1〉의 한글 맞춤법 제38항을 볼 때, '트이어'는 '트-' 뒤에 '-이어'가 어울려 '틔어' 로 줄어듦을 알 수 있다.

## 40 정보 구성 언어 파악

정답률 78% | 정답 ①

**(가)와 (나)에 대한 설명으로 가장 적절한 것은?**

| | |
|---|---|
| 정보 구성 방식 | ○ (가)는 문자와 이미지가 쓰였다는 점에서, (나)는 음성과 음악을 사용했다는 점에서 복합 양식적 특성을 보여 주고 있다. ··· ①<br>○ (가)와 (나)는 모두 선조적으로 정보를 제공하기 때문에 정보 제공자가 정보 수용자의 반응을 확인하며 정보 제시 순서를 조정한다. ··· ② |
| 정보 유통 방식 | ○ (가)는 (나)와 달리 시의성을 지니는 정보를 실시간으로 제공하고 있다. ··· ③<br>○ (나)는 (가)와 달리 정보 제공자와 정보 수용자 사이의 소통이 일방향으로 이루어지고 있다. ··· ④<br>○ (가)와 (나)는 모두 정보를 가공하여 전달하는 데 시·공간적 제약을 받지 않는다. ··· ⑤ |

✔ **(가)는 문자와 이미지가 쓰였다는 점에서, (나)는 음성과 음악을 사용했다는 점에서 복합 양식적 특성을 보여 주고 있다.**

(가)는 문자와 이미지를 사용하고 있으므로 복합 양식적 특성을 보여 준다고 할 수 있다. 그리고 (나)는 라디오 대담이므로 음성으로 정보를 제공하고 있고, '시작을 알리는 음악'과 '교통 안내 방송으로 이어지는 음악'도 사용하고 있으므로 복합 양식적 특성을 보여 준다고 할 수 있다.

② (가)와 (나)는 모두 선조적으로 정보를 제공하기 때문에 정보 제공자가 정보 수용자의 반응을 확인하며 정보 제시 순서를 조정한다.

(가)는 인터넷 백과사전에 해당하므로 정보 제공 방식이 선조적으로 제한되지 않고 비순차적인 검색을 허용한다고 할 수 있으므로 적절하지 않다.

③ (가)는 (나)와 달리 시의성을 지니는 정보를 실시간으로 제공하고 있다.

(나)에서는 대담을 진행하다가 '시내에 통제되는 ~ 바랍니다'는 교통 안내 방송으로 이어지고 있으므로 시의성을 지니는 정보를 실시간으로 제공한다고 볼 수 있다.

④ (나)는 (가)와 달리 정보 제공자와 정보 수용자 사이의 소통이 일방향으로 이루어지고 있다.

(나)는 청취자의 질문을 문자 메시지나 방송국 앱을 통해 받고 있기 때문에 일방향의 소통이 아닌 쌍방향의 소통 양상을 보인다고 할 수 있다.

⑤ (가)와 (나)는 모두 정보를 가공하여 전달하는 데 시·공간적 제약을 받지 않는다.

(나)는 라디오 방송 대담에 해당하므로 정보를 가공하여 제공하는 데 시·공간적 제약을 받는다고 할 수 있다.

## 41 매체의 유형에 따른 특성 파악

정답률 80% | 정답 ⑤

**(가)에 대한 이해로 적절하지 않은 것은?**

① 정보 수용자가 문서의 내용 중 원하는 내용을 쉽게 찾을 수 있도록 목차를 제시하고 있다.

(가)를 통해 정보 수용자가 문서의 내용 중 원하는 내용을 쉽게 찾을 수 있도록 '목차'가 제시되어 있음을 알 수 있다.

② 정보 수용자가 문서 내용과 관련된 웹사이트로 이동할 수 있도록 하이퍼링크 기능을 제공하고 있다.

(가)를 통해 정보 수용자가 웹사이트로 이동할 수 있도록 하이퍼링크 기능이 있는 '외부 링크' 항목을 제공하고 있음을 알 수 있다.

③ 인터넷 사용자들이 정보 생산자로 참여할 수 있도록 문서 내용을 입력하거나 수정하는 기능을 제공하고 있다.

(가)를 통해 인터넷 사용자들이 정보 생산자로 참여할 수 있도록 '이 문서는 여러분이 직접 수정할 수 있습니다.'라는 안내를 알 수 있고, '[편집]'이라는 기능을 제공하고 있음을 알 수 있다.

④ 정보 생산자가 제공한 문서에 대한 신뢰성을 확보할 수 있도록 문서 내용의 근거가 되는 자료의 출처를 밝히고 있다.

(가)를 통해 정보 생산자들이 자신이 작성한 문서에 대한 신뢰성을 확보하기 위해 문서를 작성할 때 근거로 삼은 자료의 출처를 '참고 자료' 항목에서 밝히고 있음을 알 수 있다.

✔ **정보 수용자가 다른 수용자들의 문서 열람 여부를 확인할 수 있도록 최종적으로 문서가 작성된 이력을 제공하고 있다.**

(가)의 '라일락 님이 2시간 전에 마지막으로 편집함.'에서 최종적으로 문서가 작성·편집된 이력을 제공하고 있음을 알 수 있다. 하지만 이를 통해 다른 수용자들의 문서 열람 여부를 확인할 수 있는 것은 아니므로 적절하지 않다.

## 42 매체 언어의 의미 전달 방식

정답률 76% | 정답 ⑤

**㉠~㉤에 대한 설명으로 적절하지 않은 것은?**

① ㉠ : 의존 명사 '대로'를 사용하여 청취자에게 예고한 것과 같이 '스마트 시티'가 대담의 주제임을 밝히고 있다.

진행자는 의존 명사 '대로'를 사용하여 청취자에게 예고한 바와 같이 스마트 시티가 대담의 주제임을 밝히고 있다.

② ㉡ : 부사격 조사 '에'를 사용하여 수거함의 위치 정보를 제공 받는 대상이 '수거 차량'임을 드러내고 있다.

전문가는 부사격 조사 '에'를 사용하여 센서 신호를 받는 대상이 '수거 차량'임을 드러내고 있다.

③ ㉢ : 피동사 '모이다'를 사용하여 행위의 주체보다는 행위의 대상인 '데이터'에 초점을 두어 설명하고 있다.

전문가는 피동사 '모이다'를 사용하여 행위의 주체가 아니라 행위의 대상인 '데이터'에 초점을 두어 설명하고 있다.

④ ㉣ : 지시 대명사 '그것'을 사용하여 직전 발화에서 이미 언급한 대상인 '태양광 전지판'을 가리키고 있다.

전문가는 지시 대명사 '그것'을 사용하여 앞에서 이미 언급한 대상인 '태양광 전지판'을 가리키고 있다.

09회

✔ **㉤ : 연결 어미 '면서'를 사용하여 '공유기 역할'이라는 조건이 충족되면 다른 기능도 수행함을 드러내고 있다.**

(나)의 전문가는 연결 어미 '-면서'를 사용하여 스마트 가로등이 공유기 역할을 하는 것과 소음 수준과 공기 오염도를 분석하는 것을 동시에 할 수 있다는 점을 나타내고 있다. 따라서 연결 어미 '면서'를 사용하여 '공유기 역할'이라는 조건이 충족되면 다른 기능도 수행함을 드러낸다고 할 수 없다.

## 43 매체 자료의 주체적 수용

정답률 86% | 정답 ⑤

**다음은 (나)를 들은 청취자들이 청취자 게시판에 남긴 내용이다. 청취자의 수용 태도에 대한 설명으로 적절하지 않은 것은? [3점]**

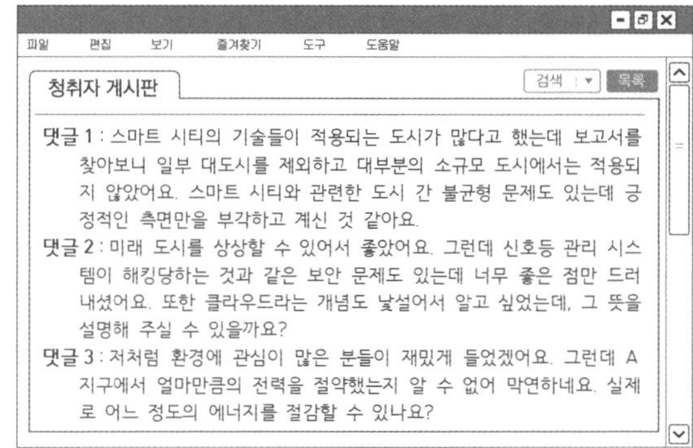


① 댓글 1은 자신이 추가로 수행한 탐색 활동을 통해 얻은 정보를 근거로 대담 내용의 사실 여부를 점검하고 있다.

'댓글 1'의 '보고서를 찾아보니 일부 대도시를 ~ 적용되지 않았어요.'를 통해, '댓글 1'은 자신이 추가로 수행한 탐색 활동을 통해 얻은 정보를 근거로 대담 내용의 사실 여부를 점검하고 있음을 알 수 있다.

② 댓글 2는 자신이 원하는 정보를 대담에서 제공하지 않았음을 언급하며 이에 대한 답변을 질문의 형식으로 요청하고 있다.

'댓글 2'의 '또한 클라우드라는 개념도 낯설어서 알고 싶었는데 그 뜻을 설명해 주실 수 있을까요?'를 통해, '댓글 2'는 자신이 원하는 정보를 대담에서 제공하지 않았음을 언급하며 이에 대한 답변을 질문의 형식으로 요청하고 있음을 알 수 있다.

③ 댓글 3은 교수가 제시한 사례와 관련한 정보가 충분하지 않음을 지적하며 구체적인 수치를 밝히지 않은 점에 대한 아쉬움을 드러내고 있다.

'댓글 3'의 '그런데 A지구에서 얼마만큼의 전력을 ~ 알 수 없어 막연하네요.'를 통해, '댓글 3'은 정보가 충분하지 않음을 지적하며 구체적인 수치를 밝히지 않은 점에 대한 아쉬움을 드러내고 있음을 알 수 있다.

④ 댓글 1과 댓글 2는 모두 대담에서 다루지 않은 내용이 있음을 언급하며 대담의 관점이 한쪽으로 치우쳐 공정하지 않다는 점을 지적하고 있다.

'댓글 1'의 '도시 간 불균형 문제도 있는데 긍정적인 측면만을 부각하고'와 '댓글 2'의 보안 문제도 있는데 너무 좋은 점만 드러내셨어요.'를 통해, '댓글 1'와 '댓글 2' 모두 대담의 관점이 한쪽으로 치우쳐 공정하지 않다는 점을 지적하고 있음을 알 수 있다.

✔ **댓글 2와 댓글 3은 모두 대담이 특정 관심사를 지닌 청취자에게 유용하다는 점을 밝히며 새로 알게 된 내용을 다른 상황에 적용하고 있다.**

'댓글 3'의 '저처럼 환경에 관심이 많은 분들이 재밌게 들었겠어요.'를 통해, '댓글 3'은 특정 관심사를 지닌 청취자들에게 유용하다는 점을 밝혔다고 볼 수 있다. 하지만 '댓글 2'와 '댓글 3' 모두 새로 알게 된 내용을 다른 상황에 적용하지는 않고 있다.

## 44 매체 언어의 표현 방법

정답률 95% | 정답 ②

**(가)에 나타난 표현 방식에 대한 설명으로 적절하지 않은 것은?**

① 첫 번째 슬라이드에서는 대비되는 그림 자료를 제시하여 정상목과 거북목의 차이를 보여 주고 있다.

첫 번째 슬라이드에서는 대비되는 그림 자료를 제시하여 정상목과 거북목의 차이를 보여 주고 있다.

✔ **첫 번째 슬라이드에서는 그래프를 활용하여 연령대가 높아질수록 거북목 증후군 환자 발생 비율이 증가하고 있음을 제시하고 있다.**

(가)의 첫 번째 슬라이드의 그래프를 통해 10대에서 20대까지는 연령대가 높아짐에 따라 거북목 증후군 환자 중 차지하고 있는 비율이 증가하고 있음을 확인할 수 있다. 하지만 30대부터 60대까지는 거북목 증후군 환자 중 차지하고 있는 비율이 점차 감소하고 있음을 확인할 수 있으므로 적절하지 않다.

③ 두 번째 슬라이드에서는 글과 동영상 자료를 활용하여 거북목 증후군의 증상에 대한 이해를 돕고 있다.

두 번째 슬라이드에서는 거북목 증후군의 증상에 대한 글과 동영상 자료를 활용해 친구들의 이해를 돕고 있다.

④ **세 번째 슬라이드에서는 글자의 크기와 굵기를 달리하여 거북목 증후군 예방법의 중요한 정보를 부각하고 있다.**
세 번째 슬라이드에서는 '올바르게 앉은 자세', '휴식 시간', '스트레칭'의 글자의 크기와 굵기를 달리해 거북목 증후군 예방법의 중요한 정보를 부각하고 있다.

⑤ **모든 슬라이드에서는 각 슬라이드의 중심 내용을 항목화하여 안내하고 있다.**
모든 슬라이드에서는 각 슬라이드의 중심 내용을 항목화하여 거북목 증후군에 대해 친구들이 이해하기 쉽게 안내하고 있다.

**45** 수정 내용의 적절성 판단 정답률 86% | 정답 ③

**(나)를 참고하여 (가)의 세 번째 슬라이드를 수정한 ⓐ ~ ⓔ 중 적절하지 않은 것은?**

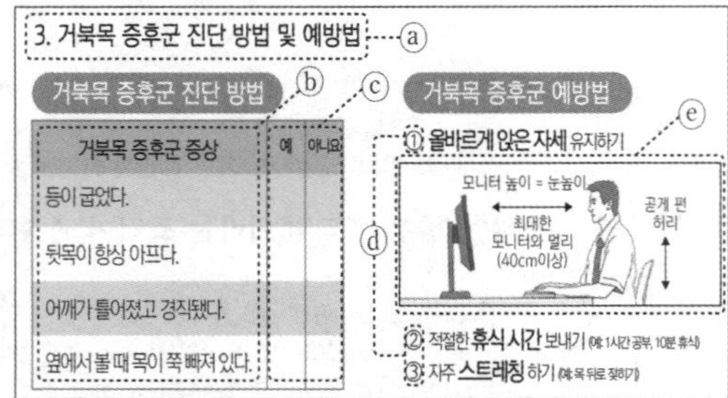


① ⓐ
유준이 '세 번째 슬라이드의 제목이 소제목의 내용 순서와 일치하지 않'는다고 한 것을 바탕으로 슬라이드의 제목을 '거북목 증후군 진단 방법 및 예방법'으로 수정했음을 확인할 수 있다.

② ⓑ
유준이 '거북목 증후군 증상을 도식화하여 제시하면 어떨'지에 대해 이야기한 것을 바탕으로, 수정한 슬라이드에 거북목 증후군 증상을 도식화하여 제시했음을 확인할 수 있다.

✔ ⓒ
(나)에서 한비는 '거북목의 정도'를 확인할 수 있도록 3단계 척도로 표시하도록 하면 좋을 것 같다고 이야기하고 있다. 그런데 수정한 슬라이드에는 3단계 척도가 아닌 '예, 아니요'를 표시할 수 있도록 하였으므로 적절하지 않다.

④ ⓓ
한비가 '두 번째 슬라이드와 형식적 통일성을 맞추기 위해 거북목 증후군 예방법의 내용도 번호를 붙여 제시하'자고 한 것을 바탕으로 수정한 슬라이드에 순서 번호를 추가했음을 확인할 수 있다.

⑤ ⓔ
세현이 '올바른 자세에 대한 시각 자료도 추가하'자고 한 것을 바탕으로 수정한 슬라이드에 시각 자료를 추가하였음을 확인할 수 있다.



# 10회 | 2022학년도 7월 학력평가 고3

• 정답 •

공통 | 독서·문학

01④ 02⑤ 03④ 04② 05② 06⑤ 07④ 08③ 09① 10③ 11★② 12④ 13★④ 14★⑤ 15②
16③ 17③ 18⑤ 19① 20④ 21① 22① 23④ 24② 25③ 26⑤ 27① 28⑤ 29③ 30③
31② 32② 33⑤ 34④

선택 | 화법과 작문

35⑤ 36★② 37④ 38③ 39③ 40⑤ 41② 42① 43② 44⑤ 45⑤

선택 | 언어와 매체

35④ 36★③ 37① 38④ 39② 40⑤ 41⑤ 42④ 43③ 44② 45②

★ 표기된 문항은 **[등급을 가르는 문제]**에 해당하는 문제입니다.

## [01~34] 독서·문학

### 01~03 독서 이론

**박수밀, 「탐독가들」**

**해제** 이 글은 **정조의 독서에 대한 생각**을 드러내고 있다. **책의 내용뿐만 아니라 책의 형태와 책을 읽는 자세까지도 중요하게 생각한 정조**는, **자신의 필요와 상황에 따라 유연하게 확장해 읽는 독서를 지향**하였으며, **책에 담긴 뜻을 스스로 체득하여 이것을 실천하려고 노력하는 것이야말로 학문의 기본자세**라 보았다. 또한 **정조는 독서 방법에 대해서도 분량, 읽기 방법, 토론 등 여러 가지를 강조**하였다. 정조는 **책에 대한 자신의 생각을 삶에서도 실천하며 독서를 통해 자기 삶의 물음들에 대한 실질적인 해답을 얻었다.**

**주제** 정조의 책과 독서에 대한 인식

**문단 핵심 내용**

| | |
|---|---|
| 1문단 | 책의 내용 및 책의 형태, 책을 읽는 자세를 중시한 정조 |
| 2문단 | 독서 방법과 자세에 대한 정조의 인식 |
| 3문단 | 정조가 강조한 독서 방법 |

**01** 세부 내용의 이해 정답률 93% | 정답 ④

**윗글에서 확인할 수 있는 독서에 대한 정조의 생각으로 적절하지 않은 것은?**

① **세상을 다스리는 데 도움이 되는 책을 읽어야 한다.**
1문단을 통해 정조가 독서에서 실용을 중시했으며, 세상을 다스리는 데 도움이 되는 책을 실용적인 책이라 생각했음을 알 수 있다.

② **책의 내용뿐만 아니라 책의 형태와 책을 읽는 자세도 중요하다.**
1문단을 통해 정조가 책의 내용만이 아니라 책의 형태와 책을 읽는 자세도 중요하게 생각했음을 알 수 있다.

③ **읽어야 할 책의 내용과 분량을 매일 정해 놓고 읽는 것이 좋다.**
3문단을 통해 정조가 읽어야 할 책의 내용과 분량을 매일 정해 놓는 것이 좋다고 했음을 알 수 있다.

✔ **한 번을 읽어도 치밀하게 읽어 책의 전체 내용에 대해 모르는 것 없이 파악해야 한다.**
3문단의 '그리고 단번에 전체를 모두 알려 하기보다 대요(大要)를 먼저 파악하는 것이 중요하며'를 통해, 정조가 책을 읽을 때 단번에 책의 전체 내용을 모두 알려고 할 것이 아니라 대요를 먼저 파악하는 것이 중요하다고 생각했음을 알 수 있다.

⑤ **혼자서 책을 읽으면서 배운 지식은 토론을 통해 그 내용이 타당한지를 점검해야 한다.**
3문단을 통해 정조가 관념에만 머물 위험에서 벗어나려면 토론을 통해 책에서 배운 지식이 타당한지를 돌아봐야 한다고 했음을 알 수 있다.

**02** 구체적인 사례에의 적용 정답률 84% | 정답 ⑤

**윗글을 바탕으로 〈보기〉의 ⓐ, ⓑ에 대해 이해한 내용으로 가장 적절한 것은? [3점]**

〈보 기〉

「논어」 한 권을 읽었는데, ⓐ 한 사람은 마치 자기 말처럼 다 외우지만 막상 어떤 경우에 닥치면 일찍이 생각이 책 속에 미치지 못하고 그 행동하는 바를 살펴보면 한결같이 읽은 것과는 반대로 한다. ⓑ 한 사람은 능히 한두 장도 외우지 못하지만, 화나는 일이 생기면 문득 맹렬히 반성하여 이렇게 말한다. "「논어」 중에 한 구절이 있는데 내가 그 말을 자세히 기억할 수는 없지만 생각해 보니 화가 날 때 마음대로 하면 뒤에 반드시 어려움이 있다는 식의 말이었다." 하고는 참고 이를 가라앉혔다.

– 홍길주, 「수여방필」 –

① **경전을 '자기 말처럼 다 외'웠다는 점에서 ⓐ는 상황에 따라 경전을 새롭게 해석하였다고 볼 수 있다.**
〈보기〉를 통해 ⓐ가 단순히 책 한 권을 자기 말처럼 다 외웠음을 알 수 있지만, 이를 상황에 따라 경전을 새롭게 해석한 것으로는 볼 수 없다.

② **'읽은 것과는 반대로 한'다는 점에서 ⓐ는 자신의 필요에 따라 유연한 독서를 지향했다고 볼 수 있다.**
〈보기〉를 통해 ⓐ가 생각이 책 속에 미치지 못한 상태에서 읽은 것과 반대로 행동하였음을 알 수 있지만, 이를 자신의 필요에 따라 유연한 독서를 지향했다고는 볼 수 없다.

③ **'능히 한두 장도 외우지 못'한다는 점에서 ⓑ는 생활에 쓰일 수 없는 독서를 했다고 볼 수 있다.**
〈보기〉를 통해 ⓑ는 책을 제대로 외우지는 못했지만 책에 담긴 뜻을 삶에서 실천하였음을 알 수 있으므로, ⓑ는 생활에 쓰이는 독서를 행했다고 볼 수 있다.



[문제편 p.180]

④ '화나는 일이 생기면 문득 맹렬히 반성하'였다는 점에서 ⓑ는 책에 담긴 뜻을 심신으로 체득하지 못했다고 볼 수 있다.
〈보기〉를 통해 ⓑ는 화나는 일이 생기면 반성하고 책에 담긴 뜻대로 행동하였음을 알 수 있다. 이러한 ⓑ의 모습은 책에 담긴 뜻을 심신으로 체득하였음을 드러낸 것이라 볼 수 있다.

**⑤ 『논어』 중에 한 구절'을 떠올리며 화를 '참고 이를 가라앉혔다'는 점에서 ⓑ는 경전의 내용을 자신의 삶에서 실천했다고 볼 수 있다.**
〈보기〉를 통해 ⓑ는 화가 날 때 마음대로 해서는 안 된다는 뜻의 논어 구절을 떠올려, 실제 삶 속에서도 화나는 일이 생겼을 때 화를 참고 이를 가라앉혀 마음대로 하지 않았음을 알 수 있다. 그리고 이 글에서 정조는 자잘하고 세세한 것에 얽매이지 말고 책에 담긴 뜻을 스스로 체득하여 이것을 실천하려고 노력하는 것이야말로 학문의 기본자세라 보았음을 알 수 있다. 이러한 글의 내용을 볼 때, ⓑ는 경전의 내용을 자신의 삶에서 실천했다고 할 수 있다.

## 03 반응의 적절성 파악

정답률 80% | 정답 ④

**다음은 윗글을 읽은 학생의 반응이다. 이에 대한 설명으로 가장 적절한 것은?**

> 정조의 독서법에서 많은 것을 배울 수 있었어. 하지만 다양한 세상을 경험하게 하고 타인의 마음에 공감하는 법을 익히게 해 주는 소설도 충분히 실용적인 책이 될 수 있지 않을까? 그런데 왜 정조는 소설을 부정적으로 보았는지 더 자세히 설명되어 있는 책을 찾아봐야겠어.

① 독서에서 얻은 정보를 자신의 기준에 따라 선별하고 체계화하고 있다.
제시된 학생의 반응을 통해 학생이 독서에서 얻은 여러 정보 중 자신이 취할 정보를 선별하여 체계화하고 있는 내용은 찾아볼 수 없다.

② 자신이 읽은 내용의 타당성을 판단하기 위해 다양한 관점들을 비교하고 있다.
제시된 학생의 반응을 통해 학생이 자신의 관점에서 읽은 내용을 따져 보고는 있지만, 다양한 관점들을 비교하지는 않고 있다.

③ 자신의 독서 목적을 고려하여 글의 생략된 부분에 보충할 내용을 찾고 있다.
제시된 학생의 반응을 통해 학생은 글의 생략된 부분에 보충할 내용을 찾고 있는 것이라 할 수 없다. 이 글에 정조가 소설을 부정적으로 본 이유가 이미 드러나 있으며, 학생이 찾으려 하는 것은 자신이 읽은 내용을 심화시킬 수 있는 추가 정보라 할 수 있다.

**④ 독서 과정에서 생긴 의문을 해소하기 위해 추가적인 독서 계획을 세우고 있다.**
제시된 학생의 반응을 보면, 학생은 소설이 지닌 실용적 가치를 인정하며 이러한 자신의 생각을 바탕으로, 소설을 실용에 무익하다고 본 정조의 의견에 대해 소설도 충분히 실용적인 책이 될 수 있지 않을까 하는 의문을 제기하고 있다. 그러면서 학생은 정조가 소설을 부정적으로 본 이유가 자세히 설명되어 있는 책을 찾아봐야겠다 하고 있다. 따라서 학생은 독서 과정에서 생긴 의문을 해소하기 위해 추가적인 독서 계획을 세웠다고 할 수 있다.

⑤ 배경지식을 바탕으로 독서에서 접하게 된 용어에 대한 자신의 이해 정도를 점검하고 있다.
제시된 학생의 반응을 통해 학생이 용어 자체에 대한 자신의 이해 정도를 점검하지는 않고 있다.

## 04~09 인문 통합

**(가) 홍병선, 「상상력의 철학적 근거」**

**해제** 이 글은 **상상력에 대한 흄의 인식을 설명**하고 있다. **흄은 상상력을 정신적이며 후천적인 기능으로 규정한 최초의 철학자로 평가**된다. **인상을 통해 이미지를 재생시키는 능력을 '상상력'이라 본 흄은, 인상을 관념의 형태로 재생시키는 능력으로 상상력과 함께 '기억'을 제시**하였다. 기억에 의해 재생된 관념은 상상력에 의해 재생된 관념보다 훨씬 생생하고 강렬하며, **순서와 상관없이 자유롭게 재생이 이루어지는 상상력**과 달리 기억은 최초 인상들을 받아들일 때와 동일한 순서로 재생이 이루어진다. 그래서 **상상력은 기억과 달리 관념들을 결합하거나 분리할 수 있고, 인상들로부터 만들어진 관념들을 자율적으로 재정리할 수 있는 것**이다. **흄**은 이러한 **상상력의 자율성에 제약이 따른다고 보고, 상상력을 '관념 연합의 원리'에 의해 관념들을 결합시키는 것이라 설명**하였다. 또한 **흄은 상상력이 가지고 있는 항상성이라는 특성으로 인해 대상에 대한 인상들 간의 단절을 넘어 동일성을 확보할 수 있다**고 여겼다.

**주제** 상상력에 대한 흄의 인식

**문단 핵심 내용**

| 문단 | 핵심 내용 |
|---|---|
| 1문단 | 인상을 통해 이미지를 재생시키는 능력을 '상상력'이라고 본 흄 |
| 2문단 | 인상을 관념의 형태로 재생시키는 능력으로 기억을 제시한 흄 |
| 3문단 | 상상력의 자율성에 일정한 제약이 따른다고 본 흄 |
| 4문단 | 상상력이 대상에 대한 동일성을 확보할 수 있다고 본 흄 |

**(나) 김상환, 「왜 칸트인가」**

**해제** 이 글은 **상상력에 대한 칸트의 인식에 대해 서술**하고 있다. **상상력을 선험적인 차원에서 탐구한 칸트**는, **인간의 인식 능력을 감성, 상상력, 지성, 이성으로 구분**하고 각각의 기능들이 어떻게 작동하고 이어지는지 그 원리를 분석하면서 **감성과 지성의 매개자인 상상력의 역할을 강조**하였다. **칸트**는 **상상력을 결합과 도식화의 측면에서 '재생적 상상력'과 '생산적 상상력'으로 구분**하였는데, **재생적 상상력**은 **오감을 통해 느껴지는 다양한 감각들을 재생하여 결합하는 능력**이다. 그리고 **생산적 상상력**은 **도식(Schema)을 능동적으로 만드는 능력으로, 도식을 창조하여 개념을 정확하게 이해할 수 있을 뿐만 아니라 자유롭게 응용할 수도 있게** 해 준다. **칸트는 흄이 경험적인 차원에서 연구하였던 상상력을 선험적인 차원에서 탐구함으로써 흄의 한계를 넘어선 것이다.**

**주제** 칸트의 상상력에 대한 인식

**문단 핵심 내용**

| 문단 | 핵심 내용 |
|---|---|
| 1문단 | 상상력을 선험적인 차원에서 탐구한 칸트 |
| 2문단 | 칸트의 상상력의 구분 – 재생적 상상력 |
| 3문단 | 칸트의 상상력의 구분 – 생산적 상상력 |

## 04 내용 전개 방식의 공통점, 차이점 파악

정답률 78% | 정답 ②

**(가)와 (나)에 대한 설명으로 가장 적절한 것은?**

① (가)와 (나)는 모두 특정 개념에 대한 여러 학자의 견해를 병렬적으로 소개하고 있다.
(가)와 (나)는 모두 상상력에 대한 흄과 칸트의 견해를 소개하고 있지만, 여러 학자의 견해를 병렬적으로 소개하고 있지는 않다.

**② (가)와 (나)는 모두 특정 개념을 기존과 다르게 바라보았던 학자의 견해를 설명하고 있다.**
(가)에서는 상상력을 신체적이며 선천적인 기능으로 파악한 기존의 관점과 달리 정신적이며 후천적인 기능으로 파악한 최초의 철학자로 평가되는 '흄'의 견해를 설명하고 있다. 그리고 (나)에서는 상상력을 경험적 차원에서 파악한 기존 개념과 달리 선험적 차원으로 상상력을 연구한 '칸트'의 견해를 설명하고 있다. 따라서 (가)와 (나) 모두 상상력을 기존과 다르게 바라보았던 학자의 견해를 설명하였음을 알 수 있다.

③ (가)와 달리 (나)는 특정 개념을 다른 개념과 비교하면서 두 개념의 장단점을 분석하고 있다.
(가)에서는 상상력을 기억과 비교하여 제시하고 있지만, 상상력의 장단점을 분석하지는 않고 있다. 그리고 (나)에서는 재생적 상상력과 생산적 상상력을 비교하고 있지만, 상상력을 다른 개념과 비교하면서 장단점을 분석하지는 않고 있다.

④ (가)와 달리 (나)는 특정 개념을 정의한 뒤 구체적인 사례와 관련지어 그 개념의 의의와 한계를 제시하고 있다.
(나)에서는 상상력의 개념과 이와 관련한 구체적인 사례를 제시하고 있지만, 상상력이 지닌 한계를 제시하지는 않고 있다.

⑤ (나)와 달리 (가)는 특정 개념을 바라보는 철학적 관점의 형성 배경과 긍정적 영향에 주목하여 서술하고 있다.
(가)를 통해 상상력을 바라보는 철학적 관점이 어떻게 형성되었는지, 상상력이 어떠한 긍정적 영향을 미쳤는지는 찾아볼 수 없다.

## 05 세부 내용의 이해

정답률 65% | 정답 ②

**(가)에서 알 수 있는 흄의 견해로 적절하지 않은 것은?**

① 대상에 대한 인상들 간의 단절을 넘어 동일성을 확보할 수 있는 것은 상상력이 지닌 항상성 때문이다.
(가)의 4문단의 '흄은 상상력이 가지고 있는 항상성이라는 특성으로 인해 대상에 대한 인상들 간의 단절을 넘어 동일성을 확보할 수 있다고 말한다.'를 통해 확인할 수 있다.

**② 상상력이 만들어 낸 인상과 관념들은 자율적인 결합과 분리가 가능하다.**
(가)의 2문단의 '상상력이 인상을 만들어 낼 수는 없지만'을 통해, '흄'은 상상력이 인상을 만들어 낼 수 있다고 보지 않았음을 알 수 있다.

③ 연합의 원리에서 벗어나 마음대로 결합된 관념은 무의미하다.
(가)의 3문단의 '흄에게 임의로 결합된 관념은 무의미한 환상에 불과하다.'를 통해 확인할 수 있다.

④ 상상력보다 기억에 의해 재생된 관념이 더욱 생생하다.
(가)의 2문단의 '기억에 의해 재생된 관념은 상상력에 의해 재생된 관념보다 훨씬 생생하고, 강렬하다.'를 통해 확인할 수 있다.

⑤ 상상력은 인상을 통해 이미지를 재생시키는 능력이다.
(가)의 1문단의 '흄은 인상을 통해 이미지를 재생시키는 능력을 '상상력'이라 보았다.'를 통해 확인할 수 있다.

## 06 구체적인 사례에의 적용

정답률 47% | 정답 ⑤

**(나)에 따라 감성, 상상력, 지성, 이성의 개념을 적용하여 이해한 것으로 적절하지 않은 것은?**

① 아이스크림을 한입 먹었을 때 차갑다고 느끼는 것은 감성을 통해 이루어지겠군.
(나)의 1문단을 통해 대상에 의해 우리에게 감각적으로 주어진 것을 오감을 통해 받아들이는 능력이 감성임을 알 수 있다. 이를 바탕으로 할 때, 아이스크림을 차갑다고 느끼는 것은 감성을 통해 이루어진 것이라 할 수 있다.

② 물리학, 천문학 분야의 수많은 지식들을 우주라는 이념으로 수렴하여 체계화하는 것은 이성을 통해 이루어지겠군.
(나)의 1문단을 통해 '이성'은 수많은 지식들을 영혼, 우주, 신이라는 이념으로 수렴하여 체계화함을 알 수 있다. 이렇게 볼 때, 물리학, 천문학 분야의 수많은 지식들을 우주라는 이념으로 수렴하여 체계화하는 것은 이성을 통해 이루어진다고 할 수 있다.

③ 어느 날 밤 갑자기 지붕을 내려치는 듯한 빗소리가 들렸을 때, 태풍이 가까이 와서 폭우가 내리기 시작했다고 판단하는 것은 지성을 통해 이루어지겠군.
(나)의 1문단을 통해 지성은 개념에 근거하여 주어진 상황에 대해 판단을 내리는 능력임을 알 수 있다. 이를 바탕으로 할 때, 빗소리를 듣고 태풍이라는 개념을 바탕으로 폭우가 내리기 시작했다고 판단하는 것은 지성을 통해 이루어진 것이라 할 수 있다.

④ 귤, 감, 포도를 바라보며 받아들인 다양한 감각들을 지성으로 전달하는 것은 상상력을 통해, 그 후 과일이라는 개념을 형성하는 것은 지성을 통해 이루어지겠군.
(나)의 1문단을 통해 감성의 내용을 지성에게 전달하는 것은 상상력, 개념을 형성하는 것은 지성의 능력임을 알 수 있다. 이를 바탕으로 할 때, 귤, 감, 포도를 바라보며 받아들인 다양한 감각들을 지성으로 전달하는 것은 상상력을 통해, 그 후 과일이라는 개념을 형성하는 것은 지성을 통해 이루어진다고 할 수 있다.

**⑤ 장미꽃을 바라보면서 색, 크기, 모양 등의 다양한 감각들을 느끼는 것은 감성을 통해, 그 장미꽃이 빨간색이라는 지식을 축적하는 것은 이성을 통해 이루어지겠군.**
(나)의 1문단을 통해 '감성'은 대상에 의해 우리에게 감각적으로 주어진 것을 오감(五感)을 통해 받아들이는 능력이고, '이성'은 추론하는 능력임을 알 수 있다. 또한 '이성'은 다양한 분야에서 감성, 상상력, 지성에 의해 축적된 수많은 지식들을 영혼이나 우주 또는 신이라는 이념으로 수렴하여 체계화함을 알 수 있다. 이를 바탕으로 할 때, 장미꽃을 바라보며 다양한 감각들을 느끼는 것은 대상에 대한 감각을 오감을 통해 받아들이는 능력인 감성을 통해 이루어짐을 알 수 있다. 하지만 그 장미꽃이 빨간색이라고 판단하여 지식을 축적하는 것은 이성을 통해 이루어지는 것이라고 볼 수 없다.

**07** 정보 간의 관계 파악 정답률 72% | 정답 ④

㉠과 ㉡에 대한 설명으로 가장 적절한 것은?

① ㉠과 ㉡은 모두 감각과 별개로 작용하는 능력이다.
(나)의 2문단을 통해 ㉠은 다양한 감각들을 재생하여 결합하는 능력임을 알 수 있으므로 적절하지 않다.

② ㉠과 ㉡은 모두 경험의 수용과 인식 과정에서 수동적으로 이루어진다.
(나)의 3문단을 통해 ㉡은 도식을 능동적으로 만드는 능력임을 알 수 있으므로 적절하지 않다.

③ ㉠과 달리 ㉡은 감성과 이성을 이어 주는 매개적 기능을 한다.
(나)의 1문단을 통해 칸트는 상상력을 감성과 지성의 매개자로 보았음을 알 수 있다. 따라서 상상력에 해당하는 ㉠, ㉡ 모두 감성과 지성의 매개자이므로, 감성과 이성을 이어 주는 매개적 기능을 한다고 볼 수 있다.

**✔④ ㉡과 달리 ㉠은 다양한 감각들을 결합하기 전에 훑어보는 과정이 필요하다.**
(나)의 2문단을 통해 ㉠은 무질서하고 다양한 감각들을 훑어본 다음 훑어본 것을 재생하여 결합하는 능력임을 알 수 있다. 따라서 ㉠은 ㉡과 달리 다양한 감각들을 결합하기 전에 훑어보는 과정이 필요함을 알 수 있다.

⑤ ㉡과 달리 ㉠은 추상적인 개념을 이해할 수 있는 선험적 형식을 만드는 능력이다.
(나)의 3문단을 통해 추상적인 개념을 이해할 수 있는 선험적 형식은 도식이며, 이러한 도식을 만드는 능력은 ㉡임을 알 수 있으므로 적절하지 않다.

**08** 내용을 바탕으로 한 자료의 이해 정답률 59% | 정답 ③

〈보기〉는 윗글과 관련된 철학자들의 견해를 재구성한 것이다. 윗글을 읽은 학생이 〈보기〉에 대해 보인 반응으로 적절하지 않은 것은? [3점]

〈보 기〉

㉮ 이미지 없이는 아무것도 이해할 수 없기에 이미지를 재생해서 보존하는 상상력은 매우 중요하다.
㉯ 상상력은 인간의 정신 능력에서 놀라운 창조성을 지닌 능력으로, 인간이 이룩한 문화는 모두 상상력의 산물이다.
㉰ 상상력은 사물의 닮은 이미지를 만들어 내기 때문에 감각에 포함된 능력이다. 감각은 사물의 그림자를 만들어내는 능력이기 때문이다.
㉱ 인간의 모든 경험은 감각이 대상과 접촉함으로써 획득되고, 상상력은 인간의 모든 사고의 연계를 가능하게 하는 기능을 수행한다. 상상력의 기능을 배제한 인간의 인식 과정은 있을 수 없다.

① 흄은 상상력에 의해 재생된 이미지를 통해 대상을 이해한다는 ㉮의 견해에 동의하겠군.
'흄'은 상상력을 인상을 통해 이미지를 재생시키는 능력이라 여겼고, 그러한 관념을 토대로 대상을 이해할 수 있다고 보았기 때문에, ㉮의 견해에 동의할 것이다.

② 칸트는 상상력이 무언가를 창조할 수 있는 능력이라고 파악한 ㉯의 견해에 동의하겠군.
'칸트'는 생산적 상상력으로 도식을 창조하여 자유롭게 응용할 수도 있다고 보았기 때문에 ㉯의 견해에 동의할 것이다.

**✔③ 칸트는 상상력을 감각에 포함된 능력이라 판단한 ㉰의 견해에 동의하겠군.**
'칸트'는 인간의 인식 능력을 '감성', '상상력', '지성', '이성'으로 구분하였고, 상상력을 감성과 지성을 매개하는 능력으로 파악하였음을 알 수 있다. 따라서 칸트는 상상력을 감각에 포함된 능력이라 판단한 ㉰의 견해에 동의하지 않을 것이다.

④ 흄은 감각을 통해 경험을 얻게 된다는 ㉱의 견해에 동의하겠군.
'흄'은 인상을 감각과 같이 대상에 대한 경험의 직접적인 재료로 보았기 때문에 ㉱의 견해에 동의할 것이다.

⑤ 흄과 칸트는 모두 인간의 인식 과정에서 상상력의 역할을 필수적이라고 파악한 ㉱의 견해에 동의하겠군.
'흄'은 상상력을, 생각을 하기 위해 필요한 가장 기초적인 능력으로 보았으며, '칸트'는 상상력이 없다면 인식이 성립할 수 없다고 보았으므로, '흄'과 '칸트' 모두 ㉱의 견해에 동의할 것이다.

**09** 어휘의 문맥적 의미 파악 정답률 81% | 정답 ①

ⓐ와 문맥상 의미가 가장 가까운 것은?

**✔① 오랜 토론 끝에 결론을 내리다.**
ⓐ의 '내리다'는 '판단, 결정을 하거나 결말을 짓다.'라는 의미로, '오랜 토론 끝에 결론을 내리다.'의 '내리다'도 같은 의미로 사용되었다.

② 요즘은 물가가 조금씩 내리고 있다.
'값이나 수치, 온도, 성적 따위가 이전보다 떨어지거나 낮아지다.'라는 의미로 사용되었다.

③ 게시판에서 욕설이 들어 있는 글을 내렸다.
'컴퓨터 통신망이나 인터넷 신문에 올린 파일이나 글, 기사 따위를 삭제하다.'라는 의미로 사용되었다.

④ 차에서 내린 사람들은 곧장 지하철역으로 걸어갔다.
'탈것에서 밖이나 땅으로 옮아가다.'라는 의미로 사용되었다.

⑤ 동치미 국물을 마시자 체증이 내리는 것처럼 느껴졌다.
'먹은 음식물 따위가 소화되다.'라는 의미로 사용되었다.

## 10~13 기출

**벤자민 플렌치 외, 「딥러닝 컴퓨터 비전」**

**해제** 이 글은 **딥러닝 기반의 객체 탐지 모델 대해 설명하고 있다. 딥러닝 기반의 객체 탐지 모델은 '2단계 방식'과 '단일 단계 방식'**으로 나눌 수 있는데, **2단계 방식**은 먼저 **이미지에서 탐지할 객체가 있을 확률이 높은 곳을 추정한 후, 그 영역의 대상을 집중적으로 탐지하여 어떤 객체인지 판별하는 방식**이다. 그리고 **단일 단계 방식**은 이 **두 가지 과정이 하나의 인공신경망을 통해 동시에 이루어지는 방식인데, 가장 대표적인 알고리즘 모델로 YOLO**가 있다. **YOLO는 하나의 이미지가 입력되면 모든 영역별로 이미지에 있는 대상들을 확인하고 그 대상이 특정 객체일 확률값을 계산해서 총 'S×S×N(5+m)'개의 데이터를 출력**하게 된다. 그리고 경계 상자에 객체가 존재할 확률값과 그것이 특정 객체일 확률값을 곱하여 **해당 경계 상자에 특정 객체가 존재할 확률값인 '신뢰도 점수'를 구하고**, 이 중 **가장 큰 값을 가지는 객체가 해당 경계 상자에서 탐지된 객체**가 된다. 그런데 **서로 다른 경계 상자에서 같은 종류의 객체가 탐지될 수 있는데, 이때 '비최댓값 억제(NMS)'와 과정을 거친다.** 이러한 과정을 통해 결국 이미지 속의 각 대상별로 가장 높은 신뢰도 점수를 가진 경계 상자 하나씩만 남게 된다.

**주제** 객체 탐지 방식의 종류와 대표적 방식인 YOLO의 이해

**문단 핵심 내용**

| | |
|---|---|
| 1문단 | 객체 탐지의 의미 |
| 2문단 | 딥러닝 기반의 객체 탐지 모델의 종류 |
| 3문단 | YOLO 방식의 이해 1 – 데이터 출력 과정 |
| 4문단 | YOLO 방식의 이해 2 – 경계 상자에서의 객체 탐지 |
| 5문단 | 경계 상자에 대한 MMS 수행 과정 |
| 6문단 | YOLO 방식의 장점 및 한계 |

**10** 세부 내용의 이해 정답률 43% | 정답 ③

윗글의 내용과 일치하지 않는 것은?

① 객체 탐지는 이미지에 있는 대상의 위치를 찾고 그 대상이 어떤 객체인지 판별하는 작업이다.
1문단의 '객체 탐지(Object Detection)란 사람, 동물, 사물 등 이미지에 있는 ~ 그 경계 상자 안의 대상이 어떤 객체인지 판별하는 작업이다.'를 통해 확인할 수 있다.

② 2단계 방식은 객체를 탐지하는 속도가 느려서 실시간 탐지에는 사용하기가 어렵다.
2문단을 통해 2단계 방식의 객체 탐지 모델은 처리하는 데이터가 많고 구조가 복잡하여 객체를 탐지하는 속도가 느리기 때문에 실시간 객체 탐지가 어렵다는 내용을 확인할 수 있다.

**✔③ 이미지에 표시되는 경계 상자는 기준이 되는 영역의 크기에 따라 그 크기가 결정된다.**
3문단을 통해 이미지에 표시되는 경계 상자의 중심점 좌표는 항상 기준이 되는 하나의 영역 안에 속해 있지만, 경계 상자의 크기는 영역의 크기와 상관없이 다양하게 표시됨을 알 수 있으므로 적절하지 않다.

④ 신뢰도 점수는 경계 상자에 특정 객체가 존재할 확률값을 말하며 모든 경계 상자마다 존재한다.
4문단을 통해 객체가 존재할 확률값과 그것이 특정 객체일 확률값을 곱하여 해당 경계 상자에 특정 객체가 존재할 확률값인 신뢰도 점수를 구함을 알 수 있다.

⑤ 경계 상자가 표시되는 과정에서 하나의 대상에 여러 개의 경계 상자가 그려질 수도 있다.
5문단을 통해 서로 다른 경계 상자에서 같은 종류의 객체가 탐지될 수 있음을 알 수 있다. 그리고 이때 각 경계 상자가 하나의 대상에 중복되어 표시된 것인지 서로 다른 대상에 표시된 것인지를 판단하는 과정을 거침을 알 수 있다. 이렇게 볼 때, 하나의 대상에 여러 경계 상자가 그려질 수 있음을 알 수 있다.

★★★ 등급을 가르는 문제!

**11** 구체적인 사례에의 적용 정답률 43% | 정답 ②

윗글을 참고할 때, 〈보기〉에 대한 설명으로 적절하지 않은 것은?

〈보 기〉

다음은 경계 상자의 수를 2로 설정한 YOLO 모델에 특정 이미지를 입력했을 때, 데이터가 출력되는 과정을 도식화하여 나타낸 것이다. 단, 입력된 이미지는 단일 객체에 대한 이미지이다.

〈 입력 이미지 〉 → YOLO 모델 → 〈 출력된 데이터 〉

〈 미리 학습된 객체 데이터 〉

| 가 | 개 |
|---|---|
| 나 | 고양이 |
| 다 | 사자 |
| 라 | 표범 |
| 마 | 호랑이 |

| | $B_x$ | $B_y$ | $B_w$ | $B_h$ | $P_c$ | $C_가$ | $C_나$ | $C_다$ | $C_라$ | $C_마$ |
|---|---|---|---|---|---|---|---|---|---|---|
| 경계 상자1 | 0.6 | 0.4 | 1.5 | 1.6 | 0.9 | 0.3 | 0.7 | 0.3 | 0.1 | 0.1 |
| 경계 상자2 | 0.6 | 0.3 | 1.5 | 2 | 0.8 | 0.2 | 0.9 | 0.2 | 0.1 | 0.2 |

① 입력된 이미지에서 탐지된 객체는 '고양이'일 가능성이 가장 높다.
〈보기〉의 경계 상자 데이터에서 $P_c$와 C의 곱, 즉 $P_c$와 $C_나$가 가장 큰 값을 가지므로, 입력된 이미지에서 탐지된 객체는 '고양이'일 가능성이 가장 높다고 할 수 있다.

**✔② 경계 상자 1이 경계 상자 2보다 더 정확하게 객체를 탐지하였다.**
3문단을 통해 신뢰도 점수는 $P_c$와 C의 곱임을 알 수 있고, 4문단을 통해 신뢰 점수는 경계 상자의 위치와 객체의 판별이 얼마나 정확한지를 나타냄을 알 수 있다. 그리고 〈보기〉에서 입력된 이미지는 단일 객체라고 했으므로 〈보기〉의 경계 상자 데이터에서 $P_c$와 C의 곱이 가장 큰 값을 갖는 '고양이'가 최종 탐지된 객체임을 파악할 수 있다. 이렇게 볼 때, $P_c$와 C를 곱한 값이 경계 상자 1보다 경계 상자 2가 더 크므로 경계 상자 2가 더 정확하게 객체를 탐지했음을 알 수 있다.

③ 입력된 이미지의 전체 영역에 표시되는 경계 상자는 모두 18개이다.
3문단을 통해 모든 영역마다 동일하게 N개의 경계 상자가 표시됨을 알 수 있다. 그리고 〈보기〉의 YOLO의 '출력된 데이터' 그림을 보면 S가 3, 즉 총 영역이 3×3=9개임을 확인할 수 있고, 경계 상자의 수는 2임을 알 수 있다. 따라서 입력된 이미지 전체 영역에 표시되는 경계 상자의 수는 9×2=18개임을 알 수 있다.

④ 입력된 이미지에서 탐지할 수 있는 객체의 종류는 모두 다섯 가지이다.
3문단을 통해 미리 학습된 객체의 가짓수에 따라 판별할 수 있는 객체의 가짓수가 결정됨을 알 수 있다. 그리고 〈보기〉에서 미리 학습된 데이터의 개수가 5개로 제시되었으므로 입력된 이미지에서 탐지할 수 있는 객체의 종류는 모두 다섯 가지가 된다고 할 수 있다.

⑤ YOLO 모델이 이미지를 분석하여 출력하는 데이터는 모두 180개이다.
3문단을 통해 하나의 이미지에서 출력되는 데이터가 총 'S×S×N(5+m)'개라는 것을 알 수 있고, 〈보기〉를 통해 YOLO의 설정값이 S는 3, N은 2, m은 5라는 것을 알 수 있다. 따라서 입력된 이미지를 분석하여 출력하는 데이터는 모두 3×3×2(5+5)=180개가 됨을 알 수 있다.



[문제편 p.183]

★★ 문제 해결 꿀~팁 ★★

▶ 많이 틀린 이유는?
이 문제는 글의 내용을 실제 사례에 적용하는 과정에서 어려움을 겪어 오답률이 높았던 것으로 보인다. 또한 기술 지문을 어려워하는 것도 오답률을 높였던 것으로 보인다.

▶ 문제 해결 방법은?
이 문제를 해결하기 위해서는 글의 내용을 바탕으로 제시된 〈보기〉를 정확히 이해한 다음, 선택지의 내용이 적절한지 판단할 수 있어야 한다. 가령 정답인 ②의 경우, 3문단을 통해 신뢰도 점수는 $P_C$와 C의 곱이고, 4문단을 통해 신뢰 점수는 경계 상자의 위치와 객체의 판별이 얼마나 정확한지를 나타낸다는 것을 바탕으로 〈보기〉를 이해할 수 있어야 한다. 즉 〈보기〉의 경계 상자 데이터에서 $P_C$와 C의 곱이 가장 큰 값이 $P_C$와 $C_U$이므로 '고양이'가 최종 탐지된 객체임을 파악하여야 한다. 이를 바탕으로 하면 $P_C$와 $C_U$를 곱한 값이 경계 상자 1보다 경계 상자 2가 더 크므로 경계 상자 2가 더 정확하게 객체를 탐지했음을 알 수 있다. 마찬가지로 오답률이 높았던 ③의 경우에도 3문단을 통해 YOLO는 이미지를 S×S개의 영역으로 나눈다고 하였으므로, 〈보기〉의 YOLO의 '출력된 데이터' 그림을 통해 S가 3이어서 총 영역이 3×3=9개임을 알 수 있다. 또한 3문단을 통해 모든 영역마다 동일하게 N개의 경계 상자가 표시됨을 알 수 있고, 〈보기〉를 통해 경계 상자의 수는 2임을 알 수 있으므로 적절함을 알 수 있다. 이 문제처럼 어렵게 보이는 문제라도 글의 내용과 차분히 연계하여 풀면 문제를 해결할 수 있으므로, 기술 지문이라고 지레 겁먹지 말고 문제와 관련된 내용을 글에서 찾아 차분히 적용할 수 있도록 한다.

**12** 내용을 통한 자료의 이해 정답률 41% | 정답 ④

[A]를 바탕으로 〈보기〉를 이해한 내용으로 가장 적절한 것은? [3점]

〈보 기〉

〈경계 상자에 대한 NMS의 수행 과정〉

한 가지 종류의 객체를 기준으로 신뢰도 점수가 높은 순서대로 경계 상자를 정렬함. ········ ⓐ

↓

최고 점수의 경계 상자를 기준으로 나머지 경계 상자와의 IoU 값을 계산함. ········ ⓑ

↓

계산된 IoU 값과 설정된 임곗값을 비교하여 경계 상자를 삭제하거나 남겨 둠. ········ ⓒ

↓

남은 경계 상자 중 최고 점수의 경계 상자를 새로운 기준으로 하여 ⓑ~ⓒ의 과정을 반복함. ········ ⓓ

↓

나머지 종류의 객체에 대해 ⓐ~ⓓ의 과정을 반복함. ·· ⓔ

① ⓐ의 대상이 되는 경계 상자의 신뢰도 점수는 이미지에 상관없이 항상 일정하겠군.
ⓐ의 대상이 되는 경계 상자의 신뢰도 점수는 입력된 이미지에 있는 대상의 크기와 위치 등에 따라 다르다.

② ⓑ에서 계산된 IoU 값이 0에 가까울수록 두 경계 상자는 중복되는 부분이 많겠군.
ⓑ에서 계산된 IoU 값이 1에 가까워질수록 두 경계 상자의 위치가 일치하게 되므로 두 상자의 중복되는 부분이 많아진다.

③ ⓒ의 과정에서 경계 상자가 삭제되지 않았다면 두 경계 상자가 동일한 대상에 표시된 경계 상자라고 판단한 것이겠군.
ⓒ에서 계산된 IoU 값이 임곗값보다 클 경우에는 두 상자가 같은 대상에 중복되어 표시되었다고 판단하여 둘 중 신뢰도 점수가 작은 경계 상자를 삭제하고, 계산된 IoU 값이 임곗값보다 작을 경우에는 두 상자는 서로 다른 대상에 표시된 것으로 판단하여 두 경계 상자 모두 그대로 둔다. 따라서 경계 상자가 삭제되지 않았다면, 두 상자는 서로 다른 대상에 표시된 경계 상자로 판단된 것이다.

✔ ⓓ의 과정은 하나의 특정 대상에 중복되어 표시된 여러 개의 경계 상자가 하나만 남을 때까지 반복되겠군.
한 가지 종류의 객체를 기준으로 신뢰도 점수가 가장 큰 경계 상자와 나머지 경계 상자들과의 NMS를 실행하고 나면, 가장 큰 신뢰도 점수를 가진 경계 상자와 동일한 대상에 중복되어 표시되었다고 판단된 나머지 경계 상자들이 모두 지워진다고 할 수 있다. 이 과정에서 지워지지 않고 남은 경계 상자는 같은 종류의 다른 대상에 표시된 경계 상자라고 판단한 것이므로, ⓓ의 과정이 끝나고 나면 하나의 특정 대상에 중복되어 표시된 여러 개의 경계 상자 중에서 하나만 남게 됨을 알 수 있다.

⑤ ⓔ에서 새로운 기준이 되는 경계 상자는 이전 객체의 기준이 되었던 경계 상자와 동일한 대상에 그려져 있겠군.
한 가지 종류의 객체에 대해 NMS가 끝났을 때 삭제되지 않고 남아 있는 경계 상자는 서로 다른 대상에 표시된 경계 상자이므로 새로운 기준이 되는 경계 상자는 이전 객체의 기준이 되었던 경계 상자와는 다른 대상에 표시된 경계 상자이다.

★★★ 등급을 가르는 문제!

**13** 이유의 추리 정답률 30% | 정답 ④

㉠의 이유로 가장 적절한 것은?

① 대상의 크기에 따라 해당 경계 상자에 존재할 확률값이 달라지기 때문에
객체의 크기에 따라 객체가 존재할 확률값이 달라진다는 내용은 찾을 수 없다.

② 객체에 대한 신뢰도 점수가 임곗값보다 작아 경계 상자가 제거되기 때문에
객체에 대한 신뢰도 점수가 임곗값보다 작으면 삭제되지 않고 남게 된다.

③ 객체를 탐지할 때 미리 학습된 객체 데이터에 따라 객체를 판별하기 때문에
만약 미리 학습된 데이터에 새가 없다면 새는 탐지하지 못한다.

✔ 객체를 탐지할 때 영역별로 탐지할 수 있는 객체의 수가 제한적이기 때문에
3문단을 통해 하나의 영역 안에 설정할 수 있는 경계 상자의 수가 제한적이라는 내용을 알 수 있고, 4문단을 통해 각 경계 상자의 객체별 신뢰도 점수 중에서 가장 큰 값을 가지는 객체가 해당 경계 상자에서 탐지된 객체라는 내용을 알 수 있다. 이렇게 볼 때, YOLO는 하나의 경계 상자당 하나의 객체만 탐지할 수 있고, 영역별로 생성되는 경계 상자의 수가 제한적이기 때문에 새 떼와 같이 한 영역 안에 여러 물체가 모여 있는 경우에는 일부 객체만 탐지되는 한계를 가질 수 있음을 알 수 있다.

⑤ 객체를 탐지할 때 처리하는 데이터가 많고 알고리즘의 구조가 복잡하기 때문에
2문단을 통해 처리하는 데이터가 많고 알고리즘의 구조가 복잡한 것은 2단계 모델임을 알 수 있다.

★★ 문제 해결 꿀~팁 ★★

▶ 많이 틀린 이유는?
이 문제는 YOLO의 한계점에 대한 이유를 글 전체를 바탕으로 추론하는 데 어려움을 겪어 오답률이 높았던 것으로 보인다.

▶ 문제 해결 방법은?
이 문제를 해결하기 위해서는 기본적으로 이유를 추론하라고 제시하고 있는 내용을 정확히 이해하는 것이 선행되어야 한다. 즉, ㉠을 통해 YOLO가 '새 떼와 같이 여러 물체가 한 영역에 모여 있는 경우'에 일부 대상을 탐지하지 못하는 이유를 찾아야 함을 파악해야 한다. 그런 다음 이러한 이유를 찾기 위해서는 YOLO에 대해 언급한 글을 통해 이유를 추론할 수 있어야 한다. 이렇게 하면 3문단과 4문단을 통해 하나의 영역 안에 설정할 수 있는 경계 상자의 수가 제한적이고, 각 경계 상자의 객체별 신뢰도 점수 중에서 가장 큰 값을 가지는 객체가 해당 경계 상자에서 탐지된 객체라는 내용을 통해, ④가 이유로 적절함을 알 수 있을 것이다. 한편 이유 추리 문제에서는 글을 통해 알 수 없거나 글의 내용과 어긋나는 선택지도 제시되므로, 이러한 선택지를 먼저 지워 나가는 것도 문제를 보다 쉽게 해결하는 방법이라 할 수 있다.

10회

**14~17 사회**

김성준, 「공공선택론」

**해제** 이 글은 **공공선택론에 대해 설명**하고 있다. 정치학의 영역인 공공 부문의 의사결정에 대해서 경제학적 원리와 방법론을 적용하여 설명하려는 연구인 **공공선택론은 세 가지 가정으로부터 출발**한다. 즉, **첫 번째 가정**은 **방법론적 개인주의로, 모든 사회 현상의 분석 단위를 개인으로 삼는다는 것**이고, **두 번째 가정은 인간을 '경제 인간'으로 본다는 가정**이다. 그리고 **세 번째 가정은 수요와 공급의 관점에서 정치도 본질적으로 경제시장과 같은 선택의 문제이며 정치적 활동 역시 교환 행위로 본다는 것**이다. 이 **세 가지 가정을 바탕으로 공공선택론에서는 공공 부문의 의사결정에서 발생하는 사회적 문제를 분석**하는데, **정치인과 유권자가 유발하는 문제를 분석하는 모형**으로 **중위투표자 정리 모형**과 일부 유권자들은 투표에 관심이 없는 문제에 대한 **합리적 무지 모형**이 있다. **공공선택론자인 뷰캐넌**은 **사회의 이러한 비효율적 문제들의 근본적 원인과 해결책을 헌법 제도에서 찾아야 한다는 헌법정치경제학을 제시**했다. 뷰캐넌은 헌법정치경제학에서 의사결정 구조를 일상적 정치와 헌법적 정치 두 가지 수준으로 구별하였다. **뷰캐넌은 헌법적 정치를 통해 집합적 의사결정이 공정하게 이루어지는 규칙을 만들고 헌법 안에서 자신의 이익 추구를 위해 일상적 정치를 하는 개인의 자유를 최대한 보장하는 것을 목표로 삼고, 이를 위해 헌법 체계의 근본을 개혁해야 한다고 주장**했다.

**주제** 공공선택론의 이해

**문단 핵심 내용**

| | |
|---|---|
| 1문단 | 공공선택론의 의미 |
| 2문단 | 공공선택론의 첫 번째 가정 |
| 3문단 | 공공선택론의 두 번째 가정 |
| 4문단 | 공공선택론의 세 번째 가정 |
| 5문단 | 공공선택론에서의 사회적 문제를 분석 모형 – 중위투표자 정리 모형 |
| 6문단 | 공공선택론에서의 사회적 문제를 분석 모형 – 합리적 무지 모형 |
| 7문단 | 뷰캐넌이 제시한 헌법정치경제학의 이해 |

★★★ 등급을 가르는 문제!

**14** 세부 내용 파악 정답률 26% | 정답 ⑤

윗글을 통해 답을 찾을 수 없는 질문은?

① 공공선택론이 기존의 정치학과 다른 점은 무엇인가?
1~4문단을 통해 공공선택론이 기존의 정치학과 다르게 방법론적 개인주의, 경제 인간, 교환으로서의 정치라는 세 가지 가정을 하고 있음을 알 수 있다.

② 공공선택론에서는 사회 현상을 분석하는 단위를 무엇으로 보는가?
2문단을 통해 공공선택론에서는 사회 현상을 분석하는 단위를 개인으로 보고 있음을 알 수 있다.

③ 공공선택론에서는 경제시장과 정치시장이 어떤 차이가 있다고 보는가?
4문단을 통해 정치시장은 경제시장과 달리 거래 행위가 거래 당사자들뿐만 아니라 거래에 참여하지 않은 사람들에게도 영향을 미친다는 것을 알 수 있다.

④ 공공선택론은 정치인과 유권자가 유발하는 사회적 문제를 어떤 이론으로 분석하는가?
5문단의 '이 세 가지 가정을 바탕으로 ~ 중위투표자 정리 모형이 있다.'와 이어지는 '중위투표자 모형'에 대한 개념을 통해 알 수 있다.

✔ 공공선택론이 사회적 문제를 해결하기 위해 정치인의 공약을 강조한 이유는 무엇인가?
이 글에서는 공공선택론의 관점에서 정치인과 유권자가 유발하는 사회적 문제의 원인을 중위투표자 정리 모형과 합리적 무지 모형으로 설명하고 있다. 또한 이러한 문제를 해결하기 위한 방법으로 헌법 개정을 주장한 뷰캐넌의 헌법정치경제학을 소개하고 있다. 하지만 사회적 문제를 해결하기 위해 정치인의 공약을 강조한 이유는 이 글을 통해 확인할 수 없다.

★★ 문제 해결 꿀~팁 ★★

▶ 많이 틀린 이유는?
이 문제는 선택지에 제시된 내용을 글을 통해 정확히 확인하지 못했거나 선택지를 정확히 읽지 못해 오답률이 높았던 것으로 보인다.

▶ 문제 해결 방법은?
이 문제를 해결하기 위해서는 일차적으로 선택지를 정확하게 읽어야 한다. 간혹 학생들 중에는 선택지를 집중해 읽지 않고 대충 읽어 잘못된 선택을 하는 경우가 있는데, 이는 평소 선택지를 정확하게 읽는 훈련이 되지 못했기 때문으로 보인다. 가령 정답인 ⑤의 경우 선택지의 앞부분, 즉 '공공선택론이 사회적 문제를 해결하기 위해'만 읽고 글에 제시되어 있다고 잘못된 판단을 하였을 것이라 여겨진다. 그런데 만일 '정치인의 공약을 강조한 이유'까지 정확하게 읽었다면 글에 제시된 내용이 아니어서 잘못되었음을 알았을 것이다. 한편 오답률이 높았던 ③의 경우에는 관련 내용을 글에서 정확히 찾지 못해 잘못된 선택을 하였다고 보이는데, 만일 4문단의 '정치시장도 이와 마찬가지인데 ~ 사람들에게도 영향을 미친다.'를 찾았다면 적절함을 알았을 것이다.

**15** 핵심 정보의 이해 정답률 52% | 정답 ②

**공공선택론에 대한 설명으로 보기 어려운 것은?**

① 정치인들이 생각하는 효용은 정치인 각자의 주관적 판단에 따라 다르다.
3문단의 '비용, 편익, 효용은 사람마다 다르다.'를 통해, 정치인들의 효용도 각자 다르다는 것을 알 수 있다.

✔ 정치시장에서 정책적 목적을 달성하기 위해 의사결정을 하는 주체는 국가이다.
2문단에 제시된 공공선택론의 첫 번째 가정인 방법론적 개인주의에서는, 의사결정과 행위의 주체를 개인으로 보고 국가는 의사결정을 할 수 있는 주체가 아니라 개인들의 집합체에 불과하다고 여기고 있음을 알 수 있다. 따라서 정치시장에서 국가는 정책적 목적을 달성하기 위해 의사결정을 하는 주체가 된다고 보지 않았음을 알 수 있다.

③ 의사결정의 주체들은 자신의 경제적 이해에 따라 효율적인 것을 선택하는 능력을 지니고 있다.
3문단의 의사결정의 주체는 자신의 이해관계를 최우선시하고 구체적 목적을 달성하는 과정에서 비용을 최소화하고 편익을 극대화하려고 한다는 내용을 통해, 의사결정의 주체들이 자신의 경제적 이해에 따라 효율적인 것을 선택하는 능력을 지니고 있음을 알 수 있다.

④ 정치인은 선거에 무관심한 유권자보다 특정 문제에 이해관계를 가지고 편익을 제공하는 이익집단에 유리한 정치적 의사결정을 한다.
6문단의 합리적 무지가 발생하면 정치인들이 제공하는 공공재와 행정서비스가 그들과 결탁한 이익집단에만 집중된다는 내용을 볼 때, 정치인이 선거에 무관심한 유권자보다 특정 문제에 이해관계를 가지고 정치인에게 편익을 제공하는 이익집단에 유리한 정치적 의사결정을 한다는 것을 알 수 있다.

⑤ 유권자는 정치인의 정책 공약에 대한 정보를 습득하기 위한 비용이 이에 대한 이익보다 크면 정책 공약에 대한 정보를 습득하지 않는다.
6문단의 유권자는 정보를 습득하는 비용과 정보로부터 얻을 편익을 비교하여 정보의 습득 여부를 결정한다는 내용을 볼 때, 유권자는 정치인의 정책 공약을 습득함으로써 얻을 수 있는 이익과 정책 공약을 습득하기 위한 비용을 비교하여 비용이 더 크면 정책 공약에 대한 정보를 습득하지 않을 것임을 알 수 있다.

**16** 구체적인 상황에의 적용 정답률 27% | 정답 ③

**[A]를 적용하여 〈보기〉의 상황을 이해할 때, 적절하지 않은 것은? [3점]**

〈보 기〉

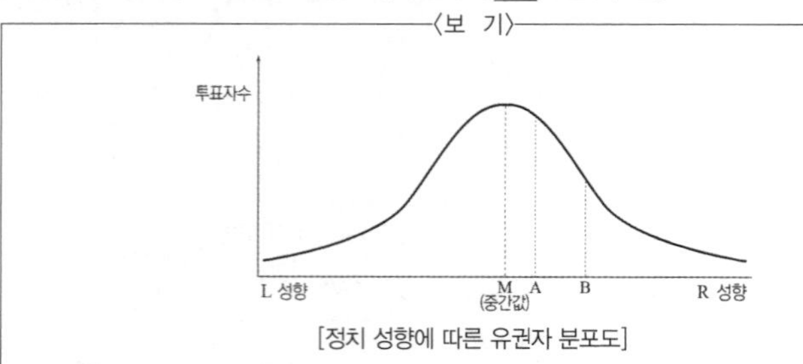


[정치 성향에 따른 유권자 분포도]

두 정당의 정치인 갑과 을이 단일 사안에 대해 경쟁하는 다수결 원칙의 선거 상황에서 갑은 정치 성향이 중간인 M의 입장에서, 을은 R 성향인 B의 입장에서 정책을 제시하였다. 유권자는 자신의 정치 성향에 따라 단일한 정점 선호를 가지고 있으며 모두 투표에 참여한다.

① 정치 성향이 M의 왼쪽에 있는 L 성향의 유권자들은 모두 갑에게 투표할 것이다.
[A]의 내용을 통해 L 성향의 유권자들은 자신의 선호 체계에 가장 가까운 정책을 제시한 갑에게 투표할 것임을 알 수 있다.

② 정치 성향이 중간인 M의 입장에서 정책을 제시한 갑이 을보다 당선 가능성이 높을 것이다.
[A]의 내용을 통해 M의 입장에서 정책을 제시한 갑이 절반 이상의 유권자들로부터 표를 얻어 다수결 선거에서 승리하게 될 것임을 알 수 있다.

✔ 정치 성향이 A인 유권자들은 자신의 정치적 선호에 따라 R 성향의 정책을 제시한 을에게 투표할 것이다.
[A]의 유권자는 자신의 선호 체계에 가장 가까운 공약을 제시하는 정치인에게 투표한다는 내용을 통해, 〈보기〉의 상황에서 정치 성향이 A인 유권자들은 자신의 선호 체계에 가장 가까운 정책을 제시한 갑에게 투표할 것임을 알 수 있다.

④ 정치 성향이 B의 오른쪽에 있는 R 성향의 유권자들은 자신의 효용을 극대화하기 위해 을에게 투표할 것이다.
[A]의 선거에서의 승리를 목적으로 하는 정치인의 정책은 중위투표자의 선호를 반영하는 방향으로 수렴하는 경향이 생긴다는 것을 통해, 을이 공약을 수정하게 된다면 중간 성향의 정책을 제시한 갑과 유사한 중간 성향의 정책을 제시하게 될 것임을 알 수 있다.

⑤ 을이 당선 가능성을 높이기 위해 공약을 수정한다면 을은 갑이 제시한 정책과 유사한 정치 성향을 띤 공약을 내세우려 할 것이다.
[A]의 내용을 통해 B의 오른쪽에 있는 R 성향의 유권자들은 자신의 선호 체계에 가장 가까운 공약을 제시한 을에게 투표할 것임을 알 수 있다.

**17** 이유의 추리 정답률 56% | 정답 ③

**뷰캐넌이 ㉠처럼 생각한 이유로 가장 적절한 것은?**

① 합의로 만들어진 헌법이 일상적 정치를 하는 개인의 활동을 규정하고 제한할 수 없기 때문에
7문단을 통해 뷰캐넌이 헌법이 일상적 정치에 제약을 부과할 수 있다고 보았음을 알 수 있다.

② 의사결정 참여자들이 헌법적 정치를 통해 입법적 수준에서 헌법의 규칙에 합의할 수 있기 때문에
7문단을 통해 뷰캐넌이 입법적 수준에서 의사결정이 이루어지는 것이 일상적 정치라고 보았음을 알 수 있다.

✔ 헌법적 정치는 특정 개인의 이익을 정확히 산정하기 어려우므로 규칙의 공정성이 확보되어 개인의 자유를 최대한 보장할 수 있기 때문에
7문단을 통해 뷰캐넌이 집합적 의사결정이 공정하게 이루어지는 헌법 규칙을 만들어 헌법 안에서 개인이 자신의 이익을 추구하는 자유를 보장하기 위해 헌법 체계를 개혁해야 한다고 주장했음을 알 수 있다. 따라서 헌법 자체에 대해 합의하는 헌법적 정치를 통해 일상적 정치에 대한 규칙의 공정성을 확보하여 각 개인의 자유를 최대한 보장할 수 있도록 해 주기 때문에 모든 사람들에게 편익을 준다고 보았음을 추론할 수 있다.

④ 의사결정 참여자들은 일상적 정치를 하는 과정보다 헌법적 정치를 하는 과정에서 누구나 자신의 효용 극대화를 추구하기 쉽기 때문에
7문단을 통해 뷰캐넌이 개인이 각자 자신의 효용 극대화를 추구하는 것은 일상적 정치에서 이루어진다고 보았음을 알 수 있다.

⑤ 일상적 정치보다 헌법적 정치를 통해 특정 목적을 위한 정책의 대안에 합의하는 것이 의사결정 참여자들의 이해관계에 부합하기 때문에
7문단을 통해 뷰캐넌이 특정 목적을 위한 정책의 대안에 대해 합의하는 것은 일상적 정치에서 이루어진다고 보았음을 알 수 있다.

## 18~21 고전 소설

작자 미상, 「진성운전」

**해제** 이 작품은 **진성운의 영웅적 활약을 담은 영웅 소설**로, 주인공 **진성운이 세 명의 친구과 함께 아버지의 원수를 갚고 가연을 맺는다는 내용**이다. 이 작품은 **진성운을 비롯한 네 명의 청년들이 효행과 충절로써 아버지의 원수를 갚고 나라를 위험에서 구하고 천자를 보필한다는 전형적인 유교적 명분을 주제**로 하고 있다.

**주제** 진성운의 영웅적 활약

**작품 줄거리** 명나라 때 진공필은 유리국으로 사신이 되어 가는 도중에 우연히 곤경에 처한 임 진사의 딸을 구해 준다. 이 일이 인연이 되어 진공필이 위기에 처했을 때 임 소저의 외할아버지인 선관의 도움을 받아 목숨을 구하고 임 소저와 혼인하여 딸 성희와 아들 성운을 낳는다. 성운이 13세 되던 해, 어머니가 갑자기 병을 얻어 죽고 진공필은 간신 유경만의 모함을 받아 강남으로 귀양을 간다. 이때 형부시랑 정선결이 진 소저를 후취로 삼으려고 하자, 진 소저는 동생과 헤어져서 남 도독 집에 피신하여 남 소저와 친구가 된다. 성운은 아버지를 만나려고 강남으로 가다가 남 도독 아들 순경을 만나 친구가 된다. 또 성운은 유경만의 참소로 억울하게 죽은 윤 승지의 아들 호원을 만나 친구가 되고 그의 큰누이 형옥과 혼인한다. 성운이 강남에 도착하여 진 상서를 만나지만 병든 진 상서는 곧 죽는다. 성운은 꿈에서 어머니의 외할아버지의 지시를 받고 도사를 만나 무예를 익힌다. 남 도독 부인은 진 소저를 며느리로 삼고자 혼인을 정해 둔다. 10세가 된 성운은 원수를 갚기 위해 속세로 나와 학록을 만나 친구가 되고, 남해 귀신으로부터 칼 두 자루와 말 두 필을 얻는다. 유경만은 남 도독을 모함하고, 이에 남 도독 부부가 자결한다. 이때 연나라가 명나라를 침공하니, 유경만은 연나라에 항복, 합세하고 천자는 위태로운 상황에 처한다. 성운·학록·호원·순경 네 사람은 힘을 합쳐 적을 격파하고 천자를 구한다. 천자는 그들을 각각 초왕·위왕·조왕·제왕에 봉한다. 성운은 공주와 호원의 큰누이와 혼인하고, 순경은 진 소저와 호원의 둘째 누이, 학록은 순경의 누이와 혼인한다.

**18** 서술상의 특징 파악 정답률 67% | 정답 ⑤

**윗글의 서술상 특징으로 가장 적절한 것은?**

① 시간의 역전을 통해 사건의 진상을 밝히고 있다.
이 글에서는 시간의 흐름에 따라 사건이 전개되고 있지, 시간을 역전하여 사건을 드러내지는 않고 있다.

② 외양 묘사를 통해 인물의 성격 변화를 보여 주고 있다.
이 글에서 진성운의 영웅적인 면모를 행동 묘사를 통해 드러내고 있지만, 인물의 외양 묘사는 드러나지 않고 이를 통해 인물의 성격 변화를 보여 주지는 않고 있다.

③ 꿈과 현실의 교차를 통해 앞으로 일어날 일을 암시하고 있다.
이 글에서는 현실에서 일어난 사건을 다루고 있지, 꿈에서 일어난 사건은 제시되지 않고 있다.

④ 서술 시점의 변화를 통해 인물이 지닌 초월적 능력을 강조하고 있다.
이 글에서는 진성운의 영웅적 활약상을 통해 진성운의 초월적 능력을 드러내고 있음을 알 수 있다. 하지만 이 글에서는 서술 시점이 변한 부분은 나타나지 않고 있고, 일관되게 전지적 작가 시점으로 전개되고 있다.

✔ 서술자의 개입을 통해 상황에 대한 주관적인 평가를 드러내고 있다.
진성운이 누나 성희와 연향과 재회하여 통곡하는 상황을 '산천과 초목이 함께 슬퍼하는 듯하였다.'라고 서술하고 있다. 이를 통해 서술자가 직접 개입하여 상황에 대해 주관적 평가를 드러내고 있음을 알 수 있다.

**19** 작품 내용의 이해 정답률 64% | 정답 ①

**윗글을 이해한 내용으로 가장 적절한 것은?**

✔ 진성운은 윤승지 댁의 불행이 유경만 때문이라고 확신하였다.
이 글에서 윤승지 댁이 야간도주를 했다는 말을 듣고 진성운은 '분명히 태후 유경만의 해를 입었'다고 말하고 있다. 이를 통해 진성운은 윤승지 댁의 불행이 유경만으로 인한 것이라고 확신하고 있음을 알 수 있다.

② 주점 사람은 중원으로 향하던 진성운의 목적을 알아차렸다.
주점 사람은 진성운에게 진상서에 대한 소식을 전하고 있지만, 진성운이 중원으로 향하는 목적을 알고 있는 것은 아니다.

③ 강남골 하인은 진성운을 보고 진상서의 아들임을 알아보았다.
강남골 하인은 진성운에게 '하인들이 진상서의 아들을 결박하여 가지고 방금 전에 물을 건너갔다'라며 진상서 아들의 행방을 알려 주고는 있지만, 강남골 하인이 진성운을 보고 진상서의 아들이라고 알아본 것은 아니다.



[문제편 p.186]

④ **호원은 순경이 적진에 늦게 도착한 것에 대한 책임을 물었다.**
적진에 포위된 호원은 성운을 반기며 자신을 살려달라고 하면서, 뒤이어 나타난 순경에게 '더욱 반가워하며' 늦게 온 이유를 묻고 있다. 따라서 호원은 순경이 적진에 늦게 도착한 것에 대한 책임을 물었다고 할 수 없다.

⑤ **월성덕은 연나라 군대가 패배했다는 사실을 인정하지 않았다.**
월성덕은 진성운과 순경이 연나라 군졸들을 함몰시키는 것을 보고 '무슨 면목으로 고국에 돌아가겠는가?'라고 하며 자결하므로, 월성덕은 연나라 군대의 패배를 인정했다고 할 수 있다.

**20** 외적 준거에 따른 작품의 감상 정답률 88% | 정답 ④

**〈보기〉를 참고하여 윗글을 감상한 내용으로 적절하지 않은 것은? [3점]**

〈보 기〉
「진성운전」은 진성운의 영웅적 일대기를 다룬 작품이다. 진성운은 어린 시절 가족과의 이산, 기아 등의 고난을 겪지만, 능력을 길러 위기에 처한 나라를 구한다. 또한 전쟁에서 승리하는 과정에서 아버지의 원수이자 나라를 배신한 적대자를 징계하기도 한다. 그리고 이 작품에는 주인공 외에 여러 영웅이 등장한다. 이들은 외적의 침입을 물리치기 위해 싸우는데, 위험에 처하면 서로 도우며 국난을 함께 극복해 나간다.

① **진성운과 순경이 연나라 군사를 함몰시키는 것을 보니, 전쟁을 승리로 이끄는 영웅들의 활약상을 확인할 수 있군.**
'성운과 순경이 말을 재촉하여 ~ 군졸을 거의 모두 죽였다.'에서 진성운과 순경이 연나라 군사를 함몰시키고 있음을 알 수 있다. 이러한 진성운과 순경의 모습은 전쟁을 승리로 이끄는 영웅들의 활약상을 보여 준다고 할 수 있다.

② **진성운과 성희가 서로를 확인하며 통곡하는 것을 보니, 진성운이 어릴 때 가족 이산의 고통을 겪었음을 알 수 있군.**
성희가 자신을 구해 준 사람을 보고 '어릴 적 성운의 얼굴이 자라서도 명백하'다며 진성운을 알아보고 진성운에게 자신이 누이임을 말하고 있다. 그리고 그 말을 들은 진성운도 누이를 알아보고 '누님아, 누님아! 어쩐 일인가? 꿈인가! 생시인가?'라고 하며 함께 통곡하는 모습에서 진성운이 어릴 적 이산의 고통을 겪었음을 알 수 있다.

③ **진성운이 적들의 항복을 받고 유경만을 잡아 죄를 묻는 것을 보니, 국난을 극복하면서 개인적인 원한도 갚게 되었다고 할 수 있군.**
연나라 군사를 물리친 진성운이 유경만도 잡아 '천자께 참소하여 ~ 만분지일이라도 갚아야겠다.'라고 하며 그의 죄를 말하고 아버지의 원수를 갚으려고 하는 것으로 보아, 진성운이 연나라로부터 나라를 구하면서 아버지의 원수도 갚게 되었다고 할 수 있다.

✔ **유경만이 연나라의 패배를 탄식하는 것을 보니, 진성운의 적대자인 유경만은 진상서를 참소한 것을 후회하고 있음을 알 수 있군.**
연나라가 침입했을 때 제대로 싸우지도 않고 항복한 유경만이 진성운과 순경이 연나라 군사를 함몰시키는 모습을 보고 '갈 바를 모르고 앉아 탄식하는' 것은 자신이 처한 상황에 대해 어찌할 바를 모르기 때문이라 할 수 있다. 따라서 진성운의 아버지인 진상서를 참소한 것을 후회하였다는 감상은 적절하지 않다.

⑤ **적진에 둘러싸인 호원이 진성운에게 살려 달라고 말하는 것을 보니, 위기에서 벗어나기 위해 다른 영웅에게 도움을 청하는 모습을 확인할 수 있군.**
호원은 진성운이 나타나자 '호원을 살려 주소서.'라 말하고 있는데, 이는 호원이 위기에서 벗어나기 위해 영웅인 진성운에게 도움을 청하는 모습이라 할 수 있다.

**21** 인물 대화의 기능 파악 정답률 80% | 정답 ①

**[A]에 대한 설명으로 가장 적절한 것은?**

✔ **진성운이 위험에 처한 누이를 구하게 되는 계기가 된다.**
학녹과 함께 중원을 향해 가던 진성운은 주점 사람의 이야기, 즉 [A]를 들은 후, 그 이야기 속 인물인 '진상서의 아들'을 쫓아가게 되고 옹주 경수 물가에서 결국 누이인 성희를 구하게 된다. 따라서 [A]는 진성운이 위험에 처한 누이를 구하게 만드는 계기에 해당한다고 할 수 있다.

② **연향이 숨겨둔 흔적을 진성운이 찾게 되는 이유가 된다.**
이 글을 통해 연향이 숨겨둔 흔적이 무엇인지는 드러나지 않으므로, 이를 진성운이 찾게 되는 이유가 된다고 할 수 없다.

③ **학녹이 진성운에게 자신의 능력을 드러내는 동기가 된다.**
이 글에서 학녹이 진성운에게 자신의 능력을 드러내는 부분은 찾을 수 없으므로 적절하지 않다.

④ **떠돌던 진성운이 세상사에 관심을 가지게 된 원인이 된다.**
성운은 학녹을 데리고 광주로 향하고 있지만, 이를 진성운이 떠돈다고 할 수 없다. 또한 [A]가 진성운이 세상사에 관심을 가지게 된 원인이 된다고도 볼 수 없다.

⑤ **누이가 강남에서 겪은 일을 진성운이 재확인한 단서가 된다.**
이 글에서 누이가 강남에서 겪은 일을 진성운이 재확인하는 내용은 찾아볼 수 없으므로 적절하지 않다.

## 22~26 갈래 복합

**(가) 정철, 「성산별곡」**

**해제** 이 작품은 **정철이 벼슬길에 나서기 전 전라남도 담양의 성산에 있는 서하당과 식영정 주변의 자연 경관과 더불어 그 주인에 해당되는 김성원 등의 은거와 풍류 생활을 예찬한 가사**이다. **계절의 변화에 따른 성산 주변의 아름다움을 노래**하고 있는 이 작품은 **작가 자신으로 추정되는 손님과 김성원으로 추정되는 주인의 문답 형식을 빌려 성산의 외적인 생활 환경과 내적인 정신세계를 그려 냈다.**

**주제** 성산에 묻혀 사는 삶의 흥취

**현대어 풀이**

푸른 강변의 우거진 풀숲에서 소 먹이는 아이들이,
석양에 흥에 겨워 피리를 비껴 부니,
물 아래 잠긴 용이 잠을 깨어 일어날 듯
안개 기운에 나온 학이 제 집을 버려두고
반공에 솟아서 뜰 듯
소동파의 적벽부에는 가을 칠월이 좋다 하였으나
팔월 보름밤을 어찌 모두 칭찬하는가.
고운 구름이 사방으로 걷히고 물결도 잔잔할 때
하늘에 돋은 달이 소나무 위에 걸렸으니,
달을 잡으려다 물에 빠진 적이 있는 이태백이 야단스럽구나.
공산에 쌓인 낙엽을 북풍이 걷으며 불어
떼구름을 거느리고 눈까지 몰아오니
조물주가 꾸미기를 좋아하여 옥으로 꽃을 만들어
온갖 나무들, 숲을 잘도 꾸며 내었구나.
앞 여울물 가리어 얼고 외나무다리 걸려 있는데
막대를 멘 늙은 중이 어느 절로 가는 것인가.
산에 사는 늙은이의 이 부귀를 남에게 전하지 마오.
경요굴('성산'을 가리킴.)의 숨겨진 세상을 찾을 이가 있을까 두렵도다.
산중에 벗이 없어 서책을 쌓아 놓고,
만고의 인물들을 거슬러 헤아려 보니
성현도 많거니와 호걸도 많고 많다.
하늘이 만물을 지으실 때 어찌 아무 의도가 없었을까마는
어찌하여 시운이 흥했다 망했다 하였는가.
모를 일도 많거니와 애달픔도 끝이 없다.
기산의 늙은 고불(古佛)은 귀를 어찌 씻었던가.
표주박 하나도 귀찮다는 핑계로 세상을 버린 허유의 행실이 가장 현명하구나.
인심이 얼굴 같아서 볼수록 새롭거늘
세상사는 구름 같아서 험하기도 험하구나.
엊그제 빚은 술이 얼마나 익었느냐.
술잔을 잡거니 밀거니 실컷 기울이니,
마음에 맺힌 시름이 조금이나마 덜어지는구나.

**(나) 권구, 「병산육곡」**

**감상** 이 작품은 **평생 벼슬에 뜻을 두지 않고 자연과 더불어 살며 학문을 닦았던 작가의 유유자적하는 삶의 태도가 잘 드러나 있는 총 6수의 연시조**이다. 정치적으로 어지러운 **현실에 대한 안타까움과 함께 자연과 일체감을 느끼며 지내는 소박한 삶에 대한 만족감**이 생생하게 그려져 있다.

**주제** 자연 속에 사는 삶에 대한 만족감

**현대어 풀이**

부귀라고 하여 구하려 하지 말고 빈천이라고 하여 싫어하지 마라.
인생 백 년이 한가하게 살아가니 내 것이라.
갈매기야 날아가지 마라. 너와 함께 속세의 일을 잊으리라.
〈제1곡〉

서산에 해가 다 저물어 가는데 고기잡이배가 떴다는 말인가.
대나무 장대를 둘러매고 십 리나 되는 긴 모래밭을 내려가니
연기 몇 줄기 피어오르는 어촌이 바로 무릉도원인가 싶네.
〈제6곡〉

**(다) 백문보, 「율정설」**

**감상** 이 작품은 **밤나무와 윤상군이 같은 성격을 지닌 것을 통해 인간과 사물이 공통적으로 지닌 이치, 즉 모자람이 채워질 수 있다는 이치를 드러내고 있는 고전 수필**이다. 즉, **글쓴이는 밤나무의 속성에 빗대어 윤 공의 삶의 태도를 이야기**하고, 그것을 통해 **스스로를 조심하고 살피며 살 줄 알아야 한다는 삶의 교훈을 전달**하고 있다.

**주제** 윤상군과 밤나무의 공통점, 그리고 인간과 사물의 이치

**22** 표현상 특징 파악 정답률 80% | 정답 ①

**(가)~(다)에 대한 설명으로 가장 적절한 것은?**

✔ **(가)와 (나)는 시간적 배경이 드러나는 표현을 사용하여 시적 분위기를 형성하고 있다.**
(가)에서는 '석양', '보름달' 등의 시간적 표현을 통해, (나)에서는 '서산에 해 져 간다'는 시간적 표현을 통해 시적 분위기를 형성해 주고 있다.

② **(가)와 (다)는 반어적 표현을 통해 현실에 대응하는 태도를 드러내고 있다.**
(가)와 (다)에서 반어적 표현은 사용되지 않았다.

③ **(나)와 (다)는 근경에서 원경으로 시선을 이동하며 대상의 특성을 포착하고 있다.**
(나)와 (다)를 통해 근경에서 원경으로의 시선 이동은 찾아볼 수 없다.

④ **(가), (나), (다) 모두 색채어를 활용하여 대상을 생동감 있게 표사하고 있다.**
(가)의 '녹초변'과 (나)의 '백구'에서 색채어가 사용되었다고 볼 수 있지만, (다)에서 색채어는 사용되지 않았다.

⑤ **(가), (나), (다) 모두 공간의 이동을 통해 대상이 변화하는 모습을 나타내고 있다.**
(가), (나), (다) 모두 공간의 이동을 통한 대상의 변화는 드러나지 않았다.

**23** 작품의 이해 정답률 69% | 정답 ④

**[A]~[E]에 대한 이해로 적절하지 않은 것은?**

① **[A] : '소 먹이는 아이들'의 피리 소리를 듣고 '용'과 '학'을 떠올리며 강변에서의 흥취를 노래하고 있다.**
화자는 '소 먹이는 아이들'이 '흥이 겨워 피리' 부는 것을 듣고, '물 아래 잠'겨 있다가 '잠을 깨어 일어날 듯'한 '용'과 '제 집을 버리고 반공에 솟아 뜰 듯'한 '학'을 떠올리면서 강변에서의 흥취를 표현하고 있다.

② **[B] : '팔월 보름달'을 '소선 적벽'의 내용과 비교하며 달과 소나무가 어우러진 풍경에서 느끼는 감흥을 드러내고 있다.**
'소선 적벽'에서는 '가을 칠월'이 좋다고 했으나 '팔월 보름달'을 모두가 칭찬한다고 말하면서, 달의 아름다움에 취해 달을 잡으려다 물에 빠진 '적선(이태백)'의 이야기를 떠올리며 '달'이 '솔' 위에 걸린 풍경에서 느끼는 감흥을 드러내고 있다.

③ **[C] : '천공'이 '옥'으로 꽃을 만들어 '만수 천림'을 꾸민 것 같다고 표현하며 눈 내린 산의 아름다움을 예찬하고 있다.**

'공산'에 '삭풍'이 불고 '눈'이 오니, 마치 조물주인 '천공'이 '옥'으로 을 만들어 '만수 천림'을 꾸며낸 것 같다며 산의 아름다운 겨울 풍경을 예찬하고 있다.

✔ [D] : '늙은 중'이 가 버린 것에 아쉬워하며 '은세계'를 찾는 사람들이 많아지기를 바라고 있다.
[D]에서 화자는 자신이 있는 공간을 '경요굴 은세계'라 하면서 이곳을 찾을 사람이 있을까 걱정되니 이 상황을 '남에게 전하지' 말라 하고 있다. 따라서 화자가 '은세계'를 찾는 사람들이 많아지기를 바라지는 않고 있으므로 적절하지 않다.

⑤ [E] : '성현'과 '호걸'을 생각하며 '시운'이 '일락배락'하는 것에 대해 안타까움을 느끼고 있다.
책을 읽고 있던 화자가 책 속의 '성현'과 '호걸'에 대해 생각하면서 '시운'이 흥했다가 망했다가 하는 것이 애달프다며 안타까움을 느끼고 있다.

**24** 소재의 공통점과 차이점 파악 정답률 79% | 정답 ②

**㉠과 ㉡에 대한 설명으로 가장 적절한 것은?**

① ㉠은 ㉡과 달리 과거를 극복하게 하는 대상이다.
㉠은 자연 속에서 살아가는 만족감을 담고 있으므로, 과거를 극복하게 해 주는 대상이라 할 수 없다.

✔ ㉡은 ㉠과 달리 화자가 추구하는 가치와 거리가 먼 대상이다.
화자는 '선옹의 이 부귀'를 남에게 전하면 '경요굴 은세계'를 찾아올 사람이 있을까 걱정된다 하고 있다. 이렇게 볼 때, ㉠은 자연 속 생활의 만족감이 드러나 있는 소재라 할 수 있다. 그리고 화자는 '부귀라 구치 말고'라고 하였으므로, ㉡은 버려야 할 세속적 가치를 표현하고 있는 소재라 할 수 있다. 따라서 ㉠과 달리 ㉡은 화자가 추구하는 가치와 거리가 먼 대상이라 할 수 있다.

③ ㉠은 갈등을 해소하는 계기가, ㉡은 갈등을 심화하는 계기가 되는 대상이다.
(가), (나)를 통해 갈등은 찾아볼 수 없으므로 적절하지 않다.

④ ㉠은 화자의 체념적 태도를, ㉡은 화자의 달관적 태도를 드러내는 대상이다.
㉠은 화자의 만족감을 담고 있으므로 ㉠이 체념적 태도를 드러낸다고 할 수 없다. 그리고 ㉡은 화자가 경계하는 대상에 해당하므로 달관적 태도를 드러내는 대상이라 할 수 없다.

⑤ ㉠과 ㉡은 모두 화자에게 인생의 무상함을 느끼게 하는 대상이다.
(가), (나)에서 화자가 인생 무상을 드러내는 부분은 찾아볼 수 없으므로 적절하지 않다.

**25** 작품의 내용의 이해 정답률 80% | 정답 ③

**다음은 (다)에 대한 〈학습 활동〉이다. ⓐ~ⓔ에 들어갈 내용으로 적절하지 않은 것은?**

〈학습 활동〉

**활동 과제** : '나'가 말한 내용이 윤상군의 삶과 어떻게 연관될 수 있는지 생각해 봅시다.

| '나'가 말한 내용 | | 활동 결과 |
|---|---|---|
| 불이 마른 것에 잘 붙고 물이 축축한 곳으로 흐르는 것. | ⇨ | ⓐ |
| 밤나무는 늦게 나고, 기르는 데도 시간이 오래 걸리는 것. | ⇨ | ⓑ |
| 잎이 매우 늦게 돋지만, 돋기만 하면 곧 그늘을 쉽게 만들어 주는 것. | ⇨ | ⓒ |
| 별로 손질을 하지 않았는데도 무성하게 뻗어 나가는 것. | ⇨ | ⓓ |
| 밤나무의 생장함과 밤을 수확하여 간직하는 것. | ⇨ | ⓔ |

① ⓐ : 윤상군이 집을 구할 때마다 밤나무가 있는 곳을 선택한 것과 연관 지어 볼 수 있겠군.
'불이 마른 것에 잘 붙고 물이 축축한 곳으로 흐르는 것'은 성질이 같은 것끼리 서로 찾아가는 이치를 설명하고 있는 것이므로 밤나무와 같은 성질을 가지고 있는 윤상군이 밤나무가 있는 곳을 선택하여 집을 구한 것과 연관 지어 볼 수 있다.

② ⓑ : 윤상군이 나이가 40세가 넘어서야 처음으로 벼슬에 나아간 것과 연관 지어 볼 수 있겠군.
'밤나무는 늦게 나고 기르는 데 시간도 오래 걸리는 것'은 사람들이 모두 늦었다고 할 정도로 늦게 벼슬에 나아간 윤상군의 삶과 연관 지어 볼 수 있다.

✔ ⓒ : 늦게 벼슬에 오르기까지 윤상군이 직무에 더욱 조심하며 충실히 임했다는 것에 연관 지어 볼 수 있겠군.
'잎이 매우 늦게 돋지만, 돋기만 하면 곧 그늘을 쉽게 만들어 주는 것'은 윤상군이 등용은 늦게 되었지만 큰 성취를 이루었다는 내용과는 연결할 수 있다. 하지만 윤상군이 벼슬에 오르기까지 직무에 조심하면서 충실히 임했다고는 볼 수 없다.

④ ⓓ : 등용된 윤상군이 하루 동안에 아홉 번 자리를 옮겨 대신의 지위에 이르게 되었다는 것과 연관 지어 볼 수 있겠군.
'별로 손질을 하지 않았는데도 무성하게 뻗어 나간 것'은 '그 기틀을 세우는 것이 처음에는 어려웠으나 그 성취하는 것이 뒤에는 쉬'운 밤나무의 성질로, 등용까지는 오래 걸렸지만 일단 등용이 되고 나서는 하루 동안에 아홉 번이나 자리를 옮겨 대신의 지위에까지 이르게 되었던 윤상군의 삶과 연관 지어 볼 수 있다.

⑤ ⓔ : 윤상군이 출세하여 영화롭게 된 것과 은퇴하는 것에 연관 지어 볼 수 있겠군.
'밤나무의 생장함'은 윤상군이 출세하여 영화롭게 된 것과, '밤을 수확하여 간직하는 것'은 윤상군이 은퇴하는 것과 연관 지어 볼 수 있다.

**26** 외적 준거에 따른 작품의 감상 정답률 69% | 정답 ⑤

**〈보기〉를 참고하여 (가)~(다)를 감상한 내용으로 적절하지 않은 것은? [3점]**

〈보 기〉

작가는 화자나 인물을 통해 인간과 세계를 바라보는 자신의 생각을 언어로 형상화하여 표현하기 때문에 문학 작품을 읽는 것은 곧 작가의 생각을 이해하는 것이라고도 할 수 있다. 따라서 작가가 화자나 인물을 어떻게 그리고 있는지 파악하는 것은 문학 작품 속에 담겨 있는 작가의 생각을 이해하는 방법이 된다.

① (가)에서 고사를 인용하며 '늙은 고불'을 '조장'이 높은 인물로 보고 있는 화자를 통해 바람직한 삶의 자세에 대한 인식을 드러내고 있군.
(가)에서 화자는 기산에 숨어 살던 허유가 귀를 씻었다는 고사를 인용하며 그의 기개와 품행이 높다고 평가하고 있다. 이를 통해 바람직한 삶의 자세에 대한 화자의 시각을 알 수 있다.

② (가)에서 세상의 일이 '구름'처럼 험하다면서 '술'로 '시름'을 잊겠다고 말하는 화자를 통해 속세를 부정적 대상으로 인식하고 있음을 드러내고 있군.
(가)에서 화자는 '세사'가 '구름'처럼 험하다고 하면서 '술'을 마시며 '마음에 맺힌 시름'을 적게 만들고 싶어 한다. 이를 통해 화자는 속세를 부정적 대상으로 인식하고 있음을 알 수 있다.

③ (나)에서 '백구'에게 날지 말라고 말하며 함께 '망기'하고 싶다는 화자를 통해 자연물을 물아일체의 대상으로 인식하고 있음을 드러내고 있군.
(나)에서 화자는 자연물인 '백구'를 자신과 동일시하며 날지 말고 자신과 함께 속세의 일을 잊자고 말하고 있다. 이를 통해 자연물을 물아일체의 대상으로 인식하고 있음을 알 수 있다.

④ (나)에서 삶의 터전인 '어촌'을 '무릉'에 비유하며 생활에 대한 만족감을 느끼고 있는 화자를 통해 일상의 공간에 대한 긍정적인 인식을 드러내고 있군.
(나)에서 화자는 고깃배가 떠 있는 삶의 터전인 '어촌'이 마치 이상향의 세계인 '무릉'과도 같다고 말하며 생활에 대한 만족감을 비유적으로 표현하고 있다. 이를 통해 일상의 공간을 긍정적으로 바라보고 있는 화자의 인식을 알 수 있다.

✔ (다)에서 정자의 이름을 '율정'이라 짓고 늘 자신의 행동을 경계하였음에도 등용이 늦었던 인물을 통해 당시의 현실에 대한 비판적 인식을 드러내고 있군.
(다)에서 정자의 이름을 '율정'이라고 지은 것은 윤상군이 밤나무를 좋아해서이고, 작가는 등용이 늦었지만 큰 성취를 이룬 윤상군이라는 인물을 통해 '차고 이지러지고 줄어들고 보태는' 모든 사물에 공통되는 이치를 말하고 있다. 하지만 윤상군을 통해 당시 현실을 비판하려는 시각을 드러내지는 않고 있다.

**27~30 현대시**

**(가) 조지훈, 「꿈 이야기」**

**감상** 이 시는 **꿈의 문을 열고 들어간 화자가 그곳에서 만나게 된 '마을'과 '바다'라는 두 개의 시적 공간**을 통해, **죽음에 대한 초월 의지를 담담한 어조로 노래하고 있다**. 이 작품에서의 **'문'은 시인을 아름다운 꿈의 세계로 이끌어 주는 환상의 문이 아니라, 죽음의 세계를 투시할 수 있는 실존의 문**이다. 이 시에서는 이러한 **'문'을 통해 꿈속 세계로 들어가 그곳에서 삶과 죽음이 연결된 것임을 확인**하고, 그것이 꿈속의 이야기만이 아니라 **'문' 밖 현실의 이야기이기도 하다는 생각을 표현**하고 있다.

**주제** 꿈을 통한 삶과 죽음에 대한 성찰

**표현상의 특징**

- 수미 상관의 구성을 통해 시적 의미를 강조해 줌.
- 공간의 대비를 통해 주제 의식을 효과적으로 형상화해 줌.
- 이미지를 사용하여 대상을 구체화해 줌.

**(나) 기형도, 「나리 나리 개나리」**

**감상** 이 시는 **'봄'이라는 계절적 배경을 중심으로 누이의 죽음을 떠올리며 그로 인한 상실감과 슬픔을 표현**하고 있는 작품이다. 이 시에서 **'봄'은 죽은 누이를 떠올리게 하는 시간으로 화자로 하여금 고통을 주는 시간**이라 할 수 있다. 그래서 화자는 누이의 죽음과 상관없이 생명력을 피울 수 없는 봄을 받아들일 수 없음을 '꽃을 꺾'는 행위를 통해 드러내 주고 있다.

**주제** 죽은 누이에 대한 애절한 슬픔과 그리움

**표현상의 특징**

- 물음의 형식을 사용하여 시적 의미를 강조해 주고 있음.
- 대조적 상황을 제시하여 화자의 정서를 효과적으로 드러내 줌.
- 시어를 반복하여 운율을 형성해 줌.

**27** 표현상 특징 파악 정답률 74% | 정답 ①

**(가)와 (나)에 대한 설명으로 가장 적절한 것은?**

✔ (가)는 시행의 반복을 통해, (나)는 물음의 형식을 통해 시적 의미를 강조하고 있다.
(가)의 1연과 8연에서는 '그것은 문이 아니었다'라는 시행이 반복되고 있고, (나)는 3연에서 '잠글 수 없는 것이 어디 시간뿐이랴', '아아, 하나의 작은 죽음이 얼마나 큰 죽음들을 거느리는가'라는 물음의 형식이 사용되었음을 알 수 있다. (가)와 (나)에서는 이러한 시행 반복과 물음의 형식을 통해 시적 의미를 강조해 주고 있다.

② (가)는 대화체의 형식을 통해, (나)는 대조적 상황을 통해 화자의 정서를 드러내고 있다.
(나)에서는 생명력이 움트는 봄과 누이를 잃은 화자의 상황을 드러내고 있으므로 대조적 상황을 제시하였다고 볼 수 있다. 하지만 (가)를 통해 대화체의 형식을 찾을 수 없으므로 적절하지 않다.

③ (가)는 과거와 현재를 비교하며, (나)는 외부 세계에서 내면으로 화자의 시선을 이동하며 시상을 전개하고 있다.
(가)를 통해 과거와 현재를 비교하는 내용은 찾아볼 수 없다. 그리고 (나)에서 화자의 내면 세계는 드러나고 있지만 외부 세계에서 내면 세계로의 시선 이동은 잘 드러나지 않고 있다.

④ (가)와 (나)는 모두 계절의 흐름에 따른 대상의 변화를 통해 깨달은 바를 드러내고 있다.
(가)를 통해 계절의 흐름에 따른 대상의 변화를 찾아볼 수 없다. 그리고 (나)는 겨울에서 봄으로의 계절 변화는 추측할 수 있지만, 이러한 계절 변화에 따른 대상의 변화는 잘 드러나지 않고 있다.

⑤ (가)와 (나)는 모두 추측을 나타내는 표현을 사용해 대상에 대한 화자의 심리적 거리감을 드러내고 있다.
(가)와 (나) 모두 추측을 나타내는 표현은 찾아볼 수 없다.

**28** 시어와 시구의 의미 파악 정답률 86% | 정답 ⑤

**(나)에 대한 이해로 적절하지 않은 것은?**

① '이파리 하나 피우지 못한' 누이의 '생애'가 꺾였다는 것은 누이가 때 이른 죽음을 맞이했음을 드러낸다고 볼 수 있군.
1연의 '누이여'와 '이파리 하나 피우지 못한 너의 생애를 소리없이 꺾어갔'다는 부분을 통해 누이가 때 이른 죽음을 맞이했음을 알 수 있다.



[문제편 p.189]

② '살아 있는 나'가 '세월을 모른다'고 한 것은 '나'가 누이의 죽음에 아파하며 살고 있음을 드러낸다고 볼 수 있군.
누이가 죽고 난 뒤 봄을 맞이한 '나'는 '살아 있는 나는 세월을 모른다' 하고 있는데, 이는 살아 있음에도 제대로 살아갈 수 없는 화자의 상황을 보여 준다고 할 수 있다.

③ '기억의 얼음장마다' '뜨거운 안개'가 '부르지 않아도' 쌓인다는 것은 누이에 대한 기억이 의지와 상관없이 떠오름을 드러낸다고 볼 수 있군.
1연의 '이파리 하나 피우지 못한 너의 생애를 소리없이 꺾어갔던 그 투명한 기억'과 연결하여 보면 '기억의 얼음장'은 누이에 대한 기억임을 알 수 있다. '살아 있는 나는 세월을 모른다', '하나의 작은 죽음이 얼마나 큰 죽음들을 거느리는가'에서 확인할 수 있듯이 화자가 누이를 잃어 슬퍼하고 있는 상황에서 '기억의 얼음장'에 '부르지 않아도 뜨거운 안개가 쌓'인다는 것은 누이에 대한 기억이 화자의 의지와 상관없이 떠오르고 있음을 드러낸다고 할 수 있다.

④ '봄'이 되자 '또다시' '꽃술'이 펴진다는 것은 누이의 죽음과 관계없이 다시 찾아온 봄의 모습을 드러낸다고 볼 수 있군.
'봄'이 되자 '접혔던 꽃술'이 '또다시' 펴진다는 것은 누이의 죽음과 관계없이 또 다시 찾아온 봄의 모습을 드러낸다고 볼 수 있다.

✔ **'유령처럼' '꽃을 꺾는다'는 것은 '나'가 누이의 죽음으로 인한 슬픔을 극복한 모습을 드러낸다고 볼 수 있군.**
'유령처럼' '꽃을 꺾는다'는 것은 누이의 죽음과 상관없이 생명력을 피우는 봄을 받아들일 수 없는 화자의 슬픔을 나타낸 것이라 할 수 있다. 따라서 '유령처럼' '꽃을 꺾는다'는 것을 누이의 죽음에 대한 슬픔을 극복한 모습으로 이해하는 것은 적절하지 않다.

**29** 시어의 의미 파악 정답률 51% | 정답 ③

㉠과 ㉡에 대한 이해로 가장 적절한 것은?

① ㉠은 시련에 맞서는 공간이고, ㉡은 희망을 상실한 공간이다.
(가)에서 화자가 시련을 겪지는 않고 있으므로, ㉠을 화자가 시련에 맞서는 공간이라 할 수 없다. 그리고 ㉡은 화자가 누이의 죽음으로 인해 고통을 느끼는 공간이지 희망을 상실한 공간이라 할 수 없다.

② ㉠은 화자가 존재하는 공간이고, ㉡은 화자가 바라보는 공간이다.
㉠은 꿈 화자가 꿈속에서 본 공간이므로 화자가 존재하는 공간이라 볼 수도 있다. 하지만 ㉡은 화자가 걷고 있는 공간이므로 화자가 바라보는 공간이라 할 수 없다.

✔ **㉠은 생명력이 느껴지는 공간이고, ㉡은 화자가 고통을 느끼는 공간이다.**
㉠은 '해바라기'가 피어 있고 '수천 마리의 낮닭이 깃을 치며' 우는 곳임을 알 수 있으므로, ㉠은 생명력이 느껴지는 공간으로 볼 수 있다. 그리고 ㉡은 누이를 잃은 화자의 슬픔을 형상화한 공간인데, 뜨거운 '햇덩이'가 '이글거리는' 곳을 '맨발로 산보'한다고 하였으므로, ㉡은 화자가 고통을 느끼는 공간으로 볼 수 있다.

④ ㉠은 화자의 기대가 반영된 공간이고, ㉡은 화자의 심리와 대조되는 공간이다.
(가)를 통해 화자가 기대하는 것이 무엇인지는 드러나지 않으므로 ㉠을 화자가 기대하는 공간이라 할 수 없다. 그리고 화자는 누이를 잃은 슬픔에 젖어 맨발로 ㉡을 걷고 있으므로 화자의 심리와 대조되는 공간이고 보기는 어렵다.

⑤ ㉠은 미래에 대한 의지가 드러나는 공간이고, ㉡은 과거에 대한 성찰이 드러나는 공간이다.
(가)에서 화자가 미래에 대한 희망을 드러내지는 않고 있으므로, ㉠을 미래에 대한 의지가 드러나는 공간이라 할 수 없다. 그리고 (나)에서 화자는 죽은 누이에 대해 상실감을 느끼고 있을 뿐 자신을 성찰하지는 않고 있으므로, ㉡을 과거에 대한 성찰이 드러나는 공간이라고 할 수 없다.

**30** 외적 준거에 따른 작품의 감상 정답률 86% | 정답 ③

〈보기〉를 참고하여 (가), (나)를 감상한 내용으로 적절하지 않은 것은? [3점]

〈보 기〉

죽음은 실체적 아픔의 원인이자 극복의 대상으로 인식되기도 하고, 삶과 맞닿아 있는 삶의 연장으로 인식되기도 한다. (가)는 '문'을 통해 꿈속 세계로 들어가 그곳에서 삶과 죽음이 연결된 것임을 확인하고, 그것이 꿈속의 이야기만이 아니라 '문' 밖 현실의 이야기이기도 하다는 생각을 표현하고 있다. (나)는 '봄'이라는 계절적 배경을 중심으로 누이의 죽음을 떠올리며 그로 인한 상실감과 슬픔을 표현하고 있다.

① (가)에서 화자가 '문'을 경계로 하여 꿈으로 들어가고 꿈에서 나오면서도 '문'을 '문이 아니'라고 말하는 것은 꿈과 현실이 다르지 않음을 드러낸다고 할 수 있겠군.
〈보기〉를 통해 (가) 시가 '문'을 통해 꿈속 세계로 들어가 그곳에서 삶과 죽음이 연결된 것임을 확인하고, 그것이 꿈속의 이야기만이 아니라 '문' 밖 현실의 이야기이기도 하다는 생각을 표현하고 있음을 알 수 있다. 이를 볼 때 (가)의 화자가 '문'을 경계로 하여 꿈으로 들어가고 꿈에서 나오면서도 '문'을 '문이 아니'라고 말한 것은, 꿈과 현실이 다르지 않음을 드러낸 것이라 할 수 있다.

② (가)에서 '꽃상여'가 마을을 떠나 '바다가 보이는 / 산모롱잇길'을 거쳐 바다로 가므로 '산모롱잇길'은 삶과 죽음이 연결된 것임을 보여 준다고 할 수 있겠군.
(가)에서 '마을'은 해바라기가 피고 낮닭이 깃을 치며 우는 삶의 공간이고 '바다'는 '꽃상여'가 도착하는 죽음의 공간이다. 따라서 마을에서 바다를 가기 위해 거치는 '산모롱잇길'은 삶과 죽음이 연결된 것임을 보여 준다고 할 수 있다.

✔ **(가)에서 '배'가 떠나자 '별빛'이 쏟아져 '어둠'을 밝히는 장면은 삶과 죽음이 분리되지 않은 꿈속 세계가 현실에서도 이어짐을 드러낸다고 할 수 있겠군.**
(가)에서 '배'가 떠나자 '별빛'이 쏟아져 '어둠'을 밝히는 장면은 문 안의 꿈속에서 본 모습일 뿐 꿈속 세계가 현실에서도 이어짐을 드러내는 것은 아니다. 꿈속 세계가 현실에서도 이어짐은 '그것은 문이 아니었다'라는 시행을 통해 드러나고 있다.

④ (나)에서 누이에 대한 '투명한 / 기억'에서 벗어나지 못한 화자에게 누이의 죽음을 떠올리게 하는 '봄'이 다시 오는 것은 화자가 아픔을 느끼게 되는 상황이라 할 수 있겠군.
(나)의 '이파리 하나 피우지 못한 너의 생애를 / 소리없이 꺾어갔던 그 투명한 / 기억을 향하여 봄이 왔다'와 '떠다니는 내 기억의 얼음장마다 / 부르지 않아도 뜨거운 안개가 쌓일 뿐이다'를 통해, 화자는 누이의 기억에서 벗어나지 못했고 봄은 그러한 누이의 죽음을 떠올리게 하는 시간임을 확인할 수 있다.

⑤ (나)에서 화자가 '하나의 작은 죽음'이 '큰 죽음들을 거느'린다고 생각하는 것은 누이의 죽음이 슬픔을 유발하고 있는 상황을 보여 준다고 할 수 있겠군.
(나)에서 누이의 죽음인 '하나의 작은 죽음'이 '큰 죽음들'을 거느린다고 하였으므로 누이의 죽음이 슬픔을 유발하고 있는 상황을 보여 준다고 할 수 있다.

**31~34 현대 소설**

윤흥길, 「양」

**감상** 이 글은 **어느 농촌 마을을 배경으로 어른들의 이기심을 비판**하면서, 한편으로 **전쟁으로 인한 비극을 드러내고** 있다. 이 작품에서 **모든 비극의 시작은 전쟁**으로 시작되는데, 이 과정에서 **사람들은 고통과 피해를 피하기 위해 이기적**이 되고, **윤봉이는 이러한 이기심의 희생양**이라 할 수 있다. 이렇게 볼 때, **'양'은 어른들의 이기심에 의해 이용당한 순진무구한 '윤봉'이를 상징**한다고 볼 수 있다.

**주제** 어린아이를 희생양으로 삼은 어른들의 이기심 비판

**작품 줄거리** 아버지를 제외한 '나'의 가족은 막내 윤봉이가 모든 불행의 원인이라고 생각한다. 그러다 인민군 치하에서 윤봉이가 마을 사람들과 가족의 자랑거리가 되지만, 인민군이 떠나고 경찰이 돌아오면서 윤봉이는 다시 마을 사람들의 근심거리로 전락하게 된다. 아버지가 전쟁터의 노무자로 떠나고, 윤봉이는 홍역으로 고열을 앓는 중에도 군가를 흥얼거리다가 죽는다. 은근히 윤봉이의 죽음을 기다렸던 '나'는 이를 당연한 일이라고 생각하는데, 뒤늦게 나타난 어머니는 '나'가 윤봉이를 죽였다며 때리고 넋두리를 한다.

10회

**31** 서술상 특징 파악 정답률 70% | 정답 ②

윗글의 서술상 특징으로 가장 적절한 것은?

① 외부 이야기 속에 내부 이야기를 삽입하여 사건을 전개하고 있다.
이 글은 외부 이야기 속에 내부 이야기를 삽입한 액자식 구성으로 사건을 전개하지는 않고 있다.

✔ **작중 인물이 관찰자 입장에서 인물들의 말과 행동을 전달하고 있다.**
이 글은 작품 속에 등장하는 인물인 '나'가 인물들의 말과 행동을 독자에게 전달해 주는 방식으로 서술된 1인칭 관찰자 시점에 해당한다. 이러한 1인칭 관찰자 시점은 독자로 하여금 인물들의 심리나 성격을 추측하여 판단하게 해 주는 특징이 있다.

③ 인물의 행적을 요약적으로 진술하여 사건의 전개를 지연시키고 있다.
이 글에서 인물의 행적을 요약적으로 진술한 부분은 찾아볼 수 없다.

④ 동시에 일어나는 두 개의 사건을 병렬하여 긴박한 분위기를 조성하고 있다.
이 글에서는 시간의 흐름에 따라 사건을 전개하고 있으므로, 동시에 일어나는 두 개의 사건을 병렬한다고는 할 수 없다.

⑤ 인물의 다양한 체험을 삽화 형식으로 나열하여 인물을 입체적으로 그리고 있다.
이 글에서 인물의 다양한 체험을 삽화 형식으로 나열한 부분은 찾아볼 수 없다.

**32** 작품 내용의 이해 정답률 79% | 정답 ②

윗글에 대한 이해로 가장 적절한 것은?

① 어머니는 윤봉이에 대한 마을 아낙네들의 충고를 무시했다.
어머니는 세상이 바뀐 뒤에도 인민군가를 부르는 윤봉이에 대해 걱정하는 마을 아낙네들의 충고를 듣고 윤봉이가 인민군가를 부르는 것을 말렸기 때문에 아낙네들의 충고를 무시한 것이라고 볼 수 없다.

✔ **윤봉이는 인민군 병사가 갑자기 떠난 이유를 이해하지 못했다.**
이 글에서 윤봉이는 세상이 바뀐 이유를 알지 못하고 있으므로, 자신을 귀애해 주던 인민군 병사가 왜 갑자기 떠나버렸는지 이해하지 못했다고 할 수 있다.

③ 가족들은 호랑이 사건 이후 윤봉이의 인기가 대단해질 것임을 예상했다.
가족들은 호랑이 사건 이후 윤봉이의 인기가 대단해진 것에 놀랐고, 사람들의 극성을 이해가 안 가는 일이라고 한 것으로 보아 가족들이 윤봉이의 인기를 예상한 것은 아니라 할 수 있다.

④ 인민군이 떠난 후 곰배정씨네는 마을 사람들에게 보복당할 것이라고 짐작했다.
곰배정씨네는 인공 치하에서 혹독한 탄압을 받았기 때문에, 마을 사람들은 세상이 바뀐 상황에서 곰배정씨네가 인민군 치하에서의 일로 자신들에게 보복할 수도 있는 입장이 되었다고 생각하고 있다. 따라서 곰배정씨네는 마을 사람들에게 보복을 당할 것을 짐작했다고 보는 것은 적절한 이해라 할 수 없다.

⑤ 윤봉이는 가족들이 자신을 집에서 놀게 한 이유가 자신의 노래 때문이라고 여겼다.
가족들이 윤봉이를 집 안에서만 놀게 한 이유는 윤봉이의 노래 때문이었지만, 윤봉이는 자신을 집 안에서만 놀게 한 이유를 알지 못했으므로 적절한 이해라 할 수 없다.

**33** 인물의 심리 파악 정답률 78% | 정답 ⑤

〈보기〉의 ㉠에 들어갈 내용으로 가장 적절한 것은?

〈보 기〉

**선생님** : 소설에서는 인물의 심리나 정서, 처지를 직접적으로 드러내기도 하지만, 우회적으로 표현하여 이를 효과적으로 드러내기도 합니다. '한 마리의 곰'에 드러난 인물의 심리를 파악해 봅시다.
**학생** : ㉠

① 윤봉이를 훈련시키는 소년병에 대한 아버지의 안타까움이 드러납니다.
이 글에서 소년병이 윤봉이를 훈련시키고는 있지만, 이러한 소년병에 대한 아버지의 안타까움을 드러낸다고 할 수 없다.

② 윤봉이만 대견스럽게 여기는 어머니에 대한 '나'의 서운함이 드러납니다.
이 글에서 어머니는 윤봉이를 대견하게 생각하고 있지만, 윤봉이만 대견스럽게 여기는 어머니에 대한 '나'의 서운함은 드러나지 않으므로 적절하지 않다.

③ 윤봉이의 노래가 최저 수준에 머문 것에 대한 '나'의 아쉬움이 드러납니다.
이 글에서 '나'는 윤봉이의 노래가 최저 수준에 머물고 있다고 여겼음을 알 수 있지만, 이에 대해 '나'가 아쉬워하는 부분은 찾아볼 수 없다.

④ 윤봉이에게 극성스럽게 구는 마을 사람들에 대한 '나'의 원망이 드러납니다.
이 글에서 '나' 역시 윤봉이를 맹훈련시키는 소년병을 도우면서 보람을 느끼고 있으므로, '나'가 윤봉이에게 극성스럽게 구는 마을 사람들에 대해 원망한다고 할 수 없고, 원망도 드러나지 않고 있다.

**✔ 윤봉이를 대하는 마을 사람들의 속내를 알아차린 아버지의 슬픔이 드러납니다.**
아버지는 마을 사람들이 윤봉이의 재주에 관심을 보이는 것은 마치 재주를 부리는 곰에게 박수를 보내는 것과 같다고 생각하고 있다. 그래서 마을 사람들이 공산당에 적극 동조한다는 사실을 은근히 드러내기 위해 윤봉이를 이용하려는 '불순한 저의' 를 가지고 있다고 여겨 '곰이 되어가는 윤봉이'를 보며 슬퍼하고 있다. 따라서 ㉠에는 윤봉이를 대하는 마을 사람들의 속내를 알아차린 아버지의 슬픔이 드러난다는 내용이 들어가기에 적절하다.

**34** 외적 준거에 따른 작품의 감상 정답률 52% | 정답 ④

〈보기〉를 참고하여 윗글을 감상한 내용으로 적절하지 않은 것은? [3점]

〈보 기〉
희생양은 사람이나 동물이 사회의 구성원들에 의해 제물이 된 것을 말한다. 사람들은 위기에서 벗어나거나 이익을 얻기 위해 소속력이 약한 계층에서 희생양을 찾아 이용하기도 한다. 그리고 공동체 내부의 긴장감과 불안감을 해결하기 위해 희생양에게 위기의 책임을 지우며 자신들의 결속을 다진다.

① **마을 사람들이 윤봉이를 희생양으로 삼을 수 있었던 것은 윤봉이가 '어쩌지 못할 바보의 상태'였기 때문이겠군.**
윤봉이가 '어쩌지 못할 바보의 상태'라는 점이 마을 사람들이 윤봉이를 희생양으로 삼기 쉬운 이유였다고 볼 수 있다.

② **마을 사람들이 윤봉이를 '방패막이'로 삼은 것은 인민군에 동조한다는 사실을 드러내기 위해 윤봉이를 이용한 것이겠군.**
마을 사람들이 '인민군을 환영하고 공산당에 적극 동조한다는 사실을 은근히 드러내는 데 이용하려 한다는' 것을 볼 때, 마을 사람들이 윤봉이를 이용한 것으로 볼 수 있다.

③ **마을 사람들이 윤봉이를 '위태위태한 명물'로 여겨 피한 것은 윤봉이의 재주가 불러올 위기에 불안감을 느꼈기 때문이겠군.**
마을 사람들은 인민군이 떠나도 여전히 인민군가를 부르는 윤봉이의 행동이 마을에 위기를 가져올 것이라는 불안감 때문에 윤봉이를 피하고 있다.

**✔ 가족들이 윤봉이에게 '찬란한 기억'을 대신할 것을 채워 주지 못한 것은 가족들이 인민군 치하에서 이익을 얻는 계기로 작용했겠군.**
윤봉이가 사람들로부터 관심의 대상이 되었던 '찬란한 기억'을 '채워 줄 적당한 선물'이 가족들에게 없었던 것이고, 그것이 인민군 치하에서 가족들이 이익을 얻는 계기로 작용한 것은 아니므로 적절하지 않다.

⑤ **가족들이 윤봉이를 '불행을 불러들인 흉물'로 지목한 것은 아버지의 신상에 문제가 생긴 것에 대한 책임이 윤봉이에게 있다고 여겼기 때문이겠군.**
가족들은 인민군가를 부르는 윤봉이 때문에 아버지의 신상에 위해가 가해졌다고 생각하여 윤봉이에게 책임을 돌리고 있다.

## [35~45] 화법과 작문

**35** 발표자의 말하기 방식 파악 정답률 69% | 정답 ⑤

위 발표자의 말하기 방식으로 적절하지 않은 것은?

① **질문과 대답을 통해 청중과 상호 작용하고 있다.**
1문단에서 '기준점 효과의 내용이 생각나시나요? (대답을 듣고) 네, 그렇습니다. 어떤 값을 추정할 때 지금 알고 있는 값을 기준점으로 삼아 추정하는 현상이지요.'와, 2문단의 '그 이유가 뭘까요? (대답을 듣고) 네, 맞습니다. 현재의 자신의 상태가 행복도를 결정짓는 기준점으로 끊임없이 작용하기 때문이겠죠.'를 통해, 발표자는 질문과 대답을 통해 청중과 상호 작용하고 있음을 알 수 있다.

② **구체적인 수치를 언급하여 청중의 이해를 돕고 있다.**
1문단에서는 구체적인 수치를 사용하여 발표하고 있는데, 이러한 수치 활용은 청중의 이해를 돕는다고 할 수 있다.

③ **설의적 질문을 사용하여 청중의 공감을 유도하고 있다.**
3문단의 '하루하루 조금씩 성장하기 위해 노력해 나가는 것이 좋지 않을까요?'를 통해, 설의적 질문을 사용하여 청중의 공감을 유도하고 있음을 알 수 있다.

④ **관용 표현을 활용하여 청중이 보이는 반응에 대응하고 있다.**
1문단에서 발표자는 '반 분위기'를 가라앉게 만든 상황을 '찬물을 끼얹다'라는 관용 표현을 사용하여 나타내고 있다.

**✔ 경험을 사례로 제시하여 청중의 행동에 나타난 문제점을 지적하고 있다.**
1문단에서 암산 대회의 경험에 대해, 2문단에서 갖고 싶었던 물건을 갖게 되었을 때의 경험에 대해 언급하고 있지만, 이러한 경험을 제시하여 청중의 행동에 문제점이 있음을 지적하지는 않고 있다.

★★★ 등급을 가르는 문제!

**36** 발표 계획의 적절성 파악 정답률 85% | 정답 ②

다음은 발표자가 위 발표에 반영한 발표 계획이다. ㉠~㉤에 들어갈 구체적인 계획의 내용으로 적절하지 않은 것은? [3점]

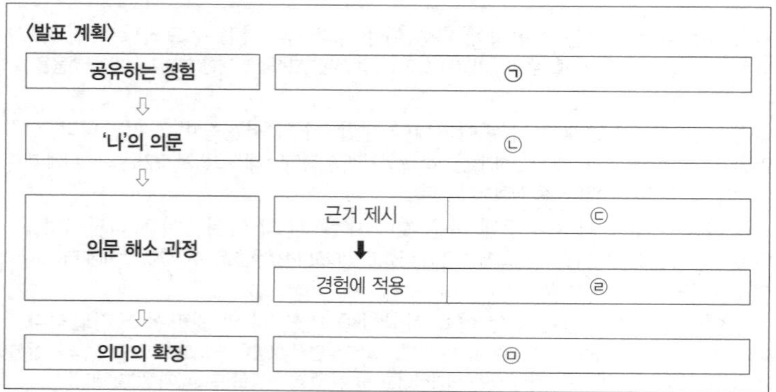
〈발표 계획〉

| | | |
|---|---|---|
| 공유하는 경험 | ㉠ | |
| '나'의 의문 | ㉡ | |
| 의문 해소 과정 | 근거 제시 | ㉢ |
| | 경험에 적용 | ㉣ |
| 의미의 확장 | ㉤ | |

① ㉠ : **청중이 암산 대회에 대한 기억을 구체적으로 떠올릴 수 있도록 대회의 규칙을 언급하자.**
1문단의 '1에서 8까지 곱하라는 문제를 반별로 5초 동안만 풀게 한 뒤 학생들이 쓴 답의 평균이 정답에 가장 가까운 반이 이기는 대회였죠.'를 통해 알 수 있다.

**✔ ㉡ : 암산 대회의 계산식을 화면에 제시하여 내가 의문을 가지게 된 이유를 설명하자.**
'계산식'을 화면에 제시하겠다는 계획은 1문단의 발표 내용을 통해 반영되었음을 알 수 있다. 하지만 발표자는 '우리 반'이 '평소 수학을 어려워하는'데도 암산 대회에서는 우승을 했다는 사실에 의문을 갖게 되었다고 밝히고 있지, 계산식이 의문을 갖게 된 이유라고 말하지는 않고 있다.

③ ㉢ : **특정 학문에서 다루는 개념을 근거로 제시하여 발표 내용의 타당성을 확보하자.**
1문단에서 '행동경제학'이라는 학문에 대해 배우면서 알게 된 '기준점 효과'라는 개념을 근거로 발표 내용의 타당성을 확보하고 있다.

④ ㉣ : **우리 반과 다른 반 학생들의 사고 과정의 차이가 대회 결과에 끼친 영향을 추측하여 제시하자.**
1문단에서 발표자는 '기준점 효과'를 바탕으로 '우리 반 친구들'이 정답을 떠올리는 과정과 '다른 반 친구들'이 정답을 떠올리는 과정의 차이가 '우리 반'을 우승으로 이끌게 되었을 것이라고 추측하고 있다.

⑤ ㉤ : **학자의 말을 인용하여 기준점이 판단에 미치는 영향력을 강조한 뒤 지향해야 할 삶의 방향을 제안하자.**
2문단에서 발표자는 '토마스 아퀴나스'의 말을 인용하여 인간이 행복과 불행을 느끼는 것에 '기준점'이 큰 영향을 끼친다는 점을 강조하면서, 3문단에서 '단번에 큰 성과를 내려 하'는 것보다 '조금씩 성장하기 위해 노력'하자는 삶의 방향을 제안하고 있다.

**★★ 문제 해결 꿀~팁 ★★**

▶ 많이 틀린 이유는?
이 문제는 선택지의 내용을 정확하게 이해하지 못해 오답률이 높았던 것으로 보인다. 또한 선택지에 제시된 내용이 글에 드러나지 않는다고 판단한 것도 오답률을 높인 것으로 보인다.

▶ 문제 해결 방법은?
이 문제를 해결하기 위해서는 기본적으로 선택지를 정확히 파악해야 한다. 그런 다음 이에 해당하는 내용을 발표문에서 찾아 비교하여 적절성을 판단해야 한다. 가령 정답인 ②의 경우 선택지에서는 '계산식이 의문을 갖게 된 이유'라 하고 있는데, 발표 내용에서 발표자가 의문을 갖고 있는 것은 '우리 반'이 '평소 수학을 어려워하는'데도 암산 대회에서는 우승을 했다는 사실임을 알 수 있으므로 적절하지 않은 것이다. 최근 수능에서는 잘못된 선택지를 글의 내용과 유사하게 제시하는 경우가 많으므로 선택지를 읽을 때는 항상 주의를 기울이도록 한다. 한편 오답률이 높았던 ②, ③의 경우, '타당성 확보'와 '추측하여 제시'만을 보고 적절하지 않다고 판단한 것이라 할 수 있다. 하지만 근거를 제시하게 되면 타당성을 확보할 수 있다는 배경지식이 있었다면 적절함을 알았을 것이다. 또한 1문단의 '~있었던 것입니다.'를 통해 추측하여 제시하고 있음을 알 수 있으므로 적절하다고 할 수 있는 것이다.

**37** 반응의 적절성 파악 정답률 95% | 정답 ④

〈보기〉는 위 발표를 들은 학생들의 반응이다. 〈보기〉에 드러난 듣기 방식으로 가장 적절한 것은?

〈보 기〉
**학생 1** : 등산을 처음 시작하면서 나의 약한 체력으로 지리산을 오르는 건 무리라고 생각했는데, 지난 주말에 동네 뒷산의 정상을 밟고 나니 어쩌면 지리산도 오를 수 있겠구나 싶더라고.
**학생 2** : 판사와 같이 중요한 결정을 내려야 하는 사람들이 자신도 모르는 사이에 어떤 기준점에 의해 영향을 받아서 공정하지 않은 판결을 하게 된다면 큰일이겠는걸?
**학생 3** : 자신의 현재 상태만 기준점으로 작용하는 것은 아닌 것 같아. 시험에서 내가 목표한 점수를 받지 못했을 때 낙담했던 걸 생각해 보면 미래의 목표가 기준점이 될 수도 있잖아.

① **학생 1은 '기준점으로부터의 변화량'이 행복을 위해 중요하다는 말이 자신의 경험과 부합하지 않는다고 생각하며 들었다.**
'학생 1'은 기준점의 변화로 인해 지리산도 오를 수 있을 거라는 자신감을 갖게 되어 이전보다 행복해질 수 있었다고 볼 수 있으므로, '기준점으로부터의 변화량'이 행복을 위해 중요하다는 말이 자신의 경험과 부합한다고 생각했을 것이라 보는 것이 적절하다.

② **학생 2는 판사의 결정에 '기준점 효과'가 작용하지 않을 때 재판의 공정성을 확보하기 어려울 수 있음을 고려하며 들었다.**
'학생 2'는 판사가 자신도 모르는 사이에 어떤 기준점에 의해 영향을 받아서 공정하지 않은 판결을 하게 된다면 큰일이라고 생각하고 있으므로 적절한 이해라 할 수 없다.

③ **학생 3은 목표 달성을 위해서는 '현재의 자신의 상태'보다 미래의 목표를 기준점으로 삼는 것이 옳다고 판단하며 들었다.**
'학생 3'은 '현재의 자신의 상태'만이 아니라 미래의 목표도 기준점이 될 수 있다는 점을 언급하고 있을 뿐, 미래의 목표를 기준점으로 삼는 것이 옳다고 말하고 있지는 않다.

**✔ 학생 1은 학생 3과 달리 '기준점 효과'가 자신이 처한 상황에 대한 인식에 긍정적으로 영향을 끼쳤던 경험을 떠올리며 들었다.**
'학생 1'은 발표를 들은 후, 자신이 '약한 체력' 을 가지고 있지만 '동네 뒷산'을 오른 경험이 새로운 기준점으로 작용해 앞으로 '지리산'도 오를 수 있을 것이라고 생각하게 되었으므로 자신이 처한 상황에 긍정적으로 영향을 끼쳤던 경험을 떠올리며 들었다고 볼 수 있다. 이와 달리 '학생 3'은 '미래의 목표'를 '기준점'으로 삼아서 시험 결과에 '낙담했던' 경험을 떠올리고 있으므로, 자신이 처한 상황에 대해 부정적인 감정을 유발했던 경험을 떠올리며 들었다고 볼 수 있다.

⑤ **학생 3은 학생 2와 달리 기준점이 '자신도 모르는 사이'에 '자신의 선택과 판단'을 결정한다는 사실을 비판하며 들었다.**
'학생 2'와 '학생 3' 모두 기준점이 '자신도 모르는 사이'에 '자신의 선택과 판단'을 결정한다는 사실에 대해 동의하고, 그것이 유발할 수 있는 부정적인 상황에 대해 언급하고 있다.

**38** 질문의 의도 파악 정답률 81% | 정답 ③

㉠과 ㉡에 대한 설명으로 가장 적절한 것은?

① **㉠은 상대방의 의도를 확인하는 발화이고, ㉡은 상대방의 발언을 요약하여 정리하는 발화이다.**



[문제편 p.192]

㉠은 석탑 견학에서 본 것이 어떠했는지 묻는 것이므로 학생의 의도를 확인하는 발화라 할 수 없다. 그리고 ㉡은 앞서 말한 학생의 발언을 재진술한 것이므로 상대방의 발언을 요약하여 정리한 발화라 할 수 없다.

② ㉠은 상대방의 흥미를 유발하기 위한 발화이고, ㉡은 자신의 요구를 상대방에게 전하는 발화이다.
㉠이 학생의 흥미를 유발하기 위한 발화라 할 수 없다. 그리고 ㉡에서 학생에게 요구하지는 않고 있으므로 적절하지 않다.

✔ ㉠은 상대방의 경험을 상기시키는 발화이고, ㉡은 자신이 언급한 내용을 상대방에게 환기시키는 발화이다.
㉠의 '얼마 전 석탑을 견학했다고 하셨는데'를 통해, ㉠은 '학생'이 복원된 석탑을 보았던 경험을 다시 떠올리게 하려는 발화라 할 수 있다. 그리고 ㉡은 '연구사'가 '미륵사지 석탑도 새로운 석재를 사용하여 훼손된 원래의 석재를 보강했'다고 한 앞에서 언급한 내용을 의문의 형식으로 재진술한 것이므로, '학생'이 들은 내용을 환기시키고 있는 발화라 할 수 있다.

④ ㉠은 상대방에게 내용의 이해 여부를 묻는 발화이고, ㉡은 상대방에게 추가적인 정보를 요구하는 발화이다.
㉠은 석탑 견학에서 본 것이 어떠했는지 묻는 것이므로 학생에게 내용의 이해 여부를 묻는 발화라 할 수 없다. 그리고 ㉡에서 학생에게 추가적인 정보를 요구하지는 않고 있으므로 적절하지 않다.

⑤ ㉠ 은 상대방의 말에 호응하며 관심을 표현하는 발화이고, ㉡은 상대방과의 의견 차이를 탐색하려는 발화이다.
㉠이 학생의 말에 호응하며 관심을 표현한다고 할 수 없고, ㉡에서 학생과의 의견 차이를 탐색하지는 않고 있다.

## 39 말하기 계획의 적절성 파악 정답률 94% | 정답 ③

**다음은 (가)의 인터뷰를 진행하기 위해 학생이 작성한 계획이다. (가)를 고려할 때, 인터뷰에 반영되지 않은 것은?**

> ○ 문화재를 견학하면서 생긴 의문이 동기임을 밝히면서 인터뷰를 시작해야겠어. ··············· ①
> ○ 문화재 복원의 개념을 설명해 달라고 해야겠어. ··············· ②
> ○ 미륵사지 석탑을 복원한 이유를 설명해 달라고 해야겠어. ··············· ③
> ○ 미륵사지 석탑의 복원 기간을 물어봐야겠어. ··············· ④
> ○ 학생들에게 하고 싶은 말씀을 해 달라고 부탁하며 인터뷰를 마무리해야겠어. ··············· ⑤

① 문화재를 견학하면서 생긴 의문이 동기임을 밝히면서 인터뷰를 시작해야겠어.
'학생'의 첫 번째 말에서 '학생'은 '연구사'에게 인사말을 건네고 나서 미륵사지를 견학한 후에 석탑 복원에 의문이 생겨 인터뷰를 요청하게 되었다고 말하고 있다.

② 문화재 복원의 개념을 설명해 달라고 해야겠어.
'학생'의 두 번째 말을 통해 '학생'이 문화재 복원이 무엇인지를 묻고 있음을 알 수 있다.

✔ 미륵사지 석탑을 복원한 이유를 설명해 달라고 해야겠어.
(가)의 인터뷰에 제시된 '학생'의 질문을 통해 미륵사지 석탑을 복원한 이유를 묻는 내용은 찾아볼 수 없다.

④ 미륵사지 석탑의 복원 기간을 물어봐야겠어.
'학생'의 여덟 번째 말을 통해 '학생'이 미륵사지 석탑을 복원하는 데 얼마나 걸렸는지 묻고 있음을 알 수 있다.

⑤ 학생들에게 하고 싶은 말씀을 해 달라고 부탁하며 인터뷰를 마무리해야겠어.
'학생'은 인터뷰를 마무리하며 '연구사'에게 학생들에게 한 말씀을 해 달라고 부탁하고 있다.

## 40 작문 계획의 적절성 파악 정답률 89% | 정답 ⑤

**(가)를 바탕으로 (나)를 쓸 때, 학생이 글을 쓰기 위해 떠올린 생각으로 적절하지 않은 것은?**

① 문화재가 우리 역사를 담고 있는 자산이라고 들었는데, 미륵사지 석탑이 가진 역사적 가치를 구체적으로 밝혀야겠다.
(가)에서 '연구사'가 문화재는 우리 역사를 담고 있는 자산이기에 역사적 가치가 있다고 언급했고, (나)에서 미륵사지 석탑은 목탑에서 석탑으로 변화되어 가는 양식을 대표하는 탑으로서 역사적 가치가 있다고 구체적으로 밝히고 있다.

② 미륵사지 석탑을 다시 쌓아 올릴 때 3D 스캐닝을 활용했다고 들었는데, 3D 스캐닝 기술의 원리를 밝혀 설명해야겠다.
(가)에서 '연구사'가 석탑의 석재들을 다시 쌓아 올릴 때 3D 스캐닝을 활용했다고 언급했고, (나)에서 물체에 레이저를 쏘아 돌아오는 시간을 거리로 환산하여 3차원 형상 정보를 취득하는 방식이라고 기술의 원리를 설명하고 있다.

③ 미륵사지 석탑을 원형의 모습으로는 복원할 수 없었다고 들었는데, 문화재 복원의 이념을 담은 기록을 인용해 그 이유를 설명해야겠다.
(가)에서 '연구사'가 미륵사지 석탑의 원형을 알 수 있는 문헌 기록을 찾지 못해서 원형의 모습으로 복원하지 못했다고 언급했고, (나)에서 원형을 알 수 없는 경우 추측하여 복원하지 않는다는 '베니스 헌장'을 인용하여 설명하고 있다.`

④ 미륵사지 석탑이 특정 시기의 모습으로 복원된 것이라고 들었는데, 복원된 모습을 담은 시각적인 이미지를 찾아서 보여 주어야겠다.
(가)에서 '연구사'가 미륵사지 석탑은 특정 시기의 모습으로 복원했다고 언급했고, (나)에서 복원된 석탑 모습을 알 수 있는 사진을 제시하고 있다.

✔ 훼손된 기존 석재를 보강할 재료로 새로운 석재를 찾았다고 들었는데, 미륵사지 석탑에 사용된 새로운 석재의 산출지를 밝혀야겠다.
(가)의 '미륵사지 석탑도 새로운 석재를 사용하여 훼손된 원래의 석재를 보강했는데'를 통해, 훼손된 석재를 보강할 새로운 석재를 찾았다는 말은 찾아볼 수 있다. 하지만 (나)에서는 석탑 복원에 사용된 새로운 석재의 산출지를 밝힌 내용은 찾아볼 수 없다.

## 41 고쳐쓰기의 적절성 파악 정답률 86% | 정답 ②

**다음은 (나)를 쓴 학생이 교지 편집부장에게 보낸 이메일의 일부이다. ⓐ에 들어갈 내용으로 가장 적절한 것은?**

> 보내 주신 검토 의견 중 (　ⓐ　)해 달라는 말을 고려해 초고의 마지막 문단을 아래와 같이 수정했습니다.
>
> 미륵사지 석탑은 문화재 복원이 어떻게 이루어지는지를 보여 줄 뿐만 아니라 문화재 복원의 원칙을 지키기 위해 노력한 사례로 의미가 있습니다. 문화재는 우리의 역사를 담고 있는 자산이므로 더 많은 사람들이 문화재 복원에 관심을 가져 주셨으면 좋겠습니다.

① 문화재 복원 과정을 보완해야 하는 이유는 삭제하고, 미륵사지 석탑 복원의 현황은 추가

✔ 문화재 복원 과정을 보고서로 작성하는 이유는 삭제하고, 미륵사지 석탑 복원의 의의는 추가
(나)의 마지막 문단과 수정안을 비교해 보면, 수정안에서 (나)의 '문화재 복원의 ~ 남기기도 합니다.'라는 문화재 복원 과정을 보고서로 작성하는 이유가 삭제되었음을 알 수 있다. 그리고 수정안을 보면 첫째 문장에 '미륵사지 석탑은 ~ 의미가 있습니다.'를 추가하여 미륵사지 석탑 복원의 의의를 밝히고 있음을 알 수 있다. 이를 통해 볼 때, 교지 편집부장은 '문화재 복원 과정을 보고서로 작성하는 이유는 삭제하고, 미륵사지 석탑 복원의 의의는 추가'해 달라는 검토 의견을 보냈음을 알 수 있다.

③ 문화재 복원 과정을 보고서로 작성하는 이유는 삭제하고, 미륵사지 석탑 복원의 필요성은 추가

④ 문화재 복원 과정에서 미흡한 점이 생기는 이유는 삭제하고, 미륵사지 석탑 복원의 가치는 추가

⑤ 문화재 복원 과정에서 미흡한 점이 생기는 이유는 삭제하고, 미륵사지 석탑 복원 시 기대 효과는 추가

## 42 작문 유형에 따른 성격 파악 정답률 51% | 정답 ①

**(가)와 (나)에 대한 설명으로 가장 적절한 것은?**

✔ (가)는 탐구한 내용을 바탕으로 정보를 전달하고 있고, (나)는 탐구한 결과를 바탕으로 독자를 설득하고 있다.
(가)는 다회용품 사용의 이유와 실태, 권장 사용 기준에 대해 탐구한 내용을 바탕으로 하여 정보를 전달하고 있는 조사 보고서이다. 그리고 (나)는 (가)를 바탕으로 하여 다회용품을 환경에 실질적으로 도움이 되는 방안으로 사용해야 한다는 내용을 담고 있는 설득하고 있는 글이다. 따라서 (가)는 탐구한 내용을 바탕으로 정보를 전달하고 있고, (나)는 탐구한 결과를 바탕으로 독자를 설득한다고 할 수 있다.

② (가)는 다양한 관점을 바탕으로 문제 상황을 분석하고 있고, (나)는 일상의 체험을 중심으로 자신의 정서를 표현하고 있다.
(가)를 통해 다양한 관점으로 문제를 분석하고 있는 부분은 찾아보기 어렵고, (나)는 설득하는 글이므로 정서를 표현하고 있는 글이라 할 수 없다.

③ (가)는 대안 제시와 이에 대한 평가를 중심으로 내용을 조직하고 있고, (나)는 비교와 대조의 방법으로 내용을 조직하고 있다.
(가)는 조사 보고서로 대안 제시가 드러나 있지 않고, (나)에서는 비교와 대조의 방법을 사용하지 않고 있다.

④ (가)는 주장과 뒷받침 논거를 바탕으로 내용을 구성하고 있고, (나)는 주장과 예상되는 반론을 바탕으로 내용을 구성하고 있다.
(나)에 글쓴이의 주장은 드러나 있으나 예상되는 반론은 찾을 수 없다.

⑤ (가)는 대립하고 있는 쟁점을 바탕으로 내용을 전개하고 있고, (나)는 객관적 자료를 바탕으로 문제 해결 방안을 제시하고 있다.
(가)에서 대립되는 쟁점을 찾아볼 수 없다.

## 43 작문 계획의 적절성 파악 정답률 95% | 정답 ②

**다음은 (가)를 작성하기 전에 학생이 참고한 내용이다. ㉠~㉤을 고려하여 (가)를 분석한 것으로 적절하지 않은 것은?**

> 보고서를 쓰기 위해 조사를 할 때는 ㉠ 조사할 내용에 따라 적절한 조사 방법을 선택해야 한다. 그리고 보고서를 작성할 때는 ㉡ 조사의 동기나 목적을 제시해야 하고, ㉢ 조사한 내용은 항목화하여 정리하면 좋다. 보고서의 내용을 작성할 때는 이유나 근거를 제시하여 논리적으로 작성해야 하며 ㉣ 쓰기 윤리도 유의해야 한다. ㉤ 결론에서는 조사 결과를 간결하게 요약하거나 필자의 의견 및 소감을 덧붙일 수 있다.

① ㉠에 따라, 다회용품 사용 이유와 실태를 파악할 수 있도록 설문 조사의 방법을 선택하였다.
설문 조사는 다회용품 사용 이유와 실태를 파악하기에 적합한 방식이라 할 수 있다.

✔ ㉡에 따라, 일회용품 사용이 환경에 미치는 영향을 언급하고 다회용품 사용의 필요성에 대해 알아보고자 한다는 내용을 제시하였다.
(가)의 '조사의 동기 및 목적'을 통해 일회용품 사용이 환경에 미치는 영향과 다회용품 사용의 필요성은 찾아볼 수 없다.

③ ㉢에 따라, 다회용품의 사용 이유, 실태, 권장 사용 기준으로 항목을 설정하여 내용을 제시하였다.
(가)의 'Ⅲ. 조사의 결과'를 보면, 다회용품의 사용 이유, 실태, 권장 사용 기준으로 항목을 설정하여 내용을 제시하였음을 알 수 있다.

④ ㉣에 따라, 근거로 제시한 다회용품의 권장 사용 기준에 대한 자료의 출처를 밝혔다.
(가)의 '(김□□, △△환경연구, ○○연구소, 2021, p57.)'를 통해 문헌 조사 내용에 대한 출처를 밝히고 있음을 알 수 있다.

⑤ ㉤에 따라, 현재 다회용품 사용과 관련된 문제점에 대한 조사 결과를 요약하였다.
(가)의 'Ⅳ. 결론'을 통해 조사 결과를 요약하여 제시하였음을 알 수 있다.

## 44 자료 활용의 적절성 파악 정답률 92% | 정답 ⑤

**다음은 (나)를 보완하기 위해 추가로 수집한 자료이다. 자료 활용 방안으로 적절하지 않은 것은? [3점]**

[문제편 p.194]

ㄱ. 통계 자료

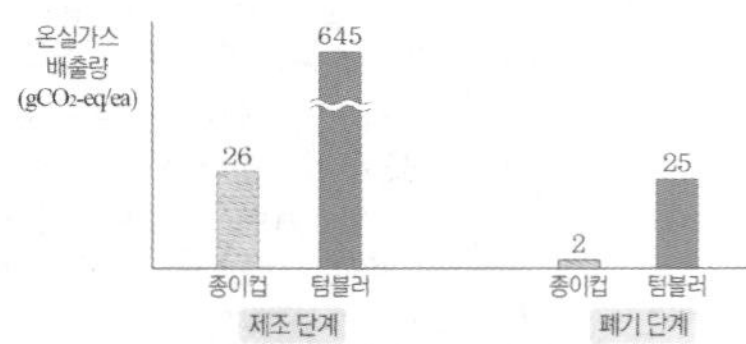


[음료 용기별 온실가스 배출량 비교]

ㄴ. 신문 기사 자료

최근 많은 나라들이 일회용품 사용을 줄이기 위한 노력을 하고 있다. 미국, 프랑스, 독일 등은 일회용 식기 사용을 금지하는 등 일회용품 사용 자체를 규제하는 정책을 시행하고 있으며, 일본도 일회용품 사용을 억제하고 텀블러 사용을 권장하기 위한 캠페인을 벌이고 있다.

ㄷ. 전문가 인터뷰 자료

"일회용품 대신 다회용품을 사용할 경우, 사용 횟수가 늘수록 온실가스 배출 감소 효과가 증대됩니다. 텀블러는 180회 이상 사용할 때 온실가스 배출량이 일회용 컵보다 11.9배 줄어들고 720회 이상 사용할 때 33.5배가량 줄어듭니다. 최근에는 폐자원을 활용해 다회용품을 제작하는 움직임도 늘고 있습니다. 한 예로 헌 현수막이나 버려진 옷 등의 폐자원을 활용해 제작한 에코백은 폐자원을 폐기할 때 발생되는 온실가스 배출량을 줄일 수 있어 환경친화적입니다."

① **ㄱ을 활용하여, 다회용품이 일회용품보다 폐기되는 단계에서 도 더 많은 온실가스를 배출한다는 내용을 추가한다.**
ㄱ을 통해 다회용품이 일회용품보다 제조 및 폐기 단계에서 더 많은 온실가스를 배출한다는 것을 확인할 수 있다.

② **ㄴ을 활용하여, 세계 여러 나라에서 일회용품 사용을 줄이고자 노력하고 있다는 내용을 뒷받침하는 사례로 제시한다.**
ㄴ에서 제시한 미국, 프랑스, 독일, 일본의 사례는 세계 여러 나라에서 일회용품 사용을 줄이려고 노력하고 있다는 내용을 뒷받침하는 사례로 활용할 수 있다.

③ **ㄷ을 활용하여, 다회용품 사용 횟수와 온실가스 배출량 감소 효과의 관계를 구체적인 수치로 제시한다.**
ㄷ에 제시된 구체적 수치를 활용하여 다회용품 사용 횟수가 늘수록 온실가스 배출량 감소 효과가 크다는 것을 뒷받침할 수 있다.

④ **ㄷ을 활용하여, 폐기 단계에서 온실가스를 배출하게 되는 폐자원으로 다회용품을 만드는 것이 환경 보호에 도움이 될 수 있다는 내용을 추가한다.**
ㄷ을 통해 폐기 단계에서 온실가스를 배출하는 폐자원을 재활용하여 다회용품을 만드는 것도 환경 보호에 도움이 될 수 있다는 내용을 추가할 수 있다.

⑤ **ㄴ과 ㄷ을 활용하여, 일회용품 사용을 줄이는 것이 폐자원을 활용한 다회용품 생산에 도움이 될 수 있다는 내용을 추가한다.**
일회용품 사용을 줄이는 것과 폐자원을 활용해 다회용품을 생산하는 것은 서로 관련이 없다.

## 45 조건에 맞는 글쓰기

정답률 88% | 정답 ⑤

**〈보기〉의 선생님의 조언을 고려할 때, (나)의 [A]에 들어갈 내용으로 가장 적절한 것은?**

〈보 기〉

**선생님** : 보고서 결론에는 문제점이 두 가지로 정리되어 있는데 글에서는 해결 방안이 하나만 제시되어 있으니 하나 더 추가하여 작성해 보자.

① **또한 폐기되어 사용하지 못하는 다양한 제품을 재활용하여 다회용품을 제작하는 방법을 개발해야 한다.**
보고서에 제시된 두 가지 문제점 중 하나인 여러 개 사 두기만 하고 쓰지 않는 사람이 많다는 점에 대한 해결 방안이라 할 수 없다.

② **또한 다회용품을 제작할 때 온실가스를 배출하는 재료를 사용하지 못하도록 규제하는 방안을 마련해야 한다.**
보고서에 제시된 두 가지 문제점에 대해 해결 방안과는 관련이 없다.

③ **또한 생산 과정에서 온실가스를 많이 배출하는 다회용품 대신 일회용품을 효율적으로 사용할 방법을 찾아야 한다.**
보고서에 제시된 두 가지 문제점에 대해 해결 방안과는 관련이 없다.

④ **또한 사람들이 다회용품을 권장 사용 기준보다 적게 사용하는 이유가 다회용품의 권장 사용 횟수를 모르기 때문임을 알게 해야 한다.**
다회용품을 권장 사용 기준에 못 미치게 사용하는 점과 관련된 내용이지만 해결 방안이라 할 수 없다.

⑤ **또한 자신에게 필요하지 않은 다회용품은 다른 사람과 나누거나 재판매하여 사용하지 않는 다회용품이 사용될 수 있도록 만들어야 한다.**
보고서의 결론에는 다회용품 사용에서 나타나는 문제점으로 다회용품을 권장 사용 기준에 못 미치게 사용하는 점과, 여러 개 사 두기만 하고 쓰지 않는 사람이 많다는 점이 제시되어 있다. 그런데 (나)에는 보고서의 결론에 제시된 이 두 가지 문제점 중 다회용품을 권장 사용 기준에 못 미치게 사용하는 문제에 대한 해결 방안만 제시되어 있다. 그래서 선생님의 조언에 따라 여러 개 사 두기만 하고 쓰지 않는 사람이 많다는 문제에 대해, 자신에게 필요하지 않은 다회용품을 다른 사람과 나누거나 재판매하는 것을 추가적인 해결 방안으로 제시한 것은 적절하다.

# [35~45] 언어와 매체

## 35 현대 국어의 접속 조사 파악

정답률 64% | 정답 ④

**[A]를 참고하여 이해한 내용으로 적절하지 않은 것은?**

① **'나는 시와 음악을 좋아한다.'에서 '시와 음악을'의 문장 성분은 목적어이다.**
제시된 글을 볼 때, '나는 시와 음악을 좋아한다.'에서 '시와 음악을'은 접속 조사 '와'에 의해 하나의 명사구가 되어 동일한 문장 성분, 즉 목적어로 기능한다고 할 수 있다.

② **'네가 벼루와 먹을 가져오너라.'에서 '벼루와'를 생략하여도 문장이 성립된다.**
제시된 글을 볼 때, '네가 벼루와 먹을 가져오너라.'에서 접속 조사와 결합한 '벼루와'를 생략하여도 문장이 성립된다고 할 수 있다.

③ **'친구랑 나랑 함께 꽃밭을 만들었다.'에서 '랑'은 체언들을 이어 주는 접속 조사이다.**
제시된 글을 볼 때, '친구랑 나랑 함께 꽃밭을 만들었다.'에서 '랑'은 체언 '친구'와 '나'를 이어 주는 접속 조사라 할 수 있다.

④ **'가방과 신발을 샀다.'에서 '과'는 부사격 조사로서 '가방과'는 서술어가 필수적으로 요구하는 성분이 된다.**
제시된 글을 통해 부사격 조사에도 '와/과'가 있기 때문에 접속 조사 '와/과'와 구분해야 한다고 하면서, 접속 조사 '과'는 생략할 수 있지만, 부사격 조사로 쓰일 경우에는 문장에서 반드시 필요한 필수적 부사어로 생략할 수 없음을 알 수 있다. 따라서 '가방과 신발을 샀다.'에서 '과'는 '가방과 신발'을 명사구로 만드는 접속 조사에 해당하므로 '가방과'를 생략해도 문장이 성립된다고 할 수 있다.

⑤ **'수박하고 참외하고 먹자.'와 같이 '하고'는 결합하는 체언의 끝음절의 음운 환경이 달라도 형태가 변하지 않는다.**
제시된 글을 볼 때, '수박하고 참외하고 먹자.'에서 '하고'는 자음으로 끝나는 체언 '수박', 모음으로 끝나는 체언 '참외'와 결합할 때 형태가 변하지 않음을 알 수 있다.

★★★ 등급을 가르는 문제!

## 36 중세 국어의 접속 조사 이해

정답률 73% | 정답 ③

**윗글을 바탕으로 〈보기〉의 중세 국어 자료를 탐구한 내용으로 적절하지 않은 것은? [3점]**

〈보 기〉

ⓐ 옷과 뵈와로 佛像ᄋᆞᆯ ᄭᅮ미ᅀᆞᄫᅡ도
[옷과 베로 불상을 꾸미었어도]
ⓑ 子息이며 종이며 집앉 사ᄅᆞᄆᆞᆯ 다 眷屬이라 ᄒᆞᄂᆞ니라
[자식이며 종이며 집안의 사람을 다 권속이라 하느니라]
ⓒ 밤과 낮과 法을 니ᄅᆞ시니
[밤과 낮에 법을 이르시니]
ⓓ 입시울와 혀와 엄과 니왜 다 됴ᄒᆞ며
[입술과 혀와 어금니와 이가 다 좋으며]

① **ⓐ에서 '옷과 뵈와'는 접속 조사에 의해 하나의 명사구를 이루고 있군.**
제시된 글을 통해 접속 조사는 주로 체언과 결합하며, 이때 나열된 단어나 구들이 하나의 명사구가 되어 동일한 문장 성분으로 기능함을 알 수 있다. 따라서 ⓐ의 체언 '옷', '뵈'는 접속 조사 '와/과'에 의해 이어져서 하나의 명사구를 이루었다고 할 수 있다.

② **ⓑ에서 '이며'는 열거의 방식으로 '子息'과 '종'을 같은 자격으로 이어 주는 기능을 하고 있군.**
제시된 글을 통해 접속 조사 '(이)며, (이)여'는 '열거'의 방식으로 접속의 기능을 나타냄을 알 수 있다. 따라서 ⓑ의 '子息', '종'은 접속 조사 '이며'에 의해 이어졌으므로 '이며'는 열거의 방식으로 쓰였다고 할 수 있다.

③ **ⓒ를 보니, 접속되는 마지막 체언에 '와 / 과'가 결합하지 않는 사례가 있었음을 확인할 수 있군.**
제시된 글을 통해 중세 국어에서는 '와/과'는 마지막 체언에까지 결합하는 것이 일반적이지만 그렇지 않은 경우도 있었음을 알 수 있다. 그리고 〈보기〉의 ⓒ를 보면, ⓒ에서는 접속되는 마지막 체언인 '낮'이 '과'와 결합하였음을 알 수 있다. 따라서 ⓒ는 접속되는 마지막 체언에 '와/과'가 결합하지 않는 사례라 할 수 없다.

④ **ⓐ와 ⓓ를 보니, '와 / 과' 뒤에 격조사가 결합한 형태가 있었음을 확인할 수 있군.**
제시된 글을 통해 중세 국어에서는 마지막 체언과 결합한 '와/과' 뒤에 격조사가 결합하는 경우도 있었음을 알 수 있다. 따라서 ⓐ의 '뵈와로'는 체언과 접속 조사가 결합한 '뵈와'에 격조사 '로'가 결합하였고, ⓓ의 '니왜'는 체언과 접속 조사가 결합한 '니와'에 격조사 'ㅣ'가 결합하였음을 알 수 있다.

⑤ **ⓒ와 ⓓ를 보니, 'ㄹ'을 제외한 자음으로 끝나는 체언은 '과'와, 모음이나 'ㄹ'로 끝나는 체언은 '와'와 결합했음을 확인할 수 있군.**
제시된 글을 통해 앞 음절이 모음으로 끝나면 '와, 랑, 며'가 쓰이고 앞 음절이 자음으로 끝나면 '과, 이랑, 이며'가 쓰임을 알 수 있다. 따라서 자음으로 끝나는 체언인 '밤', '낮', '엄'은 '과'와 결합한 것임을, 모음으로 끝나는 체언인 '혀', '니', 그리고 'ㄹ'로 끝나는 체언인 '입시울'은 '와' 와 결합한 것임을 알 수 있다.

**★★ 문제 해결 꿀~팁 ★★**

▶ **많이 틀린 이유는?**

이 문제는 중세 국어에 대한 이해가 부족하여 오답률이 높았던 것으로 보인다. 특히 중세 국어의 단어를 정확히 분석하지 못한 것도 오답률을 높인 것으로 보인다.

▶ **문제 해결 방법은?**

이 문제를 해결하기 위해서는 일차적으로 중세 국어와 현대 국어를 비교하여 중세 국어가 어떻게 쓰였는지 파악해야 한다. 그런 다음 선택지에 제시된 내용을 비교한 내용을 바탕으로 적절성을 판단해야 한다. 가령 정답인 ③의 경우 '밤과 낮과'의 현대어 풀이가 '밤과 낮에'임을 비교했다면 현대 국어와 달리 중세 국어에서는 접속되는 마지막 체언인 '낮'에 '과'라는 접속 조사가 붙었음을 알았을 것이다. 한편 오답률이 높았던 ④의 경우, ⓓ에 격조사가 결합한 형태가 없다고 판단하였는데, 이는 '니왜'를 정확히 분석하지 못했기 때문으로 보인다. 그런데 '니왜'의 현대어 풀이가 '이가'이므로 '니왜'에 격조사가 사용되었음을 알 수 있다. 즉 '니왜'는 '니와'에 주격 조사 'ㅣ'가 결합하고 있으므로, '와/과' 뒤에 격조사가 결합한 형태라 할 수 있다. 이처럼 중세 국어에서는 단어를 분석하는 것이 매우 중요(이어 적기, 격조사 등을 파악할 때 중요함.)하므로, 평소 충분히 연습할 수 있도록 한다. 아울러 중세 국어의 기본이 되는 문법 지식은 익혀 두도록 한다.

## 37 음운의 탈락 파악

정답률 39% | 정답 ①

**〈학습 활동〉을 수행한 결과로 적절한 것은?**

〈학습 활동〉

[자료]의 단어들은 음운 변동 중 탈락이 일어난 예이다. 단어들을 [분류 과정]에 따라 분류할 때 ㉮, ㉯, ㉰에 들어갈 단어를 바르게 짝지은 것은?

**[자료]**

ⓐ 뜨- + -어서 → 떠서[떠서]　　ⓑ 둥글- + -ㄴ → 둥근[둥근]
ⓒ 좋- + -아 → 좋아[조:아]



[문제편 p.196]

[분류 과정]

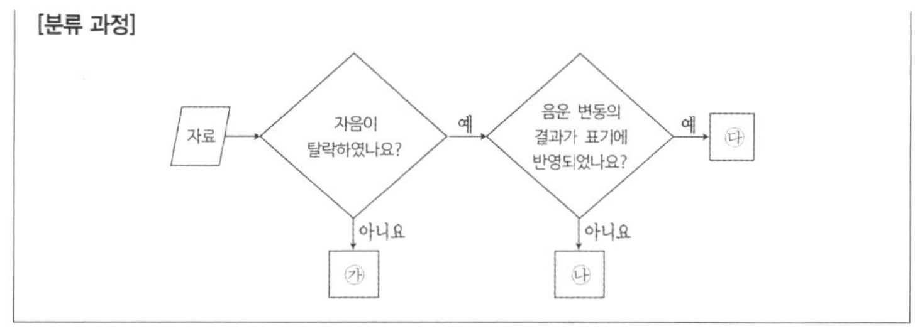


㉮ ㉯ ㉰

✔ ⓐ ⓒ ⓑ

'떠서'는 용언의 어간인 '뜨-'의 말음 'ㅡ'가 모음으로 시작하는 어미 앞에서 탈락된 모음 탈락에 해당하는 것으로, [떠서]라는 음운 변동의 결과가 '떠서'라고 표기에 반영된 것이라 할 수 있다. 그리고 '좋아'는 용언의 어간인 '좋-'의 말음 'ㅎ'이 모음으로 시작하는 어미 앞에서 탈락되어 [조:아]로 발음된다. 이는 자음 탈락에 해당하는 것으로, 표기인 '좋아'와 발음인 [조:아]가 다르므로 음운 변동의 결과가 표기에 반영되지 않은 것이라 할 수 있다. '둥근'은 용언의 어간인 '둥글-'의 말음 'ㄹ'이 'ㄴ'앞에서 탈락되어 [둥근]으로 발음되는 자음 탈락에 해당한다. 이는 음운 변동의 결과인 [둥근]이 표기인 '둥근'과 같으므로 음운 변동 결과가 표기에 반영된 것이라 할 수 있다.

② ⓐ ⓑ ⓒ
③ ⓒ ⓐ ⓑ
④ ⓒ ⓑ ⓐ
⑤ ⓑ ⓐ ⓒ

## 38 인용절 파악

정답률 71% | 정답 ④

〈보기〉의 ⓐ ~ ⓒ에 대해 탐구한 내용으로 적절하지 않은 것은?

〈보 기〉

[탐구 과제] 직접 인용절을 가진 안은 문장이 간접 인용절을 가진 안은 문장으로 바뀌었을 때의 높임 표현, 지시 표현, 인용 조사 등의 변화 탐구하기

[탐구 자료]

| 직접 인용절을 가진 안은 문장 | | 간접 인용절을 가진 안은 문장 | |
|---|---|---|---|
| 그가 어제 나에게 "내일 서울에 갑니다."라고 말했다. | ⇨ | 그가 어제 나에게 오늘 서울에 간다고 말했다. | …ⓐ |
| 희수가 민주에게 "힘든 일은 나에게 맡겨라."라고 말했다. | ⇨ | 희수가 민주에게 힘든 일은 자기에게 맡기라고 말했다. | …ⓑ |
| 부산에 간 친구가 나에게 "이곳이 참 아름답구나."라고 말했다. | ⇨ | 부산에 간 친구가 나에게 그곳이 참 아름답다고 말했다. | …ⓒ |

① ⓐ : '오늘'을 보니, 직접 인용절의 시간 부사가 간접 인용절에서는 바뀌어 나타났군.
ⓐ의 직접 인용절을 가진 안은문장에서 직접 인용절의 시간 부사 '내일'이, 간접 인용절을 가진 안은문장에서는 '오늘'로 바뀌어 나타남을 알 수 있다.

② ⓐ : '간다고'를 보니, 직접 인용절에서 '그'가 '나'를 고려해 사용한 높임 표현이 간접 인용절에서는 바뀌어 나타나는군.
ⓐ의 직접 인용절을 가진 안은문장에서 직접 인용절 '갑니다'가, 높임 표현이 간접 인용절을 가진 안은문장에서는 '간다'로 바뀌어 나타남을 알 수 있다.

③ ⓑ : '맡기라고'를 보니, 직접 인용절이 명령문일 때 간접 인용절의 인용 조사는 '고'가 사용되었군.
ⓑ의 직접 인용절을 가진 안은문장에서 '맡겨라."라고'가, 간접 인용절을 가진 안은문장에서는 '(라)고'로 바뀌어 나타남을 알 수 있다.

✔ ⓒ : '그곳이'를 보니, 직접 인용절의 발화자인 '친구'의 관점으로 지시 표현이 바뀌어 나타나는군.
ⓒ의 직접 인용절을 가진 안은문장에서 '이곳이'는 직접 인용절의 발화자인 친구의 입장에서 기술된 지시 표현이라 할 수 있다. 그리고 직접 인용절을 가진 안은문장이 간접 인용절을 가진 안은문장으로 바뀔 경우에는 '이곳이'는 '나'의 입장에서 기술된 '그곳이'로 바뀌어 나타남을 알 수 있다.

⑤ ⓒ : '아름답다고'를 보니, 직접 인용절의 감탄형 종결 어미는 간접 인용절에서 평서형 종결 어미로 바뀌어 나타났군.
ⓒ의 직접 인용절을 가진 안은문장에서 '아름답구나'라는 감탄형 종결 어미가, 간접 인용절을 가진 안은문장에서는 평서형 종결 어미 '아름답다'로 바뀌어 나타남을 알 수 있다.

## 39 보조 용언이 드러내는 의미 파악

정답률 62% | 정답 ②

〈보기〉의 [A]에 들어갈 말로 적절하지 않은 것은?

〈보 기〉

선생님 : 화자의 다양한 심리적 태도는 '보조적 연결 어미와 보조 용언'의 구성을 통해 나타낼 수 있습니다. ㉠ ~ ㉤의 '보조적 연결 어미와 보조 용언'에 대해 탐구해 봅시다.

**지혜** : 쉬고 있는 걸 보니 안무를 다 ㉠ 짰나 본데?
**세희** : 아니야, 잠시 쉬고 있어. 춤이 어려워서 친구들이 공연 중에 동작을 ㉡ 잊을까 싶어 걱정이야.
**지혜** : 그렇구나. 동작은 너무 멋있던데?
**세희** : 그렇게 말해줘서 고마워. 근데 구성까지 어려우니까 몇몇 친구들은 그만 ㉢ 포기해 버리더라.
**지혜** : 그럼 내가 내일 좀 ㉣ 고쳐 줄까?
**세희** : 괜찮아. 고맙지만, 오늘까지 ㉤ 마쳐야 해.

학생 : [A]

① ㉠에는 화자가 어떠한 행동에 대해 추측하고 있음이 나타나 있습니다.
㉠ 앞의 '쉬고 있는 걸 보니'를 통해, ㉠에는 화자가 쉬고 있는 행동에 대해 추측하고 있음이 나타나 있음을 알 수 있다.

✔ ㉡에는 화자가 뜻하는 행동을 하고자 하는 의도가 나타나 있습니다.
㉡에서 '잊을까 싶다'는 보조적 연결 어미 '-을까'와 보조 용언 '싶다'의 구성으로 쓰인 것으로, '잊을까 싶다'는 친구들이 동작을 잊을까 걱정하는 화자의 심리적 태도를 나타낸 것이라 할 수 있다. 따라서 ㉡에 화자가 뜻하는 행동을 하고자 하는 의도가 나타나 있다는 말은 적절하지 않다.

③ ㉢에는 어떠한 행동이 이루어진 결과에 대해 화자가 아쉬운 감정을 갖게 되었음이 나타나 있습니다.
세희는 몇몇 친구들이 구성까지 어려워서 포기했다는 것을 말하고 있으므로, ㉢에는 포기한 행동이 이루어진 결과에 대해 화자가 아쉬운 감정을 갖게 되었음이 나타나 있다고 할 수 있다.

④ ㉣에는 화자가 상대를 위해 무언가를 베푼다는 심리적 태도가 나타나 있습니다.
지혜가 세희의 말을 듣고 구성을 고쳐 주겠다는 생각을 드러낸 말이므로, ㉣에는 화자가 상대를 위해 무언가를 베푼다는 심리적 태도가 나타나 있다고 볼 수 있다.

⑤ ㉤에는 화자가 어떠한 행동을 하는 것이 필요함을 나타내고 있습니다.
세희는 안무를 오늘까지 마쳐야 함을 드러내고 있으므로, ㉤은 세희가 어떠한 행동을 하는 것이 필요함을 나타낸다고 할 수 있다.

## 40 매체의 유형과 특성 파악

정답률 96% | 정답 ⑤

(가)와 (나)에 대한 이해로 가장 적절한 것은?

① (가)와 달리 (나)는 정보 생산자가 자신이 가지고 있는 정보를 수용자들과 공유하고 있다.
(나)에서 수애는 자신이 가진 '사진 파일'을 그룹 채팅에 들어온 사람들과 공유하고 있지만, '자신이 찾은 자료'를 수용자들과 공유하고 있으므로 수애를 정보 생산자라 할 수 없다.

② (나)와 달리 (가)는 수용자가 또 다른 정보 생산자가 되어 정보 수정에 대한 의견을 제시하고 있다.
(가)를 통해 인터넷 강연에 참여한 수용자가 또 다른 정보 생산자가 되어 정보 수정에 대한 의견을 제시한 부분은 찾아볼 수 없다.

③ (나)와 달리 (가)는 특수 문자와 한글의 자음자로 된 기호를 사용하여 정보 생산자의 감정을 드러내고 있다.
(나)에서는 특수 문자(^^)와 한글의 자음자로 된 기호(ㅎㅎ)를 사용하여 정보 생산자의 감정을 드러내고 있다.

④ (가)와 (나)는 모두 정보 생산자가 수용자를 특정인으로 한정 짓지 않고 정보를 전달하고 있다.
(나)는 메신저 대화방에서 대화를 나누고 있는 친구들이 5명으로 한정되어 있다.

✔ (가)와 (나)는 모두 공간에 구애받지 않고 정보 생산자와 수용자가 실시간으로 상호작용하고 있다.
(가)는 인터넷 강연 중 실시간 채팅을 통해, (나)는 모바일 메신저를 활용한 대화를 통해 정보 생산자와 수용자가 공간에 구애받지 않고 실시간으로 상호작용하고 있음을 확인할 수 있다. 또한 (가)와 (나) 모두 정보 생산자가 자신이 가지고 있는 정보를 수용자들과 공유하고 있으며, 수용자가 또 다른 정보 생산자가 되어 정보에 대한 자신의 의견을 제시하고 있다.

## 41 매체 언어의 표현 파악

정답률 78% | 정답 ⑤

㉠ ~ ㉤에 대한 설명으로 적절하지 않은 것은?

① ㉠ : 연결 어미 '-면'을 활용하여 앞 절의 내용이 '답'을 할 수 있는 조건임을 나타내고 있다.
'링크를 누르시면'의 종속적 연결 어미 '-면'을 통해, 앞 절의 내용이 '답'을 할 수 있는 조건임을 나타내고 있다.

② ㉡ : 보조사 '나'를 활용하여 성인의 종이책 독서율의 감소 정도가 크다는 것을 부각하고 있다.
'나'는 수량이 많거나 정도를 넘거나 한도에 이르렀음을 나타내는 보조사로, 지난 10년 사이 성인의 종이책 독서율 감소 정도가 크다는 것을 강조하고 있다.

③ ㉢ : 관용 표현 '두말할 나위가 없다'를 활용하여 독서가 중요하다는 점을 드러내고 있다.
'두 말할 나위가 없을 것입니다'를 통해 독서가 정보 습득의 중요한 수단임을 강조하고 있으므로, 관용 표현인 '두말할 나위가 없다'를 활용하여 독서가 중요하다는 점을 드러내었다고 할 수 있다.

④ ㉣ : 접속 부사 '그래서'를 활용하여 강연 내용의 응집성을 높이고 있다.
접속 부사 '그래서' 를 활용하여 뒤 문장의 내용이 앞 문장에 이어지는 내용임을 드러냄으로써 강연 내용의 응집성을 높이고 있다.

✔ ㉤ : 피동 표현을 활용하여 '뇌의 인지와 감정 영역'이 행위의 주체라는 점을 드러내고 있다.
(가)의 '강연자'는 피동 표현 '-되다'를 활용하여 행위의 주체가 아니라 '자극하다'의 대상인 '뇌의 인지와 감정 영역'에 초점을 두어 말하고 있다.

## 42 매체 자료 수용의 적절성 파악

정답률 92% | 정답 ④

다음은 오디오북 앱을 사용해 본 사람들이 (가)를 들은 후 도서관 게시판에 단 댓글이다. 댓글을 분석한 것으로 적절하지 않은 것은?

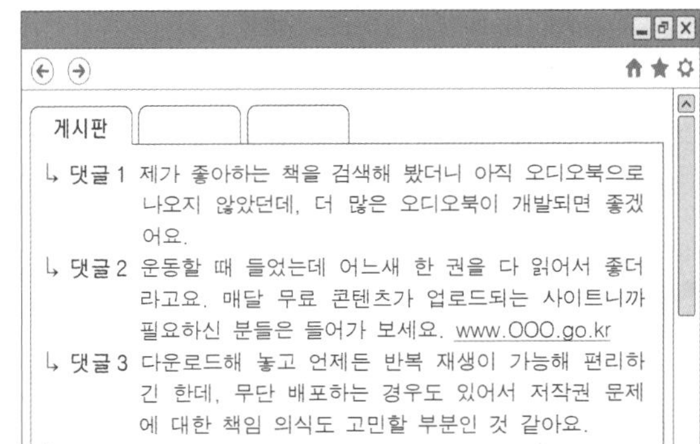


10회

↳ 댓글 4 다른 일을 하면서 들을 때는 집중이 좀 안 된 적도 있지만, 무거운 전공 서적을 들고 다니지 않아도 되니까 진짜 편하더라고요.
↳ 댓글 5 흥미 위주의 가벼운 책은 오디오북으로 듣고, 공부하기 위해 읽는 책은 종이책으로 집중하여 읽기를 추천합니다.

① **댓글 1은 오디오북 앱을 사용하면서 느낀 아쉬운 점을 언급하며 더 많은 오디오북이 제작되기를 바라고 있군.**
댓글 1의 '아직 오디오북으로 나오지 않았던데'를 통해 오디오북 앱을 사용하면서 느낀 아쉬운 점을 언급하면서, '더 많은 오디오 북이 개발되면 좋겠다'는 바람을 드러내고 있다.

② **댓글 2는 자신의 경험을 바탕으로 강연 내용에 공감하며 하이퍼링크를 활용해 관련 정보를 제공하고 있군.**
댓글 2는 운동할 때의 경험을 바탕으로 강연 내용에 공감하면서, 매달 무료 콘텐츠가 업로드되는 사이트 주소명을 알려 주고 있으므로 하이퍼링크를 활용해 관련 정보를 제공하고 있다.

③ **댓글 3은 오디오북이 지닌 편의성이 초래할 수도 있는 윤리적 문제를 떠올리고 있군.**
댓글 3의 '무단 배포하는 경우도 ~ 고민할 부분인 것 같아요.'를 통해, 댓글 3은 오디오북이 지닌 편의성이 초래할 수도 있는 윤리적 문제를 떠올리고 있음을 알 수 있다.

④ **댓글 4는 오디오북이 지닌 휴대성이 일상 속 독서 접근 기회를 높인다는 강연자의 말에 의문을 제기하고 있군.**
'댓글 4'는 '전공 서적을 들고 다니지 않아도' 된다며 오디오북의 장점인 휴대성을 언급하며 '진짜 편하' 다고 말하고 있다. 이를 통해 일상 속 독서 접근 기회가 높아진다는 강연 내용에 공감했다고 볼 수 있다.

⑤ **댓글 5는 독서의 목적에 따라 오디오북을 선택적으로 활용할 것을 추천하고 있군.**
댓글 5는 흥미 위주의 가벼운 책은 오디오북으로 듣고, 공부하기 위해 읽은 책은 종이책 읽기를 추천하고 있다. 따라서 댓글 5는 독서의 목적에 따라 오디오북을 선택적으로 활용할 것을 추천하고 있음을 알 수 있다.

## 43 매체 자료 구성의 적절성 파악

정답률 95% | 정답 ③

**(가)를 바탕으로 할 때, (나)의 발화에 대한 설명으로 적절하지 않은 것은? [3점]**

① **'수예'는 발표의 목적과 청중을 고려하여 [슬라이드 1]에 강연을 통해 얻은 정보와 함께 새로운 내용을 추가하고자 한다.**
'수예'는 '우리 학교 학생들이 책을 많이 읽도록 도와주자'는 발표 목적과 '우리 학교 학생들'이라는 청중을 고려하여 [슬라이드 1]에 성인의 독서 저해 요인 그래프 외에 학생의 독서 저해 요인 분석 그래프를 추가로 제시하려 하고 있다.

② **'동욱'은 청중의 집중을 유도하기 위해 [슬라이드 2]에서 전달 내용을 문구로 제시할 때 음향 효과를 사용하고자 한다.**
'동욱' 은 [슬라이드 2]에 스마트폰이 독서에 유용하게 쓰일 수 있다는 중심 문구를 효과음과 함께 제시하여 청중의 집중을 유도하려 하고 있다.

③ **'다정'은 발표 자료의 공정성을 고려하여 [슬라이드 3]에 오디오북의 장단점을 균형 있게 다룬 자료를 제시하고자 한다.**
'다정'은 오디오북이 독서 동기를 유발한다는 강연 내용에 대해 정확한 근거를 들어 설득력을 높이자고 말하면서, 그 근거로 오디오북 독자의 39%가 종이책이나 전자책 독서량도 늘었다는 자료를 제시하려 하고 있다. 이는 발표 내용의 타당성을 높이고자 하는 것이므로 발표 자료의 공정성을 고려한다는 내용은 적절하지 않다. 또한 제시하고자 하는 근거 자료가 오디오북의 장단점을 다룬 자료도 아니다.

④ **'해찬'은 발표 내용의 전달 효과를 높이기 위해 [슬라이드 4]를 문자와 영상을 결합한 복합 양식으로 구성하고자 한다.**
'해찬'은 [슬라이드 4]를 영상과 문자를 활용한 복합적 양식으로 구성하려 하고 있다.

⑤ **'형준'은 발표 자료의 효용성을 고려하여 [슬라이드 5]를 자신이 선별한 정보들로 구성하고자 한다.**
'형준'은 발표 자료의 청중인 '우리 학교 학생들', 즉 청소년에게 유익한 정보가 담긴 오디오북 플랫폼을 찾아 정리하여 [슬라이드 5]를 구성하려 하고 있다. 이는 발표 자료의 효용성을 고려한 것이며, 많은 정보들 중 유용한 것을 선별하려는 것이다.

## 44 매체의 유형과 특성 파악

정답률 96% | 정답 ②

**(가)에 대한 설명으로 적절하지 않은 것은?**

① **댓글 내용에 반응하여 프로젝트에 대한 제안 내용을 수용하고 있다.**
(가)의 '댓글'의 학생회장이 반응한 것을 통해 알 수 있다.

② **프로젝트의 결과를 요약한 파일을 첨부하여 추가 자료를 제공하고 있다.**
(가)의 블로그에 첨부한 파일은 과학 동아리에서 작성한 관찰 일지를 예시 자료로 제공한 것이지, 프로젝트의 결과를 요약한 것은 아니다. 또한 추가 자료도 아님을 확인할 수 있다.

③ **학교 숲 사진으로 만든 동영상을 제시하여 프로젝트 내용의 일부를 보여 주고 있다.**
(가)에서 '학교 숲의 사계절 영상'을 보여 주고 있으므로 적절하다.

④ **자료를 올리려는 학생들이 해당 게시판으로 편리하게 이동할 수 있도록 안내하고 있다.**
(가)의 '과학 동아리에서 작성한 ~ 작성해서 업로드해 주세요.'를 통해 알 수 있다.

⑤ **'공감하기' 기능을 활용하여 프로젝트에 대한 학생들의 반응을 확인하려고 하고 있다.**
(가)의 '여러분! 이 프로젝트에 ~ 눌러 주시고'를 통해, '공감하기' 기능을 활용하여 프로젝트에 대한 학생들의 반응을 확인하려 함을 알 수 있다.

## 45 매체 자료 수용의 적절성 파악

정답률 82% | 정답 ②

**〈보기〉는 학생회의 회의 결과를 바탕으로 (나)를 수정한 앱이다. 회의의 내용으로 적절하지 않은 것은?**

〈보 기〉

○○고등학교 숲과 텃밭의 365일간의 기록!
학교 숲 '사진': 봄 / 여름 / 가을 / 겨울
학교 텃밭 '탐구 자료': 꽃 식물 / 쌍떡잎 식물 / 외떡잎 식물
자료 더하기: 숲 사진 / 식물 관찰 일지

① **프로젝트의 제목을 반영하여 앱의 제목을 바꾸고, 학교 이름도 언급하는 것이 좋을 것 같아.**
(나)의 '우리 학교 프로젝트' 앱의 제목은 수정 후, '우리 학교 숲과 텃밭의 365일을 담다!'라는 프로젝트 제목을 활용하고 '○○고등학교'라는 학교명을 기재하여 앱 제목을 변경하고 있다.

② **항목별로 모은 자료가 무엇인지 표시하여 알려 주고, 구분되어 있지 않던 항목도 '학교 숲'과 '학교 텃밭' 항목으로 나누자.**
앱의 구성 요소를 수정할 때, (나)에서는 '학교 숲'과 '학교 텃밭'으로 항목을 나누고 각각 연도와 학년으로 구분하여 구성하고 있다. 그리고 〈보기〉에서는 '학교 숲 사진'과 '학교 텃밭 탐구 자료'로 항목을 나누고, 각각 계절과 식물의 종류별로 구분하여 구성하고 있다. 따라서 수정하기 전인 (나)에서도 '학교 숲'과 '학교 텃밭' 항목은 구분되어 있었으므로 회의 내용으로 적절하지 않다.

③ **'학교 텃밭' 항목의 메뉴를 나누는 기준을 학년에서 식물의 종류로 바꾸어 탐구 자료를 식물별로 확인할 수 있게 하자.**
(나)의 학년별로 나눈 '학교 텃밭' 항목의 메뉴는 수정 후 식물의 종류로, 그 기준이 바뀌었다.

④ **'학교 숲' 항목은 사진을 연도별로 구분하는 것보다 계절별로 확인할 수 있게 메뉴를 새롭게 구성하는 게 좋을 것 같아.**
(나)의 연도별로 구분한 '학교 숲' 항목은 수정 후, 계절별로 메뉴를 구성하고 있다.

⑤ **'묻고 답하기' 항목을 '자료 더하기' 항목으로 바꾸어 숲 사진과 식물 관찰 일지를 올릴 수 있도록 하자.**
(나)의 '묻고 답하기' 항목은 '자료 더하기' 항목으로 바꾸어 자료들을 올릴 수 있도록 하고 있다.



[문제편 p.199]

# 11회 | 2025학년도 9월 모의평가 고3

• 정답 •

공통 | 독서·문학

01 ④ 02 ⑤ 03 ② 04 ④ ★05 ④ 06 ③ 07 ① 08 ④ 09 ⑤ ★10 ② 11 ③ ★12 ① 13 ③ 14 ⑤ 15 ①
16 ⑤ 17 ① 18 ① 19 ③ 20 ⑤ 21 ⑤ 22 ③ 23 ① 24 ④ 25 ④ 26 ⑤ 27 ③ 28 ④ 29 ③ 30 ⑤
31 ② 32 ① 33 ③ 34 ③

선택 | 화법과 작문

35 ⑤ 36 ② 37 ① 38 ⑤ 39 ② 40 ⑤ 41 ④ 42 ③ 43 ② 44 ④ ★45 ④

선택 | 언어와 매체

★35 ④ 36 ③ 37 ④ 38 ① 39 ⑤ 40 ① 41 ③ 42 ② 43 ④ 44 ④ 45 ②

★ 표기된 문항은 **[등급을 가르는 문제]**에 해당하는 문항입니다.

## [01~34] 독서·문학

### 01~03 독서 이론

**'시각 자료가 포함된 글 읽기'**

**해제** 이 글은 시각 자료가 포함된 글의 특징과 목적에 따른 시각 자료의 구분, 시각 자료를 포함한 글의 읽기 방법에 대해 설명하고 있다. 시각 자료가 포함된 글을 읽을 때 독자는 **'문자 정보'와 '이미지 정보'**를 함께 처리하게 되는데, 이 두 정보들은 글 내용을 이해하는 데 **상호 보완적**으로 기여한다. 시각 자료는 글 내용과 관련하여 어떤 목적으로 쓰이는가에 따라 **예시적, 설명적, 보충적 시각 자료**로 구분할 수 있으며, 이 외에 **장식적 시각 자료**가 쓰이기도 한다. 이러한 글을 읽을 때 독자는 **글의 내용과 시각 자료의 관계**를 살피고, **시각 자료로 강조된 중요한 정보를 파악**해야 하며, **시각 자료가 적절하고 효과적으로 사용되었는지 판단**해야 한다.

**주제** 시각 자료가 포함된 글의 특징과 읽기 방법

**문단 핵심 내용**

|  |  |
|---|---|
| 1문단 | 시각 자료가 포함된 글의 특징 |
| 2문단 | 목적에 따른 시각 자료의 구분 |
| 3문단 | 시각 자료가 포함된 글의 읽기 방법 |

### 01 세부 내용 파악 정답률 88% | 정답 ④

**윗글의 내용과 일치하지 않는 것은?**

① **시각 자료는 여백을 채우는 목적으로 쓰이기도 한다.**
2문단을 통해 글 내용과 관련 없이 여백을 메우는 목적으로 장식적 시각 자료가 쓰이기도 한다고 하였음을 알 수 있다.

② **글에서 중요한 정보를 시각 자료를 통해 부각할 수 있다.**
3문단을 통해 독자는 시각 자료로 강조된 중요한 정보를 파악해야 한다고 하였음을 알 수 있다. 여기에는 글에서 중요한 정보를 시각 자료를 통해 부각할 수 있다는 것이 전제되어 있다.

③ **독자가 시각 자료에 끌리다 보면 글을 읽는 목적을 잃을 수 있다.**
3문단을 통해 독자는 매력적인 시각 자료에 사로잡혀 읽기의 목적을 잃지 않아야 한다고 하였음을 알 수 있다. 여기에는 독자가 시각 자료에 끌리다 보면 글을 읽는 목적을 잃을 수 있다는 것이 전제되어 있다.

✔ **시각 자료의 용도는 머릿속에서 처리되는 정보의 종류에 따라 구분된다.**
이 글을 통해 머릿속에서 처리되는 정보에는 문자 정보와 이미지 정보가 있으며, 이미지 정보를 제공하는 것이 시각 자료임을 알 수 있다. 시각 자료는 어떤 목적으로 쓰이는가, 즉 그 용도에 따라 예시적, 설명적, 보충적 시각 자료로 구분할 수 있다. 이 글에서는 시각 자료가 그 용도에 따라 구분된다고 하였을 뿐, 시각 자료의 용도가 정보의 종류에 따라 구분된다고 하지 않았다.

⑤ **독자는 낯선 시각 자료도 읽어 내는 능동적 자세를 가질 필요가 있다.**
3문단을 통해 독자는 낯설고 복잡한 시각 자료도 읽어 내는 능동성을 발휘할 필요가 있다고 하였음을 알 수 있다.

### 02 세부 내용 추론 정답률 84% | 정답 ⑤

**㉠에 대한 이해로 적절하지 않은 것은?**

① **글의 의미는 글 내용과 시각 자료를 종합하여 구성할 수 있다.**
3문단을 통해 독자는 글 내용과 이에 적합한 시각 자료를 종합하여 의미를 구성해야 한다고 하였음을 알 수 있다.

② **문자 정보와 이미지 정보는 상호 참조되어 보완적으로 작용할 수 있다.**
1문단을 통해 문자 정보와 이미지 정보는 서로 참조되면서 연결되어 독자가 글 내용을 이해하는 데 상호 보완적으로 기여한다고 하였음을 알 수 있다.

③ **문자로만 구성된 글보다 내용을 이해하기가 쉬웠다면 이미지 정보가 단서가 되었을 수 있다.**
1문단에서 시각 자료가 글 내용을 이해하는 데 도움을 준다는 견해를 통해, 시각 자료는 문자 외에 또 다른 학습 단서가 된다고 하였음을 알 수 있다.

④ **글에서 설명하는 개념과 시각 자료의 관련성을 따지고 시각 자료의 적절성을 판단할 필요가 있다.**
3문단을 통해 시각 자료를 포함한 글을 읽을 때 독자는 글의 내용과 시각 자료의 관계를 살피고 시각 자료로 강조된 중요한 정보를 파악해야 하며, 시각 자료가 적절하고 효과적으로 사용되었는지 판단해야 한다고 하였음을 알 수 있다.

✔ **문자 정보 처리와 이미지 정보 처리를 통해 연결된 정보를 독자가 떠올려야 글의 내용을 기억할 수 있다.**
1문단을 통해 독자는 문자로만 구성된 글을 읽을 때는 문자 정보만을 처리하고, 시각 자료가 포함된 글을 읽을 때는 이미지 정보도 함께 처리한다고 하였음을 알 수 있다. 그리고 독자가 문자 정보를 떠올리지 못할 때 이미지 정보가 단서가 되어 글 내용을 기억하는 데도 도움을 준다고 하였음을 알 수 있다. 따라서 독자가 문자 정보를 떠올릴 수 있을 때는 이미지 정보의 도움 없이도 글 내용을 기억할 수 있다고 볼 수 있다.

### 03 독서 방법 추론 정답률 80% | 정답 ②

**〈보기〉는 학생이 쓴 독서 일지의 일부이다. 윗글을 바탕으로 〈보기〉를 설명한 내용으로 가장 적절한 것은? [3점]**

〈보 기〉

'이집트의 기록 문화'라는 제목의 글을 읽었다. 제목 옆에 비행기 그림이 있었다. 글은 "파피루스 줄기를 잘라, 줄기를 가로세로로 겹치고 서로 붙여 종이를 만들었다."라는 내용만 있어서 이해하기 어려웠다. 글 속에 있는 그림을 보니, 그림 1에서 파피루스 줄기를 같은 길이로 길고 얇게 자른다는 것을, 그림 2에서 그것들을 가로세로로 겹치고 서로 붙여 종이를 만든다는 것을 알 수 있었다. 그림 3은 이집트 상형 문자가 벽에 새겨진 모습을 담고 있었다.

① **비행기 그림은 글 내용을 시각적으로 보여 주는 예시적 시각 자료이다.**
제목 옆의 비행기 그림은 예시적 시각 자료가 아니라 장식적 시각 자료로 볼 수 있다.

✔ **그림 1은 글 내용을 시각화해 보여 주면서 글 내용도 보완해 주는 설명적 시각 자료이다.**
〈보기〉에서, 글에는 파피루스 줄기를 잘라, 줄기를 가로세로로 겹치고 서로 붙여 종이를 만들었다는 내용만 있어서 이해하기 어려웠다고 하였다. 따라서 그림 1은 글 내용을 시각화하여 제시하면서, 같은 길이로 길고 얇게 자른다는 것을 알 수 있도록 내용을 보완해 주는 설명적 시각 자료에 해당한다.

③ **그림 2는 글에서 다루지 않은 내용을 보여 주는 보충적 시각 자료이다.**
파피루스 줄기들을 가로세로로 겹치고 서로 붙여 종이를 만든다는 것을 알 수 있게 해 주는 그림 2는 예시적 시각 자료로 볼 수 있다.

④ **그림 3은 글 내용에 있는 설명 대상을 표현하여 글의 주제와의 관계를 보여 주고 있다.**
〈보기〉의 글에는 파피루스 종이에 대한 내용만 있다. 따라서 이집트 상형 문자가 벽에 새겨진 모습을 담고 있는 그림 3은 '이집트의 기록 문화'라는 글의 주제와 관련이 있지만 글에서 다루어지지 않은 내용을 추가하여 보충하는 보충적 시각 자료로 볼 수 있다.

⑤ **그림 2와 3은 글에서 다룬 내용을 보완하여 글의 범위를 확장하고 있다.**
그림 2는 예시적 시각 자료이므로 글에서 다룬 내용을 보완하여 글의 범위를 확장하는 보충적 시각 자료로 볼 수 없다.

### 04~07 사회

**'재판매 가격 유지 행위 및 부당한 광고의 규제'**

**해제** 이 글은 공정거래위원회가 사업자의 불공정한 거래 행위와 부당한 광고를 법적으로 어떻게 규제하고 있는지에 대해 설명하고 있다. 공정거래위원회에서는 **'공정거래법'을 통해 사업자의 재판매 가격 유지 행위를 원칙적으로 금지**하고 있다. 재판매 가격 유지 행위가 사업자의 가격 결정의 자유를 제한하고, 사업자 간 가격 경쟁을 제한하며, 유통 조직의 효율성도 저하시키기 때문이다. 그리고 공정거래위원회에서는 **'표시광고법'을 통해 소비자를 속이거나 오인하게 할 우려가 있는 부당한 광고를 금지**하고 있다. 광고는 표현의 자유와 영업의 자유로 보호받지만, 사실과 다르거나 사실을 지나치게 부풀리는 거짓·과장 광고, 사실을 은폐하거나 축소하는 기만 광고를 금지하고 있는 것이다.

**주제** 사업자의 재판매 가격 유지 행위와 부당한 광고에 대한 법적 규제

**문단 핵심 내용**

|  |  |
|---|---|
| 1문단 | 공정거래위원회의 규제 목적 |
| 2문단 | 재판매 가격 유지 행위의 성격 |
| 3문단 | 재판매 가격 유지 행위에 대한 법적 규제 |
| 4문단 | 부당한 광고에 대한 법적 규제 |
| 5문단 | 부당 광고 심사 기준과 심사 지침 |
| 6문단 | 이용후기 광고의 성격과 법적 규제 |

### 04 세부 내용 추론 정답률 80% | 정답 ④

**윗글을 통해 알 수 있는 내용으로 적절하지 않은 것은?**

① **부당한 광고 행위에 대해서는 재판매 가격 유지 행위와 달리 형사 처벌이 내려질 수 있다.**
3문단을 통해 재판매 가격 유지 행위를 하는 사업자는 형사 처벌은 받지 않지만 시정명령이나 과징금 부과 대상이 될 수 있다고 하였음을 알 수 있고, 4문단을 통해 부당한 광고를 한 사업자는 시정명령이나 과징금 부과 또는 형사 처벌 대상이 될 수 있다고 하였음을 알 수 있다. 따라서 부당한 광고 행위에 대해서는 재판매 가격 유지 행위와 달리 형사 처벌이 내려질 수 있음을 알 수 있다.

② **거래 단계별 사업자에게 거래 가격을 강제하는 것은 유통 조직의 효율성 저하를 초래한다.**
2문단을 통해 거래 단계별 사업자에게 거래 가격을 강제하는 것은 재판매 가격 유지 행위라고 하였음을 알 수 있고, 3문단을 통해 이러한 재판매 가격 유지 행위가 유통 조직의 효율성을 저하시킨다고 하였음을 알 수 있다.

③ **재판매 가격 유지 행위의 정당성을 인정받고자 하는 사업자는 그 행위의 정당성을 입증할 책임을 진다.**
3문단을 통해 정당한 이유가 있으면 재판매 가격 유지 행위가 허용되는데, 그 이유는 사업자가 입증해야 한다고 하였음을 알 수 있다.

✔ **경험적 사실을 바탕으로 한 추천·보증은 심사 지침에 따라 해당 분야의 전문적 지식에 부합해야 한다.**

[문제편 p.201]

5문단을 통해 경험적 사실을 근거로 추천·보증을 할 때는 실제 사용해 봐야 하고 추천·보증을 하는 내용이 경험한 사실에 부합해야 하며, 전문적 판단을 근거로 추천·보증을 할 때는 그 내용이 해당 분야의 전문적 지식에 부합해야 한다고 하였음을 알 수 있다. 따라서 경험적 사실을 바탕으로 한 추천·보증은 해당 분야의 전문적 지식이 아니라 경험한 사실에 부합해야 한다는 것을 알 수 있다.

⑤ **공정거래위원회가 고시하는 출판된 저작물의 사업자는 거래 상대방 사업자에게 기준 가격을 지정할 수 있다.**
3문단을 통해 공정거래위원회가 고시하는 출판된 저작물은 재판매 가격 유지 행위를 금지하는 대상이 아니라고 하였음을 알 수 있다. 따라서 이러한 저작물의 사업자는 거래 상대방 사업자에게 기준 가격을 지정할 수 있음을 알 수 있다.

★★★ 등급을 가르는 문제!

**05** 세부 내용 파악 정답률 55% | 정답 ④

**㉠, ㉡에 대한 이해로 가장 적절한 것은?**

① **㉠은 소비자 후생 증대 효과가 시장 경쟁 제한의 폐해보다 작은 경우에 허용된다.**
3문단을 통해 경쟁 제한의 폐해보다 소비자 후생 증대 효과가 큰 경우 등 정당한 이유가 있으면 재판매 가격 유지 행위가 허용된다고 하였음을 알 수 있다.

② **㉠을 '공정거래법'에서 금지하는 목적은 사업자의 가격 결정의 자유를 제한하기 위한 것이다.**
3문단을 통해 재판매 가격 유지 행위는 사업자의 가격 결정의 자유, 즉 영업의 자유를 제한하고 사업자 간 가격 경쟁을 제한한다고 하였음을 알 수 있다. 따라서 ㉠을 금지하는 목적은 사업자의 가격 결정의 자유를 제한하기 위한 것이 아니라 그것을 보호하기 위한 것임을 알 수 있다.

③ **㉡을 할 때 사업자는 영업의 자유를 보호받지만 표현의 자유는 보호받지 못한다.**
4문단을 통해 광고는 표현의 자유와 영업의 자유로 보호받는다고 하였음을 알 수 있다. 따라서 ㉡을 할 때 영업의 자유와 함께 표현의 자유도 보호받을 수 있음을 알 수 있다.

✔ **㉡은 사업자가 자사의 홈페이지에 직접 작성해서 게시한 이용 후기를 광고로 활용하는 것을 포함하지 않는다.**
㉠은 재판매 가격 유지 행위이고, ㉡은 이용후기 광고이다. 6문단을 통해 이용후기 광고란 사업자가 자사 홈페이지 등에 게시된 소비자의 상품 이용후기를 활용해 광고하는 것이라고 하였음을 알 수 있다. 따라서 소비자가 아닌 사업자가 자사의 홈페이지에 직접 작성해서 게시한 이용후기를 광고로 활용하는 것은 ㉡에 포함되지 않음을 알 수 있다.

⑤ **㉠은 사업자와 소비자 간에, ㉡은 소비자와 소비자 간에 직접 일어나는 행위이다.**
2문단을 통해 ㉠은 사업자가 거래 상대방 사업자 또는 그다음 거래 단계별 사업자에게 하는 행위라고 하였음을 알 수 있으므로, ㉠은 사업자와 소비자 간에 일어나는 행위가 아님을 알 수 있다. 그리고 6문단을 통해 ㉡은 사업자가 소비자의 상품 이용후기를 활용해 광고하는 것이라고 하였음을 알 수 있으므로, ㉡은 소비자와 소비자 간에 직접 일어나는 것이 아니라 사업자가 개입되어 일어나는 행위임을 알 수 있다.

**★★ 문제 해결 꿀~팁 ★★**

▶ **많이 틀린 이유는?**
개념이 지시하는 영역을 정확하게 파악하지 못했기에 오답률이 높았던 것으로 보인다.
▶ **문제 해결 방법은?**
이 문제를 해결하기 위해서는 재판매 가격 유지 행위(㉠)와 이용후기 광고(㉡)가 어떤 경우에 적용될 수 있는지를 파악하는 것이 핵심이다. 6문단에서 이용후기 광고란 '사업자가 자사 홈페이지 등에 게시된 소비자의 상품 이용후기를 활용해 광고하는 것'이라고 하였다. 따라서 ④의 경우 소비자가 아닌 '사업자가 자사의 홈페이지에 직접 작성해서 게시한 이용 후기를 광고로 활용하는 것'은 이용후기 광고에 포함되지 않음을 알 수 있다.

**06** 구체적 사례 적용 정답률 87% | 정답 ③

**윗글을 바탕으로 <보기>를 이해한 내용으로 적절하지 않은 것은? [3점]**

<보 기>

A 상품 제조 사업자인 갑은 거래 상대방 사업자에게 특정 판매 가격을 지정해 거래했다. 갑의 회사 홈페이지에 A 상품에 대한 이용후기가 다수 게시되었다. 갑은 그중 A 상품의 품질 불량을 문제 삼은 이용후기 200개를 삭제하고, 박○○ 교수팀이 A 상품을 추천·보증한 광고를 게시했다. 광고 대행사 직원 을은 A 상품의 효능이 뛰어나다는 후기를 갑의 회사 홈페이지에 게시했다. 소비자 병은 A 상품을 사용하며 발견한 하자를 찍은 사진과 품질이 불량하다는 글을 갑의 회사 홈페이지에 게시했다. 갑은 병을 명예훼손죄로 처벌해 달라며 수사 기관에 고소했다.

① **갑이 A 상품의 품질 불량을 은폐하기 위해 자신에게 불리한 이용후기를 삭제하는 대신 비공개 처리하는 것도 부당한 광고에 해당하겠군.**
6문단을 통해 사업자는 자신에게 불리한 이용후기는 비공개하거나 삭제하기도 하는데, 합리적 이유가 없다면 이는 부당한 광고가 될 수 있다고 하였음을 알 수 있다.

② **갑이 박○○ 교수팀이 A 상품을 실험·검증하고 우수성을 추천·보증했다고 광고했으나 해당 실험이 진행된 적이 없다면 갑은 부당한 광고 행위로 제재를 받겠군.**
4문단을 통해 사실과 다르거나 사실을 지나치게 부풀리는 거짓·과장 광고, 사실을 은폐하거나 축소하는 기만 광고는 금지하며 위반할 시 시정명령이나 과징금 부과 또는 형사 처벌 대상이 될 수 있다고 하였음을 알 수 있다. 갑이 박○○ 교수팀이 A 상품을 실험·검증하고 우수성을 추천·보증했다고 광고했으나 해당 실험이 진행된 적이 없다면, 이는 사실과 다른 거짓·과장 광고이다. 이는 소비자를 속인 행위에 해당하므로 제재를 받을 수 있다.

✔ **갑이 거래 상대방에게 판매 가격을 지정하며 이를 준수하도록 부과한 조건에 대해 정당성을 인정받지 못했더라도 그 가격이 권장 소비자 가격이었다면 갑은 제재를 받지 않겠군.**
2문단을 통해 권장 소비자 가격이라도 강제성이 있다면 재판매 가격 유지 행위에 해당한다고 하였음을 알 수 있으며, 3문단을 통해 정당한 이유가 있으면 재판매 가격 유지 행위가 허용된다고 하였음을 알 수 있다. 따라서 정당성을 인정받지 못하였다면 권장 소비자 가격이라 할지라도 거래 상대방에게 그것을 지정하여 준수하도록 할 수 없음을 알 수 있다.

④ **을이 갑으로부터 금전을 받고 갑의 회사 홈페이지에 A 상품의 장점을 알리는 이용후기를 게시했다면 대가성이 있었다는 사실을 명시해야겠군.**
5문단을 통해 추천·보증이 광고에 활용되면서 추천·보증을 한 사람이 사업자로부터 현금 등의 대가를 지급받는 등 경제적 이해관계가 있다면 해당 게시물에 이를 명시해야 한다고 하였음을 알 수 있다.

⑤ **병이 A 상품을 직접 사용해 보고 그 상품의 결점을 제시하면서 다른 소비자들에게 도움을 주려는 취지로 이용후기를 게시한 점이 인정된다면 명예훼손죄가 성립되지 않겠군.**
6문단을 통해 이용후기가 객관적 내용으로 자신의 사용 경험에 바탕을 두고 다른 이용자에게 도움을 주려는 등 공공의 이익에 관한 것으로 인정받는다면 명예훼손죄가 성립하지 않는다고 하였음을 알 수 있다.

**07** 단어의 의미 파악 정답률 97% | 정답 ①

**ⓐ와 문맥상 의미가 가장 가까운 것은?**

✔ **그는 내 의견에 본인의 견해를 붙여 발언을 이어 갔다.**
ⓐ의 '붙여'는 '조건, 이유, 구실 따위를 딸리게 하다.'의 의미로, '그는 내 의견에 본인의 견해를 붙여 발언을 이어 갔다.'의 '붙여'가 ⓐ와 문맥상 의미가 가장 가깝다.

② **나는 수영에 재미를 붙여 수영장에 다니기로 결정했다.**
'어떤 감정이나 감각을 생기게 하다.'의 의미이다.

③ **그는 따뜻한 바닥에 등을 붙여 잠깐 동안 잠을 청했다.**
'신체의 일부분을 어느 곳에 대다.'의 의미이다.

④ **나는 알림판에 게시물을 붙여 동아리 행사를 홍보했다.**
'맞닿아 떨어지지 않게 하다.'의 의미이다.

⑤ **그는 숯에 불을 붙여 고기를 배부를 만큼 구워 먹었다.**
'불을 일으켜 타게 하다.'의 의미이다.

## 08~11 과학·기술

**'블록체인 기술의 특성과 한계'**

**해제** 이 글은 블록체인 기술의 개념과 특성을 설명하고, 블록체인 기술의 한계를 제시하고 있다. 블록체인 기술은 데이터를 블록 단위로 묶어 체인 형태로 연결한 것을 **여러 대의 컴퓨터에 중복 저장하는 기술**을 말한다. 블록체인 기술은 데이터를 저장하기 위해 검증과 승인 과정을 거쳐야 한다는 점에서 **데이터를 무단으로 변경하기 어렵다는 장점**이 있다. 블록체인 기술에서 고려해야 할 세 가지 특성으로 **보안성과 탈중앙성, 확장성**이 있는데 아직까지 이 세 가지를 함께 높일 수 있는 방법이 없어 **블록체인 기술은 대규모로 채택되지 못하고 있다는 한계**가 있다.

**주제** 블록체인 기술의 특성과 한계

**문단 핵심 내용**

| | |
|---|---|
| 1문단 | 블록체인 기술의 개념과 승인 과정 |
| 2문단 | 블록체인 기술의 성능 |
| 3문단 | 블록체인 기술의 무결성 |
| 4문단 | 블록체인 기술에서 고려해야 할 세 가지 특성과 한계 |

**08** 세부 내용 파악 정답률 69% | 정답 ④

**다음은 윗글을 읽은 학생에게 제공된 학습지의 일부이다. 학생의 '판단 결과'로 적절하지 않은 것은?**

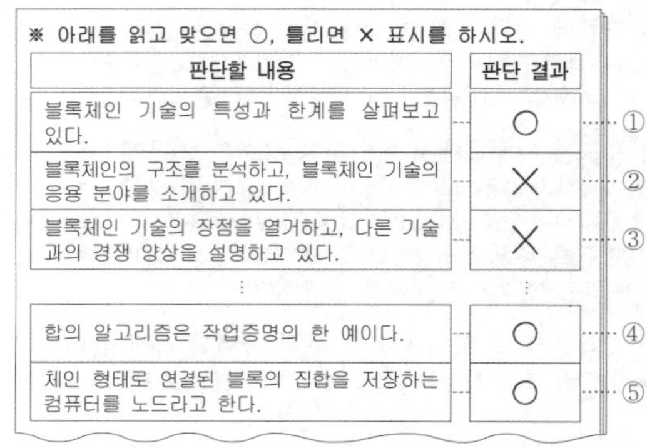

※ 아래를 읽고 맞으면 ○, 틀리면 × 표시를 하시오.

| 판단할 내용 | 판단 결과 | |
|---|---|---|
| 블록체인 기술의 특성과 한계를 살펴보고 있다. | ○ | ① |
| 블록체인의 구조를 분석하고, 블록체인 기술의 응용 분야를 소개하고 있다. | × | ② |
| 블록체인 기술의 장점을 열거하고, 다른 기술과의 경쟁 양상을 설명하고 있다. | × | ③ |
| ⋮ | ⋮ | |
| 합의 알고리즘은 작업증명의 한 예이다. | ○ | ④ |
| 체인 형태로 연결된 블록의 집합을 저장하는 컴퓨터를 노드라고 한다. | ○ | ⑤ |

① **블록체인 기술의 특성과 한계를 살펴보고 있다.**
2, 3문단을 통해 블록체인 기술의 특성과 장점을 소개하고 있음을 알 수 있으며 4문단을 통해 블록체인 기술에서 고려해야 할 세 가지 특성을 설명하고 있음을 알 수 있다. 그리고 아직까지 이 특성들을 함께 높일 방법이 없어 대규모로 채택되지 못하고 있다는 한계점을 언급하고 있음을 알 수 있다.

② **블록체인의 구조를 분석하고, 블록체인 기술의 응용 분야를 소개하고 있다.**
블록체인이 데이터 단위인 블록이 체인 형태로 연결된 것임을 언급하고 있을 뿐, 블록체인 기술의 응용 분야를 소개하고 있지 않다.

③ **블록체인 기술의 장점을 열거하고, 다른 기술과의 경쟁 양상을 설명하고 있다.**
3문단을 통해 블록체인 기술의 장점을 제시하고 있지만, 다른 기술과의 경쟁 양상은 설명하고 있지 않음을 알 수 있다.

✔ **합의 알고리즘은 작업증명의 한 예이다.**
1문단을 통해 블록체인의 승인 과정에는 합의 알고리즘이 사용되고, 합의 알고리즘의 예로 작업증명이 있다고 하였음을 알 수 있다. 합의 알고리즘은 작업증명보다 더 큰 범주이므로 합의 알고리즘을 작업증명의 한 예라고 하는 것은 적절하지 않다.

⑤ **체인 형태로 연결된 블록의 집합을 저장하는 컴퓨터를 노드라고 한다.**
1문단을 통해 체인 형태로 연결된 블록의 집합을 블록체인이라 하고, 블록체인을 저장하는 컴퓨터를 노드라고 하였음을 알 수 있다.

**09** 중심 내용 파악 정답률 57% | 정답 ⑤

**윗글에 대한 이해로 가장 적절한 것은?**



[문제편 p.202]

① 승인 과정에 참여할 노드를 결정하기 위해 합의 알고리즘이 사용된다.
1문단을 통해 검증이 끝난 블록을 블록체인에 연결할지의 여부는 모든 노드들이 참여하는 승인 과정을 통해 정해지며, 이러한 승인 과정에는 합의 알고리즘이 사용된다고 하였음을 알 수 있다. 승인 과정에 참여할 노드를 결정하기 위해 합의 알고리즘이 사용되는 것이 아니다.

② 일부 블록체인 데이터가 변경되면 전체 노드의 모든 블록은 승인 과정을 다시 거쳐야 한다.
3문단을 통해 특정 노드에 저장되어 있는 일부 데이터가 변경되면 변경된 블록과 그 이후의 블록들은 블록체인과의 연결이 끊어진다고 하였음을 알 수 있다. 승인 과정은 검증이 끝난 블록을 블록체인에 연결할지 여부를 결정하는 것으로, 승인 과정을 거쳐야 하는 블록은 전체 노드의 모든 블록이 아니라 데이터가 변경된 블록과 그 이후의 블록들이다.

③ 블록과 블록체인의 연결을 유지하면서 블록체인 데이터를 삭제할 수 있으면 보안성이 높다.
4문단을 통해 보안성은 데이터의 무단 변경이 어려울 뿐 아니라 동일한 내용의 데이터가 블록체인의 서로 다른 블록에 또는 단일 블록에 이중으로 포함되는 것이 어렵다는 성질임을 알 수 있다. 블록과 블록체인의 연결을 유지하면서 블록체인 데이터를 삭제할 수 있다는 것은 데이터가 무단으로 변경되는 것이므로 보안성이 높은 것이 아니다.

④ 공개형 블록체인 기술은 같은 양의 데이터가 저장되는 데 걸리는 시간이 짧을수록 성능이 낮아진다.
2문단을 통해 블록체인 기술의 성능은 블록체인에 데이터가 저장되는 속도로 정의되며, 단위 시간당 블록체인에 저장되는 데이터의 양으로 계산될 수 있다고 하였음을 알 수 있다. 따라서 같은 양의 데이터가 저장되는 데 걸리는 시간이 짧을수록 성능은 높아진다고 할 수 있다.

✅ 블록이 블록체인에 연결되기 위해서는 블록의 데이터가 블록체인의 다른 데이터와 비교되어야 한다.
1문단을 통해, 블록체인에 연결될 수 있는 블록은 검증이 끝난 블록이어야 한다는 점을 알 수 있다. 블록에 포함된 내용이 블록체인의 다른 블록에 있는 내용과 상충되지 않는지, 동일한 내용이 블록체인의 다른 블록에 이중으로 포함되어 있지 않은지를 검증하는 것은 블록의 데이터를 블록체인의 다른 데이터와 비교하는 것이라 할 수 있다.

★★★ 등급을 가르는 문제!

**10** 생략된 내용 추론 정답률 48% | 정답 ②

㉠의 이유로 가장 적절한 것은?

① 블록체인에 포함된 데이터는 변경이 쉽기 때문이다.
3문단을 통해 블록체인에 포함된 데이터는 무결성이 높으므로 변경하는 것이 어려움을 알 수 있다.

✅ 블록체인이 여러 노드들에 중복 저장되기 때문이다.
1문단을 통해, 블록체인 기술은 데이터를 블록이라는 단위로 묶어 체인 형태로 연결한 것을 여러 대의 컴퓨터에 중복 저장하는 기술임을 알 수 있다. 블록체인에 저장된 데이터가 일부 지워졌을 때에는 다른 노드들에 있는, 승인된 원래의 데이터를 별도의 승인 과정 없이 가져오면 되기 때문에 복원이 용이하다.

③ 승인 과정에 참여하는 노드 수에 제한이 있기 때문이다.
승인 과정에는 모든 노드가 참여한다. 노드 수에 제한을 두는 것은 지워진 데이터를 복원하는 것과 관련이 없다.

④ 데이터가 블록체인에 포함되기 위해서는 승인 과정을 필요로 하기 때문이다.
3문단을 통해 데이터를 무단으로 변경하여 블록이 끊어진 경우, 끊어진 모든 블록을 다시 연결하는 것은 승인 과정을 필요로 하기 때문에 연결을 복구하는 것은 어렵다고 하였음을 알 수 있다. 무단 변경과 달리 일부 데이터가 지워져도 승인된 원래의 데이터로 복원할 때에는 승인 과정이 필요 없기 때문에 복원이 용이하다고 하였으므로, 승인 과정을 필요로 하기 때문에 복원이 용이하다고 추론하는 것은 적절하지 않다.

⑤ 동일한 데이터가 블록체인에 연결된 서로 다른 블록에 이중으로 포함되어 있기 때문이다.
1문단을 통해 노드들은 블록에 포함된 내용이 블록체인의 다른 블록에 있는 내용과 상충되지 않는지, 동일한 내용이 블록체인의 다른 블록에 이중으로 포함되어 있지 않은지 검증한다고 하였음을 알 수 있다. 따라서 동일한 데이터가 블록체인에 연결된 서로 다른 블록에 이중으로 포함되는 것은 아니라고 할 수 있다.

**★★ 문제 해결 꿀~팁 ★★**

▶ **많이 틀린 이유는?**
블록체인 기술의 특성을 정확하게 파악하지 못했기에 오답률이 높았던 것으로 보인다.

▶ **문제 해결 방법은?**
이 문제는 지문에서 제시한 블록체인 기술의 특성을 정확하게 파악한다면 어렵지 않게 풀 수 있다. 1문단에서 블록체인 기술은 '데이터를 블록이라는 단위로 묶어 체인 형태로 연결한 것을 여러 대의 컴퓨터에 중복 저장하는 기술'이라고 하였다. 이에 '블록체인에 포함된 데이터'의 '일부가 지워지더라도 복원이 용이'한 까닭은 별도의 승인 과정 없이 다른 노드들에 있는 데이터를 가져오면 되기 때문이라고 추론할 수 있다. 따라서 ②의 경우 '블록체인이 여러 노드들에 중복 저장되기 때문'이라는 추론은 적절하다고 할 수 있다.

**11** 구체적 사례 적용 정답률 60% | 정답 ③

윗글을 바탕으로 <보기>를 이해한 내용으로 가장 적절한 것은? [3점]

<보 기>

노드 수가 10개로 고정된 블록체인 기술을 사용하고 있는 A 업체는 이전에 사용하던 작업증명 대신 속도가 더 빠른 합의 알고리즘을 개발해, 유통 분야에서 요구되는 성능을 초과 달성했다. 한편 B 업체는 최근 A 업체보다 데이터의 위조 불가능성을 향상시킨 블록체인 기술을 개발했다. 이 기술은 노드 수에 제한이 없지만 현재는 200개의 노드가 참여하고 있다. 승인 과정에는 작업증명을 사용한다.

① A 업체의 블록체인 기술은 이전보다 확장성과 보안성이 모두 높아졌겠군.
4문단을 통해 확장성은 블록체인 기술이 목표로 하는 응용 분야에 적용 가능할 만큼 성능이 높고, 노드 수가 증가해도 서비스 유지가 가능하다는 성질임을 알 수 있다. A 업체의 기술은 응용 분야인 유통 분야에서 요구되는 성능을 초과 달성하게 되었으므로, 이전보다 확장성이 높아진 것으로 볼 수 있다. 한편 합의 알고리즘의 속도가 빠르다는 것은 승인 과정에 걸리는 시간이 줄어든다는 것을 의미한다. 4문단을 통해, 승인 과정에 걸리는 시간이 줄면 보안성은 낮아지므로 A 업체의 블록체인 기술의 보안성이 이전보다 높아졌다고 보기는 어려움을 알 수 있다.

② B 업체의 블록체인 기술은 노드 수가 증가할수록 보안성과 확장성이 모두 높아지겠군.
4문단을 통해 노드 수가 감소하면 보안성은 낮아진다고 하였음을 알 수 있으므로 노드 수가 증가하면 보안성이 높아진다고 추론할 수 있다. 그렇지만 노드 수가 증가하면 그만큼 성능이 저하되므로 확장성은 낮아질 수 있다.

✅ B 업체의 블록체인 기술은 노드 수가 감소하면 성능은 높아지고 탈중앙성이 낮아지겠군.
2문단을 통해 블록체인 기술의 성능은 블록체인에 데이터가 저장되는 속도로 정의된다고 하였음을 알 수 있다. 블록이 블록체인에 연결되는 속도가 빠를수록 데이터가 저장되는 속도가 빠르다고 할 수 있는데, 블록이 블록체인에 연결되는 속도는 승인 과정에 걸리는 시간이 짧을수록 빨라진다. 승인 과정에는 블록을 블록체인에 연결할지 여부를 정하기 위해 모든 노드들이 참여하기 때문에, 노드의 수가 적을수록 승인 과정에 걸리는 시간도 짧아질 것이다. 따라서 B 업체의 블록체인 기술은 노드 수가 감소하면 성능은 높아지게 된다. 또한 4문단을 통해 노드 수가 감소하면 탈중앙성은 낮아진다고 하였음을 알 수 있으므로 B 업체의 블록체인 기술은 노드 수가 감소하면 탈중앙성은 낮아지게 된다는 것을 알 수 있다.

④ A업체의 블록체인 기술은 B 업체와 달리 공개형이고, B 업체보다 탈중앙성이 낮겠군.
A 업체의 블록체인 기술은 노드 수가 10개로 고정되어 있고, B 업체의 블록체인 기술은 노드 수에 제한이 없다. 2문단을 통해 노드 수에 제한을 두는 블록체인 기술을 비공개형이라고 한다고 하였음을 알 수 있으므로, A 업체의 블록체인 기술은 B 업체와 달리 비공개형임을 알 수 있다. 4문단을 통해 노드 수가 감소하면 탈중앙성은 낮아진다고 하였음을 알 수 있고, A 업체의 블록체인 기술의 노드 수가 B 업체의 블록체인 기술 노드 수보다 적으므로 A 업체의 블록체인 기술의 탈중앙성이 더 낮다고 할 수 있다.

⑤ A 업체의 블록체인 기술은 B 업체와 승인 과정이 다르고, B 업체보다 무결성이 높겠군.
A, B 업체는 서로 다른 합의 알고리즘을 사용하기 때문에 승인 과정이 다르다고 볼 수 있다. 3문단을 통해 데이터가 무단으로 변경되기 어렵다는 성질을 무결성이라고 한다고 하였음을 알 수 있다. 그렇지만 B 업체의 블록체인 기술이 A 업체의 블록체인 기술보다 데이터의 위조 불가능성을 향상시킨 것이라 하였으므로, A 업체의 기술이 B 업체의 기술보다 무결성이 더 높은 것은 아니다.

**12~17** 주제 통합(예술)

(가) '바쟁의 영화 이론'

**해제** (가)는 리얼리즘 영화 이론가 앙드레 바쟁의 영화 이론을 설명하고 있다. 바쟁은 영화 감독을 **'이미지를 믿는 감독'과 '현실을 믿는 감독'으로 분류**하고, 이미지를 믿는 감독들이 다양한 영화적 기법으로 현실을 변형하여 새로운 의미를 창조하는 데 주력한다고 보았다. 이에 비해 현실을 믿는 감독들은 변형되지 않은 현실을 객관적으로 보여 주고자 한다고 보았다. 바쟁은 영화의 내용, 즉 현실을 더 중요하게 생각했기 때문에 **현실을 믿는 감독들을 지지**했으며, 그들이 사용했던 디프 포커스나 롱테이크 기법, 다큐멘터리처럼 강한 현실감을 만들어 내는 연출 방식에 찬사를 보냈다.

**주제** 변형되지 않은 현실을 보여주는 영화를 지지한 바쟁의 영화 이론

문단 핵심 내용

| | |
|---|---|
| 1문단 | 영화의 역할에 대한 바쟁의 생각 |
| 2문단 | '이미지를 믿는 감독'의 특성과 영화적 기법 |
| 3문단 | '현실을 믿는 감독'의 특성과 영화적 기법 |
| 4문단 | 바쟁이 지지한 영화 연출 방식 |

(나) '정신분석학적 영화 이론'

**해제** (나)는 정신분석학적 관점에서 관객이 영화에서 느끼는 현실감에 대해 설명하고 있다. 정신분석학적 영화 이론에 따르면, 관객은 영화 장치들로 인해 발생하는 동일시를 통해 허구의 세계인 영화와 현실 사이의 간극을 없앤다. **관객의 시점이 카메라의 시점과 동일시**되면서 관객은 자신이 영화를 보는 시선의 주체라고 생각하지만, 그 시선은 **카메라에 의해 이미 규정된 시선**이며, 편집 과정을 통해 선택과 배제가 이루어진 인위적인 세계이다. 그럼에도 불구하고 **관객들은 영화에 몰입하여 스크린에 비친 허구적 세계를 현실이라고 착각**할 수 있다. 그래서 정신분석학적 영화 이론에서는 관객이 비판적 거리를 유지하면서 영화를 볼 수 있도록, **영화가 환영임을 영화 스스로 폭로하는 설정이 담겨 있는 대안적인 영화**도 필요하다는 주장을 한다.

**주제** 영화의 현실이 환영이라고 본 정신분석학적 영화 이론

문단 핵심 내용

| | |
|---|---|
| 1문단 | 영화와 관객 사이에 발생하는 동일시 현상에 주목한 정신분석학적 영화 이론 |
| 2문단 | 관객의 시점에 대한 정신분석학적 영화 이론의 주장 |
| 3문단 | 비판적 거리에 대한 정신분석학적 영화 이론의 강조 |

★★★ 등급을 가르는 문제!

**12** 세부 내용 파악 정답률 54% | 정답 ①

(가)와 (나)에서 모두 답을 찾을 수 있는 질문으로 가장 적절한 것은?

✅ 영화는 무엇에 비유될 수 있는가?
(가)의 1문단 '영화는 '세상을 향해 열린 창'이다.'에서 영화에 대한 비유를 확인할 수 있다. (나)의 3문단 '영화에 몰입한 관객은 플라톤이 말한 '동굴의 비유' 속 죄수처럼 스크린에 비친 허구적 세계를 현실이라고 착각한다. 이때 영화는 꿈에 빗대진다.'에서 영화에 대한 비유를 확인할 수 있다.

② 영화의 내용과 형식 중 무엇이 중요한가?
(가)의 3문단에는 바쟁이 '현실을 믿는 감독'을 지지했고, 이들이 영화의 내용을 더 중시했다는 내용이 있지만, (나)에는 내용과 형식 중 무엇이 중요한가에 대한 내용이 없다.

③ 영화에 관객의 심리는 어떻게 반영되는가?
(가)와 (나) 모두 관객이 영화를 어떻게 받아들이는가에 대해서는 언급하고 있지만, 관객의 심리가 영화에 어떻게 반영되는지에 대한 내용은 언급하고 있지 않다.

④ 영화 이론의 시기별 변천 양상은 어떠한가?
(가)와 (나) 모두 영화 이론이 시기별로 어떻게 변하였는지에 대한 내용은 언급하고 있지 않다.

⑤ 영화관 환경은 관객에게 어떤 영향을 주는가?
(나)의 3문단 '영화관의 환경은 관객이 영화가 환영임을 인식하기 어렵게 만든다.'에서 영화관 환경이 관객에게 준 영향을 언급하고 있지만, (가)에는 관련된 내용이 없다.

**★★ 문제 해결 꿀~팁 ★★**

▶ 많이 틀린 이유는?
지문에서 근거를 세밀하게 확인하지 못한 경우가 많았기에 오답률이 높았던 것으로 보인다.

▶ 문제 해결 방법은?
이 문제는 선지가 묻고 있는 내용에 대하여 지문에서 근거를 확인했다면 어렵지 않게 풀 수 있다. (가)의 1문단에서 '영화는 '세상을 향해 열린 창'이다.'라고 하였다. (나)의 3문단에서 '영화에 몰입한 관객은 플라톤이 말한 '동굴의 비유' 속 죄수처럼 스크린에 비친 허구적 세계를 현실이라고 착각한다. 이때 영화는 꿈에 빗대진다.'라고 하였다. 따라서 ①의 경우 '영화는 무엇에 비유될 수 있는가?'라는 질문에 대하여 (가)와 (나)에서 모두 답을 찾을 수 있다. 독서 영역에서 생소할 수 있는 선지라고 하더라도, 항상 지문에서 근거를 확인해야 한다는 점에 유의한다면 차분하게 문제를 해결해나갈 수 있다.

## 13 구체적 사례 적용
정답률 77% | 정답 ③

**(가)를 바탕으로 할 때, 영화적 기법의 효과에 대한 이해로 적절하지 않은 것은?**

① 몽타주를 활용하여 대립 관계의 두 세력이 충돌하는 상황을 상징적 이미지로 표현한 장면에서, 관객은 생소한 느낌을 받을 수 있다.
(가)의 2문단을 통해 몽타주는 추상적이거나 상징적인 이미지를 통해 관객이 익숙한 대상을 낯설게 받아들이게 한다는 점을 알 수 있다. 따라서 몽타주를 활용하여 상징적 이미지로 표현한 장면에서 관객은 생소한 느낌을 받을 수 있다.

② 몽타주를 활용하여 서로 다른 공간을 짧은 숏으로 불규칙하게 교차시킨 장면에서, 관객은 영화 속 공간이 불연속적으로 재구성되었다는 인상을 받을 수 있다.
(가)의 2문단을 통해 몽타주는 짧은 숏들을 불규칙적으로 편집해서 영화가 재현한 공간이 불연속적으로 연결된 듯한 느낌을 만들어 낸다는 점을 알 수 있다. 따라서 몽타주를 활용하여 불규칙하게 교차시킨 장면에서 관객들은 공간이 불연속적으로 재구성되었다는 인상을 받을 수 있다.

✔ 디프 포커스를 활용하여 주인공과 주인공 뒤로 펼쳐진 배경을 하나의 숏으로 촬영한 장면에서, 관객은 배경이 흐릿하게 인물은 선명하게 보이는 느낌을 받을 수 있다.
(가)의 3문단을 통해 디프 포커스는 근경에서 원경까지 숏 전체를 선명하게 초점을 맞춰 촬영하는 기법임을 알 수 있다. 따라서 디프 포커스를 활용하여 주인공과 주인공 뒤의 배경을 하나의 숏으로 촬영한 장면에서는 숏 전체가 선명하게 보인다.

④ 롱 테이크를 활용하여 사자가 사슴을 사냥하는 모든 과정을 하나의 숏으로 길게 촬영한 장면에서, 관객은 실제 상황을 마주하는 듯한 느낌을 받을 수 있다.
(가)의 3문단을 통해 롱 테이크는 하나의 숏이 1~2분 이상 끊김 없이 길게 진행되도록 촬영하는 기법으로, 영화 속 사건이 지속되는 시간과 관객의 영화 체험 시간이 일치하여 현실을 마주하는 듯한 효과를 낳는다는 점을 알 수 있다. 따라서 롱 테이크를 활용한 장면에서 관객들은 실제 상황을 마주하는 듯한 느낌을 받을 수 있다.

⑤ 디프 포커스와 롱 테이크를 활용하여 광장의 군중을 촬영한 장면에서, 관객은 자율적으로 인물이나 배경에 시선을 옮기며 사건의 전개를 지켜볼 수 있다.
(가)의 3문단을 통해 디프 포커스와 롱 테이크를 혼용하여 연출한 장면은 관객이 그 장면에 담긴 인물이나 사물을 자율적으로 선택하여 응시하면서 화면 속 공간 전체와 사건의 전개를 지켜볼 수 있게 해 준다는 점을 알 수 있다. 따라서 디프 포커스와 롱 테이크를 활용하여 군중을 촬영한 장면에서, 관객은 자율적으로 인물이나 배경에 시선을 옮기며 사건의 전개를 지켜볼 수 있다.

## 14 글에 드러난 관점, 내용 비판
정답률 62% | 정답 ⑤

**〈보기〉의 입장에서 (가)의 '바쟁'에 대해 비판한 내용으로 가장 적절한 것은?**

〈보 기〉
관객은 특별한 예술 교육을 받지 않아도 작품을 해석할 수 있다. 또한 감독의 의도대로 작품을 해석하는 존재가 아니다. 따라서 감독은 영화를 통해 관객을 계몽하려 할 필요가 없다. 관객은 작품과 상호 작용하며 의미를 생산하는 능동적 존재이다. 감독과 관객은 수평적인 위치에 있다.

① 바쟁은 열린 결말의 영화를 관객이 이해하도록 돕는 예술 교육의 필요성을 간과하고 있다.
〈보기〉를 통해 관객은 특별한 예술 교육을 받지 않아도 작품을 해석할 수 있다고 하였음을 알 수 있다.

② 바쟁은 정교하게 구조화된 서사의 영화를 통해 관객을 계몽하는 것을 영화의 목적이라고 오인하고 있다.
(가)의 4문단을 통해 바쟁은 정교하게 구조화된 서사를 통해 의미를 명확하게 제시하는 영화보다는 열린 결말을 선호했음을 알 수 있다. 정교하게 구조화된 서사의 영화를 통해 관객을 계몽하는 것을 영화의 목적이라고 하지 않았다.

③ 바쟁이 감독의 연출 역량을 기준으로 감독의 유형을 나눈 것은 영화와 관객의 상호 작용을 무시한 구분에 불과하다.
바쟁은 영화감독을 '이미지를 믿는 감독'과 '현실을 믿는 감독'으로 분류하였는데, 이것은 감독의 역량에 따라 유형을 나눈 것이 아니라 형식과 내용 중 무엇을 중시하는가에 따라 나눈 것이다.

④ 바쟁이 변형된 현실을 통해 생성한 의미를 관객에게 전달하는 것을 중시한다는 점에서 관객의 능동적인 작품 해석 능력을 과소평가하고 있다.
(가)의 2문단을 통해 다양한 영화적 기법으로 현실을 변형하여 새로운 의미를 창조하는 것은 '이미지를 믿는 감독'들이 주력하는 것임을 알 수 있다. 바쟁은 '현실을 믿는 감독'을 지지했으므로 변형된 현실을 통해 생성한 의미를 관객에게 전달하는 것을 중시했다는 말은 적절하지 않다.

✔ 바쟁은 감독의 연출 방식에 따라 영화 작품에 대한 관객의 이해가 달라질 수 있다고 본다는 점에서 감독이 관객보다 우위에 있다고 간주하고 있다.
〈보기〉에서는 관객을 감독의 의도대로 작품을 해석하는 존재가 아니라 작품과 상호 작용하며 의미를 생산하는 능동적 존재로 보고 있다. 그러나 (가)의 바쟁은 〈보기〉와 다른 입장이다. 바쟁은 '이미지를 믿는 감독'이 몽타주와 같은 기법을 사용하여 현실을 하나의 의미로만 해석하게 할 우려가 있다고 생각했다. 그리고 '현실을 믿는 감독'이 디프 포커스, 롱 테이크, 강한 현실감을 만들어 내는 연출 방식, 열린 결말 등을 통해 관객이 현실을 객관적으로 보게 할 수 있다고 생각했다. 이는 바쟁이 감독의 연출 방식에 따라 영화 작품에 대한 관객의 이해가 달라질 수 있다고 보았음을 나타낸다. 이처럼 감독이 관객보다 우위에 있다고 간주하는 입장은 〈보기〉의 입장에서 비판할 수 있는 내용이다.

## 15 내용의 인과관계 파악
정답률 59% | 정답 ①

**정신분석학적 영화 이론을 바탕으로 할 때, ㉠의 이유로 가장 적절한 것은?**

✔ 관객은 영화 장치의 영향을 받기 때문이다.
정신분석학적 영화 이론에서는 관객이 허구의 세계인 영화에서 현실감을 느끼는 이유와 관련하여 동일시 현상에 주목한다. 이러한 동일시 현상은 영화 장치로 인해 발생하기 때문에 관객이 느끼는 현실감은 상상적인 것이며 환영이라고 할 수 있다.

② 현실의 의미는 미리 정해져 있지 않기 때문이다.
(나)의 1문단을 통해 관객은 상상적 작업을 통해 허구적 세계와 현실 사이의 간극을 없앤다고 하였음을 알 수 있다. 따라서 현실의 의미가 미리 정해져 있지 않기 때문이라는 설명은 적절하지 않다.

③ 영화가 현실을 불연속적으로 파편화하여 드러내기 때문이다.
(나)의 1문단을 통해 동일시는 극영화뿐 아니라 다큐멘터리 영화에서도 발생한다고 하였음을 알 수 있다. 따라서 영화가 현실을 불연속적으로 파편화하여 드러내는 것과는 관련이 없다.

④ 관객은 영화의 은폐된 이념을 그대로 받아들일 위험이 있기 때문이다.
(나)의 3문단을 통해 정신분석학적 영화 이론은 영화가 은폐하고 있는 특정한 이념을 관객이 의심하지 않고 자신의 것으로 받아들일 위험이 있다고 경고한다고 하였음을 알 수 있다. 따라서 은폐된 이념을 그대로 받아들일 위험이 있다는 것은 ㉠의 이유가 아니라 ㉠으로 인해 생길 수 있는 문제와 연결된다.

⑤ 관객은 영화의 제작 과정에서 배제된 것들을 인식할 수 있기 때문이다.
(나)의 2문단을 통해 영화는 촬영과 편집 과정에서 특정한 의도에 따라 선택과 배제가 이루어지지만, 관객은 제작 과정에서 무엇이 배제되었는지 알 수 없다고 하였음을 알 수 있다. 따라서 관객은 영화의 제작 과정에서 배제된 것들을 인식할 수 있다는 것은 ㉠의 이유가 되지 못한다.

## 16 다른 견해와의 비교
정답률 59% | 정답 ⑤

**다음은 학생이 작성한 영화 감상문이다. 이에 대해 (가)의 바쟁(A)의 관점과 (나)의 정신분석학적 영화 이론(B)의 관점에서 설명한 내용으로 가장 적절한 것은? [3점]**

> 최근 영화관에서 본 두 편의 영화가 기억에 남는다. ㉮ 첫째 번 영화는 고단하게 살아가는 한 가족의 일상을 표현한 작품이다. 다큐멘터리라는 착각이 들 정도로 사실적인 영화였다. 작품에 대해 더 찾아보니 거리에서 인공조명 없이 촬영되었고, 주인공은 연기 경험이 없는 일반인이었다고 한다. 마지막에 아버지가 아들의 손을 꼭 잡아 줄 때, 마치 내 손을 잡아 주는 것처럼 느껴져 감동적이었다. 열린 결말이라서 주인공 가족이 앞으로 어떻게 살아갈지 궁금했다.
> ㉯ 둘째 번 영화는 초인적 주인공이 외계의 침략자를 물리치는 내용이다. 영화 후반부까지 사건 전개를 예측하지 못할 정도로 반전을 거듭하는 이야기와 실재라고 착각할 정도로 뛰어난 컴퓨터 그래픽 화면은 으뜸이었지만 뻔한 결말은 아쉬웠다. 그래도 주인공이 침략자를 무찌르는 장면에서는 내가 주인공이 되어 세상을 구하는 것 같아서 쾌감이 느껴졌다. 그런데 영화가 끝나고 생각해 보니 왜 세계의 평화는 서구인이 지키고, 특정 나라에서 일어나는 사건이 인류의 위기인지 의아했다.

① A의 관점에서 보면, 학생이 ㉮에서 궁금함을 떠올린 것은 '이미지를 믿는 감독'이 열린 결말을 통해 현실을 있는 그대로 ㉮에 담았기 때문이다.
A의 관점에서 볼 때 '이미지를 믿는 감독'은 현실을 변형하여 새로운 의미를 창조하는 데 주력한다. ㉮에 나타난 열린 결말이나 있는 그대로의 현실을 담은 것은 '현실을 믿는 감독'의 특징에 해당된다.

② A의 관점에서 보면, 학생이 ㉯에서 사건의 전개를 예측하지 못한 것은 ㉯에는 의미가 미리 정해져 있지 않은 미결정 상태의 현실이 담겨 있기 때문이다.
A의 관점에서는 미결정 상태의 현실을 있는 그대로 드러낸다고 생각하여 열린 결말을 통해 의미를 확정적으로 제시하지 않는 영화를 선호한다. 이는 ㉮에 해당하는 내용으로, ㉯에서 사건의 전개를 예측하지 못한 것과는 관련이 없다.

③ A의 관점에서 보면, 학생이 ㉮와 ㉯에서 착각하는 듯한 인상을 받은 것은 ㉮와 ㉯가 강한 현실감을 만들어 내는 연출 방식으로 촬영되었기 때문이다.
A의 관점에서 ㉮는 다큐멘터리로 착각할 정도로 강한 현실감을 만들어 내는 연출 방식으로 촬영되었다. 그렇지만 ㉯에서 일어나는 착각은 실재라고 느끼게 만드는 컴퓨터 그래픽 화면 때문이었다. ㉮와 ㉯가 현실감을 만들어 내는 연출 방식은 서로 다르다.

④ B의 관점에서 보면, 학생이 ㉯에서 의아함을 떠올린 것은 ㉯가 관객으로 하여금 비판적 거리를 유지하며 영화를 볼 수 있도록 하는 대안적인 영화이기 때문이다.
학생은 영화를 보는 동안에는 B의 관점에서 이야기하는 것처럼 ㉯의 허구적 세계를 현실이라고 착각했다. ㉯에서 의아함을 떠올린 것은 영화를 보는 동안에는 생각하지 못했던 것이므로, ㉯가 비판적 거리를 유지하게 하는 대안적 영화라는 말은 적절하지 않다.

✔ B의 관점에서 보면, 학생이 ㉮에서 감동을 받은 것과 ㉯에서 쾌감을 느낀 것은 상상적 작업을 통해 허구적 세계의 중심에 자신을 위치시켰기 때문이다.
B의 관점에서 볼 때, 다큐멘터리에 가까운 사실적인 영화 ㉮와 비현실적이지만 실재라고 느끼게 하는 영화 ㉯에서 모두 동일시가 발생한다. 즉, 관객은 상상적 작업을 통해 영화가 보여주는 세계의 중심에 자신을 위치시킴으로써 허구적 세계와 현실 사이의 간극을 없앤다. 영화 감상문에서 학생이 느낀 감동과 쾌감은 동일시를 통해 느낀 것이다. 이는 곧 상상적 작업을 통해 허구적 세계의 중심에 자신을 위치시켰기 때문에 느낀 것이라고 할 수 있다.

## 17 단어의 의미 파악
정답률 87% | 정답 ①

**문맥상 ⓐ~ⓔ와 바꿔 쓰기에 적절하지 않은 것은?**

✔ ⓐ : 개선(改善)된
'개선(改善)되다'는 '잘못된 것이나 부족한 것, 나쁜 것 따위가 고쳐져 더 좋게 되다.'의 의미이므로, '지금까지 있은 적이 없다.'라는 의미의 ⓐ와 바꾸어 쓰기에 적절하지 않다.

② ⓑ : 파괴(破壞)할
'파괴(破壞)하다'는 '조직, 질서, 관계 따위를 와해하거나 무너뜨리다.'의 의미이므로 ⓑ와 바꾸어 쓸 수 있다.



[문제편 p.205]

③ ⓒ : 대면(對面)하는
'대면(對面)하다'는 '서로 얼굴을 마주 보고 대하다.'의 의미이므로 ⓒ와 바꾸어 쓸 수 있다.

④ ⓓ : 기용(起用)하는
'기용(起用)하다' 는 '인재를 높은 자리에 올려 쓰다.'의 의미이므로 ⓓ와 바꾸어 쓸 수 있다.

⑤ ⓔ : 해소(解消)한다
'해소(解消)하다'는 '어려운 일이나 문제가 되는 상태를 해결하여 없애 버리다.'의 의미이므로 ⓔ와 바꾸어 쓸 수 있다.

## 18~21 고전 소설

수산, 「광한루기」

**감상** 조선 후기에 수산(水山)이 지은 한문체 고전소설로 「춘향전」의 이본이다. 등장인물의 경우 춘향과 월매는 그대로이나 이 도령이 도린(桃隣)으로, 방자는 김한(金漢)으로 나타나고, 향단은 출현하지 않는다는 특징을 보이지만, 작품의 주요 내용은 **'춘향과 이도린의 만남 – 이별 – 춘향의 시련과 수절 – 춘향과 이도린의 재회'로 기존 「춘향전」의 일반적인 서사 구조와 거의 유사**하다. 이 작품에서 주목할 부분은 책머리에 서문과 발간사, 작품 독법 등 다양한 글이 실려 있고, 총 8회로 이루어진 본문 전후에 글쓴이의 부연 설명과 감상, 비평이 삽입되어 있으며, 책 끝부분에는 소인(小引), 부록 등이 붙어 있다는 점이다. 이는 **19세기의 소설 비평의 수준을 보여 준다**는 점에서 문학적으로 의미가 크다고 할 수 있다.

**주제** 춘향과 도린의 신분을 초월한 사랑

### 18 작품의 내용 이해 정답률 78% | 정답 ①

윗글에 대한 이해로 가장 적절한 것은?

✓ 이도린은 춘향이 자신에게 호감을 느꼈다는 사실을 알지 못했다.
춘향은 꽃그늘 속에서 이도린을 바라보며, '티 없이 맑'은 그의 모습을 보고 '은연중에 찬탄하는 말을 내뱉'을 만큼 이도린에게 호감을 느꼈다. 하지만 이는 춘향이 꽃그늘에 숨어서 한 행위이므로 이도린은 그 사실을 알 수 없었다.

② 춘향은 그네를 타기 위해 나들이에 나섰지만 기대했던 바를 달성하지 못했다.
춘향은 '원래 춘향은 풍경을 즐기려는 옆집 여자 아이를 따라 나온 것'이었으므로 춘향이 그네를 타기 위해 나들이에 나섰다는 사실을 확정하기 어렵다. 설사 '그네를 타기 위해 나들이에 나섰다고 가정하더라도 춘향은 '채색 줄로 만든 그네를 탔'으므로 기대했던 바를 달성하지 못한 것으로 볼 수 없다.

③ 이도린은 춘향을 부르면 이도린 자신을 만나러 올 것이라는 김한의 말을 믿었다.
이도린이 춘향을 불러오라고 김한에게 요청하자, 김한은 '부른다 해도 저 아이는 오지 않을 것'이라고 말했다. 따라서 이도린이 춘향을 부르면 이도린 자신을 만나러 올 것이라는 말은 김한이 한 말로 볼 수 없으며, 이도린이 그 말을 믿었다는 것도 성립되지 않는다.

④ 이도린은 월매가 춘향의 어머니라는 사실을 알고 있었지만 이를 모르는 척했다.
이도린이 김한에게 그네 뛰는 여인이 '누구란 말이냐?'라고 묻자, 김한은 '교방 행수 기생 월매'를 언급한다. 이에 이도린은 '아리따운 여인'을 '노파에다 비교'한다며 의아한 반응을 보이자, 김한은 '저 사람은 월매의 딸 춘향'이라고 알려준다. 이를 통해 이도린은 월매가 춘향의 어머니라는 사실을 모른 척한 것이 아니라, 아예 알지 못했다고 봐야 한다.

⑤ 옆집 여자 아이는 이도린을 만나기 위해 춘향과 함께 왔지만 풍경을 즐기는 것에 만족했다.
옆집 여자 아이는 '풍경을 즐기려'고 했을 뿐, 그녀가 이도린을 만나기 위해 춘향과 함께 나왔거나 풍경을 즐기는 것에 만족했다고 이해하는 것은 적절하지 않다.

### 19 배경의 기능 파악 정답률 92% | 정답 ③

꽃그늘에 대한 이해로 가장 적절한 것은?

① 춘향이 그네를 타기 위해 기다리는 장소
'꽃그늘'은 춘향이 타던 '그네를 멈추고 옷매무새를 바로잡으려' 하다가 '광한루 위에서 사람의 말소리가 들리자' 몸을 숨기려고 들어간 곳이다. 따라서 그네를 타기 위해 기다리는 장소로 보는 것은 적절하지 않다.

② 춘향이 김한을 기다리며 머물고 있는 장소
'꽃그늘'은 춘향이 갑자기 '광한루 위에서 사람의 말소리가 들리자' '몸을 돌려 숨'은 곳이며, 그런 그녀를 김한이 이리저리 찾다가 발견한 곳이다. 따라서 춘향이 김한을 기다리며 머물고 있는 장소로 이해하는 것은 적절하지 않다.

✓ 춘향이 몸을 감추고 이도린을 바라보는 장소
'꽃그늘'은 춘향이 '몸을 돌려' '들어가 숨고서는 주변을 둘러보'다가 '광한루 동쪽 난간에 기대어 있'는 이도린의 모습을 보며 찬탄하던 곳이다. 따라서 '꽃그늘'을 춘향이 몸을 감추고 이도린을 바라보는 장소로 이해할 수 있다.

④ 김한이 이도린을 만나서 대화를 나누는 장소
'꽃그늘'은 춘향을 불러오라는 이도린의 요청을 받은 김한이 숨어 있던 춘향을 찾은 곳이다. 이도린은 광한루 쪽에서 기다리고 있으므로, '꽃그늘'을 김한이 이도린을 만나서 대화를 나누는 장소로 이해하는 것은 적절하지 않다.

⑤ 이도린이 춘향과 만나기 위해 미리 약속한 장소
광한루에 놀러 간 이도린은 그네 뛰는 춘향을 우연히 보았으며, 그 모습에 반하여 김한의 도움을 받아 춘향과 만나려고 한다. 이에 김한이 춘향을 찾아간 곳이 '꽃그늘'이므로 이곳을 이도린이 춘향과 만나기 위해 미리 약속한 장소로 이해하는 것은 적절하지 않다.

### 20 인물의 성격, 유형 이해 정답률 79% | 정답 ⑤

윗글에서 '김한'의 역할을 이해한 것으로 가장 적절한 것은?

① 이도린에게 눈앞에 보이는 것이 금과 옥이 아니라고 알려주어, 이도린의 무지를 일깨우는 비판자 역할을 한다.
이도린이 그네 뛰는 춘향의 모습을 보고 '저것이 금이냐, 옥이냐?'라고 한 것은 춘향의 아름다운 모습을 보고 감탄해서 한 말이며 실제 그것이 금인지 옥인지 몰라서 한 말이 아니다. 따라서 이를 두고 김한이 눈앞에 보이는 것이 금과 옥이 아니라고 이도린에게 알려 주어 이도린의 무지를 일깨우는 비판자 역할을 한다고 보는 것은 적절하지 않다.

② 이도린에게 춘향이 선녀 같은 아가씨라고 말하여, 이도린이 춘향의 고귀한 신분을 알게 하는 조력자 역할을 한다.
김한은 고사를 인용하여 '선녀 같은 아가씨가 요즘 세상에 나타났겠습니까?'라고 말했다. 따라서 김한은 춘향을 두고 이도린에게 선녀 같은 아가씨라고 말하지는 않았음을 알 수 있다. 또한 김한이 춘향을 기생 월매의 딸이라고 말하였으므로 이도린이 춘향의 고귀한 신분을 알게 하는 조력자 역할을 한다고 보는 것은 적절하지 않다.

③ 이도린에게 풍류를 즐길 만한 상대가 춘향이라고 이야기하여, 이도린이 춘향을 부르게 하는 중개자 역할을 한다.
춘향을 '풍류를 즐길 만한' 인연이라고 생각하고 말한 것은 김한이 아니라 이도린이다. 또한 이도린이 김한에게 춘향을 불러오라고 명령하자 김한은 '부른다 해도 저 아이는 오지 않을 것'이라고 말하였으므로 김한을 이도린이 춘향을 부르게 하는 중개자 역할을 한다고 보는 것은 적절하지 않다.

④ 춘향에게 춘향 자신이 지혜로운 사람임을 일깨워 주어, 춘향이 이도린을 만나지 못하도록 하는 방해자 역할을 한다.
이도린의 요청에 따라 춘향에게 찾아간 김한은 춘향이 이도린과의 만남을 거절하자 '그대는 현명하고 지혜로운 사람이면서 이다지도 사리를 분별하지 못하오?'라고 말하며, 춘향이 이도린과 만나도록 춘향을 설득한다. 따라서 김한은 춘향과 이도린의 만남을 돕는 조력자라고 할 수 있으므로, 춘향이 도린을 만나지 못하도록 하는 방해자 역할을 한다고 보는 것은 적절하지 않다.

✓ 춘향에게 이도린과의 만남은 거듭된 우연으로 이루어진 인연임을 알려 주어, 두 사람을 만나게 하는 매개자 역할을 한다.
김한은 춘향에게 찾아가 '까마귀 날자 배 떨어진다.'라는 속담을 언급하고, '도련님께서 춘흥이 ~ 그렇게 된 것이오.'라고 말한다. 이를 통해 김한이 춘향과 이도린과의 만남은 거듭된 우연으로 이루어진 인연임을 알려 준 사실과, 김한이 두 사람을 만나게 하는 매개자 역할을 하고 있음을 확인할 수 있다.

### 21 외적 준거에 따른 작품 감상 정답률 83% | 정답 ⑤

〈보기〉를 참고하여 [A], ㉠을 이해한 내용으로 적절하지 않은 것은? [3점]

〈보 기〉

「광한루기」는 '수산(水山)'이라는 호를 쓴 사람이 「춘향전」을 바탕으로 지은 한문 소설로, 총 8회로 이루어져 있다. 각 회의 앞부분에는 내용을 소개하는 시구와 해당 회에 대한 견해가 제시되어 있고, 본문 속에는 인물이나 사건 등에 대한 짤막한 평이나 감상이 작은 글씨로 제시되어 있다. 「광한루기」의 독자는 이와 같은 다양한 비평적 견해를 이야기와 함께 읽으면서 작품을 감상할 수 있다.

① [A]에서는 시구를 활용하여, '봄바람'과 '버드나무 언덕'이 어우러진 봄날의 분위기를 보여 주면서 해당 회의 배경을 드러내고 있군.
[A]에서는 '오작교에선 선랑(仙郞)이 봄바람에 ~ 가인(佳人)이 그네를 뛰네'라는 시구를 활용하여, '봄바람'과 '버드나무 언덕'이 어우러진 봄날의 분위기를 보여 주면서 해당 회의 제목인 '봄놀이'와 관련된 서사의 배경을 드러내고 있다.

② [A]를 통해 해당 회의 주요 공간인 '광한루'를 소개하여, 그 공간의 역할을 드러내고 있군.
[A]에서는 '광한루 하나가 공중에 ~ 만들어질 수밖에 없었다.'라고 밝힘으로써, 해당 회의 주요 배경인 '광한루'를 소개함과 동시에 작품 탄생의 시발점으로서 '광한루'라는 공간의 역할을 드러내고 있다.

③ [A]에서는 두 인물이 만나게 되는 계기를 서술하여, 서사전개의 개연성을 보여 주고 있군.
[A]에는 '광한루 하나가 ~있었기에 이도린이 놀러 갈 수밖에 없었고', '춘향이 이도린을 만날 수밖에 없었'다고 하며 두 인물이 만나게 되는 계기를 서술하고 있다. 이는 사건의 인과성을 드러내어 서사 전개의 개연성을 보여 주는 것에 해당한다고 볼 수 있다.

④ ㉠은 인물의 말에 대한 평을 통하여, 독자에게 이도린의 반응이 당연하다는 점을 강조하여 보여 주고 있군.
㉠은 인물의 말에 대해 서술자가 주관적인 생각이나 의견을 덧붙이는 형태의 논평에 해당하는 것이다. 이 표현은 '어찌 ~ 않을 수 있겠는가?'라는 설의적 방식을 통해 서술자가 이도린의 말에 동조하며 그러한 반응이 나타난다는 것이 당연하다는 점을 강조하여 보여 주는 효과를 발휘하고 있다.

✓ [A]와 ㉠을 통해 독자에게 작품의 감상법을 다양하게 설명하여, 「광한루기」를 8회로 구성한 이유를 부각하고 있군.
[A]에서는 「광한루기」가 8회로 구성된 한 편의 작품임을 거듭하여 강조하고 있으며, ㉠에서는 인물의 대화에 대한 서술자의 주관적인 의견을 보태어 인물의 말에 동조하고 있을 뿐이다. 따라서 [A]와 ㉠을 통해 작품의 감상법을 다양하게 설명하여 「광한루기」를 8회로 구성한 이유를 부각하고 있다고 이해하는 것은 적절하지 않다.

## 22~27 갈래 복합

(가) 백석, 「북방에서-정현웅에게」

**감상** (가)는 화자의 삶을 통해 **일제 강점기의 암담한 현실에서 유민으로 살아가는 우리 민족의 회한**을 형상화하고 있다. 화자는 먼 옛날부터 살았던 북방을 떠나 '앞대', 즉 한반도에 정착하던 상황을 떠올린다. 그리고 안일하게 현실에 순응하며 살았던 과거 역사를 성찰한다. 많은 시간이 지난 후 한반도에서의 삶이 괴로워지자 다시 북방을 찾지만, 과거의 영화가 사라진 북방의 모습을 보며 화자는 **허무함과 절망감**을 느낀다. 이 작품에서 화자는 우리 민족의 대변자로서, 오랜 세월에 걸친 지난 역사를 회상하며 비참한 처지에 놓인 우리 민족의 현실을 드러내고 있다.

**주제** 민족의 역사에 대한 회상과 현실의 부끄러움

(나) 문태준, 「살얼음 아래 같은 데 2-생가(生家)」

**감상** (나)는 물가의 살얼음 아래에 있는 물고기 떼를 본 화자가 **자신의 유년 시절의 생가를 회상한 내용과 그때의 감정**을 나타내고 있다. 성년이 된 화자는 투명한 얼음 밑에 보이는 '물고기네 방'을 '생가'와 같다고 여긴다. 그리고 '물고기 떼'의 모습을 보며 생가에서 살던 가족의 모습을 떠올린다. 이처럼 화자는 '물고기네 방'과 '물고기 떼'를 유년 시절 자신의 생가, 가족과 동일시하고 있다. 시상의 마지막 부분에 있는 '마음아, 너도 아직 이 생가에 살고 있는가'는 **유년 시절의 추억이 아직 화자의 마음속에 남아 있음을**, '시린 물속 시린 물고기의 눈'은 **유년 시절 추억에 대한 화자의 서글픈 감정을 나타낸 것**으로 볼 수 있다.

**주제** 물고기를 보며 떠올린 유년 시절의 추억과 서글픔

(다) 유본예, 「이문원노종기(摛文院老樅記)」

감상 (다)는 유본예가 규장각의 사무청사인 이문원에서 근무할 때 겪었던 일을 바탕으로 창작한 고전 수필이다. 작가는 바쁜 근무 중에 종종 이문원 동쪽에 있는 늙은 나무 곁을 산책하였다. 그런데 그가 나무에서 주목한 것은 큰 가지들을 지탱하는 기둥으로, 그는 기둥을 보며 **나무가 오랫동안 무성하게 자랄 수 있었던 것은 인간의 도움이 있었기 때문이라는 깨달음**을 얻는다. 이를 바탕으로 홀로 생존할 수 있는 존재도 있지만, 암소와 인간, 나무와 인간처럼 **서로 도와야 살아갈 수 있는 존재도 있음**을 전하고 있다.

주제 서로 의지하고 사는 삶의 중요성

## 22 작품 간의 공통점, 차이점 파악

정답률 81% | 정답 ③

(가)~(다)의 공통점으로 가장 적절한 것은?

① 비판적 태도로 현실의 부정적 측면을 부각하고 있다.
(가)에서는 부정적 현실에 대한 화자의 비판적 태도가 나타나 있지만, (나)와 (다)에는 현실의 부정적 측면이 나타나 있지 않다.

② 역사적 상황을 묘사하여 비극적 현실을 부각하고 있다.
(가)에서는 북방에서 떠날 때, 북방으로 돌아올 때처럼 역사적 상황을 묘사하여 비극적 현실을 나타내고 있다. 그런데 (나)와 (다)는 모두 역사적 상황에 대해 묘사하지도, 비극적 현실을 나타내지도 않고 있다.

✔ 빗대어 표현하는 방식으로 '나'의 인식을 드러내고 있다.
(가)에서 '바람과 물과 세월과 같이 지나가고 없다'는 '자랑'이나 '힘'처럼 북방에서 지니기를 기대했던 것들을 더 이상 지닐 수 없는 상황을 비유적으로 표현하여 화자의 상실감을 드러내고 있다. (나)에서 살얼음 아래에 보이는 '물고기네 방'을 '생가'에 빗대고 있는데, 이를 통해 자신이 유년 시절에 살았던 생가에 대한 화자의 인식을 드러내고 있다. 특히 '시린 물속 시린 물고기의 눈을 달고'는 비유를 통해 유년 시절의 생가에 느끼는 서글픔을 나타낸 것이다. (다)에서 '가축이 인간에게 의지하여 살아가듯이 늙은 나무도 인간에게 의지하여 살아간다.'는 가축과 인간과의 관계에 빗대어 늙은 나무도 인간의 도움으로 살아간다는 글쓴이의 인식을 드러낸 것이다. 이처럼 (가) ~ (다)는 모두 빗대는 방식을 활용하여 화자나 글쓴이의 인식을 나타내고 있다.

④ 영탄적 어조로 대상에 대한 '나'의 경외감을 드러내고 있다.
(가)의 '아, ~ 없다', (나)의 '마음아, ~ 있는가', (다)의 '아! ~ 모면하였다.'는 모두 영탄적 어조가 드러난 부분이다. 그러나 이를 통해 대상에 대한 '나'의 경외감을 드러내고 있지는 않다.

⑤ 향토적 소재를 활용하여 '나'의 과거에 대한 그리움을 드러내고 있다.
(가)에서는 과거 북방을 떠날 때의 장면에 향토적 소재가 일부 쓰였지만, 이는 북방을 떠나는 화자의 괴로움을 드러내기 위해 활용한 것으로 과거에 대한 그리움을 드러내는 데 활용하고 있지는 않다. (나)의 화자는 자신의 유년 시절을 추억하고 있기는 하지만, 과거에 대한 그리움을 드러내기 위해 향토적 소재를 사용하고 있지는 않다. (다)에서는 과거에 대한 글쓴이의 그리움을 드러내고 있지 않다.

## 23 배경 및 소재의 기능 파악

정답률 85% | 정답 ①

[태반]과 [생가]에 대한 설명으로 가장 적절한 것은?

✔ (가)의 화자는 태반에서 상실감을 느끼고 있고, (나)의 화자는 생가에서 서글픔을 느끼고 있다.
(가)의 '태반'은 화자에게 뿌리와 같은 공간으로, 여기서는 '북방'을 의미한다. 화자는 새로운 삶을 살 수 있다는 기대감으로 북방에 돌아왔지만, 예전과 달라진 모습을 보며 허무함과 상실감을 느낀다. (나)의 '생가'는 화자가 유년 시절 보냈던 곳으로, 화자는 '물고기네'가 사는 공간을 보며 자신의 생가를 떠올린다. 그런데 화자가 그곳을 볼 때 '시린 물속 시린 물고기의 눈을 달고' 있다고 하는데, 이는 화자가 '생가'로 인해 시린 느낌, 즉 서글픔을 느낀 것을 나타낸 것이라 할 수 있다.

② (가)의 화자는 태반에서 소외감을 느끼고 있고, (나)의 화자는 생가에서 느꼈던 수치심을 떠올리고 있다.
(가)의 화자는 돌아온 '태반'에서 이전과 달라진 괴리감을 느꼈지만, 작품에서 화자가 '소외감'을 느꼈는지는 알 수 없다. (나)의 화자에게 '생가'는 서글픔을 유발하는 공간이지만, 작품에서 화자가 어린 시절 수치심을 느꼈는지는 알 수 없다.

③ (가)에서 태반은 이별을 수용하는 공간이고, (나)에서 생가는 만남을 기약하는 공간이다.
(가)에서 '태반'은 화자가 새로운 삶을 위해 선택한 공간으로, 이별을 수용하는 공간이라 할 수 없다. (나)에서 '생가'는 추억 속의 공간으로, 만남을 기약하는 공간이라 할 수 없다.

④ (가)에서 태반은 화자의 희망이 드러나는 공간이고, (나)에서 생가는 화자의 절망이 드러나는 공간이다.
(가)의 화자는 '앞대'에서의 괴로운 삶에서 벗어나고자 태반으로 돌아가려 했지만, 막상 도착한 태반은 과거와 달라진 모습으로 인해 깊은 상실감을 느끼게 하는 공간이다. (나)의 화자에게 '생가'는 그립고 서러운 곳으로, 절망이 드러나는 공간은 아니다.

⑤ (가)에서 태반은 생명의 섭리를 지향하는 공간이고, (나)에서 생가는 생명의 섭리를 거부하는 공간이다.
(가)의 화자에게 '태반'은 새로운 삶을 지향하기 위해 선택한 곳으로, 생명의 섭리와는 관련이 없다. (나)의 화자에게 '생가'는 자신이 유년 시절에 지냈던 곳으로, 생명의 섭리와는 관련이 없다.

## 24 시어, 시구의 의미와 기능 파악

정답률 73% | 정답 ④

㉠~㉥을 이해한 것으로 적절하지 않은 것은?

① ㉠에서는 여러 민족, 나라, 지명을 열거하여, 화자가 떠나온 공간을 북방으로 포괄되는 동질적 공간으로 표현하고 있다.
㉠에서는 '부여', '숙신', '발해', '여진', '요', '금'과 같은 여러 민족과 나라, '흥안령', '음산', '아무우르', '숭가리'와 같은 여러 지명을 열거하여, 화자가 떠나온 공간을 북방으로 포괄되는 동질적 공간으로 표현하고 있다.

② ㉡에서는 의인화된 자연물을 제시하여, 화자가 북방을 떠나면서 느낀 슬픔을 드러내고 있다.
㉡에서는 '자작나무', '이깔나무', '갈대', '장풍'과 같은 나무와 풀을 의인화하여 북방을 떠나기 아쉬워하는 화자의 마음을 투영해 표현하고 있다.

③ ㉢에서는 이별하던 장면을 유사한 통사 구조로 제시하여, 화자가 북방에서의 기억을 여전히 간직하고 있음을 보여 주고 있다.
㉢에서는 '~이 ~을 ~ㄴ 것도'와 같은 통사 구조의 반복을 통해 화자가 북방의 민족들과 이별하던 모습을 제시함으로써 화자가 북방에서의 기억을 여전히 간직하고 있음을 보여주고 있다.

✔ ㉣의 시구가 ㉤에서 반복, 변주되는 것을 통해, 상반된 상황이 시간의 추이에 따라 일치되는 과정을 드러내고 있다.
㉣은 화자가 북방을 떠나 '앞대'로 떠나올 때의 상황을 나타낸 것이고, ㉤은 화자가 '앞대'에서의 괴로운 삶을 견딜 수 없어 다시 북방으로 돌아가야 하는 상황을 나타낸 것이다. ㉣의 시구가 ㉤에서 반복, 변주되는 것은 맞지만, 여기에는 자신의 삶의 터전을 떠나야 하는 상황이 공통적으로 드러나 있을 뿐, 상반된 상황이 시간의 흐름에 따라 일치되는 과정은 드러나 있지 않다.

⑤ ㉥에서 '없다'와 그 앞에 열거된 시어들을 통해, 화자가 가깝게 느끼고 가치를 부여했던 것들이 부재함을 표현하고 있다.
㉥에서는 화자가 북방에서 보고 싶고 지니고 싶은 것들을 나열한 후 그것이 '없다'라고 했는데, 이를 통해 북방에는 화자가 긍정적으로 인식하던 것들이 부재함을 표현하고 있다.

## 25 외적 준거에 따른 작품 감상

정답률 73% | 정답 ④

<보기>를 참고하여 (나)를 감상한 내용으로 적절하지 않은 것은? [3점]

〈보 기〉

이 시에서 성년이 된 화자는 얼음 아래의 물고기를 보면서 유년 시절 자신의 생가를 회상한다. 화자는 물고기의 움직임을 지켜보면서 '물고기네'의 여기저기를 본다. 그리고 '물고기네'의 모습에 화자의 생가에 대한 기억이 겹쳐진다. 화자는 자신을 물고기에 투영하면서, 성년이 된 지금도 여전히 생가에서의 '시린' 기억을 간직하고 있는 자신을 발견한다.

① '투명한 창'을 통해 본 물고기의 생활 공간을 '물고기네 방'이라고 표현한 것을 보니, 화자는 얼음 아래 물고기의 공간과 자신의 생가를 겹쳐 보고 있군.
화자는 '투명한 창', 즉 살얼음 아래에 있는 물고기들을 보고 있는데, 그들이 사는 곳을 '물고기네 방'이라고 하고 있다. 그리고 이를 보며 '나의 생가'와 같다고 여기고 있는데, 이는 물고기의 공간과 자신의 생가를 겹쳐 보고 있는 것이다.

② '창으로 나를 보'고 '사방 쪽방으로 흩어'지는 물고기들의 움직임을, 화자는 '생가의 식구들'이 자신을 못 알아본 것으로 표현하였군.
화자는 '물고기네'를 유년 시절의 자기 가족과 겹쳐 보고 있는데, 물고기들이 '창으로 나를 보'고 놀라 '사방 쪽방으로 흩어'진다고 표현한 것은 '생가의 식구들'이 어른이 된 자신을 알아보지 못한다는 것을 나타낸 것이다.

③ '젖을 갓 뗀 어린것들'이 '그네끼리 놀고'라고 표현한 것을 보니, 화자는 물고기들이 노는 모습을 통해 유년 시절 생가에서 지내던 아이들의 모습을 떠올리고 있군.
화자는 물고기들을 보며 '젖을 갓 뗀 어린 것들'이 '그네끼리 놀고' 있다고 표현했는데, 이는 유년 시절 생가에서 어린 형제들과 함께 놀았던 자신의 모습을 떠올린 것이다.

✔ 화자는 '비좁은 구석방에'서 '급한 궁리를 하'는 물고기의 모습에 유년 시절 생가에서 외따로 지내야 했던 자신의 모습을 투영하고 있군.
화자는 '물고기네'의 여기저기를 보며 그 모습에 자신의 유년 시절 생가에 대한 기억을 투영하고 있다. 화자는 어미 물고기가 좁은 돌 틈새로 어린 물고기들을 데리고 들어가는 모습을 보았다. 그리고 돌 틈 사이에 '빠곡히 서' 있는 '물고기네'를 보며 그들이 '비좁은 구석방'에서 '급한 궁리를 하'고 있다고 생각했다. 이 모습은 화자를 보고 놀라 좁은 틈에 숨은 물고기들의 모습을 묘사한 것이자, 화자가 유년 시절 생가의 좁은 방에서 어머니와 형제들과 더불어 지냈던 모습을 투영한 것으로, 고독하게 지냈던 유년 시절의 자신의 모습을 투영한 것은 아니다.

⑤ 화자는 '마음아, 너도 아직' 생가에서 '살고 있는가'라고 하여, 성년인 자신의 마음속에 유년의 기억이 자리 잡고 있음을 드러내고 있군.
화자는 '물고기네'의 모습을 보며 '마음아, 너도 아직' 이 생가에 '살고 있는가'라고 하고 있는데, 이는 화자가 아직도 생가에 대한 추억을 소중히 간직하고 있음을 나타낸 것이다.

## 26 배경 및 소재의 기능 파악

정답률 67% | 정답 ⑤

ⓐ와 ⓑ에 대한 이해로 가장 적절한 것은?

① ⓐ는 화자의 불안을 심화하는, ⓑ는 글쓴이의 의지를 북돋아 주는 역할을 한다.
ⓐ는 물속 존재에 대한 화자의 궁금증을 자극할 뿐, 불안을 심화하지 않는다. ⓑ는 나무에 대한 글쓴이의 궁금증을 유발할 뿐, 글쓴이의 의지를 북돋고 있지는 않다.

② ⓐ는 화자의 이상향을 형상화하는, ⓑ는 글쓴이의 태도를 전환하는 역할을 한다.
ⓐ는 화자가 직접 보고 있는 살얼음일 뿐, 화자의 이상향을 형상화한 것은 아니다. ⓑ도 글쓴이에게 깨달음을 주는 역할을 할 뿐, 글쓴이의 태도를 전환하는 역할을 하지는 않는다.

③ ⓐ는 ⓑ와 달리, 화자에게 책임감을 떠올리게 하는 계기가 된다.
ⓐ와 ⓑ 모두 화자나 글쓴이가 무엇인가에 대한 책임감을 떠올리는 계기가 되지는 않는다.

④ ⓑ는 ⓐ와 달리, 글쓴이가 처한 상황을 극복하게 하는 역할을 한다.
ⓐ와 ⓑ 모두 화자나 글쓴이가 처한 상황을 극복하게 하는 역할을 하지는 않는다.

✔ ⓐ와 ⓑ는 모두 대상을 새롭게 주목하게 하는 계기를 마련하고 있다.
ⓐ는 투명한 살얼음을 의미하는 것으로, 화자는 길을 가다 물가에서 이 창을 보게 된다. 그리고 물속에 있는 물고기의 모습을 보며 자신의 어린 시절을 떠올린다. ⓑ는 늙은 나무의 큰 가지가 부러지지 않도록 지지해 놓은 것으로, 글쓴이는 무성한 나무에 여러 기둥이 받쳐져 있음을 보게 된다. 그리고 기둥을 보며 이 나무가 오랫동안 무성하게 자랄 수 있었던 이유를 생각한다. 이처럼 ⓐ는 물속을, ⓑ는 나무를 새롭게 주목하게 하는 계기를 마련한다.

## 27 외적 준거에 따른 작품 감상

정답률 71% | 정답 ③

<보기>의 [A]에 들어갈 학생의 말로 적절하지 않은 것은?

〈보 기〉

선생님 : 여러분, 「이문원노종기」는 이문원의 늙은 나무가 인간의 도움을 받아 오랫동안 무성하게 자라고 있는 점에 착안한 글입니다. 서로 다른 생명체가 각각 이익을 주거나 받는 현상을 중심으로, 「이문원노종기」를 다시 읽어 보려고 해요. 이런 관점에서 이 작품을 감상해 볼까요?

학 생 : [A]

선생님 : 네, 잘 말했습니다.



[문제편 p.208]

① '이문원 동쪽 늙은 나무'가 '백여 년'을 살 수 있었던 것은, 인간이 나무를 보살펴 주었기 때문입니다.
글쓴이는 '이문원 동쪽 늙은 나무'가 '백여 년'을 살 수 있는 이유를 분석했고, 그 결과 이 나무가 '사람의 손을 빌려 온전'할 수 있었다고 밝히고 있다.

② 글쓴이가 '널찍이 드리운 서늘한 그늘'로 인해 '훌쩍 벗어나 있는 기분'이 든 것은, '이문원 동쪽 늙은 나무'에게서 인간이 이익을 얻은 경우에 해당합니다.
글쓴이는 '이문원 동쪽 늙은 나무' 곁을 산책할 때 '널찍이 드리운 서늘한 그늘'로 인해 '훌쩍 벗어나는 기분'을 지녔다고 했는데, 이는 나무가 글쓴이에게 바쁜 근무에서 벗어나 자연 속에서 느낄 수 있는 안식을 주었음을 의미한다.

✔ '풀과 나무'가 '몸을 보전하는 계책'이 있는 것은, '조물주'가 서로 다른 생명체가 이익을 주고받도록 해 준 경우에 해당합니다.
글쓴이는 동료에게 이문원 동쪽 늙은 나무의 특이함에 대해 설명한다. 이를 위해 풀과 나무의 일반적 특성을 분석하는데, 대개 풀과 나무는 제각기 스스로 살아남는 방법을 지니고 있다는 것이다. 즉 나물들은 열매의 무게를 감당할 만한 가지를 지니고 있고, 풀들은 말발굽이나 수레바퀴에 손상을 입지 않기 위해 땅바닥에 붙어 자란다는 것이다. 반면에 이문원 동쪽의 늙은 나무는 사람이 받쳐 준 기둥이 있어 부러지지 않고 살 수 있다. 이처럼 '풀과 나무'가 지닌 '몸을 보존하는 계책'은 '조물주'가 서로 다른 생명체가 이익을 주고받도록 한 경우가 아니라, 누구의 도움 없이 생존을 위해 각자의 방식으로 살아가는 경우에 해당한다.

④ '암소'의 '뿔이 구부러져 안쪽으로 향'하는 위험을 인간이 '톱으로 잘라'서 해결해 주는 것은, '가축'이 인간에게 의지하며 살아가는 경우에 해당합니다.
글쓴이는 '암소' 의 '뿔이 구부러져 안쪽으로 향'하면 인간이 '톱으로 잘라'서 암소를 위험에서 벗어나게 해준다고 했는데, 이는 '가축'이 인간에게 의지하며 살아가는 경우를 설명하기 위해 든 예에 해당한다.

⑤ 글쓴이가 '이문원 동쪽 늙은 나무'가 '저 깊은 산중 인적 끊긴 골짜기'에서 자란 나무보다 번성하게 자랐다고 한 것은, 인간의 도움이 필요하다는 것을 말하기 위함입니다.
글쓴이는 '저 깊은 산중 인적 끊긴 골짜기'처럼 사람 손이 닿을 수 없는 곳에서 자라는 나무와 달리 '이문동 동쪽 늙은 나무'가 번성하게 자랐다고 밝혔는데, 이는 나무가 잘 자라기 위해서는 인간의 손, 곧 인간의 도움이 필요함을 밝힌 것이다.

## 28~31 현대 소설

윤흥길, 「날개 또는 수갑」

**감상** 이 작품은 한 회사에서 갑작스럽게 제복 제도를 도입하면서 벌어지는 일련의 사건을 통해, 1970년대 개인의 자유보다 국가주의를 앞세워 국민을 통제하던 국가 권력을 우회적으로 비판하고 있다. 준비 위원회라는 절차를 거치지만 결국 사원들의 의견을 묵살하여 **제복 제도를 실시하는 회사 운영진의 모습은 절차적 정당성을 형식적으로만 갖춘 채 국가의 통제를 합리화하는 현실을 우회적으로 비판**하고 있다. 또한 제복 착용에 반발하던 사원들이 결국은 모두 흩어져 어쩔 수 없이 회사의 지시를 따르는 모습은 현실의 부당함에 대한 비판 의식은 있으나 이를 **실천으로 옮겨 저항 행동으로 표출하지 못하는 소시민의 면모를 풍자**하고 있다.

**주제** 구성원을 획일화하고자 하는 전체주의 문화 비판

### 28 서술상의 특징 파악
정답률 92% | 정답 ④

[A]의 서술상의 특징으로 가장 적절한 것은?

① 인물의 행위를 사실적으로 그려 내어 내적 갈등을 표면화하고 있다.
[A]에 '참을성 좋게 여전히 웃고 있'는 권 씨의 행위가 사실적으로 드러나 있다고 볼 여지가 있지만, 이를 통해 권 씨의 내적 갈등이 표면화되고 있다고는 볼 수 없다.

② 과거와 현재를 교차하여 인물이 겪는 인식의 변화를 드러내고 있다.
[A]에는 민도식이 권 씨를 바라보는 상황만이 나타나 있으므로, 과거와 현재의 교차와 인물이 겪는 인식의 변화가 드러난다고 볼 수 없다.

③ 공간적 배경을 구체적으로 묘사하여 인물이 처한 상황을 드러내고 있다.
[A]에는 공간적 배경을 구체적으로 묘사하는 내용이 드러나지 않는다.

✔ 서술자가 특정 인물의 시선을 통해 인물의 특징을 관찰하여 알려 주고 있다.
[A]의 '도식이 보기엔'에서 서술자가 민도식의 시선을 통해 서술하고 있음을 알 수 있다. 서술자는 민도식의 시선을 통해 '자신감의 표현임이 분명'한 웃는 표정, '두툼한 입술과 커다란 눈', '작은 체구', '관록 같은 게 엿보이는 얼굴' 등 권 씨의 특징을 관찰하여 알려 주고 있다.

⑤ 서술자가 인물의 경험을 삽화 형식으로 나열하여 사건을 입체적으로 보여 주고 있다.
[A]에는 민도식이 권 씨를 바라보는 상황만이 나타나 있을 뿐, 인물의 경험을 삽화 형식으로 나열하고 있지 않다.

### 29 작품의 내용 이해
정답률 86% | 정답 ③

㉠의 의미와 관련하여 윗글을 이해한 내용으로 적절하지 않은 것은?

① '이미 끝난 일이야'라는 말로 보아, 남자 사원들 중에 ㉠을 마저 입을지를 결정해야 하는 상황에 직면했다고 생각하는 사람이 있음을 알 수 있다.
전체 사원이 새로운 제복을 착용하도록 한 준비 위원회의 결정을 가리켜 '이미 끝난 일이야'라고 한 민도식의 말은, 준비 위원회의 결정에 따라 ㉠을 마저 입을지를 결정해야 하는 상황에 직면했다고 생각하고 있음을 보여 준다.

② '험악해진 분위기'로 보아, ㉠과 관련된 문제로 남자 사원들 사이에 소란스러운 일이 있었음을 알 수 있다.
'험악해진 분위기'는 준비 위원회의 결정에 불만을 품은 남자 사원들로 인해 발생한 것이므로, 이를 통해 ㉠과 관련된 문제로 남자 사원들 사이에 소란스러운 일이 있었음을 짐작할 수 있다.

✔ '그냥 지나칠 수가 없었습니다'라는 말로 보아, 권 씨도 남자 사원들과 마찬가지로 ㉠을 마저 입을지를 선택하는 일이 무엇보다 중요한 문제라고 생각하고 있음을 알 수 있다.
권 씨는 ㉠을 마저 입을지에 대한 남자 사원들의 대화에 관심을 가지기는 하지만, 그들을 '팔 값을 찾아 주려고 투쟁하는 사람들'과 비교하며 '몸에 걸치는 옷 때문에 자기 인생을 걸려는 분들'이라고 깎아내린다. 이를 고려하면, 권 씨가 남자 사원들과 마찬가지로 ㉠을 마저 입을지를 선택하는 일이 무엇보다 중요한 문제라고 생각하고 있다는 내용은 적절하지 않다.

④ '총각 사원 하나'에 대한 아내의 반응으로 보아, 아내는 총각 사원이 ㉠ 때문에 회사를 스스로 그만두었다는 소문을 믿지 않고 있음을 알 수 있다.
아내는 '제복'으로 인해 총각 사원 하나가 사표를 던졌다는 소문을' 믿지 않는 반응을 보이며, 이때 '제복'은 ㉠을 마저 입는 것을 뜻한다.

⑤ '검정 곤색 일색'으로 보아, 체육 대회에 참석한 전체 사원이 ㉠을 마저 입게 되었음을 알 수 있다.
'검정 곤색 일색'은 '새로 맞춘 제복으로 단장한 남녀 전 사원'의 모습을 가리키며, 사원 모두가 ㉠을 마저 입게 되었음을 보여 준다.

### 30 구절의 의미 이해
정답률 80% | 정답 ⑤

ⓐ~ⓔ에 대한 이해로 적절하지 않은 것은?

① ⓐ는 권 씨가 사무직 사원들의 대화에 관심이 있었음을 나타내는 반응이다.
사무직 사원들의 대화를 들으면서 권 씨는 그들을 돌아다보며 ⓐ와 같이 반응하고, 사무직 사원 중 하나인 장상태에게 그들의 대화에 '저도 모르게 관심'을 가지게 되었다고 말하고 있다.

② ⓑ는 장상태가 화를 내며 큰 소리로 명령하였기 때문에 미스윤이 드러낸 반응이다.
장상태가 '화를 벌컥 내면서 큰 소리로' 미스 윤에게 "이봐, 저기 앉은 저 사람 내가 좀 보잔다고 전해!"라고 명령하자, 미스 윤은 ⓑ와 같이 반응한다.

③ ⓒ는 아내가 집을 나서지 않고 있는 남편 때문에 걱정하여 보인 반응이다.
아내는 남편의 회사 사원이 '강제로 모가지가 잘린 거라고 굳게 믿고 있'는 상황에서, '다른 날보다 더 일찍 나서야' 하는 체육 대회 날 '밍기적거리고만 있는 남편' 때문에 걱정하여 ⓒ와 같이 반응한다.

④ ⓓ는 전체 사원들이 같은 옷을 입고 군대처럼 도열한 모습을 본 민도식에게 나타난 반응이다.
민도식은 '새로 맞춘 제복으로 단장한 남녀 전 사원이' '군대처럼 질서 정연하게 도열'한 모습을 보고서 ⓓ와 같이 반응한다.

✔ ⓔ는 사원들이 사복을 입은 민도식에 대한 불만을 드러내는 반응이다.
ⓔ는 홀로 '사복 차림으로' '제1 공장 앞에 당도'한 민도식이 '공장 정문 철책 너머로' 제복을 입고 도열하여 사가를 제창하는 사원들의 모습을 바라보면서 느낀 기분을 나타낸 것으로, 사원들이 민도식에 대해 불만을 드러내는 반응이라고 볼 수 없다.

### 31 외적 준거에 따른 작품 감상
정답률 56% | 정답 ②

<보기>를 바탕으로 윗글을 감상한 내용으로 적절하지 않은 것은? [3점]

〈보 기〉

'중도적 주인공'은 자신이 속한 집단의 논리를 비판적으로 인식하면서도 집단의 논리를 따를지 여부를 결정하지 못하는 상태에 있는 인물이다. '중도적 주인공'은 인식 측면에서는 집단의 논리에 숨겨진 문제를 읽어 내는 주체적인 관점을 보인다. 그러나 행동 측면에서는 자신의 인식에 따라 적극적으로 행동하지 못하거나, 집단에 동화되지 못한 채 집단 논리의 수용 여부를 두고 머뭇거리는 모습을 보인다.

① 동료에게 '준비 위원회'의 '회의'에 담긴 '경영자'의 숨은 의도를 파악하여 발언하는 것을 보니, 민도식은 '동림산업'이 내세우는 논리에 대해 비판적으로 인식하는 주체적인 관점을 지니고 있다고 볼 수 있군.
민도식은 비판적인 태도로 '경영자'의 숨은 의도를 파악하여 '준비 위원회'의 '회의'가 대내외에 좋은 인상을 풍기기 위해 행해진 요식행위라는 자신의 관점을 드러낸다. 이러한 민도식은 '동림산업'이 내세우는 논리에 대해 비판적으로 인식하는 주체적인 관점을 지닌 인물이라고 볼 수 있다.

✔ 권 씨를 '노리갯감'으로 삼자는 장상태의 '눈짓'을 읽었지만 이에 선뜻 동참하지 않은 것을 보니, 민도식은 '작업 중' 사고를 둘러싼 '투쟁'과 '몸에 걸치는 옷'을 둘러싼 논쟁에 적극적으로 참여하고 있지 않다고 볼 수 있군.
권 씨를 '노리갯감'으로 삼자는 장상태의 '눈짓'은 권 씨를 만만하게 보고 함께 그에게 화풀이를 하자는 제안을 담고 있으며, '작업 중' 사고를 둘러싼 '투쟁'이나 '몸에 걸치는 옷'을 둘러싼 논쟁과는 관계가 없다. 또한 민도식은 '몸에 걸치는 옷' 을 둘러싼 논쟁에 참여하여 그것을 입을지 여부는 '각자가 알아서 결정할 일'이라는 의견을 드러내고 있다.

③ 아내에게 '큰소리'로 자신의 생각을 말하면서도 '뒤늦게나마 집을 나서'는 것을 보니, 민도식은 '동림산업'의 문제를 인식하고 있으면서도 회사를 떠나지 못하는 상황에 놓여 있다고 볼 수 있군.
'세상엔 아직도 유니폼 안 입는 회사가 수두룩하'다고 하는 말에서 민도식이 사원들에게 제복을 강요하는 '동림산업'의 문제를 인식하고 있음을 알 수 있다. 그러나 아내에게 그렇게 말하면서도 '뒤늦게나마 집을 나서' 출근하는 민도식의 모습은, 그가 '동림산업'의 문제를 인식하고 있으면서도 회사를 떠나지 못하는 상황에 놓여 있음을 보여 준다.

④ '사복 차림'으로 체육 대회에 가지만 자신을 '꽁무니에 따라 붙으려는' 사람이라고 생각하는 것을 보니, 민도식은 집단의 논리를 거부하고 싶지만 집단에 소속되고 싶은 마음도 지니고 있다고 볼 수 있군.
민도식이 준비 위원회의 결정을 따르지 않고 '사복 차림'으로 체육 대회에 간 것은 그가 집단의 논리를 거부하고 싶어 하는 인물임을 보여 준다. 그러나 민도식이 그런 자신을 제복을 차려입은 사원들의 '꽁무니에 따라붙으려는' 사람이라고 생각하는 내용은, 그가 집단에 소속되고 싶은 마음도 지니고 있음을 보여 준다.

⑤ '제1 공장' 정문 앞에서 '붙박여 버린 듯' 움직이지 않는 모습을 보니, 민도식은 '동림산업'의 정책에 대한 비판을 적극적인 행동으로 옮길지 여부를 결정하지 못하고 있다고 볼 수 있군.
민도식은 '동림 산업'의 정책을 비판적으로 인식하고 있으면서도, 제복 차림을 한 채 체육 대회에 참여한 사원들의 '꽁무니에 따라붙'을지 행사에 '불참'하고 뒤돌아서서 나올지 결정하지 못한 채 '제1 공장' 정문 앞에서 '붙박여 버린 듯' 움직이지 못하는 모습을 보인다. 이러한 모습은 민도식이 '동림산업'의 정책에 대한 비판을 적극적인 행동으로 옮길지 여부를 결정하지 못하고 머뭇거리고 있음을 보여 준다.

## 32~34 고전 시가

**(가) 정철의 시조**

**감상** (가)는 작가가 체험한 **16세기 후반의 험난한 정치 현실**을 '풍파', '구름' 등의 **자연 현상에 빗대어** 경험이 적은 신진 관료들에게 정치의 험난함을 알려주고 있는 평시조이다. '일렁이던 배'를 시련을 겪은 관료에, '허술한 배'를 신진 관료에 빗대어 청자에게 조심할 것을 당부하는 방식이 참신한 느낌을 준다.
**주제** 험난한 정치 현실에 대한 경계

**(나) 정철의 시조**

**감상** (나)는 당파 간의 대립과 투쟁에 휘말려 **정적들의 비방과 모함에 시달리던 작가**가 임금인 선조에게 **자신의 결백을 호소**하고 있는 사설시조이다. '심의산(深意山)'은 추상적인 대상이고, '깊은 뜻'을 형상화한 것이기도 하다. 오뉴월 한낮에 된서리가 치고 자취눈이 내리는 것은 현실에서 발생할 수 없는 자연 현상이다. 화자는 이처럼 불가능한 상황이 벌어질 정도로 참혹한 자신의 심정을 보았는지 물으며, 자신을 모함하는 온갖 참소에 임(임금)이 현혹되지 말 것을 바라고 있다.
**주제** 참소에 대한 경계와 결백의 호소

**(다) 조존성, 「호아곡」**

**감상** (다)는 초장의 첫 구가 '아이야'로 시작하기 때문에 '호아곡(아이를 부르는 노래)'이라고 불린다. 작가인 조존성은 광해군이 자신의 생모인 공빈 김씨를 왕비로 추존하는 것에 반대하다가 파직당한 후 은거하게 되는데, 이 작품은 그 당시에 지어진 것으로 추정된다. 각 수에 등장하는 '서쪽 산'과 '동쪽 시내', '남쪽 논밭', '북쪽 마을'에서 화자가 하는 행위는 은자적 삶의 모습과 관련이 있다. 그러면서도 작품에 활용된 고사를 통해 **은거 중에도 현실 정치에 대한 관심을 놓지 않았던 작가의 모습**을 확인할 수 있다.
**주제** 전원에서 즐기는 은거 생활의 즐거움

### 32 작품 간의 공통점, 차이점 파악 정답률 81% | 정답 ①

**(가)~(다)의 공통점으로 가장 적절한 것은?**

✔ **말을 건네는 방식을 통해 화자의 요구를 전달하고 있다.**
(가)는 '허술한 배 두신 분네'에게 말을 건네는 방식으로 험난한 정치 현실을 경계하라는 요구를, (나)는 '임'에게 말을 건네는 방식으로 참소를 분별하여 판단해달라는 요구를 전달하고 있다. 그리고 (다)에서는 '아이'에게 말을 건네는 방식으로 자기가 필요로 하는 도구나 자신이 바라는 행동에 대한 요구를 전달하고 있다.

② **대상을 의인화하여 화자와 자연의 유대감을 나타내고 있다.**
(다) 의 〈제2수〉의 종장은 '고기'라는 자연물을 의인화하여 화자와 자연의 유대감을 나타낸다고 볼 수 있다. 그러나 (가)와 (나)에는 대상의 의인화가 나타나지 않는다.

③ **과거와 현재를 대비하여 미래에 대한 전망을 드러내고 있다.**
(가)~(다) 모두 구체적으로 과거와 현재를 대비하여 미래에 대한 전망을 나타내는 내용은 찾을 수 없다.

④ **물음의 방식을 활용하여 대상에 대한 친밀감을 표현하고 있다.**
(가)의 '어디로 갔단 말인가', (나)의 '자취눈 내렸거늘 보았는가', (다)의 '벌써 아니 자랐으랴', '누구와 마주 잡을꼬' 등 물음의 방식을 활용한 표현은 찾을 수 있으나, 이러한 표현들이 대상에 대한 친밀감을 표현하는 것으로 볼 수는 없다.

⑤ **풍경을 사실적으로 묘사하여 계절의 변화상을 그려 내고 있다.**
(가)~(다) 모두 풍경을 사실적으로 묘사하여 계절의 변화상을 그려 내는 내용은 찾을 수 없다.

### 33 반응의 적절성 평가 정답률 77% | 정답 ③

**(다)에 대한 이해로 적절하지 않은 것은?**

① **각 수의 첫 음보를 동일한 시어로 제시하여 시상 전개에 안정감을 부여하고 있다.**
각 수의 첫 음보를 '아이야'라는 동일한 시어로 제시하여 시상 전개에 안정감을 부여하고 있다.

② **〈제1수〉와 〈제2수〉에서는 생활 도구를 언급하여 화자가 살아가는 모습을 보여 주고 있다.**
〈제1수〉에서는 '구럭 망태'를, 〈제2수〉에서는 '도롱이 삿갓', '낚싯대' 등의 생활 도구를 언급하여 화자가 전원에서 살아가는 모습을 보여 주고 있다.

✔ **〈제1수〉 중장과 〈제3수〉 중장에서 나타나는 화자의 걱정은 각 수의 종장에서 강화되고 있다.**
〈제1수〉의 중장에서 밤새 자란 고사리를 캐어야 한다는 걱정이 나타나고, 종장의 고사리를 캐어 조석의 끼니를 이으려는 상황과 연결해 볼 때 종장에서 걱정이 강화된다고 볼 여지는 있다. 〈제3수〉의 중장에서도 농기구를 다루는 데 서툰 자신이 누구와 같이 농사일을 해야 하는가에 대한 걱정이 나타난다고 볼 여지는 있다. 그러나 〈제3수〉의 종장은 농사를 지으며 사는 삶에 대한 즐거움을 드러낸 내용이므로 화자의 걱정을 강화한 것은 아니다.

④ **〈제1수〉 종장과 〈제3수〉 초장에서는 간단한 먹을거리를 언급하여 화자의 소박한 생활을 드러내고 있다.**
〈제1수〉의 종장에서는 '나물'을, 〈제3수〉의 초장에서는 '죽조반'을 언급하여 화자의 소박한 생활을 드러내고 있다.

⑤ **〈제4수〉 종장은 첫 음보의 감탄 표현을 활용하여 시상을 집약하고 있다.**
〈제4수〉의 종장은 '어즈버'라는 감탄 표현을 활용하여 술을 마시며 삶을 즐기는 화자의 만족감을 부각하며 시상을 집약하고 있다.

### 34 외적 준거에 따른 작품 감상 정답률 77% | 정답 ③

**〈보기〉를 참고하여 (가)~(다)를 감상한 내용으로 적절하지 않은 것은? [3점]**

〈보 기〉

정철과 조존성이 살았던 16세기 후반~17세기 초반에는 정치 참여 과정에서 당파 간의 대립과 투쟁이 극심해지면서 정치적 공격을 받은 문인들이 벼슬에서 파직, 유배되거나 산림에 은거하는 등 정계에서 소외된 상태에 놓이는 경우가 잦았다. 이 과정에서 문인들은 정치 경험을 바탕으로 정치 현실에 대한 비판과 경계, 처세관, 자연에 몰입하려는 태도 등을 작품에 드러내었다.

① **'풍파'가 험난한 정치 현실이고 '일렁이던 배'가 시련을 겪은 관료라면, (가)의 초장은 당쟁에 휘말린 사람이 정치적 소외 상태에 놓인 것을 의미하겠군.**
세찬 바람과 험한 물결을 아울러 이르는 말인 '풍파'가 정치 현실이고 '일렁이던 배'가 시련을 겪은 관료라면, (가)의 초장 '어디로 갔단 말인가'는 당쟁에 휘말려 시련을 겪은 관료가 파직, 유배, 은거 등을 통해 정치적으로 소외된 상태에 놓인 것으로 볼 수 있다.

② **'구름이 험하거늘'이 정치적 위기의 조짐에 해당하고 '허술한 배 두신 분네'가 신진 관료라면, (가)의 종장은 화자가 정치 경험이 충분치 않은 이들에게 정치의 험난함을 알려 주는 것이겠군.**
험한 구름은 풍파를 예측하게 한다는 점에서 '구름이 험하거늘'이 정치적 위기의 조짐에 해당하고 '허술한 배 두신 분네'가 신진 관료라면, (가)의 종장은 화자가 '구름이 험'한 상태에서 '처음 나'온 신진 관료들에게 험난한 정계에서 처신에 조심하라고 경계하는 것으로 볼 수 있다.

✔ **'심의산'이 화자의 심회이고 '오뉴월'의 '자취눈'이 화자의 복잡한 심정을 비유한 표현이라면, (나)의 초장과 중장에서는 당쟁의 상황에서 굳은 마음을 견지하려는 화자의 의지를 드러내는 것이겠군.**
(나)의 '심의산'이 화자의 심회를, '오뉴월'의 '자취눈'이 화자의 복잡한 심정을 비유한 표현이라면, (나)의 초장과 중장은 당파 간의 대립과 투쟁으로 인해 만신창이가 되어 버릴 정도로 고통받는 자신의 심리적 정황을 표현한 것이라고 이해할 수 있다. 따라서 이를 당쟁의 상황에서 굳은 마음을 지켜 내려는 화자의 의지로 이해하는 것은 적절하지 않다.

④ **'온 놈이 온 말을 하'는 상황이 비방과 모략이 난무하는 현실이고 '임'이 임금이라면, (나)의 종장은 온갖 참소를 임금이 잘 판단해 달라는 것이겠군.**
'온 놈이 온 말을 하'는 상황이 비방과 모략이 난무하는 현실이고 '임'이 임금이라면, (나)의 종장은 화자가 임금이 온갖 참소에 대해 합리적인 판단을 내리고 자신의 결백을 믿어달라고 호소하는 것으로 볼 수 있다.

⑤ **'미늘 없는 낚시'가 욕심 없이 사는 삶을 의미한다면, (다)의 〈제2수〉 종장은 자연과 더불어 지내는 화자의 흥을 드러내는 것이겠군.**
'미늘 없는 낚시'가 욕심 없이 사는 삶을 의미한다면, (다)의 〈제2수〉 종장은 화자가 자연물인 '고기'를 의인화하여 자연과 더불어 지내는 화자의 흥과 즐거움을 드러내는 것으로 볼 수 있다.

## [35~45] 화법과 작문

### 35 발표 표현 전략 사용 정답률 97% | 정답 ⑤

**㉠과 ㉡을 중심으로 파악한 발표자의 말하기 방식으로 가장 적절한 것은?**

① **청중의 의견을 듣기 위해 활용한 ㉠과, 자신의 의견을 밝히기 위해 활용한 ㉡을 비교하여 생각의 다양함을 드러낸다.**
발표자가 청중의 의견을 듣기 위해 ㉠을, 자신의 의견을 밝히기 위해 ㉡을 활용했다고 볼 수 있으나, ㉠과 ㉡을 비교하여 생각의 다양함을 드러내지는 않았다.

② **대상의 장점을 드러내기 위해 활용한 ㉠과, 단점을 드러내기 위해 활용한 ㉡을 대조하여 청중의 인식 변화를 유도한다.**
발표자는 청중의 이목을 집중시키기 위해 ㉠을 활용하고 있으며, 단점을 드러내기 위해 ㉡을 활용한 것은 아니다. 또한 ㉠과 ㉡을 대조하여 청중의 인식 변화를 유도하지도 않았다.

③ **발표 순서를 안내하기 위해 활용한 ㉠과, 발표 순서를 환기하기 위해 활용한 ㉡을 정리하여 발표 내용을 구조화한다.**
㉠과 ㉡ 모두 발표 순서를 안내하거나 환기하는 것과 관련이 없다.

④ **문제를 제기하기 위해 활용한 ㉠과, 해결 방안을 제시하기 위해 활용한 ㉡을 대응시켜 문제 해결의 어려움을 부각한다.**
문제를 제기하기 위해 ㉠을, 문제 해결 방안을 구체화하기 위해 ㉡을 활용한 것은 아니며, ㉠과 ㉡을 대응시켜 문제 해결의 어려움을 부각하지도 않았다.

✔ **청중의 궁금증을 유발하기 위해 활용한 ㉠과, 청중에게 당부하기 위해 활용한 ㉡을 연결하여 실천의 중요성을 강조한다.**
발표자는 발표 도입부에서 '잠시 집중해 주세요.'라며 ㉠을 제시하고 있는데, 효과음을 통해 발표 주제에 관한 청중의 궁금증을 유발하고 있다. 또한 발표의 마무리 부분에서 ㉡을 제시하면서 청중에게 안전벨트 착용의 중요성에 대해 당부하고 있다. 발표자는 발표의 도입부에 제시한 ㉠과 마무리 부분에 제시한 ㉡을 연결함으로써 안전벨트 착용이라는 실천의 중요성을 강조하고 있다.

### 36 자료 및 매체 활용 정답률 92% | 정답 ②

**다음은 발표자가 제시한 자료이다. 발표자의 자료 활용에 대한 설명으로 적절하지 않은 것은?**

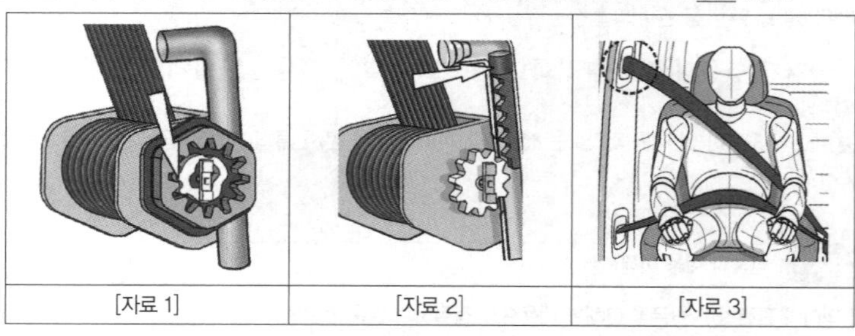
[자료 1] [자료 2] [자료 3]

① **바깥쪽 톱니에 걸려 띠가 풀리지 않게 하는 장치를 보여 주기 위해 [자료 1]을 ⓐ에 제시하였다.**
발표자는 2문단에서 ⓐ를 제시하며 '띠를 잠그는 장치'에 관해 설명하고 있다. 이는 [자료 1]과 관련된 정보이므로 해당 내용을 보여 주기 위해 [자료 1]을 ⓐ에 제시했다고 볼 수 있다.

✔ **차량이 충돌할 때 톱니를 돌아가게 하는 장치를 보여 주기 위해 [자료 1]을 ⓐ에 제시하였다.**
[자료 1]은 띠를 잠그는 장치를 화살표로 표시해서 보여 주는 자료이고, [자료 2]는 띠를 당기거나 풀어 주는 장치를 화살표로 표시해서 보여 주는 자료이며, [자료 3]은 어깨 고정 점에 동그라미를 표시해서 고정 점이 세 개 있는 3점식 안전벨트를 보여 주는 자료이다. 차량이 충돌할 때 톱니를 회전시키는 장치에 해당하는 것은 ⓑ에 제시된 [자료 2]이다.

③ **피스톤이 아래로 내려가면서 띠를 감아 당기는 장치를 보여 주기 위해 [자료 2]를 ⓑ에 제시하였다.**



[문제편 p.212]

발표자는 2문단에서 ⓑ를 제시하며 '피스톤이 아래로 내려가면서 톱니를 회전시켜 띠를 감아 당기면서 몸을 잡아 줍니다.'라고 설명하고 있다. 이는 [자료 2]와 관련된 정보이므로 해당 내용을 보여 주기 위해 [자료 2]를 ⓑ에 제시했다고 볼 수 있다.

④ **2점식에 비해 3점식 벨트에 추가된 고정 점의 위치를 설명하기 위해 [자료 3]을 ⓒ에 제시하였다.**
발표자는 3문단에서 ⓒ를 제시하며 '탑승자 어깨 위에도 고정 점이 하나 더' 있다며 2점식에 비해 3점식 벨트에 추가된 고정 점의 위치를 설명하고 있다. 이는 [자료 3]과 관련된 정보이므로 해당 내용을 보여 주기 위해 [자료 3]을 ⓒ에 제시했다고 볼 수 있다.

⑤ **3점식 안전벨트가 2점식보다 몸의 더 많은 부분을 잡아 주는 방식임을 설명하기 위해 [자료 3]을 ⓒ에 제시하였다.**
발표자는 3문단에서 ⓒ를 제시하며 3점식은 2점식에 비해 고정 점이 많아 '어깨까지 잘 잡아' 준다고 설명하고 있다. 이는 [자료 3]과 관련된 정보이므로 해당 내용을 보여 주기 위해 [자료 3]을 ⓒ에 제시했다고 볼 수 있다.

## 37 발표 내용 이해 및 평가

정답률 90% | 정답 ①

**발표 내용을 바탕으로 할 때, 〈보기〉에 나타난 학생의 반응에 대한 이해로 적절하지 않은 것은?**

〈보 기〉

**학생 1** : 통계의 출처가 분명하니 발표 내용에 믿음이 가. 그래서 안전벨트가 중요하단 생각이 확고해졌어.
**학생 2** : 근데 통계를 제시할 때 뒷좌석 안전벨트의 효과를 알려 주지 않은 점은 아쉬워. 그래도 안전벨트의 원리를 구분해서 설명한 것은 효과적이었어. 특히 띠를 잠그는 장치를 활용하여 몸을 잡아 주는 과정이 흥미로웠어.
**학생 1** : 안전 교육 때 원리가 비슷한 장치에 대해 배웠잖아. 그걸 떠올리며 들으니 안전벨트의 원리가 잘 이해됐어.
**학생 2** : 아, 그래? 난 인터넷에서 안전벨트에 적용되는 또 다른 원리가 있는지를 더 알아봐야겠어.

✅ **'학생 1'은 발표 내용을 통해 안전벨트에 대하여 자신이 기존에 가지고 있던 인식을 전환하고 있군.**
'학생 1'은 첫 번째 발화에서 '안전벨트가 중요하단 생각이 확고해졌어.'라고 밝히고 있다. 이를 통해 '학생 1'이 기존에도 안전벨트의 중요성에 대해 인식하고 있었음이 드러나므로 '학생 1'이 발표 내용을 통해 기존의 인식을 전환하고 있다고 보는 것은 적절하지 않다.

② **'학생 1'이 발표 내용의 신뢰성을 높였다고 여긴 자료와 관련하여 '학생 2'는 발표에 제시된 정보가 부족하다고 보고 있군.**
'학생 1'은 첫 번째 발화에서 '통계의 출처가 분명'해서 발표 내용을 신뢰할 수 있다고 밝히고 있다. 이 통계 자료와 관련하여 '학생 2'는 발표에서 '통계를 제시할 때 뒷좌석 안전벨트의 효과를 알려 주지 않'아 아쉬웠다고 밝히고 있는데, 이를 통해 '학생 2'가 발표에 제시된 정보가 부족하다고 보고 있음을 알 수 있다.

③ **'학생 2'는 발표자의 설명 방식에 대해 긍정적으로 평가하고 있군.**
'학생 2'는 첫 번째 발화에서 '안전벨트의 원리를 구분해서 설명한 것은 효과적이었어.'라며 발표자의 설명 방식에 대해 긍정적으로 평가하고 있다.

④ **'학생 2'가 흥미롭다고 여기는 내용에 대해 '학생 1'은 그 내용과 관련한 학습 경험을 언급하고 있군.**
'학생 2'가 첫 번째 발화에서 '띠를 잠그는 장치를 활용하여 몸을 잡아 주는 과정이 흥미로웠'다고 밝혔는데, '학생 1'이 자신의 두 번째 발화에서 '안전 교육 때 원리가 비슷한 장치에 대해 배웠잖아.'라며 그와 관련된 학습 경험을 언급하고 있다.

⑤ **'학생 1'이 배경지식을 활용해서 이해한 내용에 대해 '학생 2'는 추가 정보를 탐색하려고 하고 있군.**
'학생 1'이 자신의 두 번째 발화에서 '그걸 떠올리며 들으니 안전벨트의 원리가 잘 이해됐어.'라며 배경지식을 이용해 안전벨트의 원리를 이해했음을 밝히고 있는데, '학생 2'는 자신의 두 번째 발화에서 이 안전벨트의 원리에 관해 '인터넷'을 통해 추가 정보를 탐색해 보겠다고 밝히고 있다.

## 38 대화 맥락 분석

정답률 94% | 정답 ⑤

**대화의 흐름을 고려할 때, ㉠~㉤에 대한 설명으로 적절하지 않은 것은?**

① **㉠ : 직전 발화에 대해 세부적인 정보를 요청하고 있다.**
㉠에서 '학생 3'은 영조 때 혜성을 관측한 기록이 있다는 '학생 2'의 발화를 듣고, '그 관측 기록'에 대한 세부적인 정보를 요청하고 있다.

② **㉡ : 직전 발화와 관련하여 고민되는 부분을 언급한 뒤, 질문을 통해 대안을 요청하고 있다.**
㉡에서 '학생 2'는 전시물을 어떤 형식으로 만들 것인지를 묻는 '학생 1'의 발화와 관련하여 현재 만들고 있는 전시물이 '좀 밋밋해 보'인다며 고민되는 부분을 언급한 뒤, '학생 1'에게 질문을 통해 대안을 요청하고 있다.

③ **㉢ : 직전 발화 내용의 긍정적인 부분을 언급한 뒤, 예상되는 문제점을 제시하고 있다.**
㉢에서 '학생 2'는 '영상으로 만들면 생생할 것 같'다는 '학생 1'의 발화에 대해 '생동감이 있어서 좋'다며 긍정적인 부분을 언급한 뒤, '행사 전까지 제작하려면 시간이 부족할 것 같'다고 말하며 예상되는 문제점을 제시하고 있다.

④ **㉣ : 직전 발화에 동의하고 이와 관련된 유사한 사례를 제시하고 있다.**
㉣에서 '학생 2'는 '카드에 미리 별의 위치를 표시해 두'면 '사람들이 쉽게 그릴 수 있'을 것이라는 '학생 3'의 발화에 대해 동의하면서 이와 관련된 유사한 사례로 '학교 행사 때 지리 동아리'와 관련된 경험을 제시하고 있다.

✅ **㉤ : 직전 발화를 재진술하고 제시된 방안의 효과를 덧붙이고 있다.**
㉤에서 '학생 2'는 '사람들한테 크기가 다른 별 스티커를 직접 붙'이게 하자는 '학생 3'의 제안에 대해 '별들의 밝기 차이를 나타낼 수 있'을 것이라며 제시된 방안의 효과를 덧붙이고 있지만, 직전 발화를 재진술하고 있지는 않다.

## 39 대화 내용 점검 및 조정

정답률 91% | 정답 ②

**다음은 (가)에서 '학생 1'이 참고한 계획서의 일부와 메모이다. '학생 1'이 (가)에서 점검하지 않은 것은?**

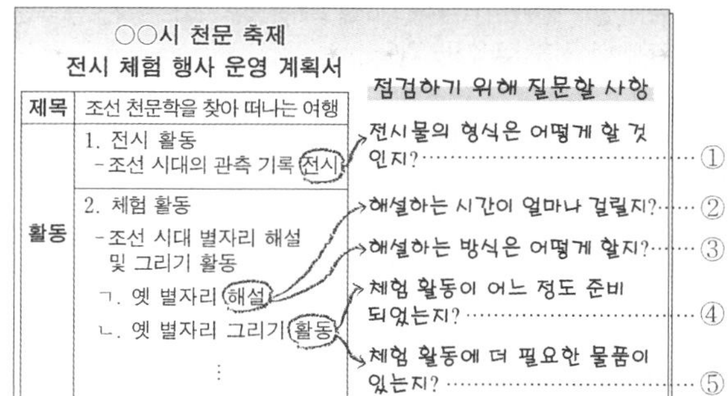
○○시 천문 축제
전시 체험 행사 운영 계획서

| 제목 | 조선 천문학을 찾아 떠나는 여행 |
|---|---|
| 활동 | 1. 전시 활동<br>- 조선 시대의 관측 기록 전시<br>2. 체험 활동<br>- 조선 시대 별자리 해설 및 그리기 활동<br>ㄱ. 옛 별자리 해설<br>ㄴ. 옛 별자리 그리기 활동<br>⋮ |



① **전시물의 형식은 어떻게 할 것인지?**
'전시물의 형식은 어떻게 할 것인지?'라는 질문 계획에 대해, '학생 1'의 두 번째 발화에서 '전시물은 어떤 형식으로 만들 거야?'라는 질문을 통해 점검하고 있다.

✅ **해설하는 시간이 얼마나 걸릴지?**
'학생 1'은 네 번째 발화인 '조선 시대 별자리 해설 준비는 어떻게 되고 있어? 준비하는 데 시간이 많이 걸릴까?'라는 질문을 통해 해설을 준비하는 시간에 대해 점검하고 있다. 하지만 해설하는 시간이 얼마나 걸릴지에 대해서는 점검하고 있지 않다.

③ **해설하는 방식은 어떻게 할지?**
'해설하는 방식은 어떻게 할지?'라는 질문 계획에 대해, '학생 1'의 다섯 번째 발화에서 '별자리는 어떤 방식으로 설명할 거야?'라는 질문을 통해 점검하고 있다.

④ **체험 활동이 어느 정도 준비되었는지?**
'체험 활동이 어느 정도 준비되었는지?'라는 질문 계획에 대해, '학생 1'의 여섯 번째 발화에서 '별자리 그리기 체험은 ~ 활동을 준비하기로 했잖아? 얼마나 준비됐어?'라는 질문을 통해 점검하고 있다.

⑤ **체험 활동에 더 필요한 물품이 있는지?**
'체험 활동에 더 필요한 물품이 있는지?'라는 질문 계획에 대해, '학생 1'의 일곱 번째 발화에서 '투명 카드와 야광 펜 외에 필요한 것 더 있어?'라는 질문을 통해 점검하고 있다.

## 40 정서 표현 글쓰기 내용 생성

정답률 54% | 정답 ⑤

**다음은 참여 후기의 일부이다. (가)와 관련하여 ⓐ~ⓒ가 (나)에 반영되었다고 할 때, 이에 대한 설명으로 가장 적절한 것은? [3점]**

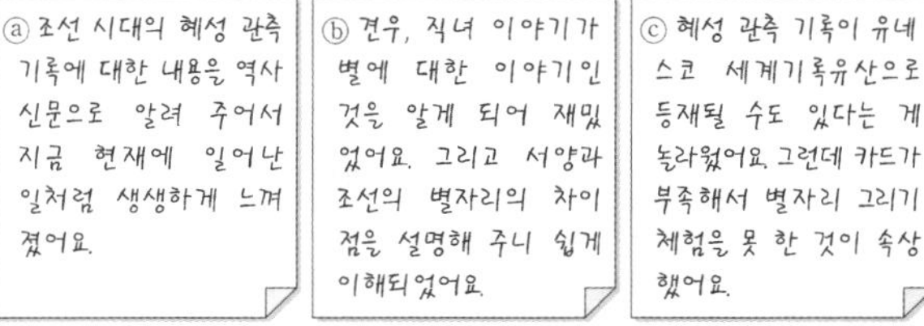


① **'학생 1'이 구입 물품 배분에 대해 언급한 내용이 ⓒ의 체험하지 못해 속상했다는 반응을 통해, (나)에서 행사 물품 준비 과정에 대한 글쓴이의 부정적 인식으로 제시되었다.**
'학생 1'의 여덟 번째 발화에서 남은 예산으로 구입한 물품의 배분에 대해 언급하고 있으며 ⓒ에서 카드가 부족해서 별자리 그리기 체험을 하지 못해 속상했다는 반응이 제시되어 있다. 하지만 (나)에서 행사 물품 준비 과정에 대한 글쓴이의 부정적 인식은 드러나 있지 않다.

② **'학생 2'가 별들의 밝기에 대해 언급한 내용이 ⓑ의 재미있었다는 반응을 통해, (나)에서 해설 내용 선정에 대한 글쓴이의 긍정적 인식으로 제시되었다.**
'학생 2'의 일곱 번째 발화에서 '별들의 밝기 차이도 카드에 나타내면 좋'겠다고 언급한 내용은 ⓑ에서 견우, 직녀 이야기가 별에 대한 이야기인 것을 알게 되어 재미있었다는 반응 및 (나)의 해설 내용 선정에 대한 긍정적 인식과 관련이 없다.

③ **'학생 2'가 혜성 관측 기록에 대해 언급한 내용이 ⓒ의 놀라웠다는 반응을 통해, (나)에서 전시 주제 변경에 대한 글쓴이의 부정적 인식으로 제시되었다.**
'학생 2'의 두 번째 발화에서 혜성 관측 기록에 대해 언급하고 있으며, ⓒ에서는 혜성 관측 기록이 유네스코 세계기록유산으로 등재될 수 있다는 것에 대해 놀라웠다는 반응을 제시하고 있다. 하지만 (나)에서 전시 주제 변경에 대한 글쓴이의 부정적 인식은 드러나 있지 않다.

④ **'학생 3'이 역사 신문 형식 활용에 대해 언급한 내용이 ⓐ의 현장감 있다는 반응을 통해, (나)에서 전시물의 형식 선택에 대한 글쓴이의 긍정적 인식으로 제시되었다.**
'학생 3'의 두 번째 발화에서 역사 신문 형식 활용에 대해 제안하고 있으며 ⓐ에서는 이에 대해 현재에 일어난 일처럼 생생하게 느껴졌다는 반응을 제시하고 있다. 하지만 (나)에서 전시물의 형식 선택에 대한 글쓴이의 긍정적 인식은 드러나 있지 않다.

✅ **'학생 3'이 별자리를 설명하는 방식에 대해 언급한 내용이 ⓑ의 이해가 잘되었다는 반응을 통해, (나)에서 설명 방식 선택에 대한 글쓴이의 긍정적 인식으로 제시되었다.**
'학생 3'의 네 번째 발화에서 우리 옛 별자리와 서양 별자리의 차이점을 설명할 것이라며 별자리 설명 방식에 대해 언급하고 있으며, ⓑ에서는 이러한 설명 방식 덕분에 이해가 잘 되었다는 반응을 드러내고 있다. 이를 통해 (나)의 3문단에서는 '서양 별자리와 대조해 설명하니 ~ 함께 이야기하길 잘했다고 생각했다.'라고 하며 설명 방식 선택에 대한 글쓴이의 긍정적 인식을 드러내고 있다.

## 41 정서 표현 글쓰기 내용 조직

정답률 90% | 정답 ④

**(나)에 활용된 글쓰기 방식으로 가장 적절한 것은?**

① **체험 활동에서 발생한 문제를 해결하는 과정을 서술하였다.**
3문단을 통해 '예상보다 많은 사람들이 몰려 카드가 부족해 발길을 돌린 사람들이 있'었다는 진술을 통해 체험 활동 진행의 문제점을 제시하고 있음을 알 수 있지만, 이에 대해 해결하는 과정을 서술하고 있지는 않다.

② **전시 활동에서 활용한 전시물의 특징을 분류해 서술하였다.**
2문단을 통해 전시 활동에서 활용한 전시물로 역사 신문을 제시하고 있음을 알 수 있지만, 전시물의 특징을 분류해 서술하고 있지는 않다.

③ **축제에서 동아리의 참가 분야를 작년과 대비해 서술하였다.**

11회

1문단을 통해 동아리가 천문 축제의 전시 체험 분야에 참가한 것은 제시하였음을 알 수 있지만, 동아리의 참가 분야를 작년과 대비해 서술하고 있지는 않다.

**✔ 축제에서 동아리가 진행한 활동들을 시간의 흐름에 따라 서술하였다.**
축제에서 동아리가 진행한 활동은 전시 활동과 체험 활동인데, 3문단의 '이후 이어진 체험 활동으로'라는 표현을 통해 동아리가 진행한 활동들을 시간의 흐름에 따라 서술하고 있음을 확인할 수 있다.

**⑤ 축제에 참여한 경험에서 얻은 의미를 묻고 답하는 방식으로 서술하였다.**
마지막 문단을 통해 축제에 참여한 경험에서 얻은 의미를 진술하고 있음을 알 수 있지만, 묻고 답하는 방식으로 서술하고 있지는 않다.

## 42 정서 표현 글쓰기 내용 점검 및 조정

정답률 84% | 정답 ③

**다음은 [A]의 초고와 친구들의 의견이다. 초고에 대한 의견을 반영하여 고쳐 썼다고 할 때, 이에 대한 설명으로 가장 적절한 것은?**

> ○ 초고
> 관측 행사 도우미로는 전시 체험 행사에 참가한 동아리의 학생들이 참여할 수 있었다. 전시 체험 행사를 마치고 밖으로 나가 관측 행사 도우미로 참여했다. 관측에서 별똥별도 볼 수 있었다. 이번 축제를 통해 조선 천문학에 대해 더 알게되고 동아리 친구들과 사이가 돈독해져서 행복했다. 내년 축제에도 꼭 다시 참가하고 싶다.
>
> ○ 초고에 대한 의견
> **학생 2** : 글의 흐름이 자연스럽도록, 일부 내용을 삭제하거나 순서를 바꾸면 좋겠어.
> **학생 3** : 글의 목적을 고려해, 인상 깊었던 경험을 구체화하거나 자신이 성찰한 내용을 추가하면 좋겠어.

**① '학생 2'의 의견을 반영해, 내년 축제의 참여 의향에 대한 내용을 삭제하였다.**
내년 축제의 참여 의향에 대한 내용인 '내년 축제에도 꼭 다시 참가하고 싶다.'라는 내용은 [A]에서 삭제되지 않고 초고의 내용 그대로 유지되고 있다.

**② '학생 2'의 의견을 반영해, 관측 행사 도우미의 참여 조건을 언급한 문장의 위치를 변경하였다.**
초고에서는 첫 문장에서 관측 행사 도우미 참여 조건을 언급하고 있으나 [A]에서는 이 문장의 위치를 변경한 것이 아니라 삭제하였다.

**✔ '학생 3'의 의견을 반영해, 관측 행사에서 본 별똥별의 모습을 구체화하였다.**
인상 깊었던 경험을 구체화했으면 좋겠다는 '학생 3'의 의견을 반영해, '관측에서 별똥별도 볼 수 있었다.'라는 초고의 진술을 [A]에서는 '관측에서 까만 밤하늘을 가로지르는 별똥별의 반짝이는 모습도 볼 수 있었다.'라는 진술로 구체화하고 있다.

**④ '학생 3'의 의견을 반영해, 축제를 통해 배우고 느낀 점에 대한 내용을 추가하였다.**
축제를 통해 배우고 느낀 점에 대해 초고에서는 '조선 천문학에 대해 더 알게 되고 ~ 행복했다.'라고 진술하고 있는데, [A]에서도 초고의 내용을 그대로 유지하고 있다.

**⑤ '학생 3'의 의견을 반영해, 관측 행사 도우미로서 한 일에 대한 소감을 추가하였다.**
[A]에서는 '관측 장비를 설치하고 조작법을 안내'한 내용을 제시하며 초고에는 제시되지 않았던 관측 행사 도우미로서 한 일을 추가하였지만, 이에 대한 소감을 추가하지는 않았다.

## 43 건의 글쓰기 내용 생성

정답률 95% | 정답 ②

**초고에 반영된 글쓰기 계획으로 가장 적절한 것은?**

**① 체육 공간의 조성 근거로 학술 자료를 인용해야겠어.**
체육 공간의 조성 근거로 체육 활동을 할 수 있는 곳이 부족하다는 점을 제시하고 있지만, 학술 자료를 인용하고 있지는 않다.

**✔ 체육 공간에 대한 조성 방안을 공간별로 제안해야겠어.**
3문단에서는 '체육관 내부 농구대 뒤편의 넓은 여유 공간', 4문단에서는 '비품실', 5문단에서는 '체육관 2층 창고'로 구분하여 공간별로 체육 공간 조성 방안에 대해 제안하고 있다.

**③ 체육 공간 조성에 따른 문제의 원인들을 비교해야겠어.**
체육 공간이 조성되지 않은 문제에 대해서는 지적하고 있지만, 체육 공간 조성에 따른 문제의 원인은 제시되어 있지 않으며 문제의 원인들도 비교하고 있지 않다.

**④ 체육 공간 조성을 위한 준비 과정을 단계별로 제시해야겠어.**
체육관 내의 각 공간별 체육 공간 조성 방안은 제시되어 있지만, 체육 공간 조성을 위한 준비 과정을 단계별로 제시하고 있지는 않다.

**⑤ 체육 공간 조성 방안에 대해 예상되는 반론을 반박해야겠어.**
체육 공간 조성 방안이 실현될 경우 예상되는 효과는 제시되어 있지만, 체육 공간 조성 방안에 대해 예상되는 반론은 제시되어 있지 않으며 이에 대해 반박하고 있지도 않다.

## 44 건의 글쓰기 표현 전략 사용

정답률 96% | 정답 ④

**다음은 학생이 초고를 작성할 때 떠올린 생각이다. 이를 고려할 때 [A]에 작성할 내용으로 가장 적절한 것은?**

> 건의문을 마무리할 때는 글의 흐름을 고려하여 쓰되, 건의가 받아들여졌을 때 다수의 학생에게 도움이 될 수 있다는 것을 제시하면 설득력을 높일 수 있겠군.

**① 체육관에서 다양한 체육 활동이 이루어지도록 공간이 조성된다면, 학교 체육관은 지역 주민들이 활용할 수 있는 시설로 거듭날 수 있을 것입니다.**
'지역 주민들이 활용할 수 있는 시설로 거듭날 수 있을 것'이라는 내용은, 건의가 받아들여졌을 때 '다수의 학생'에게 도움이 될 수 있다는 점을 제시하는 것이 아니므로 [A]에 작성할 내용으로 적절하지 않다.

**② 학교 체육 기기의 노후화로 운동을 제대로 할 수 없는 학생들의 불만이 해결된다면, 학교 체육 수업은 대다수 학생들이 기다리는 시간이 될 것입니다.**
학교 체육 기기의 노후화로 운동을 제대로 할 수 없는 학생들의 불만이 해결된다는 내용은, 초고에 제시된 학교 내 체육 공간 조성을 건의하는 이유와 관련이 없으므로 [A]에 작성할 내용으로 적절하지 않다.

**③ 학생들이 진정으로 원하는 체육 활동이 체육관 밖에서도 이어지려면, 학교에 있는 체육 공간이 학생들의 다양한 요구에 부합하도록 재조성되어야 할 것입니다.**
제시된 건의 내용 중 언급한 공간은 '체육관 내부', '체육관 2층 창고'로, '체육 활동이 체육관 밖에서도 이어지려면'이라는 내용은 글의 흐름과 맞지 않는다고 할 수 있다. 따라서 [A]에 작성할 내용으로 적절하지 않다.

**✔ 공간 재조성을 통해 다양한 체육 활동 환경이 마련된다면, 많은 학생들이 각자에게 맞는 체육 활동에 참여하게 되어 건강하고 활력 있는 학교생활을 할 수 있을 것입니다.**
다양한 체육 활동 환경이 마련되면 많은 학생들이 건강하고 활력 있는 학교생활을 할 수 있을 것이라는 내용은, 학교 내 체육 공간 조성에 대해 건의하는 글의 흐름에도 부합하며 건의가 받아들여졌을 때 다수의 학생에게 도움이 될 수 있다는 것을 제시하여 설득력을 높이고 있다는 점에서 [A]에 작성할 내용으로 적절하다고 할 수 있다.

**⑤ 공간 재조성을 통해 구기 종목을 수행할 공간이 줄어든다면, 단체 종목을 선호하지 않는 여러 학생들도 보다 다양한 형태의 체육 활동에 참여할 수 있어 만족도가 높아질 것입니다.**
공간 재조성을 통해 구기 종목을 수행할 공간을 줄이는 것은 아니므로 [A]에 작성할 내용으로 적절하지 않다.

★★★ 등급을 가르는 문제!

## 45 건의 글쓰기 자료 및 매체 활용

정답률 53% | 정답 ④

**<보기>는 학생이 초고를 보완하기 위해 추가로 수집한 자료이다. 자료 활용 방안으로 적절하지 않은 것은? [3점]**

〈보 기〉

ㄱ. 체육 활동 관련 설문 조사 결과 (대상 : 우리 학교 학생 300명)

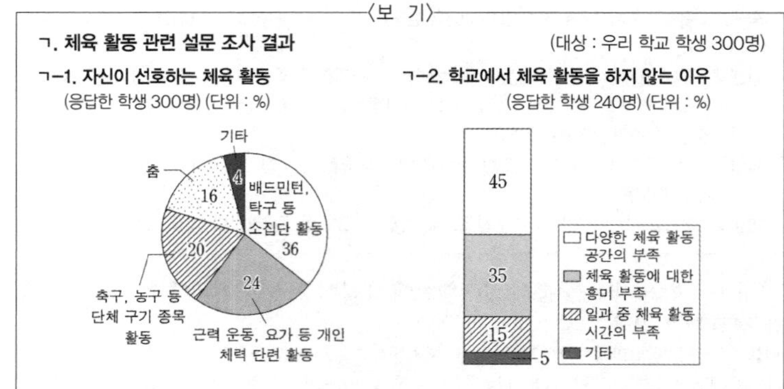


ㄴ. 지역 신문 기사
△△ 고등학교는 학생들의 희망을 반영하여 체육 공간을 재조성해 학생들의 만족도가 높다. 특히 춤을 출 수 있는 공간이 학생들의 큰 관심을 받고 있다. 체육을 담당하는 정◇◇ 교사는 "춤추는 즐거움이 체육을 좋아하지 않던 학생들의 동기를 높여 다른 체육 활동에도 적극 참여하게 합니다."라고 설명했다.

ㄷ. 전문가 인터뷰
"청소년기에 근력 운동, 요가 등 신체를 관리하는 운동을 통해 근육량이 증가하면 대사 기능이 향상돼 건강 증진에 도움이 됩니다. 이런 운동으로 신체를 관리하며 얻는 만족감과 성취감은 자신에 대한 긍정적 정서를 형성하는 데 효과적입니다."

**① ㄱ-1을 활용하여, 학생들이 소집단 활동을 가장 선호한다는 내용을 마련하고, 이를 3문단에 추가해 소집단 체육 공간 조성의 필요성을 뒷받침한다.**
ㄱ-1에서 선호하는 체육 활동으로 소집단 활동에 응답한 학생 비율이 36%로 가장 많으므로 학생들이 소집단 활동을 가장 선호한다는 내용을 마련할 수 있다. 이를 활용하여 3문단에서 소집단 체육 공간 조성의 필요성을 뒷받침할 수 있다.

**② ㄱ-2를 활용하여, 시간 부족보다 공간 부족으로 체육 활동을 하지 않는다고 응답한 학생이 세 배나 많다는 내용을 마련하고, 이를 1문단에 추가해 건의문의 작성 이유를 뒷받침한다.**
ㄱ-2에서 학교에서 체육 활동을 하지 않는 이유를 묻는 질문에 공간 부족 때문이라고 응답한 학생이 45%이고, 시간 부족 때문이라고 응답한 학생이 15%이므로 시간 부족보다 공간 부족으로 응답한 학생이 세 배나 많다는 내용을 마련할 수 있다. 이를 활용하여 1문단에서 학교 내 체육 공간을 조성하자는 건의문 작성 이유를 뒷받침할 수 있다.

**③ ㄷ을 활용하여, 청소년기의 신체 관리 운동이 신체뿐 아니라 정신적으로도 유익하다는 내용을 마련하고, 이를 5문단에 추가해 개별 체육 활동이 건강에 주는 이점을 보강한다.**
ㄷ에서 청소년기의 신체 관리 운동이 건강 증진에 도움이 되며 긍정적 정서 형성에 효과적이라고 하였으므로, 신체뿐 아니라 정신적으로도 유익하다는 내용을 마련할 수 있다. 이를 활용하여 5문단에서 개별 체육 활동이 신체 건강뿐 아니라 정신 건강에도 도움이 된다는 점을 추가하여 보강할 수 있다.

**✔ ㄱ-1과 ㄴ을 활용하여, 학생들의 희망을 반영해 체육 공간을 조성하면 학생들이 선호하는 체육 활동이 더 다양해진다는 내용을 마련하고, 이를 2문단에 추가해 특색 있는 체육 공간 조성의 필요성을 뒷받침한다.**
ㄱ-1을 통해 학생들이 선호하는 체육 활동이 다양하다는 정보를 확인할 수 있고, ㄴ을 통해 학생들의 희망을 반영한 체육 공간 재구성, 특히 춤을 출 수 있는 공간의 조성이 가져온 효과를 확인할 수 있다. 하지만 이를 활용하여 학생들의 희망을 반영해 체육 공간을 조성하면 학생들이 선호하는 체육 활동이 더 다양해진다는 내용을 마련할 수는 없다. 따라서 이를 2문단에 추가해 특색 있는 체육 공간 조성의 필요성을 뒷받침하는 것은 적절하지 않다.

**⑤ ㄱ-2와 ㄴ을 활용하여, 체육 활동에 흥미가 부족한 우리 학교 학생들에게 춤을 추는 즐거움이 동기를 유발할 수 있다는 내용을 마련하고, 이를 4문단에 추가해 춤이 학생들을 다른 체육 활동에도 적극적으로 참여하게 한다는 내용을 보충한다.**
ㄱ-2에서 체육 활동에 대한 흥미가 부족하다고 응답한 학생이 35%에 달한다는 정보와 ㄴ에서 춤추는 즐거움이 체육을 좋아하지 않던 학생들이 다른 체육 활동에 적극적으로 참여하게 하는 동기를 부여한다는 정보를 확인할 수 있다. 이를 바탕으로, 체육 활동에 흥미가 부족한 우리 학교 학생들에게 춤을 추는 즐거움이 동기를 유발할 수 있다는 내용을 마련할 수 있으며, 이를 활용하여 4문단의 춤이 학생들을 다른 체육 활동에도 적극적으로 참여하게 한다는 내용을 보충할 수 있다.

**★★ 문제 해결 꿀~팁 ★★**

▶ 많이 틀린 이유는?
자료를 활용할 때 그것의 논리적 구성을 제대로 검토하지 못한 경우가 많았기에 오답률이 높았던 것으로 보인다.



[문제편 p.215]

▶ **문제 해결 방법은?**
이 문제는 자료 활용 방안이 논리적으로 적절한지를 검토하는 것이 핵심이다. ④의 경우 ㄱ-1은 학생들이 선호하는 체육 활동이 다양하다는 점을 보여주며, ㄴ은 '학생들의 희망을 반영하여 체육 공간을 재조성'했을 때 '학생들의 만족도가 높'았던 사례를 보여준다. 해당 부분에서 춤을 출 수 있는 공간의 조성이 '체육을 좋아하지 않던 학생들의 동기를 높여 다른 체육 활동에도 적극 참여하게' 하는 효과를 가져왔음을 확인할 수 있다. 그러나 이를 통해 '학생들의 희망을 반영해 체육 공간을 조성'함으로써 '학생들이 선호하는 체육 활동이 더 다양'해진다는 내용을 마련하기란 어렵다. '다른 체육 활동에도 적극 참여하게' 되는 것과, '선호하는 체육 활동이 더 다양'해지는 것이 함의하는 바는 다르기 때문이다. 이와 같은 유형의 문제를 해결하기 위해서는 자료가 논리적으로 적절하게 활용되고 있는지를 검토하는 연습을 반복해야 한다.

## [35~45] 언어와 매체

★★★ 등급을 가르는 문제!

**35** 품사와 문장 성분 정답률 50% | 정답 ④

**윗글을 바탕으로 이해한 내용으로 적절한 것은?**

① **'내 생일은 그저께가 아니라 어제였다.'의 '그저께'와 '그저께 본 달은 매우 밝았다.'의 '그저께'는 품사가 서로 같다.**
'내 생일은 그저께가 아니라 어제였다.'에 쓰인 '그저께'는 명사이다. 격 조사 '가'와 결합하여 쓰인다는 점에서 이를 확인할 수 있다. '그저께 본 달은 매우 밝았다.'에 쓰인 '그저께'는 부사이다. '그는 그저께 왔다.'에서와 같이 용언을 수식하고 있다는 점에서 이를 확인할 수 있다.

② **'그는 세계적으로 매우 유명하다.'의 '세계적'과 '그는 그저께 서둘러 여기를 떠났다.'의 '그저께'는 품사가 서로 같다.**
'그는 세계적으로 매우 유명하다.'에 쓰인 '세계적'은 명사이다. 격 조사 '으로'와 결합하여 쓰인다는 점에서 이를 확인할 수 있다. '그는 그저께 서둘러 여기를 떠났다.'에 쓰인 '그저께'는 부사이다. '그는 그저께 왔다.'에서와 같이 용언을 수식하고 있다는 점에서 이를 확인할 수 있다.

③ **'첫눈이 그저께 왔다.'의 '그저께'와 '그는 세계적 명성을 얻었다.'의 '세계적'은 품사는 서로 다르지만 문장 성분은 서로 같다.**
'첫눈이 그저께 왔다.'에 쓰인 '그저께'의 품사는 부사이고 문장 성분은 부사어이다. '그는 세계적 명성을 얻었다.'에 쓰인 '세계적'의 품사는 관형사이고 문장 성분은 관형어이다.

✔ **'여기는 그저께 낮만큼 더웠다.'의 '그저께'와 '꽃이 그저께 피었다.'의 '그저께'는 품사도 서로 다르고 문장 성분도 서로 다르다.**
'여기는 그저께 낮만큼 더웠다.'에 쓰인 '그저께'의 품사는 명사이고 문장 성분은 관형어이다. 한편 '꽃이 그저께 피었다.'에 쓰인 '그저께'의 품사는 부사이고 문장 성분은 부사어이다.

⑤ **'그는 세계적인 선수이다.'의 '세계적인'과 '그는 세계적으로 매우 유명하다.'의 '세계적으로'는 모두, 명사에 조사와 어미가 결합한 문장 성분이다.**
'그는 세계적인 선수이다.'에서의 '세계적인'은 명사 '세계적'에 조사 '이-'와 어미 '-ㄴ'이 결합하여 관형어로 쓰이고 있다. '그는 세계적으로 매우 유명하다.'에서의 '세계적으로'는 명사 '세계적'에 조사 '으로'가 결합하여 부사어로 쓰이고 있다.

**★★ 문제 해결 꿀~팁 ★★**

▶ **많이 틀린 이유는?**
품사와 문장 성분을 확인하는 과정에서 어려움을 겪었기에 오답률이 높았던 것으로 보인다.
▶ **문제 해결 방법은?**
이 문제는 시간이 걸리더라도 품사와 문장 성분을 차분하고 꼼꼼하게 확인할 수 있어야 한다. ④의 경우 '여기는 그저께 낮만큼 더웠다.'에 쓰인 '그저께'는 '낮'을 꾸며주고 있기 때문에 품사는 명사이고 문장 성분은 관형어이다. 한편 '꽃이 그저께 피었다.'에 쓰인 '그저께'의 품사는 부사이고 문장 성분은 부사어이다. 따라서 ④의 경우 '여기는 그저께 낮만큼 더웠다.'의 '그저께'와 '꽃이 그저께 피었다.'의 '그저께'는 '품사도 서로 다르고 문장 성분도 서로 다르다'는 점을 확인할 수 있다.

**36** 품사의 특성 정답률 74% | 정답 ③

**윗글을 바탕으로 〈보기〉를 이해한 내용으로 적절한 것은?**

〈보 기〉

ⓐ ~ ⓔ의 밑줄 친 단어는 모두 둘 이상의 쓰임을 보인다.

ⓐ 나는 급한 마당에 실수로 결재 서류를 휴지통에 버렸다.
ⓑ 나는 약간의 시간이 남아 자전거 바퀴를 깨끗이 닦았다.
ⓒ 작고 귀여운 강아지가 넓은 마당을 일곱 바퀴나 돌았다.
ⓓ 산꼭대기에 구름이 약간 껴 가지고 경치가 좋아 보였다.
ⓔ 나는 모임을 가지고 난 후 아주 급히 집으로 와 버렸다.

① **'마당'은 ㉠에 해당되고 ⓐ에서는 자립 명사로 사용되었다.**
'마당'은 자립 명사와 의존 명사로 모두 쓰이기 때문에 ㉠에 해당한다. ⓐ의 '급한 마당에'에서는 관형어의 수식을 받아야만 문장에 쓰일 수 있는 의존 명사로 사용되었다. 참고로 ⓒ의 '넓은 마당을'에 쓰인 '마당'은 자립 명사이다.

② **'약간'은 ㉠에 해당되고 ⓑ에서는 자립 명사로 사용되었다.**
'약간'은 '약간의 돈'처럼 명사로 쓰이기도 하고, '약간 피곤했다'처럼 부사로 쓰이기도 한다. 하나의 단어가 둘 이상의 품사로 사용되는 품사 통용의 경우이기 때문에 ㉠에 해당하지 않는다. ⓑ의 '약간'은 명사로 쓰인 경우이며, ⓓ의 '약간'은 부사로 쓰인 경우이다.

✔ **'바퀴'는 ㉠에 해당되고 ⓒ에서는 의존 명사로 사용되었다.**
'바퀴'는 자립 명사와 의존 명사로 모두 쓰이기 때문에 ㉠에 해당한다. ⓒ의 '일곱 바퀴나'에서는 관형어의 수식을 받아야만 문장에 쓰일 수 있는 의존 명사로 사용되었다. 참고로 ⓑ의 '자전거 바퀴를'에 쓰인 '바퀴'는 자립 명사이다.

④ **'가지고'는 ㉡에 해당되고 ⓓ에서는 본동사로 사용되었다.**
'가지다'는 본동사와 보조 동사로 모두 쓰이기 때문에 ㉡에 해당한다. ⓓ의 '껴 가지고'에서는 '앞말이 뜻하는 행동의 결과나 상태가 그대로 유지되거나, 또는 그럼으로써 뒷말의 행동이나 상태가 유발되거나 가능하게 됨을 나타내는' 보조 동사로 사용되었다. 참고로 ⓔ의 '모임을 가지고'에 쓰인 '가지다'는 본동사이다.

⑤ **'버렸다'는 ㉡에 해당되고 ⓔ에서는 본동사로 사용되었다.**
'버리다'는 본동사와 보조 동사로 모두 쓰이기 때문에 ㉡에 해당한다. ⓔ의 '와 버렸다'에서는 '앞말이 나타내는 행동이 이미 끝났음을 나타내는' 보조 동사로 사용되었다. 참고로 ⓐ의 '휴지통에 버렸다'에 쓰인 '버리다'는 본동사이다.

**37** 국어의 음운 변동 정답률 89% | 정답 ④

**〈학습 활동〉을 수행한 결과로 적절하지 않은 것은?**

〈학습 활동〉

국어에는 ㉠ 유음화, ㉡ 'ㄹ'의 비음화, ㉢ 구개음화, ㉣ 음절의 끝소리 규칙, ㉤ ㄴ 첨가 같은 다양한 음운 변동이 있다. 대부분의 표준 발음에는 이러한 음운 변동이 적용돼 있다. 그런데 음운 변동이 잘못 적용되거나, 적용되지 않아 비표준 발음이 나타나기도 한다. 이를 고려하여 [자료]의 ⓐ ~ ⓔ가 비표준 발음이 되는 이유를 설명해 보자.

[자료]

| 예 | 표준 발음 | 비표준 발음 |
|---|---|---|
| ⓐ 인류가 | [일류가] | [인뉴가] |
| ⓑ 순환론 | [순환논] | [순활론] |
| ⓒ 코끝이 | [코끄치] | [코끄티] |
| ⓓ 들녘을 | [들녀클] | [들녀글] |
| ⓔ 봄여름 | [봄녀름] | [보며름] |

① **ⓐ는 ㉠이 적용돼야 하는데 ㉡이 적용되었기 때문이다.**
'인류가'는 유음화(㉠)를 적용하여 [일류가]로 발음해야 한다. [인뉴가]로 잘못 발음하는 것은 'ㄹ'의 비음화(㉡)를 적용하였기 때문이다.

② **ⓑ는 ㉡이 적용돼야 하는데 ㉠이 적용되었기 때문이다.**
'순환론'은 'ㄹ' 의 비음화(㉡)를 적용하여 [순환논]으로 발음해야 한다. [순활론]으로 잘못 발음하는 것은 유음화(㉠)를 적용하였기 때문이다.

③ **ⓒ는 ㉢이 적용돼야 하는데 그렇지 않았기 때문이다.**
'코끝이'는 구개음화(㉢)를 적용하여 [코끄치]로 발음해야 한다. [코끄티]로 잘못 발음하는 것은 구개음화를 적용하지 않았기 때문이다.

✔ **ⓓ는 ㉣이 적용돼야 하는데 그렇지 않았기 때문이다.**
'들녘을'의 '을'은 형식 형태소이기 때문에 음절의 끝소리 규칙(㉣)을 적용하지 않고 [들:려클]로 발음해야 한다. [들:려글]로 잘못 발음하는 것은 음절의 끝소리 규칙을 적용하였기 때문이다.

⑤ **ⓔ는 ㉤이 적용돼야 하는데 그렇지 않았기 때문이다.**
'봄여름'은 ㄴ 첨가(㉤)를 적용하여 [봄녀름]으로 발음해야 한다. [보며름]으로 잘못 발음하는 것은 ㄴ 첨가를 적용하지 않았기 때문이다.

**38** 중세 국어의 문법 정답률 81% | 정답 ①

**〈보기〉를 참고할 때, ㉠ ~ ㉢에 들어갈 말로 적절한 것은?**

〈보 기〉

중세 국어에는 문장의 주체를 높이는 선어말 어미와 문장의 객체를 높이는 선어말 어미가 있었다. [자료]의 밑줄 친 높임 표현의 선어말 어미가 높이는 대상이 무엇인지 알아보자.

**[자료]에 나타난 체언과 조사**
• 체언 : 妙光(묘광), 녜, 燈明(등명), 然燈(연등), 스승, 釋迦(석가), 道(도), 나, 부텨, 말ᄊᆞᆷ
• 조사 : 이, 을, ㅅ, ᄅᆞᆯ, ㅣ, ᄭᅴ, ᄋᆞᆯ

**[자료]**
○ 妙光이 녜 燈明을 돕ᄉᆞᄫᅡ 然燈ㅅ 스스이 ᄃᆞ외시고 이제 釋迦ᄅᆞᆯ 돕ᄉᆞᄫᅡ 燈明ㅅ 道ᄅᆞᆯ 니ᅀᅳ시며
**[현대어 풀이 : 묘광이 옛적 등명을 도와 연등의 스승이 되시고 이제 석가를 도와 등명의 도를 이으시며]**
○ 내 부텨ᄭᅴ 말ᄊᆞ믈 ᄒᆞᅀᆞᄫᅩᄃᆡ
**[현대어 풀이 : 내가 부처께 말씀을 드리되]**

| 높임 표현 | 높이는 대상 |
|---|---|
| ᄃᆞ외시고(ᄃᆞ외– + –시– + –고) | ㉠ |
| 니ᅀᅳ시며(니ᇫ– + –으시– + –며) | ㉡ |
| ᄒᆞᅀᆞᄫᅩᄃᆡ(ᄒᆞ– + –ᅀᆞᇦ– + –오ᄃᆡ) | ㉢ |

| | ㉠ | ㉡ | ㉢ |
|---|---|---|---|
| ✔ | 妙光(묘광) | 妙光(묘광) | 부텨 |

'妙光이 녜 燈明을 돕ᄉᆞᄫᅡ 然燈ㅅ 스스이 ᄃᆞ외시고[묘광이 옛적 등명을 도와 연등의 스승이 되시고]'에서는 주체 높임의 선어말 어미 '–시–'를 통해 문장의 주체인 '妙光(묘광)'을 높이고 있다. '(妙光이) 이제 釋迦ᄅᆞᆯ 돕ᄉᆞᄫᅡ 燈明ㅅ 道ᄅᆞᆯ 니ᅀᅳ시며[(묘광이) 이제 석가를 도와 등명의 도를 이으시며]'에서는 주체 높임의 선어말 어미 '–으시–'를 통해 문장의 주체인 '妙光(묘광)'을 높이고 있다. '내 부텨ᄭᅴ 말ᄊᆞ믈 ᄒᆞᅀᆞᄫᅩᄃᆡ(내가 부처께 말씀을 드리되)'에서는 객체 높임의 선어말 어미 '–ᅀᆞᇦ–'을 통해 문장의 객체인 '부텨(부처)'를 높이고 있다.

| | ㉠ | ㉡ | ㉢ |
|---|---|---|---|
| ② | 妙光(묘광) | 妙光(묘광) | 말ᄊᆞᆷ |
| ③ | 스승 | 妙光(묘광) | 부텨 |
| ④ | 스승 | 스승 | 말ᄊᆞᆷ |
| ⑤ | 스승 | 스승 | 부텨 |

**39** 문장의 짜임과 문법 요소 정답률 72% | 정답 ⑤

**〈보기〉의 [조건]이 모두 실현된 문장으로 적절한 것은? [3점]**

〈보 기〉

[조건]
○ 안긴절이 한 번만 나타날 것.
○ 안긴절에는 짧은 부정 표현이 나타날 것.
○ 안은문장은 사건시가 발화시보다 앞설 것.

① 그는 한동안 차갑지 않은 음식만 먹었었다.
관형사절 '차갑지 않은'이 안긴절로 쓰였으며, 이 안긴절에는 긴 부정 표현 '-지 않다'가 쓰였다. '먹었었다'에서 확인할 수 있듯이 안은문장은 사건시가 발화시보다 앞서는 과거 시제이다.

② 그는 바쁜 업무들이 안 끝났다고 통보했다.
관형사절 '바쁜'과 인용절 '바쁜 업무들이 안 끝났다고'가 안긴절로 쓰였으며, 인용절에는 짧은 부정 표현 '안'이 쓰였다. '통보했다'에서 확인할 수 있듯이 안은문장은 사건시가 발화시보다 앞서는 과거 시제이다.

③ 나는 결코 포기를 하지 않겠다고 결심했다.
인용절 '결코 포기를 하지 않겠다고'가 안긴절로 쓰였으며, 이 안긴절에는 긴 부정 표현 '-지 않다'가 쓰였다. '결심했다'에서 확인할 수 있듯이 안은문장은 사건시가 발화시보다 앞서는 과거 시제이다.

④ 나는 그 버스가 제때 못 올 것을 예상한다.
관형사절 '그 버스가 제때 못 올'이 안긴절로 쓰였으며, 이 안긴절에는 짧은 부정 표현 '못'이 쓰였다. '예상한다'에서 확인할 수 있듯이 안은문장은 사건시와 발화시가 일치하는 현재 시제이다.

✔ 나는 그가 못 읽은 소설을 이미 다 읽었다.
관형사절 '그가 못 읽은'이 안긴절로 쓰였으며, 이 안긴절에는 짧은 부정 표현 '못'이 쓰였다. '읽었다'에서 확인할 수 있듯이 안은문장은 사건시가 발화시보다 앞서는 과거 시제이다.

## 40 사회적 상호 작용 정답률 96% | 정답 ①

(가)에 드러난 의사소통 방식에 대한 이해로 가장 적절한 것은?

✔ ㉠ : 회의할 내용을 차례대로 제시하여, 대화 참여자에게 회의와 관련된 정보를 알려 주었다.
'희경'은 ㉠에서 회의를 통해 '따끈따끈 소식', '사람을 만나다', '학생회 소식'의 순으로 기사 내용을 선정할 것임을 제시하여, 대화 참여자에게 회의와 관련된 정보를 알려 주고 있다.

② ㉡ : '승민'의 발화 일부를 재진술하여, 자신이 이해한 내용이 맞는지 확인하였다.
'한빛'은 ㉡에서 '승민'이 제안한 내용과 관련하여 자신의 의견을 밝히고 있지만, '승민'의 발화 일부를 재진술하여 자신이 이해한 내용이 맞는지 확인하고 있지는 않다.

③ ㉢ : 영상 링크를 전송하여, '재환'의 의견에 반대하는 근거를 제시하였다.
'민하'는 '재환'의 의견에 동의의 뜻을 드러내며 ㉢에서 영상 링크를 전송하고 있다. 따라서 ㉢의 영상 링크가 '재환'의 의견에 반대하는 근거가 될 수 없다.

④ ㉣ : 물음표를 반복적으로 사용하여, '한빛'의 의견에 대한 자신의 의문을 강하게 표현하였다.
'희경'은 ㉣에서 물음표를 통해 추가로 논의할 사안을 제시하고 있으나, '한빛'의 의견에 의문을 표현한 것은 아니다.

⑤ ㉤ : 파일을 전송하여, '희경'이 자신에게 요청한 자료를 제공하였다.
'윤찬'은 ㉤에서 자신이 앞서 말한 바와 같이 '학생들이 1학기에 많이 빌린 책 목록'을 전송하고 있다. 하지만 '희경'이 이 자료를 요청하지는 않았다.

## 41 뉴미디어의 특성 정답률 96% | 정답 ③

(나)에 대한 설명으로 적절하지 않은 것은?

① 뉴스레터는 학생회 누리집을 통해 수신에 동의한 구독자에게 발송된다.
(나)의 제일 아랫부분에 제시된 '본 뉴스레터는 학생회 누리집에서 뉴스레터 구독을 신청했기에 발송되었습니다.'라는 내용을 통해 뉴스레터가 학생회 누리집을 통해서 수신에 동의한 구독자에게만 발송된다는 점을 알 수 있다.

② 뉴스레터는 구독자에게 매월 첫 번째 월요일에 정기적으로 발송된다.
'1. 따끈따끈 소식' 위의 문장에 제시된 '매월 첫 번째 월요일마다 발송되는'이라는 내용을 통해 뉴스레터가 매월 첫 번째 월요일에 정기적으로 발송된다는 점을 알 수 있다.

✔ 뉴스레터 구독자는 '전문 보기'를 통해 이전 호 뉴스레터를 볼 수 있다.
'전문 보기'는 이번 호에 제시된 기사의 전체 내용을 보는 기능이지 이전 호의 뉴스레터를 볼 수 있는 기능이 아니다.

④ 뉴스레터 구독자는 '제보하기'를 통해 기사에 대한 의견을 보낼 수 있다.
만족도 조사 아래에 제시된 "제보하기'를 클릭해서 의견을 보내 주세요.'라는 내용을 통해 구독자가 '제보하기'를 통해 기사에 대한 의견을 보낼 수 있다는 점을 알 수 있다.

⑤ 뉴스레터 구독자는 이번 호 뉴스레터에 대한 만족 여부를 표현할 수 있다.
'3. 학생회 소식' 아래의 '이번 호는 만족했어요.', '이번 호는 불만족했어요.'를 통해 구독자가 뉴스레터에 대한 만족 여부를 표현할 수 있다는 점을 알 수 있다.

## 42 정보 전달과 설득 정답률 93% | 정답 ②

(가)의 대화 내용을 반영하여 (나)를 제작했다고 할 때, (나)에 대한 설명으로 적절하지 않은 것은?

① '따끈따끈 소식'에는 구독자 관심사에 대한 '승민'과 '한빛'의 대화를 반영하여, 운동장 야영 신청서 작성 비결과 관련된 내용이 포함되었다.
(가)에서 '승민'과 '한빛'은 학생들이 관심을 가질 만한 사항인 '운동장 야영'에 관해 다뤄 보자고 대화를 나누었는데, 이 대화 내용이 반영되어 (나)의 '1. 따끈따끈 소식'에 '운동장 야영 프로그램 신청서 작성 비결'에 관한 내용이 포함되었다.

✔ '따끈따끈 소식'에는 구독자에게 미칠 영향에 대한 '정희'와 '윤찬'의 대화를 반영하여, 도서 대출을 많이 한 학급 순위와 관련된 내용이 포함되었다.
(가)에서 '정희'와 '윤찬'은 학생들이 책을 고르는 데에 도움이 될 내용에 관해 대화를 나누었는데, 이 대화 내용이 반영되어 (나)의 '1. 따끈따끈 소식'에는 '학교 도서관 인기 도서'에 관한 내용이 포함되었다. 하지만 이 대화에서 '윤찬'이 도서 대출을 많이 한 학급 순위는 책을 고르는 데에 도움이 되지 않을 것 같다는 의견을 제시하였으며, (나)에도 도서 대출을 많이 한 학급 순위에 관한 내용은 포함되어 있지 않다.

③ '사람을 만나다'에는 면담 대상자의 화제성에 대한 '재환'과 '민하'의 대화를 반영하여, 노래 대회 참여 경험과 관련된 내용이 포함되었다.
(가)에서 '재환'과 '민하'는 노래 대회에서 우승한 '유○○'의 화제성에 관해 대화를 나누었는데, 이 대화 내용이 반영되어 (나)의 '2. 사람을 만나다'에 '유□□'의 노래 대회 참여 경험에 관한 내용이 포함되었다.

④ '사람을 만나다'에는 면담 시기의 시의성에 대한 '범석'과 '수민'의 대화를 반영하여, 정년 퇴임을 앞둔 선생님과 관련된 내용이 포함되었다.
(가)에서 '범석'과 '수민'은 정년 퇴임으로 인해 9월부터는 학교에서 뵐 수 없는 '박□□ 선생님'이 '학교에 계실 때' 뵙고 얘기를 나누자며 면담 시기의 시의성에 관해 대화를 나누었는데, 이 대화 내용이 반영되어 (나)의 '2. 사람을 만나다'에 '박□□ 선생님'에 관한 내용이 포함되었다.

⑤ '학생회 소식'에는 기사 내용의 유용성에 대한 '혜정'과 '지호'의 대화를 반영하여, 학습 도우미 프로그램의 활동 내용과 관련된 내용이 포함되었다.
(가)에서 '혜정'과 '지호'는 학생회 프로그램에 대해 안내하면 학생들에게 도움이 될 거라고 대화를 나누었는데, 이 대화 내용이 반영되어 (나)의 '3. 학생회 소식'에 '학생회 주관 학습 도우미 프로그램'에 관한 내용이 포함되었다.

## 43 매체 언어의 표현 방법 정답률 97% | 정답 ④

'준호'의 글에 나타난 정보 구성 및 제시 방법으로 적절하지 않은 것은?

① 소제목을 활용하여 스마트폰 사용과 관련된 내용을 구분하여 제시하고 있다.
'준호'의 글에서는 《스마트폰 사용 현황 및 분석》, 《스마트폰을 적절히 사용하기 위한 실천 방안》이라는 소제목을 활용하여 스마트폰 사용과 관련된 내용을 구분하여 제시하고 있다.

② 그래프 자료를 활용하여 스마트폰 사용 시간에 대한 정보를 제시하고 있다.
'준호'의 글에서는 일주일간 스마트폰 사용량을 보여 주는 그래프 자료를 활용하여 스마트폰 사용 시간에 대한 정보를 제시하고 있다.

③ 글자 크기와 굵기를 달리하여 하루 평균 스마트폰 사용 시간을 제시하고 있다.
'준호'의 글에서는 지난주 하루 평균 스마트폰 사용 시간을 표시하는 문구인 '3시간 정도'의 글자 크기와 굵기를 다른 글자들과 달리하여 제시하고 있다.

✔ 글의 정렬 방식에 변화를 주어 스마트폰 사용 시 시간대별 유의 사항을 부각하고 있다.
'준호'의 글에서는 '스마트폰을 적절히 사용하기 위한 실천 방안' 세 가지를 가운데 정렬 방식으로 제시함으로써 다른 내용과 변별하고 있다. 하지만 해당 내용이 스마트폰 사용 시 시간대별 유의 사항과 관련된 것은 아니다.

⑤ 화살 모양의 표지를 활용하여 스마트폰 사용 현황의 일부에 주목하도록 표시하고 있다.
'준호'의 글에서는 화살 모양의 표지를 사용하여 그래프 내용의 일부인 토요일과 일요일에 해당하는 정보에 주목하도록 표시하고 있다.

## 44 매체 자료의 주체적 수용 정답률 91% | 정답 ④

'준호'의 글에 대한 독자의 반응을 설명한 것으로 적절하지 않은 것은? [3점]

① '준호'가 언급한 스마트폰 사용 시간에 대한 내용을 바탕으로, '친하리'는 자신이 평일보다 주말에 스마트폰 사용 시간이 적은 이유를 드러내었다.
'친하리'는 댓글을 통해서 '주말엔 봉사 활동을 해서 스마트폰을 쓸 틈이 없었어요.'라며 평일보다 주말에 스마트폰 사용 시간이 적은 이유를 드러내고 있다.

② '준호'가 언급한 영상 시청 분야에 대한 내용을 바탕으로, '역사랑'은 자신의 관심 분야에 대한 내용을 다룬 영상을 추가적으로 시청하고자 하는 의지를 드러내었다.
'역사랑'은 댓글을 통해서 '역사에 대해 더 알고 싶어서 이제부터 역사에 대한 영상도 볼 거예요.'라며 자신의 관심 분야에 대한 내용을 다룬 영상을 추가적으로 시청하고자 하는 의지를 드러내고 있다.

③ '준호'가 언급한 누리 소통망 활용 목적에 대한 내용을 바탕으로, '역사랑'은 누리 소통망으로 자신이 소통하고자 하는 대상과 화제를 드러내었다.
'역사랑'은 댓글을 통해서 '역사 공부를 좋아하는 사람들과 역사 이야기를 함께 나누면서 정보를 공유해' 보겠다며 누리 소통망으로 자신이 소통하고자 하는 대상과 화제를 드러내고 있다.

✔ '준호'가 언급한 스마트폰 사용 습관 개선 방향에 대한 내용을 바탕으로, '꿈자람'은 자신의 진로를 고려하여 스마트폰 사용 용도를 일원화해야 할 필요성을 드러내었다.
'꿈자람'은 댓글을 통해서 스마트폰을 진로인 사진 관련 활동뿐만 아니라 취미인 전자책 읽기에도 사용하겠다고 밝히고 있다. 따라서 '꿈자람'이 진로를 고려하여 스마트폰 사용 용도를 일원화해야 할 필요성을 드러낸 것으로 보기 어렵다.

⑤ '준호'가 언급한 일지 작성의 효용에 대한 내용을 바탕으로, '꿈자람'은 자신의 진로와 관련하여 일지를 효과적으로 활용하려는 계획을 드러내었다.
'꿈자람'은 댓글을 통해서 스마트폰으로 일지를 작성하여 '상황에 따라 촬영 방법을 잘 선택하고 있는지 분석'하겠다며 자신의 진로와 관련하여 일지를 효과적으로 활용하려는 계획을 드러내고 있다.

## 45 매체 언어의 표현 방법 정답률 95% | 정답 ②

㉠~㉤에 대한 설명으로 가장 적절한 것은?

① ㉠ : 스마트폰을 많이 사용하는 날이 토요일이나 일요일 중 하나임을 표현하기 위해 사용하였다.
㉠은 스마트폰을 많이 사용하는 날이 토요일과 일요일임을 표현하기 위해 사용되었다.

✔ ㉡ : 스마트폰의 사용 시간 가운데 영상 시청과 게임이 중심이 됨을 표현하기 위해 사용하였다.
㉡은 스마트폰의 사용 시간 가운데 영상 시청과 게임이 많은 부분을 차지한다는 것을 표현하기 위해 사용되었다.

③ ㉢ : 요리사로서의 꿈을 꾸게 된 때가 자격증 관련 영상을 시청하게 된 때보다 나중임을 표현하기 위해 사용하였다.
㉢은 요리사로 진로를 정하고 영상을 보기 시작한 것이 근래의 일임을 표현하기 위해 사용되었다.

④ ㉣ : 스마트폰으로 주말에 영상 시청과 게임 중 더 많이 한 일이 무엇인지 표현하기 위해 사용하였다.
㉣은 앞서 주말에 영상 시청이 많은 이유에 대해 밝힌 것에 더해 주말에 게임 시간이 많은 이유가 무엇인지 설명할 것임을 표현하기 위해 사용되었다.

⑤ ㉤ : 누리 소통망을 주변 사람과만 사용해서 누리 소통망 사용 시간이 적은 것이 당연함을 표현하기 위해 사용하였다.
㉤은 자신이 전체 스마트폰 사용 시간에서 누리 소통망 사용 시간이 적은 부류에 속함을 드러내기 위해 사용되었다. 누리 소통망을 주변 사람과만 사용해서 사용 시간이 적은 것이 당연함을 표현하기 위해 사용한 것은 아니다.



[문제편 p.219]

# 12회 | 2024학년도 9월 모의평가 고3

| 정답과 해설 |

**정답**

공통 | 독서·문학

01② 02③ 03③ 04③ 05⑤ 06④ 07① 08⑤ 09④ 10⑤ ★11② 12④ 13⑤ 14③ ★15⑤
16⑤ 17① 18⑤ 19② 20③ 21③ 22② 23④ 24④ 25③ 26② ★27④ 28① 29④ 30⑤
31④ 32② 33④ 34①

선택 | 화법과 작문

35② 36④ 37③ 38④ 39⑤ ★40① 41⑤ 42① 43③ 44⑤ 45⑤

선택 | 언어와 매체

★35④ 36③ 37⑤ 38② 39① 40⑤ 41② 42⑤ 43① 44③ 45④

★ 표기된 문항은 [등급을 가르는 문제]에 해당하는 문항입니다.

## [01~34] 독서·문학

### 01~03 독서 이론

'읽기 준비 단계'

**해제** 이 글은 **읽기 발달 단계 중 첫 단계에 해당하는 읽기 준비 단계에서 이루어지는 다양한 경험 양상과 그러한 경험의 중요성을 설명**하고 있다. **읽기 준비 단계**는 **읽기의 기초가 형성되는 중요한 시기**로, 이 시기의 **영·유아는 글자를 깨치지는 못하더라도 읽기 발달을 위한 여러 가지 유의미한 경험**을 하게 된다. **읽기 발달은 글자를 깨치기 이전부터 점진적으로 진행**되는 것이며, 따라서 **읽기 준비 단계에서의 경험은 이후의 읽기 발달 단계에 중요한 영향을 미치게 된다.**

**주제** 읽기 준비 단계에서 이루어지는 경험 양상과 그 경험의 중요성

**문단 핵심 내용**

| | |
|---|---|
| 1문단 | 읽기 발달 단계를 위계화한 대부분의 읽기 발달 연구 |
| 2문단 | 읽기의 기초가 형성되는 읽기 준비 단계 |
| 3문단 | 읽기 준비 단계에서 영·유아의 읽기 발달 |
| 4문단 | 이후의 읽기 발달 단계에 영향을 미치는 읽기 준비 단계 |

### 01 핵심 정보의 이해

정답률 92% | 정답 ②

대부분의 읽기 발달 연구의 내용과 일치하지 않는 것은?

① **의미를 재구성하며 읽는 단계는 읽기 발달의 마지막 단계이다.**
1문단의 '대개 '읽기 준비'를 하나의 단계로 보고, 이후의 단계를 '글자를 익히고 소리 내어 읽기', '의미를 이해하며 읽기', '학습 목적으로 읽기', '다양한 관점으로 읽기', '의미를 재구성하며 읽기'의 순으로 나눈다.'를 통해, 의미를 재구성하며 읽는 단계는 읽기 발달의 마지막 단계에 해당함을 알 수 있다.

✔ **영·유아의 의사소통 각 영역은 상호 간의 작용 없이 발달한다.**
3문단의 '의사소통의 각 영역이 듣기·말하기·읽기·쓰기는 서로 영향을 주며 함께 발달한다.'를 통해, 의사소통 각 영역이 상호 간의 작용 없이 발달한다는 내용은 적절하지 않다.

③ **영·유아는 글자와 소리가 관계를 맺고 있다는 것을 막연하게 알게 된다.**
2문단의 '이 시기의 영·유아는 글자를 깨치지는 못하더라도 글자의 형태에 익숙해지며, 글자와 소리의 대응 관계도 어렴풋이 알게 된다.'를 통해 알 수 있다.

④ **읽기 행동의 특성이나 글에 대한 이해 수준 등에 따라 읽기 발달의 단계를 나눈다.**
1문단의 '이 연구들에서는 읽기 행동의 특성이나 글에 대한 이해 수준 등에 따라 읽기 발달 단계를 위계화한다.'를 통해 알 수 있다.

⑤ **글자를 습득하고 소리 내어 읽는 단계는 학습을 목적으로 읽는 단계에 선행한다.**
1문단의 '대개 '읽기 준비'를 하나의 단계로 보고, 이후의 단계를 '글자를 익히고 소리 내어 읽기', '의미를 이해하며 읽기', '학습 목적으로 읽기', '다양한 관점으로 읽기', '의미를 재구성하며 읽기'의 순으로 나눈다.'를 통해, 글자를 습득하고 소리 내어 읽는 단계는 학습을 목적으로 읽는 단계보다 선행한다는 것을 알 수 있다.

### 02 세부 내용의 이해

정답률 95% | 정답 ③

㉠에 대한 이해로 적절하지 않은 것은?

① **타인이 책을 읽어 줄 때 들었던 구절을 사용하여 말하는 행동이 관찰된다.**
3문단의 '책 읽는 소리를 들으며 따라 말하는 것, 들은 단어나 구절을 사용해 문장을 지어 말하는 것'을 통해, 타인이 책을 읽어 줄 때 들었던 구절을 사용하여 말하는 행동이 관찰됨을 알 수 있다.

② **책에서 글이 시작되는 부분을 찾거나 일정한 방향으로 글자를 보는 행위가 관찰된다.**
3문단의 '타인의 책 읽는 모습을 보며 글의 시작 부분, 글자를 읽는 방향'을 알게 된다는 것과 '책 읽는 흉내를 내는 것'으로부터 적절한 내용임을 알 수 있다.

✔ **글에 나타난 여러 단어의 뜻을 명확히 알고 소리 내어 글자를 읽는 행동이 관찰된다.**
2문단을 통해 ㉠에서 영·유아는 글자를 깨치지 못한 상태에 있음을 알 수 있다. 따라서 ㉠에서 영·유아는 '읽는 흉내'를 낼 뿐, 글에 나타난 여러 단어의 뜻을 명확히 알고 글자를 읽지는 못함을 알 수 있다.

④ **책 읽어 주는 것을 들으며 그림이나 글자와 비슷한 형태로 나타내는 행위가 관찰된다.**
3문단의 '읽어 주는 것을 들으며 그림이나 글자 형태로 끄적거리는 것'을 통해 적절한 내용임을 알 수 있다.

⑤ **책을 볼 때 부모가 손가락으로 짚어 가며 읽어 준 행동을 기억하여 유사한 행동을 하는 것이 관찰된다.**
3문단의 '읽어 주는 사람의 표정이나 몸짓을 기억해 모방하기도 한다.'를 통해 적절한 내용임을 알 수 있다.

### 03 다른 견해와의 비교

정답률 89% | 정답 ③

[A]와 〈보기〉를 비교한 내용으로 가장 적절한 것은? [3점]

〈보 기〉

> 읽기 지도는 신체적, 정신적으로 어느 정도 성숙한 이후에 해야 한다. 그 전에는 읽기 지도를 하지 않는 것이 바람직하다. 듣기·말하기와 달리 읽기 발달은 글자를 읽을 수 있는 기초 기능을 배운 후부터 시작되기 때문이다. 따라서 듣기와 말하기를 먼저 가르친 후 읽기, 쓰기의 순으로 가르치는 것이 효과적이다.

① **[A]와 달리 〈보기〉는 일상에서의 자연스러운 읽기 지도를 강조하는군.**
[A]를 통해 생활 속에서의 자연스러운 지도와 관련된 내용을 확인할 수 있지만, 〈보기〉를 통해 일상에서의 자연스러운 읽기 지도와 관련된 내용은 찾아볼 수 없다. 따라서 [A]와 달리 〈보기〉에서 읽기 지도를 강조한다고 볼 수 없다.

② **[A]와 달리 〈보기〉는 글자를 깨치기 전의 경험이 읽기 발달에 영향을 준다고 보는군.**
[A]를 통해 읽기 발달은 일정한 시기에 급격히 이루어지는 것이 아니라 글자를 깨치기 이전부터 점진적으로 진행됨을 알 수 있다. 그리고 〈보기〉를 통해 읽기 지도는 신체적, 정신적으로 어느 정도 성숙한 이후에 해야 함을 알 수 있다. 따라서 글자를 깨치기 전의 경험이 읽기 발달에 영향을 준다고 보는 것은 〈보기〉가 아니라 [A]라 할 수 있다.

✔ **[A]와 달리 〈보기〉는 글자 읽기의 기초 기능을 배운 후부터 읽기 발달이 시작된다고 보는군.**
[A]를 통해 읽기 발달은 일정한 시기에 급격히 이루어지는 것이 아니라 글자를 깨치기 이전부터 점진적으로 진행됨을 알 수 있다. 그리고 〈보기〉를 통해 읽기 지도는 신체적, 정신적으로 어느 정도 성숙한 이후에 해야 함을 알 수 있다. 따라서 [A]와 달리 〈보기〉에서는 글자 읽기의 기초 기능을 배운 후부터 읽기 발달이 시작된다고 보았음을 알 수 있다.

④ **[A]와 〈보기〉는 모두 읽기 이후에 쓰기를 가르쳐야 한다고 강조하는군.**
[A]를 통해 의사소통의 각 영역이 같이 발달할 수 있도록 하는 자연스러운 지도가 읽기 발달에 도움을 줌을 알 수 있다. 이와 달리 〈보기〉에서는 듣기와 말하기를 가르친 후 읽기, 쓰기의 순으로 가르치는 것이 효과적이라 하고 있다. 따라서 [A]는 읽기 이후에 쓰기를 가르쳐야 한다고 강조하지 않았음을 알 수 있다.

⑤ **[A]와 〈보기〉는 모두 신체적, 정신적으로 어느 정도 성숙한 이후에 읽기를 가르치는 것이 효과적이라고 보는군.**
[A]를 통해 읽기 발달은 일정한 시기에 급격히 이루어지는 것이 아니라 글자를 깨치기 이전부터 점진적으로 진행됨을 알 수 있다. 그리고 〈보기〉를 통해 읽기 지도는 신체적, 정신적으로 어느 정도 성숙한 이후에 해야 한다고 보았음을 알 수 있다. 따라서 신체적, 정신적으로 어느 정도 성숙한 이후에 읽기를 가르치는 것이 효과적이라고 보는 것은 [A]라 할 수 있다.

### 04~07 사회

'데이터 소유권과 데이터 이동권'

**해제** 이 글은 **데이터 소유권 주체에 관해 언급한 뒤, 데이터 이동권에 관해 설명**하고 있다. **데이터의 소유권이 누구에게 귀속되어야 하는지에 대한 논의**에서는 **데이터 소유권의 주체를 빅 데이터 보유자로 보는 견해와 정보 주체로 보는 견해**가 있다. 최근에 **우리나라는 데이터에 대해 소유권이 아닌 이동권을 법으로 명문화하여 정보 주체의 개인 정보 자기 결정권을 강화**하였다. 그런데 이러한 **데이터 이동권의 법제화**로 **데이터 생성 비용과 거래 비용을 줄일 수 있다는 견해**가 있는 한편, **데이터가 특정 기업에 집중되어 데이터의 공유나 유통이 위축될 수 있다고 우려하는 견해**도 있다.

**주제** 데이터 소유권의 주체와 데이터 이동권의 이해

**문단 핵심 내용**

| | |
|---|---|
| 1문단 | 빅 데이터와 빅 데이터의 주체 |
| 2문단 | 데이터 소유권 주체에 대한 두 가지 견해 |
| 3문단 | 데이터 이동권에 대한 이해 |
| 4문단 | 데이터 이동권의 법제화 및 이로 인한 효과 |
| 5문단 | 기업으로의 데이터 이동 시 발생하는 문제점 |

### 04 세부 내용의 이해

정답률 81% | 정답 ③

윗글의 내용과 일치하지 않는 것은?

① **데이터는 재사용할 수 있으며 물리적 형체가 없다.**
1문단의 '데이터는 물리적 형체가 없고, 복제와 재사용이 수월하다.'를 통해 알 수 있다.

② **교통 이용 내역이 집적·처리되면 경제적 가치를 지닌 데이터가 될 수 있다.**
1문단을 통해 '교통 이용 내역'과 같은 기록이 '개인의 데이터'이고, 이러한 데이터가 대량으로 집적·처리되면 경제적 가치를 지닌 '빅 데이터'가 됨을 알 수 있다.

✔ **우리나라 현행법에는 정보 주체에게 데이터의 소유권을 인정하는 규정이 있다.**
3문단의 '우리나라는 데이터에 대해 소유권이 아닌 이동권을 법으로 명문화하여 정보 주체의 개인 정보 자기 결정권을 강화하였다.'를 통해, 우리나라 현행법에 명문화되어 있는 것은 데이터의 소유권이 아니라 데이터의 이동권임을 알 수 있다.

④ **정보 주체의 데이터로 발생한 이득이 빅 데이터 보유자에게 집중되는 것은 부당하다는 견해가 있다.**
2문단의 '후자는 정보 생산 주체는 개인인데, 빅 데이터 보유자에게 부가 집중되는 것은 부당하므로, 정보 주체에게도 대가가 주어져야 한다고 본다.'를 통해 알 수 있다.

⑤ **데이터 이동권의 도입으로 정보 주체의 데이터 통제 범위가 본인의 행동 양상과 관련된 부분으로 확대되었다.**
3문단의 '데이터 이동권의 도입으로 쇼핑몰 상품 소비 이력 등 정보 주체의 행동 양상과 관련된 부분까지 정보 주체가 자율적으로 통제·관리할 수 있는 범위가 확대되었다.'를 통해 알 수 있다.

### 05 입장에 따른 견해 파악

정답률 44% | 정답 ⑤

[A], [B]의 입장에서 ㉮~㉱에 대해 이해한 내용으로 적절하지 않은 것은?

① **[A]의 입장에서, ㉮는 데이터 이동권 도입을 통해 ㉯의 데이터를 재사용할 수 있게 되었으므로 데이터 생성 비용을 줄일 수 있다고 보겠군.**
[A]의 '데이터 이동권의 법제화로 기업은 ~ 기업이 스스로 데이터를 수집할 때보다 전송받은 데이터를 복제 및 재사용하게 되면 절감할 수 있다.'를 통해, [A]의 입장에서는 ㉮가 데이터 이동권 도입을 통해 ㉯의 데이터를 재사용할 수 있게 되었으므로 데이터 생성 비용을 줄일 수 있다고 볼 것임을 알 수 있다.

② **[A]의 입장에서, 정보 주체가 데이터 이동을 요청하여 데이터를 전송받는 제3자가 ㉱라면, ㉱는 분쟁 없이 정보 주체의 데이터를 받게 되어 거래 비용을 줄일 수 있다고 보겠군.**
[A]의 '데이터 이동권의 법제화로 기업은 데이터의 생성 비용과 거래 비용을 줄일 수 있다.'와 '거래 비용은 경제 주체 간 거래 시 발생하는 비용으로, 계약 체결이나 분쟁 해결 등의 과정에서 생긴다.'를 통해, [A]의 입장에서는 정보 주체가 데이터 이동을 요청하여 데이터를 전송받는 제3자가 ㉱라면, ㉱는 분쟁 없이 정보 주체의 데이터를 받게 되어 거래 비용을 줄일 수 있다고 볼 것임을 알 수 있다.

③ **[B]의 입장에서, ㉯가 ㉱와의 거래에 실패해 데이터를 수집하지 못하여 ㉯에 데이터 생성 비용이 발생하면, 데이터 관련 산업의 시장에 진입하기 어려워질 수 있다고 보겠군.**
[B]의 '데이터가 집중된 기존 기업이 집적·처리된 데이터를 공유하려 하지 않으면, 신규 기업의 시장 진입이 어려워져 독점화가 강화될 수 있다.'를 통해, [B]의 입장에서는 ㉯가 ㉱와의 거래에 실패해 데이터를 수집하지 못하여 ㉯에 데이터 생성 비용이 발생하면, 데이터 관련 산업의 시장에 진입하기 어려워질 수 있다고 볼 것임을 알 수 있다.

④ **[A]와 달리 [B]의 입장에서, 정보 주체의 데이터가 ㉯에서 ㉱로 이동하여 집적·처리될수록 기업 간 공유나 유통이 위축될 수 있다고 보겠군.**
[A]를 통해 데이터 이동권의 법제화로 기업 간 공유나 유통이 촉진되고, 관련 산업이 활성화됨을 알 수 있다. 그리고 [B]를 통해 정보 주체가 보안의 신뢰성이 높고 데이터 제공에 따른 혜택이 많은 기업으로 데이터를 이동하면, 데이터가 집중되어 데이터의 공유나 유통이 위축될 수 있다는 우려도 있음을 알 수 있다. 따라서 [A]와 달리 [B]의 입장에서는 정보 주체의 데이터가 ㉯에서 ㉱로 이동하여 집적·처리될수록 기업 간 공유나 유통이 위축될 수 있다고 볼 것임을 알 수 있다.

✔ **[B]와 달리 [A]의 입장에서, ㉯는 ㉮로 데이터를 이동하여 경제적 이득을 취할 수 있으므로 데이터의 공유나 유통의 활성화에 기여할 수 있다고 보겠군.**
[A]를 통해 데이터 이동권의 법제화로 데이터 생성 비용과 거래 비용을 줄일 수 있다는 입장을 알 수 있다. 그리고 3문단을 통해 데이터 이동권이 정보 주체가 본인의 데이터를 보유한 자에게 데이터 이동을 요청하면, 그 데이터를 본인 혹은 지정한 제3자에게 무상으로 전송하게 하는 권리임을 알 수 있다. 따라서 데이터 이동권에 따른 데이터 전송은 무상으로 이루어지는 것이므로, ㉯는 ㉮로 데이터를 이동하여 경제적 이득을 취할 수 없음을 알 수 있다.

**06** 구체적인 사례에의 적용 정답률 62% | 정답 ④

**윗글을 바탕으로 〈보기〉를 이해한 내용으로 적절하지 않은 것은? [3점]**

〈보 기〉

A 은행은 고객들의 데이터를 수집하고 이를 분석·가공하여 자산 관리 데이터 서비스인 연령별·직업군별 등 고객 맞춤형 금융 상품 추천 서비스를 제공했다. 갑은 본인의 데이터 제공에 동의하여 A 은행으로부터 소정의 포인트를 받았다. 데이터 이동권이 법제화된 이후 갑은 B 은행 체크 카드를 발급받은 뒤, A 은행에 '계좌 자동 이체 항목', '체크 카드 사용 내역', '연령별 맞춤형 금융 상품 추천 서비스 내역'을 B 은행으로 이동할 것을 요청했다.

① **갑이 본인의 데이터를 이동 요청하면 A 은행은 갑의 '체크 카드 사용 내역'을 B 은행으로 전송해야 한다.**
〈보기〉의 '체크 카드 사용 내역'은 데이터 보유자가 수집하여, 분석·가공하는 개발 과정을 거쳐 새로운 가치가 생성된 것이라 할 수 없다. 따라서 데이터 이동권 행사의 대상이며, 갑이 본인의 데이터를 이동 요청하면 A 은행은 갑의 '체크 카드 사용 내역'을 B 은행으로 전송해야 함을 알 수 있다.

② **A 은행에 대한 갑의 데이터 이동 요청은 정보 주체의 자율적 관리이므로 강화된 개인 정보 자기 결정권의 행사이다.**
3문단에서 '우리나라는 데이터에 대해 소유권이 아닌 이동권을 법으로 명문화하여 정보 주체의 개인 정보 자기 결정권을 강화하였다.'라고 하였으며, '데이터 이동권의 도입으로 쇼핑몰 상품 소비 이력 등 정보 주체의 행동 양상과 관련된 부분까지 정보 주체가 자율적으로 통제·관리할 수 있는 범위가 확대되었다.'라고 하였다. 이에 근거할 때, A 은행에 대한 갑의 데이터 이동 요청은 정보 주체의 자율적 관리에 해당하는 것이며, 이는 데이터 이용권의 도입에 따라 강화된 개인 정보 자기 결정권을 행사하는 것이라고 볼 수 있다.

③ **데이터의 소유권 주체가 정보 주체라고 본다면, 갑이 A 은행으로부터 받은 포인트는 본인의 데이터 제공에 대한 대가이다.**
3문단에서 후자, 즉 데이터 소유권의 주체를 정보 주체로 보는 견해에서는 정보 생산 주체는 개인인데 빅 데이터 보유자에게 부가 집중되는 것은 부당하므로, 정보 주체에게도 대가가 주어져야 한다고 보았음을 알 수 있다 이에 근거할 때 갑이 A 은행으로부터 받은 포인트는 본인의 데이터 제공에 대한 대가라고 볼 수 있다.

✔ **갑이 본인의 데이터를 보유한 A 은행을 상대로 요청한 '연령별 맞춤형 금융 상품 추천 서비스 내역'은 데이터 이동권 행사의 대상이다.**
3문단에서 본인의 데이터라도 빅 데이터 보유자가 수집하여, 분석·가공하는 개발 과정을 거쳐 새로운 가치가 생성된 것은 데이터 이동권 행사의 대상에 해당되지 않음을 알 수 있다. 이렇게 볼 때, 〈보기〉의 '연령별 맞춤형 금융 상품 추천 서비스 내역'은 빅 데이터 보유자가 수집하여, 분석·가공하는 개발 과정을 거쳐 새로운 가치가 생성된 것이므로 데이터 이동권 행사의 대상이 아니라 할 수 있다.

⑤ **데이터 이동권의 법제화 이전에도 갑이 A 은행에서 B 은행으로 이동을 요청한 정보 중에서 '계좌 자동 이체 항목'은 이동이 가능했다.**
3문단의 '법제화 이전에도 은행 간에 계좌 자동 이체 항목을 이동할 수 있는 서비스는 있었다.'의 내용을 통해 적절함을 알 수 있다.

**07** 단어의 의미 파악 정답률 85% | 정답 ①

**문맥상 ⓐ, ⓑ와 바꾸어 쓰기에 가장 적절한 것은?**

| | ⓐ | ⓑ |
|---|---|---|
| ✔ | **용이(容易)해져** | **근거(根據)하여** |

ⓐ는 '하기가 까다롭거나 힘들지 않다.'의 의미로 사용되었고, ⓑ는 '어떤 경우, 사실이나 기준 따위에 의거하다.'의 의미로 사용되었다. 그리고 '용이(容易)하다'는 '어렵지 아니하고 매우 쉽다.'라는 의미이고, '근거(根據)하다'는 '어떤 일이나 판단, 주장 따위가 어떤 현상이나 사실에 바탕을 두다.'라는 의미이다. 따라서 ⓐ는 '용이(容易)해져'로 바꾸어 쓸 수 있고, ⓑ는 '근거(根據)하여'로 바꾸어 쓸 수 있다.

② **유력(有力)해져　　근거(根據)하여**
'유력(有力)하다'는 '세력이나 재산이 있다.' 또는 '가능성이 많다.'라는 의미이므로 바꾸어 쓰기에 적절하지 않다.

③ **용이(容易)해져　　의탁(依託)하여**
'의탁(依託)하다'는 '어떤 것에 몸이나 마음을 의지하여 맡기다.'라는 의미이므로, ⓑ는 '의탁(依託)하여'로 바꾸어 쓸 수 없다.

④ **원활(圓滑)해져　　의탁(依託)하여**
'원활(圓滑)하다'는 '모난 데가 없고 원만하다.'와 '거침이 없이 잘 나가는 상태에 있다.'라는 의미이므로 ⓐ는 '원활(圓滑)해져'로 바꾸어 쓸 수 있다. 하지만 ⓑ는 '의탁(依託)하여'로 바꾸어 쓸 수 없다.

⑤ **유력(有力)해져　　기초(基礎)하여**
ⓐ는 '유력(有力)해져'로 바꾸어 쓸 수 없지만 '기초(基礎)하다'는 '근거를 두다.'라는 의미이므로, ⓑ는 '기초(基礎)하여'로 바꾸어 쓸 수 있다.

**08~11 기술**

**'초정밀 저울의 작동 원리와 그 응용'**

해제 이 글은 **압전 효과를 이용한 미세 물질의 질량 측정과 기체 농도의 측정 원리에 대해 설명**하고 있다. **압전 효과에는 1차 압전 효과와 2차 압전 효과**가 있는데, 이러한 **압전 효과가 생기는 재료인 수정을 가공하고 전극을 만든 후에 수정의 고유 주파수와 일치하는 주파수의 전압을 가하여 수정이 큰 폭으로 진동하도록 한 것이 수정 진동자**이다. **수정 진동자는 질량 변화에 매우 민감하여 미세한 질량을 갖는 물질이 달라붙어도 고유 주파수에서 진동하던 수정 진동자의 주파수가 감소**한다. 이러한 **초정밀 저울의 원리를 응용**하면 **수정 진동자로 특정 기체의 농도를 측정**할 수 있다. **대상 기체의 농도에 따른 수정 진동자의 주파수 변화를 미리 측정**해 놓으면 **대상 기체의 농도를 모르는 혼합 기체에서 수정 진동자의 주파수 변화를 측정함으로써 대상 기체의 농도를 알 수 있다.**

주제 압전 효과를 이용한 미세 물질의 질량 측정 및 기체 농도 측정 원리

문단 핵심 내용

| | |
|---|---|
| 1문단 | 압전 효과 이해의 필요성 제기 |
| 2문단 | 압전 효과의 종류 및 사용되는 재료 |
| 3문단 | 수정 진동자의 이해 |
| 4문단 | 특정 기체의 농도를 측정할 수 있는 수정 진동자 |
| 5문단 | 수정 진동자의 주파수 변화를 미리 측정해 놓아야 하는 이유 |

**08** 글의 구조와 전개 방식 파악 정답률 74% | 정답 ⑤

**윗글에 대한 설명으로 가장 적절한 것은?**

① **압전체의 제작 방법을 소개하고 제작 시 유의점을 나열하고 있다.**
2문단을 통해 수정 진동자를 만드는 방법을 알 수 있지만, 압전 효과가 생기는 재료인 압전체 자체를 제작하는 방법을 소개하거나 제작 시 유의점에 대해 나열하지 않고 있다.

② **압전 효과의 개념을 정의하고 압전체의 장단점을 분석하고 있다.**
2문단을 통해 1차 압전 효과와 2차 압전 효과로 나누어 압전 효과의 개념을 정의하고 있음을 알 수 있다. 하지만 압전체의 장단점을 분석하지는 않고 있다.

③ **압전 효과의 종류를 분류하고 그 분류에 따른 압전체의 구조를 비교하고 있다.**
2문단을 통해 1차 압전 효과와 2차 압전 효과로 압전 효과를 분류하여 설명하고 있음을 알 수 있다. 하지만 압전 효과 분류에 따른 압전체의 구조를 비교하여 설명하지는 않고 있다.

④ **압전체의 유형을 구분하는 기준을 제시하고 초정밀 저울의 작동 과정을 단계별로 설명하고 있다.**
2문단을 통해 압전 효과의 종류가 제시되어 있음을 알 수 있지만, 이러한 압전체의 유형을 구분하는 기준은 제시되지 않고 있다.

✔ **압전 효과에 기반한 초정밀 저울의 작동 원리를 설명하고 이 원리가 적용된 기체 농도 측정 방법을 소개하고 있다.**
이 글은 2문단에서 압전 효과의 개념을 설명한 뒤, 3문단에서 압전 효과를 이용한 초정밀 저울의 작동 원리를 설명하고 있다. 그리고 4, 5문단에서는 초정밀 저울의 작동 원리가 적용된 기체 농도 측정 방법을 설명하고 있다.

**09** 세부 내용의 이해 정답률 76% | 정답 ④

**윗글을 통해 알 수 있는 내용으로 적절하지 않은 것은?**

① **수정 이외에도 압전 효과를 보이는 재료가 존재한다.**
2문단을 통해 1, 2차 압전 효과가 모두 생기는 재료가 압전체이고, 압전체로는 수정이 주로 쓰임을 알 수 있다. 따라서 수정 이외에도 압전 효과를 보이는 재료가 존재함을 알 수 있다.

② **수정을 절단하고 가공하여 미세 질량 측정에 사용한다.**
3문단을 통해 수정을 특정 방향으로 절단 및 가공하여 수정 진동자를 만듦을 알 수 있다. 그리고 4문단을 통해 수정 진동자의 주파수 변화를 측정하여 미세 질량을 측정함을 알 수 있으므로 적절한 이해라 할 수 있다.

③ **전기 저항 변화를 이용하여 물체의 질량을 측정하는 경우가 있다.**
1문단을 통해 저울은 흔히 지렛대의 원리를 이용하거나 전기 저항 변화를 측정하여 질량을 잰다는 것을 알 수 있으므로 적절한 이해라 할 수 있다.

✔ **같은 방향으로 절단한 수정은 크기가 달라도 고유 주파수가 서로 같다.**
2문단을 통해 같은 재료의 압전체라도 모양과 크기에 따라 고유 주파수가 서로 다름을 알 수 있다. 따라서 같은 방향으로 절단한 수정은 크기가 달라도 고유 주파수가 서로 같다는 이해는 적절하지 않다.

⑤ **진동자의 주파수 변화 정도를 측정된 질량으로 나누면 질량에 대한 민감도를 구할 수 있다.**



[문제편 p.223]

3문단을 통해 진동자에서 질량 민감도는 주파수 변화 정도를 측정된 질량으로 나눈 값임을 알 수 있으므로 적절한 이해라 할 수 있다.

**10** 세부 내용의 추론 정답률 62% | 정답 ⑤

**㉠에 대한 이해로 적절하지 않은 것은?**

① **㉠에는 1차 압전 효과를 보일 수 있는 재료가 있다.**
2문단을 통해 수정이 1차 압전 효과와 2차 압전 효과가 모두 생기는 재료인 압전체임을 알 수 있고, 3문단을 통해 ㉠에 수정이 쓰인다는 것을 알 수 있다. 따라서 ㉠에 1차 압전 효과를 보이는 재료가 있다는 이해는 적절하다.

② **㉠에서는 전압에 의해 압전체의 기계적 변형이 일어난다.**
3문단을 통해 ㉠의 전극에 (+)와 (-) 극이 교대로 바뀌는 전압을 가해 수정이 큰 폭으로 진동하도록 함을 알 수 있다. 이때 ㉠에서는 전압으로 인해 압전체인 수정의 기계적 변형이 일어남을 알 수 있으므로 적절한 이해라 할 수 있다.

③ **㉠에는 전극이 양면에 있는 원판 모양의 수정이 사용된다.**
3문단을 통해 수정을 절단 및 가공하여 납작한 원판 모양으로 만들고 이후 원판의 양면에 전극을 만들어 수정 진동자를 만듦을 알 수 있다. 따라서 ㉠에는 전극이 양면에 있는 원판 모양이 수정이 사용된다는 이해는 적절하다.

④ **㉠에서는 전극에 가하는 전압의 주파수를 수정의 고유 주파수에 맞춘다.**
3문단을 통해 원판의 양면에 전극을 만든 후 (+)와 (-) 극이 교대로 바뀌는 전압을 가함을 알 수 있다. 이때 전압의 주파수를 수정의 고유 주파수와 일치시킨다고 하였으므로 적절한 이해이다.

✔ **㉠의 전극에 가해지는 특정 주파수의 전압은 압전체의 고유 주파수 값을 더 크게 만든다.**
3문단을 통해 수정 진동자의 전극에 (+)와 (-) 극이 교대로 바뀌는 전압을 가하는데 이때 전압의 주파수를 수정의 고유 주파수와 일치시켜 수정이 큰 폭으로 진동하게 함을 알 수 있다. 따라서 ㉠의 전극에 가하는 특정 주파수의 전압을 압전체인 수정의 고유 주파수와 일치시키면 압전체의 진동 폭이 커지지만, 고유 주파수는 달라지지 않는다고 할 수 있다.

★★★ 등급을 가르는 문제!

**11** 구체적인 사례에의 적용 정답률 38% | 정답 ②

**윗글을 바탕으로 〈보기〉를 탐구한 내용으로 가장 적절한 것은? [3점]**

〈보 기〉

알코올 감지기 A와 B를 이용하여 어떤 밀폐된 공간에 있는 혼합 기체의 알코올 농도를 측정하였다. 이때 A와 B는 모두 진동자에 알코올이 달라붙을 수 있도록 처리되어 있다. A와 B 모두, 시간이 흐름에 따라 주파수가 감소하다가 더 이상 감소하지 않고 일정하게 유지되었다.
(단, 측정하는 동안 밀폐된 공간의 상황은 변동 없음.)

① **A의 진동자에 있는 압전체의 고유 주파수를 알코올만 있는 기체에서 미리 측정해 놓으면, 혼합 기체에서의 알코올의 농도를 알 수 있겠군.**
5문단에서 대상 기체의 농도에 따라 수정 진동자의 주파수 변화를 미리 측정해 놓아야 하고, 그 후 대상 기체의 농도를 모르는 혼합 기체에서 주파수 변화를 측정하면 대상 기체의 농도를 알 수 있다고 하였다. 따라서 A의 진동자에 있는 압전체의 고유 주파수를 측정하는 것만으로는 혼합 기체에서의 알코올의 농도를 알 수 없으므로 적절하지 않다.

✔ **B에 달라붙은 알코올의 양은 변하지 않고 다른 기체가 함께 달라붙은 후 진동자의 주파수가 일정하게 유지된다면, 이때 주파수의 값은 알코올만 붙었을 때보다 더 작겠군.**
3문단을 통해 수정 진동자에 어떤 물질이 달라붙으면 고유 주파수에서 진동하던 수정 진동자의 주파수가 감소하는 원리로 질량을 측정함을 알 수 있으므로, 수정 진동자에 달라붙는 물질의 양에 따라 주파수의 감소 정도가 더 커짐을 알 수 있다. 그리고 4문단을 통해 기체 농도에 따라 진동자의 주파수는 감소하여 일정한 값을 유지하는데, 감소 정도는 기체의 농도가 클수록 큼을 알 수 있다. 이를 볼 때, 〈보기〉의 B에 달라붙은 알코올의 양은 변하지 않고 다른 기체가 함께 달라붙으면, 다른 기체가 함께 달라붙지 않았을 때보다 진동자의 주파수가 더 크게 감소해 일정하게 유지됨을 알 수 있다. 따라서 다른 기체가 함께 달라붙은 후의 주파수의 값은 알코올만 달라붙었을 때보다 더 작다고 할 수 있다.

③ **A와 B에서 알코올이 달라붙도록 진동자를 처리한 것은 알코올이 달라붙음에 따라 진동자가 최대한 큰 폭으로 진동할 수 있게 하려는 것이겠군.**
4문단과 5문단을 통해 수정 진동자에 특정 기체가 붙도록 처리한 것은 수정 진동자의 주파수 변화를 통해 특정 기체의 농도를 알기 위함임을 알 수 있다. 〈보기〉에서 A와 B 모두 진동자에 알코올이 달라붙을 수 있도록 한 것은 알코올의 농도를 측정하기 위한 것이므로, 진동자가 최대한 큰 폭으로 진동할 수 있게 하려는 것이라는 내용은 적절하지 않다.

④ **A가 B에 비해 동일한 양의 알코올이 달라붙은 후에 생기는 주파수 변화 정도가 크다면, A가 B보다 알코올 농도에 대한 민감도가 더 작다고 할 수 있겠군.**
5문단을 통해 진동자의 주파수 변화 정도를 농도로 나누어 농도의 민감도를 구함을 알 수 있다. 따라서 동일한 양의 알코올이 달라붙은 후에 생기는 주파수 변화 정도가 A가 B보다 크다면 A가 B보다 농도에 대한 민감도도 더 크다는 것을 알 수 있다.

⑤ **B가 A보다 알코올이 일정량까지 달라붙는 시간이 더 짧더라도 알코올이 달라붙은 양이 서로 같다면, A와 B의 반응 시간은 서로 같겠군.**
4문단을 통해 특정 기체가 얼마나 빨리 수정 진동자에 붙어서 주파수가 일정한 값이 되는가의 척도는 반응 시간임을 알 수 있다. 따라서 B가 A보다 알코올이 일정량까지 달라붙는 시간이 더 짧다면, A와 B의 반응 시간이 서로 같은 것이 아니라 B의 반응 시간이 A의 반응 시간보다 더 짧다고 할 수 있으므로 적절하지 않다.

**★★ 문제 해결 꿀~팁 ★★**

▶ **많이 틀린 이유는?**
이 문제는 〈보기〉에 제시된 사례를 글의 내용을 바탕으로 이해하는 데 어려움을 겪어 오답률이 높았던 것으로 보인다. 또한 〈보기〉에 대해 탐구한 선택지에 해당하는 글의 내용을 정확히 파악하지 못한 것도 오답률을 높인 원인으로 보인다.

▶ **문제 해결 방법은?**
이 문제를 해결하기 위해서는 일차적으로 〈보기〉를 정확히 이해해야 한다. 즉 〈보기〉를 통해 알코올 감지기 A, B가 혼합 기체의 알코올 농도를 측정하는 것이고, 진동자에 알코올이 달라붙을 수 있도록 처리된 것임을 이해해야 한다. 그리고 이러한 이해를 바탕으로 〈보기〉와 관련된 내용이 특정 기체의 농도를 감지할 수 있는 수정 진동자의 원리와 관련 있음을 알아야 한다. 마지막으로 선택지에 제시된 탐구 내용을 글의 내용과 비교하여 적절성을 판단하면 되는데, 이때 선택지에서 탐구한 내용이 무엇인지를 정확히 파악해야 한다. 선택지 ③을 보면, 알코올이 달라붙도록 진동자를 처리한 이유와 관련된 것이므로 글에 제시된 수정 진동자로 질량을 측정하는 이유가 무엇인지 파악하면 된다. 이럴 경우 4, 5문단을 통해 수정 진동자에 특정 기체가 붙도록 처리한 것은 특정 기체의 농도를 알기 위함임을 알 수 있으므로 적절하지 않은 것이다. 마찬가지로 정답인 ②의 경우, 선택지를 통해 달라붙은 알코올 양은 변하지 않고 다른 기체가 달라붙은 후의 주파수 값을 묻고 있으므로, 이와 관련된 내용을 글을 통해 찾아 적절성을 판단해야 한다. 즉, 3문단에 언급된 수정 진동자에 달라붙는 물질의 양에 따라 주파수의 감소 정도가 더 커진다는 내용, 4문단에 언급된 기체 농도에 따라 진동자의 주파수는 감소하여 일정한 값을 유지하는데, 감소 정도는 기체의 농도가 클수록 크다는 내용을 통해 적절함을 알았을 것이다. 최근 문제 중에는 이 문제처럼 글 전반에 관련하여 〈보기〉의 사례를 이해하는 문제가 자주 출제되고 있으므로, 위에서 제시한 순서, 특히 선택지를 면밀히 분석하여 관련 있는 글의 내용을 찾는 방법을 적극 활용하도록 한다.

## 12~17 인문

**(가) 조선 시대 신분 제도의 변화 양상**

**해제** 이 글은 **조선 후기 사회 변동에 따른 신분제의 변화 양상을 설명**하고 있다. **조선의 법적 신분제는 양천제**이지만, **사회적으로는 양인이 양반, 중인, 상민으로 분화**되어 있었다. **조선 후기에 신분제의 동요**가 일어나는데, **노비의 경우 도망과 속량의 방법으로 천인의 굴레를 벗어나기 시작**했다. 또한 **경제적으로 성장한 상민들은 유학(幼學) 직역을 얻어 양반으로의 신분 상승을 도모**하였다. **유학 직역의 획득은 제도적으로 양반이 되는 것을 의미하였음에도 이들이 온전한 양반으로 인정받기는 어려웠다.** 이는 조선 후기에 비양반층이 양반층으로 편입하려는 힘과 이를 막으려는 양반층의 힘이 있었다는 것을 보여 주고 있다.

**주제** 조선 후기 신분제의 변화와 유학의 증가 현상

**문단 핵심 내용**

| | |
|---|---|
| 1문단 | 조선 사회의 근간이 된 신분제의 이해 |
| 2문단 | 신분제에 변화가 일어난 조선 후기 |
| 3문단 | 유학 직역을 얻고자 하는 현상이 나타난 18세기 이후 |
| 4문단 | 조선 후기 신분 상승 현상을 잘 보여 주는 유학의 증가 |

**(나) 실학자들의 신분제 개혁론**

**해제** 이 글은 **도덕적 능력주의에 입각하여 조선 사회를 변화시키고자 했던 유형원과 정약용의 개혁론에 대해 설명**하고 있다. **유형원**은 **신분 세습을 비판하고 도덕적 능력이 뛰어난 자를 추천으로 선발하는 공거제를 주장**하였다. 한편 **정약용**은 **사농공상별로 거주지를 달리하는 행정 구역 개편을 구상하고, 도덕적 능력에 따라 추천으로 예비 관료인 선사(選士)를 선발한 후 이들 중 관료를 선발하는 개혁안을 내놓았다.** 그리고 사를 뒷받침하기 위해 노비제는 유지할 것을 주장하였다. **이 둘은 도덕적 능력을 기준으로 지배층을 재구성하여 도덕 국가 체제를 추구하였다는 점에서 공통점**이 있다.

**주제** 도덕적 능력주의를 통해 도덕 이상 사회를 추구했던 유형원과 정약용의 개혁론

**문단 핵심 내용**

| | |
|---|---|
| 1문단 | 도덕적 능력주의에 기초한 개혁론을 제시한 유형원과 정약용 |
| 2문단 | 유형원의 개혁론의 이해 |
| 3문단 | 정약용의 개혁론의 이해 |
| 4문단 | 도덕 국가 체제를 추구한 유형원과 정약용 |

**12** 세부 내용의 이해 정답률 53% | 정답 ④

**(가)를 읽고 이해한 내용으로 적절하지 않은 것은?**

① **『속대전』의 규정을 적용받아 속량된 사람들은 납세의 의무를 지게 되었다.**
2문단을 통해 속량의 제도화는 국가의 재정 운영상 노비제의 유지보다 그들을 양인 납세자로 전환하는 것이 유리했기 때문임을 알 수 있다. 따라서 『속대전』의 규정을 적용받아 속량된 노비들은 양인이 가진 납세의 의무를 지게 되었음을 알 수 있다.

② **『경국대전』 반포 이후 갑오개혁까지 조선의 법적 신분제에는 두 개의 신분이 존재했다.**
1문단을 통해 『경국대전』의 법적 신분제는 신분을 양인과 천인으로 나누었고, 이러한 법적 신분제는 갑오개혁으로 철폐되기 이전까지 조선 사회의 근간이 되었음을 알 수 있다. 따라서 『경국대전』 반포 이후 갑오개혁까지 조선의 법적 신분제에는 두 개의 신분이 존재했음을 알 수 있다.

③ **조선 후기 양반 중에는 노비를 양인 신분으로 풀어 주고 금전적 이익을 얻은 이들이 있었다.**
2문단을 통해 조선 후기 몰락한 양반들은 노비의 유지가 어려워졌기 때문에 몸값을 받고 속량해 주는 길을 선택했음을 알 수 있다. 따라서 조선 후기 양반 중에는 노비를 양인 신분으로 풀어 주고 금전적 이익을 얻은 이들이 있었음을 알 수 있다.

✔ **조선 후기 '유학'의 증가 현상은 『경국대전』의 신분 체계가 작동하지 않는 현상을 보여 주는 것이었다.**
1문단을 통해 『경국대전』에 규정된 신분제는 신분을 양인과 천인으로 나누는 양천제이고, 4문단을 통해 조선 후기 '유학'의 증가 현상은 양인 내부의 분화된 신분과 관련됨을 알 수 있다. 따라서 조선 후기 '유학'의 증가 현상이 『경국대전』의 신분 체계가 작동하지 않는 현상을 보여 준다고 이해하는 것은 적절하지 않다.

⑤ **조선 후기에 상민이 '유학'의 직역을 얻었을 때, 양반의 특권을 일부 가지게 되지만 온전한 양반으로 인정받지는 못했다.**
3문단을 통해 유학이 되면 군역을 면제받았지만 온전한 양반으로 인정받는 것은 아니었음을 알 수 있다. 따라서 상민이 유학의 직역을 얻게 되면 군역 면제라는 양반의 특권을 일부 가지게 됨을 알 수 있지만, 온전한 양반으로 인정받지는 못했음을 알 수 있다.

## 13 핵심 개념의 이해 정답률 43% | 정답 ⑤

일련의 개혁론에 대한 이해로 적절하지 않은 것은?

① 유형원은 자신이 구상한 공동체의 성격에 적합하지 않은 특정 직업군을 없애는 방안을 구상했다.
(나)의 2문단을 통해 유형원은 비도덕적인 직업이라고 생각한 광대와 같은 직업군을 철폐하고자 하였음을 알 수 있으므로 적절하다.

② 유형원은 지방 사회의 도덕적 기풍을 진작하기 위해 관료 선발 인원을 지방에도 할당하는 방안을 구상했다.
(나)의 2문단을 통해 유형원은 지방에도 관료 선발 인원을 적절히 분배하면 향촌 사회의 풍속도 도덕적으로 이끌 수 있다고 보았음을 알 수 있으므로 적절하다.

③ 정약용은 지배층인 사 집단이 주도권을 가지고 사회를 운영하는 방안을 구상했다.
(나)의 4문단을 통해 유형원과 정약용 모두 사회 전체의 도덕 실천을 이끌기 위해 사 집단에 정치권력, 경제력 등을 집중시키고자 하였음을 알 수 있다. 따라서 정약용은 사 집단이 주도권을 가지고 사회를 운영하는 방안을 구상했음을 알 수 있다.

④ 정약용은 직업별로 거주지를 달리하는 것을 포함한 행정 구역 개편 방안을 구상했다.
(나)의 3문단을 통해 정약용은 사민이 뒤섞여 사는 것이 교화에 도움이 되지 않는다고 보고 사농공상별로 거주지를 달리하는 행정 구역 개편 방안을 구상하였음을 알 수 있으므로 적절하다.

✓⑤ 유형원과 정약용은 모두 시험으로 도덕적 능력이 우수한 이를 선발하여 교육한 후 관료로 임명하는 방안을 제시했다.
(나)의 2문단을 통해, 유형원은 과거제 대신 공거제를 통해 도덕적 능력이 뛰어난 자를 추천으로 선발하여 여러 단계의 교육을 한 후, 최소한의 학식을 확인하여 관료로 임명해야 한다고 제안하였음을 알 수 있다. 그리고 3문단을 통해 정약용은 도덕적 능력의 여부에 따라 추천으로 예비 관료인 선사를 선발한 후 여러 단계의 시험을 거쳐 관료로 선발할 것을 제안하였음을 알 수 있다. 따라서 정약용은 예비 관료라고 할 수 있는 선사를 교육한 후 관료로 임명하자고 주장하지 않았으므로 적절하지 않다.

## 14 내용을 바탕으로 한 자료의 이해 정답률 58% | 정답 ③

㉠~㉢에 대한 설명으로 가장 적절한 것은?

① ㉠은 경제적 영향으로 신분 상승 현상이 나타나는 상황에서 신분적 정체성을 지키려는 양반층의 노력이고, ㉡은 이러한 양반층의 노력을 뒷받침하기 위한 정책적 방안이다.
㉠을 조건으로 내건 것은 일부 상민층이 경제적으로 성장함에 따라 유학 직역을 획득하는 가운데에서 양반들이 자신들의 정체성을 지키기 위해 한 노력이라고 할 수 있다. 하지만 ㉡은 정약용이 제시한 개혁안의 세부 내용이므로, ㉠과 같은 장치를 통해 기득권을 지키려는 양반층의 노력을 뒷받침하기 위한 것이라 할 수 없다.

② ㉠은 호적상 유학 직역이 증가하는 상황에서 양반 집단이 기득권을 지키기 위한 자율적 노력이고, ㉡은 기존의 양반들이 가진 기득권을 제도적으로 강화하기 위한 방안이다.
㉠을 조건으로 내건 것은 일부 상민층이 유학 직역을 획득하는 가운데에서 양반들이 자신들의 기득권을 지키기 위해 한 노력이라고 할 수 있다. 하지만 ㉡은 도덕적 능력에 따라 재편된 사 집단의 거주지에 더 많은 선사를 배정하는 것이고, 다른 직업의 거주지에도 선사를 배정하는 것과 함께 이루어지므로 정약용이 이를 기존 양반들의 기득권을 강화하는 방안으로 구상했다고 보기는 어렵다.

✓③ ㉠은 상민층이 유학 직역을 얻는 것이 확대되는 상황에서 양반으로 인정받는 것을 억제하는 장치이고, ㉢은 능력주의를 통해 인재 등용에 신분의 벽을 두지 않으려는 방안이다.
㉠은 양반 집단의 일원으로 인정받기 위한 조건으로, 유학 직역이 증가하는 상황 속에서 양반으로 인정받는 사람이 늘어나는 것을 억제하기 위한 것이라고 할 수 있다. 그리고 ㉢은 신분과 상관없이 도덕적 능력이 우수하다면 지배층이 될 수 있도록 한 방안이므로, 능력주의에 따라 인재 등용에 신분의 벽을 두지 않으려는 것이라고 할 수 있다.

④ ㉠은 능력주의가 작동하기 어려운 현실적인 상황에서 신분 구분을 강화하여 불평등을 심화하는 제도이고, ㉢은 사회 지배층의 인원을 늘려 도덕 실천을 이끌기 위한 방안이다.
㉠을 조건으로 내건 것이 신분 구분을 강화하기 위한 노력임을 알 수 있지만, (가)의 4문단을 통해 비양반층의 진입을 막는 힘보다 비양반층이 양반에 접근하고자 하는 힘이 더 강하게 작동하였음을 알 수 있다. 따라서 결과적으로는 일부 비양반층의 신분 상승이 일어났음을 알 수 있다. 그리고 ㉢은 도덕적 능력에 따라 선발하여 지배층을 재편하기 위한 방안이지 사회 지배층의 인원을 늘리기 위한 방안은 아니므로 적절하지 않다.

⑤ ㉡은 양반층의 특권이 점차 사라져 가고 있는 상황에서 신분적 구분을 명확하게 하기 위한 장치이고, ㉢은 양반과 비양반층의 신분적 구분을 없애기 위한 방안이다.
조선 후기에 양반층이 늘어나기는 했지만 양반층의 특권이 사라져 간 것은 아니므로, ㉡을 양반층의 특권이 사라져 가는 상황을 반영한 방안으로 보기는 어렵다. 그리고 ㉢은 유형원이 신분 세습에 대한 비판적 인식을 바탕으로 도덕적 능력에 따라 사회 지배층을 재편하기 위해 제시한 방안이므로 적절하지 않다.

★★★ 등급을 가르는 문제!

## 15 내용을 바탕으로 한 자료의 이해 정답률 32% | 정답 ⑤

(나)를 바탕으로 다음의 ㄱ~ㄹ에 대해 판단한 것으로 가장 적절한 것은?

> ㄱ. 아래로 농공상이 힘써 일하고, 위로 사(士)가 효도하고 공경하니, 이는 나라의 기풍이 흐트러지지 않는 것이다.
> ㄴ. 사농공상 누구나 인의(仁義)를 실천한다면 비록 농부의 자식이 관직에 나아가더라도 지나친 일이 아닐 것이다.
> ㄷ. 덕행으로 인재를 판정하면 천하가 다투어 이에 힘쓸 것이니, 나라 안의 모든 이에게 존귀하게 될 기회가 열릴 것이다.
> ㄹ. 양반과 상민의 구분은 엄연하니, 그 경계를 넘지 않아야 상하의 위계가 분명해지고 나라가 편안하게 다스려질 것이다.

① 유형원은 ㄱ과 ㄹ에 동의하겠군.
ㄱ은 유형원, 정약용의 입장과 부합한다고 할 수 있다. 그리고 ㄹ은 양반과 상민이 경계를 넘지 않아야 한다는 것에서 능력주의를 부정하고 기존의 체제를 옹호한다는 점에서 유형원, 정약용의 생각과 부합하지 않는다. 따라서 유형원은 ㄹ에 동의하지 않을 것임을 알 수 있다.

② 유형원은 ㄴ과 ㄷ에 동의하지 않겠군.
ㄴ은 농민도 도덕적 능력이 있다면 관료가 될 수 있다는 것이므로 유형원, 정약용의 입장과 부합함을 알 수 있고, ㄷ은 도덕적 능력으로 인재를 판정하고 모든 이에게 관료가 될 기회를 열어 둔다는 점에서 유형원의 입장과 부합함을 알 수 있다. 따라서 유형원은 ㄴ, ㄷ 모두 동의할 것임을 알 수 있다.

③ 유형원은 ㄴ에 동의하지 않고, ㄹ에 동의하겠군.
유형원은 ㄴ에 동의하며, ㄹ에 동의하지 않을 것임을 알 수 있다.

④ 정약용은 ㄴ과 ㄹ에 동의하겠군.
ㄹ은 양반과 상민이 경계를 넘지 않아야 한다는 것에서 능력주의를 부정하고 기존의 체제를 옹호한다는 점에서 정약용의 생각과 부합하지 않으므로, 정약용은 ㄹ에 동의하지 않을 것임을 알 수 있다.

✓⑤ 정약용은 ㄱ에 동의하고, ㄷ에 동의하지 않겠군.
ㄱ은 사농공상의 사민 체제에서 지배층인 사가 도덕을 이끌어야 한다는 것과 연결되므로 유형원, 정약용의 입장과 부합한다고 할 수 있다. 그리고 ㄷ은 도덕적 능력으로 인재를 판정하고 모든 이에게 관료가 될 기회를 열어 둔다는 점에서 유형원의 입장과 부합한다. 하지만 노비에게는 관료가 될 수 있는 기회를 주지 않으려 한 정약용의 입장과는 부합하지 않으므로, 정약용은 ㄱ에 동의하고 ㄷ에 동의하지 않는다고 할 수 있다.

**★★ 문제 해결 꿀~팁 ★★**

▶ 많이 틀린 이유는?
이 문제는 ㄱ~ㄹ을 이해하고, 이를 (나)에 제시된 유형원과 정약용의 생각과 연관 짓는 과정에서 어려움을 겪어 오답률이 높았던 것으로 보인다.

▶ 문제 해결 방법은?
이 문제를 해결하기 위해서는 ㄱ~ㄹ을 먼저 이해해야 한다. 가령 ㄱ은 지배 계층인 사가 도덕을 이끌어야 한다는 내용임을, ㄴ은 농민도 인의를 실천한다면 관료가 될 수 있다는 내용임을, ㄷ은 도덕적 능력으로 인재를 판정하여 관리가 될 기회를 주자는 내용임을, ㄹ은 양반과 상민이 경계를 넘지 않아야 한다고 하였으므로 기존의 체제를 옹호하는 내용임을 이해해야 한다. 그런 다음 (나)를 통해 유형원과 정약용의 생각을 파악하여 ㄱ~ㄹ에 대해 어떻게 생각하고 있는지를 파악해야 한다. 즉 2, 4문단을 통해 유형원의 생각을, 3, 4문단을 통해 정약용의 생각을 정확히 파악(이 경우 글을 읽을 때 밑줄을 그어 놓으면 보다 정확히 이해할 수 있다.)할 수 있어야 한다. 이러한 방식으로 선택지의 적절성을 판단하면 유형원은 ㄱ, ㄴ, ㄷ에 동의하고 ㄹ에 동의하지 않을 것임을 알 수 있고, 정약용은 ㄱ, ㄴ에 동의하고 ㄷ, ㄹ에 동의하지 않을 것임을 알 수 있다. 이런 문제 해결의 핵심은 글에 제시된 인물의 생각이므로, 글을 읽을 때 인물과 관련된 사상이나 생각이 언급되면 어떤 생각을 하고 있는지 정확히 이해할 수 있도록 반드시 밑줄을 그어 놓도록 한다.

## 16 다른 견해와의 비교 정답률 41% | 정답 ⑤

(가), (나)를 바탕으로 <보기>에 대해 보인 반응으로 적절하지 않은 것은? [3점]

<보 기>

> 16세기 초 영국의 토머스 모어는 '유토피아'라는 가상 국가를 통해 당대 사회를 비판했다. 그가 제시한 유토피아에서는 현실 국가와 달리 모두가 일을 하고, 사치에 필요한 일은 하지 않기 때문에 하루 6시간만 일해도 경제적으로 풍요롭다. 하지만 이곳에서도 노동을 면제받는 '학자 계급'이 존재한다. 성직자, 관료 등의 권력층은 이 학자 계급에서만 나오도록 하였는데, 학자 계급은 의무가 면제되는 대신 연구와 공공의 일에 전념한다. 학자 계급은 능력 있는 이를 성직자가 추천하고, 대표들이 승인하는 절차를 거쳐야 될 수 있다. 그러나 학자 계급도 성과가 부족하면 '노동 계급'으로 환원될 수 있고, 노동 계급도 공부에 진전이 있으면 학자 계급으로 승격될 수 있다.

① 유토피아에서 연구와 공공의 일에 전념하는 사람들은 선발의 과정을 거친다는 점에서, (가)의 '유학'보다 (나)의 '선사'에 가깝군.
<보기>를 통해 유토피아에서 연구와 공공의 일에 전념하는 사람들은 학자 계급으로, 이들은 성직자가 추천하고 대표들이 승인하는 선발의 과정을 거쳐야 될 수 있음을 알 수 있다. 그리고 (가), (나)를 통해 (나)의 선사는 추천을 통해 선발하는 과정을 거쳐야 될 수 있지만 (가)의 유학은 그런 과정을 거치지 않음을 알 수 있다. 따라서 학자 계급의 성격은 유학보다 선사에 가깝다고 할 수 있다.

② 유토피아에서 관료는 노동을 면제받지만 그 특권이 세습되지 않는다는 점에서, (가)에서 차별적 특혜를 받던 16세기 이후의 '양반'과는 다르군.
<보기>를 통해 유토피아에서 관료는 학자 계급에서만 나올 수 있고, 학자 계급은 노동을 면제받지만, 성과가 부족하면 노동 계급으로 환원됨을 알 수 있으므로, 특권이 세습되는 것은 아니라 할 수 있다. 그리고 (가)를 통해 16세기 이후의 양반은 세습적으로 군역 면제 등의 차별적 특혜를 받는 신분으로 굳어졌음을 알 수 있다. 따라서 특권의 세습 측면에서 유토피아의 관료가 16세기 이후의 양반과 다름을 알 수 있다.

③ 유토피아에서 '학자 계급'에서만 권력층이 나오도록 한 것은, (나)에서 우월한 집단인 '사 집단'에 정치권력을 집중시키고자한 유형원, 정약용의 생각과 유사하군.
<보기>를 통해 유토피아에서 학자 계급에서만 권력층이 나올 수 있도록 한 것은 학자 계급이 사회적으로 인정된 우수한 집단이기 때문임을 알 수 있다. 그리고 (나)를 통해 유형원과 정약용은 도덕적으로 우월한 집단인 사 집단에 정치권력을 집중시키고자 하였음을 알 수 있다. 따라서 유토피아의 권력 체제와 유형원, 정약용이 구상한 권력 체제가 유사점이 있다고 할 수 있다.

④ 유토피아에서 '노동 계급'이 '학자 계급'으로 승격되는 것은 학업 능력을 기준으로 추천받는다는 점에서, (가)의 상민 출신인 '유학'이 '양반'으로 인정받는 것과는 다르군.
<보기>를 통해 유토피아에서 노동 계급이 학자 계급으로 승격하기 위해서는 공부에 진전이 있어야 하고, 성직자의 추천과 대표들의 승인이 있어야 함을 알 수 있다. 그리고 (가)를 통해 유학이 온전한 양반으로 인정받기 위해서는 양반 문화를 모방하면서 유교적 의례의 준행, 문중과 족보에의 편입 등 다양한 조건을 충족해야 함을 알 수 있다. 따라서 노동 계급이 학자 계급으로 승격되는 것과 유학이 양반으로 인정받는 것은 다르다고 할 수 있다.

✓⑤ 유토피아에서 '노동 계급'과 '학자 계급' 간의 이동이 가능한 것은 계급 간 차등이 없음을 전제하므로, (나)에서 차등을 엄격하게 유지하고자 한 유형원, 정약용의 구상과는 다르군.
<보기>를 통해 유토피아에서는 학자 계급과 노동 계급의 이동이 가능하고, 노동 계급도 공부에 진전이 있



[문제편 p.225]

으면 학자 계급으로 승격될 수 있음을 알 수 있다. 하지만 노동자가 학자 계급으로 승격한다는 것에는 두 계급 간 차등이 존재함을 전제한 것이므로, 두 계급 간 차등이 없음을 전제로 한다는 것은 적절하지 않다. 한편 4문단을 통해 유형원과 정약용은 지배층과 피지배층 간의 차등을 엄격하게 유지하고자 하였음을 알 수 있다.

**17** 단어의 문맥적 의미 파악 정답률 93% | 정답 ①

**ⓐ와 문맥상 의미가 가장 가까운 것은?**

✔ **관용이 우리 집의 가훈으로 확고하게 굳어졌다.**
ⓐ는 '점점 몸에 배어 아주 자리를 잡게 되다.'의 의미로 사용되었다. 따라서 '확고하게 굳어졌다.'의 '굳어졌다'가 문맥상 의미가 ⓐ와 가깝다고 할 수 있다.

② **어젯밤 적당하게 내린 비로 대지가 더욱 굳어졌다.**
'누르는 자국이 나지 아니할 만큼 단단하게 되다.'의 의미로 사용되었다.

③ **포기하지 않겠다는 결심이 어머니의 격려로 굳어졌다.**
'흔들리거나 바뀌지 아니할 만큼 힘이나 뜻이 강하게 되다.'의 의미로 사용되었다.

④ **길에서 버스를 기다리던 사람들의 몸이 추위로 굳어졌다.**
'근육이나 뼈마디가 점점 뻣뻣하게 되다.'의 의미로 사용되었다.

⑤ **갑작스러운 소식에 나도 모르게 얼굴이 딱딱하게 굳어졌다.**
'표정이나 태도 따위가 긴장으로 딱딱하게 되다.'의 의미로 사용되었다.

## 18~21 고전 소설

**작자 미상, 「숙영낭자전」**

감상 이 작품은 **한 양반 가정을 배경으로 하여 신선 사상에 바탕을 둔 비현실적인 사건을 소재로 한 애정담을 다루고 있는 고전 소설**이다. 이 작품에서는 **애정 지상주의를 내세워, 유교적 가치관에 대한 도전과 탈피를 꾀하고 있는 특징**을 보인다. **효는 유교 도덕에 바탕을 둔 봉건적, 전통적 가치관**이고, **애정의 추구는 인간의 본능적 욕구를 긍정하는 새로운 가치관**으로, 양자의 갈등은 시대적인 중요성을 지닌다. 그런데 이 작품에서 **후자가 전자를 극복하는 방향으로 사건이 진행되었다는 것은 조선 후기 사회의 가치관이 변모한 것을 보여 주는 것**이라 할 수 있다.

주제 현실적 장애를 넘어선 남녀의 사랑

작품 줄거리 경북 안동에 사는 백선군이라는 젊은이는 어느 날 꿈에서 선녀의 모습으로 나타난 숙영낭자를 보고 상사병에 걸리고 만다. 결국 선군은 옥련동으로 가 숙영과 혼인하려 했으나 숙영은 3년만 기다리라고 한다. 그러나 선군은 3년을 기다리지 못하고 숙영을 데려오고 만다. 그 뒤 10년 동안 이들은 남매를 낳고 행복하게 살다가 숙영이 선군에게 과거를 볼 것을 권한다. 선군은 그 말을 듣고 과거를 보러 가지만 숙영 때문에 중간에 계속 돌아오고 만다. 이를 눈치 챈 시녀 매월은 동네 불량배를 이용해 숙영이 바람을 피운다는 소문을 낸다. 이에 격노한 숙영은 단도로 자결했는데 시체가 움직이지 않아 장례도 치르지 못한다. 선군의 아버지는 선군이 이 소식을 들으면 과거를 포기하고 돌아올 것 같아 숨기고 임 진사의 딸과 약혼을 한다. 한편, 장원 급제하고 돌아온 선군이 숙영의 시체를 보자, 갑자기 숙영의 가슴에서 파랑새 두 마리가 나와 '매월'이라고 세 번씩 외치고 날아가 버린다. 이에 매월의 소행임을 안 선군은 매월을 고문해 자백을 받아 내고 매월을 죽인다. 그러자 숙영은 옥황상제의 덕으로 다시 살아나고, 선군은 숙영의 권유로 임 진사의 딸까지 첩으로 맞아 행복하게 살다가 나란히 하늘로 간다.

**18** 인물의 이해 정답률 81% | 정답 ⑤

**'춘양'에 대한 설명으로 가장 적절한 것은?**

① **아버지를 보고 싶은 심정을 어머니 영전에서 언급한다.**
춘양이 아버지로부터 온 편지를 할머니로부터 전해 받고 어머니 영전으로 가고 있지만, 어머니 영전에서 아버지를 보고 싶은 심정을 말하지는 않고 있다.

② **할머니로부터 아버지의 편지를 받아 어머니에게 읽어 준다.**
춘양은 글을 몰라 어머님 영전에 읽어 드리지 못하여 답답해 하므로, 춘양이 어머니에게 편지를 읽어 주지 않았음을 알 수 있다.

③ **할머니와 함께 어머니 생전의 일화에 대해 이야기를 나눈다.**
춘양은 할머니께 편지를 읽어 주기를 요청하고 있지만, 할머니와 함께 어머니 생전의 일화에 대해 이야기를 나누지는 않고 있다.

④ **동생이 어머니가 살아 있는 줄 알고 찾아가려 하자 동생을 막아선다.**
동춘은 젖을 먹자고 울고 있을 뿐, 동춘이 어머니가 살아 있는 줄 알고 찾아가려 하거나 이를 춘양이 막아서는 모습은 찾아볼 수 없다.

✔ **아버지의 소식을 어머니에게 전하고 싶은 마음을 행동으로 표출한다.**
이 글의 '춘양이 그 편지를 받고 울며 동춘을 안고 방에 들어가 어미 시신 흔들고 울며, 편지 열어 낯에 대고 통곡'하면서 '아버님 편지가 왔나이다.'라고 말하고 있다. 이를 볼 때, 춘양은 아버지의 소식을 어머니에게 전하고 싶은 마음을 행동으로 표출함을 알 수 있다.

**19** 인물의 말하기 방식 파악 정답률 60% | 정답 ②

**[A], [B]에 대한 이해로 가장 적절한 것은?**

① **[A]에서는 자신의 안부를 전한 뒤 곧이어 받는 이의 안부를 묻는다.**
[A]에서는 '그사이 부모님께서는 평안하셨나이까? 저는 부모님 덕분에 무탈하옵니다.'를 통해, 받는 이의 안부를 먼저 묻고 나서 자신의 안부를 전하고 있음을 알 수 있다.

✔ **[B]에서는 받는 이를 만나고 싶지만 당장 그럴 수 없는 처지를 언급하며 안타까운 심정을 드러낸다.**
[B]의 '우리의 태산 같은 정이 천리에 가림에, 낭자의 얼굴을 보고 싶어도 볼 수 없고, 낭자를 생각하지 않아도 절로 생각이 납니다.'를 통해, [B]에서는 받는 이를 만나고 싶지만 당장 그럴 수 없는 처지를 언급하며 안타까운 심정을 드러내고 있음을 알 수 있다.

③ **[B]에서는 받는 이의 건강에 문제가 있다는 소식을 듣고 걱정하는 마음을 드러낸다.**
[B]에서는 받는 이의 건강에 문제가 있다는 소식을 들은 것이 아니라 짐작을 통해 받는 이를 걱정하는 마음을 드러내고 있다.

④ **[A]와 [B]에서 모두 자신이 뜻한 바를 이루었음을 전하고, 받는 이에게 그 공을 돌리며 감사해한다.**
[B]에서는 상대방의 뜻에 합당한 일을 이루었음을 말하면서 받는 이에게 그 공을 돌리며 감사해하고 있지만, [A]에서는 '천은을 입'었다고 말할 뿐 받는 이에게 그 공을 돌리며 감사해하지는 않고 있다.

⑤ **[A]와 [B] 모두 당부의 말을 전하는데, [A]에서는 받는 이가 글쓴이의 노력을 알아주길 바라고, [B]에서는 받는 이가 스스로 잘 처신하기를 바란다.**
[B]에서는 받는 이가 스스로 잘 처신하기를 바라는 당부의 내용을 알 수 있지만, [A]에서는 부탁을 전하고 있을 뿐 받는 이가 글쓴이의 노력을 알아 주길 바라는 당부는 찾아볼 수 없다.

**20** 구절의 의미 파악 정답률 72% | 정답 ③

**ⓐ ~ ⓔ를 이해한 내용으로 적절하지 않은 것은?**

① **ⓐ : 편지의 수신인이 누구인지 말해 주며 상대가 편지의 중요성을 인식하게 하고 있다.**
ⓐ는 정 씨가 편지의 수신인이 '네 어미'임을 말하면서, '잘 간수 하라'고 편지의 중요성을 상대가 인식하게 하고 있다.

② **ⓑ : 손주들을 호명하며 격해진 감정과 그들을 불쌍해하는 마음을 표출하고 있다.**
ⓑ는 정 씨가 '슬픈 마음을 진정치 못하여 통곡'할 만큼 격해진 감정으로 손주들을 호명하면서, '너희 어미 잃고 어찌 살라하는가?'라며 춘양과 동춘을 불쌍해하는 마음을 표출하고 있다.

✔ **ⓒ : 자신의 운명은 하늘의 뜻이라고 함으로써 집에 온 자신을 책망하지 말 것을 부탁하고 있다.**
ⓒ에서 숙영이 '천명이 아닌 것이 없'다고 말하는 것을 통해, 숙영은 자신의 운명을 하늘의 뜻으로 생각하고 있음을 알 수 있다. 그런데 숙영이 '너무 한탄치' 말라고 말하고 있는데, 이는 시아버지의 오해로 인해 자신이 죽었다가 다시 살아나게 된 일 때문에 너무 괴로워하지 말라는 것이다. 따라서 숙영이 집에 돌아온 자신을 책망하지 말라고 부탁하는 것으로 볼 수 없다.

④ **ⓓ : 옥황상제의 부름을 거절할 수 없다고 말함으로써 이별이 예정되어 있음을 언급하고 있다.**
ⓓ는 숙영이 옥황상제의 '올라오라'는 부름에 '천명을 거스르지 못하여 올라'간다고 말함으로써 예정된 이별에 대해 언급하고 있다.

⑤ **ⓔ : 백학선과 약주를 선물함으로써 상대를 걱정하는 마음을 드러내고 있다.**
ⓔ는 숙영이 부모가 춥지 않게 지내고 기운이 불편하지 않도록 걱정하는 마음으로 '백세 무양'을 기원하며 백학선과 약주를 선물하고 있다.

**21** 외적 준거에 따른 작품의 감상 정답률 46% | 정답 ③

**〈보기〉를 참고하여 윗글을 감상한 내용으로 적절하지 않은 것은? [3점]**

〈보 기〉

「숙영낭자전」에서 승천은 인간 세상의 명분에 구속받지 않는 가족 사랑을 모색한다는 의의를 갖는다. 작품에서는 상공의 잘못이 개인의 문제이기 이전에 가문이라는 명분을 중시하는 인간 세상의 구조적 문제라고 보았다. 그래서 숙영 부부는 가문이라는 명분이 작동하지 않는 천상으로 보내고, 상공 부부는 가문의 무의미함을 깨닫게 하여 구조적 문제에 대응하는 한 방식을 보여 주었다. 하지만 숙영 부부를 천상에 간 뒤에도 부모를 잘 섬기려는 모습으로 그려 낸 것은, 가족 사랑의 보편적 가치를 환기하기 위한 것이다.

① **숙영이 '부모님 돌아가실 때 연화궁'으로 모셔 가겠다고 하는 데에서, 연화궁에서 숙영과 부모를 만나게 하여 가족 사랑의 보편적 가치를 환기하려는 것을 확인할 수 있군.**
숙영이 '부모님 돌아가실 때 연화궁'으로 모셔 가겠다고 하고 있고, 〈보기〉에서 숙영 부부를 천상에 간 뒤에도 부모를 잘 섬기려는 모습으로 그려 냈음을 알 수 있다. 따라서 연화궁에서 숙영과 부모를 만나게 하여 가족 사랑의 보편적 가치를 환기하려 하였음을 알 수 있다.

② **숙영이 선군에게 천궁으로 '올라가사이다'라고 하는 데에서, 숙영 부부를 천상으로 보내 가문이라는 명분이 작동하지 않는 곳에서 살게 하려는 것을 확인할 수 있군.**
숙영이 선군에게 천궁으로 '올라갈 때가 급하였으니', '올라가사이다'라고 숙영이 선군에게 인간 세상에서 빨리 벗어나자고 재촉하고 있음을 알 수 있고, 〈보기〉를 통해 숙영 부부를 가문이라는 명분이 작동하지 않는 천상으로 보냈음을 알 수 있다. 따라서 숙영 부부를 천상으로 보내 가문이라는 명분이 작동하지 않는 곳에서 살게 하려 하였음을 알 수 있다.

✔ **숙영 부부가 '부모를 위로하여 나아가 엎드려 고'하는 데에서, 승천을 망설이는 모습을 보여 주어 숙영 부부를 부모를 잘 섬기는 인물로 그려 낸 것을 확인할 수 있군.**
숙영 부부가 '부모를 위로하여 나아가 엎드려 고'하는 것은 선군이 부모와의 이별을 앞둔 상황에서 '부모 지정을 잊지 못하여 새로이 슬퍼'했기 때문이지, 숙영 부부가 승천을 망설이는 모습을 보여 주는 것은 아니므로 적절하지 않다.

④ **숙영 부부가 부모에게 '하직' 인사를 하는 데에서, 숙영 부부로 하여금 부모를 떠나게 하여 인간 세상의 구조적 문제에 대응하는 양상을 보여 준 것을 확인할 수 있군.**
숙영 부부가 부모에게 '하직' 인사를 하고 부모를 떠나고 있고, 〈보기〉를 통해 숙영 부부를 천상에 보내 구조적 문제에 대응하는 한 방식을 보여 주었음을 알 수 있다. 따라서 숙영 부부가 부모에게 '하직' 인사를 하고 부모를 떠나고 있는 것은 인간 세상의 구조적 문제에 대응하는 한 방식을 보여 준다고 할 수 있다.

⑤ **'상공 부부'가 '세간을 다 나누어 주'는 데에서, 가족을 잃어 허망해하는 상공 부부의 모습을 보여 주어 가문의 무의미함을 깨닫게 한 것을 확인할 수 있군.**
상공 부부가 '망연해하며 세간을 다 나누어 주'고 있음을 알 수 있고, 〈보기〉를 통해 상공 부부는 가문의 무의미함을 깨닫게 해 주고 있음을 알 수 있다. 따라서 상공 부부가 '세간을 다 나누어 주'고 있는 것은, 가족을 잃어 허망해하는 상공 부부의 모습에 해당한다고 할 수 있다. 이러한 상공 부부의 모습을 보여 주어 가문의 무의미함을 깨닫게 하는 것이라 할 수 있다.

## 22~27 현대시 + 수필

**(가) 박용래, '월훈'**

감상 이 글은 **적막한 산골의 외딴집에 사는 노인의 적절한 외로움을 형상화**하고 있다. 이 작품의 **화자**

는 관찰자의 입장에서 노인이 사는 곳과 노인의 모습을 감각적으로 묘사하여 노인이 세상과 고립된 채 살고 있고, 무료함과 고독감, 누군가에 대한 그리움을 지니고 있음을 보여 주고 있다.

**주제** 외딴집에 사는 노인의 외로움과 그리움

**표현상의 특징**

- 토속어와 고유어를 사용하여 향토적 정감을 주고 있음.
- 명사형으로 시상을 종결하여 여운을 주고 있음.
- 쉼표와 의태어를 사용하여 시적 상황을 효과적으로 형상화하고 있음.

### (나) 김영랑, '연1'

**감상** 이 글은 '연'을 매개로 하여 떠올린 유년 시절의 기억을 형상화하고 있다. 화자는 유년 시절을 반추하고 있는데, 화자에게 유년 시절은 늘 위태로웠고, 무언가를 상실했던 아픈 기억으로 남아 있다. 한편 이 시에서는 선명한 색채 대비를 통해 애상적 정서를 부각해 주고 있다.

**주제** 슬프고 외로웠던 유년 시절의 회상

**표현상의 특징**

- 선명한 색채 대비를 통해 정서를 부각해 줌.
- 과거의 장면을 회상하고 있음.
- 어미와 단어, 시구의 반복을 통해 운율을 형성하고 있음.

### (다) 서영보, '문의당기'

**감상** 이 글은 집의 이름을 '문의'라고 지은 것과 관련하여 세상의 본질에 대한 깨달음을 전달하고 있는 고전 수필이다. 이 글에서 글쓴이는 자기의 집의 이름을 '문의'라고 지었다고 하며 집에 대한 글을 써달라고 부탁한 신위를 부탁을 듣고, 바다의 섬 가운데 집을 짓고 사는 사람과 배를 집으로 삼고 사는 사람의 예를 들어 신위의 생각에 동의한다는 뜻을 밝히고 있다. 즉, 대지의 모든 사람들은 결국 섬사람이므로, 물이 보이는 곳에 집을 짓고 살더라도 늘 물을 보고만 있지 않기 때문에 어쩌다 물을 보는 사람과 다르지 않다고 말하고 있다. 이러한 글쓴이의 생각은 상대주의적 시각으로 세상을 보아야 한다는 교훈을 우회적으로 전달한 것이라 할 수 있다.

**주제** 상대적 관점으로 세상을 바라보는 태도의 중요성

## 22 작품 간의 공통점 파악

정답률 84% | 정답 ②

(가)~(다)의 공통점으로 가장 적절한 것은?

① 설의적 표현을 사용하여 인물의 정서를 강조하고 있다.
(다)의 '이와 같은 이치를 ~ 의심을 품겠소?'를 통해, 설의적 표현을 사용하여 세상을 바라보는 신위의 관점이 타당하다는 글쓴이의 생각을 강조하였음을 알 수 있다. 하지만 (가), (나)에는 설의적 표현이 쓰이지 않았으므로 적절하지 않다.

✔ **묘사의 방식을 활용하여 대상의 특징을 구체화하고 있다.**
(가)의 '갱 속 같은 마을', '콩깍지처럼 후미진 외딴집' 등은 노인이 사는 곳을 묘사한 것으로, 이러한 묘사를 통해 노인이 세상과 단절된 곳에서 살고 있음을 드러내고 있다. 그리고 (나)의 2연에서는 하늘을 날고 있는 연을 묘사하여 연이 위태롭게 떠 있음을 드러내고 있다. 또한 (다)의 '넘실거리는 큰 바다 ~ 듯했습니다.'는 '천하의 지도'를 묘사한 것으로, 천하만국이 물 가운데 있음을 드러내고 있다. 따라서 (가)~(다) 모두 묘사의 방식을 활용하여 대상의 특징을 구체화하고 있음을 알 수 있다.

③ 말을 건네는 방식을 사용하여 주제 의식을 심화하고 있다.
(가)에서는 경어체를 사용하고 있으므로 청자에게 이야기를 들려주는 방식을 구사했다고 볼 수 있고, (다)에서는 신위와 '나'가 상대에게 말하는 방식으로 자신의 생각을 전달하고 있다. 하지만 (나)에서는 상대에게 말하는 방식이 사용되지 않았으므로 적절하지 않다.

④ 과거의 장면을 회상하여 현재 상황에 대한 원인을 포착하고 있다.
(나)를 통해 화자가 자신의 유년 시절을 회상하고 있지만, 이를 통해 현재 상황에 원인을 포착한다고 할 수 없다. 그리고 (가), (다)에 과거를 회상하는 내용은 찾아볼 수 없으므로 적절하지 않다.

⑤ 가상의 상황을 설정하여 현실에 대한 긍정적 인식을 이끌어 내고 있다.
(다)의 '바다의 섬 가운데 집을 짓고 사는 사람이 있다면 ~'을 통해 가상의 상황이 나왔다고 볼 수 있지만, 이를 설정하여 현실에 대한 긍정적 인식을 이끌어 낸다고 할 수 없다. 또한 (가)에서 겨울 귀뚜라미가 떼를 지어 우는 상황을 가상의 상황이라 볼 수도 있지만 이를 통해 현실에 대한 긍정적 인식을 이끌어 내지는 않고 있고, (나)에는 가상의 상황이 드러나지 않으므로 적절하지 않다.

## 23 외적 준거에 따른 작품의 감상

정답률 56% | 정답 ④

〈보기〉를 참고하여 (가)를 감상한 내용으로 적절하지 않은 것은?

〈보 기〉

(가)는 적막한 산골 마을을 배경으로 그곳에 사는 한 노인의 모습을 관찰하여 들려주는 시이다. 향토적인 정경 속에서 낯설게 느껴지는 일상에 감각적으로 집중하는 노인을 통해 점점 사라져 가는 것들에 대한 관심을 드러내고, 노인의 삶이 마주한 깊은 정적 속 울음소리를 통해 인간의 쓸쓸함을 고조하고 있다. 이러한 노인의 모습은 외딴집 창호지 문살에 비친 달무리의 이미지로 형상화되고 있다.

① '첩첩산중에도 없는 마을'을 '여긴 있'다고 한 데서, 노인이 살아가는 곳은 쉽게 보기 어려울 것 같은 장소임을 짐작할 수 있겠군.
'첩첩산중에도 없는 마을'을 '여긴 있'다고 한 것은 노인이 사는 마을이 쉽게 발견할 수 없는 공간임을 나타낸 것이라 할 수 있다.

② '강기슭에서도 보이진 않'는 '후미진 외딴집'이라는 배경 설정에서, 적막한 공간의 분위기를 추측할 수 있겠군.
'강기슭에서도 보이지 않'는 '후미진 외딴집'은 노인이 세상과 단절된 곳에서 살고 있음을 보여 주는 것으로, 적막한 공간의 분위기를 조성해 주는 배경 설정이라 할 수 있다.

③ '봉당에 불을 켜'는 분위기와 '콩깍지'의 이미지로 나타낸 향토적 정경에서, 사라져 가는 것들에 대한 관심을 유추할 수 있겠군.
'봉당에 불을 켜'는 분위기와 '콩깍지'의 이미지는 모두 향토적 정경을 드러낸 것으로, 〈보기〉에서 제시되어 있는 '점점 사라져 가는 것들에 대한 관심'을 담고 있다고 볼 수 있다.

✔ **'짚오라기의 설레임'을 '귀를 모으고 듣'고 '새들의 온기'를 '숨을 죽이고 생각하'는 것은, 일상을 자연스럽게 받아들이는 노인의 감각을 부각한 것으로 볼 수 있겠군.**
'짚오라기의 설레임'을 '귀를 모으고 듣'고 '새들의 온기'를 '숨을 죽이고 생각하'는 것은 〈보기〉에 제시된 '낯설게 느껴지는 일상에 감각적으로 집중하는' 노인의 모습을 드러낸 것이라 할 수 있다. 따라서 이를 일상을 자연스럽게 받아들이는 노인의 감각을 부각한 것이라는 감상은 적절하지 않다.

⑤ '발은기침 소리도 없'는데 '겨울 귀뚜라미'가 우는 상황과 눈발이 치는 듯한 '밖'의 달무리 이미지가 어우러져, 노인의 고독을 형상화한 것으로 이해할 수 있겠군.
'발은기침 소리도 없'는데 '겨울 귀뚜라미'가 우는 상황은 〈보기〉의 '깊은 정적 속 울음소리'와 관련되고, 눈발이 치는 듯한 '밖'의 달무리 이미지는 〈보기〉의 '외딴집 창호지 문살에 비친 달무리의 이미지'와 관련된다고 할 수 있다. 이러한 상황과 이미지는 노인의 외로운 처지를 부각하기 위한 설정으로 볼 수 있다.

## 24 작품의 감상

정답률 78% | 정답 ④

(나)에 대한 설명으로 적절하지 않은 것은?

① 1연에서 '연'과 '연실'의 모습에 빗대어 '내 어린 날'의 기억을 '아슴풀하다'라고 표현하고 있다.
1연에서 '내 어린 날'의 기억을 '아슴한 하늘에 뜬 연', '바람에 깜박이는 연실'에 빗대어 '아슴플하다'고 표현하고 있다.

② 2연에서 '조매롭고'로 표현된 '연실'의 긴장은 3연에서 연실이 '바람 일어 끊어지던 날'의 정서를 고조하고 있다.
2연에서 '연실'의 긴장을 보며 느끼는 초조함과 불안감은 3연에서 연실이 '끊어'져 울었던 상황과 연결되므로, '연실'의 긴장은 연실이 '바람 일어 끊어지던 날'의 정서를 고조한다고 할 수 있다.

③ 3연에서 '울다'의 반복과 4연에서 '눈물이 고이었었다'를 통해 '내 어린 날'의 상황을 짐작할 수 있게 하고 있다.
3연에서는 '울다'를 반복하고 있고, 4연에서는 '눈물이 고이었었다'라고 표현되어 있는데, 이는 '내 어린 날'의 상황이 힘들고 괴로웠음을 드러내 준다고 볼 수 있다.

✔ **4연에서 '외로이 자랐다'와 이어진 '하얀 넋'은 '붉은 발자욱'에 함축된 정서와 상반되는 의미를 이끌어 내고 있다.**
4연에서 '하얀 넋'은 '외로이 자'란 유년 시절의 화자가 느낀 외로움과 연관되고, '붉은 발자욱'이 '눈물이 고이었었다'는 유년 시절 화자가 느꼈을 슬픔과 연관된다고 할 수 있다. 따라서 '하얀 넋'과 '붉은 발자국' 모두 애상적 정서를 담고 있다는 점에서 유사한 의미를 이끌어 낸다고 할 수 있으므로 적절하지 않다.

⑤ 1연과 4연의 '내 어린 날'은 2연의 '내 어린 날'의 기억을 통해 떠올린 유년 시절을 표상하는 의미를 지니고 있다.
2연에서 화자는 연을 보며 유년 시절을 기억하고 있는데, 1연과 4연에서는 그 시절에 대한 인상과 정서가 표출되어 있다. 따라서 1연과 4연의 '내 어린 날'은 유년 시절을 표상하는 의미를 지닌다고 할 수 있다.

## 25 시어의 의미와 기능 파악

정답률 84% | 정답 ③

㉠~㉤에 대한 설명으로 적절하지 않은 것은?

① ㉠ : 아주 짧은 순간에 해가 지는 모습을 나타낸 말로, 시간의 변화를 함축하고 있다.
㉠은 해가 갑자기 사라지는 모양을 나타내는 말로, 산속 마을에 갑자기 밤이 찾아왔음을 함축하고 있다.

② ㉡ : 소리를 통해 연상되는 새의 모습을 감각적으로 형상화하고 있다.
㉡은 처마 깃에 나래를 묻는 새가 내는 소리를 표현한 것이므로, 소리를 통해 연상되는 새의 모습을 감각적으로 형상화한 것이라 할 수 있다.

✔ **㉢ : 높이 날아오른 연을 동경하는 심리를 드러내고 있다.**
㉢의 '아실아실'은 위태로움으로 인해 두려움을 느끼는 상황을 드러내는 말로, 너무 높이 떠 오른 연이 끊어지지는 않을까 걱정하는 마음을 표현한 것이다. 따라서 '아실아실'을 높이 날아오른 연을 동경하는 심리를 드러냈다고 한 이해는 적절하지 않다.

④ ㉣ : 서러움을 느끼게 하는 대상인 실낱의 모습을 표현하고 있다.
㉣은 흰 빛깔이 보일 듯 말 듯한 모양을 나타내는 말로, 끊어진 연줄을 보며 서러워하는 상황을 형상화하고 있다.

⑤ ㉤ : 외롭고 슬픈 어린 시절의 정서를 함께 담아내고 있다.
㉤은 초조하고 불안한 심리를 나타내는 말로, 외롭고 슬펐던 어린 시절의 상황을 표현하는 데 활용되고 있다.

## 26 작품 내용의 이해

정답률 51% | 정답 ②

ⓐ, ⓑ에 대한 이해로 적절하지 않은 것은?

① ⓐ는 '볼만한 샘이나 못'이 없는 곳에 산다고 생각하다가, '천하의 지도를 보고' 깨달은 바에 따라 자신이 물 가운데 살고 있는 것이나 다름없다는 발상으로 사고를 전환한다.
신위는 자신이 도성 안에 있기 때문에 '볼만한 샘이나 못'이 없는 곳에 산다고 생각하지만, '천하의 지도'를 보고서는 자신이 물 가운데 사는 것과 다름없다는 깨달음을 얻게 되므로 적절하다.

✔ **ⓐ가 '자기 집'을 '문의'라고 한 것에 ⓑ가 동의한 이유는 ⓐ의 상황이 '배를 집으로 삼아' 사는 사람의 상황보다 집에 '들어 앉아 사는 사람'의 상황에 가깝다고 생각했기 때문이다.**
이 글에서 신위는 세상 사람들 모두 물 가운데 있는 존재라는 의미로 자기 집 이름을 '문의'라고 하였고, 이러한 신위의 생각에 '나'도 동의하고 있다. 그런데 '나'가 신위 생각에 동의한 것은, 신위의 상황이 '배를 집으로 삼아' 사는 사람들의 상황보다 집에 '들어앉아 사는 사람'의 상황과 가깝다고 생각했기 때문이 아니다. '나'는 두 상황 모두 결국 물 가운데 사는 것은 같다고 보았기 때문에 신위 생각에 동의한 것이다.

③ ⓑ는 '바다의 섬'에 '집을 짓고 사는 사람'의 삶에 주목하여, 바라보는 관점을 달리하면 세상 모든 사람들이 섬에 살고 있다는 논리가 성립한다고 생각한다.
'나'는 '바다의 섬'에 '집을 짓고 사는 사람'을 보고 그들이 날마다 파도와 깊은 물을 가까이 하지 않고 살아도 '물에 산다'고 할 수 있는 것처럼, 관점을 달리하면 세상 사람들이 섬에 살고 있다는 것을 주장하였으므로 적절하다.



[문제편 p.228]

④ ⓑ가 ⓐ의 발상이 타당하다고 하는 이유는, '바다의 섬 가운데' 살더라도 그것을 가리켜 '물에 산다고' 보는 것이 ⓑ의 생각만이 아니라 '사람들'의 판단과도 일치하기 때문이다.
'나'는 '바다의 섬 가운데' 살더라도 사람들이 '산에 산다'고 하지 않고 '물에 산다'고 하는 예를 들어, 신위의 주장이 타당하다고 하였으므로 적절하다.

⑤ ⓑ는 '물과 더불어' 사는 사람도 '눈길을 돌'리는 순간이 있는 것과 ⓐ가 '물을 보는 법'을 '써 볼 데가 없'다 하는 것은 물을 보지 못할 때가 있다는 점에서 유사하다고 생각한다.
'나'는 '물과 더불어' 사는 사람도 물이 있는 것을 생각하지 못하는 것이나 신위가 물을 보지 못하므로 '물을 보는 법'을 '써 볼 데가 없다'고 하는 것이 유사한 상황이라고 보고 있다. 이 두 경우를 의미하는 '겨우 반걸음을 움직인 것'과 '천 리를 간 것'이 '매한가지라 할 것'이라 인식한 것이므로 적절하다.

★★★ 등급을 가르는 문제!

**27** 외적 준거에 따른 작품의 이해 정답률 36% | 정답 ④

〈보기〉를 바탕으로 (가), (다)를 이해한 내용으로 가장 적절한 것은? [3점]

〈보 기〉
문학 작품 속의 소재들은 연관성 속에서 서로 유사 혹은 대립의 관계를 이룸으로써 의미를 생성하거나 그 특징을 부각하는 효과를 드러낸다.

① (가)의 '허방다리 들어내면 보이는 마을', '갱 속 같은 마을'은 얕음과 깊음의 대비를 이루어 숨어 있는 두 공간의 차이를 부각하고 있군.
(가)의 '허방다리 들어내면 보이는 마을', '갱 속 같은 마을'은 쉽게 찾을 수 없는 공간이라는 유사성이 있다.

② (가)의 '무우'와 '고구마'는 차가움과 따뜻함의 대비를 이루어 밤에 출출함을 달래기 위해 먹는 다양한 음식의 속성을 부각하고 있군.
(가)의 '무우'와 '고구마'는 노인이 무료함을 달래기 위해 먹는 음식으로, 노인이 먹는 음식의 차가움과 따뜻함을 대비하지는 않고 있다.

③ (다)의 '아홉 개 대륙'과 '일만 개 나라'는 바다 안의 육지라는 유사성으로 관계를 맺으며 '천하의 지도'라는 새로운 의미를 생성하고 있군.
(다)의 '천하의 지도'에 그려진 '아홉 개 대륙'과 '일만 개 나라'는 물에 둘러싸인 공간이라는 유사성이 있지만, 이를 통해 '천하의 지도'라는 새로운 의미를 생성하지는 않고 있다.

✔ (다)의 '파도'와 '깊은 물'은 바다의 형상이라는 유사성으로 관계를 맺으며 물에 사는 사람이 살면서 만나게 되는 환경이라는 의미를 생성하고 있군.
(다)의 '파도'와 '깊은 물'은 물에 사는 사람들이 만나게 되는 바다의 형상이라는 유사성이 있다. '나'는 이를 통해 물에 사는 사람들이 이러한 바다를 매일 만나지는 않지만 이들이 물에 사는 것은 분명하다는 주장을 펼치고 있다.

⑤ (가)의 '창문은 모과빛'과 '기인 밤'은 밝음과 어둠의 대비를, (다)의 '갈매기'와 '해오라기'는 크고 작음의 대비를 이루어 각 소재가 가진 특징을 부각하고 있군.
(가)의 '모과빛'과 '기인 밤'은 밝음과 어둠의 대비를 이루지만, (다)의 '갈매기'와 '해오라기'는 모두 '작은 나라'의 모습을 비유하는 데 활용되고 있다. 즉, 두 소재는 대립이 아니라 유사의 관계를 이루는 것으로 볼 수 있다.

**★★ 문제 해결 꿀~팁 ★★**

▶ 많이 틀린 이유는?
이 문제는 작품 내용을 정확히 이해하지 못하여 오답률이 높았던 것으로 보인다. 특히 (다)에 대한 이해가 부족하여 오답률이 높았던 것으로 보인다.
▶ 문제 해결 방법은?
〈보기〉가 제시된 이 문제뿐만 아니라 모든 문학 작품 문제를 풀 때 가장 핵심이 되는 것은 작품을 정확히 이해하는 데 있다. 선택지 ①을 보면, 작품을 통해 '허방다리 들어내면 보이는 마을'이나 '갱 속 같은 마을'은 '허방다리'라는 뜻풀이를 보더라도 유사성을 지니고 있음을 바로 알 수 있었을 것이다. 또한 선택지 ⑤에서도 (다)를 통해 '갈매기'와 '해오라기'가 '작은 나라'의 모습을 비유하는 데 활용되고 있음을 정확히 이해했다면 적절하지 않았음을 알았을 것이다. 학생들 중에는 ④가 적절하지 않다고 여겨 다른 선택지를 선택하였는데, 이 역시 (다)를 정확히 이해하지 못했기 때문이다. 만일 (다)의 내용을 통해 '파도'와 '깊은 물'이 물에 사는 사람들이 만나게 되는 바다의 형상임을 파악했다면, '파도'와 '바다'가 바다의 형상이라는 유사성으로 관계 맺고 있음을 알았을 것이다. 이처럼 〈보기〉가 제시되어 있든, 아니면 시어나 시구의 의미를 묻든지 간에 작품 이해를 정확히 하지 못하면 잘못 선택할 확률이 높다. 따라서 평소 시적 화자나 글쓴이, 중심인물을 중심으로 문학 작품 내용을 이해하는 연습을 충분히 해 두기를 바란다.

## 28~31 현대 소설

**양귀자, '원미동 시인'**

**감상** 이 글은 **작가의 『원미동 사람들』 연작 중 하나**로, **일상인들의 소시민적 근성과 세태를 고발하는 동시에 그들을 향한 작가의 연민과 애정의 시선을 보여 주고 있는 단편 소설**이다. 사건의 핵심 인물은 두 사람인데, **'김 반장'**은 **소시민적 근성을 보여 주는 전형적 인물로 자신의 이익과 안위를 위해서는 친구도 외면할 수 있는 이기적인 존재**로 그려진다. 다른 한 사람은 동네에서 바보 취급을 받는 **'원미동 시인' 몽달 씨로 자신을 바보 취급하는 사람들을 미워하지 않고 보듬어 주는 존재**이다. 한편 이 작품은 **'나'라는 어린아이 서술자를 설정**함으로써 **어린아이의 순수한 시선을 통해 어른들의 부정적 세계를 효과적으로 형상화**하고 있다.

**주제** 소시민적 근성에 대한 비판과 인간다운 삶에 대한 향수

**작품 줄거리** 올해로 일곱 살인 '나'는 집안 사정과 동네 사정을 훤히 알고 있는 조숙한 아이이다. '나'는 선옥이 언니를 흠모하여 '나'에게 잘 대해 주는 형제 슈퍼 주인인 김 반장과 동네에서 모자란 사람 취급받는 몽달 씨와 친구로 지내고 있다. 어느 날 '나'는 부모님의 부부 싸움을 피해 형제 슈퍼 앞에 앉아 있다가 불량배들에게 쫓겨 김 반장의 슈퍼에 들어온 몽달 씨를 보게 된다. 몽달 씨는 김 반장에게 도움을 요청하지만 외면당한다. 불량배들에게 폭행을 당한 몽달 씨는 지물포 주 씨 아저씨의 도움을 받는다. 불량배가 도망간 뒤에야 몽달 씨를 부축하여 불량배들을 성토한 김 반장이 싫어진 '나'는, 이후 아무렇지도 않게 가게에 나와 김 반장을 돕는 몽달 씨를 바보 같다고 생각한다.

**28** 작품 내용의 이해 정답률 84% | 정답 ①

윗글에 대한 이해로 가장 적절한 것은?

✔ 몽달 씨는 김 반장이 자기를 매정하게 대했으나, 김 반장네 가게 일을 해 주고 있다.
김 반장이 '그날 밤' 몽달 씨를 쫓아내는 행동을 했다는 '나'의 말을 통해, 김 반장이 몽달 씨를 매정하게 대하였음을 알 수 있다. 그리고 '나'는 몽달 씨가 히죽히죽 웃으며 김 반장네 가게의 음료수 박스들을 쟁여 놓는 일을 하는 모습을 매우 의아하게 생각하고 있음을 알 수 있다. 따라서 몽달 씨는 김 반장이 자기를 매정하게 대하지만, 김 반장네 가게 일을 해 주고 있음을 알 수 있다.

② 김 반장은 선옥을 좋아했으나, 선옥이 서울로 가자 '나'를 통해 선옥과의 관계를 회복해 나갔다.
김 반장이 선옥을 좋아했음을 알 수 있지만, 김 반장이 '나'를 통해 선옥과의 관계를 회복해 나가는 모습은 찾아볼 수 없다.

③ '나'는 김 반장을 좋은 친구라고 생각했으나, 김 반장이 빈둥거리며 실없는 행동을 해서 당황했다.
김 반장을 자신보다 스무 살이나 많지만 친구라 하면서, 김 반장과 함께 매일같이 함께 낄낄거리는 재미로 하루를 보내다시피 하였다는 '나'의 말을 통해, '나'는 김 반장을 좋은 친구라고 생각하였음을 알 수 있다. 하지만 김 반장이 선옥 언니가 떠난 후 '나'를 다소 퉁명스럽게 대하고는 있지만, 빈둥거리며 실없는 행동을 하지는 않고 있다.

④ 선옥은 자신의 집안 형편에 대해 부정적으로 생각하고 있지만, '나'는 집안 형편을 그렇게 생각하지 않는다.
'나'는 자신의 집을 지지리 궁상이라고 표현하고 있으므로, '나'가 집안 형편을 부정적으로 생각하였음을 알 수 있다.

⑤ '나'는 몽달 씨를 친구라 여겼으나, 몽달 씨가 김 반장 가게에 다시 나온 것을 보고 그렇게 생각한 것을 후회했다.
'나'는 몽달 씨가 자신보다 스무 살이나 많지만 엄연히 친구라 하고 있고, 김 반장의 행동에도 불구하고 김 반장네 가게 일을 하고 있는 몽달 씨를 기억 상실증 환자라고 생각하고 있다. 하지만 '나'가 몽달 씨가 김 반장 가게에 다시 나온 것을 보고 몽달 씨를 친구로 생각한 것을 후회하지는 않고 있다.

**29** 구절의 의미 파악 정답률 71% | 정답 ④

ⓐ ~ ⓖ에 대한 이해로 적절하지 않은 것은?

① ⓐ는 상대를 못마땅해하는 발언이지만, ⓒ를 고려하면 상대의 상태에 대한 관심에서 비롯된 것이라고 할 수 있다.
ⓐ는 기억 상실증에 걸린 상황에서도 예전과 같이 시를 읽고 있는 것에 대한 '나'의 못마땅함이 투영된 표현이라고 볼 수 있다. 그리고 ⓒ를 고려하면 ⓐ는 실컷 두들겨 맞고 열흘간이나 누워 있다가 일상으로 복귀한 몽달 씨의 상태에 대한 '나'의 관심에서 비롯된 질문으로 볼 수 있다.

② ⓑ와 ⓓ의 시에 대한 인물의 태도를 고려하면, 인물이 시를 통해 위안을 얻었음을 알 수 있다.
몽달 씨는 ⓑ와 같은 말을 건네며 행복하게 웃고 있고, 몽달 씨는 ⓓ에서 자신이 시를 읽으며 누워 있었기 때문에 건강을 회복할 수 있었다고 말하고 있다. 따라서 몽달 씨는 시를 통해 위안을 얻었음을 알 수 있다.

③ ⓔ는 ⓓ를 듣고 실망하여, 상대의 새로운 반응을 기대하며 한 발언이라고 할 수 있다.
'나'는 김 반장의 행동으로 인해 어려움을 겪어야만 했던 몽달 씨가 ⓓ와 같은 말을 한 것을 듣고 그의 정신 상태에 실망했다고 언급하고 있다. 그리고 '나'는 그날 밤의 일에 대한 기억을 상실한 것으로 생각되는 몽달 씨가 진실을 알게 되면 새로운 반응을 보일 것이라는 기대를 가지고 ⓔ와 같은 말을 건넨 것으로 볼 수 있다.

✔ ⓕ는 ⓔ에 대한 상대의 반응이 예상을 벗어났지만, 상대가 보여 준 판단을 수용하기 위한 질문이라고 할 수 있다.
몽달 씨는 '나'가 ⓔ를 말하자 애써 외면하고 모르는 척하려는 행동을 보이고 있다. 그리고 '나'는 김 반장의 행동으로 인해 어려움을 겪어야만 했던 몽달 씨의 처지를 이해하고 위로한다는 의미에서 ⓕ와 같은 말을 건네고 있다. 그러므로 ⓕ는 김 반장이 나쁜 사람이 아니라는 몽달 씨의 판단을 수용하기 위한 질문이라고 볼 수 없다.

⑤ ⓖ는 ⓕ의 주장을 확인하는 질문으로, 상대의 태도를 탐탁지 않게 여기는 마음이 반영된 발언이라고 할 수 있다.
몽달 씨는 '나'가 ⓕ와 같은 말을 건네자 김 반장은 나쁜 사람이 아니라는 반응을 보이고 있다. 하지만 '나'는 이러한 몽달 씨의 반응에 대해 ⓖ와 같은 말을 하며 다그치고 있는데, 이는 몽달 씨의 태도를 탐탁지 않게 여기는 '나'의 마음이 반영된 것이라 할 수 있다.

**30** 공간을 중심으로 한 인물의 이해 정답률 60% | 정답 ⑤

형제슈퍼를 중심으로 확인할 수 있는 인물의 행위에 대한 설명으로 가장 적절한 것은?

① '나'가 '매일같이' 김 반장과 재미있게 낄낄거렸던 행위는 '그날' 보다 앞선 시간대에 이루어지며, '그날'의 일을 지켜보기만 한 '나'의 부정적 자기 인식으로 이어지고 있다.
'나'가 '매일같이' 김 반장과 재미있게 낄낄거리던 행위는 '그날'보다 앞선 시간대에 이루어진 것임을 알 수 있다. 하지만 이 글에서 '그날'의 일을 지켜보기만 한 자신에 대한 '나'의 부정적 자기 인식이 드러난 부분은 찾아볼 수 없으므로 적절하지 않다.

② 김 반장이 '나'를 퉁명스럽게 대하는 행위는 '요즘'보다 앞선 시간대에 이루어지며, '나'에게 반성을 유도하고 있다.
'나'는 김 반장이 '요즘' 자신을 대하는 태도가 다소 퉁명스러워졌다고 언급하고 있으므로, 김 반장이 '나'를 퉁명스럽게 대하는 행위가 '요즘'보다 앞선 시간대에 이루어졌다는 이해는 적절하지 않다. 또한 이 글을 통해 김 반장이 '나'에게 반성을 유도한 부분은 찾아볼 수도 없다.

③ 몽달 씨가 '히죽히죽' 웃는 행위는 현재 '여기'에서 '나'에게 속내를 감추는 행위보다 앞선 시간대에 이루어지며, '나'에게 진심을 드러내어 보여 주고 있다.
몽달 씨가 '히죽히죽' 웃는 행위를 한 것은 김 반장네 가게의 음료수 박스들을 나를 때이며, 이는 '여기'에서 '나'에게 속내를 감추는 것보다 앞선 시간대에 이루어졌다고 볼 수 있다. 하지만 이는 '나' 에게 진심을 드러내어 보여 주는 행위는 아니므로 적절하지 않다.

④ '의자'에서 '뭔가'를 읽는 몽달 씨의 행위는 '여기'에서 환기된 '그날'의 경험보다 앞선 시간대에 이루어지며, '나'가 '그날' 느꼈을 긴박감과 대비되는 이완된 상황을 보여 주고 있다.
'나'는 열흘간이나 누워 있던 몽달 씨가 일상으로 돌아와, '의자'에서 시를 읽고 있는 모습을 보고, '나'는 이러한 몽달 씨의 행위가 '그날' 김 반장의 행동에 대한 기억을 상실했기 때문이라고 여기고 있다. 따라서 몽달 씨가 '의자'에서 시를 읽는 행위가 '그날'의 경험보다 앞선 시간대에 이루어진 것이라는 이해는 적절하지 않다.

12회

✔ '여기'에서 목격된 '그날' 김 반장의 행위는 '요즘'보다 이후의 시간대에 이루어지며, '나'가 김 반장을 이전과 다르게 평가하는 원인으로 기능하고 있다.

'여기'는 김 반장네 가게 앞에 있는 비치파라솔로, '나'는 '여기'에서 '그날' 김 반장이 몽달 씨를 쫓아내는 것을 목격하였다고 말하고 있다. 그리고 '요즘'은 '나'와 김 반장이 재미있게 지내다가 선옥이 언니가 서울로 떠나며 김 반장의 태도가 다소 퉁명스러워졌던 시점으로, '나'가 김 반장을 친구라고 여기던 시간대라고 볼 수 있다. 그런데 '나'는 '그날', 김 반장이 몽달 씨를 쫓아내는 행동을 보고 김 반장을 나쁜 사람으로 인식하고 있다. 따라서 '그날' 김 반장의 행위는 김 반장을 친구로 생각하던 '요즘' 이후에 벌어진 것이며, 김 반장에 대한 '나'의 평가가 달라지게 된 원인으로 작용하고 있음을 알 수 있다.

## 31 외적 준거에 따른 서술자의 태도 파악

정답률 70% | 정답 ④

<보기>를 바탕으로 ㉠ ~ ㉤을 이해한 내용으로 적절하지 않은 것은? [3점]

<보 기>

미성숙한 어린아이가 서술자라도 합리적 정보를 제공하면 독자는 서술자를 신뢰하게 된다. 그러나 작가는 때로 합리성이 부족한 어린아이의 특성을 강화하여 독자가 서술자를 의심하게 한다. 이때 독자는 서술자가 제공하는 정보가 틀릴 수 있다고 생각하면서 서술자와 다른 각도에서 작품이 전하려는 의미를 탐색하게 된다. 이 경우에도 독자는 서술자가 제공하는 제한된 정보에 의존할 수밖에 없으므로, 서술적 상황과 작품이 전하려는 의미가 서로 달라져 작품을 더욱 집중해서 읽게 된다.

① ㉠ : 문제적 상황의 원인을 파악하여 이에 대응하고, 인물의 태도 변화를 설명할 수 있는 정보를 제시한다는 점에서 독자가 서술자를 신뢰하도록 유도하고 있군.

선옥이 언니와 좋아지냈던 김 반장이 선옥이 언니가 서울로 떠나자 동생인 '나'에게 다소 퉁명스러운 태도를 보이고 있다는 ㉠의 내용은 개연성과 합리성이 높아, 독자가 서술자를 신뢰하도록 유도하는 기능을 한다고 볼 수 있다.

② ㉡ : 인물이 처한 부정적 상황을 보여 주고, 인물의 안색과 그 이유에 대해 여러 정보를 제공한다는 점에서 독자가 서술자를 신뢰하도록 유도하고 있군.

㉡에는 차마 마주보기 어려울 만큼 핼쓱한 몽달 씨의 안색과, 그러한 안색을 갖게 된 이유로 실컷 두들겨 맞아 열흘간이나 누워 있었다는 정보가 제시되어 있다. 그리고 이러한 ㉡의 내용은 인물이 처한 부정적 상황을 드러내기 위한 합리적이고 객관적인 정보에 해당하므로 독자가 서술자를 신뢰하도록 유도하는 기능을 한다고 볼 수 있다.

③ ㉢ : 논리적 연관을 무시하고, 추측에 근거하여 인물의 의식 상태를 단정하는 모습을 통해 독자가 작품에 더욱 집중하면서, 서술자와 다른 각도로 생각하도록 유도하고 있군.

㉢에는 미성숙한 어린아이인 '나', 즉 서술자가 논리적, 사실적 관계를 따져 보지 않고 단순한 추측에 근거해 몽달 씨의 의식 상태를 단정하는 내용이 제시되어 있다. 그리고 <보기>에서는 이처럼 합리성이 부족한 어린아이의 특성이 강화되어 독자가 서술자를 의심하게 되면, 독자는 서술자와 다른 각도에서 작품이 전하려는 의미를 탐색하고 작품을 더욱 집중하여 읽게 된다고 언급하고 있다.

✔ ㉣ : 인물에 대해 적극적으로 탐색하고, 인물의 상태를 스스로 진단하여 그 정보를 제공하는 모습을 통해 독자가 서술자를 신뢰하도록 유도하고 있군.

㉣에서 서술자인 '나'는 미숙한 어린아이의 상상력을 통해 몽달 씨가 부분적인 기억 상실증 환자라고 결정하고 있다. 이러한 '나'의 판단은 <보기>에서 언급한 것처럼 독자들로 하여금 미성숙한 어린아이의 상상력에서 드러나는 비합리성을 인식하게 하여 서술자인 '나'를 의심하게 한다고 볼 수 있다. 따라서 '나'가 정보를 제공하는 모습을 통해 독자가 서술자를 신뢰한다고 할 수 없다.

⑤ ㉤ : 시에 대한 이해가 부족하고, 합당한 이유 없이 인물의 취향을 비난하는 모습을 통해 독자가 작품에 더욱 집중하면서, 서술자와 다른 각도로 생각하도록 유도하고 있군.

㉤에는 미성숙한 어린아이인 '나'가 시에 대한 이해가 부족하고 합당한 이유가 없음에도, 몽달 씨가 시를 읽는 행위를 비난하며 못마땅해하고 있다. 그런데 이러한 '나'의 태도와 행동은 <보기>에서 언급한 합리성이 부족한 미성숙한 어린아이 서술자의 특성이 강화되어 나타난 것으로, 독자가 작품에 더욱 집중하면서 서술자와 다른 각도로 생각하도록 유도하는 기능을 한다고 볼 수 있다.

## 32~34 고전 시가

**(가) 정철, '성산별곡'**

감상 이 작품은 **정철이 벼슬길에 나서기 전 전라남도 담양의 성산에 있는 서하당과 식영정 주변의 자연 경관과 더불어 그 주인에 해당되는 김성원 등의 은거와 풍류 생활을 예찬한 가사**이다. 계절의 변화에 따른 성산 주변의 아름다움을 노래하고 있는 이 작품은 **작가 자신으로 추정되는 손님과 김성원으로 추정되는 주인의 문답 형식을 빌려 성산의 외적인 생활 환경과 내적인 정신세계를 그려 냈다.**

주제 성산에 묻혀 사는 삶의 흥취

**(나) 작자 미상, 사설시조**

감상 이 작품은 **자연 속에서 꿩 사냥과 고기잡이를 하는 일상적 삶의 즐거움과 풍류를 노래한 사설시조**이다. 초장에서는 생매를 풀어 꿩을 사냥하는 모습이, 중장에서는 냇가에서 물고기를 잡는 모습이 생동감 넘치는 장면으로 묘사되고 있는데, **화자는** 이렇게 **자연 속에서 풍류를 즐기는 삶을 사는 자신을 산중호걸이라 표현하며 자부심을 드러내고** 있다.

주제 꿩 사냥과 물고기 잡이를 하며 풍류를 즐기는 삶에 대한 자부심

## 32 표현상 특징 파악

정답률 73% | 정답 ②

(가), (나)에 대한 설명으로 가장 적절한 것은?

① (가)는 영탄적 표현을 통해 인물에 대한 그리움을 드러내고 있다.

(가)의 '성현도 많거니와 호걸도 하도 할샤'를 통해 영탄적 표현이 사용되었음을 알 수 있지만, 이를 통해 인물에 대한 그리움을 드러내지는 않고 있다.

✔ (나)는 음성 상징어를 통해 인물의 역동성을 드러내고 있다.

(나)의 초장의 '활활 활활', '꽝꽝쌍쌍'과 중장의 '주섬주섬', '와지끈 뚝딱', '주루룩', '너슬너슬' 등을 통해 음성 상징어를 사용하고 있음을 알 수 있다. 화자는 이러한 음성 상징어를 통해 말을 솔질하는 종의 행위나 말뚝 박는 행위, 그리고 물고기를 잡는 화자의 행위를 역동적으로 보여 주고 있다.

③ (가)는 (나)와 달리 공간의 이동을 통해 다양한 대상의 면모를 드러내고 있다.

(가)를 통해 공간의 이동에 따라 대상의 다양한 면모를 드러냈다고 볼 수도 있다. 하지만 (나)에서는 두 개의 개별적 공간에서의 화자의 모습이 제시되어 있으므로, 공간 이동의 양상이 제시되어 있다고 볼 수 있다.

④ (나)는 (가)와 달리 시간의 흐름에 따라 인물의 심리 변화를 드러내고 있다.

(나)에서는 화자는 생매를 이용하여 꿩 사냥을 한 후 여울에서 고기잡이를 하는 등 시간의 흐름에 따라 시상이 전개되고 있다. 하지만 시간의 흐름에 따른 화자의 심리 변화 양상은 나타나지 않고 있다.

⑤ (가)와 (나)는 모두 대구를 사용하여 대조적 대상의 속성을 드러내고 있다.

(가)의 '성현도 많거니와 호걸도 하도 할샤'를 통해 대구법이 사용되고 있지만, 성현과 호걸을 대조적 대상으로 볼 수 없다. 그리고 (나)는 '앞내 여울 고기 뒷내 여울 고기', '오르는 고기 내리는 고기'에서 대구법이 사용되고 있고, '오르는 고기 내리는 고기'에서 고기들을 대조적 대상으로 볼 수도 있다.

## 33 작품의 이해

정답률 51% | 정답 ④

[A]에 대한 이해로 적절하지 않은 것은?

① '삭풍'이 가을 잎을 쓸고 간 자리에 구름을 불러와 '공산'을 눈 세상으로 만들었다고 한 것에는, 인물이 거처한 공간의 아름다움에 대한 인식이 계절에 따른 자연의 변화를 통해 드러난다.

[A]를 통해 화자는 눈 덮인 산의 아름다움을 '천공이 호사로워 옥으로 꽃을 지어'라는 말로 나타내고 있음을 알 수 있다. 그리고 산에 눈이 덮인 것은 '삭풍'이 불어 공산에 쌓인 가을 잎을 쓸고 간 이후에 해당하므로, 눈 덮인 산의 아름다움에 대한 인식은 가을에서 겨울로의 계절의 변화를 통해 드러난다고 이해할 수 있다.

② '앞 여울'을 건너가는 노승을 발견하고 '경요굴'이 들키지 않기를 바라는 것에는, 빼어난 경치를 소중하게 여기는 태도가, 숨어 있는 세계가 알려질 것에 대한 염려를 통해 드러난다.

[A]를 통해 화자는 경요굴 숨은 세계를 찾을 이가 있을까 봐 두렵다고 말하고 있음을 알 수 있다. 이를 볼 때, 화자가 성산의 경치가 속세의 사람들에게 알려질 것을 염려하는 것에는 성산의 빼어난 경치를 소중하게 여기는 태도가 담겨 있다고 할 수 있다.

③ 만족스러운 외적 풍경에서 눈을 돌려 벗이 없는 '산중'에서 '만고 인물'을 생각하는 것에는, 정신적 세계에 주목하는 태도가, 적적한 상황에 놓인 인물의 행위를 통해 드러난다.

[A]에서 화자는 '만고 인물'을 거슬러 생각하며 시운의 흥망에 애달픔을 토로하고 있다. 이는 정신적 세계에 주목하는 태도로 볼 수 있으며, 이러한 태도는 '산중에 벗이 없'는 적적한 상황에서 이루어지고 있다는 것을 알 수 있다.

✔ 하늘의 이치가 제대로 구현되지 못했음을 '시운'의 '흥망'에서 발견하고도 모를 일이 많다고 한 것에는, 인물의 담담한 태도가, 이상에 미치지 못하는 현실을 수용하는 것을 통해 드러난다.

[A]의 '어찌한 시운이 흥망이 있었는고 / 모를 일도 하거니와 애달픔도 그지없다'를 통해, 화자가 변화가 심한 인간사에 대한 안타까움을 토로하였음을 짐작할 수 있다. 따라서 이를 화자의 담담한 태도가 표출된 것으로 보는 것은 적절하지 않으며, 또한 이상에 미치지 못하는 현실을 수용하는 모습으로 보는 것 역시 적절하지 않다.

⑤ 세상을 등진 인물의 삶을 '기산'의 '고블'에 비유한 것에는, 험한 세사와의 단절과 은거 지향에 대한 긍정적 인식이 인물의 선택에 대한 평가를 통해 드러난다.

'기산의 늙은 고블'은 기산에 은거한 전설적인 인물인 허유를 가리키는 말로, 허유는 세상과 단절하고 은거하는 삶을 살았던 인물이다. 따라서 험한 세사와의 단절과 은거 지향에 대한 화자의 긍정적 인식이 '지조가 가장 높다'는 말로 높게 평가하고 있다는 것을 알 수 있다.

## 34 외적 준거에 따른 작품의 감상

정답률 41% | 정답 ①

<보기>를 바탕으로 (가)와 (나)를 감상한 내용으로 적절하지 않은 것은? [3점]

<보 기>

고전 시가에서 자연은 작품에 따라 다양하게 그려진다. (가)의 자연은 속세와 구별되는 청정한 이상 세계로 그려지며, 신선의 이미지를 통해 탈속적이고 고고한 가치를 추구하는 곳이다. (나)의 자연은 풍요롭게 그려지는 현실적 풍류의 장으로, 활달하고 흥겹게 놀이를 펼치는 곳이며, 신선의 이미지를 통해 멋이 고조된다.

✔ (가)의 '용'은 피리 소리로 조성된 탈속적 분위기를 환상적으로 표현하는 소재이고, (나)의 '생매'는 고고한 취향을 사실적으로 보여 주는 소재이군.

(가)의 '용'은 피리 소리로 조성된 탈속적 분위기를 환상적으로 표현한 소재로 볼 수 있으나, (나)의 '생매'는 꿩 사냥에 동원된 새인 '매'를 가리키므로 이를 고고한 취향을 보여 주는 소재로 보는 것은 적절하지 않다.

② (가)의 '학'은 이상적 세계의 아름다움을 구현하는 소재이고, (나)의 '고기'는 풍요롭고 생동하는 세계를 표현하는 소재이군.

(가)의 '학'은 속세와 구별되는 청정한 이상 세계의 아름다움을 구현하는 소재로 볼 수 있다. 그리고 (나)의 '고기'는 앞내 여울과 뒷내 여울을 오르내리는 물고기로 화자는 이 물고기를 많이 잡아 움버들 가지에 꿰어 놓는 모습을 보여 주고 있다. 따라서 물고기는 풍요롭고 생동하는 세계를 표현하는 소재로 볼 수 있다.

③ (가)의 '소선', '적선'은 청정한 강호의 세계에서 떠올린 인물의 이미지이고, (나)의 '선관'은 '나'가 현재의 행위를 함께 하고 싶은 인물을 멋스럽게 표현한 이미지이군.

(가)의 '소선'과 '적선'은 각각 소동파와 이태백을 신선에 빗댄 말로 청정한 강호의 세계인 성산에서 떠올린 인물이라고 볼 수 있다. (나)에서 화자는 학 타신 선관이 자신을 찾아오거든 뒷내 여울로 오라고 일러 달라 말하고 있다. 화자는 뒷내 여울에서 물고기를 잡고 있으므로 '선관'은 화자가 함께 물고기를 잡으며 풍류를 즐기고자 하는 인물을 멋스럽게 표현한 것이라 할 수 있다.

④ (가)의 '산옹'은 계절에 따른 산의 모습을 바라보며 이상 세계의 삶을 지향하는 인물이고, (나)의 '나'는 사냥과 고기잡이를 통해 현실의 즐거움을 향유하는 인물이군.

(가)의 '산옹'은 서하당과 식영정의 주인인 김성원을 가리키는 말로 계절의 변화에 따른 산의 모습을 바라보며 이상 세계의 삶을 지향하는 인물로 볼 수 있다. (나)의 '나'는 초장에서는 매를 이용하여 꿩을 사냥하는 모습을, 중장에서는 여울에서 물고기를 잡는 모습을 드러내고 있다. 이는 현실의 즐거움을 향유하는 행위로 볼 수 있다.

⑤ (가)의 '술'은 강호에서 세상에 대한 시름을 달래 주는 소재이고, (나)의 '술병'은 풍류의 장에 흥취를 더해 줄 소재이군.

(가)에서 화자는 세상사는 구름처럼 험하다고 탄식하며 술을 마시고 있으므로 '술'은 강호에서 세상에 대한 시름을 달래 주는 소재로 볼 수 있다. (나)의 화자는 동자에게 학을 타신 선관이 자신을 찾으면 술을 가져



[문제편 p.231]

오라는 말을 전해달라고 당부하고 있으므로 '술병'은 물고기를 잡는 풍류의 장에 흥취를 더해 줄 소재로 볼 수 있다.

## [35~45] 화법과 작문

**35** 발표 전략의 이해 정답률 89% | 정답 ②

**위 발표에 활용된 발표 전략으로 적절하지 않은 것은?**

① 청중의 주의를 환기하기 위해 청중과 공유하고 있는 경험을 언급한다.
1문단의 '지난 수업 시간에 곰팡이의 생육 환경에 대해 우리가 조사했던 활동이 기억나나요?'를 통해, 발표자는 발표에 대한 청중의 주의를 환기하기 위해 청중과 공유하고 있는 경험을 언급하고 있음을 알 수 있다.

② 청중이 발표 내용을 예측하도록 발표 내용의 제시 순서를 발표 도입에서 밝힌다.
1문단에서 발표자는 발표 내용이 무엇인지를 언급하고 있지만, 발표 내용을 예측하도록 발표 제시 순서를 밝히지는 않고 있다.

③ 청중이 발표 내용에 대해 사전에 알고 있었는지 확인하기 위해 발표 내용과 관련된 질문을 한다.
2문단의 '식물 뿌리와 함께 사는 곰팡이가 식물 뿌리와 상호 작용한다는 것을 알고 있나요?'를 통해, 발표자는 청중이 발표 내용에 대해 사전에 알고 있었는지 확인하기 위해 발표 내용과 관련된 질문을 하고 있음을 알 수 있다.

④ 청중이 특정 대상의 개념을 파악하도록 대상의 정의를 제시한다.
2문단의 '균사는 곰팡이의 몸을 이루는 세포가 실 모양으로 이어진 것을 말합니다.'를 통해, 발표자는 청중이 균사의 개념을 파악하도록 균사의 정의를 제시하고 있음을 알 수 있다.

⑤ 청중의 이해를 돕기 위해 특정 대상을 일상적 소재에 빗대어 표현한다.
발표자는 2문단에서 식물 뿌리를 감싸고 있는 실처럼 생긴 것이 곰팡이의 균사라고 설명하고 있고, 3문단에서 식물 뿌리와 연결된 곰팡이의 균사는 양분이 오가는 통로가 되어, 마치 서로를 잇는 다리와 같은 역할을 한다고 설명하고 있다. 따라서 발표자는 청중의 이해를 돕기 위해 특정 대상을 일상적 소재에 빗대어 표현하였음을 알 수 있다.

**36** 자료 활용의 이해 정답률 91% | 정답 ④

**다음은 발표자가 보여 준 화면이다. 발표자의 시각 자료 활용에 대한 설명으로 가장 적절한 것은?**

[화면 1] [화면 2] [화면 3]

① [화면 1]은 균사가 식물 뿌리를 감싸는 정도가 식물 뿌리의 부위마다 다름을 설명하기 위해 ㉠에 제시하였다.
1문단의 '이렇게 식물 뿌리를 감싸고 있는 실처럼 ~ 실 모양으로 이어진 것을 말합니다.'를 통해, [화면 1]을 ㉠에 제시하여 식물 뿌리를 감싸고 있는 실처럼 생긴 것이 곰팡이의 균사임을 설명하고 있으므로 적절하지 않다.

② [화면 1]은 균사를 통해 한 식물의 양분이 다른 식물에 전달됨을 설명하기 위해 ㉠에 제시하였다.
[화면 1]은 균사가 식물 뿌리를 실처럼 감싸고 있다는 것을 보여 주기 위해 2문단의 ㉠에서 활용된 자료이다. '균사를 통해 한 식물의 양분이 다른 식물에 전달됨을 설명'한 것은, 식물과 식물을 연결한 균사를 통해 양분이 식물 간에 전달된다고 설명한 3문단의 ㉢ [화면 3]에 해당한다. 따라서 식물과 식물을 연결한 균사를 통해 양분이 식물 간에 전달된다고 설명하기 위해 ㉠에서 [화면 1]을 활용하였다는 이해는 적절하지 않다.

③ [화면 2]는 곰팡이의 몸을 이루는 세포가 실 모양으로 이어진 것이 균사임을 설명하기 위해 ㉡에 제시하였다.
2문단에서 곰팡이의 몸을 이루는 세포가 실 모양으로 이어진 것이 균사임을 설명하고 있지만, 이는 [화면 1]을 ㉠에 활용하여 설명한 것이라 할 수 있다. 따라서 [화면 2]를 ㉡에 제시한 것과는 관계가 없다.

④ [화면 2]는 곰팡이가 토양에서 흡수한 양분은 식물 뿌리로 전달되고, 광합성으로 만들어진 양분은 곰팡이로 전달됨을 설명하기 위해 ㉡에 제시하였다.
3문단의 '이렇게 곰팡이가 토양에서 흡수한 양분은 ~ 양분도 곰팡이로 전달됩니다.'를 통해, 발표자는 식물 뿌리와 곰팡이 사이에 양분이 오간다는 점을 보여 주는 자료인 [화면 2]를 ㉡에 제시하였음을 알 수 있다.

⑤ [화면 3]은 땅속에서 퍼져 나가는 특성이 있는 균사가 주변에 서식하는 여러 식물의 뿌리와 연결될 수 있음을 설명하기 위해 ㉢에 제시하였다.
4문단의 '화면의 왼쪽처럼 균사가 ~ 감싸는 곰팡이도 있습니다.'를 통해, 발표자는 [화면 3]을 ㉢에 제시하여 화면의 왼쪽처럼 균사가 식물 뿌리 세포의 내부로 들어가는 곰팡이가 있고, 화면의 오른쪽처럼 균사가 식물 뿌리의 겉면이나 식물 뿌리 세포를 감싸는 곰팡이도 있다는 점을 설명하였음을 알 수 있다. 또한 3문단에서 균사가 땅속에서 퍼져 나가면서 주변에 서식하는 여러 식물의 뿌리들을 연결할 수 있음을 설명하고 있지만, 이는 [화면 3]을 ㉢에 제시한 것과는 관계가 없으므로 적절하지 않다.

**37** 발표 내용 이해 및 추론 정답률 95% | 정답 ③

**위 발표의 흐름을 고려할 때, ⓐ로 가장 적절한 것은?**

① 균사가 식물 뿌리 세포의 내부까지 어떻게 들어가나요?
발표자의 답변을 통해 균사가 식물 뿌리 세포의 내부까지 어떻게 들어가는지를 설명한 내용은 찾아볼 수 없다.

② 곰팡이는 식물 이외에 다른 생물과도 상호 작용할 수 있나요?
발표자의 답변을 통해 곰팡이가 식물 이외에 다른 생물과도 상호 작용할 수 있는지를 설명한 내용은 찾아볼 수 없다.

③ 서로 떨어져 있는 곰팡이와 식물 뿌리가 어떻게 닿을 수 있나요?
발표자는 질문을 듣고 난 뒤, 곰팡이나 식물에 눈이 있어 서로를 찾아가는 것은 아니라고 언급하며, 곰팡이와 식물 뿌리는 각각 상대의 생장을 촉진하는 물질을 내놓아 상대를 자기 쪽으로 유인하여 만날 수 있다고 답변하고 있다. 따라서 이를 바탕으로 할 때, 청중은 '서로 떨어져 있는 곰팡이의 식물 뿌리가 어떻게 닿을 수 있나요?'라고 질문했음을 추측할 수 있다.

④ 곰팡이와 식물 뿌리의 생장을 촉진하는 물질에는 어떤 것이 있나요?
발표자의 답변을 통해 곰팡이와 식물 뿌리의 생장을 촉진하는 물질에 어떤 것이 있는지를 설명한 내용은 찾아볼 수 없다.

⑤ 곰팡이와 연결된 식물 뿌리는 그렇지 않은 식물 뿌리보다 빨리 생장하나요?
발표자는 곰팡이와 식물 뿌리가 각각 상대의 생장을 촉진하는 물질을 내놓아 상대를 자기 쪽으로 유인한다고 물음에 답하고 있다. 하지만 발표자의 답변을 통해 곰팡이와 연결된 식물 뿌리가 그렇지 않은 식물 뿌리보다 빨리 생장하는지를 설명한 내용은 찾아볼 수 없다.

**38** 진행자의 말하기 방식 파악 정답률 73% | 정답 ④

**[A] ~ [C]에 대한 설명으로 가장 적절한 것은?**

① [A] : '전문가 1'의 질문 내용을 요약하며 이에 대한 '전문가 2'의 생각을 묻고 있다.
[A] 앞에서 '전문가 1'이 질문하지는 않고 있으므로, '전문가 1'의 질문 내용을 요약하였다는 설명은 적절하지 않다.

② [A] : '전문가 1'의 답변 중 이해가 어려운 내용을 밝히며 추가 답변을 요청하고 있다.
[A]에서 진행자가 '전문가 1'의 답변 중 이해가 어려운 내용을 밝힌 부분은 없고, '전문가 1'에게 추가 답변을 요청하지도 않고 있으므로 적절하지 않다.

③ [B] : '전문가 1'과 '전문가 2'의 제안을 종합한 후 이에 대한 자신의 의견을 제시하고 있다.
[B]에서 진행자는 '전문가 1'과 '전문가 2'의 의견에 대해 감사를 표할 뿐, 두 사람의 제안을 종합하지 않고 있다. 또한 [B]에서 진행자가 공간 구성에 대한 자신의 의견을 제시하지도 않고 있다.

④ [B] : '전문가 1'과 '전문가 2'가 밝힌 의견에 대해 감사를 표한 후 이어서 논의할 사항을 제시하고 있다.
[B]에서 진행자는 '전문가 1'과 '전문가 2'가 박물관의 공간 구성에 대해 밝힌 의견에 대해 '공간 구성에 대한 두 분의 좋은 말씀 고맙습니다.'라고 감사를 표하고 있다. 그런 다음 '운영상 중점을 둘 부분을 논의해 볼까요?'라고 논의할 사항을 제시하고 있다.

⑤ [C] : '전문가 2'가 언급한 내용의 일부를 재진술하며 예상되는 문제를 밝히고 있다.
[C]에서 진행자는 '전문가 2'가 언급한 내용 중 일부를 재진술하며 그렇게 되면 수요자의 요구에 맞는 교육 프로그램 운영이 가능하겠다며 예상되는 효과를 밝히고 있지만, 예상되는 문제를 밝히지는 않고 있다.

**39** 대담 계획의 반영 여부 판단 정답률 81% | 정답 ⑤

**다음은 (가)의 전문가들이 대담을 준비하며 쓴 메모의 일부이다. ⓐ ~ ⓔ와 관련하여 계획한 내용 중 (가)에 나타나지 않은 것은?**

| [전문가 1] | [전문가 2] |
| --- | --- |
| • ○○ 문화권 상설 전시실 규모 확대가 필요함. ······ ⓐ<br>• 유물 연구가 강화될 필요가 있음. ······ ⓑ<br>• 유물 보존 공간이 충분히 확보되어야 함. ··· ⓒ | • 박물관 운영 과정에서 시민 의견이 적극 수용되어야 함. ······ ⓓ<br>• 박물관이 복합 문화 공간이 되어야 함. ····· ⓔ |

① ⓐ : 박물관에서 지역의 역사에 중요한 의미가 있는 유물을 다수 보유하고 있음을 이유로 제시한다.
ⓐ와 관련하여 (가)의 '전문가 1'은 첫 번째 발화에서 ○○ 문화권 상설 전시실의 규모를 확대할 것을 제안하고 있다. 그러면서 박물관이 토기와 왕릉의 왕관 등 ○○ 문화의 흥망성쇠를 보여 주는 유물을 다수 보유하고 있음을 그 이유로 제시하고 있으므로 적절하다.

② ⓑ : 내실 있는 전시는 충분한 연구가 선행되어야 가능함을 언급하며 유물 연구를 강화할 필요가 있음을 제시한다.
ⓑ와 관련하여 (가)의 '전문가 1'은 네 번째 발화에서 충분한 연구가 전제되지 않으면 내실 있는 전시가 어렵다는 점을 들어 유물 연구를 강화해야 한다고 주장하고 있으므로 적절하다.

③ ⓒ : 박물관 본연의 기능을 위한 공간을 충분히 확보하지 않아 다시 증축하게 된 다른 박물관의 사례를 제시한다.
ⓒ와 관련하여 (가)의 '전문가 1'은 세 번째 발화에서 보존 공간이 부족해 5년 만에 재증축한 □□ 박물관의 사례를 제시하며 증축 공간에 한계가 있으니 유산 보존이라는 박물관 본연의 기능에 집중해야 한다는 의견을 밝히고 있으므로 적절하다.

④ ⓓ : 박물관의 정의에 새롭게 추가된 내용을 언급하며 시민의 의견을 적극적으로 수용할 필요가 있음을 제시한다.
ⓓ와 관련하여 (가)의 '전문가 2'는 세 번째 발화에서 최근 새로 제시된 박물관의 정의에 공동체의 참여에 관한 내용이 추가되었고 이는 박물관 운영 과정에서 시민의 의견을 적극 수용해야 한다는 의미로 볼 수 있다고 언급하고 있으므로 적절하다.

⑤ ⓔ : 박물관을 복합 문화 공간으로 만들면 공간별로 시민이 얻을 수 있는 효과가 다양함을 이유로 제시한다.
(가)의 '전문가 2'는 첫 번째 발화에서 교육, 공연, 시민 교류 등을 위한 시민 활용 공간들을 확보해서 박물관을 복합 문화 공간으로 조성해야 한다고 주장하고 있다. 하지만 그 근거로 공간별로 시민이 얻을 수 있는 효과가 다양함을 제시하지는 않고 있으므로, ⓔ와 관련한 계획은 반영되었다고 할 수 없다.

★★★ 등급을 가르는 문제!

**40** 대담 내용의 반영 양상 파악 정답률 46% | 정답 ①

**(가), (나)의 담화 내용이 (다)에 반영된 양상으로 가장 적절한 것은? [3점]**

① '학생회장'이 '전문가 1'의 발언을 언급하며 밝힌 의견이 박물관의 진로 체험 강좌 운영의 기대 효과로 제시되었다.
(가)에서 '전문가 1'은 네 번째 발화에서 박물관의 핵심은 유물 보존과 연구라고 언급하였고, (나)에서 '학생회장'은 방송에서 유물 보존과 연구가 박물관의 핵심이라고 했는데, 이와 관련한 강좌는 진로 개발에 큰 도움이 될 거라며 자신의 의견을 밝히고 있다. 그리고 이를 바탕으로 (다)의 3문단에서 유물의 보존과 연구에 대해 배우는 강좌가 운영된다면 지역 청소년의 진로 개발에 큰 도움이 될 것이라는 기대 효과를 제시하고 있다.

② '학생회장'이 '전문가 2'의 발언을 언급하며 밝힌 의견이 증축될 박물관의 향후 전망으로 제시되었다.

12회

(나)에서 '학생회장'이 '전문가 2'의 발언을 언급하며 자신의 의견을 밝힌 부분은 찾아볼 수 없으므로 적절하지 않다.

③ **'학생 1'이 '전문가 1'의 발언을 언급하며 밝힌 의견이 박물관 전시 방식의 개선이라는 건의 사항으로 제시되었다.**
(나)의 '학생 1'은 전문가가 우리 지역은 ○○ 문화의 중심지였다고 했다라고 (가)의 '전문가 1'의 발언을 언급하면서, 박물관을 왕릉 모양으로 만들면 뜻 깊을 것이라며 자신의 의견을 밝히고 있다. 하지만 (다)에서 박물관 전시 방식의 개선이라는 건의 사항은 찾아볼 수 없으므로 적절하지 않다.

④ **'학생 1'이 '전문가 2'의 발언을 언급하며 밝힌 의견이 체험 교육 활동에 대한 청소년의 선호라는 건의 이유로 제시되었다.**
(나)에서 '학생 1'이 '전문가 2'의 발언을 언급하며 자신의 의견을 밝힌 부분은 찾아볼 수 없으므로 적절하지 않다.

⑤ **'학생 2'가 '전문가 2'의 발언을 언급하며 밝힌 의견이 역사학 관련 진로 체험 강좌의 부재라는 문제 상황으로 제시되었다.**
(다)의 3문단에서 역사학 관련 진로 체험의 기회가 부족함을 문제 상황으로 제시하였지만, 이는 '학생 2'가 '전문가 2'의 발언을 언급하며 밝힌 의견과는 관계가 없으므로 적절하지 않다.

**★★ 문제 해결 꿀~팁 ★★**

**▶ 많이 틀린 이유는?**
이 문제는 (가)와 (나)의 담화 내용이 (다)에 반영되었는지 여부를 일일이 확인하는 데서 어려움을 겪어 오답률이 높았던 것으로 보인다.

**▶ 문제 해결 방법은?**
이 문제를 해결하기 위해서는 선택지를 중심으로 문제에 접근해야 한다. 즉 선택지에 제시한 내용대로 문제에 접근하면 되는데, 가령 선택지 ②의 경우에는 (나)에서 학생회장이 한 말을 통해 증축될 박물관의 향후 전망에 대한 '전문가 2'의 발언을 언급하고 있는지 확인해야 한다. 이렇게 하면 (나)에서 학생회장은 '전문가 2'의 발언과 관련된 말을 하지 않고 있으므로 적절하지 않음을 알 수 있다. 마찬가지로 정답인 ①의 경우에도, 먼저 학생회장이 '전문가 1'의 발언을 언급하였는지 확인하면 되는데, '방송에서 유물 보존과 연구가 박물관의 핵심'이라는 내용을 통해 언급하고 있음을 알 수 있다. 그런 다음 (다)를 통해 '박물관의 진로 체험 강좌 운영의 기대 효과'가 제시되었는지 확인하면 되는데, (다)의 3문단을 통해 확인할 수 있으므로 적절함을 알 수 있다. 다른 선택지들도 이와 같은 방식으로 문제를 풀이하면 적절하지 않음을 쉽게 알 수 있었을 것이다. 이 문제는 일면 복잡해 보이지만, 선택지에 제시된 내용대로 문제를 풀어 나가면 의외로 문제를 쉽게 해결할 수 있으므로, 선택지에도 주의를 기울여 문제 해결 방법을 찾도록 한다.

## 41 글쓰기 표현 전략의 이해 및 적용

정답률 70% | 정답 ⑤

**〈보기〉를 바탕으로 (다)의 ㉠ ~ ㉢을 이해한 내용으로 가장 적절한 것은?**

〈보 기〉

건의문의 필자는 건의 수용의 기대 효과를 분명하게 밝혀야 한다. 이때, ㉮ 건의가 필자 개인만이 아니라 다수를 위한 것임을 드러냄은 물론, ㉯ 건의를 받는 독자의 이점을 제시하는 것이 좋다. 한편, 건의를 수용할 경우 우려되는 점이 있다는 독자의 반론이 있을 수 있다. 필자가 이를 예상하여 독자가 우려하는 점은 해결 가능하다거나 ㉰ 우려하는 점보다 건의 수용의 기대 효과가 더 크다는 것을 제시하는 것이 좋다.

① **㉠ : 체험 공간 조성으로 청소년이 얻을 수 있는 이점을 제시하고 있다는 점에서, ㉯에 해당한다.**
㉠은 청소년이 얻을 수 있는 이점을 제시한 것이지, 건의문의 독자인 박물관장이 얻을 수 있는 이점과는 관계가 없으므로 ㉯에 해당하지 않는다.

② **㉡ : 체험 중 안전사고의 문제를 해결해 달라는 요구가 청소년을 위한 것임을 드러내고 있다는 점에서, ㉮에 해당한다.**
㉡은 체험 중 안전사고의 문제를 해결해 달라는 요구는 건의의 수용과 관련해 예상되는 우려일 뿐 필자의 건의 사항은 아니므로 ㉮에 해당하지 않는다.

③ **㉡ : 체험 중 안전사고에 대한 우려와 자원봉사 기회 제공이라는 이점을 비교하고 있다는 점에서, ㉰에 해당한다.**
㉡에서 체험 중 안전사고에 대한 우려와 자원봉사 기회 제공이라는 이점을 비교하지 않았고, 독자가 우려하는 점보다 건의 수용의 기대 효과가 더 크다는 것을 제시한 것도 아니므로 ㉰에 해당하지 않는다.

④ **㉢ : 박물관 운영상의 부담이 해결된다는 이점을 제시하고 있다는 점에서, ㉯에 해당한다.**
㉢은 독자의 이점과 관련해 박물관 운영상의 부담이 해결된다는 점을 제시한 것은 아니므로 ㉯에 해당하지 않는다.

**✔⑤ ㉢ : 박물관 운영상의 부담과 청소년에게 미치는 영향을 비교하고 있다는 점에서, ㉰에 해당한다.**
㉢은 박물관 운영상의 부담과 청소년에게 미치는 영향을 비교하여, 독자가 우려할 수 있는 점보다 건의 수용의 기대 효과가 더 크다는 것을 제시한 것이므로 ㉰에 해당한다고 할 수 있다.

## 42 고쳐쓰기에 반영된 수정 사항 파악

정답률 60% | 정답 ①

**다음은 (다)의 3문단의 초고이다. 3문단에 반영된 수정 사항으로 적절하지 않은 것은?**

박물관에서 진로 체험 강좌를 운영해야 합니다. 우리 지역은 역사적 자긍심이 느껴지는 곳입니다. 그래서 역사학에 대한 관심이 높은 편입니다. 진로 체험의 기회가 부족하므로 체험 강좌가 운영된다면 우리 지역에 큰 도움이 될 것입니다. 또한 음악회, 미술전 등 문화 행사도 열어 주셨으면 합니다.

**✔① 청소년 진로 개발의 중요성을 언급한다.**
제시된 초고 내용과 (다)의 3문단의 내용을 비교할 때, (다)의 3문단에서 청소년 진로 개발의 중요성을 언급한 부분은 없으므로 적절하지 않다.

② **진로 체험 강좌의 수강 대상을 제시한다.**
박물관에서 진로 체험 강좌를 운영해야 한다는 초고의 내용이 (다)의 3문단에서 청소년 대상의 진로 체험 강좌를 운영해 달라는 내용으로 수정되었으므로 적절하다.

③ **청소년이 지역에 자긍심을 느끼는 이유를 추가한다.**
우리 지역은 역사적 자긍심이 느껴지는 곳이라는 초고의 내용이 (다)의 3문단에서 우리 지역은 ○○ 문화의 중심지여서 많은 청소년이 역사적 자긍심을 느끼고 있다는 내용으로 수정되었으므로 적절하다.

④ **청소년이 진로 체험 강좌에서 배울 수 있는 내용을 밝힌다.**
'체험 강좌가 운영된다면'이라는 초고의 내용이 (다)의 3문단에서 '유물의 보존과 연구에 대해 배우는 강좌가 운영된다면'이라는 내용으로 수정되었으므로 적절하다.

⑤ **진로 체험 강좌 운영의 요구에서 벗어나는 내용을 삭제한다.**
'또한 음악회, 미술전 등 문화 행사도 열어 주셨으면' 한다는 초고의 내용이 (다)의 3문단에서는 삭제되었는데, 이는 진로 체험 강좌 운영의 요구에서 벗어나는 내용을 삭제한 것이므로 적절하다.

## 43 작문 계획의 반영 여부 판단

정답률 93% | 정답 ③

**(가)의 ㉠ ~ ㉢을 (나)에 구체화한 내용으로 적절하지 않은 것은?**

① **㉠ : 연구 보고서에서 제시한 불량 식품의 개념을 밝힌다.**
(나)의 1문단의 '연구 보고서에 따르면, 불량 식품은 ~ 식품을 말한다.'를 통해 ㉠을 구체화하고 있음을 알 수 있다.

② **㉡ : 불량 식품인 것과 아닌 것을 구분하여 제시한다.**
(나)의 2문단의 '예를 들어, 저렴한 군것질거리는 ~ 유해한 불량 식품이다.'를 통해 ㉡을 구체화하고 있음을 알 수 있다.

**✔③ ㉡ : 불량 식품에 대한 인식의 변화를 시기별로 제시한다.**
(나)를 통해 불량 식품에 대한 인식의 변화를 시기별로 제시하는 내용을 찾아볼 수 없으므로, ㉡을 구체화하였다고 할 수 없다.

④ **㉢ : 불량 식품 근절을 위한 제도가 도입된 배경을 제시한다.**
(나)의 3문단의 '학교 주변에서 불량 식품 판매 사례가 발생함에 따라'와 4문단의 '식품 이물에 대한 업체의 소극적 대응에 소비자 불만이 커지면서'를 통해 ㉢을 구체화하고 있음을 알 수 있다.

⑤ **㉢ : 어린이 식품안전보호구역 제도와 이물 보고 의무화 제도를 설명한다.**
(나)의 3문단에서는 어린이 식품안전보호구역 제도를, 4문단에서는 이물 보고 의무화 제도를 설명하고 있으므로 ㉢을 구체화하고 있음을 알 수 있다.

## 44 조언에 따른 적절한 글쓰기 파악

정답률 74% | 정답 ⑤

**다음은 (나)를 읽은 교지 편집부장의 조언이다. 이를 반영하여 [A]를 작성한 내용으로 가장 적절한 것은?**

식품 산업의 변화와 관련지어 독자가 글의 중심 내용을 아는 것이 어떤 의의가 있는지를 밝히는 마지막 문단이 있어야겠어.

① **소비자가 다양한 식품을 접할 수 있게 되면서 안전한 먹거리에 대한 관심이 높아지고 있다. 건강한 먹거리에 대한 기대가 큰 만큼 불량 식품 근절을 위한 노력이 요구된다.**
식품 산업의 변화와 관련된 내용은 제시되어 있지만, 독자가 글의 중심 내용을 아는 것이 어떤 의미가 있는지를 밝히는 내용은 제시되지 않고 있다.

② **식품 산업이 변화하면서 식품 안전의 사각지대가 발생하고 있다. 허위 광고나 과대광고로 홍보하는 식품의 신고 방법을 알면 불량 식품으로 인한 피해를 예방할 수 있다.**
식품 산업의 변화와 관련된 내용은 제시되어 있지만 '허위 광고나 과대광고로 홍보하는 식품의 신고 방법'은 글의 중심 내용에 해당한다고 볼 수 없다.

③ **어린이 식품안전보호구역과 이물 보고 의무화 제도가 불량 식품 문제를 해결할 수 있음을 아는 것은 중요하다. 이 제도는 앞으로도 불량 식품을 근절하는 역할을 할 것이다.**
독자가 글의 중심 내용을 아는 것이 어떤 의의가 있는지는 밝히고 있지만, 식품 산업의 변화와 관련한 내용은 제시되지 않고 있다.

④ **식품 산업계는 안전한 식품을 원하는 소비자의 요구에 따라 건강한 식재료를 식품에 활용하고 있다. 식품업체는 소비자의 신뢰를 얻을 수 있는 식품 생산에 집중할 전망이다.**
식품 산업의 변화와 관련된 내용은 제시되어 있지만, 독자가 글의 중심 내용을 아는 것이 어떤 의미가 있는지를 밝히는 내용은 제시되어 있지 않다.

**✔⑤ 식품 유통 및 판매 방식의 다변화로 다양한 식품이 출시되고 있다. 이 변화에 맞춰 무엇이 불량 식품이고 불량 식품 근절 방안이 무엇인지 아는 것은 우리 건강을 지키는 첫걸음이다.**
'식품 유통 및 ~ 출시되고 있다.'는 식품 산업의 변화에 대한 내용에 해당하고, '이 변화에 맞춰 ~ 건강을 지키는 첫걸음이다.'는 독자가 글의 중심 내용을 아는 것이 어떤 의의가 있는지를 밝히는 내용에 해당하므로, 조언을 반영한 것이라 할 수 있다.

## 45 자료 활용 방안의 적절성 판단

정답률 66% | 정답 ⑤

**〈보기〉는 학생이 (나)를 보완하기 위해 추가로 수집한 자료이다. 자료 활용 방안으로 적절하지 않은 것은?** [3점]

〈보 기〉

ㄱ. 통계 자료

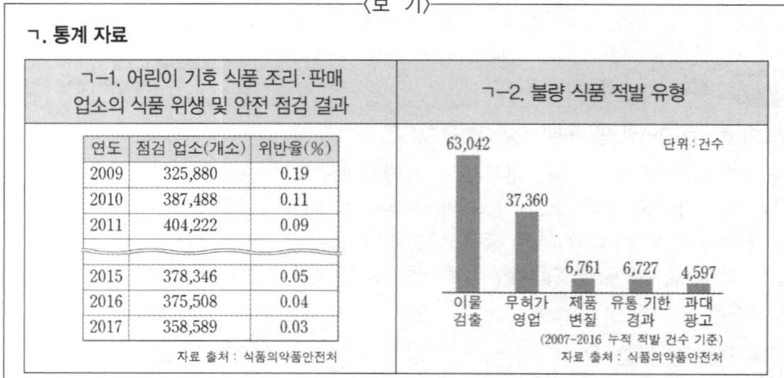

ㄱ-1. 어린이 기호 식품 조리·판매 업소의 식품 위생 및 안전 점검 결과

| 연도 | 점검 업소(개소) | 위반율(%) |
|---|---|---|
| 2009 | 325,880 | 0.19 |
| 2010 | 387,488 | 0.11 |
| 2011 | 404,222 | 0.09 |
| 2015 | 378,346 | 0.05 |
| 2016 | 375,508 | 0.04 |
| 2017 | 358,589 | 0.03 |

자료 출처 : 식품의약품안전처

ㄱ-2. 불량 식품 적발 유형



ㄴ. 신문 기사

A사는 자사 식품을 의약품인 것처럼 허위·과대 광고한 행위가 적발되어 시정 명령을 받았다. 해당 광고는 잘못된 정보로 소비자를 기만하여 소비자의 건강을 해친다는 점에서 문제가 되었다.



[문제편 p.235]

또한 이물이 검출된 B 가공식품은 인체에 유해하고 소비자의 불안감을 조성한다는 점에서 신속히 회수되었다.

ㄷ. 전문가 인터뷰

"불량 식품은 식중독, 급성 장염, 유해 물질에 장기간 노출되어 생기는 질병 등 건강상의 문제를 일으킵니다. 특히 어린이에게 더 위험하므로 어린이 식품안전보호구역 제도에 따라 구역 내 업소를 관리하는 전담 관리원은 식품 위생 및 안전을 주기적으로 점검하고, 위반 업소를 개선 시까지 관리합니다. 이러한 전담 관리원의 활동으로 위반 업소의 비율이 감소하고 있습니다."

① **ㄱ-2를 활용하여, 불량 식품의 적발 유형 중 이물 검출의 누적 적발 건수를 식품에서 이물이 검출되는 사례가 가장 많았다는 내용을 구체화하는 자료로 4문단에 추가한다.**
ㄱ-2는 (나)의 4문단에서 '불량 식품 적발 유형 중 이물 검출 사례가 가장 많았는데'를 구체화하는 자료로 활용할 수 있다.

② **ㄴ을 활용하여, 잘못된 정보로 소비자를 기만하여 건강을 해친다는 점을 허위 광고나 과대광고로 판매되는 식품이 소비자에게 유해함을 구체화하는 자료로 2문단에 추가한다.**
ㄴ은 (나)의 2문단에서 허위 광고나 과대광고를 통해 판매되는 식품은 소비자에게 유해한 불량 식품'이라는 내용을 구체화하는 자료로 활용할 수 있다.

③ **ㄷ을 활용하여, 불량 식품이 일으키는 식중독, 급성 장염 등 건강상의 문제를 불량 식품이 건강과 직접적으로 관련되어 있다는 내용을 구체화하는 자료로 1문단에 추가한다.**
ㄷ에서는 불량 식품이 건강상의 문제를 일으킨다는 전문가의 말을 인용하고 있다. 따라서 ㄷ은 (나)의 1문단에서 '불량 식품은 건강과 직접적으로 관련된다.'라는 내용을 구체화하는 자료로 활용할 수 있다.

④ **ㄱ-1과 ㄷ을 활용하여, 전담 관리원이 업소를 점검하고 위반 업소를 개선 시까지 관리하여 위반 업소의 비율이 감소 추세인 점을 제도의 효과를 보여 주는 자료로 3문단에 추가한다.**
ㄱ-1은 어린이 기호 식품 조리·판매 업소의 식품 위생 및 안전 점검 결과에서 '위반율'이 매년 줄어들고 있다는 것을 보여 주고 있으며, ㄷ은 '전담 관리원의 활동으로 위반 업소의 비율이 감소하고 있'다는 전문가의 말을 인용하고 있다. 따라서 ㄱ-1과 ㄷ은 (나)의 3문단에서 '이 제도는 어린이가 위생적이고 안전한 식품을 접하게 하는 효과가 있다.'라는 내용을 뒷받침하는 자료로 활용할 수 있다.

✔⑤ **ㄱ-2와 ㄴ을 활용하여, 소비자의 불안감을 조성하는 이물 검출이 과대광고보다 빈도가 높다는 점을 제도에 대한 소비자 불만이 커진 이유를 보여 주는 자료로 4문단에 추가한다.**
통계 자료인 ㄱ-2를 통해 2007년부터 2016년까지 누적된 불량 식품 적발 건 중 이물 검출 유형의 건수가 가장 많다는 사실을 확인할 수 있고, ㄴ에서는 A사의 허위·과대 광고에 대해 '잘못된 정보로 소비자를 기만하여 소비자의 건강을 해친다는 점'을 지적하고 있다. 그런데 4문단에서는 제도에 대한 소비자 불만이 커진 이유와 관련한 내용을 찾아볼 수 없다. 따라서 ㄱ-2와 ㄴ을 활용하여 제도에 대한 소비자 불만이 커진 이유를 보여 주는 자료로 4문단에 추가하는 방안은 적절하지 않다.

## [35~45] 언어와 매체

★★★ 등급을 가르는 문제!

### 35 단어의 구성 요소 이해

정답률 25% | 정답 ④

[A]를 바탕으로 추론한 내용으로 적절한 것은?

① **'용꿈'의 직접 구성 요소는 모두, 한 개의 자립 형태소로 이루어진 어근이군.**
'용꿈'은 직접 구성 요소가 '용'과 '꿈'이며, '꿈'은 '꾸-'와 '-ㅁ'으로 형태소를 나눌 수 있다. 따라서 직접 구성 요소 모두가 한 개의 자립 형태소로 이루어진 어근이라고 할 수 없다.

② **'봄날'과 '망치질'은 모두, 직접 구성 요소 중 하나가 접사이므로 파생어이군.**
'봄날'은 직접 구성 요소가 '봄', '날'이기 때문에 어근과 어근이 결합한 합성어이고, '망치질'은 직접 구성 요소가 '망치'와 '-질'이며, '-질'은 접사이므로 '망치질'은 파생어이다. 따라서 '봄날'과 '망치질' 모두 직접 구성 요소 중 하나가 접사라고는 할 수 없다.

③ **'필자'를 뜻하는 '지은이'의 직접 구성 요소는 모두, 자립 형태소를 포함하고 있군.**
'지은이'의 직접 구성 요소는 '지은'과 '이'이며, '이'는 자립 형태소이다. 그러나 '짓- + -은'으로 분석되는 '지은'에는 자립 형태소가 없으므로 적절하지 않다.

✔④ **'놀이방'과 '단맛'의 직접 구성 요소 중에는 의존 형태소만으로 이루어진 것이 있군.**
'놀이방'은 직접 구성 요소가 '놀이'와 '방'이고, '놀이'는 '놀-'과 '-이'로 형태소를 나눌 수 있으며 이는 모두 의존 형태소에 해당한다. 그리고 '단맛'은 직접 구성 요소가 '단'과 '맛'이고, '단'은 '달-'과 '-ㄴ'으로 형태소를 나눌 수 있으며 이는 모두 의존 형태소에 해당한다. 따라서 '놀이방'과 '단맛'의 직접 구성 요소 중에는 의존 형태소만으로 이루어진 것이 있음을 알 수 있다.

⑤ **'꽃으로 장식한 고무신'을 뜻하는 '꽃고무신'을 직접 구성 요소로 분석하면 '꽃고무'와 '신'으로 분석할 수 있군.**
의미를 고려할 때 '꽃고무신'의 직접 구성 요소는 '꽃'과 '고무신'이므로 적절하지 않다.

**★★ 문제 해결 꿀~팁 ★★**

▶ **많이 틀린 이유는?**
이 문제는 형태소에 대해 정확히 이해하지 못하여 오답률이 높았던 것으로 보인다. 또한 사례로 제시한 것을 직접 구성 요소로 제대로 나누지 못한 것도 오답률을 높인 것으로 보인다.

▶ **문제 해결 방법은?**
이 문제를 해결하기 위해서는 기본적으로 사례로 제시된 단어들을 직접 구성 요소로 구분할 수 있어야 한다. 이때 주의할 점은 직접 구성 요소를 접사나 어미까지 나눌 수 있어야 한다는 것이다. 가령 정답인 '놀이방'을 나눌 때 직접 구성 요소인 '놀이'와 '방'으로 나누는 것뿐만 아니라, '놀이'가 용언 '놀다'에 명사형 전성 어미 '-이'가 결합하였음을 알고 '놀-'과 '-이'까지 형태소로 나누어야 한다. 이렇게 나누면 '놀이방'의 직접 구성 요소인 '놀이'는 의존 형태소로만 이루어졌으므로 적절함을 알았을 것이다. 마찬가지로 '용꿈'의 경우 직접 구성 요소로 '용'과 '꿈'으로 나눌 수 있고, '꿈'은 '꾸-'와 '-ㅁ'으로 형태소를 나눌 수 있으므로 적절하지 않음을 알 수 있다. 한편 학생들 중에는 형태소, 자립 형태소와 의존 형태소에 대해 정확히 이해하지 못한 경우도 있었는데, 이에서 알 수 있듯이 기본적인 문법 지식이 없으면 문제를 풀기 어려운 경우가 있을 수 있다. 따라서 평소 문법의 기본 지식은 충분히 익혀 두도록 한다.

### 36 단어의 이해

정답률 68% | 정답 ③

윗글을 바탕으로 〈보기〉의 ⓐ ~ ⓔ를 이해한 내용으로 적절한 것은?

〈보 기〉

| 형성된 단어 | 뜻 | 단어 형성에 사용된 말 |
|---|---|---|
| ⓐ 흰자 | 알 속의 노른자위를 둘러싼 흰 부분 | 흰자위 |
| ⓑ 공수 | 공격과 수비를 아울러 이르는 말 | 공격, 수비 |
| ⓒ 직선 | 선거인이 직접 피선거인을 뽑는 선거 | 직접, 선거 |
| ⓓ 민자 | 민간이나 사기업이 하는 투자 | 민간, 투자 |
| ⓔ 외화 | 다른 나라에서 만든 영화 | 외국, 영화 |

① **ⓐ는 ㉠에 해당하고, 단어 형성에 사용된 말과 유의 관계를 맺지 않는다.**
'흰자'는 '흰자위'의 일부가 줄어들어 형성되었기 때문에 ㉠에 해당한다. 하지만 '흰자'와 '흰자위'는 서로 바꾸어 써도 그 의미에 차이가 거의 없으므로 서로 유의 관계를 맺는다고 할 수 있다.

② **ⓑ는 ㉠에 해당하고, 단어 형성에 사용된 두 말 중 어느 하나와 유의 관계를 맺는다.**
'공수'는 '공격'과 '수비'의 첫음절끼리 결합한 것이므로 ㉡에 해당한다. 그리고 '공수'는 '공격과 수비를 아울러 이르는 말'이기 때문에 '공격', '수비' 각각과 상하 관계를 맺는다고 할 수 있다.

✔③ **ⓒ는 ㉡에 해당하고, 단어 형성에 사용된 두 말 중 어느 하나와 상하 관계를 맺는다.**
'직선'은 '직접'과 '선거'의 첫음절끼리 결합한 것이므로 ㉡에 해당한다. 그리고 '직선'이 여러 선거 방식 중의 하나라는 점에서 '직선'은 '선거'와 상하 관계를 맺는다고 할 수 있다.

④ **ⓓ는 ㉡에 해당하고, 단어 형성에 사용된 두 말 중 어느 말과도 유의 관계를 맺지 않는다.**
'민자'는 '민간'의 앞부분과 '투자'의 뒷부분이 결합한 것이므로 ㉢에 해당한다. 그리고 '민자'가 여러 투자 방식 중의 하나라는 점에서 '민자'는 '투자' 와 상하 관계를 맺는다고 할 수 있다.

⑤ **ⓔ는 ㉢에 해당하고, 단어 형성에 사용된 두 말 중 어느 말과도 상하 관계를 맺지 않는다.**
'외화'는 '외국'의 앞부분과 '영화'의 뒷부분이 결합한 것이므로 ㉢에 해당한다. 그리고 '외화'가 영화의 일종이라는 점에서 '외화'는 '영화'와 상하 관계를 맺는다고 할 수 있다.

### 37 국어의 음운 변동 이해

정답률 62% | 정답 ⑤

〈학습 활동〉을 수행한 결과로 적절한 것은?

〈학습 활동〉

'교체, 탈락, 첨가, 축약'과 같은 네 가지 유형의 음운 변동을 탐구해 보면, 한 단어에서 서로 다른 유형의 음운 변동이 일어나기도 하고 같은 유형의 음운 변동이 두 번 이상 일어나기도 한다.

- 한 단어에 음운 변동이 한 번 일어난 예
  예 빗[빋], 여덟[여덜], 맨입[맨닙], 축하[추카]
- 한 단어에 서로 다른 유형의 음운 변동이 일어난 예
  예 밟는[밤:는], 닭장[닥짱]
- 한 단어에 같은 유형의 음운 변동이 두 번 이상 일어난 예
  예 앞날[암날], 벚꽃[벋꼳]

이를 참고하여 ㉠ ~ ㉤에 해당하는 예를 두 개씩 생각해 보자.
㉠ '교체가 한 번, 탈락이 한 번' 일어난 것
㉡ '교체가 한 번, 첨가가 한 번' 일어난 것
㉢ '교체가 한 번, 축약이 한 번' 일어난 것
㉣ '교체가 두 번, 탈락이 한 번' 일어난 것
㉤ '교체가 두 번, 첨가가 한 번' 일어난 것

① **㉠ : 재밌는[재민는], 읊매는[엉매는]**
'재밌는'은 음절의 끝소리 규칙에 따라 [재믿는]으로 바뀐 뒤, 교체된 'ㄷ'은 'ㄴ'의 영향으로 'ㄴ'으로 교체되어 [재민는]으로 발음되므로 교체가 두 번 일어난다. 그리고 '얽매는'은 겹자음 'ㄹ'이 탈락하여 [억매는]으로 바꾼 뒤, 교체된 'ㄱ'은 'ㅁ'의 영향으로 'ㅇ'으로 교체되어 [엉매는]으로 발음되므로 탈락이 한 번, 교체가 한 번 일어난다.

② **㉡ : 불이익[불리익], 견인력[겨닌녁]**
'불이익'은 '불'과 '이익' 사이에 'ㄴ'이 첨가되어 [불니익]으로 바꾼 뒤, 첨가된 'ㄴ'이 앞의 'ㄹ'의 영향으로 'ㄹ'로 교체되어 [불리익]으로 발음되므로, 첨가가 한 번, 교체가 한 번 일어난다. 그리고 '견인력'은 앞의 'ㄴ'의 영향으로 뒤의 'ㄹ'이 'ㄴ'으로 교체되어 [겨닌녁]으로 발음되므로 교체가 한 번 일어난다.

③ **㉢ : 똑같이[똑까치], 파묻힌[파무친]**
'똑같이'는 된소리되기에 따라 [똑깥이]로 바뀐 뒤, 구개음화에 따라 [똑가티 → 똑까치]로 발음되므로 교체가 두 번 일어난다. '파묻힌'은 'ㄷ'과 'ㅎ'이 축약하여 [파무틴]으로 바뀐 뒤, 구개음화에 따라 [파무친]으로 발음되므로 축약이 한 번, 교체가 한 번 일어난다.

④ **㉣ : 읊조려[읍쪼려], 겉늙어[건늘거]**
'읊조려'는 겹자음 'ㄹ'이 탈락하여 [읖조려]로 바뀐 뒤, 음절의 끝소리 규칙에 따라 [읍조려]로, 된소리되기에 따라 [읍쪼려]로 발음되므로 교체가 두 번, 탈락이 한 번 일어난다. 그리고 '겉늙어'는 음절의 끝소리 규칙에 따라 [걷늙어]로 바뀐 뒤, 'ㄷ'이 'ㄴ'의 영향을 받아 [건늘거]로 발음되므로 교체가 두 번 일어난다.

✔⑤ **㉤ : 버들잎[버들립], 덧입어[던니버]**
'버들잎'은 '버들'과 '잎' 사이에 'ㄴ'이 첨가되어 [버들닢]으로 바뀐 뒤, 첨가된 'ㄴ'이 'ㄹ'의 영향으로 'ㄹ'로 교체되어 [버들맆]으로 바뀐다. 그리고 음절의 끝소리 규칙에 따라 'ㅍ'이 'ㅂ' 으로 교체되어 [버들립]으로 발음된다. 따라서 첨가가 한 번, 교체가 두 번 일어난다. '덧입어'는 '덧'과 '입어' 사이에 'ㄴ'이 첨가되어 [덧닙어]로 바꾼 뒤, 음절의 끝소리 규칙에 따라 'ㅅ'이 'ㄷ'으로 교체되어 [덛닙어]로 바뀐다. 그리고 교체된 'ㄷ'은 'ㄴ'의 영향으로 'ㄴ'으로 교체되어 [던니버]로 발음된다. 따라서 첨가가 한 번, 교체가 두 번 일어난다. 그러므로 '버들잎[버들립]'과 '덧입어[던니버]'는 모두 ㉤에 해당하는 예라 할 수 있다.

### 38 문법 요소의 효과와 활용

정답률 78% | 정답 ②

〈보기〉의 ㉠ ~ ㉢에 들어갈 수 있는 내용으로 적절하지 않은 것은? [3점]

<보 기>

선생님 : 능동·피동 표현과 주동·사동 표현에서 높임 표현과 시간 표현이 어떻게 나타나는지 알아봅시다.

ⓐ 형이 동생을 업었다.
ⓑ 동생이 형에게 업혔다.
ⓒ 나는 동생에게 책을 읽혔다.
ⓓ 나는 동생이 책을 읽게 했다.

먼저 ⓐ, ⓑ에서 '형'을 높임의 대상인 '어머니'로 바꿀 때, 서술어에는 어떤 차이가 생기는지 말해 볼까요?

학생 : [ ㉠ ]

선생님 : 맞아요. 그럼 ⓒ나 ⓓ에서 '동생'을 '할머니'로 바꾸면 어떻게 될까요?

학생 : [ ㉡ ]

선생님 : '-(으)시-'가 어떻게 나타나는지를 잘 이해하고 있네요. 그럼 ⓐ, ⓑ, ⓒ의 서술어에서 '-었-'을 '-고 있-'으로 바꾸면 어떤 의미를 나타낼까요? ⓐ와 ⓑ의 차이점이나 ⓐ와 ⓒ의 공통점을 말해 볼까요?

학생 : [ ㉢ ]

선생님 : '-고 있-'의 의미가 어떻게 나타나는지도 잘 이해하고 있군요.

① ㉠ : ⓐ에서는 서술어에 '-으시-'를 넣어야 하지만, ⓑ에서는 '-시-'를 넣지 않습니다.
ⓐ와 ⓑ에서 '형'을 '어머니'로 바꾸면 각각 '어머니께서 동생을 업으셨다.'와 '동생이 어머니께 업혔다.'로 바뀌므로 적절하다.

✔② ㉡ : ⓒ에서는 '동생에게'를 '할머니께'로 바꾸고, '읽혔다'에 '-시-'를 넣어야 합니다.
ⓒ에서 '동생'을 '할머니'로 바꾸면 '나는 할머니께 책을 읽혔다.'가 된다. 따라서 책을 '읽히는' 주체는 '나'이기 때문에 '읽혔다'에 '-시-'를 넣을 수 없으므로 적절하지 않다.

③ ㉡ : ⓓ에서는 '동생이'를 '할머니께서'로 바꾸고, '읽게'에 '-으시-'를 넣어야 합니다.
ⓓ에서 '동생'을 '할머니'로 바꾸면 '나는 할머니께서 책을 읽으시게 하였다.'가 된다. 따라서 '읽는' 주체는 '할머니'이기 때문에 '읽게'에 '-으시-'를 넣어야 하므로 적절하다.

④ ㉢ : ⓐ는 동작의 완료 후 상태 지속의 의미를 나타낼 수 있지만, ⓑ는 그럴 수 없습니다.
ⓐ와 ⓑ는 각각 '형이 동생을 업고 있다.'와 '동생이 형에게 업히고 있다.'가 되고, 이중에서 '형이 동생을 업고 있다.'는 완료상과 진행상으로 모두 해석될 수 있다. 하지만 '동생이 형에게 업히고 있다.'는 진행상으로만 해석되므로 적절하다.

⑤ ㉢ : ⓐ와 ⓒ는 모두 동작의 진행 의미를 나타낼 수 있습니다.
ⓐ와 ⓒ는 각각 '형이 동생을 업고 있다.'와 '나는 동생에게 책을 읽히고 있다.'가 되고, 둘 다 진행상으로 해석될 수 있으므로 적절하다.

## 39 중세 국어의 이해 정답률 62% | 정답 ①

〈자료〉를 바탕으로 〈보기〉의 ⓐ ~ ⓔ 중 체언과 조사가 결합하여 이루어진 부속 성분이 있는 것만을 고른 것은?

<보 기>

ⓐ 내히 이러 바ᄅᆞ래 가ᄂᆞ니 [내가 이루어져 바다에 가니]
ⓑ 나랏 말ᄊᆞ미 中國에 달아 [우리나라의 말이 중국과 달라]
ⓒ 生人이 소리 잇도소니 [생인(산 사람)의 소리가 있으니]
ⓓ 나ᄒᆞᆫ 子息이 양ᄌᆞ 端正ᄒᆞ야 [낳은 자식이 모습이 단정하여]
ⓔ 내 닐오리니 네 이대 드르라 [내가 이르리니 네가 잘 들어라]

<자 료>

〈보기〉에 나타난 체언과 조사
• 체언 : 내ㅎ, 바ᄅᆞᆯ, 나라ㅎ, 말ᄊᆞᆷ, 中國, 生人, 소리, 子息, 양ᄌᆞ, 나, 너
• 조사 : 주격(이, ㅣ, ∅), 관형격(ㅅ, 이), 부사격(애, 에)

① ⓐ, ⓑ, ⓒ ② ⓐ, ⓑ, ⓓ ③ ⓐ, ⓓ, ⓔ
④ ⓑ, ⓒ, ⓔ ⑤ ⓒ, ⓓ, ⓔ

✔① ⓐ, ⓑ, ⓒ
ⓐ에서는 체언 '바ᄅᆞᆯ'에 부사격 조사 '애'가 결합한 '바ᄅᆞ래'가 부속 성분인 부사어로 쓰이고 있다. 그리고 ⓑ에서는 체언 '나라ㅎ'에 관형격 조사 'ㅅ'이 결합한 '나랏'이 부속 성분인 관형어로 쓰이고 있으며, 체언 '中國'에 부사격 조사 '에'가 결합한 '中國에'가 부속 성분인 부사어로 쓰이고 있다. 또한 ⓒ에서는 체언 '生人'에 관형격 조사 '이'가 결합한 '生人이'가 부속 성분인 관형어로 쓰이고 있다. 따라서 체언과 조사가 결합하여 이루어진 부속 성분이 있는 것은 ⓐ, ⓑ, ⓒ라 할 수 있다.
한편 ⓓ에서 체언과 조사가 결합한 것은 '子息이'와 '양ᄌᆞ'인데 둘 다 주성분인 주어로 쓰이고 있고, ⓔ에서 체언과 조사가 결합한 것은 '내'와 '네'인데 둘 다 주성분인 주어로 쓰이고 있으므로 체언과 조사가 결합하여 이루어진 부속 성분이 있다고 할 수 없다.

## 40 매체의 소통 방식 파악 정답률 94% | 정답 ⑤

(가)에 나타난 의사소통 방식으로 적절하지 않은 것은?

① 진행자는 방송의 시작에 학교명을 언급하며, 소식을 들을 수용자를 밝히고 있다.
진행자의 '□□고 학생들, 안녕하세요?'를 통해, 진행자는 소식을 들을 수용자가 '□□고 학생들'임을 밝히고 있다.

② 진행자는 접속자 수를 언급하며, 두 번째 방송과의 접속자 수 차이를 알려 주고 있다.
진행자는 '현재 접속자 수가 253명'이라고 말하면서, '두 번째 방송보다 100명 더 입장했'다는 정보도 함께 제시하여 접속자 수 차이를 알려 주고 있다.

③ 학생회장은 학생의 이름을 언급하며, 수용자의 실시간 반응을 살펴보고 있다는 것을 보여 주고 있다.
학생회장은 실시간 대화 창에 글을 올린 학생들 중 '동주'와 '다예'라는 학생의 이름을 언급하고 있는데, 이는 수용자의 실시간 반응을 살펴보고 있다는 것을 보여 준다고 할 수 있다.

④ 학생회장은 발화와 관련한 보충 자료로 표를 제시하며, 수용자에게 구체적인 정보를 전달하고 있다.
학생회장은 학습실 사용과 관련한 설문 조사 결과를 정리한 표를 제시하고 있는데, 이는 방송을 시청하는 학생들에게 구체적인 정보를 전달하는 것이라 할 수 있다.

✔⑤ 학생회장은 자신의 발언 내용을 요약한 화면을 설명하며, 수용자가 요구한 정보를 강조하고 있다.
학생회장의 말 중 학생회 내부 회의를 통해 사용 원칙을 마련했다는 내용이 공약 이행과 관련하여 자막으로 제시되고 있다. 하지만 학생회장이 이 화면에 대해 따로 설명하면서 수용자가 요구한 정보를 강조한 말은 찾아볼 수 없다.

## 41 매체 자료의 주체적 수용 정답률 91% | 정답 ②

[A] ~ [C]에서 알 수 있는 학생들의 수용 태도에 대한 설명으로 가장 적절한 것은?

① [A] : 동주는 자신의 경험을 근거로 학생회장의 이야기가 사실에 부합하지 않는다고 판단하였다.
[A]에서 동주는 자신의 경험을 근거로 들고 있지만, 이러한 경험을 근거로 학생회장의 이야기가 사실에 부합하지 않는다고 판단하지는 않고 있다.

✔② [B] : 다예는 학생회장의 직전 발화를 듣고 학생회의 결정이 타당할 것 같다고 판단하였다.
[B]에서 다예는 학생회가 설문 조사 결과를 바탕으로 사용 원칙을 마련했다는 학생회장의 발화에 대해, '객관적이고 합리적일 것 같아.'라는 반응을 보이고 있다. 이를 통해 다예가 학생회의 결정이 타당할 것 같다고 판단하고 있음을 알 수 있다.

③ [B] : 재호는 방송에서 제시된 자료를 보고 학생회의 설문 조사 결과가 잘못되었다고 판단하였다.
[B]에서 재호는 학년별로 선호하는 방법이 다른 이유에 대해 궁금해하고 있지만, 학생회의 설문 조사 결과가 잘못되었다고 판단하지는 않고 있다.

④ [C] : 현지는 학생회장의 직전 발화를 듣고 발언 내용의 논리적 오류를 점검하였다.
[C]에서 현지는 개인적인 아쉬움을 표현하고 있지만, 발언 내용의 논리적 오류를 점검하지는 않고 있다.

⑤ [C] : 연수는 방송에서 제시된 자료를 보고 학생회가 마련한 원칙의 실행 가능성을 점검하였다.
[C]에서 연수는 제시된 자료만으로 끌어내기 어려운 원칙은 어떻게 마련했는지 질문하고 있지, 학생회가 마련한 원칙의 실행 가능성을 점검하지는 않고 있다.

## 42 메모 내용의 반영 양상 파악 정답률 59% | 정답 ⑤

다음은 (나)를 작성하기 위한 메모이다. ㉠ ~ ㉢이 (나)에 반영된 양상으로 적절하지 않은 것은? [3점]

방송에서 학생회가 놓친 부분이 있는 것 같네. 일단 ㉠ 학생회장이 방송에서 보인 아쉬운 점과 사용 원칙 마련에 ㉡ 친구들의 의견이 반영될 수 있는 방법을 언급해야지. 또 ㉢ 친구들이 학생회에 의견을 보내거나 서로 생각을 나눌 수 있는 기능을 활용해야지.

① ㉠ : '요일별 구분'을 원칙으로 정한 이유를 밝히지 않아 미흡했다는 점을 언급하기 위해, 저장한 방송 화면의 일부를 보여 주었다.
(나)에서는 ㉠을 반영하여, 방송에서 캡처해 둔 표를 제시하면서 '요일별 구분'을 원칙으로 선택한 이유와 관련한 내용이 방송에 나오지 않은 것에 대해 아쉬움을 드러내고 있다.

② ㉠ : 실시간 대화 창에서 학생회를 응원하는 말에는 호응하며 답을 들려주었지만 질문에는 답변이 없었던 모습을 이야기 하였다.
(나)에서는 ㉠을 반영하여, 학생회장이 실시간 대화 창에서 학생회를 응원하는 '다예'의 말에는 호응하고 있지만, '연수'의 질문에는 답을 하지 않은 것에 대해 아쉬움을 드러내고 있다.

③ ㉡ : 내부 회의에 대한 정보가 충분하지 않았다는 점을 언급하며, 학년별 사용 요일 결정에 대해 학생들의 의견을 반영할 수 있는 방법을 제안하였다.
(나)에서는 ㉡을 반영하여, 내부 회의뿐 아니라 설문 조사를 통해 학년별로 사용할 요일을 정하면 더 좋겠다는 의견을 드러내고 있다.

④ ㉢ : 자막으로 제공된 주소는 바로 연결하기가 어려우니, 의견을 전달할 수 있도록 학생회 공식 카페로 연결하는 하이퍼링크를 제공하였다.
(나)에서는 ㉢을 반영하여, 화면에 자막으로 제시한 카페 주소는 바로 연결하기 어려움을 고려하여 학생회 공식 카페로 연결하는 하이퍼링크를 제공하고 학생회에 의견을 전하고자 하는 경우 이를 클릭하도록 안내하고 있다.

✔⑤ ㉢ : 학생회가 선정한 학습실 사용자들이 사용 원칙에 대해 제시한 의견을 학생회에 보낼 수 있도록 댓글 기능을 활성화 하였다.
(나)에서 학생회에 전할 의견은 학생회 공식 카페를 통해 전달하도록 안내하며 카페로 연결하는 하이퍼링크를 제공하고 있다. 또한 (가)의 학생회장의 두 번째 발언 중, '다음 대의원회에서 안건이 통과되면 신청을 받을 계획'이라는 내용을 고려할 때, 학습실 사용자들은 아직 선정되지 않은 상태라고 볼 수 있다.

## 43 매체 언어의 표현 방법 파악 정답률 61% | 정답 ①

ⓐ ~ ⓔ에 대한 설명으로 적절하지 않은 것은?

✔① ⓐ : 부사 '직접'을 사용하여, 학생회장이 자신의 방송 출연 사실을 학생들에게 전달할 것임을 나타내고 있다.
(가)에서 학생회장이 학생들에게 '직접' 알리는 내용은 '자신의 방송 출연 사실'이 아니라 '학습실 사용 원칙을 정하겠다는 공약'에 관한 것이므로 적절하지 않다.

② ⓑ : 어미 '-어서'를 사용하여, 학습실이 인기가 많은 이유를 밝히고 있다.
ⓑ에서는 이유나 근거를 나타내는 연결 어미 '-어서'를 사용하여, '개별 및 조별 학습이 가능하고 다양한 기자재를 쓸 수 있'다는 점이 인기가 많은 이유임을 드러내고 있다.



[문제편 p.238]

③ ⓒ : 어미 '-겠-'을 사용하여, 학생들이 학습실 사용의 불편에 공감할 것이라는 추측을 드러내고 있다.
ⓒ에서는 추측의 의미를 지니는 선어말 어미 '-겠-'을 사용하여 학생들이 학습실 사용의 불편에 공감할 것이라는 추측을 드러내고 있다.

④ ⓓ : 보조사 '부터'를 사용하여, 이 질문은 학습실 사용 신청이 시작되는 시점이 언제인지 묻고 있음을 드러내고 있다.
ⓓ에서는 어떤 일이나 상태 따위에 관련된 범위의 시작임을 나타내는 보조사 '부터'를 사용하여, '언제부터 ~ 신청할 수 있나요?'가 학습실 사용 신청의 시작 시점을 묻고 있음을 드러내고 있다.

⑤ ⓔ : 어미 '-면'을 사용하여, 사용 원칙이 적용되기 전에 갖춰져야 할 조건을 언급하고 있다.
ⓔ에서는 뒤의 사실이 실현되기 위한 조건을 나타내는 연결 어미 '-면'을 사용하여 '대의원회에서의 안건 통과'가 '사용 원칙에 따른 학습실 사용 신청'의 선행 조건임을 드러내고 있다.

**44** 매체의 유형에 따른 특성 파악 정답률 95% | 정답 ③

**(가)와 (나)에 대한 설명으로 가장 적절한 것은?**

① (가)에서는 (나)와 달리 게시물의 조회 수가 화면에 표시된다.
(나)에서는 게시물에 대하여 '조회 수 53'과 같이 조회 수가 화면에 표시되어 있다. 하지만 (가)에서는 게시물의 조회 수가 화면에 표시되지 않고 있다.

② (가)에서는 (나)와 달리 게시물을 수정할 수 있는 기능이 제공된다.
(나)에서는 '수정' 버튼을 통해 게시물을 수정할 수 있는 기능을 제공하고 있다. 하지만 (가)에서는 게시물을 수정할 수 있는 기능을 찾아볼 수 없다.

✔ (가)에서는 (나)와 달리 도서 이용과 관련된 여러 기능이 제공된다.
(가)에서는 '대출 조회 / 연장'이나 '대출 예약' 등과 같이 도서 이용과 관련된 여러 기능이 제공되고 있다. 하지만 (나)에서는 도서 이용과 관련된 여러 기능을 찾아볼 수 없다.

④ (나)에서는 (가)와 달리 도서 대출 상태에 관한 정보가 표시된다.
(가)에서는 '추천 도서'와 '신간 도서'의 도서 이미지 옆에 '상태' 정보가 표시되어 있어 각각의 대출 상태를 확인할 수 있다. 하지만 (나)에서는 도서 대출 상태에 관한 정보 표시를 찾아볼 수 없다.

⑤ (나)에서는 (가)와 달리 도서를 검색할 수 있는 기능이 제공된다.
(가)에서는 '통합 검색' 기능을 제공하여 도서를 검색할 수 있지만, (나)에서는 도서를 검색할 수 있는 기능을 확인할 수 없다.

**45** 매체의 정보 구성 방식 파악 정답률 87% | 정답 ④

**㉠~㉤과 관련하여 (나)를 이해한 것으로 적절하지 않은 것은?**

① 학생은 정보의 구체성을 고려하여 ㉠에 추가 정보를 게시해 줄 것을 요청하고 있다.
학생은 휴관 안내 설명에 휴관 날짜를 함께 안내해 달라고 요청하고 있다.

② 사서는 앱 화면의 구성을 고려하여 ㉡에서 보이는 정보의 양을 늘리지 않겠다며 학생의 요청을 수용하지 않고 있다.
'공지 사항'에서 '+ 더 보기'를 누르지 않고도 공지 사항을 더 많이 볼 수 있게 해달라는 학생의 요청에 대해, 사서는 첫 화면이 너무 길어져 이용에 불편을 줄 수 있다는 이유를 들며 학생의 요청을 수용하지 않고 있다.

③ 사서는 정보 선정에 활용된 자료를 고려하여 ㉢의 선정 방식을 알려 주고 있다.
'추천 도서'가 어떻게 선정되는지 묻는 학생의 질문에 대해, 사서는 '국립중앙도서관이 운영하는 도서관 정보나루의 자료를 토대로 우리 도서관 사서들이 의논하여 선정'한다고 답변하고 있다.

✔ 학생은 앱 이용자의 편의를 고려하여 ㉣의 기능에 새로운 기능을 추가해 줄 것을 요구하고 있다.
(나)에서 학생은 '도서를 살펴보다가 관심 도서로 저장하는 기능도 앱에 추가'해 달라는 요청을 하였고, 이에 대해 사서는 '관심 도서 기능은 도서 이미지의 오른쪽 하단에 있는 ♡를 눌러 사용하실 수 있'다고 답변하고 있다. 그런데 학생이 요청한 기능은 이미 ㉣을 통해 제공되고 있으므로, 학생이 ㉣의 기능에 새로운 기능을 추가해 줄 것을 요구하고 있다는 것은 적절하지 않다.

⑤ 사서는 정보의 추가 제공을 고려하여 ㉤을 여러 조건으로 정렬하여 확인할 수 있는 기능을 안내하고 있다.
'인기 도서'가 월별 통계인지, 연도별 통계인지 궁금하다는 학생의 질문에 대해, 사서는 '기간을 한정하지 않고 누적 대출 건수를 기준으로 제시되는 것'이라고 답변하고 있다. 그러면서 '더 보기+'를 누르면, 기간, 연령, 분야 중 하나를 선택하여 순위에 따라 배열된 도서 목록을 볼 수 있다는 정보를 추가로 제공하고 있다.

| 정답과 해설 |

# 13회 | 2023학년도 9월 모의평가 고3

• 정답 •

공통 | 독서·문학
01 ① 02 ④ 03 ① 04 ③ 05 ① 06 ⑤ 07 ⑤ 08 ③ 09 ① 10 ② 11 ④ 12 ② 13★ ④ 14★ ② 15 ⑤ 16★ ⑤ 17 ① 18 ④ 19 ② 20 ③ 21 ④ 22 ① 23 ④ 24 ⑤ 25 ⑤ 26 ④ 27 ③ 28 ⑤ 29 ④ 30 ③ 31 ③ 32 ④ 33 ③ 34 ②

선택 | 화법과 작문
35 ④ 36 ④ 37 ③ 38 ① 39 ② 40 ② 41 ⑤ 42★ ② 43 ① 44 ⑤ 45 ②

선택 | 언어와 매체
35 ③ 36 ③ 37★ ④ 38 ⑤ 39 ④ 40 ⑤ 41 ② 42 ② 43 ① 44 ③ 45 ①

★ 표기된 문항은 [등급을 가르는 문제]에 해당하는 문제입니다.

## [01~34] 독서·문학

### 01~03 독서 이론

'눈동자 움직임 분석 방법'

해제 이 글은 **글을 읽는 독자의 사고 과정을 파악하기 위해 눈동자 움직임을 분석하는 방법을 소개**하고 있다. **독자의 눈동자 움직임에 대한 연구**에 따르면 **글을 읽을 때 독자**는 **눈동자를 단어에 멈추는 고정, 고정과 고정 사이에 일어나는 도약**을 보였는데, **독자가 생각하는 단어의 중요도나 친숙함 정도에 따라 눈동자의 고정 시간과 횟수, 도약의 길이와 방향이 달랐다.** 독자가 글의 진행 방향대로 읽어 가다가 되돌아와 다시 읽는 경우도 있어, 이때의 도약은 글의 진행 방향과 다르게 나타났다. 또한 중요하거나 생소한 단어가 연속될 때는 그 단어마다 도약의 길이가 짧았다. **눈동자 움직임의 양상**은 **독자의 읽기 능력이 발달함에 따라 변화**하는데, **읽기 능력이 발달하면 고정 횟수와 고정 시간이 줄고, 단어를 건너뛰는 긴 도약이 자주 일어난다.** 또한 **이미 읽은 단어를 다시 확인하려는 도약, 앞으로 읽을 단어를 먼저 탐색하는 도약 등도 빈번히 일어난다.**

주제 독자의 사고 과정을 밝힐 수 있는 눈동자 움직임 분석 방법

문단 핵심 내용

| | |
|---|---|
| 1문단 | 눈동자 움직임 분석 방법 소개 |
| 2문단 | 글을 읽을 때의 눈동자 움직임 연구 내용 |
| 3문단 | 읽기 능력이 발달하면 변화하는 눈동자 움짐임 양상 |

**01** 세부 내용 파악 정답률 93% | 정답 ①

**윗글에 대한 이해로 가장 적절한 것은?**

✔ 글을 읽을 때 눈동자의 움직임은 독자의 사고 과정에 영향을 받는다.
1문단을 통해 눈동자 움직임 분석 방법이 글을 읽는 독자의 사고 과정이 눈동자의 움직임에 반영된다고 보고 그 특성을 분석하는 것임을 알 수 있다. 따라서 글을 읽을 때 눈동자의 움직임은 독자의 사고 과정에 영향을 받는다고 할 수 있다.

② 눈동자 움직임 분석 방법을 사용하지 않으면 독자의 사고 과정을 밝힐 수 없다.
1문단을 통해 눈동자 움직임 분석 방법은 독자의 사고 과정을 밝힐 수 있는 방법 중 하나임을 알 수 있으므로 적절하지 않다.

③ 독자가 느끼는 글의 어려움의 정도는 독자의 눈동자 움직임의 양상에 영향을 주지 않는다.
3문단을 통해 읽기 능력이 발달하면 이전과 같은 수준의 글을 읽거나 전에 읽었던 글을 다시 읽을 때, 고정 횟수와 고정 시간이 줄어듦을 알 수 있으므로 적절하지 않다.

④ 눈동자 움직임 분석 방법에 따르면 독자는 자신에게 친숙한 단어일수록 중요하다고 판단한다.
2문단을 통해 독자가 중요하거나 생소하다고 생각한 단어일수록 고정 시간이 길고, 고정 횟수도 많음을 알 수 있는데, 이는 단어의 중요도나 친숙함이 눈동자 움직임의 양상에 영향을 미친다는 점을 드러낸 것이라 할 수 있으므로 적절하지 않다.

⑤ 글을 읽을 때 독자가 중요하다고 생각하는 단어의 빈도는 눈동자의 움직임에 영향을 주지 않는다.
2문단을 통해 중요한 단어가 연속될 때에는 그 단어마다 눈동자가 멈추면서 도약의 길이가 짧아짐을 알 수 있다. 따라서 글을 읽을 때 독자가 중요하다고 생각하는 단어의 빈도가 높을수록 눈동자의 고정이 빈번히 발생함을 짐작할 수 있으므로, 중요하다고 생각하는 단어의 빈도는 눈동자의 움직임에 영향을 준다고 할 수 있다.

**02** 글의 내용을 통한 자료의 해석 정답률 84% | 정답 ④

**다음은 학생이 자신의 읽기 과정을 기록한 글이다. [A]를 바탕으로 ⓐ~ⓔ를 분석한 내용으로 적절하지 않은 것은? [3점]**

〈독서의 새로운 공간〉이라는 글을 읽으며 우선 글 전체에서 ⓐ 중요하다고 생각하는 단어만 확인하는 읽기를 했다. 이를 통해 '도서관'에 대한 내용이라는 것을 확인하고 ⓑ 글의 진행 방향에 따라 읽어 나갔다. '장서'의 의미를 알 수 없어서 ⓒ 앞에 읽었던 부분으로 돌아가서 다시 읽고 나니 문맥을 통해 '도서관에 소장된 책'이라는 의미임을 알게 되었다. 이후 도서관의 등장과 역할 변화가 글의 주제라는 것을 파악하고서 ⓓ 그와 관련된 단어들에 집중하며 읽어 나갔다. '파피루스를 대신하여 양피지가 사용되었다.'라는 문장을 읽을 때 ⓔ '대신하여'와 달리 '파피루스'와 '양피지'처럼 생소한 단어는 하나씩 확인하며 읽었다.

① ⓐ : 중요하다고 생각하는 단어에서는 고정이 일어났을 것이다.
[A]를 통해 독자는 자신이 중요하다고 생각하는 단어를 중심으로 읽으며 이러한 단어를 읽을 때 고정이 일어남을 알 수 있으므로 적절한 분석이다.

② ⓑ : 도약이 진행되는 동안에는 건너뛴 단어의 의미 이해가 이루어지지 않았을 것이다.
[A]를 통해 도약이 관찰될 때는 건너뛴 단어의 의미 이해가 이루어지지 않음을 알 수 있으므로 적절한 분석이다.

③ ⓒ : 글이 진행되는 방향과 반대 방향의 도약이 나타났을 것이다.
[A]를 통해 중요하거나 생소한 단어를 읽을 때 독자가 글의 진행 방향대로 읽어 가다가 되돌아와 다시 읽는 경우가 있으며 이때 도약은 글의 진행 방향과 다르게 나타남을 알 수 있으므로 적절한 분석이다.

✔ ⓓ : 글의 주제와 관련이 없는 단어들을 읽을 때보다 고정 시간이 짧고 고정 횟수가 적었을 것이다.
[A]를 통해 독자가 중요하다고 생각하는 단어일수록 고정 시간이 길고, 고정 횟수가 많음을 알 수 있고, ⓓ에서 학생은 글의 주제와 관련된 단어들에 집중하며 읽었음을 알 수 있다. 이를 볼 때 주제와 관련된 단어들을 읽을 때 학생은 글의 주제와 관련 없는 단어들을 읽을 때보다 고정 시간이 길고, 고정 횟수가 많았을 것임을 알 수 있다.

⑤ ⓔ : 중요하지 않고 익숙한 단어들로만 이루어진 동일한 길이의 문장을 읽을 때보다 고정 시간이 길었을 것이다.
[A]를 통해 생소한 단어일수록 고정 시간이 길어짐을 알 수 있으므로 적절한 분석이다.

**03** 독서의 방법 추론 정답률 80% | 정답 ①

다음은 윗글을 읽은 학생이 ㉠에 대해 보인 반응이다. [가]에 들어갈 내용으로 적절하지 않은 것은?

> 읽기 능력이 발달하면, [가] 나에게도 이러한 현상이 나타날 수 있겠군.

✔ 글을 깊이 있게 이해하기 위해 꼼꼼히 읽을 때
3문단을 통해 읽기 능력이 발달하면 익숙한 글을 읽을 때 단어마다 눈동자를 고정하지는 않게 되어 이전보다 고정 횟수와 고정 시간이 줄어들고 긴 도약이 자주 일어남을 알 수 있다. 그런데 글을 깊이 있게 이해하기 위한 목적으로 꼼꼼히 읽으면 단어에 대한 고정 횟수와 고정 시간이 늘어날 것이므로 적절하지 않다.

② 글과 관련된 배경지식을 적극적으로 활용하여 읽을 때
3문단을 통해 ㉠의 이유로 학습 경험과 독서 경험이 쌓이면서 배경지식이 늘어나기 때문이라고 제시하였음을 알 수 있다.

③ 다양한 글을 읽어서 글의 구조를 잘 이해할 수 있을 때
3문단을 통해 ㉠의 이유로 학습 경험과 독서 경험이 쌓이면서 글의 구조에 대한 지식이 늘어나는 것을 제시하였음을 알 수 있다.

④ 배우고 익힌 내용이 쌓여 글에 아는 단어가 많아졌을 때
3문단을 통해 ㉠의 이유로 학습 경험과 독서 경험이 쌓이면서 아는 단어가 늘어나기 때문이라고 제시하였음을 알 수 있다.

⑤ 읽기 목적에 따라 중요한 단어를 정확하게 고를 수 있을 때
3문단을 통해 읽기 목적을 분명하게 인식하게 되면서 글에서 중요한 단어를 정확하게 선택할 수 있게 되는 것을 이유로 제시하였음을 알 수 있다.

## 04~09 예술 통합

### (가) '아도르노의 미학 이론'

**해제** 이 글은 **아도르노의 미학에 대해 설명**하고 있다. **아도르노는 자본주의가** 모든 것을 상품의 교환 가치로 환원하려는 속성을 지녔다고 여기면서, 이에 따라 **대중예술은 상품으로 전락함으로써 예술의 본질을 상실했을 뿐 아니라 현대 사회의 모순과 부조리를 은폐하였다고 생각**하였다. 아도르노는 **예술이 동일화에 저항하는 비동일성을 지녀야** 하며, 따라서 **예술은 동일화되지 않으려는 비정형화된 모습으로 나타남으로써 현대 사회의 부조리를 체험하게 하는 매개여야 한다고 주장**하였다. 그는 **비동일성 그 자체를 속성으로 하는 전위 예술을 높이 평가하면서, 예술이 추구해야 할 바람직한 모습으로 제시**했다.

**주제** 아도르노의 대중 예술 비판과 미학 이론

**문단 핵심 내용**

| | |
|---|---|
| 1문단 | 대중 예술에 대한 아도르노의 인식 |
| 2문단 | 예술이 비동일성을 지녀야 한다고 주장한 아도르노 |
| 3문단 | 전위 예술을 높게 평가한 아도르노 |
| 4문단 | 전위 예술을 예술이 추구해야 할 바람직한 모습으로 제시한 아도르노 |

### (나) '아도르노의 미학 이론에 대한 비판'

**해제** 이 글은 **아도르노 미학의 의의를 제시하면서, 이러한 미학이 지닌 한계를 지적**하고 있다. **아도르노의 미학**은 **예술과 사회의 관계를 통해 예술의 자율성을 추구했다는 점에서 긍정적으로 평가**되고 있다. 하지만 예술가의 시선에 포착된 세계의 본질을 현대 사회의 부조리에 국한하고 미적 체험을 비정형적 형태에 대한 체험으로 한정함으로써, **예술가의 주관의 재현이라는 미메시스가 부정된다는 한계를 지니고** 있다. 또한 **아도르노의 미학**은 **예술 영역에서의 동일화를 비판하고 있으면서도, 자신은 전위 예술의 관점에서 예술의 동일화를 시도하고 있다는 비판을 받을 수 있다.** 아도르노의 주장과 달리, **전위 예술이 아닌 작품에서도 새로운 예술 정신을 발견하는 것이 가능**할 수 있으며, **대중 예술이 사회에 대한 비판적 기능을 수행**할 수도 있다.

**주제** 아도르노의 미학 이론에 대한 비판

**문단 핵심 내용**

| | |
|---|---|
| 1문단 | 아도르노 미학에 대한 긍정적 평가 및 이유 |
| 2문단 | 미메시스일 수 있는 세잔의 작품 |
| 3문단 | 미메시스가 부정되는 한계를 지닌 아도르노의 미학 |
| 4문단 | 아도르노의 미학에 대한 비판적 인식 |

**04** 글의 구조와 전개 방식 파악 정답률 78% | 정답 ③

다음은 (가)와 (나)를 읽고 수행한 독서 활동지의 일부이다. Ⓐ~Ⓔ 중 적절하지 않은 것은?

| | (가) | (나) |
|---|---|---|
| 글의 화제 | 아도르노의 예술관 ······ Ⓐ | |
| 서술 방식의 공통점 | 구체적인 예를 제시하고 그것에 담긴 의미를 설명함. ······ Ⓑ | |
| 서술 방식의 차이점 | (가)는 (나)와 달리 화제와 관련된 개념을 정의하고 개념의 변화 과정을 제시함. ······ Ⓒ | (나)는 (가)와 달리 논지를 강화하기 위해 다른 이의 견해를 인용함. … Ⓓ |
| 서술된 내용 간의 관계 | (가)에서 소개한 이론에 대해 (나)에서 의의를 밝히고 한계를 지적함. … Ⓔ | |

① Ⓐ ② Ⓑ ✔Ⓒ ④ Ⓓ ⑤ Ⓔ

① Ⓐ 아도르노의 예술관
(가)에서는 아도르노의 주장과 미학을 설명하고 있다. 그리고 (나)에서는 아도르노의 예술관이 지닌 의의를 언급하면서 아도르노의 미학이 지닌 한계에 대해 비판적 입장을 제시하고 있다. 따라서 (가)와 (나) 모두 아도르노의 예술관을 글의 화제로 삼아 글을 전개하고 있음을 알 수 있다.

② Ⓑ 구체적인 예를 제시하고 그것에 담긴 의미를 설명함.
(가)의 3문단에서는 동일화에 저항하는 전위 예술의 예로 쇤베르크의 음악을 제시하고 있다. 그리고 (나)의 1문단에서는 세잔의 작품을 구체적인 예로 제시하여 설명하면서, 2문단에서는 세잔의 작품에 담긴 의미를 설명하고 있다.

✔ Ⓒ (가)는 (나)와 달리 화제와 관련된 개념을 정의하고 개념의 변화 과정을 제시함.
(가)의 2문단에서는 '동일성', '비동일성'의 개념을, (나)의 2문단에서는 '미메시스'의 개념을 정의하고 있으므로, (나)에서도 화제와 관련된 개념을 정의하고 있음을 알 수 있다. 하지만 (가)에서 '동일성', '비동일성'의 개념이 변화하는 과정은 제시되지 않았다.

④ Ⓓ (나)는 (가)와 달리 논지를 강화하기 위해 다른 이의 견해를 인용함.
(가)에서는 아도르노의 미학에 대해 설명하고 있지만, 아도르노의 미학을 강조하기 위해 다른 이의 견해는 인용하지 않고 있다. 이와 달리 (나)의 4문단에서는 베냐민의 견해를 인용하고 있는데, 이는 아도르노의 미학에 대한 글쓴이의 비판을 강화하기 위해 베냐민의 견해를 인용한 것이라 할 수 있다.

⑤ Ⓔ (가)에서 소개한 이론에 대해 (나)에서 의의를 밝히고 한계를 지적함.
(가)에서는 동일성, 비동일성을 바탕으로 한 아도르노의 미학 이론에 대해 설명하고 있다. 그리고 (나)에서는 이러한 아도르노의 미학 이론에 대해 1문단에서 그 의의를 제시하고 있고, 2~4문단에서 아도르노의 미학 이론이 지닌 한계를 지적하고 있다. 따라서 (가)에서 소개한 아도르노의 이론에 대해 (나)에서 의의를 밝히면서 한계를 지적하였음을 알 수 있다.

**05** 세부 내용 파악 정답률 65% | 정답 ①

아도르노가 보는 대중 예술에 대한 이해로 적절하지 않은 것은?

✔ 문화 산업을 통해 상품화된 개인의 정체성과 대립적 관계를 형성한다.
(가)의 1문단을 통해 아도르노가 대중 예술에 대해 예술의 본질을 상실하고 이윤 극대화를 위한 상품으로 전락했을 뿐만 아니라 개인의 정체성마저 상품으로 전락시키는 기제로 작용하였다고 보았음을 알 수 있다. 이렇게 볼 때 문화 산업을 통해 상품화된 개인의 정체성과 대중 예술은 모두 자본주의 사회에서 상품으로 전락했음을 알 수 있다. 따라서 자본주의 사회에서 대중 예술과 개인의 정체성 모두 상품에 불과하다는 점에서 동질적이라 할 수 있으므로, 대립적 관계를 형성한다는 내용은 적절하지 않다.

② 일정한 규격에 맞춰 생산될 뿐 아니라 대중의 감상 능력을 표준화한다.
(가)의 1문단을 통해 아도르노가 대중 예술이 표준화된 상품으로 규격성을 지니고 있으며, 그것의 규격성으로 인해 개인의 감상 능력 역시 표준화된다고 주장하였음을 알 수 있다. 따라서 대중 예술은 일정한 규격에 맞춰 생산될 뿐 아니라 대중의 감상 능력을 표준화한다는 아도르노의 관점을 확인할 수 있다.

③ 자본주의의 교환 가치 체계에 종속된 것으로서 예술로 포장된 상품에 불과하다.
(가)의 1문단을 통해 아도르노가 대중 예술이 예술의 본질을 상실한 채 상품으로 전락했으며, 이는 모든 것을 상품의 교환 가치로 환원하려는 자본주의 사회로부터 기인한다고 주장하였음을 알 수 있다. 따라서 대중 예술은 자본주의의 교환 가치 체계에 종속된 것으로서 예술로 포장된 상품에 불과하다는 아도르노의 관점을 확인할 수 있다.

④ 모든 것을 상품의 교환 가치로 환원하려는 자본주의 사회의 속성을 은폐한다.
(가)의 1문단을 통해 아도르노가 자본주의는 모든 것을 상품의 교환 가치로 환원하려 한다고 보며, 대중 예술은 현대 사회의 모순과 부조리를 은폐하고 있다고 주장하였음을 알 수 있다. 따라서 대중 예술은 모든 것을 상품의 교환 가치로 환원하려는 자본주의 사회의 속성을 은폐한다는 아도르노의 관점을 확인할 수 있다.

⑤ 문화 산업의 이윤 극대화 과정에서 개인들이 지닌 개성의 차이를 상실시킨다.
(가)의 1문단을 통해 아도르노가 문화 산업에 의해 양산되는 대중 예술이 이윤 극대화를 위한 상품으로 전락했으며, 그것의 규격성으로 인해 개인의 감상 능력이 표준화되고 개인의 개성이 상실된다고 주장하였음을 알 수 있다. 따라서 대중 예술은 문화 산업의 이윤 극대화 과정에서 개인들이 지닌 개성의 차이를 상실시킨다는 아도르노의 관점을 확인할 수 있다.

**06** 전제의 추론 정답률 47% | 정답 ⑤

㉠의 이유를 추론한 내용으로 가장 적절한 것은?

① 비정형적 형태뿐 아니라 정형적 형태 역시 재현되기 때문이다.
(나)의 2문단을 통해 미메시스에서의 재현이란 예술가의 주관이 감각 가능한 대상으로 구현되는 것임을 알 수 있다. 그리고 3문단을 통해 아도르노가 강조한 미적 체험은 감각적 대상인 형태 그 자체의 비정형성에 대한 체험으로 한정됨을 알 수 있다. 따라서 아도르노의 미학에서 정형적 형태는 도외시되며, 예술가의 주관도 재현되지 않음을 알 수 있다.

② 재현의 주체가 예술가로부터 예술 작품의 감상자로 전환되기 때문이다.
(나)의 2문단을 통해 미메시스에서의 재현이란 예술가의 주관이 감각 가능한 대상으로 구현되는 것임을 알 수 있다. 그리고 3문단을 통해 아도르노가 강조한 미적 체험은 감각적 대상인 형태 그 자체의 비정형성에 대한 체험으로 한정됨을 알 수 있다. 따라서 아도르노의 미학에서는 예술가의 주관이 재현되지 않으며, 재현의 주체가 예술가로부터 예술 작품의 감상자로 전환되지도 않음을 알 수 있다.

③ 미적 체험의 대상이 사회의 부조리에서 세계의 본질로 변화되기 때문이다.
(나)의 3문단을 통해 아도르노의 미학에서 미적 체험의 대상은 예술가에게 포착된 세계의 본질이며, 이러한 세계의 본질은 현대 사회의 부조리에 국한됨을 알 수 있다. 따라서 미적 체험의 대상이 사회의 부조리에서 세계의 본질로 변화된다는 내용은 적절하지 않고, ㉠의 이유와 직접적인 관련이 없다.



[문제편 p.241]

④ 미적 체험의 과정에서 비정형적인 형태가 예술가의 주관으로 왜곡되기 때문이다.
(나)의 2문단을 통해 미메시스에서의 재현이란 예술가의 주관이 감각 가능한 대상으로 구현되는 것임을 알 수 있다. 그리고 3문단을 통해 아도르노가 강조한 미적 체험은 감각적 대상인 형태 그 자체의 비정형성에 대한 체험으로 한정됨을 알 수 있다. 따라서 미적 체험의 과정에서 예술가의 주관은 작품에 재현되지 않으며, 비정형적인 형태가 예술가의 주관으로 왜곡되지 않음을 알 수 있다.

✔ **예술가의 주관이 가려지고 작품에 나타난 형태에 대한 체험만이 강조되기 때문이다.**
(나)의 2문단을 통해 미메시스가 세계를 바라보는 주체의 관념을 재현하는 것, 즉 감각될 수 없는 예술가의 주관을 감각 가능한 것으로 구현하는 것임을 알 수 있다. 그리고 3문단을 통해 아도르노가 예술이 예술가에게 포착된 세계의 본질을 감상자로 하여금 체험하게 하는 것이어야 한다고 하면서, 미적 체험은 감각적 형태 그 자체의 비정형성에 대한 체험으로 한정하였음을 알 수 있다. 따라서 아도르노의 미학에서 주관의 재현이라는 미메시스가 부정되는 이유는, 아도르노의 미학이 예술가에게 포착된 세계의 본질, 즉 예술가의 주관을 직접 드러내는 대신에 비정형적인 형태만을 통해 부조리를 체험하는 것을 강조하고 있기 때문이라 할 수 있다. 즉, 아도르노의 미학에서는 예술가의 주관이 가려지고 작품에 나타난 형태에 대한 체험만이 강조되기 때문에 예술 작품에서 주관의 재현인 미메시스가 부정된다고 할 수 있다.

## 07 글에 드러난 관점이나 내용 비판

정답률 72% | 정답 ⑤

**(가)의 '아도르노'의 관점을 바탕으로 할 때, ⓒ에 대해 반박할 수 있는 말로 가장 적절한 것은?**

① 동일화는 애초에 예술과 무관하므로 예술의 동일화는 실현 불가능하다.
(가)의 2문단의 '아도르노는 서로 다른 가치 체계를 ~ 예술은 이러한 환원을 거부하는 비동일성을 지녀야 한다고 주장한다.'를 통해, 아도르노는 예술이 동일화를 거부하는 비동일성을 지녀야 한다는 점을 알 수 있으므로 적절하지 않다.

② 전위 예술의 속성은 부조리 그 자체를 폭로하는 것이므로 비동일성은 결국 동일성으로 귀결된다.
(가)의 4문단을 통해 아도르노가 비동일성 그 자체를 속성으로 하는 전위 예술을 예술이 추구해야 바람직한 모습으로 제시했음을 알 수 있으므로 적절하지 않다.

③ 동일성으로 환원된 대중 예술에서도 비동일성을 발견할 수 있으므로 예술의 동일화는 무의미하다.
(가)의 1문단을 통해 아도르노가 대중 예술은 창작의 구성에서 표현까지 표준화되어 생산되는 상품에 불과하다 하면서, 자본주의 사회에서는 예술을 포함한 모든 것을 상품의 교환 가치로 환원하려 한다고 생각하였음을 알 수 있으므로 적절하지 않다.

④ 전위 예술은 동일성과 비동일성의 구분을 거부하므로 전위 예술로의 동일화는 새로운 차원의 비동일성으로 전환된다.
(가)의 4문단을 통해 전위 예술이 비동일성 그 자체를 속성으로 하고 있음을 알 수 있으므로, 전위 예술이 동일성과 비동일성의 구분을 거부한다는 것은 아도르노가 반박할 수 있는 말로 적절하지 않다. 또한 (가)의 아도르노의 관점에서는 전위 예술의 속성에 의해 전위 예술로의 동일화 자체가 불가능하다고 생각하고 있으므로, 전위 예술로의 동일화가 새로운 차원의 비동일성으로 전환된다는 것도 아도르노가 반박할 수 있는 말로 적절하지 않다.

✔ **동일화를 거부하는 속성이 전위 예술의 본질이므로 전위 예술을 추구하는 것은 동일화가 아니라 비동일화를 지향하는 것이다.**
(가)의 2문단을 통해 아도르노가 예술이 비동일성을 지녀야 한다고 주장했음을 알 수 있고, 4문단을 통해 전위 예술이 비동일성 그 자체를 속성으로 함을 알 수 있다. 따라서 (나)의 비판에 대해, 아도르노는 동일화를 거부하는 속성이 전위 예술의 본질이므로 전위 예술의 관점에서 예술을 동일화하는 것은 그 자체로 불가능하며, 전위 예술을 추구하는 것은 비동일화를 지향하는 것이라고 반박할 수 있을 것이다.

## 08 구체적인 사례에의 적용

정답률 59% | 정답 ③

**다음은 학생이 미술관에 다녀와서 작성한 감상문이다. 이에 대해 (가)의 '아도르노'의 관점(A)과 (나)의 글쓴이의 관점(B)에서 설명한 내용으로 적절하지 않은 것은? [3점]**

> 주말 동안 미술관에서 작품을 관람했다. 기억에 남는 세 작품이 있었다. 첫 번째 작품의 제목은 「자화상」이었지만 얼굴의 형상을 전혀 찾아볼 수 없는 기괴한 모습이었고, 제각각의 형태와 색채들이 이곳저곳 흩어져 있어 불편한 감정만 느껴졌다. 두 번째 작품은 사회에 비판적인 유명 연예인의 얼굴을 묘사한 그림으로, 대량 복제되어 유통되는 작품이었다. 그리고 사용된 색채와 구도가 TV에서 본 상업 광고의 한 장면같이 익숙하게 느껴져서 좋았다. 세 번째 작품은 시골 마을의 서정적인 풍경을 사실적으로 묘사한 그림으로 색감과 조형미가 뛰어나 오랫동안 기억에 잔상으로 남았다.

① A : 첫 번째 작품에서 학생이 기괴함과 불편함을 느낀 것은 부조리한 사회에 대한 예술적 체험의 충격 때문일 수 있습니다.
(가)의 2문단을 통해 아도르노가 예술은 대중이 원하는 아름다운 상품이 되기를 거부하고 그 자체로 추하고 불쾌한 것이 되어야 한다고 주장했음을 알 수 있고, 또한 아도르노가 예술에 대해 현대 사회의 부조리를 체험하게 하는 매개여야 한다고 생각했음을 알 수 있다. 그리고 학생 감상문을 통해 첫 번째 작품은 얼굴의 형상을 찾아볼 수 없는 기괴한 모습을 지녔고, 이에 대해 학생이 불편한 감정만 느꼈음을 알 수 있다. 따라서 A는 첫 번째 작품에서 학생이 기괴함과 불편함을 느낀 것은 부조리한 사회에 대한 예술적 체험의 충격 때문이라고 말할 것임을 알 수 있다.

② A : 두 번째 작품에서 학생이 느낀 익숙함은 현대 사회의 모순에 대한 무감각과 같은 것일 수 있습니다. 이는 문화 산업의 논리에 동일화되어 감각이 무뎌진 결과라 할 수 있습니다.
(가)의 1문단을 통해 아도르노는 문화 산업에 의해 양산되는 대중 예술이 현대 사회의 모순과 부조리를 은폐하고 있다고 지적했음을 알 수 있다. 그리고 학생 감상문을 통해 두 번째 작품에 대해 학생은 대중 매체에서 본 상업 광고의 한 장면같이 익숙하게 느껴져서 좋았다고 진술함을 알 수 있다. 따라서 A는 학생이 대중 매체와 같은 문화 산업의 논리에 동일화되어 있다고 하면서, 학생이 느끼는 익숙함은 대중 예술에 은폐된 현대 사회의 모순에 대한 무감각과 같은 것이라고 말할 것임을 알 수 있다.

✔ **A : 세 번째 작품에 표현된 서정성과 조형미는 부조리에 대한 저항과는 괴리가 있습니다. 사회에 대한 저항을 직접적으로 드러낸 예술이어야 진정한 예술이라고 할 수 있습니다.**
(가)의 3문단을 통해 아도르노가 쇤베르크의 음악과 같은 전위 예술이 그 자체로 동일화에 저항하면서도 저항이나 계몽을 직접적으로 드러내지 않는다는 것을 높게 평가하면서, 저항이나 계몽을 직접 표현하는 것에는 비동일성을 동일화하려는 폭력적 의도가 내재되어 있다고 보았음을 알 수 있다. 따라서 A가 세 번째 작품에 표현된 서정성과 조형미가 부조리에 대한 저항과 괴리가 있음을 지적할 수는 있지만, 사회에 대한 저항을 직접적으로 드러낸 예술이어야 진정한 예술이라고 말하지는 않았을 것임을 알 수 있다.

④ B : 첫 번째 작품의 흩어져 있는 형태와 색채가 예술가의 표현 의도를 담고 있지 않더라도 그 작품에서 예술적 가치를 발견할 수 있습니다.
(나)의 4문단을 통해 실수로 찍혀 작가의 어떠한 주관도 결여된 사진에서조차 새로운 예술 정신을 발견하는 것이 가능하다는 베냐민의 지적처럼, 전위 예술이 아닌 예술에서도 미적 가치를 발견하는 것이 가능함을 알 수 있다. 따라서 B는 첫 번째 작품의 흩어져 있는 형태와 색채가 예술가의 표현 의도를 담고 있지 않더라도 그 작품에서 예술적 가치를 발견할 수 있다고 말할 것임을 알 수 있다.

⑤ B : 두 번째 작품은 대량 생산을 통해 제작된 것이지만 그 연예인의 사회 비판적 이미지를 이용해 현대 사회의 문제점을 고발하는 것일 수 있습니다.
(나)의 4문단을 통해 대중음악이 사회적 저항의 메시지를 전달하는 사례도 있듯이, 자본의 논리에 편승한 대중 예술이 사회에 대한 비판적 기능을 수행하는 경우가 있음을 알 수 있다. 그리고 학생 감상문을 통해 두 번째 작품은 사회에 비판적인 유명 연예인의 얼굴을 묘사한 그림으로, 대량 복제되어 유통되는 작품임을 알 수 있다. 따라서 B는 두 번째 작품은 대량 생산을 통해 제작된 것이지만 그 연예인의 사회 비판적 이미지를 이용해 현대 사회의 문제점을 고발하는 것이라고 말할 것임을 알 수 있다.

## 09 단어의 의미 파악

정답률 81% | 정답 ①

**문맥상 ⓐ~ⓔ와 바꿔 쓰기에 적절하지 않은 것은?**

✔ **ⓐ : 맞바꾸는**
ⓐ는 '나쁜 상태나 타락한 상태에 빠지다.'라는 의미를 지닌 '전락하다'의 사동사이므로, '더 보태거나 빼지 아니하고 어떤 것을 주고 다른 것을 받다.'라는 의미를 지닌 '맞바꾸는'으로 바꾸는 것은 적절하지 않다.

② ⓑ : 동떨어진
ⓑ는 '따로 떨어지게 되다.'라는 의미를 지니므로 '동떨어진'으로 바꿀 수 있다.

③ ⓒ : 바라보는
ⓒ는 '눈길을 모아 한 곳을 똑바로 바라보다.'라는 의미를 지니므로 '바라보는'으로 바꿀 수 있다.

④ ⓓ : 빼앗는다
ⓓ는 '남의 재물이나 권리, 자격 따위를 빼앗다.'라는 의미를 지니므로 '빼앗는다'로 바꿀 수 있다.

⑤ ⓔ : 찾아내는
ⓔ는 '미처 찾아내지 못하였거나 아직 알려지지 아니한 사물이나 현상, 사실 따위를 찾아내다.'라는 의미를 지니므로 '찾아내는'으로 바꿀 수 있다.

13회

## 10~13 사회

**'유류분권'**

**해제** 이 글은 **피상속인이 재산을 무상 처분했을 때 발생할 수 있는 상속인의 유류분권에 대해 설명**하고 있다. 어떤 재산이 무상 처분 행위가 행해졌더라도 결과가 번복될 수 있는데, 상속인들이 유류분권을 행사하게 되는 경우이다. 여기에서 **유류분은 피상속인의 무상 처분이 없었다고 가정할 때 상속인들이 상속받을 수 있었던 이익 중 법으로 보장된 부분으로, 상속인들이 기대했던 이익을 보장하기 위해 산정한 것**이다. 그런데 **상속인이 상속 개시 이전에 상속받은 경우에는 유류분에 해당하는 이익에서 이미 상속받은 이익을 뺀 값인 유류분 부족액을 무상 취득자로부터 반환받을 수 있다**. 이때 **유류분 부족액의 가치는 금액으로 계산**되지만 무상 처분된 재산이 돈이 아닐 경우 **처분된 재산 자체가 반환 대상이 되는 것이 원칙**이다. 그리고 **무상 처분된 재산이 물건**일 경우, **유류분 부족액이 무상 처분된 물건보다 가치가 적을 때에는 물건에 대한 지분으로 반환받을 수 있다**. 한편 **유류분 부족액을 계산**할 때에는 **유류분 취지에 따라 상속 개시 당시의 시가를 기준**으로 한다. 하지만 **무상 취득자의 노력으로 물건의 시가가 상승한 경우**에는 **무상 취득 당시의 시가를 기준으로 하며, 지분을 계산할 때에도 상속 개시 당시의 시가를 기준**으로 한다.

**주제** 유류분권의 개념과 유류분 부족액의 반환 방법

**문단 핵심 내용**

|  |  |
|---|---|
| 1문단 | 재산에 대해 무상 처분 행위가 행해졌을 때 결과가 번복되는 경우 |
| 2문단 | 유류분의 의미 및 유류분을 산정한 이유 |
| 3문단 | 상속받은 상속인이 유류분을 반환받는 경우 및 반환받는 유류분의 대상 |
| 4문단 | 무상 처분된 재산이 물건일 경우 유류분 반환이 이루어지는 방식 |
| 5문단 | 무상 처분된 물건의 시가가 변동할 경우 기준으로 삼는 시기 |

## 10 세부 내용 파악

정답률 43% | 정답 ②

**윗글의 내용과 일치하지 않는 것은?**

① 유류분권은 상속인이 아닌 사람에게는 인정되지 않는다.
1문단을 통해 유류분권이 상속인들이 유류분을 반환받을 수 있는 권리임을 알 수 있으므로 적절하다.

✔ **유류분권이 보장되는 범위는 유류분 부족액의 일부에 한정된다.**
3문단을 통해 유류분 부족액은 유류분에 해당하는 이익에서 이미 상속받은 이익을 뺀 값임을 알 수 있다. 따라서 유류분 부족액의 전부가 유류분권이 보장되는 범위에 포함된다고 할 수 있으므로 적절하지 않다.

③ 상속인은 상속 개시 전에는 무상 취득자에게 유류분권을 행사할 수 없다.
1문단을 통해 무상 처분자가 사망하면 상속이 개시되고, 그의 상속인들이 유류분권을 행사할 수 있음을 알 수 있으므로 적절하다.

④ 피상속인이 생전에 다른 사람에게 판 재산은 유류분권의 대상이 될 수 없다.
2문단을 통해 유류분이 피상속인의 무상 처분 행위가 없었다고 가정할 때 상속인들이 상속받을 수 있었을 이익 중 법으로 보장된 부분임을 알 수 있으므로 적절하다.

⑤ **무상으로 취득한 재산에 대한 권리는 무상 취득자 자신의 의사에 반하여 제한될 수 있다.**

1문단을 통해 무상 처분 행위가 행해졌을 때에는 무상 처분자와 무상 취득자의 의사와 무관하게 그 결과가 번복될 수 있음을 알 수 있으므로 적절하다.

**11** 내용의 추리적 이해 정답률 43% | 정답 ④

**윗글에 대한 이해로 가장 적절한 것은?**

① **무상 처분된 재산이 물건 한 개이면 유류분권자는 그 물건 전부를 반환받는다.**

4문단의 '무상 취득자가 반환해야 할 유류분 부족액이 ~ 하나의 물건에 대한 소유권이 여러 명에게 나뉘지는데'를 통해, 유류분권자는 물건이 한 개일 때 그 물건 전부를 반환받는 것이 아니라 자신의 몫인 지분을 반환받음을 알 수 있다.

② **무상 처분된 물건이 반환되는 경우 유류분 부족액이 클수록 무상 취득자의 지분이 더 커진다.**

4문단을 통해 '지분'은 무상 처분된 재산인 하나의 물건에 대해 소유권이 여러 명에게 나눠진 경우의 각자의 몫을 뜻함을 알 수 있다. 따라서 유류분 부족액이 커지면 물건에 대한 유류분권자의 지분이 커지게 되어 무상 취득자는 유류분권자에게 더 많은 몫을 돌려주어야 하므로 지분이 작아진다고 할 수 있다.

③ **무상 취득자가 무상 취득한 물건을 반환할 수 없게 되면 유류분 부족액을 지분으로 반환해야 한다.**

3문단을 통해 무상 처분된 재산 자체를 반환하는 것이 불가능할 때 무상 취득자는 돈으로 반환해야 함을 알 수 있다.

✔ **유류분권자가 유류분 부족액을 물건 대신 돈으로 반환하라고 요구하더라도 무상 취득자는 무상 취득한 물건으로 반환할 수 있다.**

3문단을 통해 무상 처분된 재산이 돈 이외의 재산이라면 처분된 재산 자체가 반환 대상이 되는 것이 원칙임을 알 수 있다. 다만 그 재산 자체를 반환하는 것이 불가능할 때, 재산 자체의 반환이 가능하더라도 무상 취득자와 유류분권자가 합의를 하였을 때는 돈으로 반환하는 것이 가능함을 알 수 있다. 이를 볼 때 무상 취득자와 유류분권자가 합의를 하지 않은 경우 물건 대신 돈으로 반환할 필요가 없으므로, 유류분권자가 유류분 부족액을 물건 대신 돈으로 반환하라고 요구하더라도 무상 취득자는 무상 취득한 물건으로 반환할 수 있음을 알 수 있다.

⑤ **무상 처분된 물건의 일부가 반환되면 무상 취득자는 그 물건의 소유권을 가지고 유류분권자는 유류분 부족액만큼의 돈을 반환받게 된다.**

이 글을 통해 유류분 부족 부분으로 무상 처분된 물건의 일부가 반환되면 상속인들의 소유가 됨을 알 수 있으므로 무상 취득자가 소유권을 가진다는 내용은 적절하지 않다. 또한 유류분 부족 부분으로 물건의 일부가 반환되었으므로 유류분권자가 유류분 부족액만큼의 돈을 반환받는다는 것도 적절하지 않다.

**12** 내용의 인과 관계 파악 정답률 41% | 정답 ②

**윗글을 통해 알 수 있는 ㉠의 이유로 가장 적절한 것은?**

① **유류분은 피상속인이 자유롭게 처분한 재산의 일부이어야 하기 때문이다.**

2문단의 유류분의 정의를 볼 때, 유류분이 피상속인이 자유롭게 처분한 재산의 일부이어야 한다는 내용은 적절하지 않다. 또한 이 내용은 유류분 부족액을 산정하는 기준과도 관련이 없다.

✔ **유류분은 피상속인이 재산을 무상 처분하지 않은 것으로 가정하여 산정되기 때문이다.**

2문단을 통해 유류분은 피상속인의 무상 처분 행위가 없었다고 가정할 때 상속인들이 상속받을 수 있었을 이익 중 법으로 보장된 부분임을 알 수 있다. 이를 볼 때, 피상속인의 무상 처분 행위가 없었다고 가정한다면 무상 처분된 재산도 상속 개시 시점에 피상속인의 재산에 포함되었을 것임을 알 수 있다. 이를 통해 유류분 계산을 할 때는 상속 개시 당시에 피상속인이 가졌던 재산 가치에 이미 무상 취득자에게 넘어간 재산의 가치를 더하여 상속인들이 상속받을 수 있었을 이익을 산정한다고 할 수 있다. 따라서 유류분 부족액을 계산할 때 상속 개시 당시의 시가를 기준으로 해야 하는 이유는 무상 처분 행위가 없었다는 가정 때문이라고 할 수 있다.

③ **유류분은 재산의 가치를 증가시킨 무상 취득자의 노력에 대한 보상으로 인정되는 것이기 때문이다.**

2문단의 유류분의 정의를 볼 때, 유류분이 재산을 증식시킨 무상 취득자의 노력에 대한 보상이라는 내용은 적절하지 않다. 또한 이 내용은 유류분 부족액을 산정하는 기준과도 관련이 없다.

④ **유류분은 피상속인의 재산에 대해 소유권을 나눠 가진 사람들 각자의 몫을 반영해야 하기 때문이다.**

피상속인의 재산에 대해 소유권을 나눠 가진 사람들의 몫이 지분으로 반영되는 것은 유류분의 취지에 해당한다고 할 수 있다. 하지만 이 내용은 유류분 부족액을 산정하는 기준과는 직접적인 관련이 없으므로 적절하지 않다.

⑤ **유류분에 해당하는 이익의 가치가 상속 개시 전후에 걸쳐 변동되는 것을 반영해야 하기 때문이다.**

2문단을 통해 유류분은 상속인이 상속받을 수 있었을 이익에 관련된 것이고, 5문단을 통해 지분을 계산할 때는 상속 개시 당시의 시가를 기준으로 해야 함을 알 수 있다. 따라서 유류분을 산정할 때 상속 개시 후의 가치 변동까지 반영해야 하는 것은 아니므로 적절하지 않다.

★★★ 등급을 가르는 문제!

**13** 구체적인 사례에의 적용 정답률 30% | 정답 ④

**윗글을 바탕으로 <보기>를 이해한 내용으로 적절하지 않은 것은? [3점]**

<보 기>

갑의 재산으로는 A 물건과 B 물건이 있었으며 그 외의 재산이나 채무는 없었다. 갑은 을에게 A 물건을 무상으로 넘겨주었고 그로부터 6개월 후 사망했다. 갑의 상속인으로는 갑의 자녀인 병만 있다. A 물건의 시가는 을이 A 물건을 소유하게 되었을 때는 300, 갑이 사망했을 때는 700이었다. 병은 갑이 사망한 날로부터 3개월 후에 을에게 유류분권을 행사했다. B 물건의 시가는 병이 상속받았을 때부터 병이 을에게 유류분 반환을 요구했을 때까지 100으로 동일하다.

(단, 세금, 이자 및 기타 비용은 고려하지 않음.)

① **A 물건의 시가 상승이 을의 노력과 무관한 경우 유류분 부족액은 300이다.**

A 물건의 시가 상승이 을의 노력과 무관한 경우라면 5문단을 통해 알 수 있듯이 상속 개시 시점을 기준으로 유류분 부족액을 계산해야 한다. 이때 유류분은 (700+100)/2가 되고, 이미 상속받은 이익 100을 뺀 유류분 부족액은 300이 된다고 할 수 있다.

② **A물건의 시가 상승이 을의 노력과 무관한 경우 유류분 반환의 대상은 A 물건의 $\frac{3}{7}$지분이다.**

A 물건의 시가 상승이 을의 노력과 무관한 경우 유류분 부족액은 300이라 할 수 있다. 그리고 유류분 반환 대상이 되는 물건의 상속 개시 당시의 시가가 700이므로, 병이 반환받을 수 있는 지분은 300/700, 즉 3/7이라 할 수 있다.

③ **A물건의 시가가 을의 노력으로 상승한 경우 유류분 부족액은 100이다.**

A 물건의 시가가 을의 노력으로 상승한 경우라면 무상 취득 시점을 기준으로 유류분 부족액을 계산해야 한다. 이때 유류분은 (300+100)/2이므로, 여기에서 이미 상속받은 이익 100을 뺀 유류분 부족액은 100이라 할 수 있다.

✔ **A 물건의 시가가 을의 노력으로 상승한 경우 유류분 반환의 대상은 A 물건의 $\frac{1}{3}$지분이다.**

A 물건의 시가가 을의 노력으로 상승한 경우에는, 5문단을 통해 알 수 있듯이 무상 취득 당시의 시가를 기준으로 유류분 부족액을 계산해야 한다. 그리고 <보기>를 통해 '유류분'은 '(A 물건의 가치+B 물건의 가치)$\times\frac{1}{2}$', 즉 $\frac{(300+100)}{2}=200$이되므로, 여기에서 이미 상속받은 재산 100을 뺀 유류분 부족액은 100이 됨을 알 수 있다. 그리고 지분을 계산할 때는 상속 개시 당시의 시가를 기준으로 삼아야 하므로 A 물건에 대한 병의 지분은 $\frac{100}{700}$임을 알 수 있다. 따라서 유류분 반환의 대상은 A 물건의 $\frac{1}{3}$이 아니라 $\frac{1}{7}$이라 할 수 있다.

⑤ **A 물건의 시가가 을의 노력으로 상승한 경우와 을의 노력과 무관하게 상승한 경우 모두, 갑이 상속 개시 당시 소유했던 재산으로부터 병이 취득할 수 있는 이익은 동일하다.**

갑이 상속 개시 당시 소유했던 재산인 B 물건의 시가는 100이다. A 물건의 시가가 을의 노력으로 상승한 경우 유류분은 200이고, 을의 노력과 무관한 경우는 400이다. 갑의 재산 100은 두 경우 모두 병이 취득할 수 있다. 따라서 갑으로부터 병이 얻을 수 있는 이익은 동일하다고 할 수 있다.

**★★ 문제 해결 꿀~팁 ★★**

▶ **많이 틀린 이유는?**

이 문제는 글의 내용을 실제 사례에 적용하는 과정에서 어려움을 겪어 오답률이 높았던 것으로 보인다. 또한 유류분과 <보기>에 대한 정확한 이해 부족도 오답률을 높인 원인으로 보인다.

▶ **문제 해결 방법은?**

이 문제를 해결하기 위해서는 일차적으로 <보기>의 내용을 정확히 이해하여 정리해야 한다. 즉 <보기>를 통해 다음과 같이 정리해 놓아야 한다.

* 갑의 재산 A와 B
* 재산 A: 을에게 무상으로 넘겨 줌.
* 재산 A의 시가: 을이 A를 소유하게 되었을 때는 300, 갑이 사망할 당시는 700임.
* 재산 B: 병이 상속받음. 시가는 100임.

그런 다음 선택지를 정확히 파악한 다음, 이와 관련된 글의 내용을 찾아 적절성을 판단해야 한다. 정답인 ④의 경우, 선택지에서 ' 물건의 시가가 을의 노력으로 상승한 경우'이므로, 글을 통해 무상 취득 당시의 시가를 기준으로 유류분 부족액을 계산해야 함을 파악해야 한다. 또한 유류분은 상속받을 수 있는 이익의 2분의 1이므로, <보기>를 통해 '유류분'은 상속받을 수 있는 A 물건과 B 물건의 가치를 더한 2분의 1임을 알아야 한다. 또한 병이 이미 100을 상속받았으므로, 상속받은 재산 100을 뺀 유류분 부족액은 100이 되고, 지분을 계산할 때는 상속 개시 당시의 시가를 기준으로 삼아야 함을 파악해야 한다. 이렇게 볼 때, 이 문제를 해결하는 핵심은 <보기>와 글에 제시된 유류분을 정확히 정리하는 것에 있음을 알 수 있다. 오답률이 높았던 ⑤의 경우에도 선택지의 내용과 <보기>를 정확히 이해했으면 쉽게 해결할 수 있었을 것이다. 즉, <보기>를 통해 갑이 상속 개시 당시 소유했던 재산이 B 물건 뿐이며 시가는 100임을 알 수 있다. 따라서 갑이 상속 개시 당시 소유했던 재산으로부터 병이 취득할 수 있는 이익은 B 물건의 시가 100으로 동일함을 쉽게 파악할 수 있었을 것이다.

## 14~17 기술

**'검색 엔진의 웹 페이지 순서 결정'**

**해제** 이 글은 **인터넷 검색 엔진에서 웹 페이지가 화면에 나타나는 순서를 정하는 방법에 대해 설명**하고 있다. **순서를 정하기 위해 고려하는 대표적인 항목으로는 중요도와 적합도**가 있다. **중요도**는 **웹 페이지의 중요성을 나타낸 것으로 링크 분석 기법으로 측정**할 수 있다. 웹 페이지 A의 값은 A를 링크한 다른 웹 페이지들로부터 받는 값의 합이고, 이렇게 받은 A의 값은 A가 링크한 다른 웹 페이지들에 균등하게 나눠진다. 이때 **A가 링크한 다른 웹 페이지들이 실제 받는 값은 사용자들이 링크를 통해 다른 웹 페이지로 이동하지 않는 비율을 반영한 값인 댐핑 인자를 곱함으로써 구할 수 있다.** 한편 **적합도**는 **단어의 빈도, 단어가 포함된 웹 페이지의 수, 웹 페이지의 글자 수를 반영한 식을 통해 값이 정해진다.** 해당 검색어가 많을수록, 검색어를 포함한 다른 웹 페이지의 수가 적을수록, 현재 웹 페이지의 글자 수가 전체 웹 페이지의 평균 글자 수에 비해 적을수록 적합도는 높아진다.

**주제** 인터넷 검색 엔진에서 화면에 나타나는 순서를 정하기 위한 항목인 중요도와 적합도를 구하는 방법

**문단 핵심 내용**

| | |
|---|---|
| 1문단 | 검색 엔진이 순서를 정하기 위해 고려하는 대표적인 항목인 중요도와 적합도 |
| 2문단 | 중요도가 기록되는 인덱스를 미리 작성해 놓는 검색 엔진 |
| 3문단 | 링크 분석 기법으로 측정할 수 있는 중요도 |
| 4문단 | 각 웹 페이지의 중요도를 구하는 방법 |
| 5문단 | 적합도가 정해지는 방식 및 적합도가 높아지는 경우 |

★★★ 등급을 가르는 문제!

**14** 세부 내용 파악 정답률 26% | 정답 ②

**윗글을 통해 알 수 있는 내용으로 가장 적절한 것은?**

① **인덱스는 사용자가 검색어를 입력한 직후에 작성된다.**



[문제편 p.244]

2문단을 통해 검색 엔진은 웹 페이지의 데이터를 수집하여 인덱스를 미리 작성해 놓음을 알 수 있으므로, 검색어를 입력한 직후에 작성되는 것은 아니다.

**✓ 사용자가 링크를 따라 다른 웹 페이지로 이동하는 비율이 높을수록 댐핑 인자가 커진다.**
3문단을 통해 댐핑 인자는 사용자가 링크를 따라 다른 웹 페이지로 이동하지 않을 확률을 반영한 값이고, 그 비율이 20%이면 댐핑인 자가 0.8임을 알 수 있다. 따라서 이동하지 않는 비율이 높을수록 댐핑 인자는 작아지고, 사용자가 링크를 따라 다른 웹 페이지로 이동하는 비율이 높을수록 댐핑 인자는 커진다고 할 수 있다.

**③ 링크 분석 기법은 웹 페이지 사이의 링크를 분석하여 웹 페이지의 적합도를 값으로 나타낸다.**
2, 3문단을 통해 링크 분석 기법은 적합도를 값으로 나타내기 위한 방법이 아니라 중요도를 측정하기 위한 방법임을 알 수 있다.

**④ 웹 페이지의 중요도는 다른 웹 페이지에서 받는 값과 다른 웹 페이지에 나눠 주는 값의 합이다.**
3문단을 통해 특정 웹 페이지의 중요도는 해당 웹 페이지를 링크한 각 웹 페이지들로부터 받은 값의 합임을 알 수 있으므로, 여기에 다른 웹페이지에 나눠 주는 값을 더해서 구하는 것은 아니다.

**⑤ 사용자가 검색어를 입력하면 검색 엔진은 검색한 결과를 인덱스에 정렬된 순서대로 화면에 나타낸다.**
2문단을 통해 인덱스는 단어를 알파벳 순서로 정리한 목록이다. 그리고 1문단을 통해 검색 엔진이 검색 결과를 제시하는 순서는 중요도와 적합도를 비롯한 다양한 항목을 고려하여 결정됨을 알 수 있으므로, 인덱스에 정렬된 것처럼 알파벳 순서로 나타나는 것은 아니다.

**★★ 문제 해결 꿀~팁 ★★**

▶ 많이 틀린 이유는?
이 문제는 선택지를 글의 내용을 바탕으로 추론하는 데 어려움을 겪어 오답률이 높았던 것으로 보인다. 또한 기술 지문이어서 학생들이 글의 내용을 이해하는 데 어려움을 겪은 것도 오답률을 높인 것으로 보인다.
▶ 문제 해결 방법은?
이 문제를 해결하기 위해서는 일차적으로 선택지의 내용을 정확히 파악하고 이와 관련된 글의 내용을 찾을 수 있어야 한다. 그런 다음 글의 내용과 선택지를 비교하여 적절성을 판단할 수 있어야 한다. 가령 정답인 ②의 경우 선택지가 댐핑 인자와 관련된 내용임을 파악하고, 댐핑 인자에 대해 설명한 3문단을 바탕으로 적절성을 판단해야 한다. 즉, 댐핑 인자가 사용자가 링크를 따라 다른 웹 페이지로 이동하지 않을 확률을 반영한 값이고, 그 비율이 20%이면 댐핑 인자가 0.8이라는 내용과 관계 있음을 파악해야 한다. 그런 다음 이를 선택지와 비교하면 되는데, 만일 비율이 사용자가 링크를 따라 다른 웹 페이지로 이동한 확률이 30%인 경우 댐핑 인자는 0.7임을 알 수 있으므로, 사용자가 링크를 따라 다른 웹 페이지로 이동하는 비율이 높을수록 댐핑 인자는 커짐을 알 수 있다. 마찬가지로 오답률이 높은 ⑤의 경우에도 선택지의 내용을 바탕으로 할 때 검색 엔진과 관련되므로 1, 2문단과 관련 있음을 파악하고 이를 바탕으로 적절성을 판단하면 된다. 그럴 경우 1문단을 통해 검색 엔진이 검색 결과를 제시하는 순서는 중요도와 적합도를 비롯한 다양한 항목을 고려하여 결정됨을 알 수 있으므로 적절하지 않았음을 알았을 것이다. 이처럼 어렵다고 느끼는 기술 지문이라 하더라도 선택지를 정확히 파악하고, 이와 관련된 글을 찾아 비교하여 적절성을 판단하면 상대적으로 쉽게 해결할 수 있다. 기술 지문이라 지레 겁먹지 말고 차분하게 글의 내용과 선택지를 정확히 파악할 수 있도록 한다.

## 15 내용의 인과관계 파악

정답률 52% | 정답 ⑤

**㉠, ㉡을 고려하여 검색 결과에서 웹 페이지의 순위를 높이기 위한 방안으로 가장 적절한 것은?**

**① 화제가 되고 있는 검색어들을 웹 페이지에 최대한 많이 나열하여 ㉠을 높인다.**
㉠을 높이려면 다른 많은 웹 페이지가 ㉠을 높이고자 하는 웹 페이지를 링크해야 하므로, 화제가 되고 있는 검색어들을 웹 페이지에 나열하는 것은 ㉠을 높이는 방법으로는 적절하지 않다.

**② 사람들이 많이 접속하는 유명 검색 사이트로 연결하는 링크를 웹 페이지에 많이 포함시켜 ㉠을 높인다.**
㉠을 높이려면 다른 많은 웹 페이지가 ㉠을 높이고자 하는 웹 페이지를 링크해야 하므로, 유명 검색 사이트에 링크를 하는 것은 ㉠을 높이는 방법으로는 적절하지 않다.

**③ 알파벳순으로 앞 순서에 있는 단어들을 웹 페이지 첫 부분에 많이 포함시켜 ㉡을 높인다.**
웹 페이지에 포함된 단어가 알파벳 앞 순서에 있는 것과 ㉡과 관련이 없으므로 적절하지 않다.

**④ 다른 많은 웹 페이지들이 링크하도록 웹 페이지에서 여러 주제를 다루고 전체 글자 수를 많게 하여 ㉡을 높인다.**
다른 많은 웹페이지들이 링크하도록 하는 것은 ㉠을 높일 수 있는 방법이지만, ㉡을 높이는 것과는 관련이 없다. 전체 글자 수를 전체 웹 페이지의 평균 글자 수에 비해 많게 하면 ㉡은 오히려 낮아진다.

**✓ 다른 웹 페이지에서 흔히 다루지 않는 주제를 간략하게 설명하되 주제와 관련된 단어를 자주 사용하여 ㉡을 높인다.**
5문단을 통해 해당 검색어가 많이 나올수록, 그 검색어를 포함하는 다른 웹 페이지의 수가 적을수록, 현재 웹 페이지의 글자 수가 전체 웹 페이지의 평균 글자 수에 비해 적을수록 적합도가 높아짐을 알 수 있다. 그러므로 흔히 다루지 않는 주제를 간략하게 설명하되 주제와 관련된 단어를 자주 사용하면 ㉡이 높아진다고 할 수 있다.

★★★ 등급을 가르는 문제!

## 16 구체적인 사례에의 적용

정답률 27% | 정답 ⑤

**〈보기〉는 웹 페이지들의 관계를 도식화한 것이다. 윗글을 바탕으로 〈보기〉를 이해한 내용으로 적절한 것은? [3점]**

〈보 기〉

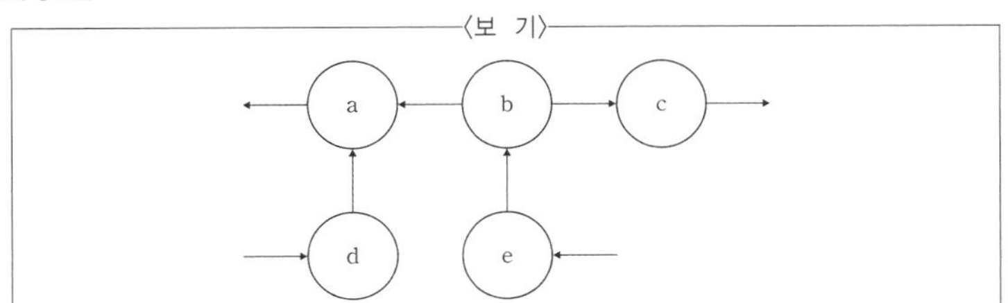


원은 웹 페이지이고, 화살표는 웹 페이지에서 링크를 통해 화살표 방향의 다른 웹 페이지로 연결됨을 뜻한다. 댐핑 인자는 0.5이고, d와 e의 중요도는 16으로 고정된 값이다.
(단, 링크와 댐핑 인자 외에 웹 페이지의 중요도에 영향을 주는 다른 요소는 고려하지 않음.)

**① a의 중요도는 16이다.**
a의 중요도는 d와 b로부터 받은 값의 합이다. d로부터는 16에 댐핑 인자 0.5를 곱한 8을 받는다. b는 e로부터 16에 댐핑 인자 0.5를 곱한 8을 받아 이것을 a와 c에 균등하게 나누어 주므로, b에서 a로 가는 값은 4에 0.5를 곱한 2가 된다. 따라서 a의 중요도는 8과 2의 합인 10이 된다.

**② a가 b와 d로부터 각각 받는 값은 같다.**
a가 d로부터 받는 값은 8이고, b로부터 받는 값은 2이므로, 두 값은 다르다.

**③ b에서 a로의 링크가 끊어지면 b와 c의 중요도는 같다.**
b에서 a로의 링크가 끊어지면 c는 b로부터 8×0.5의 값을 받게 된다. b의 중요도는 e로부터 받은 16×0.5이기 때문에 두 값은 다르다.

**④ e에서 a로의 링크가 추가되면 b의 중요도는 6이다.**
e에서 a로의 링크가 추가되면 e의 중요도 16은 a와 b에 균등하게 나눠진다. 8에 댐핑 인자를 곱하면 b의 중요도는 4가 된다.

**✓ e에서 c로의 링크가 추가되면 c의 중요도는 5이다.**
e에서 c로 링크가 추가되면 c의 중요도는 b와 e로부터 받은 값의 합이 된다. e의 중요도는 16이고, 이를 b와 c에 8씩 균등하게 나누어 주게 된다. 여기에 댐핑 인자 0.5를 곱하면 b와 c가 e로부터 받는 값은 각각 4이다. 한편 b는 이렇게 받은 값을 a와 c에 2씩 균등하게 나누어 주는데, 댐핑 인자 0.5를 곱하면 b로부터 c가 받는 값은 1이 된다. c가 b와 e로부터 받은 값은 각각 1과 4이므로 이를 합한 중요도는 5이다.

**★★ 문제 해결 꿀~팁 ★★**

▶ 많이 틀린 이유는?
이 문제는 글의 내용을 실제 사례에 적용하는 과정에서 어려움을 겪은 것으로 보인다. 또한 〈보기〉의 내용과 선택지를 정확히 이해하지 못한 것도 오답률을 높인 것으로 보인다.
▶ 문제 해결 방법은?
이 문제를 해결하기 위해서는 일차적으로 〈보기〉를 정확히 이해해야 한다. 즉 댐핑 인자는 0.5이고 d와 e의 중요도는 16으로 고정된 값임을 알아야 한다. 그리고 글을 통해 이와 관련된 글의 내용, 즉 3, 4문단에서 설명하는 링크 분석 기법을 정확히 이해해야 한다. 링크 분석 기법은 다음과 같다.

- 웹페이지 A의 값은 A를 링크한 다른 웹 페이지들에 균등하게 나눠짐.
- A의 값이 4이고 A가 두 개의 링크를 통해 통해 다른 웹페이지로 연결되면 A의 값은 유지되고 두 웹페이지에는 각각 2가 보내짐.
- 두 웹페이지가 실제로 받는 값은 2에 댐핑 인자를 곱한 값임.

이러한 내용을 바탕으로 하면서 선택지에서 제시한 조건, 가령 정답인 ⑤의 경우, 'e에서 c로의 링크가 추가되면'이라는 조건을 고려하면 된다. 이럴 경우 c의 중요도는 b와 e로부터 받은 값의 합이 중요도는 5라 할 수 있다. 이 문제는 겉으로 보기에는 어렵게 보이지만 글의 내용을 정확히 이해하면 충분히 해결할 수 있는 문제이다. 이처럼 독서에서 모든 문제 해결은 글의 내용에 있으므로 글의 내용을 정확히 이해할 수 있도록 한다.

## 17 단어의 의미 파악

정답률 56% | 정답 ①

**문맥상 ⓐ의 의미와 가장 가까운 것은?**

**✓ 공부를 하다 보니 시간은 자정이 넘었다.**
ⓐ는 '일정한 시간, 시기, 범위 따위에서 벗어나 지나다.'의 의미를 가지고 있으므로, '자정이 넘었다.'의 '넘었다'가 문맥상 의미가 가깝다고 할 수 있다.

**② 그들은 큰 산을 넘어서 마을에 도착했다.**
'높은 부분의 위를 지나가다.'의 의미로 사용되었다.

**③ 철새들이 국경선을 넘어서 훨훨 날아갔다.**
'경계를 건너 지나다.'의 의미로 사용되었다.

**④ 선수들은 가까스로 어려운 고비를 넘었다.**
'어려움이나 고비 따위를 겪어 지나다.'의 의미로 사용되었다.

**⑤ 갑자기 냄비에서 물이 넘어서 좀 당황했다.**
'일정한 곳에 가득 차고 나머지가 밖으로 나오다.'의 의미로 사용되었다.

## 18~21 고전 소설

**작자 미상, 「정수정전」**

**감상** 이 작품은 **여성 주인공 정수정의 영웅적 활약을 그린 여성 영웅 소설**이다. 정수정은 가정에 어려움이 닥치자 남장을 하고 국가에 큰 공을 세워 높은 벼슬에 오르게 되는데, **남장은 정수정이 여성이라는 사회적 한계를 뛰어넘어 남성과 동등하게 경쟁할 수 있는 방법으로 작용**하게 된다. 그리고 **남장 사실이 드러난 이후에도 임금이 정수정을 대원수에 임명**하고 있는데, 이는 **정수정의 영웅적 능력이 사회적으로 공인받았음**을 보여 준다. 이처럼 **정수정이 여성임이 밝혀진 이후에도 남성을 압도하는 모습을 보이고 큰 공을 세우고** 있는데, 이는 **조선 후기 여성들의 욕구가 반영된 것으로 새로운 여성상을 제시한 것**이라 할 수 있다.

**주제** 정수정의 고난 극복과 영웅적 활약

**작품 줄거리** 송나라 태종 황제 시절 병부 상서인 정흠은 늦게야 한 딸을 낳아 수정이라 하였고, 이부 상서 장운에게는 연이라는 아들이 있었는데 이들 두 사람은 아들과 딸을 결혼시키기로 약속한다. 이때 정 상서가 간신인 예부 상서 진량을 멀리하기를 황제께 간하다가 오히려 진량의 모함을 받아 귀양을 가서 죽고 그 부인 양 씨도 죽는다. 그리고 장 상서마저 죽어 의지할 곳 없게 된 수정은 남복을 하고 무예를 닦아 과거에 응시하여 급제한다. 이때 북방 오랑캐가 침범하자 수정은 대원수가 되어 큰 공을 세웠고 황제는 수정을 부마로 삼으려 한다. 그래서 수정은 자신이 여자임을 밝히지만, 황제는 수정을 청주후로 봉한 다음 정수정과 공주를 장연과 결혼시킨다. 모두 화목하게 지내다가 수정이 장연의 총희인 영춘의 방자함을 징계하여 목을 벤 사건 때문에 장연과 수정은 냉랭한 사이가 되고, 이에 수정은 청주로 돌아가 군사를 훈련시킨다. 철통골이 다시 침략해 오자 수정은 대원수가 되어 적을 격파하였고 이때 군량 수송의 책임을 다 하지 못한 장연을 엄벌로 다스리게 된다. 수정은 황성으로 회군하던 도중 진량의 목을 베어 부모의 원수도 갚게 된다. 이후 수정과 장연은 화해하여 화목하게 살다가 75세에 부부가 동시에 채운을 타고 승천한다.

**18** 인물의 이해 정답률 67% | 정답 ④

**윗글의 인물에 대한 이해로 적절하지 않은 것은?**

① '황제'는 자신이 총애하는 사람의 말을 듣고 정 상서를 처벌하기로 결심한다.
'정 상서'가 '황제'의 탄생일 조회에 불참하자 '진량'은 '정 상서'가 간악한 인물로 다른 생각을 하고 있다고 모함한다. 이에 '황제'는 자신이 가장 총애하는 '진량'의 말을 듣고 '정 상서'를 처벌하려 하고 있다.

② '중관'은 정 상서를 처벌하기에는 그 죄가 분명하지 않음을 황제에게 주장한다.
'중관'이 '황제'에게 말한 '정 상서의 죄 명백함이 없으니 어찌 벌로 다스리오리까?'를 통해 알 수 있다.

③ '정 상서'는 자신이 소인의 참언 때문에 뜻하지 않게 귀양을 가게 되었다고 생각한다.
'정 상서'의 '내 일찍 국은을 갚을까 하였더니 소인의 참언을 입어 이제 귀양을 가니 어찌 애달프지 않으리오.'라는 말을 통해 알 수 있다.

✔ '한복'은 대원수의 명령에 따라 진량의 귀양지로 가서 그의 죄를 묻고 처벌을 내린다.
'한복'은 대원수인 '정수정'의 명령을 받고 군사를 지휘하여 '진량'의 귀양지로 가서 그를 결박하여 본진으로 돌아온 후, 본진에서 '정수정'이 무사에게 호령하여 '진량'을 처형하고 있으므로 적절하지 않다.

⑤ '원 부인'과 '공주'는 정수정이 도리를 지켜 원만하게 지낼 것임을 내세워 태부인을 진정시킨다.
아들인 '장연'의 말을 듣고 '태부인'이 원통하고 분한 심정을 드러내자 '원 부인'과 '공주'는 '정수정 벼슬이 높으니 능히 제어치 못할 것이요, 저 사람 또한 대의를 알아 삼가 화목할 것이니 이제는 노하지 마소서.'라고 아뢰며 시어머니인 '태부인'을 진정시키고 있다.

**19** 구절의 의미 이해 정답률 64% | 정답 ②

**㉠~㉤에 대한 이해로 적절하지 않은 것은?**

① ㉠으로 진량에게는 정 상서를 모함할 기회가 생긴다.

✔ ㉡으로 정 상서는 비보가 전해질 것을 짐작하게 된다.
㉡ 앞의 내용을 통해 이미 '정 상서'는 '중관'을 통해 자신이 귀양을 가게 되었다는 비보를 들었음을 알 수 있다. 따라서 ㉡은 '사관'이 '정 상서'에게 빨리 귀양지로 이동할 준비를 하라고 재촉하는 말이라 할 수 있으므로, '정 상서'로 하여금 비보가 전해질 것을 짐작하게 만드는 말이라고 할 수 없다.

③ ㉢으로 부인과 정수정은 충격을 받고 정신을 잃게 된다.

④ ㉣로 정수정은 황제로부터 노고에 대한 보답을 받게 된다.

⑤ ㉤으로 정수정은 걱정을 덜며 떠날 채비를 하게 된다.

**20** 소재의 기능 파악 정답률 88% | 정답 ③

**ⓐ, ⓑ에 대한 이해로 가장 적절한 것은?**

① ⓐ는 자신의 귀양살이를 보고할 목적으로 작성되었다.
'정 상서'가 귀양지인 절강에서 죽자 절강을 다스리던 관리인 '절강 만호'가 ⓐ를 작성하여 '정 상서'의 죽음을 '황제'에게 보고하고 있으므로 적절하지 않다.

② ⓐ는 황제와의 갈등을 해결하기 위한 목적으로 작성되었다.
이 글에서 '절강 만호'는 '황제'와 갈등 관계를 이루고 있지 않으므로 적절하지 않다.

✔ ⓑ는 호왕과 벌인 전쟁의 결과를 보고할 목적으로 작성되었다.
'첩서'는 싸움에서 승리한 것을 보고하는 글로, '정수정'은 '호왕'을 격파하고 승전하였다는 내용인 ⓑ를 작성하여 '황제'에게 올리고 있다. 따라서 첩서는 호왕과 벌인 전쟁의 결과를 보고할 목적으로 작성되었음을 알 수 있다.

④ ⓑ는 황제를 직접 만나 보고하는 것을 피할 목적으로 작성되었다.
'정수정'은 승리를 보고하는 첩서를 먼저 올린 후 경사(수도)로 개선하여 '황제'를 직접 만나고 있으므로, '정수정'이 '황제'와의 대면을 피한다는 내용은 적절하지 않다.

⑤ ⓐ와 ⓑ에 담긴 소식은 황제 외의 사람들에게는 알려지지 않았다.
'정 상서'가 죽었다는 소식은 '절강 만호'가 '부인'에게 알리고 있고, '호왕'을 격파했다는 소식은 '황제'가 백관을 거느리고 '정수정'을 맞아 치하하는 상황을 볼 때 많은 사람에게 알려졌다고 볼 수 있다. 따라서 ⓐ와 ⓑ는 황제 외의 사람들에게도 소식이 알려졌다고 할 수 있다.

**21** 외적 준거에 따른 작품 감상 정답률 80% | 정답 ④

**<보기>를 참고하여 윗글을 감상한 내용으로 적절하지 않은 것은? [3점]**

<보 기>

정수정은 국가적 위기를 해결하는 영웅이자, 부친의 원수를 갚는 효녀이고, 부녀자로서의 덕목을 지녀야 하는 장씨 가문의 여성이다. 정수정은 주어진 상황과 조건에 따라 세 역할 사이에서 갈등하기도 하지만, 결과적으로는 모든 역할에 충실하며 다양한 능력과 덕목을 갖춘 인물로 형상화된다.

① '진량의 귀양지가 여기서 얼마나 되는'지 묻는 '대원수'의 발언에서, '진량'을 찾아 부친의 한을 풀어 주려는 '정수정'의 효녀로서의 면모가 드러남을 알 수 있군.
'정수정'이 '진량'의 귀양지를 물은 후 '한복'에게 철기를 거느리고 가서 '진량'을 결박하여 오라고 명하는 내용에서 부친의 한을 풀어 주기 위한 것임을 알 수 있다.

② '제상을 차려 부친께 제사 지내'는 '대원수'의 모습에서, '정수정'은 부친의 원수를 갚는 효녀로서의 소임을 수행하여 죽은 부친의 넋을 위로하고 있음을 알 수 있군.
'정수정'이 무사를 시켜 '진량'의 머리를 벤 후 제상을 차려 부친의 제사를 지내는 내용에서 부친의 원수를 갚는 효녀로서의 소임을 수행하여 죽은 부친의 넋을 위로하고 있음을 알 수 있다.

③ '장연'이 '전쟁터에서 부인에게 욕을 보고 돌아'왔다며 통분하는 '태부인'의 모습에서, '태부인'은 '정수정'이 아내의 역할보다 대원수의 역할을 중시한 것에 대해 못마땅해함을 알 수 있군.
'호왕'의 침입에 맞서 출전한 군대에서 아내인 '정수정'은 대원수이고, 남편인 '장연'은 그 부하인 중군장의 임무를 맡고 있다. '태부인'이 '장연'의 말을 듣고 '전쟁터에서 부인에게 욕을 보고 돌아'왔다며 통분하는 모습은 자신의 며느리인 '정수정'이 군대의 지위를 내세워 남편인 '장연'을 함부로 대했다고 여기는 것으로 볼 수 있다. 즉 '정수정'이 아내의 역할보다 대원수의 역할을 중시한 것에 대해 못마땅한 심정을 드러내는 것임을 알 수 있다.

✔ '장연 징계한 일로 심사 답답'한 '정수정'의 모습에서, '정수정'은 군대를 통솔했던 국가적 영웅으로 돌아가고 싶어 함을 알 수 있군.
이 글을 통해 '정수정'의 답답한 심사는 시어머니인 '태부인'의 편지를 받으면서 해소가 되고 있음을 알 수 있다. 하지만 '정수정'이 답답한 심사 때문에 군대를 통솔했던 국가적 영웅으로 돌아가고 싶어 한다는 내용은 이 글에서 찾아볼 수 없으므로 적절하지 않다.

⑤ '한복'의 '호위'를 받으며 기주로 가서 '태부인께 예'하는 '정수정'의 모습에서, 국가적 영웅의 면모를 유지하는 '정수정'이 며느리로서의 역할도 수행함을 알 수 있군.
'정수정'이 기주로 갈 때 '홍군 취삼으로 봉관 적의에 명월패 차고 수십 시녀를 거느'리고 이동하며, 용맹한 장수인 '한복'이 '정수정'을 호위하는 상황을 통해 국가적 영웅의 면모를 유지함을 알 수 있다. 그리고 기주에 도착하여 '태부인'에게 예의를 보이고 '태부인'을 지성으로 섬기는 모습에서 며느리로서의 역할도 충실하게 수행함을 알 수 있다.

**22~27** 갈래 복합

(가) 박두진, 「별-금강산시 3」

감상 이 시는 **마치 한 편의 기행문처럼 금강산으로 가는 길에서 보고 듣고 느낀 바를 형상화**하고 있는 작품이다. **1연과 2연**에서는 금강산에 들어오는 과정을 묘사하고 있는데, **먼 곳을 떠나 점차 금강산의 자연에서 인간적 번뇌마저 잊는 모습을 그리고** 있다. **3연과 4연**에서는 **금강산에서 본 아름다운 자연 풍광을 다양한 음성 상징어를 활용하여 생생히 묘사**하고 있다. 그리고 **5연과 6연**은 바다와 산이라는 공간에서 모두 **별이 뜬 아름다운 자연 풍경을 바라보는 화자의 내면을 그리고** 있다.

주제 금강산의 아름다운 자연과 동화되는 과정

표현상의 특징
- 비유를 통해 자연의 아름다운 속성을 드러내 주고 있음.
- 감탄사를 활용하여 금강산에서 본 자연의 인상을 드러내 줌.
- 예스러운 종결 표현과 계절감을 드러내는 표현이 사용됨.

(나) 신경림, 「길」

감상 이 시는 **길을 통해 인생을 살아가는 바람직한 방법에 대한 깨달음을 전달하는 작품**이다. 이 작품은 **시적 대상인 '길'을 의인화**하여, **인간 중심적 사고를 하는 사람들에 대한 비판적 시각과 더불어 내면을 가꾸는 것의 소중함을 드러내고** 있다. 즉, 밖으로 나 있는 길만 보는 사람들과 안으로 나 있는 '보이지 않는 길'을 아는 사람을 대비하여, 결국 '내면의 길'을 찾는 것이 얼마나 중요하고 소중한 것인지를 드러내고 있다.

주제 내면을 가꾸는 삶의 중요성

표현상의 특징
- '길'을 생각하고 말할 줄 아는 사람에 빗대고 있음.
- 대비적 의미를 지닌 대상을 통해 주제 의식을 드러냄.

(다) 백석, 「편지」

감상 이 작품은 **'당신'에게 자신의 체험을 친근하게 말하는 방식으로 전달하는 편지 형식의 수필**이다. **글쓴이가 '당신'에게 전달하려는 두 이야기는 모두 '밤'과 관련된 것**으로, **글쓴이의 사랑 이야기인 개인적 경험과 야생적 생명력이 넘치던 고향의 모습을 그린 공동체적 경험이 담겨** 있다. 이처럼 이 작품은 글쓴이는 **자신의 경험을 바탕으로 밤과 관련한 슬픔과 즐거움이라는 상반된 감정을 지닌 두 이야기를 소개**하고 있다.

주제 밤과 관련하여 슬픔과 즐거움을 환기하는 두 경험

**22** 작품 간의 공통점, 차이점 파악 정답률 80% | 정답 ①

**(가)~(다)의 공통점으로 가장 적절한 것은?**

✔ 빗대어 표현하는 방식으로 대상의 속성을 드러내고 있다.
(가)에서는 가을날 곱게 떨어지는 '낙엽'을 '낙화'에, 하늘에 가득한 '별들'을 난만한 '꽃'에 빗대고 있다. (나)에서는 '길'을 생각하고 말할 줄 아는 사람에 빗대어, '길'을 바람직한 인생에 대해 깨달음을 전달하는 존재로 표현하고 있다. 그리고 (다)에서는 '나'가 좋아했던 '처녀'를 '수선'에 빗대고 있다. 이렇게 볼 때, (가)~(다)에는 빗대어 표현하는 방식을 사용하여 대상의 속성을 드러내고 있음을 알 수 있다.

② 과거를 회상하는 방식으로 현재의 의미를 나타내고 있다.
(가)에서는 어젯밤 머물렀던 어촌을, (다)에서는 과거에 사랑했던 여인과 정월 대보름 무렵의 고향 모습을 회상하고 있지만, (나)에서는 과거를 회상하는 내용은 찾아볼 수 없다.

③ 영탄적인 어조로 대상에서 촉발된 인상을 표현하고 있다.
(가)에서는 '아아'와 같은 감탄사를 활용하고 있으므로 영탄적 어조가 드러나지만, (나)와 (다)에는 영탄적 어조가 드러나지 않고 있다.

④ 예스러운 종결 표현으로 고풍스러운 느낌을 자아내고 있다.
(가)에서는 '-더니라'처럼 예스러운 종결 표현이 쓰였지만, (나), (다)에는 예스러운 종결 표현이 사용되지 않고 있다.

⑤ 계절감을 드러내는 표현으로 시간의 경과를 보여 주고 있다.
(가)의 '풍설', '낙엽', (나)의 '꽃', (다)의 '유월', '육보름' 등을 통해 계절감을 드러내는 표현이 쓰였음을 알 수 있다. 하지만 이러한 시어들은 특정 대상과 시간을 드러내 주는 데 활용될 뿐, 시간의 경과를 나타내는 데 활용되지는 않고 있다.

**23** 외적 준거에 따른 작품 감상 정답률 69% | 정답 ④

**<보기>를 참고하여 (가), (나)를 감상한 내용으로 적절하지 않은 것은? [3점]**



[문제편 p.247]

<보 기>

(가)에서 화자는 금강산으로 가는 길에서 만난 자연의 모습을 자신의 내면에 투영하여 형상화하고 있다. 자연의 외적 모습을 바라보는 데 그치지 않고 주관적 대상으로 묘사하여, 화자와 자연의 정서적 교감을 드러낸다.
(나)에서 화자는 길에 대한 사람들의 생각이 자신의 관점에만 치우쳐 있어서 내면의 길을 찾지 못하고 있음을 일깨우고 있다. '밖'과 '안'을 대비하여 내적 성찰의 중요성을 이끌어 내는 길의 상징적 의미를 진술함으로써, 길에 대해 사람들이 깨달음을 얻어 가는 과정을 보여 준다.

① **(가)는 '화안한 골 길'과 '백화 앙상한 사이'를 통해, 화자가 여정 속에서 만난 자연의 모습을 묘사하고 있군.**
(가)의 1연과 2연을 통해 화자가 금강산에 왔던 과정을 묘사하고 있음을 알 수 있다. 즉, 1연에서는 '화안한 골 길'을 거쳐 왔고, 2연에서는 '백화 앙상한 사이'를 지나왔다고 밝히고 있다. 따라서 '화안한 골 길'과 '백화 앙상한 사이'는 화자가 금강산에 올 때 만난 자연의 모습이라 할 수 있다.

② **(가)는 '바다의 별들'과 '하늘에 별들'을 통해, 화자의 내면에 투영된 자연에 대한 주관적 인상을 형상화하고 있군.**
5연에서 화자는 어촌에서 본 '바다의 별들'이 장엄하다고 느꼈고, 6연에서는 산장에서 본 '하늘의 별들'이 꽃처럼 난만하다고 느꼈다. 따라서 <보기>의 설명처럼 화자는 이 별들을 통해 자기 내면에 투영된 자연의 주관적 인상을 형상화했다고 할 수 있다.

③ **(나)는 '벼랑 앞에'서 '낭패'를 겪는 사람들의 상황을 보여줌으로써, 자신의 관점으로만 길을 이해한 사람들을 일깨우려 하고 있군.**
(나)의 '벼랑 앞에'서 '낭패'를 보는 사람은 자신들이 길을 만든 줄 아는 사람들로, 이들은 자신의 관점으로 길을 이해한 사람들이다. 따라서 길이 이들에게 벼랑 끝에 세우는 좌절이나 시련을 경험하게 한 것은 그들의 생각이 잘못되었음을 일깨우려 한 것으로 볼 수 있다.

✔ **(나)는 '세상 사는 이치'에서, 내면의 길을 찾아내어 내적 성찰을 이끌어 낸 사람들의 생각을 담아내고 있군.**
(나)에서 '세상 사는 이치'는 길의 참된 뜻을 알지 못하는 사람들이 지닌 생각에 해당한다. 이와 달리 내면의 길을 찾아내어 내적 성찰을 이끌어 낸 사람은 길이 밖이 아니라 안으로 나 있다고 여기는 사람들로, 길이 '세상 사는 이치'를 가르친다고 생각하지는 않는다.

⑤ **(가)는 '꽃과 같이 난만하여라'에서, (나)는 '꽃으로 제 몸을 수놓아 향기를 더하기도 하고'에서, 대상에 대한 화자의 긍정적인 태도를 엿볼 수 있군.**
(가)의 '꽃과 같이 난만하여라'는 산장에서 바라본 하늘에 별들이 아름답게 수놓은 모습을 형상화한 것이고, (나)의 '꽃으로 제 몸을 수놓아 향기를 더하기도 하고'는 길의 참된 의미를 발견한 사람들을 위해 길이 스스로 아름답게 가꾸는 모습을 형상화한 것이다. 이처럼 (가)와 (나)의 각 구절에는 '별'과 '길'에 대한 화자의 긍정적 태도가 드러나 있다.

## 24 배경 및 소재의 기능 파악 정답률 79% | 정답 ⑤

**(가), (다)에 대한 이해로 가장 적절한 것은?**

① **(가)의 '구월'은 화자의 고뇌가 심화되는 시간으로 볼 수 있다.**
(가)의 '구월'은 고운 낙엽이 푸른 물 위로 떨어지는 아름다운 장면을 볼 수 있는 시간으로, 화자의 고뇌가 심화되는 시간은 아니다.

② **(다)의 '고요하니 즐거운 이 밤'은 '당신'과의 재회에 대한 기대감이 고조되는 시간으로 볼 수 있다.**
(다)의 '고요하니 즐거운 이 밤'은 당신이 보내준 '수선화 한 폭'을 보며 수선화와 관련한 인물을 떠올리는 시간으로, '당신'과 다시 만날 것에 대한 기대감이 높아지는 시간은 아니다.

③ **(가)의 '어젯밤'은 화자가, (다)의 '복덩이가 돌아다닐 것도 같은 밤'은 글쓴이가 고독감을 느끼는 시간으로 볼 수 있다.**
(가)의 '어젯밤'은 화자가 어촌에서 별이 장엄하게 뜬 모습을 보았던 시간으로, 화자가 고독감을 느끼는 시간은 아니다. (다)의 '복덩이가 돌아다닐 것도 같은 밤'은 육보름 즈음 복을 맞기 위한 기대감으로 들뜬 고향의 밤으로, 글쓴이가 고독감을 느끼는 시간은 아니다.

④ **(가)의 '오늘밤'은 화자가 고향에 대한 기억을 되살리는, (다)의 '실비 오는 무더운 밤'은 글쓴이가 지난날을 후회하는 계기로 볼 수 있다.**
(가)의 '오늘밤'은 산장에서 밤하늘에 가득한 별을 바라보는 시간으로, 화자가 고향에 대한 기억을 되살리는 시간은 아니다. (다)의 '실비 오는 무더운 밤'은 과거에 좋아했던 여인을 처음 알게 되었던 날로, 글쓴이가 그녀와의 만남을 후회하는 계기가 되는 시간은 아니다.

✔ **(가)의 '인기척 끊긴 '한낮'은 화자가 생각에 잠길 만한, (다)의 '아직 샐 때가' 먼 '이 남은 밤'은 글쓴이가 이야기를 계속할 만한 시간으로 볼 수 있다.**
(가)에서 '인기척 끊긴 '한낮'은 화자가 금강산으로 가는 걷던 시간인데, 그때 화자는 '머언 생각에 잠기'었다고 했으므로, '한낮'은 화자가 생각에 잠길 만한 시간으로 볼 수 있다. 그리고 (다)의 '아직 샐 때가' 먼 '이 남은 밤'은 그녀에 관한 이야기를 하고도 남은 시간으로, 글쓴이는 이 시간에 당신이 좋아할 이야기를 해도 되느냐 묻고 있다. 따라서 '이 남은 밤'은 당신에게 이야기를 계속할 만큼 충분한 시간이라고 할 수 있다.

## 25 시어, 시구의 의미와 기능 파악 정답률 80% | 정답 ⑤

**(가)에 대한 이해로 적절하지 않은 것은?**

① **1연에서 '아득히', '왔더니라'를 반복하여, '첩첩한 산길'과 '머언 생각에 잠기'는 화자의 내면을 조응시키고 있다.**
1연에서는 '아득히', '왔더니라'를 반복하고 있는데, 이는 화자가 떠나온 곳이 멀다는 것을 강조한 것이라 할 수 있다. 이러한 화자의 처지는 금강산으로 가는 '첩첩한 산길'을 거치는 오랜 시간 '머언 생각에 잠기어' 있는 화자의 내면과 서로 연결되어 있다.

② **2연의 '물소리에 흰 돌 되어 씻기우며'에서, 자연과의 관계에서 느끼는 화자의 정서를 드러내고 있다.**
2연에서 '흰 돌'은 화자를 비유한 것이므로, 이 돌이 '물소리'에 씻긴다는 것은 화자가 자연에 동화되고 있음을 나타낸 것이라 할 수 있다.

③ **3연의 '오래여 삭은 장목들'과 '풍설에 깎이어 날선 봉우리'를 통해, 자연의 유구함에서 풍기는 분위기를 표상하고 있다.**
3연의 '오래여 삭은 장목들'과 '풍설에 깎이어 날선 봉우리'는 오랜 시간에 걸쳐 현재의 모양이 만들어진 나무와 봉우리를 표현한 것이므로, 오랜 세월에 걸쳐 이루어진 자연에서 풍기는 장엄한 분위기를 표상한 것이라 할 수 있다.

④ **3연의 '훨 훨 훨', 4연의 '쏴아', '호르르르'와 같은 표현으로, 자연의 풍경을 생동감 있게 형상화하고 있다.**
3연의 '훨 훨 훨'은 흰 구름이 날리는 모습을, 4연의 '쏴아'는 물소리 안은 바람소리, '호르르르'는 낙엽이 낙화 같이 떨어지는 모습을 표현한 것이다. 따라서 음성 상징어를 통해 자연 풍경을 생동감 있게 형상화하였다고 할 수 있다.

✔ **5연의 '동해안'과 6연의 '산장'이라는 공간의 대조를 통해, 장소의 이동에 따른 화자의 태도 변화를 부각하고 있다.**
5연에서 화자는 '동해안'에서 바다에 허다하게 뜬 별들을 보며 장엄함을 경험하고 있고, 6연에서 화자는 '산장'에서 하늘의 별들이 꽃과 같이 가득 떠 있음을 경험하고 있다. 따라서 '동해안'과 '산장'은 대조적 공간이 아니라 유사한 공간이라 할 수 있다. 또한 '동해안'에서 '산장'으로의 이동에 따른 화자의 태도 변화는 나타나 있지 않다.

## 26 작품의 맥락 이해 정답률 69% | 정답 ④

**[A]~[F]에 대한 이해로 적절하지 않은 것은?**

① **[A]에서 '길'이 '사람들의 뜻'을 좇지 않는다는 진술의 구체적인 양상을 [B]에서 확인할 수 있다.**
[B]에서 '길'이 큰물을 내어 길을 끊음으로써 사람들이 길을 버리게 한다고 했는데, 이는 [A]에서 '길'이 '사람들의 뜻'을 좇지 않는 구체적인 양상을 표현한 것이라 할 수 있다.

② **[B]에서의 경험을 [C]에서 '사람들'이 어떻게 수용하는지를 밝히고 있다.**
[C]에서 '사람들'은 자신이 만든 길이 사람들에게 세상 사는 슬기를 가르치는 것이라고 말하고 있는데, 이는 [B]에서 사람들이 '길'이 사람들의 뜻을 좇지 않는 경험을 바탕으로 수용한 생각이라 할 수 있다.

③ **[C]의 '사람들'이 미처 깨닫지 못한 바가 무엇인지를 [D]에서 밝히고 있다.**
[C]에서 '사람들'은 길이 사람들에게 슬기를 가르친다고 여기는데, [D]에서는 이런 생각이 진정한 길의 뜻을 깨닫지 못하고 있는 것임을 밝히고 있다.

✔ **[E]와 같이 제 뜻을 굽혀 '사람'에게 복종하는 '길'의 모습은 [B]와 대비되고 있다.**
[E]는 길이 밖이 아니라 안으로 나 있음을 아는 사람에게만 길이 고분고분한 태도를 보임을 표현한 것으로, 길이 제 뜻을 아는 사람에게 꽃과 그늘을 선사하는 모습을 나타낸 것이라 할 수 있다. 따라서 길이 자신의 뜻을 굽혀 '사람'에게 복종하는 것을 보여 준다는 이해는 적절하지 않다.

⑤ **[F]에서 깨달음을 얻은 '사람들'의 태도는 [A]의 '사람들'의 태도와 대비되고 있다.**
[F]에서 '사람들'은 자신들이 길을 만들지 않았다는 깨달음을 얻게 되는데, 이는 [A]에서 자신들이 길을 만들었다고 말하는 '사람들'과 대비된다고 할 수 있다.

## 27 외적 준거에 따른 작품의 감상 정답률 74% | 정답 ③

**<보기>를 참고하여 (다)를 감상한 내용으로 적절하지 않은 것은?**

<보 기>

'당신'에게 쓰는 편지 형식의 이 수필에서 글쓴이는 개인적 경험과 공동체적 경험으로 대비되는 두 가지 이야기를 들려준다. 수선화에서 연상된 이야기가 글쓴이에게 슬픔을 환기하는 기억이라면, 고향의 풍속 이야기는 일탈이 용인되는 유쾌한 축제로 그려진다. 이를 통해 독자는 슬픔과 즐거움이라는 삶의 양면성을 경험하게 된다.

① **글쓴이가 '당신'에게 말하는 형식으로 되어 있어 독자는 자신이 편지의 수신인이 된 것처럼 친근함을 느낄 수 있겠군.**
글쓴이는 '당신'에게 말하는 형식으로 자신의 경험을 들려주고 있는데, 이는 독자로 하여금 친근감을 느끼게 해 준다고 할 수 있다.

② **'노란 슬픔의 이야기'는 '가슴의 병'을 얻은 여인과 관련된 개인적 경험으로 볼 수 있겠군.**
'노란 슬픔의 이야기'는 과거에 좋아했던 처녀가 스물을 넘지 못하고 또 가슴에 병을 얻어 시들어 간다는 것으로, 사랑했던 여인과 관련한 글쓴이의 개인적 경험을 담고 있다고 할 수 있다.

✔ **'육보름'에 대한 '당신'과 글쓴이의 경험을 대비한 것은 삶의 양면성을 보여 주려는 의도로 볼 수 있겠군.**
(다)의 글쓴이는 '육보름'과 관련해 자신이 고향에서 체험했던 일들을 '당신'에게 전달하고 있지만, '당신'과 자신의 경험을 대비하지는 않고 있다.

④ **'부잣집'의 '기왓장을 벗겨 오'는 '새악시 처녀들'의 행동은 축제 같은 분위기 속에 일시적으로 용인된 것이겠군.**
'부잣집'의 '기왓장을 벗겨 오'거나 '부엌의 솥뚜껑을 들고 오'는 것은 일탈 행위이지만, 이는 육보름이라는 축제 같은 분위기 속에 '새악시 처녀들'에게 잠시 용인된 행위임을 알 수 있다.

⑤ **'자깔자깔', '끼득깨득'과 같은 음성 상징어에서 '새악시 처녀들'의 '허물없는 즐거움'과 쾌감을 느낄 수 있겠군.**
'자깔자깔'은 복 맞이를 하는 '새악시 처녀들'이 물을 길어 오며 이야기를 주고받는 소리이고, '끼득깨득'은 육보름에 '새악시 처녀들'이 잠시 용인된 일탈의 즐거움과 쾌감을 나타내는 소리라 할 수 있다.

## 28~31 현대 소설

최인훈, 「크리스마스 캐럴 5」

**감상** 이 작품은 **연작 소설 「크리스마스 캐럴」 다섯 편 가운데 하나**로, **야간 통행금지 상황을 통해 당시 한국 사회의 억압적이고 폐쇄적인 정치 상황을 조명**하고 있다. 이 작품의 **주인공 '나'(철이)는 겨드랑이에 돋은 정체불명의 파마늘이 주는 통증을 느끼고, 집 밖으로 나가면 통증이 사라지는 것을 경험**하게 되어, **어쩔 수 없이 금지된 밤 산책**을 하게 된다. 이러한 **'나'의 모습과 자유가 억압된 당시의 시대적 상황을 연관**해 볼 때, **파마늘이 주는 통증은 자유에 대한 요구**를, **이로 인한 밤 '산책'은 자유를 위한 '나'의 실천을 의미**한다고 볼 수 있다.

**주제** 1960년대의 억압적 시대 상황과 자유의 문제

**작품 줄거리** 나는 1959년 여름밤, 열두 시가 되어 잠자리에 들려다가 겨드랑이가 아픈 것을 느낀다. 가래톳이라고 하는 파마늘은 방안에 있으면 쑤시고 뜰에 나오면 씻은 듯 아무렇지 않다. 나는 경험적으로 파마늘이 대개 밤 12시부터 새벽 4시 사이 방에 있을 때 나타나며, 뜰에 있을 때보다 담을 넘어 밖으로 나가면 씻은 듯이 없어진다는 사실을 알게 된다. 그래서 나는 겨드랑이에 파마늘 같은 것이 돋으면 밤거리를 몰래 산책하곤 하고, 통행 제한이 있는 밤거리를 나다니는 밤 산책에서 자유로움을 느낀다. 그러던

중 나는 겨드랑이에 조그맣고 부끄러운 검은 날개가 나와 있는 것을 보게 된다. 4.19가 지나고 두 달 간은 파마늘이 나타나지 않았지만, 이후 파마늘이 다시 발생하면서 나를 괴롭히고 날개의 성미는 더욱 거칠어 친다. 그리고 크리스마스 이브에 또 증상이 일어나 이를 가라앉히기 위해 밖으로 나가보지만 많은 사람이 있는 상황에서 겨드랑이 더 아파온다는 사실을 알게 된다. 새해가 되고 다시 밤 산책을 하다가 나는 시청 앞 광장에서 피투성이가 된 학생들이 죽은 시체를 들고 하는 '피에타 퍼포먼스'를 보게 된다. 그리고 1961년 5월 16일 이후 정권을 잡은 자들이 계엄령을 내리 되어 나는 한동안 밤에 나가지 못한다. 나는 통행 제한을 없앨 눈치가 보이지 않자 다시 밤 산책을 시작하지만, 이러한 행위가 완전한 자유에의 유희가 아니라는데 유감을 느낀다. 그리고 또 몇 해의 크리스마스가 지난 뒤, 나는 나의 고통이 없어지려면 통행 제한이 없어져야 한다는 사실을 알게 된다. 그러나 밤거리에 다른 사람이 있는 것을 용납하지 않는 날개의 비타협적인 모순에 고통을 느끼게 된다. 그래도 나는 그 고통과 동시에 이런 밤에 느끼는 쾌락 또한 포기하지 않는다. 그러던 중, '나'는 날개가 산책 도중에 만났던 사람들 모두를 마다하지 않았다는 사실을 깨닫고 이것이 무슨 의미인지를 생각한다.

## 28 서술상 특징 파악

정답률 86% | 정답 ⑤

윗글의 서술상 특징으로 가장 적절한 것은?

① **시간의 순서를 뒤바꾸어 이야기의 인과 관계를 재구성하고 있다.**
이 글에서는 '나'의 겨드랑이에 생긴 이변인 '파마늘'로 인한 사건이 시간의 흐름에 따라 순차적으로 제시되고 있다. 따라서 시간의 순서를 뒤바꾸어 이야기의 인과 관계를 재구성하였다는 내용은 적절하지 않다.

② **유사한 사건을 반복해서 제시하며 서술의 초점을 분산시키고 있다.**
이 글에서는 '나'의 겨드랑이에 생긴 이변인 '파마늘'로 인한 사건들이 나타나고, 이러한 사건에 대한 '나'의 내적 반응이 드러나 있다. 따라서 유사한 사건을 반복적으로 제시하며 서술 초점을 분산시켰다는 내용은 적절하지 않다.

③ **장면에 따라 서술자를 달리하여 사건의 의미를 입체적으로 조명하고 있다.**
이 글은 1인칭 주인공 서술자인 '나'에 의해 사건과 내적 반응이 제시되고 있다. 따라서 장면에 따라 서술자를 달리하여 사건의 의미를 입체적으로 조명하고 있다는 내용은 적절하지 않다.

④ **공간의 이동에 따른 인물의 경험을 다른 인물의 시선을 통해 서술하고 있다.**
이 글을 통해 공간의 이동이 나타나고 있음을 알 수 있지만, 1인칭 주인공인 '나'의 목소리를 통해 '나'가 경험한 것만을 드러내고 있다. 따라서 공간의 이동에 따른 인물의 경험을 다른 인물의 시선을 통해 서술하고 있다는 내용은 적절하지 않다.

✔ **사건에 대한 중심인물의 내적 반응을 중심인물 자신의 목소리를 통해 제시하고 있다.**
이 글에서는 중심인물인 '나'의 '겨드랑에 생긴 이변'과 그로 인해 벌어진 사건에 대한 '나'의 내적 반응이 '나'의 목소리를 통해 제시되어 있다.

## 29 작품의 내용 이해

정답률 51% | 정답 ④

윗글에 대한 이해로 적절하지 않은 것은?

① **'의사'가 '나'의 증상을 진단하지 못한 것은 '나'의 증상이 '의사' 앞에서는 나타나지 않았기 때문이다.**
'나'는 의사 앞에 있는 시간에 자신의 '겨드랑은 멀쩡했기 때문'에 의사가 자신의 증상을 '전혀 이상이 없다고' 진단했다고 하고 있다.

② **'나'는 자신의 집에서 '도적놈'과 비슷한 방식으로 행동하곤 했다.**
'나'는 자신이 '방에 있으면' 겨드랑이가 쑤신 증상 때문에 제집에서 '도적놈'과 비슷한 방식으로 '뜰의 어느 구석에 숨'는 행동을 하곤 했다고 하고 있다.

③ **'뜰'에서의 '나'의 고통은 '방'에서보다는 덜하지만 완전히 사라지지는 않는다.**
'나'는 '뜰에 나와 있어도 가끔 뜨끔거리고 손을 대 보면 미열이 있'었다고 하면서, '방'에서보다는 덜하지만 고통이 완전히 사라지지는 않았다고 하고 있다.

✔ **'나'는 '시민'이 정한 규칙을 준수해야 하는 '페어플레이'를 지키지 못하게 되어 고민한다.**
'나'는 자신이 '페어플레이'를 지키는 사람으로서 관청에서 정한 통행 제한 규칙을 지키면 겨드랑이가 '요절이 나고' 결국 '죽을는지도 모른다'면서, 자신이 처한 상황에 대해 고민한다. '나'가 '시민'이 정한 규칙을 준수해야 하는 '페어플레이'를 지키지 못하게 된 것에 대해 고민한 것은 아니라 할 수 있다.

⑤ **'혁명가'와 '간첩'은 '나'가 자신의 행동을 이해하기 위해 자신과 비교해 보는 대상이다.**
'나'는 '경관'을 만났을 때 몸을 숨기는 자신의 행동을 이해하기 위해 '혁명가', '간첩', '도적놈' 등과 자신을 비교해 보고 있다.

## 30 배경의 기능 파악

정답률 86% | 정답 ③

㉠과 ㉡에 대한 이해로 가장 적절한 것은?

① **㉠은 정신적 안정을, ㉡은 신체적 회복을 위한 공간이다.**
㉠은 경관을 피해 몸을 숨긴 장소이므로 정신적 안정을 위한 공간이라고 볼 수 없다. 또한 ㉡은 겨드랑이에 돋아난 것이 무엇인지 확인하기 위해 몸을 숨긴 곳이므로 신체적 회복을 위한 공간이라고 볼 수 없다.

② **㉠은 윤리적인, ㉡은 정치적인 이유로 몸을 숨기는 공간이다.**
'나'가 경관을 피해 몸을 숨긴 것은 '통행 제한'이라는 제도적 이유 때문이라 할 수 있으므로, ㉠을 윤리적인 이유로 몸을 숨기는 공간이라고 볼 수 없다. 그리고 ㉡은 겨드랑이에 돋아난 것이 무엇인지 확인하기 위해 몸을 숨긴 곳이므로 정치적인 이유로 몸을 숨기는 공간이라고 볼 수 없다.

✔ **㉠은 ㉡과 달리, 타인의 출현으로 인해 몸을 감춘 공간이다.**
㉡은 타인의 출현으로 인해 몸을 감춘 공간이라고 볼 수 없지만, ㉠은 '경관'의 출현으로 인해 몸을 감춘 공간이라고 볼 수 있다.

④ **㉡은 ㉠과 달리, 반복적으로 사용하는 공간이다.**
㉠은 경관을 피해 일시적으로 숨는 공간이고, ㉡은 겨드랑이에 돋아난 것이 무엇인지 확인하기 위해 일시적으로 몸을 숨긴 공간에 해당한다. 따라서 ㉠, ㉡ 모두 '나'가 반복적으로 사용하는 공간이라고 볼 수 없다.

⑤ **㉠과 ㉡은 모두, 과거의 자신을 긍정하는 공간이다.**
㉠, ㉡ 모두 과거의 자신을 긍정하는 공간이라고 볼 수 없다.

## 31 외적 준거에 따른 작품 감상

정답률 70% | 정답 ③

〈보기〉를 바탕으로 윗글을 감상한 내용으로 적절하지 않은 것은? [3점]

〈보 기〉

「크리스마스 캐럴 5」는 자유가 억압된 시대적 상황에서 자유의 가능성과 한계를 묻는 작품이다. '나'의 겨드랑이에 돋은 정체불명의 파마늘이 주는 통증은 자유에 대한 요구를, 그로 인한 밤 '산책'은 자유를 위한 실천을 의미한다. 작품은 처음에는 명료하지 않고 미약했던 자유를 향한 의지가 밤 산책을 거듭하면서 심화되는 모습과 함께 그 과정에서 생기는 문제점을 드러낸다.

① **'통행 제한'으로 인해 산책의 자유가 제한된 상황은, 단순히 이동의 자유에 대한 억압만이 아니라 자유가 억압되는 시대적 상황 자체에 대한 문제 제기라고 할 수 있겠군.**
〈보기〉를 통해 이 글에는 자유가 억압된 시대적 상황이 반영되어 있음을 알 수 있다. 따라서 작가는 작품에서 '통행 제한'으로 인해 산책의 자유가 제한된 상황을 보여 줌으로써, 이동의 자유를 포함한 자유가 억압되는 시대적 상황이 정당한가에 대한 문제를 제기하였다고 할 수 있다.

② **'파마늘'이 돋을 때의 극심한 통증은, 자유가 그만큼 절박하게 요구되었던 상황을 보여 주는 동시에 자유를 얻기 위해 필요한 고통을 암시하기도 하겠군.**
〈보기〉를 통해 파마늘이 주는 통증은 자유에 대한 요구를 의미한다는 것을 알 수 있으므로, '파마늘'이 돋을 때의 극심한 통증은 자유에 대한 요구가 그만큼 절박하다는 것을 보여 준다고 할 수 있다. 그리고 '나'가 통증을 겪은 결과 겨드랑이에 '날개'가 돋아난 점을 고려하면, '파마늘'이 돋을 때의 극심한 통증은 자유를 얻기 위해 필요한 고통을 암시한다고 할 수 있다.

✔ **'공리적인' 목적을 가지고 있었던 산책이 점차 '누룩 반죽'처럼 '변질'되었다는 표현은, 자유의 필요성이 망각되어 자유를 위한 실천의 목적이 훼손되는 문제점에 대한 비판이겠군.**
'나'에게 있어서 산책의 '공리적인' 목적은 겨드랑이의 통증을 없애는 것이었는데, 〈보기〉를 통해 이러한 목적을 가지고 행했던 산책이 점차 '누룩 반죽'처럼 '변질'되었다고 표현하고 있다. 이는 산책의 의미가 치료를 위한 행위에서 자유를 위한 실천으로 확장되었음을 비유적으로 나타낸 것이라고 할 수 있다. 따라서 '변질'되었다는 표현은, 자유의 필요성이 망각되어 자유를 위한 실천의 목적이 훼손되는 문제점에 대한 비판이라고 볼 수 없다.

④ **정체불명의 파마늘이 '날개'의 형상으로 바뀐 것은, 처음에는 명료하지 않았던 자유를 향한 의지가 산책을 통해 심화되었다는 것을 의미하겠군.**
〈보기〉를 통해 이 글에서 처음에는 명료하지 않고 미약했던 자유를 향한 의지가 산책을 거듭하면서 심화되는 모습이 드러나 있음을 알 수 있다. 따라서 정체불명의 파마늘은 처음에는 명료하지 않았던 자유를 향한 의지를, '날개'의 형상은 자유를 향한 의지가 심화된 모습을 의미한다고 할 수 있다.

⑤ **'날개'가 '귓바퀴' 같다는 점에 대해 '나'가 느낀 부끄러움은, 여러 차례의 산책에도 불구하고 자유를 의지대로 실현하기 어려웠던 한계에 대한 인식으로 볼 수 있겠군.**
〈보기〉를 통해 이 글에는 자유를 향한 의지가 심화되는 과정에서 생기는 문제점이 드러난다는 것을 알 수 있다. 또한 이 글에서 '날개'가 '귓바퀴' 같다고 한 것은, 여러 차례의 산책 끝에 '날개'가 돋았지만 그 '날개'를 의지대로 움직이지 못하는 상황을 비유적으로 드러낸 것이라고 할 수 있다. 따라서 '날개'가 '귓바퀴' 같다는 점에 대해 '나'가 느낀 부끄러움은, 여러 차례의 산책에도 불구하고 자유를 의지대로 실현하기 어려웠던 한계에 대한 인식으로 볼 수 있다.

## 32~34 고전 시가

(가) 이현보, 「어부단가」

**감상** 이 작품은 일찍이 고려 때부터 전해 내려오던 **「어부가」를 이현보가 5수의 연시조로 개작한 것이다. 속세를 떠나 자연 속에서 '가어옹(假漁翁)'으로 유유자적하면서 임금과 속세의 정치를 생각하고 근심하기도 하는 당시 사대부 계층이 가졌던 의식 세계를 잘 보여 주고 있다.** 하지만 강호의 정경이나 그곳에서의 생활상을 구체적으로 나타내지 않고, 상투적이고 관념적으로만 제시하였다는 한계를 보이고 있다.

**주제** 강호에서 자연을 벗하며 유유자적하는 어부의 삶

(나) 박인로, 「소유정가」

**감상** 이 작품은 **박인로가 정구와 함께 대구에 머물렀을 때 소유정이라는 누정에서 자연을 만끽하는 사대부의 모습을 표현한 가사**이다. **다양한 비유와 고사를 활용하여 소유정 주변의 아름다운 자연 풍경을 실감나게 묘사**하였으며, 그 속에서 **뱃놀이와 낚시를 하며 한가롭게 풍류를 즐기는 안빈낙도의 삶과 임금의 은혜에 감사하며 나라의 태평성대를 희구하는 마음을 노래**하고 있다.

**주제** 소유정 주변의 아름다운 자연에서 안빈낙도를 추구하는 삶

## 32 표현상의 특징 파악

정답률 79% | 정답 ④

㉠~㉣에 대한 이해로 적절하지 않은 것은?

① **㉠은 대구를 통해 자연 경물의 모습을 제시함으로써 한적한 분위기를 조성하고 있다.**
㉠에서는 자연 경물의 모습을 '산두에 한운 일고'와 '수중에 백구 난다'로 제시함으로써 한가롭고 고요한 분위기를 조성하고 있다.

② **㉡은 자연 경물을 '너'로 지칭하여 관계를 맺음으로써 이들과 동화하려는 의지를 표출하고 있다.**
㉡에서는 화자가 자연 경물인 '한운'과 '백구'를 '너'로 지칭하고 있는데, 이는 화자가 자연 경물과 관계를 맺는 것이라 할 수 있다. 그리고 '일생'에 걸쳐 '좇아 놀리라'라고 표현하여 '너'와 동화하려는 의지를 표출하고 있다.

③ **㉢은 자연 경물의 모습을 감각적으로 표현함으로써 물가의 아름다운 풍경을 묘사하고 있다.**
㉢에서는 '바람에 떨어진 갈대꽃'이 '석양에' '눈'과 같이 어지럽게 흩날리는 모습을 시각적으로 표현함으로써 물가의 아름다운 풍경을 묘사하고 있다.

✔ **㉣은 명령형 어미를 사용하여 '아이'가 해야 할 행동을 제시함으로써 자연 경물에 대한 인식의 변화를 촉구하고 있다.**
㉣은 '~어라'라는 명령형 어미를 사용하여 '아이'가 해야 할 '닻'을 드는 행동을 제시하고 있다. 이는 배의 운항이 다시 시작되는 것을 나타내는 표현일 뿐 자연 경물에 대한 인식의 변화를 촉구하는 것과는 관련이 없다.



[문제편 p.250]

⑤ **㉤은 유사한 놀이를 즐겼던 과거 인물과 비교함으로써 화자의 자긍심을 드러내고 있다.**
㉤은 화자와 유사하게 강에서 뱃놀이를 즐겼던 과거 인물인 중국 송나라 때의 소식도 화자의 흥에는 미치지 못할 것이라고 비교하여 말함으로써 뱃놀이를 맘껏 즐기는 자긍심을 드러내고 있다.

## 33 시어 및 시구의 비교와 대조

정답률 78% | 정답 ③

**[A], [B]에 대한 설명으로 가장 적절한 것은?**

① **[A]에서 화자는 달을 절대적 존재로 인식하고 강호 자연에서 '무심'한 삶을 살 수 있도록 기원하고 있다.**
[A]에서 달은 시공간적 배경과 그 분위기를 조성하는 소재로 나타나 있다. 화자는 달을 절대적 존재로 인식하고 있지 않으며, 현재 강호 자연에서 '무심'을 느낄 뿐 '무심'한 삶을 살 수 있도록 기원하지도 않고 있다.

② **[A]에서 화자는 달에 인격을 부여하여 '녹수'와 '청산'으로 둘러싸인 강호 자연의 가을 달밤 정경을 묘사하고 있다.**
[A]에서 화자는 '녹수'와 '청산'으로 둘러싸인 강호 자연의 가을 달밤 정경을 묘사하고 있지만, 달에 인격을 부여하지는 않고 있다.

✔ **[B]에서 화자는 하늘의 달과 강물에 비친 달 사이에 놓임으로써 '월궁'에 오른 듯한 신비로움을 표현하고 있다.**
[B]에서 화자는 가을날 밤에 뱃놀이를 하던 중 하늘에 떠 있는 달과, 강물에 비쳐 마치 강물에 잠긴 것처럼 보이는 달 사이에 놓여 '달 위에 배를 타고 달 아래 앉'아 있다고 생각한다. 그러면서 화자는 '월궁'에 오른 듯한 신비로운 느낌을 표현하고 있다.

④ **[B]에서 화자는 시간의 흐름에 따라 모양을 달리 하는 달의 특성을 활용하여 계절의 변화를 다채롭게 나타내고 있다.**
[B]에서 화자는 가을의 계절감을 느끼고 있지만, 시간의 흐름에 따라 모양을 달리 하는 달의 특성을 활용하거나, 이를 통해 계절의 변화를 다채롭게 나타내지는 않고 있다.

⑤ **[A]와 [B]에서 강호 자연에 은거한 화자는 달을 대화 상대이면서 동시에 위안의 대상으로 여기고 있다.**
[A]와 [B] 모두 화자가 자연에 은거하고 있는 것은 적절하다. 하지만 두 화자 모두 달을 대화 상대로 삼고 있지 않고 위안의 대상으로 여기지는 않고 있으므로 적절하지 않다.

## 34 외적 준거에 따른 작품 감상

정답률 52% | 정답 ②

**〈보기〉를 참고하여 (가), (나)를 감상한 내용으로 적절하지 않은 것은? [3점]**

〈보 기〉

'어부'는 정치 현실과 거리를 둔 은자로 형상화된다. 이때 '어부 형상'은 어부 관련 소재, 행위, 정서 등의 어부 모티프와 연관하여 작품별로 공통적인 속성을 가지면서 다양한 변주를 보인다. (가)는 어부와 관련된 상황의 일부를 초점화하여 유유자적한 삶을 사는 어부를, (나)는 어부와 관련된 여러 상황을 이어 가며 흥취 있는 삶을 사는 어부를 형상화하고 있다.

① **(가)의 '어부'는 '십장 홍진'으로 표현된 정치 현실에서 벗어나 뱃놀이를 즐기며 '인세'의 근심과 시름을 다 잊고 한가로움을 추구하려고 하는군.**
(가)의 '어부'는 '십장 홍진'으로 표현된 속세의 정치 현실에서 벗어나 뱃놀이를 즐기면서 '인세(인간 세상)'의 근심과 시름을 다 잊고 한가로움을 추구하려고 한다.

✔ **(나)의 '추풍'은 뱃놀이의 흥취를 북돋우는 자연 현상이고, '강풍'은 흥취의 대상을 강에서 산으로 옮겨 가는 자연 현상이라 볼 수 있군.**
(나)의 '추풍'은 '때마침 부는' 것으로서 화자가 '반갑게' 생각하며, 어촌으로 '내 놀이'를 가는 계기가 된다는 점에서 뱃놀이의 흥취를 북돋우는 자연 현상으로 볼 수 있다. 하지만 '강풍'은 귀범(멀리 나갔던 돛단배가 돌아옴)을 돕는 자연 현상으로서 뱃놀이의 흥취를 유지시키고 있으나, 흥취의 대상을 강에서 산으로 옮겨 가고 있지는 않다.

③ **(가)의 '일엽편주'와 (나)의 '소정'은 화자가 소박한 뱃놀이를 즐기고 있다는 것을 알려 주는 어부 형상 관련 소재라고 할 수 있군.**
(가)의 '일엽편주'와 (나)의 '소정'은 모두 작은 배에 속한다. 이는 화자가 강호 자연 속에서 소박한 뱃놀이를 즐기고 있다는 것을 알려 주는 어부 형상 관련 소재라고 할 수 있다.

④ **(가)의 '녹류에 고기 꿰어'에는 어부의 삶과 관련된 일부 행위를 통해 유유자적한 삶이, (나)의 '그물로', '수없이 잡아내어', '실컷 먹은'에는 뱃놀이의 여러 상황들이 연결되어 흥취를 즐기는 삶이 나타나고 있군.**
(가)의 '녹류에 고기 꿰어'는 강에서 잡은 고기들을 버드나무 가지에 꿰어 모아두는 어부의 삶과 관련된 일부 행위이며, 이는 강호 자연 속에서 유유자적한 삶을 나타낸다. 그리고 (나)의 '그물로', '수없이 잡아내어', '실컷 먹은'에는 뱃놀이에서 일어나는 여러 상황들이 연결되어 강호 자연 속에서 흥취를 즐기는 삶이 나타나고 있다.

⑤ **(가)의 '어부'는 강호 자연의 삶 속에서 홀로 자족감을 표출하고 있고, (나)의 어부는 벗들과 함께한 흥겨운 뱃놀이를 통해 만족감을 표출하고 있군.**
(가)의 '어부'는 강호 자연의 삶 속에서 홀로 '일반 청의미를 어느 분이 아실까'라고 노래하며 자족감을 표출하고 있다. 반면 (나)의 어부는 '벗'을 불러 어촌에 와서 함께 흥겨운 뱃놀이를 하였으며, 이로부터 '희황천지를 오늘 다시 보는', 동파 적벽유도 미치지 못할 정도의 흥을 느끼고 그 만족감을 표출하고 있다.

# [35~45] 화법과 작문

## 35 말하기 방식 파악

정답률 69% | 정답 ④

**위 발표자의 말하기 방식으로 가장 적절한 것은?**

① **청중에게 친숙한 사례로 개념 간의 차이를 부각하고 있다.**
발표자는 '종자 금고'가 무엇인지 설명하고 있지만, 청중에게 친숙한 사례로 개념 간의 차이를 부각하지는 않고 있다.

② **비언어적 표현을 통해 청중의 행동 변화를 촉구하고 있다.**
2문단의 '(손가락 두 개를 펼쳐 보이며)'를 통해 비언어적 표현이 사용되었음을 알 수 있지만, 이러한 비언어적 표현을 사용하여 청중의 행동 변화를 촉구하지는 않고 있다.

③ **발표 중간중간에 청중의 질문을 받으며 청중과 상호 작용하고 있다.**
1문단과 2문단을 통해 발표자가 청중에게 질문을 던지고 청중의 대답을 듣고 있지만, 청중의 질문을 받는 부분은 찾아볼 수 없다.

✔ **청중과 공유하고 있는 경험을 언급하여 청중의 주의를 환기 하고 있다.**
1문단의 '개똥쑥에서 말라리아 치료 성분을 발견했다는 지난주 특강 내용 기억나시나요?'를 통해, 발표자는 청중과 공유하고 있는 경험을 언급하고 있는데, 이는 청중의 주의를 환기하는 효과가 있으므로 적절하다.

⑤ **발표 내용에 대한 청중의 이해 정도를 확인한 후 이어질 발표의 순서를 안내하고 있다.**
발표 내용에 대한 청중의 이해 정도를 확인한 후, 이어질 발표의 순서를 안내한 부분은 찾아볼 수 없다.

## 36 자료 활용의 이해

정답률 85% | 정답 ④

**다음은 발표자가 보여 준 화면이다. 발표자의 시각 자료 활용에 대한 설명으로 가장 적절한 것은?**

| 〈멸종 위기에 처한 나무〉 | 〈멸종이 우려되는 식물〉 | 〈우리나라 종자 보관 시설〉 |
|---|---|---|

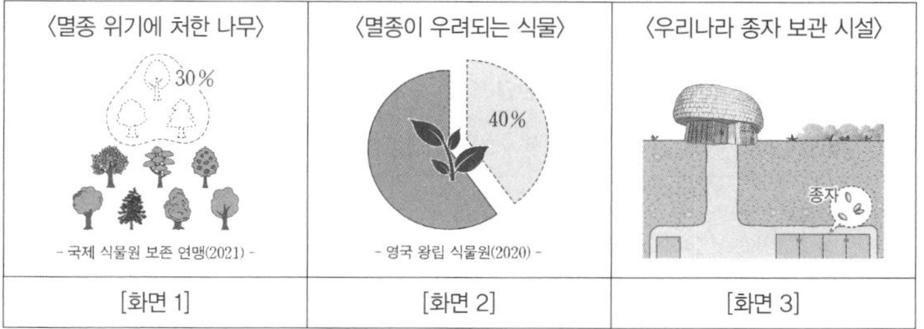


| [화면 1] | [화면 2] | [화면 3] |
|---|---|---|

① **[화면 1]은 매년 나무 종이 얼마나 감소하고 있는지를 보여 주는 자료로 ㉠에 제시하였다.**
[화면 1]은 나무의 경우 30%에 해당하는 종이 멸종 위기임을 보여 주는 자료이다. 이 자료에서 매년 나무 종이 얼마나 감소하고 있는지를 보여 주지는 않고 있다.

② **[화면 1]은 멸종 위기의 나무 종 중에서 종자가 보존되고 있는 종의 비율을 보여 주는 자료로 ㉠에 제시하였다.**
[화면 1]은 〈멸종 위기에 처한 나무〉를 보여 주는 자료이다. 이 자료에서 멸종 위기의 나무 종 중에서 종자가 보존되고 있는 종의 비율을 보여 주지는 않고 있다.

③ **[화면 2]는 전체 멸종 우려 종에서 식물 종이 차지하는 비율을 보여 주는 자료로 ㉡에 제시하였다.**
[화면 2]는 전체 식물 중 40%에 해당하는 종이 멸종 우려 수준임을 보여 주는 자료이다. 이 자료에서 전체 멸종 우려 종에서 식물 종이 차지하는 비율을 보여 주지는 않고 있다.

✔ **[화면 3]은 외부 영향을 최소화하기 위해 종자를 지하에 보관하고 있음을 보여 주는 자료로 ㉢에 제시하였다.**
발표자는 ㉢을 보여 주면서, '화면 속 건물 아래쪽에 보이는 공간이 저장고가 있는 지하의 모습인데, 외부 영향을 최소화하기 위해 지하에 종자를 보관하고 있습니다.'라고 설명하고 있다. 그리고 [화면 3]을 통해 〈우리나라 종자 보관 시설〉 지하에 종자가 보관되어 있음을 알 수 있다. 따라서 [화면 3]은 외부 영향을 최소화하기 위해 종자를 지하에 보관하고 있음을 보여 주는 자료로 ㉢에 제시하였음을 알 수 있다.

⑤ **[화면 3]은 지하 종자 저장고의 위치가 종자의 발아 상태에 따라 달라짐을 보여 주는 자료로 ㉢에 제시하였다.**
[화면 3]은 〈우리나라 종자 보관 시설〉을 보여 주는 자료이다. 하지만 이 자료에서 지하 종자 저장고의 위치가 종자의 발아 상태에 따라 달라짐을 보여 주지는 않고 있다.

## 37 발표 내용의 이해 및 평가

정답률 95% | 정답 ③

**다음은 청자와 발표자가 나눈 질의응답의 일부이다. [A]에 들어갈 청자의 질문으로 적절하지 않은 것은?**

**청자** : 발표 잘 들었습니다. 그런데 듣고 나서 궁금한 점이 생겨 질문합니다.
[A]
**발표자** : 그 내용은 발표에 없었네요. 추가로 그 내용에 대해 알려 드릴게요.

① **종자 금고는 현재 두 나라에 있다고 하셨는데, 두 나라의 종자 금고에는 어떤 차이점이 있나요?**
발표자는 종자 금고가 노르웨이와 우리나라에 있다고 하였으나 두 나라의 종자 금고의 차이에 대해서는 언급하지 않았으므로 질문으로 적절하다.

② **기탁받은 종자를 보관하고 있다고 하셨는데, 종자를 기탁받는 절차는 어떻게 되나요?**
발표자는 '우리나라뿐만 아니라 외국의 종자도 기탁받아 4천 종 넘게 보관하고 있'다고 하였으나, 종자를 기탁받는 절차에 대해서는 언급하지 않았으므로 질문으로 적절하다.

✔ **현재 보관 중인 종자 규모를 말씀하셨는데, 종자 금고에는 우리나라 종자만 보관하나요?**
청자와 발표자가 나눈 질의응답의 내용을 보면, 발표자가 '그 내용은 발표에 없었네요. 추가로 그 내용에 대해 알려 드릴게요.'라고 말하고 있으므로 [A]에는 발표자가 발표 중에 언급하지 않은 내용에 대한 청자의 질문이 제시되어야 한다. 이렇게 볼 때, 3문단을 통해 종자 금고에는 우리나라 종자만이 아니라 외국의 종자도 기탁받아 보관 중임을 알 수 있으므로, '현재 보관 중인 종자 규모를 말씀하셨는데, 종자 금고에는 우리나라 종자만 보관하나요?'라는 질문은 적절하지 않다.

④ **적정한 온도를 유지해 종자를 보관한다고 말씀하셨는데, 적정 온도는 어떻게 되나요?**
발표자는 '장기 보관이 가능하도록 적정 온도와 습도를 유지하고 있'다고 하였으나, 적정 온도가 어느 정도인지에 대해서는 언급하지 언급하지 않았으므로 질문으로 적절하다.

⑤ **종자 금고에 보관된 종자는 특수한 상황이 아니면 반출하지 않는다고 하셨는데, 반출했던 경우가 있나요?**
발표자는 '보관된 종자는 특수한 상황이 아니면 반출하지 않'는다고 하였으나, 반출했던 경우에 대해서는 언급하지 않았으므로 질문으로 적절하다.

## 38 글쓰기 방법 파악

정답률 81% | 정답 ①

**(가)에 활용된 글쓰기 방법으로 가장 적절한 것은?**

✔ **담화 표지로 문단 간의 연결 관계를 드러낸다.**
(가)의 2문단의 '하지만', 3문단의 '다음으로', 4문단의 '마지막으로', 5문단의 '따라서'와 같은 담화 표지를 사용하고 있는데, 글쓴이는 이러한 담화 표지를 사용하여 문단 간의 연결 관계를 드러내 주고 있다.

② **특정 이론을 활용하여 중심 화제의 개념을 제시한다.**
특정 이론이 활용되거나 중심 화제의 개념을 제시하지는 않고 있다.

③ **다른 나라의 사례와 대조하여 문제 해결의 필요성을 강조한다.**
학교 근처의 '팬 상품' 판매점의 경우와 같이 우리나라의 사례는 제시되어 있으나, 다른 나라의 사례와 대조하여 문제 해결의 필요성을 강조하지는 않고 있다.

④ **예상되는 반론을 제시하고 이를 반박하여 글의 설득력을 높인다.**
예상되는 반론을 제시하거나 이를 반박하지는 않고 있다.

⑤ **중심 화제에 대한 인식을 시기별로 제시하여 인식의 변화 과정을 드러낸다.**
(가)에서 중심 화제에 대한 인식을 시기별로 제시하지는 않고 있다.

## 39 글쓰기 생성 내용의 반영 여부 판단
정답률 94% | 정답 ②

**다음은 (가)를 작성하기 위해 쓴 메모이다. ⓐ ~ ⓔ가 (가)에 반영된 양상으로 적절하지 않은 것은?**

> ○ 팬 상품의 인기 ······ ⓐ
> ○ 팬 상품 소비에서 우려되는 점
> – 충동적 소비 ······ ⓑ
> – 과시적 소비 ······ ⓒ
> – 소외감을 느끼지 않으려고 하는 소비 ······ ⓓ
> ○ 팬 상품 소비의 바람직한 태도 ······ ⓔ

① **ⓐ : 현장을 방문하여 목격한 팬 상품 판매점의 분위기를 제시하였다.**
(가)의 1문단의 '일요일 오후에 방문해 본 우리 학교 근처의 ~ 팬 상품을 사려는 청소년들로 북적였다.'를 통해, 현장을 방문하여 목격한 팬 상품 판매점의 분위기를 제시함으로써 팬 상품의 인기를 드러내고 있음을 알 수 있다.

✔ **ⓑ : 글쓴이 자신의 경험을 근거로 들어 충동적인 팬 상품 소비 태도가 청소년에 미치는 부정적 영향을 제시하였다.**
(가)의 2문단을 통해 글쓴이는 설문 조사 자료를 근거로 들어 청소년이 충동적으로 팬 상품을 소비하는 비율이 높음을 제시하였음을 알 수 있다. 따라서 글쓴이 자신의 경험을 근거로 들어 충동적인 팬 상품 소비 태도가 청소년에 미치는 부정적 영향을 제시하고 있다는 내용은 적절하지 않다.

③ **ⓒ : 전문가의 견해를 인용하여 팬 상품을 과시적으로 소비하는 행위의 심리적 원인을 제시하였다.**
(가)의 3문단의 '사회학자 유△△ 교수는 ~ 그 원인을 밝혔다.'를 통해, 전문가의 견해를 인용하여 팬 상품을 과시적으로 소비하는 행위의 심리적 원인을 제시하였음을 알 수 있다.

④ **ⓓ : 학생을 인터뷰하여 팬 상품을 소비하는 이유가 소외감과 관련 있음을 제시하였다.**
(가)의 4문단의 '1학년 정○○은 ~ 라며 인터뷰 과정에서 속마음을 드러내었다.'를 통해, 학생을 인터뷰하여 팬 상품을 소비하는 이유가 소외감과 관련됨을 제시하였음을 알 수 있다.

⑤ **ⓔ : 관련 저서를 근거로 들어 청소년들은 합리적이고 주체적인 소비 태도를 갖출 필요가 있음을 제시하였다.**
(가)의 5문단의 '정신과 전문의 박□□의 저서 『청소년의 팬 상품 소비문화』에서 언급하였듯이 ~ 소비 태도를 갖출 필요가 있다.'를 통해, 관련 저서를 근거로 들어 청소년들의 합리적이고 주체적인 소비 태도를 갖출 필요성을 제시하였음을 알 수 있다.

## 40 발화의 이해
정답률 89% | 정답 ②

**다음 자료를 바탕으로 [A] ~ [E]의 대화 참여자의 발화를 이해한 내용으로 적절하지 않은 것은? [3점]**

> [자료 1]
> 대화 상황에서 자신의 말이 상대방에게 미칠 영향을 고려하며 상대방을 배려하는 태도를 가져야 한다. 이를 위해 ㉮ 상대방의 부담을 덜어 주기, ㉯ 문제의 원인을 자신의 탓으로 돌리기, ㉰ 상대방의 의견과 일치되는 점을 언급한 후 자신의 의견 제시하기 등을 활용할 수 있다.
>
> [자료 2]
> 대화 참여자들이 ㉱ 대화 상황과 관련한 맥락을 공유하는 일은 중요하다. 맥락이 공유되지 않아 ㉲ 대화의 흐름을 이해하지 못한 경우 의사소통에 어려움을 겪을 수 있다.

① **[A] : '학생 2'의 발화는 상대방과 의견이 다름을 제시하기 전에 공통되는 의견부터 말하고 있다 는 점에서, ㉰에 해당한다.**
[A]의 '학생 2'의 발화인 '나도 그런 긍정적인 면이 있다는 의견에 동의해. 하지만 ~ 더 커 보여.'는 상대방과 의견이 다름을 제시하기 전에 공통되는 의견부터 말하고 있으므로, ㉰에 해당한다.

✔ **[B] : '학생 1'의 발화는 상대방이 회의에 늦은 것을 상대방의 탓으로 돌리지 않고 있다는 점에서, ㉯에 해당한다.**
[B]의 '학생 1'의 발화인 '괜찮아. 이제 막 시작했어.'는 문제의 원인을 자신의 탓으로 돌리는 것은 아니므로 ㉯라고 할 수 없다. 이 발화는 이는 상대방의 부담을 덜어 주는 발화이므로 ㉮에 해당한다고 할 수 있다.

③ **[C] : '학생 3'의 발화는 상대방의 물음에 대한 답변을 하는 대신 되묻고 있다는 점에서, ㉲에 해당한다.**
[C]의 '학생 3'의 발화인 '두 관점이라니 무슨 말이야?'는 늦게 대화에 참여하여 대화 맥락을 파악하지 못하여 상대방의 물음에 대한 답변을 하는 대신 되묻고 있으므로, ㉲에 해당한다.

④ **[D] : '학생 1'의 발화는 회의에서 논의 중인 내용을 전달하고 있다는 점에서, ㉱에 해당한다.**
[D]의 '학생 1'의 발화인 '방금까지 청소년의 팬 상품 소비에 대해 ~ 논의 중이었어.'는 대화 맥락을 파악하지 못한 '학생 3'에게 앞서 논의 중인 내용을 전달하고 있으므로, ㉱에 해당한다.

⑤ **[E] : '학생 3'의 발화는 질문의 형식을 활용함으로써 명령형으로 표현했을 때보다 상대방의 부담을 완화한다는 점에서, ㉮에 해당한다.**
[E]의 '학생 3'의 발화인 '학생들이~ 볼 수 있게, 괜찮다면 두 관점의 내용을 모두 글에 담아 줄 수 있어?'는 질문의 형식을 활용함으로써 명령형으로 표현했을 때보다 상대방의 부담을 완화하고 있으므로, ㉮에 해당한다.

## 41 대화 상황을 고려한 생략된 내용 추리
정답률 86% | 정답 ⑤

**㉠과 (나)의 대화 상황을 고려할 때, Ⓐ에 들어갈 말로 가장 적절한 것은?**

① **설문 조사가 언제 이루어졌는지를 밝히지 않았어.**
㉠에서는 '2020년에 실시한'과 같이 설문 조사가 언제 이루어졌는지를 밝히고 있다.

② **설문 조사 자료를 인용하고 있음을 밝히지 않았어.**
㉠에서는 '설문 조사에 따르면'과 같이 설문 조사 자료를 인용하고 있음을 밝히고 있다.

③ **설문 조사의 응답 결과를 순위대로 밝히지 않았어.**
㉠에서 설문 조사의 응답 결과를 순위대로 밝히지 않았지만, 이는 설문 조사 자료의 신뢰도와는 관련이 없다.

④ **설문 조사의 결과가 시사하는 점을 밝히지 않았어.**
㉠에서 설문 조사의 결과가 시사하는 점을 밝히지 않았지만, 이는 설문 조사 자료의 신뢰도와는 관련이 없다.

✔ **설문 조사를 한 주체와 응답 대상을 밝히지 않았어.**
(나)의 대화 상황을 통해 설문 조사 자료를 인용할 때 빠트린 부분이 있을 경우 설문 조사 자료의 내용을 믿기 어려움을 알 수 있다. 그리고 ㉠에는 설문 조사를 한 주체와 응답 대상이 밝혀져 있지 않아 설문 조사 자료의 내용을 믿기 어려움을 확인할 수 있다. 따라서 Ⓐ에는 설문 조사를 한 주체와 응답 대상을 밝히지 않았다는 내용이 들어가야 한다.

★★★ 등급을 가르는 문제!

## 42 고쳐쓰기 방안의 적절성 판단
정답률 51% | 정답 ②

**(나)의 논의 내용을 반영하여, (가)를 고쳐 쓰기 위한 방안으로 가장 적절한 것은?**

| | |
|---|---|
| 제목 | ○ '청소년의 팬 상품 소비 문제점과 해결 방안'으로 교체한다. ······ ① |
| 처음 | ○ 2014년도 국내 팬 상품 시장 규모에 관한 정보를 추가한다. ······ ② |
| 중간 | ○ '일회성 소비'를 '과시적 소비'로 교체한다. ······ ③<br>○ 팬 상품 소비가 과소비로 이어진다는 내용을 추가한다. ······ ④ |
| 끝 | ○ 마지막 문장의 내용은 기업의 사회적 책임에 관한 내용으로 교체한다. ······ ⑤ |

① **'청소년의 팬 상품 소비 문제점과 해결 방안'으로 교체한다.**
(나)에서 '학생 2', '학생 1'의 각각 여섯 번째 발화를 보면, (가)의 제목을 팬 상품 소비의 긍정적인 면에 대한 내용이 드러나도록 수정해야 함을 알 수 있다. 따라서 제목을 '청소년의 팬 상품 소비 문제점과 해결 방안'으로 교체한다는 내용은 적절하지 않다.

✔ **2014년도 국내 팬 상품 시장 규모에 관한 정보를 추가한다.**
(가)의 1문단의 '국내 팬 상품 시장의 ~ 확대되었다.'와 (나)의 '학생 1' 열 번째 발화인 '팬 상품 시장의 규모가 확대되었음을 강조하려면 ~ 시장의 규모를 밝혀야 할 것 같아.'를 통해, (가)의 처음에 2014년도 국내 팬 상품 시장 규모에 관한 정보를 추가해야 함을 알 수 있다.

③ **'일회성 소비'를 '과시적 소비'로 교체한다.**
(나)에서 '학생 3'의 네 번째 발화를 보면, '일회성 소비'를 '충동적 소비'로 교체해야 함을 알 수 있다. 따라서 '일회성 소비'를 '과시적 소비'로 교체한다는 내용은 적절하지 않다.

④ **팬 상품 소비가 과소비로 이어진다는 내용을 추가한다.**
(나)에서 '학생 2'의 여섯 번째 발화에서, 팬 상품 소비의 긍정적인 면에 대한 내용을 추가할 필요성을 알 수 있지만, (나)에서 팬 상품 소비가 과소비로 이어진다는 내용을 추가하겠다는 논의는 진행되지 않고 있다. 따라서 팬 상품 소비가 과소비로 이어진다는 내용을 추가한다는 진술은 적절하지 않다.

⑤ **마지막 문장의 내용은 기업의 사회적 책임에 관한 내용으로 교체한다.**
(가)의 5문단의 마지막 문장과 (나)에서 '학생 3'의 다섯 번째 발화를 연결하여 보면, 마지막 문단에 글의 초점에서 벗어나는 내용이 있어 삭제해야 함을 알 수 있다. 따라서 마지막 문장의 내용을 기업의 사회적 책임에 관한 내용으로 교체한다는 진술은 적절하지 않다.

**★★ 문제 해결 꿀~팁 ★★**

▶ 많이 틀린 이유는?
이 문제는 (나)의 내용을 정확하게 이해하지 못해 오답률이 높았던 것으로 보인다. 또한 문제가 다소 복잡하게 보인 것도 오답률을 높인 것으로 보인다.

▶ 문제 해결 방법은?
이 문제를 해결하기 위해서는 기본적으로 어떻게 접근할지를 잘 설정해야 한다. 즉, 선택지에 제시된 내용을 먼저 확인한 다음 이와 관련하여 (나)에서 어떤 논의가 있었는지를 파악해야 한다. 마지막으로 (가)를 바탕으로 선택지의 적절성을 판단해야 한다. 가령 정답인 ②의 경우, 선택지에서 '팬 상품 시장 규모에 관한 정보를 추가'한다는 내용과 관련된 내용이 (나)의 '학생 1'의 열 번째 발화와 관련 있음을 파악해야 한다. 그리고 (가)의 처음에 2014년도 국내 팬 상품 시장 규모에 관한 정보가 없음을 파악하게 되면 적절함을 알았을 것이다. 마찬가지로 오답률이 높았던 ③의 경우에도 (나)에서 '학생 3'의 네 번째 발화에서 '일회성 소비'를 '충동적 소비'로 교체해야 한다는 내용만 파악했으면 적절하지 않았음을 바로 알 수 있었을 것이다. 모든 국어 영역의 문제는 이 문제처럼 문제자의 출제 의도가 무엇인지 정확히 파악하고 이에 따라 문제 해결 순서에 따라 문제를 풀면 문제를 해결할 수 있으므로, 항상 출제자의 의도가 무엇인지 생각하며 문제에 접근할 수 있도록 한다.

## 43 정보 전달 글쓰기 내용 이해 및 평가
정답률 95% | 정답 ①

**(가)의 ㉠ ~ ㉢을 (나)에 구체화한 내용으로 적절하지 않은 것은?**

✔ **㉠ : 체육 대회라는 이름에 대한 학생들의 부정적인 반응을 제시한다.**
(나)의 1문단을 통해 체육 대회라는 이름에 대한 학생들의 부정적 반응은 나타나 있지 않으므로 적절하지 않다. (나)의 1문단을 통해 공모전을 하는 이유가 올해부터 바뀌는 체육 대회의 특징이 잘 드러나는 이름이 필요하기 때문임을 알 수 있다.

② **㉠ : 올해부터 바뀌는 체육 대회의 특징이 잘 드러나는 새로운 이름이 필요함을 언급한다.**



[문제편 p.255]

(나)의 1문단에서 공모전을 하는 이유가 올해부터 바뀌는 체육 대회의 특징이 잘 드러나는 이름이 필요하기 때문이라고 제시하고 있다.

③ ㉡ : 이름 짓기를 통해 이미지를 개선한 '보조개 사과'의 사례를 제시한다.
(나)의 2문단에서 이름 짓기를 통해 이미지를 개선한 '보조개 사과'의 사례를 제시하여 이름 짓기의 효과를 구체화하고 있다.

④ ㉡ : '임산부 배려석'이라는 이름이 주는 효과를 '임산부 양보석'과 비교하여 제시한다.
(나)의 3문단에서 '임산부 배려석'이라는 이름이 주는 효과를 '임산부 양보석'과 비교하여 이름 짓기를 잘하면 사람들의 참여 동기를 이끌어낼 수 있음을 밝힘으로써, 이름 짓기의 효과를 구체화하고 있다.

⑤ ㉢ : 이름 짓기를 할 때 사람들이 기분 좋게 수용할 수 있는 표현을 사용해야 함을 언급한다.
(나)의 4문단의 마지막 문장에서 이름 짓기를 할 때 사람들이 기분 좋게 수용할 수 있는 표현을 사용해야 함을 밝힘으로써, 이름 짓기의 방법을 구체화하고 있다.

**44** 정보 전달 글쓰기 내용의 생성 정답률 92% | 정답 ⑤

**다음은 (나)를 읽은 학생회장의 조언이다. 이를 반영하여 추가할 마지막 문단의 내용으로 가장 적절한 것은?**

> **학생회장** : 많은 학생들이 공모전에 참여할 수 있도록, 이름 짓기는 학생들에게 어려운 일이 아님을 밝혀 주면 좋겠어. 또한 2문단에서 언급한 효과와 관련하여 공모전 참여를 권유하면서 마무리하면 좋을 것 같아.

① 이름 짓기는 누구나 어렵지 않게 도전할 수 있는 일이다. 다만 이름을 지을 때 사람들이 이해하기 쉬운 표현을 사용해야 함을 유의하도록 한다.
이름 짓기가 학생들에게 어려운 일이 아님은 밝히고 있으나, 2문단에서 언급한 이름 짓기 효과가 아닌 이름 짓기의 방법을 제시하고 있다.

② 이름 짓기는 지식과 경험이 풍부한 사람만이 할 수 있는 일은 아니다. 원활한 의사소통을 위해 이름 짓기의 효과를 이해하고 그 방법을 활용해 보자.
이름 짓기가 학생들에게 어려운 일이 아님은 밝히고 있으나, 2문단에서 언급한 이름 짓기 효과와 관련되지 않은 원활한 의사소통의 필요성을 제시하고 있다.

③ 지나치게 생소한 이름은 사람들에게 수용되지 않을 수 있다. 새로운 체육 대회의 긍정적 이미지를 느낄 수 있는 이름을 지어 이번 공모전에 참여하면 좋지 않을까?
2문단의 이름 짓기 효과와 관련하여 공모전 참여를 권유하면서 마무리하고 있지만, 이름 짓기가 학생들에게 어려운 일이 아님을 밝히지 않고 있다.

④ 이름 짓기는 대상을 새롭게 바라보게 한다. 올해 새롭게 바뀔 체육 대회에 어울리는 참신한 이름이 지어진다면 체육 대회에 많은 학생들이 적극적으로 참여할 것이다.
이름 짓기가 학생들에게 어려운 일이 아님을 밝히지 않았으며, 2문단에서 언급한 이름 짓기 효과와 관련되지 않은, 새로운 체육 대회의 이름이 가져다줄 효과에 대해 제시하고 있다.

✔ 이름 짓기는 학생들도 충분히 할 수 있다. 새로운 체육 대회는 누구나 즐길 수 있다는 긍정적인 인식을 갖게 하는 좋은 이름을 지어 공모전에 도전해 보는 것은 어떨까?
'학생회장'의 말을 통해 '이름짓기가 어려운 일이 아님을 밝히는 것'과 '2문단에서 언급한 효과와 관련하여 공모전 참여 권유'가 주된 조언임을 알 수 있다. 이를 잘 반영한 것은 ⑤로, ⑤의 '이름 짓기를 학생들도 충분히 할 수 있다.'는 이름 짓기가 학생들에게 어려운 일이 아님을 밝힌 것이라 할 수 있다. 그리고 '새로운 체육 대회는 ~ 공모전에 도전해 보는 것은 어떨까?'는 대상에 대한 긍정적인 이미지를 갖게 할 수 있다는 2문단의 이름 짓기 효과와 관련하여 공모전 참여를 권유하는 것이라 할 수 있다.

**45** 정보 전달 글쓰기 자료, 매체의 활용 정답률 88% | 정답 ②

**〈보기〉는 (나)를 보완하기 위해 추가로 수집한 자료이다. 자료 활용 방안으로 적절하지 않은 것은? [3점]**

〈보 기〉

**[자료 1] 학생의 설문 조사 자료**

〈'등급 외 사과'와 '보조개 사과'의 이미지 비교〉

| 〈등급 외 사과〉 | 항목 | 〈보조개 사과〉 |
|---|---|---|
| 1.5 | 외관이 예쁠 것 같음 | 3.8 |
| 2.1 | 영양소가 풍부할 것 같음 | 2.9 |
| 1.3 | 맛있을 것 같음 | 3.3 |

(설문 대상 : 우리 학교 학생 100명, 단위 : 점/5점)

**[자료 2] 보고서 자료**

〈이름 짓기의 사례〉

| 구분 \ 이름 | 대한민국 구석구석 | G4C |
|---|---|---|
| 목적 | 국내 관광 활성화 캠페인 홍보 | 각종 정부 민원을 24시간 처리하는 누리집 홍보 |
| 의미 | 국내 구석구석에 가 볼 만한 장소가 많음. | 시민을 위한 정부 (Government for Citizen) |
| 결과 | 국내 관광에 대한 인식을 개선하여 관광객이 증가하는 데 기여함. | 이름이 대상의 특성을 잘 드러내지 못하고 지나치게 생소해 의미 파악이 어렵다는 지적에 '민원24'로 바꾸자 인지도가 향상됨. |

① [자료 1] : '등급 외 사과'보다 '보조개 사과'가 외관과 맛 항목의 점수가 높다는 점을, 이름 짓기가 대상에 대한 인식을 변화 시켰다는 근거로 2문단에 활용해야겠어.
[자료 1]을 보면, '등급 외 사과'보다 '보조개 사과'가 외관과 맛 항목에서 모두 점수가 높음을 알 수 있다. 이는 이름 짓기가 대상에 대한 인식을 변화시켰음을 보여 주는 근거에 해당하므로, 대상에 대한 인식 변화와 관련된 2문단에 활용할 수 있다.

✔ [자료 1] : '보조개 사과'와 '등급 외 사과'의 영양소 항목에서 점수 차이가 가장 작다는 점을, 이름 짓기가 대상에 대한 긍정적 이미지를 갖게 할 수 있다는 근거로 2문단에 활용해야겠어.
[자료 1]을 보면, '보조개 사과'와 '등급 외 사과'의 영양소 항목에서 점수 차이는 0.8로 다른 항목에 비해 가장 작게 나타났음을 알 수 있다. 하지만 이러한 결과만으로 이름 짓기가 대상에 대한 긍정적 이미지를 갖게 할 수 있다는 근거가 될 수는 없으므로 자료 활용 방안으로 적절하지 않다.

③ [자료 2] : '대한민국 구석구석'이라는 이름이 관광객의 증가에 기여했다는 점을, 잘 지어진 이름이 참여 동기를 이끌어 낼 수 있다는 또 다른 사례로 3문단에 활용해야겠어.
[자료 2]를 보면, '대한민국 구석구석'이라는 이름이 국내 관광에 대한 인식을 개선하여 관광객이 증가하는 데 기여하였음을 알 수 있다. 이는 잘 지어진 이름이 참여 동기를 이끌어 낼 수 있다는 사례에 해당하므로, 참여 동기와 관련된 3문단에 또 다른 사례로 활용할 수 있다.

④ [자료 2] : 'G4C'라는 이름의 의미를 파악하기 어렵다는 점을, 이름이 지나치게 생소하여 사람들에게 받아들여지지 않은 사례로 4문단에 활용해야겠어.
[자료 2]를 보면, 'G4C'라는 이름은 지나치게 생소해 의미 파악이 어렵다는 지적에 '민원24'로 이름을 바꾸자 인지도가 향상되었음을 알 수 있다. 이는 지나치게 생소하여 사람들에게 받아들여지지 않은 사례에 해당하므로, 이름 짓기의 방법과 관련된 4문단에 활용될 수 있다.

⑤ [자료 2] : '민원24'라는 이름이 누리집의 인지도를 향상했다는 점을, 대상의 특성을 잘 드러내면서 이해하기 쉽게 이름을 짓는 것이 중요함을 보여 주는 사례로 4문단에 활용해야겠어.
[자료 2]를 보면, '민원24'라는 이름은, 대상의 특성을 잘 드러내지 못하고 지나치게 생소해 의미 파악이 어려운 'G4C'라는 이름과 달리, 누리집의 인지도를 향상하였음을 알 수 있다. 이는 대상의 특성을 잘 드러내면서 이해하기 쉽게 이름을 짓는 것이 중요함을 보여 주는 사례에 해당하므로, 이름 짓기의 방법과 관련된 4문단에 활용될 수 있다.

13회

## [35~45] 언어와 매체

**35** 단어의 구성 요소 이해 정답률 64% | 정답 ③

**윗글을 읽고 이해한 내용으로 적절하지 않은 것은?**

① '나는 시장에서 책가방을 값싸게 샀다.'의 '값싸게'는 구성적 측면에서 ㉠과 동일한 유형의 합성 용언이겠군.
'값싸게'는 '값이 싸다'의 의미이므로, '쓸모가 없다'의 의미인 ㉠과 동일한 유형의 합성 용언이라 할 수 있다.

② '나는 눈부신 태양 아래에 서 있었다.'의 '눈부신'은 구성적 측면에서 ㉠과 동일한 유형의 합성 용언이겠군.
'눈부신'은 '눈이 부시다'의 의미이므로, 구성적 측면에서 ㉠과 동일한 유형의 합성 용언이라 할 수 있다.

✔ '누나는 나를 보자마자 뒤돌아 앉았다.'의 '뒤돌아'는 구성적 측면에서 ㉡과 동일한 유형의 합성 용언이겠군.
'뒤돌아'는 '뒤로 돌다'의 의미이므로 부사와 서술어의 관계라 할 수 있다. 따라서 '자랑으로 삼다'의 의미인 ㉢과 동일한 유형의 합성 용언이라 할 수 있다.

④ '언니는 밤새워 숙제를 다 마무리했다.'의 '밤새워'는 구성적 측면에서 ㉡과 동일한 유형의 합성 용언이겠군.
'밤새워'는 '밤을 새우다'의 의미이므로 '손을 잡다'의 의미인 ㉡과 동일한 유형의 합성 용언이라 할 수 있다.

⑤ '큰형은 앞서서 골목을 걷기 시작했다.'의 '앞서서'는 구성적 측면에서 ㉢과 동일한 유형의 합성 용언이겠군.
'앞서서'는 '앞에 서다'의 의미이므로, '자랑으로 삼다'의 의미인 ㉢과 동일한 유형의 합성 용언이라 할 수 있다.

**36** 단어의 구성 요소의 탐구 정답률 73% | 정답 ③

**윗글을 바탕으로 〈보기〉의 ⓐ ~ ⓔ를 탐구한 내용으로 적절한 것은?**

〈보 기〉

- 그는 학문에 대한 깨달음에 ⓐ 목말라 있다.
- 그는 이 과자를 간식으로 ⓑ 점찍어 두었다.
- 그녀는 요즘 야식과 ⓒ 담쌓고 지내고 있다.
- 그녀는 노래 실력이 아직 ⓓ 녹슬지 않았다.
- 그녀는 최신 이론에 마침내 ⓔ 눈뜨게 됐다.

① ⓐ : 구성 요소의 의미를 그대로 유지하고 필수 부사어를 요구한다.
ⓐ의 '목말라'는 '목이 마르다.'라는 구성 요소를 지니고 있지만, '깨달음에 목말라 있었다'를 볼 때 구성 요소의 의미를 벗어나 '어떠한 것을 간절히 원하다.'라는 새로운 의미를 획득하였음을 알 수 있다.

② ⓑ : 구성 요소의 의미를 그대로 유지하고 필수 부사어를 요구하지 않는다.
ⓑ의 '점찍어'는 '점을 찍다.'라는 구성 요소를 지니고 있지만 '간식으로 점찍어 두었다'를 볼 때 '어떻게 될 것이라고 또는 어느 것이라고 마음속으로 정하다.'라는 새로운 의미를 획득하였음을 알 수 있다. 따라서 '점찍어'는 구성 요소의 의미를 벗어나 새로운 의미를 획득했고 '간식으로'와 같은 필수 부사어를 요구함을 알 수 있다.

✔ ⓒ : 구성 요소의 의미를 벗어나 새로운 의미를 획득했고 필수 부사어를 요구한다.
ⓒ의 '담쌓다'는 '담을 쌓다'라는 구성 요소를 지니고 있지만, '야식과 담쌓고 지내고'를 볼 때 '관계나 인연을 끊다.'라는 새로운 의미를 획득하고 있다. 따라서 '담쌓고'는 구성 요소의 의미를 벗어나 '야식과'와 같은 필수 부사어를 요구한다고 할 수 있다.

④ ⓓ : 구성 요소의 의미를 벗어나 새로운 의미를 획득했고 필수 부사어를 요구한다.
ⓓ의 '녹슬지'는 '녹이 슬다.'라는 구성 요소를 지니고 있지만 '노래 실력이 아직 녹슬지 않았다.'를 볼 때, '오랫동안 쓰지 않고 버려두어 낡거나 무디어지다.'라는 새로운 의미를 획득하였지만 필수 부사어는 요구하지 않음을 알 수 있다.

⑤ ⓔ : 구성 요소의 의미를 벗어나 새로운 의미를 획득했고 필수 부사어를 요구하지 않는다.
ⓔ의 '눈뜨게'는 '눈을 뜨다.'라는 구성 요소를 지니고 있지만 '최신 이론에 마침내 눈뜨게 됐다.'를 볼 때,

'잘 알지 못했던 이치나 원리 따위를 깨달아 알게 되다.'라는 새로운 의미를 획득하였고, '최신 이론에'와 같은 필수 부사어를 요구함을 알 수 있다.

★★★ 등급을 가르는 문제!

## 37 어말 어미와 선어말 어미의 이해

정답률 39% | 정답 ④

**〈보기〉의 ⓐ ~ ⓔ에 대한 이해로 적절한 것은? [3점]**

〈보 기〉

국어의 어미는 용언 어간에 붙어 여러 가지 문법적인 기능을 수행한다. 어미는 선어말 어미와 어말 어미로 나누어 진다. 선어말 어미는 용언 어간과 어말 어미 사이에 들어가는 것으로 시제나 높임과 같은 문법적 의미를 나타낸다. 선어말 어미는 하나 혹은 둘 이상이 쓰일 수도 있고 아예 쓰이지 않을 수도 있다. 한편 어말 어미에는 종결 어미, 연결 어미, 전성 어미가 있다. 어말 어미는 선어말 어미와 달리 하나만 붙고, 반드시 있어야 한다.

- 머무시는 동안 ⓐ 즐거우셨길 바랍니다.
- 이 부분에서 물이 ⓑ 샜을 가능성이 높다.
- ⓒ 번거로우시겠지만 서류를 챙겨 주세요.
- 시원한 식혜를 먹고 갈증이 싹 ⓓ 가셨겠구나.
- 항구에 ⓔ 다다른 배는 새로운 항해를 준비했다.

① **ⓐ : 선어말 어미 두 개와 연결 어미가 사용되었다.**
ⓐ를 형태소로 분석하면 '즐겁-+-(으)시-+-었-+-기+ㄹ'이 되는데, '-(으)시-', '-었-'은 선어말 어미이고 '-기'는 명사형 전성 어미에 해당한다. 한편 'ㄹ'은 목적격 조사에 해당한다.

② **ⓑ : 선어말 어미 없이 전성 어미가 사용되었다.**
ⓑ를 형태소로 분석하면 '새-+-었-+-을'이 되는데, '-었-'은 선어말 어미이고 '-을'은 전성 어미에 해당한다.

③ **ⓒ : 선어말 어미 세 개와 연결 어미가 사용되었다.**
ⓒ를 형태소로 분석하면 '번거롭-+-(으)시-+-겠-+-지만'이 되는데, '-(으)시-', '-겠-'은 선어말 어미이고 '-지만'은 연결 어미에 해당한다.

✔ **ⓓ : 선어말 어미 두 개와 종결 어미가 사용되었다.**
ⓓ를 형태소로 분석하면 '가시-+-었-+-겠-+-구나'가 되는데, '-었-', '-겠-'은 선어말 어미이고 '-구나'는 종결 어미라 할 수 있다. 따라서 ⓓ에는 선어말 어미 두 개와 종결 어미가 사용되었음을 알 수 있다.

⑤ **ⓔ : 선어말 어미 한 개와 전성 어미가 사용되었다.**
ⓔ를 형태소로 분석하면 '다다르-+-ㄴ'이 되는데, '-ㄴ'은 전성 어미에 해당하고, 선어말 어미는 사용되지 않았다.

**★★ 문제 해결 꿀~팁 ★★**

**▶ 많이 틀린 이유는?**
이 문제는 기본적으로 연결 어미와 선어말 어미, 전성 어미 등에 대한 기본적인 문법 지식이 부족하여 오답률을 높인 것으로 보인다. 또한 ⓐ ~ ⓔ를 제대로 분석하지 못한 것도 오답률이 높았던 것으로 보인다.

**▶ 문제 해결 방법은?**
이 문제를 해결하기 위해서는 기본적으로 〈보기〉에 제시된 연결 어미와 선어말 어미, 전성 어미에 대한 배경지식을 바탕으로 해야 한다. 만일 이러한 배경지식이 있었다면 문제를 보다 쉽게 해결할 수 있었을 것이다. 이에 대한 기본 지식은 다음과 같다.

- 연결 어미 : 어간에 붙어 다음 말에 연결하는 구실을 하는 어미. '-게', '-고', '-(으)며', '-(으)면', '-(으)니', '-아/어', '-지' 따위가 있음.
- 선어말 어미 : 어말 어미 앞에 나타나는 어미. '-시-', '-옵-' 따위와 같이 높임법에 관한 것과 '-았-', '-는-', '-더-', '-겠-' 따위와 같이 시상(時相)에 관한 것이 있음.
- 전성 어미 : 용언의 어간에 붙어 다른 품사의 기능을 수행하게 하는 어미. 명사형 전성 어미, 관형사형 전성 어미와 부사형 전성 어미로 나뉘며, '-기'·'-(으)ㅁ', '-ㄴ'·'-ㄹ', '-게'·'-도록' 따위가 있음.

그리고 학생들 중에는 ⓐ ~ ⓔ를 제대로 분석하지 못하는 경우도 있는데, 정답인 ④의 경우에 '가시-+었-+-겠-+구나'로 분석했으면 적절함을, 오답률이 높았던 ③의 경우 '번거롭-+-(으)시-+-겠-+-지만'으로 분석했으면 적절하지 않았음을 알았을 것이다. 이처럼 문법 문제에서는 기본적인 배경지식을 요구하는 문제가 종종 출제되므로 기본적인 문법은 평소에 정확히 익혀 두도록 한다.

## 38 부정 표현의 이해

정답률 71% | 정답 ⑤

**〈보기〉의 ㉠, ㉡에 해당하는 예끼리 묶인 것으로 적절한 것은?**

〈보 기〉

국어의 부정에는 '안'이나 '-지 않다'를 사용하는 '의지 부정'과 '못'이나 '-지 못하다'를 사용하는 '능력 부정'이 있다고 알려져 있다. 그러나 '안'이나 '-지 않다'가 사용된 부정문이 주어의 의지와 무관한 '단순 부정'을 나타내는 경우도 많다. ㉠ 형용사가 서술어로 쓰이면 '안'이나 '-지 않다'는 단순 부정을 나타낸다. 형용사가 나타내는 성질이나 상태에는 주어의 의지가 작용할 수 없기 때문이다. ㉡ 동사가 서술어로 쓰이는 경우에도 주어가 의지를 가지지 못하는 무정물이면 '안'이나 '-지 않다'가 단순 부정을 나타낸다. 또한 동사가 서술어로 쓰이고 주어가 유정물이더라도 '나는 깜빡 잊고 약을 안 먹었다.'에서와 같이 '안'이 단순 부정을 나타낼 수 있다.

① **㉠ : 옛날엔 통신 기술이 발달하지 않았다.**
**㉡ : 주문한 옷이 아직도 도착하지 않았다.**
㉠은 동사 '발달하다'가 서술어로 쓰인 경우이며, ㉡은 무정물 '옷'이 주어로, 동사 '도착하다'가 서술어로 쓰인 경우이다.

② **㉠ : 이 문제집은 별로 어렵지 않더라.**
**㉡ : 저는 이 은혜를 잊지 않겠습니다.**
㉠은 형용사 '어렵다'가 서술어로 쓰인 경우이며, ㉡은 유정물 '저'가 주어로, 동사 '잊다'가 서술어로 쓰인 경우이다.

③ **㉠ : 나는 그 이야기가 궁금하지 않아.**
**㉡ : 동생이 오늘 우산을 안 가져갔어.**
㉠은 형용사 '궁금하다'가 서술어로 쓰인 경우이며, ㉡은 유정물 '동생'이 주어로, 동사 '가져가다'가 서술어로 쓰인 경우이다.

④ **㉠ : 내 얘기에 고모는 놀라지 않았다.**
**㉡ : 이 물질은 전기가 통하지 않는다.**
㉠은 동사 '놀라다'가 서술어로 쓰인 경우이며, ㉡은 무정물 '전기'가 주어로, 동사 '통하다'가 서술어로 쓰인 경우이다.

✔ **㉠ : 밤바다가 그리 고요하지는 않네.**
**㉡ : 아주 오래간만에 비가 안 온다.**
㉠의 '고요하지 않다'는 형용사 '고요하다'가 서술어로 쓰이며 '-지 않다'가 단순 부정을 나타내고 있다. ㉡의 '비가 안 오다'는 무정물 '비'가 주어로, 동사 '오다'가 서술어로 쓰이며 '안'이 단순 부정을 나타내고 있다. 따라서 〈보기〉의 ㉠, ㉡에 해당하는 예로 적절하다.

## 39 음운 변동의 이해

정답률 62% | 정답 ④

**[A]에 들어갈 말로 적절한 것은?**

**학생** : 선생님, 표준 발음법 제18항을 보다가 궁금한 점이 생겼어요. 이 조항에서 'ㄱ, ㄷ, ㅂ' 옆의 괄호 안에 다른 받침들이 포함된 것은 무엇을 나타내나요?

> **제18항** 받침 'ㄱ(ㄲ, ㅋ, ㄳ, ㄺ), ㄷ(ㅅ, ㅆ, ㅈ, ㅊ, ㅌ, ㅎ), ㅂ(ㅍ, ㄼ, ㄿ, ㅄ)'은 'ㄴ, ㅁ' 앞에서 [ㅇ, ㄴ, ㅁ]으로 발음한다.

**선생님** : 좋은 질문이에요. 그건 받침이 'ㄱ, ㄷ, ㅂ'이 아니더라도, 음운 변동의 결과로 그 발음이 [ㄱ, ㄷ, ㅂ]으로 바뀌면 비음화 현상이 적용될 수 있다는 사실을 나타낸 거예요.
**학생** : 아, 그렇다면 [A] 비음화 현상이 적용된 거네요?
**선생님** : 네, 맞아요.

① **'밖만[방만]'은 자음군 단순화가 적용된 후**
'밖만[방만]'은 '밖'의 'ㄲ'이 음절의 끝소리 규칙의 적용을 받아 [박만]으로 바뀐 뒤, 이어서 비음화 현상이 적용되어 'ㄱ'이 'ㅇ'으로 바뀌어 [방만]으로 발음된다.

② **'폭넓다[퐁널따]'는 자음군 단순화가 적용된 후**
'폭넓다'는 '폭'의 'ㄱ'이 비음화 현상의 영향으로 'ㅇ'으로 바뀌어 [퐁널따]로 발음된다.

③ **'값만[감만]'은 음절의 끝소리 규칙이 적용된 후**
'값만'은 '값'의 'ㅄ'이 자음군 단순화의 적용을 받아 [갑만]으로 바뀐 뒤, 이어서 비음화 현상이 적용되어 'ㅂ'이 'ㅁ'으로 바뀌어 [감만]으로 발음된다.

✔ **'겉늙다[건늑따]'는 음절의 끝소리 규칙이 적용된 후**
'겉늙다'는 '겉'의 'ㅌ'이 음절의 끝소리 규칙의 적용을 받아 [걷늑따]로 바뀐 뒤, 이어서 비음화 현상이 적용되어 'ㄷ'이 'ㄴ'으로 바뀌어 [건늑따]로 발음된다.

⑤ **'호박잎[호방닙]'은 음절의 끝소리 규칙이 적용된 후**
'호박잎'은 '호박+잎'의 과정에서 ㄴ 첨가가 일어나 [호박닙]으로 바뀐 뒤, 이어서 'ㄴ'의 영향으로 '호박'의 'ㄱ'에 비음화 현상이 적용되어 'ㅇ'으로 바뀌어 [호방닙]으로 발음된다.

## 40 뉴 미디어의 특성 이해

정답률 96% | 정답 ⑤

**〈보기〉는 (나)의 전자책을 활용한 학생의 반응이다. 이를 바탕으로 (나)를 이해한 내용으로 적절하지 않은 것은?**

〈보 기〉

전자책은 중요한 부분에 강조 표시를 할 수 있다는 점이 종이 책과 비슷했어. 하지만 다시 봐야 할 내용을 선택해 별도의 목록으로 만들거나 어구를 검색해 원하는 정보에 더 쉽게 접근할 수 있다는 점은 종이 책과 달랐어. 책에서 모르는 단어가 나왔을 때, 사전을 찾아본 결과를 한 화면에서 바로 확인할 수 있어서 내용을 빠르게 이해했어. 또 화면 배율을 조정해 글자 크기를 조절하니 읽기에 편했어.

① **㉠에 1, 3장이 포함된 것은 학생이 해당 장의 내용을 다시 볼 필요가 있다고 판단했기 때문이군.**
㉠은 학생이 자신이 다시 보고자 하는 내용을 선택해 별도의 목록으로 만들어 놓은 것이다. 따라서 ㉠에 있는 1장과 3장이 포함된 것은 학생이 해당 장의 내용을 다시 볼 필요가 있다고 판단하여 선택해 놓은 것으로 볼 수 있다.

② **㉡을 통해 대중교통을 이용한 광고가 효과적인 이유를 언급한 부분에 강조 표시가 된 것은 학생이 해당 문장을 중요하다고 판단했기 때문이군.**
[화면 2]에서 학생은 ㉡을 이용하여 대중교통을 이용한 광고가 효과적인 이유를 언급한 부분에 강조 표시를 하고 있는데, 이는 학생이 해당 문장을 중요하다고 판단하여 강조 표시를 하였다고 할 수 있다.

③ **㉢의 '감안'에 대한 사전 찾기 결과는 [화면 2]에서 본문과 함께 제시되어 학생의 글 읽기에 도움을 주었군.**
사전 찾기 결과인 ㉢이 본문과 한 화면에 제시되어 있는데, 이는 학생이 글의 내용을 이해하는 데 도움을 준다고 할 수 있다.

④ **㉣을 통해 [화면 3]의 글자 크기가 [화면 2]보다 커진 것은 학생의 읽기 편의성을 높여 주었군.**
㉣의 결과, 즉 [화면 2]의 '100% 화면'이 [화면 3]에서 '120% 화면'으로 바뀌고 있는데, 이는 학생이 글을 읽는 데 편의성을 높여 준다고 할 수 있다.

✔ **㉤의 결과가 [화면 3]에 표시된 것은 학생이 '버스 광고'를 쉽게 찾아 버스 광고의 제작 기간을 확인하는 데 도움을 주었군.**
[화면 3]을 통해 정보 내용 중 검색 어구가 버스 광고와 같이 눈에 띄게 표시되어 있음을 알 수 있고, 버스 광고의 다양한 형태와 버스 광고의 장점에 대한 정보가 제시되어 있음을 알 수 있다. 따라서 검색 결과가 버스 광고의 제작 기간을 확인하는 데 도움을 주었다는 반응은 적절하지 않다.

## 41 매체 자료의 생산

정답률 78% | 정답 ②

**다음은 학생이 (가)를 수행하는 과정에서 (나)를 바탕으로 작성한 메모이다. 이에 대한 이해로 적절하지 않은 것은?**

**메모 1** : '청소년 문화 한마당'에 ○○구 고등학생들이 좋아할 공연 프로그램이 많이 준비되어 있음을 광고에서 강조하면 효과적이겠다.



[문제편 p.257]

메모 2 : 버스 정류장이 아니라 버스 내·외부에 광고물을 부착하고, ○○구 고등학생들이 주로 이용하는 10번이나 12번 버스에 광고를 게시하면 효과적이겠다.
메모 3 : 등·하교 시간에 집중적으로 광고를 하기 위해 버스 내부의 모니터 영상 광고를 이용하고, 도보 통학 학생들에게도 홍보하기 위해 버스 외부의 옆면과 뒷면에도 광고를 게시하면 효과적이겠다.

① **'메모 1'에서, 광고에서 부각할 내용을 선정한 것은 (나)에 제시된 목표 수용자와 관련하여 우선적으로 분석해야 할 요소를 고려한 것이겠군.**
'메모 1'에서 '청소년 문화 한마당'에 ○○구 고등학생들이 좋아할 공연 프로그램이 많이 준비되어 있음을 강조하려고 한 것은 [화면 2]의 '광고 효과를 높이기 위해서는 무엇보다 목표 수용자의 관심과 흥미에 대한 분석이 선행되어야 한다.'라는 내용을 고려한 것으로 볼 수 있다.

✔ **'메모 2'에서, 정류장 광고와 버스 내·외부 광고 중 후자를 선택한 것은 (나)에 제시된 반복 노출 효과의 유무라는 기준을 고려한 것이겠군.**
(나)의 [화면 2]를 통해 버스 정류장 광고와 버스 내·외부 광고 모두 대중교통을 자주 이용하는 사람에게 반복적으로 노출되는 효과가 있음을 알 수 있다. 따라서 '메모 2'에서 정류장 광고와 버스 내·외부 광고 중 후자를 선택한 것이 반복 노출 효과의 유무라는 기준을 고려한 것이라는 이해는 적절하지 않다.

③ **'메모 2'에서, 버스 노선 중에서 특정 노선을 선택한 것은 (나)에 제시된 영화 광고의 예처럼 목표 수용자의 대중교통 이용 패턴을 고려한 것이겠군.**
'메모 2'에서 ○○구 고등학생들이 주로 이용하는 10번이나 12번 버스를 선택한 것은 [화면 3]의 '목표 수용자들의 주 이용 노선과 같은 대중교통 이용 패턴을 분석하는 것이 필요하다.'라는 내용을 고려한 것으로 볼 수 있다.

④ **'메모 3'에서, 광고 게시 시간대를 설정할 수 있는 광고 형태를 제안하려는 것은 (나)에 제시된 목표 수용자의 대중교통 이용 시간이라는 기준을 고려한 것이겠군.**
'메모 3'에서 등·하교 시간에 집중적으로 광고를 하기 위해 버스 내부의 모니터 영상 광고를 이용하겠다고 한 것은 [화면 3]의 '목표 수용자의 대중교통 이용 시간대도 고려할 필요가 있다.'라는 내용을 고려한 것으로 볼 수 있다.

⑤ **'메모 3'에서, 버스 옆면과 뒷면 광고가 필요하다고 판단한 것은 (나)에 제시된 버스 외부 광고의 장점을 고려한 것이겠군.**
'메모 3'에서 도보 통학 학생들에게도 홍보하기 위해 버스 외부의 옆면과 뒷면에도 광고를 게시하려는 것은 [화면 3]의 '지하철과 달리 지상에서 운행하기 때문에 버스를 이용하지 않는 사람들 역시 버스 외부 광고의 목표 수용자가 될 수 있다'라는 내용을 고려한 것으로 볼 수 있다.

## 42 매체 언어의 표현 방법
정답률 92% | 정답 ②

**ⓐ ~ ⓔ에 대한 설명으로 적절하지 않은 것은?**

① **ⓐ : 대중교통을 이용한 광고의 종류가 여럿임을 명시하기 위해 사용하였다.**
'등'은 '그 밖에도 같은 종류의 것이 더 있음을 나타내는 말.'이다. ⓐ 앞에 열거된 내용을 고려할 때, ⓐ가 대중교통을 이용한 광고의 종류가 여럿임을 나타내기 위해 사용된 것이라는 설명은 적절하다.

✔ **ⓑ : 젊은 층의 게임 광고 수용에 대한 자발적 의지를 나타내기 위해 사용하였다.**
'보다'의 피동사인 ⓑ는 행동의 주체를 드러내지 않음으로써 말하고자 하는 대상인 '게임 광고'를 부각하고자 사용한 것으로 볼 수 있다. 따라서 이를 젊은 층의 게임 광고 수용에 대한 자발적 의지를 나타내기 위해 사용하였다는 설명은 적절하지 않다.

③ **ⓒ : 광고의 효과를 높이기 위해 분석해야 할 요소가 더 존재함을 드러내기 위해 사용하였다.**
ⓒ의 뒤에서 광고의 효과를 높이기 위해 분석해야 할 요소가 추가로 제시된다는 점을 고려할 때, ⓒ가 광고의 효과를 높이기 위해 분석해야 할 요소가 앞에서 제시한 것 이외에 더 존재함을 드러내기 위해 사용된 것이라는 설명은 적절하다.

④ **ⓓ : 목표 수용자 분석과는 다른 내용으로 전환됨을 나타내기 위해 사용하였다.**
ⓓ의 앞에는 광고의 효과를 높이기 위해 분석해야 할 요소에 대한 설명이, ⓓ의 뒤에는 버스 광고의 다양한 형태와 장점에 대한 설명이 제시되어 있다. 이를 고려할 때 ⓓ가 앞의 내용과 다른 내용으로 전환됨을 나타내기 위해 사용된 것이라는 설명은 적절하다.

⑤ **ⓔ : 앞에 나온 표현을 그대로 반복하지 않고 대신하기 위해 사용하였다.**
'그'는 지시 대명사로서 앞에 나온 '버스 광고'를 가리킨다. 따라서 ⓔ가 앞에 나온 표현을 그대로 반복하지 않고 대신하기 위해 사용된 것이라는 설명은 적절하다.

## 43 매체의 유형에 따른 특성
정답률 95% | 정답 ①

**(가), (나)에 드러나 있는 매체의 특성을 이해한 것으로 가장 적절한 것은?**

✔ **(가)에서는 정보를 전달할 수 있는 시간의 제약을 고려하여 정보의 양을 조절하고 있다.**
(가)의 '시간 관계상 하나만 읽어 드릴게요.'를 통해, (가)에서는 교내 방송 시간의 제약 때문에 정보의 양을 조절하고 있음을 알 수 있다.

② **(나)에서는 불특정 다수의 수용자에게 정보를 제공하고 있다.**
(나)에서는 '민지', '상우', '보미'라는 특정된 개인 사이의 소통이 이루어지고 있으므로 불특정 다수의 수용자에게 정보를 제공한다고는 할 수 없다.

③ **(가)에서는 (나)와 달리 대화 목적에 따라 또 다른 온라인 대화 공간을 설정하고 있다.**
(나)의 '민지'의 발화인 '지금 보미랑 과제 때문에 다른 대화방에서 얘기 중인데'를 통해, (나)는 (가)와 달리 대화 목적에 따라 또 다른 온라인 대화 공간을 설정하고 있음을 알 수 있다.

④ **(나)에서는 (가)와 달리 음성 언어에 음향을 결합하여 정보를 생산하고 있다.**
(가)의 진행자는 '잔잔한 배경 음악'과 함께 청취자의 사연을 읽어 주고 있으므로 음성 언어에 음향을 결합하여 정보를 생성하고 있음을 알 수 있다. 하지만 (나)에서 음성 언어에 음향을 결합하여 정보를 생산하고 있는 부분은 찾아볼 수 없다.

⑤ **(가)와 (나)에서는 모두 정보 생산자가 정보 수용자의 반응에 따라 정보 제시 순서를 바꾸고 있다.**
(가)와 (나) 모두 정보 생산자가 정보 수용자의 반응에 따라 정보 제시 순서를 바꾸는 부분은 찾아볼 수 없다.

## 44 매체 언어와 개인적·사회적 소통
정답률 96% | 정답 ③

**㉠ ~ ㉤에 드러난 의사소통 방식에 대한 이해로 적절하지 않은 것은?**

① **㉠ : 새롭게 대화에 참여한 '보미'는 공유된 맥락을 기반으로 '상우'에게 질문하고 있다.**
㉠의 '민지한테 얘기 다 들었어.'를 고려할 때, 새롭게 대화에 참여한 '보미'는 '민지'를 통해 대화 맥락을 공유하고 있음을 알 수 있다.

② **㉡ : 동의의 뜻을 시각적 이미지로 제시하여 '상우'의 제안을 수락하고 있다.**
㉡은 두 팔을 들어 큰 원을 만들고 있는 사람의 모습으로, 동의의 뜻을 나타내는 시각적 이미지이다. '민지'는 ㉡을 활용하여 '민지야, 네가 출연하면 어때?'라는 '상우'의 제안에 대하여 동의의 뜻을 나타내고 있다.

✔ **㉢ : '상우'의 이전 발화 중 일부를 재진술하면서 영상 제작에 관한 그의 의견에 이의를 제기하고 있다.**
㉢의 '아까 학교에 얽힌 추억을 지혜가 기억하면 좋겠다고 했으니까'는 '상우'의 이전 발화인 '지혜가 학교에 얽힌 추억을 기억할 수 있게'를 재진술한 것에 해당한다. '민지'는 이를 바탕으로, '네가 교문과 운동장에서 카메라를 보면서 지혜랑 얘기하듯이 말해.'라는 '상우'의 의견에 대해 '운동장에서는 지혜가 날 도와줬던 그때를 떠올리면서 지혜에게 얘기하듯이 말하면 되겠지?'와 같이 이를 효과적으로 표현하기 위한 의견을 제시하고 있다. 따라서 '상우'의 의견에 이의를 제기하고 있다는 진술은 적절하지 않다.

④ **㉣ : 진행된 대화 내용을 점검하여 영상 촬영과 관련해서 추가적으로 논의할 내용을 언급하고 있다.**
㉣에서 '대화 내용을 다시 보니까 장면 구상이나 각자 역할은 얘기했는데'는 진행된 대화 내용을 점검한 것이고, '촬영 날짜는 안 정했네'는 영상 촬영과 관련해서 추가적으로 논의할 내용을 언급한 것이다.

⑤ **㉤ : 의견을 취합할 수 있는 기능을 활용하여 촬영 날짜를 선택하기 위한 의사 결정에 참여해 줄 것을 요청하고 있다.**
㉤에서는 '상우'가 대화 참여자들의 의견을 취합할 수 있는 투표 기능을 활용하여 대화 참여자들에게 촬영이 가능한 날짜를 선택해 달라고 요청하고 있다.

13회

## 45 소통 목적 고려
정답률 82% | 정답 ①

**(나)의 대화 내용을 반영한 '영상 제작 계획'으로 적절하지 않은 것은? [3점]**

| 영상 제작 계획 | 장면 스케치 |
|---|---|
| ① 교문에서부터 운동장까지 끊지 않고 촬영하여 지혜가 여러 공간에 얽힌 추억을 떠올릴 수 있도록 연출해야겠어. | 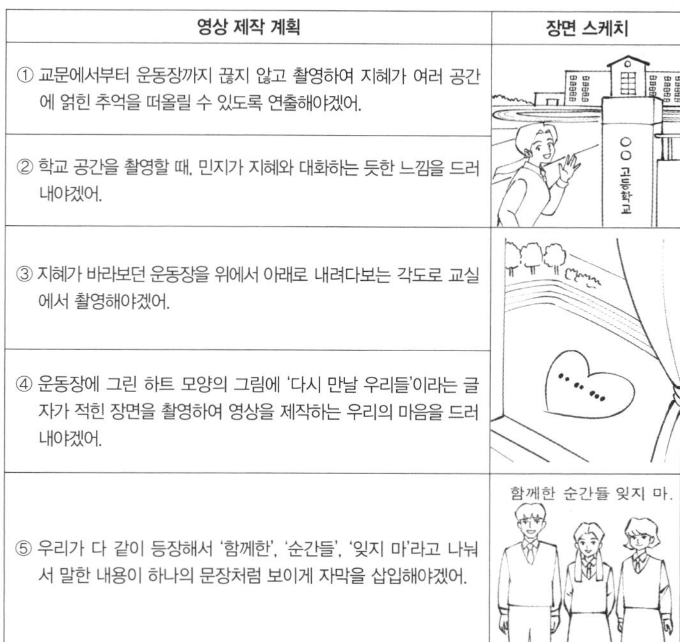 |
| ② 학교 공간을 촬영할 때, 민지가 지혜와 대화하는 듯한 느낌을 드러내야겠어. | |
| ③ 지혜가 바라보던 운동장을 위에서 아래로 내려다보는 각도로 교실에서 촬영해야겠어. | |
| ④ 운동장에 그린 하트 모양의 그림에 '다시 만날 우리들'이라는 글자가 적힌 장면을 촬영하여 영상을 제작하는 우리의 마음을 드러내야겠어. | |
| ⑤ 우리가 다 같이 등장해서 '함께한', '순간들', '잊지 마'라고 나눠서 말한 내용이 하나의 문장처럼 보이게 자막을 삽입해야겠어. | |

✔ **교문에서부터 운동장까지 끊지 않고 촬영하여 지혜가 여러 공간에 얽힌 추억을 떠올릴 수 있도록 연출해야겠어.**
(나)에서는 '교문에서 운동장까지 꽤 머니까 ~ 교문과 운동장에서 각각 찍고 편집해서 이어 붙이자.'라는 '상우'의 제안에 대하여 '민지'가 동의하고 있다. 따라서 '교문에서부터 운동장까지 끊지 않고 촬영하여'는 (나)의 대화 내용을 반영한 영상 제작 계획으로 적절하지 않다.

② **학교 공간을 촬영할 때, 민지가 지혜와 대화하는 듯한 느낌을 드러내야겠어.**
(나)에서 '네가 교문과 운동장에서 카메라를 보면서 지혜랑 얘기하듯이 말해.'라는 '상우'의 제안에 대하여 '민지'가 동의하고 있는데, ②는 이러한 대화 내용을 반영한 것이므로 적절하다.

③ **지혜가 바라보던 운동장을 위에서 아래로 내려다보는 각도로 교실에서 촬영해야겠어.**
(나)에서 '상우'의 발화 중 '그 다음에 교실로 올라가서 지혜가 즐겨 보던 운동장을 찍자.'라는 내용을 반영한 것이므로 적절하다.

④ **운동장에 그린 하트 모양의 그림에 '다시 만날 우리들'이라는 글자가 적힌 장면을 촬영하여 영상을 제작하는 우리의 마음을 드러내야겠어.**
(나)에서 '보미'의 발화 중 '그럼 운동장에 ♡를 크게 그리고 ~ 우리 마음이 드러날 것 같아.'와 (가)에서 '민지'가 신청한 노래 제목 '다시 만날 우리들'을 반영한 것이므로 적절하다.

⑤ **우리가 다 같이 등장해서 '함께한', '순간들', '잊지 마'라고 나눠서 말한 내용이 하나의 문장처럼 보이게 자막을 삽입해야겠어.**
(나)에서 '마지막에 우리가 지혜에게 ~ '함께한 순간들 잊지 마.'라고 말할까?'라는 '상우'의 발화와 '그래, 우리가 세 글자씩 말하고 ~ 자막은 내가 넣을게.'라는 '보미'의 발화 내용을 반영한 것이므로 적절하다.

[문제편 p.259]

| 정답과 해설 |

# 14회 | 2023학년도 10월 학력평가 고3

• 정답 •

공통 | 독서·문학

01 ④ 02 ② 03 ② 04 ③ 05 ② ★06 ⑤ ★07 ① 08 ⑤ 09 ② 10 ⑤ 11 ⑤ 12 ④ 13 ③ 14 ① 15 ③
16 ② 17 ② 18 ⑤ 19 ② 20 ③ 21 ④ 22 ③ 23 ④ 24 ④ 25 ① 26 ④ 27 ④ 28 ① 29 ① 30 ⑤
★31 ① 32 ③ 33 ③ 34 ⑤

선택 | 화법과 작문

35 ① 36 ④ 37 ① 38 ③ 39 ④ 40 ⑤ 41 ② 42 ③ 43 ① 44 ② ★45 ④

선택 | 언어와 매체

★35 ③ 36 ② 37 ④ 38 ① 39 ⑤ 40 ② 41 ① 42 ① 43 ③ 44 ④ 45 ④

★ 표기된 문항은 **[등급을 가르는 문제]**에 해당하는 문항입니다.

## [01~34] 독서·문학

### 01~03 독서 이론

이성영, 「주제 통합적 독서」

**해제** 이 글은 **주제 통합적 독서의 개념과 절차, 효과에 관해 설명**하고 있다. **주제 통합적 독서**는 **동일하거나 유사한 화제와 주제에 대해 다양한 관점이나 형식을 지닌 글을 통합적으로 읽고 재구성하는 독서**이다. 이 독서를 하는 **궁극적인 목적**은 **독서 목적에 따라 선정한 글의 내용을 통합하여 주제에 대한 독자 자신의 관점을 구성**하는 데 있다. 이러한 주제 통합적 독서를 절차에 따라 수행하면 **비판력과 추론력을 기를 수 있고, 주제를 균형 있게 이해할 수 있으며 다양한 분야의 지식을 생성**할 수 있다. **주제 통합적 독서는 복합적 성격의 사회 문제의 해결책을 만드는 데 기여**할 수 있다.

**주제** 주제 통합적 독서의 이해

**문단 핵심 내용**

|  |  |
|---|---|
| 1문단 | 주제 통합적 독서의 의미 및 주제 통합적 독서를 위한 태도 |
| 2문단 | 주제 통합적 독서의 절차 |
| 3문단 | 주제 통합적 독서의 효과 |

**01** 세부 내용의 이해 — 정답률 94% | 정답 ④

주제 통합적 독서에 대한 이해로 가장 적절한 것은?

① 탐구 주제를 구체화한 후에야 독서 목적을 확정할 수 있다.
2문단에서 독자는 독서 목적에 따라 탐구할 주제를 정하고, 수집한 책을 빠르게 훑어보며 어느 부분을 꼼꼼히 읽을지 파악하는 활동을 하며 탐구 주제를 구체화할 수 있다고 하였다. 따라서 독서 목적을 정한 후에야 탐구 주제를 구체화할 수 있으므로 적절하지 않다.

② 글들을 읽기 전에 누구의 관점으로 읽을지부터 결정해야 한다.
3문단에서 주제 통합적 독서에서는 여러 글을 편견 없이 읽어야 주제를 균형 있게 이해할 수 있다고 하였으므로, 주제 통합적 독서를 하는 독자는 글들을 읽을 때 누구의 관점으로 읽을지 미리 정해서는 안 됨을 알 수 있다.

③ 동일한 화제의 글을 읽을 때에는 형식적 특성은 고려하지 않는다.
1문단에서 동일하거나 비슷한 화제와 주제에 대해 다양한 관점과 형식을 보이는 글을 읽는다고 했고, 2문단에서 읽기가 끝나면 글의 내용과 형식 등을 비교한다고 하였다. 따라서 동일한 화제의 글을 읽을 때는 형식적 특성도 고려해야 함을 알 수 있다.

✔ 주제에 대한 자신의 관점을 구성할 때에 다른 관점의 글도 활용할 수 있다.
2문단을 통해 읽은 글에 나오는 특정 관점을 비판하거나 지지하여 자신의 관점을 구성할 수도 있음을 알 수 있다. 따라서 탐구 주제에 대한 자신의 관점을 구성할 때는 다른 관점의 글도 활용할 수 있음을 알 수 있다.

⑤ 읽은 글의 내용을 빠짐없이 수용하여 글쓴이의 집필 의도에서 벗어나지 않도록 한다.
2문단에서 읽은 글은 자신의 관점을 뒷받침하는 근거 자료로 쓰이는데 이를 위해 글의 한 부분을 인용할 수 있다고 하였다. 따라서 주제 통합적 독서를 하는 독자는 읽은 글의 내용을 선별하여 활용할 수는 있지만 모든 내용을 빠짐없이 수용하는 것은 아니라 할 수 있다.

**02** 구체적 상황에의 적용 — 정답률 77% | 정답 ②

<보기>는 윗글을 참고하여 '주제 통합적 독서'를 한 학생의 독서록이다. 이를 이해한 내용으로 적절하지 않은 것은? [3점]

<보 기>

나는 학생회장 선거에 출마하며 바람직한 지도자에 대해 알아보고 싶어졌다. 학교 도서관에서 지도자에 관한 책을 검색했고, 제목과 서평 등을 보며 「군주론」, 「목민심서」, 「테레사 전기」를 골랐다. 책을 빠르게 훑어보니 「군주론」의 시민을 다스리는 부분과, 「목민심서」의 백성을 교화하는 부분에는 지도자의 리더십에 대한 내용이 잘 나타나 있었다. 그래서 이를 바탕으로 구체적으로 지도자가 지녀야 할 바람직한 리더십이 무엇인가를 탐구하기로 했다. 그러나 「테레사 전기」에서는 탐구할 내용을 찾지 못해 아예 읽지 않기로 했다. 선별한 부분을 꼼꼼히 읽어 보니 「군주론」에서는 강력한 지도자의 리더십을 강조했고, 반면에 「목민심서」에서는 인자하면서도 솔선수범하는 지도자의 리더십을 강조하고 있었다. 두 글을 읽고 생각해 본 결과, 내가 학생회장이 되면 인자하고 솔선수범하는 지도자가 되어야겠다고 다짐했다.

① 학생은 학교 도서관에서, 탐구하려는 주제와 관련 있는 책들을 검색하여 읽을 책을 선정하였군.
<보기>를 통해 학생이 바람직한 지도자에 대해 알아보고 싶어 도서관에서 지도자에 관한 책을 검색했고, 「군주론」, 「목민심서」, 「테레사 전기」를 골랐다. 따라서 학생은 '바람직한 지도자'라는 탐구 주제와 관련한 책을 검색하여 읽을 책을 선정하였음을 알 수 있다.

✔ 학생은 미리 만들어 놓은 읽기 목록을 책의 제목이나 서평 등을 보며 수정하였군.
<보기>를 통해 학생이 제목과 서평 등을 보며 「군주론」, 「목민심서」, 「테레사 전기」를 골랐고, 책을 빠르게 훑어보고 「테레사 전기」를 읽지 않기로 하였음을 알 수 있다. 따라서 학생은 책의 제목과 서평 등을 보며 미리 만들어 놓은 읽기 목록을 수정하지는 않았으므로 적절하지 않다.

③ 학생은 읽기로 선정한 책을 빠르게 훑어보며 꼼꼼히 읽을 부분을 선별하였군.
<보기>를 통해 학생이 읽기로 한 「군주론」, 「목민심서」, 「테레사 전기」를 빠르게 훑어보며 「군주론」에서는 시민을 다스리는 부분을, 「목민심서」에서는 백성을 교화하는 부분을 꼼꼼히 읽을 부분으로 선정하였음을 알 수 있다.

④ 학생은 두 글을 읽은 후에 탐구 주제와 관련한 두 글쓴이의 관점 차이를 비교하였군.
<보기>를 통해 학생이 「군주론」, 「목민심서」를 읽은 후 「군주론」에서는 강력한 지도자의 리더십을 강조했고, 「목민심서」에서는 인자하면서도 솔선수범하는 지도자의 리더십을 강조했다고 정리했음을 알 수 있다. 따라서 학생은 리더십과 관련하여 두 글쓴이의 관점 차이를 비교하였음을 알 수 있다.

⑤ 학생은 특정한 관점을 지지하며 탐구 주제에 관한 자신의 관점을 구성하였군.
<보기>를 통해 학생이 「군주론」, 「목민심서」를 읽고 학생회장이 되면 인자하고 솔선수범하는 지도자가 되겠다고 다짐하고 있는데, 이는 바람직한 지도자의 리더십에 대한 자신의 관점을 드러낸 것이라 할 수 있다. 따라서 학생은 「목민심서」에 나오는 관점을 지지하며 자신의 관점을 구성하였다고 할 수 있다.

**03** 이유의 추론 — 정답률 95% | 정답 ②

㉠의 이유로 가장 적절한 것은?

① 독자가 다양한 시대와 다양한 지역의 글을 읽음으로써 복잡한 생활 속에서도 정신적 여유를 누릴 수 있기 때문이다.
이 글을 통해 독자가 다양한 시대와 지역의 글을 읽음으로써 복잡한 현대 사회에서도 정신적 여유를 우릴 수 있다는 내용은 찾아볼 수 없다.

✔ 독자가 다양한 분야의 독서를 통해 복합적 성격의 사회 문제를 해결하는 데 필요한 지식을 생성할 수 있기 때문이다.
3문단을 통해 현대 사회는 복합적 성격의 사회 문제가 증가했는데, 이러한 성격의 문제는 다양한 분야의 지식을 통합해야 새로운 해결책을 만들어 낼 수 있음을 알 수 있다. 이를 통해 ㉠의 '이런 점'이 의미하는 것은 주제 통합적 독서를 통해 복잡한 성격의 사회 문제를 해결할 수 있다는 것임을 알 수 있다. 따라서 주제 통합적 독서는 다양한 분야의 글을 읽고 통합함으로써 다양한 분야의 지식을 생성할 수 있다가 ㉠의 이유로 적절하다고 할 수 있다.

③ 독자가 독서를 특정 목적을 달성하기 위한 수단으로 여기지 않고 독서 활동 자체를 즐길 수 있기 때문이다.
3문단의 내용을 통해 주제 통합적 독서가 새로운 해결책을 만들어 내는 것에 목적이 있다고도 할 수 있으므로 독서를 특정 목적으로 달성하기 위한 수단으로 여기지 않는다는 적절하지 않다. 또한 독서 활동 자체를 즐길 수 있다는 내용도 이유로 적절하지 않다.

④ 독자가 한 편의 글을 반복하여 읽음으로써 그 글의 주제에 대해 깊이 있게 이해할 수 있기 때문이다.
주제 통합적 독서는 비슷한 화제나 주제에 대한 글을 비판적·통합적으로 읽는 것이므로, 독자가 한 편의 글을 반복하여 읽는 것은 이러한 주제 통합적 독서와 관련이 없다.

⑤ 독자가 한 분야에 관심을 가지고 그 분야에 대한 문제의식을 키울 수 있기 때문이다.
주제 통합적 독서는 비슷한 화제나 주제에 대한 다양한 분야의 글을 읽는 것이므로 독자가 한 분야에 관심을 가진다는 것은 주제 통합적 독서와 관련이 없다.

### 04~07 기술

김상엽 외, 「안경학개론」

**해제** 이 글은 **굴절력을 바탕으로 비정시를 정시로 교정하는 방법에 대해 설명**하고 있다. 눈의 기능은 시력으로 평가되기 때문에 정시와 비정시를 구별하고 이해하는 것은 매우 중요하다. **정시와 비정시는 눈의 생물학적 구조와 광학적 특성에 의해 결정**되는데 **눈의 구조는 각막, 수정체, 방수, 유리체 등으로 복잡하게 구성**되어 눈에서 일어나는 굴절 현상을 이해하는 것이 쉽지 않으며, 그 특성이 사람마다 다르다. 따라서 **눈의 굴절 현상에 대한 이해도를 높이고 초점이 맺히는 상태를 예측하는 데 도움이 될 수 있도록 눈의 구성 요소들의 수치를 표준화하여 만든 것이 모형안**이다. **모형안을 기준으로 정시**는 **무조절 상태에서 눈 굴절력이 +59D**이다. **눈 굴절력이 +59D보다 크면 초점이 망막 앞쪽에 맺히는 근시, +59D보다 작으면 망막 뒤쪽에 맺히는 원시**이다. **무조절 상태에서 비정시의 정도를 정확히 판정할 수 있다면 필요한 만큼의 굴절력을 가진 (±)구면 렌즈를 눈앞에 대어 비정시를 교정**할 수 있다.

**주제** 비정시를 정시로 교정하는 방법

**문단 핵심 내용**

|  |  |
|---|---|
| 1문단 | 굴절력의 이해 |
| 2문단 | 눈에서 시력 조절 작용이 일어나는 이유 |
| 3문단 | 정시와 비정시를 이해하기 위해 이용되는 모형안 |
| 4문단 | (±)구면 렌즈를 통해 비정시를 정시로 교정하는 방법 |

**04** 세부 정보의 이해 — 정답률 78% | 정답 ③

윗글을 이해한 내용으로 적절하지 않은 것은?

① 각막의 굴절력은 일정하지만 수정체의 굴절력은 변할 수 있다.
2문단을 통해 눈은 굴절력이 일정한 각막과 굴절력이 변할 수 있는 수정체에 의해 초점이 망막에 맺힘을 알 수 있다.

② 수정체의 조절 작용과 상관없이 초점이 망막에 맺힐 때 최대 시력이 형성된다.
2문단을 통해 정시의 경우 수정체의 조절 작용이 없는 무조절 상태에서 망막에 초점이 맺히는 경우로,



[문제편 p.261]

이때 최대 시력을 얻을 수 있음을 알 수 있다. 따라서 수정체의 조절 작용과 상관없이 초점이 망막에 맺힐 때 최대 시력이 형성된다고 할 수 있다.

✔ **사람마다 눈의 구조와 광학적 특징은 다르지만 눈 굴절력은 +59D로 일정하다.**
3문단을 통해 사람마다 눈의 구조와 광학적 특성에 차이가 있기 때문에 눈 굴절력이 다름을 알 수 있다. 따라서 눈 굴절력이 +59D로 일정하다는 이해는 적절하지 않다.

④ **정시로 교정하기 위해 근시에는 (−)구면 렌즈, 원시에는 (+)구면 렌즈가 필요하다.**
4문단을 통해 눈 굴절력이 +61D인 근시는 −2D인 구면 렌즈를 눈앞에 대어 +59D인 정시로 교정됨을 알 수 있다. 또한 눈 굴절력이 +59D보다 큰 근시는 (−)구면 렌즈로, 눈 굴절력이 +59D보다 작은 원시는 (+)구면 렌즈로 교정될 수 있음을 알 수 있다.

⑤ **주시하는 물체가 눈앞 가까이로 다가오면 초점을 망막에 위치시키기 위해 조절량은 커진다.**
2문단을 통해 물체가 눈앞 가까이에 있을 경우 초점을 망막에 위치시키기 위해 수정체의 굴절력이 커지는 조절 작용이 일어남을 알 수 있다.

**05** 핵심 정보의 이해 정답률 49% | 정답 ②

**㉠에 대한 설명으로 가장 적절한 것은?**

① **굴절력이 작을수록 초점 거리가 짧아진다.**
1문단을 통해 굴절력은 초점 거리의 역수임을 알 수 있으므로, 굴절력이 작을수록 초점 거리는 길어진다.

✔ **굴절력이 커질수록 초점 거리의 역수도 커진다.**
1문단을 통해 굴절력은 초점 거리를 역수로 표시하고, 초점 거리는 평행한 광선이 렌즈를 통과한 후 형성된 초점과 렌즈 사이의 거리임을 알 수 있다. 따라서 굴절력이 커지면 초점 거리의 역수도 커진다는 것을 알 수 있다.

③ **(+)구면 렌즈는 굴절력이 클수록 광선을 퍼지게 한다.**
1문단을 통해 (+)구면 렌즈는 광선을 모이게 함을 알 수 있다.

④ **무한히 멀리 있는 물체를 주시하는 눈의 굴절력은 0D이다.**
1문단에 제시된 예를 볼 때, 무한히 멀리 있는 물체를 주시하는 눈의 굴절력이 0D라고는 할 수 없다.

⑤ **(−)구면 렌즈는 (+)구면 렌즈보다 광선을 모이게 하는 정도가 크다.**
(+)구면 렌즈를 통과한 광선이 모이게 된다는 점에서, (−)구면 렌즈가 광선을 모이게 하는 정도가 크지 않음을 알 수 있다.

★★★ 등급을 가르는 문제!

**06** 구체적인 상황에의 적용 정답률 41% | 정답 ⑤

**윗글을 바탕으로 <보기>를 이해한 내용으로 적절하지 않은 것은? [3점]**

〈보 기〉

아래 눈은 모형안을 기준으로 무조절 상태에서 눈 굴절력이 +57 D인 비정시이다.

2D

① **수정체의 조절량이 +2D일 때 초점이 망막에 위치해 최대 시력을 얻을 수 있겠군.**
눈 굴절력이 +57D이므로 수정체의 조절량이 +2D만큼 커진다면 +59D가 되어 망막에 초점이 맺혀 최대 시력을 얻을 수 있다.

② **−2D인 구면 렌즈를 눈앞에 대었다면 무조절 상태를 유지할 수 없겠군.**
눈 굴절력이 +57D이므로 수정체의 조절량이 −2D만큼 작아진다면 +55D가 되어 무조절 상태를 유지할 수 없음을 알 수 있다.

③ **+4D인 구면 렌즈를 눈앞에 대어 근시 상태로 유도하였다면 −1D인 구면 렌즈를 덧대어도 무조절 상태를 유지할 수 있겠군.**
+57D에 +4D인 구면 렌즈를 대었다면 +61D가 될 것이고, 이 상태에 −1D인 구면 렌즈를 덧대어도 +60D가 되어 근시 상태가 될 것이다. 따라서 −1D인 구면 렌즈를 덧대어도 무조절 상태를 유지할 것이다.

④ **+5D인 구면 렌즈를 눈앞에 대어 무조절 상태를 유도하였다면 −3D인 구면 렌즈를 덧대었을 때 최대 시력을 얻을 수 있겠군.**
+57D에 +5D인 구면 렌즈를 대었다면 +62D가 될 것이고, 이 상태에서 −3D인 구면 렌즈를 덧대면 +59D가 되어 무조절 상태가 되어 최대 시력을 얻을 수 있음을 알 수 있다.

✔ **근시 상태를 유도하기 위해 눈앞에 댄 (+)구면 렌즈와 최대 시력을 얻은 최소의 (−)구면 렌즈를 합한 렌즈 값은 +1D가 되겠군.**
〈보기〉에 제시된 눈은 모형안을 기준으로 +57D인 비정시이므로 초점이 망막 뒤쪽에 맺히는 원시임을 알 수 있다. 그래서 4문단을 볼 때, 운무법을 사용한다면 눈앞에 (+)구면 렌즈를 대어 인위적인 근시를 유도할 것이고, 그런 다음 (−)구면 렌즈를 순차적으로 덧대어 가면서 초점이 망막에 맺히게 되는 순간의 렌즈 값들을 합할 것이다. 〈보기〉의 눈은 +57D의 원시이므로 +3D, +4D, +5D……와 같은 (+)구면 렌즈를 눈앞에 대면 인위적인 근시 상태를 유도할 수 있으며, +59D의 눈 굴절력을 갖도록 (−)구면 렌즈를 덧대야 망막에 초점이 맺힐 수 있다. 따라서 (+)구면 렌즈와 (−)구면 렌즈를 합한 값은 +2D라는 것을 알 수 있다.

**★★ 문제 해결 꿀~팁 ★★**

▶ **많이 틀린 이유는?**
이 문제는 글의 내용을 정확히 이해하지 못하여 오답률이 높았던 것으로 보인다. 또한 선택지에 제시된 조건을 정확히 이해하지 못한 것도 오답률을 높인 원인으로 보인다.

▶ **문제 해결 방법은?**
이 문제를 해결하기 위해서는 〈보기〉의 사례, 즉 눈 굴절력이 +57D임을 정확히 이해하고, 이를 설명하고 하고 있는 선택지를 글에서 찾아 적절성을 판단해야 한다. 이때 주의할 점은 선택지에서 조건을 제시하였으므로, 이러한 조건을 바탕으로 글의 내용과 연계하여 적절성을 판단해야 한다. 선택지 ①, ②의 경우, '수정체의 조절량이 +2D일 때'와 '−2D인 구면 렌즈를 눈앞에 대었다면'이라는 조건이 주어졌고, 글을 통해 최대 시력을 얻을 수 있는 정시인 경우가 '+59D'임을 파악했다면 적절함을 알았을 것이다. 이와 같은 방식으로 한다면 선택지 ③과 ④도 적절함을 알았을 것이다. 한편 정답인 ⑤의 경우에도 이와 같은 방식과 더불어 간단한 계산만 하면 되는데, 이때 주의할 점은 '근시 상태를 유도하기 위해'라는 선택지의 내용이다. 따라서 근시 상태를 유도하기 위해서는 '+59D'보다는 커야 하므로 최대치인 '+60D'가 되게 '3D'를 더해야 한다. 그런 다음 '+59D'가 되게 (−)구면 렌즈를 덧대어 '+59D'를 만들어야 하므로 '−1D'를 덧대야 함을 알 수 있어서 적절하지 않음을 알 수 있다. 이 문제는 선택지의 조건을 얼마나 정확하게 이해하는 것이 문제 해결을 좌우하고 있는데, 선택지를 볼 때 반드시 이러한 조건에 유의하여 문제를 해결하도록 한다.

★★★ 등급을 가르는 문제!

**07** 이유의 추리 정답률 43% | 정답 ①

**㉮의 이유로 가장 적절한 것은?**

✔ **원시를 근시로 유도하기 위해**
4문단을 통해 눈앞에 (+)구면 렌즈를 대어 초점이 망막의 앞쪽에 맺히도록 유도하는 것은 무조절 상태를 유지하기 위해 인위적인 근시 상태를 만드는 것임을 알 수 있다. 근시의 경우는 인위적으로 근시 상태를 유도할 필요가 없지만, 원시의 경우 수정체의 조절 작용을 통해 정시인 상태를 유지할 수도 있기 때문이다.

② **원시를 정시로 유도하기 위해**
원시를 근시로 유도하기 위함이므로 적절하지 않다.

③ **근시를 정시로 유도하기 위해**
㉮의 '초점이 망막의 앞쪽에 맺히도록 유도'한다를 통해 근시를 정시로 유도하기 위해는 적절하지 않다.

④ **근시를 원시로 유도하기 위해**
㉮의 '초점이 망막의 앞쪽에 맺히도록 유도'한다를 통해 근시를 원시로 유도하기 위해는 적절하지 않다.

⑤ **정시를 원시로 유도하기 위해**
㉮의 '초점이 망막의 앞쪽에 맺히도록 유도'한다를 통해 정시를 원시로 유도하기 위해는 적절하지 않다.

**★★ 문제 해결 꿀~팁 ★★**

▶ **많이 틀린 이유는?**
이 문제는 글을 통해 원시와 근시, 그리고 운무법에 대한 정확한 이해 부족으로 오답률이 높았던 것으로 보인다. 또한 제재가 기술 지문이어서 지레 어렵다고 여긴 것도 오답률을 높인 원인으로 보인다.

▶ **문제 해결 방법은?**
이 문제를 해결하기 위해서는 ㉮의 내용이 운무법에 대한 내용임을 먼저 이해해야 한다. 즉 운무법에서는 눈앞에 (+)구면 렌즈를 덧대어 초점이 망막의 앞쪽, 즉 근시로 만든 다음에 (−)구면 렌즈를 덧대어 최대 시력인 '+59D'를 만드는 것임을 이해해야 한다. 이렇게 볼 때, 운무법은 원시(제재의 〈그림〉과 3문단의 설명을 통해 근시와 원시에 대해 알 수 있음.)를 근시로 만들고 (−)구면 렌즈를 덧대어 시력을 교정하는 것임을 알 수 있다. 따라서 운무법에서 ㉮와 같이 하는 것은 원시를 근시로 유도하기 위함임을 알 수 있다. 이 문제는 사실 글의 내용을 통해 원시, 근시, 운무법만 이해했다면 쉽게 풀 수 있는 문제였지만, 학생들 중 기술 지문이라 지레 겁을 먹어 정확히 풀지 못했던 것으로 보인다. 과학, 기술 지문이라도 이 문제처럼 차분히 글의 내용만 이해하면 쉽게 문제를 풀 수 있으므로 지레 겁먹지 말고 차분히 지문 내용을 정확히 이해하도록 한다.

**08~11 사회**

최봉철, 『현대법철학』

**해제** 이 글은 **하트의 법 해석에 대해 설명**하고 있다. **하트는 법 해석에서 법 규칙의 적용 가능 여부가 분명하지 않아 문제가 되는 사례에 주목**하였다. **하트는 법의 개방적 구조 때문에 이러한 문제가 발생**한다고 보았다. **개방적 구조**는 **법이 명백하게 적용되는 핵심적인 사례에 있어서는 언어의 의미가 확정되어 있지만, 그렇지 않은 경계에 있는 사례에서는 언어의 의미가 불확정적이라는 것을 의미**한다. **하트는 법 규칙이 명백하게 적용되지 않는 사례가 발생했을 경우, 판사는 법 외적인 요소를 고려한 재량을 행사하여 판결할 수 있다고 주장**하였다. 이에 대해 **풀러는 법 규칙의 맥락과 법 규칙으로 실현하고자 하는 목적이 해석 과정 전반에서 고려되어야 한다고 주장**하였고, **하트의 법 해석에 대한 접근이 개별 단어들에 지나치게 집중한다고 보았다.**

**주제** 하트의 법 해석에 대한 이해

**문단 핵심 내용**

| 문단 | 핵심 내용 |
|---|---|
| 1문단 | 법 규칙 적용 가능 여부의 문제 사례에 주목한 하트 |
| 2문단 | 법이 개방적 구조를 가질 수밖에 없다고 본 하트 |
| 3문단 | 법 규칙과 법 규칙이 명백하게 적용되지 않는 사례에 대한 하트의 생각 |
| 4문단 | 법 규칙의 맥락과 법 규칙으로 실현하고자 하는 목적을 중요시 여긴 풀러 |

**08** 세부 내용의 이해 정답률 80% | 정답 ⑤

**윗글의 내용과 일치하지 않는 것은?**

① **법을 해석할 때 법 규칙의 적용 가능 여부가 분명하지 않아 문제가 되는 사례가 발생할 수 있다.**
1문단을 통해 법을 해석할 때 법 규칙의 적용 가능 여부가 분명하지 않아 문제가 되는 일부 사례가 있음을 알 수 있다.

② **풀러는 하트의 법 해석에 대한 접근이 개별 단어들에 지나치게 집중한다고 보았다.**
4문단을 통해 풀러는 하트의 법 해석에 대한 접근이 개별 단어들에 지나치게 집중한다고 보았음을 알 수 있다.

③ **하트는 판사가 판결을 통해 법 규칙의 의미를 확정하는 기능도 수행한다고 보았다.**
3문단을 통해 하트는 판사가 경계에 있는 사례에 대해서 판결을 통해 법 규칙의 의미를 확정하는 기능도 수행한다고 보았음을 알 수 있다.

④ **법 해석은 법 규칙의 내용을 파악하고 그 적용 범위를 확정하는 행위이다.**

14회

1문단을 통해 법 해석은 법 규칙의 내용을 파악하고 그 적용 범위를 확정하는 것임을 알 수 있다.

**✔ 하트는 법 규칙의 맥락과 목적이 법 해석에서 언제나 고려된다고 보았다.**
3문단을 통해 하트는 법 규칙의 의미가 확정적일 때 다른 요소를 특별히 고려할 필요가 없다고 생각했음을 알 수 있다.

## 09 핵심 정보의 이해
정답률 80% | 정답 ②

**개방적 구조에 대한 이해로 가장 적절한 것은?**

**① 법 규칙은 언어의 의미가 확정적일 때 개방적 구조를 가진다.**
2문단을 통해 개방적 구조는 법 규칙이 명백하게 적용되는 핵심적인 사례에 있어서는 언어의 의미가 확정되어 있지만, 그렇지 않은 경계 선상의 사례에서는 언어의 의미가 불확정적이라는 것을 의미함을 알 수 있다.

**✔ 대부분의 법 규칙은 언어로 구성되므로 개방적 구조를 가진다.**
2문단을 통해 하트는 법 규칙처럼 언어로 만들어진 규칙이라면 대부분 개방적 구조를 가진다고 보았음을 알 수 있다.

**③ 개방적 구조는 법에 근거한 논리적 판단으로 모든 문제를 해결할 수 있게 한다.**
3문단을 통해 법 규칙이 명백하게 적용되지 않는 사례가 발생했을 경우에는 법에 근거한 논리적 판단으로 문제를 해결할 수 없음을 알 수 있다.

**④ 개방적 구조는 미래에 일어날 수 있는 모든 사태를 미리 구상할 수 있게 한다.**
2문단을 통해 개방적 구조에서는 미래에 일어날 수 있는 가능한 모든 사태를 미리 알 수 없음을 알 수 있다.

**⑤ 법 규칙은 핵심적인 사례에서 언어의 의미가 불확정적이어서 개방적 구조를 가진다.**
2문단을 통해 법 규칙은 핵심적인 사례에 있어서는 언어의 의미가 확정되어 있고, 경계에 있는 사례에서 법 규칙은 언어의 의미가 불확정적이어서 개방적 구조를 가짐을 알 수 있다.

## 10 구체적인 상황에의 적용
정답률 54% | 정답 ⑤

**㉠, ㉡이 〈보기〉에 대해 보인 반응으로 적절하지 않은 것은? [3점]**

〈보 기〉
K국에는 "박물관에서 먹을 것 섭취를 금지한다."라는 규칙이 있다. 어느 날 A는 박물관에서 약을 먹다가 적발되자, 약은 금지되는 먹을 것이 아니라고 판사에게 주장하였다.

**① ㉠은 규칙으로 금지되는 '먹을 것'에 해당하는 사례가 있다고 볼 수 있겠군.**
3문단의 '하지만 법 규칙이 명백하게 적용되지 않는 사례가 발생했을 경우, ~ 법 외적인 요소를 고려한 재량을 행사하여 판결할 수 있다고 주장하였다.'를 통해, ㉠은 규칙으로 금지되는 '먹을 것'에 해당하는 사례가 있다고 볼 것임을 알 수 있다.

**② ㉠은 약이 금지되는 '먹을 것'으로 규칙에 명백하게 적용되지 않는다면 경계에 있는 사례가 발생했다고 볼 수 있겠군.**
2문단의 '개방적 구조란 법 규칙이 명백하게 ~ 개방적 구조를 가질 수밖에 없다고 보았다.'를 통해, ㉠은 약이 금지되는 '먹을 것'으로 규칙에 명백하게 적용되지 않는다면 경계에 있는 사례가 발생했다고 볼 것임을 알 수 있다.

**③ ㉡은 약이 금지되는 '먹을 것'에 해당하는 사례라고 하더라도 판사는 규칙의 맥락과 목적을 고려해야 한다고 볼 수 있겠군.**
4문단을 통해 ㉡은 법을 해석할 때 규칙의 맥락과 목적을 해석 과정 전반에서 고려하여 판결해야 한다고 보았음을 알 수 있다. 따라서 ㉡은 약이 금지되는 '먹을 것'에 해당하는 핵심적인 사례라고 하더라도 판사는 규칙의 맥락과 목적을 고려해야 한다고 볼 것임을 알 수 있다.

**④ ㉠은 규칙을 만들 때 약의 섭취 문제를 예견하지 못했기 때문에 판사가 재량을 행사할 수 있다고 볼 수 있겠고, ㉡은 금지되는 '먹을 것'에 약이 포함되는지를 그 규칙의 목적을 고려해서 판단해야 한다고 볼 수 있겠군.**
3문단의 '하지만 법 규칙이 명백하게 적용되지 않는 사례가 발생했을 경우, ~ 법 외적인 요소를 고려한 재량을 행사하여 판결할 수 있다고 주장하였다.'를 통해, ㉠은 규칙을 만들 때 약의 섭취 문제를 예견하지 못했기 때문에 판사가 재량을 행사할 수 있다고 볼 것임을 알 수 있다. 그리고 4문단의 '법을 해석할 때는 기본적으로 ~ 비로소 목적을 고려하는 것이 아니라는 것이다.'를 통해, ㉡은 금지되는 '먹을 것'에 약이 포함되는지를 그 규칙의 목적을 고려해서 판단해야 한다고 볼 것임을 알 수 있다.

**✔ ㉠은 규칙에 의해 약이 금지되는 '먹을 것'에 해당되는지를 우선 살펴야 한다고 볼 수 있겠고, ㉡은 약이 금지되는 '먹을 것'에 해당되는지를 판사가 규칙의 언어에 근거하여 확정했다면 목적을 중시하는 해석을 과도하게 한다고 볼 수 있겠군.**
3문단을 통해 ㉠은 규칙에 의해 약이 금지되는 '먹을 것'에 해당되는지를 우선 살피고, 법 규칙이 명백하게 적용되지 않는 사례라면, 판사는 사회적 목적, 정책 등과 같은 법 외적인 요소를 고려한 재량을 행사하여 판결할 수 있다고 볼 것이다. 그리고 4문단을 통해 ㉡은 약이 금지되는 '먹을 것'에 해당하는지를 판사가 규칙의 언어에 근거하여 확정했다면, 규칙의 목적을 고려하기보다 규칙을 구성하는 단어의 의미에 집중해서 규칙을 해석한다고 볼 것이다.

## 11 어휘의 문맥적 의미 파악
정답률 94% | 정답 ⑤

**ⓐ의 문맥적 의미와 가장 유사한 것은?**

**① 고생을 많이 했는지 눈이 쏙 들어갔다.**
'물체의 표면이 우묵하게 되다.'의 의미로 사용되었다.

**② 수업 종이 울려서 교실에 들어갔다.**
'밖에서 안으로 향하여 가다.'의 의미로 사용되었다.

**③ 오래된 신발이 안 들어간다.**
'옷이나 신 따위의 치수가 몸에 맞다.'의 의미로 사용되었다.

**④ 내일부터 방학에 들어간다.**
'새로운 상태나 시기가 시작되다.'의 의미로 사용되었다.

**✔ 고래는 포유류에 들어간다.**
ⓐ는 '어떤 사례가 들어가기'의 '들어가다'는 '일정한 범위나 기준 안에 속하거나 포함되다.'의 의미로 사용되었으므로, '포유류에 들어간다'의 '들어간다'가 이와 유사하게 사용되었다.

## 12~17 인문

**(가) 이가림, 「미적 판단의 규범성에 관한 연구」**

**해제** 이 글은 **미적 실재론과 미적 반실재론 사이의 논쟁**을 보여 주고 있다. 미학에서 우아함, 장엄함 등 소위 **미적 속성에 대한 논쟁 중 하나는 미적 속성이 대상에 실재하느냐에 관한 것**이다. **미적 실재론에 따르면 미적 속성은 대상에 실재**한다. 이는 어떤 미적 속성에 대한 미적 판단이 객관적으로 참일 때, 그 미적 속성이 실재한다는 의미로 볼 수 있다. **미적 반실재론**은 **대상에 객관적으로 존재하는 미적 속성을 인정하지 않는다.** 미적 판단은 대상에 객관적으로 존재하는 속성을 알아차리는 것이 아니라 감상자의 주관적 반응에 관한 것이라고 본다. **미적 실재론과 미적 반실재론은 이러한 차이에도 불구하고 미적 판단은 정당화가 요구되는 진술이라고 생각한다는 점에서는 서로 의견이 동일**하다.

**주제** 미적 실재론과 미적 반실재론 사이의 논쟁

**문단 핵심 내용**

| | |
|---|---|
| 1문단 | 미적 속성 존재 여부에 대한 대표적 견해인 미적 실재론과 미적 반실재론 |
| 2문단 | 대상에 미적 속성이 실재한다고 여긴 미적 실재론의 이해 |
| 3문단 | 대상에 존재하는 미적 속성을 인정하지 않는 미적 반실재론의 이해 |
| 4문단 | 미적 실재론과 미적 반실재론이 동의하는 미적 판단에 대한 인식 |

**(나) 신현주, 「미적 속성 실재론 혹은 반실재론: 미적 수반과의 양립 가능성」**

**해제** 이 글은 **수반론을 바탕으로 미적 수반론에 대한 미적 실재론자들과 미적 반실재론자의 입장**을 다루고 있다. **수반론에 따르면 비도덕적 속성에서 동일한 두 개인은 도덕적 속성에서도 동일**하다. 이러한 논의에 영향을 받아 **미학에서도 미적 속성과 비미적 속성 사이에 미적 수반이 존재한다고 보는 미학자들이 나타났다. 미적 수반**이란 **한 작품의 미적 속성이 그 작품의 비미적 속성에 의존하는 관계**라고 할 수 있다. 즉, 비미적 속성의 차이 없이는 미적 속성의 차이도 없다고 본다. **미적 수반론은 미적 실재론에 미적 판단의 정당화 문제에 대하여 단서를 제공할 수 있다는 점에서 의의**가 있다. 하지만 **미적 실재론자들이 미적 수반론을 받아들일 경우 미적 판단의 해소 불가능한 불일치 문제를 설명하기 어렵다. 미적 반실재론자 입장**에서는 **미적 판단의 해소 불가능한 불일치는 자연스러운 현상이므로 미적 수반론을 받아들이기 어렵다.** 그런데 **미적 수반론을 수용하지 않는 미적 반실재론자는 미적 판단의 정당화가 어떤 방식으로 가능한지 설명하기 쉽지 않다.**

**주제** 미적 수반론에 대한 미적 실재론자들과 미적 반실재론자의 입장

**문단 핵심 내용**

| | |
|---|---|
| 1문단 | 수반의 개념 및 수반론의 이해 |
| 2문단 | 미적 수반에 대한 미학자들의 입장 |
| 3문단 | 미적 실재론자에게 있어서의 미적 수반론 의의 및 문제 제기 |
| 4문단 | 미적 수반론에 대한 미적 반실재론적 입장 |

## 12 서술 방식 파악
정답률 82% | 정답 ④

**(가), (나)에 대한 설명으로 가장 적절한 것은?**

**① (가)는 미적 속성을 구분하기 위한 기준을 제시하고 그 구분이 미학 논쟁에서 중요한 까닭을 강조하고 있다.**
(가)를 통해 미적 속성을 구분하기 위한 기준을 제시하고 그 구분이 미학 논쟁에서 중요한 까닭임을 설명한 내용은 찾아볼 수 없다.

**② (나)는 미적 판단의 정당화와 관련된 문제를 언급하며 서로 충돌되는 견해를 절충하여 새로운 결론을 도출하고 있다.**
(나)를 통해 미적 판단의 정당화와 관련된 문제는 알 수 있지만, 서로 충돌되는 견해를 절충하여 새로운 결론을 도출하지는 않고 있다.

**③ (가)는 통시적으로 두 이론의 논쟁 과정을 보여 주고 있고, (나)는 공시적으로 두 이론이 지역에 따라 달리 전개되는 양상을 보여 주고 있다.**
(가)를 통해 두 이론의 논쟁 과정을 통시적으로 보여 주는 내용은 찾아볼 수 없고, (나)를 통해 두 이론이 지역에 따라 달리 전개되는 양상을 찾아볼 수 없다.

**✔ (가)는 서로 다른 견해들의 차이점과 공통점을 설명하고 있고, (나)는 서로 다른 견해들이 특정 이론을 어떻게 받아들일 수 있는지를 설명하고 있다.**
(가)에서는 미적 속성이 대상에 실재한다고 보는 미적 실재론과 대상에 객관적으로 존재하는 미적 속성을 인정하지 않는 미적 반실재론에 대해 설명하고 있다. 또한 미적 실재론과 미적 반실재론은 미적 판단은 정당화가 요구되는 진술이라고 생각한다는 점에서는 서로 의견이 일치한다고 설명하고 있다. 따라서 (가)에서는 서로 다른 견해들의 차이점과 공통점을 설명하고 있음을 알 수 있다. 그리고 (나)에서는 **미적 수반론에 대한 실재론자와 비실재론의 입장을 보여 주고 있다.** 따라서 (나)에서는 서로 다른 견해들이 특정 이론을 어떻게 받아들일 수 있는지를 설명하고 있음을 알 수 있다.

**⑤ (가)와 (나)는 모두 이론가들의 영향 관계를 바탕으로 그들이 미적 판단의 기준을 통합하는 과정을 설명하고 있다.**
(가)와 (나) 모두 미적 판단의 기준을 통합하는 과정을 설명하지는 않고 있다.

## 13 세부 정보의 이해
정답률 86% | 정답 ③

**㉠, ㉡에 대한 설명으로 적절하지 않은 것은?**

**① ㉠은 '운명 교향곡'에 대한 미적 판단의 불일치는 누군가의 지각적 오류 때문이라고 설명할 수 있다고 본다.**
(가)의 2문단을 통해 미적 실재론에서는 미적 판단의 불일치가 누군가의 지각적 문제 혹은 미적 감수성의 부족 때문이라고 설명하였음을 알 수 있다.

**② ㉠은 '운명 교향곡'에 대한 장엄하다는 미적 판단이 객관적으로 참이라면 장엄함은 '운명 교향곡'에 실재한다고 본다.**
(가)의 2문단을 통해 미적 실재론에서는 어떤 미적 속성에 대한 미적 판단이 객관적으로 참일 때, 그 미적 속성이 실재한다고 보았음을 알 수 있다.



[문제편 p.263]

✔ ㉡은 '운명 교향곡'에 대한 미적 판단은 '운명 교향곡'에 실재하는 미적 속성을 지각할 때 가능하다고 본다.
(가)의 3문단을 통해 미적 반실재론은 대상에 객관적으로 존재하는 미적 속성을 인정하지 않음을 알 수 있다. 따라서 '운명 교향곡'에 실재하는 미적 속성을 지각할 수 있다고 보는 입장은 미적 실재론에 해당한다고 할 수 있다.

④ ㉡은 '운명 교향곡'에 대한 미적 판단의 일치는 비슷한 감수성을 가진 사람들이 비슷하게 반응했기 때문이라고 본다.
(가)의 3문단을 통해 미적 반실재론에서는 대상에 대한 미적 판단의 일치는 비슷한 감수성을 가진 사람들이 대상에 대하여 비슷하게 반응했기 때문이라고 설명하였음을 알 수 있다.

⑤ ㉠과 ㉡은 모두 '운명 교향곡'에 대한 미적 판단은 정당화가 요구되는 진술이라고 본다.
(가)의 4문단을 통해 ㉠과 ㉡ 모두 '운명 교향곡'에 대한 미적 판단은 정당화가 요구되는 진술이라고 보았음을 알 수 있다.

**14** 핵심 정보의 이해 정답률 71% | 정답 ①

수반론에 대한 이해로 가장 적절한 것은?

✔ 비도덕적 속성이 동일한 두 사람 중에서 한 사람은 선하지만 다른 사람은 선하지 않는 경우란 존재하기 어렵다고 본다.
(나)의 1문단을 통해 수반론은 도덕적 속성과 비도덕적 속성 사이의 관계를 설명하면서 도덕적 속성은 비도덕적 속성에 의존하기 때문에 비도덕적 속성에서 동일한 두 개인은 도덕적 속성에서도 동일하다고 설명함을 알 수 있다. 따라서 수반론에서는 비도덕적 속성이 동일한 두 사람 중에서 한 사람은 선하지만 다른 사람은 선하지 않은 경우란 존재하기 어렵다고 이해할 수 있다.

② 도덕적 속성이 일정하게 유지되는 사람은 서로 다른 상황에 놓이더라도 동일한 도덕적 행동을 반복해야 한다고 본다.
(나)의 1문단의 내용을 통해 도덕적 속성이 일정하게 유지되는 사람은 서로 다른 상황에 놓이더라도 동일한 도덕적 행동을 반복해야 한다고 보는 것은 수반론과 관련이 없다.

③ 어떤 사람이 자신이 처한 상황에 따라 도덕적 속성이 달라진다면 그 사람은 도덕적 수준이 낮은 것이라고 본다.
(나)의 1문단을 통해 어떤 사람이 자신이 처한 상황에 따라 도덕적 속성이 달라진다면 그 사람은 도덕적 수준이 낮은 것이라고 보는 것은 보는 것은 수반론과 관련이 없다.

④ 도덕적 속성은 비도덕적 속성이 발현되고 실현되기 위한 기반과 필요한 조건을 제공한다고 본다.
(나)의 1문단을 통해 수반론에서 도덕적 속성은 비도덕적 속성에 의존하기 때문에 비도덕적 속성에서 동일한 두 개인은 도덕적 속성에서도 동일하다고 설명하고 있다. 하지만 도덕적 속성은 비도덕적 속성이 발현되고 실현되기 위한 기반과 필요한 조건을 제공한다고 본다는 내용은 찾아볼 수 없다.

⑤ 두 사람이 비도덕적 속성에서 동일하더라도 그들의 도덕적 속성은 다를 수 있다고 본다.
(나)의 1문단을 통해 수반론에서 도덕적 속성은 비도덕적 속성에 의존하기 때문에 비도덕적 속성에서 동일한 두 개인은 도덕적 속성에서도 동일하다고 설명함을 알 수 있다. 이를 볼 때, 두 사람이 비도덕적 속성에서 동일하더라도 그들의 도덕적 속성은 다르지 않을 것임을 알 수 있다.

**15** 구체적인 상황에의 적용 정답률 67% | 정답 ③

(가)와 (나)를 바탕으로 〈보기〉에 대해 보인 반응으로 적절하지 않은 것은? [3점]

〈보 기〉

길동과 장금은 미술관을 방문하여 화가 몬드리안의 작품 '빨강, 파랑, 노랑의 구성'을 감상하였다. 이 작품은 직선들의 교차를 통해 형성된 수많은 직사각형으로 구성되어 있다. 이 다양한 크기의 직사각형들 중 일부는 선명한 원색으로 채색되어 있다. 길동은 이 작품을 본 소감으로 생동감을, 장금은 지루함을 제시했다.

① 길동이 시블리의 입장을 따른다면, 생동감이나 지루함은 작품의 미적 속성으로 색이나 직선들은 작품의 비미적 속성으로 구분하겠군.
시블리는 감상자가 미적 감수성을 발휘해야 지각할 수 있는 속성을 미적 속성으로, 감상자가 시각과 청각 등의 지각 능력을 발휘하면 충분히 지각할 수 있는 속성을 비미적 속성으로 보았다.

② 장금이 미적 반실재론자라면, 길동과 자신은 미적 감수성이 다르므로 길동과 자신의 소감이 다른 것은 자연스러운 현상이라고 말하겠군.
미적 반실재론은 미적 판단의 불일치가 발생하는 이유를 미적 감수성이 서로 다른 사람들이 대상에 대해 각기 다르게 반응하기 때문이라고 설명하고 있다. 따라서 장금이 미적 반실재론자라면, 길동과 자신은 미적 감수성이 다르므로 길동과 자신의 소감이 다른 것은 자연스러운 현상이라고 말할 것임을 알 수 있다.

✔ 장금이 미적 수반론을 부정하는 미적 반실재론자라면, 자신과 길동의 미적 판단이 다른 이유를 비미적 속성에서의 차이 때문이라고 설명하겠군.
장금이 미적 수반론을 부정하는 미적 반실재론자라면 미적 판단의 해소 불가능한 불일치는 쉽게 설명할 수 있지만 미적 판단의 정당화가 어떤 방식으로 가능한지는 설명하기 어렵다. 장금이 이러한 입장이라면 자신과 길동의 미적 판단이 다른 이유를 비미적 속성에서의 차이 때문이 아니라 미적 감수성이 서로 다르기 때문이라고 설명할 것이다.

④ 길동이 미적 수반론을 지지하는 미적 실재론자라면, 생동감이 직선들의 교차 등의 비미적 속성에 수반하는데 그 비미적 속성이 작품에서 발견된다고 설명하겠군.
(나)의 3문단에서 미적 수반론을 지지하는 미적 실재론자는 미적 판단을 정당화하는 데 수반 관계를 이용할 수 있다고 하였다. 대상의 어떤 미적 속성은 특정한 비미적 속성에 수반하는데, 그 비미적 속성이 대상에서 발견된다는 것이다.

⑤ 길동이 미적 실재론자라면, 자신이 작품의 미적 속성인 생동감을 지각하는 데 성공했다고 판단할 경우 장금을 지각 능력이나 미적 감수성이 부족한 사람이라고 생각하겠군.
미적 실재론자는 미적 판단의 불일치가 일어나는 경우 일부가 그들이 가진 지각적 문제 혹은 미적 감수성의 부족 때문에 대상의 실제 속성을 보는 데 실패했기 때문이라고 설명한다.

**16** 세부 내용의 이해 정답률 71% | 정답 ②

㉮에 대한 이해로 가장 적절한 것은?

① 미적 속성이 비미적 속성에 의존하는 관계라면 서로 다른 감수성을 가진 사람들이 동일한 미적 판단을 내리는 까닭을 설명하기 어렵다.
미적 실재론자는 미적 판단의 해소 불가능한 불일치 문제를 설명하기 어려우므로, 동일한 미적 판단을 내리는 까닭을 설명하기 어렵다는 의미는 적절하지 않다.

✔ 미적 속성이 비미적 속성에 수반한다면 지각 능력이나 미적 감수성 등이 충분함에도 미적 판단의 불일치가 일어나는 현상을 설명하기 어렵다.
㉮는 미적 수반론이 미적 실재론자들에게 제기하는 문제이다. 미적 수반론을 수용하는 미적 실재론자들은 미적 판단의 해소 불가능한 불일치 문제를 설명하기 어렵다. 미적 속성이 비미적 속성에 수반한다는 것은 비미적 속성의 차이 없이는 미적 속성의 차이도 없다는 뜻이다. 즉, 미적 수반론을 수용할 경우 지각 능력이나 미적 감수성 등이 충분함에도 미적 판단의 불일치가 일어나는 까닭을 설명하기 어렵게 된다.

③ 미적 수반이 존재한다면 비미적 속성에서 동일한 대상에 대하여 미적 속성에서 동일한 판단을 내리는 것을 설명하기 어렵다.
미적 실재론자는 미적 판단의 해소 불가능한 불일치 문제를 설명하기 어려우므로, 동일한 대상에 대하여 미적 속성에서 동일한 판단을 내리는 것을 설명하기 어렵다는 적절하지 않다.

④ 미적 속성과 비미적 속성 사이에 수반 관계가 존재한다면 미적 판단의 정당화가 어떤 방식으로 가능한지 설명하기 쉽다.
이 글의 내용과는 관련이 없는 내용이므로 적절하지 않다.

⑤ 어떤 미적 속성이 수반하는 특정 비미적 속성이 존재한다면 극단적인 주관주의를 설명하기 쉽다.
이 글의 내용과는 관련이 없는 내용이므로 적절하지 않다.

**17** 어휘의 사전적 의미 파악 정답률 87% | 정답 ②

ⓐ ~ ⓔ의 사전적 의미로 적절하지 않은 것은?

① ⓐ : 상태, 모양, 성질 따위가 그와 같다고 봄. 또는 그렇다고 여김.

✔ ⓑ : 완전히 다 이룸.
ⓑ에 해당하는 어휘는 '형성'으로 '형성'의 사전적 의미는 '어떤 형상을 이룸.'이다. '완전히 다 이룸.'은 '완성'의 사전적 의미에 해당한다.

③ ⓒ : 어떤 문제에 대하여 서로 의견을 내어 토의함. 또는 그런 토의.

④ ⓓ : 재능, 능력 따위를 떨치어 나타냄.

⑤ ⓔ : 무엇을 내주거나 갖다 바침.

14회

**18~23 고전 시가 + 수필**

(가) 이진유, 「속사미인곡」

감상 조선 영조 때 **사대부인 이진유가 유배지인 추자도에서 지은 가사**이다. 이 작품은 다른 유배 가사에 비해 **유배 생활의 시련이 자세하게 서술된 점에서 문학사적인 의미**를 갖는다. 이 작품은 '서사 – 본사 – 결사'로 구성되어 있으며, 본사는 유배지까지의 여정, 나주에서의 유배 생활, 추자도에서의 유배 생활 등으로 이루어져 있다. 지문에는 본사의 일부와 결사가 수록되어 있는데 **자신의 죄 없음과 억울함, 임을 향한 그리움, 임의 사랑을 회복하여 그와 재회하기를 바라는 마음이 여성 화자의 목소리로 표현**되어 있다.

주제 임과 재회하기를 바라는 마음

(나) 이복길, 「오련가」

감상 조선 후기 사대부 이복길이 지은 연시조로 **작가는 남성 사대부이나 내용은 이별한 임을 그리워하는 여성의 간절한 심정**을 담고 있다. 이러한 내용을 효과적으로 나타내기 위해 **작가는 여성 화자의 목소리를 빌려 내용을 진술하는 방법을 사용**하고 있다. 작품은 총 10수로 이루어져 있으며 1 ~ 5수(전 5곡)와 6 ~ 10수(후 5곡)가 각각의 완결성을 갖도록 구성되어 있다. 한편 이 작품은 **이른바 '꼬리 따기'라는 독특한 구성 방식을 보여 주고 있다. 즉, 앞 수 종장의 마지막 구절 또는 단어를 다음 수 초장에서 이어받아 시상을 전개하는 독특한 방식으로 구성**되어 있다.

주제 임을 그리워하는 마음

(다) 박지원, 「답홍덕보서 제이」

감상 조선 후기 실학파 문인인 **박지원이 그의 벗이자 선배였던 홍대용에게 답장으로 보낸 편지**이다. 홍대용 역시 실학파의 대표적 학자로서 '덕보'는 그의 자(字)이다. 박지원은 여러 작품을 통해 우정의 소중함을 역설하였는데 이 글도 그중 하나이다. 이 글에서 **작가는 참된 벗 사귐을 모르고 명성·이익·권세를 좇아 사람들과 어울렸던 자신의 과거를 성찰**하면서 **참된 벗 사귐의 의미와 그 어려움을 이야기한다. 아울러 참된 벗 사귐이 어려운 당대의 세태도 비판**하고 있다.

주제 참된 벗 사귐의 의미와 그 어려움

**18** 작품 간의 공통점 파악 정답률 88% | 정답 ⑤

(가)~(다)의 공통점으로 가장 적절한 것은?

① 초월적 공간을 제시하여 이상적인 세계에 대한 동경을 드러내고 있다.
(가) ~ (다) 모두 화자나 글쓴이 현실적 공간에 존재하고 있다. 따라서 초월적 공간을 제시하였다는 내용은 적절하지 않다.

② 현실에 대한 인식을 바탕으로 과거로 회귀하려는 소망을 나타내고 있다.
(가) ~ (다) 모두 현실에 대한 인식이 담겨 있다고 볼 수 있지만, 이를 바탕으로 과거로 회귀하려는 소망을 나타내지는 않고 있다.

③ 대상을 보는 여러 관점을 제시하여 대상의 특성을 입체적으로 드러내고 있다.
(가) ~ (다) 모두 대상을 보는 여러 관점을 제시하지는 않고 있다.

④ 계절감이 드러나는 소재를 제시하여 자연 풍경의 변화에 대한 감상을 드러내고 있다.
(가) ~ (다) 모두 계절감이 드러나는 소재를 제시하지는 않고 있다.

✔ 만나고 싶은 대상을 만나기 어려운 상황을 제시하며 그에 대한 안타까움을 나타내고 있다.
(가), (나)의 임과 (다)의 참된 벗은 모두 만나고 싶지만 만나기 힘든 대상이며 그러한 상황에 대해 (가), (나)의 화자와 (다)의 글쓴이가 안타까움을 나타내고 있다.

## 19 외적 준거에 따른 작품의 감상 정답률 85% | 정답 ②

**〈보기〉를 바탕으로 (가)를 감상한 내용으로 적절하지 않은 것은? [3점]**

〈보 기〉

「속사미인곡」은 사대부인 작가가 유배지인 추자도에서 쓴 작품이다. 작품에서 작가는 연군(戀君)의 정서를 바탕으로 자신이 겪는 시련과 그에 대한 생각을 서술하고 있는데, 작가의 간절함을 나타내고자 장면에 따라 여성 화자의 목소리를 빌려 표현하기도 한다. 특히 당쟁 속에서 반대파의 모함을 받아 유배된 일에 대한 억울함과 유배된 작가 자신의 상황을 변화시킬 수 있는 주체가 임금이라는 생각을 드러내고 있다.

① **'뭇 여자'가 '질투하'여 '음란하다 이르'었다고 한 것은 작가가 반대파의 모함을 받아 유배되었다고 생각하고 있음을 나타낸 것이겠군.**
〈보기〉를 통해 작가는 당쟁 속에서 반대파의 모함을 받아 유배된 일에 억울해 하였음을 알 수 있다. 이렇게 볼 때, '뭇 여자'가 '질투하'여 '음란하다 이르'었다고 한 것은 작가가 반대파의 모함을 받아 유배되었다고 생각하고 있음을 나타낸 것이라 볼 수 있다.

✔② **'이내 몸을' '일월 같은 우리 임이 거의 아니 굽어볼까'라고 한 것은 작가가 유배지에서 생활하고 있는 자신의 일상에 관심을 보이는 임금에 대한 감사함을 드러낸 것이겠군.**
〈보기〉의 내용을 바탕으로 할 때, '일월 같은 ~ 굽어볼까'는 해와 달처럼 밝은 지혜를 지닌 임금이 자신의 죄 없음과 충정의 마음을 알아주리라는 작가의 믿음과 기대감을 나타낸 것으로 이해할 수 있다. 따라서 유배지에서 생활하는 자신의 일상에 임금이 관심을 보여 준 것을 감사해하는 마음에서 작가가 그와 같이 표현했다는 설명은 적절하지 않다.

③ **'옛 잘못'에 대해 '근본을 생각하면 임 위한 정성일세'라고 한 것은 작가가 자신의 시련이 임금을 위한 충정에서 비롯되었다고 생각하고 있음을 나타낸 것이겠군.**
'근본을 생각하면 임 위한 정성일세'에서 '임'은 임금을 의미하므로, '임 위한 정성'은 임금을 위한 충정이라 할 수 있다. 따라서 '옛 잘못'에 대해 '근본을 생각하면 임 위한 정성일세'는 작가 자신의 시련이 임금을 위한 충정에서 비롯되었다는 생각을 드러낸 것이라 할 수 있다.

④ **'눌 위하여 단장할꼬'라고 한 것은 작가가 지닌 연군의 마음이 임금에게 전해지지 못하는 상황에 대한 안타까움을 여성 화자의 목소리를 빌려 드러낸 것이겠군.**
'눌 위해 단장할꼬'에서 '단장'은 임에 대한 정성을 나타내는 행위로, 작가의 연군지정을 뜻한다고 할 수 있다. 그리고 '단장', '내 얼굴 고왔던지', '유한한', '치마' 등은 화자가 여성임을 짐작하게 해 주는 것이라 할 수 있다. 이렇게 볼 때, '눌 위하여 단장할꼬'는 의문의 형식을 사용하여 아름답게 단장해도 보아 줄 임이 없는 상황을 강조함으로써 자신의 연군지정이 임금에게 전해지기 힘든 상황을 부각한 것이라 할 수 있다.

⑤ **'행여 고치시기를 날마다 고대하노라'라고 한 것은 유배된 작가의 상황을 바꿀 수 있는 주체가 임금이라는 작가의 생각을 나타낸 것이겠군.**
'행여 고치시기를 날마다 고대하노라'에는 유배된 자신의 상황을 고칠 수 있는 주체가 임금이므로, 자신의 상황이 임금에 의해 변화되기를 바라는 작가의 심정이 담겨 있다.

## 20 시상 전개 방식의 파악 정답률 80% | 정답 ③

**(나)의 시상 전개에 대한 설명으로 적절하지 않은 것은?**

① **〈제1수〉에서는 화자에게 일어난 일이 시간의 순서에 따라 제시된다.**
〈제1수〉에서는 '임 생각 → 꿈을 꿈 → 꿈속에서 임과 만남 → 잠에서 깨어남'의 순서로 시상이 전개되고 있는데, 이는 화자에게 일어난 일이 시간 순으로 제시된 것이라 할 수 있다.

② **〈제2수〉의 중장에서는 초장에 제시된 상황과 관련된 화자의 정서가 드러난다.**
〈제2수〉의 중장에서는 슬픔의 정서가 드러나 있는데, 이는 초장에 제시된 임과 이별한 상황과 관련된 화자의 정서라 할 수 있다.

✔③ **〈제3수〉의 초장에서는 〈제2수〉의 종장에 제시된 소망이 실현될 것이라는 화자의 믿음이 드러난다.**
〈제2수〉의 종장에서는 화자의 슬픈 마음('진주')과 임을 향한 정성이 담긴 물건('진짜 진주')을 임에게 보내고 싶은 소망이 나타나 있다. 그러나 〈제3수〉의 초장에서 화자는 '아실까'라고 물으며 소망 실현에 대한 확신 없음을 드러내고 있다. 따라서 〈제3수〉의 초장에서 〈제2수〉의 종장에 제시된 소망 실현에 대한 화자의 믿음이 드러난다는 설명은 적절하지 않다.

④ **〈제4수〉의 초장에서는 〈제3수〉의 종장에서 가정한 상황이 발생하지 않기를 바라는 화자의 마음이 드러난다.**
〈제3수〉의 종장에서 화자는 임의 뜻이 자신과 다를 경우 자신을 향해 크게 웃을 것이라며 특정 상황을 가정하고 있다. 그리고 〈제4수〉의 초장에서는 '대소 마시고'라고 하며 〈제3수〉의 종장에서 가정한 상황이 발생하지 않기를 바라는 화자의 마음이 나타나 있다.

⑤ **〈제5수〉의 초장에서는 〈제4수〉의 종장에 드러난 화자의 고통이 심화되어 나타난다.**
〈제5수〉의 초장에서는 '목숨이 없게 되니'라 하고 있는데, 이는 〈제4수〉의 종장에 드러난 화자의 고통이 심화되었음을 드러낸 것이라 할 수 있다.

## 21 시어의 함축적 의미 파악 정답률 76% | 정답 ④

**(가)와 (나)의 시어에 대한 이해로 가장 적절한 것은?**

① **(가)의 '닭'은 (나)의 '꾀꼬리'와 달리 꿈속에서의 임과의 만남을 방해하는 존재이다.**
(가)의 '닭'과 (나)의 '꾀꼬리' 모두 화자의 꿈을 깨워, 꿈속에서 화자와 임이 만나는 것을 방해하는 존재라 할 수 있다.

② **(나)의 '진짜 진주'에는 (가)의 '치마'와 달리 임에 대한 화자의 애정이 담겨 있다.**
(가)의 '치마'는 임을 위해 단장하려고 화자가 지은 것이고, (나)의 '진짜 진주'는 임에게 보내고자 하는 화자의 정표이다. 따라서, '치마'와 '진짜 진주' 모두 임에 대한 화자의 애정을 담고 있는 소재라는 점에서 성격이 같다고 할 수 있다.

③ **(가)와 (나)의 '얼굴'은 모두 화자의 처지가 시간의 흐름에 따라 변하였음을 보여 주는 소재이다.**
(가)의 '얼굴'은 '뭇 여자'의 '질투'를 불러일으켰다는 점에서 화자의 훌륭함을 뜻하는 것으로 해석할 수 있다. 그리고 (나)의 '얼굴'은 그다음에 나오는 '일촌간장'과 대비되는 시어로, '일촌간장'은 화자의 마음을, '얼굴'은 육신을 뜻하는 말로 이해할 수 있다. 따라서 (가)와 (나)의 '얼굴'은 시간의 흐름에 따라 변화한 화자의 처지와는 관계가 없다고 할 수 있다.

✔④ **(가)와 (나)의 '꿈'에는 모두 현재 상황에서 화자가 갖는 소망이 투영되어 있다.**
(가)와 (나)의 화자는 모두 현재 상황에서 만나기 힘든 임을 꿈속에서 만나고 있다. 임을 만나고 싶은 현실의 소망이 꿈속에서나마 잠시 이루어지는 것이다. 그러므로 (가)와 (나)의 '꿈'에 현재 상황에서 이루기 힘든 화자의 소망이 '꿈'에 투영되어 있음을 알 수 있다.

⑤ **(가)의 '옥루'와 (나)의 '지하'는 죽음 이후에 임과의 재회가 이루어질 것이라는 화자의 기대가 담겨 있는 공간이다.**
(가)의 '옥루'는 화자와 임의 만남이 이루어지는 꿈속의 공간이므로, 죽음 이후에 임과의 재회가 이루어지는 공간이라고 할 수 없다.

## 22 표현상 특징 파악 정답률 82% | 정답 ③

**㉠~㉤의 표현상의 특징으로 적절하지 않은 것은?**

① **㉠ : 대구적 표현을 사용하여 운율감을 조성하고 있다.**
㉠에서는 '내 언제 ~ 득죄했나'와 '임이 언제 ~ 소홀했나.'라는 대구적 표현을 사용하고 있는데, 이러한 대구적 표현은 운율감을 조성해 주는 효과가 있다.

② **㉡: 감각적 심상을 활용하여 화자의 그리움을 부각하고 있다.**
㉡의 '음성', '어룻함', '옷과 소매'를 통해, 청각적, 후각적, 시각적 심상이 사용되었음을 알 수 있다. 그리고 이를 활용하여 '임'에 대한 화자의 그리움을 부각하고 있다.

✔③ **㉢ : 과장법을 사용하여 임을 향한 사랑을 포기해야 하는 것에 대한 화자의 절망감을 강조하고 있다.**
㉢에서 '죽어 진토가 되다'는 상황을 가정한 표현이다. 이 표현은 그다음에 나오는 '이 마음 썩을손가'와 연결되어, '내 육신은 죽어 먼지가 되어도 임을 향한 내 마음에는 변함이 없을 것'이라는 화자의 의지적 태도를 부각한다. 따라서 ㉢이 임을 향한 사랑을 포기해야 하는 것에 대한 절망감을 강조하고 있다는 설명은 적절하지 않다.

④ **㉣ : 대조법을 사용하여 자신이 과거에 추구했던 것이 초래한 상황에 대한 글쓴이의 생각을 드러내고 있다.**
㉣에는 '명성'과 '비방', '송곳 끝'과 '산더미'가 대조되어 있다. 이를 통해 글쓴이는 허황된 명성을 추구했던 젊은 시절 자신의 삶에 대해 명성은 보잘것없는 데 비해 그것이 초래한 사람들의 비방은 매우 심했다고 말하고 있다.

⑤ **㉤ : 비유적 표현을 사용하여 특정한 가치를 좇는 사람들에 대한 글쓴이의 생각을 나타내고 있다.**
㉤은 사람들이 이익과 권세를 좇다가 낭패를 보는 상황을 기름을 가까이했다가 옷만 더럽히는 상황에 비유하고 있다. 이를 통해 글쓴이는 이익과 권세라는 세속적 가치를 좇는 사람들에 대한 비판적 생각을 나타내고 있다.

## 23 외적 준거에 따른 작품의 감상 정답률 86% | 정답 ④

**〈보기〉를 참고하여 (다)를 감상한 내용으로 적절하지 않은 것은?**

〈보 기〉

(다)는 박지원이 벗 사귐을 소재로 하여 홍대용에게 쓴 서간문이다. 글쓴이는 자신의 경험과 당대 세태에 대한 비판적 의식을 바탕으로 참된 벗 사귐에 대한 생각을 드러내고 있다.

① **'문장을 표절하고 화려하게 꾸며서 잠시 예찬을 받은' 경험을 '허황된 명성을 연모'했기 때문이라 한 것은 '젊은 시절'에 자신이 한 행위에 대한 글쓴이의 반성을 드러낸 것이겠군.**
(다)에서 글쓴이는 '문장을 표절하고 화려하게 꾸며서 잠시 예찬을 받은' 경험을 '허황된 명성을 연모'했기 때문이라 하고 있는데, 이는 글쓴이가 '젊은 시절'에 자신이 한 경험에 대한 반성을 드러낸 것이라 할 수 있다.

② **'모두 남의 것을 가져다 제 것으로 만들 생각만' 한다고 한것은 '이익과 권세'를 중시하는 당대 세태에 대한 글쓴이의 비판적 의식을 드러낸 것이겠군.**
(다)에서 글쓴이가 '모두 남의 것을 가져다 제 것으로 만들 생각만' 한다고 말하고 있는데, 이는 〈보기〉에서 언급된 당대 세태에 대한 글쓴이의 비판적 의식이 드러난 것이라 할 수 있다.

③ **'벗 사귀는 도리를 다하고자 하면, 벗을 사귀기란 확실히 어려운가 봅니다'라고 한 것은 글쓴이가 자신의 경험을 바탕으로 참된 벗 사귐에 관한 생각을 드러낸 것이겠군.**
(다)에서 글쓴이는 '벗 사귀는 도리를 다하고자 하면, 벗을 사귀기란 확실히 어려운가 봅니다'라고 말하고 있는데, 이는 〈보기〉에서 언급된 글쓴이가 자신의 경험을 바탕으로 참된 벗 사귐에 대한 생각을 드러낸 것이라 할 수 있다.

✔④ **'어찌 마음이 답답하지 않을 수가 있겠습니까'라고 한 것은 신분이 낮은 이들조차 자신과 참된 벗 사귐을 하지 않으려고 하는 상황에 대한 글쓴이의 비판적 의식을 드러낸 것이겠군.**
(다)에서 글쓴이는 종놈이나 나무하는 아이와 같이 신분이 낮은 사람들 가운데에서 참된 벗을 찾으려 했으나 그들에게 부족한 점이 있어 결국 참된 벗을 찾지 못하고 있다. 그 결과로 글쓴이가 느낀 안타까운 마음이 '어찌 마음이 답답하지 않을 수 있겠습니까'라는 표현에 담겨 있다. 하지만 신분이 낮은 이들조차 글쓴이와 참된 벗 사귐을 하지 않으려고 하는 상황은 글에 제시되어 있지 않으므로 적절하지 않다.

⑤ **'서로 거리낌 없이 회포를 털어놓을 수 있는 사람이 있다면 천 리를 멀다 아니하고 찾아가'겠다고 한 것은 참된 벗 사귐에 대한 글쓴이의 간절한 바람을 드러낸 것이겠군.**
(다)에서 글쓴이는 '서로 거리낌 없이 회포를 털어놓을 수 있는 사람이 있다면 천 리를 멀다 아니하고 찾아가'겠다고 말하고 있는데, 이는 참된 벗 사귐에 대한 글쓴이의 간절한 바람을 드러낸 것이라 할 수 있다.

## 24~26 현대시

**(가) 윤동주, 「간」**

**감상** 이 시는 **고전 소설 '토끼전'의 근원 설화로 거북이의 유혹에 빠진 토끼가 지혜를 발휘해 간을 지킨 '귀토지설'과, 인간에게 불을 알려 준 죄로 제우스의 노여움을 사서 그 벌로 코카서스 산에서 독수리에게 간을 쪼이는 프로메테우스의 설화를 소재로 활용**했다. 작가는 **간을 지키려는 토끼의 의지와 프로메**



[문제편 p.267]

테우스의 희생을 연결하고 내용을 재구성하여 일제 강점기의 현실에서 희생을 감내하며 양심과 신념을 지키려는 의지를 드러내고 있다.

**주제** 양심적 삶의 회복과 희생적 삶에 대한 결연한 의지

**표현상의 특징**

- 청유형 어미를 사용하여 화자의 의지를 드러내고 있음.
- '구토지설'과 '프로메테우스 신화'를 결합하여 시상을 전개하고 있음.
- 청자를 부르는 방식을 사용하여 시상을 전개하고 있음.
- 명사형으로 시상을 종결하여 시적 여운을 주고 있음.

**(나) 문정희, 「신라의 무명 시인 지귀」**

이 시는 **신라 시대를 배경으로 하는 '지귀 설화'를 소재로 활용**했다. 천한 신분으로 선덕 여왕을 사모하다가 미쳐버린 지귀가 절에서 불공을 드리던 여왕을 기다리다가 잠이 들었고, 그사이 여왕이 지귀를 동정하여 그의 가슴에 놓고 간 금팔찌를 보고 지귀가 온몸이 타올라 불귀신이 되었다는 설화의 내용을 변용했다. **문학적 상상력을 발휘해 설화에 나타난 여왕의 동정심을 적극적인 사랑 찾기로 바꾸어 신분 차이를 넘어서는 진실하고 존귀한 사랑의 중요성을 드러내고** 있다.

**주제** 신분 차이를 넘어서는 진실하고 존귀한 사랑

**표현상의 특징**

- 청자를 부르는 방식을 사용하여 시상을 전개하고 있음.
- 설의적 표현을 사용하여 의미를 강조하고 있음.
- 명령형 종결 표현으로 단호한 어조를 드러내고 있음.

## 24 표현상 특징 파악 정답률 90% | 정답 ④

**(가)와 (나)에 대한 설명으로 가장 적절한 것은?**

① **(가)와 달리, (나)는 마지막 연을 명사로 끝을 맺어 시적 여운을 준다.**
(가)에서는 '프로메테우스'라고 명사형으로 종결하고 있지만, (나)에서는 명사형으로 시상을 종결하지 않고 있다.

② **(나)와 달리, (가)는 시간적 표지를 사용하여 시상을 전환한다.**
(나)에서는 '지금은 오후 두 시'라는 시간적 표지를 사용하여 시상을 전환하고 있음을 알 수 있다. 하지만 (가)에서는 시간 표지를 찾아볼 수 없다.

③ **(가)와 (나)는 모두 의문의 방식을 활용하여 시적 의미를 강조한다.**
(나)에서는 '누군 모르랴.', '이 무슨 아름다운 업보인가.'라는 의문의 방식을 활용하여 시적 의미를 강조하고 있지만, (가)는 의문의 방식을 활용하지 않았다.

✔ **(가)와 (나)는 모두 특정한 대상을 부르는 방식을 사용하여 대상에 주목하게 한다.**
(가)의 '여윈 독수리야!', '거북이야!'와 (나)의 '지귀여, 지귀여, 사랑하는 지귀여'를 통해, (가), (나) 모두 특정한 대상을 부르는 방식을 사용하여 대상에 주목하게 함을 알 수 있다.

⑤ **(가)와 (나)는 모두 공감각적 이미지를 활용하여 다양한 사물의 역동성을 부각한다.**
(가), (나)를 통해 공감적 이미지는 찾아볼 수 없다.

## 25 시어의 의미와 기능 정답률 82% | 정답 ①

**㉠~㉤에 대한 이해로 가장 적절한 것은?**

✔ **㉠을 활용하여 소중한 대상을 지키려는 의지를 드러낸다.**
㉠은 '둘러리'를 자꾸 돌며 간을 지키는 것과 관련이 있다. 이는 위기의 상황에서도 간을 지켜 낸 토끼처럼 화자가 간으로 상징되는 자신의 소중한 양심과 신념을 지키려는 의지를 드러낸 것으로 볼 수 있다.

② **㉡을 활용하여 현재 상황에서 벗어날 수 없는 절망감을 드러낸다.**
'너'는 '내가 오래 기르던 여윈 독수리'로, 화자가 오랫동안 간직하고 있었지만 더는 살찌우지 못한 자아로 볼 수 있다. '나'가 뜯어 먹히고 여위는 고통을 감수하면서도 자아를 살찌게 하려는 것이지, 현재 상황에서 벗어날 수 없는 절망감을 드러내는 것은 아니다.

③ **㉢을 활용하여 사랑의 진리를 깨닫지 못한 이에 대한 질책을 드러낸다.**
㉢은 신분 차이에 얽매이지 않고 세상에 못 맺을 사랑이 없다는 진리를 깨달은 것에 대한 반응으로 볼 수 있다.

④ **㉣을 활용하여 사랑의 성취를 방해하는 사회적 질서의 절대성을 드러낸다.**
㉣은 여왕에 대한 지귀의 사랑을 드러내므로, ㉣을 활용하여 사회적 질서의 절대성을 드러낸다고 할 수 없다.

⑤ **㉤을 활용하여 선덕 자신의 사랑이 상대에게 전해지지 못해 단념한 상황을 드러낸다.**
㉤ 뒤의 '다보탑 아래 깜박 잠든 지귀에게 가 있느니'를 통해, 선덕이 지귀에게 가 있으므로, 선덕 자신의 사랑이 상대에게 전해지지 못해 단념한 상황을 드러낸다고 할 수 없다.

## 26 외적 준거에 따른 작품의 감상 정답률 79% | 정답 ④

**<보기>를 바탕으로 (가), (나)를 감상한 내용으로 적절하지 않은 것은? [3점]**

〈보 기〉

(가)와 (나)는 설화를 모티프로 한 작품이다. (가)는 토끼가 유혹에 빠져 위기에 처했다가 지혜를 발휘해 간을 지킨 '귀토지설'과, 프로메테우스가 인간에게 불을 알려 준 죄로 제우스의 벌을 받아 코카서스 산에서 독수리에게 간을 쪼이는 설화를 소재로 활용했다. (가)는 두 설화를 재구성하여 간을 지키려는 토끼의 노력과 프로메테우스의 희생을 연결하였으며, 이를 바탕으로 일제 강점기에서 세속적 욕망을 추구하지 않고 양심을 지키려는 자기희생의 의지를 드러내고 있다. (나)는 천한 신분으로 선덕 여왕을 사모하던 지귀가 불공을 드리던 여왕을 기다리다가 잠이 들었고, 그사이 여왕이 그를 동정하여 가슴에 놓고 간 금팔찌를 보고 몸이 타올라 불귀신이 되었다는 '지귀 설화'를 소재로 활용했다. (나)는 이 내용을 변용하여 신분의 장벽을 뛰어넘는 진실한 사랑의 중요성을 드러내고 있다.

① **(가)의 '코카서스 산중에서 도망해 온 토끼'는 귀토지설과 프로메테우스 설화를 연결한 것으로, '토끼'는 일제 강점기에서 양심을 지키려는 존재로 볼 수 있겠군.**
〈보기〉의 '(가)는 토끼가 유혹에 빠져 위기에 처했다가 지혜를 발휘해 간을 지킨 '귀토지설'과, 프로메테우스가 인간에게 불을 알려 준 죄로 제우스의 벌을 받아 코카서스 산에서 독수리에게 간을 쪼이는 설화를 소재로 활용했다.'는 내용과, '이를 바탕으로 일제 강점기에서 세속적 욕망을 추구하지 않고 양심을 지키려는 자기희생의 의지를 드러내고 있다.'를 통해 적절함을 알 수 있다.

② **(가)의 '다시는 용궁의 유혹에 안 떨어진다'는 귀토지설을 재구성한 것으로, 세속적 욕망을 추구하지 않겠다는 의지를 드러낸 것으로 볼 수 있겠군.**
〈보기〉를 통해 (가)의 '다시는 용궁의 유혹에 안 떨어진다'는 귀토지설을 재구성한 것임을 알 수 있다. 그리고 '용궁의 유혹'은 세속적 욕망에 대한 유혹으로, '안 떨어진다'를 통해 세속적 욕망을 추구하지 않겠다는 의지를 드러내고 있음을 알 수 있다.

③ **(가)의 '목에 맷돌을 달고'는 프로메테우스가 벌을 받았다는 설화를 재구성한 것으로, 화자가 감수하고자 하는 희생을 상징하는 것으로 볼 수 있겠군.**
(가)의 '목에 맷돌을 달고'는 설화에서 프로메테우스가 독수리에게 간을 쪼이는 상황을 재구성한 것으로 볼 수 있다. 이를 의 '자기희생의 의지'와 관련지어 화자가 감수하고자 하는 희생을 상징하는 것으로 볼 수 있다.

✔ **(나)의 '아름다운 업보'는 지귀 설화를 변용한 것으로, 현세에서 이루지 못한 여왕과의 진실한 사랑이 내세에서 이루어지기를 바라는 지귀의 마음이 함축된 것으로 볼 수 있겠군.**
(나)의 '아름다운 업보'는 '전생에 지은'과 관련지어 불교의 윤회 사상을 바탕으로 여왕에 대한 지귀의 사모를 빗댄 것임을 알 수 있다. 따라서 (나)의 내용은 현세에서의 사랑을 다루고 있으므로, 내세에서 여왕과의 진실한 사랑이 이루어지기를 바라는 지귀의 마음이 함축되어 있다는 감상은 적절하지 않다.

⑤ **(나)의 '큰 불이 일어'서 '신라땅 모든 사슬 끊어 버려라'는 지귀가 불귀신이 되었다는 지귀 설화를 변용한 것으로, 신분의 장벽을 극복하고 사랑을 이루기 바라는 화자의 생각을 드러낸 것으로 볼 수 있겠군.**
(나)의 '큰 불'은 설화에서 지귀가 불귀신이 된 내용과 관련이 있다. '큰 불'을 통해 신분의 장벽을 의미하는 '신라땅 모든 사슬'을 극복하고 사랑을 이루기 바라는 화자의 생각을 드러낸 것이다.



## 27~30 현대 소설

**이동하, 「홍소」**

**감상** 이 작품은 **1970년대에 규격화된 아파트가 등장하여 새로운 주거 문화가 형성되면서 거주민의 삶에 영향을 미치는 상황을 그리고** 있다. 아파트는 거주민들에게 독립성과 편의성을 제공하였지만, 공동주택이라는 특징에 기인하여 집단화된 생활 양식이 이루어지고, 주변 사람들의 삶에 영향을 받아 유행에 휩쓸리는 문화가 형성되기도 하였다. **거대하고 규격화된 아파트에 이사를 온 인물인 '나'의 시각을 통해 새로운 주거 환경인 아파트에서 느끼는 인물들의 정서적 반응과 점차 변화해 가는 모습을 보여 주고** 있다.

**주제** 새로운 주거 환경에서 느끼는 인물들의 정서적 반응과 변화 모습

## 27 인물의 이해 정답률 80% | 정답 ④

**윗글의 내용에 대한 이해로 적절하지 않은 것은?**

① **'나'는 이사 오면서 생긴 모호하고 알 수 없는 감정을 아내에게 드러내지 않았다.**
'나'는 부풀어 오른 아내의 마음을 터뜨리지 않기 위해서 명확히 종잡을 수 없는 모호한 감정을 은밀히 숨겨 둘 수밖에 달리 도리가 없었다 하고 있다. 이를 통해 '나'가 이사 오면서 생긴 모호하고 알 수 없는 감정을 아내에게 드러내지 않았음을 알 수 있다.

② **'나'는 아내의 표정을 통해 아내가 첫째 녀석의 요구를 미리 알고 있었음을 짐작하였다.**
첫째 녀석이 홈런왕을 사달라고 조를 때, '나'는 아내가 말없이 웃고만 있는 것을 보고 첫째 녀석과 이미 담합이 된 모양이라고 여기고 있다. 이를 통해 '나'는 아내의 표정을 통해 아내가 첫째 녀석의 요구를 묵인하고 있음을 짐작하였음을 알 수 있다.

③ **첫째 녀석은 아이들을 동원하여 자신의 요구가 당당하다는 것을 '나'에게 보여 주었다.**
홈런왕이 무엇인지 묻는 '나'의 물음에 첫째 녀석은 똑같은 플라스틱 완구를 들고 있는 대여섯 명의 조무래기들을 이끌고 당당하게 나타난 것을 통해, 첫째 녀석은 아이들을 동원하여 자신의 요구가 당당하다는 것을 '나'에게 보여 주었음을 알 수 있다.

✔ **아파트 사람들은 주말이 되면 특정한 식품을 소비하면서도 그런 현상을 기이하게 여겼다.**
이 글을 통해 아파트 사람들이 토요일 저녁에 꽁치 통조림을 주로 소비하고 있고, 일요일 낮에 돼지갈비를 주로 소비하는 모습을 기이하게 여긴 것은 '나'임을 알 수 있으므로 적절하지 않다.

⑤ **아내는 독립가옥의 셋방살이보다 월세를 물고 사는 임대 아파트의 삶이 더 낫다고 여겼다.**
아내는 월세를 물고 사는 임대 아파트이기는 하지만 독립가옥의 셋방살이와 달리 바깥 계단 쪽의 문만 닫으면 자유스러운 생활 공간이 확보되는 것에 크게 즐거워했다. 아내가 독립가옥의 셋방살이보다 월세를 물고 사는 임대 아파트의 삶이 더 낫다고 여겼음을 알 수 있다.

## 28 서술상 특징 파악 정답률 89% | 정답 ①

**[A]와 [B]의 서술상 특징으로 가장 적절한 것은?**

✔ **[A]는 장면에 대한 관찰을 중심으로, [B]는 인물의 복잡한 내면을 중심으로 서술하고 있다.**
[A]는 입주자들이 이사 오는 장면에 대한 관찰을 중심으로 서술하고 있고, [B]는 '나'가 느끼는 여릿한 감정, 형언키 어려운 계면쩍음, 모호한 부끄러움 등의 복잡한 내면을 중심으로 서술하고 있다.

② **[A]는 사건 해결의 실마리를 중심으로, [B]는 인물의 행위에 담긴 의미를 중심으로 서술하고 있다.**
[A]에서 사건 해결의 실마리는 나타나지 않는다.

③ **[A]는 인물들 간에 심화되는 갈등을 중심으로, [B]는 인물이 겪는 내적 갈등을 중심으로 서술하고 있다.**
[A]에서 인물 간에 심화되는 갈등은 나타나지 않는다.

④ [A]는 인물들 간의 대화에 담긴 의미를 중심으로, [B]는 인물이 특정 행동을 한 의도를 중심으로 서술하고 있다.
[B]에서 인물이 특정 행동을 한 의도는 나타나지 않는다.

⑤ [A]는 공간의 이동에 따른 심리 변화를 중심으로, [B]는 시간의 흐름에 따른 심리 변화를 중심으로 서술하고 있다.
[A]에서 공간의 이동에 따른 심리 변화는 나타나지 않는다.

## 29 인물의 갈등 양상 이해

정답률 87% | 정답 ①

㉠의 이유로 가장 적절한 것은?

✔ **무리에 속하지 못하는 이를 소외시키는 배타적 분위기를 의식했기 때문이다.**
'나'는 유행에 따라 아이들이 같은 장난감을 가지고 노는 모습을 아파트가(街) 특유의 속성으로 간주하고 있고, 첫째 녀석이 다른 친구들이 가진 장난감을 갖지 못하면 어느 패거리도 첫째 녀석을 끼워 주지 않는 상황을 겪으며 ㉠을 의식하기 시작했음을 밝히고 있다. 이를 통해 '나'가 ㉠을 느끼는 이유는 무리에 속하지 못하는 이를 소외시키는 배타적 분위기를 의식했기 때문이라고 볼 수 있다.

② 패거리를 지어 다니며 타인을 따돌리는 첫째 녀석의 폭력성을 의식했기 때문이다.
패거리를 지어 다니며 타인을 따돌리는 첫째 녀석의 폭력성은 드러나지 않으므로 이유로 적절하지 않다.

③ 거절하지 못하는 사람에게 매번 새로운 것을 요구하는 이기적 분위기를 의식했기 때문이다.
거절하지 못하는 '나'에게 매번 새로운 것을 요구하는 것은 첫째 녀석이고, 첫째 녀석을 통해 이기적 분위기를 의식하지는 않고 있으므로 이유로 적절하지 않다.

④ 갖고 싶은 것을 갖지 못할 때마다 크게 상심하는 첫째 녀석의 유약함을 의식했기 때문이다.
갖고 싶은 것을 갖지 못할 때마다 첫째 녀석이 크게 상심하는 것은 맞지만, 이 때문에 '나'가 첫째 녀석의 유약함을 의식한 것은 아니다.

⑤ 첫째 녀석의 무리한 요구를 물리칠 만큼 독하지 못한 자신의 우유부단함을 의식했기 때문이다.
첫째 녀석의 무리한 요구를 물리칠 만큼 독하지 못한 '나'의 모습은 드러나지만, 이 때문에 '나'가 우유부단함을 의식한 것은 아니다.

## 30 외적 준거에 따른 작품의 감상

정답률 90% | 정답 ⑤

<보기>를 바탕으로 윗글을 감상한 내용으로 적절하지 않은 것은? [3점]

〈보 기〉

1970년대에 등장한 규격화된 아파트는 새로운 주거 문화를 형성하여 그곳에 사는 사람들의 삶에 영향을 미쳤다. 아파트는 독립성과 편의성을 주기도 하였지만, 집단화된 생활과 유행에 휩쓸리는 문화를 형성하기도 하였다. 「홍소」에는 이런 아파트의 속성과 낯선 주거 환경에 맞닥뜨린 인물들의 반응이 나타나 있다.

① '그 누구의 눈치를 볼 필요가 없'고 '내 아이들'이 '억울한 제재를 당할 위험이 없어'진 것에서 아내는 아파트가 주는 독립성에 흡족해하고 있음을 알 수 있겠군.
그 누구의 눈치를 볼 필요가 없고, 자신의 아이들이 억울한 제재를 당할 위험이 없어진 것에 대해 아내의 즐거움은 매우 크다고 한 것에서, 아내는 아파트가 주는 독립성에 흡족해하고 있음을 알 수 있다.

② '공동생활에 필요한 수칙들'이 집마다 붙어 있고, '어머니회', '어머니 배구팀', '어머니 합창단' 등이 만들어지는 것에서 집단화되어 가는 아파트 생활을 엿볼 수 있겠군.
공동생활에 필요한 수칙들이 집마다 붙어 있고, 어머니회 등과 같은 단체들이 만들어진다고 한 것에서, 집단화되어 가는 아파트의 생활을 엿볼 수 있다.

③ '똑같은 5층짜리 콘크리트 건물군'을 보며 '차가움, 견고함, 메마름, 쉿내 따위'를 '무겁게 의식'하는 것에서 규격화된 아파트에 대한 '나'의 정서적 반응을 엿볼 수 있겠군.
수백 수천의 똑같은 5층짜리 아파트를 보며 차가움, 견고함 등을 의식하는 '나'의 모습에서, 규격화된 아파트에 대한 '나'의 정서적 반응을 엿볼 수 있다.

④ '아이들'이 '한결같이 훌런왕을 휘두르'고 첫째 녀석이 '1주일이 멀다 하고 매번 새로운 것을 요구'하는 것에서 아이들조차 유행에 휩쓸리는 아파트 문화의 일면을 엿볼 수 있겠군.
아이들이 모두 같은 장난감을 가지고 놀고 있고, 첫째 녀석이 매번 새로운 것을 사달라고 요구했다는 것에서, 아이들조차 유행에 휩쓸리는 아파트 문화의 일면을 엿볼 수 있다.

✔ **다른 '아낙네들'처럼 '화요일 오전은 원거리 시장에 나서는' 아내를 보며 '싱없는 웃음을 흘리'는 것에서 '나'가 아파트의 편의성을 수용한 자신을 못마땅해하고 있음을 알 수 있겠군.**
아내가 다른 사람들처럼 행동하는 것을 보며 '나'가 싱없는 웃음을 흘리고 있으므로, '나'가 싱없는 웃음을 흘리는 것을 아파트의 편의성을 수용한 자신을 못마땅해하는 것으로 보는 것은 적절하지 않다.

## 31~34 고전 소설

작자 미상, 「숙녀지기」

**감상** 이 소설은 **여진주, 화홍미라는 두 여성의 우정을 다룬 한글 소설**이다. 여성들 간의 관계가 작품 전면에 등장하고 당대 사회의 남성들이 보여 준 우정과 동등하게 형상화되고 있다. 이 작품의 **두 주인공은 숙녀로서 당대 사회에서 중시한 유교적인 덕목을 충실히 구현하는 모습을 보여 주고 있다. 효를 행실의 근본으로 삼아 인, 의를 구현하는 모습은 숙녀로서 이상화된 모습이라고 할 수 있다.** 이 작품의 서사는 크게 전반부와 후반부로 나뉠 수 있다. 전반부는 여진주와 화홍미의 만남과 이별, 재회를 축으로 삼아 서사가 진행되는 부분이고, 후반부는 천자가 화홍미를 후궁으로 간택하면서 벌어지는 갈등이 형상화되어 있는 부분이다.

**주제** 두 여성의 우정

**작품 줄거리** 명나라 시절 소주에 사는 선비 여장은 과거에 장원 급제하여 한림 편수가 된다. 그의 부인 관 씨는 딸 진주를 낳고 병으로 죽는다. 조정에서 간신이 세력을 얻음에 따라 여 한림은 항주 추관으로 내쫓긴다. 악당 소준이 과부를 겁탈하려다가 과부가 죽게 되자, 여 추관은 소준을 잡아들인다. 소준이 옥중에서 자살하자, 그의 아들이 자객을 시켜 여 추관을 살해한다. 여 소저는 제 시랑에게 돈을 얻어 부친을 선산으로 이장하고, 유모의 딸 주영과 자매의 의를 맺고 제 시랑의 집 하녀로 들어간다. 제 시랑의 큰딸 초요는 여 소저의 미모를 시기하여, 노래와 춤을 가르쳐 기생으로 팔도록 부친을 조른다. 초요의 동생 초주가 이를 여 소저에게 알리고 여 소저는 미친 체하여 위기를 면한다. 여 소저는 주영과 함께 산으로 약초를 캐러 갔다가 화 상서의 딸을 만나 의형제를 맺는다. 화 상서는 간신의 모해를 피하기 위해 벼슬을 그만두고 귀향한다. 한편 제 시랑이 변방에 출정하였다가 진 상서의 모함에 빠져 돌아오지 못하게 되자, 제 시랑의 부인은 여 소저를 진 상서에게 바쳐 남편의 위기를 해결하려고 한다. 초주가 이를 알려 주어 여 소저는 주영과 함께 고향에 가 있는 화 소저에게로 달아난다. 화 상서는 딸과 의형제를 맺은 여 소저를 수양딸로 맞이한다. 단신으로 유람길을 떠난 화 상서는 청암사에서 세 사람의 미소년을 만나 그중 상희복을 사위로 삼는다. 한편 화 상서의 딸에게 청혼했다가 뜻을 이루지 못한 배우정은 그 분풀이로 황제의 누이동생인 자기 어머니를 움직여 화 소저를 황제의 후궁으로 추천한다. 황제의 교지를 받은 화 소저는 궁궐에 들어가 죽기를 결심하고 황제에게 아뢴다. 여 소저도 상소를 올려 교지를 거둘 것을 상소한다. 상소를 본 황제가 교지를 거두어 들이고, 화 소저와 여 소저는 상희복을 함께 남편으로 맞이한다.

★★★ 등급을 가르는 문제!

## 31 인물의 이해

정답률 38% | 정답 ①

윗글에 대한 이해로 적절하지 않은 것은?

✔ **화 소저는 여 소저의 내력을 듣고 그녀가 실성한 병에 걸려 그 병을 앓으며 지내 온 이유를 이해했군.**
명문가의 태생인 여 소저는 아버지 시신을 고향에 안장하기 위해 제 시랑 집의 천비가 되고, 제 시랑은 미색과 용모가 뛰어난 여 소저에게 풍류를 가르쳐 기방에 보내고자 하고, 이에 여 소저는 미친 체한다. 따라서 여 소저는 병에 걸려 진짜로 실성한 것이 아니므로, 여 소저가 실성한 병에 걸려 그 병을 앓으며 지내 온 이유를 이해했다는 내용은 적절하지 않다.

② 화 소저는 여 소저로부터 여자로서 수행해야 할 것들에 대해 배울 수 있다고 여겼군.
화 소저는 여자의 수행을 스승에게 배우지 못하므로 여 소저와 같은 여중 군자로부터 그 법도를 본받겠다고 말하고 있다. 이를 통해 화 소저가 여 소저로부터 여자로서 수행해야 할 것들에 대해 배울 수 있다고 여겼음을 알 수 있다.

③ 여 소저는 자식으로서의 도리를 다하지 못했기에 삼년상이 지났음에도 상복을 입어야 한다고 생각했군.
여 소저는 상이 삼년상을 마쳤거늘 상복을 벗지 않아 선왕의 예법을 어긴다고 말하자, 여 소저는 '원수를 갚지 못'해 '큰 죄가 몸에 실'려 있으므로 '삼년상이 지났다 하고 몸에 화려한 의복을 걸칠 수 없다 말하고 있다. 따라서 여 소저는 자식으로서의 도리를 다하지 못했으므로 삼년상이 지났음에도 상복을 입어야 한다고 생각했음을 알 수 있다.

④ 여 소저의 말을 듣고 천자는 화 소저를 후궁으로 간택한 일이 옳지 않다고 판단했군.
천자는 조서를 내리어 화 소저를 후궁으로 간택한 잘못을 뉘우치고 있다. 이를 통해 천자가 화 소저를 후궁으로 간택한 일이 옳지 않다고 판단했음을 알 수 있다.

⑤ 천자가 여 소저의 원한을 풀어 주고자 여 소저 부친의 죽음에 대해 조사할 것을 명령했군.
이 글에서 '또 전임 항주 추관 여장이 본주에서 칼을 베어 죽었으니, 본도 자사로 하여금 바삐 자세히 조사하여 고하라 하시고'를 통해, 천자가 여 소저의 원한을 풀어 주고자 여 소저 부친의 죽음에 대해 조사할 것을 명령했음을 알 수 있다.

**★★ 문제 해결 꿀~팁 ★★**

▶ 많이 틀린 이유는?
이 문제는 인물의 말과 행동을 바탕으로 작품의 내용을 정확히 이해하지 못하여 오답률이 높았던 것으로 보인다.

▶ 문제 해결 방법은?
이 문제를 해결하기 위해서는 인물을 중심으로 작품 내용을 정확히 이해해야 한다. 즉, 선택지에서 언급하고 있는 인물들이 '화 소저', '여 소저', '천자'의 말과 행동이 작품에 어떻게 드러나고 있는지 파악할 수 있어야 한다. 선택지 ②의 경우 화 소저의 말인 '여자의 수행 스승에게 배우지 ~ 본받지 아니하오리이까.'를 통해 적절함을 알 수 있고, ⑤의 경우 천자의 행동을 서술한 '또 전임 항주 추관 여장이 ~ 바삐 자세히 조사하여 고하라 하시고'를 통해 적절함을 알았을 것이다. 마찬가지로 정답인 ①의 경우에도 화 소저가 여 소저에 대해 화 상서에게 하는 말인 '제 시랑 집 천비가 되었더니 ~ 거짓 미친 체하여 녹발을 흩어 오 같은 얼굴을 가리고'를 통해 여 소저가 실성한 병에 걸린 것이 아니라 실성한 병에 걸린 것처럼 하였음을 알 수 있으므로 적절하지 않다. 한편 학생들 중에는 고전 소설을 간혹 어려워하는데, 이는 고전 소설에서 인물이 다양한 이름으로 제시되거나 서술자의 말을 통해 제시되는 경우가 많기 때문이다. 따라서 고전 소설을 읽을 때(고전 소설은 인물을 중심에 두고 읽어야 한다.)는 인물에 대해 별도 표시(같은 인물이 다른 이름으로 제시되는 경우가 있으므로 글의 내용을 바탕으로 동일 인물인지 여부도 확인해야 함.)를 해 두면 인물을 중심으로 내용을 이해하는 데 도움이 될 수 있다.

## 32 말하기 방식 파악

정답률 76% | 정답 ③

[A]와 [B]에 대한 설명으로 가장 적절한 것은?

① [A]에서 대화 상대를 안타까워한 것과 관련하여, 상대의 사연을 듣고 [B]에서 그에 관한 배려심을 발휘하고 있다.
[A]에서 대화 상대는 화 소저이고, 여공 부부가 안타까워하는 인물은 여 소저이므로 적절하지 않다.

② [A]에서 대화 상대가 겪은 일을 염려한 것과 관련하여, 상대의 사연을 듣고 [B]에서 안심하는 태도를 드러내고 있다.
[A]에서 대화 상대인 화 소저가 겪은 일을 염려하지는 않고 있다. 단지 화 소저가 말한 여 소저에 대해 '신세 가련'하다고 측은해 하고 있을 뿐이다.

✔ **[A]에서 대화 상대에게 요청한 인물 정보와 관련하여, 상대의 답변을 듣고 [B]에서 그 인물에 관한 평을 언급하고 있다.**
[A]에서 화 공은 여 소저의 인물됨을 궁금해하고 있다. 이에 대해 화 소저가 답하자, 그 답을 듣고 [B]에서 여 소저가 규중 보옥이라고 말하고 있다. [A]에서 대화 상대에게 요청한 인물 정보와 관련하여, 상대의 답변을 듣고 [B]에서 그 인물에 관한 평을 언급하고 있는 것이다.

④ [A]에서 특정 인물을 예찬한 것과 관련하여, 대화 상대의 답변을 들은 후 [B]에서 그 인물에 대한 태도를 부정적으로 바꾸고 있다.



[문제편 p.270]

[A]에서 자신의 자식인 화 소저를 예찬하고는 있지만 여 소저를 예찬하지는 않고 있으므로 적절하지 않다. 그리고 [B]에서 여 소저에 대한 태도를 부정적으로 바꾸고 있지도 않는다.

⑤ [A]에서 특정 인물에 대해 궁금해한 정보와 관련하여, 대화 상대의 사연을 들은 후 [B]에서 그 인물의 행동에 대해 아쉬운 마음을 나타내고 있다.

[A]에서 특정 인물인 여 소저에 대해 궁금해한 정보와 관련하여 화 소저의 이야기를 듣고 있다. 하지만 화 소저의 사연을 들은 후 여 소저의 행동에 대해 아쉬운 마음을 드러내지는 않고 있다.

## 33 소재의 기능 이해
정답률 78% | 정답 ③

**㉠에 대한 설명으로 가장 적절한 것은?**

① 여 소저의 성격이 변화한 것에 대한 화 공의 이해를 도와주고 있다.
이 글을 통해 여 소저의 성격이 변화한다는 내용은 찾아볼 수 없으므로 적절하지 않다.

② 화 공이 여 소저에 대해 품었던 경계심을 완화하는 계기가 되고 있다.
화 공은 화 소저의 말을 듣고 여 소저에 대해 규중 보옥이라고 말하고 있으므로, 화 공이 여 소저에 대해 품었던 경계심을 완화하는 계기가 되었다고는 할 수 없다.

✔ 화 소저가 소개한 여 소저의 인물됨에 대한 화 공의 생각을 강화해 주고 있다.
화 공은 화 소저의 말을 듣고 여 소저에 대해 규중 보옥이라 말하고 있다. 그리고 ㉠을 보고 필법의 정묘함, 글을 쓰는 재주와 학식 등이 뛰어남에 감탄하고 있다. 따라서 화 소저의 말을 통해 알게 된 여 소저의 역량에 대한 생각이 ㉠에 의해 강화된다고 할 수 있다.

④ 화 소저가 슬퍼하는 연유와 관련하여 화 공이 품었던 의혹을 해소하는 실마리를 제공하고 있다.
화 공은 화 소저의 말을 통해 이미 화 소저가 슬퍼하는 연유를 알고 있으므로, ㉠이 화 소저가 슬퍼하는 연유와 관련하여 화 공이 품었던 의혹을 해소하는 실마리를 제공했다고는 할 수 없다.

⑤ 화 공이 기대했던 바와 다른 여 소저의 면모를 제시해 화 공이 당혹스러움을 느끼게 하고 있다.
화 공은 화 소저의 말을 듣고 여 소저에 대해 규중 보옥이라고 말하고, ㉠을 보고 필법의 정묘함, 글을 쓰는 재주와 학식 등이 뛰어남에 감탄하고 있다. 따라서 화 공이 기대했던 바와 다른 여 소저의 면모를 제시했다는 내용은 적절하지 않다.

## 34 외적 준거에 따른 작품의 감상
정답률 75% | 정답 ⑤

**〈보기〉를 참고하여 윗글을 감상한 내용으로 적절하지 않은 것은? [3점]**

〈보 기〉

「숙녀지기」는 여 소저와 화 소저가 서로 상대의 가치나 속마음을 참되게 알아주는 '지기'가 되어 신의를 지키는 이야기이다. 두 주인공은 부모를 섬기는 마음인 효를 행실의 근본으로 삼고 인(仁), 의(義)를 구현하며 신의를 지키고 있다. 인은 타인의 불행을 자기 일처럼 여겨 타인의 아픔에 공감하며 타인을 보살핌으로써 구현되고, 의는 올바름에서 벗어난 것을 미워하고 올바른 것을 지향함으로써 구현된다. 두 주인공이 효를 바탕으로 인, 의의 덕목을 발휘하는 것은 유교적 덕목을 갖춘 숙녀로서의 면모를 보여 준다.

① 화 소저가 '슬픔을 이기지 못하여 자연 근심스러운 기색이 얼굴에 나타'났다고 말한 데서 그녀가 타인의 불행을 자기 일처럼 여기는 인의 덕목을 갖춘 인물임이 드러나고 있군.
화 소저가 '슬픔을 이기지 못하여 자연 근심스러운 기색이 얼굴에 나타'난 것은 여 소저 때문이다. 따라서 이러한 화 소저의 모습은 〈보기〉에서 설명하고 있는 '인'의 모습이라 할 수 있다.

② 화 소저가 여 소저의 '현철한 덕성', '추상같은 기질', '천고에 드문 정숙하고 유순'함을 말한 데서 그녀가 여 소저의 참된 가치를 알아본 지기임이 드러나고 있군.
화 소저는 여 소저에 대해 '현철한 덕성', '추상같은 기질', '천고에 드문 정숙하고 유순'함을 말하고 있는데, 이는 화 소저가 여 소저의 참된 가치를 알아본 지기임을 보여 주는 것이라 할 수 있다.

③ 화 소저가 '제가 어찌 그릇 보아 부모가 주신 몸을 가벼이 하여 지기를 맺으며'라고 말한 데서 그녀가 효를 행실의 근본으로 여기고 있음이 드러나고 있군.
화 소저가 '제가 어찌 그릇 보아 부모가 주신 몸을 가벼이 하여 지기를 맺으며'라고 말하고 있는데, 이는 '부모가 주신 몸'을 가벼이 여기지 않고 효를 행실의 근본으로 여기고 있는 화 소저의 모습을 드러낸다고 할 수 있다.

④ 여 소저가 천자에게 '기생과 풍류를 즐기는 연회를 멀리하'면 '사방이 생업을 즐기고 국가 반석 같'게 될 것이라고 충언한 데서 그녀가 의를 지향하는 인물임이 드러나고 있군.
여 소저가 천자에게 '기생과 풍류를 즐기는 연회를 멀리하'면 '사방이 생업을 즐기고 국가 반석 같'게 될 것이라고 충언하고 있는데, 이는 〈보기〉에서 설명하고 있는 '의'의 모습을 보여 준다고 할 수 있다.

✔ 여 소저가 '만세'를 위해 '약속을 어기거나 지조를 깨뜨리는 것은 아니하오리니'라고 충언한 데서 그녀가 천자는 타인의 아픔에 공감하는 품성을 지녀야 함을 강조하고 있음이 드러나고 있군.
여 소저는 천자 앞에서 자신이 온갖 형벌로 죽게 될지라도 약속을 어기거나 지조를 깨뜨리는 것은 아니 하겠다는 말을 하고 있다. 이는 화 소저와 하늘에 맹세한 바를 반드시 지키겠다는 의지를 보여 주는 것이다. 즉, 벗과의 신의를 반드시 지키겠다는 것으로, 벗과의 올바른 도리를 지향하고 있는 여 소저의 의의 덕목을 보여 준다고 할 수 있다. 천자가 타인의 아픔에 공감하는 품성을 지녀야 함을 강조하고 있는 것이 아니다.

# [35~45] 화법과 작문

## 35 발표자의 말하기 방식 파악
정답률 85% | 정답 ①

**위 발표에 대한 설명으로 가장 적절한 것은?**

✔ 질문을 통해 청중과 상호 작용하며 정보를 제공하고 있다.
2문단의 '여기 1인 a의 이웃은 무엇일까요? (대답을 듣고) b, d뿐만 아니라 e도 이웃입니다.'를 통해, 발표자는 질문을 통해 청중과 상호 작용하면서 정보를 제공하고 있음을 알 수 있다.

② 청중과 공유한 경험을 활용하여 청중의 관심 분야를 확인하고 있다.
1문단에서 발표자는 청중과 공유한 경험을 언급하고 있지만, 이를 활용하여 청중의 관심 분야를 확인하지는 않고 있다.

③ 전문가들의 서로 다른 견해를 인용하며 발표 내용을 설명하고 있다.
이 발표에서 발표자가 전문가들의 서로 다른 견해를 인용한 내용은 찾아볼 수 없다.

④ 발표 중간중간에 내용을 요약하며 청중이 알아야 하는 정보를 강조하고 있다.
이 발표를 통해 발표자가 자신이 발표한 내용을 중간중간에 요약한 부분은 찾아볼 수 없다.

⑤ 발표를 시작할 때 청중에게 기대하는 바를 언급하며 발표 목적을 제시하고 있다.
이 발표에서 발표자는 발표를 시작할 때 발표 내용에 대해 제시하고 있지만, 청중에게 기대하는 바를 언급하지는 않고 있다.

## 36 자료 활용 방안 파악
정답률 82% | 정답 ④

**다음은 발표자가 보여 준 화면이다. 발표자의 시각 자료 활용에 대한 설명으로 적절하지 않은 것은? [3점]**

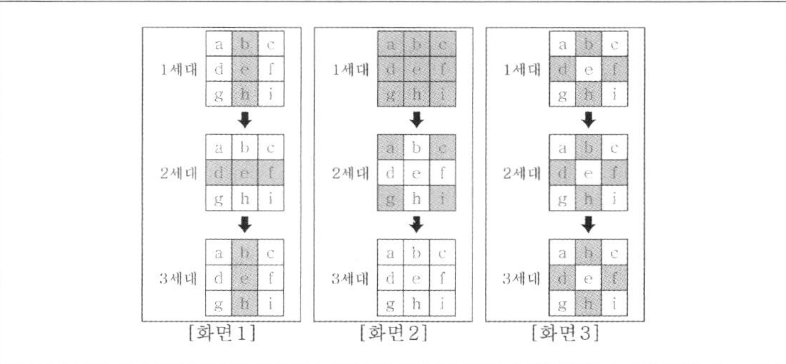


① ㉠을 활용하여, 격자판의 칸에 표시된 음영의 의미를 설명하였다.
1문단을 통해 발표자가 격자판의 칸에 음영을 표시한 칸은 살아 있는 세포가 있는 칸이고 음영을 표시하지 않은 칸은 살아 있는 세포가 없는 칸임을 설명하기 위해 ㉠을 활용하고 있음을 알 수 있다.

② ㉡을 활용하여, 세포가 고립되었을 때 1이 다음 세대에서 0이 되는 경우를 설명하였다.
2문단을 통해 발표자가 2세대에서 1인 이웃이 없는 a가 3세대에서 0이 되는 것을 세포의 고립에서 비롯된 결과로 설명하기 위해 ㉡을 활용하고 있음을 알 수 있다.

③ ㉢을 활용하여, 1과 0 모두 이웃 중에 1이 두 개이면 상태가 변하지 않는다는 것을 제시하였다.
2문단을 통해 1인 이웃이 두 개이면 1이든 0이든 그 상태가 변하지 않는다는 규칙을 바탕으로 1인 이웃이 2개(b, d) 있는 a와 1인 이웃이 2개(d, f) 있는 b 모두 세대가 바뀌어도 상태가 변하지 않았음을 제시하기 위해 ㉢을 활용하고 있음을 알 수 있다.

✔ ㉣을 활용하여, 1세대와 3세대의 격자판의 양상이 서로 다르다는 것을 보여 주었다.
발표자는 3문단에서 ㉣을 활용하여 주기 유형을 설명하면서, 1세대에서 b, e, h가 1이었다가 2세대에서 d, e, f가 1이 되고 3세대에서 다시 b, e, h가 1이 됨을 설명하고 있다. 따라서 발표자는 ㉣을 활용하여 1세대와 3세대의 격자판의 양상이 서로 다르다는 것을 보여 주었다고 할 수 없다.

⑤ ㉤을 활용하여, 멸종 유형과 안정 유형의 사례에서 발견할 수 있는 차이점을 언급하였다.
3문단을 통해, [화면 2]는 1세대에서 모든 칸이 1이었다가 3세대에서 모든 칸이 0이 되는 멸종 유형이고, [화면 3]은 1세대에서 b, d, f, h가 1이었던 것이 3세대까지 그대로 이어지는 안정 유형이라는 점에서 두 유형이 차이가 있음을 언급하기 위해 ㉤을 활용하였음을 알 수 있다.

## 37 반응 이해의 적절성 파악
정답률 71% | 정답 ①

**〈보기〉는 위 발표를 들은 학생들의 반응이다. 발표의 내용을 고려하여 학생의 반응을 이해한 내용으로 가장 적절한 것은?**

〈보 기〉

**학생 1** : 이웃에 살아 있는 세포가 많을수록 세포 생존에 유리할 거라고 생각했는데, 오히려 불리하군. 그런데 왜 1인 이웃이 네 개인 경우부터 세포 과잉으로 볼까?

**학생 2** : 격자판에서 1과 0이 나타나는 양상을 세 가지 유형으로만 설명해서 아쉬웠어. 관련 서적을 찾아봐야겠어.

**학생 3** : 복잡한 생명 현상에 모종의 질서가 있음을 새롭게 알게 되어서 좋았어. 그런데 이 모형이 실제 현실에서도 적용되는지 확인해 봐야겠군.

✔ '학생 1'은 자신이 짐작했던 바를 발표 내용을 바탕으로 수정하고 있다.
'학생 1'은 이웃에 살아 있는 세포가 많을수록 세포의 생존에 불리하다는 발표 내용을 바탕으로, 이웃에 살아 있는 세포가 많을수록 세포의 생존에 유리하다고 짐작했던 자신의 생각을 수정하고 있다.

② '학생 2'는 발표 내용이 사실에 부합하는지 의문을 제기하고 있다.
'학생 2'는 발표에서 다루어지지 않은 정보가 있음을 아쉬워할 뿐, 발표 내용이 사실에 부합하는지 의문을 제기하지는 않고 있다.

③ '학생 3'은 자신의 의문이 해소되었다는 점에서 발표 내용을 긍정적으로 평가하고 있다.
'학생 3'은 발표를 듣고 새롭게 알게 된 정보를 바탕으로 발표 내용을 긍정적으로 평가하고 있을 뿐, 자신의 의문이 해소되었다는 점에서 긍정적으로 평가하지는 않고 있다.

④ '학생 1'과 '학생 3'은 발표 내용이 적용되지 않은 예외적 상황이 있는지 검토하고 있다.
'학생 1'은 발표에서 언급된 세포 과잉과 관련하여 1인 이웃이 네 개인 경우부터 세포 과잉으로 보는 이유에 대해 의문을 제기하고 있을 뿐, 발표 내용이 적용되지 않은 예외적 상황이 있는지 검토하지는 않고 있다. 그리고 '학생 3'은 해당 모형이 실제 현실에 적용되는지 확인해 보겠다고 했을 뿐, 발표 내용이 적용되지 않은 예외적 상황이 있는지 검토하지는 않고 있다.

⑤ '학생 2'와 '학생 3'은 발표에서 자신에게 필요한 내용이 다루어지지 않아 아쉬워하고 있다.
'학생 3'은 발표에서 자신에게 필요한 내용이 다루어지지 않아 아쉬워하지는 않고 있다.

## 38 글쓰기의 맥락 파악
정답률 87% | 정답 ③

**㉠과 관련하여 (가)의 작문 맥락을 파악한 내용으로 가장 적절한 것은?**

14회

① ㉠에 대해 동일한 문제의식을 갖고 프로그램을 변경한 주체를 예상 독자로 설정했다.
(가)에서 예상 독자는 학생회 관계자이고, 학생은 작년 행사의 문제점을 개선하기 위해 건의문을 쓰고 있다. 따라서 프로그램을 변경한 주체를 예상 독자로 설정하였다고 할 수 없다.

② ㉠을 해결하기 위해 행사의 취지에 대한 학생들의 인식 개선이 필요함을 글의 주제로 삼았다.
(가)에서 학생은 작년 행사의 문제점을 개선하기 위해 건의문을 쓰고 있으므로, 글의 주제를 행사의 취지에 대한 학생들의 인식 개선이 필요함으로 삼지는 않고 있다.

✔ ㉠을 참고하여 행사의 목적에 부합하는 프로그램을 구성해야 한다고 제안하는 것을 작문 목적으로 설정했다.
(가)에서 작문 목적은 작년 행사의 문제점을 참고하여 행사 목적에 부합하는 프로그램, 즉 에너지 하베스팅이 적용된 제품을 직접 제작하고 사용하는 기회를 제공하는 프로그램을 추가해야 하는 것이라 할 수 있다. 따라서 ㉠을 참고하여 행사의 목적에 부합하는 프로그램을 구성해야 한다고 제안하는 것을 작문 목적으로 설정했음을 알 수 있다.

④ ㉠과 관련하여 행사에 대한 자신의 생각을 진솔하게 기록하기 위해 개인적인 성격이 강한 작문 매체를 선정했다.
(가)는 누리집 게시판에 쓴 학생회에 건의하는 건의문이므로, 자신의 생각을 기록하기 위해 개인적인 성격이 강한 작문 매체를 선정하였다고 할 수 없다.

⑤ ㉠의 실상을 객관적으로 드러내기 위해 주관적인 견해를 배제하고 사실을 있는 그대로 설명하는 글의 유형을 선택했다.
(가)는 자신의 의견을 전달하는 건의문이므로 설명하는 글의 유형을 선택하였다고 할 수 없다.

## 39 기준에 따른 글의 내용 평가

정답률 88% | 정답 ④

〈보기〉를 기준으로 하여 (가)를 평가한 내용으로 적절하지 않은 것은?

〈보 기〉
ⓐ 적절한 건의 시기를 고려했는가?
ⓑ 사실에 근거하여 문제를 제기했는가?
ⓒ 문제가 발생한 이유를 제시했는가?
ⓓ 해결 방안의 실행 가능성을 점검하여 제시했는가?
ⓔ 방안을 시행했을 때 기대되는 효과를 제시했는가?

① 1문단에서 학생회의 행사 준비 기간을 생각했다는 내용은, 건의 시기의 적절성을 고려했다는 점에서 ⓐ를 충족하는군.
1문단에서 학생회의 준비 기간을 생각할 때 지금이 건의하기에 적절한 시기라고 판단한 내용은, 건의 시기의 적절성을 고려했다는 점에서 〈보기〉의 ⓐ를 충족한 것이라 할 수 있다.

② 2문단에서 작년 행사에 대한 설문 조사 결과를 인용한 내용은, 올해 행사를 위해 개선해야 할 문제를 사실에 근거하여 제기했다는 점에서 ⓑ를 충족하는군.
2문단에서 작년 행사에 대한 설문 조사 결과를 인용한 내용은, 설문 조사 결과라는 사실에 근거하여 올해 행사를 위해 개선해야 할 문제를 제기했다는 점에서 〈보기〉의 ⓑ를 충족한다고 할 수 있다.

③ 2문단에서 작년 행사가 자료를 전시하는 데 치우쳤다고 언급한 내용은, 작년 행사에 만족한 학생의 비율이 30%밖에 안된 이유에 관한 것이라는 점에서 ⓒ를 충족하는군.
2문단에서 작년 행사가 자료를 전시하는 데 치우쳤다고 언급한 내용은, 작년 행사에 만족한 학생의 비율이 30%밖에 안 된 이유에 관한 것이라는 점에서 〈보기〉의 ⓒ를 충족한다고 할 수 있다.

✔ 3문단에서 에너지 하베스팅이 적용된 제품의 제작과 사용을 언급한 내용은, 에너지 하베스팅에 대한 이해도를 높이기 위한 체험의 실행 가능성 여부를 점검한 것이라는 점에서 ⓓ를 충족하는군.
3문단에서 에너지 하베스팅이 적용된 제품의 제작과 사용을 언급하며 문제 해결 방안을 제시하고 있다. 하지만 에너지 하베스팅에 대한 이해도를 높이기 위한 체험의 실현 가능성 여부를 점검하여 제시하지는 않고 있다.

⑤ 4문단에서 학생들의 만족도가 높아질 것이라고 언급한 내용은, 건의한 방안을 시행했을 때 기대되는 효과를 제시했다는 점에서 ⓔ를 충족하는군.
4문단에서 에너지 하베스팅 체험전의 프로그램을 개선한다면 행사에 대한 학생들의 만족도가 높아질 것이라는 내용은, 건의한 방안을 시행했을 때 기대되는 효과를 제시했다는 점에서 ⓔ를 충족한다고 할 수 있다.

## 40 검토 의견을 반영한 고쳐쓰기

정답률 69% | 정답 ⑤

〈보기〉는 (가)의 마지막 문단의 초고이다. 〈보기〉를 고쳐 쓰는 과정에서 반영된 친구의 조언으로 적절하지 않은 것은?

〈보 기〉
제가 건의한 대로 에너지 하베스팅 체험전의 프로그램을 개조한다면 행사에 대한 학생들의 만족도가 높아질 것입니다. 그러나 실제로 □□ 과학 체험관에서 에너지 하베스팅을 직접 체험하는 프로그램을 진행했는데, 참여자의 80%가 에너지 하베스팅을 구체적으로 이해하는 데 유익했다고 답했습니다. 화석 에너지의 고갈에 대한 우려가 있습니다. 에너지 하베스팅에 대한 구체적 이해는 우리가 효율적으로 활용할 수 있도록 도와줄 것입니다. 학생들을 소중한 경험을 제공하기 위해 노력해 주셔서 감사합니다.

① 첫 번째 문장은 부적절하게 사용된 어휘를 바꾸는 게 어때?
〈보기〉의 첫 번째 문장에서 부적절하게 사용된 '개조한다면'을 대신하여 '개선한다면'으로 어휘를 바꾸었으므로, 부적절하게 사용된 어휘를 바꾸라는 조언을 반영하였음을 알 수 있다.

② 두 번째 문장은 잘못된 접속어를 사용했으므로 접속어를 삭제하는 게 어때?
〈보기〉의 두 번째 문장에서 잘못된 접속어인 '그러나'를 삭제하였으므로, 잘못된 접속어를 삭제하라는 조언을 반영하였음을 알 수 있다.

③ 세 번째 문장은 글의 자연스러운 흐름을 해치고 있는 문장이므로 삭제하는 게 어때?
글의 자연스러운 흐름에서 어긋나는 〈보기〉의 세 번째 문장을 삭제하였으므로, 글의 자연스러운 흐름을 해치고 있는 문장을 삭제하라는 조언을 반영하였음을 알 수 있다.

④ 네 번째 문장은 필요한 문장 성분이 빠져 있으므로 추가하는게 어때?
〈보기〉의 네 번째 문장에서 목적어인 '에너지를'을 추가했으므로, 필요한 문장 성분을 추가하라는 조언을 반영하였음을 알 수 있다.

✔ 다섯 번째 문장은 목적어에 맞게 서술어를 수정하는 게 어때?
〈보기〉의 다섯 번째 문장에서 목적어에 맞게 서술어를 수정하라는 조언을 반영하지 않고 해당 문장을 수정하고 있으므로, 친구의 조언이 반영되지 않았음을 알 수 있다.

## 41 발화의 의미와 기능 파악

정답률 83% | 정답 ②

[A]와 [B]에 대한 이해로 가장 적절한 것은?

① [A]에서 '학생 1'은 문제점을 살피기 위한 여러 관점을 소개한 후, [B]에서 여러 관점에서 논의된 내용을 종합하고 있다.
[A]에서 '학생 1'은 문제점을 논의해 보자 하고 있지만, 문제점을 살피기 위한 여러 관점을 소개하지는 않고 있다.

✔ [A]에서 '학생 2'는 문제의 원인을 제시한 후, [B]에서 문제 해결을 위한 방안을 제시하고 있다.
[A]의 대화에서 학생 2는 프로그램이 자료를 전시하는 데 치우쳐서 에너지 하베스팅을 일상생활과 관련 지어 구체적으로 이해하기 어려웠다는 점을 만족도가 낮은 원인으로 제시하고 있다. 그리고 [B]의 대화에서 학생 2는 학생들이 신발 발전기를 직접 제작해서 사용하게 하는 프로그램을 마련하는 것을 문제 해결 방안으로 제시하고 있다.

③ [A]에서 '학생 3'은 문제에 대한 추가적인 논의의 필요성을 제기한 후, [B]에서 추가적인 논의의 의미를 강조하고 있다.
[A]에서 '학생 3'은 자신들이 사용한 사진과 영상 자료에 문제가 없을까 언급하고 있지만, 문제에 대한 추가적인 논의의 필요성을 제기하지는 않고 있다.

④ [A], [B] 모두에서 '학생 1'은 논의한 내용을 정리하면서 '학생 2'와 '학생 3'이 문제에 대한 의견을 내도록 요청하고 있다.
[A]와 [B]에서 '학생 1'이 논의한 내용을 정리하지는 않고 있다.

⑤ [A], [B] 모두에서 '학생 2'는 '학생 3'의 질문에 답하면서 문제에 대한 자신의 의견이 타당함을 주장하고 있다.
[A]와 [B]에서 '학생 2'는 '학생 3'의 질문에 답하지는 않고 있고, 문제에 대한 자신의 의견이 타당함도 주장하지 않고 있다.

## 42 대화 맥락에 맞는 내용 정리

정답률 87% | 정답 ③

(가)와 (나)를 고려할 때 '학생 2'가 쓴 회의록의 내용 중 적절하지 않은 것은?

| 일시 : 20××. ××. ××. | | 장소 : 학생회실 |
|---|---|---|
| 회의 주제 : 에너지 하베스팅 체험전의 개선 방안 마련 | | |
| 작년 행사 점검 | 전시에 치우쳐 프로그램이 다양하지 않았음. ······ ① | |
| | 유사한 내용이 반복되는 자료가 일부 있었음. ······ ② | |
| 건의 내용 점검 | 건의 내용이 행사에 참여하는 학생의 수를 늘리기 위한 방안으로 적합함. ······ ③ | |
| 추가 프로그램 마련 | 학생들이 신발 발전기를 제작해서 신고 걸으며 전기가 생산되는 것을 직접 확인할 수 있도록 함. ······ ④ | |
| | 학생들이 평평한 판 위에서 뛰어 휴대 전화를 충전할 수 있도록 함. ······ ⑤ | |

① 전시에 치우쳐 프로그램이 다양하지 않았음.
작년 행사를 점검하는 논의에서 전시에 치우쳐 프로그램이 다양하지 않았다는 언급이 있으므로 이러한 내용은 회의록의 내용으로 적절하다.

② 유사한 내용이 반복되는 자료가 일부 있었음.
건의 내용을 점검하는 논의에서 유사한 내용이 반복되는 자료가 일부 있었다는 언급이 있으므로, 이러한 내용은 회의록의 내용으로 적절하다.

✔ 건의 내용이 행사에 참여하는 학생의 수를 늘리기 위한 방안으로 적합함.
건의 내용을 점검하는 논의에서 건의 내용이 행사에 참여하는 학생의 수를 늘리기 위한 방안으로 적합하다는 언급이 없었으므로, 이러한 내용은 회의록의 내용으로 적절하지 않다.

④ 학생들이 신발 발전기를 제작해서 신고 걸으며 전기가 생산되는 것을 직접 확인할 수 있도록 함.
추가 프로그램을 마련하는 논의에서 학생들이 전기가 생산되는 것을 직접 확인할 수 있는 신발 발전기를 제작해서 신고 걷는 프로그램에 대한 언급이 있으므로, 이러한 내용은 회의록의 내용으로 적절하다.

⑤ 학생들이 평평한 판 위에서 뛰어 휴대 전화를 충전할 수 있도록 함.
추가 프로그램을 마련하는 논의에서 전기를 생산할 수 있는 평평한 판에 휴대 전화를 충전한다는 언급이 있으므로, 이러한 내용은 회의록의 내용으로 적절하다.

## 43 글쓰기 전략 파악

정답률 67% | 정답 ①

'초고'에서 ㉠을 제시할 때 활용한 전략으로 가장 적절한 것은?

✔ 문제를 해결한 사례를 근거로 해결 방안을 제안한다.
3문단에서 산업 진흥 정책과 함께 보육·교육 여건의 개선이 이루어지고, 지역의 특색 있는 문화가 발전할 때 청년층 인구 증가의 효과가 컸던 외국의 사례를 근거로 ○○시 청년층 인구 감소 문제에 대한 해결 방안을 제안하고 있다.

② 문제에 관한 쟁점을 바탕으로 문제의 심각성을 강조한다.
구체적인 수치를 활용하여 청년층 인구 감소 문제의 심각성을 강조하고 있다. 하지만 문제에 관한 쟁점을 바탕으로 문제의 심각성을 강조한 것은 아니다.

③ 문제의 다양한 발생 원인을 근거로 문제 해결의 어려움을 주장한다.
청년층 인구 감소와 관련된 복합적인 문제 양상을 '초고'에서 다루었지만, 문제의 다양한 발생 원인을 근거로 문제 해결의 어려움을 주장하고 있지 않다.



[문제편 p.275]

④ **문제 해결을 위한 기존 방안의 한계를 근거로 문제에 대한 논의의 시급성을 주장한다.**
양질의 일자리를 늘리기 위한 지방 자치 단체의 노력을 언급하고 있지만, 기존 방안의 한계라는 관점에서 문제에 대한 논의의 시급성을 주장하고 있지 않다.

⑤ **문제에 대한 여러 연구 결과를 바탕으로 문제를 분석하기 위한 다양한 관점을 제안한다.**
청년층 인구 감소 문제의 여러 연구 결과를 바탕으로 문제를 분석하기 위한 다양한 관점을 제안하고 있지 않다.

## 44 조건에 맞는 글쓰기

정답률 76% | 정답 ②

**다음 선생님의 조언에 따라 [A]에 들어갈 내용을 작성한다고 할 때 가장 적절한 것은?**

> **선생님** : 1문단에서 밝힌 작문의 계기에 관한 내용을 포함하고 관용구를 활용하여 글을 마무리하는 것이 좋겠습니다. 이때 대용 표현을 사용하면 앞 문장과의 응집성을 높일 수 있습니다.

① **이와 관련하여 정책 당국은 나이가 들수록 소득이 줄어 발생하는 세대 간 소득 격차 문제를 우선적으로 해결하기 위해 발 빠르게 대처해야 한다.**
관용구와 대용 표현은 사용하고 있지만, 1문단에서 밝힌 작문의 계기에 관한 내용을 포함하고 있지 않다.

✔ **이를 위해서는 백지장도 맞들면 낫듯이 우리 지역민 모두가 함께 고민하며 문제 해결을 위한 노력을 하는 것이 중요하다.**
선생님의 조언을 통해 내용 조건은 '작문의 계기에 관한 내용'이고, 형식적 조건은 관용구의 활용과 대용 표현 사용임을 알 수 있다. 이러한 조건을 만족하고 있는 것은 ②로, ②에서는 문제 해결을 위해 지역민 모두가 함께 고민하는 것이 중요하다는 작문의 계기가 포함되었음을 알 수 있다. 그리고 '백지장도 맞들면 낫다'를 통해 관용구를 활용하고 있음을, '이를 위해서는'에서 앞 문장과의 응집성을 높일 수 있는 대용 표현을 사용하였음을 알 수 있다.

③ **이것은 정주 여건이 좋아야 우리 지역을 떠난 청년층이 우리 지역으로 다시 돌아올 수 있다는 사실을 보여 준다.**
대용 표현을 사용하고 있지만, 1문단에서 밝힌 작문의 계기에 관한 내용이 포함되지 않았고 관용구도 활용하지 않고 있다.

④ **우물을 파도 한 우물을 파야 하듯이 정책 당국은 효과가 가장 큰 하나의 정책을 꾸준히 시행해야 한다.**
관용구는 활용하고 있지만, 1문단에서 밝힌 작문의 계기에 관한 내용이 포함되지 않았고 대용 표현도 사용하지 않고 있다.

⑤ **인구 감소 문제는 당장 우리 지역민 모두가 당면하고 있는 현실이어서 많은 관심을 필요로 한다.**
관용구를 활용하지 않고 있고, 대용 표현도 활용하지 않고 있다.

★★★ 등급을 가르는 문제!

## 45 자료 활용 방안의 적절성 판단

정답률 61% | 정답 ④

**〈보기〉는 학생이 '초고'를 보완하기 위해 추가로 수집한 자료이다. 자료의 활용 방안으로 적절하지 않은 것은? [3점]**

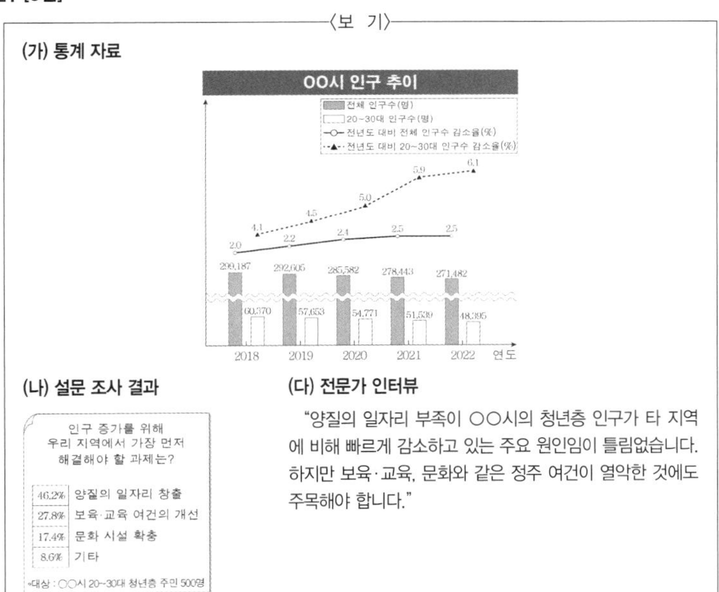


① **(가)를 활용하여, 1문단에서 우리 지역의 전체 인구가 2018년에 비해 2022년에 10% 가까이 감소했다고 제시한 것에 대해, 2018년과 2022년의 전체 인구수를 밝혀 구체화한다.**
(가)의 2018년과 2022년의 전체 인구수 감소 추이를 활용하여 약 30만 명의 인구가 약 27만 명으로, 10% 가까이 줄었다는 사실을 확인할 수 있고, 1문단에서 ○○시의 전체 인구가 2018년 비해 2022년에 10% 가까이 감소했다고 제시한 것에 대해 구체적인 수치를 활용해 나타낼 수 있다.

② **(나)를 활용하여, 3문단에서 보육·교육 여건의 개선과 문화 발전의 필요성을 언급한 것에 대해, 청년층의 인구 증가를 위해서는 정주 여건을 개선해야 한다는 설문 조사 결과를 추가한다.**
(나)는 인구 증가를 위해 우리 지역에서 가장 먼저 해결해야 할 과제에 대한 ○○시 20～30대 청년층 주민들의 응답을 보여 주는 설문 조사 결과이다. 이는 양질의 일자리 창출뿐만 아니라 정주 여건을 개선할 필요성도 보여 준다. 이러한 점에서 (나)는 3문단에서 보육·교육 여건의 개선과 문화 발전의 필요성을 언급한 것과 관련해 추가 자료로 활용할 수 있다.

③ **(다)를 활용하여, 2문단에서 정주 여건이 인구 유입의 장애 요인이라고 언급한 것에 대해, 열악한 정주 여건이 청년층 인구 감소의 주요 요인임을 강조한다.**
2문단에서 정주 여건이 인구 유입의 장애 요인이라고 언급한 것에 대해, (다)의 전문가 인터뷰를 활용하여 청년층 인구가 타 지역에 비해 빠르게 감소하고 있는 상황에서 보육·교육, 문화와 같은 정주 여건의 열악함을 청년층 단위에서 인구 감소의 주요 원인으로 추가할 수 있다.

✔ **(가)와 (다)를 활용하여, 1문단에서 우리 지역의 청년층 인구와 전체 인구의 감소 속도를 비교한 것에 대해, 우리 지역과 타 지역의 청년층의 인구 감소 속도를 비교한 값을 추가한다.**
〈보기〉의 (가)는 2018년부터 2022년 사이 ○○시의 전체 인구수 변동 추이와 전년도 대비 인구 감소율 및 20～30대 청년층 인구수 변동 추이 및 전년도 대비 청년층 인구 감소율을 보여 주는 통계 자료이다. 그리고 (다)는 ○○시의 청년층 인구가 타 지역보다 빠르게 감소하는 주요 원인을 제시한 전문가 인터뷰 자료로, 양질의 일자리 부족과 함께 정주 여건의 악화를 청년층 인구 감소의 핵심적인 요인으로 꼽고 있다. 이러한 (가)와 (다)를 활용하더라도 우리 지역과 타 지역의 청년층의 구체적인 인구 감소 속도를 비교한 값을 추가할 수는 없다.

⑤ **(나)와 (다)를 활용하여, 4문단에서 청년층에게 필요한 제도와 기반 시설을 언급한 것에 대해, 보육·교육의 지원을 위한 제도가 마련되고 문화 시설이 확충되어야 한다는 내용으로 구체화한다.**
(나)는 인구 증가를 위해 우리 지역에서 가장 먼저 해결해야 할 과제에 대한 ○○시 20～30대 청년층 주민들의 응답을 보여 주는 설문 조사 결과이다. 그리고 (다)는 ○○시의 청년층 인구가 타 지역보다 빠르게 감소하는 주요 원인을 제시한 전문가 인터뷰 자료로, 양질의 일자리 부족과 함께 정주 여건의 악화를 청년층 인구 감소의 핵심적인 요인으로 꼽고 있다. 따라서 4문단에서 보육·교육의 지원을 위한 제도가 마련되고 문화 시설이 확충되어야 한다는 내용으로 구체화하기 위해 (나), (다)를 활용할 수 있다.

**★★ 문제 해결 꿀~팁 ★★**

▶ **많이 틀린 이유는?**
이 문제는 〈보기〉로 제시한 자료를 정확히 이해하지 못하였거나 선택지의 내용을 정확히 파악하지 못하여 오답률이 높았던 것으로 보인다.

▶ **문제 해결 방법은?**
이 문제를 해결하기 위해서는 선택지를 중심으로 문제에 접근해야 한다. 즉 선택지에 제시된 자료 활용, ①의 경우에는 (가)를 활용한다고 하였으므로 (가)의 자료를 확인하고 이를 바탕으로 선택지의 적절성을 판단해야 한다. 이때 선택지에 제시된 학생의 글의 내용이 적절한지도 유의해야 하는데, 간혹 선택지에 제시된 내용이 학생의 글과 어긋나는 경우가 있기 때문이다. 이러한 방식으로 문제를 풀면, 정답인 ④의 경우, (가)의 자료와 (다)의 자료에 대해 이해한 다음, 1문단에 언급된 내용이 글의 내용과 일치하는지 확인하고 활용 방안으로 제시된 것이 적절한지 판단하면 된다. 이렇게 문제에 접근하게 되면 (가)와 (다)의 자료를 통해 '우리 지역과 타 지역의 청년층의 구체적인 인구 감소 속도를 비교한 값을 추가할 수는 없'음을 알 수 있다. 이 문제 해결의 핵심은 자료를 정확히 이해하는 데 있으므로, 선택지에서 언급한 자료를 차분하게 읽은 다음 주어진 자료가 글의 내용을 보완하는 데 활용될 수 있는지 판단할 수 있도록 한다.

# [35~45] 언어와 매체

★★★ 등급을 가르는 문제!

## 35 현대 국어의 의존 명사의 이해

정답률 71% | 정답 ③

**㉠～㉥ 중 〈보기〉의 '바'에 해당하는 것만을 고른 것은? [3점]**

〈보 기〉

> **의존 명사 '바'**
> ○ 우리가 나아갈 바를 밝혔다.
> ○ 이것이 우리가 생각한 바이다.
> ○ 그것은 *그 / *생각의 바와 다르다.
> ○ 그것에 대해 내가 아는 바가 없다.
> ○ 그가 우리 사회에 공헌한 바가 크다.
>
> ※ '*'는 어법에 맞지 않음을 나타냄.

① ㉠, ㉢, ㉤

② ㉠, ㉣, ㉥
〈보기〉에 제시된 '바'의 쓰임을 볼 때 다양한 유형의 선행 요소와 결합하거나 특정한 격조사와 결합하지는 않음을 알 수 있다. 그리고 '바' 뒤에 다양한 용언이 사용되고 있으므로 특정 용언과 결합한다고도 할 수 없다.

✔ **㉡, ㉢, ㉤**
〈보기〉의 '나아갈 바', '생각한 바', '아는 바', '공헌한 바'를 통해 의존 명사 '바'는 선행 요소로 용언의 관형사형과만 결합함을 알 수 있다(㉡). 그리고 '바를, 바이다, 바와, 바가'를 통해 후행 요소로는 주격 조사, 목적격 조사, 부사격 조사, 서술격 조사 등의 다양한 격 조사와 결합하여 쓰일 수 있음을 알 수 있다(㉢). 또한 '바' 뒤에 오는 용언을 볼 때, 의존 명사 '바'는 후행 요소로 다양한 용언과 결합하여 쓰일 수 있음을 알 수 있다(㉤).

④ ㉡, ㉣, ㉤

⑤ ㉡, ㉣, ㉥

**★★ 문제 해결 꿀~팁 ★★**

▶ **많이 틀린 이유는?**
이 문제는 〈보기〉에 제시된 사례를 정확히 파악하지 못해 오답률이 높았던 것으로 보인다. 또한 제시된 글의 내용, 특히 '선행 요소'와 '후행 요소'라는 말을 정확히 이해하지 못한 것도 오답률이 높았던 원인으로 보인다.

▶ **문제 해결 방법은?**
이 문제를 해결하기 위해서는 기본적으로 제시된 글의 내용을 정확히 이해해야 한다. 특히 문제가 〈보기〉의 사례로 제시된 '바'가 ㉠ ～ ㉥에 해당하는지 여부를 묻고 있으므로 ㉠ ～ ㉥의 전후 내용을 바탕으로 ㉠ ～ ㉥에 대해 정확히 이해해야 한다. 이때 '선행 요소'와 '후행 요소'에 대해 정확히 이해해야 하는데, 제시문의 '어느 것, 언니 것'에서 선행 요소가 앞에 오는 '어느'와 '언니'를 가리킴을 알아야 한다. 마찬가지로 '지(가), 줄(로)'를 통해 '가', '로'가 후행 요소임을 알아야 한다. 그리고 〈보기〉에 제시된 '바'를 정확히 살펴 ㉠ ～ ㉥에 해당하는지 여부를 살피면 되는데, 이때 주의할 점은 한 문장만 살피지 말고 전체 문장을 살필 수 있어야 한다. 가령 ㉢이 해당하는지 여부를 살필 때에는 주격 조사, 목적격 조사, 부사격 조사, 서술격 조사 등의 다양한 격 조사와 결합하여 쓰이고 있는지를 〈보기〉에 제시된 '바'가 사용된 문장을 통해 확인할 수 있어야 한다.

14회

## 36 중세 국어의 의존 명사의 이해

정답률 77% | 정답 ②

**윗글과 〈보기〉의 중세 국어 자료를 이해한 내용으로 적절하지 않은 것은?**

〈보 기〉

ㅇ 달ᄋᆞᆶ ⓐ 주리 업스시니이다
[다를 줄이 없으십니다]
ㅇ 眞光이 어드우며 ᄇᆞᆯᄀᆞᆫ ⓑ ᄃᆡᆯ 다 비취샤
[진광이 어두우며 밝은 데를 다 비추시어]
ㅇ 부텻 일훔 念ᄒᆞᆯ ⓒ ᄲᅮ네 이런 功德 됴ᄒᆞᆫ 利ᄅᆞᆯ 어드리오
[부처님의 이름을 생각할 뿐에 이런 공덕 좋은 이로움을 얻으리오]

**① ⓐ의 '줄'은 현대 국어 '줄'과 달리, 주격 조사와 결합할 수 있었군.**
중세 국어 '달ᄋᆞᆶ 줄이'의 현대어 풀이가 '다를 줄이'이므로 '줄'이 주격 조사와 결합할 수 있음을 알 수 있다. 그리고 제시된 글의 2문단을 통해 현대 국어의 '줄'은 주로 목적격 조사나 부사격 조사와 결합하였음을 알 수 있다.

**✔② ⓐ의 '줄'은 중세 국어 '것'과 달리, 선행 요소로 용언의 관형사형과 결합할 수 있었군.**
중세 국어 '달ᄋᆞᆶ 줄이'의 현대어 풀이가 '다를 줄이'이므로, 중세 국어의 '줄'은 선행 요소로 용언의 관형사형과 결합할 수 있었음을 알 수 있다. 그런데 제시된 글의 3문단을 통해 중세 국어의 '것'은 여러 유형의 선행 요소 및 후행 요소와 두루 결합하여 쓰였음을 알 수 있으므로, 중세 국어 '것'도 용언의 관형사형과 결합할 수 있었음을 알 수 있다.

**③ ⓑ의 'ᄃᆡ'는 현대 국어 '데'와 같이, 선행 요소로 용언의 관형사형과 결합할 수 있었군.**
중세 국어 'ᄇᆞᆯᄀᆞᆫ ᄃᆡᆯ'의 현대어 풀이가 '밝은 데를'이므로 'ᄃᆡ'는 선행 요소로 용언의 관형사형과 결합할 수 있음을 알 수 있다. 그리고 제시된 글의 1문단을 통해 '데'는 선행 요소로 용언의 관형사형과만 결합함을 알 수 있다.

**④ ⓑ의 'ᄃᆡ'는 중세 국어 'ᄃᆡ'와 달리, 목적격 조사와 결합할 수 있었군.**
중세 국어 'ᄇᆞᆯᄀᆞᆫ ᄃᆡᆯ'의 현대어 풀이가 '밝은 데를'이므로 'ᄃᆡ'가 목적격 조사와 결합할 수 있음을 알 수 있다. 그리고 제시된 글의 3문단을 통해 중세 국어 'ᄃᆡ'는 문장에서 주어로만 쓰였으므로 주격 조사와만 결합함을 알 수 있다.

**⑤ ⓒ의 'ᄲᅮᆫ'은 현대 국어 '뿐'과 달리, 부사격 조사와 결합할 수 있었군.**
중세 국어 '念ᄒᆞᆯ ᄲᅮ네'의 현대어 풀이가 '생각할 뿐에'이므로 부사격 조사와 결합할 수 있었음을 알 수 있다. 그리고 제시된 글의 2문단을 통해 현대 국어 '뿐'은 서술격 조사와 보격 조사와만 결합함을 알 수 있다.

## 37 단어의 음운 변동의 탐구

정답률 82% | 정답 ④

**㉠과 ㉡에 모두 해당하는 예만을 〈보기〉의 [탐구 자료]에서 고른 것은?**

〈보 기〉

**[탐구 내용]**
국어의 음운 변동은 교체, 탈락, 첨가, 축약의 네 가지 유형으로 나눌 수 있다. 어떤 단어는 여러 음운 변동이 일어나는 데 위의 네 가지 유형 중 ㉠ 두 유형 이상의 음운 변동이 일어나는 경우, ㉡ 한 유형의 음운 변동이 여러 번 일어나는 경우도 있다.

**[탐구 자료]**
꽃향기[꼬턍기], 똑같이[똑까치],
흙냄새[흥냄새], 첫여름[천녀름],
넙죽하다[넙쭈카다], 읊조리다[읍쪼리다]

**① 꽃향기, 똑같이**
'꽃향기'는 음절의 끝소리 규칙에 따라 [꼳향기]로 바뀐 뒤, 음운 축약으로 [꼬턍기]로 발음된다. 그리고 '똑같이'는 구개음화에 따라 [똑가티→똑가치]로 발음된다. 따라서 '꽃향기'와 '똑같이'는 ㉠과 ㉡에 모두 해당하지 않는다.

**② 꽃향기, 흙냄새**
'흙냄새'는 자음군 단순화로 [흑냄새]로 바뀐 뒤, 비음화로 [흥냄새]로 발음된다. 따라서 '꽃향기'와 '흙냄새'는 ㉠과 ㉡에 모두 해당하지 않는다.

**③ 첫여름, 넙죽하다**
'넙죽하다'는 된소리되기가 일어나 [넙쭉하다]로 바뀐 뒤, 음운 축약으로 [넙쭈카다]로 발음된다. 따라서 '넙죽하다'는 ㉠과 ㉡에 모두 해당하지 않는다.

**✔④ 첫여름, 읊조리다**
'첫여름'은 음절의 끝소리 규칙에 따라 [첟여름]으로 바뀐 뒤, 'ㄴ' 첨가가 일어나 [첟녀름]으로, 다시 비음화가 일어나 [천녀름]으로 발음된다. 그리고 '읊조리다'는 자음군 단순화로 [읖조리다]로 바뀐 뒤, 음절의 끝소리 규칙이 일어나 [읍조리다]로, 된소리되기가 일어나 [읍쪼리다]로 발음된다. 따라서 '첫여름, 읊조리다' 모두 음운 첨가가 한 번, 음운 교체가 두 번 일어나므로 ㉠과 ㉡에 해당한다.

**⑤ 넙죽하다, 읊조리다**
'넙죽하다'는 ㉠과 ㉡에 모두 해당하지 않는다.

## 38 단어의 구성 방식과 형성 방법 파악

정답률 87% | 정답 ①

**〈보기〉의 ⓐ ~ ⓒ에 들어갈 말을 바르게 짝지은 것은?**

〈보 기〉

**학생 1** : 우리 스무고개 할래? [자료]에 있는 단어 중에서 내가 무얼 생각하는지 맞혀 봐.

**[자료]**
높이다　　접히다　　여닫다

**학생 2** : 좋아. 그 단어는 어근과 어근으로 구성되었니?
**학생 1** : 아니, 어근과 접사로 이루어져 있어.
**학생 2** : 그렇다면 ( ⓐ )는 아니겠군. 그러면 단어의 품사가 어근의 품사와 같니?
**학생 1** : 아니, 이 단어의 품사는 어근의 품사와 달라.
**학생 2** : ( ⓑ )는 접사가 결합하며 품사가 달라지지 않았고, ( ⓒ )는 접사가 결합하며 품사가 달라졌네. 그렇다면 네가 생각하는 단어는 ( ⓒ )이구나!
**학생 1** : 맞아, 바로 그거야.

| | ⓐ | ⓑ | ⓒ |
|---|---|---|---|
| ✔① | 여닫다 | 접히다 | 높이다 |
| ② | 여닫다 | 높이다 | 접히다 |
| ③ | 높이다 | 여닫다 | 접히다 |
| ④ | 높이다 | 접히다 | 여닫다 |
| ⑤ | 접히다 | 여닫다 | 높이다 |

① 해설: '여닫다'는 '열다'와 '닫다'가 결합하고 있으므로 어근과 어근으로 이루어진 합성어이고, '접히다'는 동사 '접다'의 어근에 접미사 '-히-'가 결합하며 만들어진 동사에 해당한다. 그리고 '높이다'는 형용사 '높다'의 어근에 접미사 '-이-'가 결합해 만들어진 동사이다.

## 39 문장의 짜임 파악

정답률 83% | 정답 ⑤

**〈보기〉에 대한 설명으로 적절하지 않은 것은?**

〈보 기〉

ㄱ. 동생이 내가 읽던 책을 가져갔다.
ㄴ. 그는 자신이 그 일의 적임자임을 주장했다.
ㄷ. 무장 강도가 은행에 침입한 사건이 발생했다.
ㄹ. 이곳의 따뜻한 기후는 옥수수가 자라기에 적합하다.

**① ㄱ은 목적어가 생략된 안긴문장이 있다.**
ㄱ에서 안긴문장은 '동생이 내가 읽던'으로 관형절이 사용되었고, '목적어'가 생략되어 있다.

**② ㄴ은 조사와 결합하여 목적어의 기능을 하는 안긴문장이 있다.**
ㄴ에서 안긴문장은 '자신이 그 일의 적임자임'인 명사절로, 뒤에 목적격 조사 '을'과 결합하여 목적어의 기능을 하고 있다.

**③ ㄱ과 ㄷ은 체언을 수식하는 기능을 하는 안긴문장이 있다.**
ㄱ과 ㄷ에서 안긴문장이 관형절이므로, 체언을 수식하는 기능을 하고 있다.

**④ ㄴ과 ㄹ은 명사형 어미가 결합된 안긴문장이 있다.**
ㄴ과 ㄹ에서는 명사절로 안긴문장이 사용되고 있으므로, 명사형 어미가 결합되어 있음을 알 수 있다.

**✔⑤ ㄷ은 ㄹ과 달리 문장 성분이 생략된 안긴문장이 있다.**
'ㄷ'에서 안긴문장은 '무장 강도가 은행에 침입한'으로 관형절이 사용되었고 문장 성분이 생략되지 않고 있다. 그리고 'ㄹ'에서 안긴문장은 '이곳의 기후는'과 '옥수수가 자라기'로 각각 관형사절과 명사절이 사용되고 있다. 그리고 관형절에서는 '기후가'라는 주어가 생략되고 있다. 따라서 ㄷ은 ㄹ과 달리 주어라는 문장 성분이 생략된 안긴문장이 있다는 설명은 적절하지 않다.

## 40 매체 정보의 전달 방식 이해

정답률 96% | 정답 ②

**(가)에 나타난 정보 전달 방식으로 적절하지 않은 것은?**

**① 실시간으로 방송이 진행되므로 현장의 상황에 맞추어 음질의 문제를 즉각적으로 개선해 정보를 전달한다.**
(가)에서는 방송 진행자는 실시간 채팅창을 보고 목소리가 안 들린다는 분들이 많다고 하면서, 카메라에 있는 소음 제거 장치를 조절하여 음질의 문제를 즉각적으로 개선하고 있다.

**✔② 수용자 이탈을 막으려면 흥미를 유지해야 하므로 사전에 제작된 자료 화면을 활용하여 흥미를 유발한다.**
(가)의 방송 진행자는 수용자 이탈을 막기 위해 흥미를 유지할 필요성이 있지만, 이를 위해 사전에 제작된 자료 화면을 사용하지는 않고 있다.

**③ 수용자가 실시간으로 참여하는 것이 가능하므로 방송 진행자가 수용자의 요구에 따라 정보를 구성하여 전달한다.**
(가)에서는 수용자가 실시간 채팅을 통해 떡볶이 맛을 알려 달라고 한 요구에 따라 방송 진행자가 그와 관련된 정보를 구성하여 전달하고 있다.

**④ 방송은 시각과 음성의 사용이 모두 가능하므로 안내문의 텍스트 정보를 방송 진행자가 읽어서 음성 언어로 전달한다.**
(가)에서는 방송 진행자가 안내문의 글씨가 너무 작아 수용자들이 불편할 것 같아 직접 읽어 주고 있다. 따라서 방송 진행자는 안내문의 텍스트 정보를 방송 진행자가 읽어서 음성 언어로 전달한다고 할 수 있다.

**⑤ 일정한 주기로 정보가 제공되고 있으므로 방송 진행자가 지난주에 했던 방송과 현재 진행되는 방송의 연관성을 제시한다.**
(가)에서는 지난주에는 ㅁㅁ궁의 동쪽에 있는 마을에 다녀왔다고 언급하면서, 오늘은 ㅁㅁ궁의 서쪽에 있는 마을에 가 보겠다 말하고 있다. 따라서 방송 진행자는 지난주에 했던 방송과 현재 진행되는 방송의 연관성을 제시하였다고 할 수 있다.

## 41 매체 참여자의 수용 양상 파악

정답률 93% | 정답 ①

**다음은 (가)가 끝난 후의 댓글 창이다. 참여자들의 소통 양상으로 가장 적절한 것은?**

**낮달** 1일 전
방송 잘 봤어요. 그런데 300년 된 백송이 쓰러진 걸 보니 대단한 태풍이었나 봐요. 그게 무슨 태풍이었나요?　댓글

↳ **뚜벅** 1일 전
20××년에 있었던 태풍 'OO' 였대요. 우리나라에서 기상을 관측한 이래 가장 강력한 것으로 기록된 태풍이에요.　댓글

↳ **낮달** 1일 전
아! 고마워요.　댓글

**별총** 1일 전
어렸을 적에 그 마을에서 살았는데, 이제는 백송을 다시는 볼 수 없다니 너무 아쉽네요.　댓글

↳ **뚜벅** 1일 전
그 백송의 씨앗을 발아시켜서 지금 어린 백송이 자라고 있어요. 그러니 너무 아쉬워 마시길…….　댓글

↳ **별총** 1일 전
그렇군요. 좋은 정보 감사해요.　댓글



[문제편 p.277]

✅ '낮달'과 '별총'은 '뚜벅'의 댓글을 통해 방송에서 언급된 내용과 관련된 정보를 추가로 얻고 있다.
'낮달'과 '별총'은 방송에서 언급된 '백송'과 관련해 추가된 정보인 '태풍'과 '어린 백송'에 대한 정보를 '뚜벅'의 댓글을 통해 얻고 있다.

② '뚜벅'은 방송에서 자신이 잘못 전달한 정보를 바로잡아 '낮달'에게 댓글로 전달하고 있다.
'뚜벅'은 '낮달'이 궁금한 것에 대답하고 있지, 방송에서 자신이 잘못 전달한 정보를 바로잡아 '낮달'에게 전달하지는 않고 있다.

③ '뚜벅'과 '별총'은 '낮달'의 생각에 동조함으로써 세 사람이 공통의 관심사를 형성하고 있다.
'뚜벅'과 '별총'이 '낮달'의 생각에 동조하지도 않고 있다. 또한 '뚜벅'과 '별총'은 백송과 관련하여, '뚜벅'과 '낮달'은 태풍과 관련하여 의사소통하고 있으므로 세 사람이 공통의 관심사를 형성하지도 않고 있다.

④ '별총'은 자신이 겪은 개인적인 경험을 언급함으로써 '뚜벅'이 제공한 정보에 대해 의문을 드러내고 있다.
'별총'은 자신이 겪은 개인적인 경험을 언급하고 있음을 알 수 있지만, '뚜벅'이 제공한 정보에 대해 의문을 드러내지는 않고 있다.

⑤ '별총'은 더 알고 싶은 내용을 질문함으로써 '뚜벅'이 추가적인 설명을 하도록 유도하고 있다.
'뚜벅'이 '별총'의 댓글과 관련하여 '백송'에 대한 추가적인 설명을 하였으나, '뚜벅'이 추가적인 설명을 하도록 유도하기 위해 '별총'이 더 알고 싶은 내용을 질문한 것은 아니다.

## 42 매체 자료의 생산

정답률 86% | 정답 ①

다음은 (나)에 따라 제작한 사전 안내용 슬라이드이다. 제작 과정에서 고려한 내용으로 적절하지 않은 것은? [3점]

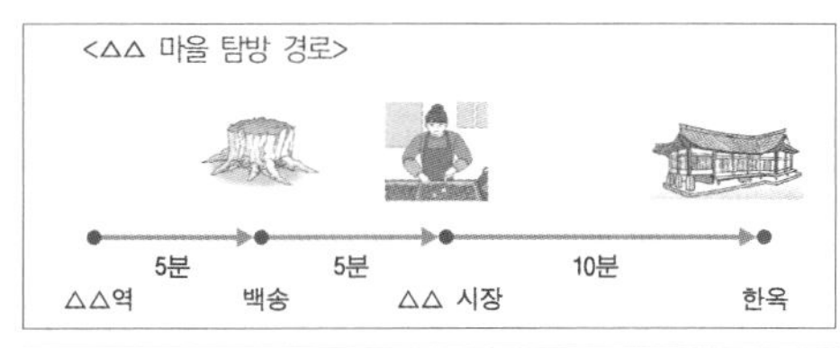

✅ 탐방 경로를 한눈에 볼 수 있게 하자고 한 ㉠에는 뚜벅 님이 언급하지 않은 소재를 추가하여 그림 자료로 보여 주자.
㉠에 탐방 경로를 한눈에 볼 수 있게 하자고 한 것은 맞지만, 이를 위해 '뚜벅 님'이 언급하지 않은 소재를 추가하여 그림 자료로 보여 주지는 않고 있다. ㉠에 그림 자료로 제시된 '백송', '△△ 시장', '한옥'은 모두 '뚜벅 님'이 방송에서 언급한 소재이다.

② 이동의 편의성을 고려해 탐방 순서를 정하기로 한 ㉠에는 뚜벅 님이 추천한 경로를 제시하자.
(나)에서 '뚜벅 님의 방송을 참고'해서 탐방 경로를 한눈에 볼 수 있도록 안내하되, 이동의 편의성을 고려한 순서로 제시한다고 하였으므로 적절하다.

③ 각 장소로 이동하는 소요 시간을 제시하기로 한 ㉠에는 뚜벅님이 안내해 준 이동 시간을 구간별로 나타내 주자.
(나)에서 '뚜벅 님의 방송을 참고'해서 각 장소로 이동하는 소요 시간도 제시해야 한다고 하였으므로 적절하다.

④ 대상의 특징을 보여 주는 문구를 넣기로 한 ㉡에는 뚜벅 님이 방송에서 언급한 말을 활용하여 만든 문구를 넣어 주자.
(나)에서 ㉡에는 뚜벅 님이 방송에서 언급한 말을 활용하여 만든 문구를 넣어 주자고 하였으므로 적절하다.

⑤ 시장 이용에 유용한 정보를 넣어 주기로 한 ㉡에는 뚜벅 님이 방송에서 언급하지 않은 교통편과 이용 시간에 대한 정보를 넣어 주자.
(나)에서 시장 이용에 유용한 정보도 함께 제시해야 겠다 하고 있고, '△△ 시장' 슬라이드에 교통편과 이용 시간을 제시하고 있으므로 적절하다.

## 43 매체 언어의 특성 파악

정답률 98% | 정답 ③

ⓐ ~ ⓔ에 대한 설명으로 적절하지 않은 것은?

① ⓐ : 보조사 '이나'를 사용하여 백송이 △△ 마을을 지켜 주었던 긴 시간을 강조하고 있다.
ⓐ의 '300년 동안이나'를 통해 보조사 '이나'를 사용하여 백송이 △△ 마을을 지켜 주었던 긴 시간을 강조하고 있음을 알 수 있다.

② ⓑ : 접속 부사 '그런데'를 사용하여 한옥에 대한 화제를 먹거리에 대한 화제로 전환하고 있다.
ⓑ에서는 접속 부사 '그런데'를 사용하고 있는데, 이후 방송 내용이 한옥에 대한 화제에서 먹거리에 대한 화제로 바뀌고 있다. 따라서 ⓒ에서는 접속 부사 '그런데'를 사용하여 화제를 전환하고 있음을 알 수 있다.

✅ ⓒ : 지시 대명사 '뭐'를 사용하여 수용자에게 먹거리에 대한 정보를 요청하고 있다.
'우선 뭐 좀 먹어야겠어요.'에 사용된 '뭐'는 정하지 않은 대상을 이르는 부정칭 대명사로, 방송 진행자가 아직 무엇을 먹을지 정하지 않은 상태임을 나타내는 것이지 수용자에게 먹거리에 대한 정보를 요청하기 위해 사용한 것은 아니다.

④ ⓓ : 선어말 어미 '-겠-'을 사용하여 이동 소요 시간에 대한 추측을 드러내고 있다.
ⓓ의 '걸리겠어요'를 통해, 추측의 선어말 어미 '-겠-'을 사용하여 이동 소요 시간에 대한 추측을 드러내고 있음을 알 수 있다.

⑤ ⓔ : 인칭 대명사 '제'를 사용하여 수용자에게 공손한 태도로 말하고 있다.
ⓔ에서는 자신을 가리키는 인칭 대명사 '제'를 사용하고 있는데, '제'는 자신을 낮춰 부르는 인칭 대명사이다. 따라서 방송 진행자는 '제'라는 인칭 대명사를 사용하여 수용자에게 공손한 태도로 말하고 있음을 알 수 있다.

## 44 매체의 정보 구성 방식 파악

정답률 98% | 정답 ④

(가)의 정보 구성 및 제작 방식으로 적절하지 않은 것은?

① 사용 설명서는 특정한 파일의 형태로 다운로드할 수 있도록 했다.
(가)에서는 PDF 파일의 형태로 '사용 설명서'를 다운받을 수 있다.

② 기기 사용 안내는 사용 목적에 따라 크게 두 항목으로 나누어 구성했다.
'기기 사용 안내'는 사용자가 '무인 도서 대출 및 반납기'를 사용하는 목적에 따라 '무인 도서 대출'과 '무인 도서 반납'이라는 두 항목으로 나누어 구성했다.

③ 기기 사용 안내는 화살표를 활용하여 조작 순서가 드러나도록 안내했다.
'기기 사용 안내'는 화살표를 활용하여 사용 목적에 따라 기기를 조작하는 순서가 잘 드러나도록 안내했다.

✅ 유의 사항은 회원 가입 후 관리자의 승인 절차를 거친 후에만 열람이 가능하도록 했다.
(가)를 보면 '유의 사항' 아래에 '회원 가입 바로 가기'가 있으므로, 회원 가입을 하지 않은 상태에서도 유의 사항을 읽는 것이 가능함을 알 수 있다. 따라서 회원 가입 후 관리자의 승인 절차를 거친 후에만 '유의 사항'의 열람이 가능하도록 한 것은 아니다.

⑤ 기타 안내는 관련 정보를 안내 받을 수 있는 페이지로 이동 할 수 있도록 했다.
해당 항목을 클릭하면 안내 페이지로 이동할 수 있다는 안내 문구를 통해, '기타 안내'의 각 항목은 관련 정보를 안내받을 수 있는 페이지로 이동하게 되어 있음을 알 수 있다.

14회

## 45 매체 활용 방안 이해

정답률 93% | 정답 ④

(가)와 (나)에서 확인할 수 있는 매체 활용에 대한 이해로 가장 적절한 것은?

① (가)에 제시된 정보를 (나)의 사용자들이 하이퍼링크를 활용하여 내용을 수정하여 유통하고 있군.
(나)의 사용자들이 (가)에 제시된 정보를 유통하며 하이퍼링크를 활용하였으나, (가)에 제시된 내용을 수정하여 유통한 것은 아니다.

② (나)의 사용자들이 정보를 교환하는 과정에서 (가)에서 제시된 정보의 정확성을 점검하고 있군.
(나)의 사용자들이 정보를 교환하고 있으나 이 과정에서 (가)에서 제시된 정보의 정확성을 점검한 것은 아니다.

③ (가)는 (나)와 달리 정보를 수용한 사용자가 추가로 필요한 정보를 요청하고 있군.
(가)에서 정보를 수용한 사용자가 추가로 필요한 정보를 요청하는 것은 확인할 수 없다.

✅ (나)는 (가)와 달리 사용자가 필요한 정보를 과거에 소통한 이력에서 가져와 활용하고 있군.
(나)에서는 '20XX년 X월 15일'에 필요한 정보를 활용하기 위해 '20XX년 X월 13일'에 소통했던 과거의 이력에서 전자 사용 설명서 링크 주소를 가져왔다.

⑤ (가)와 (나)는 모두 사용자가 원하는 시간에 정보를 수용하기 위해서 시간 예약 기능을 활용하고 있군.
(가)와 (나)를 통해 사용자가 시간 예약 기능을 활용하고 있는 것은 찾아볼 수 없다.

# 15회 | 2022학년도 10월 학력평가 고3

• 정답 •

공통 | 독서·문학

01 ⑤ 02 ① 03 ② 04 ③ 05 ② ★06 ① 07 ③ 08 ② 09 ① 10 ② 11 ⑤ 12 ⑤ 13 ④ 14 ④ ★15 ④
★16 ① 17 ① 18 ③ 19 ③ 20 ④ 21 ③ 22 ④ 23 ② 24 ② 25 ④ 26 ③ 27 ① 28 ④ 29 ⑤ 30 ⑤
31 ⑤ 32 ② 33 ① 34 ③

선택 | 화법과 작문

35 ③ 36 ① 37 ⑤ 38 ④ 39 ② ★40 ⑤ 41 ③ 42 ① 43 ④ 44 ⑤ 45 ②

선택 | 언어와 매체

★35 ⑤ 36 ④ 37 ① 38 ⑤ 39 ⑤ 40 ④ 41 ② 42 ① 43 ③ 44 ④ 45 ③

★ 표기된 문항은 [등급을 가르는 문제]에 해당하는 문제입니다.

## [01~34] 독서·문학

### 01~03 독서 이론

「배경지식의 활용」

**해제** 이 글은 **글의 의미 구성에 활용되는 배경지식의 개념과 기능, 활용 방안을 설명**하고 있다. **독자 중심의 독서 교육 이론**에서는 **독서를 독자가 배경지식을 활용하여 글의 의미를 구성하는 행위라고 정의**한다. **글의 의미 구성에 활용되는 배경지식**은 **내용 배경지식과 형식 배경지식으로 구분**되는데, **글의 의미 구성을 효과적으로 하는 독자**는 **글을 읽기 전, 읽는 중, 읽은 후 과정에서 배경지식을 적극적으로 활용**한다. **독자 중심의 독서 교육 이론가들**은 **배경지식을 효율적으로 활용하기 위해 글과 관련해 연상한 내용을 조직화하는 방안을 제안**한다. 이들은 연구 초기에는 독자의 독서 능력 향상을 위해 더 많은 배경지식을 쌓는 방법을 연구했지만, 실제 독서 상황에서 배경지식이 오히려 독서에 방해가 되는 경우도 있음을 알게 되었다. 따라서 이후에는 배경지식의 양 이외에 독서 능력에 영향을 주는 또 다른 요소에 대한 연구를 진행했다.

**주제** 독자 중심의 독서 교육 이론에서 본 배경지식과 기능 및 활용 방안

**문단 핵심 내용**

| | |
|---|---|
| 1문단 | 독자 중심의 독서 교육 이론에서의 독서의 정의 및 배경지식의 구분 |
| 2문단 | 글의 의미 구성을 효과적으로 하는 독자의 독서 방법 |
| 3문단 | 독자 중심의 독서 교육 이론가들이 배경지식을 활용하기 위해 제안한 방법 |
| 4문단 | 독자 중심의 독서 교육 이론가들이 독서 능력에 영향을 주는 또 다른 요소를 연구하는 이유 |

**01** 핵심 정보의 이해 　정답률 94% | 정답 ⑤

독자 중심의 독서 교육 이론의 내용에 부합하지 않는 것은?

① 글의 의미는 독자와 글의 상호 작용을 통해 구성된다.
1문단을 통해 독자 중심의 독서 교육 이론에서는 독서를 독자가 글과 상호 작용하며 의미를 구성하는 행위로 보았음을 알 수 있다.

② 배경지식은 읽기 전, 중, 후의 모든 과정에서 활용될 수 있다.
2문단을 통해 독자 중심의 독서 교육 이론에서는 글의 의미 구성을 효과적으로 하는 독자는 글을 읽기 전, 읽는 중, 읽은 후에 배경지식을 활용한다고 보았음을 알 수 있다.

③ 같은 글을 읽더라도 독자마다 구성하는 의미가 다를 수 있다.
4문단을 통해 독자 중심의 독서 교육 이론에서는 같은 글을 읽더라도 독자마다 구성되는 의미가 다르다고 보았음을 알 수 있다.

④ 독서 과정에서 새로 알게 된 정보는 다른 글을 읽을 때에 배경지식으로 활용될 수 있다.
2문단을 통해 독자 중심의 독서 교육 이론에서는 독서 과정에서 새로 알게 된 정보는 다른 글을 읽을 때 배경지식으로 활용될 수 있다고 보았음을 알 수 있다.

✔⑤ 독서를 할 때 배경지식을 잘못 활용하면 독서 목적에 맞는 정보만을 선택적으로 수용하게 된다.
2문단을 통해 독자 중심의 독서 교육 이론에서는 글의 의미를 효과적으로 구성하는 독자는 글을 읽기 전에 배경지식을 활용해 읽을 글에 대해 예측함으로써, 새로운 정보를 쉽게 받아들일 수 있고 독서 목적에 맞는 정보만 선택적으로 수용할 수 있다고 보았음을 알 수 있다. 따라서 독서할 때 배경지식을 잘못 활용하면 독서 목적에 맞는 정보만 선택적으로 수용하게 된다는 내용은 독자 중심의 독서 교육 이론 내용에 부합한다고 할 수 없다.

**02** 관점에 따른 특정 사고의 이해 　정답률 70% | 정답 ①

다음은 독서 활동을 하는 학생 생각의 일부이다. 이를 독자 중심의 독서 교육 이론의 관점에서 이해한 내용으로 적절하지 않은 것은? [3점]

> 읽을 책이 『서양 건축사의 이해』야. 제목에 'OO사'란 말이 들어간 글은 대개 내용이 시간순으로 구성되니, 이 책도 그렇겠군. 이제 서양 건축과 관련한 것들을 떠올려 보자. '로마네스크, 고딕, 샤르트르 대성당…….' 이 중에 '로마네스크'와 '고딕'은 서양 건축 양식의 하위 개념에 배치하고, 샤르트르 대성당은 로마네스크의 하위 개념에 배치하자. 이제 본문을 읽어 보자. "고딕 양식은 이전 양식에 비해 화려하며, 대표 건축물은 샤르트르 대성당이다." 아, 샤르트르 대성당은 로마네스크 양식이 아니라 고딕 양식이었구나. 꼭 기억해 두자. 음, 이전 양식에 비해 화려하다는 말로 볼 때 고딕 양식이 로마네스크 양식보다 화려하겠군. 또 고딕 양식의 종교 건축물은 대부분 색유리를 활용했다고 했으니, 책에 언급되지 않았지만 고딕 양식인 아미앵 대성당에도 색유리가 활용되었겠군.

✔① 책 본문에 있는 '이전 양식에 비해 화려하며'를 통해 로마네스크 양식의 유행 시기를 파악한 것은 배경지식을 활용해 독서 과정에서 얻은 정보를 조리 있게 재구성한 것이로군.
〈보기〉에서 학생은 책 본문에 있는 '이전 양식에 비해 화려하며'라는 말을 통해 고딕 양식이 로마네스크 양식보다 화려했을 것이라고 추측하고 있는데, 이는 글의 맥락을 통해 로마네스크 양식의 유행 시기가 아니라 고딕 양식의 외형적 특성을 파악한 것이라 할 수 있다. 또한 배경지식을 활용해 독서 과정에서 얻은 정보를 조리 있게 재구성하는 것은 읽는 중이 아니라 읽은 후에 하는 활동에 해당하므로 적절하지 않다.

② 책을 읽으며 샤르트르 대성당이 고딕 양식이라는 정보를 확인하여 기억하겠다는 것은 독서 과정에서 얻게 된 정보를 바탕으로 기존의 배경지식을 수정한 것이로군.
〈보기〉에서 학생은 글을 읽으며 샤르트르 대성당이 고딕 양식이라는 정보를 확인하고 기억하겠다고 하였는데, 이는 샤르트르 대성당이 로마네스크 양식이라는 잘못된 배경지식을 새로운 정보를 바탕으로 수정한 것이라 할 수 있다.

③ 서양 건축과 관련하여 떠올린 로마네스크와 고딕을 서양 건축 양식의 하위 개념에 배치한 것은 읽을 글과 관련한 자신의 인지를 미리 조직화한 것이로군.
〈보기〉에서 학생은 책을 읽기 전에 서양 건축과 관련하여 떠올린 '로마네스크'와 '고딕'을 서양 건축 양식의 하위 개념에 배치하고 있는데, 이는 배경지식을 효율적으로 활용하기 위해 글과 관련하여 연상한 내용을 조직화하는 방안을 적용한 것이라 할 수 있다.

④ 색유리에 대한 정보를 바탕으로 아미앵 대성당의 특징에 대해 추측한 것은 내용 배경지식을 활용해 글에 직접 언급되지 않은 정보를 추론한 것이로군.
〈보기〉에서 학생은 책을 읽으며 색유리에 대한 정보를 바탕으로 아미앵 대성당의 특징에 대해 추측하고 있는데, 이는 내용 배경지식을 활용해 글에 직접 언급되지 않은 정보를 추론한 것이라 할 수 있다.

⑤ 책 제목에 있는 '건축사'라는 말을 바탕으로 읽을 글의 전체 구성을 추측한 것은 형식 배경지식을 활용한 것이로군.
〈보기〉에서 학생은 책 제목에 있는 '건축사'라는 말을 바탕으로 책의 내용이 시간순으로 구성될 것이라고 추측하고 있는데, 이는 글의 구성과 표현에 관한 경험과 지식인 형식 배경지식을 활용한 것이라 할 수 있다.

**03** 외적 준거에 따른 새로운 내용 추론 　정답률 93% | 정답 ②

〈보기〉를 바탕으로 ㉠을 이해한 내용으로 가장 적절한 것은?

〈보 기〉

> 독서 능력이 부족한 독자는 종종 읽을 글과 관련 없는 배경지식까지 활성화하여 통제하지 못하는 상황에 놓이는데, 그렇게 되면 독서에 대한 집중력이 떨어져 독서 목적과 관련 없는 내용을 심화하게 된다.

① 독서 능력이 뛰어난 독자는 읽을 글과 관련해 자신이 지닌 배경지식의 양을 점검한다.
㉠은 배경지식의 양 이외에 독서 능력에 영향을 주는 요소이므로, 독자가 자신의 배경지식의 양을 점검하는 것은 ㉠에 해당한다고 볼 수 없다.

✔② 독서 능력은 독서 목적에 맞는 배경지식을 선별하여 활용하는 능력과 관련이 있다.
〈보기〉를 통해 독서 능력이 부족한 독자는 읽을 글과 관련 없는 배경지식까지 활성화하여 통제하지 못하는 상황에 놓일 수 있고, 이로 인해 독서 목적과 관련 없는 내용을 심화하게 될 수 있음을 알 수 있다. 이렇게 볼 때 ㉠에 해당하는 것은 독서 목적에 부합하는 배경지식을 선별, 활성화하여 활용할 줄 아는 능력이라 할 수 있다.

③ 독서 능력은 독서에 집중할 수 있는 공간 분위기를 조성해야 발휘될 수 있다.
〈보기〉를 통해 독서 능력이 부족한 독자는 불필요한 배경지식까지 활성화하여 글에 집중하지 못한 것이지, 독서에 적합한 공간의 분위기가 조성되지 않아 글에 집중하지 못한 것은 아니므로 적절하지 않다.

④ 독서 능력을 기르려면 되도록 다양한 경험을 쌓아야 한다.
〈보기〉를 통해 독자가 독서 목적과 관련 없는 내용을 심화하게 된 것은 글과 관련 없는 배경지식을 활성화했기 때문이므로, 다양한 경험을 쌓는다고 독자가 지닌 문제가 해결된다고 할 수 없다.

⑤ 독서 능력은 독서 방식에 대한 지식이 많을수록 향상된다.
〈보기〉를 통해 독자가 독서 목적과 관련 없는 내용을 심화하게 된 것은 글과 관련 없는 배경지식을 활성화했기 때문임을 알 수 있다. 따라서 독서 방식에 대한 지식을 많이 습득한다고 해서 독자가 지닌 문제가 해결된다고는 할 수 없다.

### 04~09 사회 통합

(가) 한국형사정책연구원, 「범죄 및 형사정책에 대한 법경제학적 접근」

**해제** 이 글은 **법경제학에서 판단의 기준이 되는 효율의 개념과 적용에 대해 설명**하고 있다. **법경제학에서는 효율을 잣대로 사용하여 어떤 법 제도가 사회적으로 바람직한지에 대해 논의**할 수 있다. 여기서 **효율**이란 **사회 전체 후생의 크기가 증가하느냐의 여부**인데, 후생은 어떤 행동의 결과로 얻는 주관적인 기쁨이나 만족감을 의미한다. **효율은 사후적 효율과 사전적 효율 측면에서 살필 수** 있다. **절도는 사후적 효율 측면에서든 사전적 효율 측면에서든 후생의 감소를 가져올 수** 있다. 한편, **도산법**은 **사후적 효율의 관점에서 법 제도가 형성된 대표적 사례**이고, **지식 재산권 관련 법**은 **사전적 효율의 관점에 기초하여 성립된 경우**이다.

**주제** 법경제학에서 판단의 기준이 되는 효율의 개념과 적용

**문단 핵심 내용**

| | |
|---|---|
| 1문단 | 효율을 바람직함의 판단 기준으로 사용하는 법경제학 |
| 2문단 | 사후적 효율과 사전적 효율의 이해 |
| 3문단 | 사후적, 사전적 효율의 관점에서 법 제도가 형성된 대표적 사례들 |

(나) 오정일 외, 「법경제학 입문」

**해제** 이 글은 **법경제학에서 유인책을 고려한 법 설계의 필요성에 대해 제시**하고 있다. **통계학에서 제1종 오류**란 **올바른 가설이 기각되는 것**이고, **제2종 오류**란 **잘못된 가설이 받아들여지는 것을 말한다**. **불법 행위와 관련하여 법원이 심리하는 가설**이 **'가해자가 법이 정한 기준을 준수하지 않았다.'라고 한다면 법원의 과실 판단에 오류가 있는 경우 가해자의 유인책에 영향을 끼친다. 제1종 오류와 제2종 오류의**



[문제편 p.281]

**확률이 각각 20%일 때에서 각각 40%일 때로 증가**하게 되면 **가해자로서는 사고 방지 주의 수준을 낮추는 것이 이익**이다. 또한 **제1종 오류와 제2종 오류의 확률을 줄이는 비용이 동일할 경우 제1종 오류의 확률을 줄이는 것이 법경제학적 측면에서는 더 효과적**이다. 따라서 법은 사람들에게 미치는 유인책을 고려하여 설계될 필요가 있다.

**주제** 법경제학에서 유인책을 고려한 법 설계의 필요성

**문단 핵심 내용**

| | |
|---|---|
| 1문단 | 가해자의 유인책에 영향을 끼치는 법원의 과실 판단의 오류 |
| 2문단 | 가해자가 사고 방지 주의 수준을 낮추는 것이 이익인 경우 |
| 3문단 | 사람들에게 미치는 유인책을 고려하여 설계할 필요가 있는 법 |

## 04 글의 핵심 내용 파악

정답률 67% | 정답 ③

**(가), (나)에 대한 설명으로 가장 적절한 것은?**

① **(가)는 법 제도가 불법 행위를 방조하는 실태를, (나)는 불법 행위를 엄단하기 위한 방법을 설명하고 있다.**
(가)에서 법 제도가 불법 행위를 방조하는 실태를 설명하지 않았고, (나)에서 불법 행위를 엄단하기 위한 방법을 설명하지 않았다.

② **(가)는 법 제도가 바람직하게 제정되지 못하는 이유를, (나)는 법원의 과실 판단에 오류가 있는 이유를 설명하고 있다.**
(가)에서 법 제도가 바람직하게 제정되지 못하는 이유를 설명하지 않았고, (나)에서 법원의 과실 판단에 오류가 있는 이유를 설명하지 않고 있다.

✔③ **(가), (나) 모두 경제학적 측면에서 법이 사람들에게 미칠 수 있는 효과를 설명하고 있다.**
(가)에서는 법 제도의 사후적 효율과 사전적 효율을 바탕으로 경제학적 측면에서 절도가 허용될 경우 사람들에게 어떠한 유인책이 작용할 수 있는지 설명하고 있다. 또한 도산법에서 개별적 채권 추심이 허용될 경우나 지식 재산권 관련 법에서 표절이 허용될 경우 경제학적 측면에서 사람들에게 어떠한 유인책이 작용할 수 있는지 설명하고 있다. (나)에서는 불법 행위와 관련하여 법원의 과실 판단에 오류가 있는 경우 가해자에게 어떠한 유인책이 작용할 수 있는지를 경제학적 측면에서 설명하고 있다. 따라서 (가), (나) 모두 경제학적 측면에서 법이 사람들에게 미칠 수 있는 효과를 설명하고 있다.

④ **(가), (나) 모두 사회 전체의 후생을 고르게 배분하기 위한 경제학적 대책을 설명하고 있다.**
(가), (나) 모두 사회 전체의 후생을 고르게 배분하기 위한 대책을 설명하지 않고 있다.

⑤ **(가), (나) 모두 바람직한 법 제도가 실제 현실에서 효과적으로 작동되지 않는 이유를 설명하고 있다.**
(가), (나) 모두 바람직한 법 제도가 실제 현실에서 효과적으로 작동되지 않는 이유를 설명하지 않고 있다.

## 05 세부 정보의 이해

정답률 42% | 정답 ②

**(가), (나)에 대한 이해로 가장 적절한 것은?**

① **(가) : 도산법에서 개별적 채권 추심을 인정하면 채무자의 재산 가치가 증가하게 된다.**
(가)의 3문단을 통해 도산법에서 개별적 채권 추심이 인정되면 채무자의 재산이 손상되거나 헐값에 매각되는 등 사회 전체 후생의 감소가 발생함을 알 수 있다.

✔② **(가) : 물건을 훔친 을이 갑보다 높은 후생을 누린다는 보장이 없다는 점은 법이 절도를 금하는 이유에 해당한다.**
(가)의 2문단을 통해 물건을 훔친 을의 후생은 80원이고 갑의 후생은 100원으로, 물건은 갑으로부터 을로 이전되었지만 사회 전체적으로는 20원의 후생 감소가 생김을 알 수 있다. 또한 사후적 효율 측면을 볼 때 이러한 점 때문에 법이 절도를 금지하는 이유임을 밝히고 있다. 따라서 물건을 훔친 을이 갑보다 높은 후생을 누린다는 보장이 없다는 점은 법이 절도를 금하는 이유에 해당한다고 할 수 있다.

③ **(가) : 법이 표절을 금지하는 이유는 창작자의 지식 재산권을 인정하지 않으면 사회 전체의 후생이 증가하기 때문이다.**
(가)의 3문단을 통해 법이 표절을 금지하는 이유가 창작 유인책이 저하되어 애초에 창작이 일어나지 않을 수 있기 때문임을 알 수 있다.

④ **(나) : 법원의 과실 판단 오류는 가해자의 사고 방지 주의 수준을 적정하게 유도하기 위한 장치이다.**
(나)의 2문단을 통해 법원의 과실 판단 오류 확률이 20%라면 가해자는 1수준의 사고 방지 주의를 선택한다는 것을 알 수 있다. 하지만 법원의 과실 판단 오류 자체가 가해자의 사고 방지 주의 수준을 적정하게 유도하기 위한 장치라고는 할 수 없다.

⑤ **(나) : 법원이 심리하는 가설이 맞음에도 불구하고 이를 기각하여 과실 없음을 판결하는 것은 제2종 오류이다.**
(나)의 1문단을 통해 법원이 심리하는 가설이 맞음에도 불구하고 이를 기각하여 과실 없음을 판결하는 것은 제1종 오류임을 알 수 있다.

★★★ 등급을 가르는 문제!

## 06 구체적인 상황에의 적용

정답률 22% | 정답 ①

**(가)를 바탕으로 할 때, 〈보기〉에 대한 반응으로 적절하지 않은 것은? [3점]**

〈보 기〉

A와 B로만 이루어진 사회가 있다. A가 B와 체결한 계약을 지키지 않았다. 그 결과 A는 0원의 이익을 얻었고, B는 100원의 손해를 입었다. 계약법은 A가 B에게 손해 배상 책임을 지게 할 수도 있고 그렇게 하지 않을 수도 있다. 전자의 경우 100원의 손해는 A가 부담하고, 후자의 경우에는 B가 부담한다. 만약 A가 손해의 일부만 배상한다면 100원의 손해를 서로 나누어 부담한다. 단, A와 B는 동일한 금액에 대해 동일한 후생을 갖는다.

✔① **100원의 손해를 A가 일부라도 부담하도록 계약법이 정해지면 사후적 효율 측면에서 계약 불이행으로 인한 사회 전체의 손실은 100원보다 적어지겠군.**
100원의 손해를 A가 일부라도 부담하더라도 사회 전체의 후생 손실 100원 그 자체를 줄이거나 제거하지 못하는데, 계약을 지키지 않아 100원의 손해가 발생한 이상 사회 전체의 후생은 변화하지 않기 때문이다. 그리고 A가 B에게 손해 배상으로 50원을 지급하면 A는 50원의 손해를 입고, B는 50원의 손해를 입게 된다. 이렇게 볼 때 손해 배상을 일부라도 한 경우와 그렇지 않은 경우를 비교하면 계약 불이행으로 인한 사회 전체의 손실은 여전히 100원이라 할 수 있다.

② **100원의 손해를 A가 전적으로 부담하도록 계약법이 정해지면 사전적 효율 측면에서 A에게는 계약을 덜 파기하려는 유인책이 생기겠군.**
계약법이 A가 손해를 전적으로 부담하도록 정해지면 A는 100원의 손해를 입는다. 사전적 효율은 당사자의 사전적 유인책을 고려한 개념이므로 A에게 손해를 회피하기 위해 계약을 덜 파기하려는 유인책이 생길 수 있다.

③ **계약법이 어떻게 정해지든 A가 계약을 지키지 않은 사건이 발생한다면 사회 전체의 후생은 계약법의 영향을 받지 않겠군.**
A가 계약을 지키지 않은 사건이 발생한 이상 계약법이 어떻게 정해지더라도 사회 전체의 후생은 여전히 100원이다. 따라서 사회 전체의 후생은 계약법의 영향을 받지 않을 것이다.

④ **계약법이 A의 의사 결정에 영향을 끼쳐 계약이 이행됐다면 계약법은 사회 전체의 후생 감소를 막는 방법이 될 수 있겠군.**
계약법이 어떻게 적용될지가 A의 의사 결정에 영향을 끼쳐 만약 계약이 이행됐다면 100원의 손해가 발생하지 않으므로 사회 전체의 후생 감소를 계약법이 막을 수 있다.

⑤ **계약법이 A의 의사 결정에 영향을 끼치지 못한다면 계약법은 계약 미이행 사건 자체를 방지하지 못하는군.**
계약법이 A의 의사 결정에 영향을 끼치지 못한다면 계약법은 A의 계약 미이행을 방지하는 기능을 한다고 볼 수 없을 것이다.

**★★ 문제 해결 꿀~팁 ★★**

▶ 많이 틀린 이유는?
이 문제는 〈보기〉의 내용을 정확히 이해하지 못하여 오답률이 높았던 것으로 보인다. 또한 글의 내용을 〈보기〉에 적용하는 과정에서도 어려움을 겪어 오답률이 높았던 것으로 보인다.

▶ 문제 해결 방법은?
이 문제를 해결하기 기본적으로 〈보기〉의 내용을 정확히 이해해야 한다. 즉 〈보기〉를 통해 A와 B로만 이루어진 사회이고 계약을 지키지 않아 100원의 손해가 발생하였으므로 사회 전체의 손실은 100원임을 파악해야 한다. 특히 A와 B는 동일한 금액에 대해 동일한 후생을 갖는다고 하였으므로 사회 전체의 손실은 100원 그 자체임을 알아야 한다. 그리고 선택지를 통해 관련된 글의 내용, 즉 사후적 효율과 사전적 효율에 대해 이해해야 한다. 이러한 내용을 바탕으로 하면 정답인 ①의 경우, 100원의 손해를 A가 일부라도 손해를 부담하더라도, 가령 A가 50원을 부담하더라도 계약 불이행으로 인한 사회 전체의 손실은 여전히 100원이라 할 수 있으므로 적절하지 않음을 알 수 있었을 것이다. 마찬가지로 오답률이 높았던 ④의 경우에도 계약법이 어떻게 적용될지가 A의 의사 결정에 영향을 끼쳐, 즉 A가 만약 계약을 이행하게 되면 100원의 손해가 발생하지 않을 것임을 알 수 있으므로 계약법이 사회 전체의 손해인 100원을 막을 수 있음을 알 수 있었을 것이다. 이 문제는 특히 〈보기〉에 대한 이해가 문제 해결에서 중요한 역할을 하고 있으므로 〈보기〉는 항상 꼼꼼하게 읽어 두도록 한다. 특히 〈보기〉에서 '단'이라고 언급한 부분은 문제와 밀접한 관련이 있으므로 반드시 밑줄을 긋도록 한다.

## 07 핵심 정보에 따른 내용의 이해

정답률 41% | 정답 ③

**(가)의 '사전적 효율' 측면에서 (나)를 이해한 내용으로 적절하지 않은 것은?**

① **법원의 과실 판단에 오류가 있더라도 가해자에게 적정한 사고 방지 주의 수준에 관한 유인책이 발생할 수 있다.**
(가)의 1문단을 통해 사전적 효율이 당사자의 사전적 유인책까지 고려한 개념임을 알 수 있고, (나)의 1문단을 통해 법원의 과실 판단에 오류가 있는 경우 가해자의 유인책에 영향을 끼침을 알 수 있다. 따라서 법원의 과실 판단에 오류가 있더라도 가해자에게 적정한 사고 방지 주의 수준에 관한 유인책이 발생할 수 있음을 알 수 있다.

② **법원의 제1종 오류, 제2종 오류 확률이 모두 20%라면 가해자에게는 주의 비용 30원을 부담하려는 유인책이 발생한다.**
(나)의 2문단의 표와 내용을 통해 법원의 제1종 오류, 제2종 오류 확률이 모두 20%일 경우 총 기대 손실 비용은 0수준일 경우 48원, 1수준일 경우 34원, 2수준일 겨우 62원임을 알 수 있다. 이를 볼 때, 법원의 제1종 오류, 제2종 오류 확률이 모두 20%라면 가해자는 1수준의 주의를 선택하게 될 것임을 알 수 있으므로, 가해자에게는 주의 비용 30원을 부담하려는 유인책이 발생한다고 할 수 있다.

✔③ **법원의 제1종 오류, 제2종 오류 확률이 모두 20% 미만이라면 가해자에게는 주의 비용 60원을 부담하려는 유인책이 발생할 수 있다.**
법원의 제1종 오류, 제2종 오류 확률이 모두 0%라고 가정할 경우, 가해자가 0수준의 사고 방지 주의를 선택하면 100% 확률로 기대 사고 비용 60원을 부담하므로 총 기대 손실 비용은 60원이다. 1수준의 주의를 선택하면 총 기대 손실 비용은 30원이다. 기대 사고 비용 20원을 부담할 확률이 0%이기 때문에 주의 비용만 부담하면 된다. 2수준의 주의를 선택하면 총 기대 손실 비용은 60원이다. 기대 사고 비용 10원을 부담할 확률이 0%이기 때문에 주의 비용만 부담하면 된다. 이러한 과정을 바탕으로 추론하면 법원의 제1종 오류, 제2종 오류 확률이 모두 20% 이하라면 가해자에게는 주의 비용 60원을 부담하려는 유인책이 발생한다고 볼 수 없다.

④ **법원의 제1종 오류, 제2종 오류 확률이 모두 40%라면 가해자에게는 주의 비용을 들여서 사고 확률을 낮추려는 유인책이 발생하지 않는다.**
(나)의 2문단의 '예를 들어 제1종 오류와 제2종 오류의 확률이 모두 40%라고 한다면, 이 경우에 가해자로서는 0수준의 주의를 선택하는 것이 이익이다.'를 통해, 법원의 제1종 오류, 제2종 오류 확률이 모두 40%라면 가해자는 0수준을 선택할 것이므로 주의 비용을 들여서 사고 확률을 낮추려는 유인책이 발생하지 않음을 알 수 있다.

⑤ **법원의 제1종 오류, 제2종 오류 확률이 모두 20%에서 40%로 높아지게 된다면 가해자에게는 법원이 정한 적정 주의 수준에 따라 행동할 유인책이 발생하지 않는다.**
(나)의 2문단의 '예를 들어 제1종 오류와 제2종 오류의 확률이 모두 40%라고 한다면, 이 경우에 가해자로서는 0수준의 주의를 선택하는 것이 이익이다.'를 통해, 법원의 제1종 오류, 제2종 오류 확률이 모두 40%라면 가해자는 0수준을 선택할 것이므로 주의 비용을 들여서 사고 확률을 낮추려는 유인책이 발생하지 않음을 알 수 있다. 마찬가지로 이를 통해 법원의 제1종 오류, 제2종 오류 확률이 모두 20%에서 40%로 높아지게 되면 가해자에게는 법원이 정한 적정 주의 수준에 따라 행동할 유인책이 발생하지 않을 것임을 알 수 있다.

[문제편 p.282]

## 08 의미 파악 및 다른 상황에의 적용 정답률 49% | 정답 ②

ⓐ를 〈보기〉처럼 설명할 때, 〈보기〉의 ㉮ ~ ㉰에 들어갈 말을 바르게 짝지은 것은?

〈보 기〉

가해자의 사고 방지 주의 수준을 [ ㉮ ]으로 유도하기 위해서는 0수준의 기대 사고 비용인 60원에 곱해지는 확률을 높이든가 1수준의 기대 사고 비용인 20원에 곱해지는 확률을 낮추면 된다. 60원에 곱해지는 확률은 [ ㉯ ]를 범하지 않을 확률이고, 20원에 곱해지는 확률은 [ ㉰ ]를 범할 확률이다. 당연히 큰 금액에 곱해지는 확률의 영향이 더 크므로 오류 확률 감소 비용이 동일하다면 제1종 오류 확률을 줄이는 것이 효율적이다.

| | ㉮ | ㉯ | ㉰ |
|---|---|---|---|
| ① | 1수준 | 제1종 오류 | 제1종 오류 |
| ✔② | 1수준 | 제1종 오류 | 제2종 오류 |

ⓐ에서 '위 계산 과정을' 따른다고 했고, 법원은 사고 방지를 위한 적정 주의를 1수준으로 정하고 있음을 알 수 있으므로 ㉮에는 1수준이 들어가야 한다. 그리고 (나)에 제시된 표를 바탕으로 계산 과정을 따르면 기대 사고 비용인 60원에 곱해지는 확률은 제1종 오류를 범하지 않을 확률이고, 기대 사고 비용 20원에 곱해지는 확률은 제2종 오류를 범할 확률임을 알 수 있다. 따라서 ㉯에는 '제1종 오류'가, ㉰에는 '제2종 오류'가 들어가야 한다.

| | ㉮ | ㉯ | ㉰ |
|---|---|---|---|
| ③ | 1수준 | 제2종 오류 | 제1종 오류 |
| ④ | 2수준 | 제1종 오류 | 제2종 오류 |
| ⑤ | 2수준 | 제2종 오류 | 제1종 오류 |

## 09 어휘의 사전적 의미 파악 정답률 90% | 정답 ①

㉠ ~ ㉤의 사전적 의미로 적절하지 않은 것은?

✔① ㉠ : 여러 사람이 마음을 한데 합함.
'여러 사람이 마음을 한데 합함.'이라는 사전적 의미를 갖는 단어는 '합심'이다. '논의'의 사전적 의미는 '어떤 문제에 대하여 서로 의견을 내어 토의함. 또는 그런 토의.'이다.

② ㉡ : 도움이 되도록 이바지함.

③ ㉢ : 정도, 수준, 능률 따위가 떨어져 낮아짐.

④ ㉣ : 일이나 관계 따위가 제대로 이루어짐.

⑤ ㉤ : 관심을 가지고 주의 깊게 살핌. 또는 그 시선.

## 10~13 인문

A. F Chalmers, 「과학이란 무엇인가?」

**해제** **논리 실증주의자들은 보편 언명이 단칭 언명의 누적을 통해 성립한다고 주장하면서 보편 언명이 과학 이론으로 성립될 수 있다고 보았다. 그들은 어떤 과학 이론이 지금까지 참임이 확인된 단칭 언명들을 통해 미래에도 참임이 보장될 수는 없다는 비판에 직면**했다. 일부 논리 실증주의자들은 참인 단칭 언명들이 늘어날수록 보편 언명이 참이 될 확률이 커진다는 입장으로 물러섰으나 제기된 비판을 해결하지 못했다. **비판적 합리주의는 참인 단칭 언명을 통해 어떤 보편 언명이 참임을 알 수 없지만, 참인 단칭 언명을 통해 어떤 보편 언명이 거짓임을 밝히는 것은 가능하다고 보았다.** 또한 비판적 합리주의는 과학과 비과학의 구분 기준으로 반증 가능성을 제시하고, **관찰에 의해 반증될 수 있는 언명만이 과학적으로 의미 있다고 생각**했다. 과학이 참된 진리에 점진적으로 다가갈 수 있다고 주장한 **비판적 합리주의는 과학 현실을 정확히 설명하지 못하는 문제가 있다는 비판을 받는다.**

**주제** 언명에 대한 논리 실증주의자들과 비판적 합리주의의 견해

**문단 핵심 내용**

| | |
|---|---|
| 1문단 | 보편 언명이 과학 이론으로 성립될 수 있다고 본 논리실증주의자들 |
| 2문단 | 논리실증주의들이 직면한 비판과 극복 방법 및 한계 |
| 3문단 | 관찰에 의해 반증될 수 있는 언명만이 과학적으로 의미 있다고 생각한 비판적 합리주의 |
| 4문단 | 과학이 참된 진리에 점진적으로 다가갈 수 있다고 여긴 비판적 합리주의의 주장과 그 한계 |

## 10 세부 정보의 이해 정답률 60% | 정답 ②

윗글을 통해 해결할 수 있는 의문이 아닌 것은?

① 비판적 합리주의에서는 과학과 과학이 아닌 것을 구분하는 기준을 무엇으로 보았는가?
3문단을 통해 비판적 합리주의에서는 과학과 과학이 아닌 것을 구분하는 기준으로 반증 가능성을 제시했음을 알 수 있다.

✔② 논리 실증주의에서는 비판적 합리주의가 가지고 있는 문제점을 무엇으로 보았는가?
4문단을 통해 비판적 합리주의가 실제 과학 현실을 정확하게 설명하지 못하다는 문제점이 있음을 알 수 있다. 하지만 이 문제점은 논리 실증주의자들이 비판적 합리주의에 대해 제기한 것은 아니므로 적절하지 않다.

③ 비판적 합리주의에서는 과학이 어떻게 참된 진리에 다가갈 수 있다고 보았는가?
4문단을 통해 비판적 합리주의에서는 과학이 참된 진리에 도달할 수는 없지만 점진적으로 다가갈 수 있다고 주장하면서, 과학 이론이 거듭된 반증을 거치며 더 나은 과학 이론으로 나아간다고 보았음을 알 수 있다.

④ 비판적 합리주의에서는 새로운 과학 이론이 무엇으로부터 출발한다고 보았는가?
4문단을 통해 비판적 합리주의에서는 기존 과학 이론으로 설명할 수 없는 사실의 관찰로부터 새로운 과학 이론이 비롯된다고 보았음을 알 수 있다.

⑤ 논리 실증주의에서는 과학적으로 유의미한 언명의 조건을 무엇으로 보았는가?
1문단을 통해 논리 실증주의에서는 객관적 관찰을 통해 참과 거짓으로 확실히 결정될 수 있는 언명이 과학적으로 유의미하다고 생각했음을 알 수 있다.

## 11 관점에 따른 자료의 이해 정답률 46% | 정답 ⑤

윗글의 비판적 합리주의의 입장에서 〈보기〉를 이해한 내용으로 가장 적절한 것은? [3점]

〈보 기〉

물질의 존재와 무관하게 공간은 항상 같은 상태라는 과학 이론이 그 지위를 확고히 하고 있던 시기에 아인슈타인은 이 과학 이론으로 설명할 수 없는 현상을 새로운 가설로 설명하고자 했다. 그래서 아인슈타인은 태양처럼 질량이 큰 물체는 주변의 공간을 왜곡한다는 가설을 세웠다. 이후 에딩턴은 일식이 진행되는 동안 어떤 별의 사진을 찍었다. 이 사진들을 분석한 결과, 일식 때의 별빛 위치가 일식이 아닐 때의 별빛 위치와 다르다는 것을 알게 되었다. 이를 토대로 에딩턴은 이 별빛은 태양에 의해 왜곡된 공간을 따라 휘며 진행한 것이라고 보았다.

① 아인슈타인의 가설은 거듭된 반증의 시도로부터 꾸준히 살아남는다면 참된 진리에 도달하겠군.
4문단을 통해 비판적 합리주의에서는 과학이 참된 진리에 점차 가까워질 수는 있으나 참된 진리에 도달할 수는 없다고 보았음을 알 수 있으므로 적절하지 않다.

② 태양처럼 질량이 큰 물체에 의해 공간이 왜곡된다는 아인슈타인의 가설이 제시되자마자 기존 과학 이론은 즉시 버려졌겠군.
4문단을 통해 비판적 합리주의에서는 기존 과학 이론이 이 이론으로 설명할 수 없는 사실이 관찰될 때 폐기된다고 여겼음을 알 수 있으므로 적절하지 않다.

③ 일식 때 별빛이 휘지 않고 진행함을 보여 주는 현상이 또 발견되어야 아인슈타인의 가설은 잠정적 과학 이론의 지위를 부여받겠군.
4문단의 내용을 통해 비판적 합리주의 입장에서는 아인슈타인의 가설이 반증할 수 있는 사례를 제시하고 그 사례가 관찰되지 않았을 때 잠정적 과학 이론의 지위를 부여받는다고 생각할 것이므로 적절하지 않다.

④ 물질의 존재와 무관하게 공간은 항상 같은 상태라는 과학 이론은 에딩턴에 의해 확실히 반증되었기에 과학적으로 유의미한 이론이라고 할 수 없겠군.
4문단의 내용을 통해 비판적 합리주의 입장에서는 에딩턴의 사진 분석에 의해 반증된 기존의 과학 이론은 반증 가능한 것이므로 과학적으로 유의미하다고 볼 것임을 알 수 있으므로 적절하지 않다.

✔⑤ 에딩턴의 사진 분석은 아인슈타인의 가설이 참된 진리에 도달했음을 알게 할 수는 없지만 기존 과학 이론이 성립하지 않는다는 것을 확실히 알 수 있게 하겠군.
3문단을 통해 비판적 합리주의에서는 과학과 과학이 아닌 것을 구분하는 기준으로 반증 가능성을 제시하고, 관찰에 의해 반증될 수 있는 언명만을 과학적으로 의미 있는 언명으로 인정해야 한다고 보았음을 알 수 있다. 이러한 비판적 합리주의에 따르면 에딩턴의 사진 분석은 반증 가능성이 있기 때문에 아인슈타인의 가설이 참된 진리에 도달했음을 알게 할 수는 없다고 할 것이다. 하지만 3문단의 '비판적 합리주의는 기존 과학 이론으로 설명할 수 없는 사실의 관찰로부터 새로운 과학 이론이 비롯된다고 보았다.'를 참고할 때, 에딩턴의 사진 분석은 물질의 존재와 무관하게 공간이 항상 같은 상태라는 기존의 과학 이론이 성립하지 않음을 확실하게 보여 준다고 할 수 있다.

## 12 핵심 정보의 이해 정답률 48% | 정답 ⑤

ⓐ ~ ⓔ에 대한 설명으로 적절하지 않은 것은?

① ⓐ : 객관적 관찰을 통해 참과 거짓을 결정할 수 있는 사건을 언급한 것이다.
ⓐ는 단칭 언명에 대한 설명이다. 단칭 언명은 기존 이론과 무관한 객관적 관찰을 통해 참과 거짓을 결정할 수 있는 사건에 대한 언급이다.

② ⓑ : 단칭 언명들을 일반화한 보편 언명이 과학 이론으로 성립될 수 있다는 생각이다.
ⓑ는 논리 실증주의자들의 생각이다. 그들은 단칭 언명을 통해 일반화한 보편 언명이 미래의 단칭 언명에 적용된다고 보았다.

③ ⓒ : 참인 단칭 언명이 누적될수록 보편 언명이 참이 될 확률이 커진다는 입장이다.
ⓒ의 입장은 단칭 언명이 누적될수록 보편 언명이 참이 될 확률이 될 가능성이 점차 증가한다고 본 일부 논리 실증주의자들의 입장이다.

④ ⓓ : 지금의 과학 이론이 미래의 관찰에도 그대로 적용될 수 있을지는 알 수 없다는 문제이다.
ⓓ는 단칭 언명을 통해 일반화한 보편 언명이 앞으로의 단칭 언명에 적용될 수 있을지는 알 수 없다는 문제이다.

✔⑤ ⓔ : 문제 상황을 해결하기 위해 세운 가설을 지지하는 사례이다.
ⓔ는 어떤 가설을 반증할 수 있는 사례에 해당하는데, 이러한 사례가 관찰되지 않으면 이 가설은 잠정적 과학 이론의 지위를 부여받을 수 있다.

## 13 의미의 추론 정답률 72% | 정답 ④

㉠에 대한 이해로 가장 적절한 것은?

① 과학자들은 정확한 관찰이 선행되지 않더라도 새로운 가설을 과학 이론으로 인정하려 한다.
이 글을 통해 과학자들은 정확한 관찰이 선행되지 않으면 새로운 가설을 과학 이론으로 인정하지 않을 것임을 알 수 있으므로 적절하지 않다.

② 과학자들은 어떤 가설이 새로운 과학 이론으로 제시되면 해당 가설의 옳고 그름을 하나하나 점검하려 한다.
이 글을 통해 사실의 관찰로부터 새로운 과학 이론이 비롯됨을 알 수 있으므로, 어떤 가설이 새로운 과학 이론으로 제시된다는 내용은 적절하지 않다. 또한 해당 가설의 옳고 그름을 하나하나 점검한다는 내용은 ㉠에 대한 이해로도 적절하지 않다.

③ 과학자들은 기존 과학 이론에 기대어 가설을 세우기보다는 직접 관찰한 사실을 바탕으로 가설을 세우려 한다.
이 글을 통해 과학자들은 기존 과학 이론으로 설명할 수 없는 사실이 발견된 문제 상황을 해결하기 위해 가설을 수립하고, 가설을 시험할 수 있는 사례를 떠올림을 알 수 있다. 따라서 과학자들이 직접 관찰한 사실을 바탕으로 가설을 세우려 한다는 내용은 적절하지 않다.

✔④ 과학자들은 기존 과학 이론으로 풀이될 수 없는 현상이 관찰되더라도 기존 이론을 폐기하지 않고 수정하려 한다.



[문제편 p.283]

4문단을 통해 비판적 합리주의의 생각과 달리 실제 과학 현실에서 과학자들은 기존 과학 이론으로 풀이될 수 없는 반증 사례가 발견되어도 기존 과학 이론을 버리지 않고 보완하려는 시도를 빈번히 함을 알 수 있다. 즉, 기존 이론을 폐기하지 않고 수정하여 유지하고자 하는 것이다.

⑤ **과학자들은 어떤 가설이 새로운 과학 이론의 지위를 부여받았을지라도 그것은 잠정적인 것이기 때문에 언제든 대체될 수 있다고 본다.**
4문단을 통해 과학자들은 어떤 가설이 새로운 과학 이론의 지위를 부여받았을지라도 그것은 잠정적인 것이기 때문에 언제든 대체될 수 있다고 보았음을 알 수 있다. 하지만 이는 비판적 합리주의의 생각에 해당하므로 ㉠에 대한 이해로 적절하지 않다.

## 14~17 기술

**Behrouz A. Forouzan, 「데이터 통신과 네트워킹」**

**해제** 이 글은 **데이터 통신이나 저장 과정에서 발생하는 오류를 검출하여 수정하기 위해 사용하는 해밍 거리에 대해 설명**하고 있다. **해밍 거리**는 **길이가 같은 두 부호를 비교하였을 때 두 부호의 같은 자리에 있는 서로 다른 문자의 개수로, 데이터들이 서로 구별되는 정도를 나타낸다.** 별을 관측할 때 서로 가까이 있는 두 별을 구별하는 것보다 멀리 떨어진 두 별을 구별하는 것이 더 쉬운 것과 마찬가지로, **비슷한 데이터를 구별하는 것보다 전혀 다른 데이터를 구별하는 것이 더 쉬울 것**이다. 이런 원리에 의해 **해밍 거리가 1인 0과 1을 구별할 때와 달리, 해밍 거리가 3인 000과 111을 구별할 때는 한 자리의 오류를 검출하여 수정**할 수 있다. 하지만 **해밍 거리를 멀게 하면 전송해야 하는 데이터의 양도 많아지는 단점**이 있다.

**주제** 데이터 통신에서의 해밍 거리의 활용

**문단 핵심 내용**

| 문단 | 핵심 내용 |
|---|---|
| 1문단 | 거리의 개념 |
| 2문단 | 데이터 간의 거리의 의미 및 해밍 거리의 이해 |
| 3문단 | 통신이나 저장 과정에서 발생하는 오류 검출 및 수정에 활용되는 해밍 거리 |
| 4문단 | 오류를 검출하여 수정할 수 있는 방법 |
| 5문단 | 원시 부호에 확인 부호를 충분히 덧붙일 때의 장단점 |

### 14 세부 정보의 이해 　정답률 68% | 정답 ④

**윗글을 통해 알 수 있는 내용으로 적절하지 않은 것은?**

① **2진수로 표현된 수치를 가리키는 데이터들 간의 거리는 수치 간의 차로 표현될 수 있다.**
2문단을 통해 데이터가 2진수로 표현된 수치를 가리킨다면 거리는 두 수치의 차임을 알 수 있다.

② **추상적인 성질이나 가치의 차이를 나타내는 척도로 거리의 개념이 사용될 수 있다.**
1문단을 통해 거리는 추상적인 성질이나 가치에 대한 차이를 나타내는 척도로도 사용될 수 있음을 알 수 있다.

③ **물리적 개념에서의 거리는 두 지점이 공간적으로 떨어져 있는 정도를 나타낸다.**
1문단을 통해 거리는 두 개의 지점이 공간적으로 떨어진 정도를 나타내는 물리적 개념임을 알 수 있다.

✔ **00과 11의 2진수 수치의 차이와 해밍 거리는 같은 값으로 측정된다.**
2문단을 통해 00, 11과 같은 2비트의 데이터가 2진수로 표현된 수치를 가리킨다면 00과 11의 거리는 두 수의 차인 3임을 알 수 있고, 부호의 관점에서 00과 11의 해밍 거리는 2임을 알 수 있다. 따라서 00과 11의 2진수 수치 차이와 해밍 거리는 다르다고 할 수 있다.

⑤ **데이터가 표현하려는 정보에 따라 거리를 측정하는 방법이 다르다.**
2문단을 통해 데이터가 표현하려는 정보에 따라 측정 방법이 다름을 알 수 있다.

★★★ 등급을 가르는 문제!

### 15 구체적인 상황에의 적용 　정답률 35% | 정답 ④

**[A]와 〈보기〉를 이해한 내용으로 적절하지 않은 것은? [3점]**

〈보 기〉

확인 부호가 오류 발생 자리에 대한 정보가 되도록 규칙을 정하면 전송 부호에서 한 자리 오류가 발생했을 때 수정이 가능하다. 확인 부호를 검사하여 p에 오류가 있으면 p 자리를 1로, 오류가 없으면 0으로 표현한다. 같은 방식으로 q에 오류가 있으면 q 자리를 1로, 오류가 없으면 0으로 표현한다. 0과 1로 표현된 p 자리 q 자리를 계산하면 한 자리의 오류가 발생했을 때 그 자리를 알아낼 수 있다.

| 송신 | 수신 | 규칙 | | | 오류 발생 자리 |
|---|---|---|---|---|---|
| | | 오류 | | 계산 | |
| | | p 자리 | q 자리 | | |
| 000 | 000 | 0 | 0 | $0\times2^1+0\times2^0$ | □□□ |
| | 010 | | 0 | $1\times2^1+0\times2^0$ | □☑□ |
| | 110 | 0 | 1 | $0\times2^1+1\times2^0$ | |
| | 011 | 1 | 1 | $1\times2^1+1\times2^0$ | |
| ⋮ | ⋮ | ⋮ | ⋮ | ⋮ | ⋮ |

① **송신자는 전송 부호 간의 해밍 거리가 3이 될 수 있도록 0은 000으로, 1은 111로 보내는 것이겠군.**
[A]를 통해 오류 발생 자리를 검출하여 110을 111로 수정할 수 있는데, 이 경우 전송 부호 간의 최소 해밍 거리가 3이어서 한 자리의 오류를 검출하여 수정할 수 있음을 알 수 있다. 따라서 송신자는 전송 부호 간의 해밍 거리가 3이 될 수 있도록 0은 000으로, 1은 111로 보낸다고 할 수 있다.

② **수신자가 010을 받았다면 p 자리의 오류를 1로 표현하여 000으로 판단하겠군.**
[A]의 '예를 들어 110의 경우 ~ 따라서 오류 발생 자리를 검출하여 110을 111로 수정할 수 있다.'를 통해, 수신자가 010을 받았다면 p 자리의 오류를 1로 표현하여 000으로 판단할 것임을 알 수 있다.

③ **수신자가 110이나 101을 받았다면 수신한 부호에 있는 0을 1로 수정하여 모두 111로 판단하겠군.**
[A]의 '예를 들어 110의 경우 ~ 따라서 오류 발생 자리를 검출하여 110을 111로 수정할 수 있다.'를 통해, 수신자가 110이나 101을 받았다면 수신한 부호에 있는 0을 1로 수정하여 모두 111로 판단할 것임을 알 수 있다.

✔ **수신자가 011을 받았다면 p 자리와 q 자리 모두에 오류가 있는 경우이므로 두 자리의 오류를 수정하겠군.**
[A]에서는 최소 해밍 거리가 3이고 한 자리의 오류만 있다고 가정하였으므로 두 자리의 오류를 수정한다는 진술은 적절하지 않다. 그리고 011을 수신한 경우 [A]에서 제시된 규칙을 볼 때 p와 q 모두가 틀리다는 것을 알 수 있으므로, p 자리와 q 자리에는 각각 1이 표시된다고 할 수 있다. 그런데 한 자리의 오류만 있다고 가정하였으므로 p 자리와 q 자리에 각각 1이 표시되는 경우 xpq 중 x가 틀렸다고 추론할 수 있다.

⑤ **수신자가 111을 받았다면 p 자리와 q 자리의 오류를 모두 0으로 표현하여 오류가 없는 것으로 판단하겠군.**
[A]를 통해 오류 발생 자리를 검출하여 110을 111로 수정할 수 있음을 알 수 있으므로, 수신자가 111을 받았다면 p 자리와 q 자리의 오류를 모두 0으로 표현하여 오류가 없는 것으로 판단할 것임을 알 수 있다.

**★★ 문제 해결 꿀~팁 ★★**

▶ **많이 틀린 이유는?**
이 문제는 [A]의 내용을 〈보기〉에 적용하여 이해하는 데 어려움을 겪어 오답률이 높았던 것으로 보인다.

▶ **문제 해결 방법은?**
이 문제를 해결하기 위해서는 기본적으로 [A]의 내용을 정확히 이해할 수 있어야 한다. 즉 글을 통해 전송 부호 간의 최소 해밍 거리가 3이고 한 자리의 오류만 검출하여 수정할 수 있다는 내용을 정확히 이해해야 한다. 그럴 경우 선택지 ①이 적절함을 정답인 ④가 부적절함을 바로 알았을 것이다. 즉 정답인 ④의 경우 p 자리와 q 자리 모두에 오류가 있는 경우이므로 두 자리의 오류를 수정하겠다는 선택지는 [A]의 내용과 부합하지 않은 것임을 알 수 있다. 한편 오답률이 높은 ③의 경우 [A]에 제시된 '예'를 든 내용을 바탕으로 하면 적절함을 알았을 것이다. 이 문제는 일면 어려워 보이지만 [A]만 정확히 이해했다면 쉽게 해결할 수 있는 문제였다. 따라서 〈보기〉 문제를 풀 때는 글의 내용과 선택지를 비교하여 적절성을 판단할 수 있도록 한다.

★★★ 등급을 가르는 문제!

### 16 핵심 정보의 이해 　정답률 32% | 정답 ①

**㉠에 대한 이해로 가장 적절한 것은?**

✔ **전송 부호들 간의 최소 해밍 거리를 멀게 하면 전송하는 데이터의 양은 늘어난다.**
이 글을 통해 전송 부호는 원시 부호에 확인 부호가 덧붙어 만들어짐을 알 수 있다. 따라서 고정된 원시 부호에 확인 부호가 많이 덧붙을수록 최소 해밍 거리는 멀어질 수 있지만 전송하는 데이터의 양이 늘어난다고 할 수 있다.

② **전송 부호들 간의 최소 해밍 거리가 1이면 전송 과정에서의 오류 검출이 가능하다.**
부호 간의 최소 해밍 거리가 1이면 오류가 있는지 알 수 없다.

③ **두 전송 부호의 같은 자리에 같은 문자의 개수가 많을수록 해밍 거리는 멀어진다.**
해밍 거리는 길이가 같은 두 부호를 비교하였을 때 두 부호의 같은 자리에 있는 서로 다른 문자의 개수로 나타내므로, 같은 자리에 있는 같은 문자의 개수가 많다는 내용은 해밍 거리와 관련이 없다.

④ **덧붙이는 확인 부호가 많아지면 전송 부호들 간의 최대 해밍 거리는 가까워진다.**
덧붙이는 부호가 많아지면 전송 부호의 길이가 길어지므로 전송 부호들 간의 최대 해밍 거리는 멀어짐을 알 수 있다.

⑤ **전송 부호들 간의 최소 해밍 거리가 가까워질수록 전송 효율은 낮아진다.**
전송 부호들 간의 최소 해밍 거리가 가까워질수록 확인 부호가 줄어듦을 알 수 있으므로, 보내야 하는 데이터의 양이 줄어들어 전송 효율은 높아질 수 있다.

**★★ 문제 해결 꿀~팁 ★★**

▶ **많이 틀린 이유는?**
이 문제는 선택지와 관련된 내용을 전체 글을 통해 확인하는 데서 어려움을 겪어 오답률이 높았던 것으로 보인다. 또한 글에 제시된 기본 개념, 즉 전송 부호, 원시 부호, 확인 부호의 개념에 대한 정확한 이해 부족도 오답률을 높인 것으로 보인다.

▶ **문제 해결 방법은?**
이 문제를 해결하기 위해서는 기본적으로 선택지의 내용을 정확히 파악하여 관련된 글의 내용을 찾을 수 있어야 한다. 그런 다음 선택지와 글의 내용을 비교하여 적절성을 판단해야 한다. 가령 오답률이 높았던 ②와 ③의 경우, ②의 '최소 해밍 거리가 1이면'이라는 내용을 바탕으로 이 내용이 3문단의 내용과 관련 있음을 파악해야 한다. 그리고 ③은 '같은 자리에 같은 문자의 개수'와 관련된 해밍 거리'를 바탕으로 2문단의 내용과 관련 있음을 파악해야 한다. 그렇게 되면 ②와 ③은 글의 내용에 어긋나므로 적절하지 않았음을 알았을 것이다. 마찬가지로 정답인 ①의 경우, '전송 부호들 간의 최소 해밍 거리를 멀게 하면'을 통해 5문단과 관련이 있음을 알았다면 적절함을 바로 알았을 것이다. 이처럼 선택지에 해당하는 내용이 글의 어느 부분에 있는지 정확히 아는 것은 문제 해결의 기본이 되므로 선택지에서 제시한 내용을 바탕으로 글의 내용을 정확히 찾을 수 있도록 한다.

### 17 어휘의 문맥적 의미 파악 　정답률 93% | 정답 ①

**ⓐ의 문맥적 의미와 가장 유사한 것은?**

✔ **식당은 본관과 조금 떨어져 있는 별관이다.**
ⓐ는 '일정한 거리를 두고 있다.'의 의미로 쓰였으므로, '조금 떨어져 있는'의 '떨어져'가 이와 유사한 의미로 사용되었다고 할 수 있다.

② **해가 떨어지자 새는 보금자리로 돌아갔다.**
'해나 달이 서쪽으로 지다.'의 의미로 쓰이고 있다.

③ **그들의 실력은 평균보다 떨어지는 편이다.**
'다른 것보다 수준이 처지거나 못하다.'의 의미로 쓰이고 있다.

④ **상처가 나서 생긴 딱지가 아물어 떨어졌다.**
'갈라지거나 떼어지다.'의 의미로 쓰이고 있다.

⑤ **물건을 팔면 본전을 빼고 만 원이 떨어진다.**
'이익이 남다.'의 의미로 쓰이고 있다.

15회

## 18~23 갈래 복합

**(가) 최현, 「명월음」**

**감상** 이 작품은 **임진왜란 때 최현이 지은 연군 가사**로, **임진왜란 당시 나라를 걱정하고 임금을 그리워하는 마음을 상징적 소재를 활용하여 표현**하고 있다. **전란의 상황에서 임금의 선정을 기대하는 백성들의 마음과 혼란에 빠져 있는 부정적 시대 상황을 '달'과 '구름'이라는 상징적 소재를 통해 드러내고** 있다. 특히 **'거울'**은 달빛을 받아 다시 온 세상을 비추는 역할을 하는 것으로, **임금의 선정이 백성들에게 잘 미칠 수 있도록 매개하는 신하를 의미하는 것**으로 이해할 수 있다.

**주제** 나라에 대한 걱정과 임금에 대한 충심

**(나) 박인로, 「입암이십구곡」**

**해제** 이 작품은 **전란 이후에 작가가 자연 속에서 지내면서 창작한 연시조**이다. 이 작품에서는 **바위의 곧고 높은 모습 등을 예찬하면서 바위만도 못한 사람들에 대한 안타까움도 표현**하고 있다. 다양한 표현 기법을 동원하여 바람직한 가치의 회복을 희구하는 작가의 마음을 효과적으로 드러내고 있는 작품이라고 할 수 있다.

**주제** 입암의 아름다운 경치 예찬

**(다) 윤오영, 「염소」**

**감상** 이 작품은 **작가의 작품 가운데 수작으로 꼽히는 현대 수필**이다. 이 작품에서 작가는 어린 염소와 그 염소의 주인과 이를 관찰하는 작가 자신을 차례로 조명하고 있다. 처음에는 **염소에 대한 회화적 묘사를 통해 염소에 대한 작가의 연민을 드러내고** 있다. 다음으로는 **염소에게 일어날 앞으로의 일을 상상하고 염소를 팔러 다니는 주인에 대해 떠올린 작가의 생각을 서술**하고 있다. 마지막으로는 **어린 염소와 그 주인에 대한 작가의 생각을 자신과 연결**하고 있다. 이를 통해 작가는 **작가 자신의 운명, 염소를 팔러 다니는 주인의 운명, 염소의 운명이 다르지 않다는 생각을 강조**하고 있다. 즉, **작가는 염소의 모습에서 출발하여 존재의 운명론에 대한 철학적 깨달음을 전달**하고 있는 것이다.

**주제** 주어진 운명에 대한 순응과 수용

### 18 작품 간의 공통점 파악 정답률 76% | 정답 ③

**(가)와 (나)의 공통점으로 가장 적절한 것은?**

① 역설과 반어를 활용하여 주제 의식을 나타내고 있다.
(가), (나) 모두 역설과 반어적 표현은 사용되지 않고 있다.

② 동일한 색채어를 반복하여 대상의 특성을 구체적으로 드러내고 있다.
(가)의 '백옥경'을 통해 색채어가 사용되었음을 알 수 있지만, 색채어를 반복하지는 않고 있다. 또한 (나)에서 색채어가 사용되지 않고 있다.

✔ 의문의 형식을 활용하여 대상에 대한 화자의 인식을 부각하고 있다.
(가)의 '풍운이 변화한들 본색이 어디 가리'와 (나)의 '가히 사람이면서 돌만도 못하랴'를 통해, 의문의 형식을 활용하여 대상에 대한 화자의 인식을 부각하고 있다.

④ 명령형 문장을 사용하여 대상에 대한 화자의 거리감을 강조하고 있다.
(가), (나) 모두 감탄형 어미를 사용하여 영탄적 어조가 드러나 있지만 명령형 문장이 사용되지는 않고 있다.

⑤ 계절의 변화를 제시하여 대상의 순차적인 변모 양상을 보여 주고 있다.
(가)를 통해 계절적 배경이 겨울임을 알 수 있지만 계절의 변화를 제시하지는 않고 있다. 그리고 (나)에서는 계절적 배경이 잘 드러나지 않고 있으므로 계절의 변화를 제시하였다고 할 수 없다.

### 19 시어를 바탕으로 한 작품 이해 정답률 74% | 정답 ③

**㉠, ㉡을 중심으로 (가), (다)에 대해 이해한 내용으로 가장 적절한 것은?**

① (가)에서는 ㉠을 화자의 정서와 연결하여 '시름 많'음을 드러내고 있고, (다)에서는 ㉡을 글쓴이의 정서와 연결하여 '생명이 속절없'음을 드러내고 있다.
(가)에서는 ㉠을 화자의 정서와 연결하여 '단심'을 지킬 것을 강조하고 있지, '시름 많'음을 드러내지는 않고 있다. 그리고 (다)에서는 페이터의 말을 인용하여 본성에 따르며 살아갈 것을 강조하고 있지, ㉡을 글쓴이의 정서와 연결하여 '생명이 속절없'음을 드러내지는 않고 있다.

② (가)에서는 ㉠을 자연물과 연결하여 '풍운'의 영속적 속성을 드러내고 있고, (다)에서는 ㉡을 자연 현상과 연결하여 '치열한' 삶의 태도를 강조하고 있다.
(가)에서는 ㉠을 화자의 정서나 태도와 연결하여 '단심'을 지킬 것을 강조하고 있지, 자연물과 연결하여 '풍운'의 영속적 속성을 드러내지는 않고 있다. 그리고 (다)에서는 페이터의 말을 인용하여 본성에 따르며 살아갈 것을 강조하고 있지, ㉡을 자연 현상과 연결하여 '치열한' 삶의 태도를 강조하지는 않고 있다.

✔ (가)에서는 ㉠을 화자의 태도와 연결하여 '단심'을 지킬 것을 강조하고 있고, (다)에서는 ㉡을 '염소'의 태도와 연결하여 '운명'을 따를 것을 강조하고 있다.
(가)의 '본색'은 달이 가진 본래의 성질, 즉 달의 밝고 환함, 광명을 가리킨다. (가)에서 화자는 '풍운'이 변화하더라도 달의 '본색'이 달라지는 것은 아니므로 '단심'을 지켜 밝은 달을 볼 수 있기를 기다린다고 말하고 있다. 따라서 (가)에서는 달에 대한 화자의 태도와 '본색'을 연결하여 '단심'을 지킬 것을 강조하였다고 할 수 있다. 그리고 (다)에서는 운명과 본성에 따를 것을 강조하는 페이터의 말을 인용하고 있다. 글쓴이는 염소가 자신의 본성에 따라 주인의 뒤를 총총 따르고 주인이 저를 흥정하고 있는 동안 주인 옆에 온순하게 충실히 기다리고 서 있는 것처럼, 운명을 따르며 살아갈 것을 강조하였다고 할 수 있다.

④ (가)에서는 ㉠을 시간적 배경과 연결하여 '긴 밤'의 절망감을 드러내고 있고, (다)에서는 ㉡을 공간적 배경과 연결하여 '길가'에서의 외로움을 드러내고 있다.
(가)에서는 ㉠을 시간적 배경과 연결하지 않고 있고, '긴 밤'의 절망감을 드러내지도 않고 있다. 그리고 (다)에서는 ㉡을 공간적 배경과 연결하지 않고 있고, '길가'에서의 외로움도 드러내지 않고 있다.

⑤ (가)에서는 ㉠을 화자의 상황과 연결하여 '영허 소장'의 한계를 강조하고 있고, (다)에서는 ㉡을 '염소'의 상황과 연결하여 '직무'와 '경영'에 대한 거부감을 강조하고 있다.
(가)에서는 ㉠을 화자의 상황과 연결하여 '영허 소장'의 한계를 강조하지 않고 있고, (다)에서는 ㉡을 '염소'의 상황과 연결하여 '직무'와 '경영'에 대한 거부감을 강조하지 않고 있다.

### 20 시어의 의미 파악 정답률 72% | 정답 ④

**(가)의 ⓐ ~ ⓔ에 대해 이해한 내용으로 가장 적절한 것은?**

① ⓐ는 화자가 자연을 완상하는 것을 가로막는 대상이다.
ⓐ는 눈과 서리를 몰고 온 것이라 할 수 있으므로 화자가 자연을 완상하는 것을 가로막는 대상이라고 할 수 없다.

② ⓑ는 화자가 자신의 과오를 인정하도록 이끄는 기능을 한다.
ⓑ는 화자가 눈이 온 경치를 보고 연주하는 곡이므로, 화자가 자신의 과오를 인정하도록 이끄는 기능과는 거리가 있다.

③ ⓒ는 화자가 처해 있는 비참한 모습을 나타낸다.
ⓒ는 봉황곡의 그윽히 맑은 선율에 이끌려서 돌아보고 있으므로 봉황곡의 선율의 아름다움을 부각해 준다고 할 수 있다. 따라서 ⓒ가 화자가 처한 비참한 모습을 나타낸다고는 할 수 없다.

✔ ⓓ는 화자가 비판적으로 인식하고 있는 대상이다.
(가)의 화자는 달의 빛이 희미하고 아득하여 '금작경'을 닦아 내어 벽 위에 걸어 두었지만, 이 '금작경'이 '명월'과 달리, '제 몸만 밝히고 남 비출 줄' 모른다고 말하고 있다. 따라서 화자는 '금작경'이 '제 몸만'을 비추고 있는 것에 대해 비판적으로 인식한다고 할 수 있다.

⑤ ⓔ는 화자가 동병상련의 심정을 나눌 수 있는 대상이다.
ⓔ는 화자와 대비되는 대상에 해당하므로 화자와 동병상련의 심정을 나눌 수 있는 대상이라 할 수 없다.

### 21 시상 전개 방식의 이해 정답률 61% | 정답 ③

**(나)에 대한 설명으로 가장 적절한 것은?**

① 〈제1수〉: 초장에 드러난 화자의 감흥은 중장의 화자의 만족감으로 심화된다.
초장에서 곧게 서 있는 바위는 중장의 우리 인간과 대비를 이루면서, 종장에서 오랜 세월 곧게 서 있는 바위를 예찬하는 화자의 감흥을 심화한다고 할 수 있다. 따라서 초장에 드러난 화자의 감흥은 중장의 화자의 만족감으로 심화된다고 할 수 없다.

② 〈제2수〉: 초장에 드러난 화자의 깨달음은 중장의 화자의 결심을 강화한다.
초장과 중장에서 시련에 굴하지 않는 바위의 모습을 예찬하면서 종장에서 바위를 본받을 만하다는 깨달음을 드러내고 있다. 따라서 초장에 드러난 화자의 깨달음이 중장의 화자의 결심을 강화한다고 할 수 없다.

✔ 〈제3수〉: 중장에 드러난 화자의 행위는 종장의 화자의 태도로 이어진다.
(나)의 〈제3수〉의 중장과 종장에서 화자는 변함없이 옛 그대로의 모습으로 있는 바위를 벗 삼아 앉아 있어 세상에 이익되는 세 벗을 사귈 줄 모른다고 말하고 있다. 즉, 바위를 벗으로 삼고 앉아 있는 화자의 행위가 세상에 이익되는 세 벗을 사귈 필요를 못 느끼고 있는 화자의 태도로 이어지고 있는 것이다.

④ 〈제4수〉: 초장에 드러난 화자의 의문은 중장의 화자의 회의감을 유발한다.
초장에서 의문의 형식을 통해 자연 그대로 생겨난 바위가 형식이나 규칙을 알겠냐고 하면서, 중장에서는 높고 곧게 서 있어서 더 귀하다는 화자의 인식을 드러내고 있다. 따라서 초장에 드러난 화자의 의문이 중장에서 화자의 회의감을 유발한다는 내용은 적절하지 않다.

⑤ 〈제5수〉: 중장에 드러난 화자의 판단은 종장의 화자의 자기반성의 계기로 작용한다.
중장에서는 의문의 형식을 빌려 바위가 깊은 산골에 있어 찾지 못한다고 했으므로 화자의 판단이 드러났다고 할 수 있다. 하지만 종장에서는 노력을 하면 우리도 구경거리를 찾을 수 있다는 교훈을 주고 있으므로, 중장에 드러난 화자의 판단이 종장의 화자의 자기반성의 계기로 작용한다고 할 수 없다.

### 22 외적 준거에 따른 작품의 감상 정답률 78% | 정답 ④

**〈보기〉를 바탕으로 (가), (나)를 감상한 내용으로 적절하지 않은 것은? [3점]**

〈보 기〉

전란의 경험이 바탕이 된 (가)와 (나)는 부정적 현실에 대한 안타까움이 형상화된 작품이다. (가)는 임금이 피란길에 오른 참담한 현실을 달이 구름에 가려진 상황에 비유하여 임금에 대한 그리움과 선정에 대한 소망을 드러내고 있다. 그리고 (나)는 인간이 본받을 만한 속성을 지닌 대상으로 바위를 인격화함으로써 바람직한 가치 회복을 희구하는 마음을 드러내고 있다.

① (가)의 '긴 바람 부쳐 내어 이 구름 다 걷고자' 한다고 한 것을 통해 전란으로 인한 현실을 극복할 수 있기를 바라는 마음을 드러냈다고 볼 수 있겠군.
(가)에서 '긴 바람 부쳐 내어 이 구름 다 걷고자' 한다는 것은 전란으로 인한 부정적 현실, 임금이 피란길에 오른 참담한 현실을 극복할 수 있기를 바라는 마음을 표현한 것이라고 할 수 있다. 여기서 '구름'은 전란의 현실과 관련된 부정적 세력을 의미한다고 할 수 있다.

② (가)의 '명월 볼 날 기다리노라'라고 한 것을 통해 임금에 대한 그리움과 임금이 선정을 베풀 수 있기를 바라는 마음을 드러냈다고 볼 수 있겠군.
〈보기〉를 통해 '명월'이 임금을 비유하고 있고, (가)가 임금에 대한 그리움과 선정에 대한 소망을 드러내고 있음을 알 수 있다. 따라서 (가)의 화자가 '명월 볼 날 기다리노라'라고 한 것은 임금에 대한 그리움과 임금이 선정을 베풀 수 있기를 바라는 마음을 드러낸 것이라 할 수 있다.

③ (나)의 '곧게 선 저 얼굴이 고칠 적이 없'고 '탁연 직립하'다고 한 것을 통해 인간이 본받아야 할 바람직한 품성을 드러냈다고 볼 수 있겠군.
(나)에서 '곧게 선 저 얼굴이 고칠 적이 없'고 '탁연 직립하'다고 한 것은 바위의 곧고도 변함없는 모습, 높고도 곧은 모습을 나타낸 것이다. 바위를 인격을 지닌 존재로 표현함으로써 인간이 본받아야 할 바람직한 품성을 드러낸 것이라고 할 수 있다.

✔ (가)의 '심술궂은 뜬구름'이 '가리'고 '떼구름 미쳐' 난다고 한 것과 (나)의 '구름 깊은 골짜기'에 '구경거리 많'다고 한 것을 통해 전란으로 인한 참담한 현실을 드러냈다고 볼 수 있겠군.
〈보기〉에서는 (가)와 (나)가 전란의 경험을 바탕으로 하여 창작되었으며 부정적 현실에 대한 안타까움을 형상화한 작품이라고 설명하고 있다. (가)에서 '심술궂은 뜬구름'이 '가리'고 '떼구름 미쳐' 난다고 한 것은 구름이 달을 가리는 상황을 표현한 것으로, 부정적인 현실을 드러낸 것이라고 할 수 있다. 하지만 (나)에서 '구름 깊은 골짜기'는 높이 곧게 서 있는 바위들이 자리한 곳이므로, '구름 깊은 골짜기'에 '구경거리 많'다고 한 것이 전란으로 인한 참담한 현실을 드러낸 것이라고는 할 수 없다.

⑤ (가)의 '희미한 한 빛이 점점 아득하여 온다'라고 한 것과 (나)의 '사람이면서 이 돌만도 못하랴'라고 한 것을 통해 부정적 현실 상황에 대한 안타까움을 드러냈다고 볼 수 있겠군.
(가)에서 '떼구름 미쳐' 날게 되어 '희미한 한 빛이 점점 아득하여 온다'라 하고 있는데, 희미한 빛이 아득해지는 상황은 부정적 현실 상황에 대한 화자의 안타까움을 불러일으킨다고 할 수 있다. 그리고 (나)의 '사람이면서 이 돌만도 못하랴'는 사람이면서 '높고도 곧'은 돌만 못하다는 화자의 인식이 드러나 있다. 즉 화자는 '높고도 곧'은 돌보다 못한 사람이 있는 부정적 현실 상황에 대해 안타까움을 드러내고 있는 것이다.



[문제편 p.287]

**23** 구성 방식을 통한 작품의 이해 정답률 77% | 정답 ②

〈보기〉의 ㉮~㉰와 관련하여 (다)를 이해한 내용으로 적절하지 않은 것은?

〈보 기〉

선생님 : 이 작품에서 작가는 ㉮ 염소의 모습을 묘사하며 염소에 대한 연민을 드러냈고, ㉯ 그 염소에게 일어날 일을 상상하며 염소의 주인에 대해 떠올린 생각을 서술하였습니다. 그리고 ㉰ 염소와 그 주인에 대해 사색한 내용을 자신과 결부시켰습니다. 이와 같은 순차적 구성은 작가가 사색의 결과를 어떻게 글로 구조화할 것인지 계획한 결과입니다.

① ㉮ : 염소의 '종종걸음', '턱 밑의 귀여운 수염', '그 울음' 등을 서술한 것에서 작가가 염소의 모습을 묘사하였음을 알 수 있다.

✔② ㉮ : 염소가 '다투어 푸른 잎을 뜯어 먹듯' 한다고 표현한 것에서 작가가 염소와 자신을 동일시하여 존재에 대한 연민을 드러냈음을 알 수 있다.

염소가 '다투어 푸른 잎을 뜯어 먹듯' 한다고 표현한 것이 작가가 염소와 자신을 동일시하여 존재에 대한 연민을 드러낸 것은 아니다. 염소가 '다투어 푸른 잎을 뜯어 먹듯' 한다고 표현한 것은 염소가 자신의 본성에 따라 행동하고 있음을 드러낸 것이다. 또한 〈보기〉에서 설명한 글의 구성을 고려하였을 때 작가가 염소와 자신을 동일시한 부분은 ㉮가 아니라 ㉰이다.

③ ㉯ : 염소의 '내일 아침'에 대해 서술한 것에서 작가가 염소에게 일어날 일에 대해 상상하였음을 알 수 있다.

④ ㉯ : '저 주인'의 '걸어가는 그 길'에 대해 언급한 것에서 작가가 염소 주인의 운명도 염소의 운명처럼 알 수 없는 것이라고 생각하였음을 알 수 있다.

⑤ ㉰ : '나'가 '염소가 지나간 그 보도 위로 걸어'온다고 한 것에서 작가가 염소와 그 주인에 대해 사색한 내용을 자신과 결부시켰음을 알 수 있다.

## 24~26 현대시

(가) 이용악, 『고향아 꽃은 피지 못했다』

**감상** 이 작품은 **일제 강점기에 고향을 떠나 살아야만 했던 유이민의 삶을 깊이 있게 통찰하고 형상화하고 있다. 화자는 바깥 세계에 대한 열망을 품고 더 나은 삶을 살기 위해 고향을 떠나왔으나 각박한 타향에서 여전히 힘겨운 삶을 살게 된다.** 그런 화자는 **고향이 자신을 부르는 힘에 이끌려 다시 귀향을 하게 된다.** 그렇지만 **돌아온 고향의 모습이 자신이 생각했던 것과 거리가 있음을 깨닫고, 화자는 다시 고향을 떠나려 한다.** 이 작품은 **그 어디에도 안착할 곳을 찾지 못한 유이민의 비극적인 삶을 잘 보여 주고** 있다.

**주제** 일제 강점기 유랑민의 힘든 삶

**표현상의 특징**

- 의인법, 돈호법, 인용법을 사용하고 있음.
- 화자가 고향을 청자로 설정하고 있고, 고향이 화자에게 말을 하는 방식이 사용됨.
- 유사한 구절을 반복하여 운율을 형성해 줌.
- 3, 4, 6연은 의도적으로 한 칸을 들여 써서 시적 의미를 강조해 줌.

(나) 신경림, 『어머니와 할머니의 실루엣』

**감상** 이 작품은 **자신이 태어나 주로 살던 세계로 되돌아가고자 하는 귀소 의식을 형상화**하고 있다. **화자는 성장하면서 바깥세상이 주는 재미에 빠져 고향에서 점점 더 먼 세계로 나아가게** 된다. 그렇지만 **화자는 어느 순간 결국 자신을 낳아 주고 길러 준 근원의 세계로 회귀하고자 하는 의식을 갖게 된다.** 그곳은 **모성으로 대표되는 세계로 자신의 구심점이 되어 주는 곳**이기 때문이다.

**주제** 모성적 세계에 대한 그리움

**표현상의 특징**

- 시간의 흐름에 따라 시상을 전개하고 있음.
- 행간 걸침을 사용하여 시적 의미를 강조해 줌.
- 명암 대비와 음성 상징어를 사용하고 있음.

**24** 작품의 이해 정답률 58% | 정답 ②

[A]~[E]에 대한 설명으로 적절하지 않은 것은?

① [A] : 계절감을 주는 이미지와 시적 공간의 황량한 분위기를 결부하여 화자의 정서를 부각하고 있다.

[A]의 '하얀 박꽃'을 통해 여름이라는 계절감을 주고 있고, '무너진 돌담'을 통해 시적 공간의 황량한 분위기를 드러내 주고 있다. 따라서 [A]에서는 계절감을 주는 이미지와 시적 공간의 황량한 분위기를 결부하여 안타까운 화자의 정서를 부각하고 있음을 알 수 있다.

✔② [B] : 화자의 심정을 과거 고향의 사물에 투영하여 고향에 친밀감을 느끼고자 했던 화자의 내면을 드러내고 있다.

[B]에서 '밤마다 밤새도록 꺼지고 싶지 않었지'라고 표현한 것으로 보아, 화자는 자신의 심정을 '등잔불'에 투영하였다고 볼 수 있다. 하지만 '도망하고 싶던 너의 아들', '가슴 한구석이 늘 차그웠길래' 등을 통해 볼 때, 화자가 시적 공간에 대해 친밀감을 느꼈다고 보기는 어렵다.

③ [C] : 고향이 화자에게 건넨 말을 인용하는 방식을 사용하여 그리움을 환기하는 시적 공간의 모습을 제시하고 있다.

5연의 '고향아 / 너의 부름이 귀에 담기어짐'을 통해 [C]는 고향이 화자에게 건넨 말을 인용하고 있음을 알 수 있다. 그리고 [C]에서 고향은 '까치 둥주리, 물방앗간, 버들방천, 아롱진 꽃그늘'이 있는 고향으로 돌아오라 말하고 있으므로, 고향은 화자로 하여금 그리움을 환기하는 시적 공간의 모습을 제시하며 돌아오라 하고 있음을 알 수 있다.

④ [D] : 화자의 내면을 자연물에 비유하여 시적 공간에 대한 기대감이 사라진 화자의 마음을 드러내고 있다.

[D]에서는 고향에 돌아왔지만 '가슴에 가로누운 가시덤불 / 돌아온 마음에 싸늘한 바람이 분다'라고 화자의 내면을 자연물에 비유하여 드러내고 있는데, 이는 고향에 대한 기대감이 사라진 화자의 마음을 드러낸 것이라 할 수 있다.

⑤ [E] : 화자가 고향에 말을 건네는 방식을 활용하여 시적 공간에 미련을 두지 않으려는 화자의 태도를 드러내고 있다.

[E]의 '다시 너의 품을 떠날려는 내 귀에'를 통해 화자가 고향에 말을 건네는 방식을 활용하고 있음을 알 수 있다. 그리고 '한마디 안타까운 말도 속삭이지 말아다오'에서 알 수 있듯이 화자는 고향에 미련을 두지 않으려는 태도를 보이고 있음을 알 수 있다.

**25** 시구를 통한 작품의 이해 정답률 73% | 정답 ④

(나)에 대한 이해로 가장 적절한 것은?

① '칠흑 같은 어둠'과 '휘황한 불빛'의 대비를 통해 화자의 내면과 외부 세계 사이에 조성되는 긴장감을 드러내고 있다.

'칠흑 같은 어둠'과 '휘황한 불빛'이 어두움과 밝음으로 대비를 이룬다고 볼 수 있지만, 이를 통해 화자의 내면과 외부 세계 사이에 조성되는 긴장감이 드러내지는 않고 있다.

② '험상궂은 금점꾼들'에서 '생떼를 쓰는' '아내들'로 묘사의 초점을 이동하여 정겨운 공동체의 모습을 나타내고 있다.

'험상궂은 금점꾼들'과 '생떼를 쓰는' '아내들'은 병렬로 진술되어 있으므로 묘사의 초점이 이동하였다는 것은 적절하지 않다. 그리고 모두 몰려와 험상궂은 표정을 하고 생떼를 쓰는 상황이므로 정겨운 공동체의 모습을 나타내 준다고도 할 수 없다.

③ '멀리 다닐수록'을 '많이 보고 들을수록'과 연결하여 이동 범위의 확대가 인식의 성장을 가로막았음을 드러내고 있다.

화자는 '먼 세상'으로 나가 많은 것을 보고 들었지만 그럴수록 시야가 차츰 좁아져 어머니와 할머니의 실루엣만 남았다 하고 있는데, 이는 화자가 어린 시절의 어머니와 할머니를 그리워하고 있음을 드러낸 것이라 할 수 있다. 따라서 '멀리 다닐수록'을 '많이 보고 들을수록'과 연결하여 이동 범위의 확대가 인식의 성장을 가로막았다고는 할 수 없다.

✔④ '램프불 밑에서 자랐다', '칸델라불 밑에서 놀았다', '전등불 밑에서 보냈다'의 변화를 통해 화자가 경험한 세계가 점점 확장되어 왔음을 나타내고 있다.

(나)에서 어린 화자가 '램프불 밑'에서 본 것은 '재봉틀을 돌리는 젊은 어머니'와 '실을 감는 주름진 할머니' 뿐이었다. 화자가 조금 자라서 '칸델라불 밑'에서 본 것은 '험상궂은 금점꾼들'과 그 '아내들'의 모습이었다. 화자가 소년이 되어 '전등불 밑'에서 본 것은 '가설극장의 화려한 간판'과 '가겟방의 휘황한 불빛'이었다. 화자는 이렇게 점점 자라면서 세상이 넓다는 것을 알았다고 하였다. 따라서 '램프불 밑에서 자랐다', '칸델라불 밑에서 놀았다', '전등불 밑에서 보냈다'의 변화는, 화자가 경험한 세계가 점점 확장되어 왔음을 나타낸다고 볼 수 있다.

⑤ '나는 그것이 세상의 전부라고 믿었다'를 '내게는 다시 이것이' '세상의 전부가 되었다'로 변형하여 화자가 기억하는 어릴 적 공간의 이미지가 달라졌음을 나타내고 있다.

1연의 앞 부분의 '나는 그것이 세상의 전부라고 믿었다'가 3연에서 '내게는 다시 이것이' '세상의 전부가 되었다'로 변형하여 제시하고 있으므로, 화자가 기억하는 어릴 적 공간의 이미지가 달라졌다고는 할 수 없다.

**26** 외적 준거에 따른 작품의 감상 정답률 86% | 정답 ③

〈보기〉를 참고하여 (가), (나)를 감상한 내용으로 적절하지 않은 것은? [3점]

〈보 기〉

자신이 태어나 주로 살던 곳에서 다른 곳으로 떠나갔다가 구심점이 되는 그곳으로 되돌아가고자 하는 귀소 의식은 우리 시에서 여러 가지 양상으로 그려진다. (가)에서는 고향을 떠나 힘겨운 삶을 살던 화자가 자신을 부르는 힘에 이끌려 귀향을 하게 되지만, 고향이 자신이 생각했던 고향과 거리가 있음을 깨닫고 다시 그곳을 떠날 수밖에 없는 비극적인 상황을 보여 준다. 그리고 (나)에서는 바깥세상이 주는 재미에 빠져 유랑하던 화자가 자신을 낳아 주고 길러 준 모성적 세계로 회귀하고자 하는 의식을 보여 준다.

① (가)에서 화자가 '고향아' '꽃은 피지 못했다'라고 한 것은, 되돌아온 고향이 화자가 생각했던 고향과 거리가 있는 세계였음을 나타내는 것이겠군.

(가)에서 화자가 '고향아' '꽃은 피지 못했다'라고 한 것은, 화자가 고향에서 슬픔을 느끼게 된 것과 관련된다는 점에서 되돌아온 고향이 화자가 생각했던 고향과 거리가 있는 세계였음을 나타낸다.

② (나)에서 화자가 '내 망막'에는 '어머니'와 '할머니'의 '실루엣만 남았다'라고 한 것은, 화자가 자신의 근원인 모성적 세계를 그리워하게 되었음을 보여 주는 것이겠군.

(나)에서 화자가 '내 망막'에는 '어머니'와 '할머니' 의 '실루엣만 남았다'라고 한 것은, 화자가 어린 시절 보았던 어머니와 할머니를 그리워하게 되었음을 의미한다는 점에서 화자가 자신의 근원인 모성적 세계를 그리워함을 보여 준다.

✔③ (가)의 '마음의 불꽃'은 화자가 고향을 떠나면서 아픔을 느꼈음을, (나)의 '새파란 불꽃을 뿜는 불'은 화자가 고향을 떠나고자 하는 열망을 품었음을 나타내는 것이겠군.

(가)의 '마음의 불꽃'은 '도망하고 싶던' 화자가 고향을 떠나면서 거느렸던 것이라고 하였으므로, 이것이 화자가 고향을 떠나면서 느꼈던 아픔을 나타낸다고 보기 어렵다. 그리고 (나)의 '새파란 불꽃을 뿜는 불'은 화자가 어린 시절 집에서 놀면서 보았던 금점꾼들과 그 아내들의 모습만 돋움새겼던 것으로, 고향을 떠나고자 하는 화자의 열망과는 관련이 없다.

④ (가)의 '내 곳곳을 헤매어 살길 어두울 때'는 고향을 벗어난 곳에서 화자가 느꼈던 삶의 힘겨움을, (나)의 '이곳 저곳 떠도는 즐거움'은 화자가 바깥세상을 떠돌며 빠져 있었던 재미를 드러내는 것이겠군.

(가)의 '내 곳곳을 헤매어 살길 어두울 때'는 화자가 고향을 떠나 느꼈던 힘겨움을 드러내는 것이고, (나)의 '이곳 저곳 떠도는 즐거움'은 화자가 고향을 떠나 여기저기를 유랑하면서 느꼈던 재미를 나타내는 것이다.

⑤ (가)의 '너의 부름이 귀에 담기어짐'은 고향을 떠난 화자가 고향의 부름에 이끌렸음을, (나)의 '내 시야는 차츰 좁아져'는 유랑하던 화자가 구심점의 세계로 회귀하려는 의식을 갖게 되었음을 보여 주는 것이겠군.

(가)의 '너의 부름이 귀에 담기어짐'은 고향을 떠나 지내던 화자가 고향의 부름에 이끌리고 있음을 보여 준다. 그리고 (나)의 '내 시야는 차츰 좁아져'는 고향을 떠나 유랑하던 화자가 결국 자신의 구심점인 고향으로 회귀하려는 의식을 갖게 되었음을 보여 준다.

## 27~30 고전 소설

작자 미상, 『장풍운전』

**감상** 이 작품은 **조선 후기의 영웅 소설**이다. **주인공 장풍운**은 명문 가문에 태어나 어려서 전쟁 때문

15회

에 부모와 헤어지게 된다. 이후 **여러 시련을 겪게 되는데, 그 과정에서 조력자를 만나 도움을 받게 되고, 백년가약을 맺기도 한다.** 그리고 **뛰어난 역량을 발휘해 장원 급제를 한 후, 전쟁에서 큰 공을 세운다.** 입신양명하여 부귀공명을 이루게 된 **장풍운은 노승의 도움을 받아 헤어졌던 부모와 아내를 다시 만나게 된다. 가문을 재건하고 번영하게 만드는 방향으로 서사가 전개되는 것**이다. 이에 따라 **장풍운이 위국공 위왕으로, 이경패가 정렬왕비에 오르며, 부모와 자식도 영달**한다. **주인공의 영달이 가족을 영달하게 하고 가족의 영달이 가문의 명예와 번영으로 이어지고 있다.**

**주제** 장풍운의 일생과 고난 극복 과정

**작품 줄거리** 중국 송나라 때, 금릉 땅에서 전임 이부 시랑 장희와 부인 양 씨 사이에서 아들 풍운은 태어난다. 풍운이 어렸을 때 가달이 침공해 오자 장희는 출전하고, 양 부인은 때마침 일어난 도적을 피하다 풍운을 도적에게 빼앗기고 단원사에 들어가 여승이 된다. 장희는 승전하고 돌아와 부남 태수에 임명되지만 가족을 만날 수 없어 슬퍼한다. 한편, 풍운은 도적들이 패주할 때 버리고 가지만 이운경에게 발견되어 그 집에서 양육된다. 이운경에게는 전처 소생인 경패, 경운 남매와 후처 호 씨의 소생들이 있었는데, 호 씨는 전처 소생들을 학대한다. 이운경이 풍운과 경패를 혼인시키고 죽자, 호 씨의 학대는 더욱 심해진다. 풍운은 장인의 유서에 따라 처남 경운만을 데리고 가출한다. 곧이어 경패도 집을 나와 떠돌다가 아버지의 현몽으로 단원사에 들어가 시어머니 양 씨를 만난다. 풍운은 경운을 금산사에 맡겨두고 광대패를 따라다니다가 전임 이부 상서 왕공렬을 만나 의탁한다. 풍운은 왕 상서의 심부름으로 황성에 가서 대상인 원철을 방문한다. 그곳에서 과거에 장원급제하여 한림 학사가 되고, 원철의 딸 황혜와 혼인하며, 이어 왕 상서의 딸 부용과도 혼인한다. 이때 서번과 서달이 침공해 오자 풍운은 대원수로 출전하여 격퇴한다. 회군하는 길에 노승의 현몽으로 단원사에서 모친과 경패를 상봉하고, 경운을 데리고 호 씨를 찾아가 양육해 준 은혜를 갚는다. 이어서 부친도 상봉하고 공주와 혼인한다. 이때 다시 토번의 침입으로 풍운이 출전하자 공주와 유 씨 부인이 경패를 투기하여 모해한다. 결국 진상이 밝혀져 유 씨 부인은 벌을 받아 죽고, 장 승상은 그 뒤 위왕이 되어 부귀영화를 누린다.

## 27 작품 내용의 이해

정답률 66% | 정답 ①

**윗글을 읽고 이해한 내용으로 적절한 것은?**

✔ **부남 태수는 자신의 부인과 아들의 종적을 알지 못한 채로 부남에 부임했다.**
부남 태수가 자신의 내력을 원수에게 말하고 있는 말을 통해, 부남 태수가 가달을 평정하고 돌아와 황제로부터 부남 태수를 제수받았으며 아내와 아들의 종적을 알지 못한 채로 부남에 홀로 부임했음을 알 수 있다.

② **양 씨는 낭자가 자신의 며느리임을 알고 나서 스승과 제자의 연을 맺었다.**
양 씨는 낭자와 스승과 제자의 연을 맺은 후에 낭자가 자신의 며느리임을 알게 되었으므로 적절하지 않다.

③ **원수가 도적에게 잡혀 있을 때 낭자의 부친이 원수를 도적으로부터 구해 주었다.**
'소자도 그때 도적이 데리고 가다가 중도에서 버렸기에 의탁할 곳이 없었는데, 마침 낭자의 부친이 데려다가'를 통해, 원수는 도적에게 잡혀갔다가 도적에 의해 버려진 것이지 낭자의 부친이 원수를 도적으로부터 구해 준 것이 아님을 알 수 있다.

④ **원수는 과거 시험을 보기 위한 목적으로 서주의 왕 상서 댁에 자신을 의탁했다.**
원수는 왕 상서의 명으로 황성에 갔다가 과거 시험을 보았지, 과거 시험을 보기 위한 목적으로 황성에 간 것은 아니다.

⑤ **부남 태수는 원수의 기질과 풍채를 보고 원수가 자신과 닮은 점이 많다고 판단했다.**
부남 태수는 원수의 기질과 풍채를 보고 선풍도골이어서 천상의 선관이 하강한 듯하다고 느끼고 있지, 원수가 자신과 닮은 점이 많다고 판단하지는 않고 있다.

## 28 외적 준거에 따른 작품의 이해

정답률 50% | 정답 ④

**〈보기〉를 참고하여 [A]~[D]에 대해 이해한 내용으로 적절하지 않은 것은? [3점]**

〈보 기〉

「장풍운전」은 가족이 헤어졌다가, 주인공이 입신양명하고 큰 공적을 세우는 데에 힘입어 가족이 다시 만남으로써 가문의 번영을 이루는 방향으로 서사가 전개되고 있다. 이 과정에서 인물들이 만나 나누는 대화를 통해 서사가 압축적으로 제시되고 있는데, 독자는 이를 통해 인물들이 헤어져 각자 겪은 일들, 인물들이 새롭게 맺은 관계 등에 대해 이해할 수 있다. 또한 독자는 인물들이 겪은 일들을 서로 연계하여 사건의 성격이나 전후 사정 등에 대해서도 파악할 수 있다.

① **[A]에서 모친이 자신이 지은 원수의 옷을 낭군의 신표로 간직하고 있는 여인을 만났다고 했는데, [B]를 통해 원수가 그 여인과 연을 맺은 전후의 사정을 알 수 있어.**
[A]를 통해 모친이 원수의 옷을 낭군의 신표로 간직하고 있는 낭자를 만났음을 알 수 있다. 이와 관련하여 [B]를 통해 원수가 낭자와 연을 맺은 전후의 사정을 알 수 있다.

② **[A]에서 원수의 부친이 절강의 장 도사에게 원수의 관상을 보였다고 했는데, [D]를 통해 부친이 원수의 관상을 보인 이유를 알 수 있어.**
[A]에서 원수의 부친이 절강의 장 도사에게 원수의 관상을 보였다고 제시하고 있다. 이와 관련하여 [D]를 통해 부친이 원수가 행여 단명할까 염려가 되기 때문에 절강의 도사에게 관상을 보였음을 알 수 있다.

③ **[B]에서 원수가 한림학사를 지냈다고 했는데, [C]를 통해 한림학사에서 대사마 대원수가 되어 가문의 번영을 가능하게 하는 큰 공적을 세웠음을 알 수 있어.**
[B]에서 원수가 한림학사를 지냈다고 제시하고 있고, [C]에서 한림학사를 제수받은 이후 대사마 대원수가 되어 전쟁에서 큰 공을 세웠음을 알 수 있다. 이러한 정보를 〈보기〉와 관련지으면 큰 공을 세운 것이 가문의 번영을 이루는 토대가 됨을 알 수 있다.

✔ **[B], [D]를 통해 원수와 부친의 이별이 두 사람에게 시련을 초래했지만 두 사람에게 조력자들을 만나 출세의 발판을 마련하는 기회를 제공해 주었음을 알 수 있어.**
[B]에서 원수가 낭자의 부친, 왕 상서 등의 조력자를 만나 도움을 받았음을 알 수 있다. 그런데 [D]에서 원수의 부친이 전쟁에 나가 공을 세워 부남 태수에 부임했음을 알 수 있으므로, 원수의 부친이 조력자들을 만나 출세의 발판을 마련했다고는 할 수 없다.

⑤ **[C], [D]를 통해 전쟁이 원수가 가족과 헤어지는 계기가 되기도 했지만 원수가 가족과 재회하게 되는 노정에 오르는 데에도 영향을 미쳤음을 알 수 있어.**
[D]에서 전쟁이 원수가 가족과 헤어지는 계기가 되었음을 알 수 있고, [C]에서 전쟁에 나가 큰 공을 세우고 돌아가는 길에 가족을 만나게 되었음을 알 수 있다. 이를 통해 전쟁이 가족을 만나는 여정의 상황적 배경으로 기능하고 있음을 알 수 있다. 이는 전쟁이 원수가 가족과 재회하게 되는 노정에 오르는 데에 영향을 미쳤음을 나타낸다고 할 수 있다.

## 29 소재의 기능 파악

정답률 82% | 정답 ⑤

**㉠, ㉡에 대한 설명으로 가장 적절한 것은?**

① **㉠은 인물들이 연민의 정서를 주고받는 수단이 되고 있다.**
㉠이 인물들의 연민의 정서를 주고받는 수단으로서의 기능을 하는 부분은 찾아볼 수 없다.

② **㉡은 인물 간의 갈등을 해소하려는 의지를 나타내고 있다.**
㉡은 장풍운이 부남 태수의 아들임을 증명하는 소재이므로, 인물 간의 갈등을 해소하려는 의지와는 관련이 없다.

③ **㉠과 달리 ㉡은 인물들에게 일어난 사건들의 비현실적 성격을 강화하고 있다.**
㉠, ㉡ 모두 이 글에서 인물들에게 일어난 사건들의 비현실적 성격을 강화하지는 않고 있다.

④ **㉡과 달리 ㉠은 미래에 인물에게 일어날 일을 예고하고 있다.**
㉠, ㉡ 모두 이 글에서 미래에 인물에게 일어날 일을 예고하는 기능을 하지는 않고 있다.

✔ **㉠, ㉡은 모두 인물들 간의 관계를 확인하는 증표가 되고 있다.**
부남 태수는 장풍운과 이별하더라도 서로 잊지 않기 위해 장도를 장풍운에게 채우고 생년월일시를 써 비단 주머니에 넣어 두었고, ㉠과 ㉡이 증표가 되어 가족들이 서로를 알아보고 있다. 따라서 ㉠, ㉡은 부남 태수와 장풍운의 관계를 확인하는 증표라 할 수 있다.

## 30 인물의 심리와 태도 추리

정답률 54% | 정답 ⑤

**ⓐ~ⓔ를 통해 인물들의 심리와 태도를 추리했을 때 적절하지 않은 것은?**

① **ⓐ : 원수가 한림학사를 제수받은 이후의 행적을 모친과 낭자가 긍정적으로 여겼다.**
원수가 한림학사를 제수받은 후 서주에 내려가 왕 상서의 여식과 혼인하고 황성에 올라가 원천의 딸을 후궁으로 삼은 이야기를 하자, 모친과 낭자가 더욱 즐거워하였다고 하였으므로 적절하다.

② **ⓑ : 원수의 모친과 낭자가 황제와 도사에게 고마운 마음을 느꼈다.**
천자의 명에 따라 원수가 전장에 나아가 승리한 뒤 돌아오다가, 꿈에 나타난 도사의 말에 따라 단원사까지 찾아와 모친과 낭자를 만나게 되었으므로, 이를 들은 원수의 모친과 낭자가 황제와 도사에게 고마운 마음을 느꼈을 것임을 알 수 있다.

③ **ⓒ : 원수가 자신의 꿈속에 나타난 도사를 신뢰했다.**
원수는 앞서 꿈속에 나타난 도사의 말대로 여남으로 갔다가 단원사를 찾아가 모친과 낭자를 만난다. 이에 원수는 도사의 영감과 신기함은 탄복할 만하다 생각하고 있으므로 원수가 자신의 꿈속에 나타난 도사를 신뢰했음을 알 수 있다.

④ **ⓓ : 부남 태수가 자신의 아들에 대한 그리움을 느꼈다.**
부남 태수는 원수를 보며 자기 아들도 살아 있다면 자신이 준 장도를 만지며 슬퍼할 것이라 생각하며 아들을 그리워하고 있으므로, 부남 태수가 자신의 아들에 대한 그리움을 느꼈음을 알 수 있다.

✔ **ⓔ : 부남 태수가 원수를 자신의 아들로 확신했다.**
부남 태수가 원수에게 장도를 구경할 수 있게 해 달라고 요청하자 원수는 장도를 부남 태수에게 끌러 주고, 장도를 보고 부남 태수는 자신이 아들에게 준 칼이라고 생각하며 슬퍼하고 있다. 하지만 부남 태수가 원수를 자신의 아들로 확신하지는 않고 있다. 만일 부남 태수가 원수를 자신의 아들로 확신했다면 부남 태수가 칼을 보며 슬퍼하다가 자신의 내력을 말하지는 않았을 것이다. 부남 태수는 원수가 풍운임을 밝히자 유서를 받아 자신의 친필임을 확인하고, 이를 통해 원수가 자신의 아들임을 확신하게 된다.

## 31~34 현대 소설

### 최명익, 「폐어인」

**감상** 이 소설은 **일제의 강압이 심화되던 1930년대 후반을 배경으로 현일과 도영, 병수 세 인물을 통해 '불안이라는 유행병'이 만연한 당시의 시대 상황과 지식인들의 혼란스러운 내면 의식을 그리고 있다.** 물속과 뭍 양쪽에서 호흡이 가능한 물고기인 **폐어처럼 현일은 개인적, 사회적으로 비극적인 상황에서 절망과 비관, 패기와 낙관이라는 두 방향의 의식과 태도를 지니며 살아가는 인물**이다. 현일은 폐병으로 죽음에 가까워져 감에 따라 절망과 비관에서 벗어나지 못하고 패기와 낙관을 상실해 간다. **현일은 이 같은 자신의 모습을 '죽어 가는 폐어'에 빗대어 깊은 무력감을 드러내지만,** 한편으로 **병수와 같은 신세대들이 구세대와는 다른, 더 나은 삶을 살기를 바라기도 한다.**

**주제** 현실에서 소외된 지식인의 내면적 갈등

**작품 줄거리** 근무하던 학교의 폐교로 인해 현일은 지금 실직 상태다. 아내의 삯바느질로 근근이 생계를 꾸리곤 있지만 그것도 언제 끊길지 알 수 없다. 그의 집에서 키우는 고양이는 음식을 잘못 먹고 죽어가는데 영락없이 현일과 닮았다. 새 학교에 취직이나 해볼까 하고 가서 교장과 면담했지만, 교장은 현일에게 일말의 희망도 주지 않는다. 집에 돌아가는 길에 현일은 같은 학교에 근무했다가 지금은 마찬가지로 실직 상태인 도영을 만나는데, 도영은 병세가 심각한 상태이며, 지식인으로서 일말의 흔적조차 남아있지 않다. 현일의 제자였던 병수는 일본 유학생인데, 그는 가끔 현일에게 신학문에 관한 생각 등을 들려주곤 했었고, 현일은 그를 통해 지식인으로서의 자의식을 충족시켜 왔지만 현일은 왠지 기운이 없으며, 그의 이런 모습은 현일을 실망하게 한다. 그러던 중 도영이 각혈하고 쓰러지고 병수가 돌아와 도영이를 차에 싣고 떠난다.

## 31 작품 내용의 이해

정답률 73% | 정답 ⑤

**윗글의 내용에 대한 이해로 적절하지 않은 것은?**

① **병수는 자신의 속에 있는 말을 현일에게 하고 후회했다.**
'이렇게 속에 있는 대로 털어놓고 보니 병수는 도리어 쓸쓸하였다. 말이 지나쳤다고 후회되었다.'를 통해, 병수가 자신의 속에 있는 말을 현일에게 하고 후회했음을 알 수 있다.

② **병수는 병이 발작해 쓰러진 도영을 위해 자동차를 타고 돌아왔다.**
'얼마 후에 성문 저편에 자동차가 멎고 병수가 돌아왔다. 운전수의 손을 빌려서 도영이를 차에 싣고 떠났다.'를 통해, 병수는 병이 발작해 쓰러진 도영을 위해 자동차를 타고 돌아왔음을 알 수 있다.

③ **현일은 병수와의 만남이 자신이 기대했던 것과 달라 우울함을 느꼈다.**
현일은 제자인 병수를 만나 대화를 나누면 '젊은이의 청신한 기분'을 맛볼 수 있으리라 기대했지만 실제 대화가 기대와는 다르게 '삐여지는' 것에 우울함을 느끼고 있다.

④ **병수는 실생활에 나서는 것에 대한 두려움 때문에 학창 생활을 오래 하겠다고 말했다.**
병수는 학창 생활을 오래 하겠다고 하면서, 그 이유로 '학생 생활에만 애착이 있어 그런 것이 아니라 실생



[문제편 p.290]

활에 나서기가 무서워서 그러죠.'라 말하고 있다. 이를 통해 병수는 실생활에 나서는 것에 대한 두려움 때문에 학창 생활을 오래 하려 함을 알 수 있다.

✔ **현일은 자신의 말에 대한 병수의 비판을 근거 없는 추측이라고 여겨 불쾌함을 느꼈다.**
현일은 병수의 말에 불쾌함을 느꼈지만 그 이유가 병수의 말이 근거 없는 추측이었기 때문이라고 할 수 없다. 이는 현일이 병수의 말에 대해 '전연 억측만도 아닌 바에야'라고 생각한 데에서 알 수 있다.

**32** 서술상의 특징 파악 정답률 86% | 정답 ②

**[A]의 서술상 특징으로 가장 적절한 것은?**

① 인물의 외양을 감각적으로 묘사하여 인물의 성격을 제시하고 있다.
현일의 외양을 감각적으로 묘사한 내용은 찾아볼 수 없다.

✔ **인물의 내적 독백을 제시하면서 인물의 내면 의식을 진술하고 있다.**
[A]의 '나 역시 이 세상과는 벌써 인연이 멀어진 사람이로구나.', '그러나 지금 내게는 무엇이 남았으랴. 절망인들 남았으랴. 죽어 가는 폐어에게 물도 공기도 무슨 소용이랴.'에서 알 수 있듯이 현일의 내적 독백이 직접 드러나 있다. 따라서 [A]에서는 현일의 내적 독백을 제시하면서 현일의 내면 의식을 진술하고 있음을 알 수 있다.

③ 공간적 배경을 사실적으로 제시하여 사건 전개의 필연성을 확보하고 있다.
현일의 내면 의식이 드러날 뿐 공간적 배경을 사실적으로 제시하지는 않고 있다.

④ 관찰자의 시점에서 인물과 일정한 거리를 유지하면서 인물의 행적을 제시하고 있다.
이 글은 전지적 시점에 해당하므로, 관찰자의 시점에서 인물과 일정한 거리를 유지하면서 인물의 행적을 제시하고 있다는 내용은 적절하지 않다.

⑤ 시간의 흐름에 따라 서술자를 달리하여 하나의 사건을 다양한 관점에서 조명하고 있다.
시간의 흐름에 따라 서술자를 달리하지는 않고 있으므로 적절하지 않다.

**33** 소재의 기능 이해 정답률 75% | 정답 ①

**〈보기〉에서 선생님이 제시한 활동을 통해 폐어에 대해 이해한 내용으로 가장 적절한 것은?**

〈보 기〉

선생님 : 폐어는 물속에서도 뭍에서도 호흡하는 물고기입니다. 폐어와 관련하여 형성될 수 있는 물속과 뭍, 물과 공기의 대조적 의미 관계는 이 작품에서 '현일'을 통해 나타나고 있습니다. 이를 참고하여 폐어에 대해 이해해 봅시다.

✔ **폐어가 '두 가지 호흡의 기능'을 모두 잃고 죽어 가는 것은 현일이 패기를 잃은 데다가 절망조차 남아 있지 않은 것을 의미하고 있어요.**
상징적 소재로서 폐어와 관련해 형성되는 의미의 대립항은 '물속'과 '뭍'이다. '물속'은 현일의 삶의 조건으로서 절망과 비관을 느끼게 하는 현실을, '뭍'은 현일이 지향하는 패기와 낙관의 삶을 의미한다. 그가 절망과 비관에서 벗어나 패기와 낙관의 삶을 살게 하는 것은 '철학의 지식', '이론'이다. 따라서 '두 가지 호흡의 기능'을 모두 잃고 죽어 가는 폐어는 패기를 잃고 절망에서 헤어 나오지 못하는 현일의 비극적 상황을 의미한다고 할 수 있다. 이러한 자신의 상황에 대해 현일은 '무엇이 남았으랴. 절망인들 남았으랴.' 하고 탄식하고 있는 것이다.

② 폐어가 '반신 물에 잠기고 반신 바람에 불리'는 것은 현일이 낙관적 생각을 하지 못하고 비관적 생각만 하며 살아온 것을 의미하고 있어요.
폐어가 '반신 물에 잠기고 반신 바람에 불리'는 것은 현일의 삶에 절망도 있었지만 희망도 있었던 상황을 의미하므로 적절하지 않다.

③ 폐어가 물위로 떠올라 '청징한 공기'를 호흡하는 것은 현일이 인생을 등지고 더 깊은 절망감에 빠져드는 것을 의미하고 있어요.
폐어가 물위로 떠올라 '청징한 공기'를 호흡하는 것은 현일이 인생을 등지고 더 깊은 절망감에 빠져드는 것을 의미하는 것이 아니라, 현일이 패기 있고 낙관적인 뭍의 삶을 지향하는 것을 의미한다고 할 수 있다.

④ 폐어가 '마음의 탄력'으로 떠오르는 것은 현일이 현실에 대한 욕망을 내려놓고 심적 안정 상태에 이르렀음을 의미하고 있어요.
폐어가 '마음의 탄력'으로 떠오르는 것은 패기와 낙관의 삶을 의미하는 뭍을 향해 솟아오르려 하는 것이라 할 수 있다. 따라서 현일이 현실에 대한 욕망을 내려놓았다고 할 수 없으므로 적절하지 않다.

⑤ 폐어가 '깊은 바닷속'으로 들어가는 것은 현일이 '철학의 지식'을 끄집어내는 것을 의미하고 있어요.
'철학의 지식'은 절망과 비관에서 벗어나 패기와 낙관의 삶을 살게 하는 것을 의미하므로, 폐어가 '깊은 바닷속'으로 들어가는 것을 현일이 '철학의 지식'을 끄집어 내는 것을 의미한다고 할 수 없다.

**34** 외적 준거에 따른 작품의 감상 정답률 70% | 정답 ③

**〈보기〉를 참고하여 ㉠ ~ ㉤을 감상한 내용으로 적절하지 않은 것은? [3점]**

〈보 기〉

이 작품은 암울했던 일제 말기에 기성세대와 청년 세대가 서로에 대해 지녔던 의식과 태도가 어떠했는지를 보여 주고 있다. 이 작품 속 기성세대는 청년 세대에게 실망감과 안타까움을 느끼는 한편, 그들에 대한 책임 의식과 그들이 더 나은 삶을 살았으면 하는 바람을 지니고 있다. 그리고 청년 세대는 기성세대를 냉소적으로 대하기도 하지만 외면하지 않고 기성 세대의 생각을 이해하고자 노력하는 모습을 보여 주고 있다.

① ㉠에서는 현일이 현실을 회피하려는 태도를 보이는 병수의 말에 대해 안타까운 마음을 드러내고 있다고 할 수 있겠군.
㉠은 '실생활에 나서기가 무'섭다는 병수의 말에 대해 현일이 조언하는 내용이다. 그리고 〈보기〉를 통해 이 작품에서 기성세대는 청년 세대에게 실망과 안타까움을 느끼고 있음을 알 수 있다. 따라서 ㉠은 현실을 회피하려는 태도를 보이는 병수의 말에 대해 현일의 안타까운 마음을 드러낸다고 할 수 있다.

② ㉡에서는 병수가 부정적 현실에 맞서는 정신적 태도를 강조하는 현일의 말에 대해 냉소적 인식을 드러내고 있다고 할 수 있겠군.
㉡은 유행병에 감염이 안 된다는 의지와 패기를 가져야 한다는 현일의 말에 대한 병수의 말이다. 그리고 〈보기〉를 통해 이 작품에서 청년 세대는 기성세대를 냉소적으로 대하기도 함을 알 수 있다. 따라서 ㉡은 부정적 현실에 맞서는 정신적 태도를 강조하는 현일의 말에 대해 병수의 냉소적 인식을 드러낸다고 할 수 있다.

✔ **㉢에서는 현일이 사회인으로서 책임 의식을 강화하기 위한 일을 계획하는 데 현일의 마음을 아프게 한 병수의 말이 영향을 주었음을 드러내고 있다고 할 수 있겠군.**
현일이 병수의 말에 '아픈 타격'을 느낀 이유는, 병수의 말이 현일로 하여금 자신의 삶을 비판적으로 성찰하게 만들었기 때문이라 할 수 있다. 현일은 교사 시절에 그랬듯이 병수와의 대화에서도 의지와 패기를 강조하고, 이에 대해 병수는 그것이 의지와 패기라는 말에 걸맞은 건강한 의식에서 나온 것이 아니라 현일이 지닌 내면의 절망감과 결핍에서 비롯한 것이 아닐까 하고 냉소적으로 반문하고 있다. 그리고 병수의 반문하는 말을 들은 현일은 자신이 지녀 왔던 삶의 태도를 되돌아보지만, 사회인으로서의 책임 의식을 강화하기 위한 일을 계획하지는 않고 있다. 따라서 현일이 사회인으로서의 책임 의식을 강화하는 일을 계획하는 데 병수의 말이 영향을 주었다는 설명은 적절하지 않다.

④ ㉣에서는 현일이 자신의 조언에 대한 병수의 반문과 관련해 자신과 병수를 구분하고 병수가 자신보다 더 나은 삶을 살았으면 하는 바람을 드러내고 있다고 할 수 있겠군.
㉣은 '선생께서 말씀하시는 의지나 패기는, 오히려 선생의 신병과 정신적 타격의 반동이 아닐까요?'라는 자신의 조언에 대한 병수의 반문과 관련한 현일의 말이다. 이 말에서 절망적인 자신과 달리 병수는 그렇지 않다고 말하고 있는데, 이는 현일이 자신의 처지와 병수의 처지를 구분하고 병수가 자신보다 더 나은 삶을 살았으면 하는 바람을 드러낸 것이라 할 수 있다.

⑤ ㉤에서는 병수가 자신을 염려해 주는 마음에서 현일이 했던 말의 의미를 헤아려 보려는 태도를 드러내고 있다고 할 수 있겠군.
〈보기〉를 통해 이 작품이 청년 세대가 기성세대의 생각을 이해하고자 노력하는 모습을 보여 주었다 하고 있다. 따라서 ㉤은 자신을 염려해 주는 마음에서 현일이 했던 말의 의미를 헤아려 보려는 병수의 태도를 드러낸 것이라 할 수 있다.

## [35~45] 화법과 작문

**35** 말하기 방식 파악 정답률 87% | 정답 ③

**위 강연에 대한 설명으로 가장 적절한 것은?**

① 청중이 당면할 수 있는 문제 상황들을 열거하며 실천을 권유하고 있다.
강연자는 청중들에게 그림 속 문인들처럼 차를 가까이하며 여유로움과 내면의 자유를 느껴 보기를 권유하고 있지만, 청중이 당면할 수 있는 문제 상황들을 열거하지는 않고 있다.

② 청중과 함께 공유한 경험을 환기하여 화제에 관한 청중의 관심을 유도하고 있다.
1문단에서 강연자는 청중에게 자연 속에서 한가롭게 차를 마신 경험이 있는지 묻고 있지만 청중과 함께 공유한 경험을 환기하지는 않고 있다.

✔ **청중에게 질문을 제시하고 청중의 반응을 확인하여 필요한 정보를 제공하고 있다.**
4문단에서 강연자는 청중에게 '은일'과 '망중한'의 의미에 관한 질문을 제시하고, 청중의 반응을 확인한 뒤 '은일'과 '망중한'의 의미를 설명하고 있다.

④ 강연 중간중간에 청중이 강연의 내용을 이해할 때 주의해야 할 점을 제시하고 있다.
강연 내용을 통해 강연자가 강연 중간중간에 청중이 강연의 내용을 이해할 때 주의해야 할 점을 제시한 부분은 찾아볼 수 없다.

⑤ 강연에서 다룰 내용들의 순서를 안내하여 청중이 강연 내용을 예측하도록 돕고 있다.
1문단에서 강연자는 정신적 여유로움을 담아낸 그림들을 소개한다는 강연의 내용을 안내하고 있지만 강연에서 다룰 내용들의 순서를 안내하지는 않고 있다.

**36** 자료 활용 방안 파악 정답률 93% | 정답 ①

**강연자의 자료 활용 계획 중 위 강연에 반영되지 않은 것은?**

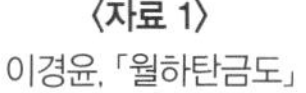
〈자료 1〉
이경윤, 「월하탄금도」

〈자료 2〉
김홍도, 「전다한화」

✔ **〈자료 1〉을 보여 주며 그림 속 소재들에 대한 청중들의 감상 의견을 유형별로 나누어 분석한다.**
2문단에서 강연자는 청중에게 자연 속에서 차를 마시는 상상을 하라고 한 후에 〈자료 1〉을 보여 주며 청중들이 상상한 장면과 〈자료 1〉의 그림이 비슷한지 묻고 있다. 하지만 〈자료 1〉을 보여 주며 그림 속 소재들에 대한 청중들의 감상 의견을 유형별로 나누어 분석하지는 않고 있다.

② 〈자료 1〉의 소재들을 각각 지시하며 소재들이 그림에서 나타내고 있는 의미를 설명한다.
2문단에서 강연자는 〈자료 1〉의 소재인 거문고와 차를 각각 지시하며 이러한 소재들이 그림에서 나타내고 있는 의미를 설명하고 있다.

③ 〈자료 2〉를 보여 주며 〈자료 1〉과 유사한 점을 찾을 수 있도록 유도한다.
3문단에서 강연자는 〈자료 2〉를 보여 주며 그림 속 인물과 소재에 주목해 다동이 차를 준비하고 있다는 점과 거문고가 있다는 점이 〈자료 1〉과 유사한 점임을 청중들이 찾을 수 있도록 유도하고 있다.

④ 〈자료 2〉의 소재들을 각각 지시하며 그림에 반영되어 있는 당대 문인들의 취향을 언급한다.

3문단에서 강연자는 〈자료 2〉의 소재인 기암괴석과 파초, 그리고 야자수를 각각 지시하며 그림에 반영되어 있는 당대 문인들의 취향을 언급하고 있다.

⑤ 〈자료 1〉과 〈자료 2〉를 함께 보여 주며 두 그림의 공간적 배경의 차이점을 제시한다.
4문단에서 강연자는 〈자료 1〉과 〈자료 2〉를 함께 보여 주며 〈자료 1〉은 자연의 공간인 산속을 배경으로 삼고 있고, 〈자료 2〉는 인위적 공간인 정원을 배경으로 삼고 있다는 점을 제시하고 있다.

## 37 듣기 반응 이해의 적절성 판단

정답률 92% | 정답 ⑤

다음은 위 강연을 들은 학생들의 반응이다. 이를 이해한 내용으로 적절하지 않은 것은? [3점]

> **학생 1** : 미술 서적을 통해 『월하탄금도』의 거문고가 도연명의 고사와 관련이 있다고 알고 있어. 고사에 관한 내용을 기대했는데 이야기해 주지 않아 아쉬웠어.
> **학생 2** : 두 그림의 제목이 지닌 의미를 설명했다면 강연 내용을 더 잘 이해할 수 있었을 텐데. 아쉽네. 하지만 오랜만에 강연을 통해 내 생활을 돌아보는 기회를 가질 수 있어 유익했어.
> **학생 3** : 자연물을 소재로 삼은 그림 속 공간은 모두 자연의 공간이라고만 생각했었는데, 인위적인 정원도 그림 속 공간이 됨을 새롭게 알았어. 그리고 차를 소재로 삼은 그림을 감상할 때 정신적인 측면을 고려해야 함도 알았어.

① 학생 1은 강연 내용과 관련 있는 자신의 배경지식을 떠올리고 있다.
'학생 1'은 강연 내용과 관련하여 이경윤의 『월하탄금도』의 소재인 거문고가 도연명의 고사와 관련이 있다는 자신의 배경지식을 떠올리고 있다.

② 학생 2는 강연의 효용성을 근거로 강연을 긍정적으로 평가하고 있다.
'학생 2'는 강연을 통해 오랜만에 자신의 생활을 돌아보는 기회를 가질 수 있었다는 점을 근거로 강연을 긍정적으로 평가하고 있다.

③ 학생 3은 강연을 통해 새롭게 알게 된 정보를 통해 자신이 생각했던 바를 수정하고 있다.
'학생 3'은 자연물을 소재로 삼은 그림 속 공간은 모두 자연의 공간이라고만 생각했었는데, 인위적인 정원도 그림 속 공간이 됨을 새롭게 알았다고 하고 있다. 또한 '학생 3'은 '차를 소재로 삼은 그림을 감상할 때 정신적인 측면을 고려해야 함도 알았어.'라고 말하고 있으므로, 강연을 통해 자신이 생각했던 바를 수정하고 있음을 알 수 있다.

④ 학생 1과 학생 2는 강연에서 다루면 좋았을 내용을 제시하며 아쉬워하고 있다.
'학생 1'은 거문고와 관련된 도연명의 고사에 대해 강연에서 다루지 않아 아쉬워하고 있다. 또한 '학생 2'는 이경윤의 『월하탄금도』와 김홍도의 『전다한화』의 제목이 지닌 의미를 강연자가 강연에서 설명하지 않은 것에 대해 아쉬워하고 있다.

✔ 학생 1과 학생 3은 강연 내용과 관련하여 강연자가 언급하지 않은 내용을 추론하고 있다.
'학생 1'은 강연 내용과 관련하여 이경윤의 『월하탄금도』의 소재인 거문고가 도연명의 고사와 관련이 있다는 자신의 배경지식을 떠올리고 있다. 또한 거문고와 관련된 도연명의 고사에 대해 강연에서 다루기를 기대했는데 다루지 않아 아쉬워하고 있다. '학생 3'은 자연물을 소재로 하는 그림 속 공간에 대해 강연을 듣고 새롭게 알게 된 정보를 통해 자신이 생각하던 바를 수정하고 있다. 하지만 두 학생들 모두 강연 내용과 관련하여 강연자가 언급하지 않은 내용을 추론하고 있는 것은 아니다.

## 38 대화의 의미와 기능 이해

정답률 97% | 정답 ④

대화의 흐름을 고려할 때, ㉠ ~ ㉤에 대한 이해로 적절하지 않은 것은?

① ㉠ : 상대의 발화와 관련된 내용을 추측하며 프로그램 효과에 대한 의문을 드러내고 있다.
㉠에서 '학생 3'은 상대가 학생회 임원이 등교하는 학생들을 맞이하는 프로그램을 진행한다고 설명하자, 해당 프로그램이 학생들의 외로움을 달래 주려는 것 같다고 프로그램의 내용을 추측하며 짧게 인사를 나누는 것이 외로움을 더는 효과가 있는지 의문을 드러내고 있다.

② ㉡ : 상대의 발화 내용에 동의하며 프로그램의 도움을 받을 수 있는 대상이 누구인지 언급하고 있다.
㉡에서 '학생 2'는 '좋은 방법 같은데'라고 상대의 발화 내용에 동의하면서, 프로그램이 '대면 소통이 부족한 학생들'에게 도움이 될 수 있다고 말하고 있다.

③ ㉢ : 상대의 발화 내용을 재진술하며 프로그램에 대해 자신이 이해한 바가 맞는지 확인하고 있다.
㉢에서 '학생 2'는 상대가 또래 상담 동아리의 '행복한 대화 벤치' 프로그램의 내용을 설명하자, 이를 재진술하며 자신이 이해한 바가 맞는지 질문을 통해 확인하고 있다.

✔ ㉣ : 상대의 발화에 공감하며 프로그램에 대해 소개할 자료를 요청하고 있다.
㉣에서 '학생 3'은 상대가 '행복한 대화 벤치' 사례에 대한 글을 봤는데 이 사례를 신문 기사에 활용하는 것이 어떠하냐고 제안하자, 이에 대해 구체적인 내용을 조사해 보겠다고 답하고 있다. 하지만 상대에게 프로그램 소개에 필요한 자료를 요청하지는 않고 있다.

⑤ ㉤ : 상대의 발화를 긍정적으로 평가하며 자신의 의견을 덧붙이고 있다.
㉤에서 '학생 2'는 상대가 학생이 이동하는 동선에 따라 행사 프로그램을 소개하고 각 프로그램의 기대 효과를 덧붙이자고 하자, 좋은 생각이라고 긍정적으로 평가하면서, 행사 개최의 이유를 밝히기 위해 기사 앞부분에 외로움의 위험성에 대해 언급하는 게 필요하다는 자신의 의견을 덧붙이고 있다.

## 39 발화의 의미와 기능 이해

정답률 88% | 정답 ②

(가)의 '학생 1'에 대한 설명으로 가장 적절한 것은?

① 회의 중간에 논의된 사항을 정리하고 이에 대한 문제점을 지적한다.
'학생 1'은 의견을 종합하여 내용을 구성하자고 말하고 있지만, 회의 중간에 논의된 사항을 정리하면서 이에 대한 문제점을 지적하지는 않고 있다.

✔ 지난 회의에서 논의된 사항을 환기하며 회의의 진행 순서를 제시한다.
'학생 1'은 회의 첫 부분에서 '친해지길 바라' 행사를 학교 신문에 싣기로 하고 기사문 작성을 위해 관련 내용을 조사하기로 했다는 지난 회의의 결정 사항을 환기하고 있다. 그러면서 인터뷰 내용을 공유하고 초고의 내용 구성을 어떻게 할지 이야기하자고 회의 진행 순서를 제시하고 있다.

③ 기사문의 내용을 확정하고 기사문 초고 작성을 위한 역할을 개인별로 배분한다.
학생 1은 기사문 작성을 위한 역할 분담을 어떻게 할지 묻고 있지만 역할을 개인별로 배분하지는 않고 있다.

④ 인터뷰 여부를 확인하고 인터뷰 자료를 효과적으로 공유할 수 있는 방안을 제안한다.
'학생 1'의 '이제 각자 인터뷰한 내용을 모두 이야기한 거지?'를 통해, '학생 1'이 인터뷰 여부를 확인하고 있음을 알 수 있다. 하지만 인터뷰 자료를 효과적으로 공유할 수 있는 방안을 제안하지는 않고 있다.

⑤ 자료 점검의 필요성을 제시하고 기사문에 활용할 자료의 출처를 점검하는 방법을 구체적으로 안내한다.
'학생 1'은 초고 검토를 자신이 해야겠다 하고 있지만 자료 점검의 필요성을 제시하지는 않고 있다. 또한 기사문에 활용할 자료의 출처가 믿을 만한지 확인해 달라 하고 있지, 자료 출처를 점검하는 방법을 구체적으로 안내하지는 않고 있다.

★★★ 등급을 가르는 문제!

## 40 글쓰기 계획의 반영 여부 판단

정답률 47% | 정답 ⑤

(가)와 (나)를 고려할 때, '학생 3'이 초고를 쓰기 위해 떠올렸을 생각으로 적절하지 않은 것은?

① 학생회장의 인터뷰를 직접 인용하여 행사의 취지를 드러내야겠다.
(나)에서 학생회장의 말을 직접 인용하여 행사의 취지를 설명하고 있다.

② 공연 동아리들의 프로그램에 대해 추가적으로 조사한 정보를 제시해야겠다.
행사에 참여하는 공연 동아리들의 프로그램과 관련해 (나)에서 추가 정보가 제시되고 있다.

③ 영국에서 시작된 '행복한 대화 벤치'를 들어 프로그램의 기대 효과를 제시해야겠다.
(나)에서 영국에서 시작된 '행복한 대화 벤치'의 효과를 들어 또래 상담 동아리의 '행복한 대화 벤치' 프로그램이 학생들로 하여금 학교 공동체와 연결되어 있다는 느낌을 받게 할 것이라는 기대 효과를 제시하고 있다.

④ 회의에서 언급된 내용 구성 방법을 고려하여, 학생들의 이동 동선에 따라 프로그램을 소개해야겠다.
(가)에서 학생의 이동 동선에 따라 행사 프로그램을 소개하자고 한 내용 구성 방법에 따라 (나)에서 각 프로그램을 소개하고 있다.

✔ 회의에서 언급된 연구 결과를 뒷받침하기 위해, 전문가의 견해를 인용하여 외로움이 미치는 해악을 밝혀야겠다.
(가)에서 언급된, 짧은 순간에 친근감을 표현하더라도 혼자라는 느낌이 덜 든다는 연구 결과가 (나)에서 활용되지 않았다. 그리고 (나)의 외로움이 미치는 해악에 대한 전문가의 견해는 외로움의 위험성을 지적하는 것이지 (가)에서 언급된 연구 결과를 뒷받침하기 위한 것이 아니다.

### ★★ 문제 해결 꿀~팁 ★★

▶ 많이 틀린 이유는?
이 문제는 (가)와 (나)를 함께 이해해야 하는 문제라서 (가), (나)를 이해하는 데 어려움을 겪어 오답률이 높았던 것으로 보인다. 또한 선택지를 정확히 파악하지 못한 것도 오답률을 높였던 것으로 보인다.

▶ 문제 해결 방법은?
이 문제를 해결하기 위해서는 먼저 발문을 정확히 읽어야 한다. 즉 발문을 통해 (가)의 내용이 (나)에 반영되어 있는지를 확인하는 문제임을 알아야 한다. 그런 다음 선택지를 통해 (가)의 어느 부분과 관련이 있고, 이것을 (나)를 통해 찾을 수 있으면 된다. 오답률이 높았던 ②의 경우 (가)에서 행사에 참여하는 공연 동아리들의 프로그램과 관련한 내용이 언급되어 있고, (나)에서 이와 관련한 추가 정보가 제시되고 있으므로 적절하다. 이때 주의할 점은 선택지를 정확히 읽지 않으면 잘못을 범할 수 있다는 것이다. 정답인 ⑤의 경우가 대표적인데, (나)에 외로움의 위험성을 지적하는 전문가의 견해가 제시되어 있지만, 이러한 견해는 (가)에서 언급된 연구 결과를 뒷받침하기 위한 것이 아니다. 그런데도 학생들 중에는 전문가 견해만 제시된 것을 보고 적절하다고 판단하고 있는 잘못을 범하고 있는데, 이는 선택지를 정확히 읽지 않았기 때문이다. 따라서 선택지도 글을 읽을 때처럼 정확히 읽을 수 있도록 한다.

## 41 글쓰기의 내용 점검

정답률 88% | 정답 ③

'학생 1'이 다음의 점검 기준에 따라 (나)를 점검한다고 할 때, 그 내용으로 적절하지 않은 것은?

| 점검 기준 | 점검 결과 (예 / 아니요) |
|---|---|
| • [표제]에서 행사의 목적을 나타냈는가? | ⓐ |
| • [부제]는 [표제]를 보완하는 기능을 하였는가? | ⓑ |
| • [전문]은 기사문을 요약적으로 제시하였는가? | ⓒ |
| • [본문]에서 행사 프로그램의 성격을 밝혔는가? | ⓓ |
| • [본문]에서 누가 무슨 내용의 프로그램을 진행하는지를 전달하였는가? | ⓔ |

① [표제]에서 외로움을 줄이고 친밀함을 높이는 목적으로 행사가 열린다고 밝혔으므로 ⓐ에 '예'라고 해야지.
[표제]에서 외로움을 줄이고 친밀함을 높이는 목적으로 행사가 열린다고 밝혔으므로, [표제]에서 행사의 목적을 나타냈다는 점검 결과 '예'는 적절하다.

② [부제]에서 행사가 열리는 배경과 행사의 명칭을 담았으므로 ⓑ에 '예'라고 해야지.
[부제]에서 행사가 열리는 배경과 행사의 명칭을 담았으므로, [부제]가 [표제]를 보완하는 기능을 하였다는 점검 결과 '예'는 적절하다.

✔ [전문]에서 육하원칙을 모두 지켜 '친해지길 바라' 행사를 요약적으로 제시했으므로 ⓒ에 '예'라고 해야지.
[전문]에서 '친해지길 바라' 행사가 언제, 어디에서, 왜 진행되는지 제시되어 있지 않으므로, 육하원칙을 모두 지켜 요약적으로 제시했다는 점검 결과 '예'는 적절하지 않다.

④ [본문]에서 행사 프로그램이 상호 소통을 중시하는 자율적 성격임을 밝혔으므로 ⓓ에 '예'라고 해야지.
[본문]에서 이번 행사를 위해 참여자들의 상호 의사 소통을 중시하는 자율적인 성격의 프로그램을 학생회와 여섯 개의 동아리가 준비했다고 하였으므로, [본문]에서 행사 프로그램이 상호 소통을 중시하는 자율적 성격임을 밝혔다는 점검 결과 '예'는 적절하다.

⑤ [본문]에서 학생회와 동아리가 무슨 프로그램을 진행하는지를 전달하였으므로 ⓔ에 '예'라고 해야지.



[문제편 p.293]

[본문]에서 학생회와 여섯 개의 동아리가 진행하는 프로그램을 소개하고 있으므로, [본문]에서 학생회와 동아리가 무슨 프로그램을 진행하는지를 전달하였다는 점검 결과 '예'는 적절하다.

**42** 고쳐쓰기의 이유 파악 정답률 89% | 정답 ①

**〈보기〉는 [A]를 고쳐 쓴 것이다. [A]를 〈보기〉와 같이 수정한 이유로 가장 적절한 것은?**

〈보 기〉

행사 소식을 접한 학생들은 이번 행사를 계기로 한동안 잃어버렸던 일상 속 활기를 되찾을 수 있을 것이라며 행사에 꼭 참여하겠다는 뜻을 밝혔다. '친해지길 바라' 행사의 자세한 프로그램 내용, 운영 시간, 변경 사항 등은 학생회 누리 소통망에서 확인할 수 있다.

✔ **앞에서 이미 언급한 내용은 삭제하고 행사에 대한 학생들의 기대감을 드러내기 위해**
[A]와 〈보기〉를 비교해 보면, 고쳐 쓴 〈보기〉에서는 학생회장이 행사를 통해 바라는 점이 삭제되었는데, 이는 삭제된 내용이 (나)의 앞부분에서 행사를 통해 외로움을 느끼는 학생들이 도움을 받았으면 좋겠다고 한 학생회장의 말에 이미 언급되었기 때문이라 할 수 있다. 그리고 〈보기〉에서는 '친해지길 바라' 행사 소식을 접한 학생들이 행사에 대한 기대감을 드러내는 내용을 추가하였음을 알 수 있다. 따라서 〈보기〉와 같이 고쳐 쓴 이유는 앞에서 이미 언급한 내용은 삭제하고 행사에 대한 학생들의 기대감을 드러내기 위해서라 할 수 있다.

② **글의 주제와 관련이 없는 정보를 삭제하고 행사에 대한 잘못된 정보는 바로잡기 위해**
[A]에서 삭제된 내용은 학생회장이 행사를 통해 바라는 점으로 주제와 관련된 정보라 할 수 있으므로, 글의 주제와 관련이 없는 정보를 삭제하였다는 내용은 적절하지 않다. 그리고 행사에 대한 잘못된 정보를 바로잡는 내용은 제시되어 있지 않으므로 적절하지 않다.

③ **글의 주제와 관련이 없는 정보를 삭제하고 학생들에게 행사 참여 방법을 소개하기 위해**
〈보기〉에서 학생들에게 행사 참여 방법을 소개하는 내용은 제시되어 있지 않으므로 적절하지 않다.

④ **글의 주제와 관련이 없는 정보를 삭제하고 학생들에게 적극적인 행사 참여를 호소하기 위해**
〈보기〉에서 학생들에게 적극적인 행사 참여를 호소하는 내용은 찾아볼 수 없다.

⑤ **앞에서 이미 언급한 내용은 삭제하고 학생들의 흥미를 끌 수 있는 행사 프로그램을 추가하기 위해**
〈보기〉에서 학생들의 흥미를 끌 수 있는 행사 프로그램을 추가한 내용은 찾아볼 수 없다.

**43** 내용 조직 방법의 반영 여부 판단 정답률 90% | 정답 ④

**'초고'에 반영된 내용 조직 방법으로 가장 적절한 것은?**

① **1문단에서 묻고 답하는 방식으로 산불 피해의 심각성을 강조하였다.**
초고의 1문단에서 산불로 인해 훼손되는 산림의 면적이 넓어지고 경제적인 손실도 상당하다는 점을 들어 산불 피해의 심각성을 강조하고 있다. 하지만 묻고 답하는 방식으로 산불 피해의 심각성을 강조하고 있지 않다.

② **2문단에서 통념을 반박하는 방식으로 산불의 발생 원인을 제시하였다.**
초고의 2문단에서 인위적 요인과 자연적 요인으로 나누어 산불의 발생 원인을 제시하고 있다. 하지만 통념을 반박하는 방식으로 산불의 발생 원인을 제시하고 있지는 않다.

③ **2문단에서 사물에 빗대는 방식으로 수관화의 개념을 이해하기 쉽게 설명하였다.**
초고의 2문단에서 수관화의 개념을 사물에 빗대는 방식으로 이해하기 쉽게 설명하고 있지 않다.

✔ **3문단에서 정보를 나열하는 방식으로 숲 가꾸기 방법을 제시하였다.**
초고의 3문단에서 숲 가꾸기의 방법을 낙엽을 긁어 내는 것, 낮은 위치의 나뭇가지를 쳐 내는 것, 생장이 나쁜 나무를 솎아 내어 큰 나무 사이의 간격을 넓히는 것으로 나열하여 제시하고 있다.

⑤ **3문단에서 대비의 방식으로 산불 확산을 해결하는 여러 방안의 장단점을 분석하였다.**
초고의 3문단에서 산불 확산을 해결하는 방안으로 숲 가꾸기와 내화 수림대 조성을 제시하고 있다. 하지만 대비의 방식으로 산불 확산을 해결하는 여러 방안의 장단점을 분석하고 있지 않다.

**44** 자료 활용 방안의 적절성 판단 정답률 82% | 정답 ⑤

**다음은 '초고'를 보완하기 위해 추가로 수집한 자료이다. 자료 활용 방안으로 적절하지 않은 것은? [3점]**

**I. 전문가 인터뷰**
"수관화가 한번 일어나면 화세가 강렬한 데다가 불씨가 멀리 날아가는 비화 현상을 일으킬 수 있어 산불이 넓은 지역으로 빠르게 번질 수 있습니다. 보통 수관화는 정유 물질을 포함하고 있는 침엽수림에서 많이 일어납니다. 따라서 산림 정책을 펼칠 때 침엽수와 활엽수가 혼합된 혼효림을 조성하는 방향으로 산림 정책을 변화시켜야 합니다."

**II. 신문 기사**
○○ 지역에서 일어난 산불은 크게 확산되어 산림 피해 면적만 2만 923ha로 서울 면적의 41%에 해당한다. 이를 복원하는 데 산림은 20년, 토양은 100년의 시간이 필요하다고 한다. 피해액은 약 1,700억 원 규모로 잠정 집계되었다.

**III. □□ 연구소 자료**

| 1. 우리나라의 나무 종류별 산림 면적(%) | 2. 나무에 불이 붙는 데 걸리는 시간 |
|---|---|

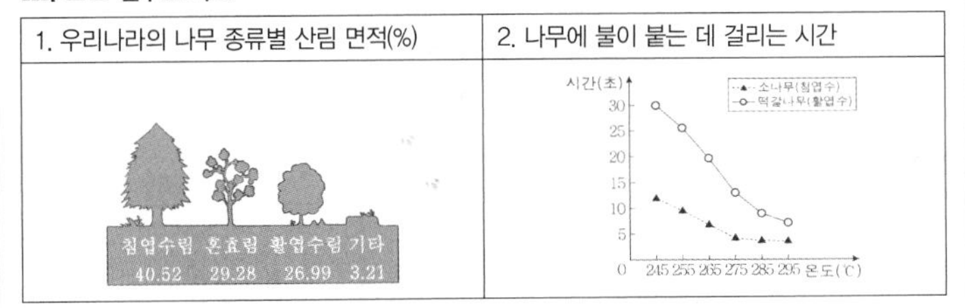


① **I을 활용하여, 수관화가 발생하면 산불이 빠르게 확산된다는 2문단의 내용을 구체화한다.**
I은 전문가 인터뷰로 수관화가 발생하면 불기운이 강하고 비화 현상을 일으킬 수 있어 산불이 넓은 지역으로 빠르게 번질 수 있다는 내용을 제시하고 있다. 이를 활용해 수관화가 발생하면 산불이 빠르게 확산된다는 2문단의 내용을 구체화할 수 있다.

② **II를 활용하여, 산불로 인한 피해가 심각하다는 것을 보여 주는 사례를 1문단에 추가한다.**
II는 신문 기사로 사례를 통해 산불로 인한 산림 피해가 심각하다는 내용을 제시하고 있다. 이를 활용해 산불로 인한 피해가 심각하다는 것을 보여 주는 사례를 1문단에 추가할 수 있다.

③ **III-2를 활용하여, 내화 수림대 조성에 침엽수보다 활엽수가 사용된다는 3문단의 내용을 뒷받침한다.**
III-2는 침엽수인 소나무와 활엽수인 떡갈나무에 불이 붙는 데 걸리는 시간을 비교한 자료로 소나무에 비해 상대적으로 떡갈나무가 시간이 오래 걸린다는 것을 보여 준다. 이를 활용해 내화 수림대 조성에 침엽수보다 활엽수가 사용된다는 3문단의 내용을 뒷받침할 수 있다.

④ **I과 III-1을 활용하여, 산불 확산을 막는 방법으로 우리나라 산림 정책에 변화가 필요하다는 내용을 3문단에 추가한다.**
I은 전문가 인터뷰로 수관화가 침엽수림에서 많이 일어나므로 산림 정책을 펼칠 때 침엽수와 활엽수가 혼합된 혼효림을 조성하는 방향으로 산림 정책을 변화시켜야 한다는 내용을 제시하고 있다. III-1은 우리나라의 나무 종류별 산림 면적을 보여 주는 자료로 침엽수림이 가장 높은 비중을 차지하고 있다는 것을 보여 준다. I과 III-1을 활용해 산불 확산을 막는 방법으로 우리나라 산림 정책에 변화가 필요하다는 내용을 3문단에 추가할 수 있다.

✔ **II와 III-2를 활용하여, 산불을 확산시키는 요인에 바람과 지형 외에 토양과 수종이 있다는 내용을 2문단에 추가한다.**
초고의 2문단에서는 산불을 확산시키는 요인으로 바람과 지형을 제시하고 있다. 그런데 II는 신문 기사로 사례를 통해 산불로 인한 산림 피해가 심각하다는 것과 산불로 인해 피해를 입은 산림과 토양을 복구하는 데 많은 시간이 필요하다는 내용을 보여 준다. 그리고 III-2는 침엽수인 소나무와 활엽수인 떡갈나무에 불이 붙는 데 걸리는 시간을 비교한 자료로, 소나무에 비해 상대적으로 떡갈나무가 시간이 오래 걸린다는 것을 보여 준다. 따라서 II와 III-2에서는 산불을 확산시키는 요인으로 토양이 있다는 내용을 확인할 수 없으므로, 2문단에 산불을 확산시키는 요인에 바람과 지형 외에 토양과 수종이 있다는 내용을 추가할 수 없다.

15회

**45** 조건에 맞게 글쓰기 정답률 88% | 정답 ②

**선생님의 조언을 반영하여 [A]를 작성한 내용으로 가장 적절한 것은?**

**선생님** : 앞서 제시한 산불 확산 방지 방법의 효과를 비유적으로 표현하자. 그리고 산불 확산 방지에 관심을 가져야 하는 이유를 밝히며 글을 마무리하자.

① **산불의 발생을 막기 위해서는 사람들이 관행적으로 하는 불법 쓰레기 소각 행위, 입산 중 불씨를 취급하는 행위를 하지 말아야 한다. 우리의 실천이 산불을 진압하는 소화기가 된다.**
비유적인 표현은 사용되었지만, 앞서 제시한 산불확산 방지 방법의 효과를 드러내지는 않았다. 또한 산불 확산 방지에 관심을 가져야 하는 이유를 밝히지도 않고 있다.

✔ **숲 가꾸기와 내화 수림대 조성은 산불 확산을 막을 수 있는 방패가 된다. 우리의 자연과 재산을 지킬 수 있도록 산불 확산 방지에 관심을 가져야 한다.**
선생님의 조언을 통해 [A]를 작성할 때, 산불 확산 방지 방법의 효과를 비유적으로 표현하고, 산불 확산 방지에 관심을 가져야 하는 이유를 밝혀야 함을 알 수 있다. 이러한 조건이 잘 드러난 것은 ②로, ②에서는 '숲 가꾸기와 내화 수림대 조성'이라는 산불 확산 방지 방법을 '방패'라는 비유를 사용해서 그 효과를 표현하고 있다. 그리고 산불 확산 방지에 관심을 가져야 하는 이유는, 산불로부터 우리의 자연과 재산을 지켜야 하기 때문이라고 밝히고 있다.

③ **숲은 가꾸어 주어야 할 시기를 놓치면 자연으로서의 가치가 낮아진다. 농가의 피해를 최소화하기 위해서는 산불의 발생을 막는 것이 중요하다.**
앞서 제시한 산불확산 방지 방법의 효과를 드러내지는 않았다. 또한 산불 확산 방지에 관심을 가져야 하는 이유를 밝히지도 않고 있다.

④ **산불은 일어나는 것을 막는 것도 중요하지만 번지지 않게 막는 것도 중요하다. 산불 확산 방지에 대한 관심이 중요한 때이다.**
앞서 제시한 산불 확산 방지 방법의 효과를 드러내지는 않았다. 또한 산불 확산 방지에 관심을 가져야 하는 이유를 밝히지도 않고 있다.

⑤ **숲은 우리의 건강을 책임지는 보약이다. 숲을 잘 가꾸어 아름다운 숲을 우리 후손들에게 물려줄 수 있도록 해야 할 것이다.**
비유적인 표현은 사용되었지만, 앞서 제시한 산불 확산 방지 방법의 효과를 드러내지는 않았다. 또한 산불 확산 방지에 관심을 가져야 하는 이유를 밝히지도 않고 있다.

## [35~45] 언어와 매체

★★★ 등급을 가르는 문제!

**35** 국어의 음운 변동의 이해 정답률 47% | 정답 ⑤

**윗글을 통해 알 수 있는 내용으로 적절하지 않은 것은?**

① **15세기 국어의 '걷ᄂᆞᆫ → 건ᄂᆞᆫ'은 'ㄷ'의 비음화가 일어난 예일 것이다.**
제시된 글을 통해 15세기 국어에서 비음화는 'ㄷ'의 비음화가 일어난 경우가 대부분이었고, '묻노라 → 문노라'가 용언의 활용형에서 'ㄷ'의 비음화가 일어난 예임을 알 수 있다. 따라서 15세기 국어의 '걷ᄂᆞᆫ → 건ᄂᆞᆫ'은 'ㄷ'의 비음화가 일어난 예라 할 수 있다.

② **현대 국어와 달리 15세기 국어의 '막- + -노라'에서는 비음화가 일어나지 않았을 것이다.**
제시된 글을 통해 현대 국어에서와 달리 15세기 국어에서는 'ㄱ'의 비음화는 일어나지 않았음을 알 수 있으므로, 15세기 국어의 '막-+-노라'에서는 비음화가 일어나지 않았을 것임을 알 수 있다.

③ **현대 국어의 'ㄱ－ㅇ', 'ㄷ－ㄴ', 'ㅂ－ㅁ'은 동일한 조음 위치의 '평파열음 - 비음'에 해당하는 쌍일 것이다.**
제시된 글의 '비음화는 평파열음이 비음 앞에서 동일한 조음 위치의 비음으로 바뀌는 현상이다. '국물 → [궁물]', '받는 → [반는]', '입는 → [임는]'은 현대 국어에서 비음화가 일어난 예이다.'를 통해, 현대 국어의 'ㄱ－ㅇ', 'ㄷ－ㄴ', 'ㅂ－ㅁ'은 동일한 조음 위치의 '평파열음-비음'에 해당하는 쌍임을 알 수 있다.

④ 15세기 국어의 '안-+-게', '곰-+-고'에서는 모두 어미의 평음 'ㄱ'이 경음 'ㄲ'으로 바뀌지 않았을 것이다.
제시된 글을 통해 15세기 국어에서는 비음으로 끝나는 용언 어간 뒤에서 일어나는 경음화는 나타나지 않았음을 알 수 있다. 따라서 '안-+-게', '곰-+-고'에서는 모두 어미의 평음 'ㄱ'이 경음 'ㄲ'으로 바뀌지 않았을 것임을 알 수 있다.

✔⑤ 15세기 국어의 '젛+-노라', '빛+나다'에서는 모두 음절의 끝소리 규칙과 비음화가 순차적으로 일어났을 것이다.
제시된 글을 통해 15세기 국어에서는 음절의 끝소리 규칙으로 'ㅌ', 'ㅎ'이 'ㄷ'으로 바뀐 후 비음화가 실현되었음을 알 수 있다. 이를 볼 때, 15세기 국어의 '젛-+-노라'에서는 음절의 끝소리 규칙과 비음화가 순차적으로 일어나 '전노라'로 발음되었을 것임을 알 수 있다. 하지만 15세기 국어에서 음절의 끝소리 규칙은 음절의 끝에서 발음될 수 없는 자음이 음절의 끝에 오면 'ㄱ, ㄷ, ㅂ, ㅅ' 중 하나로 바뀌는 현상으로, '곶 → 곳', '빛 → 빗'이 그 예임을 알 수 있다. 이렇게 볼 때, '빛+나다'의 경우 음절의 끝소리 규칙만 일어나 '빗나다'로 발음될 것이므로, 비음화는 일어나지 않았을 것임을 알 수 있다.

**★★ 문제 해결 꿀~팁 ★★**

▶ **많이 틀린 이유는?**
이 문제는 제시된 글의 내용을 구체적인 단어에 적용하는 데서 어려움을 겪어 오답률이 높았던 것으로 보인다. 또한 글의 내용을 정확히 읽지 않은 것도 오답률을 높인 것으로 보인다.

▶ **문제 해결 방법은?**
이 문제를 해결하기 위해서는 선택지에 제시된 내용을 정확히 이해하고, 이와 관련된 내용을 글을 통해 확인하여 적절성을 판단하면 된다. 가령 정답인 ⑤의 경우에는 음절의 끝소리 규칙과 비음화에 대해 언급하고 있으므로, 2문단에 언급된 중세 국어의 음절의 끝소리 규칙과 3문단에 제시된 비음화에 대한 내용을 바탕으로 적절성을 판단하면 된다. 이럴 경우, '빛+나다'는 [빗나다]로 음절의 끝소리 규칙은 일어나지만 비음화는 일어나지 않음을 알았을 것이다. 즉 3문단에서 15세기 국어에서는 음절의 끝소리 규칙으로 'ㅌ', 'ㅎ'이 'ㄷ'으로 바뀐 후 비음화가 실현되었다고 하였으므로, [빗나다]는 이에 해당하지 않으므로 적절하지 않음을 알았을 것이다. 한편 오답률이 높았던 ④의 경우, 3문단의 '15세기 국어에서는 비음으로 끝나는 용언 어간 뒤에서 일어나는 경음화는 확인되지 않는다.'를 확인하였다면 적절함을 알았을 것이다.
최근 문법 문제에서는 글을 제시하고 글을 바탕으로 사례를 이해하는 문제가 출제되고 있는데, 이런 문제 대부분 글을 바탕으로 확인(약간의 추리가 필요)할 수 있으므로 선택지의 내용을 글과 반드시 비교할 수 있도록 한다.

**36** 음운 변동의 이해 정답률 88% | 정답 ④

**윗글을 참고할 때, 〈보기〉의 [A]에 들어갈 '학생'의 답으로 적절하지 않은 것은?**

〈보 기〉
선생님 : 다음 제시된 현대 국어 자료에서 일어난 음운 변동을 설명해 봅시다.
㉠ 겉멋만 → [건먼만] ㉡ 꽃식물 → [꼳씽물]
㉢ 낱잡는 → [낟짬는]
학생 : ______[A]______

① ㉠에서는 음절 끝의 자음이 'ㄴ'으로 바뀌는 비음화가 두 번 일어났습니다.
'겉멋만'은 '[걷멋만] → [건먿만] → [건먼만]'로 음운 변동이 일어나므로 음절 끝의 자음이 'ㄴ'으로 바뀌는 비음화가 두 번 일어났음을 알 수 있다.

② ㉡에서는 음절 끝의 자음이 'ㅇ'으로 바뀌는 비음화가 한 번 일어났습니다.
'꽃식물'은 '[꼳식물] → [꼳씩물] → [꼳씽물]'로 음운 변동이 일어나므로 음절 끝의 자음이 'ㅇ'으로 바뀌는 비음화가 한 번 일어났음을 알 수 있다.

③ ㉡, ㉢에서 일어난 경음화는 평파열음 뒤에서 일어났습니다.
'꽃식물'은 '[꼳식물] → [꼳씩물] → [꼳씽물]'로 음운 변동이 일어나고, '낱잡는'은 '[낟잡는] → [낟짭는] → [낟짬는]'으로 음운 변동이 일어난다. 따라서 ㉡, ㉢에서 일어난 경음화는 평파열음 뒤에서 일어났음을 알 수 있다.

✔④ ㉠과 달리 ㉡, ㉢에서는 음절 끝의 자음이 'ㄷ'으로 바뀌는 음절의 끝소리 규칙이 일어났습니다.
'겉멋만 → [건먼만]', '꽃식물 → [꼳씽물]', '낱잡는 → [낟짬는]' 모두에서 음절 끝의 자음이 'ㄷ'으로 바뀌는 음절의 끝소리 규칙이 일어남을 알 수 있다.

⑤ ㉢과 달리 ㉠, ㉡에서는 'ㅁ'으로 인해 비음화가 일어났습니다.
㉢은 'ㄴ'으로 인해 비음화가 일어났으므로, 'ㅁ'으로 인해 비음화가 일어난 ㉠, ㉡과는 비음화가 일어난 조건이 다르다고 할 수 있다.

**37** 단어의 구성 방식 파악 정답률 64% | 정답 ①

**〈보기〉의 '복합어'를 '분류 과정'에 따라 분류할 때, ㉠과 ㉡에 들어갈 말을 바르게 짝지은 것은? [3점]**

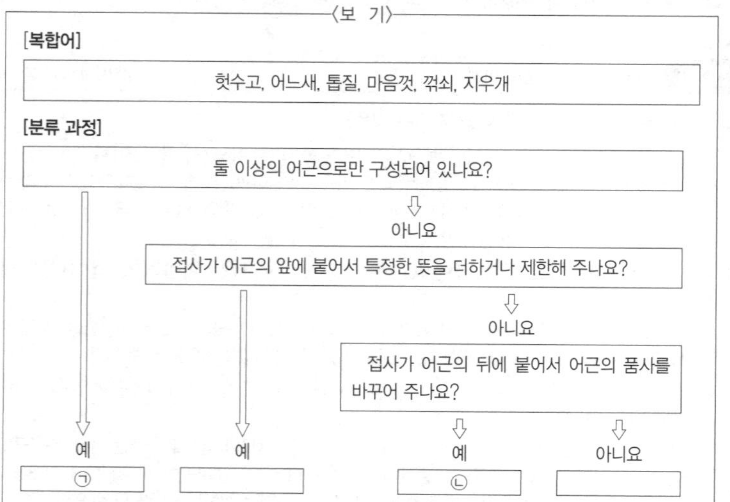


| | ㉠ | ㉡ |
|---|---|---|
| ✔① | 어느새, 꺾쇠 | 마음껏, 지우개 |
| ② | 헛수고, 어느새 | 지우개 |
| ③ | 톱질, 꺾쇠 | 헛수고, 마음껏 |
| ④ | 톱질, 마음껏, 꺾쇠 | 헛수고 |
| ⑤ | 어느새, 톱질, 꺾쇠 | 지우개 |

㉠의 '어느새'는 어근 '어느'와 어근 '새'로 구성되어 있고, '꺾쇠'는 어근 '꺾-'과 어근 '쇠'로 구성되어 있다. 그리고 ㉡의 '마음껏'은 어근 '마음'과 접미사 '-껏'으로 구성되어 있는데, 이때 접미사 '-껏'은 명사인 어근 뒤에 붙어서 품사를 부사로 바꾸어 준다고 할 수 있다. 또한 '지우개'는 어근 '지우-'와 접미사 '-개'로 구성되어 있는데, 이때 접미사 '-개'는 동사인 어근 뒤에 붙어서 품사를 명사로 바꾸어 준다고 할 수 있다.
'헛수고'는 접두사 '헛-'과 어근 '수고'로 구성되어 있다. 그리고 '톱질'은 어근 '톱'과 접미사 '-질'로 구성되어 있는데, 이때 접미사 '-질'은 어근의 뒤에 붙지만 품사를 바꾸어 주지는 않는다.

**38** 문장의 구조 파악 정답률 62% | 정답 ⑤

**〈보기〉의 ㉠ ~ ㉢에 대한 설명으로 적절하지 않은 것은?**

〈보 기〉
㉠ 어머니는 아들이 비로소 대학생이 되었음을 실감했다.
㉡ 파수꾼이 경계 초소에서 본 동물은 늑대는 아니었다.
㉢ 감독이 그 선수를 야구부 주장으로 삼기로 결심했다.

① ㉠에는 안긴문장에 보어가 있고, ㉡에는 안은문장에 보어가 있다.
㉠에는 안긴문장인 '아들이 비로소 대학생이 되었음'에 보어 '대학생이' 있음을 알 수 있다. 그리고 ㉡에는 안은문장인 '동물은 늑대는 아니었다.'에 보어 '늑대는(가)'이 있음을 알 수 있다.

② ㉠은 안긴문장이 안은문장의 목적어로 사용되고, ㉢은 안긴문장이 안은문장의 부사어로 사용된다.
㉠에는 안긴문장인 '아들이 비로소 대학생이 되었음'에 목적격조사 '을'이 사용되었으므로, 안긴문장이 안은문장의 목적어로 사용되었음을 알 수 있다. 그리고 ㉢에는 안긴문장인 '그 선수를 야구부 주장으로 삼기' 뒤에 부사격 조사 '로'가 사용되었으므로 안긴문장이 안은문장의 부사어로 사용되었음을 알 수 있다.

③ ㉡과 달리 ㉢의 안긴문장의 서술어는 부사어를 필수 성분으로 요구한다.
㉢의 안긴문장은 '그 선수를 야구부 주장으로 삼기'이므로, 서술어 '삼다'는 부사어인 '야구부 주장으로'를 필수 성분으로 요구함을 알 수 있다.

④ ㉢과 달리 ㉡의 안긴문장에는 목적어가 생략되어 있다.
㉡의 안긴문장은 '파수꾼이 경계 초소에서 본'이므로, 안긴문장에는 목적어인 '동물을'이 생략되었음을 알 수 있다.

✔⑤ ㉠ ~ ㉢은 모두 안긴문장의 주어와 안은문장의 주어가 다르다.
㉠에서 안긴문장의 주어는 '아들이'이고, 안은문장의 주어는 '어머니는'이고, ㉡에서 안긴문장의 주어는 '파수꾼이'이고 안은문장의 주어는 '동물은'이다. 그리고 ㉢에서 안긴문장의 주어와 안은문장의 주어는 모두 '감독이'이다. 따라서 ㉢에서 안긴문장의 주어와 안은문장의 주어는 같으므로, ㉠~㉢ 모두 안긴문장의 주어와 안은문장의 주어가 다르다고 한 설명은 적절하지 않다.

**39** 용언의 활용 양상 이해 정답률 73% | 정답 ⑤

**〈보기〉의 '학습 활동'을 수행한 결과로 적절하지 않은 것은?**

〈보 기〉
[학습 활동] 용언의 어간에 어미가 결합하는 것을 활용이라고 한다. 용언의 활용에는 규칙 활용과 불규칙 활용이 있다. 다음 예문에서 밑줄 친 말의 기본형을 생각해 보면서 용언의 활용 양상을 설명해 보자.
[예문]

| | ⓐ 규칙 활용의 예 | ⓑ 불규칙 활용의 예 |
|---|---|---|
| ㉠ | 형은 교복을 입어 보았다. | 꽃이 아름다워 보였다. |
| ㉡ | 나는 언니에게 죽을 쑤어 주었다. | 오빠는 나에게 밥을 퍼 주었다. |
| ㉢ | 누나는 옷을 벽에 걸어 두었다. | 삼촌은 눈길을 걸어 집에 갔다. |
| ㉣ | 동생은 그릇을 씻어 쟁반에 놓았다. | 이 다리는 섬과 육지를 이어 주는 역할을 한다. |
| ㉤ | 우리는 짐을 쌓아 놓았다. | 하늘이 파래 예뻤다. |

① ㉠ : ⓐ에서는 어간의 형태가 유지되었지만, ⓑ에서는 어간의 'ㅂ'이 달라졌다.
ⓐ에서는 어간 '입-'의 형태가 유지되었지만, ⓑ에서는 어간 '아름답-'의 'ㅂ'이 달라졌음을 알 수 있다.

② ㉡ : ⓐ에서는 어간의 형태가 유지되었지만, ⓑ에서는 어간의 'ㅜ'가 없어졌다.
ⓐ에서는 어간 '쑤-'의 형태가 유지되었지만, ⓑ에서는 어간 '푸-'의 'ㅜ'가 없어졌음을 알 수 있다.

③ ㉢ : ⓐ에서는 어간의 형태가 유지되었지만, ⓑ에서는 어간의 'ㄷ'이 달라졌다.
ⓐ에서는 어간 '걸-'의 형태가 유지되었지만, ⓑ에서는 어간 '걷-'의 'ㄷ'이 달라졌음을 알 수 있다.

④ ㉣ : ⓐ에서는 어간의 형태가 유지되었지만, ⓑ에서는 어간의 'ㅅ'이 없어졌다.
ⓐ에서는 어간 '씻-'의 형태가 유지되었지만, ⓑ에서는 어간 '잇-'의 'ㅅ'이 없어졌음을 알 수 있다.

✔⑤ ㉤ : ⓐ에서는 어간과 어미의 형태가 유지되었지만, ⓑ에서는 어간의 'ㅎ'과 어미가 모두 없어졌다.
ⓑ에서 '파랗다'가 '파래'가 된 것은 불규칙 활용이지만, 어간의 'ㅎ'과 어미가 모두 없어진 것은 아니므로 적절하지 않다.

**40** 매체의 특성 이해 정답률 97% | 정답 ④

**(가)의 매체 자료에 대한 이해로 적절하지 않은 것은?**

① '본문 듣기'가 있는 것을 보니, 수용자가 기사의 내용을 음성 언어로도 수용할 수 있을 것이다.
기사의 상단에 '본문 듣기'를 배치한 것을 통해, 수용자가 기사의 내용을 문자 언어뿐만 아니라 음성 언어로도 수용할 수 있을 것임을 알 수 있다.



[문제편 p.297]

② 'SNS로 전달'이 있는 것을 보니, 수용자가 기사의 내용을 다른 사람과 온라인으로 공유할 수 있을 것이다.
기사의 상단에 'SNS로 전달'을 배치한 것을 통해, 수용자가 기사의 내용을 다른 사람과 온라인으로 공유할 수 있을 것임을 알 수 있다.

③ '최초 입력'과 '수정' 시간이 있는 것을 보니, 생산자가 기사를 입력한 이후에도 기사를 수정할 수 있을 것이다.
기사의 하단에 '최초 입력'과 '수정' 시간이 있는 것을 통해, 생산자가 기사를 입력한 이후에도 기사를 수정할 수 있을 것임을 알 수 있다.

**④ '기사에 대한 독자 반응'이 있는 것을 보니, 생산자가 자신이 생산한 기사의 유통 범위를 확인할 수 있을 것이다.**
기사 아래에는 '기사에 대한 독자 반응'이 있어, 수용자는 기사를 본 자신의 반응을 표시할 수 있고 생산자는 기사에 대한 수용자의 반응을 확인할 수 있다. 하지만 이를 바탕으로 생산자가 기사의 유통 범위를 확인할 수 있는 것은 아니므로 적절하지 않다.

⑤ '관련된 기사로 바로 가기'가 있는 것을 보니, 수용자가 기사 내용과 관련된 추가 정보를 얻을 수 있을 것이다.
기사 하단의 '관련된 기사로 바로 가기'가 있는 것을 통해, 수용자가 기사 내용과 관련된 추가 정보를 얻을 수 있을 것임을 알 수 있다.

## 41 매체 자료의 생산

정답률 95% | 정답 ②

**(나)를 제작하는 과정에서 반영된 학생의 계획으로 적절하지 않은 것은?**

① 상품의 온라인 판매처를 소개하기 위해, (가)에 언급된 못난이 배의 온라인 판매처 이름을 인터넷 검색창 이미지를 활용하여 제시해야지.
(나)에는 'OO 온라인 알뜰 장터'가 입력된 인터넷 검색창 이미지가 제시되어 있는데, 이는 수용자에게 못난이 배의 온라인 판매처를 소개하기 위한 것이라 할 수 있다.

**② 상품의 특성을 강조하기 위해, (가)에 언급된 못난이 배의 맛과 영양에 대한 정보를 배의 모양을 활용하여 도안된 그림으로 제시해야지.**
(가)에 언급된 못난이 배의 맛에 대한 정보는 (나)에 사각형 안의 문구로 제시되어 있다. (나)에는 배의 이미지가 담긴 그림이 제시되어 있으나, 이 그림에 못난이 배의 맛과 영양에 대한 정보가 드러나지는 않고 있다.

③ 상품에 대한 추가 정보를 안내하기 위해, (가)에 언급된 배 가공식품을 소개하는 웹 페이지 주소를 QR코드로 제시해야지.
(나)에는 배 가공식품 소개하는 웹 페이지를 QR 코드로 제시하고 있는데, 이는 상품에 대한 추가 정보를 안내하기 위해 제시한 것이라 할 수 있다.

④ 상품의 소비를 촉구하기 위해, (가)에 제시된 농민의 인터뷰 내용의 일부를 말풍선의 문구로 제시해야지.
(나)에는 농민 최□□ 씨의 인터뷰 내용 중 일부가 말풍선 안의 문구로 제시되어 있는데, 이는 수용자에게 못난이 배의 소비를 촉구하기 위한 것이라 할 수 있다.

⑤ 상품의 의미를 밝혀 주기 위해, (가)에 제시된 못난이 배의 뜻을 물음에 답하는 방식으로 제시해야지.
(가)에 제시된 못난이 배의 뜻은 (나)에 묻고 답하는 방식으로 제시되어 있는데, 이는 수용자에게 못난이 배의 의미를 밝혀 주기 위한 것이라 할 수 있다.

## 42 매체에 사용된 표현의 이해

정답률 87% | 정답 ①

**㉠ ~ ㉤에 대한 이해로 가장 적절한 것은?**

**① ㉠ : 격 조사 '에서'를 활용해 배 재배 농가를 지원하는 사업의 주체가 'OO군청'임을 나타냈다.**
격 조사 '에서'는 단체를 나타내는 명사 뒤에 붙어 앞말이 주어임을 나타낸다. ㉠에 사용된 '에서'는 격 조사로, 배 재배 농가를 지원하는 사업의 주체가 OO군청임을 나타내는 기능을 하고 있다.

② ㉡ : 연결 어미 '-거나'를 활용해 못난이 배의 판정 기준과 흠집에 관한 내용이 인과적으로 연결됨을 나타냈다.
연결 어미 '-거나'는 나열된 동작이나 상태, 대상들 중에서 어느 것이든 선택할 수 있음을 나타낸다. 따라서 못난이 배의 판정 기준과 흠집에 관한 내용이 인과적이 아닌 병렬적으로 연결시켜 나타냈음을 알 수 있다.

③ ㉢ : 지시 대명사 '이것'을 활용해 앞에서 언급한 '일반 상품'을 가리키고 있음을 나타냈다.
지시 대명사 '이것'은 바로 앞에서 이야기한 대상을 가리키므로, '이것'이 가리키는 대상은 일반 상품 앞에 언급한 '못난이 배'라 할 수 있다.

④ ㉣ : 보조사 '도'를 활용해 판매하는 상품이 못난이 배로 한정됨을 나타냈다.
보조사 '도'는 이미 어떤 것이 포함되고 그 위에 더함의 뜻을 나타내므로, '도'를 활용해 못난이 배만 한정지어 판매하는 것이 아니라 일반 상품과 못난이 배를 함께 판매한 것이라 할 수 있다.

⑤ ㉤ : 관형사형 어미 '-ㄹ'을 활용해 OO군수가 오래전부터 온라인 알뜰 장터의 운영을 지원해 왔음을 나타냈다.
관형사형 어미 '-ㄹ'은 추측, 예정, 의지 가능성 등 확정된 현실이 아님을 나타내는 어미이므로, 이를 활용하여 OO군수가 오래전부터 온라인 알뜰 장터의 운영을 지원해 왔음을 나타냈다는 설명은 적절하지 않다.

## 43 매체의 의사소통 방식 이해

정답률 80% | 정답 ③

**위 방송에 대한 설명으로 적절하지 않은 것은?**

① 영상 자료를 활용하며 실험실 안전사고의 실제 사례를 보여 주고 있다.
실험실에서 안전 장비를 제대로 착용하지 않고 실험을 하다가 부상을 입은 실제 사례의 영상과 실험실에서의 안전 수칙을 지키지 않아 일어난 폭발 사고의 실제 사례를 다룬 영상을 보여 주고 있으므로 적절하다.

② 통계 자료를 활용하며 학교 실험실 안전사고의 주요 원인을 제시하고 있다.
연구소에서 조사한 통계 자료를 활용하며 학교 실험실 안전사고의 76%가 안전 불감증으로 인한 부주의에서 발생한 것임을 제시하고 있으므로 적절하다.

**③ 뉴스에 보도된 내용을 활용하며 안전사고 유형별 대처 방안을 안내하고 있다.**
뉴스에 보도된 내용을 활용하여 실험실 안전 수칙을 제대로 지키지 않아서 발생한 사고를 보여 주며, 실험을 할 때 안전 수칙을 준수하는 것의 중요성을 강조하고 있다. 따라서 뉴스에 보도된 내용을 활용하며 안전사고 유형별 대처 방안을 안내하고 있다는 설명은 적절하지 않다.

④ 채팅방을 활용하며 대화에 참여한 학생들이 가진 의문을 실시간으로 공유하고 있다.
진행자는 학생들의 질문은 채팅방을 통해 들어보겠다고 하면서 채팅방을 직접 보여 주고 있다. 따라서 진행자는 채팅방을 활용하며 대화에 참여한 학생들이 가진 의문을 실시간으로 공유하고 있음을 알 수 있다.

⑤ 안전사고 위험성이 있는 화학 물질을 활용하며 경각심을 갖고 안전 수칙을 준수해야 함을 당부하고 있다.
연구원이 안전사고의 위험성이 있는 화학 물질을 보여 주며, 화학 물질은 아주 적은 양이라도 격렬한 화학 반응을 일으킬 수 있으니 실험할 때의 안전 수칙을 준수할 것을 당부하고 있다.

## 44 매체 수용자의 태도 파악

정답률 85% | 정답 ④

**다음은 위 방송을 시청한 학생들이 메신저로 나눈 대화이다. 학생들의 수용 태도에 대한 설명으로 가장 적절한 것은?**

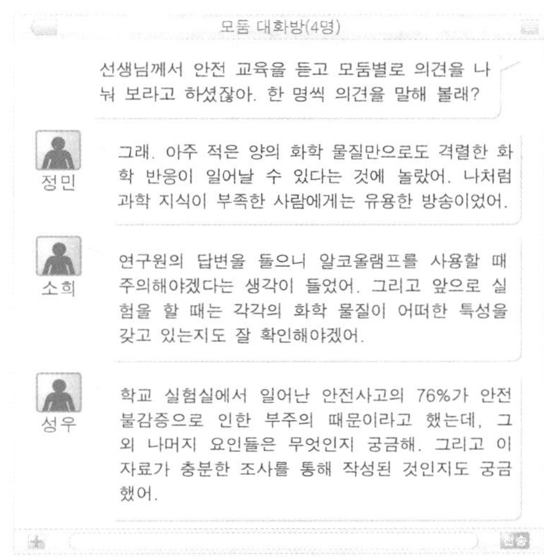


① '정민'은 연구원이 언급한 사례와 관련하여, 응급 상황에서의 조치 방법이 어떤 사람에게 유용한지 점검하였다.
'정민'은 방송에서 다룬 내용이 자신에게 유용한지를 점검하고 있지만, 응급 상황에서의 조치 방법이 어떤 사람에게 유용한지 점검하지는 않고 있다.

② '소희'는 연구원이 답변한 내용과 관련하여, 실험할 때의 유의 사항에 관한 정보가 충분한지 점검하였다.
'소희'는 연구원의 답변을 듣고 알코올램프를 사용할 때 주의를 기울여야겠다고 생각하고 있으나, 연구원의 답변 내용과 관련하여 실험할 때의 유의 사항에 관한 정보가 충분한지를 점검하지는 않고 있다.

③ '소희'는 연구원이 답변한 내용과 관련하여, 안전 교육의 필요성을 뒷받침할 수 있는 자료가 타당한지 점검하였다.
'소희'는 연구원의 답변을 듣고 알코올램프를 사용할 때 주의하고, 실험할 때는 각각의 화학 물질이 어떠한 특성을 갖고 있는지도 잘 확인해야겠다고 생각하고 있다. 하지만 연구원이 답변한 내용과 관련하여 안전 교육의 필요성을 뒷받침할 수 있는 자료가 타당한지 점검하지는 않고 있다.

**④ '성우'는 연구원이 제시한 자료와 관련하여, 실험실 안전사고에 대한 조사 자료가 믿을 만한지 점검하였다.**
'성우'는 연구원이 학교 실험실 안전사고와 관련하여 제시한 자료가 충분한 조사를 통해 작성된 것인지 궁금해하며 자료가 믿을 만한지 점검하였다.

⑤ '성우'는 연구원이 활용한 자료와 관련하여, 학생을 위주로 한 예방 대책의 장단점을 공평하게 다루고 있는지 점검하였다.
'성우'는 연구원이 언급하지 않은 내용에 대해 궁금해하고 있으나, 학생을 위주로 한 예방 대책의 장단점을 공평하게 다루고 있는지 점검하지는 않고 있다.

## 45 매체 자료의 수정 및 보완

정답률 89% | 정답 ③

**다음은 위 방송을 본 후 과학 실험 동아리 학생이 신입생 교육용으로 만든 발표 자료의 초안이다. 검토 의견을 바탕으로 제시한 수정 방안으로 적절하지 않은 것은? [3점]**

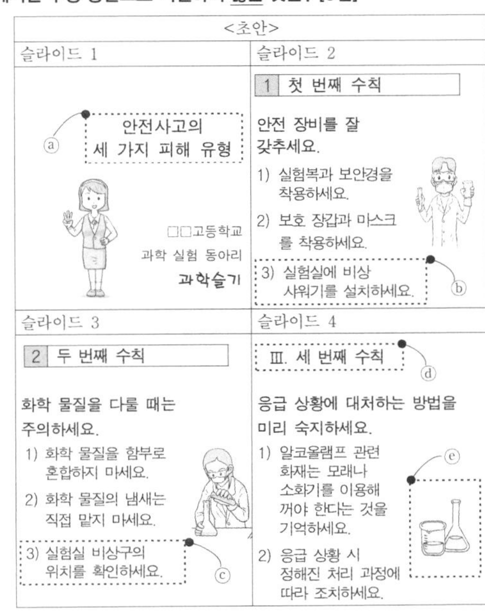

<검토 의견>

| | |
|---|---|
| 슬라이드 1 | ⓐ - 발표 내용에 부합하지 않음. |
| 슬라이드 2 | ⓑ - 학교에 요청할 사항임. |
| 슬라이드 3 | ⓒ - 상위 항목에 어울리지 않는 내용임. |
| 슬라이드 4 | ⓓ - 다른 슬라이드와 형식이 다름. |
| | ⓔ - 내용과 어울리는 이미지가 필요함. |

① **슬라이드 1에 대한 검토 의견을 고려하여 ⓐ를 '안전한 실험을 위한 세 가지 수칙'으로 수정해야겠군.**
슬라이드 2~4의 제목을 고려하여 발표 내용에 적합하게 ⓐ를 '안전한 실험을 위한 세 가지 수칙'으로 수정하는 것은 적절하다.

② **슬라이드 2에 대한 검토 의견을 고려하여 ⓑ를 삭제해야겠군.**
검토 의견에 ⓑ는 학교에 요청할 사항이라고 했으므로, 이러한 의견을 고려하여 ⓑ를 삭제하는 것은 적절하다.

✔ **슬라이드 3에 대한 검토 의견을 고려하여 ⓒ를 슬라이드 2로 이동해야겠군.**
ⓒ는 상위 항목인 '화학 물질을 다룰 때는 주의하세요.'에 어울리지 않는 내용이므로 '슬라이드 4'로 이동하는 것이 적절하다. 따라서 '슬라이드 2'로 이동해야겠다는 수정 방안은 적절하지 않다.

④ **슬라이드 4에 대한 검토 의견을 고려하여 ⓓ를 슬라이드 2, 3의 형식과 통일하여 제시해야겠군.**
슬라이드 2, 3과 비교해 볼 때, 슬라이드 4는 번호 체계나 소제목 형식이 다름을 알 수 있다. 따라서 슬라이드 4에 대한 검토 의견을 고려하여 ⓓ를 슬라이드 2, 3의 형식과 통일하여 제시하는 것은 적절하다.

⑤ **슬라이드 4에 대한 검토 의견을 고려하여 ⓔ를 응급 상황에 대처하는 방법과 관련된 이미지로 교체해야겠군.**
ⓔ는 실험 도구의 이미지이다. 응급 상황에 대처하는 방법을 미리 숙지하는 것과 관련이 없는 이미지이므로 내용에 어울리는 이미지로 교체할 필요가 있다.



# 16회 | 2025학년도 대학수학능력시험 고3

**• 정답 •**

**공통 | 독서·문학**
01 ③ 02 ④ 03 ⑤ 04 ④ 05 ⑤ 06 ③ ★07 ② ★08 ① 09 ② 10 ③ 11 ① 12 ⑤ 13 ③ 14 ① 15 ②
★16 ② 17 ③ 18 ② 19 ④ 20 ① 21 ④ 22 ④ 23 ⑤ 24 ② 25 ② 26 ① 27 ① 28 ④ 29 ③ 30 ⑤
31 ④ 32 ③ 33 ⑤ 34 ②

**선택 | 화법과 작문**
35 ② 36 ④ 37 ③ 38 ④ 39 ⑤ 40 ④ 41 ③ 42 ① 43 ① 44 ⑤ ★45 ②

**선택 | 언어와 매체**
35 ⑤ 36 ④ 37 ③ 38 ① 39 ② 40 ④ 41 ③ 42 ⑤ 43 ② ★44 ① 45 ③

★ 표기된 문항은 **[등급을 가르는 문제]**에 해당하는 문제입니다.

## [01~34] 독서·문학

### 01~03 독서 이론

**'독서 전략으로서의 밑줄 긋기'**

**해제** 이 글은 능동적으로 글을 읽을 때 활용할 수 있는 밑줄 긋기에 대해 설명하고 있다. 밑줄 긋기는 읽은 내용을 기억하고 떠올리는 데 도움이 되며 주요한 정보를 추리하거나 필요한 내용을 다시 찾아보는 데 유용하다. 그러나 밑줄이 너무 많거나 밑줄을 잘못 그으면 도움이 되지 않기 때문에 효과적으로 밑줄을 긋는 것이 중요하다. **밑줄 긋기의 효과를 얻기 위해서는 정보 간의 상대적 중요도를 결정할 때까지 밑줄 긋기를 잠시 늦추기, 자신만의 밑줄 긋기 표시 체계를 세워 다른 기호도 사용하기 등의 방법을 활용**할 수 있다.

**주제** 밑줄을 그으며 글을 읽는 방법

**문단 핵심 내용**

| | |
|---|---|
| 1문단 | 밑줄 긋기의 유용성 |
| 2문단 | 효과적인 밑줄 긋기의 중요성 |
| 3문단 | 밑줄 긋기의 효과를 얻기 위한 방법 |
| 4문단 | 밑줄 긋기에 있어서의 유의점 |

**01** 세부 내용 파악 정답률 94% | 정답 ③

**윗글의 내용과 일치하지 않는 것은?**

① **밑줄 긋기는 일반적인 독서 상황에서 도움이 된다.**
1문단에서 밑줄 긋기는 일반적인 독서 상황에서 유용하다고 하였다.

② **밑줄 이외의 다른 기호를 밑줄 긋기에 사용하는 것이 가능하다.**
3문단에서 자신만의 밑줄 긋기 표시 체계를 세워 밑줄 이외에 다른 기호도 사용할 수 있다고 하였다.

✔ **밑줄 긋기는 누구나 연습 없이도 능숙하게 사용할 수 있는 전략이다.**
4문단에서 밑줄 긋기는 어떠한 수준의 독자라도 쉽게 사용할 수 있다는 점 때문에 연습 없이 능숙하게 사용할 수 있다고 오해되어 온 경향이 있으며, 본질적으로 밑줄 긋기는 주요한 정보가 무엇인지에 대한 판단이 선행되어야 한다는 점에서 단순하지 않다고 하였다. 따라서 밑줄 긋기는 누구나 연습 없이도 능숙하게 사용할 수 있는 전략이 아니라는 것을 알 수 있다.

④ **밑줄 긋기로 표시한 부분은 독자가 내용을 다시 찾아보는 데 유용하다.**
1문단에서 밑줄 긋기는 표시한 부분이 일종의 색인과 같은 역할을 하여 독자가 내용을 다시 찾아보는 데에도 유용하다고 하였다.

⑤ **밑줄 긋기로 표시한 부분이 독자에게 시각적인 자극을 주어 기억한 내용을 떠올리는 데 도움이 된다.**
1문단에서 밑줄 긋기는 표시한 부분이 독자에게 시각적 자극을 주어 기억한 내용을 떠올리는 데 단서가 된다고 하였다.

**02** 세부 내용 추론 정답률 95% | 정답 ④

**㉠에 해당하는 내용으로 가장 적절한 것은?**

① **글을 다시 읽을 때를 대비해서 되도록 많은 부분에 밑줄 긋기를 하며 읽는다.**
2문단에서 밑줄이 많아지고 복잡해지면 밑줄 긋기의 효과가 줄어든다고 하였다. 따라서 되도록 많은 부분에 밑줄 긋기를 하며 읽는 것은 밑줄 긋기의 방법을 잘 사용하는 것이라고 할 수 없다.

② **글 전체에 주의를 기울일 수 있도록 글을 읽고 있을 때에는 밑줄 긋기를 하지 않는다.**
2문단에서 통상적으로 독자는 글을 읽는 중에 바로바로 밑줄 긋기를 한다고 하였다. 또 3문단에서는 상대적으로 중요도를 결정할 때까지 밑줄 긋기를 잠시 늦추었다가 주요한 정보에 밑줄 긋기를 한다고 하였다. 따라서 글 전체에 주의를 기울일 수 있도록 글을 읽을 때에 밑줄 긋기를 하지 않는다는 것은 밑줄 긋기의 방법을 이해하고 잘 사용하는 것이라고 할 수 없다.

③ **정보의 중요도를 판정하기 어려우면 우선 밑줄 긋기를 한 후 잘못 그은 밑줄을 삭제한다.**
2문단에서 잘못 표시한 밑줄을 삭제하기 위해 되돌아가면 독서의 흐름을 방해받게 된다고 하였다. 따라서 우선 밑줄 긋기를 한 후 잘못 그은 밑줄을 삭제하는 것은 밑줄 긋기를 잘 사용하는 것이라고 할 수 없다.

✔ **주요한 정보를 추릴 수 있도록 자신이 만든 밑줄 긋기 표시 체계에 따라 밑줄 긋기를 한다.**
1문단에서 밑줄 긋기는 방대한 정보들 가운데 주요한 정보를 추리는 데 효과적이라고 하였다. 그리고 3문단에서 밑줄 긋기의 효과를 얻기 위한 방법으로 밑줄 긋기를 잠시 늦추기, 자신만의 밑줄 긋기 표시



[문제편 p.301]

체계를 세워 밑줄 이외에 다른 기호 사용하기를 설명하였다. 따라서 밑줄 긋기의 방법을 이해하고 잘 사용한다는 것은, 주요한 정보를 추릴 수 있도록 자신이 만든 밑줄 긋기 표시 체계에 따라 밑줄 긋기를 하는 것이라고 할 수 있다.

⑤ **글에 반복되는 어휘나 의미가 비슷한 문장이 나올 때마다 바로바로 밑줄 긋기를 하며 글을 읽는다.**
반복된 어휘나 비슷한 문장마다 밑줄을 그으며 글을 읽으면 밑줄이 많아지고 복잡해져 밑줄 긋기의 효과가 떨어질 것이다. 따라서 반복되는 어휘나 의미가 비슷한 문장이 나올 때마다 밑줄 긋기를 하며 글을 읽는 것은 밑줄 긋기의 방법을 잘 사용하는 것이라고 할 수 없다.

## 03 구체적 사례 적용
정답률 63% | 정답 ⑤

**윗글을 바탕으로 학생이 다음과 같이 밑줄 긋기를 했다고 할 때, 이에 대한 평가로 적절하지 않은 것은? [3점]**

> [독서 목적] 고래의 외형적 특징에 대한 정보 습득
> [표시 기호] [ ], 1) 2), ✔, ~~~
>
> [독서 자료]
> 고래는 육지 [포유동물]에서 기원했지만, 수중 생활에 적응하여 새끼를 수중에서 낳는다. 1)암컷들은 새끼를 낳을 때 서로 도와주며, 2)어미들은 새끼들을 정성껏 보호한다.
> [고래의 생김새]는 고래의 종류마다 다른데, ✔대체로 몸길이는 1.3m에서 30m에 이른다. ✔피부에는 털이 없거나 아주 짧게 나 있다. 지느러미는 배를 젓는 노와 같은 형태이고, 헤엄칠 때 수평을 유지하는 기능을 한다.
> 고래는 폐로 호흡하므로 물속에서 숨을 쉴 수 없다. 고래의 머리 꼭대기에는 분수공이 있다. 물속에서 참았던 숨을 분수공으로 내뿜고 다시 숨을 들이마신 뒤 잠수한다. 작은 고래들은 몇 분밖에 숨을 참지 못하지만, 큰 고래들은 1시간 정도 물속에 머물 수 있다.

① **독서 목적을 고려하면, 1문단에서 '[ ]'로 표시한 부분은 적절하지 않게 밑줄 긋기를 하였군.**
고래의 외형적 특징에 대한 정보 습득이라는 독서 목적을 고려할 때 '포유동물'이라는 정보는 주요한 부분이라고 할 수 없다. 따라서 '[ ]'로 표시한 것은 적절하지 않다.

② **독서 목적을 고려하면, 1문단에서 '1)', '2)'와 같이 순차적인 번호로 표시한 부분은 적절하지 않게 밑줄 긋기를 하였군.**
고래의 외형적 특징에 대한 정보 습득이라는 독서 목적을 고려할 때 '암컷들은 새끼를 낳을 때 서로 도와주며, 어미들은 새끼들을 정성껏 보호한다.'라는 정보는 주요한 부분이라고 할 수 없다. 따라서 순차적인 번호로 표시한 것은 적절하지 않다.

③ **2문단에서 '[ ]'로 표시한 부분을 보니, 독서 목적에 관련된 주요 어구에 밑줄 긋기를 하였군.**
고래의 외형적 특징에 대한 정보 습득이라는 독서 목적을 고려할 때 '고래의 생김새'는 독서 목적에 관련된 주요 어구라고 할 수 있다.

④ **독서 목적을 고려하면, 2문단에서는 '지느러미는 배를 젓는 노와 같은 형태'에 '✔'를 누락하였군.**
고래의 외형적 특징에 대한 정보 습득이라는 독서 목적을 고려할 때 '지느러미는 배를 젓는 노와 같은 형태'라는 정보는 독서 목적에 관련된 주요한 정보이다. 따라서 '✔'와 같은 밑줄 긋기가 추가되어야 한다.

✔ **'~~~'로 표시한 부분을 보니, 독서 목적을 고려하여 3문단 내에서 정보 간의 상대적인 중요도를 판단해 주요한 문장에 밑줄 긋기를 하였군.**
학생이 밑줄 긋기를 한 사례는 고래의 외형적 특징에 대한 정보 습득을 '독서 목적'으로 제시하고 있다. 따라서 3문단의 '고래는 폐로 호흡하므로 물속에서 숨을 쉴 수 없다.'라는 정보는 고래의 외형적 특징에 대한 정보에 해당하지 않으므로 '독서 목적'을 고려할 때 상대적인 중요도를 판단한 주요한 문장이라고 할 수 없다.

## 04~09 주제 통합

### (가) '개항 이후 개화 개념의 변화'

**해제** **개항 이후 주요 사건이나 인물을 중심으로 개화 개념의 변화 양상**에 대해 설명하고 있다. 통치자의 통치 행위로서 변화하는 세상에 대한 지식 확장과 피통치자에 대한 교화를 의미하던 개화는, **개항 이후 서양 문명의 수용을 뜻하는 개념**으로 자리 잡았다. 갑신정변을 거치면서 개화 실행 주체로서 왕의 역할이 사라졌으며, 이후 유길준은 개화 개념에 덧씌워진 부정적 이미지를 떼어내고자 하였다. 을사늑약 이후 대한 자강회의 주요 인사들은 앞서 문명화를 이룬 일본의 지도를 받아야 한다고 보았다. 이러한 상황에서 **박은식은 문명의 물질적 측면인 과학은 서양으로부터 수용하되, 정신적 측면인 철학은 유학을 혁신하여 재구성해야 한다는 견해를 제시**하였다.

**주제** 개항 이후 우리나라에서 제기된 개화 개념의 변화

**문단 핵심 내용**

| | |
|---|---|
| 1문단 | 개항 이전의 개화 개념 |
| 2문단 | 개항 이후 변화된 개화 개념 |
| 3문단 | 갑신정변의 개화 개념과 유길준의 시도 |
| 4문단 | 을사늑약 이후 대한 자강회의 개화 논의와 박은식의 견해 |

### (나) '중국의 서양 과학 및 기술 수용에 대한 다양한 관점'

**해제** 중국에서 **아편 전쟁 이후의 서양 과학 및 기술 수용과 관련된 다양한 관점**에 대해 설명하고 있다. 옌푸는 경쟁에서 승리하기 위해 기술뿐 아니라 국민의 정신적 자질, 즉 **과학 정신이 뒷받침**되어야 한다고 하였다. 이러한 입장을 계승한 천두슈 등은 과학의 근거 위에서만 민주 정치의 실현이 가능하다고 보고, **과학 및 과학의 방법에 근거한 신문화를 달성**해야 한다고 하였다. 한편 통제되지 않은 과학의 역작용을 목도한 장쥔마이는 과학적 방법을 부정하지는 않았지만, 인생관의 문제에는 과학적 방법이 적용될 수 없다고 지적하며 **중국 전통 가치관의 수호**를 주장하였다.

**주제** 서양 과학 및 기술 수용에 대해 중국에서 제기된 다양한 관점

**문단 핵심 내용**

| | |
|---|---|
| 1문단 | 아편 전쟁과 청일 전쟁에 따른 과학 정신 이식 시도 |
| 2문단 | 과학적 사유 능력을 강조한 옌푸의 입장 |
| 3문단 | 과학 연구 방법의 적극적 이용을 강조한 천두슈의 입장 |
| 4문단 | 과학만능주의를 비판한 장쥔마이의 입장 |

## 04 세부 내용 파악
정답률 65% | 정답 ④

**윗글에 대한 이해로 적절하지 않은 것은?**

① **(가) : 서양 과학과 기술의 국내 유입을 반대하는 주장이 개항 이후에도 이어졌다.**
(가)의 1문단에서 서양의 과학과 기술, 천주교의 수용을 반대했던 이항로를 비롯한 척사파의 주장은 개항 이후에도 지속되었다고 하였다.

② **(가) : 유학을 혁신하여 철학으로 재구성하는 것이 필요하다는 견해가 을사늑약 이후에 제기되었다.**
(가)의 4문단에서 을사늑약 이후 박은식이 문명의 정신적 측면인 철학은 유학을 혁신하여 재구성해야 한다는 견해를 제시했다고 하였다.

③ **(나) : 진정한 근대를 이루려면 기술 수용의 차원을 넘어서야 한다는 인식이 등장하였다.**
(나)의 1문단에서 청일 전쟁의 패배는 기술 수용만으로는 부족하다는 인식을 낳았으며, 이에 따라 20세기 초반 진정한 근대를 이루기 위해 기술 배후에서 작용하는 과학 정신을 사회 전체에 이식하려는 시도가 구체화되었다고 하였다.

✔ **(나) : 과학 정신이 사회에 자리 잡으려면 정치적 변혁이 선행되어야 한다는 주장이 제기되었다.**
(나)의 2문단에서 옌푸는 정신적 자질 중 과학적 사유 능력이 가장 중요하고, 과학 정신이 전제되지 않은 정치적 변혁은 뿌리내릴 수 없다고 하였다. 이것은 정치적 변혁이 아니라 과학 정신이 선행되어야 한다는 주장이다.

⑤ **(나) : 근대 과학 문명에 대한 비판적 인식을 바탕으로 전통 가치관에 주목하는 견해가 제시되었다.**
(나)의 4문단에서 장쥔마이는 근대 과학 문명에서 초래된 사상적 위기가 주체의 책임 부재에서 비롯된 것으로 보고, 과학만능주의에 기초한 신문화 운동에 의해 부정된 중국 전통 가치관의 수호를 내세웠다고 하였다.

## 05 핵심 내용 추론
정답률 55% | 정답 ⑤

**[개화]에 대한 이해로 적절하지 않은 것은?**

① **개항 이전의 개화 개념은 백성을 다스리는 통치자로서의 역할과 관련 있었다.**
(가)의 1문단에서 개화는 개항 이전에는 통치자의 통치 행위로서 변화하는 세상에 대한 지식 확장과 피통치자에 대한 교화를 의미했다고 하였다.

② **『한성순보』의 개화 개념은 서양 기술과 제도의 선별적 수용을 통한 국가 진보의 의미를 포함하였다.**
(가)의 2문단에서 『한성순보』의 개화 개념은 서양 기술과 제도의 도입을 통한 인지의 발달과 풍속의 진보를 뜻했으며, 통치자의 입장에서 수용 가능한 문명의 장점을 받아들여 국가의 진보를 달성한다는 의미도 담겼다고 하였다.

③ **『한성순보』와 개화당의 한 인사의 개화 개념은 통치권자인 왕을 개화의 실행 주체로 상정하였다.**
(가)의 2문단에서 『한성순보』의 개화 개념에는 통치자의 입장에서 수용 가능한 문명의 장점을 받아들여 국가의 진보를 달성한다는 의미가 담겼다고 하였고, 이어지는 3문단에서 개화당의 한 인사는 개화 실행 주체를 왕으로 생각했다고 하였다.

④ **개화의 실행 주체로 왕에게 역할을 부여하지 않은 갑신정변의 개화 개념은 통치권에 대한 도전으로 이해되었다.**
(가)의 3문단에서 개화 실행 주체로서의 왕의 역할이 갑신정변에서 사라졌으며, 갑신정변의 개화 개념은 통치권에 대한 도전으로 표상되었다고 하였다.

✔ **『대한매일신보』의 발간에 이르러서야 국가의 주권과 결부한 개화 개념이 제기되었다.**
(가)의 2문단에서 『한성순보』에 나타난 개화 개념에는 인민이 국가의 독립 주권의 소중함을 깨닫는 의식의 변화가 내포되어 있다고 하였다. 통시적 흐름을 보이는 이 글의 논지 전개를 고려할 때, 『한성순보』는 3문단에 제시된 『대한매일신보』보다 앞선 시기에 발간된 신문임을 알 수 있다. 실제로 『한성순보』는 1883년, 『대한매일신보』는 1904년에 발간되었다.

## 06 다른 견해와의 비교
정답률 67% | 정답 ③

**(나)의 '천두슈'와 '장쥔마이'가 모두 동의할 수 있는 진술로 가장 적절한 것은?**

① **전통 사상은 과학 및 과학 정신과 양립할 수 없는 관계에 놓여있다.**
천두슈는 신문화를 과학 및 과학의 방법에 근거한 문화로 보고, 신문화를 이루기 위해 전통문화 전반에 대해 철저한 부정과 비판을 시도했다고 하였다. 따라서 전통 사상이 과학 및 과학 정신과 양립할 수 없는 관계에 놓여 있다는 견해에 동의할 것으로 볼 수 있다. 그러나 인생관을 과학과 별개로 파악하고 과학만능주의에 기초한 신문화 운동에 의해 부정된 중국 전통 가치관의 수호를 내세웠던 장쥔마이는 이러한 견해에 동의할 수 없을 것이다.

② **전통 사상의 폐단은 과학 정신이 뿌리내리지 못한 사회 체질에서 비롯된 것이다.**
2문단에 따르면 옌푸는 과학을 습득하여 전통 학문의 폐단에서 벗어나야 한다고 주장하였으며, 옌푸의 입장은 천두슈에게 이어졌다고 하였다. 따라서 전통 사상의 폐단은 과학 정신이 뿌리내리지 못한 사회 체질에서 비롯된 것이라는 견해에 천두슈는 동의할 수 있을 것이다. 그러나 과학만능주의에 기초한 신문화 운동에 의해 부정된 중국 전통 가치관의 수호를 내세웠던 장쥔마이는 이러한 견해에 동의할 수 없을 것이다.

✔ **과학을 이용하는 과정에서 문제가 발생했다고 해도 과학적 방법을 부정할 수 없다.**

(나)의 3문단에 따르면 천두슈는 과학 및 과학의 방법에 근거한 신문화를 달성해야 한다고 보았으며, 제1차 세계 대전의 비극은 과학을 이용해 저지른 죄악의 결과일 뿐 과학 자체의 죄악이 아니라고 하였다. 그리고 4문단에 따르면 장쥔마이는 통제되지 않은 과학이 불러온 역작용을 목도하고 서양 근대 문명을 비판하면서도 과학적 방법을 부정하지 않았다고 하였다. 둘 다 과학을 이용하는 과정에서 문제가 발생하더라도 과학적 방법을 부정할 수는 없다고 본 것이다.

④ **서양의 과학 정신을 전면적으로 도입하면 당면한 국가의 위기를 충분히 극복할 수 있다.**
서양의 과학 정신을 전면적으로 도입하면 당면한 국가의 위기를 충분히 극복할 수 있다는 견해에 신문화 운동을 주도한 천두슈는 동의할 수 있을 것이다. 그러나 과학이 인생관의 문제를 해결할 수는 없다며 서양 근대 문명을 비판한 장쥔마이는 동의할 수 없을 것이다.

⑤ **국가의 위기는 과학적 방법으로 사상을 재구성할 필요가 있다는 인식이 부재한 데에서 비롯된 것이다.**
국가의 위기는 과학적 방법으로 사상을 재구성할 필요가 있다는 인식이 부재한 데에서 비롯된 것이라는 견해에 과학 및 과학의 방법을 이용한 신문화를 이루어야 한다고 주장한 천두슈는 동의할 수 있을 것이다. 그러나 과학이 인생관의 문제를 해결할 수는 없다며 서양 근대 문명을 비판한 장쥔마이는 동의할 수 없을 것이다.

★★★ 등급을 가르는 문제!

## 07 다른 견해와의 비교

정답률 28% | 정답 ②

**㉠과 ㉡에 대한 이해로 가장 적절한 것은?**

① **㉠은 인격의 수양을 동반하는 근대 주체의 정립에, ㉡은 전통적 사유 방식에 기반을 둔 신문화의 달성에 동의하는 입장이다.**
박은식은 가치관 정립과 인격 수양을 위해 철학이 필수적이라고 보았고, 자국 철학 전통의 정립 속에서 근대 주체를 제시하였다. 따라서 ㉠에 대한 설명은 적절하다. 한편 천두슈는 신문화를 이루기 위해 전통 문화 전반에 대해 철저한 부정과 비판을 시도하였다. 따라서 ㉡에 대한 설명은 적절하지 않다.

✔② **㉠은 주체 인식의 준거가 서양 근대 문명의 주체라는 인식에, ㉡은 철학이 과학의 방법에 근거할 수 없다는 생각에 반대하는 입장이다.**
㉠은 박은식의 견해로, 박은식은 자국 철학 전통의 정립이라는 당시 동아시아의 사상적 흐름 속에서 근대 주체를 제시하였다. 서양 근대 문명의 주체를 주체 인식의 준거로 삼은 것은 대한 자강회의 주요 인사들이다. 따라서 ㉠에 대한 설명은 적절하다. ㉡은 천두슈의 견해로, 천두슈는 사상이나 철학이 과학의 방법을 이용하지 않으면 공상에 그칠 뿐이라고 주장하였다. 따라서 ㉡에 대한 설명도 적절하다.

③ **㉠은 생존과 편리 증진을 위한 과학 연구의 시급성을, ㉡은 과학의 방법에 영향받지 않는 사상이나 철학을 부인하는 입장이다.**
박은식은 생존과 편리 증진을 위해 과학 연구가 시급하다고 하였다. 따라서 ㉠에 대한 설명은 적절하지 않다. 한편 천두슈는 사상이나 철학이 과학의 방법을 이용하지 않으면 공상에 그칠 뿐이라고 하였다. 따라서 ㉡에 대한 설명은 적절하다.

④ **㉠은 앞서 근대 문명을 이룬 국가를 추종하는 태도를, ㉡은 전쟁의 폐해가 과학을 오용한 자들의 탓이라는 주장을 비판하는 입장이다.**
앞서 근대 문명을 이룬 국가를 추종하는 태도를 보인 것은 대한 자강회의 주요 인사들로, 이들은 민족 주체성을 간과했다. 박은식은 자국 철학 전통의 정립이라는 당시 동아시아의 흐름 속에서 근대 주체를 제시하였으므로 이를 부정적으로 보았을 것이다. 따라서 ㉠에 대한 설명은 적절하다. 한편 천두슈는 과학에서 초래된 비극은 과학을 이용해 저지른 죄악의 결과일 뿐 과학 자체의 죄악이 아니라고 주장하였다. 따라서 ㉡에 대한 설명은 적절하지 않다.

⑤ **㉠은 과학과 철학이 문명의 두 축을 이루는 학문이라는 견해에, ㉡은 철학보다 과학이 우위임을 인정할 수 없다는 견해에 동의하는 입장이다.**
박은식은 문명의 물질적 측면인 과학은 서양으로부터 수용하되, 문명의 정신적 측면인 철학은 유학을 혁신하여 재구성하자고 하였다. 따라서 ㉠에 대한 설명은 적절하다. 한편 천두슈는 사상이나 철학이 과학의 방법을 이용해야 한다고 보았다. 따라서 ㉡에 대한 설명은 적절하지 않다.

**★★ 문제 해결 꿀~팁 ★★**

▶ **많이 틀린 이유는?**
시대적 맥락 속에 위치하는 주요 인물들의 관점이 분기하는 지점을 정확하게 파악하지 못했기에 오답률이 높았던 것으로 보인다.

▶ **문제 해결 방법은?**
이 문제를 해결하기 위해서는 '개화 개념'과 '서양 과학 기술 수용'을 이해하는 관점이 어떻게 변화해 왔고, 그에 따라 인물들의 입장이 어떻게 나뉘는지를 파악할 수 있어야 한다. (가)의 4문단에는 대한 자강회 주요 인사들의 입장과 박은식의 입장이 분리되어 제시된다. 대한 자강회의 주요 인사들은 '서양 근대 문명의 주체를 주체 인식의 준거'로 삼지만, 박은식은 '과학적·철학적 인식의 주체이자 실천적 도덕 수양의 주체로서의 성격'을 강조했다는 점에서 근대 주체를 바라보는 시각이 갈라진다. 따라서 ㉠이 '주체 인식의 준거가 서양 근대 문명의 주체라는 인식에 반대하는 입장'이라는 내용은 적절하다. (나)의 3문단에 따르면, 천두슈를 비롯한 신문화 운동의 지식인들은 "사상이나 철학이 과학의 방법을 이용하지 않으면 공상에 그칠 뿐"이라고 주장한다. 따라서 ㉡이 '철학이 과학의 방법에 근거할 수 없다는 생각에 반대하는 입장'이라는 내용은 적절하지 않다. 이처럼 특정 개념의 변천에 대한 지문을 읽을 때는 해당 개념이 어떤 지점에서 분기하고 접합하는지를 파악하며 읽을 수 있어야 한다.

★★★ 등급을 가르는 문제!

## 08 구체적 사례 적용

정답률 19% | 정답 ①

**(가), (나)를 이해한 학생이 〈보기〉에 대해 보인 반응으로 적절하지 않은 것은? [3점]**

〈보 기〉

A 마을은 가난했지만 전통문화와 공동체적 삶을 중시하며 이웃 마을들과 조화롭게 살아왔다. 오래전, 정부는 마을의 경제 발전을 목표로 서양의 생산 기술을 도입하는 정책을 시행했다. 마을 사람들은 정책의 필요성에 공감하면서도 자신들이 발전을 이뤄 낼 수 있다는 확신이 부족했다. 이에 정부는 마을 사람들을 독려하기 위해 마을의 역량으로 달성할 수 있는 미래상을 지속해서 홍보했다. 이후 마을은 물질적 풍요를 누리게 되었지만 경제적 이권을 두고 이웃 마을들과 경쟁하며 갈등하게 되었다. 격화된 경쟁에서 A 마을은 새로운 기술의 수용만을 우선시했고, 과거에 중시되었던 협력과 나눔의 인생관은 낡은 관념이 되었다. 젊은이들에게 전통 문화는 서양 문화에 비해 열등한 것으로 여겨졌다.

✔① **(가)에서 『한성순보』를 간행한 취지는 서양에 대한 반감을 줄이는 데에 있다는 점에서, 〈보기〉에서 정부가 서양의 생산 기술 도입으로 변화하게 될 마을을 홍보한 취지와 부합하겠군.**
(가)의 2문단에서 고종은 자강 정책을 추진하면서 반(反)서양 정서의 교정을 위해 『한성순보』를 발간했다고 하였다. 한편 〈보기〉에서는 A 마을 사람들이 정책의 필요성에는 공감하면서도 자신들이 발전을 이뤄낼 수 있다는 확신이 부족했다고 하였다. 즉 〈보기〉에서 정부의 홍보 취지는 서양에 대한 반감을 줄이기 위한 것이 아니라, 서양의 생산 기술을 도입하는 정책에 공감하는 마을 사람들에게 발전을 이뤄낼 수 있다는 확신을 심어 주기 위한 것으로 볼 수 있다.

② **(가)에서 개화당의 한 인사의 개화 개념에 내포된 개화의 지향점은 통치 방식의 변화와 관련 있다는 점에서, 〈보기〉에서 정부가 서양의 생산 기술을 도입하며 내세운 목표와 다르겠군.**
(가)에서 개화당의 한 인사가 제시한 개화 개념은 서양 근대 국가의 통치 방식으로의 변화를 내포하는 것이다. 〈보기〉에서 정부가 서양의 생산 기술을 도입하며 내세운 목표는 마을의 경제 발전에 있으므로, 이 둘은 다르다고 볼 수 있다.

③ **(가)에서 박은식은 과학과 구별되는 철학의 중요성을 강조 했으므로, 〈보기〉에서 젊은이들의 자문화에 대한 인식 변화는 가치관 정립을 위한 철학이 부재했기 때문이라고 보겠군.**
(가)에 따르면, 박은식은 가치관 정립과 인격 수양을 위한 자국 철학 전통의 정립이 중요하다고 보았다. 〈보기〉에서 젊은이들은 전통문화가 서양 문화에 비해 열등한 것으로 여겼는데, 박은식은 젊은이들의 이러한 인식 변화가 가치관 정립을 위한 철학의 부재 때문이라고 보았을 것이다.

④ **(나)에서 옌푸는 경쟁에서 승리하기 위한 조건으로 기술과 정신적 자질을 강조했으므로, 〈보기〉에서 마을이 기술의 수용만을 중시하면 마을 간 경쟁에서 승리할 수 없다고 보겠군.**
(나)에 따르면, 옌푸는 경쟁에서 승리하려면 기술뿐 아니라 국민의 정신적 자질이 뒷받침되어야 한다고 보았다. 따라서 옌푸는 〈보기〉에서와 같이 기술의 수용만을 중시하면 마을 간 경쟁에서 승리할 수 없다고 보았을 것이다.

⑤ **(나)에서 장쥔마이는 과학적 방법의 한계를 지적했으므로, 〈보기〉에서 마을이 과거에 중시했던 인생관이 더 이상 유효하지 않게 된 문제는 과학적 방법으로 해결할 수 없다고 보겠군.**
(나)에 따르면, 장쥔마이는 인생관의 문제에는 과학적 방법이 적용될 수 없다고 하였다. 따라서 장쥔마이는 〈보기〉의 마을에서 과거에 중시했던 인생관이 더 이상 유효하지 않게 된 문제는 과학적 방법으로 해결할 수 없다고 보았을 것이다.

**★★ 문제 해결 꿀~팁 ★★**

▶ **많이 틀린 이유는?**
지문에 제시된 배경과 〈보기〉가 제시한 배경의 차이를 간과했기에 오답률이 높았던 것으로 보인다.

▶ **문제 해결 방법은?**
이 문제를 해결하기 위해서는 선지가 묻는 바에 따라 지문과 〈보기〉의 내용을 면밀하게 비교 분석할 수 있어야 한다. ①의 경우 (가)의 2문단에서 고종이 『한성순보』를 발간한 이유가 '자강 정책의 추진에 따른 반(反)서양 정서의 교정'이었다는 점을 확인할 수 있다. 한편 〈보기〉에서 '정부가 서양의 생산 기술 도입으로 변화하게 될 마을을 홍보'한 이유는 '서양의 생산 기술을 도입하는 정책의 필요성에 공감하면서도 자신들이 발전을 이뤄 낼 수 있다는 확신이 부족했던 마을 사람들을 독려하기 위함'이었음을 확인할 수 있다. 따라서 (가)의 경우 『한성순보』를 간행한 취지가 '서양에 대한 반감을 줄이는 데에 있다'고 볼 수 있지만, 〈보기〉의 경우 정부가 '마을의 역량으로 달성할 수 있는 미래상을 지속해서 홍보'한 이유는 '서양에 대한 반감을 줄이는 데에 있다'고 볼 수 없다.

## 09 단어의 의미 파악

정답률 80% | 정답 ②

**ⓐ와 문맥상 의미가 가장 가까운 것은?**

① **다행히 비는 그사이에 그쳐 있었다.**
'그치다'는 '계속되던 일이나 움직임이 멈추거나 끝나다.'의 의미로 사용되었다.

✔② **우리 학교는 이번에 16강에 그쳤다.**
'공상에 그칠'과 '16강에 그쳤다'의 '그치다'는 모두 '더 이상의 진전이 없이 어떤 상태에 머무르다.'의 의미로 사용되었다.

③ **아이 울음이 좀처럼 그치지 않았다.**
'그치다'는 '계속되던 일이나 움직임이 멈추거나 끝나다.'의 의미로 사용되었다.

④ **그는 만류에도 말을 그치지 않았다.**
'그치다'는 '계속되던 일이나 움직임이 멈추거나 끝나다.'의 의미로 사용되었다.

⑤ **저 사람들은 불평이 그칠 날이 없다.**
'그치다'는 '계속되던 일이나 움직임이 멈추거나 끝나다.'의 의미로 사용되었다.

## 10~13 기술

**'기계 학습과 확산 모델'**

**해제** 이 글은 인공 지능 생성 모델 중 확산 모델의 기본적인 원리에 대해 설명하고 있다. 확산 모델은 **원본 이미지에 노이즈를 점진적으로 추가하였다가 그 노이즈를 제거해 나가면서 원본 이미지를 복원**하는 것이 기본 발상이다. **확산 모델은 노이즈 생성기, 이미지 연산기, 노이즈 예측기로 구성되며, 순확산 과정과 역확산 과정 순으로 작동**한다. 순확산 과정은 이미지에 노이즈를 추가하면서 노이즈 예측기를 학습시키는 과정으로, 이 과정에서 노이즈 예측기는 노이즈의 특성을 추출하여 수치들로 표현한 잠재 표현을 구하고 노이즈를 예측하는 방식을 학습한다. 한편 역확산 과정은 노이즈 이미지에서 노이즈를 제거하여 원본 이미지를 복원하는 과정으로, 노이즈 이미지나 확산 이미지를 노이즈 예측기에 입력하면 잠재 표현을 구하여 노이즈를 예측하고, 이미지 연산기는 이 노이즈를 빼서 확산 이미지를 출력한다. 이러한 단계를 반복함으로써 원본 이미지에 가까운 이미지를 얻을 수 있다.

**주제** 기계 학습의 원리와 확산 모델

**문단 핵심 내용**

| 1문단 | 확산 모델의 구성 요소와 작동 원리 |
|---|---|



[문제편 p.303]

| | |
|---|---|
| 2문단 | 순확산 과정의 개념과 작동 과정 |
| 3문단 | 노이즈 예측기의 학습 방법 |
| 4문단 | 역확산 과정의 개념과 작동 과정 |
| 5문단 | 학습된 이미지의 활용 및 적용 방법 |

**10** 글의 구조와 전개 방식 정답률 66% | 정답 ③

학생이 윗글을 읽은 방법으로 적절하지 않은 것은?

① **확산 모델이 지도 학습을 사용한다는 점에 주목하고, 지도 학습 방법이 확산 모델에 어떻게 적용되는지 확인하며 읽었다.**
3문단에서 확산 모델을 구성하는 노이즈 예측기의 학습 방법은 기계 학습 방법 중에서 지도 학습에 해당한다고 하였다. 따라서 이 점에 주목하여 지도 학습 방법이 확산 모델에 어떻게 적용되는지 확인하며 읽은 것은 적절하다.

② **확산 모델이 두 가지 과정으로 이루어진다는 점에 주목하고, 두 과정 중 어느 과정이 선행되어야 하는지 살피며 읽었다.**
1문단에서 확산 모델은 순확산 과정과 역확산 과정 순으로 작동한다고 하였다. 따라서 이 점에 주목하여 순확산 과정이 먼저 일어나고 역확산 과정이 나중에 일어난다는 것을 확인하며 읽은 것은 적절하다.

✔ **확산 모델에서 노이즈의 중요성을 파악하고, 사용되는 노이즈의 종류가 모델의 성능에 미치는 영향을 이해하며 읽었다.**
이 글에는 노이즈의 종류가 모델의 성능에 미치는 영향이 제시되어 있지 않다. 따라서 노이즈의 종류가 미치는 영향을 이해하며 읽었다는 말은 적절하지 않다.

④ **잠재 표현의 개념을 파악하고, 그 개념을 바탕으로 확산 모델이 노이즈를 예측하고 제거하는 원리를 이해하며 읽었다.**
2문단에서 이미지에 포함된 노이즈의 특성을 추출한 수치들을 잠재 표현이라고 하였으며, 노이즈 예측기는 이 수치들을 바탕으로 노이즈를 예측한다고 하였다. 또한 노이즈를 제거하려면 이미지에 단계별로 어떤 특성의 노이즈가 더해졌는지 알아야 하는데, 잠재 표현을 구해 이를 바탕으로 노이즈를 예측한다고 하였다. 따라서 이 개념을 바탕으로 확산 모델의 노이즈 예측기가 노이즈를 예측하는 원리나 역확산 과정에서 노이즈를 제거하는 원리를 이해하며 읽은 것은 적절하다.

⑤ **확산 모델의 구성 요소를 파악하고, 그 구성 요소가 노이즈 처리 과정에서 어떤 기능을 하는지 확인하며 읽었다.**
1문단에서 확산 모델은 노이즈 생성기, 이미지 연산기, 노이즈 예측기로 구성된다고 하였다. 따라서 이 구성 요소들이 어떤 기능을 하는지 확인하며 읽은 것은 적절하다.

**11** 세부 내용 파악 정답률 52% | 정답 ①

윗글을 이해한 내용으로 가장 적절한 것은?

✔ **노이즈 생성기는 순확산 과정에서만 작동한다.**
2문단에서 순확산 과정은 이미지에 노이즈를 추가하면서 노이즈 예측기를 학습시키는 과정으로, 노이즈 생성기가 노이즈를 만든다고 하였다. 한편 4문단에서 역확산 과정은 노이즈를 제거하여 원본 이미지를 복원하는 과정으로, 이미지 연산기가 입력된 확산 이미지로부터 노이즈를 빼서 노이즈를 제거한 확산 이미지를 출력한다고 하였다. 따라서 노이즈 생성기는 순확산 과정에서만 작동한다는 것을 알 수 있다.

② **확산 모델에서의 학습은 역확산 과정에서 이루어진다.**
2문단을 통해 순확산 과정에서 노이즈 예측기가 잠재 표현을 구하고 노이즈를 예측하는 방식을 학습한다는 것을 알 수 있다.

③ **이미지 연산기와 노이즈 예측기는 모두 확산 이미지를 출력한다.**
2문단에서 순확산 과정에서의 이미지 연산기는 노이즈를 원본 이미지에 더해 노이즈가 포함된 확산 이미지를 출력한다고 하였고, 4문단에서 역확산 과정에서의 이미지 연산기는 입력된 확산 이미지로부터 노이즈를 제거한 확산 이미지를 출력한다고 하였다. 그러나 노이즈 예측기는 이미지에 포함된 노이즈의 특성을 추출하여 잠재 표현을 바탕으로 노이즈를 예측하는 것이다.

④ **노이즈 예측기를 학습시킬 때는 예측된 노이즈가 정답으로 사용된다.**
3문단을 통해 노이즈 예측기를 학습시킬 때는 노이즈 생성기에서 만들어 넣어 준 노이즈가 정답에 해당한다는 것을 알 수 있다.

⑤ **역확산 과정에서 단계가 반복될수록 출력되는 확산 이미지는 원본 이미지와의 유사성이 줄어든다.**
4문단에서 단계를 반복하면 결국 노이즈가 대부분 제거되어 원본 이미지에 가까운 이미지만 남게 된다고 하였다. 따라서 단계가 반복될수록 출력되는 확산 이미지는 원본 이미지와 유사해진다는 것을 알 수 있다.

**12** 중심 내용 파악 정답률 61% | 정답 ⑤

잠재 표현에 대한 설명으로 적절하지 않은 것은?

① **잠재 표현의 수치들을 조정하면 여러 이미지를 혼합할 수 있다.**
5문단에서 잠재 표현의 수치들을 조정하면 여러 이미지를 혼합하거나 실재하지 않는 이미지를 만들어 낼 수도 있다고 하였다.

② **역확산 과정에서 잠재 표현이 다르면 예측되는 노이즈가 다르다.**
4문단에서 노이즈 예측기에 확산 이미지를 입력하면 노이즈의 특성을 추출하여 잠재 표현을 구하고 이를 바탕으로 노이즈를 예측한다고 하였다. 따라서 노이즈 예측기에서 구한 잠재 표현에 따라 예측되는 노이즈도 달라질 것이다.

③ **확산 모델의 학습에는 잠재 표현을 구하는 방식이 포함되어 있다.**
2문단에서 확산 모델의 학습은 노이즈 예측기를 학습시키는 과정이라는 것을 알 수 있다. 노이즈 예측기는 단계별로 입력받은 확산 이미지에서 노이즈의 특성을 추출하여 수치들로 표현하는데, 이 수치들이 잠재 표현이다. 따라서 확산 모델의 학습에는 잠재 표현을 구하는 방식이 포함된다고 할 수 있다.

④ **잠재 표현은 이미지에 더해진 노이즈의 크기나 분포 양상에 따라 다른 값들이 얻어진다.**
2문단에서 노이즈의 크기나 분포 양상 등 그 특성은 단계별로 다르다고 하였다. 따라서 노이즈의 특성을 추출하여 구하는 잠재 표현은 노이즈의 크기나 분포 양상에 따라 다른 값들이 얻어진다고 할 수 있다.

✔ **잠재 표현은 노이즈 예측기가 원본 이미지를 입력받아 노이즈의 특성을 추출한 결과이다.**
2문단에서 노이즈 예측기는 단계별로 확산 이미지를 입력받아 이미지에 포함된 노이즈의 특성을 추출한다고 하였다. 원본 이미지를 입력받는 것이 아니다.

**13** 구체적 사례 적용 정답률 43% | 정답 ③

윗글을 바탕으로 〈보기〉를 이해한 내용으로 적절하지 않은 것은? [3점]

〈보 기〉

A 단계는 확산 모델 과정 중 한 단계이다. ㉠은 원본 이미지이고, ㉡은 확산 이미지 중의 하나이며, ㉢은 노이즈 이미지이다. (가)는 이미지가 A 단계로 입력되는 부분이고, (나)는 이미지가 A 단계에서 출력되는 부분이다.

(가) ⇨ A 단계 ⇨ (나)

㉠ ㉡ 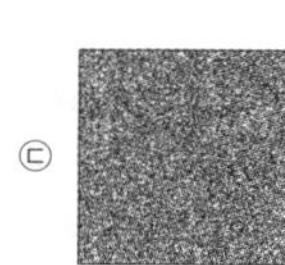 ㉢

① **(가)에 ㉠이 입력된다면, A 단계의 이미지 연산기에서는 ㉠에 노이즈를 더하겠군.**
(가)에 ㉠의 원본 이미지가 입력된다면 이미지 연산기는 노이즈 생성기에서 만든 노이즈를 원본 이미지에 더해 확산 이미지를 출력할 것이다.

② **(나)에 ㉢이 출력된다면, A 단계의 노이즈 생성기에서 생성된 노이즈가 이미지 연산기에서 확산 이미지에 더해졌겠군.**
(나)에 ㉢의 노이즈 이미지가 출력된다면 노이즈 생성기에서 생성된 노이즈가 이미지 연산기에서 확산 이미지에 더해졌을 것이다.

✔ **순확산 과정에서 (가)에 ㉡이 입력된다면, A 단계의 노이즈 예측기에서 예측한 노이즈가 이미지 연산기에 입력되겠군.**
순확산 과정에서 (가)에 ㉡의 확산 이미지가 입력된다면 이미지 연산기는 노이즈 생성기에서 만든 노이즈를 더하는 과정을 거쳐 ㉢의 노이즈 이미지를 만들 것이다. 노이즈 예측기에서 예측한 노이즈가 이미지 연산기에 입력되는 것이 아니다.

④ **역확산 과정에서 (가)에 ㉢이 입력된다면, A 단계의 이미지 연산기에서는 ㉢에서 노이즈를 빼겠군.**
역확산 과정에서 (가)에 ㉢의 노이즈 이미지가 입력된다면 이미지 연산기가 노이즈 예측기에서 예측한 노이즈를 뺀 확산 이미지를 출력할 것이다.

⑤ **역확산 과정에서 (나)에 ㉡이 출력된다면, A 단계의 노이즈 예측기에서 예측한 노이즈가 이미지 연산기에 입력되었겠군.**
역확산 과정에서 (나)에 ㉡의 확산 이미지가 출력된다면 이미지 연산기에는 노이즈 예측기가 예측한 노이즈가 입력되어 노이즈 이미지나 중간 단계에서의 확산 이미지에서 제거되었을 것이다.

## 14~17 사회

**'인터넷 ID와 관련된 명예훼손'**

**해제** 이 글은 가상 공간에서 자기 표현이 활발히 이루어진다고 본 리프킨의 입장과 관련하여 **가상 공간에서의 자기 표현 문제를 제기**하고, 가상 공간에서 이루어지는 명예훼손이나 모욕의 **법적 책임 여부**에 대한 논란을 다루고 있다. 이와 관련하여, 이 글에서는 인터넷 ID만 알고 있는 상황에서 그에 대해 명예훼손이나 모욕 등의 공격이 있는 경우에 대해 설명하고 있다. **인터넷 ID의 명예 주체성을 인정하는 입장과 인정하지 않는 입장**으로 나누어 법적 책임 여부에 대해 대립하고 있는 입장을 소개하고 있으며, **대법원의 판시와 헌법재판소의 헌법 소원에 대한 결정**을 통해 법적 책임 여부에 대한 여러 입장을 설명하고 있다.

**주제** 자기 표현과 관련하여 인터넷에서 발생하는 명예훼손이나 모욕에 대한 법적 책임의 여부

**문단 핵심 내용**

| | |
|---|---|
| 1문단 | 가상 공간에서의 자기 표현 활성화에 주목한 리프킨 |
| 2문단 | 가상 공간에서 다양하게 나타나는 자기 정체성 |
| 3문단 | 인터넷 ID의 명예 주체성을 인정하는 입장과 인정하지 않는 입장 |
| 4문단 | 인터넷 ID의 명예 주체성에 대한 대법원과 헌법재판소의 해석 |

**14** 세부 내용 파악 정답률 67% | 정답 ①

윗글의 내용과 일치하지 않는 것은?

✔ **심층 연기는 내면의 진솔한 정서를 드러내기 위해 형식에 집중하는 자기표현이다.**
1문단에서 리프킨은 사회적 상호 작용에서의 자기표현은 표면 연기와 심층 연기로 이루어진다고 했다. 표면 연기는 형식에 집중하여 연기하는 것이고, 심층 연기는 내면의 솔직한 정서를 불러내어 자신의 진정성을 보여 주는 것이다. 따라서 심층 연기를 형식에 집중하는 자기표현이라고 말하는 것은 글의 내용과 일치하지 않는다.

② **리프킨은 현실 세계보다 가상 공간에서 자기표현이 더욱 왕성하게 드러난다고 보았다.**
1문단에서 리프킨이 가상 공간에서 자기표현이 더욱 활발히 이루어진다고 보았음을 알 수 있다.

③ **가상 공간에서 개별적인 것으로 인식되는 아바타는 사이버 폭력의 대상이 될 수 있다.**
2문단에서 아바타와 같이 가상 공간에서 개별적 대상으로 인식되는 인터넷 ID에 대한 사이버 폭력이 넘쳐나는 현실을 언급하고 있다.

④ **익명성은 가상 공간에서 자기 정체성이 다양하게 나타나는 데 영향을 미치는 가상 공간의 특성이다.**

16회

2문단에서 가상 공간에 익명성이 작동한다고 제시하고 있다. 이 익명성의 작동으로 현실에서 위축되는 사람도 적극적으로 자기표현을 할 수 있다. 아울러 현실에서의 자기 정체성을 감추고 다른 인격체로 활동하거나 현실에서 억압된 정서를 공격적으로 드러내기도 한다. 이는 익명성이 가상 공간에서 자기 정체성이 다양하게 나타나는 데 영향을 미치는 가상 공간의 특성임을 나타낸다.

⑤ **가상 공간에서의 자기 정체성은 현실에서의 자기 정체성과 마찬가지로 타인과의 관계 속에서 나타난다.**
2문단에서 사람들과의 관계 속에서 드러나는 고유한 존재로서의 위상을 뜻하는 자기 정체성이 가상 공간에서 다양하게 나타난다고 말하고 있다.

## 15 중심 내용 파악 정답률 76% | 정답 ②

**㉠과 ㉡에 대한 이해로 가장 적절한 것은?**

① **㉠은 ㉡과 달리 자기 정체성을 단일하고 고정적인 것으로 파악하겠군.**
㉠은 자기 정체성을 일원적·고정적인 것이 아니라고 본다. 이는 ㉠이 자기 정체성을 단일하고 고정적인 것으로 파악하지 않음을 나타낸다.

✔② **㉠은 ㉡과 달리 인터넷 ID에 대한 공격을 그 사용자인 개인에 대한 공격이라고 보겠군.**
㉠은 인터넷 ID의 명예 주체성을 인정하는 입장이다. 이 입장에서는 인터넷에서의 자기 정체성은 사용자 개인의 자기 정체성의 일부이기 때문에 자기 정체성을 가진 인터넷 ID의 명예 역시 보호되어야 한다고 본다. 이러한 입장에서는 인터넷 ID에 대한 공격을 그 사용자인 개인에 대한 공격이라고 본다. 그런데 인터넷 ID의 명예 주체성을 인정하지 않는 입장인 ㉡은 인터넷 ID는 단지 사용자인 개인을 가상 공간에서 구별하는 장치에 불과하다고 보기 때문에 인터넷 ID에 대한 공격을 그 사용자인 개인에 대한 공격으로 보지 않는다.

③ **㉡은 ㉠과 달리 인터넷에서의 자기 정체성과 현실 세계의 자기 정체성이 상호 작용을 한다고 보겠군.**
㉠에서는 자기 정체성을 현실 세계와 가상 공간에 걸쳐 존재하고 상호 작용하는 복합적인 것으로 본다.

④ **㉡은 ㉠과 달리 인터넷 ID는 복수 개설이 가능하므로 자기 정체성이 복합적으로 구성된다고 보겠군.**
㉡에서는 인터넷 ID를 그 사용자인 개인을 가상 공간에서 구별하는 장치에 불과하다고 본다. 자기 정체성을 복합적인 것으로 보고 인터넷에서의 자기 정체성을 사용자 개인의 자기 정체성의 일부로 보는 입장은 ㉠이다.

⑤ **㉠과 ㉡은 모두, 인터넷 ID마다 개인의 자기 정체성이 다르다고 보겠군.**
인터넷 ID마다 개인의 자기 정체성이 다르다고 본다는 것은 인터넷 ID가 자기 정체성을 나타낸다는 입장을 전제한다. ㉠은 인터넷에서의 자기 정체성을 사용자 개인의 정체성의 일부로 보기 때문에 인터넷 ID마다 개인의 자기 정체성이 다르다고 볼 수 있다. 그러나 ㉡은 인터넷 ID를 개인과 동일시될 수 없는 것으로 본다. 이 입장에서는 인터넷 ID마다 개인의 자기 정체성이 다르다고 보지 않을 것이다.

## 16 구체적 사례 적용 정답률 31% | 정답 ②

**윗글을 바탕으로 〈보기〉를 이해한 내용으로 적절하지 않은 것은? [3점]**

〈보 기〉

○○ 인터넷 카페의 이용자 A는 a, B는 b, C는 c라는 ID를 사용한다. 박사 학위 소지자인 A는 □□ 전시관의 해설사이고, B는 같은 전시관에서 물고기 관리를 혼자 전담한다. 이 전시관의 누리집에는 직무별로 담당자가 공개되어 있다. 어떤 사람이 □□ 전시관에서 A의 해설을 듣고 A의 실명을 언급한 후기를 카페 게시판에 올리자 다음과 같은 댓글이 달렸다.

A의 해설에 대한 후기
└ b A가 박사인지 의심스럽다. A는 #~#.
　└ a □□ 전시관에서 물고기를 관리하는 b는 #~#.
　　└ c 게시판 분위기를 흐리는 a는 #~#.

(단, '#~#'는 명예를 훼손하거나 모욕을 주는 표현이고 A, B, C는 실명이다. ID로는 그 사용자의 개인 정보를 알 수 없으며, A, B, C의 법적 책임에 영향을 미치는 다른 요소는 고려하지 않는다.)

① **㉮는 B가 가해자로서의 법적 책임을 져야 하지만 C는 가해자로서의 법적 책임을 지지 않는다고 보겠군.**
㉮에서는 실명을 거론한 경우든, 거론하지 않은 경우든 주위 사정을 종합할 때 지목된 사람이 누구인지를 알 수 있는 경우에는 명예훼손이나 모욕에 대한 가해자의 법적 책임이 성립한다고 판시해 왔다. 이 입장에 따르면, B는 a의 실명을 밝혔으므로 가해자의 법적 책임을 져야 한다. 그러나 C의 댓글을 통해서는 a가 누구인지 알 수가 없다. 그러므로 ㉮의 입장에 따르면 C는 가해자로서의 법적 책임을 지지 않는다.

✔② **㉯는 B가 가해자로서의 법적 책임을 져야 하지만 A는 가해자로서의 법적 책임을 지지 않는다고 보겠군.**
㉯는 헌법재판소가 헌법 소원에 대해 내린 결정의 다수 의견이다. 이 입장에서는 인터넷 ID의 사용자가 누구인지 제3자가 알 수 없다면 피해자가 특정되지 않아 명예훼손이나 모욕에 대한 가해자의 법적 책임이 성립하지 않는다고 본다. 이는 인터넷 ID의 사용자가 누구인지 제3자가 알 수 있어서 피해자가 특정되어야 명예훼손이나 모욕에 대한 가해자의 법적 책임이 성립한다고 보는 것이다. B는 a의 실명인 A를 언급함으로써 피해자를 특정했기 때문에 ㉯의 입장에 따르면 법적 책임을 져야 한다. 그리고 A는 '□□ 전시관에서 물고기를 관리하는 b'라고 언급했는데, □□ 전시관에서 물고기를 관리하는 사람이 B임을 전시관의 누리집을 통해 알 수 있다. 즉 피해자를 특정할 수 있는 것이다. 이처럼 피해자가 특정되는 경우, ㉯의 입장에 따르면 A는 가해자로서의 법적 책임을 져야 한다.

③ **㉮와 ㉰는 A가 가해자로서의 법적 책임을 져야 하는지의 여부에 대해 같게 보겠군.**
㉮는 주위 사정을 종합할 때 지목된 사람이 누구인지 제3자가 알 수 있는 경우 가 해자의 법적 책임이 성립한다고 보며, ㉰는 인터넷 ID는 가상 공간에서 성명과 같은 기능을 한다고 본다. A는 '□□ 전시관에서 물고리를 관리하는 b'라고 언급해 b가 누구인지 제3자가 알 수 있게 했으므로 ㉮의 입장에 따르면 가해자로서의 법적 책임을 져야 한다. 그리고 ㉰의 입장에 따르면, A는 성명처럼 개인과 동일시될 수 있는 인터넷 ID를 언급하며 B를 모욕했으므로 가해자로서의 법적 책임을 져야 한다.

④ **㉯와 ㉰는 B가 가해자로서의 법적 책임을 져야 하는지의 여부에 대해 같게 보겠군.**
㉯는 지목된 사람이 누구인지를 제3자가 알 수 있는 경우 가해자의 법적 책임이 성립한다고 본다. 이에 따르면, B는 A라고 실명을 언급하며 명예를 훼손하거나 모욕을 주는 표현을 댓글에 제시했으므로 법적 책임이 있다. 그리고 B는 개인과 동일시 될 수 있는 실명을 적어 A의 명예를 훼손하거나 모욕을 주었으므로 ㉰도 B가 가해자로서 법적 책임이 있다고 볼 것이다.

⑤ **㉮, ㉯, ㉰가, C가 가해자로서의 법적 책임을 져야 하는지의 여부에 대해 판단한 내용이 모두 같지는 않겠군.**
C는 인터넷 ID인 a만 언급하며 명예를 훼손하거나 모욕을 주는 표현을 사용했다. 그런데 a가 누구인지를 여러 사정을 종합해도 알 수 없는 상황이다. 따라서 ㉮, ㉯는 C가 가해자로서의 법적 책임이 없다고 볼 것이다. 그러나 ㉰의 입장에서는 인터넷 ID가 성명과 같으므로 인터넷 ID인 a만 언급했더라도 C가 가해자로서의 법적 책임이 있다고 볼 것이다.

**★★ 문제 해결 꿀~팁 ★★**

▶ **많이 틀린 이유는?**
인터넷 ID의 명예 주체성과 관련된 법적 책임 여부를 해석하는 다양한 입장의 논점을 파악하지 못했기에 오답률이 높았던 것으로 보인다.

▶ **문제 해결 방법은?**
이 문제를 해결하기 위해서는 ㉮, ㉯, ㉰의 입장이 어떤 지점에 주목하고 있는지를 파악할 수 있어야 한다. 4문단에 따르면, ㉯는 '인터넷 ID만 알 수 있을 뿐 그 사용자가 누구인지 제3자가 알 수 없는 경우에는 피해자가 특정되지 않기 때문에 가해자의 법적 책임이 성립하지 않는다'는 입장이다. 이때 ㉯가 주목하고 있는 점은 '피해자 특정 여부'임을 확인할 수 있다. ②의 경우 B는 'A가 박사인지 의심스럽다'는 댓글을 달며 A라는 실명을 언급함으로써 피해자를 특정한다. 따라서 ㉯의 입장에 근거할 때 B가 가해자로서의 법적 책임을 져야 한다고 보는 것이 적절하다. A는 '□□ 전시관에서 물고리를 관리하는 b'라는 댓글을 달며 B라는 실명을 직접적으로 언급하지는 않는다. 그러나 〈보기〉에 근거할 때 전시관의 누리집에는 직무별로 담당자가 공개되어 있으며, B는 □□ 전시관에서 물고기 관리를 혼자 전담하고 있다는 점을 확인할 수 있다. 그렇기에 A가 B라는 실명을 댓글에서 직접적으로 언급하지 않았다고 하더라도, A의 댓글은 전시관의 누리집을 통해 제3자가 피해자를 특정할 수 있는 경우에 해당한다고 볼 수 있다. 따라서 ㉯의 입장에 근거할 때 A 역시 가해자로서의 법적 책임을 져야 한다고 보는 것이 적절하다.

## 17 단어의 의미 파악 정답률 91% | 정답 ③

**문맥상 ⓐ~ⓔ와 바꿔 쓰기에 가장 적절한 것은?**

① **ⓐ : 완성(完成)된다고**
'완성(完城)되다'는 '완전히 다 이루어지다.'는 의미이다. 이는 표면 연기와 심층 연기라는 요소로 이루어진다는 문맥에 어울리지 않는다.

② **ⓑ : 요청(要請)하여**
'요청(要請) 하다'는 '필요한 어떤 일이나 행동을 청하다.'는 의미이다. 이는 내면의 솔직한 정서를 불러내는 문맥에 어울리지 않는다.

✔③ **ⓒ : 표출(表出)된다고**
'표출(表出)되다'는 '겉으로 나타나다.'는 의미를 나타낸다. c는 이와 같은 의미를 나타내므로 '표출(表出)된다고'로 바꿔 쓰기에 적절하다.

④ **ⓓ : 기만(欺瞞)하고**
'기만(欺瞞)하다'는 '남을 속여 넘기다.'는 의미이다. 이는 남이 모르게 한다는 d의 문맥적 의미에 적합하지 않다.

⑤ **ⓔ : 확충(擴充)되는**
'확충(擴充)되다'는 '늘어나고 넓어져서 충실하게 되다.'는 의미이다. 이는 사이버 폭력이 일정 수준 이상으로 많이 일어나고 있다는 e의 문맥적 의미를 나타내는 데 적합하지 않다.

## 18~21 고전 소설

**작자 미상, 「정을선전」**

**감상** 이 작품은 남자 주인공 정을선과 여자 주인공 유추연이 만나 화목한 가정을 이루는 과정에서 일어난 **가정 내의 불화와 갈등을 다룬 가정 소설**이다. 계모 노씨의 흉계로 추연이 죽음을 맞이했다가 다시 살아나는 **앞부분은 계모형 가정 소설의 구조**를, 정렬부인 조씨의 질투와 모함으로 인한 위기와 그 극복 과정을 다룬 **뒷부분은 쟁총형 가정 소설의 구조**를 보인다. 악행을 저지르는 정렬부인 조씨를 돕는 보조 인물들과 주인공을 돕는 보조 인물들이 서로 대응되는 것이 특징적인데, 출제된 지문에 서는 정렬부인 조씨의 모함으로 인해 위기에 처한 충렬부인 유씨를 승상 정을선이 구해 내고 사건을 해결하는 과정이 제시되어 있다.

**주제** 가정 내 인물 간 대립으로 인한 가정의 위기와 권선징악적 문제 해결

## 18 작품의 내용 이해 정답률 46% | 정답 ②

**㉠, ㉡과 관련하여 윗글을 이해한 내용으로 적절하지 않은 것은?**

① **㉠을 보니, 호첩에게 물은 '연고'의 내용은 왕비가 말한 '사연'의 내용과 관련이 있겠군.**
편지를 전해 받은 승상은 호첩에게 그 '연고'를 묻고는 집안에 변이 생겼음을 알고, 전장을 떠나 득달같이 집에 와서 왕비로부터 그동안의 '사연'을 전해 듣고는 '이미 아는 바'라고 하고 있다. 따라서 호첩에게 물은 '연고'의 내용은 왕비가 말한 '사연'의 내용과 관련이 있다고 할 수 있다.

✔② **㉠을 보니, 승상이 황상에게 올린 '상소'에 들어 있는 내용은 '이미 아는 바'와 같겠군.**
'이미 아는 바'는 호첩이 전한 편지를 읽은 승상이 호첩에게 저간의 상황을 묻고 얻게 된 결과라 할 수 있다. 그러나 '상소'에 들어 있는 내용은 전장을 떠나 집으로 돌아온 승상이 월매와 왕비, 옥졸로부터 얻은 정보와 정렬부인의 시비 금연의 자백을 통해 얻은 정보를 종합한 결과로 볼 수 있다. 따라서 승상이 황상에게 올린 '상소'에 들어 있는 내용은 '이미 아는 바'와 같다고 할 수 없다.

③ **㉡을 보니, 승상은 '사연'의 진상을 밝히는 데에 왕비가 '그놈'의 행위를 알게 된 경위가 중요하다고 생각했겠군.**
충렬부인을 구한 승상이 왕비를 만나 '사연'을 듣고 나서 던진 물음이 ㉡이므로 승상이 '사연'의 진상을 밝히는 데에 가장 중요한 일이 왕비가 '그놈'의 행위를 알게 된 경위라고 할 수 있다.

④ **㉡에 대한 왕비의 대답을 보니, 왕비에게 '그놈'의 행위에 대해 제보한 사람이 있었군.**



[문제편 p.305]

승상의 물음 ㉡에 대해 왕비는 "사촌 오라비가 이르기로 알았노라."라고 답하고 있다. 따라서 왕비의 사촌 오라비인 복록이 '그놈'의 행위에 대해 제보한 사람이라고 할 수 있다.

⑤ ㉡이 제시된 후에 드러난 복록의 상황을 보니, 복록은 자신이 지은 '죄'에 대하여 심리적 중압감을 느꼈겠군.
㉡에 대한 왕비의 답변을 들은 승상은 복록을 찾았으나 복록은 이미 자신의 죄를 알고 이미 죽어버렸다. 따라서 복록은 자신이 지은 '죄'에 대하여 심리적 중압감을 느껴 스스로 죽음을 택했다고 할 수 있다.

## 19 사건의 전개 양상 파악 정답률 67% | 정답 ④

누명과 관련한 설명으로 가장 적절한 것은?

① 누명이 벗겨지면서, 누명을 씌었던 인물은 자신의 어리석음을 탓하고 있다.
사건의 열쇠를 쥐고 있는 인물인 복록이 이미 죽었음을 알게 된 승상은 옥졸을 잡아들여 문초한 결과 정렬부인의 시비 금연이 사건과 관련된 인물임을 알게 된다. 승상이 금연을 잡아들여 문초하는 과정을 곁에서 보고 있던 왕비는 충렬 부인이 누명을 썼음을 뒤늦게 알고 앙천통곡하고 있으므로 자신의 어리석음을 탓하고 있는 인물은 누명을 씌었던 인물인 충렬부인이 아니라 왕비라 할 수 있다.

② 누명을 쓴 인물의 요청으로 남주인공은 누명을 씌운 인물의 처벌을 유보한다.
승상은 급히 집으로 돌아와 누명을 쓴 채로 옥에 갇힐 뻔하다가 가까스로 피신한 충렬부인을 구해 내고, 누명을 씻어 달라는 충렬부인의 말을 듣고 사건의 진상을 밝히고 있다. 승상은 충렬부인에게 누명을 씌운 인물이 정렬부인임을 알고 크게 노하고 그동안의 사건 경과를 황상께 아뢰고 있으므로 누명을 쓴 인물인 충렬부인의 요청으로 승상이 누명을 씌운 인물인 정렬부인의 처벌을 유보하고 있다고 할 수 없다.

③ 누명의 내용은 누명을 쓴 인물이 남몰래 자신의 처소에서 벗어나 구덩이에 있다는 사실이다.
금연이 자신을 국문하는 승상에게 털어놓은 사건의 진상은 금연이 남복을 하고 충렬부인 침소로 들어가 이불 속에 들어갔다가 달아나 마치 충렬부인이 외간 남자와 정을 통하고 있었다고 누명을 씌운 것이다. 따라서 누명의 내용은 누명을 쓴 인물인 충렬부인이 승상이 아닌 다른 남자와 정을 통하고 있다는 것이지 충렬부인이 남몰래 자신의 처소에서 벗어나 구덩이에 있다는 사실이라고 할 수 없다.

✔ 누명을 씌우기 위한 계략에는 누명을 쓰는 인물을 특정 장소로 가게 하는 것이 포함되어 있다.
승상에게 사건의 진상을 낱낱이 아뢰는 금연의 말을 통해 누명을 씌운 인물인 정렬부인이 자신을 찾은 충렬부인에게 침소로 가라고 강권하여 충렬부인을 침소로 보내어 마치 충렬부인이 다른 남자와 정분을 통하고 있는 것처럼 꾸며 누명을 씌웠음을 알 수 있다. 따라서 누명을 씌우기 위한 계략에는 누명을 쓰는 인물인 충렬부인을 자신의 침소로 가게 하는 것이 포함되어 있다고 할 수 있다.

⑤ 누명이 벗겨지는 계기는 남주인공이 자신의 어머니가 극단적 선택을 하겠다는 것을 만류한 것이다.
전장을 떠나 급히 집으로 돌아온 승상은 금연을 국문하는 과정에서 충렬부인이 누명을 쓰게 된 사건의 진상을 알게 된다. 따라서 충렬부인의 누명이 벗겨지는 계기는 정렬부인의 시비인 금연이 사건의 진상을 밝힌 일 때문이지 승상이 자신의 어머니인 왕비가 극단적 선택을 하겠다는 것을 만류했기 때문이라고 할 수 없다.

## 20 대화의 특징 파악 정답률 50% | 정답 ①

〈학습 활동〉을 수행한 결과로 적절하지 않은 것은?

〈학습 활동〉

「정을선전」은 모략을 중심으로 사건이 전개되므로 인물 간 소통 양상을 파악하는 것이 중요하다. 윗글을 바탕으로 인물 간에 나타난 소통의 내용을 정리해 보자.

| | 인물 A | 인물 B | 소통의 내용 |
|---|---|---|---|
| ✔ | 원수 | 중군장 | A가 B에게 군사를 이끌고 가 서융을 사로잡으라고 명령함. |

호접이 전한 편지를 읽고 크게 놀란 원수는 집에 변고가 생겨 급히 집으로 돌아가야 했기 때문에 중군장에게 군을 인솔하여 돌아오라고 분부하면서 중군장에게 군의 통솔을 맡기고 있다. 그런데 지문 뒷부분에 제시된 상소에 따르면 이미 승상이 서융을 쳐 사로잡았으므로 원수가 중군장에게 군사를 이끌고 가 서융을 사로잡으라고 명령하였다고 할 수 없다.

| | 인물 A | 인물 B | 소통의 내용 |
|---|---|---|---|
| ② | 승상 | 월매 | A가 B에게 충렬부인이 있는 곳이 어디인지 물음. |

집으로 돌아온 승상은, 왕비의 명령으로 죽을 위기에 처한 월매를 구해 낸 후 충렬부인이 어디 있는지를 그녀에게 묻고 있다.

| | 인물 A | 인물 B | 소통의 내용 |
|---|---|---|---|
| ③ | 옥졸 | 금연 | B가 A로부터 옥중 시신의 정체와 관련한 정보를 얻음. |

승상의 문초를 받은 옥졸은 자신이 옥에서 죽은 이가 충렬부인이 아닌 것 같다고 의심하는 말을 하자 정렬부인의 시비 금연이 이를 듣고 묻기에 자세히 알려주었다고 하고 있다. 따라서 금연이 옥졸로부터 옥중 시신의 정체와 관련한 정보를 얻었음을 알 수 있다.

| | 인물 A | 인물 B | 소통의 내용 |
|---|---|---|---|
| ④ | 옥졸 | 승상 | A가 B에게, 금연이 옥중 시신에 대하여 발설했을 것이라는 의혹을 제기함. |

승상의 문초를 받은 옥졸은 정렬부인의 시비 금연에게 옥중 시신에 대한 자신의 생각을 이야기하자 부디 다른 데 가서 그 말을 하지 말라고 당부하였다고 말하면서 필연 금연의 입을 통해 그 사실이 발설되었을 것이라고 하고 있다. 따라서 옥졸은 승상에게 금연이 옥중 시신에 대하여 발설했을 것이라는 의혹을 제기하였다고 할 수 있다.

| | 인물 A | 인물 B | 소통의 내용 |
|---|---|---|---|
| ⑤ | 금연 | 승상 | B가 A로부터 정렬부인이 거짓으로 앓아 누웠었다는 정보를 얻음. |

금연을 잡아들여 직접 국문을 한 승상은 금연으로부터 충렬부인에게 누명을 씌우는 과정에서 정렬부인이 앓는 체하고 누웠다는 사실을 전해 듣게 된다. 따라서 승상은 금연으로부터 정렬부인이 거짓으로 앓아누웠었다는 정보를 얻었다고 할 수 있다.

## 21 외적 준거에 따른 작품 감상 정답률 49% | 정답 ④

〈보기〉를 참고하여 윗글을 이해한 내용으로 적절하지 않은 것은? [3점]

〈보 기〉

「정을선전」은 영웅소설과 가정소설의 상투적인 면모가 혼재되어 나타난다. 이를테면, 가정 안팎의 서사는 남주인공을 매개로 연결되고, 사건이 선악 구도로 전개되며, 인물의 고난과 감정은 극대화된다. 이 과정에서 일부다처제에서 비롯되는 가정 내 갈등이 개인의 인성 문제로 축소된다. 그러면서도 상전의 수족에 불과한 하층의 시비가 능동적인 행위자로 등장하거나, 가정과 사회에서 상층인 인물이 희화화된다.

① 정을선이 황상에게 올린 상소에서, 대원수와 가장으로서의 모습이 드러나는 것으로 보아, 가정 안팎의 사건에 남주인공이 두루 관여하고 있음을 알 수 있군.
승상 정을선이 황상에게 올린 상소에서 그는 대원수로서 서융을 쳐 사로잡은 후에 백성을 진무하고 돌아오려 하던 차에 집에서 급한 소식을 듣고 집에 와 정렬부인이 충렬부인에게 누명을 씌운 사건이 있음을 알게 되었다고 아뢰고 있다. 이를 통해 주인공인 정을선이 가정 안팎의 사건에 두루 관여하고 있다고 할 수 있다.

② 승상이 충렬부인을 구출하는 장면에서, '슬픔에 매우 야위어 뼈가 드러'난 부인의 모습과 '통곡'하는 승상의 모습은 인물의 고난과 감정이 극대화된 형상임을 알 수 있군.
전장을 떠나 집으로 온 승상 정을선은 죽을 위기에 처한 월매를 구해 내고 월매와 함께 충렬부인이 있는 곳을 찾아간다. 구덩이에서 아기를 안고 있는 충렬부인을 구해 낸 승상은 '통곡'하고, 충렬부인은 '슬픔에 매우 야위어 뼈가 드러'난 참혹한 형상을 하고 있으므로 승상과 부인의 모습은 인물의 감정과 고난이 극대화된 형상이라고 할 수 있다.

③ 왕비가 '앙천통곡'하는 장면에서, 충렬부인의 수난이 '악녀'의 탓이라는 인식이 드러나면서 일부다처제의 문제가 개인의 인성 문제로 축소되고 있음을 알 수 있군.
왕비가 '앙천통곡'하는 장면에서 그녀는 자신이 '악녀'의 꾀에 빠져 충렬 부인을 죽이려 하였다고 말하고 있다. 이 장면에서 왕비는 충렬부인의 수난이 일부다처제에서 비롯한 문제가 아니라 정렬부인의 인성 문제에서 비롯하였다는 인식을 보여 주고 있다고 할 수 있다.

✔ 월매가 '매를' 맞는 장면에서, 월매는 자신이 모시는 주인에게 죽음을 각오하고 진실을 밝힘으로써 능동적인 행위자를 지향하고 있음을 알 수 있군.
앞부분의 줄거리에 따르면 정렬부인의 모략으로 충렬부인이 옥에 갇히자 시비 금섬이 충렬부인을 피신시키고 그녀를 지키기 위해 얼굴이 상한 채로 스스로 목숨을 끊는다. 그런데 옥졸이 승상의 문초에 대답한 말에 따르면 옥졸은 옥중 시신이 충렬부인이 아닐 수 있다는 의혹을 품고 있었는데, 그러한 옥졸의 이야기를 들은 정렬부인의 시비 금연은 옥졸의 입단속을 하였다. 그러므로 옥중 시신이 충렬부인이 아니며 충렬부인은 이미 다른 데로 도망했음을 알 수 있다. 왕비의 시비 월매가 '매'를 많이 맞으면서도 끝내 사실을 밝히고 있지 않으며 충렬부인의 시비인 금섬처럼 죽겠다고 하는 것으로 볼 때, 월매가 자신이 모시는 주인인 왕비 앞에서 죽음을 각오하고 진실을 밝히지 않고 있다고 할 수 있다.

⑤ 정렬부인이 '승상의 호통 소리'에 반응하는 장면에서, 가정의 상층 인물이 자신의 위엄이 실추되는 행동을 보이면서 희화화되고 있음을 알 수 있군.
정렬부인은 '승상의 호통 소리'를 듣고 '똥을 한 무더기를 싸고 자빠졌'다고 서술되고 있다. 이는 가정의 상층 인물이라 할 수 있는 승상의 부인이 위엄이 실추되는 행동을 보이는 부분이므로, 정렬부인이 '승상의 호통 소리'에 반응하는 장면에서 그녀가 희화화되고 있다고 할 수 있다.



## 22~27 현대시

### (가) 장석남, 「배를 밀며」

**감상** 배를 미는 행위를 통해 사랑을 떠나보낸 후의 슬픔과 그리움을 노래한 시이다. 이 작품에서는 '배'와 '물'의 이미지를 활용하여 이별의 상황에서 벗어나려는, **이별의 아픔과 슬픔에서마저 벗어나려는 화자의 심리**를 보여 주고 있다. 그러나 마지막 연에서 보듯이 '배'는 다시 밀려들어온다. **이별로 인한 아픔과 그리움에서 벗어나지 못하는 것**이다.

**주제** 이별의 아픔과 그리움

### (나) 허수경, 「혼자 가는 먼 집」

**감상** 우리는 **사랑의 기억과 함께 상실의 고통을 안고 삶을 지속**해야 한다는 의미를 담은 작품으로 볼 수 있다. '한 슬픔이 문을 닫으면 또 한 슬픔이 문을 여는 것'에서 보듯이 우리의 삶은 사랑과 슬픔의 반복이며, '단풍의 손바닥, 은행의 두 갈래 그리고 합침 저 개망초의 시름, 밟힌 풀의 흙으로 돌아감'에서 보듯이 이러한 삶의 여정은 자연스럽고 숙명적인 것이기도 하다. 이처럼 '끝내 버릴 수 없는, 무를 수도 없는 참혹'한 삶에서도 화자는 '당신'을 떠올리며 사랑의 '아름다움'에 기대어 남아 있는 삶을 살아내려 한다. 독특한 발화 방식, 즉 끊어질 듯 이어지는 서술, 어휘의 반복적 출현, 맥락이 없어 보이는 구절들의 배열, 수시로 등장하는 말줄임표와 쉼표 등은 **사랑의 기억을 떠올리거나 상처를 치유하지 못한 화자의 내면을 드러내는 시적 장치들**이다.

**주제** 사랑의 기억에서 오는 고통과 위안

### (다) 이광호, 「이젠 되도록 편지 안 드리겠습니다」

**감상** **사랑하는 사람에게 쓰는 편지의 본질을 논파하고 있는 수필**이다. 이 수필에 의하면 사랑의 편지를 비롯한 세상의 모든 글쓰기는, 최후의 순간에 '처음에 품었던 소소한 의도'를 배반한다. '통제할 수 없는 익명의 욕구'가, 그 편지의 '현실적인 목표'를 잊어버리게 만들기 때문이다. 상대에 대한 열망으로 사랑의 편지를 쓰지만 결국 그것은 **자신을 표현하는 글**이다. 사랑의 편지에는 '들끓는 고백의 언어'만이 담겨 있다. '그녀'는 '편지 속의 그'를 사랑하고, 편지를 쓰는 '그'도 '편지 속의 그' 즉 '그'의 '또 다른 영혼'에 매료된다. 그러나 **이런 식의 자기 고백은 지속될 수 없다.** '편지 속 의 그'와 실제의 '그' 사이의 간극이 주는 부끄러움 때문이다.

**주제** 사랑의 편지와 글쓰기의 본질

## 22 작품 간의 공통점, 차이점 파악 정답률 89% | 정답 ④

(가) ~ (다)의 공통점으로 가장 적절한 것은?

① 하강적 이미지를 활용하여 시간 의 흐름을 보여 준다.
(나)의 '단풍', '은행' 등은 가을의 조락과 관련된 것으로 볼 경우 시간의 흐름과 연관이 있는 하강적 이미지로 해석할 수도 있을 것이다. (가)의 '아주 추락하지 않을 순간의 한 허공'도 하강적 이미지로 해석할 수 있지만 시간의 흐름을 보여 준다고 하기는 어렵다.

② 자연물에 빗대어 부정적 현실의 극복 가능성을 암시한다.
(가)에서는 '바닷물', '허공', (나)에서는 '단풍', '은행', '개망초', '풀', '흙' '달', '별' 등의 자연물을 찾을 수는 있지만, 이에 빗대어 부정적 현실의 극복 가능성을 암시하고 있지는 않다.

③ 동일한 구절의 반복과 변주를 통해 상황의 반전을 표현한다.
(가)에서는 '배를 민다', '부드럽게도', (나)에서는 '킥킥거리며', '킥킥 당신' 등을 반복하거나 변주하고 있다. 그러나 이러한 반복과 변주가 상황의 반전과는 상관없다. (다)에서는 '편지 속의 그'를 '또 다른 영혼'으로 표현하는 등의 변주는 있지만 상황의 반전과는 상관없다.

✔ 특정한 행위를 중심으로 행위 주체와 대상의 관계를 드러낸다.
(가)에서는 '배'를 미는 행위를 중심으로 행위의 주체인 '나'와 대상인 '배'의 관계를 드러내고 있다. (나)에서는 '당신'을 부르는 행위를 중심으로 행위의 주체인 '나'와 대상인 '당신'의 관계를 드러내고 있다. (다)에서는 '사랑의 편지'를 쓰는 행위를 중심으로 행위의 주체인 '그'와 대상인 '그녀' 혹은 '편지 속의 그'의 관계를 드러내고 있다.

⑤ 공간의 이동에 따라 내용을 전개하여 역동적 분위기를 강화한다.
(가), (나), (다) 모두 공간의 이동에 따라 내용을 전개하고 있지는 않다.

**23** 작품의 내용 이해 정답률 86% | 정답 ⑤

(가)에 대한 이해로 적절하지 않은 것은?

① '아주 추락하지 않을 순간'에 '배'를 밀던 '손'이 '아슬아슬히 배에서 떨어진'다는 것은 이별의 정서적 긴장감을 드러낸다.
'온몸이 아주 추락하지 않을 순간', '아슬아슬히 배에서 떨어진 손' 등의 시구는 이별하는 순간의 정서적 긴장감을 표현한 것으로 볼 수 있다.

② '빛지도 않는 길'은 '사랑'이 '떠나'는 길이라는 점에서, 이별의 막막한 상황을 공간의 형상으로 드러낸다.
'사랑'은 '빛지도 않는 길'을 떠난다. 이는 이별에서 오는 막막한 심리적 정황을 공간적으로 형상화한 것으로 볼 수 있다.

③ '슬픔'을 '밀어내는 것'을 '배'를 밀듯 '한껏 세게 밀어'낸다고 한 것은 이별의 아픔을 떨쳐 내려는 화자의 태도를 드러낸다.
화자는 '배'를 '한껏 세게' 밀어내는 것과 같이 이별로 인한 '슬픔'도 그렇게 밀어내려 한다. 이는 이별의 아픔과 슬픔을 떨쳐 내려는 화자의 심리적 태도의 표현으로 볼 수 있다.

④ '배가 나가'며 생긴 '흉터'가 '잠시 머물다 가라앉'는다는 것은 이별의 슬픔이 잦아든 상태에 있음을 드러낸다.
'배'가 나가고 남은 '빈 물' 위에 '흉터'가 생기고, 그것은 '잠시 머물다 가라앉'는다. 이는 이별의 아픔과 슬픔이 잠시 잦아든 상태의 표현으로 볼 수 있다.

✔ '밀려들어' 온 '배'는 '아무 소리 없이' 다시 돌아온 배라는 점에서, 대상과의 재회가 예상대로 이루어짐을 드러낸다.
(가)에서 화자는 '한껏 세게' 배를 밀어내었고 '배가 나가고 남은 빈 물 위의 흉터'도 가라앉았다고 했다. 사랑하던 이를 힘겹게 떠나보낸 뒤 이별로 인한 심리적 상처도 시간의 흐름과 함께 다소 잠잠해진 것이다. 그러나 마지막 연에서는 '내 안으로' 배가 '아무 소리 없이' 밀려들어온다고 하였다. 이 부분에서 환기되는 것은, 예상치 못한 상황에서 그에 대한 그리움이 자기도 모르게 떠올랐다는 정도의 분위기라고 할 수 있다. 그러므로 화자가 대상과의 재회를 예상했다는 설명은 적절하지 않다.

**24** 시어, 시구의 의미와 기능 파악 정답률 81% | 정답 ②

(나)의 '당신'에 대한 설명으로 적절하지 않은 것은?

① 화자와 '한때'의 기억을 잇는 매개적 존재이다.
'나'는 '한때 적요로움의 울음이 있었던 때'의 기억으로 '당신'을 부른다. 그러므로 '당신'은 화자와 '한때'의 기억을 잇는 매개적 존재로 볼 수 있다. 또한 '당신'은 '나'의 눈앞에 없지만 '이만큼 살아옴의 상처에 기대' 부름을 통해 환기되는 존재이다.

✔ 화자의 내면에 살고 있는 '병자'로서 연민의 대상이다.
(나)에서 '나'는 '마음의 무덤'에 '병자'처럼 벌초하러 간다. 그러므로 '병자'는 화자의 내면에 존재하는 사랑의 상처와 고통을 드러내는 이미지라 할 수 있으며, 이는 이어지는 '치병'과 '환후'에 연결된다.

③ 화자의 눈앞에 없지만 '부'름으로써 환기되는 대상이다.
'나'는 '한때 적요로움의 울음이 있었던 때'의 기억으로 '당신'을 부른다. 그러므로 '당신'은 화자와 '한때'의 기억을 잇는 매개적 존재로 볼 수 있다. 또한 '당신'은 '나'의 눈앞에 없지만 '이만큼 살아옴의 상처에 기대' 부름을 통해 환기되는 존재이다.

④ 화자가 '버릴 수 없'고 '무를 수도 없는' 숙명적 존재이다.
'내가 아니라서 끝내 버릴 수 없는, 무를 수도 없는 참혹……, 그러나 킥킥 당신'에서 보듯이 '당신'은 '나'가 버릴 수도, 무를 수도 없는 숙명적인 존재라 할 수 있다.

⑤ 화자에게 '사랑'과 '슬픔'을 경험하게 하는 이중적 존재이다.
'적요로움의 울음', '슬픔', '상처' 등과 함께 '사랑', '아름다움', '이쁜' 등의 시어는 '당신'이 사랑과 슬픔을 경험하게 하는 이중적 존재임을 보여 준다.

**25** 외적 준거에 따른 작품 감상 정답률 83% | 정답 ②

〈보기〉를 참고하여 (나)를 감상한 내용으로 적절하지 않은 것은? [3점]

〈보 기〉

시는 표현하고자 하는 바를 어떤 심적 상태에 놓인 화자의 발화로써 형상화한다. (나)에 나타나 있는 독특한 발화 방식, 즉 끊어질 듯 이어지는 서술, 어휘의 반복적 출현, 맥락이 없어 보이는 구절들의 배열, 수시로 등장하는 말줄임표와 쉼표 등은 사랑의 기억을 떠올리거나 상처를 치유하지 못한 화자의 내면을 드러내는 시적 장치들이다. 이러한 장치들은 사랑의 기억과 함께 상실의 고통을 안고 남은 생을 살아 내야 하는 화자의 복합적인 내면을 생생하게 그려 내는 역할을 한다.

① '킥킥'은 반복적으로 출현하는 웃음의 의성어로서, 사랑과 슬픔이 내재된 화자의 복합적인 정서를 생생하게 드러내는 표현이겠군.
(나)에 반복적으로 출현하는 '킥킥'은 웃음소리를 본뜬 시어이다. 이는 사랑과 슬픔이 내재된 화자의 복합적인 정서를 생생하게 드러내는 의성어이다.

✔ '상처에 기대, 나 킥킥……, 당신을 부릅니다'는 말줄임표와 쉼표를 사용한 서술로서, 상실의 고통으로 인하여 사랑의 기억이 희미해지는 화자의 심적 상태를 보여 주는 표현이겠군.
(나)에서 '상처에 기대, 나 킥킥……, 당신을 부릅니다'는 말줄임표와 쉼표를 사용한 서술이다. 〈보기〉에 의하면 이러한 서술은 사랑의 기억을 떠올리거나 상처를 치유하지 못한 화자의 내면을 드러내는 시적 장치의 일부이다.

③ '킥킥거리며 세월에 대해 혹은 사랑과 상처,'는 맥락이 없어 보이는 표현들이 한데 이어진 서술로서, 감정들이 뒤섞인 화자의 내면을 보여 주는 표현이겠군.
'킥킥거리며 세월에 대해 혹은 사랑과 상처,'는 맥락이 없이 이어져 있는 서술로 그 의미 파악이 쉽지 않다. 〈보기〉에 의하면 이러한 맥락이 없어 보이는 표현은 사랑의 기억, 상실의 고통 등의 뒤섞인 화자의 내면을 보여 주는 표현으로 볼 수 있다.

④ '마음의 무덤'은 화자의 심적 상태를 형상화한 서술로서, 상실의 고통을 안고 생을 살아 내야 하는 화자의 내면을 비유한 표현이겠군.
〈보기〉에 의하면 '마음의 무덤'은 사랑의 기억과 상실의 고통을 안고 살아가는 화자의 내면을 비유적으로 형상화한 서술로 볼 수 있다.

⑤ '이쁜 당신……, 당신이라는 말 참 좋지요,'는 끊어질 듯 이어지는 서술로서, 대상에 대하여 사랑의 감정을 품고 있는 화자의 내면을 보여 주는 표현이겠군.
'이쁜 당신……, 당신이라는 말 참 좋지요,'는 말줄임표와 쉼표를 사용하여 끊어질 듯 이어지는 서술에 해당한다. '이쁜', '참 좋지요'는 대상에 대해 사랑을 품고 있는 화자의 내면을 보여 주는 표현으로 볼 수 있다.

**26** 작품의 맥락 이해 정답률 65% | 정답 ①

ⓐ, ⓑ에 대한 이해로 가장 적절한 것은?

✔ ⓐ는 치병의 노력으로도 환후가 사라지는 것은 아니라는 화자의 인식을 말한다.
ⓐ는 '병을 다스림'과 '병'은 다른 것임을 표현한 것으로 볼 수 있다. 이 '병'은 사랑과 이별에서 생겨나는 기쁨과 상처, 아픔과 슬픔 등으로 해석할 수 있다. 병을 다스리려는 노력은 할 수 있지만 그렇다고 해서 그 병 자체가 낫는 것은 아니다.

② ⓐ는 화자가 대상의 아름다움을 발견함으로써 자신의 환후를 의식하지 않게 되었음을 말한다.
삶에서 '아름다움'을 찾을 수는 있지만 그로 인해 '환후'가 사라지는 것은 아니다.

③ ⓑ는 사랑의 편지가 상대를 향한 표현일 때, 위선과 위악에서 벗어날 수 있음을 말한다.
사랑의 편지는 상대를 향한 표현이지만 거기에는 아무 전언도 들어 있지 않다. 다만 내 고백을 누군가가 들어준다는 충만한 느낌, 주체할 수 없는 부끄러움 등만이 있다.

④ ⓑ는 더 나은 자신을 드러내려는 욕망이야말로 상대를 매혹하는 진정한 요인임을 말한다.
사랑의 편지는 상대를 향한 표현이지만 거기에는 아무 전언도 들어 있지 않다. 다만 내 고백을 누군가가 들어준다는 충만한 느낌, 주체할 수 없는 부끄러움 등만이 있다.

⑤ ⓐ와 ⓑ는 모두, 아픔을 겪는 이나 고백을 하는 이가 그 아픔이나 고백의 실체를 지각하지 못함을 말한다.
ⓐ는 '치병'과 '환후'가 서로 다르기에 병을 다스린다고 해서 병이 낫지는 않는다는 말이고, ⓑ는 편지에 적는 사랑 고백 같은 것이 위선 또는 위악이라는 말이다. 그러므로 ⓐ는 아픔을 겪는 이가 아픔의 실체를 지각하지 못함을 말하는 것이라고 할 수 없다. 아픔의 실체를 지각하지 못하는 이가 병을 다스리려고 한다고 보기는 어렵기 때문이다. ⓑ 또한 고백을 하는 이가 고백의 실체를 지각하지 못함을 말하는 것이라고 할 수 없다. 고백의 실체를 모르는 것이 아니라 위선 또는 위악을 행할 뿐일 것이다.

**27** 외적 준거에 따른 작품 감상 정답률 59% | 정답 ①

〈보기〉를 바탕으로 (다)를 이해한 내용으로 적절하지 않은 것은?

〈보 기〉

(다)에서 편지는 받는 사람뿐만 아니라 쓰는 사람 자신을 향한 것이기도 하다. 상대에 대한 열망으로 사랑의 편지를 쓰지만 결국 그것은 자신을 표현하는 글이다. 자신을 이상화하려는 욕구에 빠져 있기에 편지는 '그녀'가 사랑할 만한 '그'로 채워진다. 사랑의 편지를 받은 '그녀'는 '편지 속의 그'를 사랑하고, 편지를 쓰는 '그'도 '편지 속의 그'에게 매료되어 있다. 그러나 이런 식의 자기 고백이 지속될 수 없는 까닭은 이 이상화된 '그'와 실제의 '그' 사이의 간극이 주는 부끄러움 때문이다.

✔ '익명의 욕구'를 '통제할 수 없'다는 것은 상대를 향한 '그'의 사랑이 운명적인 것이어서 사랑을 멈출 수 없음을 말하는군.
(다)의 첫째 문단에 따르면 사랑의 편지를 비롯한 세상의 모든 글쓰기는 최후의 순간에 '처음에 품었던 소소한 의도'를 배반한다. '통제할 수 없는 익명의 욕구'가, 그 편지의 '현실적인 목표'를 잊어버리게 만들기 때문이다. '그'는 사랑의 편지를 통해 '그녀'에게 자신의 사랑이 얼마나 어렵고 진정하며 운명적인가를 설명하고 싶어하지만, 이 역시 '익명의 욕구'에 의해 처음에 품었던 현실적 목표를 잊어버리게 한다.

② '아무 전언도 들어 있지 않다'는 것은 '처음에 품었던 소소한 의도'를 잊음으로써, 상대를 향한 글쓰기의 '현실적인 목표'가 실패로 돌아갔음을 말하는군.
'아무 전언도 들어 있지 않다'에서 '전언'은 사랑의 편지를 쓸 때 '처음에 품었던 소소한 의도' 혹은 그 편지의 '현실적인 목표'와 연관된다. 따라서 '아무 전언도 들어 있지 않다'는 것은 상대를 향한 글쓰기의 '현실적인 목표'가 실패로 돌아갔음을 의미한다.

③ '2인칭을 경유하여 1인칭으로 돌아온다'는 것은 편지가 상대를 향한 '도구적' 기능을 하지 못하고 자기 고백에 그치게 됨을 말하는군.
사랑의 편지는 상대 즉 '그녀'를 대상으로 한다. 그러기에 '2인칭'으로 쓰인다. 그러나 그것은 그의 '들끓는 고백의 언어들'로 귀결된다. 사랑의 편지는 마지막 순간에 도구적이지 못하여, 처음에 품었던 소소한 의도를 배반하기 때문이다.

④ "편지 속의 그'를 그녀는 사랑했다'는 것은 편지를 받은 그녀가 사랑한 상대는 편지 속의 '또 다른 영혼'임을 말하는군.
'그녀'는 '그'의 편지를 사랑한다. 그러나 '그녀'가 사랑하는 것은 '편지 속의 그'이고, 이는 '그'가 찾아낸 '자신의 또 다른 영혼'이다. 편지 속의 그 영혼은 그녀와 그를 매료시킨다.

⑤ '자신의 비루함을 뼛속 깊이 실감했다'는 것은 실제 자신과 이상화된 자신 사이의 간극을 자각한 '그'가 부끄러움에 빠져 있음을 말하는군.
'편지 속의 그'는 '순수한 열정과 끝 모를 동경과 깊은 이해심을 가진 존재'로 실제의 자신과는 깊은 간극을 가진 존재이다. 그러기에 '그'는 '편지 속의 그'가 되지 못하는 자신의 비루함을 실감하게 된다.



[문제편 p.309]

## 28~31 현대 소설

**이청준, 「배꼽을 주제로 한 변주곡」**

감상 이 작품은 갑자기 사라져 버린 '배꼽'과 범국민적으로 일어난 '배꼽 논쟁'이라는 비현실적인 상황을 통해 **인간 존재의 근원과 사회 상황에 대해 깊이 탐색한 작품**이다. 지극히 평범한 소시민인 '허원'에게 어느 날 믿을 수 없는 사건이 발생한다. 갑자기 배꼽이 사라져 버린 것이다. 배꼽은 인간이 세상에 태어날 때 어머니의 모태로부터 분리됨으로써 형성된다. 따라서 **배꼽은 존재의 근원을 드러내는 표상이자 생명이 시작된 우주와 만나고자 하는 향수의 표상**이 된다. 이러한 배꼽의 실종은 억압적인 현실의 고통 속에서 위로를 기대하는 '허원'에게 **상실감과 고독감**을 부여한다. 그리고 이는 '허원'의 개인적인 일에 그치지 않는다. 신문, 잡지 등을 통해 '배꼽' 문제가 범국민적인 문제로 공론화되었기 때문이다. 이는 '허원'이라는 **개인의 문제가 사회 구성원을 향한 문제로 확장**되고 있음을 드러낸다.

주제 비현실적인 경험을 통한 인간 소외와 고독

### 28 서술상의 특징 파악 정답률 89% | 정답 ④

㉠~㉤의 서술 방식에 대한 설명으로 가장 적절한 것은?

① ㉠ : 누구의 생각을 누가 말하는지 명시한 표현을 나타내어 서술하고 있다.
㉠은 작품 밖의 서술자가 말하는 방식으로 되어 있지만, 그 내용은 '허원'의 생각을 담고 있다. 그런데 여기에 누구의 생각을 누가 말하는지 명시한 표현은 나타나 있지 않다.

② ㉡ : 인물의 생각을 서술자가 평가하며 그 심화된 의미를 함축하여 서술하고 있다.
㉡은 '허원'의 생각을 '허원'의 목소리로 드러낸 것으로, 인물의 생각을 서술자가 평가한 것이라고 할 수 없다.

③ ㉢ : 인물의 의식을 인물 자신의 생생한 목소리를 통해 서술하고 있다.
㉢은 '허원'의 의식을 작품 밖 서술자를 통해 서술한 것이다. 따라서 인물의 의식을 인물 자신의 생생한 목소리를 통해 서술한 것이 아니다.

**✔ ㉣ : 인물의 상황에 관련된 정보를 부가하여 서술하고 있다.**
㉣은 '어느 해 여름이었다.'의 뒤에 '하니까'라는 표지를 사용하여 '허원'이 '자신의 배꼽을 잃어버리고 나서 불편하기 그지없는 세 번째의 여름을 맞고 있을 때'라고 서술하며 인물과 관련된 정보를 덧붙이고 있다.

⑤ ㉤ : 인물 행동의 진행 과정을 순차적으로 서술하고 있다.
㉤은 배꼽에 관한 사회적 논의가 갑자기 일반에게까지 성행하게 된 현상을 서술한 것이다. 따라서 인물 행동의 진행 과정을 순차적으로 서술한 것이 아니다.

### 29 소재의 기능 파악 정답률 82% | 정답 ③

비밀의 서사적 기능으로 가장 적절한 것은?

① 자신의 신념을 인물이 돌이켜 본 결과로, 새로운 세계관을 바탕으로 하는 주제를 형성한다.
갑자기 배꼽이 사라진 사건에 대한 '비밀'은 '허원'이 자신의 신념을 돌이켜 본 결과에 의한 것이라고 볼 수 없다.

② 얽힌 인간관계를 인물이 성찰하는 전환점으로, 갈등으로 인한 위기감을 완화한다.
얽힌 인간관계를 인물이 성찰하는 내용은 나타나 있지 않으므로, '비밀'이 이러한 서사적 기능을 한다고 볼 수 없다.

**✔ 일상적이지 않은 경험을 인물이 의식한다는 표지로, 인물의 심리적 동요를 부른다.**
'비밀'은 '허원'의 배꼽이 없어진 비현실적인 경험에 대한 것으로, 이것은 '허원'이 이 사실을 다른 사람들에게 숨긴 채 혼자만 알고 있음을 보여 주는 표지가 된다. 또한 이 사건으로 인해 '허원'은 결국 허망감에 빠져 끝없는 상념들을 쌓으며 심리적인 동요를 하게 된다.

④ 상충된 이해관계를 인물이 조정하는 단서로, 심화된 사회적 갈등을 해소한다.
인물이 상충된 이해관계를 조정하는 내용은 나타나 있지 않으므로, '비밀'이 이러한 내용의 단서가 된다고 볼 수 없다.

⑤ 기성의 질서에 인물이 저항한다는 신호로, 돌발적 사건의 발생을 알린다.
기성의 질서에 저항하는 인물은 등장하지 않으므로, '비밀'이 이를 나타내는 신호의 기능을 한다고 볼 수 없다.

### 30 작품의 내용 이해 정답률 76% | 정답 ⑤

'허원'을 중심으로 윗글을 이해한 내용으로 적절하지 않은 것은?

① '허원'은 '실물'과 관련하여 시작된 '사념'을 통해 '존재'의 의미를 발견해 간다.
'허원'은 갑자기 사라져 버린 자기 배꼽의 '실물'로 인해 '배꼽'에 대한 사념에 빠져들게 되고, 이를 통해 우리 '존재'와 그 '근원'의 의미를 밝혀 나가고 있다.

② '허원'은 '실물'이 몸에서 큰 기능을 하지 않는다는 것을 알고 일단 안도감을 느끼게 된다.
'허원'은 '실물' 즉 성인의 배꼽이 거의 아무런 기능도 수행하지 않음을 알고 무척 다행이라고 생각하였다.

③ '허원'은 '사념'을 방편으로 삼아 자신의 현재 상태에 대해 다른 방향에서 접근하고자 한다.
'허원'은 자신의 배꼽이 사라진 후 배꼽에 관한 '사념'을 통해 그 나름의 '배꼽론'을 만들어 감으로써 현실에서 느끼는 허망감을 채우기 위해 노력하였다.

④ '허원'은 '심상찮은 관심'의 원인에 대해 궁금해하면서 '세상 사람들'에게 주의를 기울이게 된다.
'허원'은 '배꼽'에 대한 세상 사람들의 '심상찮은 관심'의 확실치 않은 원인에 대해 궁금하게 생각하면서 점점 확산하는 배꼽에 관한 논의에 주의를 기울이게 된다.

**✔ '허원'은 '실물'에 대한 인식을 '세상 사람들'과 공유하게 되면서, 그간 이어 온 '사념'을 더 이상 지속하지 않게 된다.**
'허원'은 '실물' 즉 배꼽에 대한 지식과 사념을 바탕으로 '배꼽론'을 발전시켜 '확고한 경지'에 도달한다. 그러면서도 배꼽에 대한 사람들의 심상찮은 관심에 대해서는 알 수 없는 일로 여기며 '기묘한 현상'이라고 말한다. 따라서 '허원'이 '실물'에 대한 인식을 '세상 사람들'과 공유하게 되었다고 할 수 없다.

### 31 외적 준거에 따른 작품 감상 정답률 83% | 정답 ④

〈보기〉를 참고하여 윗글을 감상한 내용으로 적절하지 않은 것은? [3점]

〈보 기〉

「배꼽을 주제로 한 변주곡」은 주인공이 배꼽을 잃어버렸다는 허구적 설정으로 시작하여, 이후 배꼽을 둘러싼 희화적 에피소드들이 이어진다. 주인공은 으레 있어야 할 것이 없어져 불편한 생활을 이어 가던 중 배꼽에 관심을 갖는 이들이 늘어나고 있음을 알게 된다. 이 과정에서 배꼽에 관련된 개인적 상황은 물론 인간 존재와 사회 상황에 대한 심층적 의미의 탐색이 이루어진다.

① '의식의 끈'이 '건드려'짐으로써 주인공이 비정상적 문제 상황에 지속적으로 주목하게 된 것이겠군.
'의식의 끈'이 '건드려'진다는 것은 배꼽이 없는 자신에 대해 좀처럼 익숙해지지 못하고 자꾸만 허전해 견딜 수 없는 상태를 의미한다. 따라서 이것으로 인해 주인공은 비정상적인 문제 상황에 지속적으로 주목하고 있음을 알 수 있다.

② '회사 출근'을 포기하게 되고 '늦잠 버릇'이 사라진 상황은, 주인공의 일상이 변화된 모습을 보여 준다고 할 수 있겠군.
'회사 출근'과 '늦잠 버릇'은 '허원'이 날마다 해 온 것이다. 그런데 배꼽이 없어진 이후 그는 '회사 출근'을 포기하고 '늦잠 버릇'이 사라졌다고 하였다. 따라서 이것은 주인공의 일상이 변화된 모습을 보여 준다고 할 수 있다.

③ '배꼽'을 '탯줄'에 연관하여 이해하는 것은, 개인에 관련된 생각을 '우주와 만나'는 '심오하고 추상적인' 생각으로 확장하는 실마리가 된다고 할 수 있겠군.
'허원'은 '배꼽론'에서 '배꼽'을 '탯줄'과 연관하여, 우리 존재는 탯줄을 통해 '어머니의 탯줄과 이어지려 하고' 또다시 '그 어머니의 어머니의 탯줄'과 이어져 나가면서 마침내 '우주'와 만나게 된다고 설명한다. 즉 '배꼽'을 '탯줄'에 연관하여 이해한 그의 생각은 개인에 관련된 생각을 '심오하고 추상적인 생각'으로 확장하는 실마리가 되었다고 할 수 있다.

**✔ '그의 사념'이 도달한 '배꼽론'의 '확고한 경지'는 사소한 것의 심층적 의미를 탐색할 때 이를 수 있으므로, 그 사소한 것에 얽매이지 않는 자유로운 상태에서 실현이 가능해지겠군.**
'허원'이 배꼽론에 대해 매우 '확고한 경지'에 도달할 수 있었던 것은 '눈에 보이지 않는 배꼽'에 매달려 '거기에서밖에는 영영 더 이상 자유로워질 수 없었'기 때문이다. 따라서 '그 사소한 것에 얽매이지 않는 자유로운 상태'에서 실현된 것이라는 감상 내용은 적절하지 않다.

⑤ '기묘한 현상'은, '배꼽 이야기'가 '일반화'되는 상황이 뜻밖이지만 '사실'로 나타나는 현상을 두고 일컬은 말이라고 할 수 있겠군.
'기묘한 현상'의 '기묘한'은 '배꼽 이야기'가 '일반화'되는 뜻밖의 상황을 나타낸 것이고, '현상'은 이러한 상황이 현실 속에서 '사실'로 나타나고 있음을 나타낸 것이다.

## 32~34 고전 시가

**(가) 작자 미상, 「갑민가」**

감상 창작 시기와 작가는 분명하지 않지만 조선 영·정조 때(18세기) 성대중이 함경도 북청 부사로 있을 무렵 근처 갑산 지역에 살았던 사람이 지은 것으로 추정된다. 갑산은 함경남도 북동부에 위치한 곳으로, 조선 시대에 삼수와 더불어 유명한 귀양지 중 하나였다. 기온이 낮고 지형이 험준하여 경작지가 많지 않아 이곳 사람들은 신역으로 인한 부담이 클 수밖에 없었다. 특히 몰락 양반이나 힘없는 민중은 족징(族徵)과 지방 관리의 학정 등으로 신역에 대한 부담이 더욱 커졌는데, 이를 견디다 못한 사람들은 고향을 떠날 수밖에 없었다. 이처럼 **조선 후기 백성들의 삶을 힘겹게 하는 당대 사회의 모습을 작품 속 갑민의 삶의 모습을 통해 고발하고 있다는 점**에서 이 작품은 현실 비판적인 성격의 가사 작품으로 평가받고 있다. 또한 **갑민과 생원이라는 두 사람의 대화 형식으로 내용이 전개**된다는 점이 특징이다.

주제 부조리한 현실 비판

**(나) 작자 미상의 사설시조**

감상 김천택이 엮은 〈청구영언〉에 수록된 사설시조로, 선행하는 화자(초장과 중장)와 목동들(종장) 사이의 **대화를 통해 유희성을 보이는 작품**이다. 화자는 앞내와 뒷내에서 잡아 다래끼에 넣으려는 물고기를 목동들이 소 궁둥이에 얹어 누군가에게 전해 주기를 바라는데, 화자의 기대와는 달리 목동들은 농사일 때문에 바삐 가는 길이라 전해줄 수 있을지 모르겠다고 애매하게 대답하고 있다. (나)는 **대화의 전개 양상에 있어서 서로의 의견이 불일치하여 기대가 어긋나는 의외의 상황을 통해 웃음과 재미를 유발하는 작품**으로 이해할 수 있다.

주제 기대에 어긋나는 대답으로 인해 발생하는 유희성

### 32 표현상의 특징 파악 정답률 62% | 정답 ③

(가)에 대한 설명으로 적절하지 않은 것은?

① 대구 표현으로 외양을 묘사하여 대상의 처지를 드러낸다.
'허리 위로 볼작시면 베적삼이 깃만 남고 ~ 곱장 할미 앞에 가고 전태 발이 뒤에 간다'에서 대구 표현으로 신역을 피해 도망가는 사람들의 초라한 외양과 불쌍한 처지를 드러내고 있다.

② 행위의 실행을 가정하여 부정적 전망을 제시한다.
'본토 군정 싫다 하고 / 자네 또한 도망하면 일국 일토 한 인심에 / 근본 숨겨 살려 한들 어데 간들 면할쏜가'에서 행위의 실행을 가정하여 도망을 가도 신분을 속이고 살기 어렵다는 부정적 전망을 제시하고 있다.

**✔ 의문의 표현을 사용하여 상대의 행적에 대해 의심한다.**
(가)에 '어데 간들 면할쏜가', '이때 일을 모를쏘냐', '석숭인들 당할쏘냐' 등 의문의 표현이 사용되었지만, '어데 간들 면할쏜가'는 고향을 떠나는 것을 만류하는 것이고, '이때 일을 모를쏘냐', '석숭인들 당할쏘냐'는 백성들의 삶을 힘겹게 하는 당대 사회의 부조리한 모습을 부각하는 것으로 볼 수 있다. (가)에 나타나는 의문의 표현은 상대의 행적에 대해 의심하는 것과는 관련이 없다.

④ 과거와 현재를 대비하여 악화된 처지를 보여 준다.
'유사 장의 채지 나면 ~ 군사 강정 되단 말가'에서 갑민이 자신의 과거와 현재를 대비하여 현재 군사로 강등된 자신의 몰락한 처지를 보여 주고 있다.

⑤ 구체적 수치를 제시하여 감당하기 힘든 현실을 드러낸다.
'한 몸 신역 삼 냥 오전 돈피 두 장 의법이라 / 열두 사람 없는 구실 합쳐 보면 사십육 냥'에서 구체적 수치를 제시하여 중국 진나라 때의 부호인 석숭이라도 감당하기 힘든 과도한 신역의 부담을 드러내고 있다.

16회

**33** 시어, 시구의 의미와 기능 파악 정답률 70% | 정답 ⑤

㉠, ㉡에 대한 이해로 가장 적절한 것은?

① ㉠은 ㉠을 언급하는 화자가 이주해 가려는 땅에서 재배할 약재이다.
㉠을 언급하는 것은 생원으로, 그는 ㉠을 언급하여 갑민의 이주를 만류하려는 것이지 자신이 이주하여 약재를 재배하려는 것은 아니다.

② ㉡은 ㉡을 언급하는 화자가 말을 건네는 상대에게 노동의 대가로 주는 보상이다.
㉡을 언급하는 화자는 말을 건네는 상대인 목동들에게 물고기의 운반과 전달을 요청하는 것이지, 목동들에게 물고기를 노동의 대가로 주는 것이 아니다.

③ ㉠과 ㉡은 모두, 각각을 언급하는 화자가 유흥을 목적으로 구하려는 물품이다.
㉠은 갑민이 고향에서 계속 살아가는 데 도움이 되는 대상이고, ㉡은 화자가 누군가에게 전해 주려는 대상이다. 둘 다 유흥의 목적과는 관련이 없다.

④ ㉠과 ㉡은 모두, 각각을 언급하는 화자가 획득하려면 상대의 도움이 필요한 대상이다.
(가)에서 생원이 ㉠을 획득하기 위해 갑민의 도움을 구하는 내용은 찾을 수 없다. (나)에서 화자는 목동들의 도움 없이 ㉡을 획득할 수 있으며, 목동들에게 ㉡의 운반과 전달을 요청하고 있는 것이다.

✔ ㉠과 ㉡은 모두, 각각을 언급하는 화자가 보기에 상대가 했으면 하는 행위의 대상이다.
㉠은 갑민이 얻으면 공채와 신역을 갚는 데 도움이 되는 것으로, 화자가 갑민이 도망가지 않고 고향에 머무르면서 캐기를 바라는 대상이다. ㉡은 화자가 잡아서 다래끼에 넣으려는 것으로, 목동들이 소 궁둥이에 얹어 누군가에게 전해주기를 바라는 대상이다. 즉 화자가 보기에 상대가 했으면 하는 행위의 대상이다.

**34** 외적 준거에 따른 작품 감상 정답률 52% | 정답 ②

〈보기〉를 참고하여 (가), (나)를 감상한 내용으로 적절하지 않은 것은? [3점]

〈보 기〉

조선 후기의 가사나 사설시조에서는 입장이 다른 발화자가 등장하는 대화체를 사용해 작중 상황을 극의 한 장면처럼 만들기도 한다. 대화를 통해 사실성을 추구하는 작품의 경우, 구체적 소재와 다각적인 내용으로 그 시대 삶의 모습을 보여준다. 대화를 통해 유희성을 보이는 작품의 경우, 대화가 논쟁, 의견 불일치 등 의외의 상황으로 전개되면서 재미가 생겨나며, 때로 등장하는 불완전한 표현은 이러한 작품이 내용 자체보다 대화의 전개 양상에 주목함을 보여 준다.

① (가)의 '그대'가 '자네'의 선택과 다른 권유를 함으로써 '자네'가 풀어낸 사연은, 당시 갑산 백성이 겪었음 직한 고통을 사실적으로 보여 주는군.
(가)의 '그대'는 생원이고, '자네'는 갑민이다. 생원은 신역을 피해 도망가려는 갑민에게 고향에서 계속 살아가라는 권유를 하는데, 도망을 선택한 갑민은 당시 갑산 지역의 백성이 겪었음직한 고통을 사실적으로 풀어내고 있다.

✔ (가)의 '이내' 말씀은 집안의 내력과 사회적 지위를 구체적으로 언급하며 사회의 부조리를 해결하자는 입장으로, '그대' 말씀과 의견이 일치하지 않는군.
(가)의 '이내' 말씀은 갑민이 자신과 의견이 일치하지 않는 '그대(생원)'에게 들려주는 말이다. 갑민은 갑산 지역에 대해 자신이 잘 알고 있음을 강조하며 집안의 내력과 지위의 강등을 시간에 따라 설명하고 있는데, 사회의 부조리를 해결하자는 입장은 나타나지 않는다.

③ (나)는 선행하는 화자의 요청에 대해 '우리'가 선행하는 화자의 기대에 어긋난 대답을 하면서 대화가 의외의 상황으로 펼쳐지는군.
(나)의 선행하는 화자는 '고기'를 소 궁둥이에 얹어 누군가에게 전해달라고 '우리(목동들)'에 게 요청하는데, 화자의 기대와 달리 목동들은 '고기'를 전해줄 수 있을지 모르겠다고 애매하게 대답해 대화가 의외의 상황으로 펼쳐지고 있다.

④ (나)의 선행하는 화자가 '고기'를 누구에게 주라고 하는지 명시하지 않아 불완전한 표현이 된 것은 이 작품이 내용보다 대화의 전개 양상에 주목한다는 것을 드러내는군.
(나)의 선행하는 화자는 '고기'를 누구에게 주라고 하는지 명시하지 않아서 '고기'를 전달받는 대상을 알 수 없는 불완전한 표현이 되었다. 이것은 작품이 내용 자체보다 대화의 전개 양상에 주목하고 있음을 보여 준다.

⑤ (가)의 '그대'는 길 가는 '자네'를, (나)의 선행하는 화자는 소 먹이는 '아희들'을 불러 말을 건네고 있어 작품의 상황이 극 중 장면처럼 보이는군.
〈보기〉의 '입장이 다른 발화자가 등장하는 대화체를 사용해 작중 상황을 극의 한 장면처럼 만들기도 한다.'를 (가)와 (나)에 적용하면 (가)에서 '그대(생원)'가 길 가는 '자네(갑민)'를, (나)에서 선행하는 화자가 '아희들(목동들)'을 불러 말을 건네는 상황은 극 중 장면처럼 보일 수 있다.

## [35~45] 화법과 작문

**35** 발표 표현 전략 사용하기 정답률 86% | 정답 ②

위 발표자의 말하기 방식으로 가장 적절한 것은?

① 비언어적 표현을 활용하여 청중의 행동 변화를 요구하고 있다.
발표자는 '고개를 저으며'와 같이 비언어적 표현을 활용하고 있으나 이는 뒤에 '아, 다른 식물에서 양분을 흡수하는 건 아니에요.'라는 말이 이어지는 것에서, 이어서 소개할 식물은 앞서 소개한 라플레시아와는 달리 다른 식물에서 양분을 흡수하는 식물이 아니라는 점을 강조하기 위한 것임을 알 수 있다.

✔ 발표 내용과 관련한 질문을 하여 청중의 배경지식을 확인하고 있다.
발표자는 독특한 방식으로 살아가는 식물에 대해 발표하는 과정에서 '번식을 위해 곤충을 속이는 식물도 있다는 걸 아시나요?'라고 물은 후 청중의 반응을 살피고 '거의 모르시는군요.'라고 말하며 질문에서 제시한 식물의 구체적 사례를 들어 설명하고 있다. 이를 볼 때 발표자의 질문은 발표 내용과 관련된 것으로 청중의 배경 지식을 확인하기 위한 것임을 알 수 있다.

③ 낯선 용어의 개념을 정의하여 발표 내용에 대한 청중의 이해를 돕고 있다.
청중의 이해를 돕기 위해 낯선 용어의 개념을 정의하는 부분은 나타나 있지 않다.

④ 발표 중간중간에 앞서 언급한 주요 내용을 요약하여 주제를 강조하고 있다.
발표의 처음과 끝에서 '식물이 살아가는 몇 가지 독특한 방식', '식물이 살아가는 모습'과 같은 말로 발표 전체의 내용을 집약하였으나, 발표 중간중간에 앞서 언급한 주요 내용을 요약하고 있지는 않다.

⑤ 청중이 발표 내용을 통해 얻을 수 있는 효용을 제시하며 화제를 전환하고 있다.
발표의 마지막에서 '제 발표가 여러분의 상식을 넓히는 데 도움이 되었기를 바랍니다.'라고 하며 발표 내용을 통해 기대할 수 있는 효용을 제시하고 있으나, 이를 통해 화제를 전환하고 있지는 않다.

**36** 발표에서 자료, 매체 활용하기 정답률 72% | 정답 ④

다음은 발표자가 발표에 활용한 자료의 목록이다. 발표 내용을 고려할 때, 자료 활용에 대한 설명으로 적절하지 않은 것은?

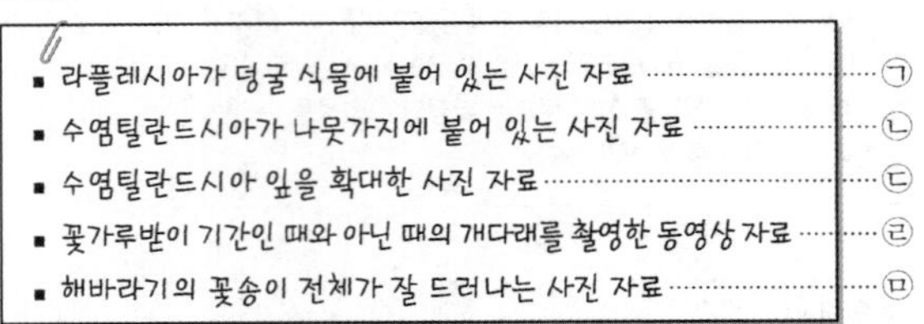


① ㉠은 사진 속 식물이 숙주에 기생하여 양분을 얻는다는 것을 설명하는 데에 활용되었다.
㉠은 발표자의 첫 번째 자료로 제시되어 라플레시아가 숙주인 덩굴 식물에 기생하여 양분을 흡수한다는 내용을 전달하는 데에 활용되었다.

② ㉡은 사진 속 식물의 공기뿌리가 하는 역할을 설명하는 데에 활용되었다.
㉡은 발표자의 두 번째 자료로 제시되어 수염틸란드시아의 공기뿌리를 보여 주고 그 역할을 설명하는 데에 활용되었다.

③ ㉢은 사진 속 식물의 잎에 있는 털의 기능을 설명하는 데에 활용되었다.
㉢은 '뿌리가 땅속에 있는 게 아닌데 양분과 수분은 어떻게 얻을까요?'라는 질문 직후에 제시되어, 이에 대한 답으로 수염틸란드시아의 잎에 있는 털의 기능을 설명하는 데에 활용되었다.

✔ ㉣은 동영상 속 식물의 꽃이 작고 잎에 가려져 있는 이유를 설명하는 데에 활용되었다.
㉣은 발표자의 네 번째 자료로 제시되어 개다래의 잎 색깔의 변화를 보여 주고, 이러한 변화를 통해 개다래가 잎을 꽃처럼 보이게 해서 곤충을 유인하고 번식에 이용한다는 내용을 전달하는 데에 활용되었다. 개다래의 꽃이 작고 잎에 가려져 있는 이유는 발표에서 제시되지 않았으며, 제시된 자료를 통해 알 수 있는 내용도 아니다.

⑤ ㉤은 사진 속 식물의 꽃송이가 낱낱의 꽃들이 한데 모여 이루어져 있다는 내용을 설명하는 데에 활용되었다.
㉤은 발표자의 다섯 번째 자료로, '여기 보이는 꽃송이가 하나의 꽃처럼 보이시죠?'라는 질문과 함께 제시되면서 하나의 꽃처럼 보이는 해바라기의 꽃송이가 실은 수많은 낱낱의 꽃들이 한데 모여 이루어진 것임을 설명하는 데에 활용되었다.

**37** 발표 내용 이해, 평가하기 정답률 92% | 정답 ③

발표 내용을 바탕으로 할 때, 〈보기〉에 나타난 학생들의 반응에 대한 이해로 적절하지 않은 것은?

〈보 기〉

**학생 1** : 오늘 발표에 나온 라플레시아에 대한 내용을 인터넷에서 본 적이 있어. 그 꽃은 심한 악취를 풍겨서 파리를 유인하는데, 번식을 위해서 그런 거래.
**학생 2** : 그래? 1 mL나 되는 큰 꽃이 악취를 풍기면 엄청나겠는걸? 근데 수염틸란드시아는 다른 식물에 기생하는 건 아니라는 거지?
**학생 1** : 응, 맞아. 나는 수염틸란드시아가 어떻게 번식하는지 알고 싶었는데 그 내용이 없어서 아쉬웠어.
**학생 2** : 나도 그랬어. 그 부분에 대한 설명이 있었으면 더 좋았을 텐데. 수염틸란드시아가 번식을 어떻게 하는지 찾아봐야겠어.

① '학생 1'은 발표 내용과 관련하여 자신의 기억을 떠올리고 있다.
'학생 1'은 라플레시아를 언급한 발표 내용과 관련하여 자신이 인터넷에서 본 내용을 떠올리고 이를 '그 꽃은 심한 악취를 풍겨서 파리를 유인하는데, 번식을 위해서 그런' 것으로 설명하고 있다.

② '학생 2'는 자신이 이해한 내용이 맞는지 상대에게 확인하고 있다.
'학생 2'는 '학생 1'에게 '수염틸란드 시아는 다른 식물에 기생하는 건 아니라는 거지?'라고 질문함으로써 자신의 이해 여부를 '학생1'에게 확인하고 있다.

✔ '학생 1'의 의문에 대해, '학생 2'는 발표에서 제공하지 않은 내용을 추론하고 있다.
'학생 2'는 라플레시아가 번식을 위해 악취를 풍기는 것이라는 '학생 1'의 설명에 대해 '1mL나 되는 큰 꽃이 악취를 풍기면 엄청나겠는걸?'이라며 발표에서 들은 꽃의 규모에 근거하여 악취의 정도를 추론하였다. '학생 1'은 의문을 제기하지 않았으며 '학생 2'의 추론은 의문에 대한 것이 아니다.

④ '학생 1'과 '학생 2'는 모두, 발표에서 궁금한 내용이 다뤄지지 않았음을 아쉬워하고 있다.
'학생 1'은 '수염틸란드시아가 어떻게 번식하는지 알고 싶었는데 그 내용이 없어서 아쉬웠어.'라고 말했고, '학생 2'는 '나도 그랬어.'라며 '학생 1'의 말에 동조하고 있다. 따라서 이들 모두 발표에서 궁금한 내용이 다뤄지지 않아 아쉬워하고 있음을 알 수 있다.

⑤ '학생 1'과 달리, '학생 2'는 발표 내용 외의 추가적인 정보를 탐색하려 하고 있다.
발표에서 누락된 부분에 대해 아쉬움만 표현한 '학생 1'과 달리, '학생 2'는 '수염틸란드시아가 번식을 어떻게 하는지 찾아봐야겠어.'라고 하며 발표 내용 외의 추가적인 정보를 탐색하려 하고 있음을 알 수 있다.

**38** 대화 표현 전략 사용하기 정답률 96% | 정답 ④

(가)의 ㉠ ~ ㉤에 대한 설명으로 적절하지 않은 것은?

① ㉠ : 상대가 언급한 내용에 대해 관련 정보를 요청하고 있다.
㉠에서 '학생 2'는 개교 60주년을 앞둔 인근 학교에서 교가 가사를 바꿨다는 '학생 1'의 직전 발화를 듣고 그 이유에 대한 설명을 요청하고 있다.

② ㉡ : 상대의 생각에 수긍한 후 자신의 경험을 제시하고 있다.
㉡ 에서 '학생 2'는 비슷한 시기에 개교한 우리 학교 교훈에도 문제가 있다는 '학생 3'의 직전 발화에 '맞아.'라고 수긍하면서, 등교할 때 교훈을 보고 불편함을 느꼈던 자신의 경험을 제시하고 있다.

③ ㉢ : 상대의 견해를 바탕으로 기존의 인식을 전환하고 있다.



[문제편 p.312]

ⓒ에서 '학생 1'은 친구들의 대화를 듣고서 학교 교훈에 대해 '괜찮다'고 생각했던 기존의 인식이 '바꿔야 겠다'로 전환되었음을 드러내고 있다.

✔ ㉣ : 상대가 제시한 대안에 대해 문제를 제기하고 있다.
'학생 3'은 교훈을 바꾸는 과정에서 동문 선배들과 학교 구성원의 의견도 충분히 들어야 할 필요성을 제시한 후, ㉣에서는 교훈 변경이 필요한 이유와 교훈 변경을 통해 기대되는 효과를 알리는 것이 중요함을 강조하고 있다. '학생 1'의 직전 발화는 대안을 제시한 것이 아니며, ㉣ 역시 문제를 제기한 것은 아니다.

⑤ ㉤ : 상대의 생각과 다른 자신의 의견을 제안하고 있다.
㉤에서 '학생 3'은 새로운 교훈을 제안받아 보자는 '학생 1'의 직전 발화에 대해, 오해를 야기할 수 있으니 해당 내용을 뺄 것을 제안하고 있다.

## 39 대화 내용 이해, 평가하기

정답률 75% | 정답 ⑤

**다음은 '학생 3'이 학생회 회의를 준비하면서 (가)의 대화 내용을 정리한 메모의 일부이다. 메모의 내용으로 적절하지 않은 것은?**

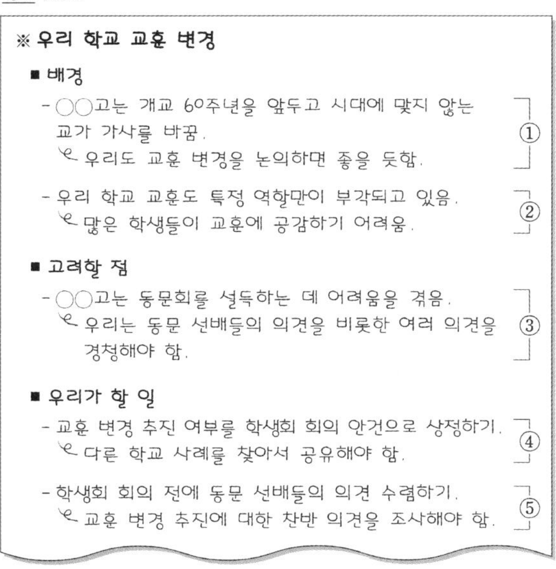
※ 우리 학교 교훈 변경
■ 배경
- ○○고는 개교 60주년을 앞두고 시대에 맞지 않는 교가 가사를 바꿈.
↳ 우리도 교훈 변경을 논의하면 좋을 듯함. ①
- 우리 학교 교훈도 특정 역할만이 부각되고 있음.
↳ 많은 학생들이 교훈에 공감하기 어려움. ②
■ 고려할 점
- ○○고는 동문회를 설득하는 데 어려움을 겪음.
↳ 우리는 동문 선배들의 의견을 비롯한 여러 의견을 경청해야 함. ③
■ 우리가 할 일
- 교훈 변경 추진 여부를 학생회 회의 안건으로 상정하기.
↳ 다른 학교 사례를 찾아서 공유해야 함. ④
- 학생회 회의 전에 동문 선배들의 의견 수렴하기.
↳ 교훈 변경 추진에 대한 찬반 의견을 조사해야 함. ⑤

① ○○고는 개교 60주년을 앞두고 시대에 맞지 않는 교가 가사를 바꿈.
↳ 우리도 교훈 변경을 논의하면 좋을 듯함.
'학생 1'은 첫 발화에서 교가 가사를 바꾼 인근 학교의 사례를 언급하였으며, 이와 관련지어 '학생 3'의 첫 번째 발화와 '학생 2'의 두 번째 발화에서 우리 학교의 교훈에 대한 문제 제기와 교훈 변경에 대한 바람으로 논의가 이어지게 되었음을 확인할 수 있다.

② 우리 학교 교훈도 특정 역할만이 부각되고 있음.
↳ 많은 학생들이 교훈에 공감하기 어려움.
'학생 3'의 두 번째 발화에 이어지는 '학생 2'와 '학생 3'의 대화를 통해, 학교 교훈에서 특정 역할만이 강조되고 있어 많은 학생들이 공감하기 어렵다는 내용을 확인할 수 있다.

③ ○○고는 동문회를 설득하는 데 어려움을 겪음.
↳ 우리는 동문 선배들의 의견을 비롯한 여러 의견을 경청해야 함.
'학생 1'은 세 번째 발화에서 교가를 변경하는 과정에서 동문회를 설득하는 데 어려움을 겪은 인근 학교의 사례를 언급하였으며, '학생 3'은 이후의 발화에서 '동문 선배들과 학교 구성원의 의견도 충분히 들어야' 함을 강조하고 있다.

④ 교훈 변경 추진 여부를 학생회 회의 안건으로 상정하기.
↳ 다른 학교 사례를 찾아서 공유해야 함.
'학생 3'은 여섯 번째 발화에서 교훈 변경을 추진할지 여부를 학생회 회의 안건으로 올려 보자고 제안하였으며, 이에 이어서 '학생 1'은 다른 학교의 사례를 더 찾아 회의 때 공유하겠다고 하고 있다.

✔ 학생회 회의 전에 동문 선배들의 의견 수렴하기.
↳ 교훈 변경 추진에 대한 찬반 의견을 조사해야 함.
'학생 2'는 여섯 번째 발화에서, 교훈 변경을 추진하자는 의견이 학생회 회의 안건으로 통과될 경우 이어질 후속 조치로 교훈 변경에 대한 학생들의 의견을 조사하고 설문 조사의 배경도 함께 안내할 것을 제안하고 있다. 또한 교훈을 바꾸자는 의견이 많을 경우 학교에 건의하자는 '학생 1'의 제안에 대해 '학생 2'는 마지막 발화에서 학교에 건의할 때 동문 선배들의 의견도 모아 달라고 부탁할 것을 제안하였다. 따라서 '동문 선배들의 의견 수렴'은 학생회 회의 이후의 후속 조치에 해당된다. 이로 보아, '학생회 회의 전에 동문 선배들의 의견 수렴하기'라는 메모의 내용은 적절하지 않다.

## 40 정보 전달 글쓰기 내용 조직하기

정답률 67% | 정답 ④

**다음은 (나)를 쓸 때 계획한 내용 전개 과정이다. (가)의 [A]～[E]가 ㉮～㉲를 고려하여 (나)에 반영되었다고 할 때, 이에 대한 설명으로 가장 적절한 것은? [3점]**

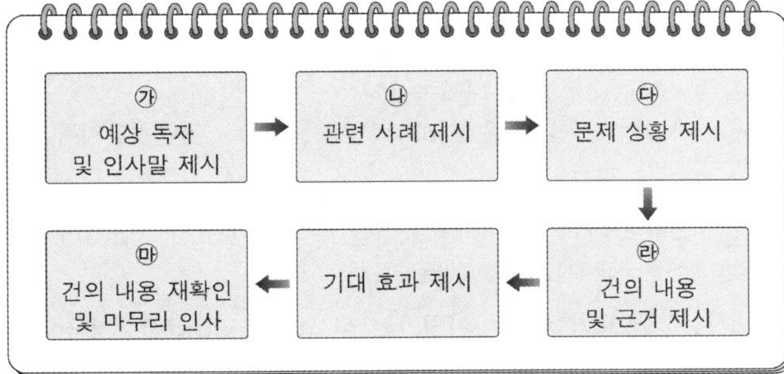


① ○○고의 예전 교가 가사에 담긴 가치의 중요도가 지금은 달라졌다는 [A]의 내용은, ㉯를 고려하여 (나)에서 학생들의 삶이 예전보다 행복해졌음을 강조하기 위한 사례로 반영되었다.
[A]의 내용은 (나)에서 우리 학교의 교훈을 바꿔야 하는 이유를 언급하는 내용 속에 반영되어 있을 뿐, (나)에서 '○○고의 변경된 교가 가사는 이전과 달리, 학생들의 미래와 행복한 삶을 강조한다고 합니다.'라고 언급하고 있기는 하지만 '학생들의 삶이 예전보다 행복해졌음'을 언급하지는 않았다. 또한 이 점을 강조하기 위한 사례로 [A]가 반영되지도 않았다.

② 교훈 내용이 문제가 있다는 [B]의 내용은, ㉰를 고려하여 (나)에서 교훈 내용이 구성원의 과거와 현재의 가치를 담고 있지 않다는 문제 상황으로 반영되었다.
교훈 내용이 문제가 있다는 [B]의 내용은 (나)의 3문단에 '현재와 미래의 구성원이 지향해야 하는 가치를 반영하지 못하는 문제'가 있다는 내용으로 반영되어 있으나 우리 학교의 교훈이 구성원의 과거와 현재의 가치를 담고 있지 않아서 문제라고 언급하지는 않았다.

③ 교가보다 교훈을 바꾸기 어렵다는 [C]의 내용은, ㉲를 고려하여 (나)에서 새로운 교훈을 제안받아 달라는 건의 내용을 재확인하는 것으로 반영되었다.
[C]는 교훈을 바꾸는 것이 교가를 바꾸는 것만큼 어렵다고 했지, 교가보다 교훈을 바꾸기 어렵다고 한 것은 아니다. 또한 (나)에서 새로운 교훈을 제안받아 달라고 건의하지도 않았다.

✔ 학생들의 의견 조사를 제안한 [D]의 내용은, ㉱를 고려하여 (나)에서 교훈을 변경해 달라는 건의 내용에 대한 근거를 설문 조사 방법을 통해 마련한 것으로 반영되었다.
교훈 변경에 대한 학생들의 의견을 설문 조사를 통해 파악해 보자는 [D]의 의견은 (나)에서 '학생회에서 설문 조사로 학생들의 의견을 수렴한 결과 전교생의 91.8%가 교훈 변경에 찬성'했다는 내용으로 반영되어 있다. 이는 교훈을 변경해 달라는 건의 내용에 대한 근거로 활용된 것이라 볼 수 있으므로 적절하다.

⑤ 교훈 변경을 학교에 건의하자는 [E]의 내용은, ㉮를 고려하여 (나)에서 교장 선생님을 예상 독자로 하여 지역 학교들과의 공감대를 형성해야 하는 이유로 반영되었다.
교훈 변경을 학교에 건의하자는 [E]의 내용은 교장 선생님을 예상 독자로 하는 (나)의 건의문을 쓰게 된 계기가 되었다고 볼 수 있다. 그러나 (나)에서 지역 학교들과의 공감대를 형성해야 한다고 언급하지도 않았고, [E]가 그 이유로 반영되고 있지도 않다.

## 41 정보 전달 글쓰기 표현 전략 사용하기

정답률 86% | 정답 ③

**(나)의 ⓐ～ⓔ에 대한 설명으로 적절하지 않은 것은?**

① ⓐ : 글의 특성을 고려하여 건의의 주체를 제시했다.
'저는 학생회 대표 안△△'이라는 표현을 통해 건의의 주체를 밝히고 있다.

② ⓑ : 정보의 신뢰성을 높이기 위해 출처를 제시했다.
인근 학교가 학교 구성원의 노력 끝에 교가 가사를 변경했다는 정보의 신뢰성을 높이기 위해 '◇◇방송 뉴스'라는 출처를 제시하고 있다.

✔ ⓒ : 설득력을 높이기 위해 예상되는 반론을 제시했다.
ⓒ는 교훈이 구성원 모두가 지향하는 정신적 가치를 담을 수 있어야 하므로 단순히 학교의 이념을 표현하는 것에 그쳐서는 안 된다는 것을 말하고 있다. 이것은 현재의 교훈을 변경해야 하는 이유를 말한 것이지 교훈을 변경해야 한다는 주장에 대한 예상 반론이라 볼 수는 없다.

④ ⓓ : 화제의 중요성을 환기하기 위해 비유적 표현을 제시했다.
'정신적 가치를 담는 그릇'이라는 비유적 표현을 통해 화제인 '교훈'의 중요성을 환기하고 있다.

⑤ ⓔ : 건의 내용을 실현하기 위해 거쳐야 하는 과정을 제시했다.
'교직원, 동문 선배, 학부모에게 교훈 변경의 취지를 설명'하고, '그분들의 의견을 수렴'한 후 '학교운영위원회에서 심의'를 거칠 수 있도록 해 달라고 말하고 있으므로 건의 내용을 실현하기 위해 거쳐야 하는 과정을 제시했다고 볼 수 있다.

## 42 정보 전달 글쓰기 내용 점검, 조정하기

정답률 83% | 정답 ①

**다음은 (나)의 5문단 초고와 그에 대한 친구의 조언이다. 친구의 조언이 (나)에 반영되었다고 할 때 ⓐ에 들어갈 내용으로 가장 적절한 것은?**

【5문단 초고】
우리 학교의 교훈 변경은 교훈을 바꾸고 싶은 다른 학교에도 좋은 영향을 끼칠 것입니다. 이러한 변화는 학생들에게 교육적으로도 긍정적인 영향을 미칠 것이라고 확신합니다.

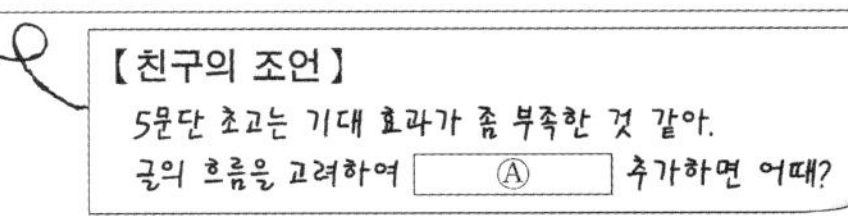
【친구의 조언】
5문단 초고는 기대 효과가 좀 부족한 것 같아.
글의 흐름을 고려하여 [ Ⓐ ] 추가하면 어때?

✔ 학교 구성원 입장에서의 긍정적인 측면을
[5문단 초고]에서는 우리 학교의 교훈 변경이 다른 학교에 좋은 영향을 끼치고, 그로 인해 우리 학교 학생들에게도 긍정적 영향을 끼칠 것이라고만 언급하고 있다. 반면, (나)의 5문단에는 초고의 내용 앞에 교훈을 바꾸게 되면 자신들의 노력으로 교훈을 바꿨다는 것에 학생들이 자부심을 느끼게 되고, 학생들은 물론 부모님들과 선생님들도 더욱 애교심과 학교에 대한 긍지를 가질 수 있을 것이라는 내용이 추가되어 있다. 따라서 (나)에서 교훈을 바꿨을 때의 기대 효과가 보완된 것을 볼 때, 초고에 대해 친구가 했을 조언은 '학교 구성원 입장에서의 긍정적인 측면'을 추가하자는 의견이었을 것이라 추론할 수 있다.

② 다른 학교가 참고할 수 있는 유용한 정보를
(나)의 5문단에 다른 학교가 참고할 수 있는 유용한 정보가 추가된 것은 아니다.

③ 교훈 내용이 학교생활의 지침이 된다는 점을
(나)의 5문단에 교훈 내용이 학교생활의 지침이 된다는 점이 추가된 것은 아니다.

④ 지역 사회에서 학교의 위상이 강화된다는 측면을
(나)의 5문단에 지역 사회에서 학교의 위상이 강화된다는 측면이 추가된 것은 아니다.

⑤ 건의를 받는 대상이 학생의 성장을 이끌 수 있다는 점을
(나)의 5문단에 건의를 받는 대상인 '교장 선생님'이 학생의 성장을 이끌 수 있다는 점을 추가한 것은 아니다.

## 43 건의 글쓰기 표현 전략 사용하기

정답률 91% | 정답 ①

**'학생의 초고'에 활용된 글쓰기 방식으로 가장 적절한 것은?**

✔ 지속 가능 항공유를 기존 항공유와 대비하여 서술하였다.

16회

2문단의 '지속 가능 항공유란 기존 항공유와 화학적 구조가 유사하면서도 화석 연료가 아닌 폐기물이나 작물 등을 원료로 생산된 연료이다.'와 3문단의 '지속 가능 항공유는 화석 연료로 만든 기존 항공유에 비해 탄소 배출량을 80%가량 줄일 수 있다.'라는 문장을 통해 지속 가능 항공유를 기존 항공유와 대비하여 서술하고 있음을 확인할 수 있다.

② **지속 가능 항공유의 생산 과정을 단계적으로 서술하였다.**
유럽 연합이 지속 가능 항공유 사용을 단계적으로 늘려나갈 계획임을 언급하고 있기는 하지만, 지속 가능 항공유의 생산 과정을 단계적으로 언급하지는 않았다.

③ **지속 가능 항공유의 장단점을 묻고 답하는 방식으로 서술하였다.**
지속 가능 항공유의 단점을 언급하지도 않았고 묻고 답하는 방식이 쓰이지도 않았다.

④ **지속 가능 항공유의 도입 과정에서 예상되는 문제점을 시기별로 서술하였다.**
우리나라가 지속 가능 항공유 사용의 의무화를 앞두고 지속 가능 항공유의 부족 상황이 문제가 될 것이라는 점은 언급하고 있으나, 이러한 문제점을 시기별로 서술하지는 않았다.

⑤ **지속 가능 항공유를 사용할 때의 경제적 효과를 국가별로 분석하여 서술하였다.**
'별도로 비행기를 개조할 필요 없이 기존의 항공유와 혼합하여 사용할 수 있어 효율적'인 것을 '경제적 효과'로 볼 여지는 있으나 이를 국가별로 분석하여 서술하고 있지는 않다.

## 44 건의 글쓰기 내용 생성하기

정답률 86% | 정답 ⑤

**다음은 학생이 초고를 작성하며 떠올린 생각이다. 이를 고려할 때 [A]에 들어갈 내용으로 가장 적절한 것은?**

> 글을 마무리할 때는 지속 가능 항공유 사용의 의의를 제시한 후, 환경과 관련하여 학생들의 실천을 제안하는 내용을 써야겠어.

① **앞으로 항공편을 선택할 때는 비용보다는 환경을 고려해 보면 어떨까? 지속 가능 항공유를 사용한 비행기를 선택한다면 지구 온난화를 늦출 수 있다.**
학생이 떠올린 생각과 달리 첫 문장에 학생들의 실천 방안을 제안하고, 다음 문장에 지속 가능 항공유 사용의 의의를 제시하고 있으므로 적절하지 않다.

② **이제는 일상생활에서도 탄소 배출량을 줄이기 위한 노력이 필요한 시점이다. 비행기로 여행할 때 수하물의 무게를 줄여 환경을 위한 발걸음에 동참하면 어떨까?**
'탄소 배출량을 줄이기 위한 노력'이 필요함을 강조하고 있으나 이를 위해 비행기 수하물의 무게를 줄여야 한다고 말하고 있으므로 이는 글의 중심 내용과도 무관하고, 지속 가능 항공유 사용의 의의와 이를 위한 학생들의 실천 방안을 다뤄야 하는 [A]의 내용으로도 적합하지 않다.

③ **지속 가능 항공유의 혼합 비율을 더 높일수록 탄소 배출량을 더 많이 감축할 수 있다. 환경을 위해 지속 가능 항공유의 혼합 비율을 점차 높여 가는 것은 어떨까?**
첫 문장은 지속 가능 항공유의 혼합 비율을 높일수록 탄소 배출량을 감축할 수 있다고 말하고 있으므로, 지속 가능 항공유의 의의가 제시되었다고 볼 수는 있다. 그러나 다음 문장에서 언급한 '지속 가능 항공유의 혼합 비율을 점차 높여 가는 것'은 학생들이 실천할 수 있는 방안이 아니다.

④ **많은 국가들이 지속 가능 항공유의 사용에 동참한다면 화석 연료 사용량을 줄일 수 있다. 화석 연료 사용량이 줄어들 때 지구는 더 건강해질 수 있지 않을까?**
많은 국가들이 지속 가능 항공유의 사용에 동참한다면 화석 연료 사용량을 줄일 수 있다고 말하고 있다. 이는 탄소 배출량을 저감할 수 있다는 지속 가능 항공유 사용의 직접적인 의의를 말한 것은 아니지만, 화석 연료 사용량의 축소가 탄소 배출량의 저감으로 이어질 수 있다는 점에서 그 의의를 언급한 것으로 볼 수는 있다. 그러나 화석 연료 사용량을 줄이는 것은 학생들이 할 수 있는 실천 방안으로 적합하지는 않고 이 글의 주제와도 어울리지 않는다.

✔ **지속 가능 항공유의 사용을 확대하면 탄소 배출량을 줄여 기후 위기에 대응할 수 있다. 비행기를 타야 한다면, 되도록 탄소 배출량이 더 적은 항공편을 이용하면 어떨까?**
학생이 초고를 작성하며 떠올린 생각을 고려할 때 [A]에는 지속 가능 항공유 사용의 의의가 먼저 제시되고, 이어서 환경과 관련하여 학생들이 실천할 수 있는 방안을 제안하는 내용이 들어가야 함을 알 수 있다. ⑤는 '지속 가능 항공유의 사용을 확대하면 탄소 배출량을 줄여 기후 위기에 대응할 수 있다.'라는 문장을 통해 지속 가능 항공유 사용의 의의를 제시한 후, '비행기를 타야 한다면, 되도록 탄소 배출량이 더 적은 항공편을 이용하면 어떨까?'라는 문장을 통해 학생들이 실천할 수 있는 방안을 제안하고 있으므로 [A]에 들어갈 내용으로 가장 적절하다

★★★ 등급을 가르는 문제!

## 45 건의 글쓰기 자료, 매체 활용하기

정답률 57% | 정답 ②

**〈보기〉는 학생이 초고를 보완하기 위해 추가로 수집한 자료이다. 자료 활용 방안으로 적절하지 않은 것은? [3점]**

〈보 기〉

ㄱ. 통계 자료

ㄱ-1. 운송 수단별 탄소 배출량

(단위 : g)

| 운송 수단 | 탄소 배출량 |
|---|---|
| 기차 | 14 |
| 버스 | 68 |
| 비행기 | 285 |
| 소형 승용차 | 104 |

(1km당 승객 1명 이동 기준)
자료 출처: 유럽환경청(2014년)

ㄱ-2. 지속 가능 항공유 필요량 전망

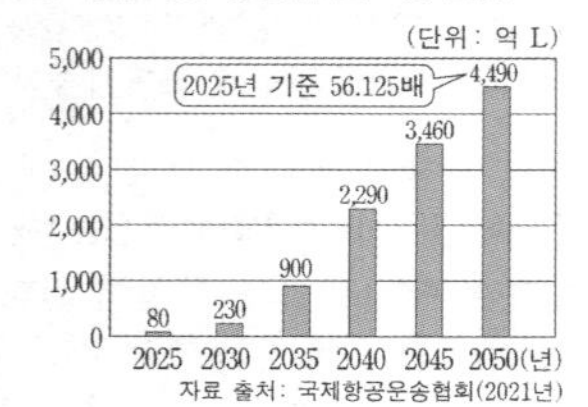

자료 출처: 국제항공운송협회(2021년)

ㄴ. 신문 기사

2023년 우리나라 국제선 항공기의 탄소 배출량인 약 2천만 톤을 기준으로 산정하면, 지속 가능 항공유를 1% 혼합할 경우 약 16만 톤 정도의 탄소 배출 감축 효과가 있다. 16만 톤은 승용차 약 5만 3천 대의 1년간 탄소 배출량에 해당한다.

ㄷ. 전문가 인터뷰

"작물을 지속 가능 항공유의 원료로 사용하면 작물 재배로 인한 삼림 훼손과 식량 부족 등이 우려됩니다. 폐기물은 이러한 문제는 없지만 양이 한정되어 있습니다. 미세 조류, 이산화 탄소 등이 원료의 대안으로 떠오르고 있으나 국내 상용화를 위한 기술 개발이 더 필요한 실정입니다."

① **ㄱ-1을 활용하여, 비행기가 탄소 배출량이 가장 많고 기차가 가장 적다는 내용으로, 시간 손실을 감수하고 비행기 대신 기차를 타자는 운동이 일어나게 된 배경을 1문단에 보강한다.**
ㄱ-1은 네 가지 운송 수단 중에 비행기가 탄소 배출량이 가장 많고, 기차가 가장 적다는 것을 보여 주는 자료이다. 따라서 시간 손실을 감수하더라도 탄소 배출량이 가장 많은 비행기 대신 탄소 배출량이 가장 적은 기차를 타는 것이 환경을 위한 선택임을 알 수 있다. 그러므로 ㄱ-1은 1문단에서 언급한 스웨덴의 '플뤼그 스캄(Flygskam)' 운동이 일어나게 된 배경을 보강해 주는 자료로 활용하기에 적합하다.

✔ **ㄱ-2를 활용하여, 지속 가능 항공유가 2050년에는 2025년보다 50배 이상 필요하다는 내용을, 지속 가능 항공유의 혼합 비율을 2050년에 70%까지 높이는 근거로 4문단에 추가한다.**
ㄱ-2는 지속 가능 항공유 필요량이 점점 커질 것이라는 전망을 보여 주는 자료로, 지속 가능 항공유의 필요량이 2050년에는 2025년의 50배 이상 늘어날 것이라는 내용을 담고 있다. 학생의 초고를 참고할 때 이와 같이 지속 가능 항공유 필요량이 점점 커지는 이유는 지속 가능 항공유가 탄소 배출량을 획기적으로 저감할 수 있으며 이 때문에 유럽 연합을 비롯하여 우리나라에서도 지속 가능 항공유 사용을 점차 확대화해 나가는 추세에 따른 결과임을 알 수 있다. 따라서 ㄱ-2는 유럽 연합이 2050년에 지속 가능 항공유의 비율을 70%까지 높이려는 것의 근거가 아니라, 그 결과로 볼 수 있다.

③ **ㄷ을 활용하여, 작물 원료의 사용이 삼림과 식량 공급에 부정적인 영향을 미친다는 내용을, 유럽연합에서 작물 기반 바이오 연료의 사용을 제한하게 된 이유로 2문단에 추가한다.**
ㄷ은 작물을 지속 가능 항공유의 원료로 사용하면 삼림 훼손과 식량 부족 등이 우려된다는 내용을 담고 있는 자료이다. 따라서 ㄷ은 2문단에서 유럽 연합에서 지속 가능 항공유의 원료로 작물 기반 바이오 연료의 사용을 규제하는 이유를 설명해 주는 자료로 활용하기에 적합하다.

④ **ㄱ-1과 ㄴ을 활용하여, 다른 운송 수단 대비 탄소 배출량이 많은 비행기에 지속 가능 항공유를 사용하면 탄소 배출량 감축에 효과적이라는 내용으로, 지속 가능 항공유의 친환경적 특징을 보여 주는 근거를 3문단에 보강한다.**
ㄱ-1과 ㄴ을 종합하면, 다른 운송 수단에 비해 탄소 배출량이 가장 많은 것이 비행기라는 것과 이런 비행기의 연료로 지속 가능 항공유를 조금만 혼합해 사용해도 탄소 배출량을 크게 감축할 수 있다는 것을 추론할 수 있다. 따라서 두 자료를 종합하여 3문단에서 지속 가능 항공유의 친환경적 특징을 보여 주는 근거로 활용하기에 적합하다.

⑤ **ㄱ-2와 ㄷ을 활용하여, 지속 가능 항공유의 예상 수요가 지속적 으로증가하지만 공급에 제약이 있다는 내용으로, 정부가 기업을 지원하여 생산 기술의 고도화를 통해 지속 가능 항공유의 공급 역량을 강화하려는 이유를 5문단에 보강한다.**
ㄱ-2와 ㄷ을 종합하면, 지속 가능 항공유의 필요량이 꾸준히 증가하지만 여러 가지 제약으로 인해 지속 가능 항공유의 공급이 부족하기 때문에 미세 조류나 이산화탄소 등을 원료로 사용하는 대안 기술이 개발되어야 할 것임을 추론할 수 있다. 따라서 5문단에서 ㄱ-2와 ㄷ을 활용하는 것은 정부가 기업을 지원하여 지속 가능 항공유 생산 기술을 고도화해야 하는 이유를 보여 주기에 적합한 것임을 알 수 있다.

**★★ 문제 해결 꿀~팁 ★★**

▶ **많이 틀린 이유는?**
초고의 요지와 주어진 자료의 활용법에 대한 이해가 미흡했기에 오답률이 높았던 것으로 보인다.

▶ **문제 해결 방법은?**
이 문제를 해결하기 위해서는 지문의 요지를 파악한 후 주어진 자료가 근거로 작용할 수 있는지, 혹은 단순히 결과로 제시된 것인지를 이해할 수 있어야 한다. 지속 가능 항공유의 필요량 전망에 대한 자료인 ㄱ-2는 지속 가능 항공유의 필요량이 점점 증가하는 추세임을 보여준다. 이에 지속 가능 항공유가 2050년에는 2025년보다 50배 이상 필요할 것이라는 내용을 담고 있다고 볼 수 있다. 한편 학생의 초고 4문단을 참고할 때, 지속 가능 항공유의 장점으로 인해 그것의 사용을 의무화하는 국가가 점점 늘고 있는 추세이며 이에 유럽 연합은 2025년부터 지속 가능 항공유를 점차 확대하여 2050년에는 70%까지 높일 예정이라는 점을 확인할 수 있다. 따라서 ②의 경우 ㄱ-2는 '지속 가능 항공유의 혼합 비율을 2050년에 70%까지 높이는 근거'가 아니라, 예측된 결과로서 전망을 보여주고 있는 자료라고 할 수 있다.

# [35~45] 언어와 매체

## 35 중세 국어의 표기법

정답률 78% | 정답 ⑤

**윗글을 바탕으로 이해한 내용으로 적절하지 않은 것은?**

① **『용비어천가』에 나타나는 '높고'와 '빛'은 팔종성가족용의 원리에 어긋나는 예이다.**
1문단에서 설명한 팔종성가족용은 여덟 자음자(ㄱ, ㆁ, ㄷ, ㄴ, ㅂ, ㅁ, ㅅ, ㄹ)로 모든 끝소리를 표기할 수 있다는 원리이다. 따라서 '높고', '빛'처럼 'ㅍ', 'ㅊ'으로 끝소리를 적는 것은 이러한 원리에 어긋나는 예이다.

② **'오ᄂᆞᆯ'(오늘)과 '날' 사이의 사잇소리 표기는 『용비어천가』에서는 'ㅿ', 『월인천강지곡』에서는 'ㅅ'을 썼다.**
'오ᄂᆞᆯ + 날'에 서 사잇소리가 쓰이는 자리는 울림소리 사이이다. 3문단을 통해서 '용비어천가'에서는 울림소리 사이에 사잇소리 표기로 'ㅿ'을 썼으며, '월인천강지곡'에서는 사잇소리 표기를 'ㅅ'으로 통일하여 사용하였음을 확인할 수 있다.

③ **현대 국어 '바닷물'의 'ㅅ' 표기는 중세 국어 사잇소리 표기에서 유래하였다.**
3문단의 마지막 문장에서 설명한 내용을 바탕으로 현대 국어 '바닷물'의 사잇소리 'ㅅ' 표기는 중세 국어의 사잇소리 표기 방식에서 유래한 것임을 추론할 수 있다.

④ **중세 국어 한자음이 '텬'인 '天'은 『석보상절』에서 '天텬', 『월인천강지곡』에서 '텬天'으로 적었다.**
'석보상절'에서는 한자를 적고 이어서 그 한자의 음을 제시하였다는 4문단의 설명을 통해 '天텬'과 같이 적었을 것임을 추론할 수 있다. 그리고 '월인천강지곡'에서는 한자의 음을 적고 이어서 그 한자를 제시하였다는 설명을 통해 '텬天'과 같이 적었을 것임을 추론할 수 있다.

✔ **'혼자'의 중세 국어 표기는 『용비어천가』, 『석보상절』, 『월인천강지곡』 세 문헌을 통틀어 세 가지가 나타난다.**
'혼자'의 중세 국어 표기는 마지막 문단의 설명을 통해 확인할 수 있다. '용비어천가'에서는 'ᄒᆞᄫᆞᅀᅡ'의 형태로만 썼다고 설명하였고, '석보상절'과 '월인천강지곡'에서는 'ᄒᆞ오ᅀᅡ'로만 썼다고 설명하였다. 따라서 세 문헌을 통틀어 세 가지가 아니라 두 가지 형태로 나타났음을 알 수 있다.



[문제편 p.316]

## 36 중세 국어의 표기법
정답률 79% | 정답 ④

**[A]와 〈자료〉를 통해 탐구한 내용으로 적절하지 않은 것은? [3점]**

〈자 료〉

- 뎌녁 ⓐ ᄀᆞᅀᅢ(ᄀᆞᇫ+애) 건나가샤 －『석보상절』
  [저쪽 가에 건너가시어]
- 뫼화 그르세 ⓑ 담아(담－+－아) －『월인천강지곡』
  [모아서 그릇에 담아]
- ⓒ 누네 (눈+에) 빗봄과 －『석보상절』
  [눈에 빛 봄과]
- 쏜 살이 세 낱 ⓓ 붚뿐(붚+뿐) ᄢᅦ여디니 －『월인천강지곡』
  [쏜 화살이 세 개 북만 꿰어지니]
- 너희 ⓔ 스승니믈(스승+－님+을) 보ᅀᆞᆸ고져 ᄒᆞ노니 －『석보상절』
  [너희 스승님을 뵙고자 하니]

① **ⓐ는 『용비어천가』에서 'ᄀᆞᅀᅢ'로 적혀 있겠군.**
'용비어천가'에서는 체언과 조사의 결합에 대해 이어 적기를 취했다는 설명을 통해 'ᄀᆞᇫ+애'를 'ᄀᆞᅀᅢ'로 적었을 것임을 추론할 수 있다.

② **ⓑ는 『석보상절』에서 '다마'로 적혀 있겠군.**
'석보상절'에서는 어간과 어미의 결합에 대해 이어 적기를 취했다는 설명을 통해 '담－+－아'를 '다마'로 적었을 것임을 추론할 수 있다.

③ **ⓒ는 『월인천강지곡』에서 '눈에'로 적혀 있겠군.**
'월인천강지곡'에서는 체언의 끝소리가 울림소리일 경우에는 끊어 적기를 취했다는 설명을 통해 '눈+에'를 '눈에'로 적었을 것임을 추론할 수 있다.

✔ **ⓓ가 조사 '을'과 결합하면 동일 문헌에서 '붚을'로 적히겠군.**
고유어의 이어 적기와 끊어 적기에 대한 설명은 2문단에 제시되어 있다. '월인천강지곡'에서는 체언의 끝소리가 울림소리가 아닌 경우에는 이어 적기를 하였다는 설명을 통해 '붚+을'을 '부플'로 적었을 것임을 추론할 수 있다.

⑤ **ⓔ가 조사 '이'와 결합하면 동일 문헌에서 '스스이'나 '스승이'로 적히겠군.**
'석보상절'에서는 체언의 끝소리가 'ㆁ'일 때에는 이어 적기도 하고 끊어 적기도 하였다는 설명을 통해 '스승+이'를 '스스이'나 '스승이'로 적었을 것임을 추론할 수 있다.

★★★ 등급을 가르는 문제!

## 37 단어의 의미 관계
정답률 68% | 정답 ③

**밑줄 친 두 단어가 〈보기〉의 ㉠~㉤에 해당하는 것은?**

〈보 기〉

동일한 모습의 단어가 다른 의미로 쓰일 때, 이들은 의미의 연관성이 없는 ㉠ 동음이의어 관계(예 단풍 철 : 철 성분)나 연관성이 있는 ㉡ 다의어 관계(예 머리를 깎다 : 배의 머리)에 놓인다. 다의어는 한 단어가 여러 의미를 지닌 것인데, 이때 그 구체적 의미가 달라 유의어나 반의어가 다른 경우가 있다. 용언이 다의어일 때는 ㉢ 필수 성분의 개수가 다르거나, 개수는 같고 종류가 다른 경우가 있다. 물론 다의어의 각 의미 간에 유의어나 ㉣ 반의어가 같은 경우도 있고 ㉤ 필수 성분의 개수와 종류가 모두 동일한 경우도 있다.

① ㉠ ┌ **난로에 불을 피웠다.**
　　└ **그들의 사랑에 불이 붙었다.**

㉠에서 쓰인 '불'은 각각 '물질이 산소와 화합하여 높은 온도로 빛과 열을 내면서 타는 것'과 '불이 타는 듯이 열렬하고 거세게 타오르는 정열이나 감정을 비유적으로 이르는 말'의 의미를 지니며, 이 둘은 다의어 관계이다.

② ㉡ ┌ **이곳엔 가위표를 치는 거야.**
　　└ **구슬 치는 아이가 있다.**

㉡에서 '가위 표를 치다'의 '치다'는 '붓이나 연필 따위로 점을 찍거나 선이나 그림을 그리다.'의 뜻을 지니며, '구슬을 치다'의 '치다'는 '손이나 손에 든 물건으로 물체를 부딪게 하는 놀이나 운동을 하다.'의 뜻을 지닌다. 이 둘은 동음이의어 관계이다.

✔ ㉢ ┌ **나는 종소리를 듣지 못했다.**
　　└ **충고까지 잔소리로 듣지 마.**

㉢에서 '종소리를 듣다'의 '듣다'는 '소리를 감각 기관을 통해 알아차리다.'라는 의미이고, '잔소리로 듣다'의 '듣다'는 '어떤 것을 무엇으로 이해하거나 받아들이다.'라는 의미로, 이 둘은 다의어 관계이다. 그런데 전자는 주어와 목적어를 필수적으로 요구하는 두 자리 서술어이고, 후자는 주어, 목적어, 부사어를 필수적으로 요구하는 세 자리 서술어이다. 따라서 다의어 관계이지만 필수 성분의 개수가 다른 경우에 해당한다.

④ ㉣ ┌ **배우가 옅은 화장을 했다.**
　　└ **아이가 옅은 잠에 들었다.**

㉣에서 '옅은 화장'의 '옅다'는 '빛깔이 진하지 아니하다.'의 의미이고, '옅은 잠'의 '옅다'는 '말이나 행동 따위가 깊지 아니하고 가볍다.'라는 의미로, 이 둘은 다의어 관계이다. 그러나 전자의 반의어는 '짙다', 후자의 반의어는 '깊다'로, 이 둘은 반의어가 같은 경우가 아니다.

⑤ ㉤ ┌ **이곳은 벌써 따뜻한 봄이 왔다.**
　　└ **그의 성공은 부단한 노력에서 왔다.**

㉤에서 '봄이 오다'의 '오다'는 '계절 따위가 현재나 가까운 미래에 닥치다.'라는 의미이고, '노력에서 오다'의 '오다'는 '어떤 현상이 어떤 원인에서 비롯하여 생겨나다.'의 의미로, 이 둘은 다의어 관계이다. 그런데 전자는 주어만을 필수적으로 요구하는 한 자리 서술어이고, 후자는 주어와 부사어를 필수적으로 요구하는 두 자리 서술어이다. 따라서 필수 성분의 개수와 종류가 모두 동일한 경우에 해당하지 않는다.

**★★ 문제 해결 꿀~팁 ★★**

**▶ 많이 틀린 이유는?**
선지별로 요구하는 판단의 난이도가 다른 문제로, 필수 성분의 개수와 종류에 대한 이해도가 낮은 경우로 인해 오답률이 높았던 것으로 보인다.

**▶ 문제 해결 방법은?**
이 문제를 해결하기 위해서는 필수 성분의 개수와 종류에 대한 이해가 동반되어야 한다. ③의 경우 제시된 문장에 나타난 '듣다'가 다의어 관계에 놓이는지, 나아가 두 문장의 필수 성분의 개수와 종류는 어떠한지에 대한 판단을 요구한다. '종소리를 듣다'의 '듣다'는 '소리를 감각 기관을 통해 알아차리다.'라는 의미이고, '잔소리로 듣다'의 '듣다'는 '어떤 것을 무엇으로 이해하거나 받아들이다.'라는 의미이므로 이 둘은 다의어 관계라고 할 수 있다. 이때 전자는 주어와 목적어를 필수적으로 요구하는 두 자리 서술어이다. 한편 후자는 주어, 목적어, 부사어를 필수적으로 요구하는 세 자리 서술어이다. 따라서 '나는 종소리를 듣지 못했다.'의 '듣다'와 '충고까지 잔소리로 듣지 마.'의 '듣다'는 다의어 관계이지만 필수 성분의 개수가 다른 경우임을 판단할 수 있다. 이러한 문제를 해결하기 위해서는 선지가 요구하는 바를 정확하게 파악하고 그에 따라 차분하게 판단할 수 있어야 한다.

## 38 국어의 음운 변동
정답률 84% | 정답 ①

**〈학습 활동〉을 수행한 결과로 적절한 것은?**

〈학습 활동〉

| 조음 방법 ＼ 조음 위치 | 양순음 | 치조음 | 경구개음 | 연구개음 | 후음 |
|---|---|---|---|---|---|
| 파열음 | ㅂ ㅃ ㅍ | ㄷ ㄸ ㅌ | | ㄱ ㄲ ㅋ | |
| 파찰음 | | | ㅈ ㅉ ㅊ | | |
| 마찰음 | | ㅅ ㅆ | | | ㅎ |
| 비음 | ㅁ | ㄴ | | ㅇ | |
| 유음 | | ㄹ | | | |

국어 자음은 조음 위치와 조음 방법에 따라 분류할 수 있다. 이를 정리한 위 표를 바탕으로 [자료]의 자음 교체 양상을 알아보자.

[자료]
ⓐ 덧쌓는[덛싼는]　ⓑ 속력도[송녁또]　ⓒ 읽었고[일걷꼬]
ⓓ 겉옷만[거돈만]　ⓔ 맞붙임[맏뿌침]

✔ **ⓐ에는 조음 위치와 조음 방법이 모두 변하는 자음 교체가 있다.**
ⓐ에서는 'ㅅ → ㄷ(덧 → 덛)', 'ㅎ → ㄷ(쌓 → 싿)', 'ㄷ → ㄴ(싿 → 싼)'의 자음 교체가 확인된다. 'ㅅ(치조음, 마찰음) → ㄷ(치조음, 파열음)', 'ㄷ(치조음, 파열음) → ㄴ(치조음, 비음)'은 조음 방법만 변한 경우이고, 'ㅎ(후음, 마찰음) → ㄷ(치조음, 파열음)'은 조음 위치와 조음 방법이 모두 변한 경우이다.

② **ⓑ에는 조음 위치는 변하고 조음 방법은 변하지 않는 자음 교체가 있다.**
ⓑ에서는 'ㄱ → ㅇ', 'ㄹ → ㄴ', 'ㄷ → ㄸ'의 자음 교체가 확인된다. 'ㄱ → ㅇ', 'ㄹ → ㄴ'은 조음 방법만 변한 경우이고, 'ㄷ → ㄸ'은 조음 위치와 조음 방법 둘 다 변하지 않은 경우(평음 → 경음의 변화는 있음.)이다.

③ **ⓒ에 나타나는 자음 교체는 모두, 조음 위치와 조음 방법이 변한다.**
ⓒ에서는 'ㅆ → ㄷ', 'ㄱ → ㄲ'의 자음 교체가 확인된다. 'ㅆ → ㄷ'은 조음 방법만 변한 경우이고, 'ㄱ → ㄲ'은 조음 위치와 조음 방법 둘 다 변하지 않은 경우(평음 → 경음의 변화는 있음.)이다.

④ **ⓓ에 나타나는 자음 교체는 모두, 조음 위치와 조음 방법이 변하지 않는다.**
ⓓ에서는 'ㅌ → ㄷ', 'ㅅ → ㄷ', 'ㄷ → ㄴ'의 자음 교체가 확인된다. 'ㅌ → ㄷ'은 조음 위치와 조음 방법 둘 다 변하지 않은 경우이고, 'ㅅ → ㄷ', 'ㄷ → ㄴ'은 조음 방법만 변한 경우이다.

⑤ **ⓔ에 나타나는 자음 교체는 모두, 조음 위치는 변하지 않고 조음 방법만 변한다.**
ⓔ에서는 'ㅈ → ㄷ', 'ㅂ → ㅃ', 'ㅌ → ㅊ'의 자음 교체가 확인된다. 'ㅈ → ㄷ', 'ㅌ → ㅊ'은 조음 위치와 조음 방법이 모두 변한 경우이고, 'ㅂ → ㅃ'은 조음 위치와 조음 방법 둘 다 변하지 않은 경우(평음 → 경음의 변화는 있음.)이다.

## 39 인용 표현
정답률 83% | 정답 ②

**〈보기〉를 바탕으로 〈자료〉를 이해한 내용으로 적절한 것은?**

〈보 기〉

간접 인용될 때 원 발화의 인칭·지시·시간 표현 등은 맥락에 따라 조정되며, 상대 높임 종결 어미는 격식체든 비격식체든, 높임이든 낮춤이든, 문장의 종류별로 한 가지로 한정된다. '보다'를 예로 들면 '본다고'(평서), '보냐고'(의문), '보라고'(명령), '보자고'(청유)처럼 나타난다. 감탄형 어미는 평서형으로 실현된다(예 보는구나 → 본다고). 이런 이유로 서로 다른 발화라도 간접 인용될 때 같은 형식을 가질 수 있다.

〈자 료〉

- 그는 그제 우리에게 ㉠ 오늘은 청소를 같이 하자고 말했다.
- 김 선생은 ㉡ 자기도 시를 좋아한다고 학생들에게 말했다.
- 어제 나한테 ㉢ 네가 내일 퇴원을 할 수 있겠냐고 물었지?

① **㉠은 '모레는'이라는 부사어를 가진 발화를 인용한 것일 수 없다.**
'그제'는 어제의 전날이다. 그가 그제에 "모레는 청소를 같이 하자."라고 발화하였다면 ㉠과 같이 '오늘은 청소를 같이 하자고'로 간접 인용될 수 있다.

✔ **㉠의 '하자'는 '해요'를 간접 인용한 것일 수 있다.**
그가 "청소를 같이 해요."라고 발화하였다면 ㉠과 같이 '청소를 같이 하자고'로 간접 인용될 수 있다. 상대 높임의 종결 어미는 간접 인용의 과정에서 한 가지로 한정되며 청유형에서는 '하자고'처럼 나타나기 때문이다.

③ **㉡은 2인칭 주어를 가진 발화를 인용한 것일 수 있다.**
㉡의 '자기'는 '김 선생'을 가리킨다. 원래의 발화는 "나도 시를 좋아한다." 정도일 것이며, '나'의 자리에 2인칭 주어가 오면 ㉡과 같이 간접 인용될 수 없다.

④ **㉡의 '좋아한다'는 '좋아합니다'를 간접 인용한 것일 수 없다.**
상대 높임의 종결 어미는 간접 인용의 과정에서 한 가지로 한정된다는 점에서, 원래의 발화가 "나도 시를 좋아합니다."이었어도 ㉡과 같이 '시를 좋아한다고'로 간접 인용될 수 있다.

⑤ **㉢은 미래 시제 선어말 어미를 가진 발화를 인용한 것일 수 없다.**
원래의 발화가 "내가 내일 퇴원을 할 수 있겠어?"처럼 미래 시제 선어말 어미를 가졌어도 ㉢과 같이 '네가 내일 퇴원을 할 수 있겠냐고'로 간접 인용될 수 있다.

## 40 매체의 정보 구성 방식
정답률 94% | 정답 ④

**㉠~㉣에 대한 설명으로 적절하지 않은 것은?**

16회

① ㉠ : 실시간 방송이 이뤄지고 있는 채널 이름이 화면의 좌측 상단에 제시되었다.
'푸근'은 첫 번째 발화에서 "'푸근의 지식 창고' 채널의 푸근입니다."라고 인사하며 채널 이름과 자신을 소개하고 있다. 화면 좌측 상단에 제시된 ㉠은 실시간 방송 채널의 이름임을 알 수 있다.

② ㉡ : 실시간 방송에서 다룰 내용을 드러내는 자막이 제시되었다.
방송에서 '오늘 나눌 이야기는 무엇인가요?'를 묻는 '푸근'의 질문에 '전선'이 '플러그와 콘센트'에 관한 이야기라고 대답하였다. 그리고 이 내용이 화면 하단인 ㉡에 자막으로 제시되어 있다.

③ ㉢ : 실시간 방송 화면에 실시간 대화창이 보이도록 제시되었다.
'푸근'의 첫 번째 발화에서 "화면에 실시간 대화창을 띄울게요."라고 말하고 있으며, 이와 관련하여 화면의 우측인 ㉢에 실시간 대화창이 보이도록 제시되어 있다.

✔④ ㉣ : 실시간 방송의 출연자들이 함께 나타나도록 분할된 화면이 제시되었다.
㉣의 화면에서는 화면을 이등분하여 좌측에는 출연자가 설명하는 영상이, 우측에는 출연자가 준비한 '플러그와 콘센트' 유형을 보여 주는 이미지가 제시되어 있다. 따라서 실시간 방송의 출연자들이 함께 나타나도록 분할된 화면이 제시되었다는 설명은 적절하지 않다.

⑤ ㉤ : 시청자가 실시간 방송 내용과 관련하여 남긴 질문에 대해 답을 찾아볼 수 있도록 실시간 대화창에 링크가 제시되었다.
'푸근'의 마지막 발화에서 "지환아빠 님, 방금 올리신 질문과 관련된 자료는 실시간 대화창에 링크로 대신할게요."라고 말한 후, ㉤과 같이 실시간 대화창에 링크 주소를 제시하여 질문과 관련된 자료를 찾아볼 수 있도록 하였다.

**41** 매체 언어와 개인적·사회적 소통 정답률 95% | 정답 ③

**[A]~[C]에서 알 수 있는 시청자들의 반응에 대한 설명으로 적절하지 않은 것은?**

① [A] : '가을비'는 자신의 여행 경험을 언급하며 '플러그와 콘센트' 규격의 차이로 인해 발생하는 불편함을 드러내었다.
[A]에서 '가을비'는 '전 해외여행을 자주 가는데'라고 하며 자신의 여행 경험을 언급하면서, '갈 때마다 그 나라 콘센트에 맞는 충전기 어댑터를 챙겨야 해서 번거'롭다는 불편함을 드러내고 있다.

② [B] : '아침'은 '플러그와 콘센트' 규격에 대한 배경지식을 언급하며 '플러그와 콘센트'의 규격이 국가에 따라 다르기도 한 이유에 대해 질문하였다.
[B]에서 '아침'은 "플러그와 콘센트'도 국제 규격이 있는 걸로 알고 있는데'라고 하며 자신의 배경지식을 언급하면서, '플러그와 콘센트' 규격이 나라별로 차이가 나는 이유를 질문하고 있다.

✔③ [B] : '풍경'은 국제 표준 규격 제정의 효과를 언급하며 '플러그와 콘센트'의 국제 표준 규격을 제정하는 것이 가능한가에 대해 답변을 요청하였다.
[B]에서 '풍경'은 '국제 표준 규격을 정하는 게 생산 효율을 높이는 데 도움이 된다'라며 국제 표준 규격 제정의 효과를 언급하고 있다. 하지만 '플러그와 콘센트'의 국제 표준 규격을 제정하는 것이 가능한가에 대한 질문은 하고 있지 않으며, '플러그와 콘서트'의 국제 표준 규격을 정하기 위한 노력과 관련된 답변을 요청하고 있다.

④ [C] : '눈썹달'은 220V로 승압하는 것의 장점을 언급하며 일본이 220V로 바꾸지 않은 이유에 대한 설명을 요청하였다.
[C]에서 '눈썹 달'은 '220V로 전압을 높이면 전력 공급 효율이 높아진다'라고 하며 220V로 승압하는 것의 장점을 언급하면서, 그럼에도 일본이 220V로 바꾸지 않은 이유에 대해 질문하고 있다.

⑤ [C] : '해맑음'은 승압 사업에 따른 경험을 언급하며 승압으로 인해 바뀐 '플러그와 콘센트' 유형에 대해 자신이 이해한 내용이 맞는지 확인을 요청하였다.
[C]에서 '해맑음'은 '1991년쯤, 저희 집 콘센트를 220V용으로 바꾼 기억이 나요.'라며 자신의 경험을 언급하면서, 'A형에서 C형이나 F형으로 바뀐 것'이 맞는지 확인을 요청하고 있다.

**42** 매체 언어의 표현 방법 정답률 86% | 정답 ⑤

**(나)의 정보 제시 방식으로 적절하지 않은 것은?**

① A열 용지의 국제 표준 규격에 관한 내용을 항목별로 소제목을 붙여 제시하였다.
A열 용지의 국제 표준 규격에 관한 내용을, '1. A열 용지의 비율'과 '2. A열 용지의 국제 표준 규격 제정과 그 이유'라는 소제목을 사용하여 항목별로 내용을 구분하여 제시하고 있다.

② '플러그와 콘센트'에 관한 '다시 보기' 영상의 출처를 글자를 기울여서 제시하였다.
글의 처음 부분에서 '플러그와 콘센트'에 관한 '다시 보기' 영상의 출처인 '푸근의 지식 창고' 채널 이름을 기울임 글자로 제시하여 눈에 잘 띄도록 하였다.

③ A열 용지의 비율에 대한 이해를 돕기 위해 A열 용지 규격을 보여 주는 이미지를 제시하였다.
〈A열 용지 국제 표준 규격〉 이미지를 제시하여 A0부터 A4 까지의 용지 비율에 대한 독자의 이해를 돕고 있다.

④ '플러그와 콘센트' 규격의 차이와 관련된 내용을 영상에서 찾을 수 있도록 해당 내용이 시작되는 지점을 제시하였다.
'플러그와 콘센트' 규격의 차이에 대한 내용을 '다시 보기' 영상 56화의 '1분 5초'부터 확인할 수 있다는 것을 안내하여, 필요한 내용을 빠르게 찾아볼 수 있도록 돕고 있다.

✔⑤ 규격이 국제 표준으로 정해지지 않은 사례에 대한 궁금증을 해소하기 위해 탐색한 자료를 첨부 파일로 제시하였다.
(나)의 작성자는 규격이 국제 표준으로 정해지지 않은 사례가 아니라 '국제 표준 규격이 널리 사용되는 사례가 궁금해서 찾아봤'다고 하며, 그 사례로 찾은 'A열 용지 국제 표준 규격 자료' 파일을 내려받을 수 있도록 하단에 첨부하였다.

**43** 매체 언어의 표현 방법 정답률 85% | 정답 ②

**ⓐ~ⓔ에 대한 설명으로 가장 적절한 것은?**

① ⓐ : 연결 어미 '-다가'를 사용하여, 일본 여행을 간 것이 일본에서 어려움을 겪게 된 조건임을 나타낸다.
ⓐ에 쓰인 '-다가'는 어떤 동작이 진행되는 중에 다른 동작이 나타남을 나타내는 연결 어미이다. '못을 박다가 손을 다쳤다.'에서처럼 '-다가'가 어떤 일을 하는 과정이 다른 일이 이루어지는 원인이나 근거 따위가 됨을 나타내는 연결 어미로 쓰이기도 하지만 a의 '-다가'는 이에 해당하지 않는다. a에서 '일본에서 휴대 전화 충전에 어려움을 겪은 일'의 조건은 '현지 콘센트에 맞는 충전기 어댑터를 챙기지 않음'이다.

✔② ⓑ : 보조 용언 구성 '-다 보다'와 연결 어미 '-니'를 사용하여, '플러그와 콘센트' 모양의 다양화를 초래한 원인을 나타낸다.
ⓑ에서 '나라마다 시스템을 독자적으로 구축함'과 '플러그와 콘센트의 모양이 다양해짐'은 원인과 결과의 관계이다. 이러한 관계를 나타내기 위해 앞말이 뜻하는 행동을 하는 과정에서 뒷말이 뜻하는 사실을 새로 깨닫게 되거나, 뒷말이 뜻하는 상태로 됨을 나타내는 보조 용언 구성 '-다 보다'와 앞말이 뒷말의 원인이나 근거, 전제 따위가 됨을 나타내는 연결 어미 '-니'가 쓰였다.

③ ⓒ : 조사 '밖에'와 형용사 '없다'를 사용하여, 승압 사업에 대한 각국의 부담이 큼을 이중 부정을 통해 강조한다.
ⓒ의 발화가 승압 사업에 대한 부담이 큼을 드러내는 것은 맞지만 c에는 이중 부정이 쓰이지 않았다.

④ ⓓ : 종결 어미 '-네'를 사용하여, 승압 사업에 시간과 비용이 많이 들었다는 사실을 청자에게 확인받고 있음을 나타낸다.
ⓓ에 쓰인 '-네'는 지금 깨달은 일을 서술하는 데 쓰이는 종결 어미이다. d에서는 앞선 발화의 내용을 청자에게 확인받는 것이 아니라 발화의 내용을 '처음 알았음'을 서술하고 있다.

⑤ ⓔ : 보조 용언 구성 '-어 두다'와 선어말 어미 '-겠-'을 사용하여, 영상을 채널에 올려놓게 될 가능성이 있음을 나타낸다.
ⓔ의 보조 용언 구성 '-어 두다'는 앞말이 뜻하는 행동을 끝내고 그 결과를 유지함을 나타내며, 주로 그 행동이 어떤 다른 일에 미리 대비하기 위한 것임을 보일 때 쓰인다. 또한, e의 '-겠-'은 주체의 의지를 나타내는 선어말 어미이다. 물론, '그 사실은 아이도 알겠다.'에서와 같이 '-겠-' 이 가능성을 나타내는 데 쓰이기도 하지만 e에 쓰인 '-겠-'은 이에 해당하지 않는다. e에는 영상을 채널에 올려놓고, 올려놓은 결과를 유지하겠다는 주체의 의지가 담겨 있다.

**44** 정보 전달과 설득 정답률 66% | 정답 ①

**(가)에 대한 설명으로 적절하지 않은 것은?**

✔① 각 행사별 진행 절차를 순서도를 통해 보여 주고 있다.
(가)에서는 좌측(앞면) 상단에 '참별빛제 일정 안내'를 순서도를 통해 보여 주어, 각 행사가 언제 진행되는지에 대한 정보를 제공하고 있다. 하지만 각 행사별 진행 절차에 대한 정보는 따로 제공하고 있지 않다.

② 안전을 위한 행사별 유의 사항을 표를 통해 제시하고 있다.
우측(뒷면) 하단에 '유의 사항 안내'를 표로 제시하여 행사별로 어떤 사항을 유의해야 하는지 안내하고 있다.

③ 동아리 부스별 활동 내용을 확인할 수 있도록 QR 코드를 제시하고 있다.
우측(뒷면) 상단의 '동아리 부스 행사 안내'에서 부스별 활동 소개 영상을 볼 수 있도록 QR코드를 제시하고 있다.

④ 각 행사를 진행하는 장소를 손가락으로 지시하는 모양의 기호를 활용하여 알려 주고 있다.
좌측(앞 면) 하단의 '행사별 장소 안내'에서 각 행사를 진행하는 장소를 손가락으로 지시하는 모양의 기호인 '☞'를 활용하여 알려 주고 있다.

⑤ 동아리 부스 행사에 참여하는 동아리를 활동 유형에 따라 구분하여 제시하고 있다.
우측(뒷면) 상단의 '동아리 부스 행사 안내'에서 '활동 유형별 참여 동아리'를 안내하고 있다.

**45** 매체 언어의 의미 전달 방식 정답률 86% | 정답 ③

**(나)의 대화 내용을 반영하여 아래와 같이 게시판을 구성했다고 할 때, 이에 대한 설명으로 적절하지 않은 것은? [3점]**

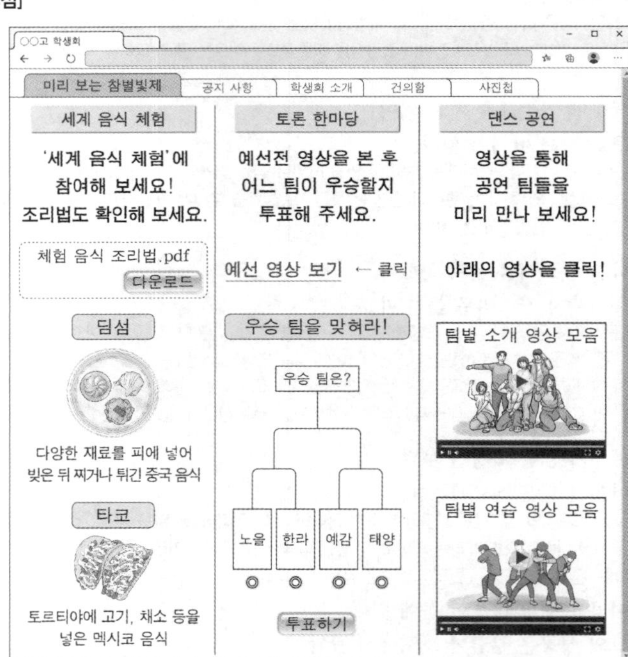


① '세계 음식 체험'에는 음식 정보 제공의 유용성에 대한 '종우'와 '혜린'의 대화를 반영하여 음식 이미지와 설명을 제시하였다.
'세계 음식 체험'과 관련하여 '종우'는 '음식 이미지를 보여 주면 선택할 때 도움이 될 것 같'다는 의견을 제시하였고, '혜린'은 '음식 설명까지 해 주면 어떤 음식인지 더 잘 알 수 있을 거'라는 의견을 제시하였다. 두 사람 모두 음식 정보 제공의 유용성을 언급하고 있으며, 게시판에는 두 사람의 의견을 반영하여 음식 이미지와 설명이 제시되어 있다.

② '세계 음식 체험'에는 조리법 정보 제공 시기에 대한 '승윤'과 '나경'의 대화를 반영하여 조리법을 확인할 수 있는 파일을 올려 두었다.
'세계 음식 체험'과 관련하여 '승윤'은 '조리법 파일을 올려서 애들이 미리 볼 수 있게 하자'는 의견을 제시하였고, '나경'은 작년 체험에 참여했던 경험을 언급하면서 '게시판에 올려 주는 게 좋을 것 같'다는 의견을 제시하였다. 두 사람 모두 조리법 정보 제공 시기를 언급하고 있으며, 게시판에는 두 사람의 의견을 반영하여 조리법을 확인할 수 있는 파일이 올려져 있다.



[문제편 p.319]

✔ **'토론 한마당'에는 본선 진출 팀의 요청 사항에 대한 '승윤'과 '혜린'의 대화를 반영하여 본선에서 겨루는 팀을 확인할 수 있는 대진표를 제시하였다.**
'토론 한마당'과 관련하여 '승윤'은 '진출한 팀을 알려 주면 관전을 고민하는 애들한테도 도움이 될 것'이라고 하였으며, '혜린'은 '관전하러 온 애들이 많으면 본선에 진출한 애들도 좋아할 거'라면서 본선 대진표를 올려 두자고 제안하였다. 두 사람의 대화를 반영하여 본선에서 겨루는 팀을 확인할 수 있는 대진표를 제시한 것은 맞지만, 본선 진출 팀의 요청 사항에 따른 것은 아니다.

④ **'토론 한마당'에는 본선 관전 유도 방안에 대한 '나경'과 '근수'의 대화를 반영하여 예상 우승 팀에 투표할 수 있는 기능을 구현하였다.**
'토론 한마당'과 관련하여 '나경'은 '우승 팀 예상 투표'를 진행하면 '토론을 많이 보러 올 거 같'다는 의견을 제시하였고, '근수'는 '나경'의 의견에 찬성하며 '자기가 투표한 팀이 우승하는지 보러 많이 올 듯'하다는 의견을 제시하였다. 두 사람 모두 본선 관전 유도 방안과 관련 있는 내용을 언급하고 있으며, 게시판에는 두 사람의 의견을 반영하여 예상 우승 팀에 투표할 수 있는 기능이 구현되어 있다.

⑤ **'댄스 공연'에는 영상 제공 효과에 대한 '근수'와 '종우'의 대화를 반영하여 팀별 소개 영상 및 연습 영상을 올려 두었다.**
'댄스 공연'과 관련하여 '근수'는 '어떤 공연을 준비하는지 팀별 연습 영상을 올리면 애들이 좋아할 거 같'다는 의견을 제시하였고, '종우'는 '팀 소개 영상도 편집해서 올리면 공연에 대한 기대감이 더 높아질 거'라는 의견을 제시하였다. 두 사람 모두 영상 제공 효과를 언급하고 있으며, 게시판에는 두 사람의 의견을 반영하여 '팀별 소개 영상 모음'과 '팀별 연습 영상 모음' 영상이 올려져 있다.



# 17회 | 2024학년도 대학수학능력시험 고3

• 정답 •

공통 | 독서·문학

01⑤ 02③ 03① 04⑤ 05③ 06② 07② 08③ 09① 10⑤★ 11② 12③ 13① 14④ 15④★
16⑤ 17④ 18② 19① 20③ 21⑤ 22② 23① 24③ 25③ 26② 27⑤ 28① 29④ 30①★
31② 32② 33③ 34④

선택 | 화법과 작문

35④ 36⑤ 37④ 38④ 39⑤ 40① 41③ 42③ 43② 44⑤ 45①★

선택 | 언어와 매체

35④ 36④ 37①★ 38③ 39④ 40② 41① 42⑤ 43③ 44③ 45⑤

★ 표기된 문항은 **[등급을 가르는 문제]**에 해당하는 문제입니다.

## [01~34] 독서·문학

### 01~03 독서 이론

'읽기 과정에서 초인지의 역할'

**해제** 이 글은 **독서에 초인지가 어떻게 동원되는지에 대해 설명**하고 있다. **독서에서의 초인지**는 **독자가 자신의 독서 행위에 대해 인지하는 것으로 자신의 독서 과정을 점검하고 조정하는 역할**을 한다. **초인지는 글을 읽기 시작한 후 지속적으로 이루어지는 점검 과정에 동원**되는데, 이를 통해 **독자는 독서 전략이 효과적이고 문제가 없는지를 평가하며 문제를 해결**한다. 또한 **초인지**는 **문제를 해결하기 위해 독서 전략을 조정하는 과정에도 동원**되는데, 독자는 이러한 **초인지를 활용하여 점검과 조정을 되풀이하며 능동적으로 의미를 구성**해 간다.

**주제** 독서 과정을 점검하고 조정하는 역할을 하는 초인지

**문단 핵심 내용**

| | |
|---|---|
| 1문단 | 독서에서의 초인지의 역할 |
| 2문단 | 독서의 점검 과정에 동원되는 초인지 |
| 3문단 | 독서 전략을 조정하는 과정에도 동원되는 초인지 |



### 01 세부 내용의 이해 정답률 93% | 정답 ⑤

윗글을 이해한 내용으로 적절하지 않은 것은?

① **독서 전략을 선택할 때 독서의 목표를 고려할 필요가 있다.**
3문단을 통해 독서 목표를 고려하여 독자가 지금 사용하고 있는 전략을 계속 사용할 것인지 판단해야 함을 알 수 있다.

② **독서 전략의 선택을 위해 개별 전략들에 대한 지식이 필요하다.**
3문단을 통해 독서 전략의 점검과 조정을 위해서는 각 전략의 특징과 사용 절차, 조건 등이 무엇인지 알아야 함을 알 수 있으므로, 독서 전략의 선택을 위해 개별 전략들에 대한 지식이 필요하다고 이해할 수 있다.

③ **독서 목표의 달성을 위해 독자는 자신의 독서 행위에 대해 인지해야 한다.**
1문단을 통해 독서는 독자가 목표한 결과에 도달하기 위해 글을 읽고 의미를 구성하는 인지 행위임을 알 수 있다.

④ **독서 문제의 해결을 위해 독자는 자신이 사용할 수 있는 전략이 무엇인지 알아야 한다.**
3문단을 통해 독서 문제의 해결을 위해 초인지가 동원되고, 독자 자신이 사용할 수 있는 전략이 무엇인지 판단하여 새로운 전략을 선택해야 함을 알 수 있다. 이는 독서 문제의 해결을 위해 독자가 자신이 사용할 수 있는 전략이 무엇인지 알아야 함을 드러낸 것이라 할 수 있다.

✔ **독서 문제를 해결하기 위해 새로 선택한 전략은 점검과 조정의 대상에서 제외할 필요가 있다.**
3문단의 '현재의 상황에서 최적의 전략이 무엇인지 판단하여 새로운 전략을 선택한다.'를 통해, 독서 문제를 해결하기 위해 새로 선택한 전략을 점검과 조정의 과정에서 제외할 필요가 있다는 이해는 적절하지 않음을 알 수 있다.

### 02 세부 내용의 추론 정답률 93% | 정답 ③

[A]에서 알 수 있는 내용으로 가장 적절한 것은?

① **독서 진행 중 이해한 내용을 정리하는 것은 독자 스스로 독서 진행의 문제를 점검하는 데에 적합하지 않다.**
[A]를 통해 독서 진행 중간중간에 이해한 내용을 정리하는 방법을 사용하여 문제 발생 여부를 점검할 수 있음을 알 수 있으므로 적절하지 않다.

② **독서 진행 중 독자가 자신이 얼마나 이해하고 있는지 파악하지 못할 때에는 점검을 잠시 보류해야 한다.**
[A]를 통해 독서 진행 중 독자가 자신이 얼마나 이해하고 있는지 파악하지 못하는 경우에 독서 진행 중간중간에 이해한 내용을 정리하는 방법을 사용하여 문제 발생 여부를 점검할 수 있음을 알 수 있다. 따라서 독서 진행 중 독자가 자신이 얼마나 이해하고 있는지 파악하지 못할 때에도 점검이 필요함을 알 수 있다.

✔ **독서 진행에 문제가 없어 보이더라도 목표에 부합하지 않는 독서가 이루어지는 경우가 있다.**
[A]를 통해 독서가 중단 없이 이어지는 상태이지만 문제가 발생한 것을 독자 자신이 인지하지 못하는 경우도 있음을 알 수 있다. 그리고 이러한 경우의 예로 의도한 목표에 부합하지 않는 방법으로 읽기를 진행하는 것이 있음을 알 수 있다. 따라서 이를 통해 독서 진행에 문제가 없어 보이더라도 목표에 부합하지 않는 독서가 이루어지는 경우가 있음을 알 수 있다.

④ **독서 중에 떠오르는 생각을 분류하는 것은 독서 문제의 발생을 막는다.**

[A]를 통해 독서 중에 떠오르는 생각들을 살펴보고 그중 독서의 진행을 방해하는 생각들을 분류하는 방법을 통해 문제점이 무엇인지 파악할 수 있음을 알 수 있다. 따라서 독서 중에 떠오르는 생각을 분류하는 것은 독서 문제의 발생을 막는 방법이라고 할 수 없다.

⑤ **독서가 멈추지 않고 진행될 때에는 초인지의 역할이 필요 없다.**
[A]를 통해 독서가 중단 없이 이어지는 상태이지만 문제가 발생한 것을 독자 자신이 인지하지 못하는 경우도 있음을 알 수 있고, 문제 발생 여부의 점검을 위해 독서 진행 중간중간에 이해한 내용을 정리하는 방법을 사용할 수 있음을 알 수 있다. 따라서 독서가 멈추지 않고 진행될 때에도 초인지의 역할이 필요함을 알 수 있다.

## 03 독서 방법 이해의 적절성 판단
정답률 86% | 정답 ①

**〈보기〉는 윗글을 읽은 학생이 독서 중 떠올린 생각이다. ㉠~㉤과 관련하여 ⓐ~ⓔ를 설명한 내용으로 적절하지 않은 것은? [3점]**

〈보 기〉

- 이 용어가 무슨 뜻인지 모르겠어.
- 처음 나왔을 때는 무시하고 읽었는데 다시 등장했으니, 문맥을 통해 의미를 가정하고 읽어봐야겠어. ······ ⓐ

↓

- 더 읽어 보았지만 여전히 정확한 뜻을 모르겠네. 그럼 어떻게 하지?
- 관련된 내용을 앞부분에서 다시 찾아 읽든가, 인터넷 자료를 검색해 보든가, 다른 책들을 찾아볼 수 있겠네. ······ ⓑ
- 검색을 하려면 인터넷 접속이 필요하겠네. ······ ⓒ
- 검색은 나중에 하고, 먼저 앞부분을 다시 읽어 봐야겠다. 그다음에 다른 책을 찾아봐야지. ······ ⓓ
- 그럼 일단 앞부분에 관련된 내용이 있었는지 읽어 보자.

↓

- 앞부분에는 관련된 내용이 없어서 도움이 안 되네.
- 이 용어와 관련된 분야의 책을 찾아보는 것이 가장 좋겠어. ······ ⓔ

↓

- 이제 이 용어의 뜻이 이해되네. 그럼 계속 읽어 볼까?

✔ **ⓐ: ㉠을 판단하여 사용 중인 전략을 계속 사용하기로 결정했다.**
ⓐ를 통해 학생은 뜻을 모르는 용어가 처음 나왔을 때는 무시하고 읽었지만, 다시 등장했을 때에는 문맥을 통해 의미를 가정하고 읽는 새로운 전략을 사용하고 있음을 알 수 있다. 따라서 ⓐ에 대해 ㉠을 판단하여 사용 중인 전략을 계속 사용하기로 결정하지는 않았음을 알 수 있다.

② **ⓑ: ㉡을 고려하여 선택할 수 있는 전략들을 떠올렸다.**
ⓑ는 관련된 내용을 앞부분에서 다시 찾아 읽든가, 인터넷 자료를 검색해 보든가, 다른 책들을 찾아 읽는 등의 여러 전략 중 문제 해결을 위한 전략으로 무엇이 있는지 생각한 것이므로 적절하다.

③ **ⓒ: ㉢을 고려하여 전략의 사용 조건을 확인했다.**
ⓒ는 인터넷 자료를 검색하여 읽는 전략을 사용하기 위해 인터넷 접속이라는 조건이 필요하다고 생각한 것이므로, ㉢에서 말한 조건을 확인한 것이라고 할 수 있다.

④ **ⓓ: ㉣을 판단하여 전략들의 적용 순서를 결정했다.**
ⓓ에서는 먼저 앞부분을 다시 읽고 그다음에 다른 책을 찾아봐야겠다 하고 있으므로, ㉣을 판단하여 전략들의 적용 순서를 결정한 것이라 할 수 있다.

⑤ **ⓔ: ㉤을 판단하여 최적이라고 생각한 전략을 선택했다.**
ⓔ는 용어와 관련된 분야의 책을 찾아보는 것이 가장 좋겠다고 결정하고 있는 것이므로, 현재의 상황에서 최적의 전략이 무엇인지 선택한 것이라 할 수 있다.

## 04~07 사회

**'경마식 보도의 특성과 보완 방법'**

**해제** 이 글은 **경마식 보도에 따른 선거 방송의 문제점 및 이를 보완하기 위한 방법을 설명**하고 있다. **경마식 보도**는 **유권자들이 선거에 관심을 갖도록 하는 장점이 있으나 선거의 공정성을 저해**할 수 있다. **이러한 문제점을 줄이기 위해 「공직선거법」 등에서는 여론조사 보도에 대해 다양한 금지 규정을 두고 있다.** 한편 **경마식 보도로부터 드러난 선거 방송의 한계를 보완하기 위해 선거 방송 토론회가 활용**되고 있는데, **「공직선거법」에는 이 토론회의 초청 대상자를 제한하는 규정**이 있다. **이 규정이 기회균등 원칙을 침해하는지에 대해 헌법재판소에서는 다수 의견으로 위헌이 아니라고 결정**하였지만, **자의적이고 차별적인 침해임을 지적한 소수 의견**도 있다.

**주제** 경마식 보도에 따른 선거 방송의 문제점 및 이를 보완하기 위한 방법

**문단 핵심 내용**

| | |
|---|---|
| 1문단 | 경마식 보도의 장점 및 문제점 |
| 2문단 | 경마식 보도의 문제점을 줄이려는 법적 조치 |
| 3문단 | 경마식 보도로 인한 한계를 보완하는 방책인 선거 방송 토론회 |
| 4문단 | '공직선거법'의 선거 방송 토론회 규정에 대한 입장 차이 |

## 04 핵심 정보의 이해
정답률 86% | 정답 ⑤

**㉠에 대한 설명으로 가장 적절한 것은?**

① **선거 기간의 후반기에 비해 전반기에 더 많다.**
1문단을 통해 경마식 보도는 선거일이 가까워질수록 증가함을 알 수 있으므로, 경마식 보도는 선거 기간의 후반기에 더 많아진다고 볼 수 있다.

② **시청자와 방송사의 상반된 이해관계가 반영된다.**
1문단을 통해 경마식 보도가 새롭고 재미있는 정보를 원하는 시청자들의 요구에 부응하고, 방송사로서도 매일 새로운 뉴스를 제공하는 방편이 됨을 알 수 있으므로, 경마식 보도에 시청자와 방송사의 상반된 이해관계가 반영되었다고 볼 수 없다.

③ **당선자 예측과 관련된 정보의 전파에 초점을 맞추지 않는다.**
1문단을 통해 경마식 보도가 지지율 변화나 득표율 예측 등을 집중 보도하는 선거 방송의 한 방식으로 경쟁 결과에 초점을 맞춤을 알 수 있으므로, 당선자 예측과 관련된 정보의 전파에 초점을 맞춘다고 볼 수 있다.

④ **선거의 핵심 의제에 관한 후보자의 입장을 다룬 보도를 중시한다.**
1문단을 통해 경마식 보도가 선거의 주요 의제를 도외시하고 경쟁 결과에 초점을 맞춤을 알 수 있으므로, 선거의 핵심 의제에 관한 후보자의 입장을 다룬 보도를 중시한다고는 볼 수 없다.

✔ **정치에 관심이 없던 유권자들이 선거에 관심을 갖도록 북돋운다.**
1문단을 통해 경마식 보도가 선거와 정치에 무관심한 유권자들의 선거 참여, 정치 참여를 독려한다는 장점이 있음을 알 수 있다.

## 05 생략된 내용 추론
정답률 39% | 정답 ③

**윗글에서 알 수 있는 내용으로 적절하지 않은 것은?**

① **신뢰할 수 있는 여론조사의 결과를 보도하더라도 선거의 공정성을 위협할 수 있다.**
2문단의 '헌법재판소는 신뢰할 수 있는 여론조사 결과라 하더라도 선거일에 임박해 보도하면 선거에 영향을 끼칠 수 있다며'를 통해, 여론조사 결과를 선거일에 임박해 보도하면 선거의 공정성을 위협할 수 있음을 알 수 있다.

② **정당의 추천을 받지 못해도 선거 방송의 초청 대상 후보자 토론회에 참여할 수 있다.**
3문단을 통해 언론기관의 여론조사 결과 평균 지지율이 5% 이상인 후보자를 초청 기준으로 제시하고 있음을 알 수 있다. 따라서 정당의 추천을 받지 못해도 초청 대상 후보자 토론회에 참여할 수 있음을 알 수 있다.

✔ **국민의 알 권리와 언론의 자유가 서로 충돌하는지의 문제를 헌법재판소에서 논의한 적이 있다.**
2문단을 통해 헌법재판소가 여론조사 결과의 보도를 일정 기간 금지하는 규정이 국민의 알 권리와 언론의 자유를 침해하는지에 대해 합헌 결정을 내렸음을 알 수 있다. 이를 볼 때, 헌법재판소에서 논의한 것은 '여론조사 결과의 보도를 일정 기간 금지하는 규정'이 '국민의 알 권리와 언론의 자유'와 충돌하는지의 문제임을 알 수 있으므로 적절하지 않다.

④ **선거일에 당선인 예측 선거 여론조사를 실시하고 투표 마감 시각 이후에 그 결과를 보도할 수 있다.**
2문단을 통해 당선인을 예상케 하는 여론조사를 실시하는 것은 언제든지 가능함을 알 수 있으므로, 선거일에도 여론조사를 실시할 수 있음을 알 수 있다. 하지만 그 결과의 보도는 선거일 6일 전부터 투표 마감 시각까지 금지된다고 하였으므로, 투표 마감 시각 이후에 그 결과를 보도할 수 있음을 알 수 있다.

⑤ **「공직선거법」에는 선거 운동의 기회가 모든 후보자에게 균등하게 배분되지 못하도록 할 가능성이 있는 규정이 있다.**
4문단을 통해 「공직선거법」의 선거 방송 토론회 규정에 대해 소수 의견은 선거 방송 토론회 규정을 소수 정당이나 정치 신인 등에 대한 자의적이고 차별적인 침해로 보았음을 알 수 있다. 따라서 「공직선거법」의 선거 방송 토론회 규정은 선거 운동의 기회가 모든 후보자에게 균등하게 배분되지 못하도록 할 가능성이 있다고 볼 수 있다.

## 06 두 견해의 비교 이해
정답률 55% | 정답 ②

**㉡과 관련하여 ⓐ와 ⓑ의 입장에 대한 반응으로 가장 적절한 것은? [3점]**

① **선거 방송 초청 대상 후보자 토론회에서 후보자들이 심층적인 토론을 하지 못한 원인이 시간의 제한이나 참여한 후보자의 수와 관계가 없다면 ⓐ의 입장은 강화되겠군.**
다수 의견은 초청 대상 후보자 수가 너무 많으면 제한된 시간 안에 심층적인 토론이 이루어지기 어렵기 때문에 선거 방송 토론회에서 초청 대상을 제한하는 것에 대해 합헌 결정을 한 것이다. 따라서 후보자들이 심층적인 토론을 하지 못한 원인이 시간의 제한이나 참여한 후보자의 수와 관계가 없다면, ⓐ의 입장은 약화된다고 볼 수 있다.

✔ **주요 후보자의 정책이 가진 치명적 허점을 지적하고 좋은 대안을 제시해 유명해진 정치 신인이 선거 방송 초청 대상 후보자 토론회에 초청받지 못한다면 ⓐ의 입장은 약화되겠군.**
선거 방송 토론회의 초청 대상을 제한하는 「공직선거법」의 규정에 대해, ⓐ(다수 의견)는 방송 토론회의 효율적 운영을 고려할 때 합리적인 제한이라고 보며, ⓑ(소수 의견)는 자의적이고 차별적인 침해가 있다고 보고 있다. 주요 후보자의 정책이 가진 치명적 허점을 지적하고 좋은 대안을 제시해 유명해진 정치 신인이 선거 방송 초청 대상 후보자 토론회에 초청받지 못하는 상황은 이 규정의 차별성을 부각하는 것이다. 따라서 이러한 상황이 발생하면 ⓐ의 입장은 약화된다고 볼 수 있다.

③ **선거 방송 초청 대상 후보자 토론회에 참여할 적정 토론자의 수를 제한하는 기준이 국민의 합의에 의해 결정되었기 때문에 자의적인 것이 아니라고 한다면 ⓑ의 입장은 강화되겠군.**
소수 의견은 선거 방송 토론회에서 초청 대상을 제한하는 규정이 자의적인 침해라 보고 있다. 따라서 적정 토론자의 수를 제한하는 기준이 국민의 합의에 의해 결정되었기 때문에 자의적인 것이 아니라고 한다면, ⓑ의 입장은 약화된다고 볼 수 있다.

④ **어떤 후보자가 지지율이 낮은 후보자 간의 별도 토론회에서 뛰어난 정치 역량을 보여 주었음에도 그 토론회에 참여했다는 이유만으로 지지율이 떨어진다면 ⓑ의 입장은 약화되겠군.**
3문단에서 초청 대상이 아닌 후보자들을 위해 별도의 토론회 개최가 가능하다 하고 있고, 4문단에서 선거 방송 토론회 규정이 초청 대상 후보자 토론회에 참여한 후보자와 그렇지 못한 후보자를 차별적으로 인식하게 만든다는 소수 의견의 지적이 언급되고 있다. 어떤 후보자가 지지율이 낮은 후보자 간의 별도 토론회에서 뛰어난 정치 역량을 보여 주었음에도 그 토론회에 참여했다는 이유만으로 지지율이 떨어진다는 것은 소수 의견에서 지적된 내용과 부합하는 것이다. 따라서 이러한 상황이 발생하면 ⓑ의 입장은 강화된다고 볼 수 있다.

⑤ **유권자들이 뛰어난 역량을 가진 소수 정당 후보자를 주요 후보자들과 동시에 비교할 수 있는 가장 효율적인 방법이 선거 방송 초청 대상 후보자 토론회라면 ⓑ의 입장은 약화되겠군.**
4문단에서 소수 의견은 선거 방송 토론회 규정이 가장 효과적인 선거 운동의 기회를 일부 후보자에게서



[문제편 p.321]

박탈하며, 유권자가 모든 후보자를 동시에 비교하지 못하게 함을 지적하였다고 하였다. 따라서 유권자들이 뛰어난 역량을 가진 소수 정당 후보자를 주요 후보자들과 동시에 비교할 수 있는 가장 효율적인 방법이 선거 방송 초청 대상 후보자 토론회라면, ⓑ의 입장은 강화된다고 볼 수 있다.

**07** 구체적 사례 적용 정답률 43% | 정답 ②

**㉮~㉰에 따라 〈보기〉에 대한 언론 보도를 평가한 내용으로 적절하지 않은 것은?**

〈보 기〉

다음은 ○○방송사의 의뢰로 △△여론조사 기관에서 세 차례 실시한 당선인 예측 여론조사 결과의 일부이다. (세 조사 모두 신뢰 수준 95%, 오차 범위 8.8%P임.)

| 구분 | | 1차 조사 | 2차 조사 | 3차 조사 |
|---|---|---|---|---|
| 조사일 | | 선거일 15일 전 | 선거일 10일 전 | 선거일 5일 전 |
| 조사 결과 | A 후보 | 42% | 38% | 39% |
| | B 후보 | 32% | 37% | 38% |
| | C 후보 | 18% | 17% | 17% |

① **1차 조사 결과를 선거일 14일 전에 "A 후보, 10%P 이상의 차이로 B 후보와 C 후보에 우세"라고 보도하는 것은 ㉯와 ㉰ 중 어느 것에도 위배되지 않겠군.**
1차 조사 결과는 A 후보의 지지율이 B 후보에 대해, 그리고 B 후보의 지지율이 C 후보에 대해 모두 오차 범위 밖에서 앞서고 있다. 그러므로 1차 조사 결과를 선거일 14일 전에 'A 후보, 10%P 이상의 차이로 B 후보와 C 후보에 우세'라고 보도하는 것은 ㉯와 ㉰ 중 어느 것에도 위배되지 않는다.

✔ **2차 조사 결과를 선거일 9일 전에 "A 후보는 B 후보에 조금 앞서고, C 후보는 3위"라고 보도하는 것은 ㉯에 위배되지만, ㉰에 위배되지 않겠군.**
㉮(공직선거법)에 따르면, 당선인을 예상케 하는 여론조사를 실시하는 것은 언제든지 가능하지만, 그 결과의 보도는 선거일 6일 전부터 투표 마감 시각까지 금지된다. ㉯(선거방송심의에 관한 특별규정)에 따르면, 여론조사 결과가 오차 범위 내에 있을 때에 이를 밝히지 않은 채로 서열이나 우열을 나타내는 보도를 하는 것도 금지된다. ㉰(선거여론조사보도준칙)에 따르면, 지지율 차이가 오차 범위 내에 있을 때 '경합'이라는 표현은 무방하지만 서열화하거나 '오차 범위 내에서 앞섰다.'라는 표현처럼 우열을 나타내어 보도할 수 없다. 〈보기〉의 2차 조사 결과에서 A 후보와 B 후보의 지지율은 오차 범위(8.8%P) 내에 있으며, B 후보와 C 후보의 지지율은 오차 범위 밖에 있다. 따라서 'A 후보는 B 후보에 조금 앞서고'라고 보도하는 것은, 오차 범위 내에 있을 때에 이를 밝히지 않은 채로 서열이나 우열을 나타내는 것이므로, ㉯와 ㉰에 모두 위배된다고 할 수 있다.

③ **3차 조사 결과를 선거일 4일 전에 "A후보는 오차 범위 내에서 1위"라고 보도하는 것은 ㉮와 ㉰에 모두 위배되겠군.**
3차 조사 결과를 선거일 4일 전에 보도하는 것은 선거일 6일 전부터 여론조사 결과의 보도를 금지하는 ㉮에 위배된다. 그리고 A 후보와 B 후보의 지지율이 오차 범위 내에 있으므로, A 후보를 1위라고 우열을 나타내어 보도하는 것은 '오차 범위 내에서'라는 표현을 삽입하더라도 ㉰에 위배된다.

④ **1차 조사 결과를 선거일 14일 전에 "A 후보 1위, B 후보 2위, C 후보 3위"라고 보도하는 것은 ㉯에 위배되지 않고, 2차 조사 결과를 선거일 9일 전에 같은 표현으로 보도하는 것은 ㉰에 위배되겠군.**
1차 조사 결과는 A 후보가 B 후보에 대해, 그리고 B 후보가 C 후보에 대해 지지율이 모두 오차 범위 밖에서 앞서고 있다. 그러므로 1차 조사 결과를 선거일 14일 전에 'A 후보 1위, B 후보 2위, C 후보 3위'라고 보도하는 것은 ㉯에 위배되지 않는다. 한편 2차 조사 결과에서 A 후보와 B 후보의 지지율은 오차 6범위 내에 있으며, B 후보와 C 후보의 지지율은 오차 범위 밖에 있다. 그러므로 오차 범위 내에 있는 A 후보와 B 후보를 서열화하는 보도는 ㉰에 위배된다.

⑤ **2차 조사 결과를 선거일 9일 전에 "B 후보, A 후보와 오차 범위 내 경합"이라고 보도하는 것은 ㉰에 위배되지 않고, 3차 조사 결과를 선거일 4일 전에 같은 표현으로 보도하는 것은 ㉮에 위배되겠군.**
2차 조사 결과에서 A 후보와 B 후보의 지지율은 오차 범위 내에 있다. 그러므로 2차 조사 결과를 서열화하지 않고 'B 후보, A 후보와 오차 범위 내 경합'이라고 보도하는 것은 ㉰에 위배되지 않는다. 한편 3차 조사 결과를 선거일 4일 전에 보도하는 것은 선거일 6일 전부터 여론조사 결과의 보도를 금지하는 ㉮에 위배된다.

## 08~11 과학·기술

**'데이터에서 결측치와 이상치의 처리 방법'**

**해제** 이 글은 **데이터에서 결측치와 이상치를 처리하는 방법에 대해 설명**하고 있다. **결측치**는 **데이터 값이 빠져 있는 것**으로, **대치는 이러한 결측치를 처리하는 방법** 중 하나이다. 이때 **대체하는 값**으로는 **평균, 중앙값, 최빈값이 주로 사용**된다. 한편 **이상치**는 **데이터의 다른 값에 비해 유달리 크거나 작은 값으로, 데이터 수집 시 측정 오류에 의해 발생하기도 하고, 정상적인 데이터 중에도 존재**할 수 있다. **평면상에 있는 점들의 위치를 나타내는 데이터에서도 이상치를 발견**할 수 있는데, 이때 **이상치를 처리하기 위해서는 데이터의 두 점을 지나는 가상의 직선과 각각의 데이터가 이루는 거리를 구하고, 이 거리가 허용 범위에 들어오는 정상치 집합의 데이터 개수가 최대인 직선을 찾는 기법을 사용**한다.

**주제** 데이터에서 결측치와 이상치를 처리하는 방법

**문단 핵심 내용**

|  |  |
|---|---|
| 1문단 | 데이터에 결측치와 이상치가 포함될 경우 나타나는 문제점 |
| 2문단 | 결측치를 처리하는 방법인 대체 |
| 3문단 | 이상치의 발생 원인 및 이상치가 포함된 정상적인 데이터의 사례 |
| 4문단 | 평면상 점들의 위치를 나타내는 데이터에서도 발견되는 이상치 |
| 5문단 | 평면상 점들의 위치를 나타내는 데이터에서 발견되는 이상치를 처리하기 위한 방법 |

**08** 세부 내용의 이해 정답률 76% | 정답 ③

**윗글을 이해한 내용으로 적절하지 않은 것은?**

① **데이터가 수치로 구성되지 않아도 최빈값을 구할 수 있다.**
2문단을 통해 데이터 값이 직업과 같이 문자인 경우에는 최빈값으로 결측치를 대체함을 알 수 있으므로, 데이터가 수치로 구성되지 않아도 최빈값을 구할 수 있다고 할 수 있다.

② **데이터의 특징이 언제나 하나의 수치로 나타나는 것은 아니다.**
4문단을 통해 데이터가 평면상에 있는 점들의 위치를 나타내는 경우를 제시하면서, 이러한 경우 대부분의 점들이 주위에 모여 있는 가상의 직선 L이 데이터의 특징을 잘 나타냄을 알 수 있다. 따라서 데이터의 특징이 언제나 하나의 수치로 나타나는 것이 아님을 알 수 있다.

✔ **데이터가 정상적으로 수집되었다면 이상치가 존재하지 않는다.**
3문단을 통해 이상치는 데이터를 수집할 때 측정 오류 등에 의해 주로 생기지만, 정상적인 데이터라도 데이터의 특징을 왜곡하는 데이터 값이 있음을 알 수 있다.

④ **데이터에 동일한 수치가 여러 개 있어도 중앙값으로 결측치를 대체할 수 있다.**
2문단을 통해 결측치를 대체하는 값으로는 평균, 중앙값, 최빈값을 많이 사용함을 알 수 있고, 크기가 같은 값이 복수일 경우 순위를 매겨 중앙값을 찾음을 알 수 있다. 따라서 데이터에 동일한 수치가 여러 개 있어도 중앙값으로 결측치를 대체할 수 있다고 할 수 있다.

⑤ **데이터를 수집하는 과정에서 측정 오류가 발생한 값이라도 이상치가 아닐 수 있다.**
3문단을 통해 이상치는 데이터의 다른 값에 비해 유달리 크거나 작은 값임을 알 수 있다. 따라서 측정 오류 등으로 발생한 데이터 값이라도 그 값과 실제 데이터의 다른 값의 차이가 미세한 경우라면 이상치가 아닐 수 있다.

**09** 이유의 추리 정답률 59% | 정답 ①

**윗글을 참고할 때, ㉠의 이유로 가장 적절한 것은?**

✔ **중앙값은 극단에 있는 이상치의 영향을 덜 받기 때문이다.**
2문단을 통해 중앙값은 데이터를 크기순으로 정렬했을 때 중앙에 위치한 값임을 알 수 있으므로, 대푯값을 중앙값으로 설정할 경우 이상치의 값이 중앙값으로 선정된 수치 자체를 변화시키지는 못함을 알 수 있다. 하지만 평균은 이상치의 유달리 크거나 작은 값이 계산에 직접적으로 반영되므로 데이터의 특성을 왜곡한다고 할 수 있다. 따라서 ㉠의 이유는 중앙값이 극단에 있는 이상치의 영향을 덜 받기 때문이라고 볼 수 있다.

② **중앙값을 찾기 위해 데이터를 나열할 때 이상치는 제외되기 때문이다.**
2문단을 통해 중앙값은 데이터를 크기순으로 정렬했을 때 중앙에 위치한 값임을 알 수 있으므로, 특정 데이터가 다른 값에 비해 유달리 크거나 작은 것과 상관없이 모든 데이터를 정렬하여 찾는다고 할 수 있다.

③ **데이터의 개수가 많아질수록 이상치도 많아지고 평균을 구하기 어렵기 때문이다.**
데이터의 개수와 이상치의 개수는 무관하고, 데이터의 개수가 많아질수록 평균을 구하기 어려울 수는 있지만 이 역시 ㉠의 이유와는 관련이 없다.

④ **이상치가 포함되면 평균을 구하는 것이 중앙값을 찾는 것보다 복잡하기 때문이다.**
데이터의 평균이나 중앙값을 구하는 방법의 복잡성의 수준에 대한 내용은 글에서 확인할 수 없으므로 적절하지 않다.

⑤ **이상치가 포함되면 평균은 데이터에 포함되지 않는 값일 가능성이 큰 반면 중앙값은 항상 데이터에 포함된 값이기 때문이다.**
평균은 이상치의 포함 여부와 상관없이 데이터에 포함되지 않는 값일 수 있다. 그런데 중앙값은 데이터를 크기순으로 정렬했을 때 중앙에 위치한 값이지만, 데이터의 개수가 짝수일 경우에는 중앙에 있는 두 값의 평균이 중앙값이 된다고 할 수 있다. 이런 경우 중앙값은 데이터에 포함된 값이 아닐 수 있으므로, 중앙값이 항상 데이터에 포함된 값이기 때문은 ㉠의 이유로 적절하지 않다.

★★★ 등급을 가르는 문제!

**10** 다른 기법과의 비교 정답률 29% | 정답 ⑤

**㉡과 관련하여 윗글의 A 기법과 〈보기〉의 B 기법을 설명한 내용으로 가장 적절한 것은? [3점]**

〈보 기〉

다음과 같은 방법으로 직선 $L$을 찾는 B 기법을 가정해 보자. 후보 직선을 임의로 여러 개 가정한 뒤에 모든 점에서 각 후보 직선들과의 거리를 구하여 점들과 가장 가까운 직선을 선택한다. 그러나 이렇게 찾은 직선은 직선 $L$로 적합한 직선이 아니다. 이상치를 포함해서 찾다 보니 대부분 최적의 직선과 이상치 사이에 위치한 직선을 선택하게 된다.

① **A 기법과 B 기법 모두 최적의 직선을 찾기 위해 최대한 많은 점을 지나는 후보 직선을 가정한다.**
5문단에서 A 기법의 후보 직선은 두 점을 무작위로 골라 그은 직선이라고 하였고, B 기법에서도 후보 직선을 임의로 여러 개 가정한다고 하였다. 따라서 A 기법과 B 기법 모두 최적의 직선을 찾기 위해 최대한 많은 점을 지나는 후보 직선을 가정한다고 할 수 없다.

② **A기법은 이상치를 제외하고 후보 직선을 가정하지만 B기법은 이상치를 제외하는 과정이 없다.**
5문단에서 A 기법은 두 점을 무작위로 골라 이 두 점을 지나는 후보 직선을 긋는다고 하였으므로, 후보 직선을 가정할 때 A 기법이 이상치를 제외한다 할 수 없다. 그리고 B 기법은 후보 직선을 임의로 가정한다고 하였으므로 B 기법에도 후보 직선을 가정할 때 이상치를 제외하는 과정이 없다고 볼 수 있다.

③ **A기법에서 최종적으로 선택한 직선은 이상치를 지나지 않지만 B 기법에서 선택한 직선은 이상치를 지난다.**
5문단을 통해 A 기법에서 최종적으로 선택한 직선 L은 데이터의 특징을 잘 나타내는 선임을 알 수 있으므로, 데이터의 특징을 왜곡하는 이상치를 지나지 않을 것임을 알 수 있다. 그리고 B 기법에서는 이상치를 포함해서 최적의 직선을 찾다 보니 대부분 최적의 직선과 이상치 사이에 위치한 직선을 선택하게 됨을 알 수 있다. 따라서 B 기법에서 선택한 직선이 이상치를 지난다고 할 수 없다.

④ **A기법은 이상치의 개수가 문턱값보다 적으면 후보 직선을 버리지만 B 기법은 선택한 직선이 이상치를 포함할 수 있다.**
5문단을 통해 A 기법에서 후보 직선을 버릴지 결정하는 기준이 되는 문턱값은 정상치 집합의 점의 개수에 대한 것임을 알 수 있다. 이상치의 개수가 문턱값보다 적으면 후보 직선을 버리는 것이 아니라 정상치 집합의 점의 개수가 문턱값보다 적으면 후보 직선을 버리므로 적절하지 않다.

✔ **A 기법에서 후보 직선의 정상치 집합에는 이상치가 포함될 수 있고 B 기법에서 후보 직선은 이상치를 지날 수 있다.**
5문단을 통해 A 기법은 두 점을 무작위로 골라 이 두 점을 지나는 후보 직선을 그어 나머지 점들과 후보 직선 사이의 거리를 구함을 알 수 있다. 그리고 이 거리가 허용 범위 이내인 점들을 정상치 집합에 추가

하며, 정상치 집합의 점의 개수가 문턱값보다 많으면 후보 직선을 최종 후보군에 넣음을 알 수 있다. 이렇게 볼 때, A기법에서는 후보 직선과 나머지 점과의 거리의 허용 범위가 넓게 설정되어 있다면 이상치이더라도 후보 직선의 정상치 집합에 포함될 수 있음을 알 수 있다. 또한 〈보기〉를 통해 B 기법에서는 후보 직선을 임의로 여러 개 가정한다고 하였으므로 후보 직선을 이루는 두 점에 이상치가 포함될 수 있음을 알 수 있다. 따라서 B 기법에서 후보 직선은 이상치를 지날 수 있음을 알 수 있다.

**★★ 문제 해결 꿀~팁 ★★**

**▶ 많이 틀린 이유는?**

이 문제는 글에 제시된 내용과 〈보기〉의 내용을 이해하는 과정에서 어려움을 겪어 오답률이 높았던 것으로 보인다.

**▶ 문제 해결 방법은?**

이 문제를 해결하기 위해서는 〈보기〉의 내용과 5문단의 내용을 비교하고 있는 선택지를 정확히 이해해야 한다. 그런 다음 〈보기〉와 글의 내용을 바탕으로 선택지의 적절성을 판단해야 한다. 이 문제의 경우 선택지에 A 기법과 B 기법을 각각 서술하고 있으므로, 비교적 양이 적은 B를 중심으로 선택지의 적절성을 판단해야 한다. 즉 선택지에 있는 B에 대한 설명이 적절한지 확인하고, 그런 다음 적절한 것 중에서 A가 정확한지 확인하면 된다. 이럴 경우 ①과 ③은 B의 내용 이해로 적절하지 않으므로 제외된다. 그런 다음 A를 통해 남은 ②, ④, ⑤가 적절한지 판단하면 된다. 이때 주의할 점은 선택지의 내용이 글의 내용을 바탕으로 추론을 요구하고 있으므로, 글의 내용을 바탕으로 추론할 수 있는지를 판단해야 한다. 가령 5문단에서 A 기법은 두 점을 무작위로 골라(이 두 점에는 이상치가 포함될 수 있음.) 이 두 점을 지나는 후보 직선을 긋는다고 하였으므로, A 기법이 이상치를 제외한다 할 수 없음을 알아야 한다. 또한 정답인 ⑤의 경우에도 5문단을 통해 A 기법이 나머지 점들과 후보 직선 사이의 거리가 허용 범위 이내인 점들을 정상치 집합에 추가한다고 하였으므로, 만일 A기법에서 후보 직선과 나머지 점과의 거리의 허용 범위가 넓게 설정되어 있다면 이상치이더라도 후보 직선의 정상치 집합에 포함될 수 있을 것임을 추론할 수 있어야 한다. 이 문제는 이처럼 약간의 추론이 요구되어 학생들이 어려워하였는데, 위에서 언급한 방식을 적극 활용하면서, 선택지와 관련된 글의 내용을 바탕으로 선택지의 내용을 이끌어 낼 수 있는지 추론하여 판단하면 문제를 해결할 수 있을 것이다.

## 11 단어의 문맥적 의미 파악

정답률 83% | 정답 ②

**문맥상 ⓐ ~ ⓔ와 바꿔 쓰기에 가장 적절한 것은?**

① ⓐ : 형성(形成)하기

ⓐ의 '나타내다'는 '어떤 일의 결과나 징후를 겉으로 드러내다.'라는 의미로 사용되었으므로, '어떤 형상을 이루기'라는 의미를 지닌 '형성하기'로 바꾸어 쓰는 것은 적절하지 않다.

✔ ⓑ : 누락(漏落)되어

ⓑ의 '빠지다'는 '차례를 거르거나 일정하게 들어 있어야 할 곳에 들어 있지 아니하다.'라는 의미로 사용되었으므로, '기입되어야 할 것이 기록에서 빠져'라는 의미를 지닌 '누락되어'로 바꾸어 쓸 수 있다.

③ ⓒ : 도래(到來)한다

ⓒ의 '생기다'는 '어떤 일이 일어나다.'라는 의미로 사용되었으므로, '어떤 시기나 기회가 닥쳐온다.'라는 의미를 지닌 '도래한다'로 바꾸어 쓰는 것은 적절하지 않다.

④ ⓓ : 투과(透過)하는

ⓓ의 '지나다'는 '어디를 거치어 가거나 오거나 하다.'라는 의미로 사용되었으므로, '장애물에 빛이 비치거나 액체가 스미면서 통과하는'이라는 의미를 지닌 '투과하는'으로 바꾸어 쓰는 것은 적절하지 않다.

⑤ ⓔ : 소원(疏遠)하여

ⓔ의 '멀다'는 '거리가 많이 떨어져 있다.'라는 의미로 사용되었으므로, ⓔ를 '지내는 사이가 두텁지 아니하고 거리가 있어서 서먹서먹하여'라는 의미를 지닌 '소원하여'로 바꾸어 쓰는 것은 적절하지 않다.

## 12~17 인문

### (가) 『노자』의 도에 대한 한비자의 견해

**해제** 이 글은 **『노자』의 도에 대한 한비자의 견해에 대해 제시**하고 있다. **한비자는 『노자』에 대한 해석을 통해 자신의 법치 사상을 뒷받침**했다. 『노자』에서 도는 만물 생성의 근원으로 묘사되고 있는데, **한비자 역시 이와 유사하게 도를 천지 만물의 존재와 본질의 근거**라고 보았다. 그리고 한비자는 **『노자』에 제시된 영구불변하는 도의 항상성에 대해 도는 천지와 더불어 영원히 존재하지만 모습과 이치를 일정하게 유지하는 것은 아니라고 보았다.** 한편 한비자는 **『노자』의 도에 시비 판단의 근거라는 새로운 의미를 부여**하기도 하였으며, **『노자』의 도에 대한 이해를 바탕으로 인간의 욕망을 제어하기 위한 법의 필요성을 강조**하였다.

**주제** 『노자』의 도에 대한 한비자의 견해

**문단 핵심 내용**

| | |
|---|---|
| 1문단 | 『노자』에 대한 해석을 통해 법치 사상을 뒷받침한 한비자 |
| 2문단 | 한비자의 도에 대한 인식 |
| 3문단 | 도를 가변적이라고 인식한 한비자 |
| 4문단 | 『노자』의 도에 새로운 의미를 부여하며 법의 필요성을 강조한 한비자 |

### (나) 『노자』의 도에 대한 유학자들의 견해

**해제** 이 글은 **『노자』의 도에 대한 중국 송나라 이후 유학자들의 견해를 제시**하고 있다. **송나라 때의 유학자이자 개혁 사상가인 왕안석은 『노자』의 도를 만물의 물질적 기원인 '기(氣)'라고 파악하고 기의 작용에 의해 사물이 형성된다**고 보았다. 또한 제도와 규범의 제정 같은 인간의 적극적 개입을 강조하면서 **『노자』를 유학의 실천적 측면과 결부하여 이해**하였다. **원나라 때의 유학자 오징은 『노자』의 도를 근원적인 불변하는 도로 이해하고 유학의 인의예지를 도가 현실화하여 드러난 것으로 해석**하였다. **명나라 때의 유학자 설혜는 『노자』의 도를 인간의 도덕 본성과 그것의 근거인 천명으로 이해하고, 노자 사상과 유학이 다르지 않다고 보았다.**

**주제** 『노자』의 도에 대한 왕안석, 오징, 설혜의 견해

**문단 핵심 내용**

| | |
|---|---|
| 1문단 | 유학의 도를 기반으로 『노자』 주석을 전개한 유학자들 |
| 2문단 | 『노자』를 유학의 실천적 측면과 결부하여 이해하 왕안석 |
| 3문단 | 유학의 인의예지를 도가 현실화하여 드러난 것으로 해석한 오징 |
| 4문단 | 『노자』의 도를 인간의 도덕 본성과 천명으로 이해한 설혜 |

## 12 글의 내용 전개 방식의 이해

정답률 74% | 정답 ③

**(가), (나)에 대한 설명으로 가장 적절한 것은?**

① (가)는 『한비자』의 철학사적 의의를 설명하고 『한비자』와 『노자』의 사회적 파급력을 비교하고 있다.

(가)에서는 한비자가 『노자』에 대한 해석을 통해 자신의 법치 사상을 뒷받침하였다고 언급하고 있지만, 『한비자』와 『노자』의 사회적 파급력을 비교하지는 않고 있다.

② (가)는 한비자가 추구한 이상적인 사회를 소개하고 그 실현을 위해 『노자』를 수용한 입장의 한계를 설명하고 있다.

(가)에서 『노자』를 수용한 한비자의 입장의 한계를 설명하지는 않고 있다.

✔ (나)는 특정 개념을 중심으로 『노자』에 대한 여러 학자의 견해를 시간의 흐름에 따라 제시하고 있다.

(나)에서는 『노자』의 도에 대해 송나라 때의 왕안석, 원나라 때의 오징, 명나라 때의 설혜의 견해를 순차적으로 설명하고 있으므로, 특정 개념을 중심으로 『노자』에 대한 여러 학자의 견해를 시간의 흐름에 따라 제시하였다는 설명은 적절하다.

④ (나)는 여러 유학자가 『노자』를 해석한 의도를 각각 제시하고 그 차이로 인해 발생한 학자 간의 이견을 절충하고 있다.

(나)에서 『노자』와 관련하여 왕안석, 오징, 설혜의 견해를 설명하고 있지만, 이들 학자 간의 이견을 절충하지는 않고 있다.

⑤ (가)와 (나)는 모두, 『노자』에 대해 다양한 시각에서 제시된 비판이 심화되는 과정을 구체적 사례와 함께 설명하고 있다.

(가)에서는 한비자가 『노자』에 대한 해석을 통해 자신의 법치 사상을 뒷받침하였다고 하면서 한비자의 견해만을 제시하고 있다. 따라서 (가)가 『노자』에 대해 다양한 시각에서 제시된 비판이 심화되는 과정을 구체적 사례와 함께 설명한 것이라 할 수 없다.

## 13 인물의 견해 파악

정답률 44% | 정답 ①

**(가)에 제시된 한비자의 견해로 적절하지 않은 것은?**

✔ 사건의 시비에 따라 달라지는 도에 근거하여 법이 제정되어야 한다.

4문단을 통해 한비자는 도가 구체적인 사물과 사건에 내재한 개별 법칙의 통합으로서, 다양한 개별 사건의 시비를 판단하는 기준이 될 수 있다고 보았음을 알 수 있다. 따라서 한비자가 도가 사건의 시비에 따라 달라진다고 보지 않았음을 알 수 있다.

② 인간은 무엇을 가지거나 누리고자 하는 마음에서 벗어날 수 없다.

4문단을 통해 한비자가 인간의 욕망을 필연적인 것으로 보았음을 알 수 있으므로, 한비자는 인간이 욕망에서 벗어날 수 없다고 보았음을 알 수 있다.

③ 도는 고정된 모습 없이 때와 형편에 따라 변화하며 영원히 존재한다.

3문단을 통해 한비자는 도는 영원히 존재하는 것이지만 그 모습과 이치를 일정하게 유지하는 것은 아니라고 보았음을 알 수 있다.

④ 인간 사회의 흥망성쇠는 사람이 도에 따라 올바르게 행하였는가의 여부에 좌우되는 것이다.

2문단을 통해 한비자가 인간 사회의 일은 도에 따라 제대로 행했는가의 여부에 따라 그 성패가 드러나는 것이라고 이해하였음을 알 수 있다. 따라서 한비자는 인간 사회의 흥망성쇠가 도에 따라 제대로 행했는가의 여부에 따라 좌우된다고 보았음을 알 수 있다.

⑤ 도는 만물의 근원이면서 동시에 현실 사회의 개별 사물과 사건에 내재한 법칙을 포괄하는 것이다.

2문단을 통해 한비자가 도를 천지 만물의 존재와 본질의 근거라고 보았음을, 4문단을 통해 한비자가 도를 구체적인 사물과 사건에 내재한 개별 법칙의 통합이라고 보았음을 알 수 있다. 따라서 한비자는 도를 만물의 근원으로서 항상 존재하고 개별 법칙을 포괄하는 것으로 보았음을 알 수 있다.

## 14 내용의 인과관계 파악

정답률 46% | 정답 ④

**㉠과 ㉡에 대한 이해로 가장 적절한 것은?**

① ㉠은 유학 덕목의 등장을 긍정적으로 평가한 『노자』의 견해를 수용하는, ㉡은 유학 덕목에 대한 『노자』의 비판에 담긴 긍정적 의도를 밝히려는 것으로 표출되었다.

(나)의 3문단을 통해 오징은 인의예지가 도의 쇠퇴 때문에 나타난 것이라는 『노자』와 달리 인의예지는 도가 현실화하여 드러난 것이라고 보았음을 알 수 있다. 따라서 오징이 『노자』가 유학 덕목의 등장을 긍정적으로 평가한 것이라 할 수 없고, ㉠이 유학 덕목의 등장과 관련한 『노자』의 견해를 수용한 것이라고 할 수 없다. 그리고 (나)의 4문단을 통해 설혜는 ㉡에 따라 『노자』에서 인의 등의 유학 덕목을 비판한 것을 도덕을 근본으로 삼게 하기 위한 충고라고 파악하였음을 알 수 있다. 따라서 설혜는 유학 덕목에 대한 『노자』의 비판에 담긴 긍정적 의도를 밝히고자 하였음을 알 수 있다.

② ㉠은 유학에 유입되고 있는 주술성을 제거하는, ㉡은 노자 사상이 탐구하는 대상에 대한 이해를 근거로 노자 사상과 유학의 공통점을 제시하려는 것으로 표출되었다.

(나)의 3문단을 통해 오징은 도교를 주술적인 종교로 간주하고 사람들이 도교에 빠지는 것을 경계하여, 『도덕진경주』를 저술하고 『노자』의 일부 내용을 바꾸었음을 알 수 있다. 따라서 ㉠이 유학에 유입되고 있는 주술성을 제거하는 것으로 표출된 것이 아님을 알 수 있다. 그리고 (나)의 4문단을 통해 설혜는 ㉡에 따라 다양한 경전을 인용하여 『노자』를 해석하면서 이를 근거로 노자 사상과 유학이 다르지 않다고 보았음을 알 수 있다.

③ ㉠은 유학의 가르침을 차용한 종교가 사람들을 현혹하는 상황에 대응하는, ㉡은 『노자』를 해석한 경전들을 참고하여 유학 이론의 독창성을 밝히려는 것으로 표출되었다.

(나)의 3문단을 통해 오징은 도교가 유학을 받아들여 체계화되었지만, 도교를 여전히 주술적인 종교로 보



[문제편 p.324]

고 ㉠에 근거하여 도교가 사람들을 현혹하는 상황에 대응하고자 하였음을 알 수 있다. 그리고 (나)의 4문단을 통해 설혜는 ㉡에 따라 다양한 경전을 인용하여 『노자』를 해석하고 노자 사상과 유학이 다르지 않다는 점을 강조하였음을 알 수 있다.

**✔ ㉠은 유학을 노자 사상과 연관 지어 유교적 사회 질서의 정당성을 확인하는, ㉡은 유학에서 이단으로 치부하는 사상의 진의를 밝혀 오해를 바로잡으려는 것으로 표출되었다.**

(나)의 3문단을 통해 오징은 노자의 가르침이 공자의 학문과 크게 다르지 않음을 밝히며 도와 유학 이념을 관련 지으면서, 인의예지, 사회 규범과 사회 질서체계를 도가 현실화한 결과로 파악했음을 알 수 있다. 따라서 ㉠은 유학을 노자 사상과 연관 지어 유교적 사회 질서의 정당성을 확인하고 강조하는 것으로 볼 수 있다. 그리고 (나)의 4문단을 통해 설혜는 노자 사상에 대한 오해를 불식해야 한다고 보면서, 본성과 천명의 이치를 탐구한다는 점에서 노자 사상과 유학이 다르지 않다고 보았음을 알 수 있다. 따라서 ㉡은 노자 사상이 유학과 다르지 않다는 것을 밝혀 오해를 바로잡으려고 한 것으로 볼 수 있다.

⑤ ㉠은 특정 종교에서 추앙하는 사상가와 유학 이론의 관련성을 제시하는, ㉡은 유학의 사상적 우위를 입증하여 다른 학문을 통합할 수 있는 근거를 제시하려는 것으로 표출되었다.

(나)의 3문단을 통해 ㉠에서 오징은 도교의 시조로 간주된 노자의 가르침이 유학과 다르지 않음을 밝히고자 하였음을 알 수 있다. 그리고 (나)의 4문단을 통해 설혜는 ㉡에 따라 노자 사상에 대한 오해를 불식하고자 하였음을 알 수 있다. 하지만 유학의 사상적 우위를 입증하고자 한 것은 아니므로 적절하지 않다.

★★★ 등급을 가르는 문제!

## 15 다른 견해와의 비교

정답률 30% | 정답 ④

**(나)의 왕안석과 오징의 입장에서 다음의 ㄱ ~ ㄹ에 대해 판단한 것으로 가장 적절한 것은?**

ㄱ. 도는 만물을 통해 드러나는 것이지 만물에 앞서서 존재하는 것은 아니다.
ㄴ. 인간 사회의 규범은 이치를 내재한 근원적 존재인 도가 현실에 드러난 것이다.
ㄷ. 도는 현상 세계의 너머에만 머물러 있지 않고 세상일과 유기적으로 관련되는 것이다.
ㄹ. 도가 변화하듯이 현상 세계가 변하니, 현실 사회의 변화에 따라 인간 사회의 규범도 변해야 한다.

① 왕안석은 ㄱ에 동의하지 않고 ㄴ에 동의하겠군.

2문단을 통해 왕안석은 도를 만물의 물질적 근원인 '기'라고 파악하고 현상 세계에 앞서 존재하는 '기'의 작용에 의해 사물이 형성된다고 보았음을 알 수 있으므로 ㄱ에 동의하지 않을 것이다. 또한 왕안석은 자연과 달리 인간 사회의 안정을 위해서는 제도와 규범의 제정과 같은 인간의 적극적인 개입이 필요하다고 주장하고 사회 제도의 규범은 현실 사회의 변화에 따라 새롭게 해야 한다고 하였으므로 ㄴ에 동의하지 않을 것이다.

② 왕안석은 ㄴ과 ㄹ에 동의하겠군.

2문단을 통해 왕안석은 도를 만물의 물질적 근원인 '기'라고 파악하고, 기가 시시각각 변화하듯 현상 세계도 변화한다고 이해하면서, 사회 제도의 규범도 현실 사회의 변화에 따라 새롭게 해야 한다고 주장하였음을 알 수 있다. 따라서 왕안석은 ㄴ에 동의하지 않고 ㄹ에 동의할 것임을 알 수 있다.

③ 왕안석은 ㄷ에 동의하고 ㄹ에 동의하지 않겠군.

2문단을 통해 왕안석은 현상 세계에 앞서 존재하는 '기'의 작용에 의해 사물이 형성된다고 보았음을 알 수 있으므로 ㄷ에 동의할 것이다. 또한 사회 제도의 규범은 현실 사회의 변화에 따라 새롭게 해야 한다고 주장하였음을 알 수 있으므로 ㄹ에 동의할 것이다.

**✔ 오징은 ㄱ과 ㄹ에 동의하지 않겠군.**

3문단을 통해 오징은 모든 이치를 내재한 도가 현실화하여 천지 만물이 생성된다고 보았으므로 ㄱ에 동의하지 않을 것이다. 또한 오징은 또한 도를 근원적으로 불변하는 것으로 보았으므로 ㄹ에 동의하지 않을 것이다.

⑤ 오징은 ㄴ에 동의하고 ㄷ에 동의하지 않겠군.

3문단을 통해 오징은 사회규범과 사회 질서는 모든 이치를 내재한 도가 현실화한 것이라고 보았음을 알 수 있으므로 ㄴ과 ㄷ에 동의할 것이다.

**★★ 문제 해결 꿀~팁 ★★**

**▶ 많이 틀린 이유는?**

이 문제는 〈보기〉의 내용과 글에 제시된 인물들의 입장, 즉 왕안석과 오징의 입장을 일일이 비교하는 과정에서 어려움을 겪어 오답률이 높았던 것으로 보인다. 또한 〈보기〉에 대한 정확한 이해 부족도 오답률을 높인 원인으로 보인다.

**▶ 문제 해결 방법은?**

이 문제를 해결하기 위해서는 먼저 〈보기〉에 제시된 ㄱ~ㄹ에 대해 정확히 이해해야 한다. 즉 ㄱ에서는 도가 만물을 앞선다는 내용, ㄴ은 인간 사회의 규범이 도를 현실에 드러난 것인지, ㄷ은 도가 이상적인 것이 아니라 세상과 유기적으로 연결된 것인지, ㄹ은 도가 변화하므로 인간 사회의 규범도 변화하는지에 대한 내용임을 정확히 알아야 한다. 그런 다음 글에 제시된 왕안석과 오징의 입장을 파악하여 ㄱ~ㄹ에 대해 어떤 입장을 보일 것인지 판단하면 된다. 즉 ㄱ~ㄹ에 대해 정리한 위의 내용에 대해 왕안석과 오징은 어떻게 생각하고 있는지 일일이 확인할 수 있어야 한다. 가령 정답인 ⑤의 경우 3문단에서 오징은 도에 대해 도를 근원적으로 불변하는 것으로 보면서 모든 이치를 내재하여 천지 만물을 생성하게 만들었다 하고 있으므로 ㄱ과 ㄹ에 동의하지 않을 것음을 알 수 있을 것이다. 이 문제 풀이의 핵심은 〈보기〉에 대한 정확한 이해에 있어서 〈보기〉를 정확히 이해했다면 문제를 충분히 해결할 수 있었다. 이처럼 국어 영역에 서 제시되는 〈보기〉 이해는 문제 해결에서 중요하므로, 〈보기〉의 내용을 정확히 이해할 수 있도록 주의를 기울여야 한다.

## 16 특정 인물들에 대한 평가의 적절성 판단

정답률 36% | 정답 ⑤

**〈보기〉를 참고할 때, (가), (나)의 사상가에 대한 왕부지의 평가로 적절하지 않은 것은? [3점]**

〈보 기〉

청나라 초기의 유학자 왕부지는 『노자』의 본래 뜻을 드러내어 노자 사상을 비판하고자 『노자연』을 저술했다. 노자 사상의 비현실성을 드러내어 유학의 실용적 가치를 부각하고자 했던 그는 기존의 『노자』 주석서가 노자 사상이 아닌 사상을 기준으로 삼았기 때문에 『노자』뿐만 아니라 주석자의 사상마저 왜곡했다고 비판했다. 『노자』에서 아무런 행동을 하지 않아도 천하가 다스려진다고 한 것 등을 비판한 그는, 『노자』에서처럼 단순히 인간의 이기적 욕망을 없애는 것이 아니라 사회 질서 유지를 위해 유학 규범을 활용해야 한다고 강조했다.

① 왕부지는 인간의 욕망에 대한 『노자』의 대응 방식을 부정적으로 보았으므로, (가)의 한비자가 『노자』와 달리 사회에 대한 인위적 개입이 필요하다고 한 것에 대해서는 수긍하겠군.

〈보기〉를 통해 왕부지가 『노자』에서처럼 단순히 인간의 이기적 욕망을 없애야 한다고 주장하는 것을 비판하고 사회 질서 유지를 위해 유학 규범을 활용해야 한다고 강조했음을 알 수 있다. 이러한 왕부지의 견해를 볼 때, (가)의 한비자가 인간은 욕망을 필연적으로 가질 수밖에 없음을 지적하며 욕망을 제어하기 위해 법이 필요하다고 한 것은 수긍할 것임을 알 수 있다.

② 왕부지는 『노자』에 제시된 소극적인 삶의 태도를 부정적으로 보았으므로, (나)의 왕안석이 사회 제도에 대한 『노자』의 견해를 비판하며 유학 이념의 활용을 주장한 것은 긍정하겠군.

〈보기〉를 통해 왕부지가 『노자』에서 아무런 해동을 하지 않아도 천하가 다스려진다고 한 것을 비판하였음을 알 수 있다. 이러한 왕부지의 견해를 볼 때, (나)의 왕안석이 인위적인 것을 제거해야만 도가 드러나고 인간 사회가 안정된다는 『노자』에 대해서는 비판하고, 유학 이념이 실질적 수단으로 활용되어야 한다고 주장한 것에 대해서는 긍정할 것임을 알 수 있다.

③ 왕부지는 『노자』의 본래 뜻을 파악해야 한다고 보았으므로, (나)의 오징이 『노자』를 주석하면서 자신의 이해에 따라 원문의 구성과 내용을 수정한 것이 잘못이라고 보겠군.

〈보기〉를 통해 왕부지가 『노자』의 본래 뜻을 드러내어 노자 사상을 비판하였음을 알 수 있다. 이러한 왕부지의 견해를 볼 때, (나)의 오징이 『노자』의 일부 내용을 바꾸고 기존 구성 체제를 재편한 것에 대해 왕부지는 잘못이라고 볼 것임을 알 수 있다.

④ 왕부지는 주석자가 유학을 기준으로 『노자』를 이해하면 주석자의 사상도 왜곡된다고 보았으므로, (나)의 오징이 유학의 인의 예지를 『노자』의 도가 현실화한 것으로 본 것을 비판하겠군.

〈보기〉를 통해 왕부지가 기존의 『노자』 주석서가 노자 사상이 아닌 사상을 기준으로 삼았기 때문에 『노자』 뿐만 아니라 주석자의 사상마저 왜곡했다고 비판하였음을 알 수 있다. 이러한 왕부지의 견해를 볼 때, (나)의 오징이 유학자의 입장에서 인의예지를 도가 현실화하여 드러난 것이라고 본 것을 비판할 것임을 알 수 있다.

**✔ 왕부지는 『노자』에 담긴 비현실성을 드러내야 한다고 보았으므로, (나)의 설혜가 기존의 『노자』 주석서들을 비판하며 드러낸 학문적 입장이 유학의 실용적 가치를 부각한다고 보겠군.**

〈보기〉를 통해 왕부지는 노자 사상의 비현실성을 드러냄으로써 유학의 실용적 가치를 부각하였음을 알 수 있으므로, 노자 사상을 비판하였음을 알 수 있다. 그리고 (나)에서 설혜는 기존의 『노자』 주석서들이 『노자』의 진정한 의미를 제대로 밝히지 못했다고 파악하고 본성과 천명의 이치를 탐구한다는 점에서 노자 사상과 유학이 다르지 않다고 보았음을 알 수 있다. 이러한 설혜의 견해는 노자 사상에 대한 오해를 불식하고자 한 것으로, 노자 사상의 비현실성을 드러냄으로써 유학의 실용적 가치를 부각하고자 했던 왕부지의 시각과는 대비된다고 할 수 있다.

## 17 단어의 의미 파악

정답률 93% | 정답 ④

**ⓐ와 문맥상 의미가 가장 가까운 것은?**

① 과일이 접시에 예쁘게 담겨 있다.

'어떤 물건이 그릇 따위에 넣어지다.'의 의미로 사용되었다.

② 상자에 탁구공이 가득 담겨 있다.

'어떤 물건이 그릇 따위에 넣어지다.'의 의미로 사용되었다.

③ 시원한 계곡물에 수박이 담겨 있다.

'액체 속에 넣어지다.'의 의미로 사용되었다.

**✔ 화폭에 봄 경치가 그대로 담겨 있다.**

ⓐ의 '담기다'는 '어떤 내용이나 사상이 그림, 글, 말, 표정 따위 속에 포함되거나 반영되다.'의 의미로 사용되었으므로, '화폭에 경치가 담겨 있다'의 '담겨'가 ⓐ와 문맥상 의미가 가장 가깝다고 할 수 있다.

⑤ 매실이 설탕물에 한 달째 담겨 있다.

'김치·술·장·젓갈 따위를 만드는 재료가 버무려지거나 물이 부어져서, 익거나 삭도록 그릇에 보관되다.'의 의미로 사용되었다.

## 18~21 고전 소설

**작자 미상, 「김원전」**

**감상** 이 작품은 **요괴로부터 공주를 구출해 내는 김원의 영웅적 활약을 그린 국문 소설로, '지하국 대적 퇴치 설화'를 비롯한 다양한 설화를 바탕으로 완성된 소설**이라 할 수 있다. 이 작품에서는 **천상적 존재가 적강한 것으로 그려져 있고, 주인공이 비인간의 형태로 태어나 고통을 감내하고 능력을 발휘하여 인간의 모습을 찾는 서사**로 이루어졌는데, 이는 「**금방울전」과 유사한 서사 전개**라 할 수 있다.

**주제** 요괴로부터 공주를 구출해 내는 김원의 영웅적 활약

**작품 줄거리** 김원은 김수와 그 부인 유 씨 사이에서 둥근 모양으로 태어나 10년 만에 허물을 벗고 미남자가 된다. 그 후 김원은 병마 대원수 도총독을 제수받고 괴물에게 납치된 세 공주를 구하기 위하여 지하국으로 내려가서 괴물을 소탕하고 세 공주와 부녀자들을 구해 주지만 김원의 공을 시기한 부원수가 줄을 끊고 구멍을 메워 버린다. 황제는 김원을 찾기 위해 수색대를 보내지만 찾지 못하고, 셋째 공주는 김원의 집으로 가 그의 부모를 모시고 산다. 한편 김원은 굴속을 헤매다가 용왕의 아들을 구해 주고 용궁에서 용녀와 결혼한다. 몇 년 후 김원은 용왕으로부터 연적을 선물로 받아 인간 세계로 나온다. 그러나 김원은 고향으로 돌아가던 도중 연적을 노린 주점 주인에게 피살된다. 이때 용녀는 고양이로 변해 연적을 물고 달아나 셋째 공주에게 연적을 전해 준다. 이후 선녀가 나타나 주점 주인이 김원을 죽인 사정을 고하고, 황제는 주점 주인을 참수하고 선녀의 지시대로 김원을 환생시킨다. 황제는 김원을 부마로 삼아 좌승상 겸 동백후 부마도 위에 봉하고, 용녀를 정숙 공주에 봉한다. 그 후 김원과 공주와 용녀는 함께 즐거움을 누리다 함께 백일 승천(白日昇天)한다.

## 18 서술상의 특징 파악

정답률 85% | 정답 ②

**[A]의 서술상 특징에 대한 설명으로 가장 적절한 것은?**

① 서술자가 개입하여 인물에 대한 평가를 제시하고 있다.

[A]를 통해 서술자가 개입하여 인물을 평가하는 부분은 찾아볼 수 없다.

**✔ 대화를 통해 인물 간의 위계나 관계를 보여 주고 있다.**

[A]에서는 황상과 여러 신하들의 대화를 통해 인물 간의 상하 관계를 보여 주고 있고, 아귀를 향해 달려드는 한세충과 아귀의 대화를 통해 그들 사이의 적대 관계를 보여 주고 있다. 따라서 [A]에서는 대화를 통해 인물 간의 위계나 관계를 보여 주고 있음을 알 수 있다.

③ **현재와 과거를 교차하여 장면의 전환을 보여 주고 있다.**
[A]에서는 황상의 부하 장수들과 아귀가 싸우는 사건과 아귀가 세 공주를 납치하는 사건이 시간 순서대로 진행되고 있으므로, 현재와 과거를 교차하여 장면의 전환을 보여 준다고 할 수 없다.

④ **인물의 회상을 통해 인물 간 갈등의 원인을 암시하고 있다.**
[A]를 통해 인물의 회상이 나타난 부분은 찾아볼 수 없다.

⑤ **상황에 대한 인물의 반응을 과장되게 서술하여 사건의 비극성을 완화하고 있다.**
[A]에서는 서경태가 아귀 입으로 들어가는 장면을 목격한 것과 세 공주가 납치되었음을 알게 된 것에 대한 황상의 충격이 나타나 있으며, 그로 인한 충격과 슬픔에서 헤어나오지 못하고 있는 황상의 모습이 그려지고 있다. 따라서 상황에 대한 인물의 반응을 과장되게 서술하여 사건의 비극성을 완화하였다고 할 수 없다.

**19** 작품 내용의 이해 정답률 63% | 정답 ①

**㉠과 관련하여 윗글을 이해한 내용으로 적절하지 않은 것은?**

✔ **황상은 ㉠의 심각성을 이전의 '전장'과 비교하고, 그때의 경험에 근거하여 ㉠에 대한 대처 방안을 찾아낸다.**
황상은 좌장군 서경태가 아귀 입으로 들어가자 크게 놀라며 본인이 여러 번 전장을 지내었지만 이런 일은 보도 듣도 못하였다고 하면서 여러 신하들 중에서 누가 아귀를 잡아 한을 씻을 수 있을지 묻고 있다. 따라서 황상이 ㉠의 심각성을 이전의 '전장'과 비교하지만, 그때의 경험에 근거하여 ㉠에 대한 대처 방안을 찾아냈다고는 할 수 없다.

② **이우영은 ㉠의 해결을 위해 '조정'에서 황상의 질문에 답하며 ㉠에 대처할 방안을 찾아 줄 지모 있는 인물을 거명한다.**
'조정'에 모인 여러 신하 중 이우영은 ㉠을 해결하기 위해서는 지모가 넉넉한, 전 좌승상 김규를 불러 문의해야 한다고 황상에게 아뢰고 있다. 따라서 이우영은 ㉠의 해결을 위해 '조정'에서 황상의 질문에 답하며 ㉠에 대처할 방안을 찾아 줄 지모 있는 인물을 거명하였다고 할 수 있다.

③ **황상은 ㉠의 여파가 미치지 않은 '고향'에서 편안히 지내던 승상에게 ㉠으로 인한 위기 상황을 알린다.**
황상이 조서를 내려 전 좌승상 김규를 부를 때 승상은 원을 데리고 '고향'에서 평안히 지내고 있었다. 따라서 황상은 ㉠의 여파가 미치지 않은 '고향'에서 편안히 지내던 승상에게 ㉠으로 인한 위기 상황을 알렸다고 할 수 있다.

④ **승상은 ㉠의 원흉인 아귀를 원이 '철마산'에서 본 것을 황상에게 아뢰고, ㉠을 해결할 단서를 제공할 인물을 천거한다.**
황상을 찾은 승상은, 세 공주를 일시에 잃은 황상이 자신에게 도움을 청하자 '철마산'에서 무예를 익히던 자기 자식이 아귀를 만나 겨루고 그 뒤를 좇아 바위 구멍으로 들어간 일을 보았음을 아뢰면서 자기 자식을 황상에게 천거하고 있다. 따라서 승상은 ㉠의 원흉인 아귀를 원이 '철마산'에서 본 것을 황상에게 아뢰고, ㉠을 해결할 단서를 제공할 인물을 천거하고 있다고 할 수 있다.

⑤ **원은 ㉠의 해결 방안을 떠올리고, '협실'에서 공주를 만나 ㉠을 해결할 수 있는 기회가 왔음을 알게 된다.**
철마산 아귀의 소굴로 들어간 원수는 백계를 생각하다가 좋은 계교를 생각해 내고는 이를 공주와 공유하고, 공주는 '협실'에서 아귀가 잠들었음을 알려 주고 있다. 따라서 원은 ㉠의 해결 방안을 떠올리고, '협실'에서 공주를 만나 ㉠을 해결할 수 있는 기회가 왔음을 알게 되었다고 할 수 있다.

**20** 인물의 심리 및 태도 파악 정답률 75% | 정답 ③

**ⓐ~ⓓ에 대한 설명으로 가장 적절한 것은?**

① **ⓐ와 ⓑ에서는 상대에 대한 신뢰를 바탕으로, 숨겨 온 사실을 드러내고 있다.**
ⓐ에는 아귀에게 공주를 잃은 황상의 통한이 담겨 있는 반면, ⓑ에는 세 공주를 잃은 황상의 원을 풀어드리기 위한 승상의 충정이 담겨 있다. 따라서 ⓐ와 ⓑ는 상대에 대한 신뢰를 바탕으로 하고 있지만, 숨겨 온 사실을 드러내고 있다고 볼 수 없다.

② **ⓑ와 ⓒ에서는 자신의 위세를 드러내어, 상대의 복종을 이끌어 내고 있다.**
ⓑ에는 세 공주를 잃은 황상의 원을 풀어드리기 위한 승상의 충정이 담겨 있지만, ⓒ에는 남두성을 죽여 원한을 풀고자 하는 아귀의 다짐과 시녀들에게 자신을 위로하라는 강압적인 명령이 담겨 있다. 따라서 ⓒ는 아귀가 자신의 위세를 드러내어 시녀들의 복종을 이끌어 낸다고 볼 수 있지만, ⓑ는 자신의 위세를 드러내어 상대의 복종을 이끌어 낸다고 할 수 없다.

✔ **ⓐ에서는 자신의 감정을 상대에게 드러내고, ⓓ에서는 자신들의 의도를 상대에게 숨기고 있다.**
황상은 조서를 승상 김규에게 보내면서 ⓐ를 통해 공주를 잃은 통한을 승상에게 드러내고 있다. 그리고 여자들은 원수의 계교에 따라 ⓓ와 같이 말하여 아귀를 속이고 그를 안심시켜 잠들게 만들려 하고 있다. 따라서 ⓐ에서는 자신의 감정을 상대에게 드러내고, ⓓ에서는 자신들의 의도를 상대에게 숨기고 있음을 알 수 있다.

④ **ⓑ에서는 당위를 내세워 상대의 행위를 요구하고, ⓓ에서는 상대의 안위를 우려하여 자제를 요청하고 있다.**
승상은 자기 자식인 원이 아귀라 하는 짐승을 만나 겨루고 그 뒤를 좇아 바위 구멍으로 들어가는 것을 보았다면서 ⓑ에서 무예가 뛰어난 자기 자식을 불러 사태를 해결할 것을 청하고 있다. 그러므로 ⓑ는 당위를 내세워 상대의 행위를 요구하고 있다고 볼 수 없다. 그리고 여자들은 원수의 계교에 따라 ⓓ를 통해 아귀를 속이고 그를 안심시켜 술에 취하게 만들려 하고 있으므로 ⓓ가 상대의 안위를 우려하여 자제를 요청한 것이라 볼 수 없다.

⑤ **ⓒ에서는 상대에게 자신의 목표를 위해 행동할 것을 촉구하고, ⓓ에서는 상대의 목표를 위해 행동할 것을 약속하고 있다.**
ⓒ에는 남두성을 죽여 원한을 풀고자 하는 아귀의 다짐과 시녀들에게 자신을 위로하라는 강압적인 명령이 담겨 있으므로, ⓒ는 상대에게 자신의 목표를 위해 행동할 것을 촉구한다고 볼 수 있다. 그리고 여자들이 원수의 계교에 따라 ⓓ와 같이 말하여 아귀를 속이고 그를 안심시켜 잠들게 만들려 하고 있으므로, ⓓ는 상대의 목표를 위해 행동할 것을 약속하는 말로 볼 수 없다.

**21** 외적 준거에 따른 작품의 감상 정답률 70% | 정답 ⑤

**<보기>를 참고하여 윗글을 감상한 내용으로 적절하지 않은 것은? [3점]**

<보 기>

「김원전」은 당대의 보편적 가치인 충군을 주제로, 초월적 능력을 지닌 주인공과 기이한 존재인 적대자의 필연적 대결 관계를 보여 준다. 특히 적대자의 압도적 무력에 맞서는 과정에서 인물에 따라, 혹은 인물이 처한 상황에 따라 다른 대응 방식을 보여 줌으로써 독자의 흥미를 자극한다.

① **서경태가 입직군을 동원해 아귀와 맞서고 원수가 계교를 마련해 아귀를 상대하는 데서, 압도적 무력을 지닌 적대자에 대응하는 양상이 서로 다름을 알 수 있군.**
좌장군 서경태는 입직군을 동원하여 칼을 들고 내달아 아귀를 꾸짖으며 칼을 들어 치다가 아귀 입으로 들어가지만, 원수는 백계를 생각하다가 갑자기 깨닫고는 계교를 마련해 아귀를 상대하려 하고 있다. 따라서 서경태와 원수는 압도적 무력을 지닌 적대자인 아귀에 대응하는 양상이 서로 다르다고 할 수 있다.

② **한세충이 황상의 한을 씻고자 아귀에게 대항하고 승상이 황상의 불행에 슬퍼하며 상경하는 데서, 인물들이 충군의 가치를 지키고 있음을 알 수 있군.**
좌장군 서경태가 아귀에게 당하자 황상은 '제신 중에 뉘 이 짐승을 잡아 짐의 한을 씻으리오.'라고 말하고, 이에 한세충은 아귀를 베어 황상께 바치겠다며 아귀에 대적하러 나가고 있다. 그리고 황상이 조서를 내려 전 좌승상이었던 김규를 부르자 승상은 나라에 발생한 변란에 못내 슬퍼하며 상경하고 있다. 따라서 한세충과 승상은 당대의 보편적 가치인 충군을 지키고 있는 인물이라고 할 수 있다.

③ **원이 아귀의 머리를 상하게 한 것과 아귀가 남두성인 원에게 원한을 갚겠다고 다짐하는 데서, 주인공과 적대자의 대결이 피할 수 없는 것임을 알 수 있군.**
아귀는 원의 칼에 상한 머리가 거의 낫자 사오일 후 세상에 나가 남두성을 잡아 죽여 원한을 풀려 하고 있다. 따라서 주인공인 원과 적대자인 아귀는 피할 수 없는 대결 관계에 놓여 있다고 할 수 있다.

④ **공주가 황상에게는 국운의 불행으로 잃은 대상이지만 원수에게는 약속대로 아귀를 잠들게 하는 인물인 데서, 여성 인물이 사건의 피해자이자 해결을 돕는 존재임을 알 수 있군.**
정서장군 한세충이 아귀를 치러 나가자 아귀는 입을 벌려 숨을 내 불어 황상과 만조백관을 오 리나 밀어낸다. 그런 후 궁중이 텅 빈 것을 본 아귀는 세 공주를 등에 업고 돌아가고, 이에 황상은 공주를 잃은 일에 대한 통한을 느낀다. 그리고 철마산 아귀의 소굴로 들어간 원수는 공주에게 계교를 일러주고 약속을 정해 여러 여자를 청하여 아귀를 잠들게 하는 계교를 갖추고 기다리라고 하였는데, 공주는 이 계교에 따라 아귀를 잠들게 하고 아귀의 비수를 원수에게 가져다 준다. 따라서 공주는 사건의 피해자이면서 사건 해결을 돕는 인물이라 할 수 있다.

✔ **일세에 무쌍한 무예를 갖춘 원수가 아귀의 비수로 기둥을 베어 보는 데서, 주인공이 적대자를 처치하기 위해 자신의 계획대로 초월적 능력을 시험하고 있음을 알 수 있군.**
원수는 원수 자신의 칼로 기둥을 쳐 보라고 하는 막내 공주의 말에 기둥을 쳤으나 반쯤 부러지는 데 그치고 있다. 이에 공주가 크게 놀라 아귀에게 그 칼을 썼더라면 큰 화가 미칠 뻔하였다고 하며 아귀가 쓰던 비수를 주고, 원수가 아귀의 비수로 기둥을 치니 썩은 풀이 베어지는 듯 한다. 따라서 원수가 아귀를 처치하기 위해서는 아귀가 쓰던 비수가 필요하다고 할 수 있으므로, 주인공이 적대자를 처치하기 위해 자신의 계획대로 초월적 능력을 시험하고 있다고는 할 수 없다.

## 22~27 갈래 복합

**(가) 김종길, '문'**

**감상** 이 작품은 **어두운 시대가 지나고 새로운 시대를 맞이하는 희망과 감격을 노래**하고 있다. 화자는 **'문'이 닫혀 있는 모습**에서 **암울했던 시절을 떠올리고** 있으며, **새벽이 오며 '문'이 열리는 모습**을 통해 **암울했던 시절이 지나고 희망에 찬 새로운 시대가 오고 있다는 감격을 표출**하고 있다. 이 시가 해방 직후에 발표되었다는 것을 감안할 때, **일제 강점의 암울한 시대가 지나고 해방을 맞이하는 감격을 표출한 작품으로도 이해**할 수 있다.

**주제** 암울한 시대가 지나고 희망찬 새 시대를 맞이하는 감격

**표현상의 특징**

- 한 연을 하나의 문장으로 구성함.
- 동일한 색채어를 반복적으로 사용하여 시상을 전개함.
- 시적 대상을 의인화하여 표현함.

**(나) 정끝별, '가지가 담을 넘을 때'**

**감상** 이 작품은 **수양의 늘어진 가지가 담을 넘는 과정과 그 의미를 통해 제약을 넘어서서 미지의 영역에 도달하기 위한 용기와 협력의 가치를 탐구**하고 있다. 화자는 **부정 표현의 진술들을 활용하여 가지가 담을 넘는 데에 원동력이 되어 준 존재들을 부각**하면서, 심지어 **가지에게 장애물로 작용할 수도 있는 비나 폭설, 그리고 담 자체마저도 가지가 신명 나게 담을 넘는 시도를 하는 데에 도움이 되었을 것이라고 긍정적으로 해석** 하고 있다.

**주제** 가지가 담을 넘는 과정과 의미

**표현상의 특징**

- 유사한 문장 구조의 반복을 통해 운율을 형성하고 있음.
- 자연물을 의인화하여 화자의 정서를 드러내 줌.
- 자연물의 모습에서 인간의 태도를 이끌어 내고 있음.

**(다) 유한준, '잊음을 논함'**

**감상** 이 작품은 **잊어야 할 것과 잊지 않아야 할 것에 대한 사유를 통해 인간이 지향해야 할 바에 대한 깨달음을 전해 주고 있는 수필**이다. 이 작품에서 **글쓴이는 천하의 걱정거리가 잊어도 좋을 것은 잊지 못하고, 잊어서는 안 될 것은 잊는 데서 나온다고 말하며, 잊어도 좋을 것과 잊어서는 안 되는 것을 구분하는 삶의 필요성을 역설**하고 있다. 아울러 **내적인 것을 잊고 외적인 것을 잊지 못하는 삶에 대해 경계해야 한다는 가르침도 전해 주고** 있다.

**주제** 잊어야 할 것과 잊지 않아야 할 것을 분별하는 지혜의 필요성

**22** 작품 간의 공통점 및 차이점 파악 정답률 60% | 정답 ②

**(가)~(다)에 대한 설명으로 가장 적절한 것은?**

① **(가)는 명시적 청자에게 말을 건네는 방식으로 화자의 감정을 드러낸다.**
(가)에서 명시적 청자로 설정된 대상은 드러나지 않고 있다.



[문제편 p.327]

✔ (가)는 동일한 색채어를, (나)는 유사한 문장 구조를 반복적으로 제시하며 시상을 전개한다.
(가)에서는 '푸른'이라는 색채어를 3연, 4연, 5연, 6연에 반복적으로 제시하여 시상을 전개하고 있다. 그리고 (나)에서는 1연과 3연에서 '가지가 담을 넘을 때 ~을 것이다'와 2연에서 '~이(가) 아니었으면'에서 알 수 있듯이 유사한 문장 구조를 반복적으로 제시하여 시상을 전개하고 있다.

③ (가)와 (나)는 모두, 사라져 가는 대상에 대한 화자의 안타까움을 드러낸다.
(가)의 '단청은 연년이 빛을 잃어'를 통해 사라져 가는 대상이 나타남을 알 수 있지만, 이에 대한 화자의 안타까움의 감정은 드러나지 않고 있다. 그리고 (나)를 통해 사라져 가는 대상이나 이에 대한 화자의 안타까움은 찾아볼 수 없다.

④ (나)는 사물을 관조함으로써, (다)는 세태를 관망함으로써 주제 의식을 부각한다.
(나)에서는 수양의 늘어진 가지가 담을 넘어가는 모습을 관조하여 주제 의식을 부각한다고 볼 수 있지만, (다)를 통해 세태를 관망하는 글쓴이의 태도를 찾아볼 수 없다.

⑤ (가), (나), (다)는 모두, 대상과 소통하며 문제 해결 과정을 연쇄적으로 제시한다.
(가), (나)의 경우 대상과 소통하는 모습을 확인할 수 없을 뿐만 아니라 문제 해결 과정이 연쇄적으로 제시되고 있다고 볼 수 없다. 한편 (다)의 경우 글쓴이가 이홍에게 자신의 생각을 전달하고 있으므로 대상과 소통을 시도하는 모습이 나타난다고 볼 수도 있다. 또한 글쓴이가 제기한 문제를 해결하는 과정이 논리적 흐름에 따라 나타나므로 문제 해결 과정이 연쇄적으로 제시되어 있다고 볼 여지가 있다.

## 23 외적 준거에 따른 작품 감상 정답률 59% | 정답 ①

〈보기〉를 참고하여 (가)를 감상한 내용으로 적절하지 않은 것은?

〈보 기〉
(가)에서 순환하는 자연이 가진 변화의 힘은 인간 역사의 쇠락과 생성에 관여한다. 인간의 역사는 쇠락의 과정에서도 생성의 기반을 잃지 않고, 자연과 어우러지며 자연의 힘을 탐색하거나 수용한다. 이를 통해 '문'은 새로운 역사를 생성할 가능성을 실현하게 되고, 인간의 역사는 '깃발'로 상징되는 이상을 향해 다시 나아갈 수 있게 된다.

✔ '흰 벽'에 나뭇가지가 그림자로 나타나는 것은, 천년을 쇠락해 온 인간의 역사가 자연의 힘을 탐색하는 과정에서 자연의 모습에 영향을 미친 결과를 보여 주는군.
'흰 벽'에 나뭇가지가 그림자로 나타나는 것은 '해들 적마다' 벽에 나뭇가지의 그림자가 나타나는 상황을 나타내는 것으로 볼 수 있다. 그리고 화자는 이러한 모습이 천년을 이어왔다고 말하고 있다. 하지만 이는 오랜 시간 동안 인간의 역사와 자연이 관련되어 있음을 나타내는 것일 뿐, 이를 인간의 역사가 자연의 힘을 탐색하는 과정에서 자연의 모습에 영향을 미친 결과를 보여 주는 것으로 해석하는 것은 적절하지 않다.

② '두리기둥'의 틈에 별과 바람이 쓰라리게 스며드는 것을 서럽지 않다고 한 것은, 쇠락해 가는 인간의 역사가 자연이 가진 변화의 힘을 수용함을 드러내는군.
화자는 단청의 '두리기둥'의 틈에 별과 바람이 쓰라리게 스며드는 것을 서럽지 않다고 말하고 있는데, 이는 자연이 가진 변화의 힘을 수용하는 것을 의미한다고 볼 수 있다.

③ '기왓장마다' 이끼와 세월이 덮여 감에도 멀리 있는 바람 소리에 귀를 기울이는 것은, 자연의 영향을 받으면서도 자연이 가진 변화의 힘에서 생성의 가능성을 찾는 모습이겠군.
'기왓장마다' 이끼와 세월이 덮여 가는 것은 자연의 영향을 받는 모습이라 할 수 있고, '멀리 지나가는 바람 소리에 귀를 기울이는' 것은 자연이 가진 변화의 힘에서 생성의 가능성을 찾는 모습이라 할 수 있다.

④ '주춧돌 놓인 자리'에 봄이면 푸른 싹이 돋고 나무가 자라는 것은, 생성의 기반을 잃지 않은 인간의 역사가 자연과 어우러져 생성의 힘을 수용하는 모습이겠군.
인간의 역사를 의미하는 '주춧돌'이 '놓인 자리'에 '푸른 싹이 살고, 그리고 한 그루 진분홍 꽃이 피는 나무가 자'란다는 것은 생성의 기반을 잃지 않는 인간의 역사가 자연과 어우러져 생성의 힘을 수용하는 것으로 이해할 수 있다.

⑤ '닫혀진 문'이 별들이 돌아오고 낡은 처마 끝에 빛이 쏟아지는 새벽에 열리는 것은, 순환하는 자연 속에서 인간의 역사를 다시 생성할 가능성이 나타남을 보여 주는군.
'별들이 총총히 돌아오'는 것과 '찬란히 빛이 쏟아지는 새벽'은 순환하는 자연의 모습으로 이해할 수 있다. 이러한 시간에 '닫혀진 문'이 열리는 것은 순환하는 자연 속에서 인간의 역사를 다시 생성할 가능성이 나타나는 것을 보여 주는 것으로 이해할 수 있다.

## 24 시어, 시구의 의미와 기능 파악 정답률 50% | 정답 ③

(나)에 대한 이해로 가장 적절한 것은?

① [A]에서는 '얼굴 한번 못 마주친' 상황과 '손을 터는' 행위가 '한없이' 떠는 가지의 마음으로 인한 것임을 드러낸다.
'얼굴 한번 못 마주친' 것은 수양의 가지와 뿌리가 서로 떨어져 있는 상황을, '손을 터는' 것은 꽃과 잎이 가지에서 떨어지는 상황을 나타낸 것이므로, 이를 '한없이' 떠는 가지의 마음으로 인한 것이라고 해석하는 것은 적절하지 않다.

② [B]에서는 '고집 센'과 '도리 없는'을 통해 가지가 '꿈도 꾸지 못'하게 만든 두 대상의 성격을 부각한다.
'고집 센'은 '비'의 성격을, '도리 없는'은 '폭설'의 성격을 나타낸 것으로 볼 수 있다. 그런데 가지로 하여금 '꿈도 꾸지 못'하게 하는 대상은 '비'나 '폭설'이 아니라 '담'이므로, '고집 센'과 '도리 없는'이 가지가 '꿈도 꾸지 못'하게 만든 두 대상의 성격을 부각한다고 설명하는 것은 적절하지 않다.

✔ [B]에서는 '가지의 마음을 머뭇 세우'는 대상을 '신명 나는 일'에 연결하여 '정수리를 타 넘'는 행위의 의미를 드러낸다.
[B]에서 '가지의 마음을 머뭇 세우'는 대상은 '담'으로, 화자는 가지가 이러한 담을 넘는 것을 '신명 나는 일'이라고 말하고 있는데, 이는 가지가 '담의 정수리를 타 넘'는 행위의 의미를 드러낸 것으로 해석할 수 있다.

④ [A]에서 '가지만의'와 '혼자서는'에 나타난 가지의 상황은, [B]에서 '담 밖'을 가두어 [C]에서 '획'을 긋는 가지의 모습으로 이어진다.
'가지만의'와 '혼자서는'은 가지가 다른 존재의 도움 없이 홀로 무엇인가를 이루려는 모습을 나타낸 것이라 할 수 있고, '담 밖을 가둬두는' 것은 가지가 담을 넘지 못하는 상황을, '무명에 획을 긋는' 것은 가지가 담을 넘는 상황을 나타낸 것이라 할 수 있다. 따라서 화자는 가지가 혼자만의 힘으로는 담을 넘지 못할 것이라 생각하고 있으므로 '가지만의'와 '혼자서는'에 나타난 가지의 상황이 '획'을 긋는 가지의 모습으로 이어진다고 설명하는 것은 적절하지 않다.

⑤ [A]에서 '않았다면'과 [B]에서 '아니었으면'이 강조하는 대상들의 의미는, [C]에서 '목련'과 '감나무' 사이의 관계에서도 나타난다.
'않았다면'이 강조하는 대상들은 혼연일체의 모습을 보이는 대상들, 즉 뿌리, 꽃과 잎 등으로 볼 수 있다. 그리고 '아니었으면'이 강조하는 대상들은 비, 폭설, 담으로 볼 수 있다. 그런데 '목련'과 '감나무'는 수양과 마찬가지로 담을 넘어서려는 존재들을 나타내므로 이들의 관계를 앞에서 언급한 뿌리, 꽃과 잎의 의미나 비, 폭설, 담의 의미와 관련지어 해석하는 것은 적절하지 않다.

## 25 구절의 의미 파악 정답률 65% | 정답 ③

ⓐ ~ ⓔ에 대한 설명으로 적절하지 않은 것은?

① ⓐ: 잊는 것에 대한 '나'의 생각을 전개하기 위한 물음이다.
ⓐ에서 글쓴이는 '잊는 것이 병이라고 생각하느냐?'는 질문을 던지고 있는데, 이는 잊는 것에 대한 '나'의 생각을 전개하기 위해 상대방에게 던진 물음이라고 볼 수 있다.

② ⓑ: 잊음에 대한 '나'의 생각이 어디에서 비롯된 것인지에 대한 답을 제시하기 위해 던지는 물음이다.
ⓑ에서 글쓴이는 '잊지 않는 것이 병이 되고, 잊는 것이 도리어 병이 아니라는 말'의 근거가 무엇인지에 대해 질문을 던지고 있는데, 이는 잊음에 대한 '나'의 생각의 근거를 제시하기 위해 던진 질문이라고 볼 수 있다.

✔ ⓒ: 잊음에 대해 '나'가 제시한 가정적 상황이 틀리지 않았음을 강조하기 위한 물음이다.
'잊어도 좋을 것을 잊지 못하는 사람에게는 잊는 것이 병이라고 치'는 것과 '잊어서는 안 되는 것을 잊는 사람에게는 잊는 것이 병이 아니라고 말'하는 것은 모두 그릇된 상황에 해당한다. 글쓴이는 이러한 그릇된 가정적 상황을 먼저 제시한 후 ⓒ와 같은 질문을 던져 이 상황이 옳지 않다는 것을 강조하고 있다. 따라서 ⓒ가 글쓴이가 제시한 가정적 상황이 틀리지 않았음을 강조하기 위한 질문이라고 해석하는 것은 적절하지 않다.

④ ⓓ: 잊지 못하는 것과 잊어버리는 것의 관계를 대비적 표현을 통해 제시하며 잊음에 대한 '나'의 생각을 드러내는 진술이다.
'먼 것'과 '가까운 것', 그리고 '새것'과 '옛것'은 모두 '잊지 못하는 것'과 '잊어버리는 것'의 관계처럼 서로 대조적 의미를 지니고 있다. 따라서 ⓓ는 잊지 못하는 것과 잊어버리는 것의 관계를 대비적 표현을 통해 제시한 것으로 볼 수 있다. 이를 통해 글쓴이는 대조적 관계를 지닌 대상 중에 하나를 취하면 다른 하나를 잊게 된다는 생각을 드러내고 있다.

⑤ ⓔ: 잊음의 대상을 제대로 구분하지 못할 때 일어날 수 있는 일을 열거하여 잊음에 대한 '나'의 생각이 옳음을 강조하는 진술이다.
글쓴이는 잊어야 할 대상을 제대로 구분하지 못하면 하늘이 내리는 벌을 받거나, 남들로부터 질시의 눈길을 받거나, 귀신이 내리는 재앙을 당할 수 있다고 말하고 있다. 따라서 ⓔ는 잊음의 대상을 제대로 구분하지 못할 때 일어날 수 있는 일을 열거한 것으로 볼 수 있으며, 이를 통해 잊음에 대한 자신의 생각이 옳다는 것을 강조하는 것으로 볼 수 있다.

17회

## 26 배경 및 소재의 기능 파악 정답률 78% | 정답 ②

㉠과 ㉡에 대한 이해로 가장 적절한 것은?

① ㉠은 주변 대상의 도움을 받으며 미래로 나아가고, ㉡은 주변 대상에게 도움을 주며 미래를 대비한다.
(가)에서 '문'은 시간의 흐름에 따라 새벽이 오는 순간 닫힌 문을 열었다고 말하고 있을 뿐이므로 주변 대상의 도움을 받으며 미래로 나아간다고 말하는 것은 적절하지 않다. (나)에서 '가지'는 주변 대상에게 도움을 주는 모습을 보이고 있지 않다.

✔ ㉠은 자신의 자리를 지켜 내는, ㉡은 자신의 영역을 확장하는 모습을 보인다.
(가)를 통해 '문'이 '기왓장마다 푸른 이끼가 앉고 세월은 소리없이 쌓'여 있는 '천 년'이라는 오랜 시간 동안 자신의 자리를 지켜 내고 있음을 알 수 있다. 그리고 (나)에서 '가지'는 담을 넘는 모습을 보이는데, 이는 자신의 영역을 '담 밖'으로 확장하는 것이라 할 수 있다.

③ ㉠은 주변과 단절된 상황을 극복하려 하고, ㉡은 외부의 간섭을 최소화하려 한다.
(가)에서 '문'이 주변과 단절된 상황에 놓여 있다고 판단할 근거가 없다. (나)에서 화자는 '가지'가 다른 존재의 도움을 받아 담을 넘는다고 인식하고 있으므로 가지가 외부의 간섭을 최소화하려 한다고 말하는 것은 적절하지 않다.

④ ㉠과 ㉡은 외면의 변화를 통해 내면의 불안을 감추려 한다.
(가)에서 '문'이 외면의 변화를 보이고 있지 않으며, 내면의 불안을 감추려는 모습 역시 확인할 수 없다. (나)에서 '가지' 역시 외면의 변화나 내면의 불안을 감추려는 모습을 확인할 수 없다.

⑤ ㉠과 ㉡은 과거의 행위에 대해 반성하는 모습을 보인다.
(가)에서 '문'이 과거의 행위를 반성하는 모습을 확인할 수 없으며, (나)에서 '가지'가 과거의 행위를 반성하는 모습 역시 확인할 수 없다.

## 27 외적 준거에 따른 작품의 감상 정답률 38% | 정답 ⑤

〈보기〉를 참고하여 (나), (다)를 감상한 내용으로 적절하지 않은 것은? [3점]

〈보 기〉
(나)와 (다)에는 주체가 대상을 바라보고 사유하여 얻은 인식이 드러난다. 이는 대상에서 발견한 새로운 의미를 보여 주는 방식이나, 대상의 속성에 주목하여 얻은 깨달음을 제시하는 방식으로 나타난다.

① (나)는 '수양'을 부분으로 나눠 살피고 부분들의 관계가 '혼연일체'라는 것을 발견해 수양이 하나의 통합된 대상이라는 인식을 드러내는군.
(나)에서 화자는 '수양'을 '가지', '뿌리', '꽃과 잎'으로 나눠 살피고 있으면서, 이들을 '혼연일체'라고 말하여 수양이 하나의 통합된 대상이라는 인식을 보이고 있다.

② (다)는 '잊어도 좋을 것'과 '잊어서는 안 될 것'에 대해 사유하여 타인과 자신의 관계 속에서 지켜야 할 자세에 대한 깨달음을 드러내는군.
(다)의 2문단에서는 '잊어도 좋을 것'에 대해, 3문단에서는 '잊어서는 안 될 것'에 대해 말하고 있다. 특히 잊어서는 안 될 것을 말하는 3문단에서 글쓴이는 효심, 충성심, 의로움, 예의, 분수, 도리 등 타인과 자신의 관계 속에서 지켜야 할 자세에 대한 깨달음을 드러내고 있다.

③ (다)는 '내적인 것과 외적인 것을 서로 바꾸는 사람'의 특성에 주목해 잊음의 본질에 대한 깨달음이 바람직한 삶의 태도를 이끈다는 인식을 드러내는군.

(다)의 마지막 문단에서 글쓴이는 '내적인 것과 외적인 것을 서로 바꾸는 사람은, 다른 사람의 잊어도 좋을 것은 잊고 자신의 잊어서는 안 될 것은 잊지 않는다'고 말하고 있다. 이는 '내적인 것과 외적인 것을 서로 바꾸는 사람'의 특성으로 잊음의 본질에 대한 깨달음을 통해 바람직한 삶의 태도를 갖게 되었음을 꼽는 것이라고 해석할 수 있다.

④ **(나)는 '담쟁이 줄기'의 속성에 주목해 담쟁이 줄기가 담을 넘을 수 있다는, (다)는 잊어서는 안 될 것을 잊는 데 주목해 '내적인 것'을 잊으면 '외적인 것'에 매몰된다는 인식을 드러내는군.**

(나)에서 화자는 '담쟁이 줄기'가 담을 타고 올라가 담을 넘는 속성을 가지고 있다는 것에 주목하고 있다. (다)의 4문단에서 글쓴이는 '내적인 것'을 잊으면 '외적인 것'에 매몰된다는 인식을 표출하고 있는데, 여기서 '내적인 것'은 잊어서는 안 될 것을, '외적인 것'은 잊어야 할 것을 나타낸다.

✔ **(나)는 담의 의미를 사유하여 담이 '도박이자 도반'이라는, (다)는 '예의'나 '분수'를 잊지 않아야 함에 주목해 '잊지 않는 것이 병이 아닌 것은 아니'라는 깨달음을 드러내는군.**

(나)에서 화자는 '담'이 가지에게는 넘고자 하는 대상이라는 점에서 '도박'의 의미를 지님과 동시에 '담'이 없으면 넘어설 대상조차 없기 때문에 '도반'이 될 수 있다고 말하고 있다. 이는 '담'이 '가지'에게 양면적 속성의 대상이라는 인식을 표출한 것으로 볼 수 있다. 그리고 (다)에서 '예의'나 '분수'는 잊지 않아야 할 대상이므로 '잊지 않는 것이 병이 아닌 것은 아니'라는 깨달음을 주는 것이 아니라 반대로 잊지 않는 것이 병이 아니라는 깨달음을 주는 존재로 볼 수 있다.

## 28~31 현대 소설

박태원, '골목 안'

**감상** 이 작품은 **근대적 질서에 편입하지 못하고 소외되어 가는 가난한 사람들의 일상을 묘사**하고 있다. 이 작품은 **복덕방을 하는 순이네 영감('집주름 영감') 식구가 사는 '골목 안'에서 일어나는 일들이나 사람들의 대화에 서사의 대부분을 할애**하고 있다. 이 작품의 '**골목 안**'은 **당시 경성의 빈곤층이 사는 골목의 전형**이지만, 상대적으로 넉넉한 '불단집'이 있는가 하면, 이 집 집안일을 봐주는 '갑순이 할머니네', 남의 집 행랑에서 사는 '갑득이 어미네' 등에서 알 수 있듯이 **골목 안에 사람들의 어려움을 모두 똑같이 그리지는 않고** 있다.

**주제** 근대적 질서에 편입하지 못하고 소외되어 가는 가난한 사람들의 일상

### 28 작품 내용의 이해

정답률 40% | 정답 ①

**윗글에 대한 설명으로 가장 적절한 것은?**

✔ **집 안에서의 대화가 이웃에 노출되어 인물의 속내가 드러난다.**

'갑순이 할머니'는 '갑득이 어미' 앞에서는 자기 딸을 꾸짖었으나 집으로 데리고 들어가서는 '그 배지 못한 행랑것과 무슨 싸움이냐, 똥은 더러우니까 피하는 거다'와 같은 말을 하고 있다. 또한 '갑득이 어미'는 아들 '을득이'의 '보고'를 통해, '갑순이 할머니'가 저녁때 돌아온 남편 '집주름 영감'과 '그런 상것하고 욕지거리를 하지 마라, 싸움을 하더라도 같은 양반끼리 해야 한다'는 대화를 했다는 사실을 알게 된다. 따라서 '갑순이 할머니' 집 안에서의 대화가 이웃에 노출되어 '갑득이 어미'에 대한 '갑순이 할머니'의 속내가 드러남을 알 수 있다.

② **서로의 말실수에 대한 비난이 인물 간 다툼의 원인임이 드러난다.**

'갑순이 할머니'와 '갑득이 어미'의 다툼이 일어나지만, '양 서방'이 뒷간에 갇힌 일로 인한 것이므로 서로의 말실수에 대한 비난이 인물 간 다툼의 원인이라고 볼 수 없다.

③ **이웃의 갈등을 곁에서 지켜보고 있는 인물들의 냉담함이 드러난다.**

'양 서방'이 뒷간에 갇힌 일로 인해 '갑순이 할머니'와 '갑득이 어미'가 다투자 '구경 나온 이웃 사람들'은 '갑순이 할머니'가 일부러 그러지는 않았을 것이라는 반응을 보이고 있다. 따라서 이웃의 갈등을 곁에서 지켜보고 있는 인물들의 '냉담함'이 드러난다고 볼 수 없다.

④ **이웃을 무시하는 인물의 차별적 언행을 함께 견뎌 내려는 사람들의 결연함이 드러난다.**

'갑순이 할머니'와 '집주름 영감' 내외는 '갑득이 어미'를 두고 '그 배지 못한 행랑것', '그런 상것' 등으로 차별적 언행을 하고 있지만, 이를 함께 견뎌 내려는 사람들의 결연함은 드러나지는 않고 있다.

⑤ **곤경에 빠진 가족의 상황을 다른 가족에게 전한 것이 이웃 간 앙금을 씻는 계기가 됨이 드러난다.**

'양 서방'이 뒷간에 갇히는 곤경에 처한 상황을 '갑득이 어미'는 아들 '을득이'를 통해 알게 되고, 이 일로 '갑득이 어미'는 흥분하여 '갑순이 할머니'에게 시비를 걸고 있다. 그러나 구경 나온 이웃 사람들이 '갑순이 할머니' 편을 들고 '양 서방'도 자기 실수라는 투로 말을 하자 '갑득이 어미'는 '갑순이 할머니'에 대한 공박을 단념하게 된다. 따라서 곤경에 빠진 가족의 상황을 다른 가족에게 전한 것이 이웃 간 앙금을 씻는 계기가 된 것이라고 할 수 없다.

### 29 대화의 특징 파악

정답률 83% | 정답 ④

**[A]~[C]에 대한 설명으로 적절하지 않은 것은?**

① **[A]에서 인물은 상대의 행위가 옳지 않다고 판단하여, 반복적으로 추궁하며 상대가 잘못했음을 분명히 한다.**

[A]에서 '갑득이 어미'는 '애 아범'이 미워서 뒷간 속에 가뒀냐, 노인이 심사를 그렇게 부려야 옳으냐면서 '갑순이 할머니'를 반복적으로 추궁하고 있으므로 적절하다.

② **[B]에서 인물은 상대의 주장이 사실과 다르다며, 모르고 그랬다는 말을 반복함으로써 자신의 억울함을 알린다.**

[B]에서 '갑순이 할머니'는 '갑득이 어미'의 비난에 대해 그러한 말은 괜한 소리라고 하며, 모르고 그랬다는 말을 반복하여 자신의 억울함을 알리고 있으므로 적절하다.

③ **[C]에서 인물은 추측을 바탕으로 상대의 발언이 신뢰하기 어렵다고 반박하고, 상대의 반응에 아랑곳하지 않고 거짓으로 답했다며 몰아붙인다.**

[C]에서 '갑득이 어미'는 '갑순이 할머니'의 말에 대해, 알고 한 짓이며 안에서 말하는 소리를 듣고도 모른 체하며 잠가 버린 거라고 말하고 있는데, 이는 억울해하는 '갑순이 할머니'의 말에 반박하며 몰아붙이는 것이라 할 수 있다.

✔ **[A]에서 인물은 상대의 행위와 동기를 함께 비난하고, [B]에서 인물은 상대의 비난을 파악하지 못해 자신의 행위에 대해서만 인정한다.**

[A]에서 '양 서방'이 뒷간에 갇힌 일을 두고 '갑득이 어미'는, 평소에 자기에게 좋지 않은 생각을 품고 있는 '갑순이 할머니'가 '애아범'이 미워서 뒷간 속에다 가두는 심사를 부렸다고 비난하고 있다. 그리고 [B]에서 이러한 비난에 대해 '갑순이 할머니'는 그런 말은 괜한 소리고 자신은 모르고 자물쇠를 채웠다고 발명하고 있다. 따라서 '갑순이 할머니'가 '갑득이 어미'의 비난을 파악하지 못하고 있다는 내용은 적절하지 않다.

⑤ **[A]에서 인물이 상대에게 화를 내자, [B]에서 인물은 당황하며 자신을 방어하지만, [C]에서 갈등 상황은 지속된다.**

[A]에서 '갑득이 어미'는 '갑순이 할머니'에게 화를 내고, [B]에서 '갑순이 할머니'는 당황하면서 모르고 그랬다며 자신을 방어하고 있다. 하지만 [C]에서 보는 것처럼 '갑득이 어미'는 '갑순이 할머니'를 불신하면서 몰아붙이고 있으므로 둘의 갈등은 지속된다고 할 수 있다.

★★★ 등급을 가르는 문제!

### 30 인물의 태도와 심리 파악

정답률 31% | 정답 ①

**집주름 영감과 양 서방에 대한 이해로 가장 적절한 것은?**

✔ **집주름 영감이 딸의 행동을 분별없다고 탓한 이유는 아내가 갑득이 어미 앞에서 딸을 나무란 뒤 남편에게 밝힌 생각과 같다.**

'집주름 영감'은, '분별은 있을 아이'가 '그런 상것(갑득이 어미)'하고 욕지거리를 했다고 딸의 행동을 분별없다고 탓하고 있다. 그리고 '갑순이 할머니'는 이에 호응하여 싸움을 하더라도 '같은 양반'끼리 해야지 '그런 것'들하고 하는 건 하늘 보고 침 뱉기라고 대꾸하고 있다. 따라서 '집주름 영감'이 딸의 행동을 분별없다고 탓한 이유는 그의 아내인 '갑순이 할머니'가 밝힌 생각과 같다고 볼 수 있다.

② **집주름 영감은 아내와 갑득이 어미의 갈등이 드러나지 않게 하는, 양 서방은 결과적으로 이들의 갈등을 완화하는 역할을 한다.**

'집주름 영감'과 '갑순이 할머니' 부부는 '갑득이 어미'에 대해 부정적인 인식을 공유하고 있으므로, '집주름 영감'의 말이 을득이에게 들려 결과적으로 아내와 '갑득이 어미'의 갈등을 심화하는 역할을 한다고 볼 수 있다. '양 서방'이 뒷간에 갇힌 일로 인해 '갑득이 어미'와 '갑순이 할머니' 사이에 갈등이 생겨나지만, '양 서방'은 자기 실수라는 투로 말을 하여 '갑득이 어미'는 '갑순이 할머니'에 대한 공박을 단념한다.

③ **양 서방이 여러 궁리를 하면서도 뒷간을 빠져나오지 못한 이유는 아내에게 밝힌 사건의 경위와 무관하다.**

'양 서방'은 뒷간에 갇혀 여러 궁리를 하였지만 수상한 인물처럼 느껴질까 봐 소리를 지르지 못했다는 내용을 확인할 수 있다. 이후 아내에게 자신이 소리를 내지 못해 뒷간에 갇히게 되었다고 사건의 경위를 밝히고 있으므로 서로 무관하다고 볼 수 없다.

④ **양 서방은 아내가 갑순이 할머니에게 한 말과 이에 대한 이웃들의 반응을 듣고도 아내에게 무덤덤한 태도를 보이고 있다.**

'양 서방'은 아내가 '갑순이 할머니'에게 한 비난과 이에 대한 이웃들의 반응을 듣고, '갑순이 할머니'가 자물쇠를 채울 때 얼른 소리를 냈어야 했다는 식으로 '매우 겸연쩍게' 말했기에 아내에게 무덤덤한 태도를 보이고 있다고 볼 수 없다.

⑤ **양 서방이 자신의 상황을 갑순이 할머니에게 알리지 못했다고 말한 것은 누가 뒷간 문을 잠갔는지에 대한 의문이 풀려서 화가 누그러졌기 때문이다.**

'양 서방'의 '제 집 뒷간두 아니구 ~ 늙은이두 제엔장헐……'를 통해, '양 서방'은 누가 뒷간 문을 잠갔는지 알고 있었다. '양 서방'이 자신의 상황을 '갑순이 할머니'에게 알리지 못했다고 말한 것은 구경 나온 이웃 사람들의 반응 이후에 해당하므로 적절하지 않다.

**★★ 문제 해결 꿀~팁 ★★**

▶ 많이 틀린 이유는?

이 문제는 인물의 말과 행동, 즉 집주름 영감과 양 서방을 바탕으로 작품의 내용을 정확히 이해하지 못하여 오답률이 높았던 것으로 보인다. 또한 선택지가 글의 다양한 장면 이해를 요구한 것도 오답률을 높인 것으로 보인다.

▶ 문제 해결 방법은?

이 문제를 해결하기 위해서는 집주름 영감과 양 서방의 말과 행동이 드러나 있는 부분을 정확히 이해해야 한다. 선택지 ⑤의 경우, 양 서방의 말인 '제 집 뒷간두 아니구 ~ 늙은이두 제엔장헐……'를 통해, '양 서방'은 갑순이 할머니가 뒷간 문을 잠갔다고 생각하고 있으므로, '누가 뒷간 문을 잠갔는지에 대한 의문'은 적절하지 않음을 알 수 있다. 마찬가지로 정답인 ①의 경우에도 집주름 영감의 말과 아내(갑순이 할머니)의 갑득이 어미 앞에서 한 말을 살펴보면, 집주름 영감과 아내가 딸의 행동을 분별없다고 탓한 이유가 같음을 알 수 있다. 한편 이 문제에서 학생들이 어려워한 이유 중 하나가 선택지의 내용이 글의 다양한 장면과 연관하여 제시하였기 때문이다. 즉 ①의 경우 집주름 영감이 딸을 나무라는 장면, 아내가 갑득이 어미 앞에서 딸을 나무라는 장면, 그리고 집에서 아내가 집주름 영감에게 말한 장면을 바탕으로 적절성 판단을 요구하고 있다. 하지만 이 역시 선택지를 통해 해당 장면을 찾으면 충분히 해결할 수 있으므로, 선택지를 끊어 읽어 정확히 이해한 다음, 관련된 내용을 글을 통해 확인하도록 한다.

### 31 외적 준거에 따른 작품의 감상

정답률 44% | 정답 ②

**<보기>를 참고하여 ㉠~㉤을 이해한 내용으로 적절하지 않은 것은? [3점]**

<보 기>

서술자는 자신의 시선만으로 서술하기도 하고 인물의 시선으로 초점화하여 서술하기도 한다. 그런데 이 작품에서는 두 서술 방식이 겹쳐 나타나는 경우가 있다. 이때 서술자는 인물과 거리를 둠으로써 그들의 말이나 생각, 감정 등에 대한 태도를 드러낸다. 이 밖에도 쉼표의 연이은 사용은 시간의 지연이나 인물의 상황 등을 드러낸다. 이러한 서술 기법은 문맥 속에서 글의 의미를 다양하게 보충한다.

① **㉠: 말줄임표 이후 쉼표를 연이어 사용한 것은, 인물이 자신의 생각을 감추거나 다른 할 말을 떠올리면서 시간의 지연이 있음을 드러낸 것이겠군.**

<보기>를 통해 ㉠에서 말줄임표 이후 쉼표를 연이어 사용한 것은, '갑순이 할머니'가 딸에게 진짜 하고 싶은 말을 감추거나 다른 할 말을 떠올리기 위한 시간의 지연을 의미한다고 볼 수 있다. '갑순이 할머니'는 '갑득이 어미' 앞에서는 '네 잘못이야'라며 딸을 나무라지만, 그 '잘못'의 진짜 의미는 딸을 집으로 데리고 들어가 했던 말에 있다고 할 수 있다.

✔ **㉡: 서술자 시선의 서술과 인물의 시선으로 초점화한 서술이 겹쳐 나타난 것은, 상황을 잘못 인지한 채 상대의 생각을 추측하는 인물에게 서술자가 거리를 두고 있음을 드러낸 것이겠군.**



[문제편 p.330]

ⓒ은 서술자 시선의 서술인 동시에 '갑득이 어미'가 나중에 깨달은 바에 대한 진술이므로 인물의 시선으로 초점화한 서술이 겹쳐 나타난 부분으로 볼 수 있다. 〈보기〉를 통해 두 서술 방식이 겹쳐 나타나는 경우 서술자는 인물과 거리를 둔다는 내용을 확인할 수 있지만 '갑득이 어미'가 상황을 잘못 인지한 채 상대의 생각을 추측하고 있다고는 볼 수 없다.

③ ⓒ: 말을 전하는 '~라 한다'의 주체가 인물일 수도 있고 서술자일 수도 있게 서술한 것은, 인물의 경험을 전하기만 하고 특정 인물의 편에 서지 않으려는 서술자의 태도를 드러낸 것이겠군.
ⓒ에서 '~라 한다'의 주체는 인물 '을득이'일 수도 있고 서술자일 수도 있다. 〈보기〉를 볼 때 이는 인물의 경험을 전하기만 하고 특정 인물의 편에 서지 않으려는 서술자의 태도를 드러낸 것으로 볼 수 있다.

④ ⓔ: 인물의 생각에 대해 쉼표를 연이어 사용하며 설명한 것은, 인물이 생각을 실행에 옮기지 못하고 망설이는 상황을 드러낸 것이겠군.
〈보기〉를 통해 ⓔ에서 인물의 생각에 대해 쉼표를 연이어 사용하여 설명한 것은, '양 서방'이 소리를 질러볼까 하는 생각을 실행에 옮기지 못하고 망설이는 상황을 드러낸 것으로 볼 수 있다.

⑤ ⓜ: 감탄사 이후 쉼표를 연이어 사용한 것은, 인물이 새로운 정보를 바탕으로 사건을 파악하는 상황을 드러낸 것이겠군.
〈보기〉를 볼 때, ⓜ에서 감탄사('오오') 이후 쉼표를 연이어 사용한 것은, '갑득이 어미'가 얼른 소리를 내지 못해 갇히게 되었다는 '양 서방'의 발언을 바탕으로 사건을 파악하는 상황을 드러낸 것으로 볼 수 있다.

## 32~34 고전 시가

**(가) 김인겸, '일동장유가'**

**감상** 이 작품은 **김인겸이 쓴 장편 기행 가사**로, 홍순학의 「연행가」와 함께 **장편 기행 가사의 대표작**으로 손꼽힌다. 이 작품에서는 **한양을 출발해서 일본에 갔다가 다시 돌아오기까지의 약 11개월간의 여정 속에서 일본의 자연환경, 문물 제도, 인물, 풍속, 일어난 사건 등에 관한 견문과 느낌을 매우 상세하게 기록**하고 있다. 이 과정에서 **지식인의 개방적인 시선을 보여 주지만, 주체적 정신과 화이론에 입각하여 문명국인 조선의 문인으로서의 자부심과 우월 의식에 따라 타국의 문화와 풍습에 대해 비판적인 태도**를 취하고 있다.

**주제** 통신사로 일본을 여행하면서 얻은 견문과 감상

**(나) 유박, '화암구곡'**

**감상** 이 작품은 **화훼 전문가인 유박의 「화암수록」이란 책에 수록된 연시조**이다. 이 작품은 **출사하지 못한 선비들이 향촌에 머물며 자연 속에서 유유자적하는 모습을 형상화한 강호 시가의 전통을 일정 부분 계승**하면서도, **새롭게 자신의 취향이 반영된 자연물로 구성한 개성적 공간에 대한 자긍심을 드러내고 있어** 독자들의 흥미를 유발하고 있다.

**주제** 향촌 생활의 만족감과 분재에 대한 애정

### 32 표현상의 특징 파악 정답률 53% | 정답 ②

**(가), (나)의 표현상 특징에 대한 설명으로 가장 적절한 것은?**

① (가)는 과거를 회상하는 표현을 통해 현재 상황에 대한 아쉬움을 드러내고 있다.
(가)의 '풍도의 험하던 일 저승 같고 꿈도 같다'는 사행 과정을 회상하는 비유적 표현에 해당하지만, 이를 통해 현재 상황에 대한 아쉬움을 드러내는 것은 아니다.

✔ (가)는 사물의 형태가 변화한 모습을 묘사하여 외부 환경의 영향력을 부각하고 있다.
(가)의 '크나큰 만곡주가 나뭇잎 불리이듯', '열두 발 쌍돛대는 차아처럼 굽어 있고 / 쉰두 폭 초석 돛은 반달처럼 배불렀네' 등을 통해, 대풍이라는 외부 환경으로 인해 배와 쌍돛대, 초석 돛 등 사물의 형태가 변화한 모습을 비유적으로 표현하였음을 알 수 있다.

③ (나)는 계절을 나타내는 어휘를 활용해 애달픈 정서를 부각하고 있다.
(나)의 '양류풍'을 통해 봄이라는 계절을 짐작할 수 있지만, (나)는 향촌 생활에 대한 자족감을 드러낸 것이므로 애달픈 정서를 부각해 준다고 할 수 없다.

④ (나)는 두 인물의 행위를 대비하여 대상에 대한 평가를 드러내고 있다.
(나)에 '초동'과 '목수'가 제시되어 있지만, 이들은 화자가 여유롭게 소일하는 모습을 보고 웃으며 화자를 가리키는 동일한 행동을 하고 있다. 따라서 '초동'과 '목수'가 서로 대비되는 행동을 한다고 볼 수 없다.

⑤ (가)와 (나)는 모두 영탄적 표현을 통해 대상에 대한 경외감을 드러내고 있다.
(가)의 '기쁘기 극한지라 어리석은 듯 앉았구나'와 (나)의 '너뿐인가 하노라' 등을 통해, 감탄형 어미가 사용되었음을 엿볼 수 있다. 하지만 영탄적 표현을 통해 대상에 대해 경외감을 드러낸다고는 할 수 없다.

### 33 작품 내용의 이해 정답률 66% | 정답 ③

**[A] ~ [C]에 대한 이해로 적절하지 않은 것은?**

① [A]에서는 선상에서 불빛 두어 점에 의지해, 떠나온 곳을 가늠하는 행위를 통해 출항 후의 모습이 드러난다.
[A]의 '연해 각진포에 / 불빛 두어 점이 구름 밖에 뵐 만하다'를 통해, 출항 후 일본으로 이동하는 선상에서 조선 연안의 군영과 포구의 불빛을 바라보며 자신과 육지 사이의 거리를 가늠하는 화자의 모습을 알 수 있다.

② [B]에서는 신하들의 고충을 헤아리는 임금의 배려에 감격한 마음이 드러난다.
[B]에서 임금은 무더운 날씨에 땅에 엎드려 결과를 보고하며 땀을 흘리는 신하들의 고충을 헤아리고 '너희 더위 어려우니 먼저 나가 쉬라'는 배려를 하고 있다. 이에 화자는 '천은이 망극하다'는 감격한 마음을 드러내고 있다.

✔ [C]에서는 갑작스러운 상황에 감정을 표현하지 못하고 무심하게 대응하는 가족들의 모습이 드러난다.
[C]의 '처자식들 나를 보고 죽었던 이 고쳐 본 듯 / 기쁘기 극한지라 어리석은 듯 앉았구나'는 처자식들이 사행을 다녀온 화자와 재회한 후 너무나 기뻐 감정을 표현하지 못하고 멍하게 앉아 있는 모습을 제시한 것이다. 따라서 그들이 아무런 생각이나 감정 없이 무심하게 대응하는 것은 아니므로 적절하지 않다.

④ [A]에서는 포구를 돌아보지만 보고 싶은 것이 보이지 않는 상황이, [B]에서는 격식을 갖추기 위해 뜨거운 땅에 엎드려 있는 일을 힘겨워하는 상황이 드러난다.
[A]의 '고국을 돌아보니 야색이 아득하여 / 아무것도 아니 뵈고'는 화자가 포구를 돌아보지만 보고 싶은 것이 보이지 않는 상황을 드러내고 있다. 그리고 [B]의 '끓는 땅에 엎디어서 말씀을 여쭈오니 / 속에서 불이 나고 관대에 땀이 배어 / 물 흐르듯 하는지라'는 화자가 격식을 갖추기 위해 뜨거운 땅에 엎드려 있는 일을 힘겨워하는 상황을 드러내고 있다.

⑤ [A]에서는 예기치 않게 맞닥뜨린 여정상의 위험이, [C]에서는 과거의 위험했던 경험에 대한 소회가 드러난다.
[A]에서는 예기치 않게 대풍이 불어 성난 물결을 맞닥뜨린 여정상의 위험을, [C]에서는 '풍도의 험하던 일 저승 같고 꿈도 같다'를 통해 과거의 위험했던 사행 경험에 대한 소회를 드러내고 있다.

### 34 외적 준거에 따른 작품의 감상 정답률 38% | 정답 ④

**〈보기〉를 참고하여 (가), (나)를 감상한 내용으로 적절하지 않은 것은? [3점]**

〈보 기〉

조선 후기 시가에서는 경험과 외물에 대한 관심이 확대되었다. 『일동장유가』는 사행을 다녀온 경험을 생생하게 표현하며 그에 대한 정서를 솔직하게 드러냈다. 『화암구곡』은 포착된 자연의 양상에 따라 강호에서의 자족감, 출사하지 못한 선비로서 생활 공간인 향촌에 머물 수밖에 없는 데 따른 회포, 취향이 반영된 자연물로 구성한 개성적 공간에서의 긍지를 드러냈다.

① (가)는 배가 '나뭇잎'처럼 파도에 휩쓸리고 하늘에 올랐다 떨어지는 것 같다고 하여 대풍을 겪은 체험을 생동감 있게 드러내는군.
(가)의 '크나큰 만곡주가 나뭇잎 불리이듯 / 하늘에 올랐다가 지함에 내려지니'를 통해, 대풍을 겪은 체험을 생동감 있게 드러내고 있음을 알 수 있다.

② (나)는 화암의 풍경이라 인정할 만한 것이 '너뿐'이라고 하여 자신이 기른 화훼로 조성한 공간에 대한 자긍심을 드러내는군.
(나)의 초장과 중장은 화자 자신의 취향을 반영하여 분재로 조성한 공간을 형상화하고 있다. 화자는 종장에서 '화암 풍경이 너뿐인가 하노라'라고 하며 자신이 기른 화훼로 조성한 공간에 대한 자긍심을 드러내고 있다.

③ (가)는 '육선'에 탄 사신단이 만물이 격동할 만한 '군악'을 들으며 떠나는 데 주목해 경험에 대한 관심을, (나)는 꼬이고 틀어진 모양으로 가꾼 식물에 주목해 외물에 대한 관심을 드러내는군.
(가)의 '장풍에 돛을 달고 육선이 함께 떠나 / 삼현과 군악 소리 해산을 진동하니 / 물속의 어룡들이 응당히 놀라리라'를 통해, 화자가 '육선'에 탄 사신단이 만물이 격동할 만한 '군악'을 들으며 떠나는 데 주목해 경험에 대한 관심을 드러내고 있음을 알 수 있다. 그리고 (나)의 '꼬아 자란 층석류요 틀어 지은 고사매라'를 통해, 화자가 꼬이고 틀어진 모양으로 가꾼 식물에 주목해 외물에 대한 관심을 드러내고 있음을 알 수 있다.

✔ (가)는 배에서 '신세'를 생각하는 모습으로 사행길의 복잡한 심사를, (나)는 '청산'에서의 삶에서 느끼는 자랑스러움을 '야인생애'로 표현하여 겸양의 태도를 드러내는군.
(가)의 '배 방에 누워 있어 내 신세를 생각하니 / 가뜩이 심란한데'를 통해, 화자가 자신의 신세를 생각하며 사행길의 복잡한 심사를 드러냄을 알 수 있다. 하지만 (나)의 '야인 생애도 자랑할 때 있으리라'는 화자가 벼를 갈고, 섶을 치고, 소를 먹이는 자신의 향촌 생활을 '야인 생애'로 표현하며 자족감을 드러내는 것이지, 겸양의 태도를 드러내는 것은 아니므로 적절하지 않다.

⑤ (가)는 집으로 돌아와 한가하게 지내며 '성대'를 누리는 삶에 대한 만족감을, (나)는 양류풍에 감응하며 '뜻대로 소일'하는 강호의 삶에 대한 자족감을 드러내는군.
(가)의 '강호의 산인이요 성대의 일반이로다'를 통해, 화자가 처자식이 있는 공주의 집으로 돌아와 한가하게 지내며 '성대'를 누리는 삶에 대한 만족감을 드러내고 있음을 알 수 있다. 그리고 (나)의 '막대 짚고 나와 거니니 양류풍 불어온다 / 긴 파람 짧은 노래 뜻대로 소일하니'를 통해, 화자가 '양류풍'이 불어오는 자연의 양상에 감응하며 자기 뜻대로 세월을 보내는 데 대한 만족감을 드러내고 있음을 알 수 있다.

## [35~45] 화법과 작문

### 35 발표 표현 전략의 파악 정답률 94% | 정답 ④

**위 발표자의 말하기 방식으로 가장 적절한 것은?**

① 청중의 이해를 돕기 위해 전문 용어의 개념을 정의한다.
이 발표를 통해 발표자가 전문 용어의 개념을 정의하는 내용은 찾아볼 수 없다.

② 청중의 요청에 따라 발표 내용에 대한 정보를 추가한다.
이 발표를 통해 청중이 발표 내용에 대한 정보를 추가할 것을 요청하는 부분은 찾아볼 수 없다.

③ 청중이 내용을 예측하며 듣도록 발표 진행 순서를 안내한다.
이 발표에서 발표자는 발표의 처음 부분에서 발표의 중심 제재를 소개하고 있을 뿐, 발표의 진행 순서를 안내하지는 않고 있다.

✔ 청중의 참여를 이끌어 내기 위해 질문을 하고 청중의 반응을 확인한다.
이 발표에서 발표자는 꾸구리가 낮과 밤 중 언제 주로 활동하는지를 질문하고 청중의 답변을 이끌어 내고 있다. 따라서 발표자의 질문은 청중의 참여를 이끌어 내기 위한 질문임을 알 수 있다.

⑤ 청중과 공유하는 기억을 환기하여 발표 주제를 선정하게 된 계기를 밝힌다.
이 발표를 통해 발표 주제를 선정하게 된 계기는 찾아볼 수 없고, 또한 청중과 공유하는 기억을 환기하지도 않고 있다.

### 36 발표 계획의 반영 여부 판단 정답률 57% | 정답 ⑤

**다음은 발표를 준비하며 참고한 내용이다. ㉠ ~ ㉢을 구체화한 발표 계획 중 발표에 반영되지 않은 것은?**

• 청중 분석
 – 청중의 요구, 배경지식, 청중과의 관련성 등
• 발표의 구성
 – 도입부 : 청중의 관심 유발 ········ ㉠
 – 전개부 : 효과적인 정보 전달을 위한 내용 조직 ········ ㉡
  전달할 내용에 알맞은 자료 활용 ········ ㉢
 – 정리부 : 내용 요약 및 강조

① ㉠: 청중의 관심을 끌기 위해 물고기에게서 흔히 보기 어려운 모습을 떠올리도록 청중에게 요청해야겠어.

발표자는 발표를 시작하면서 물고기가 눈을 감는 모습을 상상해 볼 것을 요청하고 있다. 그러면서 '잘 떠오르지 않으시죠?'라고 질문하며 일반적으로 물고기는 눈꺼풀이 없어 눈을 감지 못한다는 설명을 덧붙이고 있다. 따라서 발표자는 물고기에게서 흔히 보기 어려운 모습을 떠올리도록 청중에게 요청하여 관심을 끌려 함을 알 수 있다.

② ㉡: 말뚝망둑어 눈의 개폐 과정을 드러내기 위해 눈과 눈 아래 피부의 움직임을 순서대로 설명해야겠어.

2문단의 '말뚝망둑어가 눈을 닫을 때 위로 볼록 솟아 있는 눈이 아래의 구멍으로 들어가고, 이어서 눈 아래 피부가 올라와 눈을 덮어 줍니다.'를 통해, 발표자는 말뚝망둑어 눈의 개폐 과정을 드러내기 위해 눈과 눈 아래 피부의 움직임을 순서대로 설명하고 있음을 알 수 있다.

③ ㉡: 말뚝망둑어 눈의 개폐가 가능한 이유를 설명하기 위해 말뚝망둑어와 둥근망둑어의 눈 근육을 비교하여 말해야겠어.

2문단을 통해 발표자는 말뚝망둑어의 눈 근육이 둥근망둑어에 비해 그 기울기가 훨씬 가파르기 때문에 눈의 개폐가 가능하다고 설명하고 있다.

④ ㉢: 두 물고기의 눈 개폐 양상을 보여 주기 위해 말뚝망둑어의 동영상과 꾸구리의 사진을 제시해야겠어.

2문단의 '(자료 제시) 동영상에 보이는 것처럼'에서 확인할 수 있듯이 발표자는 동영상을 보여 주며 말뚝망둑어 눈의 개폐를 설명하고 있다. 그리고 발표자는 '(자료 제시) 나란히 놓인 두 사진이 보이시죠?'라는 말과 함께 사진을 제시하여 꾸구리 눈의 개폐 양상을 설명하고 있다.

✔ ㉢: 꾸구리 눈이 개폐된 모습의 차이를 드러내기 위해 두 사진을 화면에 순차적으로 제시해야겠어.

3문단을 통해 발표자는 꾸구리 눈의 개폐된 모습의 차이를 드러내기 위해 두 사진을 나란히 놓아 제시하였음을 알 수 있다. 따라서 두 사진을 화면에 순차적으로 제시해야겠다는 발표 계획은 발표에 반영되지 않았음을 알 수 있다.

## 37 발표 내용에 대한 반응의 이해

정답률 93% | 정답 ④

**발표 내용을 바탕으로 할 때, 〈보기〉에 나타난 학생들의 반응에 대한 이해로 적절하지 않은 것은?**

〈보 기〉

> **학생 1** : 눈꺼풀이 없는 다른 물고기들은 눈으로 들어오는 빛의 양을 어떻게 조절하는지에 대한 설명이 빠져 있어서 그것을 알고 싶어.
> **학생 2** : 상어에도 눈꺼풀 같은 피부가 있다고 알고 있어. 그 피부가 꾸구리 눈에 있는 피부와 같은 역할을 수행하는지 누리집에서 검색해야지.
> **학생 3** : 말뚝망둑어 눈의 개폐가 사람의 눈 깜빡임과 같은 역할을 한다는 정보는 흥미롭지만, 그 연구 결과가 믿을 만한 것일까? 관련 내용을 도서관에서 찾아봐야겠어.

① 학생 1은 발표에 언급되지 않은 정보에 대해 궁금증을 드러내고 있다.

학생 1은 눈꺼풀이 없는 다른 물고기들이 눈으로 들어오는 빛의 양을 조절하는 방법에 대한 설명이 빠져 있음을 언급하며 이에 대한 궁금증을 드러내고 있다. 이는 발표에서 언급되지 않은 정보에 대해 궁금증을 드러낸 것으로 볼 수 있다.

② 학생 2는 발표 내용과 관련하여 자신의 배경지식을 떠올리고 있다.

학생 2는 눈꺼풀 같은 피부가 있는 물고기의 또 다른 예로 상어를 떠올리고 있는데, 이는 발표 내용과 관련하여 자신의 배경지식을 떠올리고 있는 것으로 볼 수 있다.

③ 학생 3은 발표에 제시된 내용을 신뢰할 수 있는지에 대해 의문을 제기하고 있다.

학생 3은 말뚝망둑어 눈의 개폐에 대한 연구 결과가 믿을 만한 것인지를 궁금해하고 있는데, 이는 발표에 제시된 내용을 신뢰할 수 있는지에 대한 의문을 제기한 것으로 볼 수 있다.

✔ 학생 1과 학생 3은 모두, 발표 내용을 통해 알게 된 정보의 효용성을 판단하고 있다.

학생 1은 눈꺼풀이 없는 다른 물고기들이 눈으로 들어오는 빛의 양을 조절하는 방법에 대한 설명이 빠져 있음을 언급하며 이에 대한 궁금증을 드러내고 있다. 하지만 발표 내용을 통해 알게 된 정보의 효용성을 판단하지는 않고 있다. 그리고 학생 3은 발표에서 전달한 정보가 흥미롭다고 평가하고 있지 정보의 효용성을 판단하지는 않고 있다.

⑤ 학생 2와 학생 3은 모두, 발표 내용과 관련하여 추가적인 정보를 탐색하려 하고 있다.

학생 2는 상어의 눈꺼풀 같은 피부가 꾸구리 눈에 있는 피부와 같은 역할을 수행하는지 누리집에서 검색해야겠다고 말하고 있다. 그리고 학생 3은 말뚝망둑어 눈의 개폐에 대한 연구 결과와 관련된 내용을 도서관에서 찾아봐야겠다고 말하고 있다. 이렇게 볼 때, 학생 2와 학생 3 모두 발표 내용과 관련하여 추가적인 정보를 탐색하려 함을 알 수 있다.

## 38 대화 맥락의 이해

정답률 74% | 정답 ④

**(가)의 '학생 1'에 대한 설명으로 가장 적절한 것은?**

① 대화 참여자에게 대화에 적극적인 태도로 참여할 것을 요청하고 있다.

'학생 1'의 첫 번째 발화와 세 번째 발화를 통해 요청하는 내용은 확인할 수 있지만, 대화에 적극적인 태도로 참여할 것을 요청하지는 않고 있다.

② 대화 참여자에게 추후 모임에서 논의할 사항을 안내하고 있다.

'학생 1'은 마지막 발화에서 대화의 내용을 정리해 글을 작성할 것임을 밝히고 있을 뿐, 추후 모임에서 논의할 사항을 안내하지는 않고 있다.

③ 대화 참여자의 입장을 확인한 후 합의를 이끌어 내고 있다.

'학생 1'의 네 번째 발화를 통해, '학생 1'이 '학생 2'와 '학생 3'의 입장을 요약 정리하면서 이들 간의 차이점을 확인하고 양쪽 모두 일리가 있음을 인정하였음을 알 수 있다. 하지만 '학생 2'와 '학생 3'의 합의를 이끌어 내지는 않고 있다.

✔ 대화 참여자에게 질문을 하여 대화 내용을 전환하고 있다.

'학생 1'의 세 번째 발화를 통해, '학생 1'은 두 번째 발화에서 자신이 제기한 문제 상황의 해결 방안에 대해 이야기해 볼 것을 질문의 방식을 통해 요청하고 있다. 따라서 '학생 1'은 질문을 통해 문제 상황에서 문제에 대한 해결 방안으로 대화 내용을 전환하고 있음을 알 수 있다.

⑤ 대화 참여자가 제시한 정보에 대해 출처를 요구하고 있다.

'학생 1'이 대화 참여자가 제시한 정보에 대해 출처를 요구하는 발화는 찾아볼 수 없다.

## 39 대화 내용 이해 및 평가

정답률 74% | 정답 ⑤

**[A], [B]에서 나타나는 의사소통 방식에 대한 설명으로 적절하지 않은 것은?**

① [A]에서 '학생 2'는 '학생 3'의 말을 자신의 표현으로 바꾸어 말하며 이해한 내용을 확인하고 있다.

[A]에서 '학생 2'는, 전통 한지가 빛에 안정적이기 때문에 보존성이 좋다는 '학생 3'의 말을 듣고 '서양 종이는 빛을 받으면 색이 잘 변하는데 전통 한지는 빛에 더 강하'다는 표현으로 바꾸어 말하면서 자신의 이해가 맞는지를 질문하고 있다.

② [A]에서 '학생 3'은 '학생 2'가 말한 내용에 대해 자신이 알고 있는 정보를 덧붙이고 있다.

[A]에서 '학생 3'은, 서양 종이와 전통 한지를 비교하는 '학생 2'의 말을 듣고 닥나무로 만든 중국, 일본의 종이와 전통 한지를 비교하며 전통 한지의 우수성을 추가적으로 설명하고 있다.

③ [B]에서 '학생2'는 '학생3'의 의견을 수용한 후, 자신의 의견을 제시하고 있다.

[B]에서 '학생 2'는 전통 한지를 어떤 식으로든 사용하지 않으면 사라지게 될 것이라는 '학생 3'의 말을 듣고 '나도 그렇게 생각해.'라며 수용하고 있다. 그런 다음 '학생 2'는 전통 한지 사용을 늘리기 위한 정부 차원의 노력을 강조하는 자신의 의견을 제시하고 있다.

④ [B]에서 '학생 3'은 '학생 2'가 제공한 정보가 정확한지에 대해 의문을 제기하고 있다.

[B]에서 '학생 3'은 민간에서 만든 생활용품이나 공예품에 쓰이는 한지는 품질 낮은 한지가 대부분이라는 '학생 2'의 말을 듣고 '민간에서 쓰이는 한지가 대부분 품질이 낮다는 건 확인이 필요할 것 같아.'라며 정보의 정확성에 의문을 제기하고 있다.

✔ [B]에서 '학생 3'은 '학생 2'가 제시한 해결 방안이 공정하지 못하다고 지적하고 있다.

[B]에서 '학생 3'은, 전통 한지를 계승하고 발전시킬 수 있는 방법으로 높은 품질의 유지와 정부 차원의 노력이 필요하다고 주장하는 '학생 2'의 말을 듣고 그것만으로는 문제를 해결하기 어렵다고 지적하며 민간에서 전통 한지를 두루 사용하는 것이 더 중요하다는 입장을 밝히고 있다. 그리고 '학생 3'은 생활용품이나 공예품에 쓰이는 한지는 품질이 낮은 경우가 대부분이라는 '학생 2'의 말을 듣고 확인이 필요할 것 같다고 말하고 있다. 따라서 '학생 3'은 '학생 2'의 주장에 대해 한계를 지적하거나 정보 확인의 필요성을 지적하고 있을 뿐, 해결 방안이 공정하지 못하다고 지적하지는 않고 있다.

## 40 글쓰기에 반영 여부 판단

정답률 34% | 정답 ①

**다음은 (가)에서 '학생 1'이 대화의 내용과 자신이 떠올린 생각을 작성한 메모이다. ㉠~㉤이 (나)에 반영된 양상으로 적절하지 않은 것은? [3점]**

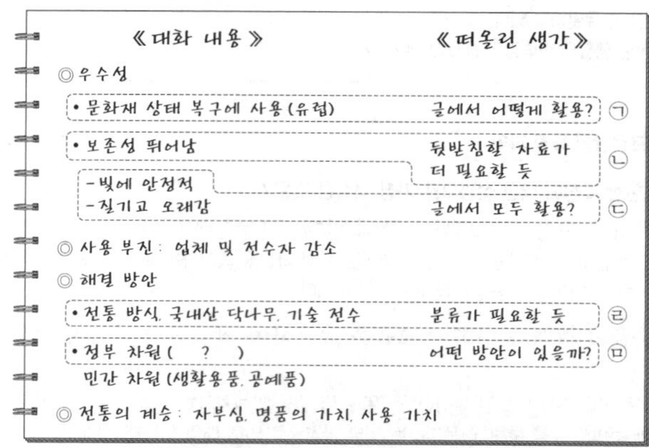


✔ '학생 2'의 발화를 토대로 작성된 ㉠은, 전통 한지의 우수성을 부각하기 위한 내용으로 (나)에 반영되었다.

유럽에서는 손상된 종이 문화재를 복구하는 용도로 우리 전통 한지를 사용하고 있다는 (가)의 '학생 2'의 첫 번째 발화는, 전통 한지에 대한 관심이 높은 유럽의 상황과 대조를 이루는 국내의 현실에 대한 우려를 부각하기 위한 내용으로 (나)의 3문단에 반영되었음을 알 수 있다. 따라서 '학생 2'의 발화가 전통 한지의 우수성을 부각하기 위한 내용으로 반영되었다는 설명은 적절하지 않다.

② '학생 3'의 발화를 토대로 작성된 ㉡은, 세계 기록 유산과 관련된 내용이 추가되어 (나)에 반영되었다.

(가)에서 '학생 3'은 첫 번째 발화에서 전통 한지가 보존성이 뛰어나다 하고 있는데, (나)의 2문단에 유네스코 세계 기록 유산을 아시아에서 가장 많이 보유한 나라가 우리나라이며 이들 대부분이 전통 한지에 기록된 문화유산이라는 내용이 추가되어 반영되었다.

③ '학생 3'의 발화를 토대로 작성된 ㉢은, 전통 한지의 보존성을 설명하는 내용 중 일부가 제외되어 (나)에 반영되었다.

(가)에서 '학생 3'은 첫 번째 발화에서 전통 한지가 빛에 안정적이라고 하였으며, 두 번째 발화에서 전통 한지의 질기고 오래가는 특성을 언급하고 있다. 그리고 (나)의 2문단에는 이 중 두 번째 발화의 내용만이 반영되고 첫 번째 발화의 내용은 제외되었음을 알 수 있다.

④ '학생 2'의 발화를 토대로 작성된 ㉣은, 전통 한지의 품질 유지를 위한 방안이 범주화되어 (나)에 반영되었다.

(가)에서 '학생 2'는 네 번째 발화에서 전통 한지의 높은 품질을 유지하기 위한 방법으로 전통 방식으로 만들고 국내산 닥나무만 사용할 것을 제시하고, 또한 기술 전수 교육이 필요함을 주장하고 있다. 이 중 국내산 닥나무만 사용해야 한다는 것은 '재료 측면'으로, 전통 방식으로 만들고 기술 전수 교육을 해야 한다는 내용은 '제작 기술 측면'으로 범주화되어 (나)의 4문단에 반영되었다.

⑤ '학생 2'의 발화를 토대로 작성된 ㉤은, 전통 한지의 사용 확대를 위한 방안이 구체화되어 (나)에 반영되었다.

(가)에서 '학생 2'는 다섯 번째 발화에서 전통 한지 사용을 늘리기 위한 정부 차원의 노력이 필요하다 하고 있는데, (나)의 4문단 후반부에 공공 부문에서의 전통 한지 사용 장려와 문화재 수리에서의 활용이 전통 한지 사용의 확대를 위한 정부 차원의 방안으로 제시됨으로써 구체화되고 있다.

## 41 글쓰기 방식 파악

정답률 85% | 정답 ③

**(나)의 글쓰기 방식에 대한 설명으로 가장 적절한 것은?**



[문제편 p.333]

① **자신의 특별한 경험을 활용하여 문제의 심각성을 드러내었다.**
글쓴이 자신의 특별한 경험을 언급한 내용은 찾아볼 수 없다.

② **독자에게 익숙한 상황을 들어 예상되는 반론에 대해 반박하였다.**
글쓴이 자신의 주장에 대한 예상 반론과 그에 대한 반박은 찾아볼 수 없다.

✔ **주장을 뒷받침하는 사례를 들어 주장의 실현 가능성을 제시하였다.**
4문단에서 글쓴이는 전통 한지 사용을 확대하기 위한 노력이 필요하다고 하면서, 민간 차원에서는 전통 한지의 활용 분야를 넓힐 필요가 있다고 주장하고 있다. 그리고 '일례로 전통 한지는 ~ 그 응용 범위가 점차 확대되어 갈 것으로 기대된다.'에서 알 수 있듯이 구체적인 사례를 들어 민간 차원에서 전통 한지의 활용 분야를 넓힐 필요가 있다는 주장의 실현 가능성을 제시하고 있다.

④ **제재의 물리적 특성을 분석하여 문제 상황의 원인으로 제시하였다.**
2문단에서 전통 한지의 섬유 조직에 대한 언급하고 있으므로 제재의 물리적 특성을 분석한 내용은 있다고 볼 수 있다. 하지만 이는 한지의 우수성을 언급하기 위해 제시된 내용이지 문제 상황의 원인을 제시한 것이라고 할 수 없다.

⑤ **보도 자료의 내용을 인용하여 제재와 관련한 정책의 변화를 드러내었다.**
보도 자료의 내용을 인용한 부분은 찾아볼 수 없다.

## 42 고쳐쓰기 계획의 이해

정답률 85% | 정답 ③

**다음은 (나)의 마지막 문단을 고쳐 쓴 것이다. 그 과정에서 반영된 수정 계획으로 가장 적절한 것은?**

> 전통 한지와 그 제작 기술은 우리가 자부심을 가질 만한 세계적인 문화유산이다. 따라서 전통 한지를 계승하고 발전시키려면 전통 한지와 그 제작 기술의 원형을 보존하여 품질을 유지하는 한편, 전통 한지의 사용을 확대하여 전통 한지가 다양한 방식으로 활용될 수 있도록 해야 한다.

① **전통 한지를 계승하고 발전시켜 예상되는 기대 효과를 제시 해야겠군.**
고친 글에는 전통 한지를 계승하고 발전시킴으로써 예상되는 기대 효과가 언급되어 있지 않다.

② **전통 한지를 계승해야 할 필요성이 드러나지 않으니, 관련된 내용을 추가해야겠군.**
(나)의 마지막 문단에도 '우리의 자랑스러운 문화유산'이라는 진술에 전통 한지를 계승해야 할 필요성이 드러나 있다고 볼 수 있다.

✔ **전통 한지의 계승 및 발전을 위한 방안을, 앞서 제시한 두 가지 방향이 드러나도록 써야겠군.**
(나)의 마지막 문단에는 전통 한지의 계승 및 발전과 관련하여 전통 한지와 그 제작 기술의 가치를 이어 나가기 위한 노력이 필요하다는 점만 언급된 반면, 고쳐 쓴 글에는 '전통 한지와 그 제작 기술의 ~ 다양한 방식으로 활용될 수 있도록 해야 한다.'를 통해 알 수 있듯이 전통 한지의 사용을 확대하기 위한 노력의 방향이 추가로 언급되어 있다. 따라서 글쓴이는 전통 한지의 계승 및 발전을 위한 두 가지 방향을 모두 드러내는 방향으로 수정하자고 수정 계획을 세웠음을 알 수 있다.

④ **전통 한지의 계승 및 발전에 대해 언급하며 사용한 접속 표현이 적절하지 않으니 수정해야겠군.**
(나)의 마지막 문단에서 사용한 접속 표현인 '따라서'는 적절한 표현이며, 고친 글에서 수정되지 않았다.

⑤ **전통 한지의 특성에 관해 앞부분에서 이미 다룬 내용은 삭제하고 다른 내용으로 대체해야겠군.**
(나)의 마지막 문단에도 전통 한지의 특성에 대한 내용은 언급되어 있지 않다.

## 43 글쓰기 구상 내용의 반영 여부 판단

정답률 72% | 정답 ②

**'작문 상황'을 고려하여 구상한 글쓰기 내용으로, 초고에 반영되지 않은 것은?**

① **기후 변화 대응에 대한 청소년의 참여를 유도하는 방안**
3문단에서 청소년의 참여를 이끌어 내려면 청소년이 실천할 수 있는 방안을 알려 주는 것이 중요하다고 하면서, 이러한 방안은 생활 속에서 실천할 수 있는 것부터 사회적인 차원의 것까지 다양함을 언급하고 있다.

✔ **기후 변화 대응에 대한 청소년 참여를 위한 지원 정책**
4문단에서 기후 변화 대응에 대한 청소년들의 참여를 이끌어 내기 위해서는 자신의 활동이 상황을 개선할 수 있다는 인식을 형성하는 것이 중요하다 하면서, 이를 위해서는 체계적이고 지속적인 지원이 필요하다고 제시하고 있다. 하지만 청소년 참여를 위한 지원 정책은 찾아볼 수 없으므로 적절하지 않다.

③ **기후 변화 대응에 대한 청소년의 참여도가 낮은 원인**
2문단에서 청소년들이 기후 변화 대응 활동에 참여하지 않는 원인을 분석하고 있다.

④ **기후 변화 대응에 대한 청소년 인식 형성의 중요성**
4문단에서 기후 변화 대응 활동에 대한 청소년들의 참여를 이끌어 내기 위해서는 자신의 활동을 통해 상황을 개선할 수 있다는 인식을 형성하는 것이 중요하다고 언급하고 있다.

⑤ **기후 변화 대응에 대한 청소년 참여의 필요성**
1문단에서 인류 생존을 위협하는 기후 변화가 가속화되는 상황이므로 미래 세대인 청소년들이 기후 변화에 대한 대응에 관심을 가지고 참여해야 한다는 사회적 공감대가 형성되고 있음을 언급하고 있다.

## 44 조언에 따른 제목의 적절성 판단

정답률 84% | 정답 ⑤

**〈보기〉는 초고를 읽은 교사의 조언이다. 이를 반영하여 [A]를 작성한다고 할 때, 가장 적절한 것은?**

〈보 기〉

> "글의 제목은 글에 대한 독자의 관심을 이끌어 낼 수 있도록 표현하는 게 좋아. 기후 변화의 심각성과 글의 5문단에서 말하고자 하는 바가 잘 드러나는 내용으로 쓰는 게 좋겠어."

① **기후 변화 정책, 학교와 사회의 실천적 연대를 지향할 때**
독자의 관심을 이끌어 내는 표현이 없고, 기후 변화의 심각성이 잘 드러나지 않았다.

② **기후 변화에 대처하는 삶의 양식 전환, 이제 더 이상은 미룰 수 없다**
'이제 더 이상은 미룰 수 없다'에서 기후 변화의 심각성을 드러내며 독자의 관심을 이끌어 내고 있다고 볼 수 있다. 하지만 '기후 변화에 대처하는 삶의 양식 전환'이라는 표현은 5문단에서 말하고자 하는 바를 잘 드러냈다고 보기 어렵다.

③ **환경에 위협받는 삶, 인간 중심의 삶에서 환경과 공존하는 생활로 전환**
'환경에 위협받는 삶'이라는 표현으로 독자의 관심을 끌면서 기후 변화의 심각성을 드러내고 있다. 하지만 '인간 중심의 삶에서 환경과 공존하는 생활로 전환'은 5문단에서 말하고자 하는 바를 잘 드러낸다고 할 수 없다.

④ **기후 변화 문제, 청소년을 위해 모두가 실천적 노력으로 모여야 할 시기**
'기후 변화 문제'로 인해 '모두가 실천적 노력으로 모여야 할 시기'를 통해 기후 변화의 심각성이 어느 정도 드러난다고 볼 수는 있다. 하지만 기후 변화 문제는 청소년에게만 해당되는 문제가 아니고 5문단에서 말하고자 하는 바 또한 잘 드러냈다고 볼 수 없으므로 적절하지 않다.

✔ **미래를 위협하는 기후 변화, 실천을 도와 청소년의 삶에서 대응을 실현할 때**
〈보기〉를 통해 교사는 독자의 관심을 이끌어 낼 수 있도록 표현하면서 기후 변화의 심각성이 잘 드러나는 내용으로 쓸 것, 그리고 글의 5문단의 내용이 잘 드러나는 내용으로 쓸 것을 조언하였음을 알 수 있다. 이러한 선생님의 조언이 잘 반영된 제목은 ⑤로, ⑤에서는 '미래를 위협하는 기후 변화'를 통해 독자의 관심을 이끌어 내는 동시에 기후 변화의 심각성을 드러내고 있음을 알 수 있다. 그리고 '실천을 도와 청소년의 삶에서 대응을 실현할 때'를 통해, 5문단의 내용을 잘 드러내고 있음을 알 수 있다.

★★★ 등급을 가르는 문제!

## 45 자료 활용 방안의 적절성 판단

정답률 31% | 정답 ①

**〈보기〉는 초고를 보완하기 위해 추가로 수집한 자료이다. 자료의 활용 방안으로 적절하지 않은 것은? [3점]**

〈보 기〉

ㄱ. 기후 변화 대응 활동 관련 설문 조사 자료

(대상: 우리 지역 청소년 600명)

ㄱ-1. 참여하지 않은 이유
(참여하지 않은 청소년 431명 응답)

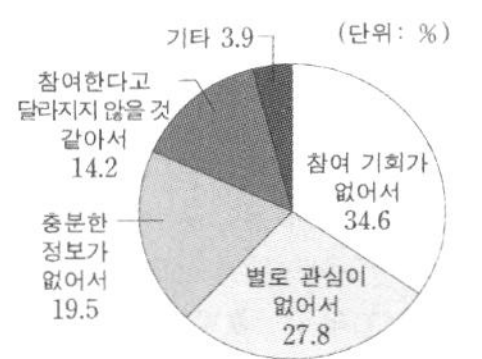


ㄱ-2. 참여한 활동(복수 응답)
(참여한 청소년 169명 응답)

(단위 : %)

| 활동 | % |
|---|---|
| 일회용품 줄이기 및 분리배출 | 68.0 |
| 에너지 절약 | 55.6 |
| 지역 환경 개선 활동 | 52.7 |
| 기후 변화 인식 제고 캠페인 | 18.9 |
| 기후 변화 관련 학교 밖 교육 및 활동 | 16.6 |
| 기후 변화 문제 해결 참여 기업 제품 사용 | 16.0 |

ㄴ. 신문 기사

청소년 기후 변화 대응 세미나가 ○○에서 개최되었다. 참여자들은, 기존의 교육이 기후 변화에 관심을 갖도록 만들었으나 청소년들의 실천적 대응을 이끌어 내기에는 한계가 있었다고 지적하며, 청소년들도 적극 참여하고 실천하며 효용을 체감할 수 있도록 학교·사회의 실천 연계형 교육으로 전환해야 한다는 데 의견을 모았다.

ㄷ. 인터뷰 자료

□□ 생태환경연구소 △△△ 박사는 "현재 각 국가가 온실가스 감축을 시행하고 있지만 각국에서 설정한 목표로 감축을 하더라도, 2020년에 출생한 세계 각국의 아이들은 평생 동안 50년 전에 태어난 세대에 비해 7배 수준의 폭염을 겪을 것이라고 예상합니다."라고 말했다.

✔ **ㄱ-1을 활용하여, 청소년들이 대응 방안에 무관심하거나 관련 정보가 충분하지 않은 것을, 방안을 실천하더라도 효과가 없다고 청소년들이 생각하는 이유로 2문단에 구체화해야겠어.**
2문단에서 청소년이 기후 변화 대응 활동에 참여하지 않는 원인을 '기후 변화 대응 방안에 무엇이 있는지 제대로 모르는 경우'와 '방안을 알면서 참여하지 않는 경우'로 나누어 제시하고 있다. 그런데 ㄱ-1에서 청소년들이 '별로 관심이 없어서'라고 응답한 결과나 '충분한 정보가 없어서'라고 응답한 결과는 첫 번째 원인을 구체화하는 자료로 활용할 수 있으나 두 번째 원인을 구체화하는 자료로 활용하기는 적절하지 않다.

② **ㄴ을 활용하여, 기존 교육의 한계를 지적하며 세미나 참여자들이 동의한 내용을, 기후 변화 대응과 관련한 학교 교육의 변화 방향으로 4문단에 보강해야겠어.**
ㄴ의 자료를 통해 세미나 참여자들 역시 청소년들이 기후 변화 대응 행동에 적극 참여하고 실천하며 효용을 체감할 수 있도록 기존 교육을 전환해야 한다는 데에 동의하고 있음을 알 수 있다. 그리고 4문단에서는 청소년들의 기후 변화 대응 활동에의 참여를 도울 수 있도록 학교 교육에 변화가 필요하다고 주장하고 있다. 따라서 ㄴ을 통해 4문단에서 언급한 학교 교육의 변화 방향을 뒷받침하는 것은 적절한 자료 활용 방안이라 할 수 있다.

③ **ㄷ을 활용하여, 미래 세대는 폭염으로 인한 영향을 더 크게 받게 될 것이라는 전문가의 예측을, 청소년들의 활동 참여에 대한 사회적 공감대 형성의 근거로 1문단에 추가해야겠어.**
ㄷ은 2020년에 출생한 아이들이 그 전 세대에 비해 더 심각한 수준의 폭염을 겪을 것이라는 전문가의 예측을 다루고 있는 자료이다. 그리고 1문단에서 인류 생존을 위협하는 기후 변화가 가속화되는 상황이므로 미래 세대인 청소년들이 이에 대한 관심을 가지고 참여해야 한다는 사회적 공감대가 형성되고 있음을 언급하고 있다. 따라서 ㄷ을 청소년들이 기후 변화 대응 활동에 관심을 가지고 참여해야 한다는 사회적 공감대 형성의 근거로 삼는 것은 적절한 자료 활용 방안이라 할 수 있다.

④ **ㄱ-1과 ㄱ-2를 활용하여, 청소년 다수가 참여한 활동들을, 참여 기회가 없다고 답한 청소년들이 생활 속에서 실천할 수 있는 기후 변화 대응 활동의 사례로 3문단에 추가해야겠어.**
ㄱ-1은 기후 변화 대응 활동에 참여하지 않은 학생들 가운데 '참여 기회가 없어서'라고 응답한 학생이 가장 많았음을 보여 주고 있고, ㄱ-2는 기후 변화 대응 활동에 참여한 청소년들이 생활 속에서 실천한 일들을 다루고 있다. 그리고 3문단에서는 청소년의 참여를 이끌어 내려면 청소년들이 생활 속에서 실천할 수 있는 기후 변화 대응 방안부터 알려 주는 것이 중요하다고 말하고 있다. 따라서 ㄱ-1과 ㄱ-2를 활용하면, 참여 기회가 없다고 생각해서 기후 변화 대응 활동에 참여하지 않은 학생들에게 생활 속에서 실천할 수 있는 대응 활동의 사례를 제시할 수 있으므로 3문단을 뒷받침하는 사례로 제시할 수 있다.

⑤ **ㄱ-2와 ㄴ을 활용하여, 지역 환경 개선 활동이나 캠페인 등 지역 사회와 연계될 수 있는 활동들을, 청소년의 긍정적 인식 형성을 위해 학교가 지원할 사례로 4문단에 구체화해야겠어.**
ㄱ-2는 기후 변화 대응 활동에 참여한 학생 중 지역 환경 개선 활동이나 기후 변화 인식 제고 캠페인을 하는 학생들이 있음을 보여 주고 있고, ㄴ은 앞으로의 학교 교육이 학교·사회의 실천 연계형 교육으로 전환해야 한다는 전문가의 의견을 다루고 있다. 그리고 4문단에서는 기후 변화 대응 활동에 대한 청소년의 긍정적 인식이 형성될 수 있도록 학교 교육의 지원이 필요하다는 주장을 하고 있다. 따라서 ㄱ-2와 ㄴ을 활용하면, 기후 변화 대응 활동에 대한 청소년의 긍정적 인식 형성을 위해 학교의 지원이 필요한 활동으로 지역 환경 개선 활동이나 캠페인 등이 있음을 언급할 수 있다.

17회

[문제편 p.335]

**★★ 문제 해결 꿀~팁 ★★**

▶ **많이 틀린 이유는?**
이 문제는 〈보기〉로 제시한 자료를 정확히 이해하지 못하였거나 선택지의 내용을 정확히 파악하지 못하여 오답률이 높았던 것으로 보인다.
▶ **문제 해결 방법은?**
이 문제를 해결하기 위해서는 선택지를 중심으로 문제에 접근해야 한다. 즉 선택지에 제시된 자료 활용, 즉 ①의 경우 ㄱ-1을, ②의 경우 ㄴ을, ③의 경우 ㄷ 등을 활용한다는 내용을 확인해야 한다. 그런 다음 각 자료가 어떤 내용을 지니고 있는지 정확히 파악한 다음 선택지의 적절성을 판단할 수 있어야 한다. 가령 정답인 ①의 경우 ㄱ-1을 먼저 정확히 이해해야, ㄱ-1에서 기후 변화 대응 활동에 '참여하지 않은 이유'에 대한 설문 조사 내용을 정확히 이해하여야 한다. 그런 다음 선택지에 제시된 내용이 적절한지 판단해야 한다. 즉 ㄱ-1이 '청소년들이 대응 방안'에 대해 '무관심하거나 관련 정보가 충분하지 않은 것'과 '방안을 실천하더라도 효과가 없다고 생각하는 이유'를 구체화해 줄 수 있는지 판단해야 한다. 이렇게 보면 ㄱ-1이 '방안을 실천하더라도 효과가 없다고 생각하는 이유'를 구체화해 주지는 못함을 알 수 있으므로 적절하지 않음을 알 수 있을 것이다. 이처럼 자료 제시 문제는 선택지를 정확히 이해한 다음, 이를 바탕으로 자료와 글을 통해 활용 여부를 판단하면 쉽게 해결할 수 있다. 이때 주의할 점은 글에 제시된 내용이지만 주어진 자료가 뒷받침하지 못하는 경우가 있을 수 있고, 글의 내용을 잘못 제시한 경우도 있을 수 있으므로 꼼꼼하게 내용을 확인할 수 있도록 한다.

## [35~45] 언어와 매체

**35** 한글의 창제 정답률 39% | 정답 ④

**윗글에 대한 이해로 적절한 것은?**

① **훈민정음의 모든 기본자는 발음 기관을 본떠 만든 것이다.**
제시된 글을 통해 초성자의 기본자 5자는 발음 기관을 본떠서 만들었고, 종성자의 기본자 3자는 하늘, 땅, 사람의 모습을 본떠서 만들었음을 알 수 있다.

② **초성자 기본자는 모두 용자례 예시 단어의 종성에 쓰인다.**
제시된 글의 2문단을 통해 초성자 기본자 'ㄱ, ㄴ, ㅁ, ㅅ, ㅇ' 중 'ㅇ'은 종성자에 쓰이지 않았음을 추측할 수 있다. 그리고 용자례에 제시된 '콩, 부헝, 남샹, 굼벙'를 통해 종성자로 이체자인 'ㆁ'이 쓰였음을 알 수 있다.

③ **〈초성자 용자례〉의 가획자 중 단어가 예시되지 않은 자음자 하나는 아음에 속한다.**
1문단을 통해 가획자는 9자인데 〈초성자 용자례〉의 가획자에는 8자만 단어가 예시되어 있다. 따라서 단어가 예시되지 않은 가획자는 'ㅇ, ㅎ'과 같이 후음에 속하는 'ㆆ'이라 할 수 있다.

✔ **〈초성자 용자례〉 중 아음 이체자의 예시 단어는, 초성자의 반설음자와 종성자의 반설음자의 예시 단어로 쓸 수 있다.**
제시된 글의 〈초성자 용자례〉를 통해 아음 이체자의 예시 단어는 '러울'로, '러울'의 초성자와 종성자 'ㄹ'은 반설음자임을 알 수 있다. 따라서 '러울'은 초성자의 반설음자와 종성자의 반설음자의 예시 단어로 쓸 수 있음을 알 수 있다.

⑤ **〈중성자 용자례〉 중 초출자 'ㅓ'의 예시 단어는, 반치음 이체자와 종성자 순음 기본자의 예시 단어로 쓸 수 있다.**
〈중성자 용자례〉 중 초출자 'ㅓ'의 예시 단어는 '브섭'인데, 'ㅿ'은 반치음 이체자이지만 'ㅂ'은 순음 가획자에 해당한다.

**36** 중세 국어의 변화 양상 이해 정답률 83% | 정답 ④

**윗글을 바탕으로 중세 국어 단어의 변화 양상을 이해한 내용으로 적절하지 않은 것은?**

① **'벼리 딘'(>별이 진)의 '딘'은 ⓐ에 해당한다.**
'딘'(>진)에서는 '뎔'(>절)과 같이 'ㄷ → ㅈ'의 구개음화가 일어났다.

② **'셔울 겨샤'(>서울 계셔)의 '셔울'은 ⓑ에 해당한다.**
'셔울'(>서울)에서는 '셤'(>섬)과 같이 'ㅕ → ㅓ'의 단모음화가 일어났다.

③ **'플 우희'(>풀 위에)의 '플'은 ⓒ에 해당한다.**
'플'(>풀)에서는 '믈'(>물)과 같이 'ㅡ → ㅜ'의 원순모음화가 일어났다.

✔ **'산 거믜'(>산 거미)의 '거믜'는 ⓓ에 해당한다.**
'거믜'(>거미)는 'ㅢ'에서 'ㅣ'로의 변화가 드러나고 있으므로, 접사가 결합하여 새로운 단어가 만들어지지는 않았음을 알 수 있다.

⑤ **'닥 닙'(>닥나무 잎)의 '닥'은 ⓔ에 해당한다.**
'닥'(>닥나무)에서는 '갈'(>갈대)에서 '갈'에 '대'가 결합한 것과 같이 '닥'에 '나무'라는 단어가 결합하여 새로운 단어가 만들어졌다.

★★★ 등급을 가르는 문제!

**37** 용언의 이해 정답률 37% | 정답 ①

**〈보기〉를 바탕으로 'ㅎ' 말음 용언의 활용 유형을 탐구한 내용으로 적절하지 않은 것은?**

〈보 기〉

다음은 어간의 말음이 'ㅎ'인 용언이 '아/어'로 시작하는 어미와 만날 때 보이는 활용의 유형을 정리한 것이다. 이들은 활용의 규칙성뿐만 아니라 모음조화 적용 여부나 활용형의 줄어듦 가능 여부에 따라 그 유형이 구분된다.

| 불규칙 활용 유형 | | 규칙 활용 유형 | |
|---|---|---|---|
| ㉠-1 | 노랗-+-아 → 노래 | ㉢-1 | 닿-+-아 → 닿아 (→ *다) |
| ㉠-2 | 누렇-+-어 → 누레 | | |
| ㉡ | 어떻-+-어 → 어때 | ㉢-2 | 놓-+-아 → 놓아 (→ 놔) |

('*'은 비문법적임을 뜻함.)

✔ **'조그맣-, 이렇-'은 '조그매, 이래서'로 활용하므로 ㉠-1과 활용의 유형이 같겠군.**
㉠-1의 '노랗-+-아 → 노래'는 불규칙 활용이면서 양성 모음끼리의 모음조화가 적용된 경우이므로, '조그맣-+-아 → 조그매'는 이 유형에 해당한다고 할 수 있다. 하지만 '이렇-+-어서 → 이래서'는 불규칙 활용이면서 모음조화가 적용되지 않는 ㉡ 유형에 해당하므로 적절하지 않다.

② **'꺼멓-, 뿌옇-'은 '꺼메, 뿌옜다'로 활용하므로 ㉠-2와 활용의 유형이 같겠군.**
㉠-2의 '누렇-+-어 → 누레'는 불규칙 활용이면서 음성 모음끼리의 모음조화가 적용된 경우이므로, '꺼멓-+-어 → 꺼메', '뿌옇-+-었다 → 뿌옜다'는 이 유형에 해당한다고 할 수 있다.

③ **'둥그렇-, 멀겋-'은 '둥그렜다, 멀게'로 활용하므로 ㉡과 활용의 유형이 같지 않겠군.**
㉡의 '어떻-+-어 → 어때'는 불규칙 활용이면서 모음조화가 적용되지 않은 경우에 해당한다. 그리고 '둥그렇-+-었다 → 둥그렜다', '멀겋-+-어 → 멀게'는 불규칙 활용이면서 음성 모음끼리의 모음조화가 적용되므로 ㉠-2 유형에 해당한다.

④ **'낳-, 땋-'은 활용형인 '낳아서, 땋았다'가 '*나서, *땄다'로 줄어들 수 없으므로 ㉢-1과 활용의 유형이 같겠군.**
㉢-1의 '닿아'는 규칙 활용이면서 활용형의 줄어듦이 불가능한 경우에 해당함을 알 수 있다. 그리고 '낳-+-아서 → 낳아서', '땋-+-았다 → 땋았다' 역시 '*나서, *땄다'로 줄어들 수 없으므로 ㉢-1 유형에 해당함을 알 수 있다.

⑤ **'넣-, 쌓-'은 활용형인 '넣어, 쌓아'가 '*너, *싸'로 줄어들 수 없으므로 ㉢-2와 활용의 유형이 같지 않겠군.**
㉢-2의 '놓아(→ 놔)'는 규칙 활용이면서 활용형의 줄어듦이 가능한 경우에 해당함을 알 수 있다. 그리고 '넣어', '쌓아'는 '*너, *싸'로 줄어들 수 없으므로 ㉢-2가 아닌 ㉢-1 유형에 해당함을 알 수 있다.

**★★ 문제 해결 꿀~팁 ★★**

▶ **많이 틀린 이유는?**
이 문제는 〈보기〉에 대한 탐구 유형을 정확히 이해하지 못하여 오답률이 높았던 것으로 보인다. 또한 용언의 활용이나 모음조화에 대해 정확히 이해하지 못한 것도 오답률을 높인 원인으로 보인다.
▶ **문제 해결 방법은?**
이 문제를 해결하기 위해서는 기본적으로 〈보기〉에 제시된 ㉠-1 ~ ㉢-2에 대해 정확히 이해해야 한다. 즉 ㉠-1은 불규칙 활용이면서 양성 모음끼리의 모음조화가 적용된 경우, ㉠-2는 불규칙 활용이면서 음성 모음끼리의 모음조화가 적용된 경우, ㉡은 불규칙 활용이면서 양모음조화가 적용되지 않은 경우임을 알아야 한다. 마찬가지로 ㉢-1은 규칙 활용형이면서 활용형의 줄어듦이 불가능한 경우, ㉢-2는 규칙 활용형이면서 활용형의 줄어듦이 가능한 경우임을 알아야 한다. 이처럼 〈보기〉에 대해 정확히 이해한 뒤, 선택지에 제시된 사례에 대한 설명이 적절한지 판단하면 된다. 이럴 경우 정답인 ①에서 '이렇-+-어서 → 이래서'가 되어 불규칙 활용이면서 모음조화가 적용되지 않는 ㉡ 유형에 해당하므로 적절하지 않은 것이라 할 수 있다. 한편 이 문제를 풀 때 선택지에 제시된 사례를 〈보기〉와 직접 비교하여 유사한지 여부를 확인해 보는 것도 문제를 풀 수 있는 방법이 될 수 있다. 한편 이 문제는 기본적인 문법 지식, 즉 불규칙 활용과 모음조화에 대한 배경지식을 요구하고 있는데, 이러한 배경지식이 정확하지 않아 잘못 선택한 학생들도 있었다. 따라서 평소 문법의 기본 지식은 반드시 숙지하도록 한다.

**38** 담화의 특성 파악 정답률 84% | 정답 ③

**〈보기〉의 ㉠ ~ ㉧에 대한 설명으로 적절한 것은?**

〈보 기〉

[영민, 평화가 학교 앞에 함께 있다가 지혜를 만난 상황]
**영민** : 너희들, 오늘 같이 영화 보기로 한 거 잊지 않았지?
**평화** : 응, ㉠ 6시 걸로 세 장 예매했어. 근데 너, 어디서 와?
**지혜** : 진로 상담 받고 오는 길이야. 너흰 안 가?
**평화** : 나는 어제 ㉡ 미리 받았어.
**영민** : 나는 4시 반이야. 그거 마치고 영화관으로 직접 갈게.
**지혜** : 알겠어. 그럼 우리 둘이는 1시간 ㉢ 앞서 만나자. 간단하게 저녁이라도 먹고 거기서 바로 ㉣ 가지 뭐.
**평화** : 좋아. 근데 ㉤ 미리 먹는 건 좋은데 어디서 볼까?
**지혜** : 5시까지 영화관 정문 ㉥ 왼쪽에 있는 분식집으로 와.
**평화** : 왼쪽이면 편의점 아냐? 아, 영화관을 등지고 보면 그렇다는 거구나. 영화관을 마주볼 때는 ㉦ 오른쪽 맞지?
**지혜** : 그러네. 아참! 영민아, 너 상담 시간 됐다. 이따 늦지 않게 영화 ㉧ 시간 맞춰서 ㉨ 와.

① **㉠과 ㉧은 가리키는 시간이 상이하다.**
영화의 시작 시간을 가리키는 ㉠과 ㉧은 같은 시간이다.

② **㉡과 ㉤은 발화 시점을 기준으로 과거를 가리킨다.**
㉡의 '미리'는 '어제'라는 과거를 가리키지만, ㉤의 '미리'는 지혜와 평화가 영화가 시작하기 전 만나서 저녁을 먹기로 한 5시에서 6시 사이를 의미하기 때문에 미래를 가리킨다.

✔ **㉢과 ㉤이 가리키는 시간대는 ㉧을 기준으로 정해진다.**
담화 내용을 통해 ㉧의 '시간'은 영화가 시작하는 시간인 6시를 뜻함을 알 수 있다. 따라서 ㉢의 '1시간 앞서'는 ㉧의 영화 시간 6시를 기준으로 하며, ㉤의 '미리'도 ㉧의 영화 시간 6시를 기준으로 그보다 앞선 때를 가리킨다고 할 수 있다.

④ **㉣과 ㉨은 이동의 출발 장소가 동일하다.**
㉣의 '가지'는 지혜와 평화가 영화관 인근에서 저녁을 먹고 영화관으로 이동하는 것을 가리킨다. ㉨의 '와'는 영민이 학교에서 상담을 마치고 영화관으로 이동하는 것을 가리킨다. 따라서 이동의 출발 장소는 서로 다르다고 할 수 있다.

⑤ **㉥과 ㉦은 기준으로 삼은 방향이 달라 다른 곳을 의미한다.**
동일한 장소인 분식집이 영화관을 등지느냐, 마주보느냐에 따라 영화관을 기준으로 왼쪽에 있는가, 오른쪽에 있는가가 결정된다고 할 수 있다.

**39** 부사어의 이해 정답률 51% | 정답 ④

**〈학습 활동〉을 수행한 결과로 적절한 것은? [3점]**

〈학습 활동〉

부사어는 부사, 체언+조사, 용언 활용형 등으로 실현된다. 부사어로써 수식하는 문장 성분은 부사어, 관형어, 서술어 등이다. 일례로 '차가 간다.'의 서술어 '간다'를 수식하기 위해 부사 '잘'을 부사어로 쓰면 '차가 잘 간다.'가 된다. [조건] 중 두 가지를 만족하도록, 주어진 문장에 부사어를 넣어 수정해 보자.

**[조건]**
㉠ 부사어를 수식하기 위해 부사를 부사어로 쓴 문장
㉡ 관형어를 수식하기 위해 용언 활용형을 부사어로 쓴 문장
㉢ 관형어를 수식하기 위해 부사를 부사어로 쓴 문장



[문제편 p.337]

㉣ 서술어를 수식하기 위해 '체언+조사'를 부사어로 쓴 문장
㉤ 서술어를 수식하기 위해 용언 활용형을 부사어로 쓴 문장
⋮

| | 조건 | 수정 전 ⇨ 수정 후 |
|---|---|---|
| ① | ㉠, ㉡ | 웃는 아기가 귀엽게 걷는다.<br>⇨ 방긋이 웃는 아기가 참 귀엽게 걷는다. |

'방긋이 웃는'에서 '방긋이'는 부사로, 관형어 '웃는'을 수식하는 부사어로 쓰이고 있으므로 조건 ㉢을 만족시킨다. 그리고 '참 귀엽게'에서 '참'은 부사로, 부사어 '귀엽게'를 수식하는 부사어로 쓰이고 있으므로 조건 ㉠을 만족시킨다.

| | 조건 | 수정 전 ⇨ 수정 후 |
|---|---|---|
| ② | ㉠, ㉢ | 화가가 굵은 선을 쭉 그었다.<br>⇨ 화가가 조금 굵은 선을 세로로 쭉 그었다. |

'조금 굵은'에서 '조금'은 부사로, 관형어 '굵은'을 수식하는 부사어로 쓰이고 있으므로 조건 ㉢을 만족시킨다. 그리고 '세로로 쭉 그었다'에서 '세로로'는 '체언+조사'로, 서술어 '그었다'를 수식하는 부사어로 쓰이고 있으므로 ㉣을 만족시킨다.

| | 조건 | 수정 전 ⇨ 수정 후 |
|---|---|---|
| ③ | ㉡, ㉤ | 그를 싫어하는 사람이 있다.<br>⇨ 그를 무턱대고 싫어하는 사람이 많이 있다. |

'무턱대고 싫어하는'에서 '무턱대고'는 부사로, 관형어 '싫어하는'을 수식하는 부사어로 쓰이고 있으므로 조건 ㉢을 만족시킨다. 그리고 '많이 있다'에서 '많이'는 부사로, 서술어 '있다'를 수식하는 부사어로 쓰이고 있다.

| | 조건 | 수정 전 ⇨ 수정 후 |
|---|---|---|
| ✔ | ㉢, ㉣ | **딴 사람이 그 문제를 해결했다**<br>**⇨ 전혀 딴 사람이 그 문제를 한순간에 해결했다.** |

'전혀 딴 사람이'에서 '전혀'는 부사로, 관형어 '딴'을 수식하는 부사어로 쓰이고 있으므로 조건 ㉢을 만족시킨다. 그리고 '한순간에 해결했다'의 '한순간에'는 '체언+조사'로, 서술어 '해결했다'를 수식하는 부사어로 쓰이고 있으므로 조건 ㉣을 만족시킨다.

| | 조건 | 수정 전 ⇨ 수정 후 |
|---|---|---|
| ⑤ | ㉣, ㉤ | 영미는 그 일을 처리했다.<br>⇨ 영미는 그 일을 원칙대로 깔끔히 처리했다. |

'원칙대로 깔끔히 처리했다'에서 '원칙대로'는 '체언+조사'로, 서술어 '처리했다'를 수식하는 부사어로 쓰이고 있으므로 조건 ㉣을 만족시킨다. 그리고 '깔끔히'는 부사로, 서술어 '처리했다'를 수식하는 부사어로 쓰이고 있다.

## 40 매체의 정보 구성 방식 파악
정답률 72% | 정답 ②

**(가)에 나타난 정보 전달 방식으로 가장 적절한 것은?**

① **'전문가'는 시청자에게 정보가 일방적으로 전달되는 상황에서 방송 내용과 관련된 정보를 방송 이후에 추가적으로 확인할 수 있는 방법을 안내하였다.**
(가)를 통해 '전문가'가 방송 내용과 관련된 정보를 방송 이후에 추가적으로 확인할 수 있는 방법을 안내하는 내용은 찾아볼 수 없다.

✔ **'전문가'는 방송 내용에 대한 시청자의 이해를 돕기 위해 앞서 제시한 정보를 정리하여 전달하였다.**
'진행자'의 일곱 번째 발화인 '시청자 여러분께서 내용을 잘 파악하실 수 있도록 간략하게 말씀해 주시겠어요?'를 통해, '진행자'는 '전문가'에게 시청자의 이해를 돕기 위한 정리를 부탁하고 있음을 알 수 있다. 그리고 이러한 부탁에 '전문가'는 앞서 제시한 정보를 간략하게 정리하여 전달하고 있다.

③ **'전문가'는 방송의 첫머리에 '진행자'와 문답을 이어 가는 방식으로 주요 용어의 개념을 설명하였다.**
(가)는 주로 '진행자'와 '전문가'가 문답의 방식을 통해 정보를 전달하고 있지만, 방송의 첫머리를 통해 '전문가'가 주요 용어의 개념을 설명하는 내용은 찾아볼 수 없다.

④ **'진행자'는 방송 내용이 시청자에게 미칠 영향을 언급하며 방송 내용을 재확인할 때 주목해야 할 부분을 안내하였다.**
'진행자'는 마지막 발화에서 방송을 다시 시청할 수 있는 방법을 안내하고 있지만, 방송 내용을 재확인할 때 주목해야 할 부분에 대해서는 안내하지 않고 있다.

⑤ **'진행자'는 방송의 취지를 밝히며 방송에서 소개될 내용의 순서를 안내하였다.**
(가)를 통해 '진행자'가 방송의 취지를 밝히며 방송에서 소개될 내용의 순서를 안내하는 내용은 찾아볼 수 없다.

## 41 뉴미디어의 특성 파악
정답률 90% | 정답 ①

**(나)에 대한 설명으로 적절하지 않은 것은?**

✔ **게시물 수정 이력을 확인할 수 있는 기능이 제공되고 있다.**
(나)를 통해 게시물을 작성한 사람과 작성일은 확인할 수 있지만, 게시물 수정 이력을 확인할 수 있는 기능은 제공되지 않고 있다.

② **게시물에 반응할 수 있는 공감 표시 기능이 제공되고 있다.**
게시물의 하단의 '좋아요'라는 버튼을 통해, 게시물을 읽은 사람들이 게시물에 대하여 공감 표시를 할 수 있도록 하였음을 알 수 있다.

③ **게시물을 누리 소통망으로 가져갈 수 있는 기능이 제공되고 있다.**
게시물의 하단의 '누리 소통망 공유'라는 버튼을 통해, 게시물을 누리 소통망으로 가져갈 수 있도록 하였음을 알 수 있다.

④ **게시물을 작성하여 올릴 수 있는 범주가 항목별로 설정되어 있다.**
누리집의 상단의 '공지 사항', '활동 자료', '생각 나눔', '사진첩' 등의 메뉴를 통해, 게시물을 항목별로 작성하여 올릴 수 있도록 하였음을 알 수 있다.

⑤ **게시물에는 다른 누리집에 있는 정보로 연결되는 하이퍼링크가 포함되어 있다.**
게시물의 끝의 해당 방송을 볼 수 있는 방송사 누리집의 하이퍼링크를 통해, 동아리 부원들이 방송 내용을 시청할 수 있도록 하였음을 알 수 있다.

## 42 매체 자료 수용의 관점과 가치 파악
정답률 92% | 정답 ⑤

**(가)에 대해 (나)의 학생들이 보인 수용 태도에 대한 설명으로 적절하지 않은 것은?**

① **'단비'는 정보 전달자의 전문성에 주목하여 방송에서 다룬 내용이 신뢰할 만한 것이라고 판단하였다.**
'작성자'인 '단비'의 '어문 규범을 가르치시는 교수님께서 설명해 주시니 믿음이 갔어요.'를 통해, '단비'는 정보 전달자의 전문성에 주목하여 방송에서 다룬 내용을 신뢰할 만한 것이라고 판단하였음을 알 수 있다.

② **'단비'는 짜장면이 복수 표준어로 인정된 이유에 주목하여 방송에서 언급된 내용이 다른 사람들에게도 유용할 것이라고 판단하였다.**
'작성자'인 '단비'의 '짜장면이 복수 표준어가 된 이유'와 '제가 본 이 내용이 동아리 부원들의 어문 규범 공부에도 도움이 될 것'이라는 내용을 통해, '단비'는 짜장면이 복수 표준어로 인정된 이유에 주목하여 방송에서 언급된 내용이 다른 사람들에게도 유용할 것이라고 판단하였음을 알 수 있다.

③ **'아림'은 발음 실태 조사에 주목하여 방송에서 제시된 정보의 출처를 확인할 수 없다고 판단하였다.**
'아림'의 '발음 실태 조사에 대해 ~ 썼다는 것도 알았고.'와 '조사 기관이 언급되지 않아서'를 통해, '아림'은 발음 실태 조사에 주목하여 방송에서 제시된 정보의 출처를 확인할 수 없다고 판단하였음을 알 수 있다.

④ **'준서'는 자장면만 표준어로 인정됐던 사실에 주목하여 그 사실과 관련된 내용이 충분히 다루어지지 않았다고 판단하였다.**
'준서'의 '자장면만 표준어로 인정했던 ~ 설명해 주었다면 좋았을 거'라는 내용을 통해, '준서'는 자장면만 표준어로 인정됐던 사실에 주목하여 그 사실과 관련된 내용이 충분히 다루어지지 않았다고 판단하였음을 알 수 있다.

✔ **'성호'는 과거의 신문 기사를 다룬 내용에 주목하여 방송에서 다루는 정보가 최근의 상황을 반영하지 않았다고 판단하였다.**
'댓글'에서 '성호'는 과거의 신문 기사를 다룬 내용에 주목하면서, 신문에서 짜장면을 사용했다는 것만으로 일상에서 널리 쓰였다고 일반화하는 것이 적절한지에 대해 문제를 제기하고 있다. 따라서 '성호'는 방송에서 다루는 정보가 최근의 상황을 반영하지 않았다고 판단하지는 않았음을 알 수 있다.

## 43 매체 언어의 표현 방법
정답률 90% | 정답 ③

**㉠ ~ ㉤에 대한 설명으로 적절하지 않은 것은?**

① **㉠: 관형사형 어미 '-ㄴ'을 사용하여, '전문가'의 직전 발화와 관련된 '진행자' 자신의 과거 경험을 드러내고 있다.**
㉠의 '본 적'에는 과거의 의미를 더하는 관형사형 전성 어미 '-ㄴ'이 쓰였는데, 이를 통해 '진행자'는 '한때는 자장면만 표준어로 인정됐다.'라는 '전문가'의 직전 발화와 관련된 자신의 과거 경험을 드러내고 있다.

② **㉡: 피동 접사 '-되다'를 사용하여, 행위의 주체를 드러내지 않으면서 행위의 대상인 짜장면에 초점을 두고 있다.**
'(누가) 짜장면을 복수 표준어로 인정하다.'와 비교해 볼 때 '짜장면이 복수 표준어로 인정되다.'처럼 피동 접사 '-되다'를 쓰면 행위의 주체인 '(누가)'가 드러나지 않고 행위의 대상인 '짜장면'에 초점을 두게 되므로 적절하다.

✔ **㉢: 보조 용언 '못하다'를 사용하여, 어문 규범이 언어 현실을 반영하는 일이 지속될 수 없음을 나타내고 있다.**
보조 동사 '못하다'는 '앞말이 뜻하는 행동에 대하여 그것이 이루어지지 않거나 그것을 이룰 능력이 없음'을 나타낸다. 따라서 ㉢에 쓰인 '못하다'는 반영을 하였지만 그 일이 지속될 수 없음을 나타내는 것이 아니라 반영하는 일이 이루어지지 않았음을 나타낸다고 할 수 있다.

④ **㉣: '-ㄹ 수 있다'를 사용하여, 표준어가 아닌 말이 표준어가 될 가능성이 있음을 나타내고 있다.**
㉣에 쓰인 '-ㄹ 수 있다'는 가능성의 의미를 지닌다. '표준어가 되는 거죠.'와 비교해 보면, '표준어가 될 수 있는 거죠.'는 확정된 사실이 아닌 가능성의 의미로 해석된다고 할 수 있다.

⑤ **㉤: '-고 보다'를 사용하여, '진행자'가 특정 사실을 알게 된 것이 '전문가'의 말을 듣고 난 후임을 드러내고 있다.**
'진행자'는 '짜장면이 표준어가 된 이유'를 전문가의 말을 듣고 난 후에 알게 되었음을 나타내기 위해 '듣고 보니'라는 표현을 사용하고 있다.

## 44 매체 언어의 의미 전달 방식 파악
정답률 83% | 정답 ③

**㉠ ~ ㉤에 드러난 의사소통 방식에 대한 이해로 적절하지 않은 것은?**

① **㉠: 느낌표를 반복적으로 사용하여, 자신의 감정 상태를 표현하였다.**
㉠에서 '미희'는 '오!!! 와!!!'와 같이 느낌표를 반복적으로 사용하여 '학교생활 안내 앱' 업데이트에 학생들이 요청했던 사항이 다 반영한다는 것에 대해 강한 긍정의 감정 상태를 표현하고 있다.

② **㉡: 시각적 이미지를 활용하여, 상대방이 제시한 의견에 동의를 표현하였다.**
㉡에서 '진아'는 동의를 나타내는 ○표를 들고 있는 고양이 이미지를 활용하여, '가원'이 제시한 의견에 동의를 표현하고 있다.

✔ **㉢: 대화 내용을 복사하는 기능을 활용하여, 상대방의 질문에 답하였다.**
㉢에서 '창규'는 대화 내용을 복사하는 기능이 아니라 다른 사람의 글에 답장할 수 있는 기능을 활용하여 '정호'의 첫 번째 글에 답하고 있다.

④ **㉣: 묻고 답하는 방식을 활용하여, 변경된 알림 전송 시간대를 안내하는 방법에 대한 자신의 의견을 제시하였다.**
㉣에서 '미희'는 '이걸 어떻게 알려 줘야 하지? 난 단체 문자로 알려 주면 좋겠어.'와 같이 문답의 방식을 활용하여 자신의 의견을 제시하고 있다.

⑤ **㉤: 줄을 바꾸는 방식으로 글을 입력하여, 변동 사항을 구분하여 안내하였다.**
㉤에서 '진아'는 줄을 바꾸는 방식으로 글을 입력하여, '요구 사항'과 '요구 사항 외 추가된 것'을 구분하여 안내하고 있다.

## 45 정보 구성 언어의 파악
정답률 51% | 정답 ⑤

**(나)의 대화 내용을 반영하여 (가)를 아래와 같이 수정했다고 할 때, 수정한 화면에 대한 설명으로 적절하지 않은 것은? [3점]**

17회

[문제편 p.339]

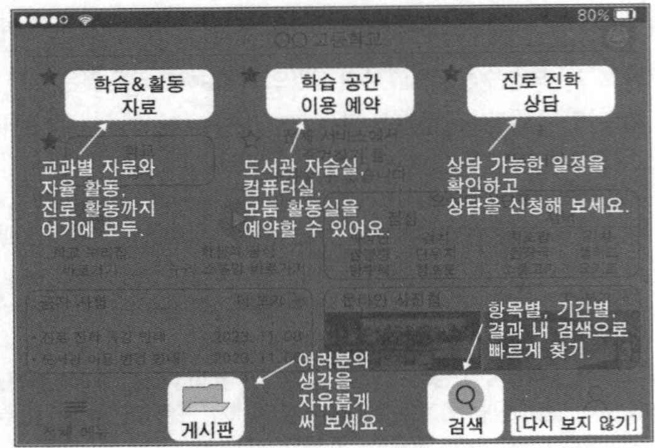


① **'학습 & 활동 자료'에 대한 도움말은 메뉴 항목의 변화에 대한 '창규'와 '정호'의 대화를 반영하여 새로운 내용이 추가되었다.**
수정한 화면의 '학습 & 활동 자료' 도움말에는 '창규'와 '정호'의 대화를 반영하여 '자율 활동, 진로 활동'에 대한 내용이 추가되었음을 알 수 있다.

② **'학습 공간 이용 예약'에 대한 도움말은 이용 예약이 가능한 공간 추가에 대한 '가원'과 '동주'의 대화를 반영하여 수정되었다.**
수정한 화면의 '학습 공간 이용 예약' 도움말에는 '가원'과 '동주'의 대화를 반영하여 예약이 가능한 곳인 '도서관 자습실'과 '모둠 활동실'이 추가되었음을 알 수 있다.

③ **'공지 사항'에 대한 도움말은 메뉴 도움말의 필요성에 대한 '정호'와 '가원'의 대화를 반영하여 삭제되었다.**
(가)에 있었던 '공지 사항' 도움말은 '정호'와 '가원'의 의견에 따라 수정한 화면에서 삭제되었음을 알 수 있다.

④ **'게시판'에 대한 도움말은 메뉴 이용 빈도에 대한 '창규'와 '미희'의 대화를 반영하여 그대로 유지되었다.**
수정한 화면의 '게시판' 도움말은 '창규'와 '미희'의 의견을 반영하여 (가)에서와 같이 그대로 유지되었음을 알 수 있다.

⑤ **'검색'에 대한 도움말은 검색 자료의 변화에 대한 '미희'와 '동주'의 대화를 반영하여 새로운 내용이 추가되었다.**
(나)에서 '미희'와 '동주'는 '검색' 메뉴에도 도움말을 넣자는 의견을 제시하였고, 이러한 대화를 반영하여 수정한 화면에는 '검색' 메뉴에 대한 도움말이 새로 추가되어 있다. 그런데 '검색'에 대한 도움말은 (가)에 없었던 것이므로 '검색'에 대한 도움말에 새로운 내용이 추가되었다는 것은 적절하지 않다.



[문제편 p.340]

## MEMO

MEMO